中德學誌

沈兼士

《中德學誌》編輯委員會○編

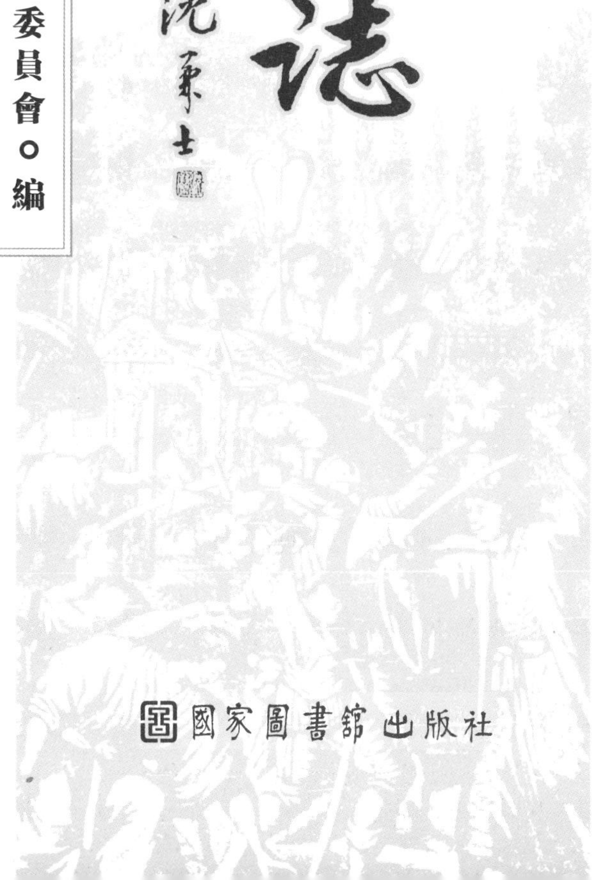

國家圖書館出版社

圖書在版編目(CIP)數據

中德學誌/《中德學誌》編輯委員會編. —北京:國家圖書館出版社, 2010.6

ISBN 978-7-5013-3833-7

Ⅰ.①中… Ⅱ.①中… Ⅲ.①文化交流—文化史—中國、德國—近代 Ⅳ.①K250.3

中國版本圖書館 CIP 數據核字(2010)第 073793 號

中德學誌(全六册)

《中德學誌》編輯委員會編

責任編輯 耿素麗

封面設計 九方文化有限公司

出版發行 國家圖書館出版社(原北京圖書館出版社)

(北京市西城區文津街 7 號 100034)

電　　話 010-66136745 66175620 66126153

E-mail btsfxb@nlc.gov.cn (郵購)

Website www.nlcpress.com→投稿中心

經　　銷 新華書店

印　　刷 北京華藝齋古籍印務有限責任公司

開　　本 889×1194 毫米 1/16

印　　張 231.75

版　　次 2010 年 6 月第 1 版 2010 年 6 月第 1 次印刷

印　　數 1—160(套)

書　　號 ISBN 978-7-5013-3833-7

定　　價 2700.00 圓

出版説明

民國年間出版的《中德學誌》,是中德文化交流史上意義不同凡響的期刊。它是抗日戰爭時期淪陷區出版的唯一一種有關中外文化交流的期刊。當時由於特殊的歷史原因,淪陷區的學人能發表論文的地方不多。鑒於德國和日本的盟國關係,日本侵略者當局對這本雜誌沒有干涉,所以這本雜誌上刊載了當時很多著名學者的文章。可以説,該刊涉及了當 時中德主要的學者以及相關研究情況,其中對德國科學的介紹,在科學傳播方面的意義不可低估。從這本雜誌可以看出近現代中德文化交流的基本脈絡。

《中德學誌》一九三九年四月由北平中德學會創刊。編輯委員由當時中德兩國的著名學者如傅吾康、方志浵、福克斯等人組成。季刊。共出版過六卷二十二期,至一九四四年停刊。一九三九年四月至一九四〇年一月出版的第一卷第一至四期名為“研究與進步”,主要刊載有關德國學者在人文科學與自然科學等方面的最新成果的譯文,同時刊登中國學者介紹或研究德國學術的文章;自一九四〇年四月出版的第二卷第一期開始,改名為“中德學誌”,在原來的基礎上擴充了範圍,增加了篇幅,所涉及的内容為自然科學之翻譯與論述,及研究德國學術的文章。可以説,《中德學誌》是名實一致的中國德國雙方學術介紹之雜誌,為當時中德乃至亞歐的相互瞭解與溝通打開了一扇窗。

鑒於《中德學誌》在中德文化交流史上的特殊意義,我們將其重新出版。本次出版,我們做了重新編次,將原刊厘為六冊。原大影印,以存原貌。

國家圖書館出版社

二〇一〇年五月

《中德學誌》總目錄

第一冊

第二冊

第三冊

第四册

第五册

第六册

第一册目錄

第一卷第一期

第一卷第二期

第一卷第三期

第一卷第四期

第二卷第一期

第二卷第二期

中德學會出版

研究与進步

第一期

東蓀署

研　究　與　進　步
Forschungen und Fortschritte

第　一　期

二十八年四月

中德學會出版
Deutschland—Institut
北平
後門內黃化門裏西妞妞房二十號
電話：3850東

目　　錄

本會爲本刊敬告讀者

本會現在所出版的這雜誌，是和本會歷來所出各種刊物，都完全一樣地負有溝通中德兩國文化之使命，都完全一樣地是要在中國的學術界上略作一點貢獻的。 創辦一種這樣的雜誌，本來本會久已都曾計及，現在本會既經決定，要實現此次計劃，那麽出版者底志願，當然是於此第一期之後，源源不斷地繼續出版，然而我們的志願終究能得順利進行與否，這仍還要看今後種種情況能得容許與否的了。 這是第一點我們要特在這兒向讀者諸君奉告的。

至關於本刊稿件來源之問題，本會須向讀者諸君奉告的，就是本刊稿件，一部分係由本會會員分撰，並且大半係譯自德國首都柏林所出版的「研究與進步 (Forschungen und Fortschritte)」一種刊物上所載各項論文的。 這個刊物是德國一種純粹科學定期刊物，所載各項論文，簡約精純，悉屬有關精神科學與自然科學一切領域上之最新研究結果，與最新發明發現，出版者爲•克和夫博士 (Dr. Karl Kerkhof)，克和夫博士原係德國科學情報中央辦事處處長

(Reichszentrale für wissenschaftliche Berichterstattung)；茲本刊亦取名「研究與進步」的原因，就是要表明，本刊與該科學情報處有聯絡的關係的。

此外，本刊其它一部分稿件，則係採自中國學者方面有關德國科學或德國精神生活，而內容簡短之論著的。

在這兒本會還更要聲明一句的，就是德國學者方面在漢學與中國研究的學域上之著作以及關於學域上之重要新現像，本刊俱將予以特別注意的。

以上是本會向讀者諸君所要奉告的第二點。

由這第二點中，讀者可以看出，本刊採用稿件，是譯稿與中國學者撰著並重的，但本刊亦並不採取固定形式，那一方面稿件多了起來，卽多登那一方面稿件，並且如果另有新興趣發生時，本刊亦可予以顧及的。 這便是本會向讀者奉告的第三點了。

本會爲本刊要向讀者說的話，盡於此三點。 本會深願本會這個刊物對於中國學術界貢能盡了一份力量，深願這刊物能惹起中國學者之注意，以及讀者之興趣，而對本刊多加維持與愛護！

最後，本會特在此處向爲本刊第一期譯稿與撰稿諸位深致謝意，並希望今後仍繼續惠稿幫忙，以便促進本刊，並光篇幅！

民國二十八年四月

中德學會識

康特哲學之專門名詞

張東蓀著

余近來翻譯 Kants Kritik der Reinen Vernunft 並加註解，遂覺其哲學純在若干專門名詞上。讀者苟能了解此數專門名詞，即不啻已完全了解其哲學矣．本篇專講此數專門名詞，而亦即等于闡述其哲學系統也。

Kant 舊譯爲「康德」。按「德」字以音論，多爲 d, 而非 t. 今改爲「特」，取其較切于原音耳。以後即稱康特。

康氏此書舊譯爲「純粹理性批判」殊爲不辭。試分析言之，先言批判 (Kritik)，實止等于分別後各予以相當地位。康氏所分別者爲知識。即分別知識中之各成分。康氏以爲知識中有起源于經驗以前者，亦有起源于經驗者。對于此種分割，名之曰 Kritik 故譯爲「批判」，實爲不妥。蓋康氏並不批評他人之學說，而止分析知識之各成分而已。余因改譯爲「檢別」，言檢查後加以分別也。

至于「理性」一辭，在康氏亦有三義。一曰狹義者，乃在所謂 Verstand 之上，亦超乎此而更進一步作徹底之會通之謂也。二曰即等于所謂 Verstandestätigkeit。即辨別審識之義。三曰通稱此二義。今用于書名卽取第三義。康氏此書純討論知識問題，而不涉及宇宙之「理」故譯爲「理性」雖不見太不相合，然須知中世紀有 ratio cognoscendi 與 ratio essendi 之分，康氏用此語不兼後者之義，因此余改譯爲「理悟」。注重于其爲人心之能力而宇宙之條理也。

所謂「純粹」，亦康氏之專門詞，不可視爲普通語。蓋卽謂其中不雜有經驗。故「純粹」卽等于「非經驗」。以康氏所講者爲非經驗之知識。換言之，卽經驗知識中之非經驗成分。余因此譯此書名爲「純粹思理檢別」。

于理悟以外，尙有舊譯爲「悟性」者，須待解釋。原語卽爲 Verstandestätigkeit 按卽爲用概念以辨別事物爲何之一種能力也。其與 Sinnlichkeit 正相對待。此字舊譯「感性」，而余則改爲「感受」。以其爲接受，乃居于被動方面也。中文「悟」字有「參通」「會通」之義。而康氏于此並非對于理而了悟，乃止爲對于物而審識。故此字不能譯爲「悟性」。大抵康氏于知識分二大部分：一曰「見」，二曰「思」。見爲感官所得；思則辨別能力。特二者並不能分離。有時止見而不思，但思則附有所見。見而不思則不辨所見爲何。思而無見亦必無對象存在。無對象亦必不能構思也。所謂 Verstand 者卽指「思」而言。若以「悟」字譯之，則失之太高太深矣。

原語 a priori 舊譯爲「先天」亦極不妥。蓋先天後天乃易經上之語，不可亂用。往往誤會爲指未出胎以前而言。果爾則全失康氏眞義。余因改譯爲「事先」。自信此譯極爲得當，以 a priori 爲一普通語，而「事先」亦正爲普通語，非專門術語也。至于 transcendental，據康氏自謂與 transcendent 有別。實則此種分別起于中世紀，但不如康氏所用之義。余對于 transcendental 譯爲「先驗」。以其先于任何經驗，卽先于一切經驗。再換言之，卽「非經驗」者是已。此乃一專門語。以視 a priori 自有不同。康氏于此語之上必再加以「純粹」。余因譯爲「純粹事先」。夫所謂純粹事先卽先驗之謂也。故 a priori 不等于 transcendental，必須爲 reines a priori 方等于 transcendental 也。換言之，卽康氏所謂先驗指在任何事之先而言，而非謂在某某若干事以先。後者在康氏謂之爲比較的事先。（或經驗的事先）。明乎此區別便當知 a priori 譯爲先驗，殊爲不切。以其爲訓初不如 transcendenta 之重也。康氏自稱其哲學爲先驗哲學卽 transcendentale Philosophie 之謂，若以與 a priori Philosophie 相當，則不但完全不同，且復有歧義矣。（至于 transcendent 余譯爲「超絕」，以其絕對在經驗以外故耳）。

然而康氏所謂 transcendental 又往往兼含有 Transcendentalismus（先驗論）之義。故其書中章目有 Die transcendentale Aesthetik 與 Die transcendentale Logik 等等。前者舊譯爲「超驗的感性論」，後者爲「超驗的論理學」。實則僅爲先驗論上之感覺論與與先驗論上之思維論而已。蓋先驗論有在感受方面者，亦有在辨解方面者。並非有超驗的感覺與超驗的論理也。直言之，感受方面有先驗成分；而思維中亦必含有先驗要素。先驗論自當分此二方面以討論之。若謂有所謂「超驗的感覺」，又從而「論」之，則大謬也。是以此等章目極不易譯。而 transcendentale Elementarlehre 尤爲顯明。舊譯爲「超驗的元素論」，殊使人誤解。蓋原文止謂先驗論上之元素論耳。

余前言康氏先驗哲學之大分別在于見與思之對立。關于感受，卽見之所有事也。康氏所謂 Anschauung 正卽爲「見」。此字舊譯爲「直觀」。特「觀」字亦嫌太重。須知此僅爲尋常官感而非詳加諦視之謂。故余改譯爲「直見」。凡感官所呈現者皆爲「見」，固矣；特康氏尤有進者，主張于感官所見以外，尚有「非感官之見」。此非感官之見乃渠所謂「純粹直見」是已。此處所謂純粹卽指非經驗而言。于是純粹直見者不啻謂于經驗以外吾人猶能有所見。特此種見不關內容而止爲「方式」(Form)。是則感官之見皆爲具體所見，而純粹直見乃僅附于感官之見之上，而爲其必然之方式而已。

康氏之問題在于明「知識如何可能」。按原文 Wie ist……möglich? 譯爲如何可能，實爲不通。須知所謂可能乃謂其能以成立也。如何可能卽不啻爲如何方能成立。此語之涵義必先假定其不成立，然後方可問其如何能成立。其用之知識，卽正叩詢知識之價值。蓋知識之存在乃一事實，不能否認。故此語非問知識在事實上是否確有其物。乃此所謂知識雖確有之，特果眞能有所知耶。抑雖爲知而實仍爲不知。此卽所謂不能成立也。謂知識不能成立者厥爲懷疑論(Scepticismus)。休謨之說頗類于此。康氏欲一反所爲。故提出知識如何能成立之問題焉。

康氏于「見」方面以爲空間與時間爲純粹直見，換言之，卽直見之必然附有之方式。而「思」一方面則謂必須有純粹概念在認識事物以前，用以左右此認識。所謂純粹概念，在康氏謂之爲「範疇」。此語雖取自亞里斯多德，然其義實不相同。康氏論純粹概念之用之于經驗上時而得自然契合，此自然契合之故在渠名之曰 Transcendentale Deduction。舊譯爲超驗的演繹，可謂不通之極矣。余因改譯此字爲「推正」。自信頗得其旨。

康氏雖論知識，却未嘗否認對象之存在。故康氏書內痛駁柏克萊與笛卡特之唯心論。蓋康氏之知識論至少有一部分爲屬于實在論(Realismus)一方面也。彼承認有所謂 Ding an sich 舊譯爲「物如」，固亦尚佳，然余以爲不如改譯「物之本樣」爲較明顯。蓋物之本樣卽謂事物不被人觀看時之樣態也。換言之，卽對象不入于被知之關係中之自己情形也。實則客覺與主觀本爲對待；主觀之知見而一旦撤廢，則客觀縱使尚能自己存在，特其形狀則必隨主觀而去矣。故客觀之存在爲一事；客觀之樣相爲一事。客觀之樣相必隨主觀而消滅；但不得謂客觀亦不復存在也。康氏之長處在承認有客觀對象之獨立存在。特其一旦被主觀所知即發爲「現象」。此現象隨主觀之認知關係而變。認知關係一斷，現象即滅。故所知止限于現象。至于本樣則不能被知。康氏此種論列極合于名學。後儒以爲物如既不可知，不如謂其無有。殊不知此說轉大失康氏原旨。故凡主張物如可廢者皆誤解康氏之說者也。

康氏不但承認對象方面有超然于知識者之存在，且于主觀方面亦主張有深厚之泉淵。在彼名之曰 Apperception。此字舊譯爲「統覺」，亦復不通。按「統」字有會總之義。而康氏于此不曾止謂有「先驗之自我」。故余特改譯爲「輳覺」。意在表明吾人一切知覺作用中皆隱然伏有一心核爲其四圍所輳集。「統」不能表示此中心點之義。

以上所言舊譯大抵皆爲日譯。國人于翻譯一道遠不如清末時代，尚有人自創名詞。近則止知拾人唾餘而已。文化失其創造性，可哀也已。

康氏哲學已成世界學術，非復限于德國。顧余猶有感喟者，即世之治康氏學者多知三大檢別，而于永久平和論（Zum ewigen Frieden）不復措意。是則豈康氏一人之不幸而已哉。

葡萄牙人初抵中國

柴赫林 (Egmont Zechlin) 著

張星烺譯

葡萄牙人在印度西面馬拉巴兒 (Malabar) 海岸或已經遇見鄭和及其隨員遠征時所留下之中國人子孫。在滿剌加始直接遇見由中國本土遷來之中國人。此時滿剌加王仍爲中國皇帝之藩屬也。在葡督阿爾伯叩克 (Albuquerque) 報告書中，屢次敘述「秦」人 (Chijns)。一千五百十二年注正德七年八月二十日阿爾伯叩克提議，每年派船載運胡椒至中國與之專門換取絲黃金及大黃三物。

現所欲問者印度大將兼總督之提議究於何時實行也，葡萄牙人一因之一切歐洲人在海路上一究於何時最初至中國也。以前研究承認一千五百十五年注正德十年或一千五百十六年注正德十一年爲葡人最初抵中國之年，現今則皆謂一千五百十四年注正德九年爲是。最近中國歷史著作家在歐洲文字敘述中以及中國文字敘述中，亦皆以一千五百十四年爲確。當時有義大利人一二名，效力於葡萄牙國。曾有書札遺留至今，可以視爲葡萄牙人抵中國之最初報告書也。僅有一葡文記載，謂一千五百十三年注正德八年爲葡人最初抵中國之年。此年亦正爲吾等研究之結果也： 玆有第一流材料一件，用之可以決定最初抵中國之年也。 一千五百十四年一月六日，滿剌加總督魯易賓伯里拖 (Ruy de Brito) 上書葡萄牙國王，報告在前一年有四隻船來自中國。 四船皆歸「海拉塔」(Cheilata) 統帶。 「海拉塔」以前在滿剌加。羅倍斯賓森魁拉 (Lopez de Sequeira) 曾於一千五百零九年注正德四年在是處遇見之。 書中又云『陛下有船一隻滿載胡椒往中國貿易。 船中貨有一半，利歸陛下。 其餘則歸班達拉(Bendara)(馬雷人語猶云「政部長也)所有。 臣每日待其行也。 此舉甚有利益。

共有五船自此處起行。 在陛下船中，有吾國人二名，一爲商業經理，一爲書記……』

此文明言在一千五百十三年時，與「海拉塔」所率開回中國之四船以外，另有第五隻船爲葡萄牙人及滿剌加國王財政部長所共有者。 葡萄牙總督於一千五百十四年正月六日既已每日望其歸回，則其開出必已有若干時。 無論如何，不能在一千五百十三年之最後三個月也。此開出期或與中國人所利用之夏季或秋初之風向時期相合。 由滿剌加航向中國所利用之西南貿易風，行於陽歷六月 七月及八月 三個月中。 但在十月則中國南海之北部，完全爲東北貿易風所替換。 關於此次事業成功如何，可以參觀魯易賓伯里拖之繼任人佐治阿爾伯叩克 (Jorge de Albuquerque) 於一千五百十五年一月八日上曼努爾(Manuel)王之報告書也。 在此報告中佐治誇獎宣力王事之某君。但某君之名僅其前名保存可讀，因手書在此處有一段被人撕去也。

佐治此處句云有「佐治阿 Jorge a…… 者曾往中國一次，充陛下船上之商業經理人。此人爲第一人在彼處樹立陛下之標石 (marquo)，甚被優待」。 標石爲是時發明家慣在非洲及美洲所樹立，以誌所有權，視作地契也。 一千五百十三年時，率領隨從一人由海路往中國之第一葡萄牙人之全名，可於巴羅斯(Barros)書中見之也。 巴羅斯於敘述一千五百二十一年注正德十六年六月柯爾和(Duarte Coelho)由滿剌加往中國事中，偶爾提及佐治阿爾瓦萊斯(Jorge Alvarez)之名。因彼之故而柯爾和停留也。 佐治阿爾瓦萊斯爲柯之友人，是時臥病不起。「柯爾和到後十一日而阿爾瓦萊斯死。 與王國紋印一同葬於石柱脚下。石柱即爲阿爾瓦萊斯於裴來斯特羅(Raffael Perestrello)抵是處之前一年，在是處所樹立者也。』

至此吾人相信對此問題中之『何時』及『何人』部份業已明白解決，毫無疑義矣。 但尚有一部份須要回答者即一千五百十三年時佐治阿爾瓦萊斯率葡萄牙隨從一人究抵中國『何地』，所樹標石究在「何地」也。 當柯爾和於一千五百二十一年注正德十六年六月二十七日過見其友人佐治阿爾瓦萊斯時，阿爾瓦萊斯及其他葡萄牙人皆在一島上。 被中國人所欺侮。 十六世紀之葡萄牙歷史家皆稱此島名曰『塔茂島』Ilha de Tamou 或『塔妙島』 Ilha Tamão 注譯音 中國人呼此島亦如此。 在此島上葡萄牙人與中國人作交易。 因此葡人借馬雷文稱「商業」之字以名此島曰『維話喀島』(Ilha da Veniaga) 或「拜話喀」(Beniaga) 前人如龍斯太德(Ljungstedt) 嘗謂塔妙島即上川島，最初來中國傳教教士沙勿略（Franz Xaver）死處所在之(Sanci-an）島也。（今代歐文地圖因音相近之故，將中國島名錯誤作聖約翰島(St. John)。最近日本人之工作亦屬如此。上川之外最近亦有將其附近之下川島作爲塔妙島者。

對此事最可注意者，除去馬丁內斯（Joan Martinez）一圖以外，所有余能得見之十六世紀時之歷史地圖，無一圖置維新喀島於廣州灣注即珠江口非今法國租借之廣州灣之西岸，而上川島固在其西岸也。置維新喀與上川在同一地方（擔瑪歇克 Tomaschek），實爲不可解之事。在最早地圖上，拼法雖不確定，但指示爲維新喀則無可疑。例如薩爾瓦維梯（Salviati）之西班牙文地圖，（一五二五——二七）維瑪斐(Weimarer)圖，（一五二七）李拜羅(Ribero)圖，（一五二九）以及所有以後諸圖皆置維新喀島於廣州灣之東面也。

此種地圖大半僅示約略地位而已。然除去地圖原料以外，同時之葡萄牙歷史著作家有記載可尋否？由此等著作家能否獲得一線索，由之可以尋得一千五百十三年夏季或秋季佐治阿爾瓦萊斯及其隨伴上陸之地點耶？各著作家皆詳記路程之遠近。據喀斯丹海達(Castan-heda）及郭里耶（Correa）二人之記載「維新喀島」距廣東省城十八哩(Leguas)注約合二百零五華里距南頭（Nantó）三哩。據巴羅斯，戈艾斯(Goes)及喀斯丹海達三人之記載，距大陸三哩。最要之點，即所有此等歷史家之記載皆謂維新格島在南頭之附近而喀斯丹海達及郭里耶謂相距三哩耳。南頭城爲中國海邊防守總司令之駐紮地。葡人稱之爲『標』(Pio)(由中國文『備倭』二字之訛) 注東莞縣志武職表有備倭官之名南頭城今仍存在，載入大地圖中。 在廣東海灣之東岸，新安縣城（又名保安縣）之西南。

自中國材料方面吾人在南頭附近不能尋得音似「塔茂」之地名。

煩案此語不確。 南頭之名見於亞新地學社歐陽纓所著甲種中華析類分省圖丁文江翁文灝曾世英之中國分省新圖，其附近有屯門見於鄒代鈞之中外輿地全圖，周世棠孫海環之二十世紀中外大地圖。

但『塔茂』不能爲一向無人知之島，或向爲無名之島，葡萄牙人到後始建設者也。 蓋巴羅斯記其爲一海港。 港內有船甚多，他族人之船亦有之。 其處有修理材料甚多，較之立斯本之碇泊場所貯者尤多。 已經提及之較新中國方面研究 注本篇上方並未提及，似指哈佛燕京社出版之張維華著明史佛郎機呂宋和蘭意大利亞四傳注釋，但謂「塔妙島」即屯門島（但並未證明其理由，亦未尋求其地位。）同時張天澤由東莞縣志所錄王益愛 (Wang I-ai) 注查東莞縣志，未得確字，姑就譯音。 家祠廟碑記說明佛郎機人（由阿拉伯文 Feringi 及 Franges而來，即法蘭克人 Franken）於正德朝(一五〇六——二一)初年，在屯門樹立一碑云。

此碑文中所言之紀念碑，或者即佐治阿爾瓦萊斯所樹立者，以後成爲其墓石也。 吾已指出「塔妙」距南頭不能太遠，屯門與南頭同屬一縣，南頭在早期爲進入廣州之門戶，吾人茲必須做者即將原料中有數處矛盾之點解說清楚也。 對全世界史較爲重要者即葡萄牙人在『塔妙島』曾有一種技術上之虛功，對航海事業發達甚爲重要。 科倫布之船曾被一種雙殼軟體動物(Teredo navalis)所損害。此種動物吾人稱之爲穿孔虫(Bohrwurm)。科倫布第四次航海時所有其船艦，皆爲穿孔虫所損壞，不能再用。於此時有人指示西班牙人及葡萄牙人用鉛皮保護其船，防拒穿孔虫。在交趾之葡萄牙人亦將船底燒焦以防虫。在『塔妙』地方所用之法則另一種也。據巴羅斯之記載，當費腦安特拉德(Fernão Peres de Andrade)來至『塔妙』時『見中國人有保護船艦特別方法，彼實爲第一人仿照其法，亦施用「蠟白斯」(Lapes)置於船艦周圍身上。如吾人今代所盛行者。又在船艦身外舵上置樓廂』「蠟白斯」究爲何物，茲特詳細述之。船身上有一層薄木板，抹以石灰及魚油所製之膠。在此新木層上再加一種石灰與油之混合物。『此混合物極有用於木層。蓋虫不能侵入也。此膠入水後短時間即化硬如石矣』。

關於歐洲人所給中國人之印象及以後所發生之反感，吾人有證明書，記一千五百十七年注正德十二年八月十五日安特拉德率領八艦抵『塔妙』稱爲國王之官使，經與駐衙頭之備倭官(Pio)長時磋商後，始進入廣州。中國籌海圖編引航務司長官關於外人抵境之報告。其中記佛郎機人於正德丁丑年（十二年，一五一七年）稱係入貢，寄泊懷遠驛。船長名甲必丹，(Kapitan-mor)，船上人皆高鼻深目，白布纏頭如回回打扮。總督陳西軒適因公至廣州。即時得報。以其人不知禮，令於光孝寺(回回教寺)習儀三日，而後引見。大明會典不載佛郎機人應貢何物，因之上奏皇帝請示。帝允將人物交禮部辦理。

其他中國材料記爲何中國人忽起反感，對葡人甚爲憤怒，頗爲明晰。夷人不得港官允許，何敢航入廣州？ 放礮何意？ 在港內禁止用軍器之地尤不應當。 其人解說，放礮所以舉敬禮，但使用軍器，如何得稱爲恭敬之表示？ 當葡萄牙次任司令官西盼，安特拉德 (Simão d'Andrade) 抵任後，不獨缺乏蠻夷藩屬恭順之禮，反破壞中國法律，以戰勝者自居。 因之中國人心更爲不安。 擒捕奴隸之風盛行已將百年。 葡萄牙及中國之記載皆證實西盼未能脫離擒捕奴隸之習。 至如是否刼掠或購買小兒，姑置不論。 中國人不明此理而謂葡人擒捕小兒烹而食之也。

葡萄牙大使得允許可朝見皇帝。 至北京後爲何又不許召見，可參閱明史。 御史何鰲上言『祖宗朝貢有定期，防有常制，故來者不多。 近因布政吳廷舉謂缺上貢香物，不問何年，來即取貨，致番船不絕於海澨，蠻人雜遝於州城。 禁防旣疏，水道益熟。 此佛郎機所以乘機突至也。 乞悉驅在澳番舶及番人潛居者，禁私通，嚴守備，庶一方獲安』。 諸語描寫當時確實情形，可謂曲盡。 與吾人在葡文材料中研究所得者正相合也。 阿芬梭阿爾伯叩克 (Alfonso de Albuquerque)，上葡王曼努爾，條陳中即有運送香物至中國之語。此外諸語更可以作爲經典的證明書，吾人預料歐洲人一侵入中國，即發生各種不安現象也。 歷史上一轉變期，新時代之啟始，白種人侵入遠東世界，在何鰲諸語中尋得一最後，清楚，聰明成立之抵抗之迴聲也。

佛教救世教義之根源[1]

格赫爾(Helmuth v. Glasenapp)著

楊丙辰譯

佛教以人類一切行爲作業死後須受報應之說教世，但却並未假定一種不死滅不變易，而非由物質所成之靈魂之存在，這一點則完全與印度其它宗教學說相違反。 根據佛教之學說，所以促成個人死後轉世再生之原因，尤其在一種由一列生滅循環不息，而不可遏止之生存質素（即所謂達爾瑪〔dharma〕，舊譯「法」，又直譯其音曰：達磨）所組合而成之「生命洪流（Lebenstrom）」於當前生理的肉體消滅之後，便又投入其它物體，而在一種新生命之內繼續向下湧流浪蕩。從前種種嘗試，要在婆羅門教萬有一本思想(Alleinheits-Spekulation)中，或在主張二元說之桑迦哲學(Sânkhya-Philosophie，舊譯「數論」)中尋找佛教這些學說底根源，却是未能獲得可以令人滿意的結果的，尤其因爲一批著作時期在前的佛教經典，對於印度古經奧帕尼沙敦

---

(1) 這篇文章，本來是我根據我在北京布魯塞爾第二十次國際東方語文學者會議席上(Der XX. Internationale Orientalisten-Kongress in Brüssel)所作的一次講演而寫出的。

(Upanishaden舊譯「奧義」)，或桑迦理論 (Sânkhya-Theorien) 並未透有較爲精密之認識之故。 因有這一層原因，所以人們便更可有理由，去直接由內裏推斷，而竟假定，佛教這宗學說，是由吠陀經成立時期之觀念中之所發生了出來的了。

較近人種學之研究，曾向我們指明，有許多處於自然狀況中之民族，相信人類於死後之一種繼續生存，但它們却並不因此而竟能將關於一種可脫離肉體，而非物質之靈魂之思想造就了出來。 就是在吠陀經 (Veden)，婆羅門經 (Brâhmanas，舊譯「梵書」)，以及最古之渥帕尼沙敦經(Upanishaden)，都還不知造出一種靈魂學說的；可是這些經典，雖然不曾造出靈魂之說，然而它們却代表了一種見解，以爲死人係化解爲其原來所成立之質素，而其卡爾瑪 (Karma，舊譯：「業」)，乃變爲一新事物之成立之因素了(見布利哈達拉尼雅卡經〔Brihadâranyaka〕三卷，二章，十三頁)，或者也可以說，死者精神生理方面之人格，階段地向一位新生人物之轉變因得以告成功了(仍見方纔所引經典六卷，二章，九頁及以次各頁)。 像這一類的觀念，似乎是經佛教在哲理方面更向深邃處發揮了一番，並作成了一種再生說之基礎，而這一種再生說，便是佛教用以對抗了當時已漸次發生了起來的關於不變不易的個人魂靈之輪迴之理論的了。(2)

---

(2) 關於這一點，可以參閱我所特另寫的一篇題名：佛曾以靈魂不死之說教世否？(Hat Budda die Unsterblichkeit der Seele gelehrt?) 的文章，載於「研究與進步 (Forschungen und Fortschritte)」十日刊第十三期(一九三七年份) 八十五頁及以次各頁。

即關於「達爾瑪」之理論，亦然是在吠陀經成立之時期中有其先驅的。梵文達爾瑪一字是表示世界律則的意思（舊譯：「法」），然而同時也是表示世界律則上之一切表現方式的，所以也就是表示法律，道德，習俗，訓教，以及一切佛教所視爲世界律則最後表現方式的現像的了。因此達爾瑪第一便是視，聽，嗅，味，觸，思，等等能方，第二便是緣這種種能力而可以覺察之事物，換言之，就是色，聲，香，味，種種感覺與念想。而所謂感覺與念想的，不僅只理解爲吾人腦中之觀念，概念，心像，與感覺，其實知識與眩惑，貪婪，悲恨，注意，癡呆，信仰，猜疑妬嫉，以及其他種種情形亦俱都包括在內了。最後，第三，所謂生命之能力，所謂生，所謂滅，以及其他情形，亦俱可視之爲達爾瑪的。這個觀念上最主要之點，就在這個觀念並不在一具有種種性質之主體（即所謂 我，所謂：自我）及與此主體無關，而具有種種性質之外物（即所謂：物質等等），二者之間作一鴻溝，而使之互相分離，乃尤其是把所謂我與經我所體驗領略之世界，分解爲種類至爲不同，而可以各另獨立的原素底混合。至於說，有許多種類的事物，在我們歐洲的哲學中，絕不認其有任何獨立存在，乃是要視之爲一種實體上之情感或性質的，竟都被算在了達爾瑪之中，這却是這個奇特理論底性質中之所天然具有的了。這樣，譬如說，悲恨一種心理上的現像，在佛教徒並不視之爲在一個人底靈魂上，或在一種思想器官上所演現的狀况，乃是簡直彷彿視爲一種完全與它自己有所不同，而在它的思想界中，達到了醒覺地步的事物似的。　各種達爾瑪是易消易逝的，是無常的，暫時的。　一種達爾瑪之發生，是因了一定的一批其它達爾瑪之共同合作，「彷彿火之發生，因木與木相摩擦的原因」（見薩苗塔經〔Samyutta〕十二卷，六十二章，十二頁），可是如果牠一經將牠的作用完成了起來，那麼牠就要歸於消滅之途了。　但是因爲只要一有同一的起因，常常總要發生同樣種類之新達爾瑪，以代替那已被排除的些達爾瑪的原因，並且更因爲一生一滅的行動是非常疾速進行的原因，所以便呼醒了人們一種錯覺，彷彿覺得世間眞有一種永久存在的事物似的了。　認定旣沒有一種爲任何變易變化之所不能涉及，而不變不易之靈魂，更沒有一種不消不滅，而永久再從新自行開展着的原始物質，乃是世間只有在機能上的從屬關係裏彼此互相龜裂而出，各按照着律則以自發生着效力的達爾瑪，像這一種認定的知識，便是佛教解脫救渡說之前提的。　而這一種解脫救渡之行程，即在個人因克己克慾，以及因默審靜觀之功，逐漸把那些惡劣的達爾瑪在一個顯然表現爲一個人底人格的結體之中，俱皆使之到了消滅的地步，而令那些優良有益的達爾瑪一一俱皆發生了出來，一直頂到最後，生命之洪流得以擺脫掉了一切渣滓，而達到了一種純化的涸竭的狀態，即所謂達到了涅槃(Nirvâna)爲止。

在這兒約略所描敍的佛教這些教義，後來俱經佛教之偉大教義學者，譬如說布達果薩（Buddhaghosa，舊譯；「覺音」）與伐蘇槃度(Vasubandu，舊譯「世親」，俱生於紀元後之第四世紀)，造成了輪廓淸晰牢固，而莊嚴完整之學說。爲他們這些理論上的基礎觀念，已經造成了傳播佛在世時所說諸法的那些經典之底盤了。當時這些理論上自然也還沒有後來時期裏的理論上那許多瑣細精微之處（譬如說歸納無數無量的達爾瑪爲一批有限量的達爾瑪種類，又譬如說對於各達爾瑪彼此能立於從屬關係之中的種種不同可能性之分析等等情形），但是這些理論却一致地以爲全部世界事變事故與解脫救渡的事故，俱係因彼此相互而生，有消有滅的各種達爾瑪合於律則的協力合作而發生了出來的。至於說達爾瑪理論並非像許多人們之所相信的一樣，是在哲學方面業已前進的一個時期裏有精銳思力的教義學者們底發明，乃尤其是要回溯到偉大的北印度救世說之開始時期裏去，這是由這達爾瑪理論底性質上可以看得出來的。假使佛教這些教義學者，並非被迫而不得不把印度舊日神聖的傳說吸收到了他們的學說裏而來，那麼他們就絕不會把像「接觸」，或「發生，存在，漸老，消滅」，等類彼此絕不相干的字樣，都一律列入他們所開列的那宗達爾瑪表目中了，乃是必定僅只以那些和大多數其它達爾瑪一般能被理解爲能力單位的達爾瑪爲限定的哩。佛教聖典所列舉的這以上已經指出的，並其它未經指出的達爾瑪，譬如說「利益，損失，榮譽，恥辱，僧社之劈裂」等等，這都是後來經教義學者不視之爲獨立的達爾瑪，乃視爲達爾瑪底發煌的，顯然地透露了出來，達爾瑪學說之發生，係在人們思辨能力僅只漸次得以脫離那些表現在婆羅門經典中的思想勢力的時代裏的。

與巴利文字聖經（Pâli-Kanon）中所說的這宗達爾瑪之大多數立於對反地步的，是「卡爾瑪·普拉克利悌斯（Karma-prâkritis，譯者按此本梵語，原著者並未將其譯入德文，譯者手下缺少梵文字典，一時無從檢查，不過細揣其意，當爲「業種」，「業能」之意義」一名詞，雖然不是字面上明明的對反，然而也是內容上的實際對反的，這一宗卡爾瑪·普拉克利悌斯按照耆納教（Jainismus）底觀念，却是能在人類底靈魂中呼起眩惑，激烈情慾以及其它等等情形，並能確定人類之存在方式，人類之命運等等。 耆納教與佛教本係發生於同一地帶，同一時期，而這兩個宗教多方面之互相符合，就更會使我們不得不假定，這兩個宗教都是由同一的一個思想範圍內吸取了牠們的材料的。 可是一方面，耆納教是把關於不變不易的個人靈魂及其絕對與一切物質俱皆不相同的理論拿來作成了它們救世說上的理論基礎，一方面，佛教却是把舊日所傳流，在精神與物質之間並不作原則的區別的種種思想，更向前加以愈益深邃之發揮了的。 然而仍有一點爲這兩個從發生的時期上說，彷彿姊妹一般的宗教，終究共同的保存了下來，就是在同一之術語中所表示一個思想，以爲作善作惡的能力，卽所謂善能與惡能（gute und schlechte Potenz），根據人類之行動作爲可以灌輸到人類底身體內來的，並且更以爲個人底解脫救渡，僅只是因逐步消滅這宗能力的功夫，纔能得以達到了的。 相信激烈情慾，罪過，榮譽等等爲一宗流動體的事物，或爲一宗原質的事物，並且更相信這些物體具有一種獨立的，實體的存在，而可以「如同一個花環一般」，加到一個人底身上來（見阿塔爾死・吠陀經〔Atharva-Veda〕八卷六章，二十六頁），或可以自一個人底身上解脫了下來，「彷彿弓上的弦一般」（仍見方纔所引經典六卷四十二章一頁），這一種信仰，乃是屬於印度祈禳祭祀密教上頭魔法魔術宇宙觀之決不動搖的鐵成分的。那麼關於卡爾瑪・普拉克利悌斯的學說，和關於達爾瑪的學說，最後竟都是由這一個範圍裏來的了。可是後來精神界上一番偉大，而不視祈禳祭祀的作業，乃是視人類道德的作業，爲死後命運底基礎的變革過程，竟也把這所說的些能力，俱都收入了新救世說底大系統之內去了。但是歷時旣久，精進不已的哲學知覺，遂使舊日關於種種能力之湍輪，擯拒，以及滅除等等字樣，固然依舊保存，但於其下之所了解的意義，却就完全不同了。因爲按照耆納教底教義說，並非「業能」侵入人類靈魂之中，乃是注入業能之中去的那些精細物質體的微塵，一到了人類底靈魂之中，纔能變成了不同的卡爾瑪種類的，並因爲另一方面，佛教的理論，則以爲各單獨達爾瑪，係於一條生命洪流之內部，由其它達爾瑪彼此相互之關係裏，纔能發生了出來的緣故。因有這一層原因，所以這兩個宗教裏的回教大師一方面把卡爾瑪・普拉克利悌斯，一方面把達爾瑪，彷彿開名單似的，俱都一一開列了出來，並且確定牠們彼此的關係，以及把全部世界過程與救渡過程俱都置入鞏固的方式之中。雖然這兩個宗教這兩方面的玄冥思想關於靈魂理論上的立場各有不同，在許多的情形上彼此大有出入，但是牠們兩方面却終究透出近似之點，而這近似之點却是牠們兩方面本來一開頭都已具有的。

對於我在這兒所發揮的這一篇假定之說，是可以提起一種反駁來的，以爲是不可能的，像達爾瑪理論一種這樣高深的哲學學說，竟會是起源於一宗屬於一個我們在今日覺得這樣原始時期的思想段落裏的思想範圍的。　可是一種這樣的反駁，並站立不住的，因爲如果人們能把一件事實擺在眼前，仔細一審查的話，就是我們今日文化的一切製作物，譬如說我們的服裝和居室，文學和藝術，都是在遲緩的階段進程裏由單純的形式，發展到了牠們今日的錯雜繁夥的地步，那麼我們就不得不去假定，甚至形上哲學家底些崇高深邃思想，也會是在一個往昔的文化段落裏的原始時期思想上，有其初步的萌芽的了。

物理科學與世界觀

普蘭克 (Max Planck)[(1)]著

王 錦 第 譯

物理科學對於一個世界觀的爭論有什麼貢獻呢？普通以爲物理科學只是研究無生物界的物體與歷程，而一個世界觀(Weltanschauung)設若能成立的時候，必得把一切物質與精神生活網羅在內，同時對於一切精神問題必得取一種確定的態度，就是那些倫理學上最高級的問題也不是化外。

初看來好像這種說法很合理，然而往深刻處一想我們就發現出不對來，我們必得記着無生物也是組成世界的主要部分，所以任何一種世界觀如果要求在各方面都能站立得住，必得也把無生物界的定律包含在內，假如它含有與這些定律衝突的所在，它便不能持久。 在此我用不着指出那些爲物理科學所不能擁護的許多宗教上的獨斷論。

（1） 普蘭克 (Max Planck) 教授是德國第一流的物理學家，對於哲學問題他也有獨到的見識，現在所翻譯的這篇文章本是他在德國科學社 (Kaiser-Wilhelm-Gesellschaft zur Förderung der Wissenschaften)講演的節錄。

然而對於世界觀所發生的影響物理科學不僅有這種消極與破壞的批評作用，它在積極與建設方面的貢獻更是十分重要。 第一讓我們考究一下在形式方面的貢獻，普通我們都知道科學歷程的方法最先爲物理科學所採用，因爲物理科學的正確性，所以所產生的效果是異常之大，它們的方法在相當範圍內已爲人文科學(Geisteswissenschaften)所效步 ，所謂人文科學就是指人事探討的科學 ，例如史學、心理學等。 於此我們要注意到物理學由其科學內容－即其發現等方面－所發生的影響，正如每一種科學必得開始由於某一活人來研究。 同樣物理科學也不能完全脫離與研究人的關係。 最後，每一個研究者都有他自己的人格，與其知慧上與倫理上的偏見。 因此科學家自身的世界觀必是時常在決定科學工作的方向上發生影響 。 反過來說 ，這也是很自然的，科學家的發現結果不能對於他的人生觀沒有幾分影響。

但就全體看來還有更普遍的效用，它要超出物理科學的範圍，因爲自然科學與人文科學 (Geisteswissenschaften 英語稱爲 Humanist Sciences) 沒有一點可以顯然互相分別 。二者無寧說代表一種互相交織的單位組織。抓住了一端或一點而其他各部都同樣的緊强起來，所謂牽一髮而動全身的意思，同時這要牽聯到因果問題。在物理科學自身的範圍內並不想對自然的秩序推演一種絕對牢固的因果律，除非它同樣的可以由生物學與心理學上也能推演出來。

但是關於人類意志自由要如何的講法呢？ 它只有經過我們自己

的意識才能了解其根原，同時又是知識的最根本來源，人類意志是不是也爲因果律所約束，抑或是自由的？ 正如我以前時常講到的，假如我們用那樣的方法講這種問題，便成爲我稱爲似是而非的問題，仔細的思考起來，這樣的解說這種問題便沒有什麼固定的意義。 這裏疑難的發生由於沒有十分理解問題核心之所在。 這個問題的核心可以簡略的敘述如下：

站在一個理想的全知全能的神的立場看來，人類意志是緊密的連接在因果圈之內。 正如其他每一種物理的與精神的動作。 但是反過來說，假設站在單獨自我的立場看去，指示未來的我的意志不是因果律所能決定的；因爲觀察一個人自己意志的這種動作便是影響人類意志的。 所以在此我們實在不能講出它的決然而固定的因果關係來。 我們可以從另一方面來講這件事情，設若從外面或客觀的看來，人類意志是由因果決定的，但是從內面或主觀的看來，人類意志是自由的。 這兩種說法並不是互相衝突的，正如講左與講右一樣。如果有人不同意這看法，那不是忽略了便是忘記了這種事實，一個人自己的意志行爲永不能完全爲一個人自己的知覺所範圍。 但是一個人自己的意志對其自身卻有最後的命令。

所以在此事實告訴我們必得在原則上反對只以因果論爲立脚點的那種企圖着預決我們意志行爲的動機，那就是說純粹科學的立場。換句話說，沒有一種純粹知識，也沒有科學夠資格對於那個統轄我們整個人生的最主要的問題能給一個答案。 那一個問題就是：『我應該如何作爲呢』？(Wie soll ich handeln？)

到此是不是必得要說當着倫理問題發生的時候，科學就要完全不能置吻呢？ 一個簡單的看法便證明這樣的安排問題是沒有意義的。每一種科學在起首的時候便有一個問題需要切實決定其知識的基準或價值的基準；在此有一個不能解決的相互關係存在着；同時我們也看出來一種科學永不能完全與科學家的人格脫離關係。最近物理學的進步更明顯的指示出這種方向，它告訴我們物理系統的本質不能把它分爲更小的分子來研究而能有所發現，只提出一部分本身來加以研究，我們便知道就要將這系統部分的主要性質丟失了。 一個人必要把系統看爲整個的，同時觀察各部的內在關係，同樣道理可以用到精神方面去。 科學與宗教及藝術永不能完全各自分離的，全部分是永久較各部份之和多出一些東西來的，這用在我們稱爲人類的全體上也是對的。 假如要想明瞭「人性」(Menschliche Natur) 而只研究個人便無疑的是愚妄。 首先要注意的便是每一個個人必要附屬於某一集團一他的家族、他的親屬與他的國家，他把他自己滲透在集團內並且他要附屬在內，同時在集團內他永不能將他自己與集團脫離瓜葛。 因爲那種原故，每一種科學，正如每種藝術與每種宗教一樣，產生在國土上。 我們的國民曾有一段時期忽略了這種道理，所以痛感到這種輕忽的不當。

現在你可以說這都是明顯的道理，所以用不着物理科學的間接方法去說明它，實在是對了。 我很承認物理科學自身對於這樣的道理沒有什麼特別關係。 在這一點上物理科學的經驗與概況與任何其他科學並無二致，無論它們的出發點是如何的不同，但是假如照我們思想路線再走遠一點，我們就看出物理科學對於這種問題的重要遠超出我們起初想像之外了。 因為物理科學的趨向顯示了一種極清楚而確定的態度，由它自身的出發點而向各方面發展與說明，正如一棵茂盛的樹一樣，在樹梢上發芽，在空中大起來而伸出其枝幹到各方滋長繁育，然而它的樹幹依然堅固的生在土裏。 一種科學而不能或不願伸展出其育成的國土範圍是不配稱為科學的。 現在我們知道物理科學由其特性更較任何其他科學有這種普遍性的特色。 因為沒有人以為自然律在地球的不同地方而有不同的定律。 然而物理科學起初並不就要求有其國際性與普遍性，正如歷史科學一樣。 就後者說，所說的那種理想的客觀歷史著作是否有意義是很成問題的。

講到倫理學也正如科學一樣，倫理原則必得也要伸張與應用超出國境之外的。 不然，不同國家的國民間便沒有文明交往的可能。在此，物理科學的地位很強有力而確定的。 物理科學不允許在科學內容上有任何內在的衝突，它要求在各國土各時代有其正確性與合理性。 這就是科學貢獻上的最高榮譽與嚴正性。 我不想這是牽涉得太遠，我以為一個弄科學的人獲罪道德律在物理科學較任何其他科學更容易顯示出來，並且也極易受詆毀。

在嚴格的對照中，一方面科學毫不苟且的需要它的完整性，而在日常生活我們卻有不加思索與任意放縱的習慣。 舉例來說，譬如我

們說公認的謊話 (Höflichkeitslüge) 根本說來這也是無妨礙的，並且在某種範圍內對於日常談話它們也不能完全取消的。只是因爲它們是公認的，所以沒有人被公認的謊欺騙的。這種壞習慣起於說話人想使聽話人接受一種不正確不實在的事情，負社會生活領導地位的人，最大的職責便是要絕對反這種行爲，並且想盡方法去制止它，主要的要從他們的好榜樣作出發點。

正義 (Gerechtigkeit) 是不能與眞理分離的．因爲正義是專爲涉及與論與行爲問題而下一種系統與實際實用的道德判斷的。正如自然律一樣，在因果上對於無論巨細的行爲，人類社會生活上同樣要求正義的，不論高低與貴賤，對於集團是危險的，設若關於正義的安全信心而有動搖，假如階級與地位在正義爭論上插上了嘴，那麼正義的行施更困難了。如果弱者卽刻感覺到他們對於他們強鄰的壓迫而沒有保障，若是離開了正義的約束而公然的非行爲功利打算所掩蔽，這就是普通公民對於權利與正義也有關切的興趣。

山斯蘇則的磨房故事 (Müller von Sanssouci)[2]能使腓特利克大帝有名起來恐怕較任何的助力爲多。正因爲這種精神使普魯士與

（2） 山斯蘇則的磨房故事：山斯蘇則是腓得利克大帝柏林郊的別墅，在那裏磨房的風車發出的聲音使大帝不耐煩了，於是他想向磨房主人收買，但是房主說那是他先人給他遺留的東西，不肯出賣，大帝說以國王的地位卽便沒收也不是不行，房主說如果沒有最高法庭的時候當然可以沒收；結果是大帝無可奈，只有聽之而已。

德意志偉大了。 並且我希望我們的國民永不要在這一方面退步，每一個愛護他的國家的人有一種神聖的責任擔在他的身上，便是支持並發揮一視同仁的正義精神。

但是我們必得要明白一件事情：我們的努力想完成一種十分圓滿的人生境界是永遠不會完全實現的。 因爲最好與最完美的世界觀不能把我們帶到所要求的理想標準。 它只能指示我們目標所在的方向與我們努力的路線，忽略了這一點便易於使一個人陷於無勇氣或關於倫理價值的懷疑，並且無心的小看各種高級倫理理想的追求。 倫理哲學便可以供給很多這樣的例子。 在倫理上正如在科學上一樣，主要的事情不是此時此地堅固的抓着一些什麼，無寧說是向理想目標的不住的奮鬥，生活的日日新，又時時新，由內在的奮鬥趨向於改進與完成，這種奮鬥是永無止境的，而是永遠開始了又開始的。

但是在此可以問：這樣繼續不斷的努力而十全滿足還沒有任何的希望，能不灰心喪氣麼？ 是否可以這樣說一個世界觀一定依然是有價值有結果的，雖然它不能供給那些只堅固的抓住世界觀有某幾點的人們什麼東西，但就抓住的幾點來說，已經可以使他們在變動不安的生活中而得到心安理得的世界？

我們很幸運的對於那一個問題可以給一個堅決肯定的答案。 誠然這裏有一個堅決固定的一點，一個安全的佔有，那是每一個人，就算最平庸與微賤的人也在內，能說算爲他的，這是一種永不能拿走或失掉的寶藏。 它能使心靈上中到最大的滿足。 因爲它是內心平安永遠的源泉，所以能稱爲「永恆」(ewig) 這樣的恩物可以從「良心」(Gutes Gewissen)與「好意」(Guter Wille) 中尋找出來。 這兩佔有能爲生命上的暴風雨供給安定的停泊所。 也是一切使人快樂的與滿足的行爲的前題，並且同時又是避免悔恨的鞭策與嘲弄的最有效的保障。它們是一切眞正科學活動的首要條件，而且同時又是每一個人道德價值上不會錯誤的標準。

佛爾克教授與其名著中國哲學史

方志浵著

自從甲柏連（Georg von der Gablentz）於一八八一年把他的大著漢文典（Chinesische Grammatik）出版以來，德文漢學界的發達，眞如旭日之初昇，惟有令人咋舌而已。尤其是十九世紀開始以降，最近三四十年中之成績，蓬蓬勃勃，更使我們不得不刮目而視之。

試觀衛禮賢（亦稱尉禮賢）（Richard Wilhelm）之於經學，譯有四書，易經，莊子，呂氏春秋，列子，道德經，禮記等書。福蘭閣（Otto Franke）之於史學，著有三巨册之中國通史（Geschichte des Chinesischen Reiches）等書。佛爾克（Alfred Forke）之於哲學。柴赫（Erwin von Zach）之於訓詁與文學，譯有昭明文選，李太白全集，杜甫全集，韓愈全集，陶淵明全集等書。最近柴赫給編者來函云正在下手翻譯楊雄之法言。以上四家對於漢學，均有透徹的了解，各成一家，使西方漢學界都肅然而致敬。這四家也可以說是德國的四庫全書了。

雖然衛禮賢已于前幾年物故，德國人還是不斷的讀經。 因爲衛禮賢的翻譯，都是筆調流暢，讀之使人津津有味。 其餘三位漢學大師，均有古稀之碩齡，或者漢學之發達與長壽不無連帶關係也。

國人對於近代西方漢學界，除了法國之伯希和 (Paul Pelliot) 與瑞典之高本漢 (Bernhard Karlgren) 以外，其他向不甚注意。 原因可以說是在西方漢學者對於漢文之了解，不甚透徹，以致起國人之藐視。

的確，他們多半是不大了解方塊文字的奥妙不可思議處。 有的所謂漢學者們，簡直是陶淵明的衣鉢弟子，「不求甚解」算是他們的標語。 因此幾年以前，英國的巴克 (E.H.Parker) 說：「西方漢學者就是漢文之摧殘者，而自相毀傷爲業者」。 (A murderer of the Chinese language, always on the look-out to slay his kind.) 巴克這句定義未免來的太苛，但也不能說他是完全不對。可是在另一方面呢，就是前面所提的那四位漢學大師，雖然間或小有錯誤，我們也大有認識他們的必要 若是沒有他們，德國人對於中國的文化，恐怕還在五里霧中哩！他們對於在西方發展漢學的功勞，很値得領一枚中國政府的一等嘉禾勳章。

* * * *

佛爾克教授是生於一八六六年。 大約三十年以前，他在中國長期的逗遛過，因此他對於漢文與中國國語是眞個的在行，離開中國以後，更歷經柏林及美國柏克萊 (Berkeley) 各大城市講授漢學，一九二三年又到漢堡大學任漢學教授，直到一九三五年方告歸休養。他的著作，甚爲豐富，如中國哲學，文學，歷史，方言，經濟等之研究，均有他的足跡。而他的最不朽的名著，就是他那三大厚册的中國哲學史。第一册爲中國古代哲學史（Geschichte der alten chinesischen Philosophie）（一九二七年漢堡出版），共六百一十頁，內容包括有周秦哲史，詳詳細細的分析了鬻熊、管仲、晏嬰、子產、孔子及其門人弟子、孟子、荀子、黃帝陰符經、老子、列子、莊子、僞管子、文子、其他道家逸書，如老萊子等等，楊朱、墨翟及其弟子、又鄧析子、尹文子、惠施、公孫龍、李悝、愼到、申不害、商鞅、韓非子、鬼谷子、蘇秦、張儀、計倪子、鄒衍、月令、黃帝素問、尸子、鶡冠子、呂不韋、告不害、宋鈃、接輿、長沮、桀溺、許行、於陵子（田仲）等的哲學思想。第二册爲中國中古時代哲學史（Geschichte der mittelalterlichen chinesischen Philosophie）（一九三四年漢堡出版），共有四百二十二頁。講的是自漢以降至唐朝的哲學思想。計有前漢之陸賈、賈誼、淮南子、董仲舒、劉向揚雄。後漢之桓譚、王充（據說佛爾克教授很佩服這位經驗派哲學家，他已把王充之論衡譯成英文），荀悅、班固、馬融、王符、牟融（牟子）、徐幹、仲長統。六朝之劉邵、傅玄、葛洪、鮑敬言、裴頠、孫綽、張融、周顒、顧歡、孟景翼、顏之推、金樓子（梁元帝）、劉晝、慧遠、羅君章、鄭道照（鄭道人）、范縝、王通。唐朝之韓愈、李翺、林愼思、柳宗元、劉禹錫、天隱子（司馬承禎）、亢倉子（王士元）、玄貞子（張志和）、无能子、張弧、陳摶、譚峭、關尹子（尹喜？）盧慧能、何宗密等。第三册爲中國近代哲學史（Geschichte der neueren chinesischen Philosophie）（一九三八年漢堡出版），共有七百一十一頁。講的是宋、元、明、清、及民國的哲學思想。計有北宋之石介、歐陽修、司馬光、王安石、邵雍、邵伯溫、周敦頤、張載、程頤、楊時、謝良佐、呂大臨、胡瑗、胡安國、胡宏、胡寅、蘇洵、蘇轍、蘇軾、子華子（程本）王蘋、羅從彥、李侗。南宋之朱熹、蔡元定、黄榦、陳淳、眞德秀、陳埴、陸九淵、楊簡、魏了翁、袁燮、張栻、陳亮、呂祖謙、葉適、蔡沉、劉因。元之許衡、吳澄、陳澔、鄭玉、趙偕。明之劉基、方孝孺、吳與弼、薛瑄、葉子奇、羅欽順、吳儒須、王文祿、楊東明、曹端、黄道周、陳獻章、湛若水、胡直、胡居仁、王守仁、王艮、徐愛、鄒守益、錢德洪、王畿、羅洪先、顧憲成、高攀龍、劉宗周、亞游子（曾櫧？姚汝循？）、呂坤、莊元臣（叔苴子）、胎息經。清及民國之孫奇逢、趙御衆、黄宗羲、顧炎武、王夫之、陸隴其、唐甄、魏裔介、耿介、李容、陸世儀、張履祥、張爾岐、湯斌、顏元、李塨、戴震、龔自珍、汪縉、羅有高、彭紹升、洪亮志、曾國藩、俞樾、康有爲、梁啓超、譚嗣同、夏曾佑、王國維、吳稚暉等。

* * * *

西文寫的，比較有系統的中國哲學史，已經有數種，如哈克曼 Heinrich Hackmann: Chinesische Philosophie）（一九二七年出版），

岑克 (E.V. Zenker: Geschichte der chinesischen Philosophie) (二冊，一九二六——九二七年出版，此書有法文譯本題爲(Histoire de la philosophie chinoise 一九三二年出版)，葛盧百 (Wilhelm Grube: Chinesische Philosophie) (一九〇九年出版)，濮蘭德 (M. von Brandt: Die chinesische Philosophie und der Staats-Konfuzianismus) (一九〇九年出版)，衛禮賢 (R. Wilhelm: Chinesische Philosophie) (一九二七年出版)，杜琦 (Giuseppe Tucci: Storia della Filosofia Cinese Antica) (中國古代哲學史，一九二一年出版)，日人鈴木 (D.T. Suzuki: A Brief History of Early Chinese Philosophy) (中國古代哲學史，一九一四年出版)，胡適之先秦名學史(The development of the logical method in Ancient China (一九二二年出版)。此外翻譯有梁啓超著先秦政治思想史的英文譯本 (History of Chinese Political Thought during the early Ts'in period)(一九三〇年出版) 和法文譯本，馮友蘭之中國哲學史上册的英譯本 (History of Chinese Philosophy) 譯者名爲卜德(Derk Bodde)(一九三七年出版)。 以上這些翻譯本的哲學史，有的是失之太簡單，有的是根本沒有取材于中文原書，遠不及德國碩儒之取材豐富，敍述流暢。 在當代德國漢學者中，除了柴赫以外，對於中文能深深的了解者，不概可推佛爾克吧。 他的翻譯是很可靠的，然而他也有時沒躲開小誤謬，比如孫怡讓的墨子閒詁的「閒」字是該念作 (kien 或 djien)，而在他的中國哲學史第一册三七三頁與五八一頁索引裏，拚出爲 (hsien)，意思變爲間談之間。 又如趙蘭坪所譯日人高瀬武次郎之中國哲學史，按高是姓(Takase)，但佛爾克在他的中國哲學史第二册第三册脚註裏，引用這位日人的書時，常常提說他的名字「武次郎 (Takejiro)」而不提他的姓。 這些不過是不大相干的小錯誤，在一部一千七百餘頁的書裏，是免不了有小錯誤的。 的無論如何，佛爾克的哲學史是一部名著。

* * * *

瑪茵河 (Main) 邊佛蘭克堡 (Frankfurt) 的歌德大學 (Goethe-Universität)，現設有中國學會 (China-Institut)，本爲衛禮賢所創辦。依據這學會的漢學雜誌 (Sinica) 特刊 (Sinica-Sonderausgabe, Jahrgang 1937, Forke-Festschrift, Heft 1) 慶祝佛爾克七十歲論文集第一册），佛爾克的著作，單行本，短篇論文，書評等，總共有一百三十三種之多。 玆擇其較爲重要者列舉於左。（括弧裏的數目字爲出版年代）。

哲學類

享樂主義者楊朱與汎神論者列子之關係
Yang-Chu the Epicurean in his relation to Lieh-tse the Pantheist (1893).

王充及柏拉圖之死亡與靈魂不滅論
Wang-Chung and Plato on Death and Immortality (1896-97).

中國之詭辯家（名家）
The Chinese Sophists (1901/2).

論衡（英譯）
Lun-Heng (1906,1907,1908).

墨經（德譯）
Me Ti des Sozialethikers und seiner Schüler philosophische Werke zum ersten Male vollständig übersetzt, mit ausführlicher Einleitung, erläuternden und textkritischen Erklärungen versehen (1922).

政治家哲學家晏嬰及晏子春秋
Yen Ying, Staatsmann und Philosoph, und das Yen-tse Tsch'un-tch'iu (1923).

中國哲學史上之中古與近代
Die mittlere und neuere Zeit der chinesischen Philosophie (1922).

尼采之前驅鐵血宰相商鞅
Schang Yang, der eiserne Kanzler, ein Vorläufer Nietzsches (1924).

中國人之宇宙觀
The World-conception of the Chinese (1925).

中國及華化四裔之思想界
Die Gedankenwelt des chinesischen Kulturkreises (1927).

非惟心化之實在（這書可說是佛爾克之哲學論 對於許多問題，他是與王充的思想相似）
Die nicht idealisierte Wirklichkeit (1930).

中國哲學中唯心論之創始
Die Anfänge des Idealismus in der chinesischen Philosophie (1933).

中國哲學中之靈魂不滅問題
Das Unsterblichkeitsproblem in der chinesischen Philosophie (1934).

今日之中國哲學
Die neueste chinesische Philosophie (1935).

語言文字文學類

在土耳其斯坦所發現之回文書
Ein islamisches Tractat aus Turkistan (1907).

衙門及報館（公文及報紙文體的教科書）
Yamen und Presse (1911).

柏林王立圖書館所藏北藏目錄
Katalog des Pekinger Tripitaka der Königlichen Bibliothek zu Berlin (1916).

由象形文字推考之中國民族來源
Der Ursprung der Chinesen auf Grund ihrer alten Bilderschrift (1925).

韻 文 翻 譯 類

漢魏六朝詩歌集錦
Blüthen chinesischer Dichtung aus der Zeit der Han-und Sechs-Dynastie (1899).

唐宋詩集
Dichtungen der T'ang-und Sung-Zeit aus dem Chinesischen metrisch übertragen (1929,1930).

民俗學與考古學類

秦漢封泥致
Die Inschriftenziegel aus der Ch'in-und Han-Zeit (1899).

中國之諸民族
Die Völker Chinas (1907)

史 學 類

中國之財政及賦稅制度
Das chinesische Finanz-und Steuerwesen (1900,1901)

中國歷史學的要質

福蘭閣 (Otto Franke) 著

朱炳蓀譯

西方的歷史家，自柏拉圖(1)與亞里士多德(2)的時期起，經過啓蒙運動及浪漫主義的時期，直到今日，對他們的工作的性質，意旨，以及目的所顯示的意見，對我們多少是有些熟悉的。 但是中國的歷史學，仍停留在這種思想的整個區域之外。 直到現在，西方人對牠少有注意，也毫不能明瞭牠；關於牠的事，我們的歷史家與哲學家一點也不知道，甚至像朗克(3)以及其他更近代的從事歷史研究工作者對牠都無所知，以爲牠不値一顧而輕忽過去。 但是爲了比較上的關係，實在値得我們對那個遠而大的世界加以注意，尤其我們

---

(1) 柏拉圖 Plato，希臘大哲學家，生當紀元前四二七至三四七年；著名之作有 Der Staat 等。

(2) 亞里士多德 Aristoteles，希臘哲學家，生當紀元前三八四至三二二年，名著甚多。

(3) 朗克 Leopold von Ranke，生當一七九五至一八八六，德國歷史家。

想到歷史的研究，像我們時常易於聽到的，努力經過由分別的區域造成較大的統一，國家，以及時期，由國家與時期最後成爲全世界歷史的統一。

除非我們先追溯中國歷史學的本原，我們不能理解牠的要質。牠的本原與性質由于牠所從事的意旨而決定。如果我們先考查一下原始負責於記錄史質者的地位，則意旨與性質兩方面，都很明白的顯示給我們了。在我們對上古文學本源的安排之下——由中國北方的挖掘出土的結果，我們對牠比以前能有更大的信任——指示了編年史作者至於現在仍爲一個稍有增益的名詞所敍述着。根據他們的說法，自紀元前十一世紀起已統治天下的周代，牠的編年史的作者是宗教儀式的高級官吏，管理一切公務的記錄。他們是祭司，同時又是星占家和預言家。他們對宗教儀式的服務使他們負責於崇拜自然及連帶的崇拜祖先。這種崇拜自然的重要的一部是由觀察自然現象，宇宙現象，尤其是星的系統的現象，與日曆的編纂，選擇吉日以執行重要事務，以及預言和預兆的神聖所造成的。準備犧牲，安排儀式，背誦對死者的頌讚以及其他相同的任務都是編年史作者對崇拜祖先的責任。但是在他們做記錄保存者，星占家與祭司的活動而外，什麼是他們做編年史者，卽史官的眞正責任呢？在古代的經籍中說過：『天子動則左史（記錄保存者）書之，言則右史書之』（4）。究竟這種職務的分掌在古代已經眞正的存在呢，還是祇不過後代儒者許

（4）見周禮春官。

多自由觀念之一，這實在是可疑的。 無論如何，編年史者或記錄保存者記錄皇帝公務的行動是無疑的事實。 編年史者的這種保存君主行動的記錄的職務，不僅在天子的帝國存在，諸侯各國也是有的。這些分別的編年史都爲帝都的記錄保存者所管理，而且無疑的是監察諸王侯行動的一種方法。 因爲古代這些編年史作者是唯一懂得寫作的人，所以要估計他們的重要及分別是很容易的了。 在中國，與其他各地一樣，寫作是一些選定的深知他們自己以後所把持的權力的一般人所謹愼保護的祕密。 在沒有受過這種祕傳的方面，這複雜而神祕的字號有祇能使人尊敬與懼怕的神密力量的魔術的影響。 這種對寫作及學寫作的人的異常尊敬直至現在中國人仍保存着。

編年史者的記錄，與神諭的預決，家譜表錄，家庭記錄，條約，以及其他公文等同被存於祖廟，同時中國史家工作的本質由編年史者的此種行爲而得以尋見。 實在我們不知道什麼時候事故的一貫連續的表現初次被承擔於記錄的物質基礎上，但是我們知道由最初的這種表現自必爲一種環境所影響，這環境與保存記錄者的記錄的目的與本質密切相連，主有一種像宗教方面的或至少一種政治倫理的性質。我們看到編年史者的地位是如祭司的，而他的任務是觀察自然現象和牠與國家重要行爲的相和諧。 這種宇宙觀念，決定了中國的國家觀念，假定人類社會包含於宇宙行序中，並且天上的矛盾預示地上的，也就是國家的不安。 雖然，祭司般的編年史作者，即學習于天的智慧與寫作的藝術的記錄者，估計國家行動的是非。 因此，封建諸邦的編年史者的重要有如監視諸王的一種方法，並且牠的可比於皇帝的記錄與語言的重要變爲明顯。　編年史者於是成爲帝王及其朝代的道德判斷者。　而且，如果我們想到這寫作符號的近乎宗教的尊崇可以記錄所論的人的名譽或者醜行，不僅留給現在的人，而且給無數的未來世代，使他們的名字或者得光榮讚美，或被判有罪，我們就可以了解這些寫作所必然獲得的極端重要，依他們所述說的，作永久的裁判。　編年史者的職務如同裁判的觀念，早已肇端於古老時期的基本道德及哲學的先見中，由此在全部發展的長時期中，決定中國史學工作的要質。

如各種國立的或社會組織的情形，假若是合法的，必可由純正的習俗尋察古代的聖哲，所以孔子立於一切編年史的較高道德意義的本源。　據說他給他的本鄉，魯國的編年史，這種在至今日我們仍保有於經書春秋中的形式。　在一個長時期曾爲西方所誤解的他的著作中，目的是要由個人人格與事故的例證來表現偉大道德的經律，天道如何執行，而執行天道的行爲是要被考定爲與天道相和諧，或是與之相抵觸。

雖然至聖在他的最高裁判的能力下，分派出對有權力於世界者加以贊揚或責難，而兩者的在後代眼中視爲如何重要可見于下面所引後代儒家的陳述：『一字所嘉，有同華袞之贈；一言所黜，無異蕭斧之誅』(5)。　無論如何，中國所稱爲褒貶的這種讚揚與責難的意

(5) 見唐孔穎達春秋正義序。

見，是遠古時代祭司般的編年史作者的遺傳，如魯國至聖的肖影樣的昭垂於全部後代中國的歷史學。

在古代國家為凶險的戰爭所所崩壞以後，第一個真正的歷史家是紀元前第一，第二世紀的司馬遷。 他尤其據有編年史者與星占家的地位，但這自然不能具有與他們在古代時同樣的重要。 在這樣的公務的能力下，司馬遷完成了他父親的整個中國歷史的工作，自稗傳的起始直至他自己的時代。 編纂者的公務地位也是時常為相沿的古代編年史的形式所顯示，在他們所著作的史記中這種形式仍未完全消失。 然而他們的成就代表一種偉大的進步，可與過去歷史陳述的努力所產生的任何事物相比。 這裏我們第一次見到一種努力，較以前編年史者，星占家們的習慣於祇指定一種專制的格式於自然的進行與牠們對國家的重要更前進了一步。 牠首先直接發現事故循因果的環鏈而順序相連的永久的定律。 司馬遷不僅高越于他的所有的前輩以上，甚至在他的大羣的模仿者中，也很少數的人能達到他的標準，更沒有人能越過他。 在他的歷史工作中，由最初的一瞥我們就可看出舊的思想方式如何與新的相衝突。 皇帝的本紀中，我們看到記錄者的無表示的面具，他祇用乾燥的詞句寫下事實，很少敢暗示讚揚或責難（褒貶）留給讀者的聰敏來認識這些事實與天道的關係。 但是，在特殊人性的列傳中，我們常可見到某人的面部表情，可以表明他是血肉的人。 這裏我們可以觀察史家如何注意各人動作中的精神動機，如何啓發他們的行為的道德意義，以及如何由他們的推測而描繪出後來的事件。 由此我們也可認識他自己的惡運（司馬遷因判斷坦白而遭受到貶抑的責罰的痛苦）如何給他自己的面容一種人類的苛酷與輕視的表情。 尤其在敘述中，常有嚴刻的諷刺，雖然沒有明顯的使公佈於衆的目的。 另一方面，時常可發現他對英雄的欣悅是由對過去的偉大行為的熱心的隱匿的火焰裏飛裂出來的片刻的火星。 然而這種以正教的習慣不再受束縛的觀念仍與司馬遷的思想相去很遠。在他與他的天文學合作者的至今仍傳留給我們的辯論中，他很明顯的述說他想他的責任實在是依循經籍所定的標準，繼續春秋的作者所舉行的裁判的職務。

司馬遷的最光榮的譯者沙宛尼(6) 在他的對這個偉大史家的描寫中說：『在他的手中，歷史不再是道德的論文，牠成為代表一種關于某一民族的高貴的書』，這在我看來似乎太說遠了一點。

司馬遷所進化的方法保存了後代繼承前人發現的方式在一千年以上，但在他們後輩的手裏，牠退化成為一個失去感覺的系統。 物質屢繼的填入這個系統，同時也如填入列傳般的增加於本紀中；那種依本源而控制的精神，曾顯見於司馬遷全部的工作，漸漸傾向消滅了，而因此在那時一切對國家行動的批評都變成為了公務的御史而保留，甚至道德權衡的觀念也消失了。 依理論言，歷史工作仍被認為是天道活動的鏡鑑，但這種意味大都是勉强而冷淡的。 祇有在活躍的人們的寫作與言語所包含中，我們有時可以找到內部感情的痕跡。 我

(6) 沙宛尼 Edouard Chavannes，法國漢學家，譯史記為法文。

們可以假定這些語言，如梭細德(7)的語言一樣，是稍能獨立的思想以表現史家本身的個人意見。

中國精神的一種自然而健全的推動在此時再度企求了解事故程序的原因性。准如此言，那麼有人該先要假定先王所定的這些倫理的定律的實行是基本判斷的要素，但有人也許要找出究竟一件事故如何發展出另一件事故來的。為了滿足這個需要，司馬光經過二十年的功作以後，產生了他的偉著，一部中國歷史，自紀元前四〇三年到紀元後九六〇年他所生存的朝代的開始，而因此這朝代被排出於一切歷史的處理之外。司馬光在他的給皇帝的表章裏說：『為編年一書，使先後有倫，精粗不雜』(8)。洪伯爾(9)曾規定一個史家當能由尋求與增加這些不能見的而在於一切事物基礎的，彼此相聯合而產生偶然的連續的要素來連接任何事件個別的部份，自司馬遷以後，這種需要已有一千年的靜止不動，而至少在十一世紀的中國又再度興起。然而，另一方面，編年史者的道德判斷的概念仍存在於司馬光的工作中，如他自己敘述的詞句所明示：『臣常不自揆，欲刪削冗長，舉撮機要，專取關國家興衰，繫生民休戚，善可為法，惡可為

(7) 梭細德 Thucydides，希臘大歷史家，生年不可知，歿于紀元前三九九年。

(8) 見司馬光進資治通鑑表，載司馬文正全集中。

(9) 洪伯爾 Wilhelm von Humboldt，德國學者兼政治家，研究語言學，生當一七六七至一八三五年，曾建柏林大學。

戒者』(10)。於是，一件事物保存了司馬光的前輩與後繼者的通性。他們中間沒有一個人能或者希望解脫過去宗教的道德的遺傳。中國中世紀時，儒家的歷史寫法曾對因果的定律有所知覺，而這定律終於獲得一種武斷的意義。宇宙觀念和牠的永不能廢止的道德關係是在十二世紀時得到牠的成為公務的主張的最後表現的觀念。中國歷史家為絕對的眞實所束縛，力求其如經籍中所說的一樣。雖然希臘的梭細德不允許倫理或宗教的觀點來數計於他的敍述中，但祇希求啓示一切事故的固有的定律，但是中國人以為一切事故發生都循一定的不受時間限制的標準，而言於天命的聖人規定這種標準於大義中。

於是，天下主義與這種宇宙觀念及其必然的論理的結果切實相聯，成為一切歷史意見的起點。現代中國表率人物之一，梁啓超所想到及所寫的關于中國歷史學，牠的方法，以及牠的價值較多于任何其他的人，曾在他的一本後期的作品裏說：『中國人則自有文化以來，……其政治論常以全人類為其對象，故目的在平天下，而國家不過與家族同為組成「天下」之一階段』(11)。卽使這種觀念是純倫理的而非歷史的，然而牠指示給我們中國歷史家繼承無數世代而主有的世界的政治觀念。這種祇成為一律的宇宙觀念的思想的世界見解，注定於限制史家對事故進展的觀念。天下主義，在牠的論

(10) 見司馬光進資治通鑑表。

(11) 見梁啓超：先秦政治思想史序論第一章。

理結果上驅向極端，由我們自己（西洋）的歷史上，對我們不是全不可知的東西，牠曾用牠的偉大的一切魔力來激勵來伯尼(12) 指導路徑給中國史家，但這種同樣的曾領導一種人類觀念的天下主義，阻止了這路徑，因為牠隱匿了自然的與民族的地位的種類的繁多以及牠們所主有的形成的權力。

這裏所說的中國歷史學屬於一個衰落的世界。 西方思想破壞了這個世界的儒家觀念，宇宙次序的定律也被廢止，天下主義也和此地一樣的被損壞於反抗生活的困苦的實情。 由此，中國歷史科學的主要營生被拋去，但是在舊的既經發現破壞，新的一定要興起。 今日的研究工作者的較年青的世代，受過西洋方法的訓練，可以得見他們走到歷史的眞實上。 顧頡剛，可以說是最顯著的現代中國歷史家，是一本值得注意的工作古史辨的作者，在他的序文裏總結起整個的問題：『我知道學問是祇應問然否而不應問善惡的』(13) （我們回憶到朗克的如其眞相）。 以下：『直到近數年，胸中有了無數問題，並且有了研究問題的功作，方始知道學問是沒有界限的，實物和書籍，新學和故書，外國著作和中國撰述，在研究上是不能不打通的』(14)。 這表示了和先聖的贊揚與責難（褒貶）的學說的系統

(12) 來伯尼 Gottfried Wilhelm Leibniz，德國哲學家兼數學家，於政治，歷史，神學等各方面俱有心得，生當一六四六至一七一六年。

(13) 見顧頡剛古史辨序文頁八十三。

(14) 見古史辨序頁九十二。

以及習俗的神聖不可侵犯有所違背。

關於咖啡及咖啡精之管見

史棣廉(Wilhelm Stepp)著

鮑鑑清譯

以咖啡 Kaffee 之特別性質在嗜好品中所佔特殊地位遠在咖啡精 Coffein 發明之前為時恐已百餘年矣，且應用於各種疾患（尤其對於衰弱疾患及心臟病者），迨吾人認識咖啡精之各種作用時，亦久知咖啡之特性由此種物質之所致也。

近數十年來對於咖啡及咖啡精 Coffein 問題始為吾人所注意而從新加以研究，即就最普遍之經驗言 0.1g 純咖啡精之嗜好價 Genusswert 決不如一杯咖啡（其含咖啡精之量約等於 0.1g）之佳，是則咖啡中除咖啡精外尚有他種物質參雜其中，惜此問題至今猶未決也。

吾人先言其効用，其在治療上實為不可缺少之藥劑，今日知之最確切者乃對於心臟及血行之作用。蓋各種心臟作用皆受其影響，如心力衰弱者得 0.1 — 0.2g(其量有時亦可再增)咖啡精而治。在治療上常與毛地黃 Fingerhut 之有効成分同用或竟為其代用品。其優點厥為因咖啡精而起之冠狀血管之擴張。此種特點之發現，至今不過十餘年。蓋近世最強之強心劑為 Strophantin（普通與葡萄糖溶液直接注入血行）若與咖啡精合用可以減輕 Strophantin 毒力之一部。因咖啡精之功用不僅適用於心臟衰弱亦可用於血管之驟然脫力（卽虛脫，原因於周圍性及中樞性神經系統者）同時亦可用於各種中毒症之呼吸及循環障害者（如酒精，麻醉藥及含有 Veronal 之催眠藥製劑之大部等）再如偏頭痛 Migräne 及他種頭痛症候皆可得優良成績，而其影響於胃腸作用，亦久已著名，因其能促進胃液分泌（多食後飲咖啡）及增進消化。

自從胃診斷學上應用咖啡精後（分泌力之試驗）在可能範圍內，可以知純咖啡精效力之概況，故有若干大病院，每年約有病人八百名乃至一千名（胃病者），施行咖啡精試驗飲料 Coffeinprobetrunk 之檢查應用此法幾有十五年之久，被檢之人數已逾萬，於此亦足觀其對於咖啡精（普通量為 0.2g ）反應之如何。咖啡精固用以試驗胃之機能同時亦可觀察其對於咖啡毒精之各種反應。至此種巨量之試驗 Massenversuche 之成績如何，余乃利用余個人之經驗言之，凡因飲咖啡而起之心跳，震顫，興奮以及其他症候等，在平時用咖啡後常有之。若施行咖啡精飲料鮮有訴及此種症候，是則吾人可以證明用純咖啡精者（最低限度應用此種試驗方法者）僅有極少數人有此種輕度之障害也。

在同一人用咖啡精試驗飲料時，不覺特異狀況，若用濃咖啡，便覺不寧，其原因不外為咖啡中所含之咖啡精與其他物質混合所致，或竟由其他物質所惹起者也。然則無咖啡精的咖啡之作用究竟如何，而吾人敢斷言者，卽飲之不致失眠（與普通含咖啡精咖啡相反，其作用不因催眠藥而減輕）亦不生不適之心臟病狀，此乃普通用此種咖啡者之所述。但胃疾可因而增劇。是以吾人知咖啡中必含有一種變更咖啡精作用之物質之存在，可無疑矣。近年來對此問題，雖存種種有趣之檢討，惟猶未至發表之時期。

何種人忌飲咖啡，就健康者言，若因咖啡而有不眠，不適之心臟障害，不寧及其他症候者，應用無咖啡精之咖啡以代之。但吾人不可忽視者，卽神經系統某部之反應，對於咖啡精之作用亦未常能有相當之裁判也。當工作非常緊張時，往往不能用咖啡，否則卽致種種不寧狀況。若在休假期間，緊張狀態已去，雖用咖啡，亦毫無障害，是其明證也。

患者對於咖啡之關係如何？凡有消化管疾病，胆囊疾病，甲狀腺機能亢進（Basedow氏病），中樞神經系統障害，高度神經衰弱及心臟與血管系統之一定病變，皆須遵醫師之囑，而禁除此種嗜好。

醫師反對咖啡之濫用亦如反對其他嗜好品之亂用。此固必然之事。雖普通食品，亦可因用度過量，而損及健康。惟嗜好品中之咖啡，無重大中毒狀況之可言，卽病理學家，亦不能發見其可疑慮之點。故吾人身爲醫師，不得不認咖啡爲一種無害之興奮劑及家常飲料也。

阿克發彩色照像新法

艾格爾 (J. Eggert) 著

陳光熙譯

彩色照像之發明，由來已久。惟迄今各種色彩之產生，皆基於一所謂『色彩混合法』之作用。此法之原則，可略言之如下：細察彩色映畫，可辨明紅，綠，藍三色之光混合而成白光。又配合基本顏色，可成其他顏色；如合紅與綠可成黃，合紅與藍可成紫，合藍與綠可成青等。

藉混合法而成之彩色映畫，有光度微弱之缺點。是蓋易於解釋者：合紅綠藍三色之光，始成白光，而此各色之光，本由白光中以濾光器遮去此三色以外之光波而來。可見此三色光混合而成之光，雖為白光，而其光度，則遠遜於原來之白光。其他合成之彩色光，亦莫不如是，例如：合紅與綠而成之黃光，究不如由白光直接濾出之黃光之強烈與鮮明。

職是之故，混合法可用之於映射，而不能適用於感光紙上照像之覷影。蓋其白色部份極形暗濁，與紙本身之白色相較，使閱者易生不快之感。

欲印彩色之照像於白紙之上，不如用一所謂『色彩減法』較爲有效。此法之原理，宛如印刷術中之三色印刷：借紙之白色，以成圖畫中之白，次第於紙上，加三種透光顏料，便可配成種種彩色，以及黑色。此透光顏料之色，非紅，綠與藍，而爲是三色之餘色青，紫與黃。由反射作用，白紙發出白光，其一部份被堆積於紙上之顏料所遮留，吾人所見者，乃其剩餘部份。此剩餘部份之色彩與其光度之強弱，胥視顏料之色彩與厚薄而定。詳言之，青，紫，黃三色中，減去某色之餘色卽呈某色：譬如僅印黃紫二色，則所成之色爲青之餘色，紅。此色彩減法一名詞之所由來也。

欲用色彩減法，映射五彩之影像，其影片必須覆以三層不同之感光膠質：首層能感藍光，次層能感綠光，第三層能感紅光。經攝影，顯影二步手續而後，第一層膠質上，印有藍色物體之陽文影，第二層則有綠色物體之陽文影，第三層則有紅色物體之陽文影。然此各影皆爲黑色者，必須用化學方法，使其分別變成原來物色之餘色，始克於映射時分別復現原色於銀幕之上。故第一層膠質上，藍色物體之影須染成黃色，第二層上綠色物體之影須染成紫色，第三層上紅色物體之影須染成青色。

數年前柏林『新攝影社』之費施博士 (Fischer)，曾致力於特殊顏料之研究，以期適用於前述影片之染色。而其染色手續，則與顯影手續同時進行。費氏曾覓得三種藥劑，加於顯影液中，能次第將各層膠質上影像分別染成原色之餘色。氏於 1911—1912 年間所領

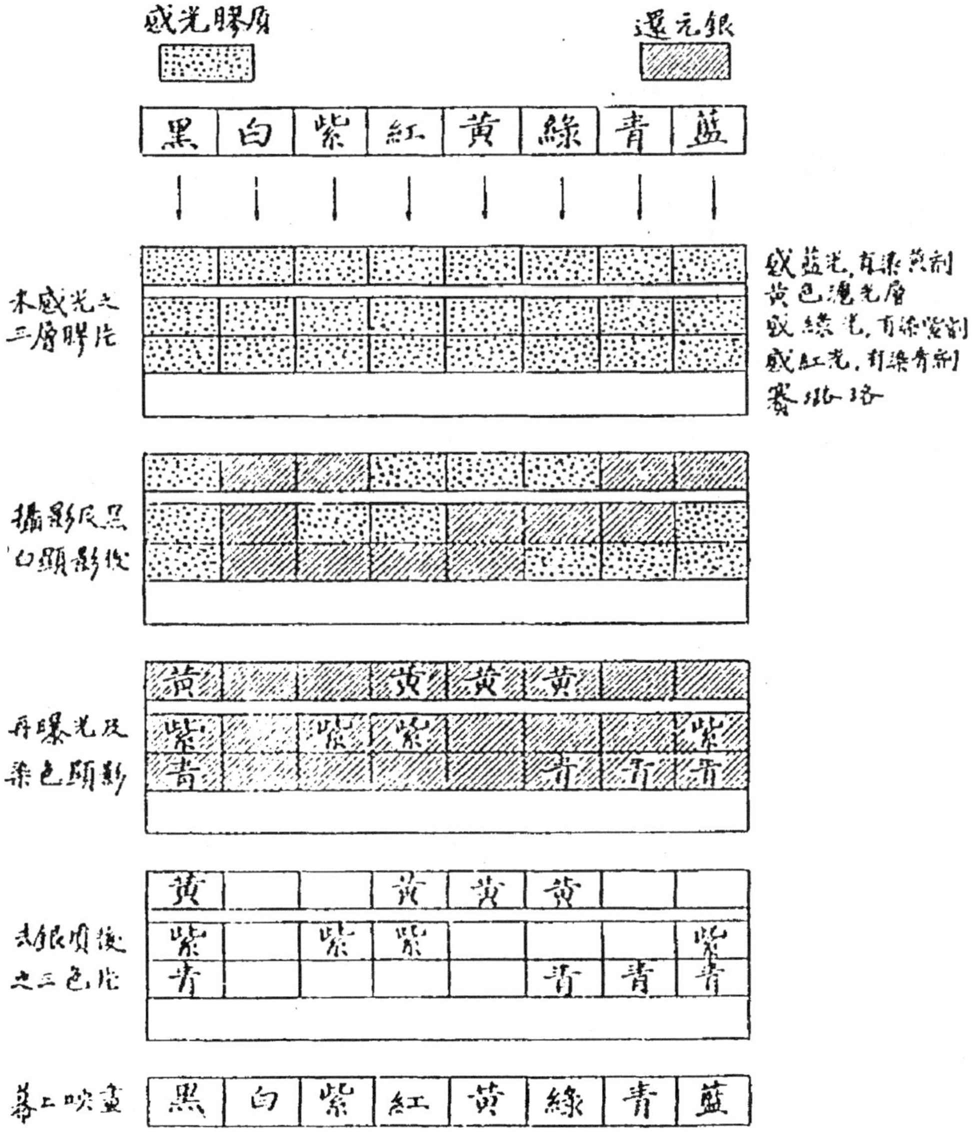

阿克發彩色照像新法

之專利執照，今已逾期。　此方法於原理上確為一顯著之前進，而於實用上則仍不得視為完全成功。

就理論方面而言，三色像片之顯影，為可能之事，已如前文所描寫。 然就實際言之，則其手續實頗繁難。 蓋欲得一完美之三色影片，必須作多數極精確之化學措置：（一）將影片之三層全體施以染青顯影，然後洗去上二層中之青色，而保留底層中物影上之青色；（二）將上二層施以紫色顯影，洗去最上層中之紫色而保留第二層中物影上之紫色；（三）將第一層施以黃色顯影。 非特手續繁多，而且每次顯影，必須分別應用不同之顯影液，每次復須加以適當分量之特種藥劑，始克產生所期待之色彩。

是故前述之方法，在專家手中，利用專門之器械，固能產出良好之影片，而一般攝影業者與業餘攝影者，則仍不能一試其身手。 若欲得一廣泛之實用範圍，必須設法使用同一顯影液，同時造成三層顏色各異之物影。 欲達此目的，自非於三層膠質中預先分別混以特製之藥劑不爲功。

阿克發實驗室，從事於此專門問題之研究也，已數載於茲。 吾人須知，顏色膠片之製造，實須應付極苛之條件，克服絕大之困難，始克成功，非如前文所述原理之單簡。 例如塗刷膠質之技術，已費無數實驗方得成功。 蓋順次塗刷厚僅 0.005 mm 之三層膠質，而每二層間復須隔以一厚僅 0.002 mm 之透明膠質，實非事之易于實行者也。 又如特種染色藥劑之配製亦引起繁難之研究工作。 是種藥劑不得影響于膠層之感光性。 須具有相當之溶解性，以便於感光膠質之製造，而不得有過大之溶解性，以期于顯影手續中不致滲透而侵入鄰接之膠層，亦不致於本層中滲開以保持物影之清晰，凡此諸端皆當由有機化學技師解決之。『發本（I. G. Farben）實業研究所』擁有丰富之人材與器械，同心合力，孜孜不倦，卒將此問題全部解決，其中成績最着者，首推維爾曼博士（Dr. Wilmann）及施南德博士（Dr. Schneider）二氏。是項研究工作，至今未或稍懈，其精益求精之科學精神，殊堪欽佩也。

下文所述，爲此『阿克發彩色照像新法』之概要：（一）攝影既畢，膠片之各層上，卽分別著有各色物體之陰文影之胚胎。第一層膠質之下，具有一黃色之濾光層，使藍光不致竄入以下之二層；（二）施尋常之顯影術，則三層中各成一陰文影（參看插圖）；（三）至此不用普通照像術之定影手續，而再曝膠片於強烈之光下；（四）然後以對位重氮輪（Paraphenylendiamin）類之顯影劑，施第二次顯影手續，於是未感光之溴化銀，亦還原而成金屬銀。且彩色之陽文影同時印入各層中。於首次顯影時已還元之部不復受二次顯影之染色作用，故物影之色恰爲原來物體之色以其正缺原來物色之餘色也。實際上顯影時，除金屬銀之外，尚造成一種氧化物，與染色劑結合而成彩色之物影。（五）經此二次顯影而後，只須浸膠片於一溫和之氧化劑中，以洗去片上之銀。而彩色影片已告成功。

阿克發彩色照相新法之優點，在其可適用於普通之攝影機與映影機，無須特殊之鏡頭與濾光片，故用者既無須購置貴重之器械，復無技術之上困難。其軟片雖覆有膠質三層，而全片之厚度仍與普通膠片相伯仲；故無一切邊緣作用，視差作用，焦點不清等弊。映射時，燈光之强度，亦與黑白影片之所需者略同。　尤可注意者，片中之物影，非集顆粒而成，蓋片上既無銀粒，而染色劑復不成顆粒之狀，故映出之影柔和悅目，其放大之限度在黑白影片之上。　再者，此三色膠片，在攝影機中之感光速度，稍遜於高速之黑白影片，惟已頗足應普通之用途矣。

高頻率振動及超聲

白格曼(Ludwig Bergmann)著

高 嬰 齊 譯

高頻率的彈性振動及超聲 (Ultraschall) 在自然科學及專門技術各部門上已有多種的用途。 超聲二字的意義是表明聲音的振動超過人耳可聞的限度，就是說牠的頻率在二萬赫芝 (Hertz)[1] 以上。 現時高至二萬萬赫芝的頻率已能產生。 這種超聲波長的範圍；在空氣中約在 1.5 厘米至 0.0005 厘米之間，在液體中約在7.厘米至 0.0007厘米之間，而有每秒一千二百米的速度。

以前，高頻率的聲波在空氣中是藉一種特製的高爾通氏笛 (Galtonpfeife)來產生，但是現在已完全改用電的方法。 由電子管(Elektronenröhre) 發生的高頻率電振動，或利用磁性伸縮的現象 (Magnetostriktion)或利用壓電效應(piezoelektrischer Effekt)，就其固有的共振頻率在某種物體上使起彈性的振動。 磁伸縮振動聲波發生器是根據下面的原理而製，卽鐵磁質的柱當被放在磁場內時，牠的長度卽發生變化；用這種發生器能產生高至六千赫芝的極強的振動。 倘若

(1) 赫慈爲頻率單位。每秒一週的振動，〇的頻率爲一赫慈。

這種鐵磁質柱放在有高頻電流通過的線圈內，並且和牠同軸，這柱就與線圈內的電流同步的伸長和縮短，因而成縱彈性振動。 這種振動在激發電流與鐵磁質柱的固有的振動頻率共振的時候，特別的强。聲波就在柱的兩端放射出來；有時在柱的兩端加上兩個薄片，可以增加放射的效率。

第二種的超聲發生器，利用某種有極軸的結晶體在電場中的縮漲效應，這種縮或漲是依據着結晶體的極軸對於電場的方向而定。 倘若由這些種結晶體適當切出的小柱體或扁片，放在高頻率電場內，牠就能起彈性振動，這種振動倘若在電場的頻率與結晶體固有頻率相符而成爲共振的時候，就狠强了。 水晶(Quarz) 就是一種通常用的壓電晶體，因爲牠有極大的機械强度。 但是在 50,000,000 赫慈以上的頻率就用電氣石片 (Turmalinplatten)，因專爲這種頻率而切成的水晶片，就薄的不能用了。 爲磁性伸縮與壓電超聲發生器所必要的高頻電振動，是由電子管振動器產生的。

在考量超聲波的多種用途以前，我們簡明的討論些甚新檢探這種高頻聲波的方法，及其波長的度量。 在一九三二年德拜與賽而斯 (Debye und Sears) 及呂嘉士及畢格爾 (Lucas und Biquard) 差不多同時獨立的發表超聲波在液體中能繞射人眼可見的光線的情形，與通常光柵所繞射的幾乎完全相同。 因聲波在液中使液體成交互的縮漲情形，所以這液體在波動進行的方向，成爲有週律變化的密度，因而也就有週律變化的折射率。 如是，倘要用光學方法將一個狹縫的亮影，用透鏡照在幕上，然後將有超聲波通過的液體，放在光經過的路上，於是在幕上除了中間的亮影外，就現出多數很亮的而且直到級次很高的繞射光譜。 中間亮影及繞射光譜間的距離愈大，則光柵的常數（Gitter-Konstante）愈小，即是液體中的波長愈小。 因爲這超聲波長可由繞射花樣(Beugungsbilder)的度量，及光學幾何方法，極準確而且簡單的算出，聲波的速度因爲牠是波長，及已竟量出的電振動頻率的乘積，也就可以立即測定了。這種方法用於定波或前進波都是一樣的。但是用前進波時，有都卜勒效應（Dopplereffekt）發生，因爲液體光柵隨着聲波的速度而移動；這種都卜勒效應已經被多數的研究者由實驗觀察過了。

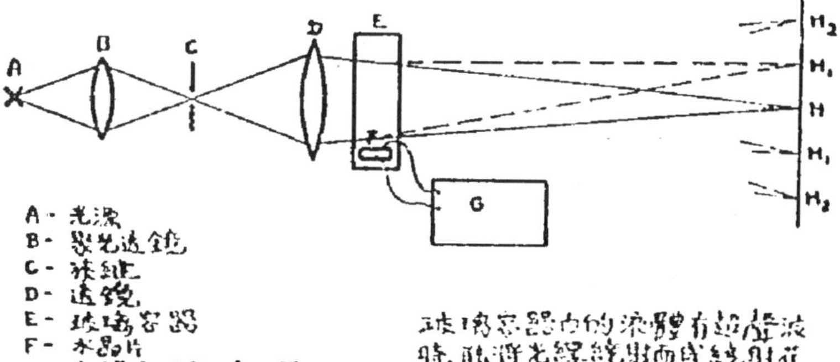

玻璃容器內的液體有超聲波時，能將光線繞射而成繞射花樣於幕上。

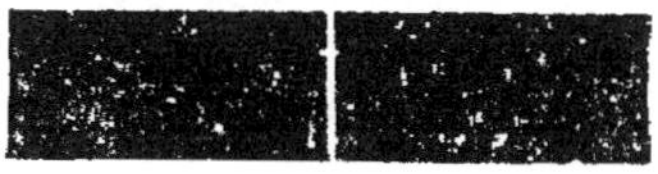

液中無超聲波時僅有中間狹縫的亮影

液中有超聲波時所得的繞射花樣.

彼爾及麥義爾(Bär und Meyer)已經將這種方法修改到不但可以表示出來液中的超聲波，並且可以觀察牠的傳播。　這樣以來，以光學方法研究超聲波的全部，便能夠發展了。

黑德曼 (Hiedemann) 同他的合作者，想出一種同上而稍有不同的方法來觀察在液體及固體內的超聲波。　如果有一束平行光線垂直的射到液體中平面超聲波上，這光線就被折射到壓縮最大的地方，這樣就產生一組可以用顯微鏡看見的光亮的會聚線。　在有定波時，每兩個鄰近會聚線的距離，就等於半波長。　這是可以很精準的量出。因爲在這種介質當中的聲速度就能極正確的測定出來。　在有前進波時，波的傳播可以同樣方法用斷續光測頻器 (Stroboskop) 的照耀來觀察。

這些新光學方法的利益，是能用在很少量的液體上 (數立方厘米已足)，所以希罕的同極容易揮發的液體，都可以研究。祇因爲靠這種方法，在過去的幾年裏，在多種有機及無機液體中的聲波速度，已竟都被正確的測定出來。　這些事已引起聲波速度，及化學組織，很有興趣的相互關係。　所以這或許是化學家的一個有用的方法。

由這聲速度的知識，又能得到絕熱壓縮係數 (Adiabatische Kompressibilität) 的値。　再進一步，從絕熱壓縮係數與靜壓力度量測來的等溫壓縮係數 (Isotherme Kompressibilität) 的比率，可得到比熱的比率。　這樣從聲速度測量定容比熱，就能計算出了。　不然這定容比熱，只有用複雜的熱力學方法，方能得到。　更進一步，溶液

中的游子價 (Wertigkeit der Ionen) ，由壓縮係數及濃度間的關係而被推定。所以很多近代電解理論，可由實驗鑑定出來。

氣體中聲波的測量，已表示有分散性 (Dispersion) 的存在，而隨有在此超聲波範圍內聲音的吸收，也比根據古典理論所推測的要大一點。這理由就是因為在超聲振動情形下，絕熱壓縮及膨漲的交替，是如此的快，因而被激發及未被激發分子間的熱量濃度的平衡，便不能保持。固定這平衡所須的時間，可由超聲速的度量來測定。所以超聲波在這裏，成爲對於分子間的研究，有價值的一種幫助。

光線通過有超聲波經過的透明體，也是被繞射的。例如，倘若在一個玻璃的立方體內，藉着黏在牠一面上的壓電水晶片，激發起來高頻彈性振動；於是因橫的收縮，而產生一種狠複雜的三度波柵，這種波柵繞射光線的情形，是和結晶體的空間格子(Raumgitter)繞射X光線的情形是一樣的。佘菲爾 (Cl. Schaefer)及我 (L. Bergmann 教授自稱) 曾想出一種方法，用由這樣得到的繞射花樣(Beugungsfiguren)來測定彈性常數(Elastische Konstanten)。這種繞射花樣的形狀祇由現在正在討論中的結晶體的彈性常數，及入射光的角度而定；但因這聲波的長度與振動物體的大小來比較，是狠小的，所以完全與振動物體的外形無關，這一點是正如我們所預期的。弗士及盧多勞爾 (Fues und Ludoff)為這種繞射效應，已展出一種理論，由這理論可以從度量繞射照片，而狠容易的算出彈性常數。這種方法對於玻璃工業上是特殊緊要的。因為由在各向同性的物體 (Isotrope

Körper) 上，所得的繞射照片上，不過有兩個同心圓；而由這個單簡的照片，狠多的數値如楊氏係數，(Elastizitäts-modul)剛性係數(Festigkeits-modul)及柏松比率(Poissons Querkontraktions-Koeffizient)都能得到。最近由有些不透明的玻璃或結晶體的振動面上，因光線的反射而得到繞射效應，也變成可能的了。所以這種物質和金屬的彈性常數的測定，因爲用超聲振動都變成可能的了。

現在我們去討論超聲在技術上更專門些的用途。有人建意將超聲波通過試驗品而度量牠透過的强度，或可以試驗出來該物質內無裂隙。用專製接受器在試驗品的表面上探察出來的强度不同，能探明在物質內存在空穴，裂隙，等。因爲在這些地方，聲波要被反射，而且一部分被吸收。現在我們正在努力完成這個狠有價値的方法。

超聲波對於產生細密分布的膠質，已竟被克落氏 (C. Claus) 的試驗證明。在液體中已竟細分的金屬，如金箔銀箔等，還可以用超聲波作用再來分開。特別細分的金屬，可用電解附着法，(Elektrolytischer Niederschlag) 而以陰極曝於狠强超聲振動之下，就可以得到。附着在陰極上的金屬，已竟是分到極薄境界。如果被超聲波再猛烈回投到液中便分得更薄了。從許多實驗證實用這種波可以改進照相片的乳膠的均勻性及鹵素銀的濃度。由這樣處理過的乳膠，牠的鑑別率 (Auflösungsvermögen) 及靈敏度，是超過未這樣處理過的以上。並且，製照相片所須的時間，也因爲用超聲波來分布碘銀粒在動物膠內，而縮短了。

其他一種與此分布作用有關的，是用超聲波來分解同質異重體的物質 (Polymere Stoffe)。 例如使澱粉變成糊精 (Dextrin)，蔗糖變成單糖 (Monosaccharide)等。 其他對於化學家的用途大概說一些：如液化可再溶膠凝體(Tixotrope Gele)，固結氣體膠溶體(Aerosole)及去液中氣體。 去氣體可由下列兩種方法發生：第一，爲這些液體中的微細氣泡被推送到超聲波的節上，從那裏會聚起來升到液面；第二，溶化在液體中的氣體流到由這種高頻率振動而成的空隙，更由此而成氣泡。

這種去氣的過程，同時隨有顯注的氧化作用，牠的原因還未完全明瞭。 倘若下面的液體以超聲波通過後，有些種的有機染料的溶液能被漂白，並且少量的二氧化氫 (H_2O_2) 可以成於純淨的水中。 此外關於特殊的問題，必須參考很多原來的論文。(2)

---

(2) 摘要的論文而附有完全關於超聲論文目錄的，列在下面：

E. Grossmann, Ultraakustik, Handbuch der Experimentalphysik XVII, 463(1934).

W. Rodewald, Ultraschallwellen, Ztschr. f. technische Physik 15.192 (1934).

E. Hiedemann, Ultraschall, Ergebn. d. exakten Naturwissenschaften XIV, 201(1935).

W. Schmidt, Ultraschall und chemische Forschung, Angew. Chemie 59. 117(1936)

E. Hiedemann, Verfahren u. Ergebnisse d. Ultraschallforschung, VDI-Zt.Ultraschallwellen, Stahl u. Eisen, 65.600(1936)

最後還有種兩超聲波的用途必須要說的，就是生物學及醫學。倘我們考慮液體分子在超聲波內能有極快，尤其是，甚高的加速運動，我們能想到這些作用，一定會對於水中小的動物及植物的組織上，發生影響。 小動物，魚，蛙，等都能被這超聲波所麻痺，有時且被殺死。 此外還可以殺除纖毛蟲類，破裂藻類，又在有些植物細胞內，使原形質和細胞膜分離而且旋轉。 紅血球亦能被破壞；但在另一面，這種波對於細菌的影響，好像是完全不同。 在有些情形中有黏著及減低毒性作用；但在其他情形中則又相反。所以有幾位研究者，主張用超聲波作用爲牛乳殺菌的方法。

其他的一個重要事實，就是因爲超聲的摩擦力而有顯然產生的熱。 這個特殊效應，將來或者做成超聲波在醫學上應用的根基。用這超聲波在髓骨內發生顯着的熱度，而不影響於其附近部分，業已證實了。 這裏還有一種嘗試，用這種方法來治療耳聾，但是結果如何，還狠有爭論，尚須等待繼續的實驗。

總結起來說，我們可斷言，高頻率彈性振動與超聲學對於自然科學與技術學，有非常有價值的幫助；許多有興味的問題都藉着這種幫助來研究，而且成功。

研究膠體的新工具——電子顯微鏡

白席耳(Dietrich Beischer)著

程 京 譯

白席耳(Beischer)和克勞塞(Krause)曾經指出，羅斯加(Ruska)所發明的電子顯微鏡(Elektronenmikroskop)，其鑑別率(Auflösungsvermögen)比光學顯微鏡(Lichtmikroskop)的大得多，因而承認這種儀器在膠體研究上很有價值。"膠體研究"這門學問，主要的是研究那些組成物質的質點的物理性及化學性，而這些質點的大小却介於光學顯微鏡的鑑別率(約爲 2×10^{-5} 厘米)和分子的平均大小(約爲 1×10^{-7} 厘米)之間。因爲對於人體和動物身體的構成，以及對於許多自然物和人造物(例如纖維素及橡皮)，這樣大小的微粒佔着重要的位置，所以把它們的大小和形狀準確地測定出來，是特別重要的。爲了這個目的，人們在膠體研究中曾經連續地創出許多種的方法〔超顯微術(Ultramikroskopie)，亭德爾測法(Tyndallometrie)，粘滯測法(Viskosimetrie)等法〕，然而，特別當我們要想得到較大的準確度的時候，這些方法實行起來是很麻煩的。但是按照我們已有的經驗，電子顯微鏡却能够由一種比較簡單的方法，表現出所欲考究的物體的影像，在那些影像裏，我們可以直接測出膠體點粒的大小和形狀，就如同在較粗質點的照片上一樣。

電子顯微鏡的鑑別率之所以很大，是因為電子輻射（由電壓75,000伏特所激發起來的）的波長（5×10^{-10}厘米）和光的波長（約為5×10^{-5}厘米）比起來，是很短的。因為按照阿俾(Abbe)的意見，鑑別率——就是兩個看得見而又剛好分得清的點子間的距離——與輻射的波長成比例。用羅斯加所創的第一架電子顯微鏡（見圖），白席耳和克勞塞在放大四千倍之下，可以得到 0.5×10^{-6}—1×10^{-6} 厘米的鑑別率。在這儀器裏，高度真空中的電子先被35,000伏特左右的電場激發起來，然後它們的軌道被"磁透鏡(Magnetische Linsen)"——即是由通電流而生的磁圈(Magnetspulen)——所折射；其折射的情形，正與在光學顯微鏡中，由于光線通過玻璃透鏡而生的現象相似。凡是放在物體平面(Objektebene)上的物體，它在物像平面(Bildebene)上的影像，都可以在螢光板上直接地觀察到，或者可以照在一張膠片上。若要鑑定這種儀器得到的圖，和原物如何相像，我們先研究一個儘可能簡單的膠體系統，並且把研究所得的結果，和膠質化學中已有的那些量法所得的結果，比較一下。

白席耳和克勞塞用膠狀金作為特別簡單的系統，而首先用它在電子顯微鏡裏面照像。這個系統在膠體化學的歷史中已經出現過多次，喜格蒙提(Zsigmondy)曾用它來表明超顯微鏡(Ultramikroskop)的功能。用超顯微鏡，我們固然可以由小繞射花樣（Beugungsscheibchen)的形狀，觀察到各單個金質點所繞射的光綫。然而，要想由繞射

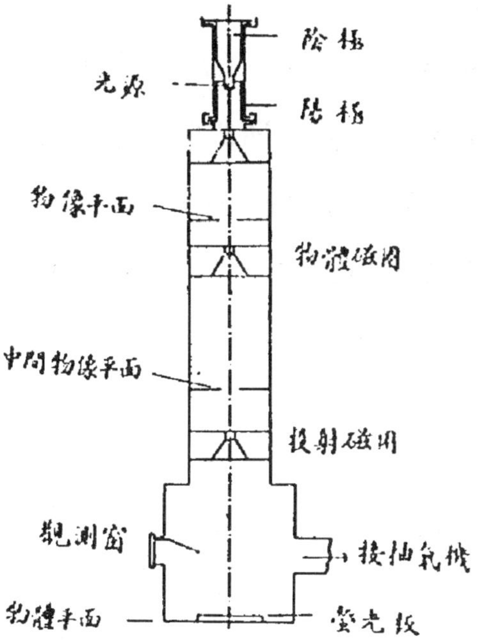

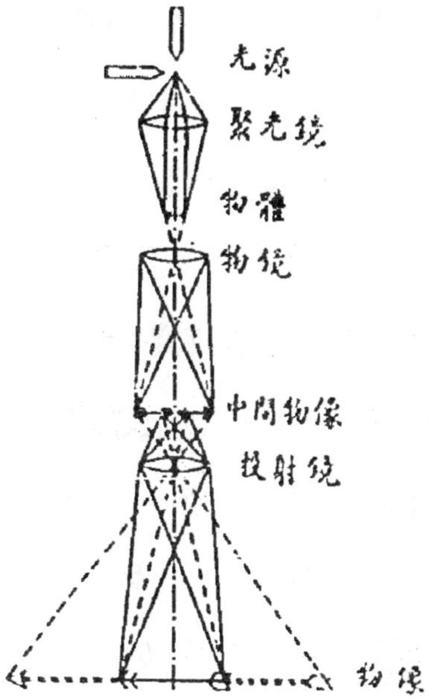

圖形的大小，確切的定出微粒的大小和形狀，却是很難的。為便於照像起見，我們使金懸膠體乾附在一塊膠膜上，這樣，在所得的電子圖裏，我們便可以看到單個的金微粒成為那明亮的背景中的黑暗影像。由這些圖片所決定出來的微粒的大小，和膠體研究中一向所用的通常方法所得到的數值，很是符合：這可以證明，我們所用的儀器，是不會發生很大錯誤的。用放大二千五百倍的電子顯微鏡，我們可以從電子圖裏，量出那些介於 0.5×10^{-5} 和 1×10^{-5} 厘米之間的金懸膠體微粒的大小，而這些微粒的平均大小，用超顯微鏡來測，乃是 0.65×10^{-5} 厘米。因此各個金微粒可以測量出來，以使人們很容易知道微粒在各個數量級（Grössenklassen）中分佈的情形。其它具有球形微

粒的膠體質點(如金屬及非金屬懸膠體)，只要它們的滲透壓不很大，也可用類似的測量方法。

綫狀膠體系統 (fadenförmige kolloide Systeme) 的電子圖也引起人們特殊的興趣。由鐵，鎳，氧化鋅，氧化鎘和炭素所成的綫膠體可以看出，在許多的情形下，這些綫是由一些單個的小部分所組成的。所以在適當的情形下，我們可以直接地觀察到膠質集合體〔是由一些單個的小質點(基本質點)或疏或密地集合而成的〕中的基本質點。在這種情形下，只有當基本質點業已結晶，我們才能够決定它們的大小。這樣，這些微粒的大小，便可以由 x 射綫繞射圖形或電子繞射圖形確定出來。由 x 綫繞射圖形所計算出來的基本質點的大小，和那由電子圖所得的大小相比較；這兩種方法雖然完全不同，然而所得的結果却很相符合。

知道了微粒的大小，集合體的面積便可以計算出來，這種計算的一個目的，乃是想要知道這個多面系統裏的面積的變化情形；這是因爲在膠體溶液的許多應用中，面積佔一重要位置的緣故。（例如在煤烟及氧化鋅用作橡皮的裝填物時，活性炭用來吸收氣體及褪色之時）。

用電子顯微鏡去研究片狀的系統，主要的只限於極薄的系統一方面。 在許多的情形下，例如在膠膜及未張緊的橡皮膜以及硼酸玻璃的薄膜，電子很對稱地穿過它們；這乃是因爲那些構成薄膜的質點——在這些情形內就是分子——的大小，比這儀器的鑑別率小的緣故，但是在另一些情形下，例如在腐蝕的金屬膜，醇精火棉膠和五氧化釩的膜以及張緊了的橡皮膜，我們却可以在電子圖上看到它們的細密結構，而這些片狀系統大多數都是在光學顯微鏡的鑑別率以下的。所以我們在腐蝕的銀片上，尚可以看到大小爲 0.5×10^{-5} 厘米的晶質。把醇精火棉膠膜中的溶劑完全蒸發以後，我們可以在膜上看見許多直徑爲 $0.5—2.5 \times 11^{-5}$ 厘米的小孔，而這些在"超濾器 (Ultrafilter)"中的小孔，一向並沒有別的方法直接用眼看得到。 五氧化釩的膜的構造，與醇精火棉膠薄膜的大有分別。 前一種膜乃是由厚約爲 $1 \times 10^{-5}—2 \times 10^{-5}$ 厘米和長爲 2—3 μ (譯者註 1μ 等於萬分之一厘米)的綫所組成的一種無規則的網形。 五氧化釩乳膠體的構造使人們發生很大的興趣，因爲它和纖維素與其誘導體的溶液有類似的性質，所以我們確切知道了五氧化釩乳膠體的情形，便能夠推知自然物及人造物的溶液的細密結構。 我們從前已經提過，未張緊的橡皮膜的細密結構，是看不到的。 然而，要是把一個極薄的橡皮膜，伸展到從 800 %至，1000%，那麼我們在電子圖上，便看到一種奇異的條紋組織，這種組織迄今只能在用偏極化光去觀察橡皮膜的時候得到。因爲張緊了的橡皮的 x 射綫圖式，使我們知道橡皮這種天然產物的組織，有一種固定的排列，所以我們可以認爲這所觀察到的紡錘形條紋，是由於這種固定時排列（橡皮晶質）而成的圖形。 然而這個結果，最初不過被認爲用新方法的第一次嘗試罷了。

除掉這些膠體化學上的應用以外，這種儀器在研究生物學的問題上，也曾告成功。 因爲大部分的生物都是由膠粒大小的質點所組成的，所以，我們很可以期待，電子顯微鏡的適當運用可以使我們得到新的知識。 我們更希望這種儀器將來能够作出一些有價值的事業來，特別是去探索那些至今尚未發現的病源。

FORSCHUNGEN UND FORTSCHRITTE

CHINESISCHE AUSGABE

Herausgegeben

vom

DEUTSCHLAND-INSTITUT, PEKING (PEIPING)

in Verbindung mit

DR. KARL KERKHOF, BERLIN

No. 1 April 1939

INHALT

Anschrift der Redaktion: Deutschland-Institut, Peking (Peiping), China, Huang-hua Men nei, Hsi Niu-nia Fang 20.

中德學會出版

第一卷第二期

研究与進步

東蓀署

第一卷第一期

目　錄

研究與進步

Forschungen und Fortschritte

第一卷第二期

中華民國二十八年七月

中德學會出版

Deutschland—Institut

北平

地安門內黃化門裏西妞妞房二十號

目　　錄

現下在德國之中國學(1)

福蘭閣(Otto Franke)著

楊丙辰譯

自從海尼士氏(Erich Haenisch)於一九三〇年寫了他那一篇關於德國漢學發展之一覽的論文(2) 以來，東亞愈久愈向擴大處膨脹之事變，又有一次也將西方人士們對於中國之興趣加強了起來以及普化了起來。 蔣介石統率下中國對於阻礙新國家統一之實現之各地方跋扈

---

(1) 譯者按：即所謂支那學，換言之，即對中國各方面之學識之統稱。
下面這一篇文章，並非一篇書目提要，也不過是關於自一九三〇年以來在德國對據廣意義之下的中國國土各方面學識所作研究之一種簡短概覽而已；文中所列舉各種著作，僅只是各不同領域著作上數種例子，絕非其全體之數目的。至於說各種著作之列舉或不列舉，其間並未存有褒或貶之意見。 凡是德國人士們在國外，或用外國語言所發表之著作，以及非德國人士們所發表之著作，即使是用德文所發表的，爲節省篇中空間起見，並不予以顧及。

(2) 海尼士氏此文刊載於德國全國學者爲史密特·奧特先生所作祝壽紀念册中，紀念册題名：五十年來的德國學術(Aus fünfzig Jahren deutscher Wissenschaft).譯者按：此書業經中德學會譯出(商務印書館，中德文化叢書之六)，分爲四册出版，海氏此文載於該書第二册末尾，譯名作：漢學，譯者爲王光祈氏。

軍人之內戰，對於共產主義之撲滅，對於日本時時皆在緊張中的關係，滿洲領域之脫離，而爲一日本之保護國，以及最後同日本之巨大戰爭，這戰爭之終局，現在仍尙未能得以瞧了出來的，凡此種種巨大事變，竟使精裝本草訂本之書册以及各式各樣之論文潮水一般大宗大批地產生了出來，而對於這大宗大批的書册論文作一概覽，或甚至從片段方面去加以批評，這久已就成了不可能的舉動了。這些作品之價値，自然是很不能一樣的，其中許多僅只是些日常流行著作，出版後數星期之久，就要爲人們之所淩駕了過去的，又有許多爲著者個人對於此一方面或彼一方面之偏向愛好之所支配的程度較甚於著者對歷史上的限定性之瞭解，然而也有許多是曾經著者犀利思力之所思想透澈，而瞧得淸晰了的，並且是由於對事物的久長觀察裏與詳察的認識裏之所抒寫了出來的。因此卽使我們只是要把這些著作中最佳與最重要部分挑選了出來，而加以批評時，那這也要遠超我們這篇一覽的文章底範圍了。在這一點上，人們已經是不得不請讀者去參閱來比錫(Leipzig)城內德意志叢書社(Deutsche Bücherei)圖書館員，蒲來森氏(Hans Praesent)在「東方輿論(Ostasiatische Rundschau)」雜誌上繼續不斷地所發表之書目報告了。此項報告雖然僅係列舉書目，並且尙非絕無缺漏之可言，況且自一九三三年以來，「爲節省空間計」，還將許多種雜誌剔除，不更予以登載，然而在方纔所說那大批大宗著作之高潮紛亂中，此項報告，却係一種不可缺少之指導(3)。

不能列入這一類日常流行著作之中去的，僅只是那一些少數的，多半內容較爲巨大的作品，這些作品固然係以目前中國巨大改造過程爲出發之點，然而目光所及之範圍，却遠超日常事變之外，而向着發展層次之愈益深邃處衝進。像這一類的些書籍，譬如說，就是施奈氏 (Heinrich Schnee) 所著：遠東之民族與强國 (Völker und Mächte im Fernen Osten)一書（一九三三年出版），或葛老氏氏（F. E.A.Krause) 所著：東亞之現代化發展 (Moderne Entwicklung Ostasiens) 一書（爲普羅皮運印書館所出版之世界史 [Propyläen-Weltgeschichte] 第九部），或列翁柳寬氏 (Leonie von Ungern-Sternberg) 所著：在中國之戰爭 (Krieg in China) 一書（一九三三年出版），或魏特夫氏 (K. A. Wittfogel) 所著：中國之經濟與社會 (Wirtschaft und Gesellschaft Chinas)一書（一九三一年出版），（此書名上之所謂中國，即指「眼前正在完全演變中之中國」而言），此外尚有其它多種未能一一列舉。

與時下直接之問題相隔甚遠的，是那些以中國之經濟與法律，地理與關於國土各方面之學識爲研究材料之著作。在此點上，特別應行稱舉的，爲鄂屜第氏(Friedrich Otte)所寫關於經濟政策方面的國土

（3） 蒲來香氏所作之此項報告，包括全部東亞，換言之，即包括中國，滿洲，日本，暹羅，法屬印度支那，荷屬印度，英屬馬拉亞 (Britech-Malaya)，婆羅洲 (Borneo) 以及菲律賓羣島等地。此外氏之此項報告上，還登載有其它文字東亞著作之槪覽。

學識的論文 以及賓格爾氏(K. A. Bünger所著關於中國法律發展之論文。鄂氏所寫之論文，多年發表在柏林東方語言學院之報告中(Mitteilungen des Seminars für Orientalische Sprachen，不過這一種刊物，現已改名爲柏林外國大學之報告了．(Mittlg. der Auslandshochschule)，尤其是一九三零年份之該刊(氏在此一年份之該刊上所發表之論文爲：對於中國實用經濟學之我見[Bemerkungen zur angewandten Wirtschaftswissenschaft in China])，此外一九三三年之該刊(此一年份該刊上所發表氏之論文爲：在中國之商會與工會[Handels und Gewerbekammern in China])，一九三四年份之該刊(在此一年份之該刊上，氏所發表之論文爲：視作環境問題與社會問題之經濟狀況之在中國[Die Wirtschaft als Umwelts-und Sozialproblem in China)，一九三五年份之該刊(此一年份之該刊上氏所發表之論文爲：中國自世界大戰終結以來之國外貿易 Der Aussenhandel Chinas seit Ende des Weltkrieges)。該刊之一九三七年份尙登載有一篇氏所著深入中國法律情況，而題名：在中國之國家與黨派 (Staat und Partei in China) 的大文章。至於賓格爾氏之工作，則純粹係從事於中國現正成立中之現代法律之研究，並且悉爲發表在德國專門雜誌上的，譬如說國際私法時報(Bull. für internationales Privatrecht，氏在此時報上所發表之論文爲：新中國民法[Das neue chinesische B.G.B.]，一九三一年份)，商法雜誌 (Z. f. Handelsrecht，氏在此雜誌上所發表之論文爲：在中國之商業公司，[Handelsgesellschaften in

China]，一九三二年份），鑛山法雜誌(Z. f. Bergrecht，氏在此雜誌上所發表之論文爲：中國之新鑛山條例[Das neue chinesische Berggesetz]，一九二三年份），東方輿論（Ostasiat. Rundschau，氏在此雜誌上所發表之論文爲：中國之新商標法，印花稅條例以及其它，[Das neue chinesische Warenzeichenrecht, das Stempelsteuergesetz und anderes]，一九三五年份)。賓氏此項散鎖豫備研究之結果，便是促成氏關於一九三四年中國民法，商法，以及匯票與支票法之巨大著作(Das Zivil-und Handelsgesetzbuch sowie Wechsel-und Scheckgesetz von China 1934)之事物。但博凌氏（Horst Böhling)所著之中國物權法(Chinesisches Sachenrecht [一九三四年出版])一書，則係在歷史方面有急加精進之研究者。

關於中國普通國土方面學識的著作，係滿海芬氏(Otto Mänchen-Helfen）所著之中國(China)一書((一九三一年出版），以及魏金鰲氏(Georg Wegener）所著之中國(Das Chinesische Reich)一書（一九三六年出版），這兩部著作中，前部多偏於經濟與政治方面，後部多偏於地理與歷史方面。然而純粹歷史方面並特別富有開啓能力的，却爲兩篇巨大論文，一爲包世範氏(Stefan Balázs)所寫唐代經濟史拾注(Beiträge zur Wirtschaftsgeschichte der Tang-Zeit [618-906])，(發表在一九三一年份及一九三三年份之東方語言學院之報告中），一爲愛伯華氏(Wolf Eberhard)所寫之論漢代之農業(Zur Landwirtschaft der Han-Zeit）亦係發表在東方語言學院之報告一九三二年份上者。這兩篇大文章，俱係在未爲人之所知的生僻領域上獨闢蹊徑的史料研究的。 亦係立在極高水平線之上的，則爲施赫那氏(Heinrich Schmitthenner) 所作關於中國各種至爲精良之地理學研究，譬如中國之城市(Die chinesische Stadt，發表在一九三〇年份全球城市風景一書之上[Stadtlandschaften der Erde]）；熱帶以外季節風領域上（即中國部分）地勢之構形(Landformen im aussertropischen Monsungebiet，發表於一九三二年份）；東亞文化地理與政治地理之發展(Kulturgeographische und politisch-geographische Entwicklungen in Ostasien，發表在一九三五年份之地理學雜誌之上[Geogr. Z. 1935]），而氏所著：側面觀之中國 (China im Profil) 一書（一九三四年出版），尤其觀察精緻，令人至感佩服。 內容多半不出中國西部與西北邊陲地帶之地理著作，則爲下列數名聲望素著之旅行家之所寫作，一即：丁艾爾氏 (Emil Trinkler) 所著：在烈風之地帶裡 (Im Land der Stürme) 一書（一九三〇年出版），一即：費維廉氏(Wilhelm Filchner) 所著： 赴中央亞洲考察地球吸力關之地圖書，第一部分中國與西藏（一九三三年出版）(Kartenwerk der erdmagnetischen Forschungs-Expedition nach Zentral-Asien, I. Teil, China und Tibet.) (1933)。 此外尚有一位正在整理旅行所獲結果，而暫先特另發表一篇專門研究滿洲地理之論文的，則爲傅浩格氏(Gustav Fochler-Hauke)， 氏所寫之論文，一篇題名：我的滿洲探察行程之暫時結果(Vorläufige Ergebnisse meiner mandschurischen Erkundungsfahrten，發表在一九三六年份柏林出版地理學會季刊上[Z. d. Ges. f. Erdk. Berlin]，一篇題名：滿洲（連帶熱河）(Die Mandschurei [mit Jehol])，篇末並附有各項參考書之書目，發表在一九三六年份地理學年鑑[Geogr. Jahrbuch 1936]之上。談論政治問題向，爲傅氏所寫：由滿洲所得之地理與軍備地理之印像一文(Geographische und wehrgeographische Eindrücke aus der Mandschurei，發表在一九三六年份地政學雜誌之上[Z. f. Geopolitik])。把以上各散篇論文中所提示此全部巨大問題組拿來更於寬廣得多了的個範圍內作研究的，則爲郝鶴樞氏（Karl Haushofer）所著：太平洋之地政學（一九三八年出版）(Geopolitik des pazifischen Ozeans)。再者在這兒絕不可不一提及的，尚有一位安靜的，然而却永不疲懈地在工作着，並且深爲專門科學界之所珍視的學者．他將他全副精力悉行貢獻於中國動物界之研究與描寫之上，這位學者就是梅祿多氏(Rudolf Mell)，氏所寫關於中國動物界之散篇論文連續不斷地佈露在德國昆蟲學雜誌(Deutsche Entomol. Z.)之上。他現在已經是爲人們之所視爲一種科學的中國動物誌之建立者了，而他那些在它處所發表之研究，更可證明他研究興趣範圍之廣擴(4)。他所著：論中國從前因森林動物之

(4) 韋呆德氏(W. Weigold)所著：梅祿多氏論中國動物界之各項工作(Die Arbeiten von Rudolf Mell über die chinesische Tierwelt)一文中，曾將梅氏之各項工作彙列成表，不過此表到了現在，已令人有不全之感了。

廣佈而實現的森林廣佈 (Die ehemalige Waldverbreitung in China auf Grund der Verbreitung von Waldtieren，發表在一九三三年份柏林所出版地理學會季刊上）一文爲解釋經濟與歷史的問題，亦是非常有價値的。

人類學，原始史，民族學，以及普通民俗學，在著作中往往互相混攪，而這在中國由於顯然易見的，最切近的理由是特別加甚的。在這一點上，現在在中國受有近代化訓練之學者階級之工作，已經發有重大策勵推動之影響出來了，這爲我們歐洲學者實在是一種有至高度重要性的原動力，關於這種原動力，在本文下面，我們還有更多的話可說的。自從一九二一年北平西南部山地內掘出「北京猿人 Sinanthropus，（譯者按：此字，卽中國人之意）」第一批之骨骼，牙齒，與腦殼之殘片以來，中國之原始史便又獲得了新基礎，而所謂北京猿人的或許是較比歐洲所發現寗德谷人（Neandertaler）之類型還要更古的一種原人的。萬韓氏（Hans Weinert）曾將這一次發現與後此發現，作爲多次研究之對象，而發表在下列之論文中：北京猿人「Sinanthropus」在人類族派史與人類種族史上之價値 (Der Affenmensch "Sinanthropus" von Peking in seiner Bedeutung für die menschliche Stammes- und Rassengeschichte，刊載在一九三七年所出版之：作歷史解之宇宙 [Die Welt als Geschichte])一書中；北京周口店到現在爲止的北京猿人發現之價値 (Die Bedeutung der bisherigen Sinanthropus-Funde von Chou-kou tien bei Peking，刊載一九三七年所出版之生物學家〔Der Biologe〕雜誌中），以及北京猿人腦殼原形之描擬（Eine Rekonstruktion des Sinanthropus-Schädels 發表在形態學與人類學雜誌〔Z. f. Morphologie und Anthropologie〕之上）。柯維斯氏（Wilhelm Koppers）曾著有論文一篇，討論中國古代母權制與相信人類與某種動物同出一源之信仰之問題（Die Frage des Mutterrechts und des Totemismus im alten China，發表在一九三〇年份人類學雜誌〔Anthropos〕之上，這個問題本來是歐洲學者之間一個極大聚訟之點，然而這兩方面的學識，已經是把原始史與民族學結合一氣了。這同一情形，亦是出現於氏所寫之其它兩篇論文中的，一即：東胡與苗子，一篇關於古代中國文化全體性問題之提注文字（Tungusen und Miao, Ein Beitrag zur Frage der Komplexität der altchinesischen Kultur，發表在維也納一九三〇年份人類學研究社之報告上〔Mitt. d. Anthrop. Ges. Wien 1930〕），一即：環居太平洋邊岸各民族間所傳流神話中之犬的問題（Der Hund in der Mythologie der zirkumpazifischen Völker，發表在一九三〇年份維也納文化史與語言學雜誌上〔Wiener Beitr. z. Kulturgeschichte u. Linguistik〕）。史圖博氏（H. Stübel）曾寫有一部裝訂精美的著作，題名：海南島上之黎民，（Die Li-Stämme der Insel Hainan），一九三七年出版，書中敘述了他各次不同旅行上所得來人種學與民族學之結果。還那一位因結局悲慘，而著名於世的芬次爾氏（Gottlieb Fenzel）關於海南島亦有一篇範圍浩涵之工作遺留於世，題名：海南島，一篇關於該島風土之粗略描寫 (Die Insel Hainan. Eine landeskundliche Skizze，發表在一九三三年份明與城地理學會之報告上 [Mittl. d. Geogr. Ges. München 1933])。由福克司氏 (Walter Fuchs) 所寫自西安到成都 (Von Sian nach Chengtu) 的日記頁上，我們所獲得的是一篇質樸淡素，然而却非常富有訓啓能力與觀感明瞭性之旅行記（發表在一九三三年份之東方語言學院之報告上），此外，格羅塞氏 (Ernst Grosse) 所寫：一位殖民地與國外德國人之東亞回憶錄 (Ostasiatische Erinnerungen eines Kolonial-und Ausland-Deutschen) 一書（一九三八年出版），亦是一部內容充實，而價值高超的紀錄之作的。格羅塞氏本來曾在從前膠州保護領域內充當多年地方裁判所所長，對於中國情形是很熟習的，並且他的描寫，都是出之於自己豐富經驗的。

然而對於歐洲人士從事中國與中國國粹之研究，發生推動力量的，却不僅是政治方面與軍事方面之巨大事變事故，影響更見豐饒，補助力量愈加深長，而尤其是在科學的漢學方面，却是另一種狀況，關於這種狀況，我們在上文業已有所指點的。自從大約二十年以來在中國之東北部，北部，與西北部，舉辦了第一批史前史與考古學之掘挖以來，中國本國學者之參加，已經開始在實際方面發生效力出來了，因爲恰切這宗事物自來對於中國人，都是有特別吸引能力的。中國本國學者底參加，亦更非常疾速地擴展到了其它領域，譬如文化與歷史，自然科學與經濟學等上面去了，當在後起一代較爲年青，而受有西方訓練之中國學者愈加到了發生效力的地步時。自十年以上之時間以來，一種豐富的科學研究生活，潮水一般自無數無量的中國雜誌，專門論著，以及成本成册的書籍之中湧流了過去，並且雖然在今日因日本軍力之侵入，此種豐滿生命已大見枯萎，甚至部份地完全被毀滅了，但是一旦既已醒覺了的能力，決定仍還要活動了起來的，只要是和平——有了保障時(5)。不過在這一方面的工作成績，也還是有不同的價值的；人們往往所見到它們的缺點，就在它們缺乏方法上的訓練，而失之雜亂冗長，重要與不重要之點，二者之間的決擇未能淸晰，然而其它工作却又的確是些科學上大放光彩的特異工作。像向達，傅斯年，胡適，洪業，顧頡剛，張星烺，陳垣，王國維，這幾位中國學者是曾這樣悲慘地了結了他的一生的，等等名姓，決不會由漢學之歷史上這樣快地息滅了去的，不過這還是中國現在學者中之最有名望的，其不甚爲世人之所知曉的，簡直不能計算的了。總之無論如何，西方漢學由中國學者方面之所能獲得的，便是豐豐富富，現現成成的一大批著作材料佈展到了自己的眼前，而這一種材料之在歐洲漢學家，如果沒有中國學者方面底協助，便要很困難，或絕對不能獲得的了，甚至連知道，都不能彀的。中國人之精博與國典

(5) 關於這一方面豐富之著作，能給我們一個很好的概覽的，是北平國立圖書館所出版的圖書季刊 (Quarterly Bulletin of Chinese Bibliography) 上每期的報告。可是連這一個刊物現在也已停頓，我們現在這兒所有此最末後一期爲一九三七年十二月份。

籍，讀破萬卷之能力，當然時時皆與西方人士不同的；況且中國人尚可支配本國圖書館與文書庫中所收藏之史材史料，而這史材史料，爲西方學者暫時却仍處於封閉狀態之中的(6) 。可是爲西方的漢學家，在新材料底利用上，以及在由新材料裏的推斷上，却仍還留有一大片活動廣場的。 在今日之下，有許多關於漢學的著作，當然德國漢學的著作亦不在例外，這些著作，如果沒有中國方面這樣作在了前頭的或同時協助的工作，那簡直是不可能的了。 在這一點上，屢經宣稱和這樣情願宣稱的兩方面精神合作，已是到了顯然有功效的地步了。

負有支持兩方面這樣合作精神的使命的機關，第一當然是科學的研究所了，像這一宗研究所，經中德兩國人士之所舉辦的，僅只是德國各大學所附設（可惜爲數甚少）的漢學院，此外就是佛蘭克府城內中國學會 (Das China-Institut in Frankfurt)，明興城內之德意志學院 (Die Deutsche Akademie in München)，以及一九三一年在北平所開辦之中德學會(Das Deutschland-Institut in Peiping)等處。 創作加以改善的治學工具，譬如說，字典，語彙，語解，圖書索引，以及古書與愈見稀少之書册之加印新版，有時更加以一番校訂批評之材料，凡此種種工作，都是可以畀與各研究所以強大增加牠們圖書館底價值與範圍的（即連普魯士國立圖書館[Preussische Staatsbibliothek]

（6） 參閱海尼士氏所著：中國圖書館與文書庫之一瞥(Aus chinesischen Bibliotheken und Archiven) 一文（發表在一九三七年份德文版研究與進步第十三期四百零三頁及次一頁上）。

對於此種種可能性，亦曾作有優良之利用(7)。佛蘭克府城內之中國學會，自來都受有中國方面之種種支持協助，因而竟能得以在其所出版之中學雜誌（Sinica）(8)之特刊上予以專門刊載純粹科學方面漢學研究文字之餘地。明興城內之德意志學院，雖然任務方面繁夥複雜，然而對於遠東近來亦特別加以注意而致其關切了。該學院特自出資遣派德國教員到中國學校教授德國語言文學，資助中國之科學家在德國研究學術，並且現在更向德國之大學院學員懸賞徵文，論中德兩國文化之關係。北平城內之中德學會之所視爲任務的，是在精神與文化之領域上，謀求中德兩國關係之深刻化，現雖處於不順利之普通情況內，然而仍尙能擴展其會務與工作。一般德國文學，歷史與國家學之著作，業經該會譯入中文，此外該會尙附設有德文班，教授中國學子習學德文。一九三三年該會曾聯合北平中國國立圖書館舉辦過一次「德國現代印刷業」(Deutsche Druckkunst der Gegenwart)之展覽，一九三七年與一九三八年該會更曾在北平與天津獨力舉辦德國木刻展覽；反之，德國柏林城內東亞藝術學會 Gesellschaft für Ostasiatische Kunst in Berlin)，以及漢堡城內藝術社（Der Kunstverein in Hamburg)已經先一步舉辦過一次「現代中國藝術之展

(7) 參閱胡赫曼氏(Hermann Hülle)所著：在柏林城全之中文著作(Chinesische Literatur in Berlin) 一文（發表在一九三〇年四月十八日之柏林日報(Berl. Tageblatt)上。

(8) 譯者按：此字即係拉丁文之中國學誌之意。

覽(Chinesische Malerei der Gegenwart)」在前了。 更可爲讀者一奉告的，就是北平之中德學會，現正在準備將本刊，卽：「研究與進步(Forschungen und Fortschritte)」 出一份中文版。(9)（未完）

譯自：Forschungen und Fortschritte 15. Jahrg. 1939, Nr. 7, S. 85-88

(9) 譯者按：福氏此文係發表在德文版「研究與進步」第七期一九三九年三月一日，故有此語，其實中德學會所出之中文版「研究與進步」截至本期，業已出第二期了。

論吐火羅語存在之眞實性

西額 (Emil Sieg). 著[I]

王靜如譯

在中國新疆省 (Chinesisch-Turkistan) 之沙磧中，埋藏着一種新的印度歐羅巴語 (Indogermanische Sprache) 吾人通稱之爲吐火羅語 (Tocharisch[1] 或譯覩貨邏均唐譯名)[II]，後經言語訓詁學家之研究推斷，乃知此語係由兩種很不同的方言A及B傳流而來者。其A方言僅能見於德人在中國新疆省吐魯番（Turfan 有古高昌遺蹟）及哈喇沙爾（Qarašahr 有古焉耆遺蹟）區域發掘所獲，而所謂B方言者，除於上述之吐魯番及焉耆與A方言雜見外，在庫車 (Kutscha 有古龜茲遺蹟）區域，殆全爲其範圍，且A方言未見有發見於此者。

『吐火羅語』一名乃始於三十年前繆勒氏之推斷 (F. W. K.

(I) 西額氏 (Emil Sieg) 爲哥廷根大學 (Universität Göttingen) 教授，與西額凌氏 (W. Siegling, 氏爲柏林普魯士學術研究院研究員) 爲研究吐火羅語之專家，此篇譯自德國 (Forschungen und Fortschritte) 研究與進步一九三七年第二十八期，頁三二九至三三〇，文名Und dennoch Tocharisch ——譯者。

(II) 括弓內之中文註解爲譯者所加，下同。——譯者。

(1) 西額及西額凌二氏：吐火羅語—印度斯克泰之語言，(Tocharisch, die Sprache der Indoskythen) 柏林普魯士學術研究院報告 (Sitz. Ber. Preuss. Akad. Wiss) 一九〇八年，九一八頁。

Müller)，氏曾於一回紇文（Uigurisch）之彌勒下生經(Maitrisimit)題款中見有此經[2]，乃由 Vaibhāṣika Āryacandra（佛教徒之名）自印度語譯爲吐火羅語，更再由 Prajñāraraksita（佛教徒之名）自吐火羅語轉譯爲突厥語（Türkisch）之記載。繆勒氏且繼續假定於未知之新見印度歐羅巴語中卽有吐火羅語存在，後由西額及西額凌(W. Siegling) 二氏予以无躊躇之同意而決定，蓋二氏固於吐火羅語A方言之文獻中曾發見有无數彌勒下生經（Maitreyasamiti —吐火羅譯名）之殘片，且其卷帙署題卽爲前舉之自印度語譯爲吐火羅語之Vaibhāṣika Āryacandra 其人者，是以知此語卽吐火羅語无疑也。更後此經之兩種譯文，經繆勒及西額二氏[3]於一九一六年加以比較研究，證明回紇譯文乃以A方言之譯文爲準則者；因此，吐火羅語一名至少應加之於A方言，自屬當然之事矣。

然則所謂B方言者果又如何？依法國學者勒維氏（S. Lévi）[4]於一九一三年所發表之研究及證明以爲其乃屬於龜茲當地所操之語言；最近更由日本羽田亨氏(T. Haneda)[5]之解釋謂於回紇文題款中之"Küsän

---

(2) 繆勒：中央亞細亞未定語言之推斷(Beitrag zur genaueren Bestimmung der unbekannten Sprachen Mittelasiens) 柏林普魯士學術研究院報告，一九〇七年，頁九五八。

(3) 彌勒下生經及吐火羅語（Maitrisimit und "Tocharisch"）柏林普魯士學術研究院報告，一九一六年，頁三九五。

(4) 吐火羅語B卽龜茲語說（Tokharien B, Langue de Koutcha）亞細亞學報（Journ. Asiatique）一九一三年，十一卷二之三一一頁。

(5) 法國日本協會會刊（Bull. de la maison Franco-Japonaise）卷四，一頁，東京，一九三三年。

tili”應作『龜茲之語言』解，方爲恰當，此亦似有定論。惟於此吾人於一九一八年有完成而確定者[6]，卽A方言文書中自稱其地及其語言爲 Ārśi ，更以吐火羅民族自歷史上之事實視之，乃爲古希臘之Asioi，卽今大夏 (Baktria) 之 Asiani 混合之民族，因此亦頗然能令人滿意而自成一說；故後吐火羅語之殘片 (Tocharische Sprachreste)[7] 一文之發表者乃得一假定，卽所謂吐火羅語（卽A方言）者正與上述之B方言（卽龜茲語）爲當地之土語者相反，吾人寧可謂之爲來自大夏卽後來之吐火羅斯坦 (Tocharistan) 爲宜，蓋此乃因當地佛教傳來而移殖之入於哈喇沙爾及吐魯番也。

此種解釋，至一九三四年法國漢學家伯希和氏 (P. Pelliot)[8] 亦行採用而認爲同意，惟伊蘭語學家之瑟德爾氏(H.H.Schaeder)[9]於柏林及白雷氏 (H. W. Bailey)[10] 於倫敦俱有反對之意見發表。彼等依據

---

(6) 西額氏：吐火羅之一本名 (Ein einheimischer Name für Toxrï) 柏林普魯士學術研究院報告一九一六年，頁五六〇。

(7) 西額及西額凌二氏：吐火羅語殘片 (Tocharische Sprachreste) 柏林及來比錫 (Leipzig) 一九二一年頁IV及V。

(8) 伯希和氏 (P. Pelliot) 論吐火羅語及龜茲語(Tokharien et Koutchéen) 亞細亞學報，一九三四年頁六三。

(9) 瑟德爾氏 (H. H. Schaeder) 吐火羅語卽吐火羅斯坦之語言說 (Tochri, die Sprache von Tocharistan) 柏林語言學會 (Sprachwissenschaftlicher Abend) 報告，二十一，I.三六。

(10) 白雷 (H. W. Bailey) 氏：吐火羅 (Ttaugara) 東方研究學校校刊 (Bull. of the School of Orient.Studies) 卷VIII，四期，八八三頁，一九三六年。

伯希和氏論文(見原引頁五十二)而破壞其固有之原則，其原則即回紇之題款最早亦不過發生於西紀九世紀至十世紀之間，而該時吐火羅斯坦之語言情形僅能由當時中國及亞剌伯地理誌中探求之也。彼等據此試加研究知此土之語言固屬之伊蘭方言(Iranisches Idiom)而无疑。至於回紇語題款所記之吐火羅語彌勒下生經，必爲已遺失後之伊蘭語本而傳來，且此種 A 方言之彌勒下生經譯文因此乃予以錯誤之名稱，呼之曰吐火羅語。——而自雷氏(見上)更申述其主見而攻擊 Ārśi 一名爲該地鄉土語言名稱之說，氏以爲 Ārśi 者僅爲中央亞細亞印度俗語 (Prakrit)，來自梵語 (Sanskrit 梵語華文) 中之 ārya，而 ārśi 語亦即 Arya 語，易言之即梵語是也。此外自哈喇沙爾舒爾楚克 (Šorčuq) 地方出土之梵語及 A 方言兩種語言合璧書葉經呂戴爾斯氏 (H. Lüders)[11] 之研究啓示，得知方此地操 A 方言之期間正梵語文書中名之曰 Agni 之時，且此決无可疑，因昔玄奘固稱之爲阿耆尼，(Agi-ni) 中國史書又稱之曰焉耆 (An-gi) 並與後世之哈喇沙爾均能相合，故氏以爲此語正當之名稱未必便是『吐火羅語』，或者勿寧名之曰焉耆語 (Agnisch)，更爲恰當，一如 B 方言之稱龜茲語者然。

頃者余頗然自雷氏之說而願予以證明[12]即 A 方言爲焉耆當地所操之

---

(11) 呂戴爾斯 (H. Lüders) 氏：再論東土耳其斯坦之歷史及地理 (Weitere Beiträge zur Geschichte und Geographie von Ostturkestan) 柏林，普魯士學術研究院報告，一九三〇，二十三頁。

(12) 參看西額氏與本文同題 (Und dennoch Tocharisch) 之發表於普魯士學術研究院報告者，一九三七年，一三〇頁。

語言極爲確實；惟稱之曰『焉耆語』則殊不洽余意。蓋梵語中之 Agni 實无疑即見于龜茲語中之 akeñe ypoy 而此龜茲語之訓意乃『邊界』之意也。若更一一加以詳究，則最使人注意之 ārśi 一字其意訓釋『邊境』(Belege) 爲當，而自雷氏取 ārśi 等於 ārya 之解，殊屬錯誤。——他如瑟德爾氏及自雷氏對於吐火羅語譯之彌勒下生經之回紇文題款所記之解釋，以爲回紇所據本應爲一遺失之吐火羅語本者亦未能克勝其矛盾。因如彼，則此 Vaibhāṣika Āryacandra 除很接近其眼前已成事實彌勒下生經A方言譯文外，如尙應有假設第二種譯文來自吐火羅斯坦語言者，此乃不可思議之事。此外吾人將更有引爲異常驚訝者，乃吐魯番之回紇人偏自其距離極遠之吐火羅斯坦取其譯文，而此譯文之語言，固爲其極近之隣國哈喇沙爾所用之言語則又何必捨近而求遠？其更要者，吾等於繆勒及西額二氏在彌勒下生經及吐火羅語 (A Maitrismit und Tocharisch)(13)文中所有回紇譯文來自方言 A 連繫之證據，因此亦不能加以說明矣。

由此觀之，吾人可認爲定論者，即回紇語題款所記載者即係吐火羅語，亦即稱 Ārśi 之土著語，並且證明即焉耆之鄉語矣。惟由此吾人又有新的問題而待解釋者：即何以吐魯番回紇人稱此操哈喇沙爾當地語言之語言爲吐火羅語，縱然此語言乃非吐火羅地方（吐火羅斯坦）所行之語言？

譯自：Forschungen und Fortschritte 13. Jahrg. 1937, Nr. 28. S. 329-330.

(13) 柏林，普魯士學術研究院報告，一九一六年，頁三九五。

文化形態學的問題[1]

士榜歌(Eduard Spranger)著[2]

王 錦 第 譯

除了施彭勒 (Oswald Spengler)[3] 之外，對於人類文化的發展與衰微闡明有一種類型與形式的定律在其背後作用者，富本紐(Leo Fro-

---

(1) 這篇文章文化形態學問題(Probleme der Kulturmorphologie)是在普魯士學術研究院報告(Sitzungsberichte der Phil.-Hist. Klasse der Preuss. Akademie der Wiss., Berlin 1936) 中所發表的簡稿。

(2) 士榜歌 (Eduard Spranger) 是德國的哲學家與教育家。一八八八二年生。一九〇九年任柏林大學講師。一九一一年任來比錫大學額外教授。一九二〇年轉任柏林大學，直到現在擔任哲學及教育學，兼任教育學練習所所長。他的立場是繼承狄爾提 (Dilthey) 之精神科學派的所謂「生之哲學」(Lebensphilosophie)；又受新康德學派影響，屬於「文化教育學派」。主要著作有人生之型式 (Lebensformen)（董兆孚譯，民國二十七年，商務印書館發行，）及青年心理學 (Psychologie des Jugendalters) 等，於一九三六年冬譯者曾聽士氏講文化哲學，當時最感覺興趣的是他講的文化與各種文化 (Kultur und Kulturen) 覺得他所提出的問題確是現在一般有思想的人共同感覺切迫的問題。現在所譯的這篇短文可以當作士氏講文化哲學的敍論看。

(3) 施彭勒 (Oswald Spengler) 是德國思想家。一八八〇年，生於哈茲(Harz)山脈的不蘭根堡(Blankenburg)。初從事於礦山業，後以在野之

benius)[4] 要算其中最重要的一個人。 富本紐從他研究非洲人類學而得出的結論，「文化形態學」(Kulturmorphologie 英文是Morphology of Culture) 這一個名詞產生於科學時代，當着一般思想認爲應用在生物科學上的根本概念也可以用在人類精神爲主要形成力量的歷史範圍。 自從他的著作(Paideuma)[5] 發表以後，富本紐超出了這種浮淺的類比看法。 也從理性與哲學的觀點他從事於各種文化興起與發展的研究，並且對於各別的結構作深入的探討。

第一：對於各種文化作結構的分析是很有價値的企圖，雖然它只能爲我們了解歷史事項的單位性質有一種準備的知識，例如偉大人物的行動，新興民族結合而成爲大的集團，無數的命運在外面作用着交織而成爲組成的因子。 歷史本身便能直接給一種方便與供一種很可能的機會去研究各種文化之內在的結構，當各種不同根源，不同水準，不同類型的文化互相接觸與作用的時候。 這種互相接觸與交互作用的形式可以略分爲四種：第一，因移民而產生的接觸，(Einwan-

---

思想家而活動。歐戰後德國一時危機萬狀，而他的著作西歐的沒落 (Der Untergang des Abendlandes) 也與世相見，當時發生了異常的衝動，一時以他的思想爲中心，捲起了許多的爭論。 他的哲學是大規模的文化哲學論，闡明各文化形態之特質，並且認爲各文化各各像一個生體一樣，必然由生成而進於繁榮以至沒落的過程。 施氏現已歸道山。

(4) 富本紐 (Leo Frobenius) 是德國人種學家與探險家。 一八七三年生，最近，一九三八年才死去。 他在非洲住的年數很多，關於文化上的見解，大概取之於非洲人種的研究。

(5) 全名爲：文化與精神學通論。 (Paideuma. Umrisse einer Kultur-und Seelenlehre)

derungstypus）第二，因殖民而得的結果（Kolonisationstypus），第三，則爲接受的接觸，（Receptionstypus）第四，便是因復興現象而有的接觸與互相作用（Renaissancetypus），前兩種不同文化互相接觸發生在同一的地方，有許多種樣式產生……如互相了解與不了解，好意的估價與拒絕，謹慎的接受與從容的同化，第三類的接觸是經過一個距離，由於經濟的政治的或純粹智慧的交往而不同的文化互相作用。第四類的接觸是由於時間的距離而發生的文化影響，或者把屬於某一外國民族的過去文化結果復興起來，或者把早期的模範的某一段本國文化再建起來。

現在我們精細的研究這種現象如何發生有三層意義：在今日德國到處流行着興奮的自己檢查（Selbstbesinnung）歷程中，使我們至少在我們心裏知道什麼樣的外國影響變爲我們命運的一部分，設若我們能源源本本的這樣研究一下，便能教我們認識在性質上與本源上什麼是純正的德國的，當着一個國家開闢殖民地的時候，而當地文化尚未開化，那末便發生了土住人民如何用文化去教化他們的問題。這樣我們便遇到了殖民地教育的一般問題。關於這樣的問題，在過去沒有通盤計劃的思考過或討論過，還有很快的過去歐化的一節段以後，世界政治上產生了最新的局面，這就是各種不同民族本源的各種偉大有獨立性的文化與不同的精神現象遇到而互相排擠，所起的這種接觸與衝突最後將要決定地球上人類的未來命運。

於是哲學的探討便很要擴大它的範圍，因爲它遇到了一個問題，就是要為在發展上與性質上極不一樣的各種文化樹立一種外在效力與內在價值的標準，同時教育科學也必得像以上所說的對於這種最大的教育現象有所關心那就是：移殖整個的一種文明到一個外國文明的歷程與由此而起的教育全民族與全國民的問題。

第二：在這種探討中，研究的所謂文學形態學不能只認為文化是「超個體的有機體」(Überindividueller Organismus) 恰恰相反，這種研究必得闡明並着重結構上的各種不同。因為就沒有文明體系那樣東西可以有它自己解剖上的結構與顯明的界線。一種文化的結構雖然沒有這種生物學上的基礎，而是在一國民內歷代相傳形成的，決定文化的因子是生物的與遺傳的力量，還有土地環境的關係，這是就廣義的看來，二者同時受文化自身的理智所影響與塑模。文化結構的複雜性質主要的是不僅文化沒有具體的形狀，而且文化亦不能意識到它自身，所以一切精神的因子超過個體以後分散為多數不同的意識單位 (Geistige Subjekte 卽精神的主體)。而它們時常是時顯時隱的。「傳統」(Tradition) 與「教育」(Erziehung) 對於任何一種文化都是最重要的。文化上精神的多樣性有它獨自性質的方面。這些可以分為下列數種：「物象化了的精神」(Objektivierter Geist)，表現出來的稱「文化產品」(Sogenannte Kulturgüter)「公共精神」(Gemeingeist) 它在活動與強度的範圍上有各種不同的；最後稱為「規範精神」(Normativer Geist)，它構成社會秩序，風俗道德，法律與體制——最後這一種是規範精神最高的階段——在規範的性質，深度與強度各自不同的。 屬於一種文化的宗教信仰與生命觀集中於指導形成未來的規範制度，執着並且順導那些將來形成未來的當前諸因子。每一種文化以它的宗教觀與世界觀爲中心時常成爲生活上的重要部分，並且供給生命上一種生活的能力，雖然這種結合也會發生反對的力量

由於血統與風土決定了文化，直至最後形成了一種力量，同時有信仰的力量支持它，文化的各方面形成一種複雜的類型。 就是在理論上也很難發現什麽是文化的 「組織中心 」(Organisationsmittel-punkt)，它能使我們互相比較各種不同的文化。 所以時常不得析從一個抽象的或一方面的觀點出發去研究文化。 根據這種各別生物的與理智的類型而做分析是一種普通的趨向；但是這種心理的方法是證明不合理的。 對於客觀文化成績的內容加以注意也是同樣重要的，我們要向普通的公共精神對於客觀文化活動的各方面有什麽影響，同時去研究那些衝突的道德的，法律的，宗教的與政治制度。

第三：關於文化現象的互相迴合與滲透，我們在理論上正如其他每一個具體例子一樣，牽連到文化形態問題，要問什麽是一種結合的，什麽是一種分離的結果，要問經濟的與技術的因子或宗教的因子，（教會！）什麽是最先轉換或接收的，同時要問最強的主動力量在什麽地方，並且在什麽樣的方式下一種文化的接受最容易容納。

但是這一些問題也包含着一種文化的內部構問題：「一」，文化的基本因素是什麽？(nach tragenden Sachgebieten) （就是問文

化因素是基礎或僅是上層結構？ Z. B. Theorien vom kulturellen Unterbau und Überbau)「二」什麼社會層是決定文化的？ (Nach kulturell massgebenden Sozialschichten)「三」現在文化所代表的是歷史的那一個階段？(Nach den historischen Epochalschichten, die im Gegenwartsrelief einer Kultur noch sichtbar sind.)

最後我們要研究這種理論，就是關於文化有生長，壯年與老死的問題。 換句話說，在規律的進程中，文化有幼年時期，成年時期，老年時期與衰退時期。 我們必得要特別指出並且要注意的，就是生命上的生物律有不能運用到超個體的生命上的時候，那就是我們稱為文化的。 因為這必得要記得文化可以在倫理上復活起來，雖然它們已經達到它們的老年時期。

哲學還沒有產生一種一定的標準可以決定什麼是文化的主力，這種主力可以使文化克服了重大的物質上的困難，更困難的是決定一種文化的內在精神價值。 哲學現在才開始處理這個問題。 然而第一必得先放棄自啓蒙時代所傳下來的西方慣用的進步思想。 但是那些每一種文化自身所用的標準雖然在各時代有很大的創造力量，現在在世界各種文化互相競爭的時代却遇到它的內在價值與生命力量的嚴格試驗。 到今天已經很清楚的是僅只技術的與物質的力量在決定文化上也不過如一個民族的數量一樣，但是能生產持久力量的信仰力却是極重要的。 因為這種信仰力不僅積極的可以支持生命自身體同時它們給與各人或國家的奮鬥與力量一種意義，使得認為這是值得拚全命來維護的。 具體一點說罷，我們可以說凡是在這一個世界上的眞正力量的根源是在另一世界的超驗信仰中但而這種超驗信仰才是我們眞正的歸宿。

譯自：Forschungen und Fortschritte 12. Jahrg. 1936, Nr. 10, S. 133—134.

古代中國的天文學

（劉歆改竄左傳說的證實）

愛伯華(Wolf Eberhard)著

方志浵譯

西漢末造，即西元前第一世紀，在中國文化史上有莫大的貢獻與意義，即於天文學一方面，也有鉅大的發達和長足的進步。司馬遷的史記著作，在這世紀之初（武帝天漢四年，西元前97年）告成。史記上所載行星及太陽周行率的運算數値，極爲草率。然而與司馬遷同時代的人選治曆鄧平，在其太初曆（太初元年，西元前104年所造）已經改正了那些數値，後來劉歆等於這世紀之末（成帝綏和二年，西元前7年）所造之三統曆，關於天體周行的數値極爲精確。(1)

三統曆所應用的算學天文學上原理詳載於漢書律曆志。

漢書律曆志所述三統曆的組織和系統，實爲宏大無比。大宇宙

---

(1) 譯者案：所謂三統曆不可謂爲劉歆所造，參閱新城新藏著沈璿譯，中國上古天文，商務印書館，民國二十五年出版，第75頁：「…此係太初元年最初施行之曆法，即所謂太初曆。又就其內容（載於漢書律曆志）言之，亦稱爲三統曆。後至前漢末劉歆附加超辰紀年法於此三統曆，因三統曆解說春秋之記事，可極其微妙之處，遂致有誤解以三統曆爲劉歆所作者歟」。

Makrokosmos 和小宇宙 Mikrokosmos，自然界和人類文化，悉皆導源於共同的天文學上基本數值。度量衡，幣制，音律，易經的八卦，五行（木火土金水）之說，孔子在春秋裏所主張之奧妙的政治哲學，歷史及政制的變遷及了局，禮節，服制等等，其所根據的基本數值，即為太陽，太陰及諸行星運行上所根據的數值。這宏大的思想，即依據算學上的精密數值，以求天地人三統之諧和為目標的思想，實為西漢末造的整個精神生活之基礎思想。五行之說竟成為這思想的最高發達點。

天地人三統俱繫於天文學上的基本數值，而關於太陽太陰及諸行星的基本數值，詳載於漢書律曆志。依據韓世齡 R. Henseling 的考據，那些數值悉為極精確觀察之結果。(2) 如律曆志所載交會木星周行率 Synodischer Jupiterumlauf 為 1，09160 年而近代天文學觀測結果為 1，09211 年，則不甚相徑庭。然而這數值為運算方便起見，常常擴大為極大週率 Zyklen 而這週率竟有達幾百萬位者，例如三統復於太極上元的年數為 23.639.040。如此擴大以後運算出來的數值，極少有分數。律曆志，原則上是甚少應用分數運算及乘法運算。因此各週率間也得到算學上的關聯，而各天體互相的諧和歷歷可見。

---

(2) 見愛伯華 W. Eberhard 與韓世齡 R. Henseling 合著，漢代天文學考一 Beiträge zur Astronomie der Han-Zeit I，載於普魯士學術研究院報告。Sitzber. d. Preuss. Akademie d. Wiss, Phil.-hist. Kl. 1933.

那些基本數值是排列於二十八種公式而應用的。[3] 這二十八種公式可稱爲漢代之科學的紀年學和天文學之指南書。 用這公式可以推算朔日，冬至，各行星的再顯（五星見復），行星的運行，星體隨時經緯，月蝕，等等。 然而却缺乏一箇計算日蝕的公式。 日蝕的推算似乎不按照週率，劉歆只能推算日蝕的可能不可能一點而已。除此以外，爲農業和星相術——此二者對於天文學之發達，爲極其重要的動機——必須的日期，一概都計算出來。

以上所論二十八種公式，其文體甚爲難澀，而其結構則簡單之至。 所以其實際應用和運算，不爲困難。 這些公式，精確可靠。何則，其所據之基本數值，本爲精確故也。 我們可以再進一步，採用考據學的方法，根據左傳之記載以攷究這些公式的精確與否。左傳原爲記載西元前 722 年（隱公元年）迄 468 年（哀公二十七年）的史籍，其眞僞問題最近幾年特成爲激烈爭論之中心點。 有一部分學者認爲是西元前第四世紀第三世紀間之著作。 另一部分學者則以爲在西元前後之際，由劉歆所改竄。

劉歆非但爲二十八種公式的創作者，而且對於左傳上的紀年也有涉及處。 我們從這觀點上可以攷究出劉歆改竄左傳的事蹟。 我們已將左傳裏記載的天文學數值，與以近代天文學方法計算出來的數值

(3) 見愛伯華漢代天文學攷二 Beiträge zur Astronomie der Han-Zeit II, 載普魯士學術研究院報告 Sitzber. d. Preuss. Ak. d. Wiss. Phil.- hist. Kl. 1933.

（此係米勒博士 R. Müller 及韓世齡君 R. Henseling 之貢獻），以劉歆的方法計算出來的數值，及劉歆自己計算出來的數值（見漢書律曆志下）等四者，一一比較。其結果如下，劉歆的公式是從一箇假設的零點，西元前 143,231 年起推算的，因此凡先於此公式創作以前的日期，都可以不經過任何換算而直接以同樣的方法推算出來。左傳裏關於天文的記載，劉歆悉能檢算。惟有日蝕一項非劉歆所能精密推算者。由此觀之，左傳所載日蝕日期是根據於無真僞問題的春秋的記載。自西元前 722 年迄 468 年間之望日，劉歆應用其公式能够精確的檢算出。至於冬至的推算則年代愈遠錯誤愈多，西元前第七世紀竟有三日之誤算。這種種錯誤在左傳裏也有一箇，這或許由於劉歆改竄。

關於木星（即壽星）位置之推算，570 年中約有九十度之錯誤。蓋公式不甚精密故也。左傳所記載木星之位置，一律錯誤。這必爲按照公式而推算之故也。劉歆以前，已有另一箇推算木星位置的公式。依這公式則82,6年中就有三十度之錯誤。有一部分學者，尤其是日本學者（譯者案：新城新藏著中國上古天文，第五十四，五十六頁）以爲左傳所載木星之位置，是於西元前 360 年左右，依這公式所推算的。此說不能成立。因爲左傳，於西元前後，爲漢代天文學家所改竄。這已是證實。改竄的動機及目的，以今日之所知，屬於政治的範圍。西漢人在天文學上攷究推算的方式，乃至改竄古籍裏的紀年時所應用的方式，是能證明漢代算學的精密的思考，換言之，科學的追求。

劉歆的公式，也許受了外來的，西方的（尤其是畢沙古拉派的 Pythagoräische）影響（日人飯島忠夫有此主張）。 這雖似乎有理，然這種影響止於理想而已。即或有，不很關緊要。

譯自：Forschungen und Fortschritte 9. Jahrg. 1933, Nr. 17, S. 252-253.

百年前德意志的學術和國家

梅安敖 (Arnold O. Meyer) 著

胡 雋 吟 譯

拿破崙戰爭後的復興期間，乃是德國的政治停滯時期。其經濟復興是很慢。但是學術的復活在歷史上却很少能有與他相匹美的。以前德國從來未產生過如此豐富的創造力，也從來未影響世界學術思想有如此之深厚。在此學術復活方面領導之下，歷史的和自然發展的觀點 (Historische und entwicklungsgeschichtliche Betrachtungsweisen) 勝過了唯理主義的舊趨勢。這大部分是由於赫德(Herder)的影響所致，赫氏是一位研究者，也是位預言家，在十八世紀末葉他對於燃起新德意志思想貢獻極多。

赫德和哥德(Goethe)都深切的感到需要一種無所不包的世界觀。此處所指的整體觀念(Totalitätsbegriff)，無論如何，不是指着積所有各種學術支派的總合而言，却是對他們互相關係上的一種統一的把握和理解。研究這些互相關係，就是說研究他們彼此各部分互相的影響，必須引到一個問題上，就是單獨的有機體在整個構造中之演化問題。在自然科學方面這種觀念可稱爲生物的和形態學的 (biologisch und morphologisch)。在人文科學(Geisteswissenschaften)方面(如歷史和心理學)可稱爲歷史的(historisch)。

世界整體觀不能從已成的事實內產生，乃是從仍然正在變動之進程中生出來的。此種趨向是燃起赫德和哥德思想的動力之源。也是赫德的主要作品：關於人類史的哲學之幾種觀念(Ideen zur Geschichte der Philosophie der Menschheit)的生命與靈魂。更且是代表着亞奇默得的出發點(Archimedischer Ausgangspunkt)，由此，科學一種跟着一種推動向前以應付新問題的產生，並給它自已樹立着新目標。此係思想發展中的一種革命程序，是引到結果而非預見其結果的。就這樣，描敘的和獨斷的治學方法被自然發展的和歷史的新思想方法所取而代之了，同時，對人類理智絕對眞實的信仰及對人類生存形式永久不變的信仰也被這新方法推翻了。

在法理學的園地內此新歷史趨勢與基於自然法則的觀念起了衝突，但同時也與無益的好古主義相反對。這種衝突起始於十八世紀末葉格丁根(Göttingen)城的胡果(Gustav Hugo)，後來由法理學派的創始者薩文宜(Friedrich Karl von Savigny)的繼續努力而得到勝利的結局。薩文宜燃燒起他的學生格利姆(Jakob Grimm)的歷史本能的火花。他追尋在羅馬法史中所有的演化變遷痕跡。他的學生格利姆乃研究德國語言裏的聲與形的變遷。並且，如同薩文宜對羅馬法典作過一種批判的研究一樣，格利姆也以研究語言史來推翻講定規定律的文法的語言學。

薩文宜堅持着一種觀念，以爲以生活的情形和需要去解釋法律的發展是可能的。 於是格利姆就把他研究現代人的習俗所得的結果引入他著的德國法律考古史料（Deutsche Rechtsaltertümer）中。曾和生活及人民脫離關係的科學因此又轉到他的正途而與生活及人民相接近了。 格利姆作着法律史的研究，同時也進行着他的驚人的語言學的工作。 結果在他著的德國文法，德國字典中有了輔音移變定律（格利姆定律）等等發明。 然而所有這些巨大可驚的成就，也不過是表現整個語言學研究上的再生運動之巨大德文典籍中的一章一段而已。

比較語言學的創始人包伯（Franz Bopp）曾用簡單的幾個字，指出這整個運動的目標說道：「我們於語言的生長與發展中，試着追尋語言的本來面目。」 這一種新科學起始於「一個新大陸的發現」，那就是要說，從梵文（Sanskrit）的研究而起。 包伯的老友，洪伯爵（Wilhelm von Humboldt）是那時代中的一位無所不知的科學家，他對於溝通語言學及人類心靈史存了一個更遠大的目的，於是他就轉成語言哲學的創始人了。 赫德和哥德想去得到對人類心靈發展的整個觀念的那種企圖，現在洪伯爵的心中又很強烈的生動了起來。 並且這種趨向整體的努力在地理的研究上也展開了新的眼界，於是地理的研究與人類的歷史也鎔冶於一爐了。

這個同一的智識原則——那就是說用比較的和自然發展的方法來看事物——乃是利忒（Carl Ritter）氏工作之基礎。 這就叫比較地理或地理和自然及人類史的關係。 利忒之目的在描繪普遍地理的整體。 此整體中之組合部分是內在的相連結着。 他相信去發現連繫自然及歷史的定律是可能的。 他甚至向前看到一個時期，就是從所存在的東西的整體，及其發展之進程，可得一結論：卽有一時期各民族必須用他們自己的創造力以達到被定數所限制的最高界限。 這就是把地理當作達到政治智慧最高目的之指南了。

歷史曾對其他科學有過大幫助，現在牠自己也受了思想歷史化之進程的影響。 歷史學派的目的在研究普遍狀態 (Universalität)——不是像以往似的祇研究主要的事質，而是對普遍狀態的精微觀察——在於統觀普遍的歷史之全面，不是祇注意某一國某一時代之本身，而是將歷史的內心與外形，各國的政治，經濟，文化看成一個單一的，活的有機體。 所以歷史科學不是呆板的依照一部已定的理論去接近歷史，而是從所有的歷史事蹟的內心之發展去着眼。 像別的科學一樣，歷史也轉向了演化主義(Evolutionismus)。 這乃是蘭克 (Ranke) 氏，他把歷史放在了這個新的正確的歷史基礎上。 由此，這個新穎而有活力的方法像電火一般，從這門科學燃燒到那門，每個部門都開拓了更寬的眼界和更深的智識。

雖然如此，這些在學術上所發生的現象也不過是政治生活上所發生的現象之一反映而已。 學術觀點的改變正與政治思想的改變相符合。 十八世紀的機械式國家制度是由上制下，不與人民合作，它愈和機械相近似，愈認爲完美。 這類國家與信仰理性有絕對價值的唯理主義時代的學術正相一致，那種學術早已走到教條式的凝固境地不能進行了。活的國家有機觀念與新的歷史科學恰相符合，她解除了維持社會秩序的呆板法則走向獨立生命，同時又和新國家精神一起被她的分子之合作所推動。新歷史學的代表者向各方探求以期獲得整體與其份子間之最親密的連繫，及一活潑的有機的發展。此種並行狀態，學術與國家的適合，其根深植於十九世紀的精神中，因此十九世紀是一學術的演化世紀，也是國家生命建於國家觀念上的世紀。這兩種觀念互相深固的連繫着。火花已燃，影響已生：政治的反動無論如何也不能毀滅這種精神了。這種學術與國家的新生命理論溯其根本原是一個，學術原來是能够滋助與刺激一個國家中和民族中的政治生活和民族生活的，可是自人文主義時代以來學術從未這樣作過。各大學從未像現今這般堅固的與民衆生活相聯繫；國家也從未給學者們以如此合作的機會。而今全國哲學家的討論會，更甚的還有日爾曼國粹學者會議和德國國家生命最有力的保護人的集會等都已成為國家的大事，且德國智識份子對此無不發生深切的興趣。在這時代末葉所舉行的兩個盛大日爾曼國粹學者會議裏，一是一千八百四十六年在佛蘭克府（Frankfurt）舉行的，一是一千八百四十七年在律培克（Lübeck）舉行的，都榮幸的由格利姆(Grimm)氏主席，學術與與國家的聯合，智識之企望與政治之意旨的和諧都達到了在德國歷史上從未見過的完全圓滿。

譯自：Research and Progress, Vol. II, 1936, No.1, p. 43-46.

貨幣在經濟制度中的地位

韋凱曼(Erwin Wiskemann)著

陳國慶譯

二千三百年來，由亞里士多德（Aristoteles）的時代到今日，關於貨幣理論意見的重大分歧，主要是因爲沒有弄清楚貨幣本身的性質和在世界歷史及經濟制度中的貨幣現象。

我們應該拋棄那一派，抽象的把各種「特別」現象看作無關緊要，只是歸納一切而將基礎定在自然法則和自由主義上面的經濟學理論。沒有血肉，沒有生氣的結構和抽象——就如拿魯濱孫(Robinson)作標準的經濟生活學說——竟要拿來推原一般的結論，比方說，拿牠們來推原現代國家裏基於資本的經濟制度，實在是有點太玄。而且，這種自由主義形式化的理論違背貨幣理論的地方也不在小。這些理論家們把若干「經濟學的個案」看作等於經濟本身。根據他們的歷史出發點和他們的主觀的理想，他們對於貨幣的性質，必然會得到十分不同，甚或至完全衝突的概念。他們相信——甚至現在還相信——只要他們歸納出幾個，像數量法則和斐雪（Fisher）氏交易方

（1）這篇文章是柏林經濟學院（Wirtschaft Hochschule）韋斯凱曼教授當一九三九年十一月十三日在該大學校長演講的講稿。

程式一樣的，愈概括觀念愈好的法則，便算已經對於各種「特別」現象盡公平之能事了。 由這個角度看，他們自然以爲考量貨幣在實在世界歷史及經濟制度中的地位就理論上說是太多餘。 他們的意思，這部份的研究是委歸到經濟史的範圍。

我們不能不很嚴刻的反對這些意見。 按經驗基礎去研究若干事物的性質並不是不問到幾個理論問題，而且反要先把這些理論問題弄明白。 所以我們應該先曉得：什麼是一般貨幣共有的特性，不管是德國貨幣還是中國貨幣，也不管是今日貨幣還是古代貨幣。 換一個方法說，就事質和就經濟學上來討論，什麼是貨幣應有的一般特性？這些一般的特性和在個別情形下的個別的特性合起來，便是根據歷史學原理的，在個別經濟制度中的貨幣的性質。

至於他的要點，克那普 (Friedrich Knapp) 在一九〇五年在他的貨幣國定說 (Staatliche Theorie des Geldes) 裏已經有力的給了這個問題的答案。 他宣言說在任何情形下，貨幣只是一個用固定單位表示的符號；便按這些單位，牠在一個經濟制度的支付行爲上，有下一個相當的價值。 或且，像華格曼(Wagemann)最近說的，貨幣是賦與購買力的，以價値單位表示的一個證券。 所以在任何情形，誰用這個符號都沒有關係，貨幣是不是當作符號來轉移，貨幣所包含的是什麼物質，也都不成問題。 所唯一要問的就是這通貨的實際購買力究有多大。 在這一點上，經濟理論已經遠走到克那普的前面，他所看到的不過是一個票面價値。 貨幣不是一個固定的計算單位，像重量單位和長度單位一樣；而且體質和大小還要看經濟的情形而定，那也就要看經濟合作的效能。不過，這種關係不應解釋爲純是被動的。反過來說，貨幣制度對於經濟制度或許會生極重要的影響。

因爲貨幣不是貨物，牠不能直接爲人所使用，只能間接滿足生活的需要。在經濟生活中，牠參與到貨物與勞作的交易行爲，這結果使經濟學中基於分工的一切貨物和一切勞作因爲對於貨幣的關係不等而互相有所聯繫。收受貨幣的人雖然知道牠本身不是財富，可是相信他將來能夠用收到的這個符號貨幣來取得貨物和勞作（這是一切貨幣的信用性質）。數量說通常一開始就不承認經濟生活的一切構成力量都是基於人類在生存環境裏面的意志能力的眞正創造。石太因(Otto Stein)在他最近的驚人著作，經濟學中的數量與體積(Menge und Grösse in der Wirtschaft, Berlin, 1937)裏面，却極着重這一點。根據這些事實，同樣數量的貨幣在不同貨幣制度與經濟制度裏面，可以有絕不相同的效果；二乘二等於四的習見定理在這個意義下是靠不住的。所以發展至最高峯的預測理論，譬如說凱因斯氏(Keynes)的僱用的一般理論，也只是不滿意的片斷工作。

一方面是純粹機械化的理論和正當算學的函數理論，另一方面是基於歷史學原理的經濟哲學理論，二者中間永遠不能聯繫。後一部理論主要倚賴歷史的經驗。在貨幣的範疇裏，前些年或前幾十年的事件都會給我們許多新的問題和新的結論，也可以使我們關心到前時的金融制度(2)。

所謂生產信用的問題是今日貨幣與經濟制度中最爲人討論，而且最受人攻擊的題目。 我上面敘述的也許已能指明這個問題和貨幣理論不能分離，因爲實際說起來，貨幣制度和信用制度在過去歷史上形成一個單位。 根據信用的經濟在自然界裏面沒有獨立存在過。 在過去也許有過，根據將來的信念而交換勞役的事，不過這種情形並沒有決定經濟的面目。 信用只在獲得貨幣的形式後才在整個機構中佔有重要的地位。 這可以從中世紀歐洲基於資本及貨幣的經濟制度的發展得到完全的證明。 但是經濟制度中的信用的生產力和貨幣的信用創造也因此成爲原理方面的問題。 特別在勞容氏 (John Law)及馬克勞 (Macleod) 的著作裏面，我們可以見到，這些中心問題已經詳被論述。 他們的意見以爲，貨幣的信用創造就整個經濟制度看可以有很大的生產力，因而國家應該將這些力量的生產與指導握在自已手中。 這種概括的觀點現在可以用實際經驗來分析了。 我們觀察愈深愈覺得應該承認，國家或銀行創造生產信用會有效果而不至引起膨漲，實在有這種情形。

(2) 參閱 Johann Hasebroek: Staat und Handel im alten Griechenland, Tübingen, 1928;Udo Froese: Der Wirtschaftswille im deutschen Hochmittelalter, Würzburg, 1937; Jacobus Groven; Dynamische Gold-und Kreditlehre des Merkantilismus, Berlin, 1926. Eduard Lukas: Aufgaben des Geldes, Stuttgart und Berlin, 1937; Rudolf Stucken;Deutsche Gold-und Kreditpolitik, Hamburg, 1937.

大戰後德國的最近經驗對於這一點尤其有趣而且饒有教訓。大家都知道，開始於戰時的德國的通貨膨漲主要是因爲帝國政府的貨幣需要，這些貨幣便由帝國銀行無限制供給。

膨漲到一九二三年達最高峯，這年正是法國人侵入到魯爾區域(3)。國內國外都發起有不少的計劃與企圖來制止膨漲，可是一切都沒有成功。後來，賀非里 (Helfferich) 發的最出名的裸麥馬克 (Roggenmark) 計劃。他的意思，要以經濟生活上最重要的貨物，尤其是農產品，即所謂裸麥，的價值來穩定新貨幣的價值。所以一個裸麥馬克便要等於一定量裸麥的價格。這種裸麥馬克鈔票應用農業信用銀行發行的有價證券 (Rentenbriefe) 作担保，而證券本身則由德國整個產業用抵押及債券的方式作爲後援。銀行應該募集的第一次四十萬萬股款應由各個經濟機構來籌措。這個計劃經過各方面多次的修正，最終採取了蘭登馬克 (Rentenmark) 的形式，後來即印製蘭登馬克發行。這種計劃並不預備廢除德國銀行，所以這時德國銀行仍然存在，牠的職務只是向蘭登銀行提借所必需的蘭登馬克鈔票，再把牠們分配給國家及公共機關，還有一般工商企業。可以拿蘭登馬克兌換的有價證券便作爲新貨幣的担保，牠的面值是按每單位五百金馬克計算，而每十個金馬克規定爲價值 $1/279$ 公斤純金，相當於戰前的標準。另外交給德國政府三十萬萬德國馬克 (Reichsmark) 用以贖回德國銀行手中的庫券，九十萬萬德國馬克作爲平衡預算的基金，還有一百二十萬萬德國馬克作爲產業信用。過了這個數字，產業界只能按普通商業票據手續來取得信用了。

大家都知道，通貨澎漲就這樣完結而新通貨就這樣創立。我們不能在這裏詳述牠發展的各個過程。不過我們可以說，那時德國幣制局總裁沙赫特（Schacht）博士極端靈巧的貨幣政策，和那時財政部長魯特（Luther）博士有力的財政政策實在促成了牠的進步。到了一九二四年八月，創立新德國馬克，規定每十個德國馬克的價值應絕對等於 $^1/_{279}$ 公斤純金，恢復了戰前的標準；於是幣制完全穩定。同時外匯平價也維持於一定的比例；雖然紙馬克和蘭登馬克的法定平價沒有明文規定，而實際上以前規定的四・二兆紙馬克等於四，二德國馬克等於美金一元。

這個穩定計劃的成功可以歸功於心理的因子和執行這個計劃的穩健政策。雖然紙馬克當膨漲的後半期曾被人民——尤其是農村人口——拒絕行使，可是重復取得信仰的蘭登馬克，大家都願意按定價收用。財政與通貨政策也極注意到重新應用正常預算的原理。「蘭登馬克的奇蹟」便是因爲事實上牠並沒有任何實在的担保，因爲所依據以發行蘭登銀行鈔票的金子實際上只是作爲計算的基礎，並不能隨便處置；而且遇到需要時，拿整個德國產業作担保的抵押也不能供給任何實在的保障。換言之，因爲新貨幣的信用和有力經濟政策的合作，這種補助貨幣不但沒有引起新的通貨膨漲風潮，而且遏止了德國通貨膨漲的恐慌。由是，某貨幣專家最近對於一九二三年蘭登馬克的識評，以爲牠是誤用的通貨膨漲試驗，實在是太荒謬了。雖然也許可以用別種方法得到穩定，可是這個方法實在是勇敢的嘗試，而且成功證明了採用這個方法是對的。

第二個膨脹，外債的膨脹，產生於道威氏協定 (Dawes-Abkommen) 之後。 數年中間，德國所負外債竟達二百六十八萬萬德國馬克之巨。 流入國內的資本大部都被誤用；而且還有一個嚴重的事實，在德國投資於長期企業的資本大多數都是代表短期借款的貨幣，這種情形日益加劇，長短期信用頓失調和。 結果這些借款所產生的高利率是德國進步的絕大障礙。 而且最可怕的是德國動用了這借款的一部，約一百十萬萬德國馬克，去償付賠款；這使她自已和別的國家都相信她能付得起賠款，而事實上並不是這樣。 所以看事明白的人沒有一個不担心到將來的危機。

一九三一年彌漫世界的大恐慌免不了波及德國，這再造成了德國貨幣情形的紊亂。 這次恐慌大部因爲，而且實際上可以說完全是這原因造成的，國際信用和資本要件的不自然情勢，這反之是由於償付賠款和公債的結果。 外來借款過多造成的不自然膨脹這時一變而爲相反的不自然緊縮，也就是不自然的貨幣稀少。 公私各界都盡力用嚴厲的經濟手段來應付這個環境，提高貨幣的價値，同時減低貨物的價格。 這必然的引起大部德國產業的停頓，因此引起了失業的恐慌。 一九三二年失業人數竟達七百萬，連他們的家庭份子算起來，差不多佔了全國人口的三分之一。 換句話說，利潤日薄的營業這時却要繳納更重的捐稅和失業救濟金來扶助愈來愈多的失業人口了。

布隆林 (Brüning) 和帕潘 (von Papen) 政府用盡努力，要從這愈來愈不好過的環境裏面覓得一條出路。德國的勞工供給極為豐富，未利用的原料儘多，可是資本好像是太珍貴。金融專家再度勸說布隆林政府重舉巨額外債來挹注德國產業資本的不足，帕潘政府擬制另一發行租稅券的辦法；可是這些條路都沒有領導他們達到目標去處。一直到國社黨 (Nationalsozialistisch) 政府當權，政治和心理的形勢才有改善，新經濟制度和新貨幣制度才得完成。這時政府重新獲得威權和信仰，一切擬制的方案復能統一施行，極像上次「蘭登馬克的奇蹟」的果敢計劃再度成立。政府增發通貨，不止流通的鈔票與硬幣的數量增加，而且還發行特種債券。德國銀行對於這種債券且給有重貼現利益；所以這種債券成為一個流動性極大的投資，而且同時內含有貨幣的特質。利用這些短期資金的幫助，短期信用可以由稅收及長期公債方法變成為長期的投資，一切結果便都靠這種價值的創造。故國社黨政府當權後，失業的勞工和未利用的原料都成為德國將來成功的保證。這裏我們應該着重的一點，就是國社黨的首領人物在未當國以前早已經明白的預定了這種計劃。雖然用以補救失業的新「生產信用」政策沒有即時實現，而這種政策老早就在他們計劃大綱裏面了。在這種情形下，自然「一事成則百事成」了

貨幣本身並不是德國國民經濟的最終目的。其最大目的當是：國力的保護，制止農村人口流亡的方案，省區的計劃，可用空間的實際分配，軍事經濟等等，總言之，一切提高國家威力和自由的目的和

完善的經濟制度。 所以和「銀行金料」相違反的，用短期信用來影轡長期投資的辦法竟爾成功。 短期資金的效果實在不惡。 德國銀行界所保有的證券和庫券由一九三二年十月的六十四萬萬帝國馬克增到一九三七年十月的一百四十六萬萬德國馬克，雖然他種銀行信用，特別是現帳放款，減少。 硬幣的流通自一九三三年後差不多增加了百分之三十。 另一方面，再看看德國的生產指數，一九三二年是五四，一九三七年十月漲到一二五．七。 全國收入總額一九三三年是四百五十萬萬德國馬克，一九三七年增加到六百八十萬萬德國馬克。於是稅收大量增加而短期信用集中於德國銀行債券。 下列便是歷年認購的數字：

一九三五年約數十六萬萬德國馬克，

一九三六年約數二十六萬萬德國馬克，

一九三七年約數二十八萬萬德國馬克。

最後一次債券原來定額是十萬萬德國馬克，可是後來竟溢發至十二萬萬德國馬克。

由於政治的統一和信仰的恢復，這個創造生產信用的「奇蹟」便在最自然的情勢下發生效力。 現在我們應該集中我們的力量來建設國民經濟，籌集大量的基金，維持統一的力量，而且在指導良好的德國的經濟制度中，維持德國貨幣的信用，不但在國內，而且在國外。

因爲德國政府實行外匯統制的制度，德國和其他國家的經濟關係還應再求長足的改善；這個只能在國際政治和經濟關係實行合法的改組後才能永久保持圓滿的狀態。

譯自：Forschungen und Fortschritte, 14. Jahrg. 1938, Nr. 12. S. 136—138.

白喉之傳染徑路及其預防

薄斐禮（Felix v. Bormann）著

鮑鑑清譯

當白喉蔓延時，因白喉患者排泄物污染之食器，衣服以及有傳染性之食品（如牛乳）等間接傳染，在今日施行嚴密預防法之下，已不成爲嚴重問題。 而家畜（白喉菌之在馬、牛、犬確實證明者）當白喉流行時亦不生任何可述之影響，故皆不得視爲傳染主因。 蓋其傳染多由人與人間之直接傳染，所謂飛沫傳染 Tröpfcheninfektion 是也。談飛沫傳染吾人即知病菌藉極細微而不易見之唾液及粘液小滴以散布。 蓋此種極細微小滴當言語時向四周飛散，尤以咳嗽及噴嚏時爲甚。 就往昔經驗而仍未得結果者即由飛沫傳染以散布病毒之流行性疾病（白喉外尙有猩紅熱，流行性感冒，麻疹，流行性小兒痳痺，流行性腦脊髓炎等）終未因衞生警察的處置而受嚴格影響也。

解釋此種失敗應注意探求其原因。 蓋大部分白喉傳染不由白喉患者而由健康保菌者 Bazillenträger。 患者鼻咽腔固有白喉菌之隱匿，而許多健康人之鼻咽腔中亦有此種病菌之潛伏。 第一將就愈之白喉患者鼻咽腔中於一定時期內尙有此種病菌存在（即持續排菌者

Dauerausscheider)，幸其人數不多，吾人可按注意患者之法而監視之。第二有許多健康人鼻咽腔內發見白喉菌(即保菌者Bazillenträger)。保菌者之數視下列原因而有極大變化。即視被檢者附近有無白喉發現，是否在本病流行時期。以正常計算，其百分率爲 0.5 至 6 或 7% 之間故最合理之處置，則爲吾人特別注意保菌者，搜索之，隔離之，並使其無菌。

預期之結果實難期望因單次檢查不能達搜獲保菌者之目的。蓋保菌之健康人體中所隱匿之菌數，遠不及白喉患者之多，證明實非易易。若以多次檢查爲有裨益，事實上亦不可恃(此爲全問題之解決點)。因白喉菌之潛伏於人體，爲時甚短。常變其宿主。在月初被檢查之兒童，不足爲月中再檢時之標準。Kaiser 及 Lode(2) 二氏在Linz及Innsbruck曾詳檢各級學童，每星期二次，經二年之久。發見許多學童鼻咽腔內，隱伏暫時性白喉菌，更有犯多次者。而完全不保菌之學童，其百分率在 Linz 約30%，在 Innsbruck 僅 2%而已。

若以上述事實爲有效，且爲撲滅白喉之良法。則兒童，成人以及因職業關係之成人與其子弟，甚至羣衆，皆有施行不斷的細菌檢查之必要。惟檢查期僅數星期，而羣衆中，於一年內又有多數保菌者，若皆予以隔離，又爲事實所不許，故用此法以撲滅白喉，似不妥善。是以每年將此種保菌之兒童，禁其暑期休假以及施行羣衆檢查，實屬無甚裨益。幸各機關(譬如本年布勒門 Bremen 域希特勒少年團)

(1) Vgl. Poppe, Deutsche med. Wschr. 1936, S. 2127.

(2) Arch. f. Kindheilk. 107. (1935) 40.

次第瞭解此項情形，以羣衆檢查爲不可恃而放棄之。但吾人須注意者，當醫師檢查兒童鼻咽腔，發見有白喉可疑者，及住於白喉病人之鄰近者，應行局部的嚴密檢查。此等兒童仍可令其留於原處，不過常施局部處置。然衛生人員須有相當的瞭解與練習，此實爲目前最佳良之方法。(3)

上述實施方法，不能認爲完備。隔離白喉患者雖無特別意義。但吾人發現白喉時，至少將此種新患者所含傳染力極强之細菌，設法防其直接傳染。

V. Behring 氏曾昭示吾人，用白喉菌毒强迫預防接種於兒童，使其對於白喉菌早生免疫性 Immunität。接種方法自 Behring 氏至今，已有長足進步，至今可謂毫無危險。且同時又有功効甚著之白喉毒素接種製劑 Diphtheriegift-Impfpräparate。惟此種製劑不可與白喉治療血清 Diphtherieheilserum 混同。因白喉治療血清含有白喉抗毒素 Diphtheriegegengift，用以治療白喉患者與作爲直接受白喉脅迫者（如白喉患者之看護婦）之短期持續防禦耳。檢討各國百餘萬預防接種兒童之經驗（就德國論，近年來兒童預防接種之數將近六十萬）已確實證明白喉毒素製劑預防接種之功効。近來法何等國亦做行之。吾等對於此種强迫預防接種，雖不敢完全贊同。然有許多疾病，對此種處置猶嫌過輕。譬如種痘法之施行，以維持吾人之防禦力爲先決條件，甚或用以保持吾人之生存。再者當軍隊入敵境

(3) Persönliche Mitteilung des Herrn Ober.-Med.-Rats Dr. Kortenhaus-Bremen.

前，對傷寒副傷寒族Typhus-Paratyphus-Gruppe細菌施行預防接種，必要時對虎疫亦然。　若對各種傳染病皆行預防接種，則又太濫。且有許多傳染病，吾人視爲僅限於兒童期者，不必施行羣衆預防接種及强迫預防接種也。　緣吾人身體對於大部傳染病，經數千年之歷程，纔成習性。　正如多數人之獲得白喉免疫性，不由該病之治癒而得，乃由該菌之潛伏體內（所謂潛伏傳染 latente Durchseuchung）所致。　有許多民族不識吾人所述之種種傳染病，一旦該病輸入，可成爲極危險傳染病(如南洋島民之對於麻疹)。　吾人之知識對於此等疾病病菌與人體之關係甚屬有限。　換言之預防接種法適合於人體自然現象否，　吾人不敢斷言。旣接種，是否無害於病菌及旣成的共生之發生或因繼續行之而危及人體皆不得而知。　正如吾人對於白喉預防接種，不能認爲免疫生物學之總現象，不過藉此以催進抗毒素 Antitoxin之形成，然未嘗顧慮人體之他種防禦設備（如粘膜防禦Schleimhautabwehr,，抗毒素 Antibakterielle Stoffe 等）也。　是以吾人急欲陳述者，白喉預防接種僅運用於被惡性白喉脅迫之小區域如幼稚園及家庭以爲防禦而已。至於普遍的預防接種及於全民族則應放棄之。蓋撲滅白喉之最重要工作，乃教導人民，俾瞭解該病之危險及其防禦之必要。　一旦遇有極輕度之白喉可疑者，卽令其就醫。　因吾人深信 Behring 氏白喉治療血清爲一種不可思議之良藥，足以治療之。注射此種血清愈早，則其功効亦愈著明而確實。

譯自：Forschungen und Fortschritte, 15. Jahrg. 1939, Nr. 8, S 110-111

司麥卡–瑞曼效應的性質及其化學上的應用[1]

西門安圖 (Arthur Simon) 著

高 嬰 齊 譯

司麥卡一瑞曼效應 (Smekal-Raman-Effekt) 是表明光與物質間相互的作用。 倘假定微粒的 (korpuscular) 光，由下面公式：

(1) $$\varepsilon_L = h\nu$$

(ε_L = 能量；h = 蒲郎克常數(Planck' sche Konstante)；[2] ν = 頻率) 那麼，藍色高頻的光量子，(Lichtquantum) 有比紅色低頻率的光量子較大的能量。

當光的微粒 (即一束單光) 與液體中的分子相衝時，在最適宜的情形下，就發生能量的互換。 由公式

(2) $$m_L = \frac{\varepsilon_L}{c^2}$$

(1) K.W.F. Kohlrausch: Der Smekal-Raman-Effekt, Struktur der Materie in Einzeldarstellungen. Springer, Berlin, 1931, vol. XII.
A. Smekal: Naturw. 1923, vol. 11. S. 873

(2) 至於蒲郎克常數：在此可看做爲用於宇宙間定律及適用於電子等級的實驗的普遍常數。

(m_L ＝光量子的能量； ε_L ＝能量； c＝光速度＝3.10^{10}釐/秒）可知光量子的大小是極微小的。

由這質量的微小，可以明白，當分子（可比做直徑七，八寸的木球）衝到光微粒（可比做隨波急行的木髓球）時，祇能稍微的改變些動能（衝量理論），這些光微粒遂受制止，就是說它的能量減低，而能量減低由公式（1）來說，就是頻率的減低。光微粒與分子衝撞的結果而散射開來，這樣將在光譜中產生一條在原光的光譜線以外而移向紅色的光譜線。倘若我們以 ν_1 表示原光束的頻率，ν_2 表示衝後剩餘光束的頻率，於是公式

(3) $$\Delta\nu=\nu_1-\nu_2$$

可用於頻率的改變。因為有些光經過液體後，並無能量的互換，所以我們能在散射光譜中，全觀察到原光譜線及改變後的光譜線。

最要緊的一點，是要觀察到 $\Delta\nu$ 與原光的波長無關，只基於散射的物質，這一點是 $\Delta\nu$ 的特點，例如鹽酸(ClH)所產生的特殊的剩餘輻射 (Rest-Strahlung) 與氫氧根(OH)(3)類所起的不同。此外，一種物質的 $\Delta\nu$ 可判明與分子中原子正常的振動的頻率ω是相同的，而這種頻率，我們由同一物質在吸收光譜內已常見到。由此，所以一光量子因與一分子相衝後而分出的能量使分子機構中的原子發生振

---

(3) K.W.F. Kohlrausch: Naturwissenschaiton, 1934, vol. 22, S. 161.

J. Weiler: Naturw, 1935, vol. 23, S. 125

動。 這種振動稱作核振動或正常振動。 這振動的頻率向來是相同的，即所謂該分子固有頻率 (Eigenfrequenz)，(此種分子固有頻率可以用歐洲小提琴的弦的頻率相比，因每弦皆有它自已固有的頻率)而與入射光的頻率無關。 由這些事實，能很容易的看到，這些單獨分子從光量子所得來的能量的總數是依原子間的相互結合力，原子的質量及它們在分子內空間的排列而定。 瑞曼光譜是從量的方面忠實的表現出原子間的結合力，質量及空間組織(分子構造)。 分子構造的研究因這種新方法而呈新的發展，倘想到開庫助(Kekulé)的苯 (Benzol) 構造及價理論，在實用化學上有如何的效果，就能明白分子構造的量的知識，大概能使這部研究上，得到大量的收獲，不過在目前，瑞曼光譜最後闡解的關鍵仍付闕如，所以我們不得不大部分倚據類似的結論。

在有兩個原子以上的分子內，大概不會祇有一種核振動，我們應該想做多種原子中常有多種振動，因為這理由，在原光譜線外常隨有數條瑞曼線。

詳細情形且不談，這裏先舉述些關於此點經驗：

(a) 與原光無關而被激起的一定是那基本振動 (Grund-Schwingung)，決不是倍振動(Ober-Schwingung.)

(b) 這效應的現像與集團態 (Aggregat-Zustand)及溫度無關。

(c) 某一定的光譜線屬於一定的結合(Bindung)。

在下面圖內，可認出各種結合在光譜內的確定位置。 如

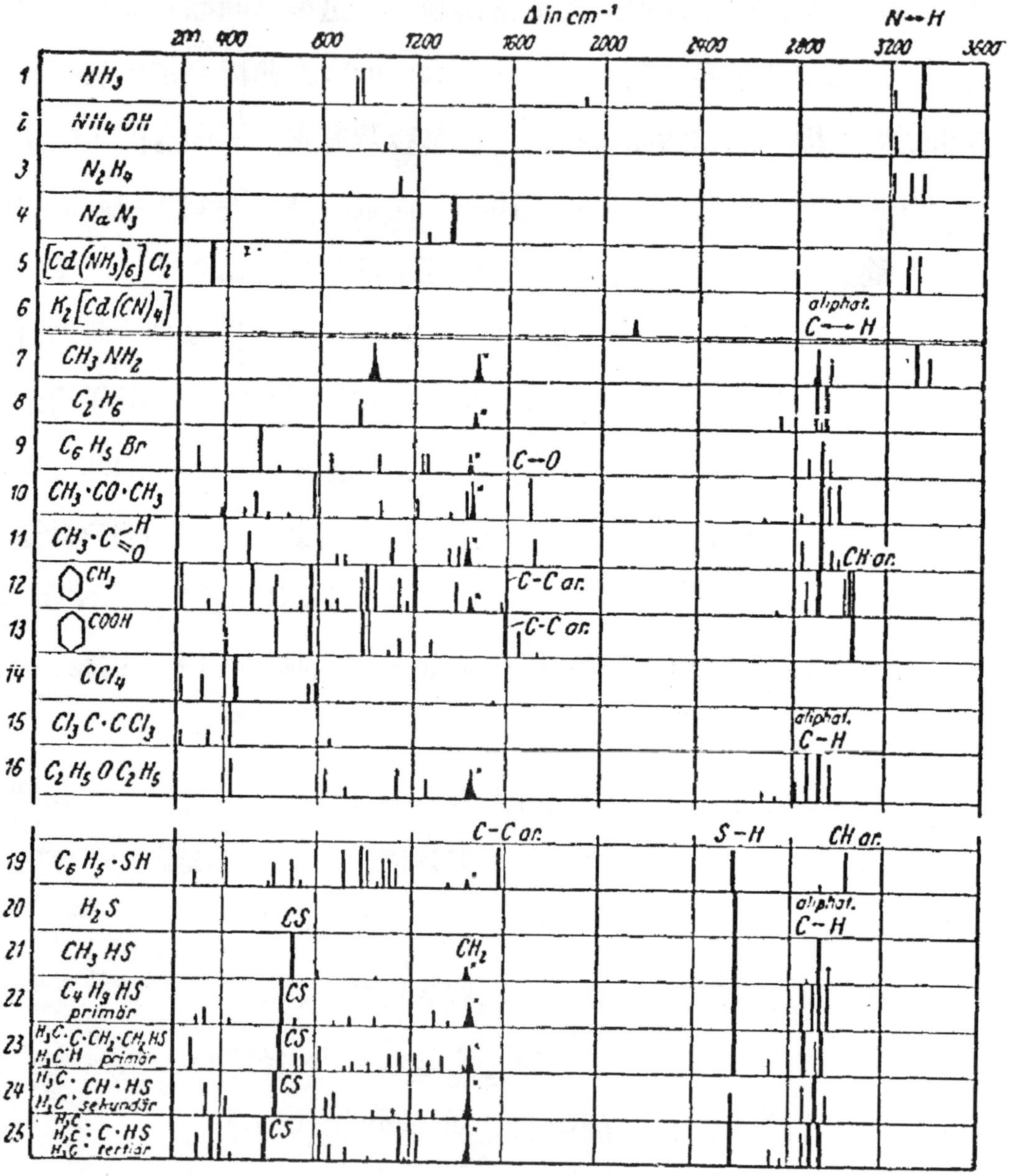

N-H結合(光譜 1, 2, 3, 5, 7)，或 C-H 結合 (7-13, 16, 19, 21-25) 及它們對於 S-H (結合19-25) 或 C-S 結合 (19,21-25) 的特點上的區別。 觀察者自已可以明瞭在 Na N_3 (4) 或 K_2 [Cd ($CN)_4$]

(6)譜內無 N-H 頻率，且 C-H 頻率亦不存在於 CCl_4 及 C_2Cl_6 (14-15)內，但 N-H 的頻率同現於 NH_3(1)及鋞基酸類(Amine) (7)及複雜化合的鋞(Ammoniak) 類(5)譜內。同樣的觀察可用於 C-H振動。如試驗下列任何一種，如乙烷 (Aethan)，炭酸 (Carbonsäure) 甲苯(Toluol)或醚(Äther)的 C-H 振動，在光譜中總是在同一地位，且就(12, 13 及 16)內，脂族化合物的 (Aliphatischen) 及芳族化合物的(Aromatischen) C-H 化合物，亦能彼此分開。苯質 (Benzol) 環亦有其特殊的頻率，故司瑞效應，遂成爲檢討化學組織有價值的工具。

據初等力學原理，有n 原子的分子，能有3n振動，但是在司瑞效應中祇有 3n-6 是有作用的，因爲這種效應僅能供給關於核振動的知識，這種核振動是與轉動及移動無關的(在初級近似值內)(4)。普拉蔡克 (Plazeck)(5) 爲這些可能的振動已推出些選擇定律(Auswahiregeln)。這就是說依照分子對稱的構造的多少，單獨振動或互相消除(禁止振動)或相互重疊(減微振動)。所以，在如 CCl_4 等的 3n-6=9 種可能的振動，只有四種在瑞曼效應中，只有七種在三軸及一對稱面的角錐體中是有作用的。這就是說，由振動的強度(完全對稱的振動，即雖在振動時亦完全對稱，且振動特强)及數目可測定

(4) 小提琴弦的振動(即發調)，並不因移動或搖動小提琴，而有改變。

(5) G. Plazeck: Handbuch der Radiologie. Akadem. Verlagsgesellschaft, Leipzig, 1934. 2 Auflage, vol. 6, II.

分子的空間構造，並且司瑞效應只有與同極結合 (Polar-Bindung) 起感應，而與遊子結合(Ionen-Bindung)無關。

爲了測定化學組織，司瑞效應對於化學上的用途隨意舉些下面的例子。

測定強性無水酸類是在遊離狀態或假遊離狀態，是一個很有趣的問題，不但由化學組織的觀點並且遊子論及不活動性(Passivität)。無水 HNO_3 的瑞曼光譜示出 OH 光帶及屬於 NO_2 類內的強光譜線，但是在淡化以後這些線就消滅了，祇有那如我們從硝酸鹽而所見的 NO_3 光譜線。 這情形在無水硫酸時，也是一樣，表示出多數屬於 SO_2 類強光譜線及 OH 光帶 [$SO_2(OH)_2$]。 這些線也是因淡化而消滅，而由硫酸鹽類中所習見的 SO_4 線便出現了 ($H_2[SO_4]$)。 因此，硝酸(6)及硫酸，並砷酸(7)及過氯酸(8)在無水情形時爲假酸 (Pseudo-säure)。

在磷酸 (H_3PO_4, H_3PO_3 及 H_3PO_2) 時情形就不同了。 譜線對於經過淡化後的酸，並無變化，即在百分之百的濃度內，所得的光譜是與由相當的脂(9) (Ester) 所得的完全不同。 即令酸是濃的也沒

(6) A. Simon: Zs. f. angew. Chemie, 1936, vol. 49, S. 320.

(7) F. Fehér und G. Morgenstern: Zs. f. anorg. u. allgem. Chemie, 1937, vol. 232, S. 169.

(8) A. Simon und H. Reuther: Naturw. 1937, vol. 25, S. 477.

(9) A. Simon und G. Schulze: Naturw, 1937, vol. 25, S. 669., A. Simon, F. Fehér und G. Schulze: Zs. f. anorg. u. allgem. Chemie, 1937, vol. 230, S. 289.

有OH光帶可見。在九種可能性裏的四種顯明振動，指明 PO_4 是出現在無水的 H_3PO_4 內並且在重心內與P做成一四面體(Tetraeder)。由燐酸及次燐酸顯出的 P-H 頻率證明 H 是直接與 P 相合。如此按照下面的圖式可以明瞭，何以 H_3PO_3 祇能是雙基的 (zweibasisch) 而 H_3PO_2祇能是單基的(einbasisch)。

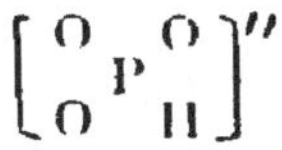 同 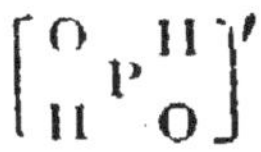

並且直接由這種光譜可以看出各樣的分離 (Dissoziation)，例如 H_2PO_4'，HPO_4'' 遊子等。因此由這譜線強度可測定分離度。由 P 酸（真酸 Echte Säure）研究的結果可以解釋它在無水狀態時可以侵蝕各種物質（水晶，磁，鉑，金，等）的強大本領，而 P-H 頻率的地位可解釋 H_3PO_2 的極強的還元作用。

司瑞效應的一特點就是能施用於物質的三態，溶液，並且與無晶的 (amorph) 物質，因為在這種無晶的情形下，用 X 光的研究向來是失敗的。因此使用這效應來分析釋明玻璃及水晶的構造，外來爾(Weiler)(10)藉着瑞曼光譜，也能定出在水晶及重分子的玻璃中的SiO_4類的特有振動的位置。並且示出Si原子依照它們本原子價經過公共的O 原子而連結起來的。

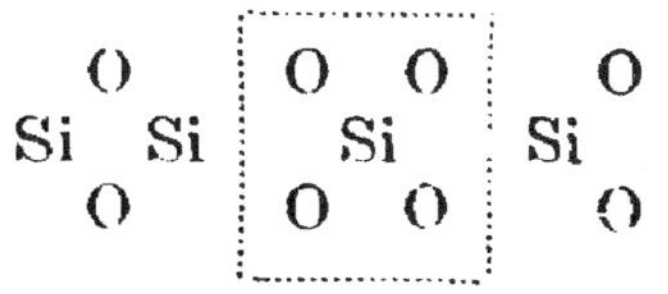

(10) J. Weiler: Zs. f. Physik, 1937, vol. 89, S. 617.

這玻璃光譜線的散漫的機構正是解釋結合與疊合 (Polymerisation) 的不一致的情形。

司瑞效應所供給關於，集合 (Assoziation)，疊合及加合 (Anlagerung) 的知識對於生物問題是重要的。 自然以反應作用保護生物不使受到直接的攻擊，例如以複合組成 (Komplexbildung) 疊合與集合等作用，且常產生接觸作用的非常活動中間形態而成複根狀，這種的認識對於解釋生活過程，是極重要。 這可以用 H_2O_2 簡單的來解釋，由此可表明關於性質最複雜的問題，瑞曼光譜可以給我們豐富的知識。

由蓋伯 (Geib) 及哈爾太克 (Harteck)(11) 的研究，H_2O_2 構造的問題又經一次開展。

$$H_2O=O \quad \text{或} \quad H-O-O-H$$

百分之百的 H_2O_2 的瑞曼光譜表明在 877 糎$^{-1}$ 處有一強振動，這是屬於O-O振動，但是為O=O雙結合的振動應在約1500糎$^{-1}$處。 然在極濃的 H_2O_2 的光譜中，在 1460 糎$^{-1}$ 處出現一較弱的漫散的光譜線（或光帶），此線可解為氫原子間的變形振動(12)(氧的價角亦在考慮中)，且原於分子的第二式 $H_2O=O$。 在從 H_2O_2 到 D_2O_2 與 DHO_2 的轉

(11) Geib und Harteck: Ber. d. dt. chem. Ges., 1932, vol. 65 S. 1551.

(12) A. Simon und F. Fehér: Zs. f. Elektrochem., 1935 vol. 41, S. 290; F. Fehér und F. Klötzer: Zs. f. Elektrochem., 1935, vol. 41 S. 850; 1937, vol. 43, S. 822.

變過程中，我們所量過(13)的光譜 1460糎$^{-1}$ 與 HO 光帶的頻率改變與這個因數$\frac{1}{\sqrt{2}}$並行，那就是一種改變，如果H與D原子單獨的與這振動有關的話，在理論上是可期望的。 因此光譜帶1460糎$^{-1}$ 是一種變形振動，只有這個分子式 H－O－O－H(14)是存於 H_2O_2 的 DHO_2 的光譜是由 H_2O_2 與 D_2O_2 加成的。

以鐵化合物爲模範接觸劑 (Modellkatalasen) 而從事研究，在有H_2O_2時（如細胞呼吸的問題），更以 H_2O_2 有分解在鹼性溶液中的傾向，可得一假定，卽二氧化氫 H_2O_2 在鹼性溶液中可改變它的結合形態。 事實上，鹼性的 H_2O_2(15)的瑞曼光譜顯出來 O－O 振動頻率的改換，相當於結合的離開約10卡。 我們能證明，HO_2游子表示這種結合的離開。(16) 該游子可由Fe^{+++} 來中和，成爲一根（管狀效應，Tunnel-Effekt) 現在產生鏈狀的反應，由此一方面，這游子的很高的接觸效用，他方面 H_2O_2 在鹼性溶液中的分解的傾向，都得到滿意的解釋了。

$$
\begin{array}{llllllll}
(1) & Fe^{+++} & + & HO_2' & \rightarrow & Fe^{++} & + & HO_2 \quad (\text{根}) \\
 & & & & & & & \downarrow \\
(2) & HO_2 & + & H_2O_2 & \rightarrow & H_2O & + & O_2 + OH \quad (\text{根}) \\
 & \downarrow & & & & & & \qquad\quad \downarrow \\
(3) & OH & + & H_2O_2 & \rightarrow & H_2O & + & HO_2 \quad (\text{根}) \\
 & \downarrow & & & & & & \downarrow
\end{array}
$$

照(1)等再做一遍。

(13) A. Simon: Zs. f. angew. Chemie, 1937, vol. 50, S. 611.

(14) 相當於 D-O-O-D.

(15) A.Simon: Zs. f. angew. Chemie, 1936, vol. 49, S. 320

(16) A. Simon: Zs. f. anorg, u. allgem. Chemie, 1936, vol. 230, S. 129. S. 148, S. 160; 1937, vol. 230, S. 225, 1937, vol. 231, S. 217.

最後要談一個爭論很多的問題，那是H_2O_2分子的自由轉動 (freie Rotation)問題，這問題瑞曼光譜也給解決了。 H繞着 O－O 軸心的自由轉動，會發生散漫光帶，但在光譜中就不是這樣。 還有， OH 臂的二個最適宜的地位可以發生變頻率，但是在光譜中實在沒有光譜線可屬於這類的。 結果是這軸轉動必須除去。

由此可見，瑞曼光譜對於結合的性質，分子形式與結合長度的改變，酸酸的研究上，給與很大的助力。 它可使不定的中間產物被人承認，並且釋明自由轉動的問題。

溶液與溶劑的互易作用 （Wechselwirkung）的智識對於可溶解性，與反應的動力與方向都是重要的。 我們在很多的情形中，見到這種事實，卽是相同的組織 A＋B， 都能有反應，在不同的終產物(Endprodukt) 中變爲不同的溶劑。 我們曾在普用的狄克桑溶劑(Universallösungsmittel)(17)中藉着司瑞效應的幫助，來研究，而發現二極效應是那互易作用的原因，然而這偶極子 (Dipol) 的大小並不能決定牠的形式與地位。

司瑞效應對於分析化學也是很重要的，因爲它能實行分析而不毀壞這物質。 例如，有 C＝C 的物體在礦油（燃料問題）的混合液中，有一定的光譜線出現而呈顯出來，它的頻率的高度可決定那雙結合如何造成爲一個分子，而它的強度可決定所混合的量。

---

(17) A. Simon und F. Fehér: Zs. f. Elektrochem., 1936, vol. 42, S. 688.

A. Simon: Zs. f. angew. Chemie, 1937, vol. 50, S. 612.

當我們從事綜合研究時，某一光譜線屬於不同的結合可使我們對於中間化合物（Zwischenverbindungen）的發生有深切的認識。例如 Keto-Enol- 互變異性（Keto-Enol-Tautomerie）不僅從質的方面，可被決定，這平衡的位置也可從光線的強度在量的方面來決定。(18) 這件事同樣可應用於順-反-同質異性（Cis-trans-Isomerie）。試再舉一例，焦磷酸（Pyrophosphorsäure）的百分之三十和正磷酸（o-Phosphorsäure）在一起，大家都知道無法證明，因爲焦酸（Pyrosäure）在沉澱分析中，加上硝酸銀 $AgNO_3$ 或鋅或鎘鹽並加以醋酸（Essigsäure），它的組織就變爲 H_3PO_4 了。這些酸在司瑞效應中可毫無困難的分別出來。(19) 我們可以證明在苯(Benzol)中有硫芬（Thiophen）的痕跡，外來爾（Weiler）(20) 曾經在乙苯（Aethylen-Benzol）探出0.4%的Styrol,而高伯(Goubeau)(21)有隣-甲萘（O-Xylol）與對-甲萘（P-Xylol）的混合液內尋出1%的間-甲萘(m-Xylol)，並且分析過工業上的炭氫化合物（Kohlenwasserstoff）。

雖然現在司瑞效應在我們所指出研究範圍上的應用尚在初期，本文所述雖是任意選擇幾個要點，但仍可表示這種效應在化學上的重要，及其廣大的用途。自從瑞曼效應在一九二七年發見以來，關於

(18) K. W. F. Kohlrausch: Naturw., 1934, vol. 22, S. 161.

(19) A. Simon: Zs. f. angew. Chemie, 1937, vol. 50, S. 612.

(20) J. Weiler: Naturw., 1935, vol. 23, S. 125.

(21) J. Goubeau: Zs. f. anal. Chemie, 1937, vol. 109.

這個題目的研究，現在已有三千以上，這足爲它用途廣大的證明。

譯自：Forschungen und Fortschritte 13. Jahrg., 1937, Nr. 26/27 S. 315-317.

水之異常性質

達　曼 (Gustav Tammann) 著

朱　爾　苗　譯

炭氫化合物等類之液體，其分子之結構僅爲一簡單型，但如醇類之有機物，其構成之分子常含有二型或多型，水亦爲含有多型分子構成之物質，其與他液體之相異者，概因含有特殊巨型分子，該型分子已知謂爲第一型，水之所以與他類液體性質不同者，亦因其分子結構特殊之故。

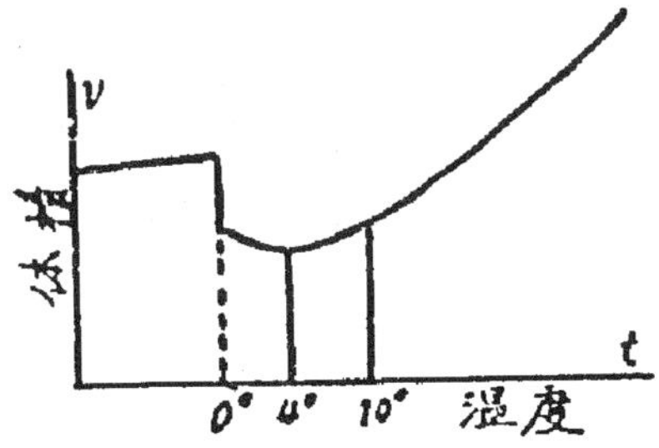

圖　一

水之體積因溫度改變之關係

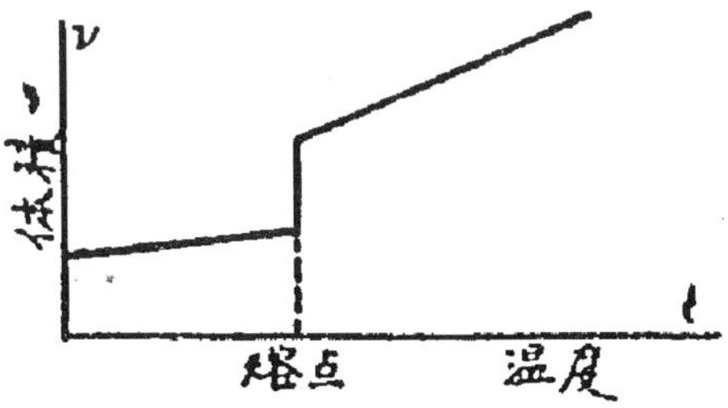

圖　二

物質之體積因溫度改變之正常關係

圖一所示爲一克水其體積（立方厘米）因溫度（攝氏計）改變之關係。　水之體積膨脹當自其結晶點零度（攝氏計，以下均按此），

而冰之密度恆不如水於零度時大，當溫度增高自零度至四度，水則收縮，而其膨脹僅於溫度高於四度時，卽至十度則體積復與零度時同。

一般之液體，當結晶時其體積多爲收縮，而體積之增脹則在該物質溫度高於熔點以上，如圖二所示。

液體性質之不同，其推論頗爲重要。 如取二玻璃圓筒，內分注同量之水及苯，並同置於寒劑內使之冷却至二十度 其接觸玻面之液層密度變大，必爲下降至筒底成爲似對流之現象，當溫度較高之液層上昇時，其溫度較低之部分遂卽下降，苯可於短時間內卽成若干液層，愈高之層，其溫度愈高，迨至筒底溫度降至苯之結晶點六度時，遂卽起始結晶，如溫度繼續下降，則其結晶體必自筒底逐漸長大。

水則不然，當溫度自二十度下降時，亦先成若干液層，頗與苯似，直至最下液層溫度降至四度以下時，其密度則較上層爲小，遂卽漸昇，故所成之對流方向，適與相反，溫度較低之液層繼續上昇，而近底之液層均爲四度，俟上層溫度降至零度，遂起始結冰，漸向下進行，因是，水不似其他液體能於液下結冰，而僅於面層凝固；至冰下之水其溫度常介於零度與十度之間。

水之異常性質之物理化學理由，蓋因水之結構含有第一型分子，且其分子體積較大，水之凝固膨脹之理，亦由於此。

水內之第一型分子，係由他型分子構合而成，且生相當熱量，在溫度降低之時該型分子含量必爲增加，其最小體積當在四度。

當外界壓力增加，則水內之第一型分子含量必爲減少，蓋因該型分子由他型分子構成，體積隨之增大，此亦與觀察之事實相符合，壓力增大在低溫時最小體積為之變，且水於充實高壓之下，其體積自零度始，亦可依溫度增加，與其他液體同。

第一型之分子水內之含量，亦因溫度增高而逐減，但其改變於六十度時則較少，因於水內分子結構之變化而水之其他性質亦由溫度而轉移，若以水之性質依溫度改變之關係作圖，當可明瞭，於六十度以上時為直線之變化，但於零度至六十度之間其變化則為曲線：

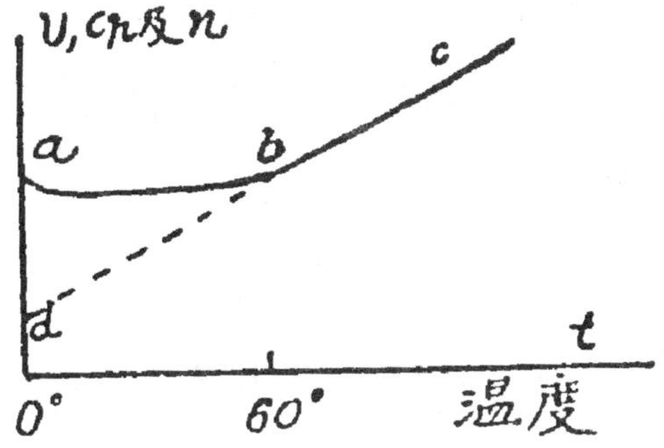

圖 三

水之體積，比熱及折射係數因溫度改變之關係

圖三所示為水之體積 v 比熱Cp及折射係數 n依溫度改變之關係。若第一型分子之含量六十度以上時為最低，亦可假定水之諸性質於零度至六十度能依直線變化，設該型分子於此溫度間，不為存在，若將bc直線向下低溫處延長，則ab 與 bd 二線相較之值，可示第一型分子之存在而影響其性質，茲再將ab 線分為 10°，20°，30°，40°及50° 等度，實際上於每分度所得之結果與述及之性質均相似，但於六十度以下之直線部分其性質之分歧點，均可成正比，蓋因第一型分子含量之

增加(*)。

水之第一型分子非僅能影響其物理性質，且能影響於溶質之溶解度，例如：氣體，液體及結晶體等類不易溶於水者之物質，當有外界溶質（鹽類最著）易於溶於水者，則該型分子含量驟爲減少，亦與前述外界壓力之影響同。

氣體，液體及結晶體等類之物質，因水之含有第一型分子，其溶解度爲之增加，而構成不緊密且含有特殊型之分子之化合物。雖過稀有之氬，氪，氙等類氣體，亦能構成該氣體含水物，惟有其他相似之氦及氖氣體含水物，尚屬未知，其他稀有氣體及普通氣體之溶解度爲第一型分子所受影響，仍無分歧之說，再則，氣體如氧，氮，氫，一氧化碳，甲烷及乙烯等，於水之溶解度在溫度自零度昇高時，初爲減低，但仍繼而減低，如以作圖，其曲線頗似圖三之狀，該氣體等，溶於水量之增加多藉第一型分子之存在，而構成氣體含水物，其比例定則，洽適於其物理之性質，亦可應用於此。

譯自：Forschungen und Fortschritte 14 Jahrg. 1938, Nr.6, S. 66-67.

介紹前文之原著者—達曼博士

卜樂天（Wilhelm Brüll）[1] 著

朱爾苗譯

前文之原著者不幸於去年（一九三八）年終病故，玆爲介紹其平

(*) 達曼：G.：Z. anorg. u. allg. Chemie 235(1938)，第四十九頁。

(1) Dr. phil. Wilhelm Brüll. 北平輔仁大學化學系主任兼教授。

素生活與工作，傳述於下，氏爲自一九〇〇年後德國著名研究理論及普通化學中之代表學者，氏以堅强腦力之個性與不倦工作之毅力，而集中施於徹底之研究，氏嘗以極清晰簡潔且合邏輯之方法講述或著作，因其著述如此之謹愼與簡潔，故於讀閱時亦應審愼，學生常笑氏曰：每當將欲再版其著作時必費多量時間及再三努力之反復閱讀，甚至過其初著之時，而後方肯付印，其爲人之審愼，概可想見，氏常爲多數科學界之合作者所擁護，因此氏之研究智力及生平工作影響於全德化學界者，實難估計，而氏對其他特殊學科之研究，亦頗多指導焉。

氏與阿斯瓦(2)同爲自波羅的區域始源之日爾曼家族，生於一八六一年，經多年之攻讀後，一八八七年即於多爾巴得大學(3)担任教席(4)，逾五年，於該校獲得教授講座，至一九〇三年遂應著名世界科學信仰之格丁根大學之聘。

當一九〇五年納恩斯(5)離去格丁根大學後，達曼遂繼任物理化學學院指導之職，因普魯士法律對於年高人應與休養之限定，故於一九三〇年遂退該職，但仍不倦於研究，著述及參加議會等等之工作，直至氏臨終之十餘年，仍爲一化學刊物(6)之主筆云。

(2) Wilhelm Ostwald 德國化學家兼哲學家

(3) Universität Dorpat.

(4) Privatdozent 德國或其他歐洲大學中受有證書之教師，依收入之學費爲報酬者。

(5) Nernst 德國化學家，對於理論化學頗有研究，如發現納恩斯定理其著作有 Theoretische Chemie (1893).

(6) Zeitschrift für allgemeine und Anorganische Chemie.

以若大之研究範圍與數量，雖僅陳述其基本成功之重要工作，亦感不易，於普通化學，無機化學及理論化學之著者附錄中，均可見到其名，氏爲現代金屬學之建立者，且對物理與化學變化中所受高度壓力影響，研究頗詳，氏曾以多種方法研究結晶，自然生成及晶體長大等等現象，其結論對於各種玻璃構成之情況及其他相似之無定形物質之解釋甚爲詳晰，於青年時代對溶液之理論，滲透壓力與其相關現象之發現亦頗努力，氏曾著有多種單行書籍及有關特殊學科者之著作如結晶現象，金屬學，聚合之形態，溶液，不均態之平衡，無定形形態之聚合等等，一切之著作均能證明其富有創造力之個性，於其著作中很少含有文學之色彩，多重事實而少玄論，其中結構亦均爲簡而精之解釋，且參與個人之思想，至所用術語尤爲確實，氏之另一個性，每當寫述理論化學教科書時，非有三十年之實地教授經驗，絕不輕爲編輯，故氏之著作均限已有精密之經驗且爲所習熟者。

處於環境惡劣之國家，頗似現在之中國，於萬難奮鬥中，如達曼者其生平工作可視爲氏之特殊靈感之實例，在一切上均感限制，更可表示氏之堅强創造精神非專依富足資財而獲得科學之成功也。

余（本文著者）倖得追隨博士工作，且時爲接近於化學學院中歷有十四年，余以極度之信仰與誠感就所記憶者爲此文以紀之。

研究與進步

本刊宗旨爲介紹德國學術，以翻譯 Forschungen und Fortschritte（研究與進步）爲主，由中德學會同人擔任撰述

本刊年出四期

本刊定價每期零售二角五分，全年四期（郵費在內）一元。

編輯者：中德學會 ⎫ 地安門內，黃化門裏，西妞妞房二十號

發行者：中德學會 ⎭ 電話：三八五〇東局

印刷者：京華印書局

代售處：中德學會

琉璃廠　商務印書館

東安市場　佩文齋

燕京大學　售書處

輔仁大學　圖書館

天　津　法租界二十六號路商務印書館

上　海　江西路三百三十一號壁恒公司

FORSCHUNGEN UND FORTSCHRITTE

CHINESISCHE AUSGABE

Herausgegeben

vom

DEUTSCHLAND-INSTITUT, PEKING (PEIPING)

in Verbindung mit

DR. KARL KERKHOF, BERLIN

1. Jahrgang Juli 1939 No. 2

INHALT

Anschrift der Redaktion: Deutschland-Institut, Peking (Peiping), China, Huang-hua Men nei, Hsi Niu-niu Fang 20.

中德學會出版

第一卷第三期

研究与進步

東蓀署

第一卷　第一期

第一卷　第二期

研究與進步
Forschungen und Fortschritte

第一卷 第三期
中華民國二十八年十月

中德學會出版
Deutschland—Institut

北京

地安門內黃化門裏西妞妞房二十號

錄　目

現下在德國之中國學

續　前

福蘭閣(Otto Franke)著

楊　丙　辰　譯

如果人們看到現在德國素有訓練工作家數目之微少，那麼人們對於德國漢學成績之範圍，自然就不能說是輕微的了。　德國這方面之成績，差不多是擴展到了研究工作之全體領域上去的，並且是自深入的專門研究，一直達到了囊括一切的全部研究的。　譬如說，德國漢學方面之雜誌中學雜誌（佛蘭克府城內之中國學院出版），其次譬如說，（自一九三五年以來，可惜業已停刊的）全亞季刊（Asia Major，來比錫 Leipzig 城內出版），以及在一定的範圍之內，東亞雜誌（Ostasiatische Zeitschrift，柏林城內東亞藝術學會出版）等等定期刊物上所刊載各篇文章，例子之多，在這兒簡直不能枚舉的了。　至於說，上面業已提及的，中國考古學之發掘，這發掘原本爲外國人之所開始，然而近幾年以來，更爲中國學者很有力地之所繼續舉辦了下去的，對於中國上古文化與歷史之認識，已經獲有何等之價值，這是羅安圖氏（Arthur von Rosthorn）之講演：中國之考古研究（Die archäologische Forschung in China，發表在一九三七年份人類學雜誌之上），可以相示於我們的。凡係在這一方面工作上之所獲得的，俱都是要使我們對於中國著作方面之傳流能得獲有一種直接觀感能力的，所以這一種工作之裨益，實在不能說是很小的。關於中國這著作方面的傳流，衛禮賢氏 (Richard Wilhelm) 在他所擬定的中國哲學名著叢譯中，又把一部新譯的著作供之於德國的社會了，他所譯的這部書就是中國五經中的禮記，換言之就是對於中國古代之文化與宗教之紀錄（Li Gi, Aufzeichnungen über Kultur und Religion des alten China，一九三〇年出版）。這部書中幾個關於倫理學的問題，海尼士氏曾寫有兩篇文章，加以議論，第一篇題名：在中國父名與帝王名之忌諱 (Die Heiligung des Vaters-und Fürstennamens in China，發表在一九三二年份薩克遜學術研究院報告中〔Verh. d. Sächs. Akad. d. Wiss. 1932〕)，第二篇題名：儒教倫理學中忠信之概念 (Der Treubegriff in der Konfuzianischen Ethik)，發表在一九三三年份德文版之「研究與進步」之上）。衛禮賢氏直到在他將死之前，還曾嘗試着在文學參考書（Handbuch der Literaturwissenschaft，一九三〇年出版）中，把全部中國文學著作開列一個一覽表出來。艾維耐 (Werner Eichhorn) 與霍古達 (Gustav Haloun) 二氏從事於中國哲學上單個問題之研究，二人中前一位從事於周子之通書 (T'ung schu des Tschou-tsĕ)，確切一點說，就是將以前顧維廉氏 (Grube) 所開始的此一項譯文（發表在一九三三年份之亞洲季刊上）繼續翻譯到底，其次，爲補充此一項譯文起見，氏還寫了一篇關於十一世紀之中國著名哲學家周敦頤 (Tschou Tun-yi) 的文章（一九三六年發表），此外他還更將張載之西銘（Westinschrift des Chang Tsai），即十一世紀之一篇中國哲學名著翻譯了出來（一九三七年發表）；二人中後一位從事於初期儒教殘篇斷簡之研究（氏研究之文字發表在一九三三年份全亞季刊第八與第九卷之上），換言之，即從事於經書成立前關於儒教之各項散篇文件之研究工作。包括一切問題一切工作的巨大著作，却是佛爾克氏 (Alfred Forke) 所著，而剛剛成了起來的中國哲學史之全部一書。(10) 佛氏這部巨大著作於一九二七年第一部，題名：中國古代哲學史 (Geschichte der alten Philosophie Chinas)，出版以來，一九三四年繼續出版第二部，題名：中國中古時代哲學史 (Geschichte der mittelalterlichen Philosophie Chinas)，最後一九三八年出版最末後一部，題名：中國近代哲學史 (Geschichte der neueren Philosophie Chinas)。這一部巨大著作之出版，實在可以說是與德國增光的，因爲無論從這部著作之形式或從其內容之廣闊方面說，世界其它各國文字中實屬無其匹的。關於中國佛教哲學以及其宗教學說，特別從事研究的是魯雅文氏 (Erwin Rousselle），氏對於此方面所著之論文皆發表在中學雜誌上，譬如：佛教教祖慧能之生平 (Das Leben des Patriarchen Hui Neng)，一九三〇年發表），這一篇文章可以使我們見到中國佛教禪宗 (Dhyāna-Buddhismus) 不可思議之奇妙深邃；其次譬如說：中國佛

(10) 譯者按：可參考本雜誌第一期方志浵著作佛爾克教授與其名著中國哲學史。

教廟宇之典型的彫塑作品 (Die typischen Bildwerke des buddhistischen Tempels in China ，一九三一，一九三二，一九三三，一九三四，一九三五等年份發表），這篇文章對於佛教彫塑神像學以及佛教教義學，畀與我們豐豐富富一大批材料。除此之外，中學雜誌，卽在其他方面亦包含有許多關於中國之宗教，哲學，以及精神文化等極有價值之論文。關於中國之道教，葉乃度氏(Eduard Erkes)寫有一篇題名：論今日之道教及其典籍(Über den heutigen Taoismus und seine Literatur ，發表在一九三三年份東方著述界雜誌〔Litterae orientales〕之上）之文章，不過是一篇簡短的一覽而已。卽連關於基督教初次傳入中國的事實，現在已經有羅織賀氏 (Gerhard Rosenkranz)所寫的一份工作置在我們的眼前了，因爲基督教之初至中國，係在紀元後第七世紀經當時傳徧全部中央亞洲的大秦景教會(Nestorianische Kirche) 之使徒之所傳入的，所以他的這份工作便題名：可資證明唐朝大秦景教會教典情況之種種本源文件中所敍述之中國最初基督教徒(Die älteste Christenheit in China in den Quellenzeugnissen der Nestorianer-Texte der T'ang-Dynastie ，一九三八年發表）。不過他這工作中的主要工作，却僅只是把法國學者對大秦景教會之碑誌與著作殘片所作法文及日本學者所作英文譯文譯入德文而已。對於基督教在中央亞洲所施傳教嘗試上之後此踪跡加以探究的爲李適氏 (Friedrich Risch) ，氏關於此問題，曾著有兩部成書，一部題名：加爾皮尼氏傳記 (Johann de Plano Carpini) (一九三〇年出版），一部題名：魯布魯克氏傳記（Wilhelm von Rubruk）（一九三四年出版）。加爾皮尼氏爲天主教方濟開會傳教士（Franziskaner），並爲教皇依諾存第四世（Innozenz IV.）所遣派之聖使。他於一二四五年，奉教皇召諭赴卡拉科拉穆（Kara Korum）進當時蒙古大皇帝之朝廷，目的是要勸蒙古大皇帝停止他軍事的進襲，並且如果有可能，尚可乘機勸他入教。同樣目的，更爲魯布魯克氏之所追求，不過魯氏係於一二五三年爲法國路易聖王（Ludwig der Heilige von Frankreich）之所遣使而已。引我們進入於較後時期，即十六十七世紀天主教耶穌會（Jesuiten）在中國建立傳教會之時期裏來的，則爲魏特氏（Alfons Väth）所著特別優良出色，而題名：湯若望，耶穌會中國傳教士（Johann Adam Schall von Bell S.J. Missionar in China）的一部著作（一九三三年出版）(11)。魏氏之外，尚有馬好佗氏（Otto Maas）者，在一列工作中，敍述了中國方濟開傳教會之歷史，這方濟開會傳教之活動，向來因受聲勢浩大赫煊的耶穌會傳教會之影響，甚至或許過於被置入了陰影裏去的，馬氏之敍述係自十七世紀之轉換時期起（發表在一九三二年份之傳教學與宗教科學雜誌〔Z. f. Missionskunde u. Religionswissenschaft 1932〕之上，逐次將十九世紀（仍係發表在上述雜誌之一九三三年份上），二十世紀（發表在一九三四年之該雜誌上），以及現代敍述終了爲止（氏關

---

(11) 譯者按：此書現已經鄙人譯出，題名湯若望傳，並已由此地中德學會交商務印書館排印矣。

於現代方濟開會之著作題名為：自一九〇〇年直至現在之方濟開傳教會（Die Franziskaner Mission vom Jahre 1900 bis zur Gegenwart ，一九三四年發表）。

至關於至廣義的東亞藝術史之研究，這是上面業已提及的東亞雜誌之所樹立為使命的；在這個雜誌上，人們能見得到重要的，尚未擴展成特別書册的專門論著。 像這樣的一些論著，我們舉例如下：費好佗氏（Otto Fischer）著：中國漢代之繪畫（Die chinesische Malerei der Han-Dynastie ，一九三一年發表），孔好古氏（August Conrady）著：中國藝術史上最古之證件，屈原所著天問之研究 （Das älteste Dokument zur chinesischen Kunstgeschichte. T'ien wĕn, die Himmelsfragen des K'üh Yuan 一九三一年終結），以及孔達氏（Victoria Contag）曾將董其昌畫禪室隨筆譯入德文，（Tung Ch'i-chang' s Hua ch'an shi sui pi〔Notizen aus der Meditationszelle über Malerei〕，一九三二年發表，一九三三年份之東亞雜誌上亦曾發表）。 出於雷興氏（Ferdinand Lessing）之手筆的，為一篇很重要，而題名：論中國藝術中之象徵語言（Über die Symbolsprache in der chinesischen Kunst）的文章（發表在一九三四及一九三五年份之中學雜誌之上）。 齊恩慈氏（Ernst Zimmermann）發表了一部完全另一種類的著作，題名：舊土耳其宮殿中所藏中國古代之磁器（Altchinesische Porzellane im alten Serail，一九三〇年出版），書中所描寫有，便是君士坦丁堡（Konstantinopel）城內博物館中之藝術珍品。 鮑恩慈氏 (Ernst Boerschmann) 在他所著的那一列洋洋大觀的精美巨著上又新增加了一本上去。 這一本新著題名：佛塔(Pagoden ，一九三一年出版），算是他所著：中國人之建築術與宗教文化（Die Baukunst und religiöse Kultur der Chinesen）叢書中之第三部。 關於中國建築史方面 ，卜愛玲氏（Anneliese Bulling) 曾有一篇文章的貢獻，因爲氏之博士論文，就是：自漢朝直至唐末之中國建築 (Die chinesische Architektur von der Han-Zeit bis zum Ende der T'ang-Zeit ，一九三六年發表）。 關於中國之文藝文學方面，尤其是中國抒情詩，自來在西方都很獲有重大同感同鳴的，而那些成功或多點或少點，精通或不精通中國語言文字所作的翻譯嘗試， 簡直不可以數計量的了，佛爾克氏在他所著：唐宋之詩(Dichtungen der T'ang-und Sungzeit ，一九二九至三〇年發表）一書中，將中國文學上這一個典型時代裏的最優良的詩歌翻譯了出來，以供德國人士們之鑑賞。 他的譯文處處爲他對於中國語言文字，以及各方面內容材料的徹底認識之所導率，所以便令人極覺出色了，而他將中文原文又附加了出來，意思當然是對於任何一位讀者的一種默然要求，請他參照原文更向佳美處去翻譯，如若他果有這能力的話。孔舫之 (Franz Kuhn) 仍繼續向下從事於所稱之爲中國小說底翻譯，這宗小說往往是含有很可珍貴的風俗道德之描敍的。 這宗小說中兩種最有名的，就是：金瓶梅(Kin P'ing Mei—一九三〇年出版）與紅樓夢(Der Traum der roten Kammer，一九三二年出版)，經他於其它工作之外，也還翻譯了出來的，最近他又翻譯了一集中國名家短篇小說出來(Chinesische Meisternovellen，一九三三年出版)。關於金瓶梅，也還有吉安達(Otto Kibat)與吉安圖(Artur Kibat)二氏之另一種譯文(一九三二年出版)。不過這兒所說的這頭兩本書，因內容淫猥，竟有被查封之風說。顏復禮氏(Fritz Jäger)對於這部中國小說，還寫有一篇富有啓示能力的導言，發表在一九三三年份東方輿論雜誌之上(氏之文章題名：關於一部中國小說之歷史 (Zur Geschichte eines chinesischen Romanes)。中國戲劇，在二年前，竟給一批德國觀衆，弄到了直接觀感地步，因爲當時有幾位在德國留學的大學生和德國的伶人們用德文把琵琶記，就是十四世紀的一部中國古劇中的一部份在舞臺上扮演了出來。音樂底伴奏，脚色底服裝，以及舞臺上的佈景，這樣優良地模仿了中國的樣子，就當時所具有的器具說，實在是無以復加的了。這次演奏之後，一九三六年份東方輿論雜誌上，竟登出了一篇關於這次演奏之專家描寫，題名：中國古代音樂與古代戲劇之現代演現法(Moderne Wiedergabe altchinesischer Musik und altchinesischen Theaters)。最後於一九三八年在弗蘭克府城內(Frankfurt)以中國學會之助，又併有一類似演奏之舉辦，而這次却是把十七世紀一部中國歌劇蝴蝶夢(Der Schmetterlingstraum)之德文譯本扮演了出來的。

中國歷史上那不可計量的廣大範圍，當然要處處誘引人們去作單個之研究的，無論所研究的是中國政治發展上的問題，或中國文化與精神生活上的問題。 在這兒我們又是僅能略舉幾種工作出來，作爲例證，以見一斑而已。 數個關於中國歷史史料與方法之基礎問題，福蘭閣氏曾加以研究，而將其所著之此項論文，發表在普魯士學術研究院報告 (Sitzungsberichte der Preuss. Akad. d. Wiss.)，他的論文題名：資治通鑑與通鑑綱目，其性質，其彼此之關係，以及其在史料上之價值（一九三〇年發表），與在中文內翻譯異國國名與地名所施用方法上之基礎條例（一九三四年發表）(Das Tse tschi t'ung kien und T'ung-Kien kang mu, ihr Wesen, ihr Verhältnis zueinander und ihr Quellenwert (1930), Grundsätzliches zur Wiedergabe fremder Länder- und Ortsnamen im Chinesischen (1934))。 爲我們研究古代情況最重要源頭之一的史記 (Schi-ki)，顏復禮氏 (Fritz Jäger) 曾加以研究，而著有一篇富有開啓能力的論文，題名：史記研究之現在狀況 (Der heutige Stand der Schi-ki-Forschung，發表在一九三三年份全亞季刊之上，可惜不全），而關於中國最新之國史加以研究者，則爲海尼士氏，氏之論文題名：清史稿，與關於中國近三百年來國史之其它中文著述 (Das Ts'ing-schi-kao und die sonstige chinesische Literatur zur Geschichte der letzten 300 Jahre，發表在一九三三年份全亞季刊之上）。 愛伯華氏 (W. Eberhard) 曾貢獻有關於東西兩漢時代天文學之論文多篇 (Beiträge zur Astronomie der Han-Zeit I. und II.(12)，發表在普魯士學術研究院報告之上，不過氏之工作却有

(12) 本文最精彩之一篇曾經方志彤先生譯刊於研究與進步第二期

一部分，係經米勒氏〔Rolf Müller〕以及韓世齡氏〔Robert Henseling〕之所協助），除此之外氏還寫有數篇關於中國漢朝宇宙觀念之論文(Beiträge zur kosmologischen Spekulation Chinas in der Han-Zeit，發表在一九三三年份伯斯來爾文書庫刊物上〔Baessler Archiv 1933〕)。愛伯華氏還曾將較近中國與日本所作關於中國古代天文學之研究工作(Neuere chinesische und japanische Arbeiten zur altchinesischen Astronomie) 彙列成表，並更一一加以簡短之按語（發表在一九三三年份亞細亞季刊之上） 霍古達氏寫有一篇關於月氏問題 (Zur Ue-tsi-Frage) 之文章，原討論屢屢經人們提出的吐火羅氏之問題的 (Problem der Tocharer ，發表在一九三七年份德國東方學會雜誌〔Z. d. Deutsch. Morgenländ. Ges. 1937〕之上）。 中國歷史上兩位有名人物，一爲施翰基氏 (Hans O. H. Stange) 之所敍述，一爲海尼士氏之所敍述，施翰基氏之文章題名：王莽之生平，人格，與作品 (Leben, Persönlichkeit und Werk Wang Mangs，一九三四年發表），海尼士氏之文章題名：成吉思汗之末後征討及其死亡 (Die letzten Feldzüge Cinggis Han's und sein Tod ，發表在一九三三年份亞細季刊之上）。 敍述中西交通時代之情況的，爲柴赫林氏 (Egmont Zechlin) 所寫：葡萄牙人之初至印度，中國與日本 (Die Ankunft der Portugiesen in Indien, China und Japan，發表在一九三八年份歷史雜誌之〔Histor. Zeitschr.〕上）。(13) 敍述在中國治外法權之

---

(13) 本文最精彩之一篇曾經張星烺先生譯刊於研究與進步第一期

沿革的(Zur Geschichte der Exterritorialität in China)，為福蘭閣氏（發表在一九三五年份普魯士學術研究院報告之上)，福蘭閣氏還有一篇論文，題名：李贄，敍述十六世紀中國精神鬥爭之歷史(Li Tschi,Ein Beitrag zur Geschichte der chinesischen Geisteskämpfe im 16. Jahrhundert)，仍係發表在一九三八年份普魯士學術研究院報告上），敍述康有爲及其學派之國家政治改良嘗試(Die staatspolitischen Reformversuche K'ang Yu-Weis und seiner Schule)的，爲福吾康氏(Wolfgang Franke)。顏復禮氏寫了關於文化史領域上之問題，而題名：關於中國猶太人民之問題(Zur Frage der chinesischen Juden，發表在一九三四年份東方輿論雜誌上，畢敦頤氏（Toni Pippon)著有關於奴隸制度之論文一篇（Beitrag zum chinesischen Sklavensystem，一九三六年發表）。福蘭閣氏著有中國通史(Geschichte des Chinesischen Reiches)一書，陳述中國全部之歷史，而以中國天下爲公的國家思想之發展與形成爲其陳述之導線，（此書現已出至三部，係自一九三〇年起出版截至一九三七年爲止）。

本文上面既已提及了現代中國學者珍貴之工作，那麼在這兒便不能不把我們的志願予以表示，就是我們希望這些工作中的數種，至少可以部分地譯入德文。尤其是爲後進的漢學家，這是一種很有益的任務，一則爲他們自已有益，因爲他們可以藉此熟練現代書本上的中文，一則爲科學本身有益，因爲這是有開啓原文內容之能力的。爲一種這樣翻譯的工作，可以爲模範的，是何亞培氏（Alfred Hoffmann)所譯的胡適自傳(Selbstbiographie von Hu Schi)，胡氏是中國現代有名的，多方面的學者，並且是加以單純化的新著作語言之創立者，他所創的這一種著作語言，現在已經是經全國普通之所施用的了。 他這部書中有高度的精神史上的價值的，尤其是他論文學革命之成立(Das Werden der literarischen Revolution)的一章。 胡氏在這兒用了步步引人入勝的筆力敍述了，他怎樣達到了他那改良語言爲著作工具的，推倒一切舊觀念的觀念。 何亞培氏並未將胡適自傳全部譯出，他所譯的，不過其中主要部分而已，並且他的全部譯文，都是繼續不斷的發表在一九三五，一九三七及一九三八等年份之東方輿論上的。 一部其它的中文著作，爲魏翰斐氏(Hans Wist)之所翻譯，他所翻譯的，就是蔣介石所作新生活運動大綱(Leitfaden der Bewegung Neues Leben)一書(發表在一九三六年份東方輿論之上)。

最後我們對於能開啓一切達到中國學之門路中最重要的一個門路，就是中國的語言，所創出的兩種新工具，還很願意予以一提示的，一卽海尼士氏所著：中國文言之教程(Lehrgang der chinesischen Schriftsprache，共三部，自一九二九年出版至一九三三年爲止)，一卽狄華德(W. Trittel)與彭適(M.G. Pernitzsch)二氏所合著之：現代中國散文選(Auswahl moderner chinesischer Prosastücke，一九三六年出版)。

譯自：Forschungen und Fortschritte 15. Jahrg. 1939, Nr. 7, S.85-88.

分　類　字　彙

道恩塞(Franz Dornseiff) 著 (1)

顧　華　譯

如果有人要知道，某一個字是什麽意思，有按字母排列的字典可以供他應用。　但是如果有人要知道：……怎樣說，某一種觀念怎樣表示，說一件事情的時候，又有什麽各種不同的可能性，可以供他應用的就少的多了。　這個不僅是每個寫作的人，每個翻譯家，每個古籍增訂家的實際問題，就是語言學的考究上也常常有知道這個，並且能夠大量查出的必要。

字的意義的變化，祗有把牠認爲"說法的變化"的時候，纔能明白牠的心理的原因，——這些原因終於又是最有力的原因。　變化的過程，並不是說話的人忽然高興，要把一個字的意義改變。　字的本身也沒有包含着一種神秘的力量，使牠們把意義來改變。　但是來創造的却是因爲說話的人有說什麽的必要。　通例差不多的人適纔聽過的詞句，而不加增改，每次說話都來應用，是不够的。　同是一樣的

(1) 道恩塞（Franz Dornseiff）是 Greifswald 大學的教授。　著有分類字彙一種，名"Der deutsche Wortschatz synonymisch geordnet"

事情，每個人適纔聽過或是適纔說過，再向每個別的人說的時候，都是容易改變的。這些無盡的更新語言的例子，下自簡練的話，上至富於微妙的含蓄的階段，祇有由讀者的想像力去追尋。譬如說，一個描寫運動事情的人，是要怎樣的費力用新鮮引人注意的字樣來表示"快"的觀念。有許多的類此或者更高深的例子。所以語言在這樣一個或任何別的一個觀念圈以內要發生變化，也就不足怪了。例如表示道德高尙就可以看到許多的同義字。因爲一個字用多了，便可以漸漸失去牠的意義，也就沒有人再來費力，想取得這個平淡的考語。"wacker"，"brav"等字經過過度的應用以後，又把"fair"，"loyal，"Ethos"等字拿來應用，但是就是這些字我也好久沒有聽見說了。所以"同義字的排擠"，同義字的變化，卽使不是語言史的最要點，至少是牠的一端，因之語言學有把同義字排列在一起的必要。

同義字不僅互相排擠，並且互相交錯。新鑄的字有許多是交錯形成的字，音韻形成的字（有史以後憑空造字人所共知是一件很少有的事情）。所以我以爲"randalieren"是由 Radau 和 Skandal，"schlecken"是由 schlürfen 和 lecken，"gewieft"是由 gewiegt 和 vif 而成，還有其他同樣的例子。要在這一方面有完全的材料，把所有的字按同義排列起來以供參考，是不可少的。

語言考究家對於字義變化最常用的問題就是問一個字的"根本意義"，牠的"字源"。由前面說過的可以看出：探求字源的時候，沒有不顧到同義字的，沒有不把一個觀念各種不同的說法弄清楚的。在一方面，我們可以由詞字推尋到事物，反過來，我們也可以由事物推尋到詞字，後者可以成爲一種獨立的字彙來補充前者。意義的綜合，就是字源學家的準則。數種語言或者一種語言的表現方法可以因之看出。和蘭語學家 van Ginnekin 曾說過："如果有人冒險嘗試作一個字源字義遞變字典，把同一文明圈內幾種不同語系之中，比較普通的幾種語言按照意義排列起來，我相信字源研究就可以忽然之間奏雙倍的甚而至於十倍的效果"。因了分佈地帶的不同，許多植物的異名，就是一例；這些名稱已經許多人蒐集，最好的要推 F. Marzell，(2) 他在現在的德國是這方面的惟一研究家。一個字源學家，解釋任何一種語言內的植物名稱的時候，如果不比照這一方面的同義字把所有各種名稱弄清楚，有很大的弄出錯誤的危險。希望 F. Marzell 所蒐集的，截至現在爲止尚未付印的更爲豐富的材料能夠發表。一個這樣的德國學者的精勤的結晶，足以表示德語蘊藏豐富的作品，埋沒不彰，是很可惜的。

同意字在性別上也互有影響。字的有性並不一定都可以推源到原始人的神秘的，繪形繪影的想像。跟踪 Jacob Grimm 去深究富於詩意的最初字性的形成 —— 一個字何以得到男性或女性 —— 是很有妙趣的。當初也許是他所說的那樣。但是我們所能確定的有

---

(2) F. Marzell 是德國植物學家，對植物名稱有特殊的研究，在 Hegi 所著的 "Illustriorts Flora von Mitteleuropa" 一書中有詳細的闡述。

史以後的字的性別變化，盡是一些類似作用：（1）aventiure（女性）做已有的中性字 Ungeheuer, Feuer, Steuer, 成了 "das Abenteuer"（中性）；這一類的字可以成爲一組聲韻類似字，人人可以容易的舉出好多的例子。（2）從拉丁文的 murus 成了德文的 "die Mauer"（女性），因爲德文另外有一個同義的字，"die Wand"，也是女性；從拉丁文的 fenestra 成了德文的 "das Fenster"（中性），因爲這個拉丁文的意思是"房子的風眼＝窗戶"，而"眼"字在德文裏是中性。這可以成爲一組觀念類似字。由此可見同義字在形式上彼此影響，而語學上有把每種語言的此類同義字能够查出的必要。

目下有理由盛行研究的"字類地理"和"方言地理"永遠以同義字的蒐集爲其立脚點，是顯而易見的事情。各種特殊語言——如獵人，學生，兵士，礦工，下等社會的等等——也祇有按照意義分列出來的時候，纔能正確的現出牠們的特徵。再者，從一個稍高的觀點看起來，就是各國的不同的語言也祇是各爲同義字的組合。把牠們的可以代表各國思想的區別來作一次最後的比較，——不僅是泛泛的概念的比較，而是系統的比較，——祇有在有能做爲比較基礎的觀念系統的時候，纔能做得到。祇有這樣纔可以看得出來，牠們的"精神"怎樣彼此區別，牠們彼此之間有些什麼不可譯的地方。彼此借用字的原因，也可以因分門別類而較爲清楚。至於這個分類對於文學和著作家的文體考究能有什麼用處，可以請讀者參看我所著的分類字彙的序，在這裏說起未免離題太遠了。最後我們必須討論的是這樣一個工作的語文學和哲學的整個問題。

必須用的世界上一切事情的分類，一切物質和精神的觀念的探討 是我一九二〇年以後工作的一個目的。 我終於得到了下列二十個大類：1,時間·2,空間·位置·形狀·3,大小·數量·數目·程度·4,生物·關係·事情·5,視·光與色·聲音·溫度·重量·體積·嗅·味·6,無機世界·物質·7,植物·動物·人類（肉體方面）·8,移動·9,志願與動作·10,心靈的感覺·11,感覺·感情·品性·12,思想·13,符號·通信·語文·14,著述·學識·15,藝術·16,社會關係與情形·17,器具·工藝·18,經濟·19,法律·倫理·20,宗教·超自然界。

這件事情有無限的妙趣，但是也很繁難，並且，從哲學上看起來，是一個不可解的問題，因爲每個這樣的分類都是出於臆斷的。我的分類在語學上總該合於應用。 我雖然是研究古典語文的人，但是我的分類却是必須以德文爲準的，因爲一個人祇有對自己的語言，總能希望做得了不至有過大的遺漏和不妥的地方，並且因爲祇有在近代語文方面，有前人的著作可供參考：Roget,(3) Sanders,(4)

---

(3) Peter Mark Roget (1779—1869) 曾任英國皇家學會 (Royal Society)秘書多年，公餘之暇，蒐集同義字，創爲同類字彙，名"Roget's Thesaurus of English Words and Phrases"

(4) Daniel Sanders (1819—1897) 德國語學家，除修辭學和字典以外，編有分類字彙一種，名"Deutscher Sprachschatz geordnet nach Begriffen zur leichten Auffindung und Auswahl des passenden Ausdrucks."

分類字彙

Schlessing-Wehrle,(5) Ed. Engel,(6) Marzell.(7)

在現代語學研究傾向之下，必有許多分類字彙在編纂中，如果這些字彙能夠適合於這個或是同樣的分類，俾系統的字類比較研究更為容易，那就是很可慶幸的了。

譯自：Forschungen und Fortschritte 9. Jahrg. 1933, Nr. 23/24, S. 339—340

---

(5) Anton Schlessing (1828 — 1910) 德國語學家，編有分類字彙一種，名 "A. Schlessings Deutscher Wortschatz ("Der passende Ausdruck"). Praktisches Hilfs-und Nachschlagebuch für Freunde der deutschen Sprache, mit einem ausführlichen Wort- und Sachverzeichnis" 新版由 Hugo Wehrle 增訂。

(6) Eduard Engel (1851—) 德國語學家，除文法和修辭學的書以外，編有字典一種，名"Verdeutschungsbuch. Ein Handweiser zur Entwelschung" 其目的在使人避用外來語，而以德語內同義字來代替。

(7) 見前。

近代德國「政治的教育」之發展[1]

王錦第著

每一個國家立國於世界上，必有它立國精神之所在，這種立國精神要因時間——歷史——與空間——地理——而適應的變異着。一個國家的立國精神雖然可以有變更，但是絕不能一個國家根本沒有立國精神，因爲沒有立國精神就沒有國家存在的價值；不僅沒有存在的價值，也就沒有存在的可能。我們可以說立國精神是一個國家求生存的南針，政治家與教育家所追求的目標，一國國民安身立命的歸宿地。在德國稱這種爲國家生存南針的立國精神爲「政治的教育」(Politische Erziehung)。「政治的教育」就是「爲國家的教育」(Erziehung für den Staat)。在這篇短文內所要討論的就是近世來德國政治的教育之發展狀況。於中文裏「政治的教育」(Politische Erziehung)沒有適相的譯語，意思是「國民教育」，或「國

（1）這篇小文的取材，大部是採之於士榜格(Eduard Spranger)的講演集，教育學講話（Pädagogische Vorträge），這部集子是士榜格於一九三六年冬的講演錄，其中一部份是著者曾經聽過講的，這位老學者的白髮紅顏與健旺的精神體魄是我時常忘不掉的，著者最近正預備寫一篇文字介紹士榜格的思想。

家教育」，與這種政治的教育相似的在中國一般學校的功課上有所謂「公民」以及其它。

「政治的教育之形式基於各時代國家的機構與支配各時代政治的建設「意志」而形成。在此所研究的政治的教育問題只限於近代的德國，但是「近代的國家」又有什麼標識呢？簡單而扼要的說，「近代國家」的標識有二點：一為「國家的世俗性」(Weltlichkeit des Staates)，二為封建制度的克服。主張近代的德國即是「世俗的國家」者，認為國家成立的基礎與世界觀的背景有密切的關係。從基督教的國家到世俗的國家，其間發展的經過很長。中世紀的神聖羅馬帝國（Das Heilige Römische Reich Deutscher Nation）決不是純粹祭政一致的國家，而是(一)基督教的國家，(二)與基督教持有同樣「世界的傾向」，(三)有兩個元首的國家，第三點對於了解歐洲歷史上有絕大的意義。全中世紀是宗教的勢力與世俗的勢力競爭的時代。基督教的「世界帝國」(Universalreich)有法王與皇帝兩個元首，自從「宗教改革」（一五一七年）後，基督教的世界帝國才瀕於崩壞，十六世紀德國國法上指導的原理便是：在其統治下便信其宗教(Cuius regio, eius religio)，經過十七世紀因為破壞的宗教戰爭而生出「宗教的寬容」（或稱信仰自由）原理來，直到十八世紀在合理主義的啓蒙時代下，認國家為純世俗的，不必與宗教混在一起。這是由宗教的國家轉化為世俗國家的過程，至於封建制度的克服也是近代國家的標識之一，封建制度的特徵是地方分權，宗教改革時的封建制度是所謂「國君對諸侯（地方豪族）的二元制」(,,fürstlichständischer Dualismus'') ，至君主政體漸次成立後，始趨向於中央集權，就政治的領域說，統帥權，財政權，立法權次第的移入中央君主的手裏。更具體一點說：(一)國君在必要時不用從地方貴族手裏提供軍隊，而設置自己的常備軍，(二)為召集國會要求通過的困難，而設立新的統一租稅制度，(三)廢除長期殘留的領土裁判權，設置直屬於自己的「最高法院」(Kammergericht)，以上三者可為中央集權發展的過程，同時也是一個大國家建設不能缺少的先決條件。

在前所說國家的世俗性與封建制度的克服是近代國家主要兩種標識，如欲研究德國初期的「政治的教育」，必得先要明了這個前提，從這兩方面起，也實在是政治的教育最初的形式。關於近代德國政治的教育，我們可以分為兩個準備時期與三個主要的時期：(A)準備時期，自十六世紀初葉至十七世紀初葉，可以稱為「正統教」時代，從十七世紀初葉後為信仰自由的時代，(B)標準時期，自十六世紀初葉至十七世紀末，可以稱為封建貴族屈服的時代，我們現在先把兩個準備時期簡略的說明一下。

十六七世紀德國政治的教育，一方面與國家「世界觀的基礎」有關係，他方面又與國家「內的行政機構」有關係，當時的三十年戰爭——大部份是信仰上的戰爭——最要緊的政治問題是關於教育政治的爭論，當時的神學直接影響政治，神學上的命題即有直接政治上的意義，信仰的形式（宗旨）同時就是國家成立的原理。因此萬事都以

「正統教」(,,Reine Lehre“)爲依規。 以至於學校原來也不過是宗教的(教會的)設施，後來才漸漸的變爲國家的機關。 這種教育上由宗教的工具而成爲國家的機關，其經過在政治的教育發展上有重要的意義同時也反應出宗教的世界觀的變遷來，然而這種學校國家化的過程是極緩的，要經過長期才能看出來的，直到今日尚未充分表現出來。 學校國家化最顯著的徵候就是義務教育的實施。 一七一七年普魯士發頒義務教育的命令。 陶冶機關向國家移轉，一七九四年發布的普魯士一般國法中，有「諸學校及大學及國家的施設」一條文，直到今天對於大學這種條文還沒有例外，一六九六年在哈勒(Halle)設立的大學，一般人公認爲最初國家的大學，以至於各學校至少是在國家的監督或管理下。

國家內部的構造與信仰上的戰爭，教會政治的論爭也同時並行。因封建制度的克服，而中央集權的國家中又有新的「階級」(或階級的構造)產生出來，原來與中央政府對立的封建貴族(Feudaladel)後來漸漸的變爲「廷臣」(Hofadel)，「軍人」(Militäradel)，「官吏」(Beamtenadel)，從各自爲政的封建貴族變爲從屬國家的人員。 最初原爲養成地方貴族的「貴族學校」(Ritterakademie)，後來成爲教育廷臣政治教養的重要機關。 當時受法國的影響最深，教材的設立規定大半取法於法國，如關於外交術(Diplomatie)，國家的職務，軍事的知識(含有築城術，砲術)等。 而「政治的人」(home politicus)是陶冶的主要目標，所謂(homo politicus)是意大利文藝復興時的理想，這比英國的 Gentleman 還有較長的複雜歷史。

以上所講爲政治的教育之兩個預備階段，再簡略的講來，可分爲四個原理；在世界觀的方面，(一) 先爲正統派的原理，(二) 後爲宗教的寬容；在組織的方面是，(三) 國立學校原理與 (四) 爲國家服務的貴族 (Staatsadel) 原理的成立，第一個原理是在國家內要求統一的世界觀，或國家統一的信仰。其他三個原理雖然遭遇各方面的反對，而漸漸的也具體的實施出來，中央集權化的勝利就是專制主義的政治體系之建設，十八世紀的專制主義對於人民有很廣汎的法律的保護。

現在我們把德國政治的教育之三個主要時期分述如下：

(A)專制主義下政治的教育 (十七世紀末葉至十九世紀初葉)

(B)國家活動積極化時代，或國民總動員時代政治的教育 (十九世紀初葉至末葉)

(C)政治的教育之危機時代 (十九世紀末葉至一九三三) (2)

(A)十八世紀的專制主義又稱爲「啓蒙的專制政治」(Aufgeklärter Absolutismus)，最初的普魯士國王裴得利克一世 (Friedrich I.) (一六八八——一七一三) 受了來伯尼 (Leibniz) 思想的影響。來伯尼的德國政治論，是想將各種的信仰聯合或結合起來，這並不單是由純神學的興味出發，而是從實際的政治的目的爲動機。來伯尼本來任外交

(2) 一九三三年是希特勒，也就是國社黨，當政的第一年，此後德國政治的教育以及一般國內國外的施政方針便是目前德國的「活政治」(living politics)。

官的職位，他的統一與普遍的調和哲學對於「强國主義」的貢獻很多。第二是斐得利克維廉一世（一七一三——一七四〇）受了敬虔主義的影響。而斐得利克大王又是「自由精神」的保障者。所以專制主義的普魯士尚未成爲統一的國家。當時的普魯士中央諸官廳與地方廳還是一種並立的關係，國家的勢力可分爲三派：（一）軍國主義，（二）重商主義，（三）官僚主義，以上三種原理反映到政治教育上的可以簡略的說明如下：（一）從傭兵制度而漸進的變爲國民的軍隊，（二）爲一般臣民而設立經濟教育的組織，同時包含着改良土地與增加人口的問題，（三）施行職業官吏專門的知識並養成司法官清廉的教育。對於國家無條件的服務，當時官吏的薪俸很少，而以國家的勳位名譽來補足別方面的不足。

十八世紀的專制主義的國家，政治教育上的根本思想是階級分業的原理。要略的可以分爲三種：（一）貴族注重名譽心與義務心，（二）市民貢獻國家有用的服務與納稅的義務，（三）農民受國家的保護，耕作土地，必要時服兵役而守國土。

現在回顧專制主義時代德國之政治的教育，當時的狀況可分列如下：（一）國王雖然已經有了超逾的地位，但是還沒有形成有機的中心。（二）缺少基於愛國精神的國民軍隊。（三）所謂自由平等的國民不存在，國家在法律上就分出差別的階級來。自從法蘭西革命二十八年後，農民始享有自由，農民與其他階級同樣享受權利。

（B）德國政治的教育發展之第二時期，以自由平等的精神爲基礎實施國民爲國家服務的教育。所以又可以稱爲國民活動積極化或國民總動員時代，十九世紀初葉，德國還不能統一的國民的國家，古德意志帝國在一八〇六年已經形式的瓦解，實際上早已崩壞了。於是德國由聯邦的大小國家組成，其中有兩大强國，即普魯士與奧大利，這兩個國家共同打算指導其他國家，而普魯士與奧大利對立起來，其他小國也只爲自身的特殊權利打算，所以稱這種狀態爲德意志聯邦的「自國主義」(Partikularismus)。一八七一年由普魯士的領導又使德國統一起來，但奧大利不在統一國家之內。在這一個時期之內德國受法國革命（一七八九年）的影響很大。法國革命是一般人要求個人的自由，同時也有一種國民運動的義意，由國民的自覺而想建設國家，這恐怕是最初的事。與法國革命一樣，德國也是從上部改革起的。這種改革的理想便是：「爲國家而全國民總動員」。在菲希特 (Fichte) 與排斯太洛基 (Pestalozzi)的思想中可以看出這種理想來，國民在政治上積極活動的方向可分爲兩方面：（一）爲「求心的」，以國民的結合爲目標。（二）爲「遠心的」，爲立憲國家的成立，而多數政黨產生出來。表面上看，好像是相反，其實正是國民活動不能缺少的兩方面。

各政黨的意識型態中所含的思想的類型，便是政治教育思想的輪廓，當這一個時期政黨的區分有下列五個團體：

(一)自由黨(Liberale)

(二)民主黨(Demokratische)

(三)保守黨(Konservative)

(四)天主教派(Katholische)

(五)社會民主黨(Sozialdemokratische)

自一八〇七年至一八九〇年，我們若把這一個時期回顧一下，稱之謂國家內部的建設時代比對外的發展時代更適宜。這就是由普魯士的指導下而成立了小德意志帝國 (Klein-Deutschland)，而這種偉大事業是由俾斯麥一手造成的。他負着國民的期望，帶着政治與外交天才，以「軍隊」，「官僚」與「經濟及財政政策」爲台柱而支持他們的國家，當時施行政治的教育之場所是在軍隊及各大學內。

(C)國民活動積極化開始的時代，以政黨的分裂而告終。一八九〇年後，德國政治的教育，爲培養德意志精神起見，人人必先治歷史，特別關於近世史與最近世史教學的提倡。對於社會民主主義則加以破壞的批判。在各級學校也同樣的排擊社會民主主義，以敬神與忠誠等宗教的精神爲政治的教育上之主要南針。在體育方面，爲肉體的健康，人人對體育要特別的注意，把從每週二小時的體操改爲三小時。一八九〇年後，次第的產生了獎勵體操與運動的團體，這種團體在中央體育協會下統一起來，這類團體中最有名的是「青年德意志同盟」(„Jungdeutschlandbund")，此外尙有「青年運動」(„Jugendbewegung")。就在世界大戰時，這樣青年運動都是自發的，而不是政治的團體。

直至世界大戰爆發，德國國民對祖國的忠誠與熱血充分的表現出來。特別是各級學校，雖然在長期抗戰中，而德國青年能發揮最高的機能與犧牲精神，以至於社會民主的勞動團體把「工人無國際」的口號放下，而發揮愛祖國的精神。戰敗後的德國，於一九一九年把德國憲法變更了。一般的說來，從立憲君主國而改爲一院制（缺少上院）的共和國。關於政治的教育，在憲法上有明文規定：「公民爲各級學校之主要學科」。同時還有專爲實施政治的教育機關，如在伯林設有「政治大學」（Hochschule für Politik）。在明興(München)設有德意志研究院(,,Akademie zur Erforschung und Pflege des Deutschtums“）。一九二四年後，各種高等學校（Höhere Schule）以「德意志科」(,,Deutschkunde“）爲中心的科目。

戰敗後的德國最困難的問題是：如何把受猶太人影響最深的馬克思主義的勞動者再變爲愛國的國民？關於這一點希特勒有一種方式。在「第三國家」下德國政治的教育是基於國家社會主義的理論。所謂國家社會主義就是「民族」的社會主義，「民族」是最重要的主體。原來德國國家社會主義是國家社會主義的一種。這種國家社會主義是以「民族協同體」(Volksgemeinschaft)爲目標。

國家社會主義的發展，從歷史上說，是從世界大戰中產生的，由於戰壕生活的體驗，超越了社會的階級與教養，都一同爲祖國而發揮犧牲的精神，「民族」由國家社會主義的立場加以解釋，絕不單是國家的國民，而是生物學上的生活體，爲「民族」的生命與健康，必得意識的加以保護，國家是「民族」的最高表現形式。 而少年是屬於國家的，雖然國家社會主義的國家承認健全家庭的價值。 所以現在德國十歲至十八歲的少年都要成爲希特勒少年團(Hitler-Jugend)。 至於曾經在社會演過主要角色的「階級」問題，在「民族協同體」下是沒有意義的，「階級」在國社黨治下變爲「職業的」的結構，在這種義意下，政治的教育較以前在機構上大不同了，特別與民主的議會主義時代比較，變化更大。 德國人又把古來尊重的民族教育精神，即是國民皆兵的制度，再復活起來，國社黨治下政治的教育之特色就是尊重德國古來的傳統。

從以上所述德國近代政治的教育之發展，我們可以知道每一個時期政治的教育都是爲適應當時民族或國家的生存而規定的指導南針，中國在閉關自守時代，還覺不到政治教育的切迫，就是有，也不過是限於內部的機構，但是自從鴉片戰爭以來，百年來國家處於風雨飄搖之中，今後爲民族國家的生存，能不對於指導國家之政治的教育加以探討嗎？ 現在所講德國政治的教育，也不過爲中國自身有所借鏡而已。

珀托勒邁沃斯地圖上的亞細亞東南部

赫爾曼 (Albert Herrmann)著

朱 蓉 江 譯

珀托勒邁沃斯(Ptolemäus)（大約在西元170年）的地理(1)，最能引起爭辯的問題，就是關於亞細亞東南部(2)。在他的地圖上，金半島(3)（就是馬來半島）延亙到南緯3度爲止，而他繪出來的海岸線，還算正確。不過離開此處（就是，南緯3度。赫爾曼教授的文章，間有艱澀而不合邏輯處。——編者案）以後的海岸線，越來越叫人莫名其妙。他的海岸線，從南緯3度，回到北緯4½度

（1）編者案。Klaudios Ptolemaios（拉丁文爲 Claudius Ptolemaeus）係生在埃及的希臘學者。對於數學，天文學，地理學，造詣俱深。其所著地理，原名爲 Geographike Hyphegesis，可譯爲與圖學指南。

（2）關於詳細的記載，請參照著者的 Das Land der Seide und Tibet（產絲國與西藏），63—86頁，及160頁以下。該書爲由著者總編輯下之 Quellen und Forschungen zur Geschichte der Geographie und Völkerkunde（地理學史及民俗學史研究叢書）第一册。有斯文赫定(Sven Hedin)的序文。1938年萊比錫(Leipzig)，Verlag Koehlers Antiquarium 出版。該書有極爲詳細的書目。

（3）編者案。希臘文原名爲 Chryse（黃金的）Cheronesos（半島）。

以後，向東走9經度，再向北快到了恆河（Ganges）三角洲，劃成一個極大的海灣，就是他所謂大灣(4)。這大灣的海岸線，到了南緯8½度——最南端港口卡梯亞拉(Kattigara 拉丁文爲 Cattigara)就在此處——以後，才向西蔓延至亞非利加東岸，而卡梯亞拉就成爲橫在其西南的所謂無名大陸（Terra Incognita）的邊界。在這裏，我們不得不提出幾個問題。暹羅灣與印度支那海岸，到底在那裏？這幅地圖是否僅賅括印度支那？——這條海岸線的末段是不向東北而向正相反的南方伸展的。（見附圖1c）

信仰珀托氏地理的結果，新大陸發見時代的人們都想尋求所謂南方大陸(Terra Australis)，而這南方大陸的南界，他們以爲是大洋。得到了事實上的反證以後，探險家們才跑回到亞細亞的東南部，然而他們仍舊沒有獲得任何結果。當時的地理註釋家中，有一部分人士認爲到卡梯亞拉的海路，不該經過麻剌甲海峽(Malakkastrasse，英文爲 Malacca Strait)，而但需經過蘇門答臘(Sumatra)南邊的巽大海峽(Sundastrasse，英文爲 Sunda Strait)以後，沿着婆羅洲(Borneo)的北岸而航海。他們爲什麼有這樣主張呢？他們以爲珀托氏不知蘇門答臘爲一島，所以珀托氏一定是把蘇門答臘與馬來半島合爲一地，稱爲金半島。這顯然是地理的誤釋，然而今日尚有這種誤釋。珀托氏地圖上，在金半島前面的伊亞巴的烏島(Iabadiu)，並不是今日

（4）編者案。希臘文原名爲 Megas Kolpos 拉丁文稱爲 Magnus Sinus。

的爪哇（Java），而是——正如在歐洲中世期的典籍上——蘇門答臘。這是早已證明出來的事實（5）。　另一部分註釋家，雖然能指出經過麻剌甲海峽的那條航路，却對於這航路的歸着，互相不一致。　因之，卡梯叉拉不但被認爲新嘉坡，東京等之印度支那港口，也被認爲廣州，漳州，杭州等中國的港口。

這些指認出來了的地名，本來與珀托氏所繪的海岸線有矛盾處。珀托氏既然把卡梯叉拉認爲中國（Sinai，拉丁文爲 Sinae，意思是中國人）的港口——當時中國的版圖，包含東京及其以西的各地——，則我們不但新嘉坡，連當時中國沿海各地也不能指認爲卡梯叉拉。因爲什麼有這樣說法呢？　因爲珀托氏根本的沒有劃出來綿延很長的安南海岸線。　然而，在珀托氏地圖上，離卡梯叉拉很近處，有一個三角洲，所謂科蹄阿里斯河（Kottiaris，拉丁文爲 Cottiaris）的三角洲。　這河的西部支流賽挪斯河（Sainos，拉丁文爲 Saenus），流注到大灣裏。　至於這海灣，我在二十六年以前（6）已經證明大灣就是從前所謂不里墨拉灣（Sinus Perimulicus（7）。　在這兩個海灣沿岸

（5）參照費瑯德（G. Ferrand）著 L'Empire Sumatranais de Crivijaya（思利維爪牙的蘇門答臘帝國），1922 年巴黎 Paul Geuthner 出版。

（6）Die alten Verkehrswege zwischen Indien und Süd-China nach Ptolemäus（在珀托勒邁沃斯地圖上所見印度與南華間的交通），登載於 Zeitschrift für Erdkunde（地理學報），柏林 1913 年，782 頁以下。

（7）譯者案。　拉丁文爲 Sinus Perimulicus，或許是羅馬人，珀利尼烏斯（Plinius）在其 Historia Naturalis（博物志，西紀 77 年作），6，20，23，372 所謂 Perimula。　此項待考。

上各地的名稱，完全相同，而且這些地名的順序也相同。這異名同實的兩個海灣，就是今日的暹羅灣。

因之，我們應當把卡梯迦拉認為在今日的湄公河三角洲（Mekhong）附近的地名。對於這主張，有人會反對說，卡梯迦拉不能認為在中國版圖之外。何況，珀托氏把海岸線的南段給在赤道以南這一個問題，尚有解釋的餘地呢！然而我們若再加以深切的探討，這些反對論說，自然不能成立。

第一，不但大灣本身的地形，而且大灣以北地域的形狀，都叫我們歸納到暹羅。色露斯河（Seros，拉丁文為Serus），由北流南，注到大灣裏。這河的流程，與今日的湄南河（Menam）的流程，完全相符。而且這河沿岸上的許多地名中，奇馬拉（Kimara，拉丁文為Cimara）就可認為暹羅北部的喜牙買（Chiamay，或衛邁Xiengmai），烏拉特那以（Urathenai，拉丁文為Urathenae）就可認為今日的烏搭拉狄（Utaradit）。珀托氏不過憑藉臆測與理想，把中國（Sinai）的西部邊疆，沿着色露斯河而劃界了。所以，難怪他把卡梯迦拉，給在中國版圖之內。

再者，有一個更重要的證據。現存的珀托氏地圖並不是出於他本人的獨創。這幅地圖，實在不過是依據推羅斯人瑪立挪斯（Marinus von Tyrus（8））（大約在西元後110年）所給的地圖而縮小扭曲

（8）編者案。Marinos（拉丁文稱為 Marinus）係腓尼基（Phoenicia）的Tyros人，著名的地理學者。

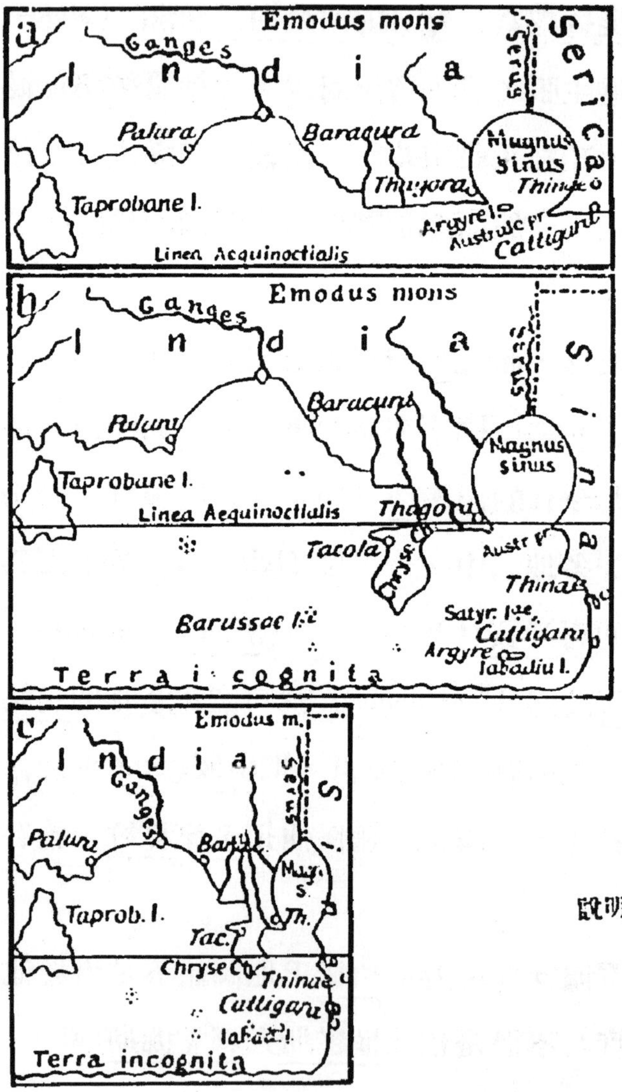

附圖1。 瑪氏珀托氏所繪亞細亞東南部

a.瑪氏初稿。

東至225度，南至赤道

（推想圖）。

b.瑪氏改稿。

東至225度，南至南緯24度

（推想圖）

c.現存珀托氏地圖。

東至180度南至南緯17度。

說明：I. Insula 島

I^{a} Insulao 羣島

P. Promontorium 地角

珀托勒邁沃斯地圖上的亞細亞東南部

附圖 2。 珀托氏所繪亞細亞東南部（指認圖）。

說明：•—•—•— 西元 100 左右，中國的南界。

••••••••至卡梯亞拉的海路。

————搭谷拉至卡梯亞拉的陸路。

I. Insula 島

I^{s} Insulae 羣島

P. Promontorium 地角

的結果， 所以，我們不得不再進一步，探討瑪氏的地圖。 瑪氏的原本地圖現已佚失。 其內容則珀托氏有記述。 據珀托的記述，瑪氏地圖的局面極爲廣闊，從印度本部起，向東伸展之結果，終點到了享樂羣島（Glückliche Inseln， 就是今日的加那列羣島 Kanarische Inseln， 英文爲 Canary Islands）以東 225 度爲止。 在這幅規模廣大的瑪氏地圖上，大灣一定成了圓形而比在珀托氏地圖上更爲寬闊的海灣。 歸納而言之，在瑪氏地圖上，卡梯戛拉的位置，更不能越過湄公河三角洲。（見附圖 1 b ）。

在這裏，我們不可不提起修奈倍（P. Schnabel（9））的頗爲重要的論述。 修奈倍證明，瑪氏及珀托氏地圖，各有初稿與改稿，而且二氏地圖的初稿並不越過赤道以南而才到了赤道爲止。 （ 在改稿上，瑪氏地圖的南段到南緯24度，珀托氏地圖的南段到南緯17度）。 修奈倍，把珀托氏舊著名城記（Kanon der berühmten Städte）裏的關於卡梯戛拉及提內（Thinai， 拉丁文爲 Thinae）這兩個中國城市及其位置的記述，作爲引證。 據名城記，卡梯戛拉不在南緯 8 度30分而却在北緯 8 度 30 分，提內不在南緯 3 度而却在北緯 13 度。 換言之，據名城記，卡梯戛拉不在大灣南岬（Südkap）的南邊遠隔地點而

（9） Die Entstehungsgeschichte des kartographischen Erdbildes des Klaudios Ptolemaios （珀托勒邁沃斯方輿圖的來源攷），登載於 Sitz.-Ber. Preuss. Akad. d. Wiss. phil.-hist. Kl.（普魯士學術研究院報告），十四卷，1930 年出版。

却在大灣南岬的東邊附近地點。因而，科蹄阿里斯河三角洲，遂收縮，成爲很小的區域——這幅地圖上的湄公河三角洲頗爲精確。修奈倍考證發表後，久爲學者們感覺爲不能解決的問題，就是亞細亞大陸（在珀托氏現存地圖上。——編者案）延亙到赤道以南去的海岸線（就是，所謂無名大陸或南方大陸的海岸線。——編者案），一擧而消散無蹤了。（見附圖1a）

所以我們研究珀托現存地圖（附圖1c），先當考據這幅地圖從珀氏地圖的初稿（附圖1a）與改稿（附圖1b）演變而來的事實以後，才能瞭然明白。簡言之，在初稿上，根本沒有跨在赤道南北的金半島（馬來半島），也沒有以伊亞巴的島島（蘇門答臘），爲最南端的羣島。另一方面，這初稿上，印度海岸線——或許是受了艾拉斯特尼斯(Erasthenes)(10)地圖的影響以後——一直向東走，到了亞吉爾島(Agyre)前面，才北轉後，劃成一大紆曲的海灣，就是大灣。然後，從大灣的南岬，再向東，走至科蹄阿里斯河的入海處及最末端港口卡梯戛拉爲終點。我們尚要注意，橫在大灣與卡梯戛拉及提內間的地域，在初稿上，稱爲產絲國(Serike，拉丁文爲 Serica)的南部而不稱爲中國(Sinai)——提內就是這產絲國的京城（今日的西安。見後。——編者案）。在改稿上（附圖1 b, c,），產絲國的版圖限制於艾墨杜頓(Emodon，拉丁文爲 Emodus)，就是喜馬拉雅山脈

(10) 編者案。Erasthenes 係希臘曲列尼（Kyrene）人，大約生於西元前 275 年。

(Himalaja，英文爲 Himalaya) 以後的地域。

瑪氏的這幅印度支那地圖所依據的主要典籍必爲一篇印度人所著遊記（Indisches Itinerar，亦可譯爲印度遊記。——編者案）。我們如此推想的根據是因爲瑪氏所估計的距離，正如在他的塔普洛巴尼斯（Taprobanes，就是今日的錫蘭島 Ceylon）地圖上一樣，竟有增算三倍之錯誤(11)。這篇遊記，敘述從馬來半島起，所經過的路程——似乎是陸路，陸路比繞航馬來半島的海路，頗爲短小而危險也可說是較少。從塔谷拉港口（Thagora，大概是今日的塔谷哇同 Takuwatung)起程，到了蹤走全半島的山脈，擇一低嶺而越過之。——維翁斯拉 (Wieng-Sra) 的遺趾巴龍加（Balonga)，必定位在這低嶺上。於是，繞走大灣（暹羅灣）一匝。這遊記一共提起九個在大灣沿岸上的地名。其中，信達（Sinda）與婆羅瑪（Bramma）二地名，想必是由身毒(Hindu) 與婆羅門(Brahman)轉變而來的。回到遊記上說，那條陸路，穿過奥地城市可可拉那加拉(Kokkoranagara，拉丁文爲 Coccoranagara)，大概是在今日的維雅達鋪拉城（Vyadha-pura）所在處，涉越這城附近的科蹄阿里斯河(湄公河)，向東走至不遠的卡梯嘎拉爲終點。卡梯嘎拉無疑的是在今日法屬印度支那重要港口西貢(Saigon)地域中（見附圖2）。至於薩加拉（Sagara）與提內這兩個本來離海極遠的奥地城市，瑪氏放在卡梯嘎拉附近。這

(11) 或許是因爲沒有區別二種印度尺度。小由札那 (Yojana) 等於 4 公里，大由札那等於 14,5 公里。

不過是因爲他的地圖上缺少空白罷了。這兩個城市實在不屬於印度支那而是古代中國的國都。薩加拉(Sagara)的較爲正確的名稱爲薩拉加(Saraga)，就是今日的河南府，卽洛陽——索克圖語(Sogdisch)稱爲 Srgh，敍利亞語(Syrisch)稱爲 Sarag。提內(Thinai)就是秦朝國都，現在的西安府。

後來，得到了關於亞非利加內部及印度支那南部的新知識以後，瑪氏與珀托氏修改了他們的地圖。改稿上，他們的地圖伸展到赤道以南。據珀托氏所記（見地理第1卷第14章第1段），瑪氏利用埃及船長亞歷山大(Alexander)的航海錄。亞歷山大頭一次提起中國(Sinai)這一字，而且較爲詳細的記述了關於金半島（馬來半島）及橫在其前面的伊亞巴的烏島（蘇門答臘）。結果，以前所謂亞吉爾島（見附圖1a），竟給成爲伊亞巴的烏島的京城（見附圖1b）。亞歷山大按照日數而記載航海的路程，所以瑪氏能正確的給出這一段地圖的比例。在初稿上則因爲依據一篇印度人的遊記，所以把距離增算了三倍。利用亞歷山大航海錄的結果，如何。關於同一個地名，遊記與航海錄的記載互相衝突。因之暹羅灣先後給出兩次，第一次成爲大灣，第二次成爲不里are拉灣。而且亞歷山大的沿海航路，向東南前進而不是舊圖所指的東方。這或者是瑪氏及珀托氏所以把科蹄阿里斯河及卡梯戛拉移到南方的——當然是不符事實——主要理由。這兩種記錄，關於卡梯戛拉，才顯出一致之點。亞歷山大航海的終點，大概是今日的西貢。這是從他所提的以下兩種地名可以證實。在瑪氏珀托氏地圖上這位船長提出兩個靠近中國(Sinai)港口。(1)野獸灣(Golf der Wilden Tiere(12)),(2)半人半羊羣島(Inseln der Satyrn (13))。這些地名,都可以在湄公河三角洲附近找出。所謂野獸灣,大概是野獸叢集的羣島平原(Vogelebene)。所謂半人半羊島共有三個,這或許是蒲羅中(Pulo-Condore)三島。據亞歷山大記載,這三島的居民都有尾巴,所以有半人半羊之名稱。這並不是荒誕無稽之說,因爲中國的史料也給以證實。淵鑑類函(第222卷第22葉,邊塞,扶南諸小國條下)有這樣記載:「東行極崎頭,海邊有居人,人皆有尾五六寸(或許是黑人種 Negrito 的一支),名蒲羅中(Pulo-Condore),其俗食人」。這樣看來,兩種史料完全相符。這不但證實卡梯葛拉爲西貢,並且我們關於珀托氏地圖所提出其他諸種解釋,也因而得到充分的證實。

其他的我們所所提出的解釋,有不少地方得到當時中國史料的旁證。固然中國人對於湄公河三角洲與暹羅各地的古名稱,茫然不知。然而據他們的傳說,往昔扶南國公主與僑居其國的婆羅門人結婚。因之扶南捲入了印度婆羅門勢力之內。不久,大約在西元後100年,扶南竟爲七城聯合王國所吞併。另一方面,珀托氏也提起在中國版圖內的七個城市的名稱。其中一個就是在以上提過的婆羅瑪。再者,科蹄阿里斯(Cottiaris)及卡梯葛拉(Cattigara),與印度

(12) 編者案。希臘原文爲 Theriodes Kolpos,拉丁文爲 Theriodes Sinus。

(13) 編者案。拉丁文爲 Satyrorum Insulae。

南部的商埠科欽(Cochin,Kotchin)的古名科蹄阿拉(Cottiara,Cotiara,Cozara)，在字音上的確是甚爲相似。而且科蹄阿拉在當時是爲中國絲交易的極重要的商場(參照 Peripl Maris Eryth. 56)。我們可以斷論，大灣地域的開發是從這裏起開始以後到卡梯戛拉爲止。中國所產的絲，到了卡梯戛拉以後，再經過在印度南部的科蹄阿拉，直達羅馬帝國。

考古學也對於我們所提之主要地名的指認，給以有力的旁證。在湄公河三角洲許多有人類踪跡的地點中，只在西貢一地，發見了史前時期或古代的遺物。這件事實就證實西貢爲卡梯戛拉。正在珀托氏指出爲貫通馬來半島的陸路所通過的地點上，發見了相當的遺物。就是西元第六迄第八世紀的婆羅門教及佛教遺物。韋爾斯(H.G.Quaritch Wales(14))是發見這些遺物的考古學者，他說，(15)這條陸路是貫越半島之路線(Transpeninsular Route)。這條陸路能使暹羅灣地域接受印度文化與宗教。這巨大的開發工作的開始，珀托氏地圖使我們一目瞭然。所以這幅地圖，實在是對於印度文化史研究，極爲重要的史料。

譯自：Forschungen und Fortschritte, 14. Jahrg. 1938 Nr. 34. S. 398-400.

---

(14) 參照馬得驟(Madrolle)著 Indochine du Sud(印度支那南部)，第6頁，巴黎 1926 年出版。

(15) Towards Angkor(到安科兒去)，倫敦 G. G. Harrap & Co., 1937 年出版。

佛曾以靈魂不滅之說教世麽

格赫爾(Helmuth v. Glasenapp)著

王 森 田 譯

印度各大宗教全一致以報應之說教世，以爲此世所爲當在來生受報。 按耆那教各派 (Jainas) 及正統婆羅門教(Orthodoxer Brahmanismus) 各宗，其教義皆以爲實有極多不具形質不可毀滅的個體的靈魂，此等靈魂當其前一肉身死亡時，就脫離了那具死形軀而進入另一個新肉體，以便在此新肉體內依其業 (Karma) 之善惡而獲善報或得惡果。 因而此等宗教皆教人以靈魂輪迴生死之說，以爲靈魂之輪迴起於無始而永古常存，唯有此靈魂得到解脫時，其輪迴纔能止息。佛教同樣的藉來世再生之論教人以一切行爲皆有果報之說；但是佛教却否認實有上述常住不滅多數個體的精神單元 (Seelenmonaden) ，因爲佛家一向就不把個體之我和此我所經歷的世界區分爲二。 佛家以爲這兩方面乃是彼此相連而不可分，遂更主張經驗界實即『我』(Ego)之一部分。 吾人所謂之『自性我』或『眞我』或『自我』或『靈魂』，佛家認爲這並不是一種一成不變的本質，而乃是由人生之各種因素之種種集合而形成的一個新新不息節節不同的鎖鏈。 此世所有的某一個人，生則暫存於世，死則化歸烏有，這樣的一個人實在僅是此新新不息的鎖鏈中之一環而已。 何者？ 因其生也乃是由於其前生之業(Karma)使之出生，而由其此生之種種作爲，其本身又成爲創生一新生物之原因。 因此，在嚴格的意義上講，佛家哲學中實在未曾承認某人已死之前身與其來生之後身其間有同一性；而以爲此二者一爲已故之一人，一爲此人之業(Karma)之繼承者，也就是說：二者乃是所謂由業力而起的『無間相續』(Kontinuum) 中之兩部分而已，所謂『無間相續』者，卽指有情生命之流，此流顯現於人世，便是生生相續。 此等無量數的起於無始組織常變的生命之流，唯有到獲得出世智慧，不再創造新業 (Karma) 的時候，他們纔算到達盡頭。 某一生命之流，若把使彼永流不息之正因給解除消滅，則此流必至涸竭，因而遂達涅槃彼岸 (Nirvāna)。 如上所述，此種學說（此種學說已經向不同的方面各別的演進過了）今日在錫蘭 (Ceylon) 印度支那 (Indo-China) 東亞 (Ostasien) 及西藏 (Tibet) 等地方實已成爲各地佛教一切基本學派之共同的根本教義(1)。 此種學說卽在藏經經文中也已能見到他的稍經演變的形態，並且在經中，也正如今日一樣，以爲此種學說乃是佛陀教法中首要的獨有的特徵，由於此說方足以彰顯佛教之所以不同於其餘各派。

以前往往發生這樣的問題：否認有不滅不變的個體的靈魂這樣一

（1） 其詳請看格拉賽那 (H.v. Glasenapp)：佛教在印度及遠東（柏林，1936）(Der Buddhismus in Indien und im Fernen Osten)

個學說，能够推溯到死於紀元前四百八十年左右的釋迦牟尼佛，而認爲是佛口親說的麼？　還是這種學說祇能代表一種原本佛說橫遭演義以後的支末學說呢？　要想十分確定的回答這一個問題，乃是絕對不可能的事，因爲根本沒有佛本人的著作曾流傳到我們現在。　關於佛本人的教法，我們今日所知道的，一切都是從某一派佛教的藏經經典中得來，而佛教各派之流傳佛說，自然又祇是各依其本派所宗守的某些觀點的意義上來傳承。　然而，祇要是還未能提出重大有力的反證，則以爲此說至少在其基本概念上是佛本身所宣說，就當然必須承認這是極度可能的事。　因爲宗教史中曾顯示給我們：一位偉大的教主所曾宣講的教法，本可以向各方面推衍成爲增詳加備之說，並且可以成爲綾雜了許多新教義的東西，例如關於教祖之人品的傳說等；但是其教法之基本要義則必定永保無替，因此等要義在最初幾代的信徒中已經極深刻的滲於肺腑心領而神會，由於這種事實，此等基本教義乃得護持而不致於有任何改變。　譬如在基督教中『末日審判』一義和『肉身復活』一義，即因紀元後最初幾世紀中基督教徒曾一致的認爲此二義有決定的重要性，所以直至今日，在各種信條中，此二義仍然還是神聖不可侵犯的保留着。　一直到現在，對於佛並未曾宣講所謂無我（Anattā）（非我Non-Ego）論這一件事，還沒有提出眞正確切的理由。　有一種意見以爲佛祇曾宣講倫理方面的教法，唯有後來寺院中之武斷主義者纔又把佛那種着重實踐的教訓給推衍成爲一種形而上的系統。　但是在一個宗教信仰最諴篤的國家，又在極盛行特別愛好哲學思考的時代，在這種環境中，若是僅用一種單純的『不可思議論』（有形的現象之外不可以人智思量擬議之說）而能獲得多數又熱誠又虔信的信徒，這應該是一件不可能的事；而佛實有廣多的徒衆，由此事觀之，則前述之意見恐不可信。 況且，佛若果曾以業(Karma) 來生 (Wiedergeburt) 及涅槃 (Nirvāna)等義教人，則對於有關此等形而上的眞理之各種評論，佛就無法避免用一種方法來表示他自己的態度，也就自然要發露他自己的見地。 經中有幾段文字每曾招致一種結論：以爲佛斷然拒絕討論一切形而上的問題；實在這幾段文字按其文勢極多可以說完全是對於佛本人的觀點的某種解釋。例如『人死後有靈魂繼續存留』及『人死後無靈魂繼續存留』等，縱令佛以爲這兩種意見全是謬誤的，其意亦非指對於『我』絲毫不能有所知。 反之，佛之斥此二見爲不如實者，乃是因爲據他自已的見解以爲實在沒有這樣一個常存不變的靈魂，自此生移轉於來生；而在另一方面，佛又並不否認業報之說，而雷同於唯物論者所謂人死則整個生命完全斷滅之說。

從另外一方面，又有人曾提出更進一層的一種臆說：以爲佛雖然曾教人以經驗中的『我』並非最後的實體，而是種種永變不息的成分之集合物 ； 但佛並不曾否認實有一種超經驗的絕待獨立的『眞我』。他們說：奧義書 (Upanischaden) 中所講的宇宙之靈同時又爲每個個人之最核心的實體，這種教義實在也就是佛本人的眞實教義；不過佛這種教義却被後來修改過的佛說弄得曖昧不明，因而遂完全被其他的學說所遮蔽；其眞正佛說，祇能從幾處仍舊保存着原樣的孤零的提示中，再重新建樹起來。然而這種臆說却和一種顯明的事實相抵觸，即在佛教古經典中（在耆那教（Jainas）古經典中也一樣）『我』（Ātman）這一個字永遠是用以指個體的經驗中的『我』，而從來不像奧義書（Upanischaden）中那樣用以指超個人的第一義的絕對的本體。所以在特殊的幾段書中，『我』（Ātman）這一個字，解爲通例用義之經驗中的『我』若已十分恰當，而同時也可以解爲上述之絕待的本體，於是就捨其常義而故意取其絕待本體之義；這種解釋是不能作爲論證的根據的。如在一段書中，佛遇到了幾個青年，他們正在追尋一個攜帶許多飾物而失踪的娼婦，那時佛向這幾個青年說：最好先尋求『我』，且莫尋找婦人。要在這一段文字中來發見一種已經失傳的佛本人關於超經驗的『眞性實我』的教義，這怕是不可能的事；其實這不過是佛在訓誡那幾個青年，要他們注意他們自身，要他們時時反省而已。所以那時佛對那班青年所說的教誡，絕未曾涉及那超絕的『眞性實我』的問題，而祇是照例的解說着人如何由施捨而可以在來生得福報，以及其他種種善良行爲，並且最後還把佛家的解脫論解釋給他們聽。

在無量數的章節中，若曾再三再四的用力申說：實際上並沒有一件常存不變的東西，一切都是無窮之流；且又再三再四的用力申說：『色』非我，亦非我有，『受』非我，亦非我有，『想』非我，亦非我有，『行』非我，亦非我有，『識』非我，亦非我有；那麼，任何地方都沒有提到過的這樣一個高高在上的『我』，究竟由何物而成，我們絕難得知；因為所有主張有『我』（Ātman）的學派，至少總要以『我』為有『識』。 今日要想評述佛陀之教法，祇有以現存經典為根據，用科學方法來研究，纔能勝任；而不可像後世大乘各派之所為，僅是玄想的把他演義成為一種一元論。 最後，我們決不要忘記：與佛同時和正統婆羅門教相反的各學派，如數論（Sānkhya）及耆那教（Jainas）等也同樣都是多元論者。

設若祇有少數孤零的幾節書可以解釋成一種『真性實我』論，但又未能證明此種解釋為更古的解釋，又未能證明此種解釋為更有力的傳承，而同時在無數的章節中，又一致的否認有所謂常存不滅的『我』，在這種情形下，大概也許不會有人由此而歸結到一種意見，以為佛本人的教法根本就不同於後世寺院中所宣講的教義。 然而，所有在印度的與在印度以外的各種宗教全都主張有一種無變易的靈魂為常存不滅，這種事實實際上曾引起了一個念頭，要在佛教中也搜尋出一種屬個人的不可壞滅的實體，以便於更明確的維護一種論點，即所謂一切宗教其最高原理都是一致的。 而因為古來藏經中的典籍毫無疑義的都與此種假定相抵觸，所以祇還剩下了一種可能，即是把這樣的說法歸之於佛本人所親說，更先假定佛徒皆已誤解佛之本意，後來更將佛說改竄偽造，然後對於藏經中各種不同的教義，都滿另加一番解釋。 但是宗教史中昭示着一種事實：人類的各種宗教思潮，其表現的形態是那樣的極端繁雜，以致於我們若想證明某幾種概念之為各教所共有，爲必不可能。即便一個創造世界，統治世界，頒布道德律，賞善而罰惡的人格神，連這樣一種假定和佛教的世界觀都完全不相干。然而若斷言佛教之否認精神單元，此事祇能由歷史上來設想其說乃由一種承認個人靈魂爲常存不滅的舊說所脫化而成，這種主張也絕非眞實。因比較人種學曾經詳細的顯示給我們：人死魂留這一概念，並不是永存不滅這個信念之起源的先行條件，而適得其反，靈魂不滅這一概念，乃是在相信人死之後有一來生此種信仰久已盛行之後纔發生的。古代印度亦復如此，那時對於像後世哲學中所想象的靈魂這樣的概念，也是還未曾熟諳。在黎俱吠陀（Rig-veda）中雖然也曾提到人死之後會到天界，但在此書第十卷第十六篇第三章却曾說人的靈魂（Ātman）和人的其他的成分同樣也要化歸於世界之某一種原素中（化爲『風』）。在布利哈德奧義書（Brihadāranyaka Upanishad）(2) 第三卷第二篇第十三章，也可以發現這種類似的概念。至於要問到人死之後究有何物仍然殘存，則祇有很玄妙的指稱爲業（Karma）。從如上所引的幾節書中看來，下述一解，似覺可信，佛教中主張死後受報，而不承認有常存不滅的靈魂，此說乃本原於更古的幾個概念，此等概念後來遂爲印度教徒（Hindus）與耆那教徒（Jainas）等所屏棄，而更代以個人靈魂爲永存不滅這一信念。

（2）譯者按：此乃附於 Brihadāranyaka 即布利哈德森林書之後之奧義書，通例奧義書皆附於森林書之後，故今譯音省却森林書 Aranyaka 之音，依多以森 Deusson 氏說，此奧義書爲最古之奧義書。

以個人『我』爲和合所生，爲變化無常，此義原爲古說，佛則更與以哲學上的新基礎，並且辯斥同時其他關於靈魂的種種學說，以維護此有爲無常之論，佛遂成爲此義之教法上的鼻祖；此義不僅對於亞洲人的宗教生活曾有極深刻的影響，而另一方面，他在歐洲學術界也曾得到了許多擁護者（如馬赫 Ernst Mach）。

譯自：Forschungen und Fortschritte. 13. Jahrg. 1937, Nr. 7, S. 85-86.

刺戟素對於竹節蟲生活過程中之作用

蒲厚德(Otto Pflugfelder)著

鮑 鑑 清 譯

Heymon 氏(1899)在竹節蟲腦後發見泡狀器官稱之爲伴器 Corpora allata(1)。後於各種節足動物皆見之，當時僅視爲前腸神經節。據近來研究知其爲內分泌腺，外纏細密腦神經枝(如圖)。至其分泌有效成分入血行之意義，學者之意見猶未盡同。且研究成績亦與處置之當否有關。惟伴體之摘除在竹節蟲較爲容易，因行手術時可不損及其他器官。故用實驗證明該器官之意義在

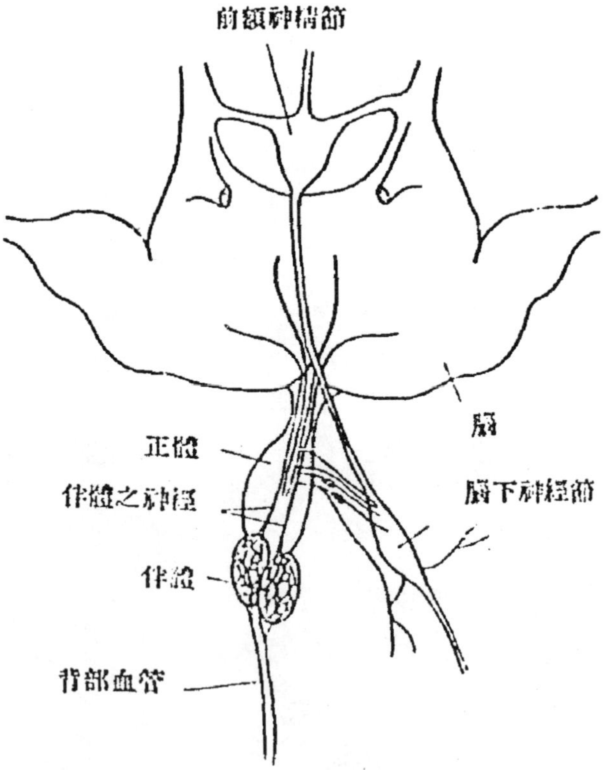

竹蟲節較他種節蟲動物確實。

當第五或第六幼蟲期除去伴體之結果與對照的正常動物比較無顯著變化。 若在早期（第一乃至第二幼蟲期）行之則不然，如蛻皮，生殖，組織新生及再生力皆生變化。茲分述於下：

竹節蟲自去伴體後尚蛻皮二次(2)， 以後不再發育，故吾人知其爲蛻皮機能之重要因子，可由下列試驗證明之：即用伴體五六枚接種之，可以增加其蛻皮次數。 余且依此法而得巨大竹節蟲，同時其生命之長亦二倍於對照者(3)。

在第四乃至第六幼蟲期除去伴體，其生殖機能如常(2)， 即經二次蛻皮生正常之卵。 若於第三幼蟲期行此手術，至第五幼蟲期所生之卵僅及常卵之半，且孵出幼蟲之體重亦僅有正常者之半。若於第一或第二幼蟲期行之則生殖機能不能成熟(4)。

組織學的構造在第三乃至第六幼蟲期除去伴體時不生變化。 若早期行之（第一及第二幼蟲期）則不然。 於脂肪體內發現酒精不溶性含有物，由許多血細胞包被如囊，內藏放線狀排列細針狀結晶所成之結晶球。 於變性肌束及 Malpighi 氏管內亦可見同樣構造。 特別有趣者即此種囊狀構造亦見於腦脊髓。 因此種變性現象常伴以一種癌腫狀腫瘍之組織新生物。 有時脊髓全部爲其所吞食，則該動物往往因麻痺而死。 其他器官亦見組織增生，血細胞在體內各部每集聚而成結節狀。 細胞在表面者著明扁平成上皮狀被覆，其內方細胞增生甚速，遂成瘤狀腫瘍狀構造。 在同樣細胞羣中亦可形成横紋肌原纖維。 最有趣者卽此種增生由紡錘狀細胞，由此形成竹節蟲再生肢中之肌肉(5)(6)。 因此余乃想及從前在鬚足類發見之紡錘狀再生細胞(7)。 此種原素當鬚足類及竹節蟲再生時用以形成各種組織。而以上所述僅形成橫紋肌原纖維之不成形羣集而已。

其特別有趣者爲輸卵管之病的增殖，其細胞核由非絲狀分裂而爲不完全絞窄，遂於結節狀增生物中形成容積甚大之核塊。

此等組織變化用伴體接種可以防止之，因此可以證明組織病理學與內分泌間有密切關係。

竹節蟲之再生機能因去伴體而減退。 若切除正常幼蟲之一足，短時內能再生。 去足亦去伴體，蛻皮後雖亦新生足芽，再蛻皮時足芽形態雖略有進步，但不能成足。 則再生在摘除伴體動物往往爲畸形的增殖。 若先去伴體蛻皮後再去足，創部只留瘢痕，而不生殘肢。 因此知再生機能因去伴體而減退。 其關係與脊椎動物之再生機能因去甲狀腺而下降，爲極有趣味之平行現象。

上述種種實驗係將伴體完全除去者。 若僅切斷至伴體之神經則生何種現象，實爲一有趣問題。 此種切斷至伴體神經之動物，經一定數蛻皮亦能生殖成熟。 其異於正常動物者卽爲色彩之變更 Farbveränderungen(7)。 正常及去伴體之動物之色素皆爲單色。 在切斷神經者，其背部生各種斑點，於銀白色基色上雜以鮮明淡黃白色菱形斑。 至於伴體之組織學的變化，必因神經切斷後，內分泌生變化；因此影響於特殊的變色。 而伴體與動物色彩之關係更可由下述試驗證實之，即移伴體之皮下，該部皮膚細胞內因生色素粒而呈深黑色(6)。由此證明 1928 年 Herman Giersberg 氏學說之正確，蓋氏嘗謂伴體產生變更色素之重要刺戟素也(8)。

根據以上各種試驗，證明伴體產生一種物質，對於生理作用有重要價值。依余觀察，此等物質為特種蛻皮刺戟素，發育刺戟素，色彩刺戟素等。而各種試驗成績皆可由一種調節物質代謝的內泌物以解釋之。論其意義可用余素昔試驗之甲蟲(9)說明之。因其伴體與性別之區分甚有關係也。此即精性的各種物質代謝以解釋之，如雄蟲變態後不復食物是也。再用白蟻王說明上述之意義，亦為頗恰當之例(10)。即白蟻王得充分食物時，則營養佳良，其物質代謝自然增高，其伴體特別發育，在末次蛻皮時，其容積大於正常者十乃至十五倍也。

譯自：Forschungen und Fortschritte, 15. Jahrg. 1939, Nr. 12, S. 162-163.

參考書

(1) Sitz.-Ber. Preuss. Akad. Wiss. Berlin 1899.
(2) O. Pflugfelder, Z. f. wiss. Zool. 149(1937)477.
(3) Erscheint demnächst in Z. f. wiss Zool.
(4) O. Pflugfelder, Verh. d. Dtsch. Zool. Ges. 1937. 123.
(5) O. Pflugfelder, Z. f. wiss. Zool. 151.(1938)149.
(6) O. Pflugfelder. Verh. d. Dtsch. Zool. Ges. 1938. 127.
(7) O. Pflugfelder, Z. f. wiss. Zool. 133.(1929)122.
(8) H. Giersberg, Z. f. vergl. Physiol. 7. (1928)687.
(9) O. Pflugfelder, Zoologica 93. (1936/37) 73, Abb. 130. u. 144.
(10) O. Pflugfelder. Z. f. wiss. Zool. 150.(1938)451.

新創彩色影片製法"阿克發全色法"

艾格爾(John Eggert)，海姆歐(Gerd Heymer)著

陳　光　熙　譯

彩色影片之製造，行外人鮮有詳悉其技術之現狀者，都市影院中，不時有彩色影片之放映；然就學術研究之出版物中觀之，則理應斷定此問題尚無圓滿之解答。雖新創製法之預告，屢見不鮮，而彩色影片實際上究竟尚非黑白影片之敵。其在影壇上所占之地位殊小，非如有聲影片之對無聲影片，大有取而代之之概也。原因所在，頗費唇舌[1]，非本文之所欲詳言，茲僅說明劇院中偶見之影片，可分爲以下三類：(一)美國製之滑稽影片(幻術影片)與寫眞影片，其製造法不易迎合德國影片工業；(二)寫眞影片之以二種顏色爲基本者，此種影片，雖能映出多種色彩，然究不能表現自然界色彩之全譜；(三)三色幻術影片，是種影片之製法僅能直接繪畫或印刷，而不適於攝影，故其用途甚爲有限。

彩色影片之製造，爲彩色攝影術中最繁難之部門。雖平常攝影

---

(1) 欲知 1937 年間彩色影片發展之程度，可參考阿克發出版物第五册，第7頁，艾格爾，海姆歐二氏論文。

與照印術中可引爲滿意之色彩表現法，通行者已有多種，而對於活動影片之製造，則類多不能適用：以其必須迎合多數嚴格之條件，例如底片清晰，手續簡易，映影明亮種種特點，未可或缺其一也。

就理論上言之，自然界之各種顏色，皆可以三種基本顏色配合而成，理想上之彩色影片，當具有三層不同之感光膠質，每層僅能感受一種基本顏色之光；如紅綠或藍。 攝影時可用普通照像機，無須特別裝置。 經過普通之顯影手續後，每層中產生一影像。 是三影像之輪廓雖同，而濃淡之分布，則隨景物各部份之顏色而互異：譬如景物中紅色之部，在片上感紅光之膠層中，產生還元銀粒構成之--黑色區域，而在其他二層中此區域內，則無銀粒而呈空白。 綜合三層適成一黑白陰文底片。 蓋某層膠質中無銀粒之空白區域，表示影中之景物，於該處無此顏色。 易言之：景物之某部份吸收某種顏色之光波，則能感此色光之膠層中於其相應部份呈空白也。 既得分層之陰文底片，如欲製成彩色陽文透明影片，應將每層中未感光之部分，染成該層能感覺之光色之餘色（且除去各層中全部銀粒），以便於射映時遮斷或吸收該色。 例如未感紅光之部，染以紅色之餘色，即青；未感綠光之部，染以綠色之餘色，即紫；未感藍光之部，染以藍色之餘色，即黄。 然後除去一切銀粒，則凡已感光之部，即成空白。是故原片能感紅光之層，於映射時就曾感紅光部份，任紅光透過，而造成景物中紅色部份之紅影；同樣能感綠，藍二色光之層，分別映出影中綠，藍部份。 由三層之通合作用，各種景物，遂依自然顏色，呈現於銀幕之上。惟此種著色技術，頗爲困難，而爲問題之焦點。於問世未久，而已遐邇馳名之"阿克發彩色"新片之製造法中(2)，其著色術之原理如下：特種顯影液，於顯影作用進行之時，除將已感光之溴化銀變爲金屬銀而外，尙能產生養化物，而此種養化物，復能與膠層中預先混合存在之附屬藥劑（稱爲成色劑）起作用，而構成光亮鮮明之顏料。阿克發彩色新片中之成色劑，爲有機性鹽基。與各層膠質混合後，固着而不能滲透，且能藉同一顯影液之作用，於各層膠質中分別構成黃紫青三種不同顏料。攝影之後，施行普通顯影術，已還元之部不復起着色作用，但對於未感光處之溴化銀，則不施以定影手續，而將膠片重復曝於强烈之光下，然後再施着色顯影術。如是於全部金屬銀洗去之後，片上所遺留者，僅爲顏料組成之陽文影而已。以上爲阿克發彩色影片之製法中，彩色底片之製法。由原理言之，旣有底片而欲從事于副本之印製，可應用製底片時同樣之手續。但若專以複印爲目的，則前述之手續尙可爲之化簡：卽首次顯影術中，以着色顯影液替代黑白顯影液，而以定影術除去未感光之溴化銀，如是一舉而得一彩色之陰文影，彩色陰文影之義謂何？曰，景物中之紅色部份，片中適染成紅色之餘色，卽青；景物中綠色部份，片中染成紫色；景物中藍色部份片中則呈黃色。易言之，影中之色，恰爲物體上所缺之色。旣獲此彩色之陰

---

(2) 參考阿克發出版物第五册，第 29 頁，施耐德及威廉二氏論文。或參考研究與進步第一期，第 53 頁〔譯者附識〕。

文影，則以此爲底片，照前法再行曬印一次，卽成彩色之陽文影，其理至簡。　蓋前述之彩色陰文影中，各種顏色皆存在於片上膠質之中，可以尋常白光映射於空白之三層感光片上，以成陰文之陰文：影中各部之色，爲景物中相當部份之餘色之餘色，卽本色也。　此阿克發新法，於最近之未來中，將爲彩色影片之標準製法，概可預料。惟其中由陰文片而印陽文片之技術，雖于理論上極爲簡單，尚未能完全經濟化與實業化，　猶在實驗中求改進之道焉。

當此之時，阿克發公司，復創立彩色影片之另一製法，與前述之方法，根本異致，而其技術之成熟，則已可供一般影片工業市場之採用。　此法實際上不過爲業已通行之二色影片之改良，而其製造手續，對於新器械之配置，與新技術之養成上，並無過緊之要求。　職是之故，雖由是法製出之影片，未能具有前文所述理想的彩色影片應具之特色，而其銷量，或頗有可觀處也。

新法之名爲"阿克發全色製片法"（Pantachrom-Verfahren），採用三種基本顏色。　爲採用二種基本顏色之"雙捲雙層製片法"（Bipack-Dipo-Verfahren）之進化物，故亦可名之曰雙捲三層法。雙捲雙層片，以其僅恃二種基本顏色之故，不能表現完全色譜，然因其製法(3)尚形單簡，且其在德國已有多年之歷史，故商業宣傳片，與教育片，多有採用是法以製成者。　茲先略述雙捲雙層製片法之原

(3) 參考阿克發出版物第三冊，第 221 頁，比赫勒 (Arpad von Biehler) 氏論文。

阿克發全色製片法之圖示

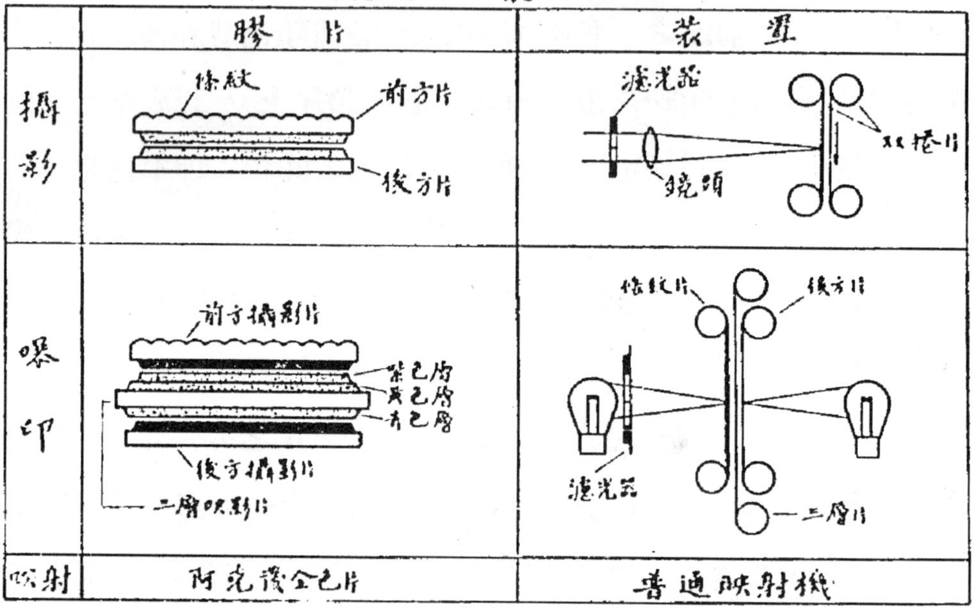

理，然後討論其如何改進，以成全色製片法。 攝影箱中，兩張軟片重疊而經過。 此二片之感光層，互相接觸，前方之片，用以感受"冷色"之光，即光譜中波長較小之藍綠部份；後方之片，用以記錄"熱色"之光，即波長較大之紅黃部份。 此二片上所成之影，其輪廓必須嚴格的符合，始克於晒印時，製出清晰之影片。 為此，原片之兩側，鑿有小孔，以便使二片之影，一一相符。 攝影機中具有指爪二種：第一種能使二片上之孔與孔相對，以利於第二種指爪之伸入，第二種則依影像之攝取，逐次推動膠片而前進。 每攝一影，膠片必前進一影之長度，此乃黑白影片攝影機中通用之方法也。 故製雙捲雙層片之攝影機，與尋常影片攝影機無甚區別，僅須添加同時分別捲起二片之捲片軸而已。 至於曝印材料，則用兩面皆敷有感光膠質之軟片，稱爲阿克發雙層片（Agfa Dipo-Film）。藉曬印機之構造，二陰文底片上之影，分別透達於雙層片之兩面上。此雙層片，經普通之顯影與定影術後，再行着色，即成彩色陽文片。着色工作之施行，有賴於專門之機器：雙層片通過一長形之槽，槽中貯以染青劑之溶液，片浮於液體之表面，其一面，即背面，與染青劑接觸，而其金屬銀即化而爲鐵青色（柏林藍色）之影像。片之前面，則於普通之顯影槽中，首先使其金屬銀化爲鹼性染料之留色劑，然後於另一槽中，依影紋染成紅色與黃色。蓄音帶則附於片之背面，隨影像而染成鐵青色。此鐵青色蓄音帶，對於光電池之發音作用，與黑色之金屬銀蓄音帶無異，蓋此種光電池能感應之光色，以紅與超紅爲主也。

以上所述爲雙捲雙層製片法之概要，下文將述雙捲三層製片法，即阿克發全色製片法。全色製片法中，仍用兩捲膠片以攝影，兩片同時通過攝影機之鏡箱，（參看插圖）而分別捲於二軸上。前法中雙面曬印之器械，亦可沿用。非特此也，片之背面以及蓄音帶之染色劑與染色器械，亦可沿用。所異者，依三色法之要求，後方膠片能感之光，不及全光譜之半，而僅限於紅色，其波長爲自 600 至 700 $\mu\mu$ 惟前此之鐵青色，與其餘色相差無多，而仍可沿用，是乃一幸事。若不然者，蓄音帶之染色，將成一難題；蓋因有機顏料，多不能遮斷紅光與超紅光故也。

前方攝影片之顯影術，及三層映影片前面之曬印術，與前法有質質的異點：紅以外之二種基本顏色，綠與藍，必須分別攝取於同一攝影片上，且于三層片上分別染成紫色與黃色。吾人於此，復當利用他種製片法中所得之經驗。

位于前方之攝影片上，欲分別攝取綠色與藍色之影，可用一所謂"條紋法"(Linsenrasterverfahren)(4).是法曾於1932年間，應用於小型影片之製造，以供業餘製片者之用(5)。攝影片上之感光層，敷於片之背面，前面（對鏡頭之面）則布以條紋，每條成扁圓柱體，有凸透鏡之聚光作用。條紋之方向，與片之長邊平行；每條之寬，約爲43 μ；其焦點距適與片之厚度相等。鏡頭中置一濾光器，器上有平行於片面條紋之狹長透明窗二，一爲綠色，一爲藍色。由景物射來之光線，通過此裝置而達於感光層上，其影即分成條狀：綠色之條，與藍色者相間並列，而滿布於片上。其結果，前方攝影片上，載有分成細條之二影：一爲綠色物體之影，由綠色條紋集合而成，一爲景物中藍色部分之影，由藍色條紋集合而成。然以肉眼觀之，則影之條紋組織，並不暴露。實際上，條狀濾光器之顏色，非綠與藍，而爲黃與紫，以其尚須放過紅光，以達於後方攝影片也，惟前方攝影片旣僅能感應綠，藍色光，對於紅光爲"盲目"，其"視"黃光紫光，正與綠光藍光無異。讀者至此，或有發生疑問而曰：「何不利用紅黃紫三色條狀濾光器，而合紅綠藍三影於一片之上」？

(4) 參考阿克發出版物第四册，第151頁，海姆欵氏論文。

(5) 參考阿克發出版物第二册，第57頁，海姆欵氏論文。

答之曰：依光學原理之要求，鏡頭中前方之透鏡，往往較後方者為大，而濾光器，則須位于前方對物鏡之左近。若並列紅黃紫三條濾光器，則必有一色位于中間，而二色近於邊緣，因此之故，居中之色，較為鮮明；近邊之色，較為黯淡；色彩遂有輕重之別，而失去自然顏色之平衡。是故用三色濾光器，則鏡頭之合格者少；用二色濾光器，則鏡頭之合格者多也。全色製片法中，所用之濾光器，實有三條：中條為紫色，旁二條為黃色，構成對稱形勢，庶景物各部之顏色間，有適當滿意之平衡。

曬印用之軟片，共有感光膠質三層：一層敷於背面，二層敷於前面。前面之二層，乃用以承受條紋片上綠藍二色物體之影者。曬印既畢，此二層上之影像，應呈紫色與黃色。此種彩色曬印之技術，亦可從已往經驗中尋其解決之途徑。先是 1914 年間，施偉鄒氏 (Schweitzer) 發現：某種顏料，能于適當溶液中藉銀質之作用而褪色，遂取名曰"銀質褪色法" (Silberfarbbleichverfahren)(6)。經苦心研究之後，始克覓得適當之顏料與生澱劑，以防止互相鄰接之二層膠質中，不同顏料之滲透。此研究工作之產物，為"阿克發三層片" (Agfa Tripo-Film)。片之一面，敷有含青色顏料之感光層；他面則敷有含黃與紫之二層感光膠質。是種膠片，因飽含顏料，不適於攝影之用，而僅能用之於曬印。全色製片法中，曬印用之三層片之前面，即與此片黃紫之面相同。

(6) 參考阿克發出版物第四冊，第 177 頁，海姆歐氏論文。

應用銀質褪色法而曬印、底片必須爲陽文者。前方攝影片之條紋組織，於此頗爲有利。攝影後，僅顯影而不定影，以適當溶劑除去金屬銀粒，而不使侵蝕未感光之溴化銀；然後再曬於强烈之光下，而重行顯影定影二步手續，卽得陽文之影。此條紋陽文底片，與三層片之紫黃層接觸，與後方攝影片，同時經過雙捲印片機。背面之印法，與前節所述者無異，所異者乃條紋影片之照明方法而已。吾人所期望者，將條紋片中藍綠二色物體之銀質影像，分別傳達於三層片之黃紫二層上。欲達此目的，可使黃紫二層所能感應之光色互異，而同時將條紋片中二影，以不同之顏色光照明之，使黃層僅能感受藍物之影；紫層僅能感受綠物之影。實際上，全色製片法中所採之色調爲紅與藍，卽使黃色層僅能感紅光；紫色層僅能感藍光。至於使藍綠物體之影，分別呈紅藍二色之照明方法，則與攝影時所採取者相似；設於白色光源與條紋底片間，置一濾光器，其形狀尺寸與距離，皆與攝影時之濾光器相同；復設以紅色濾光器，代攝影時之紫（藍）色者，以藍色濾光器代攝影時之黃（綠）色者，則片中構成藍物影之條紋，必照成紅色，而印於三層片之黃色層上；構成綠物影之條紋，必照成藍色，而印於三層片之紫色層上。此種曬印手續，言之似頗繁瑣，而行之實爲簡易：蓋通過曬印機後，三層片上之前後三層感光膠質中，紅綠藍三色物體之影像，已一氣呵成，僅待顯影與定影而已。三層片之背面，及其所附之蓄音帶，於漂浮而經着色機時，染成鐵青色，與雙捲雙層製片法中無異，前面黃紫二層中，含金屬銀粒之處，其顏料藉銀質褪色法而除去。　最後復以溶液洗淨夾於顏料中之銀粒，於是純由顏料組成，基於色彩減法，之三色影片，乃告成功，可以普通映射機，放映於銀幕上矣。　經大規模之試驗，確知此種全色影片，可並用於幻術片與寫真片，故謂其將於最近之未來中，出現於都市電影劇院，殆非鼓吹而已也。

譯自：Forschungen und Fortschritte 15. Jahrg 1939, Nr. 4, S. 49—51

星宿內部化學元素之變化

衛施克 (Karl Friedrich Frhr. von Weizsäcker)著

王　晨譯

天文學在精確的自然科學中，佔特殊之地位，蓋因不能任意研究其性質與變化，就狹義言，卽不能舉行實驗以察其究竟焉。 是以天文學常須藉地球上面的變化，以研究和宇宙的關係，乃用物理實驗室內，研究宇宙大小所發現之定律。 爲審查其學說，而予物理家在實驗室不能摹仿的條件：例如設置力學的刻卜勒氏定律，及創立天文物理的光譜分析。 由斯二種科學近年來之進步，可以推測，下面物理問題，和天文問題，重要的關係：大約現在實驗室內，僅能由人力促成少量的化學元素之變化，至星體之內部，于高溫度時，係多量的元素，任意變化。 是以能力之來源，大概由是，推及太陽和一切恆星射出之光與熱，亦莫不由是焉。 故大約可以推測，因此種變化，乃成宇宙間，所有迄今已發現的，由氫集成的化學元素，目前吾人對于這些問題，固然尚未得到一定的結論，但有許多簡要的工作報告，足以顯示吾人之假說，可收詳確的良效無疑。

困難之點，乃在吾人不能直接察明星體之內部，故須將學說的物理基礎完全確定，以便判斷，物質于星體所受非常溫度及壓力下，若在實驗室內，絕不能實現之情況。 爲斷定上面的情況，乃藉放射性元素之變化，以求實驗物理學應有之知識。 放射性元素之各原子核內，握有雄厚之能力，較由推測星體所得之平均數爲尤巨焉。 由研究放射性而造成刺特福德及波耳氏之原子模型，依近代量子力學的公式，確得星體內部集合的新學說之基礎，其大部份爲愛丁特氏所手創。

顯然，惟有此種學說之成功，可以昭示其是否能指明星體內部一切重要的變化，此種學說，起始卽有缺點，存于其間：星體每小時所射出之能力，其來源尚未知曉，但由地質學的紀錄，而知太陽射出强度約等之能力，其經過至少已有二十億年之久。 太陽體質完全之燃燒（相似的化學變化），大約只需十萬年。 赫爾姆霍斯氏推測其漸漸的收縮，約二十萬年，恰爲必要的時間，百分之一耳。 但是原子核之變化，發生足量的能力，設太陽起始卽由純氫而成，若此完全集成氦時，則放出熱能，足達三千億年之久。 愛丁特氏已就此種可能性計算之，但尚未知曉其集成之定律。 1930 年時，亞克森氏與洪特曼氏所發表之學理工作，曾指明幾個要點，實驗室內人力之集成元素法，亦于其時完成，目前吾人可試將新的經驗，運用于天文學的問題上。

此種學說，負兩層使命：第一層，須說明物質之原子核，于一定溫度，密度及化學組成下，經過何種變化。 第二層，此三種條件如何運用于星體以內，爲決定第二個問題，不惟先將第一個問題徹底解決之，尙須明瞭，除所觀察之集成作用外，並無其他足以影響星體內部之三種條件者。 此外尙須注意，是否熱之發生只屬于原子核之變化（狹義的集成假說），抑其化學的組成，亦僅由熱之作用單獨測定之，即其原來由純氫而成，並于星體已成之際，同時構成一切重的元素（廣義的集成假說）。 爲考驗此種假說，是否能成立，須將其合理效果與經驗一比較之方可。

最近似已知曉，狹義的假說準確，而廣義的錯誤，然猶未能確示，發生能力的原子核之變化，其經過如何。 但經確定者，一般視之，不能集成重的原子核，僅能由氫變成氦，並能將鋰，鈹及硼等元素破壞之（實際上宇宙間此種變化甚爲罕見）。 由熱力學法則推測太陽中心，有兩千萬度之溫度，適足以促成此種反應。 吾人已然依照此種學說，着手關于星宿形態不同解說之工作矣。

因在星體內，不能生成重的元素，又因其存在之普遍，具有通用的定律，故于星體構成之先，首須注意一種共同生成之變化。 此處自然仍關于純粹的理論，和以前所討論的學說部份不同。 設若現今的自然定律，仍可適用于遙遠的過去，且設問元素起何種可以思議的單純的生成變化，蓋約有二種，可以順行無阻的：一則從前一種物質大約過渡的來自純氫，其質量較現今的星體大的多，有若干億度之溫度。 二則因集成元素的原子核之反應而爆炸。 此種變化之結果，乃由霧環之飛動，（宇宙的膨脹力），是具誘惑性的。

星宿內部化學原素之變化

近代宇宙學，在成立之途徑中，勢必根據自然定律，與想像之霧環，正確與否，毫無關係的，此乃頗值吾人注意及感傷促不安者也。

譯自：Forschungen und Fortschritte 15. Jahrg. 1939, Nr. 12, S. 159—161.

原子物理學最新分支在德國之發展

海珊偰(Werner Heisenberg)著

蘇盛甫 譯

一個國家對於物理學發展的貢獻，是不容易和世界一切各國的發展分離而獨論的；因爲，普通說每有一個重要的結果在一實驗室裏獲得之後，就被許多研究者在其他各地應用和深加研究，所以最後的進步是由許多國家的研究者們共同密切合作而得到的結果。

雖然如此，現在略述始於我國（德國）的科學研究工作，如原子物理學（Atom-Physik）突飛猛進中的一分支，也是很有趣味的。

首先，我們須將這廣大的領域對於鄰接的各領域的界線規定一下。 物理學常按照一定的循環階段而發展：由於實驗方面意外的發見，新自然現象能入於我們的觀察範圍。 這些新現象和它們的未知定律，便標識了幾年實驗的及理論的研究的共同目的，直至在這新領域裏，將新自然定律確實地研究出來，才算了事。 從此以後，這些新獲得的各種關係，便可應用到一個廣大經驗的領域上去。 那末，有了新知識的幫助，鄰接新領域也就有方法去研究了。 不久新方法和經驗漸使技巧精熟 ， 所以這新領域本身在物理學上之興趣漸趨淡誤；於是新的實驗又邁進一個新奇的領域裏去，這新領域便立刻成了興趣的中心。

在本文所敍述的時期，可假設「原子殼物理學」（Physik der Atomhülle）已有相當的成就。在這一分支裏所研究出來的而且用正確形式所表示出來的自然定律，已經在許多問題上應用了；但是這些問題在鄰接各領域裏，仍未能回答出來——例如化學問題，天文學問題，固體性質的研究，——因此這些鄰接的分支，便可開始有望成功的發展。

雖然原子物理學的應用頗為重要，因其廣大分支的發展的敍述距此篇短文的範圍太遠，故不便在此討論。反之，本文將注目於原子物理學的最新分支，其中有些定律，仍屬未知，則成為現今研究的目標。* 依時期而論，可由以下兩個標題看出個大概來：核子物理學（Kernphysik）及宇宙輻射（Kosmische Strahlung）.

（甲）核子物理學

自從魯德福特（Rutherfold）在1919年成就他的研究之後，我們便曉得原子核（Atomkern）可被高能力的微粒（Korpuskeln）分解。原子變化（Atom-Umwandlung）和此分解的關係已在輕元素中討論過。英國物理學家寇克羅特（Cockcroft）和瓦爾頓（Walton）用氫

*關於此項探求重要結果之完全綱要，以及特殊研究之詳述，在這篇簡短的報告中是不能談到的。故此關於次要問題，簡縮報告之；但特殊之研究若不適用抑或對於相關問題未能盡其詳時，亦僅略加指示而已。

陽極射線（Wasserstoff-Kanalstrahlen）也能得到原子的變化。雖然已有這種進步，但對原子核的構造（der Bau der Atomkerne），幾乎仍是渺無所知的。依普通假設來說，原子核爲質子（Protonen）和電子（Elektronen）組合而成，因爲在原子核的人造變化和自然變化的時期中所放射出來的，就是這兩種微粒。但是進一步的結果，却仍不能用這種假設獲得。

波推（Bothe）及其合作者[1]所成就的重要進步，實爲後來一切發展的先河。他們發見用α射線所引起的核子變化時期中，有時也能够放射出貫穿線（Durchdringende Strahlen）來。此種射線初被發見者認爲γ射線。不久，喬里奥（Joliot）居禮（Curie）夫婦和甘德威克（Chadwick）便證明了此種貫穿輻射乃一部由中性微粒所組成，其重量約和氫核子重相等。此等中子（Neutronen）的發見，實爲核子物理學更能邁進發展之途的主因。一方面說，因爲這種中子不受庫倫斥力的影響，所以中子可認爲是分解重原子核的適當工具。另一方面說，由於中子的存在，我們立刻便能想到原子核是僅由中子和質子組合而成的觀念。這種觀念已經證明比較以前的假設成功得多，並且由來比錫（Leipzig）的科學會及其他諸科學家[2]的研究工作而成爲一個原子核論。

中子的發見不久，另一個重要的記載又出現了。喬里奥居禮夫

1. W. Bothe und H. Becker: Zs. f. Phys. 63. 289. 1930.

2. C.F. v. Weizsäcker: Die Atomkerne. Leipzig. 1936.

婦研究出原子變化能够產生人造輻射諸元素。 費爾米 (Fermi) 更證明了這種人造輻射常能由中子撞擊重原子核產生出來。

中子發見之後，許多物理學家卽欲以實驗核子物理學作極精確地研究原子變化以及發生此種變化的條件，亦卽同時發源於新原子核的各性質，——尤其是此種核的輻射性。 波推及其合作者(3) 更進而詳加研究從原子變化期中所放射出來的 γ 射線。 這和其他各國的物理學的意見是一樣的：在撞擊原子核的微粒有一定的能量時，γ 射線的放射始能發生；因此，這種作用是一種共鳴現象(Resonanz Prozess)· 富來施曼 (Fleischmann) 和波推(4) 證明 γ 射線放射是由原子核所產生的，而同時攫取慢中子。 終久波推和金提諾(Gentner)(5) 用硬 γ 線產生許多原子核的原子變化 ， 他們又因此證明重原子有光電効應(Photoelektrischer Effekt)， 此時在英國的研究工作中，也研究出輕原子核有這種効應。

在 1933 年勃斯 (Pose)(6) 在德國合勒 (Halle) 城證明原子變化

---

3. R. Fleischmann und W. Bothe: Künstliche Kernumwandlung. Erg. d. exakt. Naturwiss. 14. 1. 1935.
4. R. Fleischmann und W. Bothe: Langsame Neutronen. Erg. d. exakt. Naturw. 16. 1. 1937.
5. W. Bothe und W. Gentner: Atomumwandlungen durch Gamma-strahlen. Zs. f. Phys. 106. 236. 1937.
   W. Bothe: Kernphysikalische Arbeiten aus dem Institut für Physik am Kaiser-Wilhelm-Institut für Medizin in Heidelberg. Phys. Zs. 39. 879. 1938.
6. H. Pose: Verhalten von Alpha-Strahlen beim Durchgang durch Materie. Hand-u. Jahrbuch d. chem. Phys. Bd. 6. Leipzig 1933.

可顯示普通的共鳴現象。侯富曼 (Hoffmann)(7) 勃斯，及第博諾 (Diebner) 在合勒研究幾種核子的變化和互撞微粒的能量的關係。克霍額 (Kirchner) 和牛爾特 (Neuert)(8)用威爾遜氏霧室 (Nebel-Kammer) 已觀察出核子變化。一原子變化的能力平衡，其中原子 Be^9（即同位元素原子量為 9 的鈹原子），可適用於 Be^9 原子量的新測定法。有了這種新測定法以及其他各種研究，輕元素的質量表即又重新加以修訂。杜波耳 (Döpel)(9) 研究出用低能力的微粒也能發生核子變化；——特別的是 D-D (Deuterium) 反應可視為依互撞微粒的能力而定的。哥爾森 (Gerthsen)(10) 研究出氦核子的氦陽極射線的散射 (Streuung von Helium Kanalstrahlen).

威廉研究院的化學研究所 (Kaiser-Wilhelm-Institut für Chemie) 許多年來以潛心研究輻射現象為其主要範圍，哈因 (Hahn)，曼特諾 (Meitner) 及其合作者研究由原子變化所產生的人造輻射物質。當鈾及釷的重輻射原子核為中子撞擊時，即有 β 輻射元素產生，此等新元素若再分解，則又變成他種元素；分解質全系 (Zerfall-Reiben) 由是而成。由中子撞擊釷及鈾所發生的複雜現象，哈因，曼特諾及斯

7. G. Hoffmann: Atomkerne, Radioaktivität. "Die Physik.", 31. 1. 1935.
8. F.Kirchner:Elementumwandlungen durch schnelle Wasserstoffkerne. Erg. d. exakt. Naturw. 13. 57. 1934.
9. R. Döpel: Zs. f. Phys. 91. 796. 1934. Ann. d. Phys. 28. 87. 1937.
10. Chr. Gerthsen: Phys. Zs. 38. 21. 1937.
11. L. Meitner, O. Hahn und F. Strassmann: Zs. f. Phys. 106. 249. 1937

特拉斯曼 (Strassmann)(12)曾愼爲詳加研究。 現在已發見許多新的輻射元素，其中有些元素，初看去好像比鈾電荷還要大。

最近哈因及斯特拉斯曼(13)發見：若鈾及釷被中子撞擊，卽能產生一種完全新的分裂變化。 例如：鈾被中子撞擊卽可分裂爲幾乎相等的兩半——或者一半爲氙核子，一半爲鍶核子——每一半都有不少的過剩中子，所以這分裂的兩半都能陸續地放射幾次 β 射線。 這種變化的可能性，現今只能從最重的原子核觀察出來，這顯然對於在自然界中沒有比鈾的原子核更穩固更重的核子存在的事實，很有關係。因此哈因及斯特拉斯曼的這種發見將爲許多新實驗方面及理論方面檢討的根據。

在過去幾年中，威廉研究院的物理研究所 (Kaiser-Wilhelm-Institut für Physik)——馬克斯浦藍克研究所 (Max Planck Institut) 在得拜 (Debye)(14) 指導之下已建立起來，並有高電壓器之設備，以便研究核子物理學之用。 在此研究所中，將大規模舉行原子變化實驗；像此類實驗，今日不過僅在美國幾個實驗室從事研究而已。

許多核子物理學的問題在維也納 (Wein) 城大學的幾個物理學院中已討論許久。 歐特諾 (Ortner) ，斯提特 (Stetter) ， 柯爾士 (Kirsch) 及瓦木巴荷 (Wambacher)(15) 研究較輕諸元素的核子變

12. O. Hahn, L. Meitner, F. Strassmann: Naturwiss. 23. 230. 1933. Naturwiss. 23. 544. 1933.
13. O. Hahn und F. Strassmann: Naturwiss. 27. 181. 1939. Naturwiss. 27. 89. 1939.
14. P. Debye: Das Kaiser-Wilhelm-Institut für Phys. Naturwiss. 25. 257. 1937.
15. G. Ortner und G. Stetter: Zs. f. Physik. 89. 708. 1934.

化。在 1937 年，布勞 (Blau) 及瓦木巴荷(16)在照像板上證明了高能力的宇宙射線微粒能够分裂核子。邵波 (Schopper)(17)在渾爾芬(Wolfen)也發見了類似的研究。馬提奥河 (Mattauch)(18) 也作成核子質量的精確測定，對估計核子變化的能力平衡，極爲重要。

要想明瞭核子的構造，對於核子的動量力矩及其磁力矩的認識，很爲重要。徐洛 (Schüler)，顧波爾曼 (Kopfermann) 及其合作者(19)用光譜線的超精細構造 (Hyperfeinstruktur) 測定許多核子的這些數量。徐洛及施米特 (Schmidt)(20) 證明原子核也有一個四極電矩 (Quadrupolmoment). 有幾種原子核已證明爲橢圓形，此種事實或對哈因及斯特拉斯曼之核子分裂的發見有關重要。

原子核的理論以這些新實驗的材料爲根據，已有長足進展。利用原子爲質子及中子所構成的假設，很容易解釋質量因緊束効應而變化的現象和原子量及原子序數的關係。進而言之，這種假設更能解

16. M. Blau und H. Wambacher: Nature. 140. 485. 1938.
17. E.M. und E. Schopper: Phys. Zs. 40. 22. 1939.
18. J. Mattauch: Erkenntnisgewinn in der Kernphysik durch Fortschritte der Apparaturen u. Methoden. Naturwiss. 27. 185. 1939.
19. H. Kallmann und H. Schüler: Hyperfeinstruktur und Atomkerne. Erg. d. exakt. Naturwiss. 11. 134. 1932.
H. Kopfermann: Hyperfeinstruktur und Isotopie. Naturwiss. 24. 563. 1936.
H. Kopfermann: Kernmomente. Leipzig, 1939.
20. H. Schüler und Th. Schmidt: Über Abweichungen der Ladungsverteilung des Atomkerns von der Kugelsymmetrie. Zs. f. Phys. 94. 459. 1935.

釋聯合質子及中子之力，今已認爲該力爲互換力(Austausch-Kräfte).在葛莫夫(Gamow) 以往所發表的文章及晚近馬輭拉那(Majorana)及魏克 (Wick) 的著作中，他們曾以液滴和原子核作一比較的研究。原子核的表面張力已在魏茲塞克爾 (v. Weizsäcker) (21) 的一篇文章中討論過；而核子力對旋轉及微粒電荷的關係，也被渥爾茲(Volz)研究過了。 諸元素的最低狀態及某種激發狀態的確實性質（如對稱特性，旋轉等），以至 O^{16} ，胡特 (Hund)都曾詳細研究。 魏夫梅爾(Wefelmeier) 曾以 α 微粒的晶體和原子核作一比較的研究，對於核子構造的各種不同性質，亦有完善的解釋。

近幾年來，在核子物理方面所獲得的新理論，已被天體物理學的許多問題採用。 杜波耳(Döpel)(22)已指明核子變化可解釋恒星變化的一部分問題。 關於諸星內部之能力的產生及諸元素的始原，魏茲塞克爾(23)也研究出一個簡明而完善的理論。

我們以上所談及的時期中，已有幾種詳細研究核子物理學的書籍出版，今列之如下：

L. Meitner und M. Delbrück: Der Aufbau der Atomkerne; natürliche und künstliche Kernumwandlungen. Berlin. 1935.

---

21. C. F. v. Weizsäcker: Neuere Modellvorstellungen über den Bau der Atomkerne. Naturwiss. 26. 209. 1938.
22. R. u. K. Döpel: Zs. f. Astrophys. 14. 139. 1937. Naturwiss. 24. 237. 1936.
23. C. F. v. Weizsäcker: Phys. Zs. 38. 176. 1937; 39. 633. 1938.

P. Debye: Kernphysik. Leipzig. 1935.

C.F.v. Weizsäcker: Die Atomkerne. Leipzig. 1936.

K. Philipp: Kernspektren. Hand- und Jahrbuch der chemischen Physik. Leipzig. 1937.

W. Riezler: Einführung in die Kernphysik. Leipzig. 1938.

H. Kallmann: Einführung in die Kernphsik. Wien. 1938.

K. Diebner und E. Grassmann: Künstliche Radioaktivität. Leipzig. 1939.

W. Hanle: Künstliche Radioaktivität und ihre kernphysikalischen Grundlagen. Jena, 1939.

許多核子物理學的基本問題，至今尙未能解決；尤其聯合原子核之力，今日所知者，仍極不準確。雖然如此，我們相信近幾年來對於原子核研究所得的結果，在將來還不致有很大的變動。許多基本問題的基本解答，不久的將來或有相當之成就，不過完成這種使命的並不是核子物理學，乃是這些問題的另一領域，即宇宙輻射。

（乙）宇宙輻射

在這裏我們所要談的，是從宇宙輻射 (kosmische Strahlung) 的地球物理問題轉變到物理問題的時期說起。自然在許多研究中，地球物理問題仍佔其更大趣味：例如黑斯 (Hess) 及斯泰摩爾 (Steinmaurer)(24) 發表了他們在桑恩泊里克 (Sonnblick) 及哈飛爾卡

24. Steinmaurer: Ergebnisse der kosmischen Physik. Leipzig. 1938.

(Hafelkar) 所得到宇宙輻射的記錄，且對輻射的變度也加以研究。波推 (Bothe) 及古爾虛斯特(Kolhörster)(25) 完成在歐洲北邊各海宇宙射線的比較測量；侯富曼(26)，梅索施米德 (Messerschmidt) 及衣梅特 (Ehmert) 尋出宇宙輻射的恆星週期及其太陽週期。侯爾林 (Hoerlin) 曾從不來梅 (Brehmen) 至秘魯 (Peru) 作一組試驗以驗證克雷 (Clay) 所發現之宇宙輻射的緯度效應。宇宙射輻的東西效應則為衣梅特研究出來。

但同時，興趣也很強烈地轉向純物理的問題：宇宙射線怎樣被吸收的？ 又放出什麽二次效應？ 它是什麽微粒組合而成的？ 有了此種疑問，物理學家便孜孜不倦地去尋求解答。 如宇宙射線被吸收的現象，已被芮金諾 (Regener)(28) 及其合作者在極廣闊的範圍以內測量過了。 芮金諾及浮則 (Pfotzer) 藉氣球之上升可測定三十公里高度的宇宙射線的強度。 衣梅特在君士坦士湖 (Bodensee) 的測量中，他曾測定宇宙射線至水面下二百公尺深處的吸收程度。

固體對於宇宙射線的吸收及藉此而發生的二次效應，斯泰克

25. W. Bothe und W. Kolhörster: Sitz.-Bericht d. Preuss. Akad. d. Wiss. Math. nat. Kl. 450. 1930.

26. G. Hoffmann: Probleme der kosmischen Strahlung. Phys. Zs. 33. 633. 1932.

27. E. Miehlnickel: Höhenstrahlung. Leipzig, 1938.

28. E. Regener: Messung der Ultrastrahlung in der Stratosphäre Naturwiss. 20. 695. 1932.
Die kosmische Ultrastrahlung. Naturwiss. 25. 1. 1937.

(Steinke)(29)及其合作者曾應用蓋革 (Geiger)(30) 及其合作者之游離室法而研究，繼而庫林可夫 (Kulenkampff) (31) 又用蓋革計數器 (Zählrohre)研究。 蓋革及馮佛 (Fünfer)(32)尋出隨同宇宙射線的吸收能够發生種類不同的輻射複雜變化。 許多射線叢(Schauer) ——初爲羅西 (Rossi) 在意大利發見——的性質，已由蓋革，波推及其合作者所研究。侯富曼(33)發見在游離室中有驟降現象，梅索施米德，斯泰克 ，噶斯忒爾 (Gastell) 及泥 (Nie) 曾以此等驟降爲主題作了許多實驗。 此等驟降的吸收性 ，已被威施德爾(Weischedel) 在君士坦士湖測量過。馬斯(Maass)(34)，施麥素—波推(Schmeisser-Bothe)證明帶有高貫穿性微粒的射線叢發生於大自然中。 在普通大氣之下，此等射線叢可擴大到若干百方公尺的面積。 此種實事 ，已由古爾慮斯特及其合作者證實和法國的觀察是相合的。

如以上實驗所述，當宇宙射線貫穿物質時，卽有很複雜的現象發生。自巴布哈 (Babbha)及黑特勒(Heitler) 在科芬哈根 (Kopenhagen)，

---

29. E. G. Steinke: Die kosmische Ultrastrahlung. Erg. d. exakt. Naturw. 1389. 1934.

30. H. Geiger: Sekundäreffekte der kosmischen Ultrastrahlung. Erg. d. exakt. Naturw. 14. 42. 1935.

31. H. Kulenkampff: Beobachtungen über den Durchgang der Ultrastrahlung durch Materie. Phys. Zs. 36. 785. 1935.

32. 見前

33. G. Hoffmann: Schriften der Königsberger Gelehrten-Gesellschaft. 1927. H. 1.

34. 見前 H. 6.

卡爾遜 (Carlson) 及歐盆黑摩 (Oppenheimer). 在美國闡明電子及質子富於能力之特性的理論後，此種複雜現象即能解釋，安迪遜 (Anderson) 在美國，卜勒開特 (Blackett) 在英國，奧葉 (Auger) 及雷班斯塞格 (Leprince-Ringuet) 在法國證明那類微粒，——即波推及古爾處斯特用相同測量所發見的微粒，能够貫穿物質的一定厚度，並非普通電子，乃爲另一種新微粒，叫作『重電子』(Mesotron). 此種微粒比電子約重 200 倍。 1932 年康次(Kunze) 用威爾遜氏霧室對於宇宙射線微粒的能力分佈的測量，實可說給重電子能力的一種分類，——不過此事在當時不知道。 康次繼而又觀查出此類微粒在某種情形之下，尙有電子以外的他種游離効應。 日本物理學家湯川 (Yukawa) 也預言有重電子之存在，從他的理論方面，可以得到此類微粒也有輻射分解的結論。 因此關係，衣梅特[38]康林可夫及馬丁 (Martin)[39] 所作關於宇宙射線被水及空氣的吸收之各種測量，對此結論很關重要。 從測量方面，他們遂確定（此事已先爲另外物理學家研究出來）：宇宙射線被空氣的吸收是比同物質的一層水所吸收的强度大得多。 此類事實，康林可夫認爲是重電子輻射蛻化的一種効應。

35. K. Schmeisser und W. Bothe: Naturwiss. 25. 833. 1937.
36. W. Kolhörster, J. Matthes und E. Weber: Naturwiss. 26. 576. 1938.
37. P. Kunze: Zs. f. Phys. 83. 1. 1933; 79. 203. 1932.
38. A. Ehmert: Zs. f. Phys. 106. 751. 1937.
39. H. Kulenkampff: Verh. Dt. Phys. Gesellsch. 1938.
40. A. Sommerfeld: Ann. d. Phys. 11. 257. 1931.

宇宙輻射的理論隨着這些實驗上的發展，也漸見健全起來。不過亦爲實情：宇宙輻射的來源，至今還是一個疑問。但是，不同微粒穿過物質時所發生的各種現象，已曾在理論上且用正確的方法研究過。薩模費德 (Sommerfeld) 及其合作者對於X射線光譜的研究，——尤其是曹特 (Sauter) 的研究，實可說啓蒙了連續射線叢 (Kaskaden Schauer) 的理論，因此電子或質子穿過物質時所發生的各種現象，便易於解釋。重電子的性質及其產生的二次過程，已爲來比錫的科學團詳加討論。尤拉 (Euler) 在海面從電子數目方面推究出重電子的衰變期 (Zerfallzeit). 有了這些討論，核子物理學及宇宙輻射二者的基本問題，可說是研究過了。

在將來幾年中，若原子物理學及宇宙輻射有了新發見，關於原子物理學的主要問題，如基本微粒的質量問題及其性質等問題，想來當不難有較善的解答。我們也曾將我國（德國）最近對於分子物理學發展的一部分貢獻敍述過了。從這敍述可以看出要想應用一切理論方面及實驗方面的供給而達到更好的成績，各國今後一定會很興奮地作出許多有力的試驗。

譯自：Forschungen und Fortschritte 15. Jahrg. 1939, Nr. 19. S. 241–244.

41. F. Sauter: Ann. d. Phys. 20. 404. 1934.

42. H. Euler und W. Heisenberg: Theoretische Gesichtspunkte zur Deutung der kosmischen Strahlung. Erg. d. exakt. Naturwiss. 17.1. 1938.

中德學會編

中 德 文 化 叢 書

1.	魏蘭之介紹	賀 麟等譯著	一册	四 角
2.	陰謀與愛情	張富歲譯	一册	七 角
3.	工作學校要義	劉 鈞譯	一册	四角五分
4.	德國史綱	魏以新譯	一册	一元三角
5.	女青年心理	劉 鈞譯	一册	四角五分
6.	五十年來的德國學術	中德學會編譯	第一册 第二册 第三四册	二元 一元四角 各一元
7.	給一個青年詩人的十封信	馮 至譯	一册	四 角
8.	論德國民族性	楊丙辰譯	一册	七 角
9.	斯托姆小說集	魏以新譯	一册	一元八角
10.	德國史略	魏以新譯	一册	七 角
11.	快樂的智識	梵 澄譯		印刷中
12.	湯若望傳	楊丙辰譯		印刷中

商 務 印 書 館 發 行

特 刊

1.	德國留學指導書	張天麟編譯	一册	四 角
2.	今日德國教育	王錦第譯	一册	三 角

（商 務 印 書 館 代 售）

3.	統一國家之德國		一册	一角五分

錯誤更正：本刊第二期十一頁十一行

有「這些位中國學者…………………」

應改爲「這位中國學者……………」

研 究 與 進 步

本刊宗旨爲介紹德國學術，以翻譯 Forschungen und Fortschritte（研究與進步）爲主，由中德學會同人擔任撰述

本刊年出四期

本刊定價每期零售二角五分，全年四期（郵費在內）一元。

編輯者：中德學會 ⎫ 地安門內，黃化門裏，西妞妞房二十號
發行者：中德學會 ⎭ 電話：三八五〇東局

印刷者：京華印書局

代售處：中德學會

琉 璃 廠　商務印書館

東安市場　佩文齋

燕京大學　售書處

輔仁大學　圖書館

天　　津　法租界二十六號路商務印書館

上　　海　江西路三百三十一號璧恒公司

FORSCHUNGEN UND FORTSCHRITTE

CHINESISCHE AUSGABE

Herausgegeben

vom

DEUTSCHLAND-INSTITUT, PEKING (PEIPING)

in Verbindung mit

DR. KARL KERKHOF, BERLIN

1. Jahrgang | Oktober 1939 | No. 3

INHALT

Anschrift der Redaktion: Deutschland-Institut, Peking (Peiping), China, Huang-hua Men nei, Hsi Niu-niu Fang 20.

中德學會出版

第一卷第四期

研究与進步

東蓀署

研 究 與 進 步

Forschungen und Fortschritte

第一卷 第四期

中華民國二十九年一月

中 德 學 會 出 版

Deutschland—Institut

北 京

地安門內黃化門裏西妞妞房二十號

目　錄

知識社會學與哲學

張東蓀 著

一個包括各方面的知識學之建立

傅吾康博士又要求我為本雜誌作文章。並且提出希望：最好是講述現代的德國哲學。我實在慚愧的很：我對于現代德國哲學很少留心。我雖然亦知道幾個德國哲學家，不過他們已經都不在德國國內了。我以為現在哲學界有兩個大的新趨勢。一個是從言語的研究來廓清哲學上的暗昧問題。一個是從社會學的研究闡明哲學思想與人文環境的關係。第一派是由 M. Schlick; R. Carnap; H. Reichenbach 等人所倡導。第二派則有 K. Mannheim, P. Andrei, A. Dempf; A. Eleuthropoulos; E. Grunwald 等人，——就中以孟漢為領袖。可惜他們現在都不在德國。從文化上有不斷的創造而言，我們不能不感佩德意志民族的偉大。但又因為多數學者不能在其本國內，則我們亦不禁有惋惜之嘆了。現在因為第二派所主張有與我平素所想者相暗合處，遂成此篇，聊以報命。

知識社會學(Wissenssoziologie) 是最新出的一門科學。從社會環境決定思想上以研究各種思想的內容。換言之，即職在分析人類思想內容以求發見其如何被社會因素所左右。注重于境遇左右思想；致各種思想皆有其背境。于是有「境況的相對性」(Situations-gebundenheit) 這種學問同時又以「主義」(Ideologie) 爲對象，以研究其所以構成的利害關係。詳述知識社會學的性質非本篇目的，故請從略。

但就發見社會因素以決定思想而言，這亦顯然是主張人類的知識有限制。因爲社會的因素在知識以外，用知識以外者來左右知識，便是限制知識。發見知識有限制不自知識社會學始。康特(Kant)就是發見知識有限制的一個人。不過他是從「先驗」(transcendental) 的觀點來發見知識有限制。

但這個先驗說却可用生物學來解釋。我們因此可稱這種限制爲生物學的限制。此外例如佛洛德 (Freud) 未嘗不是亦講知識的限制。他用「不自覺」(Unbewusstsein) 以限制自覺的心意。但他的所謂不自覺是由壓抑而鬱結以成。這便可說是心理學的限制。生物學的限制與心理學的限制有一個很大的不同。就是前者是普遍的與必然的。而後者却是各人不同。至于知識社會學乃是于此兩種限制以外又添了第三種限制。這種限制又與那二種不同。既不是普遍的却不是各人各樣的。我們研究知識必須承認這三種限制。

我個人的宗旨是想把知識學 (Wissenschaftslehre) 建立爲一種獨立的科學，而立于「實證主義」(Positivismus) 之上。換言之，卽從各方以研究知識，而不限于用形而上學的觀點。詳細來說，這個知識學必須不僅限于傳統的「認識論」(Epistemologie)；而必須包括各方面。 從邏輯方面以研究知識的格式；從心理學方面以研究思想的「作用」(Akt)；從認識論方面以研究知識的「確實」(Geltung)。這些都須包括在內。 而尤必要的就是關于上述的三種限制的研究。

因爲這個緣故，我對于知識社會學甚爲重視。 但我不是專從社會學的立場想把知識盡吸入其中；我乃只是從知識論的立場以爲研究知識不能拋棄其社會因素的影響而已。 現在我就講一講我的計畫。

我以爲可分下列諸點來討論：

第一是關于邏輯方面 。 向來研究邏輯決不會連想到社會的因素。 例如唯物派主張否定之否定以及相反者之合一與滲透，由量變爲質等法式。 他們以爲這是千古不易的眞理，是自然自足的實情。而在我們看來却完全不是那麼一回事。 乃只是由社會所要求而始發明的。 反之如傳統邏輯上的同一律，其情形亦然。 所以就我的觀點來看，唯物派攻擊傳統派與傳統派攻擊唯物派同是一樣地爲他的社會因素所拘，以致于互相水火。倘能從我的觀點，便見這個互相攻擊未免好笑。

第二是關于哲學上的問題，我現在所取的態度與一向的哲學家不同。 他們總是自己迷在哲學內，想努力以解決哲學上的問題，例如心與物的關係問題 ；宇宙是多元還是一元的問題 ；質與式的問題等等。 我則先不從這些問題本身着眼，而先查一查這些問題何以會發生，發生了與人生有何關係？ 解決了對于生活起何作用？爲甚麼只是怎樣，而不會別的樣子？　這樣一想便覺這些問題不僅其本身成爲問題，且何以會有這樣的問題亦就成爲問題了。　所以我想從問題以外來看問題，這便是多少採取知識社會學的態度。

第三是關于哲學史。　從社會學的立場以研究哲學家的思想自然是考查哲學家的時代與那個時期的經濟政治狀態，以及其個人的社會關係。　我對于這樣研究尙未能十分滿足。　我主張不把一個一個的哲學家作對象。　而把哲學思想看作一個很長很長的不斷之流。　在這個流中我們務必想法發見其文化的背境。　于是便把哲學史當作文化史。　從思想的變遷上映出社會的變化。　從思想上有新問題發生證明文化的階段。　把所有的各種思想連續起來作一個長流來看，看出其背後的社會文化的過程。

除了這些方面以外，尙有幾個問題。

第一是關于言語的問題，我在此處却要和卡那魄，紐拉司 (Neurath)等人異趣。　他們所主張的是所謂「物元主義」(Physikalismus)，我則以爲言語不能盡還元到物理的報告。　大部分的言語是表示「價值」的。　正由于人類有希望，有感情，有意志。　表示這些都是用言語。　所以言語的主要作用在于表情，而不限于達意。　尤其須知的即這些情感的交通乃是社會的。　因爲言語完全是爲交通而設。　因交通而情感凝合遂有社會。　故言語本身就是社會的。　言語的構造上如有特殊處必定即表示那個社會的特點。　因此我把言語列入社會現象之一而以知識社會學的方法研究之。　不採取他們的物元主義。

第二是關于態度的非難 。 必定有人對于知識社會學加以非難曰：你主張社會因素左右思想，則你的思想亦必爲社會因素所決定因而必非眞理了。 其實這樣的攻擊可施于任何學說。 卡那魄的物元主義亦曾同受此種詰難。 就是說：你主張一切言語若不能還元到物理即爲無意義，你這個主張就不能還元到物理，故你這句話即爲無意義。 美國的行爲派心理學亦曾受此攻擊。 就是說：你主張思想只是喉管中潛伏的動作，則你的思想只是你的喉中動作，便不足表示眞理了。 我認爲這個問題確有解決的必要。 英人羅素 (Russell) 想用「層次」(type) 來解決。 我則以爲專就知識一點來論，知識本是一個怪東西，知識確爲知識以外者所限制；然而發見此限制仍就是由于知識，這便是一班唯心論者所不能不把心列爲最後者的緣故了。 但我則以爲這是由于觀點不同。 知識社會學是以科學的態度，以知識的對象而研究之。 如果接受此詰難則便換了觀點。 因爲詰難者是以哲學爲立場，而想取包括態度。 我個人對于這一點深感有調和之必要。 但苦于學力未足，到今天依然毫無把握， 不知將來能有法打通否。

以上所說只是略抒我近數年來的感想 ， 亦是我近來所祈向的方向。

擬編一德華辭典之感想

顧　華　著

在中國德文的研究已有相當長的歷史，但是，截至現在為止，還沒有一種適用的德華辭典——學習德文的人，往往祇有利用德英辭典或是德日辭典，不能利用這些外國出版的字典的人，便沒了辦法，——這不能不說是一種缺陷。我國出版的德華字典，雖然也有幾種，並且篇幅相當的鉅大，但是大多祇能查出德文單字的簡單的變化和意義，要想更進一步從牠們查出某個字的正確的發音或是牠的特別的用法，現有的字典就不能滿足我們的期望。我們心目中所認為合用的字典是要能夠供學習，閱讀，翻譯，寫作現代通用的德文之用的。這樣的字典應該每個字之下註明牠的讀音，變化，意義，和用法；最後一項最好用例句表示出來。

一個字典第一應該備具的條件就是每個字要用一種語音符號來註音。中國學生學習德文的時候，往往相信德文文法是難的，但是發音卻比較的容易，因為a永遠是a，e 永遠是 e，是沒有變化的，發生變化的時候 (Umlaut)，又有特別的記號來表示。這種不求甚解的觀念，結果發生了許多發音上的缺點，最著的就是忽略了母音的長短的區別，把長的母音，尤其是 a,e,o,ö,u,ü, 差不多都讀爲短的(1)。

(1) 長 a 音，如：Art 種類，Arzt 醫生，der Barsch 鱸，Bart 鬚，die Brache 休耕地，Frass 吃食，Gas 煤氣，Grab 墳墓，der Harz (山名)，Jagd 打獵，Leichnam 屍體，Magd 婢女，Papst 教皇，Pflugschar 犁頭，Quarz 石英，Rad 輪，Schaf 羊，Schmach 恥辱，Schwarte 皮，Spass 笑談，Tat 行爲，Tran 鯨油，der Wal 鯨；Heimat 故鄉，Heirat 婚姻，Zierat 裝飾；Labsal 興奮劑，Schicksal 命運，Trübsal 苦難；artig 老實，zart 嫩；—bar,—sam (二者均形容詞語尾)；latschen 曳足而行，watscheln 搖曳而行；ihr habt 你們有，gehabt 有，kam 來，lag 擱放，las 讀，trat 踏，(均過去式)。長 e 音，如：Brēzel 旋餅，Berēdtsamkeit 雄辯，Beschwērde 困難，Drēsden (地名) Ērde 地球，Herd 爐，Hērde 羣，Kebsweib 妾，Krebs 蟹，Pferd 馬，Schwert 劍，der Wert 價值；der, den (冠詞)，berēdt 善辯的，erst 第一，wert 值得的，wērden 成，nebst 在…之傍，stets 永久；長 o 音，如：Floss 筏 Hof 庭院，Kloss 塊頭，Kloster 寺院，Knoblauch 蒜，Lob 稱讚，Mond 月，Montag 星期一，Obst 果，Ostern 耶穌復活節，Propst 學長，Schoss 膝，Stoss 衝種，Trog 槽，Trost 安慰，Vogt 監察；bloss 惟獨，gross 大，hoch (hohe) 高，bot 獻給，sog 吸，tot 死(均過去式)。長 ö 音，如：Behörde 官廳，Börde 沃地，Börse 交易所，Böschung 斜坡，Erlös 價款，das Flöz 礦層，Förde 海口，Öl 油，Stör 鱘魚，Vögte(Vogt之複數)；gröblich 粗大的，tröstlich 安慰的；rösten 焙燒，trösten 安慰；長u音，如：Armut 貧困，Bruch 澤地，Fluch 詛咒，Flug 飛行，Geburt 誕生，Knust 麵包皮，Kuchen 餅，Schub 推動，Schuster 鞋匠，Spuk 鬼怪，Wucher 重利，Wust 廢物；genug 足夠，gut 好，ruchlos 惡劣的，verrucht 不名譽的；duzen 呼爲你，husten 咳嗽，juchsen 歡呼，knutschen 壓擠，pusten 吹息；Urfede 和約，Urheber 發起人，Urkunde 文件，Ursache 原因，Urbild 原形，urbar 可開闢的，uralt 太古的。長 ü 音，如：Brüche (Bruch 的複數)，Geblüt 血統，Gemüt 性情，Küchlein小廚房，小餅，Nüstern 鼻孔 Rüsche 衣摺，Rüster 榆，düster 黑暗的，schwül 悶熱的，wüst 荒廢的，hüsteln 微咳，für 爲。

這種讀法，雖然德國人也能懂得，可是使他們發生一種不快的感覺，因爲是不正確的，所以應該設法避免。 反之，發音應該稍爲含糊或省略的地方，有許多中國學生又似乎念得太清楚 ， 最著的就是語尾的e，往往被念得和長的e音一樣，又如 gehen 和 gegangen 往往被念成 geh-hen 和 gegang-gen，語尾的 b,d,g 也時常仍舊念做 b, d, g, 德文的拚法雖然比較的可以代表發音，但是畢竟有些個例外，如上面已經舉過的 b,d,g 之變爲 p,t,k, 又如 sp- 和 st- 之變爲 schp- 和 scht-，和 e 字在語音的變化。 各元音除了長短的分別以外，還有y 字，有時讀如 i，有時讀如 ü。(2) 所以想要把發音絕對的正確的表示出來，必須另用一種語音符號把牠註出 ； 萬國語音學會所製定的就比較的合用。 發音重新用語音符號拚出以後，學習德文的人翻檢字典的時候，就可以看出 a,e,o,ö,u,ü 在zart, hart, Herd 爐， Herz 心， Hochschule 大學，專門， Hochzeit 婚禮， Behörde 官廳， Mörser 臼，Ursache 原因，Urteil 判斷，Bücher 書， Blücher（人名）和類似的字裏，有長短的區別，可以看出 öde 中的 e 和 ade 中的是不同的；可以看出 b, d, g 在語尾的時候變爲 p,t,k,s 在 p 或 t 前面的時候讀如sch,和 gehen 及 gegangen 的第二個音節不讀如 hen及 gen，因而

---

(2) 長i：Zylinder 管，禮帽，Kynast(山名)，Kyritz(地名)，Pyritz(地名)；短i：Kyffhäuser(山名)，Myrte 密脂藥，Pyrmont(地名),長ü：Analyse 分析，Asyl 收容所，Lyra 希臘七絃琴，Peristyl 周圍列柱，Zypresse 柏；短ü：Beryll 綠玉石，Krypta 地下禮拜堂，Mystik 神秘，Satyr 木神，Sibylle 巫女，Ypsilon Y字。

使他們習得正確的發音，或是矯正已經錯誤的發音。

名詞的變化，可以在每個字下面註出，如：das Buch, -(e)s, -er 或者用郎恩森 (Langenscheidt)(3) 的辦法，將名詞的變化，列一總表，每種變化，加一類號，每個名詞後面，再加上牠所屬的類號。但是無論如何，祇用單數的普通名詞 (Singularia tantum)，是應當特別標出的 (o. Pl.＝ohne Plural)。 在德國，除了本國字的字典以外，另有所謂外來語字典，這些外來語雖然不盡是常用的，並且現在德國有用本國字代替外來語的運動，但是有許多已經是根深蒂固，絕不是短時期可以除掉的，所以我們如果新編一部德華辭典，至少應該把德文中常用的外國字列入。 牠們的變化又和普通的德國字不同，尤其是應該注意的一點。 此外專有名詞也應該列入，以便能够查出牠們的發音，性別，和文法上的變化。 至於代名詞，除了變化以外，其他的特點，如 sie, Sie 和 du, Du 的寫法，也應該標出。

形容詞和副詞本身很少變化，不過牠們可以有比較，有時不規則，元音發生變化，這個通例在字典上是列出的。 牠們的特點，是牠們和格之間的關係。"Ich bin seines Beistandes sicher (我確信可以得他的幫助)"，"Er ist dem Verein sehr wert (他於協會很有用)"，"Das war die Mühe nicht wert(這個是不值得費力)" (Goethe)：在

---

(3) Langenscheidts Taschenwörterbücher; Muret-Sanders: Enzyklopädisches Wörterbuch der englischen und deutschen Sprache; Sachs-Villatte: Enzyklopädisches Wörterbuch der französischen und deutschen Sprache 等等。

這樣的句子裏，初學德文的人，往往覺得組織奇特，不容易懂，但是如果在字典裏，他能查得出來，sicher 是和所有格連用，wert 是和與格連用，從前也有和目的格連用的，疑惑自然可以明瞭了。 這些字 (4) 不僅初學的人感覺困難，就是已有相常程度的人，在運用的時候，也有時不免要去翻檢字典。 因之一個合用的字典，有在每個下面註明牠的用法的必要。 此外還有些形容詞 (5) ，通常祇用作名詞

(4) 和所有格 (Genitiv)連用的；ansichtig 在望的，bar 無遮的，bedürftig 需要的，benötigt 需要的， bewusst 知道的，bloss 惟獨的，einig 同意的，eingedenk 用心的，erfahren 有經驗的，fähig 有能力的，frei 自由的，froh 歡喜的，gedenk 用心的， gewahr 注意的，gewärtig 盼望的，gewiss 確定的，gewohnt 習慣的， habhaft 持有的，kundig 認識的，ledig 自由的，leer 空的， los, 開脫的，mächtig 有力的，müde 勞累的，quitt 完了的，satt 過飽的，schuldig 有罪的，sicher 確定的，teilhaft 有份的，überdrüssig 厭倦的，verdächtig 疑心的，verlustig 缺乏的， vermutend 假想的， versichert 確定的，voll 充滿的，wert 值得的，würdig 相稱的；和與格 (Dativ) 連用的： abhold 有反感的，ähnlich 相似的，(an) gehörig 相屬的，bekannt 出名的， 認識的，benachbart 鄰近的， bequem 舒適的，eigen(tümlich) 奇特的，feind(lich) 敵對的，fremd 奇異的，folgsam 服從的， gehorsam 服從的，gelegen 合宜的， gemeinsam 普通的， gleich 相同的， gut 好的，heilsam 健全的，hold 美好的， leicht 容易的， lieb 親愛的， nahe 近的，neidisch 嫉妬的，schwer 難的， teuer 貴的，treu 忠實的，vorteilhaft 有利的，willkommen 歡迎的，wünschenswert 合意的，等等。

(5) abhold 有反感的，abwendig 疏遠的， ansichtig 在望的， angst 恐懼的，ausfindig 顯明的，bereit 準備的，brach 休耕的，eingedenk 有心的， feind 敵對的，gar 做完的，getrost 有把握的， gewahr 注意的，gewärtig 盼望的， gram 致怒的， habhaft 所有的， handgemein 交手的， kund 知道的，leid 痛苦的， not 急需的，nütze 有用的， quer 傾斜的，quitt 完了的，schuld 有過的，teilhaft 有份的，unpass 不合的， verlustig 缺乏的，等等。

的補語，而不能擺在名詞前面，來形容牠。我曾看見一個學生在作練習的時候寫過這樣的句子："Ich habe ein bereites Kleid gekauft (我買了一件成衣)"。如果他能在字典裏查出 bereit 不可以放在名詞前面，他總不至於弄出這個錯誤來了。

動詞除了時間的變化以外，自然每個後面，應當把牠連帶的助動詞 (haben 或 sein) 註明。再進一步就是牠們和格之間的關係了。動詞和格的連用，比較的更爲複雜，或者和所有格連用，或者和所有格連用又和目的格連用，或者和與格連用，或者和與格連用又和目的格連用；有的時候格變意義不變，有的時候格變意義也發生變化；這些動詞的數目頗多，爲了篇幅的關係，暫不在這裏一一列出。動詞或者可以說是最難的詞類。新編字典的時候，自然應當在每個字下面，註明牠的特性和用法。

前置詞本身是不會變化的，但是牠也和格有很大的關係。"Mit ihm oder ohne ihn 一句話，在德國人看起來很自然，中國人看了就要覺得特別，爲什麼代名詞要用兩樣。這不過是一個很簡單的例子。前置詞除了單純的以外，還有和別的詞類複合的，如 aus Anlass (anlässlich), zum Behuf (behufs), im Angesicht (angesichts) 等等及由副詞轉成的，如 abzüglich, einschliesslich 等等。爲了免占篇幅起見，也不一一舉出。上面已經將各種詞類詮釋的時候，應當注意之點，大致舉出，至於牠們的用法，似乎是應入文法甚至於修辭學的範圍，但是文法和修辭學的翻檢，不如字典的便利，要專查某一個字的特點時，仍然是字典相宜。 用法的說明，應該側重於中國人特別困難和德文裏尚未十分確定諸點。 註(4)裏面所舉的形容詞，ansichtig 至 würdig，固然都可以和所有格連用，但是有的在現代的德文中普通常已不習用（如上面舉的例句“Das war die Mühe nicht wert”中的 wert)，或者僅限用於寫特意高雅的文章之用；這些都應一一註明牠的正確的用法。 適當的例句是不可少的。

字義的釐定，是要在字彙選定了以後，開始編輯的時候，再去逐個決定的。 字彙的選定，儘可以利用現在比較通行的，用他國文字解釋德文的字典作藍本，再按中國人的需要，加以增減。 郎恩裴各種袖珍字典之中，有幾種近年來改訂的，頗可以選一種來應用。 所收之字不在多，生僻的字可以完全捨去，而以省下的篇幅，對常用的字，加以詳細適當的解說。

以上是就目前所想到的寫出，一方面自然難免有遺漏的地方，他一方面或者却又侵入了文法的範圍，但是本文之作，不是在草擬一個編纂新德華辭典的詳審的計劃，而是在藉此喚起學者的注意，使大家想起我們還沒有一部合用的德華辭典。 希望我們現有的缺陷能够有機會彌補起來。 將來此項希望達到，本文可以算做一個出發點。

黑格兒的政治倫理學

拉潤次(Karl Larenz)著(一)

王錦第譯

關於黑格兒的政治倫理學——也就是他的法理與國家哲學——的現代看法，大部份還是承襲着過去一個世紀一般自由主義的批評家對他的意見。其中的領袖人物是韓謨道(Rudolf Haym)。據韓氏的講法，黑格兒是過分的主張國家的權威，而沒有其他較深之民族的或宗教的根基，一個『强國理想』(Machtstaatsgedanke)而沒有倫理的內容與限制。他要求個人無條件的屈伏於國家權力的下面，因爲這種極端的主張，或者說得更粗略一點，他簡直是歌頌『權威的國家』(Obrigkeitsstaat)。但是關於這種說明要明白黑格兒對(二)普魯斯邦的復興有關係。這位哲學家認爲『眞實就是合理的』所以都以爲這條原則也不能超逾了當時的政治現實，而當時的普魯斯邦就是國家絕對主義最高的表現。因此他的法理哲學必得要達到對國家的一

(一) 拉潤次博士(Dr. Karl Larenz)是珂耳大學(Universität Kiel)的教授(自一九三三年)，他是法學博士。珂耳地方是德國兩大海軍軍港之一。

(二) 復興時期指西曆一八一五至一八三〇。或一八一五至一八四八。代表維也納會議後歐洲的政治局面。

種無條件的崇拜。　這還沒有被注意過——大概因爲對於黑格兒的了解愈來愈少——關於眞實的概念一般以爲是這哲學家的，其實黑格兒自身在他的倫理學以及其他地方所講的『眞實』(Wirklichkeit)與此一般批評家也沒有注意到黑格兒關於國家的看法，例如我們時常觀察到的，有許多的性質是當時的普魯斯所完全缺少的。　雖然當着諾爾(Nohl)一九〇七年把黑格兒青年時『神學的』著述發表，並且因爲黑格兒的早期發展更換了的觀點，那是很清楚的告訴我們黑格兒的法理哲學從他的早年政治倫理學的著作中修正出來的，然而對黑格兒的想法——流行而方便的——，以他爲『復興哲學家』(Restaurations-philosoph)的說法仍然沒有改變。魯森衛(Franz Rosenzweig).在他所著講黑格兒與國家的書中，又重新復活了自由主義的偏見，繼續着由外來的影響去找關於(三)黑格兒法理哲學的解釋，而不從哲學家的本心中出發。　他這樣解釋假定黑格兒的觀念發展有兩個破痕：一爲拿破崙的興起，　再則爲拿破崙的死解。　他以爲黑格兒的精神現象論(Phänomenologie des Geistes)是這種發展最大的明證。　魯森衛的假設已經被伯塞門(1)(M. Busse)很詳細的駁倒，同時(2)達開特(G.

(三)　魯森衛、黑格兒與國家(Hegel und der Staat)兩册，一九二〇年。

(1)　伯塞門，黑格兒的精神現象學與國家(Hegels Phänomenologie des Geistes und der Staat)一九三一年。

(2)　黑格兒與普魯斯國家，見德國文化哲學時報("Logos")的新編。(Hegel und der preussische Staat, Zeitschrift für deutsche Kulturphilosophie Neue Folge des "Logos")第二卷第一期。

Dulckeit ）近來很明晰的論述一般黑格兒自由主義的評論的不能成立。

事實上是很少任何的德國思想家像黑格兒的政治倫理學一樣，被這樣完全曲解，或者他的主要思想被解爲反對方面。只有對於『黑格兒的法理哲學』下一番沒有偏見的研究功夫才能妨止這樣大的誤解，假如對於那種哲學整個的研究一下，換句話說，就是把注意力放在主要觀念上——自由於道德（"Sittlichkeit"）的概念——而不死板的集中在論國家的幾種公式。那末，講到黑格兒認國家爲『道德觀念的實在』我們便有一問題要發生：這在黑格兒自己的語言上是什麽意思？那就要發現『道德觀念』（"Sittlichkeitsidee"）在黑格兒看來，只不過是個人與他所屬於的專有集團『統一』(Eins-sein)，黑格兒認爲有兩種這樣的集團：家庭與國家。我們要看出來黑格兒所說的『統一』，他所認爲最關緊要的，這種關係是『親切的，比信仰與信託還要同一』。（§147），這種理論與普通『合理主義』("Rationalismus")絕不相容。設若關於黑格兒的批評家由這種觀點去研究他，他們後來將要知道黑格兒的『國家』，("Staat") 人民與國家統一就成爲完整的實在，並非權威的國家，同時也不限於復興時期的普魯斯。

但是對於黑格兒法理哲學以及他的政治倫理學要眞正的了解，只有對於他的全部哲學重新下一番研究的功夫。這便是 (3) 本得爾(Binder)的著作及他的學派之由來。他們把黑格兒的法理哲學看爲整個體系的一部份去研究，在全體中那不過是一個份子，而且這個份子要從方法論的前題下推演出來。 從這裏他們得了一點結果，認爲黑格兒的通俗看法不過像漫畫(四) 一樣 。 我們還有許非特 (W. Schönfelds) 的工作， 他對黑格兒的專有思想有新穎的講法，並且應用它到法理學上去。(4) 除此而外， 對於黑格兒的早年著作作一番澈底的研究已是目前切迫的工作。 除了『自然法』("Naturrecht") 與道德體系外，講菲希特(Fichte) 與洗令 (Schelling) 的異同體系的論著也得特別的注意 ， 這些論著極關重要 ， 而在過去卻很少有人注意，原因是法理哲學的主要觀點都導源於那些著作，並且他們都認爲法理哲學是一種自然的結果。 所以他們闡明黑格兒的眞意義比法理哲學本身講得還要清楚，同時也告訴我們法理哲學的要旨與一些外來的影響如拿破崙或普魯斯國家，沒有關係，而是黑格兒自己對世界的

---

(3) 本得爾，如法律的自由，一九三〇年黑格兒會議的記錄。 本得爾， 伯塞門拉爾次，黑格兒法理哲學導言 (Einführung in Hegels Rechtsphilosophie) 一九三一年。達閑特，法律的概念與形式，黑格兒法理哲學的探究 (Rechtsbegriff und Rechtsgestalt, Untersuchungen zu Hegels Rechtsphilosophie)一九三六年。

(四) 漫畫總不是逼眞的肖像

(4) 一個對話法理學的觀念(Über den Begriff einer dialektischen Jurisprudenz)一九二九年，普希特與黑格兒，見法律觀念與國家思想。(Puchta und Hegel, in Rechtsidee und Staatsgedanke) (本得爾紀念論文) (Festschrift für Binder)一九三〇年。

看法，從他自己的心中邏輯的發展出來。 只有澈底研究這些早期的著作才能完全把黑格兒的政治倫理學的本來面目告訴我們，關於這一方面我也曾寫過一本德國理想主義的政治與國家哲學(5)("Rechts-und Staatsphilosophie des deutschen Idealismus")

在他的早期著作中，黑格兒的倫理學基於兩個觀念：生活的觀念與格式（Gestalt）的觀念。 與全都僅是形式與說理的『一體』相對照，黑格兒要求『生命的一體』（"Lebendige Einheit"），一個『活的關係成立的純正自由團體』（"Echtfreie Gemeinschaft lebendiger Beziehungen"）只有『把我們自己放在一個民族中』（"Selbstgestaltung zu einem Volk"）才有可能。 他說明菲希特把國家僅認爲『一個原子式的，缺少生命的堆積』（"Eine atomistische lebensarme Vielheit"）『菲希特的自然法』 而不是『共同而豐富的生命機體』（"der organische Körper eines gemeinsamen und reichen Lebens"）。 關於自然法的論文，說明了黑格兒倫理學的永久的基礎：道德的完整是一個民族。 從這兒出發，黑格兒知道一個政治並且還有宗教團體，一個集體而成的團體有同樣的決定，在任何情況下，屬於某一團體並不由於一個人的選擇，而是運命按排在那一個集團內。 忠心於這個集團便是最高的道德責任。 但是因爲民族要生存着像一永久的單位，

(5) 哲學導言（Handbuch der Philosophie）第四册（霍於好斯太， 拉倫次，國家哲學，(Holstein-Larenz Staatsphilosophie)一九三三年)。

所以要自身組成一種形式，並且要成爲許多民族中的一個民族，就是一個國家。爲保持一個國家的要素，應該維持着對抗他國的力量；所以黑格兒『不肯贊同世界主義的空虛物與個人權利的空洞名詞，超民族的國家或者世界共和國，這種形式主義與抽象說法與道德的生動性是絕對相反的』。從此可以知道黑格兒的國家概念的根本是指那種專有的集團，只有這種樣子他才認爲是國家，既不是一個『世界國』（"Weltstaat"）也不是表面的『強國理想』。(6)

從這種觀點看來，後來的法理哲學的眞義便十分淸楚了。我們了解整個法理哲學，特別關於講國家的那一部份，它的基礎與關鍵說道德的觀念是要把生命放在集團內，並且爲集團而生活，在法理哲學中一四二節至一五六節，黑格兒有很淸楚的說明。在這個階段的黑格兒以道德的完整仍然是民族；但是一個民族同時也是一個能有意志與行動的個體，維持它自己在歷史上：『把民族認爲國家』。（das Volk als Staat）黑格兒並不是將這樣高尙的價値諉諸如此的『這個』國家，而是屬於集團的意志已經變爲實在的國家，民族自身無條件的統一並且排斥此外的世界。黑格兒以爲只有這種觀念實現之後（但是仍然不完備）（"noch unvollkommene"）才把當時的普魯斯當作一個國家。個人應該把他的人格放在民族的國家集團內，才能再發

---

(6) 見我等的德國理想主義的政治與國家哲學（Rechts- und Staatsphilosophie des deutschen Idealimus）一五六頁。

現出一個集團內自由的同意分子，道種自由同意並非任意的事情，他要經驗到並且履行他的道德義務。所以黑格兒說國家的獨立是『一個民族的第一種自由與最高的榮譽』同時他又說：『把民族認爲國家是精神要表現在具體的理性與切近的現實中』（331）在這裏所表示的並非對於國家『本身』（"an sich"）的一種推崇，而是一種新的倫理學超出道德的要求而至道德的現實。並且這種道德的現實就在專有的集團中發現出來，特別在民族生活中，它在國家的樣式下，爲自身頒給秩序與形式，以及此後歷史行動的可能。黑格兒的法理學與政治倫理學的學說導源於他的哲學中最精彩最代表的那一部份，對於『專有』(das Konkrete) 與『全有』(das Ganze) 的兩種傾向，把『具體的普遍』(das Konkret-Allgemeine) 看爲『個體的全體』(das individuelle Ganze)。（有一個地方黑格兒曾把民族稱成爲世界的個『體』）("das Individuum, das eine Welt ist") (7)

海爾寧 (Theoder Haering) 在他講黑格兒的精深著作(8) 中，曾指出黑格兒最注意的問題是如何眞正的集團生活可能。我們這個時代再從這種觀點研究黑格兒也絕不是偶然的事情。本文開始所說的那種漫畫式的黑格兒的國家哲學將要完全很快的沒有了，因爲那是一

(7) 也見於德國文化哲學時報(Zeitschrift für deutsche Kulturphilosophie)哥老克納(H.Glockner)著德國哲學，第一卷，二十頁。

(8) 黑格兒，他的計劃與工作，一卷一九二九年。
(Hegel, Sein Wollen und sein Werk)

些自由主義批評家的偏見結合一起而產生的結果。 我們對於他必得要態度謹愼，因爲他的歷史年代與我們現代是不同的，設若我們懂得了他的眞正的意義這才能產生有用的效果。 有一世紀之久的完全誤解，現在我們正開始研究黑格兒的理論，無論是切近的或遙遠的問題都需要探討的。(五)

譯自：Forschungen und Fortschritte 12. Jahrg. 1936, Nr.9, S.115-117

(五) 中國人關於黑格兒倫理學的著作，有前國立北京大學哲學教授張眞如先生寫的英文本黑格兒的倫理論(Hegel's Ethical Teaching)。這是張先生的博士論文，也是譯者初治「黑學」的先生，讀者可以參閱。

衛禮賢教授及其著作

方 志 浵 著

在中國本地，所謂國學已經成了老古董，問津者寥寥無幾。不過是一個特殊學閥的專利品或下野官僚的消遣品。這也是時代趨勢的必然性。固然是可惜的現象，而實在無可奈何。然而這老古董，在西方暫時成了一種時髦品。所謂『漢學』(Sinologie,日人譯作『支那學』)，自從十九世紀中葉，尤其是在最近四五十年，其發達的速度，有一日千里之勢。今後二三十年，當有更可觀的發達，我們可以拭目而待。西方漢學有如此興旺的原因，大體上不出乎二種。就是精巧的考證技術與豐富的經濟背景——尤其是後者，錢能通神，況且是找不到顧客的老古董。

西方漢學者們，大約可分爲二派。第一派就是考證派。他們本來都有相當的考證癖與考古癖。他們覺到希臘拉丁考證學(die klassische Philologie)，已經達到最高點，再不允許一鳴驚人的嶄新研究(Originalforschung)。失掉了用武之地以後，他們不可不尋找另一荒蕪地，就是我們的國學。如法國近代漢學界的開山茹理安(Stanislas Julien,1799-1873)就是一個好例。(1) 這派對於西域問

(1) 見燕京學報二十三期 202 頁以下。

題及塞外民族的歷史，旁搜冥索有偉大的成績。然而，其末流免不了皮毛之譏，甚至於有抄襲書目爲職者。這派的特徵，就是自信力太大，所以酷愛抬死槓。——與茹理安同時的法國漢學家包鐵業(G. Pauthier)是一個好例。而且，他們很藐視我們土國學家，以爲缺乏方法論(Methodologie)。第二派是翻譯派。主要份子是在華的天主教耶穌教傳教士們。如英國牧師理雅各(James Legge, 1815—1897)，意國神父晁德莅(Angelo Zottoli, 1826—1902)，法國神父顧賽芬(Séraphin Couvreur, 1835—1919)，英國領事翟理斯(Herbert Allen Giles,1845—1935)等等。他們把四書五經及諸子百家譯成拉，法，英等文。他們的漢學，都有實質的根底。而且，他們的貢獻，比考證派，實爲宏大。因爲考證派幾乎成了考證工匠，對於中國文化本身，漠然不知，甚至於閱讀漢文的能力往往薄弱的可憐。然而翻譯派也有缺點，就是武斷。如理雅各，對中國文化有頑固無比的偏見。衛禮賢教授也是屬於翻譯派。然而他很能虛心的領教於中國學者，坦懷的容納中國文化。並且他的譯書在德國流行很廣，成了德國人士不可少的可愛讀物。他在德國，間接的在全歐洲，發揚中國文化的功績，永久不會湮沒。(2)

衛禮賢(Richard Wilhelm)教授，1873年五月十日生於斯圖加特(Stuttgart)，1930年三月一日卒於丟平根(Tübingen)。1891年，他考進丟平根大學，研究耶穌教神學及哲學。1899年，以駐膠州傳教

(2) 初作「財」。

士的資格，初次到了中國。以後二十多年，他住在青島。然而，他傳教事業的成績等於零分。有一次他對張君勱先生得意的說，在他手下一個中國人也沒有入教。(3) 這固然可說是不稱職，不過我們要注意，他對於基督教始終不變其原來的態度，到了1922年還出版一部耶穌傳(Jesus, Züge aus seinem Leben, Darmstadt 1922，131頁)。他的態度，似乎與康熙朝的耶穌會士們相似，不發現與儒教衝突處。他本人，據張君勱先生說，成了一個儒教徒。無論如何，他在中國得了不能抹消的心境變化。他在青島創辦的禮賢中學，這學校目下還開着。1922年，他在北京，作德國公使館的漢學顧問。次年，北京大學聘他作教授。1924年，他回到德國，在佛蘭克府(Frankfurt a. M.)大學任漢學名譽教授。由1927年起，他在該大學任漢學正式教授，同時創辦中國學院(China-Instistut)。中國學院的工作，是很有價值，尤其是這學院出版的兩月刊中學雜誌 Sinica，每期常有可觀的論文。衛教授逝世後，前北京大學教授魯雅文(Erwin Rousselle)，任 Sinica 的總編輯。衛教授榮膺兩個名譽博士學位——神學(丟平根大學)與哲學(佛蘭克府大學)。

衛教授的大貢獻，卽在於他的翻譯工作。我們且看他譯的莊子齊物論中的一段：予惡乎知說生之非惑邪。予惡乎知惡死之非弱喪而不知歸者邪。麗之姬。艾封人之子也。晉國之始得之也。涕泣沾襟。及其至於王所。與王同筐床。食芻豢。而後悔其

(3) 見 Sinica, 5卷2期，1930,72頁。

泣也。 予惡乎知夫死者不悔其始之蘄生乎。(4)

Wie kann ich wissen, dass die Liebe zum Leben nicht Betörung ist? Wie kann ich wissen, dass der den Tod hasst, nicht jenem Knaben gleicht, der sich verirrt hatte und nicht wusste, dass er auf dem Weg nach Hause war? Gi von Li war die Tochter der Grenzwarts von Ai. Als der Fürst von Dsin sie eben erst genommen hatte, da weinte sie bitterlich, also dass die Tränen ihr Gewand feuchteten. Als sie aber dann zum Palast des Königs kam und die Genossin des Königs wurde, da bereute sie ihre Tränen. Wie kann ich wissen, ob die Toten nicht ihren früheren Kampf ums Dasein bereuen?(5)

現在為參考為起見，引翟理斯及理雅各的英譯如下：(6)

(翟理斯) How do I know that love of life is not a delusion after all? How do I know but that he who dreads to die is not as a chlid who has lost the way and cannot find his home? The lady Li Chi was the daughter of Ai Feng (a border chieftain). When the Duke of Chin first got her, she wept until the bosom of her dress was drenched with tears. But when she came to the royal residence,

(4) 這一段文章給林琴南治好了咯血失眠症。見林著莊子淺說(民國十二年上海商務印書館)，自序。

(5) 見 Dschuang Dsi, 耶拿 Jena 1912,19—20頁。

(6) 翟，理二氏以前，莊子英譯本已經有兩種：F. H. Balfour, The Divine Classic of Nan-hua, 上海 1881; Chalmers, China Review, 1886 三月四月號，上海。

and lived with the Duke, and ate rich food, she repented of having wept. How then do I know but that the dead repent of having previously clung to life!(7)

(理雅各) How do I know that the love of life is not a delusion! and that the dislike of death is not like a young person's losing his way, and not knowing that he is (really) going home? Li Ki was a daughter of the border Warden of Ai. When (the ruler of) the state of Zin first got possession of her, she wept till the tears wetted all the front of her dress. But when she came to the place of the king, shared with him his luxurious couch, and ate his grain-and-grass-fed meat, then she regretted that she had wept. How do I know that the dead do not repent of their former craving for life?(8)

翟理斯及理雅各的翻譯，都有相當的信望——尤其是，後者對於原文的忠實可靠，前者的譯筆的簡潔流暢，(9) 久為英人所稱頌。然而衛教授的德譯，非但毫無遜色，而且更為順達。眞是又信又達又雅。原因是他能體驗華人的邏輯，深悉漢文的風格。

衛教授的翻譯，有下列數種：

---

(7) 見 Chuang Tzu, Mystic, Moralist, and Social Reformer, 上海 1926 (再版)，29頁；Lionel Giles (翟理斯的子)，Musings of a Chinese Mystic, 倫敦1906，48頁。

(8) 見 Sacred Books of the East, 39卷，194頁。

(9) 見 The New China Review, 4卷，1922，513頁。「艾封人」譯作Ai Feng，似乎不甚妥當。

衛禮賢教授及其著作

（1） 論語 Kung Fu Tse Gespräche, 耶拿 Jena 1910.

（2） 道德經 Laotse, Taoteking, Jena 1911.

（3） 列子 Liä Dsi: Das wahre Buch vom quellenden Urgrund, Jena 1912.

（4） 莊子 Dschuang Dsi: Das wahre Buch vom südlichen Blütenland, Jena 1912.

（5） 孟子 Mong Dsi, Jena 1914.

（6） 大學 Die höhere Bildung, 青島 1920.

（7） 易經 I Ging, Jena 1924. 這是衛教授最得意的譯品，實在也是出衆之作，因爲他關於易經常常質疑於勞乃宣。

（8） 呂氏春秋 Frühling und Herbst des Lu Bu We, Jena 1928.

（9） 太一金華總志 Das Geheimnis der goldenen Blüte, 明與 München 1929.

（10） 禮記 Li Gi, Jena 1930.

（11） 勞山志 Der Lauschan, 青島 1913.

（12） 中國的故事 Chinesische Märchen, Jena 1914. 這書有英譯本，名 The Chinese Fairy Book, 紐約 New York 1921.

（13） 曾子即大戴禮記49—57卷 Das Buch Dsong Dsi, Sinica 1930,74,頁以下。

翻譯以外的著作有：

（14） 孔子在世界偉人中的地位 Die Stellung des Konfuzius unter den Repräsentanten der Menschheit, 青島 1903. 這是不過十三頁的小書，然而由這書中，可以看出衛教授最初對於儒家的態度，因之有相當的價值。

（15） 中國 China, Das Land und die Natur. 青島 1911.

（16） 青島圍城日記 Aus Tsingtaus schweren Tagen im Weltkrieg 1914. Tagebuch während der Belagerung von Tsingtau, 柏林，出版年代未詳。

（17） 中德月令 Chinesisch-Deutsche Jahres- und Tageszeiten, Jena 1922.

（18） 中國人的人生觀 Chinesische Lebensweisheit, 達姆城 Darmstadt 1922.

（19） 孔子，其生平及事業 Kung-Tse: Leben und Werk, Stuttgart 1925.

（20） 老子與道教 Lao-tse und der Taoismus, Stuttgart 1925.

(21) 中國的精神 Die Seele Chinas, Berlin 1926. 這書有英譯本，名爲 The Soul of China, New York 1928.

(22) 中國文學大綱 Die chinesische Literatur, Wildpark-Potsdam 1926.

(23) 孔子與儒教 K'ungtse und der Konfuzianismus, Berlin 1928.

(24) 遠東及華化各國的變遷 Ostasien, Werden und Wandel des chinesischen Kulturkreises, Zürich 1928.

(25) 中國文化史 Geschichte der chinesischen Kultur, München 1928. 這書有英譯本，名 A Short History of Chinese Civilization, London 1929.

(26) 中國哲學大綱 Chinesische Philosophie, Breslau 1929.

(27) 中國的經濟心理 Chinesische Wirtschaftspsychologie, Leipzig 1930.

衛教授與辜鴻銘是多年的契友。 他把辜氏 —碩固的中國文化庇護者—的幾篇英文論文，譯成德文，名曰：

(28) 中國對於歐洲思潮的反抗Ku Hung-Ming: Chinas Verteidigung gegen europäische Ideen, kritische Aufsätze, Jena 1911.

爲德人初習中國文字，衛教授編著幾種入門書：

(29) 德漢作業 Deutsch-Chinesisches Übungsbuch, 青島 1902.

(30) 德漢教科書，漢文本 Deutsch-Chinesisches Lehrbuch, Chinesischer Text, 青島 1903.

(31) 德漢教科書，字彙，文法及拚音。Deutsch-Chinesisches Lehrbuch, Vocabular, Grammatik und Umschreibung des chinesischen Textes, 青島 1904.

(32) 德漢入門 Deutsch-Chinesische Lektionen, 青島 1904，增補七版，青島 1913。

(33) 漢字彙 Die wichtigsten chinesischen Zeichen nach Radikalen geordnet und mit Aussprachebezeichnung und Übersetzung versehen, 青島 1909.

(34) 德英漢科學名詞 Deutsch-Englisch-Chinesisches Fachwörterbuch, 青島 1911.

(35) 歌德浮士德研究 Erklärungen zu Faust von J.W. Goethe, 北京 1923. 這本書，大概是爲當時北京大學德文系學生而編著的。

(36) 動物學概要 Abriss der Zoologie, 三册，青島1913。 大概是他的禮賢中學學生的教科書。 其他在報紙及雜誌上發表的短篇論文與譯品（三國志演義，聊齋誌異，等），有二百多種。

衛教授有子四人，第三子德明（Hellmut）博士，現侍母僑居北京。 他也是當代著名的漢學家，精研先秦古籍，克振家聲。

十六世紀中國之思想鬭爭

福蘭閣(Otto Franke)著

程　明　洲　譯

西元十二世紀之際，宋儒朱熹及其門弟子爲孔門之學別闢蹊徑，竟蔚然成此後七百年中國思想界之宗師。　朱子爲學雖具卓識，其說亦自有其動人信念之力：二者俱足以招引從游；然理學風靡之主因，多在國家維持之力。　顧政教合一，雖彊納思想於一模，實亦不能使人盡服。　有明一代（十四至十七世紀），說經家猶互相水火，哲學思想自由問題，亦復各成涇渭。

朱熹學說爲一機械及唯物之宇宙觀，以爲萬物之原在於天地，理氣，陰陽等二元力量不息之互作用。　於是迺任情解經，以爲己用：言性即理，倡原善之說，又釋物體以氣。　其說俱本諸大學中庸，而不知二書眞僞猶可疑，所論則更雜襲道家者多，得孔子心傳者少也。捨棄循章之學，乃自命爲眞理所歸，早已招致物議，僅以朝廷之維護，遂漸成褊刻士大夫所盤踞之儒宗主派耳。　敢持異論者，其源出於十一二世紀之思想，多資釋氏高妙之理想玄秘之經驗及少許道家觀念以成者也。　蓋自五六世紀以還，印度智慧之影響於華夏民族思想生活者，幾淩駕儒家而上之。 朱熹早年亦曾究心佛典，及其衰，始惡釋道；然攻之者固常以朱子思想間有私淑釋道之處，遂持其矛以攻其盾焉

王陽明(西元一四七二至一五二八)者，有明中葉最大之思想家，亦反對朱熹最有力之人物也 。 王氏之宇宙觀亦多本於釋道二家之處，其哲學則純爲唯心論。 王氏心學之微旨在「良知」；此說於十七世紀之際亦在歐洲哲學界具有一部勢力，而孟子則早於紀元前第四第三世紀言之矣！ 所謂天地萬物俱以人之「本心」爲依存，而「良知」二字卽足以解疑排難，包羅一切。 蓋「本心」者，「性」之唯一表現，實一而二，二而一也。 此說頗與道家「道」之概念相近似。 一五二二年，世人有以其標異儒先，曲解大學中庸，斥爲邪說而醜詆之者； 然王氏學問之聲望及其忠貞之宦蹟固非訐者所能侮者也。

王陽明之後，學者翕然景從者大不乏人，其學說實足爲錮蔽已深之中國思想伸偃起蹩。 然關述王學之徒頗有漸走極端者，其結果殆非王氏所能同趨共步，抑且必在擯斥之列矣。 蓋王陽明雖抗朱熹，固未嘗企圖陰毀孔聖也；而繼其傳者竟對「萬世師表」敢肆指摘，其近禪之傾向已昭然明甚。 因國家禁毀異端册籍之故，王陽明後諸邪書已等吉光片羽，殊難追尋。 吾人僅能自對方所述略知十六七世紀時朱子經說如何受人攻擊，諸異端如何黨附朱子所惡之釋氏，及其如何流行廣暢，竟上達顯宦之間耳。

儒宗主派固未嘗漠視此運動，攻訐屢起，緹騎四出，敢持異端之見者必無幸。此輩多泯然以沒，無聞於後世，然可以吾人所知者例之。不懾於維護正統者之淫威而鉗口，且敢力行其所是，端視貞毅，不重穎達。夫身家且不保，遑論爵祿矣，而當時尚多有能為思想人格之自由作殊死戰者，寧非大可欽異之事！李贄(1)則其一也。李贄，能毅然闢絕主派之說，而挺身為最激戾之見作說客者也；以一五二七年生於福建，患貧，不能上公車，遂寄身地方椽吏，而究心經史之學。知當日政府及士大夫所標榜之儒學，實已乖離孔子本意，因深鄙之而近禪，以推研慧義為課。既而李贄迺皈依釋氏，惟夙惡為膜禮之形式所範，故僅為居士，未受剃度耳。顧李氏仕途因是遂絕，隻身浪跡楚皖豫晉之間，恆以佛寺為居止，讀書於是，著述於是，講道摛論亦於是。清室禁燬之令既弛，然後中國學者訪輯李贄殘佚之作，付諸梨棗，其中多為與友輩辯難之信札，後來或尚續有發見，然大半則久已遭刼，不可希求。職是之故，此矯厲之思想家且不為中國學術界所領識，更無論泰西矣！

李贄憑藉孔子以攻孔門。嘗巧證孔門根本教義多非出自孔子，且有絕對違悖仲尼之教者。後世於家族禮節皆不免鋪張過甚，孔子固未之體行也；聖人即不知其父葬所，又其妻卒後，聖人僅有一子，既未嘗有續弦之謀，且反棄其家室，周遊四方也。李贄又謂孔子未

(1) 參著者所撰李贄一文，見普魯士學術研究院報告，一九三七年，第十號。〔又李贄與利瑪竇，見報告，一九三九年，第五號。—編者〕

嘗以萬世宗師自命，此但儒者阿諛之言耳。且孔子亦未嘗教人學孔子，不然何謂「君子求諸己」哉！己以爲善者卽善，固不必訴諸孔子也。李贄復以世人於孔子每多過譽，殊失其當；孔子以前亦有賢者，豈亦待孔子之教而後能爲賢者耶！孔子未嘗自稱爲獨得天下義理之至者，儒者乃以此稱孔子，又復以此自稱，此李贄所深惡而痛闢者也。李氏謂眞理固任人自以其道求之；毋自欺，斯可矣。豈有一家之說而得眞理之全，且又久傳而不變耶。李氏嘗作書致其友人（後又相絕者）云：「公旣深信（孔子之教）而篤行之，僕自敬公不必僕之似公也」；蓋「天下之民物衆矣，若必欲其皆如吾之條理，則天地亦且不能。」（譯者按：此見李氏焚書，致耿中丞。）

當時記載，無論黨仇，皆謂李氏之著述談吐能深動人心，又謂其最獲人贊許者，卽出於其攻擊孔門道行辭鋒之利也。李氏之聲望當甚廣，公私從游者當甚多，且有仕宦而黨之矣。明史傳曰：「士大夫好禪者往往從贄游……日引士人講學，雜以婦女。專崇釋氏，卑侮孔孟。」夫以致疑於全部孔門倫理且來動及以教立國之言論而能得響應之廣如此，則南宋以來新造之儒宗主派，其受打擊爲如何，可知矣。李贄等之最終目的，卽在脫出傳統儒教之樊籬，而融合眞純之孔釋老三者之教義爲一也。

然則傳統儒宗如不顧政教之存亡，則已矣。否則斷不容異端之存在也。一六〇二年，御史某遂疏請拿辦李贄，指所學爲異端，所行爲有傷名教（李講學時，聽者每雜婦女，致久遭物議也。）李被逮於通州，著作盡遭禁燬。氏繫身縲絏，頗抑鬱，或又恐仇者將為已甚（蓋不乏前例），遂裂喉死。

欲亡儒宗主派而不能，而罹其禍者甚衆，李贄僅其中之一而已。思想鬭爭，久而彌烈，若非十七世紀中葉滿洲英君入主中華，又復以政權維護教統，重壓異端，安知政教合一，統不終斷耶？然而自此直至二十世紀，朱熹仍為中國思想界之宗師矣。惟際此時期，復有一新思想潮流輸入焉。耶穌會士利瑪竇，曾於一五八三年後傳教於肇慶及南昌南京一帶，乃於李贄入獄之前一年與又一耶穌會士龐迪我同至都中。此輩俱先喬裝浮圖，繼又為貌作儒門弟子，然所宣述乃一完全與舊不同之實用哲學也。設彼輩已能深悉當時中國思想界不寧之情狀，或將採取利便方式以招徠聽衆，其勢力之滲當不亞於其他異端領袖，然此固非教會之利也。蓋當時儒家思想未能饜飽人望，捨此他求之勢已盛，且甚普遍矣，否則十六世紀熱烈之鬭爭將不可解也。故利瑪竇於中國內部情狀之知識雖未深廣，而仍能於朝廷顯要中得信徒及友執，亦非可怪之事也。渠曾以一五九九年於南京得晤李贄，嗣又於北京得悉其噩耗。明社旣屋，耶穌會仍能倖存！然旣處滿人政府之下，遂不得不黨附傳統儒宗，且為之傳播發揚於歐洲焉。至於教會亦敢宣揚「邪」說之時，傳統儒宗則亦不顧其前功，不惜為流血之壓迫，以撲滅其運動，而其末運遂與十六世紀之異端等。必俟百二十年後更強烈之革命思潮一舉而傾覆儒統於其王座，而政教合一之局面遂亦因之潰滅，難圖再起矣。

譯自：Forschungen und Fortschritte 14. Jahrg. 1938, Nr. 16, S.185—186.

最近生物新陳代謝研究之進步

阿德登 (Emil Abderhalden) 著

薩本鐵 譯

最近數年內，新陳代謝之研究，甚有重要進步。 酵母細胞，曾於長期內，爲興趣之中點；蓋是物曾被證明，爲一特別適用材料，以之研究炭水物（即糖質物）分碎之現象。 此下列之簡單方程式。

$$C_6H_{12}O_6 = 2\ CH_3 - CH_2 - OH + 2\ CO_2$$

葡萄糖　　　酒精　　　　　炭氣

代表酵化反應，尙爲研究家注意，以之探討食物經過新陳代謝之路徑。蓋吾人已屢次發現，酵化反應知識之進步，曾與吾人細胞內之新陳代謝知識之進步，極有聯帶之關係也。 英人哈登(Harden著名生物化學家曾得諾貝爾獎金)於一九〇五年發現燐酸與酵化反應之密切關係；是項發明，滯屢屢爲研究家應用，以之指導糖質在肌肉細胞分碎之探討，蓋於肌肉細胞內，在糖質未化碎之前，燐酸之糖質有機鹽必先存在。是種有機鹽，已證明爲果糖之雙燐鹽。 此外尙有其他無數中間物，亦漸行發現。 是項研究問題，(肌肉糖質之按步分碎)，實甚饒興趣；蓋不僅因其產生中間物也。 其爲發生機能力之原料，實較爲一重要現象！吾人對於肌肉糖質分碎之智識，愈有進步，同時愈知是項變化之複雜！燐酸於生理化學，實佔有無數重要地位。新陳代謝中間物之含有燐酸已被證明者，有肌酸燐酸（Kreatinphosphorsäure）與各種核苷酸（Nucleotide）（特要者為腺嘌呤吡咯燐酸。（Adenyl-Pyrrophosphorsäure））；糖質分碎之中間物，曾被證明者，有（甲）雙氧醋酮燐酸（Dioxo-acetonphosphorsäure）與（乙）甘油醛燐酸（Glyzerin-aldehyd-phosphorsäure），甲物一變而為甘油燐酸（Glyzerin-phosphorsäure）；乙物則變成 3 燐甘油酸（3-Phosphoglyzerinsäure）。乙物所含之燐酸，甚易移動，而變成（丙）2燐甘油酸（2-Phosphoglyzerinsäure）。如丙失去燐酸，則所剩分子，變成丙酮酸（Brenztraubensäure）。此物，能如在酵母細胞內，一變而成炭氣與醋荃（Acetaldehyd）醋荃（Acetaldehyd）經氫化則成酒精。丙酮酸（Brenztraubensäure）如直接氫化則成乳酸（Milchsäure）。丙酮酸（Brenztraubensäure）在人體內，似無失去炭氣之可能，故糖質在生物體內之變化與酵化實略有不同也。乳酸之為肌肉糖質新陳代謝之產生物，前人已證明矣（參考 Meyerhof Ergebnisse der Physiologie, 39, (1937) 10）

與以上研究，有重要貢獻者（此種研究結果，無法詳細討論，蓋佔篇數太多，而讀者亦需相當生理化學之高級學問也）實為羅曼（Lohmann）氏最近之發明（參考Ber. über d. ges. Physiol.96,(1936)656與Biochem Z. 286 (1936) 319）羅氏發現一複雜酵化媒介物能與醛（Aldehyde）或酮（Ketone）結合。此項發現，可以證明：凡此類化合物，由糖質化碎而誕生者，皆能結合，而成重量之化合物。 吾人已知下列之事實：(1)脂肪能從糖質變成。(2)糖與脂肪，均能從某種氨基酸(Aminosäuren)（蛋白質之構造材料）變成。（3）從糖而變成重量長鍊之脂肪酸，其中間物，無疑的為二炭或三炭之醛（Aldehyde）而一種媒介物，號為醛糖酶（Aldolase）實不可缺。

吾人對於媒介物組織與食物消化關係之智識，其進步尤為顯著。是類媒介物統名為"Desmolase"。自費蘭氏(H. Wieland)宣傳其去氫理論，而推及於細胞內之氧化，吾人對於以前理論之意見，全為更變。依費氏之新發明論說為根據，於是乃有無數研究工作，以各種眼光，考察各種變化，及與有關係之媒介物組織。 簡言之：在氫原子移動時，所謂"送氫者"與"接氫者"，實佔重要機能之地位。 細胞之新陳代謝，最要者為氧化與氫化！ 今舉一簡單例證，足示吾人對於某種細胞變化見解之變更。 如某種生物，能使酒精變為醋精，為人人所知之事實，自表面揣之，是項變化，無疑的必需氧氣。 然嗣後事實發現，在無氧情形下，酒精亦能變為醋精。 最後吾人始知，酒精失去二氫而成醋荃。

$$\underset{\text{酒 精}}{CH_3-CH_2-OH}\xrightarrow{-2H}\underset{\text{醋 荃}}{CH_3-\overset{H}{C}=O}$$

二醋荃分子與水發生反應，其一經氫化而反原為酒精，其次經氧化而成醋精。 依費蘭氏之見解，水與醛相合而成醛水化物（Aldehydhydrat)，去氫後乃成醋精。 此二氫原子與另一醛相合而成酒精。

$$CH_3-\overset{H}{C}=O + H_2O \longrightarrow CH_3-\overset{H}{C}(-OH)-OH$$

$$CH_3-\overset{H}{C}(-OH)-OH \xrightarrow{-H_2} CH_3-\overset{O}{\overset{\|}{C}}-OH$$

是後董柏氏(Thunberg)，俞勒氏 (Hans von Euler, 瑞典著名生理化學家曾得諾貝爾獎金）與其他合作者，均致力研究去氫媒介物組織，而曾發現，無數是類組織與一定之被化物互相適合，水化可先於氫化。足爲例證者，有下列之反應：

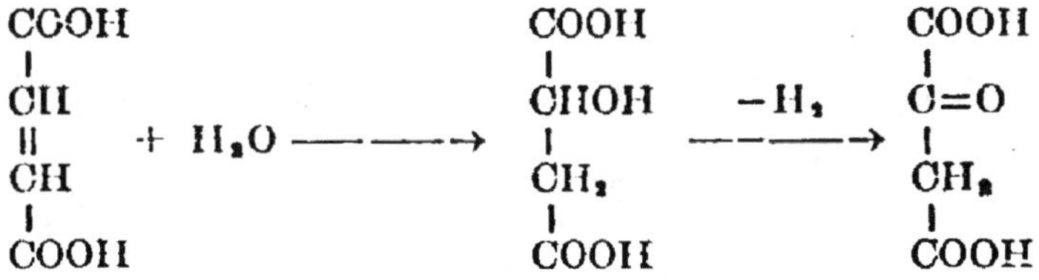

Fumarsäure 延胡索酸　　Apfelsäure 失水蘋果酸　　Oxalessigsäure 草醋酸

在是門研究下之最有顯著進步者，爲此類去氫媒介物組織之化學成分。燐酸，細胞核糖(Ribose)，圌 (Purine) 鹻，與最引興趣之菸草素酸醯胺化物(Nikotinsäureamid) 均被證爲該組織結構之原料。其中亦有可以化學公式代表其成分者。例如

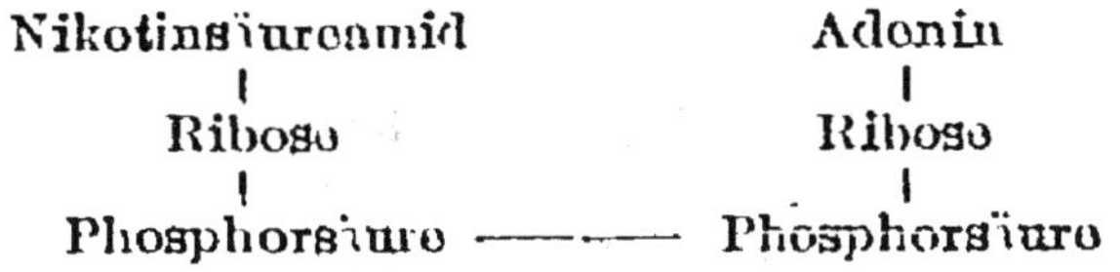

俞勒氏(對於是門研究進步最有貢獻者)曾用一種一律名詞代表媒介物組織；其全部複雜媒介物號稱"海羅酶" (Haloferment)；此全

部含有"輔酶"(Coferment)與"阿坡酶"(Apoferment)(應用於去氫媒介物則號爲海羅除水酶 (Halodehydrase)，輔除水酶 (Codehydrase)與阿坡除水酶(Apodehydrase)。上列圖式係代表具有酵化能力之輔釀酶 (Coferment)。如吾人對去氫媒介物組織，加之詳細考察，自能深明各種組織合作機能之微妙。互助媒介物，能有接氫之機能，而同時亦能有送氫之機能，且與媒介物組織中之號與氧化媒介物者一部能有聯帶關係。吾人將來研究之最大問題，爲指明各種媒介物機能之聯帶關係與其約束。

維他命可爲媒介物組織之結構材料；是項發現，亦爲研究是種組織化學成分中之鉅大進步。孔氏(Kuhn)(德著名青年有機及生物化學家；一九三八被贈諾貝爾獎金，未接收，現任海德柏皇家醫學研究院化學所所長及德國化學會會長。參考 Chem. Ber. 67, 1939, 2084 (1934)69, 2557(1936))。與狄奥尼兒氏 (Theorell) (參考 Biochem. Z, 278, 263 (1935))發現下列事實：第二乙種維他命(即乳色素)具有黃色呼吸媒介物之機能，此維他命可與或無與附於蛋白質燐酸相化合，而爲有機鹽，而此媒介機能均能存在。如吾人於黃色呼吸媒介物分子內，取去蛋白質之部分，其剩餘之部分則，僅具第二乙種維他命之機能。反之，如以此種蛋白質加於乙種維他命，則此複雜產出物，復具有黃色呼吸媒介物之機能，此乳白色素 (即第二乙種維他命 B_2)，可爲"接氫者"，而亦可爲"送氫者"。

再次證明維他命之能爲媒介物組織之結構材料者實爲第一乙種維

他命 B_1。據羅曼之報告(參考 Lohmann und Schuster, Biochem. Z, 294, 188 (1937))。是種維他命,如與吡咯燐酸相合,能在酵母細胞內,具有酸元酶 (Carboxylase) 之互助媒介物之機能。在吾人細胞內,其功用則似不相同。其相同者,僅變至延胡索酸爲止。此酸在酵母細胞內,去炭氣而成醋醛。是種變化,在吾人體內,並不發生;所產出者,乃乳酸也,此種變化之詳細經過與理由,均未能爲吾人所知。

以上所言維他命與媒介物組織之關係,實爲近年研究中與全部營養學理想有最重大之影響者。至寫此文爲止,吾人所知之維他命,爲數已不少。經相當熱烈探討,彼等之存在,性質,分子構造,與其他等等均多已解決。惟其對於生理作用,吾人尙未深知。彼等之命名實最足代表彼等已知之功用。吾人之常用者,以甲乙丙丁等號加於維他命之後,亦常以缺乏彼等之特別病症,爲之區別,如甲種維他命號爲抵眼炎病維他命。丙種維他命號爲抵貧血病維他命等等;惟是類名詞,不能完全代表彼等之功用。吾人所最欲知者,乃在細胞內之化學變化,彼等維他命有何單獨作用也。至於各種維他命之化學構造,多於晚近迅速證明。甲種維他命爲乙體胡蘿蔔色素之衍化物(參考 Karrer und Mitarbeiter, Helv. Chim. Acta, 13, 1084 (1930); 14, 1033 (1931); Kuhn und Brockmann, Ann., 516, 95 (1935); Ber. 65, 894(1932); Kuhn und Morris, Ber., 70, 853(1937))。

第一乙種維他命 B_1,曾經威廉氏(參考 Williams. J. Am. Chem.

Soc., 57, 185(1935)）與闓多識氏**(參考 Windaus. Z. f. Physiol. Chem., 204, 123(1932)；228, 27 (1934)；237, 98(1935)；）證明含有嘧啶鹼(Pyrimidin)與噻唑(Thiazol)二部份。 此維他命後經安得查氏與魏士法氏(參考 Andersag und Westphal, Ber., 70,2035(1937)；Williams. J. Am. Chem. Soc., 58, 1504(1936)）。

以化學綜合法製出而確定其構造。第二乙種維他命 B_2 爲燐酸有機鹽合有細胞核糖(Ribose)與尿囨素（Alloxazin）其化學綜合法已由卡勒氏（Karrer, Helv. Chim. Acta, 18, 426 (1935)。）與孔氏(Kuhn, Naturwiss., 23 260 (1935)；Ber., 68, 1765 (1935)；69, 1543 (1936)）。 同時證明成功。 至於丁種維他命一類，其化學構造之研究爲闓多識氏與其徒之特殊貢獻（參考 Windaus und Mitarbeiter, Z. f. physiol. Chem., 141, 100 (1936)；Nachr. d. Ges. d. Wiss. Göttingen, N. F., vol.1, no. 17(1936)；Brockmann, Z. f. physiol. Chem., 241, 104 (1936)；256, 252(1938)。） 吾人如將屬於菲麥醇（Ergosterin）分子菲（Phenanthren）部分之第二輪圈破裂，則所得者，爲第二丁種維他命 D_2。 如以闓多識氏新製之七炭八炭去氫膽石醇（Cholesterin）爲起點材料，則產出物，爲第三丁種維他命D_3。

關於丙種維他命，吾人亦知其有下列之化學構造。 如經氧化則變成去氫丙種維他命（亦可謂自抵貧血酸變爲去氫抵貧血酸）

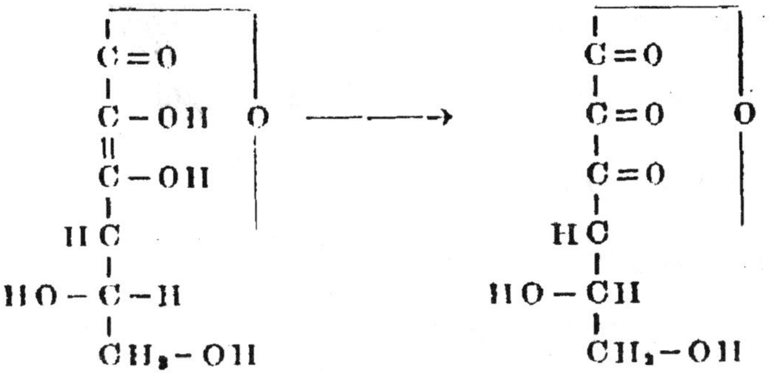

抵抗血酸　　　　去氫抵抗血酸

此物具有特別鉅大之還原性質，爲陳覺之氏（Szent-Györgyi；匈牙利著名生理化學家）首先注意。上列化學構造足以解釋其還原性質之原因。在細胞氫化與氧化進行秩序內，丙種維他命佔有重要地位，殆無疑問。

艾芬士氏（Evans）所發現之戊種維他命E（即抵抗不育（Antisterilität）病之維他命），其化學構造與綜合，亦已於最近解決。據卡勒氏之報告(Karrer, Helvetica Chimica Acta, 21, 820, 939, 1234(1938)。)是物爲葉綠醇(Phytol)之衍化物。

自數種維他命被證明爲與媒介物組織有聯帶關係後，吾人對於各種迷妙含有生理功用之天然，物益知其重要，而擴大其研究。凡各種研究以不同之觀點爲動機而進行然後得有相同之結果者，此等結果，當視爲特別成功。法人藍度英(Randoin)與著者，經無數精細實驗，同時證明：第一乙種維他命與糖質新陳代謝，有密切之關係(參考 Randoin und Mitarbeiter, Bull. Soc. chim., biol. Paris. 14, 993（1932）; Abderhalden und Mitarbeiter Pflügers Arch. 230, 601 (1932); 233,

395(1934);235, 53(1935))。英人彼得士所得之觀察，凡生物缺乏第一乙種維他命 B_1 者，其血內與尤其中央神經組織內，均含有多量之丙酮酸(Brenztraubensäure)(參考 Peters, Nature 138, 327 (1936); Biochem. J., 31, 1637, 2240(1937))，與吾人所得之結果，證明第一乙種維他命 B_1 係與是酸之變化有關，實不期而符合。此等結果，均證明第一乙種維他命在生物體內與糖質經濟有關。

此等維他命，不特與媒介物組織有關，其與奧妙不易了解之激素(Hormon)生理作用更有深切之聯帶關係(參考 Abderhalden, Die Med. Welt, 11, 5(1937))。質言之，吾人並無充分理由，能將維他命與激素分爲二類。據吾人所知，甲種維他命，不常與食物同時輸入消化腔內，所常輸入者，乃胡羅葡黃色素，號稱"卡羅丁"(Karotin 即羅葡紅質)也。是物至肝部，乃變爲甲種維他命；故此種維他命，實亦肝部之好謨(Hormone)。再言之，丁種維他命，可由紫光線照射皮膚而產成；故亦可稱爲皮膚之好謨。是種理論，亦有反對者；蓋維他命與好謨，固有大不同之點：好謨在好謨器官所產出之額，爲數甚微，而其流至血液之額，亦僅敷生理應用，爲數亦甚微。維他命則不然，吾人所食之物，可含大量之維他命，而其輸入消化腔內之量亦視乎原料含量之豐富與否。惟各種維他命之在腸內產生者，其量數似亦有限制云。

晚近數年好謨一門之研究確有進步。最重要之發現爲：膽石醇一類之醇爲性器官與腎上腺皮質(Nebennierenrinde)製造好謨(即激性素)之原料。對此類貢獻最著名者有卜湯闌德氏***(參考 Butenandt, Naturwiss. 21, 49 (1933); 24, 529(1936))。 此外尚有無數報告發表於德國化學會會誌與生理化學月刊)盧棲卡氏****(參考 L. Ruzicka und Mitarbeiter,Helv.Chim. Acta,14 (1934) 與繼續工作)與其他。男性激慾素 (Androsteron) 精腺激性素 (Testosteron), 女性激經素 (Progesteron) 與女性激慾素 (Oestron) 均證明爲膽石醇之衍化物,卽腎上腺皮質 (Nebennierenrinde)所產生之物,亦有屬於此類者。此類好萌,其化學構造,大部份均已解決。 因之吾人所知屬於此類好萌聯帶之化合物,爲數甚多。 今後好萌探討方向,將致力研究,何者爲器官內之眞正好萌,而何者爲衍生之物?

吾人早知腎上線之包皮(Nebennierenrinde) 爲生命必需之物;至於產生腎上腺素 (Adrenalin) 之腎上腺髓(Nebennierenmark)則有割去可能,而不致傷生。 至於腎上腺皮質與愛迪生病症之聯帶關係,醫學界知之有年數矣。 患是病症者,不特易於疲倦,而且腸部吸收力(Resorption)與骨骼肌(Skelettmuskeln)之機能,均受重大影響。當時幷未能解釋此等病態之原因。 今也吾人已知,近腎腺包皮與燐酸變化有密切關係。 (參考 Verzár, Biochem. Z., 276, 11(1935); 278, 396(1935); Pflügers Arch, 273, 476(1936)。)

當糖質食物被小腸吸收之時,是糖質與燐酸相化合,此爲近日所發現之事實,而此新發現足助吾人明瞭,爲何葡萄糖之被小腸吸收較易於其他糖質之未與燐酸化合者。 因葡萄糖與燐酸化成有機鹽,故易能流射入於小腸膜，而被吸收於體內。當腎部小管聯接吸收糖質時，燐酸變化實佔有重要地位。吾人並知，在筋肉細胞內，糖質碎裂時，含有燐酸之化合物亦有功用；同時吾人更可記憶，第一與第二乙種維他命，皆以作燐酸鹽，而具生理機能。如近腎腺包皮失去其機能，則該動物各部之燐酸變化，均受影響；於是愛迪生病症各種之病態，均由此而來矣。尚有一奇異事實，則為：血漿內之鈉與鉀之比例含量，亦受近腎腺包皮之影響。該腺皮失去機能時，則血漿內之鈉量低落甚速，因此而致有其他各種病態。

各種好爾蒙因其與蛋白質(Albumin)相化合，而始具活潑動機能，此乃一可能性！盾狀腺好爾蒙（Thyroxin）與 3-5 雙碘酥鹼（3,5-Dijodtyrosin）均為盾狀腺（Thyreoglobulin）所用為構造該腺蛋白質之材料，此乃毫無疑問，至於蛋白質與上列二物所成之複雜體，或即為盾狀腺之真正好爾蒙，此乃可能而未證實也。是種複雜蛋白質或與其蛋白質相類，而無好爾蒙功用，亦未可知。惟可注意者，則為注射盾狀腺素後，必須經過相當長時間，而後其生理功用，始能全部演出。此則或因盾狀腺素本身並無功用，必須與其他複雜物結合後，始成為好爾蒙也。"英蘇林"(Insulin, 脝腺好爾蒙）為一蛋白質，惟亦有下列之可能：彼活動之部份，能分離而自成一物；然必須變成蛋白質，而後始有好爾蒙之性質。

與上者有關而可論及者，為美人勞突伯氏之發明(Northrop無數著作發表在普通生理學誌，J. of Gene. Physiology)。勞氏將消化媒介物，如酸酶元(Pepsinogen)胃酸酶(Pepsin)，鹼蛋白酶元(Trypsinogen)，鹼蛋白酶（Trypsin），與凱膜胰蛋白酶(Chymotrypsin)等，均提煉成爲結晶體；惟據專家考究，意見尚未能一致，蓋此結晶蛋白質，是否代表一純粹複雜媒介物，抑或此蛋白質并非媒介物，惟有攜帶具有媒介物機能體之性質，實不易斷言也。

其他對於細胞新陳代謝智識進步之佳例，尚不勝枚舉。如脂肪酸與氨基酸在體內分碎之研究，尚在繼續進行。克諾伯氏(Knoop)以前所發現之脂肪酸分碎之定律，至今尚爲興趣中心點。克氏本身，在此門研究尚在努力進行。傅拉陳推華氏(Flaschenträger)無數著作發表在近數年之(Z. f. physiol. Chem.)，與發卡達氏(Verkade)對於是類問題之發揮，均有重要貢獻。含有特別興趣者，厥爲一種特媒介物組織之能破裂某種氨基酸。去氫媒介物之能破碎右轉氨基初油酸（d-Alanin）與其他之能碎膠氨基酸(d-Glutaminsäure)，彼等之化學構造，大部份已告解決（參考 Karrer, Helvetica Chim. Acta, 21, 826 (1938); H v. Euler und Mitarbeiter, Z. f. Physiol. Chem., 254, 61 (1938)）。

對於實用營養學方面，研究家亦曾重大注意，所謂麵包問題（即中國人所謂吃飯問題）曾經考慮。下列事實最可注意，糠含有第一乙種維他命，麥粉麵包含此至少，但黑麥麵包(Roggenbrot)則所含較多。惟吾人所用方法，以求定食物維他命之含量，似多宜改良。例如第一乙種維他命，在天然之存在，多爲與燐酸化合之物體，而解析求定算時，常只指此維他命之單獨個體。因此各種報告，對於食物中第一乙種維他命之含量，類皆不可靠。成人每日必需丙種維他命之量數，曾指定爲五十至六十甅(mg)，惟據李齊爾氏(Rietschel, Klin. Wschr. 17, 1787 (1938)) 之考察，是數似過大。 至於每成人須食至少何數之蛋白質（Albumin），始能保持健康，此問題亦已大部明瞭。著者（參考"Probleme der Volksernährung" Kongressbericht des XVI. Internationalen Physiologen-Kongresses, Zürich, 1938. S. 38）與許伯來氏（參考 Heupke, Chemie und Physiologie des Eiweisses, 1938 S. 165）對於最低蛋白質飯食之理論，均加以反對。對於解決德國蛋白荒之問題，吾人已從新方面努力。 要在搜尋新材料與資源之可爲人獸食用者。 研究之已成功者，爲以極經濟與極簡單方法，製造一種無臭海魚肉粉(著者與蘇敖氏Schultze 發明)。 是種材料，含有豐富蛋白質，以之喂家禽或牛，則所得之卵，乳，或肉均可爲人類食用。 是物經過手續，毫無魚腥之臭。 無疑的能以喂猪，直至於屠殺期，而無獲取腥臭猪肉之危險。 含有豐富蛋白質之酵母鉅量製造法，亦已研究成功（芬克氏Finck發明）。對於有價值之植物之可爲人畜類營養材料者，(如各種豆類，甜豆 (Süsslupine)與黄豆(Sojabohne))，其大規模耕種方法，亦正進行考察，此類研究進行，正需研究家以舍己精神努力工作也。

譯自： Forschungen und Fortschritte 15. Jahrg. 1939, Nr. 5, S. 57—60

附 註：

* 衛蘭氏（H. Wieland）爲德著名有機化學家。以研究膽酸名聞一世。曾得諾貝爾獎金。現任慕城拜耳研院化學所所長，并主編著名化學雜誌。"Liebigs Annalen der Chemie"。

** 開多識氏（A. Windaus）爲德哥廷根大學化學系主任。以研究膽醇與丁種維他命，得諾貝爾獎金。

*** 卜湯爾德氏（A. Butenandt）爲開多識氏之徒。現任柏林皇家研究院生理化學研究所所長。以研究激素，於一九三九年被附諾貝爾獎金。未接收。

**** 盧棲卡氏（L. Ruzicka），瑞士徐利城高等工業大學化學系主任。以發明人造激素，於一九三九年，與卜湯爾德氏，同時被附諾貝爾獎金。

蝶類之蛹化刺戟素

潘恩慈 (Ernst Plagge) 著

鮑鑑清 譯

脊椎動物之發育機能爲各種刺戟素 Hormon所支配，吾人知之已久，且可用動物試驗以探究之。證明刺戟素對於無脊椎動物之有作用爲時尙甚短。數年前學者猶以昆虫類完全缺乏發生刺戟素 Entwicklungshormon 。但近年來用適當研究方法，證明昆虫類亦有同樣刺戟素。而今日更以昆虫類爲試驗之最好材料。種種實驗之用蝶類，亦因其已有許多成績。

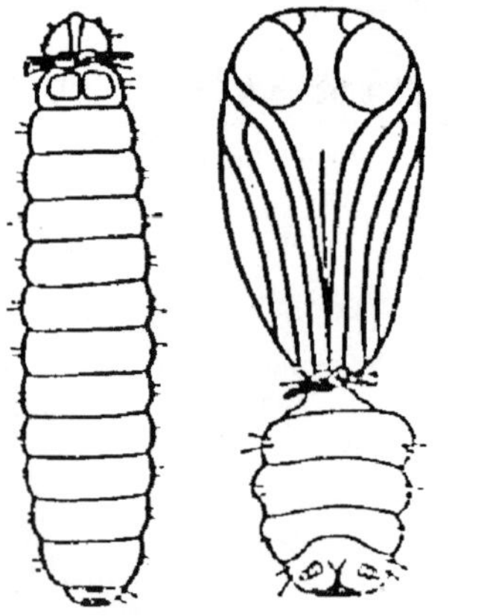

第一圖　蝶類幼虫之結紮試驗

左：結紮頭後部—幼虫不成蛹
右：結紮體中部—前端成蛹，後端仍爲幼虫

蝶類之發育，須經各種幼虫期，自孵出之幼虫，漸次生長，必經數回蛻皮 Häutungen, 即舊皮脫落代以新生而較大者。成長幼虫再經一次特別蛻皮機能，變而成蛹再變而成蝶。蝶類之各期變態皆受刺戟素之支配，其作用於蛹化 Verpuppung 已爲周知之事。至其如何證明，述之如下：吾人用線結紮經末期蛻皮之成長蝶類幼虫體的任何一部。1).2).3).4). 經過一定時間，蛹化現象只在體之前端(第一圖)，後端仍爲幼蟲。即使前端枯死，後端尚能活數週。若結紮其頭部，則蛹化只限於頭部而後部不蛹化，是幼虫變蛹必受其頭部之影響無疑。若結紮將變蛹之幼虫，在結紮處後端亦變蛹，則後端蛹化必受頭部影響。茲用下述試驗探討，將討論此種影響係出於腦髓。即除去末期蛻皮方完之幼虫腦髓，則該虫不變蛹，且幼虫生活越過正常時期，所謂永久幼虫 Dauerrau 是也；但自腦發生之影響不經由神經徑路，證明如下：切斷自腦向虫體後端之神經，蛹化不因此而中止，則腦之作用，有由他途徑運行之可能。則幼虫腦似具有腺體作用，因其產生刺戟素物也。若於變蛹前始除其腦則仍變蛹，則刺戟素必由腦排出於血液中。至腦髓具有內分泌腺之價值，可確實證明之，接種以蛻皮後幼虫或他種幼虫之腦，可以引起蛹化。2).3).4). 接種地點，虫體前後部均可。蛹化刺戟素可由直接輸入而顯其功效者，如吾人取變蛹前之蛹化成熟之幼虫，未含刺戟素也。注入蛹化成熟幼虫之血液，可以促其早期變蛹。5).6).

研究腦髓排出刺戟素之時期，有下列之證明。行此種試驗最適當之材料爲各種蝶類Schwärmer之幼虫(如大戟蝶Wolfsmilchschwärmer 及水蠟蛾 Ligusterschwärmer)。幼虫末期，於一定時期內，呈不安狀態，不食盤旋於地面，且掘小穴以自埋。若去其腦，變蛹如故。蓋蛹化刺戟素已入血行。若在其未停食前去其腦則不成蛹，因蛹化刺戟素未至血行也。當其入血行之時稱之爲極期 Kritische Periode。他種蝶類幼虫在極期無不安狀態，故不易識別，然可注意其眼之變態，即眼由皮內外伸是也。刺戟素之生成，須要一定時間，方能達到一定濃度，玆用適當動物述其經過。結紮極期之麥粉虫幼虫。則呈下列之轉歸。3). 該虫結紮後，其前端完全變蛹，結紮部後端僅生部份的變化（第二圖）。觀其結果即知當結紮時已有少量蛹化刺戟素發現於該虫體後端，故只生部份的蛹化。Teilverpuppung 其特別出現於該動物外皮之一定部分，則各部外皮對於蛹化刺戟素之作用 其程度似亦不同。

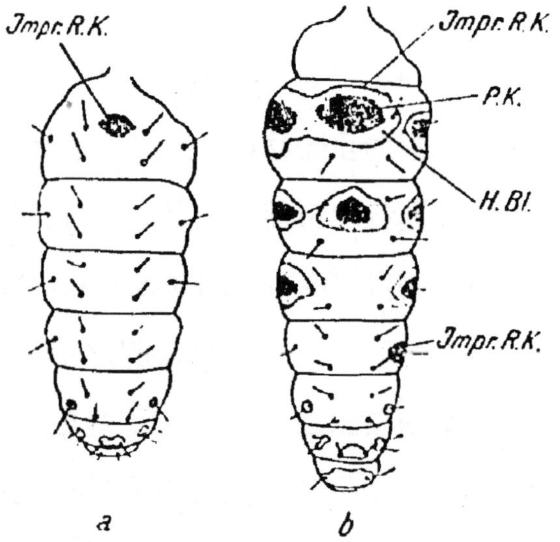

第二圖　結紮刺戟素排出之極期的麥粉幼虫後端
a　體後端輕度的部分蛹化
b　體後端強度的部分蛹化
P. K.　幼虫小皮
H. Bl.　蛻皮泡
Jmpr. R.K.　浸潤的幼虫小皮
仿 Kühn 及 Piepho 二氏

蛹化刺戟素之作用，經 H. Piepho 氏7). 精密研究，更予吾人以極深印象。取末次蛻皮幼虫之皮片，接種於同種幼虫脂肪體內，則該皮片繼續生存，因生長而擴大，終成小泡，其原來被小皮之表面乃向內方（第三圖）。當宿主動物（即被接種動物）變蛹時，該皮片亦隨之變化，其原因係受宿主之蛹化刺戟素之影響而現蛹化機轉也。

最特異而最確實之試驗，乃證明蛹化刺戟素對於動物體之影響。即以同樣方法接種方孵出幼虫之皮片，當宿主變蛹時該皮片亦然（第三圖）。於是吾人知正常各期蛻皮之經過，全受蛹化刺戟素之支配而

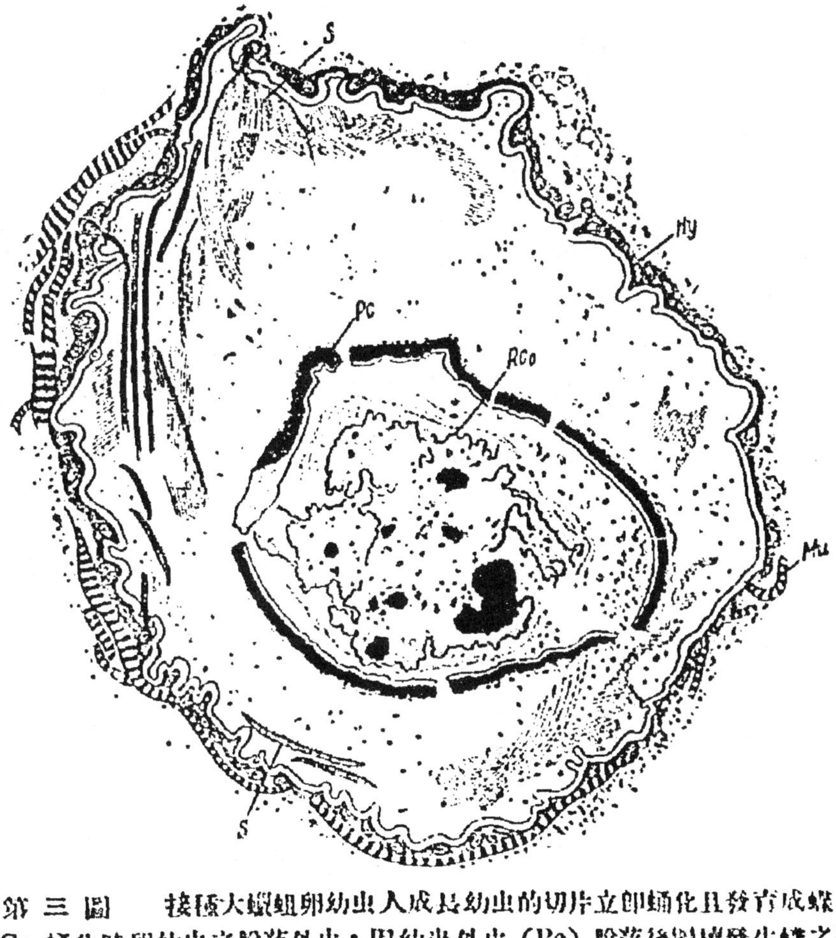

第三圖　接種大蠟蛆卵幼虫入成長幼虫的切片立即蛹化且發育成蝶
RCo 蛹化時卵幼虫之脫落外皮，因幼蟲外皮（Pc）脫落後繼續發生蝶之外皮（Hy）及已成之鱗片（S）
仿 Piepho氏

即蛹化也。該幼虫皮片隨宿主發育而成蝶類特有之鱗片（如三圖）。故 H. Piepho 氏利用此等方法，證明蝶類變態各期之刺戟素（如蝶類幼虫蛻皮，變蛹及皮之形成等刺戟素）。

就蛹化刺戟素之最佳材料更向各方向研究，現已成功者爲蛹化刺戟素能從將變蛹之幼虫血液內抽出，且其溶液能生作用。 此種刺戟素耆之不變，且易分析，故知其爲大分子性。 更因各種化學方法，關於其化學的性質已有相當的成績。9)

蛹化刺戟素之作用不限定於一種昆虫，如以族，種，屬不同之幼虫皮片接種於一定蝶類，亦能因其作用而喚起蛹化。7) 更如蠅之幼虫因蝶類蛹化刺戟素溶液而變蛹。8) 惟實驗時須除去其中之混雜物質，因其對蠅幼虫有毒。 凡此種種皆藉適當化學方法而始成功。其更須持續研討者爲各種昆虫類蛹化刺戟素在化學上是否爲同物。脊椎動物之刺戟素不因階級不同而異吾人知之已久。 根據上述種種試驗成績，其在化學上是否爲同物固不敢遽下斷言，但對昆虫類至少有相同作用。

以蛙之變態（自至水陸，同時變鰓呼吸肺呼吸）證明刺戟素之影響於各期發生，實爲最良之比喻。 故昆虫類之變態亦爲證實此種刺戟素作用之最佳模範。

近年來因昆虫類變態刺戟素之研究（最要者爲蛹化刺戟素）遂與遺傳學上最重要問題生密切關係。 即遺傳因子之發生生理學的獲得問題。 有許多實驗用之昆虫，其發生學上的變態經過各有區別，除蝶類外在遺傳學上最有價值而且重要者厥爲蠅，因其所含各因子已明瞭且經精密研究。 而此等因子影響於變態各期。 有時生突變 Mutation 除引起他種障害外，有惹起制止蛹化之可能。10). 此種幼虫與其死因子 Gen lethal-giant 同時發育，其幼虫期較平時長。其變蛹時期或遲延甚長或終不實現。此種障害完全受死因子之影響。若取正常產生蛹化刺戟素之臟器（附於腦髓之腺體）接種於含有死因子之幼虫體內，可以促進其變蛹，或有蛹化的可能，則含死因子幼虫體內似無蛹化刺戟素。縱有之恐亦濃度不足，因死因子足以阻止蛹化刺戟素之產生。換言之此種刺戟素之形成，在正常幼虫體內受遺傳素因的正常因子之影響也。

蛹化刺戟素經種種之試驗，列於近年來證明之有效成分內。而此等有效成分之形成則受各遺傳因子之支配，而此種確實因子特點之顯出則與發生有密切關係。

譯自：Forschungen und Fortschritte 15. Jahrg. 1939, Nr. 13, S. 175—177

參攷書

1) St. Kopeč, Biol. Bull, (Am.) 42 (1922)
2) E. Caspari u. E. Plagge, Naturw. 23 (1935)
3) A. Kühn u. H. Piepho, Ges. Wiss. Göttingen, Nachr. a. d. Biol. 2. (1936)
4) E. Plagge, Biol. Ztr. Bl. 58 (1938)
5) G. Koller, Biol. Rev. Cambridge 4 (1929)
6) W. v. Buddenbrock, Z. Morph. u. Ökol. Tiere. 18 (1930); Z. vergl. Physiol. 14 (1931).
7) H. Piepho, Biol. Zbl. 58 (1938 a, b); Naturw. 26 (1938 c,d).
8) E. Plagge u. E. Becker, Naturwiss. 26 (1938)
9) E. Becker u. E. Plagge (印刷中)
10) E. Hadorn, Proc. Nat. Acad. Sci. U. S. A. 23 (1937), Naturwiss. 25 (1937)
E. Hadorn u. J. Neel. Arch. Entw. Mechan. 138 (1938)

腦電現象研究之生物學的及心理學的結果

饒若祺 (Hubert Rohracher) 著

丁延祄 譯

由於腦電現象之研究，今已發現人腦有兩種電勢存在。 Berger 氏稱其具有規則頻率，每秒八至十二次者，爲甲種電波（Alpha-Wellen）。及其他一種，極不規則，且頻率較高之電波，爲乙種電波（Beta-Wellen）。此兩種電勢，均可用適宜之電極（Elektrode），由人之頭部皮膚引出。經特別之放大器放大後，藉記振器（Oszillograph）之顯示，將其攝影。此試驗可依下述方法行之：受試驗者臥於一與外界電流隔絕室內之床上，床之一端置有兩電極，由此經兩電線連至放大器，再由此經兩特製不受外界電流影響之電線，穿牆而連至鄰室中之記振器。此記振器上光線移動，即顯示電勢波動，可用轉動之感光紙將其攝影。如此記錄下之曲線，即受檢查人之腦電勢。甲乙兩種電勢，各有特性，故不難分辨。對於，德，意，法，英，荷蘭，比，羅馬尼亞及美國諸國人之腦電勢，均曾經檢查。

結果表示：甲電波係普遍的存在，且極有規則，惟其頻率之差異略大，每秒由八次至二十次（一，二，及三）。

圖一

圖二

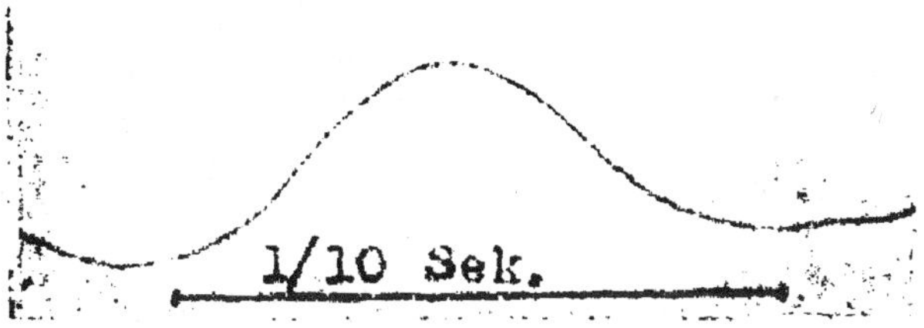

圖三

圖一，二及三。以不同速度移動之軟片攝得之甲電波，圖三表示以每秒四十六公分之高速度移動之軟片所攝之單個甲電波可見其爲正弦曲線 (sinusförmig) 式之振動。（時標：圖一爲一秒；圖二，三均爲十分之一秒）。

關於腦內能產生此種現象的作用，係屬何種生物機能（biologische Funktion）的問題。由余之試驗結果，(1) 可作暫時的理論的答覆。此試驗乃在意國Mailand城Gemelli氏指導下之心理研究中所作，該氏以一組配備完全之最好儀器供吾使用，吾謹對之致謝。

自Berger氏初次之研究，即知當運用腦力時，及受感覺刺激時，甲電波消失轉而現出較快之乙電波。余常使多數單個的刺激，連續的作用，發現甲電波並非長期消失，此類試驗曾經進行多次，蓋甲電波受第一個刺激之影響而消失後，經相

(1) Zeitschrift f. Psychol., 140 (1937); Pflügers Archiv., 238 (1937); 240 (1938)

當時間，終於再度出現；且常在正進行刺激時出現。 於運用腦力時，亦有同樣現象；甲電波經一度消失後（此消失時間之長短，則各人大有差異），均能再於記振曲線(Oszillogramm)上現出。 換言之，卽不能將甲種電波長期阻遏。 惟欲發覺此種事實，非用特製之放大器，將甲電波部分顯示特別淸楚不可。 由此現象，使吾想及腦內產生此甲電波的作用，必爲生長性的（vegetativ），因大凡生物體中，不能長期阻遏之作用，卽是保持諸器官之生命及其工作能力之作用。據此解釋，則當甲電波出現時，大腦皮質中神經細胞所起之作用，卽屬此種性質；爲一種代謝作用。供給腦細胞以活潑時所需之物質。

本臆說最初僅由類推而來，但與甲電波之其他性質頗爲吻合。特別是當受檢查者在身心完全休息之淸醒時——此時代謝作用，最爲平穩。 其甲電波最大最多最純粹。 而當無夢之熟睡時，則異於此，蓋當此時腦不作工作或僅作極少之工作，因之代謝作用大減，甲電波甚小，或一時期竟不出現。 吾曾記錄睡眠時之腦電現象，試驗時間長逾一小時，得到四十五公尺之不間斷曲線，包括淸醒時，始睡時，熟睡時及其諸連續時期，發現甲電波漸轉爲小且稀少，最後在熟睡時竟完全消失。 醒後立卽恢原狀。 又如Govaerts(2),Spiegel(3),及汪敬熙(4)諸氏曾示明：甲電波不僅可自大腦皮質細胞發生，亦可

(2) Compt. rend. Soc. Biol., 121 (1936)

(3) Proc. Soc. Exper. Biol. a. Med. 33 (1936)

(4) Chinese J. of Physiol., 10 (1936) 中國生理學雜誌第十卷，一九三六

在腦中深處之神經細胞，及位於腦外之神經細胞羣等處產生，可見此乃神經細胞之普遍性質。 此點亦與代謝學說之理論相合，因各神經細胞均有代謝作用，非僅限於大腦皮質中細胞也，最後尚有一點，即運腦力固可先使甲電波消失，但在記振曲線上示明，後此仍有甲電波出現，且用腦時間愈長，甲電波再現之次數亦愈多。 如當受檢查者作心算，或誦讀，或僅與人談話時，由記振曲線上即可看出甲電波之頻率，與用腦之時間俱增。 以上述理論解釋此現象，頗爲容易。因用腦時所包括諸活潑腦細胞所作之工作，當然消耗能力，因之引起較活潑之代謝作用，以補復所消失的力量。

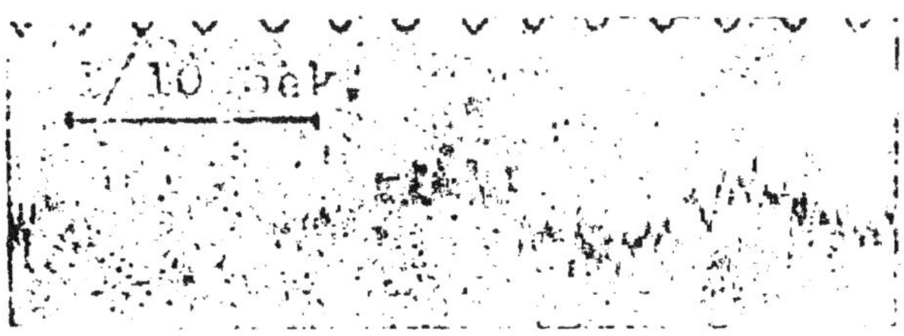

圖　四

在作心算試驗時所得之乙電波(時標爲十分之一秒)

此說明甲電波之理論，立即供給乙電波一種解釋，（圖四），蓋乙電波乃當吾人腦中進行心理作用時所產生的電現象如試驗結果所示，乙電波每當用腦時出現，受感覺刺激結果亦有之。 其形狀極不規則，就其無限制變異之形式，儘可能範圍內計數之，其頻率可達每秒千次振動。此種電波乃吾人於心理作用時腦中所生作用之所致。 一極簡單之心理作用，需極多數大腦皮質細胞之極複雜的合作，爲一種電的作用。故結果現出之曲線，係由多數單個曲線組成，可以預料其表現較快的電勢變化。 所以乙電波爲神經細胞之刺激及興奮作用所產生，固無疑義；在心理作用時，可使其累積亦甚顯然。

上述腦電現象之解釋，藉心理學上之結論亦可證實。　若甲電波果眞源於代謝作用而產生，則必須承認，當甲電波出現時，腦之活潑性低落。　因神經細胞之興奮爲腦力活潑的基礎，故甲電波出現之時，神經細胞非在興奮狀態，而爲代謝作用進行時期。　事實上——迄今所有之試驗，均證實此點，——甲電波出現最多之時，爲當精神上靜止之時。　在作運用腦力及受感覺刺激之試驗時，常有短組的甲電波重複的間插於乙電波出現時期（心理作用爲時愈長，間插次數亦愈多），因此遂可認爲在甲波出現時，腦之活潑性低落，此卽心理學上所謂之注意力之變動 (Aufmerksamkeits-Schwankungen)，今在本臆說中獲得生理學上之解釋。　在記振曲線上，乙甲電波交換之時期，卽相當於吾人經驗中甚熟悉之腦力集中之變動。　本理論使之全部明瞭。　用腦之時腦細胞產生興奮，因之消耗許多生物化學的能力，必藉代謝作用將其補復。　故精神集中，亦卽興奮作用，爲時愈長，補復作用出現次數亦愈多。　甲電波短時的進行 (Verproviantierungs-vorgang) 卽能使腦力的活潑暫時低落，直至神經細胞再度獲得工作所需新鮮物料後，始行恢復所謂注意力之變動，卽腦力不活潑狀態，亦卽相當於心理作用正進行時插入之代謝作用，乃因生理上之需要而產生者。

在心智活動進行中，間插甲電波之現象，有一有興味之性質，卽在不同人之腦，有相異之處。　余曾檢查任少用思想職務，受教育少，智識簡單之人之腦電勢，發現有較長的甲電波組，間插於短的乙電波之間；而多用心智者之乙電波，自始至終，常有甲電波出現，但均爲時甚短，只二三單個電波而已，據此可知人腦若經多用心智之訓練，可藉極短時之甲電波作用，保持其工作效率。而未經訓練者——正如未經訓練之歌者，其呼吸技術不佳——必須間插以長時間的甲電波時期，始能再從事工作。

以下簡述一二由本理論引伸所得之結論，以人工方法抑制大腦皮質之代謝作用後，刺激與奮諸作用，以及意識均消失，此時因代謝作用降低，亦無甲電波出現。Berger氏(5)早經示明，在以脫(Äther)及哥羅防(Chloroform)麻醉下，甲電波完全失去。此二物主要作用爲影響大腦皮質，而受其他藥品之麻醉，其主要作用在於影響大腦以下各部，以及阻止運動及感覺神經之傳導者，甲電波反爲增大，此可認爲一種補償作用。據本理論解釋，則當腦中深處之神經細胞受損害時，大腦細胞即有增加代謝作用之反應，其電影響可記於記振曲線上。細胞代謝作用受損害，早爲麻醉現象之一種解釋。

至於精神病範圍內之情形，則不甚清楚，Berger氏(6)亦曾檢查智力不健全之病人，有些並無變化，有的如麻痺病者(Paralytiker)則明白的顯示振幅較大且有特別性質之重疊波，此亦能由代謝學說供一解釋如下，凡自一正常人之頭部各部同時引出之甲電波必是完全同時併發(synchron)，即在諸被包括之細胞中同時發生，而腦有病時所記

(5) Arch. f. Psychiatrie, 94 (1931)

(6) Arch. f. Psychiatrie, 100(1933); 101(1934)

栽之甲電波，則示有其振動之各不同時期存在。 正如 Berger 氏檢查中煤氣毒者，及大腦前葉生瘤者，所得之記錄。 余能以人工方法產生與 Berger 氏之病人腦電極學相似之曲線，試驗法以兩人或三人依電路連法串連，卽第一人之頭後部，連接第二人之額部，再由此二人引出其共同腦電勢。 因兩人腦中之甲電波，頗不易恰巧同時發生，故可預料能獲得重疊之甲電波，結果正如所料。 據此曲線與病人腦電曲線相同之事實，吾人可以認爲病者乃腦中代謝作用發生擾擾，換言之，卽其腦中某部分工作所需物質供給，不如其他部分充分。 此種理論可使精神紛亂現象，稍能明瞭。 惟余當嚴重聲明此種解釋，現今尚純爲理論的。

譯自：Forschungen und Fortschritte 14.Jahrg. 1938, Nr. 31, S. 362—364

爪哇猿人之新發現

孔尼華 (G.H.R. von Koenigswald) 著

金舞侯 譯

一八九二年，杜伯若(Dubois)醫士，在爪哇垂尼爾河岸 (Trinil) 的更新統地府中，發現一個表示人類進化的特殊代表物，就是那所謂

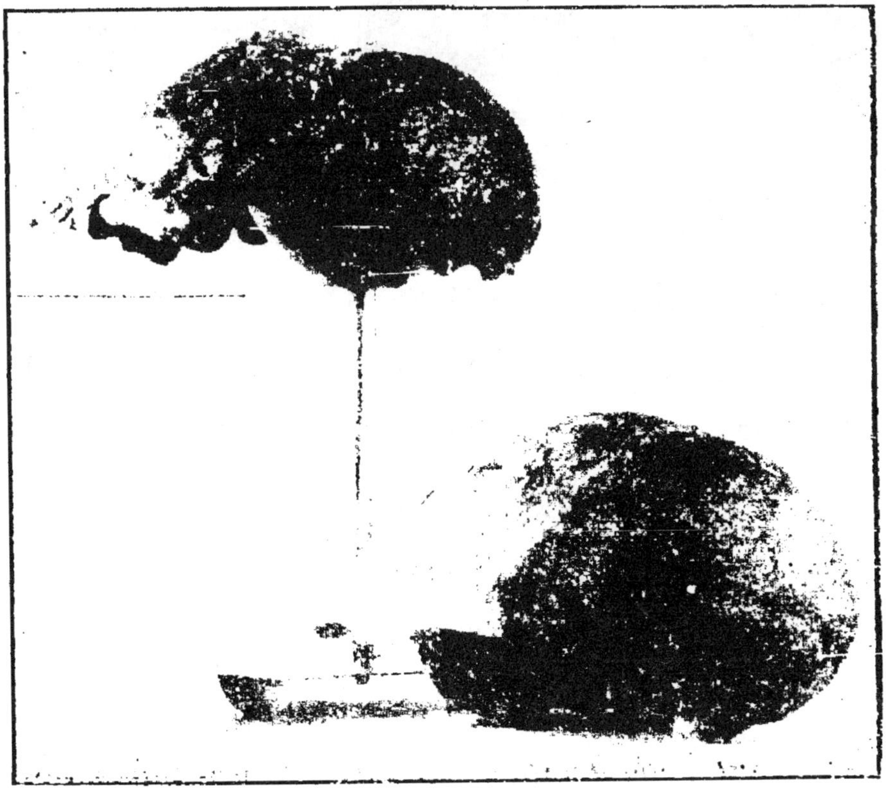

爪哇直立猿人的頭骨化石。 自從發現這重要化石之後，對於這個問題的研究卽紛紛而起。 法國步爾博士 (Boule) 想要將他例入合趾猿

(Hylobatide) 一類中，卽等於現在非洲之馬達加斯加島 (Madagascar) 所棲居的大狐猴 (Lemur)。 羅斯春氏 (Ramströn) 在一九二一年發表，認爲爪哇猿人爲黑猩猩之一。 莫爾氏(Mair)在一九二二年他又說是小型尼安德泰人種(Neanderthaler) 但最較爲重要者，自從中國猿人發現之後，德國魏尼特氏 (Weinert)，於一九二八年加以詳細研究，其結果認爲爪哇猿人具有人類性質，並與中國猿人有密切關係。惟最惹人注目的，爲杜伯若醫士忽又放棄以往的觀念，又認爲他所發現的乃長臂猿。 而步爾更說他是現代人種（譯者按：以上二人之解說，均爲片面的，距事實過遠。）

在最初研究這問題者，以爲獲得之材料仍嫌不足，尚難作確切的鑑定。 所以一九〇七年至一九〇九年間，德國有斯閣克 (Selenka) 調查團的組織。 彼自德國出發，至垂尼爾(Trinil) 地方從事探採，但無何結果而返。 一直到一九三七年，著者才稍獲功績，由垂尼爾

河岸之同一地層中，新發現了屬於爪哇猿人的骨骼。 最初找到了一顎骨，以後又相繼發現了頭骨。

頭骨很破碎，出土之後重新湊起。 前額骨之左部以及中樞神經孔部分完全存在，其兩方之太陽骨及耳骨亦尙完整。 吾人能認爲此化石屬於爪哇猿人者，具有下列數點以證明之：眉耳腫厚，額骨坦平，後枕骨緊縮而具溝紋，就以上諸點而論，與杜伯若爵士所發現者全無區別。 最初杜氏發現者，其額骨有似突起之凸稜。 杜氏認爲疾病狀態而著者新發現之頭骨亦具同樣之凸稜，然惜顏面骨部分未全。

鑑定新發現之化石，究否屬於爪哇猿人者，應以下顎之構造，較爲重要。 下顎之凹窩及下顎突起爲今人所具備，但此下顎亦有之，所以將他放入似人類中轉爲洽當。 其他原始人之下顎突起部分則非顯著，幾呈平面狀。 此外還有近於人之要點，及其孔與顴骨之基面線相交錯（譯者按：耳孔上緣及眼孔下緣之平橫線，謂之基面線。凡耳孔之上緣與眼孔之下緣呈平線者爲人，二孔平列者爲猿猴）。

然頭耳上的乳突（Mastoidprocess）極不發達，是爲近於猿猴之特點，由此可知爪哇猿人並非完全直立行走，有時尙作爬行，此亦爲解說之理由。 關於這個問題尙待研究，因爲在垂尼爾所找到的大腿是否屬於爪哇猿人者，各人類學家尙有爭論。

新發現頭骨的頭長是一八〇糎，頭寬是一四〇糎。 比杜氏所發現者稍弱小，雖然由比例上來說頭是較寬些，但是也許是因爲頭骨破碎測量不確的緣故。 頭骨的接合縫，皆甚緊密，可斷定爲成年之人。 頭骨甚厚，脳線甚顯明。 腦量約七五〇立方公分。 杜伯君氏發現之頭骨爲九〇〇立公分（魏尼特氏（Weinert）測約一千立公分），但這些差別者著者以爲是男女性別的關係。 所以著者斷定新發現之頭骨爲一女性（譯者按：男性大於女性）。 杜氏他本人對於他所發現者雖認爲女性，然著者則認爲屬於男性。 由腦量而論，爪哇猿人較中國猿人具有原始性質（中國猿人平均爲九五〇至一二〇〇立公分）。

下顎只發現了右方的一半，由中合縫至後角處保存，其上枝部分遺失。 其保存之三個臼齒及第四個前臼齒，因水土侵蝕的結果，均已破碎。 由下顎之形狀觀之，其犬齒之不發達，與現代人類相近，而前臼齒粗大，又具有原始性質，此牙在世界既有之猿人化石中，只有中國猿人發見之。 但第三臼齒大於第二臼齒，而第二臼齒又大於第一臼齒。 此點則與類人猿相同而與現代人類相反。 牙紋甚複雜，但不及中國猿人之甚。 由此觀之，爪哇猿人又轉近於尼安德泰人。 其三個臼齒的全長爲四〇糎（中國猿人爲三七・五糎，與大利亞人爲三三・一糎）與大猩猩之四二・四糎（依 Gregory）之長度相比，則相去不遠。 由下顎與中國猿人牙顎之比較，可知這新發現之頭骨確近於人類，然發現之頭骨與下顎並非同一個體者。

下顎骨之特殊性質，爲第一臼齒部分最高，往前或後則減低，與中國猿人性質不同，因爲中國猿人是前後相等。 而其下顎之前突起部分缺者又與海德卑爾人(Heidelberger)之下顎相近似(按Klaatsch)。所以吾人亦可說他是海德卑爾人類的祖先。 由進化程序觀之，似由爪哇猿人而演進至尼安德泰人者。 總言之，這新爪哇猿人的發現，可以斷定屬於人類，並爲先進之代表。

譯自：Forschungen und Fortschritte 14. Jahrg. 1938, Nr. 19, S. 218—219

第二次多蘭考察隊在中國西部西康青海西藏間所獲得的數種學術上的結果之探討

謝福爾 (Ernst Schäfer) 著

劉詒嫻 編譯

一九三四年美人孛魯克多蘭(Brooke Dolan)受裴拉德裴亞自然科學研究會(Academy of Natural Sciences of Philadelphia)之委任，組織了一個第二次規模較大的動物考察隊，而令我負担其中學術上的責任。(1)

由於前次考察的經驗(第一次多蘭考察隊一九三一——二年)，使我們的旅行目的，在啓程前就淸楚地安排定了。尤其是問題的本身，基於前次研究的結果亦有了淸晰的輪廓。考察隊主要的目的：是以中國西部青海康藏一帶之高山系爲活動範圍，而去認識此間之活躍萬物對於其有機和無機環境的關係之規律性；同時且搜集材料，以期由此可供給我們對這生物世界之順序發生的和種源史的進化之解釋

---

(1) 因原圖翻印困難，故未附入，參考時須看原本之圖。

的證明。

當時雖然也曾照顧到民族學和昆虫學的領域，隨後仍被放棄，而實際上的工作却只限制在鳥類學和哺乳動物學上了。

土壤學和氣象學是環境適應學家（Ökologen）和動物地理學家極重要的輔助知識。 基于這次終結的考察，給與我們一個此間動物世界與其植物分佈，氣候，以及土壤性質等密切連繫之觀念。 西藏東部——此中我包括一切在生物學和地文學意義中屬于世界最高的高山原系（Bergplateauland），和西藏高原區，亦可說此區大部分是在中國政治勢力下的——在普通生物學意義上，則由于他極端的峻峭和地理形勢之複雜，而成爲在整個亞州大陸上最有重大意義的區域之一。這區域包括中國最西部之雲南，四川，甘肅以及康藏等省，和難以居住的黃河，揚子江發源地之荒蕪區。 這裏因爲與外界隔絕和交通險阻，所以土地毫未經過開拓。 至今尙未有一張地圖可使人按照着略計劃一下旅程呢。 此區的一部分尙完全是新地，至今還未有白種研究者的足跡踏過。

特別是在高約 4800 米突的揚子江發源地，我尋到一片完全未被發覺過的區域，可以在那裏——可惜只有粗糙的工具——除了進行我們的動物尋獲外，還可以進行地理的探發工作。

這整個的研究區是在經度 92°—04° ，緯度 26°—36°(o.g.) 。中國最西的穿喜馬拉亞山橫嶺支脈的高山系地帶（四川），和全西藏高原（地理名稱）之東部。 該區之南部完全被岷，大渡(2)雅礱，揚子，眉公諸流之南部侵蝕地所分開，而其北部却展開着與水準絕異，且高達4500—4700米突之高原。更有 7800 米突高，在我們地球上爲最峻峭絕倫的高山(雅州附近)，正隔開實際上亞熱帶的四川赤色盆地和純西藏區。這個在第三紀後期已成爲穹窿狀，直到現在仍未終止高突活動，而峻峭插天，在地質上極新的羣山環繞區(Hochgebirgs-blockaden)當被認爲是喜馬拉亞山的支脈。尙有幾處竟狹窄至二百基羅米突，而藏匿着古舊原始的生活型式，因此曾有"西番地帶"的名稱。

因爲我們的研究區完全與外界隔絕，氣候與山岳的差異亦非常大。有屬于不同動物領域而在此却聚集着的，且完全淸楚地互相屛分開的豐富的動物種類，且有和高度進化並列着的最原始的動物型式。所以這裏竟可稱爲研究動物史和種源史等問題之"鑰地"。(,,Schlüsselland'')，經此就可直入堂奧了。這裏會合着喜馬拉亞山西部的地方動物，和由東方來的亞州東部的動物；在這裏有北極的動物沿着高原區侵入南方，而把亞熱帶和純熱帶的經過南北流侵蝕地帶的印度和後印度之各種動物驅逐走。簡言之：型式種類之複雜實無與比擬。有的可直接稱爲"活化石"(,,lebende Fossile'')，其近親族曾在鮮新屆很廣的分佈過而已絕跡了的，却在這不可思議的峻峭

(1) 原文作 Tungfluss，查潼河又名梓潼河在四川東北部南入涪江，在本文研究區以北，惟大渡河在此區之南部，雅州之西，在一八九六年俄人製中國地圖中有大渡河亦名潼河之誤，想係相沿誤用至今故逕改爲大渡河，當較爲正確。

的原始森林山地中保存到現在。

這生活區正是地球上唯一研究動物之生命的，和地域的交叉點，(Knotenpunkt) 的地方。 從種源史的立場來看，這裏却又是分類學上最原始的動物型式，例如扭角羚 (Takin) (Budorcas tibetanus)，竹鼠 (Rhyzomys vestitus) ，竹熊 (Ailuropusmelanoleucus) 等等之隱匿所。 竹熊是一個奇異的只食竹生活的，重約一百五十公斤，黑白色之猛獸。 扭角羚約重三百公斤，僅由其野蠻的外表就已充滿着原始的特徵了。 分類學家至今尙不知把他們安置在分類系統裏什麽地位，因爲他們本身皆含有許多各樣，已合混了的各高度進化動物之特徵，因此我們只好算他是最原始型式之和別種動物羣的最初型式之剩餘者。 人們一直主張"西番地帶是許多動物族的發源中心 (Entstehungszentrum)，且相信這些動物由此出發向外發展廣佈 。 但我所獲得的證明却是：此區乃唯一的由於大自然而自己創成的隱匿所 (Rückzugsgebiet)。

這西番地帶不僅是一有特種動物型式之處，且藏着一片在其歷史上被侵入的中國人追擠到山野中去的原始民族之隱遁地。

當旅行團體橫渡了這西番的羣山環繞區後，再西去穿過（依地文上說）純西藏區直至巴塘，乃界於西康與西藏間之城，在此由 8300 米突之高崖至往下 2600 米突的深谷區域，是極易將許多未清楚的問題清晰的顯示出來的。

西藏高原的中部，因其無變化和過度的植物貧乏，以及差不多北極似的氣候，且又充分的呈示着地方色彩，其動物界也就因其長期（大約西藏高原在很早就被認爲是"絕崖",,Block" 了）的孤立，而有他特殊的發展，所以我們在此還可研究其土著的和本地的動物種類。列如短尾瞪羚（Procapra picticaudata），犂牛（Poephagus grunniens），野驢（Equus Kiang），白唇鹿（Cervus albirostris）以及其他。這西藏高原的動物還有另一特點：皆呈示着與歐洲冰河期和冰河期以前的動物界許多相似和顯着的一致（并不單是歸爲一點之意）。該處之重大意義，可惜目前尚未爲歷史的動物地理家和古生物學家所看到。

在一整個動物族的發原史上有極重要性的，請以鹿爲例。在我們研究區中的鹿，從最原始以至於高度進化的，不下有七種之多。——亦屬於同樣多的屬。——我們在此尋到鹿科的各種代表，而這些代表在別處——如歐洲——是每個屬于各久已過去的地層（從第三紀後期至冰河期後），且只能以化石來證明的，在這小小的生活圈內却彼此靠近住着，——當然是屬于適應某一定植物環境的——我却是第一個精確地——卽使在極困難的情形下，從生物學上去研究他們。

我們所遇見最原始的鹿種是麝（Moschus moschiferus），身材小而無犄角。此鹿之雄性的特徵不僅是泌尿器官傍有存放馳名的香料之麝囊，而且有代替枝角的四至五米突長鈎形的犬齒由上顎突出。已較高進化的是鬃鹿（Elaphodus cephalophus），是一小黑鹿，其犬齒尚清晰可見，但亦有被鬃毛遮蓋着的極小的犄角。在進化程度上與鬃鹿相近的是紅羌鹿（muntiacus lacrimas）。此鹿種是由在德國所尋出的化石而知道的。其犬齒更不甚顯露，而其犄角却已分叉了。再順序往上排列的是麋（Rusa aquinus），其犬齒在外面已不可見，但他却頁有六叉的犄角，在德國亦曾尋出過麋的化石。鬣鹿屬（Rusa）現有的型式，直是僅限制在印度，後印度和馬來羣島的。此外我們又碰到兩種至今認爲已絕跡的，在進化程序上屬於最後一級的巨鹿種。其中有一種曾在十九世紀末和本世紀初尋到一至三個標本，但這點材料却不足建立學術系統的順序。這次考察不但獲得了此動物，和能够把他排列到學術系統的次序中，且更第一個證明了此動物與達爾文的“中間級”（“missing link”）有關；而在種源史的鹿科中亦異常重要。其中之一爲北美洲之麋（Wapiti）和歐洲之赤鹿的“中間級”，此即瑪克乃鹿（cervus macneilli），和在德國洪積期散佈很廣的莫司巴（Mosbach）鹿相類似。基于生物上發現所顯示着的，則此鹿實不當列于鹿屬（Cervus）中，却更較近于原始印度或印度支那鹿與北美洲麋——赤鹿羣（Wapiti-Rothirschgruppe）的連鎖物（Bindeglied）。另一則爲白唇鹿，是西藏的，在地球史的進程上也是屬于西藏的地方特産。有一個舊的生物學上的定律：凡動物離他的種源史上之發展中心越遠，當他較原始的停留在這發展中心的附近時，則有更高度的特殊化和更遠的發展。

東亞南部一向就被認爲是古代短掌骨鹿羣（Plesiometakapalen Hirschgruppe）的發源中心，以上所提到的鹿之存在正給于我們一個有力的證明。 在此研究區中所見到的長掌骨的（telometakapalen）鹿，只有小鹿 Reh —— 滿州貲玩種中麞（Capreolus pygargus bedfordi）之一種，——系由北方侵入的。

這次考察隊的獲得物算爲最重要的，是一個完全新的，從一九〇二年來所發現的最大的動物．矮青羊（Zwergblauschaf）；是亞州現存的羊種中最小者，我搜集了十二個標本。 此物在揚子江上游極深的侵蝕地巴塘附近可見。 這新羊種的發現又給于一個向在懷疑着的理論直接的證明：西藏東部（西康）的深侵蝕谷乃在山嶺成爲空條狀以後始有的。

在一方面發現了新的動物種，另一方面則亦可能地將一直由於標本缺乏而被認作不同種的西藏各部的動物歸納到一個唯一的型式裏去觀察；有三個葛瑞司萊熊（Grissly-Bär），——只在英俄的博物館可見到極少的標本，是被這樣誤認爲的，由於這次獲得的結果，乃知這些全是屬於一種的熊，只是由於年齡和性別的變異（Variation）而互相不同了。

此外的獲得，是將許多至今科學家們或許知道，但尚從未在任何一個歐美博物館中陳列過的動物，從極亂雜中整理出而排列到系統上的順序中去，在這種情形下最可提出的就是那龐大的犛牛，他那驚人的超過二千磅的體重，對於運輸實有不可思議的困難。

總括這次考察隊所獲得的一切學術上的搜集，約有鳥類和哺乳類的標本三千五百種，提到鳥類學的獲得物，亦極爲重要而有趣：不僅是新種新類的發現，且有許多鳥是直到現在極其稀見的。

以上這一切可算是概括西藏動物界的整個，而作形態的敍述。

譯自：Forschungen und Fortschritte, 12. Jahrg. 1936 Nr. 20/21, S.260—261., 14. Jahrg. 1938 Nr. 4, S. 43—45

第一卷　第三期

研究與進步

本刊宗旨為介紹德國學術，以翻譯 Forschungen und Fortschritte

（研究與進步）為主，由中德學會同人擔任撰述

本刊年出四期

本刊定價每期零售二角五分，

全年四期（郵費在內）一元。

編輯者：中德學會　地安門內，黃化門裏，西妞妞房二十號

發行者：中德學會　電話：三八五〇東局

印刷者：京華印書局

代售處：中德學會

各大書店

FORSCHUNGEN UND FORTSCHRITTE

CHINESISCHE AUSGABE

Herausgegeben
vom

DEUTSCHLAND-INSTITUT, PEKING (PEIPING)

in Verbindung mit

DR. KARL KERKHOF, BERLIN

1. Jahrgang — Januar 1940 — No. 4

INHALT

Anschrift der Redaktion: Deutschland-Institut, Peking (Peiping), China, Huang-hua Men nei, Hsi Niu-niu Fang 20.

中德學誌

沈兼士

第二卷第一期（二十九年四月出版）

Ernst Schierlitz

ERNST SCHIERLITZ †

Am 11. Februar verschied zu München im Alter von 38 Jahren der langjährige deutsche Geschäftsführer des Deutschland-Institutes in Peiping und Professor an der Fujen-Universität, Dr. Ernst Schierlitz. Kurz vor der Rückkehr nach China im August 1939 in Italien von einer heimtückischen Krankheit ergriffen, wurde er Ende des Jahres nach München gebracht in der Hoffnung, dort Heilung zu finden. Die Krankheit war jedoch schon zu weit vorgeschritten, und so vermochte auch die Kunst der Ärzte in seiner Heimatstadt ihn nicht mehr zu retten. Mit ihm hat China einen seiner besten deutschen Freunde verloren. Unermüdlich in seinem Wirken, wo es galt, chinesischen Studenten für ihre Studien in Deutschland mit Rat und Tat zur Seite zu stehen, immer voller Pläne und Tatkraft, wo es sich darum handelte, deutsches Geistesgut China zu vermitteln, dazu selbst mit ganzem Herzen am Land und seiner Kultur hängend, von demselben produktiven Interesse für dessen Kunst wie Literatur, so bleibt er in unser aller Gedächtnis als ein vorbildlicher Vertreter deutscher Kultur im Fernen Osten und feinsinniger Interpret chinesischen Geisteslebens. In gleicher Weise seine Tätigkeit der Wissenschaft und der Verwaltungspraxis zuwendend, war sein Leben einzig der geistigen Annäherung Chinas und Deutschlands gewidmet. Wir alle, die wir ihn kannten, beklagen mit seinem frühzeitigen Tod den Hingang eines edlen Menschen und trefflichen Gelehrten, das Deutschland-Institut aber insbesondere den Verlust eines unersetzlichen Leiters, der sich durch sein Werk selbst sein schönstes und dauerndes Denkmal gesetzt hat.

Walter Fuchs

謝禮士博士事略

去歲歐洲從衡紛挐，亂機已兆。輔仁大學德籍教授請假而游於法都巴黎者，有二人焉：曰豐浮露司鐸及謝禮士博士，余皆與之素相稔。迨軍事興，竊惴惴然慮其行且爲虜矣。無何，豐浮露君間道來華，爲言博士已去巴黎，走羅馬，遂嬰疾，就療於某醫院，越三月，突聞君於今年二月十一日以丹毒病歿於德國之明興，明興君之故里也。君生於千九百二年一月十三日，及長，入明興大學，習梵文及亞細亞人種學諸科，受博士學位；二十七年任職明興國立圖書館，課最，獲圖書館學專家資格；三十年來華，任輔仁大學圖書館主任，兼西洋文學教授；三十五年任中德學會常務幹事；三十八年至巴黎，研究漢學與法國文化，甫及期，戰事發軔，欲返華未果，竟以疾終。君身軀頎碩，寡髮廣額，爲人聰睿而沈毅，具日爾曼人之典型風度，來華未數稔，操漢語已能中準繩，我國學士多樂與之游，君亦傾抱相交，以溝通中西文化爲己任，於中國圖書館事業多所肇甚，中德學會自君任事，尤能發皇恢張，實符于名，苟假之以年，其學與業之成遂，又何可剚量耶？烏乎！君因故未得効命疆場，而以微疾隕其身，惜哉！中德學會幹事傅吾康博士來書屬余爲文，以著君之事蹟，謹狀其略如此，蓋不僅爲其國之人才惜，亦悲夫吾儕之奪此益友也。

沈兼士

一九四〇，三，二五。

中　德　學　誌

第二卷　　民國二十九年四月　　第一期

中德學誌

北平中德學會出版

卷頭語

『研究與進步』季刊是在一九三九年四月間創刊的。 中德學會發刊這個刊物的用意是在對現代德國學者在人文科學與自然科學各方面研究最新的結果，向中國學術界做簡短的介紹，同時並刊登中國學者介紹或研究德國學術的文章。 德國學者的研究漢學或中國其他方面的文字，自然是給予了特別的注意。 因爲德國科學情報中央辦事處 Reichszentrale für wissenschaftliche Berichterstattung 有一種叫做『研究與進步』 Forschungen und Fortschritte 的旬刊，其中所刊的文章，祇要內容是可以介紹的，差不多都可以逕行迻譯，所以本會在決定創刊『研究與進步』的時候，就與該刊之主編者克和夫博士 Dr. Karl Kerkhof 取得連絡，規定凡是本刊刊登德國學者介紹德國學術之文字的時候，都以迻譯該旬刊所登的文章爲主。 但是這不是說，所收的文章，都是由該刊譯來的。 當然別種來源的文字，也兼行刊載。

『研究與進步』出版了一年，各方面對牠的批評固然不都是盡美盡善，我們自己也認爲尙有不滿意的地方， 但是大體上看起來， 各方面對牠的接受總可以說是一個滿意的；出了四期，都有相當的銷路，可見牠是滿足了一種需要。 這樣的情形，給了我們不少的鼓勵，所以我們就在今年春間，決定把牠擴充，——推廣範圍，增加篇幅。 並且因爲內容將要溢出原有的名稱的範圍以外，所以又決定改用現在的名稱——『中德學誌』Aus deutschem Geistesleben。 卷數仍然接續『研究與進步』的卷數，以示仍爲本會的季刊，沒有間斷。

至於內容方面，最先應該聲明的，就是純自然科學的材料的將要略去。 引我們作這項決定的是因爲在過去一年中，有許多讀者認爲中國研究自然科學的人，大多可以，或者可說願意，閱讀原文的著作，這一方面的材料，沒有譯出的必要，同時，在譯述人方面看來，因爲在中國許多科學名詞的譯法尙未固定，翻譯的時候，有不少的困難，所以我們決定暫時停收自然科學的材料。

本誌對於所收的材料，預備分爲五欄，卽論著，文藝，『研究與進步』，書評，與報告。 這五項裏面除了『研究與進步』大致仍舊保持牠原有的性質以外，『論著』欄是預備收篇幅較長的著作的。 範圍當然也相當的寬，除了譯文和專著的論文以外，我們預備將來每期登一篇德國名人的傳記。

『文藝』一欄是以多譯德國文學名著爲主，過去的大家如 Goethe, Schiller 等人的著作，我們固然要譯，近代人的著作，也是同樣的注重，尤其是在中國還少或者是還未經介紹的作家，如 Binding, Kolbenheyer 和 Ricarda Huch 等等。

『書評』裏面，我們最先注意到的，當然是德文著作的中譯，這一類的書不祇是介紹牠們的內容，同時譯文的是否正確，也要注意到，希望能藉彼此友誼的商榷，使我們的譯品，能漸漸地達到完美的地步。 其次就是中文書之與德國有關者和德國書之與中國有關者；但是我們對於介紹德文書的範圍，預備稍爲推廣，與中國無直接關係的德文書，而我們認爲對中國學者有興趣的，也預備予以介紹。 『報告』暫時限於本會的會務，——編譯，出版，德文教學，講演，等等——，所以題爲『會務報告』，將來如有可能，更預備加些德國文化界的消息。

最後我們要向讀者聲明的就是，由我們決定改名擴充起，到把稿件付印止，中間時間很短促，所以稿件未能全部經過精確的校閱，難免有不滿意的地方，這一層希望讀者的原諒和指正。

當我們這樣的踏進第二個年度的時候，希望讀者諸君給我們以和去年同樣的支援，使我們的刊物能够愈近於讀者的期望和我們的理想，我們能够漸漸地達到我們對於溝通中德文化作少許供獻的目的。

編者

萊勃尼茲與中國

Leibniz und China (一)

福蘭閣 (Otto Franke) 著

關琪桐 譯

萊勃尼茲小傳

萊勃尼茲 Gottfried Wilhelm Leibniz 是德國大哲學家，一六四六年七月一日生於萊勃齊格 Leipzig；他父親弗里狄萊勃尼茲 Friedrich Leubnitz 曾爲萊勃齊格大學的書記，錄事，最後又做了道德哲學教授；他在一六五二年就已死了。萊勃尼茲最初的教育是在萊勃齊格尼古拉學校受的。他在一六六一以後在萊勃齊格，又在耶諾的一個學期中(一六六三)，曾經研究了傳統的哲學和法學。在那曾在他心中留下印象的教師們當中，我們知道在萊勃齊格的有古代哲學史家湯姆士 Eloquenz Jakob Thomasius，和神學家謝爾蔡 Johann Adam Scherzer，在耶諾的有數學家維格爾 Erhard Weigel。在一六六三年五月三十日（即新歷六月九號）萊勃尼茲曾在湯姆士的指導之下發表了他的第一部著作，題名爲個體原則 De principio individui。在一六六四年他已經成了哲學學士；在一六六六年他曾請求法學博士學位，但是他卻因爲年輕之故，被拒絕了。而錄取的乃是那年紀雖大而按學士程度說來卻較幼學的候補人。他在氣憤之下於是就到了亞爾陶夫 Altorf；在這裏他在一六六六年十一月舉行了他的始業辯論，題名爲法律中的紛難案件 De casibus perplexis in jure；並在一六六七年二月被授與博士學位。

二十一歲時他已經寫了幾篇可注目的論文。在他的學士論文中他辯護說，個性是被一個事物的全部本質所組成的，他的數學論文組合論 De Complexionibus 是他一生所計劃的一個改良的象徵主義和思想方法之基礎。除此以外還有四篇法律論文，包括着法律教學新法 Nova methodus docendi discendique juris。後邊這部論文是很重要的，它不祇企圖改造羅馬法律，而且最先明

(一) 譯自：Zeitschrift der Deutschen Morgenländischen Gesellschaft. N. F. Bd. VII. (Bd.82), Leipzig 1928 S. 155—178.

自的承認了法律中歷史方法的重要。

他是一個有知識衝動和創造衝動的人，這在近代學者史上是絕無僅有的，因此，他就恆常在衝向世界，恆常在尋求新的連繫——與學者，與政治家，並與各種範圍中的人。在農留堡 Nürnberg 他又與煉金家接觸了；對於這種研究的興趣，雖然愈來愈與誠懇的科學研究結合起來，可是自此時起至他到最後的病榻上，從來不曾離棄了他。在一六六七年夏天或秋天，他又到了法國，隨後又到了綿玆 Mainz，在一六六七至一六七二之間曾給選帝侯的前任總理大臣保乃堡 Freiherr Johann Christian von Boyneburg 服務，並且與這位非常之人締結了一種親密的往來，從此他就接受了對其全部生活和思想有決定作用的一種影響。他受了保乃堡的勸告，把他的新方法印行出來（一六六七），題獻給綿玆選帝后，並親自把它呈送給他。自此以後，萊勃尼玆就爲選帝后服務，先爲審查法律的助手，隨後又任重要的工作。選帝后的政策在於維持日耳曼帝國的治安，因爲那個帝國在當時西邊受着法國的威脅，東邊又受着土耳其和俄羅斯的侵襲。於是他就命令萊勃尼玆運其文筆來助進這個政策；當一六六九年波蘭王位空虛之時，萊勃尼玆就受命來擁護德國候選人的權利，因而就寫了他的第一部政治學著作，題名爲關於波蘭國王之選舉的政治解證 Specimen demonstrationum politicarum pro eligendo rege polonorum，他在這裏用波蘭一個天主教貴族的名義，企圖藉數學的解證，指示出，爲波蘭的利益起見，它是應當以農堡的伯爵爲其國王的。不過萊勃尼玆的辯論理由和榜乃堡的外交政策，都不曾成了功，終於一個波蘭公爵被選舉了，登了皇位。

當時路易十四的侵略使德國感受了更大的威脅。因此，萊勃尼玆就在這一年寫了內外治安論 Securitas publica interna et externa 一書。他主張歐洲各國應當締結一個萊因聯盟，來保護德國，並且主張，他們不應用其權力互相攻伐，只應當來征服非基督教的地帶，而且那形勢最好的埃及當落於法國手裏，這個計劃意在轉移法軍目標於埃及，而不使法國進兵德境。榜乃堡也很贊成這個計劃。路易十四雖然把他召在巴黎，可是這個計劃終於未曾實現。

他在巴黎曾與哲學家亞爾諾爾德 Arnauld，馬爾白倫世 Malebranche 和科學家惠琛 Huygens 相遇。這個時期特別是他的數學的和物理學的活動時期。在離開綿玆以前他已經可以報告了一個驚人的發明表，他的發明方面很多，有自然哲學的，有數學的，有機械學的，有光學的，有靜水學的，有氣學的，有航海學的——且不用說他在神學，法律，和政治學方面的新思想。在這些發明當中較重要的一種就是算術機器，它可以乘，除，加，減，並可以開方。這個機器曾經陳列於巴黎學院，和倫敦皇家學會；萊勃尼玆就在一六七三年四月被選爲皇家學會的會員。在同年他曾給綿玆選帝后當隨員，到過倫敦，他在那裏同皇家學會秘書奧爾登堡 Oldenburg，化學家保耶耳 Boyle，數學家畢爾 Pell，有了私人的認識。從此以後他就又重新致力於數學。在返回巴黎以後他就研究高等幾何，而且差不多立刻就開始了那一串數學的發明，最後結果就成功了微積分。

在返回巴黎不久以後，萊勃尼茲就只在名義上在綿茲服務，不過在同年他就爲布倫茲維格，萊倫尼堡公爵弗列德 Herzog Johann Friedrich von Braunschweig-Lüneburg 效力。在一六七六年他曾受公爵之請，到漢努威 Hannover，並由倫敦和亞姆士特旦械行到那裏。在亞姆士特旦他曾看到大哲學家斯賓那沙，並與他談過話。

在以後三十年中，在三代公爵之下，萊勃尼茲是在布倫茲維格家繼續服務的，他的活動的大本營就在漢努威；他在那裏並曾爲公爵的圖書館的主體。

一六九〇年萊勃尼茲被公爵安頓 Anton 任命爲湖爾夫比泰 Wolfenbüttel 的圖書館長。不多幾年以後他因希倫登堡女選帝侯查爾洛特 Charlotte 之友誼，與柏林發生了關係。他在一七〇〇年被邀到了柏林，並在同年七月十一日他所計劃的那個科學院也建立起來，並以他爲終身的院長。同年他又被布倫登堡選帝侯任命爲司法樞密顧問。在四年以前他就從漢努威選帝侯接受過這種尊榮，而且十二年以後他又從大彼得接受到同樣尊榮；他也曾給大彼得擬就聖彼得堡科學院的計劃，不過那個計劃在俄皇死後才實現了。在柏林，在查爾洛登堡 Charlottenburg 的佳勝的郊野中，萊勃尼茲與他的皇家學生共同讀書並研求哲理。那個學生在一七〇五年的死亡是他所經受的最大的一種損失。在此後他就少到柏林，而且也沒有先前那樣被人歡迎。在一七一一年他去柏林是最末的一次。在一七一二年他又第五次到維也納，這是最末的一次，他在那裏一直住在一七一四年。他在那裏曾經提議建立一個科學院，但是因爲那穌會士的反對而未能成功，不過他現在已經求到他所貪求的那個帝國樞密顧問之職（一七一二），並且被封爲帝國的一個男爵。

在最後的三十年中，萊勃尼茲曾經忙於許多事情。數學，自然科學，哲學，神學，歷史，法學，政治學，經濟學，文字學，都曾分佔了他的注意；他在樣樣部門都充滿了有創見的觀察。

萊勃尼茲的主要的哲學作品是在一六九〇至一七一六年之間完成的，在前十年中他的哲學的陳述大部分只是一些初步的綱領。事實上，他從來不曾給與他的學說以一個充分而有系統的陳述。他的見解必須從他給朋友們的信簡，從他在鴻學論文 Acta Eruditorum，學人雜誌 Journal des Savants 和別的雜誌中所偶爾發表的文章，並從一二部較長的作品中集攏而來。很顯然的，當他專精會神從事於別的研究的那幾年，他並不曾把哲學完全忽略了。據他在一六七一年給亞爾諾爾德的信看來，他已經達到了他的新的「實體」觀念，而且他所以不曾有系統的把他的見解表示出來，乃是因爲缺少閒暇與機會的緣故。一六九〇年洛克的人類理解論引動了他(一六九六)把他的反駁理由，和自己的觀念記載下來。在一七〇三至〇四之間，他把這些觀念都詳細發展出來，準備付印（就是人類理解新論），但是因爲洛克死了，當時就未曾發表。在一七一〇年出現了他一生惟一有系統的哲學著作，題名爲上帝仁慈，人類自由，罪惡起源辯正論 Essais de Theodicée sur la bonté de Dieu, la liberté de l'homme, et l'origine du mal。這部書原來的寫作是受了普魯西亞

Preusson 女王的要請，因為那位女王曾希望對於博野Bayle之反對信仰和理性，有一種答辯。在一七一四年，他給沙渥公爵幼琛 Prinz Eugen von Savoyen 把自己的系統寫了一個大綱，題名為單子論 La Monadologie；並在同年出現了他的自然與天寵原則 Principes de la nature et de la grace。他最後幾年大部分時間都消耗在通信中，他曾與英國神學家克拉克 Clark 通信討論上帝，靈魂，空間和時間等問題。

萊勃尼兹死於一七一六年十二月十四日，他的最後的幾年被病覺所纏綿，被爭論所窘迫，為摯友之死亡所遮暗，為世人之輕忽而痛心。不過直到臨死他還保留着他的不屈不撓的工作力量，他之所以在近代史上佔一個重要位置，顯示出無所不知的天才，無所不精的造詣，實在是得力於此的。柏林和倫敦都不曾注意到他的死亡，雖然他在柏林建立了一個學院，而且他的君王也到英國當了皇帝。在漢努威，他的祕書埃克哈特 Eckhart 是他的惟一送葬之人。沒有廷臣，沒有教士伴着他到墓地去。直到一七八七年才有一個簡單的碑碣立在他的墓上。只有法國科學院感覺到那種損失，而作了一篇有價值的誄辭來紀念他。關於萊勃尼兹的思想，以後另有詳細介紹，茲不贅述。

在十七 十八兩個世紀耶穌教會的會士把中國的精神世界發現出來。不過在歐洲人們對於遠東這個大國，在他們以前，就早已得到種種知識。曾為教皇依諾增四世 Innocenz IV 駐華公使的若望嘉賓 Johann de Plano Carpini 和為法國路易十一世 Ludwig XI 駐華公使的魯布魯克 Wilhelm Ruysbroeck (Rubruquis) 是兩個方濟格會會士，他們在十三世紀中葉曾旅行到蒙古大汗的宮廷，他們關於他們的長途旅行曾給了詳細的敍述；後來還有威尼士人馬可波羅 Marco Polo 在同世紀的末二十餘年中也已經知道了記述中國的奇異事蹟。再以後又有勇敢的方濟格會士若望孟高未諾 Johann von Monte Corvino 同他的教友們，尤其是和德里 Odorich Pordenone；他們在十四世紀初葉由華南向北京 (Khanbalig) 出發。但是除了馬可波羅以外，人們從他們所能知道的只有一些零碎雜亂的可以注目之事；波羅的報告給了很多事情，但是他所最着重的是歷史的和政治的敍述，至關於城市，居民，和文教的記載則幾乎無有。到了耶穌會士才從事於有計劃的考察，而把所得的運輸回歐洲，因而才在這上面帶來曙光。語言，著述，歷史，文學，哲學，民俗學，統統被這些博學的神父們從根抵研究起，並被帶在吃驚的歐洲人之前，使他們知道了東方。在十六世紀末葉，伴着利瑪竇 Matteo Ricci 和湯若望 Adam Schall，開始了耶穌會士的活動，在康熙帝之下，那種活動就達到了最高點。當時名人如南懷仁 Verbiest，閔明我 Grimaldi，徐懋德 Pereira，張誠 Gerbillon 以及以後的白晉 Bouvet，洪若翰 Fontenay（也寫作 Fontaney），和別的一些人，就標記出耶穌會士活動的燦爛時代。那時候教士們以中國宮廷爲其最有影響的場所，而且人們要是想找尋出外人在中國的精神方面所加的意義相似的影響來，那他們必須在中國歷史中返回一大截去。一種多方面的令人驚異的博學，同絕大的聰明和精細的智慮結合起來，使這些人在極困難的情形之下能以完成了他們的企圖。他們所研究的結果，在今日仍有許多是屹立不移，難以超過的；不過在歐洲，人們在那時對於中國精神生活所有的一切知識，都必須溯源於他們，而以他們爲惟一的源泉。

那些神父所知道的中國在當時是什麼樣子，同時的歐洲又是什麼樣子？在遠東，康熙帝國正在光耀四表，權力全盛之時；這個帝國因爲在內面組織堅固，在外面威震四方，而又依靠孔教之上，所以它就指示一種「統一」和「緊閉」來，在那裏是沒有任何懷疑，任何不安的餘地的。那個皇帝自己是一切科學的保護者和崇拜者，他眼光遠大，氣宇深宏，毫無種族熱狂或宗教偏見。對於外國學士，他也以世界之人的眼光來看他們，實際上他看他們寧是一些博學的數學家，天文學，建築家，地理學家，以及別的，而不甚認他們是給人類靈魂帶來新的教義的人。與此對照的，歐洲的景象則是：因三十年戰爭而被粉碎於敵愾憎惡之中，大部分成了貧乏而悲哀的，深陷在無知和迷信中。就在一六四八年構和以後，這個荊棘遍地的歐洲，也不曾得到眞實的和平。瑞典在查理十世和布倫登堡之下對波蘭處於戰爭之中，但是到了一六五七年以後，它除了波蘭以外，又把丹麥，奧地利，俄國，荷蘭，和他從前與它聯盟的布倫登堡，做成仇敵。查利十一世在法國的蔭庇之下，同布倫登堡和丹麥，陷於苦戰之中，在查利十二之下，這個北國與俄國和多數的聯盟國（最後英國和普魯士也加入其中）的戰爭使歐洲從一七〇〇年至一七一八年之間處於紛擾之中。同時又洶湧起西班牙的王位繼承戰爭（一七〇一——一七〇四），而且對「土耳其危險」所懷的那種恆常的恐怖也把一切人都禁錮起來。那正是充滿了憂患與紛擾的一個混亂時代，它是難以嘉惠科學和藝術的，它與東方的和平，秩序，繁榮比起來，正成了一個強烈的對比。

萊勃尼茲 Gottfried Wilhelm von Leibniz 的生活正落在這個時期。他是一六四六年生於萊勃齊格的，從幼時起他就是一個倜儻不羈，胸懷大志的人。十七歲上他就著了一篇哲學論文，題名爲個體原則 De principio individui，二十歲上他就在其故城申請博士學位，但是因爲他年輕之故，却被拒絕了。他被這種鄙俗心理激怒了，因而他就離開故鄉，而從事於旅行。在農堡 Nürnberg 他在一六七六年認識了綿茲 Mainz 選帝侯的臣宰保乃堡 Boyneburg，並由他介紹得以在外交界和政界任職。但是這個好動惡靜的人不讓他自己糾纏在當時的渺小問題中，他恆常着眼在全局之上，他的眼光能以超出現代，他在到處都可以窺見種種可能，草就種種計劃。他把哲學帶在政治中。在他那無所不包的精神之中，「存在」與「發生」的兩個部分都連繫在一處。這裏的基本思想恆常是：「把一切分離的事情都聯合在一個全整之中」。那個「偉大的和諧」應該照創世的上帝所願意的樣子建立起來。他的一切計劃，一切要求，都必須在他這個思想原則之下被理解。因而他也想把四分五裂的歐洲連綴起來。他夢想一個信仰基督教的神聖羅馬帝國，而且以爲世界上非基督教的地帶都應該與那個帝國連合起來。但是實現這種企圖的時間還未曾來到，一切還都是戰爭，各地還都在各自爲戰。其次他又想把德意志人和法蘭西人連合成爲一個大的團體；這個大的團體還應該進一步活動，來安撫歐洲；一切歐洲國家都應該把海外地帶獲得了，與以監護；內外的治安 Securitas publica interna et externa 是他的目的所在；因爲他覺得，只有這樣，各種科學才可以得到正常的培養，而完成了提高人類的使命。爲着手第一步基礎穩固而可以及遠的計劃起見，他就慫恿法國來征服埃及。人們曾說，他用這種計劃正是要使路易十四的野心擺脫開德國。那是可能的，不過他似乎更是被他那個基本觀念所決定的，萊勃尼茲已經知道了埃及在地理上的重要；要把地中海與紅海連合起來，航行遠東的路線就可以得到。埃及如果委於蠻族（即土耳其人），那在他看來就是分割，它要是解放了，受歐洲的領導，那就是結合。他本着這個確信，曾經寫道：「在印度的這一面與歐洲的那一面之間，有一個合流點和貿易點」，但是在此以後，那條路就該再往遠去到了中國——這個地方還是第一次出現於他的眼界中的。 一六七二年萊勃尼茲到了巴黎。 在那裏四年的居留期中，他究竟見過國王路易不曾，那是不能證實的。 無論如何，他看到法國正是將來實現他的計劃的那種權力。 它的財富和它的光榮是有繫於歐洲的和平的；因而他就斷言說：它必須確保歐洲的和平，而消滅了土耳其危險。基督教國王的國家有在各方推廣基督教文化並確保世界和平的義務。 他的意思是說，「並不是一個普遍的君主制，乃是對於各種事情要有一種公共的管理或判斷」。 萊勃尼茲的計劃終歸幻滅了，因爲許多人事關係是比他的全部「偉大和諧」的確信更爲强固的，不過這個觀念自身並不曾死亡了，而只是在尋求新的途徑的。

一六八九年萊勃尼茲在羅馬認識了從中國休假居留在那裏的耶穌會神父閔明我 Grimaldi。 他早已知道了耶穌會士；大約他們在他停留在巴黎的時候就引起他的注意來。不過他在那時候知道他們只是有學問的人，尤其是數學家和哲學家，他們的教會的活動對他並沒有特殊的興趣。 耶穌會在一六八五年才得到法國的蔭庇，在此以前它的特質是葡萄牙一兼意大利的。 不過萊勃尼茲新認識的閔明我乃是意大利人。 那位神父很詳細的講述了他在中國的經驗，講述了教會的地位，講述了那個國土本身，尤其講述了那位權力赫赫並對一切科學顯示那樣熱烈興趣的統治者。 這個消息給了萊勃尼茲以一種極强烈的印象。 他原以爲四分五裂的世界必須聯合起來，這種思想在此時又很强烈的刺激起來。 這裏有一個他一向未曾猜想到的新的文化世界（如他所瞥見的），這裏有一個科學和藝術在其中發榮着的强大而秩序良好的國家，這裏尤其有一個學者兼哲人的皇帝，他能以分出時間來與教士們工作半日，並討論各種問題。 但是他還不曾預想到，他的「偉大和諧」正在孔教的大同主義中找到它的精確的對稱。 現在中國教會就成了他那包羅一切的「思想過程」的一部分，就成了連合東西的一道橋梁——在這道橋上東方和西方的精神寶藏是當一來一往的交換着的。 因此萊勃尼茲就開始了與耶穌會士的那種意義豐富的聯繫，那種聯繫緊在他死前也不曾停止了。 不過他在內心，一定早已準備好接受這種新的種子。 在一六八七年耶穌會士那部題名爲中國哲學家孔子或中國學拉丁解釋 Confucius Sinarum philosophus sive scientia Sinensis latine exposita

的著作巴黎出現了。在同年十二月萊勃尼茲已經致書赫生—萊因福方伯 Landgraf von Hessen-Rheinfeld 論及此事，並且顯露出他對於這個，已經有了精確的知識。不過他關於中國所發表的文章這還不是第一次。早在一六六九年他曾經給皇帝草就一篇文章，題名爲在德國建立學會以便提倡藝術與科學的旨趣書 Grundriss eines Bedenkens von Aufrichtung einer Societät in Teutschland zu Aufnehmen der Künste und Wissenschaft。這篇文章並沒有完成了，它的內容完全是烏托邦式的，不過它的結論却指示說，中國已經使作者從事研究它了。那裏對於醫生的無能有一個銳利的判斷說：「在醫事方面中國的規程不論如何愚蠢奇僻，而它總比我們的要好些」。（見 Harnack 普魯士皇家會史 Geschichte der Königlich Preussischen Akademie der Wissenschaft zu Berlin 第一卷，第一分册，三十頁，註文）。在那時候，他所由以求得關於中國的知識的來源，大概就是一六六〇年斯庇蔡禮 Spizelius 所印行的中國文藝評註 De re litteraria Sinensium commentarius，和姬爾雪 Kircher 一六六七出版的中國歷史圖解 China monumentis illustrata。後來他在一六七九年曾致書於布倫登堡選帝侯的侍醫埃爾和 Elsholz 詳細討論柏林教長穆勒 Andreas Müller 打算出版的中文祕鑰 Clavis Sinica ——那部書是要成爲解釋中國字的一個鑰匙的。後來他曾一再提到我們所熟習的這位穆勒先生和他的祕鑰（比較下文）。因此他與閔明我的長期交接必然已經在他一方面找到一個準備好的園地，不過從此以後中國和中國的精神世界却對於他顯現在一個充分新的光亮下。

現在他對於中國發生了一種熱狂的求知慾，他對於它的全部精神生活和全部經濟生活，都發發了一種興趣，正如對於它的全部地理關係和全部物理關係似的。閔明我剛一起程，他就在一六八九年給他寄去一張表單，列舉了三十個問題，讓他回答。閔明我在半路的高亞 Goa 接到他的信，並且寫信回答他；除了別的以外，這裏有一段說：「您的別的問題是繁多而重要的，爲解答這些問題起見，我將利用我那分散在中國各省的同僚們的工作……以便蒐集；結果全部……我將告知您」。不過萊勃尼茲並看不到這裏有如許困難。他以爲中國人必然義不容辭的把他們那從來未曾傳至西方的知識和科學與歐洲互相交換，因為中國人要是單獨享受與西方交通的利益，那是不公道的——因為西方已經把它的精神的產物拿來供中國人處理了。

從此以後他就與教士們開始了書信往還，而且在後來從未中斷過。他最常給寫信的是閔明我，其次是利國安 Laureatus 和別的人們，不過從一六九五年以後，他與之最常通信的人是維茹 Verjus，白晉 Bouvet，洪若翰 Fontaney，和劉應 Visdelou。他始終不停的向教士們要求種種報告，寫給他們種種問題，給與他們種種鼓勵，勸令他們繼續研究，繼續搜集。任何知識範圍，任何一個問題，都不在他的興趣範圍以外。許多問題現在在我們看來是異常天真的，那些教士們的耐性（這可於其書信中看出來）常是受一種很艱辛的考驗的。他要把易經上的六十四卦（或者如他所表示的，伏羲的字號）解釋出來，而且他這種解釋正用着是他在一六七九年所發明的算法（二進算法 arithmétique binaire或calculus dyadicus或二進級數 progressio dyadica）。他想用這個方法把一切都還原於 0 和 1 兩元，那就是說，那個方法就是「虛無」和「無盡」的結合法則。0 與卦中的 - - 相應，1 與「—」相應，因而他就把六十四卦總括的排列在數圖中，從 0 起而終止於 111111。他很興高彩烈的在他的書信中一再談到這種發現，「他對這種發現顯然是很自負的。他以為 0 就是在創世之前的虛空，1 就是上帝，兩者就是天和地，如此等等。這個方法（他是確信此法的）對於中國人一定是一種啓蒙，因為藉着這種方法，他們那意義失傳的古代哲學才可以重新被人理解了。(一)

(一) 萊勃尼茲的發現，一向很奇特的不為人所知道，不過近來却被中國學者所詳細討論 A. Waley 在倫敦學會，東方研究學校公報第二卷（一九二一）一篇題名為萊勃尼茲與伏羲的短文中(一六五頁以下)，曾經注意於此，隨後又認易經中的卦為中國人在紀元前三千年時的一種排列算術。伯希和 Polliot 在通報二十一卷(一九二二)九十頁以下也偶附吐露了他關於那個公報的批評，並且懷疑它是否可以採諾。他曾提到迦魯士 Paul Carus 對於萊勃尼茲方法所寫的一篇小册子，不過他未曾詳細加以描寫，這篇文章我並不曾見到。赫埃 E. Hauor 對於威廉的易經版本 Yi-king Ausgabo 曾在東亞雜誌 Ostasiatischo Zeitschrift（一九二五）二四二頁有一篇評論，在那裏他曾提說，萊勃尼茲的方法曾在霍布特 Johann Thomas Haupt 一七五五年出版的中國始祖及第一位皇帝伏羲遺著易經的新而詳細的解釋 Neue und vollständige Auslegung des von dem Stifter und ersten Kaiser des

在一六九七年十二月二號給維茄的一封信中他曾表示了一個希望，就是：他用他的數學方法或許終久會發現出絕對的眞理來。「……是一種奇異的幫助，它可以使自然宗教中最重要最抽象的眞理（啓示宗教正是接枝在這上面的）甚至被最遼遠的民族所欣賞，雖然他們的語言與我們的是極相差異的，就如中國和別的國家」。 在一七〇三年他又寫信給他道：

「我很願意知道，伏羲的圖形中每一個數目上所附的中國字有何種意義，並且請求「大師」把它的解釋寫給我，如果這種工作不至給您許多麻煩。 很顯然的，它們是近代人們所杜選的一些解釋或解述，以求知道它的眞正用法的，就是0和1的演算法。

如果您看到，現在的中國人還不知道這種演算法，那麼大師可以大胆在中國皇帝和著名學者之前聲言，歐洲已經發明了一種新的方法，藉0和1的演算，把伏羲卦形的眞義和殘闕之句的眞義解曉出來。 這在我看來並非不重要的，它可以使中國人重視科學，並因而重視我們的宗教。 這可以使他們大為期望那些尙待發現出的祕密，甚至可以給我們一個自由的園地，來發明一種新的文字 以賡續伏羲的符號，並開始了觀念的解析，和我所計劃的那種奇妙的演算。 這種神祕的神聖的文字還可以給我們一種方法，使我們把哲學和自然神學的最重要的眞理徐徐導入中國人心中，以便使達到啓示宗教的途徑容易起來。 這種文字雖然是完全新的，或與中國人的完全兩樣，可是它是有利於伏羲，而可以接受的，而且它終於會成為近似語言的一種東西，尤其在最高等的學者之間，在最開明而最服膺伏羲的學者之間——結果甚至値得專立學會或學校。 因而這種發現對於中國全部有一種極大的意義，如果在您們方面或在歐洲，人們知道如何來

---

chinesischen Reiches Fohi hinterlassenen Buches, Yo-kim genannt中被提到過。在柯爾第耶Cordier的中國書錄 Bibliotheca Sinica 中，柏希和在一段附言中曾經提到，白晉在一七〇八至一七一五年之間，知道如何以他對於易經的理解，引起了康熙帝的興趣，據那種解釋說來，卦正是原始的神聖啓示的痕跡。 白晉究竟在何種範圍內受了萊勃尼玆的影響，那還是尙待證實的。 他是很容易受這種影響的。——人們對於萊勃尼玆的巧妙的卦解，應作如何態度，那是一般的有繫於人們對易經的本質和目的所有的見解的，但是對於這一層，人們都知道，中國學者的意見是極其參差的。 對於這種事情自身要作一個詳細的探究，在這裏自然是不可能的。

受它的益處。」

白晉在另一方面則在一六九八年二月二十八日從拉羅希爾 La Rochelle 給他寫信說，中國字或者可以推源於埃及的象形文字。「……我確信我們將來有一天可以做一個完全的解析，並且或者把它們還原於埃及的象形文字，而且我確信，我們只須解證出某某字是洪水以前學者間所用的文字就是了。」他以爲伏羲的卦「就在一個很簡單很自然的方式下表像出一切科學的原則來，或者換一種較好的說法說來就是，它是完善的形上學的完全系統，不過中國人似乎在孔子以前好久就不得其解了。」這種符號的眞義，倘使可以發現出來，那就可以恢復了中國古代的眞正而合法的哲學原則，並且或者可以使全中國迷途知返都認識了眞正的上帝。關於這個問題，來勃尼玆在一七〇三年致白晉的信中曾說（沒有確定的日期）：

「大師在尊函最後兩頁，曾經提到，在古代的中國人方面，關於至高的上帝的崇拜和眞正的啓示出的宗教，有一些標記和痕跡可以在他們的文字中和經典中找到；這個意見在我看來是極其重要的。我一向常愛相信，古代的中國人，正如古代的亞剌伯人（親見約伯記的人），和古代的色列特人（那就是說日耳曼人和高盧人）似的，是遠離崇拜偶像，而寧敬奉崇高的原則的。」不過他並不相信埃及象形文字和中國文字的關係。他在同信中又寫道：

「關於埃及的象形文字我不知如何說話，我難以相信，它們與中國的文字有任何契合關係。因爲在我看來，埃及的文字是較爲淺俗，而十分近似感官的事物的，（如動物和別的），因而它們也近乎寓言。至於中國字或者較有哲學意義，而且似乎是建立在較有智慧的考慮上的——如給與數目，秩序，和關係的那些考慮，因而只有一些與各種物形不相似的筆畫。我知道，有些人根據中國與埃及字形的一種假設的相契，就相信中國是埃及的一個殖民國，不過這種可能性是很少的」。

以洪水期前中國人曾得到啓示的這種思想似乎有一個時期曾享有耶穌會士的特別喜愛。在中國哲學家孔子的序言 Prooemialis declaratio 第五節中曾經說道：「人們已經證明，中國洪水是最近的，而且甚至崇拜眞神的觀念在原始就教給他們。」又說：

「有些證據已經證實了：在中國人方面有眞神的觀念曾經存在過」。萊勃尼玆是完全傾向於同意此種說法的，如他在一六九七年出版的現代中國最新歷史例解 Novissima Sinica historiam nostri temporis illustratura 所表示的。在這部作品中他對於中國的崇拜就達到了最高點。它是對於中國人的實踐哲學 Practica philosophia 的一種歌頌——這裏所謂實踐哲學即是那曾經做了全中國的模範的生活指導的中國的倫理和政術的教條；那種指導是在歐洲所難找到的，而且人們以爲它要是離了上天恩眷的影響和基督教的訓練，就是不可能的。他特別稱讚中國的統治者，這位君主由於他的「偉大」差不多超過了人類的體量，而且他被人看做是一個塵世的上帝，因而凡他所願意的都可以成就，但是他仍那樣精修德行和智術，而且他好像以爲他那樣一個身份還應當對白人的法則和信仰，表示驚人的服從，並在這一方面超過他的一切臣宰。在另一方面，則四分五裂的歐洲景象在萊勃尼玆看來是至感不慰的。他在中國新史中說：「在我看來，我們的景況，已經是江河日下，風俗的敗壞已經是日益加烈，因此，人們正該以爲，中國的教會應該派遣在我們這裏，以便把自然神學的目的和實踐教給我們，一如我們把我們的教會派遣給他們，教他們以啓示的神學似的。因此，我相信，一個哲人如果不是被選來評判諸女神的美貌，而是被選來評判人民的卓越，那麼他一定會把金蘋果給與中國人，如果我們不是因爲那個惟一超人的祝福，就是，藉上帝所賜的基督教，超越了他們」。這部書是匿名發表出的，只題着他的名字的前一個字母 G.G.L.，它當下轟動了一時，所以在一六九九年，就必須再印第二版了。書首插入白晉所畫的康熙帝三十二歲時的肖像。在同樣語調中，萊勃尼玆又在一六九五年七月六日致維茹的信上關於在中國本身所湧起的那些大問題曾經寫說，「以聰明自驕的歐洲人實在有一種羞恥（！）因爲他們是玩物喪志，而忽略了最大的事情，把良心，光榮，和利益，都看得一樣有趣味的。」維茹在一六九七年十月十八號在致萊勃尼玆的信中，也曾對於歐洲的墮落情形表示出同樣的失望來。他打算再往中國多送些教士，「以便從事使這個大而繁榮的帝國歸化正教：在那裏正有理由希望，我們可以在不幾年中，比在歐洲全部，找到較多的眞正基督徒」。當下雖有了多少挫折，可是我們的哲學家的最後目標仍是那個偉大的和諧，那個和諧是當藉精神的和物質的產品之互相交換而完成的。在一六九五年四月二十五日他曾寫信給維茄說：「我的全部傾向都只志在這個目的，」就是，「要能給公衆貢獻大的服務」，而且他在一六九七年十二月十二日給白晉的信中也曾爲他的書信的完身而辯解說：「我所以這樣不憚詞費，乃是因爲我熱心推進上帝的光榮和人類的福祉，而所以推進之道則一面在於傳播基督教，一面在於增加堅牢的科學，因爲那些科學可以使我們更爲贊美萬物眞宰的智慧和權力，並且更可以幫助人們」。

萊勃尼茲在企圖征服東亞世界方面，不但被這些偉大的哲學思想所籠罩了，而且他還被無數別的個別問題所束縛住。語言，書法，文學，地理，各朝歷史，編年史和史論，天文學，醫藥學，處方，治法，造紙法，印刷術，磁器等，沒有一樣不是他所注意到的；而在一切之上，他尤其要求教士們的詳細的報告。他曾一再訴說：當時德國學界那個令人不快的人物，柏林教長穆勒，不把他那部解釋中國文字的中文祕鑰印行出來，而卻藉口於布倫登堡選帝侯的禁制，憤憤然在死前把它焚燬了。（萊勃尼茲在一七〇五年八月十八日給白晉的信中，曾相信這個人的大言，實則他是不配如此相信的）(一)

(一) 穆勒因爲對於東方事情的博學，所以他是當時一個馳名的人物。他大概是在一六三〇年生於離斯式廷 Stettin 不遠的格雷萊哈格 Greifenhagen（在鄂德 Oder 河上）。一六六四年他以教長資格到了柏瑙 Bernau ，一六六七年又到了柏林的尼古拉教堂，一六七五年成爲選帝侯宗教法院的一員。關於他的傳記方面的材料，現在所存在的，穆勒博士 Dr. A. Müller 曾在一八八〇年十二月二十七日在斯式廷的德國東方學會大會的開幕演詞中搜集起來，並在那個學會的期刊三十五卷中（一八八一）發表出來。比較麥凱爾 Merkel 萊勃尼茲與中國教會二十二頁，註三。在柏林大學圖書館中發現有一六九五年出版的他的全集，題名爲格雷萊哈格的穆勒關於東方的一些短著 Andreae Mulleri Greiffenhagii Opuscula nonnulla orientalia。在柏林圖書館中或須還有較古的單行本；柯狄耶 Cordier 曾在中國學目錄中引證過一些（二十九頁後半面以下）。我們在那個全集中找到一大些題目動人的關於中國的著作：如一部中國史 Historia Sinensis（依照波斯人亞布都拉・亞布・塞德 Abdullah Abu Said 寫的）；一部大明時代中華帝國地理名彙 Imperii Sinensis nomenclator geographicus alphabeticus ad aetatem Tai-Mingarum；一部中國之龍 Basilicon Sinense（是根據衛匡國 Martin Martini 邸夏厚 Mendoza 等人而寫的一部皇帝世系）；一部中國史地研究 Disquisitio geographica et historica de Chataja（是對於「Chataja 是否即中國」的這個問題所做的一種廣闊的研究）；和根據姬爾雪的翻譯關於景教碑的檢討 Bearbeitung der Nestorianischen Inschrift nach der Übersetzung von Athanasius Kircher 以及許多別的。穆勒的一切研究都根據於第二道手的材料，他分明不能閱讀中國書籍，雖然他在一六六七年以後，開口就不離他的中國字的新解釋，而且他在他的「中國文字和印刷所包含的教訓比格雷布尼聰博士的路德派和改革派的教訓還要好 Besser Unterricht von der Sineser Schrifft und Druck als etwa in Herrn Dr. Eliae Grebnitzen von der Lutherischen und Reformirten Kirchen enthalten ist 一書中也是一再提說他這種新解釋的。弗朗克府的神學家，格雷布尼聰 Grebnitz 對於中國文字曾經發表了一種過激的意見：它是一種象形文字，「上帝」一名一出現於他們中，他們就犯了上帝的第二條誡命，因而爲魔鬼所乘。穆勒把他的全部祕密藝術封閉在他的中文祕鑰中，解釋中國文字的祕訣是隱藏在那裏的。在長時間中，他使世人爲這部書轟動着，可是他從來不曾把它的內容宣布出來。有的專家，如姬爾雪，閔明我，等，曾經探詢過他，但是，他卻謹慎小心，含糊其詞，並且先要兩千元以爲編纂祕鑰的必需費用。在一六七四年他先向布倫登堡選帝侯確保，他的發明要用布倫登堡的發明 Inventum Brandenburgicum（！）字樣作爲標題，但是自一六八一年受了嚴格的命令來完成其祕鑰以後，再也沒有什麼結果。他因爲人們對於他的藝術愈來愈不信仰，所以他就充滿了忿怒，而返回保穆恩 Pommern 去；一六九四年他死於斯忒廷；死前幾小時他曾把他的所有手抄本差不多都焚了，那部有價值的祕鑰也在其內。世人對於後一部作品也並無多大損失。在柏林的普魯士國家圖書館中，現在還有一個中文印刷機，它是一個大箱，中間有供印刷用的木製的中國活版字型，它是一六八五年穆勒送給選帝侯，供圖書館收藏的。關於這個印字機將來我還要再講到的。萊勃尼茲對於這個很令人可疑的人的大言，是很可注目的至終不改其信念的。即在一七〇三年，他還寫信給白晉說：「我相信前曾寄語閣下說，柏林的一個神學家名叫穆勒的在不幾年前已經死了。他是保穆恩人，他對於東方文學和一般語言知識可以說是是稱淵博，而且他給馬可波羅的中國做了精美的註文，他相信他發明了中國字的鑰匙，如他在一篇短文章中所發表的。但是人們知道，他曾需索大量款項，以便把它發表出來。我曾將他告給大師閔明我，閔明我在由維也納到波蘭的途程上曾想與他晤談。不過穆勒不曾前來相會。他有很大才具，不過他比較的是愛反覆的。已故的布倫登堡選帝侯似乎願意給他種種満意，可是他是桀傲不馴的，而且甚至由柏林退休於他的故鄉。他曾恫嚇說要在死前燒了他的文章，而且有的人說他曾經實踐了他的話。他好像不懂得伏羲卦中所隱含的算法，而且他也不夠一個足以考究這種算學的數學家。無論如何我不容易使自己相信，這樣一個有才能的人只願意稱謝自己，而卻連自己也沒有一點近似的理由。我猜想他或者已經發現出中文中普通流行的文字與原來象形的根字之間的一種契合，而且曾經注意到，有些小的增加可以把字根變化了，以便由它們造出一些衍字 dérivés 或複字 composés 來。

他一再迫切的要求那些教士們把祈禱書 Vaterunser 翻譯成東方各國語言。 他問說，亞洲和美洲究竟是否是聯繫在一處的一個大陸，而且人們對於阿穆爾河那邊的東海有何種知識，以及類此的問題。 當他聽說，劉應 Visdelou 寫作中國歷史時，他就讓他注意到各朝的年代和長短的問題。 他也曾考慮到六十花甲子的產生。 他曾聽說：中國有猶太社會，因而希望知道，他們用的是何種希伯來文。 他對於亞士托良派的銘刻有一種特別的興趣，並且請求人們給他以較詳細的報告，以便『塞住那些懷疑它的「眞實」的人們的口』。 他要求關於各省方言的詳細報告，他問焚書後有何種結果，而且此事以後所寫的古代文學是否可以看做是後人的杜撰。 他敦促人翻譯那些優於現代法律的古代法律，和天文學與醫學的著作。 教士們應當證實，中國是否常有痛風症，膽石症，壞血症。 當他聽說：中國皇帝下令編纂一部滿漢字典時，他就提醒教士們囑他們留心，把專門術語和科學術語，和各種圖像附加在內，而且那個字典全部自然應當翻譯成歐洲文字。 在一七〇七年十二月十三日他還寫信給白晉說：皇帝應該在學得萊勃尼茲的代數方法之後，把新字典送到歐洲互相交換。 他的偉大程序全部包含在一六九七年十二月十二日，一七〇三年(沒有詳細日期)，一七〇五年八月十八日，和一七〇七年七月二十八日給白晉的信中。 一七〇五年九月十二日維茹給他的信中，對於他的熱烈的好奇心微露責難之意：「現在神父們都很忙於上帝的工作，我可以說，忙於福音的傳播，並且忙於建設那裏所必需的建制，因此，我恐怕，科學的好奇心至少在當下要處於不利地步的。」 但是萊勃尼茲並不因此自行退却。 他對於教士們是不滿意的，因為他們對他並不曾為科學十分盡力。 在一七〇三年他曾經提醒白晉要及時利用時間，因為皇帝的興趣顯然開始冷却了。 我們知道，那時的禮制爭議已經開始了，而且文學的影響在康熙方面也比先前强烈起來。 在一七〇五年八月十八日給維茹的信中，他曾抱怨說：「您既然照管着外國的教會，並且惠我實多，使我得以同教會神父們書信往還，所以我已經不時利用這種機會，而且我希望歐洲人也應當稍為利用他們在中國的機會，在那裏有所發現。 因為我恐怕當中國人學會我們的科學之後，他們將有一天把歐洲人驅逐出去。 所以我覺得一個人必不可坐失時機，必須用我們的知識同他們的互相交換，以便補償自己。 因爲我雖然見您們教會的大部分很鄙薬中國的知識，可是他們的語言，他們的文字，他們的生活，他們的藝術和製作，甚至於他們的遊戲，與我們的比起來，是很相差異的，好像他們是另一個星球中的人似的。 因而我們只要對於他們的生活習慣作一個單純而精確的描述，那一定可以給我們以很重要的知識，而且在我看來那種知識比對於希臘和羅馬的禮節與器具的知識還要較爲有用，雖然學者們對於後者很有興趣。 教會的所事誠然在於宣揚宗教，不過正是在這裏，關於象形文字，關於古書批評，關於中華歷史，甚或關於中國科學和其來源的考察，是最重要的，因爲它可以證實了聖經的歷史，可以使神學較易爲中國人所領受，並且可以使他們復返於他們祖先的精神；我相信他們祖先的精神是較接近於古代希伯來人和其他尚未被「偶像崇拜」所沾汚的民族的精神的，如約伯記 Job 中的例子所使我們相信的，雖然索爾本大學 Sorbonne 的博士們可以說相反的話。

因而關於中國古物，語言，文字，歷史，哲學，和科學，的研究，對於宗教的傳播應該是很有用的，而且歐洲人也很樂於求得中國的有用的事物，以便與他們帶到那裏的科學互相交換。 這些研究是同別的研究，一樣包括在門徒的職務中的，因此，一部分教士們就應當主要的從事於這些研究；這乃是重要而合理的。 人們旣然從歐洲把大批的專門人士送到中國的種種行業中，所以這些人們將可以勝任綜合比較中國人的做法與歐洲人的做法。 而且據我看來，我們甚至有方法可以引動皇帝自己，對此有所貢獻。在這時候他在一七〇五年給維茹的一封不記天氣的信上，曾寫道：

「我在大師面前誠然不能掩飾，我很熱烈願望： 人們要注意，較諸已往更能利用機會，學習中國人的知識，而把它們帶到歐洲，以與教士們帶給他們的我們那些知識，互相交換。因爲，很顯然的，歐洲人將來有一天要從中國被驅逐出來，而痛惜其失掉的機會的。」

漸漸的，萊勃尼茲關於中國的有組織的計劃已經採取了堅牢的形相。 他願意歐洲與這個遠東國家的關係由科學的途徑永久建立起來。 他在一七〇四年七月二十八日曾向白晉詢問，中國是否有學園，大學，學院，或類似的建制，一如歐洲那樣；如果沒有的話，人們應當誘使皇帝建立它們，以便互相研究各種科學。為達這個目的起見，人們可以把滿洲人，中國人，和歐洲人，作為會員，而聯合起來，從事協作。他還想在另一個途徑下來把中國的知識大為推廣出去，並且在一七〇五年寫信給維茹說（沒有日期）：「為達這個目的起見，我們必須把特選的青年聰明之士送在中國，並把受了良好教育的中國人帶到歐洲來，而且我很盼望您們中間有十分之一的精練之人專心從事於此種知識」。

前述的禮制爭論，就是尊孔，祭祖，與基督教的關係問題，和中國文「天」字和「上帝」二字意義的解釋；這個爭論特別是由多明我會 Dominikaner 所引起，而且終於使人在教皇面前控訴了耶穌會派。在這個爭論中，萊物尼茲決定左袒了那被訴的耶穌教會，而且還對這個問題特別寫了一篇拉丁論文，題名為尊孔評議 De cultu Confucii civili。為基督教關心的許多方面所加於他的責難，他是安然忍受的。在一七〇〇年一月一日他已經寫信給維茹說：「我的一些朋友曾經責難我對於中華貴會所懷的偏袒意見，這一層使我相信，人們之以崇拜偶像控訴您們的新教友，實在是宽枉他們的。我很高興終於得見人們在羅馬所發表的論叢，它是在柯倫 Cologne 印行的，如果我們相信它的標題。可是在那裏我仍然不曾找出任何東西來，强使我改變了自己的意見。我總常想，一個人必須儘可能的給中國人的行事和學術以精良的解釋，一如聖保羅在雅典見了一個不知名的神靈祭壇時所為的那樣。若非如此，則人們定會有害於那在我看來最有益於基督教和全人類福祉的一個教會。這一層使我不得不按照我所冒昧陳於大師的話語來答復我的一位朋友，我因為對此頗有興趣，所以我很想知道，羅馬的事態已經演變到如何樣子。」

在一七〇五年他對於教皇的決定又向白晉如下表示說：「我極其稱讚教皇暫且不與決定「中國爭論」的那種決心，因為在我看來，要不先静聽一個偉大民族，並且也不先求認識它，而就來懲責它，甚或懲責它的祖先，那種做法是很可笑的。因此，我相信他之派遣一位賢能到中國去，是很得當的，雖然我想像，這個人要費許多時間才能把自己教導好，而且我懷疑，一個人要是不先明白了古代中國的文學（這是幾年才能做到的），他是否能以正確判斷他們和他們的學術」。

我們如果把我們至現在所知道的萊勃尼茲對於中國的見解——這只是他在書信中所發表的一小部分——綜合在一處，就已可以從這些零碎片段看到，這些見解實在包含着不少的錯誤，雖然也包含着許多正確的地方。 他對於各種科學問題雖然分別言之，有那樣驚人的理解，可是他對於中國人的判斷，總括言之，在我們今日看來必然是偏陂的。 他的行為在其死前的全部時間中已經指示出，他是如何着重教士們的活動的。他曾盡其全部能力來建立一個較好的郵政，並且利用了他與所有與此有關的那些有大地位的人們的關係。 在一六九五年三月三十日，維茹曾向他訴說：在巴黎已有五、六年沒有接到教士們由西伯利亞寄來的任何信件。 因此，他就求助於布倫登堡選帝侯，好使他呈請俄皇，採取必需步驟，而使東西的交通得以自由，得以保障。 在一六九九年四月三十日，他已經可以向維茹報告說：俄皇已經允許保障教士們自由旅行，而且路途也修理了，因此，旅行起來容易多了。 在一七〇三年他寫信給洪若翰說：「有的人告我說，自從埃魯特 Elutt 的國王覆滅以後，人們現在可以從波斯經由 Usbecs 到中國，就如從蒙古到中國一樣。 但是人們如果想確乎安然達到中國，一如您們從海上去似的，那麼這條路是比任何路都可取的。」 事實上，他已經認識了亞細亞洲的陸上交通的重要，正如他先前認識了地中海與紅海間水上交通的重要一樣。 在蘇彝士運河之旁，他已經設想到西北利亞的大路。 在他那偉大的將來計劃之中，俄羅斯一般演着極其重要的脚色，因為它被想像為東西兩個文化世界間的一個連絡之環。 在最新中國史中那篇給仁慈的讀者 Benevolo lectori 的序言裏第一句就說：「我覺得，由一種奇特無雙的命運安排，已經發生了下述的事情：就是，人類的最高的文化產品，在今日已經有幾分在我們大陸的兩個極遠的邊端匯合起來，就是在歐洲和中國匯合起來；中國正如東方的歐洲似的把地球的另一個邊緣裝飾起來。 此外，最高的神明又藉一種幸運的轉變，使下一種事情發生了：就是，當教育極高，地勢極遠的幾個民族相向着伸出他們的前臂時，在他們中間的一切也都得到一種較高的生活方向。 因為俄國人現在已經藉其廣大的領土把中國和歐洲聯繫起來……並藉那現在有絕大權力的統治者……被鼓勵起來，竭力模倣我們的文化狀況。』　這裏無須說，萊勃尼玆是在指彼得大帝而言的。

人們由此也可以看到，萊勃尼玆所想的「人類精神的偉大聯繫」觀念，並非祇是空洞的學說，而且他是在毫無休止的努力從事，想藉實行來把它們實現出的。　在這些活動方面，他不祇把俄羅斯認為一個連結之環，而把很不相同的兩個成分，如中國的思想世界和歐洲的思想世界，聯合起來，而且他還主張建設宏大的科學組合，使學院和學會得以成立。　這個思想已證明自己是極其有結果的。　它最初的結果就是普魯士科學會的建立，隨後又有德雷士登 Dresden 科學會之建立，再後又有彼得堡和維也納的科學會之建立。　普魯士學會已在一七〇〇年產生出來，維也納學會已在一七〇四年產生出來，至於彼得堡學會則延至他死的時候。　一七一一年他與俄皇會見於陶爾梟Torgau，他在那裏把他的觀念向俄皇解釋出來。　在這裏他又重新努力使俄皇對於中國發生了興趣，而尤其請求他保護西伯利亞的旅客。　如我們所已經提到的，他在一六六年已經為德國擬就一個德國學院計劃草案，在那裏他特別使人注意到中國。　這個計劃是茫無涯涘的，因為它是不能有結果的。　但是萊勃尼玆却在布倫登堡得到漢努威公主查爾洛特索菲 Sophie Charlotte 的支持，那位公主是與那位選帝侯聯了姻的。　他們先擬在柏林設立一個觀象台——現在的計劃已經謙抑了。　在一七〇〇年三月竣工的那個計劃的完成，雖由宮廷教師亞不倫斯基 Jablonski 所開始，實在是完全由萊勃尼玆的精神而出生的。　他在下邊這個片段內問說：「在法國，英國，中國，多年以來就有一個觀象台，為那裏的君主們增大光榮；在殿下的京城中是否也有這樣一個觀象台……可以設立，並最後是否可以有一個完善的中國學院……逐漸建立起來。」（見 Harnack 柏林普魯士皇家學會史二卷五九頁），萊勃尼玆在一七〇〇年三月二十六日給亞卜倫斯基的信中表示贊成他的計劃，但是他又附了一個詳細的計劃，以為新的建設之用；他在那裏並且說：「我曾有多次在公開的文字中痛惜別人說，人們使羅馬教士們只利用中國皇帝和臣僚的不可比擬的慾念和求知慾。　關於這一層我還有重要的詳情特別要提說。　我似乎覺得，上帝選了選帝侯為一個大的工具，並且已經預先把他準備好了。　因為在基督徒方面，只有在柏林可以建立那樣一個基礎，以為研究中國文學和傳播基督教義的場所。

(他這裏是着眼於那開始搜集來的中國書籍的——那些書籍是存在於國家圖書館中的。)對於這件事情，藉着特殊的天意，我與俄皇間那種不尋常的友好關係，已經在廣闊的韃靼地方和卓越的中國開了一道大門。經由這道門，我們與這立於歐洲對面的另一個文化世界之間，不祇可以進行一種貨物與製造品的貿易，而且可以進行一種光明和智慧的交易。」（見 Harnack 前書二卷八十一頁）。人們可以看到，「中國研究」，和與中國的聯合，在萊勃尼茲的學院建立方面已經成了一個主要宗旨，而且這個思想籠罩了他的一生。在他的建議中，宗教，和福音的宣傳，雖然在建設學術機關方面佔着首要地位，如他與耶穌會士的通信中有時所吐露的，可是他所以如此，乃是要迎合他所要求助的那些人對於教會的見解的。自然，「教會思想」對於萊勃尼茲並非不重要的，不過他所認為主要的事情自始至終只有科學。

萊勃尼茲在其包羅世界的計劃方面，並關於中國問題，受了無數的打擊和激烈的辱罵。他誤認了新興的滿洲時代的中國，正如其誤認了他那時代的歐洲似的。他被一個幻夢籠罩着，而且他至死還相信這個幻夢。當他在這一方面經了失望之後，他覺得這種原因不在事情本身，而在從事的人。約在一七〇五年他與耶穌會士的關係開始冷却起了，他的書信也少了，而且往往充滿一種激烈情緒。他不滿意於他們的工作，並且在一七〇五年八月十六日很沮喪的給蘇朗堡 Schulenburg 的司令寫信說：「現在我正在寫一些寄往中國的長信，因為一個為皇帝管機器和鐘錶的神父曾經要求我的一些發明。我也返回來對他有許多請求，並且對他那些給我寫過信的伴侶也作同樣的要求，而且我勸這些神父們給我們求得中國人的知識，藝術，和製作（這些是很夠重要的），以同耶穌會士給他們帶去的我們的知識，藝術，和製作，互相交換。若非如此，則中國人在學會我們的科學以後，將會非笑我們，並把所有歐洲人都驅逐出去。(二) 我若是年輕的話，我一定要去俄國，甚或遠至中國，以便確立這種文化的交通。藉着我所發明的那種用0和1來標記一切數目的二進演算（關於這個，德雷士登的但蔡禮先生

(二) 萊勃尼茲在一七〇五給維茹的信上，也表示過這個意見（見上文），要證實他是根據什麼觀察或消息得到這種意見的，那一定是有價值的。

Tenzelius 曾在其居留德國的一個月中給了一個描寫），人們已經解釋了伏羲畫卦的意義——伏羲是中國的一個最古的君主，約生於三千年前。」 他在一七〇七年十二月十三日又寫信給白晉說：「我是不憚煩的一再敦促您的，(三) 您們應當利用良好的時機，把中國人的知識，帶囘歐洲來，以便與您們帶到中國的歐洲的知識互相交換。 若非如此，就恐怕中國人在相信自己已經無須乎我們的時候，將把一切歐洲人都驅逐出來。那時候人們將痛惜已失掉的機會。」 在臨死的時候，他還寫了一篇論中國自然神學的論文，他似乎不曾完成了這篇論文。 在一七一六年春天，在其最後的信中，他還提到它，在此以後，「死亡」就在十一月十四日把他招去。

萊勃尼茲是能觀察遼遠的「將來」的一個預言家。 一個法國傳記家曾說：「他說起現在來，就彷彿他看到將來似的。(四) 他跑在他的時代以前的幾個世紀。 他所預見到的許多事情有的在過去已經實現了，有的在二百年以後還在概念中將待完成，有的是永不曾實現的，因為它是反着事物的本性的。 他所夢想的中國與歐洲的精神聯繫屬於第二種。 當萊勃尼茲活着的時候，這種完成的時期不論對中國，或對歐洲，都還不曾成熟了。 必須先有一翻革命的事情發生起來(如我們所經過的那些事情)，然後「成熟」才能發軔。 現在這種聯繫也並不如萊勃尼茲所一度相信的那樣驟然而來，它也不是經過少數人（不論他多麼聰明）的活動而成就的。 這樣一種聯繫，要想成為永久的話，是必須反着各種傾軋的意見，由有機的途徑生長起來，慢慢的，恆常的，如一棵植物似的，經過生長的過程的。 現在這種「聯繫」所藉以完成自己的那些狀況是什麼樣的呢？ 一方面說來，它們是較為優惠的，因為現在兩方面的知識都比當時進得深了；另一方面說，它們是較不優惠的，因為政治的和經濟的情勢現在已經較為困難，較為複雜了。 歐洲各民族因為憎惡與仇恨之故現在比十七世紀更為破碎起來，沒有人相信，

(三) 這是從維琪兒 Virgil：Aeneis 中三卷四三六引來的一句話。 Et repetens iterumqve iterumqve monebo.

(四) 見 Jean Baruzi 所著萊勃尼茲與世界宗教組織一〇五頁， Leibniz et l'organisation religieuse de la terre（一九〇七，巴黎版）。

這種狀況是與萊勃尼茲所夢想的「公共治安」相應的。 中國的情形也是這樣。 但是萊勃尼茲那個強烈的信仰仍可以成爲一個模範；那個信仰就是：在精神界中，東方與西方的聯繫是必須不停的往前進行的。 但是我們「先知」的這個幻夢的實現可能性就止於此。 他所說的「內外的治安」，就一個正確的被理解的歷史經驗所教給我們的，是永不能來臨的，只要人類還是人類，還在建立民族，還在依照自然法則努力以求適應。現在我們比幾世紀前已經更遠離開那個美觀的目標了。

士榜格的教育與文化思想

Eduard Sprangers Gedanken über Pädagogik und Kultur

王 錦 第 著

（1）士榜格的生平　（2）他的心理學　（3）他的教育思想　（4）他的文化哲學——單元文化與多元文化 (Kultur und Kulturen)　（5）教育國民性，精神科學，（6）結論

士榜格 (Eduard Spranger) 在一八八二年六月二十七日生於柏林附近利西特非德 (Lichterfelde)，他的父親是一個商人，名法蘭紫・士榜格(Franz Spranger)，當他幼年的時候，曾肄業於多羅台恩(Dorotheen)市立的實科中學及灰色修道院(Graues Kloster)附設的文科中學，後來進入柏林大學，當時哲學家底爾堤（一）(Wilhelm Dilthey 1833-1911)正講學於該大學，士榜格受他的影響最大；一九〇五年得博士學位，至一九〇九年遂被任為柏林大學的講師，一九一一年來比錫 (Leipzig) 大學聘他做木伊曼 (Ernst Meumann) 教授的繼承者，遂為教育學副教授，翌年復升為正教授，到一九二〇年哲學

（一）底爾堤曾任巴思路 (Basel)，珂耳 (Kiel)，波來思登 (Breslau)，柏林 (Berlin) 等大學教授，為黑格兒後最偉大的精神史研究者，他的主要著作有人文科學導言 (Einleitung in die Geisteswissenschaften, 1883)，關於描述與分析心理學的意見(Ideen über eine beschreibende und zergliedernde Psychologie, 1894)，精神科學之史的建立 (Der Aufbau der geschichtlichen Welt in den Geisteswissenschaften, 1910)，等書。他的弟子除了士榜格外，有李特(Theodor Litt)諾爾 (Hermann Nohl)，米世 (Georg Misch)，夫仁克雷 (Max Frischeisen-Köhler)等人，都是當今世紀人文科學的權威。

大家利爾(二) (Alois Riehl 1844-1924) 告老辭職，他又被聘爲柏林大學教授，士榜格的專門學問是哲學與教育學，特別是在文化哲學上，他是世界的權威，他的立場是繼承底爾泰之精神科學派所謂「生活哲學」(三) (Lebensphilosophie)，同時也受新康德派的影響，屬於文化教育學派，一九三六年士榜格曾到遠東來講學，這次的講演收在兩部集子內，一爲文化哲學的諸問題(Probleme der Kulturphilosophie)，一爲教育學講話(Pädagogische Vorträge)，當他在日本以交換教授資格講學的時候，中國的哲學家與教育家曾計劃着請他順便到我國來講學與參觀，但因事未得如願，這次的士榜格的講演當然代表他最成熟的思想，同時著者也曾聽過他講演的一部份，並且因爲是講話體的文章，聽起來或讀起來也比較着容易，士榜格的著作，有的實在不好讀，著者現在只能就他所了解的士榜格作一簡略的介紹。

在講士榜格的教育與文化思想以前，我們先要敍述他的心理學；心理學本身雖然也是一門獨立的科學，但是它往往做爲其他科學的基礎，換句話說，人文科學時常以心理學上的成就或原則爲根據，如政治學，經濟學，法律學，社會學，教育學都是離不開心理學的前題，特別因爲近數十年來心理學的長足進步，簡的好像是一切人文科學而沒有心理學的堅固基礎，便如同建築在沙漠上一樣，士榜格的教育學與文化哲學當然也不是

(二) 利爾生於鮑森 (Bozen)，任葛拉茲 (Graz)，富來堡 (Freiburg)，珂耳，哈路 (Halle)，柏林等大學教授。他的哲學是批評主義的，實證主義並且一元主義的。主要著作有哲學的批評主義及其在實證科學上的意義 (Der philosophische Kritizismus und seine Bedeutung für die positive Wissenschaft, 1876—1887)，尼采 (Friedrich Nietzsche, 1897)，現代哲學敍論 (Einführung in die Philosophie der Gegenwart, 1903)。

(三) 「生活哲學」是一種哲學上方法，它不輕視用邏輯的思考，而着重於「感覺」(Gefühl) 與本能，與主知派相反，是浪漫的 (Romantik)，神秘的 (Mystik)，而不是古典的 (Klassik) 與合理主義 (Rationalismus)，是「觀感的」(Anschauung) 而不是「概念的」(Begriff)，是自由的，而不是運定的，是「造化的」(“Schöpferisch,,)，而不是「機械的」(“Mechanisch,,) 是「全體的」(Totalität) 而不是「分子的」(Atomismus)，屬於這一派的有哈曼 (Hamann)，赫德兒 (Herder)，哥德，菲希特，叔本華，尼采，柏格森，叔雷爾 (Scheler)，施彭勒 (Spengler)，克斯林 (Keyserling)，覺路 (Joël) 及底爾堤等人。哥德曾經說過：「感情是一切」(Gefühl ist alles)，這就是「生活哲學」很典型的一個例子。

例外，他關於心理學的著作，成本的及散篇的很多，現在我們只把所講兒童青年心理及成人心理，以及他在心理學上特殊地位與見解，略述如下。

士榜格在人生的型式英譯本序文上曾經說過，學問中最難能可貴的是對於「人」的研究，關於「人」的研究，若僅依人種(Rasse)，民族 (Nationalität) 與血族 (Clan) 去分別人類，乃是族系(Genealogie)的分別，而非形態(Morphologie) 的研究，而他在心理學上所採取的方法，在區別人類的型式，特別是心靈的型式，在心理學史上在這一方面致力的有希臘哲學家提奧夫剌斯塔(四)(Theophrastus)著的性格 (Charaktere)一書，乃是根據着人的顯著情緒加以區分，這書實在是世界上極重要的文獻，士榜格關於「人」的研究與區分，認爲人不僅受自然環境的條件所支配，如其他的生物或滯留在原始社會的民族，同時更要受文化環境的影響。他曾說：

『人不僅生於一個自然環境中，同時還生在一個文化環境中，人在現時業已成就的階段上，關於生活的組織與保持有賴於文化力方面者，何嘗異於他所依恃與所慣於受節制的自然力呢？所以人在現時所表現的各種差異，不僅爲生物界的差異，兼爲精神界，卽文化界，的差異，我於本書首自精神界的見解討論此問題』。

（見人生的型式英譯本序文）

我們由士榜格的這段話中，就可以知道他對於心理學所持的見解，他所以如此，並非士榜格以爲生活的生物學基礎，無關重要，不過因爲科學家對於生物方面的研究已很精密，而至今仍忽視「超生物」(über-biologisch) 的階段，所謂「超生物」的階段就是在於純然應付僅維持生活的各情況外，而以諸「意義內容」爲注意的標的。 在英美與大多數法國科學家，對於這一方面的研究，認爲是社會學的問題而在德國則於思想上另開一途徑，稱爲「文化哲學」(Kulturphilosophie)，而士榜格的心理學則着眼於文化環境下所形成的生活形式。

士榜格是底爾堤與波爾森 (Paulsen) 的高足弟子，他從這兩個教育大家得到強烈的

（四） 堤奥夫剌斯塔 (Theophrastus 372—287 v.Chr.)爲希臘哲學家。 先後學於柏拉圖與亞里斯多德，晚年爲「逍遙學派」 (Peripatetische Schule) 的領袖。

鼓勵，波爾森的教育文存是他編輯的，他受底爾堤的指導才用精神科學的眼光去研究心理學，他的「構造心理學」完全脫胎底爾堤的心理學，他關文化哲學的講法則淵源於波爾森。他說心理學應該以文化關係為出發點，一切活動都以這種文化關係為依歸，那末，心理學才可以算為教育的輔助科學。

士榜格對於心理學的研究雖然着眼於「超生物」的階段，但是他也並非忽略生物學的觀點，他說心理學不能只以研究內在的精神過程為終始，無寧說心理學是在觀察內在的精神過程與環境世界構造的關係。一般的動物與環境世界的關係是建築在動物的「知覺器官」(Merkorgane) 與「動作器官」(Wirkorgane)。人是生物之一，更是動物當中的一種。就生存於自然的世界看來，人與其他動物是一樣的；然而人不僅是生存於自然的世界，同時還生活於精神的或文化的世界，中國所謂「人為萬物之靈」，士榜格的心理學便好像是為這種講法找出科學的根據。

士榜格的心理學既着眼於人之所以為人的研究，那末我們在講他的心理學的時候，也要在這一方面留意，現在把他對於人的研究分兩部份來樣述，一為士榜格關於發展心理學(Entwicklungspsychologie) 的研究，二為他關於普通成年心理的考察，我們由他的發展心理學，可以縱的知道人之精神發展的過程，由他對於普通成年心理的研究可以橫的知道人之精神分別的類型。

「年代心理學」(Psychologie der Altersstufe) 是發展心理學的一枝，(五)現在我們把士榜格關於兒童及青年心理的年代研究講出來，因為心理發展的各時期，在過度期或轉換期，常時是生理的與心理的危險時代，所謂「過度期精神的危險」是教育上最不能忽視的問題，士榜格將心理發展的過程自乳兒期至青年期分為下列六個階段：

（一）乳兒期(Das Säuglingsalter)誕生——滿一歲

（二）步行及發語的時期(Das Alter der Geh-und Sprechfähigkeit)
一歲——三歲

（第一次發情期）
三歲——四歲

（五）參考士榜格著兒童及青年心理研究的新方針 (Neue Wege der Kinder-und Jugendpsychologie,) 一文，收在教育學講話內。

（三）幼兒期(Das Märchenalter, das Kleinkind)

（過渡期） 四歲——八歲
八歲——九歲

（四）兒童期(Das Knabenalter)九歲——十四歲

（五）成熟期（亦可稱爲「思春期」）(Das Reifungsalter—Pubertätsalter)
十四歲——十七歲

（六）青年期(Das Jünglingsalter)十七歲——二十歲

自乳兒期至青年期心理發展的狀況，現在簡要的敍述一下，人的生活最初的一個危機便是「誕生」，我們要知道「初生」是最冷酷的生活環境的變化，由母體內到「人間到處有危機」的世界上來，乳兒生活環境的唯一對象便是「母親的胸」，一天的大部份時間是在睡眠狀態中，「主觀」與「客觀」的區別也極不明瞭，然而「初生」的頭一年，因爲感覺到什麼是「屬於自已的身體」，什麼是屬於「身體外的存在」，而「自我」與「外界」間的重要界限也漸漸的形成起來，乳兒期最大的發見就是『有些是屬於自己身體的東西，同時也有許多「其他」不屬於自己的身體』，因爲時常感覺周圍的事物限制自己的自由，於是就發起「怒」來，與「外界」關係交涉的開始而不能如意，可以說人生最初的「悲劇」。所以在這個時期主要的是不妨礙孩子的自身體運動。

自乳兒期至步行及發語期又是發展過程中的一個危機，那就是「斷乳」絕乳是孩子開始離開母親的身體而自己實際獨立。 在步行及發語期正如字面所講的，是步行與發語的學習。 這兩年期間所得的結果主要的還是關於「自我」方面的，而「欲望」能力的發生雖然極微弱，卻是漸漸的展開出來，滿了三歲後，稱爲「强情的時期」(Trotzalter)，在這人生第一次强情的時期，有時可以看出最初之「性的興奮」，有的人認爲這一時期，從生物學的觀點看來，是人生第一次的「思春期」或「春情發動期」，但是因爲兒童間禁止性的交涉的結果，到今日還留有殘餘的痕跡，固然這種說法不過是一種「系統發生論的假設」(Phylogenetische Hypothese)。

到幼兒時期孩子的心理變化是由「自我」到「世界」的過渡。在這一個時期對於身體外的事物都感有極大的興趣，以為現實的事物都有靈魂，「自己」與「世界」的交涉，不是我對「物」的關係，而是「我」(Ich)與「你」(Du) 的往還。所遇到的事物都被「人格化」(Personifiziert)了。所以這一個時期的兒童與世界的關係，是「我你的關係」(Ich-Du-Verhältnis)，或稱為「同族體驗」(,,Verwandtschaftserlebnis“)，也可以稱為「同一感情」(,,Identitätsgefühl“)，偉大兒童教育家福祿貝爾稱兒童與環境世界的關係為「生命的結合」(Lebenseinigung)。這一個階段的經過對於將來發展全體上有決定的重要性。

自幼兒期到兒童期，他的差異仍然是對於「世界關係」的變遷，就歐洲的兒童看來，凡滿了十歲的孩子，便有轉向現實世界觀的趨向。這一個時期兒童心理上的特色便是「現實主義的世界觀」(Realistische Weltauffassung)。關於事實或現實的「感覺」(Tatsachensinn)在兒童期就實際的能領略出來，兒童的興趣與關心也是傾向外面的世界。

我們顧名思義至思春期的變化是「性的成熟」(Reifwerden)。思春期的第一特徵是「自我意識」的變化，在這一個時期重要的心理狀態是「內省」(,,Introspektion“)，與前一個兒童期相反，由現實的注意「向內界的轉向」，着眼於自己的「心的世界」。這一個心理階段，一切都是由「自我意識」出發，這是人生最重大，最長，同時又是最危險的時期。該期的危機是由想像(空想)與現實的摩擦，對照而產生的。這種摩擦對照要幾年後才能克服。

自十七歲至二十歲是青年期，這一個時期的人，與思春期不一樣，思春期所感覺的世界是一種「夢」的對象，「理想」的對象，也可以說是「空想」的對象，恰當一點說，那是「遊戲的想像」，在青年期主要的問題是「理想」與「現實」的互相關係，調和二者的能力漸次生出來，換句話說，最初那種自由彷徨的遊戲理想，現在加上了堅實純重的材料與之結合起來。自我與世界的交涉關係，有了具體而努力實現的目標。在這一個時期還必得為青年留下「幻想與優遊的餘地」(Raum für Phantasie und Spiel)，正如在乳兒期應有「運動」的自由一樣，凡各文化民族當在青年期的時候與以最高陶治的機會，國民的理想與大學教育到此也可以實施了。

以上所敍述的爲士榜格所講的兒童與青年心理學，過了青年期，進入於成人期，到了成人期的時候，則人爲生物學的決定因素漸次減少，而與歷史的社會的文化的關係逐漸的增加，而精神科學的心理學要根據着「超生物」的階段，研究人類生活在文化環境的關係，　據士榜格的看法，「人生的型式」，在文化環境的決定下，可以分爲若干基本的型式，每一型式都有一個確定的「意義的與價值的」方向，爲各單獨結構中之支配的方向；在每一精神現象中，精神的全體終爲內在的全體，其他一切精神活動固然不能缺少，但在每一情形中，這一類的其他精神活動的成就都遭變形而像在某種場合中附屬於支配的價值方向一樣，自每一型式的中心境界出發，而其他各種型式也都與之相關，每一類型式的活動都爲他類活動所限制，但是每類活動都有其獨立的機能，不能爲其他的機能所替代，而每類活動也僅能成就他「與其特殊意義一致」之物，而不能替代任何其他類型的活動，下列六大類就是士榜格對於「人生的型式」(Lebensformen) 用孤立化的方法所分的個性的基本型式：

（1）理論型(Der Theoretische)

（2）經濟型(Der Ökonomische)

（3）藝術型(Der Ästhetische)

（4）社會型(Der soziale Mensch)

（5）政治型(Der Machtmensch)

（6）宗教型(Der religiöse Mensch)

士榜格根據「生活形式」以分人生的基本類型，而不以「觀念」，「感情」，「衝動」，「本能」，「適應」，「遺傳」，與「變化」等簡單的心理學概念去研究，他自己也知道要有人像克拉帕累德 (Claparéde) 在國際心理學會議(Internationaler Phychologenkongress)（一九二六年在哥拉尼根 (Groningen) 舉行）席上稱「德國人好寫各種系統文章」(German passion for writing systematic treaties)，但是士榜格以爲由「生活形式」所討論的才是真正的生活形式問題，現在德國各心理學家常喜言「全體的研究」

(Ganzheitsforschung)，在士榜格看來，各種較高的心理成就不能由各單獨的心理之素之總合或調整去解釋，無寧說這一類的元素是一個有意義的生活全體中的一種依附現象，我們如果想從一個單獨心靈作用，去了解它在全體中的作用，必得先要了解這個生活全體的全部。總而言之，士榜格以「結構」(Struktur)，「生活組織」(Life-context)或「意義的全體組織」(meaningful total context)對於心理學極端重要，那些構成全體的各基本作用，只有在全體中才有它的意義。就是一個低級生物，也不是各單獨生存細胞的總和與堆積，其中每一細胞與各組細胞的作用，都以其對於全體的關係與貢獻所決定，同樣的關係，在精神界尤其明顯。觀念，感情，本能與意志等活動，它是屬於某一生活類型（如學術的研究，藝術的創造，經濟的活動或宗教的玄想等）爲我們所不能否認的事實。但是因爲這等元素（如觀念等）同表現於此全部關係（即學術的研究，藝術的創造等）中，於是此等元素本身的重要，遂不及其在特種相互作上的重要了。由這等相互作構造的一獨具意義的全體成就，士榜格名之謂「結構」，這是他所講的「構造心理學」的根據，也是他在心理學所有的根本概念。

設若有人問他所假定的各類型，是否可以包括人生的各種重要形式，例如冒險家，探險家與發明家是不是可以另外成一類型呢？士榜格以爲這類「先進者」(Pionier)固然代表一特殊而且極關重要的現象，但是他認這樣的人是政治型的一種表現。由於這類「先進者」的態度中心在於「權力感」，換句話說，在於征服人類界與自然界的諸種障礙，與政治家的心理一樣，以上所列舉六類型式並非寫實的照片，而是「超時間的理想樣式」。

從心理學的觀點看人，一方面人生存於自然環境，一方面生活於文化環境，由以上所講的看來，士榜格在講兒童與青年心理的時候，人受自然環境的決定成分多，在「生活型式」上人受文化環境的決定成分多，從兒童至成人的過程，我們可以知道自然環境與文化環境對於人類生活的影響都很重要，講到教育問題，便要根據心理學的命題做起點。士榜格的心理學告訴我們，人生活在自然環境與文化環境，但存在於自然環境並且受自然環境所支配的並不只限於人，沒有生命的礦石，桌子，房屋等一類的物質存在於自然界，亦至於植物與動物也是生存於自然環境中，至於生活於道德環境，精神環境與文化環境中的只有「人」。所以教育不是像木匠一樣，把一堆沒有生命的材料組合在一起便算了事，同時也不像植物的栽培，動物的飼畜一樣，教育是對於有精神道德本質的生物所作的工作，這種生物——人——生活於某一特定的文化環境，有其「當爲」(sollen) 與「不當爲」的責任，這樣「當爲」的責任是不能訴之於木頭，米，或牛的。

關於士榜格的教育思想，在開始的時候，我們首要提出兩個重要的命題，（１）教育的對象是人，人存在於自然環境與文化環境，所以整個教育的對象是在人與自然環境以及文化環境的關係上，從生物學的觀點看，我們必得先要了解自然法則，從社會學的觀點看，我們又必得首先要知道關於文化構造及文化發展的法則，（２）人都由於歷史的規定，生在一個特定的文化世界，就是出身於獨特的文化世界，這種獨特的文化世界，地球上各地是或大或小各自不同的。例如中國的文化世界與德國不同，印度的文化世界與土耳其不同，日本的文化世界與美國不同；如果能把不同系統的文化，比出異同而把握起來，實在是極有趣味而且極有意義的工作。

就自然的或生物學的觀點講，人也是一種生物，有出生，發展及死亡諸階段，個人的存在不過是某一特定期間的事情。然而一個民族是超個人的存在，可以稱爲「超個人的生活體」。所以教育問題不能不由民旋或民族性的研究做出發點。關於民族的研究，特別由教育的觀點看，我們定要注意各民族所代表的文化。所以士榜格認爲眞正的教育學應該是文化的教育。文化教育學的任務在領導青年在文化社會中生活，或反過來說，使各種獨特文化價値與本質在靑年經驗中變爲原動力。每個學生應儘量吸收各種文化，如科學，宗教，美術，經濟，社會，國家的價値等。

士榜格以爲教育問題與日常生活問題不能混爲一談。他說：『教育問題是文化本質與要求之精密的，創造的，分析的結果』，他着眼於整個的文化，並要在黨派紛歧的教育界中爲教育學樹立一鞏固的基礎。他又說：『科學的教育學的職務在說明現存文化本質，闡明其意義，確立其價値與規律』。所以教育學是社會的，系統的，文化的科學，教育應指出文化與教育的「機能關係」並「分析社會之複雜的構造爲特殊的教育元素」，教育學系統的職務在「列舉種種標準人格，並闡明其單純的構造」。因爲教育學是文化科學，所以教育學有「估定價值與確立規律」的權利，上述兩種教育學的職能（文化的與系統的）足以啓發文化的意識，第三種職能（社會的）足以培養活潑的有價值意志的人。士榜格在文化與教育 (Kultur und Erziehung) 裏曾從社會的觀點說明民族文化對於教育的影響。科學能將其知識和結果灌輸於青年經驗之中。藝術含有創造的，興奮的勢力，能使人得到深厚的，優美的享樂。經驗與技術的目標在維持生活。每種正當的職業都有其「教育的形式」(Erziehung) 商業與社會對於教育也有關係。每個階級在教育上都表現其特殊而維護其價值。因此各階級在社會上有爭平等的運動。

士榜格教育思想的主題是文化與教育的關係。把全文化放在教育的觀點下，他把一切教育現象分爲四大類（六）：教育理想，教育可能性（智力），教育主體及教育機關。把教育學的主要問題而體系的研究，士榜格將教育學分爲下四個部門：

(一)規範的部門

(二)精神論的部門 (noolgisch)

(三)心理學部門

(四)社會學部門

以上把教育學分爲四個大的問題，由四個部門去研究，其中最困難的問題是關於教育理想的。教育理想是教育哲學的中心問題。國民的教育機關，教育對象以及教育方法之心理的研究，都需要國家的教育理想來支配。教育哲學的理論的構造亦要在此處立下基礎。教育理想是由教育的永久的基本形式發生出來的，它要說明歷史上種種教育現象，並要估定和確立價值的標準。但是教育理想不能只賴學問的或哲學的思考就可以規定出來的，實際上教育理想是由民族或國民的生活自身產生的。教育理想是由

（六）見教育學的哲學基礎 (Der philosophische Aufbau der wissenschaftlichen Pädagogik)，一篇講稿。

生活上信仰產生一種力量。所以很多的場合教育理想與宗教是結合的。學問的或哲學的思考要對於教育理想加以反省，使理想或信仰得到合理的意識的根據。因此不同時代的教育理想或不同地域（各民族的）的教育理想作為學問問題的研究，然而與一個民族中生動的「教育目標」是不能不加以區別的。雖然士榜格認為教育理想是不能把不同時代或不同民族的教育理想生吞亂嚥，但是他也很看重不同民族文化的研究，如我們前面所講的。同時他與李曼（Lehmann），鮑爾森（Paulsen），衛爾曼（Willmann）一樣，極重視教育史的價值。他說：『教育史使人有普遍的，明確的，高尙的文化意識；沒有它，教育工作會變成機械的手藝』。由不同民族的教育理想，我們有「教育理想的類型學」(Typologie der Bildungsideale) 的研究，從不同時代的教育理想，我們有教育史的探討。二者對於教育理想都是極關重要的。

以上我們所說是教育問題中最重要的教育理想。至於其他三個問題，教育可能性的原理（教育心理）是建築於兒童學上的。從心理研究我們可以演繹教學法，訓育法及教育原理等。實驗教育學也歸入這一類。前面所講的兒童及青年心理便是教育可能性的根據。教育主體說明教師之特殊的生活樣式及『教師對於精神價值的愛，對於自動生長之兒童的愛』。教育機關與制度論是教育社會學的領域。

士榜格從構造心理學建築他的教育思想。他以為我們估量人格的標準，不在其語言與行為，而在其內心的本質與整個文化環境的關係，即「種種精神關係的集合體」。依他的意思，教育學是「價值學科」或「文化哲學」。在前面已經講過，士榜格的主要思想是要出教育與文化的機能關係。我們在講他的教育思想，必得要了解他的文化思想，或稱為文化哲學。

士榜格在他的一篇講演，一元文化與多元文化中，曾說在歐洲曾經有一個時期，在未曾與世界上各地方的民族或國家交往以前，以為歐洲文化是唯一的文化，所以文化是單數的，或者稱為「一元文化」（Kultur），後來因為其他大陸的發見，世界交通的發達，這才知道除了歐洲的文化系統外，還有其他自成系統的文化。於是文化這個字才由單數的而變為複數的，或稱為「多元文化」（Kulturen）。文化是由一個民族或一羣民族的團體手中「價值創造的全體」。拉丁文的 agricultura 就是暗示某一特定地域所生長的文化「基礎」。在這種基礎上建築更高的文化，最後達到「人的文化」(Cultura animi)。我們在討論文化問題的時候，常是以高度文化的民族作對象，所謂高級文化與低級文化的區別，暗中便有一種價值規準的前提。士榜格為定文化高低的標準立下兩個命題：

(一)凡是稱為眞正文化的不能不是民族全般的生活形態。

(二)凡是稱為眞正文化的不能不有最後的形而上的源泉。

把以上兩個命題伸引一下，我們說凡是眞正的文化必得是民族全般的（全面的）生活形態。絕不是一面的，部分的。人類生命是由種種機能成立的，這樣種種機能相應於各種「生活圈」乃至生活領域，其中任何一種是不能缺少的。每一種機能反其「生活圈」都有其獨特的使命。雖然有時是把全精力傾向於文化的某一方面——例如軍事的活動或學問的研究——，但那不過是短期間的問題，在長期中，文化總是保持全面生活形態的均整。這種均整，均衡或均齊是很重要的事情，英雄主義的一面性固然有時使人尊敬，然而結果時常不能逃出悲劇的命運。

其次我們要說明第二個命題：優秀的文化不能不有形而上的源泉。士榜格在講這個命題的時候曾借用歌德的話：

一切無常物

原不過影像

『有限的背後藏有無限，時間的背後藏有永遠，現世的背後有神的存在』。以上這樣的說法雖然不過是「譬喻」，然而要知道這種譬喻告訴我們形而上精神的所在，與神沒有深刻結合的民族不是偉大的，這種神的力量在遷化無常的現象界中透出永遠不變的「法則」與「秩序」。同時又產生一種「創造力」，這種創造力如菲希特所說的，是賭低級的生命去獲得高級的生命。生命的背後有眞理的信仰，這是形而上的生活，形而上的行為。在這兒士榜格舉了一個例子，譬如為國捐軀的軍人，他所追求的不是個人的利益或個人的成功，然而在生活上的高貴價值，生命背後所追求的信仰，縱然戰敗，也不失其爲高貴價値的意義，高貴價値常是由形而上根基中產生出來的。

因爲士榜格看重形而上的價値，所以他認爲美國式的功利主義或實用主義是一種哲學上的謬誤。　他說外面的成功與實利的結果不能做爲價値的標準。　有用的不一定是眞的，眞的在結局上是有用的。　有用的也不定是善，然而善的自身卻永遠是一種創造的建設的力量。　這正如柏拉圖所說的，哲學的思辨（形而上的）是文化所不能或缺的東西。　它能指示正常的生活方向，能把創造的思想貢獻於國民教育。　學問也是爲健全的國民生活建設而協力。　學問——形而上的思辨——追求的是永恆，把國民（凡是屬國民的一切）與絕對的世界秩序結合起來，超越了時間的限制而與永久的力量連接在一起。　我們在這兒所要注意的是士榜格所說「國民的」或「民族的」的精神。　他以爲大學的使命即在民族道德精神的保持與發揚。　同時從民族與民族，國語與國語及文化與文化的交通，而開了世界上各民族各文化的互相理解。　這樣重大的使命應該常放在意識中的是大學教授的義務，推進這樣使命，負擔國家文化及人類文化的將來的是青年學生的義務。

以上我們已經把士榜格對於文化的本質，一元文化與多元文化，以及教育在文化觀點下的使命，簡略的敍述過了，他在講教育與文化的時候，時常提到的是「國民教育」或「國民文化」，「國民的」或「民族的」這個說法是士榜格思想中主要的概念，特別是在精神科學方面，所以關於文化與「國民性」(Nationalität) 及精神科學，在此我們還要講述幾點重要的概念。

「國民性」由士榜格用來是表示各「國民的個性」，也就是「國民的特質」。　與「國民性」對照的是「人類性」(Humanität)　，到此我們要向「國民性」與「人類性」這兩個概念那一個發生在前呢？　「國民性」是一個種族或一個血族與其他不同的種族或血族比較時自誇的獨特的特質，「人類性」的發生要在它以後。　就歐洲講，「人類性」是由古羅馬帝國產生的，後由基督教的思想而廣播於全世界。　法國革命後，由於全人類的自由，博愛，平等的口號下，「人類性」更有了政治的意義。

國民獨特的生活，民族獨有的價値在今日各國成了有特殊意義的研究對象。　一個民族文化的特性便是一種文化價値體系的核心。專門研究這種問題的學問稱為「民族科學」(Volkswissenschaft)自古來雖然就有「民族學」的科目然而那不過是關於外面的研究，如房屋的構造，服裝，祭祀，風俗，習慣，工業等國民生活的外面的表現形式。據士榜格的講法，如欲理解並批評民族的外面表現形式，必得要先觀察並理解「民族道德」(Volksmoral)各國國民都以其獨特的原理建設國家，獨特的研究學問的樣式，獨特的信仰心以求其宗教的建立，特別是藝術家所表現「國民性」尤其濃厚，藝術家是民族精神最初的偉大說明者。民族科學是對於國家個性研究的學問，它要把國家個性的財寶發現出來，以便保存並發揮光大。民族科學的研究並非排外的。對於不同的民族文化在今日雖然時常不免一種無理解的態度，甚至於敵對的行動，為謀國家相互間的信任及國際關係的安寧，國際法的正當設立是必要的。學問與藝術能為國與國間架設橋樑，所以全世界精神指導者的結合也是全人類合作非常有效的步驟。「國民性」這個概念在士榜格的教育思想上與文化哲學上雖然是極關重要，但是他並不是極端「國粹主義者」。

上面所講我們可以看出「國民性」在文化上的地位，研究現代文化當然脫離不開學問，學問的有兩大支；那就是自然科學與人文科學(Geisteswissenschaft)，自然科學如物理學，化學與生物學所表現的「國民性」如果有，也是比較的少，但是精神科學如倫理學，社會學，政治學就不然了，精神科學受歷史的傳統，地方的限制，所以它所表現的「國民性」特別顯著。精神科學的研究者是生於某一特定的地方，某一特定的民族，用某一特定的語言，他要受某一特定民族中的特性所給與他的概念與價値判斷，他帶有某一「世代」(Generation)的特色，他有他自己的個性，這都是我們不能否認的事實。

士榜格一方面他承認精神科學的「國民性」，同時他又要求學問的客觀性。學問的研究者，特別是精神科學的研究者，與一般政客，政治家或煽動者是不同的。研究者要追求「客觀的法則」。他說：『我們不但要宣傳自己的生活樣式，還要着眼於他種有相當地位的生活樣式，我們要認識種種生活樣式，要明瞭其機體的多樣性，如同動植物的種類一樣。』　他承認公民教育不能完全超越黨派，但一切政黨應該互相遵重而承認「他黨也是從社會的文化的背境所產生的精神勢力」。　他以爲這樣的客觀性是把精神科學升入「學問殿堂」的道路或方法。

在以上把士榜格的心理學，教育思想，文化哲學，精神科學都要略的講過了，現在讓我們總括起來，做爲本文的結論。

士榜格的教育理想建築他的構造心理學上，他在心理學上看「人」，不用一般生物學的觀點或自然環境，而把「人」生長在文化環境中形成的諸種「生活樣式」爲出發點，教育的需要與可能就在於文化的「傳遞」與「發展」，設若人只生存於自然環境，那末生物的遺傳就够了，但是人生還有「超生物」的成分，換句話說，就是人一方面生存於自然環境，一方生活於文化環境，正因爲生活於文化環境，所以有「傳遞」文化與「發展」文化之教育的必要，文化之「國民性」的成分是不能忽視的，同樣教育之「民族的」或「國民性的」決定力量也是絕對必要。　就士榜格的整個思想看來，他不是一個「國粹主義者」，但是他看重歷史的傳統，民族的文化，所以能爲流行的國家思想加上了體系的哲學基礎。　德國人，無論在文化思想上或現行的國家政治上，是最能了解「文化傳統」的民族，而我們所講的這位代表當代德國哲學家的士榜格便是最德國人的德國人。

士榜格的主要著作：

(一) 青年心理學 (Psychologie des Jugendalters), 一九二四年初版，一九三二年第十六版。

(二) 人生之型式 (Lebensformen) 一九二一年初版，一九三〇年第七版。　本書有董兆孚君之中譯本，係由英文重譯，民國二十七年商務印書館出版。

(三) 人文主義與青年心理 (Humanismus und Jugendpsychologie, 1922)

(四) 文化與教育 (Kultur und Erziehung,) 一九一九年初版，一九二八年第四版。

(五) 關於教師養成的意見 (Gedanken über Lehrerbildung,) 一九二〇年初版，一九三〇年第三版。

(六) 學校與教職 (Schule und Lehrerschaft, 1913),

(七) 精神科學的現狀與學校 (Der gegenwärtige Stand der Geisteswissenschaften und die Schule) 一九二二年初版，一九二五年再版。

(八) 學校制度及學校政策的科學基礎 (Die wissenschaftlichen Grundlagen der Schulverfassungslehre und Schulpolitik)，一九二八年初版。

(九)　洪保特與人文主義的理想 (W. v. Humboldt und die Humanitätsidee) 一九〇九年初版，一九二九年再版。

(十)　從歷史哲學看現代德國的陶冶理想 (Das deutsche Bildungsideal der Gegenwart in geschichtsphilosophischer Beleuchtung,)一九二八年初版，一九二九年再版。

(十一)　狄爾泰 (W. Dilthey,) 一九一二年初版。

(十二)　民族，國家，教育 (Volk, Staat, Erziehung) 一九三二年初版。

(十三)　歌德的世界觀 (Goethes Weltanschauung)

(十四)　現代的女青年 (Weibliche Jugend in unserer Zeit) 與思梅林 (Dr. H. Siemering)　合作。

(十五)　教育學講話 (Pädagogische Vorträge)一九三八年東京初版。

(十六)　文化哲學問題 (Probleme der Kulturphilosophie) 一九三七年東京初版。

(十七)　文化循環論與文化沒落之問題 (Die Kulturzyklentheorie und das Problem des Kulturverfalls)，見普魯士學術研究院報告 (Sitzungsberichte der Preussischen Akademie der Wissenschaften) 一九二六年。

(十八)　追求心理學的單一性之問題 (Die Frage nach der Einheit der Psychologie) 見普魯士學術研究院報告，一九二六年

(十九)　人文科學中無前題之意義 (Der Sinn der Voraussetzungslosigkeit in den Geisteswissenschaften) 見普魯士學術研究院報告，一九二九年。

(二十)　反理想主義之爭 (Der Kampf gegen den Idealismus) 見普魯士學術研究院報告，一九三一年。

(二十一)　裴斯塔洛齊的「追加研究」。一個分析(Pestalozzis „Nachforschungen. Eine Analyse.") 見普魯士學術研究院報告，一九三五年。

釋勒與歌德通信選集

Aus dem Briefwechsel zwischen Goethe und Schiller(一)

張　德　潤　譯

一　(四　原書次序以下仿此)釋勒致歌德　一七九四，八，二三，于耶拿(Jena)

日昨獲一愉快的消息，知您已經旅行回來了。　我們因復希冀，或許不久可在此處同您聚首，這在我個人尤爲翹盼的。　前次同您的晤談，因涉及了一種我數年來所熱心從事的題材，竟使我全部的觀念都動搖了。　對於這些我自己尚未有一致見解的東西，竟爲您的精神的燭照（我必得如此稱呼您的思想給與我全部的印象），在我心內燃起了一支意料外的光明。　我所缺少的，足以達到諸多思考觀念的對象，物體，您引我擇上了它們的踪跡。　您的那麼沉靜而純粹射在事物上的，觀察的眼光絕不會讓您有陷入歧途的危險，此種歧途不但思考而且那任意的，只順己而行的想像力都很難免要陷入的。宇宙萬物都包羅在您正確的直覺之內，並較以分析所得的尤其圓滿，且因其係一整個兒包羅於您的心內，故您看不出您本有的豐富的寶藏。　可惜我們僅能認知我們所可識辨的東西，天才如足下之流固罕知其造詣有如何深徹，乞助於哲學的機緣何等稀少，而哲學反要就其受教。　哲學只能分析它已有的事物，但「傳授」本非分析家之所長，乃屬天才的事體，他在純粹理性的無形的，然而確定的影響之下，依客觀的法則去結合。

我曾經老早，雖天各一方，留意您精神的發展，并以日新的欽佩去觀察您所創闢的道路。　您探求宇宙萬物的必然性，卻在最艱難的路上去進行，這條路對於每個較爲力

(一)　譯自：Briefwechsel zwischen Schiller und Goethe in den Jahren 1794-1805. Dritte Ausgabe. Stuttgart, J. G. Cotta 1870.

弱者是要與望洋之嘆的，您從宇宙萬物的完整性上去獲取個別物的光明；您從森羅萬象的通性中去搜索個別現象的解釋。　從簡單的組織全發，您卻一步緊一步地，升至更複雜的組織中去，以便終于將萬物中最繁複的人類，以全部自然結構的材料進化地創建出來。　因您將人類幾和自然一樣地去仿造，故您得窮究他深藏的技術。　您的精神多麼越卓地想將人類智慧的豐富的全體在一美的統一中攝聚起來，這充分表示出一種偉大而眞正英豪的思想。　您決不可希望您一生會達到一個這樣的目的，但僅轉入一條這樣的道路，也就較走完每條別的道路要有價值的多——現您已經選定了，像阿喜兒（一）在伊里亞（二）劇中於卜提亞（Pythia）與永垂不朽間所選過了的一樣。　如若您生而為一希臘人，唉，就只是一意大利人吧，在搖籃時期已經有秀美的自然和理想化的藝術環繞您，那您的道路就會無限地縮短，它也許完全成了贅疣。　就在初步事物的觀感上您已可感受那必須的形式，並且與您的初步經驗同時那偉大的作風會在您內心發展起來的。　而今呢，因您降生為一德意志人，因您希臘的天才被謫落在這朔方的土地上，故無一另外的選擇留給您，除非或者自己造成一位北方的藝術家，或者呢，把那於您的想像力上保留眞實性的東西借助思想力去補綴，如此幾等於內心迸出的而從一條合理的路上生產出一座希臘國來。　周圍被貧乏的人物縈繞着，靈魂正自外物世界上創造它的心靈生活時，您已吸受了粗野的和北方的氣質，然您的勝利的，超越此氣質材料的天才已自內心發覺了這個缺點，而在外部一經同希臘精神接觸後更確認了這一點。　故您必須把陳腐的，已經薰染壞了您的想像力的氣質以彼更好的，為您的創造精神所成就的榜樣去矯正，而此事除依領導的概念實現外，自然沒有別的辦法。　可是此種為天才於衝思上不得不採取的邏輯的方向與那唯一造就他的美學的方向係難于和睦並存的。　所以您有超乎一種以上的工作：　如您曾由直觀轉到抽象方面去的一樣，而今您必須回頭再把

（一）亞喜兒（Achill）係荷馬所作著名史詩伊里亞中的主人翁，為裴裴思（Peleus）與海洋女神推體斯（Thetis）所生之子，故亦名裴理德（Pelide）。　平生勇武善跑，僅足踵上有一可傷害的弱點，全身其他各部份則皆刀兵不入。（附註均係譯者所加，下同）

（二）伊里亞（Ilias）傳為荷馬所作的英雄史詩；全部共有二十四首六韻的歌曲，描寫希臘人在脫羅亞的戰爭。

概念變成直觀，思想變成情感，唯有如此，天才庶可盡量發揮。

我大約如此評斷您的思想進程，我說的對否，您自己當然很知道。但您的哲學本能同那由思維的理性所產生的純粹的結論不期而巧合，乃您所難于曉得的，（因爲天才常爲一最偉大的秘密）。乍看起來，似乎在那自單一性出發的思考的精神與那由繁多性出發的直覺的精神之間不會發生一種較大的矛盾。但是如果前者以純粹和忠實的感覺尋求經驗，後者以自動的且較自由的思考力探求法則時，那就絕不能讓二者相逢於半路之上。固然直覺的精神唯從個體方面，思考的精神唯從種類方面去着手。惟若直覺的精神爲天才所有，若他自經驗裏面探究那必須的性格，那他雖常常創出的係個體，然卻挾帶種類的特色，如若思考的精神爲天才所有，若他不拋棄那引其升堂入室的經驗，那他的確常常創出的係種類，然卻具備生活的可能性并與那實在的對象結成不解緣。

但我覺得，我執筆所寫的非一封信，乃一篇論文，——請您諒宥，因這個題材太充滿了我不可遏抑的興趣；而且即使您不認識在鏡子裏的您的像，那我誠懇地請求您，勿因此避去啊。

二（五）歌德致釋勒 一七九四，八，二七于愛泰斯堡(Ettersburg)

適值我本週將至的生辰，我不能收到比大札更爲快意的壽禮了；您於其中以懇切慈祥的筆調將我的生存作了一總的評價，并經您的鼓勵使我得更興奮與活潑地運用我的力量。

純潔的享受與實在的利益只許交相爲用的，我樂意乘此機會向您陳述：前次您的談話曾給了我什麼，那就是，我從那些日子起也開了一個新紀元，我係如何地滿意，即無特殊的鼓舞也繼續走我的道路；如今彷彿是，我們倆於一度意外相逢之後，就必須攜手一道，向前邁進。我以滿腔坦白的且甚罕有的誠意永遠尊視您所寫了的以及作過了的箴言，今後呢，我敢請您，由您自己對於您的思的進程，尤其近數年來的前使我有一番的認識。如若我們彼此間將各人目前已經達到何種境界的中心點都弄明白了，我們就愈可永無間斷地一同工作下去。

舉凡在我周圍所感的，以及蘊涵於內心的東西，我皆喜歡向您報告。 因爲我極高興地感到，我的企圖乃人類力量的準則，且遠超於其俗世的存在的。故我想寄貯一些於您處，這非僅爲的保存，卻要使之發揚光大。

與您交遊對我會有如何偉大的利益，您自己不久要看出來的； 若您在更深切的相識之後，就可在我身上發現出有一類我所不能自主的昏闇與猶疑，縱然我於其一切都明明白白知覺了。 然同類現象更常出現於我們的氣質之內，如後者不過於恣睢時，我們反樂意聽其驅策。

我希望不久有些時日同您消磨，庶可詳談一切。

三 （七） 釋勒致歌德 一七九四，八，三一于耶拿

我由外生菲爾（Weissenfels）與自德勒登（Dresden）來的朋友柯爾勒（Körner）會了一次面，回來，獲奉您的末尾第二封信，其內容使我倍加欣慰。 緣我由此看出，我對於您的本質的意見，頗合您自我的衷曲，而我于傾吐下懷時所取的坦率態度，亦未嘗引起您的不快。 我們未來的，但已燃起我許多美麗的希望的交誼由在我又一次證明的是，人遇意外的機緣每比那踏破鐵鞋所追求的，尤爲美妙。 如在作家的精神與其最熱心的讀者間能辦到的話，我對您就很迫切地要結成更密切的關係，我現在的確全然明白，那些您與我曾遊涉的極不一致的路途，我們不於始初恰於現在，竟能攜手同行，這於雙方都有很大的益處。 現在我卻希望，我們倆對于許多尚未走完的路，將結伴前行，並且必有更廣大的收獲，因爲在一迢遙的旅行中最後的同伴往往有很多的話好談。

您不必從我期望思想上偉大而可見的財寶； 此乃我欲求之於您的。 我的需要和努力，係以少的力量做出多的事，若您對我在所謂「學問」上的貧乏，一旦更深切地認識了，那您也許會發覺，我如此幹法，在某些方面也頗有成就。 因我的思想範圍比較狹小，也正因此我遊涉其間卻較迅速而頻繁，正因此我能將我的薄產更穩當地利用，亦用形式造出一種缺乏內容的繁雜品來。 您努力使您的偉大的概念世界單純化，我則爲我的小產業找點兒變相。您統治一座王國，我則唯有一個丁口稍多的，概念的家庭，我

並情願將其擴大爲一個渺小的世界。

您的精神在直覺作用方面特別強烈，而一切您的思辨力於二者共同的代表，想像，的前面似乎窘態畢露了。質言之，當人可使他的直觀一般化，使他的感覺規律化時，此乃其所能創造的極峯。您正向這方面邁進，而您已經達到何等崇高的程度，我的智力本偏于象徵作用一方面，故我如一混血兒的樣子，徬徨在概念與直觀，規律與感覺，技術頭腦與天才之間。這使我，尤其較早數年內，既於思維的領域，又在詩學之中，攢了一些糊塗的黑弄堂；因爲當時，若我應攻哲理之日，詩人來叩我的心絃，等我欲賦詩之際，哲學精神又制我的忽。即至今日，我猶常逢着，想像力混亂我的抽象。冷靜的理智搗壞我的賦詩。設我於此二種力量可作這樣的主，即我能自由地爲每種劃出它的界限，那卽我所翹盼的美滿的幸運了；但可惜，我一開始正確地去認識和使用我的道德的力量之後，一種疾病則起來威脅我的體力，擬使之毀滅。我很難有暇在我心內去完成一種偉大而普遍的思想革命，惟我得盡我的力量做我能做的事，并且如果那座巨廈到底塌下來了，那我也許終能自火場上挾那有保存價値的東西以俱逝的。

您命我陳述自己，而我利用了這個允許。我忠實地奉上這些自我供狀，我敢希冀，它們會承您親愛的接受。

四（十九）釋勒致歌德　一七九四，一〇，二〇于耶拿

我在此地竟然着手時代(一)的跳舞的登台了，茲寄上自我致王子的書翰中爲第一期所選定了的稿件。無疑地此期將以您和我的增加稿件，外添數頁就完卷了。我們或能馬上自赫爾德（Herder）處收到一篇爲第一期而作的短文，這令我十分地快意。再者，您看，在第一期雖同時參加的作家不多，可是收集的材料夠豐富了。

我在時代中的處女作，至少在羣衆方面非一贏得讀者寵愛的嘗試。但我不能編輯的更顧忌一點，我並可肯定，這一期您會同意我的。我願望，在其餘的地方您也如此，因我自己覺得，我的眞實的嚴肅的意見，都在這些書信內說出了。我對政治的痛

(一) 時代(Die Horen) 係一七九四一九七年由釋勒主編的文藝雜誌，其中作者俱當時的第一流的藝人與思想家，當時影響甚大。

苦，一向尙未寫過隻字，我在這些書信內所談及此事的處所，僅爲的是，嗣後永不再對這方面置一辭了，但我相信，我於其中的自白。并非完全無用。像您與我藉以把握世界的工具旣如此差異，我們用爲攻擊和防禦的武器又那麼不同，而我卻相信，我們係對準一個主要目標在努力。您在這些書信內要見到您的玉照，望簽大名於其下，我想這定可先獲得脊愛的讀者們的好感。因我知道，我把它適當地排列，且夠生動地非下來了，故將無一人，只要他對您的評判頗有價值，會漠視此點的。

我樂意，若您有暇，望迅將草稿檢續一遍，然後即寄把赫爾德；我擬先通知他；因按我們的社章，在未付印前，還應將它傳到許多人的手裏面；而且我們想不久有印刷時代的設備。

五　（二〇）歌德致釋勒　一七九四，十，二六于威瑪（Weimar）

寄下的稿本我立即用很大的歡喜讀完了；我一氣將它呑下了。這些書信所給我的愉快和慰安，有如一種珍奇的，適投我們所好的飲料很快意地落到我們的肚內，且已在舌頭上面精神經系的快感而顯出了它的靈驗的效果一般，緣我自來認爲正確的東西，我一部份所經驗了的，一部份尙要去經驗的東西，都在一如此條貫的和高尙的方式之內講出了，這還有別的可說嗎？邁爾對此也感很大的興趣，他那無邪而不可收買的目光即我一位最好的證人。赫爾德附加的小簡，在如此舒適的情狀下面，幾乎把我擾亂了，因我們於此種思維方式上所感有的快樂，他則頗想責我們係偏于一方面的。但因在現象的領域內面，凡事不許認的那麼眞，而竟能偕許多可信託的同人迷戀於「寧爲有益，而不爲有害於己及其儕輩的事業」之內，這也就常常足以自慰了；故我們願少安無躁地如此繼續生活且幹下去，并于我們的行爲和志願中理想出一統一的目標，以便差堪滿意地去完成我們各人的部份建築物。書信我尙留數日，爲得同邁爾將其作第二度的欣賞。

六　（二一）釋勒致歌德　一七九四，十，二八于耶拿

您對我的意見表示一致并對其實現也予同情，這使我欣喜不置，且供我在踐履的道上以極必要的鼓舞。雖然那由純理性的見地造成的，或唯爲此方面所稱述的事物應該

牢牢地建於內心的和客觀的基礎之上，幷挾帶眞理的標準以俱來； 但一如斯的哲學現尙未有，而我的則距之甚遙。 惟要點畢竟有賴於感覺的證據，故只需一種爲此類證據徵得無偏見之士加以贊同的主觀的證明就行了。 我在此甚感適爾的音調重要而有價値，它使我關于赫爾德所提的，似乎不諒解我對康德之信仰的異儀上，獲一慰勉。 我並不期待新哲學的敵人的寬容，在人對於每種其他的，尙未能確切地證實的思想系統上往往不願賦與寬容的； 因爲康德哲學本身就沒有實行一次寬容過，而且具有一種超乎適應限度以上的嚴肅的性質。 不過這在我的眼裏反視爲榮幸，因這點證明，康德哲學可容納「任意」的程度是何等微渺。 一如斯的哲學也不能僅以搖搖頭就會被推翻的。 它是從公開的，光明的且易接近的領域內建築它的系統，絕未探尋幻影，毫不蘊蓄私情，卻是，像它待其鄰居的樣子，它也想如此地被款待，至於它除眞理外，別的則毫不尊視，這點是應該原諒的。 那條既無一人類的，又無一神經的工作得以倖免的「變化的法則」也會如破壞其他的而破壞此種哲學的形式，這點我也毫不畏怯地去想到了； 但此哲學的基礎是不會怕這個命運的，因爲祇要人類有多久，祇要多久有一個理性存在，人就不得不默認它而且整個的依它去行動。

七（三二）釋勒致歌德 一七九四，一二，九于耶拿

我以充分的衷心快樂讀畢和吞下了第一本威德邁斯忒（Wilhelm Meister），我感謝它給我一久所未有的，且從未能如經過您所得到的享受。 至於您在這樣優美的，天才流露的作品上所說出的不滿意，我除歸於您的天才本身隨時必得提出的要求的雄偉而外，若再附上一種其他的原因，那就令我十分厭煩了。 因爲我於其中尙未發見些微的，不與綺麗的整體站在最美的和偕之中的地方。 您今天且不要期待我的切近的詳細的評論吧。 時代及其廣告與付郵時日分散我太利害，遠出我凝聚心情於斯項目標之上。 倘許我再留下稿本一些時日，那我就想以更多的時間消磨其上幷擬試試，或許我能關于歷史的稍遠的進程以及性格的發展上預先貢獻點意見。 洪保德君（v. Humboldt）也對它十分欣賞，他也和我一樣，感受您的精神浸潤在他的全部的，男性的青春，沉毅的精力與創作的豐富之中。 此種效用一定會普遍皆然的。 此中的一切都那

麼簡潔與華麗地結在一起，且以微少的詞句構成如許的情節來。我自認，開始很耽心，在那從最初的投注和落到最後的手裏間所耗的長遠的睽隔時間之中，將有一細小的差異，那怕僅於年齡方面，難免出現。可是這方面也看不出一點兒痕迹。那些豪放的，聲韻鏗鏘的詞句，它們從全部的平靜的潮水中像閃電一樣向外放射，起了一種超越的作用，振奮和充溢着心靈。關于那美麗的性格描寫上面我今日尚不欲有所言。同樣對那流露在一切敘述中，於您任何作品內都不會揹棄的，生動的，且易把握的本質也姑不譚。論到一種舞台的經濟和戀愛事件忠實的描畫，我卻可以很有權力地去評判，因我於二者較所希望的尤知得清楚些。史事的辯護係壯麗的，且蘊含一偉大的意義。但若您能於辯護外對中心主人公的性癖以一種相當的榮譽去烘托，那就必非一渺小的，形式超過內容時所可獲得的勝力。因我此外不能一下完成它，故不向內部更去追求了。

八（三八）歌德致釋勒　一七九五，一，三于威瑪

祝您的新年萬福！您許我們度今年的光陰，也像我們過完了的去年一樣，互相合作於我們愛好和追求的事業之上吧。假使志同道合者不能合作，那麼，自社會與社交中應該產出何物呢！我不勝欣悅地企望着，我們彼此間的影響和信任永將與日俱長。

九（四〇）釋勒致歌德　一七九五，一，七于耶拿

為寄上的小說樣本請接受我最深的謝意吧。我讀這部文字時，而且愈向內前進，程度愈增的，貫注和佔有我的感覺，我除了用一種甜蜜的與內心的愉悅，用一種精神的和肉體的康健的感覺外，再不能以較好的辭句去形容了，我並敢為其保證，同樣感覺必定會整個兒在一切讀者的面前發生出來的。

我表明此種幸福之獲得，係因文體上毫未留下可致心靈不滿與不安的東西，普遍流行着安靜的清楚，流暢和透闢，并且不使同一心靈的波動超出為激發與維繫一種快樂的人生所需的以外。關于個別上我尚不能向您說點什麼，直到我所渴望的第三本書到手讀了以後。

我不能對您表出的，時常有一種感覺那麼苦痛地浮我眼前，即如何得從斯類作品出

發以深窺哲學的本質。　在彼處，凡有事物乃如是快活，如是生動，如是和諧地解決了而且如是合乎人性地眞質，此處呢，凡有事物卻如是嚴格，如是頑固和抽象，幷且如是極端的不自然，因凡有的自然皆係綜合的，而哲學則適相反。　可是我應代自己聲明一下，當分析的概念尙可相容時，我在思考中總是那麼忠於自然的；　唉，也許可以說，我忠它的，較之我們的康德信徒所允許的和視爲可能的要多得的。　但雖如此，我感覺那生活與論證間所有的，無限的距離並未減少——而使我不得遏抑不言者，我快活時所要承認僅係事物的一種自然的屬性的東西，在如此憂鬱的瞬間就不得不解釋爲我天賦中的缺點。　由此可得確言者，詩人乃唯一眞質的人，最好的哲學家對之僅配稱一個滑稽小丑。

十　(五三)　釋勒致歌德　一七九五，二，二七于耶拿

假使您也享受如我們此間所過的和煦的光陰，那我卽許第四本威廉邁斯忒成功。春季的報臨使我十分地愉悅，並爲我那極端需它的業務灌入了一新的生命。　我們同我們一切自炫的獨立性竟至多麼束縛於自然力量之上，若自然不理時，我們的意志將爲何物呢！　在這上面我已經無結果地沉思五個來復之久，乃爲一溫和的太陽光輝僅三天以內於我內心解決了；雖我直到現在的頑强性曾準備要有此種發展，但發展本身卻係由溫暖的太陽帶來的。

我懇取我題材的權力是日益增加的，幷發現在我每一前進的步驟上，我那藉以建築的基礎是如何堅牢與穩當。　一種足以推翻全部的企圖，我從現在起也不用怎麼害怕了，而應用上個別的錯誤將爲整體的嚴密的結合自身替我去糾正，猶如計算自身在每個計算錯誤上向數學家去警告一般。

十一　(七六)　釋勒致歌德　一七九五，六，一二于耶拿

我心中很難受地聞洪保德君說，您從新又臥病了，而您以此原因拋棄了我信一些時日，令我越覺悲傷。　您曾經多麼新鮮與快樂地從事活動，而湧泉(卽鋭進之意　譯者)乃一壞的藝術湧泉(一)，至少當其被飲的時期。　故願您能早占勿藥、以使愈快地重來

(一)　藝術源泉（Hippokrone）據傳係赫里孔（Helikon）山上的詩神的源泉，從天馬（Pegasus）的蹄迹中湧現出來的

和我們聚首。

我的寒熱已別我四五天了，我現在的健康是完全滿意的。我依然可以從事活動了！但是由一項事業過渡到另一項去，我一向就視爲畏途，而今呢，當我應該由玄學跳到詩學中去，更全然如此。由是我于可能中爲自己築了一座橋樑，開始作一篇叶韻的書簡，題目叫生命的詩歌，您將看出，它僅限于我所荒疏了的材料之內。若您可來此，僅費六個星期的光陰，按我能領會幾許的程度，將您的精神儘量向我灌注，那就益我匪淺了。

十二（七八） 釋勒致歌勒 一七九五，六，一五于耶拿

我以十分的陶醉與一種單一而不可分的感覺將第五本邁斯忒讀完了。當然在邁斯忒裏面是沒有使我如此一字一讀地去索解而且不甘心隨其洄漩俱進的東西。在末端我方可走上一沉靜的思考。使我尤爲嘆服的，若我想起，您用何等簡潔的方法構成了多麼誘惑的興趣啊。關于個別上我亦發覺裏面有許多精妙絕倫的雋句。邁斯忒因他的改業戲劇向維爾納(Werner)所作的辯護，此改業的本身，幕後助言人的塞爾納 (Serlo) 菲麗娜 (Philine)，戲院中喧鬧的夜景，以及其他等等，都處理得維妙維肖。由匿名的幽靈的出現上您已知道要引出如許的情節來，我不能于此再置一辭了。全部的概念乃屬我所認識的當中最成熟的，您且知道將其中所含的興趣直到最後的一點一滴都汲了出來。在末了各人誠然期待于會餐時得見那幽靈，但因您自己提醒這般的情形，所以人許會明白，那它的不出現必有最佳的理由吧。關于幽靈的人格會有這樣多的假定，就和在小說中所見那麼多的主體一般。我們方面的多數想直捷了當地說，馬利安 (Mariane) 即係幽靈，或竟與其有交往的關係。此外我們頗想把那個在邁斯忒的寢室內捉住他臂膀的女妖精，視爲一種與幽靈同黨的人物；但在後者的出現上，我竟也想到米尼昂 (Mignon) 的身上，她在今天晚上似乎對其身世獲到極多的啓示。從這些小的，註解的嘗試上，可見您知道如何巧妙地保守您的秘密啊！

我於此第五本中所懷的唯一不同之點，乃是，有時我感到，您像似對于那唯涉演戲本質的部份寫得多一點，以致非整體的自由和深遠的觀念所可容受。有時彷彿您竟爲

伶人寫作，因您只想寫出伶人。 您在這樣的品類中為某些細小的節目所貢獻的謹慎，又在個別的，微小的，雖對伶人和舞台主任，但非對羣衆重要的藝術優點上面所與的注意卻在描寫中帶來一副特殊目的上的虛僞的外貌； 確若猜不透一如此的目的，他簡直要歸咎您，說您在此等題材的處理上未免太懷私情了。 設您能適當地將作品的此部份併入較狹小的範圍，那就會使全體生色非小了。

現關于您致時代編輯部的信上談幾句話。 我早已想到，我們也許能在時代裏面闢出一欄批評的戰場來。 此類內容的文章要在雜誌上喚起曇花一現的生命且會在羣衆方面激發一種眞實的興趣。 惟我相信，若我們想在正式約請羣衆和作家們時讓以一定的權利，那要出現的册子，就不應出自我們的手筆。 可是我們一定自羣衆方面只有最悲哀的音調好期待，作家們方面，像已有的先例，亦必困難萬分。 故我建議，我們用自己的工具去製造攻擊，日後作家們若欲在時代裏面去防禦時，那他們就不得不遷就，我們豫先為其設下的條件。 因此我更有一個意見，立刻以「工作」而不以「計畫」去開始。 若人視我們為放蕩不羈而且粗野，那對我們是毫無所損的。

設使我用某君的名義向威廉邁斯忒的著者非難，說他自己甚麼在伶界活動，然不高與同小說家結成好交遊，您將說什麼呢？ （這自然係上流社會所得施於邁斯忒的攻擊的共同的岩石，而這非多餘的，也非無興味的，由這上面以糾正人們的頭腦。 原註）您若答應的話，我想卽為您製造一封此類的信件。

我希望您的健康又照舊復原了。 願上天保佑您的事業並再賜您如許美麗的時間，如您寫邁斯忒時所經過的一樣。

對於藝術年鑑的附錄以及您允許我希望的談話錄，我不勝翹盼之至。 我家中較前為佳。 大家都向您致候。

十三 （八九） 释勒致歌德 一七九五，八，一七于耶拿

宗教一般地從罪惡的經驗上過渡到基督教去，確係不刊之論。 大概說來，全部領導的觀念都是卓越的，我僅微嫌暗示的太輕一點。 再我不想同意的，不要使有些讀者們覺得，故事似乎有點兒冷靜。 某些方面若收得緊密些，其他方面縮短一點，反之，

卻把一些主要觀念盡致地去發揮，那也許就不會被人非難了。 您努力避免平凡的修辭使新穎的題材得以淨化，且差不多仍然作到忠實的地步，我並未曾忽視； 但有些處所我終于畫下了橫線，怕的是它們會為一位基督信徒斥作一種「過於輕浮」的處理啊。

此區區之間，係指您曾講過和暗示過的東西而言。 但此種題材卻屬於這樣的品類，即對尚未談過的東西，也不妨講一下。 雖然此書尚未完結，我也不知道，何者還要繼續寫出來的，但伯父及他的健全的理性之出現，在我覺得，畢竟會引起一個轉機的。 若果如此，那我就覺材料似乎收束得太快一點： 因我認為，關于基督教和基督教的迷信之特徵似乎說的過少；此種宗教之得我為美的精神，或一種美的精神所得由此造出的東西，暗示的都不充分。 我于基督教中發現有潛伏更多的最高與最貴境界的素質，而其世間上形形色色的表現我則視為如此討厭和無味，因它們係此最高境界的失敗的描寫。 若人握住了那與所有一神教相相區別的基督教的固有的特徵，那他就無異乎揚棄法律或康德的直言命令 (Kantischer Imperativ) 而想于其地位上為基督教設下一種自由的傾向。 故在基督教的純潔的形式中，係優美道德的，或神經化身的表現，在此種意義下它係唯一美術的宗教；由是我也可明白，為何此種宗教在女性方面有如許的成功，且唯在女性中始可遂到一種確實忍受的形式。 固然在一封信內我不願繼續扯這些易於感傷的材料，但還得說一句，我頗願聞斯種弦音能有少許的回響。

十四　(一一〇)　歌德致釋勒　一七九五，一〇，六于威瑪

我在歸途上主要的事，是把您的詩草吟味了，它們有特殊的優點，我且得說，它們既已如前次我希望您的了。 那種您本性中的，直觀與抽象的奇妙的混合，今表示出一完備的均衡，而所有的，其餘的韻文的德性也進入綺麗的秩序之內了。 我不勝愉快地想把印好的它們復獲到手，將其復習地欣賞並分點快樂給另外的友人。 那首致讀者八尾韻(一)的小詩將很適當地和美麗地結束今年的時代。

(一)　八尾韻 (Stanzen) 體的排列係第一行與第三和第五行叶韻；第二行與第四和第六行叶韻；第七行與八行叶韻。

十五 （一一三） 釋勒致歌德 一七九五，一〇，一六

您自威瑪來的信使我不勝喜悅。 當我氣餒且不知應想何物的時候，對於一小時勇敢與信心的勉勵常會感到十倍利益的。 一如此的，猶我自己的觀感卻從身外來給我相當的慰藉。 近頃赫爾德也關于我的詩品上寫了很多快意的東西來了。

我由確定的經驗中現方體認到，單只思想的精確始有益於敏捷。 否則我卻信這個的反面並且害怕強硬和嚴峻。 而今事實上，我很高興，因我幸未枉費心血轉入了一條艱辛的道路，此路我曾常視為足以毀壞賦詩的想像力。 惟這樣的活動卻過分緊張了，因為若哲人可許其想像力詩人則可許其抽象力停止活動的時候，而我就必須，在此類創作上，保持這兩種力量有同樣的緊張； 而且我只能以內心的一種永久不息的活動方得使此二種不同的要素溶化於同一種類之中。

十六 （一三六） 歌德致釋勒 一七九五，一二，二三

在一切刊物上去輸入每首僅含兩行的短詩，像近日來我處的馬爾齊亞 (Martial) 作的贈客詩 （Xenia） 一樣，我們必須培植，以便提供一種如此的輯集載入明年您的藝術年鑑（Musenalmanach）之內。 我們只好作出很多首，而選出那最好的來。 現有數首以供嘗試。

十七 （一三八） 歌德致釋勒 一七九五，一二，二六于威瑪

人于我們的工作中將我們混為一談，我極以為快； 這表示出，我們日漸脫離了虛偽的外貌而達到一般的佳景。 但此後要估量到，如若我們各以一隻手緊握着而將另一隻手向自然所許給我們的盡量去伸展，那我們就可佔領一美麗的幅員。

十八 （一三九） 釋勒致歌德 一七九五，一二，二九于耶拿

贈客詩的思想極佳，必須實行下去。 您今天寄把我的，使我痛快極了，尤其當中的神與女神。 此類標題結襯着一巧妙的意像尤見生動。 但我想，設使我們做滿一百首時，我們就必定闖進個別的作品之中去，該處我們可尋獲如何豐富的材料啊！祇要我們不過分顧惜自己，我們就可把握方外的與世俗的東西。 下列各方面不是會供給我們何種材料嗎：司徒卑的黨徒(die Stolbergische Sippschaft)，娜刻禮(Racknitz)，那姆多

兒 (Ramdohr)，玄學界及其「我」與「非我」，友人尼古拉(Nicolai)，我們不共戴天的仇敵，萊比錫的招待所，妥梅兒(Thümmel)，做他的司庭的戈昇 (Göschen)等等。

十九　(一四六)　釋勒致歌德　一七九六，一，二二

玆奉上一小部份諷刺詩。若其間何首不中您的意，儘管吩咐全勿抄錄。此數小的詼諧品卻非人所料的那樣作得快，因這上面不像較長的作品可利用思想與感情的舖排。它們非思考所得爲力，純憑偶然的靈感自然而成章。由於我的疏惰，我會達到您想望的那種地步否，我頗懷疑，因爲我必得打算作更偉大的事件，雖遲延些時並無妨礙，而目前則欲以諷刺詩來嘗試。惟也不應使一次付郵的日期空過，這樣四五個月的功夫也夠我們前進了。

二〇　(一四九)　歌德致釋勒　一七九六，一，二七于威瑪

我尙不能完成我們諷刺詩全部的收集；現送上的係我本週的論文。如若我們要作滿預期的數目，我們必得把一些最切近的事務先處理一下，因「心事滿腔，就會破口而出」的；然後我們方有一寶貴的機會，將物品從研究室與批評界之中傳播到廣大的群衆手裏，在那兒才會燃起此人，或彼人的火燄，平常他則要視若罔聞的。

二一　(一五三)　歌德致釋勒　一七九六，二，四于威瑪

贈客詩的第一稿本終于完成了，我立即奉上，因我在本月十四號前不克來耶拿的。它們一起看來已經是完全快意的；若復得一種詩才貫穿於全集之內，那就成全美了。您將看出我後面數首係全用散文作的，因無一種供作基礎的觀感，故于作法中竟不能有別的樣子

二二　(一五四)　釋勒致歌德　一七九六，二，五于耶拿

全集自我們手下生長起來，係一樂也。在新詩下面還有許多首政治的作品，令我尤爲喜悅，因爲我們既泰然地寄居在不安定的地方，我到未曾看出，爲何我們不應該就此方面也賺些東西呢。您由我處得到四十以至四十二首新的；至另外八十首，係屬一起，尙有些微不妥之處，我暫且留下。李霞兒 (Reichardt) 介紹的頗好，但他得更多被介紹一些。人必照舊當他音樂家去攻擊，而這也非那麼完全正確的；惟正當的是，

因他曾在我們合法的地面上向我們挑過戰，他也要被捧到他最後的堡壘之內面才行。

二三　（一六一）　釋勒致歌德　一七九六，三，一八于耶拿

自您別後我幸還安適，若在威瑪也只如此下去，我就十分滿足了。我只曾一度致思子瓦輪斯坦因（Wallenstein），別的什麼事也沒作。我希望在此罕有的情景中還能作一些贈客詩。

為一如此錯綜的整體，一部戲劇，而預備，卻使心靈完全奇異地動盪起來了。就拿那最起初的手續，為此企圖覓出一確定的方法，以免無意識地去摸索，已非易事。我現方着手骨骼構造，而我覺得在戲劇的構造中，也如人身的構造一樣，一切都係有關連的。我頗願知道，在斯類場合中，您是如何從事了的。在我呢，開始在感覺上是無確定與清楚的對象；此物的形成始于較遲的時候。一或種音樂的情調浮現於前，繼其後塵方有我的詩歌的概念跟出

二四　（一八一）　釋勒致歌德　一七九六，七，二于耶拿。

我從新，雖只粗略地，把所有八本小說都涉獵一過了，光就數量說已經這麼豐富；我費了二整天功夫方勉強蕆事。本來我今天也還不克寫出何物的，因為就最真實的意義說，此中所蘊蓄的，驚人的與未之前聞的繁複性把我壓倒了。我自認，直到現在，雖能連環的，但尚未能十分貫通地了解，若果在此類作品上連續的猶未可當作一半貫通的了解的話，那我就沒有一瞬間的懷疑，也要在這上面去獲到完滿的清楚。

因您於斯種情景下面也許不能從我期待稍為完滿的東西，但總願聽聞一二，那您姑拿些個別的評語去吧，這些也非全無價值的，因其所吐露的皆係直接的感覺。我還答應您，在此整個月中對于小說的討論決不應令其乾涸。對全部藝術品施一有價值的和真正審美的評價係一宏大的企圖。我要拿最近四個月的功夫完全貢獻它，且很高興。我躬逢此種產品的完成，它又適于我努力的年代呱呱落地，我仍儘可由斯種純潔的源泉中去汲取，這確係我生平最佳的幸福；并且我們中間美滿的關係替我造成了一種確定的信仰，在此中將您的事當我的去作，將凡在我心內感到真實的東西，作成居于此軀殼內面的最純粹精神的寶鑑，而如此地就名辭更高尚，的意義中去賺取「您的朋友」

的稱號。　我多麼高興地在此次機會上體驗到了優越品係一種權力，在自私自利者的身上它也只能去起一種權力的作用，因為對着優越品除「愛」而外，是無任何的自由。

這部作品中的眞理，美的生活，簡潔的舖排，多麼感動了我，我簡直不能為您描寫。　假令我將其全部統佔領了，此種感動尚會較其所發生的還要利害，而以後這要變成我精神上一種重要的危機；但這畢竟係美的效果，單只美的效果，而不安之由來，因悟性尚未有追上感覺。　我今方完全了解您，當初您曾說過，「眞本是美」，且這往往能感動您以至於流淚。　平和地，高深地，清楚然卻似自然那般不可捉摸地，它如此作用着且如此存在着，而且其中的一切，卽最小的部份，也都表示那湧現一切出來的心靈的美的均衡。

但我不能對此等印象再說什麼了，現在還是止于第八本上吧。　把人物與事變上廣大的且距離那麼遠的範圍和戰場又收集得如此緊密，您是何等成功啊！　在此宛如一美的太陽系；一切的都歸於一起，唯有意大利的型像，如慧星的形體也似其那等可怕的樣子，連接此系於一個更遠和更大的系統之上。　馬利安 (Mariane) 和奧萊麗 (Aurelie) 也如斯等星體一般，當她們在這裏僅供作引出一詩的運動後，就仍得由此系統奔出去，並像客種的物體那此從樣脫離。　您把那事實上的不幸，卽米格儂和彈豎琴人(Harfen-spieler) 的命運中可怕的悲哀，從理論上的不幸，從智力的流產上面引伸出來，俾于純潔和健全的本性毫無所損，這想的多麼美。　那種捉弄米格儂和彈豎琴人的怪異的命運唯有產于愚妄的迷信的懷抱之中。　至於奧萊麗僅被她的不自然，被她的女丈夫性摧毀了。　猶于馬利安我頗想怪您有點詩人的利己。　我幾乎要講，她係為小說做了犧牲品，因就本性說，她是可救的。　因此圍着她時常還得流更苦的眼淚，如果人對其餘的三個願撇開個體而轉向全體的觀念上去着想的時候。

威廉對特蕊生 (Therese) 的迷戀係卓越地設想了，說明了，處理了，尤其卓越地利用了。　她開始時實在令有些讀者駭怕，所以我只許特蕊生有稀少的寵人；但尤妙的是您把威廉從他的不安中拉了出來。　我不知道，此種虛僞的關係，怎麼還可有更柔和，更細緻，更正當的辦法去解決。　李嘉生們 (Richardsons) 和另外的人們如何會甘心由此表演一幕，卻對微妙的情感的陳列而成就的實在不微妙呢。 我于此僅有一小的猶疑。 特蕊生雖在新的可能性下面得佔有羅塔因（Lothar），而對要奪其未婚夫的黨派則報以勇敢與決絕的反抗，這是完全自然和卓越的；再威廉關於人類與命運的揶揄表示一種深的憤懣和一種切實的苦痛，我也覺極爲合理的，——但我以爲，他對于一種幸福的喪失應該哀悼的稍輕一點，因此幸福已開始不能再爲他所有了。 我覺得，他必得將其子傘他靈（Natalie）跟前從新獲得的自由視作更高貴的財寶，較他已表示了的。我約略感到斯種情形的複雜以及柔情要求的係何物，但另一方面柔情亦有幾分侮蔑傘他靈，因爲他還可當她面前訴述損失一個特蕊生的痛苦。

您知道從威廉對特蕊生的假的關係上以引出並促進那眞的與所望的目的，即威廉與傘他靈的結合，這是不小的勝利，爲我于事變的聯結上所尤致嘆服的一點。 這除在如此的，險乎不得轉入的道路上外，再不可在別的路上實現得那麼美麗而自然的了。 如今可以無上的清白和純潔來發表威廉同傘他靈係屬一起的，而特蕊生致傘他靈的書翰引導此事臻于至美的地步。 斯類創作乃最上乘的美，因其連結了一切僅可希望的東西，啊，甚至似乎全然不能連結的東西；它們紛紛擾擾但已包含解決在內，它們不安卻引入了寧靜，因它們好像強欲從此遠避的樣子，它們卻達到了目的。

米格儂的死，這是如此預備下了的，感人至爲強烈而深刻，甚至這麼深刻，有些人會覺得，您捨斯人太快了。 這點在始讀時係我最強烈地印下的感覺；在第二遍時，驚訝已不復存在了，我感此點較少，但究竟害怕，您在此頗有間不容髮地走得過遠了。米格儂恰在此不幸之前，已開始表現得女性些，柔和些，而由此愈感實自我的興趣；此種反乎本性的異常性是疲倦了，那爲此疲倦的力量所驚退的熱情也少許降落了。 尤其那最後的歌聲銘化心靈直至最深的感動。 如若緊接在他的感動人的死登場後醫生對她的屍體加以一番檢查，而這個活生生的尤物竟能被人那麼快地忘掉了，唯把她視作一種藝術試驗上的工具，這是頗奇怪的；同樣奇怪的是，那位確係她致死的原因且明知此事的威廉在此瞬間竟對於彼醫藥袋有獨具隻眼的認識，且能使自己回思過去的情景，當「現在」應那麼完全地佔滿他的心懷。

如若您在此種場合上只仍該保存那自然的風韻，那我卻懷疑，是否您要違反讀者們的情感的要求去保存它，故我頗欲勸您——為使讀者對這麼壯麗地預備了和表現了的一幕的領受上不要遭絲毫的擾亂——對這方面多留些意。

餘外我覺得一切您為米格儂處理了的，生前與死後，都是盡美盡美的。 尤其這樣純潔的，詩意的尤物係多麼卓越地配合斯種詩風的葬儀。 在她的孤立的形體中，她的幽秘的生存中，她的潔白和無邪中，代表她所經歷過的年齡的階梯，她能感着最純潔的哀憐與一種眞正人性的悲悼，因在她的心中除人性外毫未表現他物。 凡在每一別的個體方面不相容的，甚至在某種意義下係背叛的東西，在此卻變為壯麗和高貴的了。

我頗願看見伯爵出現于家庭時除以其美術嗜好外，再加點他物說明才好。 他在情節發展中簡直是不可少的，而他居間斡旋的需要較在內部的必要上須稍表現得强一點方覺明顯。 您自己在其餘全部的組織上把讀者縱慣了，以致他敢于提出較在一般小說中所可獲到的，更嚴格的要求來。 若伯爵不同維塔因或伯父曾為舊的相識，那他的降臨豈非更混亂了全體嗎？

不幸之事以及彈豎琴人的全部歷史引起甚深的興趣。 我在上面既經說過，您將此種無常的命運由和善的策人方面引伸出來，這是何等的卓越。 懺悔牧師出現，將一輕罪描作極惡，以便由此去賠補他站在人道觀點上所緘默的重大的愆尤，在他的方式上是神化了，並只是這全部思想方式中的一種有價值的代表。 也許您要把司培那騰（Speratus）的歷史敘得稍為短一點，因它落在結束的時候，此時人正不忍耐地在奔赴目的。

彈豎琴人係米格儂的父親，而您並未將此事親口講出，但這時讀者毫未貽誤，反創出了更多的效果。 讓人自己觀察，回憶這兩個滿含秘密的人物曾多麼接近地生活過，並且窺出一種命運的不測的奧秘來。

但今天不多談了。 我的夫人附一小簡以告她在第八本中的感覺。

祝您平安，我親愛的，我敬仰的朋友！ 若我想起，平常我們只在愛慕的古代的廣漠中去找而難于尋到的東西，我卻能近取之於您，這令我何等感動。 若只有如此少數的人們有資格而且有價值地了解您，您再不必詫異了。　您描寫上可驚的自然，眞實與流暢在普通而平庸的評論家方面免去了一切困難的，藝術崇高的思想；而想追隨您這位藝人的，且注意他運用方法的人們呢，對于此處您所施展的天才力量則覺得那麼「望之彌高，鑽之彌堅」了，這使他們貧乏的自我陷到極端窘迫的地步，又不得不勉爲其所難，而在內心上與徵覺不樂意地仍得極高興地去服從您吧。

二五　(一八二)　釋勒致歌德　一七九六，七，三于耶拿

我現從整個的連繫上澈底考慮了威廉在他喪失特蕊生時的舉動，而收回以前一切的猶疑。　怎麼樣的，還是怎麼樣的吧。　您在此中證明了那極頂的柔情，並未絲毫違反感覺的眞質。

修眞女，伞他靈，特蕊生三個人的性格調度得那麼美而且眞，係我所特爲拜倒的。　前二人一起有神經的，後二人一起有眞質的和人性的本質；但恰因此，緣伞他靈既係神經的又係人性的，他就現得宛如一位天使，修眞女只是一位聖徒，特蕊生則爲一個完全的塵世濁物。　伞他靈與特蕊生是兩個唯實主義者；但在特蕊生方面也現出唯實主義的限制，伞他靈方面則唯有同一主義的內容。　我希望對修眞女以不削去一種美的靈魂品位爲宜，固爲本來只有伞他靈乃一純粹審美的本質。　多麼美啊，她全不能將愛視爲一種熱情，當作一種排他的與特殊的東西去認識，因愛係她的本性，係她的永續的性格。　修眞女原也不認識愛的，——但出于一種天淵各別的理由。

您讓伞他靈直接從對于愛和她對此欲情不認識的談話中以取得到「既往的巨室」的通道，若我併了解的正確，這非全無意義的。　恰恰人經此巨室所觸起的情調乃超于一切欲情之上，美的平和佔據了靈魂，而此靈魂對于伞他靈的，似若無情，然又如此情深的本質予以最好的說明。

此種既往的巨室將美術的世界，理想意義中的幽冥地府，以一種壯麗的方式同生活與現實的世界打成一片，同樣地（您大概在藝術品中運成了一律的風尙），又將其同全體結合得也恰如其分。　一如此快樂而自由的步驟係自局隘的現在發出去的，卻又常那麼美麗地轉到它面前來了。　從介紹人的沙可伐 (Sarkophag) 以達到米格僂與眞正的

歷史的擺渡也具有最妙的效用。 碑文：「勿忘生存」！ 題的很爲卓越，而尤其妙的是，它反映到那可惡的「毋忘死者」！ (Memento mori) 的上面，乃何等美麗地自佔上風。

伯父及其對某些自然物的奇異的癖性是怪有趣的。 此等人恰具有一種那麼刻板的個性和一種爲他所必具的「自行其是」的強烈的性情。 他關于音樂上那些甚爲入耳的批評，都是滿含眞理的。 無庸偉言的，您在此類性格中大半都撥進您自我的本質了。

羅塔因于一切主要性格中反映出來的最少，但由於完全客觀的理由。 如此的一位性格絕不能在起詩人作用的媒介品中間完全暴露出來的。 非個別的行爲或語言足以刻畫出他的；人必得親眼見他，親耳聞他，親身同他共處。 故此也夠了，同他一塊生活的人們在對他的信任與尊視中都如此一致地承認，一切婦女都愛上他的，但她們常只注意，于總的印象，而我們則得考察他的教育的源淵。 在此種性格上較在其他的上面要格外仰賴于讀者自身的想像；因爲他是美術的，所以他必得由讀者自己製造出來，但非任意的，卻得遵循您已充分規定了的法則。 只可做到他和理想的接近，而此種輪廓的規定決不會十分精確的。

雅而樂 (Jarno) 係始終如一的，而他對選擇李底因 (Lydia) 的顧慮則給他的性格挂上了桂冠。 您知道將您的女性們安排得多麼美妙啊！——像威廉的，像羅塔因的性格只能同一位柔和的女性結合方爲幸福的；像雅而樂這樣一個人則只許同一位與此相反的女性相偶；此人必得時常有點事去做，去想以及去辨別。

良善的伯爵夫人在詩文的筵賬上而不得算是最好的；但您在此也處理得很合于自然的了。 這樣一個性格絕不能自信；足以保證她的恬謐與安泰的進展的事物是不得而有；她永遠受禮法權力的支配，因此一切要于伊面前發生的東西，都含一種消極的狀態。 這在旁觀者看來雖不大喜悅，但這是那個樣兒的，藝術家在此所道破的不過那自然法則吧了。 乘伯爵夫人的機會上我必須批評的，我覺得，她在第八本中出現似無相當的說明。 她來到發展的階段，但非由此階段出發的。

伯爵表現他的性格恰到好處，再有一點我必得讚揚的，您令他以其邸宅那麼華麗的設備而爲彈豎琴人的不幸去負責。　此等俗物會表面上愛好秩序，卻只有召出紛擾來。

小菲立格斯（Felix）的無禮，他從那個後來引出如許重要結果的瓶中去喝飲，這也屬于計畫中最成功的觀念。　小說裏面有許多這樣的筆法，統統結構得極稱佳妙。　您以一種如此簡單和自然的方式將那無關緊要的同重要的結在一起，並反過來又將必然同那偶然交相融化。

談到維爾納悲慘的變化我不禁喜悅之至。　這樣一個鄙夫總只會當他的青春及他與威廉的交際時期得意一時的；這兩位天使一旦從他離開，他隨即那樣公允地投降於物質之上，最後他必得自己驚訝，他落在他的朋友後面該有幾何遠。　故此種典型對于全部也甚有益，因爲它將您所追敍的小說主人公的唯實性說明了，且更抬高了。　而今他站在一種善良的人性的中央，同空想與凡俗皆相距一般的遠，您把他從前種傾向上如此適當地去療治，又得對後者方面加以不少的警告。

維爾納使我記起一個重要的年代錯誤，我相信係讀小說時所注意下來的。　無疑地您不是這樣的意見，米格儂死時係二十一歲，而菲立格斯于同時係十或十一歲。　還有漂亮的腓德力（Friedrich）當他最後出現時應仍未滿十幾乃至二十歲，等等。　事實上確是如此的，因爲威廉在塞爾納（Serlo）家的就職迄他回轉到維塔因的爵邸，至少經過六載之久。　維爾納，他在第五本中尚未成婚，在第八本的開端上已經有許多孩子，『會寫字，會算數，會作事更會淘氣；而且他對于各人都指定了一種固有的職業去學習』。　因此我推想第一個在五六歲之間，第二個在四五歲之間；而因他究不能在父喪後跟着去結婚，並且孩子們也不可同時來到，那就有六七年的功夫，必要在第五本與第八本之間去經過。

二六（一八三）釋勒致歌德 一七九六，九，五于耶奈

現因我將小說全部讀過了許多遍，我不克充分講出，如若讓選擇的話，那您所選擇的主人公的性格係何等成功的啊。　無一他人如此允當地勝任一位事變的主持者，而且，若我也完全不讀什麼，唯于這樣的性格上，才得使問題提出來而又被解決的話，只

就全部的單純的描寫上面說，已非他人所可擔當了，不但題材要求這樣的性格，而讀者也需要他。　他對沉思反省上的性癖使讀者于情節最迅疾的演變中戛然而止，並時常强其前后去觀察並對所發生一切的事變去思想。　舉凡在他週圍發生的事情的精神，意義，內在的實質他幾乎都收集在一起，他變換每個朦朧的感覺爲一個概念和思想，他說出每一個個別物在一種普遍的公式之內，他使我們接近于萬物的意義，而因他由此實現了他固有的性格，同時他也完滿地實現了整個的目的。

門第及您所選出他來的境遇使他在此尤爲合式。　而今一或種的世界在他覺得是嶄新的，他要高與地自這上面去讚賞，幷當他從事同化此世界的時候，他也引我們入同一世界的堂奥，且向我們指示，此中爲人類保存了何種眞實的東西。　在他的胸中住着一個人性上純潔的與道德的影像，就這上面他致驗人性的每一外部的現象，且因一方面經驗幫助他的動搖的觀念更加穩定，另方面此種觀念，內在的知覺，又交互地糾正他的經驗。　在這樣方式上此種性格奇妙地幫助您，從一切遭遇的場合與事態中，去探求和認識那純粹的人性。他的心靈雖係世界的一面忠實的，然非一面，單純與被動的鏡子，幷且他的幻想雖對他的眼界有影響，但這只是理想的而非幻想的，是詩意的御非夢想的；這旁邊並無那主演的想像力的勉强，但僅有一種善良的道德的自由作爲基礎的。

當他將其歷史述給特蕊生聽的時候，他對自身的不滿意是極端眞實和適當地去描述他自己。　他的價値在他心靈之內，不在他的作用之中，在他的努力之內，不在他的行爲之中；因此當他要將此事向另一個人說明的時候，他的生命就得對他顯着如此空虛的。　反而呢，一個特蕊生以及類似的性格御常能將其價値當面發現，常能以外物換算出來。　但您令特蕊生對那位高尚的品性有一種意趣和一種持平之論，這又係一極柔美的特徵；她心內所缺少的東西，必得在她淸朗的靈魂中反映出來；因此您一度將他擢升于所有彼等固陋的品性之上，這些人們卽在表象中也不能使其貧乏的自我得越雷池一步的。　一個像特蕊生的心靈最后竟信仰一種與自己那麼疏遠的思想和感覺的方式，她愛慕且尊敬那懷抱同一方式的志士，　這點對此方式的客觀的眞實性上同時係一美妙的證明，每人讀此段時是沒有不心悅誠服的。

再使我于第八本中極感歡樂的是，威廉開始同那些莊嚴的權威們，雅而樂和住持(Abbé)，頻相接觸。他的學習年齡推延得很晚，這也是一個證明；而雅而樂在此種機會上所答他的話完全如出我的心坎：『您是苦惱的這已十分美而且善了，假若您當初一度變成了够兇惡的，那就要更美了』。—— 我自認，若在我們的主人公方面沒有這樣自覺的證明，而叫我去設想他同此階級，像日後同拿他靈的結合上所發生的那麼密切的結合，那就要令我深感不快了。在他對于貴族的優越地位所表示歆羨的情感上，對他自己和他的階級出身則于許多機會吐露他老實的不信任上看來，他似乎難于在斯種關係裏而去保持一種充分的自由；而且直到現在，因您描寫他較為勇敢，較為獨立，人就不及為他省去某種的躭憂；他要時常忘記平民嗎，如若他的命運該發展到十足美滿的地步，他卽不必如此嗎？　我怕他絕不會完全忘掉平民的；他令我在這方面沉思得太多了；他曾經如此無疑地視作不干己的東西，他決難又完全吸入心內的。羅塔因的，同樣拿他靈的尊貴的本質常要在門第與心性的雙重的品位上置他于一或種卑賤之內。若我同時想到，他係伯爵的妹夫，後者降低其身分的尊貴無寧說以其凡俗外毫未由於何種美術的東西，故我有時不得不為他毛髮聳然。

傺外的俱臻上乘，因您在確定的，積極的，外部的形式上給以應有的重視，一涉及稍為純粹的人事上，您就仔細追敍到出生和門第的瑣碎事項裏面去，且多麼難能可貴地從未在這上面遺漏一個字。但我所認為一種無上的美麗，您卻難獲到一般人的承認。有些人會以為奇怪的，一部小說，它不但毫未帶點平民革命的性質，反在有些地方似乎代貴族張目，結束了三次婚姻，而所有三次的都成為怨偶。因我自己在發展方面不希望再有點別的東西如旣有的那樣，並對於作品的眞實的精神，卽在瑣碎與偶然的事件上也毫未忽視過，那我得請您致慮一下，是否可針對該類錯誤的評斷上還由「羅塔因口中」講幾句話出來呢。我說的由「羅塔因口中」，因此人係貴族的性格，他從他階級的讀者方面可找到頂多的信仰，他的婚變也最惹人的注目。這點也可同時給一種非常的機會，以顯出羅塔因的整個的性格。我也非推想，這點自己會在讀者應用的機會上必得發生的；也許更要好一點，如若這點同任何應用都不相干，且非就其本性上當作每一個別例子的一種規律而說出來的。

談到羅塔因，那就得說，特蕊生的非法的，平民的來歷係一種家庭秘密；但尤其壞的，有些人竟要說，羅氏定要瞞住世人，方可以他的階級的利益供給他的那些孩子。您自己會很曉得，將有如何多或少的人關注此等悲慘事情之上。

今天不再寫下去了。　您現既經自我聞到亂七八糟的一套，而且如我豫期的，還要聽到一些兒。　惟願此中頗有些可供探納的東西祝您平安和快樂！

二七　(一八七)　釋勒致歌德　一七九六，七，八于耶拿

因您尙許第八本留我處一週之久，我擬將我的批評姑限此書以內；倘將來全部著作須從您手中流到廣遠的世界時，那我們才可更多討論到全部的格式，但以後您得對我以「糾正我的判斷」爲報酬。

有兩點是很重要的，我想在全書結束以前介紹與您。

小說，像現在的樣子，大部份接近於敘事詩。　其餘的呢，也具有在某種意義下面去設想「神」或「統治的命運」的機構。　題材要求這一點。　邁斯忒的求學年代非係一種自然的單純盲目的效用，乃一種實驗。　一種隱隱作用的較高的悟性，即脫爾姆會的勢力，(一)以其注意伴隨着他，而且以在其自由的進展上並不妨礙他的本性的條件下面去觀察他，遠遠地導他去達一種目的，他所未曾預料然應具備的目的。　此種外來的影響是多麼地輕鬆，但它的確是有，而且爲達到文藝的目的它係不可缺少的。　求學年代係一個比較概念，必要求得其相關概念「熟練」的地步，並且後者要說明與證實前者才行。　但此種熟練的觀念，僅爲成熟的和完成的經驗之產品，自身不能去指導小說的主人公；它不能且不應成爲他當面的意義和目的，因他一想起目的，他也就自然達到了；因是此觀念必須以「領導者」的身分站在他的背後。　全部作品在這樣方式上獲到一種美妙的「暗合目的性」，並未使主人公具一種目的；也因此悟性實行了一種任務，在其間想像力完全保持了它的自由。

(一)　脫爾姆會（意譯爲塔會）的勢力 (die Mächte des Turms)，此會謂爲教育邁斯忒而組織的團體，其影響甚大。

但在斯種任務，即全小說中唯一的，曾經眞正說了出來的目的上面，在此種感應受雅而樂與亞悲的濡移默化的領導上面，您卻避去了一切困難和嚴峻的筆法，並對這方面的動機寧可自一種奇想的，一種人性的，但非自道德的源泉去採取，此乃您一種最特有的美的精神。 由此一種組織的概念雖被放棄，然其上的作用畢竟留下了，而一切涉及格式的東西都止于自然的界域之內；惟結果則較之純賴自身的自然所造就的更要多。

在這一切上面，我確希望，您使讀者對此種組織的要點，及同一組織與內容的必然的關係上較易於把捉才好。 讀者卻也該常留心握住全作品的關竅，因這在扮演的人物上係藏而不露的。 我害怕，很多讀者會相信在該項秘密的影響下單只獲到一齣舞臺的戲劇與一種技巧，以增多曲折激發驚奇，等等。 第八本書雖在凡由彼種組織構成的個別的事變方面給了一項歷史的說明，但關于內在的精神，關于那種結搆的詩歌的必須性方面所給與美學的說明則不甚夠，我自己在讀第二遍與第三遍時才能體驗到此點。

若我對全部上還要陳說一點，那就是『就宏大而深刻的，見於個別部份當中的且如此強烈地起作用的嚴肅精神方面說，想像力似乎在全體上施展得太自由了。』—— 我覺得，您于此將那運動上自由的優雅點綴 (freie Gracie) 於詩藝的嚴肅精神所得容受而外更放縱得遠了一點，您因對于一切拙笨墨守成規和不自然的厭惡，自己卻走近了另一個極端。 我相信有一種「對于羣衆的弱點不得不遷就」誘惑了您，以致不斷地去追求一種舞臺的意義以及超出一部小說所必須的和適當的舞臺的方法。

如果從來有一種詩歌的故事可以缺少驚奇與詫異的幫助的話，這就是您的小說；無益的東西在一部這樣的著作上面只是「畫蛇添足」吧了。 那一般的注意力多要射在意外事件之上，並且讀者的興趣也要消費於那蓄集內，在精神的謎語的解決，這是會發生的。 我說『這是會發生的』，而我們倆並不知道，是否已經發生呢？

因此成爲問題的，那個錯誤，若係一個的話，是否尙未遇之于第八本書中呢。 無疑地它只涉及觀念的描寫上；觀念本身是毫無罅隙可尋的。 因此，那是必須的，對於讀者將其一向看成太輕浮的東西弄得稍有意義些，並且將那些被其僅看作想像上的玩意兒的舞臺事件使其與詩藝的最高的嚴肅精神有更明顯的關係；幷還在理性的裁判上去證出，這點或許是無意，但非公然做下來的。　在我看來，亞悲似對此種任命頗可勝任愉快，而由此他也可有較多的機會得以自薦。　在第八本中若將威廉成爲亞悲的教育計畫中一個對象的近因更詳敘一下，那并作多餘的事。　此種計畫藉此可獲一種特殊的關係，而威廉的個人也要在社會上現得愈有價值了。

*　*　*　*　*　*

您在求學年代與熟練下面所要設想的東西，在第八本中您已埋下各種不同的暗示了。　因一部詩人創作的槪念內容，尤其對于我們的讀者羣衆，竟致慮得如此卓越並且常會成爲日後人所唯一難忘的東西，那您在此所全力奔赴的，是有意義。　那些暗示是很美的，惟似乎不很充分。　固然您想讓讀者自己多去尋找，而對之少加直接的訓諭；但因您畢竟要說出一點，以致人會相信，那所說的就是一切，因而把您的槪念弄成較之全靠讀者自身去搜索的，更狹隘了。

若我要把威廉經過一長期的迷誤最後才達到的目的以坦率的辭句說出，我就要說：『他從一種空虛而無定的理想上踏入了一種確定的，激刺的生活，卻並未在其上耗費掉理想化的力量』。　成功此種狀況的兩條相反的歧路小說中是描寫了，而且具一切應有的迂迴曲折與段落分明。　由彼種不幸的派遣起，那時他要去演戲並不思及其內容，直到他——選特蕊生作其配偶的那瞬間止，他幾乎把人類的整個的圈子都片面地兜遍了；那兩個極端係二個最深的矛盾，唯有一種像他的性格方可與之適應，而今且必得從此產生出和諧。　他現時在自然的（由菲立格斯）美而快樂的領導之下從理想渡到現實，從一種漂泊的努力渡到實踐和眞實的認識，在其上並未損害初努力時所認爲眞實的東西；他達到了確實性，并未失去那美的估量性；他學上了自我限制，但在此種限制本身之內從形式上又尋着了那達到「無窮」的通道，等………這一切我稱作他的生活的轉機，他的求學年代的終結；除外我覺得，作品中一切的結構互相連絡的都很完滿，同他的孩子的慈愛的自然關係以及同拿他靈的高貴女性的結合保證斯種精神健康的狀態，而我們看見他，我們同他分別在一條引到無窮的美滿去的道路之上。

您用以解釋求學年代與熟練的槪念的方式似乎給二者加上了一種較爲狹隘的界限。

您在前者下面單純了解爲去錯誤，卽在身外去找尋那「內在精神」本身所必得創出的東西；在後者下面則解作該項「找尋」的謬誤和該項「自身創出」的必然性之體認。……但是威廉的全部生活，如小說中所現于我們面前的，也可許在此種概念下面眞正去捉摸盡淨嗎？　以此種公式一切都可了解嗎？　他現在僅能以「父親的心」對他所說明的話，如第七本書末所發生的樣子，就會被解放嗎？　故我于此所希望的是，所有小說的個別的部份對於該類哲學的概念的關係要弄得更淸楚一點才好。　我要講，小說是完全眞實的；小說的道德也是完全眞實的；但這個對於那個的關係現得卻不很明顯。

我不知道，我在這兩種回憶上是否能有正確的了解；問題已涉入了全部的範圍，故很難恰當地將其于個別的上面去說明。　此處卻也彀得上一個暗示了。

二八　（一八八）　歌德致釋勒　一七九六，七，九于威瑪

緣我擬遵您的批評去變更與補充的章句已紀錄在一張特別的紙上了，對今日的手示我尤致最深厚的謝意，因您寫於其中的「回憶」追令我去留心全部作品的實際的完成。請您不要中止，我幾乎要說，將我從我的固有的界域中攆出去。　您所正確地批評的錯誤，是產自我內在的本性，產自一某種唯實主義的妄想，由於它我要將我的生存，我的行爲，我的著作挪開人類的眼睛方覺高興。　所以我恆願微服旅行，較劣的衣着，由更佳的面前去選擇，並且同生人或半生不熟的人們談話時寧可用無價値的題材或只是價値較低的辭令，將我舉止得較我本來更輕浮些，而我要講，將我置于我的自我同我的固有的現象之間，您很可知道，一部份就是這樣的，一部份是互有關連的。

在此種一般的懺悔之后我要跨進特殊的方面去，我在沒有您的鼓勵和喚醒時，昧着天良地，也把我的此種性癖渲染在這部小說之內，其上所作的不幸的耗費乃不可寬宥的，因所有可得採用的東西，一部份是認識得太容易了，一部份是作得太便宜了。

如若亞悲對威廉早日的注意被講出來了，那對于全部就要放出一完全的異彩和精神的光輝，我卻將其忽略了；我能決意從事的，僅把維爾納的外貌說的稍微像個樣兒。

我曾于第七本中將那篇教育書翰中斷了，至今人在其內只得讀少數的關于藝術與藝術意義上的箴言。　第二半部應包含關于生活與生活意義上重要的言辭，而我有極好的

機會，用亞悲的一種口頭的註解，大概將事變，尤其是由崇高的勢力所召來的事變去說明和證實；這樣一來，才可把彼種結搆從一宗冷酷的小說需要的嫌疑上面救拔出來，幷且以一種審美的價値賦與它，或寧可將其審美的價値多弄顯明些。 您看，我對您的批評是完全一致了。

沒有問題的，那些外觀的，由我說出來的結論較作品的內容是要狹隘的多，而我好像一個人，當他把許多而很大的數目加在一起之後，最後他卻輕率地做出了加法錯誤，以致將最後的和數，上帝曉得怎麼一回事減少了。

為這許多，且因您在適當的時候用一種如斯決定的方式，將此種混亂的作法揭示了，我應對您致深厚的謝忱，幷一定要盡力之所能地去迎合您的正當的願望。 我只消把您的書信的內容分配在適當的地位之上，那已有濟于事了。 我也許該碰到的，人類的矛盾性竟是如此不可克服的障礙，以致我不想把那最後的重要的語言自胸中吐出，故我要請您，把我因受奇異的「本性強制」(Naturnotwendigkeit) 的束縛未曾說出的東西竟以一些大膽的毛筆標記親自加進去吧。 此星期您還是繼續想念並且鼓舞我吧，其間我卻想為蔡里禮(一)也許為藝術年鑑準備一下。

二九 (一九〇) 釋勒致歌德：一七九六，七，九于耶拿

我對于那兩點的思想使您弄清楚了，且擬加以攷慮，令我聞之不勝歡喜。 您所稱作您的「唯實主義的妄想」的東西，在這上面您絕不應否認的。 那也屬于您的詩人個性，您得留于它的領域之內；一切作品中的美麗必須成為您的美麗。，要緊的只是由此種主觀的特性上去為作品求出一種客觀的利益來，只是您想去做，這一定成功的。 就內容說，作品中必須含有對它的解釋上所必需的一切，就形式說，要在它必須挾帶內部的連結于本身之內，——但它該如何緊密或鬆散地去連結，就得以您的固有的本性去決定。 對于讀者固然要便宜些，若您將那些有關連的契機如數家珍一般地數把他，他只消接受一下就行了。 但若他定要力謀自助的話，那就會愈堅固地將他吸入書中且常使

(一) 蔡里禮 (Benvenuto Cellini) 一五〇〇——一五七一，為意大利後期文藝復興時的彫刻家和金匠；其自傳係歌德番譯的。

他記憶同一書的內容的。 所以您如果只要顧到，當他用良善的意志與明亮的眼睛去探尋一定會找得着的場合，您就不必爲他省掉那番「尋找」。 這樣一部創作的結論必得永遠成爲讀者固有的，自由的，但非勉强的產品；此產品卽變成一類的酬勞，惟有勞績的人方得享受，無勞績者則沒有分。

我想免得遺忘，再于此敍述幾項記憶，胥關彼種秘密的結構之上，請注意一下。
1 人想知道，亞悲或他的黨人扮演那老哈姆雷特（Hamlet）的精神要到何種的結局。
2 那帶着小紙條「逃啊！ 逃啊！」的面網是敍過二次了，惹起人們很多的期待，以爲此種發明非無一項重要的意義，人要問，爲什麼一方面把威廉從戲院攆出去，而在另方面又對于他的拿手戲的演奏上助成他首次登台呢？ 人期望于此二問題上面獲得一個較雅而樂迄今所給的尤專門的回答。 3 人也許願意知道，亞悲及其友黨是否當維爾勒出現于宮殿以前已經曉得，他們在田地交易上將同一位如此親密的親戚和朋友來往呢？ 以他們的態度看，似乎彷彿如此，那他們由此對威廉所作出的秘密人又要奇怪了。 4 亞悲所由獲得特蕊生的來歷的消息之根源，人竟可期得到嗎；尤其因那確係一點兒怪事，這樣重要的情節，在對之甚感興趣而平常又在她旁邊如此週到地服役過的人們方面，直到詩人需用它的那瞬間止，竟會當作一個秘密而瞞藏下來。

教育書翰的下半部是被遺棄了，那也許係一種純粹的偶然吧，但偶然的一種靈巧的運用，在藝術上，也在生活上，常會產出那最卓越的東西。 我以爲，此教育書翰的下半部仍可在第八本書內，在一種遠爲重要的位置上幷以全然不同的利益補進去。 這當中事變是向前邁進了；威廉本身愈加進步了。 他，讀者也一樣，對於生活與生活習慣的實用的效果上準備得尤爲佳善了；再那既往的巨室與拿他靈的愈密切的親近也能在此引起一種更好意的情調來。 因此我極端勸您，可不要放棄那半部教育書翰，卻將作品的哲學內容盡可能地——愈明顯或愈隱約地——安插在裏面。 在一羣像德意志的讀者前面爲一種意見而辯護，而此處尤其顯然地係爲那卷首上已明明說破了那種意見的名稱而辯護。當然不能算爲多事了。

我還在第八本中讀到您向玄學宣戰且與人類的思致的需要發生關係的數行，使我得到不少的滿足。　可是您施給那窮女神（意指玄學譯者）的賑品太渺小了，我不知道，人對此種可憐的恩物是否能够拜受。　我此處所說的係指何處，您或許會知道的，那是故意達到的地步，我相信是注意到了。

在我們的思攷的時代寫出一部如此的內容和那般寬廣的範圍的小說，任其在那「唯一的必須者」（das einzige was Not ist）竟那麼輕輕地避去不用，——讓一位多麼感傷的性格，像威廉常所具備的，對他的求學年代不藉彼可敬的領導者的幫助去完成，我自認那是稍爲强烈一點。　最難堪的還有，他實際上在一切的艱辛中去完成它們的，然這對那位領導者的重要性上卻未喚起最佳的想念。

但實在說——您能教育與造就一個人，并未與那些唯哲學始可滿足的需要相衝突，是由何而來呢？　我確信，這只能歸功您在全部小說中所採取的美學的方針。　在美學的精神狀態內面激不起一種由思攷所創出的安慰理由的需要；它本身具有獨立性，無限性；只有當人身內欲性與德性互相敵視的時候，那方到純粹的理性方面去乞援。　像您自己所講的，健全而美麗的本性是不用一種道德，一種自然法，一種政治的形而上學的您還可同樣加進去，它不用一種神性，不用一種以維持和保存自己的永生性。　那最後一切思攷都倚之爲轉移的三點，誠然給與一個感覺成熟的人以一種達到詩歌的玩意兒的材料，但絕未能變成嚴肅的事件與需要的。

反之，人也許還能想及那唯一的一點，即我們的朋友對彼項美學的自由尙不會完全佔有，後者是可置他于萬分穩定的地位，使他絕不陷入確定的困難之內，使他絕不需要一定的參攷方法（思攷的）。　他並不缺少一種凡屬感傷的人們所固有的，確定的哲學的傾向，但若他一旦走進思攷的領域去，那就要因缺少一種哲學的基礎使我很感危險的。　緣唯有哲學方可無礙于哲理思維；無它此種思維就不可免地要走入神秘主義的道路。（女修士對此自身即一證明。　一定的美學的缺點使她有思攷的需要，但她終徬徨于歧路之上，因她無哲學的幫助；設她爲男子也許要遍歷一切形而上學的歧途）。

但今加于您身的要求是（這，您平常卻也遍處做得很够了），您得置您的門徒於完全獨立，安全，自由且幾等于建築學上那麼堅固的地步，致他能永遠站得住，而不需要一項外力的扶助；因他有一種美學的造就，故關于一種他秉性所無的哲學教育的需要方面人儘可視作無關重要了。 現要問一聲他是否很夠一位唯實主義者，絕不必依賴純粹理性之上呢？設使不是這樣的，——他不也該對于一個理想主義者的需要稍多顧慮一些嗎？

也許您要疑心，我不過採用一條迂迴曲折的道路，以便畢竟把您攔進哲學裏面去；然我大約尚感缺憾的東西，那一定也可在您的方式中很完美解決的。 我的願望只是，您不要迴避問題的材料，但得完全用您的方式去解決。 一切思攷的知識在您處所要增補的東西，並且一切此中的需要都使您感覺冷淡，這在邁斯忒方面也充分嘮叨了。 您讓伯父一角已說過許多的；而邁斯忒抓着中心也幾次的成功；因此不需再多嘮叨了。倘使我，只要能把我在「幽冥地府」及「美學的書簡」中用我的思攷方式所說過的東西闡明于您的思攷方式之內，那我們就快臻一致了。

您對于威廉的外貌憑維爾勒口中說出的狀態，為全部起了非常佳良的效用。 我想起了，您是否還可利用那個第八本書尾上出現的伯爵以恢復威廉全部的名譽呢。 倘使小說中司禮官的伯爵以其可尊敬的品行及一種我無庸細說的確定的待遇，一旦將他由其階級裏面提拔起來而躍入一個較高的當中去，並由此在一定的方式上分配那尚缺少的貴族品位與他，那怎麼樣呢？ 自然哪，若伯爵使他尊貴了，那工作方算完了啊。

說到威廉初次偕拿他靈走入那既往的巨室中的舉動上我尚有點兒回想。 我覺得，此處他還過于是那昔時的威廉，即在祖父的家中最喜同那位病王子棲止的，而那位不速之客在第一本書中從一條如此不正當的路上找到他時的樣子。 至今他幾乎還完全屹立在藝術品的純粹的素材之上，那是極端詩化了。 倘若此處非係指出他開始一種幸福的轉機的地方，雖然不可把他當作識者，因這是不可能的，但畢竟可當作一個較客觀的觀察者去描寫的時候，那嗎，差不多的朋友，像我們的邁爾，也可希望理解他嗎？

您在第七本書中已將雅而樂那麼適當地鼓舞了，以其強硬而冷靜的態度道破了一種真理，使主人公，同樣使讀者一旦向前進展了一大步：我想着的，是他直捷了當地否認威廉具有演戲的天才的地方。 我現聯想起，他是否于關注到特蕊生和拿他靈的身上時不會盡一相類的職務，供全部以同樣良好的效果嗎？　我覺得雅而樂乃一適當的人物去告威廉，特蕊生非可使其幸福的，並暗示何種女人的性格才與他相配。　如此，個別坦率地說出的語言，在恰巧的時機講出去，一下子會為讀者釋下一種重負，而只作用得如一閃電，照耀着整個的舞臺。

三〇（二三二）釋勒致歌德　一七九六，十，十九于耶拿

今天收到的包裹令我獲一種意外的快樂。　我適埋頭于第八本邁斯忒之中，從新領略了它的全部豐盛的款待。　敍事詩的與哲學的內容多麼充溢其間，殊令人驚嘆。　形式內蘊的東西造出一個如此美的整體，向外呢，它又觸着了無限，即藝術與生活。　事實上人在這部小說中可以說：它除經過純粹美術的形式外是絕無一處受了限制的，何處形式停止了，它就同無限打成一片。　我要將它比作一座介于二大洋間的美麗的海島。

您的修改對全部的精神與意義均係適宜和完滿的。　如果新的和舊的同時作成了，也許您要在此處和彼處一氣呵成功的，如今卻費了不少的氣力；但一個初次在現有體相上讀它的人是感不出此點的。　我的愚見，除要求對主要觀念稍加更清楚的說明外，實在不能知道，什麼東西再可損益了，在這中間，如果不是「求學時代」寫在書名之上，我在這第八本書中就得把那教訓的部份視作幾等贅疣。　許多哲學的思想而今顯然都弄到清楚明白了。

在緊接米格儂死后的一幕裏面現在也不缺少此瞬間心情所可要求的東西了；我祇希望，移到一種新情趣之上時要換一新篇去表示才好。

馬克酉現在也十分滿人的意。　伯爵自表的很優美。　雅而樂與羅塔因在新增補的機會中也獲有趣味了。

如今，您在這樣巨大的危機所獲得幸福的結果上接受我的祝福吧，并且您許我們在此機會上去聽取怎樣一種群衆的呼聲吧！　（待續）

獵人家內的一宿

Eine Nacht im Jägerhause

赫貝爾 (F. Hebbel) 著

楊丙辰譯

「我們還不能快到了D麽？」——歐陶不耐煩地向他的朋友阿多爾夫呼着說，並且激烈地用手向他的左額上撫摸，因爲一條樹枝在他的額上劃了一下，——「太陽落下去多時了，這天色暗得已經足彀了份兒，況且我的腿也實在馱我不動了。」「我想，我們是把道路迷失了吧。」——阿多爾夫怯然地回答着說——我們不得不準備着在林中度這一夜了！」「這我早就想到了的」——歐陶厭煩地說——「但是你却是處處都不迷悞的呀，就是在你所從不曾到過的地方也不會迷悞的呀。我也是飢餓的了，如同一支正聞羊鳴的餓狼一般的饑餓。」「我的衣袋裏還有個小麵包哩！」——阿多爾回答着，一面伸手去開始搜尋——「唉，沒有了」——他登時地補充着說——「我把牠扔給那支餓得不成個樣子的牧人底犬了，當在牠在方纔的村子裏自我們的眼前走過時。」

一種長的，只是在學生們之間，若是它們疲憊到了極點時纔能出現的靜默，這時在他們二人之間開始了。他們倆個的心裏都在感觸着憤煩，並且又都在羞愧着這宗畏怯，時而默然，時而鼞口吹哨着並肩向前行去。「哪，又開始下起雨來了！」歐陶最後又開始說「這，有皮膚的自然會覺得。」——阿多爾夫答應着——「但是，若是我的眼光不悞，我瞧見那邊燈光發明哩！」這一定是水上的幻光的，還能是傍的甚麽！——歐陶低沈了聲音說——「這裏必定不缺少水澤哩！」雖然如此，但他的脚步却加倍地疾速起來。「誰在那裏？」阿多爾夫呼了一聲，並且陡然地立定了脚步。

沒有回答底聲音。「我彷彿覺得身後有脚步底響聲似的！」旣而他說。「人們有時會容易聽錯了的！」歐陶回答。

這時他們奔到一所孤立的房屋跟前來了。他們走至窗下，向內探望。一間廣闊空寂的屋子呈現於他們的眼簾之前，惡劣的土牆已經把牠們那原來用石灰粉刷的表面喪失了一半去了，幾把麥稭塞墊的椅子一東一西地亂置着，並且在那已經坍塌一半的壁爐之上掛着兩支手鎗和一把捕鹿用的獵刀。在屋內底後面有一位老婦，挽着一張棹子坐的，她的牙齒已盡脫落，並且還是一支眼睛，在她的脚下臥着一支巨犬，不時地拿牠那粗爪去亂抓搔。

「我想」——阿多爾夫完成了他的視察之後，開始說——我們寧可到林中去宿歇，也比着在這個匪窟裏好哩。這裏頭瞧着着實有些兒蹺蹊！」同是一樣的話頭已經到了歐陶底舌尖上。但是像在這樣極端不愉快的時刻裏人們總是喜向反對底一方面趨的，所以他的思想就立時轉入了反面去，於是他冷嘲着回答說，他並不覺得一位老邁的婦人有甚麼可怕，並且實在不知道，他們爲甚麼不可以進去。「你只用隨便」——阿多爾夫鋒利地答覆——「來談會我的話吧。這位老太太決不是爲我們的緣故坐在那裏的，她在等待客人們，至於被等待的客人屬於那一種類，却就難說了。你只用瞧，她怎樣地拿手去摩擦她那自前次鬪毆以來尙殘留未瞎的一支眼睛吧，爲的是要把來酒襲她的眠睡給趕走，你瞧，她怎樣地歪斜她那張沒牙齒的嘴巴！這並且還是座小酒店哩，因爲那邊墻角裏擱着些酒瓶和酒杯呢。但是雖然如此，我却是也有點同你的心思相同哩。」

歐陶尙未回答出甚麼話來，忽有一聲說得極冷利的：「晚安！」自他們二人身後發出，他們趁着那由窗內透出的微弱的燈光瞧見了一個男子底形狀出現；他的形體短矮緊湊，兩支眼睛狡猾詭詐，自這支向那支流轉着，頭上的獵帽，他深深地揭到了額部以下。「不用說，你們決定是迷失了道路的」——那個走來的生人繼續着說——「那麼你們要尋個過夜的宿歇地方了。你們感謝上天罷，這麼湊巧逢見我自我的巡遊返回，我的老邁的母親不會容留你們的。若是你們不嫌棄，你們就隨我來吧；你們一定要從得比着在這外邊好一點哩在我那間房頂下的樓間裏，這我可以給你們兩個收拾了出來哩。啤酒和麵包聽從二位支配，並且爲安歇可以拿麥稭向地上舖成一個臥鋪的！」

犬吠起來了，老婦立起身體，脚步遲遲重重地向窗前拕曳而來。「是我！」獵夫高聲說。「是你麼，我兒？」老婦鼻音矓矓地回答，並且慢慢地把從裏面鎖起的門敞開。「只用請了進來吧！」獵人用促迫的慇懃向那兩位朋友們說。他們遵從他的邀請，心裏却懷着一半的不願，歐陶在前頭先邁了進去。他們一越過了門限，獵人就用了一種特別的急遽把門在他們身後給鎖了起來，這時老婦把眼鏡弄正，不和藹的樣子向他們觀察着。「還沒有來麼？」獵人一面讓他們到屋子裏去，一面這樣問着他的母親，但是聲音却這麼低，竟使他的母親，因爲耳朶有點重聽的緣故，不曾聽明白了他的話，只有歐陶可曾聽明白了的。他俯在她的耳朶上低聲說道着同老婦向一個墻角內走去，並且不僅一次一種獰笑飛過他的面孔。老婦向那二位晚客瞅了極奇怪的一眼走了出去，旣而她拿着啤酒，麵包和牛奶餅復返了回來。獵人把兩把椅子推至棹前；老婦枉然地逼迫着自己現出點和藹來！用了啞默的動作邀他們二人進食。他們二人本來已經是餓極了的，所以就毫無顧忌地開始吞嚥起來了；這其間獵人自壁上把槍摘下來，並且不顧及他的客人們底驚異，按着手續把子彈實入手槍裏，甚至還在火門上傾了些火藥進去，然後他就把牠們擱在了身邊。他默然地抓着燈，把兩位朋友自一個樓梯上引到了房頂下的一間老舊房間裏，在這裏他們瞧見已經預備妥當的麥稭臥舖。他現在簡簡單單地說了一聲「敬祝夜安！」就又要拿着燈走開了；但是他們兩個却發表他們須要有個亮兒的希望。「要個亮兒麼？」——他驚訝地發問——「這却使我抱歉，二位在我這裏安歇，是如同在墳墓裏安歇一樣了，就是須要在黑暗之中安歇哩。我的母親在家中罕有一支蠟燭的，那麼這盞燈我們自己還得要用哩，爲——爲」——「爲的甚麼呀？」歐陶搶着問，因爲獵人的言語吞吐參差。「爲的是要誦讀晚間禱告底經文，自然的」——他回答說——「只是有學問的人們纔會背誦牠們哩。但是，誰知道啊，或許幸福是順適的，只要能尋獲一點兒的蠟燭條根，我就把這盞燈給你們再送了上來。」

獵人去了，于是把他們兩個撇在了黑暗之中。「這你可說點甚麼哩？」歐陶對阿多爾夫說。「我們或者絕對不能安眠，或者竟要從此長眠了！」這一位冷然地回答。「那裏不是有一座窗戶在房頂上麽？」歐陶問。「似乎是這樣的」——阿多爾夫回答——「我要檢查檢查，能不能把牠敞開。」他在黑暗之中摸索到了那座窗前，嘗試着下手去敞牠。這時獵人拿着燈又走了進來。他臉上帶着極不滿意的神色向阿多爾夫厲聲喝叱說：「這窗上的鐵拴鐵鎖只是虛設着作樣子的，從外面已經把牠釘成了死的了，並且我想，上邊還安置的有鐵欄杆呢；新鮮空氣這屋子裏總不會缺少吧，因爲那上邊有三片玻璃已經破碎了！」他扯身向門口退回，但是他又把身體扭轉了過來，並且說：「要是樓下面有這事那事出現，那他們就儘管睡他們的覺，不要去理會，決定沒有人來打攪他們二位的！」「這麽晚還能有什麽事情啊？」阿多爾夫激烈地問。「哎哪」——獵人冷嘲着回答說——「林中的小酒店一到夜間顧客是最多的！」「那麽人們在這裏總還妥當吧？」阿多爾夫忿然地呼了一聲出來。「我總還有鎗械在身邊哩！」歐陶假裝着鎮靜的態度從旁插嘴說。「這纔使我喜歡哩！」獵人回答，他大聲笑着，隨手把門在身後擲了回去，竟使屋柱振搖，門窗響動。「哈拉斯！」——他在外面高呼——「警戒着點吧！」那支狗嗚嗚地鳴着，旣而又欠伸着緊貼門口臥伏地上。「把門給上上拴能！」歐陶對阿多爾夫說。這因爲門上果然設有一個推拴的，所以就容易施行了。「感謝上帝，這燈裏頭含有充足的油量」——阿多爾夫說，並且拿着一盞燈在屋子裏面四下裏亂照着瞧看——「現在我們要瞧瞧，在這亂七八糟眾放了一屋子的殘廢器具裏能不能找出一桿棍棒或其它可以能給我們作防禦的事物來。」

現在他們開始檢閱那滿屋堆積着的，各式各樣的事物起來了。一份殘舊的月份牌落到了歐陶底手裏，這月份牌他隨手檢起，爲的是要立時把牠再扔出去的。阿多爾夫伸手把牠抓起，並且把牠翻閱了翻閱。過了幾分鐘之後，他的面色死屍一般地慘白着把月份牌鬆落到地上去了，并且他說道：「現在我可知道，我們是在個甚樣的地方了。這是一個殺人的窩子，那個——（他說出一個全德意志都耳熟的殺人兇犯底名子來，這個人在半年之前在一個有大學校，而他們在那裏研究學問的城池裏因重重殺人的案件被斬決了的），他的名子在這張月份牌上寫着，我們大概是他的兒子底客人們了吧」。——自已與自己在幻想中活活地描劃死亡和死亡所附帶的一切恐怖和神秘，已經是一半的死亡了。青年底生存慾望，本來是剛剛脫除韁轡，得以洶湧恣肆地奔馳於周身的脈絡之中，似要永久不會熄滅地一般的，而恰在這熱度的生存慾望裏並不經過一種預防的過渡陡然地立在了為暗殺所掘開的墓穴底邊涯上，自然是可駭的事情之中最可駭的了。人們的靈魂要畏縮了起來，猶如一個蠕動的虫子底踡跼一樣在一支已經舉起勢將把牠踏死的脚底影子之下；人們一切的，烈火似的慾望只剩下了惟一的一個，就是和那個虫子一樣，再一次憑恨地和暈眩地抖擻着威風，奮起了周身的勇力和能耐，用刺螯在來傷害它們的性命的人底身上作最末後的表示。他們兩個大聲地欣躍了起來，當在他們瞧見了一把在木板之後藏着的，生了銹的鐵斧，他們非常地高興着把牠自板後抽了出來，並且輪流着把斧子舉起，繞着他們的腦袋劃了一個圈子。

「你瞧」——阿多爾夫說——「這斧子上染有血斑哩！」「不是染的，是濺了上去的血球」——歐陶塞顫着回答說——「和一把屠戶底板斧一般！阿多爾夫，我們却不曾想到了一個這樣的夜晚的，當在我們今天早晨出來，要尋一日的快活的時候。太陽底光照得這樣地明媚，這樣地和藹，一陣清涼的風迎面吹來，吹得我們的鬢髮亂飛亂舞，並且我們彼此談論我們三年以後所要作的事情！」「誰敲門哩？」阿多爾夫跳了起來說，並且作着勢將打擊的勢子把斧高高地舉起向門口走去。「這是那支狗在那裏抓搔哩！」歐陶說。「你說對了」——阿多爾夫回答——「這動物又大聲打起鼾息來了。來，我們要躺在我們的臥舖上，並且可以把燈措放在那個木頭墩子上頭的！他們一聲不作地作了這件事，歐陶拿那份月份牌來胡亂翻掀，並且讀了一段那裏面所載着的耶教聖徒底故事，阿多爾夫不轉眼地向那燈底明亮亮的光內瞧着。這實在是令人神魂都要驚怵不安的——他過了良久的一霎靜默之後說——「在一個或許不只一次暗暗地結果了一個安然眠睡的人底地方上坐着，這其間在下邊八成已經磨起了馬上就要來洞穿我們的胸膊的刀子哩。不是開門的響聲了麼？」「顯然的了」——歐陶回答着說，緊張地傾聽着——「我也聽見了一種響動，似乎是自悄悄潛行的脚步上發了出來的；這是黨夥來了！」「這我纔歡迎哩！」——阿多爾夫說，並且急忙地跳起——「我甚麼都不願等待着，尤其不願等待着死亡！」「我們是兩個人的」——歐陶回答——「況且他們還得先從梯子上走了上來的呀。我想，一切的都還能行。對於鎗自然是—— ——梯子響哩，趕快起來，迎着他們去！」

歐陶疾速地把門拴給推了回去，勢將邁步走出。那支狗却兇惡地露牠的牙齒，把他又給趕了回去。獵人底聲音發作了。「呸，哈拉斯！」他譎譎詐詐的樣子大聲贼叫——「不要管那兩位先生們哪；若是他們不願承受你的保護時，那你就可以勿須强來保護的！」狗于是低垂牠的兩支耳朶馴然地爬到了一邊去。阿多爾夫抄起燈來，走至梯邊。「還沒有睡着麼？」獵人問。「你還要作甚麼呢？」阿多爾夫回答。「是呀，還作甚麼呢？」——獵人回答，顯然地忸怩着——「總還有點事兒作哩！」「你這個人使我可疑！」阿多爾夫高呼說，兩支眼睛裏向外冒着火焰。「那麼你是那裏來的個警察長了麼？」——獵人回答——「那些警察長老爺們瞧不上我這個鼻子，他們說，我的鼻子是歪斜的，那麼這你們也覺得是這樣的麼？」野淡！」阿多爾夫高聲叱喝，並且儘量地向前邊走來。他把燈也放在了地上。「不要駡呀！」——獵人激烈地回答——「我相信，你也是那一類的木頭的，那些人們拿來作雕刻諮議顧問老爺們用的木頭」。「但是」——他又恢復了他原來的聲調繼續着說——「你把燈再向遠處推一推罷，我有個咳嗽的病，要是我把這個亮兒給咳嗽滅了，那纔不好哩，那好像又是我故意要把牠給你吹滅了哩。看這情形你似是不願瞧見我到這頭來的？哪，那就請你費心，給我把這個斗由那在烟筒傍邊放着的木箱裏裝滿了燕麥，好去餵我那匹病馬。唉，你手裏竟還有把斧子哩？要是你拿着牠當作了兵刃帶在衣袋裏，那你這衣袋可要寬綽哩！」歐陶替代阿多爾夫作了獵人所要求的事體。獵人遂即退去，這樣，朋友二人又向室內走回，犬也從新地又占了牠原來的位置。

「一個離奇之夜！」——歐陶對阿多爾夫說——「這個匪徒終究是獨自在這宅內的，他的黨徒們不曾來了，因為他的暗襲的計劃已失敗，所以自不得不作為罷休了。」「或許的」——阿多爾夫回答，並且向他的鐘表上望去——「但是天還早着呢。」這時忽有一顆槍彈底響聲透了過來。 屋頂底亮窗前登時起了一陣奇異的響動。 「誰在那裏？」阿多爾夫高呼了一聲並且拿起燈來向裏照了一照。 他不覺失聲地大笑起來，因爲他瞧見了一隻貓頭；大概是爲槍聲所驚，又爲燈光所吸引，纔爬了起來的，牠板着一副俗而不可耐地聰慧的臉子爲那向牠送得這麼近前來的燈底亮光所眩耀，在一開頭時向他出一種可笑的動作瞬了瞬他，然後就跳躍着跑開了。 過了一霎，他們二人聽見下邊有一種沉重的倒地聲，仿彿是自一個突被利刃所刺，因而仆倒地上的血肉軀體上所發了出來的一樣。 他們只聽見蹩躠的脚步聲，時而夾雜着老婦齁齁的鼻音。 「怎麼樣了？」 老婦問。 「死了！」 獵人悶然地回答，而且吐了一句咒罵的話出來。「耶穌基督啊！」 老婦粗聲粗腔地促迫着叫了一聲。 遂即又安靜了 這倆位朋友對於這件事故簡直地摸不着頭腦，不知怎樣理解纔好。

他們二人向他們的臥舖上坐下。 各人的心裏都在追逐着各人的思想。 最後因爲一切的都靜默無聲，于是他們就漸漸地沈入一種不安寧的昏睡裏頭去了。 在這一種半夢半醒的昏沈狀態中，歐陶最後覺得，似是瞧見燈光要熄滅的樣子。 他急忙地跳了起來，但是他却相信，這是他的眼光底迷誤了，因爲他瞧見，爲那盞燈所散佈的朦朧微光仍在繼續着發亮哩。 這時他說不出地欣悅着瞧見那朝暾紅紅黃黃地照上窗來，于是他就把他的仍在現着滿臉怒容昏然睡去的朋友呼醒，他手裏還在死死地抓着那把斧子，歪倒到麥稭上頭去了。 「有甚麼事呵？」 阿多爾夫大聲說 ，並且立即跳了起來。「瞧啊，瞧啊！」 歐陶說，並且把他引到了窗前。 「感謝上帝！」——阿多爾夫說——「我作了一場兇惡的夢。 我覺得我是到了意達利國了，並且是在一帶森林內穿行着。 忽然叢樹底稠密處跳出一夥襤褸的強徒來 ，兇野地大聲喊着殺呵搶呀地向我猛撲。 我在這死生底危機裏大呼說：難道說烏鴉還能啄烏鴉底眼睛麼？ 我是你們一流的人物，你們瞧這證據吧！ 我說着這話，就把我那柄短小而可屈撓的七首拔出，這七首，你知道，是我在弗朗克弗城內的市集上自一個販賣古董的猶太人底手裏買了來的。那夥強徒們不信我的話，而且還朝着我譏笑。 這時忽又有一第二行人騎着壯大的駿馬從那邊奔了過來、由那夥強徒底隊裏走出一個人來，到我的面前立定說道：你是我們所是的一流人們麼？ 好，我們收你入我們的夥，那麼你就去向那裏那一位底身上作你的考驗去罷！ 恰在這一瞬間你就把我給喚醒了，現在我想起來，這是我死去的舅父屢屢這麼愛述說的那一段愚痴的故事了，這段故事我却是從不曾知信過他的，因爲每一問到這件事兒底紛亂結果時，他總是錯愕難以置答的。」

我們把這一宿和這一宿的夢都要忘了的」——歐陶說 ——「我們要去沈湎於滂溢的，鮮艷的生命之感覺裏，無限量地，猶如陷溺於酒色底麻醉裏一般！ 這我們第一次地可以拿着我們的生命當作一件雖然不是獲得了來的，却也是因了我們的警戒預防僅得以保存的珍貴寶物了，不是只可拿着牠當作一種自得的饒頭的！」 阿多爾夫熱烈地，加力地握了握他的手。 現在宅內老婦虔誠地念誦她的早晨禱歌的聲音發了過來了。他們清清楚楚地聽見了一段葛雷 (Gellert) 所作的宗教歌底歌聲：

醒呀，我的心，並且唱個歌兒罷

與那萬物的創造者，

與那百財千貨的賦與者，

與那亙古如一的守護人類者！

他們二人不知不覺地亦和着這個歌兒唱了起來，並且順着樓梯一級一級地步下。 在樓梯底底脚前獵人和藹地問着早安向他們迎面走來。 他們覺得他的臉却大大地不似昨晚和昨夜那麼討厭了。 在他們的心裏，他們已經有幾分願向他謝罪的意思了，但是他們又從新地發覺圍繞着他的口的四周所起那一種奸詐的裂痕和那一種令人們可疑的微笑，于是這人登時就令他們覺得他從不曾這麼可憎可惡的了。 他請他們原諒他，夜間不得不這麼晚還來打攪了他們一次。 「自然是」——他補充着說——「我不能知道，你們二位會睜着眼睛睡覺，野兎似的，並且我雖然脚步放得這麼輕，也能會令你們二位聽到了耳內哩。」 他遂即把他們二人引至住室裏來，在那屋裏老婦正在準備咖啡，咖啡底香味向他們迎面撲來，他們嗅入鼻內，精神爲之一振。 他們瞧着情勢不妙，亦各自默然無言地把咖啡喝了下去。 然後他們就向那正在給他的犬梳洗的獵人動問，他們應行京出的報酬多少。 簡略地，而且並不舉首仰視 ，他回答說 ，他已經得了報酬了。

「你的東西短少了點甚麼？」阿多爾夫譏訕着向他的朋友問，因爲他實在按耐不住他的疑惑了。及之歐陶否認了這句話之後，他就對獵人說：「我的東西也還不曾短少了哩，因此請你把賬目說了出來呀！」「我的先生們！」——獵人高聲說，並且走至棹前，抓起酒杯來飲了一杯啤酒——「我不要同你們再向下打啞謎了。你們在我這裏受了一夜的酷刑，酷刑却不是人們白白受的呀！」「這却是一種無比的直率！」阿多爾夫回答，並且拿眼睛望着歐陶。「不是麼，」——獵人繼續說——「我的猜想不曾錯了吧？我在你們二位底眼裏就如同小孩子們眼裏的兇漢一般？」「一點都不錯，我的朋友」——阿多爾夫壓下他的憤怒敲着他的肩膀說——「你總是你父親底眞正兒子哩！」「這話却使我明白不了」——獵人回答，並且滿臉地烙紅——「但是，這却是我自相期許了的，你們不能不帶着一場羞慚出離我這惡劣的屋舍的。你們瞧見了那裏那位老婦了麼，她昨天晚上給你們送了麵包和啤酒，今天早晨又給你們送了咖啡的？她是我的母親！她沒有了牙齒了；就是連你們二位底牙齒也得要缺上三十二個的，若是你們到了七十歲底時候。她有一隻眼睛，只因爲是一個惡漢用手把她的左眼給打瞎了的，當在她在她的孤寂的屋舍裏被侵襲，而不肯把她的丈夫以酸汗掙來的一點積蓄甘心地交了出來時。這你們可再仔細地聽着吧。我昨天晚上已經站在了你們兩個的身後，當在你們兩個從窗裏向我的貧寒的住室內觀望着的時候，並且我剛要迎合着你們二位底意思，這自是理所當然的，把你們當作了我的賓客請入屋內時，你們却開始了你們對於我母親底卑劣批評，這愈使我心裏煩惱了，我越想從優地款待你們。照着我的激烈的素性我本來要，請你們原諒，我現在把這話說了出來，當場地拿我那桿粗硬的榭木棍子打了過來，但是我却令我的已舉起的膀臂又向下低沈，因爲我想起一個更徹底的報復方法來了，我打定了主意，爲罰你們的無理的猜疑，要令你們在你們的幻想力裏頭很很地領略一領略那一切的恐怖的，這恐怖是你們一定會在我這裏逢到的，若是我果然是你們意中把我所認定了的那一流的人物。因此我總走了過來邀請你們二位，但是我一瞧見你們二人進了我的四堵墻底範圍之內時，我就用種種閃爍可疑的行動來惹起你們最利害的猜疑。這件事我更能繼續作到了半夜了，因爲卽便不如此，我也得去守候我那匹病馬，不能想到床上去安歇的，這馬可惜在一點鐘左右已經死去了。」「那麼是關於馬死的事件了，你對於你的母親所問的怎麼樣了的答覆？」「這你們也聽見了麼？」——那一位回答說——「哪，這一種的巧合倒與我來得更合適了比着我所能預料得到的！實在的，這上頭我却不曾着想得到，我的一切的惡作劇底興趣都沒了，當在我一聽見那俊美忠義的動物，數星期前剛剛以重價競買了來的，歪倒地上彊直地把四足伸了出來，我把那一斗燕麥傾在已死去的馬底屍身上，就把斗來朝着墻上摔去，竟把牠摔得個粉碎！」「你不是」——阿多爾夫問——「那個人底兒子麼，那個叫作——？」他把上邊已經提及的那備有惡劣聲名的兇徒底名子舉了出來，這人他曾親眼瞧見被斬了頭去的。「神聖的上帝呀，這可不是的」——獵人駭異地回答着說——「你怎麼會到這樣的一個疑問上頭來了呢？」「一份老月份牌」——歐陶插言說——是我們在那高頭尋到的，令我們起了這場誤會，這誤會在夜間充塞了我們一腦袋底恐怖，要不是這一場的誤會，恐怕你的計劃却還不這麼容易成功哩。」「這間屋子裏竟盛得這麼些亂七八糟的東西哩」——獵人回答說——「我自已還不知道呢，我還沒有工夫能顧及到這一層的，因為我是頭不些日子纔被雇到這一區底地帶裏來的，並且不得不暫且在這一座殺人窟裏歇脚了，這座匪窟馬上就要折去，好在這裏再修蓋一所整齊的房屋。」「你是一個好人的」——阿多夫高聲說，並且把他的錢囊置放桌上——「你把這拿去，作為買一匹新馬的捐助吧！」歐陶在學生式底不問來日過得過不得的無憂慮裏也要作同樣的事情了，但是獵人又把錢推了回去，並且說：「我一分錢都不收受的，這足殼了，若是我們能彼此寬恕！」

保爾最堪紀念之夜

Pauls merkwürdigste Nacht

赫貝爾 (F. Hebbel) 著

楊丙辰譯

鐘聲剛剛地鳴了九下。保爾坐在火爐子後面的一張小圓棹前，正讀著一本强盜小說，這本强盜小說是他新近自一個拍賣場上得來的，他原是買的一頂寢帽，但因爲這本小說是和寢帽合併拍賣的，所以他也就不得不把牠捎帶着買來了。他每逢把這本書讀完一頁之後，就去用手摸一摸火爐，並且搖著頭又把手縮了回來；他以一個好家主底資格，不願在火爐未全冷之前去休歇，然而那火爐却總保持住一點餘熱，不肯立卽散去。在他的脚下，懶懈地團成了一個圓團，並且夠夠地大聲打著鼾息，踡臥著他的狗，一支肥頭大腦，有白色斑點的獅子狗，牠的一身的肥胖，却不是虧了牠的主人底寬厚，是虧了牠在屠戶舖子中的偸竊本領的。保爾若是在書中遇到一章不能使他發生甚麼趣味，或者若是他不得不向那油量薄弱，時時都有息滅危險的燈裏面傾幾滴油進去的時刻，他就向那支狗屈下身子去，令他，這或許是因爲他嫉妬牠的早眠的緣故吧，作種種的技藝，他令牠站崗，或令牠假裝著不情願的死者，但是他有時却也給牠擘下一塊麵包，報酬牠的馴順。

鐘聲鳴九點半了。保爾站了起來，要脫衣就寢，但是忽然有人敲起他的窗戶來了。「你進來罷」，保爾高聲呼著說，他以爲敲窗的定是一個街上的頑童，來和他開玩笑的，「那麼你就可以伸出頭去瞧瞧，是誰了」！外邊敲窗的笑了起來，並且又向窗上敲了一遍。保爾很煩惱地把燈吹滅，把他的臥舖打開。開開門罷，是我呀」！

現在一種耳熟的聲音喊叫。「還是你麼，佛郎慈哥？」保爾回答，「你這麼晚還能有甚麼事情啊？」他脈脈頻頻地尋找他的火具，把燈又點了起來，並且把門敞開。「你還得到城裏去一趟」，他的哥哥一面說著，一面向裏走，把一封巨大的函件放在了棹上，「我們在局子裏滿手滿把的事情作，我這一夜不得不在寫字臺前過度了」！「這不是你的鄭重的話」！保爾回答，他傻笑着向他的老兄望去。在白晝的時候，他固然很願為那一所局子，他老兄在那裏充當書記的，送個一封兩封的信，因為他可以獲得一宗很豐的報酬，但是這他在夜間却還從不曾作過的，他絕不高興替代睡覺，反去在黑暗之中跑兩隧輪的路程。「這怎麼能不是我的鄭重話呢」！他的老兄回答；「你快着點罷，這件事情很急促的，並且一分鐘都不可喪失」！「你快去罷，保爾！」他的母親呼着說，她因為著了點涼，半點鐘前已躺到牀上去了，「這與我們來得正合適，因為明天是市集日啊！」「你去找一個別的送信的罷」，保爾過了一霎半低聲地說，「我不去！」他的老兄本來懷着一腔可以把這一點小報酬給了保爾的欣悅的，一聽了他這話，就氣憤起來。「你應當去的！」他大聲激烈地說：「誰白晝要掙這份錢，那他夜間也應當聽使喚的！」「你要作甚麼，就作甚麼吧！」保爾非常泰然地回答，「那可要使我覺得奇怪哩，若是你能使我到了這步田地」。他走至棹前，翻掀那部强盜小說：時而向他的老兄畏畏怯怯地瞧一眼。他的老兄默然了一霎，然後說：我去把那個管乞丐的巡丁打發來，看你給我去不去哩！」他說著，就要走了出去。管乞丐的巡丁是保爾所懼怕的一個人，因為他簡直摸不清他的權威的邊界有多樣大；因此他就攔阻他的老兄底去路，並且說：佛郎慈，你不要發糊塗呀，這件事擱在你的身上，你也要同我一樣地不肯去哩！」

現在他的母親在她的牀舖中又動彈了。「你這個孩子」！她怒著說：「你到底像誰呢！你的父親在日，甚麼苦不吃，那麼連我現在，雖然我已經這大年紀了，也還是盡我的力量去吃苦的。但是你却懶得要死了！」「懶麼？」保爾厭惡地回答，並且把他的直至這時還不曾弄滅的烟管置放窗台上，「好像這就是懶了！」「那麼這是甚麼？」他的老兄問。「這是你很知道的！」保爾回答，並且低身坐了下去，把他的頭支在了棹子上。「新近在那星期報上還登載了一件殺人的事情哩！」他的兄弟不得不油然地笑起來了，然後他說：「保爾，你不要是個儍子吧！你瞧瞧你這身穿得油片似的外衣，那麽你就放心罷！你，沒有人來殺害的；因爲你的衣袋裏一文無有，是人人都能看得出的」。「它們」保爾眼波裏含了執拗的驚懼神色，回答著說，「有一次不曾爲了件襯衫，就把一個人弄得殭冷起來了麽？他這樣一面說著，一面竟把他的外衣脫去，爲的是要同時用手和口底援助，來拒絕人們向他豫期的這一種英雄舉動。他的母親一瞧見他這個樣子，簡直地怒不可遏了；她一言不發，自牀上直起身子來，抓着她的便鞋，便照着保爾底頭上摔來。他的兄弟現在纔看見保爾已暗自在預備著就寢，于是也抓着了他的胸脯，猛力地搖撼他，並且大聲說：「你說罷，你到底是去或不去呢！」「我去，我去！」保爾在悲悽的聲調裏說：「你到是快撒開了我呀！」然後他轉過身子去，朝着他的母親呼著說：「上帝要裁判的！你是在我的橫禍上負責的人！這大黑天，連月光都昏暗不明哩！」淚自他的眼裏湧現，但他一言也不再發了，他默然地，疾速地，把已經脫下的外衣又穿上，戴上了帽子，把烟管和信揣入衣袋裏，伸手抓着手杖，打了一個呼哨，把他的狗喚來，就從門內走出去。一小霎時他只是很慢慢地邁步，因爲他尚在希望，它們還把他再叫了回去的。旣而他咒罵了一句，就照着他尋常的步驟開始奔走起來。當在他未奔到大道之前，走過一所與此村隔離的房屋，這所房屋向來是有窩藏賊盜的惡聲名的，並且爲一位上了年紀的老婆婆和他的三個兒子所居住。「若是這三個東西們」，保爾心裏在想，「都是在他們所應在的地方的，那我可要放心了！」他悄然地，脚步輕輕地，輕輕地，走到了那透著燈光的窗前，這窗上只是惡劣地懸掛著幾條破破爛爛，可以自外向內瞧望的裙子當作了窗簾。那賊盜底母親在爐前坐著紡績，她的兩個兒子同著一個名聲惡劣，流浪賦閒的人，就是一個樂師，在鬪紙牌，她的第三個兒子瞧不見，但是在屋子底後面，有一個漢子在麥稭上仰臥著，他的臉上，除了兩顋壯茂的黑鬚外，眉眼都瞧不淸楚，只覺他那黑鬚傲然挺然地自耳根以下線繞著。「長的昂斯不在家」，保爾心裏在想，並且冰冷的一陣戰慄順著他的肩背奔了下來；「他一定要是第一個在半道上碰見我的人的！」

他又輕輕地向裏頭偸聽了進去。　這紅頭髮的馬寡爾得多兇惡的一副相貌啊！」他說，却幷不知道，竟把他心腹裏面的話說了出來——「和那一支眼睛的月根，牙齒獸得多樣的利害，若是他笑了起來！　但是對於那長昂斯，他們兩個却還算不了甚麼哩！」　屋內登時地發生了一陣擾動，于是保爾謹愼小心地退了回來，又繼續著走他的道路。

這時他又自一個磨坊前走過，磨坊的狗振搖著牠的鎖鏈的向他狂吠。「你只用咬罷」，保爾大胆大聲說，幷且把他手內的行杖揚了起來。「人們有時怎樣地儍呀！」他過了一會兒底續著說；「平時我和小孩子們一樣怕狗，現在只用叫牠們來上二十個吧，我到更願和他們打上一仗，也不願和獨獨他一個人的！」現在他走到大道上來了。這大道如同一條異常巨大的長蛇一般，奇奇怪怪，東一曲西一折地展開在他的眼前；他的周圍寂靜無聲，這樣死氣沈沈地寂靜，只是在滿天大雪，寒浸骨髓的冬夜裏纔能那樣的；月亮和天上的烏雲在嬉戲着捉迷藏，幷且時而照得很明，時而完全地隱去；他四周的村落都深深地埋在了寒霧和幽暗之中；只是這裏那裏地在一所房屋裏而還燒着個暗淡的亮兒，爲一位呼喚眠睡，然而却往往應見死神光臨的病人底悲愁伴隨者；一陣遲重的教堂鐘聲遠遠地鳴着，保爾心裏畏怯地數算牠那沈鬱鬱地十一下的打聲。

保爾不是一個無神論者，但他在許多的晚間，幷不作他的夜晚禱告，就安眠。　現在他却虔虔誠誠地把兩支手合起，念了一遍聖父經。　一個烏雅䁘叫着緊貼他的身邊飛了起來。　于是他向他的那位不近人情的老兄咒駡了。　緊在大道傍邊有一塊墓地，月亮有二秒鐘的時間，向那一塊一塊蒙着雪的墓碑上，撒下一道澄明的光來。　保爾發誓，早晨永不再在他母親之前起牀，給她煮咖啡了。　一個騎着馬的人默默地自他身傍奔了過去。「一個人多樣地幸福啊」，他還從不曾騎過馬的，「若是他有一匹馬！」汗珠已自他的額上流下來了，因爲自從他把那塊墓地撇在背後以來，就開始勇猛地奔跑了一陣。　這時他纔第一次敢仰首四下裏觀望，他發覺不出甚麼可懼怕的情形，因此就安然地打着火，把煙管點着。

「巴不得現在」，他心裏暗自尋思，當在他把煙吸了幾口，一直到心窩的最深處都鬆快了起來之後，「有個我熟識，也要進城去的人在我的身邊哩！　和他談着閒話，可以多樣愉快地消磨這時間呀！但是自然的，夜間十一二點鐘之間，只有强盜和兇手和要被搶刼和被殺害的些愚人們，纔肯出來走路哩。　誰要是一個基都教徒，那他應當在這時刻裏安眠的！」

他現在又回頭看了看，因爲他的一直到這時不肯離開他身邊的狗，忽然失了踪迹。他大聲呼，儘着他的力量大聲呼：「斯皮剌！　斯皮剌！」但是他反覺，彷彿有人在提著他的名兒高叫的一般。　他用了瘧熱似的緊張去傾聽，并且發現他的覺察不誤，因爲「保爾，保爾！」　的呼聲清清楚楚地自他的身後發來，在差不多五十步遠的一個距離中，他瞧見一個朝着他疾奔，而身體高大的男子底形影，這形影彷彿向他要打手招的一樣，搖動他手中的棍棒。　「這能是誰呢？」　保爾心裏思想，「除了賊店裏的那長昂斯！　村子裏頭誰都知道，我往往爲局子向城裏去送錢；那麽他想，我今天也是爲的這麽件事兒了，于是就在我的身後尾追了來！　不錯，不錯，地方與時間是合式的！　若是他不僅只要殺死了我，若是他要徐徐緩緩地把我宰割了，那麽這裏就是地方了。　但是人們是有腿子的！」　保爾不知不覺地自衣袋中把他的刀子拔出，并且彷彿發狂似的，沒命地向前飛奔。　他的狗本來是縱裏橫裏地亂跑了一婆，或許是去追逐了一個野兎的，這時也在他身後跟著他奔跑起來，但是不幸，他因奔跑過遽，竟至鑽入他的兩腿之間去了。　他被牠一絆，幾乎仆跌地上。　「可惡的賤狗！」他呼了一聲說，「明天我就把你浸死！」　他說這話時，就用脚去踢那爲賠補牠的肉莽起見，正要阿媚地向他身前撲來的忠義的動物。　他的一支手套掉到了地上去，他幷不敢耽悞一點時間去檢拾，但是那調理得很好的獅子狗却用牠的嘴替他作了這件事體。　那封信自他外衣底袋裏飛了出來，他咒駡着，但他却不得不屈下身子去，把牠拾起，同時他驚懼畏怯地乘機回頭望了一望，並且心裏坦然地發覺，對於那位追趕他的人，已經超過了頗不小的一段路程。　「在奔跑上」，他心裏思想，「沒有一個人能這麽容易追得上我的；這是那個惡漢所熟知的，因此他嘗試着，用呼喚誘我止步。　哈！　哈！　彷彿我還糊塗哩比著一支兎子，兎子實在是不回頭的，若是一個獵人向牠打著喇唷去呼喚牠！　我完全地不明白，爲甚麽我不把煙管來點著，再吸口煙，我已經瞧見城內的塔尖了啊！」

那個長大的人大概是覺出保爾不這麼如同先前一樣地狂奔了，于是又大聲呼著說：「嗐！ 這你可稍等等吧！」 「這不是他」，保爾心裏想，「正正經經地假揑的一個嗓音麼？ 這不是他本來的嗓音，他本來的嗓音，就被燒酒敗壞了的。 但是你只用賊叫吧，如同一位天使一般地賊叫吧，用這樣的伎倆人們却是捉不住我的！」他一鼓作氣地向前勇猛邁步，所以不多一時，就達到了并未封鎖的城門。 在這裏他又扭轉軀觀望，那個長大的人物離着他並不很遠，在月光之下，明明白白地辨認出來，斯皮剌——牠的反常的來回奔跑，久已就使他覺有可疑的——去親那個人，向他的身上跳躍，并且還舐他的手背。 「上帝察臨！」 保爾忽然地呼了一聲，并且向城內走了進來，「明天我一見水，就把這支賤狗給浸死，我想，我先頭已經發過這麼個誓了！」 城內街市上的燈光都還明明亮亮地在照著，有三四個巡夜的在那裏往復徘徊。 在這裏人們可不僅是穩當無事的了！」 保爾心裏在想，并且立在了一個路燈柱子底背面。 「如果這伙計敢進城」，這他嚴重地起誓，并且不轉眼地向城門內望去，「我就令巡夜的注意於他，這是我對於個個都尙在睡夢中，而他能去偸盜的人們，應負的義務！」在這一瞬間那個長大的人走進城門內來了。 保爾急忙地向前頭立著的第一個巡丁身前走去，他在恐懼的急遽裏說道：「你們注意那個剛從街道上走了下來的人罷，他是一個賊和强盜，并且追了我已經有一點半鐘了！」 巡丁并不作答，把他的哨子取了出來就吹，他的些同伴們登時都圍着他聚攏來，并且當在他極簡略地向他們說明之後，他們就把那個認爲强盜的人包圍起來，拿極奇怪的話去搶着問他。 保爾也走來，但是他怎樣地希奇啊，當在他在那個他所逃避，懼之如鬼的一個人身上，替代長昂斯認出他的好友亞各布，一個鐵匠伙計之後。 「這不是他！」 他向那巡丁們呼了一聲說；「我錯誤了，你們把他放了吧！」 叱罵着和抱怨着，那些巡丁們又撒開了他們的捕獲物；但是保爾却走至亞各布的身前，極莊重地問他說：「那麼果然是你麼，那個在我身後追趕我，向我招手，并且提着名子叫了我的人？」 亞各布對於這場離奇的事實，始終不曾明白是怎樣回子事的，很不高興地回答說：「不是我，還能是甚麼人呢？ 它們打發我爲我的忽然得病的師傅來請醫生，當在你喚你的狗的時候，我在你的聲音上認出是你！」 「那麽呀！」保爾安然地回答，幷且把他的盛葉煙的囊袋給他遞了過去，爲的是好叫他裝一鍋煙吸，「如果我知道，是這樣的，那我們就可一同走道了！」

頭　　紗

史特勞斯 (Emil Strauss) 著

顧　華 譯

台亭恩男爵醒了來，轉身向着開着的窗戶，由遠處樹頂的一片漆黑上面看見了一片倘祗微明地晤淡的天色：泉水潺潺，就好像是一新鮮空氣的急流穿過已經乾了的胡桃樹葉，由房子後面微弱地而充滿熱情地傳來圈起了的雄鷄的叫喚。

太淸醒了，不能再入睡，同時又是那樣的不安靜和需要動作，以至於他不能靜臥，他於是坐了起來，去聽在另外一個牀上的他的太太：她呼吸得很匀靜；她的背轉過去的臉他祗能不淸楚地看見，但是他的心就是昏睡中也可以看見她的秀美的面目爲力量和歡樂——她的本質——所光照。 他覺得很快慰，因爲她是深沉的睡着，同時也因爲他的確知道，他做出些許一點聲音，她就會醒來，並且，當他起身的時候，她就會悄悄地溜出去，去給他煮咖啡，他微微地笑了，小心地離開了床舖，急忙地把應用的東西收集在一起，居然能够沒有聲響地到了浴室，在那裏他穿起了衣服。

以後他就拿了獵鎗和口袋，給自己裝了些乾糧和一把紙煙，帶着棕色的牝犬離開了府邸。 晨風在門前的兩棵個高與塔齊的楊樹間沙沙地響來響去，雄鷄的徒然的叫喚響聲漸漸地薄弱了下去。

他精神飽滿地走向了晨光裏。 他自己覺得自在，淸新，不耐，好像他要走到世界盡頭纔能回來，同時又自己覺得高興，在早餐或中餐或是直等到了晚餐的時候又和他的太太和孩子們在一起。 他是幸福的並且他自己也知道這個。 他一向一切都是趁心如意。 年青的時候他按照家庭慣例作了騎兵軍官，雖然已經不是在奥國，而是在萊因河流域。也是在那裏他如意地的結了婚，給自己得了最合適的太太，給他的家族得了一純正血統的流入，給他的後人得了由於妝奩品而生的遺產的增加。後來他就離去了，回到他的湖畔的家鄉，以便經理廣袤的家產。是生在高貴的環境和家庭裏，他是驕傲的，他覺得他個人的首先的責任，就在經營和推進這個財產，使得不僅他自己，他的僱員，僕役和使女得以享受，並且連每一個鄰人都可以由這樣的領導得到好處。實在說起來，要是沒有他的太太，這個於他也是難於做到的。她有那樣可驚異地生動的生命的力量，所以她不僅在十年之中生了六個足壯的孩子並且把他們不息地撫育和教養，她不僅對繁多的家務不倦地管理並且領導得無微不至，同時她還和她丈夫在一起成了農業家，畜牧家，企業家，和經濟家，並且她對於家中一切都是那樣做的了主，以至她隨時都可以把主持的責任接過來。甚至時常她的判斷和意見是比他自己的更爲恰當。她在人生中和世界上的地位所需要的，她在任何時候都享有——這個美麗聰穎的婦人的這種內心的感覺很可以給她對一切事物一種自在輕鬆的關係。一向就是這樣地外表和內裏安然繼續下去。他知道這個並且因之自己高興，並且他覺得這樣就行了。他用幸運的本能擇了配並且每天把他的時間和精力好好地用去。

當他向晨光走去的時候，這些事情有意無意的走過他的腦和心中，使他對於日間所有的一切，都是高興的，鎮定的，愉快的。把第一年的幸福給他保持新鮮經過十年，甚至把牠成爲一種習慣，一種制度，一種奇妙的規律像日出和日與夜似的，不僅需要一個好夫人的愛，並且要她那樣的剛強而敏捷的意志之巧的——這個他還沒有想到，他也沒有想到，她之所以能做到這個，是因爲她不僅要，像他似的，使自己的生命廣大，安定，並且還要懂得怎樣把六個孩子之中每個的嬌柔的和微弱的生命和強幹的丈夫的剛強的人生容納到自己的人生裏或是把牠們克服。但是無論如何，他是時常的感到了這個力量的發揮，一種普遍的對人的——並且也時常接受他的母性，他甚而至於時常尋求過牠——同時他又屢次地暗笑牠。

他閒適地走過了野原，草地和樹林，他窺看趾高氣揚的山鷄，嬉遊的野兔，和從林中玲瓏地前進到田野吃食的小鹿，並且聽見可疑的聲音的時候，淡色的後身起伏着，又從那裏跑走了。 他從遠處觀看着農人們取集青菜或是耕種清除過的田地，他幾於像個陌生人似的繞着他爲開發黏土層所建的磚房，當他覺得餓了的時候，他跳進了下面溪水在冰山沖下了的石頭裏面所穿的深溝，把瓶子放到冷水裏面，靠在傍邊日光所照的壁上，吃起了早餐。 每個地方都使他想起過去的日子，想起父親和先人舊日的事情。他想到了未來，想到了高年，那不可解的，已經不可見地在遠處站着等待，並且想起了他的太太，當她發見他的床是空的的時候，是會要笑的。

他在夜裏跑到外邊，去整天無目的地各處跑，晚間再不見疲倦的回家，這實在並不是第一次。

在小溪的彼岸，半小時以前他跳下的地方，一塊沙石沿着斜坡一陣聲響滾了下去，悄然地沉在下面。"他到了時候了！"台亭恩說道，站了起來，繼續走去，無目的地穿過樹林。 他看見了黃菌和傘菌，並且一如他小的時候散步由他父親學來的樣子，把牠們加以選擇地採集起來，放在獵袋裏。

一個狹直的林中路徑，長滿了草而鮮人跡，以其光輝遠達的目的地來引誘他：一坐老年的遊獵休憩用的小別墅座落在園林的鉅樹之間，爲一個小溪所環繞，在一個池子的附近。 經過長時間的忽略之後牠是又被整理起來了。 一個門把到拱起了的石橋去的路隔斷了：他走到了這個門前，牠是鎖着的而他沒有鑰匙。 他在深入地中的溪前站了片刻並且舉目往上面望去。 寂靜而神秘地引人那房子立在上面的綠葉叢中，一個風吹動了的樹枝的影子在柱子支住的白色三角牆的金色氣窗裏來回搖動。

男爵不能抑制一種男孩子一樣的興致：他放下了獵鎗，囑咐了獵犬不要離開，從那高門上面爬了過去。 他圍着關閉得很嚴密的房子走來走去，在那裏坐了一坐，又在幾個寬矮的石凳之中的一個上坐下了，吸了一隻雪茄烟，又向高高的樹頂上的葉影動搖看去。 他終於又越過了門，把獵鎗和獵袋背到肩上，又從那條直的小路裏離開了別墅向樹林中走去。 他想了，不久再在這裏舉行一次獵宴。

在中午的時候他進到了一個村莊，後來又繼續漫遊。 他沒有遇見什麼東西，把他和他的青年的夢境和遊興分開，也沒有什麼，使他疲乏或使他對繼續走下去發生厭倦的。

將近日暮的時候，又已經回到他自己打獵區域以內，他想着和他太太的晚餐，打了一對鵪鶉。 但是他還是沒有能够就回家，一個有參天的楊樹的高地又引了他去，他走到上面，並且望見了湖在下面，帶着慘淡的藍色和金色的水，湖中的懸着白帆和後面拖有銀尾的漁舟以及彼岸的平靜的樹色。 現在他是必須到下面的小鎮裏去，到湖邊多樹的食堂花園裏，飲着一種紅色的湖產的酒，去看太陽沉在那邊黑色的高林後面。

當他穿過那園子以便在靠近湖邊的牆的附近找一個座位的時候，有人在叫他，他當時已經是在一群鄰近的男女朋友之間了，他們也是因爲好天偶而齊集在這裏的。 當他坐下的時候，坐在桌子對面的年青的伊乔道夫伯爵小姐玩笑地向他說道：

"你有一個——簡直可以說鉅大的一個收獲掛在獵袋上呀？"

大家都笑了，有一個人把獵袋舉了起來，在那上那一小對可憐的鵪鶉帶着伸長了的頸子懸着搖擺。

台亭恩笑着回答伯爵小姐道：

"你有天賦的好眼睛！ 你看得見，要不然是沒有別的人看得見的"。

她張大了眼用一種吃驚的神氣望着他，沒有聽懂，輕輕地聳了聳肩，又輕輕地搖了搖頭，同時她的眼睛發問地釘在他身上。 現在他查覺了，他對她眼睛的考語是不錯的。

"你的眼睛適能看出，我實在帶回了什麼東西。 我隨便的走了出來，也許是爲了要射獵些什麼，而收獲了這一天：牠沒有讓我看見和遇見什麼，會使我不高興的，從早在黎明之前直到此刻——" 他稍微地鞠躬並且客氣地微笑着。

她臉紅了，並且當她必定把和她談話的人給自己精細查看的時候，她把他罩在了一種正滿的，沉重的，但是卽刻又收斂到己身以內的注視裏。

台亭恩慢慢地向傍邊望了去。

當他有幾次向她看去或是從她上面望過去的時候，他覺得卽刻她的視線就要和他的連貫在一起或是就要停在他視線以內。

當他，感到了侷促，不久就告辭了以後，他知覺到怎樣地在他和她的眼睛之間有一種光線的織物連貫着並且必得用毅力來斷開，並且覺到了，她的眼睛是怎樣地閃閃發光，她的臉色是怎樣地蒼白，當她用莊重的點頭回答他的告辭的時候。

他的道很有一段是沿着湖的：紅色的和淡色的金波輕柔地漂動並且在黑暗的深水上面搖盪，遠處的黑藍色的山林後面傍晚的天光愈照愈高。

他任他的目光向那眩耀中溜去，並不能當眞地看，他不能丟開伊乔道夫伯爵小姐的閃耀的目光和注視。 他認識這個少女，和他認識一切與他交往的人一樣，他知道，大約兩年前在她就要結婚之前失去了她的夫壻，她時而出去旅行時而在她湖邊的房產上照她自己的方式過活。

他離開了岸邊的街道，他走上了一條山峽間把他引上了一條離湖較遠的到他家去的路徑：經過了卑濕的草地，狹隘的小徑，經過了垂直的鐵梯，經過山澗邊的狹徑，經過了踏破了的石級，經過了懸崖之下，在水瀑澎湃之間，經過了黃昏，經過了夜間他爬上了山峽，沒有一次失足，沒有看見什麼，他睇視一對眼睛，充滿了初發的火焰，充滿了戀愛和生命的饑餓，而一種魔力吸引了他。 一向他相信自己具有這個魔力，現在忽然之間於他好像他的已竟用盡了及失去了好久。 他在這個眼睛裏感到一切的青春和前途的光明，但是它們，如他現在查覺到的，久已慢慢地成爲過去了。 他覺到了那裏面的可能性，的確定性，把一切無限的幸福——在這個幸福的餘輝裏面他還是自己感覺那樣地可羨——一切的享受過的和銷沉了的青年幸福再尋一次，一種永生。

興奮之下，有如要追上前去捉住它似的，他向空中提了去，在天黑的時他來到了前面有兩棵楊樹的門前，聽了空氣在牠們裏面來去沙沙作聲。 這個提醒了他的出行，他整天的高興，他搖頭試行把最近幾小時以內的熱情的陶醉和夢憶去拋開；慢慢地他去近了房屋。

不多時候他和他的太太就坐在一起吃飯，並且盡極詳細地述說，他到了那裏及見了誰，祇有他的由於年青的伊乔道夫伯爵小姐的眼睛的入迷他沒有報告什麼。 並且首次發生了這樣的事情，就是今天他沒有和平常一樣，在這樣的出遊以後對酒坐到中夜，却顯得了疲倦，很早地就避上床去了。

"我們也老了！" 她的太太說，用溫暖的手輕柔地來回撫摸他的面龐。

一句憤怒的駁斥的話衝到了他的嘴邊；但他把它壓抑住了，而回答道：

"老了——？ 這種感覺於我實在是不慣的。 偶而一次疲倦也是有的。"

在其次的幾天之內伯爵小姐的影子和一個冒險者的幸福之夢占據了他的心胸。 後來此頭魔幻慢慢地銷沉了下去；但是不是消沉於忘懷，却是消沉於他的年青地開擴的心境的穩定之中，在他的出遊一星期之後它又湧了起來，並且驅使得他帶着鎗，袋和犬不耐地出去有如赴神聖的約會。

這是一個沒有閒適的，在天上和日光普照的地上沒有快樂的，在親密的自然裏沒有寧靜的日子。 他在路上左衝右撞，他坐在了路石，樹根和橋上，以便使時間消逝，以便就一個樹影的傾斜看時間的消逝。 他處在遊獵別墅後面為了放網而建築在池中的橋上，黯然地出神望着水蜘蛛，看他們怎樣的用長足好像在一個玻璃版上似的疾行，或是鯉魚，看他們怎樣的深在下面慢慢地，幾於沒有動作穿過日光照透的水。

他又射了兩隻鷓鴣，比前次早了許多到了湖邊的食堂花園。 他就相識的城中紳士坐下，他們在那裏飲他們的晚酒，並且和他們談話。

許久以後伯爵小姐來了，穿着藍色的衣裳帶着白色的圍巾穿過花園，所有的人都向她看去。 台亭恩鞠着躬打了招呼。 她繼續走去，在較近湖的一個小桌子坐下。

大家談起了她來，並且向男爵問她，他很樂意並且和氣地回話，但是用平易的反問和推測比用事實來得多，於是他就從這個或那個人聽到了，別人是怎樣地說她。

當他抬頭看的時候，他看見了她的影子，暗暗地動人地在廣闊明亮的水平面之前。

終於他和那些紳士告了辭，背上袋和鎗，用帶子牽了狗，慢慢地走向湖岸。

走到中途站住了，他招呼了伯爵小姐並且遵了她的命坐了下來。 但是他沒有把獵袋放下並且把鎗放在兩膝之間站在地上。

他們隨便談了些事情。

屢次他沉在她的注視裏以至於他，被捉拿着了似的祇能够吶吶地繼續談下去，他自己知道這個，並且怏怏地向一邊望去。 後來他就打主意，用冷靜的和觀察的眼光來看她，因爲他除了她的眼睛以外還對她的面部是什麼也不知道的；但是當他由那分開了的金白色的頭髮經過了寬大的額部到了差不多是直的眉毛的時候，他就越過了這個而到了那兩個藍色的源泉，到了她眼中的銀光之中，他的視線就沒了辦法。 她好像不動似的坐在那裏，自己知道她的美與力，專心與想念中燒，詛咒了自己使自己願望，被克服，去等待，對於面部的神情可以作主，對於面色的變換任其擺佈。

不久之後他站了起來要走，當他要去把她的手拿來吻的時候，她捉着了他的手勇敢地緊握了一下。

他還是一直走到了湖岸，向更深地炫照着的波瀾無聊地望了一眼，由一邊離開了花園。

厭惡地，失望地他漫步走向家去。 那麼他多日來所夢想的，就是這個呀！ 他坐在那裏，就好像他自己從來沒有戀愛過，從來沒有擁抱過一個婦人似的，坐在那裏癡望訥語並且讓這個年青的東西擺佈！ 大孩子氣了！ 不錯，是有機會避免了每個人家的注目；但是如果是要說了不是無關緊要的話，而是有分寸的，籠絡人的，熱烈的並且深入的話，不是像現在這樣而是有個小的勝利，那她必定要抖得像在一個地震之後，怕得像在一個日蝕的時候地坐在那裏。

然而，她曾經在那裏，猶之乎他曾經在那裏：別的一切反對又怎麼樣呢！ 並且他又沈耽於這個夢想：把他一生最生動的時候再度一次，但是這一次不是無知地像是自然而然的事情，永遠沒有結束，而是有知地用一種有經驗人的熱情和感激把它當作一種獨特的，短生的事情，當作由於神的特權中大膽的劫奪，隱藏着像是在上天的金雲之下。他沒有看見危險和障礙。 他的婚姻從來沒有把他歷練過，他把一切的幸福和成功僅祇認爲了他的努力和志願的證明，這樣他是還年青，沒有什麼經驗而很自信，一個追求幸福的孩子像十年前一樣。 當太太和結婚的念頭來向他警告着地和亂心意地在此時插入的時候，他把他們當做殺風景者推開了。 他對於他的太太並無所傷，他現在愛她並不減於以前；但是重新使他陶醉了並且佔據了他的，是非她所及了。 是這樣了，恐怕不能是別樣了，並且他的心或腦中也沒有一絲一毫別的念頭。

在其次的一個星期二他又去了，但是直到午後纔去的。他的太太陪他走了一段，當她回轉的時候說道："要是有雨的時候，——看來簡直很像——你就不用費事回來了，住在最近的旅舍吧；我情願這樣，而不願你穿着水淋淋的衣裳還費了很多的時間回家"。

"也許不至於吧"，他回答道，並且吻了她的手。

"是的——"，他走開去的時候吶吶地說道；"但是海羅※却以爲她的最愛的人濕着比完全不濕好呀！"

當他傍晚走向湖邊花園的時候，當眞下起雨來，於是就有一個帶蓬的亮黑色的摩托車停在那所房子前面。

男爵走進了大廳。在一個桌上有人在打牌，伯爵小姐坐在另一個盡頭的一個凸出的窗前在吃茶並從極濕的樹隙中望着灰色的湖中冷波。

台亭恩把東西放下脫了外衣，穿過大廳，好像是要挑選座位；此時她向他望了來，他打着招呼向她走了去，她請他坐了下來。

稍微寒喧了以後，他們就靜默了，並且互相向眼中望去，是那樣地充滿了力量與快樂，以至於好像彼此之間都沒有什麼隱瞞的事情了。

終於他像一個孩子似的笑了起來，並且吶吶地說道：

"我知道——你在這裏！"

"你知道這個嗎？"她回答道：眼睛仍舊沒有離開他，並且，把頭垂了下去用眼由下面望着，輕輕地加道："但是——我昨天在這裏和我前天在這裏並且我大前天和星期五和星期四和星期三在這裏，這個你沒有想到吧？"

"那倒不一定！"他笑着低聲說道："因爲昨天和前天和大前天和星期五和星期四和星期三我的想念在這裏找過你，——當牠們圍着滿湖尋找了你以後"。

※ 指希臘神話中萊安達（Leander）每夜泳過海勒斯彭（Hellespont）海峽尋求他的戀人海羅（Hero）的故事。

"好個想念！——我也總是追跡你——並且也總是回來了。"

從此以後他們彼此不再在湖邊花園裏會見了。 並且，當他們在集會中見着的時候，眉目和動作之間也一星一點沒有顯出他們已經傾心相談過了。

要想到一起的時候，他們必得以最大的秘密來從事；伯爵小姐不願使任何人知道。

"沒人應該看的，也沒有外人應該知道！"

男爵每個星期四去打獵，並且在外面過夜，成了習慣。 在這些個夜裏他們在那個寂靜的舊遊獵別墅裏面彼此會見，到那裏去伯爵小姐須要在夜間經過田野和樹林，時常還要經過風雪，走很長的道。

在這個時期台亭恩太太和她丈夫一樣在安然無事的幸福中過度下去。 當她必須關於他發表意見的時候，她就要叫人家知道，他是更講求禮貌的了，他找到了服務婦人的柔和的，恭敬的情調，代替了初戀時候過分的求愛，他一般地更成熟了，並且有決斷了，並且有了一個男性的固定的樣子。

有一天，他打獵回來還沒有多久，她在走過的時候在他的掛着的獵衣上看見了繞在一個鈕扣上的一絲頭髮發亮。 她把牠打開了，拿到了窗前，想道：

我的頭髮還這樣地有光彩嗎？

她於是不由地走到向了鏡子：不，她的頭髮已經較淡了，——即使牠們曾經有過這樣的金彩。 也可以是女孩之中的一個的；但是一個的是帶些麻色的金色，其餘兩個的較暗一些；祇能是最大的男孩子的了，他還長着長的頭髮，固然沒看這麼長，但是在剪髮之後時常是有較長的留下的。 她走向了窗子，以便使那絲頭髮飄起；這個很使她心裏不快，她把牠繞在他的小指上，牠在那裏像一個精細的小金指環發光，後來她把牠放在了一個金章小盒裏，就沒有再去想牠了。

又是在夏天了，一年忽忽地過去了之後，當台亭恩打獵回來在房子前面招呼孩子們並且正在俯身去抱最幼者的時候，——那時她看見了由他的外套領上經過肩上斜披到背上的一絲金髮在發光亮，恐懼引到了她心中的，不是懷疑，而是一件難於相信的事實。

她站在那裏假裝着微笑，並且在一傍看着，他怎樣地吻他們的孩子。

她馬上就決定了，去用秘密探求秘密。

她隨着丈夫走進了屋子，身體不穩，不靈，不住在看着那頭髮，以免牠丢了。在他的屋子裏面，她沒有使他查覺地從外衣上把牠拿了。並且離開了他，使他單獨更換衣服。

到了她的屋子以後，她把那絲頭髮繞在了小指上，這個比前次的長了許多，後來就把那發金色的小圈拿着，用大指和中指撚牠，並且嗅了牠；牠不是小孩的頭髮。牠是一個婦人的發香的頭髮。她把那個忘了的金章小盒拿了出來，並且知道了，那個頭髮和這個是一色的；於是她把那新的放在了舊的一起並且把那小盒關上了放在一邊。

她坐了下來，用手把眼睛蓋上了，並且使她所認識的太太們在她腦中走過；其中有幾個很可以是那頭髮的主人；但是她決不願意去怎樣地錯疑她們中的一個，她又想，牠也可以是一個不認識的人的，——而且，男爵能夠兩次都是很無邪地掛着了那頭髮，——因之，她無論如何必須絕對地小心和秘密，試行以無人可以查覺的步法去達到目的。

她的苦惱的心還有她的清楚需要不容耽擱，於是在沒有幾分鐘之後她把她要在星期日請一個大規模的夜會的意思說出使她丈夫驚訝，並且當他因了時間的短促勸阻的時候，她是那樣的忿然力爭，也要盡一次興，以至於他也微笑着讓步了。此外她還有一種益處，就是緊近的各項預備使她避免了胡思亂想，煩厭和苦惱。

在這次宴會她用心地請了最多數的客，她不倦地觀察了她丈夫和那些女客和男客的交接，她查看了每個客人和每個僕人的顏色；她未能判定男爵的任何的偈促，任何的上前或退避，對於任何一個婦人的偷視，和對於任何一個男客的親密，徒然地她在她周圍的人們的眼中去尋求了那個知底的眼色，那個秘密的好奇，那個有意的要報復的同情，——在從一個顏面到另一個的緊張的觀察和神經的獵求一天之後她閉上了眼睛，並沒有能找到懷疑的極輕微的根據，而却是帶了一種使人掃興的感覺——被尋求的人是在場，——她閉上了眼而不能睡着。她所看見的那許多顏面離奇地排列着走過了她的過分迷離的，中毒的腦海，都是盲然茫然和她自己一樣。

如果他的丈夫有一個戀人，——她已經不再懷疑這件事情了——那這個對於所有的親友，甚而至於整個的地方，是一個沒有想到的秘密。想到了他的不動聲色的不端，他的做作的鎮定使得她戰慄，他，她認識了好久，並且是那樣地認爲別的樣的人；但是奇怪的：他由此有所失，也有所得。她對這種放膽的，並且總可以說是高尚的愛情幾至感到了一種驕傲，就好像這事是發之於她本身，並且感到了嫉妬，因爲不是牠不是發之於她。她的痛苦差不多是燒得沒有了踪跡，在對於那不相識者的不可耐的懸想的熾灼之中；因爲還只須再過兩天了。

當他在星期四正要照例出獵的時候，他的太太陪伴着他，手放在他的肩上，走到了門口，笑着說道：

"我看你又已經完全成了一個過刻板生活的人了！上帝給的每個星期四你必要出去打獵"。

他站住了，用手去拿鎗上的皮帶，好像要把那鎗放下似的，微笑着問道：

"我今天要留在家裏嗎？也許那樣於你是比較的好吧？"

"比較的好？——"她反問道："我不能說不，但是如果我說是的時候也許是太過分了。當你在我身邊的時候，我覺得比什麼都好；但是如果我知道，你是快樂地去從事於你所做的事情的時候，我也不覺得有什麼不好；並且也沒有比當你再回家的時候，更大的快樂。這個也好，那個也好，都是可以喜悅的——！"

他們於是就分手了。之後他們二人都莫明其妙起來，不知所說的話是不是誠實出於衷心，他的心畢竟充滿了對另一個人兒的憧憬，她的心是那樣地充滿了恐懼和疑忌。

因之，她也決沒有把他的樂意在家當做他無罪的表示；一個秘密的結合自然祇能在雙方有最大自由之下纔能維持，她把那一天完全和平常一樣過了去，並且在習慣的時候就睡。

但是不是爲了去睡。

她躺在那裏向暗中仰望，並且打算想像出來，他是在那裏；她是不是和她在一起；那個魔女是誰，由她把丈夫奪了去，給她把丈夫改變了，給她留了她丈夫的這個不可解地完全的殘餘！　但是一切的探討和夢想和結論都是沒有用的。　祇是——這一星期以來使她侷促不安的這個不貞，這個捨棄，這個背信，向她襲來，像是一個新的，像是適纔發生在心上的行動，並且這個心愈剛強愈純潔，牠愈熱得充滿了憤怒和畏懼，牠愈奮起欲鬥。

夜色由於高昇的月明亮了起來，她用肘臂支起了身軀向外面園中望了去，園中空氣使樹頂的銀色邊緣沙沙地動搖，並且繼續向帶有變點纖巧星光的明亮天空中流去。

泉水潺潺，梟鳥叫啼。

她的男人是倚在何人的懷中看這個夜色呢？　在那裏？

如果不是在他常說的在那裏過夜的遊獵別墅，她的想念就算是徒然了，但是對於這個她必得要有確證。

在中夜的時候她站了起來，穿上了衣裳，披上了一件輕的褐色的絲外衣，並且，當她後來伸手去拿一個蒙頭布的時候，她拿到一個柔軟的白絲做的，那是台亭恩在做新郎的時候和兩個大金針一起送她的。　這個，他所送的禮物中的最初的，並且最可愛的一個，她披在了頭髮上，並且用針把牠插牢，和她那時候在他們第一次一同去音樂會的時候，同他試牠的時候一樣。

她悄然地離了堡邸和花園，急速地走到了夜中去。

這是何等奇特與虛幻！何等的困難，去認識素知的道路。　衆樹是何等地鉅大與沉重，牠們的影是何等地顯得有實質，現在那裏，潛伏着似的，好像是必須對牠們加以小心！田中的各種種植是密集得何等地神秘，潛藏！小山是起伏得何等地輕微和低平！

何等的靜寂！間或有一個梟鳥的叫聲，間或有一個搭頂的鐘聲，間或有遠處的一聲犬吠；後來好久什麽都沒有了，除了她的急速的步聲，和她的衣服或外衣的時而在她之後發出的一種稀有的沙沙之聲，聽來好像有人在追隨她，並且最先使她吃驚的。

經過了長的距離她對於夜的美麗和恐怖沒有感到什麽；她在這個念頭之內燃燒，戰慄：把欺騙她的男人和由她奪去他的女人發現，把這一對望在眼裏，並且去復仇；她不知道怎樣做；但是她的心急於要如此。明確與復仇，祇要是一秒鐘，她還想什麽別的呢。

她走過了一個氷灰色的稻田，在林邊伸出的樹葉的覆蓋之下，在那裏在她上面枝葉之間發出了一種劈裂的聲音，以至於她叫着坐到了地下，把頭縮在兩肩之間，兩臂防禦地伸到空中，——一種劈裂的聲音，就好像一塊岩石穿過樹裏破裂下來，並且一定要把她粉碎。樹枝向他身上落了下來，上面響了新的恐怖！一種哮聲好像是寓言中獸類的胸中發出的——然後一陣劈裂和颼颼的聲音——現在她悚然地直起身來，小心地向上窺視並且看見了一集鉅鳥，兩翅作聲地向稻田上飛去。她伸展了身體，把手壓在怦然的心上，呐呐地說道：

原來是一隻松雞！

她喘了喘氣又跑起了路來；但已經差不了多少了，並且在前進二十步之遠的時候牠在同樣的劈聲之下又落在地上，並且在這個林邊又有三四次，她的脚步把一個樹鷹由睡眠中驚起。

道路鑽入了林中，蜿蜒着到了下面一個颯颯有聲的深谷，斜過了小溪又從暗中向上到了被一條條月光照穿了的林中。進到黑暗中的時侯，她有恐怖的意思，但是她搖了搖頭並且說道：

"還有什麽可以怕的呀！"

現在她感到她的話沒有安慰不得不哭泣咽去拿手帕。那時她忽然想起，她有一次在光天化日之下看見一個婦人高聲哭着走過街上，並且想起她向沒有看見過像那樣情形的那樣使人心碎的，——她自已穩了下來又鎮靜了。

末後她所走的路橫截在到遊獵別墅去的林中小路上，並且她不久由樹中看見了那白色的三角形的山墻。

她站住了：現在她是到了目的地，現在她把這件事情把握住了；牠在那裏好像是她所設的一個陷穽！

而且逼迫她做這個的婦人，是應當受怎樣的處罰呀！

在這個念頭之下她的精神的蘊藏的惡劣一方面顯露了起來，毒性地射入了她的血液和意志裏並且把她驅向了那別墅好像她必定在此刻用手掐着那犧牲的頸一樣。

在她的戰慄的手的壓力之下門開了來：月影像一條金蛇似的在黑色的水道上搖動。

她小心地走向了房屋：樓梯的最上一層什麼在動。牝犬臥在那裏門前，把頭仰了起來並且用擺着的尾巴掃地。

男爵夫人祇„噓”了一聲走了過去，並且走近了門前；門是開着的。

她中了電似的站在了門限上。

她的男人——單獨地？

然後怎樣呢？

然後——她就向他來了，——假上帝之名而是一種欺騙。

她溜過了大廳並且無聲地開了右手的門，到了臥室，陳舊的地板輝耀作銀白色，從樹上面月亮由高高的開着的窗戶滿滿地照了進來。

她移步向寬矮的牀走了去：那裏台亭恩和伊乔道夫伯爵小姐臥在沉睡之中，頭倚着頭，交插着臂手挽在一起。

戰慄着並且心跳得波及周身，由於自己的侵入的驚異，台亭恩夫人止了步。由於這個侵入感覺了恥辱，厭惡，她無力地站在那裏，不知何以自解向在明亮的月光中那兩個人注目望了去，他們無傷於人地像兩個小孩似的睡着；她不由得去感覺伯爵小姐的盛開的而柔嫩如小孩的美和那男子的修長，達到了最高力量的美，讚美着並且迷惑了好像她是第一次看見人間的一對；在這個門窗洞開的秘密之中她感到了一種使人無主的，動人的無知，並且一種超出她理解以上的一種神秘，命運，使她驚愕，她忽然知道了自己對於這兩個小孩的成熟與母性，她俯首下視並且在室內徘徊，對着大鏡看那一對的年青和美麗，光瑩像長存的大理石而自己在一傍默然面色褐黃，像潛伏着的死，不由想到了適纔在來的路上站着的死去了的樅樹，顏色燻黃和她一樣，聽見了黑鳥仍自是由樹上往下呼喚，看見了清亮的月輪，不動地在樹尖上面，她又向臥榻上望上去，已經不再知道忿怒和復仇，她是充滿了一種大的不治的痛苦和一種，小的，恥辱。

她必得再離去。

但是偷來此地，是她所不屑爲的，她想到一個標識，她把她的白頭紗拿了下來並且把它鋪在他們兩人的身上，在薄被之下顯出雙足的地方，又用金針在幾處把它釘穿。

就好像是要尋求伴助，證明，壓力似的，她把那睡着的一對又觀看了一次就離開了那個屋子。

當她溜過那隻犬面前的時候，牠慢慢的站了起來並且隨她去過了橋；但是到了門口的時候男爵夫人命牠回轉去了。

由於她的損失精疲力盡並且身體笨重，不能清解自己的心神混亂，她慢慢地踱向家去。

就在此後伯爵小姐由一個沉重的夢裏醒了，好像是從一種麻痺之中似的掙扎了起來，坐住了並且，清醒着，向月光和銀光照透了的樹中暗處呆望，聽見了黑鳥由樹尖上往下面叫，聽見了犬踏上樓梯並且臥下，並且聽到了林中小鳥的早晨的啾唧。

並且，當她把恍亂了的和朦朧的眼睛回轉到房裏來的時候，她看見了在足部上面的白頭紗——和那幾個閃耀的金針——她想不起來曾經把它放在那裏並且也不認識它，她徒然發出了一個驚懼的叫聲。

他由睡中醒了來，用臂圍抱着他並且說道：

“心愛的，你怎麼了？我是在你傍邊呀！”

她用顫動的兩臂指着那頭紗說道：

“這裏——這裏！有人知道了”

沒有理會他注視着她的手和臂的美麗，把她更緊地壓向自己身上並且諂媚地說道：

"但是孩子，你鎮靜自己罷，你在做夢呀！"

"你到是看看那頭紗呀！"她叫了出來，把他的不聽話的手從她身上解開並且把被子一直拉到頸間。

現在他曲身往前並且伸手去拿那個白的東西，他認識了牠並且他認識了那幾個針，慢慢地他明白了，嘆着氣倒了回來。

如若她的嘆氣先是係於被發現並且被看見的恥辱，那麼現在在他身心內燃燒着的——並且像醫生的燒熱了的鋼絲把他知覺的各角落都清除了的——痛苦是係於那可愛的婦人：她站在了這裏並且克服了自己以期最後的美滿。

他是那樣的酷待了這顆高潔的心，以至牠在一個靜悄的看認以後祇給了一個秘密的標識並且表示出牠自己是强於幸與不幸。追踪這個婦人，向她懺悔，懇求她，懇求饒恕和一點殘餘的愛，誰能棄這樣一個婦人，誰被這樣的一個婦人離開了………

伯爵小姐口中發出一聲嗚咽，她用苦訴的聲調把她以爲定而不可移的必需說了出來：

"現在我必需遠行——離得很遠——使天南地北把我們隔開——並且我們彼此永不——再——相見！"

他深深嘆了氣沒有能够作什麼回答。

她把臉伏在枕中哭了，她的身體在痛苦中抽動。

台亭恩披上了一件衣服走向了窗子並且把百葉窗閉了上。他又走到了床邊，在那哭着的人的頭髮上吻了一下。於是他就離開了那房間。

在那不久之後他們走出了門去並且手携手步行過了那橋梁。

到了門口的時候他們回轉了過來，審視那座格式勻稱的房屋。這個綠水環繞的區域內的那些樹木和每一個蹊徑和角落都是他們心裏所知的，幸福，漫遊，無意義的嬉戲，自己對自己的哄騙，最終還有那嚴酷厲的事實。他們穿過了門，台亭恩把牠鎖上了並且把鑰匙投入了溪裏。

他們手携手走入了林中的道路，那裏每個樅樹對於他們記憶都滿懸得像個聖誕節樹似的，他們兩相無語。

在林路分歧了的地方，台亭恩的路，他站着了，用右手捉着了她的手，他們彼此相望，都看見了異樣的面目。

終於他抑鬱地說道：

"原諒我罷！"

"我謝謝你！"她熱情地高聲說道："而你，你也謝謝我罷！"

"我謝謝你並且我要永遠的感謝你並且我覺得，我應當謝你的地方比我今天所知道的多。"

她哭啼着投向了他的懷裏。

忽然她把自己脫開了並且蹣跚地走遠了去，無言地每個人匆忙的走上了回家的路。

當他這樣地跑開了的時候，沒有思想，祇有意志，台亭恩有他的感覺之中忽然發見了這樣一幅圖畫，他的太太是怎麼樣的由他和他的不誠逃去了，並且，在另一方面，他的愛人是怎樣的陡然之間由他和他的不誠逃走了，並且他自己是怎樣地在不知不覺的衝動之下沒有向她看去，沒有關心對她。而祇費力向那一個追了去，把間隔除去，追及她，祇要是她尚在路上，——他一步之久都沒有躭擱，他跑得更爲急速。在那裏前面隨着他的太太逃去了一切，在他一生中得到了持久性的，值得持久，爭奪，痛苦和這個可恥的一時間的！一切，他能失去，而永不能任其失去的！在一男子的實在與眞誠之上這個婦人在十年，四千天之間，四千天的每個時刻，以愛情與信任與耐性建造了一所房子，當她現在看去的時候，那裏沒有那個男子，那裏祇有一個男孩子，尙是太嫩談不到自制和剛斷，毁於秘密，沒有値價，一個偸摸的人。這個建築是不是在婦人和她的戀懼之下傾倒了，她是不是受了傷躺在殘磚破瓦之中並且探找她的孩子們？還是她是被厭惡追下了階梯，向下向下一直到了自己獨孤生命清白的基礎，由那裏單獨地把必須建築的重新建築起來？

台亭恩從遠處就窺見了他的太太，並且在堡邸院的門前趕上了他。

他們沒有彼此相望。但是他捉着了她的垂着的左手，而她沒有把她由他掣回。

他於是和她進了房子並且和她走上樓梯，這樣他領着她繼續的走，走，一直到他們到達了屋頂上的關着的小圓塔。

在這他站在了她的面前，向她望去；但是她沒有向他仰視，好像是自覺着羞恥似的。於是他說道：

"你要把一切都放在你身上，以至於沒有我什麼責任了嗎？你望着我罷，然後你可以看得出來，我是自覺羞恥的，並且知道你可以加之於我的和我自己的尊榮，責任和愛要出於我的，我都可以盡量擔任，並且你可以知道，站在你面前的和你說話的已經是和昨天不同的另外一個人了！"

"什麼我也不渲染"，他繼續說道："並且我什麼也不饒恕。已經發生了的，我要像一個男子的樣子去擔當，雖然這件事情我是像一個小孩子似的做了出來，爲幸福和一切所縱容。現在我之所以已經不再像小孩子似的去看這件事情並且不再把牠當做小孩子的耍作劇，那我是應當感謝你的。我把她認爲自己恥辱，這恥辱完全不是你的，祇有當我未曾學會把她感覺爲我的時候，牠纔是你的呢，——這個恥辱深入了我的骨髓並且使我成了一個能夠珍撫他的所有並且認識他的目的的男子，這我是感謝你，不是謝你的意見或你的憤怒，而是你的愛，這個愛你在一時候表示了出來，在這個時候你必定覺得牠是幾於死了。爲了這個銷沉了的愛，但是能夠再起並且必須起來的，我懇求你。

那個旁的人是沒有了並且過去了。

"饒恕我罷--"

她搖了搖頭說道：

"我沒有什麼來饒恕你的，我愛你。"淚珠從她眼裏湧了出來。

他把那上面插有針的絲綢抽了出來，並且請求道：

“那麼把這個也重新拿了去罷，我請你”，並且把她放在了她的手上。

她的淚珠落在了那上面。

她拿了牠並且拭去了眼淚，但是總是有新的湧出來

他繼續說道：

“祇要當你對我再有相信並且從我身上有快樂的時候，就在那天把牠再圍在頭上藉之我可的知道並且能够你謝。”

她把那些針拔了出來，並且把臉拭乾了她把那面紗展開了，並且看見了牠是怎樣地濕，並且牠在吹之使鼓的空氣中拿了一刻。後來她把牠披在頭上，放好了，左右用金針把牠插牢，任牠的四角飛揚。並且說道：

„這樣牠可以乾。”

他在她對另外的那個長櫈上坐了下來，用照耀的眼望着她，羞恥和悲切壓得是那樣的沉重，以至於他再也沒有說出什麼話。

此時那犬由樓梯踏步向他們走了上來，跳上了她所坐的長櫈一傍，由開着的弧形窗子向遠處看了去，向着上昇的陽光：當他們彼此都怕牠查覺有什麼不對的時候，他們就彼此談起了話來。

洪保德逝世百年紀念

Wilhelm von Humboldt(一)

士榜格(Eduard Spranger)著

關琪桐譯

在每一個民族的生命中，隔着些時總有果實豐富的時期出現，使那個民族在其中把自己發現出來，那就是說，使它的自我意識達到的一個新穎而特殊的階段。 對於德國民族，有一個決定的轉換點出現於佛里德威廉一世 Friedrich Wilhelm I. 和佛里德大帝 Friedrich der Grosse 時代，因爲在那時代，德國民族已經在那個從上面建築起而却基礎穩固的國家中預感到自我實現和較高發展的餘地。 這事情發生於一八〇六那個不幸之年。（卽日耳曼帝國解散之年。） 當舊普魯士死解了之後，將來的新普魯士和大德意志就出現了。 顯然如在一七九二年的法國似的（卽法國共和國成立之年），德意志的民族國家，眞正由完全它自己的一種方式下，從專制國的幻夢和遺灰中高升起來了。

一個重新覺醒的民族生活，和國家的權力組織，在這樣互相會合起來之後，是不能免了衝突紛爭的。 我們可以藉三個人物把這裏所必須開的這種戰爭明白表示出來，這三個人物就是斯坦因 Freiherr vom Stein，沙恩赫斯 Scharnhorst，和洪保德 Wilhelm von Humboldt。 斯坦因把人民在各種方式下所表現的固有生活和新意義下的獨立性格，與德國意義下的大王帝國結合起來。 沙爾赫爾把古代的思想恢復了，使向來擁護王族的權力意志的那些工具成了捍衞國家的資藉。 洪保德把德意志民族才智的偉大的

(一) 譯自：Forschungen und Fortschritte 11. Jahrg. 1935, Nr. 10, S. 121-123

豐富泉流，在其科學的和審美學的機能之下，供獻於那個新的國家。 當我們在這個人的一百週年，紀念其人時，我們所當做的不是注重這個人的個人生活的界限和弱點，最重要的乃是要一下澈底把握住：我們從他一方面已經有了什麼收獲，而且要紀念他，我們當對他有何種敬重。 因爲他的功勞就在於下列各點：如果我們願意用地理方法表示的話，那他就從威瑪 Weimar 和耶拿 Jena 至帕炎達姆 Potsdam 之間，又從帕炎達姆至全德意志之間，架了一道橋梁。 如果我們願意用思想史的方法表示的話，那麼他就從康德，釋勒，歌德，至斯坦因和沙恩赫斯之間架了一道橋梁；如果我們願意從民族教育家方面來表示的話，那麼他就從斐斯塔洛齊 Pestalozzi ，菲希特 Fichte，渥爾夫 F. A. Wolf ， 世萊馬赫 Schleiermacher， 至德國初級學校，德國式的文法學校，和柏林大學之間架了一道橋梁——他不祇是柏林大學的精神上的創立人，而且他還是那個馳名世界的「高等學校類型的創辦人(一)。 這些功績他原是不能成就的，如果他不從那曾經宣示出道德的和自立的人格的康德起，經過那被葛德和釋勒的精神所灌注的審美的教育(二)， 進而從事於政治 ， 即從事於國家的澈底鼓盪 ， 因爲那時候國家的靈魂已經（在一七八六）伴着那個大王而消滅了。

從兩個人的思想世界中我們知道那種爲民族和國家而行的精神的奮鬥；這兩個人的名字是令我們敬愛的。 釋勒看到，德國民族所組成的德國要謀發展，那是審美教育之事(二)， 只有內面的豐富而教養好的人格可以從危難的國家領到理性的國家上，那就是

(一) 柏林大學建立於一八〇九，正當 Tilsit 和約成立以後。 在洪保德的指導的影響之下，這個新學府所採取的原則不祇使它高升到歐洲的最著名的大學中，並且使德國復興起來。 它只注重科學和學問，而排斥各個教派和思想學派的偏信。

(二) 釋勒關於美學的著作有 Die Anmuth und Würde 優雅與威儀 Die ästhetische Erziehung des Menschen 人的審美教育， Die naive und sentimentale Dichtung。 他承着康德的思想，以爲人的精神置於兩個世界，就是感官世界和道德世界，在前一個世界中它受外界的限制，在後一個世界中它受內面的限制。 在這兩個世界之外，又有審美活動的世界，它是游戲與炫飾的國土，它使人擺脫了物理的和道德的勢力。 他說「趣味和美的教育之目的，就在於把感官和精神的一切能力訓練到極其和諧的地步。」 藝術創造的活動可以影響了人生的一切方面，而且游戲衝動的擴展可以使前兩種衝動

說，從專制主義領到有生氣的民族國家上。 菲希特很遲緩的由自然法的構造和法國的革命觀念，進到先知式的確信上，就是：一個原始的民族乃是上帝的悠久的設計(三)。我們必須寬恕，洪保德也照樣走過了他那時代的多變故的發展過程。 我們現在如果責怒他說，他用了差不多二十年工夫來完成他自己的教育，那麼我們就必須在那個時代的四圍情形中來觀察這種遲緩的發展。 溫克爾曼 Winckelmann 曾經藉古代的藝術作品把教育的思想分明呈現出來(四)， 而且他曾以爲理想的教育景況就是「彼界」與「現象」的結婚。 赫德 Herder 也曾以爲民族的發展就是「人格的構成」史(五)； 歌德書中的威廉，斯邁式 Wilhelm Meister 也是伴着那個詩人自己的生命，逐漸發展出來，經過了一半世紀之久(六)，——其所循的線索是由廣義的自己教育到狹義的服務教育。 洪保德在其實際的生活過程中證實了釋勒在其信札中對於審美教育所想說的話：

諧衝突溫和起來。 各種能力的和諧可以反映於人的全部的組織上，而且可以使他有指導社會的新的能力。

(三) 按菲希特曾著有 Grundlage des Naturrechts（天賦權利原則——一七九六），主張一種建立在純粹理性原則上的國家，近乎烏托邦思想；在先他又著了改正人們對於法國革命的輿論 Beiträge zur Berichtigung der Urteile des Publicums über die französische Revolution 讓人們注意革命的眞實性質。 在一八〇七——一八〇八之間他在柏林，在危險挫折之中，發表了對德國人民的講演 Reden an die deutsche Nation。

(四) Winckelmann （一七一七——六八）是德國鞋匠之子，是近代研究希臘彫刻和古董的人。 他對於希臘藝術的理想，他的精神的性質，和他的比例，感覺有深透的理解，因而他對於後來的思想和文學有極大的影響。 他的主要著作有論如何模倣古希臘的繪畫作品和彫刻作品 Gedanken über die Nachahmung der griechischen Werke in Malerei und Bildhauerkunst 和古代藝術史。

(五) 赫德(一七四四——一八〇三)曾著有歷史哲學觀念 Ideen zur Philosophie der Geschichte。 他是歷史方法的始祖，他是一個進化論者，他以人的物理環境來解釋人的全部發展：他把人類歷史定義爲「受時空的影響的人類的才能，行動和傾向的一種純粹自然的歷史。」

(六) 見歌德所著威廉邁斯式的學習年代 Wilhelm Meisters Lehrjahre ， 此書由一七八六年寫起，一八三〇年才完成了。 書係傳記體，前六卷記載一個極愛戲劇的青年的旅行，他那個青年是帶着一個戲班到處漫遊的。

就是，必須使自己的人格受了豐富的教育，才可以使德國人民負起德國的責任來。 他是由學習時期和旅行時期而到了積極活動的中年，和思想淵深的高年的。 他已經經過了古代的德國命運，他先是幽閉在「孤寂」，「單調」，「幻想生活」，和「自我糾纏」中的。 但是這種「自我糾纏」終於由一種高貴的服務思想（這是一種更古的遺產）出發，而英勇的為國家效起力來。 沒有一個偉大的德國人不是間接達到他自己和其民族上的。

我們若以民族的內面層次為觀察點來行觀察，那麼這個途徑的意義就是：這裏有一個貴族被一些理想所貫穿了，可是那些理想同時又是那個新興的公民的導星。 在弗列德大帝政府下的普魯士貴族並不是精神教育的柱石。 英國的貴族和縉紳已曾由一種強烈的復興之感建立起他們的國家來，那種感覺就是：國家正需要一種精神的貴族，來指導命令它。 弗列德大帝還必須從外國借來他的精神上的伴侶。 當別的貴族特權都在開始消逝之時，洪保德却補救了普魯士的貴族所未曾達到的一種成就。 他平民化了貴族，又貴族化了平民。 他因此就暫時看不見古代普魯士的服務思想——這是他的時運——但是他却為此得到一個新思想：就是，一個民族必須在自己以內生活着，這個民族在效力於國家時同時就為自己效了力。

(一) 求學時代(一七八七至一七八九)。 洪保德很早就是康德哲學的一個信徒，雖然他也如釋勒似的，天性並不近乎那樣嚴峻的二元論。 那個時代的審美運動，在那精神上受了激動的一圈人中，把他這個青年那樣堅牢的把握住，因此，他早在一七八九年就草就一種審美的宗教分派。 他在青年時期的理想乃是：一個有趣味而優美的個性（他就是在這個理想的標誌之下，與達謝羅登 Karoline von Dacherödon 聯姻的），這個理想是與渥爾乃爾 Wöllner 的教派處於深的對立之中的，(七) 正如他曾一度在其中活動的那個高等法院似的。 他早在一七九一年就已經拋棄了他的官場關係中這一部分，

(七) 渥爾乃爾（一七三二——一八〇〇）先為牧師，後來做了亨利的財務局評議員，他藉神祕的紅十字教派與弗列德威廉第二接近了，在一七八八年曾任司法部長，和教務，學務，醫務部首領。 他曾藉一七八八年七月九號的宗教法令和同年十二月十九的檢舉法令使新教大為得勢。

但是他仍保留着外交部中使館參議之職，雖然他是在請假中的；因而他仍保留着他的外交生涯的計劃（比較 Stolze 布倫登堡—普魯士史研究）。在這個發展階段出現了他的青年期政治學著作，題名爲：關於企圖決定國家活動之界限的一些思想 (Ideen zu einem Versuch, die Grenzen der Wirksamkeit des Staates zu bestimmen)。這部書因爲未曾出版，所以直至一八五一年以後才被人知道了。他在下一年（一七九三）又寫了一部研究希臘的作品，在那裏我們已經看到：他對於以心理學來解釋個性的那種方法所有的熱烈的興趣，擴展成了對於一個民族生命的興趣，而且那那種興趣在以後是永久在生長的。他對於個人性格所做的心理學的研究含有一種戀愛的特質。他在很反康德的一種方式下常把人當做靈魂與身體的組合，而在一種較廣泛的人相學的觀點下來研究它。他後來又從民族的語言方面來研究民族的相貌。他很早的就從事尋究有麼紐帶可以把自然與精神，體育和靈育，互相聯繫起來。他對於希臘人所作的深透的研究使他與渥爾夫接近起來，而且他又向釋勒貢獻出新人道主義的歷史哲學的綱領來，那個綱領後來就宣示在釋勒那部題名爲素樸的與深情的詩 Über naive und sentimentalische Dichtung 中。他又從耶拿與歌德進入一種友誼關係中；他們彼此有一種卓越的書翰往還，那種關係一直到葛德死了才止，那種通信正是他們的友誼的永久的紀念。他所寫的時代特徵大綱在那時候還不曾印行出來。洪保德曾經深觀洞察了當時那些重要人物，而且他相信，要實現他自己在人世的命數，那他就必須從自身造出一個多方面的天性來一如釋勒所說的「審美的可塑性」那樣。

（二） 旅行時期（一七九八——一八〇八）。在對於歌德的 Hermann und Dorothea(八) 完成了審美的研究之後，（一七九七），他就從事於廣闊的旅行。在前帝國期的巴黎（他的日記對於此時的巴黎有一種生動的寫像），他愈來愈親切的感覺到德國的精神，而且他開始對於菲希特的思辯哲學發生了一種趣味（就是後來神秘主義所產生的那種思辯哲學）。他對於人性的「了解」，伴着他與法國社會的交往，和法國文學

（八） Hermann und Dorothea （一七九七）是一首詩，它是根據着沙爾茨堡 Salzburg 大主教在一七三二年之驅逐新教徒而寫的，不過他把背景移在大革命的法國之下。

的閱讀，而益擴展了自己。　後來他在西班牙所作的旅行反映在他的日記中，那裏有四個一再出現的題目，就是：個性，相學，民族，和——甚至已經現在成了——語言。他在羅馬居留的時期，我們也可以把它算在他的旅行年代中，雖然他在一八〇二年又重返於官場的活動，而做了羅馬教廷中普魯士的外交代表。　他先已在一首長詩中祝賀過這座悠久的城市(九)，　此時在看到這座城市以後，他就發生了一種隱秘的力量，那種力量在他看來把自然和歷史都轉化成了「觀念」，就是，轉化成了有機的形相，而且在那個形相中一種無盡無休的形上學的「造形的衝動」儘管在活動着。　自從他把那個富有希望的兒子埋在塞特塔 Cestiuspyramide(十)　旁以後，他的靈魂就被羅馬的神秘極其深的瀰漫起來。　對於普魯士國家的不幸（一八〇六）他曾感到一些焦憂的問題，他為自遣煩悶起見，所以對於希臘自由城市的滅亡，曾做過意義贍富的研究。　後來他帶着無限的懊惱別離了那座七山城(十一)，　奉着王命，去就任新設立的民教局的首領(一八〇九)。

（三）　極積活動的成年時期（一八〇九——一八一九）——政治家的洪保德只在他就任上述官職時的那十六個月中，曾有眞正多產的成就。　他在這裏所創造的在百年之中決定了普魯士和以外地帶的國家教育制度的形態。　在這裏我們要說他有所欠缺，那是無意義的。　在這個範圍中他認他自己是那個覺醒的民族的監護，而不甚是國家的監護，因為那時的國家還是破碎不完的。　不過他是從上面救助民族的，就是從國家救助民族的，正如斯坦因——赫爾登伯 Stein-Hardenberg　的全部改革(十二)是一種由上而行

（九）　他在羅馬曾做過一首長詩提名為 Rom。

（十）　Cestiuspyramide係羅馬聖波羅門附近的一座尖塔，下邊埋着是羅馬將軍 Caius Cestius　，故因此得名。　在其附近有耶穌新教的舊公墓和一八二二年開始的新公墓。

（十一）　按羅馬城中有七座山，故名，七座山為Palatinus, Aventinus, Capitolinus, Caelius, Esquilinus, Viminalis, Quirinalis。

（十二）　按此指土地改革而言：舊日封建制度只許貴族購買田地。　在貴族的田地上，佃戶必須給他們的主人自盡一部分勞力。　不過他們可以終身耕田，祇是他們要納這個勞役稅和其他許多不規則而類似地租的勒索。　斯坦因和赫爾登伯就在普魯士的這種事態上進行其改革。　他們給了每一個農民以自由購買田產的權利，一如貴族們的。　在貴族與農民之間，他們把土地分配開，讓地主保有三分之一，佃農接受

的革命似的——在這個革命中我們必須把洪保德也列入叢中。那時候民族中的重要人物是與他合作之人，就如：Nicolovius, Süvern, L. Natorp, Bernhardi（語言哲學家）。逡巡不前的只有渥爾夫和柏林大學第一個教授菲希特，教育改進的全部計畫是簡單的：就是要藉精神的內在能力把全部人格教訓了，並且藉各分子的自己活動把民族鼓舞激動起來，甚至那負荷着謝林Schelling和菲希特所謂神聖觀念之人，也都得自己活動起來。這正是亞爾登斯坦因 Altenstein（十三）在一八〇七年向赫爾登伯提出的救國之道。說到教育的最初階段，斐斯塔洛齊 Pestalozzi（十四）的方法似乎指示出這條道路來。到了此時，初級學校才上升到眞正的公民學校的地位。至於高等學校的階段也經驗到觀念主義化的新人本主義的精神。洪保德在其新創造的語言哲學的影響之下希望大部分藉語言教育之助使文法學校成爲訓練人民精神的場所；這種教育計劃的特點這裏復返於世萊馬哈，本哈德 Bernhardi 和綏文 Süvern 上。至於大學則應該由哲學觀點下的「知識全體」觀念獲得它的統一。這種知識正是深深植根於德國人心中倫理的觀念主義，大學是應當把這種時在發展中的知識呼喚出來的。單純的職業教育在人道主義的哲學家看來，不論在那個階段，都是不足以成爲一個復興基礎的。只有在全部人格發展之後，職業教育在後來才能在合乎人類尊嚴的意義之下，發榮滋長起來，爲民族效力。

三分之二。公共的權利和租金可以被土地所有人以土地每年所得之二十倍價值所收買。一八二一和一八五〇年的法律又准許把公共土地分配於先前在那些土地中曾享有利益的人們。爲幫助農民購買先前地主所應當得的欠款起見，一八五〇年又設了土地信用銀行。這些制度給了農民以必需的款項，使他們得以購買原先屬於他們的田產的權利。這種改革使德國的大部分成了小地主的財產，那些小地主住在自己地上，並耕着自己的地，並不對任何別的人負着什麼義務。

此外他們又把軍隊組織完全變了，把農奴制取消了，使公民服務不限於任何階級，並專心致力於社會上每一部分的教育需要。

（十三）亞爾登斯坦因係普魯士政治家（一七七〇——一八四〇），一七九九年奉赫爾登伯之命到柏林在 Generaldiktarium 內任職。一八〇八年在斯坦因下台之後，曾從事於財政制度的徹底改革。

（十四）斐斯塔洛齊（一七四六——一八二七）是瑞士的教育家。他曾費了大量的財產來辦教育，斐斯塔洛齊制就是由他得名的。他在一八〇一年出版了 Wie Gertrud ihre Kinder lehrt。他的方法是由易而難；先來是觀察，進而是意識，再進而是語言，隨後就是度量，繪畫，寫字，數數，計算。

因此之故，柏林大學就建立在三條支柱上，第一就是觀念哲學，它代表着人類與「神聖的生活總體」間那種最高的關係；第二個教育原素就是對於觀念豐富的古典文化所做的一種新人道主義的研究；第三就是研究與施教的自由，不過這種自由不是一個乘與而來的人的權利，乃是對眞理所盡的一種純義務的客觀的服務。他先前在赫爾 Halle，耶拿，和格丁根 Göttingen 所預示出的，到此時就達到了成形階段和成熟階段。馬克朗玆 Max Lenz 曾經有力的指示出：那個新的大學並不是非政治的，而且它旣然是由最優等的德國的和政治的精神來的，所以它在下一世紀中就同民族的政治上和文化上的發展攜手並進，並對那種發展有一種極其熱烈的興趣。蘭克 Ranke，德羅生 Droysen，特雷遲克 Treitschke，世毛萊 Schmoller，瓦格諾爾 A. Wagner，姬爾克 Gierke，卜倫 Brunner，以及威拉毛維玆 Wilamowitz 和羅德 Roethe 諸人，就足以向後代證實，凡不達世情的種子是不能够達到發展地步的。這個新的高等教育觀念有一種時在增長的影響，尤其在現代蒸蒸日上的北美有更大的影響，這種影響當使我們刻刻不忘，「德國大學」這個觀念實在是一個高尙的精神遺產，使我們不得不保持護衞它(十五)。

洪保德辭了教育——訓導——和醫學局的領導之職，因爲那時存在的普魯士政體不能給他覲見國王的機會。他因此就把自己犧牲了，不過七年以後就生起一個結果來，就是，那向來隸屬於行政部（在舊日意義下的）下的那個局，已經獨立成爲「教務，訓務，兼醫務部」了。洪保德雖然不曾做過部長，可是他實在是創立這個部的一個人。這個號稱爲「異端」的人竟然把古代的制度保存下來，把教會與國家的教育制度聯爲一體，這乃是一個有趣味的精神史上的事實例證。洪保德並不如崇拜美麗個性和自由民族的人似的，只把狹義的精神範圍集中於國家之下；他更有進於此者，他曾證實了：就是强硬的個性也是屈伏於偉大的歷史的和道德的勢力之下的，他們必得把那種勢力的意義實現出來，縱然他們也許會帶着他們的固有的意識狀態，反着那個勢力前進。對於這種「世界精神的進程」（如他所稱它的），在洪保德以後，到了黑格爾才把它的意義開

(十五) 比較我的那篇詳盡的考察：Das Wesen der deutschen Universität 德國大學的性質（見 Das akademische Deutschand) 第三卷，柏林。

啓了。 自此以後，我們才知道了：個人並不是工具，器械，乃是較高的歷史的聯繫在其中交戰的一個道德的戰場。

洪保德在其後來的官位中所成就的（他在一八一〇至一八一五年間曾爲維也納大使，又爲維也納會議大使；在一八一七至一八一八年之間曾爲倫敦大使，在一八一九年曾爲普魯士的內政部長，他在此時是愈來愈與赫爾登伯的政策反對的），曾被凱萊爾 Kahler 給與極其鹵冷的批評，這種批評自然是由於凱萊爾對洪保德的爲人有一種極銳利的厭惡。 我們此時無暇論究這一層。 在這個時期有兩本備忘錄出現，那兩篇備忘錄顯示出他如何深深的被「德國」或「德國民族」的觀念所感動。 他有一次寫信給他的夫人說：「你要相信我，世界上只有兩個良善仁慈的權力，就是上帝與人民。 在兩者中間的是毫無足取的，而且我們價值的大小，就看我們是否與人民親」近。 他在一八一三受了斯坦因的激動所寫的德國憲法散評 Denkschrift über die deutsche Verfassung 取消了當時似乎視爲固然的奧地利與普魯士的二元性，但是它將決定無疑的與德國民族性永相聯繫。 「梅特涅 Metternich 不知道，事實上有一個智慧的和道德的意義下的德國，而那個德國並非分立的普魯士和奧地利……他不知道，人們必須從政治上來救護這個德國」。 一八一九年所寫的普魯士選舉法散評 Denkschrift über Preussens Ständische Verfassung 棄絕了美國的和德國的先例，它看到最重要之處不在數目的關係，而在於加強公民精神和公共精神的力量；而且按這個學說講來，一個國家以內各個參與其中的民族必須把道德的力量提高了，那才可以供給它以一個大的支柱。 這種自由主義，完全如斯坦因的自由主義似的，並不是原子化的個人主義，乃是一種有保守色彩的代議的自由主義，這種主義只把議員的自由認爲是對於「全體」所盡的一種獨立的服務。 這裏的反對者乃是那不顧事實不認地方的官僚政治：「人民權利」的概念是容易侵犯了「國家權利」的概念的。

（四） 老年的沉思生涯「一八二〇——一八三五」。 在一八一九年十二月三十一日，洪保德與赫爾登伯爭鬥失敗了，從此以後他就永脫了政治生涯。 在他的生涯的最後十五年中他所主要從事的就是語言學的研究，他這種研究不是意義嚴格而內容贍詳的一種語言哲學，乃是一種富有理論基礎的比較語言學。　他在一種可羨的經驗途徑下研探了南美語，印度語，馬來語，和別的語言。　他以爲語言是世界全部與各個民族間所有的一種自然的兼精神的中間聯鎖，因此，經由語言他就更進一步洞穿了號稱爲「人民的那種現象的祕密，（菲希特也根據語言把人民認爲是一種固有的觀念形式）。　研究迦維 Kaui 語的那部大著也出現了(十六)。　他的宗教的內在性和希望愈來愈强的顯露出來，尤其在她的夫人死後更是這種情形，他的夫人乃是他的靈魂所嚮慕的一個崇高理想，而即在他死後也還是如此的。　在這個時候，他的內在的人格在信簡中找到最有力的表示。　他的國家公認洪保德是最精於書翰寫作的一位(十七)。　在別的著述方面只有三部小的作品可以絕對列於古典文學之一。　那就是關於歷史家職責的演說，和釋勒與歌德兩人的評傳。

洪保德在幾次描寫自己的生平時，曾把他自己的界限明白提舉出來。　他不着重他的行爲表現於世上的結果。　當我們想起世萊馬哈曾經分別過創造作品的人和創造自己的人時，我們可以毫不遲疑的把洪保德列於後一種人中。　即在爲國家服務方面，他也只認內心的領域是有直接的悠久關係的。　他以一個學者，旅行家，兼實行家的資格把世界拿到自身。　他不曾把現成的世界材料彫鑄成新的形相，甚或新的權力形式。　他願意留在世界上，不過又願意超出了世界；他不當隱遁的斯多伊派，也不當逃世的基督徒，他乃是一個內面擴展開的人格，在那個人格中他知覺到有一個悠久的觀念形式在活動着。　這種近代化的熟悉世情的神祕家的自我深化，乃是德國人天性中和德國人命數的一部分。　就是政治的成分在德國人方面，也是植根在由內面的源泉而生起來的觀念中的。　因此之故，別的民族就不理解我們，不過我們是這樣的，我們的青年也是這樣的，而且我們如果不再在我們這種方式下理解自己時，那我們就當把自己也失掉了。

(十六)　按迦維語即瓜哇古代的銘刻中和手抄本中的文字，也有人稱它爲古瓜哇語，但是它與近代瓜哇語完全不同。　洪氏書名爲 Über die Kawisprache auf der Insel Java（瓜哇島上的迦維語）。

(十七)　洪保德論政書不久就出版，爲學院出版書中的第十六和十七兩卷，書爲 Wilhelm Richter 所印行——柏林一九三五年。

因果關係的問題

Zum Problem der Kausalität(一)

鮑伯爾 (Bruno Bauch) 著

韓鏡淸譯

這篇說明為了盡可能地使這題目適合通俗的格式，便祇可限為論文要點式的陳述了。 至於更精密的概形，我須請讀者去參考我討論因果關係的詳細著作。

1. 當知識有了進步，再三地討論基礎的概念便成為必要。如此，我在現時發現了討論因果問題的復興；雖然物理學界最為劇烈，但不僅一種科學好幾種科學，亦復如是。我們常常聽到現在的人說，『因果關係底危機』的話。 無論如何，我們所說的，實在祇是吾人對於因果關係底解釋上所有的危機而非因果關係本身的危機。假如我想要碰着眞實的問題，非得把這兩種危機小心地確切地彼此分別開來不可。

2. 研究客觀的事情，尤其自然界的客觀事情，每件事情必須因果地互相轄制着的原則已認為是預先的假定。 但是因為近代開始以後科學研究所造成的進步，尤其經過蓋理歐 (Galilei) 之手，這種原則雖然沒有失掉基本的意義；可是顯得太泛而需要更精確的釐定了。 這種釐定已經從數學之應用於自然界中找到。 這種應用最初即被古代哲學家們作成（皮雜過利底Pythagoraeer 在聲學範圍內應用數學，德謨克利泰 Democritus 則應用數學於原子學說）；還不到近代的開始已經盡其可能的寬備與充分而發展了。在古典的物理學裏（例如從蓋理歐 Galilei 經過牛頓 Newton 和萊勃尼茲 Leibniz 到康

(一) 譯自：Forschungen und Fortschritte 11. Jahrg. 1935, Nr. 33, S. 422—423.

(二) 見德國哲學叢刊 (Blätter für deutsche Philosophie, Bd. IX, S. 125—142.)

德Kant)已經形成所謂因果原則的『典型公式』；它的影響一直延留到現在。依此，每件事情都必須能於事前用數學的確度切實地被預說和計算出。

3. 無論怎樣，在現代物理學裏，或更確切地在原子的物理學裏，這種公式已顯得失敗。古典物理學目的所寄且成為一事之必然性的精確釐定，已翻轉而為過分的釐定。它必定遭受着非釐定機係的對抗——即海珊堡 (Heisenberg) 所謂『非釐定的原則』(Unsicherheitsrelation)。成為海珊堡原則的要意而在其他事物中斷定說：電子空間文地位的測量愈準確，則其速度的測量愈不準確。反之亦然。(譯者按：即其速度的測量愈準確，則其空間地位的測量愈不準確)。

4. 因果原則之『典型公式』的不當，無論如何不使實際的因果原則同示於弱。在其客觀的意義中如其實際的因果原則要嚴格地與其詮說的公式區別開來。此點在量子物理學裏最可看得清晰。量子物理學的建立者普蘭克 (Max Planck) 在一方面曾十分公正地注重了因果原則的『典型公式』在原子世界應用中已澈底顯得失敗，同時在另一方面曾經照樣公正地說：要宣布物理學對因果原則的最後拒絕是全然不對。並且正當地精密地在量子物理學中看見一個嚴格底釐定論的發展。

5. 為要使問題放遠我們可以從一種在普蘭克著作中偶爾發現的分別開始，即確定的須說與準確的預說之分別是也。為要表明事情的眞相，我努力把這種分別澈底弄清楚，並且使之有良好的效果。至若普蘭克的話便如此說：縱然可以作具有確定性的預說，但不能作準確地預說。關於問題更遠的討論很廣地，實在是全般地靠着這種分別的嚴格發展。

6. 這種分別的意義甚至用初級物理學的事實便可表明。這樣一來，如其實際的客觀體與經過一知識主體之手事情的客觀化二者之分別比其原封至此總要來得明顯，並且在一種十分普通與基要的形式之中。如同人家已經說過的——這大約是無疑的眞實——僅僅對任何事物觀察時，即可使其對象變遷；結果在觀察裏觀察能力的範圍與限制是很明顯的。但此情形也正同上說，即在變遷一事中和在我們觀察能力的範圍同限制內客觀的條件也都是很明顯的。並且在這些條件裏因果關係的客觀性是被預設在一大羣因果連續中的。　因爲我們確定一件事情的無能爲力，所以於其客觀的非確定性我們沒有根據可以引出結論來。如同衡尼哥索（Hönigswald）曾斷定說：這寧自是可以這樣說的一個預設：卽憑我們對於事情主觀的了解還不曾達到。

7. 實在由於因果連續的複雜性使我們不能分出確定的預說與準確的預說。　並不是因爲沒有因果或因果底互相依存性的缺乏，乃正是因爲在一件事情內有一大羣的因果連續之故而不能得出一數學般地準確預說，僅可允許確定的預說。　就例如蓋理歐下墜物體的方程式，雖然採取的是數學的形式，但非爲數學般地準確預說；滿打我們在日常生活裏可以確定地預說『祇要我手一開手中物卽落』的話。　蓋理歐的方程式並不是數學般地準備預說，理由是：在許多各樣可以限制一物體下落的因果連續中單祇把普通向地面加速下落這件事選來，不管在不同的緯度中可以有不同的引力效用；並且祇可以由於擺子的觀察總時常被發現，還不計其空氣的抵力，摩擦等等。　旣然實際上我們從來沒見過單單兩塊東西互相吸引，牛頓的引力公式便無有資格像『三驗問題』那樣明確叫人知道的一種實在事情的正常表現和數學般地準確預說。　對兩塊東西來說，這公式尙能爲因果的互相依存性給出一種確定的甚至可說數學般地確定的表現。

8. 那末我們知道：縱然一件事情不能被準確地預說，這並不是表示客觀上不能有因果的互相轄制底關係，也不是表示它的因果底互相依存性無法可以數學般地想像到。根本一件事情可以數學般地被想像到正因爲它發生在空間內的確定地位和具有確定的時限。　但以此種數學般的可想像性不能涉及因果互相依存性的全般僅可半用觀察半用實驗涉及我們能够使之孤立的一種或少數因果關係，所以不得與數學般的可預說性齊等。遂在全副因果之中有一羣關係遺留下來，並且這一羣對於不可確定性很關重要。

9. 因此在每件事情裏總有些項目對於我們認識的主觀能力常常是偶然的。　但我們之所謂『偶然的事』正是指客觀上我們不能全般了解的那些因果連續的構合。　簡直就可假定自然規律是不可能作準確地定說——並且物理學化學的準確研究也無能無力——然祇要因果(三)關係符順數學的規律，祇要其他關係的規律可以是自然規律的預設；自

(三)　此點參看我的論文"Das Naturgesetz".

然規律的客觀存在總不失其成爲事實的資格罷。

10. 在每件自然事情中無數因果連結的客觀構合，和我們主觀對於它們全般的顯露與建造它們如同數學意義底劃一效果的結論無能爲力，均可幫助我們明了生物學界對於一件事情的預說較之物理學界化學界更受到狹隘的限制之原故。 但甚至在生物學的田園裏這樣多的準確說之不可能性並不表示因果關係的絕蹤。 客觀意義的因果關係仍舊可以作有機體進化，生命底依賴外在環境，它們底維持，生長，與遺傳等等事實的預設。

11. 從生物學內廓除許多準確預說，無論如何我們不是普遍地除去許多釐定。 舉例言之，雖然我們僅僅可用一種連續式底統計測量法知道身體尺寸的變化，並且統計學與因果關係又相離那末疏遠；甚而它還可以給出我們在生命的調宜底與不調宜底環境裏之因果互相依存性的印象。

12. 從生命具有調宜與不調宜的環境這種生物學的概念引導到淸楚地顯示因果關係底客觀意義的醫學領域去。 這個就是病原學。 當成一種科學，它（按其字而所指示）與『研求原因』同意，而祇選取病象爲其主題；如同饒克斯（Roux）從普通生物學的立場曾經把那個名詞用來研究進化的機械論。 在實用時，除非一位醫生已經預設其治療有因果釐定影響底可能性，他絕想不到治病這件事。 （祇要統計學應用在一定區域某種病之頻數上，此種科學在此場合又特別引人興趣）。

13. 而且，在這情勢中有一個廣闊的含意，甚至僅僅對於將來事情或然性底打算常常必須預設因果關係的。

14. 在歷史內我們有着廣大而重要的一堆確爲因果關係所釐定底事情。 然甚至對其或然性的打算猶不允許。 不用說在文化實現中的歷史功績非有因果關係不可，卽在極其平泛的意義中的歷史動作也須如是。 在實際政治界中，因果關係呈現爲人類本性的知識和人類對於界不可打算的先知；那特殊的標志就是最大的政治家（回想俾斯麥 Bismarck 關於『不可稱量性』Imponderabilien 的不放鬆）。 雖然歷史的行程有不可打算性，也不能免掉數目的釐定；如同不單在歷史裏紀時的應用與年代長短的計算可以表明，尤其戰爭的歷史表明到特殊高度。

15. 最後也須加以注意的，即甚至道德行爲不就算爲無因的行動，並且道德的自由不是脫免因果關係底規律的——一種境界最初很清楚地得於路得（Luther），其後在德國精神的各種偉大代表者身上一向作着甚深甚廣底發展。沒有因果關係，一件『事業』(Tat) 就不能歸屬『作者』，(Täter)，叔本華（Schopenhauer）用快樂的特性與關聯指示出來；沒有因果關係，『工作』(Werk) 也不能歸屬『主要工作者』（Werkmeister），如同路得仍舊很動人地措此辭令，同時指向因果關係。這種屬性時常就是因果的屬性。於是康德公正地斷定說：道德意義的自由不整是『心理學的所有物』。這種自由寧可把工作與成就包容在一起，並且二者在因果地互相轄制的世界裏顯露出來。『如此顯露之如何可能』是一個(四)引入哲學所必須參透底最深問題層的問題。

16. 我們已經表明因果關係是自然科學各種領域，歷史與文化，道德行動與品行的基礎與預設。由此普通關於因果關係是否能證明的問題（雖然是謬說）亦自局於其意義的限制。因爲祇有斷言纔能被證明。但斷言用事實與原則爲其證明的基礎。事實與原則常常要彼此區別起來，但不能彼此分離。因爲眞正的原則不能停滯於不實底抽象概念的煙霧朦朧之中，並且要在事實內顯得它眞實與有效。祇要它們如同內在底根本底規律與關係存在事實當中，便可以辦到這一端。因果關係就是這樣的一個根本規律，這樣的一個根本關係。它確然不但是從實際上可發現的根本規律，不但是從實際上可發現的根本關係，並且是是所有在其全般可以表徵出所謂合理地單獨地稱得起『事實底邏輯』的諸多重要底根本底規律和重要底根本底關係之一。

(四) 此點參看拙著"Wahrheit, Wert und Wirklichkeit" "Die Idee"

尼布楚訂約研究提要

Der Vertrag von Nertschinsk(一)

福克司 (Walter Fuchs) 著

張星烺譯

爲欲停止自俄羅斯人前進入黑龍江境域以來，所發生之長期爭端，與同時在兩國中間一準確界線，故於一千六百八十九年（清康熙二十八年）在尼布楚地方訂立一條約。

此條約之詳細情形，吾人業由杜哈爾代 Du Halde 之中華帝國全誌中所錄張誠(Gerbillon)日記知之。然關於條約各種譯文，尚有許多不清楚之。歐洲之複本皆淵源於杜哈爾代之中華誌第四册，二〇一——二〇二頁之法文譯本而中國之複本大半甚至於不明白究竟根據最初何種文字。

自原文歷史立點，發生下方數問題。

一·尼布楚條約原文最初草案究用何種文字寫成？

二·在中國方面條約最初源料，尚有何種存在，以及此種源料中間之互相關係若何？

三·此種源料中間除去原文有差異之外，是否有根本不同之點？

四·歐洲文之條約原本究有何種價值？

華裔學誌第四卷第二期所確定之結果如下。

一·一千六百八十九年九月七日（康熙二十八年七月二十四日）之條約原文最初草案爲滿洲文。以後條約則用滿洲，臘丁，俄國三種文字寫成，而官府蓋印

(一) 譯自著者未經發表之原稿

之約文則爲臘丁文。

二．在中國人方面僅承認漢文滿文蒙文之康熙實錄卷一百四十三中之約文爲最初源料；其次爲東華錄康熙二十八年十二月所載者；平定羅刹方略卷四，乾隆四十三年刊印；盛京通志卷三十三，乾隆五十四年刊印之大清一統志卷四十八。皇朝經世文編卷八十一，徐元文之論文亦有之，唯乃久經引用，無最初源料之價值。

上方六種複本以外，在十九世紀及二十世紀初期間，尙有二十餘種他本，探本窮源，皆間接回溯至康熙實錄中文字。僅黑龍江外紀中之譯文則不在其例中。

三．一千六百八十九年九月七日（康熙二十八年七月二十四日）兩國外交通函之三種文字本條約與一千六百九十年正月之漢文滿文，蒙文，臘丁文及俄文五種文字刻石本條約，須審其差異。

中國源料亦有刻石本條約。歐洲源料如杜哈爾代書中之臘丁法文本及一千八百八十九年俄國人刊布之俄文滿文本，皆代表外交通函本也。黑龍江外紀以及由外紀轉錄之各種中國複本，亦皆代表外交通函本者。

四．今代遺傳之臘丁文及俄文本條約不能爭有無問題之價值。因將張誠同時之自臘丁文譯出之法文本條約，與麥樓（Müller）之自一千七百五十八年（乾隆二十三年）俄文本條約，詳細比較，使吾人知悉有甚多大小差異之點，證明張誠及麥樓二人所有之早期臘丁文本及俄文本必已有差異矣。

五．在中國方面至今無一關於尼布楚條約之檔案材料，自北京發現，尤爲研究此問題之不便利也。

最後吾人考定此條約原文之見於兩國外交通函者與見於石刻者，在第一款末尾，有嚴峻不同之點。再則今代所知之臘丁文及俄文譯本皆已有多少修改之處。

克 命 威 爾

Cromwell(一)

翁 鏗 (Hermann Oncken) 著

胡 雋 吟 譯

假若我們將十七世紀的英國革命和十八世紀的法國革命就其顯著之點加以比較，我們首先感到的是他們在進展的節奏方面有相似之處。 但是無論我們作怎樣的比較，他們不同的方面仍然很深。 英國革命的第一個顯然的特色是：它的政治革命和宗教及教會的變動是攜手並進的。 且因此種事實，這整個的鬥爭才獲得了它的特殊性。 第二個顯然的特色是：在法國其革命僅限於一個單獨的國家組織之內，而在英格蘭及蘇格蘭及愛爾蘭則為三個分開的，原質不同的區域內的活動；並且他們彼此間互相的影響力究為如何，其最後祕密仍須等待歷史來解釋。 最後一點是：法國革命和英國革命在其影響範圍方面也是不同的；當一七八九年事件掀起遍於全世界的反響時，英國革命竟停留在一個孤島裏，它為後世子孫所植下的新理想，不過是僅在大西洋的對岸而已。

當克命威爾在一六四〇年加入長期國會 (Das Lange Parlament)(二) 時，他的宗教

(一) 譯自：Forschungen und Fortschritte 10 Jahrg. 1934, Nr. 3, S. 32—33.

(二) 長期國會 (Das Lange Parlament) 由查理第一召集成立，被克命威爾解散，其壽命達十二年之久，且其在法律上的存在竟維持有二十年之長，故以「長期」稱之，當此議會與軍權發生衝突時，克命威爾帶兵士親往議院聽議員爭辯後，突起立，斥之曰：「我要停止你們的空談，滾出去，讓位子給好人，你們不成為國會了！ 上帝不要你們了！」 於是兵士湧入將議員一齊趕走。 克命威爾之專橫於茲可見。

和政治信念的基礎已經確定了。 他已決定，如有某種表決反對他的希望，他就離開本國出走；假若國家的處置和他良心的要求不相一致，他要以他自己的自由意志另尋一新天地，對這個問題他曾用過很多心思。 他走向領袖的活動是和內戰開始一同發生的。戰爭使他顯露頭角。 起初他是一個勝利的組織者，隨後竟成爲一大將，利用勝利作爲他的支柱。 這一串的勝利，革命所賴以成功的勝利，全仰仗着他，他依着革命的理想統一了大不列顛。 他的軍事成就是確定的，比諸拿破崙在法國革命成功中所演的一角其風格完全不同。 而且僅僅在戰爭成功以後，政治家克命威爾的問題就提出來了，這問題是具有永遠不會消滅之吸引力的。

按着英國憲法的原質來說，當君主政體和上議院被毀滅以後，只是下議院的殘勢還存留着。當時下議院要求使議院權力加强，並使此權成爲永久性，竟被軍隊想治理一切的要求所反對；軍人覺得他們本身就是新秩序的劍與盾。 因此克命威爾以軍隊代表人的資格在一六五三年四月二十日解散國會，昔日他曾爲國會之傳統權力以很深切的信仰心而鬥爭過的，而今竟把那種國家的機關毀壞了。 他是一位有野心的人嗎？ 關於他的性格方面再沒有像如下的說法好了：『一位由遠方來的人而他並不知去向何處。』或者他是一位僞君子如後世人們所想的？ 不，他乃是一個宗教人 (Der Religiöse)，他是生活在舊約全書的先知和聖詩中的人，並且在每次嚴重的危機中他所選擇之正當的應付辦法都是經過祈禱才決定的。 假如英國國家在彼時能沉溺於信仰上帝的選擇的話 (Auserwähltheitsglaube)， 那麽他們的領袖（譯者按：即指克命威爾言。）首先要把他自己當作是被神所選出的，並且將要從他內心之靈感默示中去收集種種證據與確無疑議的事實來作明證。但是請看這位宗教人竟遭遇到了何種試驗！

新的小國會(三)(Das "Kleine" Parlament) 是在軍隊以外產生的，他們都是新耶路撒冷的聖徒，他們很激烈的決定本着上帝真意之精神去改革英格蘭的國家和社會。 可

(三) 小國會 (Das kleine Parlament)，長期國會被解散後，克命威爾即召集新國會（時爲一六五三年）議員僅一百五十六人，故以「小」稱之。議員多爲敬神之人，以祈禱讀經爲事，開會五個月之後，將權讓與克命威爾。

是當他們起始在國家的，教堂的，和中等社會生活中的所有帶歷史性的制度上去應用這把斧鉞時，克命威爾就出來調停。假若克命威爾和他們取一致的態度，那麼他就必須扮演一位英國的顏萊登（四）(Jan van Leyden) 的角色。但是他猛烈的反對他們，並且使小國會回了老家。幾乎和歷史上所有的革命領袖一樣，克命威爾的命運也是註定他要同與他接近的和同與他有密切關係的人相鬥爭一番。這是顯而易見的：因爲他是一個軍人所以他主張遵守紀律和命令，因爲他是個宗教人所以英國政治的傳統思想在他身上並未丟失。凡是一位有創造性且屬於革命出身的政治家，當事業漸穩定時，是常常要有一種大的轉變，這也是在心理上的一件特別有趣味的事，由此轉變，領袖便與其跟隨者們的基本動機顯出了分歧，或者僅是某種程度的裂痕。

現在以軍隊的領袖去奠立國家新秩序基礎的時機到了，那就是說使三個國家成爲一個共和國 (Errichtung der Commonwealth der drei Reiche) 不只是受一個實際的獨裁制度的管理，而且是受終身執政的護主 (Lebenslängliches Protektorat) 克命威爾的統轄。克命威爾接受了軍人們的建議。但是政府新創立的秩序必需要一種機關去施行她的權力，去徵稅，去按英國人對法律的感覺立法。因此在一六五四年新國會乃召集起來，並以很大的希望來歡迎它。但不久，和它先人一樣與督護主 (Lord Protector) 也起了同樣的衝突。當立法機關顧戀國會的傳統權力爲其台柱時，克命威爾竟乞助於軍人的神聖權，就如同查理第一的君權神聖一樣；結果是護主在一六五五年一月又把這第三次國會解散了。

他的勢力已經從國內擴展到國外了，他以其未受過傳統拘束的新軍力去攻擊荷蘭，（他並不顧慮到他與新教徒信仰方面的密切關係），並且去同西班牙開戰。以有力的

（四）：顏萊登 (Jan van Leyden 1509—1536)本名 Jan Beukelszoon, Bokelson 或作 Bockold，原是成衣匠，馬丁路德倡宗教改革的時候，他也聯合黨羽，趁機起事，在蒙斯特 (Münster) 地方成立齊翁王國 (Königreich Zion)，自立爲王，蒙斯特於是成了宗教狂徒肆意放縱的場所，到一五三六年，該地爲主教征服時候，顏受很嚴厲的審判，被處死刑，行刑後復把他的屍體用鐵籠裝了，掛在蘭伯爾提教堂(Lambertikirche) 的塔上示衆。

步驟，將由依利沙白時代以來的老傳統政策又採用了。　一個由於革命而產生的武力，如果它將它自己當作一個愛國天性的執行者時，並且對外交事業需要權力時，這個發源於革命的武力會把它自己發生的根源以極快的速率忘掉；並且更引導人民去忘掉它在國內曾經很利害的擾亂過那些在國家傳統上有價值的一切。　克命威爾跨出了英國實際政治的邊界。當他攻取在撒弗流域 (Täler von Savoyen) 那已受窘迫的渥魯登斯 (Waldenser) 的一部分時，及用他的艦隊威脅羅馬教皇屬管的國家 (Kirchenstaat) 和搭斯坎內 (Toskana) 的海岸時，他給全體的基督教國家以宏大的衝動。　歷史家席雷(五) (Seeley) 的意見以為：如果護主的時期再長些，那一定會使信仰者（指清教徒而言）和不信仰者之間關於教義所起的巨大的鬥爭繼續下去。　如果能如此的話，那麼在他外交政策上就可以有兩種並行的方針，一種是英國實際政策 (Realpolitisch) 即向海上發展的政策。　一種是世界的政策 (Weltpolitik) 即受教規影響的政策——這就如同在蘇維埃的俄國，於世界共產主義宣傳之外又呈現一個傳統的俄國的武力政策 (Machtpolitik) 一樣。

他的目的是想把英國在世界上的地位固定成到一種形式，使其國內的新秩序保持到永遠的存在。　但是這增加的劇容是需要財政的工具來幫忙的，如稅租如批准稅收的國家機關，這又必須回到以先曾發生過的內政問題上，就是國家的形式的問題。　英國當時情況仍然是由軍力來維持國家的秩序以對抗左右兩派。　但是搭雷蘭(六) (Talleyrand) 曾說過的一句智言至今仍可應用，他說：『一個人用槍刺可以做任何事，除去坐在它們上。』　那就是說：在槍刺上不能建立一個一致承認的安穩的合法的國家。　因此這篤

(五)：席雷 (Seeley 1834—1895) 英國散文家兼史家。　著有 The Expansion of England. 同 The Growth of British Policy. 等書。

(六)　搭雷蘭(Talleyrand)(1754—1835)：法國著名政治家及外交家，先為神甫後被拿破侖封為親王，拿破侖失敗後代表法國波旁王庭 (Bourbons) 出席維耶納會議，力主波旁王朝復辟，他以智慧之腦力，靈活之手段成立英奧法三國秘密同盟，阻止俄國吞併波蘭，普魯士吞併薩克遜(Sachson)。為維耶納會議中一傑出人物。

四次國會在一六五六年九月被召集起來。

這個國會開首便辦理鞏固國家形式的工作，這件事是由兩方面入手。它試着去提高克命威爾的地位，且使其成爲世襲，但同時又去恢復傳統的兩院制。在一六五七年三月二十五日經過三分之二的多數人表決，它決定呈獻給都護主一個請願書，請他必須接受英格蘭，蘇格蘭和愛爾蘭帝王之尊號，威嚴及職權。與此同時上議院也被召集起來。克命威爾拒絕了那尊號——他不認爲去接受它是他對上帝應盡的責任，他內心的聲音吩咐他去作這個決定，因爲他知道軍人們反對他去接受的。這件可紀念的事態在五十年前曾被莎士比亞在他的朱里葉凱撒"Julius Caesar"的劇本（第一幕第二節）中預言過。克命威爾躲避了這尊號，他覺得：這個只是我的帽子上的一棵新羽翎而已。所有事情的變遷其實際的精髓，並不在乎尊號；而是在乎一種合法的事實，就是他現在已被國會核准爲世襲的都護主。但是那個最困難的政治問題並未因此而解決——就是現已榮陞而幾乎躋於皇家階級的行政者和具有歷史權利的立法機關，兩者間之根本不同點如何解決的問題。當時上議院和下議院之間又發生了內部憲法上的爭執，這時都護主無其他辦法，只有在一六五八年四月四日又解散了第四次國會。

六個月之後克命威爾死了。彼時他仍然握有整個的權勢。他很可能把他的權力留給他兒子李查（Richard）就如同他是受命於天而即位爲帝王一般。但是他的兒子既沒有由遺傳得到他父親的智慧，又沒有因有威儀而得到他合法的嫡位；當然他不是那能維持由革命起家的世襲大業的人了。不久他就碰上了軍隊和國會之間的衝衝突，而且在這種權力的衝突上，他並沒有像他父親那樣的威權利用它以增強他的領袖地位。於是一位有野心的將領(七)，能夠毫無困難的將查理第二帶回國來。由此證明出：回反到合法的皇朝，我們必須再加上一句，回反到傳統的英國憲法的法律，乃是唯一的出路。革命（譯者按：指克命威爾領導的革命）並未能把一個特別傑出的人物很合適的安置到憲法之勻稱的組織中。

(七)：此將領係指蘇格蘭陸軍統帥蒙克將軍（General George Monk），蒙克見克命威爾子李查辭職，英國陷入無政府狀態，乃趁機率兵至倫敦，迎查理第一之子由荷蘭回英國即王位。時在一六六〇年。

印度的安全

Die Sicherheit Indiens(一)

翁鏗 (Hermann Oncken) 著

張貴永 譯

控制國際集團生活的實力競爭往往亦有人認爲定安全的顧慮：因爲一國所能護得的安全程度，同時斷定牠所能發揮的實力總績。 這一點同樣適用於歐洲範圍內的疆土形成與帝國主義的國家，牠們在地球上的勢力發展不知有空間與民族性的束縛，而是無止境地開疆拓邊，至於征服世界。 最有意義的例子是英國的世界帝國，有史以來最大的政治嘗試，一如首相包爾溫 (Baldwin) 在一九三七年三月二十五日的去職演辭中所表示的。 在牠勢力範圍的中心，自美洲殖民地失去以後，確定印度的統治。 這寶貴的佔有並不根據於廣闊的白人移殖，而是由於人爲的對一絕大人口的統治，他們和大不列顛海陸遙隔 這就更有賴於印度對外安全的必要。 因此英國人外交思想的中心始終脫不了一個神祕的問題，一個眞實的「帝國祕庫」，更進一層可以令人相信在這一點掌握：世界政策的鎖鑰。

印度的安全對於英國所指的，首先是去印度路上的安全，包括一切從海陸路線直達印度所經的世界各地的可能關係。 由此，在早期已經產生了一貫的政治方針：土耳其回教帝國的維持爲不列顛帝國利益所攸關，中亞細亞率連地帶，土耳其斯坦，波斯，阿富汗，永遠不準外來勢力的侵入，連海上的路線亦得置之於不列顛監督之下。 自一八

(一) 譯自：Forschungen und Fortschritte 14. Jahrg. 1938, Nr. 20/21, S. 230-233. 翁鏗，印度的安全，百年來英國的世界政策。 附圖一，一八一面，柏林格羅提書局，一九三七年

三〇年以來，這些問題的表面已經開始興起。 當偉大的東方改革家麼哈默德阿利 Mehemed Ali，埃及國王，以法國實力爲後盾，從事革新土耳其帝國的時候，樸爾姆斯登 Palmerston 就破壞他的計劃，逼這位埃及人以及與他同謀的法國退讓，並以其遠大識見完成紅海出口阿登 Aden 的佔領。 同時又得抵禦俄國人的前進，他們援助波斯進佔印度鎖鑰，阿富汗國內的海勒水草地 Oase Herat，並且準備直接進向支瓦——布哈拉 Chiwa-Buchara 方面，如此蹈上了他們從一八三〇到一九〇七年對這全部局面的攻勢。並且俄國「隨時威脅，極少進擊」"Menacer souvent, frapper rarement"的政策從頭就顯示着，究竟印度是恫嚇的最終目標，或祗係他種目的的掩護，祗是爲求得君士但丁堡的中亞的槓桿：在這個交換條件中間蘊藏着這一世紀俄國外交政策最深奧的祕密。 如此兩相對峙的英俄實力澎漲，原來征服世界的天然權勢，逐漸深刻影響到歐洲國際集團的相互關係。

克里米戰爭 Der Krimkrieg 自然亦在全部中亞細亞地帶引起嚴重後果。 這次戰爭的另一種光采是英屬印度軍隊可怕的叛變。 國際政治上更有影響的是蘇彝士運河的開鑿；這揭穿克里米戰爭聯盟國家的銳利衝突；因爲英國人的政治天性預先看到一條不屬於己而屬於人的運河，間接會變成印度帝國的危險威脅。 同時俄國人繼續前進，直至塔什干 Taschkent 的佔領，日後土耳其斯坦的政治中心點，並且不久就以爲他們在二十年之內趨近了一千公哩，距他們目的地僅有六四〇公哩之隔了。 從這國際政治形勢中我們就能明瞭爲什麼在寇尼格雷茲 Königgrätz一役把大陸政治面目改觀的時候，一位英國政治家特地說出這個公式來，大不列顛與其說是歐洲强國，毋寧說是亞洲的。 當蘇彝士運河在一八六九年由拿破侖第三行開幕禮的時候，這個亞洲强國就看到迎面而來的嚴重的可能性——我們可以想見，這位君主的傾覆對於英國世界帝國的生存利益所發生的意義如何。

歐洲勢力轉移，這與德意志帝國的建立同時插入的，替大不列顛創造了一個機會，牠能以德國實力爲後盾來對付牠亞洲的勁敵，這裏也就可以得到解釋，爲什麼倫敦方面對德奧同盟的締結（一八七九年）表示善意。因爲在這中間英俄的國際衝突在全線上決裂了；狄斯雷里 Disraeli 自一八七四年以後在蘇彝士運河與在印度所發動的前進政策，俄國在斯科柏萊天Skobelew領導下的計劃報之以對等的壓力，始終由這不易的暗中思想所發動：不經一次對印度的嚴重表示，巴爾幹的戰爭是無從想像得起的。 卽使在一八七七——七八年俄土戰爭時期，緊張像是對了另一邊上去了，戰爭的影響亦要從居不留斯 Cyprus 展延到阿富汗的線上，並以英國之統治埃及爲其登峯造極，這祇能由於一八七一年所形成的國際政治的背景才實現的。 到了有一個時候英俄的世界敵視情形幾乎釀成戰爭：當時俄國阿富汗的衝突，這自五十年以來潛服着的魔鬼，眞的在一八八五年三月敲起門來了。 在那幾年國際政治問題開始新的活動，這對於德國利益本身相距很遠，其中意義祇須一想英國之接近三國同盟，俾斯麥對沙耳斯柏萊 Salisbury 的聯盟要求，德俄的重廻保證條約Rückversicherungsvertrag——以及最後這個條約之停止續訂，這裏算是結束這次列强的合縱連橫的局面：對於德國政策日漸明顯的是這一個選擇：英國或俄國。

英俄的世界敵對情形，在牠最內部的核心陰藏着印度的安全，指示着兩種解決的可能性，由於一次絕大範圍的戰爭或由一廣泛協定的妥協。 第一個交換條件中的路線引導到三國同盟的一邊，第二個同樣不能避免的引入俄法同盟的一方面，在初先可是英國政策想在歐洲政治舞臺作暗中活動，盡可能範圍保持榮譽孤立——直到因環境所逼在聯盟集團中作一選擇。 這個策略，牠的動機在羅斯柏萊 Rosebery 時代（一八九二年——九五年）已經看得清楚，在沙爾斯柏萊治理下更强烈地控制外交趨向；他的瓜分土耳其的建議，德國與兩國（俄法）同盟在遠東的共同進行，喀呂干通電 Krügertelegramm 以後的英德緊張局勢是這個過渡時期的步驟。

當印度總督寇爾勳爵 Lord Curzon 以其遠大眼光要求對印度從寬治理的時候，倫敦的政策特別注意在以那一方面的列强勢力來造成印度的生命安全。 此時產生令人觸目的事件，在一八九八年一月沙爾斯柏萊向俄國人提出兩國在亞非兩洲共同利害的計劃。 一經俄人拒絕之後，就由張伯倫Joseph Chamberlain 不如此正式地問德國提出範圍較側的要求，以維持中國主權完整爲原則來反對俄國（一八九八年三月）。 這次嘗試亦無多大成功。　可是這個重大問題還是極端尖利地置在這雙重的策略運用上。　使其中關係更趨於複雜的是德國政策，牠的利益自來和亞洲地土生疏的，此刻亦以其自身的計劃出現，因與建巴達鐵路 Bagdadbahn 的關係，開始就影響到大的取捨的問題。

所以舊的英俄世界屬地衝突轉變到三大强國，不列顛，俄國與德國的勢力衝突，其中頭兩國主要是由牠們在亞洲的利益出發的。　這次勢力爭奪之需要十年才能決定，那是因爲中間英國有了波亞戰爭 Burenkrieg （一八九九年十月至一九〇二年五月）與俄國有了對日戰爭（一九〇四年二月至一九〇五年八月）的束縛，所以是由於根本事實，這在牠們本身又是一種絕大的勢力競爭，弄成複雜，並且使其間斷。

大家終立把那幾年的歐洲外交在「大戰前史」的觀點下，或者甚至以一方或另一方的「責任問題」來作批判——我認爲主要的，倒是先應由亞洲的國際衝突的背景，從牠的緊張與需要來解釋。

如果俄國人要利用波亞戰爭的機會，他們得先在中亞細亞方面開始，在外裏海與波斯，阿富汗與西藏，所以是在「印度的安全」的全部周圍，極端積極活動，這樣開端以後，繼之以大的外交壓力：他們在柏林提議法德俄三國對波亞戰爭的强制調停。　德國政策之所以拒絕這一着，那是在希望，英國人會在這四面楚歌的國際情勢中，尤其因爲中國問題的夾入而愈形複雜，最後不得不「過來」的。　德英聯盟嘗試的研究可以說，直到外交棋盤上最細微的鎖節都是精詣到家——這裏祇想提到一點，就是在當事人錯誤與成見之外，應該注意，國際政治的動態對於列强的決定趨向是一不能忽視的觀點。
一經俄人——顯著地受了法國人警告的壓力——有所表示，在中國與中亞細亞作進一步的行動，倫敦就是一部份人傾向德英聯盟，不願和俄人站在一起，無論如何情願接受德國的要求。　最後決定是當沙爾斯柏萊勳爵——他從前曾經謝絕過俾斯麥的聯盟要求——在一有理由的否決，把對德聯盟的可能性根本推翻（一九〇一年六月）；他抉擇了對俄關係的調整，因爲俄國人（以法國人爲後盾）要比德國人（兼之以三國同盟）更來得危險，並且亦能比較運用裕如。　他們正需要這樣一個羽翼來釋自身的重負，因而得到最高度的安全與自由發展；因爲「對德同盟的代價怕要比我們由於失去不列顛世界政策的自由而所遭受的損失更大」——根據這個公式英國外交部的一件公文把英國決議的核心思想說了出來。

可是在倫敦原則上所抉擇的俄國人，在那個時候還不願爲英國人所有；他們腦筋裏祇想把中亞細亞的威脅尖化，自已所以充分利用這個情勢。這樣一來英國政策覺得有這需要，先轉了一個很特殊的，自然具有世界歷史意義的圈子。 這是和日本的聯盟（一九〇二年），牠給了（不列顛）帝國在遠東所渴望的利刃；這個聯盟同時表現，牠不是因德國的關係向外找尋出路，而是有意把德國除外。 當這對付俄國的利刃一經鑄成之後，同時亦就能有將來和俄國諒解的自由地步；這也就可以解釋不久進行的對法國人士規模的諒解。 不顧俄國人起先反對英日同盟，不顧他們不易的中亞細亞的威脅如何慫動，英國社會輿論却擠向新的方針；一個很好的標幟是出版界攻擊派的形成（National Review），牠把德國看做將來的眞實勁敵，而與俄國希望在原則上成立大的諒解。

對德的疏懈在內部已經顯著無疑，就以維尼蘇埃拉 Venezuela 的衝突事件爲其初次公開表現（一九〇三年一月——二月）。 巴達鐵路問題的拒絕使世界各處認識這新插入的轉變（一九〇三年四月）。 在一個易於找尋妥協的問題，結果因爲輿論的壓力轉向到反德的途徑，而對於在波斯灣有深刻裂痕的俄國人倒勤於獻媚，表示願意諒解。在這些祕密努力中法國自從英王愛德華七世訪問巴黎之後，始終站在忠實的居間地位，牠要在任何代價下促成舊同盟國與新友人的諒解——最有意義的是把這變化百出的程序加以追究，直到後來俄國在雙方一緊一鬆之下開始接受倫敦談判(一九〇三年十一月)。剛在英國政策進門就想提起他們種種希望的時候，不料日俄戰爭爆發，把他們所有談判一次成爲泡影。

這裏並且得顧慮到這樣的劇變正可以破壞一切；戰爭爆發以後，亦就是世界歷史重要關鍵的降臨，對印度恫嚇的魔鬼現在像是要成爲血戰肉搏的了。 可是俄國人，不拘初期的熱烈動盪，究竟由於政治的審愼致慮退守，不肯立刻前進——固然在軍事上這一點亦是成問題的。 亞洲的勢力競爭現在却充滿着嚴重的緊張形勢：如果寇爵勳爵的前進政策欲在西藏有所積極行動，俄國就在他們想進佔的區域報之以同樣攻勢的推進。

雖然如此，對於國際形勢値得注意的是，日英與俄法兩集團不失現實政治的眼光，能在戰爭危險的邊際上想到將來。

站在這列强所有動態背後的，是一個眞實的秘密，將來聯盟結合的競爭。當德國政策在這世界現勢的狂風怒濤中急於要想溝通俄國，英國政治家把德俄聯盟，不拘牠如何具有防禦性質，視爲針對帝國生存的陰謀。對於德國人這或許是更重要的生命問題，他們要阻止英法的友好不使牠直加上了英俄的諒解。對這種危險的一個反面行動是，德皇在國際情勢緊張的高度，華俄道勝銀行事件發生之後，向俄皇建議一個防禦同盟來維持歐洲和平與應付第三國內攻擊（十一月七日）。在頭幾次敗績之後聖彼得堡的軍事要人曾經有此想像要把戰爭改變方針，向印度採取攻勢——這也就是德皇不審愼的信札所指的，他告訴俄皇，新結合可以由中亞細亞的軍事示威來作引導。可是德俄談判後來發生障礙，不能不說是受了巴黎反對行動的影響；當德國在這方面的活動暫時擱起的時候，英國纔算脫離初時的戰爭危機。不久對馬海峽的海戰最終決定了亞洲方面以及一切與印度的安全相關連的形勢。在他們極度得意之下英國政治家像是沒有看對，亞洲人的勝利將來亦會引起全然新的世界歷史的視線。

英國的政策現在是要竭力收獲已到手的果實。剛在樸次茅斯 Portsmouth 和約之後他們就有計劃和俄國聯絡。在他們同日本締結新約的時候，亦把「印度的安全」認爲互助的義務，他們讓疲於平定革命的俄人知道、他們希望和俄國對於中亞細亞有所諒解。英國新自由黨政府在一九〇六年一月所開始進行的談判，比較起來可以說是一帆風順地達到目的。

一九〇七年八月十八——三十一日的英俄條約，自一八九八年以來進行的諒解嘗試的最後結果，是具有世界歷史意義的大事。兩個人世以來爲英國政治重負的顧慮一下去了，印度的安全像是從此脫離一切的壓迫。協定的重心不在牠的「地方的」決議，不在波斯，阿富汗與西藏的利益劃分，而在牠對於政治大體的動的影響。雖然倫敦方面有意聲明條約的亞洲性質，事實的眞意義是在歐洲方面，在對德俄兩國的取捨。如果俄國人把「反英德協定的保證」認爲是他們的安全，英國人斷定「反德俄協定的保證」是他們實際的利益：最後的影響是德國的包圍，這是兩國共同合作進行的。英國外交對於這世界政治新視線的面罩很少揭開。可是已經在一九〇八年六月在雷瓦耳 Reval 給俄國人示意；如果德國造艦如此迅速進行，在七，八年的時間就會產生一種形勢，那時俄國沒有疑問地變成歐洲的仲裁者——因此希望俄國在海陸兩方面，盡量增强實力。

一九〇七到一九一四年的歐洲政治發展是在這列强新結合的變化形態下——這一點以至牠最後的實際效果爲衆所熟識。和我們這裏有關係的可以說帝國解除了俄國勁敵的顧慮，把德國的勢力在亞洲危機的觀點下來判斷，而把巴達鐵路認爲是將來印度的威脅。德國鐵路經營之不具此種本意，英國在大戰之前似乎亦應該承認吧。事實上關於這些問題在一九一四年六月五日，薩拉傑窩 Sarajevo 幾天之前的英德協定給了無可置辯的證舉，巴達鐵路本身並不蘊藏着不可救治的衝突材料。

更足以使人回想的，英俄在一九〇七年以爲已經永遠圓滿解決的中亞細亞地帶又引起一次嚴重的緊張。這是俄國波斯政策無限制的進佔（橫貫波斯的鐵路計劃，波斯北部的政治保護勢力）使英國輿論重新掀起「印度的安全」的舊顧慮；在薩拉傑窩之前不久格雷 Grey 由於內心的深刻不安，向俄國人要求，以他們無所顧忌的進佔，不要把整個協商起了動搖——在大戰前史中很少有這樣意義深重的事情未經受人注意的。對於俄國的波斯政策那就沒有旁的解釋，無非想以嚴重壓力使不列顛帝國不得不採取更進一步的聯盟團結的行動（海軍協定），使牠在最近世界大勢的趨向能緊靠在自己一邊。所以當薩拉傑窩驚人的事變驟然爆發的時候，俄國的策略也就立刻改變風向，俯首聽從。

七月七日柴桑諾夫 Sasonow 已向英國人表示不可思議的討好，向他們保證一切對印度的攻擊：意思是指，英國的政策的自由運用不必再有所顧慮，這對於戰爭態度的決定特別能發生影響。另一方面我們看到所有格雷的顧問在最後決定的時間眞的攷慮這個理由：如果「不是如此」俄國在亞洲的「可怕勢力」教誰去對付。國際政治問題的最後解釋還得這樣去追求，我們不能不把英國對戰爭的決定，除了其他所有動機之外——

列入帝國在亞洲生存利益的大關係上去。

印度在戰後的發展是站在一個少見的辯證上。 一方面帝國能把對外的「印度的安全」在西部亞洲造成從來所期望不到的「優勢」，另一方面印度在大戰中所盡的貢獻給了民族運動一個強烈的刺激；英國統治的外交條件一經和內政問題起了交互影響之後，全部安全問題就深刻化了；因為印度的蘊釀又和從阿富汗到埃及西部亞洲人民所遭遇的深刻動盪發生關係，這樣把舊的地位改換面目。 由於這個不能想見的暗中原因英國人就實行改造印度的憲法（一九三五年六月五日），他們政治技術上一個偉大具有卓識的嘗試，這也就肇開他們在印度實力地位的新時代。 可是在這個刹那，正當印度「對內的安全」有了遠大深刻的基礎時候，一個新的強國出現了，牠的行動直接影響到印度的「對外安全」並且因此不列顛帝國的亞洲實力地位起了無與比擬的動搖。

意大利的殖民政策自從一八九〇——一九〇〇年嘗試失敗以後，已經在一九一一——一三年由於的黎波里 Tripolis 戰爭得到非洲海岸的據點，這已經顯示着地中海新實力發展的可能性。 現在墨索里尼的意大利就要繼之以大規模有系統準備的戰爭，充分利用德意志帝國在列強中間失去地位以後的國際關係。 對着這樣遠大的企圖英國人在初先自然想暗中牽制；因為他們在阿比西尼亞戰事算到國聯的道德壓力與經濟制裁，兼之以他們在地中海集合的艦隊的有力影響。 可是他們的策略太像拿破崙第三的把戲，想在一八六六年的夏天，干涉精疲力盡的戰鬥雙方：這被不曾預期的軍事速戰速決所打破。 當幾十萬意大利人站在阿比西尼亞國土上，而墨索里尼正式宣布帝國政策的時候（一九三六年五月）國際政治的動態似乎遭遇着根本動搖的轉變。 新形勢影響所至，逼及蘇丹，埃及以至巴力斯坦與阿剌伯，真是直搗印度的巢穴，但亦由於新軍事工具的運用，包括歷史的地中海形勢直布羅陀——馬爾太——亞歷山大。 在這全線上印度的安全確是受驚不淺。

在危機的高度帝國政治家決定重整軍備。 中間可是從地中海中心向外顯現的緊張，終是深刻化，而在西班牙內亂又找到了一個實力試驗的鄰近舞台，由於這個關係遠東方面趁此歐洲列强對峙的時機，掀起大禍，如此印度的安全問題就指向一個空前的實力關係，這和帝國的生存密結不離。　這個國際局勢的發展與影響是沒有前例的——或許因爲預料任何武力解決，結果會引起全世界的滔天大禍，英國政治家就决計一面擴充軍備，同時走上和意大利談判的途徑。

國　民　經　濟　學

Volkswirtschaftslehre(一)

葛特路 (Friedrich v. Gottl-Ottlilienfeld) 著

江梁節譯

I

本文為報告德人今日對於經濟學的培植而作。財政學與經營經濟學二科，獨立已久，其成就另需報告，茲不贅述。

德國普通稱經濟學為 Nationalökonomie。今名為 Volkswirtschaftslehre 涵義甚深。以前卽常有德國學者，反對經濟學一般的見解，而認為國民經濟不僅為一概括的觀念，而是實際的東西，和國民（民族）一樣。具此精神，而後國民經濟學始有其特殊意義，今日德學界所爭者亦在此。但如以為各種科學的研究 1933 年後才起始，未免曲解歷史。今德人所力圖者，並非經濟學中的新東西，而簡直是一個新的經濟學！同時卽與今日仍自命為經濟學的「世界公論」及以前「支配」學說完全脫離。後者以李加圖(D. Ricardo) 為代表。外國反對者亦頗不乏人(二)。但德國對牠的攻擊，却是整個的，所努力者是一個新的經濟學的建樹，在穩定的基礎上。

這層與今日德國的時代環境有無關係呢？須先知道現在德國經濟政策對於經濟學理論所取態度如何。執政者是不欲過問理論的；那麼堅決拋棄的，究竟是什麼理論

(一) 譯自：Forschungen und Fortschritte 15. Jahrg. 1939, Nr. 31, S. 409—415.

(二) 舉例如美國法制學派 "Institutionalisten" 法國 François Simiand. 等著作。

呢？　很明顯地是「支配」學說。　不拘李加圖主義分多少學派，我們的經濟政策，對於理論的迷亂，却一概漠視之。

學者思想與實際生活爲什麼這樣難於符合呢？　二者之一必有錯誤的可能。　在這點上，正好我們與附和「世界公論」的其他國學者抱相反的見解。　他們嘗說：德國經濟學政策是錯誤的！　事實上未必如此。　舉例如1933年以前可怕失業的勝利解決。僅此一端，已難輕視。「支配」學說則解釋爲「軍需景氣」，但仍不能反證此經濟政策的「矛盾」；不過他們相信到某一時期，德國的政策必引起不可免的災禍！　我們欲解釋爲何持相反的見解，脫離以前通常的理論，不必自宇宙觀始，因爲一談到宇宙觀及生存空間的政治意義，外人誤會必多。　不如簡截的說，不拘他人如何意見，我們對於德國新的經濟政策都一致贊成。　一種政策自然不免有錯。　凡事有原則，即有例外。但由錯誤中尋求眞理，相信是可能的。　吾人今實行有年，竊以爲錯誤的未必是我們的經濟政策，倒也許是「支配」學說吧？

但外人不可認爲我們拋棄「他們的」經濟學，就是因爲他反對我們的經濟政策；所以然者，是完全從純粹科學的見地。　亦非僅因我們對於其內容不友善，而是因爲我們能折將其性質視爲科學的槪念加以推翻！

先不妨肯定兩事實：在德國今日經濟政策偉大印象之下，第一我們否認以前「支配」的理論，第二我們的專門研究已有了長足的進步。　試觀近五年來專門文獻的豐富，可以置信。　茲爲明了起見，略舉書名於後，作爲我們專門研究的成績例證看，事實上也無須詳細載其內容，要緊的是能將主題作一個淸晰的描寫。　主題即「爲新的經濟學而奮鬥！」，再詳言之，就是如何努力才將經濟學剛剛扶上科學的階梯！

II

今宇宙觀之更易既避而不必論，那麼德國思想完全易觀的動機，不外下述非常顯明的理由；即德國經濟政策之根本的轉變是。　言及此，關於新的經濟政策的著作，自然大可注意。　而最好莫若看負責當局自已的言論。　自本文所舉例中嘗可知其大概，而關於今日新的經濟政策之精神，目的及方法，亦可自關係方面獲得說明(三)。

因此政策之故，各界學者咸攻擊以前的「支配」學說，而擬從根本上樹立新的理論體系，以代替李加圖主義的。那麼或者先去解釋這計劃中的體系——內裏應與經濟政策和諧——之思想態度，而多少參以認識方法。那麼本質上，也就轉爲「政治」的科學(四)。或者逕行去充實一個這樣體系，而廢除「支配」學說(五)。

(三) I. 關於德國經濟思想的轉變參閱：

Otto Dietrich, Das Wirtschaftsdenken im Dritten Reich, 1936; Heinrich Hunke, Grundzüge der deutschen Volks-und Wehrwirtschaft, 1937; Bernhard Köhler, Das Recht auf Arbeit als Wirtschaftsprinzip, 1936.

II. 關於狹義的經濟政策參閱：

R. Brinkmann, Wirtschaftspolitik aus nationalsozialistischem Kraftquell, 1939; Werner Daitz, Weltanschauung und Wirtschaft, 1936; Walter Darré, Ziel und Weg der nationalsozialistischen Agrarpolitik, 1934; Otto Chr. Fischer, Nationale Weltwirtschaft, 1933; W. Funk, Grundsätze der deutschen Aussenhandelspolitik, 1938; Heinrich Hunke, Die neue Wirtschaftswerbung, 1938; Bernhard Köhler, Des Führers Wirtschaftspolitik, 1934; Robert Ley, Die Deutsche Arbeitsfront, ihr Werden und ihre Aufgaben, 1934; Carl Lüer, Vier Jahre nationalsozialistische Wirtschaftsführung im Rhein-Main-Gebiet, 1937; Albert Pietsch, Die Organisation der gewerblichen Wirtschaft, 1938; Fritz Reinhardt, Die Arbeitsschlacht der Reichsregierung, 1933; J. v. Ribbentrop, Vierjahresplan und Welthandel, 1937; Hjalmar Schacht, Nationalsozialistische Bankpolitik, 1934; L. Graf Schwerin von Krosigk, Fragen der gegenwärtigen Wirtschafts-und Finanzpolitik, 1938; Franz Seldte, Sozialpolitik im Dritten Reich 1933-1938, 1939; Josef Wagner, Gesunde Preispolitik, 1938.

(四)參閱：Josef Back, Ständische Gesellschaftsbildung, 1934; Heinrich Bechtel, Die Forderungen unserer Zeit an die Wirtschaftsgeschichte, 1938; Reinhold Bethke, Gesetz und Gestaltung. Über die Einheit und Grenze der Wirtschaftstheorie, 1935; Karl Bräuer, Die deutsche Wirtschaft und die deutsche Wirtschaftswissenschaft (i. D. Staatsbank), 1937; Heinz Brauweiler, Wirtschaftslehre als politische Wissenschaft, 1938; Erich Egner, Blüte und Verfall der Wirtschaft, eine Theorie der wirtschaftlichen Entwicklung, 1925; Ders., Möglichkeit und Aufgabe einer deutschen Volkswirtschaftslehre (i. Z. f. d. g. Stw.), 1937; Ders., Das Ringen um die Erneuerung der aussenwirtschaftlichen Theorie in Deutschland (i. Weltw. Arch.), 1938; Albert Hesse, Die Voraussetzungen der Volkswirtschaftslehre, 1938; Hans Kretschmar, Ökonomische Theorie, Nationalwirtschaft und Interventionismus (i. Weltw. Arch), 1933; Wilhelm Longert, Wandlungen der Wirtschaftswissenschaft (i. Deutschlands Erneuerung), 1935; Ottokar Lorenz, Um eine neue Wirtschaftswissenschaft, 1936; Klaus W. Rath, Macht und ökonomisches Gesetz, 1933; Ders., Um eine gesamtdeutsche Volkswirtschaftslehre (i. Z. f. D. Bildung), 1936; Ders., Geschichte und Wirtschaft, 1937; Paul F. Schröder, Staatsmacht und Eigengesetz der Wirtschaft (i. Finanzarchiv), 1939; Georg Weippert, Die Wirtschaftstheorie als politische Wissenschaft (i. Z. f. d. g. Stw.), 1937; Ders., Vom Werturteilsstreit zur politischen Theorie (i. Weltw. Arch.), 1938; Siegfried Wendt, Grenznutzentheorie oder Volkswirtschaftslehre (i. Finanzarchiv), 1935; Erwin Wiskemann, Die neue Wirtschaftswissenschaft, 1936.

故與這學說完全脫離關係，爲各種研究工作內裏一致的基礎，雖其所採的途徑也許同，甚至彼此有衝突的地方。但因爲這些研究都一致自德國今日的立場出發，所以國民（民族）與經濟的關係甚遂見顯著(六)。

今既拒絕以前經濟學慣用的理論，同時卽不得不自目前立場將經濟學的發展作一回顧；但方法不是「教義與歷史的」，而是「問題與歷史的」。所謂「古典派學者」對此却分別不清。反之却顯出經濟學的認識之眞正進步乃由於完全不同路線的成就，有的並曾經爲「支配」學說所阻礙的(七)。

與攻擊「支配」學說同時，經濟學研究却侵入了新的領域。其中兩個，名字已頗熟悉卽國土經濟與國防經濟是。二者與我們今日經濟政策的關係如何呢？簡言之，這種政策，爲其本身計，已實現了「政治至上」的原則。這就是說，整個國內經濟生活處於政治導領之下，亦卽受政治領導之意。經濟政策一面亦須負責將經濟生活與國土調整合宜，如拓植，生產，交通隔閡經濟區域的維繫，工業的部位及其他是。故經濟與國土的正確調整，遂成爲主要問題。政治的領導則想藉一個國土計劃，來實現他。經濟學的國土研究一科正好適此需要。在他的範圍內應設法解決國土經濟的一

(五)參閱：Hans Bernhard von Grünberg, Wirtschaft und Kultur. Elemente einer rassen-und willensgebundenen Wirtschaftslehre, 1937; H. Bräutigam, Wirtschaftssystem des NS, 3. A. 1937; Hans Merkel, Nationalsozialistische Wirtschaftsgestaltung, 1934; Fritz Nonnenbruch, Die dynamische Wirtschaft, 1936; Ernst Storm, Volkswirtschaftlicher Grundriss, 1937.

(六)參閱：Herbert Backe, Volk und Wirtschaft im nationalsozialistischen Deutschland, 1936; Herm. Curth, Volk und Wirtschaft, 1935; Herbert Kniesche, Das Volk in der Wirtschaft, 1937.

(七)參閱：Carl Brinckmann, Gustav Schmoller und die Volkswirtschaftslehre, 1937; Friedrich Bülow, Gustav Ruhland, ein deutscher Bauerndenker, 1936; Ders., Wilhelm Heinrich Riehl. Die Wissenschaft von Volk und Arbeit (i. Raumforschung und Raumordnung), 1938; Ottokar Lorenz, Karl Marx und der Kapitalismus, 1937; Theodor Pütz, Karl Knies als Vorbereiter einer politischen Volkswirtschaftstheorie (i. Schmoller's JB), 1936; Hans Jürgen Seraphim, Johann H. v. Thünen, der Wegbereiter einer agraren Markttheorie und wissenschaftlichen Agrarpolitik, 1933; Erwin Wiskemann u. Heinz Lütke, Der Weg der deutschen Volkswirtschaftslehre. Ihre Schöpfer und Gestalter im XIX. Jahrhundert, 1937; O. v. Zwiedineck-Südenhorst, Von den Grundlagen der sozialen Bewegungen und vom Schicksal der deutschen Nationalökonomie, 1938.

切問題(八)。

政治領導既統率國內經濟生活，則國民（民族）之自信爲不可少，那麼這點人類互助生活最簡單的道理是必需的；即自經濟方面來看，平時也必須計及戰爭的可能。 也只有「支配」學說才把「平時經濟」與「戰時經濟」根本分開，而將前者目爲健全的，常態的，後者則帶些病態的經濟。 但是要知道戰爭並非傾覆經濟於病時，與其如此，勿寧說戰爭爲一國經濟的健康之最大的試驗。 故國內經濟生活平時即須有應付戰時的準備，一面能夠應付戰事的突如發生，一面能夠應付近代作戰的艱鉅使命。 因此不當僅於戰時才談到國防經濟的問題(九)。

在其他方面，德國今日的經濟政策也引起不少活潑的研究，尤其以1936年四年計劃後爲最甚，在國民經濟合理化口號之下進行着，很明白地國防政策爲其主因(十)。

(八) 主要參考 Konrad Meyer 出版雜誌全德國土研究協會月刊，名"國土調整與國土研究"，此外附另有，'國土調整與國土研究叢刊'。已出版者尚有無數有關之各校的國土研究團體工作報告。復次參閱：
Heinrich Bechtel, Wirtschaftskunde und Raumforschung (i. D. Z. f. Wirtschaftskunde), 1936; Friedrich Bülow, Raumordnung, Raumforschung u. Wirtschaftswissenschaft. (i. Weltw. Arch.), 1938; Walter Christaller, Die ländliche Siedlungsweise im Deutschen Reich und ihre Beziehungen zur Gemeindeorganisation, 1937; Roman Heiligenthal, Struktur der Industriebezirke, 1938; Robert von Keller, Die Verlagerung der grossstädtischen Industrie, 1938; Konrad Meyer, Raumordnung als nationalsozialistische Aufgabe (i. Jb. d. nat.-soz. Wirtschaft), 1937; Ders., Geographie und Raumforschung, 1937; Martin Pfannschmidt, Die Industriesiedlung in Berlin und in der Mark Brandenburg, 1937; Carl Pirath, Verkehr und Landesplanung, 1938; Hans Weigmann, Politische Raumordnung, 1935; Eduard Willecke, Von der raumgebundenen menschlichen Arbeitskraft, 1936.

(九)參閱：Friedr. Burgdörfer, Volks-und Wehrkraft, Krieg und Rasse, 1936; Guido Fischer, Wehrwirtschaft. Grundlagen und Theorie, 1936; Karl W. Förster, Verkehrswirtschaft und Krieg, 1937; Kurt Hesse, Wehrwirtschaft als wissenschaftliche, militärische und wirtschaftliche Aufgabe (i. Kriegswirtsch. Jb.), 1936; Ders., Militärische u. wirtschaftliche Strategie (i. Der D. Volkswirt), 1937; Ernst Hoch, Wehrkraft der Wirtschaft, 1937; Walter Hoffmann, Die Bedeutung des Bergbaus in der Kriegswirtschaft (i. Wissen und Wehr), 1935; Horst Jecht, Kriegsfinanzen, 1938; Otto Korfes, Grundsätze der Wehrwirtschaftslehre, 1935; Charlotte Lorenz, Die Statistik in der Kriegswirtschaft, 1936; Oskar R. v. Niedermayer, Wehrpolitik, 1939; Hugo Richarz, Wehrhafte Wirtschaft, 1938; Justus Schmidt, Wirtschaftliche Mobilmachung, 1935; Eberhard Scherbening, Wirtschaftsorganisation im Kriege, 1938; Paul Wiel, Krieg und Wirtschaft, 1938.

(十) 主要參閱"四年計劃"雜誌的出版書籍，大約均爲負責當局所著，蓋所討論者皆爲日常經濟生活的切要問題，所以各論文也散見於其他雜誌，重要者如：Die Deutsche Volkswirtschaft Odal

復次，經濟學研究界更因德國今日經濟政策的兩大新的建樹而益形活潑，即勞働陣線（Arbeitsfront）與全德食糧業集團（Reichsnährstand）。全德食糧業集團不僅保障全民適宜的營養，並且保護維持國家命脈的基礎階級，農民。因此經濟學又一致提出了國內農業問題，並分科研究，自農業經營——包括田莊遺業——至農產品市場規則等(十一)。勞働陣線的組織，屏次嚴密，其努力目的即在實現德意志社會主義。此社會主義直接產生於時代轉變而漸漸做了吾人清楚的目標。所以問題已不僅是——照勞働陣線話說——經營問題，而是以一個行動互助團體——不拘在工業經營內或其他方面——成為全民合作團體的一個細胞，而為領袖與從屬間關係的維繫力。於是發生許多為以前「勞働者問題」所沒有的問題。現在這些問題全成為勞働政策的內容，包括勞働配備及工資調整等。這些與其他都有連帶關係，因為我們今日的經濟政策，就其內在本質言，不僅與國土及國防經濟一致，即與社會政策亦然(十二)。

我們的經濟政策既遠於不合情理之放任的自由貿易，亦復不近於通常所說以及「支

(十一)參閱：Hermann Bente, Bauerntum und Landwirtschaft, 1937; Hermann Ertel, Die Grundlagen der deutschen Volksernährung, 1938; Ludwig Häberlein, Das Verhältnis von Staat und Wirtschaft mit bes. Hervorhebung der Selbstverwaltung des Reichsnährstandes und landw. Marktordnung, 1938; Hans Kretschmar, Deutsche Agrarprogramme der Nachkriegszeit, 1933; Oswald Lehnich, Das Problem der Marktordnung in der nationalsozialistischen Wirtschaft (i. d. Z. d. Wirtschaftskammer Hessen), 1936; Hans Merkel, Der Reichsnährstand und die Marktordnung, 1936; Willy Meinhold, Grundlagen der landw. Marktordnung, 1937; Josef Müller, Die biologische Lage des deutschen Bauerntums, 1938; H. Reischle, Die Technik der Wirtschaftslenkung durch den Reichsnährstand, 1937; Hans-Jürgen Seraphim, Agrarkrisis und Siedlung in Mecklenburg und Pommern, 1933; Ders., Bauernschicksal in Mecklenburg, 1935; Ders., Deutsche Bauernpolitik, 1936; Ders., Die Neuschaffung von Bauerntum durch die Erzeugungsschlacht der deutschen Landwirtschaft (in Z. f. d. g. Stw.), 1938.

(十二)主要參考勞働陣線內附設勞働學會出版的刊物及其他勞働陣線範圍內的各組織脫的出版物復次參閱：
Gerhard Bremer, Wandlungen in Ideengehalt und Zielsetzung der deutschen Sozialpolitik, 1937; Will Decker, Der deutsche Arbeitsdienst, 1937; Engel-Eckart, Die Sozialversicherung im Dritten Reich, 1937; Johannes Gerhardt, Deutsche Arbeits-und Sozialpolitik, 1938; Rich. Steinle, D. Treuhändler der Arbeit, 1937; Kurt Jeserich, D. Bekämpfung d. Arbeitslosigkeit dch. d. Gemeinden, 1936; Gerhard Isenberg, Gedanken zur Lenkung des Arbeitseinsatzes (i. Raumforschung und Raumordnung), 1936; Hugo Jury, Deutsche Sozialpolitik in Österreich (i. Soz. Praxis,), 1938; Ernst Schuster, Sozialpolitik und Wirtschaftspolitik (i. Monatsh. f. nat.-soz. Soz.-Pol.), 1937; Waldemar Zimmermann, Arbeiterfreiheit und Urlaub (i. Jb. f. Nat.-Ökon. u. Stat.), 1936.

配丁學說所論的自足經濟(Autarkie)，後者是完全不贊同對外國交易的。 今既與二者不同，其政治領導係有目的地統率經濟的對外交易，那麼便不能不順從地理經濟的位置的信條，所以才有東歐問題及困難多端的殖民地問題的研究(十三)。

今日之經濟政策既根本振動了德國經濟生活，所以無論任何方面皆不少改革，因而遂有許多新的問題。 財政學及經營經濟範圍內的姑仍不論，他如貨幣及金融，信用及銀行，卡特兒及合作社，市區經濟，國外貿易等，並今日新意義下的經濟自足運動，莫不皆然(十四)。 同時統計方面，時代轉變也給了他研究上一大推動。 他不僅在其狹隘

(十三) 參閱: Otto Auhagen, Die Bilanz des ersten Fünfjahresplans der Sowjetwirtschaft, 1935; Reinhold Brenneisen, Lettland, Das Werden und Wesen einer neuen Volkswirtschaft 1936; Erich Dittrich, Die Slowakei, Staatsgestaltung und Wirtschaftsformung (i. Z. f. Geopolitik), 1936; Hermann Gross, Südosteuropa, Bau und Entwicklung der Wirtschaft, 1937; Hans Bernhard v. Grünberg, Der Aufbau des deutschen Ostens (i. Raumforschung und Raumordnung), 1937; Ders., Das neue Ostpreussen, 1938; Theodor Hoppe, Wirtschaftsstruktur und Wirtschaftsentwicklung von Deutsch-Südwestafrika, 1936; Rudolf Karlowa, Die wirtschafliche Seite des deutschen Kolonialproblems, 1938; Theodor Oberländer, Die agrarische Übervölkerung Polens, 1938; Rob. Schweitzer, Das Experiment der Industrieplanung in der Sowjetunion, 1934; Peter Heinz Seraphim, Die Osthäfen und der Ostverkehr, 1937; Ders., Die Handelspolitik Polens, 1938; Hans Hummel, Südosteuropa und das Erbe der Donaumonarchie, 1937; Hellmut Wollenweber, Siedlungstempo und Siedlungserfolg, Ergebnis einer Studienreise durch Lettland, 1933; Erwin Wiskemann, Mitteleuropa, eine deutsche Aufgabe, 1933; Karl C. Thalheim, Die Wirtschaftsstruktur des Grenz-und Auslandsdeutschtums (i. D. Z. f. Wirtschaftskunde), 1936.

(十四) 參閱: Hermann Bente, Gestaltung und Gestaltwandel der Volkswirtschaft (i. Z. f. d. g. Stw), 1934/35; Rudolf Brinkmann, Aussenhandel und Handelspolitik (i. D. Vierjahresplan), 1938; Harald Fick, Voraussagen und Entwicklung der Devisenmarktregulierung (i. Z. f. d. g. Stw.), 1937; Bernhard Harms, Nationalwirtschaft und Weltwirtschaft, 1935; Horst Jecht, Konjunkturschwankungen und Weltwirtschaftskrise, 1934; Kurt Jeserich, Die deutschen Landkreise, 1937; Robert von Keller, Die Verlagerung der grossstädtischen Industrie, 1938; Bruno Kiesewetter, Kartell, Marktordnung, Recht und Verbrauch (i. D. d. Volkswirtschaft) 1936; Eduard Lukas, Aufgaben des Geldes, 1937; Heinz Müllensiefen, Kartellaufsicht und Wirtschaftsgesinnung (i. Braune Wirtsch.-Post), 1938; Albert von Mühlenfels, Zur Kritik der Freigeldwährung, 1933; Karl Muhs, Deutschland und die nächste Weltwirtschaftskrise, 1938; Max Muss, Die Struktur der modernen Wirtschaft, 1935; Robert Nöll v. d. Nahmer, Der volkswirtschaftliche Kreditfonds, 1934; Ders., Probleme und Voraussetzungen einer internationalen Währungsstabilisierung, 1938; H. von Oberwurzer, Das Baugewerbe in einem neuen Kampfabschnitt (i. D. Wohnungsarchiv.), 1938; Arnold Pöschl, Produktive Kreditschöpfung, 1938; Andreas Predöhl, Weltwirtschaft vom völkischen Standpunkt, 1937; Theodor Pütz, Das Bild des Unternehmers in der Nationalökonomie, 1935; Ders., Die deutsche Aussenwirtschaft im Engpass der Jahre 1933 bis 1937, 1938; Alfred Ringer, Handel und Aussenhandel 1933; Heinrich Rittershausen, Lage und Gesundheitsmöglichkeiten der Hypothekenbanken, 1934; Paul Schulz-Kiesow, Die Verflechtung von See-und Binnenschiffahrt, 1938; Rudolf Stucken, Deutsche

的研究工作範圍內，觀查國民生活的事實，而今日也正在努力研究與經濟學交錯着的諸問題(十五)。 至於研究的本身亦因經濟政策而有活潑的發展，如研究處所及團體的設立即係確定研究上之組織的後援(十六)

新的問題雖日漸加多，但德國專科文獻仍能保持其舊日的榮譽，蓋均由於特別注意實驗的原故，此即「事實研究」，亦即現在或過去的經濟生活之純科學的嚴格描述，亦即所謂經濟知識與經濟史。 昔日德國歷史派轉向實驗後，始爲經濟學爭得榮譽而使之成爲所有民族與時代的經濟生活之實驗科學(十七)。 於此已有不少新的貢獻。 譬如由於

Geld-und Kreditpolitik, 1937; J. Stoye, D. geschlossene deutsche Volkswirtschaft, 2. A. 1937; Ernst Wagemann, Wirtschaftspolitische Strategie, 1937; Emil Wehrle, Deutsches Genossenschaftswesen, 1937; Hans Weigmann, Grundzüge einer Theorie der staatlichen Wirtschaftspolitik (i. Z. f. d. g. Stw.), 1935; Siegfried Wendt, Grenzen des zwischenstaatlichen Kreditverkehrs, 1937; Kurt Wiedenfeld, Die Eisenbahnen im Wirtschaftsleben, 1938; Cornelius Witt, Handel und Kaufmann in der gelenkten Wirtschaft, 1938; Erwin Wiskemann, Wirtschaftsgesch. von 1800 bis 1933, 1933.

(十五) Friedrich Burgdörfer, Sterben die weissen Völker?, 1934; Ders., Völker am Abgrund, 1936; Ders., Bevölkerungsbewegung im Dritten Reich, Tatsachen und Kritik, 1938; Paul Flaskämper u. Adolf Blind, Beiträge zur deutschen Statistik, 1936; Charlotte Lorenz, Verbrauch und Einkommen in der Steuerwirtschaft, 1937; Dieselbe, Die Statistik im Forschungsbereich der Theorie (i. Allg. Stat. Arch.) 1938; Rudolf Meerwarth, Von dem Nutzen und den Grenzen der Statistik, 1934; Peter Quante, Die Fortschritte der Bodenbewirtschaftungsstatistik seit 1933 (i. Weltw.-Arch.), 1938; Friedrich Zahn, Zwei Jahre nationalstatistischer Staatsführung (i. Z. d. bayr. Stat. Landesamts), 1936. 可注意的尚有勞働陣線附設勞働學會的經濟統計工作報告及景氣研究會的出版物。後者對於按照四年計劃政治領導下經濟生活的各種統計報告至爲詳細，可供參考。

(十六) 在上述各研究機關之外尚有不少大學附設的東歐學會及其他。舉例如哥隆大學的德意志社會主義學會。又關於大學濟學方面授課的改革可參考：
Karl August Eckhardt, Das Studium der Wirtschaftswissenschaft, 1935; (mit Referaten von Prof. Dr. Erwin Wiskemann und von mir). Vgl. auch den von Alfred Ringer herausgegebenen Sammelband: Der Beruf des Volkswirts, 1938.

(十七) 參閱：Wilh. Abel, Agrarkrisen und Agrarkonjunktur in Mitteleuropa vom 13. bis 19. Jahrhundert, 1935; Clemens Bauer, Unternehmung und Unternehmungsformen im Spätmittelalter und der beginnenden Neuzeit, 1933; Paul Berkenkopf, Sibirien als Zukunftsland der Industrie, 1935; Carl Brinkmann, Die Bedeutung der Allmenden im neuen Deutschland, 1935; Julius Frost, Die ländliche Siedlung in Bayern 1919 bis 1931, 1933; Rudolf Heberle und Fritz Meyer, Die Grosstädte im Strom der Binnenwanderung, 1937; Walter Hoffman, Ein Index der industriellen Produktion für Grossbritannien seit dem 18. Jahrhundert (i. Weltw.-Arch.), 1935; Ernst Keller, Geschichte der obrigkeitlichen Preisregelung, 1935; Bruno Kuske, Die wirtschaftliche und soziale Verflechtung zwischen Deutschland und den Niederlanden bis zum 18. Jahrhundert, 1937; Gerhard Mackenroth, Die Wirtschaftsverflechtung des britischen Weltreichs, 1935; Friedrich Lütge, Die Agrarverfassung des frühen Mittelalters im mitteldeutschen Raum, 1937; A. F. Napp-Zinn, Binnenschiffahrtspolitik der Niederlande, 1938; Werner Schlote, Entwicklung und Struk-

政治上的興趣，對於有類似的革命性經濟，如法西斯意大利，當然也加以研究(十八)。

統觀五年來經濟學文獻出版之多，殊可驚人。推究其因，也不外爲經濟政策的推動與「支配」學說的脫離。自然在德國仍然有人繼續研究「支配」學說，其工作諒亦爲附和經濟學「世界公論」的外人所深悉，茲不贅述。

III

我們於報告中還要補充幾句重要的話，否則會有兩種不良的誤會發生。第一看來好像我們所以要作出一個新的經濟科學，就是因爲要使他與今日的經濟政策同一步趨。事實上彷彿有點勉強，但絕非僅勉强一端所可如此。跟着又有第二誤會，即將此新的科學作爲近五年來的「臨時作品」來看。事實上亦並不如此！

不拘樹立一個新的理論體系或者多少用認識方法的思維來充實其基礎，假如這兩個趨勢，恰好其動機事實上是出於今日經濟政策，那麼當然不能不說他們是受時代影響而跡近「臨時作品」。設若這種關於根本做起的改革，在今日這些成就之前，老早就有同趨向的精神運動在進行中的話，其意義更重。此種運動及其所附帶的，早見於德國經濟文獻(十九)。不過近四十年來始非常擴張，而能眞正地繼續昔日經濟思想大家的未

---

turwandlungen des englischen Aussenhandels von 1700 bis zur Gegenwart, 1938; Günter Schmölders, Die Konjunkturpolitik der Vereinigten Staaten, 1934; Ernst Schulze, Japan als Weltindustriemacht, 1935; Hans J. v. Schumann, Standortsänderungen der Industrie Grossbritanniens seit dem Weltkrieg, 1936; Walter Weddigen, Die thüringische Heimarbeit in der Wirtschaftskrise, 1937; hinzuweisen ist auch auf die Beihefte zur Vierteljahrschrift für Sozial-und Wirtschaftsgeschichte und auf die von Hermann Schumacher herausgegebene Schriftenreihe: Wandlungen in der Weltwirtschaft. Wirtschaftsgeschichtliche Arbeiten mit stark theoretischem Einschlag sind: Bernhard Laum, Die geschlossene Wirtschaft. Soziologische Grundlegung des Autarkieproblems, 1933, und Walter Täuber, Geld und Kredit im Mittelalter, 1933.

(十八) 參閱：Erwin v. Beckerath, Die Idee der korporativen Wirtschaft(i.D.faschistische Wirtsch.). 1934; Waldemar Koch, Politik und Wirtschaft im Denken der faschistischen Führer (Schmollers Jb.), 1933; Ders., Die Staatswirtschaft des Faschismus, 1935; Horst Wagenführ, Mussolini, der Faschismus, das faschistische Manifest, 1933; Ders., Korporative Wirtschaft in Italien, 1935; Albert Wissler, Binnenmarkt und Aussenwirtschaft im Neuaufbau der faschistischen Wirtschaft (i. Vjh. z. Wirtsch.-Forschung), 1933.

(十九) 參閱拙著各書（自1897年畢業論文起）目錄見下列二書附錄：
Wirtschaftspolitik und Theorie (Berlin 1939, Juncker u. Dünnhaupt-Verlag) und Theorie blickt in die Zeit (Jena 1939, Verlag Gustav Fischer).

究工作。所以這種精神運動的飛躍，並非自今日德國時代變遷的偉大印像始。自最初——以後不斷增大——即由於純粹科學的理由堅決地向「支配」學說攻擊，想用嚴格科學的立場來戰勝他。於是才產生重要的結果來！

此種經濟生活的科學雖仍在形成期，但已可肯定：經濟學的理論，儘可完全依照科學的嚴格去做，而因此這個理論與我們今日德國經濟政策竟達到和諧(二十)。這究竟是怎回事呢？上述今日德國研究工作是在尋求一個經濟科學，能與德國今日經濟政策在精神上同一步驟的；而這個精神運動却保證所尋求的，一定從嚴格科學的立場來尋求！

外人既尊尚經濟學的「世界公論」，他們只看到局部，對於那種精神運動，自然不注意。即在德國內一直到1933年以前也默默無聞(二十一)。不過此精神運動非僅發端於1933年以後，原來繼續德國舊日傳統思想對於「世界公論」的奮鬥，已四十餘年，現在不過改換面目吧了。他不僅單純地對於「支配」學說及其經濟政策的內容，加以批評，其用意甚深，試比較論之。

試思數學及自然科學之類的科學，所以有今日的高度成熟，原因何在？在這類學問裏，研究理論不脫實際，久已在各科理論下奠定了一個深邃的研究——基礎研究。

所謂基礎研究不可與方法學相混，如密勒（J. S. Mill）之分別演繹法和歸納法。方法學的成熟是科學研究工作的單純的自身觀查之結果。他僅討論研究的與教學的思想之工具問題，而為之改善。但假如遇到更高深的，那麼方法學本身就成了一個附庸的東西，附於科學工作的更深刻認識，亦即附於基礎研究的結果。

基礎研究的動機，並非由於科學研究的自身觀查，乃由於其自身的覺悟。對此沒有任何哲學的科學理論可以補充。學者必須於其研究自始保持沉思的態度，還要實行嚴厲的自身批判，去懷疑自身的認識，如果怕仍踏以前經濟學方法覆轍的話(二十二)。

(二十) 參閱上拙著二書。
(二十一) 意大利皮薩大學協作經濟學會雜誌對於目前德國曾有專冊論述，日本亦有不少青年教授自同一立場努力研究舉例如：福井，金子，小宮，宮田，大熊，坂枝，八木等。
(二十二) 見拙著：Das Problem der wirtschaftlichen Werte.
Wirtschaftspolitik und Theorie, 1939.

這個基礎研究怎樣做呢？　我們仍不妨看一下成熟的科學。　數學及自然科學皆做基礎研究，其結果如何？　抬高科學思想遠出科學以前思想，亦卽日常思想之上。　後者亦未嘗不計大小，量數，也知道空間，位置及環境；卽日常之中，外界的事物也有秩序，有名稱，有關於自然界的思想。　但這不過是最初僅有的知識，由那些學科才把他們做成科學的認識而抬高，這是由於一個完全不同之研究的思想態度。　如此才能夠對於生活實驗有大貢獻。

所以應有的基礎研究才在經濟學中產生一個新的思想態度，但也因有兩種成功，才上了軌道：一方面基礎研究深入於生活的實際，這正是我們在經濟學要去做的；另一方面，研究的自身覺悟也走向我們所要做的一條路上去。　二者結合，於是理論的思維才尋着生活的實際。　所要了解的經濟本身，也就是原來的實際狀態，而不是像「支配」學說所描寫的，一個另有本身法則的世界，與民族及國家無關的東西。　同時自實際的經濟中也從事於接近生活的理論。

這種有益經濟學的基礎研究雖已有成績，但總是急迫中做起來的。　所有眞實的科學都相信這句話：古今至善未臻，仍須學者努力！　今所做成的已有接近生活的經濟理論之下層基礎。　有此「經濟生活的原理」，經濟學遂有新發展，而爲以前想像所不及。　因此經濟學的新思想態度今日已大有助於各分科——自國土經濟及國防經濟的研究範圍以至實驗皆是。　因爲所需要的不是可以多少應用的理論，如從前一般所誤會的，而是使科學認識的唯一途徑上軌道，然後才能入於經濟生活的實際(二十三)。

至於經濟學理論的擴充，自然還有許多工作要做——也許足够幾代學者忙的！　此基礎研究已給了他們以明確的途徑，換言之，卽已經有了科學之正規的計劃。　本此精神才能構成科學。　自然科學卽如是，中間經過了很長時間，才由通俗的自然學說及自然哲學的迷霧中完全成熟爲近代的自然科學。　基礎研究的用意卽先做一種紮實的預備工作，俾經濟學理論才能够完全按照科學的嚴格去研究。　「支配」學說與此相反，竟

(二十三) 拙著關於經濟生活原理的論文散見各書，已加以整理，編成小册出版，卽 Reclam 萬有文庫 7228 號，書名： Wesen und Grundbegriffe der Wirtschaft, 1933; 下書亦宜一讀： Otto Stein, Einführung in die Grundlehre vom Wirtschaftsleben, 1938.

不顧此！

「支配」學說原來無異爲一種經濟政策之理論的護符。「經濟自由」之說倡自英倫，當時原係爲英國的利益計，傳於世界。經亞當斯密的大作的倡導，歷時一代之久。其精神遂貫注於後來的經濟思想，一如斯密所倡之經濟政策的教條；旋經李加圖裁成一嚴格的體系，而其思想態度遂爲後來「支配」學說所崇奉。中間又經過若干變遷，直到今日的所謂「純理論」。

這些學說的理論根據什麼？他們並非由于實際的經濟生活，亦非出於所謂「正統學派」當時的生活。那些定理原係自想像的經濟生活演繹而出，換言之，即按照經濟自由主義的理想經濟生活應當如何。但是連此想像的經濟生活「支配」學說仍只見其一部，目光所及，不過「資本主義的」想像經濟之市場關係而已。各國民（民族）的經濟生活中自由主義愈不通行，那麼「支配」學說距離實際愈遠。但是這些不合生活的理論却不顧一切地擴充起來，其實不過純粹爲了自己——正所謂「爲藝術而藝術」啊！

狠明顯地如果一種學問未脫離幼稚時期，便不易求其作基礎研究。而「支配」學說，亦即李加圖主義，便是經濟學不能做紮實預備工作的罪人，所以經濟學始終不能脫離通俗的知識範圍以外。反之他們後來却採取一條不幸的新途徑，以提高其「科學化」的程度，而因此更耽誤了各種基礎研究。從「邊際效用」起，經濟學說便陷於「原則錯誤」，以其盲目地企圖理論原則「數學化」的原故（二十四）。

但「支配」學說雖有無數錯誤及缺點，並不是說他的內容全部荒謬而當拋棄。近百年來的熱誠努力，確實已經將經濟生活的各種關係闡明不少。在小心審查及修正下這些將來當然可以利用，並且不應遺失的。

但是德國經濟學抱鬥奮的態度是由於正在活潑地建設一個眞正的經濟科學，此固有臨時的推動成份在內，但由來亦久。這個科學雖僅在形成期間，已能與今日德國經濟

（二十四）參閱：Otto Stein, Menge und Grösse in der Wirtschaft, Grundlagen zur Kritik an der mathematisierenden Wirtschaftstheorie, 1936.

政策的內容若合符節了(二十五)。他將來自已愈成熟爲科學，那麼他對於生活的實際貢獻亦愈多，直到更高的實際，而與經濟政策合爲一體。總之形成中的科學也實踐了所有科學的最後眞義：尋求眞理，服務人生！

(二十五) 參閱：Arno Winter, Kritik in der Nationalökonomie. Gibt es eine verbindliche Beurteilung nationalökonomischer Theorien und Theoreme?, 1936.

此外具新思想立場者尚有：

Fritz Wegener, Das Arbeitsschicksal, 1934; ferner aus dem Sammelband "Gegenwartsfragen der Wirtschaftswissenschaft", 1939; Heinz Lütke, Weltanschauung, Wirtschaft, Wirtschaftswissenschaft; Otto Stein, Staat und Wirtschaft. Entwurf der Fragestellung auf gebildtheoretischer Grundlage; Fritz Wegener, Die Stadt als soziales Gebilde; Arno Winter, Das Rationalisierungsproblem vom volkswirtschaftlichen Standpunkt; u. a. m.

一九三三至一九三八年德國古生物學研究

Die Deutsche Paläontologie 1933–1938(一)

鮑爾倫(Karl Beurlen)著

金舞侯編譯

古生物學之發端，係專爲輔佐地質學之研究，其功用爲如何採集化石材料，如何保存其完整，以及記錄之，由研究古生物問題及其演進與比較解剖，故其對於生物學方面亦大有關係。

古生物學與地質學之關係，在德國較其他國家實爲密切，無可諱言，因德國古生物學家，深爲瞭然研究科學之主要，在實際採集材料，而不徇空談其理論。是以彼等研究古生物學之勢力範圍，較世界上任何國家爲大。譬如以『古生物足印學』研究而論，德國古生物學界，對該學識之甚詳，因其與地質學關係之密切，不但可知古代之生物，並可知其在地質上之層次與其成因等等，此古生物學上之新枝——古生物足印學——現今在德國已樹立最好之基礎與發展。(二)

除上所例。另有古生物學之新枝，居於地質與古生物兩學界限之間，厥爲所謂『生物氣象學』(Biostratonomie)，此學說之首創者爲魏哥爾 (J. Weigelt)，乃根據觀察現代地上相 (Facies)之變遷，及處身於沖積物中之不同生物，成一定則，而推想應用於古生

(一) 本篇原文見：Forschungen und Fortschritte 15. Jahrg. 1939, Nr. 25, S. 309-312

(二) W. Soergel, Die Fährten der Chirotherien (Jena 1925)—O. Abel, Vorzeitliche Lebensspuren (Jena 1935) — F. v. Huene, Zur Bestimmung von Fussspuren der Protorosauriden und Rhynchosauriden (Zentralbl. f. Min. usw. 1938. Abt. B.) — M. Schwarzbach, Tierfährten aus eiszeitlichen Bändertonen (Z. f. Geschiebeforschung Bd. 14, 1938) — G. Götzinger und H. Becker, Neue Fährtenstudien im ostalpinen Flysch (Senckenbergiana Bd. 16, 1934).

物之發見。(三) 由於地質學之知識，不但可知蓋斯道(Geiseltal).地方產煤之眞實自然狀態，以作有系統之發掘，且解決以前不可解決之情況，實可爲空前之收獲。(四) 自該產煤區內所掘得之特別完整動植物羣，其原因有二，(1)由於確切明瞭『生物學』之現像，(2)因用福特 (E. Voigt) 氏之漆皮法，加固掘獲物體質之堅度，因之而得保存完好。(五) 故哈勒 (Halle) 城外之發掘，工作誠懇，而未耗多金，予古生物學上闢一新世界，由該發掘，不僅獲得豐富舊第三紀時代之靈長類——最重要者爲狐猴(Ceciliolemur)與古貘 (Lophiodontiden)——與其他哺乳動物，已詳審研究發表外，並且由於發見 (1)鰐魚遺骸，因而增廣吾人對於舊第三紀之知識；(2)保存完好之昆蟲類遺體；(3)豐富之植物羣化石；各點推斷，可較以前詳明當舊第三紀時代氣候之下，煤之成因及其步驟。(六) 其最要者，惟用此發掘新方法，尤得了解動物骨骼以外之軟體部份與其內臟，

(三) Joh. Weigelt, Die Flachmeersäume und die Gesetzmässigkeiten ihres geologischen Baues (Z. d. Dtsch. Geol. Ges. Bd. 72, 1920) — Rezente Wirbeltierleichen und ihre paläontologische Bedeutung (Leipzig 1927) — W. Laatsch, Die Biostratonomie der Ganoidfische des Kupferschiefers (Paläobiologica Bd. 4, 1931).

(四) Joh. Weigelt, Über ein Leichenfeld in der Mittelkohle der Braunkohlengrube Cecilie im Geiseltal (Paläobiologica Bd. 4, 1931) — Die Biostratonomie der 1932 auf der Grube Cecilie ausgegrabenen Leichenfelder (Nova Acta Leopoldina N.F. Bd. 1, 1933) — Die Geiseltalgrabungen des Jahres 1933 usw. (ebda. N.F. Bd. 1, 1934).

(五) E. Voigt, Die Lackfilmmethode, ihre Bedeutung und Anwendung in der Paläontologie, Sedimentpetrographie und Bodenkunde (Z. d. Dtsch. Geol. Ges. Bd. 88, 1936).

(六) Fl. Heller, Lophiodon munieri Filh. aus der eocänen Braunkohle des Geiseltals (Leopoldina 1931) — Amphilemur eocaenicus n. g. etn. sp., ein primitver Primate aus dem Mitteleocän des Geiseltales bei Halle a. S. (ebda.) — Fledermäuse aus der eocänen Braunkohle des Geiseltales bei Halle a. S. (ebda. N.F. Bd. 2, 1935) — Neue Beuteltierreste aus der mitteleocänen Braunkohle (ebda. Bd. 4). — J. Weigelt, Neue Primaten aus der mitteleocänen (oberlutetischen) Braunkohle des Geiseltales (Nova Acta Leopoldina N. F. Bd. 1, 1933) — Lophiodon in der oberen Kohle des Geiseltals. Ein biostratonomischer Bericht über die Grabungen in den Jahren 1934 und 1935 (ebda. N.F. Bd. 3, 1935) — K. Hummel, Schildkröten aus der mitteleocänen Braunkohle (Nova Acta Leopoldina N. F. Bd. 2, 1935) — O. Kuhn, Die Crocodilier aus dem mittleren Eocän usw. (ebda. N.F. Bd. 6, 1938) — W. Herre, Die eocäne Molchfauna des Geiseltals (Die Naturwissenschaften 1935) — E. Voigt, Die Fische aus der mitteleocänen Braunkohle des Geiseltales (Nova Acta Leopoldina N.F. Bd. 2, 1934) — A. Pongracz, Die eocäne Insektenfauna des Geiseltals (ebda. N. F. Bd. 2, 1935) — E. Voigt, Ein fossiler Saitenwurm (Gordius tenuifibr. n. sp.) usw. (ebda. N.F. Bd. 5, 1938) — El. Hoffmann, Epidermisreste und Blattabdrücke aus den Braunkohlenlagern des Geiseltals (ebda. N.F. Bd. 1, 1932).

（此類研究，古生物學中，從來置之而不注意(七)），雖所掘獲者，大半難得完整，然發見漸多，則完整之標本，究竟可有希望獲得也（卽蓋斯道 Geiseltal 所發見之化石，以前亦不完整），因之，此開掘新方法，實成補足古生物學上缺點之途徑矣。

類似之發掘，有如以下所例：

第三紀上期煤層，在烏穆 (A. Wurm) 領袖之下，有菲浩森 (Viehhausen) 者，在瑞根斯堡 (Regensburg) 地方之發掘。其成績雖不如蓋斯道 (Geiseltal) 地方所得之偉大，而所貢獻者，亦復不少。(八)

富瑞真 (K. Frentzen) 在德國南部侏羅紀下層之發掘，得使菊石 (Ammonite) 及其他化石之知識大增，並將迄今仍未發見之(Isopoden)遺跡，亦由是明瞭。(九)

在曼兹(Mainz) 中新世 (Miocene) 地層中，經史密根 (O. Schmidtgen) 發見富含化石之地帶，並已完美發掘。(一〇)

因狄木 (R. Dehm) 德國南部中區地方的侏羅山中(Schwäbischfränkischer Jura)之

(七) E. Voigt, Die Erhaltung von Epithelzellen mit Zellkernen usw. (Nova Acta Leopoldina N. F. Bd. 3, 1935) — Weichteile an Säugetieren usw. und Über das Haarkleid einiger Säugetiere usw. (ebda. N.F. Bd. 4, 1936) — Weichteile an Fischen, Amphibien und Reptilien usw. (ebda. N.F. Bd. 5, 1937) — Weichteile an fossilen Insekten (ebda. N. F. Bd. 6, 1938) — J. Mrugowski, Über fossile Bakterien aus dem Mitteleocän usw. (ebda. N.F. Bd. 3, 1935)

(八) I. Wappenschmitt, Zur Geologie der Oberpfälzer Braunkohle (Abh. geol. Landesuntersuch. Bayer. Oberbergamt, H. 25, 1936) — I. Seemann, Die Insektenfresser, Fledermäuse und Nager der obermiozänen Braunkohle von Viehhausen bei Regensburg (Paläontographica Bd. 89A, 1938) — E. Fuchs, Die Schildkrötenreste aus dem Oberpfälzer Braunkohlentertiär (Paläontographica Bd. 89A, 1938).

(九) K. Frentzen, Der Lias Delta (Amaltheen-Sch.) im Gebiete zwischen Aselfingen und Aalen (Sitz.-Ber. Heidelberger Akad. Wiss. Mathem.-Naturw. Kl. 1934) — Zur Kenntnis der Ammonitengattung Onychoceras Wunstorf (Z. Dtsch. Geolog. Ges. Bd. 88, 1936) — Ontogenie, Phylogenie und Systematik der Amaltheen des Lias Delta Südwestdeutschlands (Abh. Heidelb. Akad. Wiss. Mathem.-Naturw. Kl. 23, Abh. 1937) — K. Frentzen, Neue Funde von Isopoden im Lias Südwestdeutschlands usw. (Beitr. naturkundl. Forsch. in Südwestdeutschland Bd. 2, 1937) — E. Reiff, Isopoden aus dem Lias Delta (Amaltheenschichten) Schwabens (Paläontol. Zs. Bd. 18, 1336)

(一〇) O. Schmidtgen, Die Fundstelle von Pflanzen und Insekten in den Hydrobienkalken am Petersberg bei Mainz-Kastel. — R. Kräusel, Die tertiäre Flora der Hydrobienkalke von Mainz-Kastel. — Fr. Zenner, Die Insektenfauna des Mainzer Hydrobienkalkes (Paläont. Zs. Bd. 20, 1938).

發掘，其結果對南德第三紀哺乳動物化石之知識，予吾人以甚大之貢獻。(一一)

當德國修築汽車公路時，有賀夫 (B. Hauff) 其人者，在侏羅紀上部地層中，覓得完整稀有之菊石化石，雖尚未詳爲研究完畢，但對於菊石類之知識，大有增加的希望，可斷言也。　其結論不久當可發表。

與以上相似之例甚多，不勝一一枚舉，其大致不過可予吾人以特殊之現像，——德國古生物學家知之而行，有系統，努力不懈的古生物材料收集之研究——即已闢成一未來的古生物研究上之新途徑，總之，在近五十年中，因齊特爾(K. A. v. Zittel) 之努力所得成績，對於古生物學研究之範圍，實隨之寬廣矣。(一二)

過去五十年間，古生物學家，均依齊特爾著之『古生物學參考書』(Handbuch der Paläontologie) 一書進行研究，奉爲圭臬。　然處於今日無數新標本及著述之下，古生物學家較昔日大增，星羅棋佈於世界各國，而其發表之著作又有多種不同之文字，且日趨繁增，學者若仍依五十年前之情形，無論研究任何一類之生物，而隨時即可得到總結論，乃不可能矣。　即援用最近生物學之知識，亦不足爲研究古生物學之工具，因此齊特爾著之『古生物學參考書』，實有從新增訂之需要，然處於今日情形之下，雖與昔比，實非一人之能力，所可完成此項工作矣。　必聚多數專家，齊集一堂，共同研討，始克有濟於事。　關於『參考考書』之事，與德化(O. H. Schindewolf)曾經耗費許多心血，克服許多艱難，始能起草其中之首章，該書已於最近出版，德人對之，實足爲誇耀於世。　德國學者，素來對古生物學即感濃厚之興趣，試觀許多出版之雜誌，即可明證。當然，在用英語之各國，亦有不少之有統系的古生物學普通研究，但在德國及北歐諸國，有分門別類之專門著述，——如斯登加(E. Stensjö) 斯德麥 (L. Störmer) 漢恩茲

(一一) R. Dehm, Neue tertiäre Spaltenfüllungen im südlichen Fränkischen Jura (Zentralbl. f. Min. usw. Abt. B, 1937) — Über tertiäre Spaltenfüllungen im Fränkischen und Schwäbischen Jura (Abh. Bayr. Akad. Wiss. Mathem.-naturw. Abt. N.F. H. 29, 1935) — Über die alttertiäre Nagerfamilie Pseudosciuridae und ihre Entwicklung (N. Jahrb. f. Min. usw. Beil. Bd. 77 Abt. B, 1937) — Heteromyoxus n. gen. und Dryomys Thomas usw. (Zentralbl. f. Min. usw. Abt. B. 1938).

(一二) O. H. Schindewolf, Handbuch der Paläozoologie (Verlag Bornträger): W. Wenz, Gastropoda, Teil 1 und Teil 2 (1938) und O.M.B. Bulman, Graptolithina (1938)

(A. Heintz)，及其他——其研究方法，係就每類生物，反復研究並推測其原始形態，俾得明解而作有統系之分類基礎。　如：興德化覓得新頭足類 (Cephalopoden)，追究其原始狀態，庶明瞭其進化，此前人不知之方法，現佔一席新地位。(一三)　著者亦有高等蟹類(一四)及最近開始著作之海膽類 (Echinoideen) 同樣之研究。(一五)　茂拉斯突兒 (H. Müller-Stoll) 及特瑞普(K. Tripp)亦有相仿之箭石(Belemnite)研究。(一六)　凱德倫 (H. Kiderlen) 在其論文中能將久有爭執之 (Connularien) 問題，細為判明。(一七)　哥羅斯 (W. Gross) 研究萊茵河泥片岩間之硬鱗魚(Panzerfisch)以後，而得明瞭原始魚類之進化。(一八)　奧丁哥 (H. Aldinger) 研究二疊紀之光鱗類(Ganoiden)化石以後，將其迄今難定之分類，予一甚大之貢獻。(一九)　休納 (F. v. Huene) 在其多篇論文中，將爬

(一三) O. H. Schindewolf, Über den Ammoniten-Sipho (Sitz.-Ber. Preuss. Geol. Landesanst. H. 6, 1931) — Vergleichende Morphologie und Phylogenie der Anfangskammern tetrabranchiater Cephalopoden (Abh. Preuss. Geol. Landesanst. N.F. H. 148, 1933) — Bau und systematische Stellung der Gattung Volborthella Schm. (Paläont. Zs. Bd. 16, 1934). — Zur Stammesgeschichte der Cephalopoden (Jahrb. Preuss. Geol. Landesanst. Bd. 55, 1934) — Bemerkungen zur Ontogenie der Actinoceren und Endoceren (Cephal. Nautil.) N. Jahrb. f. Min. usw. Beil. 74 Abt. B, 1935) — Zur Stratigraphie und Paläontologie der Wocklumer Schichten (Oberdevon) (Abh. Preuss. Geol. Landesanst. N.F.H. 178, 1937) — O. H. Schindewolf, Über den Bau karbonischer Goniatiten (Paläont. Zs. Bd. 21, 1939).

(一四) K. Beurlen, Vergleichende Stammesgeschichte. Grundlagen, Methoden, Probleme unter besonderer Berücksichtigung der höheren Krebse (Berlin 1930) — Neue Decapoden-Krebse aus dem ungarischen Tertiär (Paläontol. Zs. Bd. 21, 1939).

(一五) K. Beurlen, Monographie der Echinoiden-Familie Collyritidae d'Orb. (Palaeontographica Bd. 80 A, 1934) — Revision der Seeigel aus dem Norddeutschen Jura. 1. Teil: Die irregulären Seeigel (Abh. Preuss. Geolog. Landesanst. N.F. H. 152, Berlin 1933); 2. Teil: Die regulären Seeigel (ebda. N.F. H. 174, Berlin 1937). — Die Saleniiden und ihre Bedeutung für die Stammesgeschichte der Echinoiden (Paläont. Zs. Bd. 18, 1936) — Die stammesgeschichtliche Stellung der irregulären Seeigel (Paläont. Zs. Bd. 19, 1957).

(一六) H. Müller-Stoll, Beiträge zur Anatomie der Belemnoidea (Nova Acta Leopoldina N.F. Bd. 4 Nr. 20, 1936) — K. Tripp, Die Abstammung des Belemnites clavatus Schloth (Paläont. Zs. Bd. 18, 1936) — Der Stammbaum der Belemniten des schwäbischen Lias (Paläontol. Zs. Bd. 19, 1937)

(一七) H. Kiderlen, Die Conularien, Über Bau und Leben der ersten Scyphozoa (N. Jahrb. f. Min. usw. Beil. Bd. 77 Abt. B, 1937)

(一八) W. Gross, Die unterdevonischen Fische und Gigantostraken von Overath (Abh. Preuss. Geol. Landesanst. N.F. Nr. 145, 1933) — Die Fische des baltischen Devons (Palaeontographica Bd. 79 Abt. A, 1933). — Histologische Studien am Aussenskelett fossiler Agnathen und Fische (Palaeontographica Bd. 83 Abt. A, 1935). — Beiträge für Osteologie baltischer und rheinischer Devon-Crossopterygier (Päontol. Zs. Bd. 18, 1936)

(一九) H. Aldinger, Permische Ganoidfische aus Ostgrönland (Medd om Grönland Bd. 102, 1937).

蟲類化石作有統系之研究(二〇)

除以上所列諸研究，其他各國對此等新論文及新穎之特殊研究，亦注意及之。如，休納(Huene)之著述在南德三疊紀上期中所発獲與栖齒類(Placodon)有關係之Henodus化石，極爲重要。(二一)燕南斯(W. Janensch)於研究譚德古探險隊(Tendaguru Expedition)覓獲之恐龍類——鰓龍(Brachiosaurus)——以後，而重造。(二二)自南非及南美探險以後，休納氏能增廣港潤那(Gondwana)所發見之爬蟲類化石之學識。(二三)又如步僥理(F. Broili)及史羅德(J. Schroeder)研究南非嘉羅(Karroo)產之爬蟲動物羣化石，並搜獲許多新奇材料。(二四)以上三學者，不但擁有豐富之港潤那所產之化石材料，且極經心修理而陳列於德國明興(München)及土彼根(Tübingen)二地方。最近史羅德及狄木預備前往澳洲採集有袋類(Marsupial)。裴克海麥(F. Berckheimer)將斯丁海麥(Steinheim)所產之脊椎動物化石從事研究，獲得良好之結果

(二〇) Fr. v. Huene, Ein Versuch zur Stammesgeschichte der Krokodile (Zentralbl f. Min. usw. Abt. B. 1933). — Ein neuer Coelurosaurier in der thüringischen Trias (Paläont. Zs. Bd. 16. 1934). — Übersicht über Zusammensetzung und Bedeutung der Thecodontia (Zentralbl. f. Min. usw. Abt. B. 1936). — Kurze Übersicht über die Geschichte der Vertebraten. Eine graphische Darstellung (Paläont. Zs. Bd. 18, 1936). — Die Frage nach der Herkunft der Ichthyosaurier (Bull. Geol. Inst. of Upsala Bd. 27, 1937).

(二一) Fr. v. Huene, Henodus chelyops, ein neuer Placodontier (Paläontographica Bd. 84 A, 1936. Der dritte Henodus. Ergänzungen usw. (ebda. Bd. 89A, 1938)

(二二) W. Janensch, Ein aufgestelltes Skelett von Dicraeo saurus hansemanni (Paläont. Suppl. 7 (r) Bd. 2, 1935). — Die Schädel der Sauropoden Brachiosaurus, Barosaurus und Dicraeosaurus aus den Tendaguruschichten Deutsch—Ostafrikas (ebda. 7 (1) Bd. 2, 1935). — Über Bahnen von Hirnvenen bei Saurischiern und Ornithischiern (Paläont. Zs. Bd. 18, 1936). — Skelettrekonstruktion von Brachiosaurus brancai aus den Tendaguru-Schichten Deutsch—Ostafrikas (Zs. Dtsch. Geol. Ges. Bd 89, 1937). — Gestalt und Grösse von Brachiosauriern und anderen riesenwüchsigen Sauropoden (Der Biologe Bd. 7, 1938).

(二三) Fr. v. Huene, Die fossilen Reptilien des südamerikanischen Gondwanalandes an der Zeitenwende. Ergebnisse der Saurier—Grabungen in Südbrasilien. 1928/29 (Lfg. 1, 1935; Lfg. 2, 1936). — Kurzer Überblick über die terrestrischen Wirbeltierfaunen der jüngeren Gondwana-Zeit (Zentralbl. f. Min. usw. Abt. B, 1933). — Stenaulorhynchus, ein Rhynchosaurier der ostafrikanischen Obertrias (Nova Acta Leopoldina N.F. Bd. 6, 1938). — Ein Stahleckeria—Schädel (Zentralbl. f. Min. usw. Abt. B, 1936). — Drei Theriodontia—Schädel aus Südafrika (Paläont. Zs. Bd. 19, 1938). — Ein grosser Stagonolepide aus der jüngeren Trias Ostafrikas (N. Jahrb. f. Min. usw. Beil. Bd. 80 Abt. B, 1938).

(二四) F. Broili u. J. Schröder, Beobachtungen an Wirbeltieren der Karrooformation, Teil I — XXVIII (Sitz.—Ber. Bayr. Akad. Wiss. Mathem. — Naturw. Abt. Jahrg. 1934 bis 1937).

(二五) 顧德爾 (P. Guthörl) 將薩爾(Saar)石炭紀區域中所產之節肢動物(Arthropoden)詳爲著述。(二六) 愛倫貝爾 (K. Ehrenberg) 將彼所發見之穴熊繼續研究，並編述關於鬣狗 (Hyaena) 及一甚爲重要之發現新人猿 (Austriacopithecus, 1938)。(二七) 婁得 (K. Rode) 將洪積統 (Diluvial) 熊詳細研究。(二八) 西根貝爾 (O. Sickenberg) 之研究第三紀之土鰻 (Sirenen) 化石。　綜合以上研究所獲之結果，可爲研究古生理之基礎。(二九)

以上諸研究工作，不但與古生物關係甚大，並於生物學亦甚注意，而綜合之以應用於進化理論。　與德化 (Schindewolf) 根據其研究古生物學及現代生物學所得之經驗，並其著名之 Proterogenese 原理，施用於遺傳問題上，藉得解決，但迄今仍未十分明瞭。(三〇) 著者在自己之進化論論文中，亦曾發表應用 Neomorphose 原理以答覆同前之問題。(三一) 另一方面，達開 (E. Dacqué) 適用比較形態學，觀察最新進化論上所得之

(二五) Die tertiären Wirbeltiere des Steinheimer Beckens (Paläontographica Supp. Bd. VIII, Teil 1: Die Fische von W. Weiler (1934); Teil 2: Die Schildkröten, A. Testudiniden von K. Staesche (1931); Teil 5: Carnivoren A. Mustelidae von A. Helbing (1936); Teil 7: Anchitherium aurelianense Cuv. von H. Wehrli (1938); Teil 8: Metaschizotherium von R. von Königswald (1932); Teil 12: Die Mastodonten von H. Klähn (1931).

(二六) P. Guthörl, Die Arthropoden aus dem Carbon und Perm des Saar—Nahe—Pfalz—Gebietes (Abh. Preuss. Geolog. Landesanstalt N. F. H. 1664, 1934). — Entdeckung und Bergung des grössten bis jetzt bekannten Exemplars von Arthropleura (Zs. Dtsch. Geol. Ges. Bd. 87, 1935). Neue Beiträge zur Insektenfauna des Saarkarbons (Senckenbergiana Bd. 18, 1936). — Arthropleura, der Riesengliederfüssler des Oberkarbons (Glückauf 1936). — Eophrynus waechteri n. sp. (Arachn. Anthracom.) usw. (Senckenbergiana Bd. 20, 1938).

(二七) K. Ehrenberg, Die plistozänen Bären Belgiens (Mém. Musée. Roy. d'Hist. Natur. de Belgique Mém. 71, 1935). — Austriacopithecus, ein neuer menschenaffenartiger Primate usw. (Sitz.—Ber. Akad. Wiss. Wien, Mathem.—Naturwiss. Kl. Abt. 1 Bd. 144, 1938).— Untersuchungen über Hyaena spelaea Goldf. (Paläont. Zs. Bd. 21, 1939).

(二八) K. Rode, Untersuchungen über des Gebiss der Bären, Leipzig 1935.

(二九) O. Sickenberg, Beiträge zur Kenntnis tertiärer Sirenen (Mém. Musée. Roy. d'Hist. Natur. de Belgique Mém. Nr. 63, 1934). — Morphologie und Stammesgeschichte der Sirenen, 1. Teil: Die Einflüsse des Wasserlebens auf die innere Sekretion und Formgestaltung der Sirenen (Paläobiologica Bd. 4, 1931).

(三〇) O. H. Schindewolf, Paläontologie. Entwicklungslehre und Genetik. Kritik und Synthese (Berlin 1936).

(三一) K. Beurlen, Das Gestaltproblem in der organischen Natur (Zs. f. d. ges. Naturwiss. Bd. 1, 1936). — Die stammesgeschichtlichen Grundlagen der Abstammungslehre (Jena 1937).

結果。(三二) 一九三七年在德國哥廷根(Göttingen)地方舉行之德國古生物學年會時，對上例之普通問題，竟研討終日，德國科學家研究之誠懇，由此亦可見其一斑也。(三三)

此篇短文中，可供提出討論者，淺而且鮮，惟有一點可供注意，乃德國古生物學，於過去六載中，不但在固有範圍內，大見發展，且復覓得更新之基礎矣。

(三二) E. Dacqué, Organische Morphologie und Paläontologie (Berlin 1935).

(三三) Die gegenwärtige Stellung der Paläontologie zu den Hauptproblemen der Stammesgeschichte (Sitz. — Ber. Paläont. Zs. Bd. 20, 1938).

書　評

Immanuel Kant: Grundlegung zur Metaphysik der Sitten, übersetzt von Tang Yueh.

康德：道德形上學探本，唐鉞重譯。　長沙，商務印書館，民國二十八年初版。

（漢譯世界名著。　平裝一册，一一九頁，價五角）

康德的倫理學著作共有下列幾種：　道德形上學探本 Grundlegung zur Metaphysik der Sitten(一七八五)，實踐理性批判 Kritik der praktischen Vernunft(一七八八)，單純理性範圍中的宗教 Die Religion innerhalb der Grenzen der blossen Vernunft（一七九四)，道德的形上學 Die Metaphysik der Sitten（一七九七)，和人類學 Anthropologie（一七九八)。　第一部道德形上學基礎與第二部實踐理性批判最為重要。

這部道德形上學探本是一部小册子，據說是爲他的道德的形上學作引子的。　康德自始至終認道德世界有其自己的法則和原則，與自然科學世界的法則和原則兩樣，而他的職責就在於找出這些法則來。　他在道德形上學探本一起首就堅持倫理學中經驗的和理性的部分之分別的重要。　他特別看重先驗的部分。　他在純粹理性批判如實踐理性批判中似的，很努力於建立先驗成分的實在性，並考驗其有效性。

他在序言中曾說道：「我在這裏所關心的旣然是道德哲學，所以我就把各個問題限制在一個問題上：就是：要完全擺脫了那只係經驗而屬於人類學的成分，以來建立一個純粹的道德哲學，那是不是極其重要的？　因爲這樣一個哲學必然是可能的，這一層可以從普通的職責觀念和道德法則觀念看出來。　每個人都必然承認，一個法則要想有道德的力量，那它必須有絕對的必然才行。　不祇道德哲學是與含有經驗成分的實踐知識有所分別的，而且一切道德哲學都是完全建立在它的純粹部分上的。　在應用於人時，它完全不從人自身的知識中所借取，而只把他當做理性動物而給與他以先驗法則。」

書共分三章第一章是康德對於倫理學的主要供獻所在。 它的標題就顯出它的重要性來：「由通俗的合理的道德知識到哲學的合理的道德知識。」 他在這裏並不想告人什麼是他們所應當做的，而是想說明人類行爲所依靠的原則。 他只宣示出人類在尋常的道德判斷中所假設的成分來，以便藉反省之力得到哲學的道德知識。

康德的出發點就是：所謂善是與意志有關的；如果別的事情被稱爲善，那也只是因爲它們與善的意志有關，才成爲善的。 「善」完全是意志的一個品德；任何對象或狀態，離了意志都不能適當的被稱爲是善的。

善的本性是與心向和欲望相反的，心向與欲望固然不盡是壞的，可是它們只有在合乎善的意志時才能得到善的特質。 善的意志表現於「依循職責的行爲」中，並不在於行爲的對象之實現。 行爲的目的並不足以給行爲以絕對的價值，只有意志的原則才可以，因而意志必須被一個形式的原則所決定，因爲實質的成分已經都被排斥了。

所謂職責乃是由尊崇法則之故而生起的行爲。 但所謂道德法則就只在於法則自身之概念，而不在別的。 這當然只有有理性的人才能勝任。 不過什麼樣的法則才能在人一想到它以後就可以決定了意志，使它成爲絕對的善呢？ 我們旣然排除了依從別的法則之衝動，所以這裏只剩下意志的行爲對於法則的「普遍的遵守」，還可以成爲意志的一個原則。 這個原則就是：「我的行爲的方式，總要可以使我也願意我的規律成爲一個普遍的法則」。

第二篇題名爲「由通俗的道德哲學進於道德的形上學」，這裏他較詳細的考察心向與職責的分別，並看看由此會得到什麼結果，因爲人類的意志有一個特質，就是，它看到種種興趣，心向，和慾望，環繞着它，可是我們在職責觀念中，又要求，我們可以自由行事，而不顧及各種慾望和興趣。 這種衝突就產生了强制的動機和「無上命令」的觀念。

無上命令有兩個特性，就是必然性與普遍性，它的公式就是「你只當依照你在同時願意把它作爲普遍法則的那個準繩來行事」。 這個公式再換一個方式表示出來就是：

「你的行事，總要把人類（不論自己或任何他人），在任何情形下當作一個目的，永不要當作手段。」不過人們雖然受支配於法則，可是那些法則只是他自己所給與的，而且他只是依照自己的意志而行事的，這就是所謂意志的自律 Autonomie，而與「他律」有別的。

人與人互相接觸，既然都把對方視爲目的而從不把他當作手段，因此就又產生了所謂「目的國度」 Reich der Zwecke 。這裏所謂國度就是各個不同的理性動物藉公共法則而結合的一個聯繫。這個國度所以能以成立，乃是因爲其中各員都有立法的權能。因此，每個理性動物的行事，都好像要因其準繩而在每一種情形下成爲目的國度中的一個立法員。

總之康德的倫理學說在排斥道德中一切經驗的成分，而只以「應當」爲歸，就動機講既只有應當，而不以欲望爲根據，所以就結果講，他也不計功利和苦樂。所以他的道德是純粹形式的。他發現了人的尊嚴，好像人的實踐理性可以獨往獨來，而不受時空的限制。氣魄之大可與基督釋迦相比。

道德形上學探本一書雖然寥寥數萬言，然而這裏不僅是包括了康德倫理的精義，而且開創了一個倫理學的新園地。德國民族之服從紀律，服從領袖，同時並有惟我獨尊之氣概，似乎正是這種精神的表現，我們由此可以見到，倫理學說不祇是個人性格的表現，同時也是民族性的表現。我們想了解德國民族的主觀精神的特別優越，則康德學說正是這種精神的一種辯護，說明，和條陳。

此書的中文譯本，據唐君自說，是根據阿博德 Abbott 的英譯本轉譯出的，但是同時又參考德文原著，和華遜氏 Watson 的節譯本的。英譯本已是忠實，又加上參考原書，所以譯文自然相當可靠。惟是哲學書籍說理細密，本已難譯，而康德陳義又更加深奧，所以譯起來更格外費力。評者匆匆讀了譯文一遍略有少許意見，願寫出來以就正有道，倘有唐突之處，望唐君見了一笑置之好了。

大概此書中錯誤很少，而只就譯文觀之，往往有看了不懂的地方，而一看原文之後，反覺十分明瞭，此種地方係多數譯者的通病，唐君似也未能完全免除。今舉評者認爲不甚妥貼的譯文若干條，以與大家一相研究。

例如中譯七頁九行括弧內（卽知識全是超乎經驗的思想），英譯本是 thatä whose cognitions are altogether a priori ，原文是 d. i. desjenigen, wodurch Gegenstände völlig a priori erkannt werden 。 英譯本已不正確，中譯似又錯誤。 原意似爲「卽各種對象所藉以完全先驗的被認識的那種思想」。

又如中譯本十頁二行，「這種好處到底與其說是有用的，寧可以說是快意的。」在這一句之前落了 but I must forego this advantage 一個重要句子， 原文是 allein ich musste mich dieser Vorteile begeben 。 此句很重要，因爲康德是不要這種利益的。

又如中譯二十一頁八行「除了決定意志的原則以外， 這個價値不能够在於別的地方，」落了 unangesehen der Zwecke, die durch solche Handlung bewirkt werden können。

又如中譯二十八頁，二行「在那時候，還是他哄騙自己良心，或哄騙其他關於所謂善行的要求呢，還是他要教自己怎麽樣能够誠實的決定行爲的價値呢，他的理解都很深妙」；原文是 Er wird alsdenn sogar subtil, es mag sein, dass er mit seinem Gewissen oder anderen Ansprüchen in Beziehung auf das, was recht heissen soll chickanieren oder auch den Wert der Handlungen zu seiner eigenen Belehrung aufrichtig bestimmen will。 原意好像是說，「他的理解甚至極其微妙的分辨出，自己還是打算欺騙自己的良心，或欺騙關於所謂善行的要求，還是在打算忠實的決定行爲的價値，以啓發自己呢」。

又如二十八頁十一行「明哲，從別方面說，與其說是知識的，不如說是行爲的」，原義好像是說，「明哲本來是寧成立於行爲，而非成立於知識的」，但是這裏卻不然了。 原文「die sonst wohl mehr im Tun und Lassen als im Wissen besteht」。

又如五十四頁八行「照以爲你的行爲的格準由你的意志弄成了普遍的自然律那個樣子去行爲」，這是康德的一個名言， 如此譯出， 在不看原文的人簡直揣摩不出他的原意。 這個句子譯者見許多人不會譯好。 張東蓀道德哲學中譯爲「汝須視汝所依之格律爲由汝之意志當變成普遍的自然法則者，而遵行之」，(三二三頁)，似乎較爲明白，但神味也與原來兩樣。 原文 是Handle so, als ob die Maxime deiner Handlung durch deinen Willen zum allgemeinen Naturgesetze werden sollte 又有人譯爲：「你的行爲，總要使你的行爲的準繩好像要由你的意志而成爲普遍的自然法則」，或譯爲：「你要那樣行事，好像你的行爲的準繩要由你的意志而成爲普遍的自然法則。」

五十九頁末一行「該死的」一語係譯 nicht gerechtfertigt (英文是 Cannot be justified)，文字欠雅。 不宜見於哲學論文中。

又如六十一頁十行「所以它的命令的根據完全在於定律的高於一切的性質，以及人對定律應有的尊重，一點不在乎個人的愛好，否則本人一定要自己菲薄自己，要自己痛恨自己了。」 原是 Nichts von der Neigung des Menschen, sondern alles von der Obergewalt des Gesetzes und der schuldigen Achtung für dasselbe zu erwarten, oder den Menschen widrigenfalls zur Selbstverachtung und innerer Abscheu zu verurteilen。譯文前半句略改原文，所以使後半句的語氣不合原意。 如改爲「那些原則絲毫不從人的愛好有所期待，它們只從定律的優越和人對定律的尊敬期待一切，否則就把人棄絕了，讓他們鄙夷自己，痛恨自己」。 這裏不是人自己痛恨自己，是那些原則使他們痛恨自己。

又六十二頁四行，「它不抱天仙而幻象」，原文是，(die sie doch statt der Juno eine Wolke umarmen lassen，按此處係用一典故，原是雲 Wolke， 而非幻象。 據希臘神話天神救了伊克森 Ixion 之後，伊克森不但不懷感激之意，反而戀愛上天神之后 Juno。 天后把這回事情告知天神，於是天神就把雲彩作成天后的樣子，而把那個雲帶在伊克森與天后約定的地方。 伊克森上了圈套，而且因爲他與雲彩相交，所以就生了馬面 Centaur。

又如六十六頁八行，「你須要這樣行爲，做到無論是你自己或別的什麼人，你始終把人當做目的，總不把他當做工具」。 原文是： Handle so, dass du die Menschheit, sowohl in deiner Person, als in der Person eines jeden andern, jederzeit zugleich als Zweck, niemals bloss als Mittel brauchest。 原意是「你的行事總要把人，不論是你自己或任何別的人，當做目的，而永不要當做工具。」 若照唐君譯文，「無論你自己或別的什麼人」一句，就在文法上不知是主詞，是賓詞。

又六十八頁，註文一行，quod tibi non vis fieri etc. 原係一普通成語，故康德只引了半句，因爲它是人們熟知的，全文是 Quod tibi fieri non vis, alteri ne feceris。 即己所不欲，勿施於人之意。 唐君譯爲「因爲你不要遭受這件事云云」，純係望文生義。

又十一頁，二行，「人的意志，個個都是個它的一切格準就是普遍律的意志」，讀者恐怕很少有人懂得這句話的意思，雖然我們相信，譯者十分明白這句原文。 also wurde das Princip eines jeden menschlichen Willens, als eines durch alle seine Maximen allgemein gesetzgebenden Willens。 假如譯爲「每一個人的意志都可以看做是藉其一切準繩普遍立法的，這個原則…」似乎較爲明白些。 與此相同的句法甚多，可以不必一一列舉。

最後有可以提到的一點就是： 結論中有一句似乎落了幾個字，原文中有一句是這樣的： denn dass sie dieses nicht durch eine Bedingung, namlich vermittelst irgendeines zum Grunde gelegten Interesse tun will, kann ihr nicht verdacht werden。 譯文是：「我們不能因爲理性不肯用一個條件（就是用一個假定爲道德律的根據的興趣）解釋這個必然性」，此句沒有下文，應該添上「就來懲責理性」。 此句中還有兩點可以質疑的就是：這裏理性一詞係翻譯 Sie 的，但是 Sie 字恐怕是指 unsere Deduktion des obersten Princips der Moralität （即關於最高的道德原理的演證），而不指理性。 而且這裏的必然性一詞係譯 dieses ，但此處的 dieses 一字實指法則 Das Gesetz 而言，並不指 die Notwendigkeit。

前邊所舉各節都是評者隨便翻閱，覺其不合式時，參考原書所發現的不妥之處，自然未能詳盡。 但評者相信，如此艱深的著作，唐君譯起來祇有如許少數不妥之處，已經是難能可貴。 評者所以不自量的大膽指摘，實在是責備賢者之意；若云自命博雅，則吾豈敢。

陶琪桐

Franz Lennartz: Die Dichter unserer Zeit. Stuttgart, Alfred Kröner Verlag, 1938.

鑑賞文學作品最適宜，最直截了當的辦法自然去讀牠們，如英國薩穆額爾約翰孫所推薦的讀莎士比亞的辦法，『還沒有認識莎士比亞的力量的人，想感受戲劇所能給的最高的快樂的人，叫他讀每一個劇，從第一到最後一場，完全不要顧他所有的評註家。當他的幻想飛揚了的時候，不要叫牠屈就矯正或解釋……叫他一味讀去，經過光明與晦暗，經過完整與破碎；叫他保持着他對於對話的了解和對於寓意的興趣。』但是註釋，批評和作家傳記也往往能幫助讀者對於作品的了解。 所以約翰孫後來又接着說：『當新穎底快樂停止了的時候再叫他試行精確去讀各評註家。』

註釋，批評和傳記三者之中，要以傳記爲最重要，因爲前二者是發之於他人，而傳記是作家本身的事實。 尤其是在現代文學中，有許多作家的作品就是他們生活的反映，也可以說就是他們的變像的自傳，如：豪普特曼的呼籲的漩中，(Hauptmann: Im Wirbel der Berufung) 及其他，傅運森的波格湖的牧師(Frenssen: Pastor von Poggsee), 約斯特的起始(Johst: Der Anfang),莫羅的小英雄 (Molo: Der kleine Held) 等等，而最著的例子就是卡羅薩 (Carossa) 的著作，他的少數的作品差不多都是帶自傳性質的。讀了他們的傳記，對於這類作品的了解上，自然可以有許多幫助。

本書共包括作家二百七十五人的小傳，除了很少數以外，都是現存的作家。 每個作家下面，對於他的身世的記載可以說是詳盡。 差不多每人儘可能都註明了出生年月日，已故的作家並且註明了死去的年月日，他所受的教育，入社會以後所做過的事情，居住或旅行過的地方，現在是住在什麼地方，曾經加入過何種學術團體，得過何項學術獎金或獎章，所有作品的名稱；在作品多的作家就祗舉最要的，最足以爲代表的作品。每個作品名稱之後並且附上發表的年份，這個也很可以幫助讀者明瞭作者的進化，演變。 而且就德國現代文學的整體說，一個作品是在一九一四及一九一八年以前或以後，是在一九三三年以前或以後發表的，是很關重要的。

如本書這一類的書籍，本是不能完全的，也無所謂完全。 著者在序裏面也說了，

『著者自已知道，二百七十五的數目是沒有把現在德國著述界所有創作家蒐盡(Der Verfasser ist sich bewusst, dass die Zahl 275 den Bestand des deutschen Gegenwartsschrifttums an dichterisch Schaffenden nicht erschöpft)』。 雖然如此說，重要的作家，連二三流的作家在內，是差不多都包羅在內了。 惟獨有一點我們以爲不可解的，就是發拉達 (Hans Fallada) 的省略，如果沒有特別原因的話，這是一個很重要的忽略。 固然，在現在的德國，有許多的作家因政府認爲反動，必須向他國逃亡，作品自然也禁止出版發售，但是發拉達似乎不是這樣情形，因爲在一九三九年的書店目錄裏尙有他的作品，可見他還沒有被禁，而且他又是在國社黨執政後比較有好運的著作家之一人。 此點祇有留待來日再考。

本書的用處，可以由兩方面來說：如果先看了某個作家的作品，再來翻閱本書做參考的時候，固然可以幫助對於那作家的了解，反之，如果對於現代德國文學還沒有認識，打算着手研究或欣賞的時候，也可以藉本書的幫助去選擇適宜的作家或作品。

本書還有一個很重要的用處。 大家知道，德國自國社黨執政以後，有許多在世界文壇上很有名的作家，爲了種族或政見的關係，被迫離了德國，結果往往現在在德國被認爲第一流的作家，國外很少有人知道。 非亞利安種的托馬斯曼，茨外克等等是到別國了，祇有豪普特曼 (Hauptmann)，賓丁 (Rudolf Binding)，卡羅薩 (Hans Carossa)，傅連森 (Gustav Frenssen)，海舍 (Hermann Hesse)，胡赫 (Ricarda Huch)，約斯特 (Hanns Johst) 科本海爾(E. G. Kolbenheyer)，麥修 (Karl B. von Mechow)，彭乔 (Josef Ponten)，賽得爾 (Ina Seidel)，斯台爾 (Hermann Stehr) 等等。 這些作家之中，除了豪普特曼以外，外人知道的畢竟不多。 德國文學的現在這種傾向，本書也頗能幫助我們來認識。

最後，我們對於本書的編製上尙有一點意見。 本書中的作家的姓名，固然已經是按字母排列的，無需再做索引。 但是，如果把所有裏面的書名，做一索引備忘，在應用上當可多一層便利。

顧華

Wulf Diether Graf zu Castell: Chinaflug. Berlin/Zürich, Atlantis-Verlag, 1938

本書作者卡司台爾 (Graf Castell) 是歐亞 Eurasia 航空公司的機師，這個職務他由一九三三至一九三六担任了三年。 本書中所包括的照片，一實在就是本書的主體一就是他在這三年裏攝照的。 照片共一百七十六頁，每頁下面都有德英兩國文字的題目，最後附了二十幾頁的說明。 照片之前並且有他在華三年的經驗的敍述，文字寫得幽默生動，尤其是由西安到蘭州的一段，很可以當小說或有趣的故事讀。

作者在一九三三年六月間來到中國的時候，歐亞航空公司已經有了兩條重要的航綫：第一綫是滬平，第二綫是滬新——由上海到新疆。 他來中國最初服務就是在後一條航綫上。 他來中國後的第一次長途飛行是在到滬後兩星期，那時滬新綫上有一個載客機因爲機輪損壞，公司就命他携帶必須用的零件飛往西安，再由另一飛機由西安飛往蘭州，去修補那損壞了的載客機。 由上海到西安的一段就飛行技術上看來是比較的容易，因爲經過的大部份都是華北平原。 但是由西安到蘭州的一段却是很困難的，這一段多是罕有人烟的荒凉的高山，有的高到三千公尺。 這裏很少有地上標識，如道路，樹林，村鎮之類，來作認識方向的帮助，但是在這一段上路綫却又必須認清，因爲他用的飛機最高祗能飛到三千五百公尺，如果不慎飛到高山之間，其結果就不堪設想了。

當他飛到西安的時候，在西安等着他的飛機已經臨時改變預定計劃，搭載什麼要人到北平去了。 他因爲新到中國，一切都很順利，所以也沒有看重前途的困難，決定了自己再由西安飛往蘭州。

在歐洲飛行，帶着地圖，簡直可以按圖飛行，但是他在上海已經聽說，中國還沒有這樣精密的飛行用的地圖，所以他這一次根本就沒有帶地圖。 他的助手邁爾已經在西安蘭州這一綫上飛過幾次，也以爲不難達到目的；他說祇要向西北飛三個半小時，就可以飛到一條有水的河，那就是黄河，因爲在每年這個時候別的河沒有水，然後沿黄河可以飛到蘭州。

在起飛三刻鐘之後他們就飛到了叢山上面，溫度愈來愈低，飛機是飛到了牠的最高度一三千五百公尺。普通由西安到蘭州祇要三個半小時，他們飛了四個小時，却還沒有到達，這也許是因爲逆風的關係，但是卡司台爾畢竟是漸漸的不安起來，因爲已經飛過了兩個有水的河，每次適爾都說不能够是黄河，他的理由是這兩條河是橫過的，必須是斜過的纔是黄河。於是他就命適爾設法用無綫電和蘭州通消息，但是不幸電機又發生了障礙。他這時眞後悔不該不帶地圖，因爲有了地圖至少也可以得一點綫索。

現在山是更高了，三千五百公尺，甚而至於三千八九百公尺。他們祇有飛行六小時的預備，現在已經飛了四個半小時，但是仍然是繼續飛去，大概保持西北的方向。

又過了半小時之後，羣山陡然展開，一條水相當多的河和他們的航綫交叉了。卡司台爾想這一定是黄河了，但是他很失望，因爲適爾又搖頭說不是，他已經飛過了好幾條有水的河，而別人都告訴他說，此時的河是乾的，這也許是因爲近幾天下了雨的原故。第二次用無綫電和蘭州通消息的試驗又告失敗。於是他爲了小心起見又順河往下游飛了一刻鐘。這樣的繼續飛去，結果祇賸了三刻鐘用的汽油。此時他決定了再飛半小時，如果蘭州還不到的話，他就强行降落。

飛了不久，他忽然看見了一條駝商走的大道，沿道並且有電杆電綫，這個於他眞是和"見了天"一樣 (Das war ein Wink vom Himmel)。他決計在此降落，但是在降落的時候不幸把發動機前面的推進器壞了一葉。

損壞實際並不大，但是如果不換機輪和推進器是不能再飛了。所以必得設法和上海通消息。但他旣不知道是什麽地方，又語言不通。費了許多事由一鄉人把卡司台爾引到了省署，可是仍是語言不通。幸而後來碰見了一個在那裏傳教的德國神父纔知道了是降落在西寧附近反比蘭州遠了，纔知道了如果再飛十分鐘就可以降落在西寧新建的飛機場了。由那神父帮助，打了一個電話給蘭州的一個神父，又請他打了一個電報給上海歐亞航空公司。　把這些手續辦定之後，他又回到了降落的地方，去等候上海的來人。

那裏的鄉人忽然見由天上降下了兩個洋人，簡直以爲是奇蹟，所以都跑來圍觀。卡司台爾去打電報的時候不過幾百人，他回來的時候竟增加到幾千了。　他們的飛機成了市場的中心，四圍有許多人領了騾子來吃草，並且有許多商人搭起了架子做臨時買賣。卡司台爾很覺得奇怪，何以他降落的消息傳播得這樣快，又何以這個人烟稀少的地方會很快地聚這許多人。　在那裏那德國神父拜訪過他們，省長也帶了家眷來拜訪。他們被羣衆攪擾得不堪，甚至請神父教了他們幾句中國罵人的話，以防那些人逼得太近。　上海公司派的人到來，他們修理好飛機再行出發的時候，已經在那裏停了五六天了。

卡司台爾從這次以後，除了例行的飛行外，曾經載班禪由南京飛到北平，曾經由南京運一萬啓羅的炸彈到西北，曾經由空中看見過武漢的大水和西北的萬千的匪軍，——但這些都變遷了，都成過去了，祇是他照片裏所攝的景物依然，我們仍舊可以欣賞。

卡司台爾在第一次飛行之後，就對中國的風景地勢得了很深的印象，感到了很深的興趣，所以他卽時就決定了用來卡（Leica）相機把牠們摘要攝取下了。　我們可以從這些相片上看出，他的攝影技術是實在的不壞。　其中有好多幅，如：五十五頁的中山陵，五十八及五十九頁的錢塘江的潮，六十四至七十二頁的北平（尤以天壇的幾幅爲最美），八十七頁的華山，九十及九十一頁的西安，一〇八頁的戈壁，一四三頁的衡山，一四頁的洞庭湖，一四八頁的宜昌，一五一頁的四川山地，一五九頁的峨嵋山，一六三頁的雲南境內的楊子江等等，我們終年伏處斗室的人看了，心神眞可爲之一暢。

總而言之，這本書不僅是德國人，就是對中國有興趣的其他各國人，連中國人自己在內，——不懂德文是無傷的，——都應當一看，雖然說是臥遊，不要說是未曾遊歷過中國各地的人，就是已經遊歷過的人，也可以使他由另外一種觀點去鑑賞中國風景的美麗和山河的偉大。

顒　華

會　務　報　告

一、蔡孑民先生逝世　我們最初要報告的，就是本會董事之一人的蔡孑民先生於三月五日逝世了。蔡先生已經有多年沒有北來。我們本來希望，能夠在現在的戰事結束了以後，再有機會聆聽蔡先生的教益，可是這項希望現在是無從達到了。我們在哀悼中謹在這裏對蔡先生致最後的敬意。

二、獎　金　本會為獎勵德文的學習起見，在年初的時候，提出來一部經費（總額六百五十元），分送各學校，作為德文班成績較好的學生的獎金。現在把學校的名稱和各個獎金的額數列在下面：輔仁大學，二百八十元。燕京大學，一百元。醫學院，一百元。青島禮賢中學，五十元。本會夜校，一百二十元。這項獎金規定初學者不許領受，每個學生所得的額數，由二十元至五十元，由各校自己決定。本會夜校受獎學生的姓名和獎金額數如下：劉東元五十元，關克儉三十元，張立芳，伊去病，各二十元。此外本會夜校，另外有得書獎的學生四人：寧行甫，白璞，貝錦玉和崔源。

三、論文比賽　本會辦的另外一種獎金是論文比賽獎金。這項獎金是普及於全國各大學的。比賽的辦法是各校學德文的學生寫論文一篇，題目自己選定，連同德文寫的簡單履歷和學校的證明書，一同寄交本會評判。這項比賽現在還沒有結束，所以結果下期纔能發表。

四、德文夜校　本會的德文夜校原來有學生五班，分為四級。第一級（兩班），由董達曾先生教授，第二級由傅吾康先生教授，第三級和第四級由吳履循先生教授。從本學期起又增加了一個初級班，並將原來的初級班裏程度較好的學生分了出來，另成一個速成的初級班。現在一共有學生七十餘人。

五、編　譯　本會現在已經譯成尚未付印的書和現在翻譯中的書有下列幾種：

1. 楊丙辰

   菲希特：忠告德意志民族 (Fichte: Reden an die deutsche Nation)，稿子現已完成，字數共有二十餘萬。歌德：親和力 (Goethe: Die Wahlverwandtschaften)，共二十餘萬字，及赫貝爾：短篇小說集 (Hebbel: Erzählungen)，十餘萬字；這兩種都將譯完。

2. 項子龢

   海內曼：德國文學史(Heinemann: Deutsche Dichtung)，十五萬餘字，約暑假內可以完成。

3. 張天麟

   士榜格：青年心理學 (E. Spranger: Psychologie des Jugendalters)，譯稿適纔開始。

4. 顧　華

霍夫曼：金罐 (E. T. A. Hoffmann: Der goldne Topf)，共約四五萬字，已成一半。

5. 畢樹棠

狄賽爾：德國與德國人 (E. Diesel: Die deutsche Wandlung)。預計本年秋可以完成。

6. 魏以新

德國二百名人小傳集 (Deutsche Männer. Bildnisse und Lebensbeschreibungen), 十餘萬字，暑期內可以完成。

7. 張星烺

哈興額：歷史之地理基礎 (H. Hassinger: Geographische Grundlagen der Geschichte), 二十餘萬字，已譯竟，現在由譯者自行重校，預計暑期內可以完成。

8. 關琪桐

文德爾班：序論 (Windelband: Präludien)，全書包含二十五篇論文，已經譯成的有兩篇，需再有六個月可以譯畢。

六、德文入門　本會與明興德國學院 (Deutsche Akademie) 合作，編了一種初學用的教科書，書名德文入門。 此書是由艾克先生 (G. Ecke) 和方志浵先生編著的，採取的是直接法，現在全書已經脫稿在印刷中，預計暑假後可以出書。將來此書問世，德文的教學或能藉他有所改進。

七、圖書目錄　本會圖書館除中文書以外，共有德文書二千五百餘冊，向來祇有卡片目錄，現在爲了便於參考起見，決定印一個德文書的書本目錄。這個目錄現在由輔仁大學印刷部承印。

八、講　演

1. 育英中學在本年二月二十三日特請本會代理幹事傅吾康博士在該校給全體學生講演，講題是德國的青年運動。傅博士這次是用中國話講的，共到了學生六百餘人。

2. 本會在三月十六日爲了紀念歌德的一百〇八次的死忌，請前北京大學教授洪濤生先生作關於這個大詩人的講演。聽衆除了本會的會員以外，還有各校的德文學生。

九、哲學研究會　中德學會一部會員和幾位專門治哲學的學者，因爲現在思想界的沉寂，所以組織了一個哲學研究會。每兩週開會一次，開會的時候由會員一人宣讀個人專門研究的哲學上的問題。 成立會是二月十七日開的。現有的會員是關琪桐，王森，郭湛波，李戲魚，李相顯，韓鏡清，張越如，張季同和王錦第諸先生。 第一次開會由關琪桐先生講文德爾班 (Windelband) 論何謂哲學，第二次由李戲魚先生講中國藝術思想的演變，第三次由王錦第先生講史彭格 (Spengler) 與士榜格 (Spranger) 論文化哲學。

研究與進步

第一卷 目錄

第一期目錄

（民國二十八年四月）

第二期目錄

（民國二十八年八月）

第三期目錄

（民國二十八年十一月）

第四期目錄

（民國二十九年一月）

定價每冊國幣貳角五分

中德學會編

中德文化叢書

一	魏蘭之介紹	賀 麟等譯著	一册	.40
二	陰謀與愛情	張富歲譯	一册	.70
三	工作學校要義	劉 鈞譯	一册	.45
四	德國史綱	魏以新譯	一册	1.30
五	女青年心理	劉 鈞譯	一册	.45
六	五十年來的德國學術	中德學會編譯	第一册 2.00 第二册 1.40 第三四册各1.00	
七	給一個青年詩人的十封信	馮 至譯	一册	.40
八	論德國民族性	楊丙辰譯	一册	.70
九	斯托姆小說集	魏以新譯	一册	1.80
十	德國史略	魏以新譯	一册	.70
十一	快樂的智識	梵 澄譯	一册	1.80
十二	湯若望傳	楊丙辰譯	(印刷中)	
十三	葛德論自著之浮士德	梵 澄譯	(印刷中)	
十四	論優美感覺與崇高感覺	關琪桐譯	(印刷中)	

商務印書館發行

特刊

一	德國留學指導書	張天麟編譯	一册	.40
二	今日德國教育	王錦第譯	一册	.30
	(此書商務印書館代售)			
三	統一國家之德國	弗立克著	一册	.15

補助德語教材刊本

一	德華常用小字彙	孫用震編輯	一册	1.00

中德學誌編輯簡章

1 本誌原名「研究與進步」，自第二卷起，擴充範圍，改用今名。

2 本誌錄稿，以由德文譯爲中文者爲主；除本會會員稿件外，並酌收外稿，但須將原文出處詳細註明，其原文不易見者，並須與譯稿一併寄來。

3 來稿逕寄「中德學誌編輯委員會」，請勿寄交編者個人。

4 來稿經本誌錄取者，約給現金或本誌爲酬。

5 來稿經本誌選定給酬後，其版權即爲本會所有，原作人不得以其一部或全部在他處另行發表，他人亦不得轉載。

6 來稿不爲本誌選用者，均可退還，但須由原作人 寄郵費，如欲掛號寄還者，並須加附掛號郵費；郵遞如有遺失，本誌概不負責。

7 本誌除譯稿外，兼收介紹德國學術文化之著作，但以經本誌特約者爲限。

8 本簡章如有未盡事宜，得隨時修改之。

編 輯 者　　中德學誌編輯委員會

出 版 者　　中德學會
（北平地安門內黃化門大街西妞妞房二十號）

印 刷 者　　京華印書局
（北平和平門外虎坊橋）

定 價 表	每季一冊（郵費外加）		每年四冊（郵費在內）	
國 內	國 幣	1.04 (60)	國 幣	5.00
德 國	馬 克	1.00	馬 克	4.00
其 他 各 國	美 金	.50	美 金	2.00

Bezugsbedingungen:	Einzelheft (Porto extra)	Ein Jahrgang, vier Hefte (einschliesslich Porto)
Innerhalb Chinas	Ch. $ 1.40	Ch. $ 5.—
Innerhalb Deutschlands	RM. 1.—	RM. 4.—
In anderen Ländern	US. $ –.50	US. $ 2.—

Zu beziehen durch das Deutschland-Institut, Peiping.

In Deutschland durch "Forschungen und Fortschritte",

Berlin NW7, Unter den Linden 8.

AUS DEUTSCHEM GEISTESLEBEN

Herausgegeben
vom
DEUTSCHLAND-INSTITUT, PEIPING
durch
Achilles Fang Wolfgang Franke Walter Fuchs
Gu Hua Yang Bing-dschen
In Verbindung mit
Dr. Karl Kerkhof, Berlin

2. Jahrgang, Nr. 1 **April 1940**

Anschrift der Redaktion: Deutschland-Institut, Peiping (China), Huang-hua Men nei, Hsi Niu-niu Fang 20.

中德學志

沈兼士

第二卷第二期（二十九年七月出版）

中德學誌

北平中德學會出版

中　德　學　誌

第二卷　　民國二十九年七月　　第二期

忠告德意志民族

Reden an die deutsche Nation

菲希特 (Johann Gottlieb Fichte) 著

楊丙辰譯

出版者阿爾圖爾·理白爾特 (Arthur Liebert) 氏之序文。

讀者眼前這本菲希特講演錄版本是以第一次，就是在一八〇八年所發表的刊本爲根據的。除此之外被引來以供本書參酌採擇之用的，尚有：甲·菲希特全集 (Fichtes Sämtliche Werke)，八本，柏林 (Berlin) 城內一八四五至四六年刊印，係這位哲學家之子約·哈·菲希特氏 (J. H. Fichte) 所出版。在這部全集裏，菲氏底講演 (Reden) 載在第七本二百六十四至四百九十九頁；乙·賚可拉穆萬有文庫 (Reclams Universal-Bibliothek) 中之刊本，未列出版者姓名；丙·大哲學家魯道爾扶·奧郁根氏 (Rudolf Eucken) 一九〇九年在島嶼印書館 (Insel-Verlag) 所出版的節本；丁·約·果·菲希特氏，遺著 (Joh. Gottl. Fichte, Werke)，係一種六本選集，爲來布其城內菲力可斯·麥納印書館 (Leipzig, Felix Meiner) 一九一〇年及後繼年份之所刊印者，出版者乃富理慈·默抵苦斯氏 (Fritz Medicus)。在這兒，菲氏之講演印在第五本三百六十五至六百一十頁。

當在我寫下面一篇導言時，由研究菲希特之各種著作裏給了我特別珍貴助力的，除其它一批外，卽：甲·富理慈·默抵苦斯氏所著，論約·果·菲希特，哈來大學十三篇講演，(J. G. Fichte, 13 Vorlesungen, gehalten an der Universität Halle)；柏林一九〇五年露特和賴夏印書館(Verlag von Reuther und Reichard)出版；乙．富郎慈．富盧理希氏所著，菲希特忠告德意志民族之講演，其成立史之研究 (Franz Fröhlich, Fichtes Reden an die deutsche Nation. Eine Untersuchung ihrer Entstehungsgeschichte)。沙洛慤堡王室創立奧古斯達皇后中學 (Kgl. Kaiserin-Augusta-Gymnasium zu Charlottenburg) 年報科學副頁，一九〇七年復活節出版；丁．富理慈．默抵苦斯置於上述他所出版的菲氏講演版本之前面的一篇很詳細，而內容豐富，意義精美的導言。——對於這兩位先生，我覺得都負有重大感謝之義務。

柏林，一九一二年十月。

阿爾圖爾．理白爾特識

導　　言

我們現在向後回溯以往的時代，而立定在一八〇七到一八〇八年之冬底些開始時日裏，這個時候照圓整數目計算，恰巧便是踰越一切度量地不幸和踰越一切度量地殘暴的提耳西特和平條約 (Friedensabschluss zu Tilsit) 締結（一八〇七年七月七日至九日）過後的五個月了。 當時普魯士(Preussen) 和全德國底政治生命完全操持在拿破倫 (Napoleon) 手掌中，而以他的意志與興趣爲轉移。 所謂普魯士國的官吏，固然還有，但他們却負有向法國大皇帝作一種特別宣誓臣服的義務。 僅只對於司法，教會，與學校，他們還有一點附帶限制的自決權。 這位強硬的實際眼光政治家輕視國家這三方面的政域；因爲這三個領域底價值，在他，是視爲書生常談，空論性的附屬品的。 在這樣的領域裏所具有的種種能力，他並不向他政治計劃大統系裏安置，因爲在這些領域裏，他並瞧不見有甚麼歷史發展上關係重大的因素。 但在其它的些情形上，他却以全盤的嚴酷堅持着他最高的統治權。

恰值這個時機，卽一八〇七年十一月二十八日，星期六佛西報 (Vossische Zeitung) 上刊出下列一段啓事：

多年以來我在冬季半年爲一班由男女兩性所組成的聽講者所開的特常講演，今年冬天我仍照尋常鐘點，卽星期日晌午十二點至一點，舉行；在這些講演裏，我依然要把我三年前所開始 ，而在當前時代之特徵 (Grundzüge des gegenwärtigen Zeitalters) 的題名下亦曾見諸印刷的觀察繼續延展至我們今日的這些時日 。 這次講演底開始 ，我將乘時在這兒這些報葉裏予以披露。

柏林，一八〇七年十一月二十六日。

非希特啓。

這啓事登出之後，到了十二月十日，星期四，佇西報副刊上便又繼續登出下列一個佈告：

我的繼續當前時代之特徵的講演將於次一星期日，卽本月十三日晌午十二點至一點在科學院大樓之圓廳(一)內開始舉行。以前頗爲優良秩序所貫徹的一個辦法，只准執有入場證者入場聽講，現在仍然有效。已決定欲長期聽講者，可請至位置在考合街與非得利街拐角的實科學校書店(Realschulbuchhandlung, Koch-und Friedrichstrassen-Ecke)內購取入場證。僅只開始時第一小時，持有亦係於上述書店內可免費取得之入場證者可以自由入場聽講。以後一小時有效之旁聽證，取資國幣一𠾼啦 (Reichsthaler)(二)。柏林，十二月十日。

非希特啓。

佈告裏所說的這大學講演，非希特此後便一次一次地舉行了——這就是這本書裏十四篇忠告德意志民族講演底來源——而時間便是在一八〇七年十二月十三日和一八〇八年三月二十日之間的。——

這些「講演」不純是一種思想上的成績，牠們原並未被打算僅作一種理論上的事蹟而已的。牠們尤其應當視爲德國歷史上充滿了活力的一塊一段；因爲牠們本來的作用，是要在德國精神生活底建設與革新上共同宣力。這責任，這講演也眞正償却了。哲學家非希特原意是要在這些講演裏證明他自己是一位精神引導者與精神造就者。這並非妄自期許，這是他確確實實給我們證明了非大言欺人的。一篇文字寫作，對於牠的時代能發生這樣強大，不可抵抗，奪人神志

(一) 所謂科學大樓，係指柏林菩提樹下大街 (Unter den Linden) 王室學術研究院 (Königliche Akademie der Wissenschaften) 之大樓而言。此樓現已拆去，而聳立於原來地點之上者，則爲此研究院與王室圖書館之新大樓。

(二) 𠾼啦，係德國從前所通行之一種銀幣名，値三馬克。

的效力，幾乎難得見有二份的。 所以甚至一位像非得利·根慈 (Friedrich Gentz)那樣冷靜，輕易不抬舉人的人也竟能說：「這樣偉大，深邃，和傲岸似乎還不曾有人談論過德意志民族的。」 就是連那回首作返觀的歷史家，他已經不是立在歷史變故和歷史人物底直接印像之下，而可以平心靜氣，熟審默察它們的前提，它們的影響和它們的效力底度量的，也竟覺得這些講演是一種非常現像，是一種超出文字現像上恒常權威圈以外的現像，是一種從自己性命方面說依然有價值的現像。 這就是大詩人歌德(Goethe)對於這些講演所取的態度的。 他因非希特那激烈和不退讓的天性，並不向他起同感的；在一封寄給釋勒 (Schiller)的信中，他曾批評說：和非希特更密切一步地結交，這是我們不能作此想的。然而他在獨立戰征過後很久的時間所作的一次談話裏（即一八二七年八月二十八日）竟也還衝口贓出：「忠告德意志民族的講演何等偉大呀！」。 就是在近代大歷史家蘭克氏 (Ranke)，也曾公然承認，他應行向這些講演致其無邊之歎服。而十分適當切合的，尚應屬之維廉·羅色氏 (Wilhelm Roscher) 之言詞，羅氏曾說，非氏底這些講演既具有古代大演說家德摩斯德乃斯氏 (Demosthenes) 之彩華，而亦具有大哲學家柏拉圖氏(Platon)之精妙。

但是那便叫作是寫一本專書了，如果人們要把非氏這些講演對於當世與後世所發生的效力悉行予以記錄時。 即在此處我也並無詳細談論牠們內裏所表現的見解，所包含的繁夥思想的心思。 非氏這些哲學發揮固然不是可以直接瞭然的，固然不是一種輕量的，便利的讀物的。 因爲牠們不僅是由非希特全部哲學中之所產出，不僅是以「時代特徵」，和不僅是以非希特其它著作爲前提；牠們乃是超出這些部分之外，而在批評哲學，尤其在康德 (Kant) 底人倫學中有牠們本來的思想基礎，牠們乃是與雷興 (Lessing) 那果敢眞摯的精神和與馬丁·路德 (Martin Luther)一生不迷不誤地斷然直率與獨立性格有密切關係的，總而言之，牠們乃是德國不唯在哲學與宗教中，亦且在文化一切領域中都呈現着屏出不窮的創造力的唯心派哲學發展中的一枝一節的。

照這樣看，如果有人對於這些演講既想從歷史方面，而亦想從菲氏全部學說方面作一種解釋的嘗試時，那便很是有理由的了。可是這是我們在這兒不能打算要作的。我們在這兒只是要說一句有關菲氏那一項基礎信念的話，就是一句關於產生了他那一大些講演的言詞，和也負載着他那講演裏的各片段方面的一個信念的話的。

這樣我們首先所應掘出一點，就是：這些講演至高至深的價值並不獨在牠們對於牠們成立時的時代的關涉影射，並不獨在牠們對於當時歷史形勢之開展的重要。在這些講演裏是有一種哲學的眞理，一種效力永久不滅的眞理達到了表現地步。牠們可以說是「關於歷史的唯心派哲學 (idealistische Philosophie der Geschichte)」在德國所遺留下來的典模左券。牠們的主幹思想可以容我們約略在下列方式中予以揭露與剔示。

人生最困難與最苦惱的問題和撼動最深最遠的戰鬪，都是由兩個世界之間的一種永不肯剷除的對立中之所產生了出來的，所謂兩個世界，一即我們人類以一種現實事物的身分所被貶入，而其鐵板律則我們人類乃不得不遵從的個世界，一即我們人類以一種有道德意志，一種要受和應受自由與道德支配的事物底身分之所隸屬的一個世界。但是如同人生可歌可泣的悲壯方面是伏根在這一種對立中的情形一般，這樣人生能獲得價值與否，也便一樣地唯獨在個人對於這對立所採立場怎樣，並且也要看他素所操持，而能促他達到這兩種界域融合調和地步的人生感覺如何而定。

一切的，凡屬能強烈覺悟到介於是怎樣的世界和應當怎樣的世界二者之間的矛盾性，而要向實際世界加以改良，加以醇化，和精神化的人物之中，並無一人能像菲希特那樣愈加堅決，愈加火烈，愈加無顧慮地出現於社會之中，並且也更無一人能像他那樣爲他使命底神聖和同時爲他使命底重要之所充塞的。並且這改良工作，他按照他那時時都在向着全體和核心裏走的天性從不肯在任何一點皮面上去下手攖握；他並不欲在此一片段之點或彼一片段之點上去補助歷史行程，他總是要在儘思力可及地至高度與至賅括的着目點之下抓着他的問題的。 一切其它在他那個時代的改良奮勉，同這些奮勉他俱曾接觸過，和俱曾對於他的思想底養成發生過影響的，譬如盧梭(Rousseau)和裴斯太樂齊(Pestalozzi)二人底改良奮勉，一經拿來和他那信念與出現的態度相比，反而要令人們覺得都是些斷片的工作了。 他並不是先要把或宗教或政治或社會或法律等方面的生活提高到一個新高峯上，他尤其是要突入人生自體底核心裏頭去，就是他要刷新人生，絲毫不帶妥協的傾向與感受性，絲毫不帶遷就的痕跡，絲毫不帶顧慮與寬容的色彩，他要以自天國偷傳火種於人間的普羅默泰屋斯(Prometheus)的自覺自豪和以與天王作戰的鐵當(Titanen)巨人的無畏自信創造新人物，不是要造就遠離塵世，冷疏人生的超人的，是要藉教育底力量以創造充滿了積極性與生命力，充滿了傲岸與獨立精神的人物的，就是要造就他講演裏所說的「自知自豪和被人所稱揚的同心協力的共同工作者」的。

在這一種努力中，菲希特仍是立於一種巨大的歷史背景牽涉之中的，縱然他思想上的着目點那樣獨立和獨創，縱然他的要求和他的出現，那樣果敢大膽。因爲「關於整個人類的一種教育思想」，在十八世紀已經充分明顯地見諸吐露，並且被引涉到了文化上的片斷方面。 爲這一個思想底建樹實施所需要的理論前提便是在「全人類一致性」底概念裏存在着，並且也是在人類利益利害公共性之認識與感覺中存在着的。 這一類的思想本來是文藝復興(Renaissance)時代底創造。 但是到了法國像孟德斯鳩(Montesquieu)和福祿泰爾(Voltaire)一流的思想家，牠們纔到了充分發展的地步。 既而這些思想竟傳入我們祖國德國來了。但是牠們到了德國之後，在牠們的核心裏却又經過了一番轉變。 因爲直至這時，所謂人類之一致性和所謂人類之歷史，俱都被人們理解爲文化與歷史上經驗的與實然的狀況。 可是現在，在德國，這一個思想却又更深進了一步——而這更深進的一步實係有類型的價值的——就是：這一種狀況這時在德國並不僅只理解爲一種事實而已，而歷史，亦並不僅只理解爲前因後果排列齊整的世事歷程，亦不理解爲歷史上的變故與人物底一種機械的並排並列。　關於這兩方面，德國雷興 (Lessing)，赫德 (Herder)，康德 (Kant)，釋勒 (Schiller)，菲希特 (Fichte)，黑格 (Hegel)，洪保德 (W. v. Humboldt) 等偉大思想家只認爲是人類一種愈高能力底流露與沉澱，只認爲是一種道德理性的本能底發展，只是這兩方面纔能爲現實人生底本來主體與價值底地盤。　這樣，所謂歷史，所謂人類底文化，便都被理解成了道德思想實現上的過程了，甚至因這一種理解，歷史底概念與文化底概念方能被創造了出來。

菲希特全部歷史觀自始至終都爲這一種道德哲學的立場之所充塞與支配。這也是他那些演講裏的主幹思想的。　一切文化上的片斷方面，他都覺得，只是在牠們負有這一個立場於自體之內，而能使之向外開展時，纔能是有價值，有意義，有生命權利和生命能力的。　自這個立場他要特別振起國家生命底頹勢，自這個立場他要醫治國家所受創傷，他要組織與改造國家底制度。　一種生命是死滅的與無價值的，這樣長久和一旦牠失去了道德實力，不爲道德實力之所負載，不爲道德天性上的動因之所確定。　在菲得利大王(Friedrich der Grosse)以後時期的普魯士國(Preussen)裏，道德力量萎痺，道德的自意識失去牠的獨立地位。爲了這個緣故，普魯士國竟至沉淪。　然而爲了這個緣故，牠的崩潰瓦解也是公道的和有良好效果的。　甚至當時普魯士國的人們全德國的人們都還絲毫未曾覺悟到，它們在歷史生活底全體中占有和應行占有何等重要的理性位置；全民族都還未曾到了覺悟它們的性格和利用它們的性格的地步。　爲了這個緣故，爲民族前途無量的發展，首所應作的一件事務，便是爲德國民族「開創德國人底概念 (Begriff des Deutschen)」，而這也是菲希特在他第七篇講演裏所作了的。　所謂爲德國民族開創德國人底概念，那便是用智力燭照這個概念的問題，便是應行闡明與陳述那宗偉大的道德義務，惟獨這宗義務底滿償與履行，德國人民纔有權利，可以要求自生自存，可以要求過自己的政治生活，和走入世界上各歷史民族底行列之中。　「既非雙臂之力，亦非兵刃之精，乃是精神，是心性之堅強，纔能鬪出勝利來的。」　這一句菲希特在他第八篇講演裏所說的話是可以能當作他的和簡直全部唯心派歷史哲學底標語的。　並且那或許並非不合乎目的的，在讀這些講演的時候，先從末後的三篇讀起，因爲在這三篇裏上述思想底發揮陳述卽便在一個最冷靜的懷疑派也能爲之心折神奪，而這三篇裏的言語詞彩，分量底深厚，和那激昂慷慨的興奮高尙，都很有些近乎大詩人釋勒 (Schiller) 底手筆的。

哲學家底這句話，歷史上已經給他證明，是說得對了的。　因爲幫助了崩潰瓦解的國家又到復興地步的事物，便是他所主張的那些道德能力。　政治的重復建設未實現之前，道德的重復建設已先一步實現了。　當時圍繞於國王寶座左右的偉人大臣們俱都是出於康德與菲希特底學派的：「性格剛強偉大，心雄興奮熱誠，和頭腦聰明瞭亮的人物成行成列，一眼瞧不到邊，而那政務與軍事的才士幹員更密密地聯成了羣隊，這些國家中堅份子都是可以一般平等地，毫無愧色地出現於國內文壇名人名星之傍的。　——當時國家一方面從內裏極力掙扎，一方面將國內詩人與思想家在末後數十年對於人類尊嚴與人類自由，對於人生之道德目的之所思所想，俱都搜尋了來，作爲國家底命脈，而一一予以施行利用。　國家之所依恃的，是人類精神上所具有釋累釋縛的解脫威能，而令新德意志思想底充分潮流湧溉全國。」　（這便是大歷史家特雷持克氏(H. v. Treitschke)對於當時普魯士國政況之敘述。）

但是像菲希特那樣天性的一個人，對於他的思想與要求在歷史方面的證明決不肯去憂心憂腸地顧慮的。他是覺得，那是一種絕對的道德義務，去向事物底現實行程予以影響，並用思想與理想去向人生予以確定與指導。「一切具有高尙性的事理人物一律應行具有照牠自己的方式向直接的現代涉入的意志，那麼誰果然是在高尙事理裏生活着的，這時他自然也可以在當前的現代裏生活了。」　並且那句傲岸的，差不多過於傲岸的話，也還是出於菲希特之口的，就是：至於說個人理想夢想的美滿境界，極致的目標在現實的世界內不能演現，這是他自知自曉的，和任何一位半知識份子都一樣，這些半知識份子，它們素常懷着輕蔑的或不相信的或毫不關心的態向着那些理想理論瞧了下來，因爲他們宣稱理想理論便是空想空論，理想理論既終究不能實現，當然要是些無用的事物哩。這是非希特和他們一樣知道的，甚至或許知道得更好一點的，因爲他曾說：「我們不是主張理想都能見諸實行，我們只主張，世間的現實應以理想爲評判的準則，並且只主張，現實界應行經那些覺得自己具有這宗理想能力的人物加以修正加減。（這句話見於非希特所寫：論學者之使命（Über die Bestimmung des Gelehrten）一文之緒言中）。——

以此觀之，可知非希特之爲人和他的這講演都是無與比倫與獨一無二的，因爲在他和在他的講演裏，俱係能使科學的確見達到了歷史的效驗中，因爲在他和在他的講演裏能使思想方面的唯心觀和事實方面的唯心觀結合一氣，因爲在他和在他的講演裏能使歷史生活底實然去和那應行視爲眞正永在的價値的道德與精神價値之全部領域，發生至密切的關係，因爲在他和在他的講演裏能向我們相示，在歷史中之所關係的，並不在物質類的能力，而是在別有其所在的一類能力的。

在這兒，這所謂別有其所在的能力上，就是在非希特底學說上，唯心派的歷史哲學尋到了牠至高度的鑄形和他最犀利的表現。凡是在他當前時代之特徵和繼續着程度愈見增加地在他忠告德意志民族的講演裏之所發揮申述的理論，可以說是對於歷史生活和歷史生活上的條件所作的可能的與哲學的批評理解上的一個極點。非希特這些闡發理解的理論形成了那一種歷史觀底極端對反，就是人們相習以唯物派或自然派所稱呼的那一種歷史觀底對反。這一種唯物的觀法，在法國，則有孔多耳塞氏（Condorcet）和杉·西蒙氏(St. Simon)，在英國，則有亞當·斯密斯氏（Adam Smith）和巴克爾氏（Buckle），在德國，則有路德微·費爾巴哈氏（Ludwig Feuerbach），馬克斯氏（Marx），非得利·恩格爾斯氏（Friedrich Engels），等等人物爲其最著名的代表學者。這樣彼此對立的兩級中，彼一翼，就是在非希特，在唯心派的哲學家方面，而德國國外學者首先應行列入這一翼裏去的，便是英國卡來爾氏 (Carlyle)，是把精神界裏的道德能力視爲歷史上的決定條件的，反之在此一翼，就是在自然主義之代表者方面，却是視經濟的與社會的動作爲歷史上的這一宗基礎的。在彼一翼，人們是把偉大的人格看作了歷史生命上唯一的眞正的創造者與促進者，可是在此一翼，竟又是去向人民，向社會上的羣衆，和去向這兩方面的人們生理上的需要滿償予以承認，說它們纔當先是具有負載歷史生活與推動歷史進展的價値的。

至於說這兩種理解法與解釋法之中，那一種是對的，甚至是否能發生這二種方式中僅有一種纔是惟一對了的問題，或是否尤其能發生牠們可以交互混合，而這交互混合的關係應當是那一種類的問題，這還是歷史哲學上或更好一點說，就是歷史底形上哲學上仍尚未能解決的一個問題。爲求這個問題底解決，我們現今的些時日也還在努力以從事的。但是在這篇導言底末尾還應附注上一句的，就是在歷史哲學的範圍內較比上述問題還要根本，還要重要的些問題還很多着哩，可是這兒幷不是對這些問題予以剔掘的地方了。

第一次講演

關於全部講演之概覽以及預先提示之點。

我現在在這兒所要開始舉行的講演，我曾預告，是我三年前的冬天仍然在這兒這塊地方上所舉行，而在當前時代之特徵底題名下更曾付印的講演底一種繼續。在那一些講演裏我曾相示，我們現在所處的時代是世界時間全部中第三個大段落了，這一個段落底特徵，是僅只以物質的利己心為牠一切生動操作的動機的；我曾相示，這一個段落的時代完全曉然牠惟一可能實現的一條道路，是在所說的這動機之上，因而也竟始終去歸依了牠；並且我也曾相示，這個段落的時代因為對於牠自己的性質握有這一種清晰的認識，所以便深深奠基在牠這個發動生機的性質裏，而不可動搖地固定於其中。

自從有所謂一種「世界史」以來，時間提攜着我們較比任何一個時代都還要加甚地邁開了巨靈一般的大步來了。在那三個年頭裏，就是在自從我對於當前流逝着的這一段時代作了我那一種闡發申釋的大學講演之後，已經過去了的三個年頭裏，在某某國，某某地方，世界時間上這一個大段落已經充分完畢完結了。在某某地方自私自利的現像因牠那充量的發展已經把自己毀滅了，因為自私自利的現像在牠那自私自利底發揮上喪失了自體和自體底獨立；並且還更因為自私自利的人們向來俱係很親切的以自己當先，所立目的皆為自己，並不知有他人，而現在反因外部的壓迫，外部的強力，于是一種這樣的其他的和它人的目的竟被逼臨他們頭上來的緣故。誰要是從事，對於他的時代加以一番闡發評批時，那他也應當攜着他這闡發批評以追隨時代底進展程途，如果這時代是有一個進展程途的；這樣現在對於我便要成了一種義務了，在同是這一班聽講者之前，假使我在它們之前曾把某點某時表示為現在現代的話，反來承認這某點某時為已經過去的了，當在牠終止為現在現代之後。

凡是失去了獨立的，無論是邦，是國，是人，是物，同時也是失去了向時代底洪流裏去伸干涉的臂腕，和去自由確定時代洪流裏的內容的權能的；一個這樣的國家與人物，如果它們恒常滯處這一種狀況裏，那它們的時日歲月，甚至連它們自己也都要隨同着它們的時日歲月，彷彿一條線一般被支配着它們的外來權威給收捲了去，收捲了下來的；它們自這時起便算沒了自己的時日歲月了，乃是要以異族異國底時間段落和事變事故爲自己時日歲月底計算了。　可是它們也可由這種狀況裏自行振拔了出來的，在這種狀況裏全部直至這時的世界都已脫出它們自主自決的干與，而在這一種世界裏，給它們殘留着的，也不過只是臣服屈辱底榮耀而已的，可是果如要自行振拔，却純粹是在一個條件之下的，就是它們心目中須要有一種新的世界給它們浮現了出來，新的世界一經創立，它們便可立刻開始它們歲月上的一個新的，自己的段落，而可拿新世界底繼續建設，來塡塞這個時代底段落了；但是因爲它們既已一旦臣服於外來的權威之下，所以這一種新世界底建設，却始終不可令那外來的權威有所聞知，並且絕對不可惹起牠的猜疑心來，甚至，這外來的權威，還可動之以牠自己的利益，令牠不來向這新世界底開展置阻力於當途。因此假使果然有這麼一個這樣創造的世界，可以作爲一種能製造新自體和新時代的方法，爲一個已經喪失了它們直至這時的自體，和它們直至這時的歲月和領土的民族時，那麼一種對於即便是可能的時代所擬作的全面的解釋中說也自然應負有來揭示這個這樣創造的世界了。

從我的方面說，我以爲是有這麼個世界的；我這講演底目的，便是要向諸君指證這一個世界底存在和這一個世界裏的眞正主人翁，是要把這一個世界底一幅活躍畫像給這一個世界和這一個世界裏的眞正主人翁引現眼前，讓它們自己瞧瞧它們自己的眞實情況，並且是要把這一個世界底創造方法舉示了出來的。　所以我方纔說，我這講演是從前我對於那時的當前時代所舉行那些講演底一種繼續，那便是要說，是照這個樣去繼續的，換言之牠們便是要去揭除那個新時代的，這個新時代在專講利己之國因外來强權强力被破壞之後，可以和應當直接繼之而實現的。

可是當在我開始這個使命之前，我不得不請求諸君以下列幾點為前提，這是諸君始終不可忘掉的，並且不得不請求諸君關於下列幾點無論在那兒和到甚麼地步，如果必要時，必須和我的意見一致：

一．我的講演是為直接所謂德意志人而發的，是議論直接所謂德意志人們的，不是要承認，乃是絕對要掃除和拋棄那一切間隔着德意志人們的間接區分區別，這些區別自數百年以來在我們這一個民族裏已經作下了不少的禍害慘事來了。諸位尊嚴可敬，會聚這兒的聽講者，諸位固然在我肉眼之前是當先的直接的民族代表，共同呈示着可愛的民族特色的，而諸君也是當前可見的一個焦點，我這講演底火焰將要在其中燃燒了起來的；但是我的精神却把全德意志民族裏受過教育的份子由它們所散佈的那一切國界內都聚攏了來，圍繞於我的左右，思量一思量和觀察一觀察我們大家共同的處境和狀況，並且深願，我這講演所具有的活的，或許能感動了諸君的能力，也能有一部分留存在那靜默無聲，祇為未在這兒聽講者而備的這講演刊本之中，而由其中以呼吸牠的生命，到處燃燒德意志人們底心靈，促它們起來，作決斷作抵抗。僅只議論德意志人和為的是直接直隸的德意志人們的，我方纔說。我們將要趁時相示，除民族血統上德意志一個一致點之外，任何一種其他一致之名色或所謂民族連繫的，或者永不曾有過實在與重要，或者如果曾有過實在與重要的話，那這一種民族結合之點也因我們現在的處境，而被破壞，而被給我們刼奪，並且永不會返回的，我們更將要相示，我們要阻擋我們民族在同異族異國鎔化合流中的滅亡，惟一所仗勢的便是全民族所公共的這德意志特質之--基礎點，並且在這一個基礎點裏，我們纔可以再獲得我們根基於其上，而絕對不是能容忍任何從屬關係的自體。末後所說的這一點，人們一經識透，那同時這個主張上同其他方面的義務和為人們所神聖視之的事體的外面衝突，這或許現在為許多人們之所懼怕的，便要完全消失了。

這樣我因為所抱的是只談論一般德國人的宗旨的，所以有許多原非為聚會這兒的諸君們而發的言詞，我仍要當作爲我們這兒大家有效地說了出來，一如我在其他方面原僅只爲這兒我們所發的言詞，也要當作爲一切德意志人們有效地說了出來的。　我在我精神界裏，我這講演便是這精神底流露，之所瞧見的，是全民族互相交結而生成的一個一致團體，在這團體裏任何一份子都不應當把其他一份子底遭遇命運視爲身外不相干的遭遇命運的，像這樣的一個民族團體是應當和不得不成立的，假使我們不要全體滅亡的話——這個一致團體，我視之爲已經發生，已經完成，和已經現現成成樹立那兒了。

二·我爲我這講演所豫期的那些德意志聽講者，並非連帶它們所具一切性質純粹消溶在因所受損失，亡國之損失，而生的慘痛底感覺裏，于是乃恬然自安於這慘痛中，更且頹然聊以極目逞懷於它們那無可慰藉的狀態之上，甚至最後意氣消沈沮喪，僅以這一種感覺來設法和那臨到它們頭上來，促它們奮起抵抗的要求相搪塞的人們，這樣的人們，我不豫期，我所豫期的，是那些已凌越這種應該的慘痛而達到了清晰反省和默察地步或至少具有能達到這個地步的能力的人們的。我認識這一種慘痛抑鬱，我曾感覺了牠如同任何人一般，我是很敬重牠的；因爲蠢頑麻痺之輩，不會感到這種苦痛的，只要它們一尋到飲食，受不到軀體上夏楚之痛時，在它們，所謂榮譽，所謂自由，所謂獨立，都是些空虛的名字；不過連這一種慘痛底作用，也僅在鞭策我們到反省，決斷，和奮起之上；這個最後目的一經失錯，那這種慘痛便要把我們的反省力和給我們遺殘留着的種種能力都要劫奪了去，於是這樣便完結了我們的厄運，更加上牠還以我們怠惰性和卑怯性上的一個憑據給人們一個顯然可見的實證，證明我們是活該受這份厄運底蹂躪的。我絕不是想要用那一類說有某種外來助力，可以拯救我們的慰藉言詞，和用那一類指示將來時期自能現出的種種可能的事故與事變的說法，來使諸君克服這一種苦痛的；因爲即使不是這一種思想底傾向，這一種傾向是寧要在那動搖不定的可能性的界域裏流浪不返，而不肯去緊貼在那不得不的舉動上的，並且是寧要把它們自己的拯救付諸朦朧迷茫之前途，而不肯置之自己掌握中的，因爲即使不是這一種思想底傾向本來是一種至該膺懲的不負責任，和對於自己的一種至深的輕視底特徵的話，那像這一類的一切慰藉與指示的話頭對於我們的處境仍還是絕對用不上的。 至於說我們要是想得救的話，那除去我們不得不自救自拯一途外，沒有一個人，沒有一位上帝，和在那可能性底界域裏所潛藏的一切事件之中也沒有一件是可以能來拯救我們的，這有嚴格的證據可以為之證明，而我們也將要趁時把這證據說了出來的。 我尤其是想要嘗試着用那對於我們的處境，我們還殘留着的能力，我們自救方法上清晰明瞭的燭照認識，以令諸君超拔於我們所受這一種慘痛的。 因此我纔敢拿一點一定程度的反省，一點一定的自發自動，和一點犧牲的精神來向諸君作瞞望之資，而我所假定的聽講者便總是可以到這個地步去向它們瞞望期待的。 況且我這向大家要求，瞞望的事件共總都沒多大分量，都很容易，都不豫期還更大的力量的，較比人們，據我所信，向我們這個時代所可期望的程度；至關於危險一層，那在這上面絕對是沒有的，不會惹起的。

三・因為我所抱的宗旨，是闡創本格德意志人們對於它們眼下處境的一種清晰的燭照認識的，所以我所視為前提的聽講者，是具有要以自己的眼光來視察這一類事件的傾向的，然而却絕非以那些在觀察這宗事件時，覺得那是較便利的，去令人們把一個外來和外國的透視器推置自己眼前的些人們為前提的，因為人們所置於它們眼前這透視器或者有意在騙人，或者自然也以牠別另的立場，和牠透視力底低下，永遠不會適宜於一隻德國人的眼目的。 再者我還要視為前提的，就是這些聽講者用自己的眼目作這一宗觀察時，須具有膽量，切切實實去向那實際情形睜目視察，並且老老實實承認它們實際上之所見，此外我還要視為前提的，便是這些聽講者對那屢屢出現，而在自己的事情上總要自欺自騙，把實際上本來不佳，而偏要把不佳程度減低的一幅描畫置之眼前的性癖，或者已經克服了，或者是具有克服能力的。 這一種性癖是對於自己思想的一種卑怯的逃避，和一種小兒的愚癡，似乎在那兒相信，如果它只不要去瞧它的悲哀窮困，或至少不自行承認，它曾瞧見了它這悲哀窮困時，那它這悲哀窮困在實際上便要化為烏有，一如這在它的思想界裏已化爲烏有的情形一般。 反之，那便是男子的，果敢的，堅決地把那禍事弊害置之眼底之下，而强迫牠中止前進，更且安然地，冷靜地，和自由地從各方面去透視牠，並把牠分化爲牠原來的成分。 況且也僅是因這一種清晰明瞭的燭照認識，人們纔有排御這禍事弊害的把柄，而在下手去克服牠的時候，纔能步伐穩健地前進，而更因在任何一片段方面俱能作全部的概覽，所以人們時時皆得知曉，人們是到了甚麼地步，這樣便因既已獲得的清晰明瞭，而對於它自己的事情乃有確實把握了，可是那其他一個無鞏固線索和無確切把握的人便不得不茫然夢然地去瞎摸索了。

爲甚麼我們竟也要畏避這一種清晰明瞭呢？ 弊害禍事並不因對於牠們的不認識，而見減少，亦並不因對於牠們的認識而見增大；只是因這一種清晰明瞭，弊害禍事纔能得以治療；我們並不是徒爲非難人們底過失，失敗之由纔來求這一種清晰明瞭的。 人們儘管用嚴重的譴責，刻毒的諷刺，鋒利的蔑視去鞭笞人們底惰性和利己之心吧，並且儘管去極力刺激它們吧，雖然不見得能收甚麼較佳效果，但至少也可以使它們對警告者心內生恨和起仇視，因爲這總還可見它們的心尚未僵化，尚能起激烈的動盪，趁着那勢所必至的效果，那弊害禍事，還未到完成地步，並且還趁着自人們底悛改，人們底洗面革心上還有救藥或蘇穌之可期待時。 可是這宗弊害禍事一經完成之後，這換句話來說，就是也要把我們照這樣長此遺誤下去的罪過底可能性也要給刼奪了去的，那便要無用，和彷彿透着是幸災樂禍的心是的了，如果人們還要再去叱責這已經不能再犯的過失時；這時人們的觀察便登時要脫出評騭是非的道德學底範圍，而落入敍述事實的歷史底範圍內了，可是一到了歷史裏面，那所謂自由，便算過去了，而那已成的事實，歷史便不得不把牠視爲已往事件底必然結果，無可如何的。 爲我們這講演除了末後這一種關於現代的見解之外，並未賸有一其他見解了，因此我們也就只好採取這個見解，而絕不另去採取其他見解。

那麼這一項的思想方式，就是人們須持着一個直接直隸的德國人底心理，甚至不要爲哀傷隱痛的感覺之所羈絆，須要觀察實際的情形，而具有敢向牠瞪目直視的膽量，等項情形，都是我作了我這講演的前提，而在講演裏我所說的每字每句都隱隱以牠們爲根據的，這樣，某一個人要是把一種其他的，與此相反的思想方式帶入講演場裏來時，那在這兒倘或能給它作有甚麼不如意的感覺的話，這却仍要由它自己去負責，與我們無干。　這是在這兒須要提出的一句話，決定的，永不反口的；那麼我現在便可以舉行我其他的一個使命了，就是把一切繼續的講演底基礎內容在一個一般概覽裏置於諸君之前。

我在講演底一開頭曾說，某某國，某某地方利己之心因牠充分的發展把自己毀滅了，因爲牠在這一點上喪失了牠的自體，和獨立給自己樹立自己目的的能力。　這一種現在所實現的利己心底毀滅，就是我在上面所指出的時代底繼續進展，並且是這時代裏絕對新出的事件，這事件使我覺得，我從前關于時代的敘述底一種續作又有可能與必須了；由這兒看，時代所現出的這一種毀滅，便是我們本來的現在時期的，而我們在一個新世界裏的新生命，這一個世界底存在，我方纔亦然有所斷定的，便應當直接結附於這個時代之來，因此牠也是我這講演本來的出發點；所以我在這兒當先應行相示的，便是怎樣和爲甚麼緣故利己心底一種這樣毀滅不得不由牠至高度發展裏發生了出來。

利己心便算是發展到了極高度了，倘若牠以少數例外傳染到了全部被統治階級之後，而又自這被統治階級出發，捕獲把持了統治階級，漸致成爲它們唯一的生活慾望。　給一個這樣的政府所能發生的，首先向外，便是對於一切用以將自己的安全結合於它國底安全之上的連繫牽涉底玩忽疏怠，此外便是對於全體，對於列國列邦底放棄，雖然牠是這全體，這列國列邦裏的一份子，而放棄底目的却純粹在免得牠由牠那慵懶的安靜之中被攪擾了起來，最後便是那利己心的可悲的自誤，以爲牠是在享太平之福的，這樣長久只要自己的國界未被攻擊；其次向內，便是發生那一種國柄之懦弱操持，而這一種操持還是拿外國名詞來命名爲：人道主義（Humanität），寬仁主義（Liberalität），和平民主義(Popularität)的，可是這恰當一點用德文說，簡直叫做萎靡不振，叫做懦夫行徑。

如果利己心也把持了統制階級，這是我剛纔說了的。一個民族能是澈底敗壞了的，換言之就是自私自利的，因爲利己心是一切其他腐化敗壞之根的——可是牠不僅仍然能存在，甚至還能外面作出些光華的事業來，只要牠的政府不是一樣腐化敗壞了的；甚至一個民族底政府對外還是可以不守忠信，不守義務，和忘信義地去行動的，只要牠對內有以鐵腕堅持政韁的膽識，和能獲得人民對牠加重的畏懼時。可是如果統治與被統治兩方面剛纔所說一切惡德都要會聚一起的話，那這個民族底政治公體一遂到朝着牠來的嚴重攻擊時，那牠登時便淪亡，而牠自己旣那樣無信義地擺脫牠亦以一份子所從屬的民族團體，所以現在牠自體內之各份子已經不能爲對牠的畏懼之所規範，而又爲對異族異國的加重畏懼之所驅使，於是遂以同一無信義之惡德去背叛牠，一盤散沙一般地各自奔前程。可是在這兒到處散佈孤立着的份子們會再被那加重的畏懼之所攫捉，于是牠們乃不得不把牠們吝嗇地和極端不甘心地對祖國之戰士所交出的事物，拿來作成豐豐富富的敬禮強作歡笑地去都奉獻給敵人，直至最後那爲各方面所拋棄和奸賣的統治階級也被迫，而不得不以對異國異族的計劃去歸順降服，以換買牠們的繼續存在了，最後連那在爲祖國的抗戰中手棄了兵刃的人們這時也不得不在異國異族底旗幟之下學習奮勇操刃，而以之攻擊它們的祖國了。所謂利己心要爲其至高度之發展所毀滅，乃是如此以實現的，而那所立目的皆爲自己，並不知有他人的人們，現在竟因外來強權強力，也要反把一種這樣其它的目的逼臨到它們自己頭上來的了。

跌落到這一種從屬狀況的民族中沒有一個是能以尋常的，和一直到這時所用的方法由這宗狀況裏自行振拔了出來的。當在它們還操有它們全部實力時，它們的抵抗旣屬無效，那麼當在它們失去這實力最大部分之後，抵抗能更有甚麼效果呢？原先本來可以生效的方法，就是如果它們的政府曾有力和剛強地掌握了國權的話，那現在這一種方法自然是用不上了，當在它們這政權僅只外面似乎還放在它們掌握裏，並且當在它們這手腕仍爲一隻外人的手腕之所操縱與指使之後。一個這樣的民族既不能更向下仰仗自己，而亦一樣地不能仰仗那戰勝它們的民族的。要想這戰勝者不去堅握它們所戰獲的利益，並且不以各種方法去追求它們這利益，那除非這戰勝者也和那民族原先的怠忽，無思慮，卑怯，和喪神失膽的種種神情一個樣不可。或者如果戰勝者將來在時代底流逝裏果然能是這樣怠忽，無思慮，和卑怯，那它固然也要和我們一樣地沈淪滅亡，可是這與我們並無利益，因爲它們這時更成了新戰勝者底捕獲物，那麼我們便成了這捕獲物上當然的，無關重要的附屬品了。假使一個這樣陸沈的民族仍可自行振拔的話，那這民族必須得用一個完全新的，直至這時還永不曾用過的方法，就是須要對於事物創出一種完全新的秩序，新的規律紀綱來，纔能行的。那麼諸位讓我們來看看吧，在事物直至這時的秩序，的規律紀綱中，那是勢所必至地促牠到一種終結地步的根由，以使我們在沒落之根由底反面上能發現新的節段。可以把牠置入時代底永續裏，令已沈淪的民族更可直起身子來，重獲新生命，重度復興的新生活。

人們在對方纔所說的那一種根由的考查裏可以發現，在國內一切直至這時的現狀與法制裏，個人對全體的關涉關切，結合於個人對自己之關心關切之上所藉徑的那宗連繫，那宗紀綱，在某一點上已經這樣完全中斷，因而竟至對於全體的關切關心絲毫也沒了——質言之，就是藉徑於國家爲個人由與大衆在此世與彼世所同然的命運裏而生出的事件所設置的戒懼與希圖心理之連繫的。僅只在物質方面盤算的智力之開啓，使中間中斷了宗教方面所主張的此世人生與彼世人生之結合，同時也是理解了道德思想方式上其它補充與代替方法，例如人們愛榮譽之心和國家之光榮等，爲一批騙人的幻影虛語，而勸人們不必去信守奉行；國家底孱弱黑暗，屢次地不曾嚴懲重處了失職誤職，無道無德的行動，因而便使那特爲個人由它對公衆的行動裏所生出的事件，甚至爲人類世間的生活，而設置的戒懼心理，所樹立的國家威望，無存在之可能了，然而也更一樣地中斷了人們底希圖心理，使之完全失效，因爲牠來滿償人們底這希圖心理時，屢見不鮮地不去顧及人們對於公衆的功績如何，而是完全把另一種的規則與動因拿來作爲標準了。就是因爲這樣的些秩序，的些連繫紀綱的斷裂，所以國體竟至瓦解。

可是無論如何，自這時起，這上面所說的，那戰勝者也可自去殷勤以從事的，因爲它們原本具有這宗能力的，就是去把用作防閑牢籠之資的那連繫，那紀綱上的最末後部分，所謂爲世間生活所設施的戒懼與希圖的心理再結繫了起來和再加强了起來；這樣只是與它們能生效益，與我們却絕對不能的，因爲它們對它們自己的利益那樣準確地認識，所以便要儘先地只把它們自己的事件結繫在這條更新的羈絆之上，然而關於我們的事件，却只看我們償遂它們的目的能到甚麼地步，繼來畀與我們的事件以甚樣地步的這宗防閑的。爲一個這樣敗落的國家，用作防閑人心之維綱的戒懼與希圖的，自這時起自然提不到話下了，因爲這維綱底操縱已脫出它們的掌握，而它們自己反不得不有所戒懼，有所希圖，從此也更無人再去對它戒懼或向它希圖點甚麼了；所以給這樣的國家絲毫都無餘剩了，除了去發現一個完全其它的和新的超越戒懼與希圖心理之上的維繫防閑人心的方法，以便藉此可將大衆底事件結合在大衆中每一份子對自己的關心與關切之上。

超出戒懼或希圖心理上的官能衝動之上，而一開頭本來與牠相鄰接的，便是道德方面是承認或否認上的精神衝動，和對我們自己與他人的狀況所發生的愛或惡之高尙感覺的。這樣一如一雙習於潔淨與秩序的外界眼目一見到一個污點，雖然這污點並非直接對軀體能加以甚麼苦痛的，或一見到橫横豎豎亂堆置着的些事物，便要覺得彷彿被直接的苦痛之所苦惱與駭懼，而那習於汚濁與凌亂的人們反而能很安適地處於其中的情形一般，這樣，人類內界精神裏的眼目亦可使之習染與訓教得，一見到它自己和爲它同胞種族底生存上那一種凌亂無序，卑污惡濁，不名譽不合身分的狀況時，並不過問這狀況對於他個人官能的安適有甚麼可畏懼或可希圖，便要立時由衷裏起一番哀傷的，而這一種哀傷更又能是完全與官能性之畏懼或希圖無關地去令那具有一雙這樣眼目的人心裏得不到平靜，力迫着它，非把這一種所厭惡的狀況儘能力之所及去給剷除，而代之以它心目中所喜悅的狀況時，乃不肯罷休的。　一個人一經具有一雙這樣的眼目，那圍繞於他四周的大衆們底事件，便要被那促迫我們去作同意或非難的感覺不可分離地結繫於這人自己的擴大的自我上的事件之上的，而所謂擴大之自我，便是因爲個人這時只覺得自己是全體中的一份子，並且只是在親切的全體中纔能感到安適的緣故；所以照這樣看，給人民造成這一種眼目的舉動，便是給一個失去獨立，因而亦失了對國家之威望，之戒懼與希圖的影響的民族所餘剩下來的一個更可靠的，唯一的方法了，這一個方法纔是可以使他們由所忍受的毀滅中再走上自己存在的途徑，而將他們國家的事件穩妥地整個付諸新發生的與更高尚的民族感覺裏的，而這感覺，却是自從國家破滅以來不曾見有一個人，一位上帝去加以若何思量的。　這樣便要發生了出來，我在前面向大家允許所要揭示的那個自救的方法，第一便是在造出一個絕對新的，並且直至現在或許除個人方面例外之外，永不曾以一個一般的和國民的自體而出現的個自體，其次便是在教育那民族，它們直至這時的生命已經熄滅，而成了異族生命上的附庸品的，使之躋於一種完全新的生命地步，這種生命或者始終爲我們這民族所專有的一種寶藏，或者，也要自我們這民族轉徙到其它民族掌握裏去時，那雖經無窮的分割分離也要始終保存完整與無虧損的；總而言之，我所提出的唯一的一個保存德意志民族生命的方法，便是直至現在的教育制度底澈底變革。

至於說人們應當給兒童們一種好教育，這是在我們這個時代裏也曾被人說得夠常了，並且一次一次重述得令人厭惡起來了，因此那未免見得過於輕微了，如果我們在這兒也來再說一次同樣的話。　因爲我們既相信，我們有說一種其它的話的能力，那麼我們尤其所負的使命，便是去精密地與確切地考查研究，我們直至現在的教育所缺乏的是甚麼，並且更應行指出，既經變革的教育究應把何種絕對新的節段置入直至這時栽成人類的教育之中。

人們對於直至這時的教育作過一番這樣研究之後，便不得不承認，牠並沒有不去把宗教方面，道德方面，法律方面思想方式上以及各樣各種紀律秩序和良善風尙上某一觀念置之牠們學子底眼前的，此外還不得不承認，牠們也還曾這兒那兒很忠實地訓戒勸導學子們，叫它們在它們的人生裏照着那些觀念遺留印痕；但是除極度少見的例外之外，而這例外還並不是這一種教育裏之所現出的，因爲牠們倘非必然在一切由這一種教育裏過來的人們底身上，並且彷彿一種慣例一般而出現的，乃是因其它的緣由，纔發生了出來的——除這一種極度少見的例外之外，我說，這一種教育裏的學子們揣數都不曾遵從奉行了這種教育上那些道德的觀念與教導，他們都是順從着他們那天然的，和不受任何教育法術上的協助而生出的自治自律上之衝動，以養成他們的道德人格的，這是可爲一個不可反駁的鐵證，證明這種教育固然能拿少數的言詞言語和熟套爛調來塡塞學子們底記憶力，並且固然能拿少數昏弱無力的景象觀念來塡塞牠們那冷冰的，不關痛痒的幻想力，然而却永不能弄成功，把他們對於道德的世界秩序所作的一番描畫，增進到那樣的一個活躍有力的地步，竟至使他們的學子們對這描畫心內不得不起沸熱的愛慕與向往，並且不得不爲熾烈的感動之所攫握，而促迫它們把腦中所向慕憧憬的美德美行表現於人生裏，更使那自私自利的汚濁心思彷彿枯枝敗葉一般自這感覺上脫落了下來；這個鐵證證明了，這種教育離着徹底探索人類眞正的生命生動與生命行動之根苗，從而施以剪裁造就之功的目標還相去非常之遠的，因爲人類生命上這宗根苗尤其是不爲那些昏盲與昏弱的根苗之所牽涉，獨自處處儘力之所及地野生暴長，于是在那少數天賦優良的人們，自然會收愈長愈好的效果，而在大多數的人們，自然要收惡劣的效果了。　關於這一種教育，我們現在旣已把牠的這種效果敍述到了這個地步，那已經是够了，而人們爲我們的目的也可免除一番勞苦艱辛的工作，不再去剖劃分析一顆樹幹之內裏的汁液與脈絡了，因爲這顆樹所結的果實已經充分成熟，而落了下來，擺在一切人們底眼前，並且極度明顯地，令人們或可以曉然地，顯示着結了這果實的那顆樹底內裏性質是怎樣。根據這個見解嚴格地來批評，那麼直至這時的教育，絕對不是一種教人們在世上怎樣作人，裁成人類的教育，這也是這一種教育不以此自相誇耀的，牠很多次很率直地自行承認牠這弱點，因為牠曾作為成效底條件，去向人們要求須把天資聰俊，或本來有天才的兒童們交付於它們教育，纔能有成效之可言的；所以一種這樣裁成人類的教育法還是得去發現的，而這一種教育法之發現便是新教育底本來使命了。舊教育上所缺少那深入人類生命生動與生命行動之根苗的澈底探索，新教育應當把牠拿來補塡舊教育這個缺陷，而舊教育至多也不過是是把一個人的某一點教育成功，可是新教育却是要把整個的一個人教育成功的，並且還絕對不是要把牠這教育像直至這時的教育一般，作為學子們的所有物，乃尤其要作為學子們底人本成分的。

再者這一種受有這樣限制的舊教育，直至而今還僅只是加到了那所稱之為受教育階級底很少數人們底身上，而那原本正為國家基礎的大多數底羣衆們，所謂老百姓，所謂平民，反而幾乎完全為這種教育之所忽略，之所付諸盲目的命途之中了。　我們要用這一種新教育把所有德意志人們造成了一個總體，這個總體在牠一切單獨份子裏都要為這同一的一個事件之所驅策與鼓舞；可是萬一我們在這兒也要再把一種所謂受教育階級，這階級當然是要受着這時新發揮了出來的道德力的衝動底支配與貫澈的，自那所謂未受教育的階級上區分了出來的話，那這所謂未受教育階級因為或許仍在專門地受着那敵人所設之戒懼與希圖的羅網底支配的原因，而更因這羅網並不是為我們的利益，乃是為防備我們所設立的，所以便要給我們脫落，給我們喪失了的。為了這個緣故，我們除了直接地，一個例外不留地，把這一種新教育加到一切所稱之為德意志的人們底身上一途外，並未餘有他種辦法了，我們不使這種新教育成為一種特殊階級底教育，是要使牠成為直接為民族而民族，連一個單獨份子的例外都不許有的一種教育的，在這種教育裏，換言之，就是在教育人們對一切正義正當事件懷有至深誠的愉悅心理的教育裏，各階級上所有一切區分區別，雖然這區分區別在歷史發展的其它枝節上以後或可仍能實現，却俱要一律完全剷除，使之歸於消滅，這樣令我們德意志人民之間，絕對不是要產生一種平民教育，乃是要產生我們所固有的全德意志精神的民族教育的。

我卽時可以向諸君陳述，一種像我們所希冀的這教育方術，實際上確已發現，和見諸施行，竟至我們勿須再作甚麼的，除掉去接受直接呈獻於我們眼前的這方法之外，這方法，一如我方纔在上面關於我所建議的民族自救方法上之所允許的一樣，決無可疑地並不要求我們能力上更大的度量，較比人們在我們這個時代可以很公道地預期的。在這個允許上我還要添一個其它的允許，就是關於危險一層的萬一說法，那在我們這個建議上，可以說是絕對無危險的，因爲支配着我們的那異族權威，因牠們自己的利益之所使然，不惟不來阻擾我們這種提議底施行，反而更要予以促進的。我覺得是很合乎目的的，同時在這第一次講演裏把我關于這一點的意見顯明地說了出來。

固然在古代與近代那宗誘惑被征服的人民和貶黜被征服人民之道德的方法很能見效地曾被用爲統治的方法了；人們揑造無根的蜚語謊言，巧構是非語言底顚倒錯亂，在老百姓前汙衊邦國元首，在邦國元首前汙衊老百姓，以便愈加有把握地統治兩方而被離間，而互相火倂的人們，人們用着詭計惹起和發展人民底虛榮心和利己心，爲的是要使被被征服的人民到了可卑視的地步，而可擺出好人底一付良心來，去踏碎它們了；可是人們一定是犯了個決定要大不利於自己的錯誤的，如果人們對於我們德國人要走這條道路的話。除去戒懼與希圖底連繫以外，國外那一部分現在已與我們接觸接近的人民底團結精神是建樹在榮譽與國家光榮底動機之上的；可是德國人的明識，早已就不可動搖地確切識出，所謂榮譽，所謂國家光榮，也不過是些欺人騙人的話頭而已，個人身體上任何傷口，任何殘廢，都不能因全民族之榮耀而治癒的；所以我們再要是受不上一番較高尙的人生觀念時，那我們便成了這一種很令人可瞭然，而頗具有惑亂性的學說底宣傳者了。因此並不用再向我們身上來摘發其它新的禍害，只我們這天生的質素，便是給那捕獲我們的戰勝者致送災殃的禍根；可是只是我所作的建議底實行，纔能使我們爲一種致禍送祥的戰利品的，這樣，果然那異國異族眞曉得牠們的利益之所在的話，亦必將爲牠的利益之所動，寧可叫我們走向後一方面去，也不願我們常處於前一方面的。

我的講演連帶我的這一個提議，是我特別願向全德國之各受教育階級提出的，我希望，它們首先明白我這講演和提議，並且儘先向它們申請，把它們自己作爲這個創見底主動者，而藉此一半可以利用它們直至這時的效力，使社會鎔洽一致，一半可以換取它們將來的繼續存在。 我們在這些講演底繼續進行中，將要體出，直至這時在德意志的民族裏所有一切關於人羣的繼續發展，都是自老百姓出發，而所有一切國家大事都是先被置於老百姓之前，爲它們之所擔當，之所向前推進；可是我們將要看出，現在是第一次發生，把民族創始的再造付託於受教育的各階級，而它們如果要接受這個責任時，那這也還是第一次的接受哩。 我們將要看出，這些受教育的各階級並不能預計，還有多長時候那一種把自己置之這件事情底尖端上，作這件事情底代表的權利尙能操於它們的掌握中，因爲到了把這件事情提出老百姓方面時，那牠已經要差不多被準備妥當，要已經成熟，並且可以直接向老百姓裏的份子們去實行了，那麽過不了多些時候，老百姓便無須我們的協助，而可以自動自助地奮起了，由這一種情形裏，爲我們就只能生出一個效果來的，就是現在的受教育階級和它們的後人們都要變成了老百姓，而由直至這時的老百姓裏便要有一其它的，受有更高一層教育的階級昇起了。

根據上述一切情形來說，這些講演底普泛目的，在給被毀滅的人們送膽量與希望來，是在向深深的哀傷裏預告歡欣，是在輕快與柔和地引人們渡過最大困迫上的些時日。 這一段時間，令我覺得彷彿是一條魂靈之影，被一羣惡病剛由牠的屍體裏給驅逐了出來，而立在了牠的屍體上，並且悲泣着不能把牠的眼波離開了牠先頭那樣所愛戀的皮殼，並且絕望的樣子嘗試一切方法，爲的是要再投入那疫癘底巢穴裏頭去。 這已離體的幽靈，這已逝去的時代，固然已進入一個其它的世界裏，這其它世界裏的清爽空氣固然已經把牠納入懷抱中，並且用溫熱的愛護呼吸圍繞着牠，固然有些歡欣親密的姊妹們底呼聲已經向牠發出，表示對牠歡迎，固然在牠的內裏已經向四下裏有所生動與伸張，爲的是要發展牠將要長成的那個華麗形態；但是牠對於這清爽空氣還沒感覺，或對於這親愛的呼聲還沒有聽覺，或即使牠有，那牠也是消溶在牠對於牠的傷損的哀痛之中，而竟相信，是要和這傷損同歸於盡的了。　那麼對於牠還能有甚麼辦法呢？　可是其它一方面這新世界底曙光朝霞也透出了，已經映照到山峯山頭上來，使之發紅發明了，並且正在豫先彩飾着那馬上卽將來臨的晝日了。　我要儘我的能力去捕捉了這晨曦朝霞底光芒來，把牠們凝聚成一塊鏡面，令那無可慰藉的失望絕望的時代可以向裏面瞧一瞧，以便相信，牠還在活着呢，並且牠那眞正的核心亦可在那裏面整個給牠顯露出來，而核心未來之種種偉大開展與形成更可在一預示前途的遠景裏，自牠的眼底轉過了。連它們直至這時的生活景象也絕無可疑地都要給它們向着這一宗觀念消沈，化爲烏有的，那麼消沈寂滅了的，便可無須過事哀悼地被舁至牠的最後棲息之所了。

斐迪南·李希霍芬傳

Ferdinand Freiherr von Richthofen(一)

魏金絫 (Georg Wegener) 著

孫方錫譯

李希霍芬這個名字，在現時我們全民族的心目中是十分活躍的。但這是滿夫里·李希霍芬 Manfred v. Richthofen 當歐戰時的一位少年航空英雄，他的英名以空前的速度陡然高起，沒有其他同人能彀與他相比，直至他終於因航空喪命，這也是他平日安心料到的。這種光榮而動人的事可與阿希爾 Achill 媲美，總可說無愧於身後的大名。

但是我們在這裏所要論的這一位，在民間却曾沒有這樣的聲價。除了學界特別是地理學者以及若干高等國家機關以外，他在德國的最高學者當中，却毫無疑慮的是一位人物。不過這些人對於他也僅有普通的認識，都說他曾考查過了中國，至於他什麼時候考查的，怎樣考查的，有什麼樣的效果，大家却沒有精確的觀念。這位斐迪南·李希霍芬 Ferdinand Freiherr v. Richthofen 確實是我們民族的眞正偉人之一。在這本書內，我們只稱述一般最高的人物，他是相宜了。他是我們民族的理想人物。我們民族的光榮，也是我們青年的導師。以探險家論，他能將規模遠大的工作加以極端精密的準備，到了實行的時候，又有大無畏的精神及不屈不撓的毅力。以學者論，他又能使他的天才恰合於他的理想，他的工作，總可以說是德國式徹底的科學工作。以爲人論，他完全表現出一種

(一) 譯自：Die Grossen Deutschen. Neue Deutsche Biographie 5. Bd. S. 478—488

模範生活來，十分純潔整肅，十分公平慈祥，凡接近他的的人，特別是他的學生們，對於他皆得到了一種不能磨滅的好印像，他不僅使人尊敬他，並且使人親愛他。 像他得到這樣多數人的尊崇，尊崇到這樣長久的時間，眞是稀少的。 至於他所以不爲一般普通人所賞識，或者是於他內心的個性有關係。 其實這種個性是能提高他的聲價的。 因爲他喜歡將他心裏及外面的遭遇自己保留，這種事情對於一般人往往有很大的吸引力，他是注重他的主要工作，將其餘的事情，就置之於後方了。

斐迪南·李希霍芬的家族在數百年來特別發達於西利西亞省 Schlesien ，這是我們民族中極値得注意極有價値的一姓。 許多有天才的及有德性的人物是出在這一姓中。 他們的癖性特別能爲生活上的宗教問題努力。 當一八七〇年間因反對教皇無過這種宗教信仰而著名的勃來斯勞 Breslau 副主教李希霍芬是斐迪南的一位弟兄。 對於科學上的研究，他們也多有熱烈興趣。 比方加爾·李希霍芬 (Karl Freiherr v. Richthofen) 本是法學史家，他也研究夫立遜 Friesen 古蹟而成爲有名的學者。 這一姓中也有有地位的外交家及政治家，如歐戰前的政府祕書奧斯瓦爾特·李希霍芬 Oswald v. Richthofen·滿夫里·李希霍芬及其弟兄勞塔·李希霍芬 Lothar v. Richthofen 也是出色的航空戰士，這都是這位地理大師的族姪。

斐迪南·李希霍芬本人是一八三三年五月五日在西利西亞省奧才隆縣Oppeln加爾崑愛小城 Karlruhe 誕生的。自幼小的時候他研究自然的興趣就特別顯著，在學生時代他就喜歡作遠足旅行。 自一八五〇至一八五六年他讀書於勃來斯勞及柏林，先學化學及礦物，後又學地質學，因爲他有這樣的學識，所以他日後對於地理學者常常介紹這些科學作爲應有的基礎。他的礦物學教師是顧斯塔夫·羅賽 Gustav Rose，當時曾陪亞歷山大·洪保德 Alexander v. Humboldt 到中亞去過的。 他的目光所以注射到這塊巨大的地面上，作爲他日後勘查的主要區域，這或者是一種原因。 在一八五六年他提出他的研究火山岩黑紋岩 Melaphyr 論文得到博士學位，以後他獨立的到南提維耳 Südtirol 去，製繪普來大索Predazzo聖喀錫安 St. Cassian 及賽思阿爾卑斯山 Seisser Alpe 各地的地質圖。這是斐迪南郝斯台德 Hochstetter 鼓勵起來一種工作。因爲他的緣故，他得到了維也那國立地質學館的職務，一八五七年他在北提維耳及佛拉耳山 Vorarlberg，一八五八年在喀爾巴阡 Karpathen，一八五九年在西本必根 Siebenbürgen 各地都作地質測繪工作。

起初這幾次獨立的研究工作，已經能證明他的能力，他能將極精密的野外觀察與令人歎服的結論，密切聯絡。這種結論都是極精確而大膽的，他曾實際考查包森 Bozen 的，石來崙 Schlern 的，貝根瓦爾特 Bregenzer Wald 的斑岩 Porphyr，日後屢經測驗，都能證明他的理論，是確有卓見的，就比方他對於南提維耳的白雲岩 Dolomit 尉有驚人的解釋，他說這是古代珊瑚海中的石礁，這是海中生物的建設物，他又辨明波登湖 Bodensee 以上的萊茵河谷原是阿爾卑斯山構造不同處的界線。

這些新的證明給他很大的機會，來決定他一生的經歷。當一八六〇年普魯士政府派遣有名的大使奧侖勃克伯爵 v. Eulenburg 帶領三隻軍艦亞考納號，Arkona 泰提斯號，Thetis 佛維勞普號 Frauenlob 來到東亞，同中國日本暹羅商訂商約，因爲這些國當時還持鎖國主義的。李希霍芬以地質學家資格得充隨員。日本正爲美國海軍威脅所迫，放棄數百年來反對外人的鎖國主義，中國受英法軍之逼迫，對外人開放了若干商埠。對於暹羅的情形，當時還完全不明了。所以這些地方引人討論的問題是不勝其多的。

當然是隨地也有些料想不到困難處。在日本除掉了少數准許登岸的地點以外，還不能隨便活動，在中國的太平之亂正在極慘烈的時候，向內地旅行，當然是不可能的了。奧侖勃克因爲討論繁難的外交問題，留住北京，李希霍芬便趁着他派遣出去那一隻船，到亞洲東部南部各海中作長途航行，他到了台灣，菲律賓，又到當時尚完全未經勘查的西里伯；他又充分的旅行了爪哇，在那裏多半由那位著名考察爪哇的專家德國人雍洪 Junghuhn 領導着。以後他又回到暹羅。當與侖勃克完了任務，回到歐洲以後，他仍留於暹羅。當時後印度各地還是亞洲未經察考的地方，他於是又大規模的旅行後印度。特別的是自曼谷至孟加拉灣的馬爾般 Moulmein 橫經半島得以成功。這在當時是一種發現的工作，倘若他在家鄉對大衆能宣傳講演，這事一定會惹得大家注意的，但是李希霍芬曾未對於亞洲南部的旅行作一次普通演講的，他僅在專門地質學雜誌上發表過幾篇簡明而扼要的報告，就算了事。這並不是他不能，後來在他死後由蒂森 Tiessen 替他發表他在中國及在日本的日記，並他給他的父母及親朋的書信，就可以看出來，他記述的是多樣豔麗動人呢。

他對日後所作的旅行，都是這樣的。他又曾計劃從加爾各塔 Kalkutta 經克什米爾 Kaschmir 以至俄屬中亞，但是因爲在東土耳其坦的不安靜，終於作罷了。在一八六二年他決定暫時離開亞洲，他坐一隻帆船經過千島羣島及堪察加半島渡到北美洲去。他的「遠西」乃是他在加里佛尼亞考察金礦的科學作品，在這裏有形狀特殊的山脈高原沙漠及各種礦區，都能供給他一些在地質學上極值得研究的問題。他在這裏工作到一八六八年，曾同美國國立地質調查所內的地質學家作意見上的交換，他的生活是極其簡樸，所以用經費極省。他雖然艱苦，若是要利用他的科學成績變作營業，他是常常拒絕的。他在尼華達山Sierra Nevada 勘查過有名的克穆斯套礦脈 Comstocklode，當時都以爲是採掘到底了，這是世界上最富的金銀礦區，經他指示解釋，又將礦脈尋獲。於是礦主們又得到無數的利益。過了幾十年以後，他已經成名了，有一位美國律師要求李希霍芬給他全權委任，甘願替他辯訴他從其中應得的幾百萬貲財，並且聲明，倘若敗訴，不要他賠償任何損失。但是他又拒絕了。他第一次渡洋八年所得到的利益，只有非常豐富的考查經驗及他的識見，這便是他日後用之不盡的財寶了。

日子久後，在美國的工作便不能使他滿足。因爲美國地質調查所人材旣多，經濟又足，李希霍芬與他們相比，只能作些有限的成績了。在一八六七年除夕，他同北美名地質學家懷德尼 Whitney 商談以後，遂決定再回亞洲。這時候亞洲的情形也便利一些了。他要用他的能幹作一大規模的工作，就是考察中國。

這幾年正是考察大陸內部最熱烈的時候。羅爾夫 Gerhard Rohlf 橫斷撒哈拉 Sahara，李溫士敦 Livingstone 探查南非，都是全世界很興奮注意的作爲。尼羅河源附近的雪山及大湖，也從洪荒中發現了。非洲其餘尙有若干未知之地，這是後來史坦利 Stanley 及魏斯滿 Wissmann 所橫經的。這些地方最能造成個人的大名譽，但是李希霍芬不選擇這些地方。若論探查新大陸，他眞是無愧有第一流勇猛先鋒的才幹，他是要自己選擇在科學上更偉大的地方。中國的面積是非常廣大，在我們的地圖上也不是同非洲中部或澳洲中的一片白紙一樣。他是密佈着無數的江河湖山，載着千萬的名稱。門外漢看着，這好像是淸楚明了的區了，還有龐大的書籍解釋着他。但是這些解釋幾乎完全依靠中國的舊圖及其記載，他是極端枯燥的，僅將各單獨的事實排列出來，對於地方的自然狀態，絕無較深的解釋。山脈構造是一切地理學識的基礎，他更無一點了解。却是旅行中國的歐洲人，除了少數例外，並這樣的圖書也還沒有過。所以這塊與歐洲等大的地方，在門外漢的眼內，雖然不是未經勘查之區，但是按科學來講，要將這一團任意的錯誤的觀念整理淸楚，比較整理一塊新地方困難更多了。中國却同時又是一個有極古極偉大的文化的國家，他的重要人文現象，是與他的巨大的自然現象互相關聯的。他並不同非洲的荒地一樣。這時候李希霍芬不僅是地質學家，他又成了地理學家了。他把地面上一切現象，有機的也在內，都放在眼中。他更注重於複雜的人文現象。所以他選擇了中國。第一不能缺少的基礎，是要淸楚準確的認識中國的自然現象。就是要認識他的地質構造及地形。除此而外，要注意其他自然現象，以及與此相關的大衆文化的發展。還要觀察他自己的物產，及其在世界商業上交通上政治上的關係。這眞是一種範圍廣大的工作。

一八六八年他又回到上海，從此出發，至一八七二年凡作過七次大的旅行，多次是在揚子江下流，一次經山東渡黃海至遼東半島，又經滿洲至北京。另一次東南旅行經過全中國，他是從廣東經湖南湖北河南山西至北京。末後一次從內蒙山西陝西過秦嶺山順馬哥孛羅 Marco Polo 的舊路到四川，直到西藏高原邊界上的山脈，從那裏又經全國按東西方向順揚子江回到上海。所以按我們所知道的講，他這樣大規模的考查全中國，是比在他以前的任何歐洲人都大的。他有幾次旅行是得到上海商會經濟上的幫助，後來便用英文印行了他一些模範式的簡要報告，題名爲李希霍芬男爵尺牘。

自一八七〇年八月至一八七一年五月因中國又不太平，他便乘機旅行日本，這時候在日本旅行也可能了。這個美麗國家的印像使他十分興奮，因爲這個國家的情形，在當時世人還不大曉的。但是李希霍芬仍願回到中國。他自己曾說，自從經過一個規模較小的國家，這纔對於大規模的有了眞正的了解。無論在地土的廣大方面歷史的長久方面或商業及交通的數字方面，中國的每一問題是較大的。

李希霍芬離家十二年後在一八七二年十二月又回到德國。年三十九歲，精力正盛，學識豐富。在那時他發表的作品雖然很少，然而名譽高起了。大家對他抱着無限的希望。他住在柏林地理學會內，他被選爲會長。一八七五年來比錫 Leipzig 大學請他擔任地理學教授之職，波恩 Bonn 大學在一八七六年請他擔任一講座，這講座不小於奧斯加貝舍爾 Oskar Peschel 當年所擔任的。他暫時辭去來比錫大學之聘請，又向波恩大學請假，他願先用全力於他考查的著作。

一八七七年他完成了這部書的第一册，題名爲「中國，自己旅行之成績及其科學」。這書的外表已是可觀而內容更好了。他超出大家熱烈的希望以外。這本書立時使他在當時地理學界成爲不容疑惑的領袖了。

這部書的第一册是大規模的序論，他解釋怎樣了解中國在亞洲大陸特別在中亞的關係。 這是與他的山脈構造，與因山脈而規定的氣候，與由山脈發源的各大河流以及其他種種皆有密切關係的。 所以他首先對亞洲內部作一規模極大的科學上最新的總解釋，要表明他怎樣經過地質時代的變化，而作成現今這樣稀奇的形狀，他的一大部份地面怎樣變成內陸流域，而若干山脈怎樣為他自己的碎屑幾乎完全埋沒，他的內陸湖是怎樣變成驚人的沙漠，以及其他問題。 中國著名肥沃的黃土層是由中亞吹來的大量塵土而生成，這是他最有才思而為現在一般人所承認的理論。

以上所說的，都是他在地文上自然科學上著名的研究，這書的第二部份，他又引徵了極豐富的書籍材料，從極古的時候直到現代，對於中國地理學識之發達，作一歷史上之研究，他這種模範式的工作，使一般研究精神科學的人，無論中國人自己以及在西國，都極端歎服。 他有特別長處，能將不容易了解的歷史上的材料用最新的方法解釋出來，他所有的地理學識，能夠提高他研究的價值。比方大禹的禹貢一書，這是極古的好像是超人的作品，所以有疑惑這是荒誕的，然而他辨清這是極有價值的符合當時的國定地理。

至於這書的文字，是多麼樣優美的啊！他不是同洪保德一樣，有心寫的那樣闊大，這本是洪保德工作上努力的一部份，李希霍芬是只寫純粹的事實。 詞句是溫雅流麗，筆意是雄健老鍊，意思雖然繁富，而文字非常簡明，每一個學者都能了解他。 有文藝作家的風度處不少。 比方他對於中國黃土層的有名的解釋，總可算是用文字記述地勢最成熟的作品了。

這部書的第二冊是在一八八一年出版，專論華北。 以地質學為基礎，討論各地的情形，極為詳細。 但是不僅限於無機方面的地形，並以同樣的識見與精審來討論人文的情形，從歷史上直至現代，特別注意現代的經濟，並且對於將來還展開遠大的希望。 在這些個別的解釋之外，他又作一很優美的總論。 對於這部書作第一次評論時，便有的說『特別這一篇解釋普遍全國的特性，這是直到現在還沒有這樣人才能夠創作的，眞是可以作為士林鴻寶了』。 在工業界及經濟界引起最大興趣的，是他斷定華北有無窮的寶藏，就是優良的煤炭，除了美國以外，這是最富煤炭的國家，加以人工便宜方便，按經濟方面論，這大概是世界上希望最大的國家。關於膠州灣及山東省，他後來又出一專書，當我們建設我們的殖民地時，曾選擇這地方爲我們在中國的支點，是這書作的動機。

與這本書同時他又出了一部華北大地質及地理圖，若拿這些圖與當時的那些圖及說明互相對照一下，便立時可以見出來，他用一人的精神怎樣將這一團糾紛來解釋淸楚的了。

這部書的第四册及第五册，是李希霍芬的幾個學生如傅來奚 Frech 及沈克 Schenk 等替他整理地質上及古生物上的材料的。第三册是包括華南的，但是這位大師自己是未曾親眼見他成功的。這是題森 Ernst Tiessen 從他的遺著內輯成的，是極謹愼又加以補充的，在一九一二年出版。同時由戈勞爾 M. Groll 用同一方式完成了一部華南地圖。所以這部偉大的作品現在結束起來了，這是一座永久不會滅沒的金剛碑。

在李希霍芬的一切著作當中，還有一部是應該說明的，便是一八八六年出版的那部「探險指南」Führer für Forschungsreisende。這部書不是指着當時地球上還未發現的那些地方說的，他的意思是某地方在發現以後，應該怎樣用科學方法去勘査及了解的。他那部「中國」算是實際上的榜樣，這部書可算是補充上的理論。但只關於全部工作的一部份，只限於無機方面，特別是限於地形及改造地形的力量。却是因爲全書材料的選擇，構造的巧妙，分配的勻稱，理論的淸晰，已經成爲基本教科書了，在數十年來是最有影響於地理科學的發展的。

一八八三年他離開波恩，到來比錫應教授之聘。在那裏作過著名的就職演講，題目爲「今日地理學之任務及其方法」。他說地理學是研究地面上各區域的一切現象及由各區域所發生彼此互相影響的一種科學。這話可以說是在十九及二十世紀之間的數十年中成了地理學的功令了。便是直到現在也還沒有推翻他。在一八八六年他又接收柏林大學的聘請，這是又回到舊地方去了，在這裏他得到機會直到終身施展他的天才。

他特別有組織才幹。他將地理學會在科學方面及交際方面徹底的改組了。在一八九九年舉行過盛極一時的國際地理學會。從這事可以見出來，這會的力量在對外方面講已經遠出我們的祖國以外去了，這是李希霍芬平生鼎盛的時候。當他以魁梧的身軀精神飽滿的頭腦養成了的威望在討論會上作主席的時候，或是指導地理學會的各種交際會的時候，誰也不能忘記他的印像的。他成了科學之王了。即是外國人也都承認他是這樣人物了。

在李希霍芬所組織的其他一切事業當中，特別出色的，還有海洋學館及海洋博物館，這是他晚年特別努力的事業。維廉第二皇帝曾委託他，對德國民衆宣傳海洋爲民族發達之根源，以便推進他的海軍政策。這是李希霍芬爲德國首都作的一處名勝，也是一處標準科學研究館。在這裏邊直到現在還是按照他所創立的規模，由各界領袖人物爲一般人設公開演講式的學程。

因爲他有組織才幹，所以各政府重要機關每有大一些的科學設施的事情，或是由國家推行的科學測驗事業，常常委任他籌備或計畫。這些事情也有不是他歡迎作的。比利時國王羅寶德 Leopold 曾爲剛果領地 Kongostaat 招致他一次。他請他到布魯塞爾首都去，在宮內預備了華麗的宿舍及豐美的供給。但是李希霍芬不肯久在外國服務，他是十分掛念着在德國的一切事業。

巴深 Otto Baschin 是柏林大學地理學館的執事，他同李希霍芬有數十年的交誼，在李希霍芬歿後他曾寫一段文章論他，『他處事的態度光明，目光先注在事情的本身，把他個人的利害總是放在後方。他有遠大的識見，政治家的感覺，能將事情的要點淸楚提出，不重要各點暫且緩辦，所以能夠切實從容，逐項處理，錯誤的地方總是很少的。無論在公事方面或私交方面，凡是同他往來的人莫不受他極大的感動，他這種魔力大概也就在這裏，這是因爲他的見解是富於理智，本於道德，他又能用巧妙的方法解釋他，使每人甘心樂意的接收李希霍芬的意見，並且多人的心中，還覺着能接收他的意見，這是本人自己對於事情有更好的了解。　但是李希霍芬曾未妄用他的權威。　這或者也是不可能的事情，因爲他的權威正在他的人格上，正是因爲他的忠實公平慈祥而不自私』。　那一位著名的巨廷恩 Göttingen 那裏他的同志瓦格乃 Hermann Wagner 曾寫道，『不是他在社會上的地位，也不是他的靈巧的外交手段，能使他有這樣廣大的聲望，乃是全仗他的正直無私的德性，這是大家所羨慕的』。

李希霍芬擔任大學教授的工作，爲他的學生們的栽培者及朋友，這都是他極被尊敬及施展精神作用的地方。　他的講義是不容易的，但是對於程度够了的人，是一種不可忘記的美品。　他令人佩服處，不僅他的豐富的學識，乃是他的模範式的科學思想法，並他的不懈怠的教育，因此養成了嚴格的歸納方法及不易眩惑的評判能力，特別是評判自己。　在他的科學工作上他不大用若干固定的規則，他多是以身作則的。

從他本人身上發出的一種特殊動力，在同他比較接近的學生們中收效最大的，即所謂座談會 Kolloquium。　這是學地理的大學生按星期集會以作講習的，這事很快的便著名了，後來許多專門家以曾參加此會爲榮。　近數十年來地質學界及地理學界的領袖人物，多數是從這裏造就出來的。　因此在德國各大學中，差不多造成一樣的一種風氣，那些最好的學生在大學畢業以後，雖久已獨立就業或作其他的勘查工作，但仍舊繼續保持他們的座談會會員資格，只要他們的住所及工作許可，他們還出席開會並參加討論。　所以每次討論，大家能供給極豐富的智識及經驗，這次討論也便更加活潑更加精深了。　又因爲每次會後常有一次不拘形跡的會後聯歡 Postkolloquium 在佛得利街的司巴屯酒店 Spatenbräu 內，李希霍芬親身參加，所以在這些比較親密的學生之間，不久便成立了一種極相信任極忠實的友誼。　這是到他死後仍舊存在的。　李希霍芬作過一年大學校長以後，還正有作事的精神，忽然在一九〇五年十月五日中風而卒，絕無痛苦。　他的學生們在參加喪禮以後，遂即定規每年有一定的日期作爲李希霍芬紀念日，藉以聯絡現今還生存的會員，並不僅是紀念及崇拜李希霍芬個人，每次還用演講討論及出刊物以維持他的科學精神。

李希霍芬自一八七九年同伊爾木加德 Irmgardt 結婚，她原來是他的親戚，夫妻甚是和諧，他們的居室有很豐富的標本作爲裝飾，他常常邀請多數學生在他家中聚會，他的極慈祥而善體貼人情的性格，每能盡量的表現出來，這也是人所感覺到的。李希霍芬的有名的弟子斯文赫定 Sven Hedin 可作這事上最有效的證據。赫定於一八八九年到柏林從李希霍芬受業，在德國求學多年。從此便爲座談會會員，直到今日仍與該會保持很好的交誼。這位瑞典探險家的名譽雖然很快的高起，幾乎前無古人，然而他對於李希霍芬仍舊執弟子禮甚恭，他是用極尊崇心仰望他的科學大師。一切大計畫他儘先同他討論。在實行的時候，他很高興的將一切結果通知他，有了成績他便認爲這是莫大的報酬。當一九三三年紀念李希霍芬百年生辰時，紀念會曾發表了他與斯文赫定歷年往來的信件，印成一册題名爲「老師與學生」。在這一類的書當中再沒有比這本赫定自己註釋的更美滿的了。在這書中可以見出他二人的關係，是越久越深的，是貫徹赫定平生的。也可以見出李希霍芬對於這位非常天才的青年，是如何賞識的，對於他前程的發達，是如何毫無忌嫉而關心的並獎進的，對於他的崇拜及親愛，是如何滿意的。赫定曾說『我不僅佩服他爲理想的探險家及地理家，我更佩服他是一位理想的人』。李希霍芬這些個人的信件是每人可以了解的，這些信件的口吻中露着他爲人的性格。他是自頂至踵處處有大家態度的，他是眞正不愧爲貴族的。

現代德國哲學之特性

Characteristics of contemporary German philosophy(一)

柏爾克 (John Bourke) 著

胡雋吟 譯(二)

沒有思想家能夠整個的不受前人的影響，無論他是怎樣的富有創造性。某一時期的思想，其性質，其趨向，就某一種意義言，都是由其前期之思想發展而來，並且他它挨着班去領導及定奪其下一代之思潮。因此，在本文第一節，我把那些對於瞭解現在德國思想有切膚關係的德國哲學狀況，予以簡單介紹。此外，在第二節，我指出幾個我所認爲是現代德國思想之主潮，它們發展的情形。最後，我對這個問題：「本文所論到的這幾派思想，它們在現代是否都有同樣大的影響」，加上一些評語。

因篇幅所限，我祇能提到一些著名的思想家，祇能述及現代的德國哲學所有之特性，祇能貢獻在本文所論及之各派思想的一些批評，而不能再顧其他。我實在覺得，以這樣的短文而包括範圍如斯之廣，其不圓滿是一定難免。但是我信祇求圓滿而已，不特無益反而有損，所以我寧願冒險去忽略一些要樹，而只貢獻一木。

一

唯心的思辨(idealistic speculation)在黑格兒的哲學系統中已達到極峯。該思

(一) 譯者註： 此文係由 German Life and Letters, Vol. II. 譯出。該書爲英國牛津大學出版，倫敦大學教授 L. A. Willoughby 校刊。

(二) 譯者註： 本文所譯之名詞及人名，大部係根據商務印書館出版之哲學詞典，凡該詞典所不載者，則根據我國一般哲學書籍之譯名；如二者均缺，或譯者認其不適者，則由譯者自擬。

辨運動的崩潰在哲學上為一特殊重要事件。所以我們對它必須予以回顧，方能充分明瞭現在。黑格兒主義之衰落，其意義係表示一大傳統的消逝；且此消逝，遺一空隙，後起的思想早已試着去為填補。

德國唯心論運動被康德(Kant)於一七八一年的第一次問世之純粹思理檢別(三)(Critique of Pure Reason)引導了起來。在康德答覆休謨(Hume)對於建設思想之究極確實(ultimate validity)之攻擊時，由其答覆中露出兩個最重要點：（一）惟一可成為哲學的，乃是唯心論，該論承認，當感覺經驗的內容被交給到心(mind)時，牠的基本結構乃係由心的自身之某些原則(principles)所產生；所以這些原則，對所有的那一類的經驗，都真確。（二）心既具有這些個原則，它乃踴躍的利用它們去組織及排列所有的經驗——用康德栩栩如畫的成語來說，就是，心「賦自然以法則」(The mind 'gives laws to nature')(四)。我們可以說以上兩點合併起來，乃構成了德國唯心論之出發點及其本質。

康德的繼承人，對於此種論旨繼續作着慘淡的研究。菲希特(Fichte,1762-1814)採取他所認為必須的，而且決然的步驟，以超越康德。雖然康德關於心之性質，狀態，對於經驗的關係有新的敘述，但康氏他不管這個，仍然繼續相信『「物之自身」(things in themselves)與心恰相抵對，且與心之範疇(Categories)不相接近』之存在；康德以為心之範疇祇能應用於那些存在於時間及空間之物而已。菲希特發現這個二元論與他曾接受的康德的唯心的事前假定(idealistic pre-supposition)不相容，也不相合，於是他假定：有一永恆之「心」或「自我意識」(self-consciousness)可被當作「究極之真」(ultimately real)，這個自我意識經過一些自我限制之活動，經過一些「由不知而生的震撼」(五)，乃由其「自

(三) 譯者註：Kritik der reinen Vernunft 我國向譯為純粹理性批判，茲據張東蓀先生近譯為：純粹思理檢別——見中德學會出版之研究與進步第一期張東蓀著之康特哲學之專門名詞。

(四) Critique of pure Reason, A, 126.

(五) W. Wallace, Logic of Hegel, P. 133.

我」產生一個「非我」或自然界 (Produce out from itself a not self or world of nature)。所有的思想及經驗，於是都認爲是由於這個「非我」自身的絕對性而再發現。 對此「非我」它們賜以實有 (being)。這個論旨轉過頭來又成爲了黑格兒的出發點，黑氏用了很大的學識與深造把它發展，並且加以系統的整理，特別在哲學及歷史的關係方面。黑格兒以爲究極之眞是「心」(Geist)，心的一部分表面化了，以自然世界之形式而出現，然後經過自己連結的程序，它又回到它本身。 這種自己連結具有三重特性，「心」乃(辯證的)生出與其相符應的哲學思想的三重運動。 該哲學思想頗能領會「心」之所以。

現在，所有的唯心的思維方法都站在一個中心信仰上，就是：凡是理性的或精神的就比物質的眞實有價値。 康德說：「心賦自然以法則」。 菲希特認爲：「究極之眞，是具有自我意識之形」。 黑格兒主張：「凡合理性的，就眞實；凡是眞實的，就合理性」(六)。 結果：唯心論之衰落，其結局無法幸免，只有因某一其他事件更加緊其衰落而已。 此事件與唯心論之衰落同時遭遇；吾人對它必須陳述，因爲它是補充德國現代哲學一般背景之一要點。 此事件者就是本世紀中各種科學之宏大發展(七)，及由科學所生之唯物論與自然主義(Materialism and Naturalism)之蔓延是也。 不僅哲學被它推下了王座，而科學還造成一種與哲學敵對的成就；在精確方面，在有證驗方面，它供給世界智識的，都遠勝於哲學所給之任何貢獻。 黑格兒實在是使哲學作了過度的工作。 哲學竟被搖撼而瀕傾毀。 而科學呢，它却在各方面，依自己之樣式重建新業。

此危急的情況惹出一重要問題，卽是：什麽是留下給哲學去作的？ 哲學是已走到盡頭了麽？ 或者，哲學必須對此景象予以細密觀察而另作個新的起始？

(六) Philosophy of Right 的序論。

(七) 不僅是在稍老一點的科學，如算學及物理，就是許多新的科學，如： 生物學，達爾文的著作在內；心理學，W. Wundt 和 Ed. von Hartmann 在內；生理學及解剖學，G. Müller 在內；經濟學，馬克斯在內；同時與 von Ranke, J. Burckhardt 及最重要的 Dilthey, 大家一同將新「歷史的」及「文化的」科學(Geschichts-und Geisteswissenschaften) 興發起來。

對此問題，給了許多答案；由這些答案發展而成爲思想之主流，對今日之德國思想有所影響。　對於這些請看下節。

二

對於這個根本問題，有三個主要答案（八）：（一）新康德主義(Neo-Kantianism)（二）現象學說(Phenomenology)，（三）存生哲學(Existenz-philosophie)（九）。最後一種創始於尼采(Nietzsche)及丹麥的重要思想家蒉柯戛特 (Sören Kierkegaard)的思想，我不想這些哲學派別都依然有同樣大的影響力，但對此點以後再談。

（一）新康德信徒們，我之所以如此稱呼他們，是因爲他們研究這個問題，通體的本着康德的精神。　凡一新問題臨到他們身前，他們所用的方法與康德所用的相同。　康德認爲哲學之正當任務爲檢查使經驗可以發生之條件，新康德信徒們正和康德一樣首先探索所有科學思想之事前假定 (presuppositions)。康德答覆休謨之攻擊時，說：休謨所懷疑之宇宙法則，在事實上正包括在他那要以之爲起點的最單純的經驗裏；於是康德門徒們又與康德一樣，在答覆科學對哲學之獨立性之攻擊時，也指出科學它本身就立足在一種祇有用哲學之態度方能證其爲正之事前假定上。　這一派的眞領袖，同時也是最足以代表這派的思想家，就是柯罕（十）(Ernst Cohen, 1842—1918)。他是麻堡(Marburg)的教授。他是新康德主義之源首 (funtain-head)。此派之其他重要思想家爲那道普 (Paul Natorp, 1845—1924)，李勒(Alois Riehl, 1844—1924)，和文德班(Wilhelm Windelband, 1848—1915)；文氏乃是所謂的巴登(Baden)或「德國西南學派」（一一）之創始人。

（八）尚有其他答案，如 Lotze 所試探的，對科學與信仰所作的「事物最終因原說」的調和；不過，他們的影響都較小。

（九）譯者註： Existenz 這個名詞，據著者說在英文裏找不到相當的譯詞。在中文亦然。但爲便利不懂英文及德文的讀者，仍勉強將它譯出。如有更佳之詞，當再更正。

（十）請看他的哲學統系(System der Philosophie)（柏林，1902—12）

（十一）此派以 Heidelberg 爲中心。文德班與黎卡特曾相繼爲其教授。

也許是由於他及比他更偉大的學生黎卡特（一二）(Heinrich Rickert, 1863—1936)之力，新康德派之傳統才予現在德國思想以最强有力的影響。

文德班之所以能在新康德派論旨上完成一重要發展，是由於他把自然科學的方法(Naturwissenschaften)和歷史科學的方法 (Geschichtswissenschaften) 很清楚的區分開來。　他把前一個方法叫做：「規律法的」(nomothetisch)，因爲它的目的在用概括 (generalization) 以建立法則。　這個法子，以其重述自己及作可能的歸納及概括方面言，祇能應用在特殊的事機上。　後一個方法叫「意像法的」(ideographisch)，此法之目的在描述一些事，一些性格的內層性質，及與此類似的「如個人等」；這些都是各別的，不能重複的。　但是文氏他止於此，不更深究。他不考究爲什麼這兒有兩種方法，如果此二方法之間可以有任何關聯的話，它們都有什麼關聯。　因此，此二方法在他的思想系統中並未發生連帶關係。

黎卡特承認文德班的劃分及其想把歷史發展成一單獨邏輯（一三）之重要。但他更深進一層對此問題施以攻擊。　此兩派科學雖有不同，但二者均非懸空。他們考究並事前假定一共同材料，在此材料上，雖所取之方法不同，但他們都選擇這一組或另一組之事實以運用之。　此共同材料者卽經驗之「前科學」境界("pre-scientific" world of experience) 是也。　此境界爲吾人所均有，黎卡特賜其名曰「客觀之眞實」(objektive Wirklichkeit)。黎氏本着眞實的康德精神，對吾人所經驗之次序之構成，作如是想：凡感官將感得之資料立刻傳給心，心卽將此無形的，「無止無休的，千态萬態之資料」，「賦之以形」。　但他認爲康德之假定：此「立刻傳給」的資料 (das unmittelbar Gegebene) 其原質祇包括吾人

（十二）我感到極大的歡欣與特惠，得列其門牆而爲弟子。我想，這是對的，在此處說他不將「Neo-Kantian」這個頭銜認爲己有，而屢次將它讓給我。並且，他的思想將他與更偉大的 Marburg Neo-kantian 的形式主義分開，的確，是有很多分歧。雖然如此，他趨向哲學，在性質上，主要的仍是新康德派的。

（十三）在與此有關聯的，我們必須將 Wilhelm Dilthey 這名字再提一次，他在研討歷史科學的性質及它們內在的關係上，作出極有價值的成績，並且對黎卡特的刺激非小。

用感官所「感覺到」者，其他均不在內；也有錯誤。黎氏認為與康氏之假定正正相反，除去「實有」(being)或「事實」(Sein)之原質，能感覺到(wahrnehmbar)之外，還包含着「意義」(Sinn)之原質，此原質非感官之所能感知，而祇能得之於思會 (verstehbar)。此二原質雖均錯綜的交織在一塊織料上，但每個都截然劃分自成一類。　故內在之眞實(Immanente Realität) 其本身一部分是「可以感覺的」 (sensible) 一部分是祇「可悟澈」的 (intelligible)。　黎卡特從這個具有究極的，雙重性格的，「客觀之眞實」上，立刻找得了因果態 (Causality) 的兩種形式的根源。　此因果態乃是由於「自然科學」，「歷史科學」或「文化科學」(Kulturwissenschaften) 的各種方法所事前假定的；亦是所有科學之共同基礎。此點本文不能多加發揮。　僅再贅數語，於意已足。　就是黎卡特拓展出一個很有價值的統系。　他認為如果我們想說明人類的文明，文化，及無論屬於任何類的有意義的活動之理由，則此系統必姑且被認為基準。　且其在事實上所有的繼續之實現 (Verwirklichung)，乃把前述諸活動促成它們達到完滿境地及構成其歷史的具體性(一四)。

（二）對現代哲學問題之第二個答案，乃由現象學派 （ Phemomenological school)所提出。　該派之已往及現在，對德國思想均有極大的影響。　雖然胡塞爾(Edmund Husserl) 的的確確是這學派之創始人，但他的遠祖則要回溯到笛卡兒 (Descartes) 的某些理論，以及更近的白拿諾 (Bolzano) 和布棠諾 (Brentano)——胡塞爾是他的學生——兩人對於物體性質之學說。　雖然這些人確實是有負於康德者非小，但對康德，可以說他們是立於悔悟的反對地位。　他們的看法，

(十四) 黎卡特的著作，特別可讀的，有：System der Philosophie, part 1 (1921)；Die Grenzen der naturwissenschaftlichen Begriffsbildung, 第五版 1928。這一派思想的代表，現在尚存在的，有：Bruno Bauch, Eugen Herrigel, August Faust ——這些人都是黎卡特的學生。黎氏的另一個學生叫 Richard Kroner，他反到應該列在新黑格兒運動派。與新黑格兒派有關連的尚有 Hermann Glockner。

以爲使哲學進步之惟一法門，端在拒絕康德學說：「心於某些種方式中構成眞實」的這種有瑕疵的主觀論(Vicious Subjectivism)。他們固然也主張哲學之任務是供給就其純義而言的，經驗之結構的事先智識(一五)(a priori knowledge)。但是據他們的見解，却認爲哲學必須聚精會神在一個單獨物體或經驗的「現象」及其本質性質之考察和澂清工作上面。現象學有它自己的很特殊的方法，胡塞爾管他叫作「現象學的比縮法」(Phenomenological reduction)。其目的既不是去綜合科學研究的結果，也不是自己另建一系統。它所包含的，是把注意力集中在各別現象上，並試着用其「本質的直覺」(intuition of its essence)去把握和周密的分析其所有的複雜錯綜狀態之內層性質。純「事實」(Tatsache)和「本質」(Wesen)之間有截然不同之區分。前者乃一單個物體，吾人對它僅有「如此，這般」的經驗而已。後者乃是宇宙間所有物之內層結構，也是現象學所研究的專有之目的物。譬如：這種「本質的性質」(essential natures)在算學及幾何學中，可見的特別清楚；這兩門科學事實上都可直接用本質(Wesen)去處理，並且可以說是代表着智識的理想。

本質的性質，其中有些個是縱橫紛紜的物體世界中之究極的及不可分析的原素(elements)，其餘的則爲字義(word-meanings)。但是現象學之目的也在分析心靈的現象，也在對純粹意識及對純粹經驗有所叙述。這點乃引導着走上現象學的「ἐποχή」說，或懸而不判(suspension of judgment)。胡塞爾以爲我們對純意識之分析可以成功，祇要我們愼重的去更改對於我們所下判斷之境界的通常態度。我們必須愼重的去「括出」(einklammern)或者最低限度的去懸置對於「眞實」的助解資料，此「眞實」吾人通常將其連繫於吾人之意識諸活動上，及這些活動所「企圖」之目的物上。由此，我們可以檢察意識之純質及其眞面目。這個步驟，不是對任何事物之眞理(truth)有所懷疑，像笛卡兒的懷疑方法

(十五) 譯者註：將 a priori 譯爲「事先」係根據張東蓀先生在研究與進步季刊第一期發表的康特哲學的專門名詞。

(Cartesian method of doubt)似的——這個步驟與此方法有某種同源的關係——它乃是一種懸置，是某種自然的而純樸的態度之懸置，以便更清楚的去研究整個純粹意識領域(一六)之內屬的「不能感覺的」(Noetic)特性。

現象學的影響，已經並且正在蔓延着。其代表人物可提及者如：謝勒(Max Scheler. 1875—1928)；賴納(Adolf Reinach, 1883—1916)；潘得(Alexander Pfänder)，貝克(Oskar Becker)和蓋葛(Moritz Geiger)。哈特曼(Nicolai Hartmann)的名字在這兒也應提及，因為雖然他繼續現象學所作的本體論之研究(ontological investigations)不足以使他夠資格在此派思想中佔一席地，但他曾經受過現象學的影響。海德戈(Martin Heidegger)是胡塞爾的學生，且於一九二九年繼胡氏執教於福來堡(Freiburg)。但我們以為最合適把他列在第三類內，因為他的思想之型成受別方面之幫忙為較多。現在來看第三類。

(三)對哲學問題之第三個答案是「存生哲學」(Existenz Philosophie)所給的，此派學說大部係由尼采(Nietzsche)和冀柯戛特(Kierkegaard)之學說所發展成。從某一方面看，此派之觀點，與前二派相比，其不同程度之深，比前二派間之差異尤甚。新康德信徒們及現象學信仰者們，都同意：臆定一個關於智識的抽象理論是走向哲學問題的正確趨向。存生哲學顯然與此臆定截然斷絕關係。它不承認認識論(epistemology)是哲學的主要的或甚至於是特殊的方法。它認為，現象學派的人着重直覺之重要及集中在各別現象是確實對的。不過他們主要研究的對象——純現象，是太抽象，缺少一個更具體之觀點。此點，尼采與冀柯戛特意見相合。雖然他們在細節方面有很大的不同，而此相合點卒使他們連結而成為一派思想的學生影響。

(十六)特別要看 Husserl's Logische Untersuchungen (Halle 1900; New ed. 1913 and 1921); and Ideen zu einer Phänomenologie und phänomenologischen Philosophie (Halle, 1913); W. R. Boyce Gibson 曾將此書譯成英文，名為：Ideas: General Introduction to pure phenomenology. (London, Allen and Unwin, 1931)

尼采的哲學（一七），有兩點或可視其爲重要者。第一點是他的批評，批評關於他所認爲的一般流行的大學講授，對科學及哲學所講授的抽象和淺薄。他認爲這種現象所收之效果，是以減弱個性與品格爲修飾智慧之代價。第二點是補充第一點的。在他思想的後一階段，他着重於「生命」(Leben) 的想念 (notion) 之價值。根本重要的：不是抽象的價值或概念或對它兩者之研究，而是生命——就是有形的人們身中的潛伏動力，此潛力驅策人們去求自存與權力。凡估計一人的行爲及品格之道德價值均要看它是，或者不是，能使生命增長，使生命充實。我們的任務，以個人論，是在分析與發展這些活力(vital forces)。「企求權力的願望」(Der Wille zur Macht) 是，並且也應認爲是，所有人類活動的，具有決定性的原則 (determining principles)，無論是對個人而言或對社會而言均是如此。然而我們必須加上幾句說，尼采之言論與「生命」本身之真義相距甚遠，並且也欠正確。但就大體言，他對德國之影響非常之大。有兩個思想家頗受尼采影響，暫且留在後面細述。除此二人外，尼采至少還影響了另外三個著名思想家，現在簡單的提說幾句：席枚（一八）(Georg Simmel, 1858—1918)，柯臘葛（一九）(Ludwig Klages, b.1872)，和施彭勒（二〇）(Oswald Spengler, b.—1880)。後面這兩位學者，雖都被擯於嚴格的學院傳統之外，但他們都更較爲重要。柯臘葛是由字態學 (Graphology) 走到哲學。他研究的主題是心(Geist) 和靈魂(Soul)和肉體 (Body)的互相關係，他把心解作智慧。他顯着是主張心趨向於「分裂開」(auseinanderspalten) 靈魂和肉體，並且去毀滅 (töten) 靈魂與肉體。這個看法是他的學說之中心。施彭勒說：文化的形態，像有機物一樣，由成形達到繁盛以至死亡。此種說法受尼采的影響很大。就黨柯憂特的全體而論，在一般的態度方面比尼采匀稱，在他思想方面比

（一七）這個可從 Der Wille zur Macht 之第三第四部書中找出，這兩書把尼采哲學表達的極爲完全。

（一八）他的最重要的著作是：Lebensanschauung (München 1918)

（一九）他的哲學著作是：Der Geist als Widersacher der Seele (Leipzig, 1929 ff)

（二〇）最著名的是他的Untergang des Abendlandes (München 1918 ff).

尼采少曖昧。　在他哲學論旨中最重要的是他的伏於德國「存生」(Existenz) 後面的概念 (Concept)，這個存生想念（notion）比尼采的「生命」想念有趣味有實益多了。　因為沒有英文單一名詞可以表達「Existenz」這個字的整個字義，所以用德文原字為較好。　在這起始的當兒，我們先把牠盡量的解釋清楚，存生 (Existenz) 的意思不僅是「生命」(life) 也不僅是「存在」(Existance)。　生命是由生而來，且人類之外其他生物亦均有生。　再者，任何有形的個體，以通常意義論，都有存在。而 Existenz 則是（甲）專屬於人類，（乙）非由降生而俱有者，乃是活來（二一）(comes to be)的，假如它是活來的，乃是從個人之經驗中及通過了個人之經驗而來的，（丙）與個人之內屑性質密切相關。　個人的 Existenz 據我所知是這樣的一種東西：雖然它的活來的具體的條件在每個人的經驗中都顯現着，但它並不是在每個人身上都能實現的，並且許多人，甚至大多數人都沒有它。　這些條件者，乃是個人自己的內心深處發生衝突之剎那。　這種衝突或生之於嚴重的驚恐，或生之於劇變，致其人於此剎那間作一澈底之選擇或決定。　且此選擇與決定可根本的影響其整個的將來的生命路程。　冀柯戛特稱此為「非此即彼」 (either—or)（二二）之剎那。　舉例來說，譬如一個人被兩種宗教信仰所拉扯，或是因各樣忠心而起的任何深刻衝突，或一個人瀕於死亡時之意識。　凡一人，自己與自己，再三考慮，將全副精神置於當前，且嚴肅的由其新近因深思而顯露的自己實有 (being) 之深處，搜集所有那些可為重定其將來生活方針必需之能力，在此剎那 Existenz 乃實現了。　Existenz 也輪到自己去領導走上一個特別類的存生哲學研究。　此研究，因受 Existenz 之實現之條件所範束，故它所取的範圍是吾人由生一直到死這一階段；因此，他不是抽象的

（二一）譯者註：Comes to be —— 在此處有人活到某時期，或際遇某情形，自然而然之義，故試譯為「活來」

（二二）請看他的 Enten-eller (Either-or, Entweder-oder)，見他的全集，德譯本第二及第三部(Jena,1909)．此書尚無英譯，但可看 John Bain 作的 Sören Kierkegaard(London, Student Christian Movement, 1935)．

形而上學，也不是認識論 (Epistemology)，更不是尼采的暗昧的自然主義。

根據這些弁言，我們進而去研究賈波士 (Jaspers)和海德戈(Heidegger) 的學說。 此二人均係德國近代此派思想家之最重要代表人物。

賈波士(Karl Jaspers, b. —1883)由於心理學及精神病學 (Psychiatry) 進到哲學。 對於心理學他在早期曾作有很著名的著作。 他的第一篇重要論文是 Allgemeine Psychopathologie (1913) 。 在他的第二部 Psychologie der Weltanschauungen. (1919) 他試着作一種系統的分析（甲）關於世界觀念 (Weltanschauung) 所可能的各種形態及關於一個人對世界之一般的態度。 (乙)關於一個人去應付那些 ： 爲費柯憂特所討論過的 ， 賈波士名之爲"Grenzsituationen" 或者「邊際情勢」 (Vergesituations) 的嚴酷情勢所取的那些種可能的決定。但是他的哲學意旨之第一個完全而有系統的貢獻，是在他的哲學 (Philosophie 1932) (二三) 中所講的那些。 大概，該書的主要興趣及重要點都基於他的哲學方法的新概念上。 該書共三卷，名爲：哲學世界指南 (Philosophische Weltorientierung)，存生說疏解 (Existenzerhellung) 和形而上學 (Metaphysik)。 這三個書名表示出哲學的三種根本方法，並且此三者合爲一起，則所有的已往及將來之哲學研究都包括了。

這些方法中之第一個方法，在實際上，乃是對科學方法之誤用的批評，及對科學成就的荒謬的誇張之批評。 其目的，大部本着康德的精神，向那些專門科學家們指示出人類在遺傳上就有一定的限度，所以他們的研究也必定不能完全。不止每門科學自己被範束在一塊園地，就是以科學方法本身的性質來看，也阻礙它達到圓滿。 科學方法之進行必依靠合乎邏輯之實驗 (demonstration) 及證明 (proof)；且由它所得來的智識都是根據一些概念及法則 ，所以那智識的性質一定是呆滯的 ， 生硬的。 而况實驗必須常是依賴別的東西及與其他事物有所關

(二三) 同時請讀他的 Existenzphilosophie (Berlin 1938) ，這是三篇講演，給他的學說作一個極優美的總述。

聯；並且生硬的概念及法則也不能達到世界中物類的「活的眞實」此「眞實」按理說，吾人很難通曉它。 所以哲學世界指南 (Philosophische Weltorientierung)，它就防守着，不許試着去各處引用科學方法，以作爲獲得關於整個世界的，屬於實有之本身 (of being itself) 的，正確及完全之智識的工具。

第二種方法是屬於「存生說疏解」(Existenzerhellung) 方面的。 它與第一法截然不同。 假如說第一法在性格上是消極的，批判的；那麼第二法則是達到積極知識（二四）之工具。 這個大概是賈波士思想中最傑出的，最富創造的部分。 由冀柯戞特的 Existenz 之想念爲出發點，他問：在什麼必須的條件下，Existenz 才能實現。 他找到三個，名曰：「我自己」(Ich selbst)，「交傳」(Kommunikation)，和「歷史的特性」(Geschichtlichkeit)。 他認爲祇有個人能實現他自己的 Existenz，但是這種實現並不是祇於依賴他自己和他的決定，而是與別人，與他的信仰，與他的過去的（二五）經歷整個關係相錯綜關聯着。 由此，賈氏發展出來他的「保持自己像似自由」的想念。 賈波士考究其足以影響個人對他的 Existenz 之根本及自由實現的各種力量。 又考究其足以推動個人在衝突，受苦，犯罪，瀕死等至極之剎那間所下之決斷的各種力量。 賈氏的這種考究，無疑的是受了康德個人自決想念 (notion of self-determination) 的影響；不過他的分析之範圍是超過康德的很遠。

第三個方法是屬於「形而上學」(Metaphysik)的。 因爲對於嚴格的智識之不圓滿，感到不滿意；又因爲就是在 Existenz 本身之實現上，也意識到究極也須依賴其身外之物；於是個人(individual)乃被引向「單一實有」(das eine Sein) 的想念上去。 於內在經驗之本身中 (in immanent experience itself)，特別是在我

（二四）那就是說，其意義是專就變成爲覺到存生與自由而言；自然不是說對抽象的，概念的，任何類知識的獲得。

（二五）在此點，或者，可以看出社會學家 Max Weber 的影響。賈波士是他的學生。Weber 的學說：科學不能夠處理人類活動的潛藏價值。他的這種學說也是很重要的。

們的最高的 Grenzsituationen 中，當我們覺得有一刹那間，面對空無，充滿悟澈，我們才意識到超絕(Transcendent)。 但是，這「單一實有」(one being)不能依任何概念的智識形態所能達到。 它僅僅對於我們的靜觀深思之想像，顯其色象，且以符號而顯現。 雖然如此，這一齣想像劇，仍然不僅僅是主觀的，反覆無常的。 它是一些受情形之刺激而生。 它與這些情形有密切關係，特別在實現 Existenz 這方面，這種情形其本身是客觀的。 假如我們對賈波士之瞭解是正確的，則他所主張的是：個人與超絕之接觸，以及個人表現超絕的性質之能力，都依賴那個人的「保持自己像似自由」之意識，和他的對 Existenz 之跡躍的實現。

海德戈(Martin Heidegger, b. —1889)走向構成賈波士中心思想的那些問題所取之路，是在檢察「實有」及其與時間（二六）之關係。 由於他對哲學史，特別對於早期希臘哲學的通澈的修養，他得到兩個論斷：（一）從關於「實有」性質的根本問題這方面來看，哲學自早期希臘時代以來，不但未有進步，且實在的丟失了以先的新鮮與具體，這大部分要感謝笛卡兒；在近代思想家中，康德他單獨的把形而上學推進之程度，堪與希臘之首次進展（二七）相比擬。 （二）雖然如此，希臘的形而上學，其範圍其成就，都因爲牠應定以爲確實眞的，就是，爲可識覺的有形體的東西(thing)那種性質所縛束；因此（甲）人類生存及（乙）「實有」之暫時的及其歷史的狀態，都未能作到公正的判斷。 海德戈想：吾人所需要的，及他所試着去供濟的，乃是對人類生存之分析。 此人類生存爲「實有」之最基本形式，特別就其與時間之關係而言。

（二六）他的主要的哲學著作是 Sein und Zeit(first half, Halle,1927.)，他的 Vom Wesen des Grundes (Halle, 1929) 也很重要。

（二七）請看他的 Kant und das Problem der Metaphysik, (Bonn, 1929).

這樣來，海德戈與賈波士雖然所取的路不同，但所達到的哲學概念却頗相似。海氏雖然受現象學之方法影響很深，但他與胡塞爾 (Husserl) 不同。我想賈波士與胡塞爾之不同也是由於同一原因，卽胡氏最初所注意之對象，太抽象，太不眞實。與賈波士一樣，海德戈從冀柯憂特之 Existenz 之想念出發，他主張：哲學之思考，所取之範圍必須以我們的實際所活之年限爲度。且以「存生之疏解」爲研究哲學之主要方法。以大體而論，他與賈波士不同的，有下列數點：(一)對於 Existenz與我們所謂的人類生存(human existence)相對照其對立程度之尖銳性較小。（二）對於內在之中的與通過內在的超絕的意識 (consciousness, in and through the immanent, of the Trauscendent) 其所淮之注重力較輕，就如同一些東西與牠本體論的地(ontologically) 劃然分開一樣。(三) 對 Existenz 之倫理方面其興趣似乎較淺。

海德戈找出人類生存之「基本樣式」(Grund-Stimmung) 是基於"Angst"，這個字的意義不是僅代表「恐懼」(Furcht) 乃是一些比恐懼更持久些；或者將其譯成「憂慮」(apprehension) 這個字，其意義不適符性可爲最少。"Angst" 的特點：卽我人突然遇到危機，感到一切皆空，及一切皆絕之威脅時，於此際，時時繼續出現之感到此空此絕之威脅的意識。賈波士也研究此點。但海德戈主張：這種感覺，就其影響力並未衰弱或退化而言，在事實上刺激個人重新走到：其內在整個的「實有」其自我之現實的潛伏力，及其良知 (Conscience)的完全意識。

三

前述各點，知而不全，但頗足用爲作現代德國哲學之歷史背景及主要趨勢之綱要。我自知，有些被世人公認之重要思想家如哈特曼 (Nicolai Hartmann)我祇提及而未多論，同時其他學派——如以維耶納城爲中心地的「論理的實證主義」(Logical positivism)及與此主義有關係的人如：卡那魄 (Rudolf Carnap) 及施立克 (Moritz Schlick) 甚至竟未提及。我限定我自己，祇注意那些我認爲與一般思潮之趨向極端重要且有大影響的思想。 並且就是這個，我也不能希望比現在這個極寬泛的大綱，能再有更多的貢獻。

現在到了最末一個問題。 我們方才所考究的這三派思想，在今日之德國，都有同樣的影響嗎？ 如果不是，那麼，那一個是最有影響力的呢？

對此點，我想，我不用很猶疑的就可答出，最後提出的存生哲學是，並且大概是，在目前——就其吾人能預見這是一個難免無誤的判斷而言——它於某一形態或另一種形態下 ， 是影響力最大的一個。 所以我給它的篇幅比給別派的都多。 我說它影響大有兩個理由：(一)存生哲學貢獻了新方法，並給我們以新啓示。 其他各派，就某種意思說，則祗追溯已往而已。 新康德主義，雖然黎卡特給了它以新穎而獨創的形式，但仍是被康德的以認識論(Epistemology) 爲哲學之神經的臆說所統轄。 現象學說，不管它是如何新穎，如何有成就，不管它與存生哲學之毫無疑問的密切關係，他仍是被笛卡兒派的純粹而抽象之目標的理想所統轄。 在另一方面，當存生哲學確定的，不可思議的和笛卡兒康德及其信仰者們所提出之問題分開了的時候，存生哲學乃悔悟的與它所覺得其爲空虛者，其所有形式都是不眞實的抽象者，中途分手了。 並且存生哲學也是一種嘗試，它試着把哲學用它自己的方法，把它重建在它自己的具體的園地上。 (二)在此三種思想中惟有存生哲學能夠與國家社會主義的某些基本思想相融合，也惟有這個哲學能夠賦予社會主義某些基本思想以哲學的姿態。 不管牠們在別方面之如何不同，但他們有一共同點，就是他們都需要「具體」及對抽象的悟性論(Abstract intellectualism)之很深的不信任。 存生哲學實在覺到：一個具體的人與別人的「各種交接往來」及他各方面的經歷關聯(historical connections)變成爲他內在性格之主要原素，所以該哲學堅持思想必須由具體的個人之全面起首。 國家社會主義的哲學堅持：某一國的(Völkisch) 原有情況，和某些樣的文化情況，決定每個人他自己的性質及他思想的性質。 並且，設而忽略了這些個，則思想必墮入不眞實的抽象中（二八）。

笛卡兒為抽象的悟性論之創始者。　近來，攻擊他的有兩種論辯(Polemics)。一個來自賈波士本人（二九），另一個來自一位有能力的較年青的思想家別姆(Franz Böhm)（三〇）別姆很信國家社會主義思想的某些根本點之眞理。其深信之程度，甚至試着藉那幾個國社思想之根本點之光輝去重新想出哲學的性質及功用。　兩個思想家均以笛卡兒為其主要敵人，這是很少見的一樁偶然事件。　賈波士所不滿的是：笛氏的悟性論引向「實有本身的喪失」(der Verlust des Seins selbst)及所有具體的與經歷發生關聯者（三一）的喪失(loss of all concretehistorical) connectedness)。　同樣的，別姆形容笛卡兒的系統為一「空的的宇宙論」（三二）(entleerter Universalismus)。　並形容笛派的"Cogito"為「零點，在此零點下，西方思想對具體的眞實 (Concrete reality) 之關係，沉的不能再遠了」（三三）。這兩部有趣味的書，是從兩個不同之觀點寫的。　但是我想，所伏在他們的兩種駁論下的共同論斷是清楚的。　笛卡兒主義與另外那些所有與它相似的理性哲學(Rationalist Philosophies) 都應排斥，因為它們需要無稽的與抽象的標準以審度智識，因為它們把眞的人類個性乃是由於不可探索之內層完滿 (impenetrable inner fulness)及具體的與經歷之固結之意，連根而斬。　德國今日一般的思想，正經過反對悟性論的階段，存生哲學是反對抽象的悟性論的一個最深刻的哲學申訴。

為得較多的參考，請查下列各書：

（二八）因此，國社黨人的著作主張：沒有思想是無事前假定的。這一點在 Ernst Krieck 的著作，特別顯明；例如他的 Wissenschaft, Weltanschauung und Hochschulreform (Leipzig,1934)都可參看。

（二九）Descartes und die Philosophie (Berlin, 1937).

（三十）Anti-Cartesianismus: deutsche Philosophie im Widerstand (Leipzig, 1938).

（三一）Op. Cit., P. 79 foll.

（三二）Op. Cit., P. 45.

（三三）Ibid., P. 47.

(甲)英文的

W. Tudor Jones, Contemporary thought of Germany (London, Williams and Norgate, Vol. I, 1930, Vol. II 1931.)

Werner Brock, Contemporary German Philosophy (Cambridge,1935.)

John Laird, Recent Philosophy (Home University Library,1936.)

Phenomenology, Article by E. Husserl in Encyclopedia Britannica 14th Ed.)

(乙)德文的

W. Windelband, Lehrbuch der Geschichte der Philosophie Supplementary Part VIII by H. Heimsoehr (who re-edited the book in 1935.)

Franz Böhm, Anti-Cartesianismus: deutsche Philosophie im Widerstand Leipzig, 1938.)

August Faust, Heinrich Rickert und seine Stellung innerhalb der deutschen Philosophie der Gegenwart (Tübingen, 1927.)

Johannes Pfeiffer, Existenzphilosophie, eine Einführung in Heidegger und Jaspers (Leipzig,1933.)

士榜格論歐洲文化（一）

Eduard Spranger und die abendländische Kultur

王錦第 著

綱 目

（1）文化哲學的發生與任務。（2）施彭格與士榜格。（3）施彭格思想的要旨——「文化有機體說」(Die Kulturen sind Organismen)。（4）歐洲衰落「豫言」的三個來源：（a）宗教的，（b）政治的，（c）歷史哲學的。（5）「衰落」能有三種不同解釋：（a）生物學的衰亡，（b）文化的退化，（c）歐洲完全的滅亡。（6）「衰落」之價值標準：（a）尼采的「超人」（Übermensch）說。（b）施彭格的三種不同的標準：甲．猛獸的人類（Raubtier Mensch）。乙．宗教的信仰心，形而上學的沈潛，藝術的，思想創造。丙．權力力的組織，權力的擴張——技術的，政治的，征服者的。（7）士榜格論斷歐洲文化的標準：（a）生物學的基礎構造與文化的上部構造之間的關係，(b)歐洲近代文化的根本精神，（c）歐洲文化的宗教精神。（8）結論及批評。

（1）本文取材大部份是根據士榜格一篇講演稿，題目是西方是衰落還是復興？（Untergang oder Renaissance des Abendlandes？）

地球上的各民族與各國家在歷史上曾經有一個時期是互相隔絕的，各以爲自己的生活樣式是唯一無二的中心，到了現代世界各地因爲交通的發達。以及其他條件，把地理的限制漸漸的打破了，於是地球上各種不同的生活樣式互相接觸，因爲互相接觸的結果，而各種不同生活樣式間的消長，競爭，玩固的排斥，盲目的崇拜等現象便相繼而生；這樣問題的發生在歷史上看來是晚近的事情，研究這樣現象，這樣問題的學問自然也是晚近才有的一門學問，這門學問我們稱爲「文化哲學」。英美人與大多數法國學者的常認爲這樣問題屬於社會學的範圍，而在德國另外在思想上發展爲一特殊的學問，這就是「文化哲學」(Kulturphilosophie)。文化哲學是要把各民族文化的類型與發展的根本而特殊精神分別出來，因爲各民族文化並非雜亂無章的，每一種能獨立的民族文化都有一定的構造，各民族文化都有一個一定不易的中心，然而各民族文化不僅有不同的類型，同時也有發展，類型與發展是相關的(二)。就「變」的方面講，文化有發展，就「常」的方面講，文化有類型，發展是不能完全脫離類型的，正如人在體格與心理上的發展一樣，無論體格與心理怎樣的變化或發展，各人總有各人的個性，所以文化的民族性是由各民族文化的類型中產生出來的；例如一張畫，一件土器，我們看後說是希臘的或是印度的，這是因爲整個的希臘文化與印度文化在類型上有根本不同的所在。文化哲學的第一目標或任務便是把握各民族文化的特殊類型。

在文化哲學上最有貢獻的要首推德國，該國文化哲學的權威者有伯克赫特(Jacob Burckhardt 1818—1897)，尼采，溫德班（Wilhelm Windelband 1848—1915)，底爾泰，西門路(Georg Simmel 1858—1918)等人，此外還有我們現在所要提到的施彭格（Oswald Spengler）與所要講的士榜格（Eduard Spranger）。士榜格是當今德國代表的教育學家，哲學家，特別因爲他在文化哲學上的貢獻，士榜格是世界上文化哲學界的權威，而歐洲文化是世界文化的一大支，從近世的

（2）參看高山岩男著的文化類型學，第一章文化類型學的概念。日本東京弘文堂書房出版。

趨向看來，歐洲文化簡直有成為世界文化的徵兆，自歷史上看，文化的源泉主要的有希臘文化，印度文化，基督教文化，中國文化等，而現代的歐洲文化便建立在希臘文化與基督教文化二者之上，從第一次歐洲大戰發生以後，歐洲文化破產的呼聲驟然高漲起來，而施彭格著了一本書名為歐洲的衰落（Der Untergang des Abendlandes）在歐戰終結以前出版，更惹起了極大的衝動，這本書的內容，我們可以由它的題名看出來，施彭格立論的根據是他把文化看為一種生物，凡是生物都有生，長，成熟，衰微死亡各階段，文化既然也是「生物」（Organismen），自然也脫不出這種生物的命運，不僅歐洲文化是必然的要經過這樣的階段而趨於死亡，即其他各種文化亦莫不如此，所以歐洲的衰落一書，另外題名為世界史形態學的輪廓（Umrisse einer Morphologie der Weltgeschichte）。

士榜格在講歐洲文化的將來時，對於施彭格所說的「歐洲衰落說」並不認為奇怪新鮮，本來歐洲早就有衰亡的「預言」。這樣衰亡的「預言」有三個來源：

第一是宗教的來源。剛纔我們講過基督教是歐洲文化的主要成分，據基督教的解釋，把上帝與世界的關係看為一個過程，換句話說，人類的歷史是救度的過程或救度的歷史，世界歷史，最重要的階段是創造，人類的墮落，舊約與新約，基督的再來，最後的審判，浮士德悲劇也是同樣的自天國始而至天國終。　所以現世的歷史，現世的事情，用戲劇的講法，正是在中幕，並且是一陰慘的中幕，基督教的理想世界是天國，只等待現世的滅亡，例如說一千年後現世的世界便要終了，但是過一千年後世界還是存在着，於是基督教的「世界末日」說無限制的延期，然而基督教的意識中認為在現世的世界決不能產出善來，偉大的基督教思想家奧哥斯丁（Aurelius Augustinus）（三）。在解釋歷史便含着這種意思，這樣消極的

（3）奧哥斯丁於西歷紀元三五三年生北非洲的他哥斯(Tagasto)，父親是異教徒，母親是基督教徒。最初在他的故鄉，後來到米蘭(Mailand, 384—386)做修詞學員，並且致力於哲學與神學的研究。　到三八六年開始讀柏拉圖與新柏拉圖學派的著作，思想上便有了中心的見解。後來在天主教義的發展與傳播上有絕大的貢獻，死於四三〇年。

「世界末日」思想在歐洲文化中是常存在着的。

歐洲衰落思想的第二個來源是政治方面的，因為神聖羅馬帝國的強盛，當時一般歐洲人絕不相信這樣的國家會滅亡，然而曾幾何時，最後還是不免滅亡，一般國家學者們對於羅馬與隆與羅馬滅亡的原因都在苦心的探究着，以神聖羅馬的強盛後來都不免滅亡，所以人人都恐怕自己國家的衰落。

衰落的第三個來源，除了宗教的與政治的之外，即是歷史哲學的，也就是科學理論的根據，關於這種理論施彭格算是最大的代表人物，　這種學說以為文化是一大的生物，與許多其他的生物一樣，有幼年時代，經過開花結實，而至於衰老死亡，這是不能避免的運命。　施彭格便是由文化生物學的的前題出發。

以上是歐洲衰落說的三個來源。　士榜格個人認為除了宗教的，政治的與文化生物學的說法之外，歐洲文化的衰落有三種可能的解釋：（一）現代創造歐洲文化的各民族因為戰爭，　疾病或其他的原因而死滅，　但是縱然這樣的事情會發生，不能就斷定他們所創造的文化也跟着滅亡，例如希臘羅馬的文化到今日還是很多存在着，不過擔負文化的種族變遷而已，但是文化卻有更進一步的發展。（二）因為大地震而把歐洲文化的上部構造破壞了，如大學，圖書館，教會等都沒有了，就算是歐洲民族能殘留生命，但是文化生活要低落下去。　（三）前述二者同時並起，民族與文化都死亡完了，到那時候另有生物學的強健民族從別處遷移過來，再由原始人的文化重新建立。以上所講，第一種我們稱為生物學的衰亡，第二種文化的退化，第三種全歐洲的滅亡。

歐洲衰落說的來源與解釋既如以上所述，現在我們要問文化價值的標準是什麼，他們拿什麼標準去判斷歐洲文化。

第一是尼采的「超人」(Übermensch) 說。　采尼認為人生最大的要為「求權利的意志」(Wille zur Macht)　。　但是歐洲的宗教思想——基督教——卻教人無敵抗，「打你左臉的時候，連右臉也給他打」，由尼采看來，這是弱者的自衛哲學，也是末期文化的信號，他看到自然的，肉體的勢力衰弱下來，原始的猛獸的本能退步起來，尼采以爲這是歐洲衰落的象徵，他爲醫治這種末期文化開了一付藥方，那便是「超人」。 超人要超出一般通俗的所謂善惡，對於一切價值要重新估定，恢復自然的原始的本能，才能逃出歐洲末期文化的運命。

第二是施彭格的文化哲學。 施彭格爲文化立下三個不同的標準。 因爲他是著作家，說的固然動聽，但是思想體系是不完密的。 一方面他與尼采一樣，頗重視「猛獸的人類」(Raubtier Mensch)， 主張强烈的本能與情慾，同時他又讚美宗教的信仰心，形而上學的思辨，藝術的，思想的創造，但是施彭格又認爲這是末期文化，爛熟期的文化，到了「文明」時代這種文化是要死亡的。 至於文化與文明的不同，我們用施彭格自己的話來說：『文化人把他的力量用在「內的世界」，文明人把他的力量用到「外的世界」』。 爛熟期的文化雖將終了，而現代文明還有施展身手的餘地，所以施彭格對於德國青年的說教，還承認人生的價值，雖然他以爲歐洲衰落是不能避免的運命， 但是權力的組織， 權力的擴張，特別是歐洲文化仍有活動的餘地。 現代的文明是技術的， 現實的， 政治的，征服者的，不是過去的文化所代表的詩的，形而上的，宗教的，因爲「向內」的文化已經過去了。

關於文化的興隆與衰落立一價值的標準，本來是很困難的哲學問題，以上所講的尼采與施彭格，都看到歐洲文化有了障害，於是他們便都出了一劑藥方。現在讓我們把士榜格對於歐洲文化的看法講一講。 士榜格講歐洲文化分爲三方面：第一是生物學的基礎構造與文化的上部構造之間的關係，第二是現代歐洲文化根本精神的研究，第三是歐洲文化中的宗教精神，在下面我們分條的敘述。

士榜格認爲擔當高度文化的民族必得是生物學上强有力者，然而現在擔當極發達文化的人在肉體上及精神上都衰弱起來， 例如產生今日高度文化的分業制度，它所要求的是各人的特殊技能，人的各種能力不能調和的發展，並且一天作工的時間太多，不能像自然的原始人一樣，只在自己必需的範圍內勞動；人的器官與機能不能適應這種人爲的生活條件，所謂「文化人」與「自然人」比較起來，就是前者因爲反自然的生活條件使得大多數人都有了「文化病」，例如神經質或神經衰弱，我們知道現代文明的特色是大工廠，而工業的集中地是大都會，所以現代的文化就都會化了，農村漸漸荒蕪，多數的人跑到都會來求職或享樂，而工業的集中地有成爲人類共同坟墓的趨向。大都會的文化條件下所產生的兒童大都是衰弱的，不僅在身上，精神方面也是不健康。西班牙人葛色特（Ortega y Gasset）曾著書論大都會型的生活，低級的本能支配着都會生活的人們，他們不只要求麵包，他們還要求各種刺激，如酒與煙，他們時常在尋求刺激，時常期待着動人聽聞的事件，他們常把自己的神經弄得很緊張，很興奮，最喜愛的是一種陶醉狀態，陶醉於多數人的集合與群衆所產生的力量，他們的意志與感情都不安定，正確的思考在這樣的情況下簡直是不可能，我們可以說這是群衆的慢性「西斯提利」。心理分析學派的對象也是那種病態的色情的都會人。大都會的文化病使得人人在身心都衰弱起來，這種生物學的退化與頹廢不能不令人起一種恐怖，救濟這種文化病的方法，照士枋格看來，一方面要獎勵有組織的國民體育與國民衛生，更重要的是遺傳學與優生學的講求，農民生長在農村，多數是健康的，所以農民階級是健康國民的儲水池，有了健康的生物學的基礎，文化的上部構造才能穩固。

現在進一步我們要討論歐洲文化的根本精神，換句話說，要對於歐洲文化的內部構造研究一下，士枋格以爲這是文化形態學（文化構造學）的問題，雖然它是一門新學問，將來必定能成爲極重要的部門，在這一方面看來，文化形態學必得要用發生學的（genetisch）方法，把一種文化的成立過程探本溯源的找出來，歐洲的文化建立在希臘文化的基礎上，而希臘思想所尊重的是節制，整齊，與自制各種精神，現代的歐洲文化便建築在這種合理化與數學化的基礎上。最能代表數學精神的是幾何學。所以我們可以說歐洲文化是幾何學的文化。這種合理的幾何學精神不僅用在沒有生命的自然界，同時更要支配生物世界。士枋格認爲歐洲文化的恩物或源泉固然是合理化的數學精神，而這種原理的過度應用，也是今日歐洲文化危機的大原因所在。

從歷史上我們可以發見某一民族在精神上發展爲高一階段的時候，這一個民族便在那兒遇到危險的信號，因爲樸素的傳統被破壞了，宗教的，道德的，政治的信仰失掉了，維持自然的民族力量沒有的時候，便是一個民族危機的由來，像這樣的時期，在歷史上我們稱爲啓蒙時代，例如德國的啓蒙時代普通指爲十八世紀，但是「理性」(Ratio)支配德國人的生命與生活卻遠在十八世紀之前，譬如來勃尼茲之 (Leibniz) 把上帝看爲偉大的數學家，這種合理化的運動便是數學的自然科學的凱歌，對於宇宙人生都用數學或因果關係來解釋，在今日時常有人非難十九世紀的發明所帶來的罪惡，我們要知道十九世紀的發明都基於數學的物理學與化學；現代的技術文明，如蒸汽機關，發電機，鐵路，汽車，電話，電燈，飛行機，潛水艇，無線電………，都是數學精神的產物，技術文明爲人類固然造福不少，同時它也帶來各種罪惡，如失業，戰爭的殘酷，文化病的廣播……這種數學的精神不僅要支配自然界，就是人事界的政治，經濟或道德方面也要受它的支配。在社會或人事上經過合理主義的洗禮固然有它的好處，把傳統的混亂狀態整理起來，但是據士榜格的看法，文化機構因爲太複雜，人爲的，不自然的，合理手段在這一方面是要失掉神通力的，所以近世的思想對於主知主義或合理主義起了一種反動，反對人類理性的專制或計算精神（卽數學精神）的獨裁如盧騷，疾風怒濤時代的浪漫運動（詩人與哲學家），叔本華，尼采以及近來法西斯所主張的「直接行動」(action directe)，他們要求感情的權利，心的權利，本能的權利，天才的權利，直觀的權利，潑剌的行動的權利。士榜格個人也認爲歐洲思想把主觀世界與客觀世界極端的分離是錯誤的，他把這個罪狀放在迪加爾身上。今後的思想，據士榜格看來，需要那種「悟性以前」，「知性以前」之健全的本能。但是他並不是完全反對「理性」(Vernunft)，眞正的「理性」不只是概念的計算，而是精神力的全體，「理性」該是生產的思想，直接領導行動的指南針。這樣才能救濟自希臘傳來的那種「魔術的思想形式」(Magische Denkformen)。

第三，也就是最後一點，我們要討論的是歐洲文化中的宗教精神。士榜格用「宗教」一詞在這所指的意義很廣，凡是各人的世界觀與道德的，積極的生活上的信仰都屬宗教範圍內。與此相反的是懷疑，不安，沒有信心，行動痲痺。士榜格說：『擔當每一種文化的人們，必得對於那種文化的價值有信心才能使它發展與繁榮』。至於歐洲的宗教當然是基督教，基督教的範圍包括的很廣，基督教的神祕主義，基督教的世界觀及它的形而上學的體系等都算在內，甚至自康德至黑格兒的德國理想主義也算在基督教內，士榜格認為基督教史簡直可以算作歐洲宗教意識史。他以為設若作為歐洲文化前提的基督教信仰有了動搖，那末歐洲文化最後的根據便失掉了保障。基督教的各種宗派雖然都是否定現實，而期待天國，然而所謂「救世福音」對於現世的使命也並不放棄，現世是達到天國的歷程，地上的世界是上帝創造的，設若我們欲進入天國，與永恆的世界接合，那末在現世就不能不「好自為之」，不能不在現世就滿足上帝的意志，望天國的意志就成就了現世的力量，例如十字軍便是人類史上的偉大行動，恐怕是歐洲最強有力的共同行動，這不僅單是政治的或經濟的目的，而是望天國的信仰產生的。再如資本主義的產生也有它的宗教源泉，人人努力的聚集資本，要在現世作出偉大的事業來，都是為了上帝的光榮。由此我們知道基督教的信仰對於文化作了強有力的根據，給文化立下了形而上學的基礎。

歐洲人的信仰，據士榜格的看法，自近世馬克斯以經濟的觀點解釋世界史，十九世紀的終了又有托爾斯泰對文化的意義提出了疑問，所以此後全歐洲的精神生活失去了中心，人生的終極目標也就不能統一，一般大衆傾向於唯物的思想，至於有教養的智識階級不是自由思想者，便是懷疑主義者，到第一次世界大戰這種崩壞的過程就達到了極點，而施彭格的歐洲衰落說便應運而生。今後救濟歐洲衰落的第三劑藥方，據士榜格的意思，便是以宗教的信心作文化的護符。換句話說，基督教的興衰便是歐洲整個文化的興衰。

以上所講，士榜格告訴我們歐洲衰落說的來源，以及他個人對於歐洲文化病症所開的藥方，他承認歐洲文化遇到了危險的信號，但並不是不可救藥，他的第一個藥方，健全生物的基礎，我們沒有問題，素日被稱爲「老大帝國」的病夫國家——中國——更需要這種基礎，第二個藥方，用「生活」去更換歐洲文化根本精神所在的主知主義——數學的精神——，而第三個藥方，則在維持基督教的信仰，作爲歐洲文化的保護者。士彷格的思想是很正統的，他一方面非難文藝復興後的合理主義的運動，一方面在信仰，倫理等生活上却主張傳統的繼續。本來歐洲的現代文明，「人」與「物」不相適應，產生了許多現代人特有的痛苦與悲劇，但是這種苦痛與悲劇，以數學爲基礎的現代科學與技術是不能負責任的，科學與技術的本身不負倫理上的責任，負倫理責任的還是人自己，於其說「理性」，主知主義，數學的精神用得太過而產生今日世界的痛苦，無寧說人類生活——思想，感情，倫理，宗教……——還太欠缺科學的洗禮。在人事方面，社會方面，我們需要更多的科學，正如科學與技術用到自然界一樣，這個問題很大，且與我們所講的題目無直接關係，不便多講。現在介紹這篇短文的意思只是告訴我們歐洲衰落說並不自施彭格始，及士彷格個人對於歐洲文化的看法。

釋勒與歌德通信選集（續）（一）

Aus dem Briefwechsel zwischen Schiller und Goethe

張德潤譯

三一（二四五）釋勒致歌德 一七九六，十一，十八于耶拿

在哥本哈根（Kopenhagen）大家對于贈客詩都憤怒起來了，如施默而曼（Schimmelmann）女士今天寫給我的，雖然她係具有自由主義的情感，並且——只要她能够時，她是願意公平對待我們的。人對于我們的作品係按其實質而評價否，簡直非我們所可意想了；即最同情我們思想的人們也只持着寬容的態度。

據我所聞，在所有此類判詞下面，我叨光的只是一位「盲從者」的悲哀的角色，您畢竟還得到了「誘惑者」的頭銜。

現今得把稍有價值的與嚴肅的思想播到羣衆裏面去，固然係最好的現象，尤其對于我；但我若想起，您為感傷的讀者們所貢獻了的，尤其最近在適斯式與藝術年鑑中所成就的至高無上的創作，竟難免讀者不作微議于其接受之時，所以事實上我想有時以我的方式所認為完善的東西或可遭逢更佳意志的希望，也就微乎其微了。您的眞理，您的深微的本性人總不會諒解的，而我呢，若此處許談下自己的話，由于我本性上強烈的不合時宜，不阿衆好，亦決未能成功羣衆的朋友。但幸還好，此點尚未成為我活動與生存上必不可缺的條件。這對您更不相干，尤其現在，固雖有各類的胡說八道，而優秀士女們的興味則顯然完全採取一如此的方向，即非對您的成績作全盤的承認不可。

關于明年的藝術年鑑我現尚完全未曾想起，而我全部的希望均倚在您的身

（一）第一部分見中德學誌第二卷第一期四十一頁至七十二頁。

上。　我如今深感到，瓦輪斯坦因要費去我整個的冬季，也許還得整個的夏季，緣我所處理的係緊難的材料，我唯以豪邁的，堅忍不撓的精神臨之，庶有所獲。再則因爲人用以接近生活與人類的工具，及由其狹隘的生存出發以踏入廣大的社會去的那許多的，甚至那頂平常的方法我均感缺乏，故我得像一個缺少確定器官的動物，要多用現有的器官去操作，幾乎將雙手以雙足來抵償。　事實上我要失掉一種不可言驗的力量和光陰　，　以克服那偶然形勢的限制並爲我準備固有的工具，以便把握一種如此生疏的，生動的尤其政治上的題材。　我實在不耐煩，同一部哀情小說的瓦輪斯坦因還只能辦到，使我對其有充分宜于作悲劇的自信，若我視它爲別的，那我雖不至放棄全部的工作，（因我已有如許的成就，可由此造出一部有價值的戲劇）然我或竟要先完成馬爾太人（Malteser）的，因就後者的一種遠爲簡單的組織上說，已無疑地可把它作成悲劇了。

三二　（二四九）　釋勒致歌德　一七九六，十一，二十八于耶拿

同瓦輪斯坦因現仍走的很慢，因我常要費最多工夫以整理尚未完全集起并繼續增加的粗材料，然在形式上我已有些光明而肯定的見解了。　我想要和該做些什麼，再我有些什麼，現在我都十分淸楚了；而要緊的還只是，以我心內與我面前的質料去作成我所想和該做的東西。　對于我從事工作的精神，您大概會滿意的。　我想完全辦到，將材料置于自我以外，并只給題材所要的那許多。　我差不多敢說，題材毫不令我發生興趣，而我從未克將對題材的甚爲冷淡以與對工作的極其熱烈在心內連結起來的。　我至今待遇主要性格　，大多數次要性格也一樣，係眞正用的純粹藝術家的愛；只對最接近主要性格的那個年輕的庇可樂米里(Piccolomini)我係以本己的奉獻參與的，因此在全體上寧可說是得勝于失了。

關于主要事件，戲劇的表演上面，那眞不識好歹的與非詩歌的材料卻還未能完全服從我；　進行中尚有許多罅隙，　有些東西尚未可插足于一種「悲劇經濟」(Tragödien-Oekonomie)　的窄狹的領域之內。　再使那些罅隙于一種悲劇的進展上甚不適宜的災禍中的基本錯誤，還不能完全克服。　主人公的不幸由本來的命

運作果者少，由其本身的缺點致成者則過多。 此地幸還有麥攷自(Macbeth)(二)的前例可援，在彼處命運一樣較走入死亡的人要無罪的多。

三三 (二六八) 釋勒致歌德 一七九七，一，十七于耶拿

我方做畢我的工作，在收筆以前，再祝您一聲晚安。 您末次的見訪，雖如此其短促，卻振作了我的萎靡，並提高了我的勇猛精神，經過您的解說又導我入那個我自視與其完全絕緣的世界之內了。

但尤使我愉快的，是您于一種繼續不斷的詩藝的工作中有迷遂物物的嗜好。由此有一種更新而美的生活展在您的面前，不僅您要在作品中且要在您置身的情調中教導我以及娛樂我。 我現在特別希望知道您的作品的年代表；若就您的本質的發展方面而不許一般地證明出一種人類本性上的確定而必然的過程，那我就該稀奇了。 您必然有過一確定的，並不很短的時代，我要稱爲您的分析時代。 在那時您經過區分與剖析向着一個整體而努力，在那時您曾把您的本質幾乎同自我分裂了並藉藝術與科學又將自我創造出來。 現在我以爲，您已經完成了，火候純青了，又恢復了您的青春，且要將果實與花蕊化而爲一。 此再度的青春係神聖的青春，並且同他們一般地永生不滅。

您那些短與長的田園詩， 還有最近的哀歌都指出這一點， 同樣是那舊的哀歌與短詩。 我卻想知道那些早期作品的歷史，邁斯忒也在內。 把您對此所知悉的記載下來，亦非徒勞的工作。 若無此，人不會完全認識您的。 請您去作，並且錄一個副本與我。

三四 (二六九) 歌德致釋勒 一七九七，一，十八于威瑪

新近我同您共度了的少數的時間， 令我又十分地渴望， 再有一些較長的時日，照老樣子去過。 只要我在此把各樣事情大概辦完且把有些事安排了，我就要再拿一個時期與您共處，這個，像我所希望的，對我們倆要非只有一種單純意

(二) 麥考白係蘇格蘭大將，刺死鄧康一世(Duncan I.)繼其爲蘇格蘭王(一〇四〇——一〇五七)；於一〇五七年爲鄧康一世之子馬可姆(Malcolm)所敗而死。 莎士比亞用作悲劇主人公。

義的利益。利用您最好的時間，繼續作悲劇吧，以便我們能開始一塊兒去討論。

剛收到您親愛的信函，我不否認，曾踏入過那奇妙的時代，我自己也很覺希奇的；可惜在這上面我尚不能完全休止，因我還要從分析的時代淘出如許的東西，它們係我所不能捨棄且用之無窮的。故我除在這條巨流上面將我的小船，只要它想前進時，很好地駕駛外，再未餘下何物了。在斯種心境上作一番的遊歷有何項的效用，我業于最近十四天之內看出來了；這畢竟不許對于未來與全體預言什麼的，因此種調整的自然力量，一切不調整的力量也一般，在宇宙中毫不能受任何物的領導，卻是如其自我創造那樣，也得由自己並在其本來的方式上而去起作用。此種現象要給我們以達到許多觀察的動機。

三五（二九一）　釋勒致歌德　一七九七，四，四于耶拿

離開一切的往來和社交，我忽轉入極深的靜寂並恢復了孤獨生活。除您與洪保德外我也屏絕了一切女性的社交，我運用斯項靜寂，以沉思我的悲哀的戲劇的責任。此外我計劃一詳細的全部瓦輪斯坦因的舞臺綱領，以便將劇情與連結的烏瞰也機械地經過眼目為我減輕一點。

若我愈加對自己的業務和希臘人關于悲劇的作法去深思，我就覺得，藝術上全部的精神要素（Cardo rei）係含于一種韻文小說的創造之中。近人卻艱難困苦地追逐于偶然和次要事物之上，而于適當地去努力接近真實方面則襲之以空虛與不足輕重，故他不得不冒喪失深徵真理的危險，在其中本來蘊蓄一切詩情的。他雖頗願意完全模彷一種真實的樣子，卻不想一想，一種詩藝的描寫對于實在，恰因後者係絕對的真實是斷難若合符節的。

我頗驚訝的是，那希臘悲劇的性格或多或少地總帶着理想的面具，而非真實的個體，像我在涉士比亞也在您的劇本中所尋到的，比如說：烏里賽斯（三）在

（三）烏里賽斯（Ulysses）即奧庇賽（Odysseus）的拉丁文寫法。

阿亞克斯（四）裏面及非羅克推（五）裏面只是狡猾，方法無窮的狹心眼的聰明之理想；克蕊翁（六）在奧底卜（七）與安提宮（八）中僅係冷酷的國王威嚴。 在悲劇裏面使用這樣的性格當然容易做的多，他們曝露自身較爲迅速，他們的特色則較爲持久與穩固。 這樣于眞理並無所損，因爲他們旣非單純的論理上的個體，也同樣非單純的個人。

三六 （二九二） 歌德致釋勒 一七九七，四，五于威瑪

您的意見是完全正確的，在詩學的，同樣在彫刻術的體相中表現一種抽象概念， 它只能經過所謂體裁方克臻它的頂點。 還有經過容態而達到的抽象概念，如在法蘭西人方面。 對小說的成功上自然依賴一切的力量，人因費了許多氣力可以相信，大多數的讀者與觀者對之再無何物得以苛求了，而詩人呢，畢竟留下一種活潑潑地貫行了全部的功績，只要小說愈好，這就愈能繼續長存的。因此我們將來要更加小心地去致驗我們所企圖的事業。

三七 （二九三） 釋勒致歌德 一七九七，四，七于耶拿。

在一些從本地圖書館借來的秘密宗教的與天文學的著作中間，我也尋着了一部論愛情的對話，係從希伯來文譯成拉丁文的，它不但極深地娛樂了我，卻也令我的天文學知識增進不少。 化學的神怪學的，及天文學的事物的混合，此處皆涉及甚廣，且實在可供詩人的利用。 有些行星的，奇怪的，饒有意義的，同人類的四肢的類比我已叫人爲您抄寫去了。 只從此種可笑的想像方式上是得不到一個概念的，直到親身聞那些人們口述之後。 但我非不希望對此種天文的材料

（四） 阿亞克斯（Ajax）希臘傳說中的英雄，

（五） 非羅克推（Philoktet）希臘傳說中之英雄；承受赫拉克里（Herakles）的寶弓，在脫羅亞殺死巴里士。

（六） 克蕊翁（Kreon）希臘傳說中推宜的國王，即令人幽閉安提宮者。

（七） 奧底卜（Ödipus）係蘇非克里（Sophokles）所作悲劇主人的名稱。 曾弒父娶母， 終隱于哥倫集(Kolonos)城。

（八） 安提宮（Antigone)係奧底卜之女，曾伴其被放逐之父視到哥倫集城，背克蕊翁之命而葬其兄，終爲克氏命人活埋。

予以一種詩藝的尊嚴。

倘若我們又聚首的時候，我願對前次所談及的性格處理的材料上，將我的概念藉您的助力更弄清楚些。事件立在藝術的最深秘的基礎之上，自然人從造形藝術方面所得來的觀感在文學中也可闡明不少。今天，我也在涉士比亞方面，當我把施萊格(Schlegel)所譯的朱理亞凱撒(Julius Cäsar)讀過一遍之後，感到十分的驚訝，他把那平凡的人民用一種那樣非凡的偉大處理了。在此處，在民族性格的描寫上面，材料已經逼迫他，不得不把詩藝的抽象較之個體更多放在眼前，以此我認他在這些地方同希臘作家極端相近。如若人把一種對于實在的模彷上太駭人的概念也加進這樣的劇幕裏面去，那羣衆同它的無意識就害一位藝人匪淺了；但涉氏用大胆的手法取出幾個典型來，我要說，只由羣衆中取出數種聲浪來，就用他們代表整個的民族，而事實上他們也代表了；他畢竟那麼成功地挑選了。

若人只要弄得清楚，在藝術中有何物必須從實在方面撇開或拋棄，那也就對詩人或藝術家爲一偉大的功績。所佔領域將更明亮而純粹了，渺小與卑微行將消逝而拱讓崇高偉大以應得的座位。這一點在史事的處理上已佔最大的重要性，我並知道，這上面許多不確定的概念已令我異常的躭心哩。

三八　(二九四)　歌德致釋勒　一七九七，四，八于威瑪。

我希望即能繼續同您討論我們兩人極感興趣的材料。所有那些供我在最近的詩中得到的方便，我均學自造形美術。因爲一種重複蕪雜見于一種同時具體地現在眼前的作品中的，較見于一種是在精神觀察的連續中的作品之內的，要刺目的多。以此人在劇院中感到很大的便利。故我近日覺得，倘若就集團上去着想，那我們的劇院裏常只會演些感傷的與悲哀的劇本，然在此竟有數百種其他的尚可想像出來。故這些日子我又覺得，有些亞里士多方(九)的劇幕完全如

(九)　亞里士多方(Aristophanes)約生於紀元前四五〇年，係希臘最偉大的喜劇詩人，住在雅典市。

古代的浮彫一般，也定然在斯種意義下面構想的。在全部及個別部份中間舉凡重要的是：所有的互相分開，無一個劇情與另一個相似；如性格表現的樣子，他們雖顯然彼此分立，到底恢係歸屬一個種類。

三九 （二九七） 釋勒致歌德 一七九七，四，十四于耶奈。

您在摩西(Moses)的五書中的發現使我喜悅非常。 快寫下您的思想吧，否則您又會馬上覓不到此種思想的軌迹。 若我記的不錯，您在十幾以至二十年前曾對新約宣過戰的。 我得自認，一切歷史的東西，其原本之不足信，我迄今猶甚堅持，故認您的懷疑在個別事實上仍舊很有道理。 我以為聖經僅在表現素朴的地方，方為眞實的；所有其他的，以一種特殊的意識寫出的東西，我恐怕係一項有作用的目的且屬較晚的來源。

四〇 （三〇〇） 歌德致釋勒 一七九七，四，十九于威瑪。

一種關于敍事詩的思想，我卻要立即奉告。 因敍事詩應隸于最大的平靜與愉快的範圍之內，所以智力或較在其他詩類方面有更多的要求，而這次，當我細讀奧底賽時，我殊驚異，恰巧斯種智力要求都如此周到地滿足了。 設使對于古代的文法學者及批評家的努力方面的， 同樣對他們的天才與性格上的記述， 作一番精密的研究， 那就可顯然看出， 他們均係智人，在彼等偉大的描寫同其想像方式完全符合以前， 他們是決不會休止的。 故此， 我們必得為我們今日的荷馬全集，對亞里山大詩體(十)負責，如胡爾夫(Wolf) 所努力表示的，但這自然賦予斯類詩文以一副全然另樣的面目。

還有一項特殊的備致。 有些整個錯誤且完全新發行的荷馬的詩文我對之這樣去辦， 把有些改插入我的詩內（當其作成以後）， 以便使全部愈加淸楚而易解些，並且及時地去準備未來的事變。 若我把現在的研究完畢了，我就急于想在我的詩內作一些增加或減少；不過那首次的批評我頗願流傳到世間去。

敍事詩的一項主要屬性乃是，它常係前進與回溯，故一切遲緩的動機都是敍

(十) 亞力山大詩體(Aloxandriner) 係一種六尾韻抑揚的詩體。

事的。這卻不應成爲特殊的障礙，此等障礙原本屬于戲劇以內。

假若此種遲緩的需求，它過度地充滿了兩部荷馬的詩篇並且也合于我的計劃之內，應成爲眞正根本的而不可缺少的條件，那嗎，所有我剛向終點邁進的計畫就得完全放棄，或者僅視爲一個附屬的，歷史的種類。我的第二部詩文有此缺點，若這係一缺點的話，而我得警戒自己，在我們對此事完全弄明瞭以前，暫不去寫下一首詩句。我覺此觀念係異常有意味的。若它係正確的，就要使我們進益匪淺，我願爲其犧牲一切。

四一　（三〇一）　釋勒致歌德　一七九七，四，二十一于耶拿。

前日來信，給我許多問題去思維，我本想寫點意見把您，但一件未及預料的事將我今晚佔去了，致難如願。故今天只講幾句話吧。

從您所說的一切中使我逐漸明白，敍事詩各部份的獨立性做成它的一種主要特徵。那赤裸裸的，由衷心掏出的眞理是敍事詩人的目的：他僅按眞理的本質而給我們敍述事物的靜的生存與活動；他的目的已經含在他的活動的每一點之內；因此我們非急忙忙地奔赴一種目的，卻以「愛」逗留于每一步伐之上。他爲我們保持心靈上最高的自由，且因他置我們于這樣一種便利之內，故他執行自身的任務尤其緊難：因如今我們將一切的要求都扔在他的身上，這些要求甚建立于「完善」及我們的力量在各方面互相連合的活動之內。全然相反地悲劇詩人則奪去我們的心靈自由，且因他把我們的活動向着一單獨的方面去指引和收集，故使他的業務不知簡單化了多少，且因他把我們置于不利的地位，而自己則處于便利之中。

您關于敍事詩的遲緩的發展的觀念我完全首肯。但我尚未完全了解，就您的新敍事詩中我所知道的講，該項屬性是否該在它上面缺少呢。

您繼續的結論，尤其對於戲劇方面的，我以極熱烈的心情期待着。同時我要對于以上所講的再仔細考慮一番。

四二 (三〇三) 釋勒致歌德 一七九七，四，二十四于耶拿。

您稱爲最上乘的戲劇的材料的東西(該處扮演已即發展上的一部份)，那比如在莎士比亞的孿生子(Zwillinge)中所執行了的。悲劇中我尙未知道有一個類似的例子，雖然奧地普司(十一)是與此種理想十分可驚地接近。但我也許能去設想這樣戲劇的材料，在其中扮演同時也即科白的進展。麥玫白即屬于這一類，我也可舉出我的强盜。

四三 (三〇四) 釋勒致歌德 一七九七，四，二十五于耶拿。

遲緩的需求係產自一種高級的敍事詩的法則，此法則也還可在別的方面去充分應用，我似乎無何懷疑。我還相信，有兩樣品類是遲緩的，一種含于「道路」的種類之內，另一種則含于「行走」的種類之內，我又覺得，後者也能在最直的道路上很適當地發生並因此也能在一種如您的計畫之上同樣地發生。

然我不願完全像您一般地去申述那種高級敍事詩的法則。那公式『原來唯有「如何」但無「何物」係成問題的，等』，我以爲太一般化了並可無區別地應用于所有的實用的詩類之上。如若我要賅括地把這上面的思想說出，那就是這樣的。敍事詩人與戲劇作家，兩種人爲我們描寫的係一種動作，惟此種動作在後者面前係視爲目的，在前者面前則僅視爲用以達到一種絕對的審美的目的之單純的手段吧了。由此原理出發，我可以充分解釋，爲何悲劇詩人必得愈加迅速而直接地邁進，爲何敍事詩人更適宜地在一種遲緩的進程上找到他的打算。以此看來，我覺得敍事詩人對于那些由好奇心或由同情心而得來的材料，在其上熱情已很强烈地激發起來了，在其上動作太偏于當作目的之興趣了，也許要屏棄不用而保持自己于一種單純的手段的領域之內。我自認，在您的新詩方面，我頗恐有後一點，雖然，我得信任您的詩才的優勢有超過材料之可能。

您想用其發展您的動作的方式我覺得偏于滑稽劇方面而非敍事詩。最低的限度您得費些氣力，爲動作將那足以激發驚訝，錯愕的東西弃掉，因這是極不宜于敍事的。

(十一)奧地普司(Oedipus rex)係朱福克雷(Sophokles)(紀元前四九六時人)的悲劇名稱。

對敍事詩人我卻絕不允其有一種扮演的；至少非在戲劇作家的扮演意義之下。因他並不像後者那樣驅我們走到終點上去，故開端與終結在戲劇的尊嚴和意義中彼此都很接近，並且因扮演並非引向某物，卻因它本身就是某物，故它必令我們感着興味才行。我相信，人因此必對戲劇作家，格外的原諒，恰因他置其目的于結果與終端之上，故應許他，將開端泰半作為手段去處理。他附屬于因果性的範疇，敍事詩人則附屬于實體性的範疇；前方可以和應該有某物當作他的原因，後方一切必須為自己發生效用。

四四　（三〇五）　歌德致釋勒　一七九七，四，二十六，于威瑪

您在今天來信中關于戲劇與敍事詩的意見我很贊成；如一往的慣例，您又係給我陳述與解釋我的夢境。

* * * * * *

我竟不能抑止的不在我們的戲劇的，敍事的事件上面再提出一個問題。您對于下面的言語將說什麼呢？

『在悲劇中可以而且應該由那命運，或者同樣的東西，由那引人盲目地東碰西撞的，人的決定的本性去管理與支配；它絕不得把人引到他的目的去，卻常從他的目的引開，主人公不該有健全的智力，智力不應入于悲劇的範圍，除非在次要角色方面作為達到主角的否定（Desavantage）時方用得着它，等等。

在敍事詩內適得其反；唯有智力，如在奧地賽中，或者一種正當的情欲，如在伊里亞特中，方為敍事的媒介體。一件奇蹟的阿爾果的遠征隊（十二）不是敍事的。』

四五　（三二八）　釋勒致歌德　一七九七，六，十八，于耶拿。

您逐漸為我改掉由一般原則走到個別事物的習慣（這在一切實用中尤其在詩藝中係一種惡習），而反把從個別事物引至偉大的法則方面去了。想教我採取

（十二）阿爾果的遠征隊（der Zug der Argonauten）係希臘傳說中之英雄們，在雅山（Jason）的領導下面乘阿爾果號船駛赴柯爾喜斯（Kolchis）（在黑海之東岸）以取回金黃色的羊毛。

的要點常爲微小而狹隘的，卻將我導入廣大的領域並由此使我在本性上獲得恬適，反之我在其他的，自我信賴地，多麼高興沿行的道路上面則常自廣大的領域走進狹隘的範圍，且有極不舒服的感覺，使我在終端上自視總較開端時更爲貧乏。

四六 （三二九） 歌德致釋勒 一七九七，六，二十一，于威瑪。

我的狀況正搖動于近地與遠方之間，正往返于一種大和小的考察之間，這瞬間是少有歡喜的，而我還得這樣幹數個星期。若在彌額爾紀念節（Michael）以前我同良善的邁爾又得聚居時，那我們的冬季生活就會有一好的轉機了。最近四週之內我們眞正在理論上與實踐上又獲得了不少美的進步，若我的本性有將您的本性納入「有限制」的作用，那我由您也得到這樣的利益，即我有時竟能越出我的限制以外，最低的限度，我再不長期徘徊于一種那麼狹窄的田地之內了。若將老的邁斯忒，它在一種生疏的藝術的財富中給了最優越的成績也加于此，那就不應講缺少好的效用了。

四七 （三三〇） 歌德致釋勒 一七九七，六，二十二，于威瑪。

因萬分的必要，我擬在現今不安的情況中給自己一點事情去做，所以決意從事于我的浮士德，幷將它，在未完成的地方，最低的限度卻得繼續寫下一相當的部份，緣我把印成的一部份從新拆開而以既往做完的或新發現的東西大量地安排進去，由此以準備那原來僅爲一個觀念的計畫之實現。剛才我又把此種觀念及其表現再想過一遍，而在自己方面是可以一致了。如今我卻希望，您有這樣的好意，在失眠的夜間，將此事作一番思考，把您要向全部上面所能有的要求都給我提出，並且像一位眞正先知的樣子，爲我敍述和指示，我本已的夢境。

就情調方面說，這部韻文的各種不同的部份，如果它們服從整個的精神與音調的話，就可以各種各樣地去處理的，緣其餘全部的工作均爲主觀的：所以我能從個別的情節上面去工作，所以我現在也能作一些出來。

我們的史詩研究又將我帶入五里霧中了，而目下的情況促成我，在多項意義下面，于其上去迷戀一個時期。

四八　（三三一）　釋勒致歌德　一七九七，六，二十三，于耶拿。

您決心從事浮士德，令我事實上頗爲驚訝，特別是現在，因您往意大利的旅行已整裝待發了。　可是，我素來總是放棄以普通的邏輯去測量您的，所以我業可于事前證實，您的天才很完善地擔負此項驚人的工作。

您勸誘我，向您陳述我的期望與欲求，那談何容易，但以我所能做到的，我想探尋出您的發展線索來，若這也不行，那我就得想像一下，我是否于無意中可找到些浮士德的鱗爪並將它寫出來。　此處，我只可說，浮士德，卽劇本，在凡屬他的詩人的個性方面，不能完全拒絕有一種象徵的旨趣的要求，也許您本來的觀念卽如此吧。　那人類本性上的二重性和那想把神聖的與物質的要素在人心內去結合的，枉然的努力，人並非不曾注意到；而因爲小說涉及且必須涉及光明與鄙野，所以人不想靜止于題材的旁邊，卻要自題材上以達到理想方面去。　簡言之，浮士德上面的要求既係哲學的，又係詩歌的，您想轉向這一方面，那都聽便，不過題材的本質向您要求一種哲學的待遇，那想像力就不得不將就一項理性觀念的差役。

但我于此頗難告您以新的東西，因爲您對于既成事物上的要求已經開始高度地去滿足了。

倘若現在您眞正去着手浮士德，那我對其完滿的成功也不再懷疑了，這幷令我不勝歡悅。

四九　（三三三）　釋勒致歌德　一七九七，六，二十六，于耶拿。

浮士德我現又讀過一遍，在解答上着實令我腦悶頭昏。　這是很自然的，因爲問題建于一種直觀之上，人多久未獲得它時，那一種自身並不怎麼豐富的材料就會陷悟于混亂的地步。　使我于此生畏的，是如若理想在終端上應該實現的話，我就覺得，浮士德，就其稟賦方面說，也得要求一種適應材料的總體，然我並未發覺有一種連結這樣高深地湧現出來的材料的詩藝的環子。　如今呢，您卻已有辦法了。

舉例說：依我想，當然浮士德要被引入經商的生涯，而您從這般人們中要選出何等的劇幕呢，那我就覺得，以他的本性說，時常總得要求一種過大的浮文與誇張的。

關于處理方面，我感到最大的困難，是如何在詼諧與嚴肅之間成功地去通過；悟性與理性似乎要在此種材料裏面你死我活地鬥爭着。在現有的浮士德的斷片的體相上面人甚感覺此點，但人厚期于那將完成的全部之上。魔鬼以其唯實主義在悟性前得到勝利，浮士德卻在良心前得到勝利，但有時他們似乎互換他們的地位，魔鬼並背着浮士德以衛護理性。

再有一個困難爲我所發覺的，魔鬼以他的唯實主義的性格揚棄了他那理想主義的生存。理性只能信仰他，而悟性只可許他如現狀的樣子起作用並這樣去了解他。

總而言之，我極盼望那部民衆傳說行將完全融化于全部哲學的部份之內。

五〇　（三三四）　歌德致釋勒 一七九七，六，二十七，于威瑪。

您對于浮士德的意見令我極其歡悅；它們像自然的一樣，同我的企圖與計劃都十分地吻合，只是我在斯種非常的布局方面，作得取巧一些，並多去接觸那些最高的要求，少去實行它們罷了。所以悟性與理性，也許像兩位鬥拳勇士，要彼此怒目相向地搏鬥着，以便晚間一塊兒和睦地休息。我要設法使許多部份變成愛嬌的與興趣盎然的，並讓人稍微想一想；在常常仍係斷片的全體方面我想以敍事詩的新理論去着手。

五一　（三三六）　歌德致釋勒 一七九七，六，二十八，于威瑪。

承您寄下，現在奉還的兩首詩在我非不完全中意，它們在羣衆裏面定可尋到朋友的。固然亞非利加的沙漠與北極既非以官能的又非以內心的觀照所得描摹的，寧可說，它們兩個是以否定而敍述的，因它們並不是，雖然意向的確是，以快樂的，愛好德意志的觀念所得充分抗衡的。那另一首詩也多看出係自然歷史的幷非韻文的，且令人記起一幅繪畫，在其上所有的動物都聚在天堂裏面環繞于亞當的週圍。兩首詩都表示出一種平安的，在儉約中解決自身的努力。 詩人有一副對于自然欣賞的眼光，但他似乎唯經過傳說方與之相稔。 有些栩栩欲生的影像殊堪驚人，雖然同時我不願意看見森林立在那裏，它本爲反對沙漠的消極的影像而湧現的。 在個別的辭藻又在音律中間或尙有些可商酌之處。

人除更多拜讀作者的作品，因可知道，作者是否于別的詩類中尙具有其他的方法和天才外，我卻不知如何爲其畫策了。 我要說，兩首詩中都有臻于一位詩人的良好的成份，但它們單獨造不出一位詩人來的。 他也許方便得多，若他試擇出一種完全簡單的田園的事實幷加以描寫，那就可早些看出，他在人類描畫上面達到了何種地步，一切都可就其上見個最後的分明。 我應該想到，宇宙(der Aether) 在藝術年鑑裏面幷不討厭，而遊人 (der Wanderer) 栽于時代月刊中也很完善的。

五二 (三四二) 釋勒致歌德 一七九七，七，于耶拿。

我以爲，現在正是恰當的時機，將希臘的藝術品從特性方面去審查與評定：因爲一般地仍然常流行着溫克曼 (Winkelmannische) 與雷興 (Lessingische Begriffe) 的概念，而我們最新的美學家，旣在文學方面，又在彫刻術方面，以其全副精神將希臘的美術從一切特性方面去解放幷以其作爲現代的標誌。我覺得，新的分析家以他們的勞力去抽象美的概念幷將其在確定的純粹性中建立起來，差不多將其抽空了幷變成一種空虛的聲音，因爲人在美的違反正確與適宜的對立方面走得太遠了而且將一種唯有哲人方可造成的，且僅適用于單方面的抽象太囫圇地採用啊。

我發覺，很多人又失敗于另一方式之內，他們將美的概念過分置重于藝術品的內容而少於其處理之上；所以他們定要陷入窘境的，倘若他們把梵諦岡的亞普兒(十三)(Apoll)以及其他類似的東西，在其內容上已經視作的形體，又對于勞阿孔

(十三) 亞普耳係敎庭所崇奉的司光明，藝術，音樂和預言的神。

(十四)(Laokoon)對于一位芳(十五)(Faun)或對于其他苦痛的或卑劣的代表作品竟都于一種美的觀念下面去了解。

如您所知，在文學方面是同一的例子。自古以來，人們如何勞苦過且尙勞苦着，把那些見于荷馬及悲劇詩人中的硬朗的，往往低賤與醜惡的人物披上一些人所揣成的「希臘的美」的概念。但願有一人，竟敢冒試，一旦制止那個概念及與一切錯誤概念不可分離的名詞「美麗」(Schönheit)的流行，幷且很正確地以最完善意義的「眞理」去代替它的地位。

五三 (三四五) 歌德致釋勒 一七九七，七，十九，于威瑪。

在握別時您不能給我較最後八天的盤桓更快樂，更有益的東西了。倘若我又視此次吾人的聚首爲收穫豐富的，我相信是未失言，有如此多的東西係爲現在解決了並爲將來準備了，由是我可以更滿意地啓程，因我希望在途中切實活動一番並于回家時依然可期望您的參與。若我們這樣繼續下去，將各項不同的工作同時去實行，並因我們將較大的工作緩緩辦下去，以較小的工作策勉自己幷互相討論着，那就有不少的事情還可成就了。

五四 (三四六) 釋勒致歌德 一七九七，七，二十一，于耶拿。

當未吸收一些東西于內心以前，那我絕不能離開您的，如若您給予我的許多東西我也能使您及您的精神財富搖動，那就令我更喜歡了。一種如此的，在雙方的進步上建築起來的關係必須永遠新鮮而生動地保留下去，若它變得愈加和睦，彼此對立愈加消逝，因後者在很多別的方面是要妨礙同一步驟的，那就恰可愈有多方面的收穫了。我敢希望，我們將逐漸地在一切思辨的東西上面互相了解，而在本質上不可了解的東西上面則會經過感覺日益接近的。

我利用我們彼此間的通信幷使其成爲本己的所得物的最美和最有意味的方式往往是這樣的，我將其直接應用于當前的業務之上並且同時盡量地使用，如您在

(十四) 勞阿孔係古希臘脫羅亞地方的祭司，傳說他及其二子爲蛇所噬殺。其大理石造像約在紀元前二百年造成，卻于一五〇六年在羅馬發現。

(十五) 芳係跛腳帶角的森林之神，性甚貪欲。

勞阿孔的導言 (die Einleitung zum Laokoon) 中所說的，在一部個別的藝術品中含有藝術全部，故我想，若觀念的眞實性應當保證的話，那就必須在藝術中把一切的共相又變爲特殊的事件。因此我希望，我的瓦輪斯坦因及將來我要創造的有價值的作品，應將吾人交往中所得灌入我腦內的東西的全部系統，具體去表示和保持。

對于這件工作的欲求在我心內又劇烈地跳躍了，因它在此已爲一較確定的對象，一種爲無數力量指出其工作的客體，且在此每一步伐已更加有意義了，這令我省得在一種新的，生疏的材料方面往往要那麼去空拔一場。我現在首先要把藝術年鑑的歌作完。

因製曲人向我催索的甚緊，然後在鶴的上面碰碰我的運氣，九月再回到悲劇方面來。

自您處來的消息將在我目前限制了的，簡單的生活之上引起一個豐富的變化，而且不但您新添與我的，卽往日爲我們所討論過的東西，也要在我內心依然活躍起來的。

祝您的平安并祈在我們的朋友面前致意，如您時刻在我們想念中的一般。我的夫人也致您一深厚的祝福。

五五　(三五八)　歌德致釋勒 一七九七，八，十六，于福蘭克府。(Frankfurt)

我起了一種思想，因它對于我剩下的旅行所關匪淺，故立卽告您，以徵求您的意見：此種思想可認爲正確的程度怎樣，并且我大約要怎樣去做，方可依賴它的領導？緣我走上了我的觀察者的，沈靜而冷落的，也就是單純的觀看的道路，我很快地察覺，我給與確定的對象之解釋上係具一類的「感傷」，它使我這樣驚奇，我立刻被誘去作對理由的深想，且發覺下述的情形：我在普通所見與經驗的事物都連結于所有其餘我平素所認識的事物之上，這並非使我不愉快的，因這要列入我的全部知識量之內並助其擴充資本的。反之我倘毫不知道，在全部旅行中曾有何類的感情僅僅發現過，我今天還是那麼安靜與堅穩，一如往昔並處在最平常的情景與事變之前。因此，彼顯見的感傷從何而來呢，尤令我吃驚的，因我許久以來在我的本質內除詩的情調外並未曾感到它絲毫的迹兆。故此處是否詩的情調本身作祟呢，抑或在一種不完全屬于詩藝的題材上面會形成一種確定的中間狀態嗎？

因是，我將那些引起這樣一種效果的對象詳細觀察了並驚異地察出，它們原來係象徵的，即我不用詳講得那是迥異尋常的情形，它們在此係于一種特異的形形色色中當作許多其他的代表，包括一確定的全體性在內，要求一種確定的次序，以同類物與異類物煩擾我的精神，並由此自外界亦自內心方面要求一種確定的統一與完整。故它們對詩人爲一幸福的主題，對人類也爲成功的對象，因爲人總結它們時，即使未可給以一種詩藝的形式卻必得予以一種理想的，進一步說，一種人性的形式，這也可用一個極其濫用了的名詞「感傷的」(sentimental) 去稱呼。倘若我要以此說明我的驚奇，當我應該隨便從我的遊行上爲朋友或爲羣衆記載點兒東西，也許我還要蹈寫「感傷的遊記」的危險，那您因此雖不會大笑，卻要微哂一下的。您也深知我的，如果某種議論可以匡正我，如果我能僥倖藉此恢復一種壞透了的名聲的威望，那我並不畏人言，即令最壞的也無所畏。

我仗着那在您已係極嫻熟的東西，我仗着我們中間無話不可談而續問道『甚麽時候係一種感傷的現象（那怕它還是那麽討厭的，我們也不應嫌棄它）不可忍受呢？我回答：倘若理想要與平常事物直接結合的時候。這只能經過一種空虛的，內容與形式俱無的舉動方可實現，因爲二者，觀念與題材，都將以此而毀滅的；前者只能成爲重要的且僅能以意趣去從事，後者呢，雖能成爲敦厚的，勇敢與良善的，但未可成爲重要的。

直到現在，我僅找到兩種如此的題材：我所居住的地方，就其地位的意義並就于其上面所發生一切的事變講，它無時非象徵的，以及我祖父的房屋，庭院與花園的所在，那所在係自偏仄的，家族的，一位老福蘭克福的市長曾經生長于其間的形狀被聰明的企業家變成最有用的商品與買賣的市場了。　那座建築物是逢着特殊的意外事變銷燬于砲火之下了，現在呢，大部份係廢墟瓦礫，御較之十一年前今日的主權者所付于我家族的仍獲有雙倍的價值。　現若設想，全處又要爲一位新企業家收買與建造了，那您就可容易看出，這個，從多種意義上講，在此產業林立的城市中必須成爲數千萬別種例子的，特別在我的觀感前面的象徵。

在此例子上確有一個至親切的記念；若人經過此等例子注意了，將來在旅程的續進中不但留心異常的事物而且也留心重要的事物，最后他就可爲已與人獲得一種美的收穫了。　我想開始試一試，能否覺察到象徵的東西，尤其在生疏的，首次看見的地方上面更得去鍛鍊一番。　若人辦到這一步，他對經驗就不必從寬廣的方面去追逐，卻隨時隨地，只要可能，他總向邃密的方面走去，那他就永久會由相熟的領域與地方上取得充分的勝利品。

在適當的時間內您告我以關于這方面的思想，使我得以擴充，得以堅定，得以強固並且喜悅吧。　這件事是緊要的，因爲它立刻且很順利地取消了那個矛盾，那是舍于我的本性與我直接的經驗之間的，從前我絕不能解決的矛盾。　因此我須向您自白，我寧可率性回家去，以便從我各類的內在的幻想中超拔出來，免得我又如平常的樣子去和經驗的億萬倍的喜多拉(十六)相周旋（綫個別事物的計算在我一次都弗會有過）：因爲誰若在經驗上找不到興趣與利益時，他就得及早回頭的好。

五六　（三五七）　釋勒致歌德　一七九七，八，十七，于耶拿。

在我淺薄的經驗中有若干也弄清楚了，概括言之，文學不但未能造福于人們，反着實能致人們于不幸的，而我覺得，設有一方面不克達到時，那就得轉入另一方面去。　人要煩它，去毀壞人們的快樂，置他們于不安與懊駭之中。　文學之于他們或被尊若天神或被視爲妖怪，二者必居其一。　唯由此他們方會相信一

（十六）　喜多拉（Hydra）是希臘傳說中的怪物，有九個頭，棲息于里爾納（Lerna）沼地之上，作惡多端，卒爲喜羅克來（Herkules）以火焚其繼續長出之頭而斃之。此處有千頭萬緒，難于探尋之意。

種文學的存在而且致敬于詩人之前。 我尙未在任何他處獲到比在人類社會中更大的尊敬的，雖然也無一處係如此的枯燥和無偏私的。 一位詩人說，某物係含于一切之內，您若仍願意爲一個如此無信仰的唯實主義者的話，那您必須向我承認，這個未知數的某物卽理想主義的種子，它並還要妨礙現實的生活及其日常的經驗不去摧毀一切文藝上的感受性。 固然是眞的，由此還談不上那未來美的和希美的情調會被促進的，寧可說，它由此常要受到阻礙，猶如自由受道德的意向所妨礙一般；但這已經收益不少了，因爲一條衝破經驗的出路是打開了。

五七 （三六五） 释勒致歌德 一七九七，九，七，于耶拿。（歌氏于九，二十三日在斯退法收到）

您的末尾第二封，八月十七日的來信我獲之甚晚，因爲接收它的波推格兒(Böttiger) 彼時離開了。 在您心內的感傷的現象我全不以爲異，我並認爲，您自己業將其充分解釋了。 那是一種詩人的需要，雖未可攏統地云爲一般人的需要：卽人盡可能地少去煩苦于空虛之中，以感覺去攝取許多的，只要久存的世界，去探尋所有現象的奧秘，幷且普遍地去要求一種人性的完整。 如若當作個體的題材是空虛的，且在文學的見地上是無內容的，那觀念能力就得于此試一試，從象徵的方面去把握它並由此造出一種人性的語言來。 但「感傷的」（在善意下面）常爲一種文藝的努力之效果，此種努力不管從含于題材內面的理由，或就含于心靈內面的理由說，是未可全部完成的。 這樣一種文藝的要求，既無一種純粹文藝的情調，又無一種文藝的題材，似乎屬于您的風格，此外何者爲您本身所經驗的，那除開感傷的感覺方式的一般的歷史以及一切我們相互于此所確認的東西之證實外，就無別的了。

唯有一點我須于此提起來的。 您表示，似乎此處極與題材有關係的樣子；那卻非我所敢苟同的。 固然題材必須表明某物，同樣文藝的題材必須成爲某物的；但最後則取決于心情，題材應否爲它表明某物；而我覺得，那內容空洞與豐富多半存于主觀而不存于客觀之中。 心情于此係豎立界碑的主者，而我于此發覺庸碌之才與才情洋溢的區別也如普遍皆然的樣子，唯在處理之中而非在材料選擇之內。　您所引驗兩個地方的東西，也許要在別的情景下面，于一種更開展的文藝情調的當兒，一條馬路，橋樑，一隻船，一把耕犂或任何一種機械的器具，即爲您辦成功了。

但您不要放棄此等感傷的印象，並且錫它們一種名詞，像向日您所能夠的吧。　撇開文藝的不談，除了此種題材的意見外，再無何物得如此澈底地爲心靈洗淨空洞與平凡的，由此一個世界要被納入個別事物之中，由此淺顯的現象獲得無窮的奧秘。　若這也非文藝的，那就如您所云，它係人性的；而人性的永遠是文藝的開始，後者只是前者的極峯吧了。

五八　（三六六）　釋勒致歌德　一七九七，九，十四，于耶拿。

有兩點係屬于詩人與藝術家的：他超拔于現實之上並且逗留于感官世界之內。　何處二者結合起來了，那方爲審美的藝術（Ästhetische Kunst）。　但他若在一種不相宜的，粗野的性氣之內，也就太容易連着現實一起捨棄那感官世界並變爲理想主義的，若他的智力軟弱，就要完全變爲幻想的了；或者他爲本性所迫，想要與必須停留于感官世界之內，他也就願止于現實的旁邊，就狹義說，他要成爲唯實主義的，若再完全缺乏幻想的話，那他就得流入奴隸的與世俗的了。在以上二場合中，他俱非審美的。

將經驗的形式歸納爲審美的形式係困難的作業，而人通常于此要缺乏形體或精神，眞理或自由的。古人的模範，見于文學方面亦見于彫刻藝術方面的，在我覺得都有優越的利益可供採取，他們設立了一種業經歸納好的審美的經驗的世界，並且在一番深邃的研究之後，關于那種歸納方法本身也能給與不少的暗示。

近代富于活潑的幻想和精神的藝術家匠將他周　的經驗的世界歸納爲一審美的世界之失望，寧可完全捨棄它，而乞靈于想像以反對經驗，反對現實，在他的，否則就是空虛與貧乏的作品之內他放入一種文藝的內容，因在他那種必須自題材的奧秘中創出來的內容是不會具備的。

五九　（甲三六六）　釋勒致歌德　一七九七，九，十五。

您同邁爾一塊發展了在文藝與造形美術中的描寫方面抉擇材料的思想，那是非常之妙。　此種材料貫通于藝術的奧秘之內，并且同時由于它直接而輕鬆地在眞正藝術品上的應用是會變成極切用與需求的了。　我也要藉此將我的概念試弄個淸楚。

暫時我覺得，人可以很便當地以題材的絕對確定性的概念作爲出發點。　這卽將指出，因題材選擇的不當，以致失敗的一切藝術作品，都得痛感那樣一種的不確定性及由此而生的散漫。

所以我認爲對于一種大致皆稱確定的描寫完全宜用那所謂一種簡潔的要素的概念去詮釋的。這我在文藝品中除您的赫爾曼（Hermann）外，再未知有其他恰切的例子了。此處也許要用一番歸納手法方可顯示出，在動作的各別的選擇上必須有少許不確定的東西留下來的。

現若將此原則同別一原則結合起來，卽『題材的確定每次得經過一種藝術種類所固有的方法而實現，同一種類又必于每一藝術屬類的特殊領域之中去完成』，照我想這就可構成一個充分的標準，使人于題材的抉擇上不致于再彷徨歧路之中了。

這雖有它的正確性，但此原則的應用可非易事，並且它要普遍成爲感覺和豫感能力的事件，少爲明了意識的事件。

六〇　（三七四）　釋勒致歌德　一七九七，十，二十，于耶拿。

數日前波推格兒給我們送來二册您的美麗的赫爾曼樣本，令我們異常喜悅。它如今流傳到世上了，我們將要聽到，一種荷馬式的吟遊詩人的音調在此新政治局面的世界中要何等與衆不同。　現在我又將此部詩歌以照舊毫未減弱的印象與新的感動讀過一遍；在它的品類中它簡直完滿極了，它係悲壯的卻又極深地動人，簡言之，它係美不可言的。

再者最近我又將邁斯忒讀了一遍，一種外表的形式竟能表出何等的意義，我尙尙未如此吃驚過。適斯忒的形式，如普通各種小說的形式一樣，全非詩歌的，只完全含于智力的範圍以內，服從其一切的要求，並也參加其所有的限制。因爲它卻是一種正常的，運用此形式的詩歌的精神，並在此形式中描摹那詩歌的狀態，所以在一種散文的與韻文的情調中間產生一種奇異的變動，對于這我未知有一適當的名稱。我要講適斯忒（卽小說），因它當作小說，常要十分周到地合悟性的意，故缺乏一種確定的詩藝的膽量——并且因爲它係由一種詩藝的精神流露出來的，它又缺乏一種固有的謹嚴（以此它確可將要求弄得活動些）。望您聯絡這些在一起，如您所能的，我只告訴您我的感覺吧了。

因您站在一這樣的要點上面，您在此處得求出那至高至上的本體，并且客觀與主觀須絕對融而爲一，那就必須極顧慮到，凡您的精神所得灌入一部作品的東西也常要採取最純粹的形式，而不讓其些微遺失于一種不純粹的媒介體之內。那使赫爾曼如此感人的東西，誰不于適斯忒裏面都感到呢！後者不缺少，絕不缺少您的精神，它以一切詩藝的力量緊握住心靈而且保證一種久而彌新的風味，然赫爾曼竟引我入了一個神化的詩人境界（且僅由于它的純粹詩藝的形式），適斯忒則尙未克放我完全超脫現實世界之中。

因我竟又在作一次的批評，故還要寫一兩句我從新誦讀時所浮起的評語。適斯忒裏面分明悲劇的成份是太多了；我想的是那預覺的，不可捉摸的，主觀驚奇的東西，這些東西誠然與詩藝的玄奧及幽秘相呼應，但非與其淸楚相容，後一點必須流行于小說之內且在這部裏面也那麼卓越地流行了。因人普遍信其足下所履者係堅固的地基，故去作無病的呻吟，那是討厭的，並且因爲其餘一切的都那麼美妙地在悟性面前淸理了，若去蹈入那樣的謎語，那也令人掃興的。簡言之，我覺得您採用了一種方法，在作品的精神上是不很宜于您的。

此外適斯忒在此次重新誦讀中令我也如何長進了，鼓舞了，沈醉了的，我也未能充分告訴您；——此中流出我的一股源泉，由其內面我能爲每種精神的力量，尤其爲那有綜合一切效用的力量取出無窮的食物。

六一 （三八二） 釋勒致歌德 一七九七，十一，二十四，于耶拿。

我從沒有這樣明顯地有如在我現今的業務上面實證過，材料與形式在詩藝中，自然是外表的東西，卻是多麼緊密地連結一起。自從我把散文的文字改作韻文以來，我覺得較比從前是處于完全另一種裁判權的下面；有許多的動機，在散文的敍述上似乎是很恰當的，而今我就不好再用了；它們單只對于平常的普通智力（Hausverstand）是很好的，似乎散文即其工具；韻文卻完全要有想像力的要求，所以我也必須在許多動機中變爲詩化些。人應該把一切必須超塵出俗的事物以韻體，至少在開始時去起草，因爲平庸的東西，無處有那樣易于露出它的眞相的，除非用韻文的筆法去表示它。

對我目前的工作我希望得到一種的批評，也許您已經作好了。彷彿是，詩的情趣的一部份是含于內容與描寫互相對立之間的。如果內容係詩意盎然的，那嗎，一種不大生動的描寫同一種接近凡俗的質朴的辭藻也能十分與之相應，反之一種非詩意的，平淡的內容，（在長篇巨作中常係必須的）經過生動與豐富的辭藻亦可獲其詩藝的尊嚴。這，在我看，也就是必須引用亞里士多德所要求的「修飾」（Schmuck）的場合，因爲一部詩藝的作品中不應只有平淡的東西。

韻律在一種戲劇的產品中尤要執行此種偉大而重要的任務，它將一切的性格與一切的情景都按照一個法則去處理並將它們，不管其內在的區別，用一種形式去敍述，由此它強迫詩人與讀者，從一切依然性質各別的東西上面以求出一點普遍的，純人性的東西來。一切的都應團結于詩藝的「種類概念」的下面，而韻律對此法則既當作代表又當作工具，因爲它係于其法則下面去了解一切。在此方式上它製出那供詩藝的創作的大氣，將粗濁的刷下來，唯有精神的可爲此弱稀薄的原素所背負啊。

六二 （三八三） 歌德致釋勒 十一，二十五，于威瑪。

爲剛接到的手書與包裹我謹致深厚的謝意，並且爽快地說，而且脫口說出的，我非但贊同您的意見，且遠爲過之。一切詩藝的作品都應該用韻律去處理！ 這是我的體驗，若人逐漸能輸入一種詩體的散文，那只不過表示，他將韻文與散文間的區別一筆勾消吧了。 這並不較爲高明一點，如果某人叫在他的園中掘一口乾井，而園藝夫卻這樣去解決問題，卽他去挖一塊沼澤。 那些中間種類（Mittelgeschlechter）只供嗜好者與笨伯之用，如沼澤僅供兩棲動物使用一般。 這期間那種禍患已在德國變成這麼巨大，竟無一人再覺察它，唉，他們寧可同那個人工綑成瘰癧頸的民族一樣，視健康的頸項的構造爲上帝的處罰。 所有戲劇的作品（首先也許該喜劇與滑稽劇（Farce），都該成爲韻體的，然後方可早些看出，誰能創出何種東西。 如今的劇本詩人除自我適應以外幾乎沒有剩下別的東西，而在此項意義下面人也不能責備您，若您想用散文去寫您的瓦輪斯坦因；但您若將它視爲一部獨立的作品的話，那它就無疑地要成爲有韻的了。

六三 （三九一） 釋勒致歌德 一七九七，十二，八，于耶拿。

現在我對于下數月仍有羈留此地的必要，完全諒解了，緣威瑪之行並非使我與您更能密切結合的方法，故我們欲于下月起依然幸福地去開始老的生活，這經過爾的參加是不會虛度的。 您于您的第一與第二首史詩之間插入浮士德，也許不壞吧。 您由此掀起詩藝的狂瀾，而且誘發一種向着新的純粹的創作方面不可遏抑的欲求，這欲求已經是一半的心情了。 浮士德，若您現將它作成了，那也決不許您，像當初着手寫它那時的樣子；它灌注且加强了任何一種新的力量于您的心內，故您要更豐富和更熱烈地去從事您的新工作。

我要盡可能地底續于瓦輪斯坦因之上，但以本身的病理關係去從事這樣一種詩人的工作，卻令我十分疲勞。 幸虧我的衰弱改變不了我的心情，卻可令我的一種活潑的情趣更迅速地減退並致我于混亂，因此我平常必須爲一日良好的心情用五日或六日的窘迫與痛苦去補償。 這是驚人地躭誤了我，您很可想到的。可是我並不放棄那個希望，明年夏季還親眼看見瓦輪斯坦因在威瑪去上演，而明年秋季則完全致力于我的馬爾太島人（Malteser）。

六四 （三九三） 釋勒致歌德 一七九七，十二，十二，于耶拿。

因我這幾天正在瓦輪斯坦因第二齣戀愛一幕的前面，所以在設想舞台及劇本對于戲院的規定上面我不能沒有腦悶心疼的。 因為全部的組織要求，愛情不僅以其動作，寧可說也以其本身安靜的存在與其自由同一概其餘的行為的目的立于相反的地位（此種行為係向一個目標栖栖皇皇與有計劃的努力），由此卻完成了一確定的人類的圈套。 但在這樣屬性中它是不宜于劇場的，至少非在我們的描寫方法與要表演于我們的羣衆面前的意義下面。 我因必須保持詩藝的自由，以致許久將各種出演的思想都放逐了。

悲劇，由于它的哀痛的威力，不宜于您的本性，該是真的嗎？在所有您的詩文中我發覺含有整個悲劇的威力與奧秘，這多麼夠上作一部完滿的悲劇；在威廉邁斯忒裏面，就情感上說，不止含一種悲劇的；我相信，唯有悲劇詩人所必須循其前進的嚴格而平直的路線不宜于您的本性，因後者要普遍地以一種自由的心情去表現的。 于是乎我又相信，對于觀客作一定的打算，為一位悲劇詩人所未可節省的，對于一種目的上，外表的印象上的顧慮，在此詩文種類上係未可完全避免的，這都不合您的脾胃，也許恰因此您要少成為悲劇詩人些，因您係一位要多麼完全地在種類的價值中去創作的詩人啊。 最低限度，我發覺在您處所有悲劇詩人的文藝的屬性都極其豐富的，而您竟不能寫出一部真正的悲劇，那嗎，原因就必含在非詩藝的需要之中了。

六五 （三九九） 歌德致釋勒 一七九七，十二，二十三，于威瑪。

在附件中您可收到我的論文，請您注意，應用，改正和增補它。 數日來我用此等標準去讀伊里亞特與蘇菲克雷 (Sophokles)，又以其試證我腦中一些敍事的與悲劇的題材，它們對我似極合用，啊，簡直是確切無疑了。

現代的人們竟那麼極端地偏于將許多種類(Genres)混為一談，呀，我們簡直不能將它們互相區別，其故安在，我殊覺奇怪。 這似由于藝術家，他們本來在其純粹的條件內應創出藝術品的，然卻去遷就視一切為完全真實的觀衆的要求。

適爾曾批評過，人想把所有的造形美術都驅進繪畫的範圍裏面去，因後者藉光暗勻配與顏色調和能將模彷品當作逼眞的去描寫。故人也認爲在文學的演進中一切都在趨于戲劇，卽趨于「完全現在」的描寫。所以書簡式的小說也可全認爲戲劇，因此人也可插入些儀態萬方的對話，像李嘉生 (Richardson) 所幹過的；反之，敍述的小說若攙些對話在內，卻要受人的非難。

您要聽說過無數次了，人讀完一部好的小說後，卽希望在舞台上去看見同一的題材，因此多少惡劣的劇本都寫出來了啊！同樣，人們想把每件有趣味的情事在銅版中彫出來去鑒賞；爲使他們的想像只是無所事事地閒擺着，故凡有一切都該是官能眞實的，完全現在的，戲劇的，而戲劇就該與實在的眞實完全相符。但是藝術家應以全副的力量去反抗斯類原本幼稚的，粗鄙的，無意義的趨向，將藝術品一個一個地從那些不可理喻的魔術圈中劃開，爲各個作品保存其屬性與特色，就像昔賢所做過的，且恰以此曾成爲那種偉大的藝術家的一樣。但誰能將其小舟與蕩遊其上的波濤分開呢？人頂着風和浪只可緩緩前進啊。

所以舉例說，一種淺形深彫 (Basrelief) 在古時係一種不甚顯揚的作品，係在一個平面上作一個題材的平坦而意趣深去的表示；但人並未以此爲止境，它要漸被提高，完全被提高了，對它要作肢體的分析，型像的分析，遠景的安置了，道路，雲彩，山林與風景也想像了，並因這係由天才之士所實現了的，故那種萬難容許的東西竟得早些入口，勝過人要遷就無知人們的意趣而作成的東西。這在適爾的論文中載着極美麗的，屬于此事的歷史，人在佛羅闌 (Florenz) 如何將泥像上釉，然後一色，最後各色地去繪畫幷且加釉的。

現再談到我的論文，我在此所用的標準是採自赫爾曼與杜羅推亞 (Hermann und Dorothea) 上面的幷請您也做同樣的事，由此可作出許多有趣味的記載來，比如：

1　在那裏面是無一純粹敍事的動機，卽無一種向後退的動機，卻只有其餘四種爲敍事詩與戲劇所共有的動機，係被採用。

2　所描寫的非客觀的乃主觀的人物，由此它與敍事詩相違而接近戲劇。

3　它具有比喩的道理，因在一種較比道德的題材上面那產自物質界的影像的煩瑣只有討厭的。

4　它自第三種的環境上，雖不大明顯，仍然時常接受充分的影響，因偉大的宇宙命運是一部份眞實地，一部份經過人物象徵地交互織成的，并關于豫知關于一種有形的與無形的世界之聯繫卻也有輕微的迹象是記載下來了；這一起，按我的意見，是代替了古代的神像，不過它備的天然詩藝的威力是無法彌補的。

最後我還要談到一個在這些考察中，我所想起的奇異的題目，那就是去研究在黑克托(十七)(Hlektor)之死與希臘人離開脫羅亞海岸之間是否尚存有一篇敍事詩，或不能夠呢？　我揣度的是後者且出自下述的原因：

1　因再找不到一點向後退的東西，一切的都不停地向前邁進。

2　因所有尚帶幾分遲緩的偶然事變將趣味散到許多人的身上，並且雖有很大的數量，看起來畢竟與私人命運相似。　亞喜兒(十八)的死我覺得係一種壯麗的悲劇材材，阿亞克斯(十九)的死，菲羅克推(二十)的歸程是古人還留下給我們的。普里克塞納(Polyxena)與黑苦巴(二一)以及由此時代所產的別的題材也都處理了。脫羅洋的征服，作爲一偉大命運的成功要素，旣非敍事的，又非悲劇的，惟于一種正常的敍事的處理上只可當就事前或事後情形從遠處看。　菲爾基(Virgil)(二二)的辭藻富麗的感傷的處理在此是不足取了。

我目前所見得到的只有「毋阻改革」(salvo meliori)；因爲，我若非昏愚，此種材料，同樣許多其他的，本來在理論上是不可言喩的；天才所可成就的東

(十七)　黑克托係卜里謨(Priamos)與黑苦巴所生之子，安得娜馬克(Andromache)之夫，脫羅亞人中最勇敢的英雄；當他戰死亞喜兒的朋友拔羅克來士(Patroklos)之後，爲亞氏所戰死。

(十八)　見第一信註二。

(十九)　見第三十五信註四。

(二十)　見同信註五。

(二一)　黑苦巴(Hekuba)係卜里謨之妻，黑克托之母。

(二二)　菲爾基係羅馬詩人。

西，我們隨時都看得見，但有誰能說出天才能夠或應該成就何物呢？

* * * * * *

附論文如下。

歌德與釋勒關于敘事詩和戲劇的討論。

敘事詩人與戲劇作家二者俱服從于共通的法則，尤其齊一律與發展律，他們倆又處理類似的題材，並都可運用各類的動機；他們間巨大而根本的區別却是這樣的，敘事詩人將事變視作「完全過去了的」去講述，戲劇作家則將其視作「完全現在的」而描寫。　如欲將二人所遵循的法則的細目以人類的本性中演繹出來，那就可常拿一位吟遊詩人同一位優伶放在自己的眼前，將兩人俱當作詩人，前者有他的安靜而諦聽的，後者則有他的不耐而左顧右盼的觀衆環繞着，那就不難于去解釋，何物係各人所最愛利用的，何種題材係每人所優越選擇的，何種動機要為每人優越採取了；我說出優越（vorzüglich）二字，因為如我開端所提起的，絕無一人可以僭越他人些須的。

敘事詩與悲劇的題材應該是純粹人性的，有價值的和悲壯的：人物最好立在一定的文化水準之上，他們能全依自身而獨立，他們非係道德的，政治的，機械的，乃係人格的地去起作用。　在斯種意義下而希臘的英雄時代的傳說對于詩人是特別優惠了。

敘事詩優越地表明那身歷有限的活動，悲劇則表明身歷有限的痛苦；敘事詩描寫作用于己身以外的人們戰爭，遊歷，各類要佔領一定的具體的範圍的企圖；悲劇則描寫主觀的人們，故嫡派悲劇的劇情僅需微少的空間。

我認識五種的動機種類：

1　向前進的動機，它們是促進劇情的；戲劇優越地採用它們。

2　向後退的動機，它們使劇情與其目的遠離；幾乎唯有敘事詩採用它們。

3　延緩的動機，它們使前進中止，或使道路延長；兩種詩藝種類都很便利地役使它他。

4　回溯的動機，經過它們在詩歌產生的時代前所已發生的事物要被提起。

5　豫感的動機，它們要預示在詩歌產生的時代後將發生事物；敍事詩人同樣戲劇作家皆用此二種類，使其詩歌更爲完滿。

至於觀感的世界，對于二者係共同的：

1　天然的世界，而且首先是被描寫的人物所屬的及縈繞他們最切近的環境。這裏面戲劇作家大半屹立于一點之上，敍事詩人則較自由地活動于更大的區域之間。其次係更廣遠的世界，我把整個宇宙皆說在內。大概偏于想像的敍事詩人經過比喻解釋這個較爲詳盡。戲劇作家則使之較爲省略。

2　道德的環境，對于二者是完全共同的，並要于其健全的與病態的眞相中很成功地去描寫。

3　幻想的，豫感的，現象的，偶然的及命運的世界。這對于二者都係敞開的，不過自然哪，它要被移近于官能世界之前的；故此對現代的人們形成一種特殊的困難，緣我們對于那些古代的怪物，神祇卜人以及預言者，雖覺其很可愛，但不容易找着代替品。

就整個的處理上說，那先演述過去事物的吟遊詩人要以一位智者的形態而出現的，他在沈靜的思攷中對發生了的事變，要作一番概覽；他演講的目的是，使聽者安靜，使其願意和長久地聽他，他將興趣平均去分配，因爲他不能使一種太活潑的印象很迅速地平靜下來，他得隨意向後與向前去把握和變換的；人要普遍地跟他去跑，因他只用那自身造出其影像的想像力去活動，後者喚起的係何種東西，他在一定的程度內要視爲無關緊要的。故高尙的吟遊詩人不應該使其自我表現于其詩內；他最好在一張帷幕後而去誦讀，因此人對于一切的人格都抽象化了，而僅相信，所聞的係一般藝術的音調。

優伶恰立于相反的地位；他將自己作爲一位確定的個體去表演，他要人對他及他切近的環境都全然相信，對他的精神與肉體上的痛苦表示同情，分擔他的憂患，并于他的身上忘去自我。雖然他也要一步一步地去作事，但他却可嘗試許多更活潑的身手，因在感官的面前那較強的印象也往往能爲一種較弱的印象消滅的。旁觀的顧客必須常規地處在一種繼續不斷的感官緊張之下，他不許作沈思回顧，必須熱烈地跟着走，他的幻想不得不全然霑之緘默，不許對其作任何的要求，而且卽使有什麼要敍述，也必須幾乎同表演一般地陳于眼目之前。

六六（四〇〇）釋勒致歌德 一七九七，十二，二十六，于耶拿。

吟遊詩人與優伶及其雙方聽衆的對照，我認爲係一項選擇極妥的方法，以顯出兩種詩類的差異。只以此種方法已夠令爲詩文種類而抉擇題材的謬誤或爲題材而採選詩文種類的謬誤成爲不可能的了。經驗也證明這一點；因有何物會使某人在完成一部戲劇作品時那麼嚴格地守在詩文種類的界域之內，他若逾越了斯種界域，就仍得返回原處來的，猶之乎雖盡一切力量活潑地想像出一座堆滿了并且亂七八糟的房屋，然它的眞正代表則爲許多木板一樣，這麼一來那熱情而不安的期待，因此那強烈而不息的邁進與活動的規律就對某人要很接近了，這我都不知道哩。

我另願提出第二種方法以具體說明此種區別。戲劇的表演活現于我的面前，然我自身却活動于敍事的表演之周圍，後者幾乎是安靜地立着。照我看多半是在這樣區別之內。如若事變展開于我的目前，那我就嚴格地被鎖在官能的現實之上，我的幻想失去一切的自由，在我心內形成並保存一種連續的不安，我必須時時刻刻留在客體的傍邊，所有的回顧，所有的沈思都拒絕我，緣我要服從一種外來的權力。如若我縈繞事變而活動，該項事變是逃不了的，那我就可取着不同的步伐，我能按主觀的需要作較長或較短的逗留，我能後退或捷足先登，等等。這也同那個可想爲靜止的「過去了」的概念并同那「述說」(Erzählen)的概念很相符合；因述說者在開始，在中間已經知道了結尾，故劇情的各個項目在他都是平淡的，故他絕對保守一種平靜的自由。

敍事詩人將他的事變視作完全過去了的，悲劇作家却將他的事變視作完全現在的去處理，我是很明白的。

我再添上一點：由此形成一種韻文的種類（Genus）與其屬類（Spezies）的熱烈的爭辯，此種爭辯在自然界中同樣在藝術中永遠是極有意義的。韻文，是這樣的一種，它使萬物成爲官能的現實，故它也强迫敍事詩人，會發生過的事物再現，惟不許令其消失「過去了的」性質。韻文，係這樣的一種，它使一切現在的事物成爲過去的，幷使一切近在目前的事物距離甚遠，（經過理想）故它强迫戲劇作家，將個別襲進我們眼簾的實體從我們離開並對心靈準備下一種詩人關于材上的自由。由此悲劇在其最高的概念中常要追求敍事的性格，且唯如此方成爲韻文。同樣敍事詩也要俯就戲劇，且唯如此方能完全實現韻文的種類概念；恰巧使二者成爲韻文作品的東西，也使二者互相接近。它們所由分類且彼此對立的特徵總是使韻文的種類概念的兩種成分中的一種，陷于進退維谷的地步，在敍事詩方面爲感覺力，在悲劇方面則爲自由，因此是很自然的，對此種缺點的平衡永遠要成爲一種屬性的，它卽造成那對立的韻文種類的固有的特徵。所以每種要對另一種服務，卽各個要對屬類去保護種類。此種交互的策勵並非流于一類混合與界限混淆，這正是藝術本來的任務，藝術最高的目標永遠是，將性格與美麗，純粹與充滿，單一與全體結成一個。

六七（四〇二）釋勒致歌德 一七九七，十二，二十九，于耶拿。

您現在的業務，將兩種韻文種類去劃分和淸理，實具有最高的價値，但您行將同我證實若對于一部藝術品將凡與種類不相干的東西概置之不顧，也就必然得把屬于種類的一切都概括在內。僅這樣現仍少有辦的到。因我們不能把兩個種類中每個所附屬的條件一次蒐集好，所以不能不將它們混合起來。若吟遊詩人有他們特設的世界，那敍事詩就不消向悲劇方面呼借些微的動機，又若我們具有方法，希臘悲劇的强力，及彼處的優惠，能將我們的觀衆經過七種戲的扮演（sieben Repräsentationen）的行列引導過來，那我們就不必將我們的戲劇過分廣遠地去追求了。觀衆與聽衆的感覺力必須一次滿滿並在其邊界各點上都去接觸；此種能力的直徑乃詩人的尺度。而且因道德的稟賦是最發展的，故也是最被要求的，然我們竟要冒試一下，不去睬它。

如我所不疑的，戲劇眞正被時代的惡傾向所袒護時，那就必須開始戲劇方面的改革，且以排斥庸凡的模彷自然爲藝術獲到解放與光明。且依我想，另一方面這最好經過象徵的手法的採用去實現，此項手法在一切並不屬詩人的眞實的藝術界之內的，不被描寫的，却只被指示一下的事物之中去代表題材的位置。我對此種象徵的概念在文學方面尚未可說十分的成熟，但我認爲，此中是含有許多東西的。若同一概念的應用被規定了，那自然的結果必須是，文學自身澄清了的，它的世界愈偪狹却愈有價値地收縮一起了，且在此世界內是要格外有作用了。

我常對音樂劇（Oper）具一定的信心，悲劇應從它亦從古代酒神祭（Bacchusfest）的歌舞隊（Chöre）中發展爲一種更高貴的體相的。在音樂劇中實在寬恕了那種卑陋的模彷自然，且雖僅在「寬容」的名義之下，然在這條路上也可被竊去舞台的理想不少。音樂劇藉音樂的威力與一種官能的較自由而和諧的刺激調和心靈，以臻于更美的領受；在此處即在心猿意馬的當兒，也是一種較自由的遊戲，緣音樂于此陪伴着，而在此一度被忍受了的驚奇，不能不使題材成爲平淡一些。

（待續）

本 性 可 移

Paukraz der Schmoller

凱 勒 (Gottfried Keller) 著

崔 亮 譯

在城鎮附近一個安靜偏僻的空場，住着一個塞爾威拉城的寡婦，她的亡夫已安眠地下許多年了。 他不是那種不可救藥的人，而是時常感覺着一種強烈的企望，想作一個普通而穩固的人，甚至於在他年輕的時候，被這統治着的聲音所攻擊，不能够擺脫；等到他黄金時代都已過去，必須按照習俗從事業的舞台退休的時候，覺得一切都像是黃粱一夢，都像是生命的欺騙，他就得了癆症，不久死去了。

他給寡婦遺下的有一所窄小而要坍塌的房子，一塊種馬鈴薯的地，兩個孩子，一男一女。 她紡些針線，擠來牛奶和黃油，爲的烹調自己所種的馬鈴薯，還有濟貧官所發的一點兒寡婦年金，每次總得過期好幾個禮拜，等到官家拿年金辦完公事以後，所餘的僅够買些必要的衣服和一些別的小物件而已。 企待這年金是很痛苦的，因爲在這延長的幾星期之內，孩子們的破舊衣裳早已破爛不堪，裝黃油的罐子也看見底兒了。 這種年年看得見的綠色罐底，就像每年所見的天上某種現象的那樣有規律，而且同樣有規則的使這家庭的冷酷，貧寒，寂靜的那種滿足的生活，變爲眞正的苦惱，至少要經過相當時候的。 孩子們總是向母親要更好吃的更豐美的食品，使她感覺莫大的痛苦，因爲不懂世故的小孩以爲她儘可以辦得到的，她是他們唯一的，一切的，他們僅有的保佑者，僅有的權威。

孩子們沒有出息，或是沒有吃的，或者是兩者兼備，都使母親不高興。

上述的小孩子，天性各不相同。　男孩年紀十四歲，其貌不揚，眼睛灰色，面龐嚴肅，整早晨躺在床上，讀一點歷史地理，這本書早已是撕破的。　一到晚半天，不論冬夏，他必定跑到山上，瞧瞧日落，這是他唯一光輝華麗的經驗。他所感觸的有如交易所商人在正午所感覺的一樣；他回家的時候，沒有比這事情使他的情調更能徜徉不定的，再如果有赤色黃色的彩雲，好像是出征的大軍站在火裏血裏，雄壯的舉行檢閱，那他簡直是喜出望外了。

雖則次數很少，有時他在一張紙上畫出奇怪的計巧和數目字，然後放在用金邊來尾包紮的小卷兒裏，這裏面主要的是一張金紙摺疊起來作成的本子，紙的背面是白色，充滿了筆畫的各種線條，形像，排列的點畫，夾雜着煙雲，飛彈。他非常滿意這小册子，時常添些新圖樣，特別是在馬鈴薯旺盛的時候。　他躺在茂盛的綠草裏，瞧着蔚藍的青天，看了一頁帶畫兒的白紙，又看對面眩耀的金紙，太陽在上面反照着，看金紙要比看白紙費三倍的工夫。　再說，他是個執拗而乖戾的孩子，沒有笑過一次，甚麼事也不幹，甚麼也不學一下。

他妹子十二歲，那麼樣的美，頭髮長長的，顏色是深櫻的，眼睛大，也是櫻色，皮膚非常的白淨。　她的性情是柔和嫻靜的，對於許多事都是達觀，決不像她哥哥那樣喃喃不平的樣子。　她的嗓音清脆，唱起歌來，像一隻夜鶯；雖則她的一切比哥哥可親可愛，顯然是母親偏向兒子，對他的怪脾反而喜愛，因爲她可憐這兒子，既是甚麼也不會，其將來的好歹，也就不問可知了，在她看，一個女孩子沒有大用處的，就叫她做活計。

這女孩只好不停的紡線，爲的她哥哥可以吃飽一點，讓他安閒的等待他將來的壞運。　這小孩也就滿不在乎，以爲這是應該的，好像一個小印第安人是的，所有事都讓女子去做，他妹妹也不介意，相信勢必如此。

她唯一補償和解恨的方法，是當時吃飯的時候，用計巧或武力作出非常壞而不合適的事。　母親作午餐，必是濃厚的馬鈴薯漿，倒上油多的牛奶或肉湯。

三個人一同進食，向盤中堅實的馬鈴薯山，各人用鉛匙深深的挖去。 那男孩子在所有的怪癖中，吃飯的時候却意味着嚴肅的軍隊紀律，每次挖取的食物要規律化，不多不少剛好合適才行，他常瞧着盤邊兒的牛奶或是黃油滾來滾去，一般多的流進挖開的窟窿裏；無害的小妹妹可不如此，等到牛奶或黃油的來源不繼的時候，她做成種種巧妙的穴道溝渠，想叫美味的小河向自己那方流，她哥哥不論怎樣用巧法造堤來抗爭，把一切有嫌疑的孔穴防堵起來，她總會再開一個秘密的孔道，不然就直接了當的公開決裂，笑着用匙子伸到她哥哥那方滿載的窟窿裏。到這時候他就擲開匙子，生氣哭起來了，好母親便傾斜盤子，使自己那方的湯流滿到孩子們的運河堤防所成的迷宮裏。

這小家庭便這樣的過日子，環境永無變化，可是孩子們一天一天的長大，仍然沒有一點幸運的機會，能夠把握着社會，或是做點兒甚麼事，在這一切狀況中，他們越覺得不自在，不快活了。

潘克拉是男孩的名字，他所繼續學習的是怎樣更完善巧妙的撅嘴，使母親妹妹連自己都感覺痛苦。 這習慣變成他極常有趣味的事，藉此活動廢棄不用的精神，想出無數瑣碎的家庭悲劇，由他弄成，他能夠靈活而在行的釀出繼續不斷不合理的苦痛。 他妹妹艾黛馨因此時常的哭，可是太陽很快的又把她快活的照耀起來。 這些表面的事，使潘克拉煩惱，長時間的生氣，因為自己忿怒，常避開人自己偷泣。

在這種生活方式中，他的健康同氣力都加增起來，這是可注意的，他既覺得四肢有力，就擴大了活動的範圍，他拿起一個堅實的樹根或掃帚柄，到田野樹林裏遊蕩，想看看在某處做出一件合適的過錯，同時忍受惡果。 若是得到一個意外的機會，便藉題發作，對他的敵手，頃刻迎頭痛擊，在這種奇怪的行為中他得到了證明了他那麼樣的聰明，有力，有謀，至於對敵人追蹤逮捕，真如在戰場一般，甚至於能夠單槍匹馬的對付實力優越的一羣小孩，或是戰勝，或是至少要不受損害的退却。

他的這種冒險若成功了，回家便吃的格外香，全家也就因此高興起來。可是有一天不這樣了，他不但打不了人家，倒反挨人家一頓痛打，他滿臉羞愧惱怒的回了家，艾黛馨紡了一天的線，餓的受不了，就去動那給潘克拉所預備的飯食，吃了一部分，自然是先下手爲強，吃的最好的了。他憂愁的看着這不體面的冷剩飯，忍不住流淚了，壞妹子又在起始作工，瞧着哈哈大笑。

這簡直忍無可忍了，他要澈底的發作一件事。潘克拉也不吃飯，挨着飢荒回到自己的屋子，第二天早上母親想叫他吃早點，可是見不着他，那兒也找不着他。一天都過去了，他還是不回家，第二三天也是如此。母親和艾黛馨陷入極其恐慌可憐的景況；她們十分明白，他是故意逃走的，因爲他把自己的東西都拿走了。她們用盡方法尋找他，可是一點影響也沒有，她們哭痛無已，半年都過去了，還是不見潘克拉，她們愁苦的心只好認命了，她們的命好像加倍的孤單而貧苦。

那一週那一天都是冗長的，如果我們不曉得所愛的親人，這一刻在那裏走着，立着，如果再能夠讓世界有那麼安靜，甚至於他們一點兒呼吸的聲音都聽不到，可是我們還要以爲他們在某處生活着呢。

母親和艾黛馨就十年如一日的過了五年，十年，以至於十五年，她們不知道潘克拉的生死。這是他旣長久而又澈底的乖戾老癖氣，艾黛馨長成美麗的青年婦女，又變成漂亮精細的老處女，她不肯離開老母，不僅因爲兒女的孝心，而是由於好奇心，不肯放開她哥哥最後出現的那一瞬間，並且想知道究竟是怎麼一回事。因爲她是達觀的，堅信而不疑的，以爲他必定有一天回家，而且到那時候必定短不了笑料。她也不覺得這麼閒散怎麼困難，因爲她聰明，並且深知道塞爾威拉的永久生活的幸福沒有價値，她同母親一塊兒過小康的生活，安安靜靜的，沒有變化，也沒有牽掛；她們少了一個大飯量的人，自已又幾乎甚麼也不需要。

一個明朗美麗的夏季晚半天，在一星期當中，人們甚麼也不想着，小城的人忙碌的工作。塞爾威拉的精華全到日光底下，擠在門首，玩九針戲，或者聚在城中涼爽的咖啡館裏。破了產的和年老的在打鎚，縫紉，作鞋，粘膠，彫刻，忙個不停的小心工作，利用這長日，他們企望得到一個舒服的夜晚，這是他們懂得怎樣欣賞的。至於寡婦住的小空場，所見的仍是陽光照耀的草長着的鋪地；靠着洞開的窗戶，老人們圍一個圈兒工作，小孩子在一旁玩耍。在迷迭香小花園後面，寡婦坐在板子上紡線，對面是正在縫紉的艾黛馨。飯後已過數小時，周圍的鄰居尚未有人開口。鞋匠覺得彷彿這是該休息的時候了，他高聲駭人的打了一個唿哨：『噯呦！』連窗戶都震動了，對過的訂書匠，此人並非眞正的訂書匠，只是偶爾糊些各式各樣的紙匣罷了，他門首掛着一個被風雨剝蝕的小玻璃盒兒，裏面的火漆棒爲太陽曬的灣曲了，他向鞋匠喊着咒罵了一句，所有的鄰人都笑起來。一個個把頭伸出窗外，有的走出門口，吸一撮鼻煙，這是表示下午很短的休息，和歡樂的四點咖啡時候到了，此時每家噴着咖啡的香氣和苦苣味兒。他們學會至少還得玩一下。歡聲中來了一個外國的風琴手，拿着好看的風琴匣兒，這種人在瑞士可算少見，因爲本國沒有。他彈一個渴念遠人遠物的曲子，聽着異常美麗，特別是寡婦感動得以至於掉淚，她想念不見好些年了的潘克拉呢。鞋匠給他一枚小輔幣，他走後這空場又安靜起來。但是不多會兒又來了一個流浪者，拿着鳥籠，裝的一隻大鷹，那人用一根小棒槌在籠格子中不停的刺它，一面講解，愁苦的鷹眞不得安閒。那是美洲鷹，在遙遠深藍的地方，它自由自在的翱翔，寡婦想着，不知不覺的悲從心來，她的兒子還不知下落呢。附近的人都走出小空場，去看那鷹，等那人走後，人們還站成一組，望着天空，等着更有意思的玩藝兒，因爲他們想消磨這餘剩的一天。

他們的願望後來竟滿足了，原來不大功夫，走近了聲音極大非常壯觀的把戲，全城所有的小孩子簇擁着。一個大駱駝搖幌着出現了，許多猴子爬在上面；駱駝的鼻圈兒帶領一個大熊，兩三個人在旁邊趕着，總之，一齣完全的熊的舞蹈出演了，大熊顯它那可笑的跳舞本領，可是不時的突然低聲咆哮，那些和平的人聽了害怕，躲到老遠的看。艾黛馨高興的甚麼似的，那大熊發着怪癖，文雅的蹣跚着，那自足神氣的駱駝眞可笑，還有那樣的猴子。可是母親又哭起來了；因爲她可憐那脾氣壞的熊，又想起了她沒有影兒的兒子。

後來這幕劇也完結，周圍安靜起來，那些興奮的鄰居跟着一羣人溜了回來，各自找個地方喝一杯晚酒，艾黛馨說：『我想潘克拉今天要來的，因爲已經發生這許多的意外事兒，來了那樣的駱駝，猴兒，熊』。母親生氣說她把可憐的潘克拉和這些獸比在一起，取笑他們，令她住嘴，可是母親自己也是不知不覺的那麼想。她嘆道：『我大約看不見他回來了』。

她正在說的時候，發生了這天最値得看的事，一輛敞開的旅行馬車，兩個車夫駕馭着，飛也似的馳進小空場，落日的光還隱約的一綫一綫的照耀。車中的旅客戴着法國軍官的帽子，留着鬍子和頰鬚，發乾的面孔全是棕色，臉上有彈痕劍傷。他披着法國駐非軍隊的外套，兩脚踏着舖在車底的一張巨大的獅子皮；對面背座上放一把刀，一個半長的阿拉伯煙斗，旁邊放些外國東西。

這人雖然嚴肅，可是他睜大眼睛，尋找空場的一所房子，好像一個大夢初醒的人。他搖幌不定的跳出馬車，車子停止在空場中央的地方；他拿起獅皮和軍刀，馬上穩步的往寡婦的宅子去，有如不多時從這家走出來似的。母親和艾黛馨看這光景，驚奇異常，靜聽那生人是否上樓；她們雖則剛剛提到潘克拉，可是這一瞬間，決料不到是他，又因爲突然的好奇心，早把他忘在九霄雲外了。然而她們立刻就又認得他了，他跳上最高一層樓梯，走過那小過廳，同時提起門閂，隨後和以前一樣的，電閃似的把鬆鬆插着的鑰匙，往鎖裏插緊，一切的方式和逃跑的那人沒有差別，這是他遊蕩時代所證明的紀律嗜好。她們高叫起來，呆若木雞似的站在椅子前頭，嘴張着看那推開的門。門口立着不面熟的潘克拉，帶着外國戰士又瘦又硬的那副莊嚴神氣，很少霎眼，他母親看了發抖，不知道怎麼好，就是艾黛馨也生平頭一遭腦筋不清了，不敢一動。然這一切不過瞬間而已；這位陸軍上校卽是所丢的兒子，一點也不差，生活強制他學會禮貌，立刻恭敬的脫帽，這是他從前進屋時決未做過的；他以前在婦女面前很少是和藹的，他未曾這樣，也不會這樣，可是現在呢，恐懼年靑的軍人面上，充滿說不出的親切態度，張開嘴露出雪白的牙，趕緊走近母親，忍不住悲傷，母子擁抱起來了。

如果說以前母親是因爲好戰誇大的壞兒子發抖，那麼現在是暗自喜歡的戰慄了，她覺得懷中回來的兒子，他那樣恭敬的脫帽，以及煥發的可愛態度，這是從所未有的，讓人只好對他同情，饒恕，她像受了魔一般。這小孩七歲的時候就躲避母親的撫愛，以後他的癖氣越來越頑强剛愎，僅只是摸一摸母親的手罷了，至於他無數次抑鬱的，就寢以前，連晚安也不說，那更不用提了。因之她覺得這簡直是不可了解，稀奇的一煞那，背後是整整的一生，三十年之中，她頭一遭看見兒子親近自己。艾黛馨也覺得他性格的轉變是件嚴重的事，甚至於從前雖然笑話他不知道多少次，現在對這還家的體面人，不敢笑一點兒了，她眼中淸淚未乾，走到自己的小椅子，目不轉睛的看着哥哥。

過了許多分鐘，潘克拉首先打起精神，像一個好軍人似的，開步走出去，想把行李搬上來。母親打算同艾黛馨一齊幫忙；但是他非常文雅的請母親回座，他只要艾黛馨下樓到車旁，讓她帶一兩件輕的東西就够了。艾黛馨過了些時候，恢復了好脾氣，她忍不住了，揪起長大的獅尾，把皮拖到地上，尖聲笑起來，問他：『這是甚麽皮，這麽大的是甚麽？』

『這個』，潘克拉說，一邊用脚尖碰着皮，『在三個月以前還是活獅子呢，我把它殺掉了。這傢伙是我的先生，是感化我改教宗的，它死釘着我講了十二小時的道，我這可憐人的一切怪癖，統統治好了。爲紀念起見，我將永不和它分離。這眞是一個好聽的故事！』最後嘆氣的說。

他預料她們若還在世，家裏不會有甚麽値錢的東西，他在路過最後的一個大城裏，買了一籃子好酒，還有一籃子的各樣菜，用不着在塞爾威拉跑來跑去，可以安閒的和母親妹妹一塊兒進晚餐了。母親只几把布舖在桌子上，潘克拉拿上幾隻烤雞，一個頂好的鹹餡餅，和一包精細的小餅；還有哪！他路上想起那盞可憐的油燈，多麼暗淡，因爲這豆兒大的燈光發了多少癖氣，幾乎連自己那些無用的物件也不得處理，母親雖然上了歲數，還要把小燈推到他面前，艾黛馨却想法樂一下，乘機會把燈挪開。　啊，有一次他竟急哭了，把燈吹滅，母親憂愁的把燈又點上，艾黛馨一邊笑着又吹滅燈，他氣得心要炸裂，跑回睡覺去了。　在路上他想着這個，想着那個，他不知道能否過着她們，心中焦急苦痛的忍不住了，他買幾枝臘燭，現在點起來，她們因這一切的光輝，驚奇得不知怎樣好了。

這小家庭彷彿在舉行結婚典禮似的，只不過太安靜了些就是了，潘克拉藉着明亮的燭光，看他母親和妹妹老了的面孔，這使他格外觸目驚心，比他所見的任何危險都强烈。　他深沈而悲傷的想到人類和人生，我們細微的特質，不論是好癖氣或壞脾氣，不但足以影響個人的運命和幸福，更能影響自己周圍的人，到了一種對他們深刻負罪的地步，我們並不知道，何以如是，因爲我們並非向自己發脾氣。　當他正在默想的時，忽被鄰居打斷，街坊抑止不住好奇心，一個個的擠進屋裏，要想觀看這怪傑，全城已經佈滿謠言，說無影的潘克拉又出現了，眞的坐着四馬大車，做了法國陸軍上將。

在娛樂場聚集的人，不論老少，覺得這事不可捉摸到極點了，都露出狼狽不堪的樣子。　因爲這種事情是和塞爾威拉的正常軌道完全衝突，怎麼就驟然從天上掉下來一個掌權的將軍？　又正當在塞爾威拉要算甚麼都完了的年歲呢？　天啊，這不受人注意的微末青年，這麼長的時候幹甚麼來着呢？　這些問題引起各種情緒，他們猜不出這謎，這是由於他們的人類學精神學的知識太膚淺了，不知道他那冷酷的性情，雖然給自己和親人不少辛辣的痛苦，另一方面呢，適足以保持完善，好像酸醋保持羊肉一樣，使他躲避了塞爾威拉的那種黃金時代的危險。　他們破不了那謎，問的大都是這事的眞確性和可能性，又派了多少年長的破產者到潘克拉家裏，那裏早就聚會了破產的鄰居，他被這些好奇溫順的人所包圍，好像行近的黑影之於下界的老英雄一樣。

他點上七耳其煙斗，屋裏充滿異樣的東方菸草好聞的味兒，這些黑影，即破產者，在這藍色煙霧中，增加了好奇心，左右顧盼，潘克拉招待客人，那麼和藹熟練，以至於最後到時候了，用那麼親切而堅決的機警態度，使這聚會解散，母親和艾黛黎簡直驚嘆不置了。

那種基於家庭幸福和親戚間樂事的喜悅，能在極長時間忍耐苦痛以後，使休戚相關的人，忽然變爲年輕有力，不像疏遠的人因紛擾而疲困，老母和她孩子似的，一點也不乏睏，而且高興的喝了美酒，身子暖起來，她女兒更沒有耐性，母女兩個叫潘克拉細說他的運命。

『這時候』，他答道：『沒有法兒詳細的講我這繁重的歷史，我想以後有不少時候，可以把我的經驗細細的告訴你們。　今天我只能敍述一個大概，得到結論就行了，那就是說我怎麼回來的，這和我從前跑走的情形一樣，主旨也是一個。　那時我卑鄙的潛逃，滿腔的怨恨痛苦，不可抑止；這並非對你們而發，實在是對自己，對這地方，對這無用的城，對我整個的少年而發。　從那時候起我就明白了。　我總是因爲吃發脾氣，抑鬱無言，這秘密的原因，使我盤痛的感覺，我不配吃飯，因爲我甚麼也不學，甚麼也不幹，沒有一種職業激動我，那麼我也就無望改變運命了；別人作的工作，我都覺得無用而愚蠢，就連你們那樣永無止境的紡線，也使我忍受不住，使我頭痛，雖則我的懶惰，都得由你們支持。心中萬分苦惱，有一夜我就私逃了，跑到天亮，離此地足有七小時的路程。　日起的時候，我見一堆人在大草場上曬乾草，我一句話也不說不問，把行李卷兒擱在場子邊兒上，拿起耙或乾草叉，好像所有者一樣，非常靈俐的同他們作工；我在遊蕩的時候，我曾細心觀察，工人怎樣用手拿，怎樣用勁兒，甚至於我還想過，怎樣用手提各種工具才算不笨，怎樣揮動兩手，才算一個在行的工人。

『他們用驚異的眼光看着我，却無人攔阻我作工；吃早點的時候，我也被邀；這原是我的目的，我又繼續工作，直到晌午飯的時候，我也吃得很有味。　農夫們愈奇怪起來，不時送來膽小的譏笑，我不再拿起乾草叉，突然擦擦嘴，背起行李卷兒，一句也不說，直奔前程。在密而涼爽的一個山毛櫸小林中，我躺下就睡，直到黃昏：於是跳起來，走出樹林，前後的望着天，星星一個個的出現，星座是我遊蕩時期所注意的不多事情中之一，我覺得星星非常可愛，星星有偉大的紀律性守時性，尤其是這些光芒四射的造物，並非因為賺錢，吃一份馬鈴薯湯，而守的時刻，却是不得由的為着高興而作，自然能耐久不懈怠了。我那本地理書既能逐漸背熟，不論多簡單，我能認識地球，能辨方向，我決意北向跑徧德意志，直達海邊。我走了一夜，整整八小時，日出的時候，到了萊茵河岸一個荒僻遙遠的所在，眼前一隻裝載穀物包袋的船擱了淺，一部份貨物為水冲跑了。船上只有三個人，這大早晨四周曠野裏，連個人影也沒有，我自然受歡迎，幫助水手，把沈重的貨搬到岸上，浮起船來，濕了的穀物倒在板上曬乾，用勁兒扇風，然後再把貨裝船，這些工作竟費去大半天，我得機會分得水手們各式各樣講究的食物，等到事完，他們倒給我一些錢，還應允把我用小艇送到對岸，這船是繫在大船後面的。

『那邊有一座大山林，我即刻在那裏睡下，到了夜晚，我就起來，拔步向前，直到破曉。總之：我這樣方法過了兩月多，走到漢堡，同別人很少說話，白天抓點工作，吃飽了，即刻走開，整夜又從新奔往前程，我的態度，常使人驚訝，却無人攔我，人家若是有使性好奇的樣子，我就走開。既躲避城市，而工作又總在戶外空暢的山上林中，所遇的都是些單純的人，我的旅行眞如在古時一般。我跑徧的國度裏，竟無半點軍隊的影蹤，我的主意，想躲開這些地方，既不願行討，亦不願為自己的衣食，使人操心，換言之，我想幹甚麼便幹甚麼，尤其是甚麼時候高興休息就休息。後來自然學會，怎樣約束自己，服從身外堅定的秩序，養成有恆的習慣，有如我初次突然的學習工作，只要感覺非常的需要，這些習慣之養成是不費力的。

『繁重的工作，講究的食物，無憂的休息，這種有恆的變換着的戶外生活，對我異常舒適，我的四肢受了這種訓練，在漢堡大商埠中竟被稱為靈活的壯漢，不久到水裏，和水手混在一起，他們航到此地，忙迫的裝卸船上的貨物。我甚麼事都作，雖然注意，却不促張開嘴，一言不發，也不歪嘴，那些說話簡短耐苦的水手，不久便收容我，同他們過了一個禮拜，把我偸運到一艘英國商輪上，這船長把我收留，條件是幫助他航海時的秘密營業。甚麼工作呢，他在舊大陸投錨的時候，收買大量軍火零件，排湊起來，造成各種火器手槍。他以可怕的熱忱，按裝那些神秘稀罕的武器，乘機在荒僻的海岸，交換些値錢平和的製造品，或天然產物。我安靜的工作，從事實習，不久混身都是油，鋼玉砂，挫屑，成了一個兇的造槍者，不少缺欠的手槍排好之後，我就很彆的試放一槍；可不能放第二響，這要使那些紅皮膚或黑皮膚的主顧，躱在遙遠的小島上了。這回航到紐約，又從那裏回到英國，我諳熟造槍術，就離開他，馬上從軍，開到東印度去了。

『到紐約我自然登過陸，觀察美國的生活，約數小時之久，我想這種生活很合適，各個人按其所好作事，完全依照需要好尙，從這一個事業跳到另一個事業，不覺得某種職業是卑賤的，不覺得某行比某行高一些。可是不知道怎樣，我急忙回到船上，因此沒有留在新大陸上，却來到舊大陸最古老的夢似的地方，即那太古式炎熱的印度，我自然是穿紅制服安靜的英國兵。我不能說我不喜歡這種新生活，大軍艦上載着一團人，雖然人數那麼多，可是我們吃飯異常精確，發給口糧的時間，同天上的星座一樣的準，那一個人也不比別人多得些或少得些，誰也不能中傷別人，我非常喜歡這種環境，尤其是不用向任何人道謝，只要嚴守紀律出席便可以了。我們新兵已經在船上受訓，每天必須練操，可是我愛這行，非可比擬的，我們用不着像刷馬鈴薯皮那樣靈活的揮動刺刀，只是純粹的體操，吃飯也不緊接着，我們只要準時出席這個，出席那個就行，用不着發愁別的事了。航程第二日，一個兵挨了軍棍，他曾對長官喃喃不平，先也有過種種不規則的舉動。我立即決意自己不犯這毛病，這時我那乖戾的脾氣倒很成功，不響一聲，守時留意，非常出衆，以後也繼續的沒有作丟臉的事。

『我成功一個有規矩有用的軍人：我很高興，能够正確的理解一切，按照標準規定的去行，既成功以後，覺得相當的滿意，一直沒有費過半句話，有時高興起來，便開半個恩蠢的玩笑，不過這種情形很少就是了，這種玩笑完全使一個軍人更有光彩，使他更好些，也免去人家不能忍受我的那苦痛，在這炎熱的異鄉，剛過半年，我升爲相當尊嚴的下級軍官。沒有過多少年，我成爲我那軍隊中有聲望的人，大部時間在司令官公事房裏辦公，被認爲有本領的辦事員，由於事務的進行，我自然而然的傾向於必需的技能，那就是寫算，不覺其頭痛了。一切的事體，我都有正軌，在這炎熱的藍天之下，一點也不感覺難受，使我非常滿意：我所要履行的，全出乎自然，辦公和閒步有甚麼區別，我是覺不出來的。我覺得吃並非重要，也不留意吃的時間，也不問吃的是甚麼。這時給你們寄過兩次信，附帶着一些積蓄；可是那兩艘船都奇怪的整個覆沒了，我就擱下這事，很是生氣，我決意儘可能的回家，想在家鄉運用學得的工作能力，應用我固定的職業，我打算把更好的帶回塞爾威拉，彷彿要帶回一百萬似的，我還想像過，如果碰見那些膏粱紈袴，我要野蠻的招呼他們。

『這念頭不算錯，我必須先經歷這些事，然後我的脾氣纔能改變，受了震動，以至於再不想衝撞他人了。司令官完全把我作爲他的主要隨員，差不多整個的時間，同他在一起。他是五十來歲的奇怪的人，他太太住在愛爾蘭一個老堵裏，可想而知其怪癖之甚了；只要他們跑到一塊兒，便似兩隻野貓，互相拌嘴吵架，夫婦都堅信不疑的說他們受騙了，可是兩人是再好沒有的匹配。在這種想像中，他們都康健活潑，生活優適，不然就無法消磨時光了。他們遠遠的分開，互相照顧，其注意的程度，眞是感動人，他們的獨女，叫做綠迪雅，大部時間同她老子過日，她服從喜愛她父親，甚至於父女之間的兩性差別，也使她對父親更表示溫柔的同情，對她母親還差一些，固然在這種假想的不幸狀況之下，父母都無分軒輊的。

『司令官在城外一個山谷裏，有所可愛爽的住宅，四面都是棕樹，長青樹，無花果樹之類。　在這些樹底下，繞着這所輕巧的白屋，都設爲花園，有時種些鮮菜，有時種些花草，野花自然到處都是，老人想留下四周附近的花，種類越多越好，所以翠綠的陰影中，總有無數紫紅色白色的花，耀目的開着。　無事可辦的時候，我便以可靠的陸軍信託人的身分，照料花園的一切，爲避免身體變弱，還同司令官打獵，我對此道也嫻習了；在山谷後面是一片荒野不毛的景緻，過去就完全是山野的地方，不但有成羣的無辜的野禽，還有時藏着猛獸，特別是大虎。　如果有了虎的蹤跡，大隊的人便去找它，我雖還沒有同人打過仗，可是利用這種機會，早就學習危險之爲物了。　除此而外，又無事可做，我便代替他女兒綠迪雅，和老人下棋，她在棋上毫無頭腦靈慧，有如小孩一般，使老人乏味。　不久我練得很好，雖不能奪回他多次的優勝，竟可以分庭抗禮，若不受別的事打攪，我早就制服這兇狠的老頭兒了。

『我差不多是世上最值得注意的學社；穿着紅軍服，在棕樹下面嚴肅緘默的走着，手裏拿着葦杖，頭上戴着避免强熱日光的白巾。　我是軍人，又是辦事員，又是園丁，又是家庭之友，又是游藝員，自然又是特別的人，一句話也不說，那時固然沒有乖戾的性子，相當的快活，可是我慣於靜默，好像舌頭不能轉動似的，除非在發令或對不守紀律的兵訓一陣的時候。　可就得這樣纔能侍候司令官，我同他過了五年，天天如是，閒空的時候，做我所好的事。　我利用空暇，讀那老人的十一二本書，讀了又讀，那都是厚本的，從這裏認識了世界上一些特殊的事情，我成了熱誠靜心的讀者，培養點智慧，其在世上有無價値，我是不曉得，可是不久就得體驗，我的見聞，固不算少，只不過是片面的，大部分都在我走過的那邊。

『司令官後來陞爲我們所在的那方面的總督；他願我留在他身旁，從開回英國的那團，他命把我除職，另委派我到那開到的軍隊裏，於是我又有機會，以軍人同其他特性的資格來侍候他，我很合適，我仍是一個自制的人，唯一的主人不過是面軍旗罷了。

『他女兒從愛爾蘭老塔回來，從今以後，打算跟她父親過活，她身段匀稱貌美，但不僅是美女而已，她是有個性的，穿着特别精緻的鞋，或是站着，或是走動，都給你一種印象，愛她的人不易在所有的叢林之後，給她補償安慰，因她的人格是完全獨立的，她不容納第二回。　她那高貴的獨立性和她極天眞和藹的習性成對，那種和顏悦色是率眞的，再加上決斷力精確性，眞個使她鶴立雞羣，其質決非矯柔造作，只是自然的本性，她的超越性是神聖的天才的。　她在各種美的事情上都有造就，她們多半自小就學習相近的一切學問，直至青春，現代各國的語言，她幾乎都會，沒有學識的人坐在她對面，談不到够上她那可驚的優越性，有如裝飾用的花草懈怠的不解小女孩的意思一樣。　她彷彿表現出健全的，訓練完善精透的意識，她對眼前的事體，不論鉅細，決斷辦理得很恰當，其思想言語的簡美精當，和她音聲行動一樣的好。　如適所云，在這一切之上，她那麼天眞，毫不做作，因此她不能學成好棋手，寧可忍耐的坐在板子上，讓她父親不停的出奇制勝。　人們在她近旁，就覺得在自已家裏那樣舒適；我們可以毫不猶豫的說她是蓋世無雙的女中傑。　美麗的金髮，深藍的眼，差不多永遠是鄭重自在的看着世界，更增加她的光彩，尤其是她不僅秀麗，她那麼引人注意，充滿女子的貞潔，完全給人一種個人的，人格的印象：總之，說了又說，她是配稱爲眞正的人，我覺得她是這樣，可不曉得結結還是如此不是，也許這不過在我，她辦出這樣兒，總之——』

潘克拉忘記接着講，陷入悲的回憶，面部相當平和，表情差不多是單層的，兩隻臘燭點去一半，母親妹妹低着頭磕睡，不見不聞，打起鼾兒來了；潘克拉方纔起頭描畫他意中人的時候，她們就睡意朦朧，早就不管他到黑甜鄉去了。　幸虧我們這位上校沒有注意，打斷我們的好奇心，他差不多忘却在誰面前講，眼睛向下，不擡頭看一下，在睡着了的婦女面前續講，好像一個緘默好久的人報告自己，無法什嘴的模樣。

『直到那時』，他說，『我還沒有近看過一個女人，我所了解的，有如犀牛之於古琴，在欲來的時候，沒有費財費點力氣，敢於偷看她們，但非自始厭惡女人；我最膩味同人談話，半句也無意說，從前覺得，彷彿一切女人，不能夠合理，淸楚，正確的作一件事，對於任何事情，不能有條有理的說出六個字來，她們的出發點，在說了些合適有味的話以後，就馬上顚倒歪曲事實，那種女性可愛的或柔順的態度，實際是虛假的，更惹人厭煩的，她們附帶着如此如此的某種懷抱，在這種混亂的情況之下，企圖降伏於一切惡的本能，邪惡的念頭。自然我見了女人就撅嘴怨恨，以爲她們不値得公然瞥一下。在印度的時候，我比較的滿意，無可抱怨，有不少女子，有印度血統的，還有許多英國婦女，是不少商人，官吏，軍人的眷屬。這些印度女子，眞是如花似玉，外表言談像糖一般的好，然而僅此而已，一點也動不了我的心，光是美光是好，却無鹽的味，沒有自衞的能力，那是厭煩的，那樣的女人設如作我的妻，她簡直無法抵抗我那或有的壞性子，想起來够苦痛的，至於我所見的歐洲女子，正好相反，她們多半來自大不列顚，好像很英勇的樣子，可是少有好的，就是好的話，她們處置和藹可敬的性格，有如對於厭惡的家常工作一樣，就連那些高貴的婦人，那麼驕傲尊貴的自誇她們的好性格，與其說她們像女人，不如說像賣香料的更妥些，這裏秤出一兩，那裏秤一兩，小心的捲在俗氣的吸墨紙袋裏。此外我還覺得所有這些東方美的與不美的女人，深隱着共同的深奧特點，那就是時代之病，自然得自我們男性，我們歐洲的男人，適足以使她們感受新的加倍的苦痛，現代是萬惡的，兩性交換病症，這人把天賦的種種弱點傳給那個人。這便是我對於婦女的無知憂鬱的感想，是我不願意同她們交往的根由，我作我的，決不注意甚麼女人。

『這時美人綠迪雅來到此地，我天天在她身旁，我整個的智慧震動了場台了。在她面前我覺得快樂非凡，不知道怎樣好了。我驚訝異常，對她旣不能怨恨，也不能蔑視，或是輕視，又不能露出喜悅的樣子，只能偸偸的看她而已。特別令我喜歡的是，有甚麼事在她身旁，我滿不在乎的，可以無拘無束的，自在公開的瞧她的時候。我的方便處在於我這種可憐的軍人地位，實在沒有向她說話的必要，也不被她所問，我常注意的行動，只不過是守紀律的尊嚴的下級軍官就妥了。　由於長年的僞善思想，我的緘默，尤其對於女子，成了第二天性，我雅不願作例外的事，就是情形合宜，也是如此。　對於她呢，我可有種偉大非凡的好感，誠心誠意的想同她講話，使她高興，我從來對婦女境的偏見，覺得糾正，我想我得改變敵視異性的態度，至少因爲她，以後要對女子表示善意。　我高興的時候是當她在我面前，或我因事到她所在的地方去；然在事的自然過程中，我決不越雷池一步；和她在一間屋子裏的時候，如無一定合理的緣故，決不隨便看他一眼，或是走到她跟前，我常時覺得心裏寂靜得像不受風激動的冰涼湖水一樣，太陽在上面照射着。

『如是過了約摸半年光景，也許是一年，也許還多點，我再也記不清楚；從那時候起，我把曆法整個忘乾淨，全部時間在前面徘徊，有如酷熱，交織着夢境的夏日一般。　從那時起，一切都安靜和好，不知繼續了多久。　這女子常和我見面，不過沒有甚麼特別交往，話也不多說；她談話非常和藹，那好看的面容，必像小孩那樣無害的笑一笑，我感激的答應，作出更可敬的臉孔，也不歪嘴，說道：「很好，小姐！」或者她弄錯了的時候，很自然的對她說，不過這種情形很少。　她如不在面前，我單獨一人，各方面的想念她，然決不似愛人一樣，只像一個好朋友或親戚，誠懇的關心，希望她發達，爲她想着所有的好事。　我的地位一無改變，回想起來，對總督稍微任性，比較的過於流露軍人的態度，只知道責任，在別的事務上，過於保持獨立的態度，除去在他公事房辦公抄錄以外，更無受雇於他的工作，別的事都以信託者的資格參加，再就是碰機會同他吃喝而已。　方纔說過，我十分安心滿意，自然有些由着個人特別的習尙。

『某日我在有蔭涼的樹底下作工，在短短的一小時之內，綠迪雅來了三趟，一點理由也沒有，半點告訴的話也沒有。　頭一遭她坐在翻倒的籃子上，吃着滿裝一小籃的紅櫻桃，不住嘴的同我講，我只好答理。　二一回又來了，把籃子挪走，移過緊挨着我正在清理的那棵小玫瑰樹底下，她坐在籃子上，把一條白絲帶縫在秀氣的小睡帽上面，或不論甚麼龍；我不能精細的辨出是甚麼，因爲我幾乎沒有瞧她，也未搭話，我有些心意撩亂了。 不久她走開，又回來第三次，帶來一個中國耐性的玩具，精巧藝術化的用象牙所刻的，拿起舊籃子，拖到稍遠的地方，背向着我，坐在籃上，安靜的想法玩那消遣品。 我目不轉睛的看她，後來她把玩具塞到口袋兒裏，忽然站起來，唱着稀奇好聽的顫音曲，連看我也不看的走開了。 這一切我都不十分清楚明瞭，我心裏漸漸讖諳這曲子，但不多會便愛上綠迪雅了。

『在極奇怪的溫柔的激動中，我也不管那棵小樹了，拿起雙膛槍，晚上溜出去，到遠遠的荒野中。 我看見些走獸，可是忘記打它們；我正要開槍，便想起那女子的行爲，那獸就沒有影蹤了。

『「她打算幹甚麼？」我想道，「這是甚麼意思？」我返復的思索， 對這事一切可能的與不可能的事情， 發生勃發偉大的感激， 我這些微不足道，不愉快的人，以我的秩序觀念同良心和一切反抗爭戰。 我不能了解的時候，猛然省悟，原來外表那麼美好的一個女子，結局其本性不過是輕佻淫蕩的，不論甚麼男人，她都要親暱，竟不恥於和一個可憐的下級軍官，有些勾當。 這可呪的念頭使我痛苦，出乎意外， 盛怒之下， 竟打死一隻龐大的野猪，剛從山頂高草中衝過來的，槍子打進它腦子，與我心中的汚念，差不多同時，一樣的意外，一樣的不受歡迎，我覺得那野猪的所得，比起我的來，倘值得羨慕呢。 我坐在野獸身上；那美的形像又流過我的思想，我清楚的看見她，如何來了三回，以及她一切的舉動，她說的每個字又都響起來。 但是值得注意的，我的回憶從那天又回到首次見她的那日子，想到整個的過程，這過程是很安靜的。 有如將雨的時節，空氣透明，我們可以看見遠山許多的特狀，又如靜夜裏聽見極遠的鐘聲，我也驚奇的發現，在這麼長的時間，她出現的種種姿態動轉，種種特殊的步伐，不知覺的都印在心裏，差不多她說過的每個字，就連最無意識的，在這寂然無聲的荒野中，居然聽得清晰異常。 這整個的美景睡夢般，又像秘密的，留在心中，今天的事不過推開門閂，或是把火炬拋在一捆乾草上罷了。　想起這些，忘記了惡惱，我坦然的從事開拓好的回憶，決不增添半點特徵，以致我放棄綠迪雅的影像。　我閒步回去，獨自作這好夢；如今我不想無拘束的安靜的在她跟前，也不知道怎樣好，也打不定主意，儘可能的，和她斷絕交往，爲的更可以熱心的想她。　過了三四個禮拜，甚麼事也未發生，我注意她雖保持謹慎的態度，她不放機會，要爲我做些事，爲我說些話，此後她總贊成我，對我說好話，又襲用我常說的辭句，我平日對一切事怎樣批評，她也怎樣批評，起首我也不怪，始終打算探出她對於合適，對於謬誤的見解，這我自己也在研究；我譏笑某種事，她也譏笑，我對某種事惱怒，她也惱怒。　後來更奇怪了，她看我沒有話對她說，她就想法讓我快活，並非詭詐的賣弄風情，而是如同天眞無辜的小孩那樣，我簡直神經迷亂失措，不知怎樣站住了。　想脫出樊籠，救星自然是我那有根基的撅嘴藝術了，我完全變成冷酷無情的樣子，特別在這種情況之下，我覺得沒有比這法更妙的了。這麼一來，她彷彿眞個摧揆喪氣了，聲音變小，態度妞妮起來，從前那種堅決能幹的性情上，如今產生誘惑的影響，通常女人越是身軀短小，越不慣於在小心謙讓中，看着燦爛動人。　較多的時候，那可怕而穩定的無恥，她們覺得還適合自己些。　現在連總督也諷刺我，和我開起玩笑來了，他的情調不可捉摸，尤不文雅，一天必說十次：「眞的，綠迪雅，你愛上潘克拉了！」我覺得這事麻煩了，這簡直是很壞的把戲，他對女兒的口調極無味，極平庸，對我是不覺的粗俗的，我總打算對他公開的說一說，可憐的我還要侍候他。　後者是我能集中精力自閉的時候總作的。　綠迪雅變成單調的樣子，她好像慘自受苦，使我深感痛楚，不知所措。　我抑制自己，她還追隨我，我在那兒停留，她也在那兒不停的做甚麼，我就疑惑起來，一邊猶豫，又和他繼續的拙笨的談起話來了。　我們談話的內容，空洞極了，全是些模糊可憐的廢話，好像兩個都變成白痴了。　都彷彿是心不在焉，小孩子似的笑自己；我忘了一切，後來我也高興同她簡短的談話。可惜這種快樂，只能繼續兩分鐘，以後就因爲缺少安心謹慎，把話頭丟掉，有如兩個兒童，拆散一條珠帶，憂愁的看着美的眞珠滾跑了。 過了幾個禮拜，這種大的冒險事業之一又告成功，我決不進一步，因我想到，同這些非常的人，我不能得到諒解，我不該做這事。 有百回決心走開；可是光陰似箭，總是延期，未見實行。 我的思想完全爲這事所佔據，我覺得萬分奇怪。

『總督的書我算看完了，這些書也就無可再取。 綠迪雅見我常看書，便乘機把她的書給我。 其中之一是像袖珍聖經的那樣厚的一本書，也富宗教的色彩；那書是黑皮金邊。 裏面是純粹戲劇喜劇，印着最小的英文字。 這書是涉氏比亞，爲他所寫，最前頁有他頭的像。 這帶誘惑性的假先知實令我感覺不快。 他描寫的各式各樣人物，非常眞確相符，與實在的竟無區別，但只是在整個人類看是如此，其中好壞皆有，各個從事於生存的，傾向的事業，又完全，又特殊，像水晶那樣精透，但如最淨的水，那些拙劣的作家，他們所精通的是平庸，不帶色彩，不完整的社會，及至描繪下來，愚人便迷誤路途，塞滿成千的屑微的騙人事，相反的，他所澈透了解的都是完全的成功的社會，都是理想那樣好的，卻因此把好人弄錯，如果他們相信看見，重尋這世界的實際生活。 自然世界上不是沒有，可是我們在的地方決不會有，我們活着的時候，也不會有的。世上不少勇敢的女人，可不會有麥克白夫人之流，那麼美的夢遊，那麼憂慮的摩擦纖手。 我們遇見的下毒藥的女子，都是無恥不悔罪的，她們勝過懲罰以後，還會寫出她們的歷史，或開一個小舖子。 世上不少人像哈麥雷特那樣好想，又好自誇，卻不似眞的哈麥雷特那樣在心靈深處有預兆。 我們找得到像麥克白那樣的殘狠暴君，然不似他那樣受魔，那麼勇敢，也找得着一個理查第三，可沒有那樣的機智，那麼能說。 這裏有一個波細雅，可沒有機智，那裏又一個波細雅，可無聰明，又不善於了解，不但不能自樂，反使人不快。 我們習見的晒羅克，不論他怎麼想割一塊肉，並不能憑着一個快活的不名一文的危難中的朋友而發旺，卻是因爲投資欺詐成功的，他是吐不出那麼優美憂鬱的辭藻，只做出一副沒有感覺的面孔罷了。 方纔說過，世上眞有這種人，然不能像這文章裏那麼漂亮的湊在一塊兒；澈底的惡根不會爲完全能自衛的人所表現，十足的呆子那能在絕對聰明快樂的人身上現出，所以這不能成爲眞正的悲劇，或好的喜劇。

『我整夜讀這書，把頭完全埋在裏頭，我覺得寫的眞是深透逼眞，不但新穎，且有價値，一切都是優美，眞確，完全，我想他們總是眞正的人，我特別信任書裏引出的女子，我任那頂美的明星綠迪雅所吸引領路，我相信這是一綫曙光，能解脫我疑惑的糾纏痛苦。

『「好！」我想道，我看見黛絲德摩娜，海倫娜，伊摩根，等諸美女的像，出發點都是女性尊崇的獨裁，擬模那樣奇怪的人物，決不放弛，有小孩的坦白，有英雄的高强忠耿，如天上星座那樣不變不僞：「好！這就是一例！綠迪雅便是那種堅貞，美好，一往直前的女性，她只是投一次錯，那麼深不可測，並知怎樣做」。這念頭在我心中，有如光芒萬丈的炎日升上，藉此光看清她一切的舉動，極細的動作，所說的每個字，這個經歷甚暫，我心目中，覺得她超過那好詩人偉大的想像力所探着的一切，這活潑的作品，在日光之下化爲肉身走動，心也眞個跳起來，金髮在眞的頸上披着呢。

『這奇謎如今解破了，我不做別的事，只要探究這完全創造出來的幸福，和涉翁一決雌雄，糾正我這不合適的沒有愛情的人，變成那種運命的或使尊嚴寬洪的婦女們多少可以忍耐的脾氣，藉助於那建立偉大宏麗的空中樓閣的百尉設計遠視。我對於所愛的感覺的那不盡的感激恭敬，根本大半由於諂媚我自己的自愛心；這是解釋其中更多一部分的唯一方法，也可使我無須乎藐視自己這可憐的最誠的本性；對她的高度恭敬，成爲生活必需，在她面前，我的心發抖，我在任何人任何野獸之前也未曾戰慄過。

『又過了半年，我彷彿是夢遊者，幻夢之繁，有如一棵樹上滿是蘋菓，對於綠迪雅却未更進一步。不論多小的可能的事情，我都害起怕來，好似善的基督，臨死之前，疑惑懼怕，不知道死後一定能得永生不能。我腦筋混亂，那些事，以及最激動的故事，發生的異常美麗可信，紛亂擁擠的蓓開着。我忽略我的事務，一點用處也沒有了。　最糟的時候是必須同總督下幾個鐘頭的棋，那時只好注意的下，只有短時候從容的想我這困難的愛情的事，那是在下完一盤棋，重擺棋子的時候。　我儘可能不引起注意，故意使我受窘，耗着功夫，排列國王，王后，跑手，跳手，農夫那些棋子兒，來回的挪到堡壘，總督以爲我變成小孩兒，拿着棋子隨便玩耍呢。

『後來我的生存有消滅在惰惰的離魂病之中的徵兆，也有變爲瘋狂的危險。再者，雖有這一切黃金的空中樓閣，我是說不出的懊喪悲傷，還未說完最後一個字，繁衆的夢境壓倒下乘的眞實，支持化身的那冷酷躲避的現實。　這多少是防禦的刺，以圍護我肉身的艷玫瑰花。　綠迪雅越是和藹殷勤，我越是游疑不定，因我自知，表示愛情之困難，更不必明白的說明白事了，只是在她有些嚴厲愁苦的時候，我還能容忍一半理由，想着還有合理的希望；但都使我感覺深一層的苦痛，她不該爲我難受一分鐘，寧可把我的頭割下。　可我又惱了，她爲的快活，要求我須表示出戀愛瘋狂的儒夫的樣子，但我並非那種人，我照我的法兒想過，使她喜歡，我應如何活動。　總之，我遇到整個混亂的局面，我再也不能有條理辦一件事，我簡直有降爲兵士或革除的危險，我若不願寄居總督維下，當一名屬下的替工，那就沒有用了。

『此時英印陷入嚴重的敵視狀態，因之開戰，結果雙方都覺得相當殘酷，不久我決意歸回本連，當一名好戰士，向總督辭別。　他不願聽這套話，他責備我，求我，媚我，說我該留在他那裏，學那些以爲一切都靠生命的人，自由處分禍福，以便消磨時光，平安的服務。　在我談判告退的三四天中，綠迪雅幾乎看不見了。　既然看見，她也不睬我，又彷彿向我怒目而視；可僅只是眼有怒意，她的行動舉止仍是安嫺高貴有約束的，這麼美的怒法，拆碎我的心了。　聽說她早晨起的很晚，人們非常震動，那是她夜裏失眠的徵兆，最後一日，我在她窗口看見他，我相信親見她兩眼哭的通紅；當我走過，她趕緊引避。　晚半天我帶了一個少年到種樹木的地方，多少指點些管理方法，儘量把他訓練成一個暫時的園丁，使後來成為比較能幹的人。　我們站在細長的玫瑰小林之中，這是我栽培的，這些小樹的高和人鼻一般齊，又異常的密，人們走過，花可以擦着鼻子，令人歡喜舒服，總督曾大笑過，他說如今用不着再灣腰聞玫瑰香了。　我正在指點給那少年，絲迪雅走來，藉某種事由遣開少年，她彷彿也要一塊兒走似的，可是她猶豫一下，折了幾朵玫瑰，直至僕人不見了。　這時我隨便揪着一杈樹枝，拉了幾下，正要轉身走，我看見她的淚流出來了。　我極力抑制自己，我推作不知，急忙走開了。　剛到十步，我也聽見也覺出，她一會兒跑，一會兒站立，跟着我身後而來，維持相當距離，我忍不住，轉過身子對她說，相距不過三步：「小姐，你為甚麼跟着我？」

『她好像看見一條蛇受驚似的站立不動，眼瞧地上，臉盤燒紅了：然後面色慘白，渾身打戰，釘着又大又藍的眼睛看我，一聲也不響。　後來她說話了，她的聲調帶着怒意的驕傲，有些甘願謙卑的意思：「我想在自己的家裏，樂意上那兒就上那兒！」

『「當然！」我低聲回答，又繼續走我的路。　這時她在旁邊和我一齊走，我在非常激動中，邁開大步，疾疾而前，她雖費盡力氣，要跟上我是不易的，可是她未落後。　我多次寬裕的從旁看她，她眼裏盡是淚，很悲痛貶抑似的流到地上。我的臉也滾燙的燒紅，眼框也濕了。這事現在到了最高峯，我不能即刻作件事，愚蠢的或毫無顧忌的，我不想做這個，也不想做那個。　我們相距頗近的向前走，我這可憐的腦子想：「如果這女子愛你，你又鄭重的娶她，那麼她就是魔鬼，你也得服侍，直到末日！」

『此刻我們來到長着二十來株橘樹的所在，空氣充滿好聞的味兒，一陣陣甜蜜新鮮的風，吹過這些淨潔，形狀高貴的樹幹。　我回憶起來，還覺着這迷人的清風，對我身側走着的人顯然也發生同樣的影響，她那樣非常的感覺表明她那奇特的熱情，本乎愛情，好像真個對於男人所發的愛；她坐在橘樹下的一條長凳上，低垂她那美的頭，用手托着；金髮落在手上，許多淚珠流過指縫。

『我站在她面前，帶着否定的語調說：「綠迪雅小姐，你想怎麼樣，你怎麼了？」

『「你想怎麼樣！」她說道 「聽說過沒有，一個美麗精細的女子，這樣讓她受苦，這樣虐待她！你從那個野蠻的國度來的？你懷着甚麼心？」

『「我怎樣叫你受苦，怎樣虐待了你呢？」我猶豫驚訝的回答：她也許是好意，不過我覺得她這話不大對。

『「你是粗鄙無禮的！」她說，也不抬起眼睛。

『這時我簡直耐不住了，答道：「小姐，你不會說這話的，你如知道我心中對你是怎樣的不粗鄙無禮！這正是我非常的恭敬謙卑，——」

『我又緘默起來，她看着我，她面部因爲帶着痛苦懇求的微笑光明起來，她連忙說：「現在呢？」這時她看我一眼，我最後的審愼也完了。 就是世上最美豔的女子，我也不能拜倒裙下，我以爲這事不可能，這是恐事，也是矯飾，但我不知道怎樣，忽然倒在她面前，降服的，痛悔的，把頭藏在她衣邊裏，把她衣服用熱淚弄濕。 她馬上推開我 ，叫我站起來 ，她的微笑增加，更是美了，我喊道：「是——我願意告訴你，」便把我整個的歷史告她，那麼娓娓動聽，我幾乎不信我能說得出來。 她熱切的聽，我毫無隱瞞，自首至尾，尤其是由於我氾濫似的心，把我對他的印象，描寫出來，這印象在心靈中生存，是半年以來忙碌忠實的費心構成的。 她笑了，低首看前方，很滿意的靜聽，她瞧着我，越來越像個幸福的兒童，一邊聽，一邊了解呢，她優美有魔力的樣子，一言一字，我半點也未失漏。 她把手伸給我說，和氣的紅着臉，可是帶着滿意信任的態度：「朋友，我很感激你對我衷心的愛慕！你要相信，你爲我那樣費神着迷，我很傷心；可是你是一個完全的人，你竟能那樣美而深切的愛人，這是我得敬服的！」

『這種平心靜氣的話，有如把一塊冰擱到我的熱血裏，我馬上想，她若想裝做安嫻莊重的女人，我滿心贊成她這種態度 ，不管她做甚麼 ，不管她打甚麼主意，我寧願屈服。

『我憂愁的回答：「美的，美綠迪雅，誰在說我哪！我所忍受的或未忍受的，我受過的或將要受的，這一切，對你所受的氣，所受的苦，就是你忍受的一分鐘，我又有甚麼可說的呢？我這沒用的魯漢那能補償恢復你忍耐的萬一？」

『「如今，」她說，總往下看着，總是微笑，可有些改變的樣兒，「如今我須承認，你那種粗笨的行爲，使我很是惱怒，簡直讓我受難；我不慣於這些，反之，我不論到那兒，我四圍的人對我都是和和氣氣的向我獻殷勤。 告訴你，你那種粗魯無情的樣兒，實在完全讓我羞恥生氣，尤甚者，家父和我對你曾十分容忍。 現在我可喜歡了，你還有點心腸，尤其是，我對我的價值用不着懷疑；我最以爲苦的便是這種對我自己，對我本人天性的懷疑，這種懷疑曾在我心中動盪。 再者，最好的朋友，我之並不愛你，猶如我對任何別人一樣，希望你用方纔所證實的一切順從和謁的態度，適合你自己，永無改變，不要怨恨我！」

『她這般無偏見的吐露之後，她若相信我會完全迷亂無抵抗的倒在地上，那她算受騙了。 在假想美好的女人面前，我的心弦會動盪，在這虛假危險自逃的野獸之前，我一點兒也不心跳，猶如我在虎蛇之前習慣的一樣。 不但我沒有意志不清，或猶豫不決，更不對這受騙的事有半點戀戀不捨，在這種情形原是常有的；相反的，我突然變成冷酷謹慎的樣子，儘那受了奇恥大辱的男子所能作的，又像一個獵戶，突見前面不是高貴膽小的鹿，乃不過是隻母野猪。 雖是一種稀罕，混雜，奇怪的冷酷感覺，却不能不看我前面照着的美人，眞是美而稀有的奧秘。

『我的臉若未被陽光曬成棕色，此刻定會變成我頭上的橋花那樣白了，默了一會兒向她說：「那麼由於這種高尚的思想，爲的樹立你的人格，你就應用了純深的愛同自棄的一切表示麼？你就爲此追隨我，有如無辜小兒尋她的母親，和我一致的說話，一會兒臉變白，一會受苦，傾流淚珠，只要我同你說一個字，你就表示黃金的坦白的喜悅麼？」

『「我外面如是」，她自足的說，「那是當然的。 你是有點壞脾氣的自負的人！如今你也不是歉卑無涯的女性歸順的對象了？我這最可憐的也非在你快樂中所當做的熱望低叫的小羊了？」

『「小姐，我並無快樂！」我答道。「如果衆神，連汎愛的基督在內，他們各方面的爲人類盡心，人若自始就從他們得到最高的幸福，尊敬神們坦白的愛，追隨神們：那麼我以爲同樣的被愛，我爲甚麼害羞呢？ 不，綠迪雅小姐！我以爲能被你所愛，那是光榮，對沒有偏見的人那種單純的愛和同情我曾相信過，一切表示那麼明晰決斷，現在我怕這不過是毀滅的單層喜劇而已。 這故事原是單層的！ 你，你這又美又文雅的英國小姐，你利用那些方法，不過要征服可憐的軍人中最可憐的，你對你自己的思想，有甚麼擔保？」

『「甚麼擔保？」綠迪雅回道，她逐漸慘白迷亂，「噯！ 我到了逼你自白你的愛了！ 你此刻不會撒，方纔恍惚的告訴我，自始你就多麼愛我？ 你怎麼不在你魯莽的行爲中，讓我知道一點半點，就連最單簡膽小的人，即便是牧羊的，也會不猶豫的做出來，那我們不就完全避免了你所說的這齣喜劇，我也定然滿意了！」

『「美麗的，你若沒有攪我」，我回道，「你所成就的還許多一些，你彷彿忘記，你這滿意恐怕要翻轉的，我替你心痛！」

『「這有甚麼用？」她說，「我知道你曾喜歡我，我曾在你心靈中存在！我聽過你的自述，我相信我的勝利。 別的事都沒有關係，最好的潘克拉先生，事情就是這樣，在美女王國裏迷路的，就得這樣受罰！」

『「那是說」，我說，「你彷彿把這國度比成一羣東方遺民了。 你怎麼能够不顧舖主之意，像普通女賊似的偸來鳥羽，插在你帽上呢？」

『她回答：「最好的舖主，在這範圍裏，女賊的偸竊行爲是給她增光的，你又從新發怒，你看我是不是一針見血！」

『足吵了半點鐘的嘴，在這甜蜜的橘樹叢林中，說的都是靑苦的話，我想叫他明瞭，這種偸竊得來的浪漫情史，對她怎麼不能有她所歸與的價值，但是自我勁兒了。　我之推證，並不僅由於平庸的受辱拙笨，而是爲的喚醒她感覺錯處的某種餘燼，及她行爲方法之不當。　當然算自說！　她不願看清，愛如果有成功的希望，是在正當的心境充分坦白的暴發的，爲此緣由，若不感覺一些，常會繼續成粗魯不當的欺詐，被欺的越是純高無害，他越是不知不覺的。　她總回到我愛的自白那件事，以前她彷彿有健全的判斷力，如今她亂說一些最無意識，瑣碎，不合理的話和理由，簡直和小孩子一般見識。　在我同她一起的那些年，從來沒有說過這麼許多的話，趕得上我們最後拌嘴那一點鐘，公正的上帝！　我看出她是非常有爲的，她一切態度，舉止，特性都適合眞正富貴稀罕的女子，可惜她的腦筋——完全同我後來在巴黎喜劇場所見的幾十名平常的年輕女優一樣！在拌嘴的時候，我不停的瞪着眼，彷彿要把她吞下，她那好似不可解的，無限的，個性的美，在這賭賽拌嘴中，使我心中苦痛，後來她說的全是無意義無恥的話，我的苦淚湧出，喊道：「小姐啊！　你是我未曾見過的最愚的呆子！」

『她用力震撼她有分量的頭髮，臉變慘白，驚訝的看我，在她從來美俏的嘴唇上，掛着一厨兇野歪曲的神氣。　她的笑帶着藐視的樣子，後來又表出奇特作難的樣子。

『「是的」，我說，一邊用手擦着淚，「從來只有我們男子可以作呆子，這是我等的特權，我若這樣稱呼你，這是優待，敬意。　你如再平凡些，再差一些，那我簡直可以責備你是壞姑娘！」

『說完這幾句話，我就轉身離開，再也不瞧她，可是總有那般感覺，我從前所認爲的生命中將來純粹的幸福，如今完全失掉，相信這些事的虔誠也變作明日黃花了。

『「這是由於你那不快的，乖戾的本性！」我自言自語：「你如在初時和她和氣的說，就有這一半，你也不致埋沒，不論她是甚麼樣的女子，你也不致這麼粗魯的受騙了！　你這美的幽魂，再見吧，消滅吧！」

『我的思想粉碎，向總督告辭，他玩弄狡猾的看我，開玩笑似的向我霎眼，我注意，他全曉得我的事，特別是早就觀察的，他覺得這是一種惡作劇。他從來是正直可敬的人，這也不過是庸人對於兇惡的玩笑單尉的喜悅。在十八世紀的時候大人先生的玩法別緻些，他們先把自己的呆子，侏儒，或其他的屬下灌醉，然後用水噴，或虐待其肉體。現今這些文明人不喜此道！反之，他們歡喜籌劃種種細微的擾人方法，這些庸人越不適於強烈深奥的熱情，越感覺用笨法引起別人熱情的需要，那些適於掉在這沮喪的設好的陷阱裏的人，自然是倒霉了。總督那方面因不恥於利用生女爲香餌，對我倒無話可說，一大行李車已走，我背起沉重的行囊和大槍，夜裏帶着留後的一隊兵，追隨一早開出的那團人。

『在疲乏炎熱中進軍之後，我已在另一個新世界裏，征戰開始了；東印度公司的軍隊同英印帝國最邊區的山野部落戰爭。本團分成一連一連的，接續不斷的推進，有一天我們那隊可怕的被包圍了，四周盡是一羣土匪式的騎者，大象，漆畫古怪而且鍍了金的車子，上面坐着安閑美觀的冒充親王，帶着傀儡似的酋長。這天我隊全部軍官陣亡了，本隊只剩三分之一。我却面不改色，立了一點功，因之得到本隊一等中尉的許可狀，戰時結束，又升爲上尉。

『我帶了二百五十名兵駐屯一個小的邊區，有兩年之久，征服本地是爲的護衛本軍區，在這異教的荒野中，我當最高的行政官。仍像生平那樣寂寞，誰也不信任，在勤務中相當的嚴酷，尙沒有何等發怪脾不公平的事。我的主要活動是設置耶教警察，使我們宣教的人，得到有力的保障，可以平安的工作。還有要緊的工作是阻止印度女人火葬殉夫，土人有絕對的狂熱，想觸犯英國的禁律，一個個的活活的燒死，表示對於丈夫的貞節，所以我們總得不停的外出，防阻這些事體。他們因此惱怒不快，以爲警察在那裏擾亂犯禁的快樂。某次他們在一個遙遠的村落，非常狡猾秘密的進行此事，柴堆已經火焰熊熊了，連喘息的功夫也沒有，我騎馬疾馳到那裏，把人衝散，火上放着一隻年久乾透了的死雞，已經有些糊味兒。旁邊躺着一個年方二八的美女，嘴微笑着，銀一般的聲音唱着新禱歌。幸虧火還沒有燒着她，千鈞一髮，我從馬上跳下，抓着她兩隻柔美的脚，自柴堆把她拉開。她好像鬼附的，寧願殉她那臭了的老伴兒，我费了牛勁，使她服從安静。這種可憐的寡婦並不能因此得到甚麼幫助；她們在族中要受盡羞辱棄絕，政府也不能做甚麼，使她們迴救的生命有所安易。我照顧這年輕的女子，竟告成功，我給他備置了粧奩，嫁給一個傾過洗服侍我們的印度人，她後來一心的愛他。

『這些奇怪的事盤據我的思想，逐漸喚醒我享受那種絕對忠貞的願望，我既沒有滿足這幻想的女子，便沉入柔軟的切望，希望自己也忠誠，就立刻熱望綠迪雅了。如今我已有地位，前途又大，我覺得這並非萬難的事，用種種聰明的行為，如她還可嫁我的話，想法得到這美人，在這瘋狂的思想中，環境加强我的力量，因為她曾費那麼多的勁兒，坦白憂愁的，想改變我的頭腦。「在她心目中」，我想，「你必定是有點兒用的，不然她不會費偌大的力氣」。人怎樣想便怎樣做；我已決定，如果綠迪雅喜歡我，我就娶她，不論她怎樣，為着她那無偶的美麗人格，我要對她無限無目標的忠實服從，就是她執拗發怪脾氣，也要當做美德，忍受一切，把她當成最甘的甜餅。不僅如此，我還想入非非，即使她有時愚蠢，也想把她的錯處當做世上最值得希望的幸福，千變萬幻的輾轉尋思，我想像一種生活，聰明有才的人，會把值得愛的女人一切執拗缺欠，不論那天那一時，都可以轉換為同樣快意的奇遇，藉着忠愛所產生的幻想能力，使她的愚蠢有黃金的價值，她會笑臉自誇呢。天知道我從那裏得到都麼活動的想像力，很顯明的得自那不忱的莎氏比亞，他誘惑了我，受了加倍的毒害。我奇怪她是否也曾細心的讀過這書。

『總之，我已因美夢十分陶醉，我交代了這邊遠的職位，告過假，急促的向總督那裏去，他的狀況沒有改變，待我很好，他女兒仍和他在一塊兒，對我的態度比我意料的和藹些。我再看見她，聽她講話，我就馬上着迷，完全增强我的堅意，彷彿若不能實現，我決難快活似的。

『她現在完全公然大規模的從事她的事務，簡直是病態的過度興奮，毫無顧忌的沈醉在她那不幸的自逃中，她周圍是一羣相當粗而自負的軍官，他們完全俗氣的向她獻媚，說些她願聽的話，彷彿是要怎樣便怎樣。這整個的是在追逐瑣碎空泛的事情，尤喜採用有力的强求，只要是外面像全出自忠心，那不幸的想着能够支持她自己。除此而外，她有時在煞那之間，把一個可憐的鼓手的面目改變，他傲慢的徘徊，到處站在她路前；她又蠱惑了一個爲她工作的鞋匠，到那了種程度，每回把鞋拿到她面前，必把嵌小鏡子的刷子拿到過廳，小心的刷他的頭，有如一隻貓，很相信的期待，以爲這回比往常還强些似的。人們看他來了，便都跑到有頂的迴廊之下，參觀那可憐的瘋子幹他神怪的工作。最奇怪的是，在這些事裏，無人起反感，他們猶如不願從綠迪雅得到更好的，以爲她値當這樣幹，僅只我一個人在心中對她有高的見解，這一切爲我不歯的家庭丑角，她怎樣便怎樣，彷彿比深刻熱情中的我聰明的多。「可不！」我喊道，「她如我所想的絲毫無差，正因他們都是白痴，纔對她那般無恥，他們更不知道她是怎樣或會怎樣！」心弦震盪，想再把心鏡照給她看，讓她看看她自己好一些的面目，不爲四周一切屑末的事所蔽。我的外貌舉止怎樣努力也難拋棄，我不能雜在這些可笑的人物中，只能略微接近綠迪雅。心志迷亂，我耐不住了，突然從印度陸軍告退，動身回家，打算把這不快的人忘在腦後。

『於是我到了巴黎，在那兒住了幾週。我看了車載斗量的好看聰慧的女人，我想要解脫我這不幸的故事，莫善於看看許多漂亮女人的面孔，因此我就從劇場到劇場，凡有這樣人聚會的所在，我都到過，我也被介紹到良好的家庭，社會裏。我實見過不少精神模樣高尙的好女子，她們眼中並非沒有高的思想；可我見的一切，適足返回綠迪雅，想她的好處。她是沒法忘掉的，我又從新可憐的愛她。每逢想她，就有種極不安，奇怪的感覺，我以爲世上必定有個女性，其外貌態度和這綠迪雅一般樣子，就是說她較好的這一半；那麼此外必有相稱的另一半，只有我尋到這整個的綠迪雅，我那時方可以安靜下去；給這美的一半幽靈找到恰當的靈魂，又像是我的責任，總之，我爲熱烈的想她，簡直得了心病，既無法再回去，便想找着新的日光，危險，活動，於是從軍於法非陸軍。 我馬上開到阿爾及耳，不久在非洲省最外的邊界，頭上是炎日，脚下是灼熱的沙土，忙碌的工作，和阿拉伯人戰爭。

這時睡着的艾黛馨正在作夢，她總好開玩笑，她夢見從樓梯掉下來，她座中猛然驚起一聲響，正在說故事的潘克拉抬頭一看，纔注意聽講的女人都睡着了，同時又發覺他講的都是戀愛歷史，他害羞了，他願她們不聽這些就好了。他叫醒她們，讓她們就寢，他也找着一個床鋪，舒適的長嘆了一口氣，進入睡鄉了。和那從前懶而無用的潘郎似的，還不早起，母親又得像先前那樣的促醒他。 他們一同進早餐，喝咖啡，他繼續的報告：

『你們若未睡着，一定聽得到，怎樣因爲一個美女，啃啃不平的我，想變成一個非常有禮和藹的人，我那乖戾的性子怎樣把我耍倒，這怪脾阻止我進一步的認識她，使我盲目的愛那女子；我怎樣受了騙，重新變成頑固乖戾的人，從印度往非洲，到法國人那裏，想把披着薄外衣的阿民戴起的滑稽高塔草帽打在地上，打青他們的腦袋，我激怒熱心的幹這些，不久在法人中也晉了級，升爲上校，直到如今。

『我還像從前那樣辭簡，愁眉不展，就知道兩種樂趣：盡軍人的職責，和獵獅兩事。我完全獨自獵獅，一桿好槍便是我唯一的武裝，步行出外，尋覓那獸，碰到一塊兒了，我就瞄準開槍，予以撲殺。 我常回想某次的鉅險，最後放槍，竟沒有中的，其可能的遭遇，却正和我脾氣對勁兒，我單人在炎熱的阜地徘徊，看見了一個强健的野傢伙的蹤影， 它十分注意我， 我倆對玩同樣的乖戾把戲，沒有比這再舒服的了。 離現在大約四月，附近發見一個碩大無朋的獅子，它的皮如今鋪在這裏，把貝度印人的牲口滅掉不少，可是總碰不到它；它像是老奸巨猾，每天向各方進行的很遠，像我這樣走，很得費時，後來僅能老遠的看它。我見它兩三回，並未開槍，它已認得我，注意了我對它有些陰謀。 它强而有力的吼了幾聲，然後引退，想在別處遇我，有多日我倆像兩隻雄貓，來回的轉圈兒走，我如同墳墓似的沒有聲息，它有時兇狠的咆哮。

『某日我在日出前動身，往那決未到過的方向去，那獅子昨天白日在反向溜達，白費了力，甚麼也沒有刼來；那邊的人畜都已躲避，我猜那位飢荒的爺，大約昨夜往這方向去了，後來果然證實。　太陽起來，我在金黄的山形曠野上，緩慢的開步，凸凹不平的地方把長的天藍色陰影伸到金黄的地上；我無意中想起，天空之深藍有若綠迪雅的眼，遠的地方蜿蜒着青山，山上是我住的那阿拉伯小城市，遠景另一邊兒上，有些樹林青田，看得見炊烟繚繞，連貝度印人黑點似的帳蓬也在視界之內。　四周如死一般的寂靜，一點兒活東西也偵察不出。　我偶然到了一個溝沿，除非儘靠着站，這伸過完全石頭地帶的溝是看不見的。　溝裏流着清涼新鮮的小河，我立的地方，深處盡是盛開的夾竹桃樹叢。　綠葉和千層玫瑰紅的花最下面流動的是清澈的小溪，眞是美麗絕倫。　這光景勾起我多年的熱情，忘記自已爲何來此。　我想走下去，到夾竹桃裏，從溪流解渴，心中鬆弛的把槍放在地上，匆匆的跑到溝裏，我躺在地上，自溪飲水，臉弄濕了，又想到那豔麗的綠迪雅。　我用力探索，她此刻在那兒，在何處溜達，如今是怎麼樣？猛然聽見獅子在很近的地方短吼一聲，連地都震撼了。　我鬼附着的似的跳起，疾跳上斜坡，木雞似的站在上頭，只見那大獸相距不過十步，正到我那桿槍旁邊。　我立在原處，一動也不動，兩眼釘住野獸。　它瞧着我蹲伏下去，打算跳起，它正蹲在我那雙膛槍上，槍正好在它腹下，只要我有半點動靜，它準撲我，沒錯兒的撕我爲萬段。　我站了又站，過了好幾個時辰，我一點兒也不把眼轉到別處，它也不離我一眼。　它輕輕臥下，察看着我。　太陽升高，極可怕的毒熱給我劇痛，時間過的那麼慢，有如地獄之永遠。　天知道，我腦子在想甚麼：我呪詛綠迪雅，只要想起她，便災禍臨頭，竟把武器忘在那裏。　我試過百次，赤手空拳的和那野獸拼一下，想把一切結束；可是生命的寶貴佔先，我就立了又立，有如羅德變石的女人，又如日晷的針；我的黑影繞着我移動，與時俱進，影子變得很短，然後逐漸伸長。　這是我生平最苦的乖戾行爲，我立意宣誓，倘能逃脫這危險，我打算和藹可親的回家，使我同他人的生活，能怎樣快活便怎樣快活。汗珠一個勁兒的淌下來，在原地一點兒不動的挺立，全身痙攣緊張的發抖，四肢變軟，只要我微動焦唇，那獅半個兒立起，搖動後肢，眼放亮光，低聲吼叫，我連忙合上嘴，緊閉牙關。我一分一分的耗，那一分都長，可必須各個經歷，我的怒氣，心中的苦苦，就連對獅子的，一齊消滅，越覺得軟弱，越巧妙的使自己想着愉快的鎮靜，我竟勝過一切苦楚，勇敢的忍受。一天過了多半，彷彿還未過多時，救星來臨，決未料及。那獸和我相對入迷，都未瞧見兩個兵，自獅後前進，後來相距不過三十步。他們是派來找我的巡邏，因爲有了公事。他們肩上扛着傳令步槍，他們出現眼前，有如天上的恩日，在這閑靜的景緻中，我的敵手聽見足響；他們老遠的注意了甚麼東西，儘可能的放輕脚步。他們突喊：「瞧那野獸！快救上校！」獅子轉過身，跳了起來，兇野的張口，惡魔一般的發怒，遲疑了一會兒，不知道先毀那一個好。這兩個勇敢歡欣的法籍軍人，毫不思索的向它跑近，獅子向他們一躍。刹那之間，一兵倒地，在它爪下，若非別一個兵立刻連忙放槍，用刺刀把它胸腹搠了六七下，倒下的那人便不堪設想了。可是打它的兵也要遭殃，若非我拿起槍，跑到鬥場，踹跚不愼的把兩個子彈打進它耳朶裏。它伸開身子，又跳了起來，還須用別個毛瑟槍打它，纔算倒下，三個一齊用棍使勁兒打，它的生命竟是這麽兇韌。奇怪的是我們都未受傷，連躺在獅下的也在內，只把他上衣撕爛，肩上有點深的抓傷。這回算是脫險，尤其是殺掉了那被尋多時的獅。我喝點酒，吃些麵包，我又完全快活起來，跟這些好兵傻笑，他們覺得這壞脾氣的上校，一旦變爲和藹健談，簡直奇怪與稀到極點了，

『那一週就實行那宣誓，辭卸軍職，到了這裏』。

這便是潘克拉的生活同回家的歷史，他親近的人極度驚奇他的見解事業。他同她們離開塞爾威拉小城，到那州府，找到機會，利用他的經驗知識，爲國做了一個有用的人，爲時甚久，不僅能幹，他那不可毀的安靜和藹的態度，受人恭

敬愛戴，他決未返回從前的本性。

只是艾妹和母親有點生氣，她們說沒有聽到他和綠迪雅的故事，不停的讓他重覆一遍。　可是潘郎說，她們若未睡着，一定聽說了；他說過一次，將永不再講，他向人講這情史，是頭一次，也是末一次，完了。　這故事的寓意，就是說他在國外因一位女子，一隻野獅，脫離了他乖戾的惡習。

她們想至少知道這女子的名字，因爲生疎些忘掉了，她們不斷的問？『只問她叫甚麼？』可是潘克拉每次也必回答：『你們留過心就好啦我！不再說那名字了！』他果未失信；沒人再聽他說那三個字，後來連他自己也彷彿忘記了。

（完）

盛 夏 之 夜

Hochsommernacht

梅 爾 (Max Mell)

顧 華 譯

Ich liege wach und lausche,	我醒臥並且靜聽，
Ich weiss, es ist schon spät,	我知道，時間已晚，
Ich horch auf die Musik hinaus	我聽到外面音樂
Die in den Wiesen geht.	在稻草之間往返。
Die Sonne, die sie tranken,	牠們所飲的日光，
Hat sie tief aufgeregt,	把牠們深深激動，
Dass lang noch an der Last des Lichts	所以很久牠們還
Ihr Puls im Dunkeln trägt.	感到光芒之沉重。
Vom Lindenbaume löst sich	從菩提樹裏來了
Ein Wehen ganz gering,	一陣很微的輕風，
Das wandelt kühl zu mir herein	涼涼地飄了進來
Und sucht den Schmetterling,	去向那蝴蝶追踪，
Der irgend in die Stube	他被日間引進了
Vom Tag mir ward geführt	我的屋裏，現在是
Und nun an seinem Plätzchen still	靜靜在一個地方
Die finstern Schwingen rührt.	振動黯色的雙翅。

一九三八年明興德意志學院(Deutsche Akademie München)請全國各詩人供給詩一首，集起在"Deutsche Kultur im Leben der Völker"雜誌裏面發表，共得詩七十八篇，其中除了十篇以外，都是未經發表之作。後來又把這些詩印了單行本，就是本詩所自出的"現代德國抒情詩選"(Aus deutscher Lyrik der Gegenwart)。

我們看到了這册薄薄的詩集以後，很想將其中的詩多譯出幾篇在本誌上發表。但是在翻譯的時候除了原文的意義以外，還要顧到譯文的通順和叶韻，因之費了許多時間，祇譯出了這一篇，而這一篇的譯文也還不能令人滿意，尤其是第二首，爲了字數的限制，竟未能將原文全意譯出。所以這篇譯文也祇能算未定草，現在發表出來，希望同道加以指正。

本詩作者梅爾(Max Mell)是舊奧國的斯台爾馬克(Steiermark)地方的人，一八八二年十一月十日生於馬爾堡(Marburg a. d. Drau)，除了很好的抒情詩以外，也作過戲劇。他是在維也納生長起來的，第一次歐戰時曾經在奧國砲隊裏服務，現在仍在維也納居住，從事著述。他的早期作品，如二十二歲所發表的"拉丁故事集"(Lateinische Erzählungen)和後來在題名爲"夢之三女神"(Die drei Grazien des Traumes)一卷裏的五個短篇，都是"爲藝術而藝術"的(Kunst für die Kunst)。在一九一〇年所發表的"獵人家的傳說及其他"(Jägerhaussage und andere Novellen)裏這種傾向就轉變了，一九一四年所發表的"納德爾所有的牲畜"(Barbara Naderers Viehstand)則是完全與斯台爾馬克的民衆聯在一起的。其他的成熟的作品有"朝路"(Morgenwege)和兒童的冒險故事"我弟弟與我"(Mein Bruder und ich)。更使他知名的是他的三卷抒情詩。

這篇"盛夏之夜"曾載於史派德爾書店(F.G. Speidell'sche Verlagsbuchhandlung, Wien-Leipzig)所出的他的詩集，裏面並有羅巢薩(S. Lobisser)所作的木刻。

形成世界的哲學所在地——柏林

Berlin als Sitz weltgestaltender Philosophie(一)

士 榜 格 (Eduard Spranger) 著

關 琪 桐 譯

在西方，哲學的世界城市從來是雅典，亞理山大得列，和巴黎。約莫二百年前，柏林當做一個最年幼的城市加入它們裏邊，當時柏林還只是普魯士的一個京城。對着那孤寂的哲學立着另一個類型：那就是那與大世界接觸以後所生起的那個哲學，那個哲學，因為它的「思想建築」成了人類腦中的統治勢力，所以它又以能形成的力量反回來影響了世界。它發生於世界歷史和偉大政治在其中被形成的那個中心。它並不常是一种本地的產物；就如柏林的大哲學家大部分都是從外移來的人。不過他們的生活也是在風土學一方面才有興趣的 人們曾追究過那些學說的許多特徵，以便看看，它們如何變成異鄉實質的一部分，他們也曾追究過瑣細的趣事，以便看看，京城的精英對它們有什麼影響。

人們正可以認：哲學是伴着偉大的萊勃尼茲 (Leibniz) 進入柏林的——萊勃尼茲正是布倫登堡科學院的建立人（一七〇〇）和那個愛好哲學的女王的朋友。但是他雖然在十年中做了後來普魯士學術研究院的院長，可是他從來不曾住在柏林，他只在過了最緊迫的事情時，才從漢努威 (Hannover) 來住幾個月。哲學在普魯士京城的統治權是伴着人們所能思想到的那個最奇異的現象而開始的，即是，伴着王位上的哲學家而開始的。柏林所以能成為一個創造的精神生活的中

(一) 譯自：Forschungen und Fortschritte 16. Jahrg. 1940, Nr. 5, S. 49—51

心，那全是由於菲得利大王（Friedrich der Grosse）的政治的和精神的成就：在哲學家的國王以後，跟着就是成了國王的哲學。

大王的搖籃就是被武器所圍繞着的。但是自從他的父王毀損了他的宗教的安慰之後，他那幼年的艱辛經驗已經驅迫他從事反省了。他原來有豐富，柔和，而充盈的感覺，並對於審美的生活方式有一种原始的傾向。但是工作，戰爭，和命運，已經把他煅煉好了。他是帶着天賦權利的確信固守着渥爾夫 Christian Wolff 的理性主義的。法國啓明哲學家的精神更把他薰陶了，而且他的野心正是：在思想界和詩的領域中也成爲一個統治者。他覺得，要解決關於上帝和世界的那些形上學的問題，人類的理解是太於微弱而不能勝任的。正如馬克・奧雷列 Marc Aurel（一）似的，他只發展了一個應當在人生風濤中給與他——這個實行家——以支持和能力的實踐哲學。幼年的伊壁鳩魯派（epikureisch）的特徵是永久愈來愈屈從於「絕慾」和「忍辱」的一种嚴厲的斯多伊主義的。無憂宮的哲學家著作 Oeuvres du Philosophe de Sanssouci（二）大部分只是詩歌。它包含着情調和偶然的反省，但是並沒有系統。感情的平抑，命運的抗拒，和人類企盡的悲劇，就構成了它們的主要題目。雖然有這种懷疑，可是在背景中仍然確立着先前那些啓明的思想，如一個「靈智的世界原因」「有法則的世界秩序」，和「可以當做宇宙目的的善」，等。只有在「七年戰爭」的嚴重難關中，他才對於一個感官界的世界秩序發生了一些深沈的懷疑，正如弗里德對於人類愈來愈有一种悲觀的思想似的。但是在他那大概係最後的哲學詩中，他又反對開那湧進來的法國的惟物主義，而且他對於成文的宗教認識所隱藏着的眞理和教育的內容，也在其老年，愈來愈表示出一种容忍的態度。

國王的哲學只是一個私人哲學，在那個哲學中，他，正如在吹笛時似的，只

（一）馬克奧雷列係羅馬皇帝，著有沈思集，他寫此書是在公餘之暇從事的，而且往往在大戰的前夕，所以它只是零零碎碎，而且只有實踐的價值。

（二）無憂宮是樸芡旦姆 Potsdam 的王家別墅，是弗里德大王的寵愛之所。其中有宏大的建築，泉池，和園林。

是為他的靈魂的內心找尋安慰的。　至於國王的信仰，則在於別的地方，而且對於他的最深的信仰，那時的哲學並不曾供給了什麼表示的資具。　他相信：君王的職責正在於本着民胞物與之懷，始終不懈的，謀國民的幸福和人類的尊嚴。菲得利大王的生活，到了康德才在王堡 Königsberg 由哲學的形相下發展出來。他相信「祖國」，和普魯士人對於德國的使命。　這种思想到了菲希特才加以解釋。　他相信他的家系和他個人的任務，並且相信國家。　由國家出發的一個歷史哲學到了黑格爾才確立起來。　那位大王畢竟是生活在一個從哲學方面說來並不穩定的生涯中的。　至於國王似的哲學則已經從一七八八年至一八三一年在思想中把握住那在弗里德大王方面還是惟一而英雄的「冒險」的事業。

柏林的啓明哲學只不過是一個短的插曲 Zwischenspiel。　它的領袖是尼考萊 Nicolai，(一) 他也是在那個研究院中的。　那種哲學是通俗的，人道的，合理的基督教的，實踐而近乎生活的，但是它並沒有形上學的深入。　在渥爾乃 Wöllner 統治下的那段枝節中，(二) 它是勇敢的確立着的。　它已經在柏林市上印了一個磨不掉的形徵，因而歌德才可以斷言，魔鬼並不曾顯示在柏林。(三)

向較高的哲學觀點的那種飛進幾乎是偶然的。　菲希特在一七九九年因被人控訴主張無神主義，所以就被人從耶拿 (Jena) 追逼出來，毫無打算的先到了柏林，並在那裏受菲得利威廉三世 Friedrich Wilhelm III. 的熱忱款待。　於是他就立刻猛攻開尼考萊，並開始了對浮淺的啓明哲學的戰鬥。　他在一八〇四至〇五之間所發表的現代特徵的講演中曾經寫了所謂「惡貫滿盈」的時代，因而就開

(一) 尼考萊（一七三三——一八一一）是柏林著作家兼書業家。　在一七五五年著有論現代文學狀況書 Briefe über den jetzigen Zustand der schönen Wissenschaften，等書。　他又從一七六五至一七九一之間出版通俗德國文庫 Allgemeine deutsche Bibliothek，這是一個期刊，是通俗哲學家的機關報，反對宗教中的權威，和文學史的狂妄。　他對於赫德，歌德，釋勒，康德，菲希特等所代表的新觀念運動，並不能理解，並且因為愚妄可笑的誤表了他們的目的，致為人所非笑。

(二) 渥爾乃是普魯士政治家，曾為宗教事務大臣。　他反着當時的自由思想的原則，在一七八八年七月九號發出了那為人所嗤罵的「宗教法令」，藉強迫手段來壓制宗教的啓明運動。

(三) 此處魔鬼並不含壞的意思，乃指那創造的衝動此言。

始了大的攻擊。　那些講演代表了那個新的思辯的觀念哲學（所謂觀念就是「神聖」在現象生命中的顯現）——謝林 Schelling 也是照樣信從這種哲學的。　特別經由聽衆中的一位，亞爾登斯泰恩 Altenstein,（一）菲希特的覺醒哲學的思想，進入了斯泰恩和赫爾登堡 Stein-Hardenberg（二）所從事的普魯士國家改革全部工作中；再稍後又經由蘇文 Süvern,（三）菲希特自己在那次大難以後，在法國人之前，從耶拿逃到王堡，他在那裏發現了他對於普魯士，對於德意志，的深的連繫。　而且當他返回去以後，在一八〇七—八年間又作了那篇對「忠告德意志民族」的有名的講演，那些演詞是我們德國民族意識的基書 Grundbuch, 而且它們之成爲基書，並不是說不在乎那些形上學的根據，乃是正因爲那些形上學的根據。　它們的直接的影響已經估得太高了；那種影響並不如世萊馬哈 Schleiermacher的愛國的講演的影響那樣深。　時代的觀察者在一八一〇年曾經證實說，現在在柏林人們都是談說「觀念」的，只有「斯普雷河 Spree 上的觀察者」（四）還在談說「實在」。國家生活和教育，緊在提爾西特 Tilsit 和議以後，（五）已藉神聖觀念的力量更新起來。　這種復新的一部分就是柏林大學的建立——對於柏林大學的精神除了洪保德 W. v. Humboldt 和世萊馬哈之外，菲希特也是曾有影響的。　在柏林大學，菲希特曾在一八一三年作了「論眞實戰爭概念」的那些發

（一）亞爾登斯泰恩（一七七〇——一八四〇）普魯士大臣，對於財政，教育，宗教，都有改革。　曾任教務，學務，醫務部長。　曾定下義務教育法令等。

（二）斯泰恩和赫爾登堡皆係普魯士大政治家。　他們的改革如軍制的改組，農奴制的取消，市政的推行，教育的普及等。　赫爾登堡曾爲維也納會議全權代表之一。

（三）蘇文（一七七五——一八二九）先在耶拿攻神學，到一八〇九年服務於內政部，爲教育司司長，曾建立 Breslau 和 Bonn 大學。　曾創立教育法規，「以全民族中一切部分的教育統一」爲其目的。

（四）按斯普雷河流經柏林，「斯普雷河上的觀察者」似卽指世萊馬哈言；他在一八〇七以後，卜居柏林，或則居於斯普雷河旁。　他之注重實在，可以引他的一段話爲證。「我只要能在短期中爲國家服務，我就不再求什麼了。　科學，教會，國家，家務——除此以外，現世的人再沒有什麼事可做的了。」

（五）提爾西特和約係俄皇亞力山大第一與拿破崙在麥曼河 Memel 上所結的條約，（一八〇七，七月），那個條約使普魯士失掉了它的一大半領土，而在其西邊創立了 Westphalen 國，又在其東面創立了瓦薩公國。

鼙振聵的演詞，那時候，將來的「德意志帝國」和「德國的嚴君」的視景已經在沈寂中充滿了他。 這個不屈不撓的人以大學的第一個有力量的校長資格，用他的嚴肅的要索的倫理學戰勝了嚴重的衝突；他自己間接是這次戰爭的犧牲；因爲他被他那看看護傷兵的妻子傳染上了傷熱症，那種病終於在一八一四年使他斷送了他那先知式的警醒人的活動。

菲希特已經把世界史日子的(一) 哲學提高成爲德國精神生活中的國王。 在四年的空位以後，黑格爾又繼續他在柏林大學的講桌上任教——黑格爾正是闡明「世界精神」的哲學家，而且正是思想界中拿破崙的後嗣。 他因爲是斯伐比人 Schwabe 所以他在一八一三年時對於普魯士的精神和命運，還是完全遠隔的。 但是他已經爲自己立了一種職責，使自己「在思想中把握住」世界精神，民族精神，尤其是時代精神。 法國革命，拿破崙的興起，和拿破崙的式微，是他很熱烈的共同感到的。 他只想「了解」上帝在世界命運中這種進程；這一層使他有別於菲希特：「要求是無力的」。 在他的世界史的含義中，一個通神學的和一個政治學的主要動機是密切的交織在一塊的。 在他看來，基督教的來臨就完成了上帝在歷史的民族精神上的過程之最後意義：神的本性與人的本性的統一，由此已經在人的意識中突發出來。 但是黑格爾願意把新教完成了：在思想中，在實行中，必須使新教完全投入世界之中，並使它與世界和諧起來。 當德國的自由精神與新教的自由精神，依照世界秩序的最後意義，聯合起來以後，國家就當成爲貯蓄這種自由的器皿（分明是意義含糊的）。 這就是黑格爾所談於復興時代的普魯士國家的任務（但是這並不是他從國家方面從客觀上觀察到的任務）。 這種時代的解釋在奧格斯堡 Augsburg 信條(二) 的三百年紀念演說中就達到了絕頂。

(一) 指拿破崙時代而言。

(二) 奧格斯堡信條是路德派的信條。 一五三五年爲麥朗希唐 Melanchthon 所編纂，一共有二十一條。 一條論神，二條論原罪，三條論聖子。

一個偉大的哲學的「思想建築」自奧古士丁 Augustinus 以來，從來還不曾發生於任何一個人的腦中。它現在却在柏林——在銅壕 Kupfergraben(一)——完成了自己，而被一代的政治家，法學家，歷史家，和神學家的學院的講壇所種植了。對於這個人在國家和在大學中（由一八一八至一八三一）的權威之大，人們是難以捉摸的。（二）黑格爾的哲學後來在一切文化中都找到了重要的信徒，如一九三九年希臘人羅高德 Logothetes 在一部包羅廣泛的作品中所呈現出的。但是在德國，那些時日，哲學已經成了一種國家的偉大權力；國家成了哲學的，而且黑格爾正是使德國人成爲國家思想家，成爲世界史的思想家，的一個人。

當非得利威廉三世和亞爾登斯泰因在一八四〇年死了以後，思辯哲學還在柏林吐了它的餘燼。那「據在王位上的浪漫主義者」(三)想用哲學再度創立一個精神的紀元，同時他又招喚那在四十年前被人祝賀爲天才的浪漫哲學家，(四)並與黑格爾在居比根訓導院 Tübinger Stift 共度青春的，謝林。正是他所憎惡的這個黑格爾，謝林是在其人的死後，用其神話哲學和啓示哲學的講演 Vorlesungen über die Philosophie der Mythologie und Offenbarung 加以攻擊的。而且在他與理性主義的泛神論所開的戰鬥中，他是同時要克服一個威嚇而來的無信仰的革命之危險精神的。這位六十六歲的哲學家在一八四一年十一月十五號的即位演說是一個燦爛的國家大事。不過這位想在首都（德國哲學的命運是應當在這裏決定的）發生影響的講演人自己，却似乎已經顯現在歷史的觀點之下——他

（一）銅壕是柏林一條街名，黑格爾自一八二二年至一八三一年在柏林大學講學時，曾居於此。

（二）原註：比較 Max Lenz 柏林大學史二卷一章，「在黑格爾的眾星之下」。

（三）指黑格爾學派言。

（四）按謝林自一八一五年發表其 Über die Gottheit zu Samothrake 以後，因爲黑格爾的得勢，自己久已緘默不語，到了一八三四年頃才在 Becker 所譯的 Cousin 的序言中，發言他與黑格爾主義相反。他又以神話和宗教爲思辯哲學的惟一補充。世人早已就注意到他的沈默，所以他們在受了他這個新系統的暗示以後，大爲衝動，而在一八四一年請他到柏林大學去。他很受歡迎，因而他在哲學界再度成爲注目的中心。

寧是一個已過的人，而非方來的人。反對者已經藉可怕的奸計準備好他的慘敗。一八四五年冬天，謝林停止了他的講演。(一) 這一次，哲學並未曾能以統治了時代——即未曾把它退轉回去。

這樣就結束了哲學在普魯士京城的王權。在俾斯麥的國家建立起來以後，沒有一個哲學家曾經成爲一個教父。領袖權已經轉移到大史學家手裏：如蘭克 Ranke,德羅森 Droysen, 特雷持克 Treitschke,而且無論如何轉移到特出的哲學史家手裏。爲什麼不能「在思想中把握住時代」呢？德國精神的思辯力量已經枯寂了麼？或者只是羣衆變得冷淡起來了麼？——那個理由還在較深之處。那些偉大的哲學家曾經努力從事，把基督教灌注在新穎而仍能滿足「悠久內容」的形式中，並使它與「世俗的」國家調和起來。他們已經鑄造了普魯士的精神內容，因而也鑄造了德國的精神內容。不過所說的這種最深的意向或者還不曾有一次把現代的世人完全把握住。跟着的乃是一個現實主義的時代：實際的政治，純粹的世俗性，世俗的權力，世俗的經濟，都站在前景中——一直到了世界大戰。烏鴉還在繞着那被放逐的哲學在其中微睡的塔的四周飛翔。但是德國人仍然相信，哲學會在更年輕的形式下復生回來：我們相信德國精神將有一個時代，可以使哲學的思想在其中，伴着德意志國家勇往直前的出發，與別的文化共同建築將來世界的面容。

(一) 謝林有一個老仇敵 Paulus 曾偷印他的啓示哲學的講義。謝林因爲不能在法律上判處這種偷印罪，所以他就在一八四五年停止了任何講談。

中國治外法權史

Zur Geschichte der Exterritorialität in China (一)

福蘭閣（Otto Franke）著

胡雋吟譯

治外法權，就是某人或某物不受其住在國的法律裁判之義，其不受裁判之範圍也許是部分的也許是整個的。這種法權已是一種很老舊的歷史事實了。但是它之被承認爲一法律觀念乃是最近的事。在國際法的觀念發達以前，這種承認是不能成立的，而且也只是在具有平等權利的獨立國家制度產生，和它們被允許有其合法的存在以後，國際法觀念纔有發達的可能。在古代和中世紀時期，根本就不知道此種國家制度，所以不能有國際法或治外法權的法律觀念。偉大的亞細亞國家，對治外法權的法律上的觀念，也是直到現代時期才明白的。但是雖然如此，治外法權仍然是很早以前就有它事實上的存在了。

據我們所知道的，在前二十年所發現的那些卡帕多閭土版（Kappadokische Tontafeln）中看來，在紀元前二十世紀時，亞塞（assyrisch）商人在小亞細亞各城內，或靠近各城的商業殖民地內業務的進行，就是根據他們本國的法律，受他們自己的司法裁判。赫柔多塔(Herodot)他告訴了我們關於腓尼基(phönikisch)和希臘（griechisch）商人在埃及的情形；於此我們發現了門戶關閉的殖民地是被允許有某些主權的，如關於司法權或宗教權等等。在羅馬帝國內的外國人民，在羅馬帝國以後的德意志聯邦及在拜贊廷帝國（Byzantinisches Reich），凡外國人，都是普通的被允許享受他們自己的法律，只是在某些例外情形下他們才可分

(一)譯自：Forschungen und Fortschritte 12. Jahrg. 1936, Nr. 5, S. 63-65

享統治他們的國家的法律。　當一四五三年土耳其人取得君士坦丁時，他們發現彼處的外國人是據有治外法權的。　那是由意大利城市國家中的公民創設的，於是土耳其人就允許他們依然繼續保有這種權利。阿剌伯人（Araber）是特別慷慨的，因爲他們允給外國臣民（那是在六三七年取得耶路撒冷以後）不只是宗教的保護，還有些租稅方面的例外優待。

現在的問題是，在所有以上和很多其他情形中，爲什麼治外法權爲外國臣民所需要，並且還很自由的許給外國臣民以此權呢？這是頗堪注意的，因爲現今每個文明國家，覺得在她自己疆界內對外國公民，允許其有治外法權，乃是對她自己主權的一種限制，並且觸犯了她國家的尊嚴，那種特權只能在强力的政治壓迫下才能保持住。　僅僅由此種對照，可明白，以先的治外法權，和今日所謂的治外法權，必定有些十分不同之處，而且在事實上確是如此。　其不同點之發生，乃由於舊國家和新國家之性質的不同。　在舊國家中，法律是和宗教相連結而不可分開的，所以這種法律只是保護信教的信徒。　外國人——無信心的人們——是在法律保護範圍之外，所以這種法律，對這樣人，不能應用，雖然他們是住在該國疆界之內，享受客人應得之優待。　因爲司法權是和宗教禮拜儀式的施行連結在一起的，所以也正如同一個外國人被允許信仰他本國的宗教一樣，故他也可以應用他自己的法律；他是客人，所以他無權去享受他所客居國的法律。除非由於特別的恩惠賜給他，他才能够有享受權。　因爲禮拜儀式和法律是和人連合在一起的，個人是宗教法律的人類代表，所以它們不能被人拋棄在一旁的；凡是人可以旅行的每個國家，它們亦隨同一起而去。　僅是現代國家才將宗教和法律彼此分開，並且僅是現代國家，才絕對的由統治者統治一塊有固定疆界以內的區域，並統治那區域內每件事物；什麼宗教，風俗習慣，種族他一概無所顧忌。　在老式國內，法律的應用是依人而定，在新式國家內而是依據領土（Territorium）而定，這種在法律上的由人移轉到領土上的變動，乃引起治外法權性質的變換。

我們必須將以上這些事實記在心上，以便切實的去瞭解中國的治外法權史。

這個問題第一次引到中國人的注意，是由於阿刺伯人。阿刺伯——波斯商人在默罕莫德死後，在印度洋岸各處尋到了經商居留地，到七世紀末，或者八世紀初，乃到了中國，並設置下重要的商業旅站，特別是在廣東和現在福建海岸上的泉州。他們在此貿易很獲厚利，商業日見發達，雖然中間經過一些挫折，但終能維持一長時期，一直到十三世紀，或者甚至到了十四世紀。就如同昔日亞塞人之在小亞細亞，腓尼基人和希臘人之在埃及，意大利人之在拜贊廷一樣，外國商人在圍有城牆的城市外，他們有一特別區域。這些特別區域就是今日紛爭不已的「居留民地（Settlement）」的前身。關於這些外國人法律的地位如何，我們知道的不很多。但回教信徒們，曾允許在他們國內的外國人，可得到信仰自由，且還可以有他們自己的司法權；所以，回教徒自己也希望在中國能得到這種相同的待遇。中國的當權者們在這方面乃完全同意他們的希望。中國人永遠把「禮」，即「社會之綱常」(Ordnungen)——如宗教權，或法律制度——當作一些可尊敬的東西，甚至對外國人的也是如此。所以，天子（Himmelssohn）雖然要按着孔子的一統天下的思想（Konfuzianischer Weltstaatgedanke）握至高的管理權去統治全世界的人民，但是他只希望他們服從這個基本的觀念，至於他們自己的事務，宗教的或非宗教的，天子仍留給他們自己去處理。實際經驗也指示出來，最好讓這些野蠻人隨他們自己去，隨他們自己的生活狀況去。假如發現了有任何侵犯中國法律行爲，最好使他們之中的一個人負其全體的責任。就這樣的，阿刺伯人起初是住在小範圍的居留地內，但到後來竟分散到各城市的城外地帶。他們享受了治外法權的特殊權利，惟在刑事方面仍有一些限制。就一般而論，他們同當地的官員及人民，相處的很好，以至他們同中國女人結婚的很多，並且他們的家庭，子孫，代代的繼續居住在那些地方。於是乃有一大批回教徒被吸收到中國社會裏去。雙方都以爲：法律隨人爲轉移，這種性質是事實上自然而然的，並且祇有當某人加入到外國人的家系裏去，那人才能把自己地位改變而受外國法律保護。

在十五世紀中國明朝時曾和海外國家隔絕，與阿剌伯人的互相來往乃因而停頓。　但是自十六世紀起歐洲人繼回教徒的足跡來了；一五一七年是葡萄牙人，一五七五年是西班牙人，一六二二年是荷蘭人，一六二五年是英國人。　這些第一次西方文化的使臣們的行爲，不很能引起中國人以異常的尊敬；水手們和商人們一般的都是粗野的，　和兇悍的下流羣衆，　他們的事業一半是經商一半是作海盜。　以中國人看來，阿剌伯人似乎比歐洲人開化些。　他們的那些商業根據地仍是在廣州和靠近它的澳門，以後又散到其他中國南方諸港口內。　漸漸的這些商站所在地的人員改善了，特別是英國人們，此乃因有東印度公司的關係。　一般的說：那公司曾壟斷中英商務；但是中國人對他們的輕視仍然存在。

外國人在中國的法律地位是不十分確定的。中國人對於個人間的法律紛爭，普通都看作無關緊要；祇有因爲爭吵的結果，以致雙方人有被殺害時，才發生刑事案件。　中國官員們遇到這種案件時，是必定要把罪人交到官廳的，歐洲人他們覺得，實際他們是在中國的統治權之下，所以無例外的對這種要求加以首肯。

清朝政府關於統治外國人的司法權，是和八世紀到十四世紀的唐宋朝代十分不相同的，同時歐洲人在這方面他們取的觀點也和阿剌伯人不同。　人們偏於相信彼時中國人的思想中，已具有法律依領土而定的觀念，猶如歐洲人一般；那推想是錯了。　天下一統的國家概念（Universalistischer Staatsgedanke），視天子爲人世之主，以天下人皆爲其臣民，在唐宋時期仍然維持其充份的健全。　但自從十三世紀，驕滿而愚蠢的孔子文學運動得到最後勝利，壓服了所有其他思想學派，及十五世紀中國閉關自守以來，以上的國家觀點竟被引到對一切非中國事物的盲目藐視。　對於歐洲人這種藐視更爲强烈，因爲在他們之間存有互相的忌妬和陷害；並且最後，由於葡萄牙人的兇暴，和羅馬教士關於崇拜祖先和崇拜上天的不良政策，其結果乃產出一種猜激的仇恨；這情形在商業和交通中心地的廣州特別顯著。　此後英人所經營的喪名譽的，不公道的，鴉片商業，更無助於以上那種感情之緩和。假如這種商業不是對雙方都有利益的話，這些外國商人永不能在廣州得到立足地，或者像他們常受的恐嚇一般，他們也早就被驅逐出去了。但是不論是平民，或有學文的人，他們永不放棄他表示仇恨和藐視的機會。這已成爲定律了，無論何時有學問的人總是領導着平民。那些商人們都被中國人當作沒有法律權利的半人類看待，而且管理他們的司法權既不是根據外國法律，亦不是根據中國法律，最高限度只是基於以「天子」的名義去監督萬民(alle Menschen)福利之要求而已。官吏們常常被一種恫嚇虐待外國人的欲望所支配，且由此以贏得已經激怒的百性們的贊許。由此點就解釋了在刑罰案件中，爲什麼要依着他們奇怪程序而應用那些殘酷的律條；在這些案件裏，中國審判官大概是像歐洲的見證人一樣，常相信被告人之無辜。這點也可解釋，爲什麼官吏們對外國人的處罰輕重不一。雖然他們都是討厭外國人，但有些人有正義感，有些人就沒有。按事實說，只是中國人之物質的利益受了擾犯時，官吏們才關念到外國人們的法律地位。歐洲人既不明白中國言語，又不懂中國的「禮」；而孔子之徒們對於這些「野蠻人」究爲何類人民，又是漠不關心。但是歐洲人是如此的被領土法律觀念所支配，以致他們絕對自然的，無爭辯的，容納中國人的要求，因爲他們不明瞭中國人眞實的動機是什麼。

廣州情形引起英國政府去屢次思索：如何在中國，安置他們臣民的法律地位於固定的基礎；但是對這問題的答案並未尋到。在一八三四年四月東印度公司解散後，他們決定在廣州，或在那兒的英國船上設置一個英國法庭，但是差不多在這意見正要提出來時，帕勒摩士乔爵士(Lord Palmerston)立刻又把這意見放棄了。他怕這種方式會干涉到一個偉大國家的主權。英國國會也如是想。在一八三八年四月曾提議在中國設立法庭，但即遭反對，因爲若無中國政府的允許，而想在一獨立的外國內，保持這種特優權，似乎不能被准許的。英國政府乃撤回這種提議。

一八四零年的事件引起中英戰爭——所謂的鴉片戰爭——這是人人所共知的。在一八四二年八月二十九日的和平條約裏，英國所有的要求都被允許了；

但在條約中並未提到英國人民要有治外法權。顯而易見，是帕勒麼士乔爵士不敢去要求中國這方面的權力。但是在一八四〇年二月二十日，英國發給在廣州英國代表的訓令中，指示出說：假若中國拒絕讓給英國一個海島——香港——那必須要求治外法權之允許以替代之。我們都知道海島已讓給了，所以問題已解決了。但是足以使人驚異的是：我們發現在一八四三年七月二十二日公佈的新商業規條中，其中有一條，文字非常扭轉，說是給英國領事以裁判權；那就是說無限制的治外法權。於是在「和平結束後之南京來往信件」中，又加上了這個附文。關於這信件之內容我們不知道，但是可以猜想到那都是些什麼。一定是英國曾很謹慎的提到治外法權的問題，而中國必是毫無保留的同意；甚至可以說，中國曾首先去作這種要求。回顧以往，現在我們可以說：被依領土法律的觀念所統治的英國人，並不能想像到由中國人手中得到治外法權是如何的容易；同時被依人法律觀念所左右的中國人，也未曾想像到他們能避免允許治外法權是如何的容易，假若他們願意的話。所以我們不能說英國之獲得治外法權是用武力的。

所以，輪到美國在一八四四年七月三日同中國訂立條約，乃是一件很容易的工作了。在這條約中給治外法權和領事裁判權下了清楚的和最後的定義，但是足令人驚異的是美國商人並未曾有要求這種權利的絲毫的欲望。這中美協定的條文於是就被列強所採用，一八五八年與英國訂的新條約亦有這樣條文；這些條約直至今日尚未改變。

由彼時到現在這期間的事情都已轉變了。當中國人初次熟習西洋的政治制度，並且他們一旦抓住了國際法的特性，並吸收了領土法的觀念時，他們才知道爲外國人所立的治外法權是與他們所想的完全不同的東西；那就是說：那是限制他們尊貴的主權的不好的東西。人人都知道，自從本世紀開以來，他們從事於由這些縛束中而謀解放的爭求，是如何的熱烈。現在他們已得到的只是一點中平的成功。很奇怪的是：現在最固執反對放棄他們治外法權之特權的國家，乃是起初具有最少意志向中國要求這種特權的兩强國：英國和美國。假如從十九世紀上半期起，中國法律情形就已和現今的情形一般一樣時，英國人和美國人一定永遠也不能想到提出這種要求的。

魏繼晉司鐸首創德華字典

Das erste deutsch-chinesische Vokabular vom P. Florian Bahr(一)

福克司(Walter Fuchs)著

郭傳道譯

費賴之(Pfister)于一九三二——三四年所寫之入華耶穌會士列傳(Notices Biographiques et Bibliographiques sur les Jésuites de l'ancienne Mission de Chine)七五〇頁中曾論及一 Grand dictionnaire en six langues 即：中文，拉丁，法文，義文，葡文，德文六國文大字典。此字典係北京傳教士遵乾隆皇帝的意旨編纂的。其中關于德文的一部分，則係魏繼晉(Florian Bahr)司鐸所寫成。乾隆當時對這項工作特別關心，時常親臨視察，並特允工作人員不拘禮束可以自由地隨時晉見，爲便于陳述工作的狀況。他亦特別加以優待(二)。據說這字典的手稿本尚存北京味增爵會圖書館，M. H. Cordier 曾去尋找却未找到(三)。

費賴之最後他給這字典定名爲魏繼晉司鐸字典，即係魏繼晉司鐸用中文，拉丁文，法文，葡文，義文，德文所編纂者。前法駐華大使Julien de Rochechouart 曾對我說：他在北京北堂圖書館中曾經見過。然我雖蒙北堂主教Delaplace之慨然允許，得進圖書館尋找，却終未發見，其原因也許大使與孫璋 De La

(一) 譯自：Sinica-Sonderausgabe 1937. Forke-Festschrift Heft I, S. 68—72

(二) 參看Welt—Bott. No. 695, p. 124

(三) 參看西人論中國書目 Bibliotheca Sinica p. 1626

Charme司鐸手寫之字典彼此互相混亂，亦未可知。

一九三六年春天，我大概地檢閱過這個圖書館，為了內中無序，故又未找得到。此書雖未見到，然看圖書館的狀況，或者還未失掉，因圖書館內仍保存原來的面目。北京皇宮圖書館壽安宮內或能見到此書亦未可知。

在一九三一年的 Bulletin of the Catholic University of Peking 十二月號九一頁至九七 Remarks on a new Hua-i-i yü（華夷譯語）的論文中，已經提及，我在壽安宮內找到至今為人所不知的外國語言與中國語言的手抄本九十六冊，內有三十六國文字和方言，皆係一七五零年間所寫成。中分法文，德文，義文，拉丁文，葡文五部。每部又分五本。五部之語言意義相同，每語文後註有中文解釋；其中有英華字典兩冊，其語句次第與別本不同。這五部字典之外國字樣，一望即知出自教士之手，國人絕不能寫。從此可知，其必均係魏繼晉司鐸所寫無疑。至於費賴之主張魏繼晉司鐸只手寫了一本之說，未見可靠；因我親身竟然發現五本，並且這五本均成于一七四八年的幾年中。蓋于大清會典實例五一四章之末，曾載蘇祿字典于一七五四年，南堂一七六一年交舖開始印刷，可知此九十八本于一七六一年前尚未完畢。此德華字典五本共載有二千句話，每頁四句，每頁長二五．七公分，寬十七．二公分，並于每本之首均寫有「西洋館」三字。此西洋館之地址和狀況，今雖無從可考，然為著此書，當時曾立有專館，且有負責之人員，這是毫無問題的。

魏繼晉司鐸即此字典之編輯，至少德華字典一部為其手訂。司鐸于一七〇六年生于德國 Schlesien 省之 Falkenberg 城，一七三八年來華，自一七四一至一七七一傳教于北京，成績頗佳，同時兼任皇宮樂師(四)。魏繼晉司鐸之德華字典，文法古舊，已不合時。今人讀之未免失笑。然因其為最初之德華字典，或至少為最初之一，殊堪吾人提論，不致埋沒不傳。

(四) 見費賴之所著之入華耶穌會士列傳，748—51頁；按 De Lacouperie 所著之 The Djurtchen of Manchuria (JRAS XXI, 452[4])此字典出於一七五五年。

此手寫之德華字典共分五卷；第一卷三十五張，第二卷五十二張，第三卷五十二張，第四卷五十六張，第五卷五十九張。 然于卷上并未標出張數頁數。每張八句，五卷共二千二百餘句。 所用字體，乃高第氏民族之字體，即今德人所通行者。 故可想見其為魏繼晉司鐸所手寫無疑。 德文下附有中文解釋，中文下又有用中文讀德文之拚音。 其書法次序：凡句首有兩個子音時，則第一子音置于第二子音之上，如有兩個子音遇于句末，則第二子音置于第一子音之下。有時亦用兩個中國字讀出一音，遇「r」或「re」則中文用「呼」。

此書共分二十類，其分類之次序與西藏字典之次序全同。 蓋皇帝曾于一七四八年出命照西藏字典之次序作一德華字典。 第一卷共分四類，即：天文，地理，時令，采色；第二卷三類，即：身體，人物，器用；第三卷六類，即：宮殿，飲食，衣服，方偶，經，珍寶；第四卷四類，即：文史，鳥獸，數目，通用；第五卷三類，即香藥，花木，人事。 書內并未標明卷數，僅于每分類之處，寫有「額呼馬尼雅話」而已。

第一卷舉例

Himmel	天	希墨勒
Sonne	日	涉訥
Mond	月	捫特
Sterne	星	斯呼德訥
Orth ohne Sterne	辰	呼特鄂鄂訥斯呼德訥
Obere Luftsgegendt	青空	鄂伯呼(宮特)谷格根特

第二卷例：

Nachkömlich des Reichs	太子	納赫格程禮希德斯刺愛赫斯
Fürnembster abgessanter	正使	費呼訥程斯德呼阿補格三德呼

Sudelkoch	火頭	蘇德勒科赫
der seinem Herren nachtritt	從人	德呼裴訥程赫呼嗎安納赫德特哩
des ehrenkrantz in den Schulen	秀才	德呼額嗎安克剌慈安因德安舒勒安

第三卷例：

Thé Tranck	茶	特德喇昂克
Aus Butter gemacht	酥	傲斯補特德呼格馬赫特
annemblich	甘	安訥程禮希
Schöps abstechen	宰羊	佘補斯阿補施德痕
Schleyerner Hutt	紗帽	施賚額呼訥呼胡特
Mitgesellen eines Götzen	羅漢	密特格塞勒安要訥斯格怎
Lehrmeister der Betrachtenden	禪師	勒呼邁斯德呼德呼伯德赫喇德安德安
gegläste Arbeit	琉璃	格格斯勒德阿呼拜特
Perlen Mutter	珠母	伯呼勒安穆德呼

第四卷例：

Hoche ambts Bestimmung	敕諭
gen eines Sigil	圖書
Schlechte Schreibensart	行書
Handbuch für die gedächtnus	語錄
Rede dessen grundsatz aus den Bücheren	經文
Alter Weissen bücher lesen	念經
Was man in einem Tag übergelesen	日課

Prüfung der Halb Doktoren	科舉
Zehnmahl hundert Tausend	兆
Ausländer gegen Nidergang	西番
Ausländischer Bonz	番僧
Sineser ausser Landts	番漢

第五卷例：

gewürtz Nägelein	丁香
gumi gutte farb	藤黃
Teuffelsdreck	阿魏
Marellen Kern	杏仁
Opien	雅片
Pfersingbaum	桃
Goldäpfel	柿
aufgethane Köpf an Stauden	笋
Stauden	竹

在這些字典之中，亦有拉華字典。此亦無足驚異，蓋皇帝因耶穌會傳教士之意見，當十七世紀末，已定拉丁文，爲與俄國交涉用之公文語言（五）。因此一六八九年于 Gorbiza 所立之石碑上，竟刻有滿，中，蒙，拉四國文字。幷爲滿漢兒童學讀拉丁文起見，于一七二九年曾命巴多明司鐸創立拉丁學館。一七四一年巴多明司鐸沒後，由宋君榮司鐸繼任。此學館共歷十五年之壽命。（六）。據朔方備乘十三卷九頁反面所載，爲拉丁文寫：拉提諾字，或喇提諾字，又拉氐諾字或臘底諾字。于此書之九頁反面至十二頁反面，專講拉丁字母

（五）參入華耶穌會士列傳三四九頁之註解

（六）參入華耶穌會士列傳五卷八，六七二頁

之樣式。　其字樣亦正與金尼閣 Trigault 司鐸于一六二六年所著之西儒耳目字完全相同。

日爾曼人作戰之戰術與戰略

Taktik und Strategie in der Kriegführung der Germanen(一)

貢德爾 (Hans Georg Gundel) 著

項子龢 譯

戰術與戰略乃作戰最重要之方法。 今之軍學與古代兵法不同，我們先用克勞澤威慈氏的界說來解釋，戰術是"在方面戰鬥中運用各兵種之法"，戰略乃"運用各方面戰鬥以達全局戰爭目的之法"，再則爲此二法之實施上的應用。（參照新時代軍學教科書，傅郎凱出版，第一篇國防政策與作戰論）。 欲作歷史上的考訂，宜首先從事研究在戰鬥與戰爭之實施上既遂行的戰術與戰略。

今有一問題，是否人可以以戰術與戰略這種新名詞之意義，利用歷史上各階段的戰錄，答曰，從早期日爾曼史之時期，迄於民族遷移之開始（阿德連歐波爾之戰，紀元後三百七十八年）。 簡直說是可以的。 從古代淵源中不能辨識出日爾曼人自已對作戰既創有學術，並持此戰術以教授人。 假使完全按照希臘羅馬的學說，探討爲吾人所遺留的古代記錄，以考訂日爾曼人之戰鬥，於兵法上和歷史上研究之一般原則相悖，按此便是以歷史上實際的現象，依其可能性，組織到戰術與戰略之理想的基本觀念中以期脗合。（見石密幹納所著戰爭與作戰在世界史中變化）吾人智識的範圍與缺陷，藉着有系統的探討，較祇憑着歷史的簡單規定，越發明晰地現出來，並且除此以外與其他時代作對照的考據比較得尙且可以容易。 當然在此等地方必須避免非歷史的傳說之牽强附會。

供吾人認識日爾曼人應用戰術與戰略：淵源，多半依賴那班用希臘文與拉丁

(一) 譯自：Forschungen und Fortschritte 16. Jahrg. 1940, Nr. 3, S. 29-33

文著說立論的歷史家的記錄。似此則根本上這種傳說，多少則不免有成見的偏頗性。然而吾人亦尙宜知足，因爲至少從此等淵源中，得到日耳曼人作戰之一點想像，惟其中之遺漏，吾人萬不得擅自臆度爲之補充。距北日耳曼人千餘年以後的記載，不足作爲考據之淵源，至多可以採取文化史上的特殊情節，作爲參考材料，以完成一種由古代淵源所暗示之象。考古學的淵源，如小型像，或紀念戰勝的雕刻品，或地下發見物，皆於辨識甲冑兵器最爲重要，（日耳曼人之兵器裝備與作戰之法，韓倍克著，又舒哈特之有史前的德意志，石完特之德國太古史）。却不足以考證戰鬥出征之歷程。

古代記載，必日耳曼人之作戰大體上不改變，其判然重要的進展階段歷久不湮沒，然後方可從事探討之。歷觀戰史，此等歷整時期，全屬於白兵戰最佔優勢之時，近戰賴步兵以決勝負，遠戰及騎兵之加入，祗不過是特別現象。在此百年間，對羅馬之戰征，日耳曼各民族與羅馬軍團作戰者迭更不已；於慈姆伯族之後，有陶伊本族出現，厥後則爲策路士克族，巴威利亞族，馬克曼族，佛朗克族，薩克遜族，勾特族，阿勒曼族，凡此皆爲民族之最重要者。（早期日耳曼戰史論：栢克雅將軍之原始時代德國軍事，又德爾布律著政治史之軍略範圍第二篇，論日耳曼人，富蘭侯爾慈著日耳曼早期軍政以及法國與中古時代之陸軍）。凡此各民族彼此有極少的聯絡。此一民族對羅馬作戰，在戰鬥中有任何戰法之改革，於後來作戰之另一民族僅於少數或有影響。據吾人所知，此各民族皆用同一的方式去作戰，當然全用最佔優勢的兵種，此爲騎兵，必由於卓異的將帥與較長久的戰鬥，然後始能有不同的形式。據塔西圖士（見塔西圖士年代記第二篇，論日耳曼人，又見庫士秦亞著楔形戰鬥序列密集方陣）。記載中有數處云日耳曼軍隊多半所法於羅馬人之布列陣勢，似此或爲正確，不過於軍事大開展上，僅插敍短短一段而已，及至偉大的將帥如阿爾民，馬爾波匿跡銷聲以後，作戰又仍用舊式。既然在有史以前，於日耳曼人作戰中未有判然的重要演進之階段證明，則應按照有系統的次序詳細考訂古代記載，以試爲之，自然在各片段中保持住歷史上的結論，將其特殊現象擇取出來。（賓德著據古代淵源日爾曼人之戰術戰略的探討，又泰格爾著吉森大學年代記，拉美特哲學週刊第五十七卷，歷史雜誌第一百五十七卷，蔡司著德國年鑑第十三卷，格爾士著日爾曼人第十一卷）至於戰術與戰略之間明晰的分別，在學說上頗爲困難，但是在實施上，每次行軍每次戰鬥，自然有其重要性質，作爲戰術上之現象，戰爭全局之觀察，亦自有一種戰略上之形勢。戰略既不賴其遂行，與其計畫，最重要是全繫乎戰術之成功，最好則應先探討日爾曼之戰術。如前所云，戰術之範圍祇包括戰鬥，其與敵人作戰之運動，列陣，編成，編制，武裝，給養等等則不屬於戰術之領域。在述敘戰鬥不同之形式以前，應分別考據軍隊編制與隊形布置。

戰鬥時之戰術單位，在步兵則布置成楔形。此楔形不是固定的，而是一種自然的單位，此單位之編制係按照家屬，親戚與子弟之多少而不同。進攻時各個楔形排列在一條線上，中間留有間隔。每個楔形陣係一種密集的，前面窄而尖的兵力，最勇敢又武裝最優的兵士立於最前線，騎兵亦同樣地按其衆寡之數目布作堵形，以造成作戰之戰術上的單位。其混合部隊，由精選之騎兵，及輕裝步兵組織之，並且皆分別訓練而成者，凡此各單位之配備，則不得而知。其組織大於一千人以上之單位，迄於民族遷移時代，則不能證明；但知此等單位乃日爾曼戰術後來受羅馬化之結果。戰術單位在戰鬥時得以應用者全在活動。按照所蒐集關於初步運動之踪蹟的材料，最要者宜先論行軍，至於作戰時之行軍，乃對於敵方設施必要的安全警戒，此層日爾曼人早已實行，由各種記載中可以知之。與行軍有密切關係者，厥爲偵察，曾有不少先例，足資吾人之用。戰鬥中軍隊運動，祇有預備上陣之召集，可得而知，關於進攻則不在此例。至於戰鬥展開及進展，由行軍之隊形入於戰鬥之列陣，在陣地上前線之改變與隊形之變化未有淵源以資啓迪。戰鬥之最首要者爲近戰，藉此以決勝負。遠戰乃戰鬥之準備開始，尤其互襲擊時，及在零星散戰時，自有其重要性。

關於戰鬥形勢之淵源，比較對於此等問題則頗爲豐富。此處宜嚴格地分別爲密集陣列或開豁野戰，與展開戰或散開戰鬥。預備野戰之布陣最宜愼密周詳行之，據聞紀元前五十八年阿留威士之與凱撒，紀元後十六年阿爾明之與日曼尼庫士在伊狄士塔威索，六十九年至七十年西飛利士之與各羅馬軍團，紀元後三百三十七年在石陀拉司堡，克歐斗馬之與約力安之戰可以知之。野戰之判決與戰術上的楔形陣有關，必須在第一次進攻時，將敵人陣列突破，因以殲滅之，則勝敗立判矣。日耳曼人在野戰中罕有取守勢以成功者。相傳對羅馬戰鬥，散開戰之隊形所用兵力最大，因日耳曼人自知在開豁陣地上，其武器與戰術，皆劣於羅馬之故。尤其採取攻勢，在散開戰時所用之兵更多；欲認識此等戰鬥形勢，紀元後九年在陶騰森林中殲滅哇魯士則可證明。在散開戰中之防禦，以牽制戰爲先着，即將前進之敵人遏止，僅藉長期不斷的攻擊，並不必與之決戰，則敵軍自被擊碎矣。至於防守，乃將敵人前進之活動，在某一地點，此多爲旣選定之地勢，遏之停止。日耳曼戰史中有不少的先例，表示此等作戰之形式最爲顯著。埋伏與襲擊，亦應於此處聯帶地探討之。在各處這種有意識的地形利用，有最堪注意之價値，此乃一切散漫戰之出敵人於不意之事實。

將帥在戰鬥時之重要，旣得到一種比照之淵源，再論日耳曼兵法中的戰略。戰略最重要之象徵是與政治上有切密關係；元始民族在戰征中祗有戰術爲其唯一之要務，因彼時尙談不到政治上之策略。大規模的遷移尙非政略之結果，如慈姆伯族與陶騰族之移民，於世界史上固然有莫大影響，終不能謂之一種政策。可謂之爲政治者，必有某一種與政治相關的志意，使一切軍事行動因以屈服。此等志意在早期日耳曼史中罕能正確地認識；此志意祗能出自個人，而不出自各民族或民族之集團。因此是完全不可能的，若欲於第三世紀之前半紀從日耳曼民族，如馬可曼之各戰爭及向羅馬邊境之侵略，以認識一種日耳曼的戰略。雖論將帥亦應避免採用現代意義，如擊破戰略與疲憊戰略以爲根據。無疑義地有一種日耳曼將帥兵法，其各大將軍如阿留威士（紀元前五十八年），如克歐斗馬（紀元後三百五十七年），如富力提格爾（紀元後三百七十八年）之戰績，皆表現出來。此種又皆有用兵天才之足驚人者。其他將帥如馬爾波（紀元後六年），阿爾明（紀元後九年與十四年至十六年），西飛利士（紀元後六十九年或七十年），皆在羅馬軍中根本上旣獲得必要的軍事知識，根據此等修養，自己又能發展出一種適合民族性的戰術與戰略。凡在此諸人指揮之下日爾曼之各戰爭未有無計畫者，在作戰時且有顯明的，趨向政治的目的之志意。從此諸人中我們覺到戰略上的攻勢，其一切動作皆以決戰爲目的，至於戰略上的守勢，乃藉此戰鬥中尤其在開豁野戰中避免決戰。

一九三三年至一九三八年德國之海外地理考察工作

Deutsche geographisehe Forschung in Übersee 1933—1938

I. Asien, Australien und Ozeanien (一)

科雷浦司 (Norbert Krebs) 著

孫方錫節譯

地理考察是一種大宗野外工作。全靠親身觀察，在地勢及人文方面，即人民居住的情形以及其他活動，儘可盡力的。評判別人的經驗，利用舊時的書籍，用舊日的圖誌同現今的情形，互相核對糾正，這都是很可能的一些工作。但是這些室內工作總是缺乏親身經驗的興趣。又往往過於單純，與外邊的複雜現象不甚相合。所以旅行對於地理學者是必不可缺的。因爲歐戰的結果，將德國地理學者的工作區域縮減了許多，僅只是在本國努力考察是不够的。喪失殖民地，即是結束了海外的科學工作。對於少年學者，也少有訓練他研究遠方問題的機會了。只有少數學者還能够在非洲繼續他的工作。(二)其他少年人須獻身於別處了。在中國曾有的時候有三個地理教授職在德國人手中，也有些少年學者在美國充作助教，或作交換派遣的大學生，還有一些自戰前即服務於南美各民主國中。我們新智識的增加，仰仗他國的地方不少。戰後若干年中，雖然有些國家曾拒絕了德國的考察，但是我們獨立的探險工作，却毫未中斷。在若干艱難當中德國的少年仍能繼續前人的事業，這當然也是有家鄉的扶助的。倘若當時沒有德國科學研究會 Deutsche Forschungsgemeinschaft 彭克奬學金 Al-

(一) 譯自：Forschungen und Fortschritte 15. Jahrg. 1939, Nr. 20/21, S. 257-263

(二) N. Krebs, Der Stand d.r deutschen Geographie, Geogr. Z. 1938, S. 241

brecht-Penck-Stiftung 及其他各學院之切實幫助，最近十幾年來的調查工作也是不可能的。按照成績一看，我們的外邊環境雖然困難，然而仍能與世界其他民族競爭。與英國人相較，我們誠然不及他的旅程闊大，然而我們研究重要科學問題，研究重要地形上的各種相互關係，看我們工作的努力，我們的優點還要多的。因爲現在的時代，不能再以發現新陸地爲目的了，須要精密的考察那些大致已知道的陸地。我們的探險家在中亞喜馬拉雅山厄爾布爾士山祕魯以及玻璃維亞等處所攝的航空測量圖並他們所作的地理書，比較現在所有的那些地圖及旅行者的著作，精美的多了。在這篇文字內，可惜不能將各家多年以來所作的論遠方各國政治經濟社會的書籍，詳細討論。僅能按國家總合敍述並略及各家所研究之重要問題。也有一些調查事業，是在這篇文字所限的六年以前作的，而其科學成績是在這六年內才整理清楚的，那麼這篇文中也多少顧慮一點。

我們先從亞洲西部及南部起首，這是多年以來德國學者所考察的地方。尤其是因爲土耳其及伊蘭國政之新發展，在安哥拉(Ankara)並立有大學，在大學裏也有德國學者幫忙，所以在這些地方機會更多。有一位學問廣博的地理學者路易 Herbert Louis 在安哥拉作教授。我們可以期待他要作一部最新亞洲土耳其地理的，土耳其冰期時代內陸湖之研究，(三)及現在印刷中的一種植物地理學，(四)都是他的成績。但是在路易以前這裏各處的考察工作，已經開始了。那瓦克 E. Nowack 曾分析了他盆地內部之地面及其邊緣山脈。(五)巴爾特 G. Bartsch 研究了愛耳善司山 Erdschias Dag(六)及開塞里 Kayserie 以北之凝灰岩邱陵地帶。(七)溫采爾 H. Wenzel 以研究耕作地理爲目的，曾考察過萊考尼 Lykaonien

(三) H. Louis, Über alte Hochstände anatolischer Seen, C. R. Congr. internat. de Geogr. Amsterdam, 1938, 2. Bd., Trav. de Sections, S. 325; Eiszeitliche Seen in Anatolien, Z. Ges. f. Erdkde., Berlin 1938.

(四) Das natürliche Pflanzenkleid Anatoliens, geographisch gesehen, Geogr. Abhdl. 1939.

(五) Peterm. Mitt. 1933, 234.

(六) Jb. Geogr. Ges. Hannover 1934/35.

(七) Z. Ges. f. Erdkde., Berlin 1936, S. 1.

地方的荒原及其山脈。(八)　他以為那裏居民情形之變化，不是受氣候變遷之影響，乃是歷史沿革之結果。　那裏的農業現在又有起色，自歐洲遷歸的土耳其人也漸增加了。　溫采爾竭力主張在那裏急需一種合理的灌溉事業，這事有若干德國工程師在可尼亞Konia 也作過的。　他又參考農業學院教授們的成績，作了新土耳其農業地理之變遷一書。(九) 在這些教授當中特別是魏尼格Fr. Christiansen-Weniger 那部土耳其農業原理一書能給人以很好的概念。(一〇)　另有研究可尼亞的城市地理的書一種(一一)也是以自已的觀察為根據的。　斐利普森 A. Philippson 曾參照發掘米萊特 Milet 的報告，作了「南伊奧尼」das südlicheIonien，這是後起之秀了

阿爾卑斯學會 Alpenverein 曾辦過一次調查團，由石普來采 H. Spreitzer 率領着，到過托魯斯山脈中的阿拉山 Ala，他們是方纔回國的。　在一九三六年有柏林地理學家林普克 H. Lembke 文慈 H. Winz 及寇德納 H. Kudernas 領着若干大學生，由一土耳其教授陪着，考察過東阿那陀力亞，將本部山脈及梵湖 Vansee沿岸之地形及農業，作一番研究。　他們研究了梵湖在氷期時代之情形，及其山上在古代及現時之氷河。　這是與路易及包貝克 H. Bobek 的研究相接觸的。　包貝克起首兩次旅程，一在北伊蘭，一在亞塞爾拜然Aserbeidschan(一二)，一九三七年以梵湖以南之庫爾山脈 Kurdisches Gebirge 為目標，(一三) 作了第三次旅行。　在這裏以及在厄爾布爾士山他都製繪了地圖。　他在庫爾山脈中央高原所作的考察，[西陸山 Cilo Dag 四一七〇公尺，塞特山 Sat Dag 三八〇〇公尺] 是在地質學及冰山學都有關係的。　此地現時的雪界是三五〇〇公尺

(八) H. Wenzel, Sultan Dagh und Aksehehir Ova, Schr. d. Geogr. Inst. Univ. Kiel, H. 1, 1932. Forschungen in Inneranatolien, I. Aufbau und Formen der Lykaonischen Steppe, II. Die Steppe als Lebensraum, ebenda 1935 und 1937.

(九) Geogr. Z. 1937, S. 393.

(一〇) Leipzig 1934.

(一一) H. Heimann, Konya, Geographie einer Oasenstadt. Diss. Berlin 1935.

(一二) H. Bobek, Reise in Nordwestpersien 1934, Z. Ges. f. Erdkde., Berlin 1934; Die Rolle der Eiszeit in Nordwestiran, Z. f. Gletscherkde. 1937.

(一三) Forschungen im zentralkurdischen Hochgebirge, Peterm. Mitt. 1938, S. 152.

高，在冰期時代是二七〇〇公尺高。在蘇利曼山塔赫特 Tachte Suleiman 在厄爾布爾士山二處的雪界大約能更高五〇〇公尺。伊蘭內部在冰期同現在一樣的很乾燥。包貝克同路易的見解相同，以爲在冰期時候的蒸發量減低，所以雨量雖不加多，而歐耳面湖 Urmiasee 在冰期的水面還比現時高三四十公尺。路易也不承認阿那陀力亞曾有爲風沙掩沒的地帶。包貝克考察過厄爾布爾士山的兩面，他說山南面的冰雪是以乾燥界線之高下爲準，而山北面則多受霧氣凝聚之影響。因爲從北方來的冷空氣，多停聚於山上，間或能順着山峽流動過來一部份，但無論由甚麼地方都不能深入內地。與這樣事情相似的海陸空氣的交互錯雜，也能影響於植物及農業，這是林普克在特拉排從 Trapezunt 李克邁 R. Rickmers 在阿查力斯坦 Adscharistan 觀察過的。(一四) 除了地文方面以外，包貝克在他這兩個工作地域以內還研究了農耕及其人民居住的情形。並且製繪了裏海沿岸波斯地方的草圖。(一五)

賈布力爾 Gabriel 夫婦在伊蘭內部作過三次旅行，增加了我們對於他的鹽荒地及沙邱地的智識不少。(一六) 他們曾經盧特沙漠多次，將開委爾Kewir 地帶並風蝕所成的土地以及廣大的碎屑鑠島山詳細調查了。又收集一些關於水利及村莊的沿革變化的報告。當時司德拉提騷愛爾 Stratil-Sauer 乘汽車調查沙漠失敗，賈布力爾用小規模駱駝隊得以成功。他旅行的科學成績到現在僅發表了伊蘭南部寇海茶 Kuh ettezar 火山［四四一九公尺］報告，(一七) 及考拉散 Chorassan 巨鎮邁石黑 Meschhed 報告，(一八) 至於他解釋「東方之破碎」(一九) 雖

(一四) Lazistan and Ajaristan, Geogr. Journal, 84. Bd., 1934, S. 465.
(一五) Die Landschaftsgestaltung des südkaspischen Küstentieflands, Länderkdl. Forschung, Festschr. f. N. Krebs, Stuttgart 1936.
(一六) A. Gabriel, Im weltfernen Orient, Stuttgart 1929; Durch Persiens Wüsten, Stuttgart 1935; Aus den Einsamkeiten Irans, Stuttgart 1939; The southern Lut and Iranian Baluchistan, Geogr. Journ. 92, 1938, S. 193.
(一七) G. Stratil-Sauer, Eine Route im Gebiet des Kuh-e-Hezar (Südiran), Peterm. Mitt. 1937, S. 309.
(一八) Meschhed, Eine Stadt baut am Vaterland Iran, Leipzig 1937.
(一九) Leipzig 1935.

甚清晰，但不是完全客觀的，他將歐洲的色彩帶到亞洲去的太遠了。

二十年以前尼得梅伊爾 A. v. Niedermayer 經過阿富汗作一次勇猛的旅行，他曾在一部極好的敍戰事的書中敍述過，這部書已印行第三版了，但是換了新名字。(二〇) 他是經過鹽漠及沙漠的第一個人，在他書中敍述的很巧妙，現在還有很多的人喜歡讀他，最近大家調查的區域，又向東發展的極遠了，已經到了崎嶇難行的興都庫什山地及其東麓了。喀布爾 Kabul 德國中學校長伊文 W. Iven 曾領導一次探險隊到過興都庫什山及阿姆河源地，並繪了旅行的地圖。(二一) 傅格德 M. Voigt 旅行過加夫立士坦 Kafiristan，這是樹林茂密夏天受季候風冬天受西風影響的地帶。(二二) 他解釋的很清晰，他的解釋特別注意到那些在偏僻澗谷中住着的印度日爾曼人及其簡單的經濟狀。最近單拜 A. Scheibe (二三) 領着一隊農業調查團也調查了這個地方以及喜塔兒 Chitral，特爲考察俄人瓦衛樓 Wawilow 所發現的小麥的故鄉，他要考察小麥是怎樣從野生植物變栽培植物，以便作實際的培養。這次調查團在這道路很惡劣的地方，作了很密的道路網，在人文地理學社會地理學語言地理學各方面都調察過了，可惜在地文方面工夫少一些。這是中亞走廊地帶，劃分俄羅斯人及盎格羅印度人領土的地方，可惜這裏的專家是很少，只有葛布隆司 v. Gablenz (二四) 從上空作了一次冒險的航空調查，郝普 Kopp 及郝爾次阿排 Hölzapfel 調查這地方的氣象，却有實際的義意。至於高德奈 W. Gortner 在一九三八年作的興都庫什山及代馬文山旅行，只有第一次報告。

爲栽培植物的原始地的問題，郭拉特曼 R. Gradmann 於一九三三年曾到巴

(二〇) Im Weltkrieg vor Indiens Toren, Hamburg 1936.
(二一) W. Iven, Vom Pändschir zum Pändsch, Peterm. Mitt. 1935.
(二二) M. Voigt, Kafiristan, Breslau 1933.
(二三) Deutsche im Hindukusch; Bericht d. Dt. Hindukusch-Exped. 1935 d. Dt. Forschungsgemeinschaft, hrg. v. A. Scheibe, Deutsche Forschung, N. F. Bd. 1, Berlin 1937; A. Herrlich, Land des Lichtes, München 1937
(二四) C. A. v. Gablenz, D-ANOY bezwingt den Pamir, Oldenburg 1937.

力斯坦及後約丹旅行一次，(二五) 按照他作的精細的植物地圖可以證明眞正草原的分佈，他的意見與韓愛德華 Ed. Hahn 符合，以爲這是我們的禾稼的故鄉。至少自新石期以來這裏沒有氣候上的大變化，所以亞洲的前部自古代至現時早就成了人類喜歡居住的地方了。

以上所述的都是在已經知道的地方作的科學工作。至於在阿剌伯可算是發現工作了。他內地的調查，是要歸功於兩位英國人的，他們是斐爾白 J. B. Philby 及陶瑪斯 B. S. Thomas。旅行於也門 Jemen 及哈得剌摩 Hadramaut 却是魏斯滿 H. v. Wissmann 了，他第一次旅行同拉德仁 C. Rathjens (二六) 第二次同一位荷蘭人范茂林 van der Meulen。(二七) 他用他的經驗及自已旅行的路線作了哈得剌摩二十五萬分之一的地圖。這在當時是對於這地方最好的圖了。後來赫夫立司 H. Helfritz 是一毫無旅行經驗的人他利用這圖竟然從馬喀拉 Makalla 達到也門，可以見出這圖的重要了。(二八) 魏斯滿用自已的經驗又參考前人的著作，與拉德仁共同解釋了紅海地溝問題，(二九) 他又解釋了阿拉伯的構造及其表面地形。(三〇) 紅海是三道斷層線交互錯雜處，所以纔形成了這道屈曲的地溝及其沿岸的階段地。魏斯滿同喀盧斯 H. Cloos 的意見一樣，以爲地層的隆起及歪扭是地溝生成的原因，並以爲這樣層叠斷層還有使阿拉伯大陸向北遷移的趨勢。

本文的作者曾調查過印度的地形，特別是東高止西高止及得坎內地島山的發展。(三一)(三二) 這半島的邊緣一面受地面單褶的影響，一面又受斷裂之影響。

(二五) R. Gradmann, Die Steppen des Morgenlandes, Geogr. Abhdl. III 16, 1934.
(二六) C. Rathjens u. H. v. Wissmann, Landeskundl. Ergebnisse Abhdl. aus d. Geb. d. Ausldskde d. Hamburg. Universität, Bd. 40, Reihe B, Bd. 20, 1934
(二七) v. d. Meulen u. H. v. Wissmann, Hadramaut, Leiden 1932.
(二八) H. Helfritz, Chicago der Wüste, Berlin 1932; Unter der Sonne des Orients, Berlin 1934; Vergessenes Südarabien, Leipzig 1936.
(二九) Peterm. Mitt. 1933, S. 113.
(三〇) Z. Ges. f. Erdkde. zu Berlin, 1932.
(三一) N. Krebs, Morphologische Beobachtungen in Südindien, Sitz-Ber. Preuss. Akademie d. Wiss. phys.-math. Kl. 1933.
(三二) N. Krebs, Zur Morphologie der Ostghats, ebenda 1935.

一種往返震動遂使砂峻的西岸漸漸縮短，漫平東岸漸漸加長。他的山麓平原及島山之發展，是有賴於季風的，因為他是一個季節利於分化，一個季節利於搬運漂流的。他的紅土及黑土的生成，是受雨季長久的影響。調查南印度的氣候及土地的生成，(三三)便可證明這事了。紅土化石一直分佈到內地乾燥區域去，比較現在還在生成的那些紅色含鐵土壤分佈的廣遠。關於這地方的著作，現正在印刷中。(三四)(三五) 艾克斯台特 E. v. Eickstedt 在這裏作過人種考察，這是包括全國的，他的成績一部份在他的人種學一書內載着，(三六)一部份載在他記述邁索爾 Maisur 州一書內。(三七) 這裏有多數的原始人存在，不僅在印度南部及錫蘭，在印度中部也有。傅勞本紐 L. Frobenius 曾將南印度的文化及東非洲的文互作一比較，(三八)也是有趣的事情。衛德耐 E. Weidner 因着艾克斯特的介紹，曾分析並圖解得坎東北方的原始民族。(三九) 艾克斯特本人又到後印度及中國作遠方旅行去了，他的成績現時還不能知道。

海斯克 Fr. Heske 在喜馬拉雅山前麓調查過植物地理，成績發表在專門雜誌上。(四〇) 又在一本普通書裏邊，(四一)他述說了那地方的風景地勢及山間居民的居住及經濟情況。並解釋他的林業與印度的關係。戴泰拉 H. de Terra 曾西至克什米爾在西瓦里克 Siwalik 山及其南麓作過地質上及古生物上的調查工

(三三) Z. Ges. f. Erdkde. Berlin, 1936.
(三四) N. Krebs, Das Hochland d. Nilgiri, Geogr. Z. 1933; Das südlichste Indien, Z. Ges. f. Erdkde. Berlin, 1933; Bilder aus dem Inneren von Dekan, Geogr. Anzeiger 1933.
(三五) Vorderindien und Ceylon, Stuttgart 1939.
(三六) E. v. Eickstedt, Rassenkunde u. Rassengeschichte d. Menschheit, Stuttgart 1934.
(三七) Die Rassengeschichte v. Indien mit bes. Berücksichtigung von Mysore, Z. f. Morph. u. Anthropol. 1933.
(三八) L. Frobenius, Indische Reise, Berlin 1931.
(三九) E. Weidner, Die Urstämme der Nordostdekan (Ranchi District), Peterm. Mitt. 1936.
(四〇) Fr. Heske, Die Wälder in den Quellgebieten des Ganges, Tharandter Forstl. Jb. 83, 1932; Beitrag z. Kenntnis d. Waldzonen des Westhimalaja, Acta Forest. Fennica 34, 1929.
(四一) Im heiligen Land der Gangesquellen, Neudamm 1937.

作。他這種工作與英國的及意大利的考察者意見相同，能够證明這地方的地層變動是新近的。他收集了很好的標本，使他能將冰期時代的沈澱與人類最早的歷史互相聯絡起來。(四二)他又分析了喜馬拉雅的冰期，以爲西瓦里克南麓的塊狀碎屑岩是第二冰期的產物。［這或者是過於輕易一些］在這裏保存着最古石期的化石。戴泰拉又在緬甸爪哇中國印度河谷及喀爾吉爾盆地Kargil各處，對於他這樣的分析時期，得到了證據。(四三)

包爾 P. Bauer 的兩次調查團到過康陳俊喀 Kangtschendzönga 及西烏爾康 Siniolchu，魏恩 K. Wien 當時是作的地文調查，在他第一次調查時他就作彩目冰河 Zemugletscher 的攝影圖，是三萬三千三百三十三分之一的。也測了冰的速度。(四四)這是第一幅喜馬拉雅山冰河詳圖。這冰河的冰雪供給地是極險峻而比較的狹小，但是河流甚長。這裏冰雪溶化很大而冰河仍能長遠的緣故，是因爲大量碎屑岩有保護的功用。在他第二次調查時，魏恩自已選了一條可以用的道路，去調查了密積的高山森林及林界以上的灌木草地。(四五)比較在錫金 Sikkim 這裏的科學收穫，更爲豐富的，是有德國的四次南葛帕爾巴 Nanga Parbat 調查團，尤其是第二次及第三次，但是最可惜是在這裏喪了我們好多最優秀人才的生命。一九三四年有芬斯台瓦德 R. Finsterwalder 是地形學者，萊希爾 W. Raechl 是地理學者，米石 P. Misch 是地質學者，都參加了調查工作。一九三七年勞逕爾 K. Troll 也參加工作，他是植物地理學者及冰期研究

(四二) H. de Terra u. Theilhardt de Chardin, Observations on the Upper Siwalik Formation and Late Pleistocene Deposits in India, Proc. Amer. Philosoph. Soc. 76, 1936.

(四三) H. de Terra, Geological studies in the NW Himalaya between the Kashmir and the Indus Valleys, Mem. Connect. Acad. of Arts and Sciences VIII, Yale North India Exped. New Haven 1935; Der eiszeitliche Zyklus in Südasien und seine Bedeutung für die menschl. Vorgeschichte, Z. Ges. f. Erdkde., Berlin 1938.

(四四) P. Bauer, Um den Kantsch, München 1933; K. Wien, Karte d. Zemugletschers.

(四五) K. Wien, Sikkim, Die deutsche Himalaja-Exped., 1936. Z. f. Erdkde., 1937, S. 586.

者。芬斯台瓦德的攝影地圖，是他工作的基礎，南葛帕爾巴附近圖是五萬分之一的，還有一個範圍較大的圖是十萬分之一的。這都是無上的作品。(四六) 芬斯台瓦德藉着這些圖曾調查了拉孝冰河 Rakhiotgletscher 的冰雪情形，他發現了一種新的冰雪流動式，除了沿岸冰雪流動遲緩以外，冰河中心的冰雪是作大塊狀前進。經過多次重力測驗及米石的地質調查，對於這地方的片麻岩岩盤，纔有了認識，這岩盤比他周圍的高地還高三千公尺，(四七) 在印度河谷的地質調查，可以證明這道河與那裏的一切高地相比，是一道先行河。遲勞爾曾說過，(四八) 因爲這地方的特別高峻，要考察他的冰期，是當然困難一點，然而正因爲這個緣故，他的冰成地形也比阿爾卑斯山的豐富而別緻。在這裏考察雖然困難，這位考察者却在深山內部也分別出二次冰期來。特別要緊的是他對於植物地理的調查，他以植物生理爲基礎，在地圖上能够表明出植物帶來。(四九) 自乾燥的印度河谷起至二千公尺高度處，是半沙漠地。以上便是一種艾蒿草原，這種草原在山陰面能到二千八百公尺，在山陽面有地方能到四千公尺。從二千八百至三千六百公尺是濕潤的針葉林分布地帶。以上是樺樹林，這便是樹林的界限了（三千八百公尺）。這可見在南葛帕爾巴附近，僅有三千公尺以上地帶，是達到濕潤季候風境界的。若在喜馬拉雅山東部是大部份常常濕潤而有熱帶性的。所以遲勞爾當地調查南葛帕爾巴以後，又旅行過錫金，要爲他研究的熱帶高山問題搜集一些比較的材料。

戴倫佛特 Dyrenfurth 最後這次喀喇崐崙山的調查團（一九三四），是在科

(四六) R. Finsterwalder, Die Formen der Nanga-Parbat-Gruppe, Z. Ges. f. Erdkde., Berlin 1936, S. 321 mit Karte.

(四七) Finsterwalder-Raechl-Misch-Bechtold, Forschung am Nanga Parbat, Hannover 1935; Die wissenschaftl. Arbeiten d. Nanga-Parbat-Exped. 1934, Peterm. Mitt. 1935; s. auch Dt. Forschung, N. F. Bd. 2, Berlin 1938 u. Z. f. Gletscherkde., 25, 1937, S. 57; s. auch Dt. Lit.-Zeitung 1939, S. 29.

(四八) C. Troll, Der Nanga Parbat als Ziel deutscher Forschung, Z. Ges. f. Erdkde., 1938, S. 1.

(四九) Das Pflanzenkleid d. Nanga Parbat, Wiss. Veröffentl. d. D. Mus. f. Ldkde., Leipzig, N. F. 7, 1939.

學上無甚關係的。　却是戴泰拉繼續他從前的旅程時，同那位可惜早歿的丁艾爾 E. Trinkler 的調查接續起來了。　他調查了喀喇崑崙山東部及其與外喜馬拉雅山銜接地帶。（五〇）在調查西藏的湖泊上曾給他及他的夥伴胡琛桑 E. Hutchinson 一種機會，去探討氣候的變化。　他相信勃魯克乃 Brückner 所謂氣候變化，是可以得到相當的證明的。　他反對中亞日就乾燥的學說。　在阿賴帕米爾調查團中很有成績的，還有林辭 W. Lentz 的帕米爾方言研究。（五一）從這裏邊可以得到一些對於山地他幾克民族 Berg-Tadschif. 的生活營業的若干珍貴材料。　他對於督爾基玆人 Kirgisen 的界限，不是一種經濟事業上的界限，因爲在這兩族中都有農人。

西藏東部同其附近的中亞地帶以及中國西部高原，這是費維廉 W. Filchner 兩次旅行的工作區域。　他自已一人以極大的努力研究了這廣大區域的地磁。　他新近又出發了。　他已經印就的祇有第一次旅行的圖表成績，（五二）甚至大學者斯文赫定亦爲之贊美。（五三）　地學家凡特（O. Wand）所繪製的連界外路線都包括了的地圖，自是南山經過青海柴達木直至西藏高原完全包括的。　他的文字是記述方面多解釋方面少。　對於再行尋究那些重要測量點，他給了不少的原料及圖稿，但是這却不是科學上的整理工作。　他第二次旅行自一九三四年至一九三七年是從蘭州經和闐至司里那葛爾 Srinagar，他的成績正在整理中。　論到費維廉的成績固然豐富，但是塔凡爾 A. Tafel 的功勞也不能泯滅，他也調查過西藏東部中國西部，他第二部份成績還在預備發表中。　再少微向東南一點，便是那位動物學家謝福爾 E. Schäfer 的調查區域了。　他起初參加了美國李魯克多蘭Brooke-Dolan調查團，調查了四川綠邊高山直至草原地帶，後又調查了西藏

（五〇）H. de Terra, Physiographic results of a recent survey in Little Tibet, Geogr. Review. 24, 1934, S. 12; H. de Terra u. E. Hutchinson, Geogr. Journ. 84, 1934, S. 311.

（五一）Erghft. z. Z. f. vgl. Sprachfschg., Göttingen 1933.

（五二）W. Filchner, Kartenwerk d. erdmagnet. Forschungsexpedition nach Zentral-asien, 1926/28, Peterm. Mitt. Erghft. 215, Gotha 1933 und 231, 1937.

（五三）Peterm. Mitt. 1933, S. 137 und Z. Ges. f. Erdkde. 1938, S. 126.

東部及上緬甸的高山及高原。他在一個各種動物的交界處得到了若干珍貴成績，這其中還有一些動物的殘存種類及印度與美洲間的過渡種類。他的作品（五四）起先只是一種很好的說明，在他後來發表的論文中，（五五）纔表現出他對於這些南北方向的大河谷及其氣候生物的互殊有眞正的調查工作。（五六）謝福爾於一九三八年又作第三次旅行，這回是要從西面衝進這難行的地帶去，因爲這還是亞洲的未知地帶。

再向北便是斯文赫定及其大隊團員的調查區域。（五七）在這篇文字的範圍之內，只有德國氣象學家豪德 W. Haude，他曾在戈壁準噶爾及塔里木盆地各處設有基點，除去對亞洲的氣象作重要的專家測驗以外，還對於經緯測驗重力測驗人種地理植物地理政治地理各方面都有調查。（五八）我們仰仗他來斷定草原的界限及說戈壁的乾涸。他的氣象分析法，增進了我們對於遊牧人的經濟狀況及地表面被覆植物的學識，雖然是沙漠草原，遊牧人也能幾個月拿他作生活區域。

蒙古在最近也有人旅行過，但是只有鮑斯德 W. Bosshard 的成績還在中等以上。（五九）他雖然沒把應調查的問題解決了，他還能將這廣大的高原用文字及像片來記述清楚了。亞洲俄屬地皆未經德國學者調查。葉尼塞河上流的「土瓦 Tuwa 地誌」僅是一種參考各書的編輯工作，（六〇）當然參考很多的俄國材料。蒲來赤開 Plaetschke 關於在黑龍江以北的猶太自治區畢羅畢禪 Birobidschan 的著作也是如此的。（六一）歷史學家史太林 K. Stählin 曾參加一個美

（五四）Berge, Buddhas und Bären, Berlin 1933; Unbekanntes Tibet, Berlin 1937.
（五五）Ornithologische Ergebnisse zweier Forschungsreisen nach Tibet Journ. f. Ornithologie, 1938.
（五六）Jb. Geogr. Ges., Hannover 1935.
（五七）s. Peterm. Mitt. 1935, 275 ff.
（五八）Z. Ges. f. Erdkde., Berlin 1934, S. 123.
（五九）Berlin 1938.
（六〇）W. Leimbach, Landeskunde von Tuwa, Peterm. Mitt. Ergbft. Nr. 222, Gotha 1936.
（六一）Peterm. Mitt. 1936, 225.

國旅行團體，旅行過俄屬土耳其斯坦，親眼觀察過舊文化與新布爾什維克政權之衝突。（六二）

蒲來赤開在一九三二年旅行過滿洲西北部，（六三）那邊居民很少，道路很難，涧谷之地還是沼澤狀態，大興安嶺的北部多落葉松林，他在那些極高的地方鑑定了略有冰期時代的冰河遺跡。他也曾製了那地方的略圖，他以爲那地方將來還有開墾的可能。在滿洲本部及熱河有傅浩格豪Fochler-Hauke調查過，（六四）他除了對地方形勢有很好的解釋以外，還研究了經濟地理上的問題。（六五）

勞屯薩哈 H. Lautensach 曾很普遍而徹底的調查過高麗，他以爲拿高麗與伊比利半島相比是很有價值的。（六六）他的詳細報告還未發表，但是他的臨時報告也有很珍貴的材料，他報告了鐘形山 Glockenberge 剝蝕的程序以及他的凸出的岩石覆皮，他報告了那些水成的懸崖，這些懸崖在山的東西兩面各有形狀不同的邊岸，他報告了方在進行中的波浪衝擊情形，他又報告了自完全墾殖的地方到內地尚未經營的地方過渡情形。

日本的調查可說是完全自已作的，但是有不少的學者是在德國的大學造就成的。歐洲人在日本，除了研究一點日本精神以外，差不多無別事可作了。在這一方面有成績的有郝鶴樵 A. Haushofer ，他是繼續他父親的遊踪，調查日本的耕地及其人口之壓迫，說明他工業化的繼續發展，（六七）還有維耶那人石德爾 L. G. Scheidl 用他的調查日本的成績得到德國讀者的信仰。（六八）只有石文德M. Schwind調查日本高山，作了一些獨立的成績。他調查了冰成地形及冰成

（六二）Russisch-Turkestan, gestern und heute, Königsberg 1935.

（六三）Peterm. Mitt. Erghft. 232, Gotha 1937.

（六四）Z. Ges. f. Erdkde., Berlin 1936, 161, 257; Mitt. Geogr. Ges., München 1936, 39.

（六五）so von E. S. Fischer, Mitt. Geogr. Ges., Wien 1933 und 1937.

（六六）Z. Ges. f. Erdkde., Berlin 1934, 352; Peterm. Mitt. 1934, 172 ff.; Vhdl. 25. Dtsch. Geogr.-Tag (Nauheim) 1934; Wiss. Veröff. Museum f. Länderkde., Leipzig 1935.

（六七）Z. Ges. f. Erdkde., Berlin 1938, 26.

（六八）Die geograph. Grundlagen d. japan. Wesens, Tokyo 1937; Die Kulturldsch. Japans, Tokyo 1937; Der Boden Japans, ebenda.

地 Strukturboden 之關係。直到三千公尺的高山上，冰期現象清楚可見。(六九)但只是限於某一地帶，因爲只有二千八百公尺以上的山脈纔有冰圍地 Kare 及多數澗谷冰河。差不多山的東面常有冰河，山西面的緩斜地上常有奇異的冰成地。

在中國這方面德國人的調查却是很豐富，在中國各大學校的德國學者都能利用他在中國的時間，或再藉着在中國其他人的幫助，作了若干成績。克勒脫納 W. Credner 調查中國南部是在本文的期間以前作的，施赫那 H. Schmitthenner 也是這樣的，但是他的側面觀之中國一書是一九三四年纔出版的。(七〇)他多論中國的精神及其環境，論中國都市及人口問題的各章，尤有科學價值。這些問題同梅祿多 R. Mell 從生物學方面所研究的有相當的接觸。(七一)當公元前千年左右，象還在山東南部爲林中野獸，公元後千年左右他還存在揚子江流域中。中國南部是新開闢地。曾著有精美的黃河專論的屈勒爾 G. Köhler 在一九三二年調查了黃河的南北向的河流段，一九三三年調查了在青海的黃河源流，他著作了黃河誌。一九三四年調查渭河，一九三五年又調查黃河上流。他測繪了很遠的河道圖，同塔凡爾的工作互相銜接。但是他的詳細著作還未公開發表。中國南部的西江按水量論是過於黃河的，傅浩格 G. Fochler-Hauke 曾記述過的，(七二)但這不過是一種參考書工作。他也研究過中國的殖民問題。(七三)研究中國南部的還有芬次爾 G. Fenzel 他是在廣東作農林學教授的，他作了很好的海南島地誌。(七四)解釋這島上各方面的情形，他以爲不僅島上的植物，是受中國殖民的影響，這全島也要成爲農耕地了。他測繪的圖增加了我們不

(六九) Peterm. Mitt. 1935, 231; Geogr. Z. 1935, 292 und besonders 1937, 57.
(七〇) Leipzig 1934. S. auch Bau- und Oberflächengestaltung des Berglands von Schansi, Mitt. Ver. Geogr. Univ. Leipzig, 1936.
(七一) Z. Ges. f. Erdkde., Berlin 1933, 101.
(七二) Mitt. Geogr. Ges., München 1934; Mitt. Geogr. Ges., Wien 1935, 158.
(七三) Z. Ges. f. Erdkde. Berlin 1933, 108.
(七四) Mitt. Geogr. Ges., München 1933, 69.

少的學識。關於人種學方面有史圖博 H. Stübel 作的內容很豐富的海南島黎民一書。(七五) 芬次爾是一九三六年死於中國，有很豐富的論太白山遺稿。(七六)

成績多而範圍廣的還有魏斯滿 H. v. Wissmann，他是六年的工夫在中國擔任教職，他調查過內蒙華北黃土層甘肅山東揚子江下流，又到華南塔狀喀爾斯特 Turmkarst 地帶，有一部份是他自已作的，有一部份是同他的學生作的。一九三四年至一九三五年他領着調查團到雲南及緬甸邊界上直至湄公河。他在路上及用測距儀所攝製的各種圖尚未發表。已經發表的成績，有第四紀的冰河情形及中國黃土層的生成，(七七) 還有冰期及現代的氣候附有最近雨量圖，(七八) 這圖是參考了現在所有的一切材料。(七九) 他以為當命爾木冰期 Würmeiszeit 與歐洲的情形相似，雪線降低到一千二百公尺左右。在更早的一冰期這數目還更低，這是與地質學家李先生的見解相同的。但是他的照片及其他的證物還不足保證他的理論，所以他要拿廬山的冰期遺跡及四川近似冰成的遺跡作證據。他調查南京附近洗去石灰的黃土泥地及中國西北部現在還繼續生成的黃土層，却是很有價值。中國西北部的溫度及蒸發，雖然因各時代氣候不同也曾經過多次的變遷，然而他的雨量却是向來稀少，所以黃土能層層累積起來，不過最老的層已經起了化學變化了。蒙古自下白堊紀起即是草原，有時曾為風力的侵蝕地，也有時曾為風蝕物的堆積地。在山西及陝西是水力的穿鑿及黃土的生成同時進行着，現今有樹林的山，是當命爾木冰期時在沙漠邊地的島山。當時的草原還包括華中的一大部份，按緯度講還向南擴展出四度去。看黃土層理可以證明，他是冰期的產物，不是間冰期的。在中國是能夠將黃土的來源鑒別出來的，他一部份是來自冰河的泥土，一部份是按照李希霍芬的理論來自中亞風蝕地帶，這風蝕地帶是有時變大有時變小的。

(七五) Die Li-Stämme der Insel Hainan, Berlin 1937.

(七六) Peterm. Mitt. 1937, 203.

(七七) Z. Ges. f. Erdkde., Berlin 1937, 241 u. Geogr. Z. 1938, 201.

(七八) Geogr. Z. 1938, 321.

(七九) Z. Ges. f. Erdkde., Berlin 1937, 38

最近維耶那地理學會也發表兩個稿件，一個是奧拜侯邁 E. Oberhummer 根據他舊日的旅行，記述上海房屋居住問題。一個是布蘭德爾 L.Brandl 報告的長江大水災，對於中國的水利供給一些很好材料。(八〇)

一九三三年潘采爾 W. Panzer 同一位林務顧問艾愼樂爾 H. Eschenlohr 曾在台灣住過一些時間，也曾上過新高山（三九五〇公尺）。他證明了冰期的冰河遺跡，他報告了植物在高山上的界限及本地土人的經濟狀況。(八一) 考爾蒲 A. Kolb 曾很普遍的旅行過菲律賓，他對於那地方經濟的新發展，及政治命運的變化，都有報告。(八二)

在法屬後印度有艾克斯台特 E. v. Eickstedt 旅行過了，還有貝爾那齊 H. Bernatzik 也在這裏作了人種學上的調查。(八三) 在本文所指定的時間以內還有克勒脫那 W. Credner 發表了他的暹羅地誌。(八四) 這是對於在二大殖民勢力中間而能够維持獨立的這個國的地理定本。克勒脫那在他旅行以後，又到中國住一些時候，這是於他很得益的，他可以觀察空間與人類關係之重大。他記述地文方面的情形，及人民生活方式文化方式，都有很多的新鮮材料。下自原始民族上至最開化的民族，觀察他的進化次序及其經濟情形，便可以很清楚的了解，民族的移動及混合，是還繼續進行着。關於這一點，他曾在慶賀斯文赫定 Sven Hedin 大會時，發表一篇包括全後印度的論文(八五)

在南洋其他各島上，還有三位德國人的調查工作，是值得聲明的，這裏有動物學家隆什 B. Reusch 在一九二七年調查過了，但是他的裴他列島史一書是在一九三六年纔出版。他討論這地橋的材料，是比瓦克斯 Wallace 及艾拜特 Elbert

(八〇) Wiener Geographische Studien, Heft 1, Klosterneuburg 1933.
(八一) Vortrag in der Ges. f. Erdkde., Berlin 2. Mai 1936.
(八二) Mitt. Geogr. Ges. München 1938, 213; Geogr, Z. 1938, 1.
(八三) H. A. Bernatzik, Die Geister der gelben Blätter. München 1938.
(八四) W. Credner, Siam, das Land der Tai, Stuttgart 1935.
(八五) Hyllningsskrift tillagnad Sven Hedin pa hans 70e arsdag den 19. Febr. 1935, Stockholm 1935, S. 268; s. auch Geogr. Anz. 1933, 136.

當時所有的更爲豐富。(八六) 在馬來羣島動物界及巴布安澳洲動物界之間，還有一寬大的過渡地帶，巽地羣島東部，提摩耳，摩鹿加羣島，西里伯島是屬於巴布安澳洲動動界的。 在西面是波羅洲首先從亞洲大陸分離。 若干陸橋是大約在洪積期還存在着，後印度半島上的山民，大約在冰期時代還能由海中低地深入羣島之間。 將來看地理上及地質上的事實，同這用動物學方法所得到的成績，能够符合到一種什麼樣的程度，却是很有趣味的事情。

巽他羣島的西部是雷滿 H. Lehmann 及海爾必希 K. Helbig 的工作區域，他二人將蘇門答剌爪哇以及附近的各島，很充分的旅行過。(八七)(八八) 雷滿把他的工作又擴展到松巴 Sumba 及佛羅理 Flores ，(八九) 他又調查了西里伯南部。海爾必希在一九三七年東西橫經波羅洲。(九〇) 他二人各發表論文若干篇，但是他們的調查方法各不相同。 海爾必希多注重全地的形勢。 雷滿在爪哇作過專門調查，關於那地方的新褶曲地，及若干處所地形之發展，他增加了我們的智識不少。(九一) 他竟然要使在這裏所發現的最古的人的史跡與地形發展史互相符合起來。 他又在蘇門答剌及佛羅理調查了人民居住的情形，及其他人文化地理。將來他還能爲這些地方作一部大地誌，因爲他已經搜集好了基礎材料了， 他已發表的論文有若干，如殖民的高等階級，(九二)荷屬東印度都市的面貌，(九三)熱帶森林(九四)，都是些近似普通而實係專門的材料。 海爾必希作了很好的巴達

(八六) Berlin 1936.
(八七) H. Lehmann, Die Bevölkerung d. Insel Sumatra, Peterm. Mitt. 1938, S. 3; Kulturgeogr. Wandlungen in Südostsumatra, Z. Ges. f. Erdkde. 1933, 161; Die Landschaft Ngada auf Flores, Geogr. Z. 1935.
(八八) K. Helbig, Die Insel Sumatra, Geogr. Z. 1935, 89; Bau und Bild der Insel Java, Z. Ges. f. Erdkde, Berlin 1935, 102; Studien auf Sumatra und Nias, ebenda 1934, 102; Das südliche Batakland, Ostasiat. Rdsch. 1938, 278; Tuan Gila, Leipzig 1934.
(八九) Geogr. Z. 1935, 339.
(九〇) Die Naturwissenschaften, 1938, 610.
(九一) Morpholog. Studien auf Java; Geogr. Abhdl. 3/9, Stuttgart 1936.
(九二) Koloniale Rdsch. 1938, 97.
(九三) Länderkundliche Forschung, Festschrift f. N. Krebs, Stuttgart 1936. S. 109.
(九四) Koloniale Rdsch. 1934, 205.

維亞誌，(九五)也研究了他的居民問題及氣候情形。(九六)

關於澳洲大陸及海洋洲其餘各島上可說的事情，是比較少些，因爲自從喪失了我們的殖民地以後，到那裏去的人也少了。最近纔由漢堡科學會將"一九〇八年到一九一〇年南海調查團的成績"出版了幾卷，這是研究加羅林羣島及麻紹爾羣島的人種的。(九七) 陀隆瓦德 H. Thurnwald 曾同她的男人調查過保根威來島 Bougainville，她拿各別的土人作實際比方，作了南海人類一書。(九八) 貝爾那齊 H. Bernatzik 在他第一次旅行報告上，便對於梭羅門羣島的土人及新幾內亞中央高原的矮巴布安人有了印像，他們還完全過石器時代的生活，(九九) 這裏是美拉尼西亞及玻里內亞的混合文化。魏爾慈 P. Wirz 在他的一種通俗作品內，曾悲傷這裏古文化消滅的迅速，從前也曾遠播於世界的。(一〇〇) 司貝靈 I. Sperling 對於美勞克Merauke 後方地帶及阿盧羣島 Aru Inseln 作了很好的論文(一〇一)，但是這是利用參考書的編輯工作，這是以貝爾滿 W. Behrmann 的新幾內亞研究爲基礎的。貝爾滿也記述過新幾內亞內部的村落(一〇二)及塞皮克河 Sepikstrom 流域矮民族的情形。(一〇三) 論到澳洲及亞洲中間的陸橋問題。他是對於大陸漂移及地軸移動諸理論，持懷疑態度。(一〇四) 與貝爾滿相同的還有狄爾斯 L. Diels，也不承認魏金籟Wegener 的大陸漂移學說。因爲他證明出來的事情，是亞洲南部與澳洲大陸有很古的植物上的連絡，但是澳洲與南極洲的這

(九五) Diss. Hamburg 1930.
(九六) In den Annalen d. Hydrographie 1936 ff.
(九七) Ergebnisse der Südsee-Expedition 1908/1910, herausgegeben von G. Thilenius, Ethnogr. II/B, Mikronesien, Bd. 7/9, 12, Hamburg 1935 ff.
(九八) Stattgart 1937.
(九九) Südsee, Leipzig 1934.
(一〇〇) Wildnis u. Freiheit, Stattgart 1933.
(一〇一) Frankfurter Geogr. Hefte, X, 1936.
(一〇二) In Klute, Die ländlichen Siedlungen in verschiedenen Klimazonen, Breslau 1933.
(一〇三) Tijdschrift Nederland. Aardr. Genootschap, Amsterdam 1935.
(一〇四) Beiträge z. Geogr. d. Eiszeit auf der Erde; Frankfurter Geogr. Hefte, XI, 1937; s. auch den einschlägigen Aufsatz v. H. Lehmann S. 75 über den Sunda-Archipel und W. Behrmann in d. Geol. Rundschau 1939, S. 112.

種關係，却只是臨時的。(一〇五) 潘采爾 W. Panzer 同達爾文 Darwin 及德威斯 W. M. Davis 也各自不同，潘采爾在畢士麥羣島及新幾內亞，能够證明地層的上昇下降，還是發生過多次的。 按珊瑚礁的位置講，好像地層是常常上昇的，但是在新火山地帶因為地殼平衡的下降，所以這種上昇也曾有時中止的。(一〇六)

蓋司來 Geisler 在澳洲旅行以後，有一篇論那邊的鄉村論文(一〇七)，這是一種附屬收獲。 考爾浦 A. Kolb 在他從美國到非律賓的旅途上，曾調查了夏威夷羣島。 他對於那使全境發生變化的新經濟有概括的觀察。(一〇八) 特別值得贊仰的，還有那位有大功的郝爾 A. Hahl 總督的兩本書，他有十八年的工夫服務於南海，當時他自己也曾作過一部份調查工作。(一〇九) 若我們一環顧並一迴憶，自一九一四以來那邊都發生過什麼樣的事情，便很可以證明，那委任統治的勢力經過多次失敗以後，仍然要仿效德國治理殖民地的方法。這又是一種證明，殖民地的扯謊宣傳，是不持久的。

(一〇五) L. Diels, Die Flora Australiens und Wegeners Verschiebungstheorie. Sitz.-Ber. Preuss. Akad. d. Wissensch., 33. Bd., 1934.

(一〇六) W. Panzer, Junge Küstenhebung im Bismarck-Archipel und auf Neu-Guinea, Z. Ges. f. Erdkde., Berlin 1933.

(一〇七) In Klute, Ländl. Siedlungen, Breslau 1933.

(一〇八) Wissensch. Veröffentl. d. Dt. Museums f. Länderkunde, Leipzig 1938.

(一〇九) A. Hahl, Deutsch-Neu-Guinea, Berlin 1936; Gouverneursjahre in Neu-Guinea, Berlin 1937.

近代日晷乃德國之發明

Die moderne Sonnenuhr, eine deutsche Erfindung(一)

艾啓乃 (Ernst Zinner) 著

董遂曾 譯

鐘之發明乃中古時代大成績之一，彼時而後，鐘漸成爲一種有用之器具，因之遂爲日用所不可缺。

凡鐘之走動必須眞確。 吾人現今對鐘之行動卽用無線電台所報告之時刻。此等時刻以及關於科學上校對所用之時間標記，概取自有擺之時鐘，其行動管理卽用觀象台有擺之時鐘以爲校對，此等鐘之行動由直接觀察天體之機轉，按每日各星繞轉地球之循環而確定之。 此種用各星以確定時刻之方法，並不陳舊。往昔測定時間，普通均賴觀察太陽，卽是利用日晷。 尙有甚陳舊之方法，卽爲在南墻之上，安插平直木棍，然後觀察木棍之日影，定晝間之時刻。 並在木棍之周圍畫一圓周，將下方半圓，劃爲十二等份，使日中之影與周圓最中央之分劃線相符合。 因是卽賴每日太陽之行動投影於日晷之上，自日出至日入之時刻，作時之十二等分，由日影得以觀察時刻。 此種日晷，自然僅足資爲救急之方法。 尤以太陽行在赤道時，則日晷在近赤道各國似爲正常。 距赤道愈遠各國，則此種簡單日晷之缺憾愈顯著，關於各國民族文化發展上有重要之成功者，厥爲希臘及日耳曼兩民族，蓋彼等曾從事於此項問題，且在其需要上，曾獲有相當之解決。 希臘人曾思得曲線網，由日影面之位置，可以推知一日之時間，卽

(一)譯自: Forschungen und Fortschritte 15. Jahrg. 1939, Nr. 13, S. 171—173

由日出至日入共分爲十二等分之時間；其時程隨四季而有變動。　吾人對於天文計算上所利用之鐘點，與每日地球輪轉第二十四分之一，實爲相符。

日耳曼人以最簡單之方式，由地中海區域導來最簡單方式之晝間劃分與日晷。基督教祈禱，每日均賴之以備及時舉行規定之祈禱。　所以各教堂均以前述劃爲十二等分之半圓形日晷，用木棍安置於中心點，令其成爲水平。　自貝達(Beda)（爲一神聖會史學者生於六世紀）氏時代許多所觀察之日蝕，已示有此種奇特天體機轉之時間與經歷，可從日晷讀得。　此外復有水錶，設無太陽時，尤爲重要。　照管水錶要充分努力，設欲此錶示出四季變動或不相等之時間，只有無間的調節之，方能達到。　當十四世紀末葉，曾倡行齒輪鐘，此乃一大進步，此鐘所示之時刻，不但不復有不等之弊，且與現今日用時鐘所示之時刻無異。　自然每日當資太陽以爲校準。　彼時日晷，其構造當未臻完善，僅足用爲觀察太陽最高度之時刻，即正午時刻，設若教堂之南墻的確朝南而後可。　因是爲時不久，曾注意試驗得南向之偏差，其法即計劃日晷於一大約斜立於教堂墻壁上之薄板，但是向南指示。

玆舉最舊之例於此，爲斯特拉斯堡(Strassburg)之大禮拜堂，帶日晷之天神。　雖不如冠爾馬(Kolmar)大禮拜堂示有如此巧妙之試驗，然與維也納新城(Wiener-Neustadt)之市技師教堂與小禮拜堂則相雷同。

如此日晷之晝間劃分與齒輪鐘時間之示數相較時，則每日均顯出日晷之缺點，尤其自十四世紀中葉，公示之打鐘，報告時刻，給人人以考查之可能。　因是改善日晷之試驗，日益接近。　從事此項試驗者，特別是在現今尚存有多數日晷之各地，如在哈爾慈(Harz)及赫森(Hessen)等處，對於改進日晷時刻之劃分，均示有特別之嗜好。　如今在卜勞恩蘇艾(Braunschweig)克籐(Köthen)哈麥侖(Hameln)楞歌(Lemgo)，格恩郝森(Gelnhausen)等地方之禮拜堂均尚存有如此改善之日晷。　其改善日晷之眞相，究安在耶？　並非分其半圓周爲十二個等分之圓弧，乃是在正午鐘點時，則圓弧之形較狹，下午時仍寬。　於是卜勞恩蘇艾城之大禮拜堂一三二二年至一三四六年曾建有南側教堂一座，其南壁上即有如此日晷兩個，鑿鑲於堅固美麗之石內，此種石料，乃係取自降近被風雨侵蝕之石質，然其中一日晷，並非下方之圓弧較狹，乃係上方之圓弧較狹。以此種情形實行試驗，與一齒輪鐘相較，而證其缺點，因此其側方之日晷，不久便造成向下方縮狹斷面形之正當分劃，但二者均無鐘點標誌與影棍，安插影棍之深孔，於今猶在。此等向下方縮小之鐘點線劃，曾見於一四〇一年克滕（Köthen）地方之（Jakob）耶柯布教堂內之日晷，又上部份之日晷，曾見於哈麥侖（Hameln）地方大禮拜堂南方橫教堂之東南隅，又於楞歌(Lemgo)地方尼柯萊(Nikolai)教堂南壁之西頭第一柱石上，又於格恩郝森（Gelnhausen）地方聖母教堂(Marienkirche)南大門左牆上均有之，所有此等日晷皆係於一三四〇至一四二〇年製造而成，影棍似居水平位置，尚有補充者，在赫森(Hessen)省內弗蘭肯山城（Fran-enberg）聖母教堂（Liebfrauen-Kirche）之南方柱石上，有日晷兩個，其一為未完成者，另一，其鐘點之羅馬數字，可自上午五時起至下午七時止，皆可表示出之，關於南方日晷，則不可能，弗蘭肯山上，已自一三五九年曾造成一鐘塔，大約為試驗使之每小時一鳴。

彼時設計南牆上日晷，曾備有定則，即horarium時刻之謂也。此乃教人對於鐘點分劃，自午時分劃起，應隔離多少度。對於影棍及方位並無定則。此種重要定則，應成立於一三五〇年，並首先發表於格丁根（Göttingen）神字第一二四號寫本，（約在 Erfurt 一三六四年所繕寫）與馬德堡(Magdeburg)星學家之學生約翰所編輯關於象限及德國地方目錄之論文，實有密切關係。較好分劃之日晷首先出現者，現當推北德國部分之馬德堡卜勞恩蘇艾（Braunschweig）及降近僧院利達郝森等地方，其經緯線係哈麥侖（Hameln）名約翰者於一三二八年所規定，嗣後曾見於卜勞恩蘇艾地方誌，採用之為經緯度，於是該三地方改良日晷，特別著名，致互相發生關係，而定則遂告成立。現有自正午時線距離之定則，若是人熟考眞正卜勞恩蘇艾之日晷，便知此時線定則，總是為利達郝森

(Riddagshausen) 及卜勞恩蘇艾兩地方間日晷之値，堪注意者卜勞蘇艾日晷時線距離之變化，其距離之定則，竟補足爲九十度，妙哉！ 茲推測之，蓋係誤用定則所致。 日晷製造者，對於正午線不作爲十二時之時鐘線，乃作爲六時之時鐘線，自日出至日入數爲晝間之時刻，一如往昔著一般之習慣焉。 其他如威提海姆(Wertheim)寺院教堂之日晷，示有同樣變化之分劃，此乃一不充分定則之明證，致有此誤解發現，哈麥侖及克蘇兩處日晷之分劃，與定則大致相符，而楞歐 Lemgo 地方之日晷，則較爲不同。

影棒應如何安置乎？定則上並無言及。 如今所存在之水平棒孔，即爲水平影棒之說明。 因此鐘點不能正確規定。 至於表示之鐘點，是否等長或不相等長，亦不能正當顯出，設因影棒常不在圓周之中心，而在鐘點線之切點，如是便應在外方。 實際此種定則甚是確當，設影棒安插於中心孔，則影棒便適得與地軸互相平行，故所計劃時計之錶盤，最好居於緯度四十八度以下之地方，但是如卜勞恩蘇艾及哈麥侖等較北之地方，當堪適用。 吾人可以假定帶指北針影棒之現代日晷，當十四世紀中葉，在哈爾慈地方業經發明。

此種定則，適用於日晷之設計，益見推廣，且每應用之，然而日晷祇爲一種救急之方法。 當一四三〇年農堡(Nürnberg)始見進步，曾用帶磁針之棒，計算現代之指南鐘，計劃遂成功，且曾說明，謂此種日晷或亦可佐用以羅盤日晷，由時線之投影製成之。 吾人不知此等三方法之原始創造者爲誰，惟此種計算法，則爲農堡之技術博士庚斯費爾德 (Reinhard Gensfelder) 氏所信任 ， 日晷之藝術 ， 從茲而後 ， 進化甚速。 日晷之設計於一四四四年業已進步，能指示東西南北之方位，而中空之日晷亦已計劃成功。 繼之日晷之設計，不久對於南方偏差之指定，不能如意自若，如梯洛爾 (Tirol) 之寺院新堡 (Klosterneuburg) 及哈爾 (Hall) 等處，倘保存有此種日晷， 可資證明。 他處曾將指南鐘設計於一石盤之上 ， 并置此種石盤斜對於教堂之壁 ， 惟正確向南。 此種指南鐘爲諾海(Nordheim)都德城 (Duderstadt)克樓盆 (Kroppenstedt) 及烏特 (Utrecht)耶柯布

(St.Jakobskerk)教堂與奥京聖斯特凡 (St. Stephan) 等處，於今猶可見之。一四三六至一四七六年經勒喬蒙垣(Joh. Regiomontan)之研究而獲得新技術，乃爲日晷之大完成。該氏非僅對每個日晷之偏差，且對任何式傾斜之日晷，亦付計算及之，並造成設計日晷輔佐之方法，後世均受其思想之賜；在農堡(Nürnberg)及奥斯堡 (Augsburg) 等處均成立有生利之營業，彼處製造旅行日晷直至十八世紀之末。教堂仍愛沿用日晷，然在各城鎮之樓鐘竟至十八世紀之末葉，仍沿用日晷之作法，但各鄉村間之用日晷，歷時尤爲悠久。時代之日晷，實由德國漸次流行，而後傳布於歐洲其他各地。尼寇勞克拉策 (Nikolaus Kratzer)傳布日晷於英國；此外勒喬蒙垣 (Regiomontan) 盟斯特 (Münster) 及攝能 (Schönen) 等人日晷之書籍，以及常輸出之旅行日晷等，概係由德國之學識而推廣於全歐也。

軍士給養中之維生素

Die Vitamine in der Heeresverpflegung(一)

葛秉仁譯

維生素之意義，為一定之營養補足物質。 若於吾人日常之營養物中，缺乏此種物質時，則可發生重症之健康傷害。 其結果稱之為缺乏症狀，或稱之為維生素缺乏症。 凡此種種，現在任何之家主婦，莫不甚為明瞭。於購買營養物品例如配從日常食物之購買單中，或準備食物時，家主婦對之無不與以注意，且加以適當之配合，以維持其家族間之健康及生產能力。 此種家族中必須之重要條件，於吾人國防軍中亦適用之。 蓋欲保存軍隊之戰鬥力，不只數目充足已也，必須有適當之營養方可。

過去數年間，吾人國防軍，對此已甚為注意，蓋欲應用營養學研究之結果，須確使軍士有充分且適當之營養，尤以戰爭之際為然。 維生素問題之重要，今日柏林國防總指揮之講演會中，已明白顯示。 即於軍隊行政長官及營養學者間之嚴密合作下，其營養之補充 ，有極度之規定， 即須保證軍士享有充分且適當之營養，更以特殊之訓練，使庖人對此種科學，確有最新之認識；而於準備營品時，對於維生素，有充分之注意。

大學教授史耐爾博士，於對國防軍總指揮歐凱樸將軍致敬意後，即對於維生

(一)德國防軍總指揮報記錄柏林一九四〇年一月二十九日

素研究及維生素問題之發生，作一鳥瞰。 其言曰：數年以前，維生素尙爲一流行語言，多數民衆，對之尙不能作正確之概念。 至於今日，吾人皆知，任何人類皆需要一定量之維生素；吾人皆知，若營養物中，長期缺乏一種維生素時，則臟器內，一定之生活機轉，定被破壞。 除於營養物中，因種種意義，必須有適當量及不同性質之維生素組成外，此種認識，更爲現代營養學之核心矣。 各種重要之維生素，雖爲自然產物，但現在可純粹製造之，且化學上，其正確組成之方程式及其構造，已甚明瞭。

甲種維生素，只直接自動物性產物存在之。 例如海魚之肝油中，牛乳中或牛酪中，全脂肪之乾酪中，卵黃中等是。 至去脂肪之牛乳中，則不存在。 豚脂肪中，亦不存在。 肝灌腸及血液灌腸中，實爲甲種維生素之佳良源泉。 又一定之魚類，尤以魚卵，其甲種維生素，最爲豐富。 除動物性產物外，綠色之青菜胡蘿蔔或紅色之胡蘿蔔， 皆可用爲吾人甲種維生素之源泉。 若此種維生素，長時間缺乏後，則可發生一定症狀，在成人則現有夜盲。 對於病原體，則全身之抵抗力減退。 在乳兒及小兒，則發生眼疾患，初生兒之生活能力下降。

丁種維生素，爲抗佝僂病性維生素，只存在於動物性之營養物中（牛乳，卵黃，魚肝油）。 植物性食餌，則不存在。 但自然界，對於吾人亦予以補助，卽其中可存有其前階級物。 此種前階級物，常於攝取植物性營養物時，同時輸入，而於日光曝曬後，可現有作用。 戊種維生素，卽所謂生殖性戊種維生素，爲植物性油質，尤以穀類胚油中，含量最多。其他亦分布甚廣。 人身各臟器，究需要若干量之此種維生素，現在尙未完全明瞭。 現在所知者，則爲：若其他維生素能充分於營養物中輸入時，則此種維生素，亦可充分供給。

水溶性維生素中，乙種維生素，最爲重要。 可以人工化合組成之。 自然界中，分布極廣。黑麵包及全粒麵包中，大部分爲乙種維生素。 馬鈴薯及青菜中，亦爲其重要之發生地。 但乙種維生素，爲水溶性，故可於炊煮之際，移行於炊煮之水中。 此種維生素，若不充分輸入，其結果；可發生種種自覺症狀，例如憂鬱，懦弱，食慾不振，頭痛，貧血，等症狀是。

丙種維生素，爲抗壞血病性維生素，爲一種近似糖類物質。此種維生素缺乏時，則可發生組織及齒齦出血。醫生方面，對於春季最常發現之症狀，例如懦弱，倦怠，易罹感冒等，認爲皆由於此種維生素缺乏之結果。此種維生素，含於新鮮菜蔬，水菓及馬鈴薯中。

因此次講演而自 Westwall 前線特行調回之一等軍醫長沈銳，博士，主張，維生素豐富供給之意義，由於衛生學上之觀察主張。因是關於維生素，更擴充吾人之認識，軍士健康，可以此種新與問題答覆之。負軍士營養問題之責任者，早已傾向營養性質之觀察。其原理在於軍士給養中，無一新生之營養物質，不僅其營養價之成分如是，卽其維生素成分，亦復如是。此在科學方面，業已證明者。數年來之試驗，德國軍士之維生素供給問題，已甚注意，且爲必要者。故軍士食物之醫學監督，亦因之發生。德國軍士之衛生官吏，自其總指揮部，直至最低級之軍隊醫生，亦皆向此點工作，而認爲此種補足物質，有絕大意義。其維生素比較少量，或於比例上，已較少量，或缺乏而形成之疾患，卽維生素缺乏症，在衛生學上，實居非常重要。

軍士營養之各種維生素中，最重要者，爲丙種維生素之供給。

其次被視爲重要者，則爲乙種維生素，例如乙族各維生素其確實之豐富輸入，只爲佳良之軍士麵包，例如德國之軍士麵包是。此種軍士麵包，雖不必一定，但常含有百分四十之水分，於戰陣地點，可得應用。因是乾燥之焦麵包，卽全粒麵包，遂被應用。該物確可輸入高量之乙種維生素，且可長時保存。更可利用酵母膏，以輔助乙種維生素之輸入。此酵母膏，在任何軍隊之廚房中，皆供給之，且多量使用。缺乏此種維生素而發生之疾患，在德國軍隊中，非未發見。血灌腸及肝灌腸，可豐富供給之。但糖漬菓品，亦可視爲有豐富甲種維生素之食品。因其於一定製造方法所規定，卽於空氣密閉煮沸之結果，其有効物質，仍保持存在也。

於野戰廚房中，其食物之準備，有下述之規定。 即在可能範圍內，於最後之工作經過中，其粗食物中存在有效物質之破壞，須極力避免。 祁葛累博士曾著一野戰烹調學，載有統計即平時德國軍士之健康狀態， 常甚良好， 在戰時亦然。 於十萬多數之新徵國防軍中其中百分之六十八，於訓練期中體重增加。 而體重增加之主要期間，則為服務之第一月。 第一年全年中，體重增加之平均數為三公斤。 一等軍醫長沈鋭奔博士，更絕對主張軍士之營養，應絕對良好及有力。 其營養須由專門人才管理之。食品單應由思想及學識二者聯合組成之。 其烹調須於軍隊中須於軍官學校中，選有經驗者，且於模範廚房中，受有訓練者充之。 維生素學之認識，對於軍士之營養，可有極大之價值。 即一軍士，於服務期間所得之經驗，亙其全生，皆可適用。

陸軍行政長官政府評議長營養經濟學及營養科學專家之祁葛麥博士，對於軍士給養之重要食品及保存後，其中之維生素含量，加以觀察。 該氏發表少數應用維生素有効物質之例證應用之同時，即覺食物有美味。 氏更謂此種例證之特殊價值，在於陸軍行政官員準備食物時，使之含有維生素。 該氏又指示陸軍行政官員方面發表之維生素工作報告，其中關於野戰廚房之命令凡五則。

在閉會辭中，給養及調遣事務組組長一等監督將軍畢夫榜秘書，更將此種工作，即此次對於吾國防軍給養之營養管理，使之完成，且將益充分盡力。

書評及介紹

評意志自由論

關琪桐

Arthur Schopenhauer 著，張本權譯。二十六年一月商務印書館發行。平裝一册，一三一頁，價五角。

西方哲學中有許多傳統的老問題，一對一對平排並進，經了一千多年也未曾得到解決，除非人們懶得再思想它們了，或有了新的興趣而把它們置在腦後。自由與必然的爭論，也是這些對立問題中的一個，照例也在不能圓滿解決之例。但是人們既然有理知，同時又有信仰，所以他們要想盡種種方法來證明其主張，因而，在山窮水盡之後，峯迴路轉，往往別有天地，我們讀了叔本華的意志自由論，就頗有此種感覺。

叔本華 Arthur Schopenhauer（一七八八——一八六〇）是主張意志爲世界根本的，所以我們可以想他對於這個意志自由的問題當更有澈底的見解；他的基本著作，意志與表像的世界 Die Welt als Wille und Vorstellung（一八一九——商務已有譯本），是從形上學的觀點立論，認意志爲世界一切現象的原動力的，他的自然界中的意志 Über den Willen in der Natur（一八三六）是就自然界，即經驗界，的種種現象，證明其主旨的，至於意志自由論 Über die Freiheit des Willens（一八四一）則是專論人類的道德自由與否的問題的。

後一部書原是應都隆海姆挪威皇家科學會之懸獎徵文的機會，寫出的，它在呈上去時獲了冠軍（一八三九），叔本華並因此被選爲該會會員。學會的原題是「人類的自由意志可以藉自我意識而被證明麽？」他在此書成功之後，又把他的另一部題名爲道德的基礎 Grundlage der Moral 的書呈獻於哥平哈根的丹麥學院，但是他的答案却因爲不曾論究了主要的問題（即道德的基礎是否在直觀的「是非觀念」中），而不曾得到獎賞。 後來他把這兩部小册子彙集在一塊，印行出來，題名爲倫理學的兩個根本問題 Die beiden Grundprobleme der Ethik。

叔本華的思想始終是私淑康德的，所以他的體系仍然建立在現象與本體的區分上。 他因爲認意志爲本體，而以自由屬於本體，所以他就對於現象界中一切事物的因果關係的必然性，不惜極端讓步，而使自由無隙地可容。 讀了他的前四章，我們好像覺得他是在擁護必然說的，而且他的說理透闢，層層推闡，不得不令人心折。 今稍述其梗概於下，也可以窺見其一斑。

平常人在證明自由意志時，總是根據於他的自我意識，在這裏，他們說，「我能意想，而且當我要意想一種行爲時，我的身體中那些可以活動的肢體就跟着我的意想，完全不可避免的立刻把它完成了。」簡單說來就是：「我所願的，我就能做」。 但是我們的行爲雖有繫於我們的意志，可是這並不就是說，我們的意志活動不依靠於外物。 我們並不能控制自己的動機，各種動機在紛至沓來之後，它們中最强的才能得到優勢，而成了我們的意想 Wollen, 即成了意志的一種特殊的活動。因此，這種結果只是從經驗上才能知道的，並不能在先驗的途徑下被人窺知。 因此，「我能做我所願的」這句話，就只成了假設的，其含義正等於「我如果願意，我就能做」。可是自我意識，只是感覺這回事；並不能決定這回事。

人們說，「我能做我所願望的」，我願意往右，就往右，願意往左，就往左。這都完全繫於我的意志；因而我是自由的」。 這話完全是對的，不過這裏已經假設意志被決定了，因而並不曾證明意志是自由存在的。 因爲這裏並不說意志動作的依屬性或非依屬性，只是說這種意志動作的結果的。 若按經院術語表之就是：自我意識的這種表示是從後面來論究意志的，至於自由的問題乃是從前面來論究意志的。 我們由此絲毫決定不了意志自由的問題，因爲我們還不能決定了意志與外物的關係。

至於說到外界的事物，則先驗的因果法則是普遍有效的；有了原因就有結果，這是通行於一切事物中的定律。不過在仔細觀察之後，在無機物，植物，和動物，三者方面，又有三種動作的原因與之相應，就是本義下的原因，刺戟，和動機。在物理的，化學的現象方面，結果的程度是和原因的程度恰乎相當的，因此，原因增加一分，結果就增加一分。至於在第二種原因，卽刺戟，方面，則反作用並不與作用成比例，而且原因的強度也並不與結果的強度相應。因此，在這裏結果的程度就不能按照原因的程度而被度量，不但如此，而且刺戟稍一增加之後還許能引起十倍大的結果來，或者把先前的結果完全取消了，或者帶來相反的結果。就如以溫度養花，溫度可以當做花的生命力的刺戟；但是當熱度超過某種程度時，結果花不但不增加其生命，反而會死亡了。至於第三種原因則是藉認識而發生的動機。在這裏，那具有多重需要的動物，不能只等待刺戟的機緣來滿足它的需要，它不得不選擇，把握，並尋求滿足欲望的資具。動物的運動是對着一個被認識了的對象而發生的，動物有多大的表像能力，那麼它就可以在那麼大的程度內表像了動機，而引起了它的運動。在這裏，自我意識就成了內在的運動力，而且它的特殊的表示就可以藉動機呼喚出來，這就是我們所謂「意志」。

刺戟是藉直接的接觸發生作用的，它的作用是與它的久暫和強度成比例的，雖然這種關係並不在一切刺戟的程度方面都是一樣的。至於在動機方面，則沒有這些分別。因爲這裏作用的媒介，不是空氣，而是認識。動機只須被認識了，就可以起作用。而在人的動機方面，更有一種特殊的情節，這種特點就是理性。人不祇能以藉直觀把握外界，而且能從直觀抽象出概括的概念來。由此，他就能回想過去，顧慮將來，並能構成科學，藝術等等。人可以忖度思量，藉精細的線索，以指導他的運動，因而他是比較自由，而不受制於當下直觀對象的強迫的。人們所謂意志自由往往就是指這種相對的自由而言的。可是它只是相對的，就是只對直觀的對象說才是自由的；它又是比較的，就是只對動物說，才是自由的。不過這並絲毫不會取消了動機影響的必然性。那專由思想成立的抽象的動機，也是一種由外面來決定意志的原因，正如那由直觀對象而成立的動機一樣。人的思考只能使各種動機在其心中互相交戰，結果使那最强的動機可以把別的動機驅除出去，而把意志決定了，但是這種戰爭的結果仍然是有充分的必然性的。

我們如果前設了意志是自由的，那麼人類的每一種行爲都成了一個不可解的奇蹟，——一個沒有原因的結果。人們如果企圖思想一種中立的自由意志，那他立刻就會知道，他的理性要停頓起來，他就再沒有任何形式，可據以思想。因爲「理由原則」，和各種現象「互相決定」並「互相依屬」的那個原則，乃是我們知識的最普遍的形式。因此，我們如果假設了自由意志，我們就得假設一個能決定而却不被決定的東西，而且那種東西是不依賴於別的東西，別的東西是依賴於它的，因而這種東西就可以毫無理由的一時作用於A上，一時作用於B上，一時又作用於C上。這樣我們就復返於絕對的偶然之上了。

我們這裏還當想起一般的原因來，就是那能以使後來的變化成爲必然的那些先前的變化。世界上任何一個原因都不能完全新創出它的結果來，或者從無中生出有來。它一定要有一種東西可以在其上發生影響，它一定要在此時此地並在這個確定對象上，引起某一種變化來，這種變化一定合乎這種東西的本性，而且這種東西一定早已有一種力量，可以發生這種變化。因此，每一種變化都由兩個成分發生，一個是內面的，一個是外面的，內面的成分就是那受影響的事物的原始力量，外面的成分就是那强迫那種力量出現的決定原因。每一種因果作用和其解釋都前設了原始的力量；因此，後者並不解釋一切，它總還留下一個不可解釋的東西。在化學和物理方面我們在種種解釋之旁又假設了自然力，這種自然力並不是能以解釋的，它乃是一切解釋的原則。它也並不受支配於引生力量，它反而是能借給每種原因以引生力的那種東西。磁力現象前設電性；天體物理學前設吸力；化學前設一種神祕力量。　同樣，生理學也前設一種生命力，那種生命力也是對特殊的內外刺戟而起一定的反應的。　說到動機也與前兩者一樣。　在這裏，外面的原因也可以喚出一個不能溯源於原因上，不能再行解釋的力量之表現來。　這種力量就是意志，只有我們前設了這樣一種意志存在，並有某某性質，那指向於它上面的原因，即動機，才能發生作用。　意志這種特殊的性質使它對於同一動機可以因人而異其反應。　因而它就構成了人的性格，這種性格因為只能從經驗上知道，而不能先驗的被認識，所以它也叫做經驗上的性格。

叔本華又給人的性格加了四種標記說，（一）它是個別的，人各一樣的，（二）它是在經驗上才能知道的，（三）它是恆久不變的，（四）它是與生俱來的，而非藝術的作品，乃是自然的作品。

這種性格就是動機影響人心時那種必然性所依靠的根據。　自然中每一種結果都是兩個成分間一個必然的產品，就是：這裏表象出的普遍的自然力，和喚起這種表現的特殊的原因；同樣，人的每一種行為都是他的性格和他的動機的一個必然產品。　這兩個條件如果一被給與了，行為就必然會發生了。　因此，如果有別的行為發生了，我們就得假設有另一種動機，或另一個性格；因此，每一種行為是可以預先測知的，而且人所努力不懈追求的那些目的，根本乃是由天生的性格所決定的。　因此，要期望一個人在同一種場合下有一次是這種行為，另一次是完全另一種行為，那正如同期望，同一棵樹今年結櫻桃，明年結梨似的。

因而我們可以推得一個結論說，（一）一個人在一種環境下只能有一種行為，（二）而且他的生涯全部都是只能那樣，而不能有兩樣的。　因而「凡發生的大小事情都是必然發生的」。　照這樣，人類行為的自由就完全取消了，而且行為是受支配於嚴格的必然性的。　不過我們正在這一點上，可以把握住真正的道德的自由。

在重重推敲之後，叔本華終於提出他自己的意志自由的理由來。　他說，我們意識中有一種明白的感覺，就是，我們是對於我們的行爲負責的，因爲我們確實相信，我們是我們的行爲的發動人。 因爲有這種意識的緣故，所以任何人都不會藉口這種必然性，來寬恕自己的過失，而把罪惡轉嫁於動機之上。 因爲他分明看到，在現在的環境下，並在那曾經影響他的動機之影響下，他如果是一個別人的話，那麼很可以有別的一種行爲，甚或相反的行爲發生。 自然，他因爲正是他自己而不是別人，並且只有那樣一種性格，所以他不能有別的行爲，不過別種行爲在客觀上仍然是可能的。 因此，他所意識到的那種責任心，表面上雖只涉及行爲，實際乃是涉及他的性格的，他只是對他的性格感覺自己負責的。別的人們也同樣使他對這種性格負責，因爲他們的判斷是忽略了他的行爲，而確立他的性質的，就如他們說：「他是一個壞人，一個惡棍」等。

但是這種自由與前述的必然如何才能調和呢？叔本華在這裏乃求助於康德所立的現象與物如間的那個區分。 正如在康德一方面，經驗世界的經驗實在性，與其超驗的觀念性可以共存似的，同樣，叔本華也主張，行爲在經驗上的必然性，也是與它的超驗的自由可以共存的。 經驗上的性格（即整個的人）因爲是經驗的對象，所以它只是一個現象，因而它是束縛於一切現象的形式上的，如時間，空間，和因果關係，以及它們的法則：至於他的可理解的性格 intelligibler Charakter 則係物自身，它是獨立於這種形相以外，而不受時間支配的，並且是全部現象的恆久不變的條件和基礎；因而它可以有絕對的自由，而獨立於因果法則以外，因爲這種法則只是現象界的法則。 不過這種自由乃是超驗的，那就是說，不是在經驗界中可以遇到的；我們只有在排除了一切現象和其形式，而達到了人的內在的自存的本質時，那種自由才能存在。 藉着這種自由，人類的一切行爲才成了他自己的所作。

由此，我們就不可照一般人的做法，在我們的特殊行爲中來找尋自由的所作，而當在人類的全部「實有」和「本質」中來找尋它這種所作，我們當認它是人的自由行爲。 這些行爲只對於那繫屬在時空因果上的認識能力說，才呈現於繁雜差別的行動中，不過這些行爲正因爲那種在其中呈現出自己來的東西本來是統一的，所以它們都負荷着那種性格，因此之故，對經驗世界說來，「什麼人做什麼事」的這句話，是可以無例外的適用的。 每一種事均都依照它的性質發生動作，那藉原因而生的結果就表示出這種性質是什麼樣的。 每一個人都是依照他自己的本性來行事的，至於每一度必然的行動只是被動機所決定的。 因此，那在動作中找不到的「自由」就必然存在於實有（本質）之內。 古人們把「必然」諉於本質，把自由諉於行爲，那實在是一種錯誤。 正相反的，自由只是存在於「本質」中的，不過行爲却是從本質和動機中必然產生出的，我們在我們的行事方面才認識了我們是如何一種人。 責任意識和道德傾向都是依靠在這上面的。

總而言之，人只是恆常做他所願做的事的，不過他是必然做這件事的。 這是因爲他已經是他那個樣子；因爲從他的本性，才必然發生了他每次所做的事。我們如果從客觀方面看他的行爲，那它就如每一種自然事物的作用似的，受支配於因果法則的，但是在主觀方面，每個人都感覺到他是恆常做他自己所願望的。這就無異於說，他的施爲只是他自己本質的表現。

叔本華的主旨略如上述，他以爲這樣就把自由從特殊的行爲中上升於一個較高而爲我們的知識所不易達到的領域中，那就是說，他使自由成爲超越的。 我們此處不能細論他這種見解的當否，祇可以作幾種簡單的按語。

（一）康德的「物如」並未有什麼定義，祇是一種形上學的推論，叔本華則認「物如」就是意志，且以自然力，生活力，與意志相提並論，此已落於經驗論。（二）康德的物如與現象界的關係，也未明白規定，我們祇可在字裏行間推求一點，至於叔本華則以爲，意志（本體）可以受動機影響而發生行爲。 是現象反可以決定本體。 （三）叔本華又以意志（本體）可以表現爲性格，然各個人的性格又不一樣，因此，他的物如界不但進入現象界，且多元化了。 （四）叔本華只以負責意識證明意志是自由的，但是意識只是被動的，性格又是天生的，故自由仍無存在餘地。必須證明性格爲「意志」所自由選擇的，然後方始證明意志是自由的，叔本華在這一點上，並未曾明白規定意志與性格間的關係，而遽言意志是自由的，似有未妥。因爲性格很可以受遺傳，生理等所影響，這純是經驗中事，而與本體界無涉。（五）意志自由問題原是行爲上的問題，今叔本華把自由認爲超越的，但不知所謂自由是在現象界中自由，抑在物如界中自由，如在現象界，則現象界，無一不受因果律所提配，如在物如界，則此種自由完全與人生無涉，遠非一般道德論者之本旨。（六）所謂職責問題乃係選擇問題，使無選擇，則雖行事人自己有負責意識，而且別人也把責任諉於他，可是他的惡行爲，既是他的性格的表現，他的性格又是他的意志的表現，所以他本人仍然無絲毫責任可言，因爲他並未曾創造了他的性格，僅意識到他的行爲。這就如同一個人雖然意識到自己的美與醜，而不能爲自己的美與醜負責似的；我們在此萬不能說，他意識到美與醜，美與醜又是他的本體的表現，故美與醜是自由的。（七）他雖分性格爲可理解的性格與經驗上的性格，而以自由歸於前者，但是他既認經驗的性格爲可理解的性格之現象，那麼兩者必然是相關共變的，那就是說，現象如變，本體也必然要變，因而失掉其自由，因爲兩者是有關係的，若說本體不因現象而變，則是兩者間已無關係，何用再立本體？且此本體之自由也就無用了。（八）竊意自由與必然係兩個相對名詞，純係日常實用上的名詞，然經哲學家推到絕對領域中後，便失掉其意義了。且自由一詞必假設有動作者，然後才有意義，然動作者（即存在）係一機能上的統一 funktionelle Einheit 即有系統的個體。故我們若從相對的意義立論說：自由是一個個體根據本性而施的有意識的動作，則似已可以無病。因爲我們的推論必假設外物各有自相（也是相對的），各有功能，如石之堅，如花之香，爲什麼我們不可假設人也有其功能品德？花之香雖不常住，而受物理法則支配，然而我們無防說，香是花所有的，因爲語言上方便之故；我們如果因爲花香有變化，而另立花自體以爲香之所從出，是則徒勞；若照那樣，我們將在有花之處不見花，無花之處偏立花，是則大謬。 人也如是，雖然他的行動有變化，有法則，我們也不妨說行動是他的——現象界的他。 因爲宇宙現象原是疏密相間，凝煥迭更，當其聚爲某某現象，發生某某功能時，我們就可暫將某某功能還原於某某現象。 因所謂認識就是特殊强的暫時現象依於我們內心的結果，如鷄卵之白，之圓，之堅，卽是一束勢用强的現象，此一種現象聚結起來，客觀上產生了功能，主觀上產生了認識。到這些現象散了之後也就無所謂卵。 準此以推，我們不如將人的行爲推溯於現象上暫時勢用强的「人」這個現象上，而認自由就是他的自由，雖然這種自由也受法則的支配。 由此我們可以說，就一種勢用的開展而言，就是自由，就較弱的勢用被較强的勢用所範圍而言，就是必然。 二者都是相對的，且可以同時，同地，寓於同一物中。 因此之故，我覺得叔本華在已經找尋到這個觀點以後，却又多走了一步，而進到不必要的物如界。 因爲他在找出「性格」爲人的行事的坐標以後，就已經擋在問題的核心上，他該把性格立爲强的勢用，來解释弱的勢用（行爲，外物等），如此說法，可以免却多少矛盾，但此種說法似乎平淡，不甚爲哲學家所心愛能了。

叔本華此書雖然卷帙不大，可是它層次井然，很能引人入勝，且其第四章又把論究過此問題的思想家，一一引徵，尤足供人參考。 至於此書的譯本，似乎疵瑕甚多，評者頗願藉此機會，舉出若干條，以資商榷，鄙見正確與否，固不敢自信，然而惡意的抨擊，則確乎是沒有的。 下邊所列舉的，係隨手翻出的，故不是評盡的。

（一）譯文四十六頁六行：「蒼蠅很泰然地坐在蜥蜴的頭上，這在前者的目中就和後者一樣」，原文是 Fliegen setzen sich der Eidechse, die eben, vor ihren Augen, ihres Gleichen verschlang, zutraulich auf den Kopf。 按若譯作「蒼蠅很信託的落在那在它眼前吞他其同類的蜥蜴的頭上」，較爲妥些。

譯文四十八頁四行：「所以人也可以在某人的計劃和企圖上將動機對於他身上的效果詳算出來，同計算機械設備上機械的效果無二致。」原文是 Dem entsprechend bringt man auch umgekehrt, bei seinen eigenen Plänen und Unternehmungen, die Wirkung der Motive auf die Menschen mit einer Sicherheit in Anschlag, womit man die mechanischen Wirkungen mechanischer Vorrichtungen berechnet。 此處文字很明顯，而用意稍深，故譯者稍有顚倒原意之處。 似當譯爲：「反而說來，人在自己的計劃和企圖中，也可以確然計算了動機對於人身上的效果，一如他計算機械設備的機械效果似的」。 按此係說，一個人在計劃某種事情時，同時要顧及某種動機可以刺激起他人的某種反應來，類如欲成某事，先以友誼，或金錢，感動某某人便是。

又譯文四十八頁十二頁，「此一謬誤更完全支持了彼第一章內所詳論的自我意識的「我所想的我能做它」的陳述；加之不論何時，在多數的動機中，佔上風的只有所祈求的動機，在餘的則概被排斥時，此項陳述尤其響亮」。 Diesen Irrtum unterstützt nun ganz besonders die falsche Auslegung jener im ersten Abschnitt hinlänglich geprüften Aussage des Selbstbewusstseins "ich kann tun was ich will"; zumal wenn diese, wie zu jeder Zeit, auch bei Einwirkung mehrerer, vor der Hand bloss sollicitirender und einander ausschliessender Motive anklingt。 這 Irrtum 裏的一字原是賓詞，譯者誤認爲主詞，故行文顚倒；又後半句也甚不妥，不如譯爲，「尤其當這種斷言在一些迫切央求互相排斥的動機之前開始吐露時爲然。」

譯文五十三頁七行：「有一同類的情形，大約也可假定：在某處交際的社會中發生了極劇烈的爭論，這將很快完事，如若經過一第三者忽然以洪亮而嚴肅的音調喊道：「屋塌下了」。 原文是： Wer etwan dergleichen behauptend, in einer Gesellschaft hartnäckigen Widerspruch erführe, würde am kürzesten aus der Sache kommen, wenn er, durch einen Dritten, plötzlich mit lauter und ernster Stimme rufen liesse: Das Gebälk stürzt ein! 應譯爲「一個主張這類說法的人（主張自由的人），如果在一個會內遇到頑强的反駁，爭論不休，那

麼當第三個人以瞭亮而嚴重的聲音喊說「屋樑塌下來了」時，他如果應聲而起的話，那他立刻就輸了。」

譯文五十五頁五行：「我再說一遍，此處本非悟性所得爲力，如若人應該提及它的話。」　原文是：Ich wiederhole es: dabei steht ganz eigentlich der Verstand stille, wenn man nur vermag ihn daran zu bringen。　似應譯爲：「我可以重說一遍：這樣，理解力就完全停頓起來了，只要人能够使它停頓起來的話。」

譯文五十五頁十二行：「固有的力量從原因上假定各種因果關係和各種解釋，原因却從不闡明一切，常讓不可解釋者餘留下來」。　原文是：Ursprüngliche Kraft setzt jede Kausalität und jede Erklärung aus ihr voraus: daher eben letztere nie Alles erklärt, sondern stets ein Unerklärliches übrig lässt。此處又是賓主倒置。　應譯爲「每一種因果作用和藉因果作用所做的解釋，都前設原始的力量：正因爲這個，所以因果作用並不能解釋了一切，而總還留下一種不可解釋的東西」（即原始的力量）。　此等處於理論關係極大，稍一忽略，整個線索就不清楚。　譯者不可不慎重的。

譯文五十八頁三行：「以致人們可以假設：在性格上，道德的區別是與智力的區別等量齊觀的，此言縱嫌微過分，但二者卻不會較巨人與侏儒，亞普維與提爾細提斯間的區別爲大」。　dass man annehmen kann, der moralische Unterschied der Charaktere komme dem der intellektuellen Fähigkeiten gleich, was viel sagen will und beide seien ohne Vergleich grösser als die körperliche Verschiedenheit zwischen Riese und Zwerg, Apollo und Thersites。似應譯爲：「因此人們可以假設，性格之道德的區別，是與智力的區別一樣的，而且甚至可以說這兩種差異，是不可比擬的大於侏儒與巨人，亞普維與提爾細提斯，間的差異的。」

譯文五十九頁十一行：「往往按我們在某種情形下而持謹慎，勇敢，誠實，沈默，精細或平常在此場合所要求的德性表示過，或對這些德性的缺點也暴露無道了——結果才會使我們對於所結的相識滿意或不滿意。」這裏的後半句似乎譯錯了。原文是：sind wir, in Folge der mit uns gemachten Bekanntschaft, hinterher zufrieden mit uns selbst, oder das Gegenteil。應譯為我們才可以依照自我認識，而滿意自己或不滿意自己」。——這意思是說，自己的性格自己也不能預先知道，必待表示過種種德性和缺德後才可以認識自己。

譯文六十三頁九行：「目的因非循它的真質的，卻僅循它所認識的本質以起作用」。此處「它所認識的」一語不甚對，原文是：causa finalis movet non secundum suum esse reale, sed secundum esse cognitum。「所認識的」，如譯為「被認為的」，似較為明白，因為目的不是能認識的，而是被認識的。

譯文一〇四頁一行：「這中間為不要毀謗真理和康德的榮譽，我不引述他的釋義，謝林在此，當他講說全部康德學說中最重要且最可嘆服的，甚至依我的意見最深奧的一部分時，非說他講得不明白，按內容說，他在此所說明的，果屬康德的意思麼？不如爽快表示，最大多數的讀者，如若對於彼位大哲的浩瀚而困難的著作的內容尚不大了解的話，必會意擬，此地所讀的係謝林自己的思想」。此處錯誤甚多，茲依將原文錄出，並附己譯，以資參考。Inzwischen darf ich derselben nicht erwähnen, ohne zur Ehre der Wahrheit und Kants zu rügen, dass Schelling hier, wo er eine der wichtigsten und bewunderungswürdigsten, ja, meines Erachtens, die tiefsinnigste aller Kantischen Lehren vorträgt, nicht deutlich ausspricht, dass, was er jetzt darlegt, dem Inhalte nach, Kanten angehört, vielmehr sich so ausdrückt, dass die allermeisten Leser, als welchen der Inhalt der weitläuftigen und schwierigen Werke des grossen Mannes nicht genau gegenwärtig ist, wähnen müssen, hier Schellings eigene Gedanken zu lesen。鄙意擬改譯如下：「在這裏，我在提到這一層時，為真理和康德的榮譽起見，我不得不責斥說：謝林在闡述康德學說中最重要，最可羨，而據我看來又最深奧的一條時，並不曾明白說出，他所呈示出的，就其內容講，是屬於康德的，他反而

表示說：大多數讀者應當相信自己在這裏是讀謝林的思想的，——因爲大多數讀者還是不十分精熟那位大人物的那部博大艱深的著作，而可以受給的。」

譯文一一八頁十二頁：「甚至還有一決然的謬誤的傾向，使他從此退避三舍，那就是，他認此事需要一甚爲發展的哲學」。原文是：sondern sogar einen entschiedenen natürlichen Hang zu Irrtum hat, von welchem ihn zurückzubringen, es einer schon weit gediehenen Philosophie bedarf似應改爲：「甚至還有一種自然而決然趨於「錯誤」的傾向——要使他由那種傾向迷途知返，那是需要一種已經十分發達的哲學的。」

譯文一二三頁二行，「我壓根兒依據其上，在此也不用贅述了」。原文是 Ich habe mich nur darauf zu berufen, da es eine überflüssige Weitläuftigkeit wäre es hier zu wiederholen。應改爲「我只可以提到這一層，因爲要述重一遍，是詞費而累贅的。」

上述係整個句子之誤，此外也有名詞之誤，也可以隨便舉幾個例子。如四頁「自由之權」liberum arbitrium 應爲自由意志；九頁「無限制的自由意志」liberum arbitrium indifferentiae 如改爲中立的自由意志，似更合適些。十一頁大學論文集 Academ.quaest. 該爲學園問題，卡德司 Cartes該爲笛卡爾。六十六頁，嚴格檢查 Kato 應改爲人名，按 Kato 是羅馬監察官。八十七頁「保險公司的半圓舞台」Amphitheatri aeternae providentiae 應改爲「悠久上帝的舞台」。一〇〇頁不可知的哲學 Le philosophe ignorant 應改爲「無知的哲學家」。一〇二頁明理的性格 intellegibler Charakter 應改爲「可理解的性格」，此點最爲要緊，因全部論證關鍵就在於現象與物如的區分，現象界是可以感覺的，物如界是可以理解的。

平心論之，這個譯本不但錯誤不少，譯文也未臻上乘。希望再版時細加修正，因此處所列舉的錯誤還未詳盡的。

評現代德國教育思想概觀

王錦第

晉天編譯。二十八年十月商務印書館發行。平
裝一册，一八九頁。價壹元捌角。

作專題研究固然是難，寫「概觀」或通論又何嘗容易？所以在歐美大學裏擔任專題研究的可以是後進的青年學者，而教授「通論」或「入門」一類功課的則往往是博學的通儒，原因是「概觀」方面的著述必得要把各種問題先作個別的研究，而後將個別的問題或材料組織起來，這種工作絕不是一知半解的人所能勝任的，在中國學術界中，無論是講學或著作，能作這種「概觀」工作的人往往不肯幹這樣「通俗」的玩藝，而「入門」，「通論」，「概觀」的能手又往往僅只是「概論」的「專家」，例如黑格兒哲學，在中國不能說沒有「黑學」的專家，但是「專家」並沒有深入淺出的給中國通俗的介紹一下黑格兒，而滿口辨證法或下筆千言的辨證法「通論」作者，多數是對黑格兒哲學捕風捉影，沒有下過什麼功夫的，這不能不說是中國學術界壞風氣的一種。

本書，現代德國教育思想概觀，是屬於概論一方面的著作。全書共分三篇，每篇分為四章，共十二章。自康德講起至一九三三年國家社會黨執掌政權後的教育。但是著重點在於講述「新教育」與「學校改革」運動，所指的不是國社黨的「新教育」，而是十九世紀末葉，一八九〇年前後的德國教育界，就編譯的人在緒言中所說，『當時在教育理想上，有藝術教育，人格主義教育，兒童中心主義，社會主義，鄉村教育，國家公民教育的提倡，在教育方法上，有勞作主義，行動主義，生產教學，機會教學，自發活動，體驗教學，綜合教學的要求。打破了舊教育的甲殼，在教育界劃了一百八十度的轉向……』直至國社黨執政後

德國的教育界改變了指導的原則，而十九世紀末葉的「新教育」運動也成了歷史，著者所介紹的便是這段「新教育」的歷史。

本書所講的雖然是十九世紀末葉的「新教育」，而溯源於康德，費希特以及溫特所代表的近世社會思想的發展與什來厄馬赫(Schleiermacher)，加德(Lagarde)尼采，蘭格朋(Langbehn)所代表的近世個人思想的發展，就倫理思想看來，個人與社會的關係是很重要的問題，個人主義與社會主義都是近代的產物，在人類思想史上發現了「個人」是進化中極可珍重的業蹟，同時社會加於「個人」的影響更是與日俱進，「個人的」與「社會的」好像是背道而馳，其實是相反相成，本書開首便把社會思想與個人思想的發展提出來，這是很能把握近世思想核心的講法。

現代德國新教育運動最顯著的特色是反對舊教育的只以理知與記憶力的陶冶爲主，無論是藝術教育(Künstlerische Erziehung)，人格主義教育(Persönlichkeitspädagogik)，兒童中心主義的教育(Vom Kinde aus)，勞作教育(Arbeitspädagogik)等都是反對舊教育的先鋒而提出了新的積極的學說與實施的方案。在本書第二篇兒童教育的總題目下各有專章敘述，似乎篇名不如冠以反對舊教育的幾個學派及其他理論。「第二篇的敘述，主要的就是從個人之動的發展方面，檢討那新教育思想的展開。」（一二五頁）這是編譯者自己的話。

第三篇講的是社會共同教育(Gemeinschaft)，所舉社會的教育思想家有威爾曼(Willmann)，李斯曼(Rissmann)，百格曼(Bergemann)，納脫爾普(Natorp)，伯持(Barth)，克力克(Ernst Krieck)等。社會的教育，到底它的主張是些什麼？『社會就是教育的主體，也就是教育的目的，同時亦是它的手段。目的的社會有兩種，即教育的客體就是社會本身，和那由社會規定教育活動的目的，而引導兒童向此目的前進。』（一二六頁）這幾句話有些難懂，也算是編譯者爲「社會的教育」(Soziale Pädagogik)所下的定義。「共同社會」(Gemeinschaft)在德國現在的思想上有它的特殊意義，一方面它是政治的目標，同時也是教育的理想，國家社會主義的政綱『在（1）統一同血統的全德意志，雅利安民族，（2）超越政黨派別，融和階級對立，圖一大共同命運社會的德國政治的統一，社會的統一，（3）排除宗派的鬪爭，實現德意志基督教徒的共同信仰社會，將整個民族打成一片，而邁進於國民理想主義的實踐。國社黨的教育使命，即站在民族鬪爭的第一線，而謀這目的之實現。』（一六六頁）編譯者所介紹的雖然是國社黨執政後的「新教育」運動，但是最後一章「從「新教育」到國社黨的國家主義教育中，引用的德國教育負責人所發表的德國教育理想與實施方案，我們感到特別趣味，所以願意詳細的介紹一下。書中引用滕尼滋大學的教授斯滕拉（Martin Stemler）在種族的擁護與學校（Rassenpflege und Schule）中的話，為「種族」（Rasse）立下了理論的根據，斯滕拉說：

『種族（Rasse）這個名詞，是最近一年一年地重要的概念，這個概念及其信仰，即是國家社會主義的核心。其他政黨——假使會有其他政黨——和國社黨的區別，便在於此。原來所謂國民（Volk），並非各個人的散漫的結合，數目的力量，或使經濟生活圓滑，個人的生活安全的外部結合體，而是同一血統的同胞，使一國民變成確乎不可分離的統一體者，就是種族和血統的共同社會。

「種族」這個名詞，原來是生物學上的術語，以表示一羣生物互相一致的，肉體精神的一定的特質。但是，使種族所以為種族的，並非這些特質，而是這些特質底下橫着一定的素質(Anlage)。特質是從這種素質所發展的。生物愈是高等，這天性的素質便愈是複雜，在相互作用的關係上，把它們加以調和統一的工作，愈是重要。

性質是從素質所發展出來的，我們只消一看它和環境的相互作用便不難一目瞭然。一定的素質，受一定環境的影響，於是變為一定的性質而表現於外部。』

以上像斯滕拉所說的話，一方面是現在德國政治上的前題，同時也是教育的目的所在。　本來現在支配世界政治的思想，若把自由主義或民主政治除外，有兩個大的集團，一個是以經濟爲前題的社會主義，如蘇維埃聯邦，一個是以民族爲前題的國家主義，如意大利與德意志，關於「民族」或「國家」的講法，據筆者所了解的，德國在這一方面的理論——實際政治上的設施我們在這兒不談——最精透，貢獻也最大。　德國的教育是「民族的教育」或「國民的教育」。

關於所評的本書，約略的作以上的介紹。　現在讓我們再對於本書讀後的感想，講幾點意見出來：

第一，本書寫着是編譯，但是並沒有指出用那本書作藍本，據文字的難讀與生硬看來，大概是「譯」的多而「編」的少，而且所根據的藍本恐怕是日文的，因爲所用的名詞如「文化財」（一四四頁，第三行），「意味」（中文的「意義」，九五頁，第九行），「青少年」（九四頁，第十三行），「素人教育者」（一六二頁，第二行）……等都是日本的名詞，我們認爲生硬的創名詞或不思索的借用外國各名詞而不加解釋在一本「概論」書中，是特別不合適的。　編譯一本書可以是「譯」的多，而編者的意見少，然而必得把根據的原本寫出來，而且「譯文」要讓人不至感覺太生硬。　我們推測這本書是由日文編譯的，除了詞句的借用以外，還有一段話可以作根據，如：『德國在政治，宗教，社會，生活的分立抗爭，是很不統一的。　同時在學校制度上，也顯明的有分立的，不統一的現象……各州有各洲獨立的規程，各有各的特殊教育，和日本那樣一目瞭然的統一學制，眞有天淵之別。』　編譯者並不是講日本教育，無論在前或在後也並沒有介紹日本的學制如何的統一，忽然說了這末一句話，是什麼意思？

第二，本書的文字太生硬難讀，我們隨便翻出一頁看，例如一二六頁上說：『然而所謂社會的教育，究竟是什麼意思？簡單的說來，「似乎是由社會的教育和種種不能概括的契機造成」……』，旣然爲一個名詞下定義，就不能馬馬虎虎說什麼「似乎」，「契機」一詞「似乎」也是不太好解的字眼。　用白話寫概論，明白清楚是第一個條件。

第三，每章末後所舉的參考書很多，這實在是治學問或學術著作中應該有的素養或習慣，但是參考書的人名與書名似乎應該翻譯出來，以便不懂該國文字的方便。

以上是我們把本書讀後一點粗略意見。 本來中國關於德國的學術與思思缺少系統的介紹，現在有這末一本書，翻開看一看，總也可以多少了解一些德國現代教育思想的概況，縱然不一定得到淸楚的，系統的概念。

寫「概論」不是件輕而易舉的工作，文字通順該算最低的起碼！

評德國教育

胡儁吟

鍾魯齋編著。二十六年九月商務印書館發行。

平裝一册，二六六頁。價壹元肆角。

如果著者之目的是在使讀者對德國教育實施的情形有所瞭解，而讀者也以同樣的眼光去看它，那麽，可以說德國教育是一本好書。 它的優點至少可有三個：

（一）關於各級學校之內部狀況，材料豐富，敍述甚詳。 全書共九章，其中有六章專述：德國教育行政制度，學校系統，及各級學校的組織，行政，課程，訓育，教學法等。 讀此，頗可知德國教育在運用方面的實際情形。

（二）圖表甚多，將全書翻開，隔二三頁必有圖表，例如由十四頁到十六頁，三頁之上竟有五個統計表，書中還有許多課程表，學生家長職業表等等。這個很可供一般從事教育工作的人之參考，同時也可見著者在搜集材料方面確下過相當的工夫。

（三）書尾之附錄，有教育統計，參考書提要，中西譯名對照表。 參考書提要，對於普通讀者，頗有幫助。 因爲藉此可以多讀其他各書。 而教育統計表及中西譯名對照表，對欲作德國教育較深之研究者亦有用處。

這是本書最顯著的三個優點，至於其他好點，每位讀者自能隨時發現，茲不贅述。

不過，我們細看此書之目的，似乎不是枝節的或片段的在使從事教育者對課程表及教員待遇等問題作參考。　它還有更深遠的企圖，這個企圖可由本書的序上看出。　序上說：『……吾國教育現正在改進時期，必需研究各國的教育制度，以為借鏡。　世界上教育進步的國家，其方法與制度常在吾國發生極大的影響，在既往為日本和德法，最近為英法美。　自國聯教育考察團至中國考察以後，吾國也遣派歐洲教育考察團……其傾向又將由美化而轉到歐化。　吾國的國勢相似歐戰後之德國，德國復興民族的教育，正可為吾國教育改進的資鑑。　本書之作，適足以應付這時代的急需。』　從這序文看來，可見此書之目的甚奢。當我初讀到此序，不禁甚喜，以為從此書可得到解決我國這些年來「借鑑外國教育」這個問題的一點幫助。　所以我在看這本書時，也很存點奢望。　我國教育向外國求資鑑，由來已久。　正如序上所言，先為日德法，後為英法美，現在「又將由美化而轉到歐化」。　梁漱溟先生在他的中華民族自救運動的最後覺悟中曾介紹丹麥農村教育，力言其好。　我們也許有一天來個丹麥化也未可知。但是在這一借鏡再借鏡，幾乎把全世界著名國家的教育在短短的三四十年間都資鑑過了之後，我想：我們如果再寫「為供我國教育改進借鏡」的書時，似乎應當有一個覺悟，就是：我們資鑑到何時為止？　我們如何的研究別人教育之「根」，以使我國自己也就本國土壤之條件上，培養出一個自己的「根」，生出自己的「枝葉花菓」來？　懷着這個覺悟的著者，在面對着外國材料時，要很費心思，他一定不肯把一堆材料集攏來，說說而已。　他定要研究，深思，把自己的血與那材料攪和成一片，然後再燒煉成結晶。　即使沒有這樣工力，他對那國的教育，起碼要掘到「根」；把一些外形枝葉附附的剔除，擒住那國教育中心思想；在下筆時，最低限度要有嚴緊的系統，給讀者一清楚觀念。　否則，那個想對全國教育改革作「資」且作「鑑」之大目的便要懸在空中可望而難及了。　現在我們就先以這個最低的標準，量量這本德國教育。　第一：看看它是否擒住德國教育中心思想？　第二：編章是否系統緊嚴？　第三：材料是否不遺重要的空洞？

（一）是否摘住德國教育中心思想？——這書一共九章，九章之中我們沒有看見關於「德國教育中心思想」這類的標題。我們只在書中零碎的，間隔的看見一些：「德國教育的骨子是：德意志化，平民化，軍事化，社會化，鄉土化，勞動化和自由化」（見序）。「德意志學校的革新其根本原理是注意下列三點：（1）關於社會之目的，（2）關於人類之天性，（3）關於學校之功能」（見二一七頁）。「德國教育的第一個原則：教育須社會化；第二個原則：教育須鄉土化；第三個原則是自由；第四個原則是勞動」（見二二九頁及二四二頁）。「（一）德國教育趨向民族主義。（二）第二個趨勢就是實行方面實行勞動主義，（三）……趨勢就是實驗方面普遍着一種自由主義。（四）……趨勢，教育行政又偏向於集權」（見二二九頁——二四三頁）。看完了這些「骨子」「化」「原理」「趨勢」和「主義」，始終不明白到底德國教育是怎回事？到底是以那一個為中心？看書上寫的如此衆態紛芸，很像似「身在山中」祇見東一林，西一木，左一丘右一壑，而反到看不見整個的山了。其實德國教育的中心祇是一個「全人教育」，這些個「化」「原則」「趨勢」「主義」種種無非都是這一個教育思想的一些產物而已。著者用的這些個不同的名詞其內容類皆相似，並不若他所用的名詞那樣複雜。德國在大戰期間，被無情的炮火一燒煉，深刻覺悟：估計一個人的價值，不在他知識的豐狹，而在他的性格，禮讓，服從，自信，肯犧牲，富決斷。所以在戰後，推倒以往的這種百分之百「智力的教育」，而實行「全人教育」。如再深一步說，德國反對智力教育也非自歐戰始。從德國歷史上看，由 Bonifacius 時代之後，德國對於教皇及牧師們所擁護的至高無上的絕對眞理，時時伏着革新的力量。中世紀德皇與教皇的衝突，Ekkehart 對 Thomas von Aquino 教條之反對，馬丁路德對宗教之改革以及 Fichte, Herder, Jahn, Nietzsche 等，都直接或間接的對主智主義反對着。有這樣長久的歷史背景，又加上歐戰一新鮮的刺激，所以在教育方面「全人教育」乃奪了「智力教育」的寶座。一個全個人，當然具有身體，心靈及精神。由於鍛鍊一個人的這三方面，又加上 Ernst Krieck 及 Alfred Baeumler 等的羣衆團體與國民集體的教育哲學的影響，於是乃有那些個「化」，那些個「趨勢」。 所以我們可以說「全人教育」爲德國教育的中心思想，那些個「化」等等都是此思想的枝幹。故研究德國教育應瞭解其思想，而於瞭解思想時又要擒其中心。 如不擒住其中心則書的本身必定要一遍一遍的雜沓的，間隔的，把內質相同的東西一時說它爲主義，一時又說它爲原則，一時又說它爲趨勢。 說來說去，讀者始終跟着繞不明白這個圈子。 對德國教育仍是祇窺一枝一葉，而不能得其根。 故缺漏德國教育中心思想，爲此書缺點之一。

（二）編章是否系統緊嚴？——本書第一章：德國的國勢大概，所講的內政與外交，經濟與國防，教育與文化，都是歐戰後的情況。 讀者看完此章，對德國產生現在的教育背景有了一個大概的印像，著者之目的也似乎是在使讀者先明瞭此背景接着去看由此背景而產生的教育設施。 這個用意是對的，可是當讀者懷了這個印像去讀第二章時，竟迷亂了，因爲第二章所寫的是與歐戰後的德國政治經濟教育文化毫無關連的「德國教育發達略史。」 這略史不是從歐戰後起，乃是從十八世紀初葉教會教育說起。 讀者，於是不得不把方才由第一章所得的歐戰後的各種印像擱置在腦後，乃又回到十八世紀去。 這樣來第一章的效用，完全失掉了。 這是前後相連的兩章，給讀者印像的紊亂。此其一。

讀者由十八世紀的教會教育起，一頁一頁看到末尾，竟又看到歐戰後的德國，又見著者，把上一章剛剛說過的：德國幾瀕於滅亡，損失的土地在一百萬方哩以上，軍備限制，陸軍僅存十萬，海軍僅有數十小型戰艦，重要煤鐵鑛區均爲法國所佔領，訂凡爾賽條約及希特勒………又重述了一遍。 所不同的是用的字數比第一章較少而已。 本書何以在相連的兩章就犯重複的毛病呢？ 因爲（一）旣從十八世紀說起，則自然要說到二十世紀的歐戰後，故爲材料所迫不得不重複。 （二）第二章所講的都是歷史陳蹟，而下一章（第三章）所講的都是現在的事，當中如不重提第一章所說的歐戰後的事，則讀者所擱置的印象，無法收同，所以不得不犯重複之病，而使讀者把印象連上。 這又是迫不已的。 一本書的開首兩章，便犯了重複病，這是按排材料的紊亂，此其二。

由第三章起至第八章把德國教育的實施狀況看完了，忽然看到最末一章（第九章）「德國最近教育的趨勢」，有此標題，則讀者覺到以前所提過的「化」「原則」「原理」等等，原來不是德國最近教育的趨勢，在此之外尚有別的。及一看內容，所說的並無新義意。 在前一章（第八章）剛寫過德國新興教育的四大原則，而現在緊接着就來了四趨勢，且此四趨勢與那四原則竟有三個相同。未免有畫蛇添足之感。 這是全書思路系統的紊亂，此其三。

由以上三點，可見出本書編章系統尚不夠嚴緊。

（三）材料是否不遺重要的空洞？—— 任何人把德國教育這本書拿起來，冷眼一看，很難看出它的空洞。 因為統計表很多，各層學校說的都是實際的情形。 空洞何在？ 但是，它竟有空洞。 茲舉實例明之：

（一）二十八頁：「普魯士於一八零六年與俄國戰於眞那(Jena)普軍覆沒，一八〇七年拿破崙進兵波蘭，又打破俄普兩軍，割地賠款，造成莫大國恥。 普人以為發奮圖強，必須整頓教育，於是至一八二五年國家將教育權完全由教會收回」。 由教會將教育權收回國有，這是教育史上一件大事。 但是為何發奮圖強整頓教育，必須把教育由教會收回呢？ 教會教育有何不利於發奮圖強之處？此書在述教育史時並未說明。 並且在述教育史時（二十二頁）該書說：「至中古時代，歐洲成黑暗大陸…………本賴基督教一般僧侶之力，發達一種基督教教育給歐洲民族一點新生命。……」 二十七頁「威典堡為宗教改革的發源地，其大學受新教主義的影響，於一五三六年實行大改革。」 這明明是教會教育的好處，且講的十分具體。 所以如不將富國圖強，整頓教育，必須由教會收回教育權之實在理由分析的，具體的，講述出來，則讀者無從曉得此大問題之實質。故謂其空洞。

（二）二十三頁：「為滿足學生父母之要求起見特別注重德語。」 這又是一件大事，以先德國爲何不注重德語？　其教育目的何在？　現在注重德語，對德國教育發生什麼影響？　這與近來的「教育鄉土化」有無關係？　絲毫並未言及。　列舉歷史上之呆板事實，而不撿其內容之意義，若流水賬然，貌似充實，而實際仍是空洞。

（三）五十九頁：「福祿培爾的學說，在德國極少勢力，現在惟蒙台梭利教育方法，和學校組織宜根據兒童活動，兩種主張，競爭頗烈」。　七十六頁：「至若蒙台梭利大體上和德國的思想很不融和……社團設立的幼稚學校，曾重視蒙台梭利的教育方法」。　七十三頁：馬倫何布勞(Marenholz-Bühlow)女士，創辦裴士太洛齊福祿培爾學院，注重裴氏與福氏的教育理想」。　蒙台梭利的教育法是何模樣？　裴士太洛齊的教育理想爲何物？　此書均一字不提，一般讀衆，如對教育思想無根底者，則讀此文字仍與未看一樣，即使不顧及此點，祇就二人本身在教育上之重要及對德國教育之思想及設施的影響上着想，也應簡單給一述敍。　而此書並未提及。　——其實即不在正文上敍述，也可用「註」補足之，但全書並無一註。　這也是空洞之處。

此外在引用德文地方，還有以下數項缺陷：

第一：排字之錯誤——第二十七頁第二行"最下級的"原字應爲：Baccalaureus. 而書上爲 Bacralaurlus. 第三十二頁第三行 Demolt 應爲 Detmold. 第六十三頁第十一行 "Technische Hochulen" 應爲 Technische Hochschulen. 第六十九頁之重要學校譯名表上有好多德文原文錯誤，如「德文中學」原字應爲Deutsche Oberschule. 而本書則爲 Deuche oberschule 又 Hochschule für Lehrbildung 應爲 Hochschule für Lehrerbildung. 等等……。第一百六十四頁之工程博士 (Doktor der Gngenieurwissenschaften). 應爲 Doktor der Ingenieurwissenschaften甚至在一頁一行中就有三個錯字，如第三十七頁第十四行之 Pestalorzzi 應爲 Pestalozzi, Prenss 應爲 Preuss, Kaweran 應爲 Kawerau。　諸如此類不勝枚舉。

第二：德文法之錯誤——凡學校名稱之用多數或單數，理應一致，而本書第六十九頁中之各種學校名稱之原字，時而加字尾"n"時而不加字尾。又文法上應用第一格而誤用第三格，例如：六十九頁倒數第二行，Höheren Landwirtschäftlichen Fachschulen 之第一及第二字字尾"n"應取消。

第三：字義之誤寫——第一百零六頁及一百十六頁學校年級表及中學各年級課程表之年級簡寫字 unter 應作 U 而本書則寫作 V 等等……

第四：引用外國原字之不統一，本書係述德國教育，對德國學校名，人名，地名，似應都引註德文為是，而本書內有處用德文，有處則用法文，有處則用英文，例如：第三頁之統計表中關於德國地名 Württemberg, Lübeck 是為德文，而 Saxony, German Republic. 則為英文。

諸如以上各種錯誤，本書各頁中隨時都可遇見，不能不算是本書的一個的缺點。

本評所述的一點淺見，其意乃在於美滿之中更求完滿，故所指之疵，絲毫不足損害本書之美，因此不避識淺，將此文寫出了。無論如何，這本書在我國關於教育著作中，可以說是一本很可取的參考書。特別對於研究德國教育之實施及行政者，更有相當的幫助。

評現代德國政治

曹理狄

黃子度編著，王雲五章戀主編。二十六年十二月商務印書館發行。平裝一册，一七五頁。價陸角。

現代德國政治爲商務印書館出版的現代政治叢書之一種，是一本一百七十五頁的小書。此書頁數雖不太多，但內容很是豐富。對於戰後德國政權之轉移，農工政策，經濟，外交，斯巴達主義，種族主義，宗教問題，均有概要的敍述。讀後雖然不一定能對德國現代政治得到深刻的認識，或者對政治學的學理能獲得新的資料，但是，從其中對德國現代政治現狀，能夠得一淸楚印象，是無可疑的。所以，這書可以算作一般「讀衆」的一份足以解飢的精神食糧。

本書的最大優點，在其寫事之生動。此處之所謂生動，非同文學作品中之生動同義。乃是它維不落空，先提出問題，然後再給答案，使讀者精神貫注，感到趣味之謂。吾人常見一些書，將乾燥之事實及統計表等，堆置書中；著者目的，固然在給讀者以眞實材料，然而，因事先未能點燃起讀者，使對某問題有求知之熱望，故好的材料，往往因其乾燥，竟不能獲其應得之效果。而此書則不然。它在起首，就先提出三個問題：（一）德國政權怎樣會集中在獨裁者希特勒手中？（二）希特勒怎樣運用政權？（三）有何得失利弊？放了此三問題於讀者腦中，讀者自然按題索材，而熱心去尋找對此三問題之答案。杜威研究人的思想程序，先有困難，次定問題之所在，再次尋求答案。著書的人如果也能如此，先挑動讀者求知之慾望，然後再把自己的問題，變成讀者的問題，再予以解答，吾敢言，這書與讀者間，在「心之相遇」上已成功了。現代德國政治之佳處，便在於此。它不祇於在大的方面以問題爲主，就是在小節上也多用問題方法。它在「國社黨的崛起」那一節上（第七章，第七頁），寫道：「我們因爲國社黨是由希特勒一手造成的，所以就先來研究希特勒的政治思想是怎樣構成的」。順着這個題目，讀者心中自然想：「對呀，希特勒的政治思想是如何構成的呢？我聽聽！」

讀者能這樣想，則於下面陳述事實，便容易了。

這本書陳述事實的手法也很好。譬如，它寫德國經濟情形，先寫如何困難，巴彭如何的乘機採行復興經濟政策，如何的不但不能實行反而又引出困難，且受攻擊。希特勒上台時經濟情形如何的險惡，他又用何手段去應付。把乾燥的經濟材料，經它這樣一寫，很像一場戰爭，一邊是經濟的各種困難，一邊是克服這些困難的各樣對策。讀者對德國應付經濟困難之情感，乃因之而被惹起了。於是，乃能很緊張的，一直讀下去，看看這場惡戰，到底勝敗如何？竊以爲，這是寫乾燥事實的一個好手法。

因爲篇幅關係，不能再將其他優點，一一細述。同時，對材料方面之佳處，也略而不談。這類的書，所取的材料都是一般的，因爲它的目的似乎並不在作高深的研究，只要按排得好，便算好書。故祇論此點。

但是，在內容方面，有太顯出缺痕的，在下邊也略指出，此並非挑疵鈎病，不過是希望美而愈善就是了。

（一）本書第四頁：「在革命開始的時候，社會多數黨也曾經設法去同獨立社會黨合作，不過，不久就破裂了。其後又聯合了許多中和派和保守派去作革命運動，結果亦不佳，因爲德國的勞動階級，很快就明瞭德國的情形完全和蘇俄不同。」

這段話關係德國政治的全局。德國之向左，向右，全在此處。但本書並未解釋清楚：德國勞動階級，怎樣的就很快的明瞭德國情形與蘇俄之完全不同？德與俄不同之點是什麼？對這樣富機要性的問題，祇用空洞的，觀念的幾個字一掃而過，是不能滿足讀者之希望的。　並且，甚至，也許有人要懷疑這本書像似祇於善於運用一些參考書上的材料，而著者自己並未深思。　否則，何以在現代德國向左向右的轉紐處，竟如此忽視呢？　不是因爲某些參考書中，對此問題未加深究，而此書也跟着如此而已麼？

（二）本書曾提到希特勒的思想是如何構成的。　且多次提到「國社黨有爲國家謀福利的具體思想。」　及「希特勒有澈底的政見。」　一類的話。但是，國社黨的具體思想是什麼？　希氏的澈底政見爲何物？　均未說明。　這本書旣以國社黨爲主，似乎應當把國社黨的思想說說。　思想爲黨的靈魂，黨是思想的形體。　祇述形體，說他如何高大；祇講能力，言其能擒虎斬蛟，而不述思想，吾人仍不能知其眞。　一黨更甚於個人，黨而無思想，何以領導羣衆？

卽使這書的目的，不在作專門研究，本身也非專門著述，那麼最低限度，也是最省事的法子，似乎不妨把國社黨的黨綱告知讀者。　希特勒與墨索里尼不同。　希氏很注意黨綱，也很努力實現黨綱。　故黨綱之重要，在德國要比在意大利大的多。　有人問墨索里尼：「什麼是法西斯主義？」　墨氏指着自己：「就是我。」　如果有人問希特勒：「何爲德國國家社會主義？」　恐怕他要首先將國社黨黨綱拿給那人看，隨後還送給那人一本我的奮鬥。

希特勒是特別重視富於煽動性的宣傳的。他恨不得將黨綱的每條都令德國人背誦過來。　於一九二二年把黨綱宣佈之後，於一九二六年便加上一個「永不變更」的決議。　以使國民堅信其爲金科玉律。　爲了知道德國是被什麼樣的政治宣傳滋養着，也似乎有一舉其黨綱之必要。　況且對黨綱之分析也可看出國社黨政治之一點眞面目。　譬如：希特勒高唱反馬克斯主義，反共產黨，但在黨綱中何以竟不列爲主項？　何以不像反猶太人那樣一提再提？　這點，在作爲德國現代政治內部矛盾之研究，也似乎有相當的重要。

還有，此書不祇於忽略了德國政治思想，就是在政治活動方面，關於德國羣衆之政治要求，理想，及對國社黨之反映，亦不注意。　夫政治者，乃管理衆人之事之義。故寫政治的書，眼光也應放在衆人方面。羣衆雖不是一個活人，但它有思想有活動。政治如忽略他們便無依據。本書對於德國政治活動，祗注意希特勒，而忽略羣衆，眼光也稍嫌舊些。也許有人要說：「某時期的歐洲政治，祗是一部拿破崙個人史傳；某一時期歐洲政治乃是一部梅特涅個人史傳。一個人可代表一洲，何況獨裁者希特勒如何不可代表一國？」這話不能說是沒些理由的，但，時代變了，以往著述可以一人爲主，而現在則應把眼光放寬。且獨裁者站在什麼上？獨裁者在登峯造極時，竟不產下將來推倒他之伏因乎？獨裁者，不過一「政治相」而已，在此「相」下之潛伏物至多，如不掘出，便不足語政治。爲政治著述，不注意「羣衆政治」，便不足爲政治著述。此爲，或可以爲，個人治政治學一點陋見，但信此陋見必有爲治政治學者所接受之一日，故評此書時，順語及之。

然而，就以寫希特勒個人論，這本談現代德國政治的書，竟把希氏的聖經——我的奮鬥忽略了。竟把希氏的「澈底思想」之代表物忽略了。

或者有人說：「寫一國政治何必寫書爲？」

譬如寫法國大革命時代的政治，如不提盧梭的著作，如寫美國獨立時的政治而不提裴音(Thomase Paine)著的常識(Common Sense)便不容易瞭解其當時人民對政治之心理。所以從瞭解人民政治之心理爲觀點，寫政治必要寫對當時人民影響最普遍，最深的書。觀察一個人尚要看看他的書架，觀察希特勒，觀察德國現代政治何獨不然？何況那書又是德國獨裁者，國社黨黨魁自己的傑作。

（三）這本書對於反猶太族的背後動力，看的也欠正確。它寫道：

「不幸，他（指希特勒）纔長到十三歲，他的父親便死了。他遷居到維耶那。……在當時，希特勒這發生了一種反猶太的思想。因爲他在維耶納的街上，第一次遇見一個猶太人，看見猶太裝束，就莫明其妙地覺得那個人不是他的同種。其後，他就漸漸注意到猶太問題，並且去研究許多反猶太人的文學作品。不久，他又逐漸發現猶太人是敗壞道德和社會的酵母，是危害人羣的毒物。 同時他又發現猶太人，在思想方面，是馬克斯主義的老祖宗。 因此，他便認定猶太和馬克斯主義，是現代人類大禍患的策源地」。 （見第八頁）

排斥猶太人是希特勒徹底思想中一大項目，是國社黨具體行動中最有聲色之一幕，也是刺激國際觀聽動震世界人心的一件大事。 如此大事，如果將其最初動力解釋成爲希特勒在維耶那街上，看見猶太人之裝束特別而起，那未免有近於神話！ 任何人初見外國人都覺其特別。 維耶那的外國人多了，裝束特別的多了，何以希氏獨對猶太人看不上眼？ 而去研究猶太人？ 何況他當時還是個小孩子。 （此書說希特勒初到維耶那爲十三歲，但有的人如 Emil Lengyel 說他是十六歲。） 以十三歲小孩而能自動的研究猶太人，馬克斯，且下有結論說他們是人類的大禍患，眞是人類史之奇蹟！ 比之宗教所傳的神話有同樣神秘！此書何以如此重視希特勒而不去嗅一嗅那時的維耶那之反猶太人之空氣呢？ 據說，當時維耶那的市長呂哥是一位反猶太人最力的人。 他認猶太人是社會主義及資本主義的罪魁。 人民也對此說爭趨附和。 所以，小阿道夫·希特勒自然而然受了當地空氣的傳染。 不把時代背景，地方情形交代淸楚，讀者眞難免誤會：希特勒是天降的聖人，才智奇特，幼有大志，十三歲便以驅猶爲己任了！

出發點既已錯誤，故本書其他各處，凡論到排猶問題均解釋成爲日爾曼族因爲視猶太族爲低劣民族，好和平民族，產生馬克斯的民族，故排斥之。 這種解釋也嫌太單純。 這個問題的根本應是經濟的，不是「純粹」種族的。 經濟利益受損害，或受威脅時，總考慮，或感到這損害的人們的種族及其他可供排斥之理由。 假如，猶太人每年能供濟日爾曼人無量數金銀，及至美極妙的幸福，並且，一旦沒了猶太人，這金銀這幸福，立刻乘風而去，且無法挽留，試問，德國還反對猶太人麼？

這本書在一百三十頁上，有幾句話很可注意：「如果我們肯相信國社黨的反猶太的宣傳，那麼，我們就會認定猶太人已經快要變成德意志共和國的主人翁了。據國社黨的宣傳，德國的電影，戲劇，文學，新聞等，都以猶太人爲後幕主人；在許多大城市如柏林，漢堡等地方作醫生的，作律師的，有四分之三是猶太人；在大學，和其他國立教育機關裏，猶太人也佔很重要的地位。」

這段話並未能把民族主義的觀點，推進到經濟爭奪的觀點。因爲它以爲這是「宣傳」，且並未用此材料作爲解釋反猶運動之根據。所以看完此書見它把反猶問題的核心——經濟——未加注意，覺得它像似對此問題尚未認識十分透澈。我們看看下邊事實就可知經濟成份在此問題是何等重要了。

一、猶太人之放債牟利自古著名。放債牟利之本身，本爲一惹人恨之事，而猶太人之視錢如命，趁人急索大利，條件苛，無通融，更惹人恨！——此憤恨之情緒，許多文學作品多有描繪——自古已然，而在歐戰後之德國更承以往之餘緒而加深其程度。戰後德國之中下商，農，工，多感資本缺乏，不得不借債以恢復或維持其營業。猶太人因以有大量榨取利息的機會，中下階層人對之恨心也大量的增加。

二、德國帝政時代，限制猶太人任文武官職，故猶太人多經營工商及爲律師，醫生，教授等自由職業。德國戰後民不聊生，而猶太人於此清閒職業，高據美位，自然爲一般日爾曼人所嫉怒。

三、德國失業問題非常嚴重。雖用種種方法仍未解決。故國社黨中人主張：「從國家機關中，市政府中，銀行中，以及與政府有任何一種關係之工廠中，甚至於在有些與政府有關係之私人企業中，把馬克斯主義者，和猶太人驅逐出去，而代以國家社會主義者」。（時事類編一卷三期，瓦加爾著：德國法西斯主義執政後的前顧與展望。）

這是很顯然的職業位置之爭奪。

四、猶太人在德國金融資本及商業資本發達的高度，已經侵蝕了日爾曼的民族資本，故在實際上德國資本家們，也支持希特勒反對猶太人。

我們再看看國社黨的黨綱，看它是否着眼在經濟？第七條：「一切非德國人對德國新聞發生經濟關係，或影響時……將該非德國人驅逐出境」。 第十一條：「撲滅利息的奴隸制」。 第十二條：「沒收因戰爭而獲之利」。 第十六條：「將大百貨公司立即收歸市區所有」。 第十八條：「凡是國民之共同罪人，盤剝重利者及奸人等……均應處以死刑」。 第二十四條：「本黨反對猶太人之貿利主義精神」。

我們再以近年來在德國發生的兩件事情爲證：（一）因一二個猶太人之犯法行爲，而德國竟對全體猶太人課以奇大的，超乎想像的罰款。（二）大規模驅逐猶太人出境但必須把所有的產業，資財都留給德國。

由以上種種，可見經濟在反猶問題中佔何等重要地位。凡一問題，尤其像排猶這樣大問題，其動力極端複雜，如祇以民族主義釋之，未免嫌狹。故揭出足與民族偏見相並重，且或比之更加倍重要之經濟部分爲之補。

以上三項，爲該書最顯著及較重要的缺點，故不能不指出以供參考。但筆者深知，任何事，挑毛病總比作事易。作書評亦然。況任何書，均不能完滿，蓋世間本無完滿。今之爲此，非敢論書之長短，蓋長短無定尺。而猶寫此者，蓋本「爲政聽民聲」之義，向此書貢獻一點淺陋之「讀聲」耳。

評"Die Dschunke"雜誌　顧華

Erich Wilberg 編輯，北平崇文門內溝沿頭二眼井一號；北平楊樹島印刷局(Pekinger Pappelinsel-Werkstatt) 印刷。月刊，每册國幣三元，每季八元，半年十六元，全年三十元。

在現在這個不安靜的時候，居然有私人出資來創辦雜誌，實在是可以慶幸的事情。這個"帆船"月刊是 Wilberg 先生在本年四月創刊的，截至現在爲止已出了兩册，因爲沒有發刊詞，所以不知道發刊的趣旨何在，不過就已出的兩期看來，可以知道大概是一種純文藝雜誌。

"帆船"雜誌每期册首有一幅插畫，第一期所載的是宋馬遠一幅山水的摹寫，第二期所載的是盧本斯(Peter Paul Rubens)的"神聖的喬治"(Der heiligeGeorg)。因爲今年六月一日是盧本斯的三百年死忌，所以本文裏面並有一篇論他的文章。

至於本文的內容，則以中國，日本和朝鮮舊日作家作品的譯文爲多，詩文均有，但也有近代的作品，如第一期裏面胡適之的新詩"上山"的德譯。德文的原作除了德國新舊作家的詩文外，新作也有幾篇，如第一期 Erich Wilberg 的 Der Buddha am Pazifik, A. Ebbeke 的 Meine kleine Freundin in Peking, Eduard Sperling 的 Vierzig Jahre China 和第二期的 Herr Müller aus China 和 Erich Wilberg 的 Peking 等等。此外每期並有一些關於文藝的紀事。

一個私人印行的刊物，當然不免要靠售價或者甚至於兼靠廣告費來維持，但是"帆船"月刊每期本文不過四十頁，售價三元，已經可觀，似乎不應該再刊載許多和內容性質不和的廣告，即使非刊載這些廣告不可，也是以放在卷末爲宜，不應夾雜在本文裏面。

現在順便把"帆船"月刊的印刷所介紹一下；北平楊樹島印刷所（Pekinger Pappelinsel-Werkstatt）是前北京大學教授，西廂記等書的德譯者，洪濤生(Vincenz Hundhausen)在一九三九年間創辦的。除了印刷和出版以外，還重印了若干部已經罕見的德文舊籍。通訊處是北平，廣安門外，南河泡子，二十七號。

會務報告

一、論文比賽　本誌上期曾報告德文獎金兩種，一種前已結束，一種即此項論文獎金。　此項獎金原定最優者一人獎金百元，其次五十元者數人，再其次二十五元者數人。　因較優者數人成績均不相上下，故改為五十元者四人，二十五元者四人，書獎者四人，茲將得獎人名列後：　崔亮（燕京），程京（燕京），陳培萃（輔仁），鄧光新（輔仁），以上四人每人獎五十元；張立方（本會夜校），伊去病（本會夜校及輔仁），俞敏（輔仁），郭傳道（輔仁），以上四人每人獎二十五元；康湖（輔仁），陸鷗年（輔仁），楊原基（醫學院），傅守正（輔仁），以上四人每人獎德文書一冊。

二、德文補習學校西城分校　本會會址，較偏北城，茲為西城學習德文學生之方便起見，特於四月末設西城分校一處。　現暫開高級班一班，入學者須已習約二年者，每週授課二次，每次一小時半。　本班共授課約四個月，担任講述者為前北京大學講師衛德明先生。

三、德文補習學校暑期補習班　本會德文補習學校，歷年暑假均行休息，茲為鼓勵本校及他校學生暑期補習德文起見，特自今年起增設暑期補習班三班，初級二班，由原初級班講師董遂曾先生任教，中級一班，由原高級班講師吳履俗先生任教。　每班每週授課二次，每次一小時。　暑期補習班共約授課九週，計自七月一日起至九月六日止。

四、哲學研究會　哲學研究會原有會員九人，近又加入李世繁先生及陳強棠先生。　本期內會員講演計有四次：一、李相顯先生講孟子的哲學，二、王森先生講關於因明學，三、韓鏡清先生講略論唯識學，四、陳強棠先生講羅素論物。　此外並請會外學者講演兩次：張東蓀先生於四月二十六日來會講智識與文化，傅佩青先生於六月二十二日講孔教是否宗教。

中德學會編

中德文化叢書

一	魏蘭之介紹	賀　麟等譯著	一册	.40
二	陰謀與愛情	張富歲譯	一册	.70
三	工作學校要義	劉　鈞譯	一册	.45
四	德國史綱	魏以新譯	一册	1.30
五	女青年心理	劉　鈞譯	一册	.45
六	五十年來的德國學術	中德學會編譯		第一册 2.00 第二册 1.40 第三四册各1.00
七	給一個青年詩人的十封信	馮　至譯	一册	.40
八	論德國民族性	楊丙辰譯	一册	.70
九	斯托姆小說集	魏以新譯	一册	1.80
十	德國史略	魏以新譯	一册	.70
十一	快樂的智識	梵　澄譯	一册	1.80
十二	湯若望傳	楊丙辰譯		(印刷中)
十三	葛德論自著之浮士德	梵　澄譯		(印刷中)
十四	論優美感覺與崇高感覺	關琪桐譯		(印刷中)

商務印書館發行

特　　刊

一	德國留學指導書	張天麟編譯	一册	.40
二	今日德國教育	王錦第譯	一册	.30
	(此書商務印書館代售)			
三	統一國家之德國	弗立克著	一册	.15

補助德語教材刊本

一	德華常用小字彙	孫用震編輯	一册	1.00

研究與進步

第一卷　目錄

第一期目錄

（民國二十八年四月）

第二期目錄

（民國二十八年八月）

第三期目錄

（民國二十八年十一月）

第四期目錄

（民國二十九年一月）

定價每册國幣貳角五分

本　誌　第　二　卷　第　一　期　目　錄

中德學誌編輯簡章

1 本誌原名「研究與進步」，自第二卷起，擴充範圍，改用今名。

2 本誌錄稿，以由德文譯為中文者為主；除本會會員稿件外，並酌收外稿，但須將原文出處詳細註明，其原文不易見者，並須與譯稿一併寄來。

3 來稿逕寄「中德學誌編輯委員會」，請勿寄交編者個人。

4 來稿經本誌錄取者，約給現金或本誌為酬。

5 來稿經本誌選定給酬後，其版權即為本會所有，原作人不得以其一部或全部在他處另行發表，他人亦不得轉載。

6 來稿不為本誌選用者，均可退還，但須由原作人附寄郵費，如欲掛號寄還者，並須加附掛號郵費；郵遞如有遺失，本誌概不負責。

7 本誌除譯稿外，兼收介紹德國學術文化之著作，但以經本誌特約者為限。

8 本簡章如有未盡事宜，得隨時修改之。

編輯者　中德學誌編輯委員會

出版者　中德學會
（北平地安門內黃化門大街西妞妞房二十號）

印刷者　京華印書局
（北平和平門外虎坊橋）

定價表	每季一册（郵費外加）	每年四册（郵費在內）
國內	國幣 1.40	國幣 5.00
德國	馬克 1.00	馬克 4.00
其他各國	美金 .50	美金 2.00

Bezugsbedingungen:	Einzelheft (Porto extra)	Ein Jahrgang, vier Hefte (einschliesslich Porto)
Innerhalb Chinas	Ch. $ 1.40	Ch. $ 5.—
Innerhalb Deutschlands	RM. 1.—	RM. 4.—
In anderen Ländern	US. $ –.50	US. $ 2.—

Zu beziehen durch das Deutschland-Institut, Peiping.

In Deutschland durch "Forschungen und Fortschritte",

Berlin NW7, Unter den Linden 8.

AUS DEUTSCHEM GEISTESLEBEN

Herausgegeben
vom
DEUTSCHLAND-INSTITUT, PEIPING
durch
Achilles Fang Wolfgang Franke Walter Fuchs
Gu Hua Yang Bing-dschen
In Verbindung mit
Dr. Karl Kerkhof, Berlin

2. Jahrgang, Nr. 2 Juli 1940

Abhandlungen

Aus Literatur und Kunst

"Forschungen und Fortschritte"

Anschrift der Redaktion: Deutschland-Institut, Peiping (China), Huang-hua Men nei, Hsi Niu-niu Fang 20.

中德學誌

沈兼士

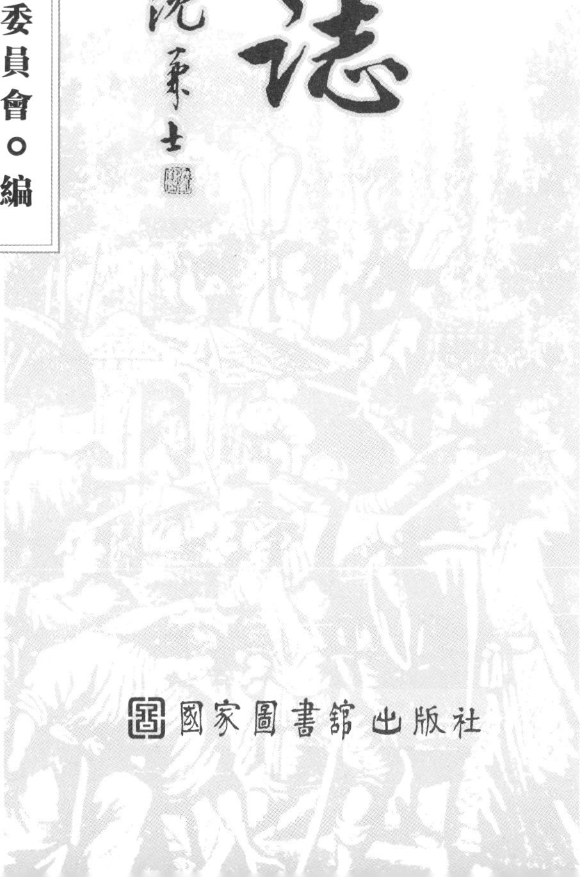

《中德學誌》編輯委員會○編

國家圖書館出版社

第二册目録

第二卷第三期

第二卷第四期

第三卷第一期

中德學誌

沈兼士

第二卷第三期（二十九年十月出版）

中德學誌

北平中德學會出版

中 德 學 誌

第二卷　　民國二十九年十月　　第三期

論著

文藝

"研究與進步"

忠告德意志民族(續)

Reden an die deutsche Nation (Fortsetzung)

非希特 (Johann Gottlieb Fichte) 著

楊丙辰譯

導言二

一七九八年底春天，耶拿大學 (Universität Jena) 長期聘定，然而尚未享有大學教授全部權利之副教授約翰，果特理普，非希特氏 (Johann Gottlieb Fichte) 因管轄他的官廳底一次檢舉而被解職，原因是為了他在他所寫的一篇題名：論我們對於一種神聖的世界統治的信仰底理由 (Über den Grund unseres Glaubens an eine göttliche Weltregierung) 的文章裏公然透露了出來的背棄宗教信仰，蔑視神聖。

解職雖然是不幸的事件，但是他這次的解職，却反而成了他此後福利底轉機了。他固然暫時和他的全家無援助地立在了那兒；他要想在希爾德堡豪森 (Hildburghausen) 城內尋找一個安靜棲身之所的嘗試竟又失敗。因之他便不得不打定主意，轉向普魯士首都柏林 (Berlin) 投奔了；這本是他心中之所極不願意的，他以為，他是不能在普魯士首都柏林所在地的這個布蘭登堡 (Brandenburg) 省區能得生活了下去的，他覺得那個地方的精神，與他過於疏遠，過於冷冰了；況且他也還絕不能知道，在那兒人們是否能容忍他，和他的工作是否能維持他的生活。可是普魯士國王，對於他在柏林居留的問題，竟決斷，人們須要因他是一個安靜市民，准許入居柏林，不可故與為難。

菲希特之移居柏林，還是第一次居住在一個大邦國裏；至於說國家是一個政治的和經濟的結體，並國家在這兩方面的價值，這是他在菲得利大王 (Friedrich der Grosse) 底名都市柏林，天天都能耳濡目染地領略得到的；普魯士國對於德意志文化之價值，這時他已完全覺悟了出來；他在他被容納於普魯士國境之內的事件中，已經獲得了一個證據，證明在一個愈加廣闊的邦國之內，即便在純粹文化問題方面，對待人民的方法，也是度量愈加廣闊的。

然而他在耶拿末後時日所受的印象，這時却仍暫先向他作磬盡的，末後的影響；因爲在人們向他所施的誣衊底壓迫之下，在他對於一種不公正的攻擊底反抗之下，而因這誣衊與不公正的攻擊，人們竟從各方面高聲大叫地非難他是無神主義者的，他反而被迫又重新地走到宗教底問題之上來，加以愈益深邃的思索——可是到了這時，他覺得以在柏林安靜靜地把他的宗教哲學完成了起來。

菲希特從不曾像人們說他的那個樣兒背棄宗教信仰，滅裂神聖的，反之，他爲信仰宗教的原因，纔與基督教的信條派(Christliche Dogmatik)裏所說的上帝疏遠了起來因爲人們對於上帝所下的一切定義，他都覺得過於低淺，所以他就把這一切定義悉行拒絕了。　上帝，在他那時的理解裏，便是道德性的宇宙秩序，全部的感官界，他只是視作盡義務盡責任上的材料；他曾有句話說：「你只要在你的身內把合於義務責任的志向創立了起來，那麼你便會認識上帝了」；一種主張歡欣愉快的正當行動的宗教，便是他向人類所推薦的宗教。　可是他竟爲他所主張的上帝學說，受了一番磨折，而在這磨折上，他又在一種新的方式中，逼近上帝之問題；他從這時起反而覺得純粹的克盡職責，履行義務，是光禿的，無樂趣之可言的，如果拿這來視爲宗教上的主要成分，便會令人們不能滿意的；所謂上帝，只是在道德的秩序中，令人們可以能得曉然捉摸，在其它的地方本來隱匿不可捉摸的，縱然是本體，是生命，這時在菲氏，反覺得無地無時不是按照着人們底感覺在向人們啓示的：「世界上一切的事物皆有生機，有靈魂，並且都是用着明亮的精神眸子在向我注視着，用了精神的聲音在向我的心神發言發語；」「一切的都是你，上帝，作得很好的，和絕對適合目的的。只是有一個世界是可能的，一個絕對優良的世界」，這都是他在他一七九九年所寫的人類之使命 (Die Bestimmung des Menschen) 一文裏之所說的些話的。在後此繼續的數年裏，他心內又新起的感覺與理性的信仰，復行結合到了基督教的道理上頭來；在約翰福音 (Johannesevangelium) 裏的頭幾行詩句中，在約翰所著的愛說中，他又發現了他自己的認識。因此他在一八〇六年，甚至還寫了一本至樂生活之指導 (Anweisungen zum seligen Leben) 的書册，在這本書册裏，他讚揚在上帝之中的生活，他以爲「惟獨上帝存在，上帝之外無物」，他以爲上帝是在我們心性內天然所具神聖的，純良的，以及優美的質素裏按照着他內裏的性質直接以出現的；誰只是因出於自尊自敬的心理，纔作道德上的行動，那它便是一個可憐可嘆的貧漢，和那因出於聰明的心理，纔去守規奉法的人們並非二致的——這兩種人，心內並無快樂；它們本來渴慕人生，然而它們却領略不到人生底趣味；人們底品端行正，應當是出於對上帝之性質的清晰認識，並且應當是出於欣悅與眞愛之衷情的；上帝是生命，是光明，是眞愛——所謂眞福至樂，便是人們在對上帝之眞性，用理性之力所作燭照上的燎亮光明裏的生活，便是在眞愛裏的生活的，而這眞愛便是活躍於大衆之間的公共情感，公共作用。

此後菲氏於一八〇〇年又著封閉之商業國 (Der geschlossene Handelsstaat) 一書，這是他以柏林爲根據，對於大邦國的，尤其對於經濟方面的狀況得了一番領略後的第一次成熟果實，而這部著作，據說是他貢獻給一位普魯士國的大臣的——却也是他以一位「面壁冥思的政治家」對於一位實任實職的政治家所要說的話的；他要向他相示，一種按照着理性底要求而壁空造的國家，怎樣可以能很有利益地被移入一個實際存在的國家裏去；普魯士國應當在這一點上先照樣施行，以開風氣之先——那麽全人類必將追步於其後的。

在這一部著作裏，菲希特首先像在一個數學例題裏一般從經濟方面把「理性之國 (Vernunftstaat)」建設了起來。他以爲直至眼前的時刻，國家之所視爲主要任務的，就是去保護個個人底財產，使它們不至受損失——可是國家卻應當想一想，國家底任務不能不也是和尤其應當是，把個個人都置入它的財產所有權中去的，換言之，就是去向個個人追問，它的財產所有權，究竟情況怎樣，因爲惟獨國家纔是能在一切人們之間創製法律權益的，所以也就是創製法律上有效的「財產所有權」的。　按照菲希特底意思說，所有權絕非「對事物的專有權」，乃係「對人類行爲的專有權」；藉一切人民和一切人民之間的一種規約底途徑，自由行爲之據有，在各個人民之間的分配方法（依據這個原來的理想說），卻應當是「使一切人和每一個人都能得以儘量地生活安適安定」，如果要令一定的一些人民在一定的一個國家裏可以互相並行存在的話，換言之，就是要令個個人皆可「以至輕度地重巨久長的勞力而給自己弄來人人皆不可缺少的享用享受」。根據着這一層原理，菲希特便確定了三個經濟上的主要階級底權利與義務出來，而所謂三個經濟上的主要階級的，便是：「生產者（Produzent）」（亦卽原料採取培養者（Erzeuger）之意），「藝師（Künstler）」（亦卽製作者（Verarbeiter）之意），以及「商人（Kaufleute）」（負販，買賣居間人等均包括在內）之三個階級，牠並且還（以一種穀物單位爲根據），更將它們出產品的價值，以及它們勞力底價值確定了出來。　緊接着他在他這著作底這一部份裏又作了國家應行發行國幣的要求，而所謂國幣的，卻應行以用項至見狹小的物質去製造，不過國家在發行這種國幣時，卻應當明白，國家底貨幣原不是一種價值，乃是以國家堅強意志所維持的一種價值底代表的，因此國家爲確保國內所創立的均衡情形起見，可以突然下令把國內一切世界貨幣（卽黃金與白銀）收了回去，而將國界封鎖了起來的。「在這樣的一個國家之內，無所謂主，無所謂僕，一切的人們都是爲全體而服務而存在，並且爲它們的服務，在大家公共的，全體的財產上可以獲得它們的公允份子」，這是菲希特在他這部著作底這一部分裏寫下了的一句話。

菲希特在他這部著作底第二部分裏長篇大論地對於歷史作了一個概覽，這還是他第一次所作的一個這樣概覽的，他認定當前全部世界經濟底狀況俱係由中古時代，以及由到近代國家制度的過渡時代裏，和尤其是由虛僞的所有權與貨幣底概念裏之所蛻化而來，並對於時代裏的浮薄輕率，以及背反理性的思想方式加以沈痛之批駁，因爲這時代在牠那自私自利的趨向裏，是盲然向着戰鬥與貪婪狀態上偶發無定的事件裏歪歪斜斜踉蹌了去的。他這一部著作的第三部分，是要向人指正，由對於理性的目標的認識裏，以及由眼前的狀況裏，可以怎樣能發現一條道路，而在這一條道路上現存各國家怎樣能得，並且怎樣必要能得達到這個目標。

菲氏這部封鎖了起來的商業國 (Der geschlossene Handelsstaat) 的著作，簡直可以說是德意志國家社會主義 (Staatssozialismus) 之行政大綱，而給十九世紀之一切社會學者，尤其是給馬克斯（Marx），展開了它們所走的道路；他是第一位在經濟方面用了組織家底眼光把國家觀察了一番的；他較比他後來一切步武者都還要愈加深遠地對資本主義加了一番理解，況且還不是由外面的特徵，就是並非由資本方面，乃是由內裏，就是由人類自私自利心，由錯誤的所有權與貨幣概念方面作了理解的。他也給人們指出了到健康國家上去的道路——他後此的些著作，尤其是他忠告德意志民族之講演 (Reden an die deutsche Nation) 俱皆堅持了他這一個思想；他曾明明白白指着這一部書說，他只是要加以補充的，如果他替代原擬的忠告普魯士國民的題名，而竟將德意志民族寫在了那兒。

兩方面的思想潮流，就是宗教與歷史哲學和國家哲學的潮流，在他於一八〇四至〇五年在柏林城內所作關於當前時代之特徵 (Die Grundzüge des gegenwärtigen Zeitalters) 的大學講演裏會合鎔冶一爐。他這部講演的大意，是說所謂上帝，便是「降服於他和爲他所感與的人們之所作的事物」，所以在歷史中，上帝方得可見，在歷史中他形成他的自體，於殘缺不完備，而不受支配，不聽命令的些材料之中，換言之，就是在塵世上的人類之中。人類塵世上的生活，自上古一直到當前的時代，是分爲五個大段落的，不過人類塵世生活之趨勢，却是要向着一種把一切人類關係用自由權按照理性之力所建設了起來的組織裏努力邁進的；菲希特以爲基督教所說人類由當初的墮落而喪失人類原始之潔白無惡後，更由悔悟改過，又得以到了純淨與聖化地步的個說法，便是一個這樣的組織底歷程的。　當前的時代是人類罪惡貫盈的時代，就是所有一切時代行列中的第三個時代，就是人類歷程上的鬆弛放縱的段落，直接支配着這個段落的，是中古時代的，和絕對派的學識與人生學說上的專擅跋扈的權威，向人們要求着盲目的信仰與服從，在各種各方面形式之下間接支配着這個段落的，纔是理性的。　這個時代裏的基礎原則，就是除掉人們能曉得和能清清白白地明瞭的事理之外，任何事物絕對不令牠們有存在與拘束的效力；這個時代裏的基礎權威，是人類底了解力，可是他們這了解力，却絕對是向個人方面的人生和福利上奔趨的，是去承認人們那淺薄的自私自利心，那低級的享樂慾和人人存在上的實利與動作底權利的；這個時代沒有靈活的精神，沒有高尙的理想，它們大家之所崇尙的，是書本上的死字句，空洞的自由，科學的啓蒙，懷疑的主義與狂熱。　像這樣的個時代，決不能不倒塌的，人類勢必不得不再學習學習，把它們的生命措置在全人類底目的之上，或措置在高尙的理想之上去；人們一經識出這一種的必須性，一經虔誠地去歸依於那一種本體安泰福樂，而在我們的心性裏向着潛伏於時間裏的一種愈加高尙，愈加美滿的生命以漸次發展的基礎生命時，那麼人類逐漸抬頭的純淨化底新時代，便也就要開始了，可是在這個時代裏，人們之所承認爲最高的事物的，以及至高度爲人們之所愛慕的，却要是眞理與正義了。

當在一八〇六年普魯士與拿坡侖（Napoleon）之間的戰事爆發時，菲希特對於普魯士國的情感，已經締結得這樣深邃了，簡直使他因爲是在視普魯士國爲歐洲各國中在人類文化道德寶藏之領域上走得最遠的一個國家的原因，並且又因爲他看到普魯士國的這寶藏到了危險時機的原因，所以他竟向普魯士國堅確地期待，一定會很光榮地，爲神聖之所眷顧地克服了那位專橫獨裁的霸王。但是當普魯士國崩潰了；菲得利大帝之遺邦遺業沒有光榮地，充滿了恥辱地沒落了。　菲希特追隨了逃竄的政府奔至可尼可斯伯（Königsberg）城內；他親眼瞧見國王狼狽不堪，神沮意喪，完全失去統治能力的狀態，他也還曾寫了一篇關於中古時代專講權謀術數主義的大政治家馬加徵爾氏（Machiavell）的文章，呈獻給國王，嘗試着鼓勵他去作一種超越市民之上的實利政治行動，可是他這一番熱心，終究枉然；他在他的周圍瞧見「人們雖處於破舟漏船之中，然而仍尙一味輕率玩忽，無憂無慮，而其他的些人們却又從傍儘他們能力之所及，嘗試着由火場中搶刼他們之所能得搶刼的事物」，當時情形雖然如此惡劣，但他對這些人們却終究不能懷痛恨與卑視之心。一八〇七年五月二十日他由可尼可斯伯城內寫信給他的夫人說：「這看着似乎有點是，我非要達到人性知識之深邃處，以便最後可以獲得我心性裏的安寧，而在我情切骨肉的同類同人底羣隊裏，充分純潔地只是奉事上帝，只是爲上帝宣力不可的了」。當在他對於一切的價値作一顚覆於那一種絕對不自知其目的何在，而只知要向無邊廣闊處擴大，只知要成爲鐵板無破的權威之前時陡然所起的兇野傷痛，以及對於惡勢力底戰勝所起的悲恨漸次平復之後，他就把這次國家崩潰顚覆的原因拿來當着他那絕對不屈服的愛國心和在上帝之前悉心加了一番攷查。在這一番攷查裏，他發覺他這心雄，他這要說的一些話，簡直是使他成爲上帝之口舌，宣傳上帝眞意之先知了；他發覺，當時在普魯士國之所倒塌崩潰的，並不是德意志民族和人類之最高精神寶藏，乃是罪惡時代裏的自私自利的心，而這個時代裏自私自利心崩潰倒塌底時間，是他曾預言了的；這一種倒塌崩潰之實現，是在德國的，換言之，却是在那些惡劣不堪的萊茵同盟各王侯之間，在那些惡劣不堪的領袖人物之間，然而也是在那全部的，一般自私自利的德意志民族之間，也就是惡劣不堪的，無意志，無目的的自私自利，竟被那意志堅強，目標顯明，而愈加猛烈的另一種自私自利心之所毀滅。當時的普魯士是倒塌了——可是牠這倒塌有甚麼作用呢？牠這作用，爲的是可以使德國復興，可以使德國爲奉侍上帝的眞正臣僕，這臣僕在極端的困難中覺悟了它們困難底意義，它們深深反省，它們發現了上帝，發現了爲人類宣力上的一個大任務。對於上帝之性質與作爲的這新認識，應當不僅爲數位大思想家之所倡率，自德意志民族方面出發；這宗認識，也是德意志民族應當首先予以施行，而以全民族爲這宗認識生存，爲這宗認識死亡；上帝爲了要高揚德意志民族，所以纔先使它們屈居卑下；和平與理性之國，是需要德意志民族底一番偉大舉動，方能得以實現的。

以一位先知先覺底心情，和古代任何一位先知先覺一樣，不僅只有這宗天分天才，乃是更經上帝之所證明了的，這樣菲希特於和平條約簽定後，重行返回柏林。城市這時爲敵人之所佔據與統治；處處都是它們的些間諜，特別向它們獻殷懃，告密報信的賣國賊在暗中潛伺着；書業商人巴爾穆氏（Palm）因爲印刷了一部論德國之屈辱的著作剛剛被鎗斃。可是這在菲氏這位被上帝遣派到他所新選拔的這民族之間來的使者毫不生影響，他心內沒有絲毫躊躇——純粹爲他的覺悟所充塞，他明白，他是來送光榮的，解脫的忠告的，是要給國內一切優良份子們剷除了它們那一切失望，一切小性情的。一八〇七年十二月裏的一個星期日上午十二時，他在柏林學院（Berliner Akademie）之圓廳內於一大群男女聽講者（其中當然免不了有些心懷敵意的窺伺者）之前開始他忠告德意志民族（Rede an die deutsche Nation）的不朽講演；每次講演之後，講演稿即行交印刷館付印，以便向全德數目愈加廣大的同胞們宣揚關於德意志在世界上所負使命的堅決消息。

菲希特在作他那關於當前時代之特徵的講演時，還僅只知有人類，知歐洲是一個整個的事物——可是現在他却發現了他自己的民族。他在他這講演裏談論德意志民族之本色本質，以與羅曼民族(Romanen)之本色本質相對反；他對於這兩種民族之區別的見解，他深深地樹立在歐洲民族大遷移時期(Völkerwanderungszeit）的種種遭遇裏，德意志民族雖經這種種遭遇底挫折，而終究仍能保存它們的語言和鄉土，羅曼民族在這種種遭遇裏，却竟喪失了它們的語言和土地了；羅曼民族，靈活流利，精於形式之美，處處事事都能跑在了人們的前頭去，予人們以種種推動啓發，可是在民族裏却就失却了修養的一致性——德意志民族，反而是優美與謹嚴的，是拙笨無助的，是眞正重視人們底推動啓發的，是要把這些推動啓發由全民族裏製造了出來的，譬如說由意大利國文藝復興運動（Renaissance）所主張的那快活的，彩華的和高傲的人道主義（Humanismus）德意志人們竟弄成了一個眞正嚴重的良心上的問題，而直接呼起了僅只意在維護上帝之眞理的德國宗教改良的民族運動，這運動底效力，更也曾逼迫羅馬教皇不得不對於他的教會加以一番洗刷之功，此外並且還曾將世界由中古時代之各方面羈絆裏解脫了出來，而使之得以達到信奉基督的人物們那種合於理性的自由風度；同樣的，是由歐洲西方所起的那輕率淺薄，趨於利己，而自視過高的理智啓蒙運動，到了德國人們的方面，便就轉成了笨重的，向着自己的道德方面奔趨，而以一腔熱誠心情去順應人類全體的德意志之哲學了。可是德國這哲學却眞正是能使人類到了福樂地步的。這便是德意志民族所應負起之使命了，淸潔自體，以便作上帝手中之工具，教育自體，以便有能力給人類指示到上帝之國，到運用理性之方法與人類救助之道路。只是當作要到由純粹性質特異的各支派民族所成立以及不得不存在的個全體裏去的預定的器具和方法，德意志民族，和任何民族一般，纔能有存在的權利與價値；只是爲整個人類的目的，人們纔可以和應當是民族性的，只是這樣，從上帝統馭萬物的計劃方面看，愛國心纔能是奉侍上帝的神事了；不僅只爲民族內一切同人們確保人類至尋常的享受享用，乃是使上帝之國得以實現於人間的行動，纔是一個這樣民族之國底目標的，由這樣的一個目標裏，便發生了出來民族內任何一份子底義務，去爲它民族底特質，和爲它存在的基礎作殊死之抵抗。

德意志民族爲要使自己能成爲上帝手中的一種工具，必須先要立定教育自己，尤其是在幼年時期教育自己的志向。這樣，菲氏底這「講演」，竟成了菲氏底教育學說了。在他這學說上，他和當時大教育家裴斯泰洛齊氏(Pestalozzi)底終身工作結合一氣，裴氏這工作，是他自從在來比錫（Leipzig）城內大學讀書以來，先自遠處，而後來又在促里喜（Zürich）城內自近處作過觀察的。裴斯泰洛齊是第一個出來確定教育家底任務為應行把全部的，不出男女性的，而尤其是下等的人民教育成高尙人性和人生的；為達到這個目的，裴氏所指給我們的道路，就是：在令兒童們對各種事物自行造概念時，須處處以自然界所呈現的方法為師法，在發展兒童們底能力時，須要令兒童們自行動作，須要拿合適的問題來，令兒童們自行解決，而藉以深入自悟，裴氏底貢獻，尤其是在為初等教育創制了一種關於澈底樹立基礎以及系統進展上的精審準確的方法。菲希特把裴氏這議論上的結果悉行置入他囊括宇宙的思想大系統裏面去，他由此構成了合於理性的國家教育制度，如同前此他構成了他那合於理性的國家經濟之說一般。

菲希特底「講演」，是一種道義上的行為，當在他以他生命底危險作這講演時，他這些講演對於獨立戰爭時的青年們曾發生過巨大影響，因為這些講演曾呼醒了它們深以從屬於他所說的那德意志「原始民族（Urvolk）」，以及深以德意志民族亦然可以起而擔當與建設人類文明之重任為榮耀的心情，並且還曾呼醒了他們堅決的意志，要在道德方面自行加以深切的教育與修養，要至死保存德意志之國魂國粹，以便為整個人類盡職責。當時的大學生，在他們中小學的時代，俱都是立在了菲希特底見地之上的。可是後此同現實界和同日常生活比較與調整的問題，便相追而至，於是人們對於菲希特底學說方行疏遠——及至俾斯麥(Bismarck)底小德意志國政策連帶他那自由的經濟與憲法制度發生了出來之後，菲希特雖然仍還被人們之所崇拜與承認，但却視他為一個過於果敢胆大的構思家，而竟向旁把他推至角落裏頭去了。時至今日，菲氏之學說竟又得以復活，不過人們首先是視他為舊日意義之下的德意志性之代表的——但漸漸漸漸就顯明了出來，他這學說裏，是有許多新穎的事理，可以向人們說的，所以人們就又大加注意起他來了。我們在大戰中和在大戰後的破壞中曾飽嘗了他學說中所說的封鎖之商業以及所謂國幣之風味，尤其是最後在我們國內所流通的那以不動產之收入為擔保的馬克紙幣（Rentenmark）；還曾有多些時日的等待呢，一直到了人們能得看出，在他那對於財產所有權所下的定義裏，是潛有一種德意志社會主義底核仁，在他那對於祖國所下的定義裏，是藏有一種爲整個人類盡職責，而一切德國人皆可以以之爲皈依的德意志性的？

來比錫（Leipzig），一九二四年三月

海爾曼，施奈德（Hermann Schneider）

第二篇講演

泛論新教育之性質。

經我所提出的全德意志民族之自存自救方法，關於這方法的清晰認識，便是我這講演首先要使諸君，和於諸君之次使全民族都要達到的一個目標的，因爲是一個這樣方法的原因，所以便應當由時代底性質裏以及德意志民族之特質裏之所產出，而又因爲是一個這樣方法的原因反應當向時代裏與民族特質底陶冶裏去探索推尋的。因此這個方法，就非等到我們把牠和這兩點，並且這兩點和牠併列一起，更且把這兩方面在充分的互相貫徹融會裏予以陳述之後，不會令人們完全明瞭曉然的，可是關於這些事件都須要一點時間，因此充分的明瞭明顯祇能到我們這講演終結時始能現出。關於這個方法的陳述，我們因爲須得去從片段的方面着手，所以那便是最合乎目的的了，先把這個方法拿來，撇開他時間與空間的環境，就牠的本體，牠的內裏的性質作一番觀察；我們今天這一次和下一次的講演，就是要對這一點而發的。

我所指出的這個方法，確係一個絕對新的，而在任何一個民族裏都不曾見過的德意志人們底國民教育。這個教育，在前一次演說裏爲使牠與直至這時的舊教育有所區別，已經被這樣表示了：直至這時的舊教育對於受教育的人們至多也不過訓戒開導它們信守奉行良善的秩序與風紀而已，可是這些訓戒開導對於實際人生並不生效果，因爲實際人生是以完全另一類的，這種教育所不能有的一些根據以陶冶裁成的。然而新教育卻與此相反而應行具有以種種規則確切地與絕不失效地去裁成與確定牠的學童們底實際生命生動與生命行動的能力的。

這樣，假使現在或能有一人出來反駁，其實實際上那一些掌管這舊教育的人們差不多並無例外地都要來反駁的，說：怎樣能以去向任何一種教育更有所責難呢，如果這種教育已經把正當的事理指示給受教育的生徒們，而很忠實的更曾向他們作過一番教誨的話，至於說他們是否要聽從這些教誨，這是他們自己的事情，如果他們不聽從時那便是他們自己的過失了；他們有自由意志，而自由意志，卻是任何教育都不能給他們刼奪了去的，對於這樣的一些話我爲愈加鋒利地表示我所思索的這新教育起見便要作答：恰切在這一種對受教育的人們底這自由意志之承認與豫期中，便是在至這時的舊教育上第一個錯誤點和這舊教育底無能與無用底顯然招認之所在。因爲舊教育既公然招認，經過牠一切最有力的活動之後，受教育的人們底意志仍是自由的，換言之，就是在善與惡底決擇間仍尙搖動不定，那牠這便是招認，對於人類底意志，更因爲意志是人類本來的根本基礎，所以便又是對於人類絕對既不能而又不要或不願去予以裁成的，並且這樣，牠無異自書供狀公然承認這是不可能的了。反之，新教育的性質卻恰切是要在那塊牠將擔任耕作的土地上，把人類意志底自由完完全全給毀滅了的，並且是要在人類底意志裏創造決心決意上那毫不寬貸的必須性和反面情形之不可能性的，一種這樣的意志纔是人們可以確切豫期和仗恃的。一切教育，一切修養之所努力以求之目標，是在一種堅貞不拔確定不易的恆性恆德，定性定力之創立，這一種恆性定力，不可使牠再有所變遷，乃是要使牠始終都是牠本來的面目永不可是別樣的。如果牠不努力以求一個這樣的恆性定力，那牠便不能稱之爲教育，爲陶冶，爲裁成，爲修養，乃是任何一種無目的的遊戲動作的；可是如果牠還沒有創立了一種這樣的恆性定力時，那牠總不能算完成的了。一個人對於美善，對於優良，須要受教誨勸告和受教誨勸告後，心內纔能起向往的決斷時，那他便算還無確定的和時時刻刻都在備妥的一種意志的，乃是他要碰着施用的時機時，纔去現作這一種臨時意志的；可是誰要是有一種這樣固定的意志時，那他無論要作甚麼，都是永久要去作的，而在一種任何可能時機裏都不會變卦，總要照着他時時刻刻始終如一的志操去行動的；在他，所謂意志底自由，已是毀滅，而消鎔在必須性裏去了。由此，在至這時的時代恰切便已經註明這時代裏的人們對於這一種陶冶裁成人類的教育既不能作正當理解，而亦無陳述這一個理解的能力，他們本來是要用訓戒的講道說教以改良人類的，可是反而不得不煩惱和不得不去叱責了如果他們這些講道說教收不到任何成效時。　他們這宗講道與說教，怎能會有成效之可言呢？　因為人們底意志，在它們這教訓之前，原來已經有了一個與他們這教訓無關的，堅定的趨向；如果這個趨向和你的教訓相合，那你這教訓未免來得太晚了，而這人無你的教訓也要作了你所要教訓他的事情的，然而他這趨向如果和你的教訓立於相反地步，那你這教訓至多也不過能有使他幾刹那麻醉的可能，等到時機一來，他仍要忘掉他自己和你的教訓，而去追隨他那天然的性癖嗜好了。　如果你要想對於他有點甚麼能力的話，那麼你就應當作較比去教訓它的舉動還要加重的事情，你應當設法使他絕不能起別的心思，除掉你所要使它起的那個心思。　那是白費事的，如果你要說：飛吧！　——向一位沒有翅子的人，那麼他因你一切的教訓勸告自地面上永遠也不會昇起兩步高的；　然而如果你有能力，你就去發展他精神上的羽翼吧，並且令他時常練習這羽翼，使羽翼漸漸有力，那麼他沒有你這一切的勸告教訓也不要或也不能有旁的舉動的，除掉去作飛昇的舉動。

這一種堅定不拔，而不再向下動搖的意志，便是新教育應當按照一條確切可靠，並且在效用上絕無例外的規則去開創的；新教育不得不必須創立牠所企圖的那種必然，必須，必至。　直至這時，凡受教育的人們獲有優良品格的，都是因他們天然的資稟，纔到了這優良地步的，因為他們天然資稟底分量，壓倒了惡劣環境底影響的原因；然而卻絕不是因受教育底影響的，因為若不然一切由這舊教育裏過來的人們都應當成為優良底人們的，但是人人都知道，實際上決不是這麼一回事的；而那品格敗壞了的，卻依然非舊教育之所使然，因為若不然一切受舊教育的人們，也必要一律敗壞的，實際上這也顯然不是這麼一回事的，它們的敗壞仍然是由於它們自己，由於它們天性之所使然；舊教育在這一宗情勢之下僅只是無用的，決非有害，有危險的，那真正具有栽成教育力量的，卻是人類精神方面的天性。　栽成人類，教育人類底舉動，應當由這宗幽邃難測，而不可計量的精神能力裏，取了過來，置之那一種慎審周慮的方法底統制之下，這方法是要在一切交付於牠的人們的身上，一個例外不容留的，確切達到牠的目的的，或者如果牠達不到牠這目的的話，那牠至少也知道，牠還沒有達到牠的目的，因之教育便不能算終結的了。　一種確切可靠，慎審周慮，而要在人類心內造成一種堅定不拔和萬無一失的優良意志的方法，這便是經我所提議的新教育了，而這一點也便是牠的第一個特徵。

再進一層說——人類只是對於它所愛好的事物，纔能起欲望的；所以愛好便是一個人欲望上，他一切生命生動與生命行動上唯一的，同時也是決不失效的一個動機。　在至這時的國家治術，因爲可以說是社會上的人民底一種自動教育，所以便要當作一種確切可靠，而效用上無例外的規則去假定，人人都是愛和要他自己的感官方面的安適的，于是國家治術便藉戒懼與希圖的心理，以人爲的方法把牠所要樹立的優良意志，那對於國家，對於公衆的關切，結繫在個人這宗天然的愛欲之上。　除去那一種情形之外，就是那在這樣的教育方式裏，外面已經成了一個無害或有用的市民的人，裏面仍爲一個壞人，因爲它的壞處恰切便在它只愛它感官方面的安適，並且只能是被因這感官性的安適，無論是關于此生或彼生，所起的畏懼或希圖之所感動的一種情形——這一種情形不計外，我們在上邊已經聽了出來，這種辦法爲我們已經是不能用了，因爲戒懼與希圖的心理，現在並不是爲求我們的利益乃是爲提防我們而設立的了，所以感官性的自愛自私，現在無論如何也不能被拖入我們的利益圈裏來了。　因此我們甚至還是被一種不得已的情形之所窘迫，而不得不要造出裏面和根本上優良的人們來，因爲只是在這一些人物之間，德意志民族纔能繼續存在，而在那些惡劣人們之間，民族卻勢非同異國異族合化同流不可了。　根據這一層理由，我們不得不替代那一種自愛自私，因爲在這一種自愛自私上爲我們已經沒有甚麼優良事物可以更長久地結繫了，把一種其它的，直達爲美善而直接美善，爲優良而直接優良，並爲美善底本體起見的些事物的愛好，去置入和建樹於一切我們可以算作我們民族份子的人們底心性裏面。

凡對於美善優良的事物因爲牠們直接是這樣的些事物的原因，而並不是因爲牠們與我們有甚麼利益纔起的一種愛好，我們在上邊已經聽了出來，是負載有對這宗事物的樂趣，快感，愉悅，欣喜等心情底形式的，可是這宗欣悅，這宗樂趣竟能這樣深入人心，簡直要有迫促人們非把那美善優良的事物表現於人生裏不可的氣勢的，所以在新教育方面，乃不得不當作是牠的生徒們心內一點堅定不移的恆性定力，而要極力從事惹起與創造的事物，自應屬之這宗深入人心的快感愉悅底生動，而這宗快感愉悅一經惹起，則必更自認優良意志爲必須的，而要在同一生徒底心性內建立起來的了。

一種樂趣，一種欣悅的心情，如果能有迫促人們去向現實界裏構造事物上實際並不曾有的一個一定的狀況的話，那牠必定是以這個狀況底一幅圖案，一個觀念爲前提的，而這種圖案觀念在未實現於現實界之前，必定更是已經漂浮於那個心內起了這宗心情的人底腦海中，他精神界裏的眼目之前，因而竟至纔把那向實現方面追促着的興味欣悅招引到了自身上來的。因有這一層緣因，所以這宗欣悅心情在一個被這宗欣悅心情之所攫捉着的人底身上，自然必定也是要以他有自動構造與設計這樣的些與現實無關，而又絕非模仿現實，乃尤其是要爲現實之模範的些圖案觀念的能力爲前提的了。關於這宗能力，我現在當然應行儘先來談論一談論，可是我請求諸君，在關于這一點的觀察裏不要忘掉，一種因這宗能力在我們的腦海中所創出的一幅圖案觀念是只能以一幅圖案觀念和以那宗可以令我們在牠們那裏面感覺到我們造形能力的事物，去令人們心內起樂趣欣悅的，而亦並非竟因此視之爲現實底一個模範，和亦並非以那一種能向實現方面力迫着的程度，來令人們心內起欣悅的；諸君不要忘掉，這末後所說的能以一種力迫着人們向實現，向構造方面奔趨的欣悅樂趣，完全是另一回事的並且是我們本來所要達到的目的的，關於這個目的，以後我們決不擱開不談的，而直接立於有這宗能力的欣悅樂趣之次的彼一種，卻僅只是包含着爲達到教育上眞正的末後目的所應行具有那暫且的，先決的條件的了。

方纔所說的那一種能自動地虛構決非僅只模仿現實，而係能爲現實底模範的觀念的本能，便要是以新教育去教育人類的舉動所據而出發的第一點了。 自動地虛構與造作，我剛纔說了，可是這就是要說，是叫受教育的生徒們，用自己的自量去虛構那宗觀念，景像，決不是叫他們僅只有能力，去被動地理解那經教育所給與了他們的觀念的，決不是叫他們能殼得上明瞭這觀念，而可以能照着人們所給與他們的這些事物底原形再去重複了出來，彷彿人們之所重視的，只在這種觀念之存在而已的。 在虛構與造作這種觀念的時候所以必須要求自主自動的動作底理由，便是下列的一個：就是只是在這一個條件之下，所虛構與造作的觀念，纔能把學童生徒們主動樂趣，主動喜悅心情吸引到自體之上來的。 因爲那完全是另一回事的，對於某事某物僅只被動地順受，而毫不加以反感反動，像這樣被動的順受，至多也不過是由於一種被動性的歸依臣服心理裏面之所發生了出來的，然而那也還完全是另一回事的，爲一種對某事某物的樂趣，的喜悅心情竟這樣地之所攫握，簡直要使這心情成爲一種有創造力的事物，而要把我們所具有一切創造能力都給激動了起來的。 關于前一種的情形，這情形在直至這時的舊教育裏面或亦到處皆可見到，是我們不要來講演的，我們只來談論這後一種的情形。 這末後所說的樂趣，喜悅心情，只是在生徒們自主自動的動作同時被惹起時，纔能被點燃了起來的，而並且是在擺之於生徒們眼前的對像上纔能使他們曉悟了過來的，這樣這個擺之他們眼前的對像便不僅只以本體，乃同時也是要以精神方面能力表現上的一個對像底資格去令人們心內起喜悅，起樂趣的，惟獨這一種精神方面的能力表現纔能是直接地，必須地，和沒有例外地令人們心內起喜悅，感興趣的。

這一種應行在學童生徒們底腦海中發展擴大的精神構製上的活動，決無可疑地是一種依照規則以進行的活動的，不過這種規則究竟怎樣，是要等到那活動者對這規則在那活動者己身直接所作經驗中的惟一可能性有所識見時——纔能給他呈現了出來的；所以這一種活動，尙更是能產生認識知識的一種活動了，況且所產生的還是關於週遍的，而不容有例外的些律則的認識知識的。　就是在那由這一點起以開始的自由繼續造作裏，凡屬有違律則的舉動，也都要是不能成功，不能實現的所以造作不會完成的，如果未曾把規則奉行到底的話；以此，即便這宗自由的繼續造作，一開頭時，是自盲目的嘗試出發的，那牠也不能不以對律則底認識愈加擴大而終結的。　所以從這裏說，這一種教育法在牠最後的效果中，便是關于學童生徒們底認識能力的教育，並且固然尙非關於事物固定性質與狀態的歷史教育，乃是關於使事物上一種這樣固定的性質與狀態得以以之成爲必然必須，成其爲事物上的性質與狀態的律則上一種更高的，哲學的教育的。這樣纔叫作：生徒們是在學習了。

可是我還要加上一句說：這樣，生徒不但去好學習，喜歡學習，而且他除了學習，簡直沒有甚麼更可愛作的了，只要能力底緊張能支持得住的話；因爲他是在自己動作着的，當在他學習的時候，而對於學習他是直接有至高度的樂趣的。在這上面所說的情形上，我們尋到了眞教育上一個外面，一半是直接落到眼裏來，一半是確實無錯的特徵，這個特徵就是：任何一位，加之以這種教育的學童們，無論天稟之同與不同，一律地，決無例外地，都要是純粹爲學習底本身起見，而並非由於一種其它的原因纔去喜歡與愛好學習的。　我們也是尋到了可以燃起學童心內這一種對於學習的純粹愛好的方法的，這個方法，就是去惹起學童們直接自主自動的活動，而把這一種活動拿來作爲一切認識底基礎，換句話來說，就是：凡是要學習的都應當在這一種活動上去學習。

把學童們這一種自己的動作在我們所已知已曉的某某一點上儘先惹動了起來，便是教術上關首第一主要步驟。　這一個步驟一經成功，那麼在以後的步驟上之所關係的，便要是自這一點出發，時時刻刻以保持着這一種被惹起的自主自動的動作於鮮旺壯盛的生命之中的了，不過這一宗生命只是在按規就矩的繼續進行中纔有可能，而在這一種繼續進行的生命裏，教育上任何失策，任何錯誤，在所希冀的成效底失敗上，皆可即時發現。所以從這裏說，我們也是尋到了那一個連繫的了，因這一個連繫我們所希冀的成效便可被不可分離地結繫於已經指出的那一種生發效果的方式上，換言之，就是結繫在人類精神天性上永久不變，決不容有例外，而以爲人類底精神天性總是在直接努力以求精神動作的那一條基礎律則之上的。

假使一個人，他被我們這些時日裏的尋常經驗引入了迷途裏去的，甚至出來懷疑一種這樣基礎律則之存在時，那我們爲一種這樣的懷疑可以理由充溢地揭示下列的情形，就是人類天生固然僅只是感官性與自私性的，這樣長久直接的困難和當前感官性的需要在逼迫着它的時候，並且爲滿償他這一種需要，固然他絕不去受任何精神需要或一種顧惜顧慮底阻止的；可是當在他這一種需要被滿償擺脫之後，他便不會再有多少心思，在他的幻想力裏面仍然體察這需要上的苦惱景象，而將這宗景象常置於眼底之下了，乃是他要逃出這種物質樊籠，更要將這時已不再緊張，而可任意奔放的遐思逸想轉向能激刺他感官底注意力的事物上，以作自由的觀察了，甚至他也還不鄙棄，飛入理想世界裏，作一次詩人意味的神遊哩，因爲他的天性裏自來都具有對於塵世暫時的事物的一種輕鬆飛躍的心思的，以便他的性靈對於天國永恆的事物，也可以能得到一點自由發揮的餘地。末後所說的這一點，是被證實了的，在一切古代民族底歷史上和在自這些民族傳流到我們今日的種種觀察與發現上；這一點，一直到我們的今日，仍被那向尚殘留着的野蠻民族所作的觀察之所證明的，可是只要這些野蠻民族尚未被他們所處地帶底氣候過於惡劣地對待，而不得不在文化上找了出路的話，並且也還在我們向我們自已的兒童所作的觀察上的；這一點甚至竟被我們那一些熱烈反對理想意像的人們底率直承認之所證明了，因爲他們曾訴着苦說，那是可厭棄得多了的一件事情的，去學習名姓名稱和年月時日，較比以我們的思力向那經他們所視之爲空虛廣漠之野的理想意像底界域裏去作飛躍神遊，所以他們這話便好像，他們如果能允許自己的話，便寧可要行這第二層的情形，也不要行那第一層的情形了。至於說代替人類這一種天然天生，向着逍逸，向着理想，向着精神等方面奔趨的輕鬆心思終究換上了向着憂慮，向着現實，向着物質等方面奔趨的嚴重心思，而在這嚴重心思裏面，乃是即便在一位已果腹飽饜的人，仍要有將來的飢餓和一切將來可能的飢渴飢餓底全部長行長列底影子以惟一充塞它整個性靈的事物底資格盤旋於它眼目之前，並且時時刻刻都在激刺與驅迫着他的，卻是在我們這個時代裏，爲人工之所造了出來的，在兒童方面，是用對他這天然輕鬆心思之懲戒以造成的，在成人方面，是用欲求得一個聰明人，利害分明的人底頭銜的奮勉以造成的，因爲這宗頭銜，這宗光榮，只是在那些把這立場連一瞬間也不肯丟出眼界之外去的人們，纔能獲得的；因此這絕不是始終如一，我們可以時時豫期的人類之天性的，這實在是用了勢力強行加到了那反抗着的天性上面來的一種敗壞的，這敗壞自然會脫落了下來的，只要那宗勢力一經不予以施用時。

這一種可以直接惹起學童精神方面自主動作的教育，是能開創認識知識底道路的，這是我們上邊說了的話；可是這一點，便給了我們機會，把新教育就牠與直至這時舊教育的相反情形，還再深進一層地表示一番。　新教育本來與直接之所從事的，只是在依照規律以繼續前進的精神動作之惹起。　而由這動作裏之所發生的認識，我們由上邊已經看了出來，僅只是從旁地，附帶地發生，而且還是一種必不能不發生的效果的。　因此雖然那所關係的，仍只是在那一種認識的，去令我們將成大人的學童們藉以了悟那些經我們給它們爲實際人生所描畫，而意在引起它們對將來嚴重操作的興趣的景像，觀念；所以這宗認識固然便是欲求得的教育上的一個主要成分，然而人們仍尚不能說，新教育之所直接謀求的，就是這宗認識，其實是這宗認識落入了新教育裏來的。　反之，直至這時的舊教育之所謀求的，恰切便是認識和一種認識材料上的一定的些度量。　再者給新教育附帶之所發生的認識，和直至這時舊教育之所謀求的認識，二者之間的種類上，還有一極大區別的。　給新教育之所發生的認識，是建立一切精神動作之可能性的精神動作之律則。　譬如說：如果學童在自由幻想力裏面，要嘗試着用直線畫出一個空間來時，那這便是這個學童首先被惹起的一個精神動作了。 如果它在這些嘗試裏發現，它所用的直線少於三條，便不能畫出一個空間來的，那麼這末後的一點，便是附帶發生，而關於那予首先被惹起的自由能力以限制的認識能力上的一個第二的，完全其它的動作的認識的了。 所以給這種教育一開首就要發生的認識，便是一種眞正聳出一切經驗之上的崇高，超然處於形象之外，而強度地必須和有普遍效力的認識的，這一種認識已經預先把一切後來可能的經驗，包括於自體之內了。 然而直至這時的學校教程照例都是向着事物固定的，原來的，和不得不爲人所相信及所覺察，而又並未能舉示其理由的種種性質去進行的，所以就是去向着用我們記性上所具專備向各事物之間去應付的能力所作的一種僅只被動性的了解上進行的了，因這一種情形所以簡直也絕不能令人們來到感覺人類是有精神，感覺人類的精神是事物上的一種獨立的和元始的原則的地步的了。

關於這層非難，迄至於今的舊教育不可妄想，援引牠屢經指示的那對機械式背誦讀書法的憎惡，和援引牠那人所熟知，出之於蘇格拉底 (Sokrates) 式教授法的名作，來作抗辨之資的，因爲關於這一點，舊教育早已就在其它方面遭到了澈底的謝絕，理由一則在這種蘇格拉底式的問答辨論法，亦然是要令學生們僅只機械式地背誦了出來的，況且這還是一種愈加有危險性的背誦讀書法的，因爲這種方法能給那無思想的學童們一個虛表，令人們覺得它彷彿反而是有思想的了；一則在這個情形在舊教育所要用以發展學童們自動思想的那材料上不能有別樣開展的，所以人們爲達到這個學童們自動思想的目的，是不得不從完全另一種材料上去下手的了。 由迄至於今的教程底性質裏，已顯然判明，一方面，爲甚麼通常學童們從來都不愛從學就教，因而所習所學皆甚遲緩與零落，並且爲甚麼在課業中激刺之缺乏上不得不把異類異種的策勵拿來作遞補了，一方面，那迄至於今仍常出乎通例之外的情形底根由，就是從這裏發生了出來的。 我們的記憶力，如果單獨地，並且並非爲某一其他精神目的之驅遣，而被借用了，那麼牠便要是我們性靈裏的一種被動性的動作，較甚於是我們性靈裏的一種主動性的動作的，並且那也是容易瞧了出來的了，學童們對於這種被動性的舉動，都要有至高度不願接受的心思的。　在這一種情勢之下，舊教育縱然能令學童們得以稔習素來完全無所知曉，而能以並非程度至低的興趣給與他們的些事物，和這些事物上的種種性質，那這爲加到他們身上來的被動性的動作也仍要是一種難期收效的代價的；因此對於學童們這憎惡之心，舊教育便不得不拿那些說這宗知識將來有甚麼甚麼利益，和人們只能用這些知識纔能有飯吃與得榮譽的安慰話頭，甚至用直接當前的罰與賞的辦法來施以克服了；——所以照這樣說，所謂認識，知識的，一開頭便被樹立爲感官性的安適底奴僕了，而這一種教育，牠在內容方面本來在上邊已經被我們斷定，對於一種道德思想方式之發展不過是無能力的，只爲的是要能把持着那些學童們，甚至不得不去培植與發展學童們道德方面的敗壞，並且不得不去把牠的關係結合在這一種敗壞底關係之上了。　再者人們還會發現，天然有才分的學童們，他們在這舊教育的學校裏，以超出通例之外的份子底身分愛好學習，因而所學所習俱皆優良，並且因這生發於他們心裏的高一層的愛好，他們克服了環境上的道德敗壞，而純潔地保持了他們的志操的，都是因他們天然性癖之所使然，纔能在那些知識上尋到一點實際的興味的，並且人們更將要發現，他們爲他們那幸運的本能之所引導，心內尤其是要起去創造這樣的些知識的心思較甚於僅能去理解牠們的；其次人們就要發現，關於舊教育的教材，凡是出乎常例之外能給這種教育最廣普，最徼倖成功的，全部都是這種教育令受教育的生徒們自動地練習的教材的，這樣譬如說那一種學識上所用的語言文字，只要是曾經到了生徒們一番筆頭與口頭練習的地步，那差不多普通都要見有頗良好的效果的，反之另一方面的語言文字，只要其中筆頭與口頭的練習，一經忽略，通常就要收很惡劣的效果，不過一種表面的學習，到了較長的年齡裏都要忘了的；最後人們仍尚能發現，因了這個緣故，總也由迄至於今的經驗中顯露了出來，那能惹起學童們對於知識純粹爲知識的原因的愛好的事物，並且這樣也要保持他們的心性時時都在爲道德的教育而開放的事物，便都是用教授方式所施行的精神動作之發展的，反之，那僅只被動性的接受，既能阻遏和毀滅了知識，而更給這宗教育成了需要的，就是澈底與根本去毀滅學童們道德之意向。

受舊教育的學童們底情形既如上述，那麼我們現在再返回，看一看新教育裏的學童們底情況吧；在這一種情況上，顯然可見的，就是這些兒童們因他們那性癖，那愛好之所驅迫，所學習的必見加多，並且更因他們能把一切的在全部的關連裏作一番理解，而又能把所理解的直接拿來作一番見諸操作的練習，所以他們也是能把這大批的學理教材學習得很對和不會忘掉的。但是這還僅只是居於次位的副現像，不是主要的現像的。尤其重要的，是學童們底自身因他們這樣的愛好遂被增高，而他們更可心裏明明白白地和循着一條規則地被導入事物間一種完全新的秩序裏，這個秩序底景界迄至於今僅只少數特別為上帝所寵惠的人們纔能偶然闖入的。驅迫着他們的，是一類愛好，這愛好絕對不是向某一肉慾性的，感官性的享受上出發的，因為這一種享受上的動機在他們的心裏已完全消聲匿跡，乃是向着精神動作為動作的原故，和向着精神動作底律則為律則底原故而出發的。雖然道德之所欲達到的，並不是這種精神的動作，因為到這個地步，還須要這種動作上的一個特別趨向的，然而他們那種愛好，那種性癖，卻是道德意志上的普通性質與形式的；所以說，精神教育底這個方式，便是道德教育底直接預備了；這一種的愛好，性癖，能把不道德的根苗由人類底心內拔除淨盡，因為一個人底心裏既有這一種性癖，愛好，那他便永不會令肉慾的享受成為驅迫的動機的。迄至於今這所說的動機總是教育裏面予以惹起，予以玉成的些動機中關首的第一個，因為人們除這一點之外還在那裏相信沒有改造學子們底能力，和不能獲得對於他們的任何影響；因此假使道德的動機，道德的本能，於嗣後方能得以培養發展的話，那牠就要來得過晚了，就要發現一個人的心已經整個被一種其他的愛好之所佔據與充塞了。可是新教育是要反轉過來把關於純潔意志的養成作為居首的第一位的，以便後來如果利己之心從內裏醒覺了，或自外面被惹起了，就要來得過晚，而在那已為一種其他事物所佔據了的心性裏，為自己自然要尋不到餘地了。

爲這第一個和我們其次就要揭示的第二個目的已經是根本重要之舉了，令學童們一起始便不間斷地和完全地立於這種教育底影響之下，並且令他們完完全全與卑污惡濁的事情相隔離，而防護他們不受其任何染污與接觸。 至於說人們爲人們底生存和爲人們底安適起見，能在人生裏活動與操作，這些話是它決不可聽入耳內的，仍然不可聽入它耳內的，是人們爲生活而讀書而學習，或讀書學習能有助於生活等等話頭，因爲這宗話頭是能很早地就啓發了兒童們底機詐惡化心思的。 由這個情形裏自可推知，在上邊所揭示的方式中的精神發展方法，應當是要達到他們身上來的唯一的個方法，此外須要使他們絕不可間斷地從事於這種精神活動，並且絕不可以令這一種教授方式去和那需要與此相反的感官性的動機的教授方式，互相輪替遞補。

雖然這宗精神發展能阻遏利己之心不向人生裏氾濫，並且能生出一種道德意志底形式來，然而這並不因此就是道德意志底本體了；並且假使經我們所提出的這新教育不更向前進一步時，那牠至多也不過可以造出一批優秀的科學研究家來，可是這些科學研究家也是從來都有的，況且這項人才又所需無幾，而他們爲我們本來的，個人方面和民族方面的目的之所能作的事情，並不會多出於這些人們自來所都能作的哩，就是：去向世人一次再一次地作告誡，甚麼對，甚麼不對，此外就是招人們對他們欽視景仰，而一過時機，便又招人們底鄙棄誹毀了。但那卻是明明白白擺着的，上邊已經說了的，我們所以要發展生徒學童們精神上這宗自由活動的原意是要令他們用這宗活動可以自由在心內造作一個關於眞正實際人生的一種道德秩序的觀念，令他們明白這種秩序底眞像怎樣，而以他們心內亦然已經發展了出來的愛好去堅持着他們心目中的這個觀念，更且要爲這種愛好之所驅迫，去把他們心目中這個觀念向他們的人生裏和用他們的人生眞正地表現了出來，換句話來說，就是要爲個人操行之本，處世之方的。 這樣現在還應當來問一問的，就是新教育怎樣能會證明，牠可以算是在牠的生徒學童們底身上達到了牠這個本來的與末後的目的。

那這最先一步的一個辦法，顯然仍應在惹起學童們以前已經在其他事物上作過一番訓練的精神活動，而令他們以之自去在心目中直接按照理性之律則虛構一個關於人類社會之秩序的觀念，換言之，就是要令他們自動地明白，社會秩序是怎麼一回事，因以覺悟，人們在社會中那些事情當作，那些不當作。至於說這個被學童們在心目中之所這樣虛構的一個觀念，究竟是否對了，這在一種素來具有這個正確觀念的教育，是最容易去判斷的；至於說這個觀念是否經學童自己主動的活動之所虛構，而決非僅只出於被動性的瞭解，和出於依照學校所學來的樣子的忠實追述，再者是否這觀念已經被增進到恰當的淸晰與活躍的地步，那這在這教育方面，亦然是能和牠以前在同一趨向裏在其他對像上已作有恰當判斷的舊成績一個樣而能予以判斷的。不過這一切的都還是學童方面純粹認識上的事項，而始終要以這宗事項底資格留存於這宗深爲這宗教育之所優爲的認識之領域裏的。可是在這裏爲新教育尙有一個完全其他的和高一層的問題之發生，就是學童們對於事物間一種這樣的秩序是否竟能爲熾熱火烈的愛好之所這樣攫握，簡直要對於他們，即便他們已脫出這種教育底指導之外，而到了獨立地步時，直接是不可能的了，不要這一種秩序，並且不去竭盡他們的能力以爲這種秩序之促進而努力，對於這個問題，絕無可疑，並非依語言文字和見諸語言文字的考試之所能得決斷，這乃是要以見到實地上學童們所作的事實爲決斷的。

經這末後的觀察，給我們所樹立的這個問題，我這樣來解決：這種新教育裏的生徒學子們雖然被從業已長成了大人的人們底團體給隔離開了，然而在他們整校整批的學童的羣隊裏決無可疑，仍要是彼此生活在一種公共的情況之下，而這樣竟造成了一個被隔離了出來的，獨立存在的公共團體，公共機關的了，這個公共團體，公共機關，當然是要有一種確切被確定了出來，而完全本乎事物底天然性質，和絕對爲理性之所要求的規章制度的。那麼關於一種羣居的社會秩序，學童們儘先可以得到的一番了悟，一個觀念，爲這個觀念的虛構，學童們底精神活動纔被惹起了的當然要是關於這個他們終日生活其中，而習染有素的團體的個觀念的了，恰切更因爲是他們終日生活與習染於這個團體之中，所以在他們給自己虛構關於這種秩序的觀念時，便不能不由心裏自己逼迫自己處處恰切去按照着他們這個團體裏實際有，實際已經規劃妥當，而他們又素知素曉的情況以爲虛構之資的了，並且只是這樣，他們對於這種秩序，無論從牠那一部分方面說起，也都要理解爲絕對必須，絕對必然，絕對不得不由牠的那些理由裏面之所發生了出來的了。　不過這仍還是學童們純粹知識認識方面的行動的。　可是一經到了實際的生活裏，任何一個處於像這樣羣居羣處的秩序中的單個學童，爲全體的原因，必不得不把許多牠在獨居獨處時，必將無庸躊躇地去作了的事情，永久置之不作的了；因此那必將是很有用，很合乎目的之舉了，在樹立規章法則的立法行動中，和在以此爲宗而關於規章法則的學校講教裏，去把一切其他的，具有增高到理想地步的愛好秩序之心的學童的人物，都給任何一個單個的學童，標榜爲全體底模範，全體底榜樣，而像這樣的愛好之心，實際上或許連一個學童，都不會具有的，但卻是全體非要都一律具有不可的，這樣，這一宗立法上便要獲有一層高度之峻嚴性，和一大批禁例禁戒，不許作的事件之列出。　奉公守法，循規蹈矩的愛好秩序心，是一種直接應當存在的事物，這是團體，是社會安危存亡之所繫，所以到了必要時，甚至也是可以用對當前懲罰的戒懼心理，去向人們強迫的，而這一種懲罰規律之施行，更是直接不容有所顧惜，或有所破例的。　在生徒學童們底道德方面，因這一種戒懼心理當作一種推動力之引用，並不受有任何損虧的，因爲所謂推動的，在這裏並不是要去推動人們作良善的事體，乃只是要去推動人們把這一種規章法則裏之所認爲惡劣的事體置之不作的；除此之外，在關於規章法則的講教裏，還應當充分給生徒學童們弄明白，一個人還是處於教育上很低的階段裏的，如果他遵守秩序，不犯規法，還是須要把刑罰之苦置之眼底之下，或受到刑罰之苦痛時，纔覺悟犯規犯法之非的話。　雖然如此，然而明明白白擺在這一切情形之上的，就是人們永遠不會知道，凡學童有所守規奉法的服從處，是否出於愛秩序之心，或出於對刑罰之戒懼心，所以在這一個範圍內，生徒學童們良善意志，是不能在外面表現的，而教育對於他們這種意志，也是不能作測驗的，因之教育要叫人們有自動愛好秩序之心的目的，是否得達，便無從得知了。

反之，那能令一種這樣的教育測驗可以能實現的個範圍，就是下列的一個。就是上邊所說的學校團體之規章法則，還更可以規定得，不僅使單個學童爲全體底原因，把許多事情置之不作，乃更是要使它爲全體底原因，也去有所作爲，有所貢獻的。除去學業中的精神發展之外，在學童們底這個公共團體之內，也還有所謂體育的軀體之練習，和機械式的，但在這裏卻被視爲高尚理想的農業工作，和種種手工業上之工作的。這一種規章制度應當以下列數點爲其根本條例，第一點，就是凡在這些工作上任何一部門中能嶄然露頭角的學童們，須要爲人們之所期待，在教員教授其他學童時，可以從旁幫助，和擔任各種監察以及其他負責任的事項；第二點，就是凡能發現任何一種改良，或能首先和最清晰地瞭解一位教員之所提出的改良的學童們，須要爲人們之所期待，可以去用自己的勞力把這改良施行了出來，雖然他課業上與工作上原來當然的個人任務並未因此而被解除；第三點，就是任何一位學童來滿償這種期待時，都應出之甘心情願，而並非出之勉強，因爲凡是不願意滿償這種期待的，亦皆聽之，絕不加以強迫；第四點，就是他們爲這宗勞動，並不可以希望報酬，因爲在這規章組織中，所有一切學童在關於工作與享受之關係中，均係一律平等無別的，就是連嘉獎稱讚的話，他們都不可希冀，因爲在他們這個團體裏，大家須一律奉行的思想方式，就是在這些工作上，任何學童都只不過是盡了他們當盡的義務，無別話可說的，而他們所落得的報酬，便僅只在他們爲大家所作與所貢獻的事項，和由這些事項底成功裏所生出的樂趣底享受了，假使這種成功果然能得給他們實現的話。所以在這個規章與組織裏，由學童們所獲得的更大的智巧，以及由他們在這上頭所施用的勞力中之所繼之而發生的，竟僅只是些新勞力與新工作了，因而恰切能幹愈大的學童們，便要不得不屢屢愈加去醒覺了，如果其他的學童們正在安眠時，和不得不愈加去獨自苦思默想的，如果其他的學童們正在遊戲時。

生徒學童們，在他們，雖然上述這一切情形，都已充分明瞭與曉悟，但仍要繼續着，和以一種足可見他們已經確切可依恃，準保無錯的憑證去欣然接受學校團體裏那居首一批的勢力和由這一批勢力裏所更向下演出的一切繼續的勢力，並且仍能在對他們自己的能力與動作的感覺裏，始終是强健有力的，而實際上又能愈久愈趨於强健有力之途——這樣的些生徒們，教育可是放心大膽，可以安然放他們去入社會了；在這一些生徒學童們身上，教育已經達到牠的這個目的；在他們這一批生徒學童們底心裏，愛的力量，所謂熱心熱衷，所謂俠義心腸，所謂一腔熱烈已被燃起，而將要一直的焚燒到他們生命生動之根苗裏頭去，並且他們這力量自這時起必更將繼續向下把一切能得達到他們這生命生動上面來的事情事物絕不容留例外地都給捆捲了去的；而他們將要在那更大的汪洋一般的成人社會裏，這社會是他們自此時起便要走入的，就要永不會有作其他事情的能力的了，除掉他們在他們那小的，這時要離開的團體裏素來不動不易地所作所爲的事情之外。

到這個地步，受教育的學童們纔算成熟了，完成了，爲適應社會向他們之所作的最當先的和絕不容破例的那些要求，並且已經是實現的了，凡屬教育在社會底名義之下向他們之所應當要求的。然而就他們本人和個人方面說，他們還不能算是完成了的，因爲那還是未經實現的，凡屬他們對於教育之所能得要求的。如果他們這一種要求也已滿償，那他們同時便也會有了能力，去履行一個愈加高超的世界在當前世界底名義之下過到特殊的事項可以去向他們所作的要求的了。

一六三〇年至一六四〇年崇禎三年至十三年間滿洲境內淡巴菰煙草之早期高麗史料

Koreanische Quellen zur Frühgeschichte des Tabaks in der Mandjurei zwischen 1630 und 1640(*)

福克司 (Walter Fuchs) 著

張 星 烺 譯

一 序 言

古德力樞 (L. C. Goodrich) 先生於一九三八年美國東方學會雜誌(JAOS)第五十八期，第六四八至六五七頁，發表一論文，題曰中國及滿洲境內早期禁止淡巴菰事宜，內容豐富。 大半根據罕見之中國書籍，搜集中國及滿洲所有之早期關於淡巴菰之報告。 其材料之中，官府禁令，溯至一六三七年崇禎十年（古氏原文第六五〇頁）。 私人記載如景岳全書，露書(二) 物理小識(三)蚓菴瑣語以及其他諸書，未能使古氏有一定年代也。 此外重要問題，如全中國是否如古氏之根據所言，曾否由菲律賓羣島經福建取得淡巴菰，或中國北部可否由另一地輸入，未曾提及也。

(＊) 本篇原文將於近期在華裔學誌(Monumenta Serica)發表。

(一) 參考古氏原文第六四八頁注四，得自東京尊經閣文庫，參觀尊經閣文庫漢籍分類目錄，一九三四年出版，第二二五頁。

(二) 康熙三年版。 參觀古氏，華裔學誌第二卷，一九三六年至一九三七年，第四〇六頁注五。夏德Hirth，通報，一八九五年，第四二八至四二九頁。

今此之作，卽補此缺。一則爲滿洲地方搜集甚多新材料，皆注明月日，上溯至一六三〇年。經各私人記載，對於瀋陽地方淡巴菰之早期歷史，放出甚有興趣之明光。再則吸淡巴菰之習慣，是否於是時由滿洲傳入中國北方，抑或由高麗直接傳入，亦詳加討論。

所利用之材料，大半皆由高麗人之著作中採取，爲以前西方人所未用者，例如一六三〇年及一六三七年至一六四四年之瀋陽日記，以及同時一六三七年至一六四四年之官書瀋陽狀啓二書是也。此外又有朝鮮史。共三十五册。出版於一九三二年至一九三六年。此書爲寫本或印本之朝鮮官府與私人歷史著作，譯成日文，或輯成編年史者。其中有李朝實錄一書，爲余論此時期之助也。

無疑的尙有其他高麗之著作，記錄或至一六三〇年之前，可以供研究滿洲地方吸淡巴菰問題之參考，尤其余因在北京，未能讀李朝實錄之全書，此外朝鮮史中許多重要史料，尙未出版。一九三九年之末，藤岡勝二刊印其日文譯本之滿文老檔(三)，余亦未能讀也。卽至由一六三七年至一六四四年之瀋陽狀啓所引用之篇頁，亦斷非充足，因禁吸淡巴菰問題及在瀋陽與此相連發生之事件以及其他朝鮮滿洲之交通往來，充滿兩書全部也。再者余亦不能確定余所選擇之篇頁，是否確爲最切直之處也。余特別注意一六三七年至三九年間史事。至若一六四〇年以後之事，因對於余之問題地位不重要，故不參觀也。

二　關於淡巴菰自滿洲或直接自高麗傳入中國北部之可能性

古德力偭於其論文之起始（六四八頁）云：『淡巴菰於十七世紀中之前二十五年，在中國東南部必已有之，滿洲地方或於不久以後自高麗得之。』至若滿洲方面是否又爲高麗及中國北部之媒介問題，則此處存而未答。關於此事，古德力偭之最早材料實毫無說明，僅謂福建全省爲中國全部淡巴菰之來源地耳。

（三）滿文老檔三册，東京出版。參閱拙著滿文目錄及文獻攷（Beiträge zur Mandjurischen Bibliographie und Literatur），一九三六年出版，第五二頁；又日文史學雜誌第五十一卷（一九四〇年）第三期第四二三至四二六頁。

余所得之高麗與中國之史料，對此問題亦不能確實無疑的回答。此問題之明白解決，必須留待將來也。然而當吾等考慮下方事件時，此問題即得一透澈可能有之情形，甚至極能有之情形也。

一　據一六一九年萬曆四十七年至一六七七年康熙十六年時人王涵光之遲山堂危史（古氏論文第六五〇頁），當順治時淡巴菰在中國已普遍廣布，以福建產之建煙及滿洲產之滿煙價爲最昂且質亦最佳。此說雖不能用爲證據，然可作爲暗示，中國北部所用之淡巴菰除南中國來源以外，另有一獨立中心點也。

二　滿洲及中國北部間有各種密切關係，發生自人參商業與一六二九年及一六三〇年崇禎二年交會期間（清天聰三四年間）及一六三四年時，滿洲人屢次侵入中國北部以及前此在南滿洲迭次與明兵衝突。此外高麗與明朝之各種關係甚多，如一六一九年薩爾滸山之戰，高麗援軍所佔地位，派往北京貢使與其他使節以及人參商販，皆其實例也。所有此等事實，使高麗及滿洲境內普遍通行之吸淡巴菰煙草之風俗（此風俗極易流布），由高麗經滿洲傳入中國北方，甚或直接由高麗傳入中國（四），不僅或許有之，而實極可能也。現在此事之證據尚缺乏。

三　古德力樞所引最早期之保證人，證明謂淡巴菰僅由福建一地傳衍至中國全部。但吾人必須注意所有此等保證人皆爲中國中部或南部之產，如張介賓爲浙江人，姚旅爲福建人，方以智爲安徽人，是也。因此所有此等人皆僅想念其家鄉省區情形，而未注意其他勢力在中國北部能演何職份也。魯易，雷，康脫神父(P. Louis le Comte)曾於一六八七年時康熙二十六年來遊中國（見古德力樞論文第六四九頁）其所持判斷，亦必顯然的根據中國南方之傳說也。淡巴菰自滿洲或高麗傳入中國北部之說，不必因此等記載而即急促否認之也。

（四）　參觀施涓克 (Schrenk)（見下方）之論文第四六六頁注六：『高麗煙在中國甚爲人所好。藍芙已表明之。』(Journal de la resid. de Sieur Lange de S. M. I. de la grande Russie a la cour de la Chine, dans les ann. 1721 et 1722, Leyde 1726,p.65)

四 淡巴菰自滿洲傳入中國北部之說，在歐洲文字書籍中亦可尋得暗示，時代固為稍後，然著者皆為可恃之人也。例如禹克(Huc)神父在一八五四年咸豐四年出版之支那帝國 (L' Empire Chinois) 書中，第一册，第二二二至二二四頁；（一八五六年德文譯本 Das Chinesische Reich 第一册第一一八至一一九頁）；威廉森 Williamson 在其一八七〇年同治九年出版之支那北部遊記 (Journeys in North China) 第二册第六六至六七頁；普西格 Poussielgue 在其一八六六年同治五年出版之支那及蒙古遊記 (Voyage en Chine et en Mongolie) 第一九八頁（未得見）以及施浪克 (Schrenk) 在其一八九一年光緒十七年出版之黑龍江流域之民族 (Die Völker des Amur-Landes)第二册第四六六至四六七頁(五) 皆是也。施浪克在此處引用上方所言三前人以作材料。其中末尾二人雖未言明，但其根據禹克之記載，則顯然無疑也

三 結 論

直至現在，吾人所知滿洲境內吸淡巴菰煙事宜，可以上溯至一六三九年崇禎十二年 七月。崇德四年六月二十六日即西曆一六三九年七月二十六日有命令禁止吸種淡巴菰。此令譯文，見古德力樞論文第六五二頁；在下方第六章，余將中文原文錄出。下方余所引用之高麗材料，引導吾儕至崇禎三年四月二十六日即西曆一六三〇年六月六日也。一六二七年天啓七年滿洲人侵入高麗，戰時俘擄或其他媒介人皆能演傳導人之職。故淡巴菰第一次自高麗傳入滿洲，確然至少可以再向後推三年也。但因余之原文（見下方第五章）第十條言自一六二一年天啓元年 及一六二二年天啓二年 淡巴菰在高麗傳布更廣，故吾人可以揣想滿洲境內知悉淡巴菰之最早年代，可以提前至一六二五年天啓五年也。

（五） 施浪克此外尚謂當清朝時『政府下令輸入淡巴菰於中國全國。』此語似乎根據禹克之記載。然詳查禹克之書僅謂滿洲人輸入淡巴菰於中國，並未謂有下令輸入全中國之事。施浪克所引不免誤改原文。下令輸入，斷無其事。吾人所見，適得其反。觀於禁吸淡巴菰事即可知矣。

下方第五章中關於滿洲境內淡巴菰之初期史，各種記載原文指示吾人：

（一）一六三〇年時崇禎三年天聰四年淡巴菰在瀋陽朝廷中已爲一種人人所欲望之物品。（原文第一第二條）

（二）彼時在瀋陽已有蒙古人販淡巴菰，故在東蒙古境內必已知悉淡巴菰矣（原文第一條）。當一六三〇至一六四〇此十年之中間及末尾時，無論如何，淡巴菰必已傳布於東蒙古人中。（參觀下方註第一〇）

（三）一六三七年崇禎十年崇德二年瀋陽朝廷中有高麗王子爲質。自高麗時常輸送淡巴菰於王子及其扈從。（原文第四條）

（四）太宗實錄中關於淡巴菰禁令之最早記錄，在一六三五年天聰九年二月九日。但在彼時淡巴菰禁止「已久」矣。（原文第三條）

（五）依一六三八年春季所公布命令，允許高麗王子扈從人員購買淡巴菰。但以淡巴菰贖回高麗俘擄則禁止之。瀋陽政府對贖回俘擄事雖不悅意，然已成爲常事矣（見原文第六條）。偸運淡巴菰以備贖回俘擄，既成常事，因之統制輸入亦日趨嚴厲。瀋陽高麗人住區曾屢次發生燬滅淡巴菰貯藏事情。（原文第七至九條）

（六）淡巴菰禁令以前經多次旋迴波折，自一六三九年中間以後卽嚴厲執行（見原文第十二第十三條）。次年一六四〇年卽已見有犯者斬首之記錄（原文第十四第十五條）。

（七）一六四一年崇德六年崇禎十四年以後，淡巴菰禁令弛緩。官定淡巴菰每斤價值銀三錢（原文第十七條）。又允許人民栽種淡巴菰爲自己吸食之用，但販賣淡巴菰仍以死罪論。（原文第十六條）

四　史　料

一　瀋陽日記

吾人必須分辨此書與下方同名而內容較豐廣之又一瀋陽日記。此書爲宣若海字伯宗所著。宣若海爲高麗官吏。生於一五七九年明萬曆七年，卒於一六四三年明崇禎十六年。自一六三〇年天聰四年四月二十一日至五月十六日奉使逗留瀋陽。題中事，參觀朝鮮史第五册，第二卷，第二四六頁，一六三〇年四月二十一日條下。其傳記見一九三七年出版之朝鮮人名辭書（此書以後簡引稱爲 CJMJ），第一一八二頁。原刊在一八三〇年著成，一八四四年印成之寶城宣氏五世忠義錄第一册。參觀朝鮮圖書解題（以後簡引稱爲CTK，一九一九年初版），一九三二年第二版，第二七二頁。余所用之瀋陽日記新刊見於一九三六年出版之遼海叢書第八集。

二　瀋陽日記

此書爲高麗王世子㴭而作。㴭於一六三七年至一六四四年崇德元年至順治元年間與鳳林大君淏及麟坪大君㴭爲質於瀋陽清廷。其簡略記載實爲清太宗廷中事情最重要與罕見之史料也。內藤虎次郎刊印於一九二一年出版之滿蒙叢書第九册中。但僅至一六四二年與一六四三年之交而止。關於書之本身，參觀東洋歷史大辭典第五册第三十一頁)。內藤之導言第一頁至四頁。小田先生頌壽記念朝鮮論集，一九三四年京城出版，第五四三至五四四頁。古浪Courant 著之高麗書目第二册，一八九五年刊，第四〇五頁，第二〇三四條。謝國楨清開國史料攷，一九三一年刊，第六册，第一張後面至第三張前面。

三　瀋陽狀啓

與上書同一來源，然因其記載詳細及報告準確，故更爲重要。書中含有世子扈從人員報告漢城政府日記式之信札。爲奎章閣叢書(六)第一集。一九三五年京城發行，京城帝國大學法文學部刊印。一册，共二加二加六三三加四八頁。再參觀CTK，第一三八頁。小田先生頌壽記念朝鮮論集第五四二頁至五四四頁。東洋史研究一九三六年出版，第一六五至一六六頁。

（六）　關於名字參觀東洋歷史大辭典第二册第四一二頁。

四　清太宗實錄

在一九三七年東京刊印之大清歷朝實錄中。

五　朝鮮史

見本文序言。

五　原　文

一　一六三〇年，四月，二十六日（崇禎三年）。史料第一號，第六張後面。

龍胡(七)等以汗意求索南靈草，而去後，仲男(八)率汗家臣三河稱名者再來言，內汗爲查頓（九），蒙古（一〇）欲貿南草，優數換給云。臣貿來南草三十斤，自給以送矣。所云三河者能計數，故當時主典買賣云。

二　一六三〇年，四月，二十八日。史料第一號第七張前面。

龍胡仲男又來搜索一行南草而去後，使金男送銀兩償之。辭而未安不送，還送矣。

三　一六三五年，二月，九日（天聰八年甲戌，十二月，二十二日）（一一）。

太宗實錄卷二十一，第二十三張前面，至第二十四張前面。

上諭和碩貝勒薩哈廉曰，煙之爲禁已久，民間仍有不遵而自擅用者，何故。

（七）高麗史料作龍胡或龍骨大。開國方略第十一卷作爲英古爾岱（見郝爾 Hauer 譯本第一八四頁，二五三頁以及其他）。太宗實錄及其他官府傳記（參觀三十三種清代傳記綜合引得，第一三五頁注二）則改作英俄爾岱。

（八）仲男即朴仲男（朝鮮史第五册第二卷第二四六頁）。亦即開國方略第十四卷（郝爾，第二五三頁下）之棟納密，太宗實錄卷八，第七張後面及朝鮮史第五册第二卷第二〇六頁之董納密。參觀朝鮮史第五册第二卷第二五四頁，史苑二卷五期，一九二九年八月號，附錄第三六頁與三卷三期一九二九年十二月號第四二頁，市村瓚次郎所刊一六二八年至一六三一年間瀋陽文件所輯各項稿簿。

（九）頓字此處等於「稽首」之稽字。字有二義。一爲考查之義，二爲叩頭之義。

（一〇）關於在東蒙古人中，淡巴菰傳布事，參觀略後之一六三八年史料瀋陽狀啓第六八頁，一六三八年四月十七日，東蒙古買牛事條下：『牛每頭價值過於青竹布三十疋，水獺皮青黍皮各一張，枝三（即煙絲）十餘封及南草（即煙葉）三十餘包。』

薩哈廉對曰，臣父大貝勒（一二）曾言之。此禁止行於衆人，而不禁諸貝勒者，或以我用煙故耳。若欲永行禁止，當自臣等諸貝勒始。上曰，不然，諸貝勒所用，小民豈可效之。如諸貝勒服用貂鼠猞猁猻（一三）等物，庶民亦將效之乎。彼民間食用諸物，朕又何嘗加禁耶。因謂固山額眞納穆泰曰，爾等諸臣在公署禁人用煙，及至家又私用之。如此復何顏責人耶。以此推之，則陽奉陰違，爾等竟無一可信之事矣。朕所以禁煙者，每見窮乏之家，其僕從衣服不周，猶復市此不已。無益妄費，故禁之耳。若不當禁而禁，則彼時卽當直諫。不然，外庭私議設禁之非。是以臣謗君，以子謗父也。爾等思之。朕曾有因人諫諍而加譴者乎。汝等以進言爲難，凡有所見，先啓諸貝勒轉奏可也。

四　一六三七年二月二十八日。瀋陽日記，內藤刊本第十一頁。

世子招見，饋酒一杯，給南草以送。

五　一六三七年七月十五日。朝鮮史第五册第二卷第四六九頁，據仁祖實錄三五

瀋館世子ノ膳羞等ノ物，從來兩西ヨリ入送スルノミ。戶曹請ヒテ東界ノ

（一一）此年代日期之前，太宗實錄卷八，第十五張後面，一六三一年，卽天聰五年二月辛未日，與卷十三第十二張前面，一六三三年，卽天聰七年二月己卯日，共有二次偶爾提及淡巴菰。實爲最早記載。第一次因阿濟格與上部二人爭吵，詳舉枝葉餘事時偶道及之：『德格類召代靑問之。代靑言我不知此。因我醉臥，塞黑迫盜食我煙故相角耳。』第二次爲庫爾纏之事：『及至彼國，復索煙帶諸物。比還，爲部中人搜獲。遣送法司。議革職，坐以重罪。』

（一二）大貝勒卽代善，生於一五八三年（萬曆十一年）卒於一六四八年（順治五年）。努爾哈赤之第二子。一六一五年（萬曆四十三年）固任(Cuyong)死後遂爲最長子。參觀郝爾，東亞細亞雜誌(OZ.)一九二五年，第一至十頁，所譯其傳。

（一三）猞猁猻，參觀辭源及辭海等。據辭源：『滿洲語謂之威呼靑狐貍孤，譯言輕獸』。乃吉林地方所產之野貓，其皮極稀罕而可寶貴。

物產ヲ送リ，併セテ南草三百餘斤ヲ入送ス。

六　一六三八年四月二十六日。　瀋陽狀啓第七十三頁。

清國，初雖有南草禁斷之令而旋慮永絕不來之患。　前日勅書中，行中所用則勿禁之語。　概探其意，以我國之人將無用之物賸還許多人物爲嫌，有此禁斷，而此國市上則行用不禁。　此乃羣情之所在。　故後緩禁之勅哿不喩（一四）衙門諸將之求索一如前日。　至於朝夕價物進排之人，亦皆求索，非南草則無以酬應，是白乎等以。　前日入來者已爲罄竭。　勢不得已。　入送之意，移文於戶曹爲白有㫆。　陪從諸臣段置。　前日所減價物（一五）。專減之後，賴無聊賴之地。　世子特命量減朔膳中若干不緊之物（一六）。以南草添補入送亦教是白乎等以。　平安監司處亦爲移文爲白有㫆。　衙門良中置館中之人以南草換貿，朝夕所食菜物之意。　通之則亦爲見許爲白有去等。　當此朝家嚴禁之日，不得不具由馳啓爲白臥乎事是良（㫆）。　詮次善啓云云。

七　一六三八年五月二十六日。　瀋陽日記內藤刊本第一〇八頁。

世子在瀋陽館所。　龍（一七）馬（一八）兩將招致宰臣朴簝（一九）於衙門……仍發怒於煙草之犯禁。……兩將又招朴簝共入西館。　搜出一行煙草，火之於庭中。於是公私所輸之煙草並入同祿，無片葉得免者。

八　一六三八年崇禎十一年五月二十七日。　瀋陽狀啓第七十七頁。

（一四）下方劃出者爲高麗語字尾。　其解說可參觀瀋陽狀啓附錄。

（一五）自一六三八年（崇德三年）三月一日瀋陽戶部停止供給高麗世子寓所食品。　另外每十月給以銀一千兩爲生活費。　高麗外客自是須自謀食貨，甚覺不便。

（一六）此事可參觀朝鮮史第五册第三卷第十九頁，一六三八年三月二十一日條下。

（一七）卽英古爾俗(Inggoldai)，參看上方注（第七）。

（一八）卽馬夫大，或卽高麗史料中之馬夫達，中國史料中之馬福塔。　一六四〇年（崇德五年）被毒死。　參觀朝鮮史第五册第三卷第八十一頁八十四頁又六十一頁，及第五册第二卷。

（一九）生於一五八四年，卒於一六四三年，參觀 C J M J 第三三八頁。

清人以南草賂人爲嫌。賂還人處段，南草乙，一切嚴禁爲白乎等以，龍將使命譯（二〇）來言曰南草賂還禁斷之令，非出一再，而今又濫觴如此，極爲未安。自當處置，勿論公私卜（二一），不動合置。以待處置亦爲白如乎。

九　一六三八年五月二十七日。瀋陽狀啓第七十八頁。

且南草則自有大國禁令。我國之禁飭，非不嚴明，而族屬被擄之人，渾置於卜物（二二）之中，間間冒法而來。吾等亦甚痛惋，將欲摘發，依法重治，而西館之門，牢鎖堅守，未及查覈矣。

十　一六三六年八月四日。朝鮮史第五册第二卷第三四至三五頁。仁祖實錄三十七，仁祖十六年，一六三八年八月甲午。谿谷漫筆一。瀋陽狀啓，戊寅（一六三八年）五月二十七日。（見上方九條）

本國潛カニ南靈草ヲ以テ瀋陽ニ入送シ清將ノ覺ル所ト爲リテ大イニ詰責セラル。南靈草ハ丙辰丁巳（二三）年間，日本ヨリ來リ，辛酉壬戌以來大イニ行ハレ人吃用セザル無ク，客ニ對シテ輒チ茶飲ニ代フ，煙葉煙酒トモ稱セラレ，種採シテ相交易スルニ至ル。久シク吃用スルモノ，其有害無益ヲ知リ，能メント欲スルモ終ニ能ハズ，世之ヲ妖草ト稱ス。其轉ジテ瀋陽ニ入ルヤ，清人亦タ甚ダ之ヲ嗜メリ。清帝以テ土產ニ非ズシテ，徒ラ

（二〇）參觀小田先生頌壽紀念朝鮮論集第五〇三至五〇四頁。彼爲一高麗人。一六二七年爲滿洲人所俘擄。在瀋陽充翻譯官，佔重要地位。其滿洲名字爲孤兒馬紅 Golmahon（＝兎子）

（二一）爲高麗語，卜字乃馱字之簡筆。

（二二）參觀注第二十一。

（二三）據高麗書三官記日官條，（參觀第四三三頁，治谷集下。據 CJMJ 第一六二〇至一六二一頁，三官記著者爲道克普，生於一五九五年卒於一六五八年），淡巴菰已於甲寅及乙卯（卽一六一四年卽萬曆四十二年與一六一五年卽萬曆四十三年輸入高麗。小田先生頌壽記念朝鮮論集第五三八頁引用之。更參觀下方第八章。

ニ財貨ヲ耗ストス爲シ，下令之ヲ嚴禁ス。

十一　一六三九年二月八日。　瀋陽狀啓第一五〇頁。

鄭命守又來傳言，南草之禁，皇帝旣有勅書。　國王又咨文，而猶不遵法，大小之行，多小間無不挾持，極爲可駭。　今後則更加申明，一切勿許挾來爲稱。　至於買賣段疋，淸國本非禁斷。　所惡者如刷價或使行，不稱商賈，混同入來，以其私貨乘時射利也。　今後則各行私貨一切禁斷。　只令商賈明白入來則雖逐朔可也。入來之後，此國豈有守直防禁之理乎。

十二　一六三九年八月二日。　瀋陽狀啓第一八二頁。

此處南草之禁益嚴。　八門外市肆所賣者，捉致衙門治罪叱分不喻，諸王家及遠近民間所種者掛榜八門，盡爲拔去，而立法甚爲嚴峻。

十三　一六三九年十月十七日。　瀋陽日記，內藤刊本，第二〇五頁。

世子在瀋陽館所。　劉汝亮等上來，搜檢時見犯南草於三人衣裹。　衙門使鄭譯來言曰，南草之禁，申嚴不一，而今此官員，犯禁至此。　此人欲生事於本國耶，不有禁令而然耶，此意須細達於世子。　亦爲言送於出宰臣。　宰臣曰，聞來不勝驚愕，本國申禁亦非不嚴而以官爲名者所爲如此，無以爲對。　只俟皇帝回還，處置而已。

十四　一六四〇年四月十九日。　朝鮮史第五册第三卷第八九頁，據仁祖實錄十八年四月庚午。

賓客李行遠馳啓シテ曰ク，淸國南草ノ禁，近來尤モ重シ。　今後犯禁者一斤以上ハ，先斬後聞シ，未ダ一斤ニ滿タザルモノハ義州ニ囚禁シ輕重ニ從ヒテ科罪セントス。　之ニ從フ。

十五　一六四〇年九月二十九日。　瀋陽日記，內藤刊本第三一三頁。

世子在瀋陽館所。　柵門內，南草潛商淸人三名，捉致衙門。　官員預示館中後，處斬。

十六　一六四一年二月三日戊申。　十朝東華錄二月，戊申，諭戶部曰，前所定禁煙之令，其種者用者，屢行申飭。近見大臣等猶然用之。以致小民效尤不止。故行開禁。凡欲用煙者惟許各人自種而用之。若出邊貨賣者處死。

十七　一六四一年崇德六年崇禎十四年六月十八日。瀋陽狀啓第三〇九頁

本月十八日，鄭譯來言，今後南草持來者，勿爲搜驗。而南草一斤價銀三錢折定事，皇帝分付是如爲白齊。

六　最老滿文刊物：一六三九年即崇德四年六月二十六日，淡巴菰禁令

一六三九年七月二十六日陽曆之禁令，古德力樞已依照中國文譯刊於其論文第六五二頁。其原文依照原令攝影，見於一九三一年文獻叢編第十二期，及拙著滿文目錄及文獻攷中第一號影片。

戶部示諭官民人等知悉。照得丹白桂一事，不許栽種，不許吃賣，本部禁革不曾再三，近日

王府貝勒貝子等俱已禁止。間有梗法愚民，竟不遵守，仍舊栽種吃賣，豈不想從前無丹白桂時，亦何損于人。自今以後，務要盡革。若復抗違，被人捉獲，定以賊盜論，枷號捌日，遊示捌門，除鞭撻穿耳外，仍罰銀玖兩，賞給捉獲之人，倘有先見者，徇情不捉，被後人捉獲，定將先見者併犯者，一例問罪。若有栽種丹白桂者，該管牛祿章京及封得撥什庫，縱不知情，亦必問以應得之罪，其在屯撥什庫，打五十鞭。有奴僕出首主人，果係情眞，首者斷出，仰各固山每牛祿，照此謄寫，行該屬地方，務使通知，特示。崇德四年六月二十六日示。

七　關於一六四一年崇德六年之淡巴菰禁令

古德力樞於其論文第六五二頁曰「另有一六四一年禁令一道爲同一滿洲皇帝所發，A. F. 在札記與疑問(Notes and Queries)雜誌第七號（一八六七年七月三十一日）第九三頁曾說彼完全禁止吸食淡巴菰。吸煙之罪，較之忽視射箭尤重，蓋好戰之滿洲人，以注意射箭爲第一職務也。」

此爲一九二四年，勞福爾 (Laufer) 之淡巴菰 (Tobacco) 一書第四頁所引之一六四一年禁令，可無庸疑。勞福爾之材料來源並未說明。其文譯義云「禁吸淡巴菰事已無法維持，因爾等王公雖未公然而皆私下吸食也。習用弓箭，切不可忘也」。洛斯 (Ross) 所引「朕雖嚴禁吸食淡巴菰，而爾等皆私下吸食，如何再禁止小民乎？」諸語，見於一八八八年出版之滿洲人(The Manchus)一〇二頁，來源亦未說明，是否屬於此處，余不知也。

勞福爾及匿名氏 A. F. 在此處顯然已見一六四一年卽崇德六年二月乙未日之太宗上諭。此諭在郝爾之開國方略第五一六頁爲記載此日事情之第二段，並關於警告不忘練習引弓射箭事條下。可注意者此處竟未提及禁吸淡巴菰命令，太宗聖訓卷一同樣文中及十朝東華錄中皆付缺如，故兩著作家之翻譯究根據何文，至今尙未決定。下方兩節與上方所引三節，內容相同，然文字不同，故不在考慮之中也。

(一)舊東華錄於一六四一年二月乙未日下，有開國方略之上諭並道及淡巴菰如下式：

我國武功，首重習射。不習射之罪，非用煙可比。用煙之禁，前因爾等私用，故不能治人。

新東華錄僅記如左

我國所恃全在射藝，爾等互相激勸可也。

（二）淸三朝實錄記：

此罪非用煙之可比也。用煙之罪，因爾等私用，故不能治人也。

太宗實錄卷五十四，第二十三張後面如下：

不習射之罪非用煙之可比也。用煙之禁，前因爾等私用，故不能治人也。

八　在高麗及中國淡巴菰之早期之名辭

古德力樞之論文第六五七頁，陳列淡巴菰一物之二十一種東亞書寫法，可與下列諸名辭相參照。

高麗文，上溯至一六二〇年泰昌元年

一、烟（＝煙）草　二、南草　三、南靈草　四、妖草　五、煙茶　六、煙酒　七、枝三（草）

淡文

據罕見之地緯一書。原書余未得見。第一版刊於一六三八年，第二版刊於一六四八年順治五年。參觀胡默爾（Hummel）美國國會圖書館東方部，一九三八年，第二二七頁（The Library of Congress），此處第八第九第十名辭，根據魏崧字祝亭之壹是紀始，一九二五年刊本。第十一第十二兩名辭根據商務印書館一九一七年出版之清稗類鈔第四十三册第四十頁。

八、仁草　九、八角草　十、金絲煙　十一、酒煙　十二、（金絲）醺（＝薰）　十三、燻草　十四、相思草　十五、髮絲　十六、蓋露　十七、乾絲　十八、油絲　十九、烟，煙　二十，菸　二十一，芬草

在中國舊載籍中已有南草及烟草之名，然與淡巴菰無涉也。駢字類編卷一一八，第十二張後面提及有「南草」並略加說明。佩文韻府卷四十九第四十七張前面有「烟草」，出唐人詩中。柴赫(Zach)於其所著之支那學貢獻（Sino. Beiträge)第一册，一九三〇年出版，第一三二頁，第四九三條，以「茂盛之草」譯「烟草」。一七九〇年至九一年乾隆五十六年至五十七年出版之陔餘叢考卷三十三，第二十五張後面謂李白之「相思若（如）烟草」，可以證明唐時人已吸烟矣。但此揣想可不必討論。故事熟語辭典，一九二五年東京版，第一五一頁，已辟闢之矣。一七〇六年出版之佩文齋詠物詩選（見四庫全書總目提要卷一九〇，第二張前；近藤杢著支那學藝大辭彙，一九三六年出版，第一〇〇六頁）關於烟之詩，搜引甚多，亦言吸烟之事，但證據不足。卷三十二有關於煙之詩，然僅詠其烟氣而已，卷五十四草部下並無有關於淡巴菰者。

故事熟語大辭彙，在第一五一頁第三段，據芝峯類說更引證一例，出於一六二〇年泰昌元年天命五年之高麗書。此依類分排之類書，共分作二十卷。據 CJMJ

例言第四頁所記，成於光海二年，卽一六一〇年也。 但據 CTK，一九三二年再版，第三四四頁所記至光海六年卽一六一四年始完成也。 著者李睟光生於一五六三年，卒於戊辰歲十二月，故大概卒於一六二九年正月陽曆。 CJMJ 第六二九至六三〇頁有其傳記，原書余未得見，其發刊期亦未得悉。 所言完成寫本之兩年代，一六一〇年或一六一四年與此篇原文第十條所言淡巴菰輸入高麗年代，不能相合。 依照其他傳說，在一六一四年萬曆四十二年至一六一六年萬曆四十四年左右，淡巴菰始發現於高麗。 設想此節曾爲著者親筆所加，亦必在完成寫本之後，至遲在一六一四年之後，一六二九年之前加入也。 此節可以稱爲高麗中國之最早當時人引證淡巴菰者也。 所言之節如下：

淡婆姑，草名，亦號南靈草，近歲始出倭國。

釋勒與歌德通信選集(續)(一)

Aus dem Briefwechsel zwischen Schiller und Goethe

張德潤譯

譯者序言

歌德於一千八百二十四年十月三十日親寫道：『我纂輯我與釋勒由一七九四——一八〇五年間的通信，它將形成一偉大的贈品，爲德意志人，我頗欲說，亦爲人類所求的贈品』誠然不錯，原書的價値已經爲他本人一言估定了。

歌德與釋勒的神交，其友情的純摯，彼此獲益的深厚，影響當時及後世的巨大，不但在德意志的文學史中爲一空前的奇蹟，即在並世他國的文學史中恐亦罕有其儔吧！ 二人自訂交以來，十一年不到的功夫，除聚首暢敘的時間外，凡一動一舉，一思一感，一喜一憂，一愛一怕，不分鉅細，無不藉郵傳而互換；現就歌德所親發表的，已有九百九十九封，前六年共佔六百九十四封，後五年則僅佔三百〇五封，後期較少的原因，蓋自一八〇〇——一八〇五年釋勒亦居威瑪任宮廷詩人，與歌德固可朝夕相聚也。

這本小書所節譯的僅一百一十四封，大概未曾全譯；就數量說，未及原書九分之一，但就質量說，則爲原書的精華；蓋兩位大詩哲相互的認識，對于文學藝術哲學及各種科學上的意見，對于古今思想家的批評，對於時代弊病的針砭尤其對於那幾部不朽的名作如威廉邁斯脫，浮士德，瓦輪斯坦因等在創作中的交互商討，俱可由此覘其主要的輪廓。 至欲窺其博大湛深的全豹，那自非讀原書不

(一) 第一二部見中德學誌第二卷第一二期

可。故譯者於譯完之際，不禁衷心地期望，因拋這塊文筆生硬，錯訛難免的小磚頭，竟會引出他日海內達人的「全譯」的玉石來，那就萬幸了。

二十六，二，二十五譯者

六八　（四〇四）　釋勒致歌德一七九八，一，二，耶拿。

新年我首次卽向您通信，應成爲我的一個吉兆吧。我除祝您今年的幸運如前二年一樣地順遂外，不能奉更佳的賀語了。若我本性中最佳的才藻得昇華爲一部作品，像您已作了的那樣，也就是我今年所願得的歡樂。

在思考與創作中間您有種獨特的操縱的方式，眞令人驚羨。在您心中，兩件事完全分開了，但這恰使二者都成了被實踐的業務。您眞做多久工作，卽暗中盲行多久，光明卻在您的心中；若您一開始思考，您內心的光明就光芒萬丈地爲您與人照耀一切事物。於我，兩種作用方式都頗混亂，故不大濟事。

六九　（四〇六）　釋勒致歌德一七九八，一，五，于耶拿。

現因我的作品已假人手繕清了並且使我倍覺珍奇，我殊快樂。暫時我覺得超出了自我的樊籬，此卽我二人交遊的大結果；因爲只有多次繼續地同一位客觀上與我如此相反的人物的往來，這往來爲我所熱烈地眷戀且爲我們二人一致努力加以注視和信念的，才使我跳出主觀的圈子有如許之遠。我發覺，後一期我所得的清晰與沉靜，毫未損及前一期的熱情。不過說的更妥當些，我從您口中所聞的，較您從我口中所聽的爲多。

有人告我，除歷史的材料外，沒有別的材料好去選擇；自由構想的材料，成爲我的難題。「現實理想化」較之「理想現實化」爲一完全不同的作法，但後者在自由構想方面爲一適當的舉例。我的能力可使一種既成的，確定而有限制的材料活躍，熱烘烘的及近乎湧現出來一樣，然此種材料的客觀確實性卻束縛了我的幻想並且違反我的「隨心所欲」。

七〇　（四〇七）　歌德致釋勒一七九八，一，六于威瑪。

（一）

我賀您對於尊著完成部分的滿意。您本身所求的清晰，您自證的完全確實，我不懷疑。我們二人的幸會已爲我們創生了許多利益，我望此種關係將同樣地永遠繼續下去。如果我配充您許多對象中的代表，那您是將我自外物的嚴格觀察及其對我的關係方面轉證了我自己。您曾教我更正確地觀感精神的多面性，您爲我創生了第二度青春，且使我復成爲詩人，當我行將停止吟詠的時候。

怪的很，我仍時常觸起我的旅行印象。我由它所收羅的材料，毫未運用，我除感覺各種心情外，別無所爲。我憶起往時的同樣作用，就許多場合與情事中我所認知了的，大概是：各種印象必須靜居我的腦內許久，直到它們不覺地合乎詩歌的採用。也因此故，我完全憩息下來了，唯期待下次的「那傘盤桓」行將餽贈我的東西。

（二）

再我始由上期藝術年鑑的詩歌中很清楚地看出，最可敬愛的同情既不能給我們或種教訓，又無一種責難可加我們一些兒助力的。一部藝術品未產生前，世上無人有可產它的概念，等到它產生以後，稱揚和毀謗總只有主觀的，有些確然滿懷興味的人們則欲加它一些己意的增删，這樣，也許把全部作品都毀了；所以那常列在最重要的，原本消極的批評的價值也絕不會加惠於我們。

就各種關係說，我希望您的瓦輪斯坦因不久即可完成。在寫作當中，在它以後，您讓我們又得恰如其分地滿足戲劇的要求吧！倘使日後您只是精確地，預定地遵循您的計畫和佈置的意見，倘使以您才能的老練，精神的豐富，竟不欲每年寫幾部劇本出來，那就不可說是好的現象。我覺得，一位戲劇作家所十分必具的條件是，他常常出現，常去更新他所起了的作用，他如果具有才識，就繼續不斷地創作下去。

（三）

因讀色林（Schelling）著作的機會，我又有了各種思想，這些我們必須詳談一下。我頗同意，宇宙非即我們所認識的樣子，我們只以我們的精神上一定的形式與能力去解釋它。 從一個小孩要吃樹上的蘋果起，到它的落地止（這曾觸發牛頓達到他的理論的觀念）確可有許多直觀的階段，如果人一旦給我們將這些階段指示得十分清楚，且同時使我們了解，何者係他所認識的最高階段，那當然爲極可盼望的事了。 超絕的觀念論者(der Transzendente Idealist)的確完全信如上述；但有一點我對他不中意，即他同其他的思考方式衝突，而人本不可同何種思考方式衝突的。 關于生物外表上的合乎目的性的問題，因爲日常經驗似乎天天都在說明這個學理而且人很輕易地藉一種虛妄的解釋而置此最難的現象於不顧的，誰又想向一定的人們去宣說它呢？ 您知道，我多麼相信「生物有一種內在的合乎目的性」的概念，但又未可否認一種外界的決定及對於外界的關係；由是我們又多少接近了那種思考方式，就同人在講述中不能缺它作爲成語一樣。 同樣地觀念論者想如何就如何守護着「物本體」之說，但他未曾料到，同他的「身外物」之衝突，這些外物，在我看來，常在第一次相逢的時候就揭穿了他的閫葫蘆，像火鉢對于中國人那樣。 我常想，如果此派絕不能由外物而達精神，彼派自內心出發也很難達外物，因此，人也許常常留在「哲學的自然狀態」中（Philosophischer Naturstand）（色林觀念論十六頁中用語）並且自他不可離的生存上去作些最可能的事，以待一旦哲人們都頷首肯了，將他們所分開了的東西復行結合起來的時候。

附註一 中國人的室中冬天往往生一鉢火，但動不動踢翻了釀成巨禍；此處喻觀念論者雖倡「物本體」之說，但對實際的物則無以自解。

七一 （四〇九） 歌德致釋勒一七九八，一，十于威瑪。

最近幾天，我留在我的室內，真想忘掉天地的運行。 在這些平淡而不愉快的光陰中我又着手了我的顏色學，爲的檢閱迄今已寫作了的部分，將所有的原紙都整理一番了。 就是，我從新整理我的稿件，其中既保存了我的謬誤和正確意見，尤其保存了一切試驗，一切經驗與希奇的思想，我現將這些卷册拆開了，叫人封了些紙袋，照一定的目錄題了名稱， 然後將所有的稿紙都放了進去 ，這麼着，我得更方便地校閱我每章中的儲積材料我也可撕毀一切無用的廢紙，我將可用的材料理下來並同時復習全部工作。　現在我始看出，這次企圖係多麼忽妄，我以後要防備又蹈入同樣的覆轍。　因即就目前說，就我已寫成了的說，尙需要艱鉅的工作，始克將我的材料弄成一部純粹的描寫。　這中間，我得了很多教訓，我若未參加這稀奇的研究，以我的本性，那就絕難向此等學科偶拋一瞥了。我現附上小論文一篇，它大約已作了四，五年之久，您決會高興地看出，那時我對事物的觀察是個甚麼樣兒。

七二　（四一〇）　釋勒致歌德一七九八，一，十二，于耶拿。

您的大作具一種卓越的觀念，同時爲您的科學方法的說明，它觸着一切合理經驗的最高的利益與要求，但它只擬給一個別的事業以規範。　我尙欲詳讀它而且研究一下，然後再向您報告我的意見，欲經過試驗去證明一個理論的命題，那是如何的危險，在我就很瞭然了。　我想，這同另一種哲學的忠告是相符的，那就是，人不當拿比喩證明他的命題，因爲無一命題等於一個比喩。　那相反的方法全然忽視了自然界與精神界之間本質的區別，它甚至於揚棄了全部自然界，因它只令我們在物中尋出此種概念，而從未令我們反過來去找。　總之一種有些平均確定了的現象或事實，是絕不能同一種片面規定的規則相等的。　我頗望您，或許您也樂意，將這篇文章的主要內容，撇開那供作緒論的試驗和經驗，單獨地去發揮。　那您就對于實用方法與理論運用中間的更嚴格而純粹的區別上，將給以有價值的指示；人將因以實證，唯由此科學方能發展，一方面人根究現象不必要求創說的統一，唯自各方面去環攻它，以多方面去求對自然的理解，另一方面（若前者已有了保證）培植想像力的自由，讓綜合力(Kombinationsvermögen)得以自在地探索，但要保留一點的是，想像力只能在它特有的世界而絕未可在事實上有所創設。　我以爲，在自然科學中迄今尙稱遺憾的有二種相反的方式：或者人經過理論縮小了自然界或者過于想以客體去限制思考力。　如果一種合理的經驗應當形成的話，就必須待遇二者以公平；若有種嚴格批評的警察劃分了它們各自的田地，也就能待遇二者以公平了。 常人一扶植思想力的自由，那它就未可或少了；而且經驗教訓我們的是，那互相限制及間或互相抵消的思考方式的繁多性，頗可減輕某一種思考方式獨裁的危害，也因此人在理論的路上就被逼回到客觀的路上了。

七三 （四一四） 釋勒致歌德一七九八，一，十九，于耶拿。

如果您將那篇舊作及最近的新作中所述的思想，依範疇加以覆考，那就會使您有趣而且獲益匪淺了。 您的判斷將全被證實，同時您將在運用哲學法則於經驗的事物方面，增長新的信心。 我現在只想就幾種應用上談一下，而且只涉及與您新作有關之點。

您若用範疇去審查，那三種現象中經驗的表象就宣露無餘了。

甲

那不越出經驗現象以外的，普通的經驗論 (der gemeine Empirismus)，就分量說，常常僅有一種場合，一種個別的經驗要素，因而可說沒有經驗；就性質說，它總只規定一確定的生存，並未加區別，未加贊否，一句話，未將它作一番比較；就關係說，它所陷入的危險是，將偶然作爲實體去接受；就樣態說，它總只拘限在一種確定的現實之上，不豫想可能的發生，或將它的認識引到一種必然的地步。 以我想，普通的經驗論是絕未能免去一種錯誤的，而錯誤始成立于科學之中。 它所覺察的，它眞正覺察了，而且因它摸不着這樣的據處，從它的觀察中去爲客體創出法則，故它的觀察總只有個別和偶然的也就並無任何危險了。

乙

在唯理論中 (Rationalism) 始形成科學的現象與錯誤。 那就是說，想像力在此領域內開始了它們的工作 ， 這些那麼高與替代客體的力量都隨心任意地發生。

就分量說，唯理論常結合許多的場合，而且當它不隨便將多數充作全體，即創出客觀的法則的時候，那它非但無害，甚至有益，因它爲達到眞理之路，那種眞理唯當人知道離捨個別事物時方找尋得到。　反之，若它被誤用了，它就要損害科學的，因爲，像大作中很明白地道出了的，它擬耗費事實的一定的民主自由，以便人類精神上無窮的結合勢力(Verbindungsgewalt des menschlichen Geistes)得以生效，簡言之，因它在單純的多數中就想作出它的統一，因而得出了一非全體的全體。

就性質說，唯理論是很允當地使現象互相對立；它區別和比較，何者係可頌揚而且良善的（就唯理論一般地講）並且是達到科學唯一的道路。　但想像力的獨裁在此處也同時表現出它的偏陂，分析的苛細，與前面的隨意結合並無二致。它的危險是過於嚴格分析在自然中已合成了的東西，如它在前面去結合自然所分開了的東西那樣，它造出了本非分類的分類，等等。

就關係說，唯理論經常的努力，是探討現象的因果性，它經過原因與效果去結合一切；這又很可頌揚而無疑地得以達到科學，但因它的偏陂同樣帶有最高的破壞性。　我於此，引證大作本身，它優越地斥責現象的因果規定所引起的誤用。　由此，唯理論似乎很欠缺的是，它僅渴求地計算到自然界的縱的但非其橫的方面。

就樣態說，唯理論捨棄了現實並未達到必然性的地步。　可能性爲它無盡的田地，故有無限的假設。　悟性的此種機能，依我判斷，是一切科學所必須而不可少的條件，因爲唯經可能的設想，才可自眞實方面獲一種達必然的通道。　因此只要我力之所及，我就要在物理學的範圍以內去捍衛思想力的自由及權利。

丙

純粹的現象，以我看，與客觀的自然律爲同一物，只有唯理的經驗論　(der rationelle Empirism)　才可窮究它。　但重說一遍，唯理的經驗論本身決不能直接從經驗論去開始，每每先總有唯理論存於其間。　這第三種範疇的成立，每次都由于第一與第二種範疇的併合；我們又知道，唯有自由想像力的充分活動及感官的知覺力的最純粹而開展的功用連在一起，才可走入一種科學的知識。　因此，唯理的經驗論所作的有二件事：它要排斥專恣而創造自由：專恣云者，或爲人類精神仗它以反對客體，或爲客體中盲目的事變及個別現象的狹窄的個性仗它以反對想像力。 質言之，因它剝奪了客體的盲目的權力，它就要爲其判明全部權力，因它切斷了人類精神的各種專恣，也就要爲其歸還整個的（合理的）自由。

就分量說，純粹的現象必須包括變化的全體，因它爲一切的恆數。 若完全照範疇的意義解釋，它又在多數中製造出單一來了。

就性質說，像一般眞正的自然科學家的示教，（他們對于一種絕對肯定與絕對否定都同樣地唾棄）唯理的經驗論總是有限制的。

就關係說，唯理的經驗論同時尊視因果性及現象的獨立性；它認全部自然界係處交互作用之下，萬物交互地決定自己，因此它提防僅從一簡單而乾燥的時間上去求因果關係，卻也常自空間上去求它。

就樣態說，唯理的經驗論常要貫澈到必然性的地步。

唯理的經驗，如前二種認識種類一般，照它的概念講，雖也難免於誤用；但一種錯誤而虛僞的唯理的經驗論尤要警戒。 這就是說，有種賢明的限制爲此唯理的經驗所特有的精神，但一種卑怯而可怕的限制也可產出另一種精神的。 前種精神的果實爲純粹的現象，後種精神的果實則爲空虛的現象。 我曾屢次注意到好疑而軟弱的人們，因過分尊視外物及其繁多性並因過分畏懼精神的力量，終于對自己的主張和陳述限制得幾乎「空空如也」，其結果變成了零。

尙有許多關于此等材料及您的論題所要說的話，我候您來，以便傾吐，只有面談才可助我迅速地理解和把握他人的概念。 在一封信的獨語中，我總怕僅把握了我這半邊。 我尤想多聽您面談那事變的間接應用于規律上的意見。

七四 （四一五） 歌德致釋勒一七九八，一，二〇，于威瑪。

承加拙作以範疇的考驗，不勝感謝；我要常引它爲工作的南鍼。 我感到，我在用以寫這些題材的情調上面，即可達到純正的自由思想的地步了。我不斷地作概略，完成我的搜集並且自不重要和錯誤的廢堆中找出最可靠的現象規定及最純粹的現象結果來。　倘使其中可取之材都留在少數的稿紙上面，其餘的廢物則概付了丙丁，那我將如何地快活呀。　這工作是一言難盡，它已經延長八年之久了，因我未曾生有一種處理事件的工具，必須在經驗中及就經驗上去創造它。現在既已到了這種地步，故不欲終于功虧一簣；今在理論上既獲着您的贊助，那定會進行得更快了。

外附上一篇關于顏色學史的簡稿。　於此，您也可做些美麗的關于人類精神進展的評語；這種進展盤旋於一定範圍之內，直到人走完它爲止。　您將看出，全部歷史係旋轉在一般的，只見有現象的經驗的周圍，而且旋轉在唯理論的周圍，一種純粹綜合現象的實驗就頗少見。　所以我們應當做些什麼，歷史已豫爲我們寫下了。　但這實行時是很有趣的。　在繼續前進中望仍贊助我吧。

七五　（四二五）　歌德致釋勒一七九八，二，七，于威瑪。

因我現在幾乎同一切創作都絕了緣，縱然不很歡喜，仍得在各種實際事務下奔忙着。　如果人們在境遇方面所抱的定命論未先入于觀念之中，那就有許多觀念可以盡量發揮了，但因人們在觀念中也持定命之論，故平常只會產出最可笑的拙劣之作，而且花費更多的勞力，精神，金錢與時間，也終于創不出稍具一定規模的作物。　我現以更沈靜的然而更猛烈的熱情，盼望我們行將把晤的日期。

七六　（四二七）　歌德致釋勒一七九九，二，十，于威瑪。

理論上我們覺得那麼刺眼的東西，實際上我們天天都看得見。　人類被逼得，將他孤獨的，偏見的，微弱的本質造成功一個某物，對於不合他口味的狀態則視若無睹，並加以強烈的反抗，人不信他自己的觀感，然此處的理由卻藏在較爲深秘，較爲良善的人性之內，因人常須在實際上有所規定，而且原不必顧念可以發生的，只顧念應當發生的。　然最後的東西恰爲一種觀念，在具體的情狀下面，人總很實際的；若欲爲具體的事實備辦一點「觀念」的榮譽，那只是永遠地自我欺騙吧了；——此意在前信中我已經提過，它常會令一種人在實際上不覺吃驚，又使另一種人陷入悲觀失望的地步。

因此，哲學對我將愈有價値，它天天教我去離開我的自我，使我有更多的事可作，因我的本性同散開的水銀珠子一樣，總會那麼容易而迅速地復行攏合起來的。 您的辦法確爲我極好的幫助，我望即獲將機會，同您從新討論我的顏色學的綱要。

七七 （四二八） 釋勒致歌德一七九八，二，十三，于耶奈。

當您滯留較久的時候，我原欲勤奮而熱情地向您多多就正我的工作，並很引爲自慰；可是時令與氣候太與我爲難了，防礙我一切的進行，減少了我一種活潑的興趣與優美的情調。 我的頭部幾乎八天以來，又遭了加答兒性的襲擊，舊疾也仍然苦着我。 爲使我的心情克保淸新，我對眼前的工作就未便稍加思索，我唯對一種將來工作的計劃而且以一般的槪念想了一下。

因自今冬起我讀了很多遊記，我禁不住設想，詩人自此種材料中也許可獲種利用，並且在這種探究之中，一種敍事的和戲劇的處理間的區別又從新活躍於我的心內了。

沒有問題，像柯克（Cook）那樣一位的地球發現與環遊家能夠親身貢獻，或竟可誘致一種美麗的，敍事詩的材料，因爲所有我們一致承認的敍事詩的方法都見於其中，還有極其優美的一點，即方法同目的一樣，具有同一的品位與獨立的價値，甚至於目的更是爲的方法而存在。 對敍事詩方面我根本想的爲何物，姑且不論，但我以爲那物質的將同道德的結成一個美的全體。

但若我視此等材料係爲戲劇而規定的 ， 我就忽然認出了兩種文藝的巨大差別。 此處具體描寫的事物之令我拘束，猶如彼處之令我奔放；物質僅僅爲一誘致道德的方法；它的價値及所提的要求畢不足取，簡言之，全部豐富的材料現僅供內心所起的確定狀態的刺激手段之用。

但我眞奇怪，這種材料爲何尙未誘惑您過；此處您將發覺，那麼重要而又那麼困難的東西，差不多已由自身完成了，就是，自然人的人格的和體力的活動同一種唯有藝術才可給與他的確定的內容結合起來了。 費蘭特（Le Vaillant）在他的非洲遠征上所顯示的，眞是一位詩人的性格及一眞正的偉人，因他用獸力的所有强度及直接採自自然界中的輔助方法連合了唯有「文化」始可供給的利益。

祝您平安。　剛才敲晚間的八點，我要晚餐去了。　我的夫人向您致候。

七八　（四二九）　歌德致釋勒—一七九八，二，十四，于威瑪。

我完全信您的話，在旅行中，特別在您所舉的種類中，含有美麗的敘事的動機，惟我絕不敢冒昧，去處理這種題材，因我缺少直接的觀感，我並且覺得，在這樣的種類中，官能的感覺同那決未能描寫造得出來的同一化，似乎全不可少的。

此外也許人要以奧地賽來反辯，但它已經捨去了那最有趣的動機。

我們地中海上的居民確被奧地賽所迷惑，不過影響我們最深的僅為該史詩的道德的部分；對於整個描寫方面，我們的想像力就望塵莫及了。　但當我在納普爾（Neapel）和西錫里（Sicilien）吟誦同一史詩的歌曲時，它在我面前卻現得多麼光輝！　好比用漆髹光了的褪色的影像，似乎同時清晰而又和諧了。　我不認那是一首詩，那簡直是自然的本身，這在那些古人方面，當他們的作品被講述于大自然的面前時，便是如此。　但今日我們有多少的詩篇充塞于市塵或被朗誦于露天之下啊！

七九　（四三七）　歌德致釋勒—一七九八，二，二十五，于威瑪。

我記不清今晨關於「唯理的經驗論」寫過什麼，但我覺得，它頂多也只可成為批評的。　它須許一定的思考方式並時共存而未敢排斥一種出去，或使這一種方式侵入另一種範圍之內。

剛才我所見到的，為人由理想界引入經驗界的觀念；此等觀念也只會適合現象的一部分，故我說，自然是未可測量的，因世無一人能夠參透它，雖然全人類或許可以懂得它的。　然而可愛的人類從不會聚集在一起，所以自然就容易在我們面前藏而不露了。

八〇　（四三八）　歌德致釋勒—一七九八，二，二十七，于耶拿。

讀日前的來信，使我觸起了一種思想：自然雖不能爲個人所理解，但可爲一切個人的總體所理解的。 我以爲，人可將個人視爲一個特別器官，它對自然所作的特別的理解，就同人身上個別的感官那樣，不能讓人以別的感官去代替，如耳未可代之以目。 如果每個人的思考與知覺方式可以勝任一種純粹而完全的報告就好了；因爲語言具有一種與個性相反的傾向，那些造成做普通報告的人們，平常總得損失他們許多的個性，卽常要失掉那達到理解現象的「官能的」性質。大概說來，一般的概念及建在它們上面的語言對于事物 ， 對于變化與直觀的關係，我視爲一極不可測的深淵，臨淵一望，令我禁不住戰慄。 實際生活無時無刻不經由一般的媒介而表出此種特別的及最特別的報告的可能性，在這種場合，悟性幾乎必須證明它的「無能爲力」了。

八一 （四四〇） 釋勒致歌德一七九八，三，二，于耶佘。

很値得我們注意的，一個人對于美術物的冷淡常常也表示對于道德的冷淡，而那一味認眞地對高尙美的追求，對凡屬自然的東西最能取放任態度的場合，也就要抱道德上的嚴肅主義了。 理性的領域與悟性的領域就這樣淸楚地分開了，而此種分離主持着人類所能採取的各種道路與方向。

八二 （四五四） 歌德致釋勒一七九八，四，七，于威瑪。

如果現已趕緊作畢了的小家務不去擾我，我定不會那麼快地同您分別，尤其當我逢着「天朗氣淸，惠風和暢」的時令，我對工作感到了一種十分佳良的意向的當兒，更不願同您分手的。 別後不勝依依，現在方又漸漸地想起努力去工作，以便下回可以更長久地同您聚首。

我們深愛我們的友誼，自然有種種原因，我們經過一極長的距離以後只覺得愈加接近，而且我們各人稟性的不同更可期造成一交互的影響，這，我敢望將來定可收穫最佳的結果的。

您關於我們的女朋友的日益增長的物質慾方面所說的話，我也在許多別的人物中明顯地發見了。 彷彿大多數的人們，具有一小部分理想的成分，然因致力的完全錯誤，不久就將其耗費淨盡，以致經過他們固有的重力又復墜下了塵埃。

我又不覺高興地想起您的瓦輪斯坦因，我對它懷着最佳的希望。　倘若全部告成了，那此種很庸俗而固陋的題材，由于您的理想化的處理，就竟會達到了如許驚人的一致的地步。

八三　（四六七）　釋勒致歌德一七九八，五，八，于耶拿。

我向您前進了的浮士德致賀。　在這種材料上您一經確定地知道，在它上面還要作些什麼，那它就同被造成了一樣，因我常感到，那「漫無止境」即該方面最大的困難。　您新近的見解，以爲用散文去描寫某些悲劇的場面，可以非常地動人，這證明了那個舊經驗，即您在道斯式中馬利安方面所有過的，在那兒，一位純粹的唯質主義者處在一悲愴的狀況下面，同樣地極其感人，然見不出一種韻文的嚴肅性；因據我的意見，嚴肅與詼諧是常可在韻文中打成一片的，那也就是韻文的本質。

八四　（四七〇）　歌德致釋勒一七九八，五，十二，于威瑪。

您的信，適如您的願望，說破了我在伊利亞特中的見解，我常願回轉本書之內，因在其中人常會如駕一隻蒙特哥式（Montgolfiere）的輕氣球，翱翔於雲霄之間，眞正從身於衆神來往的中間府了。　我繼續作着概要和試驗，並且相信又獲得了些主要的達到未來企圖的道路。　成功若非自成的話，那就完全難能了，好比人在田中只可散播種籽，但未可栽出一田的小麥一樣。　我現在四面八方地搜選着最佳的種子，土地的耕治當然也不可或缺；除外則只好碰氣候的幸運了。

在我目前的研究上最重要的是，將一切主觀的和病態的東西擯斥于我的實驗以外。我若作成了一首詩，它有幾分近乎伊利亞特的風味，那我就要追踪古人直到他們受人毀謗之點爲止。　我甚至想需致力於我所不悅的東西；然後我庶可有幾分把握，不至完全失去那情趣和音調（Sinn und Ton）。　有兩個要點我相信已經懂透了，即靈感的影響與比喻的運用，後者我已講過一些了。　我的計畫日益由內心發展着而且將因知識的長進更加古典化了。　我只須寫下一切，以免俗務分神時的遺忘。

八五　（四七一）　釋勒致歌德一七九八，五，十五，于耶拿。

在荷馬集內您所不中意的東西，也許您不會故意去模仿它的，但如果它攙入了您的作品以內，那就適足證明您移植荷馬本質的完滿及您的情調之純眞。我每逢讀索福克雷時，往往感到在最嚴肅的對話中寓有遊戲的成分，這在新作家方面是不許有的。 但它在古人方面卻被用上了，它至少絕不損害情調，而且還有幾分幫助着心靈在悲愴的場面上傳出一定的閒適（Aisance）和自由來。我究竟以它爲無禮，故認模仿是勞而無功的。

八六　（四七二）　歌德致釋勒一七九八，五，十六，于威瑪。

您的信又說中了我在伊利亞特方面的意見。 同一作品的攻讀，總是驅我入于迷惑，希望，洞察與失望的境地。

我比以前更加體驗到詩歌的統一和不可分性，大概再無一人，並且也不會再降生一人，能夠判斷此事的。 至少我覺得，我依然無時不是持的主觀的判斷，我們既經如此對待人們，那人們也將如此對待我們了。 我的阿喜兒歌曲的初次創意是正確的，如果我想和應該寫點同樣的東西，我就必須由它取法。

我覺得伊利亞特是多麼圓滿和完成，不管人怎樣說，在它上面是未許人增減分毫的。 今人試作的新詩必須同樣地予以分析，縱然就時間說，它直接學的是伊利亞特的體裁。

阿喜兒歌曲爲一悲劇的材料，但因含一種確定的繁雜性，它也並不亞于一篇敍事的文章。

它是絕對感傷的，在此雙重的屬性裏面它合乎近代的寫作，因一種完全唯實的處理，將置彼二重內在的屬性於均衡。 再則此題材含有一純粹人格的與私人的興趣，反之伊利亞特則包括着民族的，大陸的，地下的與天上的興趣。

這一切請牢記在心！如果您相信，按這些性質說，一首博大而繁劇的詩是可嘗試的，那我隨時俱可着手了，因爲「怎樣寫作」在我自己已經秦半一致，但要照我的老習慣，對它保守一些時期的祕密，直到自己可以吟誦寫成了的章句爲止。

八七　(四七三)　釋勒致歌德一七九八，五，十八，于耶拿。

也許是的確的吧，一部伊利亞特之後，再無第二部伊利亞特的可能，即使人有一位荷馬降世並且又有一個希臘國的時候，所以我相信，您的阿喜兒歌曲，照它現在您想像中的樣子，只可同它本身去比較，在荷馬方面只可去找尋情調，然用不着將您的作業同他的去比較，此外別無更佳的想頭了。您會很有把握，將您的材料按它如何合您的形式就如何去創作，反過來說，您也不能不賦予材料以形式的。您的本性，您的知識與您的經驗將爲您作二者的擔保。您將必然地以主觀的詩人性格使材料上悲劇的與感傷的性質獲得均衡並使材料適應我們時代的要求，這，一定是利多害少吧，因爲一位詩人，如果完全捨棄了他祖國的立場而且眞正同他的時代相違，那對他就旣不可能又不討好了。當一位兩個詩人世界的同僚和公民，爲您的美麗的職業，恰因此高尙的優點，您未可片面地歸向於一方。

八八　(四九一)　釋勒致歌德一七九八，七，二三，于耶拿。

您同邁爾的爭論，我以爲是完全正確的。雖然那美的素朴 (das Schöne-Naive) 不許人作公式的理解，因而不許作公式的傳說，但就其本質而論，它對人類是再自然沒有了；反之人覺得感傷的情調不是自然的，乃是一種惡性。因爲學校遏止或校正此種惡性而衛護自然的狀態，所以它必須培養出朴素的精神，雖不在質量方面；但若已有情操的存在，那學校就不能有所爲力了。我關于素朴的精神無別話可說，唯相信在古代有一個時期，所有的藝術品共同地表現它，經過教理與模範它起了傳統作用的功效，也作了傳統作用的證明。

但現有一問題，即在我們這個時代，人要爲藝術期望何種的學校。那些古代的學校，曾成爲生徒的教育機關，現代的學校呢，卻成爲囚犯的感化院，而且由于創作天才的貧困，它愈加證明長于批評而短于創作了。因此無論何處，如若詩者與作成了一集合多數一致的意見的中心點，那就可說業已「大有所獲」如果在此一致點中得以確定何者可作準繩，何者在所屏棄，並且那爲藝術家所遵循的確定的眞理也被人以圓滿而純正的公式說出和傳授了，那也就得稱爲「獲益匪輕」。 於是乎專門爲韻文和藝術而寫的象徵的書籍大批地寫出來了，人不得不承認它們，然我究不懂，宗派精神何以用於壞事總會綽綽有餘，對於成事則往往不足呢。 至少我以爲誤入一種美學的宗派和庸俗的利益，與入一種哲學宗派的損失是沒有多大的出入。

八九 （四九八） 釋勒致歌德 一七九八，八，二四，于耶拿。

我渴望聽到您關于敍事詩和悲劇間的新意見。 在一部悲劇作品的中間，人特別銳敏地感到，兩種文學間距的離是多麼遠得驚人曾當我寫到我的劇本第五幕時，我不禁驚奇地發覺了這一點，當時情景使我全然脫離了一概靜的人性，因爲此處有一必然要變成「曇花一現」的瞬間須爲人長久挽留下來的。 這種爲我的心情向此處其餘一切更自由的人性狀態所作的强烈的隔斷，差不多爲我喚起了一種陷入病態道路的恐懼，因我將劇本的本質所應具備的東西，攙加了我的個性。惟因此使我愈加證明，悲劇所處理的僅爲人類的個別而非常的瞬間，反之那敍事詩（其中彼種情調也許未能發現）則處理人類的恆久的，靜靜地繼續存在的全體，也因此才在各種心情描寫中怡悅人意。

我讓我的劇中人物談吐風生，只在一定的範圍內去發揮議論；您對此點未說什麼，想未以爲不然吧。 是的您，固有的習慣（Usus）旣于戲劇又于敍事詩中業爲我說明此點了。 人若用少少的語言展開和完結悲劇的動作，那對于扮演者性格的本質也許更適當些，此層是無可置疑的。 但是那些古人亦曾如此主張的先例，卽在亞理士多德所稱的「信念與意見」（Gesinnung und Meinung）之中亦不能不講的先例，好像表示出一較高的韻文的規律，它要求一種「對現實相違」。 人若記起，所有詩化的人物爲象徵的本質，他們爲詩化的體相，永久要描寫和說出人類的通性；人若想起，一般說來，詩人及藝術家須得公開而誠實地避開現實，並且不要忘了他們就是這麼樣幹下去的，對這樣的習慣，那就不以爲奇怪了。　再我認爲一種較短而簡潔的處理方式，不但過于貧乏與乾枯，它也過于生硬而難任熱烈情景的描寫，反之一種較長而完滿的方式卻常會造成一定的恬靜和愉快，即在敍述急劇的情狀中亦復如此。

九〇　(五四〇)　釋勒致歌德 一七九八，十一，二，于耶拿。

關于藝術年鑑我聽見說的尚少。　我盼望自柯爾勒處獲得它的詳情；目前我只聽過他說，他最中意的爲什麼。　此種方式或無礙，從那些具有確定的詩歌情調的作品中挑出一部來而與以像隻較美味的蘋果那樣的優先權，在我總覺得索然無味，固然在許多產品下面，無疑地總有部把能够且將成爲較好的。　惟一有感情作用，就會對每部特別作品懷一種特別公正的情調，不過平常藏在此種品評後面的總只有「麻雀那樣渺渺的批判」。　(Sperlingskritiken)

九一　(五四九)　釋勒致歌德 一七九八，十二，四，于耶拿。

今天我要拿一個占星術的問題煩擾您，而求您在此紛亂的事件中加以「審美批評」的考慮。

因庇可樂米里有較大的發展，我現在急於決定占星的動機的選擇，經此動機引起了瓦輪斯坦因的衰敗而且在他心中喚醒了一種好大喜功的信仰。　照第一次的計劃，此點應當這樣去表現，狀況係好好的，而占星鏡該在已知的室中陳列於觀者的眼前。　但這沒有戲劇的趣味，這是乾燥而空虛的，用一個術語說，觀者對它是「莫明其妙」的。　它在想像力上不起作用，唯留下一副可笑的醜相。所以我在另一個方式下面試驗了它而且已開始實行了，如您在附件中看得出的。

按新的分類，舞台揭開了庇可樂米里的第四幕，而且直接演在瓦輪斯坦因聽說賽心 (Sesin) 被捕及跟着作一長篇自語的那一場之前；問題是，那個星相室，因無益于表演，人可否完全免去它。

我現欲知道，您認爲我的目的，即擬經過不可思議的力量給瓦輪斯坦因以一瞬息的興旺，在我所選的道路上可否眞正達到，並因此我所用的醜相，是否具有一種確定的悲劇的內容，而不光是顯出可笑罷。 此種場合是很困難的，不論人如何進攻對那愚笨而無味的東西以端莊而明智的去混合，總是一種矛盾。 另一方面，我不應拋棄星士的性格，而要接近時代的精神，那所擇的動機是頗與時代精神相應。

瓦輪斯坦因在這方面的考慮，我也許仍須發揮下去，而且如果情形本身不與悲劇衝突，且與嚴肅精神是一致的時候，我就希望經過這些考慮已將他提高了。

望您善意地示我關于這方面的見解。

九二 （五五〇） 歌德與釋勒 一七九八，十二，五，于威瑪。

來書使我感到異常散亂與忙碌，然這與加戲劇的動機以審美的批評，則倘屬「風馬牛不相及」的。 因此我要請寬以時日，直到能集中思力于來問時爲止。 就第一個印象說，觀念我似乎已有了，但我應想起，須令人於此有所收穫才行。 如您已覺察了的，彷彿常有一個不可彌補的裂痕，剩留在那醜相及悲劇的尊嚴之間，並且問題也許只是，此種醜相可否產出些尊嚴時東西，我以爲是可能的。

但如果政治的材料並不見得比占星的高明，我即主張，爲的辨別那占星的材料，不必拿它直接反對悲劇，卻將它當作其餘材料中歷史的，政治的，野蠻的暫時活動的一部分，列於悲劇的反面，但卻與之結合。

我尙未知向彼占星室去清算那五倍的文字，1（fünffacher Buchstabe）雖然它也中我的意。 二者似各有作用。 但現在我必須停止，如我開頭說了的一樣，因我今天既未可純粹地去感覺，又未能正確地思想。

您再受我一次祝福並致候您親愛的夫人吧！

附註一 占星術中的一種文字，字中有字，字母中又有字母，使人難于明白。

九三 （五五一） 釋勒致歌德 一七九八，十二，七，于耶拿。

我們現在又度着極相反的景況，您感到的是心亂如麻，我則過着枯寂而單調的生活，它使我渴望一種消散，以便精神復獲新鮮。 此外我對這些可憐的，今天才又見明朗的時日，並未完全空過，作品中一些空缺都塡補好了，它因此更加完滿而一貫了。有許多完全新的場面作成了，這對全部是有益的。還有您所寫的那不能完全消滅的裂痕，關于狂妄和理性的矛盾，我也覺得可以這樣去減少一些，卽將彼種不同的要素罕有的結合主要地視作永久的性質，出乎人類的通性並且普遍流露着。

如果您認爲，我們不當割愛那占星室，那就得許人常加利用，卽令我們還保存別一副醜相的場合。多一個在此並無妨害，這一個會幫助那一個的。我原欲自您知道的是，新近奉上的東西是否可用，因若有些用不着，那這就不用提起了。

九四　（五五二）　歌德致釋勒一七九八，十二，八，于威瑪。

關于前面的問題，我甚望同您作竟夕的長談，因它較那準備工作應在何種順序中去實現的問題重要得多。我現僅簡短地說一下，我們已經一致了的完全不談。

我多方面思考之後認爲占星的動機是較佳于新的動機。

占星的迷信，建在對那無窮的宇宙的一種莫明其妙的感覺之上。經驗告訴我們，最近的星辰對於氣候，植物生長等都有決定的影響；我們只許漸漸地向上昇，沒人說得出，何處爲此種作用的止境。天文家若發覺了，一個星體的擾害，係受另一個星的影響；設或哲學家偏愛，甚至被迫着假定有一種極遠方的影響；那嗎，人在他的自我預感中可稍有點兒展進，然卻將此種影響擴展到道德，幸福與災殃的上面去了。此種及相似的妄想我從不欲稱之爲迷信，它很切近我們的本性，它較任何他種信仰爲可忍受與寬容。

它往往出乎人的意料，不僅發生於一定的世紀中，也發生於一定的生存期中，甚至發生於一定的人身上。普魯士故王所望於瓦瓦輸斯坦因的也許就是，的也許就是，他期待此人將嚴正地享受此項待遇。

現代的預言迷信也有許多富於詩的意味，獨有您所選的種類，依我看來，非爲最好的；它屬於字謎 (Anagramme)，年歲疊韻詩 (Chronodistichen)，魔鬼詩文 (Teufelsverse) 之內，這些東西人可反覆地誦讀，所以難免帶一種寡味而塵俗的腔調，它們的無可救藥的乾枯人總忘記不了的。惟您處理劇本的方式，開頭眞正迷眩了我，致我覺不出此種屬性來，經過思考始才想起了。此外憑我的舞台經驗，不管如何去思想，對于此種文字本質 (Buchstabenwesen) 到底弄不明白。

九五　(五五三)釋勒致歌德　一七九八，十二，十一，于耶拿。

一種及時的恩惠，出自一位明哲而細心的朋友之手，這次我又從新拜領了。您的評語完全正確，您的理由也很可相信。我不知道，何種惡天使迷住了我，致我在瓦輪斯坦因中從不想十分嚴肅地去理解占星的動機，但我的本性對它本頭自嚴肅的而非自輕浮的方面去把握。打頭起，材料的屬性就把我嚇退了。但現在我充分的看出，對此種材料我仍得作些更重要的工作，這也許辦的到，雖然工作要再延長一些時日的。

可惜此種對我甚爲急切的「工作垂成」的階段落在一個不幸的時期。我現今，平時一到下半夜底就不能安眠，故須費許多力量，以保持那精神上必要的淸晰與情調。倘使我不能比較處在同樣情況下的他人，藉意志力量可以勉强多做一些兒，那我現在就必須完全休息了。

所以我竟然希望，或可將庇可樂米里寄您作那穌聖誕的禮物。

九六　(五五八)　歌德致釋勒　一七九八，十二，十九，于威瑪。

康德的人類學在我爲一部有價値的書，將來也許會更有價値些，如果我就小分量中欣賞地去溫習它的時候，因爲如它現在的樣子，就全部說，是不大悅人意的。由此觀點出發，人類所表現的，總是病態的情形，因爲，如那位老先生所保證，人在六十歲以前是未能成爲理性的，那就要我了一個很壞的笑話，將活在以前時日的他宣告爲一大笨伯。不過人如在適當的時間翻開該書讀幾面，那部思想豐富的著作總會感人不已。至於那些僅教訓而不能鼓舞，我的活動或値接與犧我的東西，我都以爲討厭。

九七　(五五九)　釋勒致歌德 一七九八，十二，廿二，于耶拿。

我渴想讀到康德的人類學。　他常找出人類的病態方面，這在人類學上也許是理之當然，這差不多見於他所著的一切東西之內，也就給他的實踐哲學以一副如此忿忿不平的外貌了。　這位快樂的與耶和華式的思想家，未能令他的翅膀完全脫掉生活的污穢，甚至他自己不能完全克服他青年時代所留下的，或種黑暗的印象那是殊可驚奇與扼腕的。　他心下總還有這樣的一點，有如路德以一位和尙而表現的狀態，雖然將他廟門打開了，但未克完全掃除同一廟院的塵迹。

九八　(五八〇)　釋勒致歌德一七九九，三，五，于耶拿。

今冬令我頻感苦痛的，卽您沒有往常的那麽愉快和精進，也因此我願有較豐富的精神自由，得以更多幫助您。　自然曾經規定您去從事創造；若有一些時的停滯狀況，那就非您本性所宜了。　這回您在詩歌中所作了如許久的間歇，再不許發生，您須强制自己而認眞起來。　卽因此故，您的觀念可以作成一首極受歡迎的教育詩歌；這種工作會使科學的研究附結於詩意的力量之上，且要減輕您現在所唯一缺少的過渡期的困難。

如果我再想起，那些觀念與形相的廣博，呈現您幻想中的活躍，將被完成於那些擬議的詩作，您造它們用一種談話方式不必大費思索，那我殊懂不透，您的活動如何可有一瞬的停脫。　這些計畫中的一個他人够半生的勞碌。　但於此也見出您的唯實性，我們若想到了他人的觀念，卽在這些觀念上已認出了一種活動，您在您的觀念未獲實現以前卻是不會滿意的。

春夏二季將使萬物都會繁盛的。　您在長期休息後，將更豐富地發揮了，尤其是您如果立卽任起阿喜兒歌曲的創作，那全世界都會因以驕然。　那篇短的，其中您述了第一首歌曲內容的談話，我迄難忘懷，同樣您的全部本質，在這次機會上所表現出青春火焰的與生意蓬勃的言語也令我嘆賞不置。

九九　(五九一)　釋勒致歌德 一七九九，三，十九，于耶拿。

我早就害怕那一瞬間的到臨，我曾極盼望的「著作完成」的瞬間；事實上，現在我所處的自由狀態，是較迄今的奴隸狀態爲劣。 那迄今吸引與牢牢縛住我的重量，一旦釋放了，我好比飄飄地虛懸在空間。 同時我又覺得，彷彿再去創作點東西，是絕不可能了；在我未能將思想以希望與偏愛集中在種確定的材料以前，我是難早獲寧靜的。 若我又有種決定，我庶可脫去此種不安，因我的興趣，即令進行較小的計劃，而今都爲它奪去了。您若來此，我將向您呈閱些隨便發現的悲劇材料，以便初審的階段，不至在題材中有何誤解。 情趣與需要都引我從事一種自由想像的，非歷史的，而且爲情感與人性的素材；因爲兵士，英雄及統治者我現已着實吃飽了。

您近來的活動我是如何欽羨！您立在最純潔與最富詩意的土地之上，您住在確切具象化的最美麗的世界之中，該處一切都已造就了但仍可去創造。您幾乎寄寓在詩化的家裏，衆神們供供您驅策。 我這些日子又翻開了荷馬集，而以無上的興趣重讀了退推思（Thetis）的火神拜訪。 在那家庭訪問的溫和的敘述中，（此種訪問人天天都可經歷），在那手藝生活的描寫中包含了材料與形式間一種無限的意義，而朴素的精神充溢于全部神化了的內容。

一〇〇（六三一）歌德致釋勒一七九九，七，廿，于威瑪。

淺薄主義（Dilettantismus）的恐怖，這些日子我們又領略了，更可怕的是，許多人竟堂而皇之地幹着「濫竽充數」的勾當，只要人不反對那樣幹的話。 惟出人意表的是，由于此種嘗試，竟使那「無可無不可」的社會輿論，取了一種很空洞的，膚淺而自私的智巧；由于此種淺薄的再生產，凡屬藝術品上固有的興趣被拋棄得多麼利害。

不過此種經驗，如其他學科中的經驗一般，復活了我這樣的信念：我們爲的要創造一部適用的作品，我們除握在自己心下外，是不用同別人發生什麼關係的。 否則一切俱屬罪過。

一〇一（六三五）釋勒致歌德一七九九，七，卅，于耶拿。

您說的也許對，反對人們的理論寧可加以避諱與暗示。理論爲實行的前提，即鏈環中較高的環子。此處似乎還得用那更獨立的想像，不比對于一部藝術品的現實的感覺，在詳處詩人及藝人對于較弱的鑒賞者在想像力上會與以相當的幫助而且供以具體的素材的。

更不可否認的，大多數人的感覺是較他們的推理爲準確。錯誤在思考的當兒方得開始。我淸楚地記起我許多的朋友，慚愧，我的某些作品頗承他們的靑睞，但很難說，他們未含有感情的氣氛。

若非如此，誰願陳列他所滿意的一部作品呢？可是此種傾向，藝人與詩人到底克服不了。

一〇二（六三六）歌德致釋勒 一七九九，七，卅一，于威瑪。

總之這些及相類的題材對滑稽的史詩較對于嚴肅的爲適當。我這些日子偶然將米兒敦（Milton）的失去的樂園展在手中，這使我起了些珍奇的觀察。在這篇詩中，如在近代一切藝術品中一樣，本來只有那個體，即表現的個體，富有興趣。那題材是可怖的，外觀虛僞，內在則被虫蛀得空空如也。除去那少數自然而有威力的動機外，全部都是些麻痺與錯誤的動機，足令人頭痛。但米氏確爲一個有趣的人，他說，人未可否認他的性格，感情，智力，知識，詩人與演說的天才及其他各種美點。很難得的，他，一位不幸的革命者，曉得要一位魔鬼的脚色較宜于一位天使的，他於詩歌的表現與結構上有種巨大的影響，同樣有影響的，即他對詩歌的態度與色彩是盲目的。所以那部作品總成了唯一的傑構，並且如人所云，它在藝術上乖違了多少自然風味，就要於此勝利多少。

另一方面，我不得不因這部書而去思考那平時不輕絞腦汁的自由意志在詩歌中，同樣在一般的基督教中，這個問題是不大重要；因爲人若假定，人性是善的，那自由的意志即成爲一種愚呆的躲避「擇善」的能力並因而形成有罪的，惟人若假定人性本惡的話，或專門一點說，人在獸性下而受他欲望的支配，那自由的意志始爲高貴的人所具備，他們就竟敢出乎自然而行其反自然了。因此人必然得如康德那樣看出一種根本的惡來，也因此那般根本作如是觀的哲人，才都一致主張自由是壞的，而且人當他們面前如果不自欲望中抬出一個「善」字來，那就會遭他們拚命的反對。

一〇三（六三七）釋勒致歌德 一七九九，八，二，于耶拿。

米兒敦在作品中如何講的自由意志，我不大記得，但康德的說明，我則以為太和尙氣了，我絕不能加以諒解的。他的全部決定理由建在這上面：人類有一種向善及向肉體幸福的積極的衝動；所以人如果擇惡而從的話，他也就有種積極向惡的內在原由，因為積極物不能被一點單純的消極物所揚棄的。但此處係兩種極相反的事物；即將向善的衝動與向肉體快樂的衝動全然視為相等的程度與相同的數量而處理了，因為自由的人格將被完全平等地置向二種衝動，或置在二種衝動之間。

感謝上帝，我們未被召去用此問題安慰人類，欲常能留在經驗領域之內。再此種人性中開味的地方，對于詩人，尤其悲劇作家並非為空虛的，尤其對于演說非為空虛的，這在他們對感情的表現上造出不少的旨趣。

一〇四（六四一）釋勒致歌德 一七九九，八，九，于耶拿。

對于詩歌方面去作韻學的改革，我向您致賀，此種美德也無疑地屬於我們計劃內的最後條款的完成，而藝術家得在此點上就評點家（Punktirer）稍為學習。韻律的純粹具一種固有的狀態，那就是它供思想的內在必然性以具體表現的作用，因若不然一種反韻律的詩人，自由卻令人生一種「脫韁野馬」之感。由此觀之，韻律是很重要而且觸到了最內在的藝術法則。

凡有決定的藝術價值的詩歌，都得遵守此種繩墨，這就現在的時代說，定會使每個滿懷佳趣的人歡悅的。惟中庸主義（Mittelmässigkeit）最宜呵斥，因為一則那沒有創作正確韻文的天才，僅從事耳食的人，再則過于堅持韻律的人，都將因此緘口不言了。

但因韻律的制定本身尙有不大明晰之處，人雖然很想奉行它，實行起來總還有可議之點；您旣曾對它作過很多研究，如不見怪的話，望在一篇序言中或任何適當的場所，將關于它的原則詳細論一下，使人在原理上，不至于或認爲單純的詩人自由，或認爲非法的行動。

一〇五（六四七）釋勒致歌德 一七九九、八，廿，二，耶拿。

我這些日子沉浸在一部新的可能的悲劇的踪跡之內，雖然尙待完全去發現，但依我看，從這些素材中它是可以被發現出來的。

當英國亨利第七(Heinrich VII)在位時，出現了一個騙子華伯克（Warbeck）他自稱爲愛德華第五（Eduard V）的諸王子中之一，那些王子曾被理查第三(Richard III）令人在塔维（Tower）地方處死了的。他會講出虛僞的理由，證明他如何被救，他獲得了一羣黨徒的承認並且想擁他踐登王位。愛德華所由出生的同一王室中有位公主約克（York）知道而且扶助了此項欺騙，她很優越地弄華伯克上了舞台。當他以君侯資質在她布爾工（Burgund）的宮庭度日並且要過一時期的重要角色之後，奸謀敗露了，他被征服，揭穿而且斫頭了。

如今史事本身雖然未有用處，但全部的情況卻饒有興趣，而騙子及約克公爵夫人那兩位典型可作一種悲劇科白的基礎，很可完全自由地去發揮。一般說來，我相信，人也許只可採用一般的時情況及歷史上的人物，其餘一切則有賴詩人的自由發現，於是乎材料成了一種中間型，它連合了歷史劇的與想像的優點。

關于前述材料的處理們我以爲須作那喜劇詩人於此所要作的反面。喜劇詩人將以騙子的角色的重要及他的無能造出那可笑的噱頭來。在悲劇中，他定要彷彿爲他的使命而生，且須極力使此使命成爲他固有的；因此他要同那些想弄他作工具及附屬品的人們劇烈地爭鬥。要完全這樣去表現：欺騙僅指示了他的地位，此種地位卻爲自然代他規定了。那不幸的釀成，須經過他的徒黨與保護人，不是經過他的仇敵，又經過戀愛的把戲，妒火及同類的東西。

如果您認全部材料是好的並信它可供一部悲劇小說的基礎，那就使我有些事做了，因我若處在一部戲劇的中間，那我就能在確定的時期內去思想那部新劇本的。

一〇六 （七六四） 釋勒致歌德 一八〇〇，九，十三，于威瑪。

我賀您在浮士德中所獲得的進步。 您不要弄得驚慌失措吧，如果那些美麗的體相與光景貴臨了，擋他們的關係有害的。 在第二部浮士德中您會屢屢遇到此種情形，您的詩人的天良對此若能默不作聲，那就絕妙了。 因爲顧及全部的精神，您在處理上所難免的粗率，並未足毀壞那高尙的內容，未可揚那美點，只可使美點有不同的分類，並準備爲另種精神力所用。恰好動機中越見高貴之處要給作品一種特殊的刺激，而在這部劇本中海倫拉（Helena）爲一概美麗形相的象徵。 此處有一極顯明的優點，卽自有意識的純潔而走向不純潔去，不像我這般野蠻人要自不純潔去找純潔的進展的樣子，因此您須在您的浮士德中處處維護您的浮士德的權利。

一〇七 （八〇九） 釋勒致歌德 一八〇一，三，廿七，于耶拿。

我在這個環境裏面，還不是如向日一樣；較我所欲得的利益爲少；同色林（Schelling）與尼特浩曼（Niethammer）談了幾次話，就算了一切。 數日前我同色林爭起來了，爲他的超越哲學中一種主張：『在自然中萬物由無意識出發而進入意識的地步，相反地人在藝術中則由意識出發而走入無意識的境界』。此處他雖談的自然功效與藝術作品間的矛盾，至此爲止他完全是對的。 我卻害怕，那般唯心論的先生們，因他們的「觀念」，就過於輕視經驗了；而在經驗中，詩人也只得以無意識去開始，如果他在技術上曾以最明了的意識達到，依然不折不扣地在完成的作品上面，尋出那作品最初所有的模糊的總體觀念（Totalidee）來，那他就深以爲榮了。 若無此種很強烈地呈現一切技術前面的總體觀念，詩歌作品就未能形成，而且我覺得，文藝的產生，卻正在能道出和傳達那種無意識，就是譯它爲一種客體。 非詩人可以和詩人一樣地爲種詩藝的觀念所感動，但不能變它爲客體，不能用種必要的語言去描寫它。 非詩人可以和詩人一樣地運用意識與必須的文字，寫出一部作品，但這樣作品非始于無意識，亦非終於無意識。　它僅爲一部思想的作業。　無意識與思維的交織，始造成文藝的作家。

最近數年，人對于韻文努力的程度雖然提高，卻將它的概念混淆了。　一個人，若可將他的感覺形態置入一種客體之內，該客體會强迫我去反映出彼種感覺狀態，因而栩栩欲生的作用於我心內，我就稱他爲一詩人一創作家。　但並不就說，按程度講個個詩人都够上優越的。　他的完滿程度，以他有諸內而形諸外的豐富的內容，又以他作品的感人程度爲標準。　他的感覺愈主觀，他的作品就格外非凡了；客觀的力量建在想像之上。　文字的齊一性爲文藝作品應有的要求，因每部作品須各具有特色，或者沒有；惟完純的詩人道出那整個的人性。

今日有許多人他們只學會去欣賞那十分優越的作品，但他們卻作不出一部較可人意的來。　他們不能創作，他們的「由主觀到客觀的道路」鎖閉起來了，但正是這條路，造出了我所稱的詩人。

另方面又有了而且有着不少的詩人，他們可作出較佳而有特色的東西，但他們的作品則未能達到那些較高的要求，甚至本身都認識不到。　這些人，我說，所欠缺的只是程度，那些人卻欠缺方式，而這點今日是太少區別了。　因此在二者間發生種無益而向未和解的論爭，藝術因之並無所獲；因爲前面的些人固持着那絕對的而捉摸不住的立場，常以那最高而恍惚的概念去應付他們的敵人，後面的一些人則堅持事實，那雖有限，但爲眞實的。　不過自觀念出發，若無事實，也就全然作不出何物了。

一〇八　（八一一）　歌德與釋勒一八〇一，四，六，于歐柏羅司那(Oberrossla)。

您上月來書所提的問題，您的見解我不但贊成，而且我更要走得遠些。　我相信，凡屬天才的所作所爲，皆出乎不自覺。　凡具天才的人藉周詳的考慮，及體驗也能有明智的行爲；但這一切只起附帶的作用。　無一部天才的作品可經思考及思考的結果，加以修改而脫去它的錯誤的；但天才經過思維與事實能够逐漸地自拔，他終于會創造模範的作物。一個世紀生的天才越多，個別的天才就越會奮發的。

至於今人對詩人所存的那些奢望，我相信，它們也不見得容易造出一位詩人。詩學對于實行它的主體，要求一種善意的，酷愛眞實的限制，在這後面藏着那無限的精神。上述那些奢望，起首就破壞了那無邪的創作的狀態，並且就純粹文藝說，它們在文藝的位置上，安上那絕非文藝的東西，如我們今日所不幸感受到的；這對于相類的藝術及最廣義的藝術也都是同樣的情形。

這點是我的信仰，它並無什麼出奇的要求。

一〇九（八七〇）釋勒致歌德 一八〇二，七，六，于威瑪。

再在勞喝斯太(Lauchstedt)的戲院中，如您的書目所載，充滿了音樂劇。此種材料很是流行，誰若有顧曲之癖，就非懂此種聲調不可。

我完全贊成您的意見，我的劇本應更集主力於戲劇作用之上。這一般說來，不必對戲院及觀衆有何顧慮，已爲一種詩意的要求，但也只因有這樣的要求，我才可黽勉從事。如果我有時不得不成就一部優美的劇本，那也只能在韻文的路上作成功，因爲那種表面的功效（Wirkung ad extra），即使一位平常的才能與單純的靈巧都辦的到，即使我也想做的話，我卻決未能作成我的目的，更不能達到它。所以這只關乎最高任務的本身，而且唯有完成的藝術始可在內心上（ad intra）克服我此種個人的傾向，如果它應當克服的話。

我相信，我們的戲劇只該成爲強力的與描繪創造，以便不斷地去刺激和操縱官能的力量。這個問題我覺得較別的更難解決，因沒有確定的熱情，我什麼都作不了，平時呢，此種熱情使我更堅固地握住我的題材，較之許可的限度。

一一〇（八七四）釋勒致歌德 一八〇二，八，十八，于威瑪。

您決不能空閑的，您所說的那種無創造意味的情調，在多數人視之，將成爲一種完全充實的工夫了。但願有一位次等的天才，一位正居和掌管大學的人物，爲您的科學概念作最後的繕定，將它們加以聚集，加以適當的編輯，而爲世界保存下去。因爲可惜您本人常將此事推到未來，我覺得，在您的本性中簡直沒存有專門教授的興趣。您生平原來很宜於受人的請教和受人的掠奪，如您已多次碰見了的，並且人們若更清楚地了解了他們的利益，您就會碰得更多。

假使我二人提早六年成了相識，那我就會有時間去領教您的科學研究，我也許接受了您的嗜好而加這些材料以最後的形相，無論如何，我要成爲一個您思想的忠實保管人。

一一一（九二四）歌德致釋勒　一九〇三，十一，廿七，于耶拿。

我偕舍爾夫（Schelver）黑格爾及費爾諾（Fernow）共度了十分舒適的光陰了。頭一位在植物學科中造詣得這樣深邃我很有理地說，我簡直難于置信我自己的耳目；因爲我素來以爲人差不多爲那元始自僭的狂妄的欲望所鞭策，都很想以稀有的「偏道倖進法」（Seitensprünge）舍去那日益精進的正道而不由的。

因黑格爾使我觸起了一種思想：人經過修辭的技術爲他不能開闢一種大利益嗎。他係一位很優美的人；但他在表現的清楚上過於不稱了。

費爾諾的本質殊爲勇敢，且關于藝術現象有很公正而適切的意見，我同他談話，我總彷彿有剛自羅馬來之感；而我頗覺慚愧，我似乎比較長久耐性地居於低賤的北方環境中要高貴一些兒；但此環境的影響人究難免去的。

極堪注意，歷史的作品，當處理有價值的題材時，它本身的成就及對于我們的價值竟同它處理平凡的甚至不合理的題材時是一樣大。

可是這一向就表示一可悲的狀態，如果形式定要勝任一切的時候。

一一二（九二五）釋勒致歌德　一八〇三，十一，卅，于威瑪。

在我現時的孤獨生活中，我唯感覺日弧線的漸短，光陰的轉運。由于各項消遣的缺乏及一種有計劃的忍耐，我所獲得的只是我的工作未曾靜止過，縱然我全部體力忍受着時令的壓迫。

來信云近殊快樂，而使我更高興的，您同黑格爾將獲更深一層的認識了。他所缺乏的，而今他也許難於獲到手，但此種表現才能的缺點，就整個說，本爲德意志的民族缺點，而要（至少對一位德國旁聽者說）以德意志的徹底的與忠實嚴正的德性去補償了。

您試交互地把黑格爾與費爾諾詳細比較一下，我想此人定會經彼人而獲救助的。黑氏與費氏交遊的時候，必須想出一種教授法，以便費氏好去了解他的理想主義，而費氏則須脫去他的膚淺性。如果您同這二人見了四次或五次的面，並且有了種種深談，那在二人中間您定會發現出接觸點的。

一一三（九二九）釋勒致歌德 一八〇三，十二，廿一，于威瑪。

斯昔爾夫人（Frau Stael）行將完全這樣地出現於您面前，就如您已先天地將她構畫了一樣，一切皆如此渾然，她身上沒有一點虛矯和病態的徵象。這个人，雖然彼此的本性與思考方式有極大的距離，卻很泰然地同她相處，人願開她談說一切，並向她說出自己所有的意見。法蘭西的精神教育使她表現得純潔，並且表現一種高不可及的光明。人在我們所稱哲學的一切中，因而在一切最後與最高的裁判中，同她爭辯着，而且雖費盡了唇舌，總不会有終結的。她的資性與情感卻較她的哲學為優，而且她的優良的悟性發揮出一種天才的能力。她欲解釋洞察，測量一切，她不默認曖昧不可接近的東西，並且如果她以其智慧之光不能燭照的地方，對她即不存在，因此她對唯心哲學懷種非常的恐懼，按她的意見說，此種哲學會流入神秘和迷信的，亦即為个她致命的室素。關于我們所採的文學，她心下毫無意見；自此等作品中她只能接受那感情的，雄辯的及一般的東西，她不重視那稍帶錯誤的，不過也不會常常認識出那正確的來。您就這幾句話中看得出，她本性的清晰，果敢及才藻的洋溢，除對人起慈愛的作用外是未能別樣了。那唯一討厭處，即她的談鋒過於靈利了，人須將自己全變成一個聽話的器官，才可跟上她。但我，以我法語的不甚流利，尚且同她很投機地談下去，那嗎，以您更熟練的法語，您就要同她訂結一極容易的交遊了。

一一四（九四八）歌德致釋勒 一八〇四，一，廿八，于威瑪。

因乘間候您並同時向您擔保我居家甚為安適的機會，我向您報告收到兩部藝術作品的消息。

頭一部爲一幅十七世紀一位老馬利爾人 (Manieristen) 作的繪畫上一些赤身露體的婦女，哀求那些正逃走中的軍隊停步，並驅他們回擊敵人，畫得這樣生動，幽默和成功，它引起一種眞正的快感。

第二部爲卡德榮 (Calderon) 的劇本。 斐爾南多 (Fernando) 一位葡萄牙王子，死於費茲 (Fetz) 的奴役之下，因他不願交出齊搭 (Ceuta) 地方爲費茲人所索於他的賠金。 如別的劇本一樣，人在個別的欣賞中，尤其讀第一遍時，要因種種理由不耐煩起來了；但人若讀完了而且像鳳凰那樣將觀念從火焰中提到眼前的時候，那人就會感到不會讀到更爲優美的東西了。 它賺得人向它五體投地，甚至人更高地排列它；也許因爲我最後讀它，題材及處理都顯得那麼絕頂可愛了。 我甚至想說，如果文學完全絕迹於斯世了，那嗎，人也可從這部劇本中將它復活起來的。

您現在若將此種美妙的景象加進威廉特爾的任何一幕中去，那我在最近的日期內，就無何種心事可就了。

我衷心地願您夜間休息，日間有好的情趣。

一一五 (九四九) 釋勒致歌德(日期無)

在我而今整天的離羣索居中，一句友愛的「祝爾晚安」，卽爲我的一種滋補品，您卻將我經常不斷地慣壞了。 對於兩部新作品，我不勝渴慕之至，繪畫的題材我覺得卓越的，並且宜于將它造成一件頭等的藝術品，因它具體的結合了兩種全相反的情狀。

恕我未克報答同類的東西。 在我的作業緩緩地前進，至少未曾停滯之外，我讀過一部能幹的海員的回憶錄，它携我周遊於地中海與印度洋之上該地風光我够熟了。 您很平安地睡覺吧！我希望不久又可寄地東西把您。

高貴之血質

Das edle Blut

魏登布 (Ernst von Wildenbruch) 著

謝庚　　　譯

魏登布小傳

魏登布 Ernst von Wildenbruch 爲普魯士總領事官 Ludwig von Wildenbruch 次子，普魯士公爵 Ludwig Ferdinand 之孫，一八四五年二月三日生於敘利亞之倍魯特 (Beirut) 他的母親爲一愛國心重，富於宗教感情的婦人，無疑地他遺受了同樣的性格。

一八四七年他的家從倍魯特搬到柏林在 Radziwill 家住了兩年。晚年他對於這位脾氣古怪的老伯爵 Radziwill 特別追憶懷念，伯爵曾爲浮士德製譜，除了爲他家人及朋友們作私人的音樂演奏外，更時常表演莎士比亞的劇本。本篇作者有一次在這私人的舞台上扮演仲夏夜之夢中的月亮。

從一八四九年到一八五七年，魏登布居住在近東：最初三年在雅典，那時他父親做着普魯士駐該處的大使；以後數年因爲他的父親的職位遷徙至君士坦丁，便住在那裏。在雅典時，他和他的哥哥魯德維及一位私人教師時常漫遊於希臘的堡寨 (Aeropolis) ，沈醉於古老的希臘歷史之中。此處也是他第一次到戲院去，看了奧林斯之少女 (Die Jungfrau von Orleans)。當第一幕下時他害怕是最後一幕，與奮得哭了起來，拿拳頭直打包廂的欄杆。在君士坦丁他親見了一些驚人的景象。他父親爲大使的任上正當克里米戰爭的時期，領事館成了各國的軍官，政客和各色任務的人的會面的地方，也時當爲求保護的避難所。

因爲他母親的重病強迫全家在一八五七年回到柏林，在柏林不到一年她便死了。失去了母親的他所受到的極度的悲哀描寫在他的 Neid 中。對於這位古怪的孩子她比任何人都知道得清楚，從她這裏他得到同情的指導和鼓勵。

他的父親現在不知道怎樣來對付他。他把他送到柏林的法文古典中學校 (Französisches Gymnasium)，但在第二年決定把他安置在 Potsdam 的青年軍官學校，好讓他將來在軍隊中有一番作爲。在一八六三年他在第一保衛團中做大佐，在學校生活這些年中以及在 Potsdam 當大佐這時期中是這位青年絕望的時期。他覺得無心做軍官，他整個的靈魂強迫他去做一個作家；但是在這時期，他並沒有表現出如同以後一樣的文藝天才來。他的父親及親友們自然十分希望他留在軍隊中，因爲他在這方面的前途能夠發揚光大的希望是很明顯的。

雖然如此，他決定改變他的職業去學習法律。因此他進入在 Burg 的古典中學校，努力用功，預備上柏林大學。然而在中途受了阻礙，被召去參加一八六六年的普奧戰爭，在 Die Waldfrau 中他敘述經過波希米亞的戰役。回來後他完畢了預備學校的課程，次年升入柏林大學；不久他再放下書本在一八七〇年的普法戰爭中爲祖國盡力。

在大學將完之時，他經過了推事試驗，然後繼續在 Eberswalde 及在 Oder 河上之 Frankfurt 兩地做司法的實習。在後者他僅和知道他有詩的嗜好和志趣的朋友來往。他在文學上的努力竟忽略了法律上的職務，不過他也經過了陪審的考試，以後做了一些時候的法官。在一八七七年他在德意志帝國外交部中得到一個位置。一八八九年升擢爲參議官，一八九七年爲樞密院顧問官，至一九〇〇年辭職。餘年潛心於著作，在一九〇七年一月十五日逝世。

雖然爲外界環境所限制，直到晚年始得從事於著作，然而魏登布仍不失爲上世紀德國最多產的作家之一，在這方面說，他僅次於 Paul Heyse 和 Adolph Wilbrandt 二人而已。以下所能舉出者不過是其最重要的作品。

當他尙在摸索尋找文藝方面的東西時，他寫了 Die Philologen am Parnass, 接着是 Die Söhne der Sibyllen und Nornen 把拉丁和日耳曼民族作一比較。在一八七四年和一八七五年他寫了兩部英雄的讚歌 "Vionville" 與 "Sedan" 述德與法蘭西之戰爭。前者敬獻給威廉第一大帝。在此發軔時期他也寫了不少抒情詩及短歌。用 Lieder und Gesänge (1877) 及較晚的 Lieder und Balladen (1900) 的標題發表。這些作品都是用簡單而有情感的文字寫成的，反映出一般人的感情和思想，但僅爲一小部分人所認識。

魏登布以寫歷史戲劇最出名。　他久有意走進這項文藝園地，但當時德國之舞台情形甚不適於此種戲劇，因為當時社會上只流行法國式的戲劇，但在一八八一年他的悲劇 Die Karolinger 在 Meiningen 的公爵戲院上演，並且以後在柏林得到熱烈的歡迎。　這個成功刺激了他的努力心，一年之內連接寫出三個劇本 Der Mennonit, Harold 及 Väter und Söhne。

造成魏登布的劇本的特性和牠們的成功的主要原因是：動作的活躍；對於超越年代，國家和民族的歷史的寬泛廣大的觀察力，並把牠們用驚人的技巧合而為一；每一幕都具戲劇的效果；有激烈的愛國情調；和有力量的體裁。

魏登布以後寫了一組關於 Hohenzollern 之家及其與布蘭登堡普魯士歷史關係的劇本，其中以 Die Quitzows (1888)因其機巧和新奇，在舞台上最能吸收觀衆。　此組中其他劇本為 Der Generalfeldoberst (1889), Der neue Herr (1891) 及 Gewitternacht (1899)。

雙重的悲劇 Heinrich und Heinrichs Geschlecht 發表於一八九〇年，是他最有力量的歷史劇本，有大膽的思想敍述德國皇帝亨利第四和教皇葛萊哥利第七間的爭鬪。　Der deutsche König 敍述獵鳥者亨利 Heinrich der Vogler 的歷史，此書待他死後才公世，在柏林皇家戲院得到明顯的成功。

他亦寫了許多優美的故事和小說，因為都是他個人經驗寫成的，所以尤其覺得重要。第一部是 Der Meister von Tanagra (1880)描寫他自己藝事發展的經過。　其他有 Neid, Die Waidfrau，和 Vor den Schranken.

魏登布用很大的同情和感慨來寫的論文是關於有靈性且有天才的孩子們的心理的痛苦和希望，這裏他對於孩子們天眞流露出來的內心的高尙的理解，表現出一種偉大無比的詩意的觀察力，這類性質的故事中，高貴之血質(Das edle Blut) (1893)便是其中之一，在這本書中所表現出他做短篇小說作家的技巧，恐為他的作品中最優者 Vizemama 和 Kindertränen(1884) 亦是敍事散文中寶貴的作品。

高貴之血質

世上能有完全沒有好奇心的人嗎？這種人雖聽見別人用心地努力地在注視某一件不知道的事情而能够緘默地走過，心中沒有一點癢意：想站着不走，順着他人的眼光去看看到底是什麼秘密？

就拿我自己來說，假如有人問我是否屬於這類人之中，我不知道我能不能坦白地回答個是，然而在我的一生中，至少有一時間我不但心發癢而且屈服於這種衝動下，做了像每個好奇的人所做的事。

事情發生的地點是古城中的一座酒館，那時我在城中當着學習推事（一）；時間是夏天的一個下午。

酒館築在一塊大方場上，從窗戶裏可俯瞰方場的四周，在這個時候，酒館差不多是座空的。　這對於我，一個永是孤介的人，倒更覺得舒服些。

我們一共三個人：一個是强壯的夥計從蓋滿了灰色塵土的酒瓶裏給我向一隻玻璃杯中倒着金黃色的木斯卡退爾酒，再一個是我自己坐在這間參差舒適的屋子的一角上，呷着芬馥的酒，最後還有一位客人在靠臨兩扇敞開了的窗戶的地方揀一個座位坐了，面前窗檻上放着一杯紅酒，嘴裏含着一根燒黃了的長煙斗噴散着煙霧。

這人是一位城中人人知道的休職的老大佐，他的紅色的，有的地方已經顯出青藍的臉是被着灰的長鬍鬚圍繞了的；他們這班退職的軍官已經在這敦誼的地方安居，無望地慢慢地等候着他們的末日。

一到正午的時候，人們聽見他們二三成羣小心地在街上蹓躂一會兒便消逝在

（一）學習推事——原名 Referendar am Gericht 在德國這是對於正在法院中或與政府有聯絡的律師事務所中實習的法律學生的稱呼。　他必須先在預備學校，即古典中學校(Gymnasium)或實科古典中學校(Realgymnasium)中畢業，然後在某一大學法律系念三年，以後他經過國家考試即成爲學習推事。做了三年（普魯士四年）推事後，他可以再參加第二次試驗，求到陪審官（Assessor）的名銜，這時他有資格被允許出庭辯護。

酒館裏，那兒總有一至十二個的人數圍着圓桌高談社會上的新聞，軍隊裏的逸事。桌上擺着一一斤的瓶子其中盛着墨碎來酸酒，空中飄盪着雪茄造成的藍色煙雲，從煙雲裏可以聽出他們那種易怒粗澀的聲調，談論着軍册（二）中最新鮮的事情。

這位年老的大佐也是酒館的老主顧，但是他不在他們集會的時候來，總是晚一點在下午來。

他是個孤僻的性情。人們很少瞧見過他和別人一道走，他的住宅在城外，在河的別岸，從窗戶裏望出去可瞰視遠處的草地，一到春天這草地便被泛漲上岸來的河水淹沒。時常當我路經那所房子時便看見他站在窗旁遠瞬，紅腫而為深長的水泡圍繞了的眼睛，沈思地直瞪着對岸隄防裏的灰褐色的水面。

這時他坐在酒館的窗前，目不轉睛向外面的方場眺望，在那沙土的地面上，風輕輕掠過，把塵土打起漩渦。

他一定瞧見什麼了？

強壯的夥計同我們兩個寡言的人在一起，覺得無聊，早已注意那大佐的舉動了；他站在屋子中央兩隻手在背面的衣襟下交叉着，從另一個窗戶也向方場望去。

外面一定有點事故發生了。我也從座上站起來，極力安靜，不去驚動這兩人的注意力。但事實上却什麼也看不見。空場上一個人也沒有；只有兩個小學生在大燈柱底下，面對面，互相惆懟地站着。

就是這個讓老人這般注意嗎？——

但是這就是人的天性——我既開始看了便不能再停止不看，除非我確定了這場醞釀中的爭鬪是否眞會爆發起了。這倆個孩子大概剛放學回來；他們的書包還挾在手臂底下。他們年紀相彷彿，不過有一個比另一個高出一頭。這較高

（二）軍册（Ranglisto）——為德國軍政當局或軍隊所印刷的册子，包含所有官吏及高級軍官的名字，年出一册。

的是個長得又高又瘦的小子，一臉的班雀讓人一瞧便生嫌惡，正擋住另一個孩子的路不讓過去，那孩子又矮又胖，有着溫厚的面貌，紅紅的面頰。　同時高個子看去正在用戲弄的話向他挑撥。　但是距離隔得太遠聽不出說得是什麼。　這樣停了一會兒之後兩人便打起來了。　兩人的書包都掉在地上；矮矜的想用頭撞他敵人的肚子，一低頭便衝過去。

『大個子馬上"使他入出汗的箱子中"(三)，大佐說，眼光始終隨着這對仇人的行動，好像很不贊成那肥矮的戰策。

這話是對誰說呢，却難知道；他說的時候向着自己，並沒有對着我們中的一個。

他的預言不久便證實了。

高個子躲開了敵人的攻擊，轉眼間向對方的脖子一兜，如同把頭捉在活圈套裏；他已使敵人，如人們所謂"入了出汗箱中"。　他把敵人欲打自己背脊的右拳用右手捉住，當他完全把他抱住並且置在自己的權力下之後，在一種鄙夷的勝利之中他拖着他順着柱子繞圈子，一次，再一次，第三次。

『這個無用的孩子，』老大佐繼續自言自語，『每次他都讓人這樣捉住』。顯然他對那矮胖的不滿意而對那瘦高的有些不耐煩了。

『他們天天這樣打架。』他接着說，同時看了夥計一眼，好像要向他解釋，他對這件事的興趣。

然後他又轉過頭去向外望。

『不知道那小孩會不會來？』

他這句話還沒有說完，便有一個瘦小的孩子從毗連那方場的城中公園裏急奔過來。

『那便是他。』老大佐說。　喝了一口紅酒又摸摸鬍子。

(三)"使入出汗箱中"(im Schwitzkasten haben)——兩人交手，一人以手臂將其他一人之頸捉牢，德文謂爲"使入出汗箱中"。

一看這孩子的相貌便可猜出他一定是那胖臉的兄弟，不過比起那位來又好像一個更完美而改良了的版本。　他跑到那兒雙手舉起書包，對着瘦長的背上就是一下子，那聲響連我們都聽得見。

『好。』老大佐說道。

瘦高個像匹馬似的回踢這突如其來的暗襲者。　小個子閃開了，接着又給他第二下，這次打在頭上把便帽打掉下來。

雖然如此他仍沒有讓他的俘虜脫出『出汗箱』還牢牢地捉住他的右手，不肯放鬆。

現在小孩非常迅速敏捷地打開他的書包，從中取出筆盒，再從盒裏拿出鋼筆，出其不意地向捏緊他兄弟的高個子的手用鋼筆尖亂刺。

『哈，小壞蛋，好孩子！』大佐對自己說，他的紅眼睛顯得十分喜歡。

這個法子太有效了，瘦高個子忍不住痛只好把頭一個敵人放手，以便用猛烈的拳頭衝向那小的。

但是這位完全變成一隻野貓似的了。他的便帽已從頭上飛掉；捲曲的頭髮亂覆在慘白美麗的臉上，兩隻眼睛從亂髮中發出光亮，書包和其中的東西灑滿一地，在帽子和書包上他向瘦高個子襲擊。

他取着攻勢，握緊了小拳頭，忽緩忽緊，聲東擊西向對方的肚子，身上打去，迫得敵人開始一步步的向後退却。

同時那矮胖子已恢復過來，趕緊抓起書包，再行加入戰鬪一下一下地打敵人的背和腰。

最後瘦高個擺脫了小個子，退後兩步，從地上檢起帽子，戰爭便告一結束。

三個人對面站着都喘得透不過氣來。　高個子醜惡地露齒作冷笑，想來遮掩他失敗的難堪；小個子的拳頭還緊握着光亮的眸子釘住敵人每一個動作，時時提防着，只要對方再動手的話，便要衝鋒過去。

但是瘦高個子不再過來；他已夠受的了。　他嘲笑地聳一聳肩越走得遠了，到了相當的距離便開始詛罵起來。

哥兒倆便把小個子散滿一地的東西收拾起來，再裝入書包內，戴上他們的帽子，把土拂了去，便轉向家去。他們必須路經我們酒館的窗前。使我對那年幼勇敢的孩子更看得清楚了；他實在是個完美的種子。瘦高個又重新跟着他們過來，大聲地在他們背後咕咒；小個子說不出地輕視地聳了聳肩。『這種不要臉，瘦長難看的東西。』他說着突然站住把臉轉向敵人。瘦高個也連忙站住不動，招得兄弟倆發出一陣輕蔑的大笑。

他們這時剛站在老大佐坐着的窗下。老人探身向外說道：

『好孩子，你是個勇敢的小伙子——來——喝一口酒去。』他把一杯酒遞出窗外給小個子。這小孩驚奇地往上瞧了瞧，接着向他哥哥低聲地說了幾句話，把書包交給他，便把大杯捧在一雙小手裏。

他滿滿地喝了一口之後，一隻手捏着酒杯的柄，再把書包從他哥哥手裏拿過來，也不求允許，把杯子給他哥哥。

矮胖也同樣地喝了一大口。

『這個傢伙，』老大佐微笑地說，『我讓他喝，他倒問都不問讓他哥哥也喝起來了。』

然而這小孩正把杯子遞上窗去，臉上可以看出，他以為剛才所做的事是件最自然不過的事。

『好喝嗎？』老大佐問道。

『是的，謝謝，太好啦！』小孩子說着，脫帽子行個禮便繼續和他的哥哥走路。

老大佐瞧着他們一直到他們消失在街角的拐灣上。

『和這樣的年青人，』他又回到自言自語的狀態中，『和這樣的青年在一起，常是件稀奇的。』

『他們這樣地在大街上打架，』那強壯的夥計還站在原處，帶着不滿意口氣說，『奇怪那些老師們會這般放縱他們；看他們的模樣還是生在高尚的家庭裏的。』

『那有什麼關係，』老大佐從喉裏發出粗聲。『青年必須有他們的自由，教員那能老監視他們；年青的必須打打架。』

他從座位上起來，掎掎咯咯地作響，他把雪茄的殘煙從煙斗裏倒在灰盤中，僵脚僵腿地走向牆去，牆上的釘子掛着他的帽子。同時繼續發表他的感想。

『從這樣的青年裏，天性冒發出來，——一切都好像眞實似的——以後等他們長大了便都成了一樣——故由此人們可以研究——關於這樣的青年。』

夥計已把帽子送上他的手中，大佐再舉起酒杯，杯中還剩了一點兒紅酒。

『這鬼孩子，全給我喝了。』他抱怨着。似乎憂鬱地向留下的一點酒渣看了一眼，也沒喝乾牠便把杯放下。

結實的夥計突然生動起來。

『大佐先生，再喝一點嗎？』

老人站在桌子旁邊，把酒單打開喃喃自語道：

『唻姆——換一種別的牌子吧——不過不能一杯杯的要——獨自來一瓶吧——又有點太多了。』

他的眼光慢慢地向我掃過來；從他眼睛我領會出一個人對他鄰人的默問，是否願意帮忙把一瓶酒消乾。我便說道：

『如果大佐先生允許，我很高興一塊兒喝一瓶酒。』

他答應了，顯然不是不願意。他把酒單向夥計面前一推，用食指指定一種，拿命令式的口氣說道：拿一瓶這樣的。

他轉身向着我，同時把帽子往椅上一擲，在桌旁坐下：『這種牌子我知道的，是一種高貴的酒。』（四）

（四）高貴的酒——德文 Blut 一字有二義：一作血或血質解，另作酒解。此處高貴的酒 (des edle Blut) 有雙關之意，呼應本文題目高貴之血質 (das edle Blut)

我靠着他的桌旁坐下，從側面看見他的臉。　他的眼睛轉向窗口，從我的前面向天空望去，眼裏反射出晚霞般的光輝。

我第一次這樣切近地看他。

他的眼裏似乎迷迷忽忽，同時他的手機械地撫摸蒼灰的長鬚，這樣子他是沈緬在逝去年華的回憶中了，想起當年自己年青時候的同時的人物，現在——誰能告訴我，他們在何處呢？夥計拿來放在我們桌上的瓶子其中盛着美妙的飲品。一種陳年的波爾多酒，紅棕而濃醇，倒在我們的酒杯裏。　我想起剛才老人的話。

『大佐先生，我必須說這實在是一種高貴的酒。』

他的紅眼睛從遠處收回，向我貶幾眼便釘住不動，好像要說『你知道嗎？——』

他滿滿地喝了一口，再把潮濕了的鬍鬚弄乾，從酒杯上面向遠處望去。　說道：『眞奇怪，人要一老——便老回憶早年時候，以後如何反不常想了。』

我靜默不言，因爲覺得不應該說或者問。　當一個人回憶時，沈思時，別人便不該對他打擾發問。　於是接着一長時間的安靜。

『摸不清人是怎麼回事』他繼續說『如果一個人這樣想——有許多人一天天的活着——其實他們還不如死掉好得多，——別的人——他們又死得太早了』他用手掌在桌面上摸一摸『這底下躺着多少人物。』

他的意思好像把桌面當作地面，想像埋藏在其中的人們。

『剛才看見這年青人我必須這樣想』——他的聲調顯得沈重——『這樣的青年——才出得來天性，完全噴發出來——明顯得如同手臂一般粗在其中人們看得見鮮紅的血。　但是可惜的——這高貴的血容易地丟失了——比別的血還容易——我曾認識一個這樣的青年。』

底下便是他所說的往事。

夥計坐在屋子裏面的角上；我始終沒有開口；在靜寂的屋中振盪着老大佐嚴肅的聲調，片段的，如同一陣陣的風，表示暴風雨或天氣將有某種變化的預兆。

他的眼珠又向我打轉，似乎要探明我是否能够注意着聽。　他沒有問我，我也沒有說什麽，我回望他，眼中露出我的回答『請說。』

他却並不立刻開始，反而先謹愼地從外衣的胸袋裏掏出一個棕色硬皮做的大煙盒來，從中取出一根雪茄，慢慢地點上火。

『你總該知道柏林，』他說同時把火柴吹熄，往桌上噴出第一口濃煙來，『你也常坐電車嗎？——』

『阿，是的，時常坐。』

『晾姆——噢，當你從亞歷山大方場到約恣維恣橋（五）順着新費里特里希街後面，在那條街的右邊聳立着一所年代久遠偉大的建築物，那便是老的國立青年軍官學校。（六）

我點點頭證實他的話。

『在李斯特場（七）那個新的，我不知道，但是這個老的我可知道——阿——我曾經還是那裏的學生——阿——我知道牠。』

他重複的語調，使我感到他不但認識那房子，而且連那裏所發生的一分事情都知道。　他繼續說：

（五）約恣維恣橋（Jannowitzbrücke）——在柏林之 Spree 河上一橋名。

（六）青年軍官學校——原文爲 Kadettenhaus，係德國政府所設。在普魯士有七個初等軍官學校（Kadettenhäuser）及一個高等軍官學校（Hauptkadettenhaus）。初等者專收十至十五歲之男孩分四班：卽 Sexta, Quinta, Quarta 及 Tertia。高等者係由初等軍官學校或高尙家庭出身之十五歲到十九歲之男孩升入。　內分初級班（Sekunda）及高級班（Prima），另外還有一特別班（Selekta）。　初級班及高級班再分爲下初級班（Untersekunda）和上初級班（Obersekunda），下高級班（Unterprima）和上高級班（Oberprima）。　在特別班以下各班之課程與實科古典中學校（Realgymnasium）中相同，不過特別注重某幾項課目，如跳舞，游泳及體操。　高等軍官學校之學生如能順利念完上初級班，被允許參加副佐試驗（Fähnrichsexamen），如考試及格且身體強壯，卽升爲特別生，當一年特別生之後，再往過軍官試驗（Offiziersexamen）便入軍隊而爲副大佐。　那班繼續上高級班的學生是因爲在身體方面或別的方面不夠資格做特別生的緣故，將來入軍隊做少尉之職。

（七）李斯特場（Lichterfelde），——柏林西南一附郭。　青年軍官學校在一八七八年從柏林遷至該處。

『當人們從亞歷山大方場進來，頭一步便跨入一個有樹的院子。 現在院中長滿了草，但我在的時候還沒有，我們就在那裏練操有空時去散步。 再進來是一所壯偉的主要建築包含一個四合院子，叫做「四方院」，那裏學生也常去遊玩。 這裏面當你在外邊路過時，是看不見的。』

我再同意地點點頭。

『再進去還有第三個院子；院子比較小，立着一間房屋，不知道這屋現在做什麼用，那時候是當作醫院用的。 你騎馬過的時候也許能夠望見體育館的屋頂，因爲大操場就在醫院的旁邊。 場中有跳坑，爬高的器具和其餘可以想像得到的東西——現在可什麼都完了。 從醫院通體育館有一門，不過平常總是鎖着不開。 如果有人想去醫院必須向前繞過院子才行。 剛才說這門不常開，意思是說，非有特別時候是不開的，所以每次開放，必有一件非常嚴重的情形發生了。 門，後面卽是停屍室，每當一個學生死了時便停放在裏面，那時門便開放着不關，直到別的學生被領了去對死者作最後的一見，直到屍首被抬了走——呀——喫姆。』

接着是一個長時間的沈默。

『關於在李斯特場外的新廈，已經說過我是一點也不曉得的』，老大佐繼續下去聲調較前低了，『我聽說那裏現在學生很多，惹是生非已成一件大事了，那時在新費里特希街的學生並不多，只有四隊，分爲二個等級：初級生和高級生，此外還有一種特別生，他們以後出來做軍官因爲他們監督別人，人們受不慣他們的壓制便管他叫做「葱頭」。（八）

『我屬於的一隊裏——卽第四隊——有一對兄弟，在初級班中我也和他們坐在一起。 他們的名字，說不說都不打緊——不過——那末，就叫他們L吧。 教官把年紀大的叫做L I，把小一歲半的弟弟叫做L II。 但是在同學間我們賊

（八） 葱頭（Bollon）—— 爲柏林青年軍官學校學生對於爲人脈惡不學衆望的人的混號。 特別生(Selektaner)爲陸軍下士官（Unteroffiziere），有監督學生之權，故不免凌虐壓人，因此得此綽號。

他們大L和小L，這個小L，呀——唉——。』

他把背靠向椅子，眼睛眺望遠方。好像藉着景物好把往事勾起。

『到現在我還沒有瞧見過這樣不相像的兄弟。』他往下說同時從壚製的煙斗裏吹出厚霧。『那位大L是個肥胖的人，短腿短胳膊，肥頭大腦袋，這位小L像條柳枝，又瘦又韌，有個瘦小的腦袋，秀色波狀，自成捲曲的頭髮，一個老鷹似的小鼻子，總之——這是個青年——』

老大佐從鼻子抽了口氣。『你不要以爲這點事情在學生中沒有關係；但是正反。這兄弟倆剛出了預備學校，我想是瓦爾司塔的學校，(九)跨進柏林軍官學校，便馬上顯出來：卽大L不爲人注意而小L却是人人喜歡的人物。

『在這班青年中有一件很可笑的事情：魁梧强壯的人便是國王們，他們要對誰寵愛，那人便過得好。而且他還得到別人的恭敬，沒有人敢隨便來欺侮他。這樣的青年年——正好顯露出天性來；半似一班野獸，在壯大的野獸前面，別的便向他諂媚。』

隨着話一陣噴吐重新從斗裏出來。

『學生在空暇的時候，便時常找到一處，情投意洽的朋友便携手到「四方院」去，到有樹的院子去，一直等到鼓聲響了去上課。

『那位大L——喏——就是碰巧在同伴隊中，也是惱怒不樂地走自己的路——小L可不然了，他剛上院子便有二三個大個子拉住他的胳膊，必定要和他們去作樂散步。就是高級生對他也是如此。平常他們是瞧不起初級生的新鮮人，(十)決不肯屈尊降卑和他們一塊走，不過對小L又不同，他可是個例外。雖然如此，初級生喜愛他一點也不比高級生減少。這便是我們剛做初級生時候

(九) 瓦爾司塔 (Wahlstatt) 村名，在 Schlesion。一二四一年李尼茲的公爵亨利第二於此處打敗蒙古人，但陣亡於役。他的母親聖海維治 (St. Hedwig)，在他陣亡處建立一小教堂。此處所提之青年軍官預備學校 (Kadettenanstalt) 卽由該學堂改建而成。

(一〇) 新鮮人——原文 Schnappsack 爲背囊之意，係一年級生之混名，有輕視之意，茲譯作新鮮人與英美大學稱新生爲 Freshman 意相符合。

班中的現象。　在班中我們是按着字母排座位的，差不多這對L相鄰地坐在中央。

『他們倆在功課上一樣的好。　大L有一副數學的好腦筋；別的功課不值得提起，說起數學來，如同一般人常說的一位出類拔萃的。小L演算不佳，只好抄襲他的哥哥。　但其他的功課都超過他的哥哥，大體說來是班中最好中的一位。這兄弟倆的區別：大L把自己的智慧藏在心中，寡言靜語，小L呢，他是愛說的——他眞像獅子吼似的——是啦，是啦，是啦——』

老人的臉出現出一縷柔愛的微笑。

『當頭一排的同學被叫起來，而不知道回答道的時候——小L便嘛嘛向一排排的傳過去，告訴他應當怎樣回答；等到輪到後排同學的時候，小L便自己低聲地念着答問題。』

『那時有位老教授教我們拉丁文，差不多每堂總有一次要站在教室中間，說道：『L工，你老說話，並且一點兒也不知羞恥地說，你得小心，L工我將拿你做個榜樣！今天是最後一次警告你！』

老大佐呵呵大笑起來。『但是每一次變成最後次的前一次，也永沒有拿他做榜樣。　因爲小L雖不是個模範學生，而且正好相反，也爲教師軍官們所喜愛——對他的確只能够如此。他整天嘻嘻哈哈，好像每天接到禮物似的，雖然却一點東西也收不到——因爲他們倆的父親是某一個步兵軍營裏一名窮中佐，所以兩個青年的囊中不名一文。　但他總是十分整齊乾淨，乾淨得連——裏裏外外——大體上——』

大佐略作停頓；他似乎在尋找一個字眼可以含蓄他對於昔日幼小的同伴全部的愛。　然後又說：

『好像造物一時高興，創造了這個青年說道「你們得看他了。」』

『這可是值得注意的，』他繼續下去，『別看弟兄二人性情不同，却非常相愛。』

『這從大L身上看不出來，他總嘟囔抱怨，什麼也不顯露；但是小L什麼也不能隱藏。』

『因爲小L也知道同學們待自己比待他哥哥好的多，所以他替他哥哥難過。當他們到院子散步去的時候他不時回頭瞧他哥哥是否他也有人陪着一道走。當班中有臨時練習時，不用說，他自然立刻讓他哥哥抄襲他的；他也留意到有沒有別人來欺侮他哥哥，他時常從側面望他哥哥，並不使做阿哥的知道，這時候他的小臉龐常常變成惹人注意的懇摯，幾乎好像他爲他哥哥操心——』

老人煙抽得更厲害了。

『以後我綜合這種事，覺得必須要發生的事，終究要發生的。他一定知道大L的態度，和他的特性，比那時的我們更清楚。』

『在學生隊中自然知道這件事，雖然對於大L一點沒有幫助和先前一樣仍不爲人喜歡，但是小L却更受人歡迎了，人們都一致地說他有「兄弟之愛。」』

『他們倆住一同屋，小L在前面說過，是十分整齊好潔，而大L却不乾淨。於是他自動當他哥哥的僕人，他把他的制服上褂的紐扣擦亮了，在應到之前他手裏還拿着一衣刷。站在他前面，着實地爲他刷一陣擦一陣——尤其當「兇惡中尉」值日點名的日子。』

『你要知道，學生在早晨必須到院子去點名，然後由值日的教官順着排行中走，個個觀察他們的衣服是否整潔。』

『而每到「兇惡中尉」值差的時候，全隊便籠罩了焦急憂慮，因爲他老挑毛病。他走到學生的背後用手指彈他們的外衣，看有沒有泥土下來，如果沒有，便翻起他們的大褂口袋來拍，不管他們想把衣服打得如何乾淨，但是總有一些塵土留下，於是那「兇惡中尉」一眼便瞧見了，像匹老牡山羊的叫聲似的說道「把他們的名字記下來——到禮拜日來報告。」於是星期日的例假便丟掉了，這實在使人痛恨。』

老大佐略作休息，用力的喝了一口，用手掌把鬍鬚從上唇摸到口中，好把鬍鬚上發亮的酒滴吮去；顯然地這「兇惡中尉」的回憶燃起了他的憤怒。

『只要想一想，』他怨恨地說，『對於這班可憐的孩子們來說這該是多麼卑鄙的行爲。他們好容易盼望了一個星期，等到禮拜出去，可是爲了這點芝麻大的事，這點權利也被剝奪了——唉，總而言之——我覺得有的人專門和別人過不去——以後在我的軍隊裏便不如此，他們都知道有我在，是不容這套的——偶然有一次犯粗野，即使在很嚴重的情形下，須加以逮捕，那倒也沒有關係——但是給人使陰謀——才是下賤的東西！』

『很對！』夥計從背後嚷了出來，他表示關心大佐的故事。

老人安靜下來接着說他的故事：

『這樣過了一年，於是考試的時候來到，這時永是個很特殊的時期。』

『高級生舉行副佐試驗，（十一）剛才我說過叫做「慈頭」的特別生，舉行軍官試驗，（十二）他們一等考完便回家，離開了這青年軍官學生的隊伍，於是只剩下初級生留着，現在只等着升做高級生了。』

『這樣繼續着，直到新的初級生從預備學校來到，並且所謂新「慈頭」又重新回來，於是一切事情照常進行。但是在這中間時期校中毫無秩序，尤其是最後批高級生走了之後——他們是分批考試被送了走，一切都顯得亂七八糟。』

『在兄弟倆住的宿舍（十三）裏有一位高級生是學生中所謂的「摩登人物」，因爲他決定一等考試完畢，離校之前，立刻要把自己打扮成一位漂亮的紳士，所以他不用校裏發給學生佩帶的刀鞘，買了一個光亮皮製的刀鞘，比普通的狹小而

（一一）Hecht——原文意爲沙魚，表示利害之意，茲譯作出類拔萃之人。

（一二）軍官學生隊伍（Kadettenkorps）——所有在初等及高等之青年軍官學校中的軍校形成了普魯士的皇家軍隊，成立於一七一七，後爲菲得利大帝重新改組，帝本人亦爲會員之一，軍隊有特別之制服，徽章及旗幟，皆爲菲得利所定。

（一三）宿舍（Stube）——軍官學校之宿舍包含數組大屋及寢室，每組可容納十五人左右，每一寢室有二鐵床，一狹長桌子陳放中央附有盥洗器具每人一份。在自習室中每一學生有一櫃，一桌，一椅及一小書桌，形成一套傢俱。每組學生普通有一架鋼琴及其他樂器。

且美觀。 他能够購置這個，因為他接到家中寄來的錢。』

『他帶着這個到處炫耀，很覺得驕傲，其餘的學生也都對他羨慕。』

『當這高級生收拾行李要回家的日子來到，他想佩上他那壯麗的刀鞘時——忽然這東西已經不在了。』

『這事引起了大騷動；到處都找遍了，刀鞘終沒找到。 這高級生沒有把牠鎖在衣櫃內，而放在寢室中，那兒學生們的胄盔一起放在一個篷帳底下，刀鞘就放在他的盔旁——從那裏便不見了。』

『而且也沒有其他情形的可能——必是有人把他取走了。』

『但是誰呢？——』

『人們頭一個懷疑那個替學生擦鞋和整理寢室的僕人——但是這是個年老的以前的下士官，在他的一生中沒有犯過些微的過失。 也不至於是學生中的一個吧？但是誰能往這上想？因此這件事還是個悶葫蘆，眞是件不名譽的事。 這高級生咒怒怨罵，因為他現在只好仍舊帶普通的刀鞘；宿舍中其餘的學生都默默不言，心中納悶；他們一致把衣櫃打開請高級生來檢查，但是這位只回答：「這多無聊，——誰想得到這上頭去呢？」』

『比剛才更奇怪，更引起衝動的事發生了；突然高級生又得到他的刀鞘。』

『他已經手裏提着行李，走出宿舍，正跨上台階的時候，忽然背後有人喊他一聲，他一回身，見小L向他跑來手中拿着一點東西——那便是高級生的刀鞘。』

『有幾個人恰巧從旁邊走過，他們以後告訴人說，小L當時臉色像死屍般的蒼白，四肢不住的打戰慄。 他向着高級生的耳朵說一些話，兩人便十分低聲地互相交換了幾句話，然後高級生把他的頭擁抱一下，把舊刀鞘解下來，換上這漂亮的便走了；那普通的送給小L，讓他帶回去。』

『這件事不能隱瞞得住，不久眞相便大白了。』

『那時屋子正重新分配；大L被命令遷移；正當這些事情發生的時候，他正搬到他的新房子去。』

『過後學生們想起來，他那時特別不愛說話——但是這原是人所素知的劣根心理，人們老在事情發覺後，便增枝添葉地渲染推測。事實是這樣的：他不願別人幫忙，當小L助他一臂時，他對他的小兄弟反而生出很大的惡感。不過小L天性便是幫助人，並不因此躲開，當他從他哥哥的衣櫃裏取出小心的摺好了的練操時的背心的時候，突然覺得裏面有硬的東西——那便是高級生的刀鞘。』

『這一剎間，哥兒倆是否說了話，說的是什麼，沒有人知道；因爲小L還能夠自制得住，一聲不響走出房間。剛走出門到過道上，便把背心拋在地上，也沒想到由這件事將發生什麼樣的結果，拿着刀鞘，向高級生追去。』

『這是沒法禁止的，五分鐘內，這事便傳遍了全隊。大L讓魔鬼誘惑了，做了長手將軍。』

『半點鐘後，一屋挨着一屋，低聲地傳着話：「今晚熄燈時候大家到隊裏會議廳去商議！」』

『在每隊的營房裏總有一間相當大的房子當做公佈學習報告和其他展覽之用，這叫做會議廳。』

『於是在夜晚熄燈一片漆黑的時候，而有的學生都從屋裏到過道去；沒有一扇門作乒乓聲響，人人都穿着襪子走路，因爲隊長和教官們，還毫無所聞，並且也不能使他們曉得開會的事情，否則我們一定會得到嚴厲的懲罰。』

『待我們進入會議廳的門，有一個人挨着門，貼着牆站着，慘白得如同牆上的石灰——這是小L。有幾個人立刻上去握住他的手。「小L可以來，他們嚷着，他不該受責備的。」只有一個人反對，他是個長大的東西——他叫做——名字提不提都不要緊——唉，就叫K吧。但是他立刻被大家否認了，小L被允許參加，有幾個人點了幾根燭放在桌上，會議便開始了。』

大佐的酒杯已經空了；我替他斟上一杯，他滿滿地喝了一口。

『關於這一切，』他繼續說，『現在誰願意笑，實在可以笑；不過我敢說我們那時不但不感覺好笑，反而覺得十分不安。一個青年軍官學生，是一個賊——眞讓我們有點寒心。大家的臉都成灰白色，只低聲的說話。在平常時候，一個學生向上司告訴別的人是件可鄙的下賤事——但是如果有一人這樣做偷盜行爲，他已不復是我們學生中一個，因此我們討論是否應該把大L所做的事報告隊長。』

『長K第一個發言。他宣布說，我們一定要到隊長那裏去，向他說明一切，因爲這種不名譽的事，用不着多考慮了。長K現在是隊中最大最壯的人；他的話特別有力量，事實上我們的意見也是如此。』

『因此沒有人想着回答，於是接着是一致的靜默。忽然從圍繞桌子站立的人隊中分開一條路來，小L起先被迫在一個最裏的廳角上，這時走進圓圈裏面來了。兩隻手臂無力地掛在身子的兩旁，臉朝着地；看他像子好像想說話，可是又沒有勇氣。』

『長K再大聲斥道，「L亚不要在這裏說話。」』

『可是這次他却沒有得到贊同。他永對他兄弟倆仇視，沒有人曉得究竟爲什麼，尤其他這樣對待小L。他也一點不受人愛，因爲這班青年，生來就具有十分銳利的靈感，覺到在這個長傢伙心中一定蘊藏着一種下賤，懦怯，卑劣的靈魂。對於同樣壯大的人永不相犯而對於弱小常加以戲弄，他便是其中的一個。』

『因此四邊都發出竊竊的私語：』

『「小L應該講話！現在他更應該講話！」』

『這位青年人這時還默偎地站在那兒不動，聽見了同伴們對他的袒護，豆般大的淚滴不禁落在面頰上，他捧着雙手揉眼睛，抽噎得那樣利害，全身上下都顫動，一個字也說不出來。』

『有一個走過去拍拍他的背說道。』

『「鎮靜一下，你想說什麼呢！」』

『小L仍舊哭泣不已。』

『「如果——他被告訴」——在一長時間後他迸發出來——「他一定被隊裏開除——那他應該怎樣辦呢？」』

『全都沒有說話；我們都知道這青年說得很對，如果我們一去報告，其結果定是那樣。 同時我們也知道他的父親是貧窮的，每個人不由得又想到若是他知道了他兒子這種事，他將說些什麼呢？』

『「但是你自己也明白」這學生接着對小L說，「你哥哥做了十分不名譽的事是應當得到懲罰的。」』

『小L默然點點頭；他的意見也完全站在控告他哥哥這方面的。 這學生考慮了一會，然後轉向別人。』

『「我有一個提議，」他說道，「我們不願L I因此失去一生的幸福，假如這是可以避免的。 我們願意證明他身中是否仍有上進的心。 現在讓L I自己挑，是否他願意讓我們把他告了，或是讓我們自己辦了，把他重重地鞭撻一頓，然後把這件事埋沒了不再提起。』

『這是個完美的辦法。 全體熱烈地贊成。』

『這學生把手放在小L的肩上說道：「那末去把你哥哥叫來。」』

『小L把眼淚弄乾，迅速地點頭——然後走出門去，一會兒功夫他已偕他哥哥回來了。』

『大L不敢瞧任何人；好像一匹被人打中頭的牛似的，站在他的同學們面前。 小L站在他的背後，目不轉睛地瞧着他哥哥。』

『那提議的學生開始向L I詰問。』

『是否他承認拿了那刀鞘？』

『他自認了。』

『是否他感覺到他是做了一件，把自己弄得不復再有做青年軍官學生的資格了？』

『他感覺到。』

『是否他願意我們把他向隊長告發，或是讓我們痛打一頓而替他保守祕密？』

『他情願挨一頓打。』

『一種由緊張中解放出來的嘆惜，充溢了全屋。』

『大家決定，現在立刻在這地方把這件事解決了。』

『有一人被派去拿一根我們打衣裳用的棒子來。』

『在那人出去這中間，我們打算說服小L來離開大廳，免得看見刑罰。』

『但是他一聲不響搖搖頭；他願意留着。』

『一等棍棒拿來，大L必須臉朝下躺在桌上，兩個學生捉住他的手向前拉着，另外兩個捏着他的兩脚，這樣他的身體便被伸開了。』

『洋蠟從桌上拿起高高地舉着，整個的故事現在要展開了，悽慘到了極點。』

『長K因爲最有力氣，便由他來執行；他手裏拿着棍子，從旁邊走過去，用全身之力向只穿了一件背心和褲子的大L打了下去。』

『這青年受了這下重擊努力掙扎，將要哭喊起來；立刻小L衝了過去，雙手抱住他的頭，緊緊地壓住他。』

『「不要哭喊，」他向他耳朶說，「不要哭喊，否則一切都完了。」』

『大L把哭叫的聲音嚥了下去，咧咧地響，低聲地向自己呻吟。』

『長K再舉起棍子，第二下打去聲響傳播全廳。』

被打的身體在桌上努力亂扭，那四個學生幾乎不能捉住他的手足。小L用兩隻胳膊抱上他哥哥的頭，用顫動的力量來壓住他。他的眼睜得滾圓，他的臉色像牆旁的石灰，他的全身顫抖不已。』

『全廳死一般的靜寂，只聽見受刑者因爲胸部被他弟弟窒息住發出來的哽咽和呼喘的聲音。所以的眼睛釘着這青年；我們大家都覺得不忍再看下去了。』

『等到第三下打下去，看的人這時都不約而同重複地發出受了刺激的私語來：「現在夠了——不要再打了！」』

『長K打得性起，舉起臂想來第四下，忽然有三四個人攔在他和大L中間，把他手裏的棍子奪掉，推他回去。』

『大L被放鬆，慢慢地立起身來完全像個被搗爛了似的靠着桌旁站着；小L站在他身邊。』

『這幕刑罰便結束了。』

『那位學生這時又發出話來，仍是低低的聲音。』

『「這件事現今已經過去，讓牠埋滅了。現在每個人向LⅠ握手起誓，誰要再把這件事說出一個字來，誰就是混蛋！」』

『一致異口同聲地說「是，是」足以表明他的話正是別人所要說的。人們都走過去向大L送過手去，然後，好像被命令似的，全都轉向小L。一大羣人圍繞了這青年，因爲人人願意和他握握手。在後面的人把手伸向前來，有幾個甚至於爬上桌子好向前過來人們摸摸他的頭，拍拍他的肩膀和脊背，同時大家都竊竊的嚷道「小L，你這個漂亮的孩子，你這卓越的孩子。」』

老大佐把酒杯舉到嘴邊——好像他把一腔義憤喝了下去。他再把杯子放下時，從深奥的胸部，嘆了口氣。

『這樣的青年，』他說道，『他們有靈性——靈性和感情。』

『蠟燭吹滅了，大家摸索着從大廳回到宿舍去；五分鐘之後全都躺在牀上了，一切都過去了。』

『隊長和其他的軍官，關於這個故事，一些也沒有聽到。』

『一切全過去了』——說故事的人的語調變得更沈重；他把兩隻手插入褲袋中，望着冒煙的雪茄在他面前冒出來的濃煙。』

『那晚我們睡在牀上想。——「小L這晚上睡得着嗎？」第二天當我們一起來上班時，瞧他並沒有如此。』

『以前在這青年的座位上，好像坐着一個小鬼，活跚亂跳地向全班嘩啦嘩啦地嚷——現在這座位上好像是個窟窿——他絲毫不動，慘白地坐在他的座位上。』

『如同人們把蝴蝶翅膀上的粉擦去一般——這青年便成了這摸樣——我不能把他描寫得更恰當了。』

『到下午人們現在時常瞧見他和他哥哥一塊兒走。他一定覺得大L現在比以前更不能找到別的人做伴——所以他做着他的伴侶。他們倆胳膊拉着胳膊，徘徊在四方院和有樹的院子中，這一位和那一位一樣，都把頭朝地，幾乎沒有瞧見他們過句話。』

敍述又略作停頓，我又須把大佐的空杯斟上，一面發出更濃厚的雪茄的煙。

『但是一切，』他繼續說，『也許在時間的過程中會過去的，再還復過來——然而人類！』

他把捲着的拳頭放在桌上。

『有種人，』他恨恨地說，『好像牧場上的毒草，動物吃了下去便死。由這種人的身上其餘的人便中了他的毒！』

『這樣，有一天我們上物理堂。教員給我們做電機實驗，讓我們全班的人都傳受一次電的打擊。』

『為了這原故，每個人必須和他鄰人拉着手，然後把電流通過去。』

『因為大L的鄰位坐着長K，他就把手伸給長K，這個傢伙做了一個鬼臉，好像要摸到一隻蛤蟆似的，把手縮了回去。』

『大L一聲不響十分頹唐地坐下，臉上充滿了羞慚。』

『這當兒小L立刻從他座位上起來，跑到他哥哥那裏，坐在和長K為鄰的位置上，捏緊拳頭，用盡生平之力向旁座一推，那長東西痛得賊叫起來。』

『馬上他捉住小個子的脖子，兩人便正式在課堂上開始打起來。』

『那教員一直忙着他的機器，這時帶着鼓起來的衣襟，走過來了。』

『「怎麽啦！怎麽啦！怎麽啦！」他…道。』

『他的確是位老人，在他的面前，我們是不十分恭敬的。』

『這兩人互相緊揪在一起，都不肯放手，也不管教員已站在他們的面前了。』

『「這是何等的胡鬧」教員嚷「這是何等的胡鬧！你們還不立刻停止！」』

『長K做出要哭的樣兒。』

『「L亚先動手，」他說道，「我可是一點也沒有招他。」』

『小L筆直地在他的原地上站着——因爲當教員訓話的時候，我們必須站起來的——在他兩邊的鬢角上慢慢地流下肥厚的汗珠來；他一句話也不說，咬緊了牙關，人們都能看得出牙牀的筋在狹小的面頰上突出來。　當他聽到長K所說的話，臉上露出一縷微笑——這樣子我從來沒瞧見過。』

『老教員對於這聞所未聞的不端行爲，用美妙的言辭囉嗦了半天，說這種行動是表明了內心粗野之淵——我們隨他去說；大家的思想都在小L和長K身上。』

『下了課教員剛一出門，一本書從後面由空中向全班人的頭上飛過去，直中長K的頭亮，當他憤怒地回頭尋找暗襲的人時，從旁邊又來一本書打在頭上，同時一致的吼叫爆發出來：「打倒他！打倒他！」全班人都蹦跳起來，在桌上在凳上向長K攻擊，把個長傢伙打得發歷，只冒熱氣。』

老大佐向自己滿足地獪然微笑，細察這時還捲成拳頭放在桌上的自己的手，他說道。

『我也參加了，而且打得特別起勁——我敢說。』

他好像忘記了雙手已知老了五十年；由他的手，人們可以看見手指還抽搐地抓緊着，好像他餘恨未息，還在揍長K。

『但是因爲人的秉性難移，』他接下去說，『這個長K自然是一個報復心重，暗地算人，陰險鬼詐的流氓。　他最願意跑到隊長那兒偷偷地把一切事情追補着告訴——但是他在我們面前却不敢如此；因爲他太膽怯了。』

『然而他挨全班一頓打，都是小L的緣故，所以他决忘不了小L。』

『於是有一天午後又是一個空堂，學生們都到院子去散步；這倆兄弟和往常一樣獨自在一起，長K和別的二人拉着胳膊在一起。』

『從四方院來到另一個有樹的院子時，必須穿過一個過道，這過道在主要建築的屋頂底下，這是隊中的規則不准學生胳膊拉着胳膊走過過道，免得妨害交通。』

『那天下午這不幸的事發生了，長K和他兩個同伴從四方院想到另一院子去，在過道上碰見了哥兒倆，這兩人都耽於沈思之中，忘記了分開走。』

『長K雖然也瞧到這事對他一點關係也沒有，但站着不動，眼睛瞪得大，嘴張得更寬向倆人喊道：「這是怎麼說的，你們在這裏拉着胳膊走路？你們想攔住守規矩的人的路嗎？你們這兩個賤骨頭！」』

大佐停住了話頭。

『現在已經過了五十年了，』他說道，『而且還不止——可是一想起來，好像就是昨天的事。』

『剛巧我和別的兩位在四方院中走着，突然我們聽得從過道裏發出一聲慘叫——我簡直形容不出來這像什麼聲音——當一隻老虎或一隻別的猛獸從籠子裏衝破出來向一個人撲過去的時候，那末，我想，人們也許會聽到這種聲音。』

『這聲音這樣可怕，我們三人放下手臂，全都目瞪口呆地站在那裏。不僅我們，所有在方院子上的人都呆住了，一剎間一切都變得安靜了。於是在院中凡是兩條腿能夠跑的人都到過道去，那一院子的人也早來到，把個出入口擁擠成漆黑一團。我自然也在其中——我瞧見那兒——』

『小L直像一匹野貓似的爬在長K身上。左手抓住長K的領口，把長東西窒得不容易透氣，右拳向長K的臉上，不揀那兒，一勁兒拍一拍一地亂打，血像瀑布似的從長K的鼻子裏流出來。』

『這時值日的教官從別的院兒過來，在學生中分開一條路。』

『「L五，你還不趕緊放手，」他咆哮着——他是個很長的個子，有宏大的聲音，一說話人們可以從校舍的一端直到另一端都聽得見，我們全對他敬懼。』

『但是小L沒有聽見，沒有瞧見，更加不斷地打長K的臉，同時那可怕尖銳的喊叫連續發生，這叫聲穿透了我們的骨髓。』

『教官瞧見這樣子，便親自來捉住青年的肩膀，用力把他和長K拉開。』

『小L剛立住足，揉揉眼睛，忽然細長的身子倒在地上，抽起筋來。』

『我們從來沒有看見過這種樣子，瞧得驚奇害怕。』

『教官伏下身去，起來說道，「這孩子得了最可怕的抽搐症了，過來，兩個人捉住他的脚」他自己抬起肩膀，「到醫院去！」』

『這樣他們把小L送進醫院。』

『等他們抬走後，我們走到大L面前，打聽到底是怎麼回事，從大L及兩位及長K一起走的人那裏，我們聽到這整個故事。』

『長K站在那兒像隻被打了的狗，擦着鼻孔的血，要不是如此要不是這狼狽樣兒救了他，他也許還會受頓痛打。　大家都一聲不響轉過臉不去理他，沒有人向他說一句話：他已成「混蛋」了。』

桌子振了一聲，因為大佐把拳頭往上一打。

『別的人不理他到多久，』他說道『我不知道，我還有一整年和他坐在一起，可是沒有向他說過一個字；我們也同時在軍隊中做過副佐；在離別的時候我也沒有伸手向他握手；我不知道他是否當了軍官，我沒有一次在軍册上尋到他的名字，不知道他是否參加了戰爭，是否還活着呢或者死去了——對我說他早已不存在和現在不存在一樣——惟一使我難過的是在我生命中會碰見了這樣的人，而且在我的記憶中永遠不能把牠解脫開像人們把蘆草投入爐子中一般。』

『第二天早晨從醫院裏傳出來兇惡的消息：小L在高度的發燒中，失了知覺，下午做哥哥的被喚了去，但是小L竟不復認識他了。』

『傍晚我們大家在大飯廳中坐着吃晚餐的時候，一個謠言傳了來——正當一隻大黑鴉，寂然拍着翅膀飛過屋頂——說是小L死了。』

『當我們從飯廳回到營房去，我們的隊長站在隊中大廳的門口；我們必須走進去，隊長於是向我們宣告，說我們的小同伴L亚今晚長眠了，不復醒過來了。』

『隊長是個十分和善的人——一八六六年（十四）他勇敢地戰死了，他愛他的學生，當他告訴我們這個消息時，他已經在擦鬚上的眼淚。然後命令我們把兩隻手合攏；要一個人走往前去大聲地在衆人之前做「主之祈禱」』

大佐低下了頭。

『那時我是第一次，』他說道，『感覺到「主之祈禱」是何等的美麗。』

『現在，到了第二天的下午，那連通醫院到操場的門開了，這個兇惡，致命的門。』

『我們必須到醫院中的院子去，我們必須向我們死去的伴侶作最後的一見。』

『脚步踏着響着，我們被領了去；沒有人說一句話；人們只聽得見沈悶的呼吸聲音。』

『在那兒躺着小L，那個可憐的小L。』

『在他的白襯衣上，兩手疊放在胸上，美麗的捲髮覆在蠟一般白的前額；面部陷了下去使那美麗大膽的小鼻子更突出來——在臉上——這表情——』

老大佐默然，呼吸急促地從胸脯中發出來。

『我現在已是一個老人，』他猶豫地繼續說——『我也瞧見過許多人死在戰場上——他們的痛苦和絕望都表露刻盡在臉上——但是像這個孩子臉上所露出的難過悲哀，却沒有再見過——再沒有——永沒有——』

一種無聲的寂靜統治了我們坐着的酒館。因爲老大佐靜默了不再說話，夥計便從角隅裏輕輕地站起來，點上汽油燈掛在我們的頭上；天色已經十分黑了。

（一四）一八六六年——這年夏普奧戰爭發生，結果普魯士勝利，奠定爲德意志聯邦的盟主。

我再舉起酒瓶來，幾乎已成空的了——只有一滴流了出來——最後一滴之高貴之酒。

幽默家的詩人——莫根史登

Dichter als Humoristen: Christian Morgenstern(一)

柯赫(Franz Koch)原著

崔 亮 譯

我們若想把莫根史登的畫像列入德國幽默家的展覽室，需要多種意義更進一步的根據才行。 因爲有一次他自認過，那些幽默的詩，如"絞刑架歌"(Galgenlieder), (一九〇五)，"Palmström"(一九一〇)， "Palma Kunkel"(一九一六)，"完全消失"("Gingganz, 一九一九)——我們在下面把牠們簡稱"絞刑架歌"，在一九三三年的時候牠們曾合在一起出版，可是用這個名稱的——，不過"僅僅是副作品，次要的東西"而已。 另一方面我們有他一列的深刻嚴肅的詩集，這他以爲是自己眞正的最要緊的作品。 他有一次說，沒有再能使他痛苦的是，人家在那些偶然的思想中看作是他眞正的創作，有如在那句格言中悲苦的說：

親愛的朋友，你必得先變成呆子，

必得先把面孔變成堅決的樣兒，

那麼人家或者適應，

接受你嚴肅的作品。

相反的我們可以說，這些怪曲(Grotesken)實較比那種集子，如像"愛戀"，"我同你"，或是"我們找到一條路"，有名，因此這種企圖即可證實是一種嘗

(一)譯自：Bücherkunde, 6. Jahrgang, Heft 4, S. 172—178.

試，從這裏可以尋求莫氏嚴肅的抒情詩。 我們可以看出來，對此還有別的，更有力的，眞切的理由。 人們越是深入這種奇特的詼諧，這種絞刑架歌的幽默中，越可以清晰的在這背後描出一副很莊嚴的面部縐紋來，越可以開示莫氏天性的另一面，越可以明白的顯示出來，這歌是整個一個人的自白，他是熱情的，尤其是宗教性嚴肅的人。

我們如用一言逆視，莫氏是那第二帝國時代殉道者中之一，他們在智慧主義個人主義之下深切的經歷，自覺無救無希望。 他之爲殉道者是因爲他像那時代中最優秀的人忍受這苦痛，同時曾經奮鬥過，想從這死巷裏找個出路，不料結局更深的陷入這紡織的網羅中。 在這時代裏——莫氏同時人如像李爾克 (Rilke) 或史德爾 (Hermann Stehr) 所證明的——完成了基督教還俗的工作，這是無信仰的時代，所認識的上帝是“巨人之黑影”， 有如莫氏所說的，“如我們自己投射在永遠神祕之幕上”， 這時代狂熱的期待着信仰和宗教的代替物，卻不能從個人主義的分離之中，打開一條出路，倒因此更熱烈的傾聽假先知們妖女之曲。

在一篇“論絞刑架歌”短文中，莫氏自己想把這些歌的存在加以說明，“在這包圍的時代，其主要的是歡迎學者的口號，因此各方面都被判罪到死巷裏，對於這些詩歌，他（讀者）想着彷彿是輕鬆的吸一口氣，以爲是在一種氛圍中，其中所謂物質的計劃的那種壓倒的負擔重量，彷彿是有力的提起，粉粹，有時竟完全紛亂了似的，這種計劃在今日，用那種變得沒有上帝沒有精神的時代完全嚴苦的嚴肅態度，被斷定是唯一的正宗的眞實。” 此外又短少一種有目標的教育，還有那可怕的結核病症，這是他母親的苦痛，爲莫氏所承繼，把他慢慢地無情地耗盡。

他是獨子，祖父和外祖父都是風景畫家，他在一八七一年五月六日生於明興，莫氏早就達到他天性分散傾向的內省，一方是熱情的意識，一方是光明深入的理解，互相排擠。 兩眼便是畫家繼承者的“主要覺官”，一切都由之深入他心中，在他許多的詩中，即如他在那威京城和莫爾德 (Molde) 起始作的“夏”（一九〇〇）詩集——在那裏由於同易卜生私人的關係，譯出他的"勃蘭特"和"裴爾、金特"——毫無疑義的流露了那畫家的眼光。他那本名叫"階段"的逐日劄記可以使我們同他經驗那種宇宙觀的鬥爭，這是在他天性中所產生的，也是必定會產生的。他忍受當時無目的無領袖的苦痛。"差不多我成就的一切，都歸功於我自己，一些私人，和時運"，他這樣的自白，也再暗示他那普遍的一代人們的精神方面的運命，那時代共同的災難。

"我的本性是„，他給他的朋友寫信說，"由兩種混合而成的。一種是愉快的，小孩子似的，傾向於生命和人類的，熱心的，容易感動的，是甚至可以說是值得愛的，另一種是愁悶的，與世界爲敵，不値任何的愛"。以一個最深刻，孤單的人，只能這樣得救，就是想他的同志們，"他們的心是不得休息的旅客"，他經驗到一個理解的自白者，期待着一個眞正的領袖。他多麼犀利的觀察自己和時代的眞況，當他把自己的"問題"這樣精當的說出："一個生在邊界的天性，那裏平庸的和非常的互相碰撞衝突，在平庸之中，一個堅持的人，太偉大，太豐富，太深刻了，可是在非常之中呢，他就太渺小，太貧乏，太膚淺了？"這又是市民時代的疑難不決的事，只會用理智對付這尋求的情緒，這是莫氏所忿怒抗爭的。"你們想知道我的地方麽？隨便在那裏對抗"——用這句話他重寫自己的運命，某一時期尼采彷彿是他所需要的領袖。超人的觀念把他抓住，暫時幫助他離開那"如我會是"和"冷靜的人首獅身怪物；我是"之間的對抗。以後就是拉加德（Lagarde），，使他感悟，幾乎眞個把他貫穿，在這樣的詩中得到解放：

在任何的深處你必定會感覺：

只有力是唯一解救的方法。

你當把它繫在將來之輪上，

繫在你意志之輪上，那不會停住的！

除非你的意志讓它停住；熠熱，冷酷的，

你必須，爲你民族之光大——驅管他們。

但是對於超人的信仰——最深的原因還是莫氏的病苦，這是他不願承認的，與之英勇的搏戰——消失了，對於尼采的信仰也隨之消滅。想要打通人與宇宙間的鴻溝的要求，有加無已，莫氏就變成神祕信仰者(Mystiker)。有如約翰福音所說，"我與父原爲一"，他經歷了"澈悟"，(Durchbruch) 這完全符於日耳曼意識的支派，因爲那是還俗的神祕信仰，生命寂靜的預示，生命所爲何來，原來莫氏早就拋棄宗教的信仰了。但是這次仍然不是完全的澈悟，適足以把莫氏的靈魂的運命，作成一件差不多是當時悲劇式遭遇的象徵。因爲這時他遇見史泰那(Rudolf Steiner)，他轉變到人性學 (Anthroposophie)，就是那最後老衙尋求眞理的對於人類教育的理想，把每種生活方式只當做向更高的方式去的階段。用此孤注對於一個澈悟的冒險嘗試，並不能成功爲眞正的有機構的世界觀，又一定是受莫氏病症的影響，使他不能安心下去，以致變成"旅客"，無家可歸的從這療養院被抬到那個療養院，後來在一九一四年三月三十一日去世了。

這種對於眞理，那就是說對於他生命的意義的那好戰創造的鏈環，和絞刑架歌並行，這歌出世的時候，批評界對之罔知所措。那簡直是新東西，人們充其量也只能暫時用那字表明，這字後來變成詩人的掌上珠；即怪曲。就這樣已可根本的與凱勒 (Keller)，拉伯 (Raabe) 或布史 (Busch) 的寫實派的幽默分別了。無疑的莫氏的幽默帶有濃厚的智慧性。但同時若沒有靈性的原素一同動盪，那也不會成爲幽默。在這兩個元素之間拉緊，兩者儘可能的分開，同時那語言的創作的藝術，用來拿字和詩律抓住這種緊張力量，使這作品格外動人。在"階段"中莫氏自己對這種本人的幽默下定義說是"物之本身和外表之間對偶的有意識的演化，及由此而產生的最高世界觀 (Weltbetrachtung)，用一般的同感包圍這自最大至最小的整個的外表宇宙，並不得承認某一個比別一個有何相對的輕重價值"。

在九十年代開始的絞刑架歌起初是爲一班愉快的讀者創作的，"他們遠足到波次丹 (Potsdam) 附近的威爾德 (Werder) 即今日還被稱的所謂'絞刑架山'，這樣才帶些幽默性，他們想自然得用這名字裝飾了”。

我們應該由絞刑架的遠視，由“人與宇宙間”的中間階段看這世界。莫氏把這些詩奉獻於“大人中之赤子”，這是暗示尼采的話：“在真實的大人心中藏着小孩；他應該玩耍，”這是無目的快活的玩耍，背面隱藏的是深刻的嚴肅。人們認識那些為歌唱的最初的絞刑架歌，“絞刑架弟兄合唱曲”，“否”，“大的拉發拉”，公開訕笑空洞耗力的感情，等等。可是那動人的小鹿的“祈禱”，它們晚禱，合攏纖小足趾，這是別種遠視，給長久深思詩中意味的人，開放了各方向。這幾乎是不可能的事情，如想把這些差不多各個都有珍貴的價值的豐富的詩，分成任何種類，或從這種怪異的幽默中學得他創造的規律。大概莫氏想由動物物件的人格化，有時竟由純粹的抽象的意義，進展到怪異幽默性的一個經驗的形成，潘史特脈，科夫 (Korf)，Palma Kunkel 之出現，便帶這種意義。要想把關於這種幽默的性質方法的線索顯示出來，也匪易事。如果這麼說起來，這些詩中每一個都有它自己的幽默性的中心點和規律，這不過誘入多層的謎能了，也是不能發現其中的道理。實際莫氏自己對這些怪曲也不少思索過，也不斷的向反對者替這些詩辯護。他看其中的優點“在一種帶靈性，神聖，迅捷的固定性質，”他着重的說，不論那兒都在背後埋藏着有生氣的觀察，“並無智言警句(Witz)，僅是呈現某種情況，或展開某件事情，即便基於那所謂雙關語之上，仍是託生在活潑的生命中”。

我們不必另添枝葉就可以說，智言警句那方向的智慧是扮演重要角色的，是一種處理思想的固定機構，我們可以說把那思想之流，導往其他不習慣的路途之中，藉此把讀者誘入一個表示世界和物的本來性質的平原上，這是確定不移的。

另一大類的幽默性的效果是由於人類化達到的。登場的動物是會說話會處理事務的，他又想出新的動物圖像納梭本 (Nasobem) ——在布列姆（Brehm 按係作動物生活的著名動物學家 —— 譯者注）中尚未列入呢 —— 或如四分之四的猪，還有那拉提琴時震動腸間膜的起始音調的貓頭鷹 (Auftakteule)，這同時也是對"社會"的譏賣；這樣的物件，如像垂直的立在漆得光亮的菜盤上顧影自憐的瓶塞，路牌，膝蓋，嘆息，空氣，翻觔斗的，升爲女裁縫 (Näherin)，的近鄰 (Nähe)，包黃油麵包的紙，兩條平行綫，兩個是從堅實房子出來的筆直的人，他們的野心是永不相制，在十個光年 (Lichtjahre) 之後化而爲一，這是一種嘲笑，反映着詩人對於一元的熱望。　到處都有哲學鹽味的小核，使金銀線細的工作得到特有的重量，通常莫氏把這種獨立化人類化，用爲對深奧眞理捉迷藏的方法。例如翻觔斗的就是用來作爲他相信運命的象徵。　因爲並非翻觔斗的跳，而是人使他跳，詩人又回答說："是，這句話也是爲我們存在；並不是我們跳，而是人使我們跳"，　骰子的第六面並不能看望遠方，只是瞧着地的永遠黑暗的膝部，那麼它把責任推給地，我們也許今日說，它變成被地引入迷途的呻吟着的弱者的性質：

呆子，地說，我這這兒太黑暗了，
你的底部正把我覆蓋，
我會像紅寶石一樣的光亮，
只要你滾開了。
骰子在心裏最深處受辱，
卻沒有對此再作什麼防禦。

或是莫氏把鐘聲嬪，邦，朋，人格化，擺佈成三角式的婚姻，邦跟着他的嬪走，她卻同朋潛逃了。　這種獨立化在名叫"完全消失"的詩中推的最遠，即"我完全消失在沈思中"那首詩，這是長靴子說出來的，他同着自己的奴僕往前走，可是亟願脫離他。

另一整串的詩起源於追逐文字的，而非思想的途徑，那就是語根的連貫。對背心 (Weste) 那個字，他又發明出背衣 (Oste)，前者的功用在保護裝飾腹部，後者是專用於背部。　十一(Elf)和象(Elefant)兩字作爲詩的核心，其產生是由於這件事實，就是說，同樣的音的領域，同樣的字，完全表示概括不同的意義，譬如在"喜鵲"（河與鳥）題目之下建立了奧威（Ovid為羅馬詩人——譯者注）式的變體。"山靈"（Elf 之另一意），這字原先是表示數的意義的，是個數字，於是莫氏便造了十二十一(Zwölf-Elf) 那字。照此他把象 (Elefant) 那個字分成 Elef 和 Ant 兩個字，由此平滑的脫出"Ante"的演化史。始祖是"巨人"(Gig-ant)，"於是 gig 是一個數字，大得無以復加，現今沒有這數目了"。如今這創造大師由十二十一下來到象那裏，在等 Nulel-anten 那字的語幹安靜而快樂的消滅。這還繼續在"問題"中，那裏發見了十二十一，他說不妥當，就馬上叫作"二十三"。

莫氏已多少料到節略狂，現在已是登峯造極了，那就是說，剝除語言的活潑功能。語言的生命變成了空洞的機械作用。學校的教師要求"變化"誰狼，那自然是單數了：誰的狼，給誰狼，把誰狼(按係 Werwolf 四格變化——譯者)自然都按步就班的進行了。這字自然沒有多數，因為學校教師判斷，誰(Wer)這字只有單數，雖然誰狼把眼哭瞎了，指着他的妻子兒女，那就是說指着他那真實的多數性的存在。但是這種語根的文法的怪曲還是用來作為達到深隱着的幽默的方法，那就是說，連一個野獸，即誰狼，還得屈服於機械的知識，學校教師的文法權威之前。像這種詩——"語言的學習"，"旋風"，等等，均屬此類——都蘊藏着提醒的認識，光是對於一件東西命了名，並不能了解其本性，或真正的懂得它。

要想知道莫氏的見解，我們必須回憶，他曾贊同艾克哈特教師 (Meister Ekkehart) 的話："粉碎一切的語言，那麼一切的意義，事物也就跟着沒有了。所餘的是緘默。可這緘默便是——上帝"，他的詩如"水"，"眼鏡"，其每篇都是緊縮重要的意義的，"藏書票"，"車站"，也是這方面的。他的幽默有緊縮的能力。這簡約蓋括而富聯貫性的方言變化，根於幾何的，語根的，最後連習慣也在內的三種事實之間的緊張，關閉在三者組成的"三角"中，請求 Widiwondel

把它們變成人形，由人形又投在變幻的池沼裏，由此遺傳爲三個專管瑣事的律師：

三個律師是
魚沼的子孫。
你數的雖是三個，
只有兩個是眞的。

還有這種句子，"承認戰敗"，"家以爲珍珠不如糟糠"，"逃遁"，"愚公移山"，由此方法使莫氏又成透明的，如我們可以這麼說的話，對此我們可以把"犬墓"作爲一例。詩人到山谷裏去，那裏有"被埋的狗"，從墓中——這裏也是處理的機械主義同愛克思光學的透視聯在一起——掀開土臺，想把狗的觀念，狗的本身看一下：

觀念的外表怎樣？
請你們住嘴。
它的外表像一個狗，
除此而外更無話可說了。

對於自己認識的奮鬥那種值得愛的愚弄，微笑，到處尋求存在和物之本身，在所有的二元中尋找單元，他又快樂的使之爲"二"(Zwi)。

他之希望於公司式的哲學科學，自然並不太多，在"詭辯的問題"中有些誇大，討論的問題是針尖兒上可以坐幾位天使。人們以爲可以坐所有的天使；他們是純粹的神靈。他相反的：

創立這句話；
一位也不能，因爲這些
決不能窺見的只能坐在
無形的地方。

這游戲更進一步，天使也不能爬山。如他想爬必先"化土"，變成小姐的人形，“也許叫做蘇葛多”，自然那位女性“跨步的姿態也不過如此而已”。他笑那教堂的神聖制度。“梭魚”從聖安教派改爲蔬食派，把自己所有的都給人，傳染了整個的池沼，讓五百條魚都死了，可是聖安敎連忙跑來，對它說“神聖！神聖！神聖！”如人願意的話，在所有的曲背後深藏着倫理的箴言，因此在詩的範圍以內，這些怪曲差不多代行了十八世紀那寓言所佔據的任務。

女僧發見一位新的聖人，卽聖艾思柏迪督，因爲她們在奉獻禮物箱上，除去“小心！”和“勿動！”之外，還認出“艾思柏迪多”，她們以爲那是施主之名。莫氏永遠是那麼精細的使時間的相對性問題變爲平易，如在“過些時候”（Unter Zeiten），“科夫的鐘”這詩同時指示前後，“潘史特廉的鐘”“誠心的工作”“時間”。

此外有純粹的怪曲如“處女之夢”，卽是說，當潘史特廉求那擾亂清夢的夜鶯把他變成魚，使其能“適合於歌唱”，那時他計算阿爾盆山（或譯阿爾卑士山——譯者）的立方容積，或是種明礬子兒，讓由此長成的樹潺潺的響，他在晚上想和鹽似的溶解在水裏，爲的是第二天早晨像威納絲潘史特廉自海升起似的化爲烏有（emportauchen）——潘史特廉，把世界上的禍害用光輝的結局挪開，“凡不應當的便是不可能”。

他還寫出一種的詩型，好像更近乎我們的內心，這裏莫氏近於寫實派的幽默，例如“鐵道管理員”，他用權威的神氣同時遣送近行車，遠行車，貨車，於是得到一種“他的生活”意義：“這才算一個人；voilà un homme!”在這些幽默的形式的圈兒裏最後還插入個人的經驗，如“可藍”，“捕鼠機”等等。誰能再把潘史特廉遺忘，他想擦自己的鼻子，打開他那面大而紅的手巾，手巾上畫着一棵橡樹同一個拿本兒書的人，“直接赤裸裸”的被這美景所緊抓，隨後柔美的疊起

方才他所打開的。

凡有感覺的不會懲他的罪，

說他沒有泄鼻便走開了。

在這些地方可以尋出詩人的心跡，這是在他精神的火焰之後隱藏起來的，其顯露

的程度是很少的。　要想追隨這些外表怪異的遊戲中淵深的意義，這裏只能舉出一些指示的例子，或是解他那"電閃暗碼"的謎，那是一件非常有趣的事。

這就是一邊滿眼的淚一邊微笑的德國幽默，這是一個大無畏精神的幽默，他覺得沒有一種偉大的詩體的活動，會缺少他所說的熱情，那就是說充分的根幹；他有一次承認："組織是將來的話"，他知道，只有偉大共同的目標——這在他那時代正是苛酷的感覺缺少的——纔能把人再爲着一番事業聯合起來。　是的，也許這些幽默性的詩是眞的，這些詩躲避當時實驗哲學和唯物論的精神，想沒有困難的同眞實玩耍，免除邏輯同因果關係的定律，爲的因此更可以近於"存在"，——也許在這些創作中，可以找出莫氏的眞面目，他沒有同人家妥協，因此他比那嚴肅的抒情詩人更與我們的時代相近些，這種抒情詩曾把他引入人性學的迷園中，在這些幽默性的詩背後，深藏着一位非常嚴肅的人，他會對一切能使他看世界人生而憂鬱的事情，只是微笑的膀過，在生活的工業化美利堅化的急轉裏他探求德意志的靈魂，爲的是使這種靈魂"在郵車角號聲中冰凍了的音樂稍微溶解"，並不失信於絞刑架歌的格言：

讓塵埃狂吼，
他們在一起擲骰爲戲！
讓他們精鍊，讓他們磨光，
你要神聖的忍耐狂喜。

秋

Herbst

莫洛（Walter von Molo）著

顧華譯

Noch ist die Sonne warm,
aber die Schwalben verschwanden,
und die Stare sammeln sich.

太陽仍是溫暖，
但是燕子已經不見了，
椋鳥也都在齊集。

Noch ist der Himmel klar,
aber das Obst fällt von den Bäumen,
und nachts stehen die Sterne sehr kalt in den Räumen.

天色仍是清朗，
但是果實已經離開樹上，
並且夜間衆星是很冷地現在天上。

Noch gehen Blumen im Winde hin und her,
aber der Wind ist kühl, und die Bienen fliegen nicht mehr;
früh sinkt die Sonne, und spät siegt das Licht—
die Stunde des Nebels macht vieles zunicht.

百花仍自在風中徘徊，
但是風是清涼的，蜜蜂已不再飛來；
太陽早早地落去，光明晚晚地得勢——
落霧的時間滅沒了許多的物事。

上期曾由明興德意志學院 (Deutsche Akademie München) 所出的"現代德國抒情詩選" (Aus deutscher Lyrik der Gegenwart) 裏擇譯了一篇梅爾的"盛夏之夜" ("Hochsommernacht" von Max Mell), 現在這一篇也是由該書裏譯出的。

莫洛 (Walter von Molo) 作品很多也很爲多數人所愛讀，他的作品多取材於過去和現代的史實，人家對他的批評很不一致；他在一九二八年曾任作家學院院長 (Präsident der Dichterakademie), 現在也還和該學院保持關係。他在一八八〇年六月十四日生於梅倫地方的斯台爾恩堡 (Sternberg in Mähren), 童年是在維也納過的，後來在一工業大學上學，作過工程師，一九一三年以後住在柏林專事寫作，他在拜爾恩北部的穆爾腦 (Murnau, Oberbayern) 有地產，最近即住在那裏。在一九〇六年所發表的很富於自傳色彩，敍述工程師和著作家事業過程的長篇小說"人定勝天" (Wie sie das Leben zwangen) 以後，他又發表了一些別的作品，其中較著的是四篇近代小說，合刊作了一册，題名爲"愛的交響曲" (Die Liebessymphonie), 隨後就是青年時期著述的最高峯，一九一二至一六年間所發表的四卷"席勒小說"(Schillerroman)："爲人羣" (Ums Menschentum), "鉅人的鬬爭" (Titanenkampf), "自由" (Die Freiheit), "給衆星" (Den

Sternen zu)。他的最著名的作品或許是一九二四年問世的叫做“我的民族的小說”(Der Roman meines Volkes)的一個三部曲：“弗利得力克”(Fridericus),“民族醒了來”(Das Volk wacht auf) 和 “露意莎”(Luise)，在這裏面他是用敘事的戲劇的筆法把德國民族的偉大，衰落和復興描寫了出來。 一九二六年的“誹謗者三部曲 (Bobenmatztrilogie) 是以一個近代的“救世者”爲題材的中心的。由他的價値很不一致的全體著作中還可以提出下列幾種：耶穌的小說“主的傳說”(Legende vom Herrn)(一九二七)，“馬丁路得”(Mensch Luther)(一九二八)，講李斯特 (Friedrich List) 悲慘的一生的“沒有德國的德國人”(Ein Deutscher ohne Deutschland)(一九三一)，描寫西普魯士邊疆的痛苦的 (Holunder in Polen)(一九三三)，很動人的描寫“祕密皇帝”(Heimlicher Kaiser des Reiches)的小說：“薩佛伊的山座”(Eugen von Savoyen)(一九三六)和插入不少自傳材料的“小英雄”(Der kleine Held)(一九三四)。 他的中篇“無盡的長征”(Der endlose Zug)(一九三七)，內容述到幾百年來的人物和景象，可以當得起許多篇中篇讀。 他的劇作大多是以自己的小說爲本的。

德語在歐美之分佈

Deutsch als Weltsprache(一)

提菲德 (Franz Thierfelder) 著

祝 鍾 譯

在學識與政治革新的時期，一國對於另一國之認識，是比較平常時期更為重要的。每個重要的思想，以為可以在牠起源的國家的境界以外發生勢力或影響的，必須用一種大多數人所能了解的語言來表示；並且祇要是人工造成的國際語尚是一種夢想——看來大概是要這樣下去的——，總是要由一種傳播較廣的語言首先來做任何時代的基礎思想的媒介。希臘語在地中海文化達到最高峯的時期便是這樣的一種語言。實在，這種希臘語也能維持它的利益在羅馬大帝國的一個長時期內。不久希臘語乃被拉丁文代替了，在基督教盛行全歐之下。雖然，阿拉伯文和西班牙文也曾被推崇於一很短時期，但是，結果只是曇花一現，雙雙俱遭淘汰，而未能流行於全世界矣。至於談到其中的原因；前者——阿拉伯文是因為它的政治軍事化的威嚴，不能使其教導人民之勢力範圍推廣，更不能使其語言之無上統制權穩固而永存不朽；後者——西班牙文是因為含有回教為西方靈魂而鬪爭的意義，結果，也是不能長久繼續下去的。繼拉丁文而起的便是法文，這種文學美術化的教導，在十七世紀和十八世紀為人們所必需的，在法國大革命時期，說法文，在其他歐西各國也有國內自由的。再後，便到專門科學思想的十九世紀了，這一個時期也就是德語和英語出現世界的時期了，在本世紀的

(一) 譯自：Forschungen und Fortschritte 14. Jahrg. 1938 - Nr. 28, S. 314-315

開始是很能使人見到這三國的語言——法語；德語；英語——角逐的劇烈，在學識和經濟生命之勢力範圍以內，這三國語言俱有相同的索價，每個都能誇躍於一時。

其實，則不盡然，那是因爲其國家領土之觀念，在歐洲大陸已製成一種新的局面。如同波羅的海的民族；斯拉夫民族和巴爾幹半島的民族，他們大多已竟變成爲德國文化範圍以內的一部分在近百年來；同時他們亦均已覺醒，使其國家變成獨立政治的實體，在另一方面說，大戰也可以增加力量，在各種原因下，甚至可以喚醒而使得百萬原來居住在海外的僑民，有一種對於德國語言與文化之感覺，並且他們已竟在中歐；南歐；東歐領土以內置定堅固的根基。大戰以後，歐洲人民均很驚奇，而且明瞭，也許是被迫而明瞭——德語在歐洲大陸是一種分佈最廣；最實用的語言，假定我們把大俄文（Grossrussisch）和小俄文（Kleinrussisch）兩種語言分開來看的話。

但是，並不止於這些，此外更因歐西列強素來對於其餘弱小的國家控制甚厲（意大利單單是例外），但是，這種政策施行愈厲，同時，也愈能使得德語之能爲其他各國得到高等知識與經濟學識之溝渠更顯明。

在巴爾幹半島上的三個國家——南斯拉夫；保加利亞和羅馬尼亞——以內，德語是毫無疑問，而傳佈最廣的。假定，現在方把以上這一個事實認識十分淸楚了以後，那麼，那就是很簡單的因爲在少數的，而有勢力的人之間，法文是比較更雅的一種語言了。

不過，僅僅在希臘，德語起初是不能立足的，但是，到最近五年，情形便有很大的變化，在雅典工藝學院（Technische Hochschule in Athen），彼時，德語是必修的，與法語在中學校裏面必讀之情形，置定相同的基礎，而都是必須學習的。在他們首都裏面和省城裏面都能學到很多很多獨立的語言，現在他們是要立定十年之基礎而得回百年的損失。德語在中歐及東歐各國之情形差不多沒有什麼不同的。

對於匈牙利人；捷克人及波蘭人，德語之重要，是非常顯著的。在大戰後，法語在波蘭之中等學校裏面的地位，乃發生巨大的動搖。一九一七年法語在蘇聯之勢力完全失掉。但是，德語乃應時而起，正好代替其固有的地位，所以當時德語在東歐各國學校裏面佔有很重要的地位。關於蘇聯與德國之關係——德蘇攜手——之驟變，可爲兩國方言變化之先導。但是，甚至在現在，的確，德語在蘇聯仍佔有極大的勢力，因爲德語現在是蘇聯之各外國語中間最盛行的一種，這是毫無疑問而不可泯滅的事實。

同時愛沙尼亞和拉特維亞兩國看來好像也與蘇聯相似——德語能廣佈的——但是，近幾年來，這兩國學校之課程方面也曾發生過變化，那是英語曾受推崇於一時，當然，這是德國語言的損失。其原因是由於他們的政治有成見，情願斬斷德語訓導的勢力，同時這種情形由於歷史的地位而更有力量。並且他們是奉公鼓厲英語的，雖然我們很可以懷疑是否這種情形可以繼續。

至於立陶宛在一九三六年也曾踏愛沙尼亞及拉特維亞兩國的覆轍，但是，後來又回步前塵，重新又倡行德語，恢復他們以前對德語的優待。

在斯坎底那維亞諸國最初一看好像德語之地位是非常優越的。在他們四個國家中間之學校裏面，德語是第一必修外國語，並且他們的科學家及旅行業務也都是實用德國語言的。除有一部分德國旅行家屬於一種範圍以內的——就是他們認爲每旅行到一個國家，就必須要講那一國的語言——其餘的德國旅行家在國外各地應用德語，也都能通用無阻而能彼此了解。看來好像是這樣，但是，不論是誰，只要是對於這些問題注意的人，關於德語之失去相當地位，特別是在瑞典，丹麥尚比較好些，的種種事實，都是不能掩飾的。其德語最危險之競爭者的確不是法語，而是英語，因爲在斯坎底各國中，法語向來是僅僅佔有一小部分勢力的。但是英語，確有迅速勃興之氣。並且，英國語言在歐洲爲一種極流行的語言，這又是不可掩飾的事實，同時這也是由於英國大規模經濟進攻的供給使然，有許多是由於迅速成功的表現，可以予以印像的。直到現代，英語在斯坎底那維亞各地當然是非常普遍了，這都是可以見到的，也是在巴爾幹區域內近十五年來所未有的增展，可是英語在巴爾幹迄今在中學校課程方面也未能覓得相當的途徑。

關於這種德國語言所受到的威脅，雖然不能輕視，但是，我們也不願意過分的重視它。　在寫這篇文章的開始，我們就曾重視到——如果作長時期的觀察，在國際勢力範圍以內，恐怕只有一種語言，也必是可以說出其時代的內心志願的一種語言，換句話來說，如果不能把那時代的內心所想的種種志願用某種語言表示出來，如此這種語言在國際勢力範圍以內也必不能維持其永存的地位。　但是，這種思想——對將來有影響的思想——不是由英國想出的，而是由德國想的。

英國自然是能把他們海外的語言勢力範圍加在天秤上面與德國比較而能增加他們語言勢力之重量的。　至於談到怎樣可以增加英國語言在海外勢力之重量呢？其原因如下：

（1）　由於第二個說英國語言之世界强國——美國——對於英語之宣傳，英國由之亦可到間接之利益；

（2）　由於德國對於英語之堅定，就是使英國語言在他們學校裏面為第一外國語——德國這種決定如果由語言政策立場上來看，是完全對的——，自然，英國可以借着這個決定接受到可觀的衝動，作為他們自己的宣傳。

然而，如果我們把眼光放遠看一看，德國語言仍佔有相當地位的，並且，德語在歐洲大陸握有之地位，是因為它是有計劃有系統的生長，既不可能受武力更不可能受人工宣傳所能使其握有之地位動搖的。

過去（在第一次大戰後）德國在國際舞臺上面看來好像是已竟失敗，不能怎樣活動了；但是，德語因為獨具偉大的力量，依然能碩果獨存，保持其固有的地位。　在和平結局——大戰後之和平結局——以後，有許多國家的政府愈是仇息德語；並且有許多人民很固執的企圖在國際會議席上禁止通用德語也愈厲害；但是德文從下面衝動的力量，也因之而愈加强大。

不論他們在戰爭數年內對德國態度如何；也不必去管他們視德國之國社主義爲一種世界觀念 (Weltanschauung)，總之，其人民還是要學這獨力反抗世界四年之國家的語言，這一個國家不但可以在極短的時期內恢復其大戰後的創傷，並且，同時在各種生活範圍以內爲人類的進展予以堅定的資助。 如此，作長時期的觀察，沒有再比體力與智力更能決定其國語言或是使得該國語言達到其目的地了。 就是說，沒有這兩個要素決對不能傳播其國的語言。 因爲有許多別國的人民都學習而且講說德語，所以，那些說德語的人民而以德語爲其本國的語言的德人更能施展其國家語言之勢力了。

現在，不僅在天主教各國以內，法國語言握有其統制權，就是在英格蘭；蘇格蘭；愛爾蘭各處，法語也是一樣的有勢力。 不過，在過去十年以來，英國好像已覺有一種對德語增加興趣的表現了；並且有許多學生在他們的大學入學考試裏面漸漸的增添了德文一科。 然而，直到現在，德語與法語之比例仍是一與七之比。 恐怕在最近之將來，無論怎樣，德語之對法語也不能超躍過之。 我們僅僅由這一個事實，而能牽聯到另外一個事實上面——就是有五十萬男女學生都是說法語的學校裏面攻讀的，由於這一點，是很可能使得德法兩國之間，從這種語言地位之重要的結論——關於兩國之間有一種不可言宣的間隙——方面而能牽引到語言情事以外各方面去的。

在另外一方面，德語在荷蘭學校裏面，是第一外國語的。 雖然，在比國憲法裏面議定德語爲第三種國際語言；並且德語之地位亦被奥育盆，馬爾美的 (Eupen-Malmedy) 區域而增加了力量；雖有這些事實，但是德語在比利時之地位仍然是很薄弱的。

然而，德語在法國又有些不同了。 在大戰以前，在法蘭西中學校裏面，有三分之二人士可以說得相當流利的德語，然而，到現在，其數目已覺減少許多了。 在法國的西部同北部，德語的地位，已爲英國語言代替了。

另一方面，由於亞爾塞斯羅蘭（Elsass-Lothringen）兩域割讓的結果，在那裏也能增加了說德語的人數；並且，在法國內地各省也是同樣的增加了習德語的人民。在過去數年以來，雖然，屢次把一個很有希望的開始爲政治關係而毀滅，但是，在法國學校裏面也曾有數次試行改善德語在法國的地位。

有一個很可觀的而且對德語有利的改變在意大利是很顯著了，這種對德語有利的改變，並不全是由於兩國——德，意—— 政治的彼此接近，這種變化的基礎，以前就已竟立定；那是在尖泰爾（Gentile）的學校之改革，法語在意國學校裏面，當時是一種僅有而必修的語言，如此，實行了一個很長的時期，不久法語即遭廢棄，學校在某一種方式之下，乃以德語及英語代替法語的地位。所以，這種所說的對德語有利的改變，決不是僅僅由最近德意攜手時纔起的。但是，自然法語仍是要繼續活動的，關於這一點，如果沒有旁的原因，那一定是由於意法兩國之間相互關係使然。此外，德語更有一個相同的發展——並且已竟達到最高的地位——就是德語在西班牙亦得到相當的地位了，這也是在西班牙內戰開始的以前起始才有的發展。自從一九三八年九月，德語在西班牙國立各中學校裏面，已是第一外國語了。由於弗朗哥（Franco）征服了加特羅尼亞(Katalonien)，法國語言在西班牙已製成的很堅固的堡壘乃很顯著的低落下去了，這是因爲在未被征服以前，法國有一部分教會的人員，因受法國國家制定之教授法規——法語只能在鄉間教授——所以他們不得不離開法國而去發展法語的勢力，同時在教育裏面也很活躍的，但是，自從弗朗哥征服了該地，因之法國教會也就不能再發展法語的勢力了，所以，法語在西班牙已有之强大勢力因而也就降落了。

在葡萄牙在克的羅羅馬斯 Cordeiro Ramos 之下，德語和法語近些年以前在中學校課程裏面處於同等的地位。

以上這一篇短文可以給我們一種概念關於語言在歐洲大陸分佈之情形，不過僅僅是大概而已。(二) 這本書裏面，更有附錄，而包括研究的結果的，是福閣

吉爾 (K. Franzel) 所著，並且也曾包括在國際聯盟所發行的公文報告書裏面，爲的是供給我們一種概念，關於外國語言在全歐分佈之一般。他得了幾於和我們同樣的結論。但是，假定他的結論好像是指出德語在某國以內之地位比較實際德語據有之地位低落，那便是因爲學校是一種而且是僅有的一種語言傳佈之方法。其實，下列各種方法對於傳佈語與「學校」比較之下，也並不減少其重要性，而是同等重要的，玆將其各種方法分述於下：

(1)成年的教育；(2)利用無線電廣播教授語言的課程；(3)利用有聲電影；(4)發行定期出版物；(5)旅行客人的增加；(6)聚集大衆，各人交換意見；(7)工人的移居；(8)戰爭得來的俘虜；(9)軍事佔領；(10)國際運動會。這以上種種方法也都能傳播語言的，並且也都不亞於「學校」方法。

我們現在很公平的來說：法語，雖然是慢慢衰落下去了；現在有一種自然的情形，就是德語在歐洲之强盛起始增長而有力了；同時，英語之海外强有力之語言地位滿意了一百五十年以後，英語就是在現在，仍然企圖在歐洲掌握語言之領導地位。由此可以見到以上三國之語言情勢了，除此而外在歐洲尙有兩種重要語言，那就是意大利語和西班牙語，較之以前三國語言則落後多多矣。

由於南美在世界經濟舞台上强大的發展，在大戰以後，西班牙語乃恢復通用了，雖然，這種西班牙語僅限於經濟範圍以內有效，可是，德語首先受的損失最大。由於法西斯帝思想 (faschistische Idee) 之結果，意大利語也曾衝動於一時，也曾被有計劃之宣傳，國家政府指導之下，增加了力量；然而，在現時看來好像對於德語；英語；法語，仍然不能超過其勢力範圍的。

(二) 至於詳情可參考 Thierfelder, Franz: Deutsch als Weltsprache, Bd. I: Die Grundlagen der deutschen Sprachgeltung in Europa. Verlag für Volkstum, Wehr und Wirtschaft, Berlin 1938.

雷凱特的哲學

Die Philosophie Heinrich Rickerts(一)

傅思德(August Faust)著

關琪桐譯

一九三四年七月二十五日，哲學家雷凱特 Heinrich Rickert 死於海德堡 Heidelberg。(二) 他的生平工作是成功的。但是人們往往從他的全部作品中，剽竊一二孤立的思想（就如他在自然科學和文化科學方面，所作的那種轟動一時的區別），而不曾理解並着重他的哲學體系全部。這樣一種片面的論究必然會生起一些誤解來；因而結果雷凱特就往往無條件的被列爲一個新康德派，有時只被認爲是一個認識論家兼邏輯家，也有時甚至被表爲一個理性主義者或主智主義者。這種謬見是最虛妄不過的。

雷凱特與康德所共的地方，完全不在於認識論的形式主義，而尤不在於「純粹理論的理解力」之過度重視，乃在於「可以決定我們的世界觀的那種主張實踐理性係優越的學說」，如雷凱特自己所說。雷凱特在其第一部大著內（即知識的對象，Gegenstand der Erkenntnis 一八九二——一九二八又出第六版），曾給了這種學說以一個「認識論上的基楚」；那就是說，他並非先在理論的和實

(一)譯自Forschungen und Fortschritte 12. Jahrg. 1936, Nr. 28, S. 354—355

(二)關於雷凱特的生平和其思想的發展，我曾根據他自己的報告，記述在雷凱特七十壽誕時所寫的一篇短文中，那篇短文發表於德國文學和思想史的四年期刊中，第三部，第一卷中 Deutsche Vierteljahrsschrift für Literaturwissenschaft und Geistesgeschichte。

踐的哲學之間劃了一條界限，然後才用一種補充說法，給實踐理性騰出一個優越地位，不祇如此，而且他就在知識範圍內也已證明這種優越權是有效的。所謂「知識」並不是被動的來容受或此或彼的表像內容，也並不是模擬我們所畢竟不能達到，並因而是極其可疑的那種「超驗的實在性」；它乃是一個自的動「形成」，是對於「超驗的規範」的一個態度。因此，在每一個眞實的判斷之中，我們都隱然承認一個恆常超乎當下「所與」而待解決的問題（或職責）。「應然」是先於「存在」的。

這些結論是對於每一種知識都是有效的，不論是對於日常生活中前科學階段的知識，或對於各種科學中構造概念時所用的較精細的方法。只有我們在瞭然於這一層以後，我們才能理解雷凱特的第二部大著在他的全部系統中所占的地位（自然科學的概念構造之界限 Grenzen der naturwissenschaftlichen Begriffsbildung——一八九六——一九〇二；——一九二九年五版）。自然科學大體說來，只從那已經在前科學階段所認識的日常實在中，取來一種概括的東西；至於另一方面的文化科學則特別着重「特殊的」，「個別的」，「一度的」，「單獨的」，雖然在歷史中也有概括的成分，而且事實上也有「四種概括的成分」。歷史的文化科學藉個體化的概念構造法，給了特殊成分以這種優越權，這種優越權的根據，又在於「所與」常與「要求」有關，「存在」常與「應然」有關。因爲凡有歷史意義的東西，並非無價值的事實，或與別的事實同價值的事實；一切歷史的事情都有一種內在的價值，正是這種價值把它表徵爲是單獨的，不可複述的。因此，歷史家的構造概念的方法，同時必然也是一種價值關係。但是這並不是歷史家憑個人愛好而立的一種任意的評價，如果人們要求科學的知識的話。

其次，雷凱特對於擺脫價值判斷的，（或者較精確的說來，是擺脫評價的，wertungsfrei；雖然也是有價值關係的，wertbezogen）歷史科學所抱的思想，也只是被人局部把握了，因而也就被人誤解了。由於這種誤解（縱然不是由於惡意的誣造），人們才對於雷凱特的最新的一部書（一九三三年以後才出版）提出反駁說，要承認民族史和民族的而又兼社會的政治學說，乃是哲學上的矛盾，而只可解釋爲政治上的狡計。關於這種責難，我們可以引證雷凱特在一九〇二年已經印行的幾段話（自然科學的概念構造的界限第一版七二〇頁以下；第五版七一四頁以下）；『道德的個體正與歷史的個體一樣是「個體的全整」中的一個分子，而且有推進「全體的個性」之義務。我們甚至可以說……我們正爲使我們所屬的社會成爲一個個體起見，所以自己不得不成爲社會的動物。……我們正爲得要施展一種個人的影響，所以不得不成爲社會的動物』。（反而說來，我們正是藉我們的個性，來施展社會的影響的）。「那聚訟紛紜的倫理的個人主義和社會主義（或集體主義）間的對立，由此就失掉其尖銳性」。從這裏我們就可以「進而理解人類社會中最重要的一種，就是，民族的倫理的意義」。一個「陶鑄好的民族性」是必須被認爲有很高的倫理價值的」。因此，歷史的寫作絲毫不必避忌成爲政治的，或避忌把「民族的國家置在我們闡述的中心」。每一個民族或者用非希特的話說來，「每一個全整的概括的個性」，正如每一個人似的，常有己所獨有而爲別的民族所無的一種職責。而且只有藉民族性的發展，我備才可以在世界中成就一種事情」。因此，我們萬不可想把歷史做成自然科學，因爲要是這樣，我們就必然會「把個別民族的生命的豐富內容，失掉在模糊的概括的概念中」。就是教育科學也不能只把「一般的人類」提高成爲道德的和教育的理想，因爲所謂一般的人類只是一個空洞的抽象，或任意的虛構；只有一個明確的「民族的類型」可以成爲一個實用的教育目標。

雷凱特承認，歷史上重要事情的個體性和民族性是有價值的，這種看法對於「哲學」的系統的全整，呈現出一種困難來，這種困難是必然會（雖然在一看之下）領到歷史的相對主義中的。歷史上任何事件都不是發生之後又再發生的，而且「將來」在其新的面容中總是在新的途徑下與價値相關的，而且新的價值形式或（如雷凱特自己所說）意義形式 Sinngebilde（將來正是爲實現它們而發生出的），對於哲學至少是與舊的價値形式一樣重要的。因此，哲學系統就不能是一個封閉的系統，而總是一個「開敞的系統」。在一起初我們誠然只能根據確定的分類原則來構造一個架構，而把各種意義形式納於其下，以便由概念的途徑來處理它們，而使它們互相隔絕。在他的哲學體系 System der Philosophie 第一卷（可惜只出了這一卷）中，雷凱特已經把這個「普遍的基礎」創造出來。他曾分別了思辯的，與事實相關的，價値範圍，和活動的社會生活的，價値範圍。隨後他又依照「價値實現」 Wertverwirklichung 的「完善程度」，在兩方面各各又得到三個次類。一方面，是邏輯，美學，和神秘主義的領域，另一方面是倫理學，戀愛學，和有神論的宗教哲學。他其次又說明，在這裏只有世界的一部分，即可以理解的意義結構的世界，也即可理解界，被解說了。但是此外還有一個可感覺界，即物心兩方面的實在世界（Psycho-physische）。此外還有第三個領域，他稱它爲「前物理世界」 Prophysische Vorderwelt，而且以爲我們的自由就是在這裏建立着的。最後還有一個形上學的世界，這個世界只能在象徵的方式下，藉用比喻解釋了其他各個領域之後，才能被人理解，但是它永不精確的由科學的途徑下而被人認識。

但是雷凱特的哲學系統是，而且永久是一種科學；可是這樣科學的特質之獲得，並不是由於這位哲學家缺少一切確定的觀點，或對於世界觀漠不關心。哲學誠然永不能產生一個世界觀，而且也不當自命爲世界觀的代用品。哲學只能是一個世界觀的學說，那就是說，它只能用理論和學說來解釋一個世界觀的意義——這類世界觀的基礎大部分是純粹非理論的，而且是在科學範圍以外的。在這種範圍內，這種世界觀的學說主要的是關於「非理論的東西」的一種理論，或者換句話說就是關於信仰的科學。這六個價値範圍中的任何一個如果絕對超越了其餘各個範圍，那麼在每一種情形下就有一種特殊的世界觀湧現出來，如主知主義，審美主義，神秘主義，道德主義，戀愛的幸福主義，一神論或多神論。這種列數並不能在任何途徑下被認爲是包括價値相等的一些世界觀的一個相對的類型論 Typologie。因為由前物理界（及其自由學說）和形上學界（及其上帝和永生的思想），給我們開啓了一個廣遠而根本優越的世界觀的觀景。——這個世界觀是雷凱特所代表的，雖然他並不曾給它以一種哲學的陳述。但是誰要明白了那認「無常只是一個影像」的詩人的話語，那他就將可以看到這個世界觀表示在雷凱特的歌德的浮士德 Goethes Faust 那部美麗的書中（一九三二），尤其表示在最後一章中。

在前邊的話語中，我們還不曾提到他的哲學系統的細密的經營。但是他的系統並不是在理性主義的甚或主知主義的途徑下思想出的。這一層不祇被雷凱特對於康德所下的解釋（見其所著近代文化的哲學家——康德Kant als Philosoph der modernen Kultur —— 一九二四）所指示出來，而也被他那部論「數」的本質的短文所指示出來——他在那裏曾經證明，甚至在數的觀念的構成中也有非邏輯的成分在裏頭。（見其所著單一，統一，各一 Das Eine,die Einheit und die Eins 一九一一年；一九二四年二版）。他的美學和倫理學的解說是遠離形式主義的，他在邏格斯 Logos 雜誌中所發表的各篇論文就可以指示出這一層來。這些論文從直接所與的經驗內容出發，並且證明即在這裏已經有一種可以直接理解的意義，因而並不是被任何附加的智慧的構造，才弄成了可理解的。（可參考一九二五年邏格斯十四卷，哲學的起源Vom Anfang der Philosophie；一九二三——二四年邏格斯十二卷，哲學的方法和直接的所與 Die Methode der Philosophie und das Unmittelbare；一九二七年十六卷，一九二九年十八卷中，可理解界的知識和形上學的問題 Die Erkenntnis der intellegibeln Welt und das Problem der Metaphysik。很可惜的，雷凱特只能在其講演中說明，邏格斯中這些論文領到他的哲學系統的第二卷和第三卷上，（這兩卷並未寫出）。但是在他在最後所印行出的那些書中，他曾把下邊這一點指陳明白：就是雷凱特並不曾幫着促成了近代德國哲學的籠罩一切的那種趨向——近代德國哲學是趨向於「存在哲學」 Existenzphilosophie，實體論 Ontologie，和哲學的人類學的 Philosophische Anthropologie 的。　他相信，海德戈 Heidegger 和雅斯波 Jaspers 在這個方向中努力所完成的有價值的結果，他都可以在他的系統中處理完成了，而同時並不至犧牲了哲學推論中的概念明確的科學方法。（參考謂詞邏輯和實體論的問題 Die Logik des Prädikats und das Problem der Ontologie 一九三〇；和哲學的基本問題 Grundprobleme der Philosophie 一九三四）。最後出版的這部書或者是雷凱特哲學的一部最容易的入門。　就排列的條理和文體的明淨而言，這部小册子正是科學的訓練的一個模範——我們要想克服一個思想混淆觀點不清的時代，是比一向更當需要這種訓練的。

俾斯麥拉攏法國最精彩的一幕

Der Höhepunkt von Bismarcks Werben um Frankreich(一)

溫德班（Wolfgang Windelband）著

曾一新譯

値此俾斯麥 Otto von Bismarck 誕生第一百二十五年之日，我想談談他的和平政策之特別有趣的一段，就是他在一八八四年夏秋冬三季拉攏法國的失敗史。法國方面，自一八八三年三月即由儒爾·費理 Jules Ferry 擔任內閣總理。俾斯麥爲使法國忘記一八七一年(二)而不再凝視福該森邊境 Vogesengrenze 起見，始終一貫地擁護了法國在費理領導之下的大規模的殖民政策，是很有名的。但是在一八八四年的這些談判裏却極明白地表示出來，這是不會成功的，「報復意志」Revanchewillen 將仍爲法國外交政策的最强大的推動力。現在無論在德國方面或在法國方面所發表的公文書裏，都已經可以窺見這一段重要插話的經過情形了。我曾經參考了德國外交部的尚未發表的公文書，終于能夠進一步去探求個中詳情。現在正在排印的一八七九年至一八八五年俾斯麥外交政策全集 Gesamtdarstellung der Bismarckschen Aussenpolitik von 1879 bis 1885 是在這些材料上面樹立起來的。我在那全集裏曾經把這裏所述的概略加以引伸詳述而安插在那大體系之中。

(一) 譯自：Deutsche Rundschau 66. Jahrg. April 1940, S. 1—5

(二) 自一八七〇年七月至一八七一年普魯士和法國交戰，就是所謂普法戰爭。結果於一八七一年九月訂立和約，由法國割援附薩斯 Elsass, 羅丁根 Lothringen 兩州於普。

俾斯麥是想在可能範圍內和列强維持友好關係，藉以保障德國的和平的。從這一點看來，值得注目的，是：雖然法國陷於完全的孤立，但是俾斯麥由於一八八四年三月二十七日延長三帝秘密協定 Das geheime Dreikaiserabkommen (三) 而得到的强有力的後盾，却絲毫不曾使他對于法國轉趨冷淡。相反地，在締訂條約後的幾個星期，他還儘量拿事實來證明他對于法國遠離萊茵河 Rhein 的行動絕對不加妨害的原則。不過因爲俾斯麥很明白巴黎的空氣，要他積極地去援助法國的行動，是談不到的。他曾于四月十三日對駐法大使霍恩羅公爵 Fürst Hohenlohe 發出訓令說：「法國和其他國家間的任何一個無關緊要的問題，只要有德國參加討論的事實，便立刻得到險惡性」。因此，西班牙和法國關于摩洛哥 Marokko 問題發生爭執的時候，雖然馬德里 Madrid 方面暗示他干涉，他却不敢出此。俾斯麥于五月一日向各國使館發出通牒說：「如果我們因爲這麼遠的問題而放棄我們歷來的保守態度」，那便超出德國政治的範圍了。但是俾斯麥却讓法國明白認識，他不會對法國採取不友好的態度，甚至于五月十二日對法國大使顧塞爾男爵 Baron Courcel 表示，如果法國願意，德國甚願對于摩洛哥問題作友好的調停。這明白地證明，他相信他對于西鄰的關係，已經可以認爲得到根本改善。

法國並未接受調停，因爲當時法國對于摩洛哥的野心，還決不像西班牙所害怕的那麼强大。然而因爲法國和英國關于埃及問題發生了爭執，法國對于俾斯麥的明明是做作的好意，也不能不引爲極滿意了。另一方面，德國對于英國的固有關係，也因德國開始實行殖民政策而轉趨緊張。因此，德法對于這最大强國的共同對立，便成爲了其後幾個月談判德法合作的可能性和界限的基礎了。

俾斯麥獎勵法國在世界政策上的發展，同時他希望法國對於德國在世界政策上的發展也表示同樣的好感，俾得由此產生一個共同利益集團，而制勝巴黎的感

(三) 普法戰爭後德相俾斯麥慮法之復仇，因與奧地利同盟。適其時德帝威廉第一與俄帝親交。一八七二年九月三國之帝及其宰相會于柏林訂立三帝秘密協定，又稱三帝同盟。

情政治。為了這個大目的，俾斯麥已于五月二十四日向顧塞爾提議：拿一種像俄國女沙皇加他林哪第二 Zarin Katharina II. 發明的「武裝海上中立」bewaffnete Seeneutralität 來防止英國阻礙通商。這項計劃，他重提了好幾次，但是始終是「落花有意，流水無情」。

然而在埃及方面可以指望俾斯麥的支持去對抗英國，是法國最歡迎不過的。法國是很願意接受他的支持的。不過俾斯麥宰相却要有保障纔肯支持法國，那保障就是：俾斯麥如此以英國為敵之後，法國決不立即轉移陣綫，重行採取反德政策。費理也作了同樣的考慮，所以他要求須首先由德國明白表示態度，然後他纔對英國作最後決定。於是兩相推讓，相持久之。從這裏便可以明顯地看出，當時還存在着的互相的信賴心，是很薄弱的。兩方面都相信，為了自己的利益，不能不絕對堅持「讓對方先走一步」的主張。

俾斯麥有鑒於此，乃想在和費理開始作正式談判之前，先行弄個明白，能否設法使英國對於德國的殖民事業懷抱好感，而消除德英諒解的最嚴重的障碍。他在五月五日和十一日對駐英大使明斯忒伯爵 Graf Münster 發出兩道訓令說：「我們對于英國政治問題的援助」，係以殖民上的好意和割讓黑爾哥蘭 Helgoland 為代價。原來俾斯麥想給倫敦政府一個機會，讓牠拿範圍明確的代價來保障德國的好意。同時俾斯麥于五月十二日為了埃及問題勸法國獲得意大利和俄國的必要的支持；在俾斯麥那一方面則暫時只一般地敷衍意俄兩國的要求。但是自從他向倫敦提出的建議——因為明斯忒伯爵不曾把該建議的根本意義充分加以闡明，不能使英國政治家們得到深刻印象的緣故——未獲任何贊成之後，俾斯麥便大改其路綫而努力和法國接近了。

恰巧有一個機會。那就是英國於七月間為討論埃及債務問題而在倫敦召開的國際會議。不過因為俾斯麥還根本不知道法國是否可靠，所以就是在這時候，他也拒絕「德國被利用去為英國向法國或為法國向英國送決鬥信，而作『替人贖罪之羊』bouc émissaire」。於是他便不偏袒任何一方。不過他決不採取反法態度的意志，却可以明白地看出來。 他對德皇威廉第一 Wilhelm I. 提出的奏摺裏說：「我們和法國的關係已經極需小心維持，即使犧牲我們本身的利益，也得維持這個關係。 因此，要我們在法國面前幫忙那執行英國要求之人，因而增強法國的反德情緒，是不可能的。 法國方面將以爲，無論在甚麼情形之下，即使與德國利害無關，我們的政策也以根本抗法爲原則。 如果法國不但在萊茵河，而且在非洲也以我們爲敵，那麼排外主義派的勢力就要增大，決裂的可能性就要一步緊一步了。」

因此，倫敦會議經過毫無結果的討論後，行將閉幕時，復因明斯忒伯爵不投票于法國提出的限期延期提議，而投票于英國提出的單純延期提議，以致費理對于德國和好意志的誠實性起了新的懷疑，是宰相俾斯麥最不願意的。 他極力掃除了這項惡劣印象。 這次，他的目的，在排除一切去消滅歷來的仇敵關係，而樹立兩民族的永久的利益集團，是不容置疑的。 鑒於目標之高和阻力之大，他對于成功的把握，是根本不會很大的。

自八月初，外交部長哈茲費爾伯爵 Graf Hatzfeldt 即在俾斯麥由發爾津 Varzin 不斷發出的詳細指導之下，和顧塞爾大使作了數星期的談判。 這時候哈茲費爾不但致力于目前比較容易辦到的關於殖民地的諒解，而且致力于全面的調解。 如可由法國外交文書 Documents Diplomatiques Français 第五卷裏所發表的費理和顧塞爾來往的文書證明，法國的政治家們很明白俾斯麥非但想解決西非洲問題和剛果 Kongo 問題，而且想解決這些問題背後的整個德法關係。 然而費理却拒絕作如此廣範圍的決定。 他是不願意站在重大選擇之前的。

這一層在這談判劇的第一幕裏已經明白了。 按這第一幕是顧塞爾大使預先在巴黎親自接到費理的訓令後，于八月二十六、七兩日訪問俾斯麥於發爾津時達到最高峯的。 法國態度極爲顯明，決意在埃及細心將事，以免失去轉向聯英的可能性。 此事一經證實，俾斯麥便不再作慫恿法國向埃及發展的任何企圖了，因爲這只有增強法國的疑心罷了。 另一方面，法國爲試探俾斯麥的誠意的程度起見，曾經提議廢止佛蘭克府和約 Frankfurter Frieden 中的「最惠國條款」Meistbegünstigungsklausel。但是宰相俾斯麥却不願意改動這和約，因為一開此例，則勢將得寸進尺，慾壑難填，結果非但兩民族不能言歸於好，而且還要添上新的糾紛。因此，俾斯麥躲開了這個問題，「却不是毫無困難地躲開了的，因為顧塞爾大使曾經帶些緊迫性重提過這項問題」。於是法國拒絕向埃及發展，德國拒絕修改和約，兩相對立。這麽一來，雙方都明白，解決基本問題，現在尙非其時。關於殖民地問題得到意見的一致，固然是一個成功，但是還不是俾斯麥所期望的成功。

俾斯麥並不就此認為滿意。在斯基撚維仄 Skierniewize 舉行三帝會談 Das Dreikaisertreffen，德國的地位得到了再度改善之後，俾斯麥便立即實行了第二次衝鋒。這其間費理和黑巴特•俾斯麥伯爵 Graf Herbert Bismarck (四) 曾於十月六日在巴黎作了詳細的討論。可是結果這次費理還是廻避。因為德法提攜的朕兆已為巴黎報界所不歡迎，若是在這一條路上繼續前進，便連內閣的存在都要發生危險。民衆明知有利，也不肯忘懷過去，這一點已經明白了。

俾斯麥立刻得到了結論，就是：他雖然在十一月召開的剛果會議裏，嚴格地站在和法國合作的路綫上，但是他在埃及問題，却回到絕對中立去了。按埃及問題是國際紛爭的焦點。德國的中立，事實上於英國有利。因此，法國便不能不立刻自食其不妥協之果了。

然而一俟俾斯麥和英國發生了新的糾葛，他便轉了船舵，而開始向法國作再一次的衝鋒了。十一月二十七日，他提出了整個德法問題來和顧塞爾大使討論。俾斯麥說：「自一八七一年以來，我不斷地苦心孤詣使法國寬恕塞丹 Sedan (五)，如同法國終於在一八一五年以後寬恕了滑鐵盧 Waterloo (六)」。可

(四) 是德相俾斯麥之子，當時任駐法大使。

(五) 普法戰爭的決戰場，在法國北部，一八七一年法軍大敗於此。

(六) 比利時的小村。一八一五年六月拿破崙第一和英將威林敦 Wellington 交戰於此。拿破崙大敗。

是終不見效。　相反地，顧塞爾大使的回答曾用嚴重的警告拒絕了俾斯麥的要求。「決不寬恕，決不忘記」Jamais rien pardonner, jamais rien oublier 是他的口號。

在這時候，俾斯麥宰相還不死心。他在一八八五年一月甚至向費理總理提議作私人會談，地點不在巴黎，而在中立國或法國南部。俾斯麥却始終沒有接到回信。雖然如此，因為俾斯麥和英國的殖民地糾紛轉趨嚴重，他這時候關於埃及問題復又站在法國那一方面，於是連顧塞爾也舉棋不定了。顧塞爾遂于一月十九日向俾斯麥表示，「和好」Rapprochement 他日或者可以在純粹世界政策問題以外的問題上面實現。至于霍恩羅公爵于一月二十四日奉命直接向費理提出質問，那不過前幾個月以來所走的路線的延長罷了。按其所提出的質問是：由于德國在埃及所作的援助，「法國政府現在是否認為，法國大使所絕對確信而提出的條件已經得到了滿足？」。

所接到的回答，雖然非常客氣，但是實質上其重點是在法國始終決心繼續實行其歷來的政策。這是不願意超過殖民地合作的範圍的又一次表示。於是，這談判劇的最後一幕，也不曾得到所希望的成功而閉幕了。費理由于舉動證明出來，他也把「報復」Revanche 當作固有目標，堅守不渝。他並沒有和一八七一年的戰勝國，作實際的妥協的意思。他的大膽的世界政策，不過一個工具。他想藉此使法國恢復曾經發生動搖的自信，使法國轉弱為強，而對於列強重行發揮吸引力，俾得與德國分庭亢禮，重決雌雄。於是在費理的政策裏面，發生了威脅歐洲和平的狀態。這個狀態遂在其後幾年間成了和布郎熱將軍 General Boulanger (七) 的名字相結合的危機而爆發。俾斯麥便不能不把他的制勝法國仇敵心，而使大陸得到恆久安全的希望加以放棄了。

(七) 法國陸軍部長，主張擴軍。

十一世紀中國文官職務的改革

Chinesische Beamtenreform im 11. Jahrhundert(一)

福蘭閣 (Otto Franke)著

李 相 顯 譯

十一世紀下半期，中國有一政治家，因其國家的社會主義經濟實驗範圍的廣大，而揚名於歐洲；此人即王安石氏。王氏一方面實行國家大倉庫(二)，由國家買賣五穀以調整基本市價，而改善農民之困苦境況；一方面實行國家直接管理市場(三)，使人民生活必需品不受奸商壟斷，以裨益全國人民和國家。

除此以外，王安石又欲改造整個的國家，而賦與國家以新生命。欲達此目的，彼以為必自改革文官職務始；蓋彼謂文官與其所屬之知識階級，皆不能適合於時代需要。

關於文官職務改革之問題，當西歷一〇五八年，王氏在上皇帝之長報告書(四)中，陳述其意見；此書乃其一切變法的根本綱領。此書之原文吾人已曾讀之，書中之意見極為新異，因之現在中國仍認為特別重要。此書之內容述如下：王安石謂不知國家正當法理(五)為現在危機之主要原因，此可於文官職務之

(一) 譯自：Forschungen und Fortschritte 8. Jahrg. 1932, Nr. 19, S. 241--242.

(二) 譯者按：『國家大倉庫』即宋朝的『常平倉』。但王安石所行救濟農民的新法，乃是『青苗法』，並非『常平倉』，此處恐著者有誤。

(三) 譯者按：『國家直接管理市場』即王安石所行之『市易法』。

(四) 譯者按：『上皇帝之長報告書』即王安石之上仁宗皇帝言事書。

(五) 譯者按：『國家正當法理』即上仁宗皇帝言事書中所謂『法度』。

情形中證明之。　文官乃無能不智且無德；欲改變此種情況，須က行四事：卽正當的訓練，適當的物質供給，人才的謹愼選擇，及用人之當於其位（六）。

王安石謂當時培養文官人才之學校，乃教人以純粹的文學教育（七）；學者博誦章句，强學文章（八），其所學者不足供國家之用；如此教育，不僅不足養成人才，而且實足毀壞人才。　復次，政府各機關，需要特別的人才準備；但方今之課程，僅教課試之文章，而軍務全被忽視。　先王之時，視掌管軍務之才能，爲士大夫之榮譽；而方今之世，學士反以爲恥。　因此之故，軍隊不復爲學深德重之士人所參預，反爲在家中無用之漂泊者（九）所組織。　國家不安之原因，卽在於此。凡可以執兵者，當人人受軍事訓練（十）。

施與物質供給之道有三：卽充足的薪俸，生活標準的穩定，及違法文官的處罰（十一）。　文官的薪俸皆太低。　常人皆尊敬富者，而蔑視貧人，故文官必須有高尙的生活標準；否則其尊榮與自尊將因貧窮而降低，且彼將貪賄賂而行勒索。　再者，對於奢華，法律必須加以限制，庶幾文官方不至陷於誘惑，或不至陷於不榮譽之境地；違此法者，其罪必須與不盡職者同科。　復次，在長久之實驗時期中，文官候補者之選擇，必須用嚴格的規律，恩澤子弟及歷任多少（十二）均不足定文官之繼任，惟眞正的才能和成就方足以定之。

方今文官任之皆不當其才。　學習章句旣不能表顯其特殊才能，而委文官以各種職務，此種職務旣爲彼等所未曾學習，且彼等又無爲之之能力，此卽責文官以其所不能備。　復次，文官屢次遷徙，不得久於其位以盡其職；而朝廷又喜以

（六）　譯者按：此四事卽上仁宗皇帝言事書中所謂『教之養之取之任之各以其道』。

（七）　譯者按：『純粹的文學教育』卽上仁宗皇帝言事書中所謂『講說章句』。

（八）　譯者按：『博誦章句，强學文章』，係譯者引用上仁宗皇帝言事書中原文。

（九）　譯者按：『在家中無用之漂泊者』卽上仁宗皇帝言事書中所謂『才行不足託於鄉里之姦悍無賴之人』。

（十）　譯者按：『軍事訓練』卽『保甲法』。

（十一）　譯者按：此三事卽上仁宗皇帝言事書中所謂『饒之以財，約之以禮，及裁之以法。』

（十二）　譯者按：『恩澤子弟及歷任多少』係譯者引用上仁宗皇帝言事書』中原文。

無數瑣屑禮法之繁文縟禮拘束之（十三），使之不得行其意。 至於文官之陞遷，又不按其才能，而以其出身之先後（十四）。

王安石此書表示儒教政府之最壞了危急；此等危急不僅使宋朝衰頹，而且最後在二十世紀，使儒教國家完全崩潰。

（十三） 譯者按：『以無數瑣屑禮法之繁文縟禮拘束之』即上仁宗皇帝言事書中所謂『一一以法束縛之』。

（十四） 譯者按：『出身之先後』係譯者引用上仁宗皇帝言事書中原文。

以政治人格爲教育目的

Der politische Mensch als Bildungsziel (一)

士榜格 (Eduard Spranger) 著 (二)

曹京實 譯

已經開化的人類，它的歷史的發展，很像一條河流，河水將其河床完全充滿的時候，是不常見的。 河水隨着土壤之傾斜，推注其全部力量，時而衝向此岸，時而擊向彼岸；亦有時兩岸間的地段，保持原狀，未被洗刷；於是，河流乃傾其瀉力與主流，追而前奔，利用所有的可能，求其範圍的擴張。

這個像河流一般的生命之流，它的動力之變遷，特別的可從我們所能意識到的教育目的之變遷中，追循其跡。 教育之目的，不論它的性質是經濟的，或政治的，或學術的， 或美學的， 到後來都與仍然維持自己完整的宗教分道而自樹一支。 所以，教育目的之內在價值，自然的要和各時代的一般情形同變，和與各時代人們對於生命之特殊慾望同變。 雖然如此，這些教育目的，仍有一個共同的特點，否則我們便不能拿經濟的，政治的，那類一般的名稱總括它們了。

（一） 譯自：Forschungen und Fortschritte 10 Jahrg. 1934, Nr. 4, S. 41—42.

（二） 士榜格爲現代德國一大哲人，因受新康德學派影響，屬於「文化教育學派」。 他對教育的主張，簡略的可從下邊幾句話看出來，他說：「在教育方面，……把青年在言語的或美術的動作中學習表現，作爲教育的整個任務，……在今已不能認爲是教育最後的目的。 一個決然地向倫理的目的底轉變，已樹立了。 所謂人，應該從倫理上最後的責任來判定。 要講倫理的責任，在人的意義中，必須承認團體底前提，特別的，必須承認道德文化底內蘊的前提。 每一個文化方面，有它特性的事實的組織規則。 喚醒這個內在的適應這個規則的力量，是教育的永久任務。」 ——摘自五十年來的德國學術中的士榜格著的教育學。 這段話很可看出士氏的教育思想之一部，也可幫助對筆者所譯的這篇文有更深的瞭解。 此外並可參看研究與進步第一卷第二期及中德學誌第二卷第一期及第二期中王錫第君及關琪桐君譯著關於士榜格各文。

在今日之德國，人們公認她的教育目的是政治的。

假如我們想瞭解這個觀念的主點，我們應當首先理解「政治的」這一詞所含的眞義。研究政治法的領袖專家，施密特 (Carl Schmitt) 說：「友——敵」這種相反的現象，是一種最初的現象，凡所有的政治黨派，均以此爲根據。毫無疑義的，所有的文明形態都浸透着這種現象；它在整個的國家生命中，就其整體來看，它的的確確是政治的。但是，將此問題必須更推進一步：爲什麼人們互相爲友或爲敵？這個常常的是由於激動所致，並且看着也似與「政治的」甚少關聯，就是將「政治的」這名詞的原義，推溯到內外均有組織的公共生活產生之前，也是如此，這方法我認爲是對的。其可稱爲「政治的」者，僅是那些十分顯現在 "polis"（古希臘之城市國家如雅典等等）之範圍中及在其生活中的纔是。人間的「友——敵」關係，祇可視爲團體間及個人間的平線的關係。而那些起初就可稱爲「政治的」者，無論怎樣看，則含有由頂到底的直線關係；且其趨勢是向上而非向下。換言之：將求權力之意志看作爲人們生活在一起的主要基礎，甚至爲個人生命之根源，這纔是政治的主點。國家不過是一複雜的外形，藉着它使其內裏諸多不同之勢力平衡而已，並且最後由它產生最高集權，或由集權產生國家形式，雜揉燒煉，國家乃成了一個整體。

歷代以來，教導個人使之成爲一個政治人格，這種理想在人類歷史上常常顯現並且也極端的惹人重視。所謂把人造成爲政治人格者，就是啓發個人之在某意義下的求權力的意志。此類教育對於浸透在權力範圍裏的一切組織法則及所發生的事情，均以之爲教育的主材。此類教育預先假定：個人生命之中心，乃係一受過訓練之意志；此意志因受過服從之鍛鍊，因而得以高貴化，乃離開服從而自作合乎倫理藝術之指導。自治的訓練，無論如何，首以自治爲治理他人之起碼條件，然後，當其在實際政治上應用時，乃將此類之自治精神，向各方面散佈其光芒。在此情形下國家扶植之人格乃得完成。此類人格達到最高度之完美時，將來或有一日，可以成爲足以勝任去治理國家之人格。

在教育史中有充分之證據，證明一個由國家培植出來的人格，頗有許多變化。最初，他是一個健壯的人，預備捍衛其國家及人民，對國家的物質力量方面盡其本分。但是，國家並不是一個僅僅表現權力的機關而已，同時它乃是一個受法律縛束的組織。國家就是權力，不過它的一部分係由法律而生，其本身且具有法律之形。然自另方面言之，法律之本身亦爲權力之一特殊表現；亦是一種制度，由它分配權力，由它以集體的力量保障權利與義務(即自由之範圍)。由此乃又有一其他政治人格之變化，即法律人格。這種事實，在古羅馬時的人格觀念中，最爲顯明。最後，歷史告訴我們，在武力表現之外，雄辯術也是從事政治的一主要技術，特別是當國內各政黨競爭時。不管柏拉圖(Plato)是如何的主張(三)，在政治的生活裏，哲學從未成過有組織的力量。在古時，與哲學相競爭有數世紀之久，想贏佔教育之頭把交椅的雄辯術，它在政治事業上確然的佔了前列地位。假如我們專指着那一類的典型人物，其人發展並利用詞藻的力量以爲政治的技術，那麼政治人格的第三個變化乃是雄辯的人格。因而，政治人格的教育理想乃分成三個基本類型：武力人格，法律人格，及雄辯人格。

這三個，均各有其特殊的歷史。軍人，法律家，演說家，在今日與在第四世紀的阿提喀民主政體 (Attische Demokratie)(四)時代，及在皇帝統治下之羅馬及在所謂的文藝復興時期(Renaissance-Zeit)迥然不同。他們，自然的，要吸收他們各時代的，增加不已的科學及技術之傳統的一部分。他們也隨着他們所服

(三) 柏拉圖生於紀元前四二七年。在其著作中，對於社會關係之改良，作頗透澈之討論，他認爲支配個人者既爲理性，則統御社會自非睿智之士不可，睿智之士即哲學家是已。故祇有屬於「理性階級」者，方可治理國家，而他必須深受哲學敎養。智慧愈高，受哲學敎養愈深者位置愈高，高至其極端則爲一哲學王(Philosoph als König)統治全國。本文此處所指概在此點。

(四) Attisch 民主政體，係指希臘中之 Attica 邦之民主政體言。雅典爲其都城。其邦有一國會，所有雅典公民年齡達二十歲者均可爲其會員。但其公民資格祇限於自由人及其父母均爲雅典人者；至如奴隸，已解放之奴隸，婦女，外邦來的客民，甚至本人雖生在雅典而父親如來自一二十里外之鄰邦，均莫不得公民。

務的及所支持的政治的有機組織，去形成他們自己，和改變自己。　雖然如此，他們原始的形態，就是凡可稱爲「政治的」之最初的特別現象，在各時代中，無論如何，仍保持其本來面目。

這個政治人格，因爲他是今日德國教育之理想，故他帶有他自己的特殊標誌。我們正在經驗一種我們人民之復新，去推溯已往各代及每個人的生命之本及屬於生物學的根。　現在更進一步，我們正經過一種程序，去再造及改變我們國家固有的次序。　同時，對我們的社會組織，也正作根本的改變。　在每方面，這種新形態都需要堅定的「意志訓練」以爲根本。　這種政治訓練，我們認爲它是政治的一般的基礎。　這訓練，以身體的健康，及本能的鍛鍊爲起首，進而去獲得自衛能力，造成爲一種人，他永遠不能被人認爲是好戰者，或威脅他人者，因爲，這個目標是想於其整個生命中實現其永不變之軍人態度，這個與養成職業軍隊之義不同。　自我犧牲之精神，準備幫助他人，及深深的想使自己與國家結成爲一個整體之意識——這些個，都是支持國家的一些基本美德。　因此，在這整個的教育制度之背後，有一超出個人之理想爲其背景，卽：向民族及國家負責之感覺，與用行爲而非言語以表現自己是。　所有這些個，其所根據的，都淸淸楚楚的和俄國之集體主義的理想不同；那種主義，決然的被擯於德國人心之外。

所謂與個人主義分馳者，並非對個人主義有所賤視。在拿破崙時代之後，有許多學者發現每個民族自有其民族個性，其中有一位名叫裴斯太洛齊(Pestalozzi)者，(五)他極端着重教育不是基於人類之「集體生存」，教育也不是以集體生

(五)　裴斯太洛齊一七四六年生於瑞士。　其教育思想頗受盧梭之愛彌兒之影響。　他主張應以獨立，自存，慈善，犧牲，愛國爲公共教育之綱領。　據他所論，教育者乃使自然之意向適度發達之技術。　生活之出發點與人類之個別性，俱爲自然所規定。　自然之間自有適當之秩序，依據是種秩序促進兒童諸能力之發展，實爲氏所唱之教育目的。　據土榜格在他著的教育學中說德國古典時期有七個卓越偉大的教育家，其中之一卽爲裴氏。　裴氏在其所著之隱士之黃昏中云：「服從者，人性陶冶最初之基礎。」與本文中之「意志因受服從之鍛鍊，因而得以高貴化，乃離開服從而自作合乎倫理藝術之指導。」　意旨相合。　裴氏思想對於德國影響甚深，Hunziker, Wigot, Natorp 均爲研究裴氏之著名教育者。　Soyffurth 於

存爲其目的之那種事實(六)。所有的眞正教育，都是施之於個人；不過，在今日此情形則具有很特殊之義意。教育，並非以爲個人是一位與他人隔離祇以求個人安全爲職志之個體；也不以爲個人是一位僅以表現自己爲目的的個體。而是，將個人當作未來的一個負責代表人，代表超人之價値及其善惡之結果。像這樣的人，總是必需的。眞的，這樣的人，總是爲吾人所知道的超人之惟一代表。一代，一族，甚至一國，其能夠繼續存在，全在他們能夠使其全體人民生活於他們所具有之價値中，及能代表他們自己之精神。國家教育，及國家教育之含有政治目的者，除非先灌輸到個人，則永遠不能達到羣衆。羣衆教育這個名詞，極易引起誤會；意志，決斷，甚至訓練，這三個的道德中心，永遠基於有活力的靈魂；故假如想燃起共同精神之劇火，必首先要把這活靈魂之神聖火花燒起。集體的責任，包含許多小責任；譬如以國家語言爲例，它自己並不能存在，它必要依靠那些置身於語言團體的人爲其媒介。而這些人，在其小範圍內，對語言之純正，精神，生長，負着責任。在一民族歷史之途程中，其民族之整個文明能否生存，祇看人們，一代一代的，能否意識到他們每個人的責任。文明是如此，國家亦然。

「政治人格教育」這個警句之義意，非指羣體也非指無靈魂之個人。此句最終的解釋，含有，我們正在起始解釋：靈魂，爲一種超出存在肉體內的東西，人格，爲一種超出自足及個人與世隔絕的東西。靈魂自己，是精神之流的一個交叉點；它因完成自己之責任及覺到自己之責任而加寬。政治人格者，乃是精神連索之一環。離此之外，靈魂永遠的，並且單獨的，在生命中是一個與上帝相遇之點。因爲，假如我們不是向上帝負責，那麼，我們向誰負責呢？「人格」者，乃「個性」之代表，它之所以能夠被選爲代表，蓋由於想阻止個性被培

一八九九——一九〇二出裴斯太洛齊文集十二册，Israel 於一九〇三年起發表裴士太洛齊著作提要三册，Heubaum 寫裴斯太洛齊傳。可見他對德國教育影響之大。

（六）著者註：請比較他著的："An die Unschuld, den Ernst und den Edelmut meines Zeitalters"

養成爲一個被誤解的自治權利之精神所致。　人格是一個人名，此人自知他所應受的道德縛束及應盡的義務　。　所以「政治人格」這個名詞，應以倫理之理想爲基礎。　這種觀念，我國賢明之士早就預先見到了。　現在，一個少年（指新德國——譯者）顯然而有效的，採用此種理想，準備着，且渴望着，去接受他的負責任。

個人生長及衰老過程中心理形態發展的正規狀態

Regelphasen der leibseelischen Entwicklung im Reifen und Welken des Einzelmenschen(一)

海爾巴哈 (Willy Hellpach) 著(二)

胡雋吟譯

我們知道，我們身體的組織在死亡以前都在發育生長着，就是在精神方面，雖然到了代表身體發展完成的成熟年代時(Lebenshöhe)亦確實是很清楚的在發育生長着。雖然如此，可是科學所曾注意的，幾乎只着重童年方面，而且大部分只注意早期的童年時代，因爲在此時觀察兒童主要生活官能的發展，顯然是可能的。至於由五歲到十二歲的期間，專就兒童對學校功課之學習能力來看，就是說關於他的智力方面，已經將這期劃歸爲教授訓誨時期。除此外，還有對於性成熟期(Geschlechtsreife "Pubertät")之達到，雖也曾經考慮過，但是在科學文章中，關於這個題目的討論顯然是太少了，少的簡直不成比例。同時對於萎縮期 (Klimakterium) 和老年期(Senium)在最大多數情形下，都純然以醫學的立場

(一) 譯自：Forschungen und Fortschritte 12.Jahrg. 1936, Nr. 35/36, S. 444—445.

(二) 海爾巴哈(Hellpach, Wilhelm)，德國政治家，一八七七年生。卡爾斯魯厄(Karlsruhe)的精神病醫士。一九〇六年任卡爾斯魯厄高等工業學校的心理學及教育學教授。一九二二年任巴丁的教育部長；一九二四年任巴丁首相。由民主黨推爲最初的大總統候選人，一九二八年以後爲社會民主黨議員。以文筆家知名，後爲海得堡大學名譽教授。

來研究它們，而且還是祇因爲它們擾攪了身心的健康時才討論到它們。　以我們生命之全段作爲發育的過程，這種見解只是從最近十年起纔爲人所共信，這時科學對這種發育狀態也曾作有很仔細的描述和辨別，並且也曾確定和界說他們順序的規律及管轄他們分段的法則了。

有一個很特別的事實，出現於發育 (Entfaltung) 和衰老 (Rückbildung) 這兩期當中，就是：在童年所經過的三種心理的，清清楚楚的，特殊的狀態，在老年時又出現了。　他們的這種心理現象，先後頗相符合，不過在老年時的，其程度比較稍差些而已。

在五歲到七歲的兒童，特別是男孩子，他有了智慧發動的現象 (Verstandes-initiative) ，就是在兒童心裏學上所謂的"爲什麼？" 的年齡 (Warum-Frage-alter)。日內瓦的研究者皮格德氏(三) (Jean Piaget, Genf) 曾計算出所有兒童在這時期所發出的問題，差不多有三分之一都是"爲什麼"的問題 (Warum-Fragen) ；由此以後，就發現了"生活方式的數目的定律" (Zahlengesetz der Wesensform)。關於此點我曾在一九三六年第二十七期的研究與進步 (Forschungen und Fortschritte) 中討論過。　這種可注目的孩子氣的"認識特徵"(Noëse)，其整個的勢力保持的期間，僅有數月之久，但是在不顯著的形式下會延長到數年之久的。　據此乃造成了由八歲到十二歲之間的一種高度的"智慧準備" (Verständnisbereitschaft)，利用它以解釋一些簡單現象的互相關係；這種準備的份量常是足够作爲一般人的整個生活上的應用。　換言之：這種"認識特徵" (Noëse) 承担了發展"天然智慧" (Natürliche Intelligenz) 的工作。　在此期之後，十歲到十二歲的兒童所經驗的事，有些個是與以前完全不同了。　關於此點，閻次的

(三) 皮格德(Jean Piaget)，瑞士心理學家，教育學家，1896年生，初專攻生物學，得學位後轉於心理學，任涅沙忒爾之教育學及科學史教授；後任日內瓦大學兒童心理學教授。　曾發表兒童於論理及世界觀之研究，受克拉帕累德 (Claparide) ，永 (Jung)，鮑爾文 (Baldwin) 等之影響，同時又受度克亥(Durkheim)，勒布律(Levy-Bruhl) 等社會學說之影響，以社會的眼光，說明兒童心性與原始人心性之類似。

麻堡學派 (die Marburger Schule von Jaensch) 曾經稱之爲"想象特徵"(Eidese)，就是一種突然的，且常常希有的，活靈活現的，極爲敏感的想像力。 此種情形有時會引人到一種幾乎精神錯亂程度的內省。 這種想像力量的緊張，對文士們所需要的記憶能力及背誦能力，有時能予以幫助，有時又予以損害。（例如我自己對一頁短文，在一瞥之後就能背誦其全篇，猶如在空間誦讀無碍無阻一般，但在另一方面，當記憶地理形勢等時，則在我想像內竟塡補了許多錯誤的附屬物，引我入於迷亂之中）。 這種現象直繼續到十六或十七歲以後，就很快的消逝了。 有人臆斷說：這個與由正在成熟的分泌腺 (Inkrete) 所出之分泌物流入到分泌荷爾蒙汁(Hormone)的組織有關連。 大概在此期的中部，"想像特徵"就很顯明的退到比它走的快的"情意特徵" (Thymose)的後面了。 於是那屬於感情與猶，及屬於學齡男女兒童 ("Felgel-"und "Backfisch-"Jahre) 之困難時期的典型的春情發動期 (typisch puberer Gemütserregungszustand) 來到了。 此期大概是由十三歲時開始，其中包含了許多人類生活中情緒上最緊張的風暴和迷惘。 他們起始常常去反抗（這些都是出之於孩子氣的頑皮），反抗他們向來所有曾經在心中情願接受的事。 這種行爲沒有別的用處，只是把他們纏繞在那些情緒的叢林中和感情的荊棘中，青年對此雜擾毫無打破的辦法，其精神乃痛苦萬端。 雖然他們常常有放縱及自求滿足的行爲，其痛苦仍然是有的，且因此行爲，使他四周的人們對他的同情心乃減少了。 大概到十七歲時，乃有了一種新的情緒平衡，雖然不是一種完全的寧靜，但也是一種較勻稱的少年氣，催逼着這青年，直向一種努力企圖的目標和境界奔去。

到了生殖萎退時—傳代轉變期—(Klimakterium)（特別在女性中更易看出來），也有一種顯然與此有關的"情意特徵" (Thymose) 同着之同來。 那時，一種不淸楚的混亂的抑鬱和失心喪氣，同着生活的渴望，自豪的觀念和易怒的急性，互相更迭的形成了那些萎退年齡的特色。

據吾人所知，生產的能力在男子，並不會完全消失，雖然男子的物體的和心意的減退已經表現出來（用一種不可核計的變動在蔓延到老年）。在五十歲的中部和六十歲的中部，他可以經過一種敏銳的轉變關鍵 (Krisenhafte Zustände)，這個關鍵的特色是：體質彈躍力之明顯的鬆弛，無定準的病症 (kränkeln)，在一般的形貌上帶出老像，憂鬱和信天由命的衰頹。大概在六十歲時想像特徵 (Eidese) 又再現了。對於已往的事跡之記憶，獲有一種不可相信的澄清和明析。整個童年的情況，在這種內心復活的面前，如同圖畫 (Eidos-Bild)一樣現顯出來；要想把它們表達出來的渴求，也難以抵抗的猝發了；並且很願意從顯明的描寫和不斷的重述中求得滿足。這種行動，外界人看來，是很可討厭的，或者甚至認為那是可笑的。這時期正是很多人下決心去寫回憶錄的時候。（歌德在1808年五十九歲時決定去寫創作和眞像 —Dichtung und Wahrheit— 關於在生活中所有的自然事件上，這是一個很典型的舉動）。在這個期間內，老人們對青春期的描摹，常是極其生動，而對於壯年及他生產力最暢旺的年代（這些年代的本身是最富有趣味的）的描寫，常常反而毫無生氣了。這是很常有的事，在這時期中，老舊的書信常被發表出來，或整理分類出來等等。最後來到一個認識特徵的尾聲 (Noëtisches Abklingen)，當其達到最完美的形態時，普通人都稱之為老年人之"智慧"("Weisheit" des Alters)；它決不是只包含那些生活經驗的總合，而是對那些經驗及"為什麼"的問題 (Warum Fragen)，作一個對個人自述及一種特殊瞭解的揭露。而最堪思維的是：這時由於對兒童時期向外界所問的"為什麼"的問題的悟解，而得到從新的能力，以之去實行正義。成人們在他們血氣方剛之時(Erwachsene der Lebenshöhe)，那就是說，作了父母時，當他們發現不能回答孩子們的問題時，他們多麼常常的只作玩笑的或作粗暴的回答啊？而祖父的那一代 (Grosseltern-Generation) 人正是相反，回答這些問題，都是很有耐性的，並且所答正是所問的。因為父母那一代人心中，還未獲有為祖父母所熟知的那些事物。這整個諧代現象 (Generationenphänomen) 均集中於此點，特別是在"緊挨着的下一代"(übernächste Generation)與較疏遠的各隣代 (Nachbarliche Generationen) 中間的精神接觸，更是置於此點上。 無論如何，在老年時的心中，還出現一個不聰明的爲什麼的問題；這個就同許多兒童們的認識特徵 (Noëse) 一樣的可討厭， 就是對每件事， 都請求不已喋喋不休的去追尋其理由，例如："爲什麼某某人不來？" "爲什麼你走？" 等等……。

在成熟程序中，童年期的認識特徵 (kindliche Noëse)，早部幼年期的想像特徵 (Vorjugendliche Eidese) 和青春期的情意特徵 (Pubertätsthymose)，猶如反映的譯文一般，又出現在衰退年代時所具有的萎縮期的情意特徵 (klimakterische Thymose)，老年前期的想像特徵 (Praesenile Eidese) 和老年期的認識特徵 (Greisen-Noëse) 上面了。 這個衰退的發展，其出現不僅是祇於表示停止或鬆弛，而是一串的積極現象，其中每一節的性質都是嶄新的；特別在精神方面更是如此（這是關於此問題之研究所得的主要結果）。 在童年期與老年期的當中，常是在三十歲的入門期（二十六歲到二十九歲）或者大概在三十五歲時，乃出現了"生產力關鍵" (Zeugungskrise) 或"創造關鍵" (Schöpfungskrise) 的現象，這個可看作是與人的生命達到最高峯攜手同來的一個緊要關鍵。 這種現象，普通都稱之爲"成就最高之關鍵" (Erfüllungskrise)。 偉大的博物學家中的歐斯德瓦 (W. Ostwald) 是發現這個現象的第一人。 在天才的人們中，這種現象很淸楚的是最緊張的一個關鍵，同時也是一種最有生產力的關鍵。 在此際，想像特徵的 (eidetische)， 認識特徵的 (noëtische) 和情意特徵的 (thymotische) 精神力量，都浸沉着一種很特別的狀態，希望達到終身工作之某目的（普通的情形都是尋找脊屬和去獲得職業）。 幾乎所有天才的作品（有智慧的那一類人們常常自二十歲就發現了，同時在意志上的偉大的事業，常常是在晚一點三十歲或四十歲初的時期顯現），其結果，都是由最深刻情緒的激動，煽惑和涉泄內省力所得來，猶如完成一幅畫， 經過緊張的智慧工作一般。 在這種情形中"爲什麼" (Warum) 和"因此，所以"都佔有很重要的地位。 這種情意特徵 (Thymose)，想像特徵 (Eidese) 和認識特徵(Noese)的浸沉中，時常有某種强烈的身體和精神的疲乏隨之而來，它們消耗了青年和老年們的力量，並且也漸漸一個隨着一個的消滅了它們自己，但因此却積存了心理形態能力的蓄積。

中歐之德國生活區域圖

Der Atlas des deutschen Lebensraums in Mitteleuropa (一)

科賴浦斯 (Norbert Krebs) 著

孫 方 錫 譯

當研究與進步雜誌第十週年（一九三四年四月）時，我曾對於普魯士學術研究院所要出版的那部德國生活區域圖，報告了他的預備工作及方針，當時的計劃很大，科學方面及民族方面的問題都注意到了。普魯士學術研究院為紀念菲得利大王(Friedrich der Grosse)每年一月底舉行大會一次，我很榮幸的得在一九四〇年一月二十五日的大會上，再報告研究院這種工作的進展。我也是以這部地圖的發行人資格可以報告幾句話。這部作品所以能迅速的進展，是要感謝一切同事人的努力合作，及教育部與研究院本身的津貼。在起初那幾年德國調查協會 Deutsche Forschungsgemeinschaft 曾幫助過這種事業，現在經濟上的幫助是特別仰仗教育部。還有其餘中央各機關在計劃方面或實際方面都曾促進這部圖的實現，所以這部圖的每頁都得充分準備與世人相見。萊比錫 Leipzig 印書館擔任機械方面的整理及印刷，所以這部圖得以低廉的售價向各方推銷，還有一事對於這工作是很方便，在印書館內製圖部主任雷滿 Edgar Lehmann 本人就是專門家，他曉得將科學的需要與實際上的需要互相聯絡起來，到現在已出過三期，共十六頁附帶說明，計圖十八幅及四小分圖。第四期快要完成，第五期正在準備中。因為戰事發生，有些編輯人及機械方面的人員須服兵役，所以有一些同事

(一)譯自：Forschungen und Fortschritte 16. Jahrg. 1940, Nr. 12, S. 130—131.

人須更動，這部圖的完成期也因此遲延，但就現時已成的那些圖，也可以想像這部全圖的規模了。 這部全圖大概能有四十五頁。

按照前面所說的，這本來是研究院的決議，要將完全德國民族區域，但是不計算遠處的孤立言語區，表現於便利的圖表中，可以同他的鄰近各地互相比較。有些人還要選用比三百萬分之一更大的比例尺，許多編輯人的材料，比較所能容納的也還多。 但只是這樣即能對於全區及其東西農耕地帶之比較得到梗概了。當第一期發行的時候奧國蘇得登地帶 Sudetengau 以及二十年來在外人勢力支配下的東北各省還不屬於德國。 現在這些地方都歸還德國了，我們很高興的是當時已經將這些地方劃在討論範圍以內，因為我們所表示的是民族區，不是限於國家領土的。 這範圍也包括了波希米亞保護地 das böhmische Protektorat 以及那些因為進兵波蘭而歸德國管理的地方。 從前那些以國界為限的地圖都太舊了，這部研究院的圖是有價值了。 在新出的這幾期中對於國界僅用細線表示。 這是有一樣大方便處，看圖時可以越過界線將德國內部的情形與他東面西面南面各鄰境作一比較。 從各國搜集一些不同的材料作成劃一的係統，這種工作當然是不小，但是從科學的立場以及民族政策的立場來看，卻是很值得的。

因為重要的圖是在後來這幾期才能印行，所以要觀察這部全圖的印像，現時還無法比較。 最好是先作地文圖，有一幅等高圖一幅土壤圖二幅溫度及雨量圖再有二幅植物圖就可以代表了。 在後出各期內還有一幅地質圖及一幅礦產圖。耕作地理部份的工作是落後一些，一直到現在關於這部份的圖，只有一幅土地利用圖及耕作面積圖。 關於居民這一部份是有幾幅按照絕對的方法及比較的方法製繪的人口密度圖，一幅近六十年來居民流動圖，二幅人口生殖圖，還有一幅最近的人口生殖圖。 關於簡單的歷史這一部份，到現在是作了三幅圖。 這些圖並不是要表示某一定時間之情形，乃是要表示全德國日漸變為大政治單位之發展。 這第一幅圖是表示德國當時會利用邱陵山林分為若干區域，第十七及十八世紀的圖是表示當時互相爭雄的四大强國，第十九世紀那幅圖是表示由德國聯邦轉變爲俾斯麥所建設的德國。爲表示克服空間還製一些小分圖，表明德國的土壤漸漸變肥，這些圖是四幅一組，需要極多的零碎工作。在第二期中有一幅圖，這是對於在沖積低窪地帶苔藻地帶潮濕地帶及沼澤地帶的排水使乾的四個比方。在下一期中還有一幅圖，是我們的先民克服山林的四個比方。

將這部地圖加以詳細研究，便立刻可以證明，他的解釋是以科學工作爲根據，有一些還是援引實在的調查。雖然各圖的比例尺是比較小，然而他含有的材料是很豐富。所以這圖不應該草率披閱，如同對待現在一切趨向淸楚簡單時代的簡易作品一樣。若是要想圓滿達到我們所懸想的目的，這部圖是該徹底研究，並與其他的圖互相對照。有若干圖的說明方法也完全是新的，比方土地利用圖及耕作種類圖是想爲統計表及地圖作聯絡的。還有居民遷移圖特別注重他的人口低減區域，及德國州縣區域圖，但是都放棄了那些境界線，只從那些很多可以作證據的地方名稱上可以見出來，某地是屬於某處的。

再詳細的去討論這部圖的內容，在這地方是不能容許的。在這裏特別要聲明的，是一切同事人，國立統計館及國立土壤調查館也算在內，都努力於這部圖上所記載的文字，都能證明德國人民的生活區域，乃是一種自然及文化很調和的產物。氣候圖的著作者說明耕作與收穫早晚之關係，試將森林圖與公元後九世紀記載地名的地圖互相比較一回，便能得到一種很密切的關聯，恰似我們看見一個照片的正板和副板一樣。在東海附近飼料植物的栽培是與十八世紀的輪耕制 Koppelwirtschaft 有關係的。阿來滿寧 Alemannen 所栽培的那種小麥(Spelz)可說是古代的湖上居民的經濟遺跡，但是已經被排斥到山地去了。從居民流動圖上可以見出新舊殖民區域來，也可以見出那些人口已經到了十分飽和而向外移民的地方來。在我們西鄰這方面這等地方是自瓦老耐 Wallonei 延長到皮厄蒙 Piemont 的。

印書館在整理的方法上及印刷與影刻的潔淨上，是值得十分誇獎的。那幅土壤圖包含着四十種以上的顏色及符號，却是都能表現的很淸楚。那幅十八世紀圖也不比這幅簡單。 我還要以研究院地圖委員會的名義向各位編輯致謝，因爲在作品付印以前，他們除去科學工作以外，還要作多次試驗以求最好的表現，也要自己作一些長時間的討論。 這些事情都是名學義務，僅有那些向無薪俸的少年學者可得一部奬學金，其餘的人概不支薪。 許多工作歸於總編輯處，由這裏的幾位少數同事分擔他的編輯工作及科學工作。 雖然時時發生若干困難，我們總希望這部圖能有好的結果。

一部地圖的工作在學術研究院並不是新奇的。 在一七四五年他已經出過一部世界地圖 Atlas geographicus omnes orbis terrarum regiones exhibens 那篇序文是出於當時研究院會員著名算學家奧萊爾 Leonhard Euler 之手，研究院是出版者。 我們這次將範圍縮小，不包含全世界，只限於德國的生活區域。 我們將全力用在這裏，當然作的徹底一點，這就是研究院這種事業的用意。

介紹德意志學院十五週年之紀念

Zum fünfzehnjährigen Jubiläum der Deutschen Akademie

董遂曾述

德意志學院 (Deutsche Akademie)，自成立以來，對於德國各種科學，美術，以及德國語學，向世界各國介紹，不遺餘力。卽本會（中德學會）之各種工作，亦多承其幫忙指導，今當其成立後十五週年紀念之日，謹爲文簡單介紹之如下：

一　成立之動機：德意志學院於一九二五年五月五日成立於明興大學之禮堂內，以對於德國國粹爲科學的研究，及獎勵指導爲目的。其成立之動機，乃由於第一次歐戰後，萊茵河之露爾 (Ruhr) 區域，被人侵入，在德人以爲其侵入者，非僅國家之經濟本體，卽德人之榮譽，亦深被損害。其後希特勒之國社黨復活，遂建立此德意志學院，爲文化上之宣傳爭逐。

一六五二年賜萬府 (Schweinfurt) 地方，設立德國皇家自然科學研究院，(Kaiserlich Leopoldinisch-Carolinische Deutsche Akademie der Naturforscher) 以研究自然科學；一七〇〇年，建立普魯士學院，以研究科學；一七五九年更建立巴燕學院，以研究科學。但此種學院，不依德國各行政域所決定之方向進行，與本學院之組織不同。

德意志學院成立後，更試與各地之學院聯絡，以求得工作方法之商確，但其結果無所收獲。

二　德意志學院成立之目的：德意志學院非爲宣傳機關，亦非爲離開人類生命之科學組織，故與其他之國立宣傳所，譬如與英議會所設立者比較，則迥然不同。換言之德意志學院之工作，並非宣傳，乃為科學之研究。同時對於德國境以外之德文促進保護，加以努力。惟此種努力之目的，亦非為宣傳，乃欲使德國語言及德國語學，在德境以外，為有方法之活動而已。與此相似者，有意大利學院。但此德意志學院則非國立者，與意大利學院不同。故其進行工作常以自由為意志，而得深入於德人之心目中。尤以其經濟會議為然。此實足自豪者。與其他學院比較，譬如普魯士或巴燕研究院等，則又不同，除非國立外，上述兩學院只為科學研究工作，而德意志學院，則為科學的實用的文化工作。且將其實際文化工作之經驗，及科學認識，輸入於人類間，此又其特殊之點也。

三　德意志學院之工作：　近數年來，德意志學院，對於各種工作，詳細分類，以避免互相衝突，而得以暢利進行。蓋德國曾於國外，設有多數之科學組織，以介紹德國之國粹及文化。此若干組織，各有其努力經過，而得有相當之成績。德意志學院，除上述之詳細分門別類，避免工作重複外，更與其他學院，互相聯絡，介紹書籍戲劇，以促進其文化工作之進行。

德意志學院，更與司圖格(Stuttgart)地方之德僑研究所 Deutsches Ausland-Institut 聯絡，於一九三七年成立一研究人類學之工作部，致力於德人精神生活之研究。出版雜誌一種，名為"世界內之德人成績 Die deutsche Leistung in der Welt"，已出版多期，其目的為使德國境外之德人，以科學的見地，而保存其文化成績。同時更介紹各種德國國粹於其前，而輸入之。

德意志學院，為促進非德籍人民研究德國學術，特設有多數獎學金，其獎學金之領取者，或為教授，或為大學學生，或為普通學生，其結果對於德文學院之工作，得有甚大之助力。

德意志學院，為達到其科學研究，及保存德國國粹之目的，更分為多數專門部分，以適應之。其部分中，則有德國語學，德國文學，人類學，考古學等。此外更有德國歷史，德國音樂，德國藝術，以及德國國家經濟學等各部門。在此種各種部門中，有多數德國專門學者，及非德籍之著名科學家，名譽輔助。現在德文學院之通信會員，其國籍已有二十六國籍以上。

甲　語言學部：　在此各種科學研究最重要之聯絡工具，一九三五年德文學院十週年紀念典禮時，曾決定廣大範圍之德語歷史，爲德文學院重要之科學工作。最初自不能對廣大範圍之德語，爲詳細之分工。但對該歷史研究之可能點，及必要點，自有詳細考慮之必要。雖此種工作之完成期，爲日尚遠，且須經過極大之困難，但此種學術之形成，對德國語言及文化之發生，定有燦爛之光輝，可爲斷言。而在德文學院，亦可獲有獎護德語之確證。此於德國語學者領導之下，種種有名之德語歷史書籍出版。其科學研究工作，則分布於各大學中，而明興之德文學院，則總其成。例如於萊比錫（Leipzig）則研究古高地之語彙；於明興及維也納，則研究中古時期德文作家之字典；於普拉哥（Prag）則研究德語對於其他有文化民族之語言影響史，更因德語影響之研究，可得證明德國精神文明，分布於其他人類之文化生命中，爲甚明瞭之事實。更經多次試驗之後，將發行雜誌一種稱爲德語史學之研究，其德語之特殊歷史，將由此敘述之。其德文對於他種語言影響之論文集，則以德語及異種語言名稱之下發表之。更在德語之特刊中，發表德語精神歷史之研究，其內容先敘述尼采 Friedrich Nietzsche與德語之關係，其次則爲神秘時代之德語；再次則爲傳奇派之德語等。

又數年來，德意志學院，對於方言，亦加以研究。因是遂出版“蘇得登(Sudetendeutsches Wörterbuch) 德語詞典”，(Preussisches Wörterbuch)“普魯士詞典”，及“(Schlesisches Wörterbuch)史來西恩詞典”。此外更對於德國藝術出版百科全書一種名之曰國民藝術家之語言，實爲極偉大之工作。德意志學院對於現行德語中之可疑處所，雖不能強制矯正，但在理論上，務期其規律化。

對於德印刷字體，以及羅馬活字之應用問題，德意志學院亦曾加以努力，除於該學院所出版之雜誌中，皆加以明瞭之字體解說，此種字體解說之原稿，係數年以前，德意志學院自一隱名之德文字體保存者手中，將來擬用之於德式書法文庫中。

德意志學院，曾系統的搜集德民衆戲劇，且精密考察之。德文學院文集中，多採集德文短劇，現已出版至三十集之多。德國詩人，則爲德古今詩人之生活小傳，以及其詩文之作風，見解。此外德意志學院更爲鼓勵德國民衆，爲科學的研究德國文藝起見，於一九三九年，設有獎金，約爲三千馬克，去年之獎金，則爲春之戀歌作者領去。

乙　德歷史部：此部之主要工作，爲德國歷史綱要之編纂。其內容爲德人之政治史，及現代之精神，而以科學及普通人易於瞭解之方式出之。將見完成。本部所注意者，爲德東海之文化，以及十八世紀時之拉特維亞國粹，東南歐洲德殖民地之起源，匈牙利領土巴拿地方歷史之起源等。將來或從事研究德國粹在地理之分布，著名德人之生活小傳等。

丙　美術部：德意志學院之美術部，於最初即有極大之目的。其所最注意者，爲外國境內之德國美術，尤注意於東部及東南部之歐洲，其間德國藝術與各該地文化政治之關係，例如東海地方之德美術紀念物，可使東海居民與家鄉之思想等是。

於雅典地方，因希臘政府之助力，德意志學院，亦計劃建一特殊之建築物，使雅典紀念德國之文化工作。數月前於明典曾設一德國東方及東南方之藝術展覽會，其中展覽多數圖畫，藉以表示德國東方藝術者之重要價值。

丁　德樂部：此亦甚有注意之價值，曾出版有多數年刊，以促進德國民歌之研究，於外國開多數之音樂會。更因國風委員會之助力，德意志學院，將採集各國之民歌同時研究德國及其他，各國間音樂科學之共通點，最近將來，將準備出版一種新版音樂詞典。

戊　德國國家經濟部：其最重要之工作，爲宣揚德國民經濟家及使德國聯合義士李斯德 (Friedrich List) 之工作。此外則爲德殖民地農業著述之廣大計劃。 其農業著述之第一集，已於一年前完成，其內容為德殖民地組織之觀察，及將來內向後之如何設施等。 又將有專書論農業與科學之關係，對德國農業及已往現在之技術，加以論列，以資參攷。

己 其他： 德意志學院，更準備對於東歐中部，第一歐戰後所出之書籍，出版一書目彙編，不論其為德文或非德文者，皆在搜羅之中。 同時更出版雜誌一種，德國精神發生之科學對於因德國學者及研究家之研究，始有種種科學之發生等，加以詳細敘述。

德意志學院之國風委員會，更準備對於德國及其他民族間之學者，藝術家，與以活潑之聯絡，以及彼此文化之關係，與以說明。 此可於國風委員會雜誌中證明之。 例如保加利亞大詩人斯奔可(Pentscho Slawejkoff)氏，與德國精神生命，有重要之關係。 更對德國與中國及其他各國文化關係，皆在努力研究中。

尤較重要者，為一二年來，德意志學院，對於西班牙文學書籍，努力搜集。自文藝復興，直至中古傳奇派之文藝，其可疑者，則除去之，而確立西班牙文藝之新基礎。

德意志學院，數年以來，因國風委員會之助力，對於南非洲，美國，印度之文化關係，均力圖聯絡。 且於明興大學中，設有印度語講座，更與東印度孟加拉德國文化學會 Bengalische Gesellschaft für Deutsche Kultur 合作，以促德印之文化交換。 此種工作，雖於現在戰爭狀態中，仍未停止。

德意志學院，認為國際間文化政治之溝通，代兩國間之語言文字，互相通曉，毫無隔閡方可。 故自成立以來，即努力國外德語之教授，初只以二國外講師為之，現在擴充至數百人，延展至十八國家之多。 自歐洲東南部，經過印度，直達遠東。 更自愛爾蘭，經過西班牙，直達南美。 有時一國中教授德語處所，至十支部之多。

更為教授方法便利起見，德意志學院，專設一德國境外教授德語委員會，以壽助國外教授者之不足。 在該委員會中，常期設有教育學展覽會，確實指示教授方法之經驗。 此外更出版雜誌一種，國外之德語教授，現在世界中，已有一萬四千德國國外之德語教授長期訂閱。

德意志學院，以區區十五年之短時間，其工作之多，成績之偉，實足令人欽佩。 本會之職務，爲溝通中德間之文化，在工作上，每承德意志學院之輔助，今當該院十五週年紀念之日，本會同人，謹爲之介紹如上，并希其日益努力，使德國文化，灌入於世界各民族各個人之心目中，則本會亦與有榮焉。

書評與介紹

介紹五部德國現代的小說

楊丙辰

Joachim von der Goltz: Der Steinbruch. Roman. München, Albert Langen/Georg Müller, 1938. 237 S.

Karl Benno von Mechow: Das ländliche Jahr. Roman. München, Albert Langen/Georg Müller, (1929). 285 S.

Hans Friedrich Blunck: Die grosse Fahrt. Ein Roman von Seefahrern, Entdeckern, Bauern und Gottesmännern. Hamburg, Hanseatische Verlagsanstalt. 296 S.

Carl Rothe: Olivia. Roman. Berlin, Hans von Hugo, 1939. 400 S.

Anton Zischka: Wissenschaft bricht Monopole. Leipzig, Wilhelm Goldmann, 1936. 287 S.

一提到了德國現代的文藝，人們底心裏便不免有一層暗影，而以爲現在在德國是不能有好文藝的，因爲黨治之下的國家，事事物物全都在受着黨底支配，全都在只是爲政黨而存在，沒有自主自由的發展的緣故，而這宗情形在文藝方面爲尤甚，所以便不會有好文藝的了。 可是拿近來我所讀到的五部德國現代小說來說，可知這一種見解，完全是錯誤的，現在在德國不但有好文藝，而且與前代文藝相較，還是絲毫無遜色的。

我近來所讀到的這五部德國現代小說，無論從那一方面看，也不能不說：「果然是傑作，是純粹的好文藝」，所謂黨的氣味，所謂爲黨作宣傳，在五部小說裏，絕對找不出。不過現在的德國，已經是黨化的德國，德國的人生，已經是黨化的人生，而文藝底使命之一，便在反映人生，解釋人生，德國現在的小說，如果要描寫現在的德國人生時，那麼這一點，怎樣也是擺脫不掉的了。這五部德國現代小說中，凡有涉及德國現代人生之處，絕未見其曾脫出小說的捏造人物，闢創境地，以反映解釋人生的本來使命，而換上了宣傳命令的，這一點，便是這幾部書中的特別長處，値得我們首先予以揭示。其次，這五部小說所捏造的人物底眞摯，心理底忠實，以及所描寫各地底風景，所幻想而出的前後連續的事故底奇特偉大，無不處處顯出大作家底手腕與才能。至於文詞之流暢優美，結構分章分段之適當得宜，倘更屬餘事了。

因此，當在我把這五部書讀完之後，是很願意把牠們介紹給我國懂德文的人士們，讓它們也能得以讀到了這幾部書，那麼它們就可以知道，我這話並不虛了，再者，如果有人能把牠們譯出時，那可眞要是我國文藝上的大貢獻了！

其實，這五部小說在德國，也是早就有了定評的，我現在把這五部小說底名稱逐一開列於下，並且將德國批評介紹的文字，擇要譯出，附於各書名之後，那麼讀者對於這五部書底價値，更可明瞭了，不過五部書先後列出的次序，却並沒有褒貶的意思存於其間，這是信手拈來，隨意列在了那兒的。

第一部　採石場

這一部小說底著者，爲戈爾慈氏 (Joachim von der Goltz)

戈爾慈氏，係於第一次世界大戰，炮火連天之一九一六年，以一部文藝作品出現於德國文藝創作界的一個詩人，他到現在已經有不少的作品了，關於他這一部「採石場」的著作，曾有人寫過一篇極好的批評介紹文字，茲特譯之於下：

「詩人戈爾慈氏這一部著作，眞可稱之爲一部大成極致的傑作，有着至爲純潔與至爲晶瑩的優美。多年以來，我們並未再見有這位詩人底新著作——可是現在我們對於他的新著作的殷殷期待，在他這一部小說上，眞是獲得了豐富的報酬。　在多年幽思閒逸的時刻裏，給這位詩人所成熟了起來的幻想，俱在精煉純潔的作品中，實現成了具體的形式。

書中人物底數目，很有限，這些人物們，或者是經他們的道路，把他們引到了位置在黑林山脈（Schwarzwald）那凜烈荒涼，赤壁千仞的高峯之上的葛羅穆（Grohm）氏族院落之中，或者是在那規模小，而附屬於這院落的採石場中從事工作，可是這一圈環裏的人們，無論那一位，一經到了這兒來，便也就是把它輕快順適的命運，或者就是把它沈重悶鬱的命運帶到了這兒來。書中人物底數目，雖然有限，但所敘述的人生境界，可是非常之闊大，因為詩人關於這個境界之眞實性給自己所樹立的筆法，描寫的律則，竟能在詩人底言詞之中，增長到了普遍價值之地步，而將一切的，甚至也是將我們讀者們，全都置之於牠這律則底麾下的。

當在書中女主角娜娜（Nanna）由山下田野豐饒肥沃的平原，向山上走走了去，為的是要嫁給姓葛羅穆，名瓦爾丁（Vattin）的作妻室的時候，她並不知道，她此行，將來是要化成了一種多少方面的行動的，並且她還不知道，她是多樣很確定了他們大家之間的一切行動的，縱然她在那兒終日僅只緘口靜默，一言不發。　可是她的天性，是不容忍她的身邊有暗昧不明的事體之存在，不容忍未經補贖的罪惡之隱匿的；於是這樣，作弟弟的瓦爾丁在他的，於許多寂寞年頭之後，由異鄉返回家鄉來的老兄底命運上所犯的一種多年舊罪惡，便被迫而敗露了出來。　這兄弟二人旣不得不同他們的良心算賬，更不得不為他們的生命尋找鐵板板的歸宿，就是作弟弟的去同他的良心上所擱置着的多年罪惡算賬，而他這罪惡，還竟是使他的妻室同他生疏了起來的原因的，作哥哥的，去同他的神魂不安的心情，和去同他對他弟弟底妻室漸次蘇醒的愛情算賬，這樣，書中一切其它人物也同是不得不各為其生命尋找歸宿的，譬如：那位病痛纏身的採石工人之自尋死所，艾耳西（Elsi）和倫慈（Lenz）為它們二人底熱戀之尋找了局，甚至六歲的小可乃兒女孩

(Kornelchen)，對她將來的生命，以及老太太蘇撒納（Susanna）對她已往的生命，俱都是經著者畀予了一個收煞的。 可是因爲它們是在自信與謙虛，在正直與信仰之中，去和它們的命運相對抗，所以一切不公平與虛僞的行動，悉行歸於消滅之途，而凡善良的，純潔的，以及誠懇的，便要是永久不息不滅，而恆存於天地之間的了。

此外，這部小說中對於人物，對於事故，對於山中之季節，山中之大自然界連帶這大自然界上時而幽靜安定，時而狂暴可駭，但卻時時皆偉大的存在與効力，均係以至高妙純潔之手腕之所舒寫了出來的，所以這部書，是我們不能不懷着一番感激作者之心情，而將牠列入我國至優良的小說傑作之中。」

第二部 鄉間歲月

這部小說底著者，爲麥修氏 (Karl Benno von Mechow)

麥修氏與戈爾慈氏同爲德國當代早已成名之偉大作家，他這部「鄉間歲月」，是他的處女作，出版於一九二九年，但於一九三五年更曾加以改作，關於他這一部書，德國(Franz Lennartz)氏所著：「我們現在時代中詩人略傳」(Die Dichter unserer Zeit)，曾有所論及，茲特摘譯於下：

「鄉間歲月，敘述德國東部一座農院底事故，就是敘述這座農院多方面，多變動的事故，敍述這座農院裏的人們怎樣到田地上去播種，去收穫，敍述它們的快樂與愁苦，它們的奮鬥，它們的困難與成功。 詩人在這部著作裏，與尋常之所謂農村小說完全相反，以質樸真實之筆調，描寫鄉間生活，並且還把鄉間生活拿來，和城內文化生活相比較，顯得鄉間生活多樣艱難貧苦。 爲這部小說中心人物的，是這座農院裏的大管理，他曾在大學讀過書，可是他無論多樣努力來從事於他這個職務，然而他對於他這個職務，總還不能勝任，直至他最後在鄉間成家立業，偕同他的純朴的妻室自耕自食，過着接近大自然的生活，方行尋到了他的安樂。」

第三部　海上遠征記

這部小說底著者，爲布龍客氏 (Hans Friedrich Blunck)

布龍客氏，爲現下在德國極負時譽之詩人，他除小說外，還寫有不少劇本，均曾受到社會上一般之美評。　他這部小說出版於一九三四年，是一部以航海家，以發現新陸地者，以農民，以宣教士爲描寫題材的著作，關於他這部著作批評介紹的文字極多，茲特將德國「人民觀察報 (Völkischer Beobachter)」上所登出的一段，譯之於下，以見一斑：

「布氏這一部小說，是一部充滿了海上狂風暴雨，兇濤駭浪的作品，其中所敍述的，是冰島 (Island) 上之島民出發探尋民間相傳說的微蘭(Winland) 的故事。可是在著者偉大的描寫筆力之下，這大西洋北部冰島上之地勢多樣地生動了起來，那滔天的大海多樣地洶湧了，況且文筆方面，字裏行間所蘊藏着的至爲神奇的力量，簡直使我們覺得，這部書裏的語言文字，是一種原始的聲音，是我們還永不曾聽見過的，是對於我們絕對新穎的——布氏底高妙手腕，素常總是表現在對大自然界之描寫方面，這是他的動力源頭之一，而他這一種長處，和他抒寫人類之命運以及人類之遭遇等等長處，竟在他這一部小說中完全鎔化成了一體了。」

第四部　歐利微亞女士

這部小說底著者，爲羅特氏 (Carl Rothe)。

羅氏爲德國現代後起的一個業已很有了名望的詩人，他以前曾發表過一部錫製的軍隊 (Zinnsoldaten) 係以德法兩國之問題爲描寫之中心的，他這一部書出版後不脛而走，大受社會上一般人士之歡迎，現在他這部歐利微亞女士，仍係以德法兩國問題爲描寫之中心，簡直可以說是「錫製的軍隊」之繼續，他主張德法二國人民不宜互相仇視，宜互相瞭解，互相處於和平之中，他這個思想本來是很偉大的，又兼他這部小說，筆力實在不弱，並不下於前部，所以他這一部書，也是一樣地受到社會上的歡迎的。茲特將德國德意志之言 (Das deutsche Wort) 雜誌上所刊出的一篇批評介紹的文字譯之於下，以見該書之價值：

羅特氏在他以前的小說錫製的軍隊中所開始同法國的對話，現在又在他這部歐利微亞女士新小說中繼續了下去。這位後起的作家，當然也是那些勇敢的青年德意志人民之一的，它們出於自動的，自行負責的一腔勇氣，去對於世界第一次大戰後，頭幾年狂妄麻醉，而盲目無覩的法國作深切的抵抗，並且在書中同時還談到了我們德國西部的邊界。他雖然是在反對法國底這一惡劣方面，然而却似是在向法國其它的，永久不滅的，高尚的一方面去呼籲，去讓牠注意，而尤其毫無所顧慮地，懷着一番敬意地去向那高尚方面的法國述說，生於挨爾薩斯 (Elsass) 的青年歐利亞女士底歷史中，當初所發生了的甚麼事情，而現在所演現的，又是甚麼事情，而這位女士，就是於一九一九年第一次世界大戰告終，挨爾薩斯割歸法國後，隨同着她的父親和她的兄弟，被驅逐出了斯特拉斯堡城 (Strassburg)，而後來又在暗中進行不止的戰爭中，誤陷於兩方面的戰爨中的。他這小說中的這種聲調，有時竟轉成了一種極為親信和睦的聲調，於是令人們讀了起來，便覺得，彷彿是一位兄弟在那兒同一位其它的兄弟在講談說道，為的是要解決說合他們弟兄二人之間的一種糾紛爭執的。這兒那兒由書中所敘述的鐵板板的事故之中，也還透出了一大批的人物，當然德國人也有，法國人也有，只要它們彼此一有所知，一有所了解時，它們心中所蘊藏着的德法二國宿仇宿恨，便都能俱皆釋然，而彼此互相融洽和睦了起來，不過各一方面仍皆堅持着各一方面之特性而已。為的是要把它們結合了起來，使它們不要彼此再分離，羅特氏纔談到了我們德國西方的邊界。

第五部　科學打破專利與特產

這部書底著者，爲齊石卡氏（Anton Zischka）。

齊石卡氏，是一位現在在德國非常有名的著作家，他已經發表不少的著作，然而他並不是一位純粹的文藝家，他所寫的著作，全都是關於政治，經濟，以及工業技術等方面的問題的。可是他的這些著作，非常受社會上之歡迎，銷售的數目，極其巨大。他這宗著作，所以受人歡迎的原因，就在他能把艱澀枯滯，而爲一般人們之所不易了解的科學專門問題，化解爲流暢活潑的文章，使人人易懂易曉，而又能出之以緊張有趣之筆調，處處迎合讀者好奇之心理，所以讀者一讀到了他的著作，總要一氣讀完，而不肯中途拋開的。他這一部科學打破專利與特產，顧名思意，當然也不是一部小說，他在這部書中所敍述的，是科學上種種重大發明，以及以人及克服大自然的歷史，不過他却係以小說的體裁，敍述了這歷史的，和他其他的著作一樣地緊張有趣，活潑流暢，讀起來，眞不啻一部小說似的，因此我也竟把他列入小說之中了。其實，這部書也實在是有價值的，因爲這部書裏之所敍述的，就是德國從前四年計劃上之技術的與世界經濟的基礎，我們讀了這一部書，可以完全明瞭，德國科學的進步，多樣驚人，德國發發明家底努力，多樣偉大不朽，並且還可以明白，德國這一點科學的精神，實在是使德國在這一次世界大戰裏，打破英國的經濟封鎖，操戰事勝算的最後把柄的。因有這一些原因，所以這部書自初次出版之一九三六年到一九三九年三月間，竟已出至十版，足可見這部書多樣爲社會上之所重視了，並且爲了這個緣故，我也是打算着在最近的期間，把這一部書翻譯了出來的。——關於這部書批評介紹的文字，非常之多，我現在摘譯兩段於下：

「科學打破專利與特產一書，各篇章中所敍述多年勤勉辛苦之科學研究工作之歷史，令人讀起來，簡直彷彿一部緊張有趣的小說一般。而這部書上最重要之一點，就在德國科學工作之偉大的世界政治價値，可以藉這一部書，使世人完全明瞭，而德國這一種科學工作，還是現在在德國政府所擬定的四年計劃中，尋到了充分的利用的。」

「在這一部著作中，著者把各偉大的化學家爲祛除國家經濟上之困難，以及爲祛除人類對大自然之福惠之減退所生出之恐懼起見，在它們一切研究中，一切發明中之所費盡心力，絞盡腦汁，努力以求之的事物拿來，用了他那絢爛華麗的手筆逐一地敍述了出來。　這部著作，讀起來，簡直和一部緊張有趣的小說一般，而其全書之重點，却係置放在那一些人生重要的領域之上的，在這些領域之上，科學戰勝大自然，化學試驗室戰勝交易場所，發明的才智戰勝奸商底牟利，以便克服了熱帶上特生特產的物品，自利自私的貪財慾，以及數百年久長的消耗習慣。」

Deutsche Akademie, München: Die Wissenschaft im Lebenskampf des deutschen Volkes. München: Selbstverlag der Deutschen Akademie, 1940.

雖然來勃尼茲在一六六九年卽已爲文述及擬在德國樹立一學術研究院 (Leibniz: Bedenken von Aufrichtung einer Akademie oder Sozietät in Teutschland, zu Aufnehmen der Künste und Wissenschaften)，而德國各學術研究院 (Akademien der Wissenschaften) 的實際成立，比較意法等的都晚。在德國各學術研究院中，明與的德意志學院 (Deutsche Akademie München) 又是最晚的一個。

德意志學院是在一九二五年五月五日成立的，所以到今年五月五日適爲成立的十五週年。在這個時候該學院出了幾種紀念刊物(Festschriften)。一種是該院院長希柏特 (Ludwig Siebert, Präsident der Deutschen Akademie) 所寫的小册子十五年來之德意志學院 (Fünfzehn Jahre Deutsche Akademie)，已經由董遂升先生撮要譯述，在本期本誌另欄發表，讀者可以參看。紀念刊物的另一種就是現在所要說的德國民族生存鬬爭中之學術 (Die Wissenschaft im Lebenskampf des deutschen Volkes)。

本書共一百五十頁，除序文外，包括文十一篇；序文是由該院院長希柏特寫的，其餘各文的執筆者也差不多都是與德意志學院有關係的人物。十一篇文中論下列各題目者各一篇：德國的新法律，德國的傳統，高等教育在自由鬬爭中所佔的地位，政治地理與地理政治，國防科學，軍事醫學，原料鬬爭中的化學與物理，工藝與國防，畜牧與種植之研究，國民經濟與政治的統一，最後一篇是統論德國學術在世界上的地位。

論"德國的傳統"的第一篇的題目是爲民族力量源泉的傳統 (Überlieferung als völkische Kraftquelle)， 著者爲德意志學院的副院長吳斯特教授 (Prof. Dr. Walther Wüst, Stellvertretender Präsident der Deutschen Akademie)。 本文提出五個問題，試行解答：何爲傳統？ 爲什麽原故，到何種程度傳統是一種力量的源泉？ 我們與傳統有怎樣的關係？ 我們對傳統應當採取，必須採取什麽態度？

其次一篇是論自菲希特與阿爾恩特而後德國自由鬭爭中的高等教育 (Die Hochschule im deutschen Freiheitskampf seit Fichte und Arndt)，著者爲德意志學院小諮議會的會員舒爾次教授 (Prof. Dr. Walther Schultze, Mitglied des Kleinen Rates der Deutschen Akademie)。 著者一開始便說德國民族在此次歐戰中是爲自由而爭，但不是爲簡簡單單的自由，而更是爲立國之本的精神的自由。 其次便進入本題敍述十八，十九世紀而來德人對德國文化生活所受威脅的抗爭，結尾更述明即是在戰時也應當對在學的青年們施以訓練，使他們能擔當未來的種種責任。

再其次就是近年來在德國國內外頗爲知名的豪斯侯法教授 (Prof. Dr. Karl Haushofer)所寫的關於他所專門研究的"地理政治" (Geopolitik) 和尼德邁爾教授 (Oberst Professor Dr. Oskar Ritter von Niedermayer) 所寫的關於"國防科學" ("Wehrwissenschaften") 的兩篇文章。

全書的第六篇文章是論醫學在國防上的重要的。 篇名爲爲兵士底輔助者的德國醫師 (Der deutsche Arzt als Helfer des Soldaten)， 著者爲德意志學院明興分會會員圖木斯博士(Dr. phil. habil. Karl Thums, Mitglied der Ortsgruppe München der Deutschen Akademie)。 著者在短短的幾頁裏面，把醫學在國防上的重要差不多各方面都論到了。 最顯著的就是最近數十年來軍事醫學在外科和畸形療法方面，以及在預防傳染方面所得的進步。 在拿破侖時代的戰爭裏面，死亡的十分之九是由於疾病，但是在世界大戰的時候，這項比例數已經減到十分之一了。此外預防方面，如爲輸血組織的基礎的血組研究 (Blutgruppenforschung)，以及營養，精神病和種族上的研究也是很重要的。

最後一篇論德國學術在世界上的地位(Von der Weltgeltung deutscher Wissenschaft) 是由德意志學院主任佛賀勒窰克博士(Dr. phil. habil. Gustav Fochler-Hauke, Direktor der Deutschen Akademie) 執筆的。德國學術在世界上的地位是德國人很可以自豪的一件事情。別的國家總是不斷的聘用德國的學者專家，全球各處都有德國式的大學校和學術機關。有些學者的名字，如 Georg Forster, Martin Martini, Karl Ritter, Klaproth, Filchner, Trinkler 等，是和亞洲，遠東的研究分不開的。德國文化最傑出的人材之一，洪保德 (Alexander von Humboldt)，建立了南美洲科學的研究的基礎。又如 Barth, Overweg, Vogel, Nachtigal, Wissmann 等學者的名字，也是和非洲分不開的。德國醫師在國外的成功，尤其是在熱帶，是舉世知曉的；在森林學方面德國學者在世界上也是佔首要的地位。本文裏面並且有一段談到德國學術與中國的關係。德國學術在已往和現在對中國有何等的重要，中國方面是時常有人提及的。在中國境內的幾個德國學術機關和在德國境內的幾個關於中國的大學講座和研究中國的機關都各有相當的成績。著者並且舉出當年青島的特別高等專門學校(Deutsch-Chinesische Hochschule in Tsingtau) 和在一九〇七年創辦於吳淞後來改爲國立的同濟大學。

綜觀全書論文十一篇，均有一讀的價値，現在不過就本人較感興趣的幾篇，將其內容較舉一二，其餘尚有論法律，理化，工藝，畜牧與種植和國民經濟的幾篇，未遑一一述及。

本書除了上面所列各文以外，還複印了四個詩人 (Fallersleben, Hölderlin, Uhland, Arndt)的手蹟點綴其間。

顧　華

會務報告

一　新任幹事　本會幹事謝禮士博士於二十七年夏赴歐，詎不幸於二十九年二月間因病逝世，在謝先生離華期間本會幹事職務即由傅吾康博士代理，直至本年七月底，自八月一日起改由福克司博士（Walter Fuchs）任本會幹事。

二　德文夜校　本會德文補習學校暑期補習班於九月六日結束，夜校則於九月二十三日開始，仍分四級，除第一級分為兩班外，其餘每級一班，現有學生約一百人，教師未更動。

三　編譯　本誌第二卷第一期所列各項譯稿已付印者有下列一種：

1. 赫貝爾：短篇小說集（Hebbel: Erzählungen）

已譯就即將付印者有下列二種：

1. 歌德：親和力（Goethe: Die Wahlverwandtschaften）。
2. 哈與額：歷史之地理基礎（Hassinger: Geographische Grundlagen der Geschichte）。

本期內開始翻譯者有下列三種：

1. 亞斯波：現代思想狀況（Jaspers: Die geistige Situation der Zeit），王錦第譯。
2. 弗萊他一羅凌和文：一九三三至三九之德國外交（Freytag-Loringhoven: Deutschlands Aussenpolitik 1933—1939），楊丙辰譯。
3. 歌德：短篇小說集（Goethe: Novellen），楊丙辰譯。

四　德文圖書目錄　本誌第二卷第一期會務報告中曾述及本會圖書館德文圖書目錄已由輔仁大學印書局承印。現該項目錄業已出版，德文名為"Katalog der Bücherei des Deutschland-Instituts. Deutsche Abteilung"全目共一九三頁，係分類目錄，末附有著者索引，每冊定價國幣五元。

研　究　與　進　步

第一卷　目錄

第一期目錄

（民國二十八年四月）

第二期目錄

（民國二十八年七月）

第三期目錄

（民國二十八年十月）

第四期目錄

（民國二十九年一月）

定價每冊國幣貳角五分

本誌第二卷第一期目錄

本誌第二卷第二期目錄

論著

文藝

"研究與進步"

書評

會務報告

中德學誌編輯簡章 二十九年十月第一次重訂

1 本誌原名「研究與進步」，自第二卷起，擴充範圍，改用今名。

2 本誌錄稿，以由德文譯爲中文者爲主；除本會會員稿件外，並酌收外稿，但須將原文出處詳細註明，其原文不易見者，並須與譯稿一併寄來。

3 來稿本會有删改之權。

4 來稿中有中文人名書名等譯爲德文後，重行譯爲中文時，應請譯者援用原來字樣，幸勿另譯新名；其由德文譯爲中文者，除有慣用者外，以本會所定爲準。

5 來稿逕寄「中德學誌編輯委員會」，請勿寄交編者個人。

6 來稿經本誌決定採用者，酌給現金或本誌爲酬。

7 來稿經本誌給酬後，其版權卽爲本會所有，原作人不得以其一部或全部在他處另行發表；在本誌發表後，他人亦不得轉載。

8 來稿不爲本誌選用者，均可退還，但須由原作人附寄郵費，如欲掛號寄還者，並須加附掛號郵費；郵遞如有遺失，本誌概不負責。

9 本誌除譯稿外，兼收介紹德國學術文化之著作，但以經本誌特約者爲限。

10 本簡章如有未盡事宜，得隨時修改之。

編輯者　中德學誌編輯委員會

出版者　中德學會
（北平地安門內黃化門大街西妞妞房二十號）

印刷者　京華印書局
（北平和平門外虎坊橋）

定價表	每季一册（郵費外加）		每年四册（郵費在內）	
國內	國幣	1.40	國幣	5.00
德國	馬克	1.00	馬克	4.00
其他各國	美金	.50	美金	2.00

Bezugsbedingungen:	Einzelheft (Porto extra)	Ein Jahrgang, vier Hefte (einschliesslich Porto)
Innerhalb Chinas	Ch. $ 1.40	Ch. $ 5.—
Innerhalb Deutschlands	RM. 1.—	RM. 4.—
In anderen Ländern	US. $ –.50	US. $ 2.—

Zu beziehen durch das Deutschland-Institut, Peiping.
In Deutschland durch "Forschungen und Fortschritte", Berlin NW7, Unter den Linden 8.

AUS DEUTSCHEM GEISTESLEBEN

Herausgegeben
vom
DEUTSCHLAND-INSTITUT, PEIPING
durch
Achilles Fang Wolfgang Franke Walter Fuchs
Gu Hua Yang Bing-dschen
In Verbindung mit
Dr. Karl Kerkhof, Berlin

2. Jahrgang, Nr. 3. Oktober 1940

Anschrift der Redaktion: Deutschland-Institut, Peiping (China), Huang-hua Men nei, Hsi Niu-niu Fang 20.

中德學志

沈兼士

第二卷第四期（二十九年十二月出版）

中 德 學 誌

北平中德學會出版

中 德 學 誌

第二卷　　民國二十九年十二月　　第四期

忠告德意志民族(續)

Reden an die deutsche Nation (Fortsetzung)

菲希特 (Johann Gottlieb Fichte) 著

楊丙辰譯

第三篇講演

關於新教育之繼續描敘

我所提出新教育底本來性質，根據上次的講演說，是在牠是用以栽成學童們到純粹道德地步的一種審愼周處與確切可靠的技術的。 到純粹道德地步，我說；新教育要叫人們達到的這道德，是以一種原始的，無所從屬的，與獨立的事物巍然樹立那兒的，牠由內向外發展着生機，走着牠自己生命的道路；然而却絕非像迄至於今的教育所屢經企圖的那適合律則性一般，是被結合與建樹於一個其它的非道德性的慾念之上，來爲這個慾念底滿償之所役使的了。 新教育是這樣的道德教育上所施用的審愼周慮與確切可靠的技術的，我說。 因爲牠並不是茫然懵然毫無計劃地向前進行着，乃是按照一條固定的，牠素所習知的規則以前進的，並且是對於牠的效果有把握的。牠的學童們便彷彿是經牠所施用的這種技術製造了出來的堅固堅貞，不動不移的藝術品一般，趁時地走了出來，它們決不會去走一條其它道路的，除掉新教育給它們所劃定的那一條之外，並且它們更無須乎一種後來還得實現的補習補助，乃是要以自己按照自己的律則向前進行着的。

這一種教育固然也是要栽成牠的學童們底精神的；並且這種所謂精神教育，甚至還是牠用以開始牠的事務的首要步驟。 但是這種精神的發展，並非牠首要的和獨立的目的，乃僅只是使灌輸道德的教育到學童們底心性裏面去的方法得以實現的一番手續的。 可是就連這一種僅只乘機會所獲得的精神教育，也始終要是不能由學童們底生命裏拔除了去的一種所有物的，並且始終要為它們道德之努力上一個永久不滅地燭照之明燈的。 無論它們由這教育裏所帶了出來的知識，總數究有多樣巨大或也多樣輕微，但是它們總要確確切切由這一種教育裏捆載了一付性靈走的，這一付性靈，能使它們得以畢生瞭解一切它們所必須得知曉的眞理，牠既能使它們具有能力去不間斷地接受它人底啓示開導，而亦可使它們具有能力去不間斷地自行沈思默想。

在上次的講演裏，我們對這新教育的描敍，已經到了這個地步。 我們在上次講演底結尾，還曾附加上一句說，雖有這種種情形，新教育仍不能算完成了的，因為牠還有一個其它的，與迄至於今所樹立的些問題，完全不同的問題須待解決的；那麼我們現在來從事這一點，更精密地把這個問題表示一番。

這一種教育底學童們，不僅是這兒塵世上人類社會裏的一份子，並且不僅是為了它們在塵世上所已幸得的那一段光陰的生命而來的，乃是它們亦然和絕無可疑地要被教育之所承認為一種大精神生活永久銜連不斷的鎖鏈上一個枝節的，在一種高一層的社會秩序之下。 為使學童們對於這一種高一層的社會秩序有所認識，有所曉悟，絕無可疑地也是應當有一種從事於總括一個學童全部心性的教育為它們作嚮導的，並且又因為教育旣已引導學童們用自己主動的活動給自己在心目中對那從不曾佇脚立定，永久在演進中的道德性的世界秩序描畫了一幅景像，一幅圖案，給自已虛搆了一個這樣的觀念，那麼牠也不得不去一般地引導它們，給自己在思想界裏，仍用同樣的主動活動，虛構一個關於那一種高一層的，超感官性的，形而上的世界秩序的觀念的，在這個世界秩序裏無一事一物是演進的，而亦並非由演進中來的，乃是永久常定常在的，換句話來說，就是叫它們至深切地明白與曉悟，這也非是這樣不可的，我們不能跳出人類思想上這一個基礎要求的。它們如果被引導得當，那它們把對這樣的一個觀念的些嘗試一定要作到了底的，而在作到了底的時候，必將發現，世間無一事是眞的，除掉人生，並且還固然是除掉純粹生活於人們思想界裏的精神人生的，它們必將發現，一切其它的事物皆非眞正存在，也不過僅只外面虛似存在而已，而這一種虛似上頭仍然由思想界裏生出的根由，它們亦然會明白的，卽便僅只是在普通方面的明白。　再者它們必將還更瞧得出來，那唯一眞在的精神生活，在牠那千百樣的開展裏，這開展並非牠偶然所得來，乃是根據一條建立在上帝之自體中的律則而得來的，仍舊是一體一個的，仍要是上帝之生命底自體的，這上帝之生命惟獨生存於人類底活思想中，而時時向人們默啓展示着。　這樣它們便要認識與神聖視它們底生命爲上帝生命上屛出不窮的這默啓展示先後銜接的鎖鏈裏一個永久不滅的銜節了，並且它們也必定會把任何一位其它的人底精神生命也要認識與神聖視之爲恰切一個這樣的銜節的，它們必將會明白，它們只是在同上帝的直接接觸裏，只是在它們的生命並非間接由上帝之生命裏湧流了出來的情形裏，它們纔能獲得生命，光明與至樂的，而在任何一種和上帝生命之斷絕裏便要直接尋得滅亡，黑暗與苦痛的。　換一句總束的話來說：這樣的精神發展是要成成它們到宗教地步的；而這一種把我們的生命樹基於上帝之中的宗教，無論如何也應當使牠在新時代裏達到統治地步，並且是應當在新時代裏予以精密完成的。　反之，舊時代底宗教，牠把人類底精神生命自上帝之生命上隔斷了的，並且只是用對上帝之生命的背離一說，來給人類精神生命樹立牠那絕對的存在的，而人類這種存在，乃是這宗教給人類之所揑造了出來，並且這宗教，彷彿上帝用作了一條線索似的，藉以把利己之心還超越了人類死朽的肉體之滅亡之上而引入其它的世界裏去，並且更用對這些其它的世界的戒懼與希圖的心理來堅強爲當前世界脆弱無力的人們底心性的——這一種宗教，牠顯然是利己之心底一個臣僕，當然是要陪伴舊時代同時被界至墓穴裏去的；因爲在新時代裏，天國底永生，并不是在墓穴底彼面纔開始，牠乃是給新時代直接降臨到牠的當前當頭來的；然而利己之心却既被解除了統治之權，而亦被解除了服務之責，因此牠也只好隨卽拖帶着牠那些臣僕奴隸們一并地下台了。

由此觀之，達到眞正宗教之教育，便是新教育上終究的一件事務了。　至於說在虛構一個在這一點上所需要的那對超感官性的世界秩序的觀念時，學童們是否眞正自動地去行動了和所虛構的觀念是否處處都對了，和是否絕對清晰與明瞭，那這在教育方面，一如牠在其餘的認識對象上一般很容易照樣予以判斷的；因爲這也仍是認識領域裏的事件的。

然而在這兒還要重要的，乃是下列之問題，就是：在教育方面怎樣可以測驗，怎樣可以給自己弄得保證，證明這宗宗教知識，並非冷冰冰的死物，乃是要把自己表現於牠的學童們底實際生活裏去的；關於這個問題底答復，是須要先答復了一個其它的，卽下列的，問題之後，方能來從事的，就是：宗教怎樣和在何種方式之下去表現於人生裏？

直接在尋常的生活和在一個秩序良好的社會裏，爲栽成人們底人生，絕對可以無須乎宗教的，爲這一種栽成人生的目的，眞正的道德已是可够用的了。所以照這樣說，宗教便不是一種切於實用的東西，並且絕不能，和絕不應當是切於實用的，因爲宗教純粹是認識方面的問題，牠僅只是令人們對於自己得以達到充分明瞭清晰的地步，給人們解答人們所提起的至高深的問題，給人們融解人們最後的矛盾，這樣可以使人們底心性得以完全融洽，趨於一致，並且向人們底瞭解力裏植樹澈底的澄澈明確。　宗教是整個救渡人們和解脫人們出離一切外來束縛與桎梏的設置；因此宗教便負有給與人類一種直接與人類心性相稱合，而絕不帶其它目的的教育之義務。　一個區域，爲的是可能得在其中以人類心性上一種迫促的力量去發展功效，宗教只是或者在一種極度不道德和敗壞的社會裏，或者如果人們底工作範圍並非在社會的秩序之內，而係處在這秩序之上，猶其是負有時時從新創造和護持這秩序的職責，譬如說，一國之元首君王，他們在許多的事件上，沒有宗教，便絕不能令良心得安地去執行他們的職責時，纔可以能獲得的。在一種像我們這以一切的人們和以全民族爲目標的教育裏，這末後所說的一種情形自然提不到話下了。無論何時何地，凡是一經考查，便能以自己的智力清清白白見到時代底不可改善，不可救治，但仍要不休竭，不自倦，不失望，以繼續工作於這個時代之上；凡是對將來的收穫，雖明知無望，但仍奮勇照常忍受力耕力耘，播種下籽時所流熱汗之苦楚；凡能以德報怨，也向那不知恩的人物們布施恩德，和以行動與財物，去惠贈那些怨咒不滿的人們，雖然明知明曉，他們仍將要怨咒不滿的；凡是於百敗百北之後，仍能毫不爲其所動地屹然立於信仰與仁愛之中，那在這些地方便不僅是道德力之所使然——因爲這宗力量是需要有一個目的的——乃是宗教力之所使然的，乃是向對那高高主宰於我們的頭頂，爲我們之所難識難測的一個律則所生的崇敬，的歸依，之所使然，乃是在上帝之前虔敬虛卑的瘖默無言之所使然，乃是對上帝借我們的皮殼以發出的這生命所起的至深邃的依戀之所使然，惟獨這生命，和爲這生命本身的原因，纔是人們之所欲救渡，之所欲超拔的事物的，雖然人們底眼目之前並不見有其它事物可救拔時。

在這一宗的狀況之下，新教育裏的學童們對於宗教所獲得認識，在他們那個小的，他們生長於其中的個公共團體裏，是不會變爲實用物，而這也是這宗認識之所不應當的。這個公共團體是有組織的，秩序良好的，所以凡在這個公共團體裏有所舉動，只要舉動得當穩巧，那總要會成功的；況且尚在嬌嫩年齡裏的人類，是應當保存他們於天眞的狀態中，和保存他們對於人類的安靜信仰中的。對於人類鬼蜮姦譎之認識，是要留待成年的和心性愈趨堅定的人們底親身經驗的。

那麼照這樣說，只是到了這較成熟的年齡，和到了不得不去鄭重視人生的地步，當在教育把受教育的學童們久已就委諸它們自己的掌握中之後，而又逢到它們是要使它們的社會情況由簡單而趨入愈高的些階段裏去時，那受教育的學童們，纔是需要他們宗教認識爲一種心性上的衝動力量的。可是在教育方面，趁着受教育的學童們還處在牠的管理之下時，仍尙不能向他們作關於這一點的測驗，那麼怎樣還能會確切有把握，只要一遇到這種需要一經出現時，也能使這宗心性上的衝動決不會失其效用呢？這個問題，我來這樣答復：就是受教育的學童們，須要把他們教育到能使他們所有一切認識知識，都不在他們的心性裏成爲死的，冷冰的，如果使這種認識知識實地上可以能得到生命的可能性，一經出現時，乃是要使任何認識知識都不得不登時輸入人生裏去的，假使人生需要這一種認識知識的話。關於這個斷語，我馬上還要更向深處給牠樹基礎，更向深處去發揮的，並且藉此還要把在這一次和上一次的講演裏所談論的那整個的概念舉入與編入一個範圍愈加擴大的知識系統裏頭去，我要由這一個概念裏尋求一種新光明和一種程度愈高的清晰明確，來昇與這一個範圍愈加擴大的知識系統，只要我先把新教育底眞實性質確定地舉示了出來之後，而這新教育普通方面的描敍，我方纔已經結束了的。

由這兒看，這所說的教育並不像我們今天講演一開頭時所說的的話一個樣，僅只是一種培養學童們底純粹道德的技術了，牠尤其是要令人們覺得，牠是一種要把一個人底全體絕對地和整個地教育成人的。應行屬之於這種教育範圍內的，有兩個主要之點：第一點關於形式方面，那麼所謂教育的，乃是把實際眞正的活動的人，一直教育到它生命底根柢裏頭去的，然而絕非僅只要教育一個人底影子與幻形，皮毛與皮相的；其次關於內容方面，那麼所謂教育的，是要把一個人所必須具有的一切成分都要同等地和絕不容許破例地予以造就的。一個人底這宗成分，就是智力與意志，而教育之所企圖的，便是智力之明確與意志之純潔。

應當提起而置入智力之明確中去的，是兩個主要的問題：一即純潔意志本來之所志願的，究竟是甚麼，並且用何種方法，可以得達到這種所志願的事物，爲求這一主要方面之解答，是要得牽動其餘應向學童們灌輸的各種知識的；其次即這一種純粹意志在牠的基礎裏與性質裏，究竟是甚麼，爲求這一個問題之解答，是須要牽涉到宗教的認識上頭來的了。 這所說的主要之點，在教育方面，是要給受教育的學童們一直發展到把她們丟向人生裏滿輸之前爲止的，是教育方面之所直接要求的，並且決不打算向任何受教育的學童們絲毫有所減除，因爲任何一個人都正是要爲一個人的；至於說一個人向下還更能成爲一個甚麼樣的人物，和它心性裏面的一般人性終究還要採取或獲得何種特殊之形態，這是與普通教育無關的，這是牠範圍以外的事情，我們可以在這兒置之不論了。 ——我現在再來繼續着講論方纔所宣稱更要去給牠向深處樹基礎，更要向深處去發揮的那句說在受新教育的學童們底心性裏任何認識知識都不會成爲死物的斷語，和再繼續着講論我要把上面所說一切的話都列爲系統的那一個系統，並且是要用下列的論斷的。

一，根據所述說的情形，一經提到人類底教育方面，那麼便要有兩等絕對不同和完全相反的人們之可分的。 雖然如此，然而凡人類之所以爲人類，在最初的一點上，仍要彼此相同的，而這兩等的人們當然亦不在例外，這相同之點，即在人們生命之表現，無論怎樣駁雜變化，却都要在人們心性底深幽處有一微微萌動，不自知覺地在驅迫着人們，而歷經一切變換，仍恆定不變，仍始終如一，自如自在的個念頭，所謂意志之萌芽，所謂基礎動機，根本衝動，所謂本能，爲其地盤，爲其基礎的。。——在這兒我乘便附帶着另行揭示一句話於下面，就是：人們心裏這念頭，這動機，衝動，意志之萌動，這本能牠對自己的曉悟，和人們把牠向概念方面的轉譯，換句話來說，就是把由人心幽微潛伏的個去處所泛了上來的個不自知覺的，本能的，意志的念頭，拿來在理智方面，在意識方面作一番盤算，使之轉成意識的，已自覺悟的個欲念的行動，便是創造世界的行動，並且除了這個，照這所說的樣式在那絕非自由，而必不能不出現的思想裏自行創造的世界之外，並沒有其它一個世界的。 這個時常須向一種意識，一種覺悟去轉譯的衝動，在這轉譯裏面，方纔所說兩等人們，又是彼此完全相同的，是可以按照意識上所具兩個不同的基本類別，在一個雙重的樣式之下轉譯成意識的，而在轉譯上和在對自己的曉悟上的這一個方式裏，兩等的人們，却就彼此不同了。

意識上頭第一個，首先地，依照着時間，以自行發展的基本類別，便是人們心裏一種昏暗的，尚未判明的感覺。方纔所說那人類心性裏的基本衝動力量，一經發生了出來，在向意識方面去轉譯的過程裏，一到了這種感覺底地步，那最平常和正軌地，都要被人們理解，被人們認知爲個人對於自己，對於個人底「我」之愛的，而這一種昏暗感覺，對於這個個人底我，個人底自體，首先僅只是解悟爲一種要生活，要安適的我，要生活，要安適的自體的。由這一點裏發生了出來的，便是物慾的利己心竟要成了一個人眞正的基本衝動，和一種這樣的，域局於牠原始的基本衝動之轉譯過程裏的生命上的發展能力了。一個人何時照這樣繼續着曉悟自己，明白自己，那他何時便不得不自私自利地去行動，並且決不能會改樣的；那麼這利己心便要是他生命上那不停歇的轉變裏惟一恆定，始終如一，和確切可待的事物了。可是人們這種昏暗感覺，有時也可以以出乎正規的一個非常的例外，去跳越了個人底自體，而將那基本衝動覺察爲一種對於事物間一種其它的在昏昏暗暗感覺着的秩序所生的熱望的。由這一點裏所發生了出來的，便是被我們在其它地方充分描敍了的那種生命了，這種生命高高地超越於利己心之上，處處爲理想意像之所推動衝動，雖然這理想意像尙幽暗不明，但却總是理想意像的，並且在這一種生命裏，理性竟要成了個人底基本衝動，個人底本能，以支配着一切的。僅只是在暗感覺裏來這樣解悟人類之基本衝動，這便是人類之間上述第一等人們底基礎情形，這些人們並非爲教育之所裁成，乃是以自己裁成自己的，而這一等人們尙包含有兩個屬類於自體之內，這兩個屬類是因一種不可理解，爲人類技能之所絕對不能通達的理由，纔被區分了出來的。

意識上頭第二個基本類別，通常並非由自體之內發展了出來的，乃是須要在社會內予以精細審慎的培養的，這個類別，便是淸晰明確的知覺或認識的。人類底基本衝動，如果係於這一種原始的情況裏被作了解悟的話，那這便要生出一種第二等的，與第一等完全不同的人物來了。一類這樣的，竟也連人類基本之仁愛仁心爲從事之資的知覺，認識，自然不會像一個其它的知覺認識一般，令人們冷冷地和不關痛癢地置之不理的，乃是這類知覺認識上的對象，必將爲人們之所踰越一切地愛好的，因爲這個對象只是我們原始之愛底判解分釋與翻譯的。其它的認識，以冷疏的異類外物爲從事之資，而這冷疏的異類外物始終要是冷疏的，不得不令人們冷冰地置之的；然而前面那與此相反的認識，甚至是以認識者之本身和它的愛力爲從事的對象的，而這愛力，却是它不能不愛的了。雖然在這兩等的人們，仍係這同一的原始的，只不過是在其它形式之內出現的愛力，是爲他們的心性裏驅迫着他們的能力的，然而人們除這一種狀況之外，仍然可以說，在第一類別的意識上，是昏昧不明的感覺在驅迫着人們的，在第二類別的意識上，却是清晰明確的認識的知覺，在驅迫着人們的了。

至於說一種這樣清晰明確的知覺認識可以在人生裏成爲直接促迫驅策的能力，以爲人們操行，人們行動之本，而這又是可以視之爲靠得住，准保無錯的，這宗情形之所關係的，却如上面之所說的一般，是在經這知覺認識之所判解分释的，乃是人類實在的，眞正的愛力；是在人們可以直接明白，這原來即如是，並且因這判解分释，同時他心裏對於那一種愛力的感覺，便可被惹起和爲他之所領略的了；因此更且是在知覺認識之在他個人方面永不會見諸發展的，如果同時不是爲的愛力時，因爲否則他必將對之冷然無味，而愛力亦將永不會見諸發展的，如果同時不是爲的知覺與認識時，因爲反是，他心內的動機必將變爲一種昏暗不明的感覺的了；最後是在他所受的教育上每進一步，都要是對於把知與愛二者合併於一己的個整個的人施以教育的。一個經教育這樣時時都在拿着當作一個不可分離的全體而對待的人，後此必更將仍是一個這樣的人的，那麽每一種的知覺認識也必定要勢所必至地成爲他人生上的動機的了。

二，因爲一方面，既照這樣代替昏暗不明的感覺，而把那清晰明確的認識拿來，作成了人生上最初的和眞正的基礎與出發點了，所以一方面，利已愛己的心理便完全被逾越了過去，而把牠在人心裏的發展給牠兆送了。因爲只是，昏暗不明的感覺，總是使人們覺得牠的自體是一個需要享受和退避苦痛的事物的；然而清晰明確的概念，却絕不會令人覺得，人們竟是一個這樣的事物，這宗知覺與認識，表現人類爲一種道德秩序裏的份子，而對於這種秩序，是有一種愛好的，這愛好在概念底發展時同時便被隨同着燃燒了起來，和被發展了出來的。　我們這教育和這種利己心理毫無所關，因爲這種教育拿清晰明確的知覺認識來把利己心底根抵，就是那種昏暗不明的感覺，給悶斃滅除了的；這種教育並非駁擊利己之心，而更非予利己之心以發展的，牠簡直對於利己之心可以說毫無所知。　假使一個人底這種性癖後來仍有生動之可能時，那麼這種性癖便要發現人們底心性已經爲一種高尚的性癖之所充塞，而這一種性癖，這一種高尚之愛，自會拒絕了利己性癖在人們心性裏的位置的。

三，人類這基本衝動，如果牠被轉譯爲清晰明確的知覺認識的話，那便不是要向着一個已經現成的和已經具有的世界去出發的，因爲這種世界令人們只能按照着牠的實然狀況去作一種被動的領略的，並且因爲在這個世界裏一種迫促人們到原始創樹的動作地步來的愛力不會爲牠自己尋到發展效力的範圍的；這基本衝動，一經增進到知覺認識的地步，那牠乃是要向着一個須要演進的世界出發的，換句話來說，就是向着一個先驗先天的，有着前途，有着將來，而永久在續續不已地有着將來的世界去出發的。　因此爲一切現象底盤的上帝之生命，牠灌注到世界裏來時，便永遠不會是一種固定的和現成的存在，乃是一種須要演進演變的事物的，並且當在一種這樣須要演進演變的事物，到了演進演變底盡頭上，而有所成就時，那牠就要仍以一種須要從頭再演進演變的事物，永輪迴着不停地趨入世間裏來的，所以由這一點說，上帝之生命自然永不會趨入固定存在界底死寂中去了，乃是繼續無間地始終中止於恕流不已的生命底形式中的。　上帝直接的現象與啓示乃是愛力；而經過知覺與認識把這一種愛力作過一番判解分釋之後，就樹立了一種存在出來了，並且這固然是一種負有永久只能演進演變的使命的存在的，而這種存在，便是惟一的個眞實的世界了，只要人們在一個世界上能得發現眞實的話。 反之，那第二個，當前現成，經我們直接發覺爲實有的世界，只不過是些影子與幻像而已，由這些影子和幻像裏，人們底知覺與認識給自己對於愛力的判解與分釋造出了一個鞏固的形態和一個有形可見的體制的，所以這第二個世界底作用，也就只在牠是那就本體說無形可見，而處於高一層的個世界底明瞭性，和觀感性上的條件和方法而已。 連這末後所說的個崇高世界，上帝也不是直接走入的，就是在這兒，上帝也只是藉着這「獨一」的，純潔的，無復變易的和無形狀的愛力以走入的，只是在這一種愛力裏面，上帝纔是直接出現的。 投入這種愛力之下來的，是人們那宗觀感萬物萬像的認識，這宗認識於每次來投入時，皆攜來一幅自行搆造的，用以盛裝愛力上那本來無形可見的對象的景像，可是牠每次都要爲愛力之所反駁，因而便被逐入再從新去構造的行動裏，不過這從新的構造依然要遭到反駁的，因此那愛力，牠就牠個體說，本來純潔不雜，渾一囫圇的，絕對無能力去流動，無能力去無窮盡和永恆的，然而在同觀感的這一種融合裏，就要如同觀感一般，也要成爲一個永恆的和無窮盡的事物的了。 方纔所提到的，由認識裏給我們提出的那幅景像——就牠個體和就牠尙未向被淸晰明確地認識了出來的愛力方面去運用的情形說——就是我們當前這個固定的和現成的世界，或所稱之爲自然界的。 那宗謬妄之見，以爲上帝之性質總要是在某某一種方式之下直接地，而絕非間接地藉着方纔所指出的那些居間枝節，以湧溢到世界裏來的，却是基於人們精神界裏的蒙昧，和意志界裏的凡俗的。

四，至於說人類心性裏面昏昧不明的感覺以化解愛力的方法的資格，恆常皆可完全被逾越了過去，而以淸潔明確的認識作爲尋常的，普通的化解方法，以頂替昏昧不明的感覺底位置，這我在上面已經向大家提醒過了，是只可以藉人類教育上一種審愼周慮的方法以辦理的，可是這迄至於今並未照辦了。 我們也更由上面的講演裏聽了出來，我們是照着這末後所說的教育方式，把一種與迄至於今的尋常人物絕對不同的人物類型給介紹了出來，和樹之爲規則了，旣這樣，那麽因這種教育之所使然， 必致事物間一種完全新的秩序和一番新的創造得以開始了。人類在這一種情形底影響之下，必將自己造就自己爲這種新人物的，恰切便在他們以當前一輩的人類，教育自己成將來一輩人類的，照着那個惟一能得把道辦到的方式，藉着知覺與認識以這個世界裏唯一的，大家公共的，自由傳佈的，和眞正的，聯合一切精神界爲一個團體的光明與空氣底資格。一直到現在，人類底成就，都是碰巧怎樣就怎樣，能怎樣就怎樣；像這一宗盲人瞎馬式的成就，在教育方面已經是過去的了；因爲人類在這一種成就裏，所達到了的最廣遠的發展，却是把自己發展到了空虛無價值的地步的。假使人類不甘自止於這個空虛無價值的地步時，那麼他們就不得不自即刻起始更繼續向下使他們自己達到他們還能成就的境界。這便是人類在塵世上本來的使命了，這是我在我現在的講演之前，此爲其繼續的這些講演裏曾說過的一句話，我的意思就是要說，人類底使命，即在人類自動地，自由地，把自己造就到人類本來原始的性質的地步，換句話來說，就是要復返人類原始的性光的。這種自行造就的行動，普通都是以審愼周慮的態度和按照着一條規則而進行的，自應在空間裏與時間裏某一地點和某一時刻以開始的，可是一經如是，那麼人類自動自由與審愼周慮的發展上一個第二主要段落，就要替代一種非自動自由的發展上第一個段落，而出現了。關於時間的問題，我們的見解，是以爲恰恰現在便是這個時期了，而現在的人類，正是處在他介於兩個主要時期之間的塵世生涯之眞正的中間的；然而關於空間的問題，我們却是在相信，人們應當首先向德國人們屬望，來開始這新時代，以爲其它民族底先驅與榜樣。

五，雖然如此，然而就連這種完全新的創設，也還不是由已往的情形裏一躍而出；乃是迄至於今的時代上的眞正自然的繼續和結果的，尤其特別在德國人方面。時代之一切生動與努力，其氣勢之所趨，顯然可見，並且據我所相信，已爲大家所公然承認，是盡在袪除人類心性裏的昏昧感覺，和唯獨使清晰明確與知覺認識得以達到主宰的地步。這一種努力，我們一看到迄至於今的那些空虛無價値現在已俱被完全揭除的事實，我們簡直可以說是完全成功了。這宗求明瞭，求淸晰的欲望，現在無論如何，也是不可再被拔除了去的，或者那宗木然向着昧昧不明的感覺裏的陷溺，無論如何也是不可令牠再到了支配人類心靈的地步；那宗求淸晰明瞭的欲望只是還應當加倍地繼續向前發展，加倍地向上流社會裏灌輸，以便也可使一點物事，也可使那肯定的，和眞正有點甚麼可供樹立出來的眞理，于虛空無價值的現象被揭除後，亦然得以顯露了出來，爲大家之所共見共仰。　那由昏昧不明的感覺裏來，而關於現成具有，以自己建立自己的存在的個世界，已是沈淪了，並且應當永久沈淪了的；然而那出之於元始的淸晰明瞭性而關於永久繼續由精神界裏分娩而出的存在的個世界，却應當發射光芒，開始展現牠全盤的彩華了。

對於一種在這樣的些方式裏的新生活底預言預告，固然要令時代裏的人們覺得離奇可怪的，並且甚至他們或許連把這一種福音據爲已有的膽量都會沒有的了，如果他們的眼光，僅只注射到盛行於他們之間的那些關於方纔提到話下來的種種對象和意見和這種經我們吐露爲新時代根本原則的事物彼此的離有多樣大的話。　我不要說那宗一向都被人們視爲一種不可普化的特權，因而迄至於今照例僅只爲社會裏高一層的階級之所得享受，而牠對於超感官性，或所謂形而上的個世界竟完全緘口不言，並且牠所謀求的，也不過僅只使受教育的人們略少得到一點關於感官性，或謂形而下的個世界裏的事務的智巧而已的教育，是一種顯然愈加惡劣的教育的，我的目光之所注射的，僅只在那所稱之爲平民教育，和在一定的一個很有限的意義之下也可以被稱之爲國民教育的教育的，因爲這一種教育對於超感官性的形而上的個世界，並非絕對守緘默的。　這宗教育上之所主張的究竟是些甚樣的教言，學說吧？如果我們一方面，當作是新教育上所必須具有的最初最先的前提，去樹立了那種以爲在人類底心性裏是具有一種對於良善優勝的事物而生的純潔樂趣，而這種樂趣竟能爲人們之所發展得，使人們絕對不會再把所認之爲良善優勝的事物棄置不理，和絕對不會替代這宗情形，更去作那所認之爲惡劣的事情的學說，那麼迄至於今的教育竟與此完全相反，而不僅假定，甚至還是自幼齡起即已教訓牠的學童們，一半說，人類對於上帝所立之禁戒，是具有一種天然的悖惡性的，一半說，在人們簡直是不可能的，來履行上帝底這些禁戒。

對於教育上一種這樣的訓示，如果牠果然爲人們之所重視和爲人們之所相信的話，那還能有其它的情形之可期待麼，除掉任何一個人都要去皈依它那既不能有所變更的天性，不去嘗試着作經它們給它所曉諭爲不可能的事體，並且心裏再也不會起要比它和一切人們底本然本能還要好的個念頭了，甚至它還會不以它們向它之所屬望的那無恥行爲爲不然，去在它那極端的罪惡性與惡劣性中自承自認，因爲這宗在上帝之前的卑劣無恥行爲，是被它們給它曉諭爲唯一的一個應付上帝的方法了，並且假使有一個像我們這樣的主張，聽到了它的耳裏時，那它也並不要作異樣的思想的，除了思想，人們這只是同它開惡劣的玩笑的，因爲它在它的心裏之所時時刻刻地感覺得到的，和伸手之所能抓得着的，都要是證明，我們這主張不眞，而惟獨這主張底反面纔是眞的哩？如果我們一方面是認定有一種與一切存在都完全無關，尤其是可以畀與這個存在以律則的認識，而我們一開頭就把任何一位人類之赤子浸漬於這宗認識裏去，更且自這時起，時時刻刻都要保持它於這個體域裏，而事物上那只可以歷史的死板方式去學習的性質與狀態，我們却是視之爲無關重要的，自會發生的附帶現象的；我們一方面的主張既這樣，可是迄至於今的教育方面最成熟的果實反以反抗態度朝着我們迎來，並且警告我們說，盡人皆知，是沒有一種先天先驗的認識的，而它們可要領教領教哩，人們除掉藉經驗之途徑外，怎樣還聽會去作認識呢？爲的是使這一種超感官性的和先驗的世界，甚至在那一點上，也透露不出來，就是在那顯然不能把這使世界避免了去的一點之上——換言之，即在對上帝之認識之可能性上——，並且就連向上帝方面，也不令人們那精神的自主活動得以延展的，乃是始終要人們持着被動的皈依態度的，所以對於這宗危險，迄至於今栽成人類的教育，竟發現了一個胆大的方法，就是把上帝之存在拿來作成一種歷史的事實，而這事實底眞或妄是要以見證之傳訊爲決斷的。

這固然是迄至於今的舊教育上的實況的；但是雖然如此，當前的時代，却不可因之而對於自己失望。因爲這一個和一切其它類似的現象，皆非獨立事物，乃只是些舊時代裏野生野長的根柢上的花朵與果實的。當前的時代，只用安然順受一種新的高貴的和茁壯的根苗之移植，那麼舊根苗便要被塞斃，並且牠所開的花和所結的果實，因爲不能由根柢裏繼續輸入養料的原因，自然會枯萎和脫落下來的了。時代裏的人們，現在還絕沒有能相信我們的話的能力，而我們這些話，他們要覺得彷彿一些神話是的，自是勢之所必至的了。其實我們也並不是只要這宗信仰的；我們只是要創造與行動的場所。只要他們後來一瞧見了我們的創樹與行動，那麼他們便要相信他們自己的眼目之所瞧見的了。

這樣譬如說任何一個人，只要他對於最近時期裏的發明創作素有所知的話，那麼他必定早就會覺察了出來，在我們這兒這些講演裏，又是把那些論斷與意見說了出來的，就是那些經近代德國哲學自其發生之時起，即已宣講而又宣講了的論斷與意見的，因爲這宗哲學，除掉宣講外，並不能更有甚麼向前的舉動了。至於說這些宣講毫無成效地消散於風地之中，這足够顯然可見的了，而這些宣講不得不這樣消散的原因，亦一般地顯然可見了。因爲對於活的事物能發生影響的，仍要是活的事物的；可是在時代裏的實際生活內，對於這種哲學尙絕無響應之點的，因爲這宗哲學之所據爲牠活動的範圍，還未給時代裏的人們引起，並且對於這宗哲學具有感受性的耳目之官，是還未給時代裏的人們生出的原因。這哲學不是屬於這個時代裏的，這個時代裏絕無牠的家鄉，牠是時代底先覺，走在了時代底前頭去，並且是一代人類預先已經完成了的一種生活要素，這一代人類是要在這一種生活要素中，纔能得達到光明的地步。對於眼前的一代人類，牠不得不放棄；可是爲的是牠一直頂到那可以了解牠的一代人類底出現，不致袖手遊閒，無事可作，那麼牠就可以去担負培養牠所從屬的那一代人類底教育了。只是這一個與牠最切近的事務，牠明白過來了之後，牠纔能和平地和靄然地同某一代牠並不喜愛的人類共同生活了。我們直至這時所描敍的這種教育，同時也是爲這種哲學所預備的一種教育；況且再一說，在一定的一個意義之下，也惟有這種哲學纔堪當在這種教育裏執教鞭的；這樣，牠便不得不當先去嘗試着了解和接受這種教育了。　不過那個時代一定會來到的，在那個時代裏，牠必爲一般人們之所了解和欣然地接受；爲了這個原故，當前的時代儘可不必對自己失望了。

當前時代裏的人們可以聽一聽，古代一位預言家對於他在他那神識透視裏所瞧的一幅幻景幻像所說的話是怎樣吧，這幻景幻像裏所呈現的一種情狀，其悲慘的程度，絕不下於我們今日的情狀的。　這就是那位差拔（Chebar）水畔的預言家，那位向被俘虜的人們施以慰藉的聖人之所說的話的，可是並不是在自己的國度裏，乃是在異國異邦裏所說的話的，他說：『主子底手降臨到我的身上來，抓着了我，把我在主子底神靈裏引了出去，置放在一片廣漠的荒場上，荒場上充滿了白骨死骸，他領着我到處行走，可是瞧吧，荒場上堆積的屍骨可眞夠多的了，瞧吧，那些屍骨眞夠焦枯的了。主子對我說：『你這位人類之子，你也想得到，這些骸骨都可以能再復活麼？』我說：『主子，這自然只有你纔能知道的』。那麼他就對我說：『你對這些骸骨作預言，並且對它們說吧：你們這些枯骨朽骸，你們聽主子底話吧。　主子關於你們這些枯骨朽骸這樣說了，「我要用筋用腱把你們再聯結了起來，要令血肉長在了你們的身上，要用皮膚蒙在了你們的血肉上面，我要畀與你們以吸之氣息，使你們再復活了起來，那麼你們就可以知道，我是眞主的。」』　於是我就照着主子底命令去作預言，這你可瞧吧，當在我去預言時，便喔喔的颳了起來，和生動了起來，並且那些骸骨都又一塊一塊地對在了一起，各據牠原來的位置，血脈與筋肉在那上頭一律長出，並且也都蒙上了一層皮毛；但是在它們的身體裏還沒有呼吸的氣息。　於是主子又對我說：『向風作預言吧，你這位人類之子，並且對風說：「主子這樣說了，風，你由四面颳了過來，向這些死人堆裏吹吧，使它們再得復生。」』　於是我又照着他向我所命令的去作了預言。　這樣呼吸的氣息，便鑽入它們的體內，登時它們都又有了生機，並且站立了起來，而這些人們竟成了很大很大的一個軍隊』。　只用讓我們高一層精神生活上的成分也照樣的焦枯腐朽，而更因此也讓我們民族統一上的連繫都一般地破碎了吧，並且在凶野的無秩序中，散散亂亂地，像那位預言家所說的那些骸骨一般堆積那兒吧；只用讓在粗風，暴雨，和灼炙的陽光之下，晒白了和吹枯了牠們吧：——那無論如何，精神界裏所具有的賦與人類生命之吹息，總還沒有停止在吹颳哩。　這吹息也將要抓着我們民族軀體已死滅的骸骨，而將牠們一塊一塊地堆壘了起來，使牠們再光華燦爛地立於新的與光明的生命之中。

(一)　見聖經赫塞奇耳篇，三十七章，一至十節(Hesekiel 37, 1—10.)。

第四次講演

德意志民族和其餘出於日爾曼血統的民族之間主要不同之點

在我們這些講演裏所提出栽成一代新人類的教育方策，應行首先由德國人們向德國人們去施用，並且這個教育方策原來與儘先完全適宜於我們的民族，這是已經說了的。 連這一句話，也須要一番證明，而在這一番證明上，我們也要是和迄至於今的步驟一般，先從至高深與至普通方面來開始，以便相示德意志人民就本體與個體說，完全把它們現在所遭遇的命運撇開，在它們那特質特色裏究竟是甚麼，並且自從它們是甚麼以來，歷代情形又怎樣，此外以便陳述，即在這一種特質特色裏，已經隱伏德意志民族超越一切其它歐洲民族之上，而獨能有受一種這樣教育的能力，和內裏已具有總應一種這樣的教育的影子。

德意志民族首先的情形便是日爾曼人種底一個支派，對於日爾曼人種應行說的話，在我們這講演裏已够了，如果把那一種科學的確定舉示了出來的話，這確定就是說，當在日爾曼人出現於歐洲時就把舊日歐洲已成立的社會秩序同它們舊日在亞洲時所保存的眞正的宗教給聯結了起來，而這樣便就本體和由個體之內發展了一個與已沈淪的古代相背馳的新時代出來。 再者我們所應說的話也已足够了，要是我們去把德意志人民尤其僅只就它們與其它發生於它們之旁的日爾曼各民族支派相背反之點加以一番說明的話，因爲其他的新歐洲民族，譬如說，出於斯拉夫血統的各民族，與其餘歐洲民族相比較，便要顯然令人們覺得，它們發展的程度還並非那麼清晰，竟能使一定的一種對於它們的描畫有可能的了，然而其它同出於日爾曼血統的民族，在它們，我們馬上就要指出的主要區別的根由並不適用的，譬如說斯干地納維亞半島的人民（Skandinavier）在這兒決無可疑地也應該被視作德意志人民，而同被包括於我們這觀察上的一切普通結論裏了。

不過在我們現在特別所要作的觀察未實現之前，卻務須將下列的一段註語說在前頭。　在這一段註語裏，我要舉示一件事實出來，作爲原本由一個民族宗派上所發生出來的區別的根由，這件事實僅就事實方面說，也是很顯然和不可反駁地置在大家眼前的；然後我就要把這已發生了出來的區別上的單個現象一一樹立那兒，這些單個現象，僅只作爲事實方面說，已然可以能陳述得使人們了然洞見。　不過關於把這宗處於結果地位的單個現象拿來去和處於爲牠們根由的地位，而由同一宗派上所發生了出來的那種區別作結合的行動，因而結果怎樣由根由裏得以演出的情形，這卻是我在普通方面，不能預期我的話能爲一切的人們都有同一的顯明與確證的力量的。　就是在這一個論點上我所說的話，也還並不是完全新的，和迄至於今並未曾有所聞的論斷的，乃是在我們大家裏面有許多單個的人，它們爲對於這件事情的一種這樣的見解，或者已經有了很好的預備，或者對於這種見解亦已素所習知了。　但是在大多數人們之間，關於我們所要提起的這個對象，確係有一大批與我們這些觀念完全相異的觀念在流行着，而要來改正這些觀念，並且把一切經那些對全體全部的事物素無練達眼光的人們由各片段事例方面所提出的反對，都要一一予以駁斥時，那這未免要遠超我們這講演時間和我們這講演計劃底限界了。　因此我不得不自認爲滿足了，能得把我在這一個論點上所要說的話，這些話決非片段的，割裂的，和並非未向這兒所發生出來的知識底深處去建樹地立在了我全部思想之中的，僅只當作給它們可以繼續向下思索的對象，置之於它們的眼前。　這些話，在我，總然不爲整個學說所不可免除的澈底性計，就是一看到那由這些話裏所發生的重要的，在我們這講演以後的歷程中自會出現，而本來應屬於我們次一舉動範圍內的種種結果效果時，便不可以完全地隔過，而絕不一提了。

德意志人民底命運和其餘由同一根柢裏所產出的各民族支派之命運的不同，首先與直接呈現於觀察者眼簾之下的，便在德意志人民仍是居留在它們原始民族本來的住在地之中，而其它的支派，反移居到了其它的地方去，並且更在德意志人民仍保存了和繼續建設了它們那原始民族本來的語言，而其它各支派，反採用了一種異邦異族的語言，並且逐漸按照着它們的方式又改造了這一種語言的。由這最初的一點不同，必定是產生了後來所現出的那種種不同的，譬如說，在原始的祖國裏，按照着日爾曼民族的原始習俗，始終都是在一個權力有限制的元首之之下所設置的聯邦制度的，可是及之它們遷移到其它的邦國去時，它們的憲法卻就愈加照着迄至當時的羅馬（römisch）方式轉成了君主政體，並且也竟明明白白宣言爲這宗政體的，不過這一宗發展程序，卻絕非倒轉過來而實現的。

在這所舉示的種種變換之中闢首第一個，就是家鄉底變換，卻完全無關重要。人類無論在任何一塊地帶上，任何一抹的天底下，都能很容易地弄成了自己的家鄉，並且那民族底特質特性，決不會爲它們所居住的處所之所過甚地轉易的，更且反而是能主宰這居處之所，和以自己的意向來改造這處所的。就連四周自然界影響之不同，在爲日爾曼人所居住的地帶裏，也並不是很大的。人們同樣不可重視的，就是被日爾曼人所佔據的邦國裏，日爾曼血統的人民便要同以前居住該國該邦的人民互相混合的那一種狀況；因爲由這宗混合裏所產生出來的新民族底戰勝者與統治者與教化也仍都還只是些日爾曼人哩。況且這一種血統的混合，既在異國異邦，而亦在祖國俱曾實現過的，在異國異邦是同嘎利(Gallier)和康達不列（Kantabrier），以及其它種種人民所實現了的，而在祖國，便是和斯拉夫人民（Slawen）的混合，況且其混合的範圍也還非輕微的哩，因此由日爾曼人種所發生出來的各民族支派，在今日之下，要說是任何一個支派的血統，較比其餘的支派都還要純潔，這話是它們任何一個支派都很不敢在其它支派之前安然出諸口頭的了。

但是較比這一個變換可重要得多了的，據我的眼光看，卻是一個第二種的變換，就是語言底變換，這語言底變換，便是建立德意志人民和其餘日爾曼血統各民族支派之間的一種充分的對反的；並且在這上頭所關係的，既非爲這一個民族支派自來所保存的那種語言底特質，而亦非爲一種其它支派所採用異族的語言底特質，這所關係的乃全在那一方面是保存了固有的事物，這一方面卻反而是採用了外來的事物的，這是我一開頭就要確定地說了出來的句話；不過這所關係的，仍不在那些自來都在繼續着說一種原始語言的人民底先前來源的，這所關係的，實在只是在這種語言並無間斷地被人民之所繼續講談施用了，因爲人類受語言底造就，卻遠過於語言受人類底造就的。

爲的是把一種這樣的區別在民族底製造裏所生出的效果與結果，並且爲的是要把由這一種的不同之點裏必定要發生出來，而處在民族特質特性裏的一種一定的背反情形拿來儘着我們這兒的可能和必須的程度給大家弄明白，那麼我就不得不邀請諸君來參加我們對於語言底性質所要作的一番觀察了。

所謂語言的，和尤其人們對各種事物在語言中藉人類語言器官所發出之聲音以畀與名稱名號的舉動，決不是以人類無根無據任意妄造的決斷和彼此的約定爲轉移的，這其間是先有一個基礎律則的，根據這律則任何一個概念在人類底語言器官裏，都要達到牠那一個，而決不能達到一個其它的聲音上頭來。一方面世間一事一物，既在個人的語言器官裏以牠們那一定的一個形式，色像，以及其它等等方面自行留造影子，那麼牠們在處於社會社交裏而互相往還的人們所執爲互通款曲的工具裏，就是在語言裏，自然也是會要以牠們那一定的一種音響自行結一個體式出來的。所以說，本來並不是人類在那兒說話，乃是人類底天然天性在那兒發言說話的，並且是在把自己的意思宣洩播佈給牠的同類的。因此人們就原該說：語言是只有一種，唯一的與絕對勢所必至的一種。

語言上的第二種情形，就是縱然語言爲人類以人類底本體，從不曾，以及任何一個地方都不曾在牠這宗徹始貫終的一致性裏現出過，乃是處處都要爲一批功效功用之所繼續向前變更與改造的，這批功效功用便是爲人民環境的地帶，以及語言經人們使用的次數愈見加多，或愈見稀少的情形，對於語言器官所發生了出來的，此外即被人們之所觀察，並以名稱名號被人們之所記出的事物一前一後相繼續的情形對於名稱名號方面一前一後的繼續所發生了出來的。但是在這一點裏，也並非出之於任意妄造或適逢其會的行動的，就是在這兒也有嚴格的律則以爲之準繩；因此至於說在一個經方纔所說的各項條件這樣所限定的語言器官裏，不會生出唯一的一種和純粹的全人類語言，並且固然還恰切是這一定的一種由其中傍出的語言纔得透出於各民族之間，這是必然的情勢了。

假使人們稱呼那一大批立於，共同生活於，以及在繼續不斷地出於此口入於彼耳的講傳言說作用中繼續造就它們的語言於這同一的外面的，對於語言器官所生影響之下的人們爲一個民族時，那麼人們便不得不說：此或彼民族底語言，是不得不照着它們那此或彼已然的狀況而然的，並且本來並不是此或彼民族在那兒吐露它們的認識知識的，乃是它們的認識知識自行由它們的內裏吐露了出來的。

在語言底進化裏縱然經上面所提及的那些同一的狀況而生有種種的變換，但這種適合律則的情形卻始終不間斷，並且固然還爲那一切對於語言始終都在不停歇地講傳言說的人們，以及被任何一個單個的人所吐露了出來的新字樣，新名詞，一經達到了一切人們底耳內，那同是這「一個」適合律則性也便要繼之而生效力的了。人類天性裏所具的這同一的一種在原始時期不得不突然以衝出，而生機充盈的，創造語言與吐露語言的能力，歷經數千年的長久，和歷經一切在這數千年的長久裏，這一民族之語言上的外部現象所遭遇的變動變易，而仍能依然如故，這一種能力不間斷地由一切的前提原因，制限限定裏湧流了下來，而在每一種的前提原因制限限定裏便不得不成了牠所已成的那個狀況，在每一種的前提原因，制限限定底終結更不得不成了牠現在所是的那個狀況，並且中間在數度過渡的時期裏，竟也要成了牠馬上不得不變成的那個狀況的。純粹人類的語言，首先地同一個民族當在牠第一次的聲音發出時所產生的那一種音質聲勢歸結在一起，然後再同這第一次所發出的聲音在已成的狀況之下所不得不獲得的那一切的發展歸結在一起，那麼爲其最後的結果的，便就是這個民族當前時代的語言了。因此凡所謂語言的終究仍要是這同一的語言的。只有讓數百年之後的後人們不能了解當初它們祖先底語言吧，因爲種種過渡段落給它們喪失了；但是自開始的時期以來，確係有一個恆久不斷，不躐等而進的過渡段落的，不過這個過渡段落在當前的時期永遠顯不出來，並且只是在添加新的過渡段落時，纔能爲人們之覺察，而令人們瞧着彷彿一種裂罅是的。　永遠不曾有一個時刻會出現的，在這個時刻裏併世同時的人們竟能中止彼此互相了解，因爲它們之間永久不變的情意媒介者與傳達者時時刻刻和始終都要是由它們內裏向外作語作言的公共的天然能力的。　語言上的情形就是這個樣的，如果把語言看作是對於直接感官性的覺察上的對象所加的名稱名號時，而一切人類的語言，在一開頭時，俱都是這樣直接覺察的情形的。　假使民族自這一種直接感官性的觀察再高進一步，而達到能觀感與理解超感官性的，或所謂純精神性的事物的地步，那麼這宗超感官性的，純精神性的事物就可以拿一個名稱名字來把牠們定止住，以便可以爲任何一個單個的人，任意重複出現，和使牠免得同感官性的或所謂物質性的事物互相混亂，並且以便去向他人作傳達，以及按着自己的目的去引送到他人底耳內，不過這宗定止的方法儘先的一着不會是旁的樣子的，除掉把一個單個的人一方面表示爲可以通達一種超感官性，純精神性的界域的器官，一方面再自這同一單個，而又可視作通達感官性界域之器官的人確切地分別了出來一舉之外——換言之，就是應當把一個整個的人一方面所具有的一副靈魂，一腔情緒和其它這樣的事物拿來去和它其它方面所具有的肉身肉體互相對立。　再者這個超感官性，純精神性的界域裏的種種不同的事物，因爲牠們全部僅只是在那個超感官性，純精神性的器官裏出現，並且僅只是爲這個器官而存在的，所以在語言裏的表現，就只能是去說，牠們對於牠們器官的關係，是和這或那一定的些感官性事物對於牠們感官性的器官的關係一樣的，並且只能去說，在這種關係裏，一種特別的超感官性事物，是和一個特別的感官性的事物被置於同等的地位了，而因這一種同等置放的舉動，牠在超感官性的器官裏的位置，便被語言隱隱地暗示了出來。　在這個範圍內，語言底能力，僅止於此，不能更有向前的舉動了；而牠對於超感官性的事物的作用，便在給超感官性的事物創出一幅感官性的，具體的形像來，僅只隨帶着說明，超感官性的事物，就是一種這樣的形像，象徵，意思，意境，符號，記號；誰要是想達到這一種形像，符號內所指的境地，而在腦中作一番觀望，作一番理解時，那麼牠就必須得按照着經這個形像，這個符號給牠所示出的那律則，去發動牠自己精神的器官，以為它在這方面效力效勞的了。——從普通方面來說，顯然可以看出，超感官性事物底這宗具有象徵作用的名稱名號，每次都要是不得不以各該民族之間所具感官性的認識能力之發展階段為準繩的，因此這宗象徵性的名稱名號，其開始與進化在不同的語言裏，結果亦必將很不同的根據着那一種關係底不同，就是那一種在說一種語言的民族所具感官性與精神性的教育造詣之間已發生和時時刻刻都在發生着的關係。

我們現在先舉一個例子出來，令這個就本體說很明顯的註語得以不板滯。我們大家都知道是有一點事物的，這點事物依照上次講演裏對於人類基本衝動所解釋的那種了解方法，並非因人類昏暗的感覺，乃同時係因人類清晰的認識之所產生了出來的，而像這樣的事物，每次都要是一種超感官性的事物的，用一個希臘字樣來說，是叫作意像（Idee）的，這個希臘字在德文中亦然屢屢見用，可是所給我們的一個意境，象徵，恰切和德文中那個原有的 Gesicht（神識）一字恰切相合的，譬如馬丁・路德（M.Luther）聖經譯文中下列字樣：你們將要聽見一些神識裏的現象的，你們將要會想見夢見的等等字樣，便是其明徵了。所謂意像或所謂神識裏的現像的，如果從感官性的意義方面來看時，那便要是一點只可用肉體上的肉眼纔能見得到的事物的，然而卻絕非可以用一種其它感官，例如觸覺，聽覺等等感官之所能捉摸得着的了，這也好像一道彩虹或奇形怪狀的人物在夢中自我們眼前馳過，只能見，不能聽聞的情形一個樣的。可是這所說的意像，神識，如果從超感官性的意義方面來看時，那麼首先按照這個單字所應適用的範圍說，便要是一點絕非能用人類肉胎肉眼所能見得到，乃只是要用人類底精神纔能見得到的事物的，其次，就連這一種情形，也還不像許多其它情形一般，是要用精神界裏的昏昧不明的感覺纔能得以了解的，乃是要用精神界的眼目，就是前面之所說的清晰的認識知識纔能得以了然於心目中的。 再者，人們果然要假定，古代希臘人們在製造這種具有象徵作用的名稱名號時，自然是要把方纔之所說的彩虹情形，以及其它此類現象拿來作爲製造之基礎的，那麼人們便不得不承認，它們感官性的認識，在它們未發現這種舉動之前，早已就高進了一步，而達到了能覺察事物之間的一種區別出來了，這種區別就在一部分事物是能給一切或許多感官之所開啓，而一部分事物卻僅能給視覺的感官，就是僅能給眼目開啓的，此外人們還不得不承認，古代希臘的人們決不能這樣，而必要是另樣地來表示我們方纔所開陳的這個概念的了，如果這個概念在它們能弄得很清白的話。果然要是這樣了，那麼它們在精神方面的清晰明澈裏的特長，一經合一個其它的民族相比較，便要顯然地透露出來了，如果這個其它的民族不能把由審愼周慮的，醒覺的狀態裏所採取的象徵拿來作爲表示感官性事物與超感官性之間的區別，而竟向夢鄉夢境裏去投奔，爲的是可以爲一個其它的世界能得尋到一個比擬之像；此外同時亦更可顯明了出來，這種區別並非因這兩個民族裏對於超感官性的事物所具感受性之或較强或較弱而始成立的，這乃是純粹因它們這兩個民族當初要用語言文字把超感官性的事物表示出來的時候，它們感官性方面淸晰明瞭的程度有所不同，纔建樹了出來的。

由此觀之，對於超感官性的事物在語言方面的一切表示，命名的舉動，都要是以作這宗表示，命名舉動的那個人腦中所具感官性認識之清晰程度以及範圍之大小爲標準的了。 它所用的那個象徵，意境，是它所了然於心目中的，並且給它把被了解的事物對於精神性器官的關係充分明瞭地表現了出來；因爲這個關係又經一個其它的直接活躍於人們眼目之前的對於牠的感官性器官的關係給它供給了一番解釋的。 這個這樣所發生了出來的新名稱名號連帶一切新生的淸晰明瞭性，而這清晰明瞭性因名號單字底這擴大的用項竟也爲感官性的認識之所獲得了去的，於是乃被置之於語言之中；並且所有將來可能出現的超感官性的認識，便要以牠們對於置放在全部語言中的這全部超感官性與感官性的認識的情形，的關係，而被予以名稱名號了；這個舉動便是這樣不間斷地時時連續了下去；而這樣那種種意境，象徵上的直接清晰明瞭性與顯然可見性便永遠不會破裂中斷，乃是牠們要始終成爲一道連續不斷的洪流的。——再者，因爲所謂語言的，並非由人類底任意行動之所媒介而來，乃是以一種直接的大自然底力量，由有條有理的，合於理性的生活裏發生了出來的，所以一種中途並不會斷裂地依照着這個律則以繼續進化的語言，自然也會有能力，去直接涉及人生和推動人生了。直接當前的事物既皆能激動搖撼人類底心情，那麼一種這樣的語言裏的語句也必不能不會激動搖撼一個能通曉這宗語言語句的人的了；因爲這些語言語句也都是些眞正的事物，決非任意妄造，而空洞機械的物體的。在感官性方面，語言最先的情形是這樣的。然而在超感官性方面，也並沒有甚麼不同。因爲雖然在關於超感官性事物的關係裏，人類對於大自然所作的觀察底繼續不輟的進程，能爲人們鬆弛自由的反省與沈思之所中斷，而在這兒雖然便彷彿無形可形，無像可像的上帝陡然走入了圈子裏來的一般，然而以語言賦與事物以名稱名號的舉動，卻登時就可上去把這宗不可形像的事物向後頭設之可形可像的事物底連恆不絕的連繫之上去了；於是這樣就連在這一種關係裏，那首先以一種大自然底力量而透出的語言，其連恆不絕的進程始終也不中斷的了，而名稱名號底大洪流裏，亦並無漫無準則的任意舉措得以混入了。因此，就連一種這樣連恆不絕以繼續向前進展的語言上的超感官性部分所具有的那推動人生的力量，對於一個只要去運用它的精神方面的器官的人，自然也不會失效，錯了過去的。一種這樣語言裏的字樣語句在牠的那一切的部分裏，處處都是生命和處處都在創造生命。——假使我們也在語言對於超感官性事物的發展方面去作那一種假定的話，就是去假定，講說這一種語言的民族始終都未經中輟地處於這一種語言的宣達之中，並且更假定，凡是一個人之所思，之所吐露了出來的馬上就都達到了一切人們底耳內，那麼直至這時普通所說的話，自然也要是爲一切講談這種話的人們都適用的了。而語言中所寄託的這象徵，這意境，在那一切的，只要是在精神方面肯去思索的人們都要了然明瞭的；可是只在眞正能思想的人們，這象徵意境，纔能是活的，和推動它們的生命的。

一種語言的眞相，我說，便是這樣的了，這種語言自在這一個民族裏當初第一次所發出的聲音起，後此並不曾中斷地由這個民族實際公共生活裏所發展而出的，並且歷來得以混入這種語言裏來的各成分中，永不曾有一種不是表示這個民族所眞正經驗體認了的一種觀念觀感的，和永不會有一種，不是表示與這同一民族底一切其餘觀念觀感立於由各方面所匯聚而成的連繫之中的觀感觀念的。儘管讓其它民族支派和其它語言範圍裏的單個人民加倍地合併於說這一種語言的基本民族裏來吧；人們只要不許可，把它們所具有的觀念範圍提高到了那一個自此時起語言便要據爲繼續發展之基的立場上頭來，那麼這些單個的人民就要無聲無閱地消沈在大衆底團體裏頭了，並且對於語言也是不會有影響的，這樣長久一直等到它們親自進入這個基本民族所具有的種種觀念觀感的範圍之後，那麼這樣便不是它們去造就語言，乃是語言去造就了它們的。

然而與一切一直到這兒所說的話完全相反的情形便要會登時實現的，如果一個民族放棄了它們自己的語言，而去採用一種異族的，從超感官性的名稱名詞上說，已經很有所成就的語言時，不過它們的採用方法卻並非完全自由地去歸依於這個異族的語言底影響與功效的，並且更非自行決斷，它們何時未走入這種異族語言所具種種觀念之範圍，何時便寧願沈默無言的，它們的採用方法，乃是硬把它們自己的觀念範圍強行置入語言裏去的，而這種語言，自牠被它們所發現的那個場合分發，後此便不得不繼續流轉行動於它們這個觀念底範圍裏了。像這一宗於採用異族語言時所發生的事實，在關於語言之感官性部分方面，是不會有甚麼後續的情事發生的。因爲在任何一個民族裏，即便沒有這一層情形，兒童們也都還得學習語言上這感官性的部分，彷彿那些名稱單字底來源都是由於人們任意的行動之所造作的一般，而這樣便在這裏要把民族已往全部語言之進化情形從頭到尾地追補重溫一遍了；可是在這感官性的範圍內，每一名稱，每一單字都可藉那與被這些名稱單字所表示的事物的直接觀感或接觸，而充分給它們弄明白，使它們不致再有所誤會誤解。　要說是由這一種採用異族語言的方式，在感官性方面有甚麼後續後效之可發生的話，那至多也不過可以說，一種這樣變更它們的語言的民族，倡始的第一代，雖然都是些成年的大人，而在這所採取的語言裏，便彷彿都要是被迫而入於兒童底年齡裏去，把一切的都得從頭再學習一遍了；但在後生一代的人們和在將來一代一代的人們，一切都又要歸入語言底正轍正規，而仍處於舊秩序中了。反之，這一種語言底變換，在關於語言底超感官性部分方面是有至大的後續後效可發生的。　這一部分固然照着直至這時所描寫的方式給那第一批佔據了語言的主人們出現了出來；可是爲後來佔據了這語言的人們，語言裏的意境，象徵，便要令有一種和一個感官性的觀念的比較的了，而這一個感官性的觀念，是它們或者因爲沒有附帶的精神教育的原因，已經早已就邁越了過去，或者是它們這時尚未曾有過的，或者免不了也永不能會有的。　因此它們在這兒所能作的事情，至多也不過是去令人們給它解釋這意境，這象徵，和這意境象徵底精神方面的意義因這一宗行動，它們之所能獲得的，僅只是一種生疏的，異族的教育之膚淺而無生機的歷史，然而卻絕不能獲得一種自己的教育的，而它們所能獲得的概念觀念，爲它們既不能直接明顯清晰更也沒有推動生命的力量，乃是不得不令人們覺得牠們完全是出之於任意妄造性的，如同語言上那感官性部分一般。　爲它們，因這把空空的歷史拉來作解釋的材料的舉動，語言在關於牠那象徵性底全部範圍裏，便算死殭，完結，而牠那連恒不絕的繼續流傳，便算中斷；並且縱然它們可以超出這一種象徵性底範圍之外，按照着它們自己的方式再活旺地繼續着把這一種語言向前建設，只要這種情形自一個這樣的出發點出發，是有可能的話，然而那一宗象徵性的成分卻終究要爲一道居中的界牆的，在這一道界牆上，語言以一种人類天然力量底資格由人生裏的原始出發，以及實際的語言又向人生裏的歸返毫無例外地都要碰碎失散的。　雖然一種這樣的語言，在表面上能被人生底風力之所吹動，並且這樣外面看着，彷彿由自體上發生了一種生命出來似的，但是牠在牠那更深的個去處，卻終究是懷有一個死的成分的，而新觀念底範圍一經出現，舊觀念底範圍一經破折，那麼牠便要被自生生不息的活根活苗上割斷了。

我們現在再拿一個例一來，作爲活潑我們方纔所說的話的資料，而關於這個例子，我們還要予以附帶說明，以爲一種這樣根本死殭，而令人們不懂的語言，也是很容易爲人們之所曲解，更且爲人們之所濫用爲彩飾人類之破滅沒落的資料的，而這種情形，在一種永不曾死滅的語言中卻決不可能了。我還用上面所說的那三個有惡劣名聲的名詞，就是：Humanität（人道主義），Popularität（平民主義），Liberalität（自由主義）作爲一個這樣的例子。這些名詞，如果在一個不曾習學過其它語言的德國人跟前說了出來時，那這在它，便要是一種完全空虛的響聲了，這響聲不會因聲音底類似使它憶及任何一種素所聞知的事物的，而這樣便要把它自它那觀念範圍，和一切可能觀念範圍內完全地給扯了出來了。不過如果這個它素所不知的單字，因牠那生疏的，高貴的，和優美的音響惹起了它的注意力時，並且如果它心內思想，能有這樣高貴響聲的事物，必定也是有一點高貴的意義的，那麼它必定也要去令人們完全從頭和當作一點在它是完全新奇的事物給它解釋這一種意義的，于是便能僅只盲然地去相信這一種解釋了，這樣它便要暗暗地被習慣，去承認一點事物爲眞正的存在，和爲尊嚴有價值的，可是這點事物，要是完全在它個人方面，那或許永不會認爲有一提之價值的。人們切莫相信，在那些新拉丁（neulateinisch）民族，在它們是把上面所說的那些名詞，妄自認以爲是出於它們母國語言底名詞的，情形便大有不相同了。如果不曾對於古代和它們實際的語言作學識的考究，那它們對這些單字底根源之不能知曉，是不下於德國人們的。假使人們替代這個外來的Humanität（人道主義）一名詞，把德文原有的那個Menschlichkeit（人的，人性或人倫性）一單字，這是那個外國字直譯成德文，於應譯的個單字的，說給一個德國人聽時，那它無須其它歷史的解釋，便可以明白我們是要說甚麼的了；但是它可是要回答着說的：

那人們可並不見得有甚麼多了出來的哩，只要人們是一個人，而並不是一個野獸，就足可發了這名詞底意思了。這句話，在一個羅馬人，永遠不會說了出來的，可是在一個德國人，不能不這麼說的原因，是因爲這個 Menschheit（人的，人性或人倫性）底概念在德國人們的語言中在當時始終都僅只是一個感官性的概念的，而永不曾像在羅馬人方面一般成了一個超感官性的概念底象徵的，因爲我們的祖先們或許在此事之前久已就把單個人類的德性覺察了出來，而以象徵的方式在語言中一一予以名稱名號的表示，當在它們未曾想到，把這單個的人類德性總括於一個一致的概念之中，以與動物的天性作對反之前，而這一種情形即便在羅馬人底跟前也絕不能給我們底祖先們顯得是一種可非難的情形的。雖然如此，然而無論誰，終究要把這個生疏的，羅馬語言裏的象徵的單字，以造作的方式給德國人們輸入語言裏去時，那麼它顯然要把德國人民底道德心情給降跌了下來的，因爲這樣，它便不得不給它們把它所要輸入的象徵，單字，都要說成一種特別優良和至堪讚佩的事物的，而實際上在異族的語言裏固然也能有這樣的些事物，但是這在它心裏順着它那民族想像力上所具備而難得滅除的天然性質，仍僅只是理解爲那決不能勾消的素所習知的情形的。如若經過一番詳細的考究，那或許可以能證明，像這樣用不合適的和生疏的象徵，單字，把從前道德心情給降跌的行動，是那些採用了羅馬語言的日爾曼民族支派在一開頭時就曾遇到了的，不過在這兒這個狀況上，卻並未經人們恰切最重要地視之了。

再者，要是我替代 Popularität（平民主義）和 Liberalität（自由主義）兩個外國單字，去向一個德國人說：向大衆討取寵幸，和剷除奴隸心性的兩種字樣，因爲那兩個外國單字直接譯了出來，便應當是這兩種德國的字樣的，那麼這個德國人乍一聞到這種字樣，心內連一個清晰活躍的，感官性的觀念都不能會起的，而這在從前的羅馬人，心內卻一定會起的。因爲從前羅馬人，每天眼前都能瞧得見各式各色慕虛榮的候補人員對於各方面那低三下四，殷懃小心，多禮多儀的卑鄙舉動，和處處那奴隸心性底爆發，于是它們耳內一聽到這宗字樣，這宗情形便要活現於它們底腦中了。 因國家政體的變更和基督教之輸入，而這一種社會醜劇乃得給後來的羅馬人民劫奪免除，可是在這後來的羅馬人民，特別因受這奇特別級的基督教之影響，這基督教是它們在當時既不能拒絕，而亦並不能吞併了的，所以它們自己的語言大半都已開始死滅於自己的口中了。 怎樣還能活活地傳流到一個其它的民族裏來呢？ 這宗語言現在怎樣還能向我們德意志民族裏傳流呢？ 至於說再者關於在那兩個拉丁名詞裏所藏有的一個精神事物底象徵一層，那麼在這個 Popularität （平民主義）字樣裏，原本就含有一種惡劣意味的，而這一種惡劣意味因國家憲法底破壞在它們底口舌裏竟曲解成了一種德行了。 德意志的人們卻永不相信，這個單字是會有這種曲解的，當在這個名詞一旦在它們底語言裏被捧呈了出來之後。 而對於那 Liberalität （自由主義）一拉丁名詞的翻譯，如果翻譯者要譯作一個人沒有奴隸心性，或者，這一個名詞是被引用到了新時代的文化習俗裏來，而譯者又可譯作一個人沒有僕侍心性（Lakaiendenkart）時，那麼德國人們必定又要回答着說，連這樣的翻譯法也是很不足以盡這個名詞的意思的。

況且此外人們又沿着新拉丁語系各種語言底繼續進展把對社會狀況缺乏嚴肅眼光，自卑自賤，以及毫無趣味可言的鬆弛放蕩等三個概念置入上面所說的那三個，即在牠們那純潔的形式之下當在羅馬人們底時代已經是在道德教育底一個很低的階段上所產生了出來的，或恰恰是在表示着一種惡劣意味的意境，象徵，裏面去，更且又把這三個新置入的概念，竟也輸入了德文裏來，以便藉人們對古代與外國心內所起的那宗景仰尊重的情形，完全在暗中，並不令任何一個人可以這樣清晰地覺了出來，人們的話是要說什麼的，就把剛纔所說的那些概念，也在我們這方面弄到了一個尊嚴威望的地步。 這卻自來都是任何一種混合改置的行爲底效果與目的了，這宗行爲就是：先由任何一種原始性的語言俱皆有的那直接明瞭性與確定性裏面走了出來，再把聽講話的人們去蒙蔽在昏暗與不明瞭的情形之中；於是繼續着便帶了這時對於那些概念已經成了必須的解釋，就朝着聽衆們經這種情形所惹起的盲目的信仰而奔了來；最後在這解釋裏竟把美德與惡德混攪一起，簡直便那成了一種很不容易的事情了，去把這兩方面再分辨開。 倘若人們果然要把那三個外國單字本來所不得不要說的那個意思，假使牠們果然是要有點甚麼意思的話，去用德國人們底語言和在德國人們底意境象徵範圍內這樣說給一位德國人聽時，就是：Menschenfreundlichkeit（仁愛性），Leutseligkeit（樂羣性），以及 Edelmut（高尚心），那麼它登時便會明白我們的話了；而那所說的惡劣意味，自然永不會竄入那三個名詞裏而去了。 在德國語言底範圍內，一種這樣把人們蒙在不明曉和昏暗中的情形，或者是出於譯文底拙劣，或者是出於陰險的惡意的；像這宗情形，在我們德文是可避免的，因爲正確忠實的德文譯文，以時時刻刻俱替現成的語言資料，完全具備在那兒的。 然而這新拉丁系各種語言中，這種不能了解的情形，卻是自然的與原始的，並且也沒有方法可以免除的，因爲它們並沒有任何一種活的語言，可用以考查死的語言的，並且在這一點上嚴格地論起來，它們簡直是沒有一種出於自國的母語的。

我在這一個單獨的例子上所陳述的情形，這情形是我們很容易引過語言底全部範圍的，並且到處可以令人們重複發現的，就是要把直至這時所說的話，儘我們在這兒的能力，給諸位弄清白的。 我們所說的話，是關於語言上的超感官性部分的，關於感官性部分，卻並非儘先地和直接地談論了。 語言上這一種超感官性部分，在一種時時俱替生活的語言裏都是象徵性的，總括性的，在任何向前進的一步上，都是把全民族在語言中所寄託的感官性與精神性的生活底全部在一個完成的一致中總括了起來，爲的是亦然不是要表示一個任意妄造的概念，乃是要表示一個由全民族全部直至這時的生命裏勢所必至地產生了出來的概念的，而由這一個概念裏按照着牠的名稱一雙犀利的眼目是應該能把民族全部的教育沿革於一回望中作了追溯的恢復的。 但是在一種已死的語言中，在這種語言中這一部分仍是和牠當在這語言還生活於人們底口舌中時的情形前後如一的，卻要因這一種語言底死滅，而竟致這一部分要成了聚集依然任意妄造的概念上所具那任意妄造的，和絕對不能更向下再解釋的名稱名號的一種破碎的語彙了，而人們對於這兩方面並無可奈何的，除掉只好去照樣地學習牠們。

我們的話到這裏，我們最切近的個問題，就是去發現德意志民族和其它出於日耳曼血統各民族支派之根本不同之點，便算解決了。　這不同之點，在當初由共同的人種根幹上第一次分離時，隨即便已發生了出來，而其不同之點之所在，即在德意志民族之所說的，是一種一直回溯到第一次由大自然底力量裏所湧出，而生生不息的活語言的，可是其餘各日耳曼民族支派之所說的，乃是一種僅只在表面上生動，而在根柢上卻已死滅的語言。　這兩方面底區別，我們僅只置放在這一種狀況之上，就是置放在語言之死活兩點上；而關於德意志語言之其餘內裏的價值，我們卻決不多事更加涉及。　因為生與死之間的懸殊，是絕無比擬之可言的。　而前者與後者一經相對照，則覺前者之價值簡直要無窮盡了；因此德意志語和新拉丁語之間的一切直接比較，絕對是無意識的，和被迫而不得不談不值一談的事物的。　假使人們必要談到德意志語言之內裏的價值的話，那麼至少須要是一種有同等地位，一種亦然原始的語言，譬如說希臘的語言，纔能有蹈上戰場，一較短長的資格的；我們眼前的目的，卻深深處在了一種這樣的比較之下。

至於說一個民族底語言上所具有的性質對於這個民族全部人的方面的發展，能有何等巨大，不可計量的影響，就是那一種語言的，牠一則是在人類思想與意志方面伴隨一個個人，和約束或羽翼一個個人，一直到它性靈底最幽深處，牠一則是把講談同一語言的全部羣衆在這語言底領域上結合為一個唯一的，公共的了解機關的，牠一則是感官界與精神界二者真正互相貫通之點的，而這兩個界域底末端竟這樣化合一起，精神與物質兼收並蓄，簡直要令人們說不出來，這語言是屬於兩個界域裏的那一個的——無論這個影響底效果，能有多樣的不同，尤其是在有一種像生對於死的關係的地方，這總可令人們普通地猜想而知了。　在這一點上，首先呈現於我們眼底之下來的種種情形，第一，就是德國民族是具有一種方法的，去把它們生生不息的語言藉着同久已終結的羅馬語言的比較，這已終結的羅馬語言在語言象徵方面，或所謂造意境，意義，意思，以實語言內容的行動底進程中自它們的語言上過於遠離了的，還能愈向深湛處開發研究，而在這同一的一條道路上，它們又能對羅馬語言愈加清晰地作了解了，像這宗情形，在新拉丁人民，它們本來始終因處於這同一的一種語言底範圍裏的，卻就要不可能了；第二，就是德國人們如果去學習羅馬的原始語言，而這羅馬原始語言在某一種程度之下同時也可以說是包括了由這羅馬原始語言所分生了出來的各種語言的，並且假使更是要它們把羅馬的原始語言學習得較比一個外國人還要澈底的話，而這據上面所引證的理由說，卻是它們很有這能力的，那麼它們同時也要會把這個外國人自己的語言了解得澈底的多了，和能學習得愈加像自己的語言了較比那個講說這種語言的外國人；第三，因了這一層原因，所以德國人們，假使它們只要肯把它們那一切的長處都用上的話，決能時時把一個外國人全都看了出來，並且能充分地了解它，甚至比它自己了解自己還要好，因而更能按照它全部的意思去翻譯它，反之，一個外國人如若對於德國語言沒有一番至高度困苦艱難的修習，那便要永不會了解一個眞正德國人的，而對那眞正好德文決無可疑也要置之不譯的了。可是人們在這些外國語言裏，自這些外國人方面，所能學習了來的，多半都是由它們那無聊與狂思中所產生了出來的語言話語上的新花樣，那麼人們底胸懷可很够謙虛的了，倘若人們在這方面還要去向它們請教受教的話。　可是人們底本領竟要能替代這宗情形反向它們指正，人們按照它們的原始語言和它們這原始語言底變化律則，應當怎樣去說，去作語言，並且反能向它們指正，它們這新花樣毫無用處，兼且還違犯自古以來所傳流的良善習尙。

說到這裏，那麼我們便可知道，上面所提及的那後效後果底影影和尤其末後所提及的這一個後效後果，自然是會自行發生了出來的了。

不過我們在這兒的目的，卻是要把這些後效後果歸總在一個整體之中按照着牠們那一致底連繫和由深湛處去作理解的，以便藉此對德國人們在它們那和其餘日耳曼民族支派相背反的情形裏可以作一番澈底的敘述。　這一宗後效後果，我暫且列成條目簡略舉之於下：一，在講說一種活語言的民族裏，精神教育是要涉入人生裏去的；在爲這一種民族底反面，而講說一種死語言的民族裏，精神教育與人生是要分道揚鑣，各走自己的道路的。　二，因了這一層的原因，在第一類的一個民族裏，對於一切精神教育都要眞正地，本來地，鄭重視之的，它們是要精神教育向人生裏深涉的，而在第二類的一個民族裏，卻反而是視精神教育爲一種天才的遊戲，對之並無其它企圖了。　所以說：後一類的民族有精神；前一類的民族，於精神之外也還有情緒。　三，由第二點裏之所發生了出來的情形，就是：前一類的民族在一切的事務中，都有誠懇勤奮，嚴正非苟之德，並且處處能耐勞耐苦，不怨不尤，反之，後一類的民族，便要無思無慮地過一日算一日，完全順從它們那幸運的天性之所至的了。　四，由上面所列各點裏共同之所發生了出來的情形，就是：在一個有第一類民族的國家裏，民衆必性情柔順，富有受教育的能力，而易於陶冶裁成，並且一種這樣的民族底教育家，造就者，是要在民族上測驗它們的發現發明的，是要向這民族裏施以影響灌溉的，反之，在一個有第二類民族的國家裏，知識階級和老百姓分離，而它們並不把老百姓視作旁的事物，只不過視爲它們種種計劃上的一個盲從的器具而已。　關於這所列舉的各項特徵的繼續談論，我暫且保留，以待下次講演時，再行提出。

民國性與文化(一)

Nationalität und Kultur

士榜格 (Eduard Spranger) 著

王錦第 譯

「國民主義與國際主義」這個名詞成了今日合用的言語，凡是合用的詞語如成了標語性質的時候，一般人用得愈多，愈是對於這個名詞的思考減少。 但是有學問教養的人絕不能作語言的奴隸，甚至如同勇敢的武人遇到敵人一樣，要把他的眞面目發現出來，眞面目一經道破其眞象往往不値半文錢。

但是「國民性」這個名詞的含義很深，又包含着種種的意義，要去把這種意義弄明瞭了在研究上是非常的重要，我們先用下列一句話把這個名詞的意思說清楚。 「國民性是個性的一種表現形式」，我們每一個人都有一個人的個性，這種個性在文字翻譯出來就是不可分的統一體，或者「再也不能分割的要素」，我們說有個性的人的時候，就是說他有不可分的本質，此外我們說他本質的特性，獨自性，在別人身上見不到的特性，譬如一個人沒有什麼特別優美的性質，於是我們對於這種平凡的人們稱爲「大衆」，有個性的人是超出大衆的，他惹起我們的注意，他有好的特徵性質，也有壞的特徵性質，無論如何，總能惹起我們的關心。

(一) 國民性與文化 (Nationalität und Kultur) 是士榜格的一篇講演，載在文化哲學的諸問題中，雖稍嫌乖離當前的實際問題，但仍不失爲一篇極可珍貴的論文；可以做爲國家哲學來讀，富有大同思想而缺乏民族意識的中國人對於士榜格的說法更應有特別的警醒。

把每一個人的個性概念應用到國民上就是國民的個性，也就是國民自己獨自的性質與其他國民不同的意思，我們說「國民性」(Nationalität) 的時候，它的含義就是作國民的特質講。

然而在這裏有兩個問題發生，第一所謂「國民性」與人類的概念，那一個起源最早呢？ 國民性當然是一個種族或者血族，把自己獨有的特色與其他比較起來，向別的種族誇耀的自己特質，所謂一般人類的思想是後來的，在東洋各國這種思想的發生，我們沒有充分的材料下判斷，然而在歐洲所謂「一般的人」「人類」或「人性」(Humanität) 的思想從古羅馬帝國才開始有。 後來這種思想由基督教而傳佈世界，到最後在法國革命的時候，全人類的自由，平等，博愛（人類皆爲同胞）的說法更有了政治的意義。

第二個問題有更深的意義，這個要關聯到世界觀的問題。 「個性」這種說法，不僅限於個人，國民的個性，國民性也包含在內，它有沒有積極的價值？ 還是只有消極的意義？ 關於這個問題先要就自然上討論一下。

自然界很明顯的（而且是最重要的）是要求「個性」的，人也是自然中的一部份，人類的存在既然可以分爲男性與女性，男女兩性不僅有肉體的差異，精神的以及道德的也是不同，我們由自然把目標轉到文化的世界，我們先就言語問題就能很明白的說明了這件事，各國國民不僅體格上互相有區別，言語方面也各自差異，只以言語當作交際的手段，互相了解的手段，國語的不同便是相互間一個大的障礙，例如一個外國人講演必得要有翻譯者才好，我們知道自古來就有世界語的創造，但是因此而放棄國語，在想像上便要受到十分威脅。 若非用人爲的第三種不同的言語，我們便感到非常的不耐煩，我們在個性中感到積極的價值，然而這種價值不是按着理性造做出來，而是自然的，有機的生長出來的，我們的精神本質與我們的國語是共同長成的，這兩者的關係好像有一種神秘的存在，現在再一跳，讓我們把最深與問題討論一下，甚至於我們的宗教信仰也是與我們的國語共同生成的，但是人與上帝的結合都有他個人的表現法。 我們祈禱上帝的時候要用本國的語言，絕不用世界語去祈禱。

設若有人提議世界要車同軌，書同文，我們大概是贊成的，但是同時我們也要保持祖國的及鄉土的個性，假如我們把文化的個性都失掉，文化就成了平板無奇的了。

現在我們所討論的問題在哲學的倫理學中反映得也很顯明。許多的倫理學者在道德的價值上要求普遍的法則，無條件的服從態度行爲，例如康德便是最好的例了，然而同時也有如世萊瑪哈 (Schleiermacher)(二)。

洪保德 (W. v. Humboldt) 者，他們在道德的價值上，要求人的獨自本質與個性，在個性中有取之不盡的高貴價值，有無限性的存在。

然而比我們的個人問題更重要的就是國民的個性問題，到底應該取什麼態度呢？　我們必得把國民性承認了，但承認之後，有什麼用意呢？　是不是把國民性肯定了後再加以克服呢？　還是我們站在尊重個性的方面呢？　又或者我們是在贊成劃一性的方面？　我們要做有個性的國民呢？　還是要做大同主義的世界人或國際人呢？　關於這種問題的回答，最主要的答覆卻可是極簡單的。　我們考慮答覆這些問題便是錯誤的，實際上我們研究這些問題的時候（在反省的開始起）便等於下了判斷。　我們每一個人從最初就完全代表的是國民的性質，我們所擔當的是國民的個性；在做世界人，國際人之前，我們先是一個國民；現在我們要把國民的與超國民的問題徹底的研究一下。

（一）我們自從精神生活開始的時候，我們就規定爲國民的，在德語上所謂「民族與國民」(Volk und Nation) 是兩個不同意義的詞放在一塊兒用的。　其意義上的差別有歷史的根源，不是簡單的可以說明的，用語上的問題當作別論，就「國民」一詞在事實上也有種種不同的意義，這對於歐洲各國間的對立，抗爭有很大的關係，關於這個問題要在此討論一下，由於這個問題歐洲的各民族分出種種不同的國家與國民來。

（二）世萊瑪哈(Schleiermacher) 生於一七六八年，歿於一八三四年，爲德國神學家。

（1）血族國民

國民（Nation）這名詞是由拉丁語脫化的，在拉丁文上所暗示的第一個意義是「血統」（natio）本來就是血族團體的意思。那麼我們在討論「文化國民」（Kulturnation）與「國家的國民」（Staatsnation）之前要先對於「血族的國民」（Geburtsnation）研究一下才行，國民「肉體的」是由同一祖先而產生的種族集團，這是一種自然的形態，在這種場合的時候，國民是一種「血的聯繫」（Blutsband）。因此組成國民的互相間有一種同志的感覺，廣義說來便是兄弟同胞的團體，這樣的血族團體時常要講他們共同的祖先，由他們祖先出發定規他們國民的名稱，從血統的關係組成國民的團體是任何人不能否認的事實。自古以來人人就有這種意識，在近代的遺傳學上，對於這種不可避免的遺傳的素質問題在植物與動物上的實驗有很詳細的研究，好像只有素質是遺傳的，而素質的遺傳本着極正確的法則，又有一種很驚人的頑強性遺傳下來，與此相反，各人生涯上新獲得的性質則很少遺傳的，若把個人新獲得的性質而看作為素質，是不是遺傳後代呢？設若遺傳的時候又怎樣的遺傳呢？這樣的問題便有許多的疑問，我們所注意的不僅是體格上的肉素質的遺傳，我們認為最重要的問題是精神特質的遺傳，我們稱之為「精神的——道德的性質遺傳」，道德的國民性（國民的性格）在某種方面確是遺傳的，在這兒有一種神秘性存在，現在不能詳細講它。

（2）文化國民

以下我們要講「血族國民」與「文化國民」的區別，同屬於一類國民而互相間沒有任何血族的關係（設若證明一種國民不是起源於同一祖先的時候也是如此）的場合，同一國民間的聯繫乃是一種精神的東西，最主要的便是言語，言語本來是根深蒂固的從自然中發生的，當於互相間說祖國話的時候，便有一種同胞兄弟的感覺，不僅如此，不僅感覺是同胞兄弟而且是規定了的，言語之外不能不以長期間的共同歷史之運命作為國民的結合力，這種意義的國民是一種歷史形成的，例如美利堅合衆國的國民便有很強的國民意識，從「血族國民」（Geburtsnation）

的觀點看來，美國是許多種不同的國民組成，然而他們在共同的言語與共同的歷史之外，他們還有共同的精神文化（精神文化的財寶）作他們的聯繫，這種精神文化的財寶在習慣，風俗的形式，或藝術的樣式，學問的特質，宗教的信仰中表現出來，因為宗教的信仰在過去不知演過多少戰爭，所以國民共同的信仰便是國民共同的文化財寶，例如自十四世紀至十六世紀的基督教改革運動就促成了各國國民意識的昂進。

（3）國家的國民

與上述的血族國民，文化國民並立的有「國家的國民」(Staatsnation)。在同一國家的人，而有不同的血緣關係與不同的精神特質，這樣的種族集團組成的國民可稱它為國家的國民。這樣的實例如美利堅合衆國與瑞士便是。譬如瑞士國用德，法，意三種不同的語言，而且從生物學的觀點看來，他們又不屬於同一的種族，然而瑞士國民卻是存在的，德國國民是一種文化國民，但不能純粹的就稱為血族國民，算作文化國民的德國國民若是從國家的國民觀點看去，便可以分為不同的國家，如奧國與普魯士雖然說完全一樣的語言，有共同的精神文化，而由國家的國民看來，卻屬於完全不同的國民。

以上所講三種意義的國民絕不單是一種概念的說法，由我們所舉的實例看來，那是根據事實的國民的三種形式，而這三種不同類的國民形式並不互相一致，但是東方的國家如日本對於這種概念恐怕不容易明了，因為日本是血族國民，文化國民，國家的國民三者一致，這當然是一種幸福的狀態，日本自從合併朝鮮以後是新入於國家的國民之過渡，日本今日的國家的國民比較古來日本的血族國民，文化國民佔着較廣的範圍，德國的狀況是混雜的，若以純粹血族國民的觀點看德國國民，就在德國本國也不存在，因為在德國本國至少日耳曼人與斯拉夫人種是混合的，這兩種國民的要素從很早在歷史上就形式一個文化國民，共同說祖國話的德語，而這些有德國精神特質的幾百萬人，離開稱為德國的這個政治團體而生存於德國以外各處，歷史造成這種樣子，使文化國民與國家的國民不一致，實在是德國悲劇原因的根源。

一個人（不管你願意與否）的屬於某一國民的個性，個人是不能選擇的。前述的三種國民對於我們這種講法都是妥當的，血族國民當然表示的最明白，同時人也是文化國民的一員，從某一文化中生長出來的，譬如任何偉大的人物，偉大的精神創造者，他不能隨意選擇他的國語或創造他的國語，就是直到現在也是如此，每人都是國家的國民的一員，他生在那一個國家，便對於那個國家有當兵的義務。

以上我們的主張還需要以下的補充：（一）我們每個人生來便帶有國民性，縱然一個人願意把國民性消失，也是消失不了的事，但是一個人對於自己的國民性意識到什麼樣的程度，或者自己如何有意志的肯定國民性，這是有種種差別的。以血統當做人與人間的聯繫是堅固的，從國民的神話所傳說的國民祖先，由史實傳下來的歷史上偉大的人物在心理上對於國民都有同樣的影響，基於這種事實而形成國民性的感覺，（二）語言以及文化的財寶經過教育而把它的價值輸入國民意識中，其力量亦甚強，這種文化的財寶最值得保存，而能表現出強有力的意志來，（三）因為國家的核心有一種超個人的意力，所以國家可以意識的用強力的手段方法去創造國民性，例如一個國家有新的政治的統一意識必要時，在新的領土地方的住民以國家的權力禁止用本國語，便是極有效的方法。意大利對於南提瑟路地方的德國住民便用這種方法。國語死亡以後，國民的傳統以及歷史的精神的財寶不出數代便要隨之滅亡，國家的基礎便可以確立在統一的文化國民之上，與此相反，「少數民族」對於國家的向心力往往是減低的，多數國家接境的地方，一國內有許多不同國籍的人居住，所以容易養成浮動的國民性，而這等地方的選擇，如何選擇他們的祖國呢？以什麼語言做他們的國語呢？問題大致是一樣的。

以上所舉的幾個實例，血統，精神文化的財寶與國家，那一種有最強的統一力呢？那是不容易決定的事情。就國家直接能造做之點說，它有外面上的大力量，但經過長期間之後，由內部所產生的東西才是强有力的，這種意義所指的是「生來的東西」，存在於血統中，語言中，又長久的歷史中，不是今日明天可以隨意製造的。

由內而生來的（不是意識的要求）個性，在文化領域中成爲生生之流，這不是能由國民的神話，國民的文學，國民的美術所能造作的，它是一種無意識的形成力。　我們極端主張去區別這種生來成就的東西與人爲的東西之間的異點，這無論就個人講，或就國民全體講，都是重要的事情，每一個國民的說話正如各人有獨自身體的特徵一樣，都有各自的特色，國民全體之精神的產物亦各有其獨自精神的特色，現代人相學用的範圍很廣，我們所講的是一種「文化人相學」（Kulturphysiognomik），談各人的相難，談一國民文化的相更難，我們要知道研究國民的性格現在只是才開始，探討每一國民性格必得要對於該國的歷史，「國民的傳記」深深研究一番。　民族的性格固然由民族的歷史中表現出來，我們從歷史中可以探求民族的性格，但是民族的背後有什麼特質爲基礎呢？　如何民族性格經過數百年的長期間而沒有變化呢？　在什麼地方那種性格不變化而存着呢？　像這類問題到現在大部份還是祕密着，每一個人的性格從他的生活中或是生活態度中表現出來，國民的性格就在它的歷史中，顯現出來。

（二）從以上所講的幾點，我們要具體的將它們應用到問題上，來研究一下，就是由國民主義與國際主義觀點來看現代的問題。　過去的歷史上，所謂國際原理，或國粹思想，並不是同樣的盛行在同一時間，爲什麼一個時代流行國粹思想，又一個時代流行國際思想？　對於這個問題的原因研究一下實在是極有趣味的事情，然而作這種研究是需要極正確歷史的分析的。　現在是國家思想與國民的要求均甚强盛的時代，這是任何人都不能否認的國民的個性，或國民的自己肯定是任何時代都存在的事情。　因此我們稱某一時代特名之曰國粹主義或國民主義，是因爲這一個時代國民思想特別發揚的緣故，國民主義的立場（以國民的立場爲中心與目的）比起單是國民生活態度來是更尖銳化的。

今日國民的傾向所以强化的第一個原因是對於個性的感覺更强烈的緣故，在歐洲幾個世紀以來以人格的自律或獨立極力提倡，並不是到了所謂文藝復興才有這樣的覺悟，遠在以前，中世紀的神秘主義已有這樣的胚胎，對於個性傾向我們在風俗史，肖像畫的歷史中可以看得出來，但是個人人格意識的覺醒常與國民意識的强化是並行攜手的，這是一種很自然的道理。　爲什麽呢？　因爲在個人的根本特性中必得先發見國民的個性，在國民的特性未發見時（在自己的特性發見之前），自己的特性是發見不出來的，人是不能獨自肯定自己的存在——不自國民性中找到肯定自己存在的根據，個人自身是不能肯定的存在的。

「個人意識」(Persönlichkeitsbewusstsein) 與文化國民的意識是同時長成的，因此一個國民自己的文化個性要委之國家權力的支配——這種權力的支配委之於代表這種文化類型的國家是很當然的事情，個人是一個單位，各民族也是一個單位，從這兒所發生的現代政治問題的歸趨也就可以明白了。　要想造成爲一個單位的國民必須以其文化意志作指導的南針，要想造成爲一個單位的各國國民，都必須有自己的國語，自己的學校，自己的法律——一言以蔽之，都要求着去保持並發展自己的特性。　由於這種自然的結論，在現在把不同的文化國民做成爲一國，較之以前是更困難的。　在文化上進步的人，對於國家要求自己文化特性有發揮的地盤，這種問題在歐洲所謂「少數民族」問題是到處可見的。　由不同民族而成立的國家，其中常有少數民族（人口上看來）在文化上，政治上要求自主，這實在是不能不加考慮的問題。　例如在捷克斯拉夫有百分之二十三是說德國話的，而捷克人也不是斯拉夫人。

如果在一個帝國中包含着種種不同民族，在此情形之下，對於這個問題更麻煩，我們看一看英國，俄羅斯，意大利對於這種問題的處理辦法實在是有趣味的事情。　所謂宗教信仰相同這件事，在歐洲的宗教戰爭時是非常重要的。　政治問題與今日宗教的信仰比較起來看，從歷史上漸漸長成的國民性在建國的基礎，國家的條件上是更爲重要的。

然以上所述以「文化國民爲一單位緣故」的理由，還不足以說明現在尖銳化的國民主義的傾向，至少十九世紀以來，各方面國際化的嘗試，惹起人人很大的期待，因爲這種期待，同時惹起希望實現所謂「世界的文化」之錯覺。這種希望到二十世紀很顯明的是失敗了，而生出現在的反動時代，人人都以國民的個性爲目標，恐怕以這種國民的個性爲前題，將來要有一種煥然一新的局面產生出來。

在十九世紀文化的國際化，也是限於人類生活外面方面的，也就是所謂「文明」方面，譬如現在自紐約到巴黎，從巴黎到東京，我們不感覺任何不方便，以至電燈，電話，無綫電收音機，「泰唔時報」（外國報紙）各地都有。國際化的飯店中有英文或法文的菜單，爵士樂，旅行社等設備，在這樣的地方我們看不出什麼特別的東西，從這種意義看來所謂「外國人」是不存在的，這類的旅行者在船上都是在同樣的「無色」環境中，這種國際化的事情如何可能呢？

現代的高度文化把國民的特質減去了，這種文化的平均作用以三種文化的結果做基礎，這三者都是啓蒙時代的產物，就是指生命與生活的合理化，三者是數學的自然科學，技術的工業與資本主義的經濟組織，這三者都是很容易從這一國民移植到那一國。三者的教育的歷程也是一類的，這種淸一色的教育方法是接觸不到民族核心的。自然科學能使工業的技術有發展，工業的技術的發展能使工業有大量的生產，於是國際的資本爲了這種大量生產必得提出資本。另一方面高度資本主義與高度合理組織的結果乃產生出來了。而這種高度資本主義以其資本在國內外自由移動，於是資本乃成了國與國間的決定的國際力量。

若把以上的經過情形更深一層觀察的時候，其因果關係還有不同的形狀現示出來。古文明諸國，在人口與國土失掉均衡的時候，國土不足養育增加的人口，工業化是救濟這種窮狀的極有效的手段，也不用把國民送到殖民地去，以輸出的製造品的獲利便能充分的養活了在本國內過剩的人口。然而因此人人僅製造他國所不能生產的物品，人人對於消費者時常喚起新的需要，而製造者又常有鼓舞着的發見發明的精神，這樣對於化學的，物理的研究是一種好刺激，其研究的結果卽能變爲生產的技術，總而言之，技術的最進步的工業國能有最多的輸出，同時對於世界經濟也有最大的影響。

世界經濟在自由貿易的資本流通原理下的時代是加速度的繁榮。自由貿易的原理，與原料國比較起來，製造國是有利益的。農業國自由的與工業國交易，這樣可以產生許多效果，例如英國，及略遲一點的德國國民等在某一時間都非常的繁榮過的，但是高度工業化的國民所持有的好景氣，只限於其他的工業國尙未發展到同樣程度的時代，這個時代過去便算完了，所以進步的國家都急緊的完成本國的工業化。

發展本國技術與工業的最根本動機是從「第一次」世界大戰開始的，因爲在戰爭的時候，本國內的軍需工業不充分是不行的，人人都認識了這一點，德國特別在戰爭感到國民食糧威脅的教訓，於是此後不能任私人隨意的處置自己的資本，而把資本置於國家的管理之下，卽是國家必得團結一起。

這種演化變遷的結果而有世界經濟崩壞的到來，忽然以國民主義的經濟而到處成爲對立的狀態，各人在所有方面都立在鎖國的國民經濟上，在國際的交易，國際的交換中而激起「國民化」的傾向，今日我們的經濟生活又回到國家的自給自足主義時代（innerstaatliche Autarkie）了。除以上所說者之外，我們敍述一下第二種國際思想的退落，第一次世界大戰後，理想主義者想用國際法去保障世界和平。這種要求在當時是當然的，美國大總統威爾遜就是這種意見的理想主義者，基於他的提案——其實他的思想源於德國的哲學家康德與菲希特——乃有國際聯盟的設立。國際聯盟的思想基礎，其口號爲民族自決主義，然而因爲對於民族間缺乏實際關係的認識，所以這種原理的實行結果是失敗了，加之日內瓦的國際聯盟成了歐洲主要國家英法兩國的工具，變爲新的征服世界的方法，把超國家的思想誤用爲帝國主義權勢慾望的手段，這種國際組織近年來已經使我們感覺到無力了。

設若國際聯盟以「維持現狀」解爲國際的「正義」，這不能不把偶然的（基於歐洲不公正的和平條約）勢力關係繼續維持下去。　這樣對於特別有文化貢獻的國民生存權便與以威脅了，因爲民族或國家的自主權利的先決條件是國家與國民經濟條件的保證，美利堅合衆國所以退脫國際聯盟絕不是偶然的。

國際聯盟這樣大的計劃所以失敗的原因大約如此，像這種超國家的大組織，必得先由第一流國民的國家——在經濟的，政治的，道德的各方面——對內充分的堅固起來，再以國民的國家作棟樑，才能把超國家的屋頂建設起來，然而這種條件（對內充分强固的國家）在歐洲文化進步的國家還沒有完成，從這一些極端對立的國民的個性組成的國際聯盟，結果產生了今天這種狀態。

國家主義在各地又舉起了火把，意大利，德國，日本以及諸小國都同樣的有了這種强硬的國家傾向。　就是俄國的國際共產主義也是以强化本國並爲了鎖國的目的。　今日如果形成超國家的集團，恐怕是國家主義或法西斯主義對似是而非的國際共產主義對抗的新戰線，兩者中間倘有中立集團的民主主義的列强，這種中間的集團倘有許多困難存在，因爲民主主義的政府在直接政治行動上沒有充分的力量。

世界經濟的破綻與國家之國際的結合的失敗　，於是引起各地國民意識的革新，十九世紀西歐各國的國家意識在本質上是基於法國革命以來自由主義與民主義的理想，自由，平等，博愛三種思想成了國民生活的基礎。　然而擔當文化活動主要角色的「市民階級」到現在予各方面以不好的影響。　新的國民意識，特別在德國的國民意識，已經不以自由的，平等的個人出發，而以「全體」的民族爲出發點。　在今日人人都認爲民族是生物學上規定的單位，換句話說，民族從自然的觀點看來便是「全體」的。　以「血族國民」（Geburtsnation）爲一切的出發點，國民形成的次序是由血族國民（國民形成的要素）而進爲國家，而歷史上長成的有文化特性的國民，至今還沒有得到明白的承認，「全體國家」的理論是法西斯的，對此所謂民族獨自的生活，民族獨自的價值之說法，用嚴格的口吻說，可以說是國家社會主義。

因此對於民族獨自的生活，民族獨自的價値有覺悟的國家，特別成爲應該研究的對象，對於各種有獨自特性的文化，我們信仰的文化價値體系的核心（中心點），應有說明的必要。 各種的文化都以信仰力與創造價値的意志爲基礎，這種「信仰」與「價値」在國民生活的各個人中如何表現出來呢？ 說明這種問題的有一門新學問爲「民族科學」(Voikswissenschaft) 古來的民族學大多是從外面理解而做綜合的研究，譬如房屋的構造，服裝，祭禮，風俗，工業品等，這是在國民生活的基礎上民族精神的外面表現形式，但是了解背後創造的根本思想與深奧的文化精神是更重要的問題，例如我們要正確的批評或理解某一民族形式的外面的習慣（傳統的形式），必得先對於「民族的道理」(Volksmoral) 正確的加以觀察與理解才行。 各國國民都有她獨自永遠的原理以建設國家，國民有自己的普遍妥當學問，用本國獨自的樣式去研究，各國國民有自己獨自的經濟觀念，國民的信仰有自己獨自的宗教與信仰的形式。 最後至於藝術更能表現民族的靈魂，民族獨自的世界觀，而這一方面的努力也是民族的或國民的制約所產生的，因此偉大的藝術家就是民族精神的偉大說明者。 國民的民族學對於這樣個性的財寶要深刻的理解，並加以保存，用誠實的心情時常去形成一種新的生命，而國民教育更不能不以這種財寶爲設施的基礎。

最後簡單的結論起來，現在到處是文化的，國民的個性與超國家的關係或結合對抗的時代，這種狀態正如不同性質的人一樣，互相間有一種不理解的態度，乃至敵對的行動，因爲有民族間的個性，所以至今不免有排他的存在，對於這種狀況我們要如何處理呢？

在這樣的情形下，我們要把利害關係相同，互相間本質近似的國家與國家結爲友好的關係，要保持着列强間文化秩序的聯盟，將來並擴大這種範圍。 但是把全世界毫無遺漏的結合在一起便是一種錯覺，因爲反對或對立無寧說是一種理想的狀態，若是把反對或對立消滅的時候恐怕就是生命的完結。 原因是生命到達高一級的生命時，「緊張」常常是必要的，然而根據上述的思想，就說今日國際的結合分解後，將來再不能期待結合作用，那也不是這樣意思，但是我們所謂「國際的」結合是不是就是「超國家的」結合呢？　在這兒的意思是各民族獨自的個性上面，以各民族生物學的，文化的，政治的特性爲基礎，開始正確的民族結合，共同生存，共同發展。

既然今日的文化生活的低級中有了國際性的存在，例如經濟的要求（有組織的）或交通網的聯絡，互相間必得要有一種國際的了解。　然而飯店的茶房說着半通不通的英語，他對於英國文化是不了解的吧。　最深最內面的文化理想，就是共同祖先的國民（例如英國與美國）也是很難互相了解的。　只有國民與國民，民族與民族間有了高遠共同的文化觀存在的時候，才能有超國家的，超民族的問題發生。　由此看來，所謂「全人類的世界」或「人類性」(Humanität) 的建設，比起前世紀人們單做夢想來，還有加倍的困難。　然而這種理想就算在國民的自己意識昂揚的時代也不能放棄的，不過最重要的要先把國家互相間的不信任及國際關係的不安除去，而國際法的正常發達與完成更是必要。　學問與藝術爲各國間的橋樑，全世界精神指導者互相結合也是非常有效的辦法。　我們對於宗教的分離對立都要尊重的，因爲立在虔敬原理上的宗教，只有這樣才有互相的信賴與高貴道德結合的可能。

霍拉斯和奧古士都

Horaz und Augustus (一)

魏　闌 (Wieland) 著 (二)

崔　亮　譯

我不知道能否在歷史的整個範圍中，在某種引導的觀念下，找得着一個人，其性格比奧古士都(三)更是模糊不清，更是神祕困難的了。 他是這時代中巨幅油畫裏的領袖人物，在當代作品中已經是那樣地常常爲人所津津樂道的。 誰要讀過他三頭執政時代稱爲奧大威努 (Octavianus) 時的十五年遭遇， 又在別一本書裏讀過他後來稱爲奧古士都的十二年統治的歷史，他會想像，他所讀的是一個人麼？ 這年輕，怯弱，負義，失信，無情，殘暴的惡漢，凡自然的約束，人類生活的條規，生活的聯系，一言以蔽之，不論是神的，抑或是人的，他都視同兒戲，爲安靜他那膽小多疑的天性，爲達到他那名譽狂的計劃，不以爲任何詭計是

(一) 譯自：Horazens Briefe aus dem Lateinischen übersetzt. Dessau 1782. Bd. 1, Vorrede.

(二) 譯者註：魏闌 Christoph Martin Wieland 爲德詩人，1733 年生於 Oberholzheim bei Biberach, 1813 年歿於 Weimar, 在 Tübingen 習法律，嗜文學，著作甚多。 請參閱本會所編之中德文化叢書之一魏闌之介紹。

(三) 譯者註：奧古士都 Augustus 原義「神聖」，爲人民所加之尊稱，氏原名 Gajus Octavius, 生於紀元前 63 年，歿於紀元後 14 年。 爲尤利·凱撒 Julius Cäsar 姪孫，後爲其繼承者。 44年凱撒被刺，與安敦尼 Antonius 戰叛黨，實爲傀儡，43 年起與安敦尼及勒比都 Lepidus 組第二次三頭執政，31 年安敦尼與埃及女王 Kleopatra 敗滅後，氏爲惟一統治者，27 年起爲羅馬第一皇帝。

羞恥的，—— 正是此人，他以奥古士都之名，藉着中庸之道，聰明小心，和對公衆謀福利的注意勤奮，達到空前絕後的獨裁政治，這種政體雖自昔爲羅馬人所深惡痛絕，他却能由此受人愛戴，爲世界造幸福——正是此人，羅馬人便相信可以用他的名字，使後來的元首們履行虔奉那位好國君國父，爲善的天才所具有的一切美德麼？——這彷彿是不可理解的事，但是同一個人在一生不同的時代中，判若兩人，却無比此更眞的了。

人類的歷史不知有這種變異的第二例；自然界彷彿難以容忍這種變異，除非發生奇蹟，而在這例中，這正是人所難於承認的；在所有希奇的現象中最希奇者將永遠成爲一個牢不可破的謎，假如我們不用那把鑰匙去破它，這鑰匙是奥古士都他自己在平生唯一誠懇的一煞那——最後的一煞那——留給我們的。他對圍立的心腹說，那麼你們想我把日常生活舞台戲 (Mimus des Lebens) 扮演的還過得去麼？

除了這句話之外，我們對他那麼高度受人讚揚的美德所想的，就連奥古士都也不會爲自己解釋清楚的。我們若細細的推展這句話，未免離題過遠。但由此啓示，把他一生所有光榮事業的眞象表露出來，使我們了解他在世的第三十四年所表現的一切美的光景，那我們也就很滿意了，對他還值得驚奇的，也不過就是想知道他以何種本領在位四十餘年之久，固然麥策納 (Mäcenas)(四) 同阿格利霸 (Agrippa)(五) 教過他怎麼樣的做。即便如此，我們所讚嘆的，還要遺漏大半，如我們不把下列的附帶原因，歸諸那麼多的效果——其心腹的精幹，其自身的脆弱，其對凱撒 (Julius Cäsar)(六) 的運命永未休止的恐懼，其對品格偉大的阿格利霸和有望有德的年輕外甥馬策路 (Marcellus) 的嫉視，——最後，其命

(四) 譯者註：麥氏生於紀元前73年至63年間，歿於紀元前8年，羅馬政治家，及文人保護者。

(五) 譯者註：阿氏生於紀元前63年，歿於12年，羅馬政治家，軍事家。

(六) 譯者註：凱撒 Gajus Julius Cäsar 爲羅馬大政治家兼軍事家，生於紀元前100年，60年時與龐培 Pompejus 及克拉蘇 Crassus 組第一次三頭執政，44年爲共和黨所刺。

既較其黃金時代的一切朋友都長，連那有政治手腕的李薇婀 (Livia)(七) 同他變為別種天性的習慣的影響也得算在內——自然而然的這些原因中每個都對他有影響。

奧古士都在他燦爛的統治全程中，同腦筋簡單的羅馬人所玩的僅只是喜劇而已。他已把無限的權柄拿在手裏，決無誠意讓出，但他還用種種合法的名稱，向最高立法院和人民，片斷的，逐漸的，要挾這權柄，這時他只是喜劇伶人而已；他一方面假作私人的中庸態度，另一方面他却不攔阻人家給他建立祭壇，把廟宇奉獻給他，這時他還是喜劇角色；對於那些他可以隨時巧避的那些古舊的法律和形式，他却作出甚至極為瑣碎的恭敬的外表，這時他仍在演喜劇；米蘭人為他們的恩人布魯都 (M. Brutus)(八) 所建的雕像揭幕的時候，他公開的讚揚他們感謝的忠實的紀念一位不幸的朋友，這時他還是喜劇優伶。他既能非常靈俐的裝出執政的各樣美德，他也假裝喜愛文藝女神 (Muse) 的慶祝遊行，這種好尚決難進入那麼冷酷，虛偽，自私的心靈中，將來亦永無此望，此時他不該再作一個喜劇演員麼？

他早年在阿波羅尼亞 (Apollonia)(九) 所受的學者教育，也許自始沒有打算改善他先天性格中的缺點，啓發其內心對美同善較比精細的情操，這是美德的，也是同這有深切關係的對文藝女神之愛好的真正基礎——不然便因他叔祖之死，過早的中斷了他的教育，以致不能使其有價值，有益處。沒有多少月，他便驟

(七) 譯者註：李薇婀 Drusilla Livia 為奧古士都之妻，美而慧。生於紀元前56年，歿於紀元後29年。

(八) 譯者註：布魯都 Marcus Junius Brutus 為舊羅馬共和國之先鋒，生於紀元前85年。平民出身，先屬龐培黨，後隨凱撒，極受寵愛。旋參與44年3月15日弒凱撒之舉，後往馬其頓，收其軍心，聯賈修 Cassius，敵對三頭。42年秋腓利比 Philippi 之役，兩敗於奧大威及安敦尼，遂解劍而亡。

(九) 譯者註：阿波羅尼亞為希臘地名，此時為羅馬之商業殖民地，紀元前一世紀為希臘科學中心，44年奧古士都肄業於此。

然間被拋入新的元素中，被拖進政治機運的急轉旋渦裏，他不知道是怎樣發生的，目眩頭暈的沈醉在偉大和機密中，他爲力所提拔，却難於支持忍耐——在像這樣的環境裏，只要很短的時間，便足以把那不多的好處，把有地位有大望的年青羅馬人所受的時髦教育的効果，消滅淨盡了。老成策維(Cicero)(一〇)曾自媚要照顧兼教育這位儲君，在這不可能的希望中，不久便覺出他是極殘酷的受騙了，只好用自了的頭價請他違法提拔這可疑的孩子爲共和國攝政的官。這位年輕的奧大威皇帝剛繞擺脫他，便任其先天的傾向，同安敦尼(Antonius)(一一)攜手，把羞恥謹慎的餘燼消失在羅馬的下流社會裏，在受人詬罵的三頭執政初年發展其天性，立意把自己變成第二蘇拉(Sulla)(一二)，他所短少的僅是膽量和强力能了。

他那孱弱的元氣，爲其二十一歲時受縱慾影響之基礎，還有他那先天的膽怯，使他所有活動的熱情得以平衡，拯救了羅馬，未使其完全衰落，自己也免了後代把他不過當做是祖國破壞者的恥辱。他覺得公衆對他的怨恨是應該的，這恐怖强制他希望受人愛戴，於是對他本身安全的要求，便成爲國家的安全了。——但爲補償他所不能制止的，繼續不斷的惡事，他須做多少好事！這決心强迫他履行何種的責任！可是他未能忠於自己的決心，在他執行事務的時候，彷彿全任其個人的力量而行。不管是阿格利霸，不管是麥策納，不管是波理奥(Pollio)(一三)，也不管是麥撒拉(Messala)(一四)，凡對共國所想的所做的，他除了出其名義之外，實又沒有甚麼可做；他只須按步就班的在那些人爲他預先計劃

(一〇) 譯者註：策氏生於紀元前106年，43年遇刺，羅馬演說家，著作家。

(一一) 見註(三)。

(一二) 譯者註：蘇氏生於紀元前138年，歿於78年，羅馬獨裁者。

(一三) 譯者註：波理奥 Gajus Asinius Pollio 生於紀元前77年，歿於紀元後3年，羅馬演說家，歷史家，詩人。

(一四) 譯者註：麥撒拉 Messala Valerius Corvinus，羅馬演說家，歷史著作家，詩人，生於紀元前64年，歿於紀元後13年。腓利比戰後附安敦尼，後忠事奥大威。

好作好的坦途上面走，只須裝出他們所有的才幹美德，只須收獲他們的工作，危險，功績之果，那就是了：他既知行使職權那麼容易，他覺得膽壯起來，因爲借助於外力，他的力量也增強起來，他那樣相信自己的天才，那個可以影響支配出生星座的伴侶 (natale comes qui temperat astrum)，超過一切希望的成功竟實現了——於是他非常喜愛工作，增強其所有的注意力，以其奮力支持朋友們的努力。他不辭辛苦的勤奮學習他們教他扮演的角色；他既不缺少虛僞藝術的才幹，他演得那麼好，後來竟變成自然的了。他彷彿眞是他所代表的人；這些爲自己幸福所欺的羅馬人，減省了他騙人的麻煩，因爲他們甘願閉上兩眼，充耳不聞；習慣之力，與時俱增，甚至於後來能把他長期戴假面具的僞詐性格，用其特有變幻的眞淚哭泣，至少在某一時，如在他一生中最得意的那一天，全國一致的，用一種瘋狂的愛戴，強其接受祖國之父的尊號，他們以爲是眞個因爲他得到幸福。————

人決不會比奧古士都再幸運的了，可差不多是同時，幾位世上希有的天之寵兒又降生了，眞是錦上添花，後世把他們在世的時候，單劃爲一個時代。魏吉爾 (Virgil)(一五) 之降世比他早七年，霍拉斯(一六) 則早兩年，他們的任務是傳令官，向當代的人讚揚他的統治時代來臨了，這是訊神在數世紀前就準備的運命偉業，也是更新更好的時代的起首。奧古士都自始或未留心這班詩人，且定然不會視如拱璧，如果波理與麥策納沒有讓他相信，由他們的天才可以得到好處。他先天的性格，及將青春消磨在內的永久昡暈的生活，又因統治一個大得看不清的羅馬帝國，把自己糾纏不清，那麼遠大的費其心神，都難容其和柔美的感性或

(一五) 譯者註：魏吉爾 Publius Virgilius Maro 生於紀元前70年，歿於19年，羅馬詩人。

(一六) 譯者註：霍拉斯 Quintus Horatius Flaccus 爲羅馬詩人，紀元前65年生於威努西 Venusia，紀元前8年歿於羅馬。其受優良教育，父爲解放自由之奴隸。44年投布魯都，參與腓利比之役，後居羅馬。著有抒情詩 Oden 四卷，長短句抒情詩 Epoden 一卷，諷刺詩 Satiren 兩卷，及信札 Episteln 兩卷。

心靈中純粹的調和爲友，若想理解魏吉爾作品的眞諦或聰懂其詩的魔力，以上是必需的。—— 然在奧古士都所站的地位看起來，其審美力或較其眞有的還少一些，他作天才們的保護者和酬報者，却不會因此有何缺欠，這些天才爲其心腹所推薦，爲大衆高聲所承認，他由於高貴寬洪的行爲，會使他們同自己統治時代與後世的名望那般有利的連繫起來。 在任何情況下都是滿意的，只要他了解，至少他們受其保護，同他保護他們，其利害相同：至於他是否眞正了解他們的作品之價值，他們是滿不在乎的，只要他裝出眞能鑑賞其價値就行了。

奧古士都雖想受人敬重，說他允諾普遍的保護天才，他却不漠視如何的及爲何人所謳歌。 自然他想要出類拔萃的人作他的黨羽，傳令官。 正在這些人物中有一位，不論因艾奈德（Aeneide）（一七）所得的敬重而對魏吉爾所生的嫉妬，不管是他因是所得的報酬，俱不能熱切的激動這一位；這一位，人對他天才期望一切的成功，然他對那時代，對那爲全世界所獻慇懃的人，彷彿沒有做甚麼；總之他是那麼一個人，在羅馬之中心，在那同荷馬時代阿爾齊諾（Alcinous）宮庭極相似的麥策納奢華的府裏，總是談着退休的話——他參雜在爲賭賽媚求恩典富貴，不惜幹任何事，忍受任何痛苦的那些人中——並未得其中的奧妙，他的想法全異於他們，他寧可以獨立自樂的精神，要那爲人估價當作貧乏的中庸之道，而不想要國君們可以給他的一切 —— 這位不是別人——就是我們的詩人自己。

可是他那種對獨立精神的自足，好尙，是各時代中的“騷人墨客”（viri Mercuriales）所特有的性格，也許是當時許多詩人共同的特性，原不足爲奇。其與衆不同的地方，正是奧古士都所難以忽略的另一種情形。 例如魏吉爾和奧威（Ovid）（一八）以其天才從事於文藝女神的藝術，覺得是爲天所召，使其才能的

（一七） 譯者註：艾奈德爲魏吉爾之詠史詩，主人翁爲 Aeneas, Troja 戰敗以還，往 Trazion, Kreta, Epirus, Karthago 及意大利遊歷，其後代建立羅馬帝國，火焚 Troja 時，負其父 Anchises 以出，因其孝心，有 Pius Aeneas 之稱，蓋神話也。

（一八） 譯者註：奧威 Publius Ovidius Naso 爲羅馬詩人，生於紀元前43年，歿於紀元後17年。

培養爲一生的職業。 相反的，霍拉斯自动所擇的前程，如果同黨的命運好一些的話，會把他引到完全另一目標去的。

不知怎麽一囘事，像霍拉斯那樣年輕的，既非名門權貴出身，因研究學問，逗留在雅典城，還無半點軍事才略的證明，便在偉大的布魯都大將麾下，得到統轄一軍團的副將之職的榮譽。——— 在所有敬重之外，不僅是他精神方面的美同精煉，使其成爲同地位人中最受歡迎的伴友：我們還要注意其天性，其對篡道的憤恨，對共和國好處的熱望，這就値當做爲他與共和黨領袖中同時代同地位的千百人重要的異點，若無此，那簡直全不能理解其區別了。 因爲他們之中極不乏名門權貴的子弟，定然不會因其缺少，迫使布魯都屈就威努西 (Venusium)(一九) 城一個解放自由了的納稅人之子，爲的是給其軍團預備一些頭目人。

顯然無疑的，當霍拉斯在布魯都帳蓬裏過了最得意的幾夜的時候，他决未料及，他會到那個地步，二十五年之後，向對方露營的年青的奥大威致敬：

你國人的判斷是公正聰明的，

因其使你在希臘人的

同我們的大將中佔先。

奥古士都既讀此詩，也許不會健忘，二十五年前，霍拉斯並無善意，如果他的運命未與布魯都和賈脩 (Cassius)(二〇) 變得一樣。

在腓利比 (Philippi)(二一) 之戰，那些最後的羅馬人死亡的惡果之後，那是繫於霍拉斯本身的—— 或像許多人逃往年青的龐培 (Pompejus)(二二) 那裏呢；或如更多的人在安敦尼或奥大威的部下服務呢。 採取後者，他是過於高貴的，前者呢，他又太聰明了，均難實行；只要我們對於事情的狀況有點認識，即比我們

(一九) 見註(十六)。

(二〇) 見註(八)。

(二一) 見註(八)。

(二二) 譯者註；龐培 Gnäus Pompojus Magnus 生於紀元前 106 年，48年爲埃及王 Ptolomaios Auletes 所弑，氏爲三頭之一，見註(六)。

對他預想的還謹慎些，也不難預想共和國是沒落了。　第一要著是保其生命之安全，除此並無他路可行，——我們不知怎樣——不知由誰的輔助——自勝利者至少得到繼續生存的許可。　問題便是用甚麼呢？　他父親給他遺留下的小產業已歸入三頭執政的國庫了。　如果他受教育所服侍的文藝女神沒有保護他，像他那樣的人，他那樣的思想，又在他那種地位，想脫出樊籠，自非易事。

是否由於最初的嘗試，在羅馬聲名大噪，於是就與世見面呢，這是不大好斷定的。　我們從他某次講道中，知道他首次認得麥策納，還是歸功於他與詩人魏吉爾，瓦李 (Varius)(二三) 的友誼。　九個月之後，他變作麥氏親密的受庇者或禁友中之一，大約不過幾年後，因得麥氏的歡心，這位高貴的閒人那麼慷慨大量，贈了他那所常在作品中題到的薩賓別墅 (Sabinisches Gut)。

在整個的三頭執政時期中，他好像同奧大威或後來的奧古士都沒有何等密切的來往；在僅有的一處，且尚不無可疑之點，他曾把奧古士都列入他有些諂媚的贊揚了的人中，然除此而外，他在阿克齊 (Actium)(二四) 之戰前所寫的，一點兒也找不出和他有深的關係，也找不出可以承認他對於這位三頭之一的人品，事業有何興趣之處。　他在反凱撒黨中所扮的雖短而緊要的角色，逼他在現今所處的附屬地位，只不過為了榮譽和安全，採取這小心的態度。　還有很多輕描淡寫的暗示，為讀過他早一些的作品的人所不能忽略的，使我們相信，他對此事，其良心至少也像其聰明有同感的；僅在長時間以後，他纔能勉強維持其向黨魁的公開諂媚，這黨曾為汛神所宣誓。——　在某長時期內，奧大威只可當做是篡奪者，霍拉斯對他的忠心，如在其較好的時候一樣；他隆重的把所有三頭執政時代的權柄交還羅馬最高立法院與國民，但又為渴望太平的羅馬各階級，以極頂的狂熱，乞求他收回那合法的權利——他只是在這時候，在他第一卷的第二首抒情詩

(二三)　譯者註：瓦李 Lucius Varius Rufus 生於紀元前74年，歿於14年，羅馬詩人。

(二四)　譯者註：阿克齊為古希臘 Akarnanien 之西北土角，紀元前31年9月2日奧大威勝安敦尼及埃及女王 Kleopatra 之戰場。

(Ode) 中與衆吶喊，承認新的奧古士都乃是汛神所選定，拯救世界人民於水火中的，有如他感受了當時羅馬人流行的愛戴狂，結尾那首的原文竟是異常美麗：

願君運歸蒼天，

留與基 (Quirinus)(二五) 民常歡！

我民罪誠可怒，

莫即棄吾不返！

爲君高唱凱歌，

稱君我國父王，

寧使君得歡樂——

從這時起，在他頭三卷抒情詩中還有不多幾首，充滿尊敬奧古士都的思想，然並無一首是直接針對他寫的，也找不着一首可當做是讚頌他的歌來。

我們不難明瞭，我們這位詩人——其對舊的好制度擁護者所抱的熱烈，不加隱蔽的意見，以及對任其罪惡運命佔上峯的那一位的冷酷態度——他一切交際上的禮貌，一切的才能，及由此所得的麥策納的友誼，爲免去由此路或他途，陷入秘密厭惡國家新憲法的嫌疑中，都是必不可少的。 我們也不難理會，離開熱鬧的生活，躲避羅馬城，在撒賓幽靜的居住，對偉大的幸運漠不關心，還有他對那廣有資財的文人保護者 (Mäcen) 常時證明的甘願，雖不算多，却盡力使其放弛，這也都是必需的。——

我們不致弄錯，如在詩人心性氣質中尋求眞因，爲甚麼奧古士都藉麥策納向他提議，爲其服務，接管其私人信牘的時候，——他以健康不佳爲由推辭了。我想大家不會要求更強的證明，使能相信，霍拉斯雅不願其當代或後世，看他與其從前的政黨及至共和國之壓迫者有深切的關係；他既不短少膽量，敢冒使奧古士都不快同懷疑的危險，也不缺少拒絕某官職的德性，這地位在一切可能之下，定然給他權威，勢力，機會，使其幸運無限的更爲燦爛耀目。——

奧古士都自然注意霍拉斯骨子裏的緣故；但自其安定羅馬世界，大權獨攬以來，他給自己立了決不違犯的規約，不打算向羅馬人擅自施爲，並尊重個人自由，爲的是他那給全國按置好了的活結，使人愈少覺得愈好。他給霍拉斯的提議，如向提伯利 (Tiberius)（二六）或斗密遷 (Domitian)（二七）拒絕，那實在是危險的；反之，奧古士都不但好好的接受詩人的託辭，且自此時爲始，假裝對他比從來更加敬重。霍拉斯愈是對他敬而遠之，他愈是親切，愈不放鬆：如果抓不住這非常人的心，他覺得偉大給他的滿足，總有遺憾，這人外表是享樂的才子 (Man of Wit and Pleasure)，却胸有成竹，德性高尙，自小爲其豪爽的朋友所感化，在較好的時代，定然是有價値的人物。奧古士都既有本領使那些熱情的前麗培黨俯首貼耳，他就不能籠絡一個霍拉斯，使之爲他，爲其治下一個熱心的擁護者麼？—— 徐頓 (Sueton)（二八）給我們留下節錄的三封短札，很顯然的證明奧古士都不漠視此點。他一而再，再而三的嘗試，有時其口吻是善意的，有時則帶嘲笑，但結果魚不上餌，他就以敏感動其心弦，詩人再也難逃了。——『你要相信』，他給霍氏的信中說，『你可算作我同棹吃飯的人，你可從我這裏得到同他們一般的權利；你知道我多麼想和你有棹友的關係，只要你的健康情形允許的話。』—— 不多時以後，在一種詼諧的轉向之下，霍氏覺得奧古士都彷彿暗示，他認識霍氏託辭之爲何物了——『你若想知道我對你的憶想多麼好，你可在我們的朋友塞題密 (Septimius) 那裏聽到，我曾在他面前找得機會題到你；你決不要信，因你曾那般高傲，便藐視我們之間的友誼，且以爲我會因此傲慢的不睬你，做爲正當的報復。』這封信彷彿是奧古士都在七二九年逗留在西班牙時所寫。這刺夠銳利的；然對霍拉斯好像沒有產生何等影響，只是逼他在第三

（二五）譯者註：基理努 Quirinus 爲羅馬之神，或即戰神 Mars，自紀元前一世紀以來，公認爲敬奉之 Romulus 神。

（二六）譯者註：提伯利自公元 14 年至 37 年爲羅馬第二皇帝，奧古士都之嗣子。

（二七）譯者註：斗密遷自公元 81 年至 96 年爲羅馬皇帝。

（二八）譯者註：徐頓 Gajus Sueton Tranquillus，羅馬歷史著作家，公元75年至 130 年間在羅馬爲 Trajan 之顧問，曾任 Hadrian 之祕書。

卷的第十四首抒情詩中，召喚羅馬人，向那由大勝阿斯都人 (Asturier)(二九) 及比斯開人 (Biscayer) (三〇) 的戰場卽歸的羅馬之王歡欣鼓舞。————

請容我——因我推究的這點，與我們詩人的特性有關，這特性雖重要，却未充分的爲人所知，也可以說，因爲評論家的誤解給弄差了——在奥古士都的眞意的這些例子之外，再加上這意見。差不多他所有的詩中，霍拉斯反抗當時的潮流。只要抓着機會，卽在他專爲此的作品中，譴責當時的腐化，放縱的奢侈生活，以及較前代退化了的見解和道德。他因想起自由的共和時代那些已往的偉人，回憶從前羅馬的狀況，而使其心胸擴大的時候，未有比此更能使其熱烈壯美的了。卽在其作品開頭或結尾中，他冷酷，糢糊，或誇大的頌揚奥古士都的時候，也是降伏於其心中的這種傾向，有如他在給麥策納的作品中所習見的，把他對自由之景仰，對仰人鼻息的幸福之冷淡，對貧乏之滿足，非常活潑有力的表達出來，他覺得他所處的貧乏情況，較其願望尙且富足的多呢。這不僅是用來在其詩中誇耀的空想而已：他是那樣的人，其生平又如此，如我們還要加以曲解，那必非對他公正了。我們還可相信霍拉斯想利用此法求得奥古士都的寵愛麼？我們還相信他那樣洞悉世界和人類心理的人，會那樣的腦筋簡單，甘受這狡詐國君的欺騙，信其爲改善羅馬道德虛有外表的努力爲眞麽？我們亦不難想像，奥古士都能否在我們詩人的作品中找到滿足，這作品時常的發揚光大古羅馬的精神；能否把他當作其治下的友人，他常時流露共和國的思想，且十分顯明的暗示，如要把現狀作爲幸福，那只好這他合理的恐懼更大的災禍了。

(二九) 譯者註：阿斯都利亞 Asturion (今名 Oviedo) 爲西班牙一省，居民饒勇純樸，紀元前22年奥古士都征服之。

(三〇) 譯者註：比斯開卽 Vizcaya，爲西班牙人口最繁之省，省會曰 Bilbao。

德國小說之藝術

The Art of the German Novel(一)

柯本海 (Erwin Guido Kolbenheyer) 著(二)

曹京實 譯

以德文寫小說，已竟經過一個很長的時期，但小說之本身成為一種藝術形式，則是最近期間的事。釋勒 (Schiller) 對於小說所下的不滿意的批評，不是純粹的由於偏見。即以歌德 (Goethe) 的維特 (Werther)(三)，及他的 Wilhelm Meister (四) 和 Wahlverwandtschaften (五) 來論也必須將牠們當作小說中極不

譯者註：

(一) 譯自 German Life and Letters, Vol, I, (1936/37);， p. 18-30. 此季刊之編輯人為 L. A. Willoughby (倫敦大學德文教授)。

(二) 據此書編輯人的註，謂本文係 K. W. Maurer 從德文：'Wie der deutsche Roman Dichtung wurde" 譯出。原文係著者於一九三六年二月在倫敦大學本院 (University College, London) 的講演詞。

(三) Werther—為 Die Leiden des Jungen Werther 之簡稱。我國譯本有二，一為郭沫若先生譯自德文，一為羅牧先生由英文轉譯。譯名均為少年維特之煩惱。

(四) Wilhelm Meister ——此書在我國尚無譯本。據中德學誌第二期所載的釋勒與歌德通信選集釋勒對此書曾作下語：「邁斯式的形式，如普通各種小說的形式一樣，全非詩歌的，只完全舍于智力的範圍以內，服從其一切的要求，並也受加其所有的限制。因為它卻是一種正當的，運用此形式的詩歌精神，並且在此形式中描寫那詩的狀態，所以在一種散文的與韻文的情調中間產生一種奇異的變動，對于這我未知有一適當的名稱。我要講邁斯式，因它當小說，當要十分週到的，合悟性的意，故缺去一種確定的詩藝的膽量——並且因為它係由一種詩藝的精神流露出來的，它又缺乏一種固有的詣級（以此它確可將要求弄得活動些）。」這段話可看出釋勒對小說之意見，也與本文所論之點有關係故錄數語。文載學誌第二卷二六〇頁。

(五) Wahlverwandtschaften—— 此書已由楊丙辰先生譯出。由中德學會出版。譯名為親和力，列為中德文化叢書第十六種。

成熟的序曲看纔可。誠然，在歌德的時代，小說家已竟被稱爲藝術家了。但是那時的小說家的定義，不過是：凡「寫作小說及通常稱爲小說作者」的人們(Adelung)皆稱爲小說作家。小說在彼時，稱爲“der Roman”或“die Romäne”，僅是文學之一副產物。凡關於奇蹟怪事之荒誕故事，或甚至於一個旅行之虛構的描寫，都可算作小說。小說的定義，就其狹義來講，乃是：「小說者，僅係一愛情故事，穿插以轇轕之情節是也」。固然，小說被分成爲許多類：政治的，歷史的，哲學的，諷刺的。但這些類型不過是一戀愛故事之各種不同的表現，附麗一突兀難測之情節及結局 (dénouement) 而已。像以上這種論調，有一個時期在德國頗盛行一時，其時德國正受着少年維特之煩惱 (Die Leiden des Jungen Werther) 的影響，全國陷於癡情熱之掌握中，全世界的人士也爲此空前的熱情故事所感動，黯然魂銷，不禁淚迸。有的人竟着維特之裝 (à la Werther)，以證其情緒之猛烈。(六)

就是在歌德逝世之後，小說的地位在一般人的估價裏高出的也不太多。耶拿 (Jena) 的奧爾夫教授(Professor Wolf)在他的百科全書 (Konversations Lexikon)中說，“浪漫的故事”(fabula romanensis)的特色是：其表現的手法有如史詩 (epic)，將一串虛構的事蹟，熔煅成一整體，再將人生的動人的各方面(engaging aspects of human life)由其中顯現出來。他認爲小說的形式可以有形形色色不同，但必有一個基準，即文字必須高貴，雅緻，流利，華彩。其主要的本質必是：將人生的動人的各方面，以高雅之詞藻表出之。在這個定義之中，並未說出小所寫的應該是具有一些意義的事情。假如這個百科全書，祇是將小說看作爲一般的讀衆對之愛好早已減低的史詩的一個代替品，那麼，牠不過是重述及指出當時的文明社會的意見及愛好就是了。其實在彼時，就是歌德也是想在小

(六) 少年維特之煩惱在一七七四年出版之後，一般青年爲其浪漫之熱情所動，追慕維特之遺風而效其服飾。因維特死時着青色燕尾服，黃色背褂，黃色腿褲，故此種裝束乃盛流行。就中尤以威瑪 (Weimar) 公國之一宮女因爲失戀而溺死於依爾默河中，其胸前正藏有少年維特之煩惱及文學家克來司特 (von Kleist) 與其友人妻之情死，更爲聞動一時。

說的主角中找朋友而不是去找英雄。按歌德的看法，小說應當以表現各角色所發生的事情及他們生活的一般情況為主，至於角色是如何的形成(the shaping of characters) 則應完全留給戲劇。當這位大文豪在年齡很高的時候讀司高特 (Walter Scott) 的作品時，他就不認為小說是敍述英雄史詩的近於可憐的代替品了。歌德向艾克曼 (Eckermann) 說：「他給我許多的思想食糧」。「從他我發現了一種完全的新藝術，具有牠自已的法則。」 ('He gives me much food for thought.' 'I am discovering in him a completely new art, with laws of its own.') 他這兩句話所指的，不是指着當時流行的材料而言，因為在司高特之前，卽已有歷史的小說了。

就是在歌德逝世半世紀之後，雖然西方的自然主義 (naturalism) 已竟引起了文學革命，且這革命已竟為戲劇，抒情詩，小說，贏得了新的形式及採取題材之絕對自由，然而卽在此時，以上所談過的那種對於小說的老論調，依然流行着。因為這個文學革命對於反對各式各樣的摹仿者(epigoni)之戰鬥感覺是太强了，以至於未能清清楚楚的認識自已在德國文學發展上的正當功用及具體成就。況且這個新的急進主義 (radicalism)，兼帶着牠的使人氣憤的缺乏趣味，就是當牠已竟達到了牠的目的時，竟依然有一個很長的時期，使已往的小說的舊觀念頑强了，繼續存在。這樣以來，那些新穎而熱烈的東西反到顯出不易使人接近，甚至竟有一個趨勢，以為反對這些新的，及淡視這些新的，到反成為正確而應該了。於是人們又回頭去看史詩，就好像看一個已經被拋棄了的高尚境界的比較高貴的標本一樣。

在一八八三年，一位博學且名聲赫奕之批評家高賴爾氏 (Moritz Carrière)寫道：「對於光輝耀目之英雄時代，其備受崇榮之人物及其境遇，小說家並不視為神異。小說家者，乃徘徊於另一世界，此界大部脆弱易碎，缺而不全，旣不連貫，且滿矛盾。小說家視此世界，目光含切愛之情，且帶有溫雅之諷趣。如此，方可謂獲得小說家之較眞面目。」但是這種觀念之明面與暗面 (chiaroscuro)

既不適用於凱勒 (Keller) 亦不適用於賴貝 (Raabe)，此二人在此時期之前，早就寫出了他們的最出色的作品。 歌德所預視的新藝術，「小說藝術具有牠自己的內在法則」之藝術在此二小說作家的筆下已起始顯出了。 他們有時以溫婉的諷刺及雅緻的幽默，很大胆的自創角色——這些角色不僅僅是劇情的可愛的代表人，或者是對於脆弱的人世的諷刺的反映，而是一些，無論主動的或被動的，想去把捉那命運所按置給人類的生活鬥爭的人物。 凱勒與賴貝是第一個，不只實行，並且去熟諳那個非凡的工具，這工具所記錄的範圍包括人類內心所有的那些出色的事物。 這兩位大作家的藝術宗旨，並不是將曾在人生中見過的，迴過的角色寫在小說中，而是寫這些角色他們如何的去經驗人生。 因為他們兩人踏上了一個新的立場，所以他們能夠去獲得形式的合諧，並且能寫出散文是那樣的嫺雅與熟練，以致不必再創立什麼新樣的文體去應合那主題的形形色色的需要。 然而他們不是藝術的開荒者，因為他們寫作的時代，未能夠與他們新近所認識的為藝術而創造的動機並駕齊驅。 賴貝在這自然主義革命勝利之叫囂歡呼中，他不過類似一老式的幽默家耳。 並且祇有在舉行在强烈的指導下之出版宣傳運動中，凱勒方能贏得德國民衆對他應得的認識。

新的領土已竟被征服了，但藝術形式的問題仍未解決。 這個問題祇好留待自然主義去解決，並且祇有靠着自然主義自己。

回顧前世紀八十年代中之熱烈的競爭，有如狂風暴雨式的文學革命，吾人很清楚的覺到一個似非實是的事實。 卽在這場革命的期間，大家所爭着搶着要想表現的那個特性，及其就廣義而言的生物的特色，幾至從來未被承認。 這個不獨對文學如此，對藝術亦然。 在這期間，作家們所注意的是那些瑣碎的，富挑惹性的及反動性的題材——無所顧忌的赤裸裸的熱情，及對於那些不能認為對的事予以人工的辯正（其實那簡直就是罪過），及那些旣不連貫又極乾燥的對於痛苦，顛沛的與有害的報告之描寫。 這樣的作品，聳動世界之爭論者，竟歷有多年。 沒有一個人能夠瞭解，為什麼那時的作家們竟啃住這種顯然的缺乏文明旨趣的題材。 直到今日，一般人對此問題仍在追尋外在的，表面的解釋。

人們都認爲逐漸興盛的國際社會主義，西方之人道主義的意識學 (humanitarian ideology)，及引向道德墮落與退化的某一類的個人主義，這三種東西，實際的都不是現代文學所帶來的。 但是文學卻把牠們視爲這個時代的普通現象及時代演化的經驗而加以把握。 人們也承認，古典的 (classic) 與浪漫的 (romantic) 作家們的題材及詩的形式，都已枯竭，所以迫切的需要改變，刷新。但是這些話都是表面上的眞理。

文學革命與人口的大量增加，同時而生。 這個必須對牠予以生理學的認識 (recognized biologically)，認爲牠是全國參加去重新調整這人口增加之問題的一個標誌。 德國已竟打破一種受新的外國的文化統治的潮流——即「啓蒙運動」的理性時期 (the rational period of the Aufklärung)(七)。 在各方面「啓蒙運動」都超過了本土固有的努力和成就。 眼光愈來愈有判斷力，自覺心被推進至各種極端；每個人，無論他是如何的不成熟，無論他是從事於人生的那一方面，他知道人家必須承認他是一個具有人格的人。 在這種情形之下，那已往的信仰 (faith) 及美 (beauty) 所含的東西，再不能夠使現在內心的緊張得到鬆弛了；於是藝術的愛好者乃想藉着新受刺激而生的批評去踴躍的，有組織的，獲求經驗。 於是乃不得不想出新的藝術形式。

由此，作家們群起去把捉人生的那些比較粗鄙的形色 (coarser aspects of life)。 他們之爲此，不是故意的，乃是由於迫切之情緒所致。 因爲他們不祇於將讀者的興趣要集中在實際的光輝之下，就是所寫的如不能或有其事，他們也要大放厥詞。 一般開明的讀者也都要求合於較高批評意義的或能性 (probability)。 惟有如此，小說方能找到牠的表現形式。 這個表現因牠差不多全憑感悟，所以再不將題材排成美麗的一串故事。 牠刺激讀者以他自然而得的經

(七) Aufklärung ——德文原義爲解釋，說明。 在此係指十七世紀中至十九世紀初之「啓蒙運動」。 我國在前四年亦有教授，學者等盛倡啓蒙運動，然爲時極暫，影響未著。

驗 (spontaneous experience) 與所寫的相應驗。在希臘藝術之最盛時代我們可以看到與此相似的程序。

因爲是唯心的 (idealistic)(ideogen)，所以德國文學早就變成了感覺的 (sensuous)(ästhetogen, sinnunmittelbar)。 特別的在舞台上可以看出，從抒情詩及小說也可以看得出來。 在小說裏，作家已不再僅祇表現那些刻板的固定的思想了，而是試着使牠們成爲熟悉的，對於讀者就像潛伏的經驗(potential experience)似的。 每個人如果他隨着他的情感的經驗，他必能達到作者所希望的觀念，就如同每個人經過感官的運用，而必能夠意識到一個調諧的世界一樣。

但是讀者卻實實在在的成爲這種心靈程序的犧牲品了，特別是在以先的時代當於文學的趨勢是傾向暴力與無約束的時候。 假如讀者不是感到當時所謂的證實主義(verism)的吸引，那麼他對這些個都一定要拒絕的。 一般具有批判心智的人們，他們認爲寫實 (a portrayal of reality) 必須不帶有「未必有」的暗示 (any suggestion of improbability) 才可接受。 由於這個原因，我們現在所討論的這個粗鄙的藝術，方得戰勝牠的純粹的唯物性，（這個純唯物性曾經引起淺薄的批評家及無拘束的贊美者的注意），因此才獲得了表現的新形式。 這個，當然是仍要改善的。

什麼是這個程序中的要質呢？風格(style)與文字都易於引起爭論，所以我們無論動機是如何的有偏見，我們必須選擇那個在目前有可能性的才行。 由此，以前所未見過的結構乃開端了，雖然少有作家對牠們能夠作有效的運用。 有一事實可以證明當時的趨向均傾向這種表現法的新樣式，即多數作家一旦他們修正好了這種新形式，便不選擇那可以引起爭論的材料作題材了。 我們僅僅將奧巴和 (Berthold Auerbach) 的故事和陶瑪 (Ludwig Thoma) 的，在鄉村的故事 (Dorfgeschichte) 範圍之內加以比較就瞭然了。

我希望讀者能夠諒解我係毫無意去維護證實主義 (verism)，因爲牠所表現的過於激急。 我自己在作品及理論上，一開端就表明我的立場，反對那類因爲企求廉價的人望，或因爲操切的急於出名，而將文學的眞正價值置於險地的題材。但是當我們觀察德國的藝術，我們必須很淸楚的並且毫無偏見的，承認其生理的功用 (biological functions)，卽使對於冰炭不能相容的急激現象，也應如此看法，並且還應以牠所應當佔有的地位去看牠。我這話並不含着爲任何急進主義 (radicalism) 作辯解。我所指出的不過是，當於急端 (extreme) 引導着去求創生新價値時，及與舊傳統相分裂時，則極端的辦法是自然而來的且是不可避免的。但是，不要以爲急進主義或其他極端辦法其本身有任何永久不變的價値，因爲自然 (nature) 從不跟着極端跑。她利用極端所惹起的推動力，她利用極端由消耗而產生的精力 (energy generated by their consumption) 去鼓舞及完成那些有永久價値的東西。

那麼自然主義所成就的是些什麼呢？牠所完成了的形式的新法則是什麼呢？這個乃係一種法則，很意外的，牠在今日竟無法被吸收，卽各手藝行之傑出藝人亦無法吸收牠。這個新的形式法則，由自然主義鬥爭中而興起了的，牠不屬於刻板的人文主義 (humanism) 也不屬於無定形的情感主義 (emotionalism)；牠旣不是倫理方面的縱慾主義 (libertinism) 的私有物，也不是樸實無華的寫實主義 (realism) 的所有品。牠的定義可定的那樣平淡與簡單，任何人如果忽略了牠的上下文所含的意義，那麼牠便顯而易見的平淡無奇了。雖然如此，牠在德國藝術上表示一革命的劇變。

這個法則可以寫如下式：假如寫文章的目的，想把實際的可能性表達到某種程度，使讀者不僅找到劇情，描寫，娛樂，並且他自己能夠被引導着去經驗到作者的根本的命意，那麼必須給每個題材一個牠自己的合適的形式。

這個已被發現的顯然而簡單的眞理是：假如想去達到一種感覺，感覺其有或能實現之可能，並且還與我們內心所信服的經驗相契合，則每個東西均不能用同一的工具去表現。此眞理，其堅實有如不待辯而自明之眞理 (truism)，因爲在實際生活上在千百方面，已被經驗過了。但在藝術的園地上，則是革命的，因爲在此園地實際生活從未被注意過。 雖然如此，這兒仍然要產生一個心靈緊張(mental intensity)，這個不僅要能夠與活生生的實際生活的建設活動相匹敵，並且還有的時候要超越了牠。

因爲每種新工作，祇要牠是超過了牠的先輩範圍，就必須尋找一個新的合適的形式，所以作家們也要永遠的去找新形式。 就是偉大的作家，他征服這種困難的方法，也不過是嚴限自己所選取的題材，別無善策，因爲他們覺得脫離自己所特有的形式是不可能的。

形式要有特性(characteristic form)，這個法則是藝術家工作之眞髓，因爲每個題目，每個角色，均須有其切洽不可移的特殊的表現方法。 假如不想插入攪亂份子，並且想達到實效，則藝術作品必須避免間斷而示格式之統一(unity of mould)。 就以一個大藝術家的藝術作品集成而論，其中固然必須包括許多不同的，完全以題材而定其形式的單個作品，但是，處處仍然能夠顯出他的手，他的眼，他的耳。 每個大師之藝術，其所以有廣大的影響力者，其祕密無他，惟在其有特性耳。

新藝術觀念是這樣的，其目的不僅是將某一藝術經驗具體的擺在讀者眼前，並且還要在讀者心中長大成熟。 老的藝術觀念的目的是以完美的形式表現美的，高貴的，可悅的題旨。 這兩種藝術形式，新的與舊的，都能夠引起內心的緊張(inner tension)及使內心的緊張得到鬆弛。 因此，他們方能表現出藝術的價值，和藝術的生物學的特色。 但是因爲人的吸收能力的增加，及他與別人不同的特點之更趨明顯，及他對於藝術家與所存在之事物間之和諧有了更深的瞭解，人類的演化(human evolution)乃又達到另一階段。 在此階段藝術必須能夠供濟人們一種經驗，由其中他能爲他的感情找到藝術的出路，這樣牠才算作到洽到好處。 文學曾經過自然主義時期，因爲自然主義本身就足以鍛鍊自己成一藝術形式堪與結構之新法則相符應。 很少的讀者能夠瞭解生命激動之內層意義(the inner significance of life)，這種稀少的程度，由自然主義在已往及現在所受的非雜裏表現出了。自然主義曾受到虛張聲勢的攻擊，但這場戰鬥，仍然完全集中在那些可成爲問題的材料上面，及那些其本質就可非難的上面。其實，我們就是將那可受非難的那一面拋開不管，那些由這個自然主義所產生的眞東西，仍然不能失其本來面目。這個新東西是：形式的新法則。惟在今日，當我們以生物學的眼光去觀察人生時，方能將自然主義藝術眞正的功用予以正確的解釋。

隨着這個觀點，我們可以發現爲什麼直到我們的現在時代，小說方能成爲藝術，且更甚者成爲一種不稍遜於抒情詩或戲劇的藝術。在小說能够達到唯心時代的詩所必須具有的水準之前，牠必須先要滿足了自然主義所試着去應付的那個關於結構的特別條件。幻想的作品，祇有當牠得到了作者的最高的才能時，方可稱爲藝術。牠的眞正要素是一種境地，即藝術家爲要達到祇有極少數富有創造能力的作家所能達到的成就時，在其生命中所興奮起來的懸念不定的境地 (a state of excited suspense in the artist's life)。當德國到了擴張的時期，這個時期與藝術上的自然主義的革命同時發生，德國的創造能力竟因抒情詩，戲劇、史詩的需要而枯竭了。在此前一時代，尚可由史詩的唯心藝術形式找到解決的辦法。就此意義看，在以上所說的釋勒 (Schiller) 對於小說之反對及嚴酷的批評是對的。甚至在五十年前，也祇有承認小說是一種幽默而諷刺的飛翔在脆弱而不完滿的世界上的東西就是了。並且應當把牠看爲是史詩的代替品。彼時尚未達到小說的問題祇有眞正的藝術家方可以解決的階段。

小說之成爲偉大的文學，是比較很晚的。這種晚成的現象，可表示出，藝術家並非在空無飄渺裏創造，而是隨着他所隸屬的，那個已成熟的知識較高的階層(strata) 的需要而轉移。同時他也是爲國家整個生命而創造，因爲這個佔優勢的階級，牠的較成熟的心智 (mentality) 其本身就是一國的最有活力的部分。所以那類的幻想，以爲天才們能够在他的國家擴張之前，且不以整個的國家爲對象，就可創出新的藝術形式，那是生物學的地錯誤的 (biologically false)。無論在何時，無論在何地，那樣的天才都沒有存在過。固然，天才的作家能够自已開發自已的途徑，但是他仍是隨着他的時代之要求而作，那卽是說，他必定要與其同胞們的發展相牟和。　這種時間的需要，其觀念很為明確，與那突然的，猛激的，表面的，一瞬間的需要所引起的朝生暮逝的，不完滿的運動，不能混為一談。　當於伏在大衆後面之要求發達了，且到後來成功為一種無人曾經注意過的東西時，則自然主義和牠所誘引起來的呼聲，便確切的指給我們是那一類的東西，才可以値得宣揚着，奮鬥着，去作為一個藝術運動的特性或眞髓。

抬舉德國小說走上藝術境地的這個新法則，在每部現在稍微傑出的小說中都很顯然。　但是最顯著的還要首推歷史小說。這個就是為什麼在我的作品中——假如可以允許我有一個純粹個人觀察的話——歷史小說已竟被人們判為有特別注意之價値的原因。支配小說的藝術法則在歷史小說中顯現的最為淸楚，因為一個作家處置近代，或彷彿近代的題材不是必須先要把他的虛構的世界和經驗結成關係。　他可以自由處理那廣闊的實有的材料，他可隨便按排他對他同時代的人物的深透的觀察，並且還可以此為基礎建造其故事。用這種方法，那個足以引導讀者去意識到自己固有的經驗的小說中的組成份子可以更微妙的被計劃出來。　但是因此，那些份子的直接效力，這個，同時也是他們的最偉大的藝術成就，到不容易感覺到了。　於是有許多寫現代題材的作品都置意於技巧(stylistic skill)，由這技巧所得的讚美，超過了牠對其作者或其國家之眞正重要。　讀者們對此類作品極端鑑賞，但不是極端的鑑別。　眞的，因為相信一般人的直接的不斷的呼籲，作家們是太易於由藝術而流於淺薄。　所以許多作家都可被這個陷阱所捉。無論如何，在最近幾十年，這個將小說抬舉成為偉大的文學的新方法，已有盛譽的作家們也採用牠以處理現代的題材了。

歷史小說不能要求也用這樣的作法（譯者按：卽指處置近代或彷彿近代的題材的作法）（這種作法據我們所能見到的，並非永無危險）去表現讀者們的實地境界。　牠不得不另創一個，牠所獨有的實地境界，因此，假如歷史小說，也去遵守着這個新的法則，那就是說，假如牠不是僅僅的給一些有趣味的事情穿一件歷史的衣衫，作新聞記載式的報告，那麼，最根本的是作者要運用其藝術技巧，將其所寫的題材的實地境界追想起來，並且作的是那樣有力，牠的讀者竟能從早已遺忘了的古代裏在不知不覺中想出來實地經驗的成份。 讀者必須能够忘身於那已逝的境界之中，且感到自已實實在在的生活於此境界中，絲毫未覺到其時代之遼遠。

如果有人以爲將古代的事蹟，或個人的事蹟，摘其可以與今日之眞事相比擬者，或者從人類由古到今永不變更的衝動現象，擇其特出者表現出來，便可達到上段所說的地步，這個假定是錯誤的。 像這樣的僞裝的歷史記述 (pseudohistorical narrative) 祇算作歷史的佈景，不能希望牠能够用此方法達到更多的成功。祇有眞正的歷史小說方能取得藝術的形式，而够得上與史詩，戲劇，抒情的民歌，相媲美。 在我們的時代所有的歷史的記述，都是因爲牠們與我們的時代的事蹟之相似，所以才寫出來，且藉着經過修飾的新聞標題而出現。 牠們不能達到偉大文學構造力的高度，就是我們現在所熟悉的法則所規定的那個高度，因爲牠是用間接的彷彿相似之法(the roundabout way of analogy)去引起讀者感到實地境界。其最佳者，不過是能作出一種人爲的諷刺的表演，其計劃能極其精妙，可以避免其被人認爲是滑稽之文章耳。 雖然如此，其作僞之迹仍是顯然。 在近代竟有一種趨勢，不特把這種矯揉造作的作品甚爲重視，且甚至尊牠們爲偉大的文學。 假如牠的用意（譯者按：指諷刺的用意而言）不是那樣的顯然，牠們將要被認爲是頹萎的表誌了。

我並非建議說，依靠着藝術的結構，歷史小說就能够把牠的志趣計劃的足以適過那一整段的空隙而直入到現在的時代。 自然的，這裏必須有一活的水流，從遠古一直傾注到現在的水裏，假如讀者能够極其巧妙的被引導着，將過去的東西化成爲讀者現在內心的經驗。 但是這條水流是僅僅的由國家歷史的活的井泉 (living well) 出發而來。 絕不是來自某一暫時的朝生暮死的故事(ephemeral story of the moment)。 我的意思，一看現在這氾濫至廣的，並且裝扮的如小說一模一樣的，及在最近二十五年來，牠自已早已與名人的姓名連在一起的「時代」的新開業就瞭然了。其實，從過去歷史所抽出來的題材，很少可以地道的把牠裝璜成爲藝術的小說。很可注意的是許多淹博的歷史家管這樣作品，不僅稱牠爲小說而已，且名之爲小說的史詩 (novel-epics)。對於藝術小說之懷疑，眞是根深蒂固，直到現在，小說仍不能毫無波折的就被認爲是一種藝術。

歷史小說之主要目標，不在供給與現代相似的東西，而是將歷史上最要緊的時期，表現出來，使牠能夠直接影響讀者，使讀者感到在其國家起過作用的活精神 (the living spirit at work in his nation)。這個，絕非任何遊戲文章穿上「時代」之裝束 (burlesque in 'period' costume) 所能得到。

所選用的歷史事實，不必與現存的史料處處吻合。我們必須將史料之沉積的史實加上內容，加上生命。就我們的經驗來看，我們知道史料與實際情形相一致者是何等的少。一國的生命力之滋長，其根芽所萌出的，比歷史書上所記載的文詞遠多了——這是歷史小說具有文學價值的一個眞正的題目。這個並不是說，小說中的角色們必須對他們所居之時代之趨向發表議論，也不是說他們必須故意的顯出是在創造一個新時代。他們由於他們自已的性質之潛意識的催促，那即是說，由於超乎他們瞭解能力之外的世界大事對他們潛影響的催促，使他們能夠影響其讀者的感覺(feeling)，或者，更好的是影響其讀者的直覺 (intuition) 力量，這樣來，因爲讀者對於他的國家之內部生長之吸收溶化，他乃可以與角色們共同生活在某一時代了。這種效果，惟有將那怕人與牠接近而僞裝爲證實義主 (verism) 的自然之眞理，作成爲自然主義之眞正的，深奧的目的時，方可語言學的地 (linguistically) 能夠達到。自然主義發現了構造技術的工具，但牠却未能達到生物學的世界觀 (biological conception of the world)，因此，牠因修整構造之工具，而把自已消耗了。在今日，要是去藐視這個運動是比去承認自然主義之在某限度內的成就爲容易。

或者我們可以舉個例，看看歷史小說作家們是如何的可以試着完全按着表現

法則 (law of presentation)而創造。 因爲這個法則要求在讀者自身發生效果，且得到這個根本效果的主要條件又是事物之或然性 (probability)， 所以這個作品中的角色必須以對話來表現。 爲了想達到這個目標，在很早之前，作家們就試着給對話帶上一套僞裝的歷史的音調。 這個在未受過訓練之耳邊，自然可以通過，但對於有收納性的心靈是不能空過的。 牠早晚的一定要覺出這類語言的矯揉造作， 且要因爲這樣作品所表示的古語之笨拙含混 ，而將作品也棄置不顧了。 虛作的聲勢是被人看破，瞞騙假冒之局也暴露了。 設而作者從古代所得的是一些糢糊的回聲，並且又僅僅是這個引誘着他走入古音之門墻，則有鑒別能力的讀者立刻就能察考出來。 因爲這個和音樂一樣，必須有副敏感的耳朵並須要有訓練。 古代的語言不能學習，祇有用耳去聽，方能獲得。 如果想去熟悉那種語言，祇於明白了那個時代的歷史是不够的。 他必須覺到生命外部之韻律，及其時代內部之推動力；由此再從作者所能得到的及所能練習的那些老型的字，老型的成語中找出牠們的特色及其生動之點。 這樣，方能漸漸的得到古代語言的形象 (shape) 方能與作品中之動作及角色相適合。 祇有這樣，這個歷史的文章方能獲得構造之可能的眞實性 (the probability of construction)，方能培養讀者經驗中之創造原素。

假如可以允許我從我自己的製造廠中舉個例子，我要提說在Meister Joachim Pausewang 之前，我的小說 Paracelsus 的題旨早就醞育好了。 但是我發現我不能毫不費力的把我自己移入改革時期 (Reformation period) 的語言境界裏。我必須第一步先回退到與我們時代較近的一個階段，並且我之所以這樣做並不是想把這個較近的階段也用來創作。 這不過是表明我在這部小說Meister Joachim Pausewang 成形之前，我就把自己整個的沉湎於十七世紀初葉之每日生活中了。在事實上我可找出更多的明證，當我的書剛一露面，就有一位名叫 Pauswang 的先生，因爲他正作着家譜研究，他寫信給我，讓我通知他：我這部小說所抄的年代記錄原本 (original chronicle) 其來源何在呢？此外尙有一個證明，就是一位青年博學的史學家，被一批評雜誌請他發表意見（譯者按：指對作者所著的 Meister Joachim Pausewang 發表意見）但他謝絕了，因爲這個也許是一副畫着「新發現」的假面具的東西，所以牠是抄襲的。這兩位讀者，都似對這個材料有直接經驗，所以不能祇用裝飾過的字及成語去挑動他們。祇有當於我能够將中間這段（指由二十世紀推溯到十七世紀這一段——譯者）有了通澈的研究，然後方能深入到改革時代的活語言中。我可以說，絲毫不是吹大話，從我自己的工廠之實際經驗來說，祇有用此方法，才能得到這一類的表現，甚至就是對於歷史小說也是如此。這個表現方法就是我所瞭解的自然主義。並且這個目標——雖然這個目標或者從來未經實現——才是剛剛過去的在文學上惹起一場大爭論所希望要達到的目標。

但是一個時代的語文和說話的習慣祇是代表一塊結晶體之某一方面（雖然是很重要的一面）。我們必須學習經過這個結晶體去觀察，假如我們想要解開過去的謎咒而使其成爲活的真質。

我之所以選擇歷史小說以爲說明者，因爲我想盡力的明明顯顯的說明：怎樣僅是在德國的最近的過去纔演變出了這種法則，用牠可以把小說提高達到一個藝術作品的水準。小說已經爲藝術取得一塊新境地。牠所以贏得此地位是由於新文藝結構之新法則提高所致。這個，無論如何，祇可當我們實在的感到讀者不能够在老一點的唯心的文學形式中找到美學的快樂時方能瞭解，因爲牠們長過了那個內心的緊張祇有用唯心的藝術方能解放的階段。

新時代需要新的藝術形式；並且在小說園地中開闢了新的文藝風格 (literary genre)，由此之後再不能將小說當爲史詩的介入遺蛻的代替品了，必須把牠認爲與史詩有同樣高的地位的後繼者。

原文中編輯人加的註：——

上文所引的 Kolbenheyer 博士所著的歷史小說，按其出版年代列下：

Amor Dei. Ein Spinoza-Roman. 1908.

Meister Joachim Pausewang. Roman aus der Zeit Jakob Böhmes. 1910.

Paracelsus（共爲三部）：Die Kindheit des Paracelsus. 1917; Das Gestirn des Paracelsus. 1922; Das Dritte Reich des Paracelsus. 1926.（均由 Langen/Müller, München 出版。）

Conrad Wandrey 近有論本文作者專書，名"Kolbenheyer, der Dichter und der Philosoph". 1934 在 München 出版。

鴻　　溝

La Stella und der Kadett

賴　普(Hans Leip) 著(一)

崔　亮　譯

那小海軍學生得了一天的休假。他還不能回家，母親這時到溫泉旅行去了，父親也好利用閒暇，出外作些溫和的冒險。可是媽媽的一位好女友，就是那守寡的Z伯爵夫人，住在這港埠，順便照顧着他。她比少年年長一倍，但如今有甚麼呢；他覺得她嫻雅秀麗，一如其母。

下午他們一同到了娛樂公園。喝了一些蔻蔻茶，注視那展覽的獅和虎。伯爵夫人談論熱帶地方狩獵的事。她向小海軍學生微笑着說：『你那艘巡洋艦旅行全世界的時候，你也會到熱帶。』籠裏出來一陣銳利的氣味。伯爵夫人自小衣袋裏取出來的手帕，在小海軍學生覺着還可喜些。

他們閒遊到一片草地，那裏喧鬧着鼓掌的聲音。一團走繩索的在那邊登場了。自行車那齣剛纔完結。一個娟麗的女孩自平台爬下繩梯，按照演員的方

(一) 賴普爲德現代詩人，1893年生於漢堡，現仍健在。自幼卽具海之深刻印象，旋遊全球，視海如家。作品多以海爲背景，如：水手與林小姐 (Der Matrose und Miss Lind)，夫人與海將 (Die Lady und der Admiral) 七號渡船 (Fähre VII) 航海南針(Segelanweisung für eine Freundin) 等，情節緊張，性格之表現活潑有力，幻想富冒險性。氏爲極有望之作家，表現荷北德及現代漢撒之偉大，如堅忍不拔而具彈性之實際，目光銳利遠大，及在冒險與熱狂間保其均衡是耳。本篇譯自晚遇 (Begegnung zur Nacht)，爲短篇小說集，附作者插圖數十，一九三八年科塔書局 (J. G. Cotta, Stuttgart) 出版。

式，古琴樣舉着兩手，再鞠一次躬，嫺靜的走開了。

這時走索團的團長穿的有如網球名手，平衡着身子，走了過來。一手拿住一把椅子，那一隻手帶着桌子，在索上當中的地方，把椅子擱在身後，這椅子的腿用刻劃凹痕的斜木連結起來的，桌子也如是。團長坐到椅上，把桌子放到面前。從那邊兒走來他的伙伴，也拿住一把椅子，坐在對過。他們坐穩，幾乎是絲毫不動，團長只是活潑的轉動自己的頭，彷彿若無其事，他向下面的觀衆喊着逗樂的話，讓大家高興，又向第三個人嚷着玩三人牌，朝着伙計又叫喊。

底下花園的伙計們抬起慘白的臉，迷亂的露出齒來，他們雖是每天聽兩次這種笑話。

如今輪到一個舞女遊過來，穿着輕巧的小裙，把一根棒鬆弛的放在兩肘上面，手裏拿起盤子，上邊擱着酒瓶，從高台輕輕跳向高懸空中的酒徒們，把盤子送給他們。團長從褲袋掏出兩個酒杯，送他一個杯，倒出酒，舉杯相碰，然後喝酒，一飲而盡；他們平穩無事的帶着許多東西起身，各歸原位，這時觀衆大聲不停的喝采。

在兩個狹小的台子之間拉緊繩索，台子離地十米光景，用細竿兒架起來的。在一邊兒的台上樹起一根光滑的桅竿，比台子高三倍，直沖雲霄。

那適纔走開的秀美的女孩如今又懶散的走過草地。她換了衣服，化裝爲一個白衣長褲的水手。那小藝人不變臉色，脫下高跟鞋，換上平底兒的走繩鞋，在手掌摩擦了一些鎂，緣梯而上。不一會兒抱住桅竿，態度安詳的爬，直達絕頂。

那上邊拴緊了一個環，她的兩肩和腰部竟得由環通過。她坐在環的最外邊沿上。那桅竿起先彷彿是個雄偉的松樹，這時却戰慄得像條葉竿了。這對她全無關係。她向後仰下身子，懸在膝窩上，把脚尖伸在對過環下，剛好支持自己，那麼高的懸在空中，來回的搖擺。

在那連氣兒都不敢出的觀衆裏，這小海軍學生的心突突跳起來了，雖然他學過桅中的艦而運動。 那上邊既無護桅索，又無攀繩，在必要時可以揪一下，還有，她並非粗壯的水手，只不過是個女子而已。

有人向旁邊兒的女人解釋著說：這就是拉絲黛拉！

此刻那走繩的女子，繼續在那暈人的高空裏躍動；只把一隻脚或手懸在拴緊的短拉環裏，抗拒着遠離桅竿，這竿兒因這小分量有些濶了，她來回的搖擺，動作那般可愛，又往環上爬，坐到上面，伸開兩腿，把兩手插在衣袋裏，大膽的把頭濶到頸背，又起始搖擺膝部，以至桅竿動搖的更厲害了，彷彿就要拆斷似的，下面每人的情緒，都以爲她必要因這空中旋轉的重量而摔下的。

可還不要緊。 她脚下那可憐的環搖得正有勁兒的時候，她濶下身子，兩手拿住環，濶曲兩臂，緩緩的舉起她自己，在那幌搖不穩的桅頂上拿大頂，經過了好幾秒，人人都在屏息以待，以爲必要出事了。

但這年輕的走索女子，一點兒也不顫動，把腿放回原位，在那上邊從容不迫的向四面鞠躬，平心靜氣的滑下桅竿，到了底下，在狂風暴雨似的喝采中，站在台上再鞠了一次躬，這時鞭炮響了，聲音噪雜起來，又在佈置其次的項目。

美麗的伯爵夫人撫摩這小海軍學生的肩膀。 她覺出他被迷惑了。 『這算甚麼！』 她輕易嘲弄的說：『你將來也會的。 一個水手天天幹這個。』

『那是啊！』 他答了，可是在他內心並不想這事。 他那發呆了的眼跟着那秀麗的，後臀稍肥大的水手形像，她坦然自在的走過草地，在花園桌子當中不見了。

『你來呀，我們今晚一同吃飯！』 他的女伴輕輕握住他的胳臂。

她轉過身子，他呢，自動的隨在後邊， 他們必須擠過人叢 ，餘火落下的時候，觀衆的面孔發着抖。 伯爵夫人走到空曠些的地方，回頭一看，那小學生已不在身後了。 她候了一會兒，在足趾上立起，發現不了他的踪影。 於是進了飯館。 這小孩定會因爲飢荒而來的，她想。

那小學生已經離開她，往那走索的女孩不見了的方向去了。 他瞧見她傍着一位老婦坐在桌前。　他靠近她們站立。　她前面有一疊明信片，站起來，打算銷售一下。

她瞧見那小海軍學生，輕輕兒說道：『一位眞海兵！』您想買一張麼？』

那海軍學生臉紅了，他沒有帶着錢。　『不，』幸虧她說：『我送您一張，做爲紀念。　我總想知道一下，如果一位眞水手瞧見我在那上頭，他會有何感想。』

『啊，』他回答：『了不得，眞是絕等！』

『請您坐在這邊！』　她高興的讓着他：『我還會作生意。　我不知我能否服務，在一個帆船上，您以爲如何？』她向他微笑。

那稍老的婦人向她作出不要多嘴的神氣：『她總是那麼早成，三句不離本行。』

『我都十七了！我曉得我要做甚麼！』

小學生想道；和我同歲，我以爲她還年輕些呢。

這時停住一會兒。

『在繩上一定難極了！』　他說道。　他想起晚餐，想到伯爵夫人，因此有些着急了。

『容易得很，我十五歲就起始學的！』她答道。

她的臉部寬大，顏色深暗，黑色眼珠閃光的注視他。　她那聲音深沈些，有點兒聲粗，這是漂泊不定的賣藝人所習見的。

那老婦用有皺紋的手摩着她那可憐的櫻色坎肩兒說：『我的女兒——不，這是我的姪女——可是我那女兒二十歲的時候纔練的，她是團長的妻，就是把擱着酒瓶的托盤送過去的那人，他們在西西利島的時候，她快墮產了，還上那上去呢，那時・・・』

這好婦人記不住下邊的事了。　她注意這年輕人還不習聞這世界上的眞情實事：『您知道，』她繼續用慈母樣的聲調說：『這都是練出來的啊！』

『拿大頂的時候，總得佈置那少不得的收款處，爲的就是這個！　可是我敢說沒有一個女子賽得了我！』那爬竿的女子說；『因爲我在歐洲找不着第二個。就是男人裏也少有；三十八米高哪！』

小海軍學生說：『當然。』　他很想站起來。想出了脫身妙計。　『我可以求您簽名麼？』他問了，並把那明信片遞給她。　他又找出一桿鉛筆來。

『必得寫出名子麼？　像電影明星的親筆名子，是不是？　可是我的字糟得很。　請您自己寫上吧。　婀蘭貝塔！』

那小學生未敢反對；　他說不出來：我相信你不叫這名子，只好問，有無 h 那個字母，及其位置。

他剛好寫完，團長走過桌旁說：『先生好！』

海軍學生鵠立不動。　團長看了明信片。　『瞎說，』他說道，拿起鉛筆把名子劃了去：『她叫拉絲黛拉。　婀蘭！　這那裏像個藝人的名子？　少佐先生，求您原諒，今晚我得在旁，有一齣新的表演。　生意較比享樂更要緊！先生好！』

『您是少佐麼？』　拉絲黛拉好奇的問。

『不是，』他答道：『還不呢。』

『但是您得把那帶象牙把兒的小巧的劍送給我，留作紀念！』　她嫣然的微笑着。她想用它做裁信刀。

『是的，她收到不少信件。』她姑母加上一句。

他不好意思的解釋，他不能這麼辦。　一個學習軍官失去劍帶，差不多等於拉絲黛拉丢掉繩索了。　拉絲黛拉撅了嘴，兩唇厚得像對帶汁的臘腸，兩隻小手托着有力的下頦，一半好奇的，一半藐視的，從下往上看他。　這是亂說罷。她也許有那麼一天開汽車或騎馬，爬竿子大約每個水手都行的。

他忙向她擔保着說，眞的沒人敢於輕易同她比一下。

『您也不能？我想你總行吧！』　她挑戰的答道。

『我不是無條件的必得作這個！』　他望後挺直。　他有些着惱了。

他總立着。　『請您坐下！』　姑母說。　他搖頭。　好些人瞧着他，怎麼立在走繩女子桌旁。

『我的肌肉！』　拉絲黛拉微笑着說，一邊灣曲膀臂：『您安靜的按一按；鐵一般，怎樣？　我要換衣服，然後一同喝一點兒。』

她說話時並未瞧他，可是他以為是指着自己。　他很想圍一圍她的胳臂，可是手裏拿着鉛筆哪，他只是和氣的點頭，表示贊成，低聲不清的說，他該走了，在別處已有約會。

她嗤嗤的笑了，她的聲音比原來的嗓音溫柔的多。　她並無是意。　他明日能否再來。　或是以後來呢。

啊，可惜他就有這麼一天的假。

他能到布列門去否，她下次在那裏出外表演。

不到布列門，他的船只上國外，往熱帶去。

他正式鞠了躬，把手放在帽子上。　她搖手說：『水手先生，再見了，那開信刀的事對不住您。　可是到了熱帶，望您不要太得意。　我已得過瘧疾了！』

她的眼跟了他沒有多久，臉色突現怒意。

小學生到了飯館，找着伯爵夫人。　他就道歉的不清楚的說了些落後和尋找的話。　她用閃耀着戒指的一個指頭，向他恫嚇的說：『小船長，小老虎，誰知甚麼意外災禍在四圍等你呢！』

她令他在菜單上挑選。　他猶豫良久，方纔決定要意大利萵苣菜，這時他想着西西利呢。　貴婦人在一旁愁悶的觀察他。　要讓他多說話是不相宜的。　他直瞪着眼發楞。　猛想他把簽了名的明信片擱在那裏了。

小海軍學生全身熠熱了。　不僅這個，還因他感覺痛苦。　此刻他正瞧見拉絲黛拉穿了大禮服，在大廳裏索索的走着響。　她離開不遠坐下，明顯的並未瞧他。　他的喉嚨哽住了。　他忘記一切教養，一語不發的衝出去了。

花園裏已經黑暗涼快了。　微弱的燈光在樹枝間搖幌。　樂隊已經收拾停當。　小學生在樹林中徘徊，迷了一會兒路。　於是找着她們的桌子了。　一個人也沒有。　那張帶繩架和團長像片的明信片還在那兒放着。　鉛筆亦然。　這桿筆不足以留給她作紀念，他想着心寒了。　斜過明信片寫着拙笨的字兒『呆子！』　他無疑的知道是誰寫的了。　那男兒的心，拿起艦上長官的威風罵道：『可咒的一幫女人！』

黑暗中兩邊的繩柱在草地上高聳着。　他忽起一念。『我要給你看看，』他咬牙的說。　他靈活的登上繩梯。　桅竿在信不了的那麼高的灰色晚空裏消失不見了。　『呸！』　他怒喝道：『我要全副武裝的幹一下。』　他爬上去了。桅竿因為露水弄得濕溜滑手了。　他毫不放鬆。　呼吸都欒了，最後到了上邊。如今到了環子了！　他猛然的想。　可是不行，他的肩膀兒太寬了。　他忽然靦覥的笑了。　他摸着那桅竿上的圓頂中心是挖平的。　他把頭放進。　他料想雖然如是，也得相當功夫纔行，他定然不能那麼一下就練成的。　船上的桅頂比這搖幌不定的小樹枝合理多了。

他最後努力，決意必須讓她知道我曾到過這裏。　無論怎樣解下短衣的鈕扣兒就是了。　他整個的扯了下來。　金色的，刻着錨的形狀，這是決不會錯認的標識。　把鈕扣放在桅頂的窟窿裏，噗口氣滑了下來。　手指磨的難受。　可是他痛快得很，帶上手套，往那飯館的去了。

伯爵夫人在門口兒等着。『拉絲黛拉呢？』　她問道，口調自是諧謔的：『你跑出去的時候，有一個同那人一模樣的跟你去了，船長啊！』

這事一半使他不舒服，一半使他惱了。　他如在黑暗中同她講講話，比把這閒暇費在吃勁兒的體操上，總強的多了。　這時真該換地方了。　這小海軍學生收縮全身，變成細高的樣兒，突然像海軍大將似的厲聲喊道：『我們去跳舞，伯爵夫人！』

她哈哈大笑起來，握住他的胳臂。　他們坐上車，有人在後邊撲撲撥；那就是拉絲黛拉，她穿着略微華麗的晚裝，忽然立在那裏。『先生，』拉絲黛拉忙說：『您手掉一個鈕扣兒了，我偶然看見它在那裏！』

小學生眞個迷亂了。他從那伸出來的小手拿起鈕扣。他想說：您留下吧，雖然是可笑的東西，只作個小紀念就行了！——可是他說不出來。

這走繩的小女子瞧得眞切，他有多麼作難。我愛他，他愛我！她想道：可是我們當中隔着一道鴻溝和那位貴夫人。不，她的職業同野心不願找別的麻煩，因此和藹的說道：『我也不想爲此頭痛。』

說完這意義分明的話，兩個年輕的人悲愁的對看。伯爵夫人有些遲疑的決意請她同坐，可是拉絲黛拉聽着了，轉過身子，忙向花園的暗地方走回去了。

那小學生後來把鈕扣——他短衣上的換了新的——放到一個合適的粉盒裏，這是伯爵夫人因他的請求給的；這是爲安慰人類而按排的，人對於事情的記憶，直至其最後的用途尙難分解的時候，常能使其寄託於比較淸晰單簡的事物裏，使他的心有所安易。

瑪蒂爾德小姐

Mathilde(一)

賴普 (Hans Leip) 著

崔亮譯

她叫做瑪蒂爾德。每天早上她從家裏走出。昏暗中在郊外狹徑的深底上放輕脚步疾走。她那像房簷高的夜夢斷碎的形像，緩緩的向前挪動。這些形像站在她的脚前，用灰色的手指輕摸她的眼臉兒。後來它們就消失在又潮濕又急湍的河裏，這些河每晨激動這大都會的平臥水輪。瑪蒂爾德也必在某處緊握看不見的鏈形輪齒，因此她就慘白疲倦了。在她內心總有某種期待的事。這事在一扇關閉的門前等了六天，這門上用美麗的字母寫着『禮拜日』。在這門後藏着表明是她幸福的一切，從那放膽多睡，安閑的喝咖啡那種顯明的願望起，直至那些說不出，完全像和風似的熱望。第七日她起身的時候，一切燦爛的光輝都似無窮，可是一個也抓不住，它們如像蛇似的從手裏溜跑了，不多工夫，禮拜清晨貓頭鷹的面孔已透過喜悅窺伺呢。她多少次因失望而哭泣，然在入睡之先，她心裏馬上點起一支安慰的燭光。也許下次的星期日！她心中說，停不多會兒——如在放假的時候，同——或在——在思索第三個『在』的時候，總可以睡着的。

上星期日她在城前的河旁逗留。她覺得她似乎應該在此處經歷一下非常

(一) 譯自：晚遇 (Begegnung zur Nacht)，一九三八年科塔書局 (J. G. Cotta, Stuttgart) 出版。

的，偉大的事情，一種她說不出名兒的，描寫不了外表的，不可捉摸的幸福。在春天下雨的某晚，她頭一遭在岸旁的道上走，這路舒適的經過兩旁的河岸花園同水手的房屋。路燈——每百步必定樹着一盞——把狹長的黃色地氈舖在濕透了的硬磚上；鋼琴的音調從一個開着的窗口跳舞而出，她在花園門首找到幾朵半謝了的紫羅蘭。這花使小矮樹叢林醉人的氣息有香味兒。

在櫻色的低將上只有長青樹還是翠綠。踏得扁平的雪，蓋在路上面，使脚步沒有聲響。發黑色的籬笆後面，白的花園正做酣夢，裏面的園舍塞滿椅子和園用器具，還有高高的立起來包裹着的划船。於是來到那落雪的河邊，冰凍的沙地露出灰黃的顏色，一堆混亂的小冰塊像個强力冲激河岸的碎浪似的凍僵了。這冬天的下午鍍了櫻金色，河流點綴着衝動的冰塊，對岸是成行的樹木，油槽，製作玩具的村落，和稀鬆的小山山脈。瑪蒂爾德遠望着空中櫻色昏暗的光綫，她那疲倦的思想飛往遠處，無邊無涯的擴張起來。她覺得不大清楚，遠方好似一幅櫻色的大面紗，永遠是一直的向前飛翔，後來愈變愈大，愈來愈透明，直到消失在明亮涼爽的空氣中。她又覺得四周的寂靜好像玻璃似的圍繞她立起來，但有人在抓那玻璃。這是冰，被那呼吸的水弄得沙沙響，然而她的耳朵却馬上想到鋼筆尖兒劃的聲音，和打字機在每行之後的急響。一種失望的情緒催動她的兩脚。不，她不願想這事，今天是星期日！

那就是門戶！這後面的房子多麼舒服，把邊長十步的四角形花園像佳節圍裙似的圍在前面。她自始想住在那裏。她把靠房子的一所院中的第四層樓佈置停當，還有那同姐姐一塊睡的黑暗的屋子。她過的日子比別人好的多。可是這房子的是美麗。這是她自己的，那就是表示光明愉快的東西，孩童時在這兒玩耍，在此處度過光陰，而且不僅在禮拜日纔如是。精神上她還穿着最近升爲小姐了的那天對她異常合適的那件衣裳，她立在閃電般光亮的爐旁，坐在一個精緻的白桌子旁邊，坐在花草後邊的窗口，拉緊喃喃作語的小娃娃，她還有個男友。一個世界像黑影似的透過意識洪水般漲起來。斷片帶圖的散頁，小說，以及膠片，還有分別明暗，直達無限遠的繁雜的回憶，生活在她十八年幼女的熱情中；直等到一幅拉開的幕和注視着的臉點兒把這些回憶驅散。

她又向前走，一切彷彿都是單調無味。她的眼驚訝的掃過河流廣闊的距離，她忽覺受凍冷了。她覺得從前似乎比現今自負膽大的多。她許是老了？如今是個老處女了，又膽怯，又驚恐。直到現在，她對人類之存在還未曾自覺的注意過，這時人類和她相遇的情形是意義豐富的，充滿着壯美偉大的力量。她有那種感覺，就是必得抓住一個人，同他說：你帶我去吧，求你務必帶我去！

可是她走過一切人，並不抬眼看一下。僅只是兩手在大衣袖口修剪的毛裏互相握緊。細微的雪片紛散不停的落下來，有幾片落在灰兔皮上面，近旁有一個金銀綫細工似的星芒。她連忙感覺謝意，精細的衛護它，既不跑掉，她彷彿是默想一個好兆似的快活起來。她忽覺有人注視她。她的心說不出的跳動起來，睇人膽怯的滑到眼角。脚步到她身旁了。是個海軍軍官。她兩脚雖似凍在地面上，可是一陣火焰燒過她搭下來的眼皮。過不多時，心中發生稀薄冷酷的訕笑聲音，緩慢的抬起下頦。漂亮的藍軍服已經隔開相當的距離，愈來愈遠，他好像全然關切他的前面似的。瑪蒂爾德半路上遏住一口氣，害怕的看她四周，那邊來人了，她就無事的樣子繼續走動。那水手走進一所房子，並不瞧別處。門玎璫的關上了，她混身打起戰來。她走的那麼快，有如她在人前因羞恥而想得順利似的。她打算讓自己的面孔帶滿不在乎的神氣，也不左右顧盼。

在步道末端有個狹木梯，她由此拐灣兒，往那到河裏去的小道走。她失去意志，任那狹路的斜度把她推向前進，彈力一直送她到河邊轢軋有聲的冰旁。她在浮起的冰塊兒之間沈下去，直達脚踝，於是不動的站住，讓那寒氣刀刃似的割透她的長襪。她覺得愈沈愈深。她很少銳利的看那大江同各樣形狀流動着的冰塊，她瞧那黑色的小汽船，正在冰塊兒裏費力氣，她和汽船一同的從這冰塊到那冰塊苦鬥，那麼遲緩的向前進，又退後，獨自在那寬闊的平面上，猶豫困乏的站在那裏，昨天是那樣，明天也是那樣，已經許多年了，一天一天的直到永遠。她閉上兩眼，彷彿深深的推到冰底下去了，不，這不過是信件。她透過信封瞧。有的信這樣起頭：親愛的小姐！，別的呢：我的愛人！還有些彷彿是無話可說，開頭不過是：你——後面便是長的一劃中斷號。如今又不過是些面孔，有美的，有醜的，然後就是她父親，含怒的看着人，再就是她母親，什經哭泣，一個隣居女人說——她聽得十分淸晰：唉，這是個齊整的小女孩兒！——瞎說！她姐姐答道。這事使她有些着惱；她姐姐仍然不過是個女裁縫，她却到公事房裏工作。她又聽見鋼筆的聲息，打字機的響兒，和紙張沙沙的音響；她的領班立在她坐椅的前面，一邊抓他的面頰，其聲歷歷可聞。馬上一陣驚恐跳過她的心靈：禮拜一她該早半點鐘出席！如今她把時候睡過去了。她連忙睜開眼睛在小冰塊之間看自己。

『瞎說！』她高聲的說，在堅實的河沿上使勁兒踏步。她茫茫的看着四周，看了一會兒。天空又黑又硬，有如鐵壁，沿着河岸的行人逐漸漸消失，黃昏中每人穿着黑衣服。水上標誌燈號間歇着閃光，不懷好意的注視她。那小黑汽船已走得頗遠，來到城市。它不久便到家了。

如今她兩脚覺着痛苦，她往下看，用眼輕掃她大衣上的毛，那小星芒便從她身上掉下去。星芒已無影無蹤，定然是她給踏碎了。於是她就快走，愈來愈快，跟着汽船往家裏走。

她還睜大兩眼，躺了半晌。她不希望甚麼，她不悲傷甚麼。可是在她心靈中極其遙遠的一個角落裏還是說：也許下個星期日——或在放假的時候——或是——在——

「宛如」哲學的意義

魏興革作品的一個紀念

Die Bedeutung der Philosophie des Als-ob(一)

斯搭姆拉(Gerhard Stammler)著

關琪桐譯

那不久才死去的哈勒 Halle 哲學家，魏興革 Hans Vaihinger 在其同僚們認為是康德純粹理性批判註釋 Kommentar zu Kants Kritik der reinen Vernunft 的作者——這部書在用德文寫的同類著作中乃是最優越的一種。其次，在對哲學有興趣的廣大範圍中，魏興革又被人認為是康德學會 Kant-Gesellschaft 的建立人和多年的幹事，認為是康德研究 Kant Studien 的建立人和出版人，又被認為是哲學年報 Die Annalen der Philosophie 的建立人和出版人。但是在最廣的學術界中，他的大名又成了「宛如哲學」 Philosophie des Als-ob 的創造人，而傳佈出去。

誰要想把握這種哲學的意義，必須考察一下這個系統在其下發生起的那個世界觀的背景。「宛如哲學」的第一次草本是在十九世紀七十八九年左右寫的。

(一) 譯自：Forschungen und Fortschritte 10. Jahrg. 1934, Nr. 4, S. 50—51

(二) 魏興革的思想發展時期正在一九七〇至八〇之間。他是一八五二年九月二十五日生於屠冰根(Tübingen)附近的乃倫(Nehren)的，他曾在屠冰根，萊比錫(Leipzig)，柏林求學，一八七四年在屠冰根得了博士學位，在一八七七年又在斯特拉斯堡講學，在那裏至一八八三年時又被升為副教授，一八四四年又以同樣名義至哈勒(Halle)；自一八九四年以來，他是以正教授的身份而活動的。

(二) 這部書屢經修正和增益，終於在一九一一年才出了第一版。 他於是就轟動了一時，而且在戰前戰後經了多次出版，而且還出了兩次通俗版。 「宛如哲學的贊助人」建了一個學會，而且還出了宛如哲學的建築石料Bausteine zur Philosophie des Als-ob 那部匯刊。 於是在一九二五至三〇的那幾年，那種興趣忽然又冷却下去。這是什麼原故呢？

這部書寫作的時代，如人所知，正是哲學上一個很大的散漫時代，而且那種新崛起的康德運動也只是徒然的企圖把它歸納一下，而未能成功的。 應着當時的情形，這個時代包括了文化的樂天主義和時髦的調子間的那些對立，所以在這個時代，在一切範圍中各種對立都萌芽發生起來。 ——這些對立在戰後的慘劇中是波及於地球上的一切民族的。 與這種散漫狀態相對的，有科學的統一要求，和其藉法則來統御人生的那種企圖。 但是一步一步它的反面又分明指示出自己來。 若用那時候的話說來就是：我們創造了邏輯法則，但是我們却不依照這些規則來指導自己；我們創造了權利規範，但是我們仍然知道它們的不足用，甚至不可能；我們相信一位上帝，但是我們却不能在任何地方發現了他；我們創造了自然法則，但是又確信，它們並不足以達到充分的自然知識；我們創造了數的世界，但是又看到它充滿了荒謬與矛盾。

在這種狀況下，科學是可以退休於研究室中的。 但是魏輿革却不能如此做。 他正有一種大的活動和奮進，要努力進襲生活中的困難——可是正在這裏他是被他的柔弱身體一再阻礙的。 人們是不當輕視這些個人的經驗的。

此外還有第二種可能，就是，明白看到總括狀況中科學和生活的對立，而把它取消了。 在這裏是有許多路子可走的，其中之一就是魏輿革的路子。 被記述的事狀是當極其鋒利的被認識的，而且應當在哲學方面被解釋爲可以主張而又係必然的狀況。 在這裏，學者又是可以確保其活動的完全自由的。

魏輿革來達這個目的的資具就是「虛構」概念 (Begriff der Fiktion)；「虛構」在語言中最常有的表示就是「宛如」(Als-ob)。 依照魏輿革說來，科學總是用「虛構」從事工作的。 這些虛構正是一些思想過程，這些思想過程一面妄稱自己是活動而有效的，可是另一面，它們又只是為滿足這種思想的妄圖而被創造的，因而在這些過程方面，那個從事創造的人又意識到，它們包含着一種內在的矛盾，而且意識到，它們無論如何不能滿足了它們所由以出生的那種妄圖。為掩飾這個矛盾起見，就需要有新的虛構。 如此可以類推下去。 所有我們的思想都不是別的，只是藉有意識的虛妄的增援，來連綴上述的對立，而且我們只要在這條途徑上開始前進，就再也不能停住。 按魏與革說來，文化的發展就是應當如此觀察的。

這個思想的一個特殊種屬就是「目的概念」。 在一種求達標的的行為方面，「目的」當是而且永久當是統御一切的主力。 但是有什麼事情發生呢？那原來要實現那個目的的資具，竟把那個目的窒息了！ 魏與革曾在他自己的成就方面很明白的證明了這一層。 他為促進他的康德工作起見，願意提倡康德的語言學和康德的研究。 為達這個目的起見，他又創辦了康德研究。 為加強這種工作起見，他又創立了康德學會。 現在呢？ 康德的語言學已經使自己獨立起來， 而且一部分對魏與革表示了敵意！ 康德研究如人所知，已經遠超於康德的探討，而成了普遍哲學研究之頁。 康德學會也是一樣；它看康德研究為它的機關報！ 因此，魏與革所謂「目的的克服」法則是經由資具而完成的。 人的經驗雖然前後相似，可是他總是一再用一個「目的」的虛構活動的，並且為達這個目的起見，人們就抓住某種確定的資具。

隨後魏與革就在其主要作品和許多短著中， 把這個虛構學說，給一切科學部門的基本概念，發展出來。 在哲學年報中並在「宛如」哲學的建築石料中，科學的每一個角落都依照虛構而被考察了。

因此，宛如哲學在戰前戰後那種奔騰澎湃，就可以由其內容而解釋了自己。

（三） 我們不當把他的作品的傳播，歸因於他的用語之特別着重時髦趣味。 正相反的，魏與革的作品還正有一種長處，就是，他因為很誠懇的從事於這種工作，所以他就不歡喜一種嚴格的科學的語言戒尺。他後來也不再喜歡美文學的辭論。 或深奧而奇詭的黑話。

(三)　它實際上是那類哲學家的最後一種解決的企圖，而且還是一種很深刻的企圖；那類哲學家，就如十九，二十兩個世紀轉灣時許多哲學家和對哲學有興趣的人那樣，是慣於從人或事實方面來思想的，但是他們並不是限於他們的寫字台上的，而且他們也並不拋棄了（那依照他們自己的觀點而創造的）科學對於「活躍的有效性」的要求。　但是隨後就有時代來臨——它們已經來臨，而且就種種朕兆看來，這些時代在德國尤其來臨了——在這些時代中，人們認識了：科學與人生是不能在日常所選的塵世的有限基地上繁榮起來的，它們只有在移置在神明的光亮中以後，人們才不承認追求「虛構」的那種努力，而只承認追求無限眞理的那種努力是合乎科學而充滿生命的。　生命的現象不論如何反抗這種說法，它永久只是一種現象。　由此，「虛構」學說就失掉了它的有力的動力：卽，依恐有限事物的思想。　在這裏，宛如學說的不穩定的認識論的基礎就露了馬脚——不過這一層先前在批判中就早已被注意到。

因此，宛如哲學的科學的意義，在一切時代都是一樣的：魏興革已經在其虛構主義的系統中明白把握住他那時代的思想基礎，而把它納於尖銳的概念之中，並且追蹤（同時也讓人追蹤它們）得超過了那個系統的專門範圍，而達到遼遠的結果中。他由此就使我們認識了建立在「人類」上的「哲學企圖」的一個重要的花樣。

亨利·特雷持克百年誕辰紀念

Zum 100. Geburtstage von Heinrich von Treitschke(一)

魯威 (Jean Lulvès) 著

張 立 方 譯

一九三四年九月十五日，以德意志爲祖國的人士們，若不給那德國偉大的史學家兼爲藉普魯士建國動力之下達到的德意志統一的英雄特雷持克，一個恰當的估價，是不能够空然放過的。 因爲特雷持克在各方面都是一位爲他政治的與人道主義的理想而奮鬥的戰士。 同時他又是一位天才的詩人！ 以一位撒遜大公國 (Sachsen) 高級軍官而又曾經抵抗拿破侖以謀求德意志解放的所謂自由戰士 (Freiheitskämpfer) 之一子，特雷持克畢業他故鄉德雷斯典 (Dresden) 的十字學校 (Kreuz-Schule) (一八五一年復活節，滿十七歲之時)。 升入大學以後，他尙猶疑了許久是否畢生要獻身於詩歌。 這猶疑在他一八五六至五七年間發表的愛國詩歌 (Vaterländische Gedichte) 與草稿 (Studien) 二書裏，已經有證實。我們至少也可以說，他對於詩歌的天分，首先要解決的大問題，是從他內心的絕望鬥爭，就是因患重痲疹症結果不可救治地逐漸增加的耳聾症使他感覺到的的苦悶中，解脫他出來。 他全力的集中，在他的心靈上刻下一個徹底的性格。

雖然在波恩 (Bonn) 以史學家政治學家兼著一時的達曼 (Dahlmann)，對他早已留下不可抹拭的印象，然而他在波恩，來比錫 (Leipzig)，屠冰根(Tübingen)，佛來堡 (Freiburg)，海德堡 (Heidelberg) 等大學求學時期中，假

(一) 譯自: Forschungen und Fortschritte 10. Jahrg. 1934, Nr. 25, S. 314—315.

乎是專心於經濟學與政治學。實地上，他是一八五九年以一篇關于"社會學"(Gesellschaftswissenschaft)的論文去來比錫大學任教的。在這篇論文裏，他解釋國家爲文化國家(Kulturstaat)，即倫理的社會(ethische Gesellschaft)。這種國家，以個人的倫理上自由，「完全之，同時限制之」。在這裏，這位暴虎馮河的青年，一面對於舊破爛不堪的小國家主義，對於那個在他的故鄉撒遜，連在他自己的家庭裏，他已經覺到壓迫與束縛而使他苦悶的小國家主義，宣布了戰爭，一面闡述國家的倫理上職責，進而主張德意志的統一；這統一是於一個獨有權威而自知使命的德意志國，即非德利大王(Friedrich)君臨的普魯士國旗幟之下，要達得的。

如是，特雷持克便回到他的天才給他派定的專科，近代史來了。因爲他對於當時急切的要求，具有深刻的理解，所以他在大學的講授獲得了非常的嘉譽。此外他又著文人之肖像(Literarische Porträts)。在這書裏，他描寫的人物，並不具蘭克(Ranke)客觀主義(Objektivität)的色彩，而是以衝動的熱情，向着真理勇往邁進的大人格。就是，在世時受人誤解的，孤獨的亨利，克來斯特(H. von Kleist)，英雄劇馬克巴人(Makkabäer)的作者奧特，路德維，(Otto Ludwig)，失明詩人密爾頓(Milton)——不屈服地忍受軀體殘廢的這位詩人，可以說是特氏的楷模——，浦芬多夫(Pufendorf)——，這個人的好鬥性格，可以說是描寫特氏本人的性格——，等等與他性格相似的戰士們。「據各種族合致的感覺——這感覺，任何學說不能反駁——，有實際行動的人士，才算是歷史上的英雄。」這是特雷持克說的話。

一八六三年八月五日在爲紀念來比錫戰役而舉行的體育盛會上，關於這回不巧的勝利，他曾作過一次火燄一般的演說。他的演講，「像使人愉快的春風一樣吹過聽衆，語辭的作用却如暴風雨」。此後，他便離開他小故鄉來比錫的大學，到佛來堡大學去做政治學副教授事。這時，特雷持克似乎久已覺得自己是個普魯士人，非復撒遜人了。但他對於普魯士新任國務總理俾斯麥(Bismarck),

還是陌生的，甚至有點對立。 但「由正正當當的戰爭，那兩個地域（即什雷斯維－荷爾斯坦 Schleswig-Holstein）重歸德國的時候，他以一篇爲反駁那個在他目中是引起了「國民的政治上腐敗」的「個體主義的荒誕世界」起見而寫的政治論文「聯邦國與統一國 (Bundesstaat und Einheitsstaat」論文，便去襄助俾士麥了。 他說：「普魯士統治的擴展，逐漸要成爲正義之所要求」。

這篇富於向前衝進之傾向的文字，風靡各地，發生了巨大的影響。 其結果，俾士麥終究決定，聘請特雷特克來襄助辦理普魯士政府的刊物，及以鼓勵德國人預備將要來臨的德意志戰爭爲目標的檄書。 可是這位極願保持筆管自由的歷史家，謝絕了此種形式的合作。 但是因爲他在與普魯士日形敵對的巴登 (Baden)，對於繼續佔有教授的位置，已失却興趣，所以一八六六年七月四日，即寇尼格雷玆(Koniggrätz) 戰役之次日，他終於充當了普魯士年鑑 (Preussische Jahrbücher) 的總編輯。 其任期爲三個月。 他的目的是：藉各種政治論文的刊行，以盡力幫助解決那個已經實地安排在戰場上的德意志問題。 七月三十日，他的北部德意志中級國家之將來 (Die Zukunft der Norddeutschen Mittelstaaten)居然刊行了。

他的文章裏充滿着激奮的情緒，倫理的義憤，同時對於國家生活之要質又有透澈的了解，因之在各方面引起一種未期然的感動。 然而特雷特克却未曾獲得柏林大學的教授位置。 他不得不先到基爾(Kiel) 去。 一年之後，他才能返回巴登，這次他是在海德堡大學。 在這裏，先後七年，這位「啓蒙人心的導師」，和協地熱誠地發揮了他的能力。 一八七〇年他向赴前線抗法學生的演講，更博得空前的欽服。 雖然這位不幸而耳疾日重的演講者的說話法，起初有些人聽不慣。

那時，他也是第一個發出「爲國家的曠野之呼聲」者。 就是：「收回老贓物。 收回挨爾薩斯和羅丁根！」(Elsass und Lothringen)。 這標語還在在那篇塞丹勝利以前發表的我們向法國要什麼 (Was wir von Frankreich fordern ?)

言論裏。

在海德堡，特雷持克尤其喜歡講授普魯士史，德意志近代史，宗教改革史，他也間或講授過政治學。他同時又發表了一些傑著，即純粹史學的短論，如法國之國運與拿破倫主義 (Frankreichs Staatsleben und der Bonapartismus)，荷蘭聯邦共和國 (Republik der Vereinigten Niederlande)等。尤其重要者爲卡窩 (Cavour)；在這書裏，他對於那位他所欽慕而又與他性格相似的實際政治家，以及意大利的統一運動，下了一個具有熱情而同時徹底的評價。此外他又寫了一篇政治論文德意志的立憲王國 (Das Konstitutionelle Königtum in Deutschland)，把那個他在卡窩一書中所發表的意見，實際上應用到德意志上來；確有深刻的內在而出於衷心的見解，使讀者獲得不可輕視的印象。

一元論者特雷持克不得不强認一八七一年已經出現一「德意志帝國」，只可惜不是他所主張的德意志「統一國家」(Einheitsstaat) 了。並且他也頗久不能的遺憾：巴燕 (Bayern) 國保留了太多的特權。

直到這時，他是以政治論文著作家，活動於政治界的。從此以後，他却以新德意志國會的議員，尤其在國會成立之第一年及一八八〇至一八八二年間（雖然名義上，直到一八八三年他還是議員），實際上參加政治活動。

他的言論，雖然如此緊密，仍不免有各種弱點：一則多少缺乏系統的結構，二則對於社會主義的理解薄弱－他輕視社會主義的基礎，以爲是屬於唯物論和庸俗主義，以及對於自由貿易論的理解薄弱——他却認不出這自由貿易論與那個主義，即往日的，連他自已也有一次信仰過的自由主義之政治經濟理想間的關係。已於一八八七年，在第一次社會主義法案的表決中，他就是以自由黨中唯一的議員，贊成這法案。那位他所欽慕的國務總理（俾士麥）於一八七九年提出新國民經濟政策，却獲得他極爲熱烈的擁護。因爲性格如火山一般，發表論猶太問題 (Zur Judenfrage) 一文後，他便捲入一個當代最激烈的論爭中了。

到了一八七四，特雷持克竟然接到柏林大學的聘請，當教授去。從此以後，他以加倍的力量撰述其畢生巨著，十九世紀德意志史（Deutsche Geschichte des 19. Jahrhunderts）。這書的基礎就是在他的已於一八六〇年原意已定之德意志聯邦：諸小國史史（一八一五年至一八四五年）（Geschichte des Deutschen Bundes und der Kleinstaaten 1815 bis 1845）一文。這篇專論的主眼點則對於德意志人的「可憐的小氣」要予以「毫無顧忌的叙述」，以便喚醒德意志人的天良。他本來只計劃作政論家的宣傳文字，現在却想根據年來在圖書館與文獻館的研究所得，以史學家的態度，為他的國人創立一個史學界永垂不巧的紀念了。到了這時期，他似乎度過——至少從他當時的情況與德意志民族統一的目標，來觀察而論——無聊而沒有收穫的時期。因為他是沈湎於他自已的倫理世界觀中，併且想用藝術的表現方式及絢爛的幻想來，使牠在德意志民族的腦筋裏，活躍起來。可惜這部巨著，一八七九至一八九四年中，只刊行了五册。這五册斷不能稱為其全部。同樣，他早於一八六六年所計劃的一部「政治學」也未得完成。這部「政治學」本來是要融會他所有的研究以便集大成的。他的十九世紀德意志史，材料極為豐富，而且編次也精審之至。其材料中，屬於新闡明者，為數極大。然而，往往也有不正確點，以及可歸咎於他個人性格的鋪張。這些都不過是小疵而已。

然而，一八九六年四月二十八日，這位獻身於德意志進展的學者，竟遽而長逝了。他確信：破壞力與統一力，在德意志民族中連續發動起來——一以崩解諸小國家，一以建立統一的國家。他實在是先知先覺，已經預料到今日流行的議論了。我們都確信，德意志舊有的這兩個對立必要消滅。這個確信，就是這位以其堅强的個性獨立於現代的，德意志鬥士先師，先知學者，於今日我國歷史進展的一份永久的遺產。

中國傳說中之東羅馬

Ostrom in der chinesischen Überlieferung(一)

佘 德 爾 (Hans Heinrich Schaeder) 著(二)

王 靜 如 譯

中國對於地中海各國最古之關係，由中國史書所知者，蓋始於紀元前二世紀之末。 然古代自烏滸水【Oxus, 唐譯烏滸】(三) 以西諸國，中國人能得其地理上，人種上以及文化上情形之實際思想則在頗後之短期隋朝（紀元後五百八十九年至六百十八年）以及繼起之盛唐時代。 此時中國舊有對於地中海東羅馬之譯名，尤其是帶有半神話之"大秦"一名，既難認其爲非以對譯小亞細亞 (Vorderasien) 地理上之稱謂，而一方又自紀元後六百年以來，更並出一"拂菻"爲對西方之通稱；此則兩世紀來，漢學家莫不爲之深思而弗解者也。

惟其內容如何，則幾乎此二十年來，最流行且爲一般人所承認者，即"拂菻"一名定爲對古比贊斯 (Byzanz) 及比贊亭統一大帝國(Byzantisches Reichsgebiet) 亦即東羅馬帝國之總稱也。 至若此名其語詞之來源，復經無數學者之推測，演成若干假定。 是中學者，如於探求中國與西方關係之各方而最有貢獻之夏德氏 (Friedrich Hirth)，以此字爲由 "Bethlehem" 轉譯而來；而反之則卓絕超卒

(一) 譯自：Forschungen und Fortschritte 10. Jahrg. 1934, Nr. 7, S. 82-83.

(二) 佘氏爲柏林大學教授。

(三) 凡方括弧內之註均爲譯者所加，下同。

之漢學家伯希和氏 (P. Pelliot)於一九一四年樹立一說，認"拂菻"一名乃與希臘稱比贊斯之字相同，且言此音固非由希臘直接之傳遞者，乃先經伊蘭語區 (Iranisches Sprachgebiet) 應演變爲 Frōm 後而轉譯傳來者。外此，伯希和氏更復作假定之字形擬搆，以此爲一迄未得解之名族名稱之，"Purum"，而此字圖見於北蒙嗢昆河【Orchon 唐譯嗢昆】流域所發見之突厥文碑銘，且又須以之爲羅馬或比贊亭民族之解釋方宜者。上述伯氏以中文"拂菻"與突厥文"Purum"認爲同詞之解釋，氏出論文之後，而有葛瑪龎女士 (A. von Gabain)亦尋是證與氏同一見解，然女士固未先讀伯氏之宏著也。(四)

吾人前述伯希和氏立論中所假定卽東伊蘭 (Ostiran) 地方所形成之"Frōm"一字，乃於近數月之前，於一摩尼教經殘卷 (Manichäisches Buchfragment)之發現於新疆者見之(五)，此誠一幸事也。此殘卷爲古波斯文 (Parthisch) 寫本，亦卽安息【Arsak 漢譯安息】朝時代之國語(Reichssprache der Arsakidenzeit。——紀元前二百四十七年至紀元後二百二十六年)，而此古波斯文固又超出於安息皇朝滅亡以後於伊蘭極北仍保存流行未至消滅；且因此遂成摩尼教區域之通用語，是以此教徒由於在三世紀之末遷居移住於東北伊蘭呼羅珊省【Chorasan 唐譯呼羅珊】而然也。至於中古波斯文其由薩珊(Sassaniden)朝起而代此古語區者，其對於羅馬及比贊斯則用"Hrōm"，卽叙利亞及亞美尼亞亦用之，此固與古波斯文區域中之同一字形。惟因時人感於 Hrōm 一字認爲粗俗，故作錯誤之倣効而仍用較古之 Frōm，似爲古雅。此求吾人，亦有旁例，足玆說明者。譬之北德常用倣効方法採乎原德語【低德語 Niederdeutsch】雅言使其變化而認爲高德語【Hochdeutsch】之新字，卽其證明。

(四) 見拂林問題補一 (Ein Beitrag zur Fu-lin Frage—Sinica 8 (1933) S. 195 ff)

(五) 余德爾：伊蘭論叢 (Iranica)， 1, 君主之視力 (Das Auge des Königs) 2. 拂菻 (Fulin),(Abhandlungen der Gesellschaft der Wissenschaften zu Göttingen, phil.-hist. Kl. 3. Folge, Nr. 10；Berlin 1934).

由上所述，伯希和氏之論證吾人可認爲證實，且 Frōm 一字亦得其解釋。而此外氏更有明示吾人者，即此字更由古波斯語言區域中而流入於位烏滸水以北，此中尤以颯秣建【Samarkand, 唐譯颯秣建或康國】及捕喝【Buchara 唐譯捕喝或安國】二古城中粟特人民中【Sogdier 唐譯粟特】而此種人民固識阿維斯塔經典(Awesta)者也。原粟特人本自紀元數百年來，即爲往來東亞及中亞間而發展之商人，其遷移遊行之範圍由西土耳其斯坦至於中國京都，由吐蕃【Tibet 唐譯吐蕃】至於北蒙，此均有跡可尋，有根可證者。而若是則古波斯文以名東羅馬或比費斯之字遂亦爲彼攜以俱來東方矣。

今吾人更有數點可茲確切舉示者，即中國及突厥於何時何種情況而轉譯此名。按之咀昆河流域所出之突厥文碑銘，其所記"Purum"一名，乃與各種民族而並舉者，而此諸種民族乃因參加昔曾於紀元後五百五十年所建國之突厥帝國，所舉行之葬儀而派遣使節之諸國也。此碑爲紀元七百三十二年及七百三十五年所立，去其建國已且二百年，此時期中突厥因非根有堅固或完全文學之傳說而報告，乃爲一混沌及半傳說式之記憶爲根據。而此碑文恰切即稱羅馬人爲"Purum"，則寧非可疑。然此固有歷史上可使用之要點，即其同時鄰居民族之柔然【Avaren 中史之柔然】也。夫柔然者，滅國於突厥，而突厥亦因其消亡而始有帝國之樹立，然柔然之消失，實即使東羅馬不久即與突厥接觸，其時蓋彼君主因粟特以絲商貿易之引誘，於是乃遣使節至於君士坦丁堡。關於此使臣及此後東羅馬於五百六十八年至五百六十九年聘，吾等於希臘方面已有極著名之報告。則是"Frōm"一名乃突厥當時由粟特聞習而得，此後又加變形而演作爲"Purum"者，而此名在突厥人對於迅速逝去之突厥盛世之記憶中數百年仍保持者也。

中國方面之知此名爲紀元後六世紀之事，或由突厥方面介紹而來者，其名乃變"拂菻"；且或更因中國當時外交重新與突厥結合，因中國探求西方之情形，而突厥乃舉以告者亦未可知。至七八兩世紀，中國強盛擴邊西域，因之中國史書中遂數有關於東羅馬遣使來朝之記錄。其中之兩次似可在假定上可以推定：

一即由六百四十三年遣東羅馬埃及總督兼教主 (Patriarch) 之基羅斯 (Kyros) 等入朝，一即七百十九年因君士坦丁堡受大食【Araber 唐轉大食】威脅時，又值李奥 (Leo) 三世方即位之時，故而派遣者。 此均可見此名與實際情形相互之關係。

然此名於中國方面不久即入於混亂而使之流於不幸境地。 此則又中國及其他民族，因對於遠方國家及民族有許多新舊名稱，乃至不顧歷史之理由而混一之常犯之通病。 今舉一例，如今日歐洲人有對俄國戲稱薩馬爾特 (Sarmarten)者即是；因薩馬爾特乃爲昔日已失之伊蘭民族名稱，彼雖曾佔南俄，而與今日斯拉夫民族絕不同者也。 由是觀之，中國自第八世紀後半，以新名之"拂菻"及自數百年以來對遠方西域久已不用之名稱"大秦"又相混亂，此乃因後以漢時對于"大秦"之報告而與隋唐兩代對于"拂菻"之報告，於叙述西方民族時總爲一菲，而一歷史題目之內加以討論，遂使此乃成"拂菻之祕密 (Mystery of Fulin)"如近來某學者所稱者是也。 自伯希和氏以直覺論證後，今乃得其疏證而實其說，則此祕密自亦得風消雲散，自去其障幕焉。

關於老年心理之結局問題

Das Endgültigkeitsproblem in der Psychologie des Rückbildungsalters(一)

舒立慈 (J. H. Schultz) 著(二)

胡雋吟 譯

下列各點，很適於作爲一種根據，由此根據我們可以試着去說明老年期間的幾個主要狀態。 所謂老年者卽在此時期顯出幾種現象，表示已走進某種年齡在生命活動的途程中其力量已逐漸的衰退了。 這種現象可分下列三大類：（一）能力衰退(Leistungsminderung)；（二）能力改變(Leistungswandel)；（三）內心情境重新另鑄(Umbildung der inneren Umwelt)。

能力衰退，最初顯出來的是顯之於感受官能 (Aufnahmefunktionen)， 祇就我們日常生活經驗中所常見的略提數點，就是牙，眼，耳均失了牠們的鋒銳性，往往須藉重輔助器（譯者按 ：如眼鏡卽是）之帮助以保持其對外界之接觸。這個辦法是間接的也是複雜的。 由於感受官能之衰弱，乃產生一些不準確的感覺；而此時更有一事實使這種情形更趨嚴重卽身體各部之連絡很輕微的感到不相一致，屬於一種手脚不聽支使的性質 (ataktische Art)，並且由於不斷的或週期的顫抖，常常將動作之隨心所欲能力 (Zielsicherheit der Bewegungen)減低了。這種趨向在那些神經器官有不健全趨勢 (Neigung zu motorischer Insuffizienz)

（一） 譯自：Forschungen und Fortschritte 15. Jahrg. 1939, Nr. 27, S. 346—347。

（二） J. H. Schultz 教授爲柏林大學之腦系學專家。

的族系中特別顯著。甚至管理發表談話之官能，也有時失了效用。老年人的"滯固性"(Starre)最顯著的就是他顯出來他的彈性(Elastizitätsverlust)完全失掉了，特別是在生命活動之韵律(Lebensrhythmik)方面。此時正在變遷中的維持生存的需要，從氣候起一直到生活情況要求一種對於生命活動的韵律之調音能力(譯者按：即適應能力)。速度(Tempo)(加速度和阻礙率)(Beschleunigung und Verlangsamung)，發作度(Amplitude)(興奮和壓抑)(Erregung und Hemmung)緊張度(Intensität)(增强和減弱)(Steigerung und Abschwächung)這三個因子可以隨着機械組織之韵律而定，並隨着活物的韵律而定，至如本質(Qualität)(生氣勃勃和黯淡遲鈍)(Belebung und Abstumpfung)，適合能力(Modulation(靈活和遲滯)(Beweglichkeit und Starre)，心智特性(Ductus)(緊張和懈怠)(Spannung und Lösung)這三個對於韵律之所以重要者是因牠們在同一的間隔時間略停便再開始復現，且所復現的與以先的一模一樣(L. Klages)，這就如同那個能賦形的，隨意造出的，生物學的von Uexküll定律所顯現的是一樣(J. H. Schultz)。一個細心的觀察者，當他被請求去決定那些正走進在生命韵律已竟顯出精神活潑或呆板遲滯了的老年境況的人們，他們的生命活動韵律是屬於何種性質時，他便要感覺到他自己是遇上一個含有嚴重性的判斷問題了。眞正的生命活動韻律之呆滯是一種頑呆(Sperrungs- oder Ruinen-Symptom)或腐化的徵候，這個在常態的老年人發生的最多而更特別的是發現於病弱的老人。在此，且簡單的談一談上歲數的人他因年齡關係而有點能力遲鈍的現象，這個現象雖然是很普通，但據我所知道的尙無科學的文章對此加以注意。這就如同一個病人患不明顯的"麻木"無意中受到腦經學的檢查(neurologische Prüfung)而發現了，但臨床診查時反到未探出此病之存在是一樣的。這種徵候日常心理學稱它為「心靈脆弱」(Versimpelung "Vertrottelung")或其他與此相類似之辭。這種徵候是在人過了中年時偶然而遇的。因為人過中年他的精力足够應付日常事務，就是經過詳細的檢查也不能發現他有眞實的癲癡的病象，他不隸屬於

Luxenburger的「廣大的遺傳團體」之親屬範圍。　在事實上他也不曾在臨床精神病學佔有一定的地位，甚至用了多年的觀察都不能發現有任何屬於病理學的老邁現象，這是指此名詞之狹義而言，(Alzheimer, Pick)但是這樣的病人們依然惹起一種印象覺得這衰弱的特別情形是由年老而來。　老年人能力之減退，譬如由其活動韵律中之緊張度和本質(Intensität und Qualität)所顯示出來的，也可以常常的從別的表示中發現出來，特別是在集中力，(集中於知識的及意志的目的均是)方面更爲顯明，就是在未被分散的注意力上也可顯得出來。　根據這些原則去觀察婦女，也可認出一些現象與男子到老年時所生的能力遲鈍現象相符。　這種現象在實際上遇見的非常之多。　那卽是說婦女到老年時有一點兒顚三倒四。　她們到老年時常是無所拘忌的雜亂無章的，無意味的，且常常老是那一套絮絮喋喋。　她們簡直屈服在無法救藥的要想說一些既無發表之價值又無有義意之內容的話之渴望下了。　同樣的，她們的這一套也不能將它列入精神病學的眞正範圍之內。　她們直成爲醫生諮詢室內的妖怪(Sprechstundengespenster)了。　每個有經驗的醫生對此見的太多而感頭痛。　但是據我所知，婦女們這些情形，從未成一專題受專門學者之討論。　集中力之衰退均匯集於老年，對此問題意見（指此名詞之最廣義而言）紛紜達於極點，概與無專門之討論有重要之關係焉。

靑春(vitale Blüte)之消失，到後來便引導男女兩性走到渴求自愛(Selbstliebe)的危機和因此渴求一種經驗，這個經驗及其所有的結果均要對他個人有價值的危機。

以上這個關於老年人能力衰退現象的簡短的總論，很可使我們更能瞭解一個危險，卽那些受此論所影響的人，很能因爲其很嚴重的不確定性(die Gefährdung der Betroffenen)及因此而生之補救辦法所生之結果而陷爲犧牲者。　誠然，我們可以說那種發展是必須的，假如精力不足的現象是老年惟一的，再無其他的特點；因爲現在祗有將對於外物或觀念之知覺減輕壓抑並自我批判才是惟一逃避之路。　但是無論如何，如專就事實而論，我們知道，確切判定老年的人性之條件除了因精力不足而引起的能力衰退之外，還有能力改變及內心情境之再歸兩個條件。

對於健康的老年人，能力改變與接受能力之衰退的關係是：能力改變，牠本身對於知慧境界顯出更大的活力；對於與他有關連的新事物及對於新的生產力，牠甚至都能引導他對之起强烈的興趣，(與此有關聯的成語，有"ihr neuen Freunde kommt, s'ist Zeit, s'ist Zeit" [來，新朋友們，就來，就來] 和尼采 Nietzsche 的 "Lebens Mitte, feierliche Zeit" [中年，乃一種聖時期])。以先所期許的要完全去征服的實際事業，特別是到了中年常常的要把這個野心解脫了。一個人他已達到成功時(就較深之義意言)則他因野心所受之縛束，及為權勢鬥爭所受之苦惱都鬆弛了。並且因為他證實了自己之目的已經達到，所以又可供給他一機會去作嚴肅的反省，從新調整，排列及自己與自己相談。如果興趣改變是自然而來的那麼凡屬於法則及秩序，規模及形式，義意及價値，和共同享受及永久不朽的這些個力量，都變成為老年人當於他智慧生長時的眞正能力衰退了。宗教問題，就其極廣義言，對於老年人是特别重要的。

老年人"內心情境"之最終變化是與能力減退及能力改變攜手而來。所謂內心情境者 (innere Umwelt) 其意義是：一個人按着管理他個人的行為之法則 (Eigengesetzlichkeit)而創造，此法則對其行為之管理是不受此人內部及外部的生活經驗所影響的，和按着能影響其創造之產生的方法而創造。到中年時，一個人已有了處理他生活的能力，且因為有這個能力他方可決定自己的事：如職業，結婚生子，和姻親。為想征服而鬥爭的力量到此時乃變成了建設及保守。此後他們再不需要生命力的整個力量了。此時最深的特色是他因為與外界分開而將他內心的領域展開了。這個大概可認為是老年時心智活動之改變，或者是指導智慧的器官增長了。因為現在已注重實際，所以能够解放出鑑別力並能捉住一般的情勢；因為能够丟開個人去高瞻遠矚，所以得到了更寬遠的視線。這樣一來，眞的，內心情境所佔的面積實實在在的要比外界的較大些了。一個整個的新的眼界在內意識上打開了。內心情境之改變，特别對於老年人，是一個富有生產力的程序，假如他的身體是健康的話。 但是在這些意見之中，顯出一個很惹眼的事實，即從這個一般人均有的透察力上常常的生出非常的困難，像日常醫學經驗所表現的，及神經病治療之經驗所表現的。 這些個困難將其人的生存弄的顚顚倒倒或者甚至引其人走向屬於第一性質的或屬於第二性質的自毁（Selbstzerstörung）（如屬於第二類，酗酒便是）。 蓋地地道道的能力衰退需要的「祇是」客觀的按排，老年期所發現的新價值「祇是」要求誠實的自知。在此處自然用不着去詳述對於那樣的作爲所置下的阻礙。 但是有的解釋，其根據既缺乏客觀，又缺乏適當的處置，而有的人竟承認這個解釋。 這都是由於對老年未能有充分的經驗所致。 這個現象屢屢出現，遇見的是太多了。 大多數人都具有主觀的傾向，悲嘆老年爲「青年之丢失」及能力之減縮。 這是錯誤的。這個錯誤可以經過一些積極而有批評眼光的討論而排除。 但這個辦法是常常不充分的，並且在感情上，病象上，夢中，也可認得出人們對於老年之膽怯。 就是在開闢了這個興趣改變及內心情境改變之主要的研究源泉之後，也仍未能除掉這個錯誤觀念。

祇有一種看法，對此可以有所帮助，就是將內心之情境的改變解釋成爲結局（die innere Umweltänderung im Sinne der Endgültigkeit）的意義，這個比我們以先所論及的(三)顯然的曾領導極多數讀者去承認的值得注意多多了。 這是一個根本事實，即（一）老年人的已往的生活情形已經決定了這個最終的基本情況，（二）一個受極嚴厲的法則所管轄的不可避免的生命途徑，其按置在老人的身前，不是依着他的才幹，而是依着他對於家庭，職業，社會等等所具的職分，責任，自我磨勵，（三）他必須懷有大胆及自我犧牲以使其命運滿足到極點，他這樣作，也許是自動的，也許是受外來的命令(四)。 這個最後的不可逃避的限

(三)著者註：Zeitschrift für die gesamte Neurologie, 128, 1931, 512.

(四)（一）（二）（三）等字在原文均爲關係代名詞 dass 我國文無此同等適當之字，故在此用此三字，以使文意更加清晰。

制，表示出許多自由之被剝奪，這個被剝奪是由於一個大的恐懼，當他抵對這個恐懼時，他對於這個誇大了的深含宗教意味的限制，所知的愈少，則他對於苦惱與無助之環境奮鬥的愈利害。甚至到這種地步，他試着用自欺及壓制自己去反對或取消事實。這一套的問題，直接的與他前段生活的全部有關係。在廣闊的人生中充滿整個人性之感覺愈多，則老年人啓開一個自由而清楚的眼界愈快，且甚至可以達到結局之深處。所謂結局者，其本身並非消極；正相反，當於人能克服其待遇，且甚健康時，則此人乃能給他所殘留的這段生命以更高的估價，將這個老年器官之特殊組織用到富有生產力的用途。

一個激動失常而至抽搐地步的生動的抗拒，反對"結局的"存在(die Annahme endgültigen Seins)之認可，這個抗拒是很常常的顯出一種影響，其影響範圍之廣遠一直伸到動植物的器官學的範圍(organologische)之內；"激動的抽搐"(Verkrampfung)，無論如何，將老年人的生命活動韵律中的常態的彈性(normale Elastizitätsminderung)之衰退的危機增大了。無論誰要想違反生命之根本法則(Grundgesetze des Lebens)，他一定要陷入一種錯誤的態度，愈想將正存在的困難及脆弱之點更加强更添波助勢，則這個錯誤的影響也更加嚴重。所以這個對於結局問題的內心失常而至抽搐地步的態度(die innere verkrampfte Einstellung)在我們熟悉的誇大其詞的老年危機之後面，有決定性之重要，這個一定要伸入到機能性的神經病的範圍內(Gebiet der Neurosen)。現在仍是一個值得辯論的問題，就是，在現在疾病對於神經病(Psychosen)所佔的成分中(Luxenburger)有多少是由於那個倘極未確定的(生理學的地改變了大腦及與生長有關係的性質)(physiologisch „veränderter Cerepro-und Vegetativ-Tonus")所致呢。我們敢斷言，如果未先清清楚楚的，徹底的研究這個結局的問題，那麼要想去瞭解老年變態心理情形之範圍那是決不可能的，因此也不能去將心理的影響作用加在老年變態心理之情形上。

經濟法的出現

Der Aufstieg des Wirtschaftsrechts(一)

黑德曼(Justus Wilhelm Hedemann)著

曾一新譯

一

從十九世紀轉到二十世紀的時候，世間還不知道有所謂「經濟法」 das Wirtschaftsrecht 。在二十世紀的頭一二十年，大家纔認識法律和經濟是必須互相接近的。促進了這種空氣的，要算那個極普遍的輿論，就是：「法律學者過於故步自封，跟不上技術和經濟的排山倒海的發展」。這種輿論，在今日看來，是很對的。當時因爲法官逐漸遷就現實，不再脫離世務，輿論便和緩到相當程度。於是輿論就一轉銳鋒，開始攻擊法律解釋的方法。「形式解釋主義」Konstruktionalismus，「字面法律學」Buchstabenjurisprudenz，便受到攻擊，以爲應該取決於「實際生活」das Leben。當原告被告對簿公堂的時候，法官的宣告，應該取決於雙方的利害衡量，不應該取決於那些漂亮的詞句。於是出現了所謂「利害法學」Interessenjurisprudenz的學派。這一學派，今日還可以略尋蛛絲馬跡，但是已經發出了尾聲了(二)。雖然這一學派根本是法學界的內事，却因爲特別注重經濟上的利害，所以要求超過法律學的界限去和經濟界

(一) 譯自：Forschungen und Fortschritte 16. Jahrg. 1940, Nr. 19/20, S. 201—205

(二) 參看黑克 Philipp Heck: 利害法學，載法律與國家 Recht und Staat 。一九三三年份第九十七册。

的人物作個人接觸。法律經濟協會 Verein Recht und Wirtschaft，便是一九一一年在這個宗旨之下創辦的(三)。該協會出版一種雜誌，叫做法律與經濟 Recht und Wirtschaft(四)。

當時大衆還不知道「經濟法」這個獨立的新法律部門已經出現。經濟法的開端，是「工業法」das Industrierecht，這是少數學者創造的。最初的發表，要算雷曼 Heinrich Lehmann 在耶拿 Jena 大學的開講演說(五)。當時(一九〇八年)海曼 Ernst Heymann(六) 作了很大膽的嘗試，就是把「商法」das Handelsrecht，「實業法」das Gewerberecht（和工業法相仿），「農業法」das Landwirtschaftsrecht 鼎足而三。這也可以說是重要的歷史上的先驅。不過最大的促進力，要算一九一四年至一九一八年的世界大戰。到了世界大戰的時候，貫通各種領域的「經濟法」的觀念，便猛然抬起頭來了。

最初處理「經濟法」材料的方法，是拙劣不堪的。他們有一個消極的特徵，就是：舉凡不能裝進普通民法，商法或行政法的現成範疇的，都毫無系統地歸爲一堆，蓋上「經濟法」字樣，例如強制租金法，貨幣跌價（通貨膨脹），企

（三）關於成立經過，請看德國法學報 Deutsche Juristenzeitung 一九一二年份一七八頁以下和三二七頁以下。

（四）一九一二年至一九二三年由柏林卡爾·海曼書局 Verlag Carl Heymann 出版，其後由曼海姆 Mannheim 的本斯海馬書局 Verlag Bensheimer 出版。

（五）參看雷曼：德國工業法概論 Grundlinien des deutschen Industrierechts, 載齊德曼祝賀論文集 Zitelmann-Festschrift 一九一三年；黑德曼 Justus Wilhelm Hedemann: 由工業法到經濟法 Vom Industrierecht zum Wirtschaftsrecht, 載雷曼祝賀論文集 Festschrift für Heinrich Lehmann 一九三七年一九五頁以下；基塞克 Paul Gieseke: 工業法的舊問題和新問題 Alte und neue Fragen aus dem Industrierecht, 載雷曼祝賀論文集二〇七頁以下。

（六）自一九〇八年，海曼出版商工農三法叢書 Arbeiten zum Handels-, Gewerbe- und Landwirtschaftsrecht, 內容極爲豐富。到現在（一九四〇年一月）爲止，已經出了八十冊。——第六十二冊作爲海曼祝賀論文集 Festschrift für Ernst Heymann, 卷首載有克勞辛 Friedrich Klausing 的論文，叫做經濟法 Wirtschaftsrecht。

業同盟法，各種勞動法等。問題始終是：經濟法是什麼？學者曾經樹立了種種理論(七)。一九一九年已經在耶拿大學成立了科學的經濟法研究所 Institut für Wirtschaftsrecht（八）。其後陸續成立了種種經濟法研究會。一部分是除了經濟法之外，同時對於和經濟法相近的問題也加以研究的。在德國方面，經濟法終於也被採用做大學的正式功課和國家法律考試的科目了(九)。學者便騰出一部分工夫去研究經濟法(一〇)。從全體上看來，這總算是一個很值得驚異

（七）法律學辭典 Handwörterbuch der Rechtswissenschaft 中的「經濟法」Wirtschaftsrecht 條下——第六卷（一九二九年）九三二頁以下——載有：（甲）集合說 die Sammeltheorie，（乙）客觀說 die gegenständlichen Theorien，（丙）世界觀說 die weltanschauliche Theorie。

（八）是著者組織的。每半年出版一冊耶拿經濟法研究所報告書 Mitteilungen des Jenaer Instituts für Wirtschaftsrecht，一共出了三十二冊（自一九二一年至一九三七年）。此報告書不在市面出售，只寄贈各大圖書館。該研究所另在耶拿大學經濟法研究所叢書 Schriften des Instituts für Wirtschaftsrecht an der Universität Jena 題下出版單行本（一九二〇年——一九三六年）。其中值得推薦的論文有：倪不代 Hans Carl Nipperdey：契約強制和強迫契約 Kontrahierungszwang und diktierter Vertrag（一九二〇年）；基塞克 Paul Gieseke：共同經濟組織的法律情形 Die Rechtsverhältnisse der gemeinwirtschaftlichen Organisationen（一九二二年）；黑德曼 Justus Wilhelm Hedemann：最高法院和經濟法 Reichsgericht und Wirtschaftsrecht（一九二九年）；樂寧 George A. Löning：不動產緊急租用權 Die Grundstücksmiete als dringliches Recht（一九三〇年）。

（九）一九三五年的研究計劃 der Studienplan 取名「企業家」Unternehmer，殊覺不妥。這不過為了採用人所喜歡的三分法而作「農民」Bauer，「企業家」Unternehmer，「勞工」Arbeiter 的三演講罷了。所謂「企業家」，無疑是指「經濟法」而言。關於經濟法和勞動法的關係，請看原文第三項。——一九三九年一月四日的司法訓練條例 Justizausbildungsordnung 第六節第八項把「經濟」「勞動」二法相提並論，就是：德國勞動法和經濟法 Das deutsche Arbeits- und Wirtschaftsrecht。

（一〇）這種著作已經陸續出現。請比較格羅斯曼·德爾士 Hans Grossmann-Doersch：經濟法和實業法 Wirtschaftsrecht einschliesslich Gewerberecht，載行政學院 Die Verwaltungsakademie 叢書，第三十六冊；黑德曼 Justus Wilhelm Hedemann：德國經濟法 Deutsches Wirtschaftsrecht，一九三九年；克勞塞 Hermann Krause：經濟法的地位和任務 Bericht über Stand und Aufgaben des Wirtschaftsrechts，載德國法律學 Deutsche Rechtswissenschaft 第二卷，一九三七年，二八頁以下。

的發展過程。

在德國以外的國家，也到處可以看見大家對於這個法律新部門的活潑的興趣。在工業高度發達的國家或企圖振興工業的國家，一般地都可以看見完全新的法律正在發達，尤其可以看見公法在這方面有了顯著的進展。這裏也和德國一樣，首先產生了「工業法」。但是這裡也和德國一樣，單有一個工業法是不够的。因此，許多國家便也在科學上談起「經濟法」Ökonomierecht 或類似經濟法的東西來了。在所謂權威國家裏面，還加上嚴格的經濟指導和經濟計劃，這便又要產生無數的新法令。但是這個潮流似乎並不限於這些權威國家。這一層也不難了解，因爲在整個世界經濟組織的普遍變化裏面，正包含着强大的促進力，例如技術對於精神科學的勝利，人口集中於大都市和大工廠，交通數量和速率的劇烈增加，一切生活狀態的集團傾向（一一）。

二

經濟法也和一切新的科學部門一樣，要想前進，是需要毅力的。關於經濟法的劃界問題，尤其需要毅力。經濟法的範圍如何？關於這一層，學者意見很不一致。不但各個學者，而且學會和公立圖書館，都對於這個問題感覺興趣（一二）。雖然如此，環境却不許我們老在劃界問題上面躭誤工夫。因爲認識經濟法的本質，比該採取什麼，該排除什麼的問題還要重要。經濟法的本質，在於「綜合」Synthese，就是把二十世紀經濟大樓裏的各種法律現象並列起來加以綜合。那時候，即使讓某一類現象仍成一小分枝，也無礙於事。他們能够各自達到相當的規模，產生獨有的重要文獻，也對於人類和各民族有卓著的貢獻。不過他們不得反對把最重要的特色交給「經濟法」去加以綜合觀察。

（一一）柏林經濟法學院 Berliner Institut für Wirtschaftsrecht（大學程度），正在調查各國對於經濟法的研究情形。

（一二）關於一九三七年的經濟法情形，請看：有經濟法一門麼？Abteilung Wirtschaftsrecht?，載圖書館管理學中央報 Zentralblatt für Bibliothekswesen 一九三七年份三七四頁。

其最顯著的例子，要算現代「勞動法」 das Arbeitsrecht。 誰都知道，到十九世紀末爲止，還沒有被承認爲獨立的法律部門的「勞動法」。 如今在許多國家裏面，尤其在德國裏面，勞動法早已成爲旣成事實了。 勞動法的促進力，也差不多和經濟法的促進力相同。 因此，勞動法是否經濟法裏面的一小門類，也是一個困難的問題。 在一部分國家，達到「勞動法是經濟法的一小門類」的結果，大概也不是沒有的。 在德國却因爲勞動法在立法方面和著作方面突飛猛晉，所以不肯屈居下位。 因爲這個緣故，勞動法成爲了一個獨立的重要法律部門。 然而把勞動法和經濟法的界限劃得淸淸楚楚，致使互相閉門自守，是無意義的。 經濟法將因此失去其綜合一切經濟要素的最重要任務。 所以勞動法的最重要的認識和最主要的法律輪廓，是不可不拿過來安插在經濟法大樓裏面的。

便是舊的幾乎已經屬於古典的「商法」 das Handelsrecht，也有類似情形。 商法可以繼續存在，可以在被歷史安置的地盤上繼續發展。 但是經濟法學者却不能不站在自己的立場，把商法的要素採取過來，從整個經濟法的立場加以觀察。 就是一般民法，也不能完全例外。 在「國法」 das Staatsrecht 和「國家行政法」 das staatliche Verwaltungsrecht 的範圍內，也有許多要素必然會走進經濟法的範圍來，因爲國家對於「經濟」的形成有莫大的關係，至少表面上國家在立法的時候，對於經濟法是有最大的貢獻的。

如此，經濟法具有相當普遍的特徵。 這裏便明顯地包含着一個危險。 凡是堆積材料過多的，結果就會連自己也埋在那些材料底下。 於是劃界問題便除在材料的「種類」上面劃界外，還得在「數量」上面劃界。 經濟法必須由鄰接各部門採取少數最重要的東西來和固有的經濟核心相熔合。 只有這樣，纔能够得到眞正有用的綜合。

繼劃界問題之後的，便是建設問題。 現在還沒有樹立任何鞏固系統出來。 樹立系統，有種種方法。 第一個方法，是從小「細胞」 Zelle 開始，就是從各經濟單位下手，然後超過「競爭營業」 Wettbewerb， 逐漸擴大範圍，終由國家代表整個「系統」 Ordnung 。 十九世紀以來的法律學，是用這種方法發達下來的。 第二個方法，是由新式「集團組織」 die ständische Gliederung 出發，而樹立農業法（全國產糧集團 Reichsnährstand），工業法（實業公會內的全國工業團體），手工業法（全國手工業公會），交通法（七種全國交通業公會）等等。 這種方法在集團組織初起時有過相當的魔力，且在上述的一九三五年研究計劃（請看註九）也可略窺一斑。 但是這種方法已被時代潮流趕過，現在是不適用了。 第三個方法，是從「國家」 Staat 出發。 在經濟計劃（例如德國四年計劃）裏面，尤其在目前的經濟戰爭裏面，國家幾乎參加到經濟法的全部。 公法學者特別喜歡採用這種方法。 一部分公法學者是由他們老家出發的。 國法學者和行政法學者之注意到經濟，從歷史上看來，爲時甚晚，很令人驚異(一三)。 第四個方法，是由「國民」 Volk 出發，使整個經濟法由國民內部發達起來。 這種方法，無疑地是最理想的方法。 這種方法最適合於德國國家社會主義世界觀。 不過這裏有一個困難，就是：這種特殊法律現象需要某種看得見的表現，而這種表現却很少直接由國民完成。 第五個方法，是在「個人」 Eigenleben 和「社會」 Gemeinschaft 的永遠的「對立」 Gegensatz 上面樹立經濟法，而把「個人」和「社會」當做經濟法的兩大主要部分(一四)。

三

經濟法須要採取由過去的精神基礎流出來的經濟和法律的一切舊要素。 這些要素，曾在最近的發展時期起了變革，現在有重作一番綜合研究的必要，因爲

(一三) 最早的，要算李希式 Lutz Richter 和柯特根 Arnold Köttgen 在一九二九年國法學者大會 Staatsrechtlertag 作的關於公共建築物的行政法 Verwaltungsrecht der öffentlichen Anstalt 的報告（載大會報告書 Veröffentlichungen 第六册）；胡柏 Ernst Rud. Huber: 經濟行政法 Wirtschaftsverwaltungsrecht，一九三二年；柯特根：經濟法法源論 Zur Lehre von den Rechtsquellen des Wirtschaftsrechts，載黑德曼祝賀論文集 Hedemann-Festschrift，一九三八年，三五三頁以下。

(一四) 在註十所舉的黑德曼：德國經濟法卽採用此法。

孤立的觀察，是必然要達到錯誤的結論的。

在經濟基本要素之中，需要重加綜合研究的主要例子，是：所有權 das Eigentum，勞動力 die Arbeitskraft，貨幣 das Geld 和價格 der Preis。歷來各要素都站在自己的立場，各是其是。因此，經濟學向來幾乎全在特殊研究的軌道上前進。但是將來經濟學必須把各現象當做全體的支柱觀察。——「所有權」在一九一四年至一九一八年的世界大戰後首先陷入「社會化」Sozialisierung 漩渦。那時候，政治思想還在萎靡不振之中。不久即起了一個思想變革。所有權終於走進國家社會主義世界觀的範圍去了。雖然如此，拯救了所有權的，還有完全變革了的經濟。同時許多法律著作也證明所有權的法律觀念不斷在變遷（一五），於是便往往有人簡直把「經濟上的所有權」wirtschaftliches Eigentum 和舊式的「民法上的所有權」bürgerliches Eigentum 相提並論了（一六）。——今日整個世界對於「勞動力」的觀念起了變化，且在法律上也改變了分類辦法，是不容置疑的（一七）。其特別顯著的標識，便是「勞動權」Recht auf Arbeit 的口號。這個口號，自法蘭西革命以來，曾經留下了種種解釋（一八）。

（一五）　例如：魏亞克 Franz Wieacker：所有權制度的演變 Wandlungen der Eigentumsverfassung，一九三五年；毛利托 Erich Molitor：：所有權的目的限制 Zweck-Bindungen des Eigentums（載舒爾們祝賀論文集 Alfred-Schultze-Festschrift），一九三四年；美爾克 Walther Merk：在時代演變中的所有權 Das Eigentum im Wandel der Zeiten（載教育雜誌 Pädagogisches Magazin，第一三八八冊），一九三四年；布羅邁爾 Arwed Blomeyer：：私有財產的非實證基礎 Die ausserpositiven Grundlagen des Privateigentums（博士論文），一九二九年；上引黑德曼：德國經濟法第二十四節。

（一六）　關於「經濟上的所有權」的有價值的研究有毛思茲 Theodor Maunz：從類型學看來的所有權讓渡稅 Die Besteuerung des Eigentumsüborgangs nach der Typenlehre，載德國法研究院雜誌 Zeitschrift der Akademie für Deutsches Recht 一九三九年份五〇九頁以下。

（一七）　例如德國法學界曾有西柏特 Wolfgang Siebert 派學者攻擊某一個「勞動契約」Arbeitsvertrag 的形式解釋（西柏特的一部分意見載德國法研究院雜誌一九三六年份九三頁）。他們把勞動力看做獨立自主的力量，認為只要有勞動力參加，便可以成立「勞動關係」Arbeitsverhältnis——這是新的基本概念——，無須乎訂立「民法上的」契約。但是這種意見其後並不是沒有人反對。

（一八）　請看黑德曼：德國經濟法第二十九節第二項。

無論如何，「勞動法」 Arbeitsrecht 的豐富的材料，是不應該雜亂地束之高閣的。 因此，勞動法的最重要特徵，必須收容在經濟法的整個體系裏面（一九）。——「貨幣」的學理也被根本推翻了。 近來經濟學者的貨幣理論，越來越多，越來越分裂，令人不耐其煩。 大家曾經相信，這種論爭不久就要沒落。 雖然不曾沒落，但是今日全世界對於貨幣的本質，議論紛紛，甚囂塵上。 經濟法當然也不能錯過這個現象。 試舉一例，我們看民法學者對於「貨幣流通的管理」 Lenkung des Geldstromes 作何解釋，便可以知道，民法上（私法上）的貨幣觀念，對於今日的情形，是怎樣不適用的。 貨幣問題，在有關法律的範圍內，是要在新的經濟法軌道上纔能夠得到充分解釋的（二〇）。 至於緊靠着貨幣的「價格」，將必逐漸爲法律所限制，不讓自由決定，而用法令加以約束，是顯而易見的。 「價格」原來完全出於私人意志，今日還不失爲個人經濟生活的一個要素，但是法律對於價格的約束越來越緊，因此價格也成爲現代經濟法的一根支柱了（二一）。

法律的基本要素之中，特別受到經濟法潮流的影響的，要算：契約 der Vertrag，契約條件 die Vertragsbedingungen，公會制度 das Verbandswesen 和法院制度 das Gerichtswesen。 ——「契約」的老家是一般民法。 然而契

（一九） 勞動法的專書甚多。 例如：旭克 Alfred Hueck：德國勞動法 Deutsches Arbeitsrecht，一九三八年；尼奇士 Arthur Nikisch：勞動法 Arbeitsrecht 上半卷一九三六年，下半卷一九三八年；毛利托 Molitor：德國勞動法 Deutsches Arbeitsrecht，一九三八年等。

（二〇） 由此分出特別困難的「國際匯兌法」 Devisenrecht。 關於國際匯兌的書，層見疊出，但是很有時間性。

（二一） 對於各種法律材料作一統觀的，有：窩爾豪普・楞托普・貝特斯曼 Wohlhaupt-Rentrop-Bertelsmann：四年計劃價格形成條例大全 Die gesamten Preisbildungsvorschriften nach dem Vierjahresplan unter Einschluss des bisherigen Rechts，活葉本，自一九三七年起；恩格辛・格利斯曼 Engelsing-Glissmann：價格形成和價格監視 Preisbildung und Preisüberwachung，活葉本。

約終於從民法被拉進歐洲和歐洲以外的經濟生活的巨大潮流去了。　契約在那裏得到新的面貌之後，便反過來影響舊民法。　世界大戰時，經濟生活遭遇了空前的艱難，貨幣制度起了異常的動搖。　那時候，契約差不多要沒落了。　這是德國法律發達史上的一個重大變動。　然而契約非但不沒落，而且還從那混亂局面帶着新的花樣抬起頭來。　那所謂「情形變更之原則」Clausula rebus sic stantibus 和「法官修改契約權」 Vertragskorrektur durch den Richter，便是其特別顯著的例子（二二）。　雖然今日一般民法書都談到這些事實，但是其起源却在曾經造成了現代經濟法基礎的我們生活裏面。　——所謂「普遍交易條件」 Allgemeine Geschäftsbedingungen，是帶有更濃厚的經濟法色彩的。　牠很迅速地成爲了今日我們經濟生活的一個重大要素。這裏正反映着「集團精神」 Massengeist 。二十世紀的現象已使我們站在集團精神之下了。　幾百萬的契約或其他交易，已經不再看做零星現象，不再一一分別辦理，而只依照這些「條件」Bedingungen，這些「條款」Klauseln，這些「約定」Konditionen 的雛形辦理了。　這個魔術世界，是幾乎完全不假手於國家而發生的（二三）。　——在締訂契約時，或在其他

（二二）關於法官修改契約權，參看：施雷格柏爾格 Franz Schlegelberger：法官形成契約權 Vertragsgestaltung durch den Richter，載本克祝賀論文集 Bumke-Festschrift 一九三九年一頁以下；黑德曼 Justus Wilhelm Hedemann：德意的契約和情形的變更 Der Vertrag und die veränderten Umstände, deutsch-italienische Studie，載外國私法和國際私法雜誌 Zeitschr. f. ausländ. und internat. Privatrecht，第十二年份（一九四〇年）七一四頁以下；佛克馬 Erich Volkmar：法官參加契約令 Verordnung über Vertragshilfe des Richters，載德國司法雜誌 Deutsche Justiz 一九三九年份一八一九頁以下和一八五六頁以下。

（二三）賴塞 Ludwig Raiser：普遍交易條件法 Das Recht der Allgemeinen Geschäftsbedingungen，一九三三年；米歇爾 Ulrich Michel：司法上作爲契約成分的普遍交易條件 Die Allgemeinen Geschäftsbedingungen als Vertragsbestandteil in der Rechtsprechung，一九三二年。——此外還有許多關於小部門的專書或專論，例如：豪普特 Günther Haupt：德國銀行的普遍交易條件 Die Allgemeinen Geschäftsbedingungen der Deutschen Banken，一九三七年。

許多機會，成爲經濟發言人的，是經濟人的各種團體，就是「公會」。過去幾十年間，甚至過去幾百年間，大家相信「商法」或至多不過再加上「公會法」das Zunftrecht，就可以滿足經濟結社的一切需要。結果如何呢？結果發生了許多非舊的法律制度所能解決的新現象。於是舊法律的無能力，便特別明顯地暴露出來；由舊制度向經濟法前進的必然性，便特別明白地表現出來了。「企業同盟」das Kartell，「企業聯合」der Konzern，「企業合併」Trust發揮空前的勢力，甚至有超過國境的「國際企業同盟」。這裏也許可以成立一個小法律部門，叫做：「企業同盟法」das Kartellrecht（二四）。但是這種孤立辦法，結果也是沒有意義的。尤其上面所舉的幾個企業形態，也不能包括一切新的經濟結合。此外還有「商團」das Konsortium，「共利團體」die Interessengemeinschaft，和單純的「出資」die Beteiligung（國家也往往採用這個方式，藉以取得「股東」Kompagnon資格，參加經濟組織）。各種各樣的「集團組織」ständische Organisationen（後述），也是經濟界和經濟法的重要部分（二五）。——最後，把經濟界積極參加法制的意志表示得最明顯的，要算「自主仲裁制度」die eigenwillige Schiedsgerichtsbarkeit。這個制度，現在已經採取各種方式，在國家裁判權之外，站穩了地盤了（二六）。

四

在經濟法系統裏面，佔着一個特殊地位的，是「集團組織」die ständische

（二四）參考書甚多。自一九三〇年出有專門雜誌：企業同盟雜誌 Kartell-Rundschau。專書有布倫 J.-H. von Brunn：企業同盟法要綱 Grundzüge des Kartellrechts，一九三八年。

（二五）法律界曾經大起動搖，可由下記各現象看出，就是：一，各種新的結合方式震撼了「法人」juristische Person 的基本觀念；二，除自由結合外，還出現了「強制結合」Zwangs-zusammenschluss（強制販賣公會 Zwangssyndikat，強制企業同盟 Zwangskartell 等等）；三，除會員的自定章程外，還加上了官定章程。關於這些地方，請看黑德曼：德國經濟法第三十四節，第三十五節。

（二六）黑德曼：德國經濟法第三十六節。

Gliederung 。 集團組織，有許多地方超出經濟範圍之外。 大部分學者把集團組織看做一個政治現象。 但是受到柏拉圖 Plato 等先哲影響的一部分人，却相信可以建設一個純粹的「集團國家」 Ständestaat 。 二十世紀的經濟世界，竟把這個觀念搬到經濟方面，而樹立了「經濟集團」 Wirtschaftsstände 。 現在「經濟集團」的觀念，甚至可以在精神上反過來影響政治或世界觀了（二七）。

誰都知道，意大利的「合作制度」 das Korporationssystem 和德國的「集團構造」 der ständische Aufbau ，兩相對立，各自發達下來。 兩者各站在法西斯主義和國家社會主義的基礎上面。 經濟法無論對於這兩者的那一方面，都不能不加以觀察。 如果把這些現象置而不談，經濟法便不完整了。 即使間或有一部分集團構造，例如文化集團構造，不適用或很少有所適用於經濟世界，也不要灰心喪志。 這裏也須要有衝破辯證法障礙的學者努力。

這方面也產生了許多不能叅循法子去分類的新法律。 這些新法律，既不能平自使之隸屬於國法， 又不能劃入商法或類似商法的舊部類 。 這裏恐怕有另立一個獨立的「集團法」 Ständerecht 部門的必要。 但是在有關經濟的範圍之內，經濟法却不可不把牠的最重要部分採取過來。

五

在目前情形之下，經濟法的最重要因素，要算國家。 國家佔着經濟法的一大部分。 但是這已經不是向來的一般國法或行政法，而是二十世紀的新法律，是要當做經濟法纔能夠認識和評判的。 誠然這裏也往往有些現象超出狹小的固有經濟範圍之外，而具有極濃厚的政治色彩。 例如「經濟自給」 die Autarkie 和「經濟戰爭」 der Wirtschaftskrieg 的主要成分或「國有財產」 das Nati-

（二七）叅看亨利 Walter Heinrich：集團制度和經濟自主 Das Ständewesen mit besonderer Berücksichtigung der Selbstverwaltung der Wirtschaft，第二版一九三四年；岳爾 Walter Adolf Jöhr：集團制度，其歷史，觀念和新建設 Die ständische Ordnung, Geschichte, Idee und Neuaufbau, 一九三七年；黑德曼：德國經濟法第三十七節以下。

onalvermögen 的思想（二八）。但是其由衆多法規造成的基礎却屬於經濟範圍，也就屬於經濟法。

把經濟法的富於魅力的觀念和龐大的計劃適用於實際生活，便可以收到良好結果。「經濟刑法」das Wirtschaftsstrafrecht 便是其一例（二九）。現在已經出現了獨立的經濟裁判權。這是國家的裁判權，和上面說過的由經濟界本身發達出來的仲裁裁判權，是兩件事。執行這種國家裁判權的機關，有一九二三年創設的「全國企業同盟法院」das Reichskartellgericht，「全國經濟法院」das Reichswirtschaftsgericht（是世界大戰中創設的，一九三八年實行改組，把「企業同盟法院」吸收過來），「全國勞動法院」das Reichsarbeitsgericht（下設「勞動法院」和「地方勞動法院」），「全國金融法庭」der Reichsfinanzhof（一九一八年在世界大戰中創設）等等。現在甚至有獨立的「經濟警察」Wirtschaftspolizei。有關經濟問題的法律——固然沒有明顯的界限——，已經採取一種特殊方式而由國家法規獨立，這是不可不注目的。於是便幾乎有獨立的「經濟立法」Wirtschaftsgesetzgebung 可談了。

國家參加經濟的目標，是應該和這些方法上的工具區別的。在這個地方，便又覺得特別有「綜合」的必要。因爲倘若不努力把整個經濟放在心目中，不努力改造整個經濟，使其得到一個美滿的機構，今日的國家，是根本不能在生存競爭場裏立足的。於是便出現了那有名的「計劃經濟」Planwirtschaft。要想在今日的德國知道實際社會的情形，最好把這「計劃經濟」當做整個經濟法的出發點。那時候經濟法的一切成分便會從「計劃」這個中心點放射出來。不過這也許是過甚之詞。因爲實際生活並不那麼機械地進行。內容充實的實際

（二八）黑德曼：德國經濟法第十九節，第二十節；關於「國有財產」，請看第十九節第四項。

（二九）參看林德曼 Curt Lindemann：經濟刑法能成一門麼？Gibt es ein eigenes Wirtschaftsstrafrecht?（一九三二年）；梅斯克 H. Meeske：經濟刑法的懲戒權 Die Ordnungsstrafgewalt im Wirtschaftsstrafrecht（載德國司法雜誌 Deutsche Justiz 一九三六年份一〇九頁）；黑德曼：德國經濟法第三十九節。

生活，往往不是計劃造成的。國家社會主義根本不需要呆板的官吏國家，不需要像無生氣的機器似的國家。國家社會主義所要的，是生氣勃勃，能共休戚，能團結合作的國民。把這種思想表現得特別明顯的，要算有關「經濟名譽」die Wirtschaftsehre 的「名譽法庭」Ehrengerichtshof。牠不但把「經濟名譽」當做美麗的招牌，而且實際把「經濟名譽」和經濟法合為一體。「經濟名譽法庭」是由經濟界的人物組織的，其目的在維持國民各份子的經濟道德和行為。

此外，國家還制定了許多詳細法規。一部分是關於「參加經濟事業」Zugang zur Wirtschaft 的條例，例如限制工人參加勞工集團的資格，禁止猶太人參加經濟集團，限制一切工業部門非由政府批准不得開設工廠，甚至禁止一部分工業部門從新設立工廠（三〇）。另一部分是關於「競爭營業」der Wettbewerb 的法令（三一），也有統制物價的，也有關於國家援助難以維持的經濟團體的。最後便是好像一切這些現象的集合點的「市場組織」Marktordnung（三二）。現在「市場組織」的概念，在學術上被認識得一天比一天清楚了。

市場組織的概念，同時又表示綜合目標，而證明經濟法這個時髦口號背後的

（三〇）參看布茲 Heinz Walther Buhtz：國家社會主義經濟法的營業許可 Die Zulassung zum Gewerbebetrieb im nationalsozialistischen Wirtschaftsrecht，一九三八年；克勞塞 Hermann Krause：企業的禁止 Die Untersagung von Unternehmungen（載德國法研究院雜誌 Zeitschrift der Akademie für Deutsches Recht 一九三八年份六五八頁以下，六九七頁以下）。

（三一）除了關於競爭營業的專門雜誌外，還有許多專書，例如：黑希特·君夫爾 Hecht-Kümpfl：競爭營業 Der Wettbewerb，一九三六年；萊茵哈特 Rudolf Reinhardt：商業和工業 Handel und Gewerbe，第三篇，一九三八年。

（三二）例如梅楞斯 B. Mehrens：全國產糧集團的市場組織 Die Marktordnung des Reichsnährstands，一九三八年；黑柏爾 Ludwig Häberlein：國家和經濟的關係 Das Verhältnis von Staat und Wirtschaft，一九三六年，第二卷第三章：農業市場組織 Die landwirtschaftliche Marktordnung；黑德曼：德國經濟法第十四節。

精神。 就是證明，經濟法是在歷史發展裏面，把法律上的衆多部分現象凝固而成的。 因此今日的德國經濟法的內容，是純粹「實證的」positiv。 經濟法既不是單純的堆貨場，又不是人工製造的學術門類。 經濟法是具有必然性應運而生，是陪伴我們二十世紀人類進入將來的建設因素。

各時代各不同民族所恃以養生之食物

Die Ernährungsverhältnisse bei den verschiedenen Völkern zu den verschiedenen Zeiten(一)

邢册 (Kurt Hintze) 著

胡雋吟 譯

就我們能力之所能斷定者，在所有的穀糧中，其年代最老的，顯然以大麥(Gerste) 爲首。甚至在巴比倫—亞述文化 (Babylonisch-Assyrische Kultur) 以前的蘇馬來文化 (Sumerische Kultur) 時期，人們就儼然的把大麥當作可食的穀糧去培養牠了。但是到巴比倫時代時，牠竟漸漸的被麥類中的一種小麥所代替，並且在此之外，更有各類的蔬菜及水菓也被培植着。在彼時禽獸的肉所佔的食料地位遠不如穀糧重要，因爲我們知道一種事實，即其時土地已有小規模的開墾並且用人工去灌溉。在埃及 (Ägypten) 的情形也與此相同。該地的最老之食糧也是大麥。其所佔的食糧地位也是漸漸的被小麥 (Weizen) 取而代之了。同時各式各樣的蔬菜，水菓，根菜 (譯者按：馬鈴薯卽屬根菜) 以及乾鮮魚品也均爲人所食用。希伯來人 (Hebräer) 的生活情形也與此相似。他們，至少是在最早的年代時，也是用大麥當作主要的食糧，並且也與埃及一樣，到後來也是小麥佔了優勢。我們知道當索羅門 (Salomo) 時代，小麥和油是出口的主要貨物。至於肉類的消費到是很少的。在希臘 (Griechen) 就是在其最早的時代，大麥和小麥固然均爲人所培植，但是漸漸的前一種也是被後一

(一) 譯自：Forschungen und Fortschritte 10.Jahrg. 1934, Nr. 35/36, S. 425—426

種所完全代替了。麻渣 (Maza) 乃成爲日常生活營養品中之主要份子。麻渣者，乃是一個盤子其中盛着雜糧，菜蔬，豆莢，和新鮮的或醃鹹的魚類。我們又發現大麥也是羅馬 (Rom) 的最老的食糧；並且後來也是先被小麥 (Weizen) 後被 Nacktweizen 形的小麥所替代。

粟 (Hirse)，其主要的種植地是在坎帕尼亞 (Kampanien)，西里的北意大利 (Keltisches Norditalien)，和早期的加利亞 (altes Gallien)。當羅馬人和北方人民(Nördliche Völker) 相接觸時，他們首先知道了黑麥 (Roggen) 和燕麥 (Hafer) 這兩種食糧，但這兩樣東西很明顯的不爲他們所喜食。祇就對人羣都可以接近的肉類而言，猪肉雖然是被收藏着祇有在節慶日時方被食用，但牠仍然是主要的食品。當時的標準菜包括穀類同着大量的尋常的蔬菜，豆類，鹹魚和偶然有些猪肉；這些都是人們食物的基本成份。但是在彼時作家們對於與他們同時的饕餮的人們之描寫中並未提到民衆的食料的標準是什麼。

就以我們的祖先的和歐洲一般的情形而論，一直推溯到石器時代 (Steinzeit) 都是食用大麥小麥和粟類，同時德國在銅器時代 (Bronzezeit) 的大宗食品乃是燕麥，在鐵器時代 (Eisenzeit) 乃是一種黑麥。當中世紀時蕎麥 (Buchweizen) 從東方介紹過去了，但是牠並未被推廣。在十八世紀的末葉馬鈴薯在歐洲北部出現了。並且佔有一種特別重要的地位。我們的家畜，除了只是畜養的數目增多了以外，還仍是像四千年以前一樣的情形。近代選種和飼養的方法曾有很大的進步，能使畜類的體重增加並能多獲得其肉量及乳量。在早先的時代，德國人將馬肉當爲一種特殊的美味，但是現在官家已不許屠宰馬匹以供肉食了。獸肉的消耗量表示出有增加的趨勢。蔬菜和水菓之有規律的培植是從南方介紹來的，並且主要的是經過寺院的活動而宣傳開的，雖然許多種野菜，根菜類和草蔬類在以先大概早被歐洲人收集利用過。

在遠的北方是不生長穀糧的，同時一般的說起來菜蔬也是很少食用的。實際上人民們是被限於用陸海獸類的肉作爲養料。雖然如此，在這些區域中，假如可能的話，隨時都嘗試着去用蔬菜的食料去增益和補充這種偏於一方面的肉食養料。　但是在某些個地方，氣候過於寒冽，不能種植菜蔬，乃有一自然的趨勢以生肉（rohe tierische Nahrung）爲食。

在中國，一個位於東亞細亞的最大的文明國家，當她最早的年代時，粟似乎是用爲養生的主要食物。　當她的北部的老文化中心漸漸的轉移到物產豐饒的揚子江平原時，其他各種穀糧如小麥（Weizen），特別是稻米，乃起始種植了；並且由此時直到現今其根本的情形仍未有大的改變。　蒸或煮的五穀食餌（Hauptzubereitungsform）仍然是今日的標準食品。　各種不同的豆類，葉類，菜類和球莖類的植物，形成爲食物中的最要緊的部分。　但是其所用的肉類是不很多的。　其肉食以猪肉爲主。　這個國家的養生食料中有一個特別的現象，就是中國人都拒絕食用牛乳和牛肉及牠的出產品。　但是從人種的觀點來看，很顯明的與中國人有關係的中亞細亞的蒙古人民反而把牛乳及其出產品當作主要的食品。與中國相同的營養情形亦在日本國內盛行着。　就文化的意義方面言，日本所受的中國影響是很强大的。

就我們能力之所能考查出來的，大麥在印度也是最老的養生食料，雖然在彼時小麥，稻米，粟，及各種豆類也漸漸出現了。　蔬菜養料之外常常用牛乳和其出產品來作有效的補助食物，即在今日，一般人民仍然以蔬菜爲主，其作法常是蒸食煮食或作成餅的形式。

我們相信阿非利加洲是產生各種粟類的老家。　在她那些粟類之中主要的是高粱，在牠之外更有球莖植物（薯蕷（yams），芋（taro）），這些東西大概都是構成該地食物的主要項目。　當十九世紀後半部，非洲的開發一開始，該地的原始的養生食料的情況就遭遇到重要的變遷了。　這個改變是由於從美國入口的各類植物所致（這些植物是隨着奴隸的貿易一齊來的）。　肉的消耗在阿非利加洲有很大的差異，凡飼養牲畜的地方其消耗量大，不飼的地方就小。　在北方乳（主要的是駝乳）是被食用着。　並且在蘇丹（Sudan）乳和牛油也成爲主要的大宗食物，同時在東方和南方也有一些部落很習慣於食血。 自從不能依靠着打獵以供給適當的充分的食物以來，幾乎各處都去收搜集小的齧齒類動物，蛾，蝗虫以之作爲食料。

在美洲的情形就迥然不同了。 歐洲式的穀糧在美洲是未見過的。 雖然如此，在北美的東部和一直蔓延到西海岸的由墨西哥 (Mexiko) 到智利 (Chile) 的區域內這些東西是由玉蜀黍 (Mais) 代替了（譯者按：此意係指——在這些地方雖沒有歐洲式的穀糧但却有玉蜀黍）。 在大湖 (die grossen Seen)區域和沿着現在的坎拿大的邊疆 (Kanadische Grenze) 一帶，野稻是被當作養生之食料用的。 整個的亞馬遜 (Amazonenstrom) 盆地，其佔有重要地位的食料是美洲薯蕷 (Mandiokawurzel) 的根。 本洲的中部，在大草原上 (Prärien) 和在南美的南半部（帕它哥尼(Patagonien)）都是居住着打獵民族，同時西北海岸一帶及遼遠的南部（火島 (Feuerland) ）是居住着以打魚爲生的部落民族。 在西南方（加利福尼亞(Kalifornien)）的人民之生存主要的是依靠籽實及乾果，草籽和橡實爲他們食物中的主要部分。 水菓，菓子，和球根植物在每個地方都可以收集到。並且有些地方甚至去培植牠們。 馬鈴薯就是一種早年家培植物的一個好例子。至於家庭飼養牲畜及那些專供宰殺而飼養動物的這類現代觀念，在彼時是沒有的。 雖然在秘魯 (Peru) 有些區域是馴養着駝羊，還有其他部落利用狗當馱東西的及狩獵的牲畜和在節祭的盛宴上烤炙狗肉吃。 所以肉的消耗量在那些不相同的民族中很不一致。 他們是根據區域的性質及野味和魚類之供濟而各異。與這個有關聯的，我們可以注意的是在墨西哥和中部及南部的美洲等開化很高的區域之居民食料中肉類所佔的地位是很小的。 這些地方完全不知道牛乳可以作爲養料。

第一次來到澳大利亞洲 (Australien) 的探險家，他們遇見過一些原始的收集植物以爲食料的部落，這些部落吃各種可以吃的東西。 在較大的島上的土人們曾經開墾土地，但範圍極小。 球根植物，譬如薯蕷，芋，和白薯 (Batate)

組成爲養料中的主要物品，同時椰子在那些牠所生長的地域內亦被人們食用，還有在潮濕地帶居住的土人們主要的食物是依賴生產西穀米的棕樹 (Sagopalme)。在新西蘭 (Neuseeland) 羊齒根是特別重要的食物，同時在比較小點的島上，那兒的土壤情形常常比較好些，除去有以上那些植物以外還有麵包樹 (Brotbaum) 的菓子和露兜樹(Pandanus)作爲補充的食品。 他們也知道以擇取的程序作爲保存食物的方法。 狗，猪和鷄不是所有的島都畜養牠們，祇是在某一些島中是被畜養着，但是專保留着爲特殊的人物食用。 佃獵所獲比較不多，因此爲了供濟必需的食物之肉類補充品乃不得不依賴釣魚和搜集小的爬行動物和昆蟲。

總起來看，可以說各種民族如追溯到他們最古的年代，他們常常食用許多種不同的東西，但是以菜蔬爲主。 即或在遼遠的北方在那種十分變態的情形下（譯者按：北方遠處天寒，菜不易生）在任何可能的時候也去試着以菜蔬補助他們的肉食物。 菜蔬這種食物牠們本身在世界各處變化極多。 牠們是依據牠所生長地帶的氣候和土壤的情形而定。 在所謂的舊大陸中，歐洲式的穀糧仍然很盛行，雖然在一些地帶，特別在印度和中國，稻米的培植認爲是佔一種重要的地位。 阿非利加洲是產粟之鄉。 英國的特殊的穀糧是玉蜀黍，在南海 (Südsee) 是完全不知道穀糧這種食品的，因爲在那些地方是食用各種不同的球根植物的。被食用的植物之數量曾漸漸的減少，那些曾被人們留存的植物經過人們的培養，牠們的纖維質和滋味也有了進步。 在歐洲我們可以按着時間的順序找出一個由原始的薄湯變到蒸煮，薄餅，直到最後發展到麵包。 在亞洲，中國和印度，無論如何，根本的是拘泥於舊習慣用蒸煮穀糧的方法來預備餐品，阿非利加洲亦是如此。 在開化較高的國家，其努力從事提煉食物，提煉其精華，排除不需要的原素，已成爲很顯明的事了。 其目的乃是使食物更易於消化。 這種趨勢大概是因爲事實上，在五穀中小麥漸漸代替了黑麥，並且糖的消耗量也繼續的增加，糖乃是一種純炭水化合物 (Kohlehydrate)，所以乃想出提煉的方法。 這種趨勢是否對健康有利無論如何是可懷疑的，因爲許多提煉的方法把許多食品內有價值的原質如維生素（Vitamine）和礦質（Mineralstoff）等均損失了，這些東西在食物的天然狀態中方含有着。 因爲這個原因所以有種趨勢與日俱增，就是當食取食物時儘量保持食物的天然狀況，而且無可懷疑的這種趨向對健康的營養方面是有利益的。（二）

（二）——請看K. Hintze: Geographie und Geschichte der Ernährung. G. Thieme, Leipzig, 1934. 330 Seiten.

書評與介紹

評"歷史學主義的起源"　　張貴永

Die Entstehung des Historismus. Von Friedrich Meinecke.

2 Bände. München und Berlin, R. Oldenbourg, 1936.

在介紹本書之前，不能不把著者先給國人介紹一下，他是值得我們認識的一位現代德國史家。

格丁根大學教授布蘭底(Karl Brandi)在五十年來的德國學術(Aus Fünfzig Jahren deutscher Wissenschaft)(一)關於中古史與近世史一文裏，曾經有過這樣的話：「融合哲學思想與具質歷史研究的人，在我們方面得首推孟納克」。當孟納克教授過七十歲生日的時候，柏林大學近代史正教授翁鏗(Hermann Oncken)曾在德國出版的研究與進步(Forschungen und Fortschritte)雜誌上，發表一篇紀念文章，開頭就說，「在我們這個人世的史家中對於青年後起最有影響的，要算孟納克了」。如今孟納克將近八十歲了，實在足以稱為德國史學界的泰斗。

弗烈特·孟納克猶如好多歐洲有地位的史家，是從檔案館史料研究工作出身的，第一次大戰前已在斯特拉斯堡大學(Strassburg)任歷史教授。那裏愉快的學術生活最初形成他生平三部傑作的根本觀念，所以這本歷史主義的起源也就是獻給對戰前斯特拉斯堡大學的美滿回想的。過後他在佛來堡(Freiburg)大

(一) 本會編譯之中德文化叢書之六(第二冊)內五一頁至四八四頁

學與柏林大學教書，直到他年邁退休。他是普魯士學術研究院（Preussische Akademie der Wissenschaften）多年的會員，史學雜誌（Historische Zeitschrift）幾十年來的主編，經徐貝爾（Sybel）與特雷特克（Treitschke）時代，直到國社黨的執政，始終是負全責的。他直接繼承十九世紀德國史家蘭克（Ranke）的傳統，無論在治學與著述方面，都是嚴於史料考釋，與富有實事求是的精神。

可是孟納克貢獻最大的是在思想史的範圍，他是柏林幾位置身於唯心主義史家之一。他們產生大批精萃著作，關於普魯士復興時代大人物的生平。孟納克的包恩（Boyen）傳，德國復興時代（Das Zeitalter der deutschen Erhebung）都是顯著的成就。普魯士與德國（Preussen und Deutschland）亦是他精美的論文集，具有民族的高尚的責任，其中最有影響的當然要提到他三部曲中的第一部傑作，大同主義與民族國家（Weltbürgertum und Nationalstaat）一九〇八年初版，一九二八年七版。這是久已成爲研究思想史的模範著述，以歷史專著出至七版，就可想見牠的成功了。在這書中他一方面把德國從康德(Kant)經菲希特（Fichte），謝靈(Schelling)，黑格兒(Hegel) 以至蘭克，俾斯麥的政治思想作最精細的分析，而以大同主義到民族國家的大題目爲其中心結論；另一方面他敍述普魯士與德國的歷史關係，闡明近代德意志民族國家創造過程中的根本問題，無論在精神思想與實際政治的研究，都是精詣到家，無與倫比。歐洲大戰以後孟納克起了內心衝突，他的第二部傑作近世史上的國家利害說（Idee der Staatsraison in der neueren Geschichte 一九二四年初版，一九二九年三版），是這種衝突的明證。國家利害說就是以國家的利益爲政治家一切行動的中心源泉，至高目的的所在。他以馬克維利（Machiavell）的現實政治思想開端，述及黎胥留(Richelieu)，菲得利大王(Friedrich der Grosse)，孟德斯鳩，菲希特，黑格兒，特雷特克等人的國家至上的觀念，強權利害的要旨，極具深刻意義。孟納克對戰後德國時勢起無限感慨，而以精神史研究發揮其精神寄託。要知道凡是和他同輩的史家，在年輕的時候最受老威廉與俾斯麥治績的影響，充滿民族國家的觀念，正逢到德國的盛世，到了德國戰敗以後威瑪憲法（Weimarer Verfassung）把德國變成社會民主的國家，孟納克亦是參與制憲的人，這樣眞是使一位照我們舊日理想說來忠君愛國的志士，變成自由的民主黨人，其所經過之精神痛苦，可以想見，眞是以忠忱謀國，以一片純潔心靈去接受震盪。愛護民族不是輕易，更不是投機。可是幾年前德國政局又起了根本變化，國社黨的執政，民主共和的推翻，再度激動他的內心衝突。無怪當年有人問他政治意見的時候，他感覺自己年老不能瞭解了。在這最後思想境地上登峯造極的著作，歷史主義的起源的序言裏，他說，「我由高處並以老年人的謙遜進入這生命第三與最後的歷程，對於着手問題的一切困難比從前知道得更加正確，對於牠們的期望因此亦就增加，可是自己覺得這裏所給的，祇是心目中所認爲理想解答的一個斷片」。著者在他生平晚年所感到的是自身和當世文化的內心衝突，精神寂寞。

著者自認在這時候要寫歷史主義起源的歷史，似乎是一個大胆的嘗試。因爲好多年來大家都感覺歷史主義將來必成爲過去。可是精神思想的革命祇要有一次經過，決不無蹤無跡地像是沒有發生那樣過去；反過來各方面的影響，極爲深遠。就是今日德國有了新的革命，在進行，亦不至於消滅，何況歷史主義的興起確是西洋思想界所經驗到的最偉大精神革命之一。

歷史主義（Historismus）這個名詞在國內很新近，聽來亦不甚悅耳。英國史家古適（G. P. Gooch）曾經在他所著的德國（Germany）書中，有一章講到德國思想，移用德文 Historismus 原字，不加翻譯，僅附以解釋，說是指歷史思想 historical thinking。可是歷史思想涵義廣泛，西洋古代史家，哲學家以及世界其他富於歷史意識的民族亦可以說具有歷史思想。歷史主義所指確定，旣爲 ismus 不妨譯做主義。其實這個字在原文要比這精神革命的創始年輕一個世紀，並且不久就有過實與變相的意義。據著者所知最初見於維爾納（K. Werner）的書，叫做惟果的哲學的歷史主義，（Der philosophische Historismus Vicos）

一八七九年出版。 後來就帶有非難的意思，這在孟格爾(Carl Menger) 對許摩勒 (Schmoller) 的攻擊文字裏：德國經濟學上的歷史主義病 (Die Irrtümer des Historismus in der deutschen Nationalökonomie) 一八八四年出版。 孟格爾認爲他的本意是說許摩勒對於歷史在經濟學的價值，崇揚過分。 値得注意的，是在光明暗淡之間，有一精神史上的偉大現象存在，需要一個適當名詞。 一九二二年屆絡爾銓(Ernst Troeltsch) 的大著，歷史主義及其問題 (Der Historismus und seine Probleme)間世，這裏對於牠的弱點有誠摯的批評，對牠在人類內心需要與豐富結實，能以深刻理解闡發無遺。

歷史主義初先不過是把萊勃尼茲 (Leibniz) 到歌德 (Goethe) 死時大精神運動所產生的新生命原則應用之於歷史生活。 這個運動繼續成爲一個西洋普遍的運動，最高造詣歸功於德國的精神思想，不足以稱爲宗教改革後的第二大貢獻。既然牠根本是新的生命原則，所以歷史主義的重要，僅當做一種學術思想的方法而已。 世界與人生如果我們放開眼光來看，是要較比深奧玄妙。 歷史主義的核心認爲對歷史的，人類的精力，須具有一種個性化的觀察，替代普遍化的。這並不是說歷史主義此後擯棄對於人生普遍定律的追求，可是牠在意義上一定要和個性融洽。 這是牠所喚醒的一種新意義。 這也並不是說人的個性以及由此所創造的社會與文化的形成，直到那時不曾受人注意過。 從前以爲人類及其理智，情慾，道德與罪惡根本始終如一，這種見解固然中心思想不錯，可是不知道形態變化的深刻與複雜。 這些都是個人以及團體的情感與精神生活所經驗得到的，不拘人類根性如何不變。 特別從西洋古代以來所盛行的天權學說 (naturrechtliche Denkweise)，使人印入人性不變，理智不變的信仰。 理性所指爲絕對眞理，不受時間限制。

這個天賦權利的信仰如屆絡爾銓所昭示的，亦能與基督教聯合一起。 不能忽視的是這天賦權利不論由於牠基督教的，或自文藝復興以來非神聖的形式，對於西洋人的思想幾乎有過兩千年的重要意義，經過西洋歷史上所有動盪，如是星之照耀。　牠給思想階級對於人生的絕對定見，並且因基督教的啓示更爲堅強。天權與宗教久已互相融解，影響實際人生，卽使經新的趨向個性化的思想程序衝破的時候，牠的歷史地位與力量，至今還是見得出來。　所以十九世紀纔眞是這兩種思想途徑的會合水道，而歷史主義的創始亦要到十八世紀後半期，可以說是新舊交錯的迷惘時期。

但從此以後，歷史主義成爲近代思想的重鎭。　我們祇須稍會留意，能在人類創造的各方面察覺牠的痕跡，可是祇在少數大的現象歷史主義才能發展牠全部深刻意義與精力。　本身之趨於浮淺，與外來的粗俗見地，使牠在今日起了危機。　這種浮淺態度足以產生相對主義（Relativismus），有損人類創造能力。歷史主義現時已不能號召大衆。　可是著者相信牠對於人類事物的瞭解，已經達到最高階段，並且對我們周圍與當前歷史問題，信任牠有發展能力，自己會把因相對價值所致的傷痕救治。　最後亦會有人把這個主義造成眞實人生。

歷史主義的另一元素是演進思想。因爲演進與趨向個性化的思想方式直接屬於一起。　個體的本質祇能由於演進才能啓發。　演進的定義自然頗有出入，雷凱特(Rickert)舉出七種，在歷史主義的創始亦可以看出好多不同的演進觀點。爲純粹研究目的起見，著者把歷史主義的演進定義引申，認爲自生的，具變遷能力的，與不能預期的。　一方面並不限於由萌芽而發的變化，那種較狹側的想像，另一方面和啓蒙運動的完善思想（Perfektionsgedanken）與進步思想(Fortschrittsgedanken）有所區別。　由於演進思想就能勝過從前判斷歷史變遷的實用主義（Pragmatismus），實用主義和天權的思想方式直接有關，根據人性一致的觀念，利用歷史當做教訓的，實際應用的例子，並以淺近的原因解釋歷史變遷。

對於本書的體裁與材料的運用，著者認爲有兩條途徑可循。　一以普遍待解釋的問題爲中心，把每一思想家的貢獻純粹以思想問題爲依歸，這樣爲哲學的有系統的思想家所樂從，能把思想的相互關係說得透澈，可是掩蔽了思想的個別生命與背景，把歷史生活變成空論。 所以歷史家有他的理由採取另一途徑，他根據活潑的個人，敍述他的思想變遷。 這種方法著者在前兩部傑作中已經採用過，這次亦是照舊不變。

所以材料的選擇集中在三位德國的大思想家——莫塞(Möser)，赫德(Herder)，歌德(Goethe)。 在他身上十八世紀早期歷史主義表現得最强烈，他們的貢獻成爲將來發育的園地。 特別須從他們個人的思想結構去求解釋。 爲着要明瞭這一點，不能不把十八世紀初期最重要的前階段，包括英法兩國的啓蒙運動史家，與先期浪漫主義的激盪，以及一般思想史上最重要的相互關係加以闡明。 天權，新柏拉圖主義，基督教，新教，敬神主義(Pietismus)，自然科學，以及十七十八世紀的遊歷好奇心理，最初的自由與民族意識，由於這種種在有天才人士心靈中共同的交互的影響，產生歷史主義。 這些都得有清楚的敍述。 著者原來意思還想述及少年蘭克的精神修養，書中却祇附錄一九三六年一月著者在普魯士學術研究院蘭克逝世五十週年紀念的演辭。 這是一件極可惋惜的事情。 十九世紀初期現在祇敍及歌德晚年的全部思想。 著者並不否認歌德歷史思想由於十九世紀初葉的空氣中養成，蓬勃新興的浪漫主義，黑格爾所代表的德國唯心主義的歷史哲學的衝動，特別是那幾年的偉大歷史經驗對於歌德精神的最後完成發生影響。 他亦是眞能吸收時代精神的液汁。 可是能如此豐富結實的軀幹，還是根源於十八世紀。 所以他晚期的歷史思想並不和他早期與中年的有何差異，不過發展得更爲廣大深遠，是爲十八世紀歷史思想的至高成就。

因此本書內容大致如此。 第一本詳述前階段與前啓蒙運動的史學，把謝甫次柏萊(Shaftsbury) 萊勃尼玆(Leibniz) 阿諾爾德 (Gottfried Arnold) 維果(Vico) 諸人當做預備人物，次敍伏爾泰(Voltaire)孟德斯鳩以及他們前後的法國歷史思想，如都爾果(Turgot)剛獨賽 (Condorcet) 盧梭等等。 至於英國的啓蒙史學則以休謨 (Hume) 吉朋 (Gibbon) 勞伯生(Robertson) 爲代表，最後還講到英國的先期浪漫主義，與福開森 (Ferguson) 柏爾克 (Burke) 等人的思想。 本書的第二本除了第一章對德國精神運動作一鳥瞰，曾經提及雷興 (Lessing) 與溫克爾曼 (Winckelmann) 其餘全部都是歸給莫塞，赫德與歌德的。尤其是歌德的思想闡發得精詳無遺。他的世界觀與人生觀包含一個新的歷史意象。這裏著者的貢獻具有創造意義的，不僅見解敏銳，思維精闢，並且獨具慧眼與人生體驗的。

關於歷史主義的起源根本沒有人寫過。祇有狄爾泰 (Dilthey) 的十八世紀與歷史世界(一)算是最重要的先期作品，可是他祇敘到赫德爲止，所以還不能直接說到歷史主義的起源，祇是啓蒙運動的預備工作。本書亦不是一部史學史，像孚德 (Fueter)(二) 與李德 (Ritter)(三) 那樣，而是敍述爲史學史與歷史思想基礎的價値標準與形成原則。孟納克勝人之處就在對於哲學思想造詣極深，而於歷史解釋那更是當代大家，最能運用自如。

(一) 見 Schriften Bd. 3

(二) Ed. Fueter, Geschichte der neueren Historiographie

(三) Moritz Ritter, Entwicklung der Geschichtswissenschaft

評"歷史哲學"

關琪桐

漢譯世界名著。G. F. Hegel 原著，王造時，

謝詒徵譯述。 二十五年十一月商務印書館發行。

洋裝一册，七二八頁。 價貳元。

一向人們對歷史，主要的有幾種看法，第一，一般人認歷史是與科學對立的，以爲它是一往不返，而無條理可尋的；第二，有的歷史家認歷史是一種科學，有自己的條理法則，也可成爲一種科學；第三，有的哲學家認爲歷史是實現某種價値目標的一個過程。 最後基督教又認歷史是一部基督救世的工作。第一種是常識上的看法，第二種是一些史學家的看法，第三種是有些哲學家的看法，第四種是宗教上的看法。 黑格爾的歷史哲學似乎採取了第三種看法，而略兼第二種看法。

黑格爾縱不是最大的哲學家，也是最大的系統家，他的整個系統，分爲三大部分，第一就是邏輯的觀念，第二就是自然，第三就是心靈。 這個系統的第三部分（即心靈哲學）又分三支，即主觀的心靈（心理學），客觀的心靈（法學，道德學，和政治學），和絕對的心靈(藝術哲學，宗教和哲學)。 講究第二支的書籍有權利哲學 Rechtsphilosophie， 和歷史哲學 Philosophie der Geschichte。

歷史哲學是黑格爾在柏林大學時所作的講演，（自一八二二至一八三一），他先後講授了五次，他的弟子干斯博士根據黑格爾的原稿和諸家的筆錄編輯成功，此書是爲第一版（一八三七），後來黑格爾的兒子查理黑格爾又完全以原本爲根據，而以諸家筆錄只供校刊之用，重新把此書編排了，是爲第二版（一八四〇年）。 到了一八五七年英國的 John Sibree 才把它譯爲英文。 王謝二君所根

據的卽是 Pree 的譯本。

此書體大精思，深奧難解。但却系統謹嚴，鞭辟入裏。它的目的在於說明世界歷史爲一個理性發展的過程，他認思想與「實有」是一致的，理性一面是無限的質料，爲一切自然的及精神的生活之基礎，一方面又是無限的形相和力量，可以推動這種質料，因而它乃是萬物之無限的內容和精華。這種理性不祗表現於飛潛動植的自然界，也一樣表現於心思情意的精神界。物質界的主體在於重力或吸力，精神界的主體在於自由，全部世界史都是尋求自由的表現；精神的一切屬性皆從自由而來，一切都是取得自由的手段，都在追求自由，產生自由。自由本身非是它自己的成就之對象，就是精神的惟一的目標，就是世界歷史的旨趣。

但是自由仍是一個含混的根本的概念，它在向外表現自己時，不能不依照種種法則。黑格爾把自由實現的過程比之於一個三段論結。在一端，它的理想就好像是「普遍的主體」，係存於精神的內部，另一端就是永恆的事物之複合體，卽客觀的物質，至於實現此種理想的活動就是中名詞。至於歷史過程的演出的方法仍是依照他到處所用的對演法的。「自由」與「不自由」構成了一個對立，它們表現於歷史中就是：一人自由的時代（如東方），多人自由的時代（如希臘，羅馬史），和全民自由的時代（如近代史）。這是由數量方面來表示自由底「成因」的各個階段的。

至於這種自由在性質方面則是由下述的途徑漸次上升的。按黑格爾說來，自由並不是個人的，主觀的自由，它必須與合理的意志結合起來，而成爲一個道德的全體，就是國家。國家是現實界的一個形式，個人必須在國家中才可以享有他的自由。法律，道德，政府，不是束縛，乃是「自由」之積極的完成。一種低級的自由只是放縱。因此在世界歷史上，惟有形成了一個國家的那些民族，才能引起我們的注意。國家就是自由，就是絕對目的之實現，它是爲它自己而存在的，而且人的一切價値，都是由國家而來的。因此，他的歷史哲學是與國家的成立一同開始的。

但是國家原是不存在的，各個民族很可以經了很長的生活，才達到了這種決定的地步。這個階段在近代的文化史中認爲是野蠻時代，它乃是一個「非精神」Nichtgeist 的階段，乃是精神的「無機的存在」。這種史前史是不在黑格爾的目的之中的，它乃是屬於自然的，偶然的。

黑格爾的歷史哲學完全限於國家的發展上，他把世界史分爲三個大段，一爲東方世界，一爲羅馬世界，一爲日爾曼世界。在東方世界中，客觀的與主觀的意志是互相對立着的，而在中國與印度它們是分離的最遠的；在中國一方面，只有統治者的絕對的權力；個人並不曾反身自省，認得自己是與這個權力相對的，也不曾認清這個權力是與自己一體的。在印度一方面，個人又是毫無權利的，階級的强硬區分把精神否定了，而復淪於自然中。世界史上第一個民族乃是波斯人，他的政治上的進步在於主體成爲較活潑的，而且未有階級出現，只有品位；它的宗教的進步，就在於「普遍的」出現爲「崇拜」之對象，而不對於各種特殊的事物加以崇拜，如中國和印度的偶像教。到了猶太時代，精神則被純潔化了；「自我思想」也出現於意識之中，而且精神的發展也嚴格的與自然分開。這就構成了東方與西方的分離點，精神已經降到人間，承認它與抽象的基本原則是一致的。發現具體的精神的，乃是埃及人，但埃及人的的獅身女首怪乃是他們的精神之象徵，從獸體內探出人頭來，就表示精神開始從自然界裏出現，它已比較自由了，不過還不曾完全解脫了「自然」的枷鎖。他們認識了精神的不滅，但是他們却把靈魂當做原子，把不滅視爲輪廻。希臘的伊德普斯解決了這個妖怪的謎。希臘人把客觀的與主觀的兩種成分同樣加以着重，在一切範圍中，這個成分的美的關係都存在着，而爲世人所津津樂道。到了羅馬時代，就出現了國家對於個人的那種粗厲的統治權，那些個人把精神的自然性失掉了，把其內性剝奪了，並且淨化成爲抽象的（實則普通所謂具體的）人格，因而陷於悲酸之中。「客觀的」也被羅馬帝國消滅了，他們因爲崇拜凱撒之故，所以把無限的做成有限的，有限的反做成無限制的。基督帶來了解救與完成；基督在形式上是有限的，但在本質上則是無限的；在他以內觀念成了具體的，客觀的成了現實的。同樣，「主觀的」在宗教方面也實現在日耳曼人的心情的深處，而在政治方面也實現在個人的偉大自由中，藉這種自由，社會的關係就分散成了私人權利和私人義務。一方面的教會，和另一方面的束縛就成了日耳曼人心情的戒管。當西方淨化為具體的精神之時，東方的回教又淨化為抽象的精神，而且一切主觀性都消失在這種精神中。——同時世界性在又三個形式下來反抗中古時代的新原則，第一是以各個國家來反抗弗朗克國，第二是以個人反來抗國家權力，第三是以教會來反抗世界性，雖然教會是經由世界性，才成為「世界的」。當世界精神得了勢時，就來了宗教改革，依照這個學說講來，所謂信仰乃是神聖的精神所施展的一種確信，這種精神不是按個人的特殊性來到個人身上，而是按它的本質來到他身上的。藉這種確信，個人就成了一個眞實的主體，並把它的特殊的內容犧牲於實質的「眞實」上。「自由精神」之旗幟於是高揭起來。在法國革命時，各個特殊的意志都想來從事統治，普遍的意志想成為經驗上的普遍的意志。但是在德國，眞正的君主制卻實現了，那個君主制並不如柏拉圖的共和國似的，把主觀的自由壓制下去，它乃經由新教而把自我意識的自由與國家的權利調和起來。

這就是黑格爾在世界史中所見的性質上的進步。他用幾個純粹抽象的名詞作為對立，而企圖把世界精神的運動構造起來。客觀與主觀，具體與現實，無限與有限，自由與束縛，就是他所用的四對對立。這些對立在形上學方面說來並不是完全同一的，在心理學上說來又有許多歧義，可是他卻用它們在簡短的公式下把握住各個偉大的時代。

但是黑格爾不僅把各民族發展的抽象的輪廓給與我們，他還徵引了許多史實。歷史的，社會的，政治的，民俗的，宗教的，藝術的，道德的，哲學的，語言的各方面，他都顧到。他對於各種事實都有一種新奇的看法；類如由腓尼基人之崇拜那夭折的阿東尼斯(Adonis)，他便看出來「神也是無常的」；又由如埃及人之女首獅身像，他便看出來，精神在仰首向外窺伺。 由英吉利之征服印度，他便推論說，「受制於歐羅巴人乃是亞細亞各帝國的必然的命運，不久中國也必屈服於這種命運」；他又說「中國的文字從頭便是學術發展上的一大障礙；或者正相反的，正因爲中國沒有眞正的學術，所以他們才得不到好的工具」。 由中國之五常，五行，和五方，他便推論說，「五」是中國所特別着重的一個數字，如西洋人之注重「三」數一樣。

著者站在天表，俯瞰人間歷史，彷彿一個巨大的圖畫，他看到了形形色色，興亡更替的民族，國家，個人，永無寧息的，交互推移着，一幕一幕演下去。但是黑格爾所感到的，不是無常的幻滅，世運的循環，往古的追懷，英哲的零落，乃是世事變化所帶來的更新，死亡所換來的生命。 歷史好像階梯似的，一步高上一步，它又是照着一個目標進的，一步近似一步。 「凡存在的都是合理的」。 因此，他對於歷史是樂觀的，而且他的學說似乎比萊勃尼茲的預定的和諧說還更爲積極。 因爲萊勃尼茲的和諧是靜態的，黑格爾的自由之實現是動態的。

黑格爾的學說特色也很多，茲擇重要者數端，略述如下。 (一)就「自由」爲歷史的目的說來這種見解是與事實上的歷史進程正相契合的，因爲在初民的社會中，主體所受的約束是較後來爲強的，人類的爭戰，不論民族的，階級的，宗教的，都是爲爭求自由的。 但是據我們看來，(a)因爲歷史的中心不是一個，而是多個，所以希望一個社會在此時縱然得到自由，也可以因爲以後競爭失敗之故而淪於奴隸地步。 所以人類的自由乃是交互更替。 而非直線相承的。(b) 又因爲社會的組織愈來愈完密，所以人類的責任也就愈來愈緊迫，在集體動作之下，個人是無甚自由的。 但是人類的活動終究是朝着自由解放之路走的。

(二)歷史的進程是受一個大意志，大力量，大法則所推動的。 人間一切穩固的組織，一切宗教的，政治的團體，皆建築在遠非一人或衆人所能控制的若干原則上。　而且古今中外，無論何人都是在這些原則中生長活動的。　這些原則並非教士權力和君主權力所私創的。這些權力反而是從那些原則來的；這些原則也不是社會契約的產品，社會反而是它們的結果；這些原則更不是人類的薄弱意志的空想，人類的行動反而是它們所統轄的。　黑格爾此種思想是很重要的；他認爲主宰世界的，不是偶然的命運，而是容智的理性。——　但是我們應當知道，客觀的，絕對的，完整的精神自身是不能發展的，只有它在變爲主觀的精神以後，才有變化，就如它在猶太人方面變成抽象的，在印度人方面變成自然，在希臘人方面變成美的自然。　這樣它已經不是客觀的精神了。　我們在形上學方面雖然可以說，「絕對者的運動」是精神之返回自身，但是實際上，我們寧可以說，歷史乃是有限的精神趨向於無限的一個進程。

(三)黑格爾特別着重「國家」，這個階段，他以爲人類必須結合爲一個國家，然後才能够具有形式的文化，才能發生了各種科學，詩歌與藝術；這也是合乎事實的，因爲所謂文化就是在各種物質條件下才能發生起的，而分工合作乃是最大的條件之一，這個條件又只是在國家之下，才能完成。　因此，黑格爾並不認過去的野蠻狀態或所謂樂園在黃金時代。　在國家之中，各項權利義務不復聽憑於任意的選擇，而被規定爲確定的關係。　國家乃是全體的靈魂，全體的主宰。　人類是不斷的進步的，各個民族在這個進步之環中都負荷着一個原則。但是每一個民族是以「滅亡自身」爲代價，而得暢飲世界史的精神的。　一個民族或一個原則滅亡之後，另一個新的原則就步上了舞台。——　但是黑格爾這裏也有些錯誤。　第一因爲國家之成立乃是歷史上逐漸的步驟，它並不是頓然生起的。　第二因爲人們已經證明各時各地的社會狀況都是一樣的。　一個新的民族並不都帶着一種新的社會形式或原則，踏入歷史的大路上，它乃是與先前的民族必須經過同樣的階段的。　沒有一種民族是單限於一個原則上的。　就如希臘羅馬世界曾經過家長國家，共和的階級國家，和在基督教上建立着的君主國家；又如西歐民族曾經過家長國家，封建國家，和專制的君主國家，而現在又生活在代議制的政體下。　又如中國和印度兩個老民族，黑格爾雖認爲是已經過去，可是它們仍然活得超過了後來的新民族。　在另一方面，在黑格爾時代，合理的君主制既然已經達到，而且精神又把自己找到，所以歷史就再沒有目的，而當停止起來。　凡此等等都足以證明黑格爾所謂歷史運動乃是一個形上學的迷陣，並不是一個經驗上的線索。　因此，歷史的進程的各階段是被黑格爾妄加於各民族和歷史上的，而且經驗上的主體是被他變爲形上學的主體，而加以陳述了。

歷史的進程如果有法則的話，應當是一線相承的，它或則應當在一個民族中進行，或則應當在一個地域中進行，而不應當在時代不同，地域各異，民族有差的現象中表現自己。　因爲如果這樣，則變化的線索不可尋覓，而且辨證法的法則也無所施展。　因爲各個民族既然不是一個，則此一個民族的否定，與彼一個民族無關，因而不見其有何法則可言。　如果有人爲黑格爾辨護說，世界精神是一元的，不妨同時表示於各處，那麼各種民族也就成了並行的，而其間似無因果可言。　且我們焉知地球以外再無其他人民也有歷史？無論如何黑格爾在這裏終久是一個地球中心主義者，人類中心主義者。

依常識上的觀點看來　人類既有情欲，意志，和需要，就不得不根據自已的要求來活動，所以歷史的活動，實在就植基於人類意志的本性中，這個意志一部分是無意識的，原始的人類意志，一部分是有意識的，並經由反省而加强的個人意志。　黑格爾所謂世界歷史的邏輯過程，實則就是全體人類的一種心理學的過程。　這種過程是可以經過歷史上的任何一個階段的社會中的。　這樣一看，則歷史過程的同點和異點似乎都可以解釋了，就是，我們可以用人類的共同趨向解釋了同點，用其天才，環境，社會狀況等解釋了異點。

此外可討論者尚多，例如推動歷史的力量爲理性，抑爲物質，乃是聚訟紛紜的一個問題。　又如「矛盾」與「反對」之混合，也是應當考究的。　可惜此處不能詳述。　但是黑格爾的方法畢竟是偉大的，能啓發人的，他的學生們都應用他的方法發展了一套自已的學說，如干斯的繼承權在世界史上的發展 Das

Erbrecht in weltgeschichtlicher Entwicklung，馬克思的政治經濟學批判 Zur Kritik der politischen Oekonomie，哲學的悲慘 Das Elend der Philosophie 資本論。 Biedermann 的歷史哲學，Michelet 的歷史哲學，Hartmann 的歷史中的無意識 Das Unbewusste in der Geschichte，其尤著者。

關於中文譯本，評者認爲譯者中英文字都很不錯，所以譯文的敍述部分都很流暢明白。 關於理論部分，除緒論前半外，餘則稍嫌晦澀，閱後往往難以索解，但此係原文之病，而非譯者之咎。 從有些譯名看來，譯者似對於哲學非專攻者，如 Formel 譯「爲正式的」，Notwendigkeit 譯爲「必要」。 且譯文前後也非出一人之手，而似又未曾互相校正，如 Theodicee 一字在前譯爲辯神論原對，臨了又譯爲神統紀則誤。 旬的錯誤並不算多，此處不必詳論。 又譯者愛用中國成語，本是可以免去譯文生硬之弊，但成語與原文的「外延」「內包」並不常相等，此也是應當注意的。

評“近代德式體操之理論與實際” 彭靜波

周鶴鳴編著。二十七年七月商務印書館發行。

平裝一册，三四四頁。價壹元捌角。

本書係周鶴鳴君根據生理學解剖學之基點，積數年之研究與實驗經驗編譯而成。按近代體操，有瑞典丹麥德式之別，溯其源蓋均沿自古希臘體操；希臘爲西洋體育之鼻祖，已爲史實，然希臘因滅于羅馬，體操受宗教之偏重精神作用，而淪落殆滅，經若干年之黑暗時代，迨後法國盧梭倡自由主義，歐洲學術界爲之煥然一新，體育爲學術之一種，自此而復興；德瑞首先創立體操系統，丹麥繼之，均應其各本國之需要及民族之特性，而自成一派。瑞典體操純基于生理學解剖學，而注重發達及矯正生理器官，丹麥爲農業國，國民多因勞作而身體成畸形狀態，其體操之目的即在糾正姿勢，鍛鍊柔軟性，增加工作能力，發達機巧性。最近德國體操之目的，則除對生理器官施以鍛煉，並兼及于心理之訓練，利用身心一元原理，對身體加綜合訓練，一動作即爲全身動作，僅其中於肌肉方面有側重之部分，及放鬆與緊縮之動作而已，非復如瑞典操之分部練習，頭部運動即僅頭部前俯後仰左右轉側也。近復發明連絡體操，各節間以動作聯繫緊縮放鬆及跳躍運動，間隔組成，精神貫注，一氣呵成，並配製合拍之音樂，整齊美觀，予學者以精神之訓練，增加學習體操之興趣。體操本較球類運動遊戲等爲乾燥，如此適應心理，藉達陶冶身心之目的，收事半功倍之成效。教育之目的本在養成人類健全之身心，以適應各種環境，以完成各種事業，謀整個人類之福利，體育爲教育事業之一，在分工合作原則下，固亦以此目的歸趨，德式體操在教育上價值蓋在是也；至如僅欲期達強國健種之目的，亦自另有其觀點，非純爲學術之立場也。　如周君於本書第一章述德式體操之沿革中，曾載「滑鐵盧之役（The Battle at Waterloo)——詹氏(F. T. Jahn)的十二萬會員參加作戰，大敗法國，實收效于體操」……　此實不免過甚其詞之嫌，然此想非周君之本意，但選擇材料，固不可不愼也。　除此三國，英美甚至日本之體育，均極普及發達，廻觀吾國體育之狀況，昔時西洋有體育鼎盛之希臘，而東亞固亦有與其並立之我中華，國術治療操遍行民間，爲一般之健身術及防身術，且爲各種武功之基本練習，雖無體育其名詞，而實具有其同等之功能，其于體育史上固有其悠久而不可磨滅之價值也　惟後以文官當權而偃武修文，與西洋宗教之專重精神作用忽視身體相類，致國術之價值一落千丈，至民國政治維新，教育方針亦隨國勢及世界潮流而改變，廢私塾，立學校，雖亦設有體操科目，然實非體育，僅包括徒手操（瑞典式）跳舞及遊戲而已；後國人多留學歐美，教育體育漸直接受歐美之影響，體育範圍擴大，除各式體操，並增設球類運動，器械運動，田徑賽等，學生對之興趣日濃，體育在教育上之地位日益重要，體育並有著述問世，但均爲譯自他國之成著，未得謂爲創作也。　且體育推行之範圍，僅限學校，一般民衆固未嘗沾潤，民十七年後，政府極力提倡，並及于我國固有之國術，各校增設國術，並設公共體育場，以利民衆舉行大規模之運動會，以引起一般對體育之興趣等，打破以往沈寂之空氣，蓬蓬勃勃，頓呈一番新氣象。　民衆對體育訓練之需要日切，雖有民衆體育場之設備，然僅限于少數之都市，實不敷應用，政府又限於財力，無法滿足一般之期望，體育訓練中之不拘場地氣候之影響即可施行者，厥爲體操，而以我國人民之體力民情與他國較，實有廻異之處，自不能整個摹倣，體育界先進有鑒於斯，曾思融合我固有之國術及他國之體操于一爐，然後取長補短，自創一格，以適應我人民之需要。　惟迄今數載，仍付諸理想，且著述界亦無若何新建樹，斯固體育界同仁之不努力所致，實則國家政治亦不無影響。　鄙人忝在體育教員之列，已歷數載，每因個人學識之諓陋，及教學之需要，而思宗諸先進之著述，俾增新見，然遍索坊間，均爲數年前之作品，年復如是，衷心悵惘。　除此中德學會傅吾康先生以本書見示，並囑爲評，以個人之膚淺，實不足承此重任，初未敢應，惟以睹此新著，如獲廿霖，即一氣閱竟。　本書著者周君曾畢業于南京中央大學體育系，並執教多年，在著述界此其處女作。　本書專爲介紹德式體操，德式操體之價値，已如前述，其是否完全合于我國之需要，屬另一問題，然其可爲取法及參考之資料，實不可否認，故周君之介紹，爲當前急需，且周君更據生理學之觀點，而分析其各種動作，對各部肌肉之功能，尤使吾人明瞭而知適當應用，除此對德式體操之于田徑賽補助功用一節，更有詳盡之研究與指示，旣可爲教師之參考，亦可助學生自修之用，其價値不僅在此，當此中國寂寥之體育著述擅有此書出，殊爲難能可貴，實是功績斐然！個人于振奮感佩之除，爰書此以爲介紹，非敢以言評也。　本書共七章，第一章：「德式體操的沿革及其在體育上的地位」，爲德式體操史的略述及其在體育上佔重要地位之緣因；第二章：「近代德式體操之意義」，詳述其在促進健康方面，矯正缺陷及補助運動之價値，此似爲前章「德式體操在體育上之地位」一節之引伸補述，鄙意可併爲一章討論，以免前後敍述，有重複之弊，第二章末節爲「增進田徑成績的意義」，竊以爲除田徑賽其他各運動（各球類運動技巧運動等）莫不賴肌肉之「力量」「速度」「耐力」以達成，德式體操旣爲訓練肌肉之動作，其功能範圍似應擴大爲「增進各種運動能力的意義」，除此周君對補助田徑賽一節，頗有研究，章末並附補助田徑賽各節體操參考表，對體操動作之性質及在肌肉方面之功能，分析綦詳，且一目了然，使讀者便于參閱，誠爲周君創作；第三章動作分類依「身體運動的部位」，「操練動作時的人數」，「動作的肌肉作用」，「動作的形式」分爲四類。　其「以操練動作時的人數分類」中有「單人動作」，「雙人動作」，「團體動作」——集合多人互助合作操練一個動作，（非許多人排列起來，各操同樣的單人動作），「此外也可把單人或雙人動作組成團體動作，舉行遊戲比賽，以增加操練的興趣」（原文），此意思極對，然末謂「……一個把單人雙人動作組成團體動作……」一點，似與闡述團體動作之言詞抵觸，鄙意可將後段意思，附在三動作後，總爲增加各動作學習之興趣之輔助教學方法。 第四章：「教練的方法」其中對教材之編配敍述甚詳，並附有「動作與年齡性別選配對照表」，此固爲教學亟應研究之點，男女老幼，正常兒童，與有缺陷之兒童，何者須作何種之動作始爲恰當，歐美諸國均有專家自研究實驗而得之結果，惟因各國人民之體格情境不同之故，此固未可抄襲沿用，周君附表述及，實爲我體界之創舉，然周君未將其實驗之詳細經過寫出，如實驗地點人數等，客觀之實驗結果，初固均爲學者之理想，而後施之實物以驗之，久試而無舛錯，始能公佈結果而應用之，希此書再版時，周君將此節補述之，以證此表之眞實性，庶免讀者懷疑其依據，實爲至要；第五章：「人體大肌肉的位置及其運動功能」，爲人體生理之解剖說明，並附有圖解，實爲周詳；第六章：「預備部位說明」；第七章：「動作及其對肌肉功能解剖」，此章爲本書之結論，其中將各節體操之屬何類動作，爲身體何部關節肌肉之動作，及其可收若何效果，每節體操均不憚煩瑣，指示分析，並附圖解，備極周密，實周君空前之供獻，非若其他體操書籍僅述動作之方法而已矣。 本書共三百餘頁，十數萬言，誠可許爲宏著。 周君著此書目的，已于其自序中敍明，純爲介紹性質，而此體操，亦僅可爲我教師之參考，非可以囫圇吞棗嚥下也，故總起來可以說：周君（一）是冷靜的觀察者，而非新見之創立者；（二）是體操動作之分析者，而非立論者；（三）是德式體操之說明與介紹者，非爲崇拜而盲從者。 周君之功績已經達到此點，爰將管見所及，略述如上，陳言或有過於率直之處，然非有意吹毛疵也，幸識者鑒之。

評"德文成語" Deutsche Redensarten

方　志　彤

O. Rheinwald 原著，魏以新譯述。二十七年四月商務印書館發行。平裝一册，二八二頁。價壹元。

德華成語辭典 Deutsche Sprichwörter und Redensarten. 陳允文編著。二十六年七月商務印書館發行。平裝一册，一〇〇頁。價玖角。

目下國人習德文者之多，有如過江之鯽，然而可謂升堂入室者，似屬寥寥無幾。考其原因，自然甚多，而工具之缺乏實爲主要原因之一。即如文法書及字書，幾無一可採用者，無怪初學者之望洋興歎也。

上列二書，可謂「及時之雨」，吾人自當對Rh. 陳二君表示敬意。二書之編次，大致相同：「按字母次序排列，並附解釋及例句」（見Rh. 書標葉之題句）。

然而，此二書中頗有誤排之字，再版時，當注意修正。尤其陳書，錯誤之處甚多，茲暫置不論。

Rh. 書之譯者魏君似乎頗用一番心血，譯文忠實，譯筆通順，可謂難得。惟亦間有不甚妥當之處，茲試舉數條如下，質之魏君與讀者，不知以爲然否？

第四頁：Niemand wird in Abrede stellen, dass er ein grosser Staatsmann war. 沒有人否認他是大政治家。　當改爲：沒有人會（wird）否認他是大政治家。

第一三頁：sich eines annehmen. 招呼。　當改爲：照顧。　按「招呼」爲 anreden.

第一九頁：Er ist in seiner Art ein trefflicher Mann. 他生來是個優秀人物。　當改爲：據我看，他是有缺點的；然而在他所做到的範圍內，也算是個人物。

第四二頁：Mit jenem Hunde hatte es eine besondere Bewandtnis. 每條狗都有一種特別的歷史。　jenem 或者爲 jedem 之誤。

第七七頁：Herr Ober, geben Sie mir bitte Feuer! 俄伯先生，請您給我一點火。　按 Ober 爲 Oberkellner（飯館夥計）之省文。　此句當改爲：夥計，給我拿洋火（或自來火）來。

第八〇頁：Seine fixe Idee ist, dass er sich immer beobachtet glaubt. 他的怪癖是不斷地左顧右盼。　當改爲：他以爲別人老注視他的外貌和舉止，這就是他的幻覺（或神經病）。　按 fixe Idee 爲法文 idée fixe 之譯。

第八〇頁：Die ganze Stadt ging bei dem starken Wind in Flammen auf. 全城在大風時都燒了。　當改爲：在大風之下，因爲刮了大風，全城都燒掉了。

第九五頁：aufs Geratewohl 偶然。　當改爲：隨隨便便，沒有計劃地，盲目地，賭碰地。　auf gut Glück（第一〇八頁）亦然。

第九七頁：Geschmack 愛美性。　當改爲：雅趣。

第一〇二頁：Durch diese Versprechen gewann der Minister die Partei für seine Pläne. 因爲這個諾言部長得到了贊成他計劃的黨。　當改爲：藉這些言約，部長使那個政黨贊成他的議案。

第一一三頁：Ich habe nie viel von seinem Wissen gehalten. 我覺得他知道的不多。　當改爲：彼之學識，余未嘗多之（＝不重視）。

第一二四頁：Die Not der Verunglückten schrie zum Himmel. 不幸者困苦極了，呼天求救。　當改爲：災黎之困阨，聲聞于旻天（：甚可憫）。

第一六八頁：Bald war der Nachweis erbracht, dass Schwefel im Gestein enthalten war. 不久就有了證據，硫礦裏含有岩石。 當改爲：……岩石裏含有硫黃。

第一七九頁：Der Arme war dem Hunger und der Kälte preisgegeben. 窮人應受凍餓。 應字當删。

第一八一頁：Er nahm blutige Rache an dem Schänder seiner Ehre. 他向損害他遺產的人施行殘忍的報復。 Schänder seiner Ehre 爲「姦夫」而與損害遺產毫無關係。

第一九四頁：Auf seine Wünsche können wir keine Rücksicht nehmen. 依照他的願望我們可以無所顧慮。 當改爲：他的願望，我們不能顧慮。

第一九九頁：Aus der Überschwemmung erwuchs ihm Schaden. 他的損失，因水災增加。 當改爲：因爲洪水氾濫，他受損失。

第二〇〇頁：Mit dem Auto werden wir die Strecke heute schaffen. 我們今天要坐汽車走一段路。 當改爲：坐汽車走，我們今天可以走完這一段路。

第二五六頁：Beim Lauf ist ein grosser Mensch im Vorteil gegenüber einem kleinen. 一個大人物容易比小人得到優越的地位。 當改爲：在跑步走的時候，身體高長的人比矮小者佔優位。

會務報告

一　會員開會　一九四〇年十一月一日由新任常務幹事福克司博士召開全體會議，此為其到任後第一次會議，總務，編譯，教務，圖書各組在平會員均經出席。　開會時首由福克司博士提出上年度工作報告，並報告最近會務，繼由全體對各項工作加以討論，並計議以後編譯等項事務之進行。　此次開會時有博凌博士（Dr. H. Böhling）代表德國大使館出席。

二　工作年報　本會例於每年刊行中德文合本工作年報一册，本年度者亦已於最近出版。　此為本會改用現名後之第六次年報。

三　德文獎金　本會德文獎金，向分兩種，一種為德文成績優良獎金，係由本會將獎金分送參加各校，再由各校發給成績優良之學生，一種係論文比賽獎金，係由參加各生將論文連同學校證明文件逕寄本會，經評定甲乙後，再由本會發給獎金。　獎金已往均係用國幣發出，本屆則改以馬克發之，以便學生購讀德文原本書籍。　現除本屆論文比賽尚未結束外，茲將德文成績優良獎金參加各校名稱及得獎學生人數及獎金額數列後：輔仁大學（十七人，二百八十馬克），　燕京大學（八十馬克），　醫學院（四人，八十馬克），　師範學院（三人，四十馬克），　女子師範學院（二人，四十馬克），　青島禮賢中學（三人，五十馬克）。　本會夜校學生得獎者計有下列各人：貝錦玉（三十馬克），閻克儉（二十五馬克），吳嵩生（十五馬克），劉東元（十五馬克），甯行庸（十五馬克），張立方（十馬克），袁培（十馬克）。此外並有五人各獎德文書一册。

四　翻譯新籍　本期內開始翻譯之書祇有一種，為叔本華之處世箴言（Schopenhauer: Aphorismen zur Lebensweisheit），由閻琪桐先生翻譯。

五　德文夜校　德國明與德意志學院主要工作之一為德國語文在國外之傳佈，故該院對本會德文夜校向甚注意，茲該院為與本會在德文教學上澈底合作起見，特於本年十月起接辦本會夜校。　至夜校名稱除中文仍為"中德學會德文夜校"外，德文名稱則改為"Sprachkurse der Deutschen Akademie im Rahmen des Deutschland-Institutes"。　自本年秋季起，初級班一律改用該院所編之"德語津梁"（Wolfhart Klee und Magda Gerken: Gesprochenes Deutsch，前曾暫訂譯名為德文入門，請參看本誌第二卷第一期一七三頁），書中單字成語，均經方志浵先生加以中文註釋。　夜校學生人數現計本校兩級五班（一年級兩班），學生共約一百人，西城分校兩班，學生共四十五人。

研究與進步

第一卷 目錄

第一期目錄

（民國二十八年四月）

第二期目錄

（民國二十八年七月）

第三期目錄

（民國二十八年十月）

第四期目錄

（民國二十九年一月）

定價每冊國幣貳角五分

中德學誌編輯簡章 二十九年十月第一次重訂

1 本誌原名「研究與進步」，自第二卷起，擴充範圍，改用今名。
2 本誌錄稿，以由德文譯爲中文者爲主；除本會會員稿件外，並酌收外稿，但須將原文出處詳細註明，其原文不易見者，並須與譯稿一併寄來。
3 來稿本會有删改之權。
4 來稿中有中文人名書名等譯爲德文後，重行譯爲中文時，應請譯者援用原來字樣，幸勿另譯新名；其由德文譯爲中文者，除有慣用者外，以本會所定爲準。
5 來稿逕寄「中德學誌編輯委員會」，請勿寄交編者個人。
6 來稿經本誌決定採用者，酌給現金或本誌爲酬。
7 來稿經本誌給酬後，其版權即爲本會所有，原作人不得以其一部或全部在他處另行發表；在本誌發表後，他人亦不得轉載。
8 來稿不爲本誌選用者，均可退還，但須由原作人附寄郵費，如欲掛號寄還者，並須加附掛號郵費；郵遞如有遺失，本誌概不負責。
9 本誌除譯稿外，兼收介紹德國學術文化之著作，但以經本誌特約者爲限。
10 本簡章如有未盡事宜，得隨時修改之。

編輯者　中德學誌編輯委員會

出版者　中德學會
（北平地安門內黃化門大街西妞妞房二十號）

印刷者　京華印書局
（北平和平門外虎坊橋）

定價表	每季一册（郵費外加）		每年四册（郵費在內）	
國內	國幣	1.40	國幣	5.00
德國	馬克	1.00	馬克	4.00
其他各國	美金	.50	美金	2.00

Bezugsbedingungen:	Einzelheft (Porto extra)	Ein Jahrgang, vier Hefte (einschliesslich Porto)
Innerhalb Chinas	Ch. $ 1.40	Ch. $ 5.—
Innerhalb Deutschlands	RM. 1.—	RM. 4.—
In anderen Ländern	US. $ –.50	US. $ 2.—

Zu beziehen durch das Deutschland-Institut, Peiping.
In Deutschland durch "Forschungen und Fortschritte", Berlin NW7, Unter den Linden 8.

AUS DEUTSCHEM GEISTESLEBEN

Herausgegeben
vom
DEUTSCHLAND-INSTITUT, PEIPING
durch

Achilles Fang Wolfgang Franke Walter Fuchs
Gu Hua Yang Bing-dschen
In Verbindung mit
Dr. Karl Kerkhof, Berlin

2. Jahrgang, Nr. 4 Dezember 1940

Anschrift der Redaktion: Deutschland-Institut, Peiping (China), Huang-hua Men nei, Hsi Niu-niu Fang 20.

中德學誌

沈兼士

第三卷第一期（三十年三月出版）

中 德 學 誌

北平中德學會出版

中　德　學　誌

第三卷　民國三十年三月　第一期

論著

“研究與進步”

書評與介紹

德國學術消息

會務報告

處 世 箴 言

Aphorismen zur Lebensweisheit

叔 本 華 (Arthur Schopenhauer) 著

關 琪 桐 譯

叔 本 華 小 傳

叔本華(Arthur Schopenhauer)一七八八年二月二十二日生於但澤(Danzig)，他父親是一個富商原想把叔本華教育成一個洞明世故的人，因而叔本華就在幼年時受教於法國和英國，並且同他雙親在歐洲旅行過。隨後他就被安置在漢堡一個商店，因為他父親不答應他研究學問。據他說，他的悲觀的人生觀就在這裏定了基礎。他曾說(Nouo Paralipomona)「在十七歲時我所受的雖然不過是初等教育，可是我所受到的悲苦正如佛陀幼時在見到老病死苦時所感到的一樣。世界向我所發言的真理立刻就戰勝了人所教給我的猶太教義。」不過給他決定了這個結果的，或者不是他周圍所見的事情，而是他的天生的性格。我們應當注意他從幼時起就感到厭世的。他承受了他父親的憂鬱，焦急和猜疑的性情而且當兒童時他就思維人世的悲苦。他就是不為自己的心事感到煩燥，而他因為敏於感到苦痛之故所以也要對別人表示同情。此外他又有很強的衝動，不允許他平靜起來，而且他也永不曾克服了那種衝動。這衝動愈來愈把他拉得「由天上降到塵寰」。他在漢堡所寫的詩中，曾經描寫過他的內心的矛盾，因為他一方面想在偉大崇高的事物方面度一種思維生活，同時紛至沓來的外界引誘又使他心地紛亂。

他父親死後他母親就遷居於威瑪(Weimar)。而與文學家歌德和魏蘭等人相往還。在經了激烈反對之後，叔本華終於被允許棄商就學。他很孜孜不倦的閱讀古典文學自然科學和哲學。現在他已經決心獻身於思想。他在威瑪認識了歌德，這是與他有極大關係的。這位年青的悲觀主義者和這個偉大的樂天主義者是被他們對於「顏色」學說的興趣帶在一塊的。不過他們終於因為意見不合而決裂了。

叔本華的大學生涯是在格廷恩 Göttingen 和柏林度的。在格廷恩教他哲學的是舒爾采(Schulze)，在柏林教他哲學的是菲希特。不過他所貫心服膺的乃是柏拉圖和康德。除了古典哲學的研讀以外，他對於印度哲學的研究也很有助於他的見解的發展。他很重視佛教和原始基督教，因爲這些宗教是寧信一個救世主而不信一個造物主的。

叔本華的主要著作可以簡單列幾種，如充足理由原則的四根 (Über die vierfache Wurzel des Satzes vom zureichenden Grunde)，意志與表像之世界 (Die Welt als Wille und Vorstellung 自然中的意志 Der Wille in der Natur)，和雜集論 (Parerga und Paralipomena)，倫理學的兩個基本原則(Die beiden Grundprobleme der Ethik)，悲觀論集 (中國已有譯述)。

他的處世箴言甚有獨到之處，以哲人來談世法，自然不同凡響。此書內容，讀者閱後自知，無俟譯者贅言。惟他的哲學既是悲觀主義，似乎與幸福論無涉，所以我們應當把這個矛盾稍加說明。據他說來，全世界的變化生滅都是意志的顯現，這種意志是一種盲目的力量，它在達到智慧階段後，才認識了自己。生命就是這種意志不斷的自退。它乃是永不曾實現的一種欲望；在達到一種欲望之後，跟著就是失望，因爲意志乃是恆常不變的元素，而它因爲不斷的有所要求，所以是永不能滿足的。因此生命根本乃是一種痛苦。而惟一救濟之道就在於藉意志擺脫了意志的羈絆。

因此，一個人所能獲得的幸福乃是消極的，而求得暫時幸福的方法就在於藉藝術爲媒介，超出了我們的束縛。靜觀思想的對象自身，而不顧及它們與我們生命的關係。但是在處世箴言中他却把形上學的觀點拋棄了，只來討論一個明哲之人所想求得的快樂，如康健，中等資財，和智慧的財富。因此他的悲觀論的觀點就在這裏儘量免避了，而且他的立論也是一種妥協讓步的結果，他是企圖從常識的觀點來論究人生的。這部小書，如著者所說，並不求詳盡無遺，而只是對於人生某些方面的一種零碎論說。著者因爲在其前半生中不爲人所知曉，所以憤懣牢騷之語，屢見迭出，一個人如果覺得世人都是壞的，那他是不容易快樂的，我們還是把歌德給他的話語再重述一遍罷：

你如果想享受自己的價值必須先給世界一種價值。

處世箴言序

步安馬克(Max Brahn)

從叔本華的幼年，我們所得到的乃是一串調子相同的日記和書翰；他在到處都看到世界上的悲慘可惜，他看到人類的苦楚，並看到那極易與人事有關的細故。他只要看到此事，便不能禁住自己作如是觀。一首開玩笑的詩，早就給他帶來憤懣；從他母親的信內，我們看到，他如何愛痛惜人類，悲悼世事，而使他們那很愉暢快的妻子和親友感到煩累。他是永不曾完全擺脫了他對於人類，人性，價值，和幸運所持的這種觀點的。

可是青年的叔本華也往往是情不自禁的周旋於社會中的。人們如果把他想像為一個幽寂孤僻之人，終日觀覷悲苦，枯坐書齋，那就完全錯了。正相反的，他的相識之人已經清清楚楚給我們描寫過，他在威瑪(Weimar)時是如何當天周旋於青年女子隊中，後來在德雷登(Dresden)時是如何按時造訪飯店中給自己保留的餐棹，在羅馬時又如何盤桓於德國藝術家居留民團中。但是他在社交場中，尤其在較多的人聚在一處時，總是很快的就被人所厭惡起來。他時時刻刻都是毫無顧慮的，傾出肺腑，侃侃而談，而且他的意見不祇在內容方面，與他人的意見互相齟齬，而且他還要完全獨斷，鋒利，而傲慢的表示出自己的意見來。他在社交中所企圖的只是繼續他在內心所縈懷的事情，而那些事情總是高深的思想問題。社交中些小的快樂，和諧友愛的安慰，在他的交遊中是沒有什麼功能的：他尋求天才，而且只尋求天才。在這方面說，他是與他的母親相近的，雖然她在別方面是與他那樣懸殊的；祇是她母親是要在遊戲的方式中來表現天才并享受天才，至於他的兒子，則愛把邏輯的，尤其倫理的才智表示在嚴格的形相中。因此，他是不宜於在較大的範圍中，與人交遊往還的；他并不曾賦有此種必要的適應力量。但是誰要具有一個叔本華的天才，具有他的精神之偉大深刻而來尋求同等價值的天才，誰要想找尋朋儕，以求交換同等價值的思想，那他結果就只如戴奧珍尼斯(Diogenes)似的，打着燈籠，四下尋人，而卻找不到一個人。在與他往來的人面前，談起話時，他愈來愈看到他的天才的優越，正如他在沈思冥想時一樣。因此，他說起話來，對於相識之人，語氣就必然成了遷就的，而且最後到了激烈的時候，就必然成了傲慢的：因而他就立刻返身引退，而躲避開他的視界。

親身交遊中這種經驗又被他親身的命運所確立，所加強了。他在幼年時所認爲比自己高得多的那個惟一的人，歌德，在與他親自接觸後，在爲人方面也是不能滿他的意的。有一次，那位人類的天才本可以使他感到高興，可是就那一次他也看到他的人格有欠偉大。他在深深沮喪之下，曾把這一層在給歌德的幾行信簡中，表示在最美麗，最驕傲的形相中。

他家庭的經驗也深深影響了他。父親對他幾乎不是一個「實在」，而寧是他根據理想，整理出的一個影像，他或者大部分是把他父親當作他母親的一個「反對」，而琢磨出這個影像來的。他母親的爲人，我們知道得她愈多，愈使我們清楚看到，她正是使家人生活痛苦沈重的那麼一類夫人派母親。她不祇決定了叔本華對於一般婦女的影像，而且決定了他對於人類自利主義的整個見解。很顯然的，一個人如果竟然不相信，自己的母親有完全不自私的行爲，那他一定不能相信他人能有此種行爲。他的姊妹，阿德勒(Adele)也無資格來教他的兄弟對於婦女或人類作正確的思想。她後來的一些書簡不祇在形式方面，而且在內容的「埃陶」(Ethos)方面，都是美麗輝煌的。但是阿德勒在人生的風波競爭中，尤其在與她母親的爭戰中，顯然是很遲緩的才達到那樣強烈而穩定的人格地步的。人們在讀了她的日記和她與歌德夫提麗(Ottilie von Goethe)(他是在後幾年才被我們所認識的)的通信以後，那他們就會得到一個印象，覺得叔本華也並不能從她得到一個理想的「婦女觀」和世界觀。她也賦有她母親的許多乖僻之處：當受誇大，虛榮好勝，內心外貌，忐忑無休。她的一舉一動總是睥睨自命的，而且就她的處世接物的整個態度看，她正有些變態質。她在叔本華寫其大著的那幾年中，在給與提麗的信中，只有一次提到他，而且那一次還只是說，她怕那部書的出版，正如怕死一樣。像她這樣一個人，叔本華如何能在內心受了她的真好影響呢？

其餘的世界又如何呢！世人又是如何對不起他呢？他們不是忽視他的作品，而埋沒他的令名麼？他既在三十年中完全無聲無臭，那不是更加強他的素性，而使他愈爲鄙夷人類，慎疑命運麼？我們看他歷歷如在目前，寂寞寡歡，探索尋求氣味相投的天才家，與他一同嘆息世路的失敗崎嶇，嘆息善惡與禍福之有欠統一。當他找到一個諺語，或者在世界的偉大文學中（別的人是很難如他那樣認識清楚世界的），找到一個段落，證實了他對於人情物理的見解時，我們意想他是幸福的。當他找到那樣一個段落，或者偶然洏來一個妙想，把他的人生經驗表示出來，或凝縮在概括的格言中時，一種惡意的狂笑也許會掠過他的面容，而且那或者是他的一個短促的幸運剎那。 他所以要記錄下處世箴言來，其最初的動機或者正在於他要找尋一種審美的享樂，而企圖在他人方面來證實他的悲慘的人生經驗——從古代柯埃萊特(Koho'eth)起一直到佛祿泰爾或歌德。 但是當人民的智慧把他的觀念凝縮在一個諺語內時，叔本華是顯然分外高興的，因爲他在人生的經驗方面是很重視人民的智慧的，雖然他在哲學的直觀方面是十分鄙視它的。 特別是西班牙的諺語，自然還有意大利，法蘭西，和德國，是應當拿來，把他的思想的材料印在簡捷潔鍊的形相中的。

此外還有第二個動機，使他記錄下他的處世見解來。 他的哲學的見地是以塵世上悠久不變的苦楚教人的。任何人都不能抛開這種苦楚，因爲它是與人生的本質，甚至與世界的本質有內在的連繫的，苦楚正是世界的本質所在，但是一切事物的自然的苦楚，在人一方面就愈爲加強了，因爲直感的事物在人一方面就藉理解而愈益猖狂，而且有些人可以藉理解之力在某種範圍內控制住一切苦楚之根源——意志——至於別的人，易怒的人，兇猛的人，則沒有此種力量。 叔本華是屬於後一類人的。 正如他的哲學教人，他如何想整個脫出了他的意志的深處似的，同樣，他的處世箴言這裏也教人，他如何想在外面與人交往中擺脫了他的性情的表層。 他恆常看到，在人類的交往中，人們如果思想冷靜，做有益於自己的事，而且不常享受人的友誼，而只利用他人，求達自己的目的，那他們在實際上總是成功順利的。 但是他自己是沒有這種藝術的，就我們所能觀察到的他與別人的口頭上的或文字上的交往而言，他時而是受直接的感情所驅使，時而是受強烈的意志所推動的，他是最不會謹愼思慮來利用人的。 他的書札就指示出，他如何因爲一點細瑣的爭吵口角，而得罪了他的最忠實的信徒，和門徒（如他所稱），並與他們斷絕了關係；此外又指示出，他是如何不肯輕易寫一句讚美的話，除非他認爲那是完全合理的。 他一生中從來不曾懂得一點伶俐機智的來眼尋幸運的羣頂，而把它們一手抓住；他總是一眼望穿，看到遠邊的。 因此，他就記載下他在閑靜的時候所想到的那些處世規則，和那伶俐衡量好的調合，而計劃依照它們來應付世人——可是當他眞正來與人周旋時，立刻又把這些規則拋棄了。 人們尋常責斥叔本華說，他在他的苦楚哲學中所教人的，正異乎他在實際生活中所經驗的。 但是人們不要忘了，他的學說實際上正是現出他內心所忍受的，而且只有他的外表生活是與他的學說互相矛盾的。 人們還更不當忘了，就在這裏的處世箴言中（他如果能遵守它的話，是會給他帶來許多暢快的幸福的時刻的），他也備乎知道，人們立身行事，應當互相和好，但是他也知道，他如何完全缺乏實際依照這些規則行事的能力，而使自已完全蒙受了不利。這個觀點我想是可以使叔本華免除了那種責難的，但是人們一向未嘗指明它，這正是可以十分注意的。

一個猛烈的意志驅使他經過了世界，他把那個意志看做是一個無有休止，猛烈狂張，從無滿足的意志，而把它做爲世界的基本原則：這個意志不受慧心所領導，而且它也不能給自已燃着一個燈籠，好領自已達到一個平靜的生活。在他的處世箴言中，他在到處指示出，雖有世上種種悲苦，人們依然可以度一種幸福，平靜，合理，美滿的生涯：很少有人如他那樣清楚知道這一層，而且在這裏，他本來只可以得到快樂，可是他仍然不能走那條精確認識了的途徑。

因此叔本華學說中這一部分，就他的身世方面是可以完全理解的。它乃是對於人生的一種自衞，這個人生他在一面是鄙棄它，憎惡它的，可是在另一方面，他又是熾熱的欲求它的，正如極少數的人一樣。他正用此一部分作爲自衞之術，來防備他那愛與人相處的慾望，來防備他那以交友自娛的快樂，來防備他那缺乏應世的本領。我們在他與青年貝爾（Bähr)的談話中看到叔本華如何生動有趣的說，要把他的全部經驗，思想，和靈感，傾注在別的一個人面前，那對他是如何的一種快樂——但是他永久仍是一個孤寂之人。這裏我們就一直看穿了他的內心的工場：他曾自已說明，這種社交的衝動是不稱他的天才的，因爲他只要一屈服了這種衝動，而他的性格總會給他造成不快的經驗。但是他很夠偉大的把那純由個人生命來的經驗轉化成爲普遍的學說；並且向每一個人指示出：社交太多，朋從過度，會有什麼結果；而且與人交遊，含着什麼荊棘。

在他對於人類，對於他們的行爲和價值，所作的概括觀察中，他離得他的哲學學說也不甚遠。但是這並不是由於：這些切身的觀察與他的哲學的悲觀主義之基礎，有一種聯繫。他在這裏寧感覺到：他與那些愛好實踐箴言的偉大的世故家，是完全一致的。這一個遠觀博覽的哲學之高飛遠揚，雖然可以使人忽略了各個人的醜陋可憐，但是一個精確反省過人類的偉大人物，在觀察了各個人以後就不再成爲特別善意的。甚至一個康德，甚至那樣歡樂的一個哲學家，如尼采者，在其對於人類所作的判斷中，也與叔本華相去不遠。因此，當他只是流覽文學和哲學時，他就找到了支持他的意見的說法，而且就是他對人類那種毫無憐恤的攻擊，也在這裏因爲美麗的形相，而使得了一種動人之處。因此，人們在放下這部集子時，總有一種讚美的滿意，同時還增加了應世的智慧。至於要問，人們如果那樣處理人類和世界，是否也可以增進了處世的技術，那乃是另一個問題。這一個問題或者是要被否定了的。

處世箴言

叔本華（Schopenhauer）著

關琪桐譯

引論（Einleitung）

在這部書中我將在通常的意義下來講論「處世之道」一個概念，我把處世之道看做是使人生成爲極其快樂，極其幸福的一種藝術；實行這種藝術的方法也可以稱爲幸福論（Eudämonologie），因而這種藝術就是獲得幸福生涯的南針。這種生涯又可以下一種說，它在純粹客觀的觀察之下，或者在冷靜的成熟的反省之下（因爲這裏正免不了主觀的判斷），是比「不存在」（卽沒有幸福）决然可取的。這個概念的含義就是，我們之依戀這種生涯，只是爲這種生涯自身起見，而並不是由於怕死之故；其次這個概念的含義又是，我們希望這種生涯可以無盡無休的延長下去。要問究竟人生是否與這個「生涯」概念相應，或能否相應，這個問題，如人所知，是被我的哲學所否定了的。至於幸福論，則必須前設，這個問題是常被肯定了的；這種假設是導源於一個天賦的錯誤上的，如我的主著第二卷，四十九節所明白責難的。因此，爲闡發這種幸福生涯說起見，我必須完全既遠了我自已的哲學所領到的那種較高的形上學兼倫理學的觀點。因此，我這裏所要給與的全部說明就有幾分依靠在一種妥協折衷上，因爲它正是依附着日常經驗上的觀點，並固守其錯誤之見的。因此，我的說法只有一種有限的價値，因爲「幸福論」一詞原就只是一種婉言法。——其次，我的說法也並不要求詳盡無遺，這，一部分，是因爲這個題目本身就是搜括不盡的，一部分因爲我若不如此，就會重複了別人已經說過的話。

就我所能記憶的而言，與現在這部箴言集目標相同的只有迦當諾斯(Cardanus)的患難玉成(de utilitate ex adversis capienda)那部十分值得一讀的書；人們是可以用那部書來補充我這裏所說的。亞理士多德在其修辭學(Rhetorik)第一卷第五章中誠然也織入了一段簡短的幸福論：但是他的幸福論結果是平淡乏味的。我並不曾取材於這些先驅，因爲編纂陳言是我所不屑爲的：尤其是因爲這種編纂工作會失掉了見解之一貫，而這種一貫正是這一類作品的精神所在。總而言之，一切時代的一切哲人常是說得相同的話，至於愚人（他們正是一切時代的數不淸的大多數），也總是行得同樣的事，那就是說，他們所行的總是反乎哲人之教條的。這種情形將來仍是一樣的。因而佛祿泰爾(Voltaire就說)：「我們離開這個世界時，它將照樣愚頑惡劣，一如我們來到此世時初見它的樣子」。

第一章　基本的分劃(Grundeinteilung)

亞理士多德（在尼考馬克倫理學一卷八頁）曾把人類生活的善，分爲三類，就是外面的善，靈魂的善，和身體的善。我並不依從這個分類，而只是取其「三數」，我只可以說，人類命運中的主要分別可以歸爲三類。

(一)一個人是什麼：也就是極廣義的人格。這裏包括了康健，體力，美麗，性格，品格，智慧，和教育。

（二）一個人有什麼：就是一切財產和所有。

（三）一個人被人看做什麼：這個說法的意思，如人所知，就是，他在別人眼中是什麼樣的，或者更精確的說來，就是他是被人如何看待的。這種看待就是各人對他的觀感，因而它就表現爲尊榮，品位，和令名。

在第一類下所包括的那些差異是「自然」在人與人之間所立定的，因此我們就可以推斷說，這些差異比下邊兩個題目下所包含的那些差異，是更可以在根本的，重要的途徑下，影響了人的幸與不幸的，因爲後兩種差異只是由人類的安排來的。若與純眞的人格的優點相比，例如偉大的心靈，偉大的心情，則一切品位，門第（甚至國王的），財富等優點，都顯得消光失色，猶如劇台上的國王與眞正的國王相比似的。 伊壁鳩魯的最初的一個信徒麥羅道(Metrodorus)在其書中也曾寫了一章，標題爲「幸福植根於我們者深，植根於外物者淺」。（比較 Clemens 的雜俎(Stromateis)二卷二十一節三六二頁 Würzburg 版）。 很顯然的，對於一個人的福樂，對於他的生存的全部旨趣，主要的事情，乃是他的爲人，他的品行。 因爲他的內心的快樂或不快都直接在於此處，這種快樂和不快乃是他的感覺，意志，思想的總結果：至於外面的環境則只能對此有一種間接的影響。 因此之故，同樣的外面事件或狀況就完全不能同樣感動各個人，而且在同樣環境之下，各個人也各各住於自己的世界以內。 因爲他所能直接體驗到的，只有他自己的表像，感情，和決意：至於外物，則只在它們促動這些心理機能的範圍內，才可以影響了他。 每一個人生於其中的這個世界，主要的是照他的世界觀而定的，因而它是因人而異的：在一個人看來，他是貧窮，乏味，而淨淺的，在另一個人看來，它又是富厚，有趣，而有義意的。 許多人對於別人生涯中發生的有趣事情往往發生羨慕，實則他們忘了他在描寫那些事情時正有一種理解的才具，給與它們以一種意義；那種才具才是他們所當羨慕的。 因爲同一樣事情，在一個有才思的人看來，就是趣味雋永的，而在一個淨淺的平凡的頭腦看來，它們就成了平凡乏味的。 這一層最可見於歌德和拜倫的許多詩內，那些詩分明是有實在的事情爲根據的：一個愚癡的讀者在讀這些詩時只能豔羨這些詩人所遇到的那種高興的事情，而却不能妬忌那能把差可人意的平凡事件轉化成偉大美麗的大觀的那種崇宏的幻想之力。 同樣，一個憂鬱質的人所見爲悲劇景象的，在一個多血質的人看來就是一種有趣的衝突，而在一個黏液質的人看來，則是一種無意味的事情。 所有這些事情的原因就在於：每一種現實，每一種實現了的現在，都是由主觀和客觀兩個成分組成的，雖然這兩個成分原如水中的養和氫似的，是極其密切的必然聯合起來的。 客覺的成分如果完全相似了，主觀的成分如果互有差別，則當下的現實可以成爲完全別樣的，正如在主觀的成分相同，客觀的成分不相同時一樣。 最美麗最優良的對象，在遲鈍拙劣的主觀心靈之前，只能給與一個可憐的現實和前景，正如一幅美好的風景在惡劣的氣候中，或在"箱的反照中似的。明白些說來，每一個人都是隱藏在他的意識以內，一如封閉在他的皮膚以內似的，他只是直接生活在這裏的，因此，外面的幫助是於他無大益處的。在戲台上，一個人裝國王，另一個人扮宰相，第三個人又飾僕役，或兵士，或將領，等。但是這些區別只是存在於外面的，而在內面（這正是這些現象的核心），所有這些人都是一樣的，都是一個可憐的戲子，都免不了苦惱不幸。在人生中也是這樣的。品位和財富的差異誠然給了各個人以角色，令其扮演，但是實在並沒有內面的幸福和快樂之差異與這些差異互相對應。

這裏在每一個人中也都隱藏着同一個飽經憂患不幸的可憐的人，這些憂患不幸就其實質說，在各個人誠然各不相同，而就其形式講，就其固有的本質講，差不多是一樣的：它們雖然有程度上的不同，可是這些差異與個人的身份財富，即與其角色，毫無關係。因為凡對一個人所存在所發生的事情，總只是直接存在於他的意識之中，並向這個意識而發生的；因此，意識自身的組織分明是極其重要的，而且在許多情節下，這種組織是比那呈現於它以內的那些形相還要重要的。一切輝煌和快樂，在反映於一個愚人的遲鈍意識中以後，比起那在難堪的獄中寫其吉訶德爺（Don Quijote）的塞溫提斯(Cervantes)的意識來，實在是十分可憐的。

現實和當下之客觀的一面，是立於命運之手，因而是變幻無常的；至於主觀的一面則是我們自己，因此，它根本上是不變的。因此，每一個人的生活自始至終都荷着他的品格的標記，雖然他的外面的環境是儘管變化的，正如一個主樂的一串變調似的。任何人都是不能擺脫開自己的個性的。正如畜類一樣，不論人們把它置在什麼環境之下，而它總是限於「自然」給它的本質所一成不變的劃定的那個窄狹範圍中的，因而我們如果想使一個心愛的畜類舒服安適，也只能在某種狹窄的範圍中，從事努力，因為它的本質和意識都是有限的。說到人類也是一樣，他所能達到的幸福程度是預先被他的個性所規定了的。尤其他的心思才力更給他一成不變的規定了他對於高等快樂的享受能力。　他的才力如果是狹窄的話，那麼外面的一切努力，不論是別人或命運給他所做的任何事情，都不能領導他超出了人類尋常所享的那種一半動物的幸運和快樂；他只能限於肉慾的享受，安適的家庭生活，低級的朋儕，和鄙俗的娛樂；甚至教育在大體上也不能十分推廣了他的視線，雖然也并不無小補。　因爲最高的，最繁富的，和最經久的快樂，乃是精神的快樂，不論我們在幼年時是如何自欺的。　可是這種快樂主要的又是繫於精神的能力上的。　由此我們就分明看到，我們的幸福如何有繫於我們的爲人，我們的個性，至於人們所注意於我者，大部分只是我們的命運，我們的所有，和我們的令名。　但是命運是可以改善的；而且我們的內心如果豐富的話，也不十分要求它。　在另一方面，則一個愚人永久是一個愚人，一個蠢夫至終是一個蠢夫，縱然他在天宮被美女圍繞起來。　因此，歌德在西東詩集(West-östlicher Divan)中說：

大將臣僕，

所見相合：

人間至樂，

厥爲人格。

對於人們的幸福和快樂說來，主觀的成分比起客觀的成分來是重要了無數倍的；這一層可以在一切情節下被證實了：例如，「飢餓是最好的佐味」，「白髮視青年人的女神無所動心」，那些成語，又如天才家和聖人的生活都可以證明這一層。　尤其人的康健遠超於一切身外的祝福，因而一個康健的乞丐可以真正說是比一個疾病的國王較爲幸福的。　一個建立在完全康健體格上的平靜愉快的性格，一個明白活潑，深刻正確的理解，一個中庸柔和的意志，以及一個美好的良心——凡此等等都是任何品級和財富所不能代替的特權。　因爲一個人自己的本來面目，一個人獨處時的隨身財寶，和別人所不能賜與他并剝奪了他的東西，分明對於他，比他所具有的財產，甚至比他在別人眼中所有的價值，是重要的多的。一個有才思的人即在離羣索居時，也可以在自己的思想和幻想方面，找到卓越的娛樂，至於一個蠢夫，則朋儕，戲劇，游覽，作樂，雖然紛至沓來，也不能給他消遣解悶。一個良善，有度，而和婉的品格，即在窮乏的環境下也可以知足自樂，至於貪得無厭，妬忌惡意的人，縱然富有四海，也不能心平氣和。不但如此，而且一個人如果恆常享有一種卓越的個性，極度的聰明，那他還覺得世人所追求的快樂大部分完全係多餘的，甚至是徒增煩累，而令人紛心的：因此，霍拉斯(Horaz)曾自白說：

珍珠雲石，象牙寶印，

繪畫銀器，紫衣上品，

多人所無，我永不用。

而且當蘇格拉底看到許多陳列出來供人購買的奢侈品時，也曾說道：「世上眞有那樣多的東西是我所用不着的」。

因此，對於人生的幸福說來，「我們是什麼」，即我們的人格，是完全當先而重要的：這不祇是因爲它是恆久不易，在一切情景下有效的，而且因爲它並不如其餘兩項福利似的可以被命運所支配，所剝奪。在這個範圍內，它的價值可以說是一個絕對價值，至於其餘兩種價值則可以說只是相對的。由此我們就可以說，我們是難以從外面來接近一個人的，雖然人們很如此着想。不過那全能的時間在這裏也要施展它的權利：形體的和智能的優越，在時間之前也是會逐漸消逝了的，只有道德的品格是不能爲時間所侵犯的。在這一方面，後兩項的福利，因爲不是時間所能直接剝奪了的，所以比前一項福利也似乎卓越。此外，它們還似乎有一種優點，就是，它們按其本性旣然是在客觀方面被給與的，所以它們是可以達到的，而且每一個人至少有享有它們的可能性。而在另一方面，則主觀的優點並不是我們所能控制的，而只是憑着神權來的，所以它在一生之中是確立不變，無可改換的；因此，歌德那首詩是可以不殉情的應用在這裏的。…

憶昔汝降生，天象正燦爛，

太陽當中立，行星作禮讚，

天數由此立，賢愚可預占，

造化已前定，命運不可變，

性命既已正，氣質恐難逭，

先知西比利，皆如此推算。

形相一造就，妙用無休閒，

時間與權力，永不能推翻。

在這方面我們所能為力的只有利用我們所已賦有人格，來求謀最多的利益，而企向那些合乎自己性格的所事，修習那些宜乎自己天賦的教養，而避免那些不適合的；最後并選擇那些適於自己才能的地位，職業，和生活方法。

一個人如果賦有武仙海鳩里（Herkules）的絕大膂力，而卻為環境所迫，不得不從事於一種靜坐的職業，或一種細巧的手工，或從事於他所完全無能為力的研究工作和用腦工作，因而把自己特別卓異的力量廢棄不用：那麼這個人在其一生一定會感覺不幸的。同樣，一個人如果賦有十分卓越的智力，可是又不得不把這些力量委棄不用，以來從事於一種與這些力量不相宜的平凡職業，甚或從事於他的智力所不能勝任的體力工作，那他就會在一生更要感到不幸的。不過在這裏，尤其在青年，人們是應當免除了僭妄的峻嚴，而不要以自己所沒有的過度力量諉於自己的。

我們在第一項下所包括的福樂，既然決定無疑的比其餘兩項下所包括的更為優越，所以較聰明的做法還是在於保持自己的康健，培養自己的才能，而不在於獲得身外的財富：不過人們不要誤解這話，以為人們應當忽略了必需物品的適當供給。所謂財富，在其嚴格的意義下說來，就是大量的過度，它是很少能夠助進我們的幸福的。因此許多富人就覺得自己是不幸的：因為他們并沒有任何真正的智力培養或知識，因而也就沒有一種客觀的興趣，使他們可以勝任智慧的職務。因為除了滿足實際的和自然的需要而外，財富所能成就的是不能影響真正意義下的福樂的：不但如此，而且因為保持大量的財產，必然牽扯許多不必要的焦灼，所以財富反而會攪動了人的福樂。 可是人們在獲得財富方面，比在獲得教養方面，是願意費千倍大的力量的，雖然我們確然可以說，人的「為人」所能助進我們的幸福者，遠超於人的「所有」所能助進者。 因此，我們就看到許多人自朝至暮，如螞蟻似的，勤勉不休，來增加那已經存在的財富。 他只看到致富之道，超出這個狹窄的視線以外，他便毫無所知。 他的心靈是中空無物的，因而不能感受別的一切。 最高的快樂，即精神的快樂，是他所不能領略的，他只是企圖藉他所縱容的那種飄忽易逝，不用費多少時間而卻費大量金錢的感官快樂，徒勞無功的來代替前一種快樂。 當一生完了以後，他如果僥倖的話，結果也會眞有一大堆金子在自己面前，留給他的承繼人，來繼續增加，或來消耗浪費。 這樣一種生涯，不論人是如何誠懇嚴重的從事過活它的，而它總是與那以愚人的帽子為其象徵的許多人，一樣愚癡的。

因此一個人在自身所有的乃是對他的一生幸福最要的條件。 但是因為這個條件，一般說來，是很少的，所以許多人雖然已經不與貧窮搏戰，而仍然覺得自己根本上也如那些仍然在窮乏中扎掙的人一樣不幸。 他們內心的空虛，想像的乏味，精神的貧乏，就驅使他們與那些與己同類的人為伍：因為是「物以類聚」的。 因此，他們就共同尋歡覓樂，縱情聲色，終於毫無節制，流連忘返。 一個富家子，在承受了大批遺產之後，往往在難以置信的短期間內，就隨手花用盡淨：而其所以致此之由，也是由於內心貧乏空虛，（如前所說），所以感到寂寞無聊。 這個青年是外面富裕而內心貧乏的被打發在世上的，因而他就徒勞無功的藉外面的財富，來補充內面的貧乏，而想從外面來獲得樣樣事物：正如那些企圖藉少女香汗，來加強自己的自發之人一樣。 因此之故，結果，內面的貧乏就把外面的困苦也招致來了。

人生中其餘兩項福樂的重要，我是不必十分力說的。 因為財產的價値現在是人所共知的，所以也就不必再為吹噓了。 至於第三項福樂，與第二項相比，乃是虛幻不定的；因爲它只在於別人的意見。　不過每一個人都應當追求尊榮，即令名，至於品位則只有爲國服務的人才可以希求，至於聲譽則只有極少數的人追求它。　人們認令名是無價之寶，認聲譽是人所能求得的最有價値的東西，是少數特選之人的金羊毛。　至於品位，則只有愚人才愛它甚於愛財產。　其次，第二第三兩項又是可以互相影響的：在這種範圍內，帕特倫尼（Petronius）所說「持物在手，人稱富有」（habes habeberis）那個格言是對的，而在另一方面，則他人對於自己的良好觀感，在其一切形式下，也都可以幫助我們得到財產。

第二章　論人格（或論一個人是什麼）（Von Dem, was Einer ist.）

我們已經在總括方面看到，一個人的人格比他的所有，和人對他的觀感，是更能助進他的幸福的　最要緊的總是一個人是什麼，幷在自身有什麼：因爲他的人格是時時處處伴着他的，而且他的一切經驗都是被此所渲染的。　在一切之中，在一切之前，他所能享受的只是他自己：這話已經可以應用於身體的快樂方面，至於在精神的快樂方面，當然它是更爲有效的了。　因此，英文中的 to enjoy oneself 乃是一個極其妥貼的表示，就如當人們說：he enjoys himself at Paris時，那意思幷不是說「他享受巴黎，乃是說「他在巴黎自樂」的。　一個人的個性如果不良，那麼一切快樂都如醇酒在飲了胆汁的口裏似的。　因此，除了嚴重的不幸事件而外，人生的禍福休咎，少賴於一個人的所遭所値，而多賴於他的對付周旋，和他在各方面的感受性的種類和程度。　一個人在自身所是的，在自身所有的，簡言之，即他的人格和價値，乃是他的幸運福祉中的唯一直接的成分。　別的都是間接的；因此，它們的功效是可以挫阻的，至於人格的功能，則永不能失效。　正因爲如此，所以那對個人的優越而發生的妬忌是難以和解的，同時也是最爲細心的掩藏住的。

其次，只有意識的結構是唯一永存常在的，而且人格在每一剎那中總是多少繼續發生影響的；至其餘一切影響則是暫時的，偶然的，迅速的，而且是受支配於種種變化遷流的。　因此，亞理士多德就說，「品格是可以確保的，財貨則不然」。（幼德說，倫理學七卷，二頁）。 因爲這種原故，所以我們對於一種完全由外來的不幸，比對於自己招來的不幸，比較能以鎮靜自若的加以忍受；因爲命運是可以變化的，至於自己的稟賦則永不能改移。 因此之故，那些主觀的福樂——如一個高貴的品格，一個精明的頭腦，一個愉快的性格，一個活潑的精神，一個組織得當完全康健的身體，一般說來，即「寓於健康身軀中的健康的靈魂」(Juvenal) 諷諷詩 (Satire) 十卷三五六頁，對於我們的幸福，乃是最當先而最重要的。 因此，我們對於促進並保存這些品格，比對於確保外面的財富和外面的尊榮，是應當格外留心的。

不過在這些以內，最可以直接使我們幸福的，乃是活潑的精神：因爲這種良好的性質眼下就獎賞了它自己。 凡愉快的人總常有可以愉快的理由，而那個理由正是：他是愉快的。 任何東西都不如這個性質可以那樣完全的補償了其餘一切福樂；同時這種性質，在失掉之後，則不是任何東西所能補償的。 一個人如果是年輕美麗，富貴尊榮的：那麼當人們想判斷他的幸福的時候，就問說，他是否是快活的？ 如果他是快活的，那麼他之爲年輕，爲耄老，爲直腰，爲傴僂，爲貧乏，爲富裕，都是一樣的：他是幸運的就是了。 在年輕時候，我曾有一次打開一本書，其中有一句是說：「誰要笑得多，就是幸福的，誰要哭得多，就是不幸的」。 ——這是一句簡易的話，可是我正因爲它是單純而眞實的，所以我至今不能忘掉它，雖然它是極其自明，無待申論的。 因此之故，所以當「愉快」來臨時，我們應當給它大開門庭，因爲它從來不曾來得不合時候。 可是我們往往遲疑不決，不肯把它延入：我們要想先知道，我們在各方面都有可以滿足的理由；或者我們恐怕，在嚴重的反省中和沉重的顧慮中被愉快的心情所攪亂了。 可是我們藉這些反省所能改善自己的地方是不可靠的；至於「愉快」則永久是一種直接的收獲。 只有「愉快」是幸福的直接的現款，並不如別的似的只是銀行的支票，因爲只有它可以在當下使人感到幸福，因此之故，它乃是人生的最高幸福，因爲人的存在正是兩個無限時間中間的一個形式。 因此 ，要獲得 ，要保存，這種祝福，那是比任何事情都該當先的。

我們確知，最少助進「愉快」的莫過於財富，最能助進「愉快」的莫過於康健。在下等階級，即工農階級中，我們往常可以見到愉快知足的面孔；在富裕高尚的階級中，我們却常見煩燥不安的容貌。因此之故，我們應當竭力保持高度的健康，因爲愉快正是康健的鮮花。保持康健的方法，如人所知，乃是：避免一切「漫無節制」，避免猛力不快的情緒，避免過度的精神勞動；此外，每天至少要在露天中作兩點鐘的敏捷運動，和多量的冷水浴，以及相似的攝生方法。人們如果不是每天作適當的運動，那他們是永不能康健的。一切生活過程，要想適當發展，不祇需要它們在其中進行的那些部分的運動，而且還需要「全體」底運動。亞理士多德說得好：「生活是成立於運動的」。生命是成立於運動的，而且它的本質正在於運動。在有機械體的完全內部，有不停的，迅速的運動統治着：心臟在其複雜的「收縮」與「擴張」兩個過程中，是猛烈的不疲乏的盡管跳動的，它跳動二十八次就把全部血液驅迫得經過了整個的大循環和小循環。兩個肺正如蒸氣機似的，不停的抽動：腸子又在毫不休息的蠕動着；一切腺都在不斷的吸收并分泌，甚至腦子自身也伴着每一次脈搏，每一次呼吸，而有一種雙層的運動。因此，在無數從事於埋頭伏案之生活的人們方面，因爲外面的運動幾乎完全缺乏，所以在他們的外面的平靜和內心的噪雜之間就發生了一種彰明皎著而爲害匪淺的不相調和。因爲內面的運動是恆常需要外面運動來支持它的，而這種不調和正如我們在受了一種感情的激動以後，心中雖然滾沸不休，而却在外面又不得不抑制住那種情緒似的。甚至樹木，要想生長繁茂，也必得需要風來擺動它。這裏有一個規則是最可以簡短的表示在拉丁文中的 Omnis motus, quo celerior, eo magis motus（一切運動，如果愈快，它就愈爲有力）。我們只消一比較同一種外面環境或事情在我們康健強壯時給與我們的印象，和在我們疾病焦憂時給與我們的印象，那我們就可以看到，我們的幸福如何有繫於愉快的心情，並這些心情又如何有繫於康健的狀態了。使我們幸福或不幸的，不是客觀的現實的事物，而是我們所感覺所理解的事物。埃比克(Epiktet)已經說過這一層：「能激動人的不是事物本身，乃是關於事物的意見」。但是一般說來，我們的幸福十分之九只是依靠在康健上的。有了康健，則一切事物都是快樂之源。如果沒有康健，則一切外面的財貨，不論種類如何，都是不能享受的。甚至其餘的福樂，如才思，性情，等都可以經由疾病而低減了，汚損了。因此，當人們相逢時，首先總是互相詢問康健狀況，并互相希望康泰，那實在不是無因的。因爲康健實在是人類幸福的主要條件。因此我們就可以說，最大的愚癡就是把個人的康健犧牲了，來求得任何福樂，如利益，陞擢，學問，榮譽，等，且不用說爲暫時的縱慾之樂了。人們是應當爲康健之故，把一切都擱在後邊的。

康健雖然十分可以助進那最能促成我們幸福的愉快之情，可是那種愉快之情還不單單依賴康健：因爲人雖然有完全的康健，而他仍然會有憂鬱的性質，悲傷的心情。這裏的最後原因，無疑的就在於原始而不可變更的人體構造，而尤其在於一個人的感受力(Sensibilität)與其敏感情(Irritabilität)和再生力(Reproduktionskraft)的正常狀況。感受力如果反常過度，結果就會產生了不平衡的心情，間歇狂張的愉快，和籠罩得勢的憂鬱。而且天才既然常是經由過度的神經力量或敏感力量所決定的，因此，亞理士多德的話乃是完全對的，他說，一切特異卓著之人似乎都是憂鬱的。凡有卓越成就的人，不論在哲學中，政治中，詩歌中，塑像中，都似乎是憂鬱的人」。(問題三〇，··)。西塞鹿常說：亞理士多德說過：一切天才皆係憂鬱的(Tusculani disputationes··，二三)。當他說這話時，他心中分明是想着亞理士多德這段話的。這裏所說的這種基本情調的天賦的偉大差異，莎士比亞曾在其威尼士商人(第一景)中加以十分精到的描寫。

「自然」依時造就了一些奇特的人兒，

有的人儘管兩眼窺伺，

如鸚鵡似的，對吹笛人發笑；

有的人則面容藎辣，

從不啓齒微笑，

雖然乃斯特（Nestor）立誓說，詼諧是可笑的。

柏拉圖藉 δυσκολος 和 ευκολος 兩詞所指示的，也正是這種分別，一種是和易的人，一種是難悅的人。這種差異可以溯源於各種人對於可意的和不可意的印象。所有的那種不同的感受力上：因為感受力不同，所以一種事情在一個人會大失所望，在另一個人又會大笑不止。一般說來，對於拂意的印象之感受性愈大，則對於可意的印象之感受性便愈為柔弱，反面說來，也是一樣。一種事情如果可以歸結為幸運的，也可以歸結為不幸的，那麼難悅的人一定對於不幸的結局表示焦灼悲哀，而對於幸福的結局則不表示高興。至於和易的人，則對於不幸的結局并不焦灼悲哀，對於幸運的結局，便表示高興。對前一種人說來，十件計劃如果有九件成功，他并不以成功的九件自喜，而只以不成功的一件自煩；對於後一種人說來，則在相反的情形下，他會以一件成功的計劃自慰自喜。——但是任何災禍都難以說是毫無任何補償的，因此，那難悅的人，即那沉鬱而燥急的品格，所必須克服的那些失意苦楚，大體說來，比愉快無憂的人所遭遇的，要較近想像而不真實；因為一個人如果儘管在悲慘的光亮下看一切事情，并常惴惴大禍的來臨，因而思患而預防之，那他一定比那恆常看到事情之光美華亮的一面的人，較少失意沮喪。——但是當天生難悅之人的神經系統和消化器管失調生病之後，那麼他這種悲調就可以達到極高的程度，而且長久的牢騷就可以令他感覺生活乏味，而與自殺之念。於是極瑣碎的不快之事也可以實現了這種念頭。不但如此，而且當達到最壞的程度時，它還正用不着這種細故，他會因為這種擺脫不開的不快，而決心自殺，并且會帶着冷靜的反省和堅定的決意，而實現其求死之念。因此那被許多人監視起來的患者，往往急迫不耐，在人稍一不注意的剎那，就毫無躊躇，扎掙，和退縮的，而利用時機，抓住那在他看來係自在順當的減輕苦楚的方法。埃司蒯羅(Esquiral)在其心理疾病(des maladies mentales)中，曾經詳細描寫過這個狀態。不過就是最健全的人，甚或最愉快的人，也可以在有些情形下，決心自殺了，如果他的苦難或那不可避免的迫切的不幸，過分嚴重起來，以至把死的恐怖壓服下去。這裏的區別只在於，足以引起自殺的那些原因的差異的程度，而這裏所需要的程度是與難悅之心成反比例的。難悅之心愈强，則所需要的程度便愈小，到了最後，甚至可以降到零上：但是一個人的愉快心情，和支持那種心情的健康如果愈大，則必須有較大的原因，才可以使他自殺了。因此，在兩種自殺的極端例子之間，正有無數推移的高低等級，因爲一種自殺是純然由於天賦的難悅之心不健全的强烈化後而發生的，至於另一種自殺，則是健全愉快的人，全然由客觀的根據而實行的自殺。

與康健有局部關係的，乃是美麗。這種個人的優越，雖然不能直接有助於我們的幸福，而只是間接經由我們對別人的印象，才有助於我們的幸福，可是它仍是極其重要的，甚至在男子方面也不能例外。美麗乃是一個不曾封住的薦信，它預先就給我們贏得了他人的心：因此，荷馬的詩句是可以特別應用在美上的：

尊榮「天賦」，不可棄却，

惟神賦有，凡人難得。

最廣闊的觀察向我們指示出，人類幸福的兩大仇敵乃是苦痛和煩膩。我們還可以進一步說，依照我們所能徼倖遠離此一項的程度，我們同時就接近了另一項。人生實在就是現出兩項之間的一種或强或弱的搖幌來。這是由於兩者相互處於一種雙重矛盾關係之中，一種是外面的或客觀的，另一種是內面的或主觀的。外面的窮乏和困苦產生了痛苦，而在另一面，則安心和剩餘又產生了煩膩。因此，我們就看到低等社會是恆常對窮困，對痛苦，搏戰的；至於富裕優厚的上流社會，則是繼續拚命的與煩膩搏戰的。至於內面的或主觀的矛盾則在於：在各個人方面，對於痛苦的感受性與對於煩膩的感受性是成反比例的，因爲感受性是被精神能力的程度所決定的。就如遲鈍的心智總與遲鈍的感覺相連，而缺少刺激之力，這種情形并不十分能感受痛苦和悲哀，不論那種痛苦和悲哀是如何可怖，如何猛烈的。由於這種精神上的遲鈍，又產生了一種內心的空虛，這種空虛印在許多人的面孔上，而且它藉恆常注意外界的瑣務細故就敗露了自己的。這乃是眞正的煩膩源泉，它是恆常渴求外面的刺激，以便藉一種東西來使精神和心情活動起來的。人們在這一方面的選擇并不吹毛求疵，這一層由他們所從事的消遣方法之可憐劣陋和他們的交遊談吐之凡庸鄙俗，就可以看出來；至於許多依門閑談，憑窗游眺的人，也可以證明這一層。正是主要的由於這種內心空虛，人們才渴望種種社交，娛樂，消遣，奢侈，因而最後許多人就都浪費虛擲，而陷於悲苦之境。最可以確乎防止這種悲苦的莫過於內心的財富，就是精神的財富，因為這種財富愈進於卓越地步，它就愈給「煩膩」少留下地步。思想的無窮盡的活動力量，在內外兩界都常找到繁複現象而加以經營創造，并且時時躍躍欲試，要把那些現象加以變化組合——這樣就使卓越的頭顱，遠超於煩膩的領域之外，——除了鬆弛的時候不提。

但是在另一方面，這種高度的智力却植根於一種高度的直接感受之力，植根於强度的意志和感情：這些性質既然聯合起來，所以人們就有了較强的情緒力量，并對於精神的甚至身體的痛苦有了一種較高的感覺力量，甚至對於一切阻碍，一切擾亂，也都急迫不耐，不能容忍。由强烈的想像所生起的活躍的全部表像，以及拂意的表像，也都可以十分加强了這些感受力量。這裏所說的都可以在各種程度內應用於心理能力的廣闊距離中的一切階級上，——由最愚蠢的痴人，至最偉大的天才。因此，不論在客觀方面看來，或在主觀方面看來，任何人愈遠離開人生中此一種悲哀源泉，他就愈接近了另一個源泉。因此之故，人的自然趨向就領導他使客觀的環境盡可能的來適應主觀的環境，并對於她所較能感到的那種痛苦之源，採取較大的防禦方法。聰明之人所最先企圖的，乃是避免痛苦和繁劇，而貪求平靜和閑適，并因而求得一種沉靜，恬退，而極不受人攪擾的生涯，因而在與所謂人類稍一認識之後，他們就寧願隱居退休，而且偉大的天才，還寧願孤寂無侶。因為一個人內心如果愈益充實，他就愈少需要於外，因而別的人對他也就愈無足輕重。因此天才卓越，往往會使人落落寡合。真的，交遊的性質如果可以被數量所補償的話，那麼涉身於廣大世界中也是值得的；但是很可惜的，一百個愚人合在一堆，也並不能造成一個聰明之人。

但是另一極端的人，當奔波操勞，差可喘息之時，他就不惜任何犧牲，從事消遣交際；他可以與任何人交歡接談，他所最要逃避的乃是他自己。因為在寂靜之中，每個人都反觀自照，而發現了他自身的所有：因而一個華服美衣的愚人就在可憐的個性之擺不掉的重担之下，呻吟唏噓起來。至於天賦高越的人就可以用他的思想充填了，鼓舞了極其荒涼的環境。因此，塞尼克(Seneka)的話是真的…「一切愚人都苦於厭惡自已」，（書翰集九），正如希洛池(Sirach)之子，耶穌所說，「愚人的生活比死還難受」。因此，大體說來，人們可以看到，一個人愈在精神方面係貧乏的，并在一般方面係鄙俗的，那他就是愈愛交際的。因為人在世界上，不是孤寂，就是平凡，兩者是不能相容的。據說，世界上最愛社交的乃是黑人，也正如其在智力方面是最為低下的似的。在法國的一種雜誌中（La Commerce 一八三七年十月十九號）曾經記載過北美的消息說，那些黑人們，不論自由的或奴隸的，都愛一大羣人擠在最小的地方，因為他們儘管愛盤旋注視彼此的黑色而仰鼻的面容。

人類的腦子可以看做是全部機體中的一個寄生虫，一個靠年俸生活的；與此相似的，每個人的閑暇（這種閑暇可以使他自由享用他的意識，他的個性）也是他的全部生涯的結果和產品，而他的生涯在別的方面也只是勞力和工作。但是大多數人的閑暇能以產生什麼呢？只有煩膩和愚鈍；除非是肉慾的享樂或胡作非為來把它消磨了。這種閑暇之完全無價值，可以由人們消磨它的方式而看出來，它正是亞理士陶(Aristo)所說的愚人的可憐的閑暇（Ozio lungo d'uomini ignoranti)。尋常之人只想消磨了時間，至於有才幹的人則想利用了它。有限的智力所以那樣易於受煩膩之累，乃是因為那些智力完全不是別的，只是促動他們意志的原動力的媒介。當下如果沒有動機促動意志，於是意志就休息了，智力就放假了。因為智力正如意志似的，如果沒有外緣，單憑自身是不能活動的。因此，結果就是，人所有的一切能力都可怖的停頓起來，——於是就成了「煩膩」。為應付這種可憐的感情起見，人們就把那暫時任意所假設的瑣屑動機，置於意志之前，以便把意志刺激起來，并因而把智慧也促動起來，因為智慧是來給與這些動機以意義的。這些假設的動機與現實的和自然的動機之關係，正如紙錢與銀子之關係似的，因為它們的效用止是一種任意假設的效用。這一類動機正如為消遣而發明的玩紙牌一類游戲似的。——如果沒有這類玩藝，天賦有限的人的兩手也會胡敲亂打，撚指為戲。就是紙烟也是代替用思的妙品。因此，在一切國家，一切社會中主要的業務，就是玩紙牌：這正測量出那些社會的價值，并已經宣示出，思想已經破產了。因為人們沒有思想可以互相交易，所以他們才互相交易紙牌，而企圖贏得對方的金錢。眞正可憐虫！但是為得公平起見，我們可以設想，人們會為玩牌辯護說，它乃是入世處事的一種預備，人們由此可以學會巧於利用那偶然遭值而不可更改的環境(所起的牌)，并由此求得恆常有益的經驗（不論其目的如何），而且可以學會鎮靜自持，對着惡運裝出喜容來。但是在另一方面，正因為如此，所以玩牌有一種毀壞道德的影響。因為玩牌的主旨正在於用種種詭計，種種詐術，來贏得他人的所有。但是在玩牌中所養成的那些習慣，又可以札根於，侵及於，實踐的生活中，因而人們漸漸就在日常事務中在同一觀點下來看「我的」和「你的」，而且以為只要法律許可，就可以抓住任何機會而不肯放鬆。日常的商業生活就證明了這一層。因為如人所說，閑暇既然是每一個生涯的鮮花，甚或其果實，（因為它可以使人自得其樂），所以人們如果在自身保有一種實在的東西，那他們眞可以說是幸福的了。至於大多數人，則在閑暇中所求得的，只不過是一個無用之人，他是很可憐的感覺煩膩，而深以自身爲重担的。 因此，親愛的弟兄們，我們可以喜慶：「我們不是使女的兒女，而是自主婦人的兒女」。（加拉太書四章三十一節）。

其次，一個國家如果少用或竟不用舶來品，那它就是最爲幸福的；同樣，一個人如果有充足的內面財富，而且可以自給，無待於外，那他也是最爲幸福的。 因爲輸入品要消耗許多金錢，使人依賴於外，並且招來危險，引起煩惱，而且到了，還只是國內產品的一種可憐的代替。 因爲沒有人可以十分向他人多所期望，或一般的向外界多所期望。 一個人對他人所能爲力的地方原很有限：最終各個人仍是各自孤立的，而且要緊的就是，現在誰是孤立的。 歌德在其詩與眞中(三卷，四七四頁)所作的那種概括的說法也可以應用在這裏，他說，「在任何事情中，每一個人最後都得求訴於自己」；高德斯密(Oliver Goldsmith)在其旅行家(Traveller)（卷五，四三一以下）也說：

在在處處，心勿外騖，

福在自身，勿向他求。

因此，一個人的最好的和最大的成就，都要自己來躬行，來完成的。 愈是這種情形——即一個人愈在自身找到他的快樂的源泉——那他就會愈爲幸福。因此，亞理士多德的話是最爲正確不過的，他說：「自足的人才能幸福的」（幼德謨倫理學七卷二頁）。 因爲別的一切幸福和快樂之源，就其本性說，原是極不穩定，極爲飄忽，極爲流動，極爲變化的，它們在最優惠的情形下也是容易消耗涸竭的；這乃是不可避免的，就這些來源常常不能爲我們所獲得而言。 在老年時所有這些幸福來源幾乎必然都要枯竭了。 因爲愛情，詼諧，旅行，馳騁，都離棄了我們，而且我們也再無力從事交游：甚至朋友和親戚也被「死亡」所席捲以去。 在這時就更看一個人自身是什麼了。 因爲只有這個可以極長久的堅持不變的。 而且它在人生中任何年歲都是幸福的唯一純眞而經久的來源。 在世界上，我們從到處都不能得到多少益處，貧乏和痛苦充滿了世界，至於逃脫了這些的人，又有煩膩在每一個角隅裏伏着來襲擊他。不但如此，而且一般說來，世界上是「惡濁」當佔上風，「愚癡」儘在咆哮的。命運是殘忍的，人類是可憐的。在這樣一個世界中；那內心豐富的人就如十二月聖誕夜裏的冰雪中，一所明亮，溫暖，歡娛的屋子似的。因此，具有一個卓越的豐富的個性，尤其是「具有特殊的才能」，無疑的乃是塵世上最幸福的命運，縱然它還遠不是那最燦爛的命運。因此，瑞典女王基里斯廷（Christine）在其十九歲時對於笛卡爾所說的話正是一種聰明的話。她說，笛卡爾先生乃是人類中最幸福的，而且他的狀況在我看來似乎是很可以豔羨的。她之知道笛卡爾，除了憑人的口傳以外，只藉助於一篇論文，當時笛卡爾已經在荷蘭處於二十年的深沉的寂寞中了（見 Baillet的 笛卡爾傳七卷十章）。祇是外面的環境必須相當嘉惠，使一個人得以泰然自若，自得其樂才行，就如笛卡爾那樣。因此，傳道書（七章十二節）說，「智慧和產業并好，而且見天日的人，得智慧更為有益」。被自然和命運給與了此種「聰明」的人，一定要焦慮小心，使他的內面的幸福之源得以開暢無阻；而「獨立」與「閑暇」乃是這裏的必要條件。為求得這種條件起見，他寧願享用有度，節儉自持，尤其因為他不如別人似的，非求訴於外面的快樂之源不可。他不致因為希冀官位，金錢，恩惠，贊頌，而誤入岐途，拋棄自身，以便契合於低級的慾望和鄙俗的趣味。在那種情形下，他要依從霍拉斯在其與麥生納（Mäcenas）的信中所說的話。（一卷，七信）。要在外面有所獲得，而在內面有所損失，那就是說，要為光輝，品位，炫飾，封爵，和尊榮，來犧牲了自己的平靜，閑暇，和獨立，不論全部或一部，那乃是極大的愚行。但是歌德之所為正復如此。我的保護神是決然把我領到另一個方向中了。

人類幸福的主要的內面源泉是由自身以內湧出的，這裏所說的這個眞理又被亞理士多德在尼考馬克倫理學中那種十分正確的話所證實了（一卷，七章；又七卷，十三，十四章）：他說，每一種快樂都前設一種活動，一種力量的運用，非如此是不足以成其為快樂的。亞理士多德主張，一個人的幸福就在於他的最高能力之自由的施展；斯陶比(Stobäos)在闡述消遙派的倫理學時，曾經復述過這種學說，他說：「所謂幸福就是你的一切作爲中那種有勁的，順利的活動」(Eklogus二卷七章二六八頁)，並且解釋說，所謂「有勁」(ἀρετη)乃是指精練任何事情而言的。但是自然所賦與人類的那些力量的原始使命，只在於使他同那從各方面紛至沓來的困難互相奮鬥。因而這種鬥爭如果停止起來，那些無用的力量就對他成爲一個重担，他必須運用玩弄它們，那就是說，必須無目的的利用它們，因爲若非如此，他立刻就會被人類苦惱的另一個來源——即煩膩——所襲擊了。最受這種煩膩之折磨的，乃是富貴之家，劉克稍(Lukretius)早已描寫過這一類人的可憐狀況，對於他種描寫之體貼入微，人們即在現在每一個大城市中，也都可以日常找到印證的機會，原詩說：

家居殊悶損，闊步出華宇，
外游也不樂，倉皇又歸去，
時或乘駿馬，馳騁到鄉居，
一似救火宅，急速將馬驅：
適才進門閾，呵欠又唏嘘，
就枕且甜臥，以遣心中虛——
不如旋故城，別處尋歡娛。（三部，一〇七三行）。

這些人幼年時，一定有充分的肴力和生殖力。但是能以久存的又只有心思才能，而他們既然沒有這些才能，或者不曾把它們發展出來，或者不曾收集了發展才能的資料，所以他們的悲苦就難以忍受了。但是他們還有意志，因爲意志乃是惟一無盡藏的力量：因而他們就用熱烈的感情來激動他的意志，於是豪賭浪博，陷於眞正墮落的惡習中。一般說來，一個人如果無所事事，那他一定會依照他所特有的卓越的才能，而選擇宜於自己才能的消遣，就如九柱戲，或下棋，射獵或繪畫，賽馬或音樂，紙牌或詩歌，紋章學或哲學，等等。我們可以有系統的研究這些消遣，而把它們溯源於人類三種精力表現之根源上，即溯源於三種生理學的基本力量上：這裏我們必觀察這些能力的無目標的活動，而看其如何可以成爲所有三種快樂的源泉，使各個人都依着自已的或此或彼的優越力量，而選擇合乎他們的所事。

第一就是生理上時時更新的力量之快樂，這些快樂就在於飲食，消化，休息，睡眠。這些快樂正可以說是有些整個民族所專務的快樂。第二，就是刺激的快樂：這些快樂就在於游行，跳躍，舞蹈，擊劍，騎馬，和種種體育游戲，不論是在射獵中，比武中，和戰爭中。第三就是感性的快樂，它們正在於觀察，思想，感情，詩興，陶冶，音樂，學習，研讀，沉思，發明，思辨等。說到這些快樂中每一種的價值，程度，和綿延等，我們原可以有許多話說，但是這一層我讓讀者自行補足好了。但是每一個人都可以看到，我們的快樂總是經由運用我們自己的力量而獲得的，而且我們的幸福乃是經由快樂之恆常重複而成立的，因而那可以決定快樂的種種力量如果愈爲高貴，則我們的幸福也便愈爲宏大。人類因爲有多量的感情，所以才比其他動物優越，這種感情是比其餘兩種生理上的基本力量地位較高的，因爲後兩種力量是禽獸所同樣具有，甚或還更爲豐富的。這一層乃是無人加以否認的。我們的認識能力屬於感性：因此，這種感性如果逾量，就可以使我們享受到認識事物的那種快樂，即所謂精神的快樂，而且這種感性愈爲過量，那種快樂也還是愈爲宏大的。（一）

（一）自然是繼續不斷的向上升起的，它起初由無機界的機械的化學的作用，進到植物和其愚鈍的自足上，從那裏又進到動物界；於是靈智和意識就現出曙光來，它的發端是很微弱的，但是它步步高升，終於經由最後而最大的進步而達於人類上。在人的智慧中，自然就達到了它的化生萬有的頂點和目的，並因而呈現出它所能完成的最困難最困難的成就來。就在人類自身中，智力也呈現出許多可以注目的等級來。而且它也極少能夠達到它的最高點，就是智慧Intelligenz。在嚴格而狹窄的意義下，智慧乃是「自然」底最艱難而最高貴的產品，因而也是世界所能自誇的最稀奇，最有價值的東西。在這樣一種智慧中，最明白的意識就顯現出來，因而世界在任何地方都不如在此處更爲明白而完全的表現出自已來。一有這種智慧的人乃是在世上最高超最貴重的，因而他就有一種特別大的快樂之源，別的快樂之源比起這個源泉來都是渺小的，因而他向外面不求別的，只求閒暇自在以便不被攪擾的安享他自已的所有，而磨光他自已的金鋼石。因爲除了智慧的快樂，別的快樂都是低等的，因爲它們全體歸結起來說都是意志的活動，都不外願望，希望，恐怖，和野心，不論它們是照什麼方向進行的。它們的滿足，要以痛苦爲代價，而且在野心方面，一般說來，總多少有些迷罔。至於在智慧的快樂方面，真理總是愈來愈明白的。在智慧的國度中沒有痛苦存在的餘地，一切都是知識。但是智慧的快樂只是經由智慧才能達到，並經由智慧的容量所範圍的，因爲世界上所有的訣諳，對於不知訣諳的人，是完全無用的。但是與這種優點相伴的還有一種實在的不利，就是，在全部自然界中，智慧的程度愈高，則感受痛苦的能力也就愈大，而在這裏，智慧既然達到最高的程度，所以痛苦也就達到最高的階級。

一般尋常的人所以能夠活躍的分享一件事情，只是因爲那種事情刺激了他的意志，並且對他有一種個人的興趣。 但是意志的恆常刺激至少說也不是純一不雜的，因而它是與痛苦相連的。 玩牌乃是到處上流社會中的普遍的嗜好，它乃是有目的的來刺激意志的一種手段，可是它之刺激意志只是藉助於十分渺小的興趣，那些興趣小得程度只足以刺激起暫時的輕微的痛苦，而不足以刺激起恆久的眞實的痛苦，因而它們只可以看做是撩逗意志的東西。（二）

至於智力優勝的人，則可以在純粹知識的途徑下，活躍的分享一種事情，而毫不必把意志參與其間。 不但如此，而且這樣一種分享還是必然的。 這種分享把他置在一個根本無痛苦的領域中，置在生活縹渺的神仙θεων ῥεια ζωοντων的空氣中。 至其餘之人的生活則只能歸結在愚癡中，因爲他們的思想和努力完全集中在些小的個人的福利上，和種種禍患上，所以當他們一停止企圖那些目的，而退居無事時，就有不可忍受的煩膩來襲擊他們，因爲只有熱情的野火可以使閑居的羣衆稍爲活動。 在另一方面，那賦有優越的心思才力的人，就有一種思想豐富，生命充沛，意義深長的生涯，他只要有閑暇，就可以從事於有價值，有興趣的對象，而且他在自身就帶着最崇高的快樂之源。 他所需要的外面刺激是來自「自然」的產品，來自人事的觀察，來自一切地域中天賦卓絕者的種種成就的，因爲眞正說來，只有他這一類人可以享受它們，理解它們，感覺它們。 因而偉大的人物實在是爲他而生活的，並且眞正是求訴於他的：至於別的人們則只是偶

（二）所謂「鄙俗」實在說來，就是，在意識中，意欲把智力完全平壓下去，因而智力就只完全服務於意欲，結果在這一種服務不被需要，因而沒有或大或小的任何動機存在時，智力就完全停頓起來，而思想終倜成了空虛的。 但是離了智力，意欲就只成了最鄙俗的，每一個傻瓜都有這種意欲，而且至少在滿足其欲時，可以露了馬脚。 這種狀態就構成了所謂鄙俗。 在這種狀況中，所活動的只有各種感官以及足以理解感官與料的少量的智力，因此，鄙俗之人就可以恆常坦然接受一切印象，並可以立刻知覺到他周圍發生的一切瑣事，因而最輕微的聲音和最輕浮的事情，都可以立刻引起他的注意，正如在動物方面一樣。 這種鄙俗的心境全部可以表現於他的面容中和全部外貌中，因而就出現了那種鄙俗的相貌，而且那在這裏（也如平常）佔據了意識的惟一的意志，如果愈爲低下，自私，而鄙劣，那麼這種相貌的印象還是愈爲可憎的。

然的聽衆，只對於此一個人和彼一個人有一種一知半解。自然，這一類人在這裏要比別人多有一種需要，他需要學習，觀察，研究，沉思，練習，因而並需要閑暇。因爲正如佛祿爾泰所曾正確說過的：「任何眞實的快樂都有眞實的需要」；因而這類人所以能享到他人所不能享的快樂，也是以這個需要爲條件的，若非如此，則任何一種自然美，藝術美，和文藝品，縱然堆積起來，對於不能享用它們的人，也如藝妓對於白髮之人一樣了。那樣一個傑出之人因此除了他個人的生活以外，還度着第二種生活，那就是智慧的生活：後一種生活慢慢會變成眞實的目的，至於第一種則只成了它的手段（至對其餘人們，這種浮淺的，空虛的，悲苦的生涯自身就是他們的目的所在）。因此，他一定要特別偏重那種智慧的生活，而且因爲他的見解和知識不斷進步的原故，所以這種生活就得到一種首尾一貫，得到一種恆常生長，得到一種愈來愈完成的全整和圓滿，正如一個時在進步的藝術作品似的：別人那種專重實際，專謀個人福利的生活，則是悲酸可憐的，它縱然可以加寬，也並不能加深，這一類生活對於低級的人正是一個目的，而對前一種人，則只是一個手段。

我們的實際的生活，在不受熱情所鼓動時，是煩膩而乏味的；但是當它受了熱情所鼓動時，它又立刻成了痛苦的。因此，只有在人們所有的智力除了供服務意志之用，還有過剩時，它們才是幸福的。因爲這類人除了他們的現實的生活之外，還可以過一種智慧的生活，而且這種生活也可以繼續使他們無痛苦的孳孳從事，興趣盎然。但是單純的閑暇，即，不曾忙於爲意志服務的智力，還並不能達到這個目的，要達這個目的，必須有過剩的力量才行，因爲只有過剩的力量才可以使人不爲意志服務，而只從事於精神活動。因爲不學無術的閑暇乃是一種死的方式，一個活的坟墓（塞尼克書翰八二）。這種過剩的程度因爲有大有小，所以那種與實際生活相伴的智慧生活也跟着有無數的推移等級。人們正可以由搜集並題識種種昆虫，鳥類，礦物，錢幣，而進於最高的詩歌和哲學的成就上。這樣一種智慧的生活不祇可以防止住煩膩，而且可以防止住煩膩的種種有害結果。 它可以使人避免了俗子鄙夫，可以防止住人們想完全在現實世界中求其幸福時所必然會遇到的許多危險，不幸，損失，和消耗。 就如我的哲學並不曾給我帶來半文錢財，但是它却給我省了許多煩累。

尋常人們在他的生活的快樂方面，只求訴於他身外的事物，如產生，品位，妻子，朋友，和社會，等等，他一生的幸福就在於這些上，因此，當他失掉這些外物，或者看到自己在這些外物方面受了迷惑時，他的幸福就塌台了。 換一句話來表示這種狀況，我們就可以說，他的重心已經不在他自身了。 正因爲如此，所以他就很常具有時在變化的願望和幻想。 如果他係有資財的話，他就一時想到別墅，一時想到買馬，一時想到宴會，一時想到旅行，質而言之，他是過着一種豪華的生活，因爲他在任何事情方面，總是從外面來尋求快樂的。 正如一個精消力竭之人想藉肉凍和藥餌，來求得其健康和體力似的，實則他的眞正的健康之源乃在於自己的生命力量。 我們現在可以不立刻進到另一個極端上，而先來觀察介乎其間的一種人，就是那天才雖不十分卓越，可也超過了尋常羣衆才能的那一類人。 這種人對於美術可以成爲一個賞鑑家，而且他也可以從事於一種實在的科學，如植物學，礦物學，物理學，天文學，歷史學，等等，而且當外面的源泉涸竭了，或者不能滿他的意時，他也可以游心於這些學問，從而取得大量快樂。 我們在這個範圍中可以說，這一類人的重心一部分是在自身的。 因爲藝術中的賞鑑主義與創造的能力遠不能相提並論，而且單純的來賞鑑科學也並不能深入各種現象的關係，而窮其底蘊。 這樣一種人並不聚精會神於這種研究之中，他的本質並不能澈頭澈尾被這些研究所充滿，他的生涯也不能完全被它們所籠罩，而失掉了對其餘一切的興趣。 只有智慧極高的人，卽人們所謂天才，才可以達到這種快樂：因爲只有天才家才可以把事物的存在和本質在全體中作爲它的研究題目，並藉藝術，詩歌，或哲學，依照他個人的方向，企圖表示出他對於事物的深奧的觀點來。 因此，對於這一類人說來，平靜無事的來體會自身，體會自己的思想和作品，乃是一種急迫的需要，寂寞正是可以歡迎的，閑暇也是最高的福利，至其餘一切都是可以取消的，而且當其存在時，甚或還是一個重担。

只有這一類人，我們可以說，他的重心是完全在自身的。由此我們就可以瞭然，這一類鳳毛麟角之人，即在品格最爲優良時，也不能對朋友，家屬，和社會，表示出那種熱烈和無界限的興趣來，如許多人常可以表示出的那樣。因爲這一類人只要有他們自己，他們就可以在任何環境下找到安慰。因而他們的天性中就有了一種游離的成分，而且他們如果看到別人不能眞正滿他們意，並且看到他們不是與自己完全一樣的，那麼這種成分還是會愈有力的：不但如此，而且因爲他們在一切人方面和每一個人方面都感覺到有一種差異，所以他們在與人周旋時就漸漸習於把人類看成是與己無緣的，並且在思想一般人時，常用「他們」字樣，而不用「我們」字樣。

從這個觀點看來，那被自然賦與卓越智力的人，乃是最爲幸福的，「主觀的」是確乎比「客觀的」更與我們有關的，因爲客觀事物的影響，不論是什麼樣的，而它總是藉助於主觀的，並因而是次等的。下邊兩行妙詩就表明了這一層：

才思之富是眞富，

其他財富啓禍途 Lucian 選集一，六七。

這樣一種內心豐富之人，所需於外者沒有別的，只有一種消極的贈品，就是自由的閑暇；他只求藉此來培養發展他的精神的能力，因而他就只求允許他在其一生，日日時時，完全消遙自得，不受攪擾。如果這樣一個人的命運在於把他的心靈的痕跡印在全人類上，那麼他就只有一種幸福或不幸；他如果能以圓滿培養其才能，並完成其作品，那他就是幸福的，如果在這一方面被阻礙了，那他就是不幸的。其餘一切對他都是無足輕重的。因此，我們就看到，一切時代的偉大人物都認閑暇有極大的價值。因爲每一個人的閑暇之價值，正是與他本人的價值一樣之大的。亞理士多德說，人類的幸福似乎在於閑暇（尼考馬克倫理學十，七），而且戴珍尼也說：「蘇格拉底重視閑暇，如最美好的財產似的」

（哲人傳記二卷，五，三一）。 與此互相映證的，亞理士多德又說過，哲學的生活乃是最幸福的生活。 他在政治學中也說：「自由施用自己的才能乃是所謂幸福，不論那種才能是什麼樣的」（四卷十一頁）。 歌德在威廉邁士忒中所說的話，也與此互相拍合，他說，「一個人如果有施用其能力的能力，那他就會在這種運用中找到他的最美的生涯」。

但是就人類的一般命運說來，他們不但沒有自由的閑暇，而且這種閑暇甚至是與一般的人性相反的，因為人類的自然的命數就在於來求得生活的必需品，以求贍養自己的身家。 人乃是困乏之子，而非自由之靈。 因而閑暇對於普通人就立刻成了一種重担，最後甚還成了一種苦楚，如果他們不藉種種假造虛擬的目的，而以種種游戲，消遣，和嗜好，填起那些閑空。 由於同樣理由，閑暇也能給他帶來危險，因而古人所說：「閑暇的寂靜是難忍受的」那話，乃是有道理的。 在另一方面，一種過分超越常度的智力乃是既不自然，又為反常的。 但是這種智力如果一存在了，那麼他為他的幸福起見正需要別人所認為煩重而有害的那種閑暇：因為如果沒有閑暇，他就成了拴上韁勒的天馬，因而是不幸福的。如果外面的閑暇和內面的智力，這兩種不自然的條件恰好結合起來，那就成了一種洪福：因為這樣一種受命運所嘉惠的人將會營一種較高的生活，那就是說，他可以擺脫了人類苦痛的兩種相反的源泉，即，困窮和煩膩，因而可以不必焦灼的為生活而奮鬥，又可以不至因閑暇（即自由的生活）而難堪：這兩種境處，人們平常要想避免它們，只有使它們互相平衡了，取消了。

與這些見解相反的，我們還可以注意到下邊的辯難。 偉大的天賦，因為大部分是一種神經的活動，所以它就可以使人對種種痛苦有一種高度的感受性。其次，那可以決定這種才能的熱烈性格，以及與它們不可分的較活躍，較完善的表像，又使它們所激動起的那些感情達到不可比擬的猛烈程度：而一般說來，人世間的痛苦的感情又是比快意的感情較多的。 最後，高超的天賦又會使人對其餘的人和其所事，格格不入，因為他自身所有的愈多，他在別人方面所見的就愈少。別人所可以感到大的滿足的百種事情，在他看來是浮淺的，乏味的。因此，那可以適用於處處的「補償原則」在這裏也或者是有效的。人們常有一種似乎有理的說法說：智力短淺的人實際上是最幸福的，雖然並沒有人妬忌他這種幸福。在最後決定這件事情方面，我並不想逆料讀者的意見，尤其因爲蘇福克利司自己對於此事，曾有過極端相反的詞句：

要想幸福，聰明乃是最有利的（安規剛一三〇五——六），

又說，全無所知，乃是最快意的生活（Ajax 五五〇）

舊約中的哲人也是人各一說的：

愚人的生活比死還苦（Jes. Sirach 二二，一一）。

又說：

聰明多，悲哀也多（傳道書一，一八）。

但是我在這裏仍願提醒自己說，一個人如果因爲智力的程度狹窄平常，因而沒有精神上的需要，那他正可以說是一個傖夫。這個名詞最初是德文中所特有的，原是由大學中創新的，但是後來它就依照「比類」應用在較高的意義下（雖然仍舊不失原意），而指示那非文藝女神之子的人們。這種傖夫就是，而且永是，所謂（ἀμουσος ἀνηρ）。現在我要從一個較高的觀點下來給「傖夫」一詞下定義說，他們乃是儘管誠懇從事於原非「實在」的那種「實在」的一類人。不過這樣一種超越的定義，恐怕不合適於我在這部論文中所依據的通俗的觀點，因此，它或者不是每一個讀者所能理解的。至於另一個定義，則比較易於闡述明白，因爲它很滿意的指示出這種事情的本質，指示出「傖夫」的一切特徵之根本來。依這個定義說來，他乃是沒有心靈上的需要的一種人。由此，我們就可以推斷說：第一，在他自己方面，他是沒有精神上的快樂的，因爲依照我們前邊所說的原則講來，沒有眞正的需要，就沒有眞正的快樂。他沒有爲知識而求知識，爲見識而求見識的欲望，因而他的生涯就不被此種欲望所鼓舞；他也沒有求眞正審美快樂的欲望，因爲這種欲望是與第一種欲望極相關聯的。如果風尙或

權威以此種快樂强加於他身上，那麼他也只把那種事情當做强迫工作，而勉强應付，敷衍了事。他們的實在的快樂只是肉慾的：這種肉慾之樂就補償了他在別方面的損失。牡蠣和香檳就是他的生涯的極峯，而且他的一生的目的就在於求得可以助進他的身體幸福的一切東西；當這個目的使他忙碌不休時，他就眞個是幸福的。因爲那種福樂如果預先已經賜給他，那他就不可避免的陷於煩膩之中。爲遣除煩累起見，他於是就尋求種種想像的消遣，如跳舞，戲劇，宴會，玩牌，賭博，騎馬，女色，飲酒，旅行等。但是所有這些並不足以消遣了煩膩，因爲人們如果沒有精神的需要，則精神的快樂也就是不可能的。因此，俗夫所有的特質就在於那種遲純，乾燥，而近乎禽獸的嚴重。沒有任何東西眞使他高興，使他激動，使他興奮。因爲感情的快樂是極易涸竭了的，而且俗夫的社會也是容易煩膩的，就是玩牌也會使人疲倦了。但是「虛榮」的快樂仍然給他保留着，他仍然可以在他的方式下來享受這種快樂：這些快樂就在於他在財富，品位，影響，權力方面，超過了他人，因而被他人所尊榮，若非如此，至少也在於，他與那些享有錢勢的人互相結納，以便藉他們的光輝的反照來給自己取煖，即英文中所謂 Snob（利勢之徒）。

第二，由前邊所說的俗夫的基本性格說來，我們可以推斷說，說(到別人方面，他既然沒有精神上的需要，而只有身體上的需要，所以他也只尋求能滿足後者的人），而不尋求能滿足前者的人。他所向他人要求的遠不是過度的精神的才能：不但如此，而且他如果擯到這些才能，它們還能刺激起他的反感，甚或能刺激起他的憎恨來：他在這裏有一種不快的不如人之感，除此以外，他還經驗到一種陰慘的，祕密的妬忌——這種妬忌心他是極其細心的要隱藏住的，他甚至於也向自己小心掩藏住它，但是正因爲如此，這種妬心有時會長成爲一種深仇宿怨。他從來不會想到，使自己的評價或敬仰契合於那些性質：他仍然敬重品位，財富，權力，和聲勢，因爲他看到這些才是眞正的優點，而且他的願望也在於在這些方面顯出風頭。所有這些情形都導因於他是一個沒有精神需要的人。

一切偷夫的大苦都在於，一切觀念都不能給他們以娛樂，而他們爲得逃避煩膩起見，總常需要現實。　這些「現實」是容易枯竭的，如果它們不能娛樂人，而却使人疲倦起來；此外，這些現實還可以引起種種災患來。　至於觀念的世界則是不能枯竭，天眞無害的。

在我這樣論究那些能助進人類幸福的性質時，我所主要顧到的乃是身體的和智慧的性質。　至於要閗道德的卓越如何可以直接使人幸福，則我在我的競獎論文，道德學的基礎（Fundament der Moral）二十二節，二七五頁中已經呈示出來，所以我請讀者參觀那部書好了。

格耐色瑙傳(一)

一七六〇——一八三一

Neithardt von Gneisenau

嘎肯荷兹(Hermann Gackenholz)著

曾一新譯

菲得利大王(Friedrich der Grosse)的普魯士國，在十八世紀末了一二十年已經稱霸於德國全境。整個德國民族都唯普魯士馬首是瞻了。這與其說得力於普魯士的強盛，與其說得力於普魯士軍在七年戰爭(Der siebenjährige Weltkrieg)(二)戰勝的聲譽，與其說得力於普魯士的模範國家組織，倒不如說得力於菲得利大王的人格和他在普魯士國喚醒的政治道德力量。把普魯士(Preussen)看做自己祖國的人士，便在這政治道德力量上面找到了愛國心的根據。他們所以能在菲得利朝崩潰之後，內行改革，外求解放，靠的是這片愛國心。在這新普魯士的中興元勳之中站在指導地位的，便是雄心勃勃，武功赫赫的格耐色瑙。

(一)譯者註　譯自安德亞斯(Willy Andreas)與說爾茲(Wilhelm von Scholz)共編：德國名人傳(Die Grossen Deutschen, Neue Deutsche Biographie, Propyläen-Verlag, Berlin)，第二卷六〇一——六一九頁。

(二)譯者註　一七五六年至一七六三年間普奧兩國為施雷仙(Schlesien)問題而起的戰爭，結果承認該地為普國領土。

Neithardt von Gneisenau

這位青年軍官，是菲得利親自編入普魯士軍的。後來格耐色瑙在貝拉蓮斯(Belle-Alliance)(三)打了勝仗，曾由國王手裏接到拿破崙(Napoleon)佩帶過的「黑鷲星形勳章」(Der Stern des Schwarzen Adler-Orden)。菲得利和拿破崙可以說是決定了格耐色瑙一生事業的近世二大偉人；因爲格耐色瑙是對抗法帝拿破崙的野心來維護菲得利大王所主張的普魯士的生存要求和自己在革新時代所標榜的新理想纔成了名的。

格耐色瑙少年時代的情形，因爲缺少可靠的材料，很是模糊不清。不過從少數紀念品和衆多傳說看來，直到他在二十六歲那一年進入普魯士軍時爲止，他的生活是很富於冒險性的。這也不足爲奇，因爲在十八世紀的世界主義時代，軍官生活總是帶有冒險色彩的，就是布綠歇(Blücher)，約克(Yorck)等菲得利軍隊的許多軍官也不能例外。格耐色瑙的家世，和他少年時代坎坷不順的命運，同是使他走上冒險路綫的原因。奧古斯特・維廉・安頓・奈塔爾特(August Wilhelm Anton Neithardt)——這是格耐色瑙的名字，後來纔在姓字前面加上他家的舊貴族記號而叫做(von Gneisenau)——是一七六〇年十月二十七日在托爾高(Torgau)的施爾達(Schilda)出生的。他的父親是薩克森(Sachsen)的砲兵軍官，當時駐在施爾達。母親是維爾茲堡(Würzburg)的彌勒(Müller)陸軍中校之女。彌勒中校是一位有名的工兵軍官和要塞工程師。格耐色瑙出生後薩克森軍不久卽受到菲得利大王的攻擊，忽忽後退，格耐色瑙的母親便在混亂中逝世了。這是托爾高之役前幾天的事。父親也因爲戰事關係顧不了孩子了。格耐色瑙就在施爾達的養父母家裏渡過了好幾年很艱難的幼年時代。到了六歲左右的時候，由他祖父接到維爾茲堡去養育，他的環境纔改變過來。祖父家裏，因爲地位和嗜好關係，充滿着一種愛好文藝和尙武的空氣。正在生長而

(三)譯者註　比利時地名，是滑鐵盧(Waterloo)之役法帝拿破崙第一和英將威林敦在此同來戰時的法軍陣地，普軍由側面攻擊法軍，法軍大敗。

天眞善感的少年格耐色瑙，便在這種環境裏受到一種深刻的印象。日後他好學不倦，致力於方興未艾的德國文化，其根柢是在這個時代培養的。

後來因爲祖父母去世，他的生活便又發生了劇變。他的進步被慘痛地打斷了。他回到父親膝下去了。那時候，他的父親已在挨爾福（Erfurt）找到一個職務，組織一個新家庭。格耐色瑙便在挨爾福入了中學。一七七七年十月一日——這是格耐色瑙少年時代可靠的日子之一——進挨爾福大學，專攻軍用數學。想來這是因爲他想繼祖父之業的緣故，他的祖父是精通這一門的。他的學識雖然日見進步，但是因爲父親的家庭環境不愉快，他對於挨爾福的印象是很不好的。他自己也承認這時代的印象阻礙了他的進步，他說：「我生平風波時起，常入歧途，這完全是惡劣的教育所致。我就很少看見過悅人心目的事………」。一年後格耐色瑙便隨性之所近，去過軍人生活了。他就在拜恩王位繼承戰爭（Der Bayerische Erbfolgekrieg）期中進了當時駐屯挨爾福的奧地利「輕騎兵部隊」（Husarenregiment），任「候補軍官」（Offiziersanwärter）。但也不能久留。鐵先和議（Teschener Frieden）後，不久他便因爲與人爭鬪，不能不脫離奧地利軍隊的職務了。生來嗜險好戰的禀性，終於使他投入安斯巴哈·拜羅特侯爵（Fürst von Ansbach-Bayreuth）的軍隊。安斯巴哈軍當時爲英國所傭，不久卽調到美國參加獨立戰爭。

在安斯巴哈軍中，格耐色瑙是最年輕的少尉。一七八二年開到美國戰場的時候，戰事已經結束了。但是軍隊還在加拿大（Kanada）整整駐屯了一年。格耐色瑙在這期間受到很重要的軍事教育。這位聰明而具有軍事眼光的青年軍官，由戰友的談話裏聽到這次戰事的經驗，知道「散兵戰術」（das zerstreute Infanteriegefecht）優於歐洲軍隊的「線形戰術」（die Lineartaktik）。知道用義勇軍作戰，效果和傭兵相等。由他的喜歡技術的性格看來覺得有趣的，是用圓筒木舍和「抵抗點」（die Wiederstandspunkte）構成的臨時要塞。後來他在歐洲作要塞戰時，也採用這種方法。所以他到美國，並沒有白去。一七八三年回歐洲，被調到拜羅特(Bayreuth)任步兵少尉。首都拜羅特的社會，刺激較多，他在交際上得到了交換思想，和培養學問的機會。這位青年軍官，到處受人歡迎。大家都認識了他的出人頭地的本領。十年後亞歷·洪保德(Alexander von Humboldt)還在拜羅特聽見這位聰明軍官的聲譽。

格耐色瑙的故知友好，很盼望這位前途不可限量的軍人另闢途徑。他之所以於一七八五年十一月轉到普魯士軍，也許是聽從故友的勸告。他雖然飽嘗人世風波，却受過中學和大學的正式教育。在這一層，他比幼年武備學堂畢業，十二歲即以「貴公子」(Junker)資格進入軍隊的大部分僚友——例如克勞塞維茲(Clausewitz)——是有一日之長的。他的知識，尤其是語學知識，是他在維爾茲堡時代自己用功得來的。此外，雖然時間不長，他也學過軍事工程，並且還在美國戰場擴大了眼光。關於步兵戰術，他曾寫了一篇美國作戰的紀念論文。這篇論文轉手呈上菲得利大王，據說頗獲賞識。他在大王「扈從隊」(die Suite)裏找到一個職務的時候，大王命他趕快由安斯巴哈上京覲見。按「扈從隊」是普魯士培養參謀人材的地方，格耐色瑙也許自信力能勝任參謀職務。據說菲得利大王看見這位青年軍官，一表不俗，舉動大方，很表示好感。然而格耐色瑙並不被編入扈從隊，却被任爲輕步兵聯的中尉。格耐色瑙大失所望。輕步兵聯，是菲得利大王仔細研究了美國作戰情形之後新編的軍隊。他也許覺得採用在美國有過經驗的軍官，是正合適的。

格耐色瑙參加了柏林大操演之後，於一七八六年夏間開到新防地羅文堡(Löwenberg)。這是施雷仙(Schlesien)的一個小城。於是他便結束了青年時代，進入人生的第二階段。他在前綫前後服務了二十年，這個時代是他的人生的第二階段。他在青年時代，所爲頗多冒險。他說：「我遭遇過無數危險，却都幸能自救，也可以說神明把我拾救過來，這一切在我都不能不認爲奇蹟」。因此，他自認爲是一個富於閱歷的人。也許有人要替他担心其後幾年間的窮境。但是他在青年時代雖然精明强幹，性格上却還免不了矛盾。他在這裏經過一番鍛鍊，使其性格進入圓滿成熟之境，且靠嚴格的孜孜不倦的修養，去造就自己的人格，也是很好的事。格耐色瑙自認爲他所走的路，是値得他年小的兄弟仿學的。他說：「我是走老實路求成功的。此外一切路線，皆在所不取。我是信守忠直的。我相信誠實服務，熱心訓練，增長知識，同時注意外表，可以得到上司的認識，而終於達到最後目標」。

起初他的遭遇甚佳。一七九〇年任參謀大尉，當連長。一七九三—九五年參加佔領波蘭後，於一七九五年被調到下施雷仙 (Niederschlesien)「槍兵旅」(Füsilier-Brigade)當連長。按當時的陸軍情形說來，三十五歲的人做了連長，便可以脫離下級軍官的經濟困難，而得到生活保障。他在要爾 (Jauer)的十年間，要算生活最優裕的時代。他成了家，連舉數子，又把他夫人家曾經賣出去的產業贖回來。在要爾，他和當地的貴族過從甚密。格耐色瑙的上司認爲他是一個能幹而有學問的軍官。一八〇三年卽被推爲少校。但是無法實現。因爲在舊式的軍隊裏面，高升極不容易，要想特別優待一個有才幹而無名的軍官，是談不到的。格耐色瑙在十九世紀初年和其後的書信裏面，往往發出失意和不平之音。後來年紀大了，雄心也似乎因此減弱了。格耐色瑙逐漸回到他的貴族地主生活上去，殊覺舒適有趣。一八〇六年的戰事還沒有發生的時候，他曾在信裏說：「我情願因私事而忘公事，我想致力於農耕。覺得農耕有趣，要是資力許可，將來也許脫去軍服從事耕種」。

從表面上看來，一個小防地的軍官，似乎一年到底過着很單調的生活。格耐色瑙雖然忠於職務，其軍事知識却在理論上和實際上都幾乎看不出有什麼進步，其一般教育和軍事教育的缺陷也看不出得到什麼補救，就是對於時局問題也看不出有什麼細心的研究。然而我們知道他對於戰史研究有素，他的思想是從研究當時名將的事業得來的。因爲駐防地點的關係，他便就近研究菲得利大王的戰場，他用軍事地理的眼光去研究施雷仙的邊境戰壕。此外，他還研究工程學和步兵戰術——這據他的經驗，是最近乎他天性的兩門軍事學。對於時局問題的研究中最出色的，要算他對於法浪仙(Valenciennes)包圍戰的研究。法蘭西革命戰爭的新經驗，引起了戰爭理論的一番討論。格耐色瑙也曾參加討論。他提出了要塞戰術的新意見。據說十年後他自己便根據這些意見去作戰。格耐色瑙最留心研究拿破崙的生平。他說：「拿破崙是我的戰爭和政治的老師」(Bonaparte war mein Lehrmeister in Krieg und Politik)。他搜羅了有關拿破崙在意大利和德國作戰的一切報告書，從根本上去研究其戰勝原因，結果爽直地承認其原因在拿破崙天才對於作戰的臨機應變。格耐色瑙說：「我很早且很準確地認識了法國的統治世界計劃和拿破崙的性格」，這足以證明他對於軍事和政治具有特殊眼光。不過格耐色瑙也承認這種純粹理論研究是有界限的。他說：「幾年以來，我在小防地的生活，杌隉不安。我的地位，對於培養軍事眼光，甚不相宜。我缺少經驗，只有在從事研究的時候，注重實用，排除無聊的思索去觀察時局，纔有補於實際」。

只有戰爭能夠使格耐色瑙擺脫「小防地的杌隉不安的生活」。戰事將要爆發的時候，他曾用全副精神去觀察時局。一八〇五年冬間，因為普魯士政府懦弱不堪，眼看着將被捲入戰事漩渦，他便開始作熱烈的評論。他說：「我從軍人的立場看來，舉目所睹，全是混亂。我從家長的立場說來，我怕家破人亡。我從公民的立場說來，眼看着政府懦弱不堪，坐失良機，大難臨頭。時至今日，只有幸運，智慧和堅忍能夠拯救我們了」。戰事的爆發，終於使普魯士崩潰了。但是戰事同時也給格耐色瑙造了機會。英雄有了用武之地，便大顯其身手。於是格耐色瑙便步入轟轟烈烈的生涯了。

耶拿(Jena)之戰前一天，格耐色瑙在信裏寫了準確的作戰判斷和這位四十六歲的大尉胸中的失意感懷。他在信裏說：「我知道法軍將如何作戰。我可不知道我們普軍將如何作戰。我早已料到法軍將沿薩勒河(die Saale)進攻。然而奈何我地位太低，說出來也白說。我的前途實在不堪設想。我自擇的祖國啊！我被忘記在小防地，我只能替祖國打仗，卻不能向祖國建議」。他當連長在薩勒平原作戰時受了輕傷。在耶拿之役，他偶然被編入他素來認識的劉謝附(Rüchel)將軍的衞隊。不久劉謝附將軍攻擊卡佩楞堡 (Kapellenberg)，屢攻不下，終於成爲普魯士軍戰敗原因。格耐色瑙用諷刺語氣描寫潰敗時的情形說：「耶拿一役，我騎馬作戰，把所有軍隊調到前線，但是終於和別的軍隊，和貴族們一同跑了。……這是奇恥大辱。與其重遭此辱，何若一死。然而試看我們的將領和省長如何。他們將留下幾行令人驚異的歷史呢！」當普魯士主力軍潰退的時候，格耐色瑙被任設營委員先行後退佈置，幸而未遭投降慘運，安抵東普魯士。他在這裏靜待重行効命疆場的機會，因爲他相信普軍即將重整旗鼓，繼續抗戰。

格耐色瑙的軍事眼光，經過這次的戰事，得到很大的進步。他不但認識了戰爭的可怕面目和戰爭對於人類的影響，而且實際和——歷來只在書本上看過的——戰略優異，調動迅速，善用地勢，組織完善，採用新式指揮法的敵軍作了戰。格耐色瑙曾作一篇詳細的紀念論文，闡明法軍勝利原因，指摘普軍缺點，認爲這是普魯士舊式國家機構所致，他說：「我們的毛病，在自負太高，不肯跟着時代一同進步」。普魯士在軍事上和政治上崩潰，他引爲奇恥大辱，大發警世之論，說：「在上者無能，在下者無信。世風不古，從容捐軀，反被認爲詩人狂爲。人人想自救，人人想享樂，重名譽的人只好羨慕在疆場捐軀的人」。

格耐色瑙在科尼斯堡 (Königsberg) 的時候，承劉謝附推舉，升爲少校。他這纔頭一次接觸到和普魯士王一同決議繼續抗戰的將領。因爲決意繼續抗戰，普魯士軍也就恢復了軍人名譽了。這時候大局上已經可以看出普魯士大有否極泰來之勢。一八〇六年冬，已經到處抬頭了那些後來從事改革和解放的勢力。但是普魯士環境惡劣，當時已被迫訴諸非常手段了。格耐色瑙也曾樹立一種大膽計劃，擬在德國北部發動民變，同時借助英國和瑞典，迫法軍退到挨爾培河 (die Elbe)以西。按這是把美國獨立戰爭的經驗適用到實際軍事目標的。格耐色瑙少校由前線調到立陶宛 (Litauen) 之後，即奉命在俄國邊境組織最末一批預備兵。格耐色瑙便埋頭去幹這種很不合算的任務，直到後來如願以償重調前線時爲止。一八〇七年三月被調到受敵軍包圍的但澤 (Danzig)，不久即升爲波美倫省 (Pommern)的科爾堡 (Kolberg) 要塞司令。素來要求用强有力武器作戰的格耐色瑙，便必須在這需要全副精神的地位上證明他的本領了。他果然大顯身手。居然在這被認爲失去了的要塞支持了三個月。他便一躍而名聞天下了。

防守要塞，是很適合格耐色瑙軍事本領的一個任務。這個任務同時也就給他造了一個機會，證明他的人格對於別人的影響力。他把軍隊和民衆同置於自己勢力之下，以身作則，把所有力量集中在唯一目標即堅守要塞上面。他在戰略方面，早已樹立鞏固計劃，排除消極防守之法，採取前進迎敵之策。這種計劃，在格耐色瑙，是先知而後行。事實他在要塞前面建築臨時陣地，居然支持了數星期之久，終於把總攻擊也打退了。因爲這些計劃大奏奇效，格耐色瑙便很有把握了。他在信裏寫當時的經驗說：「我負一切責任，成爲一個獨立王侯，往往帶有專制色彩。我革除了膽小的軍官。我和勇敢的軍官一同生活，殊覺愉快。我只知有今日，不知有來日，呼喚之聲，響似雷霆。防守到底的大膽計劃終於奏效……」。格耐色瑙對於停戰協定之成立，殊覺不滿。他不認爲他抗戰成功，只認爲戰事轉機的希望終歸泡影。當他和法國包圍軍司令會見的時候，據當時在場的人說：「格耐色瑙儀表非重，態度堂皇，處於法軍諸將領之中，普國一少校儼若一王侯」云。

格耐色瑙爲要衝破危機，曾在科爾堡採取緊急措置，終告成功。於是他的名字喧傳三軍，響達全國。普國戰敗而失去獨立之後，菲得利·維廉第三 (Friedrich Wilhelm III.)曾招一批人士，命其重建普國。曾在科爾堡之役樹立奇功的格耐色瑙，也在被招之列。他任軍事改組委員會委員，得與石太因 (Stein)，沙恩荷斯特 (Scharnhorst) 接近，不久便成爲該委員會的中堅份子了。改革家們曾根據德國「理想主義」(Idealismus)和理想主義的政治獨立要求，大改其精神。他們的事業，是要從這個精神變革纔能理解的。普魯士的殖民地地位，是必須靠政府和國民的緊密合作去推翻的。至於政府和國民的合作，可按下記步驟做去，就是：根據這些改革家的理想主義樂觀論去推翻「階級國家」(Ständestaat)，解放國民，使其參加自治代議政府，然後實行全民武裝，普魯士人民的這些精神自由的觀念和責任觀念，是從德國理想主義的義務觀念發生出來的。這些觀念和再進一步去求外形自由的企圖，有密切的關係。改革運動，始終堅決追求其排除外力的唯一目的，其倫理效果在此，其所以能不到幾年就深入人心的原因也在此。這些改革家們深信，拿破崙的破壞意志，將有滅亡普國的一天。因此他們只有爭取勝利和喪失名譽的兩條路可走。站在這個關頭，他們便負責去增強國家和國民的抵抗力。他們所採取的辦法，都帶有緊急性，若在平時，是要令人疑懼的。在普魯士的愛國者們看來，這些辦法，目的全在對抗一個拿破崙。他們認為拿破崙是一切政治罪惡的化身。在格耐色瑙心目中，「戰爭和政治的老師」也成為反對自己政治理想的可恨的政治存在了。格耐色瑙天資善感，對於新時代的要求，感覺尤其靈敏。在一八〇六年以前，他對於民族還沒有什麼感情。到了普魯士崩潰的時候，他纔突然對民族發生了感情。受外力統治一天，他的民族感情加強一天。現在他對於法蘭西革命的大規模現象也具有一個眼光了，他說：「法蘭西革命喚醒了一切力量，而且使各力量得到適當的活動範圍。軍隊得到英雄做領袖，行政方面得到大政治家做領袖，最後由國民裏面出現了最偉大的人物做大國民的領袖」。接着，格耐色瑙又說了好像他自己身世的話，就是：「一個民族裏面埋沒着多麼大的力量啊！原來幾千人當中，必有一個大天才，只因地位太低，英雄無用武之地而已。當國家陷於絕境的時候，也許有本領可比羅馬皇帝的人，在偏村僻壤耕田種地，也許有才幹可比大政治家挨帕米暖達斯 (Epaminondas) 的人，家無隔宿之糧。朝廷為什麼不走直截了當的路，博訪天才呢？為什麼不撤開階級，替天才找出路，替天才喚醒其才幹和德性呢？」

「新時代不需要舊名門，不需要舊頭銜，不需要舊羊皮紙書，新時代需要有生氣的行爲和力量」。這是格耐色瑙改編新軍的基本方針。採用軍官時，只取決於人格和才幹，不再取決於門戶和階級。在訓練章程裏，格耐色瑙對軍官闢開一新途徑說：「軍官須時刻想起自己在教育與領導民族中的榮譽份子，是負有榮譽使命的」。同時因爲實行全民武裝，軍人在國民裏面的地位也發生了變化。格耐色瑙曾撰一文，叫做消除後顧之憂 (Freiheit des Rückens)。他在這裏打破了舊時成見，樹立了一個新主張。他在這篇文章裏說：「如果有公道的法律把義務和權利公允分配於一切階級，那麽那些爲野蠻人和野蠻時代而制定的刑法，便必須跟着教育的進步加以修改了。……因此，消除後顧之憂的宣言，似乎應該發在實行全國徵兵之先」。在格耐色瑙之下，軍隊和國民已經結合爲不可分的一體。他主張對全國人民實行軍事訓練，藉以打破割據一方，門戶森嚴的軍隊組織。他說：「要想達到這個目標，必須實行全民武裝，提倡尚武精神；必須訓練國民，使之防衛自己的社會，防衛自己的財產，防衛自己的家屬，並使之信仰政府和祖國；必須喚醒國民對於環境的認識而使之對於武器發生好感……使每一個人都有自由活動和自由發展的機會，是可以產生奇蹟的」。

志士們除圖復興普魯士而自強不息外，還在政治上靜待着發動「解放戰爭」(Befreiungskampf)的機會。一八〇八年在西班牙發生的反拿破崙民變，算是他們最初的烽火。當時格耐色瑙，不太因 (Stein)和沙恩荷斯特(Scharnhorst)，曾建議由國王下命發動民變，格耐色瑙主張尤力。他說：「我們勇往直前去作榮譽的戰爭，我們相信有神保佑，神是不會置公理而不顧的。神之所以陷我們於絕境，用意必在使宗教自由的德國再進一步鍛鍊國民而兼有宗教自由和政治自由。我們正爲國民的獨立和向上而戰，這是再神聖不過的」。他主張由國王召集國民代表，使國民參加戰事。他說：「如果要使國民堅決防衛祖國，最公平且最良好之策，是把祖國交給國民」。格耐色瑙也和其他改革家們一樣，曾對這個解放戰爭抱很大的希望。他們相信，經過這次解放戰爭，可以發展國民一切力量，可以提高國民道德，可以恢復自由，可以復興國家。他們所以力足移山而能在危險關頭發揮偉大力量，靠的是這片信仰。

一八〇八年至一八〇九年，穩重而實事求是的國王，却因俄國裹足不前，拒絕開戰。格耐色瑙想最低限度對於奧地利所發動的反拿破崙戰爭作個人援助。他到了英國，擬借英國的力量在德國西北部發動民變，但是毫無結果，廢然而歸。格耐色瑙奉拿破崙的命令暫時脫離軍職之後，復於一八一一年被哈敦堡(Hardenberg)招去籌劃起義。當時拿破崙正在準備和俄國決戰，普魯士的生存便又成爲問題。於是，普魯士的解放戰爭，便增加了成功的希望。如果普魯士不能趁法俄二强爭雄之機而得到獨立，志士們便決意甯可玉碎不求瓦全了。

關於這個決定存亡的最後一戰，格耐色瑙曾作回想錄，敍述當時的作戰情形。因爲限於力量，無法採取攻勢，格耐色瑙便採用了曾在內戰時充分試驗過的國防戰略，就是：把陸軍集中在要塞，尤其是集中在施盤道(Spandau)，科爾堡(Kolberg)等成爲大陣地的要塞，然後由此開出去作小規模的戰鬬。「武裝民軍」(der bewaffnete Volksaufstand)的目的，在援助正式戰鬬，其組織和後來的「後備隊」(Landwehr)或「義勇軍」(Landsturm)相同。國王也接受了這些計劃，但是要以不攻擊拿破崙爲條件。於是一方面擴充施盤道科爾堡兩要塞，一方面訓練「速成兵」(Krümper)，毫不引起人家的注意，就增强了陸軍。格耐色瑙自任總司令，坐鎮施雷仙(Schlesien)。

當決議動員的時候，格耐色瑙自己還有些懷疑，然而克勞塞維茲(Clausewitz)却極表贊成，可見格耐色瑙在軍中的聲望之高。克勞塞維茲對格耐色瑙說：「閣下何以不肯爲施雷仙元帥府造福？使施盤道成爲一個托累斯·未德拉斯(Torres Vedras)的人，是可以使施雷仙成爲一個西班牙(Spanien)的。在軍隊中得到衆望的，舍閣下莫屬」。此外還有許多人認爲在科爾堡打了勝仗的格耐色瑙，勇敢果斷的烈士格耐色瑙，就是解放戰爭的未來領袖。大家都願意唯格耐色瑙馬首是瞻，都願意他樹立革命旗幟。格耐色瑙爲要在德國西部發動革命，而在一八〇九年到英國和北歐各國籲請援助的時候，他自己也是如此計劃的。無疑地，他也自信能够勝任愉快。當時他曾說過：「做大事，須先有人樹立計劃，然後下決心，照計劃幹到底」。格耐色瑙的朋友，批評他很有拿破崙精神。他在一八一一年作國民戰爭的回想錄時，激烈的政治情緒便又燃燒起來。他說：「凡是擅離職守的人，除褫奪一切繼承權外，另行示衆。貴族要有所建樹纔准其保持原有地位。一般國民要有功勞纔封爲名流」。方法既定，格耐色瑙便履行前言，拿起武器來發動革命了。

格耐色瑙既抱這種思想，周圍的人又在德國歷史上打破前例把國家的存亡截然由君主個人分開來，甚至像約克(Yorck)將軍在立陶宛的桃羅根(Tauroggen)締訂協定，已經超過君主去自由行動了。國王也許覺得格耐色瑙之功該受「公民冕」(Bürgerkrone)，但是雙方的對立也就因此日趨顯明，格耐色瑙便漸被國王疏遠。國王對於格耐色瑙在回想錄裏寫的革命情緒表示反對，說：「當作詩看則可」(Als Poesie gut)。格耐色瑙便答道：「宗教，禱告，愛護君主，愛護祖國，愛護道德，無一不是詩。把算盤打得精精明明而後行的，是自私的人。王座是設在詩上面的」。國王和哈敦堡(Hardenberg)既反對志士們的作戰計劃，法國又强迫普魯士締訂反俄同盟，格耐色瑙對於普魯士的前途，頗感失望。格耐色瑙又要出國。他險些和國王發生衝突，幸虧由哈敦堡從中調解，和平了事，還由哈敦堡口傳王命，讓他在英國商量對拿破崙共同作戰事宜。這時候，他的思想改變了，他想仿學石太因男爵(Freiherr vom Stein)的先例，脫離普魯士的立場而由海外救祖國。他相信現在非單獨作戰不可，他說：「當今世界截然分爲兩個部份，一個部份是被迫或自動服從拿破崙野心的，另一個部份是反抗拿破崙野心的。這時候，問題與其說在國土上面，不如說在主義上面」。桃羅根協定(Die Konvention von Tauroggen)成爲格耐色瑙的歸國信號，他便不必和祖國普魯士脫離關係了。他於一八一三年二月二十五日在科爾堡上岸，備受市民熱烈歡迎。他所重見的普魯士國土和石太因男爵所重見的不同。普魯士歡迎他，給他一個機會，使他在即將開始的解放戰爭，發揮其武將本領。他回到普魯士軍隊，任少將。因爲他新近担任過外交使命，所以被任爲將在北方和俄軍瑞典軍共同作戰的普軍司令。在北方軍隊尚未成立之前，沙倫霍斯特便暫時聘他做當時駐紮施雷仙的布綠歇（Blücher）軍司令部築營次長。沙恩荷斯特是陸軍部長，在開戰後幾個月間，辦理動員事宜，甚爲忙碌，所以格耐色璐自始即代替沙恩荷斯特做布綠歇的顧問和助手。

解放戰爭一開始，格耐色璐即異常活躍。幾年來的鬱悶，至此豁然消散。他說：「世間沒有過比我幸福的人。因爲我在前進，終可和壓迫我們的人交戰」。克勞塞維茲描寫他的儀表說：「格耐色璐穿起將服來好像神一般」。阿倫特（Ernst Moritz Arndt）當時也描寫格耐色璐的彬彬不俗充滿生氣的相貌說：「格耐色璐是五十二歲的人，但是從舉止，行動，容貌看來像是三十多歲的人。他的體格很堂皇。身體略高於中等，但強健無雙，頭部俊雅，額寬髮旺，眉目清秀，目光炯炯，鼻梁隆準，口顎豐滿……丰貌彬彬，神采奕奕，雄心勃勃，熱血遍身。一舉一動，一顰一笑，都顯出浩然之氣和不凡之概。性情烈而喜動，但能善自約束。他看見別人行動卑鄙陰險，往往要生氣，但是不至因怒而忘形，語言也不至因怒而亂調，他能夠始終維持英雄風度」。

一八一三年春間，格耐色璐曾代表總司令部指揮集團軍作短期間的戰事。那時候，他對於統帥全軍作戰，還沒有直接經驗。然而僅憑他個人的聲望，他已能夠指揮哈敦堡（Hardenberg）。包増（Bautzen）一役之後，俄軍決定退入波蘭，菲得利・維廉第三（Friedrich Wilhelm III.）也有同行之意，格耐色璐便聯合別的普軍將領，堅決反對。他想趁此機會在施雷仙組織國民軍，曾向國王要求授以絕對權力。然而礙於普魯士和拿破崙所訂的停戰協定，無法實現。於是便用別的方式去滿足格耐色璐的希望，就是：派他做施雷仙總督，命其訓練後備軍。這項任務，從許多方面看來，都是很困難的。當時施雷仙省的一部份還是戰區，波屬上施雷仙（Oberschlesien）還在作消極抵抗。因此，格耐色璐便採用了獨裁方式。　由此可知他將怎樣熱心作國民戰爭了。　他把自己力量灌注到人民的一切部分，終於消除了後備軍的組織上的缺陷。　爲要發動民變，他曾在施雷仙營盡艱難和失望，但是終於收到了美滿的結果。　到了停戰協定失效的時候，施雷仙的大部分後備軍已經加入野戰軍了。　格耐色瑙自認爲後備軍是很能幹的。

因爲沙恩荷斯特前此在大革爾深 (Gross-Görschen)受傷，繼而在停戰期中逝世，格耐色瑙終於升爲布綠欸將軍所指揮的施雷仙軍參謀長。　他很遲疑地接受了這個職務。　因爲他的性格是比較適合於獨立指揮的。　他曾在科爾堡證明他有特殊力量，他能用人格感化軍隊去作戰。　格耐色瑙原被派在瑞典太子之下統率普軍，然因未獲王命，未見實行，及今想來，塞翁失馬，安知非福？格耐色瑙是普魯士軍的天才將帥。　然而也和他的朋友沙恩荷斯特一樣，情願屈居於布綠欸將軍之下。　按布綠欸，幾年以來，很得全國人民信賴，在普魯士崩潰以後，即爲樂觀前途的少數高級軍官之一，而成爲一個民族精神力量。　布綠欸，理智健全，判斷準確，意志堅強，對於拿破崙的優勢，毫不懼怕。　因此，即在惡劣環境之下，他也處之泰然，毫不失去鎮靜。　他方面，格耐色瑙爲人和藹可親，作事愼重可靠，深爲布氏倚重，於是二人合作，相輔而行。　格耐色瑙深知道自己在布綠欸之旁所佔地位之重要　，　但是歷來沒有發生過想減少布綠欸聲望的念頭。　他把一切行爲全歸功於布綠欸。　因此，布綠欸始終感覺重大責任，但是絕不感覺他在顧問手中。　其能夠如此——他們共事的前提在此——要算格耐色瑙在歷史上的功勞，他是爲要成事而躱在後台的。

總司令布綠欸，工戰略，喜歡親自參加戰事，眞不失爲非得利大王時代的模範軍人。　然而格耐色瑙不但思想高超，構思雄大，遠在布綠欸之上，而且對於拿破崙出現後開了一新紀元的作戰方式的理論認識和實際眼光，尤非布綠欸所能企及。　新式戰爭所採取的，是絕對方式，是集中全國力量，孤注一擲，不勝則亡的。　敵軍戰鬪力量的完全破壞，成爲了賭最後政治命運而戰的主要戰鬪原則了。爲要速戰速決，便產生了絕滅敵軍，一舉取勝之法。這是發端一開，立卽由側面和敵軍後方採取大規模的攻擊的。對於敗退了的敵軍，便在主力戰後，不顧一切，長驅直追，予以根本解決，使之潰不成軍。格耐色瑙前此認爲拿破崙之成功，是因爲他採取這些近代作戰原則的緣故。在一八〇六年之役，格耐色瑙便從自己經驗裏認識了這些作戰方法。當時普魯士的領袖們還糊裏糊塗，沒有料到敵人會採取迅速的行動。在不利的戰略之下，普魯士軍一敗塗地，接着受到猛烈追擊，終於全軍覆沒。

時過境遷，現在格耐色瑙便「以其人之法還治其人之身」，反過來對於自己的「老師」（譯者按卽拿破崙）採用同樣的作戰原則了。並且變本加厲，還加上他個人性格上的熱血和勇往直前的毅力。格耐色瑙深知採取攻勢可以振作士氣，所以只要有機會，莫不隨時進攻，以便各個擊破敵軍勢力。不過他老想找一個決戰機會，拿優勢力量採取總攻擊，同時從側面包抄敵人後路，俾得一舉消滅拿破崙軍。

格耐色瑙在一八一三年，一八一四年和一八一五年三役所建樹的豐功偉業，我們無暇詳述。這裏單說其主要戰事對於格耐色瑙一生的意義吧。他在加茲巴哈（Katzbach）一戰之後卽要求長驅直追，他說：「錯過了勝利的機會，便得再戰，再戰也許就要全盤崩潰」。格耐色瑙深知他所提出的嚴格的絕滅原則，對於施雷仙軍的後備隊，是個莫大的負担。他和軍隊極其融洽。當時他說：「英勇的軍人，能忍受一切艱難困苦，絕無怨言，甚至可以居之泰然。旣能吃苦耐勞，又能英勇作戰，還有什麼更値得欽佩的呢？在這一層，軍人是遠高出留居後方的人民之上的」。

格耐色瑙曾把施雷仙軍決然調到右翼，而渡過了挨爾培河（die Elbe）。這足以證明他的作戰膽量和軍事眼光。按一八一三年九月底，雖然拿破崙軍將領打了敗仗，却因普軍總司令部猶豫不決，戰事毫無進展。於是格耐色瑙便決意擊滅拿破崙軍。把軍隊調到北部而和北方軍隊接近之後，他想邀北方軍隊同時渡過挨爾培河，而向敵軍共同進攻。因爲拿破崙軍向着這兩軍而來，格耐色瑙便避其銳鋒，西行而渡薩勒河 (die Saale)（譯者按係挨爾培河支流），放棄了過去的一切聯繫。他在薩勒河西岸南進，安然會合於由柏門 (Böhmen) 開往來比錫 (Leipzig) 的主力軍。普軍便在來比錫集合了優勢的軍力，靜待決戰機會。格耐色瑙把軍隊由西方集結於東方，可知他想怎樣覆滅拿破崙軍。固然格耐色瑙的大膽計劃，礙於統率主力軍的不得法和聯合作戰的困難，無法如意實現。但是他對於擊敗拿破崙是有很大功勞的。他在十月十八日上午寫道：「如果我們不犯重大錯誤，我們必勝無疑。我軍所採的步驟，我軍的勇敢行動，我軍所打的勝仗，我們總司令部所發出的建議，這一切都對於戰事的轉機有莫大的貢獻。別的軍隊的勝利，都無補於大局，只有我們軍隊的勝利，曾經牽動了整個戰事。倘若將來能夠把這次戰爭的祕史發表出來，後世的人將爲之一驚」。

然而格耐色瑙却不能儘量享樂他的成功。因爲正在這幾天，他重新受到國王的歧視。格耐色瑙雖有渡挨爾培河之功，但不曾聽到一句嘉奬之言。來比錫一戰之後，終於積悶成疾。他寫信給密友克勞塞維茲 (Clausewitz) 說：「當我軍集結全力於來比錫的時候，國王雖然對我們的軍隊表示了幾句滿意的話，但是對於我個人却一字不提。……可見國王對於和他政見不同的一切人的厭惡，是如何根深蒂固的。一俟這次聖戰結束，我將立即退休，我情願吃苦飯，却不願在國王的軍隊服務」。他認爲國王對於他的厭惡根深蒂固，無法消除，並且在他那樣的性格也沒有言歸於好的希望，於是他便在建樹了豐功偉績的這幾天，寫了極動情的信給哈敦堡 (Hardenberg)，懇求哈敦堡在締訂和約之後，派他做郵政總長。他必須要擺脫這個痛苦的紛爭，因爲他感情太重，禁不起這種痛苦，他說：「我不知道爲人之惡所動還是爲人之德所動，總覺得心緒過分動搖。我已經不能約束我的感情了」。

一八一三年冬，當討論政治問題的時候，始終主張向法國長驅直入，一舉推翻拿破崙，而樹立歐洲和平的，還是格耐色瑙。 他說：「如果要找一個奮鬪時期，那便是現在。 我情願鐵在滾熱時加以鍛鍊，以免讓戰敗的敵軍得到休養的機會」。 和戰問題遲疑未決，拿破崙便得到重整旗鼓的時間，於是據格耐色瑙的估計，又得再戰兩年了。 施雷仙軍於除夕渡過萊茵河 (der Rhein) 之後，格耐色瑙便又以消滅拿破崙軍爲目標，並由施雷仙軍做出榜樣來引誘友軍進攻。他往往故意不靠主力軍的援助，單獨進攻拿破崙軍。 當時拿破崙雖然陷於絕境，却還能應付裕如。 因此格耐色瑙苦戰再三。 他所以能够安然脫險，全靠他的決斷力和樂觀精神。 瑪倫河谷 (das Marnetal) 之役，施雷仙軍，兵力分散，損失甚重，慘敗而退。 當時格耐色瑙寫信給克勞塞維茲說：「我們的行動，好像沒有打了敗仗似的，我們第五天便又採取攻勢了」。 到了格耐色瑙決意單獨用施雷仙軍由北方進攻巴黎，包抄敵人側面和後方，這一場戰事纔告結束。 但是這也是經過許多摩擦和內部困難纔實現的。 他說：「我放膽幹了大家都認爲不可能的事。我毅然向着目標前進，因爲我並不是膽怯的人。 我所怕的唯一的事情，便是在不適當的時期議和」。

格耐色瑙雖然在這些戰事期間中老躲在布綠歇將軍背後，始終不曾對外表明過他的態度，但是長此放棄司令權，也覺得是很痛苦的一件事。 一八一五年之役，爲要重行打倒由挨爾巴島 (Elba) 回來的拿破崙，終於在最危急的時候，派格耐色瑙做普軍總司令。 這是他的軍官生活的最高峯。 拿破崙集中了兵力向比利時 (Belgien) 境內的英荷聯軍和普軍進攻，企圖對這兩個敵軍採取各個擊破之策。 爲引誘英將威林敦 (Wellington) 同向拿破崙軍宣告決戰起見，格耐色瑙曾把普軍主力深深往前開去。 他相信聯軍當於適當時期前來援助，就發動了里尼 (Ligny)之役，經過苦戰之後，普軍敗退。 因爲布綠歇曾在進攻失敗的時候失踪，退軍事宜便由格耐色瑙一人主持。 他下命軍隊往北撤退，放棄了東部的聯絡。 他相信只有這樣纔能够阻止威林敦往安特衛普 (Antwerpen) 退軍，而於不久之後向拿破崙採取共同攻勢。 拿敗退的軍隊去救友軍之急，要算戰史上最勇敢的行爲。　毛奇(Moltke)批評他說：「格耐色瑙功勞比我大。　因爲他曾經拿戰敗了的軍隊打了勝仗」。　貝拉亮斯(Belle-Alliance)之役——譯者按即滑鐵盧(Waterloo)之役——，因爲普軍參加，終使拿破崙軍戰敗。　當作戰那一天晚上，格耐色瑙發出了那有名的追擊命令，並且親自實行了這道命令。　他在命令裏說：「凡是一息尙存，血脈裏有一滴普魯士血液的人，都必須追擊敵人」。　發出了這道命令，他便不顧一切，埋頭直追，追得法軍一敗塗地。　他說：「我一直到天亮，到部下累得不能再前進時爲止，並未稍息。　那一天晚上是我生平最光榮的一夜」。　在格耐色瑙心裏，這次的軍事目的，好像是和一八〇六年的可怕日子的印象有關聯似的。　現在他的奇恥大辱終於得到報復了。

「歷史上沒有過比貝拉亮斯之役再重要的戰爭，牠不但在作戰上重要，而且在精神影響上也重要」。　格耐色瑙曾經在和平會議裏根據普魯士對於擊敗拿破崙的這項功勞，提出了充分保障德法邊境的要求。　然而他大失所望，因爲第二次巴黎和會不曾滿足他的要求，尤其埃爾薩斯（Elsass）羅丁根（Lothringen）二州，幾乎不減少面積仍屬法國。　他在巴黎一直住到一八一五年冬季。　其後被任爲萊茵河畔和威斯特發楞（Westfalen）的新領土的集團軍總司令，担任了類似總督的職務。　格耐色瑙，爲人豪爽可親，頗獲萊茵州人民之心，科布楞茲(Koblenz)的家，不久便成了文人交際的中心了。　然而他旣和改革時代的主要人物有密切關係，並且對外已經得到解放的今日，他又想在自由主義原則上而完成國家改革，因此他不久即和國王周圍的人們發生衝突。　原來國王周圍的人物是代表舊貴族勢力的，他們看見革新派在活動，便起來作無聊的反抗。　「要武器，國家組織和科學三者俱優，纔能立足於强鄰之間」，這是戰事快要結束時格耐色瑙在寫給阿倫特(Arndt)的信裏說的話。　現在他認爲這些理想在普魯士國裏是無法實現的。　因此，他便於一八一七年要求辭職了。

一八二五年，貝拉亮斯戰事十周年紀念之日，格耐色瑙被升爲元帥。　據說菲得利·維廉第三（Friedrich Wilhelm III.）曾趁這個機會親自改善了他對於這位普魯士最高軍官的關係。於是，國王便又倚重這位元帥了。當一八三一年波蘭叛變之時，普魯士動員了四個東方集團軍，格耐色瑙即以親信的克勞塞維茲爲輔，担任總司令。一八三一年八月一日，格耐色瑙不幸在波森（Posen）的總司令部患霍亂症逝世。

「格耐色瑙痛恨拿破崙壓迫普魯士，他和拿破崙有不共戴天之仇。雖然除格耐色瑙之外，也不乏同愛之士，但是他知道在衆多志士之中，自己是具有最大的實行力量的人。差不多沒有一個人有他的恒心，有他的魄力，有他的持久性……格耐色瑙的武功，自包增（Bautzen）之役起，直到二次佔領巴黎時止，始終不稍減少光輝。格耐色瑙的不斷的努力和爲人犧牲的精神，是聯合利害不一致，希望不同，顧慮不一樣的歐洲各國的唯一戰略。格耐色瑙，而且只有格耐色瑙，是制勝了拿破崙的人」。這是施利分伯爵（Graf Schlieffen）敍述格耐色瑙的武功時說的話。這位「制勝了拿破崙的人」（Überwinder Napoleons）所以能够成就這偉大事業，完全是因爲他深信他的政治理想——即「國民的解放和向上」(Befreiung und Veredelung des Volkes)——是國家命脈攸關，深信普魯士國除此之外無從實現其使命的緣故。

歷史主義的前驅

Vorläufer des Historismus

張貴永著

歷史主義的起源要求天權思想與其人性一致說的讓步，這在十七世紀的哲學思想已經有了轉機。笛卡兒最初進入研究對象的本體，但笛氏的根本概念以及當時科學的發明却使天權學說更有勢力，歷史生命所經驗到的變遷還是束縛在機械的因果定律之下。以洛克爲代表的英國實驗主義與感覺主義減削理智的絕對眞實性，引起人類現象及其歷史變遷的審愼與客觀研究的意志，並且開始認識非理性的，心靈的，感情的世界。可是要勝過舊的天權與新的自然主義，不能不對人的心靈具更深刻的瞭解，如此才能產生新的歷史感覺。來伯尼茲(Leibniz, 1646—1713)沙夫茲巴利(Shaftsbury, 1671—1713)與韋科(Vico,1668—1744)三人同時而又各自獨立地到達這個境地，其中韋科的著作經久未曾發覺，來伯尼茲與沙夫茲巴利在當時發揮精神力量，影響德國的運動。比較次要而從敬神主義出發的尚有阿諾爾德(Arnold, 1666—1714)。

在英國同實際經驗與審愼態度平行的，往往有一種高尚優雅的美感。這在每一時代的藝術與抒情詩找得出痕跡來，種族論者就認爲這是盎格爾薩克遜民族性中的凱爾特混合因素。沙夫茲巴利代表這一類人物，擁有政治的自由理想與樂天觀念。自由與文藝(liberty and letters)經由榮譽革命的新鮮空氣，陶冶成新的生命。在精神歷史上特別對於歷史主義的起源發生重要意義的，却是另一種關係，那就是從心靈深處更有創造能力的柏拉圖與新柏拉圖思想。沙夫茲巴利受文藝復興時代哲學家布魯諾(Giordano Bruno)的啓示。柏拉圖的愛(Eros)

是世界的眞旨，超達原始形成與理想，根源於心靈的奧境，基督教更趨向精神靈魂，普羅丁（Plotin）的哲學亦有同樣情景。當時的關連不過是人的心靈與上帝精神，不很是心靈與歷史，並且沙夫兹巴利亦祇能說是具有靜的天權的與動的新栢拉圖的混合思想，對於歷史尚未發生深刻興趣。他相信誠實與美德的自然規律，（natural rule of honesty and worth）這就是禁欲派的（stoisch）天權。但我們認爲對於歷史世界有關的精神力量，是在他把一切事物的最高趨向，導源於全部人生經歷的欣賞觀摩。這種審美的觀點使他超脫主知的見地，發現內心形成的精神力量。這也就是我們個人一致人格所自出。所謂內心形式與機構（inward form and structure），內心組織（inward constitution），內心品格（inward character），內心美德與自由（inward worth and liberty），內心情感與原則（inward sentiments and principle），都是他喜用的字。所以是精神駕御肉體，不是肉體控制精神，祇有精神纔能給形式。這樣精神形式與力量聯合在一起創造生命形態，成爲他思想的中心。我們感覺這裏最重要的是他最先承認個性的原則。一切個別形式雖在最後由於一普遍單純的原則合而爲一，但有其獨特內在的天才，並能從其生命的運用有所表現。此外，他還提出了熱情（enthusiasm），這對於歷史事物較深刻的觀察與瞭解亦屬不可少的。

一七六五年來伯尼兹發表他人類悟性新論(Nouveaux Essais sur l'entendement humain)，這是他思想的結晶。新論中一句最有名的話是：「愛好在多端裏一宗的精神」（der Geist, der die Einheit in der Vielheit liebt）。個性的完全價値他還未能充分感覺，但他心中之能承認多端，並且知道從牠們能產生一宗和諧，那是偉大的，具創造性的。這樣獲得的宇宙觀能使一宗的有定律的宇宙系統充實內容，並與延續律（Kontinuitätsprinzip）相聯結。這裏含蓄着劃時代的，具自身發展能力，超乎天權思想的孕育細胞。日後在歷史主義曾滋養成長的：一種特殊的，自生的根據本身法則發達演變的個性觀念。同時這也就是宇宙定律的變化。這樣產生一有生氣的世界景象，把數學的世界公式打破，回到新柏拉圖的根本思想。活潑有爲的精力在永久不斷的相互關係是一無限多端的變化，並且導源於一最後最高的源泉。一宗多端的問題衝破當時宗教的與自然科學的界限，而有形而上的解答。這不僅形而上的而能由直接歷史經驗證實的。來氏的個性觀念又引導到他的單子說(Monadenlehre)。站在各種物體背後而與之密結不離的，尙有活潑的當做發展形成精力的個別本質，單子(Monaden)。人的心靈亦可以算在這裏邊。對於未來歷史思想有絕大關係的是由此產生相對主義的結論。旣然每一個單子係宇宙活的影子，就能給無窮不同的世界景象，這可是依照每一單子的不同的觀點不過是唯一的睡景。所以根據他的批判，有了個性觀念，把世界用元子的機械運動來解釋，就行不通了。試舉一個淺明有趣的例子。當時有一位富於思想的貴婦一次在園子裏閒步，忽然說着她不信世上會有全然相同的葉子，一位同伴覺得這容易找得，可是走遍花園不能發現。來伯尼茲認爲這類觀察向來被人忽視，而哲學同最自然的見解因此距離遠了。他確是在思想上超過他所生的時代。來氏把人的內心境地和學術觀察聯結一起，溝通理智與悟解而又不忘時間觀念。過去現在將來互爲因果，此點先赫德(Herder)而具近代色采。無論對於德國的啓蒙運動以及日後的唯心主義與歷史主義，他都是擎起炬火的前鋒。這就是他的偉大。可惜，我們不妨用狄爾泰(Dilthey)的話，「把歷史世界攝取在他的哲學系統之內來伯尼茲尙不曾嘗試過」(Dilthey, Schriften 3,36)。至於他的歷史著述我們已能感覺到史料考證與事實的客觀解釋。可是考釋方法的發達雖然同歷史觀的演進發生聯帶關係，但牠要求一種特殊運用，須待個性觀念發達以及康德哲學把認識論澄清之後，考釋方法才有內心的立足點，足以抵抗實用主義的侵入。雖然如此，來氏興趣所及，對於近代歷史事實研究的各方面，都有其獨到之處。十七世紀一種普遍運動是勤於史料的蒐集，到了來氏身上就發展成爲將來歷史研究的眞實問題。在歷史判斷上他能明察各時代的大轉機，眞是蘭克(Ranke)所謂歷史時機，至於各民族的興亡關鍵與命運變遷他又能洞矚其眞相所在，勝過後起的佛爾泰(Voltaire)。所差的祇是狂飆時代（Sturm und Drang）那種蓬勃有生氣，有眞情的人生體驗。沙夫茲巴利與來伯尼茲都是入世的，新栢拉圖主義的傳統。這就是把個別生命當做上帝精神的迴光反照，而以人爲大宇宙間之小宇宙。來氏固能有新教精神的內心深入，但仍不脫當時理智主義的面具。

可是怎樣能够產生對理智主義有意識的鬥爭呢？怎樣能够衝破天權思想方式的束縛呢？阿諾爾德關於教會歷史的著作給了答覆。阿諾爾德不僅向他同時的一般吹毛求疵擁護理性的人挑惹，並且還向各時代的作猛烈攻擊。他從過激的唯神論出發，這是根據他的敬神主義而來的。可是他對於將來歷史主義的影響，究不如沙夫茲巴利與來伯尼茲來得重要。我們可以把他的世界觀與歷史觀當做「心靈的天權」，因爲照他說來在人類生命與歷史中間終有一種永久回復的心靈的根本前提。這樣就產生善惡的判斷。但他在歷史家中間確是第一位把人的心靈放到歷史生命的中心點去。這裏我們進入十八世紀德國精神史上一個最奇異而又最重要的現象。敬神主義雖然箝制個性，但在心靈深處却又煽動了牠。這樣，敬神主義神祕思想不拘牠們心靈價値的一致，成爲新的個別生命最有力的預備工作。這又是歷史主義的培養土壤。

一件不是偶然的事情。在十八世紀頭半期眞能勝過當時新興的啓蒙運動歷史思想的開山人物，都在德國英國與意大利產生的。因爲在這些民族中間，不拘宗教上的深刻間隙，蘊藏着勝過理智主義的能力。南意大利的學術生活特別富於經院學者的抽象意味，從法國流傳過來的笛卡兒哲學與機械主義的思想空氣在這裏引不起多大興趣。韋科（Giambattista Vico）之出現，像是在無邊荒漠中忽然望見草原似的，昭示着無限的最富於創造性的精神力量。這位樸素篤實不揚名於當世的那波里（Neapel）大學修辭學教授用他全力站在反對笛卡兒主義（Kartesianismus）與機械主義以及十七世紀天權學說的成見的立場。並且他的新科學（scienza nuova）經過一七二五，一七三〇，一七四四三次改版裏創造一全然新的歷史思想的系統。依照他的思想派別來說，應該是廣義的栢拉圖主義者。 在他年輕時期也曾經對於意大利文藝復興的新柏拉圖主義者下過一番功夫。這新柏拉圖主義的世界意象影響他玄學的觀點。所謂他的玄學觀點就是指內心精力而不是物質，由此產生至高精神，生命與行動。 這樣，機械的因果律就顯得是外表的，淺淺的了。此點令人回想到沙夫茲巴利的內心形式與來伯尼茲的單子論。 可是我們已能在韋科身上，看到還要比他們更深刻，並且提前了康德的基本原理，認識人的創造。這基本原理和他反對機械富於想像的天性，以及他對於近代機械主義的自然科學與笛卡兒主義的厭棄引導他到了偉大的超越時代的信念，不是上帝所創造的自然，而是人所創造的歷史，「各民族的世界」應該是人所最能認識，如果不說，這就是上帝保留的全部眞理，至少比較能夠達到的蓋然的。 他對於歷史本身的根本思想是介乎基督教義與新獲得的歷史認識之間，而以循環說素爲其解釋。 歷史現象必周而復始 Corso e ricorso 最重要的是隨時不同的人的心靈機構。 最初幾乎近於獸性似的，後來逐漸階段似地人道化，每一階段創造適合他們自身的風俗習尙，以及國家社會的制度，從沒有組織可言的酋長制直到民主共和以至於完備的君主政體，將近完成的時候人民就發生道德上的衰敗，消沉到最初的野蠻狀態，重新開始同樣的生命過程。 所以這種學說像是古代與文藝復興的舊循環說素的更始與加深，不僅像波利俾阿斯（Polybius）指出的組織形式跟着循環來復，連各民族的內心機構都是如此。 不僅各民族的道德力量（Virtue），像馬基阿維利（Machiavelli）深刻感到的在昇降，連各民族的全部內心生活亦有一定法則的變遷。 民族命運就繫於人民階段似地演進的心靈。 這樣涵義廣泛，同時深刻把握事實經驗，根據各民族形成的人類歷史，確還無人理解過。 雖然如此，這個思想具有豐富結實與革命意義，牠的重要意義不能說就盡乎此矣。 韋科引我們進入問題與妙境地的，却是他的天命思想（Vorsehungsgedanke）。 上帝以其旨意統治世界與各民族的命運，那是從奧古斯丁（Augustin）到菩緒埃（Bossuet）全體基督教歷史哲學家所公認的，因此產生幸與不幸的觀念。 韋科給牠決定的轉機。 他把基督教義與內在哲學（Immanenzphilosophie) 在某種程度內和解，那就是上帝祇能由於天性由他所創的人類的天性在歷史上發生影響。人類天性祇想到目的與作用，上帝精神既給牠自由行動，却又指示牠的途徑，使牠能由野蠻狀態進爲人道主義。這是使歷史趨向現世化的一着。韋科覺得人類當其創造政治秩序與文化，除了爲着他們狹側的目前利益以外，別無所知。這對於歷史思想的解放盡了更進一步的效用，勝過天權與實用主義，把任何歷史上的制度當做個人的全有計劃的工作，把舊玄學上的 homo intelligendo fit omnia 改做富有想像的 homo non intelligendo fit omnia。這樣擊中了自古以來天權學說所公認的人性一致的要點，在歷史研究裏找尋眞實生命。日後蘭克的理想願望擺脫自我以全力攝取歷史現象，在相當程度韋科已能履行了。並且對於歷史制度的延續與變遷韋科亦能見出其中的相互關係，韋科否認一切事物的靜止，而認爲是變更與形成的。「事物的本性就在一定時間與一定環境的發育成長 (Nascimento)」。可惜韋科的歷史演進思想還是限於人類的派別 (Typus)，不是充分的個性發展。所以有人說他同時是實證主義與集體主義的先驅。歷史生命中派別與個性的關係要到葛德 (Goethe) 才有了深切的悟解，固然眞能細察派別的發達與衰息的人，對於個性在歷史上的關係亦不會不加以認識，但韋科究竟傾身於人類全體，而不在他的個性。這是他的哲學使他對於歷史的觀點當做精神的程序，包括全體參看 (Benedetto Croce, La Filosophia di G. Vico. 1911)，與赫德蘭克等人的時代精神，能聯結上帝精神與個人意象的不可同日而語。他和天權學說差異的是他更能深入人的對象，他所要追求的不是實在與靜止的定律，而是演進。他把動的內容放到靜的外表裏去。精神史上延續律的最重要的例子，劣敗者終能在優勝者的身上繼續存在這也是周而復始的循環說素的精義。雖然韋科那種呆板的循環爲日後歷史主義所不能應用，但「死生不息」(Stirb und werde) 的韻律還能有其活的意義。

文化形態學的研究(一)

Kulturmorphologische Betrachtungen

士榜格 (Eduard Spranger) 著

王錦第 譯

哲學是人類用思想去把握「永遠」的探求，哲學不滿足於只是事實的眞理，而常追求永遠的眞理。 然而所謂永遠的眞理不單是「時常妥當的眞理」，它的意義不僅如此，因爲妥當云者常是一般眞理所共有的本質。 無寧說永遠的眞理是關於貫流宇宙之永遠本質(或者永遠本質的構造)的認識或識見。 哲學的最後目的是要深深的探入上帝的祕密，自己也要參與永遠的上帝的思維。 用柏拉圖的話說，我們要分有上帝的認識。 這樣最高的目標在歐洲哲學顯示出來的還要首推柏拉圖。 這樣高大的目標是否達到了呢？ 並且將來是否能夠達到呢？ 固然到現在還是疑問，但是這種目標常爲哲學的核心。

然而我們人類還是從地上生長的，所以便用人類的方法去接近這種目標，我們從人的狀況出發以從事哲學，所謂人的狀況云者就是說哲學家也是一個人，所以他便要受地理的與歷史的環境影響。 因此哲學家先要對於地理的，歷史的限制約束加以反省。 若是僅只對於過去偉大思想的產物加以新立場的解釋是不充

(一) 文化形態學的研究 (Kulturmorphologische Betrachtungen) 發表在一九三七年九月號的教育 (Die Erziehung) 雜誌上，是士榜格在日本東京帝國大學的一篇講稿，其中有不關大旨的地方被刪去了。

分的。人人不能不有以從事哲學的勇氣作爲自己責任的感覺。我們不僅要把過去傳下來的問題加以研究，同時又不能不從自己的，本國的問題出發。從如此的勇氣與決斷出發，那末在生活中便能生長出有意義的哲學。由自己被限定的具體狀況出發，其含義便是「認識你自己」。因爲「認識你自己」這件事與認識上帝，認識宇宙一樣，可以說同樣重要的第三種認識。

因此最近的德國哲學置重點於人類學上，從那兒作哲學的出發點。人類受兩個主要方面的制約：人是自然的一片，同時又是文化的一片。所以缺少自然哲學與文化哲學基礎的人類學是不可能的，這二者（可以稱爲神智學的目的地）是到達最後目的地的道路或前提。然而本文所講僅限於文化哲學方面的問題。

人人都認識有許多種文化（不僅唯一的文化）的存在，從歷史的生成過程看來，在這兒有兩方面產生在每人的意識中。第一是統一的一般人類文化思想（或者僅爲一種豫想），第二是關於各特殊文化的思想。現實的各種文化是某一地方，某一民族，或某一特定的歷史階段上長成的。文化哲學便要闡明一般文化的問題與各特殊文化的問題，一方面的問題必得與他方面的問題獲得聯絡才能解決。文化哲學的第一個問題就是「一般文化是什麼呢？」，文化哲學的第二個問題就是「自己所生活的現實中，從哲學的觀點看，那種文化的狀況有如何的特質呢？」，我們以上所述「認識你自己」是關於第二問題的。

關於這兩個問題在文化哲學上主要的一個部門稱爲文化形態學，即是關於文化形態，文化構造的學問。文化形態學的程序(人人都很知道的)是遵照古來的研究方法。幾世紀以來既然有人研究植物(植物的有機體)的構造與機能關係，這就是植物形態學。同樣的幾世紀以來有人研究動物的構造與機能關係便成爲動物形態學，從此再進一步我們便達到了文化形態學的問題。我們所謂的文化在人類的精神世界中也有一種組織，機構，一種被認爲有機的構造以至有機的機能關係。固然這種有機的機能關係並不是理論的有計劃的按排出來的，而是經過長期的生長或生成過程而至今日才成爲有機的形態乃至機能關係。設若我們要理解活在超個人的複合體文化中的人類，或認識自己活潑潑的個性，那麼必得先要對於那文化的超個人的形態加以理解方可。這就是哲學上所謂「認識你自己」——這是達到哲學的認識自己的不能不由的道路。

然如上面的類推不免含有錯誤的危險。若是把文化形態學（看爲第三種）與植物形態學，動物形態學並列，我們便有把文化形態學單純的看爲生物學一部的可能。事實上是十九世紀後半葉（十九世紀的三分之一）人人對於文化的研究都借用了生物學的概念與方法。不過情形總不是完全一樣的。設若我們把文化認爲一個有機體，那末對於有機體的特質便不能不了解。文化的有機體在統一的「機能關係」——行動機構——一點看來，與自然的有機體是一致的。這就是個別的機能與全體機能有不能分離的關係，從全體決定各部份的功用。在這一方面，文化與自然的有機體，自然的生物是一致的。但是文化在下列各點與自然的有機體是相異的：(一)文化沒有統一的如生物學上的擔當者，例如身體，(二)在文化上不能證明統一的意識，統一的自我，或民族魂，文化魂的存在（不是思想而爲事實的）。無寧說文化現象是無數個人的身體或個人的靈魂擔當起來的。一言以蔽之，文化是一種統一的，但是超個人的意義關連，或機能關連。因此不能不用特別的方法研究文化的特別性質。生物學上既成的概念用到文化的研究上是不充分的。

將生物學上最重要的一個概念，用以說明文化也是不充分的，自然的有機體可以把單獨的一個看做一個複合體。我們可以用解剖學去分解部份的器官，用生理學去研究部份的機能。然而文化（文化的複合體）是精神現象，人的評價作用與意志力對之都有積極的干與關係。我們對於精神現象的文化（幾乎是無意識的）要想判斷其價値是非常困難的。例如我們在不知不覺裏肯定了或否定了文化價値，那麼相異的文化便不能比較了。譬如實證主義把認識的對象都同樣的中立的放在水平線上，而確定對象間的因果關係，但是在文化上就不可能。無寧說人類自身非站在證人臺作證人不可。認識主體的人自身關於對象所有的價值必得有對應的理解能力。 自己有高遠的立場與廣博理解能力的人才能眞正理解文化的價値，所以那樣的人自身不能不有堅固的，獨特的與强有力的識見。設若不然，則精神存在的世界，精神創造的世界對於他是漠不相關的。 然而由此可得一暗示——卽是從某一高度文化理解其他文化而能把文化構造看透，是非常困難的。 原因是每個人與他生活的文化結合着生長起來的，正確的理解別種文化不經過極大內在的變化是不可能的。

無論如何，在目前的人類世界，文化形態學的硏究是必要的。 我在序論上要說明何以文化形態學的硏究在實際上必要，並想就着兩三個問題直觀的加以說明。 不過所提出的問題僅是選來做爲兩三個實例。

因爲對於一個國民文化的組織，構造必得理解，所以文化形態學的硏究是重要的。 同時在現代世界不同文化相接觸的時候，文化形態學的硏究更爲重要，兩種文化是由經濟的關係上相接呢？ 或是有計劃的殖民政策上相接呢？ 還是在戰場上相見呢？ 反正這樣的硏究是必要的。

我們討論各別國民文化的構造，便有一個問題發生：「何謂國民文化呢」？創造國民文化的國民也有純粹的血族團體。 這樣的情形我們稱這樣國民爲「血族國民」(Geburtsnation) 或「人類學的國民」 (ethnische Nation)。 還有國民經過長期間共同精神生活的結果，特別是生出共同言語的結果（例如血統上雖然不屬於同一民族，而長期間共同的精神生活，共同的言語也能產生同一國民的感覺），這樣的情形我們稱爲「文化國民」(Kulturnation)，特別情況下又可稱爲「言語國民」(Sprachnation)。 國民因政治的意志也能形成統一的國家，這樣的時候我們稱爲「國家的國民」(Staatsnation) 或「政治的國民」 (Politische Nation)。 德國的文化世界在這三種意義下沒有一個是一致的。

進一步我們要問近代的文化國民與政治及經濟間有如何的關係，現在是不是經濟比政治更佔有主動的中心的地位？ 例如在算爲文化形態學理論之一的馬克思主義，經濟也能佔有主動的地位嗎？ 或者我們認爲目前是一種轉機，政治再建立指導的立場，而經濟將要從屬於政治呢？　更進一層我們要問：一般文化中的強有力的原動力是什麼呢？　這種原動力是土地的土質或資源等物力呢？　還是思想力呢？　這種所謂思想力者是從人類的頭腦中浮出的觀念呢？　還是一種道德的精神的力量（或稱爲潮流），我們可以稱之爲「理想」呢？　又如什麼是文化的最高目的呢？　文化中的最高價値是什麼呢？　文化的目的是權力呢？　幸福呢？　正義呢？　還是指服從上帝的意志呢？

兩種文化在現實的關係上相接觸的時候，也有大約相同的問題發生，兩種文化的比較對照絕非僅爲學問的問題，而要從實際的關係交涉上去評價。　此處便是「民族教育學」(Völkerpädagogik)的問題所在的地方。　我們試舉一例說明以下的問題：屬於那一種類文化的創造，文化的成績可以從這一國移植到另外一國呢？　經過如何長期的教育課程才能吸收一種新文化呢？　日本對於這個問題能提供許多例證。　又如歐洲諸民族，雖然希臘國民離散後，羅馬沒落後，而希臘·羅馬文化爲歐洲各國所學習。　在古代歐洲，希臘與羅馬相接觸的時候，羅馬在政治上是勝利的，而希臘(用嚴密的意義)在精神文化上得着勝利，其經過可認爲是很大的哲學問題。　對於國民文化說，外面的勝利機會是怎麼一回事呢？在政治的鬪爭上得了勝利，是否便常爲高貴的內面權利與道德價値的所有者呢？

「一」

在分析一般文化的時候，第一個重要問題就是先區別文化爲存在層 (Seinsschicht) 與意識層(Bewusstseinsschicht)兩面。　試用下列形式將這個問題說明：「文化自體的形狀並非赤裸裸的從文化擔當者(人類)的意識中表露出來」。「存在」與「意識」並不是一個完全牟合一致的說法，在近代哲學的他方面也表示過；例如精神分析的各學派的講法便是，個人的意識內容對於他的實際存在狀況並不能忠實的寫出。　又如關於文化全體的問題，馬克思分爲經濟的根本基礎與觀念的上部構造兩層直到今日兩層不能牟合一致，據說到將來的完全社會中始能實現。　我們對於這種思想沒有特別依着馬克思主義的形式說明的必要。　一個個人如同單子一樣，被包含在文化中是不容易全部意識到的，在文化全體中我們的「文化意識」如何發揮獨自的機能或獨自的使命，以後我們是要說明的。

雖然在文化上我們分爲存在層與意識層兩種，在此還有一個問題要發生，就是我們對於存在層如何能够「了解」。對於這個問題有如下的簡單答覆：文化的基礎構造（文化構造的輪廓）正如自然的輪廓一樣，是由範疇的體系構成的，不過其構成的範疇體系是較特別而已。文化是人類精神的產物。人類精神是由範疇組織而成的。基於這種思想我們的研究要取康德的先驗方法。固然把「自然」與「文化」分爲兩個範疇體系，各自分化發展，不無爭論的餘地。

文化存在層（構造）的最重要的基本範疇有兩方面：生物學的擔當者(biologische Träger) 與本來的精神層 (eigentlich geistige Schicht)。

一種文化之生物學的擔當者，最單純的場合就是一個民族的世代(Generation)連鎖。（無論若干代民族的連鎖都成了生物學的擔當者）這種擔當者與各文化的「自然」基礎結爲一片，或與一片土地結合起來。文化存續的第一條件是由所謂的人類這種精神物理的生物所漸次產生出來的，這種精神物理的生物接受「創造的文化」而負擔起來，第二條件是生物學的遺傳，其後繼是健全的，至少與前代的才能或能力有同樣的程度。然而文化的成績自身並不像生物學的遺傳一樣。高級的文化不是直接傳到下一代的，無寧說各代都要從頭學起，文化有獨自生物學的運命。一種文化中新出生的人雖有精神的素質，然而並非生後就有充分發展與完成了的精神。在此我們看出教育的作用對於文化的重要性來。從這種立場我們爲教育下一定義：教育是對於青年人的發展上加以意識的作用，爲適合於文化的目的給青年人的發展上所加的作用。若是教育充分實行出來的時候，那麼文化的傳代與繼承也不是難事情了。只有受教育的人才能真正理解文化的眞義，才能承繼眞正的文化。

關於文化之生物學的擔當者，以上所得的結論，直至今日還有種種的議論。我們普通把一個民族做爲文化的擔當者——由共同祖先發展的純粹民族，即是血族的團體，然而血統的關係絕決後，就是創造文化的種族滅亡之後，其文化是否倘能生存而能移植到別的種族呢？ 沒有血統的基礎，單只教育與傳統能否維持一種文化而不墮落呢？ 在此便有如下民族學的問題發生——文化是不是依賴血統的關係而存在呢？ 或者單只是精神層的存在呢？ 例如歐洲的所謂新興民族，其中特別是日耳曼民族盡量吸收了希臘·羅馬文化，比與希臘人，羅馬人同一地方雜居的人以及後來的文藝復興還更能多量吸取希臘·羅馬文化，設若文化的攝取融合，「血統」是絕對的條件，那末文化在攝取融合時，文化的根本樣式便不能不有所改變，關於這個問題到今日倘無科學的解答，然而這種研究卻非常的重要，例如佛教自印度傳到中國，經過朝鮮而傳至日本，其間的變化怎樣？ 因為經過不同的民族性格（自然上相異的民族）而起如何的變化？ 這類問題是非常有趣味的事情。

由文化之生物學的擔當者問題更進而研究文化的意識層問題，不論各文化的內容特質如何，每一種文化都可分為四個方面（四種範疇）：（一）客觀化的精神 (objektivierter Geist)，（二）共同精神 (Gemeingeist)，（三）規範的精神 (Normativer Geist)，（四）與前三者相對而居於獨自一方面的，稱為主觀的或個人的精神 (subjektiver oder personaler Geist)。 我們在下面試把在德國哲學演變主要角色的這四種名稱加以簡單的說明。 這種名稱與黑格兒的精神哲學有密切的關係；然而個別的研究起來，意義便不同了。

（一）客觀化的精神，是有精神意義之物的實質的複合體的事物。 但是客觀化的精神自體並不帶有意識。 例如一個器具是客觀化的精神，一本書是客觀化的精神，一張繪畫也是客觀化的精神。 在這三種情境的時候，精神是離不開自然的，精神從物質的手段與物質的擔當者才能存在，無論是器具，書，繪畫都有自然一方面的基礎；雖然三者的情境，物質的作用是不同的。 例如器具的情境，精神的意義與材料有非常密接的關係。 但是繪畫的情境，不過單借材料為手段把美的意義表現出來，而這種情境的素材（面，色彩，光）所表現的感覺現象對於美的效果還有積極的意義。　至於學術的書籍，從精神的內容上講，無論用那一種言語，用任何的印刷法，其所表現的精神是一樣。

在這三種情境下，客觀的精神內容都由材料表現出來，而成爲一種永恆的形式，然而這種固定化了的精神，再由主觀的精神去體驗或理解，假如客觀化的精神不能活潑的還元到意識中便如同死物一樣。　在這裏固定了的客觀化的精神被意識到了的時候，有什麼樣的變化呢？　是不是不能不有變化呢？　文化形態學的中心問題便從此發生。　譬如西洋人如何能欣賞日本的音樂？　如何理解中國古代的哲學？　西洋人如何在食物時用東方人所常用的筷子？

客觀化的精神中時常流入主觀的精神的個性，最好的例便是言語，言語的一個音發出後便固定了一個明確的意義，然而這種事每個國民都有獨特的方法（國民的個性的方法），甚至有時用個人的方法。　言語一方面有普遍妥當的論理關係，同時又能表現內面性的心魂。　每一個人都因自然的或教育的關係而加入一個言語的世界，從言語中可以理解客觀的精神。　關於言語的實例，我們在「共同精神」的問題上再加以探討。

（二）共同精神是把許多人結合在一起，而使之有共同的精神內容，或共同精神的意思。　由共同精神的內容，精神的意思而成爲結合狀態。　國民，家庭，職業，階級都有共同精神存在，而這種共同精神經過長期歷史的過程才生成的。　言語就是共同精神中特別強固的基礎，言語是共同精神的世界最簡單的表示，每一種言語便表現一種世界觀。　然而共通精神還得要在個人中或主觀精神中才能意識得到。　共通精神在個人或主觀的精神中現出一種結合意識或共同意識。　例如一個人在用「我們」的時候，把自己結合在超個人的共通生活圈上，這種超個人的共通生活圈或客觀化的精神屬於共通環境的要素。　例如共通的事業世界，共通美的表現形式，共通的思維形式，共通認識的世界等。

共通精神中所含有最重要的結合精神，在共同生活上取一種規則或法律的形式，這種形式我們稱爲「規範的精神」。

（三）規範的精神是一個精神的共同體，例如屬於一個「國民」的個人，他個人的行爲被團體的態度所規定，我們可稱這個爲强制的制度或規則的全體系。如習慣，道德，法律，政治的權力組織（國家）都算做規範的精神。以上的次序也表示强制性質的程度，但不是內面的重要性的次序。因爲最內面的核心是國民道德。在國民的長成發展時代，國民道德常有宗教的基礎。因此國民道德爲一個國民文化屬下的人們信仰的「價値體系」中最具體，最實際的表現。信仰中含有與形而上的結合的意思，“religio”在拉丁文上就是「結合」的意思。

規範的精神也可以分爲「存在層」與「意識層」兩方面。我們試把二者種種意義上的區別作簡單的說明。在一民族中妥當的道德法則，就是那種民族能有的共通精神，在這種共通精神沒有規範之前，只有一種無意識的實體。國民道德存立在並作用在言語不能解說的地方。國民道德在發生疑難的時候才惹起人注意。而這種疑難多發生於集團的意志與個人意志間的衝突。其衝突的結果對於道德是生產的，建設的。能導入一種新的高的集團道德。然而開始時則是一種危險的解放運動，若是行之過度的時候，能使整個民族衰亡；黑格兒對於蘇格拉底的偉大生涯在深刻的觀察下，認爲他是民族道德的解放者，但是起初要受民族的非難而成爲犯罪者，結果不能不犧牲了生命。然而道德的解放者使民族進入高一階段的道德，一般的講來，開始是啓蒙運動加以意識化與反省，而把看做神聖的傳統破壞。並且在啓蒙運動的時候，必得要發生解放運動與個人主義，這二者不可避免的浸潤於廣大的國民範圍。把一民族導入一較高的道德水準，啓蒙運動是必要的。然而我們不能不認識啓蒙運動對於共通精神及規範的精神是有危險性的。現在我們立在文化的轉換點上，我們可以看出這類現象是極其複雜的。

關於法律的制度也可以分爲「存在層」與「意識層」兩方面；德國的歷史法律學派認爲法律的「存在」是對應着每一民族的某一段的文化時期，有了法律才使法律學者「意識」到法律。條文化的法律或成文法在民族生活的核心中用言語表現出來。

以上是我們就文化超個人的方面（文化為超個人的組織物）講的——換句話說，各個人在文化下均「凝結」成爲精神的各種力量。然而精神生活還有第四種要素，即是由意識能力與體驗能力組成的主觀精神。設若客觀化的精神，共通精神與規範的精神沒有受個人意識洗禮時，那末這三種超個人的精神便如同匣子死物一樣。這等强有力的精神內容，從歷史上產生的物質財寶，知識，藝術，使生命有了歸宿，這都需要個人的努力。不過個人在民族的精神界很快的像旅客一樣就過去了，人生也不過數十年的短期，生活在民族的精神界中，爲精神界創造活力，爲精神界有所貢獻，然而最後他還要走向不能知，不能說的沈悶世界去。偉大的人物，創造的天才也逃不了運命的安排。偉大的天才在珍貴的世界史的事業上所造出一的頁光榮歷史，也不過是個人的偶然性。黑格兒對於這種偶然性，一面性曾下過深刻的考察。

這種流動的一時的個性與超個人的精神內容，其關係是橫在精神生活的機構中祕密而不可思議的思問題。關於人類生前或死後運命問題的思索便發源於此。這種不可思議的關係是悲劇的與「望救」的源泉。然而我們在精神生活的機構自體中是有承認個人主義的傾向，因爲沒有意識體驗的個人文化便同死物一樣，當然在這種情形時並不是指定某一特定的個人問題，而是現在生存的全部人類，在他們的肩上擔負將來的文化責任；因此生存的人對於文化便有無限的價值，現在與將來的交替，決斷與責任都由他們來負擔。

「二」

如以上所述主觀的精神，即各個文化擔當者，雖然像一個「單子」一樣，但是對於文化全體有很大的意義，下面我們特別以主觀的精神爲研究的對象。

第一部所講的文化意識，不過給一般文化的構造以範疇的基礎，因此文化意識在康德哲學相當於「一般意識」或「先驗的主觀」。這種先驗的主觀是普遍妥當的，然而單是形式的，反之有具體內容的文化意識佔有數學的空間與歷史的時間中某一特定的所在，這種先驗的主觀與經驗的心理的主觀如何結合的問題，是哲學上最根本的一個謎，康德以「先驗的」用做公式的表現，而非希特與黑格兒在那兒產生出深奧的精神哲學來，特別黑格兒的精神哲學是由此導演出來。

以下所說主觀的精神是與時間空間結合起來的「個人」(Einzelperson)，同時這種個人是體驗文化內容的中心。 從文化形態學的課題中完成文化心理或精神科學的心理學的使命，

體驗的主觀與自然的環境（環境的內容）間的關係，有的學說稱爲 Perspektivismus der Weltbilder 凡是動物都是生物學的被決定生存於自已獨有的環境中（按照生物學的特性而生存於各自獨有的環境）。 人也是動物的一種，同別的生物一樣有自已的知覺器官 (Merkorgane) 與動作器官 (Wirkorgane)，生活於特別的「人類環境」中，文化的人亦生存於獨有的文化世界中。 從特殊的觀點看來，一般世界對我們是不可知的，每一個「精神的個人」(Geistige Person) 屬於他的民族而爲其民族歷史的精神界所產生，我們第一要橫的從文化的環境去觀察人，第二要縱的從精神史的環境去理解人。

（一）人與文化的環境間的境界是互相密切的結合着的。 主觀與客觀的境界線比一般所想像還要流動不定。

（甲）我們要舉出文化人的環境，那就是他身旁「客觀化的精神」，從那種客觀化的精神中，他把握着，理解着，而變爲他自身「精神的財產」。 經過讀書或研究而教育自已精神的財產，擴張自已精神的內容。 他不斷的去行「客觀化」，換句話說，他把自已的內部財產變爲別人也能了解的外面符號（即是文字——譯者註）。 爲了讀文字，所以每個人不能不懂文字。 某種文化所創造的文字，無論好壞都是那種文化宿命的問題。 充分學了漢字的人與單只讀羅馬字的人比較起來，精神的特質恐怕是完全不同的，羅馬字單就實用上講，比漢字是便利的，然而若把漢字費掉，恐怕東方精神的重要內容也破壞了。 客觀化的形式與主觀的內容是密切的結合着的，人生的類型與其所從事的職業世界也有甚深的關係。

（乙）精神的個人及其民族的共通精神更是互相交織的有關係。 共通精神

在個人意識中流露，個人意識中生長。　個人的精神如何接受共通精神，又在那一點上可以看出個人特有的精神，這是很難辨別的事情。　例如言語是個人精神中所存在的「共通的東西」，「一般的東西」，因此對於偉大詩人的作品，我們不能即刻就說詩人是用自已的言語作詩，或言語使詩人創造作品。　個人主義在近代文化恐怕是不可缺的元素，但是個人主義對民族生存上是好是壞的問題，就是現在世界觀的重大問題。　若是對於這個問題深加研究，我們不能不先對於個人主義的意義弄清楚。　個人主義本有許多種類，在這裏我們便遇到文化形態學的大問題。佛教與基督教都是一種很深的形而上的個人主義。二者都因爲人類運命上的不安而產生的。　然而佛教的個人主義與基督教的個人主義便有很大的不同，對於「靈魂」的解釋方法也相異。但是相異點那一個地方，到現在還沒有人深加追究過。　這樣問題將來能否解決，要看文化民族對於「認識你自已」的要求如何。

（丙）下面我們要考察個人與文化規範的精神間的關係，在這種情形下的中心問題是規範從那兒產生的。　認爲共同生活的規範是由於社會自身的保存而產生，那是很淺薄的看法，因爲把道德與法律只看爲是對於生存條件的生物學的「適應作用」，然而人類的主要事情不僅是生存，而且要高貴的生活與良善的生活。換句話說，各文化都努力去實現高貴的價値。　我們於此要問規定民族生活高貴價値的規範用如何的形式表現出來呢？　對於這個問題有以下的答案：由這種高貴的價値由領袖人物以「對全體的責任」而「結合民族全體」中啓示出來。　這種「結合」有一種宗教的意義；宗教的結合使人體驗到個人運命的深奥處。　在這一點看，我們認識了神秘主義對於文化有極大的意義。神秘主義有時是個人主義的，也有的對於文化是有害的。隱遁者全然捨棄了或否定了世界。同時很深的神秘主義意識中也有「人要與上帝結合起來」，「人類的工作還是上帝的使命」的講法，這樣便成了非常大的一種精神建設力。　這種意義的神秘主義不是僅存於寺院中，而是建立在全文化上。　解剖的(分析的)啓蒙運動破壞了上帝與人的結合，而肯定世界意義的神秘主義卻深刻化了或强化了這種結合，一個被規定了的個人及其民族認識了「天理」，更能得天獨厚。但是這種深奧的經驗只有一個人在深思瞑想的時候才能得到，這種高貴經驗由個人出發而再在共同生活上發生作用。 如此深奧的經驗在「規範」誕生時與以可貴的內容，能把道德，法律與政治的秩序豐滿起來。 道德，法律與政治的秩序本來是互相結合的，不過在國民的價值體系上因技術的處理而有不同。 在歐洲時常忘掉這種事實，黑格兒的法理哲學對於這個深奧的眞理，即道德，法律與國家的內面統一，很注意的看透了。

主觀的精神或個人對於文化的影響乃至傳統文化的活動不僅是佔一通過點的地位。我們個人中還有超個人或凌駕個人的存在。 對此稱爲「人格」(Person)。persona 這個字是 personare 轉化來的，即是渡過的意思， persona 原來是假面的意思。 持假面是魔術的象徵的意思，這又是文化形態學上的大問題。 個人的人格是生動的精神戰塲。 在這戰塲上有責任決斷的存在。 在這裏克服了困難與危險的精神而開拓建設的大道。

現在我們大約可以由形而上學的立塲解釋文化「存在層」與「意識層」的不一致。 意識像一個舞臺一樣，這個舞臺上有許多現實的交涉，意識的舞臺上有悲劇，也有感人的跳舞也有時這個舞臺是歡欣與凱旋的塲所。 每個人在世界中走向自已精神創造的道路，「意識之光」照耀着道路兩側。 他要與光亮所照耀不着的昏暗戰鬪。 若是他能把意識的苦惱通過，而達到更高的階段，便是他的勝利。

（二）然而那需要長期歷史的道路。 我們不問這個道走向那裏去，並且這個道路有什麼明白的意義，只是說生動的人用明敏的意識在體驗人生的時候，爲實行自已生活的使命，奮鬥與努力是不能或缺的條件，不能不從自己的生活中看出精神的使命與天職來。

然而經過數千年之久，地球上各民族有各自獨有的文化方面；近百年來東洋文化與西洋文化才開始相會，自此而後，人類共通的文化使命也成了討論的中心問題。 人人都與這個問題有關係，也可以說都因爲文化的使命而共同努力。

然而文化上的精神類型很多的接觸在一起，這種精神類型的相異，非由精神史的研究不能理解。理解一個個人不能不知道他的經歷（生活的歷史），同時也必要觀察他的環境。這就是說，他所受遺傳的素質及環境的要素。更進一步要知道內部精神發展的方向及外部所遭遇的命運。描述一個文化人的類型，有四個要素必得知道：

第一東方人的精神類型與西洋人的精神類型是不同的，其相異是極關重要的事。從來歐洲的生活傳到別處去的在表面上好像很容易了解，但是根本上是各自不同的，兩方都有獨自創造的東西。只有加以深刻的研究才有理解的可能。這是文化形態學上實際的使命。我們把關係於現在存在的「文化的人間類型」問題姑且不談，只做精神史的分析，這並不是把東西兩文化埋沒在中立的世界，而要把兩文化的獨特個性發現出來。

設若藝術的使命是把藝術家的靈魂與世界內容融合在一起而再表現出來，那麼藝術中（藝術的表現形式中）最能把國民的精神型客觀化的，這是很當然的事情。這種事實在藝術史上看來，縱然在受異國影響最強的時代也是不能否認的。例如中國與德國便有許多關於這個問題的實例。中國的音樂與西洋的音樂本質是建立在不同基礎上。西洋音樂從遠古起就以彼塔古拉斯的數學形式爲基礎。一個歐洲人如欲理解中國的音樂，恐怕必得要先有一個時期在中國的國土，空氣及精神的氛圍中生活一段才可能。所謂唯一絕對的音樂恐怕是不存在的。對於眼所起的美感覺比較耳朵所起美感覺是一般的，普遍妥當的。中國的繪畫對於歐洲的賞鑒者也能直接受用，但是歐洲人的眼是否像中國人的眼那樣微妙，纖細而捉摸到美的對象，到底還是一個疑問。

「論理的」思維形式，即是方法論上所要完成的思維形式，也是基於精神史上的狀況而有其特性的，所謂完全自由是沒有的。「思維形式」乃至各種論理體系的相異，不過從現在才開始在研究，這種研究對於解決文化問題是個重要關鍵。

精神史的目的是把人類精神構造的變遷從歷史的演變上加以研究。 因爲地理，時代的不同而有人類的「變像」(Metamorphose) 同時世界觀的變遷也要伴着來的。 換句話說，世界觀的變遷與人類精神的演變是相對應的。 人類精神與世界之間的二者關係與變遷，(主動的與被動的)，生出歷史的變遷來。

我們以文化心理學或文化形態學去理解這種變化或變遷，開首便有一大前提橫在我們面前。 這就是變化的全體，從上往下看來，其變遷並無偶然性，而要預想有一種精神的統一點。 這個大膽的前提是否正確，現在還不能斷定。 我們雖然沒有權利說文化現象與自然現象一樣，都根據着嚴密的法則這個大膽的前提，但是所謂「能理解的前提」(„Voraussetzung der Verstehbarkeit“) 是說精神的動機與精神的機構可以是永遠的，普遍的意思。 實在的講，精神構造非常相異的人類能否互相了解誠屬疑問。 不過我們如欲深刻的了解自身或人類，恐怕「只有上帝」(„in Gott“) 才能明白。

事實上要了解文化的「先驗性」(a priori) 不得不先理解文化的特性，而理解文化的特性又必得有宗教的基礎 („religiöses Fundament“) 。 在宗教的意識(宗教的意識態度)中才能看出價值的根源。 指導現世文化活動的各種價值以超時空世界的各種價值爲基礎。 從宗教的價值中我們才能提到文化的中心點。 由這個中心點出發，才分化出各別的文化活動來，各別的文化領域本來是一種材料，用宗教的立場才賦之於意義。 精神史的極頂大概是「宗教的意識歷史」或「宗教意識的分析」，我們所謂學問，所謂知識尚未能達到這種境界。「認識你自己」(erkenne dich selbst) 的這種努力，文化形態學就是認識自己的一種方法。 不過在上帝面前，我們只能持那種「莫測高深」的虔敬與沈默態度。

文化形態學所研究的各種問題，以上並未道盡。 一種文化與創造該文化之生物學的擔當者分離後，移植到其他生物學擔當者的問題，就是關於文化的接觸，融合，及攝取問題，我們簡單的敍述一下，同樣的這是民族教育學的問題，卽是從異民族吸收高級文化而實施國民教育或本國借他國復興的文化內容而陶冶自己的國民問題。 對於這個問題拙著中曾有一篇論文於去年在普魯士學士院發表。 現在我們所講的只限於區別文化中的「存在層」與「意識層」。 文化是一種非常複雜的組織物或意識形態，不能一語道破乃是當然的事情。 單由表現形式上注目，用象徵（凝結了的）表現一種文化在文化形態學上是極重要的辦法。這種象徵不能脫離共通精神，因為這種「象徵」被一般人所信仰而視之為神聖的。 許多文化民族有共同宗教的確信時，一般的都有一個「聖地」為其信仰象徵的中心點。 例如回教文化的麥加，天主教文化的羅馬都是重要的聖地或中心點。

同時其他方面，也有純政治的象徵。 做為政治象徵的如國民的祖先，偉大的統治者，歷史上的英雄，以至城堡，戰塲或紀念碑等物。 然而最具體又最堅固的凝結政治的民族精神者要算國旗。

國民對於自己的文化意志及對於自身將來的希望所表現的形式或象徵，其自身便是一種「精神的力量」(Geistige Mächte)。 這樣的力量恰好像偉大人物在現實政治上的活動一樣。 其背後類似一種神話的力量，但是這絕不是原始時代的神話，從這種神話中可以反映出民族自身的姿態，也可以看出民族力量的統一點來。

與以上我們的研究方法不同，用歷史家取回顧的立塲，把世界各種文化以象徵表示出根本的特色，例如施彭勒(Spengler)在世界史的形態學中所試用的。 他以「道路」象徵埃及文化，以彫刻象徵希臘文化，以巨人浮士德象徵現代的歐洲文化。 這固然不過是一種有趣的說法，若是能把文化特色的根本現象講出來，實在是對於學問的大貢獻。 像這樣概括的認識到現在還是不充分的。不過現在我們可以作如下的結論：作為歐洲精神運命的是數學的合理主義的思想。 東方的精神在深奧的「存在層」沈潛處產生的，從瞑想與直觀才能把握這種深奧的「存在層」。

我要大膽的進一步作如下的主張：歐洲人是結合合理性與神秘思索的一種民

族。德國的理想主義就是對於這種看法的一個偉大的嘗試。東方人沈濬在上帝的世界 (Götterwelt)，很早以來在生活與藝術中發見出法則與可寶貴的「理」來。

德國青年漢學家（一）

Die junge deutsche Sinologie

傅吾康(Wolfgang Franke)著（二）

胡雋吟譯

最近十年間人們所寫的概論，凡是論及德國學者們所做的漢學研究工作（三），幾乎都是專注意於較老一代的漢學家。這些老年漢學家們早已爲了他們自己在世界學者之羣中獲得了一席地位。那些人如：佛爾克 (Alfred Forke) 福蘭閣 (Otto Franke)，海尼士，(Erich Haenisch) 霍古達 (Gustav Haloun)，嚴復禮 (Fritz Jäger)，雷興 (Ferdinand Lessing) 及其他等人在德國國外的漢學

註：

（一） 原文係著者特爲本雜誌所撰之文，與本文類似之文曾刊登在 Monumenta Serica 第五卷一九四一年版。

（二） 譯者按：本文著者傅吾康氏(Wolfgang Franke)爲德漢堡大學哲學博士，德國著名老年漢學家福蘭閣(Otto Franke)之哲嗣，專攻歷史，爲青年漢學家中最年輕者，著有康有爲遊德記，康有爲與其門人之變法運動，中國文字改革運動，並將胡適之儒說譯成德文，來華後深感中德學術界缺少中文定期刊物，專家研究不易普遍，乃與前中德學會幹事謝禮士博士等於中德學會中主辦一純學術刊物研究與進步，後又更名爲本刊焉。

（三） 五十年來德國學術第二册第六七一頁至六九五頁。（商務印書館二十六年出版。）

朱炳蓀譯：「支那學」的現況，（燕京大學文學年報第三期，民國二十六年出版。）

韓奎章著：德國人的漢學研究，（東方文化月刊創刊號，第二期，第三期。）

楊丙辰譯：福蘭閣著：現下在德國之中國學，（研究與進步第一卷第二期，第三期，北平中德學會二十八年出版）

界中也都是很有聲望的。　因此，在本文中不再提及他們了。　反之在這篇短文中且將試着去敍述那些青年學者們的工作；他們富於生產力的活動是在最近十五年間才開始的。　其中有些人已贏得的聲譽絕不亞於以上所提及的老年學者們所獲得的；至於其餘的呢，現在也正努力從事他們的學術工作(四)。

最有名望的第一位青年漢學家代表人物，我們必須說是本雜誌編輯委員之一的福克司君（Walter Fuchs）（北京輔仁大學教授兼中德學會德籍會長）。　他不只是位生產最多的學者，並且他的作品和所取的資料也是最有原始性的。　差不多在他發表的每篇文章中，都把握着新的問題，發現出新的地域。　並且常常都是些尚未被歐洲人們所注意到的，也是從來未被中國和日本的漢學家們所注意到的。　如：明清時期的地圖（明朝的廣輿圖(五)，清朝各代的地圖種類(六)），在以前對這些材料很少有人注意過。　此外福克司的許多研究工作都特別的專注

（四）　凡本文中所提及之德國漢學家，並非必須居留於德國內者。　並彼等發表之文章亦非均由德國文字寫成者。　在本文中亦論及曾在德國受到優越學術訓練之外籍漢學家，而曾將其著作大部均用德文寫出並在德國學術雜誌上發表者。

註解文中之簡寫字表：

M.S.　Monumenta Serica 華裔學誌，北平出版。

O.Z.　Ostasiatische Zeitschrift 東方藝術雜誌 Berlin。

MSOS　Mitteilungen des Seminars für Orientalische Sprachen an der Universität Berlin, Ostasiatische Studien 柏林大學東方語言學院報告。

SBAW　Sitzungsberichte der Preussischen Akademie der Wissenschaften. Philosophisch-Historische Klasse 普魯士學術研究院報告。

Blt. Cath. Univ.　Bulletin of the Catholic University of Peking 輔仁英文學誌。北平出版。

O. R.　Ostasiatische Rundschau 東方輿論，Hamburg。

Sinica　中國學誌 Frankfurt

Asia Major　亞細亞雜誌 Leipzig。

（五）　Die Ausgaben des Ming-Atlasses Kuang-yü-t'u（滿洲學報，大連，一九三三年第二册。）

意在研究清朝的早期歷史，如：滿洲人民殉死風俗一見(七)，清史料(八)，范文程之誥命(九)，御製親征溯漠方略(一〇)，尼布楚訂約研究(十一)，回疆一帶戰(得勝)圖，準噶爾回部等處得勝圖，平定西域戰圖（平定伊犁圖)(十二)。還有滿洲書籍史及滿洲文史(十三)。關於這方面的文題有：早期滿洲境內的滿文碑刻(十四)，一六三〇年至一六四〇年滿洲境內淡巴菰煙草之早期高麗史料(十五)，新華裔譯語考(十六)，論滿文大藏經(十七)，在北平幾個圖書館中關於滿洲文的新材料(十八)。他還論述唐朝以前吐魯番史(十九)，佛經譯成中文之技術及組織問

(六) Materialien zur Kartographie der Mandju-Zeit (M.S. I, 1935; III, 1938). Über einige Landkarten mit mandjurischer Beschriftung (稻葉博士還曆紀念，滿鮮史論叢，京城一九三八年出版)。

(七) Der Tod der Kaiserin Abahai i.J. 1626. Ein Beitrag zur Frage des Opfertodes bei den Mandju (M.S. I, 1935)

(八) Zur "Geschichte der Ch'ingdynastie" (O.Z. V. 1929) - Fortschritte im Quellenstudium der Mandschu-Geschichte (Sinica VIII, 1933) - The personal chronicle of the first Manchu Emperor (Pacific Affairs IX, 1936)。

(九) Fan Wen-ch'eng, 1597-1666, und sein Diplom (史學研究，第十卷，三期，廣島，一九三九年出版)。

(十) Zum Shao-mo fang-lüeh (東洋史研究，第五卷，三期，京都，一九四〇年出版。)

(十一) Der Russisch-chinesische Vertrag von Nertschinsk vom Jahre 1689 (M.S. IV, 1940)(節譯文在中德學誌，第二卷第一期，北平，二十九年出版。張星烺譯：尼布楚訂約研究中文提要)。

(十二) Die Schlachtenbilder aus Turkestan von 1765 als historische Quelle, nebst Bemerkungen zu einigen späteren Serien. (M.S. IV, 1939)

(十三) Beiträge zur Mandjurischen Bibliographie und Literatur. (Deutsche Gesellschaft für Natur und Völkerkunde Ostasiens 東京一九三六年。

(十四) Early Manchurian Inscriptions in Manchuria (The China Journal XV, 1931)。

(十五) Koreanische Quellen zur Frühgeschichte des Tabaks in der Mandjurei zwischen 1630 und 1640 (M.S. V, 1941) (中文譯文刊於中德學誌，二卷三期：民國二十九年十月出版)。

(十六) Remarks on an new Hua-i i-yü (B t. Cath. Univ. 8, 1931)。

(十七) Zum mandjurischen Kandjur (Asia Major VI, 1930) - Zwei neue Exemplare des mandjurischen Kandjur (Orientalistische Literaturzeitung, Leipzig 1936)。

(十八) Neues Material zur mandjurischen Literatur aus Pekinger Bibliotheken (Asia Major VII, 1931)。

(十九) Das Turfangebiet. Seine äusseren Geschicke bis in die T'ang-zeit (O.Z. III, 1926)。

題（二十），及慧超和尚印度遊記（二十一）。並探討早期中德文化之關係，如十七世紀中國人對德國所知道的是些什麼？（二十二），魏繼晉司鐸首創德文字典（二十三），等等。我們又必須指出西方漢學家憑藉着他們那廣博的書籍史的智識能夠充份利用日本漢學家們所成就的漢學研究的結果為數是不多的。福克司便是這少數人中的一位。由福克司的著作中，可以看出來，他所研究的一切漢學問題，凡是與其有關係的日本文章，必不被他所忽略。由於能夠利用這種文章，西方漢學家常能節省了很多的時間和精力。福克司遼闊的旅行如：長白山（二十四），由西安到成都（二十五），遼陽（二十六），台灣（二十七）等處的旅行，也曾幫助他寫出一些很有趣味的很有科學價值的文章。

另一位比福克司所刊出的作品稍少的作者是愛伯華氏（Wolfram Eberhard）（土耳其之安哥拉大學漢學教授）。他的研究主要的是專注於中國漢代的天文學（二十八）和宇宙學（二十九），及中國史前史如：安陽發掘物之研究（三十），

（二十） Zur technischen Organisation der Übersetzung Buddhistischer Schriften ins Chinesische (Asia Major VI, 1930)。

（二十一） Huei ch'ao's Pilgerreise durch Nordwest-Indien und Zentral-Asien um 726 (SBAW 1938)。

（二十二） Was wussten die Chinesen von Deutschland im 17. Jahrhundert? (Jubiläums-Band der Deutschen Gesellschaft für Natur- und Völkerkunde Ostasiens 東京一九三三年)。

（二十三） Das erste deutsch-chinesische Vokabular von P. Florian Bahr (Sinica-Sonderausgabe 1937)（郭德道譯成中文，見於中德學誌，二卷二期，北平，民國二十九年出版）

（二十四） The Long White Mountain in Manchuria (The China Journal XVIII, 1933)。

（二十五） Von Sian nach Ch'engtu (MSOS XXXVI, 1933)。

（二十六） Frühmandjurische Fürstengräber bei Liao-yang (Asia Major X, 1934)。

（二十七） Die hohen Klippen an der Ostküste Formosas (Zeitschrift der Gesellschaft für Erdkunde, Berlin, 1931)。

（二十八） Beiträge zur Astronomie der Han-Zeit (SBAW 1933) (M.S. II, 1936/37) - Neuere chinesische und japanische Arbeiten zur altchinesischen Astronomie (Asia Major IX, 1933) - Sternkunde und Weltbild im alten China (Die Sterne 1932, Heft 6)。

（二十九） Beiträge zur kosmologischen Spekulation Chinas in der Han-Zeit (Baessler Archiv, 1933)。

（三十） Bericht über die Ausgrabungen bei Anyang (O.Z. VIII, 1932; IX, 1933)。

中國在上古時各處隔絕之各自文化組織的情況(三十一)，及民俗學之探討如：建築房屋之鎮壓(三十二)，打夯歌(三十三)（修地基時工人所唱之歌——譯者）浙江之民俗(三十四)，貴州苗族人婚禮及節慶日之風俗(三十五)。他對漢學所作過的許多有價值的貢獻，不僅是在於收集和翻譯了大量的中國神話故事，並且也在於對它們作有科學的估價(三十六)。另外還寫有漢朝之農業(三十七)，周代之開國(三十八)，社會風俗之革命者孔子論(三十九)，中央研究院之組織與目的(四十)。他的關於中國早期文化的究研——即使其結果尚且還有可爭辯之處還不能算是最後的定案——已經產生許多新的意見，並把中國史前史啓示出許多新解釋。

最近十年之中，最重要的漢學研究者之一是巴世凡(Stefan Balázs)（巴黎）其著作爲：唐代經濟史拾注(四十一)，後漢及北魏時之碑拓的研究(四十二)，宋朝之李覯(四十三)，並將范縝之神滅論(四十四)及曹操之詩(四十五)譯成德文加以註

(三十一) Eine neue Arbeitshypothese über den Aufbau der frühchinesischen Kulturen (Tagungsberichte der Gesellschaft für Völkerkunde. 2. Tagung 1936 in Leipzig)

(三十二) Chinesischer Bauzauber (Zeitschrift für Ethnologie, Jg. 71, 1939)

(三十三) Pekinger Stampferlieder (Zeitschrift für Ethnologie, Jg. 67, 1935)

(三十四) Zur Volkskunde von Chekiang (Zeitschrift für Ethnologie, Jg. 67, 1939.)

(三十五) Heiratssitten und Feste der Miaotse von Kueichou (Der Weltkreis II, 7/8, 1931)

(三十六) Typen chinesischer Volksmärchen (Academia Scientiarum, Helsinki 芬蘭 1938) – Chinese fairy tales and folk tales (London, Kegan Paul, 1937) – Chinesische Volksmärchen (Leipzig, Insel-Bücherei Nr. 181)

(三十七) Zur Landwirtschaft der Han-Zeit (MSOS XXXV, 1932)

(三十八) Der Beginn der Chou-Zeit (Sinica VIII, 1932)

(三十九) Konfuzius als Revolutionär und Sittenkritiker (Der Weltkreis 1932/33, 4–5)

(四　十) Die Academia Sinica, ihre Organisation und ihre Ziele (Der Weltkreis II, 7/8, 1931)

(四十一) Beiträge zur Wirtschaftsgeschichte der T'ang-Zeit (MSOS XXXIV-XXXVI, 1931–1933)

(四十二) Die Inschriften der Sammlung Baron von der Heydt (O. Z. X, 1934)

(四十三) Ein Vorläufer des Wang An-schi (Sinica VIII, 1933)

(四十四) Der Philosoph Fan Dschen und sein Traktat gegen den Buddhismus (Sinica VII, 1932)

(四十五) Ts'ao Ts'ao. Zwei Lieder (M.S. II, 1936–37)

解。不幸直至今日，由以上他所寫的多種題目的各篇文章中看來，很顯然的唐朝經濟史提注還仍然算是這位作者的唯一較大的作品，當然我們希望還能從他得到更多的著作。

艾維耐氏(Werner Eichhorn)（德國彭恩大學漢學講師）曾發表一批關於宋代哲學的論文，特別是關於周敦頤(四十六)及張載(四十七)的一切。但是這幾年來他亦轉變其注意力於社會學和人種學的問題上了，如：北宋之社會狀況(四十八)，古代中國人之狩獵(四十九)，定縣之迷信風俗(五十)等。並且將現代中國文學作品中的熊佛西的劇本譯成德文，如：屠戶，牛，模特兒，鋤頭健兒，偶像，等(五十一)。

語言學同文法是西門華德（Walter Simon)（前柏林大學漢學講師）發表的文章中所論述的題目，他與高本漢(Karlgren)的著作並列的是他的關於中國古文字沿革的研究(五十二)，例如：中國古代字尾輔音字之沿革(五十三)及中國古音四聲之分化(五十四)。他的藏文和漢文同源字（五十五）是一篇研究亞洲東部各種語言彼此間早期交往之關係的基本重要的著作。關於文法方面他闡論：國語適用與

(四十六) T'ung-schu des Dschou-tsi (Asia Major VIII, 1932) - Chou Tun-i. Ein chinesisches Gelehrtenleben aus dem 11. Jahrhundert. (Leipzig, 1936) - "Lotosliebe". Zu einem Denkspruch des Philosophen Dschou Dun-i (Sinica XI, 1936)

(四十七) Die Westinschrift des Chang Tsai (Leipzig, 1937)

(四十八) Überblick der gesellschaftlichen Lage der Nördlichen Sung-Dynastie (Sinica XIII, 1938)

(四十九) Die Jagd im alten China (O. R. XIX, 1938, Nr. 17)

(五十) Über die abergläubischen Gebräuche im Kreise Ting (Sinica-Sonderausgabe 1937)

(五十一) Hsiung Fu-hsi: Chinesisches Bauernleben (Deutsche Gesellschaft für Natur- und Völkerkunde Ostasiens. 東京一九三八年) - Ein Einakter von Hiung Fu-hsi (Sinica XII, 1937) - Das Buddhabild, ein Einakter von Hiung Fu-hsi (O.R. XVIII, 1937, Nr. 2)

(五十二) The reconstruction of Archaic Chinese (Bulletin of the School of Oriental Studies IX, Part, 2, London)

(五十三) Zur Rekonstruktion der altchinesischen Endkonsonanten (MSOS XXX, 1927; XXXI, 1928)

(五十四) Die Spaltung der chinesischen Tieftonreihe (Asia Major IV, 1927)

(五十五) Tibetisch-chinesische Wortgleichungen (MSOS XXXII, 1929)

否的猶疑問題(五十六)』，『矣』字之各種義意(五十七)，中國文字亦分有各種詞類嗎？(五十八)，西氏的這些研究都是極端重要的。

昔日之中德學會幹事謝禮士氏 (Ernst Schierlitz)（北京），不幸已於去年逝世(五十九)（一九四〇年二月），他專注意於中國的書籍史和圖書館學。關於書籍史（印刷史在內）他著有：中德兩國印刷術之發軔(六十)，研究並翻譯欽定武英殿聚珍版程式(六十一)。關於圖書館學他著有：現代中國圖書館概況(六十二)，明朝的文淵閣(六十三)。

衞德明氏 (Hellmut Wilhelm)（北京中德學會講師）所出版的著作，除了研究中國的法理學及中國精神的和社會的歷史及翻譯中國近代文學短篇著作之外，在漢學研究中他是第一個創始去研究哲學家及政治家顧亭林的人，其命題如：倫理家顧亭林(六十四)，顧亭林之母(六十五)，顧亭林之郡縣論(六十六)等，至如法理學方面有：中日衝突及在中國東三省之日本地位的法律根據(六十七)，中日關係事

(五十六) Zur Bildung der antithetischen Doppelfrage im Neuhochchinesischen (Sinica VIII, 1933)

(五十七) Die Bedeutung der Finalpartikel "矣" (MSOS XXXVII, 1934)

(五十八) Has the Chinese language parts of speech? (Philological Society's Transactions, London, 1937)

(五十九) 見中德學誌第二卷第一期，北平民國二十九年出版。

(六　十) Anfänge der Druckkunst in China und Deutschland (China-Dienst III, 2 上海)

(六十一) Zur Technik der Holztypendrucke aus dem Wu-ying-tien in Peking (M. S. I, 1935-36)

(六十二) Das chinesische Bibliothekswesen der Gegenwart (Zentralblatt für Bibliothekswesen, Jahrg. 54, Heft 3, 1937)

(六十三) Das Wen-yüan-ko der Ming-Zeit (M.S. III, 1938)

(六十四) Gu Ting Lin. Der Ethiker. (Darmstadt, 1932)

(六十五) Die Mutter Gu Ting Lins (Sinica VI, 1931)

(六十六) Abhandlung über die Verwaltung, Gu Ting Lin (Collectanea Commissionis Synodalis in Sinis XIII, 1940, No. 1)

(六十七) Der chinesisch-japanische Konflikt und die Rechtsgrundlage der japanischen Stellung in den drei Ostprovinzen Chinas (Zeitschrift für ausländisches und öffentliches Recht und Völkerrecht III, 1)

件(六十八)，及阿云之獄(六十九)。 如精神及社會歷史方面有：史可法與多爾袞之書翰(七十)，孔子及其春秋(七十一)，稽康之養生論(七十二)，關於翻譯方面則有丁文江滿遊散記(七十三)。

施翰基(Hans O. H. Stange)(德格廷恩大學漢學講師)曾集中其注意力去研究著名的篡位者王莽。 將王莽傳(七十四)譯成德文並加評註。 並曾選譯莊子多篇(七十五)。

現代的中國學者們作出了許多研究工作，這個對於西方的漢學研究是很重要的。曾經把他們的著作譯成德文或加以評註的工作，這種光榮應當歸於霍福民氏(Alfred Hoffmann)(北京中德學會研究員)，他不僅將具有科學性和系統性的著作譯成德文如：胡適的詞的起源(七十六)，胡適的文學革命的開始(七十七)，胡適四十自述(七十八)，敬告日本國民及室伏高信答胡適之書(七十九)，翁文灝的地震瑣記(八十)，農英的廣西農村中的勞動婦女(八十一)，顧頡剛的回漢問題和目前應有

(六十八) Chronik der chinesisch-japanischen Beziehungen. Berlin, 1931
(六十九) Der Prozess der A Yün (M. S. I, 1935-36)
(七　十) Ein Briefwechsel zwischen Durgan und Schi Ke-Fa (Sinica VIII, 1933)
(七十一) Confucius and the Ch'un-Ch'iu (Yenching Journal of Social Studies II, 2, 1940)
(七十二) Gi Kang und seine Abhandlung über die Pflege des Lebens (China-Dienst 上海民國二十四年十二月出版。
(七十三) Ting Wing Kiang, Zerstreute Notizen von gemächlicher Fahrt. (Anthropos 1934)
(七十四) Die Monographie über Wang Mang (Ts'ien-Han-shu Kap. 99). Kritisch bearbeitet, übersetzt u. erklärt. (Leipzig, 1939)
(七十五) Tschuang-tse. Dichtung und Weisheit. Aus dem chinesischen Urtext übersetzt (Leipzig, Insel-Bücherei Nr. 499, 1936)
(七十六) Hu Shi, Ursprung und Entstehung der Tsi-Dichtung (Sinica-Sonderausgabe, 1938)
(七十七) Hu Schi, Das Werden der literarischen Revolution (O.R. XVI, 1935, 6, 7, 8)
(七十八) Hu Schi, Selbstbiographie (O.R. XVI, 1935, Nr. 17, 18; XVIII, 1937, Nr. 17, 18, 19; XIX, 1938, Nr. 2)
(七十九) Briefwechsel zwischen Hu Schi und Murobushi Takanobu (O.R. XVII, 1936, Nr. 1)
(八　十) Weng Wen-hao: Erdbeben in China (O.R. XVI, 1935, Nr. 18)
(八十一) Nung Ying, Die Frau als Arbeiterin in den ländlichen Gebieten Kwangsi's (O.R. XVI, 1935, Nr. 19)

的工作(八十二)，蔡元培的中國文化及國立中央研究院(八十三)，阿英的晚清小說史(八十四)，胡適的五十年來中國之文學(八十五)。並且還翻譯些現代名作家的短篇小說和詩，如：魯迅的孔乙己(八十六)，朱自清的笑的歷史(八十七)，現代中國女作家謝冰心，謝冰心小詩二十餘首(八十八)，及謝冰心的超人(八十九)。並編譯德華運動名詞小字典(九十)，及論述中國之鬪牛(九十一)。

黑富特(John Hefter)(昆明同濟大學講師)曾將中國一些較老的著作譯成德文，如：王國維的明堂廟寢通考(九十二)，王維的畫學祕訣(九十三)。凌松聲的松花江下游的赫哲族文中的木竹林(九十四)。

人種學的問題及現代中國其他各方面的問題是由魏斡特(Hans Wist)(德漢堡人種學博物院東方系主任)研究的，如：論中國御史(九十五)，關於人種學方面如：中國南方之猺族(九十六)，關於現在之中國方面譯有：中國新生活運動大綱及

(八十二) Gu Djiä-gang, Der heutige Stand der Mohammedanerfrage in China (O. R. XVIII, 1937, Nr. 13)
(八十三) Tsai Yüan-pei: Chinas Kultur und die Academia Sinica (O. R. XIX, 1938, Nr. 1)
(八十四) A Ying, Geschichte des chinesischen Romans zu Ende der Tjing-Zeit (O.R. XX, 1939, Nr. 11,12,13,16,17)
(八十五) Hu Schi. Überblick über die Geschichte der chinesischen Literatur von 1870 bis 1920 (O.R. XX, 1939, Nr. 19/20,21/22)
(八十六) Kung I-gi. Novelle von Lu Hsün (O.R. XVI, 1935, Nr. 12)
(八十七) Geschichte eines Lachens. Novelle von Dschu Dsi-tjing (O.R. XVI, 1935, Nr. 16)
(八十八) Hsiä Bing-hsin. Ein Beitrag zur zeitgenössischen Frauendichtung Chinas. (O.R. XVI, 1935, Nr. 9)
(八十九) Der Übermensch. Novelle von Hsiä Bing-hsin. (O.R. XVI, 1935, Nr. 10)
(九 十) Die wichtigsten deutschen und chinesischen Sportausdrücke (MSOS XXXIX, 1936)
(九十一) Büffelkämpfe in China (O.R. XVI, 1935, Nr. 11)
(九十二) Ming-t'ang-miao-ch'in-t'ang-k'ao (O.Z. VII, 1931)
(九十三) Abhandlung über die Landschaftsmalerei von Wang Wei (O. Z. VII, 1931)
(九十四) Moculin - Ein Heldenepos der Golden (Sinica XIV, 1939)
(九十五) Das chinesische Zensorat. (Hamburg, 1932)
(九十六) Die Yao in Südchina (Baessler-Archiv XXI, 1938)

其勞役服務(九十七)及頤其華著的金水閘的完成(九十八)。

石坦安 (Diether von den Steinen) (前清華大學教授，現爲美國巴爾克萊，加利福尼亞大學漢學講師) 所研究的是中國的劇院如 : 介紹北平的國劇陳列館(九十九)，及中國文學如：將史記之夷伯傳(一〇〇)曹大家之女誡七篇(一〇一)及曹操的幾首詩(一〇二)譯成德文。

中德間之文化關係——特別偏重文學方面的——是被常安爾 (E. H. von Tscharner) (瑞士伯恩大學漢學講師) 在他陸續發表的長短作品中所論及了。在這些著作中 ， 表示出著者對中國的文學和文化史猶如對他自己本國的一般熟悉。 另外他還寫有：中國戲劇演唱之藝術(一〇三)，截至古典主義時期止在德國文學中所表現的中國(一〇四)，如何用德文譯中國詩(一〇五)；他並將中古時期德文的馬可孛羅遊記(一〇六)從新印刷出版。

賓格爾 (Karl Bünger) (柏林) 可稱爲研究現代中國法律及法理學的專家，他翻譯並介紹中國現代中央政府所發表之法律方面之文件 ， 及中國的裁判案件

(九十七) Leitfaden der Bewegung "Neues Leben" von Chiang Kai-shek (O.R. XVII, 1936, Nr. 15) - Bestimmungen für die Bewegung "Neues Leben" und der Arbeitsdienst in China (O.R. VII, 1936, Nr. 19)

(九十八) Der Schleusenbau am Djin-Flass (O.R. VII, 1936, Nr. 1)

(九十九) Note on a theatrical museum in Peking (M.S. III, 1938)

(一　百) Das 61. Kapitel des Schi Gi Deutsch (Sinica VIII, 1933)

(一〇一) Beiworte zu der Bilderreihe: Frauengebote.(Chinesische Blätter für Wissenschaft und Kunst I, 2, 1926)

(一〇二) Poems of Ts'ao Ts'ao (M.S. IV, 1939)

(一〇三) Chinesische Schauspielkunst (Sinica VII, 1932)

(一〇四) China in der deutschen Dichtung bis zur Klassik (München, 1939) - Das Schicksal Lau Dses im Europa der 17. und 18. Jahrhundert (Sinica VIII, 1933) - China in der deutschen Dichtung des Mittelalters und der Renaissance(Sinic aIX, 1934) - Die Erschliessung Chinas im 16. und 17. Jahrhundert (Sinica IX, 1934) - China in der deutschen Literatur des klassischen Zeitalters (Sinica IX, 1934) - China in der deutschen Dichtung (Sinica XII, 1937)

(一〇五) Chinesische Gedichte in deutscher Sprache (O.Z. VIII, 1932)

(一〇六) Der mitteldeutsche Marco Polo. (Berlin 1935)

的判例(一〇七)。

對於漢學和對於土耳其學作有同等重要研究的是葛瑪麗女士(Annemarie von Gabain)（德柏林大學土耳其文講師）所寫作所刊行的佛學論文，她譯註陸賈新語(一〇八)，論述關於拂林問題(一〇九)，並將在新疆吐魯番所得的回紇文出版並譯成德文加以註解(一一〇)。

中國藝術史向能引起許多學者們的同感和興趣，其惹人注意之力從未衰退過。近數年間，人們無論在何立場，均堅信一種見解，即：為了處理中國藝術史的問題，必須要對中國語言有通澈的智識；因為任何人如果沒有這類智識，便不能避免有流於客串的危險。像這樣的對於漢學及藝術史有聯合的瞭解，在艾克(Gustav Ecke)（北京輔仁大學教授）的關於中國建築，繪畫，塑像藝術及古銅器等之各種部分問題之著作中曾顯示出來。幾乎所有的這些文章均發表在華裔學誌及輔仁英文學誌上(一一一)。他同德密那勒(E. Demiéville)所共同出版的關

(一〇七) Das neue chinesische B G B (Bulletin für internationales Privatrecht, 1931) - Handelsgesellschaften in China (Zeitschrift für Handelsrecht, 1932) - Das neue chinesische Berggesetz (Zeitschrift für Bergrecht, 1932) - Zivil und Handelsgesetzbuch sowie Wechsel- und Scheckgesetz von China (Berlin. 1934).

(一〇八) Ein Fürstenspiegel: Das Sin-yü des Lu Kia (MSOS XXXIII, 1930)

(一〇九) Ein Beitrag zur Fu-Lin-Frage (Sinica VIII, 1933)

(一一〇) Türkische Turfan-Texte (SBAW 1929, 1930, 1931, 1934) - F. W. K. Müllers Uigurica IV. (SBAW 1931) - Die uigurische Übersetzung der Biographie Hüen-tsangs (SBAW 1935) - Briefe der uigurischen Hüen-tsang-Biographie (SBAW 1938)

(一一一) Altantes and caryatides in Chinese architecture (Blt. Cath. Univ. No. 7, 1930) - The Ashlar Pagodas at Fu-ch'ing in Southern Fu-chien (Blt. Cath. Univ. No. 8, 1931) - Sechs Schaubilder Pekinger Innenräume des achtzehnten Jahrhunderts (Blt. Cath. Univ. No. 9, 1934) - Structural features of the stone-built T'ing-pagoda (M. S. I, 1935-36) - Das Porträt einer Vase (M. S. II, 1936-37) - On a Wei relief represented in a rubbing (M. S. II, 1936-37) - Ergänzungen und Erläuterungen zu Professor Boerschmanns Kritik von "The Twin Pagodas of Zayton" (M.S. II, 1936-37) - Notes on early bronzes I (M.S. II, 1936-37) - The institute for Research in Chinese Architecture. A short summary of the Field Work carried on from spring 1932 to spring 1937 (M.S. II, 1936-37). - Comments on calligraphies and paintings (M.S. III, 1938). - A new torso from the T'ien-lung shan (M.S. IV, 1939-40) - Zaytonische Granitbrücken, ihr Schmuck und ihre Heiligtümer (Sinica VI, 1931) - Zur Architektur der Landhäuser in den kaiserlichen Gärten von Jehol (Architectura, Jahrbuch für Geschichte der Baukunst I. 1933)

於剌桐城之雙塔(一一二)（即福建泉州雙塔——譯者）的一厚册，包括大批史料及照片圖解，曾將自南宋以來被淹沒的塑像藝術史和建築史的資料表彰出來許多。近幾年來又注意到中國硬木傢俱之研究，特別是用黃花梨木所製造的。他覺得中國傢俱有其特殊美點：形式合用，線條有力，一見便令人興起匀稱之感。他發現自康熙時起西洋傢俱即受有中國的影響，特別在簡單美的方面。他天性深富藝術之直覺，卓越的審美目光，一見中國傢俱便爲其簡單雄厚之美所動，乃博收廣集，以深透的鑑別能力，將其足以代表某一風格者照成影片，附以圖解及說明，製成珂羅版，現已集成鉅册，即將印就，使中國傢俱之美點發放異彩，亦爲世界美術史發現一新園地。

孔達女士(Victoria Contag)(上海)的關於中國繪畫的翻譯和註解的工作有：關於董其昌的畫禪室隨筆及莫是龍的畫說(一一三)，和王概的芥子園畫傳(一一四)等，這種著作亦是把漢學的智識和藝術的瞭解互相貫通了方能產生的。她最近出版的書是一厚册關於中國畫家及收藏家印章的圖書，書名是：明清畫家印鑑(一一五)，這部書是和王季銓君合編的。由此書中不僅證明著者有通澈的和專門家的學識，並且還可證明有一種孜孜不休的耐力，這個耐力是數千種印章之收集和這種部著作之產生所必須要有的。

關於中國繪畫的另一位研究者是施維耐氏(Werner Speiser)（德，閣瑙Köln東方博物院院長），他曾陸續發表多篇文章如：元朝古典派山水畫(一一六)，魏禮中國畫家引得補遺(一一七)，閻立本木刻元宋煎茶(一一八)，品茶，鬪茶圖，唐寅(一一九)，明史忠冬日山水畫之鑑賞(一二〇)，八大山人(一二一)，吳昌碩(一二二)，因陀羅之寒山拾得圖(一二三)，周文矩之唐明皇宮庭奏樂圖(一二四)，良詮的畫

(一一二) The Twin Pagodas at Zayton. (Harvard University Press, 1935)
(一一三) Tung Ch'i-ch'ang's Hua Ch'an Shih Sui Pi (Notizen aus der Meditationszelle über Malerei) und das Hua Shuo des Mo Shih lung (O.Z. IX. 1933)
(一一四) Das Mallehrbuch für Personenmalerei des Chieh tzu yüan (T'oung Pao XXXIII, Leiden 1933)

(一二五)等。

在各種較短的作品如：北宋末李唐之山水畫(一二六)，班貝爾的亞洲藝術博物院(一二七)，中國的樹木畫(一二八)及論王蒙(一二九)等著作之外，羅越氏(Max Loehr)（德明興民族學博物院東方部主任兼中德學會研究員）還曾對中國古銅器顯出有透澈的研究，其論著有：中國古銅器年代之鑑定(一三〇)，梅原末治論支那古銅精華書後(一三一)，中國捲相獸形之銅飾(一三二)，殷周彝器三種(一三三)，中國古代之各種斧頭(一三四)等。

同時較晚期的銅器則由麥司特（Wilhelm Meister）氏（漢堡）從事研究解說了，他所發表的文章有：明宣德四年之道教銅像(一三五)，漢以後之獸像銅器的研究(一三六)，中國銅質假面具之研究(一三七)，紀元後十世紀中之亞洲氍毹史

(一一五) 商務印書館二十九年出版。
(一一六) Die Yuan-Klassik der Landschaftsmalerei (O.Z. VII, 1931)
(一一七) Ergänzungen zu Waleys Index (O.Z. VII, 1931; XIV, 1938)
(一一八) Studien zu chinesischen Bildern. I. Die Teetrinker von Yen Li-pen (O.Z. VII, 1931)
(一一九) T'ang Yin (O.Z. XI, 1935)
(一二〇) Eine Winterlandschaft des Shih Chung (O.Z. XII, 1936)
(一二一) Bo Da Schan Jen (Sinica VIII, 1933)
(一二二) Wu Tschang-schi (Sinica VIII, 1933)
(一二三) Yin-to-lo (Sinica XII, 1937)
(一二四) Eine Komposition des Dschou Wen-gü (Sinica XIII, 1938)
(一二五) Liang-tsüan (Sinica XIII, 1938)
(一二六) A landscape by Li T'ang, dated 1124 (Burlington-Magazine, June 1939)
(一二七) Das Museum für Asiatische Kunst in Bamberg (O.Z. XIII, 1937)
(一二八) Chinesische Baumbilder (Sinica XIV, 1939)
(一二九) Studie über Wang Mong (die datierten Werke) (Sinica XIV, 1939)
(一三〇) Beiträge zur Chronologie der älteren chinesischen Bronzen (O.Z. XII, 1936)
(一三一) Nachwort zu Sueji Umeharas Abhandlung "Über die Bronzezeit in China" (O.Z. XIII, 1937)
(一三二) Das Rolltier in China (O.Z. XIV, 1938)
(一三三) Drei chinesische Bronzen (Pantheon 1940)
(一三四) Chinesische Pickeläxte (M.S. IV, 1939-40)
(一三五) Eine datierte taoistische Bronzeplastik (O.Z. XI, 1935)
(一三六) Zur Datierung einer Gruppe von Tierstilbronzen der Nach-Han-Zeit (O.Z. XI, 1935)
(一三七) Chinesische Bronzemasken (O.Z. XIV, 1933)

述(一三八)，及元時貴金屬之製造藝術(一三九)。

另有一種藝術，在中國佔一特殊領域的是音樂，在歐洲很少有人注意到牠，但是郜慈格(Heing Trefzger)(德不徒嘎特Stuttgart)曾因爲寫了這方面的文章並翻譯其曲譜爲五線譜而顯露了頭角，他並著有關於唐朝的音樂(一四〇)等文。

由以上的概論，可見在最近十五年中，德國青年漢學家們所表現的並不比老輩人們減色。然而更有進者，雖然他們的地位是經過很多的艱難鬪爭，並且還是在克服了一個長期的反對之後而贏得來的，但是他們不只是應當維持住這個在德國學術界中的漢學地位而已，他們還要必須將此地位向力之所能及之高遠處推進纔是。

(一三八) Zur Geschichte des Filzteppichs im 1. Jahrtausend n. Chr. (O.Z. XII, 1936)
(一三九) Edelmetallarbeiten der Mongolenzeit (O.Z. XIV, 1938)
(一四〇) Das Musikleben der Tang-Zeit (Sinica XIII, 1938)

幽默家的詩人——步史

Dichter als Humoristen—Wilhelm Busch(一)

殷克曼 (Herbert Winkelmann) 著

崔　　亮　譯

步史於一八三二年（葛德逝世後一月）生於北德威頓撒爾 (Wiedensahl)。父經商。村中古風依然，尚無鐵軌。兄弟七，氏最長，好讀書。十歲離鄉赴愛柏格村 (Ebergötzen bei Göttingen)，投其舅，即柯萊納 (Kleine) 牧師，撫之如己出。柯教之德文，然氏性喜近數學。旋投考漢諾威 (Hannover) 高等工藝專門學校，(Polytechnikum)，竟以微差落第，校長見其自作詩一首，甚爲嘉納，乃破格錄取之。在校三年有半，甚努力，數學冠全班，繪畫亦優，且品端行正。同寓有博奈曼 (Bornemann) 者，工繪事，氏及柯雷默 (Klemme)，頗受其薰染。氏往比國藝術名城安特威普 (Antwerpen)，覓其友柯雷默。歷觀諸名手大作，深爲感嘆。思鄉甚切，乃手持畫稿，長途跋涉。既歸，繪故鄉景物，並集童話一册。氏私淑叔本華 (Schopenhauer)。深愛藝術，遂至德藝術中心明興 (München)，時十九世紀之五十年代也。

時四方藝術家，俱來明興，生活優適。氏識二友，建築家葛頓(Lorentz Gedon)及畫家倫巴赫 (Franz Lenbach) 是也。氏具北德深沈性格，友伴疑其孤僻，未知其爲天才幽默家。旋入"青春明興"學會 (Verein,, Jung-München")，其諷刺畫遂問世。嘗爲各雜誌作畫，及"飛頁" (Fliegende Blätter)載其作品時，幽默畫已風行，乃獨創一格，力謀形式範圍之縮小。二十六歲時至勃蘭登堡(Brandenburg am Inn) 村中寫生。深覺愛之爲物，勝於機智諷刺甚多。

(一) 譯自：Bücherkunde 第6卷第2號，59-64頁(1939年2月出版)。

自一八六五年至一八七〇年居明與，初作"馬莫二君"(Max und Moritz)，後有"聖安敦尼"(Heiliger Antonius)，為"飛頁"作圖甚多，"陸海行程"(über Land und Meer)等，均為不朽之作。弟鄂圖(Otto)館於福闌克府(Frankfurt am Main)凱斯勒(Kessler)家，氏亦長期為serving賓，並為之作畫。弟卒，乃與城市隔閡。七十年代時，什物俱寄家中，作久居故鄉之計。諸友勸之留明與不果，因氏厭都市噪雜，但願深居僻鄉，凝神靜思，俯聞花香，靜聆鳥語耳。鄉居之作有"克諾柏夫婦"(Herr und Frau Knopp)，"髮袋"(Haarbeutel)，"貝闌"(Balduin Bählamm)，"畫家克君"(Maler Klecksel)等。

世之幽默家類皆憂鬱之士，寄情幽默，以維持心靈之平衡，初非玩世不恭也。氏以極簡之筆法，已將人類災害，活現紙上，吾人竟不由而笑，偉哉幽默！氏自幼接近大自然，久居鄉村，及遇崎嶇之外界，捨嘲弄之道，末由自拔矣。其愛好殘暴，實受鄉土童話傳說之賜。嘗信懷疑說，及讀叔本華，益堅其念。氏為"受阻的詩人"(verhinderter Dichter)，生平亦悲劇的喜劇(Tragikomödie)耳。長於格言之製作，只數行間，已將本質表達無憾，蓋由其數學天才而來。

氏終身未娶。於獨身生活中，竟成就藝術偉業，難能可貴矣。既深居簡出，甚難與面。荷蘭有安德森女士(Frau Maria Anderson)者，慕其名，與之神交，後相遇於驛站，兩情依依，終以年齡懸殊，未成眷屬，後亦未重逢。氏答某女之問云："人間之女性乃一大誘餌，(Hauptlockvogel)，即在他世界，亦深能為之"。此其孤僻也。

一八九八年姪諾附德克(Nöldeke)牧師遷美西茲黎森(Mechtshausen im Harz)，氏亦隨往。於村中日與諸兒相暱。一九〇七年聖誕節前二日，氏作翰云："余今立於此彼之界上，猶覺二者合而為一"。兩週後至"彼"，壽終正寢矣。其姪親葬之。

步史是那些德國詩人之一，其作品盡人皆知，且常被引用。藉種此精神上的借助，人就自覺滿意，更因步史是傳播快樂的人，因而與喜[illegible]列了。可是——

孩兒你可在此處，
找到大小各樣物，
捆起來的全主要，
那得啓開往裏瞧。

不怕你能冒大險，
只求猜透人心肝。
你只認識人的面，
照不見他心裏邊。

因此以往的和現在許多人，都把步史當做笑話家 (Spassmacher)，而不眞把他當做是德國所曾有的眞正大詩人，畫家，藝術家，哲人之一。

如有人把步史純粹理解爲諷刺家，那算不得是認識他。廉斯 (Hermann Löns) 在 1908 年步史逝世以後說，眞正認識他的人實在沒有多少。步史學會 (Wilhelm-Busch-Gesellschaft) 同健在的詩人外甥諾爾德克 (Otto Nöldeke) 曾致力於這位詩畫大家兼哲人的全集，已有數年，因此在去年間那美麗的步史博物館纔得開幕，不久全集也可付梓了。

"笑是相對舒適的表現，" 步史說。爐子後面的張三，越是看見李四在屋外，向紅凍的手哈着氣，他越會高興自己有暖氣。爲的公然應用着方便，我取了幻想的人名子。如此我們可以隨心所欲，令其說話活動。所以一個僅具外廓的存在很容易脫開引力定律的約束，能夠支持良久，而不覺其可憐。人只是看着東西，在一種舒適的自覺裏，對於世上的痛苦，漠不關心就是了。"

在步史那些不計其數的大小插圖故事中呈現吾人面前的人類一切災難，我們對之仍是袖手旁觀。社會上各式各樣的人——圍繞的是各種動物——活現舞台之上，發生千奇百怪，如醉如狂的事。雖然那些演變的事情常是殘暴可怖的，可是我們的內心都能坦然無事，因爲他把一切描繪的極其無情，客觀；我們甚至於還覺得好玩兒——會笑起來。 這就是智人的藝術：可怕的事會失去恐怖性，不自然的變作自然的，惡變作善，嚴肅變爲快活。 這有如步史在家鄉中搜集的童話，此點與格利姆氏兄弟（Gebrüder Grimm）前後相映。 這位民族學家自幼即搜集童話，傳說，民歌，彈曲（Spiellieder），巫詩(Heilverse)，謎語，童謠，及其他的口傳。 因他那特有的銳利的自評，未使那本“Ut oler Welt”集子出世。 只在近年前，他的甥侄諾爾德克把這集更名爲“古時”(Aus alter Zeit)出版了（海島書局 Insel-Verlag）。

步史同他家鄉的農人交遊，時常找他們，加以觀察，傾聽他們的談吐，親見人類的困苦和弱點；家鄉的自然界，上自有隆節的橡樹，下至寸草，均加研究，靜聆鳥的歌聲，觀察動物，小自麻雀，大至吃草的牛，聽那溪流私語，那麽的喋喋聲。 從這種下撒克森家鄉的環境裏，他尋找和德民族關係深切的藝術模範人物：林布蘭（Rembrandt），哈爾斯(Franz Hals)，泰尼埃（Teniers），布勞厄(Brouwer)。 在荷蘭安特威普城得到那偉大經驗之後，又歸到最可愛的故鄉。明興，佛蘭克府，漢諾威，北海，大山，連意大利在內，都不過作爲暫時寄身所。 下撒克森是他依依不捨的世傳家鄉。 在他這種自擇的農夫環境的隱遁生活裏，給他生平的偉業找著必不可少的沈思熟考的功夫力量。 在這裏他自己下功夫，努力藝術的工作，在這裏他同自己和世界奮鬥。

步史用文字和圖畫創出那藝術標準，在他插畫故事裏，永是那麽超越，不再重複的呈現於吾人之前。 誰想不要這德國幽默的珍貴禮物呢？（二） 他以活潑生動的幻想，畫出那些用銳利詳察的目光所見的人，連帶着他們一切的缺點困苦。 這正是素常天天發生的事。 但就在此處纔是那偉大的藝術，步史並未迷失在唯心論或古代的悲劇圈兒裏，他給我們看的永是那普通人的悲劇。 他那插

（二） “Humoristischer Hausschatz” (Bassermann, München); „Neues Wilhelm-Busch-Album“, „Kleines Wilhelm-Busch-Album“ (Klemm Verlag, Berlin)

圖故事都是日常習見的悲劇，天天在發生與重演的事情之反映。　他作的畫那般清晰簡潔，只消用幾筆就已把要領眞情顯明出來，他那平易，鏗鏘，令人深印不忘的詩，那麼扼要動人。　圖和詩有不可分的連屬關係，看着彷彿是一揮而就似的。　但是步史自己說，他是費了多少功夫，用盡細心熟思纔磨練出來的。

自第二帝國建立以來完成的德國人民重新組織的工作，步氏實有偉大的功績。　他攻擊坐井觀天的人，帶綽號的"德國人"，以及心胸窄狹，意志昏惰的人，他極力表現這些人的拙笨，妄自尊大之貌，空洞無物的談吐，不實在的眞誠。　這些屬於法利賽社會的典型人物，步史極力加以嘲弄。　步氏又按自己的方式，反對政治天主教派（Ultramontane），致力於文化鬥爭，在"聖安敦尼，""非魯齊神父，""虔誠的海倫娜"中有率直的表露。　那叫做"生日"的插圖故事對分離主義痛加貶抑。

不只耶蘇會徒，猶太人，或其他非德的分子，就連一切非眞的，尤其是不自然的，爲他所深惡痛絕。　他譴責這一切，不遺餘力，光就他這種奮鬥精神的勇敢德人的性格上看，已不知得他多少好處了。　人在各處的弱點俱加以精確的觀察。　先用鉛筆抓住滑稽的場面，復以鋼筆加以註釋。　他的圖畫——最初的路徑是人所共曉的——不久便改變作風，其性質不僅新穎，且與吾人習見的迥乎不同了。　這就是我們今日所說的簡明有力之密叢式（Buschstil）。　這位大師懂得一切別種表情形式及可能的方法，常時採用，在適當的時候表現的極有効果。　我們再談步史的語言，只要對他稍具表面的認識，就知道他在這方面是多麼不同凡響的大家。　以天生的畫家，在詩一方面所處的環境，與學而知之的畫家凱勒或史梯夫特（Stifter）完全不同。　他對事物的觀察與其形成，永遠用畫家批判的目光。　他畫中的線條同他的詩，都是非常簡潔，開所未開的那麼精適。　這位大畫家大作家永遠找得着唯一適當的字句。　在他之前或以後誰能磨練得出這樣的話：

默許的惡即是善，

這話安穩永不變。

步史不但能將南德意志語應用裕如，即北德意志語亦熟悉。 在語言上，造字上，字之聯用上，他使德語變得異常豐富。 這位語言藝術家會用各方面的法則達到滑稽効果之目的。 如用形容字，詼諧的人名，字作圖畫 (Wortmalereien)，詩歌語言的節奏，長字，不純的韻脚，頂韻 (Alliteration)，詩中字之分離，夾註，故意不寫完全的或寫錯的外國字。 這裏我們只能舉例若干，做爲引證：

美德還須人鼓勵，
爲非作惡只靠己。
他想卅*菊治得中，
當時多少苦和痛。
人類旣是*一造物，
自無半點尊敬處。
我說世*事果無窮，
千奇百怪決難同。
呆*漢面目讓你瞧，
不必問我君都曉。
那人看*見滿坑錢，
頓覺元氣增無限。
就在好的*奧地利，
也罵僧院不爭氣！
身爲人*父未見難，
盡父之道可不然。
浮光閃*爍能亂目。
智人看透極深處。
怒髮衝*冠切膚恨，

無如錢把英雄困。
你爭我奪*終可羸，
原是命中前注定。
可嘆人常*舉錯步，
事在未來拿不住。
對付兩男*精神煩，
周旋二女尤其難。
柔軟溫暖*是長襪，
不因他物爲棉華。
人類用盡*千方計，
還非爲來圖名利。
好心勤奮*主動因，
在於想法利他人。

這類引證直能滿載整個的一部百科辭典。

本文中對於步史爲大畫家的重要意義上，可惜不能有所發揮。 我們只能提到，雖然他對自己和他的藝術嚴厲的批評過，也對他的畫毀滅的討伐過，可是目下我們還數得着他千來幅的圖畫。 步史曾以獨創單純的顏色表現力握住下德意志風景的核心。

他的天性和作品的主旨全進入哲學的範圍。 這位幽默大家，或說是誤解了的諷刺家吧，是極其嚴肅喜靜的，此點曾爲多人所難以了解。 然懂得幽默本質的人必知非如是不行。 誰能忍受微笑的淚便尋到人生之奧謎，這是龐斯提到他的話。

像步史那樣的天才當然不能以插圖故事爲足是顯而易見的，這圖畫的題目有時取材於實際的情節。 他曾說過的斷語或固定了的格式，不能再三的更迭。 雖然世界已將"幽默之王"的冕加諸布史，可是讀者還是不停的要求新"虔誠的海倫娜，”新“諾普先生，”“馬莫二君，”“貝閣、巴爾都印，”或“畫家克來克色。”這時如有人想認識步史的另一面，即指那純粹的哲學家而說，最好讀他的書札，它是德國文學最優美的作品之一。這些信牘標題是“我的一生是夢？”（萊比錫外澤書局 Gustav Weise, Leipzig），由此我們可以看到他的內心，這是在任何疑難中總是那麽仁慈——甚至於情深友愛的一個人。還有他的詩集，可惜不爲世人所注意，如：“心之批判，”“概括”（兩書俱明興巴色曼書局 Bassermann Verlag, München），“外表與本質”（海島書局）。這些都是無盡的詩和哲學的深思及觀察。還有“此後”（海島書局）是他去世以後出版的，本集用字和盡把步史的天才極爲清楚的放出燦光。“愛都阿之夢”和“蝴蝶”兩本散文集，知道的人尤其少。這是給沈思的讀者看的幻想與語言之巨作。不多時前出過“嚴肅和愉快”（柏林克廉書局 Klemm-Verlag, Berlin），本集包括尙未公開的戲曲，物語（Sagen），詩歌，對話，等等。

“我的工作是，”步史有回說，“要把世上已不少有的愉快，再用人爲的方法增多。”他克服人生，總是對世界一笑置之。他對人類，先加之以尖刻辛辣的批評，繼之以攻擊。他尋覓人類，再緊握其最關痛癢處。步史强迫人們對於同類的愚蠢加以訕笑，不僅如是，還要使其對自己的謬誤缺欠搖首不置。起初他以爲並無眞實的善。

若天佑人還得說，
芸芸衆生自召禍。
世人息爭這般事，
由君享受日節制。

但步史說：“沒有一件事，其外表與內裏一致的。”後來他克服了對自己有强烈影響的叔本華宇宙觀以後，遂承認世上一切的善並不是毫無効果。“就是輕輕的霎一眼也會激動無限的宇宙。”如今他改變了嘲弄的態度，對人類表同情——最後表示愛。

損己枉然總是仇，
要從命裏照數夠。
人生簿上唯愛奇，
能使家業多享益。
如願得知虧贏條，
只消各人觀終局。

我們德人必須享受步史給我們的精神幸福纔行。 在前些年對於祖國所發生的事，我們不是惜惡痛心來着？ 只有工作，那永不懈怠的工作，以贊同的精神和步史給與吾人的寶藏不盡的幽默去實行，我們纔可以從內裏自由強盛起來。

世界文學史中有這班偉人：荷馬，莎氏比亞，塞方 (Cervantes)，遂夫特 (Swift)，狄更斯，保約翰 (Jean Paul)，叔本華，凱勒，拉伯 (Wilhelm Raabe)，還有別位，詩人步史與他們在性格特點上竟有好些近乎。 文學史以及美術史逐漸認識步史，只是近些年的事，把這德國大名人列爲不朽的人物之一。他們自吾人的童年直至老年，爲我們的伴侶。

小鳥兩足粘緊膠，
無論怎拍也難逃。
黑大雄貓溜往前，
眼放赤火爪利尖。
爬上樹梢步高登，
可憐小鳥災禍臨。
它想大勢既已去，
結局無非釜中魚，
儻且慢把光陰拋，
唱段清歌纔消遙，
晚啭喉聲依舊樂。
你看小鳥懂幽默。

一九三三年以來的德國的法律兼政治哲學(一)

Die deutsche Rechts-und Staatsphilosophie seit 1933

拉潤次卡(二) (Karl Larenz) 著

關 琪 桐 譯

第一份 系統的作品

(一)

德國法律哲學中的實證主義和「新康德主義」現在已經是屬於過去的了。近五年中所出現的偉大的而有系統的作品，在其可以逕直歸類於我先前所描寫的那種發展中的範圍內講（這些作品是當在這裏首先要提到的），乃是繼續那不以原則上反對形上學而著稱的哲學學派的。 這裏所論究的大部分是那些思想家所藉以綜括其研究結果的那些闡述——那些思想家已經出現於一向的發展中，而且有一部分——如賓德 Binder——是有權威的來參加那種發展的。

融格 Erich Jung 的德國法律哲學 Deutsche Rechtsphilosophie 是由價值思想出發的。 但是背棄新康德主義的那種轉向，正在於融格拋棄了「精神的」

(一) 譯自：Forschungen und Fortschritte 16 Jahrg. 1940, Nr. 28—30, S. 313—316, 329—333.

譯者按，拉潤次卡先前已經寫了一部現代法律兼政治哲學 Rechts-und Staatsphilosophie der Gegenwart（柏林 Junker und Dünnhaupt 出版）。 在那部書中，著者已經把一九〇〇年以來的德國法律兼政治哲學的發展，以及現在德國法學之哲學的基礎（一九三三年以來的）呈示出來，同時並檢閱了一下一九三五以前出版的那些作品。 此篇的報告，正是要稍爲瞰一下近五年來德國法律兼政治哲學的重要著作，以來補充先前的陳述的。

(二) 編者註：見研究與進步民國二十九年版第一卷三期第十三頁註解。

與「心理的」間之嚴格區分，拋棄了「有效的」價値與「現實的」靈魂過程，（那些價値正是在這些過程中被經驗的）間之嚴格區分——這種區分正是新康德派的特長所在。在融格看來，價値系一個心靈上的「所與」Gegebenheit，因而它是被民族和歷史所決定的。法律價値 Rechtswert 是由社會的法律良心 Rechtsgewissen 生出來的，這個法律良心決定了「現實的」法律，這個法律又「影響了人的心情」。融格底許多規定都近乎自然主義，就如他說，良心是「一種生物學的事實，是由永久的共同生活中生起來的，這種共同生活一起初是在狹窄的同類範圍中的，後來則進於較廣大的同類範圍中了。」他以爲「法律」底原始現象就是疾病之防止，即觸犯之免除。法律就標記出「和平社會中妥協的界限，和容讓的界限」。（三一頁）

（二）在自然法學說 Naturrechtslehre 一派中（屬於天主教的），有派特洛世 Karl Petraschek 帶着他的卷帙浩瀚的國家哲學系統兼國際法系統 System der Philosophie des Staates und des Völkerrechts 顯現出來。派特洛世在這裏仍然賡續他在一九三三年所出版的法律哲學系統System der Rechtsphilosophie。但是他對於造成國家的各種力量作了一種闡發詳盡的社會觀察，因而把舊的系統大爲拓充了。這裏最可注意的就是派特洛世藉一種「靜態的」和「動態的」自然法之分別，把傳統的天主教的自然法概念加以損益。所謂靜態的自然法包括了那不變的，通行於一切時代和人民的法律原則，這些原則「自然是爲數很少的，也如大多數抽象的，缺乏內容的原則似的，但是它們並不因此比一切人定法之倫理的有效根據，較少意義」。後一種自然法又附加了「一個變化的而又具體的成分，這個成分是經由一個民族底自然的特質，文化的階段，和其歷史的兼政治的情況而決定的，並且在一般方面是經由人類社會之道德文化底進步所決定的」。派特洛世依照他以前建立起的「法律」之定義，確定了「國家」的概念，以爲國家的所事在於建立依法治理的社會，那個社會爲達它的目的起見，可以運用一種屬於其管轄區中的最高的強制力，而且它的職責就在於增進公共的福利。」（七七頁）。不過這裏所論究的仍是一個預備階段的定義，這個定義是應當藉進一步的闡述來補充的。 再以下，就是那種研究構成國家的諸種力量的社會學，那種社會學據我看來，是因為他的抽象的概念構造法而蒙受不利的。 派特洛世曾把一長串所謂構造國家的力量，排列起來，對照起來，他在這裏是論究各式各樣的成分的，但是他並不曾指明，這些「力量」如何在一個具體的政治的全體中，當做政治的力量，而共同活動起來。 但是一個「具體的概念」（只有黑格爾意義下的「具體的概念」把握住一點對象），是永不能由此種途徑下求得來的。 但是當派特洛世應用一種表示類型的概念構造法時，他的陳述乃是特別顯得有結果的。 他分別了三個社會類型，就是利益的社會 Interessengemeinschaft，平衡的社會 Ausgleichsgemeinschaft，和犧牲的社會 Opfergemeinschaft（二一四頁）。 第一種社會只為各社會分子服役，第二種社會是被正義所統治的，第三種社會是被「能犧牲的愛」Opfernde Liebe 所統治的。 國家在戰爭中是向他的各個屬員要求生命底犧牲的，所以它是一個犧牲的社會，不過它在自身也會有平衡社會和利益社會的特徵。 多數的國家合起來照例只組成一個利益的社會。 縱然超出這個範圍以外，它們頂多也只能構成一個平衡的社會，但是所謂國際法的社會永不能構成一個犧牲的社會，因為任何民族都沒有為別的一個民族或其餘全體民族犧牲自己的義務（五四〇頁）。 派特洛世又曾分別了價值等級 Wertrang 和生命等級 Lebensrang，並且給了國家以較高的生命等級，給了教會以較高的價值等級，這在我認為是很成問題的。 此外，派特洛世在極其差異的各種社會狀況方面，又曾努力從事於明白的分界工作。

（三）去年八月故去的賓德 Julius Binder 在一九三七年曾在他所奠定的「絕對的觀念主義」之哲學的基礎上，把他的法律哲學 Philosophie des Rechts 完全重加修正，出了第二版，題名為法律哲學系統 System der Rechtsphilosophie。他如果不印第二版，而完全寫一部新的作品，那或者是較為妥當的，因為一九二五年所寫的法律哲學還反映着賓德自己早已拋棄了的一個哲學發展的階段。 尤其那部新作品的組織，與那由賓德的基本認識中所產生出的種種需要，是不常互相諧和的。他在他的「基礎」中既然已經把「抽象法律」底觀點，和「道德」底觀點，（黑格爾意義下）發展出來，而且也已經指示出它們的有效性是有限制的，所以他的「系統」底職責，如他所着重說的，其次就在於把「道德的法律」sittliches Recht"之概念，還原於其各個成分，並加以證實，此外還在於把那可以當做一個民族之道德的社會秩序看的那種「法律」的概念，還原於其各個成分，並加以證實。但是在這個階段上，各個人似乎已經是跨越的社會，家屬，民族，國家中之一個肢體，因而我們就不能再把他當做個人，當做單人，同他開始進行，以便由特殊人格領域 Sphäre der Einzelpersönlichkeit，進於總括人格領域 Sphäre der Gesamtpersönlichkeit，一如賓德之所為。除了這一層不提以外，賓德底作品却又貢獻出豐富的見解來，那些見解許多已經吐露在一九二五年的作品中，並且在這些年中也已經廣為人所認識，——類如他把財產視為社會所委託的物品，又如把契認為是客觀意志被一個人格的「法律形式」所特殊化的結果；此外別的見解則是新創的。賓德的思想方法有一種特徵就是，他總是要詳細詰問「設置法律」之意義，之內在的合理性和固有性（這是與它的單純的目的互相對立的，也就是說，這裏不問，它對於自己以外的「目標設定」是否有用）——不論這裏的問題是婚姻，是財產，是刑罰，還是國家；在另一方面，又有那種辯證法的具體的思想，藉那種思想，那每一種在其固有性中被認識的形態，立刻就加入那在其中發展的全體以內，或者用黑格爾的話說來就是當做全體（所謂全體乃是指那當做一個民族的道德的社會秩序看的法律而言）的成分而被人所把握。要理解賓德的畢生大著，我相信，這些有決定力的重要的思想，乃是必須把握住的。為指示賓德底的思想方式之特徵，和黑格爾底思想方式之影響起見，我們可以引賓德下邊論婚姻的話，為一個例子：「在婚姻存在的地方，就有具體的普遍的意志存在，這種意志就是權利底本質所在。因此，婚姻除了它的意義和其道德的根據以外，還帶有它的法律。婚姻既然當做這種道德的兼法律的制度，而必然的組織在民族和國家的總括的社會生活中，所以它不祇是兩個人間一種私下的事情，而且是民族社會的一件事情，是民族的社會生活中的一個片段，因為它自己正是在這種生活中才成為現實的，活躍的——」，（六一頁）。賓德認國家乃是『一個民族在「法律」形式下所結成的一種統一』（二三四頁），而且所謂法律對他說來也不祇是從外而來臨的一種東西，「法律乃是民族和其各個分子底共同生活，它乃是民族的求生存，求效能 Wirksamkeit 的意志，乃是個體求共同生活（當作民族和國家看）的意志」。民族並不被法律秩序所限制了，束縛了，「民族乃是生活於它的法律中而成為國家的」（二三九頁）。

（四）證明德國觀念主義的精神（尤其是黑格爾的）之現在的意義的，還有格柏 Gerber 和美田 Schönfeld 兩個人的兩部論文，這兩篇論文都是從事於一種德國的政治哲學之基本問題的。（按格柏著有人民與國家 Volk und Staat, 美田著有德國人民生活秩序中的自由和人格 Freiheit und Persönlichkeit in der Lebensordnung des deutschen Volkes）。格柏曾研討人民與國家之關係。民族的本質在個人方面當作「種的銘印」Artprägung 而出現了。但是因為「人類」這個「實有」的意義，既然在於當做有人格的「自我」而存在着，因此，「民族的現實性就有繫於我們的負責性，有繫於每個人對於良心問題的答案，這個問題是他窺見了趨於民族社會的那種預存的傾向，即窺見其種性以後，向自己所發出的」。民族必須恆當把自己實現成為社會，而為達此目的起見，它就需要國家。國家乃是在「正義」底觀念下所形成的民族秩序；「國家乃是民族的機能，民族乃是國家的實質」。—— 美田也在相似的意義下來研究德國民族秩序中人格的意義。「那現在比一向更為貫注於我們全體的民族底神聖性，並不排除了那充滿於日耳曼人的法律中的那種「個人」的神聖性，反而包含着它。因為正如個人依靠民族而生活似的，民族也依靠個人和其不可破壞性而生活的」。美田正如格柏和賓德似的，以為法律（即黑格爾意義下的「具體的普遍的」意志）的本質，正在於民族的社會與繫屬於社會中的人格所有的這種辯證法的統

一一〇

二

在這第二類中我把那爲解決法律哲學的問題而企圖找尋新的起點的一些著作包括進去，這些著作因爲具有這種共同之點，所以是難以歸類在或此或彼的現存的學派中的。這裏所要提到的各種著述只有一個共同的特徵出現，那就是人類學的發問 Fragestellung，不過它們在一方面對於哲學的人類學之方法和其與形上學的關係，另一方面對於各種特殊科學，並不曾充分的瞭然，也不曾完全的一致。就在它們的法律哲學底結果方面，它們也是顯然互相背馳的，因此，人類學的發問之突現雖然可以在別方面標記出最年輕的德國哲學來，可是我們仍然不能在這裏來談說一個統一的學派。

（一）在此處我特別想到施陵 Kurt Schilling 的工作。在他的國家論 Der Staat 中，他企圖由生活的職責中來把國家解釋爲人類生存底一個表示。施陵由一個「生命」概念出發，這個概念是一般的對於一切含生之倫都絕對有效的，但是在另一方面也很十分確定，使我們可以由它來理解各種極其差異的生命現象。因此，這個生命概念底普遍性，是不應當與單純的抽象觀念互相混淆了的，不但如此，而且就它的意義說來，它還正給了一個原始的法則，使一切個體非依它不能成爲眞正它們那樣子。換句話說，這裏所要求的乃是返回一個先驗的質體論的觀念上，對那個觀念說來，「生命」這個表示只是現出一種暗示的標記來。——說到生命的本質，施陵推論說，它就在於設計性 Planmässigkeit，所謂設計就是在現在的「缺乏」之感中逆料到將來，而使活動的主體由此從事於有目的的活動。因此，「生命乃是過去和將來結合爲「存在」之統一時所經由的一種時間上的形相」（四七頁），這裏並不曾確說：這種結合還是有意識的，還是無意識的，還不能在他面前進行的。一切生物在這個範圍內既然都是一樣的，所以它之能以成爲各式各樣，只是由於它的特別的環境，由於那在這個環境中給他所立的種種問題」（四六頁）。各個生命因爲所處的環境不同，所以它就遇到不同的問題，這個「特殊問題」底思想正產生了施陵以後的種種闡述。一切生命所共的問題乃是自我保存，不祇是個體底自我保存，尤其是種族底自我保存，因為種族由於它所包含的繁多的可能性，和藉此增高的適應能力，是比個人較為優越的。由此種觀點看來，個人之死亡乃是必要的，這樣，種族才可以儘管在新的個體中試驗了它的繁雜的可能性，至於每一個個體則只能實現有限的可能性。人類的生命之特異之處，就在於它又是有意識的生活。在施陵看來，就是意識也不是別的，「而是解決生命問題的一個新的資具之開始運用，在別的資具，如本能式的資具，不足用的時候」。至於國家底產生時間，則在於一團人被一個共同的問題之意識所把握住的時候，這個問題是由一切人所共的那個情況中產生出自己來的，而且這個問題要想解決，各個人必須竭能盡智，通力合作，甚至有時還得犧牲了自己的生命。施陵曾企圖用歷史上的例子，來證明，招致來國家的聯合的，乃至共同的問題。國家乃是一個「有意識的意志結合」，一個「存在的契約」，這種結合之成立，並不是單為一個特殊的預定的目的，如私人的契約那樣，它乃是經久存在，以求實現一切可能的職責的，不論這些職責是由一般的情形中所產生的，或是「自然和命運自身給民族所準備好的」（一一二頁）。後來，他又把國家定義成為個人的意志與與公共目的的一種有統治力的聯結」；又把它定義為「個人的生命不能單獨存在時，人類在具體的公共問題之前，所建立的實質上存在的意志協同體」。

這就是施陵的思想過程，這種過程在這裏自然只能十分簡短的加以轉述。自然我能可以問，那樣一個普遍的生命概念，如施陵所建立的，是否寧把人類存在底特性隱蔽了，而不曾使它明朗了，而且在施陵底陳述中是否給了「環境決定力」那個成分以過大的意義。「政治的意識係在共同的問題方面爆發出的」這種思想，雖然重要，可是它還不足以單在這上面建立起法律哲學和國家哲家來，施陵或者也感覺到這一層，因為他在四年以後出版的那部國家兼法律哲學導言 Einführung in die Staats-und Rechtsphilosophie 中，差不多走了另一個途徑。

他在這裏，首先在三個步驟或階段內發展了民族概念，就是自然的民族概念，歷史的民族概念，和道德的民族概念。自然的民族概念是被下一個洞見所決定的，就是，所謂種族不祇呈現出一個分類上的，而乃呈現出一個實在的統一來。那在個體生命方面有效的說法——，即它必須恆常解決了那給它所加的問題，它才能够存在——也可以適用於全種上，全族上。血統上統一的民族在神話中得到一種同氣連枝的意識，而神話在它自己一方面，又是歷史的意識之根據。個人只有在反省他的自然的義務把他所規定的樣子，並且欣然承受他自己的生命和他的種族的生命給他所加的職責時，然後他才可以成爲一個道德的人格。人類當做道德的人格時，才是法律底對象。法律有一種自身獨有，而不依賴於國家的來源，並且是只在它自身才在邏輯上和倫理上成爲正當合理的。』它乃是「獨立的人格之意志所受的一種自由約定的束縛」(一二七頁)。在形式方面，它依其來源講，乃是一種契約，「這種契約正可以當做法律底基本類型，給一切法理上的構造做爲一個模範」(一三二頁)。在內容方面，它自然是大量被禮俗所決定的。——施陵由此所達到的法律觀，很與康德和菲希特底法律學說中之倫理的人格主義相似。（在菲希特一方面，已經有了這種分別，就是，在形式方面，法律是依靠於參與人的自由的同意上的，即依靠於契約上的，至於在實質方面，則它乃是依靠於那能在道德上立法的理性之上的）。因此，施陵所達到的，仍然是傳統的個人主義的觀察，（這在他解釋契約爲一切法律制度底基本類型時是特別明顯的），雖然他是由一種超個人的「生命概念」和民族進行推論的。

（二）克力克 Ernst Krieck 的民族的兼政治的人類學 Völkisch-politische Anthropologie是完全與此兩樣的，這部書在其題名爲行爲與秩序的第二部分中，也曾申論及於國家哲學兼法律哲學。克力克也如施陵似的，由「生命」概念出發，但是他却未曾立了嚴密的定義。在他的範圍廣大的生命學說底中心，並不曾立着任何確定的「實有」概念，只立着「全整的全體的生命，以及豐富的現實和變化」，（三十九頁）。　從這種豐盈中，民族就突現出來，成爲對我們有決定力的一種生命全整。　法律依照其來源講，不是別的，乃是民族的道德禮俗，和社會秩序。一切成文法和禮俗，都以「自然的」正義原則爲基礎，這個原則在形式方面是普遍有效的，在內容方面，則是印着一個種族和時代中主要的人類影像的。　但是克力克在這裏並不曾給與我們以一種較爲精確的概念上的經營和發展；因此，他的作品對於法律哲學和國家哲學只是一種暗示，並不是一種最後的形態。

（三）狄栗 Hans-Helmut Dietze 的現代的自然法 Naturrecht in der Gegenwart 一書，與克力克的意見是完全一致的。　狄栗企圖在一種新的意義下來應用自然法底概念，在他看來，自然法就是「法律底自然性」 Natürlichkeit des Rechts ，那就是說，法律是植根於有血統關係的社會之自然的生活法則中的。　很明白的，這種意義下的「自然法」之基礎和理論上的證明，仍然只能在一個「人類」學說中來找到。　可是狄栗並不曾立了人類學的基礎，他只從事於闡發自然法的思想史，尤其是闡發個人主義的自然法和普遍主義的自然法之間那種人所素知的矛盾。　他在這裏並不曾忽略了，「自然法」這個表示在傳統的意義下，常指一種至少在其基本特徵方面永無變化的法律，常指一種因爲在人的本質中建立着，所以對一切民族都同樣有效的法律。　但是狄栗反而只在他的意義下來講自然法，說它是「在社會上，歷史上被決定的」。　因此，我們所當討論的法律乃是那不經造作而却在社會中當做活生生的法律而存在的一種法律。因此，狄栗所謂自然法在那克服了實證主義的德國的法律哲學看來，乃是那未經成形的社會法律，乃是不成文的法律原則之總和，這些原則因爲植根於民族的法律確信中，所以就表示出民族的法律精神，表示出這個民族所特有的客觀道德，並表示出這個民族所特有的一個法律觀念。　這裏我們用「自然法」這個表示是否恰當，那在我們一觀察這個表示底傳統的意義，和其在一切「文化民族」的科學中所確立的意義之後，就深可懷疑了。　德國法律哲學的發展已經一貫的指示出一種超自然法，超實證主義的立場；因而要在完全與傳統相異的一種方式下，來應用「自然法」一詞，那只能引起紛亂來。不過狄采的書的眞正意義，不在於這種名詞上的問題，只在於指示出未經寫出的社會生活的法則，並在於指示出法律哲學底一個尙付闕如的人類學的基礎。

我們如果總覽一下方才所論究的這一派著作，那我們就可以確說，它們不論在它們的結果方面，不論在系統的闡述方面，不論在材料的經營方面，並不能十分令人滿意。這些著作中在系統的嚴密方面，或在思想的豐富方面，沒有一種可以比得上賓德的法律哲學系統，或一部可以比較的較老的作品——就如斯塔姆拉 Stammler 的教本。但是他們之要求法律哲學底人類學的基礎，並要求一個哲學的人類學，乃是分明合理的，因而我們正可以期望人們在這個方向中繼續努力。

第二份　系統的和歷史的工作

三

近幾年中人們關於法律學之方法上的問題，是很熱烈的從事說明的。不過人們所從事的還不祇是只繼續發展一九三三以前已經活動的那些解說，現在人們並不如先前似的，只注重於科學學說的問題和狹義的知識論上的問題，現在所注重的乃是一個新的科學的基礎立場之獲得，世界觀的新地對於人的精神之影響，法學對於它的職責的意識。現在誠然還有無數法學家相信，要在國家社會主義之意義下，來復興法律，我們只求助於傳統的法律學之思想所有的那種已經「試驗過的方法」，就可以，而且我們只曉把幾條法律變化了，並且只在個別的生活範圍中從事改良工作，一切就都完成了。誰要這樣思想，那他就不曾理解了，我們所要的，乃是我們的精神生活的全部復興，——法律祇是包括在這種復興中罷了。他還停留於一種謬誤的信仰中，以爲法律學乃是一個自足的學科，可以無需乎世界觀的，兼精神的基礎。實際上，凡配稱爲法學的任何一種法學，其中必然有一種確定的精神的立場，必然有一種確定的法律觀兼國家觀。——不論各個法學家意識到這一層，或不曾意識到它。都爾凱 Dulckeit 有一次說得很中肯，「各種特殊的科學家，不論如何鄙視哲學——而哲學總當做他自己的內在的精神立場，統治着他」。法律哲學底最重要職責之一就在於當做法律學所依靠的方法論上的良知，使法律學瞭然於它自己的前設和可能，——自然也在於把自己的學說，在法律學的實際成就方面加以考驗，加以證實。在法學的方法論的範圍中，法律哲學家和法學家必須互相攜手，——最好是一人身兼兩者——以便憑其工作互相啓迪。事實上，在近幾年的方法論的闡述中，法律哲學對於法學思想之復興所加的影響，以及它在法學的全部成就中所佔的股份，也是顯而易見的。對於這一層一個動人的證據，就是前布爾加利 Bulgarien 司法總長狄考律本 Lüben Dikow 論德國公民權之復興的那部識周智遠的著作，狄考自己雖然是賓德底一個學生，可是他是從一個高聳的哲學的望樓上來評價公民權復興之意義的。但是在另一方面，在許多方法論的闡述中，又顯然對於科學學說之聯繫缺乏一種哲學的訓練和明白，而且很可惜的這種聯繫還是在許多法學家方面所能遇到的。

方法論在前述的狀況下之職責就在於給法學闡明一向佔優勢的方法有何種精神上的來源，和世界觀的限制。這種工作是在一個較狹的範圍中，即在刑法中，經由維蔡爾 Welzel 帶着模範的明白思想所完成的。（譯者按，維蔡爾著有刑法中的自然主義和價値哲學 Naturalismus und Wertphilosophie im Strafrecht）。那在近十年中曾經帶着權威影響了刑法思想的兩個哲學的主要學派，（這兩個方向在刑法思想中也找到一個平行現象——我們所以提到這種平行現象，乃是因爲我們並非要證實一種經驗上可以證明的影響，只是要證實基本立場之互相契合），乃是一方面的哲學的兼社會學的實證主義，和另一方面的新康德主義；這裏所謂新康德主義主要的是就德國西南學派所形成的而言的，（如黎凱特 Rickert，拉斯克 Lask）。維蔡爾現在指示出，這兩個在表面上似乎互相對立的哲學立場，仍然是可以溯源於同一個基礎上的。它們的共同基礎就在於一種確信，以為所謂「現實」只是那可以用精確的自然科學與解析思想兩者的方法所能把握，所能度量的東西。但是實證主義只停在這裏，至於新康德主義則在其旁又安立了一個並不實存而只有效的價值世界，一個非現實的「意義」之世界，這個意義是只被那經驗到此種價值的主體，與那本身無意義的「實有」聯結起來的。維蔡爾在這一方面，曾說過一句恰當的話，就是「價值哲學雖然求訴於康德拋棄了形上學家的世界的那種哥白尼式的轉向」，可是這種價值哲學的精神基礎，正因為與實證主義結合起來，「就與康德離得有如天涯地角」（四八頁）。於是維蔡爾也指示出，刑法的思想和李士特 Franz von Liszt 的系統，如何「也把實證主義的思想之財產最完善的應用在一個特殊科學的範圍內」。此外，新康德派的思想方法在新刑法的獨斷主義上，尤其在「法律要件和行為」學說上，所施的影響，也同樣被深刻的描寫過。但是維蔡爾也並不以批判為滿意，他至少給我們指示出，我們當在何種方向內，來企圖克服了前邊所描寫的那種與自由主義相近的科學立場。這裏有一種認識做為他的思想基礎，這種認識在別方面也是每一個偉大形上學的基礎，就是，「實有原來就在自身含有秩序和形相」，而且「人類的社會生活就立於原始的秩序中，結合中」（七四頁）。

維蔡爾底闡述指示出施米德 C. Schmitt 所謂「具體秩序思想」 Konkretes Ordnungsdenken的那種法律思想之方向來。近幾年的討論已經指示出，這個表示是意義多歧而屢被人所誤解的。一個廣泛的語言用法，以為所謂「具體的」乃是指那「特殊的」，「可憑感官知覺的」，「此處與此時」而言的，這種語言用法看每一種「普遍的」都是抽象的。「具體的秩序」這一個表示，依此看來，就好像在自身呈現出一個矛盾來：因為所謂秩序無疑義的是指一種屢次（不祇一次）實現並永存的「普遍的」而言的。真正說來，那種特殊化的，只在此地此時「存在的」，正與那由豐盈的現象中抽出的規則或類概念之抽象的普遍性，恰恰是同樣非現實的，並且同樣是一個抽象——這種認識是凡理解黑格爾的人所熟悉的。所謂現實乃是在特殊中和個別中實現了自己的那種普遍性，或者所謂個別就是「普遍的」特殊化和具體化，但是這就是所謂「具體的秩序」。對於那曾學過活動的辯證的思想的人，「具體的秩序」這個表示中所含的貌似的矛盾，正是眞純的，辯證的「現實」結構底標記。在這樣理解之下，「具體的秩序思想」就必然會領到一種辯證法的思想方式上（如美田），並且衝向一個具體「概念」學說。至於要問，所謂具體的秩序還是指普遍的民族秩序，和最廣義的法則，還是指特殊的，個別的生活關係，如這一種確定的工作關係，或這一種契約：那我們就可以答覆說，是兩者兼指的，我們應當把後者看做是前者的具體化，不當看做只是普遍規則的一種運用，我們只當把它看做是全體在殊事中的顯現，看做是具體的普遍性之現實，之特殊化。這種說法對於私法的契約有一種十分重要的意義，就是，這種契約不當再視爲孤立的，而當被視爲法律實現之過程中一個段落。它乃是在其經濟的基礎上維持民族秩序的一個構造，這個構造又是經由個人的自行負責的協同構造 Mitgestaltung 而可能的，但是個人的協同構造要想在法律上成爲有效的，必須依照其實質和目的（因而是目的論上的，不祇是形式邏輯上的），來參加那現存的並經由它而繼續實現的秩序之中。

在另一方面，誰要以爲「具體的秩序」，只是指特殊案件中的內在的正義而言，或者指「具體的」特殊的法律關係而言，（就如A與B間這種確定的契約關係），那他一定假設，「具體的秩序思想」之要求，其含義正無異於拒絕任何一種概念的和系統的構造，正無異於一種倒溯法 Fallrecht，正無異於只依感情來決定法律問題。施米德確乎不曾如此着想，雖然他對於具體概念的問題，對於一個系統，對於倒溯法問題，並不曾予以明白的解答。以「具體的秩序思想」實際是逃避於法律感覺中的那種意見，或者也決定了麻堡 Marburg 刑法學者施溫格 Schwinge 和蔡麥爾 Zimmerl 對於所謂「基爾」Kiel 派的工作所加的那種嚴厲的批判。

基爾派的刑法學者，達姆 Dahm 和斜夫登 Schaffstein 曾在種種出版物中，求訴於施米德意義下的「具體的秩序思想」，並根據良好的理由，來攻擊先前的刑法的獨斷主義的基本學說，尤其攻擊「違法行爲」和「構成要件」Tatbestand之分別，抽象的「構成要件」之概念，和只在被法律所保障的財產方面來解釋刑法標準的那種做法。他們在另一方面，對於種種犯罪和犯罪類型底特有的本質，要求一種準情酌理的理解。他們也指示出，某一種確定的犯罪行爲之內在的無價值的實質，並不祇是經由理性的方法所把握，或在抽象的概念途徑下所決定的。施溫格和蔡麥爾認爲這就逃到非理性主義中，並且有拋棄科學思想之一切原則的危險。這不祇使他們毅然來衞護尋常的概念構造法，並且使他們假設，基爾派是有賴於種種，（按麻侈派說來還是不吉利的），哲學的兼方法論的潮流的，實則他們是與那些潮流不相干的。類如他們說，他們是有繫於胡塞爾Husserl和倫納黑Reinach的現象學，柏格生Bergson的生命哲學，自由法家Freirechtler班弟Bendix和伊塞Isay的無理性主義，甚至於凱爾生Kelsen的純粹法學reine Rechtslehre的。事實是反駁倒所說的這種依屬關係的，因爲所有這些學說乃是完全互相差異，而且一部分還不能互相調和的哲學觀點。但是無論如何，基爾學派對於他們自己的哲學上的前設，實在也沒有充分的加以說明。結果，恰如渥爾夫E. Wolf所說，人們「在哲學方面的說話是毫無希望的風馬牛不相及的」。可是那種解釋也有一種好處，因爲達姆和斜夫登受了這種激動，就把自己的立場（見其新刑法系統）較爲尖銳的勾抹出來，而且第三方面也又另外作一些批評，使人明白認識什麼是最要緊的，——所要緊的就是：藉一種純真的辯證法和具體的概念來克服了純粹解析的分析的思想：那種辯證法正如渥爾夫所說，「並不是邏輯的藝術玩藝，乃是事物的明顯本質或事情自身的本件」。達姆的闡述特別指示出這個方向來。

施溫格反對基爾派的攻擊，而主張刑法中的法產Rechtsgut說，與此種學說對照的就是在民法中構成利益法學說Interessenjurisprudenz的那種學說。在近幾年中，人們已經從種種方面闡發過，這種學說在精神方面是如何由社會學的實證主義和十九世紀新啓明運動那種專重目的的思想中而來的，所以黑克Heck

雖然確言，這種利益法學並不曾意識到它依靠於任何一個哲學學派，（主觀的依靠性，完全不是這裏的問題所在），可是這種精神的來源已經可以看做是被證明的了。但是無論如何，我們必須認清，那爲利益法學之基礎的法律學說和其科學學說，如何與那當做法律應用法的利益法學，互相區別。利益法學學說，若只當做一種法律學說看，在現在是不能主張的，因爲它所前設的乃是完全另一種政治的和社會的現實，就是十九世紀的公民社會。要藉特別着重所謂協同利益，而使這個學說來適應現實底變化，那正如渥爾夫所說，並不祇是一個觀點的改變，乃是可以把那個學說底前設取消了的，如果我們澈底思維一下。因爲人們所謂協同利益，並不是互相差異，互相平衡的許多利益中的一種利益，乃是一個跨越一切的全體，各個特殊的利益是必須歸類於隸屬於這個全體，而且由這個全體才能得到它們的有限的根據的。若當做法律應用法看，則在這個爲形式法學的概念和偏狹的法律的實證主義所統治的時代，利益法學對於「判決」是有大功的，因爲這種法學教人在判決時，顧及法規的目的和那將來判決在其中有效的經濟的生活關係。這種功勞是沒有人與它相爭的，而且我們在利益法學底這方面的成就中看到它的永久價值，——雖然我們不能因此就不力說，利益法學的途徑下之法律的應用也有其界限，而且它在新的法學思想之範圍中也只有相對的根據。

人們還不曾十分重視，在利益法學的發展中，除了某些個人或團體的經驗上存在的利益之外，常有一些抽象的利益，如「權利安全的利益」Rechtssicherheitsinteresse，交通的利益 Verkehrsinteresse，正義的利益Interesse an Gerechtigkeit 等：在這裏分明指示出，利益的法學正如它所攻擊的「概念法學」Begriffsjurisprudenz 似的，只知道一種普遍性，就是那抽象的，排斥了差異性的「類概念」之普遍性。在另一方面，下邊那種認識是愈來愈得勢的，就是，法學需要一種具體化，個體化的解釋法，並需要一種新的具體而兼普遍的基本概念。這樣一些基本概念（如法律同夥 Rechtsgenosse，權利能力 Rechtsfähigkeit，和社會中的法律地位 Rechtsstellung），我已經在種種作品中加以發展，而且我在我的論方法的著作中，也曾企圖勾抹出「具體概念」的特性來。

四

近幾年中關於法律哲學史之工作是比較繁多的。黑格爾的具體的辯證法思想，和他那包羅廣括的社會倫理學，究竟有何意義，我們可以在杜爾凱 Dulckeit 的法律概念和法律形態 Rechtsbegriff und Rechtsgestalt 中明白看到，那部書所努力的不單在於評論黑格爾的法律哲學對於法律復興之價值，而且在於較深刻的把握它的內容。賓德在解釋黑格爾時，恆常把哲學的理想主義之觀點置在前景中，至於杜爾凱則着重說（這在我認爲是對的），「黑格爾實在說來，同時是一個實在主義者，因爲他把觀念主義和實在主義之對立，在他的客觀的觀念主義中，上升於統一地步了」。（二九頁附註）。杜爾凱的一個證明是富有意義的，他說，在黑格爾的全部哲學中，在其系統底實體論的概念學說之旁，還有歷史哲學當做同樣重要的成分，站立着，歷史哲學正是關於歷史形態的一種學說，（——按此說見其黑格爾哲學中的系統與歷史 System und Geschichte in Hegels Philosophie）。

當做政治哲學家兼法律哲學家看的黑格爾之影像，現在還往往是被十九世紀的錯誤解釋所決定的，——在這些錯誤解釋中，「普魯士的政治哲學」Preussische Staatphilosophie 那個標語實在是一個不小的原因。一般的哲學研究雖然擺脫了這些錯誤，並且藉細心評價黑格爾的幼年作品，而對於他的社會思想底原始的力量和深刻得到一個新的影像，（尤其是藉海林 Haering 和格老諾 Glockner 的研鑽），可是許多代表人對於法律學和政治學的觀察，仍然受着舊日那些觀察的過後影響。這些見解之發生，是很受黑格爾底的一個信徒，兼公認的黑格爾主義者，哲學家，愛德曼 J. E. Erdmann 之影響的，這一層我在將要出版的一部著作中指示出來(Hegelianismus und Preussische Staatsidee bei J. E. Erdmann)。我們看到，應得「普魯士政治哲學家」這個頭銜的，不是黑格爾，而是愛德曼。而且愛德曼所了解於黑格爾者，也只以黑格爾的思想與普魯士國家精神有相近的程度內爲限。　至於黑格爾國家觀中，遠超於普魯士當時的現實狀況的地方，——如把民族認爲是「道德的整體」的那種思想，又如他主張在國家底領導之下，藉一種職業制來克服公民的社會，和階級的對立——那是愛德曼所不曾見到的。　至於認民族爲「生活全體」和其分子的協同體的那種觀念，在黑格爾的思想中佔着如何重要的意義，那我也在幾篇論文中闡述明白了。

除了求得黑格爾的一個新而較正確的影像之外，我們還有解釋黑格爾哲學的一種職責。　在從事這種解釋時，那可以使我們得到新的認識的材料，我們應當是加以確說的。　但是這種解釋只有在它不從一個扭曲的或片面的「黑格爾觀」出發時，才能成爲有效果的。　這樣有效果的一種解釋，我們可以拿美田那部論德國觀念主義的歷史問題的著作，爲例。　因此，美田在這種範圍中，是能以很合理的反對克力克那種確乎枉屈了黑格爾的批判的，——而且他也在模範的中肯的方式下如此反對了他。　至於美田對於賓德的的解釋，則可惜未曾免除了意氣用事。

雷德堡 Paul Ritterbusch 在論究西歐政黨國家之本質和現實的一種基本的有意義的研究中，曾經論及十九世紀和現代底西歐政治哲學；他是以與那種哲學有關的政治實況爲背景來行論究的。　在近代民主學說之初，在盧梭的一般意志 volonté générale 之旁，還立着一種眞正的「統一」和「普遍」之概念。　但是這種主義發展的結果，就成爲多黨國家的多元主義，因而領到相對主義上——即以相對主義爲精神的立場。　雷德堡說，這對盧梭的本意說，是如何的一種墮落！　而且就「自治」底原來形態和原來觀念說，這是如何的一種頹廢！」　他曾標示出英國人對於黑格爾哲學影響的搏戰（黑格爾哲學在英國久已有了一個深刻的印象），正是這種發展的一個特別可以指示特徵的插曲——這種發展畢竟使德國在精神上陷於孤立包圍之中。　此外，他又指示出，「獨裁制」 Diktatur 是只能由原則上被人堅持的多元主義之基地上所思想出的。　獨裁制在這裏的意義——當做脫出威嚇的混沌中的一條最後出路，——乃是要修正那只把各種對立强壓下去的技巧的統一，因爲那種統一並不能是現眞正的生活中道，而使黑格爾意義下的對立得以在其中取消了。因爲獨裁制乃是近代的平民主義所領到的精神的和政治的多元主義之最後的一種可能，因而並不是那種主義的克服。在另一方面，則只有國社主義之觀念和其歷史的成就，在民族底全部生活協同體中，才能使一個純眞的統一和全整成爲可能的。因此，國社主義的「領袖國家」既不是民主制，也不是獨裁制，它乃是由一個新歷史時代底精神中征服了兩者的。

有些專著——或論文——曾從事論究盧梭（Reiche的盧梭與自然法 Rousseau und das Naturrecht），菲希特(Oesterreich 的菲希特哲學中之自由觀概念與法律概念 Freiheitsidee und Rechtsbegriff in der Philosophie von J. G. Fichte) 和克羅斯（Conradi 的克羅斯的法律哲學的基本觀念）。克羅斯在德國是不甚爲人所知曉的，可是他在長時期中，一直在西班牙的法律哲學上施展了一種統治的影響，如西班牙的博學者維生 Vicen 那部可讀的著作所曉示，——那部書是論究近百年中德國法律哲學在西班牙法律哲學上之影響的。（Vicen 現代德國法律哲學與西班牙的法律哲學 Deutsche und spanische Rechtsphilosophie der Gegenwart)。

還有，施米德 Carl Schmitt 對於霍布士 Hobbes 政治哲學所作的那部既啓發人而又感動人的研究(霍布士政治學說中之巨靈 Der Leviathan in der Staatslehre des Thomas Hobbes)，曾經蹤跡過「巨靈」那個政治的象徵之命運和意義。他在這裏指示出，與巨靈那個比喩有關的那個神話，如何有其自己的生命，而且那個生命是比想利用這個比喩的人（如霍布士）的意圖還可以較强的。此外，施米德還把他先前的論文和講演搜集起來，成爲一個巨帙，使我們得以認識了向威瑪，更夫，和維爾賽戰爭中的立場和概念 Positionen und Begriffe im Kampf mit Weimar, Genf, Versailles。這裏所搜集的論文之要點，雖然在於國際法和憲法，可是其中有許多是有極高度的政治哲學的興趣的，我這裏只提到論柯泰

Donoso Cortés 的兩篇論文，論「中立化」和「反政治化」Entpolitisierung 時代的論文（它在文化哲學和歷史方面是有意義的），論「國家倫理學」和「多元主義國家」的論文，和論「中立性」和「中立化」的論文。

關於法律哲學和政治哲學的歷史，也有些撮要的陳述出現了。埃姆格Emge的法律哲學家在古代哲學中的漫遊 Ein Rechtsphilosoph wandert durch die alte Philosophie 原並不是一部法律哲學史。它乃是想藉古典哲學（尤其是古代的）典籍之助，把人引到法律哲學的問題中的。埃姆格研求（常是未曾聲明的）哲學學說和認識中的法律哲學的實質，因而他就從許多已知的學說中求出一種新的意義來。他不曾標記出歷史的發展線索，也不曾標記出各個思想家的影像，只是標記出某些哲學立場的思想上的聯接，而且他是辭豐意富的來從事闡發這些過程的。因此，這部書對於初學者雖然準備好一些困難（因爲他只限於某些孤立的哲學命題，和許多只稍一提到的觀點），可是對於那稍有幾分熟悉了哲學的思想過程的人，是可以給與豐富的刺激的。

施陵却分明以「政治兼法律哲學史」 Geschichte der Staats-und Rechtsphilosophie 來標記他那部特爲學生所寫的大綱。不過施陵只論究一些最重要的思想家，而且他在此也固守着傳統的標準和分類觀點。但是他對於較新的文獻之缺少注意，乃是可注目的，類如對於論究康德和黑格爾的法律哲學的著作便是。在施陵方面，正如在埃姆格方面一樣，所重要的不是各個思想家的人格和其歷史政治的背景，乃是他們學說底系統的內容。他自己的立場始終是建立在他在其系統的著作中所發展出的那個觀點上的，而且從那裏看來，乃是一貫的。

渥爾夫 E. Wolf 對於德國思想史上十四個偉大的法律思想家曾寫了一部重要的著作，題名爲德國法學觀的發展 Entwicklungsbild unserer Rechtsanschauung。這裏所注重的乃是計劃偉大的畫像；渥爾夫總是根據一個法律思想家底品格，身世，學說，和其對同時人的影響等成分，使那個思想家底影像，在思想史背景底聯繫中，出現於讀者之前。渥爾夫因爲有一種純眞的歷史上的感情移入之力，並且充滿愛慕地獻身於每一個人物的特性，並且精細的理解了他們在思想史的聯繫中對於德國的法律觀的發展所有的意義，所以他所寫的那部書，在同類著作中幾乎是空前絕後的。但是人們畢竟可以另有一種意見，以爲渥爾夫所選的那些人，在現在所需要的評價之下，正需要一種補充。而且渥爾夫的感情移入的理解法，是與批評的立場互相對立的，一個有意識的政治史的描述正有義務來採取批評的立場的。卜倫德在這方面的闡述（他的德國法律觀史中的法律思想和政治現實 Rechtsgedanke und politische Wirklichkeit in der Geschichte der deutschen Rechtsanschauung）是由渥爾夫的書所引起的，因而在此書中，又重新建立起那個基本問題來，就是我們應當在何種方式下，來觀察我們的法律觀史。對於這個問題，法律哲學者和法律史家是在同樣方式下，應當本其職責，通力合作來解決的。

百年來之幼稚園

100 Jahre Kindergarten(一)

士榜格 (Eduard Spranger) 著

王錦第 譯

一八四零年六月二十八日，在圖林根 (Thüringen) 的布蘭肯堡 (Blankenburg)，福勒貝爾 (Friedrich Fröbel) 爲了四種用意建立了一個節期。它第一個用意是作爲慶祝中夏節，第二是紀念古滕泊 (Gutenberg) 發明印刷術的四百年紀念日，第三是布蘭肯堡與開爾好 (Keilhau) 的學生一般生日節；最後是紀念「兒童幸福的普通制度，或德國幼稚園」的設立。節期創立的程序上附註着「由德國婦人和青年婦女們的協助」。這一天必得算爲幼稚園實際創立的紀念日，但是這種思想很早就存在於福勒貝爾的意念中。

從那個時候起，福勒貝爾幼稚園制度不僅普遍於德國，而且擴張到全世界；帶着創立者的名義與其德國式的原則。但是在此之前，並非就沒有爲了兒童學校期前年齡的一切設備。例如在德國有保姆學校，小兒童學校，遊戲學校，稚嬰學校，編物劇等 (Kleinkinderbewahranstalten, Kleinkinderschulen, Spielschulen, Warteschulen und Strickstuben)。在一七七九年俄柏林 (Oberlin) 的忠實幇助者，余波勒 (Luise Scheppler) 在挨爾薩斯的石太因塔 (Steintal im Elsass) 便建立了一個模範保姆學校。在這學校內不缺少遊藝，活動，有教誨的刺激及宗教的訓練。同樣的學校在法國用 salles d'hospitalité (略譯爲「醫院」) 與 salles d'asile (略譯爲「瘋人病院」) 的名稱設立起來。在一八一

(一) 譯自：Forschungen und Fortschritte 16 Jahrgang 1940, Nr. 15, S. 164—166.

九年蘇格蘭人，步卡南 (Buchanan) 衛德斯品 (Wilderspin)，在倫敦建立所謂「稚嬰學校」(infant schools)，後者寫了一本書喚起對於普魯士政府（一八二七年，同政府於二十四年後用幼稚園發生了政治作用）的注意。衛德斯品的作品傳到維也納，在一八二八年步倫斯維克(Gräfin Therese Brunszvik)（也或須是貝多芬的「不朽的愛」）用「天使園」(二)(Engelsgarten)的名稱代替稚嬰學校，在匈牙利建立起來。——但是德國幼稚園超過這些先驅而由自己的內在力量發生長起來。不過要完全理解其中詳情，一個人必得要對於福勒貝爾的人格與生平事業加以深刻的認識。就算在德國可惜這種認識也是缺少的。雖然有一本可喜的傳記，哈福特 (Fritz Halfter) (Halle, 1931 年出版) 所著的一個人類教育家的演變——福勒貝爾 (Friedrich Fröbel, der Werdegang eines Menschheitserziehers)，但是還不够了解他的。

福勒貝爾的意思是創造的，純德國式的，並且天才的。他最得意的口號，「生活的統一」(Lebenseinigung) 就是他的全部哲學的關鍵。幼稚園就是完全發生於與上帝交織的生活統一（從家庭精神，兒童的積極自動及婦女善理解的靈魂結合在一起）上。照這樣的講法，「學校」與「組織」的意念便要大大的改變了。一個人必得要有清析的觀念才能够對於幼稚園真正意思的那種活動精神加以了解，正因為這樣，所以幼稚園的理想很少實現出來。

本來幼稚園的理想並不牽涉到困苦或社會問題（與裴斯太洛齊相對照）。福勒貝爾以常態康健的家庭做出發點，利用這種精神團體養成深刻的良知。他的第一個意思是為家庭團體的制度。家庭對於他是「培養並維持純潔人類生活的寺院或聖堂」。一八三七年後布蘭肯堡學院曾經表明過這種組織的名稱：「自動教學的組織」(Autodidaktische Anstalt) 與「兒童與青年職業教養會」(Anstalt zur Pflege des Beschäftigungstriebes der Kindheit und Jugend)。

（二）見必內斯 (Piroska Bones) 著的詳路芬及其時代的幼兒教育(Gräfin Therese Brunszvik und die Kleinkindererziehung ihrer Zeit)

一八四零年五月一日過後，現用的名稱被應用了。福勒貝爾在寫給他第二夫人的信中曾有關於這個名稱的話：『在一八四零年春天，我自布蘭肯堡到珂爾胡散步的時候，好像有一種神奇的緣故，我便發見了這個名稱。「幼稚園」的名稱；一個樂園的天堂，一個幼稚園所以是：爲兒童供給的天堂。爲了表明這種企圖的內容，所以要把德國婦人與女郎組織起來，因爲「有思想的」婦女合作對於幼稚園是絕對必需的。做母親的或青年婦女在這種場合，做生活的解釋者比做老師還較重要；但是他們自己的生活必先加以解釋與清理。這就是幼稚園學科產生的胚胎。最後，爲了把福勒貝爾制度的「遊玩與活動箱」的思想實施出來，所以需要有一特別工廠。在財政上福勒貝爾希望全德國各別捐助，但是很苦痛的失望了。不過精神的種子漸漸分佈出去——在美國比在德國還快(三)。

有四種用意的布蘭肯堡節，有個口號是：「來，讓我們爲孩子們活着！」(Kommt, lasst uns unsern Kindern leben!) 像菲希特一樣，用着菲希特的熱情，福勒貝爾聲明他的「生命的更新」(Lebenserneuerung)。我們只有理解了生命的機密然後才能理解他的工作的意義。使我們理解的僅有用符號的思想表明的一種哲學的形式。事實上，福勒貝爾幼稚園的背後哲學，甚至思想也不是一般都了解的(四)。設若我只把表面的構造列舉出來，當然會是言不盡意的。因爲它是一種優美的象徵主義，我們要加以了解非對於它的深厚感情與感覺了解之後不可。對此福勒貝爾的表示是任意的，並且極簡略，正像一般神秘主義者一樣，他有自已獨到的識見。雖有明顯的字句，但因別的章目而使我們難以捉摸。他的主要著作人的教育 ("Die Menschenerziehung") 在一八二六年出版，

(三) 見霍夫曼 (Erika Hoffmann) 發表於期刊幼稚園(Der Kindergarten)一九三八年上的福勒貝爾創辦幼稚園考(Die Gründung des Kindergartens durch Fröbel, nach den Quellen dargestellt)。

(四) 見1938年我發表於柏林普魯士科學院的論文：關於福勒貝爾的理想界 (Aus Friedrich Fröbels Gedankenwelt)。

但是並沒有完成。（英文譯本名爲 The Education of man）還有母親與撫慰（Mutter-und Koselieder）包含着深奧的哲學意義，在藝術觀點看，這件工作並不算完全。

福勒貝爾（一七八二至一八五二）屬於現代的浪漫主義時代，當時基督教的信仰表現在冥想與獨斷思想上。「呂卓來獵者」（Lützower Jäger）就完全生活在他的宗教的世界觀中，即如最近的首期大學生之政治結社（五）（Burschenschaft）的情形一般，對於他們，三位一體說的神秘接觸到哲學思想上完成了他本身一種新的意義。一切都存在於上帝，來自上帝，並且到達上帝。但是那來自上帝的不僅上帝的兒子，並且有永恆的「自然」。每個人必得要學習這本用天文寫成的書。一切都是上帝的工作，上帝的譬喻。人生也是自然；而且經過自然而一切與上帝直接聯接起來。福勒貝爾自幼年就聽了自然中上帝的話；沒有別的事啓發他能與這個作比較的　他認爲兒童是自然的開花，或「無意識的，快樂的智慧」。婦女的生活與婦女的命運是從自然中流露出來的，男人是女人精神上的補助者。二者的結合就是回歸上帝。男人是光明，女人是愛；他們創造的結晶，第三者，兒童才使生活有了意義。

「自然」在各處都「表現着」。它有外面形式，但每一種外面的表示都有它相當的內面形式。每一種東西不僅只是生活，還有靈魂的意義，所表示出來的形式都有似上帝般的靈魂。使內面的到外面便是創造的流露，使外面的到內面是一種解釋的意義。在這樣節奏裏，一切生命，人生也在內，都要參與的。

（五）編者註：德國大學生之政治結社係於一八一五年首由耶那大學創立，嗣漸其他學校亦相繼有仿效。其目的及理想乃爲倡行基督教的國家主義。從事激烈的革命運動，以振興國家爲己任。一八一九年被聯邦政府所封禁，但其組織尚秘密存在。一八四八年解禁，各大學乃可自由設立。至十九世紀末，此種團體風氣轉變，以鍛鍊身體意志，尚豪飲啤酒，揮霍金錢，結黨用事，完全失去其激進色彩，成爲一種特殊風氣之保守者。至一九三三年德國大學新制度施行後，此種結社乃完全消滅。

世界上的一切形式都有其隱藏而顯明的有形成可能的定律中。歌德對於自然的理解很與此相似：

"Und so deutet das Chor auf ein geheimes Gesetz".

（並且如此和唱指出一個秘密的律例來）

福勒貝爾也持着自然有等級的老看法，神力所表現的始於凝固的形式如水晶；進而至於稍有移動的植物世界，繼而有動物世界，終於人類。人之有形的部份與各等級相同的。但是人還有他的內在性質，這就是人的靈魂，人的靈魂自身可以類推其他各等級，同時又能使人過精神生活，在這種「生命的統一」(unio mystico) 上，上帝是典型的例子，各種純潔精神包含的理想基督就因此是指導心靈的探尋者，同時也就是自然的探尋者。

使人作如此了解，並且認爲各階段的自然最表面的再變爲精神的。只有對自然有深刻的統一感覺，並且知道有神聖律則在各自然階段中表現出來，才能有這種結果。

福勒貝爾與歌德一樣，從事於認識各階段自然形式的形成與變化，從花崗石到植物與動物，高至於人類靈魂，按照定律被形成的或能形成的，但是歌德以爲石類一般的東西只是歷史性的，因爲算計不是他的本性，而福勒貝爾是屬於建築型的。他從早年便是一個數學家，被注定的適於測量與計算，他的精神活動的原形，裴斯太洛齊也包含在他的基本方法中。懂得了這些，我們才能知道這個自然解釋家像孩子一樣的去講解植物世界的語言。並且他認爲蓮花是純潔與童期的最完善的符號，最後在一八一一年把結晶學做爲他的職業的研究。在柏林他的先生是外斯 (Christian Samuel Weiss)，這個人以結晶中的軸形爲本而建立了結晶學。福勒貝爾在外斯教授下做柏林礦學博物館的館長。至一八一六年他從事於教育職業，他在結晶形體中清楚的看出數理來，數學對於他並不是形式科學，他看數學是動力學的，在數學中可以看出上帝對全部自然所按排的基本定律。一個人用欣賞與理解而認識這些定律，就是了解神聖創造力的第一步。

以上所說很容易使我們明瞭福勒貝爾的藝作訓練（Beschäftigungsgabe）及兒童建築要求的意義，因為那是神聖建築力的縮影。還有一種思想要說明的，像歌德尋求許多種植物形式中第一種做為植物最簡單基本的定律一樣，福勒貝爾在結晶體的許多種形式中尋求根本的樣式。於一八一一年在格廷恩（Göttingen）他發現了第一基本定律：就是球體上的全美情形。球體律就是他整個哲學的中心。一切結晶體對於他不過是球體的變形。從這種最簡單的上帝自身創造力中，一切形式都產生出來，其中有三種中心形式互相變化——時而是角，時而是邊，時而是平面。然而同時它們能還原到最簡單的形式，因為有規律的體形把最大多數的平面接聯在一起便近於那種純正的神聖型。每一種表現形式也有它的一種獨立的性質，那就是一個定律跟着存在而有；甚至於好像沈靜的石頭也有它的語言；最堅硬的結晶體也有它簡單的精神活動。這種哲學是把地球與天體結合在一起。福勒貝爾想使人把他的腳堅固的站在地上面，而把頭揚起伸入上帝的天宮。

結晶體的數學與自然物解釋的哲學在表面上是毫無生機的，但是仍然為福勒貝爾幼稚園有名的遊戲與藝作訓練基礎。帶着基本色調的六個毛織的球體是第一階段。這兩種基本形體，一個球體與一個木立方體，做成了圓柱體，完成這一套，此外還有四種訓練是木頭立方體做成的，起頭把這立方體分為八塊，有平面形，垂直形與對角形各部份。這樣就把一套建築木板做成了，不過建築木板在福勒貝爾時代也並不新奇。

所新奇的是福勒貝爾對於這種訓練所加上的意義。恐怕表示這種意義最簡單的方法就是：「由木板自身來教授」（der über sich selbst lehrende Würfel）。舉例來說，舞蹈，跳躍，滾球等都必得由母親對於幼兒隨機加以解釋；稍大的孩子能夠獨立的而且從內在的衝動出來遊玩，無論在球類上，在木板上或者其他簡單的形式，都能從數學，靜力學或動力學中得到教訓。當着他變為其中一部份的時候，他發見了它們的存在與定律，那是不能任意改變的。同時這些木板在其限度內是聽他任意按排的。 這種創造的衝動，在小生物中像上帝似的那一部份，可以自由的把這些木板及其附屬部份做成各種極不同的形式。 成年人解釋這些形式爲知識的形式（有規律的數學形），美的形式，與功利形式，或人生形式。 但是在某一階段的遊戲兒童，一切對於他都是經驗與生活的不能分離的單位。 遊戲是意義的第一種結合，從此漸漸分出歧異來。 遊戲是自由，也是約束。 遊戲是在神聖註定了的自然律限度中的創造。 因爲這種原故，所以福勒貝爾認爲兒童的遊戲有宗教性質的，他熱狂的獻身於這種運動。 他希望婦女也獻身於這種工作，就是她們培養兒童的行動並幫助他們生活。 她們不用勉強做什麼；只是與他們在一塊生活並且遊戲。 這些「訓練」並不是「功課」，這種「藝作的課程」並非系統的研究計劃。 大凡對於福勒貝爾的主要觀念有所得的而不能忘掉這一點。 還有一點値得警告的，設若取消了基礎的數學演繹而爲鼓勵極自由的表現衝動，那末就失掉了對福勒貝爾的聯繫。 他並不反對兒童的表現才能。 理性訓練與關於思想問題，福勒貝爾與蒙台梭利（Frau Montessori）不同的所在，便是實證主義與富於解釋意義有機的理想主義之間的不同。

福勒貝爾的藝作遊戲超出這六種或八種的主要訓練。它們無論在組織上或分析上都是關聯的：從形體到平面，從平面到線條，從線條到點（就如小板，小門閂，小豆一樣）；並且在綜合上也是關聯的：從點到線條，從線條到平面，從平面到形體（串珠子與縫有孔的千層紙，揩紙邊爲細長片，並且可以把紙做成各種不同的形式。） 遊戲的傳統形式在這兒僅是被安置與排列一下。 並且設若一個人除了其中的「原理」之外看不出別的意義，那麼它就要變成沒有靈魂沒有生命的東西。 做爲生存奇蹟的一部份的兒童精神，能增加這種引導路線的價値。假如這些練習不爲兒童自身用全付精力去領略，那末它們比計算器還沒有價値。

有些人把裴斯太洛齊的工作歸納爲著名的三種原素：「數目，形式，字」，那是絕對錯誤的；同樣的我們若把福勒貝爾的全部訓練認爲就等於他的玩具也是錯誤的。最重要的絕不是全部的。喜歡色彩，音調，音樂，舞蹈，講故事，園藝，愛動物，安靜，唱歌，沈默與對集體的感覺都是幼稚園的一部門。幼稚園不是結晶學的哲學，而是生活的哲學。兒童，婦女精神與爭取自由國土化身的福勒貝爾所希望的就在這兒。一切都是符號的，一切都是要把兒童的知覺官能發現出來、一切都是神聖生命的寄託。形成了他的兒童世界概念之後，用了全付的生命力，解釋家的福勒貝爾沒有別的事可作了，除了告訴婦女們：『用無限的愛來接受我的意思，當你向你的內部靈魂求救的時候，用它做你所能做的，來，讓我們為我們的孩子們活着！』

假如我們以為福勒貝爾的聰明只是限於應用進化論於幼稚園，那是對他不公平的。他的系統遠超過這個。家庭教育從幼稚園的集團精神接受它的思想刺激。家庭訓練是社會教育的胎胚，同時——在德國思想上——也是訓練為國家一份子的基礎，菲希特的思想也是這樣。但是民族與國家是人類「不可分的全體」(Gliedganze)。從幼兒變為兒童，由兒童成為少年，經過各種真實的發展過程而變為成人。同時站在他旁邊監護着的有婦女，應用着她自己形而上的意念與適應社會的方法。

寫這篇文章的動機並不是立意要說福勒貝爾是裴斯太洛齊後最偉大的德國教育家。不過在這決定德國運命的一九四零年中間，我們首先要對在一八四零年幼稚園的創立者致敬。並且我們希望把他對於人類的供獻做為德國宗教與創作精神的表現，對於整個人類的供獻是不能限於這個小範圍的。在兒童期種下為了將來的種子才是有價值的生活。

國家及地境之形成

Staat und Landschaftsgestaltung(一)

哈興額 (Hugo Hassinger) 著(二)

張星烺譯

國家地理學 (Die Geographie der Staaten) 乃最新之一科學也。國家以前固已曾照歷史及哲學考慮之矣，然未嘗視作爲地方形成物也。在德國人道主義者之宇宙誌與十六世紀義大利人之地理著作中，固亦已有政治統計知識材料，然至十八世紀，統計學始成爲國家各種情形之敍述之一種準確基礎也。統計學與地誌學連合造成一種地理統計之政治學，此學窮究地誌敍述及數目字之排列，頗爲乾枯。此種之政治學之壽命，延長至十九世紀之下半紀。新起之地理學傾向天然科學，不以之爲同等有價值科學，良有以也。

亞歷，洪保德 (Alexander von Humboldt) 曾於一八一一年時（註清嘉慶十六年）發刊『新西班牙國之政治論文』(Essai politique sur le Royaume de la Nouvelle Espagne)一篇。此篇論文取得一種特別地位。亞歷，洪保德此文可以稱爲創舉，用經濟及政治地理觀察方向，依據天然之基礎，敍述地理也。七十年後，羅策爾 (Friedrich Ratzel) 於其所著之『合衆國政治地理』(Politische Geographie der Vereinigten Staaten)（一八八〇年）（註清光緒六年）始再有

(一) 譯自：Forschungen und Fortschritte 10. Jahrg. 1933. Nr. 9. S. 116—117.

(二) 本文著者所寫之歷史之地理基礎一書 (Geographische Grundlagen der Geschichte) 名由本文譯者張星烺先生譯就，爲中德文化叢書之一，現正在印刷中。

相當之文。羅策爾為富於思想之人類地理學之著作家。羅氏給與政治地理學以新內容並將政治學上甚為玄想之國家(Staat)置於地理地方(Geographischer Raum)之眞實土地上。此舉於其一八九七年時(註清光緒二十三年)出版之『政治地理學』(Politische Geographie)一書中見之。更閱三年，瓦格納氏(Hermann Wagner)將此地理學之新枝分成系統。

羅策爾指出土地對於國家發達之影響，並考慮歷史運動常與地方(Raum)有關係。氏甚重視政治地理地位關係之緊要，然亦不忽視國家對於天然地理各種形狀，如半島，島嶼，洋海，川河，湖沼，山嶽，平原等之關係也。別一方面言之，國家為經濟組織(Wirtschaftsorganismus)，其對於地方之關連，氏僅為皮相之想念，又對於國家地方(Staatsraum)之文化地理(Kulturgeographisch)之內容，亦幾未討論也。國家與地境(Landschaft)，天然工作與人類工作之形成物，中間之關係，羅策爾更未討論，因之政治地理學及地理學之內裏關係，依然甚疏也。甚多地理學家因此僅允許政治地理學對地理學有親戚關係而無附屬關係也。毛爾氏(Otto Maull)根據羅策爾之說，推進政治地理學之發達。按其方向，加强注重國家對於天然地境及文化地境之關係，因此無疑的政治地理學由地理總科學之邊界推進至其核心境域矣。地理家愈益思不獨處理天然情形及地方位置推進文化及國家情形之發達，且更欲處理人類活動形成地境，國家形成地方諸事，則政治地理學將益為彼等所推進與地境地理學有更近之有組織的連合矣。下方數行，吾將為國家之形成地境力舉出數例。

國家不獨設置人為之分界標誌如界石，金字塔，籬柵，鹿角，城牆，濠溝，烽台，以及其他各種堡壘，於其邊境地內，而常置其界線於天然無人居之界邊，或不能居人之界地。(如沼澤，高山嶺，森林帶等。)此等界邊為由各種不同之萌芽，互相敵視而產生之國家軀體之分隔帶。阻止此類產生之阻力帶，亦為人類運動之阻力帶，故亦為防守帶也。劃設邊界須求助於天然阻障。今代防衛建設皆在界內，防衛建設與界線中間，產生一邊界帶。此邊界帶古今不同。

在古代野蠻國家皆爲無人居之地而今代則爲有宅居之耕植地。例如法國東北之寬闊防守帶是也。

邊界帶之交通堤在地境內居宅及交通路中用特別法記出。轉轍車站，稅關，附屬住房，皆爲邊界站也。甚多交通路線在邊界上即遭斷折，尤其因軍略之故爲然也。

不獨一國之邊帶有其特別構造，即其核心，亦未始不然也。吾人可以在縮小之地圖上，觀察全國境域之構造線也。交通網之大血脈由國之中心都城發出，貫輸全國各處。在布置上適合於國家軀體之形狀，而國都幾亦變爲一國構造之鏡影也。獨立之經濟組織國家形成其文化地境，頗爲特殊。其本色決定於居住是地之民族之文化。例如德國文化地境之村莊，城邑，房屋及郊野形式，不論其在德國，奧國，瑞士，捷克斯洛伐克，或在七堡地方，(Siebenbürgen)（註世界大戰前屬匈牙利，今屬羅馬尼亞，惟自一九四〇年起，其北半部仍屬匈牙利）大體皆相同，然統治國家又各在其地給與特別風彩焉。宗教，語言，技術天才，人民財富，及生活程度，資本雄厚，及通行利率，工價，關稅及運輸稅率，抽稅法，經濟立法及人民實業精神，皆爲一國之私有標誌也。此等標誌化爲地境標誌，而又皆國家所作成者也。政治管理法(聯邦主義，中央集權主義)於此亦甚爲重要。即至過去政治情形亦留有遺蹟。在南斯拉夫國地境情形，外表觀之殊爲不然。土耳其人在其地從未施行其主權，而在不久或多年以前，彼固曾管轄其地也。在以前俄領波蘭及普魯士領波蘭文化地境之間，亦有重要差異之點。

一國境域縮減或膨脹，則交通網亦隨之遷移，甚至國都亦有時隨之而移也。斯洛伐克國以前主要交通趨向南方布達佩斯忒城 (Budapest)，而今則趨向西方拍拉格城(Prag)。國家之鑲嵌細工圖上，若取出一片石或加入一片石，則全體經濟組織將受其變化。例如奧國失去蘇代乔 (Sudetenland) 地方之煤鑛區及各糖廠以後，不得不急速完成阿爾勃斯山中之水力工廠並廣播其平原上種植糖蘿蔔事業也。

國中人口增加與地面上有新移殖產生之處，人即進行有系統之土地計劃，(Landesplanung) 別方面國家置有甚多保留地於其保護之下，俾可得有原來天然地境之若干部份。 國家形成地境之例，甚易增加。 不勝枚舉。 國與地境作成一不可分離之生活集團。 政治地理學之職任即在說明二者之關係也。

一九三三年以來德國之統計(一)

Die deutsche Statistik seit 1933

昝菲立 (Friedrich Zahn) 著

汪　　梁　譯

I

德國自國家社會主義的世界觀興，其民族的生活幾無一處不受其影響而富於創造性，至少其精神的根本態度較前益堅決傾向於偉大之共同體之目的，即全民族之物質的，精神的與風俗的維護及提高是。　統計亦何獨不然。　統計已爲此新興國家不可少之知識源泉，並已負此新國家所賦予之平時戰時更艱鉅之使命。於完成其使命之過程中，亦已爲統計的科學獲得顯著的進步不少，推原其故，統計機關及統計方法之完備，有以致之。

詳細報告可參考「德國經濟及社會新體制下統計之使命」(二) 論叢中之拙著，及著者領導下德國統計協會會議所發表之演說(三)。

關於統計學之研究與活動在德國之現狀，其成就，意向與作用等，則傑多福(Fiedrich Burgdörfer)與百五十餘專家合著之「德國統計之現狀」一書，洵稱標

(一) 譯自：Forschungen und Fortschritte 16. Jahrg. 1940, Nr. 22—24, S. 237—241, 261—264.

(二) 參閱 Soziale Praxis, Büro für Sozialpolitik 出版，44. Jahrg. (1935) 4—7 册。

(三) 見 Allgemeines Statistisches Archiv, Bd. 23, 187 頁 (1933), Bd. 24, 267 頁, Bd. 25, 179 頁,　Bd. 26, 166 頁,　Bd. 27, 148 頁,　Bd. 28 178 頁。

準之作(四)。　其各節作者——依編輯計劃——咸側重於蒐集，整理及說明方法之現狀描寫，而對於官方的及各經濟組的統計之成績，亦為之評價，一面並指示將來發展之途徑。　同時注意到統計問題與今日國家領導，人口，社會與經濟等政策的形成與發展的根本問題之密切關係。　參加此淵博工作者計有官方統計，大學統計，私經濟統計，有關係諸學科及經濟業務等各方面之代表。　此工作團體完成此書後，不啻使之成為統計學的理論與實際之精神的先導，而為研究與實際之統計的成就，奠一新基礎，蓋此專書已超越國內外之統計界本身範圍而有功於全體科學矣。

然則近數年間德國統計的使命與進步之趨勢究何如耶？

II

國家社會主義之國家領導係以德意志人即德意志民族為施政之中心。　其人口政策不僅為量的，亦為質的與心理的人口政策，故必須自統計中求更深博之知識。．於此，德國統計亦知所以應付之。　今較昔更以「人」置於觀察之前，然所謂「人」，並非自由的個人，而為共同體中生物上，社會上，經濟上，文化上有聯屬之「人」。

故人口及醫學的統計之重要任務，即從事活動於下述各方面：家庭，宗族，種族，遺傳（遺傳生物學，血統學）鄉土學及民族性。

一九三三年人口調查係依照數十年來人口政論者及統計家所倡導而為第三帝國（譯者按，即今國社主義德國）採用之家庭政策，其方法即實行一詳細之家庭統計計劃；一九三九年之人口調查更將此計劃擴充；各個家庭之生物的形成，皆用一現狀統計與移動統計的綜合制調查之。　國家社會主義德國之每個公民必須視為永久隸屬於其家庭，宗族與血統共同體，而為其生物的長鏈之一環。　因此

(四)　參閱 Friedrich Burgdörfer, Die Statistik in Deutschland nach ihrem heutigen Stand. Ehrengabe für Friedrich Zahn. 2 Bände, Verlag für Sozialpolitik, Wirtschaft und Statistik, Paul Schmidt, Berlin 1939.

宗族統計成爲必需；其研究對象則一面爲宗代傳續之量的發展，一面則就其同宗各員不同之種族的與遺傳生物的特點，而查其質的秉賦。爲達此目的，一九三七年十一月三日遂頒佈所謂身世法而採用家庭簿，此外尚有已見實行之宗族系統調查等——自巴登（Baden）及施華本（Schwaben）省區之村宗族簿及國外德僑村落之種族的調查起，至衛生局之宗族卡片止皆是。有以上各法，而後可以確定某德意志人在過去現在及未來；過去，事實及演進；祖先，本代及後裔的大人羣中之地位。

爲補充上項統計的認識起見，尚有生物的現狀調查，如國防軍調查，少男少女團之調查，衛生機關與大學等對於特殊人羣特殊環境之特殊調查是。此外德國職業競賽測驗之統計結果亦難忽視。凡此日久均足爲全民族之生物的診斷，同時亦即德意志民族之「生命品質」及遺傳健康者與遺傳病患者之一幅明晢圖畫，俾能藉以增進優秀的，而防止惡劣的遺傳大衆，以達到全民體之遺傳生物的健康化。

此外對於人口統計之補充，尚有德意志勞働陣線（國民健康局）之各勞働處所調查，頗爲重視；其統計的說明，用意在使生存的一代，得以保護其健康與維持其效能，而目的則在保持個人之工作效能至於老年，以及如何利用其最高才智，報効民族全體。再如勞働簿引用後（一九三五年六月頒佈），目的在勞働之合理化配置與最高可能之勞働效能。一九三八年二百三十萬勞働者（其勞働簿者）之大調查（五），最近之國內遷移統計，德意志勞働陣線勞働科學研究會舉辦之往復性遷移調查，各種勞働團體之國土研究及土地計劃考查結果，——後者專事有計劃的國土調整及國土拓殖，——（以抵抗農村逃亡，實行工業，分散化及促進災區邊區）等，均甚重視。復次，就構成民族性及國民意識之四原素：（宗族，語言，風俗，居住）言，民族性，種族（猶太族系）及語言均包括於一九三九年大德意志國內（譯者：指一九三三年後歷次擴張國境後之德國）之人

（五）見 R. v. Valta, 報告，載 Allgemeines Statistisches Archiv Bd. 28, 401 頁。

口調查。　此外宗派學（六），方言學（七），鄉土學，居民精神質況之鑑定（八），天才研究（九），——爲極積獎勵天才起見——季節更易中生活變動之旋律（一〇），皆可由統計的調查，獲得說明與促進。

人口統計在縱橫兩方面既均有長足進步，今與衛生當局，及全國統計局與全國衛生局委辦之健康統計，攜手前進，其效尤鉅。　如乳兒死亡性，肺結核，癌腫，風濕病患之統計，成就甚大，對於此類國民的疾病之撲滅，貢獻必多，不妨於肺結核與乳兒死亡性之例見之。

農村之「人」，即大地民族，亦即農村社會學一種之農村研究，業經中央統計機關與各大學中研究團體作爲各種調查之對象。　目的在研究政治的區域單位，是否亦在經濟與農村方面爲完整之共同體，並到何種程度，及平原，大城市，小城市之獨特價值何在。　全國調查委員會已循此途徑，製成報告（一一），載著者領導編輯之書內。　此類工作由全國國土研究會及與之有關係研究團體繼續編製（一二），而與全國國土調整及農村設計處及其他經濟與社會政策當局合流。　蓋農村研究最初對於在施行本省區所發生之行政改革問題，及全國新編制

（六）Paul Zaunert, Die Stimme im neuen Reich. Jena 1939.　K. Haushofer u. H. Roesler, Das Werden des deutschen Volkes. Von der Vielfalt der Stimme zur Einheit der Nation. Berlin 1940.

（七）Der Sprachatlas des Deutschen Reichs von Wenke-Wrede. —Bernhard Martin, Die deutsche Volkssprache, München 1939.
Atlas des deutschen Lebensraums in Mitteleuropa. Berlin

（八）A. Huth, Zeitschrift des Bayerischen Statistischen Landesamts, 1938, 395 ff。

（九）H. Wipplinger, Allgemeines Statistisches Archiv, Bd. 28, 6 ff。
Wilhelm Hartnacke, 15 Millionen Begabtenausfall. München-Berlin 1939

（一〇）參閱 Ludw. Raab 論文，載 Zeitschrift des Bayerischen Statistischen Landesamts 1939, 227 ff。
又最近 W. Hellpach 報告見1940年二月一日 "Forschungen u. Fortschritte" 雜誌

（一一）Das Wirtschaftsleben der Städte, Landkreise und Landgemeinden. Berichte des Reichswirtschaftsenquete-Ausschusses, Unterausschuss I, 2. Arbeitsgruppe. Berlin 1930.

（一二）Konrad Meyer, Volk und Lebensraum. Forschungen im Dienste von Raumordnung und Landesplanung, Heidelberg 1938.

問題有重大意義，後更進而對於國土與民族的人力之經濟化的編配，提供嶄新之希望與鼓勵，換言之，即對於包含民族全部生活範圍之計劃科學及計劃政策之一切問題，例如大城市疏散及反城市化問題，再如農業化，農民的新建，農村勞働者居住，德僑回國復安插等問題，工業勞働者之穩定，保障及安居樂業問題，某種工業部門及工業廠所之所在地分配(位置地整潔化)問題。 至於大城市——不拘吾人對之愛憎如何——自各大民族大國家之生活小影及生活效能視之，頗有研究餘地，故另設有一特殊之「大城市科學」在工作中；其目的不僅推尋大城市的變態現象之原因與作用，以便易於預防，並使大城市中無數健康的與有為的居民大衆，就其生活方式而輔助之，俾大城市與大城市人之積極的優點，得以適宜發揮，換言之，即使數百萬之國民於不可知之時間，不可易之現狀，得以防患於未然而完成其價值與效能也（一三）。

III

國家社會主義國家的經濟領導下共同體之「人」為一切施政之中心，前已言之。 人為經濟之主體，自有其精神的與文化的構成意志。 對此，統計亦多貢獻。

德國各業組成之經濟的中間組織，享受廣泛之自治，同時國家仍確保其全能的領導權，對於此項經濟組織，一九三三年與一九三九年五月舉行之職業與工廠調查，頗為有用。 各同業團體（全國食糧業，全國手工業，工業經濟各組，德意志勞動陣線）可以其結果為基礎，而易於彼此劃分界限，反之上述各團體今日亦自其本身活動之範圍內，提供對於實驗上與科學上有價值之統計材料。 生產之奮鬥，第一與第二之四年計劃，今日之戰時經濟，均予農業，企業，手工業，交通及消費等統計以一大衝動，而使其成就日益迅速增廣。 近數年來日益擴張

（一三） Willy Hellpach, Mensch und Volk der Grosstadt. Ehrengabe für Friedrich Zahn. Stuttgart 1939.

之大規模經濟管理，使生產對外貿易，倉庫，消費，供給等統計，亦即多方面有關之經濟管理統計隨之發展。因此國民經濟上之需要供給，更易了然，同時對於國內市場，銷路，一般的經濟觀查，經濟之地域的與物質的交織亦予更深之注意。依此方法而生產，分配及消費統計，簡言之，即較好的經濟診斷，遂予經濟循環的認識——有助於市場組織及需要供給——以良好的基礎，而復對於農業經濟的生產戰，勞働戰，合乎市場及消費之商品形態，及其他經濟連瑣，作有效的幫助。此外完備之物價統計亦屬於此，彼對於不同品質之商品有適宜之分類，並對各單個分配層，亦有更好之劃分；又物價統計並可為範圍廣大之商品與服務等價格監督之助，後者之目的，則在使已成之大量景氣不致受物價操縱而致真質工資受損，及勞働市場遭受擾亂。職是之故，物價指數——尤其是生活費用指數——成為消費者貨幣之購買力的標準，方法上亦逐漸改良。對於大衆購買力的認識，復佐以國民經濟中全部付出的工資總數——所謂工資積　之確認；此工資總數統計不啻為工資漲落時警號，及防止過度操縱工資政策之保障，最宜於國家社會主義下，維持物價及工資的穩定之政策。又對於勞働工資，勞働時間，及二者與勞働效率之關係，以及勞働構成與效能增進等——除全國經濟調查報告之外——官方統計與德意志勞働陣線主辦之調查，頗為有功。

至於交通方面，則各種交通種類——如公路，鐵路，水路，空路——統計上均有極大進步，自不待言；有交通工具統計，交通網統計，客貨運輸統計，動力原料統計等等；最近全國摩托化以來，是項統計，亦發展甚速，故有摩托車輛統計，亦可將交通及其工具之現狀一覽無餘。全德道路監督處按時舉辦之國營汽車大道（Reichsautobahn），國家公路，公立公路，脚踏車路及脚踏車交通等調查，亦極完備。

再者，民族的「鬥爭與危險共同體」中之「人」成為統計之對象較前益甚。試先論勞働配置之統計，其構成以勞働簿為基礎，對於勞働配備管理之對抗勞作缺乏及勞働者缺乏，貢獻甚大。又社會保險制度發度，統計亦隨之有長足進步，前者已不啻於疾病，災害，殘廢，失業方面爲危險共同體之模範。　近來各保險部門合併後——尤其是疾病與殘廢保險機關之組織上的聯合——在不同時間，地點，個人情形下，發生之疾病，災害，殘廢之原因，亦更易於統計中看出；因之有系統的災禍預防，容易不少，尤要者於保險業密切合作，從事撲滅國民疾病之下，更可增進衞生的預防。　又近設之道路交通失事統計對於增進道路交通之安全預防方法，亦同樣有預期之貢獻。

統計之各方面略如上述，今不妨更進一步，作綜合觀。　蓋此種經濟統計方面之總參謀工作，需要正殷。　不僅爲確定吾人經濟之物質的與地域的交織情形，不僅爲確定經濟生活與國民經濟的發展程績之總現狀，及其正負作用與變化，並可以此當作結論，而根據其診斷，根據凡能顯示景氣關係之經濟部分，求出預斷方法。

尙有一層尤爲重要，卽國家社會主義當國，第一第二四年計劃實行以來，以及目前戰爭，自國防經濟方面觀點之經濟統計的調查是，蓋此次戰爭，如前所料，完全爲全體戰爭，舉凡全國一切精神的，物質的及心理的能力，無不發揮盡致。　此全體戰爭迫使國家適時的執行國防經濟。　後者與軍事的，經濟的，精神的，意志的總動員及全民的國防共同體有關。　因此不得不求助於統計(一四)，俾能切實認清各種能力的配置之可能限度。　茲爲明瞭統計上之國防需要起見，列舉成問題的各項之簡稱如下：

國土（空間）問題——政治地理的位置，國土分配，國土重行移殖，國土利用（爲設兵營，操場，飛機場等）。

人口——量與質之特點，健康狀態，繁殖，大城市人口分配情形，工業

(一四) Fr. Zahn, Allgemeine Wehrpflicht und die Statistik. Allgemeines Statistisches Archiv, Bd. 25, 81頁。
又：Die Aufgaben der Statistik für Wehrwissenschaften und Wehrpolitik. Schriftenreihe der Deutschen Gesellschaft für Wehrpolitik und Wehrwissenschaft Nr. 23, Sept. 1935. ——
Ernst Meier, Wehrstatistik, 載 Burgdörfer 書，見前，Bd. 1497 頁。

區，農業區。

食糧（營養）狀況——生產戰，自給可能限度。

存貯狀況，機械等實況調查。

原料情形——需要區域，供給區域。

各實業部門之勞働配置，卽作戰上重要的職業與工廠，及輸出經營。

物價與工資。

貨幣與信用，外匯。

政府財政。

國防意志之構成——訓政與教育：利用知識以了解戰時經濟方法的必要，而為其精神上之基礎。

IV

對於文化共同體之「人」，德國統計亦較前更為注意。文化統計原為闡明民族之精神的，倫理的及政治的關係，並努力如何增進其精神的道德的及政治的文化，然目前距此使命之完成尚遠。蓋文化之為物，如教育，道德，政治生活之表現，原不易以數字及量衡測度之，又因推斷文化上諸關係所憑藉之事故，半因技術上不可能，半因一般興趣之缺少，而未經統計。故文化統計與文化史同，僅能將時代之顯著的趨勢，其文化的意義確實可於統計看明者，使之一般化，或為全體尋出某種典型，以求適合於全體之特質。此種觀查結果固不能將吾人之整個文化生活刻劃無遺，然亦足當指標，示人捷徑，如何可達國民共同體之文化的均衡發展與完整。上述工作，以前大致皆由省區統計及市區統計舉行，近十年來已由國家聯合其他官方統計與國社黨本支部之統計而加充實（一五）。

（一五）參閱 Johannes Müller, Deutsche Kulturstatistik, Jena 1928.
—— F. Burgdörfer, 見前，Bd. I. 399 頁起. Berlin 1939.
—— F. Zahn, Internationale Kulturstatistik. Beitrag zur Denkschrift "Andreas Andreades" Athen 1939.

學校及教育統計（包括運動）即循此途徑發展，不僅在數字上確定教育界之工具與設施，並作爲教育成績及教育影響之根據，一種根據，可供增進天賦才能，轉學與職業指導之參考。至於其他科學與藝術，今亦均有統計，如關於書籍，新聞，雜誌之出版，圖書館，博物院，音樂，劇場，影片，廣播事業及「樂生力團」之設施（譯者按： Kraft durch Freude 爲德國新的社會設施之一，盡量利用業餘娛樂如旅行，戲劇等，以提高勞働者待遇與效能）。

道德統計之本身工作範圍尚未完成，今仍限於不同統計方面之調查結果，且有待於依時代精神不同之相對的道德，與不可更易之絕對的民族道德之正確劃分。民族道德方面則分爲民族道德與民族不道德之統計的研究。其詳細分類可參閱柯何(Korherr)（一六）及哈別慈(Habets)（一七）近著。凡對於黨，民族，國家之自由的，人力的貢獻，則當然爲民族的道德之最高表現。

德國係一黨當權國家，黨爲國家思想之主宰，此層對於政治文化的統計甚爲重要。故一面憲政生活的統計簡單化，而反面，黨之組織與活動及其聯帶機關，却添許多新的統計材料。政治統計之第二部份，即所謂行政統計，包括國家之行政設施，與其他施行憲法所許或法律規定之各項政務之公法團體等，其中以官吏統計，各部公務統計，國防統計（軍備與軍事統計）（一八）爲主。又官方財政——在第三帝國，轄於中央——亦屬於此。統觀現今包括全部官方度支之全國政府財政統計，亦可看出大德國之政治的理想，能力與狀況。其性質不僅在確定官方財政之機構，與闡明財政的及國民經濟的關係，並具鼓勵財政政策的立法與行政之動的作用（一九）。

（一六） Richard Korherr, Die Moralität der bayerischen Bevölkerung. Zeitschrift des Bayerischen Statistischen Landesamts. 67. Jahrg. 126 頁。

（一七） Andreas Habets, Grundsätzliches zu einer Statistik der Moralität der Reichsbevölkerung. Allgemeines Statistisches Archiv Bd. 29, 24頁。

（一八） Ernst Meier, 見前。

（一九） Max Warnack, Aufbau und Ziel der Reichsfinanzstatistik bei Fr. Burgdörfer, 見前 Bd. I, 531頁。

總之，文化統計之功用，端在確認德國文化生活之多方面與其程度，揭發社會之缺點與錯誤，而樹立指標，如何發展民族全體之習俗上，才智上及政治上的力量，同時改進文化落後之社會層。

如上所述，人口之全面價値，似不應無統計以稽核之。凡關此類之報告（二〇），不能爲單純數字之堆積，或任其重複地自由地觀查；主要者應知民族之最可貴資產，亦即國民經濟之至要，厥爲民族力，民族及其前途之絕對安全，則繫於生存之「人」與其活動，而民族之文化價値，乃其歷史上的成就之決定分子。故是項統計不啻爲對經濟的，社會的，文化的問題更深一步了解之鑰匙，而民族之生物的，道德的生存，均有賴於其認識與解決。舉例如所有個人保險之問題——包括私人與公家保險——俱與「人」之經濟價値之數字的表現有關係，而保險之目的亦各自不同。所有重要的問題如民族生物的問題，人口與種族政策問題，產兒問題，對外移殖問題及關於國民資產，國民所得，資本構成等性質及意義之有決定性的國民經濟的問題，在本質上及其最後關係上亦可易於明瞭，假如統計不僅以死的物質資本而將活的與個人的「人資本」當作有機的民族資本來看的話。因此統計的觀查——近由全國衞生局總裁賴特（Hans Reiter）繼續舉辦——在民族政策上頗見歡迎而有實用。此統計分德國生存的人口爲物質的出生價値，遺傳健康觀點上之生物的價値，及才智上，知識上，倫理上所表現之文化的價値，以期達到遺傳健康的人口之全面價値的評價。此類思潮日益

（二〇）Friedr. Zahn, Soziale Praxis v. 21. Januar 1935. 44 Jahrg. Heft 5 136 ff。——
Vom Wirtschaftswert des Menschen als Gegenstand der Statistik. Allgemeines Statistisches Archiv Bd. 24, 461 ff。
Das Bevölkerungsproblem und die volkswirtschaftliche Kapitalbildung. Allgemeines Statistisches Archiv Bd. 25, 129 ff。
Hans Reiter, Gedanken über Volkswirtschaft. Reichs—Gesundheitsblatt v. 2. September 1936. ——
Vom schaffenden Menschen, 見前, 11. Oktober 1939.——
Schriftenreihe des Reichsgesundheitsamts Heft 8（Berlin 1940）： Welche Wechselbeziehungen bestehen zwischen dem ärztlich-biologischen sowie kulturellen Wert der Menschen und materiellen Wirtschaft eines Volkes?

堅強國家社會主義之國家領導，於民族生活之各部門中，行政，經濟，文化，教育，法治各方面，使此富創造力的「人」之全面價值，不受任何斷損，而能發揮其最高效能(二一)。

V

今日之統計，並非任其作事實的堆積，自不待言。效愚忠於事實之事，殆不復見。數字死去，活躍者爲精神。故德國統計的負責當局努力按照科學的原則實行之。

第一先保持嚴格的客觀性——以一般性爲目的——極力免除成見。數字必須用科學方法照明之，而以專門技術及超專門技術的精神之闊度爲之評價。即於此亦不僅爲一內部科學，而與外界及其他科學的認識相關聯。亦非一時間的，空間的內部科學，專顧目前，限於本身之疆界範圍，而係在時間的，空間的，國際的比較上，有其價值，自各方面觀查其所比較之對象，雖於同動機及過程下，亦不忽視其相異性。

依此方法，統計家之作用，即綜合國民經濟的現象之諸關係，發現數字行列的運動之規則性，而探定其規則性中之內在的原因，並確定常態發展之例外，而尋求其解釋。

僅以數字的現狀與從前的比較爲研究，猶爲不足，此外尚須知其現象的生成與變化之方式，潛伏力之運動的惰性，動的力量之根本問題等，後者每超乎目前的關係，而於較長時間始發生作用。職是之故，以前所用之統計的剎那攝取，遂改以連續的攝取，故不論其爲行列機構抑或行列過程，皆可認清吾人之民族生

(二一) Arbeitswissenschaftliches Institut der Deutschen Arbeitsfront Berlin, Jahrbuch 1938 Bd. I. 51 頁: Das Problem der volkswirtschaftlichen Kosten. — Paul Rheinländer, Die deutsche Eisen- u. Stahlwirtschaft im Vierjahresplan. Berlin 1939. — F. Zahn, 50 Jahre deutsche Sozialversicherung. Allgemeines Statistisches Archiv, Bd. 22, 8 頁。— Robert Keller, Die volkswirtschaftlichen Bilanzen bei Burgdörfer, 見前, Bd. II. 784 頁起。

活與經濟生活之動態；於是自單純的總數說明，記事簿册，一變而爲自實驗得來之變動標準。吾人既知統計的認識之最終祕密，不在數字中而在數字背後，則研究數字時，於量之外，並宜盡量考慮非物質的價値，質，亦卽所謂不可秤稱之物；有時意念之構思力往往較數字之力尤有決定性。故嘗曰統計的證實性亦有其限度，過度重視赤裸的數字原則，對數字之偶象式崇拜，與數字之虛僞迷信，均應避免。

單純分析的支離的研究而外，今並採取綜合的研究，卽統一之綜合觀，亦卽全體觀查，各單位部分之總和是。任何創作如與全體無關，揆諸經驗，不無良果，蓋——借用蒲朗克氏（Max Planck）語——如終日處於部分之中，僅對於每個部分單獨研究，則對整個之機構，必難追其踪跡，而整個機構之重要特點，亦見消失。此全體思想更與國家社會主義同其精神，先全體而後個人，個人處於偉大全體意念之下，蓋非如此不足以保障共同體之生存權。因全體並不止於各單個部份之總和，故全體觀查——以各部之特殊調查集合於全體，並貫澈及於全部——遂亦產生新的認識。

依此觀點，國民經濟的原費，有利性，與結算之調查，遂蒙注意而漸得勢。眞實的經濟性，並非完全在乎生產原費之低下，首先須將安全的供給基礎，視爲民族之經濟的與政治的自由之一主要因素。國民經濟學者固宜比較用費與收益，但較諸私人企業家大不同，後者照例僅核算短時期之成效，而前者則必須顧及久遠，鉅大投資於短時期內每視爲有冒險性，負責上不可能，而長時間內則往往倘爲有利。故例如德國鋼鐵經濟，四年計劃下之德國工作材料業，農業，社會保險，衞生設備，文化開支，展覽會等，今日所獲之評價，遠勝於昔（二一）。國民經濟的平衡雖經嘗試，未能滿意，然仍在繼續努力中，諒不久將來必可自國民經濟的總計算之思想中，產生一種便於國家領導者透視某時期內經濟事情之工具。

（二一）見前

反之，另有一種新運動，於綜合說明之外，養成單個的說明。舉例如爲末後目的而設之每單個國民之調查卡片（國民卡片，健康護照，勞働簿等），單位經濟經營調查卡片（農家卡片，實業資產簿，倉庫簿）以便確知其過程，活動能力及非實上活動之現狀（二二）。此單個統計（二三）——自然僅能適用於某限度——確定單個的變動，長大，消滅，繼續狀態及變化特點，又其變化特點之種類，趨向，大小等，而藉知其單個的運命。對大衆現象中個人觀查之增加，正與今日增加效能之努力，若合符節。

爲完成以上所述各使命起見，必須常時保有大量統計材料，此種材料，目下或不需要，而遇到研究某種發生的問題時，却特別重要。吾人每見有某種調查結果，經十年或數十年，仍不過爲一種純粹科學的產物而保存，然一旦時機到來，遇着有目的之研究，則該調查結果遂被利用，而爲經濟的，社會的與文化的政策開闢途徑，如是則前此所費無數之勞力，時間與金錢，亦非虛擲。總之，此種精神的科學，與精確的科學之研究，對於應用的科學之關係，並無二致。

基礎研究經過幾許年月之苦心探討與試驗，如侵入未經開發之新領域，而後目的研究與應用的統計始得坐享其成。純粹之研究，必經長久歲月，而一旦有結果出，不崇朝即可見諸實用（二四），研究之難如此。舉例如撲滅乳兒死亡性之武器，非乳兒死亡性經長時間之確定耶；又如撲滅可怕的國民病之肺結核預防，其武器非長時間研究肺結核的傳播之結果耶？關於出生與生產減退之長時間結果，非最近人口政策注重遺傳上健康的完全家庭，注意國民現狀的維護之創制者耶？又苟非人口統計對於遺傳生物的現況調查，在地域方面與個人方面

（二二）德國全國土地評價亦屬於此。以單個農業經營按照土地種類，形勢，狀況及收益力之估價爲基礎，製成全德國土地一覽圖，對於土地文化方針及正當的租稅分配，甚爲重要。

（二三）Arnold Schwarz, Das Individuelle in der Statistik. Allgemeines Statistisches Archiv, Bd. 12, 321 頁。

（二四）參閱敝人在 Düsseldorfer Tagung der Deutschen Statistischen Gesellschaft 發表文字，Allgemeines Statistisches Archiv. Bd. 27, 151頁。及 Würzburger Tagung, 見前，Bd. 28, 182頁。

之範圍日益增廣，而完成全國人口之總卡片，以達到國民生物的診斷之目的，——以今日之理論為明日之實用——則種種目的，最著者如國民全體之遺傳生物的健康與增進，豈可達於成功耶？　不經長時間之苦心工作，則各方面經濟統計無由完備；如無艱難之單個研究及其單個事實之正確認識，則對於單個事實的，地理的成就之綜合觀，必不可能，而國民經濟的生產力之概觀，——各經濟羣間之交互取與，經濟空間的建設與生命之開影，景氣觀查，市場之分析等——亦不能得。　又如社會生活之動的現象之敘述，苟無長時期之基礎研究，必不堪設想。　其他長時期的統計基礎研究之結果，舉例如生活結算，德國國民健康之生物的總結算，消費結算，國民經濟的結算，長川的經濟觀查，公共經濟之財政的與稅收的能力——凡此均為重要之結論，可以有決定性地影響吾人之人口與種族政策及經濟，社會與財政政策。

自然，欲求有完善之統計的基礎研究，最好有可能長時間而同種類的統計事實在。　論及歷史的統計之培植，以全國論似非易易，蓋德國近百年來始成統一之關稅區，有統一之度量衡系統，亦係近數十年事。　反之省區與市區的材料則頗有貢獻。　已有成效者，例如物價方面之統計（二五），及拜耳與符籐爾之統計的歷史觀等（二六）。

前此所採用之方法——Verfahren——已不足以助吾人對於多數統計問題之完美的解決。　至於蒐集，整理與說明等各方法，亦必須加以擴大充實。　關於方法的現況，可見最近出版梅爾滓特（Rudolf Meerwarth）氏之大作（二七），又

（二五）Alfred Jacobs, Der Stand der preisgeschichtlichen Forschung in Deutschland. Allgemeines Statistisches Archiv Bd. 25, 439 ff。

（二六）Bayern im Lichte seiner hundertjährigen Statistik. Beiträge zur Statistik Bayerns, Heft 122 (1933). — Adolf Günther, Geschichte der Statistik - Historische Statistik. Beitrag zu Burgdörfer, 見前, Bd. I. 8 ff。—Aloys Schreiber, Augsburger Bevölkerung vom Ende des 14. bis Beginn des 19. Jahrhunderts. Archiv für Hygiene Bd. 123, 90 ff。(München 1939).

（二七）Leitfaden der Statistik. Leipzig 1939. 又 E. Czuber—F. Burckhardt, Die statistischen Forschungsmethoden. 3. Aufl. Wien 1938.

前述保多福(F. Burgdörfer)氏編譯之書，言之亦詳。其詳細內容，對大衆固不感興趣，然亦有足述者，即數學的統計應用於統計的研究上，今日多於往昔。至於經濟與社會統計中高等數學之應用仍極有限。經濟與社會統計之數字與數學之數字不同，後者為造成的抽像的觀念之了解，故可按高等數學的計算之種種抽象的程續行之，前者則為一種具體之積，其間純粹的數字性與物質，固牢結不可分也。每一方公里二百人之人口密度不僅為每方公里五十人之四倍，尙顯示其居住方式之迥不相同，即高度工業化與純農業化之對立是；僅不誤解二者人口密度數字之物質的內容時，始有 200∶50 之比，而用數字比例 4∶1 於任何之計算程續上(二八)。數學的統計——誠如查禮(E.V.L. Charlier)氏所云——並非一架自動機，隨意投入統計的材料，藉自身機械的乘除而有得數，如讀一計算器然；故依此方法求某問題之眞正答案，未必盡能可靠。其結論必經特殊之考慮後始有應用性。數學的方法固不可忽視，然亦不可過於重視。除數學的方法外，尙有其他統計的方法，同樣値得重視，而應予以培植與深造也。

VI

統計發達，其使命亦愈繁多，而可應用之統計的能力（工具等）亦漸滋長。完成統計的研究任務之重要主持者為國，邦，省及大城市之統計機關。上者並非數字之墳墓，而為活的服務之所在——行政的機關及科學的研究所。又為國民經濟的觀象台——與風土，水道測量，氣象，地理等中央機關並立——以科學原則從事於國民與國家生活的事實之蒐集與整理之中央機關。其功用殆為一可信賴之國民經濟的與文化的氣象台，附帶照明探炬者，又為國家之經濟的，倫理的意識，又為國家與經濟領導之可靠的南針。其用意在使所得結果活躍於國民生命之流，應與用於國民的生活之改進，而為統計的科學贏得同樣發榮，一如人

(二八) Johannes Müller (Weimar) bei den Berliner (1933) Verhandlungen der Deutschen Statistischen Gesellschaft. Bd. 23, 203ff。又 Beiträge von P. Flaskämper u. P. Riebesell bei Burgdörfer 見前 Bd. I. 34ff。

生之意義，在於少壯之作爲及創造，而非僅以生產與生育爲能事也。就今日上述各統計機關之工作界限相互交錯言，必須避免統計之過度集中——戕賊生意之官方統計的過度集中——而採用適宜之合理化，以期排除不合理情形，同時使地方性之省區統計與市區統計，亦得留有餘地，發揮私人創制的精神。

德國除官方統計之主持者外，尙有全國勞働部新轄之德國勞働媒介所，其他國立機關與衛生機關之統計處（最著者如全國食糧（營養）局，全國保險局，全國衛生局，國家鐵路，國家郵局，國家銀行等所屬之統計處），國立國土研究所與土地研究所，國立經濟化管理處，柏林之景氣研究所，嫩堡之德意志全製品經濟觀察所，漢堡及基爾之世界經濟學會。此外其他主持者尙有國防軍，黨部與所屬之統計處，例如德意志勞働陣線與其勞働科學會及全國經濟協會與其附屬之各經濟組(二九)。後數者半出於自己創制，半出於經濟政策當局之指使，而施行獨立的重要的調查並設有常川之統計服務部焉。

爲使各統計主持機關之工作不相混雜，顧慮全體目的之均衡發展起見，遂於一九三九年舉行全國統計中央會議。其重要方案爲制止重複的，附屬的，相反的統計及人口過份登記，實行各種重要之統計以必要爲限，助成經濟統計之調查，總之，求其用費至少，同時正當之需要亦得滿足(三〇)。依此則國民對於統計的厭倦，對於統計的反對心理得以稍殺，而統計之必要的可靠性亦可獲得保證。

統計機關之合作情形既如上述，然統計的各趨勢之綜合工作，尙包含官方的與私人的合作，國民經濟的與私經濟的合作，官方的與醫學的，自然科學的，地理的統計合作，——其彼此間之界限原極流動不定。綜合統計之用意，在使各參加者互相享受其結果，而助其解釋各重要時代問題。故國民經濟的與私經濟的統計之合作——例如全國經濟調查——即幫助解決許多困難爭辯問題。是種

(二九) H. Huth, Statistik der deutschen Industrieorganisation. Allgemeines Statistisches Archiv Bd. 29, 140頁.

(三〇) Walter Grävell, Die Tätigkeit des Statistischen Zentralausschusses. Bd. 29,223頁。

合作之必需及其目的，在全國統計協會會議（三一）中屢加討論，並經各研究團體繼續爲之努力。

最可喜者厥爲統計——尤其是統計機關之工作——之日趨科學化。事實上今日德國統計已爲行政與科學之一支，就客觀的現實性，專科的澈底性，結果之可靠性，編製之迅速性言，與國內外任何之科學比較，均無遜色。

爲保障其高度光榮及與時俱前之進步起見，統計機關——統計的意志及能力之主持者——必須對國民經濟的與統計的訓練良好之能力有支配權，此層甚爲重要。統計需要學習，且亦必須學習。統計爲一極有用的，但亦極迷惑的科學，用之者必須知所以駕御之道，始不致陷於錯誤的論斷。大學中統計的講授，經濟系學生以統計爲考試必修科的問題，統計機關之採用大學專門人材，以期融合純粹之統計專門知識與行政藝術於一爐，總之，養成寶貴的學術的後起人材，設立有價值之教學人材與研究處所，均係負責當局當務之急。蓋所有參加編製統計人員之知識及能力爲統計發展前途之絕對必要也。

VII

自今日德國統計之現狀觀之，統計與其他眞正科學之性質相同，固然生長於本國，然其活躍則超出本民族之外，而有國際的作用。德國之統計學，無論其爲研究的方法抑或爲純料學，均爲國際間之互相作用設想。

關於研究的方法，統計學與所有科學同，凡可用統計說明的問題之最好方法，並非一國之專利品，一國發見，他國繼續研究，最後各國加以融會貫通而共同應用。德國事實上已知介紹其統計方法於國外，而爲某些統計方法之先驅，至少於方法之整一化上貢獻不少。統計原爲國內社會，經濟，文化生活之大衆現象之認識，必須將其眼光擴大至國際的範圍，而將國內確知之現象，借證國際

（三一） Verhandlungen der Deutschen Statistischen Gesellschaft (in Hamburg 1927 及後數年，Allgemeines Statistisches Archiv Bd.18 以下)

關係，爲之評價。 事實上德國對於國際間統計之合作，已多方培植，近十年來努力尤甚。 以今日交通技術與消息傳遞之進步，時間的，空間的隔膜已不多見，民族間亦日趨接近，其中各國雖有自足政策，而世界經濟的交織仍日趨於密切。 因此統計之工作範圍亦日趨擴大，而成爲一世界的科學。

國際間統計合作有兩方面：一爲理論的，一爲實際的。 理論方面由各國官方或學校統計之代表者，用紙面或口頭發表於國際間之統計界，互相交換其國內之經驗，而介紹其統計技術與組織問題之解決方案。 實際方面德國與國際間統計合作亦分二種。 一種，德國於本國內，即德國內之各統計機關（全國統計局之國外經濟統計部，最値注意）行之，後者每引證國際間的比較以完成其自己的研究，同時利用此機會考核各國方法不同之所在，而以建設性的批評，改良國際間統計之比較性並促成其進展。 另一實際的合作，則由德國方面參加各公私性質之國際組織。 至於德國統計學究竟在國際統計範圍所占地位如何，可參閱註內所載各書(三二)。 然此世界統計的運用與無根據之國際主義不同，並非忘掉本國，忘掉鄉土。 反之，國民統計之有力發展，却正爲有活力的，有效果的國際間統計之先決條件，與强盛之國民經濟爲重建合理的世界經濟之先決條件，其理正同。

又關於德國統計之向外發展，對於「大地域經濟」之努力，亦須提及。 其起因蓋由於國際間商品交易基礎上合作之新方式。 即統計關於諸大經濟區域齒牙相錯之情形及程度，關於德國與隣邦之經濟的連繫情形之統計是；同時於民族間經濟生活之新體制下相互輔助之可能限度，生產之分歧，交換之趨向等亦須加以切實之觀查。 無論其爲全國之官方統計，抑或德國統計協會之討論，無不特別注意此新問題(三三)。

(三二) F. Zahn, Deutschlands Mitarbeit an der internationalen Statistik. Allgemeines Statistisches Archiv Bd. 28 230 ff。 —— F. Zahn, 50 Années de l'Institut International de Statistique. Haag 1934.

(三三) 參閱 Bruno Kuske, Nordwest-europäische Wirtschaftsgemeinschaften. Allgemeines Statistisches Archiv Bd. 27 113 ff。—Hans Reithinger, Grossdeutschland und Südosteuropa im Lichte der Statistik 見前, Bd. 29, 129 ff。

考統計之本質，往往最先發言，而鮮下最後斷語。　即使單個問題藉統計的助材與方法而經說明，其已得之統計結果，仍須留待各專科及政治當局之評價，以適用於其特殊之目的。　總之，統計之任務，既極緊重，而負責任，故德國之統計更須於理論方面與實際方面盡全力前行，俾能與政治之猛進，同其步伐也。緬懷已往之過去光榮，則尋高境界，求新進步，義不容辭矣。

吸煙於人類血液循環之影響(一)

Der Einfluss des Rauchens auf den menschlichen Kreislauf

哈森刊 (E. Hassencamp) 著

葛秉仁 譯

德國於 1938 年，因煙類貨物，曾消耗二百六十萬馬克。 此種數目，實可表煙費範圍之廣大而在經濟上，有極重要之意義。 吾人則更因此巨數，而思及於對人之健康關係。 第二次大戰之短時間以前，德國政府，曾公布"尼古丁"(二)之傷害作用，但在個人方面，則常有多數或少數之個人，對煙可以有佳良之忍受力，且可將其經驗，向大家公布，似爲無害者。 因是吾人主張，捨去上述之偏見，而爲純科學性，研究此種問題。 其中之最重要點，則爲"尼古丁"對於循環作用之研究。

普通人所確知者，即"尼古丁"對於人類，亦與其他各種藥劑相同，其過敏度之大小，因個人而不同。 此則應須注意者。 日常經驗上，有著明差別者，則爲體格，性別，年齡。 此種不同，則不能用人力使之接近，雖然不問其含量如何，不能絕對無害，此則爲非常重要者也。

吸煙機轉，除可發生"尼古丁"外，更可自煙中發生一定量之其他化學物質。 關於此點，一般人雖皆知之，但普通皆承認者即不論爲食用或吸取，其自煙中發生之重要傷害作用，皆自尼古丁來之。

(一) 譯自：Forschungen und Fortschritte 16. Jahrg. 1940, Nr. 13/14, S. 149—151

(二) 尼古丁係煙中毒質

於此可發爲問題者卽於何種徑路，"尼古丁"得對人類臟器，發生傷害作用乎？自各種動物試驗之結果，"尼古丁"最先侵襲點，爲神經系統。尤以植物性神經，侵害最多。解剖上於神經徑路中，可見有變性變化。其次則因血管系統，迷走神經，或交感神經之障碍，影響於全身之循環裝置。其變化只於動脈見之。靜脈影響之有無，則尙不能確定。其中之主要作用，爲使動脈血管狹窄，因是其血流通過障碍；除上述之直接作用外，對於神經，更有間接作用，卽副腎素之分泌增加，因是更可使血管狹窄。

數年以來，知完全之血管裝置，對循環機能，非常重要。動脈系統之病變，在今日循環病理學中，乃臨床上，亦佔有重要位置。據雜誌所載，世界各地之循環系統疾患，日見增加。更依德國人壽保險公司之經驗，今日德國死亡者，平均每三人中，有一人因心臟及血管疾患而死。故其死亡率，較之癌瘤及結核，均爲高度。

一般血管疾患中，其最重要者，爲過緊張症，卽血壓增高。此血壓增高發生之原因，由於廣袤體部毛細管狹窄之結果。其狹窄非由於解剖性變化，而由於血管緊張狀態之變化。其次則爲一般血管疾患之動脈硬變，此在解剖上，可證明有血管壁之變性機轉。"尼古丁"對此兩種疾患，其中尤以過緊張症，可現有重症之傷害，爲不可疑問之事實。至因血管狹窄，而循環缺乏，則爲第二種之惡劣影響。

因血管中血液流通障碍之故，最受有影響者，爲心臟之冠狀動脈（心冠動脈）。此動脈因植物性神經系統，而受有作用。卽因迷走神經之作用而狹窄，因交感神經之作用，而擴張。在正常狀態下，心臟之血流通行，可增加心臟能力。因是而增加心臟作業以及冠狀動脈擴張。更因是心肌遂得有較佳良之血液通行。但冠狀動脈有病變時，則不能適應心肌細胞之血液需要，遂致發生冠狀動脈機能不全。此在臨床症狀，則於狹心症（三），或冠狀動脈栓塞狀

（三）狹心症病名

態下現出之。又屍體解剖上，亦可見狹心症疾患之強度增加。多數人員，尤以公務員，往往因此種疾患而喪失其創作能力。吸煙之傷害作用，因血管狹窄，對於心肌血液之供給，可與以極大之壓迫。此則甚易明瞭。幼年患者，可充分證明；"尼古丁"爲狹心症之形成原因。若絕對禁止時，則其發作，可行消失，而不再發。老年患者，若仍可發見其他條件，致血管不能應用時，則最低限度，尼古丁亦爲其原因之一部；即其使冠狀動脈之病變，可自輕度之機能障碍，以至該動脈之硬度化，皆有促進之作用。故吸煙實有禁止之必要。又冠狀動脈病變之結果，使心臟血液，供給不良，常可致心肌衰弱（心肌變性）。尤以高年病者，其冠狀血管，已現有解剖性硬變時，則更爲著明。故在醫生方面，亦應禁止患者吸煙。

除上述之冠狀動脈外，腦血管對尼古丁，亦非常過敏。一般人皆知大量吸煙之結果，可發頭痛及眩暈症狀。歷史上有一趣味事實，即於一五六五年，蓋斯耐氏曾於醫學界報告。該氏根據自己試驗，及犬試驗之結果；煙草可認爲眩暈之病原。多數人類之下腿動脈，對於尼古丁，可有特殊之過敏性。臨床上所現之症狀，爲間歇性跛行症(四)，即該患者於腿部，覺有疼痛，及知覺障碍，步之傾向，強度增加。

此外，尼古丁對心臟神經系統疾患，亦大有關係。即尼古丁爲定型之神經毒，尤以心臟神經症，吸煙對之，甚爲惡劣。其他種種之心動結代(五)，尤以心動停止，常爲吸用尼古丁之結果。脈搏緩慢，或脈搏頻數，以及各種心臟之不正常，直至心動停止，亦可屬於此原因中。

因是簡言之，吸煙對重要之循環疾患，皆有惡劣作用而"尼古丁"常可證明爲種種原因方面之一原子，現代之循環疾患中，自尚有其他之重要原因，但不在本文範圍之內，故不具述。而此中多數患者，有完全禁止吸煙之必要，輕度者

(四)　間歇性跛行症病名

(五)　心動結代爲心動不整有時停止

亦須加以限制。此病變狀態之根據，自應由醫生方面決定之。又吸煙之最大危險，在於大量吸入後，初爲刺戟狀態，制止疲勞，工作進行增進。而年餘吸煙之後，遂發現潛在之傷害作用。

"尼古丁"之實行戒除，常不容易。吸煙爲因職業而起之神經症，常可謂爲一種習癖。數十年來實行之，現在則因醫生之命令，突然完全制止，依醫學上經驗言之，多數患者，戒除吸煙，較之戒酒，非常困難。若吸煙必須戒除時，則任何人絕不可緩緩行之，而須立即且完全戒止之。現在有多數化學性製劑爲煙之代用品者，但其作用，則甚成爲問題。故必患者深知吸煙之傷害，且有特殊之戒除興趣，始可決定戒止，及存在戒止之意志。在循環病者，若醫生對之不作反對論調時，亦必須使"尼古丁"之輸入，極力減低。正當之煙草，因一定之化學及理學方法，可除去尼古丁。此在理論上，當屬可能，但現在除祕密製劑，例如尼冬勃尼古等，依發見者之陳述，謂尼古丁已多方除去，但試驗結果，則此等者，絕無佳良効力。

其他較爲適當之方法，即爲培植無尼古丁之煙草。德國巴登地方之國立煙草研究所，（所長爲曲包露）現對此問題，已爲深切之研究。在阿尼古答名稱之下，減少"尼古丁"之煙草，已製成雪茄，細雪茄煙，以及煙葉。但尚無製成紙煙發售者。吸入此種煙草，則"尼古丁"之侵害作用，可極度低下，當毫無疑義。

書評與介紹

評"德意志大聯邦教育之主動者與統制者"

王錦第

本則與葛拉飛 (R. Benze—G. Gräfer) 原著

出版時期：一九四〇年

出版地方：Quelle & Meyer in Leipzig

我們有兩句常說的諺語：「種瓜得瓜，種豆得豆」，有怎樣的努力，便有怎樣的收獲，教育與國家的關係就是這樣，有什麼樣的教育，就有什麼樣的國家。今日的德國距第一次世界大戰不過二十餘年的期間，以一個敗北後各種經濟的，政治的，軍事的束縛着的國家，竟於這樣不足一世的短期間又獲得了對於世界舉足輕重的地位，實在使我們驚奇之餘，更表示十分的欽佩。不過我們要知道一個國家的興衰並非偶然的事情，正如一個個人的成功或失敗不是偶然的事情一樣，都是因爲努力的結果，而努力的出發點不能不算是教育。所以普法戰爭之後，普魯士得了勝利，當時的首相畢斯麥歸戰功於小學教育；現代的德國哲學家亞斯波 (Karl Jaspers) 對於教育的神聖使命曾經說過一句話：『每一個人都知道凡是造就兒童的人就是造就將來的人。』(Jeder weiss, dass, wer die Jugend gewinnt, die Zukunft hat.)

我們很高興，現在有一本最近出版講德國教育的書，這就是本則與葛拉飛合編的大意志聯邦教育之主動者與統制者 (Erziehungsmächte und Erziehungshoheit im Grossdeutschen Reich)。本書爲三百四十九頁的大著；除了敘言，共分十九篇，每篇都是由於對那種團體或工作負責人中高級領袖所著的。爲了略窺內容所在，僅將篇名列左：

德國的教育及其負責者。雙親之家庭（前學校期）。德國學校。希特勒青年團。德國少女聯合會。德國青年男子的勞作服務。德國少女勞作服務。軍營。德國大學。德國國社黨下的大學生聯合會。國家社會黨的教育任務。國社黨的野色團 (S. A.)。國家社會黨汽車司機與飛行機士團。衛隊團 (S. S.)。德國的勞作總工會。德國平民教養的工作及「樂生力團」（是一種組織其目的爲由愉樂中得精力，從事鼓勵各部分人利用暇時作各種娛樂）。國家社會黨的婦女團及德國婦女業餘工作團。新聞，無線電與電影。民族政治教育。參考書。

在這部大德意志聯邦教育之主動者與統制者一書中，自父母家庭至大學教育，由希特勒青年團到防衛力量與民族政治教育，都有詳明而生動的敍述，且執筆者盡爲當代德國知名之士，是教育學家兼爲社會領袖；在本書中所講的教育問題雖然分爲許多方面，但是中心思想卻只有一個，這一個中心思想是什麼呢？就是「國家社會主義的世界觀」(nationalsozialistische Weltanschauung)，而國家社會主義世界觀的中心目標是「民族」(Das Volk)，一切教育理論與制度都由民族意識中產生出來，教育是實現中心思想的方法或手段。在普遍的人類思想沒有形成之前，民族或國家就是每個人生存所寄託的最高團體。這與馬克思主義的唯物史觀——更簡明說就是階級鬬爭——正相反對，唯物史觀否定了國家的價值，而國社黨的思想，不僅肯定了國家的價值，並且把國家提爲最高的價值，所以最近德國教育思想上的口號是：「兒童教育，國家與運動」(Elternhaus, Staat und Bewegung)（見本書敍言）。

在德國學校一篇中，著者葛拉飛引用德國教育部長魯斯特 (Bernhard Rust) 的話講德國教育的任務是：『德國學校的目的在於建立國家社會主義的教育秩序。由民族的教育力量出發，藉此以造成國家社會的人員』。換句話說，國家社會主義世界觀的理想——「永久的德意志聯邦」(Das ewige Reich der Deutschen)——必賴教育的力量始能完成他的崇高使命，在本書中對於德國教育的各方面都有扼要的講述，誠爲研究當代德國教育者不能不讀的一部書。我們都知道德國是創造現代世界史的一個主角，而他的教育便是根本的力量。

本書最末一篇列出許多關於德國教育的參考書，現在我們把重要而感覺有趣味的介紹出一部份給中國的教育家與讀者。同時因爲參考書的目錄是按類排列的，我們也照例列出如下：

一般的

希特勒：我的奮鬭(Mein Kampf)（有中文譯本）。

希特勒：講演集（Reden）一九三三 München 出版。

歐森白 Rosenberg, Alfred：二十世紀神史（Der Mythus des 20. Jahrhunderts）一九三九 München 出版。

陳柏林（Chamberlain, Houston Stewart）十九世紀基礎（Die Grundlagen des 19. Jahrhunderts.）一九三八 München 出版。

袞特（Günther, Hans F. K.）：德國國民種族學(Rassenkunde des deutschen Volkes)一九三七 München 出版。

葛魯士（Gross, Walter）：民族政治教育（Rassenpolitische Erziehung）一九三四柏林出版。

第特瑞西(Dietrich, Otto)：國家社會主義的哲學基礎(Die philosophischen Grundlagen des Nationalsozialismus)一九三五 Breslau 出版。

傅艾可斯（Frercks, Rudolf）：德國人口政策(German Population Policy)一九三八柏林 Terramare Office 出版。

司屋拉（Seurla, Herbert）：國家社會主義的根本思想與外國(Die Grundgedanken des Nationalsozialismus und das Ausland)一九三八柏林出版。

教育目的方面

魯斯特(Rust, Bernhard)：第三聯邦的教育(Education in the third Reich)在 Germany Speaks 書中，一九三八年倫敦出版。

蒲法勒（Pfahler, Gerhard）：種族與教育（Rasse und Erziehung）一九三九 Leipzig 出版。

藍兹（Lenz, Fritz）：教育之生物學的基礎(Über die biologischen Grundlagen der Erziehung)一九三七 München 出版。

柯利可(Krieck, Ernst)。國民政治教育（Nationalpolitische Erziehung）一九三二出版。

柯利可（Krieck, Ernst）：用「血與土」造成的一個國家的教育（The Education of a nation from „Blut und Boden")見國際教育誌（International Education Review）第三册

包木勒（Baeumler, Alfred）：政治與教育(Politik und Erziehung)一九三七柏林出版。

本則：第三聯邦的國民政治教育（Nationalpolitische Erziehung im Dritten Reich）一九

三六柏林出版。

本則：德意志大聯邦的教育：關於目的，方法及制度一覽 (Erziehung im Grossdeutschen Reich, Eine Überschau über ihre Ziele, Wege und Einrichtungen.) 一九三九Frankfurt 出版。

希勒 (Hiller, Friedrich)：新國家的德國教育 (Deutsche Erziehung im neuen Staat) 一九三六 Langensalza 出版。

柯拉格斯 (Klagges, Dietrich)：以歷史做國民政治教育 (Geschichte als nationalpolitische Erziehung) 一九三九 Frankfurt 出版。

維連亨模與葛拉飛合著 (Wilhelm, Theodor und Graefe, Gerhard)：今日德國教育 (German Education Today) 有王錦第中文譯本，民國二十七年中德學會出版。

各種期刊：

德國學藝，教育與國民教養 (Deutsche Wissenschaft, Erziehung und Volksbildung)。
德國民教育 (Deutsche Volkserziehung)。
德國教育家 (Der Deutsche Erzieher)。
世界觀與學校 (Weltanschauung und Schule)。
國家社會主義的教化本質 (Nationalsozialistisches Bildungswesen)。
國家社會主義的女子教育 (Nationalsozialistische Mädchenerziehung)。
國際教育誌 (Internationale Zeitschrift für Erziehung)。
教育 (Die Erziehung)。
體育與體格教育 (Leibesübungen und Körperliche Erziehung)。
德國運動界 (Das Reichssportblatt)。

關於教育本質 (Das Erziehungswesen) 方面的：

(一) 國家 (Der Staat)

(1) 學校 (Die Schule)

德國學校教育 („Deutsche Schulerziehung") 本書為德國教育總會年鑑。柏林出版。
本則：種族與學校 (Rasse und Schule) 一九三五 Braunschweig 出版。

(A) 關於幼稚園的

德佩：當做教育處所的鄉村幼稚園 (Der Dorfkindergarten als Erziehungsstätte. Walter Döpel 編輯)。

刊物：

幼稚園教育 („Der Kindergarten") München, 出版。
小孩 (Kleine Kinder.) Leipzig, 發行。

(B) 關於民衆學校的 (Die Volksschule)

佛登太哈 (Frendenthal, Herbert)：德國民衆學校 (Die deutsche Volksschule) 一九三八 Langensalza 出版。

柯利不斯 (Krebs, Albert)：國家社會主義的民衆學校 (Die nationalsozialistische Volksschule) 一九三七 Frankfurt 出版。

艾克哈特 (Eckhart, Karl)：小學學校教育 (Die Grundschulbildung) 一九三八 Dortmund 出版。

梅色 (Maesse, Hermann)：小學教育工作 (Die Grundschularbeit) 一九三八Frankfurt 出版。

刊物：

新德國學校 (Die neue Deutsche Schule)。
德國民衆學校 (Die Deutsche Volksschule)。
民衆學校 (Die Volksschule)。
德國民衆教育家 (Der Deutsche Volkserzieher)。
德國學校 (Die Deutsche Schule)。

(C) 特種學校 (Sonderschulen)。

坎普夫 (Krampf, Alfred)：新國家型態學齋的補助學校 (Hilfsschule im neuen Staat.) 一九三六 Leipzig 出版。

刊物：

德國特種學校 (Die Deutsche Sonderschule) 明與，德國教育出版所發行。

(D) 關於職業教育，職業專門教育 (Berufs-, Berufsfach-, und Fachschulen)

蘇得夫 (Südhof, Hermann)：德國職業學校與專門學校的制度 (Das Berufs- und Fachschulwesen in Deutschland) 一九三六 Frankfurt 出版。

田菲力 (Feld, Friedrich)：職業團體與教育 (Betriebsgemeinschaft und Erziehung)一九三六 Langensalza 出版。

田菲力：職業教育 (Berufserziehung) 一九三八 München 出版。

刊物：

職業教育雜誌 (Zeitschrift für Berufsbildung)。

(E) 關於中等學校的：(Gehobene Wahlschulen)

馬森 (Maassen, Nicolaus)：國民教育改革中的中等學校教育 (Die Mittelschulbildung in der völkischen Schulreform) 一九三五 Halle出版。

(F) 關於高等學校的刊物：

德國高等學校 (Die Deutsche Höhere Schule)

(G) 關於私立學校的刊物：

私立學校與私人教師 (Privatschule und Privatlehrer)。

(H) 德國在外國設立的學校

刊物：

德僑學校 (Die deutsche Schule im Ausland)。
在外國的德國教師 (Der deutsche Erzieher im Ausland)。

(2) 農作訓練年與德國勞作服務方面 (Landjahr und Reichsarbeitsdienst)

(A) 農作訓練年

施米特一寶敦斯特 (Schmidt-Bodenstedt, Adolf)：農作訓練年的計劃與構成 (Landjahr. Plan und Gestaltung)。一九三七 Leipzig 出版。

刊物：

農作訓練年 (Das Landjahr)。

(B) 德國勞作服務

底克 (Decker, Will)：德國勞作服務 (Der deutsche Arbeitsdienst) 一九三七柏林出版。

習波瑞斯 (Zypries, Gertrud)：女青年的勞作服務 (Der Arbeitsdienst für die weibliche Jugend)一九三八柏林出版。

德國勞作服務年鑑 (Jahrbuch des Reichsarbeitsdienstes) 柏林出版。

（3）大學

柯利可：學術，世界觀，大學改革 (Wissenschaft, Weltanschauung, Hochschulreform) 一九三四 Leipzig 出版。

胡勃爾 (Huber, Hans)：德國大學性質的新基礎 (Der Neuaufbau des deutschen Hochschulwesens) 一九三九柏林出版。

刊物：

改變中的民族 („Volk im Werden") 柯利可博士主編。

德國大學領袖 (Deutscher Hochschulführer)。

（4）軍務服務

海色 (Hesse, Kurt)：軍士的傳統 (Die soldatische Tradition) 一九三六 Frankfurt 出版。

阿特瑞西得 (Altrichter, Friedrich)：軍事教育的本質 (Das Wesen der soldatischen Erziehung) 一九三八 Oldenburg 出版。

洪呆克 (Hundeiker, Egon)：種族，國民，軍隊 (Rasse, Volk, Soldatentum) 一九三七 München 出版。

師對瑞西特 (Stellrecht, Helmut)：軍事與青年才幹 (Soldatentum und Jugendertüchtigung) 一九三五柏林出版。

師對瑞西特：德國青年的軍事教育 (Die Wehrerziehung der deutschen Jugend) 一九三八柏林出版。

馮維德 (von Wedel, Hasso)：軍事教育與國民教育 (Wehrerziehung und Volkserziehung)一九三八 Hamburg 出版。

刊物：

知識與防禦 (Wissen und Wehr)本誌爲月刊，柏林發行。

軍事 (Soldatentum)。

軍事專門學校 (Die Wehrmacht-Fachschule)。

（二）德國國家社會黨的教育工作(Die Erziehungsarbeit der N. S. D. A. P.)

刊物：

種族政治的外國通訊 (Rassenpolitische Auslandskorrespondenz. 或簡稱 R.A.K. 在英文叫做 Racio-Political Foreign Correspondence 或簡稱 R.F.C.)。

拜亞 (Bayer, Ernst)：野色團(歷史，工作，目的與組織) (Die S.A. Geschichte, Arbeit, Zweck und Organisation) 一九三八柏林出版。

野色團年鑑 (Handbuch der S.A.)一九三九柏林出版。

席阿克 (Schirach, Baldur)：希特勒青年團（理想與構成）Die Hitler-Jugend. (Idee und Gestalt) 一九三四柏林出版。

席阿克：教育的革命 (Revolution der Erziehung) 本書爲講演集，一九三八 München 出版。

伯克諾，穆兒(Bürkner(=Mohr))：希特勒青年團中的少女團(Der BDM(Bund Deutscher Mädel) in der Hitler-Jugend) 一九三七柏林出版。

烏沙得（Usadel, Georg）：國家社會主義青年運動的發展與意義（Entwicklung und Bedeutung der nationalsozialistischen Jugendbewegung）一九三四 Bielefeld 出版。

德國青年的意志與目的（Wille und Ziel deutscher Jugend）一九三六柏林出版

本書為民族與德國（Volk und Reich）雜誌的單行本，一九三六年柏林發行。

刊物：

青年德國（Das Junge Deutschland）。

意志與力量（Wille und Macht），本誌為國家社會主義青年的領導中心刊物。

德國少女（Das Deutsche Mädel）。

青年與故鄉（Jugend und Heimat）。

青年世界（Die Junge Welt）。

關於國家社會主義下的婦女團：

剝哥・愛希勒（Boge-Eichler, Elsa）：勇敢，愉快而有教養的主婦（Von tapferen, heiteren und gelehrten Hausfrauen）一九三六 München 出版。

灼露慈科林克（Scholtz-Klink）：國家社會主義的國家內婦女責任及職務（Verpflichtung und Aufgabe der Frau im nationalsozialistischen Staat）一九三六柏林出版。

派姆（Palm, Gabriele）：婦女的教養與教育（Kultur und Erziehung der Frau）一九三六 Leipzig 出版。

刊物：

國家社會主義婦女讀本（Schulungshefte der NS-Frauenschaft）。

國家社會主義婦女鑑（NS.-Frauenwarte）。

德國婦女工作中的婦女教養（Frauenkultur im Deutschen Frauenwerk）。

民族婦女時報（Völkische Frauenzeitung）。

德國家事經濟（Deutsche Hauswirtschaft）。

母親與兒童（Mutter und Kind）。

母親與民族（Mutter und Volk）。

關於國家社會主義下國民福利方面：

黑路根非爾特（Hilgenfeldt, Erich）：國家社會主義福利教育的理想（Idee der nationalsozialistischen Wohlfahrts-Pflege）。一九三七 München 出版

黑路根非爾特：國家社會主義福利教育的問題（Aufgaben der nationalsozialistischen Wohlfahrtspflege）。一九三七 München 出版

阿路特好斯（Althaus, Hermann）：國家社會管下的國民福利（Nationalsozialistische Volkswohlfahrt）一九三六柏林出版。

關於德國勞作總工會方面：

賴柔伯（Ley, Robert）：德國長好了（Deutschland ist schöner geworden）一九三九 München 出版。

賴柔伯：工作隊伍的本質與教訓（Wesen und Aufgaben der Werkscharen）一九三七柏林出版。

賴柔伯：德國勞作總工會・它的長成與職務（Die Deutsche Arbeitsfront, ihr Werden und ihre Aufgaben）一九三四 München 出版。

賴柔伯：佔領歡樂的一個民族(Ein Volk erobert die Freude)一九三七柏林出版。
水路慈諾(Selzner, Claus)：德國勞作總工會·理想與構成(Die Deutsche Arbeitsfront, Idee und Gestalt)。一九三七柏林出版

刊物：

德國工作通訊(Deutsche Arbeits-Correspondenz)。
勞工(Arbeitertum)。
工作的美感(Schönheit der Arbeit)。
快樂與工作(Freude und Arbeit)。
婦女工作(Frau am Werk)。

關於四年計劃(Der Vierjahresplan)方面的：

吉斯維特(Kiesewetter, Bruno)：四年計劃第一年的經濟成績(Die wirtschaftlichen Erfolge des ersten Vierjahresplanes)。一九三七柏林出版
卞恩特(Berndt, Alfred Ingemar)給我們四年的時間！(Gebt mir vier Jahre Zeit)一九三七 München 出版。
雷本若波(Ribbentrop, Joachim)：四年計劃與世界商業(Vierjahresplan und Welthandel)一九三七柏林出版。
阿路特(Alt, Hans)：學校與四年計劃(Schule und Vierjahresplan)一九三八年 Frankfurt 出版。
道曼與斯克瑞維合著(Daumann, Otto, und Skriewe, Paul)：為了德國奮鬥(Die Schlacht für Deutschland)一九三八 Halle 出版。

刊物：

四年計劃(Der Vierjahresplan)。
關於國家社會主義下的教員團體(Der NS.-Lehrerbund)：
韓森(Hansen, Heinrich)：國家社會主義下教員團體新聞(Die Presse des NS.-Lehrerbundes)一九三七 Frankfurt 出版。

刊物：

國家社會主義的教養制度(Nationalsozialistisches Bildungswesen)。
國家社會主義的女子教育(Nationalsozialistische Mädchenerziehung)。

關於教育家的：

魯斯特：在勞恩堡的講演集(Rede in Lauenburg)收在世界觀與學校(Weltanschauung und Schule)一九三八年。
李耳與韓森合著(Leers, Johann, und Hansen, Heinrich)：看做文化創造者的德國教師(Der deutsche Lehrer als Kulturschöpfer)一九三九 Frankfurt 出版。
富阿格斯泰(Fragstein, Paul)：師範大學中的學術(Die Wissenschaft an der Hochschule für Lehrerbildung)一九三八 Leipzig 出版。
皮特斯=維特(Peters-Witt)：第三德意志聯邦的民衆學校與師資(Volksschule und Lehrerbildung im Dritten Reich)。一九三七 Frankfurt 出版

以上關於德國教育的參考書已經大要的介紹出來，我們本來只是介紹德意志大聯邦教育之主動者與統制者，但是結果是介紹德國近年來教育方面的出版物，

我們由這種出版物中，也可以窺見德國在教育方面對於建國所有的注意與努力；德國的建國有一個領導的中心思想，一切國家的設施，都本着這個目標做去，所以這種建國的程序是有計劃的，有組織的。一個現代的國家，無論是以「經濟」爲本位的國家，或是以「民族」爲本位的國家，有一點是共同的，這一點可是什麼呢？就是「計劃的」，所謂「計劃的」意思就是一條中心思想與實現中心思想的「統計數字」。德國做法就是一個例子。

德國學術消息

一：一九三九年度德國大學考得博士學位者共有八千八百二十四名。其中百分之八十九係由普通大學(Universitäten)中考得，百分之十一係由工業專門大學(Technische Hochschulen)農業專門大學(Landwirtschaftliche Hochschulen)獸醫專門大學(Tierärztliche Hochschulen)及其他大學考得。普通大學中之博士論文，各校所佔數目以柏林大學爲首計共提出八百四十九篇（佔全體百分之九五），第二爲明興(München)大學共提出七百八十八篇，（佔全體百分之九），第三爲海得堡(Heidelberg)大學有四百三十九篇(百分之五)第四爲佛蘭克府(Frankfurt)大學，有三百六十四篇(百分之四)和福來堡(Freiburg)大學有三百五十五篇（百分之四）。按學科計，最多者爲醫學博士，佔全體百分之五十九。其次爲哲學博士（包括哲學史學文學地質學心理學生理學教育學等）佔百分之十九。再次爲法學博士（包括法學社會學及經濟學等）佔百分之十四，再次爲工學博士佔百分之十六，最少爲神學博士佔全體百分之點八(0.8%)。在醫學論文題中以關於血及血之病，及癌瘤之論著者爲最多。在法學論文中最多爲公司法，有三十二篇文論及此題。其次關於勞工法者有二十六篇。關於婚姻法有二十三篇。關於價值及訂價法者有十六篇。關於殖民問題者有十二篇。關於民族問題者有十三篇，關於國社主義者有七篇，關於希特拉青年團者有二十四篇。在文學論文中，最多係關於古典派及浪漫派文學，其中有九篇關於歌德，有七篇關於赫德(Herder)，有四篇關於黑爾德林(Hölderlin)，有三篇關於釋勒，(Schiller)其他關於柯來斯特(Kleist)，賀夫滿(E. T. A. Hoffmann)本他諾(Brentano)阿內姆(Bettina von Arnim)及師悌夫特(Stifter)各有一篇。其次係關於近代文學者。關於里爾克(Rilke)有四篇，關於拉貝(Raabe)有三篇，關於格奧哥(George)，賓丁(Binding)及艾卡特(Eckart)各有一篇。現代尚生存之文學家者，有關於柯本海(Kolbenheyer)，水發(Wilhelm Schäfer)舒樂慈(Wilhelm von Scholz)等人之論題。

二：馬爾堡大學於一九四〇年十二月四日在該校大禮堂爲血清療法創用人貝琳(Emil von Behring)舉行一紀念會。與會者除本校外，並有外地及外國學者共約四百人。貝琳初在柏林衛生學研究所任考賀(Robert Koch)之助手。於一八九〇年十二月四日在德國醫學週報(Deutsche Medizinische Wochenschrift)發表論文一篇，題名爲論動物之達到白喉及破傷風免疫狀態(Über das Zustandekommen der Diphtherieimmunität und der Tetanusimmunität bei Tieren.)，此論文爲近代血清療法之嚆矢。

三：　據德國學生國際聯絡指導部(Aussenamt der Reichsstudentenführung)之調查，外國學生現在德國各大學，工業專門學校及學院就學者共有三千三百餘人。

四：　由於戰時燈火管制之結果，德國人民對於書籍之興趣乃大見增加，故德國人現在閱覽者較以前任何時期爲多。　德國一萬餘處公共圖書館藏書借出最多者，自爲小說一類，但借出書籍中屬於研究性質者亦不在少，共約佔全數百分之三十乃至四十。　此外對於在此次戰事中經德國佔領各地帶，亦有充分德文圖書之供給。　在此等地帶設立之圖書館大小已有二九二四處，藏書總數不下百萬卷。　不僅大城市如斯特拉斯堡，梅次，科馬爾(Kolmar)，盧森堡，馬爾美的，波森，哥狄尼亞，羅茲等處有之，即鄉村及較小之城市亦有之。

五：　德國大詩人格利爾巴册(Grillparzer)百五十年生辰紀念時維也納有紀念週舉行，格利爾巴册獎金係於該週內首次頒發，同時頒發者並有維也納市大詩人獎金。

六：　德特模爾特市(Detmold)脫伊特教授(Professor Wilhelm Teudt)於八十歲慶壽時經德元首頒給歌德藝術科學獎(Goethe-Medaille für Kunst und Wissenschaft)以表揚其提倡推廣研究日耳曼史前史之功績。

七：　一九四〇年十二月十八日爲著名民族性研究者羅須教授(Prof. Dr. Karl Christian von Lösch)七十歲生辰。　羅氏前與同志創辦德意志防衛協會(Deutscher Schutzbund)嗣並任該會會長，曾以政治手腕及方面之宣傳，謀德國國粹之保存及維護，功績頗多。　羅氏現任柏林大學外國研究系主任教授，同時並繼續進行各種研究工作。

八：　名樂隊指揮者福特文勒(Wilhelm Furtwängler)將菲次納(Hans Pfitzner)之大樂隊用新交響樂，作品第四十六(Neue Symphonie für grosses Orchester op. 46)在維也納之音樂愛好者音樂會作首次公演。

會務報告

一　編譯委員會開會　本會編譯委員會於三十年一月十六日開會一次，計到會員共十餘人。　開會首由會長福克司博士致詞，繼由代理幹事報告現在印刷中及編譯中之各種譯著，並討論以後編譯事務之進行，當經議決着手翻譯特雷特克之政治學(Treitschke: Politik)及布爾卡特之世界史論叢(Burckhardt: Weltgeschichtliche Betrachtungen)，此次開會並議決將本學誌『文藝』一欄取消，復議決計劃編輯合於普通實用之德華字典一種，並編印德國音樂概論一種，以資介紹德國音樂於國人。

二　新增研究員　本會自本年起紹增研究員二人，一為明興大學漢學博士羅越先生(Dr. Max Loehr)羅君來華前曾任明興人類學博物館(Museum für Völkerkunde, München)東方部主任，專攻藝術史，對中國繪畫以及銅器等素有研究。　另一人為漢堡大學漢學博士霍福民先生(Dr. Alfred Hoffmann)，對中國文學史，樂府，詞曲以及中國音樂史等均有深刻之研究，曾翻譯中國近代文學作品數種為德文，此外並曾迻譯中國文學論文若干篇分在德國雜誌中發表。　兩君除研究工作外，對本會會務並將隨時襄助。

三　論文比賽　本會主辦之第二屆論文比賽，收到論文經本會評定甲乙後，業於一月十五日發表，計共選入論文十六篇。　茲將得獎學生姓名及所得獎金數目分別列後：林仁通，歐克義，胡宏達，張立言(以上各獎五十馬克)，姚文華，崔亮，陳庸，貝錦臣(以上各獎二十五馬克)，吳汝康，陶大鏞，張立方，張立忠，陳增章，康謝，陳北亭，周緒基(以上各獎德文書一冊)。　得獎學生學籍除本市輔仁，燕京，中國等校及本會夜校外，外地如同濟，醒賢等校者亦有之。

四　德文夜校　本會德文夜校前自一月二十日起放寒假計二十一日，現已於二月十日起開學正式上課。　本學期本校一，二，四各年級講師均未更動，惟三年級課程原由吳興俗先生擔任，現則改由吳興俗及徐德明兩先生之分任。　西城分校一年級及二年級仍由董淦曾及方志澎兩先生分別任教。　本學期本校及分校學生人數大致與上學期相同。

五　德國音樂　本會為提倡德國音樂之研究起見，特於最近增置電氣留聲機一具，並由德購來德國古典音樂之唱片多種，此後擬不時開唱片音樂會，使對德國音樂有興趣者能有聆聽鑑賞之機會。　此外並擬設一音樂研究會，俾少數學者作較深之研究。

中德學會編

中德文化叢書

一	魏蘭之介紹	賀麟等譯著	一册	.40
二	陰謀與愛情	張富歲譯	一册	.70
三	工作學校要義	劉鈞譯	一册	.45
四	德國史綱	魏以新譯	一册	1.30
五	女青年心理	劉鈞譯	一册	.45
六	五十年來的德國學術	中德學會編譯	第一册 2.00 第二册 1.40 第三四册各1.00	
七	給一個青年詩人的十封信	馮至譯	一册	.40
八	論德國民族性	楊丙辰譯	一册	.70
九	斯托姆小說集	魏以新譯	一册	1.80
十	德國史略	魏以新譯	一册	.70
十一	快樂的智識	梵澄譯	一册	1.80
十二	湯若望傳	楊丙辰譯	(印刷中)	
十三	葛德論自著之浮士德	梵澄譯	一册	.50
十四	論優美感覺與崇高感覺	關琪桐譯	一册	.40
十五	赫貝爾短篇小說集	楊丙辰譯	(印刷中)	
十六	親和力	楊丙辰譯	(印刷中)	
十七	歷史之地理基礎	張星烺譯	(印刷中)	

商務印書館發行

特刊

一	德國留學指導書	張天麟編譯	一册	.40
二	今日德國教育	王錦第譯	一册	.30

(此書商務印書館代售)

三	統一國家之德國	弗立克著	一册	.15

補助德語教材刊本

一	德華常用小字彙	孫用震編輯	一册	1.00

研究與進步

第一卷 目錄

第一期目錄

（民國二十八年四月）

第二期目錄

（民國二十八年七月）

第三期目錄

（民國二十八年十月）

第四期目錄

（民國二十九年一月）

定價每期國幣貳角五分

本誌第二卷第一期目錄

本誌第二卷第二期目錄

中德學誌編輯簡章 二十九年十月第一次重訂

1 本誌原名「研究與進步」，自第二卷起，擴充範圍，改用今名。

2 本誌錄稿，以由德文譯爲中文者爲主；除本會會員稿件外，並酌收外稿，但須將原文出處詳細註明，其原文不易見者，並須與譯稿一併寄來。

3 來稿本會有刪改之權。

4 來稿中有中文人名書名等譯爲德文後，重行譯爲中文時，應請譯者援用原來字樣，幸勿另譯新名；其由德文譯爲中文者，除有慣用者外，以本會所定爲準。

5 來稿逕寄「中德學誌編輯委員會」，請勿寄交編者個人。

6 來稿經本誌決定採用者，酌給現金或本誌爲酬。

7 來稿經本誌給酬後，其版權即爲本會所有，原作人不得以其一部或全部在他處另行發表；在本誌發表後，他人亦不得轉載。

8 來稿不爲本誌選用者，均可退還，但須由原作人附寄郵費，如欲掛號寄還者，並須加附掛號郵費；郵遞如有遺失，本誌概不負責。

9 本誌除譯稿外，兼收介紹德國學術文化之著作，但以經本誌特約者爲限。

10 本簡章如有未盡事宜，得隨時修改之。

編 輯 者　　中德學誌編輯委員會

出 版 者　　中德學會
（北平地安門內黃化門大街西妞妞房二十號）

印 刷 者　　京華印書局
（北平和平門外虎坊橋）

定 價 表	每季一册（郵費外加）		每年四册（郵費在內）	
國 內	國 幣	1.40	國 幣	5.00
德 國	馬 克	1.00	馬 克	4.00
其他各國	美 金	.50	美 金	2.00

Bezugsbedingungen:	Einzelheft (Porto extra)	Ein Jahrgang, vier Hefte (einschliesslich Porto)
Innerhalb Chinas	Ch. $ 1.40	Ch. $ 5.—
Innerhalb Deutschlands	RM. 1.—	RM. 4.—
In anderen Ländern	US. $ –.50	US. $ 2.—

Zu beziehen durch das Deutschland-Institut, Peiping.
In Deutschland durch "Forschungen und Fortschritte", Berlin NW7, Unter den Linden 8.

AUS DEUTSCHEM GEISTESLEBEN

Herausgegeben

vom

DEUTSCHLAND-INSTITUT, PEIPING

durch

Dseng I-sin Achilles Fang Wolfgang Franke Walter Fuchs

Gu Hua Yang Bing-dschen Yang Dsung-han

In Verbindung mit

Dr. Karl Kerkhof, Berlin

3. Jahrgang, Nr. 1 März 1941

Abhandlungen

"Forschungen und Fortschritte"

Buchbesprechungen

Anschrift der Redaktion: Deutschland-Institut, Peiping (China), Huang-hua Men nei, Hsi Niu-niu Fang 20.

中德學誌

沈秉士

《中德學誌》編輯委員會○編

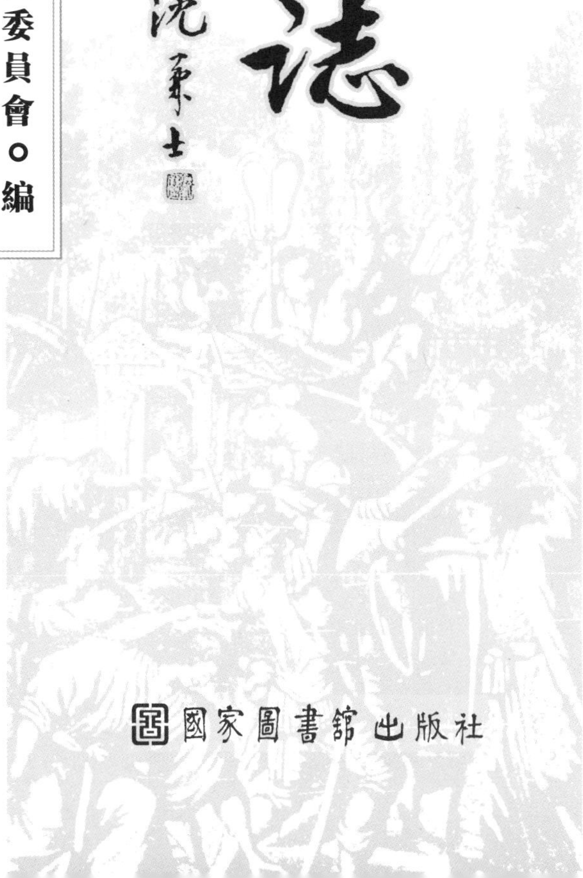

國家圖書館出版社

第三册目錄

第三卷第二期

第三卷第三期

第三卷第四期

中德學誌

沈兼士

第三卷第二期（三十年六月出版）

中德學誌

北平中德學會出版

中德學誌

第三卷　民國三十年六月　第二期

論著

"研究與進步"

特載

書評與介紹

石　太　因

Stein

狄懷特 (Andrew Dickson White) 著

曹　京　實　譯

——編者案：本文與下一篇楊丙辰先生所譯之石太因男爵略傳並不雷同。此篇所注意之點為石太因如何的去抵抗拿破崙之侵略，解放農奴，改革內政，及在政治學上對於市政組織之貢獻等等。而石太因男爵略傳則對石氏之身世及與維也納會議的關係敘述較多。其他細節如石太因的信為拿破崙所得，在本文一語即過，而在下文便詳述其經過。為使石氏之整個面目得以充分表出，故從兩個角度攝照，如此，或者可使讀者對此偉大人物得到一個立體的形像了。

譯者序言

戰勝黑暗，爭求光明，像似人類自不可考的遠古以來一個最高的努力目標。然光明雖不斷的實現而黑暗卻也從未絕踪；兩方鬥爭，火花迸起，歷史乃絢麗堂皇的穿着鮮豔的血衣，無止無休的，在時光之輪上擺來擺去。

石太因便是這其間一位令人可歌可泣的鬥士；不，他不僅是鬥士，他是哲人；不，他不僅是哲人，他是人類當中曾眞實存在過的吉訶德。拿破崙攻下了柏林，將勃蘭登堡門 (Brandenburger Tor) 上表示凱旋的四輪兵車，及那帶翅膀的勝利之神的銅像搶走，送回巴黎；書商柏爾穆 (Palm) 因有一本愛國的小册子，竟被拿破崙捉捕處以極刑。試想德國在彼時是遭受了何等的侵略與壓迫？

就在這個時機產生了石太因。

可是他是如何的去應付這個空前的危難呢？

國家，是十分的貧困；人民，是很缺乏愛國心（當法軍打敗普魯士，拿破崙入柏林時，普人列街旁且爲拿氏喝彩）；法國軍力過於強盛；拿破崙手段非常毒辣；一般顯宦，王爵，爭向拿氏歸順，希得官職。 而當此際，是石太因，他，看準問題，立定決心，以人類罕見之剛毅精神，排萬難，急建設，卒救德國於危亡。 是石太因，他，以特有之遠大眼光，悲天憫人之宏大同情，解放農奴，化除階級，使極端專制之德國逐漸趨向民主。 其功固未全竟，而其志則遠非一般之政治家所能及。 筆者譯此文時，心怦然動，不僅敬石氏之爲人，且亦深感著者狄懷特氏對吾人啓示之良多也。

狄懷特 (Andrew Dickson White)（一八三二——一九一八）爲美國教育家及外交家。 一八三二年十一月七日生於紐約州之荷默爾(Homer)。 一八五三年畢業於耶耳(Yale)大學。 一八五四——一八五五在聖・彼得堡 (St. Petersburg) 爲美國公使館的參贊。 一八五五——五六曾就讀於柏林大學。 一八五七——六三曾爲美國密其干大學 (University of Michigan)之歷史及英國文學教授，後於一八六三——六七又在該校專授歷史。

他曾夢想要獨出心裁的建立一個大學 。 這個大學要具有以下各特點：(一)，延攬所有的各種學科之教授，使該校對於一切學問均加研究；(二)，有豐富的圖書館博物館及壯麗的樓房；(三)，不受任何黨派及宗教派別之支配；(四)，男女學生兼收。 後來受到康乃爾 (Ezra Cornell) 等人之幫助，他所夢想的大學果然在綺色佳 (Ithaca)（紐約）成立了 。 他曾爲現在的康乃爾大學的第一任校長，曾將全副精力及大部金錢用在該校。

他曾代表美國參加去三多明各共和國 (Santo Domingo 在北美州之海地島「Haiti」，是黑人國家，爲美國之保護國）之委員會，又曾出席委內綏拉邊界委員會 (Venezuela 爲南美州之一國）。 於一八七九——一八八一代表國家去德國，於一八九二——一八九四去俄國。 後於一八九七——一九〇三年爲美國駐德大使。 於一八九九曾爲美國代表團團長出席海牙和平會議 (Hague Peace Conference)。

在德國耶拿（Jena）大學他曾得過博士學位，也曾爲普魯士王廷學術研究院——即今之普魯士學術研究院——之會員。

他的最著名的著作爲：A History of the Warfare of Science with Theology in Christendom（一八九六）及 Seven Great Statesmen in the Warfare of Humanity with Unreason（一九一〇）。本文即係其第二部書中之一篇。

著者曾在德國讀書，在德國作過外交官，曾參與德國著名學術機關，又係研究歷史之學者，故對德國之國難表出無限之同情，對石太因內政之改革能具與衆不同之透視眼光。研究石太因之著作甚多，此文雖簡，然可謂得其神髓者焉。

一九四一，一月，燈下。

正　文

一

在歷史上，有許多事件顯出專制政治固有的弱點，但在近世，沒有比普魯士的受辱及老德意志帝國受拿破崙的摧殘更明顯動人的了。

菲得利大王（Friedrich der Grosse）(一) 曾取得了他父親的軍隊（除去「高大的禁衞軍團」而外全都得到），他父親的寶藏，他父親的行政原則，——他以天賦的奇才發展並利用所有這些東西；但是在他的整個的事業中恰恰祇有一位得到充分發展的人——他自己。那是他，想出問題，立下計劃，推動工作，阻挫反對者；並且雖然難免也有他的種種錯誤及悖理可笑之處，但是對於所有這些事他均以其天才去作。

在他的指揮之下，貴族齊向死亡（指戰爭——譯者）或榮譽奔馳；中產階級製造工業品及經營商業以充實他的寶庫；農民捨業忘身爲他服兵役或作他的待遇薄而工作苦的農奴。個人分文不值，國家高於一切。

（一）譯者注：菲得利大王（一七四〇——一七八六）即菲得利第二，爲菲得利・維廉第一之子，菲得利・維廉大選帝侯之重孫。他曾使普魯士國威遠揚，成爲歐洲一等強國。

軍官，大吏，僧侶，學者，都站在人民的上層。在大選帝侯(二)及比他更偉大的孫子(三)的時候，對於責任，榮譽，紀律的觀念都是很嚴厲的。現在的軍官們承襲了那種嚴厲觀念，但是其原來的制度及訓練却已殘缺不全了。在十八世紀的末年及十九世紀的初年之間，這些人們曾『什麽都沒學到，什麽都沒忘掉』。他們之中，有價值者甚多，可敬佩者不少，但可用之以處理大事者則寥寥無幾。他們的創新，指導，負責任的能力，漸漸的被不推根究底的一味的服從給代替了。在僧侶之中也有些出類拔萃的人物，然而就一般而論，他們多因自路德(Luther)死後所開始的新教徒之嚴守教義及其偏執頑迷不容異說而變成爲愚昧，懶滯，呆板了。近代的偉大的德國思想家們固然早就在工作着，並且是很有力的；但是似乎他們尙未能充分的把握住德意志人的心靈及其表情：康德(Kant)與釋勒(Schiller)已經開始預示時代的消息，不過他們的整個的力量尙未顯露出來。

中世紀的混合物：會社，行會，及多多少少具有特權的階級，在市鎭中仍然存在着；但是牠們却早已失掉了那個具獨立性的老條頓精神。

在專制政治及各式各樣的中間階層的下面又存在着一個最低最大的階層——佔全人口三分之二，實際上是包括全體農民，仍然受着中世紀式的橫征勒索與綑束——並且，在這些農民之中有一大羣農奴。

甚至就是當於菲得利大王在世的時候，關於歐洲的困亂已經現出種種警告，法國哲學家們已經起始了他們的工作。佛祿泰爾(Voltaire)已經在思想的潮流之中加入一種一定將要帶來大風暴的動力；盧梭(Rousseau)已經散佈了對於專制政治極爲危險的新權利思想，不僅僅限於法蘭西而且普遍於其他各國；然而菲得利指引其國家之舟直向前駛，對於這些思想並不顧及——並且，實實在在的有時

（二）譯者註：卽菲得利・維廉(Friedrich Wilhelm)（一六四〇——一六八八），爲普魯士之英主。於三十年戰爭期間他將普國軍隊練得很強。

（三）譯者註：卽菲得利・維廉第一（一七一三——一七四〇），他將普魯士造成一個完全的軍國。

還利用牠們。

但是在一七八六年他死了，而時代的情形却需要他的繼承人必須與他一樣的偉大，或者比他更偉大才行。　使舊國家適合新的觀念，所需要的不僅僅是偉大的統治者，而是要一位偉大的改革家，一位僅次於奇蹟的天才；而在這樣的千載一時之際，非得利大王的後繼人竟是非得利・維廉第二(Friedrich Wilhelm II.)。

他是霍亨索倫族系 (Hohenzollern)中最沒有價值的一位。　從此之後專制政治的致命的缺點就顯露了——這種政體所需要的是：皇位之上永遠不間斷的要有天才的人們在接續着。　但是這樣的接續，以往從未曾見過，將來也永遠不能見到。　一般的看來，都是在一位非得利大王之後緊跟着就來一位非得利・維廉第二，在一位卡爾大帝(Karl der Grosse)(四)之後就來一位卡爾胖子(Karl der Dikke)(五)；在一位卡爾第五(Karl V)(六)之後就有位非利浦第二(Philip II)(七)；一位伊麗薩白(Elizabeth)(八) 之後就來一串司徒鐸爾朝各王(a Line of Stuarts)

(四)譯者註：卡爾大帝 Karl der Grosse 卽 Charlemagne，我國一般歷史書均譯爲查理曼。其父曾由法蘭克貴族大會選爲國王，統一法蘭西——日爾曼。　查理曼後繼父位，其在位期間爲自七六八到八一四年。　於八〇〇年之聖誕日由教皇在聖彼得教堂加冕爲羅馬帝國皇帝。

(五)編者註：卡爾胖子(八七六——八八七)卽卡爾第三，德國羅馬帝國皇帝。　此處與原文稍有不同，原文稱非得利・維廉爲非得利・維廉胖子，稱卡爾第三爲卡爾笨伯；茲以維廉胖子在德國不爲一般人所週知，而德國人却均知卡爾胖子，故稍加改換。

(六)譯者註：卡爾第五(一五〇〇——一五五八)爲西班牙國王，神聖羅馬帝國皇帝，於一五二〇年十月二十三日加冕。後退位爲僧。

(七)譯者註：非利浦第二(一五五六——一五九八)，爲卡爾第五之子。　卡爾第五退位將西班牙與尼德蘭傳與他。　他努力保護舊教，其「無畏艦隊」爲英國所敗，與尼德蘭戰也大失敗。　——尼德蘭包括現的荷蘭和比利時兩國。

(八)譯者註：英國女王，在位期間爲一五五八——一六〇三。　她曾使英國國勢極盛，打敗西班牙「無畏艦隊」，崇尙文學，整理幣制，提倡工商業，爲英國著名的英主。

(九)；在一位亨利第四(Henri IV)(一〇)之後就有位路易十三(Louis XIII)(一一)；在一位拿破崙第一之後就有位拿破崙第三；約瑟夫第二 (Joseph II)(一二) 之後就有位法朗士第一(Franz I)(一三)；彼得大帝 (Peter der Grosse)(一四) 之後就有一位亞力克斯 (Alexis) (一五) ；在凱撒琳(Catherina)(一六) 之後就來一位保羅(Paul)(一七)； 尼古拉斯第一 (Nicholaus I) (一八) 之後就來一位尼古拉斯第二(Nicholaus II)(一九)。

(九)譯者註：司徒鐸爾朝第一個君王是詹姆斯第一 (James I) (一六〇三——一六二五)，奢侈浪費，常因向國會要錢而吵鬧。 至其子查理第一(Charles I)(一六二五——一六四九)時，情況愈劣，乃發生革命。 後被當時所謂的臀尾會議(Rump Parliament)宣佈他爲叛逆，於一六四九年正月三十一日被處死刑。 英國乃成共和國達十一年之久——克倫威爾(Oliver Cromwell) 爲此時期之執政。 (有篇關於克倫威爾之譯文發表在本雜誌二卷一期，一二六到一三〇頁，可參閱)。

(一〇)譯者註：亨利第四爲法國國王(一五五三——一六一〇)於一五八九年卽王位，當年卽結束內戰，給呼臘恩諾特教派(Hugenotten) 以信教自由權，並獎勵工商業及開拓殖民地。

(一一)譯者註：路易十三法國國王，在位期間爲一六〇一——一六四三。

(一二)譯者註：約瑟夫第二(一七四一——一七九〇)羅馬帝國皇帝，奧國國王。 一七六五卽位。其母爲奧國女王馬利亞・德利撒(Maria Theresia)。

(一三)譯者註：法郎士第一(一八〇四——一八三五)爲奧國的皇帝。

(一四)譯者註：彼得大帝(一六八二——一七二五)俄國皇帝，其政績爲提高君權，歐化俄國，求海口，設學校……。

(一五)譯者註：亞力克斯(一六九〇——一七一八)，彼得大帝之子，懦弱無能，不爲其父所喜。

(一六)譯者註：卽凱撒琳第二(一七二九——一七九六)，俄國女皇帝，於一七六二年卽帝位。 打敗土耳其，瓜分波蘭。

(一七)譯者註：卽保羅第一(一七五四——一八〇一)，爲俄國皇帝。 有瘋皇之稱。 爲凱撒琳第二之子。

(一八)譯者註：尼古拉斯第一(一七九六——一八五五)，俄國皇帝，爲保羅第一之第八子。

(一九)譯者註：尼古拉斯第二(一八六八——一九一八)俄國之沙皇。 他行加冕禮時因官吏之不小心，擠壓而死之人民達三千人之多。 極無能力。

這位新普魯士國王，就其本質來看，很像法國的路易十五——或者是一位心腸較好的人，但是，以國王而論，無德無能之字樣尙不足以形容其惡劣。在這兩位君王的早年，都得過『很受愛戴』的頭銜；這位法國國王被稱爲“Le Bien-Aimé”，這位普魯士國王被稱爲“Der Viel-Geliebte”。這兩個人均有好的性情；均懶洋洋的願望他們的臣民能度好的生活；均堅信他們的臣民爲他們而存在而非他們爲其臣民；均是不可救藥的荒淫，並且同時又均是過度的篤信正教；結果均是因爲與女人及與僧侶的消遣歲月而得到悲哀；每個人均是很急於去拯救他的靈魂，但同時却又貪婪的滿足肉體之樂——他們也急於去拯救他的人民的靈魂然而每人都是天生來的懼怕新哲學，並且又均以無效的方法去阻撓牠。

現在普魯士，其實是整個的德國，很快的腐化起來。使德國走向分崩的影響力之中有兩個是最有效力，這兩個力量大部都是由法國來的：一個是屬於舊法蘭西的腐敗影響，一個是屬於新法蘭西的自由影響。這就如同去分解花崗石先烘之以火次澆之以水似的。

在普魯士的歷史上，祇有現在這一時期是做着路易十五的樣子，大部分受着妓女們及嬖人們的影響。在七十年前，菲得利第一曾經顯出一些趨勢要學布爾邦的方法 (Bourbon methods)，但他由他的父親大選帝侯所遺傳來的良知阻止了這些方法得佔優勢；菲得利·維廉第一用野蠻手段排斥了這些方法；而菲得利大王則用常識；並且，設而這二人中有一位如作下惡事，他並不將這些惡事在他的人民之前誇張炫示。

這位新國王菲得利·維廉第二的內政，在其本質方面，很快的就變成曾經使法國陷於貧困的那種情形一樣，並且差不多德意志的所有的較小的朝廷及政府也改變了。他將公共的田產劃給了他的嬖人及情婦，並且將過多的財貨，貴族的特權證，及武士品級也給了他們。他以身作則的散佈他自己的人生觀，先貫徹到宮廷及柏林社會，漸漸的便普及到全國的整個高等階級。腐敗來了，揮霍繼至，跟着便是欠債及喪德欺騙。有一閣員名吳爾額 (Wöllner) 者，他之顯露頭角是由於一個與舊的新教徒篤信正教有關係的上諭所致，該上諭的大意是：姑且明明白白的准許僧侶可以不信新教，假如他們祇是自己不信而不向別人宣傳。但他對於印刷品的檢查却更加緊了，並且制定「教義測驗考試」及發佈特別訓令以阻止任何新觀念滲流入百姓之中。康德（Kant）是一位足以代表普魯士及德意志將來之光榮的人物，他在科尼斯倍（Königsberg）正苦心研究一種較好的哲學；他爲道德立下新的基礎，這種工作在十九世紀中是人類思想上一個最偉大的精純力量；不過他所表示的有點兒傾向言論自由，因此乃從柏林得到刻酷的斥責；他被警告說他必須緘默，否則比這警告更甚的處罰將要惠臨了。

這位新王的對外政策也與其先人大不相同。偉大的菲得利曾集中精力以謀本國之安全與幸福；而菲得利·維廉第二則分散了他的力量，多少的有些糢糢糊糊的努力去完成一些在別的國家可以值得注意的事情。他干涉並且擾亂別的國家但是既得不到實力也得不到光榮。他派普魯士兵入荷蘭去幫助其當地的一黨派，也曾得了些小小的勝利；普魯士外交部雖努力的繼續菲得利大王以本國爲限的工作，不過這個努力的結果竟成了一串的笑柄，其受愚弄的犧牲者有時是普魯士有時是奧國（Oesterreich）（二〇）。

正當這個在進行之際，法國的自由，平等，博愛的浪潮衝破所有德國官僚制度所豎立的堤坊。在菲得利·維廉第二登極三年之後法國革命爆發了。這個革命所表現的不好之點尚似乎不多，而因其歌頌新眞理却將歐洲全都燃燒並激動起來了。各邦的將軍們對國王及朝廷的反抗，及在表面上像似與君主政體相融洽之國會的成立，及貴族特權的取消，及猞葉絲（Sieyès）的論文小册子，及巴宜（Bailly）與米拉布（Mirabeau）的演說，在在均使德國思想爲之發酵。

對於應付這個大潮普魯士作了些什麼呢？尙不如不作。牠對於特權階級

（二〇）關於菲得利大王與菲得利·維廉第二的其他不同之點的簡單敍述，請看 Gneist, Denkschriften des Freiherrn vom Stein, p. 3。關於吳爾納（Wöllner）的發跡與升遷的有趣味的細情，請看 Guy S. Ford，見一九一〇年一月之 American Historical Review。

在服兵役方面有些讓步，對於軍人在訓練上有所讓步由嚴格改爲溫和，因上層階級能發呼聲使國王有所聞乃將一部分負擔移給不能發言的下層階級。但是在普魯士及德國其他各邦中那一大堆重要的惡習却保留未變。

在普魯士王國，其政治活動無論對內對外，在此時期均是極無道德。雖然曾經保證保護波蘭土地完整，但並不顧這個誓言，對這個不幸的國家依然進行瓜分。無疑的，波蘭似乎不配如一個國家而存在；無疑的，在信奉基督教諸國之中波蘭政府是最爲乖謬邪曲；其貴族目無政府，行爲不法；其勞工階級欺壓僧侶，結果以至愚昧到無法救藥的地步。無疑的，所有受到奧國，普魯士甚至俄國統治的波蘭人都是在物質上佔便宜的人；但是在和平之時去侵犯及佔領一個獨立國却是一個創例，所以瓜分牠的列强乃有，並且至今仍有，理由去哀悼牠——且哀悼的很利害。

現在法國革命正走入足以威脅別的國家的情勢，而在此際普魯士又作了新的大錯。歐洲諸君王集在一起會議，到會者之中其特殊人物是德國皇帝雷歐波德(Leopold)及普魯士國王菲得利·維廉第二；由這個會議發出比勒尼芝宣言(Pillnitzer Konvention)，這個宣言除了將法國在一七九二年對德國所生的憤怒又重新挑惹起來，別無他用。余貝爾(von Sybel)在他的可稱道的文章中有一篇曾宣佈他的意見說：是同盟的君主們發動向法國作戰。這個意見係一流行之謬說。余氏的此種論調，陋不足道，對於偉大的歷史家如余貝爾者似乎不很班配。以學術立場而言，這場戰爭實在是由法國發動，而是列强聯合起來去抵抗她：法國實實在在的是宣戰了，君王們的聯合宣言不過是使戰爭無法避免而已；在巴黎的共和黨人具有足以看明白此點的智慧，而在柏林及維也納(Wien)的保皇黨則沒有。

當時，普魯士及奧國的軍隊急去抵抗法國。在一起首是法國敗北。有些次法軍陷於混亂：他們拋棄了軍器逃脫生命，那種情形與在我國內戰開始時聯軍侵入南部是一個樣子（譯者案：此指美國南北戰爭言）。就其本質來看，他們在聖·門尼好德（St. Menehould）附近的大混亂的情形，活像我們在布爾·閩（Bull Rum）的大混亂的樣子。不過不久這種情勢完全變了。普魯士人與奧國人們都將力量消耗在瓜分他們的捕俘物波蘭的陰謀上了，及二者均想佔先的可憐的爭辯上了。最壞的，是他們發表了那個著名的卜勞恩史外宣言（Braunschweiger Manifest），因爲受了這個宣言的恐嚇竟將奮命死戰的勇氣注灌於每個法國人了。在此時德國乃開始被擊退；法國的較優秀的軍官起來了，他們起始是在瓦爾梅（Valmy）及捷買擺斯（Jemappes）打退了聯盟國，直到最後，一七九五年，普魯士由於巴塞爾和約（Frieden von Basel）方得逃出一切糾葛——因此她離棄了她的同盟奧國和允許法國佔領萊因河（Rhein）左岸及比利時及荷蘭，她所得的法國給她的賄賂是法國允許她任意處置德國各小邦，——吞併及壓迫，均可趁心而爲。

當於普魯士像這樣的快法將菲得利大王留給她的力量與威望丟掉之時，這位「頗受愛戴的」菲得利·維廉依然追歡覓樂不已。我國的毛禮斯（Gouverneur Morris）在一七九七年獻身於菲得利·維廉之宮廷，他寫家信說：國王看着雖似强壯，但顯然的他的壽命是不久了。這位精明的美國人的預言果然實現，甚至實現之早竟出了他的預計，因爲菲得利·維廉第二當年就死了，其子菲得利·維廉第三乃登極即位。

這位新王，除了道德方面，其餘在任何方面似乎更無可取之點。他是愚蠢，拙笨，沒有決斷，遲慢迂緩。他所受的教育很不好，一部分得之於老頑固，一部分得之於酒色徒；他的精神爲他父親的嬖人們所摧傷；在一起首他在各方面所表現的都是霍亨索倫族系所從來未見過的一位最可鄙棄而無法救藥的人；然而在他的心靈的深處却有一天才的火花，這個火花併爲霍亨索倫人造成了德意志帝國。當他即王位的時候，他也作了一些改革的嘗試，不過這種嘗試不是一貫到底而是忽作忽輟的：他將在他父親時代管理宮廷的李曲奴伯爵夫人（Countess of Lichtenau）逐走，將吳爾額（Wöllner）解職；但是不久，他雖然能夠擺脫開他父親的那種環境潔身自愛，但他終於墮入他父親時代的老政治家的手中——那些狡猾之徒如郝格威次 (Haugwitz)，陸克細尼 (Lucchesini) 等等。

在此期間，歷史也在法國進行着，並且是一部大不相同的歷史。由法國大革命產生出來龐大的軍隊及偉大的將領，拿破崙便是其中之一。法國解脫了她的老桎梏，將教堂的田地及頑梗貴族的產業均從新分配，將農奴變成爲自由公民，並發展全國不顧生死的勇氣。

德意志與普魯士仍然握着老制度不肯放手；甚至人民也拒絕改良；奧國約瑟夫第二 (Joseph II) 竹盡力想改善其國家，但是很明顯的他從人民所得到的祇是詛咒而已。他竟傷心而死。特別是當拿破崙走到『人在馬上』的時候以後，法國人是很容易的去耍這套把戲了——自由的天然的歸宿是走入瘋狂；他們要弄大陸各國使他們互相反目，乃趁機而賄此毀彼；對大國，阻撓，以免牠變成太強；對小國，把牠們分成集團，連合牠，使之附依於法國，俾法國得任其野心而爲——這樣來，在相當時期造出來一些王國如巴燕(Bayern)，魏登倍(Württemberg)，維斯特法輪(Westfalen)，萊因同盟(Rhein-Bund) 及其他各樣的小侯國。從此之後各小國都希望從法國獲得利益，而不再效忠德國了。在一八〇三年，除去這些較大的區域之外，德國大部都被分割當作賄賂使用了——因爲這位戰勝者（指拿破崙——譯者）以爲使用這樣的賄賂是攏駁德意志各君王最高的策略。五萬平方哩，三百萬人民，就那樣的被攤派了，並且在這種步驟之下有二百多個小德意志邦國之主權也破剝奪和消滅了。就像在六十年之後，在畢士麥時代，凡不肯愛國及不敬奉正義的王子均被具有『鐵與血』的人們打倒除根是一樣的。

奧國因未受到普魯士的幫助，乃不斷的失利而受到大的損失。她在烏木 (Ulm) 竟不得已而降服，這是歷史上最不名譽的一件事，所以由此她受到很大的恥辱。最後在一八〇五年在奧斯特利茲 (Austerlitz) 又被打得大敗，又被強迫簽訂殘苛的波累斯堡和約 (Friede von Pressburg)，由於這個和約她的全國境的屏藩全都失掉。

從此，普魯士的一串的可怕的國恥乃開頭了。設而她誠心誠意的聯合與俄以抵抗拿破崙，那麼她所得的結果要與現在大不相同。然而她坐誤機會，遷延時日，及到伯累斯堡和約成立的時候，她的理所應有的同盟國均失掉了，很明顯的是永遠失掉了。非得利·維廉第三，在他受到困苦艱難的教訓之前，仍然與平常一樣因循遷延直到晚到無法挽回，在奧斯特利茲 (Austerlitz) 戰爭之前他曾派郝格威次帶着以戰爭作威脅的哀的美敦書 (Ultimatum) 去見拿破崙；但是這個會見竟擱置到戰爭已經起來才舉行，以致情形全變——拿破崙大敗奧國且將俄國擊退，郝格威次只得將哀的美敦書放在衣袋中，假裝着說他是爲了保持歐洲的幸福而被派遣來作調停的，及向戰勝者因其獲得勝利而來賀喜的。拿破崙知道郝格威次撒謊，郝格威次也知道拿破崙明白他是撒謊；但是因爲普王給郝氏一封私人信讓他負起這個責任，於是他們乃訂了順布倫條約 (Vertrag von Schönbrunn) 這個條約看着像是對普國極有益處，但是實實在在的是普國歷史上一個最大的羞辱。因爲拿破崙明明知道普國急需和平，故應許普國：如果普國與其聯盟們完全斷絕關係他可將漢諾威 (Hannover) 給她。這眞是歷史上一件根徒奸行的傑作。假設普魯士對新的領土有所貪求，其地非他乃是漢諾威；而漢諾威者乃是英國統治者的所有物；普魯士如果去拿牠則英國必起而爲其勁敵，並且也使所有歐洲具有正義感的人們看不起普魯士(二一)。

(二一)關於郝格威次(Haugwitz)的惡行劣品的苛酷而扼要的論述，看 Pertz, Leben Steins, Vol. i, pp. 137, 138；但是德國的及英國的歷史家們都反對這位在普魯士反抗拿破崙的早期鬥爭中曾經佔那樣重要地位的人，他們作了一些刻薄的罵他的文章，但是讀這些文章時必須看看 Thiers 的見解與評論，他說奪取漢諾威 (Hannover) 的提議是拿破崙首先提出來的不是 Haugwitz，請看他的Le Consulat et l'Empire, Livre 23。關於 Haugwitz 的善與惡請看載在 Allgemeine Deutsche Biographie 中的 Von Sybel 所作的關於他的生平。對於非得利·維廉所負的眞正責任，根據新近所發現的文件而作的概述，請看 Henderson, History of Germany, vol. ii, pp. 255,256。

普魯士的政府對於拿破崙的打搶制度本來不願入夥；但是及見拿破崙日見强盛，及拿氏堅決表示普國如不接受這個條約，那麼再提出的條件尙要更壞，因此這條約乃被批准了。　大概拿破崙是以使普魯士的國恥達到極點以爲取樂——因爲他將漢諾威給與普魯士僅僅是名義的，可是他竟當眞的要起報酬來，他要普魯士許多別的領土，這樣以來，普魯士這次不光榮的代價畢竟是略勝於無而已。

然而此不過僅僅一開端耳。　拿破崙的詭譎伎倆其天才之卓越足可與其軍略相侔；他使普魯士王剛剛一與他合夥，他便視普王如僕役，逼迫他將那旣能幹且愛國的外交部長哈敦伯（Hardenberg）解職，而讓郝格威次向任，並且處置普魯士的土地就像處置法國自己的土地一樣。

更壞的是普魯士竟公開的被要弄成爲一個受欺的老好了。　當於拿破崙將德意志聯邦中的在萊因河以西各邦和一千六百萬德意志人劃歸法國之時，拿破崙爲表示安慰普魯士竟很慈惠的允許普魯士成立一個北德意志聯邦，以普魯士爲其領袖；但是當於普魯士試着去實行這個諾言時，竟遭遇從各方面來的遷延，反對，阻礙；不久乃發現拿破崙當於允許普國建立一聯邦時竟在背地裏禁止德意志各邦去加入。　但這還不算，在這個以後他所作的欺騙行爲比這個更爲卑鄙。　普魯士已經接受了漢諾威，因此乃與她的天然的同盟國，英國，絕交了，而與她的天然的仇敵，拿破崙，聯合了。　她眞是蒙着羞辱來這樣作的。　當於這個條約完全實行之後——當於英國爲了這個條約在大海上嚴厲的懲罰普魯士之後；當於拿破崙也因此條約而從普魯士要求了許多的領土的割讓及對於國家的尊嚴有巨大的犧牲之後——當於發現了拿破崙正在秘密的與英國商議並且在各種條件之下情願將漢諾威歸還英國之時，請估一估對於這個可討厭的深淵所出的代價是多麼大？每個有頭腦的普魯士人都被擲入這個深淵之中而蒙恥了。　很淸楚的，於盜賊之羣豈可以講信義？

在凌辱之極端上拿破崙又給戴上一頂小帽，就是在和平之時他很侮慢的將其軍隊在普魯士領土通行，且公然的連國際公法的最簡單原則也不管不顧，並且他讓他的將領揚言說與普魯士不久將要有場戰事。

在普魯士這方面呢也有種高而放肆的論調。據人傳說，有一位高級將領在柏林曾公開的說過：國王有數位大將，每位均與"M. de Buonaparte"（即拿破崙——譯者）一般優秀。此時普魯士同着俄國秘密佈置對抗法國，並且後來，在一八〇六年秋，普軍出動；僅僅在幾個星期之內，拿破崙出兵迎戰並在耶拿(Jena)，在奧爾士大特(Auerstädt)，在塞費爾得(Saalfeld)容容易易的就把普軍打的大敗，並且——從昔日之勃蘭登堡的選帝侯起(Kurfürsten von Brandenburg)到菲得利大王之死——多少年來費種種犧牲所小心翼翼建成的大廈現在竟置於戰勝者的脚下了。

拿破崙現在是直上青雲錦上添花；在市民的一片喝彩聲中他進了柏林；並且在普王的老宮闕中他提出了最嚴酷的條件；跟着他就帶兵向俄國推進；在埃勞(Eylau)那場可怖的大爭奪戰他保持住了他的地位未被擊敗，但在夫瑞得蘭(Friedland)他得了絕大勝仗，並且，就那樣的完全戰勝了俄普兩國。在一八〇七年夏他在美美爾河(Memel)木筏上與俄皇會見，乃締結了那著名的梯爾西特條約(Vertrag von Tilsit)。本此條約這兩位皇帝乃成爲同謀者，共同計劃出一種多多少少也算有點規定的方略，用以去征服英國和全歐洲，這樣以來，便將普魯士的舊的密切的聯盟，俄國皇帝，給離間開了，拿破崙乃得對普魯士爲所欲爲——他使普魯士的領土及人口減少了一半，他佔據了最必需的礮壘的大部，他將大批軍隊駐在普國，使用普國的軍隊，土地，錢財就如同他自己的一樣。菲得利·維廉第三現在退居在其國土的遼遠的西北角上，變成爲一種聲名狼藉的隱士王子了——他的國土由五千德國平方哩減到比兩千哩稍微多一點，居民由一千萬減到六百萬，並且豫期着將後還要有更多的縮減。

這還不算，比這個更利害的是這些失地所佔的地位：波蘭被搶走了，普魯士東邊乃失了屏障；埃爾貝(Elbe)及萊因河的中間土地均被奪走了，普國乃失了西邊的防守地；在其餘的國防線上最重要的礮壘均由法兵駐守，所以普國全境均無國防可言。因此普魯士所轄的領土乃呈破碎瓦解，貧乏困弱；且門戶大開，只要拿破崙加以唆使，隣邦之兵隨時均可入境。法國向普國人民又索鉅額賠款，且向百姓用種種方法勒索，俾此賠款得以交付。更有其他小的弊政特別令人髮指。譬如在法國政權到柏林一年之內竟鑄銀質不足的貨幣達普魯士錢三百萬元之多，這個事實，就是一個典型的例子。(二二)

在所有這些擄掠行爲之外，還有其他許多苛政及令人憤怒之欺辱行爲。如柏林的主要裝飾品，那個表示凱旋的偉大的四輪兵車及其馬匹，與那帶翅膀的勝利之神的銅像都從勃蘭登堡門 (Brandenburger Tor)上取了下來送到巴黎。拿破崙當着全歐洲之前陵辱普魯士之國王及其人民，其才智伎倆之高祇有其愚蠢差堪比擬。他將普魯士王后路易絲(Louise)牽扯入他的公報與信件之中，暗示她品行不端；對她散佈可怕而無定指的謗言，並且當他遇到她時他竟粗獷無狀——她對他惟一觸犯之處不過是由於她對於普魯士之愛國虔誠而已。她的天性之中像似有一方面頗具有藝術的才能，此點後來在他大兒子，次一位國王菲得利·維廉第四，的身上又顯現了，同時她也具有負責任，恆心，及虔誠愛國等意識，這種對國家虔誠心是命定的在她第二個兒子身上得以發展，並且發展的對於國家是那樣的有利益。她的第二個兒子就是戰勝法國光復德國的德皇維廉第一，他在那個時候尙不過僅是科尼斯倍(Kōnigsberg)的一個小孩子耳。

拿破崙常常的喜歡虐待婦女。次於他的巨大的，巧妙的，不息的謊言能力，虐待婦女可以說是他的性格中最壞的一個癖嗜了；對路易絲王后他將這種特性表現無餘；最後她竟傷心而死，因此她乃被普魯士人民推戴成爲一種護國神聖。她的影像與畫像竟成爲大衆的崇拜物。在普魯士的農民心中由彼時起以直到現在直將路易絲后置在與德意志其他地方之農民們在中世紀時所崇拜的聖·伊利扎白 (St. Elizabeth) 一般地位；非止一次，由於記念這位殉國的王后所受

(二二) 看 Pertz, Leben Stein's, vol. ii, p. 110。

的虐待，竟感動無量數的德國家庭傾出勇猛的兵士向法國報仇。(二三)

但是還有比這更深的恥辱。拿破崙獲得勝利進入普魯士京城，就如同進入其他的城市一樣的獲得擁擠的民衆的彩聲；德國之失政，在各方面，都將愛國心給連根掘了。

然而在這黑暗之際，光明也起始顯現。菲得利大王的嚴肅的統制時期甚短並不足以摧毀所有的豪壯的元氣；菲得利·維廉第二的荒於酒色其在位期之暫也不足以摧損所有的道德；那些人人所公認的循吏現在竟公然顯出有政治家的品格了；那些人人俱知的僅是一些嚴厲的軍官們現在也都起始表現他們的軍事天才了；當此嚴重的國難時期在各方面都顯出天才，能幹，及深厚的責任觀念，但以普魯士所表現的爲最甚。當時英才羣起，足可使美國人想起那些『戰時長官』——偉大的軍人，有力的謀士們在我國內戰之時（此文著者爲美國人故如此云云——譯者）都是從那些近於可憎的一羣政客出身，且這羣政客都是因爲助長奴性而無可救藥的腐化之輩。

在那可怕的國難期間，在那些偉大的德國人物之中其最傑出的要算亨利·菲得利，卡爾·封·石太因男爵(Heinrich Friedrich Karl Freiherr vom Stein)。石氏祖先們曾爲德意志帝國男爵。他於一七五七年生在距他祖先的老堡壘不遠的地方——石太因堡壘，座落在那騷(Nassau)城埃木斯山(Ems)之上，朗河(Lahn)之畔——他們同胞十人，他排行第九。他家住在那山岩之上已有七百年了，並且是由此山岩而得到姓氏（譯者案：stein 在德文爲岩石之意。）——直到三十年戰爭那堡壘才荒蕪——從那時起他們在那山下一小村中建立一宅第，直到今日其族人之代表者們尚居其中。在老的『德意志神聖羅馬帝國』統轄之下，他們曾管轄他們附近的兩個村子，具有種種主權的屬性。石太因諸弟兄大

(二三)　關於拿破崙對於撒謊及甚至冒人筆跡及僞造簽字所具之傾向與嗜好，在 Lanfrey 著的 Histoire de Napoléon 中所舉的例子。在 Emerson 著的 Representative Men 中也提到拿破崙的不息不衰的撒謊習慣，甚至直到他死時；這本書措詞很敦厚但頗有分量。

部均顯有才能，惟有他在幼年時就被人所公認旣具有好的品行又有天才，因此本着族約之規定他乃成爲其族姓之代表者——就是族長。他所受的教養極好，隨着老德國的樣子他被教導說眞話，並且特別令他明白他的地位不僅是行使權利並且還要盡責任。這族的其餘諸人似乎都在他們能力之中摻加一些粗野與荒淫，惟有石太因一直本着正道而行——有丈夫氣，純潔獨立，自制，勇敢直前，精力充沛——這個力量是很關重要的。

他最喜歡研究的是歷史——古代的，近代的，特別是英國史。從一七七三到一七七七他在格廷恩（Göttingen）大學法學院讀書；但是他爲研究歷史所下的預備工作不是零碎的形而上學，也不是僅僅爲了好玩而治一點文學，他乃是澈底的研習憲法及歷史——主要的是研究其本國的和英國的法律及歷史。他敬愛偉人，他最崇拜卡爾大帝（Karl der Grosse）和路德（Luther）。他的古典學問中平無奇，但是他對於英文法文的知識却透澈而能應用。與他的歷史的研究連合在一起他細細的研究政治經濟學，社會學，統計學及與此相類似的各種學問，他對於亞當·斯密斯（Adam Smith）的新著作原富（The Wealth of Nations）印象特別的深；由於此點及石太因後來在普魯士所作的改革工作所生的結果來看，我們對於柏爾克（Burke）及巴克爾（Buckle）兩人認爲亞當·斯密斯的書對世界福利之貢獻爲以往的任何人所不能及的論爭得到了新的見解。

他在格廷恩住了四年之後便在德國作廣闊的旅行，不是爲快樂而是想研究「人」及實地的情形。他在瑞根斯堡（Regensburg）住了很久，以便研究德意志國會的立法情形；又在圍刺拉爾（Wetzlar）住，以便明瞭德國大理院的司法的實際情形；並且在維也納（Wien）住，以便在這全國的中心地對行政的方法有所瞭解。所有這些與實際生活之接觸使他不致流爲迂腐——一個祇記得一些公式的人；在所有這些期間，他注定目光廣看事實，一些爲一位想去爲國家服務的人所必須知道的事實。他又走到了國外；到過匈牙利（Ungarn）施台爾馬（Steiermark）後來又到英國，對於礦及工場細細觀察——在每個地方都研究其國力的富源。

我們知道，在起首時他曾在德國某一邦中爲官職，這是像他那種地位的人，財富不多而野心極大的人所常取的步驟。好多位置展在他的眼前。德意志帝國中一些小邦每個均有其文官職務均需要有能力的人，差不多都像是對他有些機會。他的祖先是盡忠於奧國皇室的；但是他深知奧國過去的歷史也遠知其將來，他知道從奧國方面德國是不會有大希望的，因此，他再三考慮乃與他家族之傳統分道而馳，並且與那德意志南部反對德意志北部的作法與習尙的偏見相分開，他選擇普魯士的菲得利大王爲他服務的對象。在他思想的最深處是希望德國的統一，並且他見到祇有在普魯士領導之下才能完成這個希望。由於這種感覺他乃去到柏林，在那兒於一七八〇年他在管理礦務的行政機關當一名次級官吏——特別是管理維斯特法輪（Westfalen）省的。他的職責是監督礦場，研究並報告生產的最善方法。他立刻卽以對此極爲熟悉的態度去執行他的職務，他同着最好的教授對於化學，礦物學，冶金學作新的研究。爲了避免流入於書呆子的空論所以他作這種研究都是依照着實際的情形及實施的步驟作細密的觀察。他陞遷的極快，在一七八四年他已升爲維斯特法輪省的礦場與工業的行政指導官了——由那時起直到今日維斯特法輪成爲歐洲的礦業與工業的領袖區域之一。

此時，他很顯出偉大的幹材。維斯特法輪的一般的官吏都是停庸而無生氣；他推動他們，拉引他們，去促進公益；他的技巧，精力，及其爲公之精神到底爲大家所承認了。

在一年之後，他突然被召到與他現在的工作很不相同的方面去作事。菲得利大王正在結束他對奧國新開端的鬥爭時，他想要爲他的德意志君王同盟（Deutscher Fürstenbund）獲得那些老德意志帝國各式各樣的領袖人物——特別是想得到邁恩兹（Mainz）地方的大僧正選帝候（Kurfürst）；他擺脫一切的傳統，命石太因爲他的使臣去邁恩兹。這位青年雖然對於此類工作毫無經驗，但他嶄斷那

石　太　因

些對於作這類事情所常用的小撒謊與欺騙的辦援而以眞誠去影響大僚正，並且以常識去獲得他所要達到的目的。 對於像他那樣的年青的人而論他可以算是得了一個大的勝利。(二四)

但是當於他去接受這個外交職務時他是極端的遲疑——實在的，在起始他嚴峻的拒絕這個職務，但是他的榮譽及忠心的意識引導着他又接受了。 現在他的職務解除了，他决心不再作外交的事情了。 在他的言論之一透出一線光明說明他的動機，因爲他說話不喜歡以「閒散與詭譎交相爲用，動作均加算計」——這句話將那個時期的整個外交情形包括無餘。

在一七八六年，菲得利大王剛死，菲得利·維廉第二便開始實行他的干預政策，他想得到石太因爲他的使臣，先去荷蘭後去俄國。 這些個官位是極其顯赫並且以石太因在邁恩兹的成績看，他像是能够成功的：但一者這個工作毫無目的再者他不能改變對於這個工作的討厭的心情，所以他不去當使臣而仍繼續在維斯特法輪所作的工作。 有許多證據，證明他走上此途是受了手格（Turgot）的影響。 手格一生所表現的不僅是他所治理的那一省，而是對於全法國，並且是對於全歐洲。 建設工作，雖然是在一省裏，也比去執行宮廷或內閣所起的偶然之念偉大多了。

石太因在維斯特法輪的責任很快的就擴大了。 他現在將全副精神均灌注在振興工業及大規模的開闢水陸交通。 他發起一種改新的辦法頗使當時的人們震驚，就如同今日在我國有些地方也因某些改新而震驚一樣； 因爲他開築的道路工程優良至極，但他不按封建時代的老樣子去强迫人民貢獻那不熟練的勞力，而是用科學方法去指導，並且給充分的報酬。 於是乎就這樣的，石太因在一七八六年，像幾年前的手格一樣，與一百多年以後的紐約州及其他美國各大州政府所取的是同樣的方法，所達到的是同樣的結果。

(二四) 關於石太因肩負這個使命所克服的種種困難，其惹人注意之細節，看Pertz, Leben Steins, vol i, pp. 44 et seq. 教會的選帝侯們的朝廷什麼都像，就是不像聖徒。

他對國內徵稅制度也有所改良，並且是那個樣子，在二十年之間他從事於這個工作不是僅僅爲普魯士財政而已，而是爲了一般百姓的福利。

當普法第一次戰爭之際，這場戰爭是以巴賽爾條約(Vertrag von Basel)而結束的，他有理由去覺到柏林政治家們作了大錯，但是他仍然努力於自己的事業：愈來愈清楚，他覺得開發國家富源比參加外交工作的貢獻較大。他繼續不斷的提執新的工作，延長重要的交通線，改良水道與陸路，激勵工業製造，撤退無用的官吏，停止侵吞公款；但是比這個更好的是他發展了公共教育，並且計劃對國家作一般的改革，特別的是取消品級制度與農奴。

他的成功使他的責任愈來愈多。他被請去監察因同法蘭西共和國所訂的巴賽爾和約所新獲得的土地歸併入普魯士的情形，並且特別的是去抑制部下人們想將普魯士的硬板而嚴酷的制度由首都輸入到新領土。

他的不斷的成功使他升遷爲全省最高長官。在一七九六年他被任命爲省議會的議長及維斯特法輪的全部行政的長官。在這次升遷之後，他的職分極易爲一美國人所瞭解，假設我們幻想一下，在我們最大的一州中有一位州長請他去奉行職務，不僅是行政而是司法，立法，外交，此外更加上華盛頓都城中那些重要閣員們的工作。這種制度無問題的是不好，但是他的天才使牠進行的很爲順利。他的力量與他的任務同陞；不久就感到他是一種勢力，人們應當向之服從，在他的力量之後是一種堅決不移的熱心，不是爲金錢，不是爲地位，而是爲國家的福利。

在一八〇四年他被調到一個比現在大的多的範圍裏去。他被任命爲普魯士的國務大臣；財政部，工業部，商業部，都由他管理——他作大臣的事業祇是在拿破崙當皇帝前的幾星期。在這個新位置上，所有他的一切努力都是被他那汲汲渴望由普魯士爲領袖去統一德國那一念所燃起：命定的他是法皇拿破崙的有力的德國敵人，他們兩人有同樣的內心衝動——拿破崙想打倒普魯士以阻止德國統一，石太因想使普魯士富強由她促進統一。

石太因的這種感覺在當時對於政治經濟竟結成一種新的觀念。普魯士同老的法蘭西君主政體時代是一樣的，也分成許多省，並且一般的都是每省有牠自己歷代傳下來的省境，各有其工商業上的令人煩惱及阻遏發達的障礙。爲了反對這樣的制度手格在法國很鬥爭了一陣，但是失敗了。現在全世界的人都見到那種制度是反常悖理，但是在彼時，一般的人則認爲那是天經地義，並且還眞是重要的：政府喜歡牠，因牠可增加國家收入；人民喜歡牠，因牠可保護其省工業。石太因將這些最悖理的東西一掃而光，並將其全部的基礎暗中予以掘除。那舊的徵收國課的複雜方法，石太因將牠簡單化；不管有如何的嚴重反對，他拓展一種新制度，花費小，收入大，同時他勇往直前的發掘弊端，停止苛斂，並且改換各種管理財政之方法，因爲那些老方法日趨鄙陋不堪再用了。

但是現在反抗拿破崙的戰爭就在眼前了。因爲石太因是財政大臣所以他被召請，要他爲這場大戰預備款項。在已往各次戰爭普魯士已經採取常備戰金政策，這制度到今日依然存在；所以當她動員軍隊時在充分的財政條例制好之前立刻就有準備好了的工具去渡過那財政的混亂。這種制度在現在是一種次要的便利，但是在當時却是一種主要的依靠，因爲有牠便可不至於突然向人民加重負担。因此在戰爭的初期普魯士因籌款愈多所以事情進行的也愈容易。但非得利·維廉的愚昧行爲將那些財富都消耗光了，並且還多出虧空。於是乃考慮各種方策以爲應付。非得利大王曾發行過劣質貨幣，雖然後來所付的代價十分可怕但在當時頗獲成功；石太因拒絕這個辦法，並且向國王談到國王的這位偉大的先人時措詞非常誠直毫無阿諛。雖然決定行使紙幣，但是這紙幣是小心管理着；那樣的『不兌換紙幣』自在我國得到普遍的擁護以來年數不多，所以在彼時尙未被想出，比較着說彼時流通的鈔票數目並不大——實在的，比國王與他的顧問官以爲可以允行的數目爲小；石太因是以十分安全爲主，一超過這個他便明白的加以拒絕；紙幣這個僞人天國，在法國確有好些大臣以牠爲娛情之工具，但後來都受了牠的苦惱，石太因是不願走進去的。

加在他身上的苦工是積壓重重。 他用最不充足的機器必須造錢去打法國；但是財政在他的事業中是最微末的一端，因爲他看出來如果政府的制度不大大的改變甚至不在根本上有些改變，則急速的崩潰就到來了。

郝格威次 (Haugwitz) 在外交政策上仍有勢力，他眞是天字第一號的可憐蟲，現在他完全爲拿破崙的光榮所炫暈所昏迷：石太因毫不留情的反對他。 與國王相接近，在國王與大臣們的中間有一種『廚房內閣』(Kitchen Cabinet) 其中主要的閣員是龍巴得 (Lombard) 一個純粹的騙子，他是與那些曾經將毀壞帶給法國的人們屬於一類；貝麽 (Beyme) 有時是位好人，但意見謬誤，還有郝格威次和與他相似的人。 對於這些人石太因與他們戰鬥無已。

由於研究一般行政，他發現：樞臣，大臣，指導官，委員，部，局，官吏，這一羣混合物，戴着各類頭銜，品質良莠不一，所作之工作大部互相抵觸矛盾。由於研究全國一般的狀況，他發現：全國分成數種階級，貴族，公民，農奴——每一階級都被各種朽舊的限制所綁束，他們的人力財力均不能按照他們的需要及國家的需要去使用。 爲了這個他乃想出改革來。

耶拿 (Jena) 那場戰爭其結果雖然可怕，但並未能動搖他的宗旨。 雖然別的大人物都急忙的宣佈向拿破崙歸順；而石太因決不妥協；別人將產業放棄讓給戰勝者並在他手下爲官；而石太因竟將力之所能及的一切東西均查封起來送到拿破崙的勢力所不能達到的地方，他拒絕將他自己投降於他國家的敵人，他隨着國王去到最後的避難所——全國中最陷於悲哀的一角地。

國王敦促石太因當外交部長，但他固執的謝絕了，國王向他所施的一切巧言奉承的諾言均不能搖動他；他之所以如此的堅決，一部分是因爲他相信他的同僚哈敦伯 (Hardenberg) 比他更合適，一部分是他在『廚房內閣』永遠取消之前他是不願在外交方面服務的。 國王試用各種方法去使他回心轉意，但同時又堅持那老制度不肯改變，結果國王乃發了脾氣，給石太因一封嚴峻的信說石太因某一次的諫言簡直是一篇「吹牛皮的論文」，他稱石太因爲一『頑梗不馴，傲慢無理，且不服從的官吏，自炫才幹，輕忽國家福利，純粹受心情之支配，行動以情感，仇恨與憎惡爲轉移。』信尾上說：『假如你不傾心去改變你那不恭無禮的行爲，國家再不藉重你了。』

因此，於一八〇七年一月三日這位強項的愛國者由內閣辭職，回到了那騷(Nassau)的老家並住在那兒；他住在那兒並非爲了懶惰，因爲他立刻就起草他的各種改革計劃；這種計劃他認爲必須在排除專制政體之前在普魯士能夠實行方可，自從奧國在奧斯特利茲(Austerlitz)，普魯士在耶拿，俄羅斯在夫瑞得蘭(Friedland)敗仗以來專制政體對德國愈來愈可怕了——這些計劃之一是：以一個較優良的大臣會議去永遠替代那『廚房內閣』這個會議由那些著名的及有能幹的顧問官組成，牠不僅向國王負責並且向國家負責。

實行這個計劃及其他的好意見的機會來的眞快，直出乎石太因所意料：哈敦伯因受拿破崙的壓迫而撤職，國王爲愛國心所驅使乃令石太因繼哈氏之位，並且以冷眼來看最可驚異的是這個意見竟爲另一方面所支持——是拿破崙他親自贊成。這位大戰勝者計劃着重重的由德國吸取財富，他歡迎石太因因他善於開發富源。就這樣的，石太因在他受辱的解職後十個月，他被國王請求就原職之外並且成爲首相，全權處理文官行政，且在軍政外交亦具大權——於是乃成爲普魯士的立法者，其職守在應付當前可怕的緊急需要，及爲將來創立一種較佳的制度。

當時有兩個大的委員會，他早就與之有所連絡，一個是民政的，一個是軍事的；這些委員們早已接受了他的意見，並且他也設法鍛鍊他們向良善的目標去努力。在這些團體之中石太因變成爲第一偉人，在他身旁的第二位偉人是他的朋友沙恩荷斯特(Scharnhorst)將軍。

當這些人現在又從事於他們的工作時候，拿破崙給普魯士留下的這一半國土已成爲破損不堪之物了，富源典押給法國，捍衛干城之兵士受戰勝者之指揮，人民陷於窮困，流爲麻木。當此之時，石太因的精神在他自己的回憶錄中描寫的極好：——

他說『我們先從一個基本觀念入手，就是喚起全國的道德的，宗教的，愛國的精神；就是以勇敢，自信，及為國家之榮譽與獨立而準備一切犧牲去鼓舞國家使之更新；並攫取最先的合式機會去從事流血及艱鉅的鬥爭以求國家的獨立及國家的榮譽。』

在以起首他的朋友就承認他的品行，思想，工作的偉大了。　但是當他的任務增加之後，他的計劃漸漸得以施展，他的腦力乃為全普魯士所承認——不，被全歐洲——是反抗拿破崙暴政的中心。

他的才能，雖然增長的如此的高出於與他同時的政治家，但他不想去蓋過他們或摧殘他們。　曾經有許多偉大的政治家，非等到大家對他們表示忠心並且喜歡他們時，便不滿足；非等到所有的同僚均失魂喪志的匍伏於他們的勢力之下，他們不快樂。　石太因不是屬於這類的：其有決心一如往常，其易動怒依然時犯，由於他的活動之影響引起許多別的活動，並且這些活動他都喜愛且加扶育；在他的影響之下，其他有力而獨立的人物長進了且加强了；這些人們之中例如哈敦伯(Hardenberg)，　沙恩荷斯特，格耐色瑙(Gneisenau)和施香　(Schön)　便是。

當他用心應付那些從各方面向他逼迫來的複雜而難辦的事情時，石太因與他的同伴促進兩重革命。　第一個是和平的，其工作在利於產生種種新制度，由此在德國人民中可以生出較好的精神；第二個是屬於戰爭的，並且，用了很多時間，秘密的且是反叛的——是一個反抗拿破崙暴政的革命，並且其為國家爭取自由的奮鬥之誠篤，實實在在的與美國革命曾經具有的是一樣，或者，在其起首亦與法國革命相似。

這個「和平革命」自然的要先來到我們思想之中，因為牠是第二個革命不可少的初步，石太因及其同伴忠實的想，忠實的作；不是旋作旋輟的，不是向鼓掌喝彩的廂樓處詞演講，而是安安靜靜的，百折不回的，在會議室中工作着；在一八〇七年十月九日那個偉大的自由解放詔書第一次出現了，這個詔書有三個目標

——第一，去取消農奴制度；第二，掃除買賣土地的限制；第三，阻止那些大業主做着英國的樣子利用他們的地位和資本去收買小農田——那樣便將小地主給根絕了。在這些個目標之下，之上，之中，祗有一個偉大的思想與目的——想創造一個新的人民。

第一，對於農奴制度。這種制度是一罪惡之叢，其本質與法國農奴制是一樣，在法國牠對於引起大革命曾出過那樣的大力。陶魁維利（De Tocqueville）已經指示給我們由那已腐壞的封建制度所生的錯誤是如何的曾將法國分成各樣不同的人民，互相憎恨愈來愈甚，到後來竟都準備躍起而扼對方咽喉。這種程序在德國尚未走到像法國那樣地步。法國人心，因爲具有其清晰及其將一些意見達到合乎邏輯的結果那種一衝而下的天性，所以比德國下層民衆的思想發動的快而遠；但是德國農民，並且實在的在貴族之下的所有的全德國人民，對於保障德國統一的那些維繫物愈來愈不重視了。當我們讀雍阿澤（Arthur Young）當於他見到法國農民革命已到了爆發之前夕時，他所記述的那種法國農民憤怒的情形，我們一定要以爲法國農人已竟陷到一種比任何同類國之農民都困苦的境地；但是這裏有一個例子可作證據，證明彼時德國農村處境之不幸尤甚於法國農村。歌德在一七九二年同着軍隊曾到過法國邊境，他告訴我們在法國農民的小房裏有面包和酒，而在德國這樣地方祗有黑面包且沒有酒。至如那惹人怨恨的壓迫及其令人困惱的情形，設而雍阿澤到過普魯士領地，他將毫無疑問的要給我們一幅與從法國得來的圖畫是一模一樣。且拿普魯士的幾個大省來看。在勃蘭登堡農民之中約有六分之一，按着封建制度的佃田辦法，可以耕用一小塊田地，而其大部農民在實際上祗是日工。在施雷仙（Schlesien），普通的，農民都是受着嚴厲的農奴制度之管轄，被強迫的留在田間；必須得到地主允許方能結婚；農奴的小孩是一定的要留在田間爲農工，除非地主特別開恩允許他去求別的職業。在民登（Minden），凡君主，王子，親王所統治的領土上每個農民死去時他所留的那很小的一點動產還要分給地主一半。在波蘭的普魯士（Polnisch Preussen）

一般的情形是：農奴是絕對的什麼都不許有。 他所有的是：他有個地主。 就是那最少的封建制度下的義務，地主們都曾經設法去躲避；並且可以隨意的驅逐他們的佃戶。

普魯士的君王們很有些人曾經努力去減輕由這種錯誤所生的壓迫。 菲利得大王，他顯着像是傲世輕人的樣子，但他曾研究去減小那毛病日深的封建制度的蠻橫的勢力，並且菲得利．維廉第三也曾經表出願望要開始去為一些較好的事情作些初步工作；但反動力量是太强了，貴族們及僧侶們現在在清教徒的普魯士就如同曾經在手格(Turgot)時代的天主教的法國一樣，他們的演說家喊出他們的主旨，宣稱說：現在這所存在的事務的秩序是「一種為上帝所制定的制度」；祇有靠着這個制度，則貞德，榮譽，財產，方能得到保障；去改革牠就是等於放棄了他們的美麗的祖傳遺產。 聽到這套言論，有的人要以為在這個制度之下，這個規則是由上而來的一種仁慈的待遇，且為下層民衆所愛戴；然而其事實則是那樣，當於地主的權利思想很愚蠢的將牠放大了時，他的責任思想差不多失踪不見了；這種制度已變成為可怕的壓制，並且人民對牠毫無信任，怨聲載道。(二五)

不祇於那開墾土地的農民是那樣的受了限制，就是土壤本身也是受了桎梏——凡出賣及開墾均受那已竟成為悖理可笑的封建限制所羈絆。 在老制度之下，這三個階級——貴族，城邑之公民，農民，——都小心的自守於自己的階級。 由於伏於這整個的現象下而之理論所生的規則是：貴族一定不能從事城邑公民所作的職業；公民也必須與農民分開；由此，為達到這種目的，所有這三種階級關於他們掌握土地的權利必須受一些縱橫密佈的限制所管束。 在這三階級之間樹下了各式各樣的障礙。 很大塊的田地任其荒蕪，因為那般高貴的地主們沒有資本去耕種牠們，但是仍然不許出賣；大量的資本均閑擱不用，因為那些曾經積聚了資本的城邑公民因受法律及習慣之拘束，不許他們向貴族所有之田地去

(二五) 關於普魯士的農民的情況，及德意志一般的農民情況的很清楚而詳細的敍述，看Häusser, Deutsche Geschichte, vol. iii, pp. 123 及其以後諸頁。

投資；商業呢，也遲滯而不活動，並且許多年青力壯的貴族們均遊手好閑，因為他們一定不許經商。所有這些個及與害物有關聯的種種弊病現在大部分一掃而光，但並非未遇反對；政治哲學家及演說家們想提出之理由充滿乎空氣，以證明這些改革之邪惡與危險；朝廷之貴族，軍隊中之高級將領，及地主們蜂然而起設陰謀詭計反對改革；約克（Yorck）將軍，為當代最好的最有力的人物之一，宣言道：新辦法離乎常規令人可怕。但是石太因堅持不移，並且本着上諭努力推行，在三年之後，一八一〇年聖・馬丁日（St. Martin's Day）卒從普魯士三分之二的人民身上將鎖鐐擊落，普魯士統治下的農奴乃永遠絕跡了。（二六）

以上這段不過僅僅是說：關於一八〇七年所頒佈的這個將普魯士全部的農奴都變成自由人的偉大的上諭和關於以後所制定的補助這個上諭的法律——凡石太因的各同僚們及輔弼們，特別是哈敦伯，阿耳敦斯坦(Altenstein)與施香（Schön）也應記念不忘才對。他們對於所有這些個改革也曾給過長期的艱苦的努力。他們曾經從他們的時代中取得了那個較優的思想並且使之成為有效果的體制，但是將他們那樣所生出的東西給以生命，和將他們的主要意見用力向國家的頑固守舊的勢力推行——先向國王推行——的令名當首先給予石太因。別人也像他一樣見到普魯士的衰毀的致因；別人對於計劃這個偉大的復興也曾貢獻有很可寶貴的意見；但是惟有石太因所貢獻的：是，將那必須達到的目標看得最為清楚的一副眼光；是，抵抗威脅，衝破所有的障礙的勇氣；是，由模糊之信仰及志願而生出了智力，由此智力發展出來基本合乎憲法的法律；是，他的比德國的別個政治家都強的道德力量，提高全人口四分之三的人民的地位，給他們一種對於國家的新興趣，和對於國家的福利的感覺，這個是在普魯士邦從前所從不曾知道的，這樣來，才對於啓發國家精神有極大的幫助。使着這個精神才命定了在一八一三年的自由戰爭，在一八六六年的德國統一之戰，及在一八七〇年普法之戰，才將每件東西均拂刷潔淨。

（二六）看 Treitschke, Deutsche Geschichte, vol. i, p. 281。

我們可以不承認石太因的這些貢獻，說他的根本思想是由亞當·斯密斯(Adam Smith)來的。這種說法是對的。我們不能否認亞當·斯密斯，像他那樣的深透的思想家，對於解放普魯士有大關係；不能否認他對於推動普魯士之解放的思想列車曾加過動力；但是這個絲毫不足以減低石太因及與他一同工作的政治家們的光榮；且更有甚者，他們更應得到一種榮譽，就是由於他們的認識，發展，和推行這位偉大的英國人的思想方得證明這種思想的福利不僅散佈德國並且散佈於全人類。（二七）

二

石太因現在正起始作另一件偉大的工作，就是去改革城市政府。農奴的解放，大部分要歸功於一種改革精神，這種改革精神在一般的思想方面是由佛祿泰爾(Voltaire)，盧梭(Rousseau)和他們同輩們所掀起的，在經濟學方面是由於亞當·斯密斯所掀起的。而城市的改革特別的是石太因自己的。市政需要改革，無疑的為許多人所共曉；促進這種改革之良策，亦可為少數的幾個人所明悉；然而其足以使改革生效的辦法則是石太因隻手所成。

這個制度，自從石氏時代以來對人民造福非淺，其主要原則與英國的制度很相似，但其不同之點也甚大。牠恰恰與法國制度相反，法國的制度是法國大革命及拿破崙給法國硬籠上的。像席雷(Seely)很公正的說過的：『法國革命是由上而起，創出一個全國中央立法議會，並給此議會以全權，城市及地方組織一般的看來其所有的生機均被剝奪，故各縣縣長及各市之市長們僅僅是一些由巴黎之中央政府所任命之奉公守法之官吏去執行首都之命令而已。』石太因的改革是

（二七）關於 Adam Smith 的影響所作之很完全的討論，看 Roscher 在 Berichte der Königlich Sächsischen Gesellschaft der Wissenschaften (1867) 中所作的；關於 Smith 對於石太因的影響，其詳細的敘述，看 pp. 5，6。因為很明顯的 Roscher 將 Smith 對於德國的一般思想的影響故意縮小了，所以他所承認的斯密斯的功績愈更令人信服。

由根底入手，給城市以自治政府，訓練牠們自己管理自己的事情，訓練牠們監督自己的官吏，訓練牠們自己負責。　同時也要使中央專制政體强而有力，他的最大的努力是將全國一般的公共生活恢復到合適地步：由於他的第一個改革，他曾將農奴們變成爲一種人，此人能够感覺到在國家之中要共分責任與共享利益；由於這個新的市政改革，他曾設法使城市居民參加公共事務。

歐洲的老城市制度在數世紀之前，曾爲發展文化的重要機關：基佐 (Guizot) 宣稱，城市是由羅馬到中世紀的主要遺產；毛勒 (Maurer) 認爲城市庇護了宗教改革。　羅馬帝國是由許多城市造成的。　當於，除了教堂之外，所有別的東西均被掃滅之時，並且鄉村的村區都荒蕪了時，這些城依然存在，並且老文化中的許多好的部分也藉賴着牠們而得繼續存留，並且城市有一種功能，這個功能對於促進新的事物是有很大力量的，城市得以保存，所以這種功能也因而得以保存了。　城市從封建主們的手中努力的爭取權利，爭得一種權利之後仍繼續再爭；城中的貴族與名人們與離他們甚遠的皇帝或國王聯合一氣反抗那些與他們有直接關係的站在他們上面的有封地的壓迫者；當封建地主們需要錢款去參加十字軍時，城市供給他們錢並以此錢買得了權利與特權。　由於中世紀的商業，許多的城市均發達的很堂皇壯麗，特別在意大利及德意志；但是沿着好望角 (Cape of Good Hope) 的發斯科・達・加馬 (Vasco da Gama) 的通路將與東印度的商業從地中海撤去大半；這些個商業城市，不僅在意大利甚至在德意志，有一個時期也失去了很大部分的繁榮。　（譯者案：加馬於一四九七年發現此路——在哥倫布發現新大路以後五年。）

在宗教改革時期 (Reformationszeit)，許多德國城市又恢復了力量，並且對新思想表示歡迎，在德國北部及中部居於領導地位的各式各樣的改革者們都以大城爲避難之所，在這些城之中他們得到保護以與教皇及皇帝對抗。　斯馬開德聯盟 (Schmalkaldischer Bund) 曾努力的去發動一切力量去破壞市民自由與宗教的自由。　我們曾見到各領地的王子們憑仗着一個包括許多地方的邦聯以與好戰尚武的城市相聯合；但是十七世紀的三十年戰爭毁壞了許多城市的中心，並且將牠們整個的威權也給減小了，於是，在一六四八年的維斯特法輪條約 (Westfälischer Friede) 之後，各王子的統治勢力乃大大的擴張了；僅僅少數較大的城市方能抗拒他們。

特別是政治自由，就是市民參與公衆事務之權利，在普魯士漸漸的消滅不見了。　强有力的霍亨索倫 (Hohenzollern)族有時亦可以利用地方自治政府，但是他們一般的作風都是蹂躪且廢棄地方自治，事事均愈來愈傾向中央集權，到後來菲得利大王的天才與其絕對的大權似乎將與城市獨立有極關重要的一些最後存留的觀念也從人心中給卸除了。　比較着說，單個的市民是毫不算數的；在本質上說，單個市民竟成了一個寄生物，他寄生在一個國家之中，此國的真生命全集中於皇帝之腦。　因此而生出一種結果即無論誰如果在鎮市當權，他們的工作均衞突矛盾：這兒有一個各式各樣的自治城市的混合物，在牠們之中有皇家徵稅行政官，市鎮的領乾薪而不負責的官員，行會，特權，風俗，習慣，例外的特免，禮法。　這一套東西將市政府的整個組織攪的麻木不靈，除非像偉大的選帝侯菲得利大王那樣的天才當政方能衝破這些束縛。　住在城市中的公民愈來愈不將公共事務當作他們自己的事情了。（二八）

普魯士的城市的活動竟減少到這種地步，雖然有各種樣的行會，會社，和具特權優待的人們作爲名義上的主權人，然而那些領薪金的官員大部分則是軍中的老弱無用的人。　試想，從普通的國難時期，從像這羣人們所構成的市民階級及農奴遍野的農民階級的國家中還能有什麼希冀呢？　一般對於普魯士及德意志之崩潰像似漠不關心及在勃蘭登堡門對拿破崙之喝彩，那還有什麼驚奇呢？

對於城市組織中的這一堆不合理的事實，石太因已思慮多年了。　別的愛國的官吏對於這個也曾加過思考，到最後，在普魯士東北角的極遙遠處，正當可怕

（二八）　關於 Grosser Kurfürst 及 Friedrich der Grosse 有時行爲與這些城市特權，或者，如他們所稱的，『權利』，相違的明顯的敍述，請看 Tuttle，History of Prussia。

的危難期間，他們之中出來一些人爲他們自己的城預備一種自治政府的試行計劃。這種計劃大部分是受石太因的影響，不久就發展長成爲一種臨時的制度實行在各類各式的人附近的市鎮之中，並由於石太因的暗中建議，後來，這個計劃乃被送到國王。自然的，國王把整個的這件事又送還給他的偉大的大臣（指石太因——譯者）。石太因對於這個計劃直接的並且努力的去研究，由牠且發展出一種制度，牠不僅可以應用到那些曾經願意去實行牠的城市，並可用之於普魯士的一切市鎮。就這樣的，大部分是由石太因的指導，在市政改革方面乃成形爲偉大的市政條例。

由於這些個條例，普魯士的市政混合物乃一掃而光。市鎮乃分爲三等：『大城』，住民是一萬及一萬以上；『中城』，住民是三千五百及此數以上；此外均爲『小城』。每城均自己選舉其官吏，並且在所有的城鎮之中居民在八百之上的地方便可成一區，以下再分坊，每個均自有地方權。

一般的情形是，凡具有不動產或別的產業與本地方有直接可覺得的利害關係的屬民均認爲是自治地方之公民；但是兵，猶太人，門膳耐特派的教徒（Mennonite）（譯者案：是福音主義的基督教新教徒之一小宗派，其領袖爲 Menno Sin ons，一四九二——一五五九。此派之信條爲濯足，僅與同派教徒通婚，對於暴行不加抵抗等。）及犯人均除外。長官及城鎮代表，照例是由市民議會選舉，議員數目由較小的城到較大的城是由二十四到一百。每個選舉人必須親身去投票，設若繼續不理這個投票義務必受到褫奪公民權的處分。議員中三分之二必須是居住在當地的家長。議員不領薪金，並且以他們與選舉他們的公民間之關係而論，在理論上他的每個人所代表的不是行會，不是坊，也不是各種較小的利益，而是整個的城。此點頗值注意。城的領袖是一位無薪水的市長，在他的周圍是一小羣議員，有的有薪，有的沒薪；僅是那些靠薪水的官吏才真正的以此爲業，將他們全副心身用到官事上。

市長由公民代表選出，再由代表國家的執政者之批准；但是在各大鎮市中的正市長（Oberbürgermeister）則是由城代表之三人中由國王指定一人。這種制度之發展有許多方面頗值注意。現在就以最近的柏林歷史作個具體的例子。柏林或者是世界上管理最好的城市了。當此城之正市長一有空缺，那些被選出並且送到國王請求批準的人們都是在別的城市行政事務上顯出特殊才能的人，其中有的人竟從距離都城很遠的地方而來。我眞是有好的幸運，曾知道有兩個柏林的正市長均是這樣選出的；二人均出類拔萃，更特殊如此的是其中有一位竟成爲並且繼續在皇家議會中成爲一位很有影響力的一員。正市長在位期，實際上只要品行端正便永遠在位，薪俸甚高，住宅優適，地位榮崇，有退休金——像這樣選出來的人，先由選舉人選，最後又由國王挑選，自然可以希望的能夠把他全副身心均放在城的公共事務上了；這是他整個的事業，他將一生的希望與野心都注入在這個事業中了。從這個大都城的偉大堂皇的發展上，吾人可以看出這個制度的結果：每件事務均是細心想出；每件事務均是按着商業原則管理；並且所有的這個城市的事業，由市民會議的幫忙，凡事均安安靜靜的處理，既有效率且又經濟，其管理之善在美國城市中亦可說是很少見過假如不是從來未見過的話。

在石太因所立的法令之下，這些城市的官吏一般的任期都長，由六年到十二年，照例祇要品行好都是繼續在位。一般的說來，每個公民按着法律都應該不領薪的服務六年，然而，如果有充分理由，在服務三年之後他可以請求允許退休。國家官吏，教士，大學教授，校長，執業的醫生，大部分都被免除去執行國家職務，但是別的市民如果拒決服務則要以褫奪公權及罰金爲懲。

在一八〇八年十一月十九日石太因的計劃成了法律。有一點在現在看頗爲刺目，覺得牠是荒謬的，並且其主點現在已經不存，就是猶太人，門諾耐特教派的信徒和兵士均列在犯罪人一起均不適於具有公民資格；但是另外還有一點看着也像似很可驚異，此點特別對於美國政治有興趣的人很值得細細研究。茲述如下。

按着慣例，普魯士的城市公民，他必須是一個在社會上有一定的並可感到的利害關係（卽指產業——譯者）的人。　在歐洲古世紀，中世紀，以及近代的城市政府在理論上及實際上均通行着一個原則：每個城均被認為是一個會社——這個會社有事務去辦理，有產業去管理。　現在文明國家處處通行一種原理，卽：權分兩種，一種是所謂的公民權及政治權，另一種是所謂的市政權。　公民權是享受人權的保障之權，政治權是參與一般公共事務之權。　市政權是對於管理城的財產及決定城市行政的積極參加的權。　關於市政權，一般人都覺得人民行使此權時，及請他管理和執行這會社的事務時，他在此會社之中一定要有些明顯的『底注』（卽產業——譯者）。　我們在美洲曾試行一種與此完全相反的制度。在我們的城市會社之整個的行政，我們應用普選制度，結果，在我們極多的城中不祇是不熱心公務並且還玷汚了這種權利。　在大的海口城市令我們最不滿意，因爲在此等地方進來的人口極多，他們整個的生活都不適於他們去執行公共職務，他們沒有那一類的訓練，甚至沒有那一類的經驗足以使他們宜於管理市政。在石太因的制度中承認無產階級和在城中有產業的人們之分別，這種分別在人類歷史中有很深的根；並且除非等到在某種程度內也考慮一下這個區別，則比我們大部分美國現存的城市更好的制度似乎要永遠不能出現。　這個區別是愛自由人民的歷史中所表現出來的並且是建立於公正的基礎上的。

這個意見是：公民權是每個人必須一定有的，因爲牠具有天然人權的保障；政治權要分佈愈廣愈好，因爲此權是參加一般政治管理的工作；而市政權則應當給那些與市政有實際及直接關係的及對於此事具有可寶貴的經驗的人們去負責，因爲這權是對城市建議一些具體的新事業及管理市政，這大部分是一些實用的具有商業性質的事情。　有一個基本法則似乎可以使政治權公民權及市政權兩方面都能得到完全公平而十分寬宏的妥協。　這個法則所要的是：凡人口超過某種數目的城市要有一個市長和市參事部，這些參事每人均代表這整個的城，他是由普選而來；但是統治部的人員則是由直接納稅人選舉，凡關於財政的一切分配及與管理公共產業有關的一切問題，和對於選舉權之一切授予都必須經此部投票贊成方得施行。

石太因所提出的制度正足以應付我們的希望。　貴族們及老派的官吏們誹薄牠嫌牠太急進，甚至說牠有過激急進主義（Jacobinism）的意味，況且在初作時又有很大的令人失望之處。　市中之人民在起初都表示並不渴望去參加這等事；他們早已對公事冷淡，漠不關心，寧願仍照舊樣，並且這個新制度也增加了費用。　但是石太因徹底進行，並且因時間之演進，此制度乃產生了石太因所希望的效果；城市中的人民起始對國事感到趣味；起始去思索牠們；在一代之後，起始在普魯士議會中積極參加工作，又過了一代在德意志帝國議會中也是如此的積極。　普魯士和德國的市政制度實在的是自石太因時代以來方有很大的發展以應付新的需要；牠的柱角石，在彼時與在現在一樣，是本地人計劃和實行本地的利益之權利。

有一點頗可注意，當這個觀念在這位偉大的德國政治家所想出的改革之法令之中如此的成形之時有一位美國大政治家竟注意到牠了，並且在美國也把牠推行了，因爲牠曾給哲發孫（Thomas Jefferson）以很深的印象。　在他老年時他常常注意到對於處置內政外交的各種問題的一般民衆的力量。　這些問題與南部各邦相比，則南部顯然的對此殊爲漠視，並且他認爲這個力量之產生當歸功於新英格蘭（New England）城的人民集會。　他宣稱：當民主黨人與聯邦派相鬥爭之際，當於新英格蘭的全城集會反對他時，他覺得土地在他的脚下都顫動了，而佛金尼亞（Virginia）邦的各州（County）（譯者案：我國通稱美國的 state 爲州，但在此處有 county 一字，將此字如譯成省則與 province 同義，如譯爲縣則 county 之範圍似又比縣爲廣，因此乃譯爲州）議會並未能給其足以與此人民相抵的力量，（二九）可見人民之力量是多麼大了。

（二九）特別請看Jefferson 給 John Adams 一信曾提到這個，該信見於他的較近的來往書翰。關於普魯士與德意志一般的市政府與行政的清晰而透澈的敘述，請看 Albert Shaw 著的 Municipal Government in Continental Europe，第五章；及 W. B. Munro 著的 The Government of European Cities，第二章，這二著作或其中之一凡住於美國城中的每個肯深思的居民均應閱讀。

曾有人堅執着說：哈敦伯（時而是石太因的朋友，時而是他的敵人）對於發動普魯士，其實也是發動全德意志，的再生工作所佔的地位由起頭到末尾都是很大的，並且有時還是立於指導的地位。這話是十分眞的，哈敦伯因爲他在國家服務期間較石太因爲久，他的工作又偏於外交方面，而同時石太因又是向來不肯妥協，所以他可以有石太因所沒有的機會。不過，哈敦伯沒有中心信仰，他有一個也許是比較強的信仰就是信仰自由貿易與自由製造。而石太因便不同了，那是石氏他由於其精力，大無畏的精神，及技巧，並且超乎一切的是他的品格之受人愛戴，才將基本的改革變成爲法律的形式，才在不喜歡這樣作的國王及漠不關心的人民間將改革實行出來。

當於推行這些急需的重大的改良使普魯士走上一個較好的階段時石太因對於散佈於各地的小的貪汚也是一樣的澈底清除。固然這裏仍有許多封建餘孼就和二十年前將法國農民逼瘋了的餘孼是一類的東西；但是石太因不學着那克爾特的樣子（Celtic manner）用火與力去反對他們，而是細細研究每個癥結以理性處理之，這裏沒有陷於混亂及黑暗的野蠻的暴進，不過祇是將每個罪惡的餘孼對準牠的劣點予以處置就是了。（三十）

石太因及其同僚所見到的是那些範圍廣大較比普遍及較比有力的改良而不注重細節。現在在普魯士起始了一個新的世紀就是對於德國教育之改良。對於整個的國家教學注入一種新精神；起始是遲慢的，但無疑的是較比更有力量。雖然石太因所注意的是一個不同的方面，但是在整個的運動中都能感到他的影響。在一百年前陶馬秀士（Thomasius）所創辦的老普魯士的哈勒大學（Universität Halle）曾給普魯士造出許多有力量的人物，牠因爲拿破崙在梯爾西特（Tilsit）的大搶刼也失掉了。但是這個災殃是偉大的收獲之先聲。有思想的人乃起始爲柏林計劃一個大學。有號召力的人被召請去爲此大學之教授。大

（三〇）關於應用在這一大堆苛斂的改正方法，請看前面已提到的，Pertz的書，第二卷，第一百四十二頁以下。

學不是由磚與泥灰所造成而是由教授所造成的原則在這兒是完全被承認了。在美國有種很強的主張，反對將尚未得學位的學生送到大城去就學，石太因也有這種風好；但是用新的教育中心地以已經刷新的教育制度去傳佈新鮮而有力的生命之重要性，石太因却很認識，並且他所作的活動對於啓發這個偉大的運動之助力也很大，這個運動是註定的要作出種種不可思議的事，不僅遍及於普魯士並且遍及於全歐洲。（三一）

現在立刻就要看見石太因實行所有這些偉大的改良事業其在職之期不過僅一年有零耳。假設他有比這更多的時間，無疑的他要創出一個國會。但是像我們就要見到的，命運反對他；他與拿破崙之鬥爭及他失敗後之反動將各代表機關之產生躭擱很久。然而到後來牠們到底產生了，牠們有了政治經驗以爲基礎，但這個大部分應歸功於石太因。這會是我的幸運，當現在存在的主要的議會正開會討論之際我也曾在場，這些議會有：英國的，法國的，意大利的，德意志的，我們自己的；並且以下列幾點來看：安靜的，通徹的，謹慎嚴肅的討論，不受黨人猾狡策略之縛束，及煽惑人心的政治領袖之演說的縛束，我以爲在普魯士王國及德意志帝國的國會似乎可以在最前進的群中佔一地位。我的信仰是如此，在牠們的前途有個偉大的將來，並且牠們特別之所以如此者是因爲牠們的根是從自治政府之原則中吸取生命，而這個自治政府是由石太因所推行的。

當於爲較好的城市制度立基礎時，石太因是必須要對軍事制度立刻的，直接的，並且緊張的也加以思考。在菲得利大王指導之下，老普魯士的陸軍曾爲世界上一個奇蹟；並且牠的優越之點都成了大西洋兩岸的軍事正規教義了，但是最

（三一）關於石太因與哈敦伯的功績，請看 Zorn, Im Neuen Reich, 第二百十六頁以下，該文所作的比較是很用一番心思的。關於石太因與普魯士的教育運動的關係，看 Portz 的書卷二，第一百六十二頁以下；及 Kuno Francke 的 Social Forces in German Literature。關於大學生活與愛國心的關係從來所寫的最好的書大概是 Paulsen 的 Die Deutschen Universitäten, 卷四。

盛行的還是在普魯士。　不過普魯士的領袖們並未加改良。　雖然由於國家的感覺及由於人權意識之醒悟而顯示出來一種新的力量，並且把這種力量已灌輸到軍隊，像在法國革命所見到的——雖然拿破崙將新的見解與生命注入到軍事學及軍事操練之中——但普國領袖們不管這個仍堅持舊制，以此自炫並且以此嚇人說要用牠打倒拿破崙。

但是自從大菲得利在歐斯巴何 (Rossbach) 征服邵拜斯 (Soubise) 以來，事情已經變了。　在新革命時代法國的兵士覺得他們是一個偉大的共和國的一個公民並且是人權福音的傳佈者，與前一世紀的那些可憐蟲們迴乎不同了。　以往的那些可憐蟲們被送到戰場去死是由於陸瓦 (Louvois) 的陰謀或龐帕度 (Madame Pompadour) 的偶然之念所要求的。　而法國的元帥們在民主國或帝國各種戰陣中所訓練出來的與可憐的邵拜斯所訓練出來的太不同了，而拿破崙的命令實在的與路易十五 (Louis XV) 所發的也是不相同的。

所有這些事，在德國均不留意的過去了，並且差不多費了兩世的工夫所建造成的，整個的普魯士的軍事組織竟在耶拿 (Jena) 崩潰了。　這個事實是這樣，以任何現代的標準來判斷老的普魯士的軍事制度，都覺得這個老制度已經有了毛病。　這個老制度所表現的專制政體的致命的缺點與在民事行政上所表現的是一樣；天才如菲得利大王者可用牠作出奇蹟，但其繼承人則不能運用牠去作任何好事。

除了很少的例外，官吏都是由貴族拔選出來的。　平民當然也有軍事才能及對功業的野心，然而在實際上均被排除而未被注意。　陞遷以服務年限或寵愛而定；家世勝於勞績；官吏中較好的那一等人們自炫淵博，不求長進；普通的那一等人們都是愚昧無知；不是從農人的家庭扯出來的農人之子弟便是從大陸各城中所來的廢物，募兵官們把這些人們雜亂的集攏在一起；所以當兵這件事業毫無前途可言——普通的服兵役期間是二十年，但無陞遷，且常常使用降級及汚辱的刑罰；一個小小的中尉就可任着自己的忽然之怒氣用棍子打一老兵，並且打的原因也不過是放錯了皮帶或是破了一個紐扣等小錯。

這整個的是一種有組織的不公正的制度。這種不公正對於大多數人的切身利益均有關係。這種不公正在菲得利大王時代尙算不了一回事，因爲他的人民認爲這是一種不可免的自然的東西。但是公正的思想現在已佈滿於空氣之中了，且甚至於到了德國農村的泥屋中了。農民階級納大量的賦稅，並且也是主要的血的貢獻者（譯者案：指當兵）；中產階級也荷負很重的擔負，但所有軍事的榮譽都沒有他們的份；作苦工最多者得榮譽最少，得榮譽最多者作工最少。區，市，人，所享受的免除賦稅，兵役，或其他的特權——這種「免除」在某一時尙有些理由，但現在沒有了——除了對於一般人的不公平之感覺更添波助勢之外沒有別的用處。此外還有一個不公平之點就是代替制度：富人的子弟可以用錢代替各種義務，而窮人的子弟則不能逃避。軍隊組織中的那一大堆老的特點均像神聖似的保存着——如拘泥禮節，軍官的峻嚴主義及殘忍；惟一奇怪的事是兵士們受着這樣的待遇與訓練竟不將他們的國家當作爲最可惡的仇敵。

在耶拿 (Jena) 戰爭之後第一個感覺以爲有些人們曾做下了大錯，但不久就明白過來原來是每個人均鑄了大錯。代人受過的人自然是找到了，並且他們是即在目前並且非常之多。全國普遍的要求是：第一步要懲罰那些不熱心的，無能力的，酣眼朦朧的，無精打采的，懦弱的官吏，他們有時尙未交鋒便放棄了重要的命令，礮壘，城市。許多人受了責辱；有些人被裁判去住監獄或受死刑；但有思想的人不久就看出來這個毛病的根基較深不是責辱或裁判所能解決的，於是有很多人搜尋這場禍患的原因，但在這些人中以石太因研究的最爲深透。由於這個研究使他去提倡種種辦法，打算去發展出來一種人民，一種不能夠再把他們當作像『不能發言，可以任意驅趕的家畜』的人民。

目前需要的是軍事改革：整個的軍事組織必須從新另造，並且要立刻就辦。爲實行這個改革石太因有位最好的可能的同志——沙恩荷斯特 (Scharnhorst)；並且在沙恩荷斯特的左右是一羣特別能幹而愛國的人，如格耐色瑙 (Gneisenau)

及柏茵（Boyen）及格樓爾曼（Grolmann）。

自羅馬的最好的時代以來現在的德國已到了最壞的時期，沙恩荷斯特像是專爲應付這個最壞的環境而生；他是一件神聖的禮物，如同在法國之可怕的困難時期的卡爾穩（Carnot），如同在我國（指美國——譯者）之黑暗時期的林肯，施坦吞（Stanton），格蘭特（Grant），佘爾曼(Sherman)之對於北方或李（Lee）將軍之對於南方一樣。他的眼光甚寬嗜好很簡單，很快的就能洞察要點，堅決，不腐化，並且最重要的是他對於國家之鞠躬盡瘁。他是農人的後代所以被他左右的一羣普通的官吏所輕視。更甚的是人們均認爲他是理論家；他的眞價值很少有人知道，——但在這少數瞭解他的人們中有一位是石太因。

對於他的再建新軍的計劃，他不僅是用了他的心智，而且還放進去他的赤心與靈魂。一個計劃挨着一個計劃他細心的推敲討論，他的計劃有：重建新軍，成立預備軍，發展民團；所有這些均遇着很大的困難，——如國王之遲疑不決，拿破崙之猜疑，國家之窮困，及有勢力的人因爲自私自利和恐懼改變而與老制度結合在一起的惰性。

沙恩荷斯特的整個制度的基本觀念是：每個公民份所當然的必須去保衞國家，「特免」必須減到很少，不許代替；國家可以在牠國土之內索求一切才智技能，據此，則每個青年均有當兵的責任；軍官與兵士之陞遷不是根據人情，家系，而是根據功績，勇敢，品行。訓練外國人爲兵士的制度已被放棄：僅僅在很短少的時機一個外國人方可被允許服兵役。沙恩荷斯特與石太因的計劃是：軍隊必須是爲整個國家而設的學校，——一個爲兵士與公民所設之學校。這個整個的軍事制度之種子在彼時已開始萌芽。同時入伍兵制，後防兵制，後備兵制（譯者案：後防兵 reserves 是在戰線後準備之兵立刻卽能向前線開發增援者；後備隊（Landwehr）是已服滿兵役規定之年限，平日除偶爾操演外並不入伍者。）及戰爭時之義勇軍（Landsturm），像在今日所存在的，在彼時均起始顯現了。

但是卽刻將這整個的意思施行出來是不可能的，因爲拿破崙的間諜到處皆是，德國稍稍表示一點恢復獨立與自由的渴望他立刻便注意到，其感覺之敏銳眞是無人能及。德國此這種運動是德意志求自由的感覺之一表現，是由西班牙之興起而惹起來的。拿破崙見到此點，乃强迫普魯士又訂一新約，即梯爾西特條約(Vertrag von Tilist)之一副約，在一些可恥辱的條件之外又加上一條限制普國陸軍在四萬五千人之內。

應付暴政的最好方法是用詭詐手段。所以老制度的許多外表都必預保存着用牠去遮隱眞像。現在普魯士所用的手段是：凡兵士經過澈底訓練之後就給他們假期令他們離開軍隊，又另招新兵以補其缺，這樣來則所有的普魯士的青年人都可經過軍隊的訓練了。每件事情都要設法避免法國間諜的鋒銳的眼光，好幾旅兵士去演習而將很健康的人留在營盤中或醫院中，到後來，在名義上軍隊的數目是四萬二千人，但在實際上沙恩荷斯特已竟訓練了並且鼓舞了十五萬人。

雖然如此，仍然因猜疑而遇到種種困難，這些猜疑不止是起於法國而也是起自普魯士人自己。神經過敏的人，無耐心的人，輕浮的人，不斷的難免有造成大災難的危險。自私與偏見也是很活躍的，個人及家庭反對新制度的影響力有時也是重大的。軍隊中例行公事的人們都憤怒的反對沙恩荷斯特，並且稱他爲『校長』(三二)以表示他們的對他輕視之深度。

國家的貧窮也是一個大的阻礙，在施雷仙 (Schlesien) 的砲隊，因爲拿破崙的巡撫們把他們的火藥給攜走了，以致有數月之久不能作有效的演習。有五年的光景，沙恩荷斯特一位最磊落而坦白的人，曾經拐灣抹角的，像一個被搜索的罪犯一般隱藏他的計劃與行動，直到國王受拿破崙的壓迫去侮辱他時爲止，實際上就是到他辭職時爲止。

但是這個偉大的工作在彼時是不能停頓的，並且對於這些起碼的工作，不僅是由於在來比錫 (Leipzig) 及幾年之後在滑鐵盧 (Waterloo) 所得到的光榮，均

(三二) 關於這場鬥爭的最有趣味及最有啓發性的細節，看 Treitschke, Deutsche Geschichte im 19. Jahrhundert, 第一冊，第二章。

要歸功於他們，就是在度浦爾（Düppel），沙道瓦（Sadowa）·聖·浦萊瓦特（St. Privat）及獅丹（Sedan）所得的榮譽亦應歸他們。沙恩荷斯特本着石太因的建議與鼓勵，就那樣的開始造他的軍事制度，此制度後來由毛奇（Moltke）與羅恩（Roon）將牠完成。

但是當於石太因很堅決的並且懷着滿腔希望站在他的偉大的同僚之旁給國家以希望，並且立下抗阻拿破崙的計劃時，他仍然將全身心用在市政制度及改組一般行政上面。他曾採取各種辦法去取消各種壟斷——磨的壟斷，磨石壟斷，屠戶，烤面包者，小販壟斷及許多別的樣子的新壟斷。並且也曾盡力之所能及把所有的阻止婦女參加各種商業及與她們合適的職業的擱阻物給連根拔除。他的主要的力量是用在行政改革上。這個在許多方面，是所有的工作中的最偉大的工作，然而他在職的時間太短竟不克將牠們完成。

普魯士的一般的行政與其餘的一樣已竟變成混亂的東西，有好幾個會議，議事廳，指導部，部，內閣，行政大臣，土地大臣，這個大半都是按照着已經腐敗的需要及觀念和按照着那些摊巧有機會坐上皇座的人們的胃口及其偶然的興致而工作着。一個有力的國王如非得利大王他做的事大半均用不着這些東西；一位貪樂縱慾的國王如非得利·維廉第二讓這些東西亂紛紛的蹇跡而行如負重物，中庸的國王如非得利·維廉第三在這個叢林之中竟不能看淸他的道路，他不知有別的辦法祇有依靠着一小班嬖人，並且對任何應決定之事均盡量遷延設法躲避。

地方行政其性質與此相同。從這些個東西之中石太因發展出來一些個比這個較好的制度。他不試着去突然間改變人民的性質，無論什麽東西只要其中含着有益的分子，他努力保存牠，並且特別的他想恢復一些非得利·維廉第一所介紹進來的東西，這些東西在非得利大王的影響下早已看不見了。

在他指導之下所起稿的上諭，是本着他的提議給整個的行政以最大的可能的力量與活力的，可是同時還與中央政府發生直接關係。這個計劃造的是很仔細而合乎邏輯；整個的說是很大的，在細點上是很準確的，牠將石太因的經驗均集合在一起了——他的熟悉人情，他的勇敢，他的謹愼均應用在這個計劃上。

在所有的這些中的第一步是產生一個國家諮議會。牠是由皇室，大臣，傑出的樞密院顧問官，已去職的大臣，司長，部長們之中選出來的合適的人們所組成；但是其中有一個改變比這些個遠較重要，這個改變在現在看是非常的簡單，但在彼時則幾乎像似不可能，——就是指派幾個大臣管理全國的幾種主要的行政。這幾個大臣主要的是屬於內政，財政，外交，軍事，司法；並且用另外幾個有經驗的官員組成一個內閣去決定各種重大及一般的事務——同時又與國王成立一個諒解，就是在內閣與國王之間不能有嬖人黨存在，這個在現在看來是天經地義，但在彼時則似乎是虛空怪想。自石太因時代以來現在又增添了好幾部，每部有一個領袖——如商務部，農務部，另外有一部專管教會，教育，醫務；但是石太因的簡單的制度，整個的說來，現在仍然存在着並且與他原計劃的是一樣。

因爲德國歷史與法國不同，同時石太因也不願德國陷於混亂所以他不願按着法國革命的例子去作。他讓地域的分界仍繼續存在。他任用合適的官吏，每官吏各有其職務，這些職務的執行均以國家之福利爲準，但是不能對新制度有所損害。地方制度的一般情形他也仔細的研究了，故一切改革均按着經驗與健全的見解而開始。石太因原本希望更深入到較下層的地方組織，但是他被逐出職位是太快了，未有時間去作。他的後繼的人們試着去作一些下層地方組織工作，但在某些方面作出毛病，但在別的方面又改進了些；不過以整體來看，石太因所發軔的工作是偉大而有實益，並且這個制度竟發展的使普魯士成爲世界上管理的最仔細且最公平合理的國家，——當然，其中也有缺點——如干涉與統治的太多，個人創造的機會太少。但是，畢竟其管理的是出奇的良好。在近代，如果將這個制度加以比較將要成爲一個對於專攻政治學的思想家最有趣味的研究題目，就是一方面似乎主張「最好的政府是管事最多的政府」，另一方面在理論上主張「最好的政府是管事最少的政府」。

石太因的目的想在整個的行政中保持統一，有生氣，和負責任。從他的信札及論文中可以看出，他將來要提議一種議會制度，具有兩院；在此兩院之中將較好的國家精神可以應用在一般的國事討論上，及應用在專制政體的開明的傾向之支持上。　上諭將他的計劃實行了。　所實行的是以他於一八〇八年最後幾個月所能夠發展的深度爲限。但是再想向遠處去發展便被一個災難所阻撓了。在這一整年之中，拿破崙努力的想從他的事業中的可怕的糾纏擺脫他自己。　直到此時，他所征服的東西已竟比較簡單容易。　奧國，普魯士，意大利均被置於他的脚下。　他現在正試行一種征服西班牙半島的政策。　在西班牙他一生事業中的第一個大愚蠢行爲開始了。　西班牙是愚昧，腐敗，爲僧侶所操縱，並且牠是由許多政府所組成的極不堅密的一個集團，像德國似的。　然而牠雖具有牠所有的缺點，但牠也是一個國家，並且牠所興起的反抗拿破崙的努力是反抗拿破崙革命的一個開端。　在西班牙中每個重要地方拿破崙的元帥們均被敗挫，而在貝倫(Baylen)又遇一場大辱，在他的歷史中這是第一次他的軍隊之一部被迫而投降。在這半島上的葡萄牙這方面，其人民受着英國的援助，他也遇到了同樣的頑强的抵抗。　這位皇帝的兄弟不能不從西班牙的王位上逃跑，到後來這位大戰勝者覺到他必須自己立在陣前去抵抗西班牙人民；雖然在某一期間他打倒了所有的反抗，但這個西班牙的革命給全歐洲一個新的觀念——這個觀念是：假如一國的人民如果能連合在一起畢竟能夠排除掉拿破崙的暴政。　這個思想在德國散佈的比任何地方都普遍深入。　而在這些最深受影響的人們中之一便是石太因。

在他的市政改革，行政改革，軍事改革工作的中間，石太因以全副力量用西班牙的例子去影響其國中的領袖人物。　特別是用信件，但後來竟有一信落在拿破崙手中。　無論是誰，無論其人的地位有多麽高如果觸怒了這位大戰勝者，眞是特別危險；但是石太因的危險到什麽地步，只有到最近才顯露出來。　因爲在最後十年中，世界曾得到關於拿破崙暴政，特別在德國，的一種揭示，這個可以使我們明白無韁轡的專制的意義是什麽及石太因挺身去反抗牠時所要遇的是什麽樣的危險。　在第二個法蘭西帝國時，有一個誇大的委員會被組成了，約在十九世紀中葉，受拿破崙的最小的弟弟捷老每王(King Jerome)之子拿破崙王子(Prince Napoleon) 所指導，這個委員會陸續刊佈其所謂的拿破崙信件全集。但不久就發現這個全集已經很謹慎的經過刪除，並且從那個時候起各門的研究者曾將那官家委員會所刪掉的信又都公佈於世。無限制的權力所產生的專制政體眞是可怕到極點。這位戰勝者曾經認爲凡對他的計劃或甚至對他的心願如有抗拒就是犯罪，其罪値得處死。全世界都知道他是如何的曾命令航吉航 (Duc d'Enghin) 在斯特拉斯堡 (Strassburg)受死刑，而他所犯的罪實在是無辜，並且拿氏是如何的命令女恩倍 (Nürnberg)地方的書商柏爾穆 (Palm)處死，祇是因爲他具有一本簡單而高貴的小册子；但是賴克斯特 (Lecestre)，布魯東尼 (Brotonne) 和別人所公佈的這些信件告訴我們「殘酷」已經變成爲拿破崙作事的有力原則。特別是在他倒楣以後。

從這些信中我們見出這位偉大的征服者他雖將他的手足們放在數國的王位上但是他對待他們就如同是他的僕從一般——公然輕視他們，對於他令他們去統治的人民所應盡的責任他是一點都不認識。他給他們的信件所用的詞句常常是自尊的人向其僕從所不屑用者。在這些信件之中也有向他的駐在德國的司令們所發的簡單的倉促間所寫的訓令，這些訓令簡直是命令他們去從事暗殺。這是一貫的老套，當於皇帝的間諜報告說某人討厭令人可慮，便立刻回來一道具有實效的將冒犯的人處死的命令。在德意志及西班牙鎗殺這個那個不遂他心願的愛國志士是數見不鮮。但是殘殺最高表現是他給糾偶 (Junot) 的一封快遞的文書，拿破崙向他寫道：無疑的這位將軍已竟將利斯邦 (Lissabon) 解除武裝了，那麼『鎗斃，大約，斃六十人罷』(三三)。

就是在這種心況之下，拿破崙讀到石太因的反對他的信件，他的盛怒立刻變

(三三) 拿破崙因受人之反對而發出造的信件的例子，可看 Lettres Inédites de Napoléon(An. viii—1815)，Paris,1897，並且特別是給 Junot 的信，第一三六頁。及 de Brotonne, Lettres Inédites de Napoléon, Paris, 1898。

成爲很憤惡毒了。　在起首是稍微的有點掩匿眞情，大概他是很想把他的犯人引到他的勢力可以擊到的距離。　在一八〇八年九月八日在 Moniteur 報所載的關於此事的佈告僅僅是藐視侮慢。　但是這是要對普魯士採取更嚴厲步驟的先聲。並且在三個月之後拿破崙從馬德里 (Madrid) 的營地發出勅令不僅將這位政治家置於德意志帝國禁令之下並且將他列在全歐洲犯法者之內。

這個勅令在一開端很輕藐的提到石太因的名字說『一個名喚石太因的人』，在這個勅令之後附帶着一個公告，這個公告說石太因所有的財產凡在德國及法國者一律充公，並且在結尾是一道命令『無論在何地，我軍或我們的同盟都可以逮捕他』。　此上諭在德國各地張貼，甚至在波蘭。　自從石太因的信第一次爲拿破崙所發現，石太因雖然一定已見出這個不可避免的結果但他仍冒險而作不顧一切危險。　他的心全置在關於行政改革的上諭上面，對於這個他以全力促成之，卒在十一月二十四日國王被他所勸誘而簽字了。　石太因遲延着不即去職以便向別的行政方面效力，直到他的家庭朋友都陷入全然的痛苦，敦勸他令他考慮自己的安全以及他將來仍可爲國服務時，乃在一八〇九年二月五日晚他坐着一輛雪車由普魯士出亡到柏門 (Böhmen) 的雪山中，並且三年之中日與窮匱，疾病，痛苦爲伍。　雖然仍繼續活動，但就世界一般而論，他是不再爲世所聞了。這個就像路德 (Luther) 在瓦特堡 (Wartburg) 所遭遇的一樣，其人格與影響完全被塗抹了。

石太因的逃亡對任何改革的事業均不算太早，這個簡單的事實是這樣，拿破崙認識石太因是個澈底瞭解他的政策的一個人；石太因知道那最末的細微之點，整個的經過，不僅是梯爾西特條約(Vertrag von Tilisit)就是拿破崙違反這個條約以及並非根據條約之保證而來的不分靑紅皂白的搶刼，他都知道。　自訂這個條約之後德國不得不忍受拿破崙這些行爲。　更有甚者，拿破崙看出石太因這個人，他的對德國的愛國心是不能克服的；石太因是一位看出拿破崙的征服制度中的可以進攻之點的人，當拿破崙在馬德里 (Madrid) 公佈反對他的敵人的佈告時必定也早已見到此點——石太因還有一種天才就是他能將自己的愛國精神注射在別人身上。就是因爲這個，拿破崙在起初曾敦促普魯士王任用他，因爲他有理財的本領與天才，可以發展國家富源以供給法國兵用，而現在又使石太因成爲一個犯人，並且一定的，假如他能捉住石太因必把他處死。

這與普通的犯法情形不同，並且帶來一種結果，這位戰勝者預先並未十分看得出來。這個使石太因在德意志人心中佔一堅固地位，一個由他的廣大的勢力都未曾得到的地位。這個使他由皇宮直到農民的茅屋均認爲他是全歐洲的領袖。這個使呆者憤，庸者辯。關於此點在每個好的歷史圖書館都可找到一個惹人注意的例子。在十九世紀的中葉，樞密顧問官波爾次 (Pertz) 博士，他以歷史的深刻研究而顯露頭角，他是柏林王廷圖書館的指導官，他曾將他著的『施太因的生平』公佈於世。那是七部八開本的書，印的很密，這個集子加賴爾 (Carlyle) 將要毀謗牠說牠是魔頭橋如塵（譯者按：Dryasdust 是一虛構的人名，言其 dry as dust，在此係指煩瑣無味的歷史家言）的手筆。但是牠雖然太瑣細並且幾乎精細過度，但是牠表露出一種良善的熱心。通過這整個的七部書，這位博學的樞密院顧問官很約束自己；但當他寫石太因的歷史寫到現在這時期時，立刻在這整個的大部著作中迸發出流暢動人的憤慨。當他將拿破崙的上諭寫出之後，此上諭是在馬德里 (Madrid) 營地所發佈的，這位歷務家曾發表如下的感想：——

『在艾府(Erfurt)，馬德堡(Magdeburg)及漢諾威(Hannover)法軍所駐在的各地點，人民讀到這個戰鬥宣言時都感到驚訝與憂愁，因爲由於這個宣言這位在瑪倫哥(Marengo)，烏爾木 (Ulm)，奧斯特列玆 (Austerlitz)，耶拿(Jena)，夫瑞得蘭 (Friedland) 及圖德拉(Tudela)的戰勝者，法國的，意大利的，荷蘭的，瑞士的，半個德國的，整個的西班牙的統治者從其無數的同代人中選拔出一個無保護的人並且毀罵此人是他的生死的仇敵。但是由於這種盲目的情緒而生出來的辦法是不能達到目的的，牠走到中途距達其目的尚遠之際便要返過頭來去反對那個出主意的人了。所以由於拿破崙的憤怒竟將他的仇敵們的主要的希望給揭示了出來。在當時，有無數的人是第一次讀到石太因的名字，但是這個犯罪的情形立刻給石太因的頭部周圍放上殉道者的光圈。在德國的各部分中，所有的渴望自由的人們現在已得到了一位活的有生氣的領導者。他立刻變成了一個人物，對於他就是遠在普魯士國境之外的受壓迫的人民也都把他們的希望與希求寄放在他的身上；並且，這個地球上的這位最强有力的人（指拿破崙——譯者）在六年之後從『名喚石太因者』這個人果然得到了對於永恆的正義應當敬畏的結果。這位歐洲的罪犯（指石太因——譯者）的思想是從敬畏正義而生，後來這位百日皇帝到底對牠屈服了』。（三四）

三

但是一個黑的帷幔遮住了這個報復的將來。地球上有權勢的，或法國人或德國人，認爲拿破崙的這個憤怒之爆發的上諭足以摧毀石太因的整個前途。但是拿破崙的盛怒倘不是石太因所不能避免的遭遇中的最壞的；更對他的精神有害的却是德國的廷臣和貴族的反對，特別的是在拿破崙政權下當官的人們。這些人將那最刻薄的字句無所顧忌的向石太因射放。在朝廷及政府中的官吏們罵石太因爲君主政體最壞的仇敵。這類罵法已成家常便飯了。拿破崙時時的根據那個認石太因爲犯人的上諭攻擊石太因說他是過激急進主義 (Jacobinism)，不僅在普魯士並且在整個的德國。在奧國的首都，因爲石太因抬高普魯士人民的較低的階級，更給這個攻擊增添了力量。他努力使人民要有國家意識，但他的這種意見竟有人認爲：其危險性之烈比拿破崙的最壞的苛虐尤有甚焉；一大羣有勢力的男女用全副力量在各方面設法阻撓他的努力，並且有的人將關於石太因的事情都報告給拿破崙。這個更幫助災難的蒞臨了。席雷 (Seely) 在他的『石

（三四）看 Pertz, Leben Steins, Vol. II pp. 319—320。這是一個很惹人注意的事實，Pertz 當於讀到拿破崙放逐石太因的佈告時是第一次聽到石太因的名字。

太因的生平』中很猶疑的去相信這種現象，但是任何人讀到波爾次（Pertz）與特雷持克（Treitschke）的書都要相信許多的石太因的德國仇敵能夠陷害他到什麽程度。

在這些人事的困難之中，他繼續不斷的圖謀樹立德意志反抗拿破崙暴政的方法，不僅這個，並且還舉行新的改革以加强民力以爲將來鬥爭之用。剛剛在他離職之前，他把他的意見作一總論呈給國王，這個在歷史上稱爲『石太因的政治約書』(Stein's Politisches Testament) 在這個總論中他清楚的說出他希望在整個的大廈之上加上一個立法的組織，並且用一個憲法來縛束這個結構。當他將農民由農奴改變成爲自由人，將城中住民由無關重要的人民一變而成公民，並且將整個的行政制度由一個破機構改到有力的活組織時，由此可很清楚的看出他的目的是想把老的普魯士專制政治變成有限君主，以一個全國之代表機關調和之，這個就像在普魯士四十年後一八三〇，一八四八年革命之後所成立的是一樣。

在當時那一期間，因爲拿破崙加給石太因這個不可饒恕的罪名，以致所有的這些個努力均化爲零：石太因所犯的罪是他檢查，並討論拿破崙制度中可攻擊之點，——亞克力士(Achilles)的脚跟。這是石太因，他，比別人都利害，在他給德國領袖人物的私人信中偵查並且揭示出來西班牙在一八〇八年起來反對拿破崙所含的意義，並且那是第一次給歐洲一種觀念，讓他們知道可以推倒拿破崙暴政的方法。爲應付石太因的這種行動，拿破崙絕不以爲僅僅將石太因逐出官位及威脅他的生命爲滿足，他的次一步驟是强迫普魯士訂一個新的條約，苛待德國北部人民比以先更爲悲痛惡劣。

在石太因出亡的期間，其實是在其全個的被逐於法律保護之外的期間，他不顧他家庭的毀壞，不顧命運是如何的威脅他，他依然如以往一樣，保持寧靜，深思，堅決。他認爲羣衆已預備好了去抵抗外國的侵略，並且人民急於獲求政治的獨立的信心毫未動搖。就在這種危機之中他寫道："人民之精神極爲煥發；對於眞正動人而且美麗（wahrhaft rührend und schön）的好動機，各階級的人都普遍具有一種自我犧牲的虔誠而欣然嚮往。"他在麥輪(Mähren)及柏門 (Böhmen)所過的三年，他把這段時光應用在最好的可能的宗旨上面：雖然沒大有喊大叫的活動，他仍然是那些要使他們國家能有一個較好的將來的人們所信任的指導者及顧問。 他的無形的愛國心的影響一直的增長。 拿破崙在一八〇九年與奧國的新戰爭現在很清楚的漸漸惹起來了。 設而石太因仍留任在柏林內閣之中，歐洲的歷史路程要迥不相同。 六年多的大規模的戰爭無數萬人的生命，都無疑的可以省下了；但是，雖然石太因留下許多好人並且忠實的在柏林內閣服務，然而他們沒有石太因的力量可以克服國王的致命的不果決，因此奧國只有依靠他自己的命運了。

當他陷於苦惱境地而德國與歐洲在拿破崙壓迫之下又顯然的沒有希望之時，真的，曾有一個短時間他也轉向消極。 有趣的是他在一八一一年對一位美國人寫過一封信說，"我是誠心誠意的對生命厭倦了，並且希望牠快快完結。 為了享受休息及獨立最好住在美洲，——在 Kentucky 或 Tennessee ；在那兒將能得到清美的天氣與土壤， 絢爛的河流， 和休息並且還有百年之久的安穩無憂，不用去顧及這一大羣日爾曼人——將 Kentucky的都城命名為佛蘭克府(Frankfurt)罷"。

但是這種情調像是僅僅一短時期就完了，並且不久他又回到他的愛國工作如以往一般，他永遠不急促，但也不停頓。 他與德國奧國最好的人物協力同作，——他仍是他們的最有影響力的領導者。

受他的例子所鼓勵的偉大的人物重新在普魯士許多方面建立基礎。 威廉・洪保德 (Wilhelm von Humboldt) 把整個的公共教育制度重新加以組織，將比先前好的教育賦以新的生命，把同時代的第一流思想家的最好的意見與他的工作結合在一起，並且以柏林大學為其極頂。 這個大學直到現在仍是世界上第一流的好大學。 菲希特 (Fichte) 發表他的忠告德意志國民書(三五) (Reden an die

(三五) 編者註：該文中有數篇已譯成中文刊登於二十九年北平中德學誌第二卷第二期，第三期，第四期。

Deutsche Nation）這個給整個的正在列隊而來的富有勇壯氣的青年一顆新的心。世萊瑪哈（Schleiermacher）宣講他的道理，他將那僅是普通的正教的皮殼棄置不顧，他所啓發的不是那些僅是或主要的以拯救他自己的靈魂爲目的的病態的懦夫而是願努力爲善以其善故——願意爲國而死的人們。阿倫（Arndt）寫時代之精神（Geist der Zeit），再版達十五次之多，及到較後一時期，他的偉大的歌德意志的祖國是什麼？（Was ist des Deutschen Vaterland）爲德國的統一與自由挑惹起一種熱情，其力量之難以抵抗爲希望作壓迫的人所從未見過。放流的亡命者石太因愈來愈成爲思想的中心了；"無論他到那兒，他都是首坐"他的在普魯士政府的著名的繼承者，哈敦伯（Hardenberg）祕密的到里森大山（Riesengebirge）去見他，他向哈敦伯建議，不久他的意見在憲法與財政方面的新改革上都具體實現了。天主教及基督新教徒的老宗教捐款曾吸收很多的財寶，現在强迫他們借出大款；這樣來把死的資本弄活了，並且商業與工業也由重稅中解放出來，這個重稅曾經毀壞所有的商業命脈。一種代議制度，地方的及一般的，也更愈來愈清楚的有實現的預兆了，並且因爲受了石太因的前例的激勵，哈敦伯甚至竟跳到石太因的計劃前面去了：普魯士全境凡他所能直接管轄的地方他努力將佃農變成爲土地的所有者。

在此期間，不幸的災難忽然而來。奧國雖未得到普魯士的幫助，但卻拼命抵抗拿破崙，並且後來不管其官吏是如何的蠢笨，懈惰，竟表現出一種在牠以先的戰事中從未見過的抵抗力量，特別以在梯洛爾（Tirol）所表現的爲尤甚。這種國家精神和西班牙曾給拿破崙以嚴重的打擊和德國第一次在亞斯破恩（Aspern）打敗拿破崙所表現的那種力量都是一類的。假設石太因在菲得利・維廉第三的身旁普魯士必要加入這場鬥爭；但是在普魯士王打定主意之前奧國在瓦格蘭（Wagram）已被壓服了，首相施塔第昂（Stadion）被迫辭職由頭號陰謀家梅特涅（Metternich）繼任，顯然的拿破崙的時代現已登峯造極。梅特涅將奧國皇室之一女嫁給拿破崙，歐洲由此便一同帶來了另一長串犧牲與愁苦；由於令人傷心的陰謀，政治的無道德及反動，竟使拿破崙多延續了三十年。

在這最黑暗的期間，石太因從未失心喪志，但在其心中卻造成一個大的改變——他愈來愈不是普魯士人而愈來愈甚的成爲德國人了。他不能向他國家的侵略者屈服，而在與國又不能安全，他乃又逃亡。

在歐洲大陸除了一國而外，所有的大國均落於拿破崙手中。俄國的亞力山大(Alexander)不管他是在訂梯爾西特條約時是如何的可羞但是當拿破崙試着去吸引他去作別的惡行惡事時他卻畏縮不前。拿破崙從來不許別人對他的計劃表示不同意，所以戰爭乃迫近兩强之前了。這事原是如此的，就像國王菲得利·維廉在普魯士崩潰之後去找石太因的幫助一樣，現在亞力山大皇帝也在一般人都認爲俄國的崩潰就要到時去找石太因的幫助。石太因由於個人的深思，慫恿他在那安安靜靜的呆着，去讓他自己被世人遺忘，等待較好的日子。他自己挺身去反對拿破崙誠然對於他那是危險的，甚至在俄國亦然。因爲當時的俄國是和現在一樣的貧窮，她的政策譎詐，她的官吏腐化，她的統治者懦弱。拿破崙是世界上所曾見過的一位最偉大的戰勝者，他在那個時機，帶着五十餘萬顯然無敵的軍隊跨過了國境，並且，假如石太因在俄國很活動的反對拿破崙則法國的勝利一定要把他送上斷頭台或者長期的逃亡。拿破崙如何的對待那些反對他的人——他曾有效的藐視過的人——可以由他給戰地軍法裁判處的命令中看出來；這些給他駐在德國各地的使者的命令其次數比以先更煩頻了：只要他能捉到石太因，他將要一定如何的對待他，可從這位皇帝給他大臣的信中看出。

但是石太因對這個視若無物。他立卽參加到亞力山大的總司令部並且這位皇帝立刻就給他關於財政或公共教育的很高的位置。但是石太因把這些個都謝絕了，他很坦白的宣稱他的主要的目標，是爲德國的利益而作。至於關於俄國的，他的使命是維持俄國皇帝的勇氣；關於德國的，他的特別的努力是挑撥俄國使用武力，這樣可以將拿破崙的軍隊與法國的連絡割斷。石太因就向這個方向努力，他與歐洲各地的愛國志士通信甚勤，比以往勤多了。他促進愛國心或壓制愛國心都視需要而定。他答覆詭辯者。他召阿倫特(Arndt)到他的身邊，鼓勵他寫出對於愛國心之呼籲的文字，這個將整個的德國人民的心都煽動起來了。

雖然如此，在整個的德國，在各朝廷中仍然有一大部分人雖然他們很怕拿破崙但是他們更恨石太因。石太因對於人民的呼籲對於這些個所謂的守舊黨仍然似乎是革命的。他們以為：石太因所作的事情一定要把生命與思想輸入給人民，固然，人民們在開頭要被引導着去反對新的法國侵略者；但是以後，人們或者一定要反對他們舊德國的壓迫者。持此種觀點人們中的首腦人物是奧國的老王和他最信任的大臣梅特涅。

在俄國對於石太因的反對是另一類，但是其嚴重性並不較弱。拿破崙的種種成功佈滿了宮廷。當於法國侵略俄國，俄國所犧牲的比拿破崙的兵所犧牲的少的也不太多，這個使俄國領袖們的家庭充滿愁慘。法國兵一往直前，勝一仗又一仗，並且後來竟打進莫斯科(Moskau)。那般主張不惜以任何代價以求和平的論調極端得勢。由皇太后及其他皇室所領導的那個主和黨更囂囂鼓噪。拿破崙早就預先見到自己的危險，並且知道亞力山大的猶豫性格，乃送給他一些富引誘性的通諜，用的是最富誘惑力的理論；並且獻出引誘之餌說：將這個已開化的世界由兩個皇帝平分罷。

為反抗這個壓迫，石太因堅守立場，並且比別人更可取的是他也使亞力山大堅決。他的儼然政治家之眼光早看出拿破崙的眞正的地位，並且他也使俄皇看清這個；他煽動起俄國的愛國者的勇氣，並且冷化同情法國者的熱心。他用全副力量不留餘地的反抗他國家的仇敵；此點雖然重要，但是他仍然是老德意志的剛毅的男爵——僅僅作個廷臣他是完全不肯的。他這樣的坦白，直截了當，無恐無懼，在俄國以往及由彼時以來尙未見過像他這個樣子的。在某一個機會，皇太后，亞力山大的母親，在朝臣們之前，從他竟得到一個教訓，直到現在仍是俄國歷史上奇事之一。在包羅丁(Borodin)戰爭之後，這位皇太后的熱心忽然發作，她在石太因的面前喊道："假如現在有一個法國兵能從德國邊境逃走，我將感到羞愧去承認我是德國的後裔"。　宮廷的記事官告訴我們，石太因的臉突然一紅一白，整步走向皇太后屹然立其前，大聲說道："陛下用這樣的口吻去說那樣偉大那樣眞質那樣勇敢的人民——你有良好命運生而屬於其族的那樣人民——你的這樣說法是太不公正了。　你應當說：'我感到羞辱，不是由於德國人民，乃是由於我自己的弟兄，堂兄弟，德國的王子們，設而他們曾經忠於職守，一個法國人都不能越過埃爾貝河(Elbe)，歐得河(Oder)，維希色河(Weichsel)'。"任何一個人如果熟悉恰恰在俄國宮廷所風行的拜贊廷（Byzantine）的溫順謙遜風尚就可以明瞭由這些坦白字句所引起在場者的驚惶失措是到什麼程度；但是，很幸運的，皇太后尚具有些由德國的較良觀念與訓練遺傳而來的好點，她答道："男爵閣下，你或者是對的。　我謝謝這個教訓"。

在這個期間，石太因的整個的行為及他最後這些年在職的整個生活，都是由於對壓迫他國家的人之憤恨所致，及深信拿破崙的事業是對於上帝之挑戰所致。因為拿氏違反上帝所以他的事業不能再繼續下去。　石太因很熟悉的注意到那些崇拜拿破崙的國家為他所出的犧牲是多麼大　。　對這種犧牲拿氏毫無登懼與惻惻。　當拿氏即位的時候他的臣民為抬舉他而死亡的數目竟超過二百萬人。　這種虔敬等於毀滅。　每年這位皇帝不斷的要犧牲二十萬人，並且這些人都是法國所能貢獻的最有精力最有希望的人。　這個，石太因看出來是不能長久的；並且他有一個深的自信，就是拿氏這種行為雖然能夠存在，牠也是反對上帝意旨的大罪惡，應予以懲罰(三六)。

在莫斯科大火之後，亞力山大拒絕與拿破崙進行任何商量，這個功勞無疑的要歸於石太因不能歸功於任何其他人；並且由於這個拒絕才把拿破崙毀了。　這

(三六)　關於石太因在地球上強者之前所作的那種大膽的言辭其他顯著的例子，可看Portz, vol. iv, pp. 152, 153。　關於在拿破崙帝國對法國死亡的生命的計算在 Alison, History of Europe 有很仔細的敘述。

位戰勝者信任亞力山大的柔弱，像他曾在梯爾西特（Tilsit）及別的地方所見到的，但是他未計算亞力山大被德國志士中最偉大的一位所鼓舞出來的堅決意志。(三·七)

現在遇到了所有問題中的最困難的問題——俄國將要作些什麼？這是極重要的一瞬——千載一時之轉機。在俄皇左右的口若懸河的外交家們以皇帝顧問官爲首，他主張俄皇應當倉促講和，應向拿破崙求恩乞憐，並且那樣作也可以用德意志及土耳其爲犧牲而能增加俄國領土。德國的危險即在目前——法皇與俄皇在梯爾西特老聯盟的危險又要恢復，這樣來去搶劫德國人及抹除德國愛國心，比以往更要有效力——事實上就是要使普魯士變爲波蘭第二。石太因比任何人出力均多設法躲開這個危險；他從俄國顧問官會議中將這個主要的陰謀趕走，他用一種意見去充實俄皇的幻想，即：不要作德國的搶匪而要作歐洲的救主。自從律希魯（Richelieu）使柔弱的路易十三（Louis XIII）成爲統一法國的英雄並且是反抗歐洲的奧國暴君的領袖以來，直到現在從未有政治家曾表現像石太因這樣的能力將一個大國的君王轉向他自己的高貴目標。他所遇的一些事情現在也幫助他。譬如石太因在普魯士的最壞的敵人約克（Yorck）將軍也轉變了；他本來是同着普魯士的同盟國援軍趁着莫斯科陷入災難的機會被拿破崙拖入到俄國的；但是他忽然不顧國王的公開的反對，竟甘爲大逆而冒死險，轉過身來去反抗拿破崙，並且有一時竟公然反對他自己的君王菲得利·維廉第三的形式上的命令。

石太因的勇敢並不下於約克。以科尼斯倍（Königsberg）爲中心，俄國曾征服了很大一塊地方，對於普魯士全都是很可珍貴的，石太因偕同一位俄國委

(三·七)　對於我們是很清楚的，即席雷教授（Professor Seeley）的Life of Stein雖是很可欽佩但是他寫這本書時爲學者的風度所限，以致他不能對於石太因在這個危難之期所給的影響作完全的鑑賞。他的論調說國民的公論使俄皇亞力山大（Emperor Alexander）堅決心增高。這種論調以熟悉俄國官場情形的人來看是顯然的理由不足。曾有兩次，爲公務而駐劄俄國，均正當其苦難之期，那種經驗告知我，直到目前在俄國的"公論"永遠是沙皇（Zar）的個人意見，假如這個沙皇配有一個意見的話；設而他沒有意見，所謂"公論"也不過是一些特殊有勢力的人或黨派的意見而已。在現在所提到的這個時期石太因是亞力山大的顧問會議中最有力量一位。

員，實際上就像是俄國總督一般，走進到普魯士邊境幾省去；不顧普魯士王的反對，因為普王在名義上是拿破崙的同盟者，他管理當地的人民，並鼓舞他們去反抗拿破崙。　並且比這個更甚的，是沒有國王的命令也不經國王的允許竟招集一個國會，這個國會可以向法國的壓迫者宣佈開戰，這種行為在當時的普魯士國中算是一種不可饒恕的罪過。

這種無法無天的大膽是漸漸生長的。　國王菲得利·維廉和他的衆官員們雖然因此而得到利益，但他們不能忘了這種越法行為。　石太因後來從普魯士得到了榮譽賞典，但是卻再不令他在普魯士政府服務了。　對於菲得利·維廉而言石太因像是德國人中最危險的人物。　對於拿破崙而言他當然是危險的了；因為這位皇帝從來不失機會去向他投射讒謗，去表示對他的恨怒，去稱他為過激急進主義的改革者，就是當拿破崙的權力達到最高峯時對於石太因也是如此。　他對於哈布斯堡帝系 (Habsburger) 及霍亨索倫帝系(Hohenzollern) 之危險就如同法國的過激急進黨人對於布爾邦帝系(Bourbons)之危險是一樣的。

於是其結果乃是當於德意志的君王們，大臣們，婦人們藉着石太因這位組織者的廣大才能而獲益而喜悅時，他們也不能忘掉他對德國人民所作的呼籲及他為提高這些人民地位的努力。　甚至就是國王與他的這位偉大的政治家在名義上又重新合作之後的那一期間，普王仍是設法不請石太因去赴宴會，並且當於這位老政治家在布累斯勞 (Breslau) 病臥在旅館中的頂樓中時，國王甚至連費點心思去打聽他的健康都不肯，連送給他一封溫婉的慰問函都不肯。

普俄兩國反抗拿破崙的最初幾次鬥爭在莫斯科崩潰之後其結果是成功是失敗尚不能定。　奧國與薩克森(Sachsen)袖手旁觀，盡力與拿破崙會商以犧牲俄國為要價還價之資料。　假如拿破崙肯放棄再建卡爾大帝(Karl der Grosse)帝國，奧國及其同盟國便給拿氏一些最可觀的代價。　由於萊興巴和條約 (Reichenbacher Konvention) 奧國與俄國同意，其實也是與普魯士同意，去提議使拿破崙為一帝國之首，此帝國比任何歐洲國家的大的多多，包括法蘭西，意大利，荷蘭，比利時及德意志在萊因的各王國與親王之封國，並且在此之外還許給拿氏有許多別的好處。但是拿破崙拒絕了。於是，現在不僅俄普就是奧國也轉過來反對他了。英國更作有效的援助。世界都討厭拿破崙的暴政，乃於一八一三年德國崛然而起與法國以外的歐洲三個大軍事帝國聯盟。石太因及其一同工作的人創造出一個德意志的人民，沙恩荷斯特 (Scharnhorst) 曾給這個人民以軍事訓練，阿倫特 (Arndt)，世萊瑪哈 (Schleiermacher)，菲希特 (Fichte)，賈恩 (Jahn) 及數百別的人，不，是幾千別人，曾鼓舞此人民各具努力鬥爭不勝便死的決心。拿破崙拒絕了奧國的很中平的條款乃用新兵侵犯德國，在起首頗爲成功，但是這個復興的德國是努力的反抗他。於是在來比錫 (Leipzig) "數國大戰" 打了起來，由此便要將打倒拿破崙這件事結束了。

爲了達到打倒拿破崙這個目標而去將歐洲連成一氣，石太因不能不作出大的犧牲。他曾力勸德國徵集國民軍；但是奧國不聽從他。因爲這裏仍有一個舊的恐懼在盤據着，就是：人民一旦被徵集起來去反抗法國皇帝，他們將要學得他們的力量，以後便要再起而去反抗奧國皇帝了。因此石太因的顧問官們，正當於他們極端有價值的瞬間，便被取消了；並且石太因不得不眼睜睜的看着領導權落於像梅特涅那一類人物的手中。

但是當於聯盟不給他能使他聽取他的顧問官的建議的位置之時，他們乃不得不給他一個行政上的位置，這個位置比歐洲任何其他大臣都重要。他們創立一個大的中央委員會管理普奧以外的德國各省。並且只要由拿破崙手中將地方收回便急快恢復秩序及組成良好政府。他們位置石太因爲此會之首領。現在他的行政工作是太龐大了。他甚至被人起個外號叫他爲"德國皇帝"；真的，有些人很鄭重的提議說恢復德意志帝國以他爲永久的領袖。他被聘請，不僅去治理歐洲中部及所征服的法國地方，並且去重新組織這些領土；去把牠分成爲易於管理的省分；去任命治理者及顧問；去爲聯盟各邦從這些地方吸收錢款及軍隊；並且在其餘的萬事之中還要照顧那些傷兵，這些傷兵都是從現在繼續不斷的各門爭中來的。　在來比錫戰爭之後其中有三萬四千傷兵由石太因負責照顧。

在位的王子們常在他的前廳等候着他，但是這位倔强的老男爵對待他們很少禮貌：對於他們大多數他從不能隱藏他的輕視，並且一般的看來，他對他們的待遇很像畢士麥（Bismarck）於五十年後在凡爾塞（Versailles）對待他們的後人是一個樣子。　在石太因的時代德意志的幼小的王子們喜歡奢侈而不顧榮譽；他們曾表示過他們已準備好了去仰奉拿破崙或者那些與拿氏同盟的國家，因為如此作才可以得到他們的安樂與利益。　而石太因的大丈夫氣的威嚴却浸透了他的整個思想，對大事如此，對小事亦如此。　一位具有領土管轄權的大人物威瑪大公（Grossherzog von Weimar）其爵位僅次於國王，在一個石太因蒞臨的賓客集會上，這位大公試着去作一種鄙陋的玩笑，石太因以莊嚴及坦率的態度叱責他。所有到會的人都被石氏的大膽所驚嚇，但是這位威瑪的"閣下"（譯者案：his High Transparency 等於德國的 Durchlaucht 是一種詼諧而諷刺的頭銜）由此乃不得不改變他的作風了。　另有一回，一位地位崇高的人物因為處理政府的事務舞弊，石太因就要將他下獄。　但他竟由國王得到了赦書，乃去見石太因去呈示他的赦書，石太因竟舉起手杖將他趕出去。　在柏林的一個宴會上，一位大貴族也在座，此人之名設而宣佈則為卑鄙所污故姑隱其名，石太因一見有此人在座不顧所有的規勸，離開了這所邸第，他聲言他永遠不能同着那樣的東西在一屋中同坐。

在奧國與普國之外，他的"皇帝"外號在那個時期確是實在的情形一種表現。新危險起來了。　拿破崙的繼承者是奧國皇帝之外孫，並且在許多時候奧國都表示願意保存拿破崙在法國的統制權，但是以限制她在她的天然邊界之內為準，在當時就是指萊因河而言。　但是石太因雖然不是當時似乎有決定政策權的中央會議之議員，然而他的影響繼續的使亞力山大反對奧國的這種意見。　當於巴黎最後為聯軍攻下時，假如說使這種勝利之實現任何人的功勞均不及石太因，這種話並非誇大。　然而在彼時，任何大人物都沒有像石太因所得的稱譽那樣的少；三位皇帝，梅特涅，塔雷蘭(Talleyrand)的名字所受的頌歌讚詞充滿了歐洲；而這位剛毅的政治家，他的品格勞績遠遠的高出別人，反而漠漠無聞。

以後，自然，當於有思想的人及公平的歷史家，回想起那個偉大時代的事蹟時，要起始對他有公平的酬報的。近代最偉大的法官將要用慎重考量過的字句宣佈："在一八一二——一八一三年，以英勇的決心帶着勝利的俄軍從邊界打向西方將俄軍與無連絡的德國人民及返老還童的普魯士軍隊聯合在一起，推動牠一齊向西方進攻，並且由於這些人及同盟軍將拿破崙打的節節敗退，一直趕出德國，這是一件天才的工作：此天才帶着亞力山大的遠征軍從西伯利亞的邊界打到Montmartre山者，其人非他乃係天才石太因男爵是也。對於歷史而言，這已為人所週知不再是什麼秘密了。由此，他乃達到了他歷史的使命的絕頂。"(三八)

在拿破崙退位之後，跟着有維也納會議，(Wiener Kongress)在該會議上石太因將他的全力均用在求德國的統一上及為普魯士得一個合適的地位。這個自然為梅特涅，塔雷蘭及所有那一類的政治家所反對。當拿破崙由埃爾巴(Elba)島回來時，石太因的意見在那些將拿破崙拘禁起來的人們中很為重要，並且最後將拿氏的事業給完結了。在維也納會議的整個期間，石太因盡其力之所能作到的是要將德國的實質的統一置於一個憲法之上；他將要恢復德意志帝國，將要引用思慮週密的議會，並且要向這些個幼芽之中注入一種與老"德意志族的神聖羅馬帝國"大不相同的東西。這個帝國在拿破崙將牠壽終正寢之前實在是早已等於虛設。但是梅特涅的地位是太穩固了，並且奧國對於德意志諸小邦的影響勢不可遏：聯邦是被創出了，但這個聯邦被政治的卑污拉扯了數年之久直到畢士麥方告完結。石太因也試着將埃爾薩斯(Elsass)羅丁根(Lothringen)復歸給德國，但他失敗了。這志願，在半世紀之後，由畢士麥用了數萬可寶貴的德國生命的代價方得實現。

法國的暴君到後來是被逐出德國了，然而石太因也不再被在位者所聽信了。

(三八) 看 Gneist: Die Denkschriften des Freihern vom Stein.。

他乃由政治退休，——他對於所留下的偉大的工作未能作完深爲抱憾，但對已作的偉大工作尚覺歆欣；他清清楚楚的見到從反對勢力而來的惡魔，就要接踵而至，但是有一信念尚可使他安心，就是他認爲較優良的顧問官們到後來是將要佔勢力的。直到他生命的結尾，他繼續的保持那同樣的獨立與無畏，這點使沙恩荷斯特說：石太因和布綠歇（Blücher）是他從來所遇見的唯一的兩位不懼怕任何人的人。固然，普魯士曾獻給他一個高的位置，請他爲普魯士到佛蘭克府（Frankfurt）立法議會的代表；但他的强的良知阻止他去接受這個位置：他見到反動勢力正佔上風，及由於奧國對於普魯士的嫉妬，在那個時候不能有較大的進步可作。去回想這個是很足以啓人深思的，就是石太因所拒絕的這個位置，畢士麥竟由牠而向世界表現出其眞實的才力，並且最後，爲新的德意志帝國去索還埃爾薩斯，羅丁根兩省，這兩省也是石太因曾想給老帝國要收回的。

另外有人向這位老政治家也要供獻一個位置，這個看着像似出乎人意料之外。這個或者是他的品格與能力的最大的證據，因爲這個位置比在佛蘭克府的德國的議會當議長絲毫不次；並且這個是由於世界全人類當中的那位曾爲德國最討厭的敵人梅特涅來的。當然用不着說，石太因謝絕了，像他謝絕各種其他的從他不信任的方面來的榮擧一樣。（三九）

一直到他的末日，他仍是以一貫的決心憎恨那些思想卑鄙與不愛國的人，而與那些他所認爲眞誠及有智慧的愛國者作經久不變的朋友。他的宅第距其祖先的已頹蕪的堡壘很近，此老宅第現在仍然存在。並且這個宅第的最有趣味的形色是牠有一個塔樓，他將這個塔樓加到這所宅子上作爲他所助成的使公理與正義獲得偉大勝利的紀念物；並且把牠當爲一個爲了德國自由而戰爭的那些曾在他身邊一同工作的人的肖像和別的紀念品的收藏所。

作者曾訪過兩所宅子，這宅子都顯示出一個培植公理與正義的眞誠的愛國者

（三九）關於梅特涅(Metternich)所進獻的位置，看 Seely, vol. ii, pp. 400, 410，從牠還可找到一封梅特涅給 Von Gagern 最古怪的信，這信是在施太因逝世後寫的其中對施太因的功績有極顯著的推崇。

就是當他很明顯的將一切權利均被褫奪了時他所完成的是些什麼工作。這兩所宅子的第一所在那騷 (Nassau) 是石太因的。在他的晚年由這所宅子發出他給戛哥爾恩 (Von Gagern) 和別人的信，這些人都是正在領導德國國內爲正義而作的各種奮鬥。另一所在門提賽羅 (Monticello)，由此處哲發孫(Thomas Jefferson) 當他解職之後許多年他發出給馬迪孫 (James Madison)和別人的信，這些信在美國國內對於正義有甚大的幫助。

這裏很有些事情足以刺激石太因作這些最後的努力。普魯士的國王非得利·維廉第三在他的困難時期，曾經給過莊嚴的諾言去建立一個立憲政府；但是當於和平及繁榮恢復了時，反動開始了時，國王的顧問把他與遁詞詭辯纏捼在一起時，乃引着他在實際上將諾言破壞了。石太因不斷的且熱心的寫信反對這種食言行爲。寇次布(Kotzebue)被商德 (Sand) 所暗殺更助長了反動。一般的暗殺所生的影響大概都是如此。但是石太因仍然保持中平與前進的態度，仍然催促人們爲普魯士立一憲法及有一代議制度。最低限度也要起始在德國有些自由的組織。誠然他不是現代義意下的維新家。並且在當時他所要求的憲法也是專制的和屬於貴族政治的：不過在其中卻置有多數人民代表，並且由這些種芽一定要發展出來一個比現在寬闊得多的自治政府。他不是"傻的改革家"，他知道如何去估計圍繞着他的事實及可能性。他不希望種樹當天就結菓；種一棵好樹將來一定能生良菓那對於他已算是足够了。

事實對他已甚明白，在彼時他的顧問們是不能爲國王所繼續採用，於是在他晚年乃回頭去作歷史研究。但是他覺得不能够得到重要的史料，於是乃想起一種意見，想建立一個會社去保存德國過去的史料，去爲歷史拯救這些史料。並爲免去這些材料的湮沒，乃將牠們出版以爲保存。這樣的，在石太因死的前數年，德國學者們已起始作這個工作了。像出版德意志史料彙編 (Monumenta Germaniae) 這樣極偉大的歷史工作爲任何國家均未曾作過；對於這個他捐一筆款，照着他的中平的財運來看他所捐的數目算是很大了。從一八一九年直到今

日這個大工作仍繼續進行；這個不僅對於學者的研究有幫助，並且對德國之愛國心亦有大用。(四〇)

德國的或普魯士的會議均希望他去作領袖，但他均謝絕不去。因爲他看到當時握政權的人對於會議所加的限制太多，所以他也不想去。但他常常被請求作一些重要的報告及有力的忠告。他反對集權的分部政治，所以這位老政治家爲了省憲法及行政問題還向皇太子，即後來的普魯士王菲得利·威廉第四，發表一篇很可敬慕的言論。他的住處與朝廷及當時的顯貴們距離很遠，但是就是在這質樸的住所中他也從未停止效忠國家。並且在他最後幾年在維斯特法輪各邦中對於事務的考核方面他也佔一有用的地位。

他的宗教簡單而有大丈夫氣概。誠如爲他作傳的那位卓越的英國人所說的「對於將來無畏縮，無恐怖，無戒懼。與罪惡有關之事從未作過。」他是位信心極篤的基督教徒，並且認爲假如他的靈魂值得拯救，則祂將要被救。在一八三一年六月二十九日他死了——據他一生的事蹟看來，死了一位偉大的直誠的基督教人。不是普通所說的博愛家，不是愛國家，不屬於任何一時情感衝動的舉旗吶喊的人，而是一位頭腦清楚，心志堅決，建樹公理的工人。其所以建樹公理與正義者，蓋以此二者爲國家偉大之基礎故也。

他給德國及人類所留的遺物是他的工作成績。然而更會我們懷念不已的是他的品格。他的品格比他的工作成績尤足感人。其力量之大不能形容祇有意會，並且在事實上所表現的是那樣的安靜那樣的明顯。此等品格的價值除了我們的華盛頓具有之外，其他人是很少看到的。這位偉大的法官（即指上段給石太因作傳的英人言——譯者）用有分寸的詞句曾向我們指明：將拿破崙這個討厭的東西趕出歐洲，石太因的功勞比任何德國人都大，並且實在的比任何人都大。關於石太因他曾說："他的最大的功績是行政的改革，這個改革是發動於他的高

(四〇) 關於 Monumenta Germaniae 對於傑出的歷史家的訓練，其價值可看 Paulsen : Die Deutschen Universitäten, pp. 67, 70. 該書對於此點曾作詳盡而有趣的敘述。

尙的品格，及他的合乎道德的，純潔的，不自私的，有經驗的，有力量的信心。因爲有這個信心所以他敢於去反對各省的貴族及那一大羣廷臣。在耶拿大戰之前，甚至菲得利·維廉第三都接受了石太因的意見。他之所以能堅信這些意見及這些意見之能被實行出來都是因爲他相信石太因。而哈敦伯便不能够使國王生出這樣的信任心”。(四一)

因爲石太因有良好的品格，所以俄國的專制君主也願信任他。信任他以去抵抗拿破崙整個的强權與誘惑。歐洲的領袖們，雖然不信石太因對於民權的信仰，但是他們卻尊敬石太因的品格，所以他們終究還是聯合起來反抗歐洲的暴君（拿破崙——譯者）。創造新德國這種意見，當歸功於這位安靜的，有强力的，忠實的，固執的，自尊的政治家。他的功勞比別人均大。他之所以能够如此，也是由於他的偉大的品格所致。他的品格是屬於人類編年史上所能够表現的種種好品格中的最偉大的一種。

這位老國僕葬在距他名之所自得的岩石很近的地方。在他的墓上有一碑銘，如下：——

亨利·菲得利·卡爾·男爵·封· 石太因，

生於一七五七年十月二十七日，

死於一八三一年六月二十九日，

長眠於此：

爲其武士族中最末一人，該族統治

朗河之畔達七百年紀；

在上帝前謙虛，在人前心腸高貴，

爲不誠不公之敵，

富貞誠榮譽，

(四一) 看前面所提到的 Gneist 的書第十六頁。

不因流放逃亡動搖，

爲祖國屈服期中不屈服之子，

爲求德國自由而參加戰役得勝利之

兵　士。

"我懷一願望逝去

並將同基督一起。"(四二)

大約在四十年之後，石太因的意見終於起了作用，普魯士王現在成了統一的德意志帝國的皇帝，在他蒞臨之下給這位偉大的政治家的影像行揭幕禮；並且在像的基座上，在石太因名字的上邊有一句人人皆知的雙關語，這句話早就成爲流行的諺語了："Des Guten Grundstein; des Bösen Eckstein; der Deutschen Edelstein（良善之基石；歹惡之阻石；德國之寶石）。"

後來，在普魯士的首都，命運註定牠變成爲德意志帝國首都的地方，也對他作了些相當的榮耀。在普魯士立法院之宏壯的建築之前，聳立着一個銅的，高貴的紀念品，這個或者是出自德國現代最偉大的彫刻家之手。該銅像表現石太因到極致——衝着從任何方面吹來的風，他都堅決，方正。在他的周圍是一些巨大的影像，象徵他的美德，這些都是他所召來抬舉他的國家的。在基石的周圍刻着許多連貫的最偉大的景象，這景象是表示他的生平，表示他是如何的出力去拯救普魯士的德意志的及歐洲的文化。

以上這兩個紀念像都是菲得利·維廉第三的兒子菲得利·維廉第四及維廉第一立的。除此二者之外，這位忘恩負義的國王的孫子也給石太因立個石像。這個可以說是石氏的最後的紀念物了。當菲得利·維廉第三之孫維廉第二爲普魯士國王及德意志皇帝時，他在柏林的勝利街(Siegesallee)列一長串影像代表過

(四二) 現在的作者曾用以上字句替代席雷(Seely)的譯文，此係在當場記錄下者，似乎有些細點更較正確。

去千年中曾統治其領土的歷代王子——共三十六人。在這些君王的每人的身旁都有些巨大的大理石的半身像。這些像都是對於國家之富强出力最多的人——在維廉第三的像旁邊僅有這位偉大政治家的半身像，這位政治家是維廉第三負恩最多而報答最少的。

但是比大理石與銅的紀念較好的，比最前進的德國演說家們所驕傲去發表的頌詞更好的乃是有思想的德國人無論何時提到石太因的名字時永遠在心中所立之紀念物及常常在唇邊所道及的頌詞。

以時間來論，從宗教改革以來他是德國三大偉人中的第二位。此三人中的第一位是陶瑪秀士（Thomasius），他主要的事業是一位出版家，所以與其餘這二位無法作比較，他的工作範圍及方法均與他們的不相同。如果將較後這兩人作一比較，世界上一般的人無疑的均要將第一席判給畢士麥。以整個事業看，畢氏的工作更比較驚人，他所得的勝利給人的印像也較深。但在另一方面看，必須說畢士麥所恃以成功的元素：如——國王維廉第一，不顧一切陰謀與反對，由始至終都堅決的與畢士麥佔在一條線上；如——毛奇(Moltke)，他是自拿破崙以來的最偉大的軍人；如——羅恩（Roon），他是最偉大的軍事組織家；如——最完備的大量軍隊；如——一種德國的可驚的覺悟，這種覺悟與石太因曾經費無限力量所鼓舞起來的是一樣的。以上都是石太因所缺少的，都是普魯士爲爭自由而反抗拿破崙時所缺少的；但是畢士麥卻可自由運用這些力量。

況且石太因所作的工作更較深遠，方面更多，於應付各式各樣的人及情勢更費精力。如把這些事實一一陳列則足可以與畢士麥的那些寬廣的，印象極深的勝利相平衡了。畢氏的工作有時其遠見其力量幾乎是不可思議的，但是像石太因從已被踐踏的農奴中創出自尊的人，從被人看不起的市民中創出自尊的公民，並且將議會制度貢獻給國家的各方面，這些點都是伸入現代政治學之中心的工作。像此等富於哲學的，深刻的洞鑑力是畢士麥所沒有的。在這方面他比畢士麥强多了。在歐洲人之中，在思想之深遠及目光之廣闊方面，以現代的社的觀點而論，惟杜格（Turgot）與加富爾（Cavour）二人差堪與石太因相比擬。

況且，這兩位現代的德國偉人之品性更有顯著的不同。二人均易怒，甚至專權；二人均幽默，機警，具誘惑力；但是以勇往直前，坦直，尊重公權而論，畢士麥是不能與石太因相比的。並且石太因所表現的可驚異的行政能力，如：在同盟國聯軍後方所作的去組織獲得的領土工作，及先在德國後在全法國收集軍隊，徵集錢款，調養傷兵，調停各元首間的令人煩惱的問題，這一切行政方面都證明他的才幹可與愷撒（Caesar）及拿破崙相等。而畢士麥卻未表現過這種能力。況且最遺憾而必須直述的是畢士麥的晚年，以偉人而論，是決然的不如石太因有價值。石太因安安靜靜的住於朗河之畔的祖宅中，在各方面都盡力的，沈着的，去促進普魯士及德意志的發展。他莊嚴，深思，被人所忽視但欣然接受毫無報怨。以上這些點，必須說石太因似乎比畢士麥矜重多了。畢士麥在退休之後曾表現出他的性格之缺點。但是那些景仰他的人們喜歡在這些缺點之上遮上一個面幕，以使真像隱蔽。

因爲畢士麥的工作範圍寬遠且常變換，因爲他彰明卓著的創生出一個新德意志帝國，因爲他的果敢的帶戲劇性的性格，所以在一般人心中將要長期稱揚讚美他，說他是一個比石太因更偉大的政治家；但是有思想的人，則不能不在畢士麥的身旁給他一個並列的位置，——以對德國人民之功績論，二人相等，以對人類之功績論，石太因比畢士麥卓越。

石太因男爵略傳(一)

Biographie von H.F.K. Freiherr vom Stein

史得恩 (Afred Stern) 著

楊丙辰節譯

亨利·菲得利·卡爾·封·石太因男爵(Heinrich Friedrich Karl Freiherr vom Stein)，於一千七百五十七年十月二十六日生於德國之納騷 (Nassau) 城，於一千八百三十一年六月二十九日，卒於維斯特法輪 (Westfalen) 省之可本倍 (Cappenberg)城。他出身於萊因佛郎梨(Rheinfranken) 地方的一個貴族家庭。他的父親，爲邁恩茲之選帝公爵國之樞密顧問官 (Kurmainzischer Geheimrat)，名：卡爾·菲力普·封·石太因男爵(Karl Philipp Freiherr vom Stein)，係一心性堅定正直，而富有毅力的人物。他的母親，名：亨利特·嘉羅麗乃(Henriette Karoline)，爲朗偉爾德·封·西麥恩 (Langwerth v. Simmern) 爵爺之女，初嫁封，呂復氏 (v. Löw) 呂復氏歿後，始轉嫁亨·菲·卡·封·石太因之父，係一位美好賢慧之婦女，而心腸虔誠熱烈，更具有經濟之眼光，處理家政之精力。這夫婦二人，生有七子女，無一夭折，俱皆歿於父母之後，七子女中四子爲男兒，而我們在這兒所敍述的這位石太因氏，便是四子中之最年幼者，此外就是女兒三人。三位女兒中，約哈納·路易絲(Johanna Louise) 以及最年幼的瑪麗亞乃 (Marianne) 二位姊妹是與她們這位兄長特別靠近的。約哈納·路易絲對於青年的，後來成了普魯士國(Preussen) 大政治家的哈敦伯 (Hardenberg) 短時間作有印象的，後此與薩克森國樞密顧問官封·維特恩 (von Werthern) 氏結婚，

(一)編者註：本文係自 Allgemeine Deutsche Biographie (Leipzig,1893 出版) 第三十五冊，六一四至六四〇頁譯出，其中有與前文雷同之處及瑣細無關緊要處編者已爲爲删去。至關於石太因詳傳可參看原文並可參閱載於 Die Grossen Deutschen, Neue Deutsche Biographie (Berlin, 1935—1937 出版) 第二冊四六四至四七五頁中 Hermann Ullmann 所著之石太因傳，及最近在柏林由Erich Botzenhart所出版之石太因全集，集名爲：Freiherr vom Stein, Briefwechsel, Denkschriften und Aufzeichnungen.

但其結合，却不順適，瑪麗亞乃，入修道院充女修士，後昇至瓦賚斯坦女修道院之院長（Äbtissin des Stiftes Wallerstein）。石太因氏之家庭，素來崇尙愛國心與家庭榮譽之思想，這是那些日耳曼大統一帝國騎士階級之優良後人們之所特別具有的。石太因底心性裏，爲這宗思想之所充塞，他的身體，爲鄉間的生活之所鍛鍊，並且在受教育，以及自行閱讀書册時，尤其爲歷史之所吸引，他於一千七百七十三年秋日攜帶他的管事的到格廷恩（Göttingen）城內入大學受高等教育。依照他父母底心願，他研究法學，但是他也更對於統計學，國民經濟學，以及歷史下了一番苦心，而對於英國民族底歷史，尤其加以精研，並且在同與他有一樣心思的青年人們，譬如說同後來俱皆成了名人的賚白（Rehberg）氏與布郎德斯（Brandes）氏的交往中，曾有過許多啓發推動的時間。在一千七百八十六年十月間，他被升任爲高級礦山事務官。與他這職務有關的一件事情，就是他隨同他的朋友雷登伯爵（Graf Reden）自一千七百八十六年十一月至一千七百八十七年八月到英國去「作一次礦物學與技術學之旅行」。他這一次旅行，親身認識了號稱自治政體（Selfgovernment）典型國之英國，這決無可疑地對於他的思想方式發生一種價値無窮的普通影響的。他自英國返回之後，很疾速地就被任命爲可雷威（Cleve）與哈穆（Hamm）二城的軍務局與土地森林局之第二局長。而於一千七百八十八年七月間又升爲第一局長了。在這個局長底任上，他尋到了機會，在愈加擴大的活動範圍內以一位頭腦明瞭清新的官吏底身分，從事於種種工作，種種改革。他在這個職責上的行動，是樹立模範的，像法國名臣圖格（Turgot）以長官身分統治黎木森（Limousin）時的善政一樣。他在這兒所作與他特別有光彩的事件，譬如說，就是開鑿魯耳河使其得以能航行船隻，此外就是建修國道，而不向民間強徵夫役，限制消耗稅之徵收，解放國內之交通與營業，予人民方面以極大之便利。

當在當時法國革命之反擊，撲到他的面前來時，他正是處在了這一種優良的，福惠人民的動作之中的。石太因因爲法國這個革命能危及德國的和平，所以就不得不把牠看作是一種有害的權威了。自他的長兄方面他得到了關於邁恩茲(Mainz)城向法國方面交出的消息（係一七九二年之事）。他同他的長兄和大元帥瓦爾穆敦伯爵(Feldmarschall Graf Wallmoden)作種種按排布置，以便力掣法軍前進之銳鋒。他向黑森國之各地方伯爵(Landgrafen von Hessen)施以鼓勵，並且投入普魯士國王底大本營之中，隨軍効勞，於是便親眼瞧見了佛蘭克府(Frankfurt)城之克復。他的工作，是給普魯士國的軍隊辦理給養。這個工作，他於一千七百九十三年仍繼續着作了下去，並且因在軍營中的這次逗遛，而尤其因目覩圍攻與攻下邁恩茲城之戰役，於是對於戰爭之事項，遂又獲得活躍之概念。他的照例的公務活動，直至這時，尚未受到任何影響。甚至他這活動，因一千七百九十三年他升任哈穆與可雷威二城內軍務局與土地森林局之總裁的原因，遂更又有所增加與擴充。在這同一的一年裏，他迎娶女伯爵維廉密乃·封·瓦爾穆敦女士(Gräfin Wilhelmine v. Wallmoden)爲妻室。這位女子底優良性質，是他當時愈久愈覺得可珍視的。瓦爾穆敦女士，給他生有三女，三女中有一女夭折。由荷蘭方面侵入德境之法軍之前進，使他不得不於一千七百九十四年離開可雷威城，在這兒，他是已經建立了他的家庭的。他把他的夫人送至漢諾威(Hannover)城內他的親戚處，因爲他覺得這個地方更爲安全，而他獨自一人轉赴維賽路(Wesel)城。他這時又從事於盡力設法減輕敵人侵略上之禍害，並且還爲咩侖多福將軍(Möllendorff)指揮下之普魯士軍隊備辦軍用物資，因此巴賽爾(Basel)和平條約一經締結之後，他就完完全全向內政的工作上返了回來，照舊作起內政工作來了。

在多次的行途上，尤其是在赴漢諾威的行途上，他竟得以拜識了偉大的同他同時代的人物們，例如說：名將沙恩荷斯特(Scharnhorst)，以及敏斯德(Münster)氏，並同他們發生了個人方面的關係。這些人們之中，他對於任何一個，都留有一個有天才，而火烈熱誠的人底印象。貫澈他整個性靈的那神聖的嚴肅鄭重，令人們原諒他有些過於剛正無私，而決不通融的情形。譬如說，愛國志士路得徵禧．封．文克氏 (Ludwig v. Vincke) 雖然同他有種種相磨擦之處，但是他却把他這位上司底充分價值認識了出來，因爲他批評石太因說：「他是一位至爲優良的人物，作部長或許較比作省長還更爲合適的。」

他這一種批評式的預言，尚未實現之前，石太因就受國家底任命，充當改組當時歸爲普魯士國國有的兩個修道院轄區敏斯德(Münster)與巴德榜(Paderborn)的人員了。 這兩個修道院轄區係屬向普魯士國爲其在萊因河左岸所受損失之賠償物中之一部，不過他這次的這個任務，却是至爲難辦理的一個任務。 他於一千八百零二年九月底到達敏斯德城內，在這兒他駐紮在教堂大主教樓殿之一翼中。 在此時期裏，軍事總督封．布綠歇 (v. Blücher) 將軍，又佔據這座大樓的其它一翼。 這二位忠勇的人物，居住在一個房頂之下，彼此相處甚得，甚能相了解。 爲辦理引渡上述兩座大教堂入於新狀況之中的事件，除去布綠歇之外，大教堂監督封．施皮格爾氏 (Domdechant v. Spiegel) 對於石太因尤其是一個有價値的携手的人的。 現在所存當時往來之文件，尚能證明，石太因當時辦理這件事體，費了多少微妙的手腕，和費了多少的顧惜顧慮。 石太因爲辦理這件事情所作的建議，把這兩個地區上的管理人員，一律施以普魯士之制度，而保留舊日原有之有用人員。 對於新領土上之天主教宣教士階級，加以顧慮尊重，而使此項顧慮尊重對於普魯士國權，並無任何損害。 克服當地人民對於兵役之厭惡，把以前教士之入款，作公益之用項，尤其作開闢學校之用項，更酌減消耗稅率，以抒緩當地之商務，以及其它種種之優良計劃，俱皆可以證明，他是用了何等的勤奮，何等的精神，以克盡他的職責的。—— 可是在這其間，普通政治方面之歷程，不僅只在一種狀況之下，對於他作了苦痛的波及。

普魯士之中立，並不足以衛護北德意志，不受法國之侵略。 漢諾威已爲法將莫鐵 (Mortier) 所佔據。 而那不但不去防禦敵人，反而不得不施行解散的軍隊，却是立於他的岳父瓦爾穆敦將軍底麾下的。 德國帝國之覆沒，他清清白白瞧着馬上就要實現於眼前了。

他在納騷，弗虛喜特（Frücht），以及拾維豪森（Schweighausen）等地方之私人財產，當時的納騷公爵（Herzog von Nassau）極力思加以奪取，因為他曾宣言，假使帝國騎士階級一經瓦解，那各地方政權即要向他們施以伸展了。石太因和他帝國騎士階級份子中之同人，共同寫了一封赫然震怒的書信，反對這一種恐嚇的暴行，以為自已辯護。他對於他願意德國將來怎樣開展的見解，在這封書信裏頭，曾有所表示。他說納騷國底吞併沒收，和普魯士國底吞併沒收相比較，却是他要以另一種眼光看待的。所以他在他那封信裏頭便寫了下列的言詞：「這少數的帝國騎士階級的產業，縱然人們把牠們一律同圍繞於牠們四周的些小領土領地整頓合併了起來，那在德國底自由與獨立上，亦並無甚獲得的；假使要令這些產業土地果然為國家為全民族能得到了巨大的，眞正有所裨益的目的的話，那麼這些小國小邦，就應當全行取消，而去與兩個幅員廣闊的君主邦國聯合了起來，這兩個君主邦國之存在，簡直就是所謂德意志之名稱之存在的，我只是禱祝上天之安排，讓我還能親身經歷了這一件事體之實現。」—— 石太因寫這封書函的年月為一千八百零四年，而在這一年裏，在他為國家的宣力効勞中，便發生了一個極大的變動。因為在一千八百零四年十月二十七日，石太因繼史圖文賽(Struensee)之後，入普魯士國之內閣，充當部長，受命直接掌管消耗稅，關稅，工場事務，製造事務，以及商業事務。為銀行，海外貿易，以及鹽務之管理，在重要的問題中，他是不得不聽從封・登・舒侖堡，克納伯爵（Schulenburg-Kehnert)之主見與決斷的。他對於他直至這時的位置，是很不願意離開的，不過按照着他的希望，他所遺留的這個位置，是經文克氏予以新遞補的，而文克氏對於這個位置也是極能勝任的一個人物，所他纔有些放心了。石太因確切明白，「德意志之高尙化，以及文化之進展，是非常堅固地與不可分離地結合在普魯士君主邦國之命運上的」，因此個人志願方面，「無論如何犧牲」，在他都是在所不惜的。於是從這時起，石太因便立在了國家底中心點之中了。

石太因底地位，旣為史圖文賽底後任，所以他的工作，當然首先僅只限定於一個較爲狹隘的事務範圍內了。不過就在他這個較爲狹隘的事務範圍內，也是有一須要改良的廣闊領域，呈獻到他勤於改良的熱心之下來的。當在他對於普魯士東部經濟狀況之內情，獲得了一種精詳的認識時，他的心目中，是存有他在普魯士西部所搜集了來的那些經驗的。一千八百零五年夏天，他作了一次巨大的旅行，他在這次旅行上，所獲得的活躍的實地觀感，在剛纔所說之情形上，又給予他以至良好的影響。他認爲自由貿易，是最合適的，所以他便以自由貿易之擁護者，出現於政治之上，他並且還弄成功，使一切的內地稅與省稅，悉行停止，對於東普魯士與西普魯士之消耗稅率加以改良，對於南普魯士與新東普魯士之間接賦稅，使之簡單化。除上項改革之外，還有對於鹽務管理之一種新組織，這一種組織，是能使徵收費用之節省得以實現，再就是使高級官廳中繕寫事務，愈見減輕，更組織統計局所，採取英國方法，以促進工業。當在銀行與海外貿易之管理，由舒倫堡 (Schulenburg) 之手中移入他的手中時，他便對於這兩方面底制度，從事於一種澈底變革，因爲在這兩方面底管理上已經滋生極粗野的弊端，以及種種濫用，他並且還由丹麥國首都哥本哈根 (Kopenhagen) 把尼布爾氏 (Niebuhr) 招聘了來，擔任此項管理之事務。他本來還想要把普魯士國之財政，加以澈底之改善的，但因當時普通政治方面之情勢日益急迫，使人們無暇從事於其它方面之事務，因而此項改善，竟無實現之可能。當在一千八百零五年九月初間，新聯合戰爭(Coalitionskrieg)爆發之時，普魯士國王決斷下軍隊動員令，這一項處置，一開頭時，外面瞧着似乎是對俄國而發，因爲俄軍大有衝入普魯士之危險。然而及之法將百納倒特 (Bernadotte) 破壞了安斯巴河領域 (das ansbachische Gebiet)底主權之後，普國遂自動地放棄了東部之中立，而同俄皇締結條約，按照此項條約之規定，是把一種武裝調停的脚色畀與了普魯士國的，因此普魯士國王遂即遣派郝格威次 (Haugwitz) 伯爵攜帶哀的美敦書，赴拿破崙之大本營。到了這個地步，普魯士國之參戰，已是大有可能，而不得不作萬一之準備，但爲作此項準備，自然不能不預先籌備款項了。石太因除其它計劃之外，尙提議國家借款，增加與調整國家之賦稅，利用國家之寶藏，也曾想到了發行紙幣，此項紙幣在戰爭期間不発現，只是到了和平恢復時，纔准発現。順布倫條約（Vertrag von Schönbrunn）經郝格威次之簽字，以及其經普國國王附有條件之接受，已經使普國不作參戰之決斷之舉動，只有一半是決定的事體了。其後又接受巴黎愈加不利的條約，遂完全成了普魯士國王之屈辱。哈敦伯（Hardenberg）被迫而不得不舉行的引退，普國與英國及瑞典之糾紛，萊因同盟之建立，在佔領漢諾威（Hannover）事件中，拿破崙之欺騙，以及北德意志同盟（norddeutscher Bund）之建立，凡此種種，皆係普魯士國行政方面上之重要項目。石太因有鑒於普國國勢上之此種惡劣情況，遂不得不由一位專門部長之範圍內走了出來，過問一切方面之事體。他瞧出了全部國家之缺點，而竟以直率忠藎之態度加以批評。

他第一次，就是在一千八百零六年四月底已經作下了的一件偉大舉動，就是他所寫的，要呈普魯士國王御覽的一封意見書，題名：「關於內閣組織之缺點，以及成立閣僚會議之重要之意見書」。他在這封意見書中，對於國王左右極有勢力之大臣（譬如：貝麼［Beyeme］，龍巴得［Lombard］，郝格威次［Haugwitz］，掘開里次［Köckeritz］等，加以至爲激烈，且在片段方面頗多言詞過甚之處之批評，在這些批評之後，他緊跟着要求徹底改造至高級之行政機體。他要求廢除當時所設，而帶有管理各省事務之部長之內政與財政合併之總署。替代這一種總署，他要求組織一致的，按照實際系統以排列的內閣，而此種內閣同國王之關係，不可因一種不負責之國王祕書室之干涉，而竟被裂斷。他又要求，須要對一大批姦愴惡劣之人物予以撤職，因爲如果仍要令這些人物們掌管他們的職責，那他們非將普魯士國推到了深淵裏去不可。他這一封上國王的意見書，他因施略德爾氏（Schrötter）底忠告，後來又加了一番修改，把其中過於激烈的片段言詞略爲減刪。可是他這封意見書八成是旣未在前一個，而亦未在後一個形式之中，達到了國王底手中的，因爲他這封意見書經浮斯（Voss）伯爵夫人交到了皇后手中，而皇后將牠扣下，未向國王轉呈。一千八百零六年八月底，又有一封共他的政治意見書，爲約翰乃斯·封·米勒 (Johannes v. Müller) 氏之所書寫，亦是反對國王祕書室之政府的，曾經達到了國王底眼目之下。在簽署這封意見書的人名之中除了皇室中一大批親王，除了俄拉寧親王，(Prinz von Oranien)，除了呂協爾(Rüchel)將軍，以及普耳 (Phull) 將軍等等人物之外，也還有石太因底名字。國王對於這一種出乎尋常的格外步驟，甚覺震怒，他尤其向石太因表示他的不滿。可是直接在這一件事情之後，意見書上所說的種種事體，便都到了徵驗的時期，那裏面所說的悲愁的預言，也都一一成了事實。對於拿破崙爆發之戰爭，整個剝露普魯士國之弱點。耶拿(Jena)及奥爾士大特 (Auerstädt) 二城之兩次戰役，野地戰爭之投降，要塞向敵人之交出，一幕跟着一幕地演了出來。舊日腐朽的國家制度，這時竟完全倒塌了。石太因早已就趁時把國家底金銀庫藏，自柏林運至什特亭 (Stettin) 城內保存，其後又轉運到科尼斯倍 (Königsberg) 城內，嚴密守護，他自已於十月二十日雖然患着很劇烈的脚氣病，然而仍離開了首都，追隨於國王之後，而同着少數的部臣們在奥斯特勞特 (Osterode) 城內於十一月二十及二十一日所開的御前會議中，力諫普國國王，不要接受停戰之提議，不要接受拿破崙所提出之若是恥辱議和條件。他這正大斷然的主見，終究得以爲大多數之所贊同。因此普國便決定同俄國連合，郝格威次因之遂不得不去職，因爲他是反對石太因底這意見的。當時國王極願意石太因至少暫時遞補外交部長之遺缺。但是石太因對於這一點表示拒絕。他所指出的拒絕理由，是對於外交事務不熟悉，他推荐哈敦伯擔任此職，因爲他覺得，爲辦理外交上的事務，哈敦伯是更爲合適。但是同時他又迫切奏請國王，依照他從前所上意見書之意旨澈底改革最高之行政機構。因了這一點的原因，於是在國王與石太因之間，便發生了一種國王祕書室之政府繼續存在之問題之鬥爭出來。國王之意，欲以設置一種有限定的閣僚會議，對於石太因之主張，僅只作一半之承認。當在龍巴得去職之後，國王仍願貝麼照舊在國王祕書室充當樞密顧問官，留御前供職，可是國王所要給予他的這個位置，實在是能與各部長之獨立性大有所損害的。職是之故，施太因既不肯，而哈敦伯亦決不肯以國王之此舉為然。因此十二月十九日，查斯士羅（Zastrow）出為暫時代他為外交部長，呂協爾為陸軍部長，石太因為內政部長，而財政部亦是要合併於內政部，歸石太因掌管的。這三位部臣應行組織之公共閣僚會議，但須保留貝麼之特權。石太因一看到國王這樣解決他所提議的這改革制度，心內非常不滿，但是他却並沒有負氣求去之心，他只不過寫了一封信給呂協爾，說他所主張的澈底改革，未能得以澈底實行，所以國王給他在閣議中所擬畀予的位置，他不能接受。但是呂協爾向國王轉奏他這一番意思時，言詞委婉，多所顧忌迴避，不敢逕直陳奏，所以國王對於這一點，並未能十分醒悟。然而石太因一方面，却總堅持着說，閣議之制度，因他對於他的位置的拒絕，並不能視之為已經成立的了。兩方面的裂隙，簡直整個透露了出來，當石太因又行拒絕作一封關於一件事體的意見書時，這封意見書，原本是國王最後根據新組織的閣議制度，派遣掘開里次（Köckeritz）向石太因之所要求的。當時石太因不僅只痛恨國王所派遣的這個使臣，他也有些為他身上的病痛，以及對於他的改革建議不順利的進行的忿懣之所激刺，竟至登時拒絕接收送過來的文卷，因為他說，國王要他所辦理的那一件事情，不是屬於他的事務範圍之內，他過問不着的。到了這個地步，國王底忍耐力也終究是到了底了。他於一千八百零七年一月三日給石太因寫了函件一封，言詞至為苛酷強硬，把他在心上對於石太因所擱着的一切言詞，但都歸納在他的這一封信札之中，而在信札底結尾，還特向石太因說，國家對於他後此的宣勞效力，並不能再作甚麼重大的依賴了，如果他不肯把他這「桀驁無禮，不識敬重的行動」加以更改時。當在國王底這一封書札，經一位傳令的乘馬獵兵送達到他的手中時，他正在想要把他的家眷撇在身後，甚至他這家眷中還有一位患神經熱重病的兒童的，為的是可以追隨科尼斯倍（Königsberg）朝廷之後，馳赴美美爾城（Memel）。這一封信札簡直一瓢冷水一般，潑到了他的心頭上來，使他的一腔熱血不得不爲之寒涼，因此他立卽就向國王呈請辭職，而國王也遂卽批准了他的辭呈。

他因爲身患病症的原因，所以竟逗遛在可尼斯伯城內，一直到了艾勞(Eylau)的一場戰役過去之後爲止。自科尼斯伯出發，他又携帶他的家眷轉赴但澤(Danzig)城，由但澤城，在種種危險之下，他同着家眷達到伯林，而於三月底終於返回處在納騷的家鄉中。可是這時一方面，哈敦伯又被召回充任領袖部臣，奮起一切的力量，以便用普魯士與俄國所訂的盟約嘗試着開始擺脫法國統治之壓迫，以及解放歐洲之道路。其他一方面，石太因雖然辭職，耿耿忠心，終究不能把國家底事情恝然置之不顧，所以他在他這安靜暇逸的時間裏，便籌劃怎樣可以把新生命輸入菲得利大王所建立的國家之內去的種種方法。

在訂梯爾西特和平條約之後，石太因奉國王之召，從事他所擬定的政治改良之實施。他更努力作愛國工作。正在這宗非常緊張的愛國工作之中，有一封石太因於一千八百零八年八月十五日寫給微特根斯坦公爵（Fürst Wittgenstein）的書信，這封信，他很不小心地未用暗碼書寫，可是這封信，竟至爲法國人之所發現，而落入他們的手中。書信底內容，是說的馬上就要爆發的奧國與法國之戰爭，是說的德國人民對於法國之仇恨，逐日增加，是說的可以怎樣去養育這一宗仇恨的計劃，是說的黑森國（Hessen），以及維斯特法輪（Westfalen）境內，所已經弄成功的種種連絡聯合等等情事。擔任送這封信的人就是陪席判事考排(Koppe)氏石太因還曾特別囑咐他，須要用至大的愼重，以免路上出錯。可是後來考排親自曾說，他當時相信，他所要送達的那封書信，僅只是一封普通的國書，而並沒有想到，竟是有這樣重大關係的祕密書信的（見考排於一千八百一十一年一月二日寫給石太因之書函，函件存納騷石太因文書庫）。無論考排底辯論怎樣，法國駐柏林軍事司令部因在事前得有在科尼斯伯活動的兩個間諜（就是微揑龍［Vigneron］與葉色［Jiesche］）關於考排動身時日之報告，於是他在半途中便被法國軍隊之所攔阻，把他所携帶的信件，俱皆刼奪而去，並且還把他逮捕了起來。　駐普魯士國的法國軍事方面，登時就把這封所截獲的信件送呈拿破崙閱覽，拿破崙有了這封書信，便足可證明普魯士國將要作戰的目的，因此他就非常震怒，於是便硬迫着維廉親王簽署了九月八日之苛酷條約。　人們在科尼斯伯得以聞知這件事體時，是在九月二十一日，這一日恰好是俄皇離開科尼斯伯城後的一日，正是他地赴艾府城會議 (Erfurter Congress) 之半途中。　同時人們也就得到了九月八日之法國政府機關報莫尼堞 (Moniteur)，在這份報紙上把上述的石太因的一封信，全都被照印了下來，而信前面的標題，則為「關於國家興亡之原因上的一篇可資紀念之文章」。　石太因一看這宗情形不妙，於是便立時向國王呈請辭職。

因為拿破崙公佈逮捕石太因的命令，石太因乃逃到奧國，在這兒，他很安閒地度過了一冬的時間，他在他的無聊中，研究國家學與各國的歷史，還寫了一封論奧國教育制度之缺點的非常出色的覺書，除此之外，就是對於他的女兒們底教育，下了一番心思。　他對於拿破崙統制各國之霸權之易於崩潰之信仰，雖然經過最近奧國這一苦惱之轉變，然而仍絲毫不為其所搖動。　他給王妃路易絲 (Prinzessin Louise) 寫信說：「要說是一種像使我們大家這樣悲歎痛恨，而要求以大家底幸福去為唯一的一個人底意志作犧牲的政治系統能得支持長久的話，這却是絕對不可能的；這一種政治系統，或早或晚，不是為外來的衝擊，也要為內裏的腐敗，終至於倒塌的。」　比及他最後終究得了可以遷居普拉閣城的政府允許之後，他便於一千八百一十年六月九日遷至普拉閣城內覓宅居住。　在這一個大城市裏，石太因覺得較比在步倫那座麥翰省區 (Mähren) 小省城裏居住着舒適便利得多了。　這兒是許多同他志同道合的人們底會聚點，在這兒有一圈子學識高超，而地位重要的人們，可以常常同他會晤談心，譬如說，史登柏伯爵 (Graf Sternberg)，施塔第昂伯爵 (Fr. Stadion)，羅斯公爵 (Fürst Reuss) 以及其他等等人物。　這時連他的經濟狀況，也有所改善了，因為普魯士國王這時已經批准，每年給他休養恩俸五千嗒啦 (Taler)（譯者按・每一嗒啦之價值為三百馬克，此項帑制，現在德國業已廢除）。不過他在這個城內居住着，他的交往，他的信件，俱都被奧國警察一律加以仔細檢查，奧國政府這宗舉動，決無可疑地一半是要防備法國方面或許能發出的責難，其次却就因爲梅特湼氏底見解，和他的前任外交部長大有所不同之故，他總是認定石太因係德行同盟黨裏「最優秀領袖人物」之一，並且他總是以爲，他是具有「極端革命的意向」的，而這却是梅特湼之所絕對不歡迎的。這兩種錯誤的意見，梅特湼始終相信不疑，無論甚麼人向他加以指正，他也是不肯聽的，而在普魯士國反對石太因一派人們底許多小走狗們，也都曾同情於他這一種錯誤的見解。

以普拉閣爲根據點，石太因沒有多些時日，已經獲得了對普魯士的國事也可以有說話的機會了。普國這時多納(Dohna)與阿耳敦斯坦 (Altenstein) 二氏所掌的部務懦弱無力，不敢徹底實施改革制度，因而不得不去職，而代之以哈敦伯。哈敦伯之所特別重視的，是在取得石太因對於他的財政計劃的贊成，因爲他這財政計劃，是碰到許多人們底反對的，如順因氏及尼布爾氏便是反對他這計劃的。他令孔特把他這財政計劃報告給石太因，甚至他還親自於九月十四日（這個日期係根據納騷文書庫中之文件而斷定的）暗自特赴離柏門 (Böhmen) 邊界不遠的赫爾默斯村莊 (Hermsdorf)，同石太因作一次祕密的會晤，向他請教，而石太因對於哈敦伯底財政計劃，在片段的地方，雖然加以反對，但就大致上說，却總是贊成的。即在後來，他也還是立在了哈敦伯底一方面的，在一千八百一十一年底夏天，他同哈敦伯不斷地彼此來往書信，極表友誼和睦。但是哈敦伯所擬定的農業規章，却經石太因予以至嚴酷的非難。哈敦伯行政上面的官僚基礎色彩，是石太因之所深惡疾痛，況且他對於哈敦伯鬆弛放縱的私人生活，愈不能加以敬重，在後繼的時期裏，他也就愈加決定地予普國首相哈敦伯之作爲加以惡評。到了這個時候，就是連一千八百一十年哈敦伯所擬的那財政計劃，他竟前後自相矛盾地又稱之爲「極其空洞，無實質」的了。石太因當在拿破崙同俄皇的破裂，正在暗中逐漸準備了起來時，度過一個極端緊張的時期，可是關於普魯士的政策之躊躇不決，舉棋不定的情形，他由他的朋友們底函告中，以及口頭傳述中，譬如說，博以存堡伯爵（Graf Armin von Boitzenburg）之此項函告口述，均得以完全在洞見之中。關於普俄二國之聯合，以及其共同行動之希望，何日不止，何日他總不肯不提及他對於如何解放北德意志人民之崛起反抗拿破崙，以及如何同英國連絡所作之種種計劃。他甚至曾把法國一千七百九十三年至九十四年恐怖時代所組織之所謂公安委員（Wohlfahrtsausschuss）之精神樹立為普魯士國政治上之範圍，並且還要把當時法國所發行之不兌現紙幣之方法，推荐給普魯士國，讓普魯士國予以倣效。及至普魯士國與奧國法國之聯盟條約訂立之後，石太因便參與這時到達普拉閣城的火烈愛國志士閣祿乃爾（Justus Gruner）所作種種勇敢之抗法計劃，而予以至勤奮的襄助。

正在這個期間，他竟居然被自他所深深不滿的「閒散無聊」中撤脫了出來，而又新重返回政治底大舞台上去。他的計劃，是要在英國公使底保護之下微服奔赴俄國大本營，這是他令人暗中告訴敏斯德（Münster）說的。但是倫敦方面的回信尚未到達以前，他已經接到了俄皇召他去俄國的函札了。本來俄皇在一千八百零七年間，已經就願意在俄國給他一個位置，以便請他為俄國宣力。而這時因為俄國同拿破崙的戰事，已成決定之局，他們的問題，現在是要把歐羅巴洲自拿破崙底掌握中救了出來，不至使其完全受了「拿破崙底奴隸化」的，所以俄皇在他這種政策上，決不願意缺少了「像石太因這樣一個人底一副精力，和他出類拔萃的材幹」的。石太因一接到了俄皇這一封書札，就毫不躊躇地立即赴俄，應俄皇之召，而於六月十二日到達維爾納（Wilna），因道途勞力跋涉之故，他還染了病痛。他見俄皇後，向俄皇拒絕接受一種固定的位置，以便保守他個人的自由，然而尤其在一切關於德國的事件中，他悉行向俄皇建議劃策，因而便成了俄皇一個價值無量的，精神方面的，道德方面的支柱。他追隨俄皇到俄國西部得利薩（Drissa）城內的軍營裏去，既而又追隨俄皇赴莫斯科，並且最後還追隨俄皇到達彼得堡 (Petersburg)。他自已親手草擬一篇：「呼醒德意志民族」的傳單，經俄國的總司令官令人印刷了出來，向德國內部散布，他們又在俄國組織了一個「德國委員會」。而爲這個委員會底靈魂的，就是石太因。除此之外，他們還組織了俄德兩國的義勇隊，由自普魯士國退出的軍官，譬如說：石梯爾普拿格爾 (Stülpnagel)，多納伯爵 (Dohna)，克羅賽徵慈 (Clausewitz) 等予以訓練帶領。可是因爲閣龢乃爾出人意料之外地，經法軍逮捕了起來，所以許多暗自投奔德國與奧國裏去的線索，竟被中斷。閣龢乃爾雖然被捕，但是石太因在阿倫特（C. M. Arndt）的身上，却就又獲得了一個至爲有價值的著作方面的同志，爲他辦理愛國的事件，也是一樣地熱心，一樣地能幹的。至於說阿倫特能同他一黨一志，暗中互通聲氣地辦理愛國事件，這是經石太因之所特別招致了來的。卽連鮑爾到彼得堡後，也加入了他的一黨，而同他有密切的連絡。後來法國有名的女著作家封，施達艾爾夫人 (Fra v. Staël) 到彼得堡時，同石太因也一樣志同道合，因爲她也是痛恨拿破崙底強霸統制的。

俄皇聽從石太因底話，完全按照着他的思想去辦理。到了此時石太因已經瞧見「他對將來至優美的希望，完全打開了。他催迫敏斯德，用英國的款項組織一批德國軍隊，並且設法，要同俄國與奧國聯合了起來。他努力設法，要把鐵羅耳 (Tirol) 一帶地方上人民的力量拿來作爲獨立戰之用項，像一千八百零九年的前例一般。他預先草擬一份軍事政治之政綱，這是俄國之最高司令官於俄軍進入德境時，須要遵從的。他擬妥了一封言詞火烈的呈函，呈給普魯士國王菲得利·維廉第三，爲的是向他進諫，「須要按照着他爲國王底義務，採納愛國黨恢復祖國獨立之運動」。約克氏(Yorck) 之工作，是與他的思想與志願，大有所裨益的。數日之後，就是於一千八百一十三年一月五日他攜同阿倫特離開彼得堡，於嚴冬大雪之中奔走於寒的道途之上，因而竟得目覩路途上戰後所遺留悲慘之痕跡，最後奔至俄皇之大本營，而在俄皇之大本營中，於一月十八日，獲得俄皇所畀與他的統制東普魯士與西普魯士之範圍極爲廣闊的全權，這是俄皇完全按照着他的意思辦理的。他的這全權，就是在東普魯士為俄國對法軍之作戰，籌措協助款項，以及戰時物資，此外就是按照一千八百零八年之種種計劃，將後備軍與國民軍完全武裝了起來，督促對於俄國之供給，務期使其迅速而有序，不至有所貽誤，對於他所認為無能力，或懷有惡意之官吏，一律可以加以革除，而對於行跡可疑之人，亦更有權可以予以逮捕。然而一俟俄皇與普魯士國王之間的一種最後協定得以成功，石太因之此項使命，以及其全權，應立即消滅，而將以俄國所畀予他的全權所支配之普魯士省區，立即交還於普魯士國王。因為這時俄國與普魯士國之協定，已經正在準備之中，所以石太因對於他所自俄國方面所獲得的這非尋常可比之全權加緊地利用了起來。不過石太因對於他這全權，一經加緊地，充分地施用了起來，於是他這一種施用，再加上與其它的事故連結一起，遂使普魯士國方面保守派，以及對他懷着猜忌心思的人們，心內更為感到不安了。關於這一點，他自是絕不過問的，他之所唯一重視的，就在趁着大權尚在掌握中時，以迅速手腕，將民間的力量，全都召集了起來，而逼迫國王不得不聽從他們恢復祖國獨立之計劃。他愈激烈努力達到這些目的，同普國方面的人物們底摩擦，愈加不可避免。

石太因為實現剛纔所說的他這目的，特於一月二十日之夜間，到達貢賓恩(Gumbinnen)城內，他先同順因氏作了一度商談，商談底結果，是使他們兩方面，俱都得以滿意的。即連普國之省長奧艾爾斯瓦德(Auerswald)氏於一月二十三日也答應了，按照着石太因底請求，召開省議會全體大會，因為這是石太因於他到達科尼斯倍之後，登時向奧爾斯瓦德之所請求的。然而當在石太因於二十四日命令，停止同尚為法軍之所支配的舊普魯士首都柏林城的一切職務連絡時，奧爾斯瓦德竟將他召集省議會全體大會之文件加以更改，而僅只是成了召集省議會各代表，作一次無形式之會聚，以便討論石太因向他們所告的事件。石太因對於奧爾斯瓦德擅自更改他的這一道命令，非常痛恨，但他也只好將就，而並沒有甚麼可說的。他特特宣言，廢除拿破崙對於英國貨物所加的歐洲大陸之封鎖。並且他還曾辦到，普魯士省區各醫院中所收留之俄國與法國之傷兵與病兵之給養與醫藥費用等項，均由俄國負擔。但是他所要求的在德國境內施用俄國紙幣的一點，却碰到了當時普國方面的猛烈反抗。他的專制的，粗暴的態度舉動，使當時的普國人們很有些受不了，甚至像約克那樣一位愛國的人，也都有如此感覺。一場新的衝突，又發生了起來，當在染患疾病的奧艾爾斯瓦德自行宣稱無能力再向下擔任各代表會議之首席，而石太因竟不顧議會憲章，擅自出頭，先請順因氏出來擔任此席，但因順因向他加以拒絕，於是他又請約克氏出來擔任時，因此遂致發生激烈之爭執，直至石太因退讓方行中止。結果乃仍由奧艾爾斯瓦德委任代表，這位代表根據石太因所表示的要求出來開始議會之會議，約克氏亦出席於會場之中，而向人民施以武裝之問題遂行通過，這一個問題通過之後，石太因已經很覺滿意，不欲更向下再有所舉動，因於二月七日復行返回俄國之大本營。石太因之此行，總可謂不虛，救國之事業他已予以根本之推動，而後此之進展，更已樹有不可動搖之基礎。

但是普俄二國間之盟約，仍尚未能得以訂正了起來，雖然普國國王這時業已動身赴布來斯勞，因得以擺脫掉了法國方面之羈絆。爲謀事機迅速，剷除一切延拖遲緩起見，石太因特於二月十日奏請俄皇，遂行派遣他，親自去覲見普王。但因可乃賽白可氏 (Knesebeck) 在卡利什 (Kalisch) 關於此點豫先同普王之交涉過於延遲，遂致珍貴之時間又行喪失。最後俄皇乃得決斷，派遣石太因偕同安施特得氏 (Anstett) 以全權大使之資格赴布來斯勞。他們二人於二月二十五日到達此處。假使人們對於普王致俄皇之一封信函中之一段，作逐字逐句之了解時，則石太因並未曾於行抵布來斯勞後，立即覲見普王。然而根據栢茵氏之報告，石太因於到達布來斯勞後，雖然身染痛風病症，週身劇烈痛疼，然而仍尚立即乘車趨朝，覲見普王，在朝中他也還同哈敦伯會晤暢談。可是緊接着其後繼的數日內，石太因底病勢愈行加劇，轉成了一種極危險的熱病 (Nervenfieber)。他費了極大的力量，纔得在王笏旅館 (Gasthaus Zum Scepter) 房頂間中找到了一間簡陋不堪的窄小房屋，以爲暫時居住之所。　而國王竟無絲毫對他同情之表示。　在這其間普俄二國間之盟約，業已締結了起來，俄皇卽將駕臨布來斯勞，以便與普王會晤，所以普國朝廷上的一般人物們，對於石太因就又開始略加敬重與注意起來。　這宗情形竟又陡見增加，當在俄皇於到布來斯勞後，因石太因病體未曾復原，不能出離屋室，所以特命駕親自前來看望石太因時。　可是石太因此次之行，並未能得與普國國王發生一種愈加接近之關係，而同哈敦伯亦並未發生此項愈加接近之關係，這或許是出於哈敦伯底嫉妬心，生恐怕石太因同他競爭位置的原因了吧。

在七月間，當他在布魯黑撒爾(Bruchsal)的巴敦國朝廷上，又見到俄皇時，他就又獲得了出席維也納會議之邀請。　自一八一四年九月中旬至一八一五年五月二十八日，他逗留在維也納，終日處於各邦國元首以及各政治家豪奢富華之交際生活中，可是他既沒有與趣參加到處盛大譁噪之宴會，然而也並不屑作那謙恭馴順，低三下四的巴結行動，所以他在維也納所處的一種狀況，時期一經久長，便很難使他滿意的了。　他本來以一位德國人，而爲俄國大皇帝策劃計謀，然而也並未服俄國之一官一職。　俄皇對於他的親信，是和對於他左右的大臣卡胞抵斯特利亞(Kapodistria)，拉蘇毛夫斯奇(Rasumowski)，擦爾托里斯奇(Czartoriski)，乃賽爾羅得(Nesselrode)等等的信任，毫無所殊的，雖然俄國這些大臣中也頗有幾位，是很和他合不來的。　普魯士國派遣到維也納來的代表，哈敦伯與洪保德，固然覺得，總是須要時時聽從他的計劃，但是哈敦伯和他並未發生親密之關係，而國王對於他，也是已經很生疏了起來。　因此他在他自己的日記中，就曾說：「由我所處的這非此非彼的半關係之中，僅只能發生人生之厭惡出來；我雖然能發出影響去，然而却沒有澈底的實權，況且我這些影響，還是對於道德能力極不圓滿的一些人物而發出的，可是這些人物，還是我們拿來，要作爲達到偉大目的之用項的。　雖然如此說，然而他的活動，却是極端多方面的與深入的。　僅就他人生歷程上這一段時期裏，親手所擬定的些計劃草案，意見書，覺書等之總數言之，已經就很有可觀了。　除此之外，他還在關於整理瑞士國事件之內閣委員會所開之各次會議，均曾參加。　關於南部德國憲法之草案，也是他所擬定的，而這憲法之用意，還是要對以前萊因同盟各邦政府所持之土耳其國王專制式政治予以澈底鉗制的。　再就是關於巴敦國(Baden)皇室繼承問題，也還是他擬定了解決的辦法，凡此種種均係他工作中的犖犖大者，其它的一些，可以不必細述了。

在維也納會議未開之前，他所最關心的，便是波蘭薩克森國的事件，因爲這件事情，簡直似乎能有使全盤維也納會議崩潰之危險。　一八一四年九月二十八日普國與俄國之間所訂條約上，列有石太因底姓名，根據這一份條約，薩克森國之統治大權，暫時應行移交與普魯士掌管，況且這一份條約，尙且能令人希望，薩克森國之全部，均可與普魯士君主國結合一起，雖然薩克森國，仍可保存其王國之名義。　這一點，他可眞是爲普魯士盡心不小，然而在後繼的時期裏，普魯士竟被逼迫，而不得不把薩克森之一部分重行放棄，這不能不使他深深感到傷痛了。　同樣使他不能不深深感到傷痛的，就是俄皇對於波蘭之要求，全部均行揭露。　因此在他同俄皇亞力山大(Alexander)之間，所作關於這個問題之口頭談判，就頗爲有些激憤不平了。　即連要給波蘭人民創立一種憲法的思想，也是不能獲得石太因底贊成的，因爲他向俄皇反駁說「波蘭並沒有第三階級，就是並沒有市民階的，所以焉能用得着憲法呢。」　在這宗情勢之下，普國國王菲得利維廉第三(Friedrich Wilhelm III.)又向俄國一方面的傾倒，而與之訂立條約之舉，却就很是惹動他的活躍的不滿的。　及至後來對於普國之形勢，愈演愈惡劣，而又經法國使臣塔雷蘭氏(Talleyrand)，向各方面之挑撥，其惡劣之形勢，只有增而無減時，石太因最操心而努力以謀求的，便是維持和平，不使維也納會議破裂的一點了。　他這一種操心，雖然得以袪除，但是他仍按捺不住，在給他夫人所寫的一封信中，提到了「國事底進行」給他弄出不少的「苦惱」來。

他這一些傷痛苦惱上的一種重大的原因，就在商談德國憲法問題之經過方面，這個問題，當在維也納會議開會之時期中，較比任何一件事情，都使他操心勞神。 可是如果人們對於石太因關於全德國憲法之新組織之見解，欲作一通盤之觀察時，那麼人們便不得不回頭一提一千八百零四年石太因對於納騷皇室那種種吞併沒收之行動所作的一種火烈的反對。 那個時候，他曾說出了他的希望，深願親身經歷一經歷，「那些小邦小國，悉行予以取消，而去與那兩個幅員廣闊的君主邦國聯合了起來（就是去與普魯士和奧國聯合了起來），這兩個君主邦國之存在，簡直就是所謂德意志之名稱之存在」。 這一個思想，他仍沒有放棄的，當在他本着一腔深信拿破崙所建立大統一國之崩潰即在眼前之勇敢信仰，於一千八百一十二年九月十四日爲俄皇草擬一篇關於德國之將來之覺書時。 他認爲，「把德國所有各邦國聯合了起來，組織成一個大君主國」，像在紀元後第十世紀至十三世紀所已經實現過的那宗方式，無論這宗方式多樣値得希冀，然而從歷史的發展方面說，均屬不可能。 只是奧國與普魯士國之間的一種以邁恩河線(Mainlinie)爲界的劃分，或者是由於願情，而不取消其獨立主權之國家，對於上述兩個大君主國作同盟之結合時，他纔覺得，這方能是剷除舊日大統一德國憲法上之各項缺點的。 這兩種可能中的第二種，我們由他在其他地方所說的許多言詞中推斷，就可以知道，的確是他當時所嚴重主張的。 他當時是立意要把許多邦國底皇室給剷除了，把殘餘了下來的各邦國，弄成了「圍繞着他們的大國底藩屬」，這樣一來，便可以使這些小邦小國不會再有「像些小孩子一般的自豪自大底可能」了，這是他於一千八百一十一年在敏斯德氏(Münster)底面前都曾說過的一句話。 但是在這一個思想之外，他仍還懷有把德國大皇帝，再行樹立起來的志願，這個德國大皇帝底地位，是他覺得，可以在奧國哈布斯堡(Habsburg)皇族中世代傳襲的，照這樣看來，這一種志願，在石太因這一位帝國騎士階級底後人底心中，終究是深深伏根，而未能得以斷絕淨盡的了。 況且他這一種心思，他於一千八百一十三年八月底在普拉格所作之一篇覺書中，也還眞正透露了出來的，這一封覺書，他又曾加以節删，呈請俄皇閱覽。 在他這一篇覺書中，已經同時寫有恢復德意志帝國國會之建議，以及帝國權威與各邦主權之範圍之劃分。即連舊日之各邦議會在各單獨地區內之存在，亦是在他這篇覺書中，視之爲前提的，不過這種議會底職權，却與省區立法相同，並且在承認賦稅之事項上，亦正復相同。但是普魯士國，在石太因之思想中，雖應合併北德意志各邦，而爲一强大之國，然而却並未被石太因目爲德意志帝國之直接肢節，即「一千八百零五年領土狀況」下之奧國，亦是未曾被石太因目之爲一個這樣的肢節的。他之所擬定的，僅只是一種「德國同盟」，就是「奧國和普魯士之同盟」，他以爲，這一種同盟已經就足彀有能力，可以建立與恆永保持德國境內各民族之安全與完整的了。

石太因底這一種劃分不淸，鎔帝國主義與二元主義於一爐的計劃，實際上的事實，竟疾速地逾越而過，使人無暇顧及。他所擬定的皇帝思想，爲奧國權威方面之所鄙棄，同萊因同盟各公爵國所訂立各種條約，以及北德意志舊狀之恢復，遂使各中等國與各小邦之主權仍得以照舊保障，照舊存在。在朗格來司(Langres)及邵蒙(Chaumont)二城內，當時之各强國即曾首先確定，德國之組織，應爲由各獨立公爵國之同盟而成立者。這個思想，好壞固不俱論，然而亦竟爲石太因之所採納，不過他對於這個思想底採納，也還不是沒有受到洪保德所寫的一篇覺書底重大影響的，這篇覺書，是有人於一千八百一十三年十二月間報告給他的。不過洪保德一方面，在他這篇覺書中，乃係主張德意志同盟最高統制權，應行歸奧國與普魯士共同掌管，而石太因於一千八百一十四年三月間，却又自行建議一種執政委員會(Directorium)，由奧國，普魯士國，巴燕國，以及漢諾威國(Hannover)等組織之，並應賦與以擴大之權限，以便共同負責管理德意志同盟之事件。所謂擴大權限，則係指包括外交權，對於開戰與媾和之決斷權，以及軍事最高統轄權等而言。在這一種執政委員會之外，他還擬定一種統一之德意志同盟國國會之制度，按照他的意思說，這個國會，應行由各公爵，各自由城市，各邦議會等所遣派之代表組織之。其權限應爲立法權，爲對於同盟國之目的所擬徵收賦稅之承認權，以及爲對於同盟各邦之間，並各公候與人民之間所起紛爭之決斷權。德意志之同盟，應行造成一整個之關稅區域，並且除各項賦稅外，還可以設立萊因河流域，以及邊區稅關稅卡，以便特另徵收關稅，充實同盟國之支出。在他這篇計劃中，再二再三提到應以各邦議會之活動，連帶所有一切失去統制權之公爵，伯爵，德意志帝國騎士等之效能爲前提，並且他還在他這計劃中列出一大批個人個體之特權。——石太因底這些計劃，連同許多其它材料，悉行爲哈敦伯在作一篇憲法草案時之所利用，關於這篇憲法草案，哈敦伯於一千八百一十四年七月間，曾在佛蘭克府予以提出。可是當在石太因對於哈敦伯這篇憲法草案，表示意見時，他又自他末後的立場上退返了回來。這樣譬如說，他竟贊成奧國應行統制一切，爲統制之首席起來了。他尤其是又返回他舊日的一個思想上頭來，就是縱然不能令普魯士國與奧國所有位置在德意志同盟國境內之省區，全都不加入德意志同盟國，然而亦要有一大批，不令其加入的，爲的是不要因此而騷動了這兩個大國「內部的組織」的。他特別的所懼怕的，就是所有奧國之一切省區，全都加入德意志同盟中來，因爲旣這樣的話，那麼「人們對於其餘部分的德國所要擬定的憲法，便不得不擬得鬆弛寬闊，因而竟至使這宗憲法，對於土耳其國王專制式主義之橫行，便不能予以多大之保護了」。所謂德意志同盟國，在他的意思之間，是「只許包括銀河(Inn)，埃爾貝河(Elbe)，普魯士邊界，艾得爾河(Eider)，以及鄰國邊界之間的各邦國的」，德意志同盟國，應行經普魯士與奧國予以担保，而此二國，更應同此德意志同盟國，用一種不可解除之協約，永遠結合一起。哈敦伯對於石太因底這種計劃，完全同意。然而及至石太因底一位親信人物，就是封，索耳穆斯，勞巴哈伯爵(Graf von Solms-Laubach)，把石太因所擬的這篇草案，帶到維也納，交付於洪保德時，洪保德招集漢諾威國之代表，開會討論石太因這篇草案，可是在討論中，他們大家都一致不滿意石太因要把普魯士與奧國置之於埃爾貝河與銀河之彼一方而去的思想，於是就還直拋棄了他這個思想。

當在維也納會議行將開始之前，普奥二國之情勢，是已經發展到了這個地步的。石太因雖然時而如此，時而如彼地主張，在極其不同，極其矛盾的計劃之中，還游無定，然而他的目光之所注射的，却總在「要使德國，成爲一强大之國，以便可以再奪回牠的獨立，牠的自由，以及牠的國粹，而能長久保持之」。如果爲達到這個目的，要叫他從實際方面劃策建議的話，那他決非不是一位中央集權者的，至於他志在使普魯士國爲當時各邦之首腦，執當時各邦之牛耳，至於他一生所做的事情，皆係爲這個思想作先驅，這是更不用說的了。一千八百一十二年十二月間，他已經曾向敏斯德寫信說；「在政治方面，我的信仰，是德國底大統一；這大統一，如果只要用一個方策，一個過渡的道路，以謀求，那便要是不可能的了」。維也納會議開始後，因他的推動，當時四個聯合起來的强國底代表，方行決斷，把德國的事件，自歐洲的事件上劃分開。而所謂德國的事件，須讓奥國，普魯士，漢諾威，魏登倍（Württemberg）等五個巨大德意志國家組織之委員會，自行開會商討，而不可與所謂歐洲事件，混爲一爐。因此卽先前萊因同盟中的兩個國家之加入德國同盟，已經就使他心內不能不發生極大厭惡的。可是及至這兩個國家對於經其它三個國家所議定之同盟草案，加以反對時，石太因竟請俄皇加以干涉，並且還嘗試着藉「萊因神使報」（Rheinischer Merkur）向社會上的一般輿論發出影響，而激刺小國去反對中等邦國。可是因此而竟惹起了一種運動，這個運動所達到的地步，却就遠遠超越他的目的之外去了。欲恢復大德國帝國之思想，並且還要是把這個皇帝地位，認爲應還奥國皇室世代承襲，這個思想，是絕對擺擾開於儘可能地切合國民需要的一種同盟制度之思想的。在某一期間，石太因還在堅持着他這個儘可能切合國民需要的一種同盟制度的思想，而他同時也在嘗試着留意於業已失去統制大權各王公，以及帝國騎士等之權利，並且一樣地嘗試着擴大人民之法權。但是因爲波蘭與薩克森之危機發生出來之後，維也納會議上德國委員會暫時停止活動，而奥國特來爲德國制定一種憲法，而將普魯士國除外，欲請人們加以贊成時，他從前對於奥國哈布斯堡皇室的傾向，就又有了力量了。石太因這一點傾向奧國的心情，已經就足够惹起攪亂來的了，當在一千八百一十五年二月間，關於制定一種德國同盟憲法，在所有一切德國王侯與自由城市參加之下，所擬開之最後會議，似乎又有些到了活動地步時。石太因在當時極其勤奮地煽動人們贊成大德意志帝國世代相襲，而應賦與豐富權限之皇帝尊位之恢復，而他還是宣傳這個皇帝尊位應行歸奧國承襲的，石太因之此舉，無論僅只是出於他覺得非此不足以把奧國束縛於普魯士國一方面之心思，或者無論是因為他受了當時社會上所起勇猛的浪漫主義的思潮之影響之原因，總之，這是使普國派赴維也納參加維也納會議之全權代表之所大為不愉快的事件。石太因對於他這個主張，可真是努力地去奮鬥，對於反對他這主張的人們，他竟設法藉俄皇底力量，向他們施以壓迫，並且同時又向報界方面發出一種影響來。但是雖然如此，然而他仍眼睜睜地瞧着他的計劃失敗。及至維也納會議之工作中斷之後，這是因為拿破崙又自愛耳巴（Elba）海島重行返回巴黎之所使然的。關於制定德國憲法之工作，於是便以採納那一種為石太因之所非常不滿意的同盟條約而終結，因為石太因對於該同盟條約之批評，說：「這份條約，對於德國之公共福利，是只能有一點微薄的影響，可以能令人們期待的」。

石太因於五月二十八日以前，維也納會議尚未閉會時，已經就離開了維也納。他在納騷地方與埃木斯浴場（Ems）從事休養精神，消消停停地渡過了這一年底夏季。他又到海德爾倍（Heidelberg）去開遊了一回，在這兒又使他得以同俄皇接近，他還同德國之大詩人歌德（Goethe）一起到可恩城另作一次開遊，在這座城市之內，德國之詩人與政治著作家阿倫特（Arndt）曾瞧見這兩位「十九世紀最偉大之德國人」，併肩行走於大教堂之中。及至法京巴黎第二次又被聯軍佔據之後，和平交涉又行開始，石太因就又奔到了巴黎去，這是因為哈敦伯招請他到那兒幫助着辦理德國事件的原因。可是他到巴黎後，極蒙當時亦在巴黎的俄皇底優待，然而俄皇在劃定德國國界的事件上，却並不因石太因底原因，而對於德國之要求有所支持。因此石太因自八月十四日直至九月十日，在法國首都之逗遛，已經完全失去了他這逗遛底作用。可是石太因於九月十日由巴黎返回家鄉之後，他同俄皇的關係，已算解除，而他對於政治的生活，也算脫離。奧國首相梅特涅請他出來，担任同盟國議會會長之職，以及哈敦伯聘請他，担任普魯士駐紮同盟國公使之職，他均行加以拒絕。一千八百一十七年普魯士國樞密院成立，這樞密院之制度，當然不是本於他所擬定的計劃的，而這樞密院中，亦並未曾畀與了他一席位置。即在納騷公爵國議會中貴族席上，他的議席也是長期空着，而不能見到他出席的。一千八百一十四年的納騷憲法，其內容固然也不是沒有石太因底重大參加的。可是因為他對於納騷部長馬沙耳(Marschall)之行政，深表不滿，所以他竟拒絕向納騷公爵宣示，無條件地盡忠於他，然而這一種宣示，可是在招集議會會員時，所有會員均須一律作的，因此他只好從此不出席納騷議會了。這樣，按照着他自己的話說，他已經是趨入了人生上可以解決兩個問題的新段落了，兩個段落，就是「辭卸國家職責，優游林下，以頤養天年的了」。可是在他家居閑靜的時刻裏，他為他產業底管理，還首先下了一番仔細心思。一千八百零二年他曾將遠在波蘭境內位於瓦爾特河畔(Warthe)的貲保穆氏(Birnbaum)底領地置買到手，但是現在他覺得這個地方離他的家鄉過遠，所以他竟向國家方面交涉，以這一帶產業，換取位置在近處的可本柏(Cappenberg)地方的官田，這樣，石太因便又於他所念念不忘的維斯特法輪省區相接近起來了。這位經多見廣，而經驗宏富的林下寓公，無一處一地不是向着正當方面走的，他無論到甚麼地方，對於貧苦人民，全都是厚待優賜的，對於農民們，全都是親善友好的。他對於賓客的優待，始終如一，這宗情形，就是在一千八百一十九年他的夫人逝世，他的兩位女兒出嫁後，仍然毫無所變更。他的兩位女兒中，一位就是恆脫特(Henriette)，於一千八百二十五年嫁封，青喜伯爵(Graf v. Giech)，一位就是特貲賽(Therese)，於一千八百二十七年嫁啓耳曼斯艾格伯爵(Graf-Kielmansegge)。石太因雖然於一千八百一十七年右眼失明，然而他仍毫不疲懈地研究他所心愛的歷史學。

政治方面所發生的種種事體，他都以至活躍的興趣予以注意，而在他向各方面所發出的信件中，關於這些事體，往往也不是不用激烈有力的言詞，以表示了他的意見的。像他那樣派頭的一個人，在自由黨派底眼目中，既視之爲過於貴族化，而在正統派的保守黨底眼目中，則又視之爲過於平民化了的，在時代底矛盾下，自然不會感到舒貼滿意的了。當時有所謂「不着褲子派的著作家(sanscülottische Schriftsteller)，（譯者按：此卽宣傳過激共和主義之著作家之意）」，石太因既對之深惡疾痛，而對於「坐在公事房中從事組織計劃的官僚派(organisirende Buralisten)」，他也是一樣的表示不滿。他的住家在萊因河畔，以及在維斯特法翰省內的貴族朋友們，努力謀求階級議會之恢復，他對之既絕對贊成，然而同時他又嚴重警告他們，「不要恢復他們的種種特權」，並且他還主張對於「那些沒有家譜可以拿出來向人相示的貴族們，應行由貴族階級中予以鏟除」。對於「那些半學者，以及被誘惑的青年們底愚狂行動」，他是有至鋒利的言詞，加以切責的。但是深深使他感到傷痛悲恨的，就是普魯士國對於奧國逐漸增加的反感，以及普魯士國所受奧國之PLACEHOLDER。爲了這個緣故，他有時竟會極悲觀了起來，於是便要怨恨着說：「我一生經歷經驗之總結果，便是使我得以明曉，人類知識與行動，尤其是人類政治方面的行動，皆是毫絲價値都沒有的」。可是又有一次，他很歡欣地，充滿了信仰地說，他一生的努力，總不能算是枉然的了，尤其是在普魯士國，不是沒有播種下了豐饒的種子的。

他的目光之所注射的最重要的事情，始終皆爲普魯士國憲法之問題。在這個問題上，他之所最爲醉心的，仍還是關於省區階級議會之組織，而附以合乎時代性之變更。這宗省區階級議會，對於省區賦稅與省區法律，應行具有決斷之權。可是在這省區階級議會中所應具有的「騎士階級 (Ritterschaft)」，他却以爲，這應當是由具有大家皆能獲的不動產的貴族份子之所組織成的，然而對於市民全部代表，他並不要求，他們非有不動產，則不能充當代表的。然而有一點，他却仍堅持到底，就是他以爲，「普魯士君主國之統一與能力，必將要動搖不穩的」，如果省區階級議會在普通立法與賦稅問題方面，要去替代了德意志帝國階級議會時。　然而如果人們要是假定，一千八百一十五年五月二十二日普魯士國王允許將來給與國人一種基於代議制度之憲法之詔諭，是有他的參加成分的，那這却就完全錯誤了。　對於這詔諭上的措詞，他曾予以極鋒利痛切的非難。　然而這詔諭旣已爲一切法律之基礎，也只好聽之而已的了。　他還曾寫信給艾欣和恩氏（Eichhorn）說：「卽連人民中最糊塗的一個人，人們也不能使得他相信，國王是否要去滿償他所允許了的一種義務，或者甚麼時候，以及怎樣去滿償這一種義務，這是得要完全看國王隨時的意志怎樣的」。　當在他於一千八百一十七年季夏，他到各省區遊歷，以便搜集珍貴材料，作爲研究憲法之用項時，阿耳敦斯坦（Altenstein）曾同他會面談話，所以他對於普魯士憲法的意見，究竟怎樣，不能不向阿耳敦斯坦有所揭示的。　他對於洪保德氏所作關于一千八百一十九年之憲法之典模的意見書之批評，可以證明，他現在多樣深切知曉，有決議權的德意志帝國階級議會，是多樣必須的。　當在普魯士之最末後憲法委員會於一千八百二十二年在普國皇太子主席之下，作了最後的決斷，關於何時與怎樣招集德意志帝國階級議會之問題，須讓各邦國便宜行事，自行解決時，他承皇太子底面詢，而向他答稱，省區階級議會之制度，可以說是「對普通階級議會所負困難使命的一種事前練習」。　他所作的一份關於省區階級議會之組織的意見書，這本來是人們同時爲給他一個面子，請求他擬作的，始終也並未爲人所注意。　雖然如此，然而他也並未曾懷着一腔忿懣，悻悻不平地撤身退隱，甚至一千八百二十六年，人們擬請他担任維斯特法輪省議會會長之職，他還欣然接受了。　他曾三次主持了這個議會裏的會議，並且因他的出席，而使全會生輝。
但是他雖然能這樣尊嚴地充當議會會長，然而他激烈嚴峻的性格，總免不掉會時而傷及一位兩位的議員的。　卽連他多年以前的一位老屬員，就是當時正在充任議會委員的文克氏，他同他在關於地租事件上，也是一樣地起了爭端。　在會議中，他自己的意見，往往始而如此，始而如彼的主張不同，並且還是各致其極地互相矛盾，譬如說在關於贖回地權之規章之爭論上，他就是這個樣兒的。

除去這一次重行走上政治舞台的行動之外，使年事愈來愈高的石太因氏不至於完全消沈在遁世隱居生活之中的之事體，就是他所作的多次的旅行。一八一七年，他曾到斯圖加德(Stuttgart)城內覲見魏登倍與旺根海穆國王(Württemberg und Wangenheim)，並且還同這位國王談論了魏登倍國制定憲法的事件。一八一八年，他赴阿痕之會議 (Cogrness von Aachen)，因而又與俄皇相晤談。自一千八百二十年夏日起，一年的時間，他携帶他的兩位女兒漫遊瑞士與意大利。一千八百二十二年，他又到土靈根 (Thüringen) 與施雷仙(Schlesien)等地方，會見他舊日的老友。他曾有數次，每逢到了冬日，便離開他莊田上的住宅，搬到佛蘭克府城內居住些時，使他的生活不至於枯燥寂寞。一八二七年的春天，他於十八年的闊別之後，又重新走進柏林城內來。在這兒，他最後又被普魯士國王聘請爲樞密院中之會員，然而他僅只有一次參加樞密院所開之會議。

他生命上的末後一段時期，是還曾受到了法國七月革命之爆發 (Juli-Revolution)，以及其暫時的結果之所震撼驚擾。他對於這七月革命，尤其是在認這革命爲一種搖動歐洲安謐之危險暴動之視角之下，加以觀察的。然而他却也不曾被尼布爾 (Niebuhr) 氏心內所起的那悲觀絕望的情調之所傳染。他還又有一度出現於維斯特法輪之省議會中，對於普魯士之偉大將來問題，作了演說，當在一千八百三十年十二月二十日，因政治上新推動之影響，在這兒人們提議，要向普魯士國王請願，請其招集德意志帝國級階議會時。這個請願，在這個形式之中，他因爲顧慮到戰事的危險，以及人心之震動，所以便認爲是不合時宜的，但是他竟也情願担任，去向萊因邦 (Rheinland) 與維斯特法輪之總督維廉親王 (Prinz Wilhelm) 請求出來週旋這件事情。他也果然把他這個使命辦理了，但是他却很不滿意人們用印刷物，將議會中之該項會議傳播了出去。而這也竟令柏林政府方面有所藉口，公然來禁止該親王迎合維斯特法輪省議會之請求，出來斡旋這件事情了。 這件事體底一種這樣的經過，是不能不使石太因心內感到傷痛的。 他曾給格耐色瑙寫信，信內的言詞，很表示了他對於將來時代預感預覺的見解，因爲他說：「一代新的人物，要走了上來了；最爲得計的，便是走在他們前頭，導引着他們手裏所拿着的火把，不要讓他們出錯，趁着他們還沒有到了出錯的，到處破壞的地步」。 這樣，他一直頂到他將死時的最末後時刻，都是忠於他的一生皆然的天性的，就是他一生總愛趁時地施行改良，以便避免革命。

及至後來，他的體力愈久愈受到病痛底侵害時，他的思想就愈益向着人生歸宿方面轉了過去。 多年以前，他已經把他所寫自己一生經歷的節略結束了起來。 在這結束的一段上，他曾說：「自這兒起，我無所期待，無所希望了，除了在斷念中，在虔敬中，在希望與信仰中，作精進之實習之外。」 他深深爲宗教的信念之所灌澈，一次又次地重複着說，他的人生底終結，將要引他「達到一個較比塵世上的使命還要高貴的使命上頭去」。 他的腦中所常起的暈眩，以及他屢次失神的狀態，這都豫告他這人生底終結，是快要蒞臨的了。 一千八百三十一年，他最末後一次出現於哈穆之縣議會中。 這一件事情過去之後，馬上就有一場猛烈的傷寒重症使他在可木柏城內躺倒床上，不能起來。 六月二十九日遂卒於肺中風之症。 他的遺骸被殯葬於離埃木斯河不遠的弗虛喜特地方的家塋中，一邊靠近他父母底墓，一邊靠近他夫人底墓。

石太因是一位中等身材的人，身體厚重堅實，而膀臂寬闊。 他的額部飽滿，而目光火烈，烱烱有神。 圍繞於他窄薄嘴唇底四角，時起非黠，時起譏嘲之皺紋。 他說話時，言詞堅定，穩重，而疾速。 凡是走近他身前來的人，便會登時獲得「這個人決難爲人之奴，而去奉侍他人，他必要處處作主，處處高人一頭，而總要佔上峯的印像的。」

政　治　論　擇　鈔(一)

Politische Leitsätze

石　太　因(Freiherr vom Stein)著

關　琪　桐　譯

Es ist gewiss, dass der philosophische Geist, welcher die Beziehungen verallgemeinert und die vereinzelten Gegenstände unter einem Grundsatz oder einem höheren Gesichtspunkt zusammenfasst, diejenige Art des Geistes ist, welche den grossen Mann bezeichnet; aber mit dieser Geistesart muss er die Kraft des Charakters verbinden, welche ihm in ruhigen Zeiten den Fleiss zur Arbeit, die Hartnäckigkeit, alles, was auf seine Ausbildung einwirkt, zu verfolgen, in den Zeiten der Tätigkeit die nötige sittliche Kraft gibt, um die Anstrengungen des Geistes und des Körpers zu ertragen, welche der Drang der Umstände erheischt. Es war Mangel an Charakter, was in der Revolution die tugendhaftesten

我們確知，哲學的精神就是使偉大人物超越庸流的那種精神，那種精神可以把各種關係普遍化了，並且把各種特殊的對象統攝在一個基本原則和較高觀點之下。　但是他還必須把品格的力量與這種精神結合起來才行，這種品格的力量在平靜的時候，使他努力不懈，從事工作，不屈不撓，進德修業，在活動的時候，又給與他以道德的力量，以便忍受緊迫環境。　所需要的勞精敝神的黽勉奮發。　這種德性的缺乏，在法國大革命時，正使那些極有德性，極爲開明

(一) 譯自 Deutsches Lesebuch. Verlag der Bremer Presse, München 1926. Zweite Vermehrte Auflage S.242-252 und aufgeklärtesten Männer gestürzt hat, wie Mounier, Bergasse, Bailly, selbst unter den Girondisten Condorcet, Roland, was die einen in die Verbannung trieb, die anderen unter dem Dolche der Parteimenschen fallen machte. Es war diese Charakterstärke, welche man Enthusiasmus nennt, die den Thron der Kalifen gegründet hat, die durch Streben nach Reichtümern, Liebe zum Ruhme, den Hang des Jahrhunderts nach Abenteuern hervorgebracht, die spanischen Eroberer Amerikas und ihre Sieger, die Bukaniere, begeisterte.

Lebt der Mann, welcher sich durch die Natur zu einer grossen und nützlichen Laufbahn berufen fühlt, inmitten der Weichlichkeit der Höfe oder unter kleinen, kleinlichen Leuten, so kann er nur dann sich erhalten und diese Charakterstärke entfalten, wenn er sich mit den grossen Männern der Geschichte umgibt und sich durch ihre Vorbilder gegen die zerstörenden Eindrücke verderbter und kleiner Umgebungen schützt.

* * *

Ich halte es für wichtig, die Fesseln zu zerbrechen, durch welche die Bureaukratie den Aufschwung der menschlichen Tätigkeit hemmt, jenen Geist der Habsucht, des schmut-

的人們，如謨尼挨，柏格思，巴宜等人甚至如吉倫黨中的孔道塞，和羅蘭等人，都一蹶不振，並使前一些人遭了放逐。後一些人，落於黨人刀下。這種品格的强力，人稱之爲熱忱，它曾建立了「凱里夫」的王位，它曾藉着貪財和好名之心，喚出了此世紀人的冒險熱，它曾鼓舞了征服美洲的西班牙人，和其勝利者，與海賊。

一個人如果生在宮廷的萎靡之中，或者生在渺小卑賤的人羣之中，可是他又覺得自己的天生的使命正在於一種偉大宏壯，有益於世的生涯，那麼他如果要想卓然獨立，而發展了這種品格之力，惟一的方法就只有，尚友於歷史上的偉人，而藉他們的模範，來抵禦那惡濁渺小的環境所加於他的那種毀壞的印象。

* * *

我以爲重要的事情乃是：把官僚政治所用以箝制人類活動之騰躍的那些梏桎打破，並把那籠罩了這個政體

zigen Vorteils, jene Anhänglichkeit ans Mechanische zu zerstören, die diese Regierungsform beherrschen. Man muss die Nation daran gewöhnen, ihre eignen Geschäfte zu verwalten und aus jenem Zustande der Kindheit hinauszutreten, in dem eine immer unruhige, immer dienstfertige Regierung die Menschen halten will. Der Übergang aus dem alten Zustand der Dinge in eine neue Ordnung darf nicht zu hastig sein, und man muss die Menschen nach und nach an selbständiges Handeln gewöhnen, ehe man sie zu grossen Versammlungen beruft und ihnen grosse Interessen zur Diskussion anvertraut.

的貪得之情，嗜利之心，因襲之習，消滅了。我們必須使自己的民族習於經營自己的事務，而使他們脫除了那永久騷動永久多事的政治所想把他們禁錮在其中的那些幼稚狀態。要由舊的事物狀態，趨於一種新的秩序，那我們是不可以躁急從事的，我們必須先使人民逐漸熟習了獨立的行動，然後才可以把他們召集起來，開大議會，而把國計民生的大事付給他們討論。

* * *

Hat man sich überzeugt, dass das Verdrängen der Nation von jeder Teilnahme an der Verwaltung öffentlicher Angelegenheiten den Gemeingeist erstickt, und dass dessen Stelle eine Verwaltung durch besoldete Behörden nicht ersetzt, so muss eine Veränderung in der Verfassung erfolgen. Das zudringliche Eingreifen der Staatsbehörden in Privat-und Gemeindeangelegenheiten muss aufhören, und dessen Stelle nimmt die Tätigkeit des Bürgers ein, der nicht n Formen und Papier lebt, sondern

人們如果確信，在禁止人民參與治理公務之後，就會把公共的精神窒息了，而且我們藉一種有薪給的官吏之治理，也並不能代替了公共精神，那麼憲法是必須有一番變化的。國家官廳，在私事和公務方面，必須停止其妄事干涉，而許公民的活動取而代之。公民並不在形式和在空文中生活，他乃是活潑有力的從事行動的，

kräftig handelt, weil ihn seine Verhältnisse in das würkliche Leben hinrufen und zur Teilnahme an dem Gewirre der menschlichen Angelegenheiten nötigen. Man muss bemüht sein, die ganze Masse der in der Nation vorhandenen Kräfte auf die Besorgung ihrer Angelegenheiten zu lenken, denn sie ist mit ihrer Lage und ihren Bedürfnissen am besten bekannt, und auf diese Art nimmt die Verwaltung eine dieser Lage gemässe Richtung und kömmt in Übereinstimmung mit dem Zustand der Kultur der Nation. Es wird die Gesetzgebung einer Nation mangelhaft bleiben, wenn sie sich allein aus den Ansichten der Geschäftsleute oder der Gelehrten bildet. Die ersteren sind mit Besorgung des Einzelnen so sehr überladen, dass sie die Übersicht des Ganzen verlieren, und so sehr an das Erlernte, Positive gewöhnt, dass sie allem Fortschreiten abgeneigt sind; die letzteren sind vom würklichen Geschäftsleben zu sehr entfernt, um etwas Nützliches leisten zu können. Hat eine Nation sich über den Zustand der Sinnlichkeit erhoben, hat sie sich eine bedeutende Masse von Kenntnissen erworben, geniesst sie einen mässigen Grad von Denkfreiheit, so

因爲他的處境就把他招喚在現實生活之中，而强使他參與人事之紛紜擾攘。人們必須努力把民族的全副力量，應用於民族事務的照顧上，因爲一個民族是最熟習自己的處境和需要的；在這種途徑下，民族的行政才可以採取了一種與自己處境相稱的方向，而與民族文化的狀態，處於和諧之中。一個國家的立法如果只是由職業家或學者的主張，製定的，那它一定是有缺點的。前一種人太於顧及零碎事件，因而不能窺見全局，而且他們因爲久慣於所學習的實際事物，所以他們就厭惡一切進步；後一種人是與實際的職業生活離得太遠的，因而並不能成就任何有用的事業。一個民族如果超出了感性的狀態，如果已經獲得了大量的知識，並且享有相當程度的自由思想，那麼它自然注意於它自己國家的和公共的事務。人們只要稍一允許他們參與公務，那麼他們的愛國心理和公共精神立刻就會有了最有利的表示。人們如果拒絕他們合作，那麼他們就生起怨望嫉憤來，這種公憤如不經由種種

richtet sie ihre Aufmerksamkeit auf ihre eigene National- und Kommunalangelegenheiten. Räumt man ihr nur eine Teilnahme daran ein, so zeigen sich die wohltätigsten Äusserungen der Vaterlandsliebe und des Gemeingeistes; verweigert man ihr alles Mitwürken, so entsteht Missmut und Unwille, der entweder auf manigfaltige schädliche Art ausbricht oder durch gewaltsame, den Geist lähmende Massregeln unterdrückt werden muss. Die arbeitenden und die mittleren Stände der bürgerlichen Gesellschaft werden alsdann verunedelt, indem ihre Tätigkeit ausschliessend auf Erwerb und Genuss geleitet wird, die oberen Stände sinken in der öffentlichen Achtung durch Genussliebe und Müssiggang, oder würken nachteilig durch wilden unverständigen Tadel der Regierung. Die spekulativen Wissenschaften erhalten einen usurpierten Wert, das Gemeinnützige wird vernachlässigt, und das Sonderbare, Unverständliche zieht die Aufmerksamkeit des menschlichen Geistes an sich, der sich einem müssigen Hinbrüten überlässt, statt zu einem kräftigen Handeln zu schreiten.

* * *

有害的方式爆發出來，那它就必須藉一種摧殘民衆精神的强制訓練才能抑制住。 公民社會中的勞力階級和中等階級由此就墮落下來 ， 因爲他們的活動從此就完全趨向於獲得和享受了 ； 至於上等階級 ， 則因爲貪歡憪散，降低了羣衆的敬重之心，或者因爲對於政府，信口雌黄，漫加指摘，而給社會施展了一種有害的影響。因而思辯的科學就得到一種僭妄的價值 ， 公益的事情卻被忽略了 ， 而且奇特難解的事情反而吸引了人類精神的注意，因爲人的精神已經委身於一種憪散的幽思，而不從事果敢的行爲了。

* * *

Der Zustand der Ruhe ist der Entwicklung des menschlichen Geschlechts nachteilig, nie war ein solcher Mangel an ausgezeichneten Männern in Griechenland als nach seiner Unterjochung durch die Römer und in Europa als in den ersten drei Jahrhunderten nach dem Fall des römischen Freistaats. Die Kräfte der Menschen werden nicht mehr gereizt durch das Streben nach Nationalehre, nach Selbständigkeit, durch ihren Kampf im Krieg, in Unterhandlungen, durch das Reiben der Meinungen, so aus der Vielseitigkeit der Ansichten und der Mannigfaltigkeit der Richtung der menschlichen Tätigkeit entstehen. Das freie Spiel der Kräfte wird gelähmt, dem Willen eines Einzelnen und seiner nächsten Umgebungen untergeordnet, er erschlafft oder verwildert, weil nichts ihm widersteht, oder er wird einseitig oder absichtlich und verderblich. Und dennoch war der Despotism im Römischen Staat nicht so fest gegründet, er verbreitete sich nicht so sehr in das Einzelne.

太平無事，是於人類的發展有害的。 在希臘，以在被羅馬征服以後，在歐洲，以在羅馬共和國崩潰後的初三百年，爲最缺乏特出的人材。那時人們已經不追求民族的尊榮和獨立， 已經不在戰爭和談判中互相爭執，已經不再因爲見解不同，活動殊途，而意見對立，所以他們的力量也就不能再被刺激起來。 各種力量的自由活動已經麻鈍起來，只受支配於一個人和其周圍之人的意志，那種意志已經弛緩了或不馴了（因爲沒有事情阻擱他），或者成了片面的，執意的，腐化的。 可是專制主義如果不曾在羅馬帝國那樣根深蒂固，那它也不會在個人方面那樣蔓延廣佈起來。

* * *

Auf den Deutschen wirkt Schriftstellerei mehr als auf andere Nationen wegen ihrer Leselust und

德國人比別的民族更爲受著作家的影響，因爲德國人愛好讀書 ， 而

der grossen Menge von Menschen, auf die die öffentlichen Lehranstalten einen Einfluss irgend einer Art haben. Die Leselust der Nationen ist eine Folge ihrer Gemütsruhe, ihrer Neigung zu einem innern, besonnenen Leben und ihrer Staatsverfassung, die die Verwaltung der Nationalangelegenheiten wenigen öffentlichen Beamten und nicht der Nation anvertraut. Sollte daher auch das Schlechte durch die Gewalt der Waffen einen momentanen Sieg davontragen, so kann es doch durch die Idee und die Meinung wieder gestürzt werden.

* * *

Die Erziehung muss dahin wirken, dass der Mensch nicht allein mechanische Fertigkeiten und einen Umfang von Wissen erlange sondern dass der staatsbürgerliche und kriegerische Geist in der Nation erweckt, und die Kenntnis kriegerischer Fertigkeiten durch Unterricht in gymnastischen Übungen allgemein verbreitet werden. Trifft ferner der Staat solche Einrichtungen, wodurch eine allgemeine Miliz errichtet und diese in zweckmässige Verbindung mit der Armee gebracht wird, so wird durch eine solche Anstalt und durch den Einfluss der Erziehung

且公共的教育機關所培養的人爲數也衆。德國民族所以愛好讀書，乃是由於他們心理恬靜，愛好內心靜思的生活，而且他們的憲法只把國事的處理交給少數的官吏而不把它交給整個民族。因此，惡根流氓縱然藉着武器的威力暫時得了勝利，而他們仍然可以被觀念和意見所推翻了。

* * *

教育的活動必須使人們不祇達到機械的技巧和某種範圍的知識，而且還要喚醒一國之中公民的和戰鬥的精神，並且要藉體育的練習，把戰爭技術的知識普遍傳佈出去。此外，國家如果設立一些建置，藉以把民兵建立起來，使他們與軍隊，互相呼應，通力合作，那麼藉這樣一種機關，和教育的影響，就可以防止住勞力階級和學者階級那種主張非戰，不

der Neigung der Gewerbetreibenden und gelehrten Stände zu unkriegerischen Gesinnungen, zum Losreissen vom Staat entgegengewirkt und in allen das Pflichtgefühl, für den Staat sein Leben hinzugeben, belebt.

* * *

Die Grundursachen unseres Unglücks sind die Weichlichkeit und die Selbstsucht des Jahrhunderts, welche uns stets abgezogen haben von der durch die Pflicht vorgeschriebenen Linie, um die Opfer zu vermeiden, welche unsere Lage forderte; und diese Nichtigkeit des Willens, dieses Verlangen nach dem Genuss des Augenblicks sind es, die uns der Ehre, der Unabhängigkeit und selbst der Güter beraubt haben, welche allein unserer dummen Selbstsucht wünschenswert schienen. Das Übermass der Übel wird das kommende Geschlecht wieder stählen, vielleicht aber auch es vollends erdrücken und ganz vertieren, wenn wir uns nicht damit beschäftigen, unsere Kinder zu den Grundsätzen zurückzuführen, deren Verlassen an dem allgemeinen Untergange schuld ist.

* * *

Unser ökonomisch-technologisch populierendes System, durch eine

理國事的傾向，並可以在一切人心中都鼓蕩起一種責任感覺來，使他們肯爲國家犧牲了自己的性命。

* * *

我們所以不幸的根本原因，就在於本世紀中，人們都柔弱萎靡，私心太重，因而使我們離開了義務給我們所規定的方向，以求避免我們的處境所要求於我們的犧牲。 正是這種意志的虛妄作用，這種對於眼前快樂的願望，才剝奪了我們的尊榮和獨立，以及我們那愚昧的私心所認爲唯一可羨的財貨。 這種過度的罪惡也許會把下一代人重行鍛鍊一下，但是也許會把他們完全窒息了，澈底獸化了，倘使我們不積極從事，把我們的子孫領回那些在一離棄之後就會使全體沒落的基本原則之上。

* * *

我們的經濟和技術的普遍化的制

zentralisierende regierungsdurstige Bureaukratie angewandt, frisst sich selber auf wie Saturn seine Kinder; wir sind übervölkert, haben überfabriziert, überproduziert, sind überfüttert und haben mit Buchstaben und Tinte die Beamten entmenscht, die Verwaltung entgeistet und alles in toten Mechanism aufgelöst.

度，在被集權而愛干涉的官僚政治所運用時，就把自己吞食了，正如撒騰 Saturn 把他的兒子吞食了似的(二)。我們已經人口過剩，製造過剩，生產過剩，食用過剩，並且用字母和墨水使官吏失掉人性，使政治失掉精神，並使一切都消解爲死寂的機械。

* * *

Verfassungen bilden, heisst bei einem alten Volk wie das deutsche, das seit zweitausend Jahr eine ehrenvolle Stelle in der Geschichte einnimmt, nicht sie aus nichts erschaffen, sondern den vorhandenen Zustand der Dinge untersuchen, um eine Regel aufzufinden, die ihn ordnet; und allein dadurch, dass man das Gegenwärtige aus dem Vergangenen entwickelt, kann man ihm eine Dauer für die Zukunft versichern und vermeiden, dass die zu bildende Institution nicht eine abenteuerliche Erscheinung werde, ohne eine Bürgschaft ihrer Dauer zu haben, weder in der Vergangenheit

在一個二千年來曾在歷史上佔光榮地位的古老民族方面，如德意志者，要來構成一套憲法，那並不是於無中創造有的，乃是要研究事物的現狀，以便找尋出支配那種狀況的一種規則來。只有在人們把現在的情況從過去的情況發展出來以後，他們才可以確保現在能以存續到將來，並且免得使那行將造成的憲法成了一種浪漫的現象，在過去在將來都無存續

(二) 撒騰神卽希臘克羅諾斯 Kronos 的別名。他曾因爲他父親虐殺其兄弟，所以他就弒了他的父親。他因爲聽預言說，自己將被他的一個兒子所推翻，所以他一生了兒子，就把他吞食了。

noch in der Zukunft. Diejenigen, die nur eine Kammer vorschlagen, wollen alles nivellieren, den Nachkommen der Zähringer, den Fürst Fürstenberg, gleichsetzen dem Emporkömmling von gestern; sie wollen alles verwirren, alles demokratisieren, sie vergessen, dass das Land, dem sie eine Verfassung geben wollen, die Geschlechter, die sie zu unterdrücken, die Stände, die sie durcheinander zu mischen die Absicht haben, eine Geschichte besitzen, die tief in ihrem Gedächtnis eingeprägt ist.

* * *

Eine Nation wie die deutsche, die durch ihre ganze Geschichte den Charakter der Besonnenheit und der Treue behauptet, die ihn in den letzten Jahren auf eine so glänzende Art bewiesen und ungeheuere Opfer gebracht, um das Joch zu zerbrechen, das der Unverstand seiner Regenten ihnen zugezogen, diese verdient nicht den Verdacht, dass sie das ihr bewiesene Vertrauen mit Undank, Untreue und Aufruhr erwidern werde. Soll eine Verfassung gebildet werden, so muss sie geschichtlich sein, wir müssen sie nicht erfinden, wir müssen sie erneuern, ihre Elemente in den ersten Zeiten

的保證。

凡建議一個議會的人們，都想泯滅分別，等齊高下，而把蔡林根公爵的後人，和富斯騰伯侯爵與昨天的暴發戶一齊看待；他們想把一切都混淆了，把一切都平民化了，可是他們忘了，他們想爲之製定憲法的那個國家，他們所想壓制的那些門閥，和他們所想混亂了的那些階級，都有一種深印在他們記憶中的歷史。

* * *

像德國這樣一個民族，在其全部歷史中既然宣示其審慮忠貞的品格，既然在近年來在那樣燦爛的方式下證明其品格，並且帶來重大的犧牲，以便打破他們的國王的昏庸無知給他們所加的那種羈軛，所以這個民族就不當被人猜疑說，他們要以負義，不忠，和騷動，來答報向他們所表示的那種信託。

我們如果想製定一種憲法，那麼它必須合乎歷史才行，我們不能憑空造作它，我們必須把它加以更新，必須在我們民族的發生時期中來尋求它

der Entstehung unseres Volks aufsuchen - und aus diesen sie entwikkeln. Wie dieses vorzunehmen, was dieses für Resultate gibt, ist hier nicht der Ort aufzuführen. Es ist ein sonderbarer Widerspruch, in den die verfallen, welche der Meinung sind, der Deutsche sei noch nicht reif zu einer Verfassung, da sie doch nicht verlegen sind, die Behörden zu bilden, denen die Gesetzgebung und Staatsverwaltung anzuvertrauen: finden sich Menschen zu Staatsbeamten in hinlänglicher Menge, warum sollen sich dann nicht Menschen zu Abgeordneten in eine Ständeversammlung finden: Mir scheint ferner, dass die Deutschen da, wo sie in Ständeversammlungen bisher vereinigt waren, im Württembergischen, Weimarschen, Hessischen, in den freien Städten, dass sie dort verständig gründlich, gesetzlich, folgerecht gesprochen und gehandelt haben. Hat Frankreich und Polen eine Verfassung, und Deutschland soll keine haben?

* * *

Durch Bildung einer gut eingerichteten repräsentativen Verfassung gewinnt der Regent eines treuen und gescheuten Volks an Macht- denn er eignet sich alle geistigen und phy-

的元素，並從這些元素中把這種憲法發展出來。　要問這種工作將如何進行，並問它將來有什麼效果，那是不能在這裏詳細闡發的。　有的人以為，德國人現在還不曾成熟得可以實行一種憲法，這實在是一種奇特的矛盾，因為他們並非不知如何構造一些官衙，而把立法和行政交給他們。國家既然有如許多的人可以做官吏，那麼為什麼沒有人可以當議員，出席於議院中呢？　在我覺得，凡一向已經把德國人聯合在議會內的各邦，例如魏登倍，威瑪，黑森，以及各自由城邦，在那裏，德國人的說話和行事都是有理致，有根據，有法則，有聯貫的。　但是法國和波蘭有一種憲法，而德國反而該沒有一個麼？

* * *

在製定一個組織良好的代議制度以後，一個忠實而聰明的民族之君主是可以增加其權力的。　因為他可以

sischen Kräfte desselben an, wird durch diese erleuchtet und gestärkt, statt dass er gegenwärtig, wo er nur durch Beamte herrscht, überall bei den Regierten auf Lauigkeit, oft auf Abneigung, selbst auf Antagonism stösst und bei seinen Beamten nur wenig Unterstützung gegen die öffentliche Meinung findet, die gar zu geneigt sind, mit dieser auf seine Unkosten sich zu vertragen. Selbstregieren ist nur das Los sehr seltener Regenten; diese finden aber auch bei einer repräsentativen Verfassung in sich und in der Güte ihrer Absichten Mittel, wie die Geschichte lehrt, ihre Entschlüsse in das Leben zu bringen. Aber auch kräftige selbständige Autokraten regierten nur in wenigen einzelnen Fällen nach selbsteigenen Ansichten, gewöhnlich nach denen ihrer Staatsbehörden, die sie sich zu leiten begnügten, und nach Formen und Maximen, die sie vorfanden………

Einer Versammlung, die auf das Ratgeben beschränkt ist, fehlt es an Selbständigkeit und an Würde - in ihrem Ansehen wird daher die Regierung, wenn auch der gegebene Rat der genommenen Massregel beifällig ist, in der öffentlichen Meinung

利用這個民族的一切精神的和形體的力量，可以被這些力量所啓發，所加强——而不像現在只藉官吏來統治似的，在被治者方面只遇到冷淡，憎惡，甚或反對，而在官吏方面，也很少能够使他們反着輿論，支持自己，因爲官吏常是與輿論妥協，而使君主蒙其弊的。自治只是極少數的君主之命運：不過這些君主就在代議制下也照樣可以給其目的，找到正當的手段，把他們的決意實現出來，——如歷史所昭示我們的。不過就是發憤有爲，獨立不倚的獨裁者，也只是在極少數的情形下，才依照自已的見解來統治的，他們往往也是樂意讓官吏的見解，和他們所遇到的慣例和格言等，來領導自己的。

一個議會如果只限於供諮獻策，那它是缺乏獨立與尊嚴的。因而在這一類議會方面，縱然它所給的勸告正贊同所取的方策，而政府也不能在

nicht die kräftige Stütze finden, die sie in der freiwilligen Zustimmung eines selbständigen repräsentativen Körpers findet. So waren die Notablen in Frankreich und die sogenannten Repräsentanten, die bei verschiedenen Veranlassungen der Staatskanzler berief, totgeborne Surrogate vom Tüchtigen und Wahren, ein Spott des Volks. - Die ratgebende Versammlung wird ferner geneigt sein, nach Massgabe der von aussen einwirkenden Umstände entweder mit Lauigkeit zu handeln oder sich allen Verirrungen im Tadeln und Vorschlagen zu überlassen, welchen sie sich ohne allen Nachteil für das Ganze mutwillig überlassen darf, da sie für die auf ihre Beratung genommenen Beschlüsse nicht verantwortlich ist. Handelt sie in einem Geist wilder mutwilliger Opposition, so geschieht es, wenn kräftige und kühne Männer sie beherrschen, und dann steht ein missleiteter, in keinen Schranken sich haltender Körper dem Ministerio gegenüber, drängt ihm entweder andere, dem Verlangen der Nation gemässere Attributionen ab oder verbreitet in ihr allgemeinen Unwillen, der, wenn er auch nicht zur Anarchie führt, immer höchst verderblich ist.

輿論方面找到有力的支援，一如它在一個獨立的代議機關的自願的贊同方面所找到的。　因而法國的名士，和法國的首相在各種時機下所招集的掛名代表，就只成了「德性」和「眞實」的死的代用品，只是伞人民開玩笑的。　—— 此外，供籌獻策的議會，還易於依照外面的環境影響，而冷淡行事，或者在責難和獻議方面陷於種種錯誤之中；他們是可以大胆陷於這些錯誤之中，而不至貽全體以任何不利的。　因爲他們對於那因他們的建議而採取的決議，並不負任何責任。　他們如果暴戾恣睢的來反對政府，那麼那一定是因爲有大膽有力的人支配着他們，因而一個被誤領的，毫不受約束的團體就與一個內閣對立起來，而剝奪了他們那合乎民族要求的別的權限，或者在國內廣佈了一種憤懣，——這種憤懣縱然不至領到無政府狀態，也總是極度有害的。

* * *

Ich halte bei dem gegenwärtigen Zustand des öffentlichen Geistes und der allgemeinen Sittlichkeit die Pressfreiheit der Journale und Zeitungen für etwas Verderbliches, es gibt der Gewinnsucht der Verfasser und allen ihren nichtswürdigen Leidenschaften und ihrer Seichtigkeit freies Spiel, um die wichtigste Angelegenheit des Staates und der Kirche zu entstellen und entstellt vor den Richterstuhl des grossen eitlen, seichten Haufens "swinish multitude" zu bringen; Gegenstände, die nur zur Kompetenz ernsthafter, tüchtiger Männer gehören, müssen nicht an Teetischen, in Weinstuben, auf Bierbänken abgehandelt werden. Die Freiheit der Diskussion finde statt in denen Verhandlungen der Volksrepräsentanten, in ernsthaften, gründlichen Druckschriften, aber das lose Gesindel der Pamphletisten und Zeitungsschreiber bleibe gezügelt, wenigstens bis die gegenwärtige verwilderte Generation verschwunden und die neuen Institutionen tiefe Wurzel geschlagen haben. Auf einer weisen, aus der Geschichte des Volks sich entwickelt habenden Staats-und Kirchenverfassung muss die bürgerliche Freiheit beruhen, nicht auf dem

* * *

我認爲：就現在的「公共精神」和「一般道德」的狀態而論，刊物和報章的出版自由乃是一種有害的事情，因爲這就可以使著作家的貪得之心和其卑劣的情感與惡癖，自由活動，而把國家和教會的最重要的事務扭曲了，並且把那種事務扭曲的呈現在那虛榮而愚癡的大衆——「豬似的羣衆」——的法庭面前。凡需要誠懇有德之士才可以勝任的對象，是不能在茶棹上，酒館中，酒店橙上來討論的。討論的自由只應當限於人民代表的互相研討，和誠懇而貫澈的出版品，但是那一羣撰著小册和寫作報章的毫無紀律的榾徒，是應該加以約束的，至少等現在這個野蠻化了的世代消滅了，而且新憲法也植下深根以後，才可加以放縱。公民的自由必須建立在一種由人民歷史中發展出的聰明的國憲和教憲上，而不能建立在報章和散頁中那種易趨腐化的紙面基礎上。

papiernen, zur Fäulnis geneigten Fundament der Zeitungs-und Flugblätter.

* * *

Religiöse Sittlichkeit und Vaterlandsliebe sind die einzigen nicht zu erschütternden Träger des Charakters; ihrer Entwickelung und Befestigung bedarf der Mann, der sich zu höheren Stellen bestimmt und sie erreicht, noch mehr als der, so sich in den einförmigen Verhältnissen des Privatlebens bewegt, und er ist daher durch seine Bestimmung gebieterisch aufgefordert, auf jene Zwecke seine ganze Aufmerksamkeit zu richten. In grossen Situationen entscheidet Charakter mehr als Geist und Wissen: man kann anderer Geist und Wissen benutzen und muss ihn wegen der menschlichen Beschränktheit benutzen, aber den Charakter eines anderen kann man sich nicht aneignen, wohl sich ihm mit Aufhebung aller Selbständigkeit unterwerfen.

* * *

Die vollkommene geistige und sittliche Bildung eines Volkes besteht in der Bildung des einzelnen Menschen, in der politischen Entwickelung des ganzen Staats zur politischen gesetzlichen Freiheit.

* * *

宗教的道德和祖國的愛護，乃是可以支持品格的惟一不可搖撼的支柱。一個注定要居高位並達到高位的人，要比那在自己私人生活的單調關係中活動的人，更需要發展並加強這種道德和愛護，因而他是受他的使命的嚴厲命令，來刻刻注意於那種目的的。在重大的情節之下，品格比才思和知識還更可以有所決定。一個人可以利用別人的才思和知識，而且由於人類的限制（即不能遍知一切），還是必須要利用它們的，但是他並不能利用他人的品格，縱然他會拋棄了一切獨立性，而對別人五體投地。

* * *

一個民族的精神的和道德的教育，要想達到圓滿的程度，必須把各個人的教育完成了，並必須使全部國家在政治方面逐漸發展，達到政治上合法的自由地步。

Diese ist in Deutschland noch höchst unvollkommen, und daher entsteht in dem deutschen Charakter und Geist eine Lücke und Lähmung, die nur freie Institutionen und das öffentliche Leben, nicht die Schule allein zu beseitigen vermögen.

* * *

Volksvertretung halte ich wichtig zur Entwickelung der moralinsc hen und intellektuellen Kräfte der Nation; eine Konstitution ist wünschenswert, aber nur keine importierte, doktrinäre oder nachgeahmte, sondern eine aus dem Geschichtlichen, Eigentümlichen des Volks genommene, die Zeit und Erfahrung zur Vollkommenheit bringt.

在德國，這種教育還是極其不圓滿的，因而在德國人的品格和精神中，就發生了一種罅漏和麻痺——要想消除這種弊病，必須有賴於自由的憲法和公共的生活，單單的學校是無能爲力的。

* * *

我認爲代議政治對於一個民族的道德的和睿智的力量之發展，是很重要的，一種憲法誠然是値得希求的，但是我們所期望的不是一種輸入的，空論的，或模倣的憲法；乃是由民族的歷史和特性中所取來，而爲時間和經驗所完成的"憲法"。

處世箴言(續一)

Aphorismen zur Lebensweisheit

叔本華(Arthur Schopenhauer)著

關琪桐譯

第三章　論一個人的所有

偉大的幸福學說家，伊壁鳩魯，曾經正確而精到的把人類的需要分爲三類。第一就是那自然而必需的需要，這些需要就是在得不到滿足時便生起痛苦來的那些需要。因此這裏所需要的只是食與衣 Victus et amictus 兩者，這都是容易滿足的。第二就是那自然而不必需的需要，就如性慾滿足的需要：在戴珍尼的記載中，伊壁鳩魯并不曾將這一層表示出來；不過我在這裏已經把他的學說一般的加以整理，加以潤色了。這些需要的滿足是比較困難的。第三就是那既不自然而又不必需的需要。這就是奢華，侈靡，炫飾，燦爛的需要：這些需要是沒有窮盡的，因而是難以滿足的。（參閱戴珍尼哲人傳記第十卷，二十七章，一四七節。和一二七節；再參閱西塞鹿鳩的論一，一三）

在財產一方面，要確定我們的合理的願望之界限，是很困難的，雖然并非不可能的。因爲每一個人在這一方面所有的滿足并不依靠於一種絕對的財產數量上，乃依靠於一種相對的財產數量上，即依靠於他的「要求」和他的「所有」之關係上。因此，財產就其本身而論，乃是無意義的，正如一個分數只有分子而無分母似的。一個人如果從來不曾想到要求某些財物，那他就并感不到自己缺乏它們，因而他就是沒有它們，也可以滿足自己。同時一個人雖然比他富裕百倍，可是他所要求的如果有一件未曾成功，那他也就感覺自己是不幸的。在這一方面，各人都看到他所能以達到的事物，而且他的要求正是與這種視線攜手并進的。　當一個在他的視線中立着的對象，使他看來好像可以得到時，那他就感覺自己是幸福的；但是如果有意外的困難取消了他的希望，那他就覺得自己是不幸的。　凡在這個視線以外立着的東西都不能够影響了他。　因此，富人的大量財產幷不能使貧人心思煩亂，而在另一方面則富人的許多所有，也不能安慰他，使他不感到希望的失敗。財富就如海水似的，人愈飲它，就愈乾渴；名譽也是一樣。在損失了財富和繁榮以後，人們一起初自然是痛苦的，但是隨後他的心境就與先前的心情無大懸殊，這是因爲在命運把我們財產的成分減少以後，我們同時也就把自已的要求減低了。　在遇有不幸事件時，這樣減低自己的要求，乃是極其痛苦的；但是這種過程只要一完成了，痛苦就愈來愈減少了，最終還會毫不爲人所感到：那個創傷已經平復了。　反面說來，在遇到幸運之時，我們的要求原來所受的壓縮也就減除了，因而就都擴張開：這種拓張正是我們的喜悅所在。　但是這種喜悅也幷不能長久，等這種拓張過程一完成了，那種喜悅也就停止了：我們已經習慣了那推廣開的要求，因而對於那可以滿足此種需要的財產就毫不在意。　荷馬在奧德塞的一段中已經描寫過這一層，（十八卷，一三〇——一三七），現在我們可以引一節如下：

含生之倫，無殊萬千。
虛榮無極，惟人爲冠。
吉神降福，鼓舞騰歡，
不虞來日，將有大難。
悲神忽至，福神以竄，
沮喪任命，中心悲酸。——
塵世之人，心易變翻，
如彼天父，使日夜流遷。

我們所以不滿，其根源就在於自己不斷的努力把我們的要求的成分提高，同時另一個成分因爲不可搖動，却把我們的要求阻礙了。

人類旣然那樣需要繁多，而且他的生涯整個就成立於種種需要，所以我們就不必驚異，爲什麼人們重視財富，尊榮財富，比他對於別的，都更爲加甚，更爲誠懇了，而且我們也不必驚異，他甚至把權力也認爲是獲得財富的手段了。我們也不必驚異，爲貪圖的目的起見，他把其餘一切都放在一邊，或棄在外邊，就如以哲學自命的人把哲學拋棄了那樣。人們常被人責罰說，他們的願望主要的在於金錢，而且愛財甚於愛其他一切。但是因爲財富正如不疲倦的百綠圖 Proteus 似的(一)，時時刻刻準備把自己轉化成爲漫遊的願望和繁多的需要之對象，所以人之愛財乃是自然而不可避免的。其他一切的東西都只可以滿足一種願望，一種需要，類如食品只對於飢者是合適的，醇酒只對於康健者是良好的，藥品只對於病者是有益的，皮物只對於冬天是相宜的，女人只對於青年是可貴的。因此他們都只是相對的善。只有財物是絕對的善。因爲它不祇在具體方面滿足了一種需要，而乃在抽象方面滿足了一般需要。

人們在享有現成的財產時只可以把它視爲防止可能遇到的許多災患不幸的一個堡壘，而不當以爲自己從此就可以縱情任意求得世間的快樂，或者甚至非如此享用不可。有的人原來家中毫無資產，但是最後卻經由他的才能（不論是什麼樣的），而獲得了許多財富，因而他們往往誤想，他們的才能乃是恆常的資本，至於他們所賺的錢則是利息。因而他們就隨手化用，而不把所得的錢財一部分貯蓄爲恆常的資本，并且來多少錢，就用去多少錢。因此，他們就多半陷於窮困之中。他們的財源會阻息了或停止了，因爲他們的才能會枯竭了，而成爲不合時的，如一切美術那樣，或者因爲他們的才能只在特殊的情形下和場合下才可以有效，而這些場合現在已經過去了。共同從事於手工業者或者可以照上述的樣子來處分其所得；因爲他們的工作能力是不容易失掉的，而且縱然失掉也可以

(一) 譯者註：百綠圖係一海神，曾從海王得到了預知術。他常常出現在海岸上，求教他的人都那到裏問他去。他是不容易接近的，當人求教於他時他往往不願回答而立刻變爲種種形相。他可以變爲虎或獅子或者變爲一道旋風，一縷輕烟，一股流水。

藉其夥伴的力量所補充了，而且因爲他們的製作品恆常是人類需要的對象，所以它們任何時候都可以找到銷路。　由此看來，諺語所謂「一個有用的行業是一道金礦」那話就很對了。　但是說到任何藝術家和專家，情形便不一樣，而他們所以得到豐富的報酬，正是因爲這個緣故。　他們應當把它們的所得作爲本錢，可是他們却驕暴用事，只把它看做利息，因而就陷於沈淪之中了。　在另一方面，則那承受遺產的人至少完全正確的知道，什麼是資本，什麼是利息。　大多數人都想確保其資本，而不把它侵蝕了，而且在可能時還要至少把利息的八分之一貯蓄起來，以防將來的來源不濟。　所以他們大多數都可以保持其豐富之境。關於商人，這裏所說的話是全不適用的。　因爲他們看資金就是進一步收獲的手段，正如工人之視其工具似的：因而他們縱然是憑自己勞力才得到了資金，而他們也會藉利用資金，以求保持資金，增多資金。　因此，財富在任何階級都不如在商業階級那樣慰貼自如。

因此，一般說來，我們可以看到，那些親身與困難窮乏搏戰的人，對這些簡直不怕，因而他們比那只憑道聽途說才知道「窮困」爲何物的人們，要愛浪用錢財。　凡憑某種幸運和某種才能，驟然由窮困進於富裕的人，乃屬於第一種人，至於那生於富裕環境並長於富裕環境中的人則屬於第二類人。　第二種人比前一種人是多爲顧慮將來，而愛經濟節用的。　由此人們就可以推斷說，窮乏並不是十分壞的，如它在遠觀之下所顯現的樣子。　可是這種情形的眞正原因却在於：那生於富裕環境中的人，看財富是不可缺的條件，是使生命惟一可能的成分，正如空氣似的。　因此，他就保衛他的財產，一如他的生命似的，因而他多半是愛整潔，有遠見，而好節儉的。　至於生在貧窮環境中的人，則看窮乏乃是一種自然的狀況：因而儻來的財物對他只是一種多餘之物，只是供享受和浪費之用的：因爲當財富用淨之後，他們仍可以如先前似的往下過活，而且還少了一層顧慮。這正如莎士比亞所說：

那句古話是應當加以證實的：

就是說，乞丐騎在馬上是會使他們的馬奔馳而死的。（亨利第六，三　，四景）。

但是我們可以說，這一類人對於命運，對於那曾經把他們由窮乏中拔脫出的手段，却有一種堅定而過度的信託：這種信託與其說是在於他的腦中，不如說是在於他的心中；因而他就不如天生富裕的人似的，認窮乏的深淵是無底的，他想，人一撞在底上以後，還可以再度高升起來。由這種人類的特徵，我們還可以解釋了，那原係貧乏窮小姐的婦女，在做了夫人之後，何以比那帶來豐富妝奩的女子，往往還要誇張，還要浪費；因爲大部分說來，富裕的女孩不祇帶來財產，牠們比貧家的女子還帶來較大的熱忱，還帶來較多的保持財富的遺傳衝動。誰要有相反的主張，那他就可以在亞理士陶的第一篇諷諷中找到支持他的權威：不過約翰生 Dr. Johnson 却是同意我的意見的。他說：「一個富家女因爲慣於支配錢財，所以她能以謹慎用錢：但是一個婦女如果在結婚後，才初次運用錢財，那她就極其喜歡浪費，因而她就把錢財糜費虛擲了」。（見包斯維爾約翰生傳一七七六年，六十七歲記載）。無論如何，我可以勸告凡娶貧女的人，都不要把資金留結她，而只把利息留給她，尤其要特別留心，不要讓兒女的財產落在她們手中。

在我這樣勸告人們小心保持他們所獲得的或承繼的財產時，我絲毫不相信，我已用鄙賤之事污了我的筆鋒。因爲當人一涉世時，如果就有大批資金，足以使自己眞正獨立，不用工作，舒適度日，那確乎是一種無價的優勢，縱然他的資金只够他一人過，而不能供他贍養身家之用。因爲這樣就可以使人避免了并脫離了那種緊屬在人生上的需要和災疫，因而可以使人擺脫了一般的强迫服役，即擺脫了塵世上人的自然命運。只有在命運的這種寵惠之下，人們才眞是生而自由的人：因爲只有這樣，人才可以自主 sui juris ，才可以成爲他自己的時間和力量的主人翁，才可以在每一個清晨說，「今天是我的」。因爲同樣理由，那年入一千的人與年入十萬的人之間的差異，比起他同那毫無所有的人之間的差異來，也是小的無限的。 但是承繼的財產，如果落在天賦卓絕的人手裏，那它就達到它的最高的價値，（如果他所努力經營的事業是與財富的獲得不相融洽的）。 因爲這樣他就受了命運的雙倍的賦與，而可以依其天才來從事活動。他由此可以百倍償還了他對於人類的債務，因爲他可以完成了他人所不能完成的事業，幷可以成就了致福人羣，尊榮人羣的造詣。 另一個人在這種優越的境況下，又可以藉慈善的活動，使自己配得人類的愛戴。 但是一個人如果在這些事情方面絲毫無所成就，而且也不努力爲之，也從不藉精研一種科學，而使自己至少可以促進這種科學——那麼這樣一個人在承繼了財產之後，就只是一個虛度歲月而可鄙棄的人了。 這樣一個人也不能是幸福的：因爲他旣然避免了窮乏，所以他就陷於人類苦楚的另一個極端，即陷於煩膩之中，這種煩膩使他痛受了折磨，因而「窮乏」如果原來給與他以一些事情來做的話，那他反而該幸福多了。這種煩膩容易誘領他達到奢侈的地步，因而使他失掉了他所不配享有的那種優勢。 無數的人所以陷於窮乏之境，只是因爲當他們有錢的時候，都把它們消耗盡淨，以便暫時緩和了壓迫他們的那種煩膩。

但是一個人的目的如果是想在政治方面，登峯造極，那麼情形就大爲兩樣了。 在這裏必得需要恩寵，朋友，和聯繫，以便一步一步求得所欲，甚或求得最高的位置。 在這種生活中，一個人如果一文不名的擲在世上，那是更爲光榮的，尤其一個人如果不是貴族，而却富有天才，那麼他如果是貧無立錐之地，那就更是他的眞實的優勢，而可以增加其聲價了。 因爲人們在日常交遊中所企圖的乃是抑人揚己，至於在政治中當然更是如此了。 因而一個窮鬼在這裏正可以見風使舵確信他自己是完全無疑而澈頭澈尾的鄙卑下賤，毫無意義，毫無價値的。 只有他可以繼續不繼的向人鞠躬，只有他的鞠躬可以達到完全的九十度，只有他可以忍受一切，而對之大笑：只有他知道功勞德性全無價値：只有他可以用嘹亮之聲，特大之筆，把他的上司或有權勢者的拙劣文章，說爲傳世傑作：只有他懂得如何祈求：因而只有他可以及時深曉（幷且甚至在青年時代）歌德向我們所揭露出的那種隱秘的「眞理」：

「鄙卑黑暗，

不必心煩，

權勢在茲，

何怕人言。」——西東詩集

在另一方面，那些境況優越的人，則大部分是不屑乞憐於人的：他是慣於仰首直行，而未曾學會阿諛之術的；他甚或還以一種才能自傲，雖然他該知道，他的才能遠不及「庸碌無似」，「搖尾乞憐」，那樣可以得意。久而久之，他就認識了那些在他以上的人的低能下賤，而且到了受到侮辱之時，他還是不遜的或靦覥的。這樣並不是進身之道：不但如此，他最後還可以同傲慢的服爾德一致的說：「我們只不過有兩天的活頭，我們很不値得搖尾乞憐在可鄙的惡棍之下過度了它們」。但是我們可以順便說一句說：可惜！「可憐的惡棍」一詞正是可以應用在多得出奇的許多世人上的。由此人們就可以看到，尤文諾 Juvenal 所說的

家運貧窮才出奇，

欲謀高升實非易，

那話，在博學通藝之士的生活方面，比在鑽營奔競之人的生涯方面，乃是更爲有效的。

我不曾把夫人和兒女歸在一個人的所有中，因爲他寧是他們的所有。我本也可以把朋友歸在這一項下：但是一個有朋友的人，也同樣是被朋友所有的。

第四章　論人的地位，或別人對他的估價

第一節　論榮譽

由於人類天性中一種特殊的弱點，所以一般人都太於重視了自己在別人眼中的地位：雖然我們稍一反省就可以瞭然，別人的意見本身對我們的幸福實非必

要的。因此，我們就難以理解，當一個人看到別人對自己表示嘉惠的意見，或阿諛了自己的虛榮心時，他的內心何以那樣高興。你如果撫弄貓兒，那貓就叫起來；你如果稱讚一個人，那你就同樣必然的看到他的面容上有一種甜美的歡喜表情；縱然你的稱讚分明是一種慌言，他也歡迎，尤其如果你所稱讚的是他所自負的那一點。別人只要對一個人表示贊同，則他雖有眞正的不幸，并且只從我們一向所討論的那兩個幸福之源，得到一點可憐的恩惠，而他也是很覺安慰的：在另一方面，則我們又驚異的看到，不論你在任何意義，任何程度，或任何關係中，觸犯了他的自尊心，或對他表示貶抑，輕慢，或藐視，他總不可避免的感到厭煩，時常還十分感到痛苦。

如果尊榮之感是依靠在這種特性上的，那它就可以對於許多人的幸福成爲有益的效果，因爲它是可以代替了他們的道德的；不過對於人類的幸福，尤其對於與幸福最有關的「心理平靜」和「獨立不依」，這種性情的影響乃是擾擾的，有害的，而非必需的。因此，就我們的觀點說來，應當把這個弱點加以限制，并且藉適當的來反省，并正確的來估量，各種福利的價值，而盡力緩和了對他人意見所有的那種大的感受力，不論別人的意見是諂媚它的，或觸犯它的：因爲兩者都是繫在同一條線上的。若非如此，我們就成了他人意見之奴隸了：

貪求稱讚的人，是最容易被人弄得心緒煩亂或弄得趾高氣揚的。

因此，我們如果正確的衡量了一個人在自身并爲自身所有的價值，并且把這種價值同他在別人眼中所有的地位加以比較，那是很可以助進我們的幸福的。屬於第一項的有塡充我們生涯的全部東西，卽它的內面的實質，因而還有我們在論人格和論財產時所已經討論過的一切優勢。所有這些事情發生的地方就是我們的意識。至於要問我們對於他人是什麽樣子，則感覺此事的地方乃在於他人的意識：我們在他人眼中的樣子，乃是我們出現於他們意識中時的那種表像，和他們對於這種表像所發生的思想。（一）這種情形完全不是直接對我們存在的，只是間接對我們存在的，那就是說，當他們對我們的行事被那種意見所指導時，它才對我們存在的。就是這樣，我們也只在他人的意見影響了我們，使我們改變了我們自身時，我們才可以注意到它們。除此以外，別人心中的經驗，對於我們也是無足輕重的，而且我們對它們也可以漸漸淡然視之，如果我們充分知道了人類思想的浮淺虛妄，觀念的狹窄有限，情趣的渺小卑下，意見的扭曲不正，和許多人的多數錯誤；並且如果我們憑個人的經驗知道了，一個人如何貶抑另一個人，當他不再恐懼他，或者相信，那話傳不到他耳中時，尤其如果我們有時聽到，一多半傻瓜如何鄙夷一個最大的人物。由此，我們就可以看到，誰要認他人的意見有大的價值，那他就給與他們以過大的尊榮了。

無論如何，一個人如果不在我們前已論說過的那兩類福樂中，來尋求幸福，而只在這第三類中來尋求他，那就是說，如果不在他自身的眞實狀況中來尋求它，而偏在別人的思想中來尋求它，那他就只是求助於一種可憐的幸福資源了。因爲一般說來，我們的本質之基礎，因而我們幸福的基礎，乃在於我們的動物的本性。因而對我們的福樂說來，康健乃是最重要的，其次就是維持生活的資具，和獨立無憂的生計。尊榮，燦爛，品位，名譽，不論如何被人重視，都不能與那些基本的福樂互相頡頏，也不能代替了它們。不但如此，而且在必要的情節下，人們還可以毫無顧恤的拋棄了它們。由於這種原故，所以我們如果能夠及時承認了下邊這個簡單的眞理，那是很有助於我們的幸福的：那個眞理就是，每一個人的主要的，眞實的生活是在他自己的肉皮以內的，并不是在他人的意見之中的，因此，我們的眞實的，親身的狀況，就其被康健，性情，能力，進款，妻子，兒女，朋友，和住宅所能決定的範圍而言，對我們的幸福說，是比他人對我們所愛想的意見，重要了百倍的。與此相反的謬想，則只能使我們陷於

（一）地位最高的人，雖有種種燦爛，輝煌，炫耀，宏麗，和虛飾，可是他們還可以說：我們的幸福完全在於我們以外，它只存在於他人的腦中。

不幸之中。 如果人們大聲疾呼的說，「尊榮超過了生命」，那麼這話的意思就是：「生存和福利是不値什麼的，所重要的只有他人對我們的意見」。 這種說法雖然是一種誇張之詞，可是它却有一種簡單的眞理作它的基礎：就是，我們如果願意在人類中繼續前進，繼續存在，尊榮乃是絕對必要的，就是說，他人對我們的意見乃是絕對必要的。 關於這一層我立刻就要重新提到。 我們看到，人類在其一生所孜孜不休冒千幸萬苦努力以求得的一切事物，最後目的差不多都在於藉此把自已在別人眼中的位置提高，而且不祇官職，爵位，和品秩，就是財富，甚至科學（二）和藝術，所以被人研求，也是因爲同樣原故，而且人類所以活動的最後目的都在於求得他人的較大的敬重之心：這一層，很可惜的只證明了人類「愚痴」的偉大可觀。 過分着重他人的意見，乃是一種普遍的籠罩一切的錯誤。 這種錯誤也許是植根於我們自己的天性中的，也許是由社會和文化中生起來的，但是不論如何，它對於我們的全部作爲却施展了一種過度的影響，而且對於我們的幸福也施展了一種有害的影響。 這種影響我們可以在各種程度內追溯出來——它有時使我們對於他人的評論發生一種畏縮的奴隸的顧慮，有時可以使維金尼 Virginius（三）把利劍刺在他的女兒的內心，最後還可以誤領人們，爲身後令名，犧牲了平靜，財富，康健，甚或生命。 無論如何，這種謬誤給那統治人類或指導人類的人呈現出一個得用的把柄來，因此，在每一種御人術中，教人保持并加强人類尊榮感的那條訓誡，乃是佔首要地位的。 但是說到人

（二） 知識是沒有用的，如果別人不知道你有知識，Seiro taum nihil est, nisi to seiro hoc seint alter

（三）譯者註：維金尼是羅馬的一個百夫長。 他有一個女兒名叫維金尼亞 Virginia。當時十執政官之一亞庇，克羅德 Appis Claudius 愛上了維金尼亞，而設法把她遷在她所住的地方以外。克羅德的一個親倖竟稱她是一個奴隸的兒女，於是克羅德就以法官的資格下了判決，而把她交在一個服女手裏維金尼一聽這個消息立刻從營中回來，要求見他女兒，一見之後他就拔出劍來，刺穿了他女兒的胸腹。 他呼喊說：「爲保存你的貞潔，不使受污於一個暴君的肉慾和淫行起見，親愛的女兒，我只有給你這個了」。 維金尼隨後就跑到營中，手持血刃，令士卒假看。 士卒皆怒克羅德暴虐，於是起而叛變，推翻了十執政官制度。

們自己的幸福，（這正是我們現在所着眼的），則情形完全兩樣。而且我們寧可以勸阻人，不要過分重視他人的意見。日常的經驗已經告知我們，許多人正是極其注意他人對自己的意見的，因而他們注意這一層，比注意自己意識中直接對他們存在的事情還加甚；他們把自然的秩序掉轉了，而認別人對自己的意見才是自己存在的實在部分，至於自己的意識反而是自己存在的虛幻部分，因而他們就把導出的，次等的，認爲主要的，而且他們以爲自己的本質在他人腦中的影像，比這種本質自身還更重要。這樣直接估價那完全對自己不直接存在的東西，正是一種愚癡，這種愚癡人們曾稱之爲虛榮，這樣正可以標記出他們所努力的事情是空虛而無內容的。我們從上邊所說的就容易看到，他們正如貪財奴似的，因爲手段，而把目的忘了。

事實上，我們對別人意見所給的價值，以及我們對於這種意見的恆常顧慮，一般說來，幾乎超過了每一種合理的目的，因而這種恆常的注意可以看做是人類所遺傳的一種普遍的瘋狂。在我們的所作所爲中，差不多第一要顧到的就是他人的意見，而且我們如果仔細注意一下，就可以看到，我們所常感到的焦憂煩慮差不多有一半是由這種顧慮之心出發的。因爲這種顧慮正是自尊感的基礎，而且這種自尊之心因爲極其病態多感，所以是極常被人所觸犯的。就是我們的一切虛榮，一切僭妄，一切炫飾，一切誇張，也都是導源於此的。如果沒有這種顧慮貪求，則世上的奢華靡侈將不及現在的十分之一。一切驕心和榮譽不論如何種類，如何範圍，都依靠在這個顧慮上——它是尋常向人要求何種犧牲的呢！這種感情在兒童時已經表現出來，在以後每一階段也都存在，但是愈到後來它是愈强的。因爲當肉慾的能力枯竭以後，虛榮和驕傲就只有貪婪來分享其統治權。這種情緒最可以見於法國人方面，因爲這種情緒完全成了法國人的風土病，而常出現於最荒謬的野心，最可笑的民族虛榮，和最無恥的誇張中：因而他們的努力就慘敗了，因爲他們由此就成了他國人民的笑柄，而被人稱爲堂堂大國 grande nation。

為得特別闡明人類對他人意見所有的這種悖謬的，過度的重視起見，我們可以引證這種植根於人類天性中的「愚癡心理」的一個顯著例子；這裏因為奇特的環境和恰好的性格連合起來，所以這個例子是極其難得，極其高妙，足以描畫出這種鄙賤心理的，因為我們藉這個例子就可以完全衡量出這種極其奇絕的動機有如何大的力量。一八四六年三月三十一號泰晤士報，關於維克斯 Thomas Wix 的行刑有一種詳細的記載；維克斯是一個學徒，曾因報仇之故，把他的師父殺死。下邊就是那篇記載中的一段：「在行刑的那一早晨，監獄教士很早就蒞臨他。維克斯雖然神色平靜，却對於他的訓誡不感興趣。他心中所着意的惟一事情，乃是他如何可以在那觀看他的可惜結局的人的面前，極其勇敢的表現自己。——他的目的算是達到了。行刑臺緊臨着監獄，他去臺上時總得路過天井，在天井中他就說：「現在，正如道狄博士 Dodd 所說，我不久就知道那個偉大的祕密了」。他雖然手臂被縛，可是他毫不用人攙扶，就上到刑臺的梯上：在上去以後，他就向觀衆左右鞠躬，於是下邊那些麕集的人羣就報之以雷鳴的讚揚喝采」。

由這個絕妙的例子，我們就可以看到，人們眼前雖然有極可怖的死亡方式，並且還有永生在後，可是他的虛榮心仍然不退，他所顧慮的只是他給一羣觀衆所印下的印象，並在他們心中所留下的意見。同年在法國，那謀刺國王而被行刑的萊孔德 Lecomte 也是一個例子，他在審訊時，所最感覺心煩的，乃是他不能穿上文雅的禮服出現於上議院，而且即在他臨刑時，他所特別悲哀的乃是，人們不許他預先把鬍子剃了。這種情形即在先前也是一樣。這一層我們可以從亞利曼 Mateo Aleman 在他的名著谷滋曼 Guzman de Alfarache 的序言中所說的話看出來，他說，許多昏迷的罪人，不把臨死前的剎那獻於他們靈魂的福利，却反而預備一篇簡短的演說，預記在心中，以便在絞架上發表出來。——在這一類例子方面，我們正可以自鑒自識；因為巨大的事例總是可以給與我們以最清楚的說明的。所有我們的顧慮，焦急，煩燥，憂愁，煎灼，努力，在大多數情形下，都是有關於他人的意見，而與那些可憐的罪人一樣荒謬的。我們的妬忌和憎恨大部分也是由同一根源來的。

很顯然的，我們的幸福既然大部分在於心理的平靜和滿意，所以最能促進我們的幸福的，莫過於把這種衝動限制到，緩和到合理的限度內（它在這樣限制後將只有現在的五十分之一），并把那儘管使我們痛苦的針刺從我們的肉中拔去。這件事情是十分困難的：因爲我們在這裏所對付的乃是一種自然的天賦的悖謬心理。戴喜德 Tacitus 在其歷史四，六中說，「好名之心是一個聰明人最後才能擺脫掉的」。要想擺脫了那種普遍的愚癡，惟一的方法就是把它淸淸楚楚看成一種愚癡，并且爲求達這個目的起見，我們還當明白承認，他人的意見平常是如何易於成爲完全虛妄，悖逆，謬誤，荒誕的，因而是不值得重視的；其次我們又當看到，他人的意見在大多數事例下對於我們是如何不能有實在的影響的：再其次，我們還當承認，他人的意見多半是不嘉惠的，因而各人如果聽別人對自己所說的一切話，或聽人們談論他的腔調，那他就會煩惱得死了；最後我們還當注意，尊榮自身并沒有眞實的直接的價值，只有間接的價值。我們如果一般的受了轉化，而擺脫了這種普遍的愚癡，那麼結果，我們的心理平靜和愉快都會增加到不可想像的地步，而且我們的立身也都可以較爲堅定牢固，我們的行事也可以較爲坦然自在。一種恬退的生活對於我們的心理平靜有一種極其有益的影響，這種影響所以可能就在於它可以使我們不必恆常在他人眼前生活，不必恆常注意他人的意見，因而我們就可以復返於我們自己。我們由此就可以避免了那種純粹虛幻的努力（正確說來就是，那種有害的愚癡）把我們引入的許多實在的不幸，因而我們也可以較爲注意堅牢的福利，并且無間斷的來享受它們。但是 χαλεπα τα καλα（値得做的事情乃是難做的）。

第二節　驕傲

我們這裏所描寫的人性中這種愚癡，主要的有三個枝芽：就是，野心，虛榮，和驕傲。虛榮和驕傲的分別就在於：驕傲是對於自己在某方面的卓越的價値的一種確立的信仰。　至於虛榮則是想喚醒他人此種確信的那個願望，而且此種願望常伴着一種秘密的希望，希望他自己也可以得到那種確信。　因此，驕傲是內面的直接的自我珍重：至於虛榮則是由外面間接來求得那種珍重的一種努力。　因此我們就看到，虛榮使人饒舌，驕傲便人沈默。　不過虛榮的人應當知道，他所希求的別人的佳評，是容易經由不斷的沈默更確然的獲得了的，正無需乎自己宣傳，縱然他有極大的優點可以誇張。

一個想驕傲的，不能因此就成了驕傲的，他頂多只能裝做驕傲，而且他也會立刻拋棄了這種脚色，正如他拋棄了他所扮的別的脚色似的。　一個人只有在對於自己的卓犖的優長和特殊的價値，有了一種堅固不移的內心確信時，才可以成爲眞正驕傲的。　這種確信也許可以錯誤，或許只是依靠在外面的傳統的特權上的，不過這也無損於驕傲之人，只要這種驕心是實在的誠懇的存在的。　因爲驕傲既然植根於「確信」之中，所以它就如一切知識似的，不受我們的任意所支配。　驕傲的最兇的仇敵——我指的是它的最大阻礙——就是虛榮，因爲虛榮乃是希求他人的讚同，以便把自己的佳評建立在其上的，至於驕傲的先決條件乃是那預先存在的確信。

驕傲平常是被人責斥，被人嚇住的：不過我想，責斥驕傲的人，多半是那毫無一長可以驕傲的人。　在一般人類的鄙卑無恥，愚癡頑梗之前，凡稍有一長的人都應當把那種長處念念在心，以便不致把它完全忘却了！因爲這樣一個人如果老實隨和，忘了自身，而與庸流爲伍，好像自己也與他們完全同類似的，那麼他們一定會誠心誠意把他看做是他們的同伴。　我特別願意向那具有最高特長人勸告這一層，（所謂最高特長就是那眞實的，并純粹個人的特長），因爲這些特長并不如品位和爵位似的，一時一刻可以耳聞目睹被人回憶起來：若非如此，那他們就會具體證實了羅馬人所謂 sus Minervam （豬教導文藝女神了）。「你如果與奴隸開玩笑，那他立刻會把脚後跟擺露出來」，乃是亞剌伯的一個卓越的成語，而且霍拉斯所說：「要求你所配享的令名」那話也是不當拋棄了的。但是謙遜的德性對於愚人却是一個有利的發明：因爲這種德性使人人在談說自己時，好像自己也是一個愚人，這眞可以把智愚之分痛快的剷除了，因爲這樣結果就好像：世上除了愚人，就沒有別的。

最賤的驕傲乃是民族的驕傲，因爲這樣就洩露了那被此種驕傲所擾的人，自己幷沒有可以驕傲的性質，若非如此，他就不會求助於他與千萬人所分享的那種特長。一個具有重要的個人的特長的人，反而更可以最清楚的看出他的民族的錯誤來，因爲那種錯誤是恆常在他的眼前的。但是每一個可憐的愚人，因爲完全沒有可以驕傲的東西，所以他在窮策之餘，就以他恰好所屬的那個國家來驕人；他是極其樂意「手足胼胝」來衞護他的民族的一切過錯和愚癡的。就如你如果談說英國人的頑固偏執，而對之表示它所應得的鄙視，那麼五十個英國人中也沒有一個人會同意的話：假如有一個人，他一般說來也總是一個有頭腦的人。

德國人是沒有民族的驕傲的這就證明了人所宣傳的德國人的誠實無欺；但是那些在可笑的方式下裝做驕傲的人們，則正與此相反，就如德國兄弟會 deutsche Brüder 和民主派就是這樣的，因爲他們是阿諛奉承人民們，以便把他們誤領了的。人們曾說，火藥是德國人發明的，但是我却不能同意這個意見。里奚登倍 Lichtenberg 問說：「一個人如果不是德國人，他從不冒充德國人，而一個人如果冒充的話，總是冒充法國人或英國人，這是什麼道理呢？」

復次，個性是比民族性遠爲重要的，而且在每一個人方面，個性是應當比民族性受到千倍多的注意的。民族的特質旣然是涉及大衆的，所以你就不能誠實無欺的給它許多讚頌。不但如此，而且人類的渺小，悖謬，和惡劣，在各地都各各表現出不同的花樣來，而人們所稱的國民性正是指此。在厭惡了此一個民族之後，我們就來稱讚彼一個民族，隨後我們又連彼一個民族也拋棄了。每一個民族都嘲笑別一個民族，而且他們都是對的。

這一章的內容乃是我們在世界上所扮的脚色，或我們在他人眼中的樣子，它可以，如上所說，分為三項，即尊榮，品位，和令名。

第三節　品位

品位，在大多數人和傖夫的眼中雖然極其重要，而且它在國家機械中雖然極有大用，可是我們在這裏可以簡短的了結了它。　它乃是一種因襲的價值，而且眞正說來是一種僞造的價值。　它的效果乃是一種喬裝的敬重，而且這事情全部乃是對羣衆所演的一場喜劇。　勳章正如向「輿論」來支取的匯票似的：它們的價值是有繫於支款人的信用的。　它們可以代替償金，而給國家省下大宗用款，除此以外，它們還是一個完全有用的制度，如果它們的分配是本乎愼審和公道的。　因為羣衆雖然有眼有耳，可是他們幷沒有別的，他們很少有判斷力，甚至也很少有記憶力。　許多功勞是出乎他們所能理解的範圍以外的，有的功勞在一起初是被他們所承認，所歡迎的，但是隨後就又忘記了。　因此，我覺得，人們應當藉一個十字或星宿，時時處處向人宣揚說：「這人幷不如你一樣：他是有功勞的」。　但是這些勳章的贈與因為不依公道、毫無選擇，幷且數量太多，所以它們就失掉了這種價值。　因此一個國王對於勳章的賜與應當極其小心謹愼，一如一個商人對於匯票的簽字似的。　在十字章上往往鐫上 Pour le mérite（紀功）：字樣，那實在是一種贅語，因為每一種勳章都是應當為紀功而製定的。——這是無需乎說的。

大城市的問題(一)

(這些問題的科學研究之需要)

Notwendige Erforschung der Grossstadt.

海爾巴哈(Willy Hellpach)著(二)

胡雋吟譯

我曾經把各處的大城市都稱爲是一種偉大堂皇的同時又是罪惡有害的現象，這確實是人們對大城市能夠認可的一個唯一公正的判詞。當然，所謂「大」城者，並不是按照統計學上的意義(Statistisch)而定——那就是說不是凡城市有十萬或十萬以上的人口——就算確實是個具有大城市特徵的大城。就生活的方式而論，有許多人口超過十萬的地方曾能將其中型城(Mittelsadtcharakter)之特性保持到一個長的時期。可是在另一方面，有些居民少於十萬的工業城市反而具有一個大城市中所有的種種不良之點。當然，當一個城鎮有了二十五萬或二十五萬以上的人口時，牠的生活方式一定必需要有大城市那種生活的樣子。德國全國總人口四分之一都生活在其本質具有這種大城特徵的城鎮之中。幾乎是三分之一的人民是生活在有十萬多人口的城鎮中，六分之一的居民是生活在超過五十萬人口的大城市中，十一分之一居民是生活在兩個更大的柏林和漢堡(Hamburg)巨市中。

大城市是內外雙方都是堂皇偉大的。僅就大城的廣袤來看，就可產生一種外表宏大的印象，牠那廣大的面積，那一大排一大排的房屋，一羣一羣的人民，

(一) 譯者註：譯自 Forschungen und Fortschritte 12. Jahrg.1936, Nr.9, S.113—114.

(二) 譯者註：關於著者身世請看中德學誌二卷三期五三六頁摘譯之註文。

許多的商店和車輛，晚間的燈光，它的動作的速律 (Tempo der Bewegtheit)。因此種種，有一個時期這種大城市有一種不可思議的影響，甚至於那些對大城市起了反感而不喜歡住在大城市中的人也是一樣受到牠的影響。但此外表較重要的是大城內面的偉大堂皇之點。此點係基於大城市與牠那全部充份發展的文化之間的不可分離的關係上面。凡是文化在牠們初期的時候，大概是附着於鄉村和皇廷中；可是較晚期的文化，我們常發現牠們是由於許多大城市之發展和生長而產生的(文化的發展和大城的發展是互相有關聯的)，那些文化高的大帝國的京城常常就變成爲大城市，甚至於當這個城市並沒有希望着要有這種變動時，牠也自然就變成了大城（如華盛頓，海牙）。統轄正在發展的德國，即『第一帝國』(das erste Reich) 的第一位國王亨利第一 (Heinrich I.)，他是負有"城市創始人"的歷史頭銜的人(不管嚴肅的學者們是否以此說爲公正)。並且在千年後的第三帝國 (das dritte Reich)雖然反對人民擁遷到城市中，雖然還訂出清清楚楚的程序把城市的居民送還到鄉間，但是，在每年舉行常年大會的女恩倍(Nürnberg)仍有四十萬人口，在政府所在地的柏林仍有四百萬居民，至如國社黨運動之首都明興(München) 也是有七十萬的數目。

大城市的罪害是心理和生理兩方面的。就心理方面(Psychologisch)說：巨大的城鎮是怕陽光的生物之堆積所，是專業罪犯和妓女們居處地，（比較害少些的流浪者是鄉村的現象），是大批品格不可靠的人和度『夜生活』(Nachtleben) 的人們的寓所。在大城市中人們的生活方式，一部份是直接的被以下幾種事實所形成，這種事實不是很堅實的生根在本鄉土的傳統上，而是由於流行的表面好奇（不是眞興趣），由於各種感覺的急速變換與所有各種各樣精神及肉體的刺激的變換，由於彼此休戚相關之感情的崩解和由於一種紳士架子 (Snobismus) 與自我主義(Egoismus) 所形成。但是比這個更重要的或者可以說是大城市的生理方面的 (biologisch)罪害，那就是說民衆活潑潑的生命力漸被以下的幾種情勢所毀壞了，如：急促和神精過敏之緊張，白日作工和夜生活的奔波，光線惡劣和通氣惡劣的房屋，遠遠的離開了大自然，尤其是生殖率的低降——這種低降大概多不是因爲主觀的心理的因子而是客觀的心理的因子所致（那就是說不僅沒有繁殖的欲望而且亦缺少從事繁殖的能力）。

這是很明顯的，像這類的聚積物我們是不能讓牠發展的，必須加以抑遏。德國(如英美)一樣由於大城市之偏重的發達頗感受痛苦。一種出乎常態的大部分的人口是遭受到了這種大城市之惡害的影響。在大戰之前德國有個野心，要使每個中型城鎮必須達到十萬人口的水準。好像能這樣就可以驕人了。這個野心雖是錯誤的，可是人們不能過於決然的去反對牠。但是假如在這方面若是用另外一種完全與此不同的心理態度，那麼在土地屯墾方面——特別在東德意志——一定更能獲得大的成功，並且在將來一個時期，或者要建立起一個新殖民地帝國(Nenes Kolonialreich) 並將要把很大的一批國家民族吸收了去。假如我們用此種方法每年減少兩千人，在兩代之內，能把在統計數目上具有大城市資格的城的人口數從佔全國四分之一的數減到六分之一，那麼我們人民的福利一定會有極大的增進的。但是即或如此還要有一千萬或者一千二百萬或一千五百萬德國人仍然要生活在大城市裏的。

因爲這麼大數目人民註定的要留住在大城市中，所以必須要對大城市進行科學的研究，並且甚而必須較今日所進行的還要更澈底周密的去從事研究大城市內之生活情形及這種生活情形所生的影響。

有兩方面我們必須在此特別加以簡單的敘述：—

(一)大城市的人類學 (Anthropologie der Grosstadt)。這裏生出三個主要的問題：—

(甲)是否有一種合於人類學中之某一定型的人民，他們原來居住在純粹鄉村風味的區域或村鎮之中，後來會被吸引到某種大城鎮中（中型城，城鎮，城市，巨城）去生活？　然而，不幸，今日我們僅知道似乎是：最有稟賦才智能幹的鄉村居民(按最合理論所按排的型式)都是離開了鄉村而被城市吸引了去。但是他們只能算是趨入到城中居民裏很少的一部份，並不能算是成羣離鄉們的全體。爲解答這個問題我們必須對於趨入城鎮和城市生活的全體人民加以研究。或者艾科史退梯(von Eickstedt)的『種族診斷法』(Rassendiagnostik)在此點可以發揮牠的效驗。這種方法在人類學研究者的方法中算是第一個可稱許的辦法。比馬丁的『種族測量術』(Martinsche Messtechnik)較爲優良。

(乙)就全體而論大城市的氣象，特別是牠那十分特殊的輻射光線和流射物的情形（城區和其天空間之霞霧，瀝青馬路的表層和牠與土壤間的鋪道材料，小巷，天井，房屋和只能射進微光幾乎沒有紫外光線可以射入的工廠），這種氣象情形是否會產生一種「生理學」上和「形態學」上的特種形態的居民？猶如山獄地帶，海岸，沙漠帶等地所產生的特種形態的居民一樣？是否這只是與城市情況共同長久的一種現象形態？或者是城市氣象影響了生長的形態(Genotyp)？變換了這生長形態？破壞紊亂了這生長形態？我們將在此處看出可能的生殖能力的生理之衰弱(卽大城市的『生殖力的罪害』(generative Bösartigkeit)的中心問題發生出來了。

(丙)在大城鎮中同族人(Blutsverwandtschaft)的存在和繁綿能到多麽長久？到大城鎮中來的新居民是寧願與城鎮中的家庭結婚嗎？在大城市中有些老舊的家庭嗎？老舊家庭是在那一階層發生的（社會人類學的問題(sozialanthropologische Frage)？這些家庭的年代有多麽老久？當考慮這個問題時，當然我們必須把婦女和男子用平等的看法，都當計算在內，並且也不能只是固執在同一的姓氏上去考慮。雖然目下所有的這類事件之探討是很重要的，但是我們決不能把每個大城市都看作爲典型的，例如德國首都柏林就是特殊的。我們一定要把老城市和新城市的區別找出來（所謂『老』城市者是百年以前卽存在的，並且最近五百年中都相對的變成了大城市（那就是說以相對的人口密度爲衡量）。並且此外我們還必須澈底的去研究那些中型的大城市（大概人口在十五萬到五十萬之間的城市）。

(二)大城市的社會心理(Sozialpsychologie der Grosstadt)：社會裏的下賤的人們(Auswurf)——罪犯及娼妓——很早就是科學研究的對象了。　但是去研究數百萬工作勤苦且誠實和有效率的城鎮居民也是有同樣的重要，因爲在現在他們佔全國人口四分之一到三分之一。　這些人民所領導出的生活之特點，是由五種特別的城市因素表徵出來：(一)人數多，(二)像他們那樣的擁擠成羣的狀況，(三)變換不定，(四)許多式各樣的個人彼此都很生疏互不相識的情形，(五)生活有許多方面。　我們可以用一句話將這些情形總括起來如下：——城市生活之洪流是由於一個數目極大的不同的份子所構成，他們彼此很緊湊的擁擠在一處，變換很快，彼此之聯係既非由於血統的關係也非由於相知的友誼關係，並且其性質是特別的各不相同。　這種情形包含着許多罪惡之果，如：缺乏人類之聯繫(Unverbundenheit)的自然的傳統的基礎，缺少社會的義務，整個的是以物質利益之過度的肥脹(Hypertrophie)代替了人性的修養（這是指實際情形而言並非按修辭學上的意思）。　我們也發現了那渴慕變換，盲目羣棲的本能，但是把其他本能却丟失了。（即對家畜而言也發生了牠們本能之丟失，城市生活使山鳥候鳥至幾代之內就變爲一種定居的鳥了；或者有一天牠們要變成爲一種不能鳴的鳥了。）　但是這五種因素，也使新移來的居民在難以置信的速度下，就同化成爲有一定居處的居民特徵的主要的因素。　新移來之居民漸漸的變成爲喜好城鎮生活，並且也漸漸的印上了同樣的特性(三)

在這種方式之下我們龐大的德國城鎮曾能夠保存他們所卜居之區域中之居民的典型性格（可崙 Köln 是萊因河的 Rheinisch，漢堡 Hamburg 是下撒克森的Niedersächsisch，明興 München 是巴燕的 Bayrisch 其他等等的），亦就是在

(三) 著者註：在我所研究的題目『習慣與性質』(Standort und Wesensart) (Zeitschrift für industrielle Psychotechnik, 1934)中，我曾試着更較詳細的去描述這種程序。　並且在我的講演「社會身體的習慣對於心理身體性質之構成的影響」(Der Sozialphysische Standort als Gestaltungsfaktor der psychophysischen Wesensart) (Kongress der Deutschen Gesellschaft für Psychologie, Tübingen, 1934)中也曾談到此點。

這種方式下這種城鎮之日常語言，漸漸的被一般德國人當作爲這一個特別省份人民的典型方言了（如萊因的，巴燕的方言等）；在實際上比那一省眞實方言更典型的乃是在城鎮區界以外地方的土話，這種土話其他省內的德國人很難懂得，並且它們彼此各處之間的差異太大，也不能够使它成爲一大省的代表語言。那很是一件有意味義而可歡迎的事，就是：方言學 (Linguistik)(俗語 Umgangs-sprache) 和民間傳說 (Volkskunde) (城鎮風俗Stadtbrauchtum) 已經起始注意到以上所說的這種重要的現象了，這種現象是有一種標誌，能够表示出來大城市的『偉大之點』的歷史的事跡，及大城市在一種特別的方式下具有可以代表國家能力的史質，（並且因此牠特別的適於作爲首都等等）。在近代民族國家凡具有大帝國的性質愈多則這種能力是愈重要。德國的城市大部份仍是保留在種族部落 (Stamm) 時代的京城式樣（如明與 München 史圖加特 Stuttgart，可崙 Köln，德累斯頓 Dresden，布累斯勞 Breslau，科尼斯倍 Königsberg）。所以他們能够避免太過度的集中化（如柏林），他們曾幫着去保留德國國族的生活和文化之充實與豐富 (Fülle) 和變化多方 (Farbigkeit)，但是同時却又要能够將各種不同的小城鎮和各地方的風俗語言混合了，由此則可能的使各種太不同的份子聯合成爲舉國一致的國家。現在根據社會心理和國家心理的觀點來看，我們可以明瞭了這種成就是不能忽視的。但是這個並不能阻止我們去反對大城市之過度生長。事實上只有用這種研究討論的幫助，我們纔能發現如何起手去從事這種事業。我們不能就這樣的便能廢棄了德國大城市，我們必須試着去限制其生長之速度和廣度，並且我們也必須盡可能的速度去連根剷除掉那種使每個城鎮變成爲「像似大城市一般」之種種事件的野心。

此二者之外，還有第三種罪惡，就是依附在這類大城市中之生理和心理的危險。但是永遠不能用抱怨和講演去應付眞實的危險的，只有對牠的本性求得淸楚的智識纔行。科學的研究可遏止疾病之傳佈，而且若不是對於生殖作有科學的研究就不會有優生的進步的希望。科學能够克服在大城市生活中所產生之生理和心理雙方面的很多的損害。譬如說：爲了我們要去探討大城市人口傳代方面所受的損害這種智識，和我們要去找出治療這種害處的方法，則「城市風景」的氣象學和生物學（這是從近代地理學上所介紹的來一個觀念）可以說是十分有決定性的重要的。(四)

(四) 著者註：關於健康（也有心理健康）方面的城市合理設計之數條標準原則請看我所著的"Geopsyche" "Aufgaben einer Geurgie"，最末一節。一九三五年第四版特別請看第一四八節及一四九節 Klimaschöpfung及 Landschaftsschöpfung。

法律學的現狀(一)

Zur gegenwärtigen Lage der Rechtswissenschaft

希培爾 (Ernst von Hippel) 著(二)

竹一新譯

最近幾十年來，世界上發生的主要事件，要算戰爭，革命和經濟崩潰。這些事件，給法律學也造了許多問題。在這研究與進步 Forschungen und Fortschitte 上面，也屢有著名專家，各就其所長，對於這些問題發表過意見。細讀這種文章，覺得他們好比是對外行人說明農業，工廠，鑛山或學校是什麼似的。現代生活，極端分歧，瞭解別人所做的事，是人類精神上和肉體上的共同生活的前提。這樣看來，這種精神上的開導，是具有莫大的價值的。

然而那要求我們再進一步去探討背後情形的因子，却與其說在這些事件本身上面，倒不如說在這些事件的發生過程上面。因爲這些事件是像雷雨般，像洪水般，像暴風或火災般襲擊了人類的。爲防止這些災難起見，人類便建築了堤埇。今日的人類即站在這些堤埇背後。人類雖然費了九牛二虎的力量去防守，但是人類對於這些災難的發生所站的地位，一般地說來，却是被動的。因爲人類雖然除自然人的資格外，還帶上人類的自由站在這些事件之中，但是這些事件，從全體上看來，好像是來自外面的自然現象，好像是不假人力即降臨到人間世似的。

現代的這些煩惱，是平白擺在人類面前的，人類只得忍受，或至多只能加以組織罷了。現在這個事實——現代人的內部感情也適合於這個事實——，不能

(一) 譯自：Forschungen und Fortschritte, 16. Jahrg. 1940, Nr. 25/26. S. 284—286

(二) 著者是科尼斯倍 Königsberg 大學公法和法學理學教授。

不使法律學深趨沈悶。 法律學雖然不直接和外面的自然界發生關係，而只和人類共同生活發生關係，但是這個共同生活却是人類根據自由，顧慮將來而提出的要求。 那麽，正在法律學的範圍內，問題好像來自外部，具有自由的人類好像無權過問，自始卽被强迫，這是怎麽可能的呢？ 再者這一代人和上幾代人的行爲，都在這些事件裏面，那麽人類對於這些事件，怎麽能够如同對於雪崩所肇的災禍一樣，毫不感覺責任呢？

我們現在對於這些問題，當然不暇詳答，但是這個解答却表示法律學已經誤入歧途，並且是中世以後所謂「名目論者」Nominalisten 對於「實在論者」Realisten 得到「勝利」Sieg 以來卽走錯了路的。 按實在論者主張，概念表示實在，而名目論者則認爲概念只是名目，只是單純的「目的設定」Zwecksetzungen。在這論爭背後，是存在着比這兩個理論陣營的單純形式討論更重要的意義的。實在論者在概念上堅持超感覺的神世界的存在與其客觀價值。 這種神世界，是阿奎諾 Thomas von Aquino 一類的人，由下而上，經過一番思索所達到的境地。 神世界的門，只向阿奎諾一類的人開啓着，神世界具有一種超過概念之外而只有高超的直覺能够認識的深奥秘密。 反之，在名目論者方面，則人的「自我」das Ich，已經脫離了舊的客觀體系，名目論者不過在傳統的意義上感覺到這些客觀體系的拘束力而已。 於是，「外界自然」die äussere Natur 和「內部思考力」das eigene Denkvermögen， 在名目論者便成爲世界的兩極了。

在法律學裏面，這個一百八十度的轉變，表示曾經在法律概念裏面主持秩序——這秩序歷來被認爲非人類所能任意過問——的一切因素，已經慢慢消滅。因此，高出自然法和實證法之上的神法的槪念，便首先消滅了。 歷來「啓示」Offenbarung 的事實和基督教生活體系的思想，是藏在神法概念後面的。 宗教改革 die Reformation 一起，基督教信徒遂行分裂。 同時聖經的權威解釋旣廢，眞正有根據的聖經解釋又付闕如。 因此，法律學便和神學脫離關係，而逐漸成爲結合於外界的國家權力的單純機能了。 這是在十九世紀完成了的一個過程。當時連「自然法」das natürliche Recht 也被認爲一個怪物，並且因爲自然法是純粹的哲學問題的緣故，牠便被認爲「非法學的」unjuristisch 了。這一階段，可以拿皮拉圖斯 Pilatus 的疑問「何謂眞理？」Was ist Wahrheit？來做指標。因爲這一階段，是由名目論思想在「唯物論」Materialismus 裏面得到勝利時開始的。名目論思想，如今甚至認爲「眞理」die Wahrheit 也不過人類所樹立的一個目標了。就法律學而言，這便表示自然法已經落後，已經失去了意義。現在自然法可以說只成一個法律概念的古董，而保持其由思考技術想像出來的毫無內容的存在。留存下來的，便是「實證法」das positive Recht。實證法從前只包括法律行爲的一部分，那就是既不受啓示的支配，又不受眞理思想的支配而歸人類立法權節制的部分。

法律學回到實證法，雖然表示法律學擺脫了陳舊羈絆，但是仔細檢討起來，却未始不可以看出這裏隱藏着一個禍患。那就是：法律學，以前可以說是「神學的女僕」Magd der Theologie，但是從此以後却變成「唯物論自然觀的奴隸」Sklavin einer materialistischen Naturauffassung 了。關於這一層，如果培根 Bacon 在許多地方可以認爲現代「法律實證主義」Rechtspositivismus 的鼓吹人(三)，那麼在這裏也要重行出現名目論和盎格羅·薩克森 angelsächsisch 世界觀的舊關係了。

從實證主義的立場看來，「法律」Recht 這個概念，是指那些內容不受約束，而根據國家意思卽人類恣意發生效力的規定而言。名目論提倡近世自由思想，反對單純的教會權力。但是「自由」Freiheit 否認了超感覺的東西，便成爲「恣意」Willkür，而使人的主權去代替神的主權了。然而他方面一切自由却以人是否和「天國」Reiche der Himmel 相結合爲轉移。按天國由上而下，向塵世灌注那在外界自然本身中不能發現的東西，並且只有這個東西可以使塵世

(三) 參看希培爾 Ernst v. Hippel 著：培根和唯物論國家思想 Bacon und das Staatsdenken des Materialismus，一九三九年。

擺脫自然約束(四)。 因此，如果取消自由，否認超感覺的東西，人便不能不像普羅梅泰斯 Prometheus 之被緊於岩石那樣，被緊於失去神性，變成單純物質的自然了。 這是一種屈服，拿法律實證主義的說法來說，便是；立法官雖然「可以」darf 做一切的事，却礙於「自然法」Naturgesetze，不「能移」kann 做一切的事。 「法律科學」Rechtswissenschaft 既然在「法學」Jurisprudenz 這個名義之下變成單純的「目的論」Zwecklehre，認爲精神世界超過法律範圍之外，那麼關於現實世界的事，主權便必然要成爲法律學的眞正主宰了。

經過這個名目論的轉變之後，因爲「人定法」Rechtsgesetz 也和「自然法」Naturgesetz 一樣，同指一種來自外部的力量，人定法便和自然法大行接近了。這一層，我們可以從因果觀察在法學名詞裏所佔的勢力明白地看出來。 非但所謂「因果關係」Kausalzusammenhang 本身如此，便是「法律效力」Rechtskraft，「法律效果」Rechtswirkung，「法律上之不可能」rechtliche Unmöglichkeit 等概念和「無效論」，Nichtigkeitslehre，也往往枉曲人類自由的問題，使之變成因果律上或邏輯上的必然性的產物(五)。 這個法律學上的名目主義，要算在所謂「純粹法學」reine Rechtslehre 裏面，達到了最高峯，同時表示了眞面目。因爲法律在純粹法學裏面好像是一個整套的邏輯網，這裏只有一個不合理的因素，是在這個系統的未確定性裏面。 決定這個未確定性的，是當時的「強權」Macht。 強權便根據「基本規範」Grundnorm 去任意決定法律的性質和內容。於是由外面加以強制的專制權力，便和一種由內面強行「邏輯上」logisch 的合法態度的數學方法結合起來。

法律名目主義的弊病，要算在於牠所引起的法律思想的野蠻化裏面。 但是

(四) 關於自由問題，請看施泰納 Rudolf Steiner: 自由的哲學 Die Philosophie der Freiheit。

(五) 參看希培爾 Ernst v. Hippel: 有瑕疵的國家行爲問題的研究 Untersuchungen zum Problem des fehlerhaften Staatsaktes 第二版，第三十一冊，三十五頁以下和希培爾 Fritz v. Hippel: 法律行爲上的個人自治問題 Das Problem der rechtsgeschäftlichen Privatautonomie，一九三六年。

實證主義已經認爲「拘束力」Verbindlichkeit 和「强權」Macht 是不能分開的概念。一俟統治權力被宣佈爲法律權力，一俟統治權力的任意意思被宣佈爲法律意思，「可以」Dürfen 的問題便隸屬於「能够」Können 的問題之下，「可以」便彷彿消滅在「能够」裏面了。今日的學生被問到某警察處分的合法性的時候，其實是關於「可以」的問題，也大半恐怕將以警察「能够」如此如此做或「不能够」如此如此做相答。這便表示拘束力和法律的問題，就是在這裏也被一個唯物論的自然概念所吸收了。

「可以」的問題和「能够」的問題的混合，表示思想的混亂，同時思想向精神道德發展的路綫即被打斷，思想便只在有關外界自然的範圍內爲人所承認。另一方面，法律思想既受自然的約束，法律內容又可隨意決定，這就激成了開頭所說的僵局了。試舉一例來說，現在根據各國的「意思」Wille]發生拘束力的所謂「國際法」Völkerrecht 便是如此。但是這個意思，在法律實證主義看來——按法律實證主義不是由精神和心靈出發，而是由單純的「肉體人」Leibesmensch 出發的——，不過是一個「經驗意思」empirischer Wille 罷了。因此，今日的國際法便也是想在「惡」das Böse 上面樹立「善」das Gute ——就是人類的和平的和正當的共同生活——的一個企圖。肉體人的意思是利己的。「利己主義」Egoismus 的產物，只有一切的人對於一切的人的鬪爭。實證主義一方面背離生活的眞正秩序，在精神上造成「無政府狀態」Anarchie，造成霍布斯 Hobbes 之所謂「自然狀態」Naturzustand，一方面却又想由外面拿自然法之所謂「强制」Zwang 來整頓在內面引起的「混亂」Chaos。但是這裏也有强制爲何目標而來的問題，因爲實證主義是專關心强制的效果的。法律觀察的最後目標，不在國家要什麼上面，而在國家「可以」dürfen 和「應該」sollen 要什麼上面。

即使現代的危機表示法律學彷彿在新和舊的過渡點上，法律全體的思想也不應該消滅而只成一句空話。但是這裏必須要明白，一切法律都與善有關。即使某一個統治「權力」Gewalt 把牠的單純的强權意思制定為法律，也沒有惡「法」Recht 存在的。 於是人類便又不能不把眼光放到在中世消滅了的較高的秩序上去，而用一個新法子——就是從自由出發——，去恢復那秩序了。 否則人類將把法律和人類固有的特質一併失去，而成為死的自然概念的奴隸。 便是不由抽象的定律出發而由歌德 Goethe 之所謂「原現象」Urphänomene 出發的眞正自然科學(六)， 也早已開始離開這死的自然概念了。

(六) 參看費耶阿邊特 Oscar Feyerabend: 有機學的自然觀 Organologische Naturauffassung, 載研究與進步 Forschungen und Fortschritte 第六期（一九四〇年）。 此外還有哈特曼 Otto J. Hartmann： 地球和宇宙 Erde und Kosmos，一九三八年。

世界人口增減問題(一)

Übervölkerung oder Volksschwund

堡德非 (Friedrich Burgdörfer) 著

金舞侯 譯

英國研究人口增減問題之有名專家麥爾脫斯 (T. R. Malthus)距今百餘年前(1798)曾發表一文，彼之學說以爲按照大自然之演進人類生殖率日增將超過世界食物產量而有供不應求之患。 此問題曾引出許多論文，贊同者有之，反對者有之，在十九與二十世紀爭辯甚烈。

麥爾脫斯於一七九八（距今一百四十年前）第一次發表其成名之文"人口原理問題"("Essay on the Principle of Population")其中論文及各國人口之概數如下：

英三島	約一千六百萬人
意大利	約一千七百萬人
德國	約二千三百萬人
法國	約二千七百萬人
俄國	約三千五百萬人

按上表觀之，當其時全歐人口共有一萬七千五百萬。 全世界人口在一八〇〇年共有六萬萬。

麥爾脫斯後百年（十九世紀）世界上人口有特別顯著之增加，自一八〇〇迄

(一)節譯自：Forschungen und Fortschritte 11. Jahrg. 1935, No. 34, S. 433—434

今一百四十年之間增加三倍有奇，即由六萬萬增至二十萬萬，尤其在歐洲。雖經移民至美洲約有三千二百萬及受第一次歐戰死亡之損失約有三千萬——然其人口仍自一萬七千五百萬增至五萬萬，其增加率亦超過三倍之多。

在麥爾脫斯當時以世界將有人滿之患甚為恐懼，但至今以事實判明並不足慮，因現今世界人口雖較麥爾脫斯時增加三倍有奇，而不可思議的大自然付予吾人生活需要之元素不但不感受缺乏而反出產過剩，即就今日世界產額計，可供六十萬萬——八十萬萬人之需用，按照世界今日之人口倘可增加三至四倍，且無可慮，況以科學之協助，產量且正蒸蒸日上。

但現今世界，有許多人正在提倡節制生育，違反自然之演進，尤其歐美各國，行之甚衆，以前麥爾脫斯所耽憂者，更可不致發生，惟節制生育不但影響人口降低，而民力亦隨之減少。

較近世，人口生產率，已顯特殊減低之趨象，溯自法國革命及拿破侖戰爭之後，漸漸延展至歐洲西部，中部，而北部，現更延及意國與歐洲東部，及世界各國，即人口原已最少之國亦在提倡減少，如美國平均一方公里有十五人；澳洲一人（但德國平均每方公里一百四十人）。

試觀人口生產比較圖，即可看出在歐洲東部人口緊密，而愈西愈稀少，吾人若就事實，而製一歐洲各民族生產統計表，如在"人民無青年"(„Volk ohne Jugend")一書所載：日耳曼民族國家（歐洲中西北部，荷蘭除外）之生產率銳減，已不够水準，在法國人口生產率之結算，結果亦是減少，在歐洲其他國家雖有時生產率增高，但距水準亦相差甚遠。

按現在人口生產及死亡率作比例，而以理論來估計，則將來自二十世紀下半期，全歐及澳美二洲之白種人，必有顯著之銳減，如此，則二十世紀後期，生存之人民，因受人口減少之影響，定必多為老年人，可無疑義。

關於減少死亡，在歐洲各國，已作到盡美盡善，達於極峯，故僅以減低死亡率，為補救人口之增加，實非有效之策，在德國尤甚，故唯一而無疑的補救方法，仍在生產問題。

生產問題，究有補救方法否？ 此則在乎，如何勸敎，而使人民出乎自願，以前羅馬帝國時代，對此問題，曾經甚爲重視，但以其無確實統計，並以爲成功甚易，故爾終歸失敗。

「人民政策」之施行，亦必如其他任何政策相同，必須在政治領袖監督下而實行之，其目的最要者有二點，厥爲'量'與'質'，量的方面自以愈多愈佳，而質的方面更須優秀，但此兩點，在歐洲知識階級人民，甚難辦到，尤其德國，以現時紀錄來看，最優秀之人民，往往多較次優秀之人民生產率爲低，但如何能使其相反，而令最優秀者生產率較高，此爲吾人惟一之目的。

新德國所採之人民政策，最低限度，以達到人口量數增多而且優秀爲目標，玆就一九三四年一年記錄視之，其人口自九十五萬七千達至一百十八萬一千，其增加額爲二十二萬四千人，約達百分之二十三，尙距水準百分之十五而至百分之二十，雖然如此，已可補彌已往三十年來生產之減少，關於此點，即可爲一明證，不獨德國如此，即全歐各國人民，仍甚健康，不須藉用外力，尙堪自增產額。

以前麥爾脫斯之學說，雖盛倡一時，但至今已一蹶不振，另一方面，對於人口減少之補救，吾人應極力設法爲之，總之，吾人希望德國人民，對此問題，要努力使之成功，幸勿歸於泡影。

五十年來之汽車(一)

50 Jahre Kraftwagen

麻綽 (Conrad Matschoss) 著

董遂曾 譯

行駛大地道路上以汽力推動之各種乘具，約計有三千五百萬輛之多。藉製造汽車從中得工作與獲利者，計有數百萬人之多，藉自優良道路運輸材料分配，以至於近代輸油站而得有工作及利益者，又有百萬人之多。自有汽車以來，雖祇有半世紀之久，今日吾人對之已認爲不可少。實際於一百六十年前，法國已試用一具空氣壓縮机，行駛載重車。在英國則汽車與鐵路同時發展，惟爾時道路尚未臻完善，致汽車不能發達，而人尙是好乘火車。奧國亦曾竭力試驗，利用內燃發動機推動汽車，然無結果可言。

今日汽車之進步，實創始於戴木珞 (Gottlieb Daimler) 氏，因該氏曾首先創造快速內燃發動机，汽車幾一律裝備之，因之此位士瓦本 (Schwäbisch) 籍之技師博得吾人今日汽車史上第一之地位。

戴木禮氏乃一烤麵包師傅兼葡萄園丁之第二子，一八三四年三月十七日生於魏登倍 (Württemberg) 彼肄業於小學校與拉丁語言學校，曾學習鎗匠手藝，嗣又在機械工作机製造廠充一名工匠，藉此竭力節儉，積有餘資，遂入斯圖加特 (Stuttgart) 城工藝學校肄業該校即目後本地之工科大學是也。嗣後該氏曾在國外服務，充當專門工人，工人頭目與師傅等職，歷數年之久，待彼回德國之後，曾充石台格 (Steige) 河津蓋斯林根 (Geisslingen) 城機械工廠之機師，後又

(一) 譯自：Forschungen und Fortschritte 11. Jahrg. 1935, Nr. 35/36, S. 458-459.

在雷特林根 (Reutlingen) 孤兒院機械製造學校充工廠主任，後又充卡爾斯魯厄 (Karlsruhe) 機械製造公司技術總管。 瓦斯發動機創造者歐突(W. A. Otto)與耶根(Eugen Llangen)聘迎戴木珞在其獨逸慈(Deutz)地方瓦斯發動機公司爲技術監督，該氏對於瓦斯發動機之建造，極度研究，使其於較大範圍內，得施行其適宜之工作，並委任其前在雷特林根所結識之助手邁巴氏爲構造處指導者關於工廠之專門工作人員，概係來自魏登倍與挨爾薩斯 (Elsass)兩處，於是便成立一能力強大大工作團。 戴木珞與邁巴在獨逸慈對於製造內燃發動機曾立有準確技術之基礎，該項基礎日後實可爲其私人工作，於新途徑上達到甚大之結果。

戴木珞氏於 (Gottlieb Daimler) 一八八二年決獨行創辦，彼曾獲得可觀之資財，遂移往斯圖加特城之康斯達(Cannstatt)居住並在濤本海姆 (Taubenheim) 街十三號地區之宅傍，建設一規模甚小工廠。

邁巴 (Wilhelm Maybach) 氏係於一八四六年二月九日生於海爾布崙 (Heilbronn)，乃細木作之子，父母早喪，養育於雷特林根之孤兒院，在此依其志願，造就成爲機械製造者，戴木珞識彼之後，頗重其才能，後竟成爲其最親密之助手，至是戴氏仍邀彼爲股東。 第一部按照戴氏計劃製造成就之快捷。 試驗發動機，乃出於一位鑄鐘兼救火機製造者之手。 平行式汽缸爲青銅製造者，火車輪因迴轉數之大，故用鍛鐵製造之，發動機工作時，需用空氣以資冷却，此種第一具戴木珞式之發動機於八月十六日方告完成，並裝置於木座之上，從茲實驗，便行開始。 同年十一月復造就一具用縱立式汽缸之較大發動機，由一八八三年二月十六日起，此種戴木珞式發動機，遂獲得德政府批准特許爲第二八〇二二號之專利品焉

專利品執照內，曾說明此項發動機，乃係用一種熾熱球以爲燃燒作用。 熱汽缸壁，需用相當壓力，始能令所混合之煤氣與空氣發生燃燒，熾熱管僅供開駛應用。 但實際上，當行駛時，尤其在野外， 熾熱管不能付諸闕如， 利用此種燃燒發動機，迴轉數每分鐘可增至九百之多，在効力上之比較重量藉此可極度減

少。歐突氏曾自訂其氣壓機。迴轉數每分鐘可能達至九十之多，四程迴線機之迴轉數，每分鐘可達至一八〇轉，斑慈 (Benz) 氏於其回憶錄內書有製造第一具汽車時，曾用電氣燃燒，迴轉數每分鐘可達三百之多。裁木珞氏曾經預擬創造一種小型輕快內燃發動機，効力甚佳，足爲汽車事業上之發端。第三具發動機係縮小機體用圓形箱殼裝璜之，於一八八四年見於應用。此種發動機日後用雙輪車裝置，並在其康斯達住宅花園內舉行試車。一八八六年已見有裁木珞氏四輪汽車行駛於康斯達及斯圖加特兩城市，汽車座位之中央裝置單汽缸之發動機，約合$1\frac{1}{2}$馬力。摩擦結合爲傳送汽力於二速率之轉齒輪，每小時可行十八公里之路程，所用空氣冷却法，日後用冷水冷却法。

約於同時代斑慈 (Carl Benz) 氏在曼海姆 (Mannheim) 地方，曾製造二程迴線汽機，並製造有汽油發動機，裝於三輪車上，彼之對於汽車發達上非常重要之生活工作，便因是而發軔焉。

一八八九年裁木珞氏汽車與裁木珞氏發動機小汽艇，曾陳列於巴黎京城之第一次世界展覽會，一八九〇年，更有四座位之汽車發見於交通，而車輪之轉動，係用皮帶以爲連絡，大型發動機裝飾箱係懸吊於車架之後方，有如行李箱相似。斯時車輪之橡皮輪係採用實心者，並須用一豎立式汽油箱之壓力以扳手管理，使其轉動。一九〇〇年始產出一種汽車，第一座『墨西德』(Mercedes) 車，其外表形式與今日之汽車，實已相近。此種汽車發動機，裝置於車之前面，車架形式，長而低，發動機之裝備係用噴汽機，被調節之啓閉門，與蜂房式之冷却機。其交替齒輪與調節齒輪，亦均示有進步，空心橡皮輪於一八九五年已產出，於一八九八年始由裁木珞氏定爲人乘汽車應用之標準焉。

裁木珞氏卒於一九〇〇年三月六日，享年六十六，汽車前途之發展，自非該氏所得參與。不幸天奪其年而其所預擬之發展亦不得實現矣。

邁巴 (Wilhelm Maybach) 氏尚得充分參與工作，歷二十九年之久，於一九二九年十二月二十九日與世長辭，享年八十四。

德國學術協進會之成立及其發展(一)

Enstehung und Entwicklung der Deutschen Forschungsgemeinschaft

曹 京 實 譯

德國學術協進會 (Deutsche Forschungsgemeinschaft) 的原來名稱是德國學術救濟會(二) (Notgemeinschaft der deutschen Wissenschaften)，是在一九二〇年十月三十日成立的。 今年是牠成立的二十週年紀念。 恰巧今年在柏林——石額哥利茲 (Berlin-Steglitz) 又成立了一個研究館。本文的一部分材料是由於訪

譯者註：——

（一） 譯自英文版 Research and Progress ，七卷，一期。 一九四一，正月——二月出版。

（二） 德國學術救濟會的發起人及第一任會長爲非得利・史密特・奥特 (Friedrich Schmidt-Ott)。 於一九二〇年他創立德意志學術救濟會，不僅對於德國學術界有無上的貢獻，並且還儘救濟會力量之所能及，以促進國際間科學之共同工作。 其規模是非常之廣大。

他將畢生精力傾注於學術，曾獲得大學各科之博士學位，甚至還獲得工程科學之博士學位。 一九三〇年當他七十誕辰之際，德國學術界將德國學術五十年來之進展分門別類作一總括的敘述集成一册名爲五十年來的德國學術(Aus Fünfzig Jahren Deutscher Wissenschaft) 作爲他的七旬誕辰的紀念册。 並擬於其誕日將總括一切學術榮銜之「全科博士」(Doktor Universalis)學位贈與他，又擬授他以「學術領袖」 (Procurator der Wissenschaften)或「學術樞衡」 (Moderator der Wissenschaften)之尊號。 其在德國學術界之地位於茲可見了。 梅榮曾謂德國科學家之爲人：「處境甚苦而立志甚高，雖遇貧困而處之怡然，蓋其心目中視科學爲道義上之事業，故鞠躬盡瘁，以從事其間，苦樂非與所計，與信徒之以身殉教者等。」 德國學術救濟會於史密特・奥特領導之下將此等精神可謂充分表現。 ——關於史氏之詳細紀事可參看中德學會出版之五十年來的德國學術。

問德國學術協進會會長門澤爾教授 (Professor Mentzel) 所得來的。從這些材料我們可以對於這一向不被人注意的德國學術研究的中心機關看到一些有趣味的事實。

自從德國學術協進會成立以來，這二十年的光陰對於德國學術研究的進展頗具有重大的關係。在一九一四至一九一八大戰之後，德國的學術已萎縮到不景氣境地。但是經過這番不景氣之後，德國的學術又復活起來，並且範圍非常之廣大，開闢了許多新的研究工作。這些工作都是前人所未作過的，不祇具有純學術的內在價值，並且對於工業，工藝學及德國再整軍備也證明出其非常的重要及實際的效用。德國學術協進會常常的幫助德國科學界。或由本會學者幫助研究，或借與本會儀器，或對於需要大量金錢的研究計劃補助資金。有許多很重要的發明都與該會二十來年之工作有密切關係。但此種情形爲數太多本文不能一一述及。現在，該社之中央辦事處與國立研究委員會 (Reichs-Forschungsrat) 已取得密切合作，共同負責向各種科學研究工作加以金錢的幫助。凡任何方面之科學研究如遭遇問題，而想解決，都可得到資助。所以受到這兩個機關的幫助的事業爲數很多。該協進會的會長同時即是國立研究委員會的副會長。由此可見該會與德國學術研究「總設計部」之密切關係了。

上段曾提到訪問門澤爾社長，在作此訪問時他曾特別注意到這個研究會的名子。「德國學術救濟會」這個名稱在此際眞是名實相符，恰與門氏所云。因爲在戰後通貨膨脹，經濟崩潰——所以到此地步均是因爲凡爾賽條約加與德國所不能擔負的經濟條件所致——如果沒有這個學術救濟會恐怕德國的學術也要一蹶不振了。

在一九二八年該會更改現在這個名字。更改名稱正是象徵德國情況之改善。這個幼孩是爲應付急難而生，其生時正遭遇德國最艱苦的時代，但是現在長大了，已經超越過了他降生時所流行的一切困苦而且發展成爲德國學術政策的主要份子。但是當我們賞識該會現在所達到到的這些成就的整個價值時，我們千萬不要忘了牠產生時的境況。 自牠成立以來，在行政方面雖有許多改變，但牠的創辦人在創辦牠時所立定的理想以及使牠日趨發展的一般政策均未更變。所以爲了對這整個情勢得一淸楚觀念，我們必須暫時回顧一下，並且考慮考慮救濟會的創辦人所不得不去鬥爭的兩個大困難：第一，在戰後德國學術所遇到的艱難，第二，挽救國家，維持將來生計與將來之發展的責任交與誰去擔負的問題。 在彼時那種艱難的情勢很是嚴重，而其中最明顯最急迫的是學術的，大學的，公共的圖書館。 因爲在戰爭期間及大戰之後，這些圖書館不能從外國得到書籍與雜誌。 尙不止此，由於資金的缺乏，凡德國的學術出版物之維持出版已到了危險境地。 因爲通貨膨脹，出版品的本錢極重，並且由於同樣原因，私人訂戶也不繼續訂閱雜誌，訂款大減使原來的困難愈加困難。 沒有可供發表文章的雜誌如何可使學術研究的結果爲人所知呢？ 因爲經濟崩潰以致國家貧弱，而科學本身，其向前之進步也因此而感到了危脅。 因爲缺乏新的儀器，及缺少改進舊器具之必需的原料以致各方面的研究工作都停頓了。 試想，不僅得不到原料，並且當於地理學家，考古學家及藝術歷史家因爲有政治的阻礙及缺乏外國貨幣而不能出國遊歷時，則學術之研究又怎能够不被忽視？ 生物學家又如何能得到他的研究材料？ 由於戰爭之本身生出許多問題，不僅是與武器之科學有關係，並且與精神的各種學術，營養的生理學等等亦有關係。 這種事實固屬眞確，但是，路上所從的阻礙是如此之多，在一出發就令人覺到恐怕不能達到目的地，試問由戰爭所興起的那些問題又怎能進行去研究呢？ 人才是很充足的，工作的人們也在那準備着——青年亦然——但是缺乏工具。

恰在此時「救濟會」來救援了，並且其工作一直繼續到今日。 甚至到後來雖然境況已比較穩定，但是像這類的會社仍然有其存在的必要。 因爲，以先用在學者們所組織的學會及學術機關的款項，現在全移用在教育方面了，所以對於範圍較廣，野心較大的研究計劃，如果仍由政府機關負責，則政府的預算將要擔負過重。 因此，學術，教育，國族文化部決定：各學術機關的研究費均由「協進會」支取，不再爲牠們設立固定的預算。　這筆研究資金的支配權握在國立研究委員會之專家手中。　他們不僅有權分配各機關的經常費，並且還負責去提議新的研究計劃及發起新的研究工作。　其實以金錢去資助各機關所作之學術研究，不過爲該協進會所作之許多活動中之一端耳。　尙有其他無數問題均是由該會之合作而得到解決。　蓋此類問題其性質較難，非藉助學術團體之合作則無解決之望。　在近年來，在此諸問題之中，其最顯著的，厥爲與重整軍備有關係的一些問題。　眞的，如果不是德國科學家努力幫助，虔誠合作，若干年來孜孜不息，則德國實不能作重整軍備之想。　四年計劃也生出許多問題需待解決。　雖然如此，雖然以上這些工作都是對於國家極爲重要，然而該會所資助的各種科學探險隊仍得照舊工作未受阻礙。

受德國學術協進會資助的研究探險隊中，其曾得到舉世讚美的是魏根額（Wegener）的格陵蘭（Grönland）探險隊，此隊所得的科學結果恰好在此際全部公佈，及興都庫什（Hindu-Kush）（譯者案：興都庫什山在阿富汗境內及境外）探險隊，由於這次探險，獲得了數百種我們以先所不曾知道的野生的植物，這些野生植物都與我們現在用人力培養的植物屬於同種，因爲此次的探險而得以看到牠們天然的形態，並且該探險隊也曾作了不少植物配種的試驗。　除這兩隊之外，獲有令譽的還有大氣現象研究的旅行隊。　此外，如卓越的人種學家高爾拉申博士（Dr. Kohl-Larsen）所研究出來的豐富的結果也決不可忽視。　由於這個研究，才使我們對於史前的非洲殖民知識得到完全新的曙光。　同時，德國在一九三八年至一九三九年所舉辦的南極探險也同樣的不應忽視，因爲由於這次探險，用雪橇及飛機竟發現了一百多萬平方粁的領土。　這次探險成績甚多，其一便是對這塊土地得到一幅準確的地圖，這是以先所沒有的。　並且還有許多別的發現。　本文開首曾提到訪問門澤爾教授，他曾說：在此次戰爭之後，南極探險仍然要再舉行，這回的主要目的是去發現廣大的捕鯨場，這個對於德國的新捕鯨船隊是非常重要的。　他又接着說：德國學術協進會所幫忙的不是僅僅用金錢去資助探險隊，並且還供給工具以便研究者們將他的研究的結果公佈於世。現在且舉兩個例子來看，費希額（Filchner）曾預先得到了一筆印刷費，斯文赫定（Sven Hedin）曾得到一筆贈金俾他能够完成他所設計的中亞細亞地圖册。

訪問者曾詢問該會對於健康政策之興趣。當答此問題時，門澤爾教授宣稱：在最後三年，曾盡極大的努力訓練熱帶醫生以爲將來之用。凡欲專研究此門的醫士，有許多人均到德國著名研究機關及海外的熱帶機關去受訓練。同時，這些受訓的醫士之中，有些人們已經得到機會親身到殖民地去獲得必需的經驗。還有，該會對於毒瘤之研究也曾施與很大的幫助。在這方面該會有最新的治療方法及器具，這個不僅外科醫生，醫生及生物學家受到益處，就是物理學家與技術家，也同樣的受到利益。在事實上，凡是研究機關如感到資金缺乏，德國學術協進會永遠去加以援助，還有比這個更重要的，是：凡不能希望在較短期間得到結果的研究工作，牠也仍然肯與資助。因爲凡是必須經過很長期間的試驗才能得到得結果的研究工作，私人的發起力是不够充分的。

像以上所說的這類長期試驗的工作，現在有一件，受該社的資助已有數年之久，就是：將現在的煤末機器再加改良，使牠達到內燃機器之理想形式，就如同燃燒原料——煤—— 一樣，並且不須有什麼大的變化就能將牠變成力能。現存的惟一尚未解決的困難是去發現一種充分耐久的工作材料。在原則上說，煤末機器是早已造成了，在實用上說，牠早就能工作很長的時間。但是必需的經久力仍待努力去完成。門澤爾會長表示他的信念說：有經久力的工作材料的問題將來也能够解決。無論如何，祇要戰事一完，就要努力進行解決這個問題了。

另有一件非常重要的工作，就是今年所完成的德意志民間傳說，風俗，迷信等之地理圖册。這件工作之所以能够繼續不息而達成功，完全是德國學術協進會的力量。這本圖册包括哈建茲（Harmjanz）及羅和（Roehr）兩位教授的論文，並附有一百多張地圖，對於德國的風俗，土語及地方特點表現無餘。這樣的工作對於歷史的研究有極大的幫助，尤其對於德國人民之遷移有關係的問題之探討更有助益。　自從將第一次發出的問題表開始編纂之時起，共用了十二年的時間這個工作才得完成。　並且有二萬自願幫忙的人從全國各省貢獻他們的知識。　從極小的村莊收集報告，這些報告所牽涉的問題都是些關於「乳酪」或「瓢蟲」這類名詞的地方名稱，或某地方所用的農車牠輪子上的輻確實有若干根！　事實上，這本德國民俗圖所包含的與民俗有關係的材料，比以往所收集的多多。　所花的費用達一百五十萬現在的德國馬克。　如果沒有德國學術協進會的幫忙，像這樣的大規模的研究工作是不能去想的。　這個機關產生在國難嚴重時期，使德國學術得免於滅亡，且使之發展成為今日之狀態——使其成為國家創造能力之一種工具——所以我們很可以說：因為德國獲有這樣的機關，所以她比其餘世界各國佔先了一步。

德國的勞作服務(一)

(German Labour Service)

艾戴爾 (Fritz Edel) 著

曹京實 譯

德國勞作服務想要完成的任務，第一個是將國內青年聯合在一起變成爲一個眞正的共同生活的團體，沒有階級的區別。 以勞作服務的夥伴精神排除階級間及信仰間的隔柵。 這羣青年不受任何自私的野心或利益之支配。他們之中的每個人都是在設法去謀整個團體的幸福。 對於他的勞力沒有絲毫的金錢報酬，他肩起鍬來去改良德國的土壤，於是國家的富源便因之而增加了。 礦工之子，官吏之子，教授之子，農夫之子，肩並着肩一同工作，並且就這樣地才學得了族國(Nation)與社會主義這幾個字的實在義意。 無論他們再回去作什麼樣的職業，他們都能清清楚楚地意識到一種眞理：工作不僅僅是掙錢的工具，並且也是國民生活的道德基礎。由於勞作服務中的工作，全國青年都被引導着去切實地瞭解一種事實——凡工作卽高貴。

勞作服務的第二個任務是使德國不必再由國外向國內入口食糧。 當於將勞作服務所擬定的二十年工作程序完全實行之後，德國將要得到一個新的省分，這個省分是由土地的開墾而出現的。 並且這一切都是要經過和平的努力而完成的。 所以，將來德國一定能够以本國的出產充充足足地使全體人民均得飽食。寬廣空曠的卑溼之荒地及沼澤之地均將用奮勉熱情之勞力將牠開墾。 將來要修築許多水堤並且將要從海邊爭出來可耕種的土地。 將要使農田立定基業，將要

(一) 譯自柏林海陸出版社(Terramare Office)所出單的行本。

把菲得利大王（Friedrich der Grosse）所說的話證實：「凡以先曾產生一個穀穗的地方，現在如果有人能產生兩個，則那個人所供獻給國家的功勞比一位元帥獲了一場大的勝仗還要大。」

德國勞作服務的歷史所表現出來的是一個運動的發展，這個運動在乍一開首就與「漠不關心」及「誤解」相鬥爭並將這兩個困難克服。向前進行的每一步，都包含着一種不可遏止的奮鬥力使中心思想成爲事實。第一個勞作營（Labour Camp）是由德意志青年運動（German Youth Movement）而起，這是在第一次世界大戰後數年間的事。在一九二九到一九三二年，在這個期間當於失業人數達到極點之時這個運動是擴大了，但是同時這個運動忽然中斷，而內部也分裂渙散了。僅僅在一九三三年以後，這個運動才漸漸地被領導着使牠受到統一的管理。由那時起，牠才在永久的基礎之上有系統地組織起來，並且被承認爲是國家的一種制度。

在大戰後不久，青年學生，工人和農人都個自建立自已的勞作營。這些勞作營是一種精神的具體表現與證明，這種精神催促着這些個青年爲他們自已找工作並且回到田間去開墾土地。然而當此之際，離開農田的人數依然有增無減，城市人口乃因此而增加並且同時失業的人數也加增了。德意志國家社會主義勞工黨（German National Socialist Labour Party）是一個採用青年運動的原則的政黨，並且在一九二八年時他們在國會動議引用普遍的勞作服務制度。但是，在彼時掌握政權的國會對此動議竟未順利地接受。雖然如此，這個運動依然前進不已。在一九三〇年希特勒（Adolf Hitler）與希爾（Konstantin Hierl）起草成一套明確的規則。這套規則就其關於目的與宗旨的基本大綱而論到今日仍然有效。希爾在彼時所負的責任是在國社黨之內組織勞作服務。在那個時候他寫道：「勞作服務所顯示的是一些事務，這些事務與以抵對失業爲目的及由一時之困難而生的暫時應付辦法不同，並且也比那個更爲偉大。強迫勞動服務的觀念是一種合乎邏輯的發展，並且在強迫教育及全國國民服兵役之中也實行着這種觀念。 每個德國人必須爲其國家而工作，必須爲保衞其國家而戰鬥。 强迫勞作服務必須變成爲一種責任，這個責任是在求德意志青年的光榮而以向國家服務表現之。 其宗旨決不是向私人的企業供給賤價的勞力，並且牠決不可變成爲爲使工資水準降低而由國家實行的一種競爭的事業。 由於强迫的勞作服務在國民政府指揮之下乃可以有一支工作的軍隊，這個軍隊將要實行一些偉大的公共工作去爲國家的經濟利益而服務及爲國家的文化及其他公共利益而服務。」

因爲遭遇到增加不已的失業問題，及因失業而生的道德的及社會的不幸情形，乃於一九三一年爲建立及推進志願勞作服務而頒佈一些法規。 這種志願勞作服務是由政府來監督的。 但是這些個法規在心目中並沒有任何清楚而明確的目的，並且尤其是牠們的目的並不在訓練青年從事於公民應盡的義務。 政治的，宗派的及社會團體的和會社們都各有其自已的勞作營，這些勞作營的組織均以他們自已的原則爲標準。 這個運動的政策與行政整個地缺乏統一。 在那些個記名於志願勞作服務者之中有一部分人是在家中過夜僅僅當於白天在一起工作的時候才與他們的同伴相聚。 另外一些情形是志願工作者生活與睡眠均在勞作營內。 這個志願的勞作服務之管理及督率均操於德國勞工交換及失業保險所(Reich Labour Exchange and Unemployment Insurance Office)之手。 這個機關維持這些個勞作營的目的，是以牠們爲供給失業青年及那些有權利得到政府失業救濟金的人們的職業之一種暫時辦法。 法律曾載明志願的勞作服務所擔任的僅是一些附屬工作。 這條規定之意義是被解釋的很寬泛並且是各式各樣的。 有一部分人主張沿着路邊修築脚踏車路和整理公園是與勞作服務法規所企望的目的相一致。 另一派主張其工作應基於資本主義的原則，成件作工論件拿工錢。第三派主張以賤價的工資僱他們去替代那些能工的工人。 這個運動仍在發展中。 在一九三一年十二月在志願的勞作服務中記名的是六千八百十人；但是在十二個月之後數字竟陞到二十四萬一千七百六十六人。

在一九三三年希特勒內閣所採取的明確的政策使勞作服務得到統一的可能，

並且爲其將來的發展也立下了淸淸楚楚的路線。　在這個志願的勞作服務的組織之內希爾曾建立許多宿營，其目的在訓練出一羣有領袖能力的專門人才。　他按着有系統而又實用的方式組織成一個有效率的職員團體，並且由於他同這個職員團體的諸同事們的共同合作他乃能實行他的以強迫勞作服務爲基礎的第二步計劃。　在一九三三年希爾被指定去組織強迫的勞作服務，並且爲了這個目的他在勞作部被任命爲"Staatssekretär"（即事務官之意—譯者）。　在管理方面他遇到許多不一樣的團體，各有他們自己的條例，法律，規則他的第一個任務就是從這些不一致的團體中創立一個統一的組織。　凡置身於勞作服務者均採用一律的制服。　全德國劃分成三十個勞作服務區。　於是勞作服務乃變爲國家的一種自治的制度。　於一九三四年在女恩倍（Nürnberg）舉行國社黨會議時有五萬二千勞作服務員列隊而過，肩上之鐵鍬光炫射目，這種組織之新精神新姿態就這樣地爲大家所共見了。　德國勞作服務的領袖希爾所做的這種有系統的工作在一九三五年六月二十六日所通過的法律將牠更加完備並受此法律之認可。　由於這個法律強迫的勞作服務乃代替了志願運動。　勞作服務法的第一段之文詞如下：——

「國家勞作服務乃係向德意志國家所盡的一種光榮之服務。　全國青年無論男女兩性，均強制加入，藉國家勞作服務之工作以向國家效力。　此種服務之功用爲灌注德意志青年一種團體自治，爲公不私之精神，及勞工神聖之正確觀念，並且尤其是一種對於手的勞力所應具的適宜的尊視。　國家勞作服務所担當的任務，是凡對整個社會謀福利的工作均由他們去推行。」

本着這種精神，於一九三五年十月一日新服務員們之第一支隊乃起始入營，作勞作服務之期間達六個月之久。　從志願制轉變到強迫制，實行的非常順利，絲毫未遇困難。

依現在所實行的條例來看，凡由十八歲至二十五歲的青年均要參加強制服務。　服務的期限是六個月。　由一九三五年到一九三六年參加勞作服務的人數平均是二十萬人。　在一九三九年將要增加到三十萬人。　對於女青年仍然實行志願叄加制，她們所担當的工作均是與婦女相合適的。 雖然如此，在一九三五年所立的法律也制定女子强迫服務制了，並且實施之計劃已經立定以便使法律在實際上能擴張到青年婦女。 在一九三六年青年婦女叄加勞作服務者其數達到一萬人。 在一九三七年其總數達一萬五千人，並且在一九二八年預期可達到二萬五千人。 在勞作領袖希爾指導下德國勞作服務指導部是勞作服務的主要指導機關。 該機關分成八科：——

（一）服務科。（組織，註册，外交事務部分等等。）

（二）人事處。（關於勞作服務領袖們的人事事項。）

（三）計劃處。（計劃，財政與技術事項。）

（四）行政與事務處。（預算，薪金，服裝，給養。）

（五）健康處。（健康與醫藥。）

（六）教育與訓練。（指導，遊戲與閒暇時間之利用。）

（七）司法行政。（品行不端，榮譽法庭等等。）

（八）新聞科。（新聞紙，電影，無線電。）

在一九三七年一月三十日曾頒佈一道命令賦予德國勞工領袖全權處理關於勞作服務之一切問題。 為了這個目的在內政部之內為他專設一特別機關。

如已經說過的，德國全國土已經被分成為三十區作為勞作服務組織之區域的基礎。 區的大小不同，按其大小每區有四個到八個勞作服務團，每團包含五組到十組。 在全德國所有的勞作服務都一律地是這樣組織成的。 在一九三七年春共有一百九十二團，包含一千三百十組。 每組組成一營，包括一百五十三個青年並且有時包括二百零二人，每營有一個厨役和一個職工。

這三十個勞作服務區的領導權直接地隸屬於德國勞作領袖權力之下。 在他的監督與管理之下還有二十個地方的女青年勞作服務的領袖們，及勞作服務學校，及為這個組織的高級位置訓練領袖的德國學校，及為組的領袖，田場主人們，班長們所設的二十六個勞作服務學校，還有為女青年所設的勞作服務學校，這些學校包括一個全國學校和七個地方學校。

關於勞作服務青年的登記，分組，及到最後在春秋兩季解散等事項均由三十二個總登記機關及二百七十六個分機關負責辦理。

以先的志願勞作服務所必需的錢財用費是由國家公債及德國勞工交換及失業保險所而來。　對每個志願服務者每天由國家供給一馬克七十分尼至兩個馬克作爲伙食費用。　在一九三四年四月一日關於勞作服務的費用由國家担負完全責任，在一年的預算中有兩萬萬馬克專爲此目的而用。這個數目的四分之一是用在膳費上，每一人每天的膳費是八十五個分尼。　另有四分之一作衣服費及零用錢，每一個人每天得到二十五分尼的零用錢。　其餘的款項是用在住房，指導費，工具及遊戲設備，還有醫藥設備上。如果有什麽意外或疾病凡從事勞作服務者每個人都有權隨意用醫藥及住醫院。　勞作服務的領袖們的薪金，一般行政的用費及爲訓練行政官吏及服務領袖而設立的學校之用費均由這個基金支出。

勞作服務的組織是根據領袖原則。　這個意義就是：每個領袖，凡居於一團或一組之首者，他個人對於委託他去照料的工作者之團體之身體的，精神的，心智的福利負有全責，並且對於工作者們的工作效率，訓練與教育也由他負責。

當於新入營的人們開始實際工作的時候，同時也是開始實行選擇那些將來能够變成爲領袖的人們的時候。　這個原則是：凡在勞作服務中肩着鐵鍬的人，每個青年都有作領袖的資格。　在這兒用不着從家裏拿補助費。　凡在小學畢業者在他們通過一個特別考試之後，　也可以入爲訓練領袖而設的學校作領袖的候補者。　最要緊的資格是人格，效率並且實際上對現在政權之忠心。　在勞作服務中的一名領袖是希望他在其行爲方面及其生活之方法方面能爲其小單位的團體作一模範。　他的生活必須受國家社會主義的原則所鼓舞與指導。　對他的責任他必須有銳利清楚的意識，要端正，並且他的道德生活必須要超過非難譴責。　年紀青的領袖在判斷方面必須頭腦冷靜，並且在外表上也要有某些成熟的樣子，同時年齡較老的領袖其心腸必須年青，並且能够與青年們摻揉在一塊爲其侶伴。在營中所有的日常生活上的瑣細的例事，爲領袖者必須以同志及幫忙的精神行之。

依照新的法律，勞作服務中的領袖其事業多多少少與那些官吏及軍官們相平行；勞作服務中的固定職員都是政府中的正式的官吏。 凡在勞作服務中被任用去作行政執行工作的人員們其情形也是如此。 一九三六年四月二十三日所頒佈的法律，對於這類的官吏們薪金之等級均加以規定，並且當於他們服務時間內如遇意外或生疾病，在照顧治療方面也均制定法規。 這個法規並規定固定職員的離職條件，最低限度要服務滿十年之後方可有要求退休金之權利。

在勞作服務營中，平均工作日，其時間之利用如下：

6.00（上午）	起床喇叭。
6.05 至 6.15	體操。
6.20 至 7.15	漱洗，整理床褥，早餐。
7.20	列隊昇旗。
7.30	排隊出發工作。
7.45 至 10.00	工作。
10.00 至 10.30	晨餐。
10.30 至 2.00（下午）	工作。
2.00 至 2.15	排除回營。
2.30 至 3.20	午餐，自由時間。
3.30 至 5.00	遊戲。
5.10 至 6.00	公民責任之教導。
7.00	宣佈次日工作程序。
7.15 至 7.45	晚餐。
7.45 至 8.15	清理衣服，用具等等。
10.00（下午）	晚間點名喇叭，熄燈。

在一九三二年希爾（Konstantin Hierl）寫道「勞作服務必須保護我們的青

年去抵抗身體的道德的懈怠不端。年青的德國人將要從身體的鍛鍊，勤儉習慣的培養，秩序，準確，整潔，自治及服從之中得到對於生活很有價値的準備。勞作服務學校必須灌輸給青年們對國家盡義務及求榮譽之意識，並且使他們對於社會有一種共同負責之感覺，由於這個勞作服務學校乃能給我們國家的青年以必需的公民訓練。」

勞作服務營的日常生活及每天的正常工作都是依照着服從與夥伴的原則來處理，這種生活及工作之本身都是幫助着趨向上述之任務的完成。除此之外，關於公民的義務及責任另給了一些特殊訓練。在勞作營中的教育課程中不包括無用的知識。這主要的特點是這樣，在營中的共同生活幫助年青的勞工生力軍將國家看作的一個整體，與牠作實際的接觸。所講授的材料都是幫助青年去瞭解在全國人民生活中的一些主要轉變之點，並且使他們熟悉德意志歷史上一些偉大的人物。民俗學以及與與國境及外交問題，經濟問題，與遺傳健康有關的特點等有連帶關係的問題——所有這些題材都由通俗講演來處理，這種講演可使普通的外行人對於主要的事情能够容易明瞭。在營中的生活及工作的生活都成爲與週圍的美景作密切接觸之媒介，這樣來，則愛家鄉及愛家鄉之自然風物之感乃被喚醒了。

利用工作之餘暇及星期日也足以達到這個同樣目的。音樂與民歌是被練習了，書也念了，鄉村的風俗習慣研究了，劇院與博物館參觀了。各式各樣的團體，像唱歌團，演說會，客串的戲劇演員，各種業餘嗜好或業餘的攝影家，常在貢獻娛樂之時所有這些人均彼此互相競賽。

耕地是一種很優美的身體運動。當於青年受到耕地的訓練及當於這種工作適當地實行出來，牠乃變成爲輔助及完成體育訓練的一重要因子。這樣的體操也發展人的品格，因爲牠能促進人的果決的習慣，及自己作自已的主人，能訓練青年刻苦自已而準備着去幫助他人。在勞作服務期間所練習的體育運動也能幫助這些年青的工作者們去發達一種合作與服從的正確觀念。其重要的目標不在創記錄而是每個工作團體的平均的良好的工作成績。 這種有規律的操練之目的是在使工作者們的每個單位都能達到工作效率的一般水準，普通的外界的觀察者可以認可的水準。

希爾所完成的工作，及勞作服務的偉大目的，常常地爲德國元首希特勒公開地承認。 他曾宣佈勞作服務是一個學校，全國人民都必須在其中走一遭。「通過這勞作服務，」他說，「我們要使每個德國青年以他雙手所做的工作對於國家的建設有所貢獻。 我們特別地要使那些從事不做任何手工職業的德國人們必須去經驗經驗什麼叫作手工的勞力，因爲那樣他們才能瞭解在田地或在製造所和工場裏的那些同胞們的問題。 很不幸的是許多的我們有智識的人們以爲他們對勞工們應取超越的態度，這種態度我們要把牠永遠地取消。 並且爲了代替這種優越感，我們要加強他們使他們有自信的感覺，當於他們意識到他們也能夠去用身體的力量從事生產的工作時，則從這種意識之中自然而然地生出自信了。 但是我們在此地的較遠的目的是在使各階級之間要發展互相的瞭解，並且這樣地做方能使人民社會中的協和的縛力更加強。 我們要各種不同階級能達到互相的瞭解，於是在這種方式之下我們可以漸漸地爲眞正的社會精神立下所有基礎中的最自然的基礎。」

勞作服務在經濟方面所佔的重要性從下列數字可以表現出來：——

（一） 由於凡爾塞條約，德國失掉——殖民地除外——百分之九點五人民及百分之十三點五領土。 所失去的領土其出產量都是很高的。 德國爲世界人口最密的國家之一，所以德國所失的土地要比人口所佔的部分較大。

（二） 在一九二九年至一九三二年每年德國進口食物平均達二十七萬萬五千萬馬克。 向這些入口貨所來自的國家德國所能賣的出口貨僅僅達到以上總數的三分之一。

（三） 假如全國土地的耕種均按照系統的計劃去實行，則國家農作物品每年生產量的邊際很可能地能增加到値二十萬萬馬克。 這樣來使德國差不多可以獨立不必仰仗由外國市場輸入的食料了。

在一七六四年，當於普魯士是一個窮國的時候，菲得利大王說過：「國家的情形愈不好，改善牠的工作愈必需。」由於不斷的努力，他成就一種到現在仍然可以為那個時代的精神作證明的拓殖工作。自那個時代以來德國從未作過重要的大規模的改良土壤計劃。其所以如此之故，並不是因為國家在這方面已無須改良，而是國家將注意力分散了並且轉向了別的目的，特別是轉向到在十九世紀所發達的工業化。

所以我們今日所遭遇的是應當由菲得利大王所停止之處去起始。在做這個工作時，在我們跟前所應當時時注視的目的是供濟新的耕地，因為祇有在開墾的田地上安置農人的家庭則新開墾的土地才能完全利用。菲得利大王在他那個時代所實行的偉大的屯墾工作是一種國內拓殖，其目的是供給他的兵士一些田地並且將人民遷移到那在彼時尚是人口稀少的地方——將荒地變成沃田，這個工作直到今日尚停留在恰恰菲得利時代之拓殖工作所中止的地方。

目前的改良土壤的任務，其範圍遠過於從菲得利大王以來直至今日所曾經做過的一切關於土地改良之工作。依照德國農業地產處所作的估計有二千萬英畝那樣多的地方需要排除積水。這個面積等於現在德國所耕耘的農田總數的三分之一。大約有五百萬英畝尚未耕種的荒地，及約有三百萬英畝廢而未用的地其中大概有一半可以變成為可用之田地。此外尚有乾燥不毛之地一千二百五十萬英畝需要灌溉。另有一千二百五十萬英畝，特別是在德國的西部與南部，這些地分割的很不好將其經濟的價值減少很多。這種地應當重新分配，本着農業經濟的合理的原則把牠分成合於耕種的單位。還有二百五十萬英畝用保護的方法使牠不受水災的侵入便可以加入在可以開墾的土地之內，另外還可在沿海區域用築堤的方法得到一百二十五萬英畝土地。

這個經濟事業是勞作服務所要去實行主要部分，其主要性只要我們想一想當前的事實便可更清清楚楚地瞭然了，這個事實就是：僅僅地由於開墾荒地與廢地就能使現在德國已耕種的田地之外更增加十分之一，——如果對於水利講求適當的管理，則現在所耕種的田地有三分之一的地方其生產量可增加百分之二十，如果按照有系統的經濟計劃去將田地重新分配，則此同一面積的六分之一土地其出產品的價值可以增加百分之二十。 所以，把所有這些放在一起，因爲土地開墾及土地改良之經營，德國全國的農產物可以增加六分之一。

這種不能推諉的國內拓殖任務尚要需許多年方可爲世人所認識。 所以在一九三五年頒佈的勞作服務法用幾個簡單的字承認其目的並聲言道：「德國勞作服務所作的是一些謀公共福利的工作。」 因此德國青年所出發去工作的，不是爲私人的資本之目標而服務，而是爲整個的國家社會及爲將來的子孫去改善生活的環境。

爲了使勞作服務以有系統的方法去產生最好的可能的結果，德國的勞作領袖曾經建立一個特別分部以擬定工作計劃。 這個分部將每個單個的計劃均詳細研究並且加以按排使其與一般的工作適合。 將許多計劃互相比較，將已經得到的結果加以研究，並且在現在已經將此後許幾年內及數十年內由勞作服務所要推行的一般的工作計劃早已立定了。

下面是由一九三三年到一九三六年勞作服務所表現的工作結果：——

由於建築堤防及調整水道大約有三十萬英畝卑濕之地及爲海水所浸之地已經開墾了並且也得以不受水災之侵擾。 並且田禾及農田之本身都得到安全的保護，不再受海潮或內地河流氾濫之損害了。

約有七十五萬英畝的水濕之田曾經因爲修整各河的河床及實行一種田內排水工作而改良了。 於是已往那些很不宜於耕種的土地現在都立刻將其肥沃性增進了，或者最低限度由於這種改變已爲此後將這些田地作更好的農業利用建下必需的預基礎了。

約有六萬英畝地因爲掘出樹木之根等等及劃分其地爲可耕種的單位而成爲可以耕植的田地了。

約有十萬英畝地是由小塊田地集合來的。 按照習慣，父母的產業均由子女均分故田產多分裂成小塊，現在按着能使田地之耕種得到有利的結果之方式把這些小塊田地連衣一起重新分配。 爲了做成這樣的能獲利的田地，新道路開闢了，如有需要排水的地方排水工作實行了，這樣地做乃可以能够集中耕耘之力量。

大約有四十萬畝地因爲鄉間有了通行的大路，農人可更容易與牠近，因而工作的本錢便可省下好多。

與開墾工作及改良農田的工作一同作的還有其他工作也是勞作服務推行的：植樹工作，培養植物，園圃工作，開闢林間道路以備運輸木料，並且還幫助建築房屋及農舍以爲屯墾運動之用，及在屯墾區內建造道路等等。

由於這種工作而增加的農產物，其價値每年已經達到五千萬馬克，這個數目與有薩爾（Saar）面積一般大小的地方所出的全部農產物的價値相等。

從一九三三年到一九三六年全工作的百分之七十是做的開墾及改良土地的工作，這全是爲農業而作，百分之十五是植樹工作，其餘的百分之十五是：爲建立屯墾而作的預備工作，及森林失火，堤防潰決和其他災患之幫忙救助工作。（譯者案：在此段之後原文曾有一表，說明在一九三六年勞作服務所做的工作及勞作服務營分工的情形，譯者以其全爲呆板之事實，無需介紹，故删去。）

下面的例子是由陶倫斯（Hermann Tholens）的報告而來，陶氏是勞作服務處計劃部部長。 這個例子可以更清楚地說明正在實行中的勞作服務在經濟中所佔的重要位置之細目。

勞作服務組每組包含一百五十人。 在東普魯士省之極北部，在整個拉比奧及尼得魯（Labiau and Niederung）區域有七組人曾在那工作。

這塊地方的主要部分是屬於美美爾（Memel）窪地。 牠所包括的都是很低窪的地方，渺茫空曠，其低度幾乎在海面之下二尺並且有密網般的水渠縱橫着。在平常的時候地面下的水的水平恰恰地就在土地的表面的下層。一旦有了壞天氣，或者當於風將水吹回水渠，這塊地方便成大片水災。 這些水渠的拐灣抹角極多，每當冬季冰雪融化則為冰所擠滿，後來之水不得流過，結果乃溢出渠岸。

誠然在這個地方有一大部分，其當地農人在過去某些時候他們自己曾組織了一些排水合作會社，不過他們所建築的排水系統已陷於失於修理。在這個地方我們遇過到許多地產與農田常受水災與由地底泛上來的水所侵擾，而對這個竟無絲毫保護的辦法。在這居住的農人年深日久都伸張到窪地內部去了。他們盡力之所能為去開墾土地，但他們並不負責去抵防水災之險以保護他們的田地及家室之安全。當地心的水漲了起來時僅僅那蔓延的草才能够生長並且常常地就是這種稀少的收獲之物在夏季中伏大雨之後也被泛濫的水所損毁了。在許多地方泛濫的水在冬季竟侵入了農家。這窪地的一部分是澤濕之地完全未被種植。

有三個勞作服務組在這工作，每個所佔的區域其面積大約可達二千五百英畝至七千畝。他們在此地作工的目的不僅是建立堤防和實行排水工作並且也用他們去修理及加强已往所存在的堤或者重新另築那已經失修的堤。他 們 的 任 務是：建築水堤及灌溉水渠並耕種那早已開闢及有人居住的土地。以先這部分土地常是週期地受水災的泛濫，並且常常地此地之居民及其家屬們逃到他們的屋頂去避難。這塊新開墾的田地劃歸為三百五十個屯住者所有，再將這些人們原來居住的田地從新分派給在他們以後的人們。用這種方法每個屯墾者的家庭將來都能得到充足的耕田以應付其將來之需要，

由下段可以估計出這種工作之政治的與經濟的價值：

這全部的費用大約為一百五十萬馬克。直接由這個工作所增加的農產物據官方的估價其數約為二十五萬馬克。這個數字相當於一千八百畝農田每年所生的平均生產量。所以在這個投資上面國家所得的利息是百分之十七。由這個事業所生出來的社會福利可由一種事實來代表，即以先那三百五十家的屯墾者其生活情形極為愁慘卑苦，而現在呢他們却安安穩穩的在田地之上度着豐衣足食的生活，並且受到妥切的保護再不受那循環不已的水災所侵擾了。

女青年們勞作服務之發源差不多與男青年的勞作服務是兩件事。在一九三

三年以前有某些少女團體曾經將她們自己連合在一起，其目的在作一些農業及植樹工作與各式各樣的農工及在勞作營中的家政工作。但是這裏有一個危險，即這種勞作服務到後來將要變成爲失業者的保護所再無其他功用，或者僅僅變成爲在帳幕之中各宗派各政黨教訓青年的受人歡迎的學校而已。

勞作服務必須也在社會的精神及同志的精神之下受教育，那樣做她們才能夠瞭解工作的高尙的道德的意義。德國勞作服務早就常常說過必須設法使男女勞作服務成爲一致的及同一性質與組織的制度。

在一六三六年四月一日將以先的那個自治的組織卽大家所知的「婦女勞作服務」歸併在「德國勞作服務」並且同時與「德國勞工交換及失業保險所」相分開，後一機關以先曾管理婦女勞作服務的財政。青年婦女勞作服務的行政是由德國勞作服務指導部由十三個支部來執行。

女青年勞作服務仍然以志願參加爲基礎；但是使牠變成爲强迫的準備工作早已在進行了。在服務的少女們其年齡是由十七歲到二十五歲。在一九三七年春有三百二十一營已成爲事實，平均是每營包括四十個少女，領袖在內。在一九三七年之夏，其數目增加到四百八十營，有一萬五千少女在工作，在一九三八年三月將要造成六百個營供二萬五千少女之用。

男的女的勞作服務之基本原則及教育之使命在各方面都是相同的，所以對於青年婦女所分派的工作都是適合她們女子的性格的。這些少女們自願地服務六個月，她們所担負的主要的責任與任務是幫助那些較貧窮的家庭中的工作過度的母親們以使她們的負担減輕。在鄉村的地方及在貧苦不幸的農業區域這些少女們幫助那些婦女們在家庭中及在田地中工作，或者她們幫忙照顧小孩及看護病人。在工業區的附近也建立了一些勞作營以便能夠對在工廠中作工的妻子與母親有所幫助。與這些勞作營相連繫的幼稚園對於那些尙未達到入學校年齡的小孩及在白天的育兒室中應當加以照顧的小孩子們更證明出有特殊的價值。

這些少女們生活在她們自己的營中。她們從事工作是每天由六個鐘點到七個鐘點。在下午她們作體操及學習關於公民責任的功課。男青年們的閑暇時間是本着使每個團員發展社會精神及增進他們一般的知識之目標而利用之。少女的勞作營比男子的營較小，所以，對於將少女的生活與婦女的天性形成一片這方面可以更能多給一些切身的注意。

每一營均由一個營領袖及三個助手負責。每營分成三組，每組由一年歲較長的少女負責。一個營領袖所負的責任與任何其他婦女職業所担負的是一樣並且在許多方面與一位教師之責任相似。這位領袖必需在道德的品行方面及行爲方面以身作則表出是一個忠實的國家社會主義者。她必須還要有一副關於擠牛乳製乳餅乳酪及家事管理，以及對於訓練交際之才能的無所不知的知識。凡渴望要當勞作營領袖的人們必須首先在勞作營之中費上一年光陰，然後再離營二年，在此期間她們要受實地訓練並且必須受完。這種實地訓練或是由一個婦女鄉村專門學校去訓練或是在醫院中當看護。凡受過以下實地訓練的人們如：幼稚園的教師們，青年運動（Youth Movement）的領袖們，醫院中的或小孩的看護們，管家婦們或農業專門學校的教師們，也都可以被認爲有謀求勞作營的領袖地位的資格。這位想在勞作服務中謀一領袖地位的候選者在她實地受訓練的期間她要與和她合宜的婦女勞作機關保持連絡。但是此後她必須在德國勞作服務附設的專爲婦女領袖的分區學校再受六個月的訓練。

雖然在勞作服務中對於婦女活動所發生影響的問題與男子服務有關係之問題不相同，但是男子與女子在他們的營中所做的工作對國家之價值實不可計算。這個學校可以使這一代的青年由於他們所享受的密切的合作而將個人的仇恨及不協和之點均將要免除了。這種共同的工作能够幫助在這些青年之間帶來一種互相瞭解的精神。這樣來則國家的政治訓練方能引導着去遵循正路而做。

這種訓練使我們的青年人向人民向全族及國家而盡義務，這是勞作服務的最大目標。附在勞作服務下面的觀念最近也曾深深地灌輸到別的國家。但是鼓舞這種勞作運動及實施的形式的原則則因那些國家現行的情形而改變。上千上萬的外國參觀的人曾到我們的勞作營去參觀並且與我們的以鐵鍬爲旗幟的青年們相認識。這些參觀者曾看到這種實際方法的實例，用這種方法，我們這一代青年人曾將那個威脅我們要將我們整個文化生活中斷的罅隙給銜接在一起了。

『自大戰以來，』希爾孫 (Norman Hillson) 在他的「我談談德意志」(I speak of Germany) 一書中說道，『我們似乎發生出來一種觀念以爲紀律永遠不能成爲自由的真實的僕人。大概是由於這個原因，德國的强迫勞作服務營曾受到一些批評家們的刻酷的訓責，而這些批評家們却從未費點工夫去看看勞作營工作的情形。我曾聽見有人說勞作營形同奴隸場：牠們是一些不能提說的罪惡地：在帶刺鈎的鐵絲網當中的圈地之上，竭精盡慮地將德意志青年的人格給槪奪了，以使他能够成爲編入正式軍隊的適宜的材料。

這一類的批評過於文不對題。强迫勞作服務現在已經被認爲是德意志青年生活之一部分。由於六個月的辛苦工作——苦工並不一定是奴隸——十九歲的孩子變成强壯堅實——在身體方面已經裝備妥切，足以應付生命之前途中那些一天比一天增多的困難。』(二)

毛提斯通爵士 (Lord Mottistone) 在德國發行一書名爲：Auf der Suche nach der Wahrheit（對於真理之探索）他在這部書中寫道：

『這些規則與英國公共學校營 (Public schools camps) 所列舉的規則十分相同。其中有許多條與所有的童子軍營中所鐫刻的是一樣的，特別是關於清潔與健康那些條。

將所有各等各級的人們集在一起共同服務六個月或者更多，這種特殊見解的獪發性是太大了，全體人民不論老幼都受牠的感染了。他們實在感覺到這是一個偉大的試驗，一個十分新穎的東西——不是一個五年計劃，而是一個五百年計劃。這個制度並不是以沒收已往的積蓄爲基礎，而是一種計劃牠保證每個家庭依然保存其曾經有的東西並且還鼓勵牠們用很光明的方法以增加其財富。所有

(二) Nomnan Hillson-I speak of Germany, Routledge, London 1937。

的小孩們一達成熟年齡便將要經驗到這一段生活，在爲國服務之時完全平等的生活。

這個實在是一個極端特殊的試驗。任何人如未曾親眼看過牠及研究過牠，像我在德國許多不同地方所曾經作的那樣，便不能切實感到這個運動的重要。』(三)

(三) Lord Mottistone-Auf der Suche nach der Wahrheit. Deutsche Verlagsanstalt, Stuttgart und Berlin 1937。

評"分類字彙"

顧　　華

Franz Dornseiff: Der Deutsche Wortschatz nach Sachgruppen

道恩塞著，一九四〇年第二版，柏林 Walter de Gruyter & Co. 出版，共五五六頁，平裝一册。

前年曾譯過道恩塞所著的論文一篇，登在『研究與進步』第一卷第三期上，就是論他所著的這部『分類字彙』的；當時我尙未見過原書，最近學會已將原書由德國購來，現在再把看過以後所見，略述於後。

這樣體裁的分類字彙是創於英國人羅傑特(Peter Mark Roget)的。羅傑特在一八〇五年他還在做學童的時候就開始用一個小册子，『把世界和英文寫在裏面』(hat als Boy im Jahre 1805 ein Heft angefangen, um die Welt und die englische Sprache hineinzuschreiben)。這就是他的分類字彙的基礎；但是因爲職務繁忙，一直沒有能把牠完成。後來到一八五二年，那時候他已經把英國皇家學會秘書和物理學教授的職務辭去退休了，纔把原編的分類表和字彙整理擴充，編成他的『英語分類廣字彙』(Thesaurus of English Words and Phrases, classified and arranged so as to facilitate the expression of ideas and to assist in literary composition)，出版問世。據他在引言裏所說，他編此書的用意是在『對英文補起一種在任何語言裏面尙未經補起的缺陷；卽是把牠（英文）所包含的字和特有的成語蒐集在一起，但不像在普通字典裏按照字母的順序排列，而是按照牠們所表示的意思排列。一個普通字典的目的祇在解釋字的意義，牠所要解答的問題可以說是這樣的：——字已經有了，去尋找牠的命義或是牠所要傳達的意思。本書的用意是正和這個相反的：卽是——意思已經有了，去尋找最適合於表示這個意思的字。爲欲達到這個目的，一切的字和成語在本書裏是沒有按照牠們的發音或寫法，而是按照牠們的命義排列了。』羅傑特的辦法是把一切的『意思』分為六大類（1.抽象關係 Abstract Relations，2. 空間 Space，3. 物質 Matter，4. 理智 Intellect，5. 志願 Volition，6.情感Affections），每類之下又分二至八小類，共有一千個細目。法文和匈牙利文也有按照他的分類表編的字典。德文有一種，也是完全按照他的體裁編的 (Schessing-Wehrle, Deutscher Wortschatz, 原名 Der passende Ausdruck)。

德文中最早的分類字彙是珊德斯 (Daniel Sanders) 的一八七三至七七年在漢堡出版的 "Deutscher Wortschatz, geordnet nach Begriffen zur leichten Auffindung und Auswahl des passenden Ausdrucks"。此書的編制和上面所說的 Schlessing-Wehrle 的書不同，不是用的羅傑特的分類法，但是由他的序裏看來，也是以羅傑特的書為出發點的，那時羅傑特的書已出到了三十餘版。他所用的分類法是自定的，他把羅傑特的一千個細目歸納成六百八十七個。

德文中較新的一種分類字彙就是道恩塞的這部『Der Deutsche Wortschatz nach Sachgruppen』。他編纂此書的時候當然也參考了羅傑特和珊德斯的書，但是他所用的分類法確是自己經過長時期的研究定出的，和前面兩人所定的頗有不同之處。他的分類法是把所有的字分為二十大類(此處可參看『研究與進步』第一卷第三期），又各分十二至一百二十一小類。作者從事於此書的編纂前後不下二十年，參考書籍達千餘種，可以說是精心之作；所以此書也是所有研究德國語文的人，尤其是時常用德文寫作的人，所應人手一篇的。

這種『分類字彙』的用途，除了可供研究德文者的參考以外，對於寫作或翻譯往往能有很大的幫助，因為就是在日常說話的時候，也時常有這樣的情形：『一個字就在嘴邊』 (das "Wort auf der Zunge") 而一時想不起來，這當然能藉『分類字彙』的幫助找到。詩人魏蘭 (Wieland) 曾經有一次因為想找一個適當的字，竟就擱了兩天半之久，這種例子當然是很多的。不過這種字彙外國人來應用的時候也有牠的危險，因為這裏在每個『意思』或『觀念』之下排列了許多意義極相近，相差甚微的字，如果不能把這些微細的差別分辨得很清楚就來選用這些字，其結果是難免錯誤的。

前面已經說過，著者在編本書的時候參考過許多種其他的書，其中各種文字的書均有，關於中文的也有四種，這些書名也都經著者舉出，這個詳細的參考書目，對於語學有興趣的人應當是很有價值的。

此外還有可以附帶提出的一點，就是本書在第七類植物之下列舉了許多各科植物的俗名，很可供植物學家的參考。

評"明清畫家印鑑"(一)

羅越(Max Loehr)(二)評

胡雋吟譯

Maler-und Sammler-Stempel aus der Ming- und Ch'ing-Zeit. gesammelt und bearbeitet von Victoria Contag und Wang Chi-ch'üan.

孔達 王季銓合編

民國二十九年，長沙商務印書館發行。洋裝一册，六三一頁。國幣三十元。

德人孔達博士(Dr. Victoria Contag)曾將關於中國繪畫史與繪畫方法的兩部中國著作譯成德文。這兩部著作都是很重要的，一是董其昌的畫禪室隨筆及莫是龍的畫說，一是芥子園畫傳中的人物部。因爲有這兩種翻譯，她的盛名乃得聞於那些愛好中國藝術者及研究中國藝術者們之間了。於一九三四年到一九三五年間她曾參與北平故宮博物院的學術審查會，所以她得有一特殊的機會去接近中國的古畫，並得作仔細的觀察。從那個時候起，她同着中國的專家們一齊去研究昔日皇室所收集的古畫之眞贋。因此她對於如何研究中國之印章的學問乃得窺其門徑。她相信印章學對於考核古畫之眞贋極有幫助，所以她想：如果將無疑問的印章之眞跡收集在一處，將牠出版，一定是很有用的。因此她乃與王

(一) 譯者註：本文係譯自評者特爲本雜誌所撰之文

(二) 譯者註：評者係德明興民族學博物院東方部主任兼中德學會研究員，爲青年漢學家之一，請參看中德學誌第三卷第一期第九十頁。

季銓先生合作，去實現這件工作。王先生是一位畫家兼收藏家，也是故宮博物院書畫審查會中研究畫的專家之一。恰好他也有意想將繪畫與字畫上的印章照下像來，再系統的收集在一處。孔王二人旨趣相同，乃起始合作。這部著作乃於友好的空氣中完成了。他們承認在印章上之難認字體的闡解方面，王福庵先生曾給他們極可寶貴的幫助。在其他一般的方面，葉遐庵先生和吳湖帆先生也給了極有價値的幫忙。並且葉吳二位每人還給該書寫了一篇序文。

這部書共包括六千多幅印章的像片，在這些像片之前有二位著者自己所寫的弁言和凡例介紹，此後還有孔達博士寫的幾頁關於刻印者的技術及印章格式的文字。這些印章都是從印章的眞跡照下像來，並用紅色印刷出來的。但是無論如何，我們要承認這種複印的顏色和排列兩方面都不能和中國印章書上的那樣可愛的用手蓋的印章相比並。固然因爲實際上的原因，不得不節省篇幅，不能隨意排列，可是該書上的印章所選用的淺黃紅色是必需的嗎？那種顏色和中國印章上美麗的硃砂紅或美麗的珊瑚紅是迥不相同的。一位讀者如果對於這些事情（卽指印色而言——譯者）知道的不多，而且假若他又不能像我們所希望的那樣對這本書內所供給的東西早已都很熟悉，那麽他將要把著者對於印章所述及的，就認爲是藝術品了。這點不滿意處想著者也能見到，竊想著者也是不喜歡將完美的東西表現的竟不完美的。不過他們並非本着美學立場來處理這個題材，所以本書之用處並不因爲技術之缺點而有所減色。

這本書主要目的是：將印章的可靠的標本從原作品上用攝影照下來，收集在一起，並且用準確的照像印刷將牠們複印下來。牠們排列的次序如下：

（一）主要部分是由三百四十個明清的畫家之印鑑組成（由第一頁到第五一二頁），平均每個名字下大約有十二個印章。

（二）宋元時期二十三位畫家印鑑之附錄（由五一三頁到五二八頁）。

（三）明清時期收藏家印鑑之目錄，載入本書中的有六十五人，各位收藏家的印鑑都被登出來，其中最多的一位有一百九十五個（第五二九頁到六三〇頁），即清高宗的。

在這些章節內，印章之排列完全以「姓」的筆畫之簡繁爲先後，還登載些短的傳記史料，如：畫家的「字」「號」；籍貫；時代；畫科；著述；和些雜記等。這種史料雖然簡短，但是，因爲有牠才能使這本書——在牠原來的目的之外——又可當作爲極有用的參考書用。並且更可取的是姓名索引及字號索引都按着字母之先後排列，有一索即得之便。這些個印章都是按照牠們原來形體之大小印出來的，是接連的排印下來的。每個人的印章下面都印着正楷字及歐文羅馬拚音字，其字義與印章上的是一樣的。每個印章從什麼畫上或畫卷上取下來的，那畫或畫卷的名稱及該畫現在的私人或公共機關之保有者的姓名也都印在該楷字的後面。凡畫家在畫上記有年月，均用現行之西曆標出來。所有這些都是用中德兩國文字印刷的。

本書不十分完全，這是必然的。因爲，不是不能得到的畫家或另外些人的印章竟付缺如，未能登錄，這或者是環境不允許著者去得到他們的像片所致。那些畫家小傳也像是從現存的字典或參考書中抄用來的，只要看過一眼之後，就可判斷那一點應當補充，那一點應當改正，在細節上還有些地方不甚正確。

總之，這本書對於學術研究上之價值是：牠將一大堆材料用相當的系統表現出來。如果沒有這本書，我們也許不會如此容易的得到牠們，或者甚至於簡直就得不到這些材料。牠在收藏家及研究者的圖書室中是將要佔一席地位的。同時，對於知道如何利用科學成績，以使他們去作令人討厭之工業的現代的僞造者們，也增加了一份有力的武器。

評"德國詩中所表現的中國"(一)

霍福民 (Alfred Hoffmann)(二)評

胡雋吟譯

E. H. von Tscharner: China in der deutschen Dichtung bis zur Klassik

常安爾著，一九三九年，明興 Verlag Ernst Reinhardt 出版，共一二六頁，平裝一册定價馬克四元八角，精裝一册定價馬克六元五角。

本書是瑞士漢學家常安爾氏(E. H. von Tscharner)的博士論文的增廣本。常氏曾在德國從事漢學研究，並且爲了對中國文化生活獲有直接的透視又來到中國住有多年。關於中德文化的關係雖然有很多書籍和文章論述到，但是具有批評和學術態度的，却寥寥無幾。著者在本書所作的是一種歷史的研究，研究的範圍是由最早時期（十四世紀）到十九世紀初期數十年間——就是直到歌德生活之最末幾年——在德國文學中所表現的中國和對中國事物之描寫。 常氏在此部著作中係依據三個觀點，第一：在德國文學中中國是怎樣的被表現出來 ，第二：與德國十分隔膜的那塊中國天地中，最引起德國的作家和詩人注意的是些什麼事物呢？是國家？是人民？ 是他們的舉止？ 是他們的文化？ 是他們的精神生活？ 第

(一)譯者註：本文譯自評者特爲本雜誌所撰之文。

(二)譯者註：評者係中德學會研究員，爲德國青年漢學家之一，請參看中德學誌三卷一期八五頁至八六頁。

三：德國的詩人們是如何的把這些中國味的東西利用或運用於他們自己的文學作品中呢？當然，對這三個問題答案是不能一致的。　並且很有趣味的是：從這些作品裏可以看出來各個作家是如何的按照他們各時代的特別趨向及他們個人的特別趣味去表現中國。　他們所表現的中國自然不能是一個模樣的。　爲了使這全部的發展更能給人一個較準確而清楚的瞭解，著者不僅從德國小說與詩中去提取他所要的材料，並且還研究和利用哲學和人種學的文章，及一些曾在中國旅行過的人們之有價值的報告與描寫。　著者指示出來：在一起首，那就是說在十四，十五及十六世紀，德國所得的都是一些間接的智識，大部是從意大利，葡萄牙和其他外國作品中翻譯來的，並且首先受到中國影響的是德國哲學的，國家的和宗教的思想。　德國的詩祇是在十七世紀的後半葉才受到較强的影響。　因爲此時德國自己已有較豐富的原料，不必再借重翻譯別國的間接材料了。　在十八世紀時，中國的東西在德國已普遍的流行。　有許多當時的文件都有這種記載，現在在德國各地都可見到。　本書的結尾是一篇德國偉大的古典派詩人及他們與中國之關係的研究，並且指示出來，德國最偉大的詩人歌德是如何的熟知中國詩詞的思想與感情，是如何的用他自己的方法首創出來一種「世界文學」的觀念，並以卓越的方法把「東方」「西方」溶化於他的詩的創作之中。　在這些情形之下，這本書乃成爲一篇眞實的影象足以表現出德國人對中國事物及中國的智識的歷史了。　並且對中國讀者更重要的是：該書同時也反映出來與中國同時代的那幾世紀間德國人生活的整個的文化背景。　再加這本書描寫生動，及從著者所讀過的德國老著作中取出很多原文及繪畫置於此書中，所以不僅極能吸引和啓迪德國讀者們，並且特別對中國研究德國文化生活和歷史的人亦有極大之趣味和幫助。

德國學術消息

一：萊比錫大學退職教授名哲學家杜里舒（Hans Driesch）於四月十七日逝世，享年七十三歲。杜氏爲在國外最有名德國學者之一，其哲學與同時其他哲學家相同，多係以自然科學爲出發點，而後尋求哲學上之究竟。杜氏早年在弗萊堡，明興，耶拿等地研究生物學，後在意國奈坡利地方動物學研究所（Zoologische Station in Neapel）任研究家以各種生物學實驗聞名於世。氏早年即曾數度到亞洲旅行，後復數度被聘在國外講學，且曾來中國，有講演集等譯爲華文出版。

二：蒙斯特（Münster）大學古典語文學教授薛訥（Hermann Schöne）在柏林罹疾未久，即行逝世。薛訥教授以其對於希臘最古代醫藥之研究最爲知名。

三：以編輯希臘詩人荷馬（Homer）及羅馬詩人維吉爾（Virgil）詩集著名之考古學家及文學史家特蘭德倫堡（Adolf Trendelenburg）教授以九十六歲之高齡死於柏林。

四：法蘭德人（Flamen）於四月間在比利時首見"初本浮世德"（Urfaust）之公演，此事之所可以注意者即"初本浮世德"由一法蘭德斯人譯爲荷蘭文尚屬創見，此次公演，亦爲首次也。

五：瓦賀勒（Ernst Wachler）在二月間慶其七十誕辰，氏爲當代提倡赫德（Herder）所倡"家鄉思想"(Heimatgedanken）之一人，曾於一九〇三年創辦德國第一所露天劇院。

六：醫師兼著作家翁額爾（Hellmuth Unger）於本年二月間滿五十歲。其所著小說"考賀"（Robert Koch）已傳至十萬册以上，並經排爲電影，由蔭寧士（Emil Jannings）主演。（請參看本期會務報告）

七：以主演"考賀"及其他影片久已知名之德國國家藝人(Staatsschauspieler)蔭寧士近經德國宣傳部長戈柏斯（Dr.Goebbels)贈以"德國電影榮譽指環"（Ehrenring des deutschen Films)，以表彰其演"克魯格"(Ohm Krüger）一片之功績，此項指環嗣後並將贈與對德國電影藝術有特殊功勳之人。按"克魯格"一片之內容係描寫南非洲布爾人（Buren）在英人治下之生活。

八：名種族研究家袞特爾（Hans F. K. Günther）近亦慶其五十誕辰。其著作行銷總數已達四十五萬册以上。

九：散德柏格教授（Adolf Sandberger）從事於古音樂家海頓（Haydn）之研究已有五十年之久，結果發見前人未知之作品甚夥，交響曲竟達十種之多。此項作品近在維也納公演。

十：德國島嶼印書局（Inselverlag）現編德國詩文選一種，書名爲"Das Buch deutscher Dichtung"，係將德文作品中之最有價值者，加以審愼選擇而編成，全書分六卷，已出二卷。

十一：著作家及戲劇家秦 (Adalbert Alexander Zinn) 以六十一歲在史圖加特 (Stuttgart) 逝世。秦於一八八〇年三月十八日生於科堡 (Koburg)，曾在漢堡服官多年。除小說外，秦曾著有劇本若干種，爲作品最常被上演作家之一。

十二：本年四月初考古學家在柏林開會，由主要考古學家分別講演，由此等講演中可見時至今日希臘羅馬於德國精神文化尚有甚大影響也。

十三：德騷 (Dessau) 血清研究所 (Serum-Institut) 近出有一種確實有效之百日咳注射劑，其中並附加一種脾臟製劑，因據現代科學研究之結果，脾臟往往有預防傳染之效用也。

十四：波森地方新成立德國國立大學一所。此事亦可爲德國在戰時文化學術工作仍照常進行之證明。

十五：德國東部工作研究所 (Institut für deutsche Ostarbeit) 成立一週年時由行政長官佛朗克部長 (Reichsminister Dr. Frank) 在該所設立哥白尼獎金 (Nikolaus-Copernikus-Preis) 一種，金額爲每年二萬五千馬克，其目的在促進對於德國東部各種問題及其歷史之研究。

十六：籌備一年之科拉考國立圖書館 (Staatsbibliothek in Krakau) 現已開幕，供衆閱覽。該館藏書總數已達一百五十萬册以上，其中大多爲研究德國東部之書籍。

會務報告

一　編譯新籍　本期內開始翻譯之書計有兩種，一爲杜克海(Graf Dürckheim)所著之論文三篇：德國精神與西方精神(Der deutsche Geist und der westliche Geist)，威權與自由(Autorität und Freiheit)國社主義意義下的文化和文化政治(Kultur und Kulturpolitik im nationalsozialistischen Sinn.)已由本會會員關琪桐先生譯出擬共刊特刊一冊。　其他一種爲耶格爾(Werner Jaeger)所著之 Paideia，現由本會會員楊宗翰先生著手翻譯，全書共約二十餘萬字，約一年內可以譯畢，書名暫定爲"範育"。

二　新增圖書　本期內新增書籍除普通書報雜誌外，有較要者一種，爲普魯士學術研究院之報告論文集(Sitzungsberichte und Abhandlungen der Preussischen Akademie der Wissenschaften)。此項刊物在德國學術界佔有極重要地位，最近該院已將自一九〇〇年起至最近之全份報告及論文集寄贈本會。

三　論文比賽　本會本年度亦按照上年成例舉辦論文比賽，惟獎金額數稍有變更，本屆暫定獎五十馬克者一名，四十馬克者二名，三十馬克者三名，二十馬克者四名，得獎學生均可由本會代訂各種德文書籍。　本屆截止日期爲十月十日。

四　德文獎金　本會例於每年提出經費一部分送贈有德文班各學校，發給德文成績優良之學生，作爲獎金。　本年亦當照例辦理，至辦理詳情，當於下期再行報告。

五　德文夜校　本會德文夜校本校及分校各班本期內無何變更；至暑期則已定於在本校分別爲已習德文一年及二年者各設一班，至初學者則在暑假後始能設立新班。

六　暑　　假　除本會夜校暑期班外，本會事務方面現已定於七月七日至八月九日休假五星期。

七　古籍展覽　本會德國古籍展覽會係自四月二十六日至五月四日舉行，展覽書籍均係西曆一八〇〇年以前刊行之古本，共約二百種，其中一大部份爲北堂圖書館所藏，八日間參觀者共爲四百餘人。

八　電　　影　考賀(Robert Koch)爲德國醫學史上有數人物，對於多種傳染病有深刻之研究及貢獻，併於一八八一年發現結核菌；其一生事蹟經德國烏發(Ufa)電影公司演爲影片，由明星詹寧士(Emil Jannings)主演。　該影片於本年二月底運華，本會因其係教育性質之影片，遂商得德國大使館之同意，於三月十一及十二日開映兩次，除本會會員外，輔仁大學及醫學院教師及學生均經被邀參觀。

九　講　　演　本會於五月二十三日請本會研究員張福民博士用華語講演，講題爲"中國在德國文學上之地位"，當日有會員及來賓多人來會聽講，演詞大意如下，「中國在德國文學上之地位有雙重興趣，一方可見德人對於中國智識之演進，另一方可見各時代德國詩人對中國觀念之特點。德國最早提及中國者，爲十及十一世紀間之作家諾特克爾（Notker），其次數百年間祇有關於中國之零星材料，直到十六世紀東印度海道發現以後，德人對中國所知始漸多，對中國之哲學（以孔子學說爲最）及文學尤感興趣。德國十八世紀啓明時期之哲學及文學受中國影響最大，萊勃尼茲（Leibniz）之哲學爲最有名之例。對於中國眞正之了解直至歌德時代始有之，此名詩人之詩有多首頗富中國風味。介紹四書五經成績最大者爲衛禮賢(Richard Wilhelm)。査賀（Erwin von Zach）則將陶淵明，李白，杜甫，韓愈之詩全部譯爲德文，並將昭明文選譯出三分之二。介紹中國戲劇最著者爲洪濤生（Vincenz Hundhausen），曾譯有西廂記，琵琶記，牡丹亭等劇。孔博士（Franz Kuhn）則專譯中國之長篇小說，已譯成者有紅樓夢，水滸傳，三國志，金瓶梅等，因孔博士亦係小說作家，故譯筆甚爲流暢。雷福民本人亦曾將中國新文學作品若干篇譯爲德文。介紹中國文學亦卽中國之本來精神於歐美，德國人係居首位，中國文學作品之譯爲外國文者亦以德文爲最多，凡此均爲中德兩國文化關係密切之證明。」

本誌第三卷第一期目錄

研究與進步

第一卷　目錄

第一期目錄

（民國二十八年四月）

第二期目錄

（民國二十八年七月）

第三期目錄

（民國二十八年十月）

第四期目錄

（民國二十九年一月）

定價每册國幣貳角五分

中德學誌　第二卷　目錄

每冊定價國幣一元四角

每期末附書評及會務報告

中德學會編

中德文化叢書

一	魏蘭之介紹	賀　麟等譯著	一册	.40
二	陰謀與愛情	張富歲譯	一册	.70
三	工作學校要義	劉　鈞譯	一册	.45
四	德國史綱	魏以新譯	一册	1.30
五	女青年心理	劉　鈞譯	一册	.45
六	五十年來的德國學術	中德學會編譯	第一册 2.00 第二册 1.40 第三四册各1.00	
七	給一個青年詩人的十封信	馮　至譯	一册	.40
八	論德國民族性	楊丙辰譯	一册	.70
九	斯托姆小說集	魏以新譯	一册	1.80
十	德國史略	魏以新譯	一册	.70
十一	快樂的智識	梵　澄譯	一册	1.80
十二	湯若望傳	楊丙辰譯	(印刷中)	
十三	葛德論自著之浮士德	梵　澄譯	一册	.50
十四	論優美感覺與崇高感覺	關琪桐譯	一册	.40
十五	赫貝爾短篇小說集	楊丙辰譯	(印刷中)	
十六	親和力	楊丙辰譯	(印刷中)	
十七	歷史之地理基礎	張星烺譯	(印刷中)	
十八	哲學論叢	關琪桐譯	(印刷中)	

商務印書館發行

特刊

一	德國留學指導書	張天麟編譯	一册	.40
二	今日德國教育	王錦第譯	一册	.30
	(此書商務印書館代售)			
三	統一國家之德國	弗立克著	一册	.15

補助德語教材刊本

一	德華常用小字彙	孫用震編輯	一册	1.00

中德學誌編輯簡章 二十九年十月第一次重訂

1 本誌原名「研究與進步」，自第二卷起，擴充範圍，改用今名。

2 本誌錄稿，以由德文譯爲中文者爲主；除本會會員稿件外，並酌收外稿，但須將原文出處詳細註明，其原文不易見者，並須與譯稿一併寄來。

3 來稿本會有删改之權。

4 來稿中有中文人名書名等譯爲德文後，重行譯爲中文時，應請譯者援用原來字樣，幸勿另譯新名；其由德文譯爲中文者，除有慣用者外，以本會所定爲準。

5 來稿逕寄「中德學誌編輯委員會」，請勿寄交編者個人。

6 來稿經本誌決定採用者，酌給現金或本誌爲酬。

7 來稿經本誌給酬後，其版權即爲本會所有，原作人不得以其一部或全部在他處另行發表；在本誌發表後，他人亦不得轉載。

8 來稿不爲本誌選用者，均可退還，但須由原作人附寄郵費，如欲掛號寄還者，並須加附掛號郵費；郵遞如有遺失，本誌概不負責。

9 本誌除譯稿外，兼收介紹德國學術文化之著作，但以經本誌特約者爲限。

10 本簡章如有未盡事宜，得隨時修改之。

編輯者　中德學誌編輯委員會

出版者　中德學會
（北平地安門內黃化門大街西妞妞房二十號）

印刷者　京華印書局
（北平和平門外戍坊橋）

定價表	每季一册（郵費外加）	每年四册（郵費在內）
國內	國幣 1.40	國幣 5.00
德國	馬克 1.00	馬克 4.00
其他各國	美金 .50	美金 2.00

Bezugsbedingungen:	Einzelheft (Porto extra)	Ein Jahrgang, vier Hefte (einschliesslich Porto)
Innerhalb Chinas	Ch. $ 1.40	Ch. $ 5.—
Innerhalb Deutschlands	RM. 1.—	RM. 4.—
In anderen Ländern	US. $ —.50	US. $ 2.—

Zu beziehen durch das Deutschland-Institut, Peiping.
In Deutschland durch "Forschungen und Fortschritte", Berlin NW7, Unter den Linden 8.

AUS DEUTSCHEM GEISTESLEBEN

Herausgegeben

vom

DEUTSCHLAND-INSTITUT, PEIPING

durch

Dseng I-sin   Achilles Fang   Wolfgang Franke   Walter Fuchs

Gu Hua   Yang Bing-dschen   Yang Dsung-han

In Verbindung mit

Dr. Karl Kerkhof, Berlin

3. Jahrgang, Nr. 2   **Juni 1941**

Anschrift der Redaktion: Deutschland-Institut, Peiping (China), Huang-hua Men nei, Hsi Niu-niu Fang 20.

中德學志

沈兼士

第三卷第三期（三十年九月出版）

中 德 學 誌

北平中德學會出版

中　德　學　誌

第三卷　民國三十年九月　第三期

一個新的世界影像之建立者——歌德(一)

Goethe als Begründer eines neuen Weltbildes

杜貝爾 (Werner Deubel) 著

關琪桐 譯

譯者附言

本篇作者杜貝爾先生，一八九四年生於陶伯河 Tauber 上的羅登堡 Rothenburg ，而且一向以自由著作家的資格在奧登渥 Odenwald 居住。他曾寫了許多文學的論文，此外還寫了兩部書，一部是德國人的悲劇途徑 Der deutsche Weg zur Tragödie ，一部是釋勒為悲劇的奮鬥 Schillers Kampf um die Tragödie。 表示他自己的文藝活動的有一部小說集，題名為圖庫洛的幸福 Das Glück von Tukulor， 和德國巡遊 Der Ritt ins Reich。 釋勒為悲劇的奮鬥一書指示出一個新的釋勒影像的輪廓來，而且出版界對它有很熱烈的批評。 國社黨月刊上說：「在郎恩布赫 Langenbucher 的著作(二)和傅立克 Fricke 所寫的克來斯特論 Kleist 以後，杜貝爾的著作，又在「德國學」的範圍中，給一個新的科學的觀察方法，呈現出第三個決定的證據來。 它的收穫是巨大的，它的意義正可以說是在於：把那在道德家的灰內完全消逝了的英雄式的釋勒，重新喚還了。」

杜貝爾在本篇中，是有意識的決定的，站在柯臘葛Klages 哲學的基礎上的。 他帶着動人的確信，有意識的反着文學史和思想史中一向的評價，只根據由柯臘葛哲學中得來的標準，而從事分析，調整，和結合。 他在這裏企圖把歌德本質中的特徵，即把這位詩人從這位純粹觀念主義的思想家分開的那些特徵，拔脫出來，而把它們當做是一個生命中心的生活態度的表示，而與那相反的羅格中心說對立起來。 歌德游移於這個有意識的，意志行動的一面，和那個無意識的，洋溢充沛的一面之間，但是他為求得他的人格的平衡起見，仍然不能決定，把那對敵的精神犧牲於生命之前，靈魂之前。 但是歌德畢竟當做生命中心的世界影像之建立者，而構造了尼采所預積，柯臘葛所完成的，那種「發展」的開始階段。

(一)編者註：譯自 Jahrbuch der Goethegesellschaft Band 17 (Weimar 1931)

(二)編者註：該著作為Volkhafte Dichtung der Zeit,第三版(Berlin 1937)

這篇文章有許多新的令人驚異的思想，在這些思想之旁，那樣斷然新的評價，自然又生起許多問題來，但是這部論文對這些問題並不曾與以解答。

這樣把何爾德的學說應用在日耳曼兼德意志的人生態度上，是很有效果的，這種應用更明顯，更動人的出現在德國悲劇途徑（德雷斯登一九三五年）那部範圍廣大的闡述中。在那部書中，歌德的詩劇浮士德也得到一種新而固有的解釋。這部書中的種種解釋大體是由尼采的思想出發的。真純的悲劇的生命感覺是趨向於生命中心的，它在圓滿的表示中，總是對着不可擺脫的命運而有的一種英雄的，宗教的態度。它乃是一種北歐的生命感覺，原是希臘人和日耳曼人所固有的。至於猶太兼後希臘期的和基督教的思想，則以天意代替了命運，並以道德的意志代替了那超越自身以外的英雄的生命衝進——即涡望自我犧牲的那種死的衝進；因而這種思想是沒有給悲劇留下餘地的。莎士比亞在那樣一個世界中，就彷彿一個奇蹟。在釋勒一身中，悲劇家和理想家是在其一生中互相搏戰的，至於克萊斯特則可以很迅速的逃脫了康德的致命的影響。他可以創造新的悲劇。那在尼采和何爾德中提高了的悲劇之感，使本文作者可以希望一種在北歐的悲劇的生命感覺上建立着的新的文化。

杜貝耐先生以生命 Bios 與理性 Logos 對立，並以靈魂 Seele 與精神 Geist 對立；前者是無意識的，盲目的，悲劇的，衝動的，後者是有意識的，有意志的，奮鬥的。篇中應行注釋之處甚多，祇以篇幅所限，也可以說是能力所限，只將其中所用典故，稍加詮釋，至其義理上的考證深湛，以及所引文句的出處，則一概從略，因此項工作需時太多也。

風雨下山來，
疑雲鎖不開，
須臾萬相淨，
朧若繁星排。　——何德林 Hölderlin

歌德智慧中的矛盾

人們很早就在歌德的詩的作品之旁注意到他的個人的生活，這種注意的結果就把「詩人」的概念，和「哲人」的概念，混合起來。這種混合結果因為在它一方面，深深植根於歌德以後那個世紀之基督教兼觀念論的世界影像中，所以它就把「最大的德國詩人」，與那和諧的奧林資神Olympier（按此係歌德徵號）；那兩個聖譚織在一處。他的智慧曾被隸屬於那種基督教兼觀念論的世界觀的基本特徵中，並且曾被鑲嵌在十九世紀的文化過程中。這種情形，並沒因為他的自然科學作品，現在已經享受了一種新的評價，而稍有改變，這些自然科學作品差不多有一世之久是被人認爲是一個賞鑑家的不可解的固執意見；這種情形，也沒有恰巧因爲人們對於他的生活過程和總括形像，曾作了一些伶巧的解釋，而稍有改變；因爲那些解釋的企圖雖然想拋棄了關於歌德的和諧所作的那種絢爛的概想，可是它們並不曾擠到可以證明的最後的基本力量上，而藉以闡明他的「智慧」的結構。但是誰要設法從哲學方面來解釋，來處理這種結構，那麼這種結構結果就與尼采Friedrich Nietzsche的學說相彷。因爲就在這裏我們也可以看出來，經院哲學中那些慣熟的範疇，如觀念主義，實在主義，懷疑主義，等，都連他的思想的視點 Blickpunkt 也發現不出來，當然更不能把那種學說的有強制力的判斷和洞見結合在「科學」的知識內容之上了。但是在我們詳論這一層之先，我們可以提到一種事實狀態，那種事實正指示出歌德思想中一個極其奇特的裂口來，因而單單這種事實已足可以消滅了所謂「歌德的和諧」那個虛構。我們所指的乃是歌德智慧中的那種內在的矛盾性，這種矛盾性還不祇是生活情調上的矛盾，乃是「洞見」與「真理」間所有的一種真純的對立——這種矛盾，就是對於極低微的「邏輯秩序」之要求，也準備好一種迷惑。

　　應着那漫遊的維特 Werther之英勇的命令：「你要做一個人，不要跟隨我」，却發生了一種憂鬱的回音：「我要留下，你要離別，你先去了——並不曾有多少損失」。——他一面歡呼着說：「你愈覺得你是一個人，那你就愈與諸神相似」，同時威尼士的輓歌家又對於羣衆的騷擾喧鬧有一段說：「……蚩蚩者氓只是竭力養活自己，生育兒女，哺乳他們……他們並不曾產生任何人，不論他們如何裝模作樣」。——他一面承認：「愛情中有許多自私的成分，如果沒有這種成分，愛情成了什麼樣呢？」一面又有菲林 Philine 的純真的愛情論的名言：「當我愛你時，那與你有什麼關係呢？」——那在此時「給偉大事業預備場所的這個塵世」，在另一刹那又成了「這個可咒詛的「此處」——它正使我心裏沈重無聊」。——他有一次說，「我們如果不想克服了我們的一切自然的傾向，一切教育都有什麼用呢？」；可是在另一次，他却又說；「只有我們那未受教育的一面，才可以使我們幸福。」其次又說：「自然的要求是合法的，它們是同我們的理性恆常處於鬥爭之中，而往往得了勝利的。」——此處他說：「憎惡女子的人，實際上，比愛惜女子的人，對女子還要更獻慇懃。」可是他在彼處又說：「憎惡女子的人，如何能夠生活呢？」——「迷信……很容易失掉它的權威，如果它不諂媚我們的虛榮心，而却阻擱它。……這時我們就看到自己正好把它擺脫了，只要我們願意的話」。在另一方面：「迷信是屬於人的本質的，而且當人們想自己已經把它完全抑制下去以後，它却逃在最奇特的角隅，遇有機時再度顯現出來。」——或者，「凡否認幼里庇德 Euripides 之崇高性的人，都是可憐的鯡魚……或厚顏的騙子」；在另一方面，「在每一個民族的詩歌中都有一種因襲的東西，甚至在幼里庇德方面也是一樣。就在那已經注重修辭學的時代，人們也想見想聽這種因襲的成分。我們不能否認，索福克雷 Sophokles 和埃斯去路 Aeschylos 的寫作方式反比他較近於自然」。——他一面自命，「每一個人都在其手下有其自己的幸福，正如藝術家有一種粗糙的材料，而爲他所想造成一種形像似的」。同時還有：「最確實的事情就是，我們總是把自己的本質轉化成行爲的。」在另一方面，「我們必須讓車輪滾去，而等待着看他如何輾擦我們，擠壓我們，如果它不把我們撞成粉碎」。此外還有：「人們相信自己指導自己的生命，領導自己的行止，可是他的內心的最深處是毫無抵抗的被拖向他的命運的。」——此處他說：「世界只能被那些反對它的人所促進」，可是在另一個地方他又說：「我一向在生活中不願與羣衆的極猛烈的潮流和得勢之原則之潮流，處於敵意的無用的對立之中」。——還有：「現在的世界是對個人很有益的……我是不願在別的任何時代生活的」；可是在另一方面，「除此以外，我們這裏老的歐洲人多少都是處於眞正可憐的地步的，我們的狀況有些太於技巧，太於複雜，人們常常願望，當做一個所謂野蠻人，而生在南海的一個島上，以便撤除了虛妄的副味，好有一度來完全純粹的享受人類的生涯。」——還有與此彷彿的是：「最重要的事物都是同時存在的，因爲它們最純潔的反映於我們自身，我們也最純粹的反映在它們裏邊。」但是在另一方面，「現在是很少與現在的事情互相調和的，凡互相並存的事物好像其使命正在於互相爭戰。」——最後還有：「憎惡乃是偏陂的，但是愛情則尤其是這樣的。」在另一方面：又有「人們除了自己所愛的，就不能認識什麼。」

我們正可以拿這些互相對立的文字，充滿了無數篇幅，而且爲歌德辯護的人正可以進而「解釋」這些矛盾，縱然不能取消了這些矛盾；爲這種目的起見，人們所一再喧嚷的「同一個胸中的兩個靈魂」，和歌德自己用以稱自己的所謂集合體 Kollektivwesen 正給淺見者流以一種適當的把柄。人們曾經企圖藉一種解釋把這些對立之間的緊張力弄得鬆弛了，他們解釋說，正論與反論之間的距離，乃是由感情柔嫩的青年和判斷成熟的成人之間的天然對立來的。他們或者說，此時是詩人說話的，一時又是通世故的人說話的，此時是戰鬥者，信託者，行爲者在說話的，一時又是懷疑家，罕姆萊特似的失了望的人在說話的，此處是感情充溢的人在說話的，彼處又是性情恬退的人在說話的，此處是熱烈的人，彼處是冷酷的人，此處是誠懇的人，彼處是傲慢的人，此處是道德家，彼處是玩世家，此處是感性的自由人，彼處又是超感性的自由人，在說話的。最後，在這個偉大的自制者和教育者方面，任何話語都不曾宣說他所要說的，他的話語的意思只是從它所由以出發的景況才能推測出的，或者竟是從它向之吐露出的那個夥伴，才能推測出的。

但是所有這些說法（雖然有時偶爾也甚恰合）只是一種擬戰 Spiegelfechterei，它們有一種隱秘的目的，它們是要強調那毫無強制性的智慧之相對性，而以爲它的各種箴言是可以互相消滅的。這一類心理學的解釋終久是浮淺的，它只阻礙了我們的途徑，而使我們不能達到那種可以使我們理解形上學的矛盾的那種深刻觀點。

這種形上學的矛盾傾軋雖然已經在上邊所引的最輕浮的對立例子中，共同顫動着，可是只有一個極其精細善感的耳朵才能覺察到它。這種矛盾已經從他對於一個終末論 Eschatologie 的題目所作的一些相對的說法中，發出較清楚的聲音，現在我們正可以藉這些話語來補充上邊所引的一對對的矛盾。

他有一次說：「我毫不懷疑我們的繼續存在」。「我希望，那位悠久的生活者不要拒絕我們以新的活動，一如我們已經經驗的那樣」。但是在另一方面，他又說，「不死觀念只是上等階級，尤其是閒閣的所事，因為他們是無事可做的。」其次我們還可以想起艾克曼 Eckermann 所描寫的一八二九年二月十二日的情景來：『歌德給我讀了他那首新寫成而完全燦爛的詩：「任何事物都不能崩潰至於一無所有」等；他說，我寫這首詩，是要反駁我先前的一首詩的，那首詩是說：「一切都要崩潰至於一無所有，如果它要想持續其存在的話，等，這乃是無意味的」』。

在這些互相對立的表示（也如在別的表示）方面似的，我們分明看到，任何時候只有兩面中的一面是與基督教的兼觀念主義的世界影像相契合的。我們如果把另一面的一切箴言綜合而觀，那麼它們在仔細觀察之下，就不是偶然的自相矛盾，也不是一個處於自相矛盾中的人的偶附的偏斜或遊戲的離題，它們乃如稜鏡的光線似的指示出同一個公共的光源，並且組成一個首尾一貫的統一的箴言系統——而報施相稱的與基督教兼觀念主義的世界觀恰相對立。

生活宗教

人們如果想極其簡短的標記出：那曾經領導新歐洲文化前進並直到現在還統治着歐洲的基督教兼觀念主義的世界觀之形上學的基礎，那麼我們就可以確說了下邊的事實。

上帝是一位精神，並且以此身份而成爲萬物的立法者。在被造的宇宙中，只有這個「上帝精神」的鏡中影像，至於人類精神乃是重要而有價値的，而且是有意識的並有意志的負荷着繼續進步的知識的，他乃是救世工作的對象，因而是被造世界的峰頂和意義。其餘造物界的無精神的生命只是人類的基台。自然和其權力，地球和其寶藏與造物，甚至全部非精神的宇宙，也都是給與人類，而使他征服了它們，以之爲合理的或事實的所有物的。無精神的自然界乃是混沌的原則，並因而是人類精神的調整力的活動之材料，而且精神既然是世界上唯一能够產生的元素，所以無精神的自然界根本上是死寂的。自然的必然性在精神的立法者職份之前就顯得是沒有本質的，而且就它當做命運而崛起於人類的精神範圍中而言，它只是道德品格所必須在其上確保自己的道德自由的一種障礙物。就是那無意識的身體，和無意識的靈魂，衝動，激昂，情感（這都是人對自然所發生的），也都是不能生產而係混沌一團的，因而乃是那能行調整的意識和有統治力的意志之原料似的對象。

這些宗教上的基本信念，就明白分劃了兩種形上學的世界權力，就是上帝精神與自然——有精神的生命與無精神的生命——法則與混沌——道德自由與命運——「意識與意志」及無意識的形體靈魂。對於基督教的觀念主義說來，只有精神的一面才有價値。對於歌德的宗教感覺說來，那另一方面，即生命的一面，却成了創造能力和最高價値的源泉。（在以後我們還要詳細復述他在某些點上背棄了這個宗教的着重）。在非精神中，他找到了神明的本源。他把人類的本質說明Wesensdeutung完全推翻了，並依着人類分享這個非精神的本源之程度，而給與他以價値和宗教的品級，他並不依照人類的精神性的標準，來給與他以價値。他對於人類的雙重形上學的天性之懷疑，完全指向於那從意識和意志方面來期待生命之圓滿的任何信仰，而從不指向於人的自然性上。要證實後一層，乃是重要的，因爲人們曾經屢屢企圖把這一層圓成過去，並給與一個新的意義。

貫穿於歌德的全部生活和思想中的一個主要動機，就是對於人類世界的精神上，文化上，社會上，和道德上的過度技巧所有的一種厭惡。 他在兒童時，就已尋求生命原始由其中發出的人類這個原質 Urwesen，尋求那還不曾被任何「精神化」所弄弱，所撕碎，所紛亂，所精細化了的原質。 歌德心中早就有了一種富有特徵的預感，就是，我們要想解釋人類的本質，必須把它植根於自然中，而不能只把它參照於一個精神的上帝，因為這種參照就使他脫出了單純的有生命的自然以外。 他或者曾想到一種原始的語言，並因而在一種令人驚羨的本能中（這種本能是在深處與他的詩才連繫在一處的），在靈魂的歌吟和宣說的沸騰中，在最神聖最深刻的感覺之靈感中，並在狂喜中來尋求它。 在神靈所嘉惠的熱烈感情的剎那之中，人類就吐屬了「精神的語言，而且他的舌根也就從神明的深處吐出生命和光明的火焰」。 這裏已經有一種知識閃爍出來，就是：一切創造的力量都是逃脫有意的黽勉的，而且還正是被這種黽勉所熄滅，所阻礙的，縱然這種黽勉在道德上是最好的。 他對於五旬節的狂喜者曾說，「他們把自己封閉在自己以內，他們阻塞了生命論的純粹之流，以便把水閘住達到極其高的程度，隨後他們就憑自己的精神來反省「幽暗」，並鼓舞「深淵」。 但是自我，這種矯飾的力量只能當做昏暗的預想向前推進，他們只是喃喃出這種力量來，沒有人能懂得他們。」 ——所謂禮拜上帝乃是以兒子對於母親的敬畏，來接近自然，並不是以精神的傲慢，來接近自然的；祇是精神卻相信自己必須隨意來利用自然的「死的質料」，或藉「與觀念結婚」來鼓舞它，並把它高貴化了。 「自然」乃是世界上創造力的源泉之祕密，而精神並不克語此，不論所謂精神是人類的精神或是他在雲端所構想的那個與他相同的精神。 「自然」正是宇宙生命的原始力量，它依照他自己的必然性，一面鐵面無情，一面又如慈母似的，成為神聖的原則。 在自然以後既然沒有精神的法則，所以在自然之上，並在自然的對岸，也都沒有神聖的啓示。 「自然」自身就是完成的神聖的啓示。 誰要想否認自然是神聖的啓示，那他同時就否認了一切啓示。 歌德特別反對以福音書為神聖真理的那種妄圖，因爲它正認精神上帝的莊嚴性在於人們所假設的他（上帝）那種能破壞了自然的必然性的能力。「你認福音爲神明的眞理，但是至於我，則雖有從天上來的淸晰可聞的聲音，也不能使我確信，水會燃燒，火會解渴，婦女離了男子可以生產，死人可以復生」，不但如此，我還認這是對於偉大的上帝和其在自然中的啓示所加的一種大的汚蔑。

這裏正是一種生命的宗教，與精神的宗教淸淸楚楚對立起來。在這種宗教中，人們並不想相信啓示，只想經驗它。「你說，人只能相信上帝，可是我可以對你講，我是十分注重直觀的。」（我們下邊還要詳細討論「直觀」這個重要概念）。但是當宗教的直觀狀態被挑動到最高的火焰以後，於是詩人的靈魂（它現在已經變成「世界的中心」——如 Eichendorff 所說），就在世界的基礎中窺見了「悠久的女性的」祕密，而且在熾熱的剎那，創造世界的愛神的神奇就給他啓示出自己來：

它向着這邊搖動輝耀，
在夜間的水道上
有許多物體在燃燒；
四周的一切
也被火所圍繞。
那麼愛羅斯呀！
你曾將一切創始，
就請如此統治！　　（周學普譯二八五頁）

每一種反道德主義，不論是歌德的或尼采的，都建立在生命宗教中，而且只建立在它以內。在生物界，各個被造物的品級並不是依照「有用的與有害的」，或「善的與惡的」等精神的範疇來確定自己的。因爲在自然中，所有這些都是本着同樣的權利，彼此並存的。他對拉瓦特 Lavater 講，『所有你的理想都不能把我誤領了，我要成爲眞的，「善而惡」的，一如自然似的』，（尼采也有同樣思想，『自然不是善的也不是惡的，它不是依照目的進行的』。）

那不受精神上帝所控制並且不能爲人類精神所解開的一切事件之本質，乃是：必然！「這裏就是必然，這裏就是上帝！」，歌德的宗教的一個核心命題如此的說。在古代 Ananke（即命運）的全部幽暗的「偉大」中，他看到了「命運」；「命運」是與每一個精神的奮鬪努力開玩笑的，因而才更是與道德的奮鬪努力開玩笑的。它不受任何先見的支配，不受任何預測的推算，就給人投擲了他的命數；命運之神給了人以他的本質之方式和界限，並給了他以不可逃避的命令說：「你必須照星宿的安排來行事」；並且在不能預測的時光中就把他消滅了。就是有創造力的人，當他一完成了他的「天職」以後，他也就立刻「又沈淪了」。

人在自然中，並沒有優越地位，也不能有優越地位。一個宗教如果把世界的神性置在人與宇宙中一切構造和生物所共有的「生命」中，那麼在這個宗教之前，「人類」正因爲那種獨把他標記出的精神股份，而得到可疑的特質。普羅眉託斯 Prometheus（三）的悲劇的品格，雖然使他從事於文化中微小的奇異創造，但是同時又以一種咒詛威嚇他，要使他離開自然，乾涸而死。自然既然永是正確的，因此，人類正因爲不是自然，而陷於錯誤之中。「凡使我們離開自然的，都是虛僞的」；「自然……永遠是合理的，過失與錯誤永久是只屬於人類的」。

（三）普羅眉託斯係希臘神話上的人物。他的技巧欺詐，勝過一切人類。他詼笑諸神甚至欺騙天神鳩璧特自己。他犧牲了兩隻山羊，把一隻的皮裝上肉，另一隻的皮裝上骨頭，而問天父喜歡那一種犧牲。鳩璧特選了骨頭，因而受了紿。爲懲罰普羅眉託斯和其餘人類起見，天父就把「火」從人間奪去。但是普羅眉託斯却藉Minerva女神之助，而從日神的車輪上偷下火來。這就更把鳩璧特激怒了。後此，又因爲別的原因，天神就吩咐把這個狡詐的凡人帶到高加索山上，把他拴在一塊石頭上，在三萬年中讓一個鷲每天啄食他的肝臟，他的肝臟是旋食旋生的。在三十年以後，武仙海鳩里殺了那隻鳥，才把普羅眉託斯釋放了。

人類影像

歌德承着哈曼Hamann和赫德的思想而創造出的那個新的人類影像，依靠在下邊一個決定的見解上，就是：那個無意識的生命之構造原則，不但統治了由星宿至石頭的全部現象世界，並且還進入人中，而把他當做是無意識的形體靈魂。因而歌德就成了「無意識」的發現人，但是這個無意識，並不如由萊勃尼茲至弗洛伊德 Freud 歷來的理性主義者的「無意識」似的，是第二個意識，而只把符號掉轉了，（按此處指「有意識」之「有」字與「無意識」之「無」字掉轉而言的），並只處於「尚未」或「已不」的昏暗中。他的「無意識」乃是人類一切生產力的胎宮，和一切意識的基礎。歌德的人生影像把宗教的強調由精神方面置在生命方面，所以它就決然着重「無意識」對一切有意識的思想和意志所佔的優越地位。

「人類中最好的成分乃是無形相的」。「我相信，天才以其天才所做的一切，都是在無意識中發生的」。「人並不能儘管停留在有意識的狀態中；他必須仍舊掉回無意識中去；因為他的根就在這裏。」

這些深深照耀了人類本質的名言，就給浪漫哲學（就如 K. G. Carus 的）指示出可以達到一個初次才範圍周延的靈魂學說的途徑來。因此我們就更當思考：這種學說的基本見解何以自從一九一〇年以來才又重現於我們的思想界，而且它在一起初還受了人的頑固的攻擊的，隨後又被歌德的「無意識」的發現一向所逃避的一種心理學威嚇着改寫了。

人們如果仔細一觀察那從這種發現中所產生出的歌德的人類影像，那麼一個重要的特徵立刻就出現了，就是，「無意識」在人類幼年時期是最有力的統治者的，並不如精神似的向前進步，因為精神到了老年才達到它的頂點。在這裏歌德所着重的又是與「進步信仰」相反對的。

「我們總是看到，每一種神聖的照耀都是與青年和產生力聯結在一起的。」「要完成大業，人必須年輕」。「人們常想，人必須老了，才可以成為聰明的；實際上，人在與年俱進時，是應當努力保守他以往的伶俐乖巧的。人在其各個生活階段，誠然可以成爲另一個人，但是他並不能說，他將成爲一個較好的人，而且在有些事情方面，他在其二十歲時，正與其在六十歲時，是一樣可以勝任的」。

老年人所以還有生產力，那是由於恢復了春情發動期之故。這個人生影像既然從那個所發現的「無意識」的優越地位，得到它的決定的銘印，所以我們就不必驚異，在這種影像中看到了明白表示出的悲情學 Pathik（與倫理學對）的特徵了。

「每一種最高度的生產力，每一種可以產生結果的偉大思想，都不在人的權力以內。人必須把這一類東西看成是喜出望外的贈品。這類贈品是與「魔神」有關係的，魔神是可以憑其大力任意擺弄他的，而且當他相信自己是憑着自己的衝動有所作爲時，他實在是無意識中把自己交給魔神的。」「我的忠告是：任何事情都不要勉强，人們寧可把一切不生產的日子和時光玩了，睡了」。那個魔神是「不能被理解和理性所解開的」，它構造了「一個縱不與道德的世界秩序相反，也仍與它交叉着的權力」。「人類只是似乎在聽從自己，在允許自己的意欲暢行，在服役於自己的衝動的，實則從中作祟的乃是一些偶然，使他離開原路的乃是一種外緣，他相信他已經捉住了，可是他已經被捕獲了，他相信他已經獲得了，可是他已經失掉了」。但是在悲情的人類中，並在他的陰暗的或光明的命運熱情Schicksalsinbrunst中，却隱伏着悲劇的和英雄的人類之根株，而這一類人又是立於道德圈以外的。因此，我們就可以理解，在歌德對於英雄行爲甚至犯罪行爲所作的分明不道德的評價中（他正認這是大規模的自然現象），已經有尼采的戴尼色式（四）

（四）酒神也係希臘神話上的一位神。他是天神與西麥爾的私生子，所以他生長大以後，許多人就不承認他的神性。但是他却征服了他們，而且他的勝利還及於亞細亞方面。最有名的征伐就是盤修士 Pentheus 的殺戮，這次事件就成了悲劇家幼里庇德的酒神一劇的題材。百綠図的諸女也反對他，所以他就把她們弄瘋了，並把她們的兒女殺死。酒神在其征伐途中，被一些崇拜他的人所圍繞着，如男女信徒，「山提」（人頭羊身），僧侶，等。這些信徒都兒醉了，或爲神所惑，在他周圍跳着舞，並撕殺着……

(酒神)的哲學特徵宣示出自己來了。

拜倫 Byron 的勇敢，不遜，和宏壯，所有這些都不是能陶冶人的麼？我們必須堤防自己，不要想在決定的「純粹」和「道德」中來找尋它。一切偉大的事物都足以陶冶人」。在羅馬帝國崩潰的前數百年中，並不曾有通姦案件發生過，而且對於弑父之罪也無特定法律的必要，可是它在別的方面乃是極其煩膩乏味的，因而使任何忠實之人都不曾願意在那裏生活」。「出類拔萃的人是……脫離開道德的。他們終於是如物理的原因，如火與水等，發生影響的。」

倫理的人類影像（由蘇格拉底和基督至笛卡爾和康德）把一切人類的權力和尊嚴，都置在覺醒的有意志的精神中。我們如果尋求這個影像在歌德的人類影像中所受的評價，那麼我們就看到，這個悲情家不但在「懷疑」的觀點下來看有意識的意志，而且他整個對於「意識」就有一種躊躇。「意識並不是可以應付一切的武器，它往往對於執持它的人還是一種危險的武器」。意識從生命之流中拔脫出自己來，而且正如後來尼采把意識標記為生命的一個「病理現象」似的，同樣，我們也看到，歌德在新的精神史中才第一次指示說，意識是人生的擾動。古典時代以後的那個世紀的世界觀，是依靠在「精神係優越」的那個自明的格言上的；人們只要處於這種情形下，那麼那樣一種預感的意義，就如下邊一段詩的深義，一定會在其動人的外裝下被人忽略了。

費盡心苦不可期，
功成端在無心時，
薔薇若解陽光色，
畢竟如何吐花枝？

至於要問，這些詩的解釋如何才可以在其全部射程中開發出來，那我們可以在下邊加以陳述。

那後來在尼采方面曾得到那樣重大意義的思想動機（就是以「理想」係由自

欺和妒忌而生的那種思想），在歌德方面已經無疑的表露出來。　人們在這一方面正可以衡量下邊的語句：

「我們之幸福，不由於我們的德性，而由於我們的過失和弱點，人如果以爲，他是因滿足了一種德性才幸福的，那他就錯了。　這正是他的一種未脫盡的虛榮——施展那種德性的虛榮」。　「這種自制的結果……使我們慣於裝模作樣來對付甚至一件平常的事情，而且使我們傾向於（因爲我們已在自己身上施了許多強制力）把自己的統治權擴展在他人身上，以便藉我們在外面所獲得的，來有幾分補償了我們在內面所缺乏的。　與這種思想相伴的往往有一種幸災樂禍的心理，就如我們對於他人的黑暗運命，對於使他們跌入陷阱中的「意識失掉」所感到的。」「這些好人所以要拿一個無花果葉置於一個維納絲女神的衣帶上，往往只是爲得好有仔細觀察他的良好藉口。」「一個人愈是道德的，合理的，則當他錯誤了時，乃是愈要撒謊的，而且當他固執於錯誤中時，他的錯誤乃是愈大的。」　「對於他人的大的特長，除了愛心之外，再沒有別的救濟方法」。

科學學說

知識是如何發生的？　知識努力所問的是什麼？　什麼是它所不問的？　歌德對於這個問題的回答，正構成了新的世界影像中重要的成分之一。　這裏我們又看到，歌德仍然超出了他的時代的教義和確信以外，甚至超出了新歐洲的知識傳統之外。　我們並不研求，歌德的研究方法是否，並在何處，有其前驅。我們確實知道，在我們所要研究的笛卡爾以來的西方的思想史中，伴着歌德，已經有一種完全新的東西出現於競技場上，雖然歐洲的學術從來不曾感覺到自己被驅使的來承繼它。

在知識的構成方面，不論人們給與自動的概念的思想以何種職務，而據歌德說來，眞正的知識場所只在於經驗和直觀。　被思想的乃是事實，事實乃是「精神」的成就；被直觀的乃是現象，現象乃是現實界的神祕。 理性的思想拿一件事實代替了無數的現象，但是這件事實又是一個新謎，因而它就需要一個原因，這個原因又是一件事實，因而又前設一個原因，如是一直進於無限。 至於直觀則委身於影像，一直等它的意義給他呈現出自己來，這就是直觀的眞實性。 這種眞實並不關於事實的世界，只關於所經驗的現實，而且它給人吐露了一點世界的本質，吐露了一點現象中的生命，吐露了一點原始的現象。

能使人從事認識的狀態，乃依靠於對世界現象的愛好上。 眞純的研究因而乃是關於現象的研究，而且它的目的就在於那在儘管變化的影像中所現示出的生命。 歌德雖然依照當時哲學的範疇，要稱這種研究的能力爲「理性」，可是他所謂理性也者，乃是指那種允許被「現實」所灌沃的才具而言的。 他雖然知道這樣用字會引起人的誤會來，可是他並不是只因爲如此，才覺得「藉一個惟一精巧的名詞促進」了他的觀點是幸福的，才覺得某一個作者的確證是痛快的，那位作者說：「他的思想並不從各個對象脫離開」，而乃是「最深刻的被對象所貫穿的」，是的，它眞正「是一個直觀」。 ——他知道，那種似乎客觀的理性的思想會用人的觀點誤表了現實界，因而當他在「大」和「小」方面來觀察自然時，他就不斷的有一個問題，「這裏所表示的，還是對象，還是你自己？」

我們可以藉一串證明，呈現出說：歌德在建立起一個新的方法，並在根本上推移了問題以後，他就在事實上已經踏入了達到一個「生命現象科學」的途徑中。

「人們所認識的事，都是他們所愛的，這種知識愈深刻，愈圓滿，人的愛情，甚至煩惱，也就愈爲强勁，有力，而生動，」「我們在較高意義下所謂發現和發明，乃是一種原始的眞理感覺的重要的施展——這種感覺早已在默默中發展出來，結果終於出人不意的，如電光似的，領到一個豐腴的知識上。 它乃是從內面向外面發展的一種啓示。 ……它乃是世界與精神的一個綜合。……」藝術家「可以踏入鞋匠的工廠中或一個廐舍中；他可以顧盼他所歡的面孔，或他的長靴，或一些古叢；他在到處都可以看到自然所用以結合一切對象的那些神聖的震動和低微的聲音。每走一步，那個幻術的世界都給他呈示出自己來。……」「每一個人都曾感覺到這種魔力的威勢……他周圍的世界正是藉這種魔力才有了生氣的。誰在進入聖林中以後，不曾被一種恐怖所侵襲呢？那一個人不曾帶着一種不慰貼的畏懼心被圍繞他的深夜所搖撼呢？……正是這種東西在藝術家的心中活動着，並在他心中衝進到最明白的表示地步——而同時並不必被認識力所貫穿了」。「花朵又給與我以完全美麗的性質，讓我觀察它們。我立刻就明白了，澈悟了一切有生命的東西」。「一切都向我衝來，我不再思想它們，一切都與我對立起來，而且那個巨大的國度在我心中簡單化了，因而我立刻就能可以把最難的問題通讀了。我雖然找到許多新的東西，可是我還不曾找到任何出乎意料的東西，一切都互相合宜，都互相契合，因爲我並沒有系統，而且也不想別的，只想爲眞理而求得眞理」。「自然並不表示說，什麼是與他不合適的，因此，自然如果與一個理論家不相合適的話，那乃是更壞的。」「我們必須集中注意，傾聽自然的進程，以便使我們不要藉强迫的規則，使自然成爲頑固抵抗的。」「每一個生物都是人所當在大規模中研究的那個「和諧」的一個音調，一個色調；否則每一個體就只是一個死的宇宙」。「我們如果不想知道精確的話，那麼我們是可以更好的知道許多事情的」。「法國人如果只有較少的理解，那他們是可以較明白的把握許多事情的。」「人們萬不可以在現象背後尋求什麼，那些現象自身就是學說。」「凡存在於客體中的東西，也都存在於主體中」。「原始現象並不是抽象的，乃是原來有生命的東西，乃是由內向外創造的東西」。「在原始現象之前，我們感到一種畏懼，以至於焦灼。感性的人類逃在驚異之中，於是多事的媒人——理解——就迅速的前來了，並且要在它的方式下，以最平凡的東西表達出最高貴的東西來」。「人所能達到的最高成就乃是驚異，因而當原始現象把他置於驚異中時，他就應當感到滿意。　我們不能給他保證一種更高的成就，他也不應當在那後面尋求一種別的東西，這裏已經達到他的界限。　但是人們只觀察原始的現象，還覺得不夠；他們想，必須繼續前進，他們就如兒童似的，當他們在鏡中看見自己時，於是立刻就把鏡轉過來，以便看看後面有什麼東西。」　「自然中有的是人所能達到的，有的是人所不能達到的。　人們應當分別這一層，考究這一層。　我們只要知道，我們尋常如何難以看出，在什麼地方，此一方面停止了，彼一方面開始了——那已經就有助於我們了。　誰要不知道這一層，那他就必一生以不可達到的事物自苦，而也終於不能達到眞理。」　「誰要忠實的追蹤一種較高的認識和見解的過程，那他就必須注意，經驗與知識是可以進步，可以加富的，但是思想和眞正的洞見則永不能够在同樣程度內變得圓滿了，這種情形正是由於自然的原因，就是知識是無止境的，而且是可以被本着好奇心在四周顧盼的人所接近的，至於反省，思想，和關聯，則是封閉在人類能力的某種範圍以內的。　這種情形是這樣的：關於眼前的世界對象，由恆星以至最微小的有生命的生物，我們的知識是可以愈來愈明白，愈來愈詳細的。　至於對這些事情的本性所有的洞見，則在自身受了阻礙，而且受阻礙的程度竟至使：不祇一個人，就是多少世紀，也總是在一個恆常的圈中，由錯誤至眞理，由眞理至錯誤，活動不休的。」　「理解並不能上達於自然，人必須能以把自己提高到最高的理性地步，以便與那在原始現象中啓示出自己的神明接觸。」「神明是在生者中活動的，並非在死者中有效的；它是在變化不居中的，而不是在一成不變中的。　因此之故，理性在其趨於神明的傾向中，只是與變動者和有生命者打交涉的，至於理解則只是與已成者，殭化者打交涉，以便利用它的。」

歌德所持的生命科學的立場最明白的揭露出：那把我們領進歌德對理性科學的學說的批判上的最後轉向。　因爲只有從生物科學的立場，才可以揭曉了單純的事質科學的祕密的動機。　這種動機不是知識的渴求，乃是控制自然的要求。

因此「科學」並不尋求生命的啓示，只求一些概念，以便把持自然，計算自然，並且只求一些公式，以便利用自然。「人們不相信，在科學中有多少是已死的，有多少是正死的……在我覺得，鼓舞眞正科學家的，寧是一種詭辯的精神，而非一種愛眞的精神」。生命研究者——歌德——承認自己對於那凡以一種死的……受激動的「物質」爲其信仰告白的任何思想方式，都是無感覺的，不能忍受的。」

如果我們可以用一個譬喻的話，那麽，在這個生命研究者看來，現象世界就如一個面孔似的，在那個面孔中，每一個形徵都是與別的形徵立於一種聯繫中的，我們必須認識了那在這些形徵中顯現出的本質，必須在那個面孔的各種比例中來直觀那有生命的能啓迪人的影像秘密，必須在它那受了靈感的直觀影像的變化中，來認識變化的根據和住於它以內的生命。至於另一方面，那只注意於思想的科學的進程，則在於把各個部分解析開，並把「皮」，「肉」，和血管分劃開，最後並把骨頭，牙齒，顱頂，分析開，以便結果只剩下一副原無生命的机機。「這一類研探方法，在我看來，就似乎是一種鑲嵌細工，人們在那裏只是把完成的一筆緊置在另一筆之旁，以便從千百零件中，產生出一個影像的幻景來，因此，這種意義下的要求，我是有幾分厭煩它的。」

歌德看穿了科學自身所不曾見到的一種聯繫，那種聯繫的一頭就是對於世界的法則性所有的那種有成見的信仰之主觀性，另一頭就是那巧勝自然和獲得權威的傾向。科學在其死寂的事質之鑲嵌細工中所找到的那種自然，只是投射於自然中的人類精神。因此，人們就在自然中找到了他所置於自然中的東西，就是，它的目的性。追求目的就是追求效用；而在這個目的背後又立着利用自然的興趣。因爲要看到一種無用的東西，就無異於在目的網中找到一種有害的東西，也就無異於證實了自然的原始貧乏，並確立了人藉科學名義滅絕事物的權利。就是目的思想也是一個人類的原則，而且依照科學觀說來，自然是必須在這個目的之前爲自己辯護的。對於這種聯繫，歌德有如下之表示：

「我是一個從事直觀的人，是一個醇乎其醇的實在主義者，因此，我對於呈現於我面前的一切事情，是不能願望有所增減的。」「在有機的生命中，那無用的東西，甚至有害的東西，都得歸在必然的存在圈中」。「目的的問題，「如何？」的問題，完全是不科學的」。「人既然在一般方面如此思想，所以他在特殊方面也如此思想，而且他不禁把習慣的見解，由人生中帶到科學中，並且在一個有機體的各部分方面，也追問目的和效用。這也有一時可以說得通，而且他甚至在科學中也有一時可以順利進行；但是他立刻就會衝到一些現象上使他不能再用那樣渺小的觀點從事推論，而且他在那裏如果沒有較高的立足點的話，他是立刻會陷於矛盾中的。這一類效用學者誠然可以說，牛之生角是爲得衛護自己的。但是我可以問說，爲什麼牝羊沒有角呢？而且當它長了角時，爲什麼它們又盤繞在它的耳的四周，而一無所用呢？但是我如果說，牛所以用角防禦自己，乃是因爲它有角，那麼這話的意思就是完全兩樣了。」

自文藝復興以來，尤其自康德以來，自然的研究已經不是知識的學說，而是一種指向目的的進程，那種進程忽略了經驗，而企圖把無限豐富的直觀的形像還原於純粹數量的關係之非直觀的數的結構中。歌德說：

「這裏有一個無可爭辯的眞理，就是，數學雖然可以純粹而安全的在其自身被人研討，可是它在經驗基地上每一步都會遇到危險，並且如每一個別的實行了的格言似的會領到錯誤上，甚至把錯誤弄得龐大了，而準備好將來的羞恥」。「關於「原因」的活躍的問題，乃是有巨大而難以解除的害處的」。「顯微鏡和望遠鏡都把人類原來的觀點攪亂了」。「法國人有一種數學的傾向，要在到處尋求並要求均等……可是人生是成立於碎片，而到處逃避均等的」。「那在自然方面求得大益的數學家，往往把最有趣的東西窒息住。」「許多這類人統治着科學的組合——這個組合是愈來愈壞的，因爲人們是愈來愈忽略了固有的直觀和直接的思想的」。

誰要有幾分從先前所說的，看到了一個新的科學綱領，那他也就看到，由這個觀點出發，舊日在觀念主義和物質主義間所立着的那個形上學的對立，乃是不重要的。不論觀念主義者思想世界是由精神上帝所造的，並認「羅格」Logos和觀念，（即概念），是世界的本質，也不論物質主義者由質料的機械作用出發，而見到「羅格」乃是法則性：而精神與質料，設立概念的主體，與由概念途徑下事實化了的客體，都是互相關涉的相關概念 Wechselbegriff。觀念主義，一如物質主義似的，都忽略了現實性，並且從各方面來攻擊既非精神又非物質的東西：就是生命。他們的敵意只是一種兄弟失和，他們的對立，從形上學方面看來，乃是一種僞的矛盾。至於歌德就立在另一個岸上，立在生命的一面，他雖然有時稱那裏統治着的「必然」爲「法則」，他雖然把進入生命的途徑，除了叫做直觀之外，還偶爾叫做理性，並且把生命的內在的本質稱爲「精神」，可是我們毫無疑義的可以說：他所指的確乎正是「羅格」的反面。

「我總覺得，一派是從外面永不能達到精神以內的，另一派也是難以從內面達到物體上的，因而人們總應該停留在哲學的自然狀況中，並且盡量利用其混然不分的存在，一直等各個哲學家都互相同意了：他們所一度分開的東西如何還會聯合起來。」「我曾洞觀了自然哲學家和自然研究家的工場，而且我已經重新證實了我的自然觀察者的身份。」「因此，我的自然研究是依靠在純粹經驗事物的基礎上的。」

歌德的沒落情調

由此我們就又溯及於歌德的世界影像的出發點上。歌德所開啓的「現象研究」Erscheinungsforschung之本質和優點，正在於它是與信士們互相調整的，並且也不知道那在「羅格」宗教的基地上從中世紀末所開始而到現在仍然未曾休止的戰爭，就是信仰和知識的分裂。因爲歌德的研究所領到的那個本質層，正是神話影像下的生命宗教；至於理性的科學，則在一切時代，並在最遠的意義下，在先前並在現在都是神話的死仇敵。「偉大的生活觀在那時候是表現在形相中和神靈中的，至於我們的時代則把它們表現在概念中」。歌德的生命科學和他的自然宗教，都包括着神秘成分。「在這裏，我們必須在一切之先，承認了並且表示了：我們看到自己所處的形上學與自然史互相侵涉的地方，也就是誠懇而忠實的研究者所最愛在其中停留的地方。」「前者的知識乃是一種直觀，後者也無需乎那在知識之前成爲謬說的信仰」。「普通的自然的宗教，根本不需要任何信仰」。因爲它只是由所經驗的現實之直觀中所發生的一種「確信」。只有那在教條上，或理性教義上，束縛着的宗教，才是建立在信仰上的。」

「人對於這樣一種宗教所發生的任何懷疑乃是可以給宗教以致命的打擊的，人是可以返回確信上的，但他並不能返回信仰上」。因爲「這樣一種確信可以衝向每一個人，而且他縱然常把那在一生領導他的線條掉開，而他也會立刻並在到處重新檢拾起它來」。人們如果記得：「現象研究」乃係尋求那在直觀影像中所顯現的「現實」的本質，並且尋求「那在藝術家靈魂中鼓動着並在其中達到最明白的表示地步的這個魔術世界」，那麼他們就可以理解，對歌德說來，宗教，藝術，和科學，就有幾分互相一致了。「宗教，藝術，和科學，就滿足了人的三種需要，就是崇拜，創造，和直觀的需要，所有三者在起頭和結尾都是一體的，縱然在中道互相分開。」

誰有科學與藝術，
也有宗教；
誰無科學與藝術
當有宗教。

一種宗教如果承認精神上帝，那他就必然要把人認爲是神的鏡像和影像，而給與他以精神的訓練和陶冶；但是隨後，這樣一種受過高等訓練的人一脫離了這種訓練以後，就把自己當做是知識的「聖子」，而自命是上帝的王位承繼人，並且企圖把精神上帝的品德，如全能，全知，遍在，等，實現在自身，而同時又把原來人性所依從的法則，當做武器，來控制非人類的創造物之生命。因此，從古代那種穿着神話衣裝的精神宗教中就很一貫的發生了合理的權力意志和全能意志。全能，全知，和遍在，乃是人類羅格（理性）自身的願望目標。基督教民族趨向這些目標的運動就是所謂進步。它們的知識的基本確信，就是對於「世界和其生命祕密可以完全合理的解釋了」的那個事實的一種信仰。但是正如一個「祕密」在揭穿以後，就把祕密自身消滅了似的，同樣，那合理化的權力意志也立刻引起了一大陣暴雨似的發現，這些發現雖然以消滅空間上和時間上的距離，爲其一致的目標，可是它們都把世界毀壞了，把人生挖空了。

在富有預兆的剎那，歌德就知道了這一層。浮士德曾享受了他那以技巧戰勝自然的「最高的剎那」，在那個剎那，他就被那實際給他挖掘了墳墓的鐵鏟之聲所充溢了（五）。在一個詩人所用以指示出進步意義來的這個最大的象徵之上，就繫屬着下邊這些話語。

「自從這些鄙陋的幾百年以來，人生是變得如何脆弱而柔輭的呢，我們還能在什麼地方遇到一個毫無隱飾的本來面目的自然呢！」「先前的世紀

（五）「鐵鏟之聲」見於浮士德第二卷，浮士德在經了種種漫遊之後，想給人民謀幸福，於是就請梅非斯特將海岸地方修築長堤，以便做成一片良田供人利用。茲擇鈔周譯浮士德二卷：「浮士德：——那些鍬鋤的聲音使我多麼歡欣！他們都是爲我服務的人民。他們使土地平對波浪修造邊境，用強固的堤岸，將大海鬩定。」但是梅非土特却只給他掘了墓穴，所以静，又說：「據人家給我的消息，沒有提起溝渠，只說是墳穴。」浮士德：「有沼澤横生山麓，已經做成了的一切都被蕪污。所以須將污水排洩，這是最重而最重要的事務。我爲幾百萬人開拓國土；縱不安全，總可以自由的經營居住。田原青葱，土地肥沃，人畜就都可以生那新地上移居，就可以生勇敢勤勉的人民所築成的高丘上安心舒服。到海岸爲止，上面雖有海水洶湧，向陸地噬齧奔衝，民衆一齊跑來，塞住了漏洞。是的，這是智慧的最後的斷案我誠信的服從　。自由和生活要每天能夠征服他的英雄，才能將它享用。……我將對剎那說，你眞是美好無價，請你停留，我在地上的日子的痕跡，將永久不致成爲烏有。我在這樣的幸福的預感之中，去將最高的瞬間享受。」——浮士德說了這話就倒下，死靈們將他扶起，放在地上。

是把它們的概念置在幻想的直觀中的，我們的世紀則把它們置於概念中。那時候偉大的人生的見解是表現在形像中和神靈中的，至於我們的世紀則把它們表示在概念中。那時候是產生力較大的，現在則是毁壞力或分析術較大了。」「那種日在增長的機械制度使我變成煩惱。」「現在——一切都是過激的，一切都不停的超越化了，不論在思想中或在行為中。無人知道自已，無人把握住他在其中浮動並活動的成分……"純粹的單一"已經談不到了；但是簡單的工具（指人而言）卻很多。青年人們太早的就被激動起來，隨後就被拖在時間的旋渦中。世人所驚羨的乃是財富和迅速，一切人都在努力於此。鐵路，快郵，汽船，以及一切可能的交通工具，乃是受教育的人仕所用以過分教自已的東西，可是他們因此就陷於平庸中了。通俗化的結果就使一種中等的文化成了普遍的，聖書協會和蘭克斯特教授法 Lancastersche Lehrmethode；以及一切等等，都是努力於此的。我們的世紀根本是有能幹的人的世紀，是富於理解而愛好實踐的人的世紀，這些人因為賦有某種老練活潑，所以他們就感到自已對一般人的優越性，雖然他們自已並沒有成就最高事業的天賦。我們可以儘量固守我們在其中生長的那種信念，我們與別的少數人或者是那一去不返的一個時代的子遺。」「我感謝上帝，因為我在現在這個完全造作下的時代，已經不是年輕的了。我並不想停留在這裏。不但如此，就是我想逃到美洲，我也有些來得遲了；因為就是在那裏也已經太於光明了。」「我看將來時候到了，上帝將對於人類再沒有什麼喜欣，而將把他們擊為粉碎，揉合成一個更新的物種。我確信，一切都傾向於此，而且在遼遠的將來，一定有時候，將開始這種返老還童的時代。」「生物有一種權利——就是使其生活每況愈下的那種卑劣權利。」「人們如果深深觀察我們這時代的苦楚，那他們就可以瞭然，世界好像逐漸成熟得近於最年輕的日子了。」「我已經很老了，該需要平靜了。我對於世界再無信仰，而已經知道懷疑了。」

這種懷疑的根據就在於：他洞見了那個相反的世界影像不可收拾的猖狂起來。他既然反對他人的世界影像，所以我們就至少可以假設，他有他自已的一個世界影像——這正是那有預言力的心靈所有的自發的本能。這種影像若表現於文字中，就呈現出互相聯貫的一些特徵所構成的一個系統，不論這種表示是他自己的信念和知識的直接聲明，或對於反對的世界影像的一種駁難。這裏我們所指的歌德系統（所謂系統是指最廣義下的系統而言的）的個別特徵，早已被人認識了。歌德的生命宗教的基本情調，他在靈魂學中所作的「無意識」的發現，還有他的自然研究之特徵，都不曾爲歌德學 Goethewissenschaft 所忽略了。但是這並不是決定的成分。一種歷史的觀察已經利用了這些特徵，並且窮源盡委的研究了它們的最有生命的成分，它們的公共動力。人們曾在此處尋求其先驅，彼處又尋求其依傍和同調，結果他們就應有盡有，把此種或彼種思想的精神史的立場發現出來，並且在歌德這個歷史現象的最好的解說中來找尋他們的主要任務。但是這裏要緊的乃是一個世界觀的獲得，而且我們縱然必須把握歷史現象，可是任何一種個別的確證，如果因爲焦急或偏見之故，迴避了那能決定的成分，那它一定是淺浮平淡的，縱然它是極其正確的。但是能決定的條件分爲兩層，第一，我們要把上述各種特徵綜合而觀，集合成一個世界影像，在那個影像中，每一個成分都要決定別一個成分，而且各個成分都要處於一種有機的結合之中；第二，我們要知道，這個世界影像是當做一個系統，與別的一個反對系統對立着的。人們如果不知曉那些特徵的公共的形上學的根株，那他們就可以用一種詭辯，時而把歌德的這個特殊直觀，時而又把那個特殊直觀，織在歷史組織之網中，把這種特殊直觀摻雜在基督教兼理性主義文化過程的世界觀中，或者把歌德認爲是歷史現象中的一種稀罕景象，而令其自行獨立。正是在這一種意義下，十九世紀的自然科學來對付歌德的科學學說，和他的新的方法，他的科學問題的新的規定的；也正是在這種意義下，一向的學院式心理學來對付他的靈魂學的內容的：——人們在此並不曾在歌德學一方面聽到一種熱烈的矛盾。但是歌德正在純乎形上學的相反方向中構成了包括一切個別特徵的一種世界影像，而在這個影像的密結的一致性之前，我們必須忠實的認識了：這個思想正是對於「維格」的世界影像的一種革命，它並且介紹進歐洲思想的一種轉潤來——這個轉潤的結果現在還是不能預測的。

歌德的繼承人

所謂歌德的繼承人正是指尼采而言的，雖然尼采稱歌德在德國人中是沒有繼承人的一個現象。可是事實上仍然有歌德的信奉人，他們的意義是只在我們這個時代才又在此處或彼處完全被把握住的。那就是浪漫主義的學術。浪漫主義（人只須思想一個研究者，如迦魯斯 K. G. Carus 的畢生工作）已經把歌德的預感提高成爲確信，已經把他的種種發現有系統的建築完成，並且在繼續運用他的方法之後，已經達到了一些偉大結果，對於這種結果的廣闊與深刻，歌德自己曾爆發出下邊令人驚異的話語來！

「我記得，我在半世紀來如何在這個園地上，確乎不拔的由黑暗進於黃昏，由黃昏進於光明，一直等我後來經驗到，每一種知識和洞見所需要的那種最純粹的光，洶湧怒發出來，而使我暈眩迷目，鼓舞歡喜，而且當它滿足了我的合理的願望時，同時就完全辯護了我的渴慕的追求。」

但是不祇布達 Burdach，迦魯斯 Carus，奥肯 Oken，保埃Baer，馬爾法蒂 Malfatti，姬塞爾Kieser，舒伯特 Schubert，特雷維倫 Treviranus，特羅斯列 Troxler 諸人，而且阿倫特 Arndt，格利姆兄弟Grimm，葛列斯 Görres，蘭克 Ranke，巴霍芬Bachofen，還有詩人何德林Hölderlin，埃興道夫 Eichendorff，克來斯特 Kleist，賀夫滿 Hoffmann，雷腦 Lenau，毛立克 M rike諸位，都指示出，浪漫主義行將實現了歌德的世界影像中所包括的文化的綱領。在這些人中，德國的本質都是躍躍欲試，要脫離了「維格」的世界影像的包圍，並且要重新找尋到一個新而不受精神化的傾向在形上學的途徑下所沾染的「現實」概念和

「人生」概念，並且從那裏出發，來理解那未曾精神化了的自然和人類的本質構造，並且來評價他的成就——文化。 如人人所知，精神和靈魂嚷的這種初次的突進，所以在先前崩潰了，不是由於內面的原故，乃是由於粗樸的外面的根據；它被德國觀念主義的「維格」宗教弄得跛弱了，被工業世紀的機械的唯物主義所蹂躪了，被這兩個敵意的兄弟在「進步」的公共標題之下，所喧嚷壓服，終於絕聲息響，被人忘掉了。

第二次德國的突進，是在尼采的大名之下發生的。 比起歌德的出發立場和浪漫主義的收獲來，尼采曾經重新略取了何種陣地，我們這裏不能詳述。 人們如果想超過二千年的迷津深淵，而問浪漫主義和尼采所共的古代的天才遠祖，那麼我們就必須提出上邊所引的歌德的全部哲言所咒醒的那個大名，而且在這裏從過去的深淵中所升起來的不是柏拉圖的亡靈，乃是赫拉克利特 Heraklit 的形像。 當尼采比歌德更決心的在生命 Bios方面採取其立場時，那正是赫拉克利特式的一種決定。 他從那裏出發，就由批判的途徑下分析了意識的全部技巧的價值範圍，並因而走了歌德的話語所指示的那一條路：歌德的原話是：「意識並不是充足的武器，而且它對於持它的人甚至常常是一種危險的武器。」 但是在這條路的終點，却開啓了一個觀點，那個觀點，尼采用下述的語句描寫出來：

「這個宇宙曾經閃爍的把自己傾注在無數太陽系中，在這個世界的一個遙遠的角隅中，曾有一個星宿；伶俐的動物就在其上發明了「認識」Erkennen 。 那正是世界史上最傲慢而最詐僞的一刹那，但是它也只是一刹那。在自然一呼吸之後，於是那個星宿就殭硬了，於是那伶俐的動物只得死了。——人們雖然構想了這樣一個寓言來，可是那也不足以充分解證出，人類的智力在自然的範圍中是如何可悲的，陰暗的，易逝的，無目的的，任意的顯露頭角的」。

當我們呈述這裏所指的歌德的世界影像時，我們已經一再藉機，指示出尼采哲學中的平行例證來。 我們已經幾次說過，歌德曾判斷「意識」是不足用的，甚至於是危險的武器，與他這種判斷相應的有尼采的話語：「精神乃是割裂生命自身的一種生命」，或者：「意識根本是一種虛妄的東西。」 其次，歌德對於雅考比 Jakobi 又說：「偉大的世界觀是不能夠用些小的道德來把握的」，與此相應的又有尼采的表示：「道德在自然之前，乃是人類的虛驕用事。」歌德說，「凡把我們與自然分開的，都是虛妄的」；尼采說：「我們必須從動物和植物學習：什麼才是繁榮。」 人們可以把無數這一類意義相同的語句對比起來，以便證明他們中間的一種共同關係，關於這種共同關係的知識，是更可以使我們理解德國的思想史，並判斷現在的危機的，因而在這一方面說來，這種知識現在比以往是較爲重要的。 在尼采一生，至少有一個刹那，這種共同關係向他照耀出來。 在他的遺著中，有這樣一句話：「我的先輩是赫拉克利特，恩培道克理，斯賓挪莎，歌德！」

生命中心系統

自從尼采斷然下了赫拉克利特式的決定以後，一個新的主要職責才出現於眼界以內，就是，要把人類生命之形體兼靈魂的極性 leib-seelische Polarität ，當做意識中精神行爲所以可能的重要根據，而加以研究。 因爲只有這樣，我們才可以建立一種哲學上站得住的生命概念和意識概念，並且在其上樹立一個包括一切範圍的系統，而使「人類形上學」（即人類學）可以立在它的中心點。 我們看到，尼采死後的一代人曾經精到的完成了這種職責。 這樣，歌德所放的矢就達到它的鵠的了。 我們看到，人們已經依照他的文化綱領的圖型，把地基挖客，把基礎打好，並儘可能的堅固的用水泥把它們結住。 先前的直觀已經都變成建築。 一個直觀是沒有防禦的，可以儘管不爲人所注意，可以被人所懷疑，所蹂躪。 至於一個建築則是一個堡壘，而且它必須先被攻倒，然後才可以被人攻克，而把武裝解除了。

這個建築工匠就是柯勝葛 Ludwig Klages，我們現在不論在哲學中，尤其在心理學中，和心理病理學的範圍中，並且在藝術學，歷史，和神話學中，只要碰到歌德的特徵，那我們就可以確然斷言，在那裏一定可以覺察出那個建築師的精神之氣息來。因爲偉大的，撼動的思想並不是懸在空氣中的；不但如此，而且人們卽在科學的時代精神之濃密烟幕之下（歌德已經知道藉一個曲子來歌吟此事，如他在一八二三年十二月三十日與愛克曼的談話所指示的），也發現了一個有創見的鼓動者，就是那曾找到了並鑄造了那種思想的鼓動者。這些獨立不倚使思想史豐富肥沃的偉大人物，雖其品格與生活有許多個人的差異，可是他們仍然將有一種共同的特徵；就是，在陰沈的青年時代，他們的靈魂的本質已經啓露出來，而且如一道開始爆發的泉源似的，已經預示出使他們後來大有成就的那種衝動的方向：有創造力的發現人之作品所以比學問淵博的補綴細工，畢竟高一籌者，正由於它們有一種令人吃驚的統一性。我們從歌德的青年時期已經認識了那種象徵的事件，就是：他在兒童時期已經用石頭和礦物，給那「與自然立於聯繫中的上帝」，造了一個祭壇，並且在日出以後，在一個犧牲器皿中，燃起香燭來。「這種信心是完完全全無缺的。那個祭壇後來還留着。每一個人都看到那不過是排列巧妙的礦物收集，但是那個兒童却較深的知道他所隱藏着的心事。」同樣，青年尼采所寫的不可知的上帝那首詩也指示出他的後來作品所又證實的酒神來。同樣，在柯臘葛方面，由於他的青年靈魂詩意的洋溢，並且由於他狂喜的委身於「影像」的現實性，所以他也就產生了一種基本熱情，結果這種熱情也使他後來熱烈的抗爭「精神」的權利要求，並使他積極解釋創造力的冥界。那在這方面最重要的作品，「宇宙論上的埃羅斯 Eros」，是跟着巴霍芬 Bachofen 的足印進行，而一再以浮士德第二部的奧義的智慧，來支持它自己的判斷的。柯臘葛正如青年歌德似的，在其基本的衝動中，也曾追蹤通俗詩的痕跡，和早期詩的奧祥 Ossian（六）式的恐怖，而且他的先前的研究衝動也是衝

（六）奧祥是三世紀左右的一個歌人和戰士，他是奧祥詩的 Ossian's Gedichte 的作者，一七六〇至六三年間，馬克菲遜 Macpherson 把它印行出來，據云是從手抄本翻譯出的。這首詩所記載的是奧祥的父親菲因 Finn 的故事和與他共同用作戰的將士的故事。這部詩富於色列特人的光輝與魄力，不過却被壯言衰語所損。

進在人相學的範圍中的，這實在不僅是一種偶然事情。藉着「表示運動」的神秘，品格的複雜結構就在書跡學者的直觀的思想之前，啓露出自己來，因此，由這裏出發，就有兩個新的科學可以建立起來：那就是「表示學」Ausdruckswissenschaft 和現在新發軔的「品格學」Charakterkunde。在這兩種學方面，可以決定的條件就是：它們必須當做一個範圍廣闊的生命科學的一些部分，而從一個形上學的基本思想接收到它們那能投影的光明，同樣，建立它們的人也必須把這種光明應用在一切人類的知識範圍中（如哲學史，神話學，人類和動物心理學，邏輯，認識論，數學，生物學，和物理學），然後才可以準備好來創造我們上邊所說的那個系統。這個基本思想乃是無人能以自由控制的偉大發現之一，而且人們也必須把這一類發現看做出人意料的贈品：這種思想就是關於「生命與精神」的那兩個形上學的原始力量間相反關係的那種知識。這裏好像酒神的電光又第三次打擊在我們的思想史中，以便把歌德以後已經熄滅了，並在尼采以後一半熄滅了（或是不被注意的繼續微燃着）的革命之火重燃起來。這個影像不祇是一個比喻。因爲人們可以考究尼采之皈依歌德，柯膽葛之皈依尼采，都不如理性哲學的代表人似的，只把他的前輩的結果取來，並在一個確定的方面中繼續前進；其次，尼采只是不清楚的，至少也是不完全的，認識了歌德是他的前驅的，至於柯膽葛則在以後尋求宣誓證人時，才發現了這兩人是他的前驅。當人們一考究這一層以後，那他是不禁覺得宇宙有一種魔神式的目的性的。

至於要問，這兩個形上學的基本力量，在柯膽葛方面，如何明白的互相對立着，那是可以用一些銘印來呈現出的——人是不難在歌德的世界影像中看出這些銘印的諧音來的。「精神是存在的——生命是遷流的。精神是從事判斷的——生命是從事經驗的。判斷乃是一種行爲——經驗乃是一種悲情。精神把握存在的事物——生命經驗發生的事情。判斷活動需要能經驗的生命，以求支撑自己——生命則不需要精神，以求經驗它。」

精神和生命，其本質既然是互相反對的，所以我們就明白看到，有時此一種權力，有時彼一種權力，必然要得到領袖權。　由這些思想出來，柯臘葛就草就了西方世界史的推動力的一個影像。　他指示說，精神對於生命的依屬相狀，和生命對於精神之依屬相狀，自從最早的希臘人以來，在歷史過程中，是必須互相分開的，而在個人方面也是能以分開的。　他因此就在思想史自身中介紹進兩個新概念來，而且那兩個概念立刻就歸在思想史的學派概念中，那就是「生命中心」Biozentrisch 和「羅格中心」Logozentrisch 兩個概念，依照這兩個概念說來，那一向發生的一切系統就與先前完全不一樣的歸在另兩類之下。　我們以後還要討論，這些概念可以成就什麼，而且每一個研究思想史價值的科學都有什麼職責。　不過我們在這裏已經看到，正是這些概念的銘印，才最先使我們認識了歌德的宗教的基本立場，他的人類影像，和他的現象研究，彼此有什麼聯繫。

人類的意識狀態，是從原始的生命近處脫離出來，而不停的進向極端的精神近處的。　前一種相狀，柯臘葛稱之爲普羅米諾斯式的（這是對於古代神話象徵所下的一種較深的解釋），這乃是精神依屬生命的那種關係的一種相狀。　但是只有在能意欲的「自我」中，精神對於生命的最高權力才可以勝利了。　脫離了生命的連繫，利用着人生的經驗，而爲有統治力的意志目的服務——這兩個條件就決定了柯臘葛所謂赫拉克雷 Herakles (七) 式的第二個相狀。　「思想的活動自此以後就成了權力意志的工具了。」

那不再被生活所領導而却積極與生活相反的赫拉克雷的精神，就把世界征服了，它最先從「邏格中心」出發，把世界概念化了，以便用它的「死寂事物的概念文法」來利用世界。　至於柯臘葛則又重把生動的原始現實性呈露出來，並且在一切羅格中心的謬誤呈述之前，把這種現實性保護住，而不爲那種呈述所曲解了。

這種哲學所有的宗教的基本特質，乃是不容錯認的。　但是只有在生命宗教的基本立場找到了力量，而自己重新來鑄造概念式的武器以後，換句話說就是，

(七)　赫拉克雷即希臘神話中曾立十二大功的武士，著者用此典故，係指示權力的。

只有在它成爲一種生命哲學以後，它才可以摧毀了邏格中心的世界構造，也就是，才可以反駁倒它。因爲一個人如果以爲精神和生命是兩個倒數，甚至以爲生命愈缺少精神，它就愈富於生命，那他就完全誤解了尼采和柯臘葛所代表的「重新評價一切價値的那個運動了」。不但如此，而且「雙重本質」正是人類的定義所在，而且在這個定義中，那最重要的事件乃是：在人以內，那一種權力統治了另一種權力，那一種服侍另一種。這裏我們所研討的這兩種對立，其含義很分明的並不是指「無精神的生命」或「無生命的精神」，乃是指「統治精神的生命」和「統治生命的精神」的，或者用兩個命令的形式表示出來就是：「要用精神的武器來擁護精神而搏擊生命」並「用精神的武器來搏擊精神而擁護生命」！

柯臘葛乃是曾在單一意義下定義了意志的第一個思想家。他曾指示出，意志是依從於「邏格」的，因而他才第一次無疑義的呈示出意志所以異乎衝動和感情的相反本質來——因爲後兩者都是經驗，即，自我的經驗。因此，在這個深化到悲劇地步的「人類影像」之中，那在歌德論教化與自然，意識與無意識，意志與魔力，等的語句中所突現出的緊張關係，就又重複了一遍。到了柯臘葛才在其靈魂研究家——歌德 Goethe als Seelenforscher（見 Jahrbuch des Freien Deutschen Hochstifts 一九二八年）一文中最先指示出歌德是研究現象和發現無意識的第一個人。人類的人格雖然是生命和精神互相結合的惟一形式，可是它在現在卻出現於一個戰場的光亮下，在那個戰場上，那兩個形上學的對敵是互有勝負的交戰着的，那種戰爭雖然有時激烈，有時暫停，可是根本上永也不曾妥協了。

歌德的科學學說雖然似乎呈現出他的新世界影像的最統一的成分來，可是人們卻似乎不承認他這種學說。因爲反歌德的自然科學已經强化成一種巨大的堡壘，並且裝備好許多大砲——就是它的權力所有的技術上的事實證明。歌德的科學學說原從啓明世紀的朦朧中突然發出來，並且在還沒有結了初次果實之時，它就被方興的機械主義所克服了。它只能說出，它是什麼，並願望什麼，但是並不能穿過反對黨的陣營，而且它雖然有不能搖撼的自我確信，可是它並不能用科學的話語證明自己，並以同等的武器來反駁它的對敵。尼采誠然再度用其批判的閃光來反對過全部精神的價值法則，但是他並不曾拆毀了單純理性的判斷系統之建築。——柯爾葛曾在某種過程內初次把科學與形上學（形上學就是現象研究，生命科學）當做勢均力敵的仇敵，而請它們互相談判，下邊我們將要指示出這個過程的幾個相狀來；這裏我們不難看到，自然研究者，歌德，的事情已經打出一個結果來了。

『各種判斷的系統如果以事實爲它的支柱，那我們就稱這個系統爲科學。』『那喜於尋求的「自我」，伴着它所尋見的每一種事實，就把自己誤置在那被判斷的世界中。』那能思想的「自我」就『把自己的原本置在現實之中。』『對象乃是隔離開的主體，一般的實有乃是隔離開的精神。因而「知識」乃是由「邏格」中心的途徑下重行解釋了「現實」以後的一個結果。」……一方面的事實的信仰，和另一方面的概念的信仰都只是一個羅格主義的「世界精神化」的一些不同的形式，比起這種精神化來，史前期的生活狀態所有的那種物活論的世界靈魂化，還是遠沒有那樣主觀的。神話反駁科學，是比科學反駁神話，更爲容易的。……科學只努力於可能的客觀化，並且在阻力最小的方向中，在傳統的定理上，來繼續有所建築。因而科學只要具有一個可供聯系用的公式，它立刻就拋棄了那種現實，而從此以後就把那種公式當做是一種現實的事物看。但是它因此並不曾走了使知識深刻化的途徑，而只走了使知識的抽象性增高的途徑。那在現在可供人利用的一大堆機械的，光學的，聲學的知識，正與我們關於運動，顏色，聲音，的本質之知識之窮乏可憐，處於一種明顯的傾軋之中。……而且誰也不能否認，科學只是毀滅生命的一種壓艙物，如果他敢於比較：那日在增長的歷史傳統如何如砂石似的堆積成山，而在另一方面，我們直到現在，對於民族生命的推動力，並對於文化過程的意義和步法，仍然處於無希望的猶疑之中。人們不要以爲這個結果只是還未曾達到的：要照日常科學的發問法和研究法，這大概是不能達到的；可是這種結果卻在數百年前，人們已經可以藉着充滿生命的思維之助，用小了十倍的知識資具來達到了。』 一般的判斷，不論眞或僞，總『有一個浮淺的或深刻的反省爲其基礎，因而知識的發展或是集中在知識的加多一方面，或是集中在知識的深化一方面的。——一向的邏輯和科學學說完全不知道深刻的和浮淺的反省，因爲它的方向既是以維格爲中心的，所以它也就不知道「發明」的生命源泉，因而它就完全不能够找到任何標記，來評價種種眞理。 人並不曾提出下邊的問題，且不用說解答它了，就是：在所謂不偏不倚的「眞理探求」後面，是不是有一種完全差異的研究動機，使我們可據以決定：所見的現狀有某程度的本質性。現在我們可以說：一向只有浮淺的反省把自己當做科學建立起來，至於深刻的反省（這種反省被摒於思想的發展以外，並且好像弄成了違法的）則處於愈來愈大的危險中——它要失掉其一般定理對於普遍束縛性的要求，而且對於理性信仰的意識說來，這種反省就似乎降落到一個階段，好像只是在炫奇弄巧，並把玩那任意漫遊而只滿足個人愛好的假設的。 ……卜倫諾 Bruno 和迦魯斯 Carus 很少能够增加了牛頓和達爾文的知識，但是我們以爲，後者也很少增加了前者的知識。 ……歷史上的人立在雙層強迫之下：他或者把生命束縛在精神中，或者把精神解放在生命中。 有時他的精神統治了他的生命，有時他的生命統治了他的精神，因而他那詢求的努力，有時就志在於在變化中尋求存在，或者依靠在存在的符號語言上，而復返於完全不能把握的「變化」世界中。 在前一種途徑下，可以搜集來種種事實和它們的關係，至於後一條途徑，結果就在各個情節下發現出他們的本質來。誰要在前一種途徑下進行，那他就是在建造這扶搖直上的埃弗爾的科學高塔的，這個塔是永沒有臻於完成的命運的；誰要在第二種途徑下進行，那他就溜入一個方向複雜而道路無數的迷宮中，但是那些方向卻都綜合在一個中心，就是那只可以體驗而知的「現實」之本質。 前者是傾向於進步和維格中心的，後者是傾向於直觀和生命中心的。……人們所假設的「眞理探求」的不偏不倚，乃是一種善意的欺騙，它乃是被浮淺的反省所構想出，用以剪裁深刻的反省之要求的。無目的的發問，畢竟是沒有的，不但如此，而且發問的狀態正是精神傾向的最純潔的表示。而這種傾向乃是不斷的服役於生命或羅格的。人們並不能用「或眞」「或僞」等字眼，決定了「判斷」的系統是某種需要的工具：並不能決定了它還是供意志所驅使，來把世界客觀化了，並藉能把握的精神來佔據那個世界呢？還是供意志所驅使，來把那完全客觀化了的東西重新分析開，而使人意識到那種不能把握的本質呢！（見靈魂之對敵—精神 (Der Geist als Widersacher der Seele)。

西佩倫與維特 Hyperion und Werther

我們可以規定說：歌德的生命中心的世界影像，對於十九世紀的官樣的文化過程雖然是一個無結果的現象，可是它却在我們這時候，帶着魔術的力量，影響了尼采。當我們這樣說時，人們卻不要誤以爲：這個古典家（在這一方面說來，也就是羅格中心主義者）歌德，只是德國觀念主義的一種誤解。如果我們一沈思我們藉「生命中心」和「羅格中心」這一對概念，發現出何種「基本確信」的形上學的來源來，那麼我們就可以看到，並且甚至也已經屢次呈現出：生命中心主義者正代表着一種生命宗教，而這種宗教的意義正是對於「現實界」的「靈化」所有的一種敬畏；至於羅格中心主義者，則代表着一個統治着「自然生活的灰暗外殼」的「精神上帝」之信仰。對於命運之盲目的「全能」所有的信仰，是生命中心的，對於全能之精神的「預見」所有的信仰，乃是羅格中心的，對於一切被造物的無常的變化所有的信仰，是生命中心的，對於不朽的人格之永生所有的信仰，乃是羅格中心的；那認「經驗」的完成在於狂喜的剎那之「靈魂充溢」的那種知識，和與時在進步的精神性相反的悲觀主義，是生命中心的，至於認生命價值在於那發揮自我而衝破反抗的意志的那種信仰，和對於「進步」的信仰，則是羅格中心的，趨於有生命的「全整」的那種靈魂的轉向是生命中心的，趨於精神化的自我的那種轉向乃是羅格中心的；對於那在無意識中從事造形的生長力之圓滿無缺所有的非道德的信仰是生命中心的，對於那為自己造形體的精神所有的信仰，則是羅格中心的。

我們如果記得上述的歌德智慧中的矛盾，那我們就可以說，並不是它的每一條告白都是趨向於生命中心的，不但如此，而且它關於人類和宗教問題所有的許多陳述乃是代表着羅格中心的觀點的。我們如果轉身來問，兩個互相排斥的世界影像如何能在一個人中發生並存在，那我們就撞在歌德人格的一個中心神秘之上。

歌德也很知道，神秘主義者在其生命中心說中也陷於眞正失望的地步；因為他們知道並且千百次經驗過，「清晨」是儘管返回來的，「塵世的權力」（諾濶列 Novalis 語）是不能停止的，而且雖然在飛到最遠的星球上之後，靈魂仍然覺醒在自我——即「黑暗的暴君」——的羈絆之中。——因而那個世界就立刻又分裂為主體與客體兩者。

「與一切有生命的東西成為一體！因為「德性」把令人憤怒的羈絆擺脫了，人類的精神也把王笏扔棄了，而且一切思想都在一個悠久而統一的世界影像之前消逝了。……我常立在這個高崗之上，但是一個反省的刹那就又把我拋擲下來。……當人在做夢時，他就是神明，當他在沈思時，他就是乞兒（西佩倫）。在歌德的一部青年作品中，已經有一個可以表示特徵的相似語句，「在感覺的高處，我並感不到任何無常的事物」，可是在另一次，他却又悲憤的說，「那被人歌頌為半神的人類究竟是什麼呢？他不是正在急需各種力量的地方，最缺乏那些力量麼？而且當他高揚在喜欣中或下沈在悲哀中時，他不是正在渴望他自己失沒在「無限」底豐富中時，而在那兩種心境中被擱擋了，並被重新帶回冷酷無情的意識中麼？」

但是「自然」雖在和德林面前「抱住它的兩臂，」而且和德林也如生人似的站在自然面前，可是自然仍如先前一樣光輝莊嚴，而且他也只是渴求自然把臂重行張開的那些新的剎那，「那些剎那來了，它們興起了戰爭的永劫；那正是解放的剎那，在那時候，神明衝破了監獄，而且薪火之烟就解放了自己，而勝利的在灰上，向上搖幌。」

不過在歌德一方面，就在熾熱的經驗之最高的洋溢中，也仍然有一種鎔化不了的剩餘。　而且澈底解放的歡呼聲乃是他的靈魂所不能享有的。　他的聖潔的渴慕誠然知道，只有自我的燒死可以保證它進入最有生命的現實中。　但是正是這種自我是不能而且也不想把自己拋棄了的。　因而宇宙的生命之光華美麗，就在他的精神視線的冰冷的光輝前，變淡了，解體了。　因為那精神化的自我如果成了「肯定」的，那麼一切就都顯得是否定，和虛無了；因而在那裏，就只有自己的死的恐懼，如高爾貢 Gorgo（八）似的，從那活生生的千形萬狀的鏡中，對着自我冷笑了。

「我是如何常常渴望憑着那經過我而飛去的一隻鶴的翼膀，飛到那深不可測度的海的岸上，以便從「無限」的吐沫的杯中，來暢飲軒然大波的生命之樂，並且只在一剎那中，來感覺那在自身並經由自身而把一切產生出的那種神明的神聖性的一個點滴」。　這句維特的話語正是西佩倫的靈魂音響。但是當他如甘尼美特 Ganymed（九）似的，飛到天上，「忘了悲苦，奴役，在勝利中返回日宮，並由此進到天宮的別的島上，進到天狼星 Sirius 的黃金海岸上，和大角星 Arktur 的魔谷」中時，於是在歌德兼維特的靈魂之前，「就好像把帳幔揭開，而且無限生命的劇場，就在我面前變成了悠久

（八）高爾貢是三個姊妹，一名 Sthono，一名 Euryalo 一名麥都薩 Modusa（這第三個妖怪下文還提到）。　據神話上講，她們的頭是用蛇編織成的，她們的手是銅的，她們的翼膀是含黃色的，她們的身上是披着穿不透的鱗甲的，她們的齒長如野豬，而且她們注視誰，誰就變成了石頭。　——按著者的意思是說，人如果太於著重自身，則在外面所見的都是可以把自已變為石頭的妖怪。

（九）甘尼美特據希臘神話講是一個人間最美的男子，他曾被天神搶去，做他的斟酒童。

開敞着的無底的墓穴。」——我們如果想起柯臘葛的結晶的公式來，「精神是存在的——生命是遷流的」，那我們就可以知道，誰在這裏問說：「你能說，它是存在的麼？因爲一切都是消逝的？一切都如電火似的迅速滾過，它的存在的全部力量是很少能夠經久的，乃是席捲，沈沒在河流中，並在岩石上弄得粉粹了的？」——西佩倫如怒潮似的委身於神聖的自然之前，因而就把自己忘了，「我不知道，我如何在你的「美麗」之前舉起自己的眼來，但是天上的一切快樂都存在於我在你面前哭泣出的淚中——愛人在愛人面前的哭泣。我的全部本質沈默着，靜聽着，……失沒在遼遠的蔚藍中，我向上注視太虛，向下凝視深海，而且我覺得……好像「孤寂」的痛苦就解消在神聖的生活中』。至於在維特方面，則那個「自我」把自己伸展在痛苦的價值中；並且在焦灼的詢問自己的安全中，把自己的孤立的苦況，投擲在自然中：「沒有一個剎那不在吞食你。……那在自然全部中寓存着的吞蝕的力量傾食了我的心，那種力量不論構造了什麼東西，那種東西總是要把它的鄰近東西，和它自己要吞蝕了的。因此，我就焦灼不安的暈眩起來！天與地，和其活動的力量，都在我周圍；我看不到別的，只見一個永久吞蝕，永久反芻的妖怪。」

從這種麥都薩 Medusa 式的剎那裏所凝結成的生活情調，就是那在現象的飛進中停留不變的「精神」所感到的焦灼恐怖，和在失了魔力的生活之「單調乏味」前所感到的厭煩無趣。它不是那有愛心的，而寧是那愛研探的，但確乎是那冷靜的，自私的自縛的凝視所有的一種較深的悲感——就是在偉大女神的面紗後面窺伺的那種注視所有的一種深的悲感。這種「世界痛苦」Weltschmerz 確乎是從羅格中心的思想來的，而且當人們把它與浪漫主義者的宇宙的鄉愁混淆了時，那只證明了人對於靈魂問題，很不可解的缺乏了一種分別能力。人如何能夠聽不見一個何德林在舉起翼膀時，由靈魂中所發出的那種酒神式的勝利聲音呢（雖然他也如伊克脋 Ikarus (十) 似的墜落下來，以償其貪近上帝的妄圖）：他曾說：「我有一度如神靈似的生活着，更不需要別的了！」

啊！「長生」，你全歸我擁佔！

你用千百日光的燦爛，

透過了我的障眼 Binde ！。

還有：「一種從來不曾享過的福祉已經把我抓住。」從克萊斯特 Kleist 的沈淪中也發出同樣的調子來。——我們可以拿歌德所報告的話與此相比：「在一大堆壯觀的武器中，我也有一柄貴重而明亮的刀劍。我每次總把它置在牀邊，而且當我熄滅燈光之前，我要試試，我是否可以把那銳利的鋒刄插在胸中數寸之深。但是我旣然不能夠成功，所以我就終於把自己譏笑嘲弄了。」人們在這裏感到，並沒有『「充滿」和「過剩」的困難』 Not der Fülle und Überfülle（尼采語）在擠迫着，這裏只有憂鬱的自我戲弄着嘗試自己是否可以脫離了自已對於「不遂其生」的厭惡。

『晝夜的變化，時序的更新，花果的更迭，以及代代向我們而來，使我們能以享受它們的種種東西——凡此等等都是塵世生活的眞正發動機。我們愈開放胸懷來享受這些快樂，那我們就愈可以感到幸福。但是這些紛雜的現象如果在我們面前上下翻騰，而我們卻不能享受它們，並對那樣美好的貢獻無動於中：那麼就有最大的禍災，最重的疾病前來，而使人認人生乃是最可厭的重擔。」但是當歌德從悲情中挺身而起，從事於行動的時候，他就把那厭世 Taedium vitae 的奇異病痛，如同「神經過敏的愚行」似的，扔掉了，並且決心要往下生活。』『那存於我心中的無限渴想，我是曾在繼續不停的生活中努力搏戰它的，它已經不適宜於人了，所以人就來尋求完全有限的滿足了。』

(十) 伊克脋是寇達脋 Daedulus 的兒子，他爲逃避敏諾 Minos 的憤怒起見，就造了翼膀，飛到天上。但是他因爲飛得過高了，就被日頭把那黏住他的翼膀的蠟融化了，因而他就墮落下來，掉在海中。

因而他就向「全整」，向「無限界的吐着沫的酒杯」，決然掉過背來，生命的豐富換來了簡單勾抹出的形態，和人格的自我奮揚。但是他的靈魂，一面渴慕追求，一面被繫牢獄，所以他在一生中，就搖擺恍惚，永久不知道，那一種價値是較為生動，較為完善的。

歌德既然經歷到，他不能把自己完全鎔化了，完全成為詩人，所以他就成了智者。那受了較深的燃燒的詩人，何德林，曾經說道：『那種「想成為一切」的絕大奮力，如伊特諾 Aetna (十一) 的巨人似的，從我們本質的深處怒升起來——對那自命為是為驅筈和覊軛而生的人說來，誰不感覺到這種奮力是一鍋滾沸的油呢？但是一匹狂怒的戰馬和一匹垂耳的痩馬，究竟那個高貴呢』？但是歌德却以「自我確保」的要求，來反對這個酒神的悲劇的人性：「渴慕在行為和活動之前就消逝了……在有許多事情要做的地方，是沒有靜觀的餘地的。」

物如非汝有，
令其離汝走；
物如亂汝中，
莫令煩汝心。
物如相煎逼，
一身要挺直。

這裏正存在着歌德的「擯棄享樂」和「諄諄教人」的根底，但是也存在着那儘管洶湧而起的厭世，懷疑，和梅菲士特的刺人的冷酷之根源，因為誰要是把世界的樞軸一時置在無意識的構造形相的生命中，隨後又把他置在精神化的人類中，那他一定會成為世界觀的投機主義者，隨機應變，來變換其立場。羅格中心的聯繫（這裏他就成了自我中心的自己防衛），是與生命中心的基調相衝突的(十二)。

迦侖斯 Carus 已經認識了歌德的絕慾是由羅格中心來的，他曾對這個被人

(十一) 伊特諾是西西里的一座火山，鳩璧特曾把巨人囚在山下。

羨的領袖和模範，對這個眞純的爲生命和生命宗教辯護的人，在下邊一個段落中寫了一篇對算 Gegenrechnung.

『他正因爲這種偉大的獨立性，和這種絕慾的原則，而缺乏着「犧牲自己」的愛心之權威與權力』。迦魯斯正着重「自我的流出」，和「犧牲的愛心」（尼采語）那兩種宗教特質，他當做一個解事者在最緊密的聯繫中來看酒神和愛神，並且表示這一點說：『愛情，甚至是愛慾，也只有在我們反省到它的本來的目的時，然後才可以得到一種較高的意義。——但是我們以爲，它的目的正在於一切私心的毀滅，和最高的昇起——我們也可以在另一種較高的意義下說：「愛情乃是消滅於神明中」之謂，而且人們如果在日常生活中已經把這一層認爲是最高越的，並且說，「他應當擺脫了自身」，那麼那就是此一個人對於另一個人的愛情；他好像從另一個人學會擺脫自身，並且升到自己已經完全不存在的那種高的程度，在那裏，他的本質就完全消失在另一個人中，而且在最高的情形下還可以消滅在神明之中。……這種完全忘掉自己，而除了所歡以外，別的都可拋棄的愛情，這種可以在其各個階梯中——由塵世關係的基礎起，到失沒在神明中止——，把全部生命貫穿了的愛情，這種可以當做全部生存的決定根據看的愛情，——關於它我們可以說：它不是爲歌德的個性所決定的：由於這種缺乏，所以他才可以摒絕情慾，那種「摒絕情慾」，我們知道，雖然是他的全部後來發展所必不可缺的條件，可是它總給我們留下一種辛澀的感覺。』

雙重世界影像

只有在我們知道了生命中心和羅格中心兩個觀點互相並立之後，我們才可以

（十二）原註：人們可以拿這裏所開啓的「兩重信心」的問題（其中的一種信心乃是一種宗教上的自欺），與我的何德林與德國天才那篇論文（見時代 Die Horen 雜誌，五卷，十一期），互相比較，並且拿這個階段與柯勵格 Ludwig Klages 的人與地中那篇論歌德式的人的限制的論文互相比較（耶拿 Diederich 第三版）。

把他握歌德本質中那種深刻的矛盾，同時也才可以理解了他對於尼采以前的世界影像之意義。　那使這兩個觀點在實際上失掉平衡的機會主義，我們可以約略照下述的樣子，倏呈出來。　在「自然和人」，「靈魂和精神」，的偉大的對立之中，一切圓滿無缺都是立在自然和靈魂一面的，至於精神則當本着敬畏之心，謹守範圍，以被領導。　但是靈魂對於「無限界吐沫的酒杯」，如果焦燥渴慕，而威嚇着要危及了人類的人格時，於是精神和意志，就成爲「靈魂的對敵」，而脫出了範圍之外，並且強迫靈魂退休，以便保持人格的平衡。　那可以證明歌德這種行逕的最爲人所熟知的例子就是：他把酒神的「洋溢」，標記爲是病理的。　在相似的悲劇現象之前（十三），我們最可以清楚看出，他是分裂爲生命中心的知識和離格中心的實踐的。

他承認說：「我若寫作一種悲劇的情節，總不能免了一種病理的興趣，因而我寧避免這種情節，而不尋求它。　我知道得自己並不充分，所以我還不知道，我是否可以寫一部眞正的悲劇，我對於單單從事寫作就感到恐懼，而且我幾乎確信，我會因爲單純的嘗試，而把自己消滅了。」　他又爽直的吐露說：「我天生不是一個悲劇的詩人，因爲我的天性是和緩的。　因此，純粹的悲劇情節是不能使我發生興趣的，因爲這種情節是根本不能調和的。」

但是生命中心者歌德，比列星和後期的釋勒，對於悲劇的本質却有一種較深的洞見。　在「人必須重行消滅」的那個諾恩 Nornen（十四）式的命運語言之旁，還響着近乎克萊斯特的聲音的語句：

「人類似乎只聽從自己，並只允許自己的意願來統治，……可是暗中作祟的只是偶然，使他離開正路的只是外物，他相信他已經抓住了，可是他已

（十三）著者註：比較 Thespio（一九三〇年劇場年鑑）中我那篇論戲劇中的悲情一文。

（十四）諾恩係斯坎德諾維半島神話中的三位偉大女神她們司掌人與神的命運。　三位名稱，一爲 Urdh（過去），一爲 Verdhandi（現在），一爲 Skuld（將來）。

經被捕了，他相信，他已經獲得了，可是他已經失掉了」。關於舊的悲劇與新的悲劇之關係，最後他又下了一個中肯的判斷說：「舊的悲劇是依靠在一個不可逃避的「當然」上的，那個「當然」只能被一個與它相反的意願，磨快了，加速了。……一切當然都是專橫的。它或屬於理性，就如道德法則和都市法則。它或屬於自然，就如變化，生長，消滅，生死等法則。在所有這些以前，我們都是感到恐怖的。……至於意欲則是自由的，似乎是自由的，並且嘉惠各個人的。因此，意願乃是能諂媚人的，而且人只消一認識了它，它就會把人克服了。這種意願乃是新時代的上帝，在委身於意願以後，我們就恐懼那相對立的法則，由於這種原故，所以我們的藝術和我們的信念，乃是從古以來就永久分開的。經由「當然」，悲劇就成了偉大，強烈的，經由「意願」，它就成了微弱的，渺小的。所謂戲劇就是在後一種途徑下生起的，就是當人想藉意願來脫離龐大的當然時候生起的；但是正因為這種意願幫助了我們的弱點，所以當我們經了痛苦的期待，而最後得到一點可憐的安慰時，我們就覺得受了感動。」

但是羅格中心主義者歌德，對於何德林的靈魂震撼，對於潘特西里亞 Penthesilea（十五）那個悲劇的酒神式的熱情，卻掩耳不聞。他有時候考究，古代的悲劇是否「也只是審美的游戲」，而且他有時也讚美一些無害的罕姆萊特一劇的插圖，因為這些插圖「正在光明的形像和合適的環境中，很動人的把那個悲劇，表現在迷人的影像之中。」

歌德的生命中心的世界影像，是與古代那種被精神價值和意志價值所滿載的歐洲文化立於極度的對立之中的。但是他的絕慾的道德主義和積極奮力的道德主義，卻標記出他的羅格中心的特徵流入古代歐洲文化的價值世界中時的一個處所來，同樣，上邊所指陳的那種悲劇觀和古典文化觀又指示出第二個處所來。

（十五）潘特西里亞係亞馬孫的皇后。她爲特羅亞人戰爭，曾被安千里所殺。後人用以稱呼壯而威猛的女子，因爲當同時人中，如克萊斯特與何德林（還有柯勞澗 Creuzer，高雷 Görres ，以及後來的巴霍芬 Bachofen)，雖然在「高貴的單純」和「寂靜的偉大」兩個幻覺之下，發現了古代的酒神式的野蠻人，可是歌德却迴避注視這個深淵，並且固守住一個由審美途徑下被人理解了，並由人文主義的途徑下弄得光滑了的古代文化，那種古代文化對於德國人的使命最要緊的就是：來發一種教育模範的職司，而且它在十九世紀理想主義的教育中，是與基督教的教化，無摩擦的，相處甚得的。

只有在尼采撕毀了這個模糊不清的古代之幻像，尤其在他發現了「基督性」早已存在於蘇格拉底和柏拉圖中以後，人們才可以完全明白的認識了何德林與克萊斯特對於一個被重行評價的古代文化（那種愈來愈清楚的升起去的影像）所有的意義；正如只經由柯臘葛，巴霍芬對於新世界觀和新人生觀的意義，才被揭露出來似的。

自從文藝復興以來，西方的文化並不曾脫離了古代。 但是這並不是一世紀一世紀的無目的的選擇，並不是只從歷史的深淵中儘管發現出新的剩餘來。 這種事件正指示出一種值得注意的目的奮進 Zielstrebigkeit 來，而且在這種奮進之中，新時代文化之秘密的創造法則就顯示出自己來：就是：它要在內面來利用古代靈魂世界的愈來愈深的層次，以便使自己愈來愈更新了。 正如文藝復興與那轉向於基督教時代的「後古代」期 Spätantike 連合起來似的，同樣，那由向前流的歷史中發出的幻術光線，也愈來愈返回去，滑過了溫克曼 Winckelmann ，歌德，釋勒，和黑格爾所決定的古典古代的模樣，並且伴着何德林，克萊斯特，和尼采，愈深入了古代的酒神式的靈魂根據，並且在巴霍芬的象徵解釋中照耀了人類教育衝動的最深的層次，就是庇萊族 Pelas 的靈魂，原始的意識世界。 這個過程的意義並不在於歷史的，哲學的，考古學的知識之擴充增益，也不在於獲得人文主義的教育元素。 這種意義最初在布克哈 Jacob Burckhardt 方面閃爍出來，成爲德國靈魂和希臘靈魂的一種神聖結婚 hieros gamos ，而且伴着宇宙的愛神 kosmogonischer Eros 之語句 ，就充分表現出自己來。 「顯現出的過去時代的靈魂就是我們的理想，那些靈魂為顯現起見，需要與有形體的生活者之血液結合起來」。「遠古的愛神在古代的現象中照耀出來，所以它就證明自己是眞純的」。

到了巴霍芬手裏，那伴着何德林所開始的浪漫主義在往古的「靈魂漫遊」就完成了，生命中心主義者歌德也是分享這種靈魂漫遊的，雖然他對於古典的古代有一種人文主義的兼審美主義的影像，如他的許多首詩和第二卷浮士德中夢幻似的視景所證明的。這裏我們不能詳述，柯膩葛在何種範圍內暫時完成了幾世紀中進向「諸母」Mütter（十六）的這種過程，——他曾用那由深處取來的原始石料，湊成了他的生命中心系統的關柱。可是他給巴霍芬所下的評價（這種評價曾給他建立了近來的身後名）同時却可以領導我們來解答一個愈來愈有力的表示出的問題，就是：我們是否可以從一個有生命的統一，即歌德，的智慧，箴言，和意見表示中，而把各部分綜合在一個公共的中心思想的觀點之下，並且把它們認為是與其餘部分相對立的，而把它們從全體的聯帶中撕脫出來。

柯膩葛曾細論道：「巴霍芬曾經證明了：浪漫主義的兩極思想 Polaritätsgedanken（見下）和其現在還不曾搜括盡的證件，是來自人類的原始意識的。地與天，夜與晝，月與日，水與火，左與右，等，都是在同一意義下一對一對互相從屬的，正如身體與靈魂似的，而且是經由交互關係，被思想為不斷的使世界更新的，猶如那女性的接受原則和男性的產生原則似的。這樣極性化了的統一是可以用母親和嬰兒的象徵來解釋的，他們的一再的極性的聯繫，是負荷着悠久的生命循環的神秘信仰的。因此，萬象就

（十六）「諸母」見浮士德二卷，茲擇周學普先生的一段譯文如下（一〇七頁）。「梅非斯特」：——我不情願洩漏很高遠的神祕，女神們莊嚴地坐在寥寂的境地裏。那裏也無空間，也無所謂時間的東西。說她的事情是很不容易。那是女神，就是母親們。浮士德：——母親們！梅非斯特：——難道你在驚怔？浮士德：——母親們，母親們，好奇異的名稱：梅非斯特：——眞正奇異得很。這些女神，你們世人不曾知道她們。我們也不喜歡說到她們的名稱。到她們家裏去，你要鑽得很深。

顯現在那藉不停的生育，在兒女中不斷使自己還童的「女性」影像之中。……因此，人們就易於過度重視了靈魂的接受性和孕育性，而稍輕視那有幾分只是從事幫助的產生原則，這種原則對於教育形態的影響是茫無涯涘的。巴霍芬曾經條分縷析的證明了，有一種「超乎善惡之外」而不為任何法則選擇所攪擾的自然法，那種自然法是可以保護人與世界間，和人與人間的，最內在的聯繫的。

柯臘葛又繼續說道：「他雖然用他的心情思想 Herzgedanken 在無數象徵解釋中，沈着的追求上邊所說的那個目的，……可是他的頭腦思想 Kopfgedanken 却立於基督教的意志宗教的影響之下，並且誤領他，把那完全失掉影像的精神在一步一步經營人生的「自我一面」時所經過的一部分歷史上，一部分史前史上可以證明的過程，認為是原始狀態的一種自己克服和較高進步。這個研究者，在一方面，用一種如地下源泉似的奔流着的語言，讚美了那如母親似的撫愛人的冥府主義的自足圓滿（比起這種主義來，後來的一切都只是一種無和平的騷動），另一方面却又把攪擾和平的「反對意志」的無端來侵，誤解為達到道德的較高階段的一個過程！在心情與頭腦間這種令人迷惑的一往一復，（負荷它的人是絲毫不曾意識到它的），正確乎是使人不易理解並承認這個偉大發現者的一種不小的障碍」（宇宙的愛神）

「心情思想和頭腦思想」：由此我們手中就有了可以開啓巴霍芬和歌德方面那種令人苦惱的現象的秘鑰。人們曾經很銳利的攻擊過這兩個秘鑰概念，因為它們在一個任意之人的手中就成了一種過於危險的方法上的資具，但是人們忽略了：這兩個概念都是植根在那由最深處提起來的「生命中心」和「羅格中心」兩個概念中的，而且這兩個概念因為使人不能任意來解釋，任意來把兩個相反的思想方式，評價方式，互相混同了，所以它們是脫離了任何種任意的。任意的乃是基督教的觀念主義，因為它曾把歌德的生命中心的世界影像故意忽略了，或者在個別的特徵方面，用好意的饒舌，把那個世界影像解釋到它自己的世界影像之中，正如它忽略了浪漫主義所有的生命宗教的含義，而來嘉惠一種文學兼哲學的漫畫似的——雖然那個漫畫的各個特徵，乃是由菲希特和謝林的浮淺的理想中搜集來的，或者是由文學上初期的和盲充的浪漫主義的有才思的混亂中來的。這個理想主義曾含糊粉飾了古代文藝，而使邪教的色彩不至太明顯的暴發出來，同樣，它也把歌德的影像含糊粉飾過去，並且無饜足的把「健全的」古典主義與「有病的」浪漫主義交鋒對壘起來，因而歌德與浪漫主義的中心思想之密切關聯，必須重行費辛苦的發現出來。觀念主義不是直到現在還看尼采是一個脫軌的基督教徒，和沒傳統的叛徒麼？人們如果稱歌德之強調生命中心的思想，為一種偏見和偏狹，那麼那種強調誠然是不必需的，倘使沒有一種觀念主義的偏見和偏狹，早已在這以前存在着，使我們不得不與歌德一同答覆說：『有一個格言很大膽的要求說：眞正的寬容必然對「偏狹」也是寬容的；我們果然應該同意這種貌似正直而却十分有黨派心的根本虛妄的格言麼？決不可以！「偏狹」是永久在行動，在活動着的，它只有藉偏狹的行動和活動才可以控制住。』

基督教自命自己是無上的眞正的愛之宗教，這種自命就是一種頭腦思想，但是它的歷史的影響却顯示出它的「心情的結果」，並且指示出，世上永沒一個敵視生命的宗教。青年尼采的一種頭腦思想（他後來已經改正了這種思想）使他在寫作那可以紀念的「悲劇的出生」 Geburt der Tragödie 時，與叔本華的哲學和瓦格諾的音樂，有了一致的思想，實則他已經衔入完全另一種存在府以內了。或者在另一方面說來：浪漫主義的研究，在被「心情」的預言的傾向衝動所領導時，也曾經找到意想不到的寶藏，但是它同時卻看到自己不得不服從那時代的價值世界現狀，而且它之為此，乃是依據於那由教育，教義，和環境，自動取來的頭腦思想之標準的。研究家，迦侖斯也依照一句格言為導綫，曾經摸索着那無意識的「形體兼靈魂」的秘密，並且把一堆一堆黃金挖掘起來，那句格言就是：「要想知道有意識的心靈生活之本質，其秘鑰正在於無意識界」；可是迦侖斯的基督教式的信念活動，又使他毫不遲疑的，反着他自己的診斷，把精神認爲是最高的生命，並且把意識解釋爲這個形靈合體的花朵。　許多哥侖布都把他所尋究到的美洲認爲是舊世界的一個印度。

浪漫主義的全部文學是在柏拉圖系基督教的表示方式中，變化其色彩的。但是頭腦思想的自欺活動，既是無關重要的，所以在各種判斷和其意義方面，名稱和字眼才是更不重要的。　一個人是否稱生命爲 Bios，稱精神爲 Logos，或者他一向慣以此指彼，以彼指此，那都是沒有什麼差異的。　所重要的只是，這些力量的原始對立要當明白的把它住，而且在它們互相混淆的地方，要把它們互相分開開。　但是人們如果反對說：這一類矛盾，對於理解力的邏輯的需要原是不可忍受的，那麼這話乃是完全不中肯的。　因爲這一類矛盾，卽在最有批評能力的哲學家方面，也是狡猾的。　而且就是純粹理性的邏輯也並不缺乏任何紗面，以便把那出現於實際矛盾中的有意識趨向與無意識趨向之爭執，極其恍惚迷離的掩護住。　「生命中心一羅格中心」這個銘印的意義，最後正在於給人一種資具，使他們來洞察並解決這些迷罔和自欺。

歌德不是哲學家，他從來不是思想家，才更不是革命家。　他完全不懂得尼采那種轉化世界，爭取將來的悲情。　正如他把詩興的靈感之火，伶巧的防禦衛護，只使它溫熱自己，而不使它燒灼自己似的，同樣，他也使自己的智慧服役於他的人格，而不使他的人格服役於他的智慧。　他有時雖然也覺察到他的觀想之自相矛盾，可是他以爲要把金屬與礦渣分開，那並不是他的職責。　當他與人爭論了地質學的假設以後，他又反省說：「使我們採取或此或彼的一面的，寧是我們的衝動，而非實際的強制」；他又附加着說：「由此我就不得不發生了一種柔和而有幾分善變的情調，那種情調給了我們以一種可意的感覺，使我們在兩個相反的意見之間，來回搖幌，而不執一固守，由此，我們就把自己的人格雙重化了。……」我們所以稱他的科學學說爲他的生命中心說的世界影像中最統一的部分，乃是因爲他在這裏毫不來回搖幌，而只是平靜的走他自己的路，並且甚至把一個人發現了一個完全不可搖動的新的眞理以後所有的那種頑固爭執，暴露無餘。但是說到別的學說，甚至宗教學說，或者說到人類學說，那他就把自己雙重化了，而且他幾乎要把自己隱藏起來，而不願讓人知道自己。最有名的例子就是他用强烈的言辭把人格讚美成「人類最高幸福」的那首重要的詩（人是永久覺得自己不得不求訴於此種幸福的）；但是他爲什麼又把這首詩置在蘇萊卡 Suleika 口中，而又讓哈泰 Hatem 把歌德式的人的中心的價値概念，譏笑着打破呢？

如彼生涯也安康；
我心所慕在他方。
塵世福樂鍾一身，
惟蘇萊卡是可人！

伊若向我濫用情，
頓覺此身値萬金，
伊若轉身離我去，
魂飛魄散不知處！

這是自己懷疑麼？是理想麼？是放縱麼？是春情發動期重返回來麼？他是使這件事懸而未決的。但是不論如何，我們知道，這並不是歌德式的人之格言，縱然那個詩的哲人有優雅的自由，可以把當時的心中激動，反着自己的箴言和自立的法則，表示出來。「人們如果願意給後世留下一種有用的東西，那麼他們的教條就應當是：他們必須把自己當做個人，而把自己所思想的，所意想的，表達出來，而且後世的人必須自己搜尋，什麼是宜乎他們的，什麼是可以普遍有效的。」歌德在此以後就立刻把這種思想推進到圓滿的，實際上係虛無論的，思想上的投機主義：

「我曾說過，我認那對我有用，並與我的其餘思想符合，而同時又助進我的，那種思想，爲眞實的，但是這樣一種思想與別人的意思正可以不相符合，正可以不助進他，甚至還障礙他，因而他就可以認它是僞的——這事不祇是可能的，而且是自然的。 如果人們能夠澈底明白了這一層，那他們就不會再互相爭論了。」

一種歌德學 Goethewissenschaft 如果以爲它的職責只在於淡而無味的來解释「他如何思想，如何意想」，那麼那種學的中心神經已經麻痺了。 因爲這樣，它就忽略了最重要之點，就是：「後來的人必須自己找尋出，什麼是宜乎他們的，什麼是普遍有效的。」 但是我們正好像看到這話是要求我們從單純的頭腦思想之織品中，撕脫出「心情思想」的普遍有效的內容的，因爲這種思想正是合乎我們的，那就是說是必需的。

釋勒

那麼有什麼原因，使我們把這種內容不祇認爲歌德全體的一部分，而還認它爲眞正的歌德的世界影像呢？ 這種世界影像正是他的本質和內心的現實直觀，這種直觀有時也許晦暗起來，但是它永不曾失掉了，而且他雖然有時離棄了這種直觀，但是他總是會再返回來的。——只有在我們全部檢閱了他的全集，表白，格言，筆錄，研究，書評，書翰，談話，以後，然後才可以提出一個證明來——證明我們何以認前述的內容係眞正歌德的世界影像。 我們這裏只可以指示出，他與釋勒的關係來。

「自然」乃是一切事物的尺度——歌德智慧的這個核語 Kernsatz 乃是一個本質的知識 Wesenserkenntnis，同時又是一個格言。 但是在這個格言之旁還有另一種價值相同的確信，就是，人格乃是一切事物的尺度！這句話只是一個格言，而非一種本質的知識，這句話只有在它係實踐行爲的一個原則時，才是一個「原則」，而且它所以得到羅格中心的強調，也只是因爲人格不只是生命的負荷者，而也是精神的負荷者。 在這條途徑中，精神就溜入那原係嚴格區分開的自然的生命價值之範圍中，結果他就在「無意識的生長」之價值，和「勤勉活動的行爲」之價值間，永久來回搖幌了。 因而在實踐的行爲問題之前，歌德的答語乃是不確定的：他有時指示那無意識的生命原則爲產生力，爲命運，爲本能，爲自然，有時又努力呼喚精神，以便確保人格，指導人格，並呼喚意志，以便從事行動。 他究竟如何決斷，那我們是根本不能預先決定的。 但是說到人類本質，他總是一再向我們指示出無意識的一面之尊嚴，和委身於自然之尊榮來，——這種看法，直到他的高年，也只有少數例外。 因爲當他一思想自然與人類的區分時，他「總是」在自然一方面找到「合理」，並且在人一方面「總是」看到「過失和謬誤」。

「自然只憑我們所借給它的性質，才可以迷惑人，吸引人。 自然所穿着的優美，乃是它的觀察者的內在優美之反射，我們慷慨的接吻那以我們自己影像使我們驚異的鏡子。 誰能夠儘管忍受自然現象的原係悠久的「單調」呢？ 由於經過「人」，那種單調才成了繁複的。 千古不變的太陽儘管掛在我們頭上。 它可以休息了，因爲人類的精神代它來活動了。」

釋勒的這樣一些句子就指示出這兩個「朋友」間的不可跨越的鴻溝來。 這樣說話的始終是維格中心主義者，歌德對於這一類言辭是由最內在的衝動中，自然而然帶着一種矛盾，痛苦，忿恨，和厭惡，而加以答覆的，這一層已經在一切曖昧含糊之中，頓然清楚明白的，指示出他的本質的最深的根本來。 釋勒雖然沒有任何目的和智慮，任何格言和意見，可是歌德的宗教的感情在這裏是受了觸犯了。 這兩個人雖然曾經互相砥礪助進了，而且不論有何種共同的職責把他們集合起來，可是他們的友誼是不曾把他們集合起來，也不能把他們集合起來的。

「尋常我們是處於互相格鬥中的，我們對於好多的事情是不能互相同意的。但是我們的談話一轉到深處，於是意見的齟齬就絕聲息響，而一種平靜的圓滿的諧音就響起來。」 尼采有一次曾這樣卓越的描寫過友誼的本質。 若把這話應用到歌德與釋勒上，人們必須把這話掉一個過說：對於好多事情，他們的意見是一致的，但是他們的談話一轉到深處，於是就有形上學的失諧之音響起來了。

「我們必須依照悠久的鐵一般的法則，來完成我們的生活圈。」——

「這裏是必然，這裏是神，！」——「用些小的道德，人們是不能把握住偉大的世界觀的。」——「自然！我們是被它所包圍，所環繞，而不能軼出它的範圍以外的。」——「凡把我們從自然分開的，都是僞造的」：當歌德轉回他自己的深處以後，他就發出這一類表白了。但是當他從別人的深處得到下邊的回答時，他又是如何感覺的呢！「自然只藉其道德上的反目的性，而從外而來向我們極明白的指示出我們自心的道德的合目的性來，我們何必對它關心呢！……道德法則的力量只有在它與一切自然力處於傾軋中時，才能完全表現出來。……凡非道德的事情，凡不是立於理性的最高立法下的事情，都是包括在這些自然力中的：就如衝動與熱情，以及物理的必然和命運」。

歌德自白說，這一類話語「使我感到不慰」，而且他曾經極其明白的指示出這個鴻溝來，他說：「他在極高的自由感覺和自決感覺中，是對於偉大的母親忘恩負義的。」在另一個地方：「他宣傳自由的福音，我是不願意看自然的權利受了侵犯的。他在美學通信集 Aesthetische Briefe 中，不曾用優美與尊嚴 Über Anmut und Würde 中那種令我憎恨的頑固表示，來論說「母地」——這寧是由於對我的友誼的傾向，而非由於自己的確信」。這位生命中心主義者與那位邏格中心主義者間的裂縫，甚至進到他們的寫作方式中。在一篇光耀的評論中，歌德關於那在影像中來直觀現實本質的象徵主義者，和先有了觀念然後才給它找尋影像的寓言者，表示了他的意見。「關於我們中間有一度所爭論的那種細微的差異，我可以作如下的說法。詩人或爲共相而找尋殊例，或藉殊例而觀察共相——這其間是有大的差異的。由前一種途徑就生起寓言來，在這裏，殊例只是共相的事例。但是後一種方式乃是眞正的詩的本質所在。它只宣說出一種殊事來，可是它並不思想共相，或指示共相。誰要活生生的把握住這個殊事同時他也就得到了共相，雖然他並不覺察到此事，或者只在後來才覺察到。」

「釋勒是不能够憑着一種無意識並好像憑着本能似的來進行的，不但如此，而且凡他所做的事情，不論是從什麼地方來的，他都要加以反省，因而他關於他的詩的企圖是要來回談論，而永不能緘默的。……至於我的天性則不允許我同他人談論我的詩的計劃，甚至同釋勒也不談論。我是在沉默中把一切事情縈迴在心的」。

人們是不能把這種「深處」的差異，極明白的照耀出的；因爲正是這種差異被塗抹了以後，十九世紀的人們才幻想，他們與那兩位古典主義者，與那一對雙子星 Dioscuren (十七) 是有一致的感情的，實則那時候的人只是在釋勒的意義下成爲觀念主義的，並在康德的意義下，造作了羅格中心主義的文化的。「歌德與釋勒」這個現象也如別的現象似的，在生命哲學的明白光線之前，就死解了。

在兩個神明之間

我們已經陳現出歌德的生命中心主義的世界影像來，但是我們也不曾隱藏了羅格中心主義的特徵之線條，而且我們也曾經企圖指示出它們的來源來。我們看到，這些特徵大量的散在他的「人類影像」之中，而且我們也主要的從「自我保存」的强制性，來理解了它們。這些特徵永不曾插在人類的「本質解釋」中，而且當它們在人格的原則中，在自然之旁，又建立起第二個最高的價値國度以後，第一個自然國度仍然當做較爲原始，較爲廣泛的國度，而屹立不移的存在着。但是據人講，歌德一生也有一個時期，好像被羅格的魔神自己所把握，讚美起精神的唯一的最高權威和價値來，並且好像一句一句被誤領得離開了自己，把他所最服膺的生命宗教之神，曳在塵埃中，使受羅格中心主義的鄙夷，一如亞口比 Jakobi，康德，釋勒之所爲，他又用他所一向反惡的超越的精神工做之稀有的熱，，否認了偉大的母親，並且把活生生的現象之現實性，鄙斥爲死寂的

(十七) 雙子星卽黄道十二宮中的雙子星，卽中國傳說「北河二」，和「北河三」兩個星。按希臘神話，謂 Castor Polydeuces 係一對孿生，是海客的保護神，風濤險惡時往往顯神救人。

物質，並且如一個基督，一個觀念主義者似的，信奉了一個超感官的彼界。

在一八一八年四月十九日傍晚的時候，歌德在多恩堡宮中的花園廣場中，親口說了下邊的話：

「我們有一種能力，可以把每一種感性的事物崇高化了，並且把最死寂的質料，藉與觀念聯姻之後，而鼓舞生動起來——這種能力正是我們的超感性的來源所有的最美的保證。 地球雖然藉其千千萬萬的現象引動了人類，可是人類還是探索着，渴慕着，向天上舉起目光來……因為他在自身深刻的，明白的感覺到，他自己是我們所不能不信仰的那個精神領域中的一個公民。……人們所以繼續不斷永久獵求一個不可知的目的，其秘密正在於此。……道德正是我們的人格的要求和那個不可見界的法則之間的一種悠久的和平企圖。……康德最先在道德的超越的意義中把握住道德，而且他雖然過於嚴格的把道德表示在他的無上命令中，可是他畢竟有他的不朽的功德，那種功德就是，他把我們從我們所陷入的那種柔弱萎靡之中，挽救回來。 所謂野蠻的特質就是只依照自己的法則生活的意思……因此聯邦就決心要把這一類野蠻和任意，加以救治，而且一切法律和成文法，都是企圖調整各個人間的自動，而不使其互相衝突的」。

他的獨語最後歸結在那些神秘的歧義的語句中：「我們如果一觀察人類數千年來的行為舉止，那麼我們就可以認識了一些曾在全部民族和個人上施展了魔力的普遍的公式，這些公式是永久無往不復的，而且它們在光怪陸離的緣飾之下總是沒有變化的，它們正是人生中較高權力的一種神秘贈品。每一個人或許都可以把這些公式翻譯成自己所特有的語言，……因而往往就混雜進去許多不純淨的東西，而使我們幾乎不能在其原來的意義下認識出它們來。 但是這種原始的意義仍然是出人不意的時而浮現在這個民族中，時而浮現在那個民族中的，因而那留心的研究者，就從這些公式中，構造出一套世界精神的字母來。」

但是當他眼看着花園，而驚皇的從事反省時，他於是就迅速的把他的話語結束了。

「當他從座上起立以後，於是他就忽然說道：『孩子們，我個人要跑到下邊那些石頭堆的地方；因爲在這樣講話之後，老梅林 Merlin（十八）就當再與原始的元素爲友去了。』我們許久注視着他，只見他包裹在灰色的斗篷中，莊嚴威武的下到谷裏，有時停留在這塊石頭之前，有時又停留在那塊石頭之前，或停留在一些植物前面，並且用礦物學上的鎚，來試驗各種石頭，山上已經拖下細長的影子來，他在那些影中就彷彿幽靈似的漸漸消滅了。」

如果有人確實知道，在這種談話之中，或在這種談話之後，歌德有如何一種心境，那麼他就有了開啓他的最內在的秘密的鑰匙。那把這幅景象記述下來的穆列 v. Müller 總理，雖然不曾預想到這話的眞正意義，並且對於前述的那種完全非歌德式的誇張，還如一個在精神方面受了薰陶的觀念主義者似的，表示一種恭敬的贊同，可是他那客觀的筆錄至少在那段故事的尾聲中，無意中把這個特殊時刻的象徵意思，牢固守住。這個象徵該如何解釋，那按先前所說的話說來，是幾乎沒有什麼可疑的。

當我們一度找到了「生命中心」和「羅格中心」這兩個分別概念，並充分深刻的認識了它們以後，那麼我們的職責就在於把過去的一切層次，和全部傳統的文化價值，藉這些分別概念之助，而在它們的生物學的階級中，來考究它們，並且把各種現象分解開，把它們的實體分割開，以便把我們從我們祖先傳下來的東西，在新的途徑下重新獲得了，並且在新的途徑下來享有它們。

由此，對於歌德的研究，就生起一長串問題和職責來。一個歌德影像如果只是一個歷史的現象，只是這個或那個建築中的一個形相；一個歌德影像如果只

（十八）梅林是小說中的人物。Geoffrey of Monmouth 曾記載梅林幫助 Uther 實行騙術，要把 Igraine 娶了，並把大石由愛爾蘭的 Naas 帶到石標。

負荷着基督教觀念主義之代表的特徵，而且它也只是過去時代的頂點，而非一個新的時代的開端，而且它的智慧也只是千百個方面的綜合，而不曾表示出他的有結合力的智識來，並且也沒有可以束縛人的性質；一個歌德影像，人如果不能把他當做火焰似的投在一個懷疑的，失望的，或無助的氣憤的青年心中——這樣一個歌德影像現在對於青年，對於德國，乃是一種叛逆，還並不祇對歌德自身而已。因爲德國人對於一個新世界解說的企圖（這種企圖的過程我們已經指示出來）如果能够達到目的的話，那麼當現在老歐洲世界崩潰之時，日耳曼人正可以（如何德林所見到的）再度做爲僧侶，「，無防禦的，在四周圍給多少國王和民族，以方策，」而且「從老的時代，過去的神明又反轉回來了」。我們如果稱這個自從歌德與何德林以後升起的生命中心主義的世界影像爲一種革命，那麼我們的意思只是：它乃是在舊日那種永久年輕的「生命價值」之名義下而起來的一種保守的革命。因爲一種革命，如果不以生命的較近源泉的青春，較熱烈的愛情，較豐富的靈魂，較深刻的現實，與羅格中心主義的進步過程與變化過程，互相對立起來，那它就只是一種自由主義，只是在「自由」和「理性之神」的名義下而起來的一種叛逆，因而正如它的對敵似的，同樣是使世界精神化的一種塵氣——它的對敵就是那單純反動的保守主義：這種主義只是爲自欺之故，才固守住舊日的信條的，它謬想，人們如果不敬事理想之神聖化了的謊言，和「善，眞，美」的老旗幟，那麼世界是會沈淪了的。一個新的世界解說之興起，和它在歌德的家系中的根源——這已經不是一種任意的文學史的解說之題目，乃是歌德現在給「歌德研究」所加的一種中心題目。因爲這裏所要緊的不是人按照自己的興趣或傾向所任意取去的問題，乃是將來德國文化畢竟的可能性或不可能性。

沙恩荷斯特將軍傳(一)

一七五五——一八一三

Scharnhorst

拉本瑙(Friedrich von Rabenau)著

曾一新譯

十八世紀後半的歐洲，是很不安定的。不但是政治上不安定，而是無論在那一方面都如此。一般懷疑派，啓蒙派和評判派的人，都想推翻傳統和舊秩序。這種時代潮流的結果，是很明白的。法國終被捲入革命漩渦。德國是由一七六三年纔得到安定的。德國想保持安定，想盡量利用這個和平時代來爲民族造福。可是波濤終由法國越境而來。普魯士痛感和平必要，素抱和平意志，於一七九五年簽訂巴塞爾和約 (Baseler Friede)，而得置身於亂局之外。但是內心却並不因巴塞爾的成功而認爲滿意。因爲誰也不敢說將來不會被迫重行捲入巨大的政治漩渦的。固然大家相信，菲得利第二 (Friedrich II.)的軍隊足以征服一切困難。但是並沒有絕對把握。時局的不安便是從這裏產生出來的。

普魯士軍已經在菲得利・威廉第二 (Friedrich Wilhelm II.) 之下，費了很大的心思，用了很大的努力。只是勞而無功，白費心機。有一個普魯士的高

(一) 譯者註：譯自安德瑞斯 (Willy Andreas)與說爾茲 (Wilhelm von Scholz) 共編：德國名人傳 (Die Grossen Deutschen, Neue Deutsche Biographie, Propyläen-Verlag, Berlin),第二卷五四〇——五六三頁。

有關本文之文獻，可參考中德學誌三卷一期鄙人所譯之格耐色璐傳及三卷二期曹京實先生所譯之石太因與楊丙辰先生節譯之石太因男爵略傳。

沙恩荷斯特將軍

等軍務司，曾經做過許多方面的工作。一七九〇年的「省章程」(Kantonreglement) 甚至包含國民皆兵制度，但因例外過多，不久即被廢止。非但普魯士，而且到處都可以看到提高軍官的精神訓練的努力。一七八二年以來有一位漢諾威(Hannover)的軍官，叫做沙恩荷斯特，在他所編的雜誌陸軍叢刊(Die Militär-Bibliothek) 裏面屢次提出這方面的堅決的要求。別的人，例如貝倫荷斯特(Behrenhorst)和彪羅 (Bülow)，也寫這一類的文章。不過要算沙恩荷斯特主張最力。這個時代只在文字上討論，還沒有進入實行階段。

但是沙恩荷斯特却不肯單在文字上討論當時的軍事問題即認爲滿意。他的父親是一位資格很老的騎兵。他旣從父親受到軍人精神，又從母親受到農民子弟的堅忍性格。這兩個性格驅使了他去做實際行動，固然起初並沒有找着可做實際行動的機會。他的父親，留戀家鄉，畢生不渝。照他父親的這種性情看來，本來是非使兒子當農夫不可的。不幸爲了爭奪博得瑙(Bordenau)的農地，家裏打了差不多十七年官司。少年沙恩荷斯特，除了在這裏出生之外，並無其他印象。到了十七歲的時候，這塊地終於歸其父親所有。但是多年杌隉不安的印象，却仍遺留在腦海裏面。這位孩子是該有一個安定的地位的。他又該成爲比父親更偉大的人物。他天資很聰明。於是他的父親便把他送到李培伯爵 (Graf Lippe) 的軍官學校去讀書。這個學校在石太因胡德海 (Steinhuder Meer)的威廉石太因城(Wilhelmstein)。這個嘗試成功了。當一七七七年李培伯爵逝世的時候，雖然不是了不得的地位，他却也做了離西哈爾慈 (Westharz) 不遠的諾特海姆 (Northeim) 騎兵學校教官。這雖然不是很好的地位，却是幾年後做漢諾威砲兵學校 (Artillerieschule in Hannover)教官的臺階。

十八，十九兩世紀之交，漢諾威的沙恩荷斯特少校請求編入普魯士軍的自薦信到了柏林。這是很特別的一封自薦信。這封自薦信附有三篇論文，可以說是爲了證明自薦人的價値的。他一定聽到柏林的情形。他知道世間相信柏林有最好的軍隊，知道卜勞恩史外公爵(Herzog von Braunschweig)雖然有過失敗，世間還相信他是最能幹的將軍。　但是他又知道柏林却也有其隱憂。　原來他所附寄的論文就是改革建議。　他的改革建議，足以證明他是有見識的人，但是又不很激烈，不至於立刻在這個風氣頑固的地方引起衝動。　他的自薦信還有一個特別的地方。　那就是他請求編入普魯士軍，却又附有條件，卽：一、封貴族；二、升中校。　這是因爲他在禮法嚴格的漢諾威軍裏面有過平民軍官和王宮御膳商人的姪女婿的經驗。

沙恩荷斯特是當時特別有學問的軍官之一。　他被認爲戰史的權威。　因此，丹麥 (Dänemark) 修書前來聘請，他却辭而不就。　一七九七年初，普魯士終於發出聘書來請他了。

當時他已經四十二歲，對於漢諾威軍是沒有多大可留戀的地方了。　他在漢諾威服務了差不多二十年，但是失望居多。　固然他在這裏並沒有什麼失敗可言，但是沙恩荷斯特在階級觀念特別濃厚的漢諾威，是沒有高升的希望的。

婚姻也許能够補救他在職業上被人露骨地輕視的地方。　在某種範圍之內，事實上也是能够補救的。　因爲這個婚姻，直至一八〇四年沙恩荷斯特在博得瑙的老橡樹下埋葬他的夫人爲止，二十二年間都極和好。　他在夫人死後敍述他的夫人說：「就內心之溫存而言，……她超過普通人之上。　但是她自己並不幸福。　她性情憂鬱，她避免了一切的快樂。」

他在漢諾威的時代，並不是完全空虛的。　他在這個時代的最後還受到一個嚴重的打擊。　那就是百方恭維了他之後，終於簡單地拿八句話就把他革職了。

於是他便在一八〇一年五月到柏林去。　他身材中等，有些粗野，不修邊幅，帶有輭弱的學者風度，決不強壯。　既沒有像布綠欣 (Blücher) 那樣魁偉的體格和炯炯的眼光，又沒有像格耐色瑙(Gneisenau)那樣威武的儀表。　鼻子長得有些粗野，透出他是農家出身。　緘默的嘴，帶有譏刺之相。　下巴的曲線顯出強烈的欲望。　他的眼睛異常平靜，可以看出爽快的心情，深切的人性和隱藏着的熱情。　在寬闊的額後面，覺得充滿着偉大的思想。　這些思想好像會懸河般的從嘴裏衝出來似的。但是一聽他說話，艱澀不堪，顚三倒四，格格不能入耳，便要感覺失望。當一八〇七年的時候，他還寫信給克勞塞維茲(Clausewitz)說：「我有隨處活動的好意，但是我却沒有拿自己的事業去獲得同志和信用的本事。」沙恩荷斯特實在不善於辭令，不能把自己的計劃明白解釋出來。因此他往往採用建議書的方式。他的建議書之多，在那文字盛行的時代尙且是很驚人的。

沙恩荷斯特的確不是有意要做改革家而到柏林去的。若是有人認爲他和石太因（Stein），格耐色瑙（Gneisenau）一同推翻了腐朽的舊制度，那就與事實不符了。這個舊制度，並不那麼腐朽。沙恩荷斯特由這個不受傳統的約束的環境推量出來，認爲還是修改現狀較爲容易。當時旣沒有推翻現狀的機會，法國的情形也不再引誘人去推翻現狀了。

沙恩荷斯特的目中只有一個使命。他終於完成了這個使命。凡是像拿破崙那樣得到了成功的人，是有變成危險物的可能的。爲要防備這個危險物，便必須先闡明這些顯赫的功名從何而來。這一層是我們對於沙恩荷斯特的興趣的中心。

沙恩荷斯特對於菲得利大王（Friedrich der Grosse）的戰術研究有素，從這裏得到了和一般見解大不相同的一個理論。普魯士時常避免戰爭，多事操演，是因爲軍隊採取傭兵制度，並且大部份由外國人組織的緣故。要想作戰，又沒有充分的軍火。這是當時的癥結所在。但是在這軍隊後面却有天才將帥。他能够衝破阻礙去尋找一切軍事行動的倫理核心，就是決戰的機會，然後集中軍力去獲得勝利。他的後任人由阻礙得到了技術，由操演得到了勝利的把握；但是他們却仍舊避免戰鬬。

像菲得利大王那樣具有自主獨立精神的人，尙且不能够擺脫時代的約束，那麼拿破崙（Napoleon）也就不能不受時代的限制了。拿破崙旣然得到成功，並且只有成功而沒有失敗，這必然是環境所促進的。沙恩荷斯特仔細研究了這些情形。他覺悟了震動世界的大事業，其動機必然不是戰鬬隊形的改變，而必然是某種完全新的東西。整個法蘭西國民，都因革命而活動起來，整個民族都武裝起來了。

認識敵國的民族發展，要算沙恩荷斯特的基本事業。他的這個認識也不是偶然得來的。他看得異常清楚，他認為如果一個國民要想在軍事鬭爭裏保障前途，便必須統一，並且單用傭兵是不足的。一切的事，他都用一貫的理論，由這個基本認識推論出來。他起初從容不迫，後來情形遂告緊急了。沙恩荷斯特是想眞正把靜的東西加以推動的第一個人。

這裏出現了一個很特別的對抗情勢。但是世間並不理會這個對抗情勢。非但世間不理會，是連雙方的對抗人本身都不感覺的。沙恩荷斯特正由研究而認識到要補救戰爭工具之不足，必須發揮民族力量的時候，拿破崙卽站在世界史的轉變點之前。恰巧英國於一八〇二年和法國媾和。現在拿破崙要想鞏固法國內部便可以鞏固法國內部，要想改造世界便可以拿新興的力量依照自己的意思去改造世界。於是他便決意拿法國的民族力量去實行帝國主義，決意越過邊界，甚至越過天然邊界去建設「大帝國」(Empire)了。誰想抵抗法國，誰得發動自己的國民力量。只要拿破崙的敵人還沒有做到這一點，勝利必然屬於拿破崙。一俟敵人做到了這一點，而法國本身仍站在「民族國家」(Nationalstaat)的基礎上面，雙方便能得到均衡。後來因為拿破崙的帝國脫離了民族基礎，勝利的可能性便轉移到敵人方面去了。這個敵人由「傭兵」(Berufsheer)制度改採「國兵」(Volksheer)制度，新的力量也就出現了。

沙恩荷斯特是替普魯士採用了國兵制度的人。他初到柏林時，當然不能認識拿破崙當時正走着錯路，而他却正在發現正路。但是他終在適當時期覺悟到這一層。他進入普魯士軍隊後剛半年，為免去其監督柏林軍官學校 (die Berliner Offizierschule) 的職務起見，普魯士軍便派他到蓋騷 (Gensau) 的參謀部去襄助參謀長職務。這裏是沙恩荷斯特最得意的時代。他把戰史本身當作教材。他雖然沒有完善的系統，但是，正如克勞塞維茲 (Clausewitz) 批評他說，他却有「徹底的見解。他想溫故而知新，藉以抄近路而達到合乎自然的方法。」他認爲作戰行動的目的不一定在戰鬬。不過沙恩荷斯特的學說，當一八〇六年的時候，還沒有完成。一八〇七年固然大有進步，但是到一八一三年（譯者按他是這一年死的），無疑地還是沒有完成。不過他的學說，却足以作爲一百年的建設的最下層基礎了。

「陸軍大學」(die Kriegsakademie) 把沙恩荷斯特所奠定的形式保持得並不很久。但是他的精神却永留在學生身上。那些學生在後來的許多事件裏面得到了莫大的勢力。克勞塞維茲所受的預備教育較差，起初很是失望，他的一切知識都是由沙恩荷斯特得來的，所以他稱沙恩荷斯特爲他的精神上的父親。克勞塞維茲是沙恩荷斯特的得意門生。克勞塞維茲無疑地比格耐色瑙都還要接近沙恩荷斯特的心情。在沙恩荷斯特的心目中可以和克勞塞維茲並肩的，只有一個人，那就是提得曼中尉 (Leutnant von Tiedemann)。呂勒 (Rühle) 和柏茵 (Boyen) 是屬於第二流的人材。一八〇四年，「參謀部」(Generalquartiermeisterstab)的新地位，幾乎一半給與了沙恩荷斯特的陸軍大學學生，這是他最得意的事。

當時的局面已經不再允許安然授課了。拿破崙的稱霸野心的第一個表現，要算一八〇三年法軍佔領漢諾威的事。普魯士置之不管。沙恩荷斯特，因爲事關自己家鄉，不能熟視無睹。但是奈他無權過問政治問題何。

當拿破崙的軍隊迫近漢諾威的時候，菲得利・威廉第三 (Friedrich Wilhelm III.)便也感覺到威脅了。於是他就講求了幾種軍事上的預防辦法。一八〇四年三月沙恩荷斯特之被任爲參謀部中尉，也不能不算是其中辦法之一。在這一年的年底，他照例給哈敦伯 (Hardenberg) 提出了一個建議書。主要內容是說：「我們必須預備和法國交戰。拿破崙的宗旨既然如此，是誰也不能加以改變的。一旦開戰，便不應該猶豫。我們應當向前推進而在威塞河(die Weser)畔擊之。」從戰略上看來，他的思想的確是對的。至於普魯士軍能否如此擊破拿破崙，却不得而知。沙恩荷斯特久不過問政治，因爲直至一八〇五年仲夏爲止，他多半參加參謀本部的地形視察旅行。在這種時代，這種人材做這項工作，是很值得注目的。並且這時候從事這種工作，其鎮靜也很可觀。大概他也覺得這是不對的。當他在一八〇五年九月回來的時候，時局正亂，普魯士終於決定採取武裝中立。

拿破崙不久即破壞中立，假道安斯巴哈 (Ansbach) 和普魯士。沙恩荷斯特雖然起初地位甚低，但是這時候却也在參謀部得到重要的地位了。他建議即刻開戰，即刻進攻。如果採取攻勢，便是麻克 (Mack) 在烏爾姆城 (Ulm) 和奧國軍一同敗退之後，也還大有轉敗爲勝的希望。當時這個建議無疑地是對的。可是幾乎只有沙恩荷斯特一個人主戰。因爲只有他一個人主張開戰，所以世間便把他的名字和開戰視爲同義。沙恩荷斯特決不認爲拿破崙是無法擊敗的。這是多麼大的把握啊！到這個時候爲止，拿破崙還沒有打過敗仗。這位普魯士軍上校，認爲拿破崙的勢力，在建設大帝國時候，已經登峯造極，將來無論有多少表面上的成功，他的勢力也將江河日下。沙恩荷斯特相信有法擊敗敵人，這個信心終於開闢了普魯士將來復興的路線。這樣看來，普魯士的解放，便在普魯士戰敗以前，早已存在於沙恩荷斯特的心靈了。

在普魯士崩潰以前，沙恩荷斯特很得到國王的寵遇，但是據國王的意見，普魯士戰敗的不幸，是沙恩荷斯特的主戰論所招來，這是國王不能忍受的。菲得利·威廉第三認爲照當時的情形看來，敗戰本無可避免，並不是因爲戰爭在工人階級和農民階級裏面不得人望的緣故。結果，國王的意見得到勝利。這是反對沙恩荷斯特的一個有力量的意見。在奧斯特利茲 (Austerlitz) 之役以前，情勢甚爲有利，這時候普魯士不肯採取積極行動，無疑地是一大錯誤。但是沙恩荷斯特在奧斯特利茲戰役之後，仍要求開戰，甚至在奧國和法蘭西簽訂了和約之後，最後在普魯士軍復員之後，還在要求開戰。不過他知道這個普魯士軍有些落後，不能代表國民力量。他是明知道這一點的。然而他還是認爲普魯士軍不錯，事實倒也如此。普魯士軍雖然有不少缺點，但是若拿這個軍隊去作戰，卽使不容易勝利，也不一定會打敗仗。沙恩荷斯特自己批評普魯士軍說：「普魯士軍，既有勇氣，又有訓練。但是在現在情形和將來情形之下，普魯士軍是不會且不能做大事業的。」這是憂愁的預言，是當時的一位先覺者，失望者，却又自信有力量而決不自暴自棄的人的預言。

沙恩荷斯特既然這樣判斷，他還可以主張開戰麼？答曰：可以。因為他在心裏還在希望得到領袖地位。一八〇五年十二月十七日，他曾寫信給他的女兒。信裏暴露着這位偉大人物的內心悲哀，暴露着「應該」(Sollen)和「意欲」(Wollen)的悲慘的衝突說：「只要我能够把軍隊任意驅使六個星期，世上一切的東西，我都願意放棄。」這句話遂在他心裏成為了渴望的聲音了。

沙恩荷斯特第一主張增加軍隊，第二主張編分師團，以便傳達命令。他生平所抱的思想，便在這裏略露一斑。

關於軍隊的無可避免的增加，他曾建議拿普魯士國民的整個力量去建設一個「民兵隊」(Miliz)。

原來這個思想並不是什麼新奇的。沙恩荷斯特的老師，邵母堡伯爵 (Graf Wilhelm von Schaumburg)，早已有過拿整個國民來防衛國家的思想。沙恩荷斯特始終沒有特別看重過民兵隊。倘若有人以為他把民兵隊看做了不得的制度，那就根本錯誤了。至於後來民兵隊成了他的主要建設事業之一，那不過在緊急時期把民兵隊看做一種救急辦法罷了。

當前的戰爭，是將變成民族戰爭的。因此，沙恩荷斯特便想拿本國兵去作戰。他期望於大規模的徵兵，却並不期望於不足輕重的五萬民兵隊，他認為民兵隊是不徹底的辦法。沙恩荷斯特，而且只有他一個人，預見了七年後擔任「解放戰爭」(Befreiungskampf)的力量。與此比較起來，他當時沒有看出「人民暴動」(Volkserhebung)之不可能，是無關緊要的。於是產生了一個新思想，那就是非但傾注國家軍隊力量去作戰，而要傾注整個國民力量去作戰的思想。

這算是浩劫前幾個月的收穫。

因此，從一八〇六年四月即出現了一個新時代。但是可惜這時候已經沒有小心培養新的東西的餘地了。沙恩荷斯特的種種建議，一點也沒有被採用。他大失所望。石太因 (Stein) 也是如此。但是我們却也不能不承認，大行改革，現在已非其時。在和平時期，一切的事都不忙；但是到了戰爭時期，便不能解決組織問題了。沙恩荷斯特不說話了，他的周圍便也沉寂下去。這時候，他便給部下的參謀本部軍官樹立了一個夏季工作計劃。

不久時局緊張起來了。當時由巴黎傳出一個消息說，拿破崙為與英國講和起見，預備把漢諾威交還英國。郝格威次 (Haugwitz) 恐怕拿破崙和俄英二國講和後，進攻普魯士。於是一八〇五年政治見解辦不到的事，到了一八〇六年時局的不安終於把牠辦到了。八月初首先調動了一部分軍隊。但是關於最後決定却格外愼重，不敢遽爾下之。

普魯士軍裏面有一個强硬派，是為了開戰，任何代價在所不辭的。這一派的領袖，是維斯特發輪(Westfalen)的總司令布綠歇(von Blücher)。當時在柏林方面已經出現了軍官的示威運動。卜勞恩史外公爵(Herzog von Braunschweig)奉命到了柏林。他建議一方面尋找同盟國，一方面趕快武裝起來。如果這位大腹便便的老爺，能够把高明的意見移諸實行，那是多麼好呢！這時候他把沙恩荷斯特找來了。八月二十二日國王接到一個建議書。這個建議書的主要部份，是沙恩荷斯特草擬的。

沙恩荷斯特並不建議開戰。自從他的一切建議全未實現之後，自從普魯士拿有力量的傳統實行無力量的政策之後，他便不再主戰了。他認為和法國交戰，簡直是無可避免的事實。他是建議挽回那些還有挽回可能的東西。他建議，拿兩批軍隊，在威塞河(die Weser)和圖林根 (Thüringen) 地方，採取「攻勢防禦」(offensiv geführte Defensive)。他建議在可能範圍內增加兵力，然後迅速行動。至於這個建議是否還能防止不幸，則不得而知。這個建議始終是不知敵人情形的作戰企圖。

從這些建議並沒有發生什麼結果。沙恩荷斯特雖然屢次失望，却再接再厲企圖作有計劃的改善。他的建議之中，被採用的，爲數不多。分師制度便是這少數中的一個。

這時侯的普魯士軍，已經不應該再照菲得利大王時代的老法子去指揮了。這一層，是除了沙恩荷斯特之外，誰都沒有認識到的。可是他費盡心機研究出來的「分師制度」(Divisionseinteilung) 和「部隊參謀制度」(Truppengeneralstab)，却來得太晚了。這個辦法，一時行之不熟，並且不能徹底施行。改革後的辦法，是廢止「獨任指揮」(autoritative Heerführung)，而採用「僚友指揮」(kollegiale Heerführung)。但是這個僚友指揮，實際上却最不合乎僚友指揮精神。以參謀處爲輔佐機關的獨任指揮，要算沙恩荷斯特關於指揮法的主張的中心點，但是在當時的有勢力和保守的人們面前，却是無法實現的。敵人方面，雖然在一八〇六年的時候，連拿破崙也決沒有站在現代基礎上面的參謀本部，但是其命令是絕對專制的。不過普魯士方面，雖然可以像奧爾士太特(Auerstedt)之役那樣雜亂地去指揮，但是這在法國軍隊裏面却是無論如何辦不到的。普魯士軍的指揮組織，是落後的組織。普魯士軍隊的指揮不靈，與其說是因爲指揮官本身的緣故，倒不如說多半是因爲指揮組織的緣故。

馬森巴哈 (Massenbach) 痛恨卜勞恩史外公爵，這是情有可原的。馬森巴哈對於沙恩荷斯特也有些反對。他完全把沙恩荷斯特隔開了。我們不能不承認沙恩荷斯特根本無法對付這個環境。他不善於辭令，不能在辯論場中說服別人。偏巧站在指揮的地位，却又有許多事需要辯論。身家清白，具有偉大心靈的人，是很容易退縮的。即使他有堅不可拔的責任心，也恐怕不會貫徹自己的主張，因爲當時並沒有獨任指揮的概念。不過他也不積極去貫徹他的主張。他在危急的時候，並不拿殘忍的强權去要求服從。當時的阻礙之大，是連偉大的人物都不能衝破的。如果他沒有缺點，他便不是人了。正因爲他有缺點，他是更加可親愛的。

戰劫起來了。沙恩荷斯特極力主張集中力量，或至少統一全體行動，進攻敵人側面。至於這個最後建議對與不對，則不得而知。因為這是只有實行能夠證明的。九月底實行了，雖然並不像後來克勞塞維茲所說的那麼有把握，他總算能夠達到目的了。然而一切的建議，都勞而無功。戰後纔知道，沙恩荷斯特對於十月十日至十三日所發出的一切命令，都沒有參加。他站在這麼重要的地位，而竟未與聞這樣重要的命令，這是多麼令人悲痛的事啊！他不能服氣。他和卜勞恩史外公爵的關係，便因此發生了很深的裂痕了。這個感情的裂痕，是必然會影響到以後的作戰的。

敗北大概是無可避免的。這次的敗北，正如施利分 (Schlieffen) 所評，恐怕是指揮的錯誤所致。不管怎樣，原來是無須乎作不名譽的逃亡的。沙恩荷斯特便是現在也不企圖爭奪權力。他不願意爭奪，並且爭奪起來，也恐怕是勞而無功的。

普魯士軍在外克色河 (die Weichsel) 後面崩潰了。年老的司令官們，囿於官僚風氣，逼得走頭無路，要塞也得交出來了。於是全軍投降。然而正在這時候，布綠歇 (Blücher) 和沙恩荷斯特却和一些友軍向北推進。自己的學生，提勒 (Thile) 和柏茵 (Boyen)，便當參謀處軍官。在普練茲勞 (Prenzlau) 好容易挽回了霍恩羅 (Hohenlohe) 的投降。當時除向西突破包圍圈之外，別無他法。經過一番戰事之後，終於突破了包圍圈了。有約克 (Yorck) 上校的毅力為之領導的地方，無往而不利。因此，布綠歇和沙恩荷斯特，對於約克有深刻的印象。十一月五日到了呂貝克(Lübeck)。第二天即受到優勢軍隊的襲擊。關於布綠歇英勇抗戰的故事也完了。沙恩荷斯特被俘，三日後纔因交換俘虜釋放回來。

沙恩荷斯特所走的下一段路線，對於他的人生有莫大的關係，但是說也奇怪，這一段路線却不是他自己決定的。布綠歇託他給國王送拉特考(Ratkau)之戰的報告書。當他在維勞（Wehlau）謁見國王的時候，時局比他所預料的好轉多了。俄國的援軍開到外克色河。施特拉爾松特（Stralsund）和整個施雷仙（Schlesien）可保無事，國王這纔放心。國王甚至由自己開始改革軍制了。

但是時局不久又趨嚴重。俄軍退出外克色河。人心復又萎靡不振。沙恩荷斯特本來定爲參謀次長。這個職務是他在科尼斯倍（Königsberg）做過的。然而國王給他免去了這個責任。因爲國王派他當雷斯拓（L'Estocq）的助手，並不派他當參謀長。這是幾乎不可能的一個地位。雷斯拓是一位馬虎先生。甚至有雷斯拓讓做而把持參謀處的兩位副官不肯做的事。他們既缺少知識，態度又驕傲，常和沙恩荷斯特反對。他們反對沙恩荷斯特，對於自己前途是有利益的。於是，沙恩荷斯特便親自嘗到了缺少替自己職責服務的參謀處，是什麼滋味了。

邊尼森（Bennigsen）起初再三避免和拿破崙作戰。當他於一八〇七年二月八日，認爲不能不在普厲艾勞（Preussisch-Eylau）和拿破崙決戰的時候，情勢是不很好的。固然他和俄軍聯合成功。但是普魯士軍卻和雷斯拓不十分融洽，不見得肯跟他走。這其間，內（Ney）將軍所統率的法軍，早已插進普俄二軍之間了。按法帝拿破崙的意思，是想使內將軍擋住雷斯拓，另使達武（Davout）將軍痛擊俄軍左翼的。如果由雷斯拓指揮，拿破崙的這兩個目的，是可以達到的。然而普軍實際並不由雷斯拓指揮。至於因爲什麼動機，卻不得而知。在這一天，沙恩荷斯特，第一次並且畢生只這一次，指揮了雷斯拓的幾乎半數軍隊。拿破崙是最懂得拿研究戰史所得到的理論適用於實際的人。然而這一次卻失敗了。雷斯拓本來的確預備和內干戈相見。但是沙恩荷斯特卻異常勇敢地繞道側面，而幾乎進到法軍的背後。當拿破崙已經得到勝利把握的時候，恰巧趕來了五萬人左右的軍隊，雖然數目不算很多，卻是沙恩荷斯特指揮的。這一批軍隊便由拿破崙手裏把當日的成功奪過來了。固然這是幸運，是可和任何戰功比擬的幸運，但是這個幸運卻是沙恩荷斯特整天的完善得令人驚異的佈置換來的。

還沒有把法軍擊退以前，天色已經黑了。只好明天再說了。這時候，俄軍司令失去了一切勇氣，下命退到科尼斯倍 (Königsberg)。沙恩荷斯特大不以爲然，立即表示反對。他認爲這是他的偉大的日子。然而這個日子終被破壞。他的美滿的成功就變成失望了。

邊匿森下命往科尼斯倍退軍。這在普軍還可以，在俄軍却要失去和故鄉的連絡。要是俄軍司令不照辦，普軍司令便要替他辦理的。然而沙恩荷斯特並不往北退，却反對命令而往東退。他雖然在天黑的時候被人耽誤了一個勝利，却拿這個半夜的決定拯救了俄國軍隊。沙恩荷斯特的心靈，是有無窮的力量的。

沙恩荷斯特領到勳章。否則是沒有人談起他的。一切名譽都歸雷斯拓享受。沙恩荷斯特並不計較這一點。後來雷斯拓攻擊他，中傷他，這他可不能忍受了。他便起來嚴加詰責。

直到五月，還有許多事懸而未決。當時正商量和戰問題。據回來的哈敦伯 (Hardenberg) 的意見，和平便是普魯士變成法國的一省的意思。不幸增大了。但澤(Danzig)陷落了。沙恩荷斯特對於夫利得蘭 (Friedland) 的敗北，是無可如何的。七月停戰媾和。雖然說媾和，却不是眞正的媾和。沙恩荷斯特便是現在也想作殊死戰。這位百折不回的人的這個思想，是很令人欽佩的。但是這個思想已無法實行了。

普魯士歷史的一段，已經在夫利得蘭之役那一天結束，是無法挽回的了。要是有歷史的連續，那必然是從新開始的一段。這一點，沙恩荷斯特比誰都認識得清楚。他很明白這個悲慘局面是什麼缺陷引起的。可是他並不想因此而誹謗過去。他說：「普魯士軍，決不能被認爲缺少犧牲精神。」沙恩荷斯特親自搜羅了到一八〇八年爲止的陣亡表，這個表是可以證明軍官團的犧牲精神的。據沙恩荷斯特給他女兒的信說，司令官之全數和年紀較大的將官之大多數都受傷。一八〇七年七月中旬，國王組織了「軍事改革委員會」(Militär-Reorganisationskommission），表明了軍事改革的誠意。梯爾西特和約(Tilsiter Friede)雖然很苛酷，但是對於這個委員會的活動，却不曾加以嚴格的限制。軍事改革委員會的委員長，是剛升陸軍少將的沙恩荷斯特。副委員長是格耐色瑙(Gneisenau)。格耐色瑙的名字，自從他防守科爾倍城(Kolberg)以來，膾炙人口，單他一個人已經差不多足以和法蘭西民族對抗。

這幾個月，沙恩荷斯特的老思想便又重新出現了。按他的老思想，是主張喚醒國民的固有力量的。過去的一世紀，引起了一般人對於國民力量的破壞力的神聖恐怖。思想已經有了。現在不能不找辦法去實現這個思想了。不幸改革委員會裏面發生了個人感情的極討厭的鬪爭。沙恩荷斯特守中立，格耐色瑙却要辭職。結果國王准許改組。

石太因(Stein)是有政治家眼光的人。他對於沙恩荷斯特和格耐色瑙的心中，認識得很清楚。一八〇六年至一八〇七年的敗績，與其說在軍事上戰敗，倒不如說在政治上戰敗。如果想使國民覺得國家並不是無關自己的政治機關，而是和自己不可分離的東西，簡言之，如果想使國民具有國家思想，那麼便必須把防衛國家的責任交給國民。

「全國徵兵」(Wehrpflicht der Gesamtheit)，是軍事上無可避免的要求。在政治上發揮國民力量，是全國徵兵的前提，同時也等於全國徵兵。當然整個思想的主要點，是出自政治家石太因身上。此外，他還開拓了社會政策的前提。石太因的計劃，完全和沙恩荷斯特的計劃相同，是由現有制度出發的。因此，他首先從禁止奴隷一類的事做起，因為這些事是本來合乎當時的人道主義理想的。沙恩荷斯特和石太因比較起來，沙恩荷斯特到處拿歷史來證明，他不過想重新實現被遺忘了的東西，然而石太因却自始即不能不宣佈他對於專制國王的革命。石太因建議拿「內閣政府」(Ministerregierung)去代替「完全不負責任的內閣參議政府」(Regierung völlig unverantwortlicher Kabinettsräte)。為使沙恩荷斯特滿意起見，石太因便做了軍事委員會委員。這固然一方面是為了實際用處，但是他方面却也是預定的行動。 這麽一來，當時在國家生活裏面對抗着的兩個因子便言歸於好，文人的思想和武人的行動便融洽起來了。 這是一個內部和解， 新的力量便可由此而生。 歷來從中作梗的，是國王的侍從武官長羅頓 (Lottum)， 現在合作起來，委員會便又忙着做工作了。

這時候正在重新組織「軍官團」(das Offizierkorps)。 沙恩荷斯特提議升軍官只要有兩個條件，就是：要達到一定的年齡，要有一定的知識程度。 關於性格上的條件，沙恩荷斯特並沒有提到。 因爲性格上的條件，在他看來是不言可喻的。 升「軍官練習生」(Portepeefähnrich) 必須經過考試，升「軍官」(Offizier) 必須由軍官團銓選。 這裏原則已定。 這些原則，在經過了一百二十五年的今日，仍舊適用，並不受限制。 在這一點，沙恩荷斯特要算做成了罕有的完滿事業之一。 他的建議，是一八〇八年八月被國王採納的。

軍官補充辦法的改革，是要軍隊成爲「全國人民的結合」(die Vereinigung aller Staatsbürger) 的時候，纔有深切的意義的。 但是這一層並沒有實現。這是因爲大家對於形式問題始終沒有一致的緣故。 這時候舊有的軍隊正受到猛烈的攻擊。 連格耐色瑙也在原則上反對舊制的軍隊，沙恩荷斯特却無論如何不願意廢止現有的軍隊。 但是他又不是消除現有軍隊的缺點即認爲滿意。 他反覆建議過，他想拿一種「民兵隊」(Miliz) 來補救現有軍隊。 敵人還駐屯在自己國內。 敵人之所以佔優勢，是因爲敵人傾注了法蘭西國民的整個力量的緣故。 法國的國民力量，濫用起來，必然會減弱下去。 如果普魯士能够對全體國民實施軍事訓練，沙恩荷斯特相信普魯士是有作解放戰爭的力量的。 要使眼看不見的普法勢力關係轉變過來，在沙恩荷斯特看來便只有實行徵兵制度。

目標是很明白的，但是實行辦法並不明白。 最簡單的辦法，要算把有兵役能力的人員召集入伍，施以短期間的訓練，然後使之退伍。 所謂短期間，是六年。 因爲歷來是終身兵役，所以在那時代的人看來，六年是很短的。 這個計劃，不是精疲力竭的普魯士所能勝任，並且沙恩荷斯特也決不肯等六年纔開始實行他的辦法。 把兵役期間再行縮短，倒是一個簡單的解決辦法，但是這個辦法却不是那時候的人所能想到的。 要是沙恩荷斯特建議採用幾個月的短期兵役，那麼那時候他還許自認是自己所辯護的現有軍隊的敵人了。 民兵隊還沒有，人民還是怕當兵。 兵役仍舊拿來當做刑罰。 因此普魯士是應該在職業軍隊之外，暫行組織民兵隊的。 假如組織民兵隊，便能够並且必須滿足於短期兵役制度了。 因爲被徵出來的工人，商人及其他職業的人，是未便久離其原有職業的。

沙恩荷斯特把國軍和純粹民軍分開，是他宗旨前後不一貫的地方。 國軍是本來應該由整個國民的力量成立的；國軍是應該成爲整個國民的模範的。 然而把國軍和民軍分離開來，國軍便不能成爲整個國民的模範了。 我們不能不承認這是一個錯誤。 這個錯誤，影響殊深，是半世紀後，軍隊統一纔完全把牠消除了的。 至於沙恩荷斯特是否認識到這個錯誤，却很有疑問。 即使他認識到這個錯誤，他也不能不這樣辦。 因爲在當時的社會情形和政治情形之下，這是唯一的，也就是正當的出路。

對於這個改革表示驚異的人，爲數很是不少。 例如根慈（Gentz），文克（Vincke），倪布爾（Niebuhr）便是。 約克（Yorck），和石太因、沙恩荷斯特、格耐色瑙不同，是純粹的普魯士人。 他說這些改革家是奸黨。 哈敦伯（Hardenberg）認爲普遍徵兵足以危害國家。 怪不得國王不肯批准呢。 事實，民衆武裝造成了種種事情發生的可能性，是倫理界的一個革命。 於是軍隊問題便成爲了社會上和民衆教育上的一個問題。 環境儘管要求普遍徵兵，但是這個制度畢竟過於新奇。 無關緊要的枝節問題，姑置勿論，單就主要問題而言，改革家們已在一八〇八年八月初失敗了。

只有一件事，算是完全辦成功的。 那就是由陸軍刑法法典删去「不名譽刑罰」(entehrende Strafe) 的事。 在改變刑法規定後，接着即設立了「軍官名譽法院」(Ehrengericht für Offiziere)。 這可以說是一個必然的補救辦法。 這種名譽法院，倒也有相當重要的意義。　在軍隊改革後，軍官團的社交範圍擴大不少。　這時候，給軍官團保持了不可缺少的尊嚴的，便是這個名譽法院。　廢止不名譽刑罰和創設名譽法院這兩個措置，是後來的建設的主要基礎。　新時代的精神已經出現了。　這對於人民的影響，是無可避免的。　事實上，不久之後，當兵便不再被認爲可恥了。

敵人並沒有要求裁減軍隊。　這個疎忽，幾乎令人不能相信。　戰勝的敵人，認爲在經濟上控制戰敗的普魯士，來得比較方便。　事實，到一八〇八年四月爲止的普魯士的財政狀態，是需要把各種兵的兵數減少到相當程度的。　沙恩荷斯特的增兵建議，非但不爲國王所採納，並且現在還得因爲財政關係裁減現有的少數兵員。　這是沙恩荷斯特大不滿意的地方。　於是他便請求補救辦法，結果認爲雖然有許多缺點，却還可以將就的補救辦法，是：對於兵士只供給必需品，並且經過短期間的訓練後，即使之退伍，俾便源源不絕召集補充兵。　當時沙恩荷斯特絲毫沒有拿這個法子來朦騙敵人的意思。　他所做的，並不在被禁之列。　在這個危急情形之下，他不過想略救他的民軍的基本觀念罷了。　那時候，他把民兵概念的兩個主要成分，就是短期服務制度和——雖然還不是普遍却也是相廣範圍的——徵兵制度，結合爲一，固然是事實，但是這並不是他原來的意思。　不過總算在朝向「國民皆兵」(die nationale Wehrpflicht) 的路上開始走了第一步。　這便是這個辦法的根本意義所在。

除這個辦法影響不小外，沙恩荷斯特還實行了他屢次提議的不分戰時和平時的「混合師」(gemischte Division) 制度。　這個制度也同樣有一世紀的影響的。

然而便是這些穩健的改革，也不能不受到嚴重的阻礙。　正在努力改革的時候，就受到了一個嚴重的打擊。　歷來普魯士有至上權，可以自由使用軍隊。然而現在連這個權利也被剝奪。　在梯爾西特 (Tilsit) 和約裏不曾規定的，現在發生了。　那就是軍事自由的喪失和沙恩荷斯特的改革計劃的臨危。　普魯士只許有四萬二千兵，不許組織民兵隊和「人民自衛團」(Bürgergarde)了。

普魯士對於這項要求，接受與否，分成兩派，各處激烈討論，甚囂塵上。沙恩荷斯特和格耐色瑙主張拒絕。情形極爲混亂，連石太因也舉棋不定。於是石太因和沙恩荷斯特便得調動職務了。如果石太因素常對於軍事工作的改善辦法有所研究，那麼沙恩荷斯特這時候便可以轉入政界，而主張召開一種「國民代表會議」(Volksvertretung)了。

這些事，是在一八〇八年十月發生的。國王准許石太因辭職，遺缺由哈敦伯(Hardenberg)繼任。於是沙恩荷斯特的地位，便受到威脅了。沙恩荷斯特對於許多陰謀，均處之泰然，俾得顧全大局，而直到別人公然反對他時仍留原職。

沙恩荷斯特毫不猶豫，立即根據九月條約(Septembervertrag)重整軍隊，這是農民子弟的堅忍性格所在。養四萬二千的軍隊，是毫無危險的。然而因爲缺少經費的緣故，到這時候爲止，還沒有訓練到這個數目。敵人的限制，可以說是後來因爲要發動整個力量，須要擴大到所定的最高數目時，纔發生效力的。但是這個條約，把基本軍隊限爲步兵十團，騎兵八團；這個數目，連沙恩荷斯特所計劃的三分之一還不到呢。至於民軍，則在完全禁止之列。偏巧民軍又是沙恩荷斯特最注重的。因此，他便異常緊急地講求了補救辦法。歷來他不敢嘗試的「後備隊」(die Landwehr)和在伍軍隊的合一，也因爲時局嚴重，不能不嘗試了。於是「軍隊」(das Heer)本身遂變成了「國民軍」(die Volkswehr)這個大觀念的總匯了。因爲基本軍隊的數目過小的緣故，服務期間是不能不再行縮短的。結果把服務期間縮短到二十二個月，這在當時可以說是很大的決心。這是敵人的強制條約所逼迫出來的一條出路。然而這在國王看來，還是太新奇的。他再行駁回。准許實行的唯一辦法，是：每月每「連」(Kompanie)退休五人，遺缺則由新兵補充。這個數目並不大，不過總算把原則維持住了。

這種情形，的確給軍事訓練添了不少困難。「軍務總局」(Oberkriegskollegium) 的工作成績，是很令人失望的。因此，石太因已於一八〇七年底要求設立一個「軍政部」(Kriegsministerium)。政治家石太因終於實現了這個軍事需要。這是普魯士開始復興的一個可喜的標識。政治家石太因居然直接做了軍事改革家的事業。這是和後來的俾斯麥(Bismarck)前後相輝映的。一八〇八年七月底，軍政部事實上已經成立。一八〇九年三月一日，便根據沙恩荷斯特的要求，正式宣告成立而成爲內閣的一部分。但是在沙恩荷斯特個人，却仍不能不感覺失望。他並不當部長，他不過做一個總務司長。當部長的，偏巧是他的宿敵羅頓(Lottum)。不過代表軍政部參加「內閣會議」(Ministerrat)的優先權，却屬於沙恩荷斯特。

國王和沙恩荷斯特的感情裂痕，漸趨明顯，終於不能不妨礙公事了。於是沙恩荷斯特便草擬了他的最重要的建議書之一。現在他也不排斥舊制度了。他只攻擊，普魯士利用「戰鬪工具」(die Streitmittel)，比任何一個歐洲國家都拙劣。不過現在這一層已經可以不管了。更重要的，是那些批評他的建議的評論家們，都沒有認識他的基本思想。「各部分，是不可以離開全體去觀察的。軍隊精神必須提高，軍隊和民族必須打成一片，我們必須使軍隊覺悟其重要使命……。國民意識，必須以偉大的英勇的行爲爲目標。」代表重要使命的，在一八〇九年的現在，要算沙恩荷斯特。至於英勇的行爲，則連國王也不能代表。這一切，在國王看來，都帶有詩味。可是人不帶詩味，是什麼也創造不了的。這一層，格耐色瑙曾經拿極警闢的話總括起來說：「缺少詩的熱情，便不能提高心情。只憑冷酷的打算去行動的人，便會成爲頑固的利己主義者。……人是要爲一個理想所感動，纔能做大事的。」

假如沙恩荷斯特要想改革精神，那是輕而易舉的。他只要對軍官再行實施科學訓練便可以了。於是他給「候補軍官」(Fähnriche) 開辦了三個陸軍學校，在柏林則設立一個軍官學校去代替從來的陸軍大學。此外還設立了一個中央軍事訓練處。 這裏，他重新感覺了失望，因爲掌管中央軍事訓練處的，並不是他，而是笛立克（Diericke）。 這是再一次的自己犧牲。 於是沙恩荷斯特便要求當陸軍學校校長。 他當了校長兼教官，而做了普魯士復興的開路先鋒。這並不是偶然，而是因爲他有堅決的意志和天賦的異常堅忍的性格，纔完成了這項使命的。

現在這位教學名師，正給將來的軍官傳授實際知識。 他在柏林軍官學校當教官的時候，造就了耶拿（Jena）之役以前成績最傑出的兩位高材生，那就是提得曼(Tiedemann)和克勞塞維茲（Clausewitz）。 柏林軍官學校的最主要任務，在於培養參謀人才。 於是，有計劃的預備和更重要的參謀的銓選，便開始了。柏林軍官學校，自一八一〇年十月十五日起，卽開始教授大學功課，不久便也改稱大學。 課程表對於作戰教育和數學教育的目的，是很適宜的。 這裏所教的功課，都顯然和向來一般通行的見解不同。 沙恩荷斯特公然使陸軍大學教「決戰方法」(der Entscheidungskampf)，「作戰上的合力方法」(die operative Kräfte vereinigung) 和「活動指揮方法」（die bewegliche Führung)。 沙恩荷斯特，要算使作戰方法由死板的手工進到了運用如意的技術的第一人。 他也許根本沒有希望做到這一層。 因爲本來他是一個學者。 他不過有系統地給軍隊指揮法開了一新生面罷了。 拿破崙越使法國軍隊成爲機器，沙恩荷斯特便越使以前的笨拙的機器成爲靈活的軍隊。 沙恩荷斯特說：「會消滅精神的構造」(Der den Geist tötende Mechanismus)，是應該被淘汰的。 他再三主張了他的發揮力量的老意見。 發揮了力量，便可以打倒拿破崙了。 一切的措置，都必須適合于這個目的。 這便是沙恩荷斯特成名的原因。

在一八〇八和一八〇九兩年，沙恩荷斯特在參謀本部之外，還做了非常偉大的組織工作。 各種兵都相當現代化了。 軍事教育，尤其是軍事訓練，已能適合近代需要。 給養辦法，動員辦法已被改善。 軍火是大規模地製造出來了，要塞也大規模地建築出來了。 要塞的改良，要算他認爲的「大號」（die

Artillerie）的改良同樣重要，而自一八〇五年以來不斷關心的一個問題。這又是如沙恩荷斯特自己也承認，異常複雜，難得無法形容的問題。按他和格耐色瑙（Gneisenau）共同着手的軍事改革，是涉及軍隊組織的一切分支的。

這些改革事業正在進行的時候，一八〇九年的奧國的不幸事件便發生了。沙恩荷斯特在二月已經認爲戰爭的爆發是無可避免的。國王却在任何情形之下都想保持和平。沙恩荷斯特向國王要求這一次也和奧國聯合起來攻擊法國。三月裏奧國曾經提議締訂同盟。聯合還沒有成功，俄國已經屈服了。俄國及瑞典，好像不久就要和法國和解。然而普魯士在沙恩荷斯特所引起的短期間的動搖後，却是仍舊不肯參加和解的。因此，在國王和他的軍事顧問之間，便發生了公開的爭執。結果國王遂公然反對沙恩荷斯特而加以虐待了。有人密告國王，說沙恩荷斯特想使國王退位。於是國王便起了疑心。這個緊張，不是沙恩荷斯特所能忍受。他一氣，便病了好幾個星期。

在阿斯盆（Aspern）戰勝的消息，遂使沙恩荷斯特和格耐色瑙重新向國王採取攻勢。國王很明白：如果這是眞正的勝利，奧國是不會和菲得利大王（Friedrich der Grosse）的普魯士訂眞正的同盟的；如果不是眞正的勝利，那麼普魯士便根本沒有開戰的理由了。事實倒是勝利。沙恩荷斯特認爲拿破崙是有法打倒的。這個勝利，便是一個新的證據。然而這個勝利却是沒有意思的。因爲經過瓦格蘭（Wagram）一役之後，奧國便在七月戰敗了。

奧國戰敗後，普魯士便不能不害怕拿破崙重新來攻了。一八〇九年十月，一般人都認爲殊死戰是無可避免的。然而出乎意料之外，拿破崙，和奧國媾和後，並不攻擊普魯士。不過國王和軍政部長，却不能不依法國的要求，從科尼斯倍（Königsberg）退到柏林。暴君拿破崙對於普魯士的壓制，更趨嚴厲。當時沙恩荷斯特，旣患病又感失望，心裏懷着像漢尼拔（Hannibal）所懷的那種仇恨回到柏林。照他自己的話說來，是：「責任觀念驅使他完成已經開始的軍事改革事業。」

普魯士的軍事改革，是拿破崙所最感覺頭疼的。他問普魯士是否願意爲節省經費，停止軍事改革。沙恩荷斯特的回答，在當時的環境之下，是異常大膽的。他提議在極端節省經費之下，增加軍事預算六十萬「塔樂」(Taler)。這是再明白沒有，再勇敢沒有，再强硬沒有的。這項答覆，是足以引起戰爭的。沙恩荷斯特，預備靠要塞去作「殊死戰」(Verzweiflungskampf)，要求把「平時兵力」(Friedenspräsenz)增加一倍。

拿破崙向普魯士提出最後通牒，要求支付款項或割讓施雷仙 (Schlesien) 的一部分。因爲付不出款子，普魯士便起了讓步的念頭。沙恩荷斯特忍痛提議割土。他很明白，領土可以失而復得，然而損傷了的軍備，要想在將和法國作殊死戰的時候重整起來，是很困難的。歷來常作政治建議的沙恩荷斯特，在這裏却只以軍人立場提出意見。這裏發生了一個很値得注目的思想轉變。這位軍人的意見，在政治上也許是對的，但是在軍事上却是錯的。因爲在一八一三年的時候，普魯士是不能缺少施雷仙的。

沙恩荷斯特的建議，被人惡意解释，而使他和國王的關係更趨惡劣，可想而知。加之，拿破崙又認爲沙恩荷斯特是自己不喜歡的人物之一，而要求普魯士國王離開沙恩荷斯特將軍。連靠沙恩荷斯特的援助回來的哈敦伯(Hardenberg)都不支持他。於是沙恩荷斯特便敵人多於友人了。他的志願過大。這是他令人討厭的原因。一八一〇年六月七日的報上載有這樣一段消息說：「沙恩荷斯特少將，前因政躬違和，呈請國王辭去軍政部總務司長職務，現已照准矣。」這次准許辭職的詞句，恰巧合准許辭去漢諾威的職務時的三倍。這兩次的辭職，在根本上是同樣的，痛苦的失望。很久以後，克勞塞維茲說：「沙恩荷斯特是顧忌法國而自請辭職的。」單從表面上看來，這是對的。照法國的要求做去，沙恩荷斯特便不能不停止活動，所以他想用表面上的辭職來躲避這項要求。但是實際上却和事業脫離關係了。這是他所不能忍受的。他離開國王時，曾經嚴詞相詰。他對朋友也憤慨地敍述他的心境。不過他的辭職並不阻礙他完成兵役制度的整頓工作。　這是責任心戰勝，並且責任心是很容易戰勝了的。

一年前他關於叛變準備所提出的建議，只實現了極小的一部分。　關於要塞的要求，算是實現了。　假如他現在辭職，便全歸泡影無疑。　哈敦伯雖然主張和法國締訂同盟，却也有一個和沙恩荷斯特相同的地方，就是：他畢竟也想解放祖國。　他知道，沒有沙恩荷斯特，這是辦不到的。　因此，哈敦伯便用祕密命令，保障沙恩荷斯特可以由繼任人哈克 (Hake) 得到一切報告。

一八一〇年，拿破崙已經完成了對英封鎖。　只有俄國不參加。　這是法蘭西帝國的一個缺陷。　拿破破已於一八一〇年發出了對俄開戰的祕密命令。　於是，情勢爲之一變。　普魯士即使不成爲「進攻區域」(Aufmarschgebiet)，也不能不成爲「借道地區」(Durchmarschland) 了。　沙恩荷斯特想至少把「速成兵」(Krümper) 增加到相當數目。　這也不是沒有受到阻礙的。　沙恩荷斯特的勢力，比以前小得多了。　他所以能夠實現這項計劃，却是因爲哈克偶然抱着同樣意見的緣故。

一八一一年，法俄關係一月比一月緊張。　於是普魯士成功了一個計策。因爲拿破崙自身要求普魯士對英國防守波羅的海海岸，普魯士便利用這個機會，增加武備，增強軍隊。　按這種計策，是沙恩荷斯特想出來的。　他有詭計，決不出錯。　他的詭計並且始終具有偉大目的。　在四月裏，仍根據沙恩荷斯特的堅決要求，以防備海岸爲名，擴大了等於動員的武備。

哈敦伯會問沙恩荷斯特的擴軍目的何在。　沙恩荷斯特公然答道：「假裝想守中立，其實則在適當時期攻擊法國。」　無疑地，從當時的各方面情形看來，普魯士是非敗不可的。　然而倘若發揮整個民族力量再加以英國的援助，那麼「打起仗來，神便會賜與勝利。」　政治家是沒有這個信心，並且也不會有這個信心的。

法國軍隊源源開進普魯士，越來越多。　一八一一年六月底，已經超過八萬人。沙恩荷斯特雖然費了九牛二虎的力量去增強軍隊，却還認爲不滿意，但是時至今日，便也不能不將就了。這時候，普國宰相突然改變態度，國王雖然有些猶豫，也改變態度了。現在已經明白，拿破崙不願意和普魯士締訂實際的同盟；並且明白，普魯士的王朝恐怕也有危險。於是普魯士便附帶着沙恩荷斯特的作戰計劃，向俄都彼得堡（Petersburg）建議締訂同盟了。這是沙恩荷斯特的勝利。於是加緊增強軍備。增強軍備事宜，是該由最精明强幹的人材辦理的。偏巧沙恩荷斯特爲要和沙皇（Zar）接洽作戰計劃，前往俄國。因此，增强軍備事宜便由格耐色瑙負責辦理。普俄交涉一直延長到十月中旬。十一月初，沙恩荷斯特帶着極有用的共同行動計劃回到柏林，這是他引爲滿意的。但是他意料有再行失望，再行敗北的危險，心裏很是不安。拿破崙是不能在自己背後放任普魯士武裝的。他在九、十兩月，接二連三發出了裁軍命令。最後關頭到了。格耐色瑙建議拿軍備的加倍來答覆拿破崙。哈敦伯提出熱烈的建議書，主張和俄國同盟。但是這時發生了一件幾乎不能令人相信的事，就是：國王願意和法國同盟。國王確信拿破崙是無法擊敗的。不過我們却不能因此非難國王。因爲歌德（Goethe），黑格爾（Hegel）也是完全和國王意見相同的。假如國王的主張應該非難，那麼沙恩荷斯特抱不同的意見，便是本該如此，毫無功勞可談了。

這時候還有一個小事件。如果把奧國當做同盟國看待，本來也許還可以使國王放棄和法國同盟的念頭的。沙恩荷斯特前往維也納（Wien）。奧國宰相梅特涅（Metternich），誤認他是嫌疑極大的道德會（Tugendbund）（譯者按係普魯士的秘密結社）首領，自始即對他抱有成見。沙恩荷斯特用全副精神去奮鬬，用他前此未有的口才去說話。他心裏充滿着神聖的憂慮。結果白費心機。普奧同盟沒有成功，普法同盟却成爲事實了。

和敵人締訂的同盟，正是對於第一流人物的巨大的試驗材料。第一流人物全走了。格耐色瑙往英國，別的人也各散西東了。沙恩荷斯特却不能走開。

這是因爲有一個信心攔阻着他。　他說：「不久即將發生大變動……我不離開祖國……由眼界裏失去了目標的人，是有迷途的危險的。」　他像千里眼似地凝視着這個目標。

設若沙恩荷斯特這時候出國，一八一三年國王恐怕不會再叫他的。　他們互相生疏起來了。　宰相哈敦伯却仍舊信任沙恩荷斯特。　宰相期望他能够在惡劣的環境之下，做到適宜的軍事措置。　沙恩荷斯特的主張是一貫的。　他始終認爲速成兵制度是緊急措置，並不是最後目的，但是他却不願意爲普遍徵兵制度而犧牲速成兵制度，不願意爲正當辦法而犧牲權宜辦法。　這時候的成績較差，尤其關於徵兵的成績是等於零的，但是總算使一八一一年的軍備進步免去了過分的破壞。　不久，沙恩荷斯特前往施雷仙（Schlesien），不問政治了。　至於究竟爲何緣故，則至今不明。　他放棄了參謀本部職務。　他和哈克（Hake）的關係，也沒有通知哈克就斷絕了。　他以要塞督察員的資格遊歷施雷仙，他往往受到個人的侮辱。　他之所以不辭職，是責任心所致。　這位聰明的沙恩荷斯特，決不承認有可消滅各種責任的最後責任。　他一方面做督察員的工作，一方面便開始著戰術書了。　他是尋求心緒之安靜的一位遊歷者。

*　　*　　*

這其間，在法軍軍司令部節制下的普軍，已經往東開進俄國。兵變的消息，逐漸傳來，消息慢而少，並且也差不多沒有人相信。　但是一八一二年十二月十四日，世間已經知道拿破崙經過格羅高（Glogau）逃亡了。

時至今日，事件將不能不發生了。　哈敦伯擬用現有的三萬兵去打法軍的潰敗部隊。　這是有成功的可能的，但是也沒有絕對把握。　因爲在普魯士的要塞裏面，還有四萬以上的法軍呢。　於是普魯士便採用「相機政策」（Politik des Abwartens）。　在看不清俄奧關係的當時，這也許是很聰明的，但是並不是英勇的辦法。

一八一三年一月初，哈敦伯寫信給沙恩荷斯特。沙恩荷斯特便在回信裏面主張加緊增强武備。一月中旬，決定把軍隊數目增加到相當程度。哈敦伯和國王越來越不對，他終於遷到布累斯勞 (Breslau) 去了。哈敦伯是一月二十五日到的。一月二十八日，沙恩荷斯特也到了。沙恩荷斯特既沒有像樣的職務，又沒有司令部，他只一個人在那裏。他再三要求和俄國同盟。普魯士要想躲避做俄國和法國的調解人的危險任務，是不能不經過一番苦戰的。

沙恩荷斯特的人生路線，在幾個星期之內卽陡然達到最高峯。一八一三年二月和三月之交，便是其頂點。剛纔還不爲人所注意的人，現在却掌握實權了。他旣不是參謀總長，又不是陸軍部長，他是「無有」(nichts)，但是同時又是「一切」(alles)。他的名字是普魯士。普魯士的政策轉趨英勇了。牠的熱烈的先鋒，便是以前的冷酷的「智性人」(Verstandesmensch) 沙恩荷斯特。東普魯士的不折不扣的軍事暴動，柏林的風潮，施雷仙的醞釀，一切力量都集中在他身上了。他能夠迫使國王退位，他現在是有這麼大的勢力的。他只要對國民情緒的波浪稍加操縱，這個波浪便能沖倒普魯士國。國民的三分之二，更壞的是，軍隊的三分之二，已經由國王手裏溜去。如果沙恩荷斯特願意，他們是隨時可以發動愛國革命的。恰巧因爲國王決定開戰，沙恩荷斯特便無須下決意了。這算是幸運。因爲倘若下了這個決意，便無論是失敗，或是能夠避免錯誤，沙恩荷斯特都恐怕會在精神上沒落的。

沙恩荷斯特在那時候引起普法關係的決裂，從政治上看來，是對還是不對，當時很有疑問。不過我們不能不承認，普魯士的動員，雖然沙恩荷斯特苦心孤詣做了一番預備工作，却仍是逢場作戲，缺點殊多。直到停戰後纔知道，事機是到八月底纔成熟的。增强軍隊和獲得同盟國，是很費時間的事。就普魯士而言，把對外決裂遷延下去，是再不利沒有的。沙恩荷斯特不管時期對不對。因爲他就是「命運」(das Schicksal)，所以他是對的。其內部理由，便是那個幾乎無意識的認識，就是：激成戰爭的那個熱血，是不能一連好幾個月保持同樣而充足的高度的。不過普魯士雖然力量不夠，却也得到少數俄軍的援助，而做了一個驚人的冒險。這是不能不如此的。不然，普魯士將永遠對於德國的發展失去發言權。因爲沙恩荷斯特驅使普魯士走上這條路，他便成爲德意志帝國的開路先鋒了。

二月再行增加軍隊，召集「義勇軍」(die Freiwilligen)，修改軍官補充章程。三月中旬公佈後備兵法律 (das Landwehrgesetz)，後來又組織「民兵」(der Landsturm)。這在形式上雖然不是徵兵制度，在實際上却是徵兵制度。沙恩荷斯特終於得到勝利了。

爲了要和俄國商量共同作戰事宜及司令權問題，沙恩荷斯特於二月底前往喀里什 (Kalisch)。因爲使拿破崙沒落的那個兵變，是俄國所發動，所以司令權和所謂主力軍的指揮權，便只好讓給俄國。其餘的兩批軍隊，則一批歸俄人維根施太因(Wittgenstein) 節制，一批歸普人節制。

沙恩荷斯特是最近纔升「陸軍中將」(Generalleutnant) 的。他是當時最有勢力的將軍。照理說來，至少這一批軍隊的指揮權，是應該委諸沙恩荷斯特的。但是如果叫他當普軍司令，那麼別的地位便只好讓給舊派的庸碌人材了。爲要防止這一點，他放棄了最大的希望而把這個位子讓給布綠歇 (Blücher)。三月二十一日他寫信給自己的女兒，把他的痛苦的犧牲敍述得很是動情。他在信裏說：「……我對於整個世界毫無所求；我該享受的東西，牠根本不給我。倘若我能夠支配一切，我便重視一切。因爲我做不到這一層，所以我對於一切都漠不關心……。」這個達觀，是他生平最純眞，最高尙，因此也就是偉大的一個行爲。這個行爲並不表示「巨人的反抗」(Titanentrotz)。發揮無窮力量的機會，復又過去。沙恩荷斯特便只剩布綠歇那裏的一個指揮官的地位了。

當五月二日在大革爾深 (Grossgörschen) 攻擊拿破崙軍的側面時，沙恩荷斯特完全是一個次要人物，他現在的職務，實在和他的普魯士參謀本部最高軍官的資格大相懸殊。呂勒（Rühle）公然説這是貶職。克勞塞維茲（Clausewitz）説：「因爲人家不給我們指揮戰鬬之權，所以我們只好手拿着刀去作戰。」不給固然不給，但是也根本沒有去要。耶拿（Jena）之役的錯誤，是普通的人都可以理解的，但是到了一八一三年五月則前幾天還極能幹的這位普魯士軍官，都不能了解這個錯誤了。這好像是有一個神秘的力量，逼他走上終局去似的。

脚上受了傷，沙恩荷斯特不能不在還沒有開始退軍以前離開戰場。他對於這個傷口並不怎麽介意，不過他却借這個機會進了德累斯登（Dresden）的司令部。他在這裏竭力促進了增兵事宜，實現了他多年的計劃。他最能做事業，是比任何人都能幹的。

還有一件該辦的事。那就是普奧合作。奧國有十九萬的現成軍隊。他所担心的，是普國打了敗仗之後，奧軍是否肯來參戰的問題。沙恩荷斯特決意親赴維也納（Wien），藉以決定他的一生命運。五月十四日到普拉哥（Prag）。他依照奧相梅特涅（Metternich）的勸告在那裏稍作勾留。梅特涅認爲他老抱着奇特的計劃，是反黨的首領。五月底，他的傷勢加重。他著急了。他寫信給米夫陵（Müffling）説：「假如我在此時此地去世，我是死不瞑目的；因爲現在我只看見崇高的事業在沒落。我知道這個崇高的事業，是終能成功的。我願意親眼看見這個成功。」他終於確實知道奧國會來援助了。但是不久聽到停戰消息，他便驚惶失措。到了六月初，死的朕兆便來臨了。

六月二十八日，病勢驟然轉劇。格樓爾曼（Grolmann）在沙恩荷斯特的病床報告了將來和奧軍共同作戰的計劃。現在一切都佈置完備，道路已經開平。戰勝的把握，是給行將逝世的人的餞行禮物。他把眼睛慢慢合起來。於是他的一生便結束了。

*　*　*

在奧爾士太特（Auerstedt）之役以前，沙恩荷斯特已經在給他女兒的信裏，説他是拿破崙的「勁敵」(tätigster Gegner)。　這句話說得很妙，並且也確實如此。　實行抗法戰爭，相信有法擊敗拿破崙和努力發揮民族力量，是照明沙恩荷斯特一切行動的三個星光。　他百折不回，異常堅忍地追求了這些星光。　這三個大事業，是沙恩荷斯特的偉大所在。　那時代的人，曾經認識他的性格上的偉大；後世的人，也知道他把基礎奠定，別人在那基礎上而建築了將來的房屋。沙恩荷斯特生在一個將要完畢和一個將要開始的兩個時代的過渡時期；他命中注定要解決這種過渡時期的一切問題。　他在時代的岸上徘徊。　他在新時代所做的重要事業，已經使他顯露頭角。　他的精神上的偉大，他的英勇，他的「利他精神」(das Altruistische)，使他超出拿破崙和他的時代之上。　格耐色瑙稱他是一個怪傑。　的確他是有力量在國民裏面喚醒「生命潮流」(Lebensströme) 的怪傑，是相信普魯士將來必能強盛的怪傑。

然而結果並沒有榮耀的成功，他的人生的每一段，都是慘痛的失望。　事業的一大部分是未完成的。　他的一生，老是功敗垂成。　不過他的一生雖然明顯地帶有哀調，却又因其特有的偉大性而充滿着清朗的情緒。　這好像是叔伯特(Schubert)的最後作品未完成交響曲 (die Unvollendete Sinfonie) 似的。　他達觀人力是有限的。　未完成交響曲的微弱的「B調短音階」(H-moll)和第二節的虔誠清朗的旨趣，象徵着他的一生。　崇高的，永遠的憂鬱，是沙恩荷斯特一生的基本特徵。

康熙時代耶穌會教士所繪之中國地圖

Der Jesuiten-Atlas von China aus der K'anghsi Zeit

福克司(Walter Fuchs)著

顧　　華　譯

Die Verdienste der katholischen Missionare des 17. und 18. Jahrhunderts als Kulturvermittler zwischen Europa und China sind, wenn auch für China nicht immer von tiefergehender Bedeutung, so doch von mannigfaltiger Art gewesen. So haben sie in der Kunst den Kupferstich und die Ölmalerei eingeführt, mit der letzten zusammen die geometrische Perspektive und europäische Sujets; in der Wissenschaft haben sie als kaiserliche Beamte anregend und verbessernd gewirkt in der Astronomie und dem Kalenderwesen, in Geometrie und Geographie, Mechanik, Architektur und Medizin, und als Sprachgelehrte haben sie schon i.J. 1729 in Peking eine Dolmetscherschule zur Pflege des Latei-

十七八世紀的天主教士做歐洲中國間文化媒介者的功績，即使對於中國未必總是有較深切的意義，然畢竟是多方面的。如在藝術方面他們介紹了銅版術和油畫，後者還連帶着幾何學的透視法和歐洲的題材；在科學方面他們以皇家官吏的資格在天文學和曆法上，在幾何學和地理學，機械學，建築學和醫學上都曾致力促進和改良，並且語學家的他們在一七二九年就已經在北京創立了一個修習拉丁語的通譯學校。

nischen gegründet.

Zu ihren bedeutendsten wissenschaftlichen Leistungen zählen ohne Zweifel ihre Arbeiten auf dem Gebiete der chinesischen Kartographie: ja, an unserem Massstab gemessen, ist es wohl ihr grösstes Werk gewesen, welches sie i. J. 1717 mit ihrem Atlas von China und seinen Aussenländern schufen. In Europa erstmals i. J. 1735 in Neubearbeitung von dem französischen Hofgeographen D'Anville als Atlas général de la Chine und in Du Halde's Déscription de la Chine sowie i. J. 1737 als Nouvel Atlas de la Chine herausgegeben, bildete dieser Atlas mit seinen genauen geographischen Positionen für über ein anderthalb Jahrhunderte das massgebende Kartenwerk des chinesischen Reiches und konnte auch bis in unsere Tage nur in Einzelheiten verbessert werden.

Obwohl man sich seit langem mit der Geschichte dieses Atlasses beschäftigt hatte, blieben doch viele wichtige Punkte ungeklärt: denn die Originalberichte der Jesuitenmissionare über die Entstehung ihres Werkes sind spärlich und verschweigen manches, was zu sagen gewesen wäre. Sie stellen die Sache so dar, als ob nur die neun Patres Bonjour,

他們最有意義的學術成就之一無疑地要算他們在中國輿圖學方面的工作；按照我們的標準看起來，他們在一七一七年繪製中國及其藩籬的地圖實可說是他們最大的工作。在歐洲首由法國皇家地理學家當維爾在一七三五年新編爲『中國總圖』，並且被編入杜哈德的『中國誌』，復於一七三七年題名爲『中國新圖』分別出版，這個有精確的地理地位的地圖在一個半世紀之間成了中國的標準地圖，並且直至今日也祇有在一些微細的地方可以修改。

雖然吾人從事研究這個地圖的歷史已久，畢竟還有許多重要之點未經闡明：因爲耶穌會教士對於他們的工作的形成原來的報告是稀少的，並且有許多應是說出而沒有說出。牠們把這件事表現得好像祇有彭儒耳，白晉，麥大成，費隱，德瑪諾，杜德美

Bouvet, Cardoso, Fridelli, Hinderer, Jartoux, Mailla, Régis und de Tartre innerhalb der fast unbegreiflich kurzen Zeit von neun Jahren, nämlich von 1708 bis Ende 1716, ohne chinesische Mithelfer und ohne Benutzung schon vorhandenen chinesischen Materials die Aufnahme fast des ganzen chinesischen Reiches allein durchgeführt hätten. Ferner lassen sie uns im dunkeln darüber, welche Stadien ihr Atlas bis zur endgültigen Druckausgabe durchlaufen und wann diese stattgefunden hat. Kein Geringerer als Richthofen hat schon i. J. 1877 gerügt, "dass sie den Gang und die Methode ihrer Operationen nicht genau auseinandergesetzt und uns keine Klarheit darüber gegeben haben, wieviel von der Arbeit, welche sie der wissenschaftlichen Welt vorlegten, von ihnen selbst herrührt." Zugleich bemerkt er dazu: "Für jeden, der die einheimischen Karten kennt, unterliegt es nicht dem mindesten Zweifel, dass sie die Zeichnung diesen allein entnommen haben, und ihre Arbeit nur darin bestand, das reiche Kartenmaterial, das sie in allen Provinzen und allen Departements vorfanden, zusammenzustellen und gleichsam auszurichten, was nur

，馮秉正，雷孝思，湯尙賢這九個神父在差不多不可解地九年的短時間以內，卽一七〇八年至一七一六年底，沒有中國人的助手並且不用已有的國中材料，把差不多全中國的測量單獨地辦理了。還有一點他們使我們不明瞭的就是，他們的地圖直到最後付印經過什麼階段並且是什麼時候付印的。大學者如李希霍芬在一八七七年已經指摘過，『他們沒有把他們工作的進行程序及方法精確地分析，並且他們所供獻給學術界的這個工作有多少是出於他們自己之手，對於這一點也沒有給我們一個明白。』同時又加述道：『對於每個知道（中國）本國的地圖的人，是沒有些許的疑惑的，卽他們製圖全是取材於這些（本國的）地圖並且他們的工作祇在把他們在各省區所找到的豐富的地圖材料集在一起並且使成一致，這個祇要經過可能底最多數的天文的地點規定以後就可以辦到了。』

durch die Anstellung einer möglichst grossen Zahl von astronomischen Ortsbestimmungen geschehen konnte."

Um welches Kartenmaterial es sich aber hierbei handelte, ist erst in den letzten Jahren festgestellt worden. Den europäischen und ostasiatischen Bibliotheken nicht unbekannt war ein seltenes chinesisches Kartenwerk in feinem Holzdruck, welches ohne alle bibliographischen Angaben und dazu noch fast immer ohne Titel ist; gewöhnlich besteht es aus acht Heften mit 231, manchmal auch etwas weniger, kleinen Karten Chinas, der Mandjurei und des Jeholgebietes. Ein Vergleich dieser nun mit den betreffenden Originalkarten der Jesuiten zeigt, dass beide in ihrem Karteninhalt so gut wie gleich sind, nur dass auf den kleinen Karten das den Chinesen bislang unbekannte Gradnetz fehlt. Dieser Umstand weist also auf rein chinesischen Ursprung hin. Und da andrerseits der Kaiser Kanghsi in einem Erlass v. J. 1719 anlässlich der Vollendung der 32 Jesuitenkarten davon spricht, diesen sei eine Vorarbeit von über 30 Jahren vorausgegangen, sie also schon weit in die Jahre vor 1708, den Beginn an

但是這裏所關的是什麼地圖，在最近一些年來纔經確定。有一個在歐洲和東亞並非不經見的木版精印的中國地圖珍本，（按卽康熙本分省分府小葉圖——譯者。）這個地圖沒有一切可供著錄的項目，此外並且差不多總是沒有書名；普通牠是由二百三十一枚（時常也較少）的中國，滿洲和熱河地方的小地圖組成的。把這些地圖拿來和現在所說的耶穌會教士的原圖一經比較便可看出兩者在圖的內容方面幾可說是一樣的，不過在那些小地圖上沒有中國人經過好久尙不知道的經緯線網罷了。這個情形於是引證到純粹的中國來源上去。並且因爲另一方面康熙帝在耶穌會教士的三十二個地圖完成的時候在一七一九年的一個上諭裏曾經說到，在牠們之前曾有三十餘年的預備工作，卽是遠在一七〇八年，耶穌會教士地圖開始測繪之前，所以我們可以確定地把這二百三十一枚的中國小地圖視爲耶穌

der Aufnahme der Jesuitenkarten, zurückreichen, so kann man mit Gewissheit in diesen 231 kleinen Karten Chinas dasjenige chinesische Material erblicken, welches die Jesuiten durch astronomische Ortsbestimmungen ausgerichtet haben; es muss also etwa bis auf die Zeiten des Vertrages von Nertschinsk i. J. 1689 zurückgehen, wo zum erstenmal für China die Frage der Grenzregulierung im Norden akut geworden war. In diesem Lichte gesehen, gewinnen die 231 kleinen Karten, deren Bedeutung und Stellung in der chinesischen Kartographie bisher nicht beachtet war, sehr an Wert.

會教士經過天文的地點規定整理了的中國材料；那麼必須追溯到一六八九年尼布楚條約的時候，那時候北方邊界勘定的問題對於中國開始緊迫。這樣看來，這二百三十一個在中國輿圖學上的意義和地位向未經重視的小地圖，價值甚見增加了。

Als nächste ist die Frage aufzuwerfen, ob die Missionare bei ihren Ortsbestimmungen chinesische Helfer gehabt haben. Aber ebenso, wie sie das in den 231 kleinen Karten vorliegende und von ihnen verwertete Material verschwiegen haben, sind sie auch über diesen Punkt stumm. Dem muss man allerdings billigerweise gegenüberhalten, dass die Chinesen selbst es nicht anders gemacht haben und auch ihrerseits keinen der europäischen Missionare als Mitarbeiter am Atlas erwähnen, obwohl diesen doch der Löwenanteil am Verdienst zukommt. Von ihren

其次要提出的問題就是這些教士在確定地點的時候曾否有過中國的助手。但是對於這一點他們仍然是緘默，一如他們對於那二百三十一枚小地圖所包含的經他們所採用的材料一樣。但對於一件事我們要持公正態度的就是中國人自己也是一樣的在他們一方面也沒有聲明任何一個歐洲的教士爲地圖的合作者，雖然大部份的功績畢竟是要屬於這些教士的。他們自己的人之中他們也祇偶而有一次說起，爲確定北極高度和日景被派

eigenen Leuten nennen sie jedoch auch nur gelegentlich einmal sieben, die nach Mittel-und Süd-China zwecks Bestimmung der Polhöhe und der Länge des Mittagsschattens ausgesandt wurden; ihre Namen sind, ausser einem gewissen Ho Kuo-tung, sonst wenig oder gar nicht bekannt.

到華中和華南去的七個人：他們的姓名，除了某一個何國棟以以外，是不大知道或完全不知道的。

Diese beiden obigen Feststellungen können den Verdiensten der Jesuitenväter um die erste zuverlässige kartographische Darstellung des chinesischen Reiches kaum Abbruch tun, wenngleich sie von nun an ihren Ruhm mit den Chinesen teilen müssen. Die Urheber dieses gewaltigen wissenschaftlichen Unternehmens aber, mit dem sich an Grösse und Umfang kein ähnliches im damaligen Europa messen konnte, und auch dessen Vollender sind und bleiben die europäischen Missionare.

上面這兩個定論對於耶穌會神父之製作第一次可靠的中國地圖的功績是不能有什麼損壞的，卽使從現在起他們必須與中國人共享名譽。但是這個在範圍鉅大上在那時候的歐洲沒有同樣可以與牠比擬的偉大的學術事業的創始者，並且也是牠的完成者，是，並且永遠是那些歐洲的傳教士。

Versuchen wir jetzt, einen Überblick über die Entstehungsgeschichte des Atlasses zu gewinnen. Bislang wusste man nur, dass die Missionare Ende 1716 mit den letzten Vermessungsergebnissen nach Peking zurückgekehrt waren und i. J. 1718 ihre Karten vollendet hatten; dass D'Anville ihre 32 in China

現在我們試行對於這個地圖發生的歷史取得一個概觀。有一個長時間，人們所知道的祇是這些教士們在一七一六年底帶了最後的測量結果回到北京並且在一七一八年完成了他們的地圖；此外更知道的就是當維爾首於一七三五年把他們在中國印的三十

gedruckten Blätter erstmalig i. J. 1735 in Überarbeitung und mit französischer Namensumschrift herausgab. Sind nun diese 32 Blätter mit den Aufnahmen von Ende 1716 identisch? Bisher glaubte man, ja. Doch ist dies nur teilweise richtig, denn es gilt nur für die Darstellung des eigentlichen China, der Mandjurei und der Ostmongolei, nicht dagegen für die westlichen Grenzgebietes Chinas sowie für Tibet, die Westmongolei und Ostturkestan. Damals nämlich, d.h. im Jahre 1717, umfasste ihre Aufnahme nur 28 Blätter; im einzelnen 15 Blätter für das eigentliche China, 5 für die Mandjurei, 3 für die Mongolei und je 1 für den obersten Huang-ho, den obersten Yangtse, den Yalung, das Gebiet von Hami (d.h. Ostturkestan) und Korea. In dieser Form wurden die 28 Karten mit rein chinesischer Beschriftung i. J. 1717 gedruckt und erscheinen zuweilen, wenn auch als Raritäten, noch heute auf dem Büchermarkt in Peking.

In demselben Jahre 1717 wurden die Lama Tsoleim und Tsangbu Ramjamba nebst dem Chinesen Sheng-chu ausgesandt, um die westlichen Grenzgebiete Chinas sowie Tibet, die

二葉地圖改編並且用法文改寫地名出版。那麼這三十二葉和一七一六年底的測繪完全一樣嗎？一向我們相信是一樣的。但這個畢竟祇是部份地對的，因為這個祇適用於中國本部，滿洲和東部蒙古底記載，而不適用中國西部邊疆以及西藏，西部蒙古和新疆。那時候，卽在一七一七年，他們的測繪實祇包括二十八葉，分爲中國本部十五葉，滿洲五葉，蒙古三葉，黃河上游，長江上游，雅礱江，哈密地方（卽新疆），和高麗各一葉。這二十八張圖以這樣的形狀，在一七一七年以純粹中文的說明付印，並且現在還有時候出現於北京的書肆，固然也成了珍品。

也是在一七一七年喇嘛楚兒沁和藏布蘭木吉巴隨同漢人勝住被派出去從新測量中國西部邊疆以及西藏，西部蒙古及新疆；西藏在這個地圖

Westmongolei und auch noch einmal Ostturkestan neu aufzunehmen; hatte doch Tibet bisher gänzlich im Atlas gefehlt. Die Ergebnisse wurden für eine Neubearbeitung des Atlasses von 1717 verwertet und diese i. J. 1718 oder 1719 von P. Ripa in Kupfer gestochen. Hier ist die Beschriftung in den Aussenländern Mandjurisch, das sich zur Wiedergabe der fremden Ortsnamen besser eignete, als das Chinesische; auch ist der Karteninhalt nicht, wie vordem, nach Verwaltungs- oder geographischen Grenzen aufgeteilt, sondern rein schematisch nach Längen- und Breitengraden und für die Aussenländer um geographische Namen bereichert. Die Kupferplatten hierzu sind heute noch im Palast zu Mukden erhalten: es sind 47 Stück, darunter 6 leere. Im Jahre 1929 wurden daselbst neue Abzüge hergestellt; Originale dieser 2. Ausgabe des Jesuitenatlasses der Kanghsi-Zeit zu 41 Blättern sind äusserst selten.

Die 3. und letzte Ausgabe dieses Atlasses unter Kanghsi ist die zu 32 Karten, welche auch D'Anville neben dem Kupferdruck benutzt hat. Hier sind wieder, wie in der ersten Ausgabe, die Karten als Sonderkarten, also getrennt nach Pro-

裏還一向是付缺如的。所得的結果被用來重編一七一七年的地圖；新版是在一七一八或一七一九年由利巴彫成銅版的。這裏邊疆的說明是用比中文較合於轉寫外國地名的滿文；圖的內容也不像以前的依照行政或地理界限區分，而是純粹機械地照經緯度數，並且在各邊疆的圖裏地名也經增多。此項銅版現在還保存在奉天的淸宮裏；共有四十七塊，其中六塊是空白的。一九二九年曾經在該處做過新印本（按卽滿漢合璧淸內府一統輿地祕圖——譯者）；康熙時代耶穌會教士這個四十一葉地圖的第二版的原本是極少見的。

這個地圖在康熙時的第三亦卽最後一版，是三十二圖的，當維爾在銅版本之外也曾應用過牠。和第一版一樣，這一版裏各圖又成爲個別圖，卽按省界或天然界限區分，並且所有的圖都是用中文說明。在圖面上看

vinz- oder natürlichen Grenzen, und alle mit rein chinesischer Beschriftung gegeben. Kartographisch ist die Darstellung der in der zweiten Auflage, von Kleinigkeiten abgesehen, gleich. Man hat letzthin diese 3. Ausgabe zeitlich vor den Kupferdruck von 1718/19 setzen wollen, jedoch mit Unrecht. Denn ein genauer Vergleich zeigt, dass sie besonders für Tibet und die westlichen Grenzgebiete Chinas bedeutend mehr Namen gibt als der Kupferdruck. Diese Tatsache aber ist in Zusammenhang mit einem kaiserlichen Edikt vom 17. Dezember 1720 zu bringen, in welchem befohlen wird, die Gebirgs-und Flussnamen in Tibet genauer, als es bisher, d.h. in der 2. Auflage, der Fall war, zu erkunden. Dies muss dann i.J. 1721 und wohl noch 1722 geschehen sein; ja, vielleicht noch im Jahre 1723. Das genaue Datum des Drukkes in Holz dieser letzten Ausgabe des Kanghsi-Jesuitenatlasses zu 32 Blatt, ob 1722, 1723 oder 1724, muss zuvor noch offen bleiben; später als im Jahre 1725 ist es indessen nicht gewesen.

Nähere Einzelheiten und Literaturbelege zu den obigen Ausführungen finden sich in dem Aufsatz Materialien zur Kartographie der Mandju-Zeit, II, in der Zeitschrift Monumenta Serica, Band III, Peking 1939; doch sind hier in diesem Résumé hinsichtlich der Datierung der 3. Ausgabe des Atlasses neue Ergebnisse verarbeitet.

來除了細目而外記載和第二版的是一樣的。

近來有人要把這個第三版在時間上斷定在一七一八至一七一九年的銅版本之前，但是這是不對的。因爲由一個精確的比較可以看出牠對於西藏和中國西部邊疆所有的地名比銅版本顯著地多。這個事實是要和一七二〇年十二月十七日的一個上諭連繫在一起的，在那裏命令對於西藏的山河名稱較以前，卽較第二版，更求翔實。那麼這個必定是在一七二一年或一七二二年發生的，甚至也許在一七二三年。康熙耶穌教會地圖這個三十二葉的最後木刻本的精確年代現在祇能仍爲懸案，但不會是晚於一七二五年的。

關於上述各點之細節和參考文獻見華裔學誌第三卷（民國二十七年輔仁大學出版）所載關於清代輿圖學材料一文；但這裏在這篇概要裏對於這個地圖第三版的日期畢竟得了一些新的發見。

略述雅斯波的哲學

Grundzüge der Philosophie Karl Jaspers'.(一)

王 錫 第 著

我們如果說希臘哲學是西洋哲學的鼻祖，那末現代德國哲學就可以說是現代西洋哲學的重鎮，因為世界上沒有別的民族像日耳曼民族那樣喜歡講「知」的，所以有人說日耳曼是百分之百的講「知」民族——目前狀況，是否如此，我們不管，至少在某一時期確是如此的——。但是很可惜，國人研究西洋哲學者對於德國哲學很少有力的介紹與深刻的研究，尤其是當代的德國哲學對於我們好像都很生疏，例如現在我們所要介紹的雅斯波（Karl Jaspers）就是中國哲學界的一位生朋友，然而他是當代德國的第一流哲學家。

雅斯波在一八八三年二月二十三日生於俄爾登堡，至一九一三年，任海德堡（Heidelberg）大學私講師，一九一六年任該校額外教授，直到一九二一年始任該校的正教授。雅斯波本來是研究自然科學與醫學的，他是從精神病學家進而為哲學家，他關於精神病理學有一本主要著作題為：一般精神病理學（Allgemeine Psychopathologie）在一九一三年發表的。對於這一方面雅斯波有很重要的貢獻。在哲學上他特別注意的是康德，黑格兒，海德戈（Heidegger）及希臘的哲學傳統，從巴門尼底斯（Parmenides）到亞里斯多德。此外影響雅斯波最大的要算蘄柯戛（Kierkegaard），再其次是韋伯（Weber）。

雅斯波的哲學工作有兩種特色：第一是他有一種深刻的要求，對於他的行動

(一) 關於雅氏哲學；在本雜誌二卷二期德國現代哲學之特性一文中也曾論及，可參閱。

甚至他的思想要負絕對責任的感覺；並且要求清楚。 第二因爲他要求清楚的意志使得他不能滿足於個別精密的研究，僅能做概括的與根本的探討，從一個簡單的事實到整個一門科學，到普遍的原則，最後到哲學自身。 在一九一九年他有一本世界觀的心理學 (Psychologie der Weltanschauungen) 問世，在這兒他受了尼采與齊柯夏心理學的暗示，但是採取一種極端科學的方法，他分析人類對於世界可能的態度。 最後他認爲根本決定的因子乃是：個人在世界中有其不能逃避的命運，例如死亡，鬪爭機會與過失是人生不能避免的，他對於這種情況稱謂「無可逃避的情境」(Grenzsituation)。 十二年之後，在一九三一年雅斯波又有三巨册著作出版，名爲哲學 (Philosophie)。 他的哲學觀點完全建築於「經體全體」上。 因爲他知道哲學不與科學一樣，哲學沒有顯著的進步，他主張每一個哲學家要客觀的看經驗全體，用一種新而根本的方法。 在這部體係的主著哲學中，他把哲學思想分爲三個方面來觀察，這也就是他的哲學方法，即是：「客體存在」，(Objektsein)，「自我存在」(Ichsein)，與「自體存在」(Ansichsein)。關於各種存在形式略述如下：

（一）客體存在——普通科學上所研究的是「時」「空」客觀的多樣性及對象的多樣性。 特殊科學使得「存在原質」不完全，科學家對於世界一部份的現象得到有限的與相對的認識，並且他們對於這些現象的坐標限於科學的研究沒有完結而在繼續進步中。 各種科學結合在一起，組成「探討世界坐標」(forschende Weltorientierung)。 造做的完成這種科學知識有兩條路：即實證主義與觀念主義。 前者試着去構成的世界圖形把客體存在就等於一般存在，換句話說，誤認存在就是用自然科學方法在「時」「空」所認識的特殊存在。 後者把存在認爲就是他自己的主觀意識。 實證主義想得到實在，觀念主義想得到眞理。

與科學的坐標法不同的雅斯波提出了「哲學世界坐標」(philosophische Weltorientierung)。 他指出科學的成績需要意識到牠的不完整，哲學家由他的世界坐標法所認識的世界同樣的不完整。　他指出主觀的存在與客觀的實在都不能使我們得到世界的統一知識。　同時他分析思想界的相對衝突律，例如給與的與造做的，宇宙與世界的解釋，實在與存在的闡明。　於是他說明世界坐標的限度，在科學的研究上，强迫證明是不能避免的；於數學與論理學中，强迫思想的形式；於自然科學與人文科學上，强迫經驗客觀性上的實在；總而言之，科學所得的知識是容易僵固化了的，而哲學到此便有了問題。　眞正的哲學對於知識提出問題才是哲學家的本色，最出色的當然要算康德的純粹理性評批。　哲學上第一種方法的任務就是指出合理知識的限度。

（二）自我存在——哲學思想的第二種形式與第一種不同，牠出發於人類生活的行爲；由於對日常生存的不滿意，而想如何滿足人性最深刻的要求，換句話說，如何實現「存生」(Existenz) 的本義。　雅斯波稱這種態度爲「存生說疏解」(Existenzerhellung)。　他的這種「存生的闡明」與冀柯夏的「選擇論」(二) (Entweder-Oder) 一樣，並不是每個人都有同樣的要求，但是每一個有識見的哲學家在他的一生中，至少是曾經有過要求實現生存的經驗，而一切他的哲學思想在這種闡明的要求上才能被了解。　然而沒有一個人能完全離開社會而獨立生活的，哲學家明知道這種要求是嚴重而不能避免的，所以他也讓別人知道這種要求他們自身也能經驗到。　每一個人都有這種顯然的權利去拒絕或接受這種要求。在個人之上沒有權威能決定，勸告，或命令生活態度的絕對內在要求，知識或理性也不是例外。　一個人自身必得自由的並且絕對負責的選擇或決定他的生活態

（二）「選擇論」——這是冀柯夏哲學思想中很重要的意思，在一篇對話裏他假設有A B二人，一個是消沒的傷感的，在思想與生活上沒有前進與趣味的把握；另外一個在結婚與職業上都感到生趣勃勃，有自信與決斷。　這是兩種生活態度的型式，每一個人的生活必得在這種歧路中加以「選擇」，但是如何「選擇」呢？　最好一個人曾經有一度與世界隔離起來，經過了隔離期間再重新入到世界上來，這樣的講法頗類似佛家修養技術的「閉關，也像我們平常稱讚一個人踏入新生活階段前的韜光養晦」。　世界上的宗教家，哲學家以及大政治家等往往是要經過這種歷程的。　又，「選擇論」或譯「非此即彼」，見本誌二卷二期，二二二頁，註（二二）。

度。引導個人注意這種可能的自由，並且喚醒他的絕對責任的感覺，這就是雅斯波的第二種哲學思考的方法——存生說疏解。至於「存生」是什麼意思呢？這一個詞在雅斯波的思想上佔有重要意義，容我們另加解釋，在這兒只把他所舉「存生意識」的形式列出：愛，自我存在，與他人共同存在(Mit-dem-Andern-Sein)（交涉），不安，孤獨，歷史性的內知（Geschichtlichkeit-Innewerden），神化自己遊戲，羞恥等。

在哲學思考上，雅斯波的第一種方法是對於固定知識喚起問題，只在消極意思上，告訴我世界留的事物是不能在那種知識範圍中可以了解的。但是在第二種哲學思考方法上，我們的哲學家就積極起來，主張自由論，正如柏拉圖，禁慾派，斯賓挪莎，康德，菲希特，及冀柯夏等人所講過的自由論一樣。

不過這種自由的獲得並非由於理性或精神的支持，而是「追求眞理」的態度，恰如康德對於理性的概念，他認爲是對於固定知識提出問題的綜合結果與本性命令式的要求表示。對於固定知識提出問題與要求自由是不同的，舉例來說，正如看到面部的表情用因果律的解釋知道是某種心病的表象與直覺的觀察出心理的狀態而由於面部表情一樣。

（３）自體存在——雅斯波的第三種哲學思考的方法是形而上學的。這是由於在客觀存在的紛雜中個人追求眞理是不能滿足的，同時既不會現實自己的生存，也不能現實別人的生存。縱然一個人在最高興會的刹那能體驗他能移「選擇他自己」，向善，並且堅決的做爲，但是總有時候他不能從心所欲。因爲經驗到自己的限度，由於個人與他人的連帶關係，並且有了爲什麼是「有」而非「無」的問題，於是個人意識起了與個人之外的什麼東西「相關」的念頭，而這種什麼東西是絕對的，「唯一的存在」（das eine Sein）。我們這哲學家的「唯一的存在」不是宗教者的上帝，也不是哲學上的客觀存在。「唯一存在」的經驗與實現生存的良心命令經驗也不相同。「唯一存在」的要求是起於個人想像的冥想遊戲。

在形而上學上，亞斯波又把牠分爲三種不同的方法：第一種是形式的超越，提高思想從決定論到自由論，類如載之於對話集上者（如伯拉圖的巴門尼底斯(Parmenides)，及黑格兒的哲學中），把各種相反思想綜合起來，例如有無問題，一多問題等。在此利用客觀知識與積極用實在的相反性質，在形式上有了「唯一存在」的可能。第二種是由於去實現生存而引起「唯一存在」的極積要求。每當我們覺得置身於矛盾趨向中的時候，譬如輕視與熱心，高升與墮落，服從法律或秩序與革命的本能，由於喜愛世界「多」樣價値而意識到「唯一存在」。第三種方法是「讀唯一存在的無字碑」。雅斯波與十八世紀德國人本主義一樣有同一的看法。這個無字碑有不同的意義，牠並沒有什麽一定的意思。在歷史的過程中，各個人對於「唯一存在」有各異的看法，看做自然的也有，歷史的也有，一般意識的也有，人類的也有。「唯一存在」隱藏在無字碑中，表現出來成爲偉大的藝術或解釋成爲思辯哲學。這便是，用雅斯波的話講，「滿足自己的存在欲」(Sichselbstgenugsein-Wollen)。雅斯波說過：『我不願意蹉倒，但在不得不蹉倒的時候，便開始在永恆化的符號裏又得到「柳暗花明」的境界。

從這些不同的方法，過去形而上學的符號重新又有了新的意義，並且在方法論上也淸楚起來。但是這種情況的可能建築在個人要求實現生存的良心命令與一個人的生活自由得到滿足的時候。因爲只有一個人明白了現實的衝突與紛雜後才有他本性的絕對內在要求，此後他才意識到一般存在與「唯一存在」的相關，於是產生了形而上學的問題。

雅斯波所列舉的三種哲學思考方法，他認爲是過去與現在一切哲學思想的方法。

雅斯波以爲哲學的任務，並非在於綜合各特殊科學所得到的智識，如費希諾(Fechner)，羅玆(Lotze)，愛德哈特曼(Eduard v. Hartmann)，翁特(Wundt)所主張的；恰恰相反，他排斥實證主義與概念主義所企圖的那種做作的與紙而上的全體結構。 並且雅斯波與柯罕（Cohen），文德班（Windelband），黎凱特（Rickert）也不同，他不限制哲學僅是對於科學原則的理解。 同時他也不同於狄爾泰（Dilthey），認為哲學是在歷史生活上對於各種「世界觀」（Weltanschauungen）關係的思考。 我們的哲學家總認為哲學思考的方法與科學方法不同。

雅斯波以為哲學是在知識界，人生的行為與「唯一的存在」中永無滿足的眞理研究。 現代的哲學與希臘哲學一樣，永久是起源於感覺短促生命限制的個人而勇敢的踏入「求全」的智慧鬪爭。 在這種追求眞理的態度中，他們找到我們自己，對於生存也有了一個清楚明白的意識。 在過去，現在至於將來，哲學的歷史與任務便是克服非理性變為理性的存在。

在理性與存生中雅斯波說：

『我們再把對於人類生存最後界限與根源的狀況意識加以哲學的思考。』（二十六頁）

換句更簡潔的話說，把現代人類思想所能到達的境界，加以思考就是哲學的任務。 這種工作的嘗試就在雅斯波著的現代的精神狀況一書。 雅斯波的哲學思想起源他所說的「存生說疏解」，而「存生闡明」的動機是倫理學的；所以雅斯波的「存生哲學」（Existenzphilosophie）與中國的傳統哲學思想是相近的，因為他看重了「生存」，所以他的思想有血有肉，在現代哲學上建立了權威的地位。

（一） 雅斯波的主要著書

（1） 一般精神病理學（Allgemeine Psychopathologie）一九一三年出版。

（2） 世界觀的心理學（Psychologie der Weltanschauung）一九一九年出版。

（3） 馬克思·末伯，紀念講演（Max Weber, Gedächtnisrede）一九二一年出版。

（4） 斯特林泊克與凡·哥夫（Strindberg und van Gogh）一九二二年出版。

（5） 大學的理想（Die Idee der Universität）一九二三年出版。

（6）現代的精神狀況 (Die geistige Situation der Zeit) 一九三一年出版。

（7）哲學 (Philosophie) 一九三二年出版。

第一册　哲學世界坐標 (philosophische Weltorientierung)

第二册　存生說疏解 (Existenzerhellung)

第三册　形而上學 (Metaphysik)

（8）馬克思・宋伯，在研究與哲學上德國政治思想的本質(Max Weber, Deutsches Wesen im politischen Denken, im Forschen und im Philosophieren) 一九三二年出版。

（9）理性與存生 (Vernunft und Existenz) 一九三五年出版。

(10) 尼采，理解其哲學的導言 (Nietzsche, Einführung in das Verständnis seines Philosophierens) 一九三六年意且。

(11) 笛卡爾與哲學 (Descartes und die Philosophie) 一九三九年出版。

(12) 存生哲學 (Existenzphilosophie) 一九三八年出版。

（二）其他關於雅斯波的參考書

（1）路德維喜・雅斯波著：存生哲學中人類狀況的概念 (Ludwig Jaspers, Der Begriff der menschlichen Situation in der Existenzphilosophie) 一九三六年出版。

（2）約函尼斯・泛非爾著：存生哲學，海得戈與雅斯波哲學的導言 (Johannes Pfeiffer, Existenzphilosophie. Eine Einführung in Heidegger und Jaspers) 一九三四年出版。

（3）阿爾諾德・哥嫩著：雅斯波的哲學(Arnold Gehlen, Jaspers' Philosophie) 一九三二年出版。

（三）附言　雅斯波著的現代的精神狀況一書已由筆者着手翻譯，不久便可殺青；因爲這部書所討論的問題是現代文化，大而至於國家，教育及人類的歸宿，小而至於家庭生活，運動競技及新聞事業，問題看來好像是很通俗的，而見解卻是極深刻而遠大的；這部書可以看做雅斯波思想的入門導言。雅斯波的存生哲學一書，筆者也計劃着翻譯。我們最希望雅斯波的巨著哲學能够介紹到中國來，因爲這部書已經成爲現代哲學的經典。

處世箴言（續二）

Aphorismen zur Lebensweisheit

叔本華（Arthur Schopenhauer）著

關琪桐譯

第四章　論人的地位，或別人對他的估價（續前）

第四節　尊　榮

「尊榮」的描寫比品位的描寫，是比較困難而且也範圍較廣的。我們可以先給尊榮下一個定義。如果我說：尊榮是外面的良心，良心是內面的尊榮，那麼這話或者是許多人所會同意的，但是這種說法只是一種燦爛的外觀，而非清晰有理致的解釋。因此，我寧說，尊榮在客觀方面乃是他人對我們的價值所懷的意見，而在主觀方面乃是我們對於這種意見所懷的一種敬畏。在後一種觀點下，一個尊榮之人常施展一種健全的，雖非純粹道德的，影響。

凡不曾完全墮落了的人都有一種尊榮之感和羞恥之感，這種感覺正是人人所當承認的一種較高的價值。這個理由就在於：一個人自身並不能有所作爲，他只是一個拋棄在荒島上的魯濱遜：只有在社會中與人相處時，他才能有什麼重要，才能做許多事情。他的意識一開始發展，他就感覺到這個關係，他於是就立刻努力想做人類社會中一個有益的會員，並且盡其能力和本分 pro parte virili 成爲能共同工作的一人，以便有權利，分享人類社會的利益。但是，他如果要想成爲社會上有用的一員，他必須做到兩件事情，第一，他要做人在任何地向任何人所要求所期待的事情，第二，他要做人對他所佔的特殊地位向他所要求所期待的事情。

同樣他也可以立刻認識了，這裏所要緊的還不是：他自以爲自己是有用的，他必須被別人認爲是有用的才行。由此他就竭力來得他人的良好意見，而認它有大的價值：這兩者都表現於人類那種原始的天賦的感覺中，這種感覺人們稱之爲尊榮之感，在有的情形下也稱之爲「羞恥之感」Gefühl der Scham。因此，當人們相信，自己在他人眼中的地位忽然要落下去的時候，他的兩頰就要發紅，縱然他知道自己是無罪的，甚至縱然那自行發現的疏忽只有關於一種相對的義務，即他所任意負起來的義務。在另一方面，則能加强他的活力的，又莫過於他自己得到一種確信（或恢復了這種確信），以爲他人對他有一種嘉惠的意見。因爲這種確信就預許他，一切人將聯合起來給他以保護和援助，而對於人生的患難作一個有力的屏障，而且這個屏障比他自己的還大了無數倍。

一個人與別的人可以處於種種關係之中，而且在這些關係方面，人們可以對於他有所信託，並有某種良好意見。由於這些差異的關係，就生起幾種尊榮來。這些關係主要的乃是「我的」與「你的」之關係，各種誓約之履行，和兩性的關係。因此，就有了三種尊榮，就是公民的尊榮，官職的尊榮，和兩性的尊榮。這些尊榮各各又可以再分爲幾個次類。

公民的尊榮是範圍最廣的：它乃建立在一個前題上，就是，我們當絕對尊重每一個人的權利，因而不能利用不正當的不合法的手段，來求謀自己的利益。它乃是人與人間和平的交往所必不可缺的條件。凡公然與和平交往相抵觸的行爲，因而凡受刑法制裁的一切行爲，都可以破壞了公民的尊榮——自然我們必須假設，這種刑法是合理的。

尊榮的最後根據，乃在於一種確信，就是，道德的品格是不變的！依照此種確信說來，一種行爲此時如果是壞的，那它就保證了以後同樣的行爲也都是在道德上同樣壞的，只要環境是相同的。英文中用 character 一詞來指示人品，美名，和尊榮，那就可以證明我這種意見。 因此，失掉的尊榮乃是不能恢復的：除非這種損失依靠在一種錯誤上，如譏蔑或誤會。 因此，法律就定了補償譏蔑，諷刺，和侮辱的方法，因爲侮辱正是一種單純的謾罵，正是沒有理由的簡捷的譏蔑。 若用希臘文表示出來就是 εστι ἡ λοιδορια διαβολη συντομος（謾罵卽譏蔑）——這並不是我從別處引來的話。 自然，一個人如果謾罵他人，那就表示他沒有正眞的，實在的事情，可以責斥人：因爲他如果有理由的話，他應當把理由作爲前提，而放心將結論交與聽衆：他乃不此之圖，竟把結論拿出來，而把前提忽略了：並且謬想，他只是爲簡短之故，而才如此的。

公民的尊榮是由公民階級而得名的，但是它是可以無分別的適用於一切身分上的，就是最高位者也不能除外。 任何人都不能夠廢除了這種尊榮，而且這種尊榮乃是一種完全嚴重的事情，任何人都是應當留心不要輕視它的。 誰要破壞了忠貞和信用，那他就永久把忠貞和信用失掉了，不論他做什麼一種事，或是任何一種人：這種損失所帶的慘苦的結果是永不能消滅了的。

在某一種意義下，尊榮是一種消極的特質，正如其反面的令名是一種肯定的特質似的。 因爲尊榮並不是人們對於某一個人所專有的一種特殊性質所懷的意見，乃是人們對於一個人所應當具有而不應當失掉的性質所懷的意見。 因此，尊榮的意思是說：這個人並不是一個例外，至於令名的意義則是說，他是一個例外。 令名是必須求得到的，至於尊榮則只須不失掉就是。 因而沒有令名只是一種隱晦，只是消極的，至於失掉尊榮，則是一種恥辱，乃是積極的。 不過尊榮的這種消極性却不可以同被動性混同了：因爲尊榮有一種完全活動的作用。它乃是直接由尊榮之人來的一種性質，它是依靠在他的所行所爲上的：毫不關於他人向他所做的事情，或他所遭遇的事情。 因而它是完全可以由我們所操縱的 των εφ' ἡμιν。 我們立刻就可以看到，這正是眞正尊榮與虛僞尊榮或與騎士尊榮的區別所在。 人們只有藉謾罵可以從外面來攻擊尊榮，而抵擋那種攻擊的惟一方法就是來反駁那種攻擊，並審時度勢來發表了，揭穿了那個謾罵的人。

人們所以對於老年人表示敬重，其理由似乎在於：青年人的尊榮只是預先被人假設的，還是不曾被證明的，因而只是成立於人對他的信用上的。但是在老年人方面，他們的一生一定已經給他們證明了：他們在升沈榮枯中是否能以維持他們的尊榮。因為單單的年歲（禽獸也可以達到人的壽數，而且有些比人的壽數還更高）和簡單的經驗（這只是對於世界進程的一種較密切的知識），並不足以使青年對老年發生敬重，可是這種敬重是到處被人所要求的。因為問題如果只在於年歲方面，那麼高年人的脆弱之軀，寧要求人的護持，而不要求人的敬重。但是可注意的乃是，人們對於白髮實在有一種天賦的本能的敬重。皺紋雖然是老年的最為確實的標記，可是它絲毫刺激不起這種敬重之心來！人們只說可尊敬的白髮，從不說可尊敬的皺紋。

「尊榮」所有的價值只是間接的。因為如我在這一章起首所解釋的，他人對於我們的意見，只在它們決定他們對我們的行為之範圍中，才有價值的。只要我們與人類發生交涉，並與他們相處，情形總是這樣的。因為我們在文化的狀態下所享有的安全和財產，既然都得歸功於社會，所以我們的所作所為都需要他人幫助，至於他人也必得需要對我們有所信託，然後才可以與我們發生交涉。因而他們對於我們的意見，對於我們乃是極有價值的（不論這種價值是如何間接的），雖然我並不能承認它有一種直接的價值。西塞鹿也持着這個意見，他說：「我很同意克里西普 Chrysippus 和戴珍尼常說的話，就是，令名原是不值得費舉手之勞來求得的，如果它不是那樣有用」。（論目論三，十七）。海爾威 Helvetius 在其大著精神論 de l'esprit (Disc. 三，十三章）中也曾把這個真理加以闡述。他的結論是說，「我們不是為敬重而愛敬重的，我們只是為它所帶給我的利益而愛它的」。但是手段永不能比目的更為有價值，因而人所說的「尊榮勝過生命」的那話，乃是一種誇張說法。

關於公民的尊榮已如上述。至於官職的尊榮也是他人的一般意見，以為一個賦有某種官職的人，實在賦有那種官職所需要的性質，並且在一切情形下都恰當的盡了他的官職。一個人在國家以內的影響範圍如果愈爲重要而偉大，而且他的官位也愈爲高超而有影響，那麼人們就愈相信，他有智慧的和道德的性質，使他可以勝任快愉。因此，人的官位愈大，他的尊榮就愈高，這種尊榮的表示就是爵位，勳章，和別人對他的謙恭行爲。依照這個規則說來，人的官位總是可以決定他的特殊的尊榮程度的，雖然羣衆因爲對於官位的重要不甚了了，而可以增損了這種尊榮的程度。無論如何，一個人如果享有並且能勝任特殊的職司，那麼人們一定認他比普通公民有較大的尊榮，公民的尊榮主要的是依靠在否定的性質上的。

其次，官職的尊榮又要求，據有官位的人，要爲他的同僚和繼承者起見，敬重他的官位。表示這種敬意的方法有二，第一：他要循規蹈矩的盡其職責，第二：他要反駁人對於那個官職自身和居官者所加的攻擊。那就是說，人們如果說他不甘忠於所事，勤於職守，或者說，那個官職自身不能達到公益，那他就不能輕易放過這種責難。他必須依法懲辦，來證明那種攻擊是無根據的。

次於官位的尊榮的，有爲國服務的人們之尊榮，如醫生，律師，教師，和專攻一業的人，簡而言之，就是凡藉公開的聲明，聲言自己有某種才藝上的成就，並因而在這一方面效力的人，都有這種尊榮，簡單說來就是，一切爲公家服務的人的尊榮。眞正的兵士的尊榮也歸在這一項下，這種尊榮就在於人們以爲，那把自己獻身於衞護祖國的人，眞正具有必需的性質，尤其有沈着，勇敢，和膂力等；而且他們也誠心準備好，至死來衞護祖國，並且犧牲一切，而不能把他所一度宣誓矢忠的那個旗幟棄掉。——我這裏是在一個較廣的意義下，來談說官位的尊榮的，至於平常意義下的尊榮，乃是指公民對於官位自身的敬重而言的。

說到兩性的尊榮，我們應當較仔細的觀察分析一下它的原則。我的說法將可以證明，一切尊榮最後都是依靠在效用的觀點上的。兩性的尊榮，依其本性，分爲女性的和男性的兩種，而且從兩方面看來都是一種理解好的團體精神

esprit de corps。 前一種尊榮是更為重要的，因為在女性的生活中，兩性的關係乃是主要的事情。

女性的尊榮，在處女方面，乃是：一般人以為：她是不曾委身於任何男子：在夫人方面乃是，一般人以為：她只委身於她所嫁的那個人。 這種意見的重要是依靠在下邊的理由上的。 女性是向男性要求並期待一切的，就是向男性要求她所願望的，所需要的一切的。 至於男性向女性所要求的，主要的，直接的只有一件事。 因此，人們就把兩性的關係安排得，使男子只藉下邊的條件才可以向女性要求那惟一的目的：就是，他必須給女性照顧一切，並照顧他們結合以後所生的兒女。 全部女性的幸福就依靠在這種安排上。 為完成這個設計起見，女性必然得聯合起來，表現出一種團體精神，這樣她們就結成一體，步伐整齊的，向全部男子進攻，而認其為公共的仇敵。 男子們因為天生有優越的體力和智力，所以就獲得了塵世上一切財物，因而女性們必須圍攻了，征服了男子們，以便藉男子的所有，而享受塵世的財貨。 為達這個目的起見，全部女性的尊榮規則就在於：非結婚不與男子同居：這樣，每一個男子就都被強迫投降，與之婚媾，而使全部女性得到照顧。 但是她們只有在嚴格遵守上述的規則時，才能完全達到這個目的，因此，婦女們就本着真正的團體精神，監視她們的所有會員，都來維繫這個規則。 任何一個處女如果與人私奔，那她就敗露了全部的女性，因而被她們加以恥辱，與以驅逐，因為這種淫行若是普遍化了，就會損壞了她們的幸福：她已經把她的尊榮失掉了。 任何婦女都不再同她打交涉，她正如一個患傳染病的人似的，被人躲避開了。 婚後婦女破壞其尊榮的，也遭有同樣的命運：因為她並不曾保守男子給她所立的條款，因而她藉這個例子就把別的男子嚇跑，不再實行投降了。 可是全部女性的福樂又是依靠在這種投降上的。 除了兩性的尊榮以外，她還失掉了公民的尊榮，因為她的行為已經背棄誓約，陷於欺詐了。 因此，人們就可以用一種原諒的表示，說，「一個墮落的處女」，但是他們却不說「一個墮落的夫人」，因為誘姦的人可以藉婚姻恢復了處女的尊榮，至於與有夫之婦通姦的人，卽在她仳離以後，也不能給她恢復了尊榮。

人們如果在明白洞見了這一層以後，而把那種健全的，必然的，熟慮的，並建立在利益上的，團體精神，認爲是女性尊榮的原則，那麼他們就可以認這種尊榮對於女性的幸福是極其重要的。不過這種尊榮只有相對的價值，並沒有絕對的價值，這種價值並不是超出生命和目的以外，而可以犧牲性命來換取的。依此看來，人們是不能贊同劉克脅 Lukretia（一）或維金尼的行爲的，因爲那種行爲過於牽强，而墮落成爲悲慘的趣劇了。因此，愛米里，迦拉提 Emilia Galotti（二）的結尾是太於駭人的，因而人們在離開戲院時，就感到沮喪不悅。而在另一方面，則人們對於埃格芒 Egmont（三）中的克拉爾 Klärchen 總不禁有一種同情，雖然她已經失掉了兩性的尊榮。這樣把女性的尊榮原則推到極端，就是爲手段而把目的忘了，可是大多數人之所爲，正復類此。因爲這樣過度重視兩性的尊榮，就把它認爲有絕對的價值了。實則這種尊榮是比別的一切尊榮還更有一種相對的價值的。人們甚至可以說，這種價值只是因襲的，因爲人們從湯姆士 Thomasius 的妾論就可以看出來，在路德改良宗教以前，各地各時，納妾制度如何是一種合法的共認的制度，因而妾也並也不失其尊榮。至於巴比倫的米里搭廟 Mylitta（四）就更不用說了（希羅多德一，一九九）。

自然在有些社會的環境中，尤其在天主教國內，這種婚姻的外面形式是不可能的，因爲那裏是不允許離婚的。各地在位的國王，如果把妾當做一個情婦，而不與她締結賤婚，那在我看來，更是道德的，因爲賤婚的子嗣，當合法的子嗣死去以後，是會要求王位的，因此，藉這種婚姻就招致來內亂的可能性，雖然這

（一）譯者註：劉克脅是羅馬人 Colatinus 的妻子，因被 Tarquin Sextus 所姦，故因而自殺。結果就引起人民的叛變，而把 Tarquin 家推翻了。

（二）譯者註：愛米里，迦拉提是德國列星所寫的一部名劇。

（三）譯者註：埃格芒是歌德所寫的一部名劇。事實從略。

（四）譯者註：米里搭是亞述人所給與維納絲女神的一個別名。在那裏她的廟中，一切婦女都得供生人所淫。

種可能性也許很遠的。除此以外，這樣一種賤婚，——即不顧一切外面關係而締結的婚姻——究竟說來，乃是對於婦女和僧人所作的一種讓步——這兩種人，人們是極應小心，不當對之稍給把柄的。此外，還有可說的就是，一國之中，任何人都可以娶其所心愛的女子，只有一個人是被剝奪了這種天賦權利的，這個可憐的人就是國王。他的手是屬於國家的，因而只有爲國家的理由，即爲國家的利益，才可以伸手與人結婚。但是他仍然是一個人，因而他也要從其心之所欲。因此，要想禁止，並責斥一個君王之保有情婦，乃是不合公道，不能感恩，並且鄙俗不堪的；自然人們不能允許她對於國政有所影響。在情婦自己一方面，她對於兩性的尊榮，可以說是一個例外之人，而不受一般的規則所制裁的：因爲他所委身而事的那個人，與她雖然互相愛慕，可是並不能夠互相結婚。女性的尊榮原則並沒有自然的來源，許多爲它流血的犧牲就證明了這一層，如勒斃嬰兒，母親自殺等。總而言之，一個處女如果破壞了法典，那她就對全部女流破壞了信誓，不過這種信誓只是秘密遵守的而非公開宣誓的。在許多情形下，她自己的前程既然直接由此有所損失，所以她的愚癡是比她的惡劣大了無數倍的。

男子的性的尊榮是由女子的性的尊榮所喚起的。他們的團體精神要求：每一個向其伴侶訂了那樣屈辱條件的人，都要注視，那個條件必須嚴格要被遵守，以便不使這個協約因爲對方弛於遵守而失掉其堅固性質，並使人們在犧牲了一切之後，不能確保其所換來的惟一要求——即女性的獨占。因此，男子的尊榮就要求，他要報復他的夫人之破壞貞操，而至少他要以離婚來懲罰她。如果他明知而仍縱容那種罪行，那麼男子社會就會以恥辱相加：不過這種恥辱還不如女性失掉其兩性尊榮後所受的那種恥辱，那樣澈底，它乃是一種輕微的汚點。因爲對男子說來，兩性關係只是一種附屬的關係，他乃是立於許多別的重要關係中的。近代兩個偉大的詩人已經各各有兩次，以男子的尊榮爲其戲劇的題目，莎士比亞是在奧賽羅 Othello 和冬天故事 Winters' Tale 中，迦爾狄倫 Calderon

是在其療治他的尊榮之醫生 el medico de su honra 和秘仇秘報 a secreto agravio secreta venganza 中。　此外，這種尊榮只要求懲罰妻子，並不要求懲罰她的情郎，因爲後一種懲罰只是一種多餘的舉動：這就證明，這種尊榮的來源只是由男子的團體精神來的，如我所說過的那樣。

在先前我已經把尊榮的各個種類和其原則加以討論，就這種尊榮說來，它是在各民族各時代都普遍有效的：不過婦女的尊榮，在其原則方面，却有些地方，有些時候，有所變化。　但是有一種尊榮，與那種普遍有效的尊榮是完全差異的，對於這種尊榮，希臘人和羅馬人是毫無所知的，正如中國人，印度人，和回教徒，即在現在還從未想到它似的。　因爲它是在中古時期才發生起的，而且只是基督教歐洲的產物，而且就在歐洲也只限於極少數的人民，即限於上流社會和模倣他們的人。　那就是所謂武士的尊榮 ritterliche Ehre 或 point d'honneur。這種尊榮的原則與我一向所論究的原則，完全相異，甚至有一部分與它們相反，前一種尊榮造成了武俠，後一種尊榮造成了紳紳。　現在我們可以進而特別討論前一種尊榮原則，而把它視爲武士尊榮的一種法典或一個鏡子。

(一)這種尊榮並不在於別人對我們的價値所懷的意見，而完全只在於那樣一種意見的表現：不論所表現的這種意見實際存在與否，更不論這種意見是否有所根據。　別的人們對於我們的行爲不論懷着如何壞的意見，而且不論他如何鄙視我們，只要沒有人敢於公然表示他的意見，那就與我們的尊榮毫無所損。　在另一方面，我們如果藉我們的性質和行爲強使一切人們尊敬我們（因爲這不是由他們的意思的），那麼只要有一個人（不論他如何惡劣，如何愚癡）對我們表示輕藐，那我們的尊榮就立刻破壞了，甚至永久失掉了，除非你立刻想法把它恢復了。——　我說，武士的尊榮完全不係於別人的意見，而只係於那種意見的表示，關於這一層還有一種多餘的證明，就是，那種汚蔑可以被取消了，而在必要時也可以被人新恕了，好像那種事情不發生似的。　至於這種汚蔑所由以出發的那種意見是否已經變化，而且人們畢竟如何要來汚蔑，那乃是無關緊要的事情：

那種表示只要一被撤回，一切就都無問題了， 人們在這裏的目的不在於求得人的敬重，乃在於強取人的敬重。

(二)一個人的尊榮並不依靠於他的行事，而只在於他所受的，所遇的。 先前所說的那種普遍通行的尊榮，依其原則說來，只係於自己的所言所行。 至於武士的尊榮則依靠於別人的所言所行。 因此，這種尊榮是在於每一個人之手，而繫於每一個人的舌尖之上的。 因而當他進攻你時，那種尊榮是每一剎那可以失掉的，如果當事人不藉我下邊所說的手續立刻把它奪回去——這種手續是會危及了人的生命，康健，自由，財產，和沈靜的。 一個人的所行所為縱然是極其正直高貴的，他的精神縱然是極其純潔的，他的頭腦縱然是極其卓越的，可是只要另一個人要侮辱他，那他就可以隨時把他的尊榮失掉了，只要那個人自己不曾違犯了這個尊榮法則，不論他在別方面是如何鄙賤的惡棍，如何愚癡的禽獸，也不論他是如何一個懶散之人，一個賭博之人，一個負債之人，總而言之，一個不值得一顧的人。 平常正是這種人乃是更喜愛這樣侮辱人的，因為正如塞尼克所說，「一個人愈可鄙棄，愈為可笑，那他就愈是利口的」 de constantia 11。這樣一種人對於我前邊所說的那另一種人還是最易激怒的，因為性情相反的人是互相憎惡的，而且卓越的優點之景象是容易使卑鄙之人生起秘密的忿怒來的：因此，歌德就說：

雖有仇敵，也勿伸訴，

附之立行，為衆所惡，

人將避汝，望而却步，

焉能與爾，如親如故？　西東詩集

由此看來，這種無價值的人是極其應該感謝尊榮原則的，因為這種原則就把他們與那在任何方面都為他們所望塵莫及的人，置於同一個平面之上。 這樣一個人如果侮辱人的話，那就是說，他如果以一種壞的性質諉於人的話，人們就會認他的話是一種客觀眞實而有根據的判斷，是一個有法律效力的命令，並且對於將來將永久是眞實而有效的，如果你不立刻藉流血把這種侮辱洗刷了。那就是說，被侮辱的人如果不事報復，那他在一切尊榮之人眼裏正如侮辱他的人所稱他的（縱然這個侮辱之人是塵世上最可憐的一個人），因為他已經「隱忍」那種侮辱了（隱忍正是一種專門名詞）。因此，那些尊榮之人就完全鄙棄了他，而且將逃避他，如一個患傳染病的人似的，就如在他所到的地方，人們都公然拒絕與他為伍等等。

我確然相信，這種聰明的看法之來源可以推溯於中古時代（參觀維黑特 Wächter 的關於德國史貢獻 Beiträge zur deutschen Geschichte，尤其參觀論德國刑法的一章），因為在十五世紀以前，在刑事訴訟中，控訴人並不必證明有罪，而被控訴人却必須證明其無罪。他要證明自己無罪，必須宣說清白誓言，而且他在作此種誓言時，必得需要幫同他宣誓的人，這些人必須宣言，他是不能起僞誓的。如果他找不到這類幫助他的人，或者控訴人方面不承認他們，於是他們就採取上帝的判決，這種判決通常就成立於一種決鬥。因為那個被控訴的人現在是一個「受辱的人」，必須把自己洗刷清楚。這裏我們就看到「侮辱」概念的來源，以及現在尊榮之人間所有的全部系統的來源，——祇是他們取消了宣誓。這樣也就可以解釋了尊榮之人在遇到他人責斥自己說謊時，何以必須表示高度的義憤，而以流血洗其污名。這種情形自然是少見的；雖然撒謊是日常的事情；不過特別在英國，這種感情却長成了一種根深蒂固的迷信。實際上，凡以死來恫嚇他人之以謊言相責者，他一定在其一生不曾說過謊才行。事實上，在中古的刑事訴訟中，較簡短的形式乃是：被控訴的人向控訴的人回答說，「你撒謊」，跟着他們就決定求上帝來裁判。因而武士的尊榮法典，就又指示人說：在被人以撒謊相責時，他們立刻就求訴於武器。

關於侮辱，已如上述。不過此外還有一種比侮辱更為惱人、而十分可怖的事情；我在武士的尊榮法典內，單因為提到這一層，就當向尊榮之人來乞恕，因為我知道，他們只要一想到這回事，就會皮膚戰慄，毛髮豎起的，因為它乃是塵世上最大的罪惡 summum malum，而且它比死亡和永刑還更可惡。一個人竟然會給另一個人——言之可怖——以一個巴掌，或一頓毆打。這乃是一件可怖的事情，而且可以完全損傷了尊榮，因而別的侮辱雖可以藉流血而治療了，可是這種侮辱必須藉殺害才可以治療了。

(三)尊榮完全無關於個人自身是什麽樣的，也無關於他的道德的品格是否可以變化的那個問題，以及類此的種種瑣事。當它被人攻擊或顯然失掉了時，它是可以立刻恢復了的，如果你可以敏捷從事，而求助於那個普遍的救濟之道——即決鬥。但是破壞尊榮的人如果不屬於信奉武士之尊榮的那一類人中，或者他自己已經一次違犯過這個尊榮，那麽當他用語言侵害了你的尊榮，尤其當他用行爲侵犯于你的尊榮時，那你就可以抓住惟一妥當的方法對付他。你如果穿着武裝的話，那你就可以當場打倒你的仇敵，或者在一點鐘以後再打擊他，這樣你就可以恢復了你的尊榮。

但是你如果因爲怕這樣所生起的不快結果，或者因爲不確知侵犯者是否受武士尊榮之支配，而想避免那樣一種極端的步驟，那麽你就有另一個彌縫之策，那就是所謂佔上風頭，所謂佔上風頭然是，他如果是粗暴的話，你就顯然該更粗暴些，如果侮辱已經不濟於事，那麽就可以打擊他，這也是救濟尊榮的一種妙法：就如人打了你一個巴掌，你就可以用棺毆他，他如果用棺毆你，你就可以用鞭打他：在受人鞭打之後，有的人主張用「唾面」爲有效的救藥。如果這些方法都無濟於事，那你就必須冒險流血。這種彌補方法的根據就在於下述的箴言中。

(四)被人侮辱是一種恥辱，侮辱人是一種尊榮。就如在我的仇敵一方面，有眞理，公道，和理性；但是我却要侮辱他：於是所有公道，理性都離開他，而來向我這邊，至於他則在當下把他的尊榮失掉了，除非他又把它們恢復了——他之恢復它們也不能藉助於公道或理性，只能藉助於槍殺和毆打。因此，「粗暴」這種性質，在尊榮一方面說來，是可以代替了或平壓了其餘性質的，最粗暴的人總是最有理的。你還需要什麼呢？一個人的行事不論如何愚蠢，荒謬，而惡劣，他只要粗暴用事，就可以把那些壞處一筆勾消，而成為合法的。如果在討論中或談話中，別的人比我們表現出較正確的知識，較嚴格的眞理之愛，較健全的判斷，和較豐富的理解，或者他在一般方面呈現出智慧的優越來，而使我們消光失色，那麼我們如果對他侮謾粗暴，也可以立刻取消了他的優點特長和我們那由此被發現出的貧乏可憐。因為「粗暴」可以克服了任何論證，而完全把才智淹沒了。如果對方不睬我們的粗暴方法，因而不以更粗暴的待遇回敬我們，而使我們陷於高貴的佔上風的爭鬥中，那麼我們就成了勝利者，因而尊榮就在於我們方面了。眞理，知識，理解，才思，機智，總會棄甲曳兵，被這個神聖的侮辱趕出戰場之外。尊榮之人，在他人表示了反乎他們意思的一些意見時，他們就立刻會恫嚇來騎戰馬進攻他人，他們如果在任何爭論中，沒有反駁之力，那他們就來尋求粗暴的武器，這種武器也照樣可以達到目的，而且是比較現成的，因而他們就可以凱旋而去。由此人們就可以看出來，人們之認尊榮原則為可以提高社會的風氣者，實在是有道理的。這個原則是依靠在下一個基本原則上的，下邊的原則正是全部法典的中心所在。

(五)一個人在尊榮方面與他人發生了爭執之時，他所能求訴的最高法庭乃是體力的法庭，即野蠻的法庭。每一種粗暴行為實在說來都是求訴於野蠻行為。因為這種行為認智慧才力或道德正義的交戰是不足以決定勝負的，所以它就以體力的鬥爭來代替了這種鬥爭，這種鬥爭在佛蘭克林 Franklin 所謂製造用具的動物——即人——方面，是被他所特有的武器來完成的，而且這種決定是不能再追喚回來的。這種原則就是所謂強者的權利 Faustrecht，正如所謂愚人的機智 Aberwitz 似的，都是含有譏諷之意的。因此，武士的尊榮就可以說是強者的尊榮。

(六)在早已前我們曾經指示出，公民的尊榮，在「我的」與「你的」方面，在所定的義務，和所作的諾言方面，是極其吹求講究的，至於我們在這裏所討論的法典則呈現出最高貴的自由來。 只有一種諾言是不當破壞的，那就是尊榮的諾言，就如人說「憑我的尊榮」——這就使人設想，別的一切諾言是可以破壞的。 就是在破壞了尊榮的諾言時，人到了不可收拾的地步，還可以藉那種萬應藥，即決鬥，來救濟其尊榮，而與那些說我們曾經發了尊榮諾言的人交手對打。其次，世上只有一種債務是無論如何不能不還的——那就是賭債，因而這種債務就被稱爲尊榮債務。 在別的一切債務方面，你可以任意欺騙任何一個猶太人或基督徒，那是絲毫無損於你的武士的尊榮的。

凡無偏見的讀者都可以立刻看到，那樣一種奇特，野蠻，而可笑的尊榮法典，並不是由人性的本質中，或由人類事狀的健全觀察中，所出發的。 這種法典的有效範圍是極其狹窄的，可是這種狹窄的範圍反而加强了這種法典：這個範圍就是歐洲，而且就在歐洲，也只限於中古時代以後，並限於貴族，軍人，和模倣他們的人。 因爲不論希臘人或羅馬人，不論亞細亞古今那些文化最高的民族，都絲毫不曾知道這個尊榮法典和其原則。 他們不知道別的尊榮，只知道我起初所解釋過的那種尊榮。 他們認爲，一個人的爲人正如他的「所行所爲」所表示的樣子，而非別的饒舌之人所信口胡說的樣子。 他們以爲，一個人的所言所爲或者可以毀滅了他自己的尊榮，但是並不能汚損了別人的尊榮。 他們以爲，毆打只是毆打，而且任何馬和任何猴子都可以給與更危險的打擊，這種毆打在有的情形下誠然可以使一個人惱怒起來，或立即施以報復，但是它與尊榮並無關係。 沒有任何人在賬簿中記載那些毆打，辱罵，或對此所要求的滿意（按即報復），或忘了要求的滿意。 可是就好勇輕死而論，這些民族比起基督教的歐洲來並無遜色。 希臘人和羅馬人很可以說是一些英雄，但是他們並不知道所謂武士的尊榮。 在這民族中，「決鬥」並不是貴族的所事，只有那受雇的鬥士，被屠的奴隸，定刑的罪犯，與野獸輪流着，互相決鬥，以供人民娛樂。在基督教輸入以後，那種搏戰游戲就廢除了，而在基督教時代，就有「決鬥」來取而代之，而決鬥正是藉上帝判斷來決定爭執的。 搏戰是對於一般人的觀賞之欲的一種殘忍的犧牲，至於決鬥則是對於一般人的偏陂之見的一種殘忍的犧牲，而且這種犧牲不是罪犯，奴隸，和獄囚的犧牲，乃是高貴而自由的人們之犧牲。

古代人們是完全免除了這種偏見的，這可以由他們所留下的許多特徵看出來。就如當一個條頓人的領袖向馬里烏斯 Marius 挑戰，從事決鬥時，那位英雄就回答他說，「他如果不耐活着，那他就可以自經了」，同時他又給他推薦了一個精練的鬥士，讓他們打個回合」。（李維 Livy 歷史記六十八卷，十二章）。在普魯搭克的傳紀中，提米陶克雷 Themistokles 曾與艦隊司令幼律庇阿德 Eurybiades發生過齟齬，於是幼律庇阿德就舉起杖來，要毆打他，但是提米陶克雷並不拔劍相向，只是說，「打罷，不過你要聽我」。這裏我們竟然找不到記載說，雅典的軍隊團體聲言不願再為這樣一個不爭氣的提米陶克雷服務，那麼尊榮的讀者對此事是該如何痛惜的呢！近代法國一位作者曾經聲言，如果有任何人說，德謨士 Demosthenes 是一個尊榮之人，那人們是可以對他表示微笑憐惜其愚的——至於西塞廬也並不是一個尊榮之人。（C. Durand 文學之夜 Soirées littéraires —— 一八二八年 Rouen 版，二卷，三〇〇頁）。柏拉圖在法律第九卷最後六頁中，也曾暢論過 αιχια 或虐待，他已經指示出，古人們對於這類事情從來想不到武士的尊榮問題。蘇格拉底因為屢屢與人辯難，結果往往被人嚴厲對待，但是他也安然忍受。有一次一個人用脚踢他，他很泰然自若，並且對那驚異他的人說，「如果一個驢碰巧踢了我一脚，我也抱怨它麼」？（載珍尼哲人傳二卷，二十一）。又有一次，有人問他說，「那個人不曾譭駡你，侮辱你麼」？他又答覆說，「不曾，因為他說的話並應用不在我身上」（同書三十六章）。斯陶比 Stobäos (Gaisford 所印行的選集卷一，三二七——三三〇）給我們保留下牟松尼 Musonius 的一個長的段落，我們由此可以窺見古人們是如何看待人的凌辱的。他們在法律所允許的範圍以外，不知道別的滿足方法，不過哲人甚至連這種滿足也要鄙棄。古人們在挨了他人的巴掌以後，他只得到法律上的滿足，這一層可以從柏拉圖的高爾嘉斯Gorgias(八十六頁Bip ontium)；蘇格拉底對於此的意見也可以在那裏看到(一三三頁)。從格里烏 Gellius 的記載中(二十卷，一章)，我們也可以看出這一層來，他說有一位維拉提 Lucius Veratius 竟敢大膽，無緣無故的，給他在路上所遇的羅馬人以一個巴掌；但是他爲避免許多麻煩起見，又讓一奴隸帶着一袋銅錢，跟隨着他，以便就地依法償付那個被辯的人以二十五亞司 Ass 的慰藉罰金。

著名的西尼克哲學家克洛特 Krates 曾經挨了音樂家尼考羅牟 Nikodromos 的一個重的巴掌，因而他的面孔就浮腫起來，成了青紫色，他於是在他額上貼了一個小條，寫着：「這是尼考羅牟所爲」，於是那個笛師就蒙了大的恥辱，因爲他已經向全雅典人所曾爲家堂爺的那個哲人，行過如此暴行了。辛諾浦 Sinope 的戴珍尼在致麥里西普 Melesippus 的書內曾說，他曾被雅典的醉人所毆，但是他却說，那是無關係的。(見 Casaubon 的戴珍尼哲人傳註 vl 33)。塞尼克在其貞德論 De constantia 第十章以後直到末章，也曾詳論過侮辱——contumelia 以便指示出，哲人是不注意它的。在十四章中他曾說道：「一個哲人在受了毆打時，他該怎麼辦呢？他只應該效法卡託 Cato 被人毆打時所爲的：開逆並不曾怒火塡胸！也並不曾以毆打回敬，他只是否認他曾挨了打」。

你會說：「這是哲人」！但是你是愚人麼？正對。

我們由此可以看到，古人們是完全不悖武士的尊榮原則的，因爲他們在一切事件中都固守着天眞淳樸的事物觀，而不使那種有害而可惜的怪誕心理說服了自己。對他們說來，一頓打擊只不過一頓打擊，只不過是一種輕微的身體上的侵犯：但是對於近代人說來，它就成了災禍，成了悲劇的題材；就如在柯尼耶 Corneille 的西德 Cid 中，又如在近代德國中產階級的一部喜劇中——那部喜劇題名爲環境的權力 die Macht der Verhältnisse。實則它應當叫做偏見的權力。巴黎的國民會議中如果有一個議員，挨了巴掌，那麼那種事情會嚷偏全部歐洲。上述的那些古典的紀念和古時的例子，或者使尊榮之人感到不快：對於這類人，我願意推薦一種解毒藥劑，請他們閱讀第狄羅 Diderot 傑作命運主義者雅各 Jaques le fataliste 中僧格朗 Desglands 的故事。這是近代論武士尊榮的一部名著，這些尊榮之人一定會覺得它是有趣味而可以教導人的。

由前邊所說的話看來，我們是可以說：武士的尊榮原則完全不是一種原始的，並建立在人性中的原則。它乃是一種人爲的原則，而且它的來源是不難尋覓的。它分明是那被稱譽的中古時代和其武士制度的產兒，因爲在那時候，人們是多用拳頭，少用頭腦，而且教士們也把人的理智鎖鍊住了。那時候，人不祇要讓上帝照顧他們，還要讓上帝爲他們判斷。因而他們就用火判或神裁來決定煩難的事件。這種神裁除了少數例外，都是成立於決鬥，且也不限於武士，一切公民也都如此——莎士比亞的亨利第六（二部，二幕，三景）曾給了這一層以一個可喜的例證。人們如果不滿意於任何一次武士的判詞，那他們都可以求訴於決鬥，即神裁，以爲較高的法庭，於是身體的力量和靈巧，並因而動物的天性，就代替理性，佔了法官的位子，而且決定是非的不是一個人的行事，乃是他的遭遇——這是完全契合於現在仍然通行的武士的尊榮原則的。誰要懷疑決鬥的這種來源，那他可以讀麥林根 J. G. Mellingen 論決鬥歷史的那部卓越的書（出版於一八四九）。就在現代，我們在那些信奉武士的尊榮原則的人們中（他們多半不是最有教養，最愛思想的人），也還看到有些人，認決鬥的結果眞是神明對於他們的爭執所下的判決——他們分明是依照傳統的意見如此着想的。

武士的尊榮原則雖然是由此來的，可是它的主要趨向，正如下述，就是：他們要藉暴力的恫嚇，來強迫人們在外面表示一種敬意——人們認「眞正」求得這種敬意是很難的或者多餘的。這正如一個人用手把寒暑表溫暖以後，見水銀上升了，就想證明自己的屋是溫度充足的似的。在仔細觀察之後，這事情的核心正如下述：公民的尊榮，着眼於我們與別人的和平交遊，並成立於他人的意見，就是，我們既然無條件的敬尊每一個人的權利，所以我們就應該得到完全的信託：至於武士的尊榮則成立於他人對我們的另一種意見，就是，我們是應當被人所畏懼的，因爲我們要決心無條件的來保衛自己的權利。　人們因爲不能盡信人的正直無私，所以就立了一個原則說，被人畏懼比得人信託還更爲重要。　這個原則也並不是完全虛妄的，如果我們生活在自然的狀況中，因爲在那種狀況中，各人都得自己來保衛自己，並且得直接來衛護他的權利。　但是在文明景況中，既然有國家來保護我們的生命財產，所以這個原則就不能適用了，因而它們正如「權力即正義」的那個時代的保壘和望樓似的，成了廢棄無用的，足是徒然屹立在墾殖好的田疇中，人滿的通衢中，甚或鐵路中間。

現在仍然信奉這個原則的那種武士的尊榮，只限於那些只受國家輕罰或完全不罰（因爲法律是不管瑣事的 de minimis lex non curat）的毆打上——如果這些毆打只是輕微的侮辱或嘲弄。　但是這個尊榮原則正在這些小事方面把自己的人格估得太高，而完全違反了自然，違反了人的天性和命運，它把人格昇化爲神聖的，並且認國家對於些小觸犯所加的那種懲罰是不濟事的，因此，它就自動來從事懲罰，而且常損壞了觸犯者的身體和生命。　很顯然的，這裏有最僭妄的倨傲，和最驚人的驕心爲根源，它完全忘了人的本來面目，而以爲他是絕對不可侵犯，不當懲責的。　但是一個人如果決心以武力貫徹這個原則，並且聲言一個準則說：「誰要欺凌我或打擊我，就該死了」！　那麼這樣一個人就該因此被逐於國土之外了。（五）

（五）著者註：武士的尊榮乃是驕傲和愚癡的產兒。（至於那與生俱來的天性，則是一種恆久原則，我們如果想尖銳的表示出這一層來，就應當說，「它乃是亞當的遺產」esa es la herencia de Adam）。　最奇怪的事情就是，這種極端的驕傲還正是只出現於以極端謙抑教人的那個宗教的信徒之間，因爲在先前，並在世界其他各地，都不曾知道那個武士的尊榮原則。　不過人們不要把這種原則諉於宗教，而應當把它諉於封建制度，因爲在封建制度中，每一個貴族都把自己看成一個小君主，而不承認人間的法官，他以爲他的人格是神聖不可侵犯的，因而對於這種尊榮所加的每一種侵害，以及每一頓打擊或每一句謗言，在他看來都是應當受死刑的一種觸犯。　尊榮原則和決鬥原來只是貴族之事，到了後來它們就擴及於武官上——在後來別的高等階級有時也與這些武官互相接近（自然這種關係並不徹底），以便使自己不落人後。　決鬥雖爲緩和這種脅养的傲慢起見，於是人們就在到處互相讓起步來。因爲兩個無法無天的人，如果都不讓步，那麽最輕微的爭端就可以使他們反脣相譏，再進一步又可以使他們脚來拳去，最後又可以使他們毆打至死。因此爲禮貌起見，最好是跳過中間的階段，而立刻動起武器來。動武也有特別的手續：人們已經把這些手續發展成一套拘泥而嚴格的系統，這個系統有法則並有規則，它乃是世界上最莊嚴的笑劇，乃是貢獻「愚癡」的一個眞正的尊榮之廟堂。但是這個原則是虛僞的，因爲不在重要的事情方面（較重要的事情有法律來管），兩個無法無天的人中，只要有一個——即黠者——讓了步，人們就再不過問他們的意見是對是不對。一般人民，或不信奉武士尊榮的許多階級，都可以證明這一層，因爲他們都讓各種爭執走其自然途徑。在這些階級中比在那皈依這個原則的階級中（後一階級也不過全人類中千分之一），「兇殺」少了百倍，甚是毆打也是一種罕見之事。

於是人們又聲言說，良好社會的風紀和習俗是以那種尊榮原則和其決鬥爲最基本的台柱的，因爲這些正可以成爲鞏固的堡壘，來防禦粗暴野蠻的襲擊。但是在雅典，哥林多，和羅馬，確乎有良好而精美的社會，並有淳厚的道德和佳美的風紀，而在這些後邊並不曾隱藏着所謂武士尊榮的那個妖怪。古時候婦女們誠然不曾在社會中佔着優越地位，——如現在這樣：這種情形使現在人的談論有一種輕浮瑣屑的特質，因而使他們不能作古人那種意義深長的談論。這種情形很促成了下一種結果，就是，在我們的良好社會內，個人的蠻勇竟比任何別的性質佔了上風。實則這種德性只是一種隸屬的德性，只是一種下官的德性，而且在這種德性方面下等動物是遠超於我們的：而人們所以說，「勇如獅子」，也是因爲這個原故。武士的尊榮遠不如人們所說那樣有用：它實在只供給了一個妥

然是由神判來的，可是這些神判並不是尊榮原則的原因，乃是那種原則的應用，誰要不承認人類的法官，那他們求訴於神聖的法官。但是神判也並不限於基督教，也很通行於印度教中，尤其在古代：就在現代也還有它的痕跡。

當的托庇所——大的方面它可以庇蔭了狡詐惡劣，小的方面它可以保護了粗野疏漏，因而一大些可厭的惡行就被人默然與以容忍，因爲沒有人肯冒着斫脖子的危險，來責斥它們。

與此互相映證的，我們又看到，正在那些在政務和財務方面都缺乏尊榮的民族裏邊，人們是以兇狠誠懇把決鬥弄得如火如荼的。這些民族在其私人生活中是如何樣的，那人們可以問那些對此有經驗的人好了。至於說到他們的溫文都雅，和社會文化，那他們是久以缺乏這些品質見稱於世的。

因此，所有那些藉口是不能自圓其說的。我們寧可以說：正如一隻被斥罵的犬，也以猜猜還報，一隻被撫弄的犬，也以搖尾答禮似的，同樣，人的天性也是以怨報怨，而在遇有輕藐或憎惡等表示時，就感到悲憤激昂的。西塞廬說：「每一種侮辱都有一種針刺，就是明哲良善之人也是極難忍受它的」。世界上沒有任何地方，人們是泰然忍受謾罵和毆打的——除了虔誠的教派不提。但是「自然」所教人者，只是依照事理之當然，來行報復，在過人以撒謊，愚鈍，和怯懦和責時，自然並不指示人以「死亡」來懲罰人們。因而古代德國諺語所謂「彼以掌來，我以劍去」，乃是一種驚人的武士的迷信。無論如何，以暴易暴只是憤怒之事，而與尊榮和義務無涉——雖然武士的尊榮把這種報復標記爲是一種尊榮。我們完全確知，任何責斥只是在它中肯的範圍內，才能傷人的，這可以由下一種情形下看出來，就是，中肯的話只要稍一暗示，就比那毫無根據的嚴厲的告發，更能傷人已甚。誰要實在覺得自己不應得到那種責難，那他就應當而且也一定會鄙視那種責難，而內心並不至有所疚仄。但是尊榮原則卻向人要求他本不曾具有的敏感性，並且以流血來報復那本不曾傷害他的觸犯。因而一個人如果急於壓制他人對於自己價值所作的不利意見，而不令他們表示出來，那他對於自己的價值一定是沒有良好觀感的。

眞正的自我珍重，在遇到侮辱時，會淡然忘懷，漠不關心，但是他如果不能自己珍重，而心懷憤恨的話，那麼機驚和教養也可以使他制住怒色，隱住怒氣。

人們只要擺脫了武士的尊榮原則之迷信，而不再以爲藉着侮辱就可以減少了他人的尊榮，或恢復了自己的尊榮，而且我們只要不再相信，任何謬行，暴行，和粗行，可以因爲我們準備洩憤，即藉鬥爭來衞護它們，就立刻成了合法的——我們如果做到這一步，那麼我們就會立刻互相同意了：　在謾罵和侮辱時，那在這種戰爭中被克服的乃是勝利者，而且正如維金滕，芒提 Vincenzo Monti 所說，侮犯正如禮拜行列 Kirchenprozessionen 似的，因爲那種行列常是反回它所由以出發的那個地方的。　照這樣，則一個人也就不必公然來表示暴行，以便證明自己的行事是合理的。　而且「見識」和「理解」在表示自己時也將不如現在似的，每每預先考究，它們是否觸犯了狹窄愚癡的意見，是否由此就使聰明的頭顱和淺淺的腦袋相撞相碰起來：因爲淺淺的頭腦一見智慧的出現就會驚惶激怒的。　在取消了這些情勢以後，優越的才思才可以在社會中達到了它所應得的卓越地位，這個卓越地位現在是被體力的優越和騎兵的蠻勇所佔據的，雖然人們十分隱諱這回事。　這樣變化的結果，將使出衆之人少了一個潔身引退的理由。　這樣將會養成了眞正良好的風紀，準備好實在良好的社會——就如在雅典，哥林多，和羅馬所確乎存在的那種社會一樣。　誰要對於這一層要求一個證明，那我就可以勸他去讀森諾芬 Xenophon 的饗筵篇 Gastmahl，

爲武士的法典辯護的最後理由無發的乃是說：「老天，若沒有這種尊榮，人不是可以隨便互相毆打麼」？　我可以簡單答覆說，在不信奉這個法典的千人中九百九十人都是免不了互相毆打的，可是也並沒有一個人因此死了，至於在信奉這個法典的人中，則一次毆打，按規則總是可以致雙方之一於死地的。　不過我可以詳細考察一下這個理論。

我往往費心研究，來給一部分人類所認爲「打擊係可怖的」那種確定信念，找尋一個有效的，至少近似的，而非只是口頭上的理由，就是找尋一個可以還原於明白概念上的理由，但是我不論在人類的動物天性中或其理性的天性中，都白費力量，找不出它來。　一頓毆打乃是而且永是此一個人所能加於彼一個人的些

小的身體上的侵害，但是這也並不能證明別的，只能證明，他較爲强壯，或較爲巧妙，或者證明，另一個人是不曾防範住的。解析的結果再不能進一步了。我看到同一個武士雖然覺得由人手來的打擊是最大的壞處，可是他如果挨了一匹馬的十倍重的踢傷，他會咬牙忍痛，顛躓以行，並且向人確說，那是毫無關係的。因而我就想，是人的手在這裏作祟着，可是我又看到，武士在戰鬥中受了劍刺刀傷之後，就向他人確說，他的傷痕是不値得提說的。我曾聽說，以刀身來打擊人，遠不如以杖來打擊人那樣險惡，因此，在不久之前，學徒們是常受前一種責打，而少受後一種懲罰的，而且最大的尊榮就是受武士爵時那種刀身擊肩。我所能找到的心理學的或道德學的理由只限於此。而且我再不能前進，只能說，這件事情是一種古昔相傳根深蒂固的迷信；這又是許多例子中的一個，我們由此可以看出，人們的意見是如何可以互相影響的。證明我的意見的有那種尋常被人熟知的事情，就是在中國，以竹杖打人乃是公民所常受的一種刑罰，甚至任何階級的官吏也都受此種刑罰。這就指示出，人類的天性，卽在高等文化的狀態中，在中國與在歐洲，也是有不同的表現的。(六)

我們只要無偏陂的觀察一下人類的天性，那我們就可以看到，打擊是很合乎人類天性的，正如口齕之於撕殺的動物，牴角之於有角的動物似的：人類正是一種愛行打擊的動物。因此，當我們偶爾聽人說，此一個人咬傷了彼一個人，那我們就感到驚恐，而在另一方面，則一個人之打人和挨打乃是一種極其自然而常見的事情。至於受過高等教育的人所以願意藉互相自制，而避免了這種打擊，那也是容易解釋的。但是要使一個民族，甚或一個階級，來相信，一頓打擊就是一種可怖的不幸，非以死亡和誅殺來報復不可，那乃是一種殘忍做法。世界上已經有許多實在而不容擺脫的災禍，人們實在不應該踵事增華，

（六）著者註：臀部受二三十杖，幾乎可以說是中國人的日常便飯。這乃是官吏所施的一種父道的懲戒，它並非是不名譽的，而且受之者還要表示謝意。Lettres édifiantes et curieuses——一八一九年版，二卷，四五四頁。

藉想像的災禍來增加眞實的災禍。　可是那種愚蠢而惡意的迷信，結果正是如此的。

近來政府和立法機關很熱心的主張在政務和軍務中都把一切杖責取消了，那我是不能贊同的。　他們相信，這種行事是爲人道起見的，但是情形却正與此相反，因爲他們由此反而強化了違反自然的那種可憐的人類謬見——在這種謬見之下人們已經有過許多犧牲了。　對於一切過犯（除了最嚴重的不提），杖擊對於人乃是最爲明顯而最爲自然的一種懲罰；一個人雖不能接受勸誡，却可以感受杖責。　此外有的人因爲沒有財產，所以他在財產方面也不能受罰，而且因爲人們需要他的服務，所以你如果把他禁錮起來，使之失掉自由，那麼人們一定有所損失，因此，你如果給這一類人以相當的杖責，那乃是便宜而最自然的。　人們實在沒有可以反對此事的理由，他們只是漫說，「人類的尊嚴」，不過這種說法也並不曾建立在任何清晰的觀念上，仍是建立在上述那種有害的迷信上的。　這些事情實在是以迷信爲基礎的，一件幾乎可笑的事情就證明了這一層，就是，在不久以前，各國軍隊中都以鞭罰代替了杖責；鞭罰雖與杖責一樣，都可以產生了身體上的痛苦，但是人們却以爲前者是無損於尊榮，不傷乎體面的。

人們因爲促進了這種迷信，所以他們就幫助了武士的尊榮原則和決鬥行爲雖然人們却在另一方面努力藉立法來取消了這種尊榮法則，或者冒充如此努力(七)。結果，強權卽公理的那個學說的殘留，從最野蠻的中古時代遺傳下來以後，到了

(七)　著者註：各國政府所以熱心努力於彈壓這種決鬥，並且裝做似乎難以達到這個目的（實則這是容易達到的，尤其在大學之中），眞正的原因乃在於：國家無力來用金錢充分償付它的文武官吏，因而它就用「尊榮」來代替它的一半報酬，而表示這種尊榮的就是爵位，制服，和勳章。但是爲求使這種理想上的酬庸保持高度效率起見，人的尊榮之感必須在各種方式下被培養，被加強，甚至還得有些過度緊張才行。　但是公民的尊榮是不能達到這個目的的，因爲它是人人所得而享的；因此，他們就求助於武士的尊榮，而照上述的方式下來維持它。　在英國，軍人的和官吏的薪俸，比大陸上高的多，所以這裏所說的幫助是不必要的。　因此，在英國，尤其在這二十年來，決鬥幾乎完全剷除了，它乃是極其少見的，而且就是發生了，也會被人笑爲愚

十九世紀，仍然躍躍欲試，而爲公衆之恥。　現在我們已經該對這種行爲鳴鼓而攻，加以驅逐了。　現在國家已經不許人們故意驅犬逐鷄互相爭鬥（至少在英國，這類挑動是要受罰的），但是人們對於荒謬的武士的尊榮原則，仍有一種可笑的迷信，他們竟違着自己的意志，而陷於死鬥中，而且這個原則的褊狹的代表人和擁護人，竟給人們加了一種義務，而使他們爲一點瑣事，如古時的擊劍之士似的，互相搏戰起來。　因此，我想向我們的國語淨化主義者建議，以「窮追」Ritterhetze 一詞來代替 Duell 一詞，Duell 一詞分明不是由拉丁文 duellum 一詞而來，乃是由西班牙文 duelo 一詞來的，原義乃是悲苦，訴說，和煩勞。

人們因爲過分講究這種愚妄行爲，所以就給我們以許多可笑的材料。　這種原則和其荒謬的法典在國家以內又建立了另一個國家，這個國家因爲不承認別的，而只承認權力，所以它就對那些落在它的範圍中的一切階級都暴虐專橫起來，因爲它開了一個神聖裁判所，使每一個人都如巡捕似的可以因爲極其輕微的理由，把另一個人曳在它的面前，以便使它給他們下了決定生死的判詞：這事情乃是極其可憎的。　自然，這個法庭乃是一種避難之所，每一個無賴惡棍，只要屬於那個階級，都可以由這個避難之所出發，而將他們所不能不憎惡的最高貴最良善的人，加以恫嚇，甚至加以斬殺。　現在，司法和警察已經使匪徒惡棍不能在通衢之上，向人威嚇說：「錢包，不然生命」，所以現在人的常識也應使任何惡棍不得在和平的社會中，向人恫嚇說：「尊榮，不然生命」。　高等社會胸上所受的那種壓迫委實應當取消了：那種壓迫正在於：每一個人時時刻刻都得以生命身體呈獻於任何惡棍，只要那個惡棍樂意向他表示粗暴，野蠻，愚癡，或惡

徵。　那裏的規模宏大的反決鬥會 anti-duelling-society 有許多貴族，經隊司令，和將軍，爲其會員，它對於決鬥的取消，頗有大功，因而兇神摩洛 Moloch 就再不能得到人祭，而必須悄然自失了。（譯者識：摩洛是亞朋人 Ammon 的火神，人們用極其殘忍的祭禮來供獻它。諸如「人祭」「火淨」，「火刑」，「初生子的獻奉」，「自殘身軀」，「督守童貞」。　據猶太人的傳說，摩洛的像是銅製的，中間係空的，置於耶路撒冷城外。）

事。當兩個熱烈而無經驗的青年以惡言相向時，他們竟不惜犧牲鮮血，康健，和生命，以求洩其憤怒，那眞是駭人而可恥的。

國家中的國家之虐政乃是極其兇惡的，而且那種迷信之權力也是極其宏大的，我們很可以由下一種事情衡量出它們的程度來。就如，有些人們如果因爲侵犯自己的人身份太高或者太低，或者在別的方面使他們的情勢互相懸殊，而不能恢復其武士的尊榮，那他們就會因爲失望之故，自了其生，而歸結爲一種悲喜劇。虛妄和荒謬的事情在達到頂點時，往往就吐出矛盾來，爲其花朵，因而敗露了自己，同樣，這種愚行也在這裏最後出現在最彰明的矛盾之中，因爲一個軍官原是不許決鬥的，可是他如果受人挑戰而不曾出應，那他就受到退職的處分。

我旣然提到這回事，那我就可以再坦白些暢論一番。人們認公開的以相等的武器與敵人相戰，是完全異乎暗中來襲擊他的，而且他們以爲這種區別乃是很重要的。但是在撇開偏見，仔細觀察之下，這種區分實在來自上述的情形，就是，國家中的國家不承認別的權利，只承認強者的權利，並在把這個權利提高爲神裁之後，又把它做爲全部法典的基礎。因爲公開的戰爭不證明別的，只證明勝者是較爲強壯，較爲巧妙的，因而人們在公開戰鬥中所尋求的辯護理由就前設了：「強者的權利」實在是一種權利。

眞正說來，別的人如果不善於防禦自己，那也只能使我有殺他的可能，而並沒有殺他的權利。所謂權利，和我的道德的理由，只能依靠於我取其生命的那種動機上。我們只要一假設，這些動機是眞正存在的，並且是充足的，那麼我們就不必使這件事情依靠於「他」或是「我」之槍射較好，或劍擊較好了，因爲我不論在任何方式下，不論從前邊或從後面來攻擊他，那都是一樣的。因爲從道德的觀點看來，強者的權利並不比黠者的權利更爲重要，雖然巧黠乃是用於陰謀殺人中的。因此，在這裏，拳頭的權利和頭腦的權利，乃是一樣重要的。同時我們還可以說，卽在決鬥中，這兩種權利也是一樣有效的，因爲在劍擊中，每一次伴擊也都是一種詐術。我如果覺得自己在道德上有理由來取一個人的生命，那麼我們就不當讓這件事情決定於他是否比我射槍較好，或擊劍較好，因為這乃是一種愚行。因為我如果作此種試驗，那他就在已經侮辱我之後，又白白把我的命要了。

據盧梭的意見看來，侮辱不是可以藉決鬥來報復，乃是應當藉暗殺來報復的，他曾很謹慎的在他的愛米爾 Emile 第四卷一段神秘的註文中（一七三頁）暗示過這個意見。可是同時他却十分受武士的迷信所支配，因而他就以為一個人如果被人責難為撒謊者，那他就應當謀殺了他：可是他一定知道，每一個人都有無數次應當得到這種呵斥，而他自己尤其是如此的。

人們以為只有在公開的戰鬥中用同樣的武器，來殺死侮辱者，才是合理的，這種偏見分明把強者的權利看做是實在的權利，並且以決鬥為上帝的裁判。至於義大利人在怒火中燒以後，不論在任何地方遇到他的仇敵，就毫不客氣以利刃加以襲擊，這種行為至少是一貫的，自然的，他比決鬥者可以是較為伶俐的，但是却並不比他是較為惡劣的。人們或者願意說：我在決鬥中把敵人殺死乃是合理的，因為同時他也盡力要把我殺死的。但是我也可以說：我要是同他決鬥，那我也就藉我的挑戰而強迫他非防禦我不可了。人們既然這樣故意強迫對方非自行防衛不可，所以我們就可以說，他們乃是藉此給他們的謀殺，來找尋一個似是而非的口實的。人們或者又用「甘心情願，不算侵犯 volenti non fit injuria」這個格言來為此事辯護，因為他們是互相同意以性命相賭的。但是我們又可以反駁說：這種情願並非真正的情願，因為武士的尊榮原則之虐政，和其荒謬的法典，已如警吏似的，至少把交戰人之一造，曳在流血的裁判所之前了。

關於武士的尊榮，我所說的已經有些太於冗長了，不過我之所以不憚厭煩，一再申論，也有良好的理由：因為對於在世上一切道德的和智慧的妖怪，惟一可以擴清它們的武仙 Herkules（八）只有哲學。主要的說來，有兩件事情使近代的社會狀況比起古代的來，瞠得瞠乎其後，因爲這兩種事情給了近代社會以一種陰沉，黑暗，而有害的色彩，至於古代的社會，則如生命的清晨似的，活潑而天真的擺脫了這種色彩。這就是武士的尊榮原則和花柳病 —— 一對高貴的弟兄 par nobile fratrum！兩者結合起來，就把人生的爭鬥和愛情 νεικος και φιλια 毒損了。花柳病的影響之大，遠過於我們一看之下所見到的，因爲它不祇是一種物理的，它還是一種道德的疾病。自從愛神的箭筒裏邊也裝着毒矢以來，一種離異的，仇敵的，和妖怪的成分已經進入了兩性的關係中，結果他們中間就發生了一種陰慘的可怖的猜疑。人類社會的基礎既然經了這樣一種變化，所以這種變化的影響也就或多或少擴及於其餘社會關係上。不過要詳細闡述這一層，那就有些離題太遠了。

武士的尊榮原則所施展的影響也與此相似，雖然其方向是不同的。這種尊榮原則正是古人們所不知曉的那種莊嚴的趣劇，它使近代的社會成了僵硬的，陰沈的，焦灼的，因爲我們在現在對於人們隨便所吐露的每一個字眼，都得加以考察，加以反省的。但是還有進於此者。那個原則乃是一個普遍的敏諾居妖怪 Minotaur(九)。對於這個妖怪，還不祇（如古時似的）只有一國，而且歐洲各國，都得每年進貢一些高貴之家的佳兒，以供吞食。因此，就現在的時候說來，我們應該實在大膽加以襲擊，而我這裏所企圖的也正是這樣的。我很盼望，近代這兩妖怪在十九世紀中從此就殲滅了！

我們仍然可以希望，醫生們藉豫防方法把前一種疾病了結了。至於驅除惡

（八）譯者註：武仙係古希臘神話中的一個英雄，他具有超人的體力和氣概。曾剷除种妖怪，立了十二大功，類如殺死乃木的獅子，刺死萊塔的長蛇，捕住亞爾克迪鹿，殺掉埃里曼的野豬，刷清奧格王的馬廄，擒獲克里特的牛等。他死後成了神，昇爲列宿，即今之武仙座。

（九）譯者註：敏諾居是牛首人身的一個妖怪。據說它是 Pasiphao 與一個公牛所生的子嗣。因王敏諾 Minos 把它養在一個迷津中，以人肉飼它。雅典人每年得送七個童男，七個童女，作爲貢品。後來狄修斯把這個妖怪曾經殺死。

魔，乃是哲學的職務，它必須先把人的觀念改正了才行。各國政府曾經想藉立法來達到這個目的，但是它們失敗了，因爲我們只有在前一種方式，才能把這種災禍根本清除的。

各國政府如果眞心想彈壓決鬥制度，而且他們努力的結果之所以太小，如果也是由於它們無力來行應付，那麼我就可以向他們建議一條法律：這個法律的成功我是可以預保的，但是我並不求助於流血的手續，並不求助於刑臺，絞架，和終身監禁。它乃是一種渺小，而完全輕微的藥劑。如果有一個人向人挑戰，或者接受了人的挑戰，就當照中國人的樣子，在露天之下，在本警備隊之前，由伍長用杖打十二下。至於傳遞決鬥狀和訂立決鬥狀的人則各杖六下。說到實際爭鬥的結果，則仍然有尋常的刑法手續。

一個有武士信念的人，或者會反對說，在這種刑罰實施以後，許多尊榮之人都會把自己槍殺了。不過我也可以答覆說，寧可使這樣一個愚人槍殺了自己，而不可使他槍殺了別人。但是實在說來，我知道各國政府並不誠心禁止決鬥。文官的薪水，尤其軍官的薪水（除了最高地位的不算），比起他們所盡的職務之價値來，乃是遠不相稱的。因而另外一半就以「尊榮」來行償付。代表尊榮的有爵位和勳章，並在較廣的意義下，有一般的品位之尊榮。決鬥乃是這種品位尊榮的一個有用的副馬 Handpferd，因而它在大學之中就已經上了它的預備課。結果決鬥中的犧牲就以其鮮血償付了薪金的欠缺。

爲求無所遺漏起見，我在這裏還可以提一提民族的尊榮。民族乃是諸民族中一個部分，所謂民族的尊榮就是這個民族中全體人民的尊榮。在這種尊榮方面既然沒有別的法庭，而只有武力的法庭，而且每一個民族既然都得來衛護自己的利益，所以一個民族的尊榮不祇在於使人對它發生一種意見，以爲它是可以信託的，而乃在於使人對它發生一種意見、以爲它是可以恐怖的。因此，它的權利如果受了侵犯，那它是永久不當輕易放過的。因此，它就把公民的尊榮和武士的尊榮結合起來了。

数理邏輯與科學論(一)

Die neue logistische Logik und Wissenschaftslehre

說而次 (Heinrich Scholz) 著

胡 子 華 譯

假定我們已經知道邏輯(二) 這名詞的意義，我們現在卽可開始來講，什麼是

(一) 譯自：Forschungen und Fortschritte 11. Jahrg., 1935, Nr. 13, S. 169—171

數理邏輯，著者原稱之爲 die neue logistische Logik；在歐美所用的稱謂亦很不一致，有 Logistik, mathematische Logik, symbolische Logik, neue Logik, formale Logik 等。 中譯有"符號邏輯"，"記號邏輯"，"数理邏輯"等。 "數理邏輯" 雖不是一個妥善的譯名，然而比較通俗一些，這裏也就只好這樣用了。 "數理邏輯"這一個名詞，除了我們所指的數理邏輯之外，還沒有人用來指另外一個東西，所以這名詞想必不會引起什麼誤會的。

至於原名"新邏輯斯替克的邏輯"，以譯者所知，除了原著者外，別的學者極少這樣用。然而他這樣用，實含有深意。 Symbolische Logik 一名詞極不妥，因爲符號的引用並不是數理邏輯的特點。 Mathematische Logik 一名詞亦不妥，雖然數理邏輯很像數學的樣子，但是在理論上這只是一件偶然的事，同時精確的程度也勝過很遠的。 Neue Logik 更不妥，因爲有許多學者非不認爲數理邏輯是唯一的新邏輯。 Formale Logik 又會與傳統形式邏輯相混。 卽常用的 Logistik 也不妥，因爲這本是語言學裏的名詞，又是容易發生誤會的。 稱之爲"新邏輯斯替克的邏輯"，雖然究是不美，究竟比較正確地指出這一門學問了。 ——譯者

(二) 這裏"邏輯"原作者指傳統邏輯，卽所謂亞理士多德的邏輯 aristotelische Logik ，亦卽所謂形式邏輯 formale Logik。 原作者以爲（見其 1931 在柏林出版的邏輯史 Geschichte der Logik, Geschichte der Philosophie in Längsschnitten. Herausgegeben von Prof. Dr. Willy Moog-Braunschweig, Heft 4）形式邏輯之外，自可還有所謂"非形式的邏輯"。 非形式的邏輯使邏輯的領域擴大，然而形式邏輯究是非形式邏輯的基礎。 由於現在數理邏輯的成績，使我們得一觀點，不妨卽稱形式邏輯爲邏輯，其他非形式邏輯因爲他的性質多與傳統邏輯的意義不合可以另起新名。

數理邏輯。數理邏輯就是一個邏輯，根據以下的意思而數學化了(三)(mathematisiert)。

(1) 這邏輯的"語言"(四)是一個人爲的語言 (konstruierte Sprache)。此語言是受了數學語言應用符號的影響，發展而成的一個嚴格的語言(五)(Präzisionssprache)，但是比一般的數學的語言來得更爲特別的嚴格。這個數理邏輯的嚴格語言，須能滿足以下兩點：

(三) 這裏數學化即是說嚴格化或符號化。數學是一門嚴格化符號化的學問。數學的所以嚴格是得力於符號的運用，因爲日常語言不嚴格（見另註）非另創一些符號，並嚴格規定這些符號的意義不可。這是所謂符號化的本義，并不是用符號就是符號化了。所有的語言都可說是符號的，可不能說所有的語言都嚴格。數學化也即可以說把邏輯像研究數學那樣的來研究它而形成的學問。

(四) 一個平常的語言，如中文，德文，可以用以表達各種思想，甚至互相反對互相矛盾的思想。可是一個嚴格的語言（見註五）就不是如此，一個嚴格的語言只表示一個思想。一個嚴格的思想，又只有一個嚴格的語言來表示（兩個"結構"完全相同的語言只能算是一個語言），所以，一定的一個邏輯的思想只有一定的一個語言，因之我們可以說"這"邏輯的語言。如史記的作者只有一個，我們就可以說"這史記的作者。"假如史記的作者不止一個，就不能這樣說了。——讀者在這裏也許會生以下的問題：這邏輯的語言，與這邏輯本身有什麼關係？這是一個比較嚴重的問題，讀者如要細究這問題，可參看：Carnap: Logische Syntax der Sprache 中討論所謂"內容的或意義的說話方式"(inhaltliche Redeweise)與"形式的說話方式"(formale Redeweise)的地方，可以得一圓滿的答覆。暫時，讀者可自二加二等於四的思想與"2+2=4"這式子之間的關係而想到這二者之間的關係。事實上，凡是我們所有講到"這邏輯"的地方，都可以對譯之爲講到"這邏輯的語言"。我們可以避免講到這邏輯而光光講到這邏輯的語言，而所要表示的與原來要表示的完全一樣。正像在算學裏我們只要講"2+2=4"這式子，用不到講這式子所表示的思想。這即是所謂"形式的說話方式"——譯者。

(五) 語言可以分成兩類：一類是非嚴格化的語言，這一類大部分是所謂自然語言 natürliche Sprache。自然語言是指從人羣裏自然產生出來的語言，也就是平常所謂的語言，如中文德文英文等。除了這些自然語言（完全自然產生的）之外，還有一些人造的語言 künstliche oder konstruierte Sprache，如世界語，基本英語 Basic English 等，也屬於非嚴格化的語言。其實世界語，基本英語之類可稱爲半自然半人造的語言。第二類即是嚴格化的語言。"嚴格化的語言"一詞在國內比較少見，爲了明了牠的性質，我們似乎應當先講一講非嚴格化的語言所有而爲嚴格化的語言所無的那些性質；這樣比較容易使我們想像出嚴格化的語言究竟是怎麼一回事。譯者覺得非嚴格化的語言之所以不嚴格，以下四點是比較重要的：

(a) 構成此語言的表達工具(六)(Ausdrucksmittel)是有一定的數目的。嚴

(1) 意思不確定。在一個平常的語言裏的符號——字，或一串符號—— 一句話，意義都是不確定的。如中文的"是"字，就有許多不同的意義。我們如說："a 是 b"，我們就不明白這裏它所表示的究竟是一個什麼意思，因爲它本來可以表示不同的意思。我們如意謂"張三是人"那樣的意思，那麼 a 是 b 卽是說 a 是 b 羣裏的一分子，或 a 屬於 b，或 a 有 b 這屬性。我們如意謂"二加二是四"的那樣的"是"的意思，那麼" a 是 b "卽是說 a 與 b 是同一個東西"。如果我們用後者的意思，那麼"張三是人"這句話就說不通了。張三是一個人，而人不是一個人，張三與人決不能是同一個東西。每一個自然的語言，或每一個半人造半自然的語言，他們的表達都不確定，因之這些語言都成爲不嚴格了。

(2) 辭、句的成立沒有一定的規律可循。譬如有一串符號，如一排字母，我們不能按照一個一定的規律來分辨它是否是一個字或一句話。（這卽是著者在下文裏所說的沒有一個"有限的完全的語法"。）如在德文裏，我們幷不能按照一個一定的規律來辨別幾個字母組成的一串符號是否是一個字，如 bäabo。我們要知道它是否是一個字，勢必只有去查一部標準德文字彙；我們只能說，如果它在這字彙裏，它就是一個字；否則，便不是。在中文裏，"雲掛"，我們也是不能按某一個一定的規律來辨別它是否是一個辭；又如"風吹妙天"，我們也不知道是否是一句話。辭句的成立，如無一個一定的規律可循，辭句的成立自然不能嚴格，這樣的語言自然也不是嚴格化的語言了。

(3) 語句的意義與上下文有關。譬如同樣一句話，如"我眞願意死了。"，可以由於上下文的不同而有不同的意思。如上文是"我最不願意死。假如我現在死了，不久可以再活過來；而且活過來之後，永遠不會再死了。"這樣，這句話幷沒有表示誰眞願死了。如上文是"人生眞是無味極了"，那麼這句話的意思可就是我眞願意死了。這種情形，幾乎每一個自然的語言都是如此的。如普通講這人怎樣，那人怎樣，不是前後文有省略，就是與前後文有關，否則意思是不明顯的。所以，如果我們單獨拿出一句話來，它的意思就不一定了；這也是非嚴格化的語言的特點。

(4) 有表達感情的辭句。如"混賬，這不是眞的！"，"就算是對，我不喜歡就不對！"這樣的辭句不是表達事實或思想，而是表達感情，感情當然無所謂嚴格了。

除了上述的非嚴格化的語言，卽是嚴格化的語言。一個嚴格化的語言，至少不能有上述的四種情形，可是嚴格地說，這還不够，著者下文卽講一個嚴格化的語言所要求的或必要適合的條件——譯者。

（六） 見註八——譯者。

格說來，即是"有限的"(七)(finit)。 這就是說，此語言只許有個有限的原始符號(八)(Urzeichen)。

(b) 譬如S是那樣一個"有限的"語言，那麼他就必須有一個完全的"語法"(九)(perfekte "Syntax")。 所謂完全的語法，即根據"活的"語言(一〇)("lebendige" Sprache)的規則，而寫出來的一組有限多的"規定"(Bestimmungen)。

（七） 平常說有限無限是不嚴格的。 有時形容其多，也說無限。 如說"天上有無限的星"，平常可以算是一句對的話。 其實天上的星，嚴格地講，就不能說它無限。 原文所說的"嚴格的有限"可以以"一一對應"關係，及"相似"關係的幫助而來定義：

"一一對應"的定義。 設R為一關係。 設a b及a c之間有這關係，則b c相等。 又設a b及c b之間有這關係，則a c相等。 這樣的R即稱之謂"一一對應"關係。

"相似"的定義。 設 α β 是兩個類，R是一個一一對應關係。 設x是 α 的一分子，則必有一y為 β 的分子而x與y之間有R關係；反之，設x是 β 的一分子，則必有一y為 α 的分子，並y與x間有R關係。 這樣即稱 α 與 β 相似。

現在即可以嚴格地定義"有限"如下：

"有限"的定義。 α 是一個類。 設有一 β 個，而 β 是所有小於或等於一自然數n（見註十五）的自然數的類。 設 α 與 β 相似，即稱 α 為有限。

這樣"有限"的定義，即是平常說"數得盡"的嚴格化——譯者。

（八） 一個語言總是由一些不能再分的符號所組成的。 如德文中的"Logik"一字，即是由五個這樣的符號"L"，"o"，"g"，"i"，"k"所組成。 其中"L"等符號不能再細分。 這樣的符號即稱之謂"原始符號"。 德文的原始符號是所有德文的字母及其標點。 用了一語言的原始符號即可以表達一切這語言裏所能表達的，所以這些原始符號即稱之為這語言的"表達工具"——譯者。

（九） 我們講到一些東西，如牛羊猪馬，那些講牛羊猪馬等生物的話組成一系統，即所謂生物學。 當我們把所有講"生物學裏的話"的話組成一系統，即所謂生物學語言的語法。 同樣我們如把講"中文的話"的話組成一系統，即是中文的語法。 如說"「張三是人」是一句話，而「三張人是」不是一句話。" 這即是中文語法裏的話。 算學，嚴格地說來即是一個語言。 我們如說"3+2y"是一個函數，而"3++y+="是一個無意義的式子。" 即是一句算學語法裏的話。 在語法學裏，稱被研究的語言為對象語言（Objektsprache）如上面例子中的中文與算學；我們用以討論對象語言的語言稱之謂語法語言(Syntaxsprache)，上面的例子中語法語言仍用中文——譯者。

（一〇） 指平常流行的語言——譯者。

依此，卽可決定S這個語言內，由原始符號所作成的一個"式子"(一一)(Ausdruck)是否爲有意義(一二)(sinnvoll)。這樣的語法與任何一個活的語言之語法都不同，卽它是像S這語言本身那樣的"有限的"。

(2) 這邏輯的結構是模仿最完全的算學的學科(一三)(mathematische Disziplin)而成功，而它比算學的學科要優越得多。

數學家造他的理論，(Theorien)，造成後，便是公設化的演繹系統(axiomatisch-deductive Systeme)。那就是說是一串的"句子"(Sätze)，而這些句子可以嚴格地分爲兩個互無共同分子的(elementfremd)類屬(Klassen)。第一類是那些"基本命題"(Grundsätze)，或"公設"(Axiome)；第二類是那些"推演出來的句子"或"原理"("Lehrsätze"或"Theoreme")。第二類的那些句子，須是可以從第一類裏推演出來的(ableitbar)，意謂他們可以從第一類，根據一些一定的規則，而得到的。這些規則卽所謂"推演規則"。

在算學裏，這些規則幷未明顯地述出(formuliert)，而假定他們是已知的。但在數理邏輯裏，這些用以從"公設"推出原理的那些規則，也是必須要嚴格地敘述出來的。

如以上所述說的那樣一個嚴格的語言，有那樣嚴格的語法，與嚴格的推演規則(Operationsregeln)，卽是一個所謂模範的"演算"(Kalkül)。一個"演算"幷不是非得用他來計"算"(rechnen)"量"(Grössen)不可。我們可以有根本與算術(Arithmetik)或幾何(Geometrie)完全不同的東西(一四)(Entitäten)，也可以有一

(一一) 見註十二——譯者。

(一二) 在中文裏的一串符號如"人手牛羊路走"卽所謂是一個在中文裏的"式子"，然而不是"有意義"的。在中文裏的一串符號如"張三是個人"卽是一個有意義的式子——譯者。

(一三) 平常一個算學系統並不是理想地嚴格的。這一部分是由於數學家還沒有意識到對象語言與語法語言的分別的原故（見註九）。算學家往往要去證明不可亦不必證明的公設，如歐克理得(Euklid)，又有些算學家往往把公設當作自明的而不明白地敘述出，比較早一些的關於解析的書，幾乎都是這樣寫的。一個完全嚴格的算學系統如希爾貝(D. Hilbert)的Grundlagen der Geometrie.希氏把歐氏幾何弄到理想的嚴格——譯者。

(一四) 如算學中的組論(Gruppentheorie)及蒲爾氏代數(Bool'sche Algebra)可以說它們並不論到算術的，或幾何的東西——譯者。

套推演規則，用到代表那些東西的符號上面去；至於這些符號的意義如何，就可以根本不去管他。 這就是"推演規則"的正確的意義，最先為萊勃尼玆(Leibniz)所發現，而從來未被人澈底了解過的。 其實，數理邏輯就是因有這種嚴格的需要而產生的。 基於以上的解釋，就是非數理邏輯家也可以見到，所謂推論的步驟，經過這番"形式化" (formalisiert) 之後，嚴格到我們所須要的程度了。

數理邏輯的第一個特殊的目的是，準備一個一絲不苟的嚴格工具來"奠定數學基礎"。 數學基礎的奠定可有兩種意思。 一種是初等數學 (elementare Arithmetik 就是關於自然數(一五) natürliche Zahlen 的學問)，可以從一個數理邏輯的公設推演出來。 因之，現在的全部數學也都可由一個數理邏輯的公設推演出來。 這即是說，把全部數學還原到邏輯了。 這實在是有非常的意義的。在這一方面的工作，弗萊格(Gottlob Frege 1848—1925)(一六) 以他的絕頂聰慧，在一九七九至一九〇三年之間，完成了一些極有價值的成績。 可是由於他不加限制地運用"謂辭"或"類"的概念(Prädikate oder Klassenbegriffe)，而發生矛盾。於一九〇三到一九一三年之間，羅素 (B. Russell) 與懷德海 (A. N. Whitehead) (一七)， 在這方面有更大的成就，同時弗氏的矛盾也被解除了。

另外一種，與上述很不相同的看法，是希爾貝 Hilbert 對於奠定數學基礎所給的解釋。 由於在本文內不能詳述的一個理由， 他以為數學基礎的奠定，並不是把數學從邏輯裏面推演出來，而須是數學和邏輯要同時得到一個保障，即是證明他們不會發生矛盾 (Nachweisung ihrer Widerspruchsfreiheit)。 希爾貝的解釋，我們可以看做是現代的解釋。 可是，要達到他的希望，現在還差得很

(一五) 自然數即是正整數：一二三四……——譯者。

(一六) 弗氏的主要著作有： Begriffsschrift, eine der arithmetischen nachgebildete Formelsprache des reinen Denkens. Halle a. S. 1879.— Die Grundlagen der Arithmetik, eine logisch-mathematische Untersuchung über den Begriff der Zahl. Breslau 1884, 新版 1934.— Grundgesetze der Arithmetik, begriffsschriftlich abgeleitet. Jena I 1893, II 1903. ——原註。

(一七) 羅素與懷德海二氏的主要著作有： Russell, The Principles of Mathematics. Cambridge 1903.—Russell-Whitehead, Principia Mathematica. 三本 Cambridge 1910—1913, 1925—1927, ——原註。

遠。但，其中的問題，有些部分，現在是已經得到嚴格的解決了(一八)。

一個數理邏輯的基本部門，自弗萊格以來，就是所謂"命題邏輯"(一九)(Aussagenlogik)。而命題邏輯，自第一次世界大戰後，已變成一個試驗室的樣子。在這裏面，可以造成一種概念與方法的工具，用了這些工具的幫助，可以來回答許多有深意的問題，并且安排許多最新奇的試驗。譬如，以下這幾個概念，"不矛盾"(Widerspruchsfreiheit)，"完全"(Vollständigkeit)，"不可減縮"(Irreduzibilität)；把他們嚴格化之後，我們即可來決定不同的命題邏輯的公設系統，是否有上述的三個性質(二〇)。即是否此系統為"不矛盾"，為"完全"，為"不可減縮"。

這個發展出來的方法，即所謂"方陣"方法（Matrizenmethode），用了這個方法，一個命題邏輯的語言，其中每個有意義的式子，經過一種簡單的演算，我們即可來決定，他是否為這命題邏輯裏的一個原理。這樣，也即是我們規定了這命題邏輯中原理（Satz）的意義。此外，如命題邏輯的公設系統的"不可減縮"的證明，也是根據了方陣方法而證明的。

(一八)　這一方面的重要著作有：Hilbert-Bernays, Grundlagen der Mathematik. Berlin, I 1934,— 其前有一個天才的法國青年算學家赫伯朗 J. Herbrand（1908—1931）氏的研究，對這一方面可說非常有價值。他的主要的著作有：Recherches sur la théorie de la démonstration(Travaux de la société des sciences et des lettres de Varsovie, Cl III)—Sur le Problème fondamental de la logique mathématique. Warszawa 1931 (-CRV 24, Cl III, S. 12—56).— CRV- Comptes Rendus des séances de la société des sciences et des lettres de Varsovie, Cl-Classe.——原註。

(一九)　不把命題再加以分析，只着眼於這些命題的真假而考察它們之間的關係，這即是命題邏輯的主題。例如"p"，"q"是命題，我們不必知道"p"，"q"的詳細的邏輯構造，自"p"是真的與"如果p那麼q"是真的，即可以知道"q"是真的——譯者。

(二〇)　對於一個公設化的演繹系統，總要問並且回答以下的問題：（一）自這系統的公設裏是否可以把這系統裏所有"有意義的式子"都推演出來？如能把所有"有意義的式子"都推演出來，那麼這系統就有矛盾了。如我們自一算學系統裏既可以推出"二加二等於四"又可以推出"二加二不等於四"，這系統就有矛盾了。如能證明至少有一個有意義的式子不能自這系統中推演出，即是證明了這系統的所謂"不矛盾性"。（二）我們所要的原理是否都可以自這公式系統裏推演出？證明一系統可以推演出所有我們所要的原理，即證明這系統有"完全性"。這要求正與（一）的要求相反，（一）是對一公設系統可推演出的不要太多。（二）對一公設系統可推演出的不要太少。（三）一個由若干個公設成立的公設系統，其中的某一公設是否可以從其他各公式推演出來？如有這樣一公設，那麼這一公設在這系統裏即可以省去。如證明了沒有一公設可自其他公設裏推演出來，即是證明了這系統的"不可減縮性"。平常一個公設化的演繹系統，我們並不能簡單地回答這樣的問題，可是在"命題邏輯"裏如著者所述可以有方法來解決的——譯者。

在這一方面，到現在爲止，作成功的別開生面的試驗，是“三値邏輯”(drei-wertige Aussagenlogik)。所謂三値邏輯，就是說，其中一句有意義的話，除了那兩個傳統“値”(Werten)，“眞”(wahr)與“僞”(falsch)之外，還可以加入一個，根據方陣來嚴格地規定的一個第三個値。可是三値邏輯還不能有一個滿意的有意義的解釋。但，這幷沒有什麼關係，譬如，李曼(Riemann)在一八五四年發明的非歐幾何，直到一九一五年，因普遍的相對論，在物理學上，才有了解釋。

這系統的創始者是陸加西維乙(Jan Lukasiewicz)。他是波蘭數理邏輯家的領袖，特別是在波京華沙這地方。波蘭的數理邏輯家，在戰後，是有名而且有光榮的成就的。其中特別値得提起的是萊斯尼夫斯基(St. Leśniewski)和塔斯基(A. Tarski)。由於陸氏及與其合作者，將華沙變成研究數理邏輯的第一個重鎮。(二一)

第二個也像這樣有價値的地方，是在普拉格 Prag 的德意志大學 Deutsche Universität。此處以卡那魄 R. Carnap 爲代表。在現在有成就的數理邏輯家之間，他是以博雅著名的。(二二)

第三個研究數理邏輯的重要所在是哈佛大學 Harvard Universität，由路易斯 Lewis 領頭建立起來的。(二三)

(二一)　最重要的著作有：J. Lukasiowicz, Philosophische Bomorkungen zu mohrwortigen Systomon des Aussagonkalküls. Warszawa 1930 (-CRV 28, Cl III, s. 51—77).—Ein Vollständigkeitsbowois des zweiwertigon Aussagenkalküls. Warszawa 1932 (-CRV 24, Cl III, S. 153—183). J. Lukasiowicz und A. Tarski, Untersuchungen über den Aussagenkalkül. Warszawa 1930 (-CRV 23, Cl III, S. 1—21). A. Tarski, über einige fundamentale Begriffe der Mathematik. Warszawa 1930 (-CRV 23, Cl III, S. 1—8). St. Lesniowski, Grundzügo eines neuen Systems der Grundlagen der Mathematik (-Fundamenta Mathematicae 14, Warszawa 1929, S. 1—81). 原註

(二二)　卡那魄的重要著作有：Der logische Aufbau der Welt. Versuch einer Konstitutionstheorie der Begriffe. Leipzig 1928.— Abriss der Logistik. Wien 1929.—Logische Syntax der Sprache. Wien 1934.——原註。

(二三)　他們最重要的著作有：C. J. Lewis and C. H. Langford, Symbolic Logic. New York and London 1932. —C. J. Lewis, Alternative Systems of Logic (-The Monist 42, 1932. S. 481—507). — R. M. Eaton, Symbolism and Truth, An Introduction to the Theory of Knowledge. Cambridge, Mass., 1925. — W. O. Quine, A System of Logistic; ibid. 1934.——原註。

在荷蘭，特別值得提起的是海亭 A. Heyting。經過若干困難，他把革新的博老氏邏輯 (Brouwersche Logik)，給建造成一個合乎數理邏輯標準的系統。經過這一步工夫，開拓出一些新的邏輯的與科學論 (Wissenschaftstheorie) 的問題。(二四)

在最近的幾年來，由於卡納普(二五)，塔斯基(二六)，哥德爾(二七) K. Gödel，萊輿巴哈(二八) H. Reichenbach 諸人之努力，數理邏輯發展出一個數理邏輯的科學論來了。所謂數理邏輯的科學論，是一個用了數理邏輯的成果與方法，而產生出來的科學論。這個新的嚴格的科學論的主要的題材，是建造並討論以下諸問題：(1) 科學的符號語言 (wissenschaftliche Zeichensprachen)。(2) 如何方法論地建造 (methodische Konstituierung) 語法的範疇 (Syntaktische Kategorien)，普通爭論不休的"綜合"(synthetisch) 與"解析" (analytisch) 二名詞即屬此種範疇。(3) 嚴格定義技術的理論化 (二九) (Theoretisierung der exakten Definitionstechnik) 此問題非常有趣，但困難頗多。(4) 是康特 Kant 所提出的問題，嚴格的實在科學及邏輯，形上學的範圍的問題(三〇)。(5) 由於近代物理，而為人熱烈討論的概然性概念 (Wahrscheinlichkeitsbegriff) 的問題。

在科學史與哲學史的領域內，用了新的數理邏輯的幫助，有了多少貢獻呢？

(二四) 其著作有：A. Heyting, Die formalen Regeln der intuitionistischen Logik, SBA 1930, S. 42—56. Die formalen Regeln der intuitionistischen Mathematik, SBA 1930, S. 57—71. und 158—169. —SBA— Sitzungsberichte der Preussischen Akademie der Wissenschaften——原註。

(二五) 見註二二——原註。

(二六) 見註二一——原註。

(二七) 哥德爾的最重要的一篇論文是：Über formal unentscheidbare Sätze der Principia Mathematica u. verwandter Systeme I (Monatshefte für Mathemathik u. Physik 38, 1931, S. 173—198).——原註。

(二八) 他的主要的著作有：Philosophie der Raum-Zeit-Lehre. Berlin 1928.—Wahrscheinlichkeitslehre. Eine Untersuchung über die logischen u. mathematischen Grundlagen der Wahrscheinlichkeitsrechnung. Leiden 1934. ——原註。

(二九) 參看：W. Dubislav, Die Definition. Leipzig 1931.——原註。

(三〇) 看：Karl Popper, Logik der Forschung. Zur Erkenntnistheorie der modernen Naturwissenschaft. Wien 1935. 蒲本 Popper 氏的研究是這一方面的一個深入的研究——原註。

在我看來，認爲貝克 A. Becker 的一篇文章是特別有價値的。 此文的題目是亞里士多德的可能性推論的原理。 這個是對於亞氏 Analytica Priora I. 的第十三到二十二章的一個"邏輯—哲學"的研究。 可以說，由於這個研究，亞氏原理才第一次弄清楚了。 亞氏的原理，數百年來，無人不感覺到是一個棘手的問題，而其中的困難也絕不是非數理邏輯家所能勝過的。 這個工作豈不値得非常贊賞麼？

由於數理邏輯，與戰後的科學論，方法論所引起的潮流，同時注意萊勃尼茲的以數理邏輯爲使哲學成爲嚴格學問的第一步的這種看法（三一），我於是在明士特 Münster，以數學研究會（mathematische Arbeitsgemeinschaft）來作上述各方面的研究工作。 這個數學研究會，是在德國，第一個廣義的數理邏輯的教育中心。 明士特這裏的貢獻，及與其有關的研究，多由我所主編的叢刊數理邏輯與嚴格科學的基礎中發表。（委託 Felix Meiner in Leipzig出版）第一本册子，在最近出版的，是巴合滿 F. Bachman 著：算術基礎的研究——特別與戴底金，Dedekind弗萊格，羅素之關係。 此書中最重要的一部份是，對弗萊格算術奠基與以的正確的分析。 它是這一方面，第一個値得紀念的工作。 弗萊格的算術奠基，許多年來，簡直不爲人所認識。 就是現在，也還有許多不澈底的德國邏輯家，雖然知道他，而仍然忽略他的。 本年內，在我的指導之下或與我合作，即可有下列幾篇文章發表："歐幾里德幾何的基礎之數理邏輯的研究"（Logistische Untersuchungen zur Grundlegung der Euklidischen Geometrie），"以相等性關係來構造定義之原理"（Untersuchungen zur Theorie der Definitionen durch Bildung von Gleichheitsverwandschaften），還有我的一册是關於 Mathesis universalis 之三級的（drei Stufen der Mathesis universalis）。

（三一） 見作者的邏輯史第四十八面至五十五面。 ——一個關於數理邏輯的非常詳盡的歷史的批評的敘述，見於一丹麥的學者的著作：J. Jφrgenson. A Treatise of Formal Logic. Its Evolution and Main Branches, with its Relations to Mathematics and Philosophy, 3 Bde. Copenhagen u. London 1931. ——原註。

喬治華盛頓
一個領袖底寫像(一)

George Washington. Das Bild eines Führers

萊因哈德 (Walter Reinhardt) 著

貝錦玉譯

過去偉大人物底寫像在歷史上都要經過種種異常的變化，這些變化一部份是屬於客觀的，一部份是屬於主觀的。凡一時代均有它底特殊動力與趨向，它底特殊觀察方法；當代人大皆根據這種觀察方法來批判過去，以致形成主觀的見解，這種見解會在短時期中起强烈的變化。但是在客觀的見解方面，由於探討研究底結果也是會起變化的，新材料的發現把流傳的歷史上的各種寫像添上了新的筆調與色彩，並改正它們已往的錯誤。歷代傳襲下來關於過去偉人的寫像很少有幾個能像華盛頓底寫像那樣在主觀與客觀兩方面都受到極强烈的改變的。「爲好惡兩派所混淆，他底品格素描在歷史上遂變換無常。」這對於華盛頓有一部份也是這種情形。我們可以很容易的推想，英國人一定與美國傳記家完全相反，盡力使得這偉大叛逆底描像出現在一種於他不利的光線之下，雖然我們必須卽刻對於我們的話限制一下來說，在他死後不久，英國史學家也就已經持公正而客觀地承認他底卓越功績。所以在華盛頓底情形中，「好惡兩派」的成分和國家的對立關係，可以影響到歷史記載所給他的批判的地方較少。其主要關

(一) 譯自：Forschungen und Fortschritte 11. Jahrg. 1935, Nr. 20/21, S. 263—265.

鍵可以說是在於他個人性格上的特點與他底年青祖國底歷史發展所產生的結果。當他在世的時候，他底寫像在他同時代人底判斷中已經變化不定了。有一個時期，他變爲美國遠近馳名，最負衆望的人物，眞實地被愛戴着的「國父」——一個榮譽的稱呼；這稱呼是一七八二年在爲潘錫凡尼亞（Pennsylvania）地方粗俗的德國農夫們所印粗糙日曆上加賜給他的。另外的一個時期，他在通信中含着辛酸苦痛地稱他自己爲國內最爲人所恨的人，而這也並非完全沒有理由。華盛頓本是一個極其怕羞的人，他時常手足無措，尤其在廣大羣衆之前。所以同時代的人都覺得他是個難以接近，傲慢的人，因此他想要去取得人們的信任是一件比較困難的事。在他逝世以前，人家對他底超越的，處處都表偉大底深信實在就已經確立了，在他逝世以後，欽讚的歌訟更權威地越過了他所手創的國土底疆界。「偉人中之最善良者，善良人中之最偉大者。」一個批評家曾於一篇誄辭中這樣稱呼他，這實在也並不是甚麼過分的誇張。

然而當他去世以後，他在歷史上的面目也起了很大的改變。在一個長時期以內差不多每不過一年研究上就有新而驚人的發現，信件，日記和美，英，法得來的公文等使得他底寫像一面在繼續不斷地加大與更潔亮的光輝中放射着異采，另一面永遠充溢着生命與熱情。很奇怪地，或許在歷史上任何別的大人物身上所見不到的，就是這種現象：已往的傳記家們用盡種種方法反對使寫像「人格化」。他們雖然把華盛頓描繪成一個不可一世的英雄，可是同時還有些像個石像或銅像，一個神聖不可侵犯的模型；對他們只能有感激與紀念，甚至近乎新詩的仰慕，絕不允許有任何極輕微的批評；人們幾乎再也不能用人類的尺度來測量接近他。他們以爲必須送一個英雄給這個沒有任何歷史與傳統的年青的國家，這種觀念使他們發生了錯誤，以至將所有人類的性質從華盛頓底身上剝脫殆盡。因此，他們對於這合衆國的奠基者以及後代人對他的紀念上只不過付與一種拙劣的貢獻罷了。因爲在他底同胞中固執地傳佈着一種觀念，就是以爲華盛頓是一個超過人類一切的情感與缺陷之上，完全與人類的苦難不發生關係，因之他便只是一個缺乏興趣的人物而已。把華盛頓發現爲一個由血肉作成的人，一個有感覺，有愛情，有過失，曾備嘗艱辛，同時更能深深地忍耐懷疑與失望的人：是保留着由較近代的傳記家纔做到的。由此我們知道，以前的傳記家們之所以用竄改史跡的方法，尤其關於華盛頓早年情書與類似文件的故意隱蔽刪除的理由，乃是恐怕這些信件底內容可以使後輩人來看輕這個偉人，此外並能毀傷他們所認爲必需保存的英雄崇拜。現在華盛頓既然被發現爲人了，他底感覺與思想，由於過去對他底寫像的故意隱蔽，完全轉變而應合現代底需要了。他雖然有超越的偉大，但並不是沒有人類的弱點的，那些弱點可以使我們更正確地理解他，加倍地認識他，敬愛他，對他表示嘆服。此外，還有一個欲從華盛頓身上獲得一個清晰而使人確信的困難的原因，就是他是降生在維附基尼亞地方一個英國移民底第四代的家庭中。他雖可說是個叛逆，而他的一生中的待人接物與對事物的觀察方法却皆充滿十足的英國氣味。自然，於那較早的年代，人民中固然沒有甚麼顯著的美國民族性，尤其是在華盛頓所屬的那比較高貴的階級中，一直到革命時代他們還在有意識地，其後還不知不覺地繼續保守着英國的傳統習慣。於是這便使得美國的傳記家感覺到一個不可輕易克服的困難；他們大皆已經習慣於美國的特性，所受的是美國式觀察方法的教育。他們自然對於華盛頓底舉止行爲感到有些異樣。這引起了他們的畏怯，有時竟引起他們的反感。可是，他們又從這個困難中找到補救；他們把華盛頓捧讚到冰山那麼高，在那裏人性的測度是無所施的。我們尤其必須感謝那些較近的傳記家的就是，終究他們竟敢大胆地把描錯將近二百年的寫像正確地改正過來。

現在讓我們在這裏把華盛頓底豐富充實的，我們所知太少的生活給一個簡要的敘述。(二) 喬治華盛頓於一七三二年生於波叠頭馬克 (Protomac) 河邊早期殖民地的維附基尼亞 (Virginia) 地方，在這裏他度過他生命中底大部光陰。

(二) 參看萊因哈德 (Walther Reinhardt) 所著「喬治華盛頓，一個國家建立底歷史」(George Washington, Die Geschichte einer Staatengründung)

他是在一種環境中生長起來，這種環境可以稱爲大地主與貴族生活的中間物，這是一個美國移民時期特有的混合品。那時，移民地區只是在沿岸一帶；在那廣袤星散的大農田後面就是遼無邊際的森林，裏邊仍然猖獗着印第安人底滋擾，但是那些移民者底先鋒精神竟勇猛地衝向西方去。在這種情形之下，年青的華盛頓變成爲一個測量師。測量師這職務對於未開墾及未經分配的土地是非常具有重要性的，同時前途也是很遠大的。他對於腹地的常識與他所給良好的圖表使得當地行政長官大加賞識；於是就任命他爲民軍少校，後來又委他爲一支較小的遠征隊底指揮，以參加在那時開始的英法間的戰爭，在起始的一些成功以後受了一個慘敗。而他這次軍事上的初步經歷乃是他們以後整個事業開展底表徵；他堅毅地總是從艱鉅中造出功果來，同時所有的阻礙往往又是奇妙地對他有利，於是結果就是這少年軍人意想不到地迅速，光榮的升遷。他是一個天才的軍事領袖，從如許人們中被選拔出來担任指揮的職務；並且我們更應該特別聲明的，就是他本身自然也是一個優秀的兵士。一七五四年，他僅二十二歲，我們即看到他拾級而上任團長，任維爾基尼亞州之議員並已成了富有之人，一七七五年，他四十三歲升爲將軍，合衆國爲謀獨立而與英國戰爭的軍隊底總指揮官，同時還是很有錢的大地主，一七八九年，五十七歲，爲這年青國家底總統，同時又是全美國最有權威力量的人。無論如何，在這成功正面底背後——這才是他底一生事業使人們發生興趣，鼓動人們的理解與値得研究的所在——在這榮耀成功正面底背後，我們發現一種由於前途底障礙，心靈鬥爭與各種不同的艱難困苦所混雜成的幾乎難以終結的紊亂。眞是奇蹟，從這紊亂的不可收拾的渾沌局面中，他工作底偉大效能玄祕地增强起來。不過這效能底偉大性經過相當的時期始被估計到。而他自己亦與他底同時代人相同，並非漠不關心地承認它底意義。這裏有一個很値得注意的問題，華盛頓曾在許多通信中自稱爲不可拔動的鉚釘，而這些格外淸楚地表現他底外表與內心生活的通信可以說是他底自我批判，而這批判却與他底作爲起着奇異的矛盾。這少年團長因對維爾基尼亞的行政長官們及議院底不公正的待遇發生極度不滿與喟嘆，曾兩次去職。　而一七七五年，當爲求獨立而與母國對抗的戰爭剛一開火時，他底鄉邦不僅視其爲已然確定的軍事領袖，經過短時期的爭論以後，那十三個叛立的殖民地更共同選舉他爲總司令。就連這個延長到八年半的獨立戰爭也帶來了一種五光十色的動亂，美國人敗多於勝，但是在一切失敗之後，却來了一個大的壓過一切的勝利。　他底第一次顯赫的戰績是一七七六年聖誕節前夜在得蘭登（Trenton）地方予以黑森援軍的不意攻擊。　這次攻擊曾被菲力大王稱許爲「一個戰術上的成功。」　雖然我們必需表明華盛頓並非是個將軍，並非是個策略家，也決非是個偉大的戰術家。　他只是獨具一種才能，在緊急關頭的時際，他能用他底驚人的速斷速決在他人所最想不到的地方出奇制勝。　嚴格的說起來，這是一個機運家底軍事上的把戲，但是是一個優秀的，確是具有領袖品質的兵士底把戲，他底崇高個性可以遮得過那碰機運的行爲。

於一七八一年十月約克市要塞所訂降約，英國大批軍隊必需投降以後，戰況漸減，直至一七八三年締結媾和條約於巴黎，乃告終結。　華盛頓底辭去總司令的職責對於那十三個稚幼的聯邦幾乎是一樁含淚接受的事情：這是他一生中被全美國如神似地崇拜着的一瞬間，好像在美國還未曾有過這麼一個人讓他們來崇拜。　此後是一個平靜的時期。　於此時期中，這位大地主可以專心致力於他底財產的增多，與他底烟草業的經營。　華盛頓在這兩方面都也表現得特別幹練。六年以後，新的重大的職任來臨了，一七八九年春季華盛頓被根據憲法選舉爲合衆國第一任大總統。　去領略政治問題底訣巧對於這未老先衰的偉人却是一個困難。　他與政治方面的關係眞不如與軍事方面者來得重要，但是他以爲尊從民衆底要求乃是他底責任所在。　無論如何，六年的兩任總統期中艱鉅所帶來的阻礙與戰爭期間所帶來者沒有甚麼差別。　尤其使他强度地感覺到這些艱阻的，就是因爲牠們多是出於憎惡與不了解，對於這些，他在他的書信裏是很痛切地菩訴過。　然而，無論如何他底全部總清算總是一個超絕的功勳。　爲了所有各方面的進步以及和平與獨立的獲得等，他的國家當他一七九七年由其高位退職的時候，表示了他們虔誠的感謝。自此華盛頓便開始過了一年半的靜穆生活。雖然當一七九八年與法國宣戰時，他又被敦請任總司令之職，但是他這次只在組織與計畫等方面從事工作，不再實際參加軍事上的行動了。他因爲曾在大風雪中乘騎，染患上了重傷風症，乃於一七九九年十二月十四日病故於他所喜愛的魏爾濃山別墅中。

夢幻的生活參混着田舍間的樸質與上流社會的習慣，軍律的森嚴與恬靜的平和，殖民地的箝制與國家觀念的蓬勃，幻滅的戀愛與實現了的丈夫氣質！一種過分地充滿了工作的生活，灌注着孜孜不倦的活動，同時還瀰漫着一種使人精疲力竭的不靖。

他是那嶄新的概念，美國，底第一個與長時期中唯一的支持者。他變爲美國政治上與軍事上一貫典則底創始人。他底政治上的中心思想已經在他底告別書中供獻給美國民族；他底軍事上的成規在這合衆國海陸軍將校團底忠實的守衛下繼續長存下去。

經濟理論和經濟史(一)

Wirtschaftstheorie und Wirtschaftsgeschichte

步靈曼 (Carl Brinkmann) 著(二)

曾一新 譯

歐美的國民經濟，現在已由流通經濟制度轉變到統制經濟制度了。原來無論那一時代的經濟變革，都會引起經濟思想的一種自覺的。便是這一次也不能例外。這個自覺，是同時具有兩種性格的。一種是理論性格，就是朝向合定律性的性格。另一種是歷史性格，就是在最廣的意義上朝向現在，過去和國外的新事實的性格。例如亞當·斯密 (Adam Smith) 以前和亞當·斯密時代的英國「初期古典派」(Frühklassik)，便是如此。我們起初曾經盲目地反對過這個學派，但是我們現在對於該學派的認識，却一天比一天清楚了。該學派比之前此的重商學派和重農學派，無論在理論體系方面，或在搜羅各時代和各國民的經濟事實方面，都有一日之長。反之，自李嘉圖 (Ricardo) 至「自由貿易學派」(Manchestertum) 的獨斷學風，却把這個歷史眼光一天比一天縮小了。

這樣觀察起來，古典派以後的理論，雖然在一九〇〇年前後一轉而為「團體主義」(institutionalistisch) 思想，再轉而為「統計學的歸納法」(die statistische Induktion)，却也要失去科學上和歷史上的突然變化的外觀了。牠告訴我們衆多新經濟現象和新經濟關係將要在古典學派以後正在缺少經濟理解力的時候

(一) 譯自：Forschungen und Fortschritte 16.Jahrg. 1940，Nr. 22/23,S.246—248.

(二) 著者是海得倍(Heidelberg)大學教授。

來臨。 在這個時期，國家經濟政策的德國傳統和經濟學上的歷史學派的德國傳統，是我們的經濟生活和經濟學的一大長處。 這一層，現在無論贊成人或反對人都承認了。 但是在西洋經濟界裏面，純粹流通經濟理論在帶些持久性作退却戰的時候，我們的經濟學却陷於政策上，理論上和歷史上的經濟意見之劇烈鬪爭。 這在目前高度戰時經濟之下，是會引起莫大的損失和危險的。 這時候，在經濟之三個範圍，就是「政策」(Politik)，「理論」(Theorie) 及「歷史」(Geschichte) 上面，到處出現了極有價值的研究。 但是經濟學雖然屢次企圖集中力量和興趣，却勞而無功。 這是因爲經濟學的各範圍，非但不肯互相承認他範圍，並且對於各研究範圍的連帶關係，也沒有充分的認識的緣故。

有人說，一切經濟研究，是經濟政策所需要的。 這一層固然可以從「政治優越於一切科學」(Primat des Politischen über alle Wissenschaft) 的立場，尤其可以從政治優越於經濟學的立場來說。 但是我覺得從這裏却很少可以得到實際的有系統的推論。 據德國經濟統制機關或德國專門雜誌的態度看來，政治正在期望國民經濟學成爲在實際背後研究非獨立的觀念論和解釋的一門科學。假如今日德國的財政當局，鐵路當局，中央銀行及其他一切政府機關分別設立經濟學校，假如地方團體和大企業集團的統計處各自訓練人材，那固然一部分是因爲技術上和實際社會上的原因，但是大半却是由於更重大的理由，就是因爲經濟學之單純的「世界觀的革新」(weltanschauliche Erneuerung) 不足以使經濟學教科書脫離窠臼而適合實際需要的緣故。 最近，經濟理論研究的必然性，正因經濟政策的需要而顯露出來。 這可以說並不是偶然的(三)。 關於經濟史研究的必然性，也是如此。 不過這裏說的經濟史研究，却不是像從前那樣只爲普通歷史研究或法學研究的副產品的經濟史研究，而是對於由前史時代和上古時代直至現代世界經濟和殖民政策的整個經濟經驗之技術的經濟的研究。

(三) 普雷多爾 (A. Predöhl)：世界經濟叢書 (Weltwirtschaftliches Archiv) 第五十册(一九三九年)四〇五頁以下。

那麽，在某種範圍內，「經濟理論」(Wirtschaftstheorie)也就是「經濟史」(Wirtschaftsgeschichte)，換句話說，就是：假定的「函數」(Funktionen)之「已知數」(Daten)，「不變數」(Konstanten)與其「變數」(Variabeln)之無窮「排列」(Vertauschung)。反過來說，經濟史也就是經濟理論，換句話說，就是一個函數關係，是可以看出不變要素在「景氣」(Konjunktur)等概念裏面因時間和空間的關係而發生種種作用的。在這一點，量方面的經濟事實——尤其是物價和工資——的第一次有系統的蒐集，有益於理論目的，有益於批判目的，亦即有益於反獨斷目的，是很顯著的一件事。正在十九世紀之初，圖克(Tooke)和紐瑪齊(Newmarch)的名著，有功於反駁粗糙的「貨幣數量說」(Quantitätstheorie des Geldes)。在十九世紀之末，英國的羅傑斯(James E. Thorold Rogers)又和法國的達夫內爾子爵(Vicomte d'Avenel)(四)同時代完成了自十三世紀初期文藝復興(Frührenaissance)以來五百年間的物價發展的研究，而明白承認這種研究有補於政策之施行，羅傑斯說：「這種研究能夠把那些空洞不切實際的理論，那些在國民經濟的名義之下常被認為不準確而危險的理論修改到相當程度……」。經濟學者可以確切地說：「如此如此的事將要發生」(Such and such things will happen)。政治家卻不能不答復：「這些事不許發生」(These things must not happen)，而由法律——由那調停弱者和強者之間的法律，由那大哲學家（按即亞理斯多德 Aristoteles）所說智慧和實際知識的產物之法律——加以干涉」。雖然反對「古典派以後的理論」(nachklassische Theorie)

（四）達夫內爾是主張合法的「自由主義」(Liberalismus)的。他曾經大事攻擊法國的「國家統制主義」(Etatismus)和「社會主義」(Sozialismus)。反之，圖克和羅傑斯卻反對英國派自由主義。參看達夫內爾：物價史的教訓(Les enseignements de l'histoire des prix)，一九二五年。現代法國經濟學之輕視達夫內爾——參看奧塞(H. Hauser)：法國物價史的研究和參考文書(Recherches et Documents sur l'histoire des prix en France)一九三六年五四頁以下——，是理論不透澈和統計不精密的原因所在。

之風當時已經不可一世，但是羅傑斯却說：「我知道我的工作在外國，尤其在德國方面，並不是沒有人賞識，這是我引爲滿意的」(五)。

其後到了二十世紀，因爲統計增加了材料，增加了數學方法，所以終於連純粹理論家也不能不注意統計而拿歸納法體系尤其是景氣研究及「彈力性研究」(Elastizitätsforschung)來和古典派「市場論」(Marktlehre)的演繹方式相提並論了。這便表示這些研究非但失去了歷史精神，而且幾乎失去了一切文化科學理論和自然科學理論的重心，致使不能根據因果性的研究假設去樹立聯關和定律而達到實質的因果關係。在美國方面，索普(Willard Long Thorp)編有世界各國商業年報(Business Annals of the United States, England, France, Germany, Austria, Russia, Sweden, Netherlands, Italy, Argentine, Brasil, Canada, South Africa, Australia, India, Japan, China)——紐約，經濟調查局(Bureau of Economic Research)出版，一九二六年，附有蓋(Edwin F. Gay)和密切爾(Wesley C. Mitchell)的序文。按這是美國國民經濟的歷史學派的產物，但是牠却很缺少歷史性。雖然如此，這種極有價值的蒐集，是不曾在其後十五年間對於這些國家中的任何一國的經濟研究都毫無貢獻的。如果科學史的情形不變，則羅克費勒財團(Rockefeller-Stiftung)的大規模事業也可以說有大同小異的命運。因爲該財團是自一九三〇年以來受到方興未艾的世界恐慌的刺激，曾經向資料最豐富，研究最發達的德國，奧國，英國，法國，美國及西班牙供給廣範圍的物價統計的(六)。

演繹的經濟理論和統計的，歸納的經濟理論，歷來態度消極，幾乎拿本來只可供附帶證明之用的「經驗材料」(Erfahrungsstoff)當作唯一工具。然而

(五) 農業史和物價史(History of Agriculture and prices)第三版(一八八三年)，第十一章；第五版(一八八七年)，第十四章以下。

(六) 參看馬斯(W. Maas)：社會史和經濟史季刊(Vierteljahrsschrift für Sozial-und Wirtschaftsgeschichte)第三卷(一九三八年)三五七頁以下。

上記的一切却要這些理論由消極轉到積極，顧慮到一切量方面和質方面的材料纔能發揮力量。這一層要算施莫勒(Gustav Schmoller)勝過所謂「舊歷史學派」(Ältere Historische Schule)的地方。但是那位孜孜不倦的蒐集家羅舍(Wilhelm Roscher)也說：「施莫勒仔細研究了物價史，收入史及財政史之後，曾著經濟學要綱(Grundriss der Volkswirtschaftslehre)一書，發現了在理論構造之先——並不是在理論構造之後——的純粹歷史歸納法。這是很值得欽佩的。」後來施莫勒的高足施皮托夫(Arthur Spiethoff)，也採取同一路線，完成了施莫勒學派(一七)的景氣理論的預備工作。最近，國社黨向德國法學院(Akademie für Deutsches Recht)的經濟學研究團體提出「正當價格」(Gerechter Preis)的問題，纔促進了這項問題的「現象學的」(phänomenologisch)研究。

(一七) 經濟變動之研究(Beiträge zur Erforschung der wirtschaftlichen Wechsellagen)，耶拿(Jena)一九二九年以降。

新德國的婦女地位(一)

The Place of Women in the New Germany

灼克林 (Gertrud Scholz-Klink) 著

胡雋吟譯

當國家社會主義在一九三三年成爲德國的統治權力時，我們婦女確實感覺到：我們與男子並肩齊驅的在領袖改建國家的程序中去供獻出我們這一份，乃是我們婦女的責任。對於這件事我們並未多作空談，只是立刻起始做去。我們首先關心的是去幫助在歐戰時及在戰後期間所有那些曾經受到大的艱難痛苦的母親們和其他——如母親們一樣的——現在必須去適應這新時代的需要之婦女們。

我們是依照着對於這些事實之認識而行動，我們首先創立了新德國母親服務會 (Reichsmütterdienst)，這個會的任務在其規則第一條載明如下：

"母親的訓練是受全國休戚相關及相信婦女對國家能有很大用處之精神所鼓舞。這種訓練的目的是去發展母親們身體的與智力的效率，是去使她們體會其義無旁貸的偉大責任，是在教導她們如何的去撫養及教育她們的小孩，及使她們能夠勝任去擔負家庭的與經濟的責任。"

爲了供給這種訓練，乃規定許多門課程，每門課程只講授一種特別題目，譬如：嬰兒看護，普通衛生，家庭中的疾病看護，兒童教育，烹飪，縫紉等……。這些課程都施設在人口超過五十萬的城中。同時有巡迴旅行的教師們在小城和鄉

(一) 譯者註：本文譯自 London Thornton Butterworth Ltd 出版之 Germany Speaks, by 21 Leading Members of Party and State, 第九〇頁至九六頁。

間傳教這些門相同的課程。 每個十八歲以上的德國婦女，不管她們宗教的，政治的及其他的觀點是如何的不同都可參加這種工作。 每種課程每班學習員最多人數是以二十五人為限，因為每門課程的講授不是理論方面的講解，而是取實習教導的方式，一組一組的工作，所以提出問題，當時即可予以解答。 自從德國母親服務會之組織成立以來，那就是說在一九三四年四月一日，和一九三七年十月一日之間，約有一百十七萬九千位已婚和未婚婦女，共分五萬六千四百班去受訓練，有三千多位教師施教，其中大約有一千二百位是被聘為全日工作者。 其餘的二千三百人（也是具有必需的資格的）是被聘為部分的工作者，或者是以名譽教師資格而被聘的。

第二步我們所要述及的是那些每日到工廠，從事她們沈重工作的數萬德國女工。 我們視為最重要的是使她們確實感到了她們也是國家的代表。 她們也必須以她們的工作引為自豪，並且必能夠說："我有一種有用的責任要去完成；並且我所做的工作是全國人所完成的工作中最主要的一部份。"

為想達到這個目的，我們曾經創設了德國勞工總會之婦女部(Frauenamt der Deutschen Arbeitsfront)。 該部現有部員八百萬人以上。 外國批評家們常常指出：德國婦女沒有機會由工業的或其他事業中得到工作以維持她們的生活。所以我藉這個機會特別着重的說：在各類事業和職務上所僱用的有一千一百五十萬婦女之多。 德國勞工總會的婦女部注意到這些婦女們的興趣和利益。 更進一步我們的意見是：婦女將要常常覺得，如果她的能力能夠勝任去擔負需要她去做的工作，那麼她很可能的可以獲得有報酬的職業。 所有各項工作無論是屬於勞力的或勞心的，都可由女工去作，只要她們能夠勝任。 所以婦女部的工作是去保證在任何工作上凡是證明牠有害於女性的都不能聘用女工。 並且還給她們以各種保護，這種保護都是專給她們預備的，為得將這些意義在實際上表現出來，勞工總會婦女部曾經為每種事業任命一位"社交工業女工"(Soziale Betriebsarbeiterin)。 由此有很大的一批婦女乃被人僱用了。 這些"社交工業女工"

做的工作有普通與特殊兩種。她們必須去考查所有在同一事業上所被僱用的女工們對於她們自己的利益是否和其所獻身的事業相一致，並且要考查在她們之間所產生的正當的同志精神。在社交工業女工的工作方面獲有工人的領袖和可信賴的議會的幫助，她們是立於獲得其他女工們的信任之地位，因為她們全體彼此都是同伴。她們必須防止罷工，妬忌和不負責的言談，以免毒害工作的團體空氣。她們必須要幫助那些被私人煩惱所抑壓的同伴工人，還要盡力去使工作環境愈莊嚴愈好。為達此目的她們應當向工人領袖建議，凡是可以使工作的程序能够適應婦女天賦的能力並且與該工作所具有的技術特點能相契合的辦法都可向工人領袖建議。最後她們對於女工們向其他地點之轉移，亦應幫忙，並且還要對於工作地方要盡量的使其愉快等等……。這樣的詳述她們的功用，乃為表明她們不僅只是個有經驗的社交女工而已，並且也是熟悉於實際工作的。為了這後一個原因，她們在被委派為社交女工的位置以前，必須對這種工作要有數月去專心研究實習。在這種時期中她們亦像其他女工們一般得到相同的工資，亦和其他女工們一樣服從同樣的規則。關於較小的工廠，也實行與此同樣的辦法，但是其程度較比平和。那就是說對於女工人數比二百人少的地點也是如此辦理。

我們這種組織，對於已婚的女工們同她們的孩子和同那些即將分娩的婦人們也予以特別的注意。在社會工作的這種領域內，我們與國家社會黨的福利機關(N. S. Volkswohlfahrt) 聯合起來所作的幫助工作已超過了現在法律所定的標準。這等補充的幫助，包含有金錢，食物，亞麻布衣衫等等。

我不能不說一說關於女學生們的工作，她們把她們假期中的一部份時間，消費在謀求女工們的利益上面。特殊的是那些有一個大家庭的女工人——她們在正規的假期以外還需要有一個星期的休息。在女工們告假期間，女學生們都很慷慨的去到工廠替她們做工，並且因為女學生們是不要工資的，所以女工們無論如何受不到金錢上損失的苦痛。有許多次國家社會黨婦女幹部 (N. S. Frauenschaft)專為了學生們設備了免費宿舍。 同時福利機關對於在假期日的婦女允許以特別的便利，譬如：食物分量的增多，在她們那些慈母的宿舍(Mother's hostel)中寄宿或寄儲等等。 在這種計畫實行的最初幾年中，女學生們替代女工們所作的工作時間有五萬七千七百天之多。 我們每天接到一大批信件；信中女工和女學生同樣的告訴我們，因為她們所得到的不易遺忘的經驗，是如何感謝我們。工人領袖們也是繼續不斷的通知我們，關於女學生們所完成的有益於社會的工作成績。

在以上計劃中之初步工作完成之後，我們又在不同的方向，繼續我們的工作了，那就是說組織我們自己。 現在我們曾和早先存在的婦女協會合併，於是乃創立了德國婦女協會 (Deutsches Frauenwerk)，沿照國家社會黨婦女幹部(N. S. Frauenschaft) 所規定的辦法，由其中再分為許多部分。

德國婦女協會與以上所述的母親服務會 (Reichsmütterdienst) 是分立的，其中包含以下各組：國家及家庭經濟組；文化及教育事件組；救濟及國外組。此外還有四大執行股：總務股，財政股，組織及人事股；出版及宣傳等事件股，最後一股近來亦管理無線電，電影和展覽等事。

國家及家庭經濟組，是訓練婦人及少女們去應用全國休戚相關的原則，去教導每個家庭內的母親對全家庭的健康要負責，必須預備優美的食物，並且要用她的技巧和效率以執行她的責任。

文化及教育組使婦女們能夠利用國家的文化資產，女藝術家們在她們的工作方面得到幫助，並且對於婦女們在學術領域中的工作成績要付以特別的注意。

救濟組對於女看護，紅十字會及空襲守衛會所作的工作有所幫助。

國外組和僑居外國婦女會保持聯絡，供給外國人以消息，與外國組織交換經驗，並設置一切辦法以使各種會社與德國婦女協會之工作有所聯絡等等。

所有的這些種組織，都是受國社黨婦女幹部 (N. S. Frauenschaft)的指導，所以我們應當認為國社黨婦女幹部是領導機關，同時德國婦女協會和德國勞工總會婦女部(Frauenamt der Deutschen Arbeitsfront)乃是爲了佈漫到全國中的婦女們所做的工作而組成的連合基礎。

外國人們常常反復的問我關於使婦女們去參與所有這以上的工作所實行的强迫力量是到怎樣的程度，我願意向問者擔保，我們沒有什麼强制的行動，凡是要參加我們工作的婦女們必須絕對自動的去這樣做去，並且我只能說，她們全都是很快樂的專心於她們的工作的。

讓我把一九三五年，在女恩倍舉行黨大會時，所舉行的婦女議會上說的話摘要列下，以作本文之結束：——“所有我們作的工作，現在牠是如此的廣博豐富，使我們不能够去作詳細的描述，不過牠自然是爲了達到目的底一種手段，牠是德國婦女們要去幫助解決我們這時代中大問題的決心的表現。同志夥伴的精神鼓舞了我們全體；並且我們對我們國家的虔敬，指導着我們一切的努力。”——

德國的法律及立法(一)

(German Law and Legislation)

希耐爾 (Erich Schinnerer) 著

曹京實 譯

當國家社會主義政府於一九三三年一月三十日就職之時，牠在全國社會的，經濟的及政治的生活方面，遭遇到普遍的困難與混亂。 在法律方面，在司法的行政方面，其情形也是如此。 那時的情況是太危險了，必須立即應付，不能稍失機宜。

當時所採取的第一步辦法，是停止自有國會以來一直到現在所用的那種議事與立法的方式。 甚至就是在世界大戰以前，在帝國時代，這種議會制度已經證明缺乏效率。 從大戰接踵而來的共和主義的議會，無論如何終於變成為不僅僅是缺乏效率，並且還積極的對於國家的利益有害了。 這個共和主義的議會是依照一九一九年的威瑪憲法 (Weimar Constitution) 所制定之原則而組成的。 但是這個憲法的起草會議，其所包括的人都是些空講理論的法律家，和與國家的實際需要十分不相接觸的政治家們。 所以牠與德意志的歷史傳統，德意志的心性及倫理的質素不相契和。 而且在威瑪所施行的憲法是受着所謂的和平條約之保護而制定的，所以自然的不能夠引起一般的輿論對這個新憲法起好感。 在一九三二年到一九三三年的最後危難時期，那個本着這個憲法而運用其職權的立法機關，即德國的國會，便絕對的不能夠去執行牠的任務了。 議會的立法愈來愈被

(一) 譯者註：本文係由柏林海陸出版社(Torramaro Office)所發行的單行本譯出。

現在的德國總統所頒佈的緊急法令所代替。在一九三一年通過二十五條法律，頒佈四十二條緊急法令。在一九三二年僅通過五條法律，但是却頒佈六十條法令。然而這種緊急法令制度，是不能作爲中央政府的永久不變之依據的。

與中央政府遭遇的情形一樣，地方行政也不能應付牠們所遭遇的困難。特別是市政府更爲這種災難所危脅，這災難是由經濟的情形所致，而此經濟情形又是直接的由政治的紛擾而生。

在所有的這些之外，又加上一個德國與各聯邦政府（二）的不幸的二重統治，因此乃漸漸的將這架行政機器愈來愈變成支離渙散失掉聯絡了。

司法機關不能够阻止犯罪與惡行的數目之增加。雖然對於犯罪人的處理逐漸寬容（這是由於流行的道德觀念之寬恕精神所致），但是在柏林的犯竊盜罪的人數，在一九二六年增到三萬二千四百五十二人，在一九三二年又增到五萬二千二百三十一人。在這同一期間犯夜盜罪者，由一萬八千六百七十三人增到三萬六千七百二十九人。因搶刼而殺人的案件由二件增到七件。在一九二六年因偷竊所致的損失達一千六百五十萬馬克，到一九三二年竟增至三千二百萬。宣告無罪的數目也在增加，而這種宣告又正是與國民的正義感相抵觸，所以這個很可以作爲有力的證明，證明現存的刑事法典不能够有效的去應付一般罪犯的新發展。

（二）著者註：「聯邦國」一辭，在本文中被用過數次，並且新近的憲法之改革有許多點都影響到這些國家的地位。因爲一般門外漢曾經習慣於將德國看作爲一個政治的單位，所以在此要加以解釋。在戰爭之前（指一九一四的大戰——譯者）德國是一個聯邦同盟，其名稱爲：德意志帝國，受普魯士國王之世襲的統轄。普國王的頭銜是「德國皇帝」。在一九一八這些各式各樣的聯邦國的國王與諸侯都退位了；但是威瑪憲法（Weimar Constitution）仍保存着幾個主要聯邦國家，不過形式是改爲共和了。牠們都有獨立政府與國會。這些國是：普魯士，巴燕（Bayern），薩克森（Sachsen），維登肯（Württemberg），和小國：巴登（Baden），圖林恩（Thüringen），黑森（Hessen），梅克倫堡（Mecklenburg），俄爾登堡（Oldenburg）卜芬恩士外（Braunschweig），安海爾特（Anhalt），利貝（Lippe），邵母堡一利貝（Schaumburg-Lippe）。在這些國之外還有自由市呂貝克（Lübeck），不雷門（Bremen），漢堡（Hamburg）。

關於勞工的法律，牠是根據勞工與資本家之利益永遠相衝突之觀念所制定的，所以不能够使工業平靜無波，而工業之安定對於國家的生存又是那樣的急需。由於失業人數的增加，將現在已經存在的危機更加强了，漸漸的到了不能忍受的地步。

關於國家食糧供給之來源也到了一種危險不穩的情勢。農人們所負的債務很重，並且更甚的是他們的農地太不容易去工作，這個，大概是由於根據祖傳的制度將田產分成許多小塊所致。

除此之外，還有一大羣外國人，如猶太人，他們從東方遷居到德國，特別是當於世界大戰的時候，並且在政治，法律，教育，及需要學者研究的職業上已經得到了決定的勢力，並且在文化機關之管理方面也佔有決定的勢力。雖然猶太人僅佔全人口的百分之一，但是他們幾乎在公共生活中的一切重要位置都得到了立足地。

一九三三年所發生的政治變化，牠給法律方面帶來了許多合乎實際的改革。這個可怕的崩潰，足證現存的法律不足以應付國家的主要的需要；並且改變司法的訴訟手續，或通過幾個單個的條文或輔助的律文，是不够減消其有如此之深的缺點的。現在祇有創出一個完全新的秩序，才能够將這種情況作出有效的治療。而這種新秩序，又要根據那些新的政治原則。由國民革命所介紹入到國民生活之中的。

但是一種新的且永久的制度，不是立刻就能創出的。所以國社政府並不匆急去起草新的法典。爲暫時之計，牠且引用輔助的法令略以自慰，以這個法令作爲開路的先鋒以備再作進一步的發展，並爲將來有系統的法典打下基礎。凡是制定一種法律想要牠永不更改，立法者必須根據國家自己的生活而立法。現在德國法律學會的設立就如同一個公共會社一般，在這個組織之內有好些個委員會正作着初步的法律工作。這個是在新法典能够成爲最後形狀之前必須有的工作。現在這個學會所從事的主要工作是：法典中的家庭部分，制定並保障家庭是組成國家的大社會中的一個單位。

這個新制定的法律的整體，是被一些現在支配德國人心的主要意見所發動出來的：如同領袖的意見，人民的意見，和民族公團的意見。

爲了要瞭解什麼是新法制的基礎，吾人必須清清楚楚的把握住現在當於德國人們說民族公團，Volksgemeinschaft，這個名詞時所表現的是什麼意思。此處所指的人民，其觀念係根據一種事實，即人民中的每個份子都具有一個與全國一致的國民性。當巨大的群衆取一致的行動時，他們意識到他們的歷史的一致並且決心去完成其以國族爲一單位的使命，這樣來他們合在一起便成爲一個政治的單位了。在這個政治單位之中的領袖們也是組成此單位的一份子。所有這些份子組成一個會社，此會社名之曰 Volksgemeinschaft，其字義即是民族公團。現在這些管理民族公團的法律都是從內心之精神的，政治的及物質的需要而來。而這些需要是從共同的過去經驗發展而來。所以在國家社會主義的義意下，法律不是國家權威的表現，使人民必須對牠要像一羣被動的無生氣的人們而屈服。法律與民族公團的觀念是一致的，牠乃是人民生活的一部分。立法者不過將人民靈魂中固有的那些什麼是公正與什麼是不公正的義意及什麼是善什麼是惡的感覺抽取出來並賦以有機的表現耳。所以國家社會主義的法律觀念的出發點是人民，不是國家。國家所負的任務僅是監視法律之執行而已。

直到中世紀之末，凡介紹到德國來的法律制度都是根據羅馬法理學的原則。這些原則在十九世紀又復活了，又按定式而成形了。牠們與德國的傳統完全隔膜並且牠們也證明出來是德國法律制度統一發展的永久的障碍。安格婁—薩克森（Anglo-Saxon）的人民，曾利用其傳統的法律制度將他們內心的正義感表現出來，並以這個制度構成爲他們的整個法律觀念之基礎。而德意志人民則沒有像這樣的傳統新法律制度。在德國人生活中的許多方面，因爲引用與其國民性格相隔膜的外國制度，所以竟將其國民生活的自然發展與法律的運用相分開了。自一八七一年以來，第二帝國對於立法的努力，不能將人民的由傳統習慣所發展出來的法律直覺與博學的法學家的觀念二者間所生的裂隙給彌縫起來。在第二帝國實行編纂法典的偉大工作的人們，都是一些曾經受過羅馬法律觀念訓練的人。這部法典不久卽顯出需要改變，這已成爲週知的事實；然而想改良牠的一切嘗試均失敗了。

其中有一特殊因子對於促成法律與人民的自然的法律直覺相隔離的關係最大，就是猶太人在法律職業中獲得支配的地位。以柏林一地而論，在一九三二年，律師之中有一千八百三十五人或者百分之五十四是猶太血統。他們以他們自己的種族的法律觀念解釋並應用德國法律。關於猶太人的與德意志人的法律觀念之不同，有一事實可以表明，卽直至十九世紀，因爲他們的什麼是對什麼是錯的觀念不一樣，所以在各法庭中猶太人獲有特殊待遇。單獨爲他們立一種特別形式的誓詞，並且他們要是收受偷竊的贓物不能處罰他們。一九三五年九月十五日所頒佈的法律，方使猶太人所佔的優勢得以停止；但是在柏林的猶太律師仍然很多。於一九三七年在律師的整個數字中有九百四十三人或百分之三十二點六是猶太人。

在國家社會主義的國家中，元首是制定法律的人；但是他自己是民族公團中的一個組成分子。所以國家社會主義的法律所根據的原則，與獨裁的職位所根據的是不相同的。凡獨裁者的統治權必要用外力的脅迫方能保持，而領導者則是基於對於無條件的權威的信賴。如一有脅迫，則個人便對社會及將來便不負責任，況且國家社會主義的法律之基礎正基於個人對於責任之感覺上面。最高的榮譽與最高的理想包含在爲社會服務之中。榮譽與內部的及表面的自由對於社會之存在極爲重要。

所以，因爲以民族公團的理想作爲國家社會主義的基本原則，故法律的形式之造成必須能表現出這個原則並給每個德國人一個他自己的地位，視他爲國家社會的組成份子。個人並非孤立絕緣與社會面面相對。一個公團必須由會員組成。這些會員並非僅僅是這個公團的規章，或社會的制度所施用的對象，乃是每個人他自己便是這個公團的代表，每個人在這個公團之中都有他活動的園地。這個公團的整個活動全依賴其中的單個份子的力量與成就。所以每個份子不像在專制的國家之中居於臣民的地位，他自己毫無權利。正相反的是其公團的權利就是他的權利並且該公團的光榮與自由都依仗着他。但是他之所以能夠佔據這樣的地位不是因爲他自己而是因爲公團。公團有政治權利但亦有政治義務。

國家社會主義的革命，其義意不僅僅是一個正存在的國家之外表的崩潰，並且牠還含着使那個國家的基本觀念與其法律要有改變。所以假如我們認爲一九三三年所生的革命僅僅是反對惡點那麼我們是錯了。國家社會主義的法律是代表一些內質嶄新的東西，牠足以能夠將新生命滲透到所有的傳統的形式之中。元首與人民，民族公團與德國的公民是組成國家社會主義之法律的觀念的主要原素。這個新法律的目的就是使這種觀念成爲一種具體的形式。

國家與民族

國家社會主義的革命不像別的革命一樣，牠不是用破壞憲法的方法去完成革命。從威瑪共和轉移到國家社會主義，這種憲法的轉移是從一九三三年三月二十四日所通過的法律方得到了憲法的形式，由於這個法律才建立了現在德國的領導權。在二十四日那天，以四百四十一票對九十三票之大多數這個依照憲法而選出來的國會乃將現在德國的領導權讓給了現在德國的政府。這個意思就是說德國現在放棄了以往那種立法的方法了。德國國會通過這個法律，其行動是在威瑪憲法所限的範圍之內的；因爲該憲法並未限定以改變憲法爲目標所制定的法律之範圍。該憲法所規定的大多數的票數是得到了。憲法所需要的形式也遵守了。由於這個法律，國會表示出牠贊同現在德國的總理所頒佈的政府宣言書。這個宣言書立定線索，內外的重新建設的工作均沿着這些線索去向前進行。但是這個法律的政治義意更要深進一步。牠承認由此便將領導地位授與了德國民族公團。由此在國家生活之中各種政治黨派所造成的區分便被取消了。國社黨的德國便被委託去實行新改革的任務。但是雖取得了立法的職權，政府並不因此就引用一種緊急的過渡狀態，因爲那樣作法結果將要使許多事務又回到老的狀態。從此國家的領袖們的權威便永遠被承認了，並且在他們的手中立法權與行政權也合而爲一了。

這裏有一個重要點，就是立法的活動其發展是隨着國家社會主義革命的成功而來的；而這個革命之完成並未引起任何對於法律的表面的劇烈的破壞，雖然牠對於整個的德國人民及單個的德國人的影響極深。直到今日威瑪憲法並未被正式取消。但是當於革命變成爲事實時，威瑪憲法已失掉了其整個的實際重要性，已不足以去作爲國家的基礎了，因爲國民的生活已將其形式破壞，正在找尋一種合法的新形式。威瑪共和時代的原則必將要與現在德國人民所生活在國家憲法相衝突，雖然成文的憲法在現在尚未制定。現在的德國政府並不認爲他們的任務在頒佈一個新憲法。其實新憲法的基礎已經奠立下了，將國民生活賦以活的形體的那種新的法律組織的地基已經預備好了。

除了關於國社黨的德國領導權的法律之外尚有其他法律列在下面，鑑於牠們根本的重要性，牠們可以算作一些已經通過的憲法：一九三三年三月三十一日及四月七日的「調和法案」，一九三三年七月十四日的「人民投票法案」，一九三三年十二月一日的「黨國調合法案」，一九三四年八月一日的「繼承法案」，一九三三年一月三十日的「地方長官與地方政府法案」，一九三五年三月十六日的「服兵役法案」，一九三五年九月十五日的「德國國旗法案」，「德國公民權法案」，及「保護德意志血統及光榮法案」，一九三八年三月十三日的「奧國與德國重合法案」。

從這個表，我們可以看出國家重力的中心點不是置在國家的外表的組織上及與國家本身以外的一些東西之關係的地位上。反之，國家乃是由人民之內在的親族關係而決定的，「國家」這個名稱是爲了向人民服務才能存在的。國家，黨，經濟組織，司法制度，僅是次要的原素，牠們都是因爲向人民服務才存在的。這一點在一九三四年八月八日德國元首在頒佈的宣告中表現的清清楚楚。在這個宣告之中，他要求內政部長預備一個國民總投票表決由政府去任命現在德國的元首總統（Führer-President）。

該宣告謂：『內閣決定將前總統之職務交付與余，同時並兼總理之職。余希求全德意志國民均應坦白與以贊同。我絕對相信國家一切權力均由人民而來，故請求將內閣之決議及必須附帶之事項必須立即呈示於德國人民之前，以便使人民用自由投票之方式表示對於此等議案之意見。』

有人指出國家社會主義的特點說牠是全體一致的國家，如一看上邊所寫的那樣的人民與國家的關係可知這種說法是如何的荒謬。凡國家其本身爲某一目的而努力而且並非以牠自已作爲努力之目標時，在任何意義之下均不得稱牠爲全體一致的國家。在全體一致的國家其重力之中心已早變成爲對於個人之不利。在那樣情形之下是無保障的個人與一個有全權的國家面面相對。而國家社會主義的國家牠是爲向人民全體及每個份子服務而存在的。每個德國人均爲整體中之一份子，所以他被請求在國家生活之中要同力合作。全體這個名詞以應用在國家社會主義的 Weltanschauung（世界觀）方爲合適，國社主義的 Weltanschauung 是由於全體人民及國家維持生存的一切活動所造成。

憲法中最重要的條文是那些特爲保持德意志血統之純粹而制定者。對於國家社會主義而言，「人民」這個名詞其意義並非指德國統治下之臣民之總數而言，也不是指那些具有共同歷史的全體而言。人民者係政治的一個因子，牠自已具有其實存之本質，並且爲了保持這個實存之本質，其血統必須要保持純潔與健康。種族是國家存在之基礎。去討論種族的組成份子是白白的浪費時間；上帝用種族之石建造成人類，我們的任務所能作到的僅是保持種族的原形而已。這個就是德國在一九三五年九月十五日國會所通過的「保護德意志血統及德意志光榮法案」的目的所在。這個法令確使德意志人民將要清清楚楚的與生活在同一國家領土上的猶太人民分開。這是一個很嚴厲的分隔，所以其結果對於個人常常像是苛酷尖刻。不過祇有將生活與法律完全分開才能使在一塊領土上共同生活的兩種人民尚可容忍。這個可以用避免血統混合之一切方法去達到。祇有一種健康的互相的感覺，覺到別的種族是外族的，那麽種族間的仇恨與輕視方能避免。這個法案之目的在使德意志人民將來能夠得到必需的生理的一致性。一九三五年九月十五日的「德國公民法案」是在政治方面的其他法案之補助法案。這個法案將國家裏面的德意志公民與別的人民相分開。德意志公民者是構成德意志之「偉大」的代表者及其根本；其他人們者僅是住居於此國內以謀其自己之利益者耳。「祇有同族的同胞方可為國家之公民。祇要是屬於德意志血統他們就是同胞，沒有宗教信條的區分。所以沒有猶太人可以被認為是同胞的。」（黨綱第四點）。祇是德意志公民方具有完全的政治權利。祇有他們可以行使參政權，可以為官吏，可以參加國會選舉或人民投票。祇有他們可以為國會的議員或為國家的參事院，省參事會，市參事會或區參事會的參事，或者可以當行政官吏或接受公共官廳的名譽職。賜與這些權利的條件，是：其人必須能夠勝任並且由心所願的，忠實的，去為德意志的人民及德意志的國家而服務。

德國公民所享受的權利是以德國公民證的形式所獲得的，而德國的屬民則僅是隸屬於德國的人，他是一個受保護的單位。這兩者之間已經劃分清楚，所以對於那些僅僅具有一部分猶太血統及目前居住在德國的人們必須將他們的地位加以規定。對於這樣的這一羣人，他們居於兩個本質不同的民族之間，是非常的困難，並且因為他們而引起許多討論。為解決這個問題必須要作些大的讓步。這個讓步之中制定一個規則：凡其祖先為猶太人但未足三代並且未曾宣佈他們歸順於猶太人民的人們不能算為猶太人，並且在某種條件之下可以允許他們被吸入於德意志民族之內。祇有那些屬民其祖先有三代或四代為猶太人者方算為猶太人。屬民之有兩個猶太祖父母者可以得到允許去與德意志血統的女子結婚。

他們與那祇有一個猶太祖父或祖母的屬民在某種條件之下將來可以被吸收到德意志政治團體之內。 這條規則對於那些有一個或兩個猶太祖父母的人很佔便宜。但是假如不將與私人的會社與團體等有關係的亞利安（Aryan）規則同時取消則以上的規則便不能實施。 但是要使猶太人再在德國政治上或文化上取得支配權，那是永遠不可能的了。 在法律條例上或黨的規則上其更較嚴厲的限制仍然存在並未變更。 德意志人民將來能夠十分的健强有力足以抵抗這個已經混合的外國血統，祇要從此之後受到保護不再繼續混合。 在特別情形之下，德國的元首對於這個法令可以允許有例外。

國家社會主義黨乃是代表人民政治生活的組織。 在現在的德國中牠是惟一的政治組織；因為一九三三年七月十五日所公佈的法令曾規定廢棄舊的政黨制度，不許組織新黨。 政黨的任務是鼓舞每個人都具有向國家負責任的感覺。黨的地位並不藉賴國家，其存在是本於牠自己的權利。 實際來看，現在的國家在牠尚未成為事實之前牠已經理想的存在於黨之中了。 這個新國家所通過一切法律不過僅僅是將黨的原則作有效的實施而已，並且在政治生活之中黨是站在指導的地位的。 然而，雖然牠站在指導地位，但是那些非黨員並非被排斥而不許參加政治生活； 因為經過國家社會主義革命之後人民已經變成為政治權力的受委託的人了。 在黨與國家的關係中，另有一特別法案將兩者的關係更作進一步的規定，這個法案使黨與國家合為一致。 一九三三年十二月一日將這個法案通過。 因為任命黨的總理為國家之元首及因為黨與國家的官職多為同一的人所兼任，所以由法案所建立的這種黨與國家的協和早就已經實現了。 這個法規不過是供給這種實際的協和一個法律根據而已。 但是這個法案的目的並不想在黨與國家單個的自已施行的活動範圍之間劃出一條清楚的界線與分別。 反之，牠的目的是想為合併的工作及合作打開一條大路。 在表面上看，因為任命總理的代理者為不管部的內閣大臣，所以這個新的位置就算正式的發表了。 這樣一來，他的職務乃不屬於國家的任何一部。 他將全副精力均用在黨的事務上，並且監察黨對於國家內政所發生的影響。這種將國家與黨打成一片的機構是國家社會主義國家的一個特有形式。此點在國家公共生活之各部中均可見到。

由於「德國領袖法」之制定，乃將從來所存在的民主代表制度取消了——這個法案已在一九三四年一月三十日爲「德國改組法案」所修正及補充了。該法案採取各種選舉及人民投票之方式並將範圍大加擴充。用這種方法牠對於直接民主政治加上了一層新的重視。以先常常的犯一種錯誤，以爲民主政治必須附帶一些特別的機關（卽指政黨競選及上下議院等——譯者）。因爲這個原故，一般的人民均以爲：因爲德國已經放棄多黨政治及由議會投票方能立法之制度，所以她已經放棄民主主義的原則了。其實，所謂民主主義者，其意義乃是以人民爲主權，並且含着政治領袖必須向大多數人民負責及必須爲大多數人民代表之義。本此觀點，假如我們考慮德國人民的內部生活，我們必須承認：德國已經有了根本的改變，而由這種改變建立了直接民主政治的形式。這種改變與民主政治及獨裁政治的爭論是毫無關係的。沒有人能說德國元首曾經否認「主權在民」爲統治國家之最高原則。他三番五次的將他的工作置於人民之前，讓人民去評判。他以人民的名義去作事去發言的權利是無人能及的。現在我們孜孜不息的去發展一種政治領袖制度，要從人民羣衆之中產生領袖。由於這個事實，可見我們已將民主政治的原則見諸實行了。還有一種選擇的方法，凡是人民大衆中眞正有才幹的人，不管他是什麽出身，不管有無財產，祇要他有卓越的能力能够勝任，便任命他爲領袖。在一九三七年一月三十日，元首在國會中講演，說道：『這種選擇方法將來必能够遵循自然法則及人類理性的指導，所以施用這種方法，凡是人民之中表示出有極大的自然能力的人，將來必要把他們任命爲國家的政治領袖。當於從事這種選擇的時候，不考慮其家世或祖先，名望或財產，而僅僅的考慮他是否具有配作地位較高的領袖候補人的天資。』

在一九三三年七月十四日頒佈的法令規定了一個實行人民投票的合法的程序。牠命令國社黨的政府不僅關於立法方面各種事項，並且凡作其他事情都必須去得到人民的裁決，因為人民是握有主權的。假如人民投票所要表決的事件是一條特殊的法律，投票的結果如是表示贊成，則這個表決不僅僅是表示贊成而已，並且其本身就是一種正式的將這條法律制定了。在國家社會主義政權的最初四年之間曾舉行過四次國會選舉，三次人民投票。這三次人民投票所決定的事件是：德國退出國際聯盟，廢棄凡爾塞條約中的軍事條款，阿道爾夫·希特勒就職為德國總統，及奥國與德國復合為一國。

由這次革命所帶來的國家的統一要求一種與此相符應的國家統一，以與人民的意思相符合。這樣以來，則德國人民中之最優秀份子多年所企望的，在憲法之中得到滿足了。國社黨執政下的德國聯邦組織，是發源於朝代的制度，這種制度是聯邦中的每邦均自有主權，就是在第二帝國對也是如此。一九三三年一月二十八日總統所頒發的命令早就賦給德國政府一種權柄去採取必需的步驟以維持聯邦中的各邦政府的法律與秩序。那就是由政府任命全國的事務官。趨向憲法統一的第一個決然的步驟是一九三三年三月三十一日所頒佈的法令。這個法令所規定的是：凡各聯邦議會之組織及各地方參事會均要按着國會選舉的結果而更變。由此，這些個團體乃得到了統一的政治指導，並且按着「德國領袖法案」所規定的原則賦予各聯邦以立法權——這個法案是曾使德國政治領導權得到統一的。在一九三三年十一月十四日國會被解散了，各邦的議會乃自動的也解散了並且未再重選。一九三四年一月二十日的「改組法案」使各邦政府的活動都附屬於國社黨執政下的中央政府。每個較大的邦都任命一個長官去治理，如巴燕(Bayern)及薩克森(Sachsen)，至於較小的邦則劃分成許多組，每組任命一個長官去治理。凡以先各聯邦政府所執行的職務，有許多都由現在所任命的長官去執行。因為他們都是元首的代表，所以他們一定要監視各聯邦政府的工作，使牠向着鞏固德國的政治統一方面邁進。各邦的長官之主要的任務之一便是任命或撤換其所轄之邦的首相及其他部長。他為其所治理的邦立法並公佈法律。他任命文官並撤換那些未經國社黨政府所任命的官吏。一九三四年一月法三十日的法令將各聯邦所賸餘的主權也都移交與國社黨政府了。由於這種辦法，各聯邦政府變成爲僅僅是國社黨政府行政的脈絡而已。各聯邦政府所立的法律須要請求國社黨政府的管理該項法律之部長之承認。司法行政早就直接的被國社黨政府拿過去了。但是雖然將所有這些權利均集中在國社黨政府，而各邦長官的地位却是由於一九三五年一月三十日的法令才成立的。他居於國社黨政府與聯邦政權的中間連絡地位。並且還委任給他一些現在德國政府所有的權柄，這樣來，如果遇有必需，則他可以對於地方特殊情形得以變通辦理。這樣辦法，雖然德國完全統一，但是德國人民在各方面的特點仍然可以保持不毀。

但是，截到現在所公佈的法律爲止，並不是說憲法的發展已到了末期，不再前進。我們不過是爲更進一步的發展，淸出一段道路而已。這個新憲法的組成並不是由上而成，乃是從下面所生，從國家中的最小的細胞，地方自治團體所成。因此，最先制定憲法的乃是這些地方自治團體，其具體形式是在一九三五地年「方政府法案」中表現出來的。但是這個法案並不是着眼在這些地方自治團體的政治工作。在許多方面都表現出來這是一種小規模的試驗，到最後可以對於國家憲法有重要的幫助。所以地方自治團體法案是國社黨執政下的國家的基礎之一。並且由牠所預備好的地基之上新的國社黨國家之機構將要建設起來了。這個地方自治團體法案所包括的條文是從德國的老的有價值的法律觀念而來。牠的最要緊的部分是石太因男爵 (Baron von Stein)(三)所主張的。因爲這種組織的目標是賦與各地方自治團體以很大的獨立權，所以牠們乃能對於整個的國家之福利作到其勢力之所能及的貢獻。爲了實現這個目標，所以採取這種形式，這種形式是代表國家社會主義的。這是人民社會的觀念應用到行政方面的第一個例子。所以地方自治團體法案並不是認爲地方自治團體僅是一個技術的及經濟的行政單位，而是認可牠是一個社會，這個社會乃是根據與其鄰近的

(三) 譯者註：請參看中德學誌三卷二期楊丙辰先生譯之石太因男爵傳略及描寫之石太因。後者對於石太因改革市政組織有很詳細的說明。

特殊情形所組成。 這個法律鼓勵每個地方區域都要堅定不移的獨立，於是每個公民藉着他在地方自治區內較狹的社會中的工作，他可以很敏感的並且一心一意的負起責任爲較大的國族團體而工作。 因此，他不再是幾百萬人中僅僅一個湊數的一個單人而已，而却是在政治生命中有他的特殊功用。 由於這個理由，所以不能認爲地方自治團體僅僅是一個被動的機關，祇是去執行國家的命令的機關。 牠在牠區域範圍之內還負着責任去完成那些與國家大社會有關係的事務。由下列三點可以將德國地方政府的性質作一總論：

（一）以原則而論，地方自治團體應當由自己負責執行自己的事務。 國家的監督祇限於監視地方行政是否按照法律及按照國家的一般行政去作。 但是這種監督如果發現某一地方自治團體所採取的辦法與國家不合時，不能引着國家去把這些行政機關取而代之。 監督部所能作的祇是阻止各地方機關將那些與國社黨政府的政治目標相反的法令見諸實行，但牠不能夠強迫地方機關去實行任何特殊的辦法。 各地方自治團體有用自己的方法去解決自己的問題之權衡。 這樣作，才能確切的使國家的監督不至於擾亂地方機關的發動力量及企業。 必須讓地方自治團體自己改正自己所作的錯誤。 用這種方法則地方自治團體的每個份子都可受到訓練俾能運用正確的政治思想。

（二）關於市長的人選，地方自治團體他自己有一個特別的機關去決定自己的事情，市長與市參事會會員都不是由政府認命的。 市長是由地方自治團體自己任命，市參事會會員是由黨的代表任命。 地方社會法案規定：凡成爲市參事會會員之公民們其職分乃是去作該地方自治團體及其特殊問題的代表。 這個意思是：祇有那些與地方自治團體的生活有密切接觸的人，及因此而感覺到他對該團體的福利應該要擔負責任的人才夠資格去當市議員。

（三）凡一地方自治團體中的公民，都要被請去參加決定事務及共同去執行政務。 這個新法案並不是要每個公民，經過一種密祕投票的手續，必須每年一次具體的表示出來去宣佈他對於地方行政要擔負他的責任，而是使每個公民要作實際的合作並且要社會中每個份子都肩負一部分實際的責任。祇於維持某一些學理上的形式是不能夠使眞正的自治政府之存在得到保障的。祇有當於每個公民不僅僅有行政權，並且還要有合作的義務時，眞正的自治政府才能夠得到保障。地方自治團體中有許多名譽職員，並且地方社會法案規定任何人都不許拒絕去接受名譽職。已經實行的名譽合作制其範圍之廣大可於下列數字看出：——在德國五萬一千三百十一個地方自治區中有百分之九十六點零三是由名譽市長來治理。在十三萬八千八百九十五位市參事會會員之中有百分之九十九點四二是名譽職。此外還有二十九萬一千二百三十四位市議員及三十萬零五千二百四十八位副議員。所以，共有七十七萬七千九百七十三位公民擔任名譽職，而僅僅有二千七百七十人是以地方政府的工作當爲他們的主要職業。

與國家一樣，地方自治區是根據領袖原則所組成。這個原則不僅僅認爲某一人有領導權而已，並且還認爲這位領袖是這個地方自治區的具體的象徵的代表。領袖的地位所含的意義是向社會負責，其在地方自治區中所具有的職權是根據於他爲本區所曾作的工作。地方自治區的市長不能以爲他能按着法律去執行本區的事務及增加本區的經濟效率就認爲滿足。他不能把地方自治區僅僅看作爲一個經濟單位，而他却永遠要在心中記着：這個自治區是由單個的男人與女人所組織成的，而這些人都是與他有利害相關的同鄉。所以他必須永遠去求得他們的合作，不能躲在公事房之中，使這個機關成爲一個孤處獨立的機關。地方政府法案事先就規定了市長與其地方自治區間的圓活的接觸之方式。凡是市長與地方自治區在以往缺乏這種圓活的連絡的地方，現在都由這個法案開闢一條道路而將要能夠使其間的關係達到圓活的連絡之方法介紹了來。這一點是這個整個法案的基本元素，並且地方自治區的生命也建立在這一點上。每個地方自治區域所能夠做的特別工作是以地方的情形而定，例如開造運河，這事是出了任何地方自治區的範圍之外，於是乃由許多自治區連合起來一同合作。在地方自治區的活動之中文化的設施代表很寬廣的部分。對一個地方自治區而言，關於文化活動之鼓勵是特別的重要，因爲地方政府比國家所施行的文化政策容易與單個公民去接近。 從生活在一起的有密切接觸的人民之中生出來的社會感是文化工作的一個良好的基礎。 在經濟方面，地方自治區的活動受一種事實的限制，即牠不能與本區的每個人的經濟活動相競爭。 地方自治區所能從事的工作僅是那些個人的能力不能够成就的工作。 地方自治區並不是因爲這個原因就把牠的活動祇限制在供濟水與電而已。 牠並且還要從事別的可以對社會服務的事業。但是如關於商業的事業，則不能專從那些事業的本身着想，也不能是因爲有利可圖才去作的。

自從人口在一萬一上的鎮的數目大量增加以來，在名譽工作人員之外又添了些以此爲職業的官吏。 因爲這些鎮市的絲毫不紊的行政工作很需高度的法律知識，這種高的知識不是每個名譽工作者所的能具有的。 但是這些專門的官吏也附屬於市長。 他們所居的祇是地方政府的輔助地位而已。 因此這種合法的行政在任何方面都不是與政治的行政相反對，反之，牠正是這整個的政治行政的一部分。 在每個地方自治區都任命一個黨的代表，這位代表必須本着黨國一體的原則去施展他的影響，使地方政府的工作與現在的德國的一般行政站在一條線上。對於日常政務，他不能加以干涉。 雖然，在某些種情形之下，市長必須與黨的代表商議合作，但是市長對於黨代表所給他的建議之決定仍然由他自己負責。假如市長提出一種辦法被黨代表駁回了，並且雖然被駁回，而市長仍然認定這種辦法是必需的，則他必需將這件事送呈全國行政的較高機關請求他們的裁判。但是關於財政方面，地方政權的權柄是有限制的。 在一九三三年以前期間，地方政府負債是異常的普遍，因此乃必需將國家的監督權加强。 不過一九三六年十二月一日，關於不動產及商業交易之徵稅法案已經將地方自治區的財政獨立權增加很多。 現在已計劃出來此後對於財政的限制還要作進一步的減縮。 在德國的觀念中，並不認爲財政是構成自治政府的主要條件。 自治政府的根本要點是發展社會生活，教導人民有正確的政治觀念及具有政治責任的意識。 地方政府案曾經規定很嚴格的條文，使地方自治區的經濟政策必須實行的秩然有序，並且潔白無私。地方社會法案也給地方自治區有制定牠自己的法律之權。地方自治區可以按照這個法案所規定的原則，去爲牠自己制定並且施行一種特別的憲法。並且這個憲法，祇要他不影響地方自治區在國家組織之內的地位，則牠並不需要監督官的批准。

在地方社會法案之外，另有兩種國內生活情形已經得到最後的形式：——由於一九三五年五月二十一日的法案曾公佈服兵役爲德國人民之一種光榮的服務。陸軍，海軍與空軍是三個惟一的團體執握武器以捍衛國家，並且由他們組成爲一個訓練學校以訓練兵士的英武品質。此外，由於一九三五年六月二十六日的法案，乃施行一般的強迫的勞作服務制。這個制度對於受國家社會主義觀念所型成的人民生活之中佔有極重要的地位。其目的在薰陶每個德國青年具有一種對於手工的適當的尊敬及具有對勞工的正確的態度。(四)

犯罪與刑罰

現在德國很想將法律加以改革很想將現存的法典加以修正，但是沒有像想要修正刑法之慾望那樣強烈的了。遠在一九〇〇年間德國法學家會議就曾經聲稱：改良刑法是立法者們所應完成的最迫切工作之一。從一九〇九年到一九二七年至少曾公佈了五次草案；但是雖然如此，這件工作仍未完成。這種對於改革的不斷的討論及對於解決辦法的不斷的研究，使司法官的地位很可惋惜的減弱了，並且對於阻止犯罪愈加困難。由於這個原因，我們爲實事所迫，不能不首先將我們的注意力集中在刑法的改革上面。刑法最能表示國家的政治態度，這是法律部門中的其他部分所不能比的。在一九三三年秋現在德國的司法部長代表元首去任命一個委員會，去起草刑法法典。這個委員會，工作了三年之後，

(四) 譯者註：關於德國勞作服務的理論與實施請參看拙譯之德國的勞作服務，載本學誌，第三卷二期。

完成了一個草案，這個草案現在已送交現在德國政府請求考核與批准。誠然，這草案的本身在其細則方面尚未公佈，但是所披露的關於他的報告卻引起極大的注意。關於這個草案的詳細的意見已經披露，所以其根本的觀念已為一般人所週知了。這種對於草案的計劃之公開的討論，很幫助人民對於這個題目把他們的意見表示清楚，因此便可將根基事先預備好了，以備接受這個新的法律。

這些改革的計劃，早就可以從兩個法案預先料到。對於這兩個法案如加以考慮，將能使我們對於刑法現在的情形得個概念。這兩個法案，與刑法以往所曾依為根據的原則迥乎不同。舊的刑法之目的不僅僅去保護社會，並且還保護罪犯以反對社會的專橫不合理的行為。而這兩個新法律之目的祇是去保護社會以敵對種種犯法行為之攻擊。刑事法典的任務必須不是去保犯法者，而是僅僅的使人民得到安全與保護並且去反對那些不良分子。這些不良分子不是想要逃避對整個社會所應負的責任就是去侵犯人民的利益（希特勒，一九三七年，一月三十日）。立在人與物的上面的是由人民所組成的社會，凡對這個社會如不忠盡職守就是犯法。因此，僅僅按着法律的字句去解釋法律那是應當取消的。

在一九三五年六月二十八日的「補充法」規定：不僅法律所規定的某些犯法行為要受刑罰，並且對於一種行為如果正確的正義感認為牠應受責罰時也要對牠有所懲罰，並且如果對該行為可以應用刑法法典某章所含之基本觀念時也要加以懲罰。在以先的刑法都是强迫着審判官緊緊的按照法律的字句去裁判。法官之所以這樣作，是因為在現存的法律條文之外不承認有其他法律。所以，如果一個裁判的判決不是根據法律條文上的字句之嚴格正確的解釋，則一定要認為是不合法的了。假如像社會主義一樣，一個人並不以為祇是寫出的法律條文方是法律，那麼其人必須承認：可以有些個案件並未在法律條文上特別載明，但是牠們依然可以受裁判，恰恰就如同在法律上逐條列舉一樣，所以也應予以懲罰。

一九三五年，六月二十八日的「補充法案」並不是說案件的判決須以法官的主觀的感情而定。該法案要求法官要注意到人民的正義感，並且因此而根據客觀的標準——刑法法典某一特別章的根本原則——或者根據以先曾裁判過的與此相似之案件去處罰。僅僅是這個樣子的案件他才可以處罰。並且這種懲罰必須是如法律所規定的。所以法官就這樣的而受法律的綁束了。因爲每條法律都是代表國家的領袖的政治決定，所以法官所具有的自由僅僅是法律允許的那一部分。法律並不認爲人民的正義感僅是羣衆所執定的觀點，而却是普通的公民的健全的無偏見的判斷。所以法官在此後必須以德國人民的法律爲作判斷之根據。

由於這個「補充法案」，那個人所週知的原則——祇有法律確切規定的犯法行爲方可懲罰(nullum crimen sine lege)——是已經被放棄了。這個原則曾經被人稱爲是受歐洲文化的一切國家中的刑法的基本原則之一，並且由於這個原因威瑪憲法也包括着這個原則。但是，比較法律之研究，曾指示出來這個觀點是不對的。根據"法律"這個字，我們祇知有制定的成文法而不知有判例和慣例法，雖然一般的人都承認這後者是可以作爲法律的。在英國刑法的大部分都曾經被制定的法律所改正及規定了。但是殺人者仍然受習慣法所管轄。無論成文法是可以解釋的如何的緊嚴，然而那個「nullum crimen sine lege」的原則在此處仍不必一定引用。在此之外，英國的成文法，由於他們語言之多方面的變化，及其所含的解釋的慣例，法官可以有很大的自由。這種自由的範圍之大是德國法廳所十分不知道的。但是慣例法是存在於英國之外的，例如在三個瑞士的縣區之中的便是。在丹麥刑法的法典甚至竟達到了那樣的地步，竟允許凡是與某一特別法案相似之案件均可應用同一之法律。在挪威，瑞典，及芬蘭這種解釋的方式，誠然不是明顯的爲法律所允許，但是在實際方面，這個彷彿類似的原則却應用在許多重要案件上。然而，我們一定要承認：如果無限制的應用這個類似的原則，則將開端去作各式各樣的解釋了，於是法官們他們自己將要到最後演化出來一種法律，既與人民的生活不相接近並且與一般民衆的正義觀念也相背反。而民衆的正義觀念者乃是一切不成文法律的根本。由於這個理由，德國乃將成文法及民衆的正義觀念所含的基本原則合在一起，包括在自己的法律之內。於是這兩種原素乃可以互相糾正。在北美洲有許多聯邦在他們的刑法之中也包括一條款：凡法律之應用並不必一定受法律字句解釋之拘束，但是必須注意到法律的基本原則。在紐約州的刑法法典之第六百七十五條包括這樣的條款：無論何人他如作出侵犯他人或別人的財產，他如擾亂治安或公共健康，或違犯禮儀，雖然其行爲是未包括在懲罰法案中之成文條文之中，均可懲罰。凡是要求在一切文明國家之中行使公法都要遵照法律條文之嚴格的解釋並且不許應用類似之原則，這種要求是不能成立的。就是在那些應用這個原則的國家之中，一個法律也可定得不很嚴密，或者一種罪過規定的很寬泛，其不嚴密及寬泛的程度足以使法官們在應用法律之時有完全的自由去決定對於什麼樣的行爲方可以應用這個法律。這樣的，當於瑞士的最高法院宣佈祇有某人違犯某種法律才可以受檢舉時，那麼無疑的這個意思是說：除了在法律上規定之外是不能使用別的懲罰的。但是這個原則的意義並不是說那些起草法律的人必須把該項法律所管轄的一切犯法行爲都詳詳細細的列舉出來。正相反的，他們可以自由的用專門名稱去代替那一堆犯罪的事實或者去用一些一般的犯罪的觀念。這樣以來，在應用一種制定的法律時，可以將竊盜罪的觀念任着法官自己的法律觀點去解釋。在一九三五年六月二十八日的補充法律中也具有這種辦法。但是不能不加以說明的是：所謂離開了 nullum crimen sine lege（卽法律之外無罪過之意——譯者）的原則之意思，並不是說是放棄了 nulla poena sine lege（卽法律之外無刑罰——譯者）。僅僅是在法典之中所確認的那些應受懲罰的行爲，方可以科以刑罰。

刑法的目的是在保障社會，以抵制那些一切能够危及社會的情態，所以在一九三三年十月二十四日的補充法，竟包含着對於習慣罪過（卽累次犯同樣罪——譯者）之抵制的條文，和保障民衆的辦法。在以先，一個犯法的人，在他所應得的徒刑期滿之後他就應當被釋放了，雖然預先就看出他出獄之後在社會中度生活之本性將要引着他又去作一些違犯社會秩序的行爲而濫用他的自由。常常的有那被殺的小孩或被强姦的女孩的不快樂的母親質問法廳：將那犯罪的人釋放了恢復他的自由又去侵害那不幸的人們及使社會蒙受嚴重的損害是眞眞必需的麼？所以這個法律（指一九三三的補充法——譯者）可以使法官去判決那些有危險性的習慣罪犯受到一種比平常條件所規定的更嚴重的懲罰。這種刑罰所可增加的限制在補充法的本身上已經載明了。一個危險的習慣罪犯者乃係某人重複的地——一般的說，三次——作出一種犯法行爲，並且照他所作的案件的一般的情形來看，他顯示出他不僅習慣的作犯法之事，並且他在將來就如同現在一樣也是社會的一個危險分子。所以這些條款祇是關於嚴重的罪惡，並不應用在像習慣的行乞等等那類的不正的行爲上面。在增加懲罰之外，法律規定預防的監禁(preventive detention) 以爲保衛公衆的最後辦法。這個不能認爲是一種懲罰的辦法。這個罪過的本身是用監禁去刑罰牠，但是假如這樣還不足以保障社會免去將來再生此事，那麼這個犯法的人乃被拘留，藉此可以使他不再去作其他壞事。這種拘留時間是直到不再認爲這個犯人是社會的危險分子時爲止，並且由於一種定期檢查決定拘留時期之長短，以必需爲度不多延長。再進一步的保護辦法是將具有危險性的關於「性」的習慣犯人的生殖器去掉，在北美洲某些國中及在丹麥也有這種辦法。誠然，這對於犯人身體的完整是一種永久而嚴重的妨害，但是由於這個則能够去保護他不至陷於完全失掉自由或長期拘留。藉着這種手術，則使人作出性慾犯法的衝動能力無論如何是很減弱了，他再不能够再是危險的源泉之一了。法律也認可去將犯人送到醉漢教養院或勞工居住區，假如在那兒預料可以有教育的方法很成功的去阻止犯罪的趨勢。在同樣的方式之下法律又規定：凡是因被告發的人如因有神經病而法廳必需宣告他無罪時，法廳可以命令這被告的人收在收容所中或家中。關於這種處置罪犯的辦法所成功的成績可以從下面的數字看出來：與一九三二年相比，在一九三五年犯罪的數目減縮如下：殺人犯百分之三三點九，搶刼同着暴行百分之六四點二，放火百分之二十二點八。（關於竊盜罪數目之減低不能够作爲比較的根基，因爲牠們曾受到許多特赦法的影響。）凡是對於阻止犯罪之努力有關係之實地工作有關係的人都可以證明出這些辦法對於習慣犯所生的妨止的影響。一九三五年六月二十五日的補充法還含有一種規定：凡遇到緊急事件每個公民都有加以援手的義務。這個是由國家社會的觀念所生。無論是誰，凡遇到一般的危急情事或意外事件，而他所處的地位又正宜於去加以幫助且對自己不至有所危險時，在這種情境之下如果他不肯幫忙則他應受處罰。

雖然這兩個補充法或者曾經將這新的刑法法典中之最緊要的辦法已預示出來，然而這新的刑法要包括那樣多的革新之點，在此處我們必須要給牠作一個短的敘述。最重要的是這個新的法典對於建立犯罪的純粹原則是更走進了一步。爲了如此的作法，這個法典所注意的不僅是犯人與他所犯的罪過之間的心理關係，並且還將倫理方面所生的影響也計算在內。在將來的刑法將要認爲「罪過的成立」不僅必須去證明犯法的人知道一件罪過將要產生什麼樣的結果並且故意的讓這種結果發生，或者這種犯法行爲是由於缺乏合理的小心所致。將來的法典將要必須還要去表示出來犯法的人知道，或者應當已經知道，他是正在作錯事。一個人可以作出某一種行爲，而這種行爲恰巧是新頒佈的法律所認爲是犯法的，或者這環境是那樣的複雜致使他有理由爲什麼不能夠知道他是在作錯事。一個人作了犯法的事，祇有當於他在作這件事情時明白知道這是犯法的事情時，他才可以受到懲罰——這點是早就許久以來就認爲不公平了。譬如一位老婦人他是德國國籍，她從瑞士移居想要住在德國，但她對於國外匯兌的規定一點都不知道，於是她乃受到責罰，因爲她沒有登記一個小的國外帳簿，雖然毫無疑問的她對於法律的規定是毫無所知的。因爲此後的法理學，將要認爲：所謂罪過者不僅僅是對顯而易見之法律條款之違犯，並且也是對於社會的一種攻擊，一種反對國家生活的行爲，所以無論犯罪的人他本人對於犯罪的情形有所認識或能夠認識，都必預加以計算。法官們一定要很仔細的研究犯法者所聲明的他不知道他是在作錯事。並且假如他所作的行爲與全國的基本的是非觀點不相牟合，則他所作的聲明是不能允許牠有何作用的。　譬如有人要求說：該犯罪人不知道竊盜與殺人是被禁止的，則這種要求顯然的是不値一顧。　但是在以上所提到的那個老婦人的案件，那個被告發的人是可以宣告無罪的。　祇與健全的法律觀念相合的請求方可免去懲罰。　不僅一個犯人知道他正作些什麼事，並且還要他知道他是在作錯事，在這種情形下才能對犯人施以懲罰——這種條件表示出來與摻和在全歐洲國家中的刑法犯罪的學說有重要的分歧。　在事實上其意義是：在刑法之中「公正」與「道德」再不能有根本的劃分了。　假如我們眞正的覺到個人再不能脫離社會而存在，所以再不能够有一個特殊的，並且或者不同的倫理的法典。而個人者乃係社會之一分子所以他是社會的倫理觀點的代表人。　由此我們必須承認刑事罪過觀念之改變是追踪而來的無可避免的。　未遂罪也將要有不同的處理。　按照直到現在所存在的法律，祇有與嚴重的罪犯有關係的「未遂罪」方受懲罰，並且比實際作成功的罪過所受的處罰要輕些。　犯罪未遂與犯罪已遂是有區別的，這種區別是根據作惡的目的並未曾完全達到而來。　因爲這個就要實現的刑法將注意點集中在犯罪的動機，所以牠必須對於那類犯罪的任何嘗試都要加以懲罰，並且祇有當於表示出來這個想犯罪而未遂的原因是由於犯罪者犯罪意志程度不强所致時，刑罰方可以減輕。

這個草案的第二部分，是關於各個分開的應受刑罰的過失之敍述，也曾擴張達到一個重要的地步。　每組的先後是按着犯罪行爲之目的重輕而定。　第一組並且最主要的是保護人民去抵制叛逆罪。　其次是保護國家富源，保護國族的生活（種族與遺傳性，防衛能力，勞作力，國民健康），保護人民道德與精神的理想（結婚與家庭，道德與宗教信仰，對死者之尊敬，對於動物之保護），保護商業與國家的財產，及更進一層的是保持國家的制度與秩序（人民的統率，公共的秩序，司法）和保持誠實（違犯良好的信義，財產，和刑事上的私利）。　幾十年來就有學問淵博的法理學家從事研究刑法之改良，現在這部新的刑法之作成勢必要引用那些學者所研究的結果。　然而以先的補充法中的那些基本條文也曾摻和在刑法之中，以便使刑法能够新舊一致。

新刑法法典中的最重要的一部分是關於刑罰及每條特別法律所限定的刑罰之規則。關於懲罰的方法沒有重要的改變。將來的刑法也是要包括死刑，懲役(penal servitude)與監禁的。此外，還規定罰款。但是罰款之多寡是以其個人之財富環境而定，以犯法者的每日入款爲計算的基礎。刑罰的逮捕(penal arrest)是被廢棄了。以監禁在城堡之中作爲「可信賴的拘禁」(custodia honesta)依然保存。當於判決各別的刑罰時，凡關於極嚴酷的刑罰，譬如死刑，乃特別加小心並規定懲役以爲更替，因而法官他自己如遇到一個案件其犯罪的程度不及該罪客觀的邪惡之甚時則法官可以將死刑減輕。最要緊的是對於每個案件所加的刑罰必須以犯法者所實際作的罪過爲準。當於酌量刑罰時，法官一定要考核犯罪人的動機。如果是一些因疏忽而犯罪的案件，法官必須考核其不小心的程度和犯法者對於他的過失行爲之漠不關心的程度，並且還要看看其所犯之罪對於保障社會之需要大小，和犯法人所引起的危險與傷害之大小，以及在他犯法之後所表示的行爲。這樣去作，則法律所施的刑罰方能與每個案件之整個情形相洽和，並且祇有這樣，刑法才能作爲保障社會的有效力的武器。施刑的目的並不在鞭撻而在保障社會，在其他國家中這種刑罰的影響並未達到其所以施刑之目的。

由於刑法的重新改造，將來還要對於審問刑事案件，制定一些新規則。在刑法之中，一定要更特別重視社會，將要在司法方面請許多不是法律專家的分子去參加。審問案件之初步，其目的在將犯罪的事實弄清楚了，將來要由檢查官去管理。在重要點上他將要必須與一位法官合作。法官是以人民的名義自由的執行裁判，所以在主要審判時法官完全不受檢查官的影響，無論是關於審判之進行及案件的處理均不受其影響。爲某一種團體的犯罪所設立的特別法廳，牠們將來要成爲永久的機關，因爲牠們的效用大有增進。這種團體犯罪，譬如政治違法，是特別重要並且微妙。在處理這種罪過時需要有一種特別程度的及特別種類的專門知識，所以這種案件祇能夠委託對於這一方面有特殊訓練的法官去審判。但是關於管理審判之規則的制定工作現在僅僅剛剛起首，所以關於這個題目之最後定案尚不能有什麼可說的。

勞　工

自一九三三年以來，關於處理勞工的法律在各方面都有有力的發展。由於一九三四年一月二十日的「勞工組織法案」勞工組織也曾經改革了。與這個辦法有連帶關係的是在一九三五年二月二十六日起始應用「工作簿」，這個工作簿上面有許多關於勞工的材料與數目字，都是供給當權者去計劃勞工之分配所必需的材料。「室內工作之工資保護法案」（一九三三，六月八日），和「室內工作法」（一九三四，三月二十三日）的主要部分是保護工人以免工資之被減低，不過牠也使人們能夠禁止室內工作有危害生命，健康及道德之趨向。更進一步的還有「工作時間法案」（一九三四，七月二十六日），及「關於烤麵包廠及製糖食店之工作時間法案」（一九三六，六月二十九日）。規定八小時爲一般的工作通則。凡對於健康有危險的營業，其工作時間必需減少。在保護勞工這方面，我們有關於壓縮空氣（即將空氣用科學手續壓成液體，有大爆炸力——譯者）工作之管理規則（一九三五，五月二十九日），及「關於建築業工人之安逸之設備法案」（一九三四，十二月十三日），牠給工人（男與女）設備一種健康而充分的必須的安適的設備於煤礦中，於輪轉機及鏈鍊工廠與玻璃工業之中（一九三三，五月十二日）。在關於疾病，殘廢與災難保險的改組之外，整個的社會保險也曾經改革了，於是可以使保險工作更能運用的有效率而經濟。

所有這些個法案能夠很容易的把牠們放置在現存的法律部門組織大綱之內，但是祇於說出牠們的名稱來並不能夠告敍我們一些牠對於勞工法各方面所取的完全新的態度。以先的勞工法，是以工人的協會爲中心，並且承認這些個協會爲法律制定的會社，以應付階級衝突。因此乃在國家生活之中，給了他們一個地位。但是，現在那種協會與「勞工組織法」所表現的觀念完全不合。勞工組織曾經遇到根本的改良。國家社會主義的國家並不想法去使國家社會主義者及工業與工人的資本主義的組織相妥協。代替勞工與資本之衝突，僱主與被僱者之衝突，「勞工組織法案」曾成立了「工作會社」，該社是以向全體人民服務為目的。『去為民族公團之最高的利益而服務，他們不是僱主與被僱者，而却是人民的勞工代表。』（希特勒在發動機展覽會上說的，一九三五）。無論那一種工作都是向社會去盡義務。對於每個德國人而言，工作之意義是生活之目的的完成。所以那種以為手工是居於劣等地位之無意思的觀念是終於被駁斥了。在穿孔機器上的一個熟練的工人，他所完成的任務比工廠辦公室中的書記更為重要，雖然後者稱他自己是「腦力工作者」。在「民族公團」組織之內，任何工作成績，其價值之大小全視國家生活之需要而定。社會榮譽之意義是基於這種責任之完成及對於工人之敬視。光榮是我們國民生活之基礎並且是我們國民的最可寶貴的財產。根據其本來的性質，牠必須是無所不包。牠必須探入到國民生活之各方面並且作為其根本的原則。社會與榮譽是不可分的縛在一起。所以牠是「工作會社」之基礎。

勞工並不是被認為僅僅是用體力去完成某一種任務。勞工乃是一種活動，對於社會有價值的活動。以勞工之整體來看乃是國家的勞工，每個工人乃僅是從事工作的民族公團中之一份子。他幫着去完成一種事業，須由人民全體去作的事業。國民生活的法律還要以勞工作為淘汰的工具和激刺精神的與道德之力量的工具。因此，勞工是組成社會的一個因子。所以，我們不能認為勞工與環境與工作進行的情形，及那些事情如：工人的安全，撤職的條件與假期，工作時間與工資，僅僅是私人的協定，無論是有怎樣的害處社會都要容忍不能干預。反之牠們必須受法律之約束，因為牠們是與整個社會有關係的，而法律呢又是管理全體人民之生活的。

因此，在每個工廠或商業中之工作之進行都是為了人民與國家之公共利益，其成功或失敗均能影響整個國家之命運。僱主與領袖在他的商業中的位置是附屬於這個使命之下的。他與他所僱用的工人們之合作的工作並不是根據相互所盡的義務，而是建於為國家所作出的工作成績。所以僱主的領袖地位並不是說他是一家之主可以任意而為。反之，其意義是：他應為他的工廠及為國家所作的事情負責任。由於一種事實將僱主與他的工人結合在一起，即是他們都是分担國家之勞作。這種合作的主要點是基於社會的榮譽，其意義是責任之完成，及對於每種工作都加以尊敬。去違犯這種榮譽之原則就是冒犯在「勞工組織法案」中所表現的事項之秩序了。

「工作會社」的形式是要牠必須「自治」。這種自治的機關是互相信賴會議，這個會包括工廠的領袖及由工人選出的份子。其最重要的任務是去幫助起草工作規則，去監視所應用之保護工人免去發生意外之合適的辦法，及去增加互相間之信任。

這個勞工法之實施權是操之於勞工委員，他們是在每區都有。但是他們的任務並不是用官吏的强迫辦法去組織「工作會社」。一個會社是不能够用强迫所能產出的。勞工委員必須用他的個人的影響，用教育與忠告，一般的和特別性質的，去包管使他的工作實行而使國家之强迫成為一般的不必需。以直到現在，勞工委員曾表示出來，雖然當必需時他們曾經施用「法案」所給他們的權力，但是他們曾避免任何足以使他的努力趨向失敗之嚴重的干預。

勞工委員們之工作是受「德國勞工陣線」之佐助。德國勞工陣線者是德國全體工作人員之一團體。牠是一個社會，一個自治的會社。因此，牠將以先的工人的社會組織都攬了來並且曾經利用有力的組織使牠們更加完備。牠更進一步的去改良牠的會員們的生活環境，去幫助他們，並且凡會員如遇到意外的不幸牠也去加以援助。因為這個組織包括僱主與工人兩方面，所以牠能够行使很大的影響於私人工廠之工作情形，及按照着勞工委員們所制定的原則去組織工作會社。假設有人故意的並且含惡意的去反對勞工委員的命令，後者可以向

「社會榮譽法廳」去起訴。勞工組織法案第三十六段有一個十分詳盡的表，列舉因侵犯社會榮譽而應受懲罰的行爲。由於設立這些個法廳，國家曾作了一些完全新穎的事業。他們曾受委託去作一種工作，經過牠們自己的決定苦心作成了一種全國勞工法律。在這個法案之中所臚列的惡行是：一含惡意的利用勞工，侵犯個人的榮譽，含惡意的危害工業之安寧。不遵守勞工委員所發佈的一般的諭令，及工會之會員洩露商業秘密。但是却要假定所有這樣的行爲都是在心中持着一種反社會的態度去進行的。這些刑罰的規定之範圍與影響最好是從幾個實際的例子把牠們表現出來。

榮譽法廳曾經因爲惡意的利用勞工去作以下各種行爲而宣告判詞：未付足工資而違犯工資協定，扣留工資，超過工作時間而不多付工錢，工作過度，膳宿不良，不放例假，及不遵守避免意外危險之重要的規定。還有一個案件是一個僱主他不讓他的工人安安靜靜的去作他們的工作，而不斷的用污辱的話去打攪他們和催促他們。有一位僱主因爲他侵犯了別人的光榮而受到責罰。因爲一個工人的小孩子們病了，僱主竟不按照醫生的訓示去送他們去入隣城的醫院，反而說他願意節省他的馬，所以不能用馬去送病孩子。在這個案件之中，這個僱主的行爲，並不屬於在刑法上所規定的污辱光榮之意義的範圍以內，但是這仍是一種過錯，因爲這是一種污辱工作會社每個份子所應有的光榮的侵犯行爲。以下各種犯法案件，都是與擾亂工業安寧有關係的，牠們都曾被處理過：——挑撥勞工紛爭；用誤解作爲證明去反對僱主；暗中去破壞工人互相之間的合作的信心因而去擾亂工廠中的正當工作。在一九三四年，受審判的行爲有六十四件，在一九三五年有二百零四件，其中有一百六十四件在那年年底就結束了。

社會榮譽法廳可以科用的懲罰是：罰款，申斥與警告。但是他們還可以命令將工人從其工作之地位上撤除，或者將僱主在工廠中之領頭銜取消。關於估量其懲罰之輕重，不僅僅審量那一個單個行爲而已，而是要考量犯法者他的反社會的態度。所受理的這一百六十四個案件，有八個是以赦宥而結束，有二十五件是科罰一百馬克以下之罰款，有四十五個案件是科罰一百到四百九十九個馬克，有四個案件科罰五百到九百九十九個馬克。　此外，有二十一案是受申斥，和十九個案件是由法廳發出警告。　曾有一個案件是將工人撤換他的工作地位，及九個案件是將僱主在工廠中的領袖權取消。

假如有一種犯法行爲，牠不僅僅是侵犯社會榮譽，而且是直接的侵犯社會，那麼勞工委員可以向普通法廳起訴，該法廳可以科以罰款，或罰以監禁。

由於和「全國勞工法案」所形成的全國工作組織之密切的聯合，我們才看到了在整個的國家之中有了一種有計劃的勞工的分配。

農民與土地

在法律方面所作之改變，以關於農業者爲最徹底。　以先，在民法之中，曾有一部分專注意在國家生活中的這一特別部門。　但現在所作的改變，甚至比「勞工改革法案」中所作的改變還要徹底與廣闊。　他們的目的在於將農民階級重新組織並加保護，使牠成爲國力主要源泉之一；並且爲了去作這個，一個新的組織，德國農業地產協會成立了。　爲求達到同一的目的，農業負債曾經普遍的減低了，並且農場也得到保護以免受到查抄農田以抵償債務。　更進一步，又興起一種市場計劃，這個可以保證農業自己有一個市場，能以合理的價格出賣牠的出產，並且，同時也是一種保障，可以使德國農民用他們在自己的土壤上所產生的物品以維持他們的生計。　這種組織的限制與經濟的限制，範圍甚廣闊。　在許多情形之下，牠們曾將以先規定物價的私人機關之職務給取而代之了。　但是這個組織的物質方面，仍然是附屬於維持及發展農民及使農民富庶之國策之下。這個目標對於國家之將來有決定的重要。　農人與他所開發的土地連合在一起是國家力量永遠不能竭絕的源泉。

「農田承襲法案」是關於農民階級的整個法律的核心。　牠是德國法律中關於一切農業政策之基礎。　牠是從「農人的家庭和他們所耕耘的土地連在一起」

這種觀念生出來的。 這個法律把農場當作爲人民機構中的一個活的細胞。「農田承襲法案」並不是祇爲土地而立的法律，乃是也爲了依田地爲生和在田地上生長的人們立的。 牠認爲田地，農家場舍與牲畜爲一天然的單位，在這個單位的中心立着農人他自己。 這個單位被認爲是一種永久的組合。 所以在德國自由農民手中的農田可以把牠當作爲遺產遺留給子孫或親屬。 因爲這個原因，使人可以在遺囑之中去改變所規定的遺產。 就一般的情形來說，長子得承襲田產。 祇有當於沒有男性的後人具有必需的資格去襲取田產時，女性的後人方可以去襲得。 田產的經濟地位是很穩固的，因爲牠不許抵押和出賣。 可以當作爲遺產的田地須要足够供濟一個家庭，並且不超過三百畝。 在這種辦法之下，這種規定爲將來立下了一種保障，卽在全國之中要使中形與小形農場普遍全國，使其數目增多至可能的限度。 有個獨立的法廳，叫作農田承襲法廳，負責去使這些個規定得以見諸實行。

德國曾經更進一步的用一種土地殖民的方式把農業重新組織。 以有計劃的步驟，殖民於土地之上，其最重要的功用是將德國人口較比稀薄的地方，使其人口之密度增加。 這種有計劃的殖民辦法，能够幫助增强人民與他們所耕耘的土地之聯繫。 並且牠還可以保證：因將不肥沃的區域開墾出土地，或將未十分耕種之負債的地產重新分配，而將來能够得到充足的食糧。 並且還可在這些土地上建築新農場和村莊。 每個農場必須使土地與牠緊相接連，這土地之大小必須足够維持一個帶有幾個小孩子的家庭之生計。 現在是故意的要使農場大小不一樣。 完全一律是要嚴厲避免的。 最穩定的單位，是一塊農場不大不小正可由該農人及其家庭去管理耕耘，所以這樣的農場是特別受歡迎的。 但是也有關於農田工人的條文，因爲在較大的農場也需要工人。 並且按着地方情形，工匠和公共需用的機關（如共同合作的乳酪製造場）必須也要設備。

但是爲了使爲農業用的地產建置在一個穩固的經濟基礎之上，所以對於負債必須加以節制。 在一九三三，六月一日的法案，使所負的債務可以減低到某一水準，這個水準是按照「安全」而規定的，並且該法案使債款減低到從農產所得的收入足够還債且不危及農人的生計。 有兩種方法去作這個。 一方面有一種減低欠債的手續，由此手續放債者自願的允許一種減輕債款，使人能够立定一種計劃去將其所欠之債款清償。 在另一方面，假如減低債款是必需的，並且放債者又不願允許債款之減輕，那麼便有一種强迫的調節手續。 這個債務規則之目的是在解脫田主，木材主有者及供濟市場之菜圃花圃主有者們。 他們需要從債務的担負下得到解脫至某一種程度，卽：在他們將維持家庭生活之費用除外，他們可以按照調節計劃，從土地所得的收入去還清欠款。 在這個取消債款計劃之外，還有個補充辦法以避免農產被强迫扣押，由此可以避免財產之被充公及避免農田之工作得以進行之必需的物件之拍賣。

德國農業地產之組織是根據「由協會而達到自治」之觀念。 其基本法案是在一九三三 ，九月十三日公佈的。 並且有許多補充法令足以保證該法案得到合適的實施。 該法案的目的是想將德國所有從事農業的公民都集合在一起。這些公民因爲他們職業的活動是農人，是農業協會的會員，是農產品之零整販賣的人 ，是可以作爲農田的土地之主有者 ，或者是從事於農產物之利用及開拓的人，所以都把他們視作爲一個單位。 德國農業地產協會，牠曾受委任負担訓練其會員之職務，牠訓練其會員使會員對他們的責任有完全的意識，能够向人民負責任，並且訓練其會員變成爲堅實的根基，在這個根基之上國家方能够生長並且可以維持牠自己。 牠監視職業上的榮譽，因爲職業上的榮譽也是社會的基本原素。 牠也從社會與文化的觀點去保護牠的會員。 自從一九三三，十二月八日的法令，德國農業地產協會卽受德國農場領袖之指導。在他的支配之下有一個行政部。 凡是一切重要問題，他都是本着「德國農場會議」之建議去作。 德國農業地產協會被分爲區協會，縣協會，地方協會。 所以雖然有中央的組織，但是仍然注意到地方的情形。 這些個團體都是由自己的人執行自己的事，每個團體中之會員都是以名譽職向本團體盡作事之義務的。

德國農業地產協會是這個職業組織的一部分，所以牠被委任去實行調節市場之計劃。這個計劃的目的，是去保障主要貨品的生產；並且在另一方面，去保護農人不致受到他不能決定能否賣出他的出產品之苦處。這個調節市場之計劃是要供給一個永久穩定的市場，並且同時保證農場得到正常的及合乎經濟的運用。牠是按照農產物之性質及其利用之範圍而去管理。這些個辦法之施行並不完全像計劃經濟那樣。在計劃經濟之中有命令有禁令，很準確的告知個人什麼他應當去做，什麼他不許去做。而市場計劃之方法却是使每個人熟知所要達到的目標是什麼，並且去教育那正在生長的這一代的人們去尊重他們所應該去完成的任務。在這樣的作法之下，個人的創造能力是絕不會被排棄的。

評"人與技術"

王錦第評

Der Mensch und die Technik

施彭勒 (Oswald Spengler) 著。 明興(München) 一九三一年出版。

董兆孚譯。

譯本於上海商務印書館，中華民國二十六年十二月出版。

人與技術爲施彭勒 (O. Spengler) 所著的那部駭人聽聞的西歐的沒落 (Der Untergang des Abendlandes) 一書的縮短本，也可以說是那部書的導言；西歐的沒落這部書因爲名稱的駭人聽聞，加上施彭勒善於文章的詞藻，更由於出版時期德國及歐洲，甚至全世界的狀況，所以這個「投機」的書名及書中的思想恰好抓到當時人的病根，於是這部書在歐洲惹起很大的衝動；近幾年在中國也時常講到施彭勒，特別是關於他所著的西歐的沒落一書，我們現在所要講的是施彭勒所著人與技術的思想及本書中文譯本問題；不過在講這個之前，我們對於施彭勒的思想作一約略的敘述，雖然失了書評的性質，但是在這兒可以介紹一下施彭勒的思想。

施彭格(一)是德國人，生於一八八〇年。 他的主要著作西歐的沒落第一卷

(一) 詳見本誌第二卷第二期士榜格論歐洲文化。 該文中譯 Spengler 爲施彭格。 因與士榜格易於混淆，譯音亦不相符，故今後均改譯爲施彭勒。

在一九一八年出版，第二卷至一九二二年也發表了。一九一八這一年是第一次世界大戰後的德國革命正勃發起來，德皇維廉二世逃逝國外，德國人民生活感受到極度的困難，經濟的壓迫及社會的紊亂使得民不聊生，四年的大戰使歐洲人，特別是德國人，身心疲憊達到了極點，生活的不安，失望，甚至絕望；很自然的安排妥當了虛無主義的種子，施彭勒的著作恰好成爲這種空氣下的果實。他對於一般人的感覺加以明確的肯定，施彭勒的大著便無異於對歐洲文化運命所寄與的訣別輓歌。

施彭勒是一個博學，生動，並且有創見性的思想家，但是不是有體系的哲學家，像康德那樣的學者，無寧說他是有詩人素質而「筆鋒帶有感情」的思想家。所以他的思想如果加以冷靜的客觀分析，便能暴露許多矛盾與弱點。自從他的看法與世人相見後，從當時到現在有許多的批評與研究能告訴我們這一點。縱然他的思想有許多缺點，但是仍然不失爲一個時代思想的大著。並且施彭勒的主張與其他一些主張有連關，加以豐富的例證，不覊的想像，更有他自身廣泛的教養背境，所以讀起他的著作時，好像是聽悲壯的交響樂一樣，便要感覺一種陶醉的狀態，然而過了陶醉之後卽刻又覺到寂寥之感。

我們知道十九世紀是唯物論的歷史主義支配着歐洲思想界的主流，達爾文的進化論，馬克思的階級理論，都是盛極一時，直到二十世紀初業，第一次世界大戰爆發，物質的機械文明爲人類沒有增加了幸福，反而造成許多人類生活的不安與苦惱——以上這種想法與說法是一般人的感覺，至於我們如何看法是另外一個問題——，人總是「窮則變」的，變而後是否能通倒不一定。代替十九世紀唯物史觀的是人種的歷史觀或民族精神論，這種新思想的代表者便是德國的幾個思想家，實行這種新思想的就是現在德國的國社黨。施彭勒的思想也是對於支配十九世紀的唯物主義提出的精神抗議。

施彭勒的思想雖然陷於虛無的深淵中，但是他並不就認爲人類絕對無救的，不過他的辦法不像尼采的「超人」那樣顯明的强力表現出來，只不過是朦朧的暗示，所以有人把施彭勒的思想安放在象徵主義的位置。在這兒他對於人類的將來也不是沒有希望，在他的歷史研究上與過去的經驗主義相對，他主張直觀主義，把自己移入事物的深奧處，而要求有機的內面統一，他認爲自然科學不是記述的，而是象徵的意義，因爲施彭勒是一個歷史學家，又是一個文化哲學家。由於他對歐洲文化沒落的預感，而發見了歐洲文化最後的哲學，雖然他的思想上有許多矛盾，而因爲他寫的文章好，掩蓋了內容的缺陷，但是對於好學深思的思想家，施彭勒的見解除了對於時代的啓示及警告外，是沒有堅固基礎的。

施彭勒的思想是第一次世界大戰不安的動亂中產生的。他認爲文化到達爛熟期之後便要由頂點而下降的，而歐洲文化已經到達了爛熟期，所以他便對之有了死滅運命的預感，從這種預感出發就形成了施彭勒的歷史哲學。文化自施彭勒看來，要從歷史，生活，心靈，自然，精神各方面的觀點加以探究。文化外表的形態有國民，言語，時代，戰爭，思想，國家，上帝，藝術及藝術作品，科學，法律，經濟，世界觀，大人物，大事件………等，施彭格認爲在文化表現的背後要把它的意義說明出來。

他的歷史哲學，也就是他的文化哲學，認爲文化是多元的，世界上有許多不同系統的文化，每一種文化系統有其特殊的本質，（參看西歐的沒落第一卷四八至五二頁），各種文化的差異正如其他動植物間的差異一樣，都有各自形態的本質，因爲文化也是一種有機體，正如生物一樣自有生長，繁榮，及衰落的過程。從施彭勒的思考對於歐洲文化所下的結論是「衰亡」。我們所要知道施彭勒所惹人注意的乃是他所說歐洲將要沒落的結論或「預言」，而他的眞正貢獻是世界中形態學的究研，自施彭勒的思想發表之後，有許多人在文化哲學的研究上採用文化形態學的方法，而最努力並且最有成績的是與施彭勒的名字有點近似的士榜格（Eduard Spranger）教授，士榜格在文化形態學上的究研與「民族性格學」的建立受前者的影響最大，至於歐洲是否將由此而趨於沒落，那自有將來的歷史可以告訴我們或告訴我們的後代，但是施彭勒首創的世界史形態學的研究爲文化的研究上開闢了一條最有希望的途徑。

現在我們就人與技術的主要思想向國人介紹一下。本書的中文譯本是根據着英文譯本英譯本名爲：(Man and Technics)翻譯的，施彭勒在這這本小册子的序言（據董氏中譯本）上寫着：

於本書中，余將以余多年所從事之較大著作（譯者按卽西方之沒落）之少許思想展示於讀者諸君之前。余嘗欲用西方之衰落一書中限定於「一般較高文化」之間一方法以研究此等文化之歷史初基 (historical pre-requisite)，質言之，卽自人之諸種起源，研究人之歷史。但就前書之經驗言，顯然大多數讀者對於各大觀念全體尚未有一通貫之見 (general view)，因此彼輩遂爲彼輩所近習之瑣碎範圍所囿，而視其他之範圍非邪卽乖，其終也，彼輩對於余所敍述之物事，及余所爲敍述之主旨乃得一不正確之輪廓。旣如此，余現旣相信：「人之命分」(the destiny of man) 僅能自「同時地比較地觀察人之一切活動範圍」與「避免純從人之特別生活方面說明某種問題（假定爲人之政治問題，宗教問題，或藝術問題）之錯誤」以了解之。余信，果如此，則於斯道，可謂近之矣。然於本書，余仍大膽提出若干問題。此等問題爲多數問題中之少數問題。但此等問題皆互相連繫，而因此理由，此等問題目前可以助於讀者對「人之命分之大秘密」作一便中之窺探。

我們從這篇古色古香「文言」譯序中至少可以懂了一句話，就是「卽自人之諸種起源，研究人之歷史」。至於施彭勒在這本小册子中講了些什麽問題，我們可以把本書的目次列在下方：

第一章　技術爲生活之策略

過程與手段。鬪爭與武器。進化與實現。毀滅爲現實物之形式。

第二章　食草獸與猛獸

人爲猛獸。掠奪物與掠奪者。逃避活動與進攻活動。虎視眈眈之眼及其世界。不能變更之「屬類技術」與「發明的人類技術。」

第三章　人之起源：手與工具

手為觸覺與行為之器官。　製造工具與使用工具之分化。　超脫「屬類」之束縛。　「眼之思想」與「手之思想」。　工具與目的。　人為創造者。　單純活動。　自然與「術」。　人類之人為技術。　人與自然之抗衡。　人之悲劇。

第四章　第二階段：語言與事業

共同作為。　成文語言已發生若干時？　語言之目的，共同事業。　事業之目的，人類權力之擴張。　思想與手之分離，領袖之工作與執行者之工作。　首腦與助手，才能之級次。　組織。　有組織之生活，國家與民族，政治與經濟。　技術與人類之數。　人格與羣格。

第五章　最後之活動：機械文明之興與衰

理智之「威鏗士」。　實驗，工作假定，永久活動。　機械之意義，被迫作工之一切無機的自然力。　企業，財富，與權力。　煤與人口。　世界之機械化。　衰落之象徵，領袖人物之減少。　助手之反叛。　技術獨占之失去。　有色世界。　結論。

施彭勒在本書第一章開頭便說十八世紀可稱為「田園詩」時代，而從拿破侖以後，西歐的機械技術漸漸發展起來，由技術文明所產生的結果是大都市，鐵路，汽船，迫着人類對於技術文明不能不充分而嚴重的加以考慮：技術是什麼？技術在歷史上有什麼意義？　技術在生活上有什麼價值？　技術在社會學的與形而上學的立場有什麼根據？　對於這些問題有許多不同解答，但是據施彭勒看來，把這許多解答歸納為兩種。

第一種是唯心主義者與觀念論者的解答，他們把一切技術的產品與經濟方面的物品認為全不與「文化相關」，但是歌德有他的偉大的現實意識，所以於浮士德 (Faust) 的二卷中對於「新事實世界」有極深刻的觀察。　不過一般的「文化人」——以為把一個大商人或一個大工程師與詩人或思想家相提並論簡直是「反叛」(lèse majesté)，正如今日文學家與藝術家的意見，認爲一部小說的創作遠比一個飛機的設計更爲重要。

第二種是唯物論者的解答，施彭勒說這種思想根本是英格蘭的產物，也可以說是邊沁(Bentham)，斯賓塞爾(Spencer)與密勒(Mill)的主張。人類之目的被認爲在於儘可能的減輕個人之工作而置「重負」於機械上。超脫工資奴隸之苦海，造成娛樂，安適，與藝術欣賞之平等，是近代大都會所表現的享樂主義(Panem et circenses 吃吃玩玩)。所謂人類的一切成就不過是「勞力救濟」與「娛樂」講求的技術的進步而已。

施彭勒認爲上述的兩種見地，在今日已成過去，就二十世紀說，吾們已經到了足以看透一切事實——其全體構成世界歷史的事實——最後意義的時代，他認爲已經知道歷史爲「不注意吾人之任何希望」之物。

本書所講的是人與技術問題，所以施彭勒首先對於技術本質的理解加以解說，他以爲我們不能從機械時代的技術着手，他說：

> 因事實上，技術遠始於不可記憶之洪荒時代，且非某種歷史地特殊之物事，而爲某種極普通之物事。技術之範圍遠擴展於人類以外，而及於動物之生活，良確，及於一切動物之生活。動物的——與植物的對照下——生活型式之異點，在於其能自由活動於空間中並據有某種程度之量——大或小，在於其能自有意志而獨立於全部「自然」之外。在據有此等特點之中，動物不得不當自然之前，不得不給予其「自有之生命」以某一種意義，某一種內容，與某一種優越力。如是則吾人倘果將對於技術附以一種意義，吾人必須自心靈着手，並必須獨自心靈着手。（中譯本第七頁）

在這段話中施彭勒告訴我們技術不專指機械時代的技術，同時他告訴我們技術的意義必須自心靈着手，不與器具有關係，因此有無數的技術，譬如猛獅智攫一瞪羚(Gazelle)之技術，或外交的技術，再如行政技術，化學技術，或氣體戰爭技術。更如畫家的繪畫技術，與駕駛飛機的技術，總而言之，技術是一種目的活動的事實，而不是一「物」的事實。

以上施彭勒告訴我們技術的意義，其次他告訴我們人是什麼，在第二章食草獸與猛獸中，開頭第一句話他說人是一種猛獸，他也是以攻擊，戰勝，破壞等維持己身之所有的（見中譯本一七頁）。這種看法自蒙旦 (Montaigne) 與尼采 (Nietzsche) 以來便已深深知道了。

同時他又講到其他的動物，他說：

『食草獸天然注定為一食物，而彼欲以逃遁方法避免此種命分，但猛獸必須獲得食物。第一類生活型式，其根本的本質為防禦，第二類生活之本質為攻擊，嚴酷，殘忍，與破壞。其區別完全表現於活動之策略中，此一方面，表現逃遁，趨避，隱匿，躲閃之習慣，他方面則習於勇往直前之攻擊活動，獅之猛撲，鷹之攫取是也。在強者與弱者之態度中同有各種詭計與破詭計之方法。在人類意義中之聰明——自動之聰明，唯屬於猛獸。一切食草獸則比較愚笨（不僅天真之鴿與象為然，即最高種類如牡牛，馬，與鹿等亦然），此等獸類僅在暴怒或性慾興奮時，始能攻擊，否則願受馴養，一小孩亦能控制之』。（中譯本頁十七與十八）

以上這種事實便是「食草獸」與「猛獸」間之運命的差異，一種是受任何人隨便處置的運命，另一種則是一切都為「適合自己」的運命，這種內部性質與外部自然的抗爭，由施彭勒看來，並不是像叔本華 (Schopenhauer) 與達爾文認為生存競爭的「不幸」，而無寧說是使生活意義高尚的所在，正如尼采所說：「愛汝之命分」(amor fati)，人便屬於這一類。

我們從前面所述的施彭勒關於人與技術的看法約略講過，現在再把技術在現代人類生活的作用及一般人對於技術的態度所發生的影響說一說，施彭勒說過：

由於城市之發達，一切技術成為中等社會人之技術。一般高點派僧侶之繼承者為已受教化之俗世發明家，即老練之機器牧師。最後，由於理性主義之興起，技術之信仰幾成為一唯物論的宗教。技術永久不朽一如神父，技術拯救人類一如神子（譯者按指基督），技術啓迪吾人一如神靈。 技術之崇拜者自拉美脫理 (Lamettrie) 至列寧 (Lenin) 之近代俗人。 （中譯本六十三頁）

因爲崇拜技術的結果，所以世界上的主人現在變成了機器的奴隸，機器逼迫我們人類全體爲它服勞，爲它勞動。 一個人爲的世界滲透了自然的世界並且破壞自然的世界。 文明自身已成爲在機械形式中引進每一種事物的機器。 關於這種情況施彭勒說得最俏皮。（見中譯本七十頁）

技術文明或機械文明現在將要普遍於全世界，它的故鄉——產生地——本來是西歐，白種人把「一切祕訣」，「一切過程」，「一切方法」，「一切工程師」，與「一切組織家」都移出國外，直到日俄戰爭時，日本人已成爲第一流的技術人員。 現在遠東，印度，南美，南非工業區域日漸發達，或正在建設中，這些有色民族對於浮士德的技術並非有內在的需要，不過是用來爲抗戰浮士德文化的一種武器，施彭勒的看法是這樣，他認爲這種機械技術將與浮士德的文化同歸於盡，所以他說：

吾人之鐵路與汽船，將與羅馬之馬路及中國之牆垣——筆者按恐即指中國之萬里長城——同朽，吾人之各大城市與高樓大廈，將似古代之孟斐斯 (Memphis) 與巴比倫終成陳跡。 此種技術之歷史瞬卽達其不可避免之終點。 此種歷史將從中腐壞，一如任何一種文化之一切偉大形式然。 然何時如此，在何方式中如此，則非吾人所知。（中譯本七七頁）

人類的運命既然已經遭遇如此的境地，那末人在今後應該怎樣的活下去呢？關於這一個問題，施彭勒說得最有聲有色，最悲壯，他於本書最後一節高呼的喊着說：

吾人已生於斯時，必須勇往直前以達到注定之終點。 此外無他途徑。吾人之義務爲奮鬭到底，無存他望，無祈拯救，一如羅馬之戰士：彼之死骨被發現於邦皮崖 (Pompeii) 之一門前，彼當維蘇俄 (Vesuvius) 崩潰時死於彼之崗位上，因彼等（譯者按此不言而知爲彼之軍僚）忘卻拯救彼，此卽所謂偉大！　此卽所謂良士！　光榮之果卽爲不能自一人得之之一物事。（中譯本七七—七八頁）

我們看施彭勒的文章好像正在讀一首英雄詩一樣，特別是「一如羅馬之戰士，彼之死骨被發現於逢皮崖之一門前」，這是極上品的悲壯交響曲，由此我們爲我們的詩人致敬——然而正因爲他的看法以及筆法是太詩人的，所以他的思想沒有精密的體系，現在我們在這篇短文中限於篇幅的關係，不能作詳細的批評，只是提出數點來提醒大家的注意。

技術文明或機械文明爲人造了許多「福」，同時也帶來了許多「禍」，咒罵「機械」的人早已不少，特別是第一次世界大戰以來，更特別顯明的是西歐的沒落的作者施彭勒，最淺顯的如中國人也看見過的一個電影綠野仙踪便是對於機械世界加以諷刺並且開玩笑的，誠然是「機械」文明對於人類生活帶來許多悲殘的產物，但是我們不要看錯了關係，例如一個人製了一把鋼刀，可以用它切菜，切肉，修理器具，同樣的也可以用它殺人，假如一個人因爲鋼刀殺了人，便說鋼刀不好，這可以嗎？因爲「刀」是中性的，本身無所謂好惡，好惡在人的活動中才存在；同樣我們應用這個類比到人與技術的關係，技術或機械本身沒有好惡問題，好惡問題的發生是在人身上。　第二點人類的沒落不沒落是一個問題，因爲技術和機械使人沒落是另一個問題，施彭勒提醒人類對沒落的豫感自有他的悲壯見識與苦心，但是認技術機械使人退化或沒落，我們認爲這是人的問題，而不是機械與人的沒落有必然的因果關係！這是我們的所見。

評"由俾斯麥至希特勒的德國外交"

曾 一 新 評

Die aussenpolitische Lage Deutschlands von Bismarck bis Hitler

斯提腓 (Friedrich Stieve) 著。 柏林貝爾茲書局 (Verlag von Julius Beltz) 出版。 第二版，一一一頁，一九四〇年。

歷來史家作史書，都有一個共同的缺點，那就是他們往往忽略歷史之地理基礎。 歷史是人類在地球上表演出來的東西。 因此，作史書的時候，如果不同時觀察歷史之地理基礎，敍述出來的歷史，便難免成爲空中樓閣。

斯提腓的由俾斯麥至希特勒的德國外交一書，却恰巧相反，開卷卽先談地理環境。 這可以說是這本書的一大特色。 斯提腓在引言裏說：「德意志民族，建國於歐洲大陸的中心，除南境有阿爾帕斯山脈 (die Alpen)，北境有北海和波羅的海爲界外，東西兩面在國防上都缺少天然屏障。 這是德國的弱點，同時又是德國的長處」。 這句話，聽來覺得有點奇怪。 我們姑且聽他往下說吧。 他說：「德國的歷史告訴我們，國內分裂鬪爭，受到外國威脅的時候，德國的地理弱點便暴露無遺；但是全國統一，團結一致向外發展的時候，這個弱點便一變而爲長處了」。

全書除「引言」(Einleitung) 外，共分五章，就是：一、俾斯麥的同盟體系 (Die Bündnissysteme Bismarcks. 1870—1890)； 二、 德國被包圍時代 (Die

Einkreisung Deutschlands. 1890—1914)；三、世界大戰及其結果 (Der Weltkrieg und seine Folgen. 1914—1932)；四、希特勒的建設 (Der Aufbau durch Adolf Hitler. 1933—1938)；五、條約集(Die Verträge)。 全書所述，是德國最近七十年間的外交史。

上天使德法兩大民族在歐洲大陸毗鄰相處，是人類很不幸的一件事。這裏不知產生了多少悲劇。他們便因此成了不共戴天的世仇。因為這個緣故，德國的外交，是不能離開法國去談的。俾斯麥 (Bismarck) 的外交政策也始終以法國為第一目標。普法戰爭之後，宰相俾斯麥最害怕的，是法國的「報讐」(Revanche)。但是俾斯麥知道法國單獨一國是決不會向德國報讐的。俾斯麥為使法國孤立起見，便和奧俄二國締訂三帝同盟(Das Drei-Kaiser-Bündnis)，和奧意二國締訂德奧意三國同盟，和奧羅二國締訂德奧羅三國同盟。這樣俾斯麥還不能放心，所以再進一步在三帝同盟之外，另和俄國締訂德俄同盟條約。這便是所謂二重保障條約(Rückversicherungsvertrag)。俾斯麥的這個同盟體系，是外交史上最複雜最有趣的一段。怪不得下一任的宰相喀普利維 (Caprivi) 要歎：像俾斯麥那樣「同時玩五個球兒」(mit fünf Bällen zu gleicher Zeit zu spielen)，不是我輩所能勝任。俾斯麥完成了這個同盟體系後，便如斯提腓所說：「歷來幾百年間操在英國手裏的歐洲霸權，現在落到德國手裏來了」。斯提腓對於這些地方均有精彩的描寫和準確的批評。我們一讀此書便可以明瞭以德國為中心的當時的歐洲國際情形。

俾斯麥下台後，德國便進入了所謂「新航線」(neuer Kurs)，廢棄了三帝同盟。法國遂於一八九一年和俄國締訂友誼協定(Entente cordiale)，歐洲勢力關係為之一變。後來英俄法便聯合起來對抗德國。這是第一次歐戰前的情形。斯提腓認為這是包圍德國。不過我們也可以說這是為了對抗德奧意三國同盟。

此書對於歐戰中和歐戰後的情形敘述較詳。戰後德國被迫簽字於凡爾賽條約，承認了「戰爭責任」(Schuld am Kriege)，擔負了多如「天文學數字」

(astronomische Ziffern) 的戰爭賠償金。 斯提腓認為戰後德國常受戰勝國的威脅，其地理上的弱點，遂暴露無遺。

第四章是希特勒的建設。 著者說希特勒的外交政策比衆不同，是不能用歷來的尺度去計量的。 至於該用何種尺度計量，則著者並未談及，只說現在還不能下一斷語。 這一層，我們覺得有些美中不足。 第四章是由希特勒掌握政權起至一九三八年德意英法四國首相開明輿(München)會談時為止。 這個時期是德國由戰後復興至向外發展的時代，也就是著者最注重的一個時代。

一九三五年三月希特勒宣言重整軍備，對之英法意組織斯特雷撒陣線 (Stresafront)， 五月法蘇成立互助條約 (Beistandspakt)， 六月德英成立海軍協定 (Flottenabkommen)， 英法的共同陣線遂破。 一九三七年德意日成立反共協定 (Anti-Komintern-Abkommen)，一九三八年三月德奧合併，九月開明輿會談，捷克斯拉夫遂入德國勢力範圍。 著者對於希特勒的這些事業極端誇讚，認為「歐洲眞正的新建設將永遠帶着希特勒的名字」 (Die wahre Neugestaltung Europas trägt für immer den Namenszug: Adolf Hitler.)。

第五章是條約集。 這是一種附錄，但是頁數却佔全書的一半以上，共載三十二種有關德國的條約，查考起來殊覺便利。

這本書，除條約集外，篇幅不過五十來面。 然而居然把七十年來的德國外交關係敍述得井井有條。 這是難能可貴的地方。

我們認為史家是應該採取客觀態度的。 然而讀完斯提腓的這本書，覺得著者的態度，前後有些不同，覺得以第一次世界大戰為界，前半節是客觀的，後半節却不盡然。 不過退一步想，人旣然生活在國家裏面，思想要帶些主觀色彩，也許是無可厚非的吧。

德國學術消息

一　明與大學退職哲學正教授芬德爾博士 (Dr. Alexander Pfänder) 最近逝世，享年七十歲。芬氏為極端的現象論者，曾與其他學者共同編輯"哲學及現象學研究年鑑"(Jahrbuch für Philosophie und phänomenologische Forschung)，其思想最接近謝勒 (Max Scheler)。

二　明與德意志學院院長希伯特 (Ministerpräsident Siebert) 計畫編一柯羅普史托克 (Klopstock)之全集，暫定為十二卷，現已請欽德曼教授(Univ.-Prof. Dr. Kindermann)為主編。

三　著名人類學者賓德 (Theobald Binder) 於本年五月間度其六十五度生辰。賓氏主要著作為"日耳曼人研究史" (Die Geschichte der Germanenforschung)。

四　戲劇家葛拉伯 (Grabbe) 一百四十年誕辰適在本年，有數處城市均舉行紀念，尤以葛氏生地德特模爾特 (Detmold) 為最，漢堡並特將其最重要劇作三種上演。按葛氏對於德國戲劇之發達頗有功績。

五　普拉哥 (Prag) 之德國音樂及表現藝術學院(Deutsche Akademie für Musik und darstellende Kunst) 現已改隸普拉哥之德國大學，為該校之一學院 (Deutsches Hochschulinstitut für Musik und darstellende Kunst der Prager Deutschen Universität)，由芬克教授(Prof. Fidelis Finke)任院長。該大學此外並另加設有一造形藝術學院 (Hochschulinstitut für bildende Künste)。

六　德國元首近特將歌德學藝獎章頒給杜塞爾道夫(Düsseldorf) 地方之名畫家雍漢斯教授(Professor Julius Paul Junghans) 以表彰其在動物畫上之功績。此事係於雍教授六十六歲生辰時所舉行。

七　萊比錫地方音樂研究所 (Leipziger Landeskonservatorium der Musik) 係該市愛好藝術之市民於一八四三年所創設，為德國最古之音樂研究所。本年六月間由德國教育部長魯斯特 (Reichsminister für Wissenschaft, Erziehung und Volksbildung, Rust) 主持，在隆重典禮之下，將該所改為國立，更名為國立音樂教育表現藝術專門學校 (Staatliche Hochschule für Musik, Musikerziehung und darstellende Kunst)。德國本年來新設之高等音樂教育機關連此共有四處，其他三處有二處分別設於斯特拉斯堡 (Strassburg) 及波森 (Posen) 之大學，另一處為薩爾次堡國立音樂專門學校 (Reichshochschule für Musik in Salzburg)。

八　一九四一年六月九日為工學史教授工學博士麻緯 (Dr. Ing. Matschoss) 七十歲誕辰。馬氏為德國工學史研究之創始人，對於一般工學史亦有深刻之研究。其所編名著"工學及工藝史論叢" (Beiträge zur Geschichte der Technik und Industrie) 於一九〇九年起陸續問世。

會　務　報　告

一　新任會長　德國大學有漢學講座者原有柏林，漢堡，來比錫等校，明興大學頃亦擬加設漢學講座，並擬聘本會會長福克司博士為東方語言文化學系主任兼漢學教授，福氏已允就任，惟福氏有研究工作及著作數事，尚須於赴德以前完成，故於本會會務無暇再行兼顧，遂按照原定計劃，自八月一日將本會會長職務辭去。繼任為本會會長者為羅越博士（參看本誌三卷一期會務報告及三卷二期德國青年漢學家一文）。

二　德文夜校　上期本會夜校計本校有學生四班，分校三班，其課程均係於六月底結束。嗣於七月起另在本校設暑期補習班，計已習一年及二年者各一班，授課至九月六日為止。本會夜校各班向例均係每週上課二次，每次一小時半，茲擬自下屆起除在本分校設一，二，三，四年各班外，另設一每週四次之初級班，以便願速成者加入學習。

三　特刊第四　本會前曾出有特刊三種、茲又請關琪桐先生譯出一種，書名『德國現代思想問題』(Gegenwartsprobleme deutscher Geisteshaltung)，內容係 Graf. K. von Dürckheim-Montmartin所作之論文三篇：1『德國精神與西方精神』(Der deutsche Geist und der westliche Geist), 2『國社主義意義下的文化和文化政治』(Kultur und Kulturpolitik im nationalsozialistischen Sinn), 3『威權與自由』(Autorität und Freiheit)。本書共約百頁，前有楊宗翰先生序言，末附字彙，包括本書原文中所用重要名詞，經譯者加以漢譯。

本誌第三卷第一期目錄

論著

研究與進步

書評與介紹

德國學術消息

會務報告

本誌第三卷第二期目錄

論著

研究與進步

特載

書評與介紹

德國學術消息

會務報告

研究與進步

第一卷　目錄

第一期目錄

（民國二十八年四月）

第二期目錄

（民國二十八年七月）

第三期目錄

（民國二十八年十月）

第四期目錄

（民國二十九年一月）

定價每冊國幣貳角五分

中德學誌　第二卷　目錄

第一期目錄

第二期目錄

第三期目錄

第四期目錄

每冊定價國幣一元四角

每期末附書評及會務報告

中德學會編

中德文化叢書

一	魏闌之介紹	賀麟等譯著	一册	.40
二	陰謀與愛情	張富歲譯	一册	.70
三	工作學校要義	劉鈞譯	一册	.45
四	德國史綱	魏以新譯	一册	1.30
五	女青年心理	劉鈞譯	一册	.45
六	五十年來的德國學術	本會編譯	第一册 2.00 第二册 1.40 第三四册各1.00	
七	給一個青年詩人的十封信	馮至譯	一册	.40
八	論德國民族性	楊丙辰譯	一册	.70
九	斯托姆小說集	魏以新譯	一册	1.80
十	德國史略	魏以新譯	一册	.70
十一	快樂的智識	梵澄譯	一册	1.80
十二	湯若望傳	楊丙辰譯	(印刷中)	
十三	葛德論自著之浮士德	梵澄譯	一册	.50
十四	論優美感覺與崇高感覺	關琪桐譯	一册	.40
十五	赫貝爾短篇小說集	楊丙辰譯	(印刷中)	
十六	親和力	楊丙辰譯	(印刷中)	
十七	歷史之地理基礎	張星烺譯	(印刷中)	
十八	哲學論叢	關琪桐譯	(印刷中)	

商務印書館發行

特刊

一	德國留學指導書	張天麟編譯	一册	.40
二	今日德國教育	王錦第譯	一册	.45

(此書商務印書館代售)

三	統一國家之德國	弗立克著	一册	.15
四	德國現代思想問題	關琪桐譯	一册	.80

補助德語教材刊本

一	德華常用小字彙	孫用震編輯	一册	1.00

中德學誌編輯簡章 二十九年十月第一次重訂

1 本誌原名「研究與進步」，自第二卷起，擴充範圍，改用今名。

2 本誌錄稿，以由德文譯為中文者為主；除本會會員稿件外，並酌收外稿，但須將原文出處詳細註明，其原文不易見者，並須與譯稿一併寄來。

3 來稿本會有删改之權。

4 來稿中有中文人名書名等譯為德文後，重行譯為中文時，應請譯者援用原來字樣，幸勿另譯新名；其由德文譯為中文者，除有慣用者外，以本會所定為準。

5 來稿逕寄「中德學誌編輯委員會」，請勿寄交編者個人。

6 來稿經本誌決定採用者，酌給現金或本誌為酬。

7 來稿經本誌給酬後，其版權卽為本會所有，原作人不得以其一部或全部在他處另行發表；在本誌發表後，他人亦不得轉載。

8 來稿不為本誌選用者，均可退還，但須由原作人附寄郵費，如欲掛號寄還者，並須加附掛號郵費；郵遞如有遺失，本誌概不負責。

9 本誌除譯稿外，兼收介紹德國學術文化之著作，但以經本誌特約者為限。

10 本簡章如有未盡事宜，得隨時修改之。

編輯者 中德學誌編輯委員會

出版者 中德學會
（北平地安門內黃化門大街西妞妞房二十號）

印刷者 京華印書局
（北平和平門外虎坊橋）

定價表	每季一册（郵費外加）		每年四册（郵費在內）	
國內	國幣	1.40	國幣	5.00
德國	馬克	1.00	馬克	4.00
其他各國	美金	.50	美金	2.00

Bezugsbedingungen:	Einzelheft (Porto extra)	Ein Jahrgang, vier Hefte (einschliesslich Porto)
Innerhalb Chinas	Ch. $ 1.40	Ch. $ 5.—
Innerhalb Deutschlands	RM. 1.—	RM. 4.—
In anderen Ländern	US. $ –.50	US. $ 2.—

Zu beziehen durch das Deutschland-Institut, Peiping.
In Deutschland durch "Forschungen und Fortschritte",
Berlin NW7, Unter den Linden 8.

AUS DEUTSCHEM GEISTESLEBEN

Herausgegeben vom

DEUTSCHLAND-INSTITUT, PEIPING

durch

Wolfgang Franke

unter Mitwirkung von

Dseng I-sin Achilles Fang Gu Hua Max Loehr

Yang Bing-chen Yang Dsung-han

In Verbindung mit

Dr. Karl Korkhof, Berlin

---

3. Jahrgang, Nr. 3 **September 1941**

Abhandlungen

"Forschungen und Fortschritte"

Zeitgeschichtliches

Buchbesprechungen

Anschrift der Redaktion: Deutschland-Institut, Peiping (China), Huang-hua Men nei, Hsi Niu-niu Fang 20.

中德學志

沈兼士

第三卷第四期（三十年十二月出版）

中 德 學 誌

北平中德學會出版

中　德　學　誌

第三卷　　民國三十年十二月　　第四期

論著

"研究與進步"

特載

書評與介紹

會務報告

莫賽與赫德的歷史觀

Zur Geschichtsauffassung von Möser und Herder

張永貴著

(一)莫賽(Justus Möser,一七二〇——一七九四年)

佛爾泰(Voltaire)孟德斯鳩(Montesquieu)休姆(Hume)對於歷史思想的貢獻雖然各不相同，但均已確定非理性的實際勢力在歷史上有其重大影響，對於外表的歷史生命的個別發展亦能予以相當注意。如果要知道個別現象的內部性質，那就得協和理性與情感，智慧與天性，得到內心一致，至少須把非理性的心靈精力看得比過去高一些，情感必須與理性並駕齊驅。這和十八世紀末葉十九世紀初期在西歐新插入的社會生活的變遷發生聯帶關係，那就是城市階級的興起與自由公民精神的發軔。英國先期浪漫主義已經充分注意個人情趣與想像。萊勃尼茲(Leibniz)，沙夫茲利巴(Shaftsbury)聖，埃佛爾蒙(St. Evremonde)馬里浮(Marivaux)與孟德斯鳩，最後還有盧梭(Rousseau)以其對理性文化的批判與對自然人的渴望都在一個德國人身上發生過影響，此人在七年戰爭之後以新的目光研究歷史——攸司都司，莫賽。依狄爾泰(Dilthey)說來是一位極富於本土精神的人物，可是在他精神修養上流露着西歐的影響，所以是個人的地方的與歐洲的精神特質融合在一起，光明燦爛，連少年歌德(Goethe)都給他迷住了。他同歷史的關係和他的人生過程密切聯結，有一種交互影響，怕是他的生活影響他的歷史感覺更爲強烈。這位理直氣壯的奧斯拿勃盧克(Osnabrück)人爽快而又深刻地接受他的人生與世界，認眞誠摯，不是精神孤寂的道德家，而是具有十足本土根性的學者。他主張傳統因爲他自己就是傳統，他之，好古，猶如一個人愛好他祖先所遺留的田園那樣。傳統主義可不是歷史主義，傳統主義根據本土的，歷史主義可是要抓住全部精神的與世界的景象，須具有意識的比較審愼的愛好。在他年輕時候曾經和啓蒙運動的思想家接觸，他們給他的印象有時同情，有時適得其反，直到他寫奧斯拿勃盧克史 (Osnabrückische Geschichte) 的時候，才正式向法國精神挑惹。

莫賽歷史思想最先値得我們注意的，是他所說的總印象 (Totaleindrücke) 他樂觀地相信世界一切自己向着全體的完整，結合和解，「就是這樣隔離的範圍亦有其聯帶關係」(見於他的論文 "Wert wohlgewogener Neigungen und Leidenschaften") ——我們會立刻想到萊勃尼玆與沙夫玆巴利，這是進入歷史主義大門的鎖鑰。我們情感的和合，當如動人的音樂，那裏我們不必計較單音，而能領會全部的美。這種總印象無論在人類行動與實際生活的各方面都能應用，歷史研究亦需要這個觀念，根據無數經驗所獲得的總印象，並且在每一時機活躍着。祇有對事物的內心愛好與對過去的愉快感覺才能產生如此溫和審愼的態度。好古心理由來已久，他也並不缺乏，他可是劃時代地把這種愛好和對人類事物的同情心理聯結起來。這是導源於人類全部內心生活的向上發展，並且表示非理性的精力的興起，而把目光注視在人與事物的總體。這種結合啓蒙運動幾位大史家都不曾做到。孟德斯鳩好古而又深入，但不具心靈的體驗，所以不能脫離理性主義的範疇。阿勃特 (Thomas Abbt) 算是具有內心感應的力量，但缺乏史源的智識。這一點莫賽批評得很對「一個人像他那樣不宜根據抄錄，他應該並且是能夠閱讀原史料，以他的眼光一定會較他前任有更多的發現。這根本是一種未經熟思深慮的著作，在任何時期不能令人卒讀，這都得有賴於熟讀並且仔細研究原史料才能勝過」(全集，第十卷一四七頁，Brief an Nicolai, 5. April 1767)。這是歷史著述的新途徑，由於有目的地根據原史料的研究工作，同時並且能驗會的心靈精力。

可是這也就斷定了莫塞的研究範圍，不會像啓蒙運動的史家那樣是世界史的。他的奧斯拿伯路克史是一部眞實的國家與民族的歷史，他的研究對象係人民的政治機體，直接的像是指着奧斯拿勃處克，可是他所想到的却係德國民族的全體。並且亦能在序言裏自驕的說，由於他所選擇的單獨事例的研究他根本就給了德國史一個「全新的轉機」。他向來沒有道德的假面具，認爲這是兒戲，奧斯拿勃處克史第二編的序言裏寫着「我反對所有道德觀點的傾向，這一點在工作時期眞是有增無已，道德觀點應施之於人類的歷史，不應該是一國的，這裏祇有政治的關係」。他所指的人類歷史是一種諷刺。我們暫且不顧他歷史研究的功利主義的動機，重要的却在莫塞不僅把啓蒙史學的根本前提，並且實際是啓蒙運動的本身，有意識地拋棄，不是普遍的抽像的各時代同樣一致的人類，他們的行動祇要根據理性的標準就可以作批判的，而是實質的由歷史形成的人，有其特殊的苦悶與興奮。所以是特殊的他才感覺興趣。這樣構成的歷史戲劇才會有力量。這眞是富於本土精神，以農民的立場來反對空有哲學面具的城市社會。我們已經說過，實際生活的接觸對於莫塞歷史觀的發展具有重要意義。這裏就是始終以國家的辯護人（Advocatus Patriae）自居，由於對國家與民族的責任來改造事物，從過去出發適應現時的需要。但書中對於精神歷史與現實歷史，利益與思想的關係均能有清楚的敍述。這裏亦能給我們對於歷史個性的印象，他認爲一切對思想健全的人有益的對於國家亦就有益，所以他應該根據他個人的法則，而不必勉强循從普遍的規律，把國家當做無數個性的觀念已經在莫塞身上開始。他堅持實用主義，同時又把孟德斯鳩的貢獻發揚光大，把立法的社會的經濟的制度，換句話說歷史生活的骨幹，當做演進的歷史來研究。這確是勝人一籌。他所謂實用的教訓的亦具有學術研究的意義。

莫塞依其個別的動的歷史觀察與實際人生的經驗還有好多新的發現。他放棄舊史學簡陋的分代方法，而代之以事實的內部聯帶關係，由特殊的個別的主要動機聯結一起。如此整個時代就會變成一完整的歷史形成，充分表現着歷史的個性。 如果莫萊具有審美的天才，也許會像佛爾泰那樣以較廣泛的歷史基礎來敘述，但他的主要興趣，係國家社會中人類的共同生活，因此他認為每一時代有其特殊風格，各民族亦然，並能發生交互影響。 至於歷史材料的選擇與分類，莫萊主張以政治史為中心，文化史應站在邊際，可是結構相連。 這已經是德國歷史著述從蘭克 (Ranke) 到今日的骨幹，一切生命以國家的中心意義來解釋，雖然在原則上並沒有明白說出，但他已經採用這種方式寫歷史，這是因為他能以政治家的地位體念人生。

我們在莫萊身上已經明顯看到，歷史主義的所有萌芽，似乎能夠達到全部怒放的情景，而有最高階段的歷史成就。 可是要能具有豐富的結實，不僅須具新的洞悉一切歷史對象的慧眼，並得經過客觀考釋的研究。 祇有如此把舊的文字記載區別其眞實與僞造 ，手蹟與抄錄 ，再對個別的非理性的歷史眞相，察覺其演變性質 ，使創造與定命密切聯繫 ，這樣才使十九世紀的蘭克有驚人貢獻的可能。 而文字考證眞是絕對有裨於個性的認識。 莫萊自己很謙遜地承認考證是他的弱點，此外我們覺得莫萊的歷史思想不顧如何富於創造與結實，始終未曾發達完備，亦未能應用到家。 如同當時影響精神生活最偉大的人物像赫德與歌德比較起來，那末由於他和國家政治的實際聯繫，對於歷史世界的瞭解確具有更優越的，為此種認識所必不可少的工具。 但他缺乏偉大的眞情與對實力本身的認識，缺乏創造個性的完全意識，與本能。 沒有這種種天才，歷史世界的深處還是不能探得。 蘭克日後的成功不僅以莫萊的，並且還以赫德，歌德與浪漫主義的預備工作為先提。 莫萊給了一個重要例子，這是如何從一小處的深入精研，發見遠大的世界觀點。 從他所致力的小的事物 ，獲得最深刻的意義 ，把隱藏在牠們中心的一切實質的與個別的歷史精力提煉出來，又將已提煉出來的當做歷史個性與動力的象徵與例子。 這樣教人將一切單獨事物視為永久特殊的種類 (sub specie aeterni) 這使他和赫德一起同為歷史主義的開山人物。 「愛國的幻想」，歌德有一次說他 ，「固然一切把握着眞相與可能的。」 這種幻想與眞體，再加以情趣與精神的涵養，會引導到高尙直覺的範圍，最後連他原來所擁有實之聯成一的功利主義都忘了。歌德說得好「他終是站在他的對象之上，並且知道給我們對最認眞事物的明爽見解。」(Dichtung und Wahrheit,第十三卷末)

（二）赫德（Herder,一七四四——一八〇三年）

我們把莫叠，赫德與歌德認爲是十八世紀新歷史觀的最偉大的代表人物。這三人的貢獻由於他們根本思想的聯繫趨向一致，可是從他們的性情與內心精力來說，却有驚人的差異。這也許是新歷史思想的特徵，他們雖然創造了新的一致的原則來解釋歷史生命，但都由於生氣蓬勃，變化萬千，最特殊的個人動機與精神特質所滋養成的，直到今日還能繼續如此。這樣才不致衰息，不會變成一般學術技藝的通常現象。莫叠的貢獻係一富有經驗，智識成熟的人的賜與，由於逐漸不斷的向上力量，堅實與諧和的精神結構。以穩定的步驟他融解了專家實際的經驗與啓蒙運動的衝動，最本土的與歐洲的精神思想。赫德的個人與精神發展是不和諧的，多問題的，無論任何地方不會完全着根的。他自己曾經高興地說過「翳潽的內心不安，向着另一世界找尋，但又不能找到。」(Herders Werke, Suphansche Ausgabe 第八卷三二六頁)不是一個完人，像莫叠或更偉大的歌德那樣，而是一位多問題的學者，固然有浮士德（Faust）那種馳情入幻的態度，却沒有精力與堅決意志打破讀書人的拘束。根本改造的思想結構，宏偉的計劃，廣泛的問題擬議，都能從他腦筋裏想像出來，眞是包羅萬象，高深莫測。用他自己的話概括他的歷史思想，根本就是「一部人類心靈的歷史」(eine Geschichte der Menschlichen Seele überhaupt. Werke, 第四卷三六八頁)。這不僅是純粹的玄想，或祇爲滿足求知的慾望。倫理的教育的動機，連在赫德所有的歷史專著裏都能找到。同時他的精神先天具有弱點，和莫叠與歌德有所區別。他缺乏客觀欣賞的能力，不能把生命與原史的形成，依照牠們的實質，牠們自然的精神的實際來觀察。現實主義與實驗的態度都不是他所擅長。同這想像過度相聯帶的精神弱點，是他缺少定義的明晰與邏輯的嚴密。可是豐富的想像並非憑空，脫離眞實，而是站在眞實之上的，有意深入人類生命的心靈深處。這裏由他自己心靈的感應發出最高尙最精諧的反響。因爲他要寫一部人類心靈的歷史，所以就成爲歷史生活新領域的天才發明家，並且創了一種新的方法，同情感應（Einfühlung）。他的精神能力根本還是愛美的，祇能對一部分的歷史現象有所感應。所謂愛美的亦祇是攝取，而不是藝術創造的意義，積極建設的能力爲他所不具的，他所發現的歷史內心生活的新穎，因此未能發展成爲全然明白的歷史觀。我們現在把赫德的歷史觀分做三個階段，第一階段包括一七六四年至一七七六年，這裏値得注意的大事是一七六九——七一年在斯特拉斯堡（Strassburg）與歌德的會面，以及一七七三年寫成翌年發表的關於人類教育的歷史哲學(Auch eine Philosophie der Geschichte zur Bildung der Menschheit)，這是他當做一位歷史思想家與歷史主義開山人物的至高無上的貢獻。第二個階段包括威瑪（Weimar）的開頭十五年(一七七六——一七九一年)。此時因與歌德思想往還的精神結實，產生當時影響最烈的大著，人類歷史哲學原理（Ideen zur Philosophie der Geschichte der Menschheit, 一七八四——九一年）。第三階段發表促進人文的通訊（Briefe zur Beförderung der Humanität, 一七九三——九七年）與阿斯德拉斯泰阿(Adrastea, 一八〇一——〇三年）。自然第一階段對於我們最爲重要。

啓蒙運動敬神主義與新柏拉圖主義三大精神潮流交互地影響赫德。他與衆人不同的，是在啓蒙運動與敬神主義都找到了偉大的代表。前者有孟德斯鳩休姆以至盧梭，後者則爲其個人教師與友人哈曼(Hamann)。休姆以其對因果律的批判打破機械的觀點。盧梭以其一七五〇年與一七五四年的兩篇著名論文根本懷疑人類進步是否幸福，這樣使啓蒙運動起了不易挽救的動搖，他對於少年赫德影響極深，赫德在一七七四年寫道「盧梭像似在荒漠中作呼聲」(五卷六四三頁)。盧梭自然人的錯誤解釋由赫德的推論得到眞理認識，那就是人類天性的强烈的差異，並且最後須由長期複雜的演進，才能使自然人的想像能力變成文化人的。

盧梭的思想喚起個人的新觀念德國敬神主義倡人與上帝的直接關係，促使人類內心生活的深刻化。這裏哈曼對於赫德的精神修養最有影響，自然赫德的思想更爲靈敏，趨向普遍化。柏拉圖與新柏拉圖主義直到來勃尼茲沙夫茲巴利影響他的世界觀。溫克曼（Winckelmann）的藝術史引起他的精神感應，連他少年時代的文字都有痕跡可尋。最後還有涉士比亞，爲他所不能忘懷的。那篇在一七七三年發表的關於涉士比亞的文章，把涉士比亞的詩當做歷史世界的象徵。這在近代美學上有其劃時代的意義。同時我們可以想見赫德的歷史思想受了這種暗示。此外英國先期浪漫主義所激動的原始詩民族，英雄的敘事詩，荷馬，舊約，民族性特別是臘狄克民族，中世紀都是赫德精神貫注的新題目。他的內心需要是無限的，盡量吸收一切智識從過去生命找求同情。莫塞歷史觀的形成遲緩沉靜，由於日常愛好的客觀的印象所產生，赫德反過來主觀地在世上攝取必要的滋養，自然或與自然接近的現象，以及精神文化。他的民族思想亦根基於此。莫塞可以稱做第一位德國政治史家，赫德却把國家政治生活放到邊際去。可是他們兩人的歷史思想都有重大影響，莫塞的思想影響石太因男爵（Freiherr von Stein），赫德不僅喚醒歐洲東部民族的民族精神，並且根本把國家的生命民族化了。所以一開端新的歷史主義就能發展歷史生活的創造精力，眞是最強烈的想像才能培養積極的生命。

我們熟悉了赫德的思想基礎以後，現在要問他和歷史主義的兩個根本觀念一個性與演進的關係。最先就得從他進入歷史世界的出發點來看。根據他青年時代的著作立論，無疑地由於盧梭哈曼與英國先期浪漫主義的激盪，自然主要還是出之於他個人的精神需要與衝動，傾向原始狀態，不論在生命與在歷史上。童年，原始，與自然人，民族性等等他認爲是世上一切所自出的淵源。曙光，他所時常描寫的景象，含有無限感情與思想內容，幾乎可以當做赫德全部歷史思想的象徵。「童年與原始民族係人類最可寶貴的部分」（第六卷三〇七頁）是赫德所感到的個性與演進和審美觀念以及童年原始人民族的想像，有根深蒂固的聯帶關係。「最高尚的感情，怕是完全個人的；至少在各民族間不會一律的」。他認為個性不能模仿，這是活潑有生氣而在各不相同的發展形態中。這不僅指詩的創造，並且亦能適用於一切歷史生命。童年不能讓成人仿效，原始人不能由文化人，一個民族不能由另一民族模仿，猶如霍拉壬(Horaz)的詩不能任人摹擬。這一點確是赫德所新倡的思想，具革命意義。可是這由人類原始形態所獲得的新生命感覺太強烈了，不能有形成變遷的完全意義。赫德早期的演進思想祇能說是生物的形式，但却給了歷史研究的新理想，把歷史形成詩那樣去領會，當做最內心的需要，決不是機械的。同時引起富於結實的研究工作，把歷史視線減縮，但更加深入，並以一種心靈熱情去察覺各民族的個性，作精神領會。「世界由人的心靈出發去悟解」(Unger, Herder, Novalis und Kleist S.4)。這裏的心靈和人的外表天性密切聯結，這人類精神感覺的全部天性局於他歷史思想最重要的前提，在歷史自然與宇宙裏對他無異是在自己的心靈裏。「在自然裏根本沒有分離的，一切由於不能察覺的演變互相交流着；猶如生命之於創造在一切形成與變遷中祇有一種精神一朵火花」(1778；八卷一七八頁)人類歷史演變的連鎖是要穿過民族與時代的文化。啓蒙運動的貢獻，在想瞭解人類文化的一統情景，可是他們天權的與機械的思想工具，妨礙了他們，不能達到目的。現在赫德以其新發現的思想工具，引入柏拉圖與新柏拉圖的世界觀，感覺世界與自然，係活潑有生命的現象導源於上帝的精力，上帝代表一宗，經驗代表多端，同時認為是必然的。這就是赫德的根本思想，意義之偉大可以說是空前的了。今把人類歷史依照新柏拉圖主義的精神，當做內部有機的與必然的來解釋，精神史上的新時代降臨。現在有一種新的發酵，促進新柏拉圖主義的思想方法向前發展。因為直到現在他們沒有把握着實際的歷史生命，終是受人類天賦權利思想的束縛，不知應用個性與演進的原則，到歷史上去。莫森雖是有了局部的對一國歷史的成功，可是要由赫德來從普遍的世界的感覺征服世界史的範圍。

我們暫且離開他青年時代對於世界史觀的線索，來細察一七七四年寫成的關於人類教育的歷史哲學。 可是中間有一個過渡階段，那是在東方考古學斷篇(Fragmente zu einer Archaeologie des Morgenlandes 見全集第六卷一九三頁及其後)與人類最古的文獻證據 (Aelteste Urkunden des Menschengeschlechts, Bd.I, 1774;六卷一九三頁及其後)所發表的思想。 這裏他把生物的有機的演進思想和神學的思想聯結一起，倒是因此衝破了原來過於狹側的見解。 此後就不僅純粹沉醉於各民族的精神，並從每一民族窮究其最高文化創造的變遷，觀察其同化與適應的程序。 同時還指示普遍的關係與民族的特性，內容雖有錯誤，方法却是充滿着希望，將來能有極豐富的收穫。 這種把「人」「自然」與「上帝」聯合一起的至高意象，成爲赫德在寫歷史哲學時候對於歷史世界的基本認識。 這歷史的擬稿雖然他自己認爲未成熟的少年作品，事實上倒可以引他本人的話來形容，他說：「一個作家最初無成見的著作，往往是最好的；他的花，正在怒放，他的心靈還是晴光，好多是全部的無限的純潔感想，到後來變成穿鑿，或較成熟的思想，失去了他青春的精華」（第八卷二〇九頁）。 現在要把上述三種思想一有機的演進觀念，原始的精力與宗教的神意拿來應用之於歷史世界。 結果赫德給了古時黃金時代的說素與後來鮑蘇埃 (Bossuet) 所代表的基督教救世計劃一種精神衝結。 此外還帶着坡烈皮斯 (Polybius) 關於人類歷史的循環學說。 他所反對的係啓蒙運動的主張，用自身的理性判斷，把歷史區分爲理性的與非理性的。 赫德思想的外閣固然引徵舊說，但他添上了全新的內容，這是由於兩種互相聯繫的思想—歷史形成的創造的個性，與包含多端匯歸一宗的人類演進程序。 全書以赫德的倫理教育的宗旨爲其中心線索，他相信由此接近人類歷史的眞實悟解，雖具有各種不同的目的，而以神意天命爲領導，認爲是世界歷史發展的聯結。 同時世界歷史所引起的種種問題，使他對於世界歷史有關的民族更加發生內心的接觸。 一個民族係另一民族的前階段，這樣產生人類階段似的演進思想 (Stufengang) ，以近東的古代爲童年，希臘爲青年，羅馬爲壯年。 黑格爾的歷史辯證這裏已見其端倪。 歷史變遷在外表看來像是斷絕的敵對的趨勢，事實上却是連續前進。 基督教他認爲是世界歷史最强烈的酵母，人類是演進的中心，而以文化發展的交互關係與整一性爲其基本思想。 這從古代東方到西洋現世繼續如此。 同樣的想像也就決定蘭克的世界史觀。 赫德的主要動機猶如時人一段的期望，係發揚人道，教育人生。 他並且相信命運，「我們是命運的目的與工具」（第五卷五五七頁）。 這樣除了他的生物因果論還加上無數偶然的因果。他注意全部命運。 我們亦可以見得赫德新的歷史思想不僅是思想，並且也是願望，這和他對於創造的文化工作的熱心有其密切關係。

以上所述是這擬稿裏關於演進觀念的主要思想。至於個性的觀點又是怎樣呢？赫德從古代哲學思想所孕育的世界觀把一切個別的融解在全部的完整裏，個人的行動就融化在全體潮流裏。 這一點却不要誤認爲集體主義，因爲這裏所謂全體要由無數個別的精力才能完成，個別力量之於全部歷史過程猶如宗教感情之於上帝精神那樣，所以不僅是實際經驗的，單獨事實在全部過程中有其自身的價值與貢獻。 啓蒙哲學把人當做機械，赫德反過來在叫「心！熱情！血！人道！生命！」（第五卷，五三八頁）這些就已經指出從個人的最內心生活到人類歷史去的階梯。 所以關於個性思想這一七七四年所寫成的擬稿的眞實貢獻，是在牠把民族的時代的個性歸結在由於個別觀察的歷史全部過程裏。 「全部心靈控制着一切改變其他力量的傾向，即使最無關係的行動也能給以相當色彩。」……「你得深入一切去領會」（第五卷，五三〇頁）。 因此他比莫賽在奧斯拿物盧克史所已做到的更深入內心，可是赫德的天才還不止此，並且他的方法亦是最有豐富結實的。 他不把內心本質認爲靜的，單純的，這是因爲他的觀察是動的，所以看到的也就是動的。 埃及人希臘人與羅馬人在所有時代都各自不同（第五卷，五〇四頁）。他說到希臘人的內心精力時候，指出自生力（Spontaneität），爲他們的眞實特質，又說「一宗與多端也是這裏造成美的完整」（第五卷，四九七頁）。赫德對希臘民族精神的觀念確已踰越萊勃尼茲與沙夫茲巴利，而直接起源於柏拉圖與新柏拉圖傳統的。在時代精神的個別開發中自然以中世紀爲最有偉大貢獻。他指示中世紀的特質係腦狄克的騎士精神，無怪有人把他認做浪漫主義的開路先鋒。他以蠻族侵入時代爲人類精力的發酵，近代歐洲的培植土壤，根據演進觀點把牠當做世界歷史發展的自然階段。「從古代東方到羅馬是軀幹；現在從軀幹產生樹枝，沒有一處本身是着根的，可是更在向外發展，更通空氣更高！」（第五卷，五二八頁）。就把中世紀所蘊藏的近代文化的根源有一種直覺的認識，可以說是劃時代的重要。這裏已經到了赫德歷史思想的高處，並且日後在蘭克身上成爲登峯造極的境地。赫德一七七四年的擬稿確係歷史主義的基本大著，參看（Stadelmann: Das historische Sein bei Herder, 二十八頁）他的歷史思想的綜合。審美的精神感應揭示個性與演進的秘密，並與他的倫理教育的願望得到密切有機的融洽，自然這和基督教救世思想聯合一起。他那種生物的發育思想還不能完全現世化，所以從將來歷史主義的立場來說，還是先驗的。

從一七七四年的擬作到他最有野心最是包羅萬象的歷史著述，人類歷史哲學原理（一七八四——一七九一年），中間經過深刻的人生體驗。特別值得注意的係自一七八三年以後和歌德的重新往還。兩人都已經過少年時代的狂飆運動，具有對自然的渴望，期求自然中的上帝精神和由上帝精神所貫注的自然，眞是天地與我終始萬物與我爲一。新穎的是兩人都不願任情所爲，而以嚴格的歸納研究去認識，以人的眼光去認識自然的秘密，她的一宗與定律，不拘細微，根據動的有生的需要。原則上兩人都確定人類與自然同屬於整一的由上帝精力產生的宇宙，固然歌德傾向泛神論的意境，而赫德爲有神論的。歌德研究的中心興趣從外界的自然意義着手，雖然始終不忘人類內心，以及牠與整個自然的和合，直到後來才深入眞實的歷史世界。反過來赫德的研究旨趣先從歷史世界出發，可是把人類歷史歸納在全部能認識的自然過程，並且根據演進方法去認識。這也就是這部大著的本題。這種觀念在重新結交歌德之前已經形成，而由於此次交誼獲得新的強烈的衝動。有一點赫德不如歌德的，對於過去歷史的闡明需要最純潔的省思，像歌德所能做到的那樣能擺脫情感，實際願望，與自己時代的趨向，但這是赫德所做不到的。要知道寫這部歷史思想大著的人，對於當日的德國不論政治與社會的情況，最引為隱憂，並且有偉大的精神感召。赫德亦是一位倫理的人類教育家，並且是多麼易於激動的呀！對於德國與西洋的過去政治現象不能實際接近。因此他的歷史觀產生了矛盾。新柏拉圖主義的元素引入個性與演進的思想，把人類歷史的全部體驗融化在上帝精神運用的大自然中，而啓蒙的人文主義的元素又把這些體驗的重要部分在未進入熔爐之前已經減削，變成死板的了。可是不拘這一個弱點，新的歷史觀常已能打破一切障礙與時代成見，蓬勃發展。這裏許是受了歌德的影響。他有一種傾向，把全部人類歷史當做人類精力衝動的自然史來解釋，有意放棄神意天命的計劃的追求，並且亦放棄了最終目的，把每一個歷史現象祇當做自然事物來研究（十四卷，二〇〇，二〇二頁）。他思想的現世化與歷史生命的自然化同時得由情感促使的理性主義來平衡。但他是這樣富於生命情感的人，這裏的理性主義也成為高尙有精神的了。魏瑪古典主義於此有其新的表現，並且赫德的歷史哲學係這魏瑪精神最初偉大創造之一。由狂飆運動所產生的蓬勃的生命精力現在有了修養與教育人生的功能，找到了標準與節制，不趨於過分，而又不失其生命源泉的深入，並且達到了一種理想，那就是人道或人文主義。一七七四年擬稿已經具有這個動機，在這部理論著述裏就為構成赫德歷史觀的主要柱石。歷史演進的意義與目的是人道的實現。値得注意的是擬稿裏具有基督教先驗色彩的目的論這裏成為更趨於入世的原則。人道的理想既為赫德個人的眞實貢獻，那末對於國家政治與現實世界就不能再有內心的認識，至於什麼是人道或人文呢？他的回答是「高明的眞理，純潔的美，自由與誠摯的愛」（十三卷，二〇一頁）。「生命一經開始我們的心靈就像是祇有一件工作，獲得人道的內在形成及其一定形式」（十三卷，一八七頁）。他的人類理想是和平仁慈的共同生活，精神文化的自由進步與民族個性的自由發展。赫德把他倫理的人文主義的理想融合在他的自然觀念裏，這個自然觀念確是由於最獨到的認識與新柏拉圖思想的結合所產生的。具有創造意義的是他對於原始精神民族根性以及生命精力的認識，眞能貫注一切有生事物，而爲其特殊的精神貢獻。可是他的人文理想往往成爲研究世界歷史特別是政治史的標準立場，這具有道德意味的衡量使偉大的思想著作，從歷史主義起源的歷史來說，較一七七四年的擬稿略爲遜色。道德標準容易產生實用主義的見解。所以人類歷史哲學原理像大海的波浪此起彼伏，層出不窮。因他對於個性發展的意義感覺靈敏，並能隨時盡量發揮，始終不忘各民族與其民族精神這是他的偉大。「一個民族的根性與其創制精神確是稀奇的事情。這是不能解釋的，亦不會消滅的；同這個民族與其所居住的土地一樣悠久活着」（十四卷，三八頁）。這幾句話就代表他民族精神的學說。這裏所指的不僅是活潑有生的發育成長，替代了從前死的呆板的思想也不僅爲歷史發展特殊的不能重複的感覺，並且是創造的原始根源，由此產生一切生命。連帶的還有決定一個形成的演變與本質，以及民族性的無數大小因果，這些可是不當做機械的，而是認爲由於充滿着創造意義的生命源泉所發生的。演變能力係地球上一切形成之母，氣候不過能給牠有利或不利的影響而已（十三卷，二七二頁）這裏所指地理對於人生的關係要比孟德斯鳩更進一步了。從來沒有對於人類與其歷史性如此內心體會如此完整的宇宙觀的闡明，並成爲將來歷史研究的精神淵源，到處是狂波洪流，濃厚色彩偉大力量的表現，由信仰絕對價值的文化意志來貫注。這種新穎觀念與人道的意志對於那個時代的人，確有其空前的影響。歌德曾經在一八二八年證明他對於民族教育的影響，誠屬不可思議。從歷史主義的途徑來衡量，自然以一七七四年的擬稿爲赫德的至高貢獻，但以這部思想鉅著爲最有影響。

赫德對於歷史的貢獻依照他個人的自身發展來看，像是一朵玫瑰花那樣最新鮮美麗的係在早年一經盛放，就容易凋謝。第三個階級即具此種現象。從一七八九年以後他個人的體驗對於他脆弱的心靈常是一種痛苦。法國革命給了絕大的震動，初起同情，後來失望。同時他感到精神寂寞。自一七九三年以來和歌德的交情開始冷淡起來，到了一七九五年根本破裂。同時由於他和康德哲學的爭辯就可以見出他對於康德所代表的德國精神運動的趨勢不能諒解，赫德對於人類內心一致的深刻感覺不能使他發現康德所指出的邊際。因此我們不難想見已近衰老的赫德對於歷史生命根本問題所具有的態度。促進人文的信札(Briefe zur Beförderung der Humanität, 1793—1797)從牠們的歷史的內容來觀察，可以當做原理的餘音，大半根據倫理的教育的意見。脆弱細譜的思想流露在不具形式的措辭中，始終保持着他的天才。赫德晚年命運觀念更加濃厚，時常提到納米西斯(Nemesis 希臘神話的正義復讐神)在歷史上得有正義的審判，正義(Nemesis)現在成為歷史的指南，希臘史家赫柔脫(Herodot)變做這種史著的模範。這樣他和一般以國家利害為主要動機的舊日史著分離，他也明白知道這是主要的問題，可是以國家利害為前提的政治史缺乏內心的精神感召，與全部歷史過程中個性與演進的意義。赫德曾經是喚起這個意義的人物，可是他不願把牠灌輸到政治史上去。這裏我們敢說赫德的歷史思想有了中斷，這是一個極深刻而又重大的關鍵。那種根據國家利害來衡量的政治史，那種赫德所認為「冷的歷史」(kalte Geschichte)，我們知道能對過去世界的政治命運發生活潑個性化與有內心關係的認識。可是不論當時政治的與精神的空氣都不能使他到達這一個境地。十八世紀君主專制的強權國家，自身還是太冷，根據少數人的階段政治，民族生命的脈息還是極微妙的，不能引起赫德的興趣。休謨，吉朋，勞伯生在政治史著的貢獻已經大有可觀，但他們所遺留的精神感覺是冷的空的。十八世紀開始的心境的擴大，充滿血肉靈魂，填有生命的思想，應以赫德為最前鋒。但一經到達國家政治生活的門前，就停頓了，祇以正義道德為全部政治史的標準，一直要經過法國革命與自由戰爭的戲變，才彌補了這種缺陷。這是一位十八世紀的歷史人物像赫德那樣所不能全然履行的，蘭克才能以赫德的精神感召，把冷的歷史弄得暖和起來，國家政治生命的民族化，使他發現內部深藏的生命。可是有一點對於赫德晚年觀點的瞭解最為重要。這是以其新征服的歷史認識的能力，應用之於古代與希臘羅馬人的世界裏，產生了新的理想世界。魏瑪古典主義與釋勒 (Schiller) 歌德以及少年洪保德·威廉 (Wilhelm v. Humboldt) 的對人文主義的空氣向着我們身上吹來了，歷史主義的精神革命確是有意識地成爲這新的文藝復興的開路先鋒。這樣歷史化與理想化的思想相互融解。十八世紀德國的精神運動係理想化與個性化的對立趨勢，事實上現在成爲兩種趨勢的交互關係，赫德對於個性與演進的精神發現有了人文的理想與古代精神的復興爲其平衡。可是他最內心最活躍的動力始終是柏拉圖—新柏拉圖的，與基督教—抗議教的世界信仰。這裏的影響勝過有時間約束的人文理想與古典主義。能否從這現世信仰出發把赫德所開的歷史主義的途徑更向前進，歌德曾給這個答覆。由於赫德的精神思想我們知道發生了四大直接影響，那就是浪漫主義，斯拉夫大民族精神，人與自然的研究，最後還有歌德的創造。在斯特拉斯堡，被赫德激動以後，歌德自己更强烈的精神有了自意識，就以一生的發展與其特殊的深入，把赫德具有遠見的思想給牠全然現世的發揮—不顧那些在他身上還能找到的限度。「在一切美的中間有一無窮的存在」(In allem, was schön ist, liegt ein Unendliches. 見 Werke 24,349) 在阿特拉斯脫亞 Adrastea (命運之神) 說起柏拉圖與沙夫玆巴利大名以後，曾經有過這樣的話。這就表明赫德與歌德的宇宙的一審美的思想，如果赫德有一種限度，歌德怕亦有這種同樣的根本問題。

德國大文化史家布爾卡特

Jakob Burckhardt, der grosse deutsche Kulturhistoriker

關琪桐 述

浮生憂患苦重重，
命運如煎復如焚，
勸爾遁跡林邊去，
樹祇花神結伴盟。

橡樹常青高入雲，
顧盼之下渴慕生，
問爾所慕在何方，
乃是幸福與平靜。

德國南部和瑞士北部有一座古老的人文主義的城市巴塞爾 (Basel)， 在萊因河橋的兩面，在聖馬丁教堂的風信鷄和敏斯德教堂的老朽的塔頂之間，招展開自己。 市中聖亞爾班前街 (Albansvorstadt) 的一所麵包房中，一個高峻的樓梯，就領到一間缺乏着一切富麗裝飾 ，並在白色地板的陪襯之下 ，益顯得素樸的屋子。 這裏住着一個類乎隱遁，孤寂無儔，遺世忘物，神遊太古，埋首研鑽，而一見之下 ，又使你覺得並不孤僻 ，而和藹可親的人。 那不是別人，乃是離開「瘋狂的羣衆」，而曾寫過了篇首那幾行詩的，舉世聞名的布爾卡特。

布爾卡特·雅科 (Jakob Burckhardt) 於一八一八年五月二十五日生於巴塞爾(Basel)，死於一八九七年八月八日。 他在德國十九世紀的偉大思想家中，佔着一個特殊的位置，因爲他對於時代精神的急遽變化，幾乎全無所感（那種變化我們正可以稱之爲背棄歌德而轉向政治經濟之活動的一種過程），而賡續了德國人文主義的傳統，並且似乎成爲十八世紀與將來可能的變革間的一種橋梁。在黑格爾和謝林籠罩一切的時代，他對於系統哲學的厭惡，和其天生的直觀力量，就把他吸引到那個偉大的鑑賞家——歌德方面，同時一種強烈的道德的感覺，又把他驅使到釋勒上。

他在一起初，遵着他父親的願望，從事於神學的研究，但是不久他就轉向於歷史的和哲學的講演，因爲他早已想在歷史的寫作方面，施展他自己的才能。在巴塞爾讀了五個學期之後，於是他就到柏林住了三年，柏林大學給了他以科學的基礎，他在名史學家蘭克的研究室中工作着，並熟悉了希臘拉丁文及教授別克(August Böckh)和德國文學家格利姆(Grimm)的學說。最與他的素性相近的或者是庫格勒(Franz Kugler)，庫格勒正是從事於藝術，音樂，詩歌等的培養，和藝術史之嚴重的研究的。他在庫格勒家找到了他的朋友，如詩人蓋貝爾(Emanuel Geibel)，海塞(Paul Heyse)，但是他卻在一個暑期中在撥恩(Bonn)發現了他自己的性格，因而他就中斷了柏林的研究。在撥恩，他與金克爾(Gottfried Kinkel)(一)締了交，金克爾在那時正是神學的講師，但是布爾卡特卻轉向於藝術史的研究。那時與他往還的朋友，都是一些愛做詩的人，他們常做短的旅行；他在旅行了比利時以後，曾寫了比利時城市的藝術作品，於是就結束了他的撥恩的暑期。當他回到柏林以後，仍然眷戀撥恩的快樂，而不時參與那裏朋友們的詩歌比賽。布爾卡特是不珍重他的詩歌，劇戲，小說，歌劇等輕浮的作品的，他早已知道，文學不是他的使命所在。他在柏林時對於偉大的城市景象，並感不到什麼興趣，他常到戲院去，可是他卻避免沙龍式的交遊。

他最初寫的論文是關於瑞士的教堂建築，嗣後他又研究萊因河上的建築，可崙(Köln)繪畫學校，和古佛拉米(Altvlämisch 昔爲荷蘭)的藝術所給他的印

(一) 編者註：金克爾(Gottfried Kinkel)(1515—1582)最初研究神學，後改攻藝術史。

象，使他寫了比利時的導遊人（Cicerone für Belgien）。他給可侖大教堂的建築人崔賀施塔登（Konrad von Hochstaden）(二)也寫了一篇傳記，所有這些作品都不與布爾卡特後期的作品一樣。這些作品在形式方面都表示出德國學派的嚴格方法，其所引證的材料是精確無誤的，其所編纂的史實是按年排比的。在崔賀施塔登傳中他甚至還提到可侖市憲法的發生。

布爾卡特正不愧爲蘭克的勇敢弟子，他在經了博士學位考試以後，就在一八四三年夏月到了巴黎。在巴黎時每天有一二小時到魯渥爾（Louvre）博物院去，晚上就消耗在戲院中，但是大部分時間都坐在皇家圖書館中，以便從外交文件中，搜集瑞士反宗教改革史的材料。這些由手抄本中搜集材料的工作，布爾卡特在柏林時已經開始了，這種活動的最後痕跡就是一八五〇年出現的克萊因（Andreas von Krain），以及根據巴塞爾文獻所寫的十五世紀一個冒險家的傳記。就工作的方式和歷史的觀點而言，這部小册可以說是布爾卡特第一期作品的結尾。這部書中，「惡意」和「虛僞」的調子，正與誠實而高貴的德國人成爲一個對比。

他曾有過偉大的計劃，要把中古時期重新加以陳述，並且寫一部古西南德意志史，獻給祖國。但是這些計劃都只一開始，就中斷了。他的前程既不在德國史方面，也不在施奈塞（Karl Schnaase）的藝術史方面。

布爾卡特在某伯爵家做過短期的家庭教師。但是這種職務對於他畢竟是不可能的。一八四四年他在巴塞爾得到教書的機會，每週講授四小時的歷史和兩小時的藝術史。他還不時作公開的講演，因而一起初就十分引起巴塞爾政府的注意和贊同，結果他在一八四五年就已經得到副教授的名義了。但是他並不能以此爲生，因此他在下一年就辭了這個職位，而答應了庫格勒（Franz Kugler）的要求，到了柏林；庫格勒當時忙於國務，所以就委託布爾卡特來重行校訂他的

（二）編者註：崔賀施塔登（Konrad von Hochstaden）爲可侖（Köln）大教堂之創始人，自一二三八年至一二六一年任可侖大教堂大僧正之職。

藝術史便覽(Handbuch der Kunstgeschichte)和繪畫史(Geschichte der Malerei)，這書新版時的題頁上把布爾卡特博士的名字也題上去。

一八四八年，他在巴塞爾高等學校得到一種報酬微薄的教席，此外他還自願在大學中任無報酬的額外講授和公開的講演。在巴塞爾，他是離意大利很近的。他在一八四六年夏已經到過南方和羅馬，一八四七年冬他又從柏林到了羅馬，那時他才剛近三十歲。由他所克服了的那些偉大的材料中，垂死的邪教和君士坦丁大帝已經入了他的視閾。羅馬所表現的人類的偉大，和人類的過去，或者正給了他以很大的影響，正如吉朋(Gibbon)(三)和拜倫所感到的。

他的兩部傑作的出版就開始了他的第二時期（一八五三——六七）。由於愛情的失敗，所以他的心靈就在歷史的偉大和藝術的美麗中，找到他的內容和安息，他與各種事情所發生的這種個人的熱情的關係，就產生了那種深厚而燦爛的色彩。歷史的豐富和藝術的美麗就成了充滿他的一種內心的經驗。此時一種幽思的方向強化了自己，而且原先那快活的心情，工作的興致，天才的軒昂，都受到一種可以覺察的平衡力。他帶着巧妙的研究的勇氣，和嚴肅的誠懇的理解，進向他的偉大的問題。他是站在歌德的基地上的；歌德曾對艾克曼(Eckermann)(四)說：只有文化和野蠻是對他有意義的對象。由野蠻至文化的中間階段，對於他已經沒有魔力和興趣。人類文化的高尚禁錮住他的視線。古代的世界爲什麼要消滅了呢？這個釋勒式的問題，以及近代文化如何產生的問題，就指給他以研究之路，並且在兩部大著中找到他的解答：那兩部書就是：君士坦丁大帝時代(Die Zeit Constantins des Grossen)(五)和文藝復興時代義大利文化(Die Kultur der Renaissance in Italien)。這兩部書正是布爾卡特獻給德國人的最偉大的文化史傑作。

(三) 編者註：吉朋(Gibbon)曾著 History of the Decline and Fall of the Roman Empire 一書。

(四) 編者註：艾克曼(Eckermann)曾著有歌德對話錄一書，已由周學普君譯爲中文，二十五年商務印書館出版。

(五) 編者註：君士坦丁大帝時代乃起於306年至337年止。

布爾卡特在一向的寫作是乘興而來，漫無系統的，但是當他的偉大的文化史工作開始以後，他的精神就大爲集中了，他的藝術的組織就大爲嚴格了，豐富的知識也都規律了，陳述的方式也大爲平整了。布爾卡特的著作自此以後都是一些論文，雖然文藝復興時代文化分明題名爲一種研究。這些論文並不在任何方面企圖圓滿無缺，它們依照各個觀點把它們的題目孤立起來，而只依照著者所想闡明的那個方面來論究它。在一切之上，都有那從事創造的藝術家之主觀性統治着。君士坦丁一書並不是邪教和基督教的戰爭史，文藝復興時代義大利的文化也不是十三世紀至十六世紀的義大利史。第一部書只描寫邪教的解體，而且君士坦丁所承認的基督教，在末了只彷彿是一個救急神，來解決那種迷惑的衝突的。他的職責並不在於把基督教的發展平行的描寫出來。第二部書也並不曾考究中古時期力量的繼續發展。他只把新的文化在明白的光亮之下陳述出來。只有布爾卡特自己所關心的問題被闡出來，它們對着歷史的現實，只指示出一個主要的觀察而來。

他的豐富的歷史的直觀，有一種令人滿意，令人神往的成分，不過他的基本思想也同時顯現出來，雖然他寧隱蔽那種思想，而不揭露出它來。在君士坦丁中他的基本思想乃是：使古代世界滅亡的並非野蠻主義，也非基督教。古代世界之滅亡，乃是由於古代生活本能的衰落和變化。君士坦丁並不是帶着圓光的一個有先見的人，他乃是一個冷靜的計算者，並且是一個政治上的醫生，一個國家只要有氣息，他是可以把它救活的。在文藝復興中，義大利人被聲明爲脫離了中古的一切束縛，而讓步於新時代的個人主義的第一個民族。近代文化的可寶貴的「自由」，乃是導源於這種個人主義的，在這一點上，他就反着當時歷史的一切警告，而與那反對文藝復興的施拿塞(Schnaase)分道揚鑣了。

單就文體方面而看，文藝復興時文化比君士坦丁是爲成熟的。在背境中，主要的事情乃是文化史的現狀，至於前景，則只容忍那些點綴的人物。而在君士坦丁中，則人物的尺度有些太大，而且這種尺度又因爲那些人物的活動愈顯得大起來，因而敘事體與評論體也交織起來，而不曾得到一種平衡力。 在文藝復興文化中，這些困難就被一種圓滿的藝術所克服了。 一切都處於擘劃好的比例之中，而且普遍法則與個人活動之協同動作，乃是卓越無比的。 布爾卡特所到的文體的平穩和崇高，或者正由於強烈的天賦和不斷的自修。 他由研究藝術的作品，而得到永久的收穫，而且比許多以藝術為業的藝術史家，更深入於藝術作品的靈魂中。 他愈來愈把他的時間和興趣消耗在美的世界上。 他一起初的研究只是無原則的，隨便的，而且大部分是偏於建築學的，可是到了此時，他的藝術的要求範圍就愈來愈廣了。 因為藝術不祇在他的知識中，而且在他的心靈中，佔據了一個決定的位置。 他的旅行成了藝術巡禮，而且當他的導遊人，義大利藝術作品賞鑑指南在一八五五年出版以後，他自己只稱它是一部驛書 (Stationsbu-ch)，彷彿那部書是達到有美的需要的靈魂之幸福的路上的一個階段。 一個真正的幸福感覺，和極純粹的情調由這部書的每一頁中吐露出來。 他所見的乃是舊式的義大利——教皇的羅馬，那不勒 (Neapel) 和西西里 (Sizilien) 王家的羅西尼 (Rossini) 和多尼截提 (Donizetti) 的音樂；那時候馬利亞修道院還不曾變為怕克 (Parc) 的旅館而且人們在加西亞路 (Via Cassia) 轉彎的地方還慣於把鞭一揮，來指點那在地平線上出現的彼得教堂。 布爾卡特一生是極端憎惡那乏趣的鐵路的。

他的藝術研究之特異的標記，乃是：他不是以冷靜的科學家，而是以藝術的朋友和熱烈的愛好者來研究它的。 科學的無私性是與他的活躍的感覺格格不入的。 他有很多的真純的感情，因而他是不能夠感到樣樣事情都迷人而有趣的。 但是他的天性是尊榮無私的，因而他就屢屢把先前表示出的判斷竟然取消了。 他的主要的結果乃是：把進向義大利文藝復興的藝術之途徑開闢出來。 在這一點上，他也是跟從歌德的蹤跡的。 他愛惜歌德意義下的和諧與成熟，並不如我們現在似的只愛有問題的，半熟的，甚或太古的東西。 因此，他所愛好的乃是四世紀的古代塑像；在近代人中，則是交陶 (Giotto) 和洛飛爾；至於東諾泰洛 (Donatello)，米凱闌格羅 (Michel Angelo)，柏尼尼 (Bernini) 則不甚合乎他的所好，雖然他正有天才可以在到處感覺到美的價値。他在短期間內就估量好全部義大利，並如一個蜂似的把藝術的甜蜜吸收了，他造訪了大的和遠的城市，把偉大的教堂和皇宮，一直到輕微的器具，都一覽無遺——凡此等等都可以刺激人的驚羨和驚異。布爾卡特有能力在一剎那中盡情享受每一種特殊的事件，彷彿世界上再無別物似的，同時他還有一種抽象的總括的力量，在各種事物中看出法則性和典型性來。他的偉大的成就正由於此。

他在一八四八年回到巴塞爾，可是不多幾年以後，學校改革的結果，又把他辭了。他在後來恢復其地位以後，才把這種無禮饒恕了，不過他永不曾把它忘了。當他的導遊人出版以後，促里喜(Zürich) 工業大學，就招聘他去。從一八五五年起，他在促里喜做了五個學期的藝術史教授。後來多方的引誘和召聘，都不曾使他變心離開這個學校。藝術史是他在別科之中兼授的，不過當一八八一年辭了歷史教授，而只領一半薪俸時，他還保留藝術史的功課，一直到一八九三年年事太高時，才完全辭謝了。

布爾卡特在其後三十年中，並不曾印行什麼書籍。自然，他在一八八〇年就開始了他的希臘文化史 (Griechische Kulturgeschichte)，而且在其最後幾年還寫了一些無比的稿子，但是那些著作是在他死後才印行的。他並不關心文學的成功，雖然當他的舊作出版時，他總是勤勤懇懇親手加以改正的。他只獻身於種種講演，而且他雖然少到大學裏去，可是他的公開講演，給學生和聽衆實在有大的影響。他在講壇旁邊站着，自在談論，毫不拘謹。他的龐大的智識和藝術家的直觀，使聽衆幾乎如身臨其境，親見所描寫的對象。一切都是直接從原手造出來的，好像他原來就在其旁看着一樣。當他講到藝術時，於是那原來鼓動名家的那種激動內心的美的力量，就如一道秘密川流似的傳到聽衆上。

可是一種較強的距離，把他與人遠遠隔開，那種距離，比教師與聽衆間所自然有的距離要大些。在入世較深之後，他就與幼年的朋友漸漸疏遠起來，他不願讓人同他親密起來。他只如一個孤寂的獨身者似的，居住於其樸素空間中，他在那裏，正彷彿基督教初期的無需要的僧人似的，得到了偉大的洞見：以爲只有完全不依賴於外物，才可以給自己確保眞實的自由和恆常的快樂。 在這種心靈狀態下，那種絕對平靜而自決的自利主義，就和對於外物的一種完全不自私心，結合起來。 布爾卡特是不甚與身分相同的人常相往還的，好像他是依照格拉提阿奴斯神父（Gratianus ——一五〇年左右）的教令行事的：「人們應當與卓举之人互相往還，以便成爲他們的樣子，但是人自己如果是卓举的，那麼他就只有依附中庸之人了。」

不過在可意的程度內，他也與巴塞爾的一些人物互相周旋，其中最馳名的就是尼采；尼采在一八六九爲曾被聘至巴塞爾教古典言語學，他在那裏住了十年。尼采與布爾卡特也有許多接觸面，就如：一種孤立的貴族主義，高度的精神的獨立性，和他們對於德國的漠不關心，以及趨於浪漫文化的日在增長的傾向等。尼采也很重視他們這種交遊。 他在一八八六年給布爾卡特寫信說：「我還不曾見到有別人如您那樣，與我有那樣多的相同的前設，我覺得您眼裏有同樣的問題，您與我在相似的方式下來研究同樣的問題，而且您比我研究的或者更爲有力，更爲深刻，因爲您是較爲緘默的。」 布爾卡特對尼采的影響是很明顯的，他所忽略的乃是那把布爾卡特繫留在「善惡之中」的那種積極的基督教感覺，他們不僅有性情上和年歲上的差異，而且當尼采相信布爾卡特根本與他立於同一個基地上時，他乃是錯誤了的。 布爾卡特雖然十分驚異尼采的天才，可是對於尼采的爲人，乃有一種內心的厭惡，而且當他看到尼采的活動達到絕頂之時，是感到暈眩的。 整個說來，布爾卡特有一種眞正的恬退態度，他要求在物質的和精神的兩方面不受人攪擾，而且他在活潑之人面前常有幾分感覺不安，凡此等等成分，都是不能分開的。

在此種情形下，人們自然很緊張的期待他的遺著的出版。 他在歷史講義中，曾經研究了希臘和中古的文化，並研究了新時代，一直到法國革命；在藝術史的鐘點內，他曾研究了由古代至十八世紀的全部範圍。 在他死後，有三部書出了版，一部是盧班的回憶(Erinnerungen an Rubens)(荷蘭的名畫家)，一部是義大利藝術史研究(Beiträge zur Kunstgeschichte Italiens)，一部就是希臘文化史。盧班的回憶在其簡短的形式中，乃是藝術史的文獻上永久動人的一部書，布爾卡特在七十多歲時竟能在這部書上，燃起感情之火來，那眞近乎一種奇蹟。只有最深的生活才能可以抵擋住時間的力量。其次的一部作品，中有三篇是論義大利文藝復興之繪畫的，一篇是論祭壇形相，一篇是論畫像，一篇是論搜集家的。這部書的最可注意之點就是思想的進步。大多數心愛的觀點，雖然伴着年齡而獨斷起來，可是布爾卡特仍然保留着一種眞純的，青年的韌性的可塑性。他在這裏已經較爲自由的理解了北義大利的藝術，尤其是，威尼斯的繪畫，而且他在此時才充分領略了那種繪畫的大膽的獨立性。最後一部大著卽希臘文化史，乃是不容易三言兩語描寫出的。布爾卡特一生工作中明顯的和隱晦的種種特質，都在這裏集合起來，給了這些書册以特有的色彩，而引起人們的種種辯論。一種天賦的寫實主義，一種巧妙天才的淸醒澄澈，使他厭惡用任何贅言廢語。再沒有人能夠如布爾卡特那樣，能使藝術的印像，避除了贅言，而同時又給與它們以一種高妙中肯的衣裳。他的不偏不倚的傾向，使他於尋常的方向之外，又在另一個方向來觀察種種事物。因此我們就容易理解，他在寫作宗教改革史時，何以樂意聽從天主教歷史家的意見。此外還有第二一層。誰要是特別生活在藝術家的環境中，那他除了美的標準以外，總要把別的標準扔在一邊。布爾卡特如果不能把藝術和歷史上的現象，單單視爲一些現象，那樣他的文藝復興的描寫，就幾乎是不可能的，並且是難以忍受的。在導遊人中有一段，曾經抱怨但丁的道德上的高傲，和自是的惡評。但是可奇怪的乃是，在布爾卡特自己一方面，也有一種說教的特徵，一種倫理的基本感覺。若把這種論調，應用在古代上，我們就立刻可以明白：布爾卡特雖然對於希臘的藝術和詩歌，有一種深奥的靈感，可是他並不曾被此所謨領，而同意於人們對於古典主義所懷的那種光彩的看法。他是一個很平靜而冷靜的歷史家，在歌頌了普理克

(Perikles) 時的希臘以後，他曾發生了一種反感，而且他的熱烈的基督教的感覺，也使他痛惜的看到邪教（即希臘）文化的黑暗方面，和它的野蠻無情。沒有別的文化史大師，如他那樣把希臘世界的影像，面面俱到的勾抹出來；使充分的光明與黑影，在其中構成一個活躍的對比；並且把政治的，宗教的倫理的狀態，那樣毫無修飾，那樣粗穢刻露，那樣窮形盡相描繪出來。這個文化世界中各種現象和部分都被他綜合成一個全整，因而成功為一種深刻的心理分析的傑作——這正是在布爾卡特的一切主要作品中的一種可以表示其天才的特徵。

總之他的作品富有直觀的力量和熱情，富有美的渴慕，富有審美快樂的享受力。人們最可以在那些作品自身中，找到他這種感性的享受力；在那些作品中，力量與成就的分別，內與外的分別，核心與軀殼的分別都泯滅了。他在給金克爾 (Gottfried Kinkel) 的信上也說：「你或者久已認識了我的天性中趨於直觀的那種偏面的愛好。我一生還不曾作過哲學的思想，而且也不曾有過任何與外界絕緣的思想。」他在給神學家維里巴 (Willibald)（六）的信上也說：「我的全部歷史研究，都是從絕大的直觀渴慕中來的；但是我所謂直觀者，也包括了由原料的印象中所發出的精神的和歷史的直觀。」

布爾卡特的這些傾向，和他對於直觀的渴慕，在他自身以外，還找到了一種有利於他的時代。他在這一世紀中，已經毫不費力的脫離了神學的羈絆，那是在別的時代所不可能的。他對於有形相的直觀，有一種愛好；他對於歷史哲學的虛構和思辯，對於先驗主義，對於獨斷主義，並對於系統狂，有一種厭惡；凡此等等都指示出，他是與「德國歷史學派」處於一種直接的聯繫中的。人們正可以把歌德所謂在「直觀中來思想」那話應用在他身上，正如應用在他老師身上一樣。他在改訂了庫格勒 (Kugler) 的藝術史以後，曾在這種學派的意義下，把洪保德的話語，置在書首，作為題語：「現實中的特殊情節，是不能從概念中推演出，構造出的。」他曾把歷史哲學比之於一個馬首人身怪，而說：人們是在

（六）編者註：維里巴 (Willibald) 乃生於第八世紀，任大主教之職，後人成稱之為聖人。

此處或彼處在「歷史研究的森林」邊上，祝賀它的。 這種有名的比喻正是由歷史學派的精神所孕育的。 他的世界史論叢，由引論起至其不可忘的結語止，都是呼吸着這種精神的。 在這裏，這位不合時宜的人，却是與其環境互相一致的。

這裏的根本問題就在於，他帶着一種世界觀的變化，而離棄了他的時代。自然，除了這種消極的方面以外，他還有強烈的積極的衝動力，還有原始的才能，還有最內在的美的傾向。 但是這種新開始的精神態度，其思維的及審美的特徵，我們如果想理解它，仍必須在當時德國精神史的基地上，來觀察它才行。我們不祇要考察當時的情況，還要考察那在各個期間，曾經一再鼓舞人，而在二十世紀初年，才消滅了的歌德時代。

釋勒有一首詩道：

神聖寂靜，惟汝心宮，

避居其間，遠彼囂塵：

自由神遊，只在夢境，

「美麗」之花，只在歌中。

誰要帶着反省的思維讀這首詩，那他就可以預感到我們的古典詩歌的，悲劇的深淵。 這些詩句正直說出人在生命之前的那種可怖的恬退來。

他在政治和社會方面，有一種不尋常的預測能力，那是他的儕輩所望塵莫及的。 在他致其朋友金克爾和舒侖堡 (Schulenburg) 的少數信札內，我們已經可以看出他在政治和社會方面的遠見來。 類如他對於個人主義那種可怖的辯護（這種個人主義到了極點竟然聲言，我認識，所以我要治理[cogito ergo rego]），如他對於法國外交的警告，對於出版界和其暴政的評論，對於讀報紙的結果和騷動之判斷，對於共產主義的詩人與畫家之批評，對於民主政治和無產階級之歸爲暴政之預言——凡此等等都是他與普雷恩 (Friedrich von Preen) 政治通信和世界史論叢中的準備材料。

可是布爾卡特的使命的中心，又不在於這種擺脫了一切政治的幸福生涯。他的使命的中心，乃在於完全委身於「美」。他的青年的幻想，傾注在一種新的服務中；他對於美的服務，正得到一種祭司式的特徵。義大利的藝術和美，不祇解放了他的渴想，也解放了他的造形能力。他在幾十年中，成爲歐洲的得勢的趣味教育之創造人。他的文藝復興時代文化，原來不過是一個淵博的歷史的文化寫像；但是結果卻開始了德國古典主義的一個新的方面。文藝復興之於文化界的許多層次，正如希臘文化之於詩人何德林(Hölderlin)(七)似的，它乃是壯烈的提高了的人類極致；乃是敏感的靈魂，從十九世紀之乏味的，現實的生活中出來的一種理想的逃避。歷史家畢竟成了先知。尼采在他自己的方式下，採取了文藝復興時代這種預言，至於梅爾・孔斐(Conrad Ferdinand Meyer)(八)又在他的詩中把這一種預言澄淸了。

布爾卡特乃是「文藝復興」的祭司，但是他的祭司之職不祇在於預言將來，而且在於恆常保存遺傳下來的啓示和傳說之寶藏。這裏我們還必須再度想及那把布爾卡特與歌德時代，並與歐洲一切人文主義的傳統，結合起來的那個紐帶。

他對於同時人的批評，目的不祇在於抨擊那些純粹錯誤的政治途徑，而還在於抨擊當時政治方向給古歐洲的文化所帶來的危險；他後來的態度很可以推源於青年時的經驗。一八三三年，巴塞爾鄉村與城市分裂以後，那些鄉下的愚民竟把亨利二世給巴塞爾教堂建立的祭擅金衣(Antipendium)看得一文不値，扔給一個金匠，那個金匠又把那金衣賣給巴黎的博物院，因爲賣價分明比鎔鑄以後所得的價値，還要大些。這種野蠻的行逕，很可以預先決定了如布爾卡特其人者，成爲德國文化遺產的一種祭司式的保護人。他對於歐洲精神產品的日在增加的

(七) 編者註：關於何德林(Hölderlin)之文獻可參閱本學誌三卷一期幽默詩家步史一文。

(八) 編者註：關於梅爾・孔斐(Conrad Ferdinand Meyer)之文獻可參閱本學誌三卷一期幽默詩家史步一文。

危險，有一種深切的感覺，而以歐洲文化保存者自居，而且他常做最後一位偉大的人文主義者，同歌德一樣，把文化與野蠻的對立，認為是世界史上有決定力的爭論點。

他的發展中另一個悲觀主義的方面，也與他在年輕所受的心靈上的傷痕有關。一八三〇年他的母親死了，他稱那是他「一生的初次悲哀」，自此以後他就深深感覺到一切塵世事物的脆弱不足，而且他的天性雖然原是快活的，可是他的「事物觀」由此也變了。一個人雖然常常講說幸福，雖然常常贊稱其各個生活階級是幸福的，可是我們在他一方面往往可以窺見了後來悲觀主義的朕兆（祇是他的悲觀主義的人生觀，仍然容易誤偏於傷感主義一方面）。因為這種人生觀的眞正基本態度，乃是由人生經驗來的一種智慧，乃是對於幸福所需要的不可避免的犧牲而有的一種洞見。人們在這裏正可以感覺到尼采所極端化了的那種評價。希臘文化史中第二卷有一章題名為希臘生活的總清算，那一章不是教人來忽視人生和其最高成就，乃是教人來閱讀人生的清算。它不祇教我們說，希臘人在其藝術的燦爛中和自由的鮮花中，並不如大多數人所想像的那樣，而且教我們來認識：在人生這些黑暗的方面，他們的藝術的燦爛付了什麼代價。他說：「希臘人不論如何以為塵世生活是陰慘的，而他們總是用力把自己心中的「理想」之自由向偉大的形像，表露出的。」

他的世界史論叢是值得特別介紹的，本書原係一種近乎歷史哲學而又獨闢蹊徑的著作。它原來只是一些粗略的講演草稿，他原是用讀史通論 (Über Studium der Geschichte) 一名，先後在一八六八冬天和一八七〇年冬天，自由發表出的。原稿只是備遺忘的一個册子。到一九〇五年他的從事繪畫石刻的外甥奧埃雷(Jakob Oeri) 才把它的鈴語，解釋為簡捷而仍係布爾卡特式的語句，並且給了整理過的全書以世界史論叢這個令人迷惑的標題。

布爾卡特的歷史的直觀經驗乃是靜態的，塑形的，轉向於那停於自己，限於自己，返於自己的事物的。他看歷史的存在，並不是恆常變為別異事情的一種過程的狂風巨浪，也不是一串無限的互相承接，互相發生。他看歷史是相似事件之恆常複述，是一種「經常」，一種「類型」；歷史並不是進化的，乃是複述的。他對於那享受着「進步」的同時人，有一種鄙棄；他說：『那由編年史的途徑下進行的歷史哲學，較爲着重前後相承的各時代和各民族間的對立，至於我則較爲看重同一情節和相關情節。在前一方面，成問題的乃是「別異」，在後一方面，成問題的乃是「相似」』。「歷史哲學看過去乃是我們這些進化了的人的對立和前階，至於我們則觀察恆常的，重複的，類型的。」

我們如果考究，在布爾卡特的歷史影像中，依照內容方面說來，那種複述過程所依以前進的東西是什麼，類型的基本形相所由以一再出發的東西是什麼，而且他的歷史思想的中心的最高概念是什麼？那麼我們就觸及了他的作品中一個重要的問題，並且進入他的精神的形像中一個深刻的層次。他旣然是一個靜態的直觀者，而且他所想達到的乃是一個靜止不動的歷史影像，卽他的文化史的橫斷面，而且這些橫斷面又只能表現於現在式，卽悠久的時間型式中，所以在他一方面，一定有一種永久同一而不變的東西，爲歷史的出發點和形成者。這個可以決定歷史影像的東西(實際上只是個人的假設)，據布爾卡特說來，不是上帝的設計（如布塞 Bousset 所見），也不是啓明（如服爾德 Voltaire 所見），也不是觀念（如黑格爾和蘭克所見），也不是(在應用於實際上以後)憲法的組織和政治的加強（如史學家徐貝爾 Sybel 所見），也不是民族的教育（如特雷持克 Treitschke 所見）(九)，它乃是「人」。這個人在其本質中乃是一成不變的。「我們的出發點乃是那唯一永存並對我們可以把握的中心，也就是那能忍受，能奮進，並能實行的人類——人乃過去是，現在是，並將來是這樣的」。「歷史的本質誠然在於變化。但是人類有一種趨於週期的偉大變化的衝動。人在衝進於歷史範圍中所帶來的那些形相，卽：國家，宗教，與文化，就從這種衝動中，則可以直觀到的類型內互相變化。

(九) 編者註：參考文獻可參閱本誌二卷四期亨利·特雷持克百年誕辰紀念一文。

但是這種類型思想並不曾誤領他輕視了個人的自由。他從幼年起就深深被個人的價値和尊榮所對激了。他以為國家對於這個有價値的人，並對於他的自由發展，應該加以最少的限制。他的眞純的人道主義的主張乃是：那依照自己法則，並且只被極高對象所培養出的個性發展，才可以把人領導得上進於眞正的文化和眞正的教育。對於野蠻國家的一律性，東方專制主義的單調性，和中古時代的僧侶制度，他是以自由城邦的公民資格，帶着明顯的恐怖來描寫它的。他對於那負荷文化的自由而獨立的個人，有一種崇高的敬重感情。他並不願意把個人，因而把文化，犧牲於權力之下。但是個人，在他看來，也並不是最後的價値。只有那自由給自己建立職責的個人，只有那能創造，能負荷文化的個人，才是他所愛的。

此外，布爾卡特還有一種固有的特徵就是：他從幼年起就看各種形像，卽詩歌和影像中的人物，只是裝飾的附件而非主要的事情。在他後來的歷史作品中，那種細膩微妙的個人描寫，雖然恆常置在偉大的事態繪畫之前，可是在這裏，他們的背景已經明白的屹立在那裏。他在共相的背景上來看殊事，因而個人乃是全體的具體象徵，個體乃是類型的明白解釋。

布爾卡特的方法雖然不是玄學的，系統的，但是它實在是合乎科學的。從他的推論方法裏，我們可以發現了所謂相對座標說(relatives Koordinationssystem)（此名詞係筆者在別種場合下所杜撰的一個名詞，是代表筆者個人思想的）。他從整個的歷史，選了三種主要的現象，卽國家，文化，和宗教，而論究其相互的關係。在愛好系統的絕對論者，往往在複雜的歷史現象中，選取一個座標點，而以一切別的事情都參照於它，好像它是唯一的中心似的，同時在思路不同的人，則又可以選取另一個座標點，而把一切事情也參照於它，其他事類也復如此。這些方法都是可能的，合理的，但並不是惟一的。如以北京為座標點，則天津在其東南，保定在其南，如以保定為座標點，則北京在其北，天津在其東。抽象說來，任何地方都可以為座標點。我們所以要取一個座標點，乃是因爲爲求計算各種關係起見，不得不取任何一點，而我們所以要取此一點而忽略彼一點，乃是爲着便利之故。 就交通上講，如取一標點，則天津可以優於北京，北京又可以優於保定。 但是這種關係不是天經地義的，是會隨時代狀況之變而變的，自然其變也非無條件。 這是中國人一向在無意識中所用的思想方法，因爲這種原故，所以在中國就有許多在系統家看來係十分平庸的說法，就如說時勢造英雄，英雄也造時勢，天定勝人，人定也能勝天。 在西方人多半不如此着想，主張環境勝人的思想，推其極就演變爲唯物主義，主張人勝環境的思想，推其極就演變爲絕對的唯心主義。 在相對座標說看來，（一）凡可以分別爲自成一組的東西都可以有作用，（二）一切東西又都處於相互決定中，（三）其勢力强者可以決定較弱者（但不是完全決定），（四）强者的條件去了，又復成爲弱者（即先前弱者未被完全決定的證據），故在此種觀點之下，只能把宇宙間各種恰當的主要的座標點選擇出來，而論究其相互關係。 這些座標點並非一個，並且也可以產生新的，就以近代人所認爲至高無上的「國家」說，在洪荒之世也無其物，也是後來演變的結果。

這種方法是最平庸，最實在，最科學，最含蓄的，我們倘能把它有意識的運用在哲學的研究上，我想或者會有一種新的結果產生出來。 據鄙見看來，哲學爭爲求座標之學，而非求眞理之學。 這個觀點不但解釋了哲學系統如何之多的這個問題（因爲每個座標點，都可以產生一種哲學），而且可以解釋了哲學的本性（因爲哲學都是從事闡明一套有中心思想的，而這個中心正是一個座標點）。當此東西文化互相衝突，各種科學又在無所統攝之際，這種方法的發生或可以促進學術的綜合。 因談布爾卡特的思想，而贅言及此，已溢出題外。 但因東西人思想，一向少所同點，今偶爾觀此，頗願藉機加以表彰。

布爾卡特書目

1. Karl Martell (1840) 馬爾泰爾·卡爾
2. Die Kunstwerke der belgischen Städte (1842) 比利時各城市的藝術作品
3. Konrad von Hochstaden (1843) 霍賀施塔登
4. Andreas von Krain (1850) 克萊因
5. Die Zeit Konstantins des Grossen (1853) 君士坦丁大帝時代
6. Cicerone, eine Anleitung zum Genuss der Kunstwerke Italiens (1855) 導遊人，義大利藝術作品賞鑑指南
7. Die Kultur der Renaissance in Italien (1860) 義大利文藝復興時代文化
8. Die Geschichte der Renaissance in Italien (1867) 義大利文藝復興史
9. Erinnerungen an Rubens (1897) 盧班回憶錄
10. Beiträge zur Kunstgeschichte von Italien (1898) 義大利藝術史研究
11. Griechische Kulturgeschichte (1898—1902) 希臘文化史
12. Weltgeschichtliche Betrachtungen (1905) 世界史論叢
13. Unbekannte Aufsätze aus Paris, Rom und Mailand (1922) 巴黎，羅馬，米蘭三處發見的論文
14. Historische Fragmente (1929) 歷史鱗爪
15. Vorträge (1919) 講演錄
16. Briefe an einen Architekten (1913) 給一個建築家的信
17. Briefwechsel mit Heinrich von Geymüller (1914) 與蓋穆勒通信集
18. Briefwechsel mit Heyse (1916) 與海塞通信集
19. Briefwechsel mit Kinkel (1921) 與金克爾通信集
20. Briefwechsel mit Friedrich von Preen (1922) 與普雷恩通信集
21. Briefwechsel mit den Brüdern Schauenburg (1923) 與邵恩堡弟兄通信集
22. Briefwechsel mit Heinrich Schreiber (1924) 與施雷伯通信集
23. Briefwechsel mit Emma Brenner-Kron (1925) 與布萊那一克隆通信集

克勞塞微慈將軍傳(一)

Clausewitz

一七八〇——一八三一

施密特黑納(Paul Schmitthenner)著

曾一新譯

克勞塞微慈將軍(General Carl von Clausewitz)，命途多舛，一輩子不曾享受過重要地位的實效和將帥的司令權。這恐怕是因為上天對於這位得天獨厚的人，少給了一種做領袖的東西的緣故。少給了什麼呢？那就是「精神力的均衡」(das Gleichgewicht der Seelenkräfte)。但是這也許又是因為他命該做歷史上的實在人物克勞塞微慈，就是做「戰爭理論」(die Lehre vom Krieg)的創造人，做解放德國和統一德國的精神上的開路先鋒。他的一生是一個無窮的內心鬥爭，充滿着自己和自己，自己和環境的極痛苦的鬥爭。那時代的人，並沒有認識他的真正價值。後世的人，纔給這位無名的將軍和預言家追贈了那個表彰軍人，精神英雄及德國人的三重的月桂冠。

克勞塞微慈將軍並不出於土著的勃蘭登堡・普魯士的(brandenburgisch=preussisch)貴族之門。原來他的祖先，久居上施雷仙(Oberschlesien)，先移

(一)譯者註：譯自安德亞斯(Willy Andreas)與說爾茲(Wilhelm von Scholz)共編：德國名人傳(Die Grossen Deutschen, Neue Deutsche Biographie, Propyläen=Verlag, Berlin)第二卷六三五——六四八頁。

有關本文之文獻，可參考中德學誌三卷一期拙譯格耐色瑙傳，三卷二期曹京實先生所譯石太因，楊丙辰先生所譯石太因男爵略傳及三卷三期拙譯沙恩荷斯特將軍傳。

薩克森 (Sachsen)，到一七三八年纔移居普魯士 (Preussen)。便是當軍人，也不適合於他家的傳統。因爲他的家庭，和「福音教的」(evangelisch) 牧師館合爲一體，是過學者生活的。這個精神，成爲舊的遺產，遺傳在血液裏面。到了他父親那一代，纔做了普魯士的軍官。他的父親有四個兒子，其中只有一個做了學者。其他三個都做了軍人。最小的，叫做喀爾 (Carl)。這就是後來爲一族人爭光的克勞塞微慈將軍。

喀爾，在一七八〇年六月一日，生於馬德堡(Magdeburg)的布爾克(Burg)。他的父親，曾在七年戰爭 (der Siebenjährige Krieg) 受傷，這時候卽在這裏當稅務官吏。喀爾是一個孱弱的孩子。他在布爾克的市立學校受到小學教育，學過拉丁文初步。家裏的收入不豐，是很容易使人趕緊找出路的。找出路最便當的，要算在軍隊裏面。克勞塞微慈家所交的人，全是軍官，但是如喀爾所說，來往的人並不是很有教育的。在這個環境之下，普魯士的軍人精神就在少年喀爾裏面成爲決定力了。他生長在菲得利大王(Friedrich der Grosse)的國家裏面。國王，軍隊，勞動，義務——這些都在「普魯士精神」(das Preussentum) 裏面融合爲鐵一般的統一體，這些和那正在成熟着的情緒相結合，而越過精神的，理想的舊遺產去造成軍人的，現實的新力量。這當然不能够改變這位小孩的柔和的心靈。他的性情始終不變。他的性情在他後來的生活裏面成爲了一個決定力量。

喀爾並沒有受到充分的學校教育，但是在十二歲的時候已經照當時的習慣被波次丹 (Potsdam) 的斐迪南公爵 (Prinz Ferdinand) 步兵團收去當「貴公子」(Junker) 了。這位天資善感的少年，在新的環境之下，很受到些痛苦。於是他便沈溺於憂悶的感情，而發展了那個隱藏自己思想的堅強傾向了。他在還沒有鞏固的普魯士軍人根柢的時候，早已感覺到痛苦的事實，那就是：他沒有拿軍人當做職業的自然興趣，並且他是創造傳統的人，並不是繼承傳統的人。這個孤獨性引起了積極的努力，引起了明顯的功名心。這個功名心，和他的軟弱的

克 劳 塞 徹 慈

性格迥乎不同。 嗣後一年，在法蘭西革命 (die Französische Revolution) 和歐羅巴 (Europa) 之間已經開始劇烈鬥爭了。 這個鬥爭跟隨克劳塞微慈，到了他一生的最高峯，而決定了他的主要事業。 由一七九三年至一七九五年在邁恩茲 (Mainz) 和萊茵河 (der Rhein) 西岸發生的戰事，是第一次的實戰經驗。 那時候克劳塞微慈雖然是一個年輕的兵士，却具有老練的軍人的勇氣，充滿着熱烈的功名心。 軍人名譽之富於魔力的影像銘刻在他的心靈之中，思慕戰鬥之心和想做將軍的意志，便自此成爲他的主要生活特徵。 一七九五年，法國和普魯士在巴塞爾 (Basel) 單獨媾和，希望遂被打斷了。 班師回鄉之後，克劳塞微慈升爲「少尉」(Secondelieutenant)， 而在奧斯拿勃盧克 (Osnabrück)左近的僻靜的農家，過了一個很長的休養期間。 他由奧斯拿勃盧克購買了許多書籍。 正如他後來所說，他離開戰場之後，精神眼光卽第一次朝向內心，他立卽感覺需要精神糧食，需要內心發展，需要理想成績。 原來這是那個時代的教育目標。 不過最強烈地代表着這個一般傾向的，要算克劳塞微慈。 在他的普魯士軍人精神之下，他由父祖留傳下來的精神遺產，一時並不露出頭角。 但是他當時所讀的書却使這項精神遺產復蘇了。 此後，新的世界和舊的世界，便在他心裏鬥爭起來。 他站在行爲和沈思之間，老向着行動衝進。 然而他屢次都被命運推回到思想工作上去。 處於新舊兩世界之間，他既不能決定走上其中之一，又不能把兩個世界融合起來。 因此，他的生活從少年時代起卽是一個悲慘的奮鬥，他爲了調和觀念和現實而奮鬥，爲了調和理想上的思考和政治上的行動而奮鬥，爲了調和舊的父祖遺教和新的普魯士精神而奮鬥。 他的一生是帶着這種苦惱開始的。

這個發展，發生在一七九五年至一八〇一年之間。 克劳塞微慈的步兵團，不久卽開到內路平 (Neuruppin) 去防守了。 在這個小防地裏面，克劳塞微慈是孤立無援的。 固然他雄心勃勃，方興未艾，但是他的認識慾也不稍減弱。 認識慾仍然驅使他去讀書。 他喜讀菲得利大王 (Friedrich der Grosse) 的著作，他的思想家和歷史家的天分，是因此露出頭角來的。少年時代所得的政治上的印象，現在已臻鞏固了。尤其那調和各別利害的強權國家的觀念，在他成為了一個強制的認識。不過這個國家觀念却和普魯士有相當的距離。因為克勞塞徵慈是生長在菲得利大王的國家與其理想價值裏面，並不生長在舊普魯士(altpreussisch)的生活基礎上面。不過他在普魯士的根基並不鞏固，所以他沒有遭到過分的困難就擺脫普魯士思想而跳到德意志思想上去了。他研究了英俊的國王菲得利的事蹟。這項研究，與其說提高了他的自覺，倒不如說使他獲得了一個軍人的，政治的世界觀。這一層和他的精神化傾向有密切的關係。他考進陸軍軍官學校，一八〇一年秋被召集到柏林去。這要算是一大進步。他在柏林首先感覺到嚴重的失望。因為不久即明白，他雖然天資很聰明，但是歷來由自修得來的學識是不夠的。他的內心的分裂，就是「意欲」(Wollen)和「能力」(Können)的不一致，使他很感覺痛苦。加之，經濟環境又極端窘迫。於是他便絕望地投軍去了。這是他一生的大危機。

正在這個時候出現了一個救星。這個救星是後來對他影響最深的人：沙恩赫斯(Scharnhorst)。那時候，沙恩赫斯是軍官學校校長。他認識了克勞塞徵慈的非凡的天分，想栽培這個人材，時加鼓勵之言。這位青年軍官要算第一次受到偉大人物的積極的指導。得到這個援助，他便征服了危機，而提起新的勇氣努力於學業了。沙恩赫斯是老師同時又是模範，成為他的精神上的父親和朋友。沙恩赫斯以外的教員，便連擔任「康特哲學」(Kantsche Philosophie)的教員在內，都減少了對於克勞塞徵慈的號召力了。獨立自主的秉性，現在得到了充分發展的機會。沙恩赫斯遠超出軍事專門範圍去教導這位學生，他講授政治，講授戰爭和國家的關係，講授國家和民族的觀念。那時候在他腦海裏面已經成熟了那個近代認識，就是：不把個人，而把在時間和空間中並立和相前後的衆多的人看做自然的目的，認為國家該有名譽和威信，而回到在德國消失了的國家強權的學理去。克勞塞徵慈的學業日有進步。他在一八〇三年已經成績超羣了。在這一年，他還以「參謀大尉」(Stabskapitän) 的資格被普魯士的奧故公爵 (Prinz August) 聘爲「副官」(Adjutant)。這個新職務擴大了他的見識和閱歷，使他認識了他後來的夫人曼麗·凡·布綠爾伯爵女公子(Gräfin Marie von Brühl)。這位夫人對於克勞塞微慈的一生有莫大的影響。她是薩克森 (Sachsen) 的名臣的孫女。她的父親供職於普魯士。曼麗受了英國母親的嚴格的教育，養成了高尚的思想。她的故鄉，風景極爲美麗，是德國古典文學的產生地。起初母親的反對和經濟上的困難阻礙了訂婚。但是經過一個長期間的精神結合之後，曼麗便對於她的未婚夫有了極深刻的影響。沙恩赫斯給克勞塞微慈指示了專門的活動範圍，反之，曼麗却給他指示了人生的個人目標。他的求名之心，和求愛之意融爲一片。兩人的書信來往成爲了德國唯心主義的最美滿的結果之一。這位高貴的婦人在不知不覺之間對於克勞塞微慈的畢生事業灌輸了她的精神力量。自克勞塞微慈和這位女友交際以後，在一八〇三年至一八〇六年之間，他的性格上的矛盾，便漸趨和緩，他的精神便漸行振作起來。

這項經過情形，便在他的衆多學術研究裏面也可以看出來。克勞塞微慈作了廣範圍的研究，明白了戰史的一大部分。同時他還不斷留心觀察現在的戰爭。他由知識，觀察及直覺創造了優異的戰術，而登了戰事學的最高峯。那時候的研究工作，主要是以攻擊當時的「唯理的戰爭武斷主義」(der rationalistische Kriegsdogmatismus) 爲目標。拿破崙正在施展鴻圖的時候，克勞塞微慈却樹立了一個「不受時間限制的戰爭理論」(zeitlose Kriegstheorie)。他由「物質」轉到「人」上去，他勝過戰爭的天才拿破崙，他注重精神力量，區別了一時的現象和永久的本質特徵，闡明了政治上的戰爭過程，證明了戰鬥，戰爭及政治是國家這個民族生活團體的要素。這些地方，可以說是一百八十度的轉變。在克勞塞微慈看來最重要的，恰和當時的觀念鬥爭相反，是外交政策。因爲他生平所受到的最深刻的印象，是拿破崙的抬頭。按拿破崙的抬頭，是一幕莊嚴的戲劇，牠證明了「强權政策」(Machtpolitik)是鐵般的「生活定律」(Lebensgesetz)。這幕戲劇必然要引起重大的轉變。「科西嘉島的巨人」(der korsische Titan)（譯者按卽拿破崙）正在實行普遍的强權政策的時候，與此正相反的力量——雖然對於外而並沒有影響——却在克勞塞維慈裏面逐漸長大起來了。克勞塞維慈所走的路線如何，是不能離開拿破崙去想像的。不過這並不是說他成爲拿破崙的附庸，而是說他是精神上獨立自主和拿破崙對抗的一個力量。因此，純粹在觀念上說，他是拿破崙的精神上的敵人。他認爲近代史的特徵——這是後來史家蘭克(Ranke)也看到的——在於民族國家的發展，和民族國家對於普遍壓制的抗爭。他認爲國家是民族生存上不能缺少的東西。他不像釋勒(Schiller)離開政治去認識民族的價値，相反地他只在政治裏面，只在那個求國家强盛的努力裏面認識民族的價値。他的民族觀念，充滿着强有力的實行意志。牠旣不是由普魯士的國家觀念而生，又不是由德意志的文化感情而生。他的民族觀念，是在民族自由的倫理意義裏面——並不是在拿破崙的精神裏面——由國家强權思想本身產生出來的。經過了這種思想過程之後，克勞塞維慈便開始把他個人的命運和政治的民族相融合了。他是最初拿異常的決斷力「由精神走到國家」(vom Geist zum Staate)的幾個德國人之一。他也和一切的開路先鋒一樣，親自遭遇了正在生長着的世界之反對。

在那幾年，固然他有意識地站在普魯士强權的堅固的基礎上面。內心的分裂，彷彿已被征服。目前正和法國抗爭，必須把封鎖着的復興之路重新加以開放。拿破崙在走着康莊的勝利路線的時候，卽在克勞塞維慈的靈魂裏面喚醒了强大的對抗力量。克勞塞維慈自認是完成救國工作的最適當的人。他自認精神飽滿，力量充足，而躍躍欲試。他自信能力最大，成竹在胸，自信倘任普軍總司令，定能獲勝無疑。在他一生之中，這要算他內心最得意的時代。這位青年將軍正在敲光輝奪目的榮耀之門。然而克勞塞維慈是一個被束縛着的巨人，並不像青年時代的拿破崙有世俗的或超世俗的勢力去使這位無名英雄掌握大權。 他和許多人一樣沈濇在普魯士軍隊裏面，並未遇到識荊之人。 如果一七九五年的和約可以說埋沒了希望的胚芽，那麼一八〇六年的戰爭便可以說摧毁了成熟着的果實了。

* * *

克勞塞徵慈成人之後，於一八〇六年秋參加了渴望日久的反拿破崙「解放戰爭」(Befreiungskampf)(二)。 確信着未婚妻的愛情，他便把超個人的目標和個人的努力融合起來。 在決戰之前兩天，他草擬了極大膽的作戰計劃。 但是普魯士軍在作戰方法裏面却絲毫沒有採用這位無名將軍的精神。 普魯士軍盲目地踏進了耶拿（Jena）和奥爾士太特（Auerstedt）兩役的危局。 克勞塞徵慈在這裏指揮奥故公爵（Prinz August）的「射擊兵師」（Schützendivision），他在戰場覺得「如魚在水中」（Wie der Fisch im Wasser）。 他雖然很勇敢，却也不能不後退了。 但是他鎮靜如常。 公爵和他的副官（譯者按卽克勞塞徵慈），充滿着百折不回的抵抗意志，屢次指揮殿軍，反對上司的懦弱，終在普棟玆勞(Prenzlau)英勇地打出一條血路。 然而因爲敵軍優勢，沼澤遍地，軍火缺乏，計劃遂告失敗。 結果，連奥故公爵及克勞塞徵慈也和勇敢的殘餘部隊一同被俘。 因此，他們安然逃避了敗北。

因爲公爵對於拿破崙具有政治上的重要性，所以在交換俘虜的時候，公爵和他的副官克勞塞徵慈並未被交換。 當殘餘的軍隊在東普魯士繼續抗戰的時候，克勞塞徵慈却像一隻損傷了翅膀的鷲一樣，毫無作爲地被困於內路平（Neuruppin），繼移南錫(Nancy)，最後移到蘇松（Soissons）。 在這一年的被俘期間，他仔細研究了法國的情形。 當釋放回國的時候，路過瑞士。 他在這裏目睹了裴斯太

(二)譯者註：當時普魯士呻吟於法帝拿破崙之鐵蹄之下，不得自由。 解放戰爭之「解放」二字，係驅逐拿破崙勢力於國外而恢復普國自由之意。 以下倣此。

洛齊(Pestalozzi)和西加特(Sicard)在社會教育上的努力，認識了施太爾夫人(Frau von Staël)。此外他還和施雷格(Schlegel)弟兄來往，而呼吸了「浪漫派」(romantisch)的空氣。雖然在瑞士的生活如此豐富，但是這一年他內心却最感覺痛苦。因爲他爲強權政治的理想精神所驅使，認爲他的生活唯有在強有力的國家裏面纔能發展。因此，和國家脫離關係，是他所不能忍受的。他覺得他脫離了民族的及個人的生活基礎，成爲一個流浪者，完全失去了威信。在被俘期間，並且在這種精神的苦惱之下，克勞塞微慈完成了他和社會的融合。這個融和是由一個精神上的「意志行爲」(Willensakt)充滿着極痛苦的「行動放棄」(Tatverzicht)纔完成了的。

這一點引起了三個效果。第一，他的思想特徵得到最後形態。「現實主義」(Realismus)和「理想主義」(Idealismus)，「冷酷」(Kühle)和「熱情」(Leidenschaft)結合在他的精神裏面。他的空閒的力量，由行動分離過來，冷酷地且現實地灌注在認識問題上面。他看得很清楚，他認爲普魯士戰敗，是一件缺少觀念價值的複雜事件的結果。因此在他看來最重要的問題，是意志力的增強。他使普魯士維護德意志民族的名譽，自由及幸福。便是在表面上，他的軍事上的解放計劃，也已經具有相當鞏固的形態。在這裏面，他提出了緊急的戰略，在必要時，是放棄土地在所不辭的。

第二，他的「民族主義」(Nationalismus)，蓬蓬勃勃，日趨興盛。愛國心成爲了他的人生的中心，祖國和民族名譽成爲了他的主宰。求民族國家強盛的願望達到了最高峯。並且受到懷鄉之念，民族上的同族感情及德國文化社會的促進，這位理想主義者想要發展自己，造福社會，而和一個強大國家結合爲一體的意志，便愈益堅決起來。因此克勞塞微慈便成爲了「理想主義強權國家」(der idealistische Machtstaat)的「國家理由」(Staatsräson)的公佈人。德國人的缺點，要算世界主義，缺少民族意識及地方割據。他認爲這些缺點是血統和土地的自然結果，爲求國家強盛起見，血統和土地，是非加以征服不可的。

一切的邦，連普魯士在內，都對於克勞塞徵慈失去了意義。正在拿破崙實行壓制的時候，德意志民族，甚至德意志國民，便成為一個統一體在他感情裏面光輝奪目地高升起來。防止法國「世界主義」(Universalismus) 的侵入，維護德意志民族而建設強權國家，是一個神聖的事業。克勞塞徵慈成了無名的德國預言家。他的民族主義，從觀念上說來，是起源於個人主義的時代精神，但是現在卻有些奇異，竟和「民族的命運社會」(die nationale Schicksalsgemeinschaft) 結合起來。他的民族主義充滿着犧牲意志和潛勢力，居然突破了牠的產生地的界限而帶着火焰冲到德國社會主義的世界上去了。

第三，他的內心重新趨於鬱悶。普魯士的崩潰使他陷入深刻的憂愁。他的身心好像和國家一同受了打擊似的。克勞塞徵慈，形單影隻，便在內心起了悲觀的幻想。受了這個打擊之後，他覺得好像受到命運力量的追逐，不久即將默默無聞地逝世。於是內心的分裂，精神和行為的對立，欲望和能力的對立便又帶着黑暗勢力出現而搖動了他對於自己命運的信仰。這個精神分裂，以後便要決定他的人生路線了。

*　*　*

當克勞塞徵慈在一八〇八年四月到科尼斯倍 (Königsberg) 的時候，他好像是由冷森森的墓穴回到和煦可親的春日似的。結果他和國家重行合為一體，而得到行動的機會。可是這其間因為在梯爾西特 (Tilsit) 簽訂了「亡國和約」(der Vernichtungsfriede)，他便失去了作戰的機會。後來克勞塞徵慈被調參謀本部當沙恩赫斯的祕書長，這纔算踏進普魯士改革家的圈子裏去。但是他的職務不過輔佐性質，他參加改革事業的範圍很小。這種外面的限制不能滿足他的事業慾。便是在內心他也沒有接近眞正的改革事業。他在普魯士的根柢不深，所以他對於這個緩慢的改革之意義並不能完全理解。他最注意外交政策。

他覺得只要能够防止國外變亂的波浪進入國內，內部的變動是比較好辦的。他始終把最後目標放在心目中。他誤認一般民衆也具有和他同樣的解放意志，熱烈主張立即開始軍事行動。這並不是軍人的狹小眼光所致，因為他根本就和淺薄的軍人不同的。他具有遠大的眼光，他把這個眼光完全適用到軍事政策上去。因此他成為了革命精神的代表，成為了改革事業背後的原動力之化身。

但是他的熱烈的意志却仍按而不動。的確當他在一八一〇年秋被任為太子的師傅兼軍官學校教官時，他是不能不把行動意志埋沒在思索工夫裏面的。當時他接觸了浪漫主義及理想主義的思想界，認為他們固然有長處，但是同時也有弱點。至於認為德國人有超俗使命的那個普遍的世界觀，在他看來，是有害無益的。於是他猛然轉向到詩人及思想家之「哲學的達觀」上去。因此他和同事的對立漸趨顯著。他懷才不用，憎惡人羣，諷刺及嘲笑的感情日加强烈。當他由「神經熱」(Nervenfieber) 痊愈過來的時候，覺得好像老了好幾歲似的。

世間不知道他的眞正價値，總認為他動輒啓齒冷罵，性格苛酷不可親。便是現在他也沒有找到可以發揮他的天分和熱情的活動園地。便是現在他也覺得孤立無援，覺得他的「幸福委任信」(Vollmachtsbrief zum Glücke) 終久不能不原封帶回。他的外面的本領和內心的命令在互相合作。悲劇是從這裏發生的。

他越得不到行動的機會，他的行為意志便越在精神裏而流動，而把他的思想家性格和鬥爭意志提高到最高點，不過同時也把他征服逆境的能力減低了。因此，改革時代並不能使他留在普魯士，倒相反地使他脫離普魯士，使他成為絕對的德國解放意志的遊說人了。在他身體裏面好像附了革命之鬼似的。拿破崙的無名的精神敵人克勞塞微慈遂和無意識的使命結合為一體。克勞塞微慈對於帝王拿破崙的巨大的不合理，便拿巨大魔鬼的同樣大的不合理去對抗。

從這裏開始，他的將來的命運便決定了。他把戰爭理論的思想工作仍舊繼續下去。他為教育太子而作的草稿成為了戰爭論 (Vom Kriege) 一書的胚胎。便是政治上他也在自主的軌道上前進了。建設强國的希望和因普魯士政策軟弱而感覺的失望，使他在心理上脫離了故鄉和階級。他猛烈反對「普魯士派」(die Nur-Preussen)，因爲「他們嘴裏不斷地提到普魯士人，免致德意志人這個名詞要求他們盡更重大，更神聖的責任」。他拿菲得利大王 (Friedrich der Grosse) 的精神去對付當時的普魯士人。現在證明出來，他在菲得利大王所下的根是比在普魯士所下的根更深的。這一層也是使他走上德意志民族的一個原因。他把整個希望都放在德意志民族上面。他內心的未被發揮的力量，終於凝成了個人的作戰決心。雖然在非德意志的旗幟之下當傭兵不是他的德意志感情所能忍受，但是爲革命思想所驅使，遂不管在何處都預備作個人的抗戰了。這是祖國和內心的命令驅使他如此做的。於是德意志的自由和牠最勇敢的兒子，便轟轟烈烈地結合爲一體了。

當一八〇八年及一八〇九年在西班牙和奧地利發生革命時，克勞塞徵慈便和奧地利同盟而成爲該同盟的一個熱烈的代表去對抗拿破崙。那時候他已經有意加入奧軍去作戰了。在英軍裏面服務的事，他也曾經考慮過。然而在這些計劃還沒有成熟以前，奧地利已經戰敗了。可是普王並沒有堅決抗戰的意思。普王並且還於一八一二年和拿破崙締訂同盟，允許派兵進攻俄國。於是克勞塞徵慈便不能不懷疑普魯士，而認爲普魯士無力實行德意志的使命了。普法同盟成立，他幾年來所英勇地反對的那個主張遂獲勝利。克勞塞徵慈盡了他應盡的義務。他堅持自己的主張，作了生平最大的犧牲，他脫離普魯士，投俄軍當戰士去了。因爲德國的解放意志已經成爲他個人的主宰；在他看來，這個解放意志，是在普魯士及普魯士國王之上的。

這個忠心，雖然出於個人的熱情，却具有歷史的重要性。因爲這個革命精神——不是出自死板的狹小基礎，而是出自生動的廣大基礎，並且針對着魔王拿破崙而發——對於個人的與奮是有莫大的意義的。不管將來政治情形如何轉變，這個求絕對自由的倫理意志，都要成爲神意的一個保障，而主宰由偶然及人類弱點所決定的俗世變動。克勞塞徵慈便是這個主宰力的預言人。那時候他卽決定了他的有名的信仰，而堂堂擺脫了當時的可憐的環境。 他讓後世之人去審判他的行爲。 他發表了用革命手段的救世之術，非但文詞美麗有力，而且思想偉大動人，眞是被壓迫者的福音。 這個福音，便是在一九一八年以後，還給與德國人安慰和力量。 這個福音，將與地球同存，將成爲衛護自由之英勇的進攻號角而響徹全球。

*　　　*　　　*

脫離了歷來的生活基礎之後，克勞塞徵慈便成爲自己的魔鬼的殉難人了。他爲了理想犧牲了他個人的生活。 因爲像差不多每一個聖徒一樣，他也不能不走艱難之途的。 辭職是照准了，但是參加俄軍是被禁止的。 因爲他參加俄軍，他遂受到刑事處分，他的財產也被沒收。 國王決不能容忍他的行動。 傾注一切的知識和能力，都不足以消除柏林朝廷的不滿意。 經格耐色瑙將軍的推薦，克勞塞徵慈曾於一八一二年之役在好幾個俄軍司令官之下服務過。 然而他仍無勢力可談。 因此他在俄國服務，很感覺失望。 不過他却在這裏得到兩個推轉世界史的車輪的機會。 那就是：在作戰之初，俄軍根據他的報告，決定退入俄國內地，這遂成爲拿破崙沒落的原因；而在戰事之終，當簽定那有名的桃羅根協定(Konvention von Tauroggen)時，他曾任俄國談判員參加。 那時候他盡了所有的力量去消釋普魯士方面的疑心。 約克 (Yorck) 下一大決心和俄國締訂協定，也是克勞塞徵慈的功勞。 這樣他便參加於德國的解放事業了。 這時候他的運星好像已經輝煌地上升起來。 他聽從石太因男爵(Freiherr vom Stein)的鼓勵，在東普魯士組織了「民兵」(Landsturm)和「後備兵」(Landwehr)。 因此，他在這裏也得到了直接參加普魯士革命的機會。 然而他希望回到普軍服務一節，却仍未獲准。 不過俄軍派他做駐布綠歇 (Blücher) 將軍參謀處的連絡軍官。 在這裏他仍像以前承平時代那樣，在沙恩赫斯 (Scharnhorst) 將軍那裏擔任祕書長。因此他便有了和施雷仙(Schlesien)軍三將星布綠歇，沙恩赫斯及格耐色瑙一同參加一八一三年春季作戰的機會，他是躊躇滿志的。沙恩赫斯陣亡後，他便在同樣的地位和格耐色瑙合作。但是格耐色瑙也沒有把克勞塞徼慈復職普軍一節辦到。

在一八一三年夏的停戰期間，反動派在朝廷裏面佔了優勢，改革派在政治上遂幾無立錐之地。不過在克勞塞徼慈方面，那個不幸的關係却得到解決了。那時候成立一個「俄德軍團」(die russisch-deutsche Legion)，他接到以參謀本部軍官資格進入該軍團的命令。於是他便離開戰事的中心了。他起初很高興，結果却是暗澹的。固然總司令派他做參謀次長，但是軍團本身仍留於次要戰場。一八一三年秋，聯軍在下埃爾貝河(die Niederelbe)一帶布陣，俄德軍團擔任防守北翼，結果在哥爾德(die Göhrde)打了勝仗。這要算該軍團唯一的功勞。便是一八一四年冬季作戰之時，該軍團在比利時的次要戰場也沒有樹立什麼特別的戰功。直到一八一四年締訂巴黎和約(der Pariser Friede)時，克勞塞徼慈纔以上校資格回到普軍服務。一八一五年戰事復發，他被任爲第三集團軍參謀長。但是這一次他也不走紅運。無論在里尼(Ligny)或滑鐵盧(Waterloo)，他都沒有得到樹立偉大戰功的機會。大戰結束了。他既沒有得到與其才幹相當的地位，又不曾樹立豐功偉業。他越在軍事問題上得不到滿足，他的政治精神便越趨强烈。他不斷地和格耐色瑙通信，力主繼續作戰而進攻巴黎。如此他由遠處效勞，俾得協約軍的心臟——即普魯士的一對將領布綠歇及格耐色瑙——在政治上和軍事上增强起來。最後勝利的一小部分恐怕是可以歸功於克勞塞徼慈的。

* * *

膽大妄爲的拿破崙——也就是那時代的原動力——現在已被征服。跟着拿破崙的沒落，那個造成解放意志的前提便消滅了。克勞塞徼慈的超個人的緊張，也消沈下去。剩下來的，便是一個未獲滿足的人生的苦渣。起初很英勇的曲調，後來遂衰微下去。因為他曾經把精力的一大部分灌注在解放思想上面，所以到了恢復和平的時候，他是必然會覺得失去精神的。只有一個滿意的事業能夠避免這個危險。如果得不到這個事業，他的人生是不能不荒廢的。

這位聖徒，終由神聖的使命回到太平軍人的俗世職業。克勞塞徵慈失去了自己父親似的朋友沙恩赫斯，却得到了格耐色璐，而始終忠實地和他交遊。當時格耐色璐任新編「萊茵軍團」(das rheinische Armeekorps)總司令，乃派克勞塞徵慈為該軍團參謀長。這樣一來，這兩位偉大軍人的精神結合便因此在表面上更加鞏固起來。在新的省份所建設的軍隊，使克勞塞徵慈得到一個和朋友作親密的交遊的機會，這是他深引為滿意的。但是那時候災難已經接近了。因為政治不安定的緣故，格耐色璐遂於一八一六年辭去了他在科布楞玆(Koblenz)的職務。他的後任是哈克將軍(General von Hake)。哈克對於參謀長並不發生任何親密關係。在參謀長方面，憂悶的日子便開始了。有兩件差事減輕了他的憂悶。他於一八一七年隨從太子遊歷萊茵省(die Rheinprovinz)全境；一八一八年秋，他升為陸軍少將，任阿痕(Aachen)軍司令，按阿痕是開過盛大的全歐會議之地。這位年齡纔三十八歲的少將，對於自己的外面上的地位，是可以滿意的。但是這個地位並不合乎他的內心感情。不久他即被任為柏林軍官學校(Berliner Kriegsschule)校長，而脫離了他的不滿意的地位。格耐色璐所以推薦克勞塞徵慈當軍官學校校長，是希望這位傑出的人才比歷來的校長對於該校的事業發揮更大的勢力。因為歷來的校長只是一個行政長官，對於教學方面，是沒有任何勢力可談的。然而不幸克勞塞徵慈也被限制於乾燥無味的行政事務，不得過問其他。命運給他擲了最不幸的骰子。他在這個小地位過了十二個無生氣的年頭。人生的最年富力強的時代，事實上消磨在這裏面。普魯士軍不曉得去利用其最傑出的人才。普魯士軍將他置於不顧。這遂毀了他的一生。

這場悲劇是由來已久的。這是他於一八一二年和普魯士決裂的報應。那個由卡爾斯巴特（Karlsbad）會議開始的反動派的大潮流，對於克勞塞徵慈也有影響，其影響以他對於國民代表問題發表意見時爲最大。不過他自己的性格也和這個不幸的命途有關係。當偉大的普法抗爭告終，而他的心緒由強烈的緊張解放過來的時候，他並不能够把自己的分裂的力量合一起來。他的心緒孤立無依，終於屈服在不順利的太平生活之下。顯見他並不曾把內心的分裂加以征服。他和夫人的親密的關係給他補充了世界之不足，却也必然加強了他的孤獨性。雖然他在他的心緒時常尋求安慰之言的地方找到了寄身之地，但是「不和諧」（Disharmonie）却在這位感情豐富的人裏面佔着優勢。一方面那個冷酷而熱情的精神向前衝進，但是另一方面却缺少內心的滿足，缺少精神的鞏固性，缺少個人在人生戰場上奮鬥的精神力量。克勞塞徵慈在觀念的意義上是一個最好戰的人物，但是在現實的意義上却不然。這並不是因爲他不肯犧牲性命的緣故——犧牲性命是他最希望的——，却是因爲他在精神上不能自主獨立的緣故。他一站在軍隊面前，就心神不安定，所以在一八〇六年以後他便不再指揮軍隊了。結果他明白了自己的缺點，認爲他的天分的優點是不足以補償這個缺點的。他的精神成爲了他的最後的避難所。然而他一直向着行動衝進，而他的精神上的功績却又要繞「放棄行動」（Tatverzicht）那一條痛苦的路綫可以達到，這裏便要發生悲劇了。他的「個性特徵」（Wesenszüge）關閉了表面上的成功之路。現在他的「智性」（Geistigkeit）的發達，全視這個個性特徵的發達程度爲轉移。可是他的智性越強，智性對於行爲世界所表示的壓力便越大。因此，這個未獲滿足的慾望，終於在活潑的發展之後向着他的精神爆發了。這裏生長了一個無雙的古典派思想家精神，那個未出生的行動，是在這個思想家精神裏面激烈地胎動着的。有一種拿破崙式的暴烈的強權充滿着他的語言。他的語言便因此得到無雙的清晰，力量及偉大。但是同時在克勞塞徵慈裏面完成了一個空前的個人命運。幸福由遙遠處再行向他招呼。這一次認識他的政治家本領而推薦他做駐倫敦公使的，還是格耐色瑙。但是這個機會也不曾成功。

於是他便堅定了悲觀的信心，而認爲他的一生是再沒有多大的事可做了。

這個悲慘的命運，使他一轉而完全朝向內心。他的民族思想，現在已經脫離一切的空想而進入最後階段了。他的現實感覺自一八一五年以來並沒有認錯，他知道德意志思想暫時不能存在，但是他的現實感覺也沒有認錯德意志思想的將來的力量。所以現在他仍以征服德意志各黨派而建設一個德意志「命運社會」(Schicksalsgemeinschaft) —— 即强有力的統一國家 —— 爲目標。但是他的國家感情却重行帶上普魯士色彩了。他始終最注重外交政策。他認爲外來的侵略比任何國內革命都危險。「議會自由主義」(der parlamentarische Liberalismus) 認爲當時是專制和自由的鬥爭時代。克勞塞微慈既反對議會自由主義，又反對那個代表「正統原則」(das Legitimitätsprinzip) 的「勤王保守主義」(der dynastische Konservatismus)。他認爲「現實政策」(die Realpolitik) 勝似「獨斷」(das Dogma)。他拿俾斯麥 (Bismarck) 式的透澈的眼光去觀察德國和歐洲的情勢，觀察德國和歐洲的命運上的聯繫。他之所以預言劍爲統一德國的唯一路線，是因爲他認爲普魯士的武力建設爲統一德國的前提，是因爲他認爲武力決戰爲產生德意志國家的力量的緣故。便是現在他也孤孤單單地站在時代裏面。因爲精神和國家是在他裏面最徹底地結合着的。他遠在別人之前踏上了未來時代的地盤上面。「第二聯邦」(das Zweite Reich)(三) 的創造精神，便在他裏面產生。同時他的戰爭理論上的思想也開花結果了。在那表面上最沒有貢獻的幾年間，他正從事於人類最偉大的精神工作之一，就是著述戰爭論 (Vom Kriege)。著了這本書，他便得到古今最偉大的軍事思想家的名譽頭銜，而擠入了民族英雄之林。這部著作的價值，在於牠的永遠的青春上面。雖然有許多意見將隨時代而失去生命，但是其精神的基本內容却有千古不滅的價

(三)譯者註：德國在一八一五年以前稱爲「第一聯邦」(Das Erste Reich)，由一八七一年至一九一八年稱爲「第二聯邦」(Das Zweite Reich)，一九三三年以後稱爲「第三聯邦」(Das Dritte Reich)。

値。軍人，政治家，歷史家，一切的人都能夠從這裏抽出深奧的智慧。這部書終於成爲了戰爭和將帥的聖經。因此這部書要算是他一生的主要事業。不過在他看來，這部書並不重要，他並沒有把牠公佈出來。因爲他本來不想做一個思想家或將帥去研究歷史。不料命運擱阻了他的活動之路，竟不顧他受有先人的豐富的精神遺產而奪去了他的畢生事業。他的畢生事業終告失敗，他不勝悲傷。但是他決不因此而一籌莫展。因爲他並沒有失去做事業的勇氣。同時，在康特 (Kant) 和普魯士的意義的責任觀念，也是他的力量的來源。這個來源，便是在那失意的幾年間也不曾枯竭過。當他看出了他的事業在表面上已歸失敗的時候，他的心靈的火也不曾熄滅。他的心靈的火一直燃燒下去，照耀了那個高得不可企及的著作。克勞塞徵慈不斷地順從了自己的命運，終於藉此把命運征服了。他的犧牲成爲了行動的犧牲。他的人生，從表面上看來好像是失敗。但是他的人生——成爲了永遠的模範，成爲了最高的人生勝利——藉平靜的內心活動成爲了民族的幸福。

命運好像想起這位五十歲的人似的。一八三〇年，他終得脫離舊職務而被任爲布累斯勞(Breslau) 的「第二砲兵監督處」(Zweite Artillerie-Inspektion)的監督。不久之後，當歐洲有發生普遍戰爭的危險時，他被任爲參謀長而輔佐軍司令格耐色瑙。這樣一來，這位被忘記了的克勞塞徵慈，便好像還有做陸軍總參謀長的資格。倘若實現，那便喜出望外了。歐洲的戰爭危機過去了。只有普魯士軍，爲了防備波蘭軍暴動，曾經在東方佈置過一次。那時候更可怕的敵人，要算「霍亂」(die Cholera)。格耐色瑙便是一八三一年八月二十八日在波森 (Posen) 患霍亂症逝世的。克勞塞徵慈因格耐色瑙元帥逝世而大受打擊之後，便也於同年十一月一日患同一病症故去了。當他去世的時候，他好像把生命當做重負拋棄了似的。這個結束，是完整的人生的象徵。幸福之最後希望，也在陰晦的命運之下消失了。但是事業已經完成了。他的夫人，在一八三二年以後，纔把他的歷來大部分沒有付印的作品發表出來。這時候，世間纔知道克勞塞徵慈是人類中的最傑出的軍事思想家，纔知道他是一位最偉大的歷史家和政治家。他沒有被世間注意，沒有受到世間的感謝就逝世了。他的偉大，的確是在一八六六年以後，他所播的種子開花結果的時候，纔被完全認識的。俾斯麥（Bismarck）成爲了他的政治思想的實行人。毛奇(Moltke)的事業和第二聯邦，是建築在克勞塞徵慈所奠定的戰爭理論上面的。

便是現代，這位無雙的德國人的價值，也在照耀着。倘若沒有他，那麼施利分（Schlieffen），德國參謀部和德國在世界大戰的得救，都不能想像。今日這部戰爭論仍可適用於一切基礎。並且他在政治上的活動也同樣不可磨滅。克勞塞徵慈是德國國民的最偉大的民族教育家之一。他恐怕是把社會主義的普魯士精神由普魯士國家分離過來的第一人。他把這個社會主義的普魯士精神看做倫理觀念，看做建設德意志國家的力量。他是民族精神的英雄，是德國國民的先鋒。他親自對於後世的人表示了由「精神」越過「國家」而達到「國民」的德意志的生活發展。他是由德意志精神形成了國家觀的第一人，並且也是最早的德意志英雄。他在民族政策上的事業，將爲其人格的永遠價值所照耀。有人說他一身兼備黑爾曼（Hermann）的愛護自由之心，胡騰（Hutten）的民族熱血和俾斯麥的政治眼光。這是說得很對的。他是蘭克（Ranke），特來齊克（Treitschke）及俾斯麥的理想的開路先鋒。他融合着理想主義和現實主義，融合着威瑪（Weimar）和波次丹(Potsdam)，成爲了德國護衛神的永遠的化身。施太爾夫人（Frau von Staël）曾經說他是「最優異的德國人」（L' Allemand par excellence）。有一個法國人則帶着嘲笑的口氣說他是「德國人中的德國人」（le plus Allemand des Allemands）。的確他是最偉大的德國人。便是由現代的精神看來，也是如此。因爲他已經在德國人的心目中得到了客觀性。他把「絕對」（das Unbedingte）當做他的地上之神，把「意志」（der Wille）當做他的英勇的傳教師。因此克勞塞徵慈，和永遠的精神結合着，是現代的「具有精神的人物」（Geist vom Geiste）。

處世箴言(續三)

Aphorismen zur Lebensweisheit

叔本華 (Arthur Schopenhauer) 著

關琪桐 譯

第四章　論人的地位，或別人對他的估價(續前)

第五節　令名

在前一章中，我們曾把令名歸在一個人在世人眼孔中的評價項下，現在我們應該把這一層觀察一下。令名與尊榮正是一對雙生姊妹，可是它們也如雙子座似的(一〇)，其中保羅斯 (Pollux) 是永生的，迦斯特 (Kastor) 是無常的，永生的令名乃是無常的「尊榮」之兄弟。自然我這裏所說的乃是最高的令名，乃是純眞的固有的意義下之令名：因爲有許多令名乃是一瞥即逝的。其次，尊榮只涉及於我們在相似的環境下向每一個人所要求的那些性質，至於令名，則涉及於人們不能向人人都要求的那些性質。尊榮涉及於每一個人所當誇於自己的那些性質，至於令名，則涉及於無人可以誇於自己的那些性質。我們的尊榮所及的範圍只以人們知道我們的範圍內爲限，至於令名，則先跑在前面，而且令名走

(一〇) 譯註：迦斯特和保羅斯是鳩壁特天神的兩個兒子。鳩壁特神愛上了 Loda，而苦於無機可乘。於是變爲一個天鵝，裝着爲猛鷲所逐，投在 Loda 懷內，因而 Loda 就生下兩個卵。一個卵中生出保羅斯和海倫來，另一個卵中生出迦斯特和柯律退內斯塔 (Clytomnostra)。這弟兄倆皆以勇敢著稱，曾參與金羊毛之役。後來他們與 Lynceus 打仗，迦斯特殺了 Lynceus，又被 Loda 所殺。保羅斯爲他的兄弟復仇，而把 Loda 殺了。保羅斯是永生的，並且對他兄弟十分友愛，因此就請鳩壁特神把他兄弟還生回來或者把自己的無常失了。鳩壁特讓迦斯特分享保羅斯的永生，因而他們輪流着在陰陽兩間生存，一生一死，互相更迭；他們死後上昇列宿，成爲雙子星。並常保護海客，船上所見 St. Elmo's 火即他們的顯佑。

得愈遠，則人們知道得我也就愈廣。　人人都可以要求發榮，但是很少有人可以要求令名，因爲經由特殊的成就，人才可以達到令名。

這些特殊的成就又分兩種，一種是功勳，一種是作品。　因此，達到令名的路途就有兩條。　宏大的心胸特別可以使人走着功勳之路，偉大的頭腦可以使人走着作品之路。　兩條路中每一條都有其特殊的優點和劣點。　它們的主要分別就在於，功勳是易逝的，作品是常存的。　最高貴的功行也只有暫時的影響，至於作品則在一切時代生活着，作用着，嘉惠人生，提高人生。　人的活動所能存留於後世的，只有人對於它的記憶，但是這種記憶是會愈來愈微弱，愈來愈扭曲，愈來愈平淡，並終於消滅了的，除非歷史把它記載下來，而在化石的狀態下把它留給後世。　至於作品自身就是不朽的，因而可以萬古常存——尤以著述爲然。　亞理山大只有大名和紀念留到現在，至於柏拉圖，亞理士多德，荷馬，和霍拉釆則仍然在那裏，他們仍然生活着，並對我們有一種直接的影響。　印度的四吠陀(Veden)和其奧義書(Upanischaden)仍然存在，但是當時所發生的一切事情，則我們毫無所知。(十一)

功勳還有一種不利，就是它們只依靠於外界的機緣，才有實現的可能。　因

(十一)　著者註：現代人們有一種風尙，他們以爲把人的作品稱爲功勳，就可以尊榮了那種作品，實則這乃是一種可憐的恭維。　因爲作品根本上乃是比功勳較爲高貴的。　一種功行總是依靠於某種動機而發生的一種行爲，因而它是特殊的，易逝的，因而是屬於世界上那個普遍而原始的成分——即意志——的。　一個偉大的和美麗的作品，則是可以常存的，因爲它是有普遍的意義，並從智慧中生起來的，它正如一縷芳香似的，天眞純潔，超出了這個意志世界之上。

功勳的名譽也有一種優長，就是，它一般說來是伴着一種強烈的爆發而出現的，那種爆發強烈得程度是可以使那些功勳名聞全歐。　至於作品的佳譽則是遲徐緩慢而來的，起初它的聲音只是輕微的，隨後就愈來愈高吭了，而且往往在百年以後才達到它的全部力量。　但是自此以後，它就存留下來，至於千萬年之久，因爲那些作品是仍然存留着的。　至於前一種名譽，當初大的爆發過去以後，它就愈來愈微弱起來，因而知道它的人也就愈來愈少，一直到了最後，它只在歷史中剩有一種幽靈似的存在。

此，它們的聲譽不祇是只指向於其內在的價値上，乃是指向於那些給與它們以「重要」和「光輝」的環境上的。其次，功勳的命名，當它們係純粹個人的時候（如在戰爭中），乃是只依靠於少數證人的傳說上的。可是這些證人又不是恆常在場的，而且就是在場，也不能總是正直不倚的。而在另一方面，則功勳又有一種利益，就是，它們因爲是實踐的，所以它們乃是一般人類知識所能及的，因此，你只要把事實正確的告知人，那它們就可以得到人的承認，除非它們的動機到後來才被人所正確認識了，或適當估量了。因爲我們要想理解一種行爲，必須先知道它的動機才行。

說到作品，則情形與此兩樣。它們的出現並不係於機會，而只係於它們的作者；而且它們本身是什麼樣的，也永久是什麼樣的，只要它們仍然存在。在另一方面，則人們判斷起這些作品來，却又有一種困難，而且這些作品的特質愈高，則這種困難也就愈大。事實上也常常缺乏能勝任的，忠實不倚的批評家。不過它們的命名也不是由「一個」法庭來決定的，它們也可以求訴於別的法庭。因爲如前所說，在各種功勳方面，只有人的記憶留傳於後世，而且這種記憶還正如現在人所傳說的那樣：至於作品則自己把自己保留下去，而且除了殘闕的部分以外，它們還是保存其原形的。這裏並沒有東西可以把材料毀損了，而且就是原來它們所受於環境的惡劣影響，後來也會消滅了。不但如此，而且只有在年長日久之後，才有少數勝任的裁判者出現了——他們自己已經是一些例外——來坐堂聽訟那些更大的例外之人。他們一代一代下了重大的判決，因而人們在多少世紀之後，才能得到一個圓滿公正的判斷，但是這個判斷一得到以後，後來便再也不能推翻。作品的聲譽是這樣安定而不可避免的。

至於要想原作者來及身親歷其聲譽之發揚增大，那就有繫於外面的環境和機會了。這些作品愈爲高超，愈爲困難，則這種可能也便也愈爲減少。塞內卡在這裏有一段美得無以復加的話，他說：「美名之隨功德，猶如暗影之伴身體似的，雖然它們有時是在前面的，有時是在後面的。」（書翰集七九）。隨後他又進而說：「所有你的並世之人雖然因爲妬忌之故，緘口不言，可是將來一定有人會無愛無憎的秉公裁判。」 我們在此也可以順便看到，即在塞內卡的時代，那些惡棍們已經工於計謀，藉緘默不理，來壓制人的功德，以便掩蓋賢者，而嘉惠不肖了，這正如我們現代一樣，因爲妬忌之念使古人和今人都閉口無言了。

一般說來，人的名望將來愈經久，那它就愈來得遲緩，因爲一切卓越的事功也都是慢慢才能成熟的。可以傳於後世的聲名，正如一個橡樹似的，從它的種子中慢慢生長起來。 至於那輕浮而空幻的聲名，就如那一年生的迅速生長起來的植物似的。至於虛僞的聲名，則如那迅速吐芽，旋即剷除了的雜草似的。

這件事情的原委乃在於：一個人愈屬於後世，即愈屬於全人類，那他在他的同時人看來就愈是生疏的。 因爲他所成就的並非獻於這個特殊世代的，因而他是不屬於這個世代本身的 ， 而只是把這個世代當做全人類中的一部分而屬於它的，因此，它就不曾沾染了本地的色彩。 因而那個世代就容易把他認爲是奇特生疏，而輕輕把他放過。 他那個世代所重視的人乃是那可以效力暫時事情和當下幻想的人，這些人乃是完全屬於那個世代，而與它共生共死的。 一般的藝術史和文學史都教我們說，人類精神的最高成就原來都是不爲人所歡迎的，它們往往被人置之高閣，棄而不覩，除非有高人一等的才智之士出現於世，對它們發生興趣，使它們得人敬重，並使它們從此以後就藉這樣所獲得的權威，而永遠得人仰望。

所有這些事情 ， 最後的根源都在於 ， 每一個人只能理解並欣賞與他同類之人。 但是愚昧之事是對愚昧之人同類的，平凡之事是對平凡之人同類的，紛亂之事是對胡塗之人同類的，無味之事是對無腦之人同類的，而最使一個人高興的乃是他自己的作品，因爲這種作品乃是與他同類的。 因而古時那位難以稽考的挨庇克姆 (Epicharmos) 就歌詠道：

愚人說愚話，狂人吐狂言，

人皆喜自翊，都謂自己賢。

犬視犬爲美，牛看牛爲妍，

驢以驢爲妙，豕覺豕可戀。

當一個强有力的手臂投射一個輕浮的物體時，它並不能給那種物體以一種運動，使它繼續前飛，猛烈射擊，這個物體會死沈沈的跌落在那裏，因爲它沒有自己的物質，可以接受外來的力量。對於美好偉大的思想，甚至天才的作品，也都是一樣情形，如果沒有別的人，只有那渺小，微弱，而悖謬的頭腦來賞鑑它們。這種事情乃是古往今來一切哲人同聲悲悼的，他們的悼惜正構成了一個合唱。耶穌說：「誰要同一個愚人說話，就是同一個就寢的人說話的，而且當說完話時，他會問說，說的是什麼？」——哈姆雷特（Hamlet）也說：「狡譎的話語，到了愚人耳裏，就睡起覺來」。而且歌德也說：

聽者兩耳倘若不正，

絕妙好詞也被嘲弄。

其次他又說：

君雖奮力，衆漠然，

算心煩！

石落泥沼，

濺不起水環。

李奚登倍（Lichtenberg）也發問說：「當一個頭腦與一部書相撞碰時，常有一個的聲響是空洞的，發這個聲響的常是書麼？」他又說：「這一類作品乃是一些鏡子，當一頭驢向裏瞧時，裏邊不能現出一個聖徒來」。葛雷(Gellert)的美麗動人的哀訴也是値得重新紀念一遍的。

天才不世出，

識者殊稀少，

世上大牛人，

皆以歹爲好。

此事日日見，

令人心煩惱，

猶如瘧疫症，

頗難盡數擣。

設人皆成智，

豈不萬惡了？

此法雖云妙，

可惜無處找。

事物値多少，

彼等殊不曉，

兩眼雖張開，

心中實未了。

常誇瑣屑事，

不識何爲「好」。

人類這種智慧上的無能使他們不能認識並重視卓越的成就，雖然卓越的成就已經是稀少的：但是這裏也如到處似的，與此種無能相伴的（如歌德所說），還有一種道德上的惡劣，這種惡劣就表現爲妬忌。　一個人藉他所求得的令名，就超出了他的同類之上，至於他的同類之人則按比例降低了，因此，每一種殊異的功勳都是犧牲了無功勳之人，才得到其令名的。　正如歌德在西東詩集中所說：

盛讚他人，

於己有損。

由此看來，卓越的成就不論表示於何種方式，一切平庸之輩皆會聯合起來，誓力反對，并且在可能之時，加以窒息。　他們的口令就是：「打倒功勳——」(à bas le mérite)。　不但如此，就是那有了成就，并已有了令名的人，也不願意看到一個新的有名之士崛興起來，　因爲他自己的光輝是會爲新的光輝所掩住的。因此，甚至歌德也還說：

我若逡巡不前，

等世人許我并肩，

恐現在還不曾生到人間。

諸位可以看見，

人都爭勝搶先，

而不容我自己出現。

一般說來，尊榮是常找到公正的裁判者，而沒有妬忌心加以攻擊的，而且人們甚至預先就假設每一個人都有這種尊榮。至於令名，則必須竭力才能求到（自然不能顧到人的妬忌），而且那結果以桂冠給與人的法庭，乃是由一些決然惡意的法官所組成的。因爲我們能够并且情願與任何人分享尊榮，至於令名則被得到令名的每一個人所侵蝕，所阻礙。其次，藉作品來求得令名的困難是與閱讀那些著作的人的數目成反比例的。這個理由也是容易看到的。因此，這種困難，在給人指教的作品方面，要比在供人娛樂的作品方面，是要大得多的。這種困難在哲學的作品方面乃是最大的，因爲這些作品所預許給人的教訓一方面是模糊不定的，另一方面是沒有實在用處的；因爲這些作品是出現於那些互相競爭的讀者之前的。

求得令名既然有如許困難，所以我們就由此看到，那些完成了名著的人們，如果不是心愛那種題目，歡喜那種工作，而只是想藉大名，刺激自己，那麼人類幾乎就不能得到不朽的哲學作品了。不但如此，而且一個人如果想顯忠逐良，擯邪去惡，那他必然會干犯了羣衆的判斷，和他們的領袖，因而也必然會鄙棄了他們。因此，有人所說的那話（奥騷雷 [Osorius : de gloria] 是特別着重此說的）乃是至當不易的：就是，大名是逃避那些尋求它的人，而追求那些輕慢它的人的，因爲前者是順應當時人的趣味，後者是向他們挑戰的。

求得大名，雖然困難，保守大名，却是容易。在這裏，名聲又是與尊榮對立的。尊榮是憑着信用供給每一個人的，人只須把它保守住就是了。但是困難却在這裏，因爲只經由一種無價值的行爲，它就永遠失掉，不能挽回了。不過令名是永久不能失掉的，因爲它所藉以被求得的那種功勳和作品是永久存在的，而且令名是永久給其作者保存着的，縱然他不能再加上任何新的令名。自然，令名也有絕聲息響之時，但是這乃是因爲它是虛妄不實，原非應得的，而且也是因爲它之發生，只緣當時人的估價太高了——縱然這種名譽還不是如黑格爾所享有，李奚登倍所描寫的那樣：「只是被一羣贊成他的候補人所鼓吹，並被空洞的頭腦之回聲所傳晉——但是後世人們只能非笑它，因爲他們讀起他的書來，只如叩擊一所雜色的文字建築，一個已經飛去的鳥（喻時髦）的美麗巢穴，一所已經陳腐的因襲說法的居所似的，而且他們會看到一切一切都是空洞的，幷沒有些小的思想可以自信不疑的，向路人說，請進來罷。」

這種令名原是依靠於一個人與他人所比較的結果上的。它根本上是一種相對的東西，因而它也只有相對的價值。所以別的人如果到了那個有名之人的地位，那他的名譽就立刻消滅了。絕對的價值只能歸於一個人在一切環境之下所具有的那種東西，而在這裏這種東西就是他人直接在自身所有的，那就是偉大的頭腦——這乃是一種價值，一種幸運。因此，有價值的不是名譽，乃是使人求得令名的那種東西。因爲這乃是眞正的實質，至於令名乃是它們的偶性。名譽對於有名之人只是一種外面的象徵，他藉這個象徵才可以證實了他的自命不凡的見解。因此，人們就可以說，正如光線非被物體反射回來，不能看見似的，同樣，每一種才能也是經由它的聲名，才能十分確信自己的。但是名譽也幷不是功德的確實可靠的象徵，因爲有的名譽，幷無功德，有的功德，幷無名譽；因此，雷興（Lessing）的話是很俏皮的：「有的人是有大名的，有的人是應享大名的」。

一種生活如果把自己的有無價值，完全依靠於他人的意思上，那它就只是一種可憐的生涯。但是英雄和天才的生涯正可以是這樣一種生涯，如果它的價值只成立於命名和他人的意見。每一個人都是爲自己而生活而存在的，因而主要的他乃是在自己以內而生活而存在的。一個人本身是什麽——不論他在何種途徑幷何種方式下是這樣的——乃是對他最要緊，最當先的？他如果在這裏沒有許多價値，那他一般說來，也就不能有多大價値。在另一方面，則他人腦中對他的爲人所懷的觀念，乃是次要的，派生的，幷受命運所支配的，因而對於前一種只能有一種十分間接的影響。此外，羣衆的頭腦，也是一個太於可憐的劇場，眞正的幸福幷不能住在這裏。不但如此，而且我們在這裏也只能找到一種虛幻的幸福。

在那個普遍的名譽之廟中，是有如何一堆混雜着的人麕集着的！那裏有將軍，大臣，庸醫，騙子，舞女，歌妓，財閥，和猶太人。是的，在這裏，這些人的長處是更被人誠懇的所認識，眞實的所重視的，至於才思的優越（尤以高等的爲然），則人們是熟視無睹的，因爲這種優越在大多數人方面只能得到一種口頭上的敬重。從幸福論的觀點來看，所謂名譽乃是我們的驕傲和我們的虛榮所食的一種奇特珍貴的零食。但是驕傲和虛榮乃是過分存在於大多數人心中的（雖然他們要極其掩藏它們），而且它們或者在那些要求大名的人心中是最爲强烈的。這些人在沒有機會證實他們的卓犖價値，而令人與以承認之時，總是忐忑不安，猶疑莫決的：而且在這個機會來臨之前，他們總覺自己好像受了一種秘密的枉屈（一二）。

但是，如我在此章一起首時所說的，別人對一個人所懷的意見雖然有些價値，可是人們往往把這種價値重視到了不成比例，不合理性的地步。霍布士對此曾有一種激烈而或者也正確的主張，他說：「心靈的一切滿足，和一切純粹的快樂，都在於我們把自己同他人互相比較時，能以對自己有一種嘉惠的意見。」

（十二）著者註：我們的最大快樂就在於被人豔羨，但是豔羨之人，縱然有多少可以豔羨的理由，也是不甘心表示其豔羨的。因此，那最幸福的人就是那眞心誠意來豔羨自己的人，不論他是採取如何方式的。但是人們必須不要攪亂他才行。

（政治論 I.5 ）因此，我們就容易瞭然，一般人們如何認名譽有崇高的價值，而且在稍有希望獲得令名之時就不惜任何犧牲了：

人生弱點，好名爲先，

雖云聖哲，也難除遣，

智者以此，作爲刺鞭，

藐視快樂，茹苦嘗酸。　（見米爾頓詩 Lycidas)

其次又如：

赫赫「名」宮，高崗之巔，

照臨下方，高不可攀。

由此我們就終於看到，世界上最虛榮的民族，口裏總是不離「光榮」二字，並且毫不躊躇的把它看成是偉大功勳和偉大作品的主要的刺激。但是毫無疑義的我們可以說：名譽乃是次要的，它只是功勳的回聲，影像，暗影，和象徵，而且無論如何，那令人驚異的事情也總比驚異自身較有價值。因此，實在說來，眞正能使人幸福的不是名譽，而是使人獲得名譽的那種性質，就是人的功德自身，再精確的說來，就是人的功德所由以出發的那種性情和能力，不論這種能力是道德的或智慧的。因爲一個人最好的成就，必然是他對自己所完成的；至於他的成就在別人腦中所反映的樣子，——即別人對他的意見，——乃是一種次要的東西，因而對於他只有附屬的興趣。因而一個人只要應當得到名譽，那他縱然不曾得到它，而他也已經具有了主要的東西，而且他可以藉此自慰，彌補其所缺乏的東西。因爲使我們妬忌他的，不是說有許多昏愚無識之人把他看做一個大人物，乃是說：他實在是一個大人物；同樣，他的崇高的幸福，也不在於後世人都知曉他，而在於，他心中產生了一些思想，値得在千萬年中爲人所珍存，所研究。

此外，這種東西乃是不能够爲他人所搶奪的，它乃是在我們權力以內的，至於另一種（名譽）則是在我們權力以外的。如果人們認「驚羨」爲惟一的要務，則被驚羨的人也就無可驚羨的了。那虛妄的，不應得的令名，實在就是這樣一種情形。享有此種虛僞令名的人，只能以此爲食，但他却不曾實在具有那以名譽爲象徵，爲反光的，那種堅實基礎。這種虛名一定可以常常使他噁心起來，因爲他雖然因爲自己欺騙自己之故，而發生了「自愛之心」，可是他所據的高位，因爲他本來就無力爬上去，所以他就暈眩起來，而使他自己感覺到自己只是一個膺帶。在這時候，他就怛怛不安，恐怕露了馬脚，被人輕藐起來，而當他在智者額上，看出後世的判斷來時，他更其驚懼不安。這樣一個人就如藉僞造遺囑，佔有財產的人似的。眞正的名譽，卽身後之名，是不能爲接受它的人所聽所聞的，可是人們正認這種名譽是幸福的。因而他的幸福就在於那些可以給他求得令名的偉大性質，並在於他有機會來發展那些才能，而却不在於他得以稱心如意，從事於自己心愛的事情。只有這樣所成就的工作才可以得到身後之名。

他的幸福乃在於偉大的心靈，或才智的豐富；這些心靈才智在印於他的作品內以後，就可以得到以後幾世紀人的驚異。他的幸福就在於他的思想可以使極遼遠的將來之最高貴的才智，研究起它們來時，孜孜不休，樂此不疲。身後名的價値就於人之配得這種名譽，而這正是它自己的報酬。至於可以求得令名的那些作品，是否也能在同時人中給他求得令名，那乃是有係於偶然的環境，而沒有多大要緊的。因爲一般人旣然沒有自己的鑑別力，而且他們也全無能力來欣賞艱難的成就，所以他們就往往信從他人的權威，而且那較高的令名，在百分之九十九的頌揚者方面，是依靠在忠眞和信仰上的。因此，當代人的喧囂沸騰的贊頌之詞，在一個有思想的人看來，乃是毫無價値的，因爲他們看那種贊美只是少數聲音的回聲，而這些少數聲音又只是被當時的機會所偶然決定的。

一個音樂家如果知道，他的聽衆除了一二位以外都是聾子，而且那些聾子爲彼此掩護自己的缺陷起見，見了那一個人動起手來就都跟着熱烈鼓掌，那麼這個音樂家會因爲那種高聲的鼓掌喝采，而心滿意足麼？而且他如果知道了，那些起手鼓掌的人常常受了賄賂，以便給最可憐的彈奏者，鼓出最高的喝采聲來，那他更當作何感想呢！

因此，我們就容易解釋，當代的贊頌如何不常變成身後的令名。因此，達隆培爾(d'Alembert)就在他那「文名殿」的最精美的描寫中曾經寫道：「殿裏的聖龕是爲完全死了的人所住的，那些人在其生時是不曾在那裏佔到一個位置的：此外其中還有少數生者居住其中，這些人在一死以後，差不多就都被逐出去了。」

這裏我可以順便提說：要給一個人在其生時立一個紀念柱，那就無異於聲言，對於他說來，後世人的判斷是難以信託的。假使有一個人在其生時就受了可以傳於後世的大名，那也多半是見於他年老以後的；在藝術家和詩人方面，自然也有例外，但是在哲學家方面是最少這種情形的。那藉其作品成了名的人的畫像，就證明了我這話，這些像大半是在他們已經成名之後才畫成的，因而一般都是皤老而白髮的，尤以哲學家爲然。從幸福論的觀點看來，這事情是完全合理的。「名譽」與「青春」結合起來，對於一個無常之人，是太於過分了。人生是貧乏可憐的，所以它的福利財物必須極其經濟的分配開才行。青春是已經有了豐富的財物的，因而它也就可以滿意於它的所有了。但是當人生的快樂歡娛都如冬天的樹似的消逝以去之後，於是名譽之樹就及時發芽伸條出來，好像一棵純眞的冬日青植物似的。此外，人們也可以把名譽比之於晚種梨，它是在夏日生長起來，冬天被人享受的。在老年之時最好的安慰莫過於自己感覺到：自己曾把自己青年時的全部精力貫注在他那永不隨以俱老的作品之中。

現在我們可以較仔細的考察一下人們在各種科學方面求得令名的途徑，因爲這些科學乃是與我們最切近的。我們可以立一個普遍的規則說：這類名譽所標記的智慧的優越乃是由人們把現成的事質重新組織之後，所表現出的。這些事質可以有十分不同的許多種類。這些事質愈爲人們所普遍知曉，並且爲每一個人所可經驗，則那經由它們的組合而獲得的令名，也就愈爲偉大，愈爲廣普。如果這些與料在於特殊的數目，曲線，或在於一些特殊的物理學的，動物學的，植物學的，或解剖學的事實，或者在於古代作者的一些殘缺的段落，或者在於難解的銘刻，或者在於不能找尋出的字母，或者在於歷史上一些曖昧之點：那麼那由這些事實的正確組織所求得的令名，就不能達超出知道這些事實的人以外——這些人數是稀少的，而且他們多半度着一種恬退的生活，并對於同行的令名是要妬忌的。

在另一方面，那些事實如果是全人類所認識的，就如人類理解或心情的基本而普遍的性質，或者如我們日日親眼見其全部作品的那些自然的力量，或者如人所共知的一般的自然的途徑：那麼人們如果給與它們以一種新穎，重要，而明顯的組合，并因而在它們以上投射了一種新的光亮，則由此所求得的令名，將會逐漸傳遍了全部文化世界。因爲各種事實如果是每一個人所知道的，那麼它們的組合也將是大多數人所知道的。但是名聲的範圍總是與所克服的困難成比例的。因爲那些與料如果愈是人所共知的，那麼人就愈難以在一條新而仍然正確的方式下，來結合它們：因爲很多的人已經對它們加以研索，并且已經搜索盡了它們的可能的組合了。在另一方面，那些與料如果是大多數人所不能理解的，而只是在辛苦艱難的途徑下才能達到的，那麼它們差不多是可以恆常有新的結合花樣的。因此，人們只要在這一方面有平整的理解，健全的判斷，和中常的智慧的優越，那他們就往往容易有幸運，來給這些材料以一種新而正確的組織。但是那由此所求得的令名往往超不出那知道這些與料的人的範圍以外。要想解決這一類問題誠然得需要人的苦攻力讀，至於在那可以求得最大最廣的令名的途徑上，則那些與料乃是俯拾卽是的。但是在後一方面，愈不需要勞力，它就愈需要能幹，甚或天才；因而就內在價値說或就他人評價說，是沒有任何工作或研究可以與天才互相頡頏的。

由此我們就可以說：一個人如果覺得自己有一種卓越的理解和一種正確的判斷，可是又不相信自己有一種極高的天才，那麼他就可以不必恐怕疲勞的工作；他可以由此出類拔萃，藉經營他們眼前的事實，而達到了勤勉求學的人所達到的那個遼遠的角隅。因爲在這裏，那與他競爭的人既然是極其稀少的，所以一個才能中常的人就有機會，給與那些與料以一種新穎而正確的結合；而且他的發現的功勞將有一部分依靠於尋求事實的困難上。但是他的同學——只有這些人才知道這個特殊科目——所給他的名譽，在大多數人聽起來，乃是聲音很遠的。

如果我們把這裏所暗示的途徑，推到盡處，那麽我們就可以證明一點，就是，有些與料只因爲其極難獲得，所以無需乎新的結合，其本身就可以把人的名譽建立起來。就如在極其遼遠而人跡罕到的地方去旅行，就可以使人成了名；人在這裏是藉他所眼見的東西而成名的，并非藉他所思想的事理而成名的。這一條成名之途有一種大的利益，就是：要向別人來講述自己所見的，那比向人來講述自己所思的，要容易的多，而且這也不需要人的多大理解；因而人們讀起前者來，比讀起後者來，是較爲順利的。正如亞斯姆（Asmus）所說：

曾到異國當客卿，

故事源源會談瀛。

可是當我們與這一類馳名之人有了私人的接觸以後，一個人就不禁想起霍拉手的語句來：

人縱跨海越洋，他所能改變的乃是風土，而非其思想。——書翰集（I'V 27）。

在另一方面，說到那賦有崇高才力的人，因爲只有他敢於冒險來解決那個最偉大最困難而與宇宙萬有有關的問題，所以他就要把他自己的視線儘可能的在各個方面平均展佈出去，而不使自己失沒於任何特殊的并只爲少數人所知曉的領域中，那就是說：他并不細究任何一種科學的特殊之點，且不用說顧及瑣猥之事了。他并無需乎尋求難得的對象，以便逃掉一羣競爭者；眼前的東西就可以給他材料，使他從事於新鮮，重要，而眞實的組織。他的功勞也可以被那些知道此種與料的人所欣賞，而這些人正構成了人類的大部分。由於此種緣故，所以詩人和哲學家所能求得的令名，是與物理學家，化學家，解剖學家，礦物學家，動物學家，語言學家，歷史家等所能達到的令名，有絕大差異的。

第五章　勸告與格言

在這裏我比在別處更不想詳細無遺的從事闡發，因爲要是這樣，那我就會重述了古今思想家所建立起的許多生活規則（其中一部分是精卓的）——由西俄格尼斯（Theognis）和索羅門（Pseudo-Salomon）以降，至羅什孚科（Rochefoucauld）——而且也不能避免了許多家喻戶曉的常談。我既然不求詳贍，因而大體上也就缺乏了系統的排列。但是人們對這兩種缺乏也可以自行安慰說，這類作品要想巨細畢陳，條理緊密，那結果一定會使人煩膩起來。我所說的只是我自己所想到並且值得告知人的思想，而且就我所能記憶的而言，這些思想乃是不曾爲人所表示過的，或者至少也是不曾在同樣方式下被表示過的：人們在這個茫無涯涘的園地中已經有所成就了，我的話語只可以作爲它們的一種附錄。

但是爲使這裏的複雜的見解和建議稍有秩序起見，我要把它們分爲幾個章目，第一就是總論，第二就是我們對自己的關係，第三就是我們對別人的關係，第四就是我們對於世事和命運的關係。

第一節　總論

一、亞理士多德在其尼柯馬德倫理學中曾順便表示了一句話說（七卷，十二節）："ὁ φρονιμος το αλυπον διωκει, ου το ἡδυ"。若翻譯出來就是：「智者所務求的不是快樂，而是無苦」。這句話我認爲是處世之道的最高的規則。這話的眞義乃在於：一切快樂和幸福性質都是消極的，至於痛苦則是積極的。關於這個命題的說明和理由，人可以參考我的主要著作（意志與表像世界一卷，五十八節）。不過我在這裏還要用一個日常可以觀察到的事實，來加以說明。人的全身如果都是健全康適的，只有一小部分受了傷或感到痛，那麼全部身體的康健將不爲我們所注意，而我們將只注意那受了損傷的部位之痛苦，因而全部生命感覺的安適舒服就被取消了。同樣，我們的事情如果樣樣都合己意，只有一件反乎我們的志向，那麼這一件事，縱然無關緊要，也常會在我們的腦中縈迴不去！

我們要常常思想這回事，而少思想那合乎我們心意的其他更重要的事情。在兩種情形下，受了觸犯的都是意志，在前一種情形下它是客觀化在有機體中的，在後一種情形下它是客觀化在人類的競爭中的。而且我們看到在兩種情形下，意志的滿足只是消極的，因而是不能直接感到的；頂多也只在我們自行反省時，才可以被意識到。而在另一方面，則意志的挫折乃是積極的痛苦，因而它就自己聲明了自己。一切快樂都只在於這種障礙的取消，都在於使我們不受它的影響，因而它們都是極其短促的。

上邊我們所稱讚的亞理士多德的規則，就是建立在這上面的，這個規則教導我們不要把目的置在人生的快樂和可意上，而只使我們儘可能的來避免人生中無數痛苦。如果這條途徑不是正確的途徑，那麼服爾德所說「幸福只是一個幻夢，而悲哀卻是眞實的」那話，就虛妄已極，一如其實際上千眞萬確似的了。因此，一個人如果在幸福論的觀點之下來統計他的一生的總結果，那他就不應該計算他所已經享受了的歡娛，而當計算他所已經逃脫了的災患。幸福論一起首就當教人說：所謂「幸福論」一詞乃是一種婉言法，而且所謂「過幸福的生涯」意思就是「過較少不幸的生涯，過差可人意的生涯」。無論如何，生命之存在不是要被人享受的，乃是要被人所克服，所戰勝的。有許多成語都表明這個意思，如拉丁文所謂：degere vitam（過生活），vita defungi（了生活），義大利文所謂：si scampa cosi（苟全生命），德文所謂：man muss suchen, durchzu kommen（必須設法混日子），er wird schon durch die Welt kommen（他得混世）。在年老時，我們因爲已經了結了一生的工作，所以就感到一種安慰。因此，最有幸運的人乃是那在一生中沒有過度痛苦的人——不論是精神的或身體的痛苦，而非那曾經享過極濃的歡愉和極大的快樂之人。誰要想依照快樂來度量他一生的幸福，那他就抓住了一個虛妄的標準。因爲快樂是而且永久是消極的，要說它能夠使人幸福，那乃是妒忌心用以懲罰自己的一種幻想。痛苦乃是被人所積極感到的，因而它的不在乃是人生幸福的標準。如果除了無痛苦的狀態以外，又加之以煩膩的消除，那麼塵世上的幸福根本上也就算達到了。 因爲其餘的都是虛幻的。

由此看來，人們是永不當冒着痛苦的危險，來購買快樂的；因爲這種做法只是以積極的和眞實的東西來購求消極的和虛幻的東西的。在另一方面，人們如果犧牲了快樂以求避免痛苦，那總是上算的。 在兩種情形下，我們都不必問及痛苦還是在快樂以後來的，還是在快樂以前來的。 人們如果想把悲苦的劇場轉化成娛樂的場所，並且不以極可能的無苦爲目標，而以快樂和歡娛爲目的，那實在是極其顚倒是非的。 可是實際上許多人正是如此行事的。 但是一個人如果以陰慘的目光，把這個世界看成一種地獄，並且只企圖在這個世界中造一所可以禦火的房間，那他就比較聰明多了。 愚人追逐人生的快樂，結果看到自己才受了欺騙；至於智者則只求避免災禍。 他這種做法如果仍不能使他免於不幸，那麼那也是命運之罪，而非其愚昧之過。 就他度着幸運生活的範圍內而言，他並不是受了欺騙　，因爲他所逃脫了的災禍乃是極其實在的。 他縱然在免避這些災禍方面走得過遠了，並且不必要的把自己的快樂犧牲了，而那也不曾有什麼損失，因爲一切快樂都是虛幻的，因而人們如果在損失了這些快樂以後，就表示悲悼哀嘆，那就眞是渺小而可笑了。

對於眞理所有的這種忽略乃是許多不幸的源泉，它是被樂天主義所助進的。當我們擺脫了苦楚以後，種種忐忑不安的願望就如鏡子似的反照出一個全不存在的幸福的幻影來，並誘領我們來追求它，因而我們就給自己招致來確係實在的痛苦。 於是我們就來悼惜那已經失掉了的無痛苦的狀況，彷彿它是一個已經丟掉的樂園似的，而且我們只是徒然的希望，將已經做了的事情取消了。 好像有一個惡魔故意在藉着願望的幻像，常常引誘人脫離了那個無苦的狀態——也即脫離了最高的眞實幸福。

青年人們盲目的信仰：世界的存在是爲供人享受的；他們以爲世界乃是積極幸福的倉庫，只有那不善於克服環境的人，才不能達到幸福。 小說和詩歌又都加强了他們這種妄念，此外他們又被世界的澈頭澈尾的虛幻外貌所迷惑了。 自此以後，他們的生活就帶着或多或少的熱慮而來追求積極的幸福，而且他們所謂幸福正是不斷的積極的快樂。 這樣他們就使自己陷於危難之中，而只得冒險前往。 因爲他們所求的乃是一個完全不存在的野獸，因而總使自己陷於十分實在而積極的不幸之中。 這種不幸就表現爲痛苦，悲哀，疾病，損失，焦慮，窮乏，羞恥，和千百種困難。 但是他的覺悟已經晚了。

在另一方面，人們如果遵守這裏所立的規則，而且他們的生活計劃也着重於避免痛苦，並着重於防止一切窮乏，不幸，和困難，那麼那個目的乃是實在的，而且我們也可以由此成就一點事情；而且這種計劃如果愈不被我們那種追求積極幸福之幻景的努力所擾援，那我們所成就的也就可以愈爲多些。 歌德在其親和力(Wahlverwandtschaften)中所說的話也與這個意見相合，在那部書中那個常忙於爲他人求謀幸福的 Mittler 曾說：「一個人如果想擺脫災禍，那他是知道他的所事的，但是誰要想有一種勝於現實的生活，那他就是完全盲目的了。」 這話又使我們想起那個美麗的法國成語來：「更好」乃是「好」的仇敵(le mieux est l'ennemi du bien)。 西尼克派（即犬儒派）的基本思想就是由此推演出的，如我在我的主要作品第二卷，第十六章中所陳述的。 因爲西尼克派所以拋棄了一切快樂，乃是因爲他們相信，快樂或遠或近總與痛苦相連，而且他們以爲要擺脫那些痛苦，比求得那些快樂，乃是較爲重要的。 他們深察明悟了快樂的消極性和痛苦的積極性，因而他們所作所爲很一貫的目的都在於避免災禍，而爲達此目的起見，他們以爲第一要務就在於審愼的把一切快樂都拋棄了，因爲他們看這些快樂只是把我們交給「痛苦」的一些陷阱。

我們是生在淳樸的亞爾克德(Arkadien)中的，正如釋勒所說。 因而我們全體都是自由的，那就是說，我們來到世上時，原就充滿着「幸福」與「快樂」的要求，並且懷着一種愚妄的希望，以爲自己可以貫澈了這些要求。 但是照例說來，命運總會來到，猛烈的攻擊我們，並且教給我們說，世上沒有一件是我們的，一切乃都是命運的，因爲它不祇對於我們的所有和所得，妻子和兒女，而且對於我們的臂腿眼耳，甚至對於面部中的鼻子，也都有一種不可抗爭的權利。無論如何，在不久之後，人們總會憑經驗知道，幸福和快樂乃是一種海市蜃樓，只在遠處可以看見，到了近處就消滅了；至於另一方面的悲哀和痛苦，則係一種實在，它可以直接使人感到，而並非一種幻想，所以也無需乎人的期望。

這種學說如果在我們心中結了一種果實，那麼我們就不會再來獵求幸福和快樂，而寧要注意於擋住痛苦和悲哀的來臨。我們由此就會知道：世界所能呈供於我們的最好結果，只是一種平靜無苦，差可忍受的存在，因而我們也就會把自己的要求限制在這種存在上，以便可以更安全的貫徹了這種要求。因爲人們如果想不至太於不幸，那麼最好的方法就是不要要求十分幸福。歌德幼年時的朋友，梅爾克（Merk），也曾經認識了這一層，因爲他寫道：「人們往往對於福祉有一種可怕的要求，而且還正按照他們所夢想的，來行要求，結果就把世界上一切都毀壞了。一個人如果能以擺脫了這種要求，並且除了眼前之物不貪求別的、那他一定會成功的。」（見與梅爾克通信集一百頁）。因此，我們就當把快樂，財產，品位，尊榮等要求，限制在完全適度的範圍中，因爲人們正是爲奮力爭求幸福，光輝，和幸福之故，才招來大的不幸的。要把自己的要求減低，乃是聰明而合算的，縱然我們所以如此，只是因爲人是很容易極其不幸的；至於在另一方面，則十分的幸福不祇很難，而且簡直就不可能。那個懂得處世的詩人歌咏得好：

黃金之律，曰惟中庸，
智者依此，執兩用中：
不居破屋，不處皇宮，
皇宮赫赫，妬心所鍾。

巍巍高松，適招大風，
峨峨高塔，沈重以傾，

巖巖高峯，雷電所轟。

誰要中心完全服膺我的哲學教條，並且知道，我們的全部生涯本來不存在才好，因而「來否認來拒絕這種生涯」乃是極大的智慧—那麼他就不會對任何事物或狀態，懷着大的期望，而且也不會熱烈奢求塵世上任何事情，也不會對任何事業的失敗，哀訴不休。　他將深切感到柏拉圖所說「塵世上無一物，値得我們煞費苦心」那話（共和國十卷，六〇四頁），並且會深切感到波斯詩人的詩句：

手盡世間物，

不必掛心懷，

享盡世間物，

不必笑顏開，

苦樂皆是空，

轉眼歸塵埃，

一切無足取，

勿徒亂心宅。

阻礙我們達到這種健全見解的，乃是上述的那種世人的虛僞；那種虛僞是應當向青年人早早揭穿了的。　世界上許多光輝都只是單純的外貌，正如戲台上的妝飾似的，並沒有實在的本質。　類如結綵懸旗的船隻，放炮，掛燈，擊鼓，吹號，歡呼，喝采，等等，都是「歡樂」的招牌，歡樂的暗示，歡樂的象形文字。但是在那裏人們多半是找不到歡樂的，「歡樂」乃是在這個宴會上道謝不來的惟一客人。當歡樂眞正出現之時，它普通是不經招請，不經通報，率然而入，悄然溜進的，它常是藉最輕微而最瑣屑的緣由，並且在日常習見的環境下出現的，但是在燦爛顯赫的場合中，它是最少出現的。　快樂正如澳大利亞的金礦似的，只是憑命運的任意，散見於各處的，並沒有任何規則和法則，它大部分只出現於微粒中，而少出現於大堆中。　在所有上述的那些外觀方面，人的目的只在於使他人相信，歡樂是停寓在這裏的，而且他人腦中這種幻景正是人的目的所在。

說到悲悼也是一樣。那一長串珊珊來遲的送葬行列是如何悲傷的呢！馬車又是繼續不斷的。但是你只往裏邊看看好了。它們全部都是空的，伴送死者到坟墓去的只有全城中的馬車夫。這正是塵世上「友誼」和「敬重」的活生生的寫照！由此就可以看出人生的虛妄，空洞，和僞善來了。

再舉一個例子，就如許多被邀請的客人，盛裝以臨，隆重招待，如像他們眞是高貴顯耀的一流人似的；但是實際上來臨的，一般說來，只有勉強，痛苦，和煩膩。因爲當許多客人被邀請來時，他們一定是一夥賤民——縱然他們都配着是星章。眞正上選的社會在到處都是必然很小的。一般燦爛而喧嚣的宴會和歡樂，在內面都是空洞的，甚至還有一種虛聲；因爲它們與人生的悲苦貧乏正是顯然矛盾的，而且這種對比正突現出人生的實相來。可是從外面看來，這些歡宴正是有聲有色的；而這也是它們的目的所在。盛福爾 (Chamfort) 有一個名句說：「社會，俱樂部，沙龍，以及人們所謂世界，都是一個可憐的戲劇，一個惡劣的歌劇，全然沒有興趣，只是暫時以機械，衣着，和佈景來支持自己罷了。」

就是學園和哲學講壇也是一個招牌，也是「智慧」的幌子。智慧在這裏也是多半道乏了的，它常是在別處才能找到的。鐘聲，法衣，道貌，怪行也是虔誠的外貌和虛飾。其他莫不皆然。世界上一切都可以叫做空核桃；核心根本是少有的，就是有，也很少隱在殼內。它是完全在別處才可以找見的，而且多半是偶然才碰見的。

二、我們如果依照人的幸福，來評價一個人的狀況，那我們就不當問什麼能使他高興，而只當問他，什麼能使他煩惱，因爲使他煩惱的事情自身愈是瑣屑，則那個人乃是愈爲幸福的。因爲人處於佳境時，才能感到瑣屑之事，在不幸的環境中，我們永遠感不到它們。

三、人們應當小心不要把幸福建築在一個廣闊的基礎上，以至使自己非藉許多事物就不能感到幸福。因爲在這個基礎上建立着的幸福，乃是極容易傾圮了的，因爲這樣它就給許多災害呈獻出機會來，而這些災害總是常常會來的。我們的「幸福之宮」在這一方面，是正與其餘一切建築相反的，因爲別的建築是基礎愈廣，便立得愈穩的。因此，我們如果依照自己的資具（不論如何種類），而來儘可能的把自己的要求減低，那乃是避免大的不幸的一條極妥當的道路。

一般說來，人們都有一種最大而最尋常的愚行，那就是，他們往往要爲生命佈置極其廣闊的準備，不論那些準備出現於何種方式之下。這些準備第一需要人的全部生命，而能達到高齡的又只有少數人。人們縱然能活大的歲數，而他的壽命對於他所擬就的計劃總嫌太短；因爲這些計劃的完成，所需要的時間，總遠過於人們原來所設想的。此外，這些計劃既然也如一切人事似的，免不了失敗和阻礙，所以他們也很少能够達到目的。最後，一切縱然都達到，可是時間給我們所帶來的種種變化，又被忽略而不曾計算在內。我們忘了，不論我們的作事能力或享受能力，都不能够終生常存。因此，我們尋常奮力以求的東西，結果在達到以後，反與我們不相合適，其次，我們往往爲準備一種工作把年華虛度了，而這些年華又在不知不覺中把我們完成那種工作的能力剝奪了。因此，我們就常見，我們費常期辛苦，冒許多危險所求得的財富，我們往往不能享受，而且我們結果才爲別人辛勤了一生；此外我們也常見人們在經了多年黽勉努力以後，雖然求得了職位，可是他已經不能勝任那種職位；幸運來得已經太晚了。在另一方面，我們自己又有時來得太晚了，就如我們曾經從事於作品和文藝，結果到後來，時代的趣味才變化了，一個新的世代已經生長起來，他們對於那件事並無興趣；別人也已藉捷徑超出我們而前了。霍拉丟心中所想的，正是這裏所例舉的，當他寫出下邊的詩句時：

才弱已自不勝愁，

如何還作千歲憂？

人們所以尋常陷於這種錯誤中，其原因乃在於精神之眼有一種不可避免的光的幻覺，憑那種幻覺，人在初入世時就覺得生命是無窮的，但是當人們在走完路徑回願之時，又覺得生命是短促的。這種幻覺自然也有它的好處，因爲如果沒有這種幻覺，世上許多偉大的成就便都難以產生出來了。

一般說來，我們的生命正如一個旅程似的，當我們向前進時，各種對象所表現的模樣就都與在遠處時所見的不一樣，而且我們如果再往前走，它們又會立刻變了樣子。說到我們的願望，情形更是這樣。我們所尋得到的往往比我們原來所尋覓的並不一樣，而且往往還更好；至於我們所尋覓的東西，我們也往往不在我們原來白走了的那條路上，而却在完全別的路途上找到了它。在我們尋求滿足，幸福，和快樂的地方，我們往往找不到它們，而找到了經驗，見識，和知識，——我們不曾找到易逝而虛幻的善，而却找到了恆久而眞實的善。這乃是當做基本低音而貫穿於威廉麥士忒全書中的一種思想，因爲這部書乃是一種智慧的小說，因而是比別的一切小說，甚至司各脫(Walter Scott)的小說，都較高一等的。司各脫的小說通體都是倫理的，那就是說，是單從意志一面來觀察人性的。在魔笛（Zauberflöte 這是一種奇怪，有意義，而多含義的象形文字）中，那種基本思想又如戲台上的裝飾似的，用偉大而粗糙的線條，象徵出來。這種思想原可以完成其象徵的作用，如果在結尾時，塔明腦（Tamino）拋棄了他那求得塔明那（Tamina）的願望，而得以要求並得以進入智慧之廟中。在另一方面，則他那必然的對照，帕帕干腦（Papageno）如果得到帕帕干那(Papagena)，那乃是很好的。

卓越而高尙的人立刻就明悉了命運的教訓，而柔順感恩的屈從了那種教訓。他們悟澈了，在這個世界中，只能找到教訓，而不能找到幸福，因此，他們就慣於以希望來易洞見，並且最後同彼特拉克 Petrarka 說：

altro diletto che 'mparar non provo.

除了學習之外，我不知道有別的快樂。

事實上，他們也許有幾分只在表面上，追求其願望和所事，而實際上在內心則只誠懇期待一種教訓；這樣就使他們得到一種沈思的，天才的，崇高的外貌。

在這種意義下，我們可以說，我們也正彷彿煉金家；因為當他們只尋求黃金時，他們就發明了火藥，瓷器，藥品，甚至自然法則。

第二節　我們與自己的關係

四、一個幫着人建築屋宇的工匠，也許完全不知道全部的計劃，也許不儘管心上記着這個計劃。同樣，一個人雖把他的生命中的一日一時，消磨下去，而他對於其生命過程的全部，和那種過程的特質，也許也是不甚了然的。他的前程如果愈有價值，愈有意義，愈有計劃，愈為特異，那他就愈當不時的着眼於那個具體而微的綱領，即他的一生的計劃；這乃是必需的並有益的。自然，他為求達這個目的起見，一起首必須稍能領略「知道你自己」（γνωοι συντον）那個古訓，必須知道，什麼是他的真正的，主要的，最心愛的對象，什麼是他的幸福所不可缺的條件，此外，他還應當知道，在此以下，什麼佔着第二個和第三個地位，必須明曉，什麼是他的主要的職務，他所扮演的脚色，和他與世界的關係。如果他這種工作是有意義而宏壯的，那麼當他一看到他的立身處世的這種具體而微的設計時，那就比他看到別的東西時，更可以刺激他，支持他，提高他，驅迫他，從事活動，而使他免於歧途。

一個行人只有在達到高處時，才可以回首縱覽他的來路，和其一切轉折與崎嶇，同樣，我們只有完成了生命的某一階段，甚或結束了全部生命時，我們才可以洞悉了我們的行為，成就，作品等的真實聯繫，和它們的精確的貫穿連絡，甚或其價值。因為當我們親身處於生活過程中時，我們總是依照我們品格的堅牢性質，並受着動機的影響，依照能力的大小，因而是完全經由一種必然性，來活動的，我們在每一剎那只是行我們當下所認為正當合宜的事情的。只有結果可以向我們指示出一生的歸結，只有對於全部聯繫的回顧，可以向我們指示出事情的起訖和原委。

因此，當我們完成最大的功勳，創造不朽的著作時，我們並不意識到它們是那樣的，我們只認它們是合乎當下的目的，契乎當時的觀點，並在現下是正當的；但是只有在我們縱覽全局時，我們的品格，和我們的性質，才照耀出來；只有這樣，我們才可以在特殊方面看到，我們如何憑一種靈機，賴我們的保護神之助，從千百條歧路中，選擇了一條惟一正當的路途。所有這種情形都可以應用於理論方面和實踐方面，而在相反的意義下，也可以應用於惡行和謬行方面。

(五)處世術中另一個較重要之點，就在於我們要依照正確的比例，一面注意現在，一面注意將來，而不使自己因此廢彼，或因彼廢此。許多人是太於生活於現在的，如那些輕浮之人，又有許多人是太於生活在將來的，如那些顧慮焦灼之人。很少有人能够執兩用中。那藉努力和希望生活於「將來」中的人，只是永久向前看，並且切迫不耐的奔向將來的事情，而謬想將來的事情可以給他們帶來幸福！同時却漫不經心讓現在空空過去。這一類人雖然面孔油滑，却可以比之於義大利的驢，因爲義大利的驢，頭上拴着一根棍，棍端繫着一把草，那驢看到那把草緊在前面，就希望達到它，因而走得就加速起來。因爲這些人雖然一直生活下去，可是他們對於自己的全部生涯完全是處於自欺狀態中的——除非等他們死了爲止。

我們不應當時常作種種打算，專心顧慮將來，也不應當委心嚮往過去；我們永不當忘了，只有現在是惟一實在，惟一眞確的。將來往往異乎我們原來所思想的，至於過去也異乎我們所設想的。將來與過去兩者，通體說來，都不及它們貌似的那樣重要。因爲距離雖使物象在眼前顯得渺小，却使它們在思想之前顯得龐大。只有現在是眞正的，實在的，它乃是實在充滿着的時間，而且我們的生存只在於現在。因此，我們應當永久快活的享受現在，並且有意識的來享受每一種可以忍受而免於直接災禍或痛苦的時刻。那就是說，我們不要對於過去已經失敗的希望，或對於將來的顧慮，愁眉不展，而使現在陰慘起來。因爲要把良好的現在拋棄了，或荒唐的把它汚損了，而却對過去表示懊喪，對將來表示焦慮，那乃是天下之至愚。自然有的時候，你應當表示顧慮，甚或懊悔；但是人們對於已成之局只應當思想說：

無可挽回，既往不咎，

心雖痛苦，勉抑胸臆。——伊里亞德十九卷六五行。而對於將來之事，則可思想說：

是事乃在，諸神胸懷——伊里亞德十七卷五一四行。至於現在，則我們應該記得塞內卡的話語，說，「一天各是一生」，並且應當儘可能的，把這個惟一實在的時間弄成極可意的。

只有那些確乎不移，而且來期又準的將來災禍，有權利來攪亂我們。但是這一類災禍乃是極其稀少的。因為災禍可分兩種，有的只是可能的，或者頂多是可然的，有的雖是確然的，可是它的來期是不確定的。人們如果儘顧慮這兩種災患，那麼他們將沒有安靜的刹那。因此，為不使我們因為不確實的或不確定的災禍，而失掉生命的平靜起見，我們必須習於看前一種是永不會來的，而看後一種是不至立刻來的。

但是一個人愈不被恐怖攪亂了自己的平靜，那麼願望，欲望，和要求，就愈把他攪擾了。歌德那首被人酷愛的詩我毫無掛慮 (ich hab' mein' Sach' auf nichts gestellt)，其含義乃是說，只有在人們脫除了一切可能的要求，而復返於赤裸裸的生涯中以後，他才能夠享到心理的平靜；這種心理的平靜正是人類幸福的基礎，因為我們非有這種平靜，就不能覺得「現在」，就不能以為全部生涯是可以享受的。為這種目的起見，我們應當常常記得，今天只來一次，就不再來了。我們設想，明天它又來了，可是明天又是一天，它也是只來一次的。我們忘了，每一天只是一生中一個整個的，不可代替的部分，而且我們看這個部分之包含於一生中，正如各個體之包含於共同概念之下似的。

我們在健壯良好的日子，應當常常意識到：當我們在疾病憂患中時，過去的每一個無苦無愁的時刻，如何都是無限可以妒羨的，好像它是一個失掉了的樂園似的，又好像是一個變了心的朋友似的。——在這樣回憶起來以後，我們將可以較為欣賞現在，享受現在。但是我們卻往往過了美好的日子，而不加以注意；

只有在壞的時候來臨之時，我們才願望過去的日子再返回來。我們帶着愁苦的面容，把千百個快樂可意的日子，輕輕任其放過，而到了陰慘之時，我們却徒然對它們唏噓嘆息起來。我們不應當如此，而只應當把每一個可以忍受的現在，甚至把我們那樣淡然任其過去，急於把它推開的那種很尋常的光景，加以尊榮，並且時常設想，卽在現在它們已經漂流在神聖的過去，而在那裏被恆久之光所照耀着，並被記憶保持起來，以便在將來當帷幕揭開以後（尤其在悲慘的日子），當做我們中心所切望的一個對象，呈現出來。

六、一切限制都是能使人幸福的。　我們的視覺，活動，和接觸的範圍如果愈狹，那我們就愈爲幸福；它們如果愈爲寬闊，那我們就愈爲苦楚煩躁。　因爲這個範圍愈大，則焦慮，願望，和恐怖便也愈爲加多而且增大。　因此，盲目之人並不如我們一看之下所設想的那樣不幸；他們面部上那種柔和而幾乎快活的平靜，就證明了這一層。

人的下半世所以比上半世顯得悲酸淒慘，一部分也是由於這種原因。　因爲在生活的進程中，我們的目的和關係的範圍，就愈來愈廣。　在兒童時期，我們的視線乃是限於最貼近的環境，和最窄狹的狀況上的。　在青年時期，我們的視線已經展開的可觀了；在成年以後，它就包括了我們的全部生活，甚至往往擴及於最遼遠的關係上，擴及於國家上和民族上。　在老年之時，它又包攬了後世。

在另一方面，則每一種限制，甚至精神上的，也都是我們的幸福所必需的。因爲我們的意志所受的刺激如果愈少，則我們所受的苦楚也就愈少；而我們又知道，苦楚是積極的，幸福只是消極的。　外面活動的範圍愈受限制，則意志所受於外面的刺激原因便愈減少；精神活動的範圍愈受限制，則意志所受於內面的刺激原因也便愈稀少。　但是後一種限制確有一種不利，因爲它給煩膩大開其門，而煩膩正是無數悲苦的來源；因爲人們爲驅除它起見，會抓住任何方法，而陷於淫縱，交遊，奢侈，遊戲，飲酒，結果又招來種種禍患，沈淪，不幸。　在閑暇中，人們是難以安靜的(Difficilis in otio quies)。　外面的限制對於人類的全部幸福，不祇是需要的，而且是離不了的，這一層我們可以從下一種事實方面看出來：就是那以描寫幸福之人爲事的惟一的詩體，即田園詩，總是恆常把人呈現在極受限制的境地中和環境中的。我們對於所謂世態畫，所以感到一種快樂，實際上也是由於這種感情。

因此，我們的環境如果極其簡單，我們的生活方式如果極其單一，那是可以使人幸福的，只要我們不至因此感到煩膩。因爲這種生活至少可以使人生，和那與人生不可離的重擔，不致十分爲人所覺察到。我們的生命將如一條溪水似的，徐徐前流，毫無波浪和漩渦。

七、說到我們的福祉與禍患，則最後乃是看，我們的意識是被什麼所充滿，所役使的。在這一方面，整個說來，每一種純粹智慧的活動，對於那能勝任它的人，要比實際的生活，對他更能成就較大的幸福，因爲實際的生活是不斷的有得失成敗，而使人震驚苦楚的。不過這樣一種精神的消遣，是要需用一種卓越的才能的。這裏我們還應當注意，那向外活動的生活雖然使我們紛心亂志，不能從事研究，並且也使人的才思不能凝神靜慮，從事於此種研究，可是在另一方面，長期的心思活動，也會使人不能勝任實際生活的操作繁劇。因此，我們應當把心理的勞作暫停一時，如果有一種環境來臨，需要我們的一種有力量的實踐的活動。

八、要想完全謹慮的生活下去，並且從自己的經驗中抽出它所含的一切教訓來，人們必須常常反省，並且總覽一下他的所經，所見，所作，所感，並且要比較他先前的判斷和他現在的判斷，還要比較他的賭注和努力，與他的結果和滿足。這乃是傳遞課外的講義的，這種講義乃是經驗所給與每一人的。經驗自身可以看做是一種本文，至於反省和知識則是它的註文。人的反省和知識如果太多，而經驗却少，那就彷彿每頁中只有兩行本文而却有四十行註文的版本似的。反之，如果經驗甚多，而却缺乏反省，沒有知識，那正如同沒有註文而有許多難以索解之處的比龐丁（Bipontina）版本似的。

皮塔哥拉斯（Pythagoras）所給我們的規則，正是與這裏所主張的作法，相契合的，他說，人在就寢之前，應當反省自己在一日中的所行所爲。一個人如果把自己的生命消磨在繁劇的事務或歡樂中，而卻不反省「過去」，只是如從紡車上紡棉花似的，一天一天過度下去，那他就不能明白審察自己的所事。他的情緒將成爲一個混沌，他的思想將陷於一種紛亂；他的談話的突如其來，零碎雜亂，就證明了這一層。外面的紛擾如果愈大，紛雜的印象如果愈多，而且他的精神的內面活動也如果愈少，則他是愈處於此種情形下的。

這裏我們還應當說，在時間長久以後，在曾影響我們的各種關係和環境消逝以後，我們並不能把當時它們所刺激起的情調和感覺追憶回想起來，我們只能記起當時它們所喚起的言談動作來。這些言行就是那些環境的結果，表示，和尺度。因此，我們應當藉記憶，紙張，或其他東西，來細心記載重要的刹那。而爲達此目的起見，日記乃是十分有用的。

胡塞爾及他的現象學

Edmund Husserl und seine Phänomenologie

王錫第著

胡塞爾 (Edmund Husserl) 是現代德國自成一家的哲學家，我們提起「現象學」(Phänomenologie)(一)，「現象學派」(Phänomenologische Schule)，或「現象哲學」(Phänomenologische Philosophie)，就飲水思源的想到胡塞爾。因爲他是現象學派的創始者。於一八五九年四月八日生於麥輪 (Mähren) 底普羅斯尼茨 (Prossnitz)，一八八七年在哈勒 (Halle) 大學任講師，一九〇一年爲格廷恩 (Göttingen) 大學教授。至一九一六年任福來堡(Freiburg) 大學教授；一九二八年退職。胡塞爾起初學數學，後來才專治哲學，當他在維也納大學的時候，曾經聽過本他諾凡慈 (Franz Brentano)(二) 的講義，受了極大的影響；但是不久他又在白章諾(Bernhard Bolzano)(三) 羅茲 (Lotze)(四)的影響下面，轉

(一) 編者註：可參閱中德學誌二卷二期「德國現代哲學之特性」自第二一八頁至二二〇頁。

(二) 本他諾凡慈 (1838—1917) 爲天主教的神學家，曾任維茲堡 (Würzburg) 及維也納 (Wien) 大學的哲學教授。對心理學建立了新的基礎，但並不是實驗心理學，著作有哲學的四個方面 (Die vier Phasen der Philosophie 第二版 1926年)等。代表本他諾凡慈的哲學家有馬泰 (A. Marty)，克勞斯(O. Kraus)，開斯第兒(A. Kastil)等，他們對於胡塞爾，梅濃 (Alexius Meinong 1853—1920)，司徒姆夫 (Carl Stumpf 1848—) 等人都有很大的影響。

(三) 白章諾 (1781—1848) 是德國的哲學家，數學家，並爲天主教的神父。有人稱他爲「柏門的萊勃尼茲」(„Der böhmische Leibniz")，曾任普拉哥 (Prag) 大學的哲學及宗教學教授。主著有：論學 (Wissenschaftslehre)，一九三七年問世。

(四) 羅茲爲德國生理學家及哲學家，一八一七生 —— 一八八一故去。原爲醫生，後爲來比錫 格廷恩柏林各大學之哲學教授。

向論理主義，激烈的論難論理學上的心理主義。　他自己企圖着建立一切學問的基礎學，換句話說，胡塞爾想建立學問的學問，科學的科學，他自己稱爲「現象學」，也就是胡塞爾學派的哲學。　他的影響很大，加上他的學生對於現象學的發揚光大，於是在論理學，心理學，倫理學，宗教哲學，社會學，法理學，美學等各方面都產生了極豐富的成績。

胡塞爾在他的一本主要著作論理的研究 (Logische Untersuchungen) 中說明他自己論理主義的立場，而對於德國實驗主義(Pragmatismus)(五)的代表耶路撒冷 (Jerusalem) 加以反對。　原因是耶路撒冷在他所著的純粹論理學及批評的觀念論中對於胡塞爾加以批評，並且攻擊，說胡塞爾的學說是中世紀經院哲學的再生，所以胡塞爾在論理的研究第一卷中，主要的是對心理主義敍述反對的意見；在第二卷中試把心理的事實作哲學的分析。　然而只作破壞的批評是不够的，於是進一步提出一種哲學的立場——現象學。　因爲胡塞爾開始住在格廷恩 (Göttingen) 並且任過格廷恩大學的教授，又由於門人的聚集而成一派哲學上勢力，所以也有人稱胡塞爾學派爲格廷恩學派，正如有人稱黎凱特 (Heinrich Rickert 1863年生)(六) 爲福來堡學派一樣。　胡塞爾學派與黎凱特學派的思想雖

（五）　實驗主義有時稱爲實用主義，杜威博士是這種思想的代表者，他稱他自己的哲學爲工具主義 (Instrumentalismus)，這一派的哲學在美國最爲一般思想家與教育家，以及一般人所接受，在中國也於五四運動時在思想及社會上發生過很大的影響；他們的思想大都建立在心理學，生物學及社會學的基礎上，與所謂「論理主義」者不同。　實驗主義的首唱者是美國的柏爾斯(C. S. Peirce 1839—1914)，經過詹姆士(William James) 而奠定了心理學的基礎，有杜威 (John Dewey，一八五九年十月二十日生) 而集其大成，英國的人本主義者西雷爾 (F. C. S. Schiller)也屬這一派。　在德國則有尼采，馬赫(Mach)，魏與革(Vaihinger)，葛路晒德(Goldscheid)，席枚 (Georg Simmel)，及耶路撒冷 (W. Jerusalem)等。

（六）　黎凱特爲德國第一流哲學家。　一八六三年生於但澤。　西南學派的代表者。　他以康德的哲學作基礎，更採用文德班 (W. Windelband) 的規範意識，把菲希特目的觀的方法及歷史哲學來消化採用，樹立了文化科學。　又因爲在某種意義上承認實踐理性的優越性，與菲希特相同，所以也有人稱爲新菲希特學派，著作甚多，主著有：文化科學與自然科學，價值體系，哲學的基礎，認識的對象，生命哲學，哲學體系等書。　其學說與雅斯波 (Karl Jas pors) 的「實存哲學」對立。　本學誌二卷三期刊有「雷凱特的哲學」一文，可參閱。

然不同，但是同爲今日德國哲學界最有勢力的兩大學派，所謂現象學派的機關雜誌有哲學年刊的發行，已經出有多期，在第一卷中有一篇重要論文名爲論純粹現象學及現象學之學(Ideen zu einer reinen Phänomenologie und phänomenologischen Wissenschaft)，這篇論文說明現象學是什麼樣的一種學說。

胡塞爾在德國哲學上的地位，主要的是他由數理哲學出發，在論理的研究一書建立了論理學的自主性，特別在於他反對密勒（J. S. Mill)(七)影響下的流行的心理主義的論理學，他在論理的研究第二卷中先對於語言表現的意義問題提出來，於是他發見了一種新方法，也稱爲現象學的分析，這種新方法的特點在論純粹現象學及現象學之學中講得很詳細，現在我們把胡塞爾的現象學簡約的講一講。

(七) 密勒（John Stuart Mill)生於一八〇六年，卒於一八七三年，是詹姆士・密勒（James Mill）的兒子，任東印度公司（East India Company）的秘書，並爲經濟，政治，社會，哲學各方面的作家。老密勒當着他兒子年幼的時候，便施以知慧的訓練，引導小密勒研究十八世紀的哲學；哈特里（Hartley）的心理學及邊沁（Bentham）的倫理學對於他有極深的印象。哈特利的意象聯想論後來成小密勒的心理學上指導的原理，而邊沁的功利論也成爲他的中心思想。在不多幾年的旅行及研究法律之後，至一八二三年入了東印度公司，直至一八五八年該公司被議會解散他才去職。在一八六五年被選爲自由黨議員出席議會，任職三年。他對於他祖國——英國——在政治上的影響，主要的由於他的文章。密勒的著作有：(1)論理學(Logic. 1843)，(2)政治經濟學原理(Principles of Political Economy. 1848)，(3)自由論（Liberty. 1859），(4)議會改革的意見(Thoughts on Parlamentary Reform. 1859)，(5)代議制的政府(Representative Government. 1860)，(6)婦女解放(The Subjection of Woman. 1861)，(7)功利主義（Utilitarianism. 1861)，(8)孔德與實證主義(Auguste Comte and Positivism. 1865)，(9)哈密爾頓哲學的考察（Examination of Sir William Hamilton's Philosophy. 1865)，(10)編譯他父親著的人類精神的分析（James Mill's Analysis of Human Mind. 1869)，(11)論說及討論（Dissertations and Discussions. 1859——1874)，此外還有三部書是他死後才出版的：(12)自傳(Autobiography)，(13)宗教論文：自然，宗教的效用觀(Essays on Religion: Nature, The Utility of Religion)，(14)有神論(Theism)。

在日常生活及經驗科學中，我們的知識是從事實的經驗得來。在這種經驗行爲中，我們所查覺的眞實事物都是個體的，而我們描述它們也是用個體的特質。舉例說吧，譬如在我寫胡塞爾及他的現象學的這一張棹子在我的面前，它有某種特別的高度及寬度，是這種長方形的樣式，用某種特殊的木材做成，四周是黃色，中心是紅色的，放在坐北向南的一間書房，窗外有一架美麗的藤蘿，某種特有的情境，在這一個時刻……等等。所有這些詳細的具體的事物都能實際的察覺到，並且肯定關於這一個寫字棹的一切。因爲任何單獨實在的對象，如一個寫字棹有它的特有的性質，並且一些主要的屬性屬於它，同時因爲我們所察覺的這些特殊性質，如高度，寬度，及形式等屬於一個個體對象的（本質）（Wesen），這就是說：我們所看到的不僅是這個棹子特有的性質，並且我們能直覺的察覺到某種一般及主要情狀，例如它的存在是一個物理體，或者一個構成的工具。從這種個體對象如寫字棹就能表示對象的「本質」——不僅它的特性。按照胡塞爾的見解看來，這樣一般不主要的情狀不僅是直覺的在一切個體現象中能經驗到，並且在記憶及想像中也能察覺，從察覺中產生出空間的形式，節奏，社會歷程，及經驗的行爲，如滿意及失意等等。更有進者，在幾何學中，胡塞爾以爲這門科學完全不從經驗的事實出發，而自直覺的理念組成，如點，線，三角等幾何學上的基本觀念。因此胡塞爾及其他現象學者，認爲哲學與幾何學一樣，是對於「本質」直覺的領悟及嚴格敍述。所以胡塞爾稱現象學派的哲學爲「本質學」（Wesenswissenschaft）。但是現象學究與其它特殊科學不同，普通一門科學所研究的是某種限定範圍之內的「本質」，而現象學所要問的是一切基本的本質，而這些基本的本質或「元素的觀念」就在日常語言及科學研究上所常用的，但是沒有把這些「元素」弄清楚。

我們要知道胡塞爾的哲學開始先區別「事實」與「本質」，同時其他的現象學者如芬德爾(Pfänder)(八)，謝勒(Scheler)(九)，應用胡塞爾的方法在各種現象

(八) 芬德爾 (Alexander Pfänder, 1870—1941)，任明興大學教授，把現象學的方法應

用到「性格學的研究」(Charakterologische Studien) 上。著作有：情感心理學 (Zur Psychologie der Gesinnungen)，一九一三年出版。論理學 (Logik)，靈魂 (Die Seele)，一九三三年出版。

(九) 謝勒(Max Scheler) 生於一八七四年，卒一九二八年。任明與，可當(Köln)，佛蘭克府 (Frankfurt) 諸大學教授，他是來自胡塞爾的現象學者的一人，但是他反對胡塞爾的主知主義，在他晚年的時期對於「哲學的人類學」(Philosophische Anthropologie) 特別致力研究，謝勒以為哲學的人類學是研究人類本質及本質構造的根本學問，介乎自然的各種領域(無機物，植物，動物)與作爲萬物基礎的上帝中間有人類，對於人類形而上學的起源與生理的心理的且精神的起源等的研究，就是哲學的人類學，這門學問所研究的問題，自人類存在的根本構造起，以及人類一切特殊的事有物，行爲及事業等例如把言語，良心，工具，國家，藝術，神話，宗教，科學等如何的生起，探究出來。只有這樣哲學的人類學把人作爲對象加以研究，而對於一切學問與以哲學的根本基礎。其次謝勒對於形而上學區別爲第一次形而上學與第二次形而上學兩種。第一次形而上學是實證科學界限問題的形而上學，第二次形而上學是絕對者的形而上學。然而在各種科學界限問題的形而上學與絕對者的形而上學之間，還有一門學問存在，這門學問便是哲學的人類學，所以哲學的人類學自身也是形而上學。

謝勒的著作有：

(1)論超越性及心理學的方法(Die transzendentale und psychologische Methode)，一九〇〇年出版。

(2)倫理學及物質價值的形式主義，一九一三年出版。

(3)戰爭的天才與德國的戰爭(Des Genius des Krieges und der deutsche Krieg)，一九一五年出版。

(4)仇恨德國的原因(Die Ursachen des Deutschenhasses)，一九一七年出版。

(5)價值的改革 (Vom Umsturz der Werte)，一九一九年出版。

(6)人的永恆 (Vom Ewigen im Menschen)，一九二一年出版。

(7)關於社會學及世界觀學的論文 (Schriften zur Soziologie und Weltanschauungslehre)，共三册，一九二三年出版。

(8)同情的本質及形式(Wesen und Formen der Sympathie)，一九二六年出版。

(9)知識社會學的研究(Versuche zu einer Soziologie des Wissens)，一九二四年出版。

(10)知識形式與社會(Die Wissensformen und die Gesellschaft)，一九二六年出版。

(11)在宇宙中人的位置 (Die Stellung des Menschen im Kosmos)，一九二八年出版。

(12)倫理學與認識論 Zur Ethik und Erkenntnis lehre，一九三三年出版。

及問題上作分析及敍述。 胡塞爾自己在現象學上有一種「純粹意識」的說法，因爲「純粹意識」的講法是胡塞爾哲學的重要思想，與海德戈 (Heidegger) (十) 有特別的關係。

胡塞爾所講「純粹意識」的特性可以舉出四種來：(1) 反省 (Reflexion)，(2)純粹自我(Reines Ich)，(3)現象學的時間(Phänomenologische Zeit)，(4)指向性(Intentionalität)。

(十) 海德戈(Martin Heidegger) 於一八八九年生，任福來堡 (Freiburg) 大學教授，他是胡塞爾的學生及後繼者，他認爲真正的哲學問題只有一個，這一個問題也是哲學史上的問題，自從希臘哲學家，由巴門尼底斯 (Parmenides) 到亞理斯多德，經過基督教的思想直至現代哲學，都以這個問題作中心，這個問題是：探求存在的意義。 關於存在的問題對於我們好像是看慣了而反成被忘掉的樣子，海德戈又重新提起這個問題來，不過他的路術與希臘哲學家完全不同，他應用了胡塞爾現象學的方法。

海德戈自胡塞爾的現象學出發，而能自成一家，名其學說爲「存在學」(Ontologie) 所謂存在學就是存在者(Seiendes) 的存在 (Sein) 學，存在者是什麼呢？ 如我們所見的，所思考的，我們所交涉的，所使用的，乃至於我們自身都是存在者。 例如我們看見的梅花，使用的毛筆，我們自身都是「有」或存在者。 不過存在學與形而上學有什麼關係呢？ 形而上學自傳統的觀點看來，分爲一般的形而上學 (Metaphysica Generalis) 及特殊的形而上學(Metaphysica)兩類，前者以一般存在者爲對象，也可以稱爲存在學，後者以特殊的存在者爲對象，存在者的種類有神，自然及人類三種，於特殊的形而上學有神學，宇宙論及心理學三種。 當作一般的形而上學一部分的存在學，便形成了形而上學的一部門。

海德戈的著作，最主要的是存在與時間 (Sein und Zeit)，一九二七年問世，此外還有康德與形而上學的問題 (Kant und das Problem der Metaphysik)，一九二九年出書，根據的本質 (Vom Wesen des Grundes)， 也在一九二九年出版，什麼是形而上學 (Was ist Metaphysik)，一九三〇年出版，及德國大學的自己主張，(Die Selbstbehauptung der deutschen Universität)，一九三三年出版。

我們從他的主著存在與時間第一章中，可以知道他對於哲學問題獨創的見解。 在康德與形而上學的問題及根據的本質二書，第一看出他超過希臘哲學而達到一種新形而上學，第二他探究根本邏輯問題與形而上學的關係。 此外他的兩個知名的講演，什麼是形而上學及德國大學的自己主張是容易爲讀者誤解的，假如對於他的根本思想沒有適當的了解，後者一篇文章是海德戈作福來堡大學校長的就任講演，該認有轉向的批評。

首先我們論反省，反省是屬於純粹意識，對於體驗的可能。　各別的體驗未必經過反省的作用，但是在本質上有經過反省作用的可能。　因為反省作用也是一種體驗，所以反省的反省也有可能，於是進於無限，而反省也成為直觀，內在的直觀。　原與的內在的直觀有十全的明證。　這樣的反省為現象學記述方法的基礎，現象學的記述完全由反省出發。

胡塞爾以為根本的眞理存在於純粹直觀，但是所謂「反省」與「直觀」是怎樣一回事呢？　這就是把對象在自己的面前能看出來的作用，但是單純的直觀是不夠的，例如我們發見了威脅，而有一種恐怖的感覺，這要經過內在的反省才能把這種體驗看出來。　並且直觀與了解又不同。　所謂直觀與思維不過是從了解產生的作用，而不是根本的。　現象學的本質直觀也是以覺存的了解為基礎。我們從胡塞爾的重看反省——了解的作用——看來，不能說他是直覺論者，而是主知主義者。

第二是純粹自我，這種作用可以稱為自我的作用。　但是純粹自我並非自身能獨立，假如沒有體驗的關係，便成了全無內容的狀態。　所以純粹自我的自身是全然不能描述的東西。　純粹自我的自身雖然不能描述，但是把他看作作用的主體，與作用共同記述的時候是可能的。　例如現在我的自我想像某一件事情，繼之把這一件事情作為意志，後來又把這一件事情實行出來，在這種情況下反省的看來，體驗的內容雖然有種種不同的變化，而作為有主體作用的自我並沒有變化，這便是自我的同一性，也就是所謂「純粹自我」，不過這個「純粹自我」離了體驗的內容，縱然可以假想，而事實上是不能存在的。

第三是現象學的時間。　胡塞爾於現象學上的時間以為是體驗的一般特性，在體驗之流中成為體驗的統一形式，現象學的時間與客觀的時間，宇宙的時間，超越的時間都有區別。　胡塞爾認為構成個別體驗的體驗之流　是無始無終的無限之流，為什麼體驗之流是無限的呢？　因為個別的體驗是沒有終了的，這就是體驗流的時間性乃是無限的時間性。　與海德戈的有限的時間性是相反的。　不過海德戈的「有限」並非時間自身的有限，而是人對於時間有限的感覺，換句話說，人有死的限制；我們各個人雖然都有死，但是時間並不能就沒有，我們死後世界是否繼續下去的問題，時間性的有限並不能作爲反證。在思考我們死後存續的時候，所用的是通俗的時間概念的時間，並不是根源的時間。只有在通俗的時間概念才有無限性時間的可能。所以胡塞爾對於體驗流的無限看法，是受了通俗的時間概念支配的證據。又海德戈在時間上看重的是「將來」，而胡塞爾看重「現在」。這也表示出胡塞爾的時間概念是通俗的時間概念。

第四我們要講指向性。從胡塞爾看來，意識在本質上是某種的意識，例如知覺是某種事物的知覺，判斷是某種事態的判斷，願望是某種願望事態的願望，這一些對象，如知覺的，判斷的，願望的某一種事物或事態，都是意識的指向性構成的。意識的指向性並不僅在於「現勢的」（Aktuell）的作用，而且屬於背境的「潛勢的」（Potentiell）作用。例如我走入一間屋子，我們知覺有一個人站在那裏，而在他的背後牆壁上有一幅肖像畫，我們對於這幅肖像畫並不特別的注意，因爲在這個時候，這個知覺者的知覺注意在「現勢的」作用，而肖像畫不過是「潛勢的」作用，不過無論如何，意識的指向性所指的對象，不僅是「現勢的」人，肖像畫也是「潛勢的」指向的對象。胡塞爾在他所著的論理的研究中認爲指向的作用有一種「客觀化作用」（objektivierender Akt）的性質，在根本上不能不包含客觀化的作用。只有在客觀化作用中，才包含有與對象的關係，例如非客觀化作用的願意與意志，其自身與對象沒有關係；只有含有客觀化作用的時候，才有與對象的關係。在別的地方胡塞爾又說判斷的作用與情意的作用都是客觀化的，不過有點區別，前者如判斷作用是「現勢的」客觀化，後者如情意是「潛勢的」客觀化，二者都構成了對象。但是在主知主義者的胡塞爾的立場，論理的作用是情意作用的基礎。

我們從以上所講「純粹意識」的四種特性看來，它所屬的領域有「純粹意識」的作用及「純粹意識」的指向性的對象。由胡塞爾起，惹起德國在認識論問題上的運動，胡塞爾自己要求對於眞實世界的自然態度徹底的改變，這就是說不要把我們意識的經驗與判斷加在實在的性質上。 在這種根本的現象學的態度上，胡塞爾有一些像笛卡爾 (Descartes)(十一)一樣， 對於任何事物都持一種懷疑的態度。 但是對於這種態度，胡塞爾不像一般懷疑論者一樣也對之加以懷疑，這種態度只是一種方法論的，它的目的是要對於「純粹意識」加以精確的描述。

胡塞爾的哲學思想有兩點値得我們特別注意 ：一是他的現象學方法 ， 二是他對於「 純粹意識 」徹底的分析 ； 不過二者沒有得到同樣的注意 。 現象學方法的特色與意義很快的爲一般人所欣賞，並且對於近代德國哲學有了很大的影響。 但是對於「純粹意識」的分析， 雖然得到舊認識論學派的敬意， 特別是麻堡 (Marburg)(十二) 的新康德派，而對於其他現象學家沒有太大的影響。 後來只有海德戈用了這種徹底分析的型式，代替了「純粹意識」的分析，而作人生存在的分析。 所以我們在此關於現象學的方法論對於現代哲學的影響及它的意義檢查一下，因爲關於「純粹意識」的分析部分已經簡略的講述過了。

現象學與「世界觀」(Weltanschauung) 的綜合是完全不同的，在這兒所說

(十一) 笛卡爾 (René Descartes 1596—1650) 是法國哲學家，近代哲學之父。 他反對無條件的接受傳統的見解，卑視讀書，他說哲學家應該讀天書，笛卡爾說過：『假如我們對於任何事物不能下一個堅決的判斷，就算讀盡了柏拉圖及亞里斯多得的著作，我們也不能成爲哲學家，』知道別人的意見不是科學，而是歷史，一個人應該有他自己的思想。 所以爲了獲得清楚明白的思想與知識，他懷疑一切，他說過下列一段話：『我簡直以爲一切我所見的都是虛妄；我認爲沒有一件事物爲我的欺僞記憶顯現出來的是眞實的；我設爲我沒有感覺：我信以爲所有物體，形狀，外延，運動，及地位都不過是我心上的幻像，那末有什麼可以認爲眞實的呢？ 恐怕在世界沒有確實的事物。』 但是有一件事情是確實的，就是「我在懷疑或思考」，對於這一個命題是不能懷疑的。 所以笛卡爾說：「我思故我在。」

(十二) 麻堡學派(Marburger Schule)是以麻堡爲中心的新康德派的一支，柯恩 (Hermann Cohen 1842—1918) 與納脫爾普 (Paul Natorp 1854 — 1924) 爲這一個學派的創始者，其他如卡錫勒(Ernst Cassirer)， 佛爾闌得(Karl Vorländer)，哈特曼(Nicolai Hartmann) 等是麻堡學派的後繼者。

的「世界觀」是指翁特(Wundt)(十三)的哲學思想；同時現象學與實證主義及主知主義的系統結構也不一樣。二現象學教給我們集中注意在一個單純的現象上，以便直觀它們完全的概念的意義，並且分析這種意義的真實複雜性，而不止於簡單的武斷解決便算滿意。所以現象學的方法對於各種獨立的科學，在它的直觀，觀察，分析，辨析，描述上，比較包含着最根本並且無所不包的原理的哲學結構，更要恰當合適一些。

同時胡塞爾對於現代的哲學家貢獻了一種分析的方法，鼓勵着並且訓練他們作統系的研究，但是最近三十多年以來，從現象學的發展看來，胡塞爾的方法論有他的困難處。僅有少數的學者應用胡塞爾的方法作出成績來，老一輩的現象學家有謝勒(Scheler)，他倫理學中的形式主義與物質的價值論理(Der Formalismus in der Ethik und die materiale Wertethik一九一三年出版)，蓋葛(Moritz Geiger)著有散篇的沒意識的心等。因爲現象學的方法在各方面的研究上，有時只能限於很有限制的現象上，所以對於各別獨立科學上的貢獻比對於哲學上的貢獻還要大。現象學方法的特色及其危機，就在關於問題的選擇，任憑個人研究者的自取，而沒有普遍的妥當性。

(十三) 翁特(Wilhelm Wundt)生於一八三二年，卒於一九二〇年。德國的心理學家及哲學家。他是第一個創立實驗心理學的人，著作甚多，主要的有：

(1)人類及動物心理講義(Vorlesungen über die Menschen und Tierseele)，一八六三年出版。

(2)生理心理學要義(Grundzüge der physiologischen Psychologie)，一八七三年出版。

(3)論理學(Logik)。

(4)倫理學(Ethik)。

(5)哲學體系(System der Philosophie)，一八八九年出版。

(6)心理學綱要(Grundriss der Psychologie)，一八九六年出版。

(7)民族心理學(Völkerpsychologie)，一九〇〇年出版。

(8)哲學導言(Einleitung in die Philosophie)，一九〇一年出版。

(9)感官世界及超感官世界(Sinnliche und übersinnliche Welt)，一九一四年出版。

不過海德戈是由胡塞爾的思想出發而完成了他自己的哲學。 他們二人雖然都在現象學的學派中，然而所用的方法並不相同，他們有一條指導的原理相同，這條原理是「向事象自身」(Zu den Sachen selbst)。

胡塞爾的著作：

(1) Philosophie der Arithmetik, Halle, 1891. 算術哲學。

(2) Logische Untersuchungen, 2 Bände, Halle, 1900. 論理的研究，兩卷。

(3) „Philosophie als strenge Wissenschaft" 當作嚴格科學的哲學見於 Logos 雜誌。

(4) Ideen zu einer reinen Phänomenologie und phänomenologischen Philosophie. 論純粹現象學及現象學之學，本文初發表於哲學及現象學研究年鑑 (Jahrbuch für Philosophie und phänomenologische Forschung). 有英文譯本名：Ideas: General Introduction to Pure Phenomenology. 由W. R. Boyce Gibson 譯，倫敦的 Allen and Unwin 書店發行，一九三一年出版。

(5) Vorlesungen zur Phänomenologie des innern Zeitbewusstseins. 內在時間感覺存在論發表於哲學及現象學研究年鑑第九卷。

(6) Formale und transzendentale Logik 一九二九年出版見哲學及現象研究年鑑。

對於胡塞爾的哲學研究，最主要的是他自己著的：論理的研究，論純粹現象學及現象學之學，與當作嚴格科學的哲學。論理的研究第二卷中的六篇文章是關於現象學探討的，應當特別精讀。在意義與語法(Bedeutung und Ausdruck)一卷中的第一章可以當作導言讀，其五及第六兩章：Über intentionale Erlebnisse und ihre „Inhalte", Elemente einer phänomenologischen Aufklärung der Erkenntnis". 更特別重要。當作嚴格科學的哲學一文是胡塞爾建立嚴格科學的，分析及批評性質的現象學，它與當時興起的一種哲學趨勢，為狄爾泰(Dilthey)及米世 (Georg Misch) 等人所領導的世界觀及生命哲學對立。

此外關於現象學的參考文獻尚多，我們可以舉出兩本主要的著作來：

(1) 伊雷曼 (Heimann)：胡塞爾在現象學以前的哲學 (Die vorphänomenologische Philosophie E. Husserls, 1932.

(2) 芬克(E. Fink)：胡塞爾現象學在現代的批評 (Die phänomenologische Philosophie E. Husserl s in der gegenwärtigen Kritik, 1934.)

一九三三年至一九四〇年的德國文藝批評學(一)

Deutsche Literaturwissenschaft 1933—1940

克魯克魂 (Paul Kluckhohn) 著

崔　亮　譯

德國人文科學界不安的動盪，在世界大戰前已見端倪，而於戰後尤有強烈的影響，特別有力的出現於德國文藝批評學的領域中，包括德意志文學史，特別是近代的，同普通詩學(Dichtungswissenschaft，見後)。這門科學是比較新的，它常自與其相近的專門學科得到有決定力量的暗示，並非完全是幸運的，又爲時代的宇宙觀，哲學，藝術，政治各潮流所控制。自從十九與二十世紀交替時開始脫離實驗主義(二)的科學觀念以來，自然只是開始而已，却未曾安靜息止。首先是兩種領導的方向：第一是人文歷史的 (geistesgeschichtlich) 方向，其重要的暗示實得自狄爾泰 (Wilhelm Dilthey)(三)氏，因許多與翁爾 (Unger) 的大著作關於哈曼的書 (Hamann)(四)類似的有價值之作，在大戰的前幾年活

(一) 譯自：Forschungen und Fortschritte, 17. Jahrgang (1941)，Nr. 4/5, Seite 33—39. 著者 Kluckhohn係居冰根 (Tübingen) 大學德文教授。

(二) 譯者註：實驗主義 (Positivismus) 爲自法孔德(Comte, 1798—1857)以來的一種哲學思想方法，認爲只能在直接觀察中得到認識之穩定基礎，故反對一切形而上學。

(三) 譯者註：狄氏爲德哲學家及人文史學研究家，一八三三年生，一九一一年歿。其最有影響者爲人文歷史方面之歷史研究及建立人文科學之努力是也。本誌二卷一期二五頁及三卷一期五七頁三卷三期四四七頁中亦有論及狄氏之文字，可參閱。

(四) 譯者註：哈氏 (Johann Georg Hamann) 爲德哲學家，一七三〇年生，一七八八年歿。氏因所著幽暗之預言書，有"北方偉人" (Magnus im Norden)之稱。氏與啟蒙運動(見註五十二)爲敵，領導情感及信仰哲學 (Gefühls- und Glaubensphilosophie)。翁爾 (Rudolf Unger) 著有哈曼與啟蒙運動 (Hamann und die Aufklärung) 兩冊，一九二五年再版。

潑有力的出現於世，一九二三年以德意志文藝學及人文歷史學季刊（Deutsche Vierteljahrsschrift für Literaturwissenschaft und Geistesgeschichte）爲機關報，自然這並非僅爲自己出版的，現在並已擴張至中古文學之整理；第二是形式分析的（formanalytisch）方向，把文學作品視爲藝術作品，並用比較體裁（Stil）的方法，將魏爾弗林（Wölfflin）（五）藝術史的基本概念（Kunstgeschichtliche Grundbegriffe）有效的用之於文藝學。隨後有第三，爲人種的(ethnographisch)方向，其代表以納勒（Josef Nadler)(六)的德意志部落及地域文學史（Literaturgeschichte der deutschen Stämme und Landschaften）爲主。納氏將德意志各部落（Stämme）在德文學全體中佔有的地位，不僅限於文學一方面，那就是說德民族及其文化使命與功績之歷史，自三大區域的演變特徵從事研究。如像這樣

（五）譯者註：魏氏（Heinrich Wölfflin）爲德藝術學家，一八六四年生。氏自形式觀點從事審美學之研究觀察，並於體裁分析有顯著之貢獻。主要理論創作爲藝術史的基本概念，以文藝復興（Renaissance）至巴羅克（見註五十）時代爲例，表明其主要形式變化係自直線至圖畫之連續中完成者。

（六）譯者註：納（Josef Nadler）氏爲德文學史家，任維也納（Wien）大學德文教授，一八八四年生。氏注重各詩人之種族性，殖民史，及其文化區，爲德文學史開一新徑。其著作多有價值，今舉其德意志民族之種族結構（Das stammhafte Gefüge des Deutschen Volkes, München, 1934）爲例，以明大概。德民族之主要者有四：（1）弗闌克人，(Franken)，居萊茵河（Rhein）中下流域，傳佈古羅馬之文明於歐陸，且影響德民族文化者至大，名畫家杜勒(Dürer)及林布(Rembrandt)，大詩人歌德，大音樂家貝多芬(Beethoven)其尤著者也。（2）阿勒曼人（Alemannen），居萊茵河上游之地，今南德巴燕（Bayern），魏登堡（Württemberg），施瓦本（Schwaben），瑞士（die Schweiz），及挨爾薩斯(Elsass)俱屬之。因居阿爾卑山(die Alpen)地帶，不易發展，遂致力於政治組織，如瑞士是。挨爾薩斯人因同情法文明，成爲德法中間民族。代表人物有醫學兼哲學家杷拉塞爾蘇(Paracelsus)，大哲學家謝林（Schelling），黑格爾（Hegel），大詩人釋勒及何德林(Hölderlin)諸氏。（3）巴燕人（Bayern)居多惱河（Donau）及德分河（Drau）上游，即奧國與南德巴燕之地。地勢衝要，風景秀麗，故維也納(Wien)曾爲世界之文化政治藝術之中心，明興（München）以藝術聞名於世。巴燕族爲趨向世界之發展者，大音樂家莫劄特(Mozart)，著作家格利柏爾（Grillparzer），今日之希特拉（Hitler）其著者也。（4）薩克森人（Sachsen）居北德，挨爾貝河（Elbe）下游及萊茵河以東之地。其民堅毅卓絕，英國丹麥俱有其建國功績，漢撒同盟（Hanse）亦光榮之史蹟，德之統一實薩人之力也。人物有詩人克羅普史托克（Klopstock），幽默詩人步史（Wilhelm Busch，見中德學誌三卷一期九二頁），著作家拉伯（Wilhelm Raabe)及安斯特（Paul Ernst)等。以上爲德人之母族（Muttervolk），次論德其他種族。全書之目的，在於闡明德民族之靈魂存在，其歷史政治與精神之創造，在各民族中之影響及將來，蓋欲明德民族之生命，捨種族學末由也。

的藝術功績有不能充分的表現其重要性的危險，還有另一種文藝學的研究，正在集中全力，探究各文學的藝術作品之本質（Sein），一反向來多數人之斤斤於其發展（Werden），是要理解其中已知事務的眞理性。有人曾把這種嘗試比之於哲學中的現象學派（phänomenologische Schule），而稱之曰現象學的(七)嘗試。我們還有疑難，便是這種文學觀之學自哲學者究有若干。用直接處理作品的方法，對研究對象的眞正熱誠是甚麼呢？那是堅毅卓絕，堅抵於成的態度，同時並須懷疑那種機智的言論和炫耀的精語（Formulierung），雖則它們曾經風靡一時。體裁的研究，在舊日的語言學派，只是偏重一方的視爲語言特殊現象之集合；隨後又曾相信，以爲能用少數體裁標準的公式，了解了多數的作品；或者，它同心理學，甚至於心理分析學（Psychoanalyse）(八)發生了關聯，這種關聯，實非有利；如今這種研究已致力於各作品的理解，即針對各作品的通徹不變的形式之特點。又因其同時研究詩人靈魂中及此靈魂最後生存基礎中的限度，還有人類社會中的限度，亦稱之曰存生的（existentiell）體裁研究。自海德戈（Heidegger）(九)氏的存生哲學（Existenzphilosophie）(九)及與上述態度符合的其他暗示爲出發點，其目標俱在文藝學是無疑問的(一〇)。這樣自然會帶進危

(七)　譯者註：現象學爲德胡塞爾（E. Husserl）氏於一九〇〇年時所創之哲學基本科學，學說根本在於排斥眞實（Wirklichkeit），而於理性化思想則崇敬不遺餘力。史頓甫（Stumpf）氏亦德哲學家，視本學爲現象自身之分析，直至最後原素爲止。代表本學者爲胡氏，Reinach, O. Becker諸氏，自廣義言，謝勒（Scheler），海德戈（Heidegger, 福來堡大學哲學教授）亦屬之。胡氏及謝海二氏之文獻可參閱本學誌本期胡塞爾及他的現象學一文及二卷第二期德國現代哲學之特性一文及二卷三期五二〇頁，二卷二期二二〇頁至二二六頁。

(八)　譯者註：心理分析學即精神病治療術，由奧哲學家弗洛伊德（S. Freud）創立，發展爲世界之學說。

(九)　譯者註：存生哲學注重眞實之不可變性及不可解性，蓋針對將一切存在事物委諸理想連繫之理想主義也。本學始於哈曼之反對啟蒙運動，謝林（Schelling）及葛柯蓋特（Kierkegaard）之反對黑格爾（Hegel）。雅斯波（Jaspers）及海德戈二氏使之爲廣汎的人類存在科學，但尚未完全克服其主觀之出發點。有關葛謝雅諸氏之論著請參閱中德學誌二卷一期德國現代哲學之特性及三卷三期略述雅斯波的哲學。

(一〇)　參閱 Herman Pongs（斯圖加特（Stuttgart）工學院哲學教授），Zur Methode der Stilforschung. Germanisch-Romanische Monatschrift, Band 17(1929)；仝人，Neue Aufgaben der Literaturwissenschaft. Dichtung und Volkstum(前名Euphorion)，Band 38(1937) und Oppel, 見下註五十五。

險來，即將概念和術語輸入文藝學中，它原是一門歷史的科學，當然根本就格格不入了，且不少用其他法則可以得到的認識，亦比較顯而易見的難於表達了。但由此引導目光至作品的“存生之全體”(Existenzganzheit)，而又告訴我們將作品理解爲詩人存生的與其基本經驗之表現，其中之自覺與不自覺尚未分劃清楚，這存生的文學觀的確可以幫助我們，躲避割裂文學史的危險，即一爲內容與問題之研究，一爲形式之研究。

這些德國文學史的潮流和努力，自一九三三年國社黨掌政以來，更有擴大的影響，尤以新的文學史爲最，這種新文學史將中古時代的文學也加以整理，這層我們不在這裏說。這種革命提高並增強整個德意志學(Deutschwissenschaft)(一一)的意義，本學即研究德意志人及其文化的科學，因此也將德意志靈魂表現者德國文藝學的意義提高增強了。所以，連單獨的研究包括在內，對民族全體和德國文化遺產自然要發生加重的責任心。對已國之現存價值的回憶，現今已較以往更成爲文學史的首要期望了。許多舊的工作已另用新眼光看待。興趣的錐形光體(Lichtkegel)——這是羅特阿克(Erich Rothacker, 撥恩 Bonn 大學哲學教授)幸運的想像，我們由其歷史哲學中可以學來許多知識——最強烈的集中於民族與文學的錯綜問題及做爲民族物質表現者的文學，這物質雖總是變幻，但其核心裏面却是固定不移的(一二)，光體又集中於文學對民族全體的意義。有若當代的詩人，尤其是隨從主義風尚(-ismen-Moden)推斷一切，在個人主義的優勢下立在黑影裏的那些人，如今因超個人(überpersönlich)的關係或因係民族詩人，推在中心(Zentrum)裏，感到對已國民族的責任心，這樣便又採取了已往

(一一) 此外可參閱下列報告：Hermann Schneider(圖冰根大學德文教授)：Die Germanische Altertumskunde (Forschungen und Fortschritte, Jahrgang15(1939)，Seite 1) 及 Otto Lauffer (漢堡大學德考古學及民族學教授)：Arbeiten zur deutschen Volkskunde (Forschungen und Fortschritte, Jahrgang16(1940)，Seite 25)。

(一二) 對於人文歷史，探究民族的觀念(Begriff)及概念(Idee)之歷史的那種命題亦因之而起，關於最緊要的部分有下列的文集預備了材料：Die Idee des Volkes im Schrifttum der deutschen Bewegung, herausgegeben von Paul Kluckhohn, Literarhistorische Bibliothek 13(1934)。

把文學當做是社會事業的傳統精神（一三）；所以現今自科學方面看，文學已當做是與民族整個歷史有密切關係的了。納勒的德國部落文學史，改訂版已更名為德意志民族文學史（Literaturgeschichte des deutschen Volkes）（一四），現已開始有強烈影響。援助本書者有不少描述和研究，於德各種族的文學史俱有價值，並不像類似的舊著那樣僅自整個德意志文學中抽取空間的或差不多是偶然數用的的斷片，而是要自精神的創作中認識各種族之特有性格。納勒自己寫了一部德意志瑞士（die deutsche Schweiz）文學史（一五），以自知的瑞士觀點做出發點，與艾馬廷爾（Emil Ermatinger）差不多在同時以瑞士的自覺心所作的一個樣（一六）。布格（Heinz Otto Burger）氏非常聰慧的研究，將施瓦本族（Schwabentum）（六）在人文歷史中融會貫通後（一七），接着格羅曼（Adolf v. Grolman）對上萊茵（oberrheinisch）區之作品也加以研究（一八），本區阿勒曼（alemannisch）（六）特性的意義自然要和布格立於相反的地位。說到奧國我們

(一三) 參閱"Des deutschen Dichters Sendung in der Gegenwart", herausgegeben von Heinz Kindermann（明興大學德文教授），Leipzig 1933； Paul Kluckhohn, Berufungsbewusstsein und Gemeinschaftsdienst des deutschen Dichters im Wandel der Zeiten, Deutsche Vierteljahrsschrift für Literaturwissenschaft und Geistesgeschichte 14(1936)．

(一四) Josef Nadler, Literaturgeschichte des deutschen Volkes. Dichtung und Schrifttum der deutschen Stämme und Landschaften. 4. völlig neu bearbeitete Auflage. I. Volk (800—1740)，1939, II. Geist (1740—1813), 1938, III. Staat (1814—1914), 1938, IV. Reich (1918—1938)，尚未出版。

(一五) Josef Nadler, Literaturgeschichte der deutschen Schweiz. Zürich und Leipzig 1932.

(一六) Emil Ermatinger（促里喜［Zürich］大學德文教授），Dichtung und Geistesleben der deutschen Schweiz. München 1932.

(一七) Heinz Otto Burger, Schwabentum in der Geistesgeschichte. Versuch über die weltanschauliche Einheit einer Stammesliteratur. Stuttgart 1933.——又參閱 Ernst Müller（基爾大學哲學教授），Stiftsköpfe. Schwäbische Ahnen des deutschen Geistes aus dem Tübinger Stift. Mit Beiträgen von Theodor Haering und Hermann Haering. Heilbronn 1938.

(一八) Adolf von Grolman, Wesen und Wort am Oberrhein. Berlin 1935 及其他。

也許還得提出納勒氏（一九），至於奧國近代文學則須提起柯赫（Franz Koch）同施米特（Adalbert Schmidt），史氏與屈薩茲（Herbert Cysarz）也有關於蘇得吞德意志（sudetendeutsch）（二〇）文學的著作（二一），至於北德種族方面的有步列波爾（Wilhelm Brepohl）的維斯特法輪（westfälisch）（二二）精神之研究，在原則上甚有價値，其著作僅至中古期末爲止（二三）。

德國文學史決未曾止步於國界之前，瑞士和奧國的文學自早就放在工作範圍中，雖未完全脫離小德國的（kleindeutsch）（二四）成見。自世界大戰以還，一種整個德意志歷史的槪念逐漸抬頭，又因國社主義革命自根本上加以強化，而有貫澈目的之勢，現在人們也知道把移住外國的德民族視爲整個民族之一部了。因此大家對於邊境德意志的（grenzlanddeutsch）和境外德意志的（auslanddeutsch）（或如今日一般所稱之外籍德意志［volksdeutsch］文學發生深刻的興趣，不僅問其文學之藝術價値，或對其藝術加以着重便算了事，而是要追究外籍德意志人在生存鬥爭上之意義。除單獨的專門著作和原則的論文之外，這裏可以提到史奈德（Wilhelm Schneider）關於外籍德意志現代文學的第一部整個的描

（一九）在：Österreich. Erbe und Sendung im deutschen Raum. Herausgegeben von Josef Nadler und Heinrich von Srbik. Wien 1936.

（二〇）譯者註：蘇得吞爲前捷克境柏門（Böhmen），麥倫施雷仙（Mähren-Schlesien）之邊境，面積二萬餘平方公里，德人三百餘萬，今爲德國之一省。

（二一）Franz Koch（柏林大學德文教授），Gegenwartsdichtung in Österreich. Berlin 1935.—— Adalbert Schmidt, Deutsche Dichtung in Österreich. Eine Literaturgeschichte der Gegenwart. Wien 1935.—— 仝人，Die sudetendeutsche Dichtung der Gegenwart. Reichenberg 1938.—— Herbert Cysarz（明興大學德文教授），Die grossen Themen der sudetendeutschen Schrifttumsgeschichte. Brünn 1938. 本學誌二卷三期有該氏論著幽默家詩人莫根史登（Dichter als Humoristen. Christian Morgenstern）之譯文。

（二二）譯者註：德國西北之一省，乃普撒克遜之一部。

（二三）Wilhelm Brepohl, Deutscher Geist in westfälischer Prägung. Blut und Bildung in der Geschichte eines Stammes. Köln 1936.

（二四）譯者註：小德國派爲德國十九世紀時統一運動之一黨，主張排除奧國於德國之外，與今日之大德國（Grossdeutschland）思想背道而馳。

敍（二五），還有克萊恩（Karl Kurt Klein）最新出版的著作（二六），克氏之書勝於前者的地方，在於不僅包括既往，且對環境之意義和外籍德意志文學之特殊使命尤有更深一層的了解。此外，欽德曼（Heinz Kindermann）對外籍德意志文集各部門之介紹也值得特別的推戴（二七）。

這德國文學史範圍之空間擴大，實與接近由民族革命而起的新使命的新問題和地位相輔而行的。特別是人種（Rasse）與文學的問題因之熾熱了。如像上

（二五）Wilhelm Schneider（攝恩大學德文講師），Die auslanddeutsche Dichtung unserer Zeit. Berlin 1936. 譯者註：史氏著現代外籍德意志人之文學謂外籍德人乃指俄國，羅馬尼亞，波羅的海沿岸小國及美洲各國之德人，雖國籍變易，對其祖國不忘者而言。（1）波羅的海之德人（Balten），爲八世紀前德騎士後裔，既爲貴族階級，故能保持其文化，於外籍德人文學中首屈一指。其思想重歷史，且當地荒闊平原亦影響其民性。染俄習，於文學中見之。其詩人有 Peter Zoege von Manteuffel, Otto von Taube, Manfred Kyber, Werner Bergengruen 等。（2）俄籍德人（Russlanddeutsche）居伏爾加河（Wolga），烏克蘭及黑海區域，乃一七六三年間俄國加特琳大女帝（die grosse Katharina）宣召自德前往者，及至，不惟水土難服，且時受游牧民族之襲擊，蓋俄人欲以德人開荒實邊也。既無領袖，且文化低落，俄又極力同化之，革命後，亦無進展。其作家爲個人的，未能代表其民族，有 Henry von Heiseler, Reinhold von Walter. （3）羅籍德人，卽羅馬尼亞國七堡之薩克森人（Siebenbürger Sachsen），乃自德莫色爾河（Mosel）區域，愛弗爾（Eifel）及盧森堡移來者，時八百年前也。語言爲中部弗蘭克語，南德語（das Hochdeutsche）僅於文字中見之。地域既窄，且德人數少，與外來往益鮮，文化富保守色彩。其愛祖國心甚強，作品多重實用，至於藝術文字之讀者，僅限知識階級。著名詩人有 Heinrich Zillich Adolf Meschendörfer 諸人。（4）巴那特之施瓦本人（Banater Schwaben）. 巴那特（Banat）戰前屬匈牙利，戰後分割於匈羅南斯拉夫三國，其地德人移自南德，多爲小農，能保持其土語習俗，其久始團結爲一民族。性節儉務實，不喜理論。一八六七年來匈國同化之不遺餘力，其子孫漸忘其本，巴那特德文學中常反映之。民族詩人有 Müller-Guttenbrunn, Otto Alscher 等。（5）美洲籍德人（Deutschamerikaner）. 美國建國，德人功績甚偉，科學軍事方面尤然，但數百萬移民在美國僅立於次等地位，在南美亦復如是，蓋十七八世紀時德國因宗教信仰逃亡者視美爲樂土，漸忘祖國，來時多獨身青年，至美多與美女結婚，且英系美人早已安定一切，德人但須適應之，無由抗衡也。德人初至時，常爲流浪生活，苦不堪言，其文學卽此反映。美國同化甚力，稍露異國形跡，卽遭排斥，故德人子孫多忘其本國語言，雖然，有志者仍負笈於外，重作故鄉之遊。詩人有北美之 H.A. Rattermann, W.L. Rosenberg, K. Nies, O. Sattler, K. Francke 等，南美有：G. Knoll, O. Meyer, A. Philipp, H.L. de Brüggen 等。以上爲書中梗概。全書三百餘頁，有詩人作品及圖像，文字流利。

（二六）Karl Kurt Klein, Literaturgeschichte des Deutschtums im Ausland. Schrifttum und Geistesleben der deutschen Volksgruppen im Ausland vom Mittelalter bis zur Gegenwart, Leipzig 1939.

（二七）Rufe über Grenzen. Antlitz und Lebensraum der Grenz- und Auslanddeutschen in ihrer Dichtung. Herausgegeben von Heinz Kindermann, Berlin 1938.

述布格，步列波爾關於種族文學的著作便牽涉到某種族的人種聯合問題，即研究某種族時，其精神的特殊性之基本原因是耳。　一九三三年前出版的著作即已重視人種與體裁和構型（Konstitutionstypen），人種與文學等諸問題。　雖屢次提起程序的要求，希望在人種的視點下研究文學史，並有過許多原則上的討論，但在單獨研究，這人種與文學的問題只是附帶的或草率將事而已，其結果也自然可疑了（二八）。　關於本問題，關於人種（Rasse），民族（Volk），部落(Stamm)各概念之詮釋，即『生物學的文學觀』（biologische Literaturbetrachtung），有畢特納（Ludwig Büttner）的思想（二九），甚値注意。　——要想認識外族在德文學上的影響，特別是猶太的，較比分別德意志文學中各種族所佔的地位，自然容易的多了。　對此已有若干初步工作的成績和新德意志國立歷史學會猶太問題研究部（Forschungsabteilung Judenfrage des Reichsinstituts für Geschichte des neuen Deutschlands）指定的各項工作（三〇），此外還有幾篇博士論文和一些短的論文。　我們不難明瞭在本範圍中較大的工作尚未在計劃中呢。

除人種問題之外，民族的文藝學宜再注重其他新的問題和使命，不僅由文學史家自己曾經程序的贊助（三一），即外界也常再三鄭重的要求過。　由此喚起的強烈運動如今已證實其甚有效果，且有繼續發展之勢，但不能說這是破壞了本世

（二八）Wilhelm Müller, Studien über die rassischen Grundlagen des Sturm und Drang (Neue deutsche Forschungen, Abteilung Neuere deutsche Literaturgeschichte 18) 1939.

（二九）Ludwig Büttner, Gedanken zu einer biologischen Literaturbetrachtung. München 1939.

（三〇）Sitzungs-Berichte der Forschungsabteilung Judenfrage des Reichsinstituts für Geschichte des neuen Deutschlands, Band 1 (1937)及其續。

（三一）除去無數論文講演之外（這些我們不能在這裏詳舉），可在下列書中見到： Heinz Kindermann, Dichtung und Volkheit. Grundzüge einer neuen Literaturwissenschaft. Berlin 1937. 在這裏爲着"當做民族生命之科學的文藝學"所需要的當然還有許多著作，但並不像著者想的那樣新穎，而是根據一九三三年前即已開始的發展而來的。——Karl Justus Obenauer, Volkhafte und politische Dichtung. Probleme deutscher Poetik (Weltanschauung und Wissenschaft, herausgegeben von Ernst Krieck, Band 5), 1936, 這部著作主要的是文學藝術（Poetik）問題之處理。

紀三十年代所渴求的一切；固爲各使命方向之逃避，一種對於許多時代（例如十九世紀）各詩人及作品的重新估價，但大體說來，還是有效的繼續發展着。不論這專門學科的語言學基礎，或是人文歷史的認識之深刻化，或如是理解文學藝術作品之努力，都不會因此放棄擱置的，反之，却可說是與其他的新題目發生了關聯。研究之繼續不但可以保持，也是應該保持的。只要總觀過去八年的重要成績，不難明白此意。

文學史那門科學的假定和使命仍舊是自語言學的見地可靠的刊本，這點與前並無二致。早已開始的魏蘭（Wieland）(三二)，保約翰（Jean Paul）(三三)，格利杷册（Grillparzer）(三四)，史梯夫特（Stifter）(三五)諸氏的批評大版本仍在繼續編輯；最後一書差不多完成了；施米特（Erich Schmidt）的克來斯特

(三二) 譯者註：魏蘭 (Christoph Martin Wieland)，德詩人，一七三三年生，一八一三年歿。見本會所編叢書之一魏蘭之介紹及中德學誌二卷四期有魏蘭所著 Horaz und Augustus 之譯文：霍拉斯和奧古斯都。

(三三) 譯者註：保約翰爲 Jean Paul Friedrich Richter 之筆名，歌德時代詩人，生於一七六三年，歿於一八二五年。其思想，想像力，心靈及情感有大文豪風度。著有晚星 (Hesperus, 1795年)，巨人 (Titan, 1800 年至 1803 年)，自童年至成人 (Flegeljahre, 1804年至1805年）等。施忠沛（？）君 (Tschungpo Sho) 曾有德文專著研究保約翰思想之中心點，題名爲心的詩人保約翰 (Jean Paul als Dichter des Herzens) 爲施君在柏林大學之博士論文，於一九三五年在柏林出版。

(三四) 譯者註：格氏 (Franz Grillparzer) 爲奧國大文豪，生於一七九一年，歿於一八七二年。氏之偉大，以其能代表奧國之精神故耳。敏銳之理解力，豐富之情感，退避態度，冷僞之自覺心，直往之熱情，卑劣感，自縱之傾向，不滿足，均其特性，不啻其民族運命之表現也。其作品多屬不朽之戲劇作品：薩佛 (Sapho, 1819年)，金羊裘 (Goldenes Vliess, 1821年至 1823 年），女祖宗 (Ahnfrau, 1817年），鄂圖王之幸福及結局 (König Ottokars Glück und Ende, 1825 年），義僕(Ein treuer Diener seines Herrn, 1830年)，海波情浪 (Des Meeres und der Liebe Wellen, 1831年），夢之一生 (Der Traum ein Leben, 1834年），哀哉！欺人者 (Weh dem, der lügt；1835年），兄弟之爭 (Bruderzwist in Habsburg)，托城之女猶太(Die Jüdin von Toledo)，莉布薩(Libussa)等。

(三五) 譯者註：史氏 (Adalbert Stifter)，德詩人，生於一八〇五年，歿於一八六八年。藝術信念異於常人，氏視宇宙現象中偉大者爲風吹，水流，穀長，草綠，天明，星閃，而渺小者爲摧屋之雷電，洶湧之暴風，撼地之火山，因其爲較高律則之影響也；故正義，樸素，自制，有爲，愛美，及光明之死節，皆偉大非凡，而勃然大怒，狂縱情慾，心懷仇恨，貪求功名，喪命於激動中者，皆渺小之人生耳。其作品有稿册 (Studien, 1844 年至 1850 年)，晚夏 (Nachsommer, 1857年），"Witiko"（1865年至1867年）等。

(Kleist)(三六)刊本已出增訂的新版(三七)。達赫 (Simon Dach)(三八)所作的詩全集已初次出版(三九);鈞特 (Johann Christian Günther)(四〇)的作品亦然(四一)。格利梅郝森 (Grimmelshausen)(四二)的痴漢 (Simplicissimus) 及其他作品有原稿出現(四三)。納勒正在預備一部巨帙的哈曼版本;至於關於別姆的(Jacob Böhme)(四四)刊本則有步德克 (Werner Buddecke) 完成了的初步工作

(三六) 克氏 (Heinrich von Kleist),德詩人,生於一七七七年,歿於一八一一年。幼時尊崇頁賢及教育,及長,至維茲堡 (Würzburg) 旅行,見風景美麗,愛國之念油然而生。時德爲自由戰爭時期,氏爲激昂之詞,深恨法人,謂其傷風俗若奴隸云。作品有安飛特龍王 (Amphitryon, 1807 年),破甕 (Der zerbrochene Krug, 1811 年),彭苔西萊女王 (Penthesilea, 1808年),赫曼之戰爭 (Die Hermannsschlacht),亨堡太子 (Prinz von Homburg) 等戲劇作品。關於克氏之中文譯著有:智利的地震 (Das Erdbeben in Chile)毛秋白譯,1935,商務萬有文庫本。棄兒(Der Findling) 東方雜誌。戀島定情記 (Die Verlobung in St. Domingo) 袁文彬,葉雪安譯,德文月刊二卷。洪堡王子(Prinz Friedrich von Homburg) 毛秋白譯,1925,中華。

(三七) Heinrich von Kleists Werke, im Verein mit Georg Minde-Pouet und Reinhold Steig, herausgegeben von Erich Schmidt. 2. Auflage durchgesehen und erweitert von Georg Minde-Pouet. 已出七冊,來比錫 (Leipzig) 城,出版年缺。第八冊尚未出版。

(三八) 譯者註:達氏 (Simon Dach),德詩學家,一六〇五年生,一六五九年歿。作品多係詩歌,有結婚詩 "Anke von Tharaw",以特別韻律表示其柔和之愛戀及深思之愉快。

(三九) Simon Dach, Gedichte, herausgegeben von Walter Ziesemer. 4 Bände (Schriften der Königsberger Gelehrten Gesellschaft), Halle 1936/38.

(四〇) 譯者註:鈞氏 (Johann Christian Günther),德詩人,一六九五年生,一七二三年歿。其詩不僅包羅人生之痛苦災厄,創傷思鄉之事,且充滿無限幸福快樂,雖波難重重,對人生運命仍持勇敢確認之態度。另一面則係市民世界之作,故其個性形式,較巴羅克時期尤富寫實色彩。

(四一) Johann Christian Günthers Sämtliche Werke. Historische Gesamtausgabe, herausgegeben von Wilhelm Krämer, Band 1—6, Bibliothek des Literarischen Vereins in Stuttgart, Leipzig 1930—37.

(四二) 譯者註:格氏 (Hans Jacob Christoffel von Grimmelshausen) 德詩人,一六二五年生,一六七六年歿。其名著冒險之痴漢 (Abenteuerlicher Simplicissimus, 1669年)爲德三十年戰爭(一六一八年至一六四八年)之一幅生動圖畫。其作品描寫德民族因戰禍毀壞之面目,即當時欲使德人統一強大之英雄夢想也。著有:稀奇之棄兒 (Seltsamer Springinsfeld),特異之鳥巢(Wunderbares Vogelnest),誠實之德人(Der teutsche Michel),永遠之日曆 (Ewiger Kalender)等。

(四三) Grimmelshausens Simplicissimus. Teutsch. Abdruck der editio princeps (1669) mit der……Originalsprache des Verfassers, herausgegeben von J. H. Scholte, Neudrucke Band 302—309, Halle 1938,及其他。

(四四) 譯者註:別姆爲德新教神祕論者,一五七五年生,一六二四年歿。主張上帝爲一切事物主因,惡亦在中,蓋非此不足語創造云。其解釋聖經,多如謎語,意玄語重,於後世神聖運

（四五），因他曾發現別樹的手稿。首次的克羅普史托克（Klopstock）（四六）大刊本也在計劃中；歌德（Goethe）（四七）釋勒（Schiller）（四八）的大新刊本業

動，浪漫主義，俱有影響。其著作有：極光（Aurora oder Morgenröte im Aufgang, 1612年作），神聖性質三原則之描寫（Beschreibung der drei Prinzipien göttlichen Wesens, 1618年），天地之神秘（Vom himmlischen und irdischen Mysterio, 1620年），大神秘（Mysterium magnum, 1623年）等。

（四五）Nachrichten der Gesellschaft der Wissenschaften zu Göttingen 1933 und 1934 und Hainbergschriften, Band 1 und 5（1934 und 1937），

（四六）譯者註：克氏（Friedrich Gottlieb Klopstock），德詩人，經典文學之前驅，一七二四年生，一八〇三年歿。自十七世紀末以還，虔誠主義爲啟蒙運動之反動力。當時詩人曾努力使浪漫主義適合新神秘主義。氏於同載環境中生長，其詩歌經驗厥爲宗教使命及英雄詩救主（Messias）之歌詠者。受德人崇敬，無以復加。"抒情詩"（Oden）有上帝，祖國，愛情諸題，英雄詩（Bardiete）則富民族思想。

（四七）譯者註：歌德（Johann Wolfgang Goethe），不僅爲德之大詩人，實亦世界文豪，一七四九年生，一八三二年歿。氏於當時教育無不精通融貫，一生即偉大人格之成熟，作品之優美豐富，世罕其匹。青年時代喜羅可可（Rokoko，即法路易十四時代之藝術體裁），著愛侶心情（Die Laune des Verliebten），安妮（Annette），及同謀者（Die Mitschuldigen）。就學斯特拉斯堡（Strassburg）時，頗受赫德（Herder）影響，作有戲劇化之貝力維神聖和平史（Geschichte Gottfriedens von Berlichingen dramatisiert）。其青年時代之狂飆與突進（Sturm und Drang）爲新文學運動，氏創抒情詩之新格，以自由韻律容其狂放不羈之情緒，小大皆能爲之。作戲劇克拉維歌（Clavigo, 1774年，湯元吉譯，商務）及史推拉（Stella, 1775年，湯元吉譯，商務）。其領導解放精神德國全體者以少年維特之煩惱（Die Leiden des jungen Werthers, 1774年，有郭沫若之漢譯本，現代出版；及達觀生之譯本，世界出版）爲始，其價值在於當時德國病態情緒之表現，雖力求世界之接觸，終於挫敗者，非僅失戀故事也。伊非格妮（Iphigenie, 1779年）爲靈魂之劇，塔索（Tasso, 1789年）實另一維特，愛格蒙（Egmont，胡仁源譯，商務）則爲中間作品。赫曼與多羅蒂（Hermann und Dorothea, 1796年）爲德市民生活之描寫。麥斯特之學藝時代（Wilhelm Meisters Lehrjahre 1796年）自前意大利時期即已着手。長篇小說鉅作有親和力（Die Wahlverwandtschaften, 1809年，有楊丙辰先生漢譯本，見本會叢書之十六）。潘多娜（Pandora, 1808年）爲慶祝戲劇。西東詩集（Westöstlicher Diwan）係抒情詩集。麥斯特之游歷時代（Wilhelm Meisters Wanderjahre, 1829年）爲十九世紀將來之預測。浮士德（Faust 郭沫若譯，現代；周學普譯，商務）悲劇分二部，前重情感，後其一生之象徵及結晶，亦日耳曼人之象徵；其主旨爲：吾人須敢於作爲，非此不能忍受此世重理智，實痛苦，享受幸福。其他文獻可參閱本會叢書之十三，葛德論自著之浮士德及本學誌二卷一、二、三期釋勒與歌德通信選集。關於歌德之其他中文譯著有：鐵手騎士葛茲，周學普譯，商務。迷娘，全炳文譯，現代。維廉的修業年代，伍蠡甫譯，上海黎明。狐之神通，君朔（伍光建）譯，商務。

已着手。 本他諾 (Brentano)（四九）刊本因世界大戰中止，希望不久即能恢復。除上列各詩人的標準刊本之外，還有値得特別提出的（也因其有價値的緒論）大文集德意志文學·文學的藝術及文化作品發展順序集（Deutsche Literatur. Sammlung literarischer Kunst- und Kulturdenkmäler in Entwicklungsreihen），由欽德曼 (Heinz Kindermann) 主編，一九三三年以前即已開始，現有顯著的進展。 叢書巴羅克（五〇）戲劇（Barock-Drama）（主編者爲羅斯多克 Rostock 大學德文教授傅雷明 Willi Flemming），巴羅克抒情詩（Barock-Lyrik）（屈沙茲編），德意志神話（Deutsche Sagen）（茄克爾 Gustav Neckel 編）都已編完，至於宗教改革（Reformation）（五一）（貝格 Arnold E. Berger編），啓蒙運動（Aufklärung）（五二）（步呂格曼 Fritz Brüggemann 編），與

（四八） 譯者註：釋勒 (Christoph Friedrich Schiller)，德大詩人，歌德摯友，一七五九年生，一八〇五年歿。 爲真知及自由之詩人，嘗寓倫理教訓於戲劇作品中，劇中主人多爲超現實之觀念指導，蓋以舞台爲講經台，其詩即克服物質之精神勝利也。 青年時作強盜 (Die Räuber, 1781 年，楊丙辰先生譯，北新）。 飛斯科之陰謀（Verschwörung des Fiesco zu Genua, 1782年）爲狂飆與突進運動之政治自由理想。 陰謀與愛情（Kabale und Liebe, 1784 年，張富歲譯，商務）；乃市民之劇。 頓加羅 (Don Carlos, 1787 年）則係中間作品。 氏長於史學，故歷史著作亦多。 與歌德合著時代（die Horen, 1795 年至 1797 年）及文藝女神年刊（Musenalmanach, 1797 年至 1800 年）。 瓦倫石坦 (Wallenstein, 1800 年，瓦倫斯妲，胡仁源譯，商務）作風迥異，非善惡之爭，而爲運命之擺脫，乃受歌德影響之故。 司徒爾特（Maria Stuart）述新舊教之衝突。 貞德女傑（Die Jungfrau von Orléans, 奧里昂的女郎，關德懋譯，商務）之女主人由神聖之愛以愛人類，並以拯救祖國爲己任。 梯爾威廉（Wilhelm Tell, 威廉退爾，馬君武譯，中華）樹精神德國之基，蓋氏稱德民族爲"人類核心"，知其必非常強大也。 關於釋勒與歌德之友誼，參閱本誌二卷一至三期：釋勒與歌德通信選集。

（四九） 譯者註：本氏 (Clemens Brentano)，德浪漫詩人，父爲意商，一七七八年生，一八四二年歿。 與妹壻阿內姆 (Achim von Arnim) 代表重視國民與民族之新浪漫主義，共同作品有民歌集童子怪號（Des Knaben Wunderhorn, 1805 年至 1808 年）。 個人之作："Godwi"（6801年），"Ponce de Leon"（1801年），玫瑰念珠之歌（Romanzen vom Rosenkranz, 未完）等。

（五〇） 譯者註：巴羅克爲歐洲一六〇〇年至一七三〇年歷史之發展階段。 巴羅克一方面與文藝復興及經典主義，一方面與中古葛蒂克 (Gotik)藝術形成對立狀態。 巴羅克原義"斜圓"，（葡文 barroco 指粗而不匀之珍珠言），而文藝復興之特點爲直線，此其截然不同者。 巴羅克表示當時音樂，文學，建築之體裁，而以巴羅克時代概言之。

（五一） 譯者註：即一五一七年德馬丁路德 (Martin Luther) 所領導之宗教運動，新舊教之別途生。

（五二） 譯者註：本字語根爲 klar，明朗之意， aufklären 表示大氣之現象，雲氣亦因之明朗也。

國巴燕國民劇場中之巴羅克傳統(Barock-Tradition im österreichisch-bayrischen Volkstheater)（羅默爾 Otto Rommell 編），浪漫主義（Romantik）(五三)（克魯克魂 Paul Kluckhohn, 畢塔克 Wilhelm Bietak 及米勒安達 Andreas Müller 編），政治抒情詩（Politische Lyrik）（阿諾德 Franz Arnold 及佛爾克曼 Ernst Volkmann 編），德意志自證（Deutsche Selbstzeugnisse. 白爾 Marianne Beyer 及佛爾克曼編）大部均已出版，別的叢書也已開始，充滿希望，重要的新叢書也在計劃中。 還有文學史文庫（Literarhistorische Bibliothek. 基爾 Kiel 大學德文教授傅立克 Gerhart Fricke 主編，）十六十七世紀德意志文學作品新刊（Neudrucke deutscher Literaturwerke des 16. und 17. Jahrhunderts, 鮑特勒 Ernst Beutler 主編），及其他文集亦在陸續進行中。

自過去一二十年間德國文藝學方面有了許多方法學的(methodologisch)同提綱挈領(programmatisch)的著作以來，如今有了一部書，即裴特森(Julius Petersen, 柏林大學德文教授)的文學的科學（Wissenschaft von der Dichtung)(五四)其第一卷大厚册已在一九三九年出版，第二卷則尚未出世；這書把一切的論辯，俱加以貫通和清楚的解釋，在多方衝突的各種方法間求得一個調解，且對所有的方法，加以批評的概述，沒有這些方法，文藝學將苦於無法工作了，它也曾希望用那樣的方法工作的；著者的意思還要把這些方法統屬於劃一的系統之中。 這部著作是他畢生研究的收獲，因其所討論的問題，所舉的例，所指示

啟蒙運動爲歐洲史之一段，其精神基礎可追溯至十六世紀，於一七三〇年至一七八〇年發展其最純之形式於英德法諸國，其目的在於自傳勢宗教觀念下求得解放，以理智克服愚昧之行爲，自武斷中求個人自由，並安定不可移讓之人權。

(五三) 譯者註：浪漫主義爲歐洲之廣汎精神運動，大本營在德國，自一八〇〇年統治德全國思想界者凡三十年，其目的在於形成全由宗教及自內固定之宇宙觀，視全世界爲一意識之大關聯，外部即內部之意像，而內部之精神靈魂則爲固定不移者。 其哲學家爲謝林(Schelling)，黑格爾(Hegel)諸氏。

(五四) Julius Petersen, Die Wissenschaft von der Dichtung. System und Methodenlehre der Literaturwissenschaft. Band I, Werk und Dichter, Berlin 1939.

的參攷書那樣豐富，幾乎可以表現一種總匯（Summa）或百科全書，不論是研究家或學者都可以自該書中得到許多益處，卽便讀者根本不想承認其爲結論及系統，也是一樣的。一部較小而與之相襯者有歐波爾（Horst Oppel）的現代之文藝學（Die Literaturwissenschaft in der Gegenwart）（五五），代表近一些人的作品，與裴氏的書差不多同時出版，且自裴氏早年作品中得到不少幫助；歐氏的書所研究的問題，乃是過去幾十年內方法的改變，其基礎的深識，以及一切事件的新近，這些在人生和生存的意義上，及近代民族運動中俱有莫大的期望，自然會引到歸結的問題，雖則尚難成立一個系統。

如果裴特森及歐波爾把文藝學那個名辭當做一個概念（Oberbegriff），卽本文亦如是運用，那自然要包括文學史在內，裴逕（Robert Petsch，漢堡大學德文教授）則反是，他分開文學史和文藝學。後者他又稱做"普通文藝學"（allgemeine Literaturwissenschaft），新近又改稱"德意志文藝學"（deutsche Literaturwissenschaft），這門學問所要求者爲文學性質之理解，卽文學的"原理學"（prinzipielle Lehre），他大部的著作對於文藝學——如更洽當些便說它是詩學——自昔卽有價值：就是那些論文，如今出了一個集子，名德意志文藝學・方法之建立論文集（Deutsche Literaturwissenschaft. Aufsätze zur Begründung der Methode）（五六），其他係戲劇性質之討論及戲劇之分析，我們希望由此得到戲劇的原理（Dramaturgie），還有些論敍事詩（episch）及抒情詩藝術的著作（五七），都是對這類藝術之性質，技巧，分類的觀察，既豐富又有價值，

（五五）Horst Oppel, Die Literaturwissenschaft in der Gegenwart, Methodologie und Wissenschaftslehre. Stuttgart 1939.

（五六）Germanische Studien 222. Berlin 1940. 譯者註：本書爲裴氏關於文藝學論文之散見各雜誌者加以修改之專輯，內容：（1）介紹本學之意義及示例；（2）論文學之本質意義及內部形式；（3）藝術作品之科學價值：哲學的解釋，作品分析，文學評價；（4）動機，定式及材料；（5）簡單形式之研究，例如傳說，英雄記，各小說形式；（6）戲劇及其旁支（電影，無線電劇，歌劇）；（7）怪異之藝術（Das Groteske）；（8）"引用語"（Geflügelte Worte）及類似語；（9）文學中音調之形成。共九篇，二百七十餘頁。

（五七）Robert Petsch, Wesen und Formen der Erzählkunst, Deutsche Vierteljahrsschrift, Buchreihe Band 20, Halle 1934. 同人，Die lyrische Dichtkunst. Ihr

尤以敍述之藝術（Erzählkunst）爲最。 如自上列的著作中可以學得關於文學的許多事——在前面提過的詩之估價（Dichtungsbewertung）叢書中有篇新寫的文章，對這有特別的暗示——那麼還有一部瑞士年輕的學者貝利格（Leonard Beriger）所著的批評之光帶（Spektrum der Kritik）（五八）告訴我們一些原則，由之可下評價，又告訴我們估價的觀點，除審美學的還有非審美學的，例如民族觀點便是，亦有其應得的地位，當然有不少需要補充之點。 從另一部小書還可得到其他估價的觀點，作者爲費佛（Johannes Pfeiffer）氏（五九），本書引至文學之性質問題，對文學的藝術更深刻的了解實有莫大的幫助。 釋台格（Emil Staiger）氏（六〇）解釋抒情詩的藝術作品，是新而有效方法之例。 凱色（Wolfgang Kayser）爲吾人啓示了一種特殊種類及其分類的性質，因爲他寫了——驚人的——第一部德意志敍事詩史（Geschichte der deutschen Ballade）（六一）。至於研究戲劇性質和藝術方法的無數著作（六二），我們不能在這裏細說。 同樣，也不能論到目下非常豐富衆多的體裁研究，正在嘗試的各種散文作品和抒情詩。 我們若想給深透的分析舉例，無妨提出彭斯（Hermann Pongs）關

Wesen und ihre Formen. Handbücherei der Deutschkunde, Band 4. Halle 1939.

（五八） Leonard Beriger, Die literarische Wertung. Ein Spektrum der Kritik. Halle 1938.

（五九） Johannes Pfeiffer, Umgang mit Dichtung. Eine Einführung in das Verständnis des Dichterischen. Leipzig 1936. 後有新版多種。

（六〇） Emil Staiger, Die Zeit als Einbildungskraft des Dichters. Untersuchungen zu Gedichten von Brentano, Goethe und Keller. Zürich 1939.

（六一） Wolfgang Kayser, Geschichte der deutschen Ballade. Berlin 1936. 譯者註：敍事詩實爲吾人開放一大世界，其中有戰馬狂馳，鎧甲閃爍，兩雄相遇，非勝即死，或有偉大之神力，立於人後，不時摧毀之事。 敍事詩之種類亦皆永久；其述自然超人力與人之衝突者有自然魔術敍事詩（naturmagische Ballade），自 Körner, Mörike, Droste-Hülshoff至 A. Miegel, Blunck 均屬之；鬼魂敍事詩（Geisterballade）由 Hölty, Bürger 時起興盛至今； 英雄敍事詩（heldische Ballade）自 Strachwitz 以來，迄未少衰。 敍事詩之發展及生命須自民族力中理解。 此辭雖自法語借用，而實德國原有之詩式，於認識德民族本質不無大助云。 全書三百餘頁，自中古至現代，將各敍事詩人作品性格比較研究之，實一文學史之科學著作。

（六二） 參閱研究報告：Robert Petsch（漢堡大學德文教授）Drama und Theater, in der Deutschen Vierteljahrsschrift Band 14 folgenden. Arnulf Perger，即 "Einorts-drama und Bewegungsdrama" 一書之著者，近作新書出版："Die Wandlung der dramatischen Auffassung", Berlin 1936.

於短篇小說的論文，如今搜集在他的著作文學中之比喩（Das Bild in der Dichtung）（六三）第二集的巨册中。第一集對比喩法（Metapher）甚有價値，尙未出版的那一集當屬於象徵（Symbol）的範圍。此外還有一部論文集，叫做文學之描述及解釋，文學中象徵之爲現象的發展（Beschreibung und Deutung von Dichtungen, in denen Symbol als Phänomensich entfaltet），可以當做初步的研究，還有一種存生的文藝學（existentielle Literaturwissenschaft）的嘗試，係根據社會經驗而來的。

直到現在所列舉的，還有許多其他方法學的和詩學的著作，對於德國文藝學之現狀當然値得特別注意的。這一門的著作也自然以歷史性的佔絕對多數，與前無別。從各時代各詩人的無數研究中也許只能選出幾個比較有意義有特點的。如按本文起始時所舉的幾種方法將這些著作排列起來，恐怕是不成的，因爲在大部著作中多種方法之聯合證明是有效果的，且方法須按問題之形成隨時變更之。

自中古至近代的幾百年中，即十五十六世紀，那是近於人民的（volksläufig）及以民族爲主的（volkhaft）的文學時代，對於文學史家應當給與許多有興趣的題目，因爲他們的注意力現已轉到民族與文學的關係了。但在這一方面說起來，民族的轉換還難得說有何等的效果，倒是在宇宙觀的範圍中有之。興趣之前驅厥爲人文主義（Humanismus）（六四）問題，關於它的處理有新近公佈的人文主義者書札（六四）做爲新資料，再就是宇宙觀問題的掙求（Ringen），其形成實由於巴

（六三）Hermann Pongs, Das Bild in der Dichtung, Band 2: Voruntersuchungen zum Symbol. Marburg 1939.

（六四）Der Briefwechsel des Konrad Celtis, gesammelt und herausgegeben von Hans Rupprich. München 1934；Willibald Pirckheimers Briefwechsel, herausgegeben von Emil Reicke, München 1940.（Veröffentlichungen der Kommission zur Erforschung der Geschichte der Reformation und der Gegenreformation. Abteilung I, Humanistenbriefwechsel 3 und 4）。譯者註：人文主義爲歐洲十四至十六世紀之人生觀及精神運動，目的爲精深之精神教育，視古希臘羅馬爲人類全德表率。

拉澤爾蘇(Paracelsus)(六五)，佛蘭克 (Sebastian Franck)(六六) 二人及其後繼者(六七)。即戲劇史的研究亦注意這時代，成績甚佳，例如鮑謝特(Borcherdt)那部融會貫通的著作便是(六八)。巴羅克之研究在二十年代已成風尚，現今正在平滑的進行着。韓嘉默 (Paul Hankamer, 科尼斯倍 Königsberg 大學德文教授)對這時代的整個描述(六九)雖甚聰慧，然只偏重一方；屈沙茲關於巴羅克敍事詩有許多新而透澈的特點表現(七〇)；馬克瓦特 (Bruno Markwardt)的那部材料豐富的本時代的詩史(七一)，還有傅萊明的文化歷史之描述(一〇五)，這是比較偉大而有價值的敍述。聲援諸人者有許多有價值的單獨研究，集中全力於各作品，那就是我們上邊說過的現代接近法 (Gegenwartsnähe)，發揮了它的效果。我們無妨挑選三部關於葛利飛 (Gryphius)(七二) 的著作爲例，作者爲傅立克 (Gerhard Fricke)(七三)，文茲拉夫 (Friedrich-Wilhelm Wentzlaff-

(六五) 譯者註：全名爲 Philippus Aurelius Theophrastus Paracelsus, 瑞士醫師及哲學家，一四九三年生，一五四一年歿。

(六六) 譯者註：福氏爲德精神主義國民著作家及歷史著作家，一四九九年生，一五四三年歿。

(六七) 由關於這些問題的著作中值得特別提出：Erich Peuckert, Pansophie, ein Versuch zur Geschichte der weissen und schwarzen Magie. Stuttgart 1936.

(六八) Hans Heinrich Borcherdt (明興大學副教授), Das europäische Theater im Mittelalter und in der Renaissance, Leipzig 1935.

(六九) Paul Hankamer (科尼斯倍[Königsberg]大學德文教授), Deutsche Gegenreformation und deutsches Barock. Die deutsche Literatur im Zeitraum des 17. Jahrhunderts (Epochen der deutschen Literatur II 2). Stuttgart 1935.

(七〇) Herbert Cysarz, Deutsches Barock in der Lyrik. Leipzig 1936.

(七一) Bruno Markwardt, Geschichte der deutschen Poetik. Band I: Barock und Frühaufklärung. Berlin 1937.

(七二) 譯者註：葛利飛 (Andreas Gryphius)，德詩人，一六一六年生，一六六四年歿。幼時飽受戰爭驚恐，其幻夢意義實受宗鄉神秘潮流影響，覺醒後於作品中發揮之。作有 "Leo Armenius" (1646年)，喬治亞之嘉塔琳娜 (Catharina von Georgien), "Carolus Stuardus," 等戲劇。

(七三) Gerhard Fricke, (基爾[Kiel]大學德文教授) Die Bildlichkeit in der Dichtung des Andreas Gryphius, Neue Forschung Band 17, Berlin 1933.

Eggebert,)(七四)，倫鼎(Erik Lunding)(七五)。這些書的意義並非專爲貢獻給這一位詩人的認識而盡力的。最後那本丹麥文學史家的著作表示德國科學之轉變（即：實驗哲學之放棄，自詩人人格的中心經驗裏解釋一切，並且注重民族的力量和政治的文學）對於外國的研究家所發生之影響，或說明在他國中，研究家在規定相似的範圍的時候，怎樣的成功了。另一方面，特崙茲(Erich Truntz，普拉哥 Prag 大學德文講師）的著作十七世紀荷蘭之文學及國風(Dichtung und Volkstum im den Niederlanden im 17. Jahrhundert)(七六)表示一位德國的研究者在鄰近的區域中闢步研究的效果。

在研究的目標上看，如將十八世紀與十七，十九世紀及歌德時代(Goethezeit)相較，那就瞠乎其後了。使人文歷史及心靈歷史的問題之形成，並與此題目相近的文學解釋取得有效關聯者是拉賈(Wolfdietrich Rasch)論友誼(Freundschaft)宗教崇拜的那部書(七七)。本書論至克羅普史托克氏。今日對克氏比較的發生興趣，不過直到現在只有較小一些的著作出現(七八)，赫德(Herder)(七九)亦

(七四) Friedrich-Wilhelm Wentzlaff-Eggebert（柏林大學德文講師）, Dichtung und Sprache des jungen Gryphius. Die Überwindung der lateinischen Tradition und die Entwicklung zum deutschen Stil. Abhandlungen der Preussischen Akademie der Wissenschaften, 1936.

(七五) Erik Lunding, Das schlesische Kunstdrama. Eine Darstellung und Deutung. Kopenhagen 1940.

(七六) Schriften der Deutschen Akademie Heft 27. München 1937.

(七七) Wolfdietrich Rasch,（哈勒 [Halle] 大學德文講師）Freundschaftskult und Freundschaftsdichtung im deutschen Schrifttum des 18. Jahrhunderts vom Ausgang des Barock bis zu Klopstock, Deutsche Vierteljahrsschrift, Buchreihe 21. Halle 1936。

(七八) 這書引來新的觀點：Heinz Kindermann, Klopstocks Entdeckung der Nation. Danzig 1935.

(七九) 譯者註：赫德 (Johann Gottfried Herder)，德哲人及詩人，一七四四年生，一八〇四年歿。論新德國文學之斷片 (Fragmente über die neuere deutsche Literatur, 1767年至1769年）及評林 (Kritische Wälder) 爲在利加 (Riga) 時之著作，其名大噪。居法境挨爾薩斯，對其東方之祖國景慕有加。德國方式與藝術 (Von deutscher Art und Kunst, 1773年）according中載有赫氏關於莎氏比亞 (Shakespeare) 之論文及論愛爾蘭傳說英雄奧西安及古代各民族歌曲之通信節錄 (Auszug aus einem Briefwechsel über Ossian und die Lieder alter Völker)。雷興 (Lessing) 首創日耳曼戲劇之分界，其完成則待

然，論赫氏的除去一些專書之外，現有專論兩部出現（八〇），這是離他不遠的現時作品。舒立慈・凡慈(Franz Schultz 佛蘭克府大學德文教授）的德人之經典文學及浪漫主義（Klassik und Romantik der Deutschen)（八一）中專論赫德的那一章以及同書中溫克曼（Winckelmann)（八二）特性之敘述都値得特別提一下。有如是書直接的研究了溫氏特具的德文，大體說來，現今最引人注意的問題乃是：德意志精神及古希臘風尙（Deutscher Geist und Griechentum）。廉慕(WalterRehm)那部學識豐富理解深刻的古希臘風尙與歌德時代(Griechentum und Goethezeit)（八三）是新的人文主義者努力的最美之果。十九世紀時爭辯激烈的德國理想主義（Idealismus)（八四）與基督教關係問題終在傅蘭玆（Erich Franz)的德意志經典文學與宗教改革（Deutsche Klassik und Reformation）（八五）那部歷史研究中成熟了，這書探究的問題是德意志理想主義哲學與宇宙觀文學中

諸赫德。氏以為各民族不但本質異，即精神之鑄定模式亦各不相同。人類之歷史哲學概念（Ideen zur Philosophie der Geschichte der Menschheit, 1784 年至 1791 年）爲史學之成熟著作。德國精神生命之無限發展，由氏予以範圍；其功甚偉，所缺者僅天才之自然創造力耳。

（八〇） Benno von Wiese, Herder. Grundzüge seines Weltbildes. Meyers Kleine Handbücher 19 .Leipzig 1938.—— Wolfdietrich Rasch, Herder. Sein Leben und Werk im Umriss, Handbücherei der Deutschkunde 1. Halle 1938.

（八一） Franz Schultz（佛蘭克府大學德文教授），Klassik und Romantik der Deutschen, 1. Teil: Die Grundlagen der Klassisch-romantischen Literatur, 2. Teil: Wesen und Form der klassisch-romantischen Literatur (Epochen der deutschen Literatur IV). Stuttgart 1935,1940. 舒氏又編了一部赫德（Herder）的新刊本，係按內容排列：J. G. Herder, Gesammelte Werke., I. Gott, Seele, Jenseits, II. Leben, Volk und Geschichte, III. Deutsches Wesen, deutsche Sprache, deutsche Männer. Potsdam，出版年缺，還有四冊尙未出版。

（八二） 譯者註：溫克曼(Johann Joachim Winckelmann)，德人，古代研究家，一七一七年生，一七六八年歿。

（八三） Walter Rehm, Griechentum und Goethezeit. Geschichte eines Glaubens. Das Erbe der Alten, 2. Reihe 26. Leipzig 1936. ——又參閱 Horst Rüdiger, Wesen und Wandlung des Humanismus, Hamburg 1937；Rudolf Sühnel, Die Götter Griechenlands und die deutsche Klassik. Würzburg 1935.

（八四） 譯者註：理想主義亦稱唯心論，以為精神之價値高於物質，根據柏拉圖（Plato）觀念學，在亞力士多德(Aristoteles)之哲學系統中統制西方哲學者數百年，德哲學之主要系統及經典學派俱屬之。

（八五） Deutsche Vierteljahrsschrift, Buchreihe 22,1937.

新教動機之發展。如果過去十年的歌德研究，以世界問題倍受人特別注意，尤其是一九三二年歌德百年忌時出現的許多著作，那麽自彼時起卽有不少成功之作努力於這位詩人的各作品之深刻的參透。在浮士德（Faust）的研究範圍中，麥苦特（Kurt May）氏論浮士德之下集（Faust II）的書（八六）極美麗而令人折服的表示一種細心的單獨解釋之果，這解釋『將文學作品，於其具體眞實中，只做爲用語言完成的全體，卽在語言形式之活動(Bewegung)，變化（Abwandlung）及擴張（Entfaltung）中加以理解，說明，活化（verlebendigen）。』高莫列(Max Kommerell)保約翰的那部美麗的著作（八七）是基於語言之深刻的理解。除去這個，在非常活潑的保約翰研究中我們也許可以再提出貝格（Kurt Berger）氏關於保約翰之幽默的研究（八八）。

過去的釋勒研究所受的刺戟相當的强烈。以千年的觀點爲背景，對於哲學文學的全集，貢獻出新而深邃的義釋者是屈沙茲那部極其活潑的著作（八九），那是一部詳盡引人入勝的傳記，其中一部根據步赫華德(Reinhard Buchwald)（九〇）得到的新資料，特別是青年時代的歷史。其他著作促人看清現在的研究要比從前更加着重釋勒與歷史之關係了，以前的研究未免過於重視他與康特（Kant）的關係。自德意志理想主義概念之解脫，對於克來斯特及何德林（Hölderlin）（九一）的研究俱有幫助。這在盧戈斯基（Clemens Lugowski）論克來斯特的

（八六） Kurt May（格廷恩大學德文教授），Faust II. Teil in der Sprachform gedeutet, Neue Forschung 30. Berlin 1936.

（八七） Max Kommerell（佛蘭克府大學德文副教授），Jean Paul. Frankfurt am Main 1933.

（八八） Kurt Berger（馬爾堡大學德文講師），Der schöpferische Humor. Weimar 1939.

（八九） Herbert Cysarz, Schiller. Halle 1934.

（九〇） Reinhard Buchwald, Schiller, 2 Bände. Leipzig 1937.

（九一） 譯者註：何氏（Friedrich Hölderlin）德詩人，一七七〇年生，一八四三年歿。父早歿，肄業神學，畢業後館於佛蘭克府（Frankfurt a. M.）某家，時卽寫作詩歌，代表德抒情詩及世界文學之頂點，如抒情詩及哀詩（Oden und Elegien），希伯倫巨人(Hyperion)，恩培多克利（Empedokles）等是。

書（九二）中表示的清楚，「這是一部極有貢獻的研究，論及歐洲各文藝集團（Dichtungsgruppen）對於"眞實"（Wirklichkeit）的關係，自此出發，在多處補充了柏克曼（Böckmann）關於何德林的著作（九三），以及其他的書。柏克曼的著作乃是多年研究之結晶，根據活潑的想像他人精神之能力(Einfühlung)及嚴格的客觀態度，內容超過書名所標的問題，即其中心問題，包括何德林作品之整觀，質由與詩人本身最密切的資料之理解及深入的解釋，這是研究他所不可或缺的，如果這書只將何氏評爲詩人。希德板特（Kurt Hildebrandt）（九四）却看他爲哲人詩人之合一。同時瓜迪尼（Romano Guardini）（九五）探究他的宗教經驗。還有別人檢討他的語言節拍，其自古希臘文之譯作，與古希臘哲人的關係，及各文學作品之理解等等問題。因爲篇幅的關係，我們不能在這裏把各單獨著作逐一舉出。在過去若干年中，未有其他德詩人得到這麼多的專門研究。這是表明從他得到非常有力的影響，且大家在今日對其作品強烈的自覺其民族意義。同時也恐無第二個詩人曾得到人家那樣熱切的語言學之努力，給他的作品原文加以考定和校正（九六）。

由過去數年來的浪漫主義之研究可以看出其重心已自早期浪漫詩人（自然以對諾瓦利斯（Novalis）（九七）的興趣最爲濃厚）移至晚期的浪漫詩人了，例如阿

（九二）Clemens Lugowski（格廷恩［Göttingen］大學德文講師），Wirklichkeit und Dichtung. Untersuchung zur Wirklichkeitsauffassung Heinrich von Kleists. Frankfurt am Main 1936. 譯者註：全書二百餘頁，五章，分論法長篇小說，古日耳曼文學，及克來斯特之作品，其目的仍在克氏之研究，在多方面打破新文學史之人爲限界。法文學可反映德人之宇宙觀，一方面爲其本性之遺留，一方面有中歐歷史之前題，結果有兩種作用發生，即"自我"形成與分化是也。克氏爲一明例，其作品乃自活潑心靈形成痛苦與光輝之文學收穫，而非文學影響之果。參閱註三六。

（九三）Paul Böckmann（海岱倍［Heidelberg］大學德文副教授），Hölderlin und seine Götter. München 1935.

（九四）Kurt Hildebrandt, Hölderlin, Philosophie und Dichtung, Stuttgart 1939.

（九五）Romano Guardini, Hölderlin. Weltbild und Frömmigkeit. Leipzig 1939.

（九六）特別由於 Friedrich Beissner, Hölderlins Übersetzungen aus dem Griechischen. Stuttgart 1933，及許多小論文。

（九七）譯者註：原名哈敦伯（Friedrich von Hardenberg），德詩人，一七七二年生，一八〇一年歿。其詩之創造力非人所及。奧斯德丁（Heinrich von Osterdingen）爲對葛德

內姆 (Arnim)（九八），本他諾，葛列斯 (Görres)（九九），賀夫滿(E. T. A. Hoffmann)（一〇〇），特別是挨興道夫 (Eichendorff)（一〇一），惟以關於他的專門研究較其他任何浪漫詩人爲多。 阿內姆，葛列斯，史特芬(Steffen)（一〇二）諸氏的民族觀念及民族性經驗，已在博士論文中討論過。 浪漫主義的這一面正是今日德人所易接近者。 人家早就孜孜於這些詩人的國家觀念了。 本慈(Richard Benz) 新的整個描述（一〇三）較前更加注意浪漫主義的有形藝術(die bildende Kunst，如建築，雕刻，繪畫等）和音樂，以往只將浪漫主義與南德巴羅克連繫起來，未免偏重一邊，是書之目的在於視浪漫主義爲歷史的運動，而於其全體中理解之，同時由柯甫 (Korff) 所著的最新出版內容豐富的歌德時代之精神(Geist

---

之批評。 生長於虔誠主義中，故其精神之歌 (Geistliche Lieder) 能以大自然中最深奧秘揭示於人。 作品有母親 (Mütter)，夜之聖歌 (Hymnen an die Nacht)，死者之歌 (Lied der Toten)；歷史論文：耶教國或歐洲 (Die Christenheit oder Europa, 1799 年）等。

（九八） 譯者註：阿內姆 (Achim von Arnim)，德詩人，一七八一年生，一八三一年歿。 其詩無一定形式，能聯合狂想與嚴肅眞實於作品中。 作品有戲劇哈勒與耶路撒冷 Halle und Jerusalem.1811 年）；小說：埃及之伊薩貝娜 (Isabella von Ägypten)，限制繼承者 (Die Majoratsherren 1800 年），多伯爵夫人之貧，富，債與懺悔 (Armut, Reichtum, Schuld, und Busse der Gräfin Dolores, 1810 年）等。

（九九） 譯者註：葛列斯 (Joseph von Görres)，德詩人，一七七六年生，一八四八年歿。 著有：德意志國民書 (Deutsche Volksbücher 1807年）。 氏文學活動中心爲世界，民族，自然，歷史，有探究其奧秘之篤力。

（一〇〇） 譯者註：賀夫滿 Ernst Theodor Wilhelm（後爲 Amadeus) Hoffmann，德詩人，一七七六年生，一八二二年歿。 特長爲幽靈鬼怪世界之描寫，作品每有浪漫主義之譏諷。加羅式之狂想曲 (Phantasiestücke in Callots Manier, 1921 年）爲管絃樂隊總指揮克萊斯勒 (Kreisler) 之描寫。 夜景 (Die Nachtstücke, 1817 年）及塞拉平兄弟 (Serapionsbrüder, 1819年至1821年）爲不朽之作。其最精采之作爲童話。

（一〇一） 譯者著：挨氏 (Joseph Eichendorff)，德詩人，一七八八年生，一八五七年歿。 家鄉風景佳麗，詩歌語調柔美，富歌唱意味。 著有小說：大理石像 (Das Marmorbild, 1819 年），惰兒傳 (Aus dem Leben eines Taugenichts, 1826 年，遊蕩者的生活，毛秋白譯，中華），詩人及其伴侶 (Dichter und ihre Gesellen)，憬延與現代 (Ahnung und Gegenwart, 1815 年）；悲劇馬林堡之最後英雄 (Der letzte Held von Marienburg, 1830 年）等。 中譯者尙有荒唐遊記，結紋，上海，亞東；飯桶生涯的斷片，廖輔叔，商務。

（一〇二） 譯者註：史氏 (Albert Steffen)，瑞士著作家，一八八四年生。

（一〇三） Richard Benz, Die deutsche Romantik. Geschichte einer geistigen Bewegung. Leipzig 1937.

der Goethezeit)（一〇四）則完全屬於早期浪漫主義的範圍，而所謂高期浪漫主義(Hochromantik) 要在第四卷中討論，這種區分在其根本上卽値特別的考慮。浪漫主義及名爲德意志運動 (Deutsche Bewegung) 的一致性，這種命名曾爲人所樂於採用，且亦無誤，在舒立慈·凡慈的描述（八一）中表現得尤爲確信無疑，但是書於論整個的浪漫主義及其主要作品的時候，未免有些差池，還有柯赫(Franz Koch)在其文化歷史指南(Handbuch der Kulturgeschichte)一書附錄理想主義之文化 (Kultur des Idealismus) 中所說的顯然是人文歷史，在狹義的文化哲學方面則由在前的艾馬廷爾之附錄予以完善的補充（一〇五）。穆勒 (Günther Müller) 於其德意志靈魂史 (Geschichte der deutschen Seele)（一〇六）中包羅了自十六世紀至浪漫主義那個大階段。在這書裏把哲學訓練，對於文學的深刻意義，及特性化的才能，用歷史眼光連合起來。這觀點將作品及運動的時間性，並存及互存狀態 (Neben- und Miteinander) 研究出來，結果令人深信不疑，可謂空前，從來至多不過有舒立慈在經典文學及浪漫主義方面略有成就罷了。穆勒自天主教宇宙觀的立場從事估價，但無宗教信條之(konfessionell) 狹窄，亦善於活用種族研究的新觀點。

十九世紀這時代曾受範圍廣汎的重新估價。這種估價在文學史方面出現的著作多對“少年德國” (das Junge Deutschland)（一〇七）及類似的出版物，不論

（一〇四）Hermann August Korff（來比錫大學德文教授），Geist der Goethezeit. Versuch einer ideellen Entwicklung der klassisch-romantischen Literaturgeschichte. III. Teil Romantik: Frühromantik. Leipzig 1940.

（一〇五）Handbuch der Kulturgeschichte, herausgegeben von Heinz Kindermann, 1. Abteilung Geschichte des deutschen Lebens: Deutsche Kultur des Idealismus von Franz Koch, 1935 folgende; 同書：Deutsche Kultur im Zeitalter der Aufklärung von Emil Ermatinger, 1935 folgende. 這部指南尙未完成的部分是由文學史家執筆的：Hermann Gumbel, Deutsche Kultur vom Zeitalter der Mystik bis zur Gegenreformation, 1936 folgende, Willi Flemming(羅斯多克大學德文教授)，Deutsche Kultur im Zeitalter des Barock, 1937 folgend.

（一〇六）Günther Müller（敏斯德[Münster]大學德文教授），Geschichte der deutschen Seele vom Faustbuch zu Goethes Faust. Freiburg im Breisgau 1939.

（一〇七）譯者註：“少年德國”爲一八三〇年來德國發生之團體，雖無緊密公共關係或學派聯合，然以

其爲藝術的或政治的，俱加以銳利的批評，對於三月革命前期的畢德麥爾（Biedermeier)(一〇八)的保守文化則特別的尊敬。把這時代當做德意志運動及這方向的詩人之繼承者，在這些詩人中，特別是史梯夫特及其後世拉伯（Wilhelm Raabe)(一〇九)（今有菲色 Fehse 爲他作了一部大專論（一一〇））,格利耙册及賴門特（Raimund）(一一一)等；興趣集中在離羣獨居的(einzelgängerisch)戲劇家

傾向相同，遂成文學黨派，其主旨在於以文學爲達到精神革新之手段。"少年德國"爲自浪漫主義，理想主義，及唯意時代 (spekulative Epoche) 至近代經驗寫實文化之過渡期。

(一〇八) 本字由克魯克魂，畢塔克 (Bietak)，及魏特 (Weydt) 借用，作爲文學時代及方向之表明，與一篇活潑生動的討論相聯：Deutsche Vierteljahrsschrift Band 13, 1935, Heft 1；Dichtung und Volkstum Band 36. Heft 2 und 3, Deutsche Vierteljahrsschrift Band 14, Heft 3 und andere. 譯者註：畢德麥爾卽一八一五年至一八四八年之三月革命(Vormärz) 時代。此辭初表示誠實而愚昧之人，見諸愛希羅 (Eichrodt) 所作之畢德麥爾之歌興 (Biedermeiers Liederlust), 1853年)，後引用爲室內陳設，傢俱，繪畫之體裁，在文學上表現者爲尊敬，堅信，嚴肅，教育之努力，及搜存之好尙。

(一〇九) 譯者註：拉伯 (Wilhelm Raabe)，德詩人，近浪漫主義，爲寫實派作家，一八三一年生，一九一〇年歿。氏頗嘆當時德民族散渙之狀，然深具希望。氏以爲文學非游戲筆墨，乃義務及人生意志，故攻擊無神論及個人主義甚烈。作品樂近悲劇。雀巷錄 (Chronik der Sperlingsgasse) 相當成熟。戰後 (Nach dem Kriege, 1861 年) 爲戰士歸家受欺之描寫。飢餓之牧師 (Der Hungerpastor, 1864 年)，德爾璠 (Abu Telfan, 1867年)，舊車 (Schüdderump, 1870 年) 各長篇小說包括其宇宙觀之認識。國冕 (Des Reiches Krone) 表現其孤苦逐求人類之經驗。

(一一〇) Wilhelm Fehse, Wilhelm Raabe, Sein Leben und seine Werke. Braunschweig 1937.

(一一一) 自格利耙册的文獻中値得特別提出：Joachim Müller, Grillparzers Menschauffassung, Literatur und Leben 4, Weimar 1934, 作者係以現實哲學的概念寫出。——關於賴門特參閱 德國文學 (Deutsche Literatur, 見前第13頁)中的 巴羅克傳統 (Barocktradition) 叢書，編者羅默爾 (Otto Rommell), 最後：Heinz Kindermann, Ferdinand Raimund, Lebenswerk und Wirkungen eines deutschen Volksdramatikers, Wien 1940. 爲自民族觀點估價的嘗試。譯者註：賴門特(Ferdinand Raimund), 奧詩人及伶人，其一生舞台爲維也納，一七九〇年生，一八三六年自殺。作品多幻術劇及童話劇：『神仙世界之女郎』(Das Mädchen aus der Feenwelt), 阿爾鉢山王與人類之敵 (Alpenkönig und Menschenfeind)，蕩產者 (Der Verschwender)；悲劇有：抑制的狂想 (Gefesselte Phantasie), 莫薩蘇之魔咒 (Moisasurs Zauberfluch), 致禍之王冠 (Unheilbringende Krone)等。

如畢希那 (Büchner) (一一二)及葛拉伯 (Grabbe) (一一三)，還有一切基於民族的文集，尤其是自昔著名的哥特赫爾夫 (Jeremias Gotthelf) (一一四)；但具北方性格的詩人赫貝爾 (Hebbel) (一一五)及斯托姆 (Storm) (一一六)亦受人注意；總之，

(一一二) 譯者註：畢氏 (Georg Büchner)，德詩人，一八一三年生，一八三七年歿。氏承浪漫遺風，對現實深致不滿，於宇宙意義抱苦痛之懷疑態度。作有悲劇丹敦之死 (Dantons Tod,1835年) 窩澤克 (Woyzeck)；小說倫慈 (Lenz)，本書已由楊丙辰先生翻譯，不日當可出版。喜劇雷昂斯與萊娜 (Leonce und Lena)。

(一一三) Karl Viëtor, Georg Büchner als Politiker, Bern-Leipzig 1939. Eine Vorstudie zu einer umfassenden Monographie.——Alfred Bergmann, Die Glaubwürdigkeit der Zeugnisse für den Lebensgang und Charakter Christian Dietrich Grabbes. Eine quellenkritische Untersuchung. Germanische Studien 137. Berlin 1933.——Ferdinand Josef Schneider, Christian Dietrich Grabbe. Persönlichkeit und Werk. München 1934. 譯者註：葛拉伯 (Christian Dietrich Grabbe)，德詩人，一八〇一年生，一八三六年歿。天性近於寫實，為寫實派劇作家，作：戈特蘭公爵(Herzog Theodor von Gothland)，笑談，諷刺，譏誚，及深義 (Scherz, Satire, Ironie, und tiefere Bedeutung, 1822 年)，頓璜與浮士德 (Don Juan und Faust, 1829 年)，紅鬚皇帝 (Kaiser Friedrich Barbarossa, 1829 年)，亨利六世 (Kaiser Heinrich VI)，拿破崙或百日帝 (Napoleon oder die hundert Tage，1831 年)，漢尼拔 (Hannibal, 1834 年)。

(一一四) Werner Günther, Der ewige Gotthelf, Zürich 1935, im Gegensatz zu dem Buche von Muschg(1931). 譯者註：哥氏 (Jeremias Gotthelf) 實瑞士民族詩人畢齊(Albert Bitzius)假名，一七九七年生，一八五四年歿。作品久已埋沒，至近代始發現其偉大之敘事天才。作有：僕人烏利 (Uli der Knecht)，佃農烏利 (Uli der Pächter), 金錢與精神 (Geld und Geist)，奇女愛西 (Elsi die seltsame Magd)，約薇葛之家計 (Wie Anne Bäby Jowäger haushaltet) 為描寫農家之小說，言雖簡，而奧妙深刻之人生俱能合盤托出。其傑作為小說：黑蜘蛛 (Die schwarze Spinne)。

(一一五) 譯者註：赫貝爾 (Friedrich Hebbel)，德詩人，一八一三年生，一八六三年歿。幼甚貧，終成著名劇作家。初作尤蒂特 (Judith, 1840 年)，述一女子打破女性天然限制，成就男子之英雄事業，頗似席勒之貞德女傑。赫羅王與瑪莉安 (Herodes und Marianne,1848 年)，季革斯及其指環 (Gyges und sein Ring,毛秋白譯，中華) 二劇亦女性之描寫，為精華悲劇。尼貝龍 (Nibelungen，1862 年)，貝娜妮 (Agnes Bernauer, 1851 年)，格諾薇娃 (Genoveva)，馬瑪莉 (Maria Magdalene, 1843 年)有中譯本譯名悔罪女，湯元吉譯 1936 上海商務出版；皆其著名戲劇。青年作品有短篇小說集 (Erzählungen und Novellen, 1855 年)。敘事詩母與子 (Mutter und Kind，1857 年) 完全自創，述其社會信念。(可參閱本會叢書之十五，楊丙辰先生譯赫貝爾短篇小說集 [Erzählungen])。

(一一六) 譯者註：斯托姆 (Theodor Storm)，德詩人，一八一七年生，一八八八年歿。其作品多屬家鄉描寫，至為生動。長於抒情詩，後漸創作敘事詩，如茵夢湖 (Immensee, 1849 年，有郭沫若等譯本，光華；漪溟湖朱偰譯，開明；意門湖，唐性天譯，商務) 是。敘事詩尚有安葛莉嘉 (Angelika)，晚玫瑰 (Späte Rosen)。又著童話多篇。其小說多成經典，如："Viola tricolor", "Aquis submersus", 顧拉特 (Carsten Curator)，雷娜德 (Renate), 艾鏗霍甫 (Eekenhof)，格利斯胡紀事 (Zur Chronik von Grieshuus)，

把理想主義下與鄉土攸關的詩人看做高於文雅詩人 (Bildungsdichter) 或時代詩人 (Zeitdichter)；對於自然主義及後來的風尙潮流加以貶抑，而提高今日所說的超個人關係的文學及民族文學。 費希特 (Paul Fechter) 關於文學的最新而整個的描述(一一七)從自然主義(一一八)及其後世起，至現代的標界爲止，其價値正在於自然主義批評及精透的特性之描寫。 達格 (E. Darge) 想用"生命之確認" (Lebensbejahung) 爲標識，使之適合上世紀的另一個方向(一一九)。 二十世紀的文學家對於現代文學之處理較比早些時候的情況嚴重的多了，結果自難免除草率定出評價的危險，許多描述在屢次出版的時候大加刪改修正，便是例子。 在現代研究中，約一九三三年的時候給奧哥 (Stefan George) (一二〇)最受人注意，近幾年以里爾克 (Rilke) (一二一)爲題目的人，其數可驚，却不盡爲能手；此外還有

哈德斯之慶祝 (Ein Fest auf Haderslevhuus), 白騎士 (Der Schimmelreiter, 白馬與騎者，鐘憲民譯，捨世界語，光華)。 其他漢譯有：燕語 (In St. Jürgen)；朱偰譯，開明；靈魂(Psycho)，張威廉譯，光華；傀儡師保爾 (Pole Poppenspäler) 羅念生，陳林率譯，中華；戀愛與社會 (Liebe und Gesellschaft)，李珠譯，商務；又譯本名雙影人(Ein Doppelgänger, oder Liebe und Gesellschaft)，商承祖譯，南京，正中。 其他可參閱本會叢書之九：魏以新譯斯托姆小說集。

(一一七) Paul Fechter, Die deutsche Literatur vom Naturalismus bis zur Literatur des Unwirklichen, Einzelausgabe des 3. Bandes von Vogt und Koch, Geschichte der deutschen Literatur von den ältesten Zeiten bis zur Gegenwart. Leipzig 1938.

(一一八) 譯者註：自然主義(Naturalismus)將世界一切事物（精神現象在內）俱歸之於自然生活衝動力之效果。 自然主義與物質主義 (Materialismus) 相近，所異者不但後者視自然力之效果爲機械式也。 淡泊派(Stoiker)，享樂派之伊比鳩(Epikur)，英霍布斯 (Hobbes)，德費爾巴哈(Ludwig Feuerbach)皆其哲學家。

(一一九) Elisabeth Darge, Lebensbejahung in der deutschen Dichtung um 1900. Breslau 1934.

(一二〇) 譯者註：給奧哥(Stefan George)，德詩人，一八六八年生，一九三三年歿。 阿爾加巴 (Algabal 1892 年) 代表個人主義分離極點； 牧人， 獎金詩， 神話， 詩歌及懸園之書 (Bücher der Hirten und Preisgedichte, der Sagen und Sänge und der hängenden Gärten, 1895 年)，將過去世界活現紙上； 靈魂之年 (Das Jahr der Seele, 1901 年)係其詩集，格調嚴重，不可捉摸； 第七戒指 (Der siebente Ring, 1907 年) 之詩調變爲明朗； 同盟星光 (Der Stern des Bundes, 1914 年)爲其國家思想詩集。

(一二一) 譯者註：里氏 (Rainer Maria Rilke)，德詩人，一八七五年生，一九二六年歿。 畫册 (Das Buch der Bilder) 係自我分析。 李爾克的愛情與死的方式 (Die Weise von Liebe und Tod des Cornets Christoph Rilke, 1906 年) 爲其對過去現在一般性之經驗。 祈禱書 (Stundenbuch) 乃神秘主義之作。 布利格之備忘錄 (Aufzeichnungen

特別致力於安斯特 (Paul Ernst) (一二二)，史特爾 (Hermann Stehr) (一二三)及柯本海(Kolbenheyer)(一二四)之研究，因為他們可視為第三聯邦重要觀念的前驅。自無數現代文學的描述中郎恩布赫 (Hellmuth Langenbucher) 的書值得特別推贊(一二五)，已經出版多次。棱格爾 (Albert Soergel) 著名的時代之文學及詩人(Dichtung und Dichter der Zeit)，其第三編名德意志國民性之詩人 (Dichter

---

des Malte Laurids Briggo,1910 年) 示時代病態之解脫，有如歌德之維特。新詩 (Noue Gedichte, 1906 年至 1907 年)，杜馬諾哀詩(Duineser Elegien, 1923 年)，紀念奧飛的詩 (Sonnette an Orpheus)均具著名詩集。黑氏著作之中譯本有中德學會出版之中德文化叢書第七，給一個青年詩人的十封信。

(一二二) 譯者註：安氏 (Paul Ernst)，德民族詩人，一八六六年生，一九三三年歿。作品中常主張北歐與古希臘精神之聯合，以貫徹日耳曼英雄精神。所作多戲劇：德默王 (Demetrios, 1905 年)，布倫喜 (Brunhild, 1909 年)，那島之雅麗安 (Ariadne auf Naxos, 1912 年)，聖克利斯品 (Der heilige Crispen, 1913 年)，普魯士精神 (Preussengeist, 1915 年)等。小說有 御書 (Das Kaiserbuch,1923年至1928年)，救主 (Der Heiland, 1930 年)。論著：形式方法 (Weg zur Form)，理想主義之崩潰 (Der Zusammenbruch des Idealismus)，新社會基礎 (Grundlagen der neuen Gesellschaft) 等。

(一二三) 譯者註：史氏(Hermann Stehr)，德民族詩人，一八六四年生。作品充滿施雷仙 (Schlesien) 地方色彩，如聖廷 (Heiligenhof, 1916 年)是。氏信人類難免社會之運命，小說葛利伯 (Leonore Griebel, 1900 年) 即具其意。布林愛森 (Peter Brindeisener)，莫希勒(Nathaniel Maechler)，後世 (Nachkommen) 均係名著。其宗教觀見於埋葬的上帝(Der begrabene Gott)。

(一二四) 譯者註：柯氏 (Erwin Guido Kolbenheyer)，德民族詩人，一八七八年生。著戲劇，英雄熱情 (Heroische Leidenschaften, 1929 年)，格列戈與亨利 (Gregor und Heinrich, 1934 年)，爾之律則 (Das Gesetz in dir, 1931 年)，驅逐斯人 (Jagt ihn, ein Mensch,1931 年)，橋 (Die Brücke, 1933 年)；小說：神之愛 (Amor Dei, 1908 年)，鮑澤汪 (Meister Joachim Pausewang,1910 年)，巴氏之童年 (Die Kindheit Paracelsus, 1917 年)，巴氏之明星 (Das Gestirn des Paracelsus, 1921 年)，巴氏之第三帝國 (Das dritte Reich von Paracelsus,1926 年)，蒙薩瓦史 (Montsalvasch, 1912 年)，阿哈利巴馬 (Ahalibama)，家神之微笑 (Das Lächeln der Penaten, 1926 年)，巨人山中之邂逅，(Die Begegnung auf dem Riesengebirge)；哲學作品：石工會 (Bauhütte,1925 年)，新地 (Neuland, 1935 年)。有關柯氏之中文評著可參閱中德學誌二卷四期德國小說之藝術。

(一二五) Hellmuth Langenbucher, Volkhafte Dichtung der Zeit, 1933,3.Auflage, völlige Neufassung, Berlin 1937. 譯者註：郎氏之書批評現代德國文學之關於民族方向者，摒棄一切非民族離民族之文學派，庶讀者得一啟迪，知所取擇。所謂民族文學即指深入祖國運命靈魂者言，不論盛衰，對其民族運命永持忠實態度者是也。氏警告其國人，必須保存德國藝術之純潔，神聖，偉大，其民族光輝之新創造尤不可輕視之。書分八章，二百頁，按主題分析民族與文學之關係，並論其將來趨勢，附錄有最近二十年德意志文學書目，亦按題目分類。

aus deutschem Volkstum)(一二六)，只由民族詩人的各別估價中加以抽選而已，未免有些武斷，且表現它是前幾編的附錄，給尚未出版的幾編做為分期支付而已。還未完成的有慕羅特(Arno Mulot)的著作(一二七)。這是分期獨立出版，並按現代文學的主要標題排列的。把材料或按題目排列，如郎恩布赫；或按詩人排列，如棱格爾；現今好像成了現代文學描述的特點。

柯赫用簡明的形式給了我們一部德意志文學史的整個描述(一二八)。係自民族立場 (vom volklichen Standpunkt) 的新觀點和估價，並將重心置於現代。柯氏還要出版一部新而詳盡的德意志文學史，自浪漫主義（整個的）至現代那個階段他自己已着手描述了(一二九)。

這篇報告事實上只能自多數的著作中舉出有限的幾部來，但願能夠指出若干或可代表一些研究家，豐富經驗的收獲，也指出了青年研究家成熟而豐富的著作，以及對於完成新問題之成立和新估價極有期望的起始工作。在德國文藝學的領域中有多處激動着有力的生命，驗證的傳統在這生命中繼續發生效力，而且是纏繞在新觀點和新方法之上的。

(一二六) Albert Soergel, Dichter aus deutschem Volkstum. Dichtung und Dichter der Zeit. Eine Schilderung der deutschen Literatur der letzten Jahrzehnte. 3. Folge. Leipzig 1934。

(一二七) Arno Mulot（達姆城 Darmstadt 師範學院德文講師）, Die deutsche Dichtung unserer Zeit, Teil I, 1. Der Bauer in der deutschen Dichtung unserer Zeit, 2. Der Soldat in der deutschen Dichtung unserer Zeit, 3. Der Arbeiter in der deutschen Dichtung unserer Zeit. Teil II, 1. Das Reich in der deutschen Dichtung unserer Zeit, Stuttgart 1937 folgende.

(一二八) Franz Koch, Geschichte deutscher Dichtung. Hamburg 1936. 新版甚多。 譯者註：本書自早期日耳曼文學至現代民族文學，俱加評論。前簡後詳，蓋文學史之使命，在於自德民族由政治宗教劇變以來，混頓狀態中，尋其一貫命脈，使之清晰易見。其早期文學之無關近代者，無妨簡略，以留詳述近代精神生命之地步。著者謂此書非為專門學者而作，僅為一般關切其民族精神之德人，建立新精神社會之用云。書中所論之德意志文學家，約八百人，凡詩人性格，藝術作風，重要作品，俱按時代分析批評之，其眼光為現代民族觀念，共三百六十頁，已增訂三版（1940 年）矣。

(一二九) Handbuch des deutschen Schrifttums, herausgegeben von Franz Koch in Verbindung mit Ludwig Wolff, Clemens Lugowski, Justus Obenauer, Potsdam, 出版年狀(1939 folgende).

最近逝世之杜里舒教授(一)

Zum Tode von Hans Driesch

胡嶲吟譯述

德國生物學家兼哲學家杜里舒教授，於本年四月十七日在來比錫逝世，享年六十四歲。杜氏爲代表由生物學走入哲學之新趨勢之主要學者。其著作"生機主義"及其"系統哲學"馳名於國內外。氏曾於一九二二年來中國，於上海，南京，天津，北京，武昌等處各大學講學，深受吾國學術界之熱烈歡迎，當時特爲氏編刊杜里舒講演錄（由商務印書館出版），東方雜誌二十卷八號亦特刊杜里舒專號以示推崇。想彼時曾見及杜氏之風采者當能憶及之也。

杜氏生於一八六七年。一八七七至一八八六年攻讀於漢堡市之約翰院中學(Johanneum 此校有三百年之歷史，注重希臘拉丁古典文學，具有德國之傳統色彩）。畢業後入福來堡 (Freiburg)，明興(München)，耶拿 (Jena) 各大學讀生物學。由耶拿大學畢業後，從事旅行研究。後於一八九一至一九〇〇年入世界聞名之那波里(Neapel)生物研究所，從事實驗工作，因其研究之結果優越，乃獲得聲譽。此後曾數次旅行歐亞美各洲，爲客座教授 (Gast-Professor) 宣講其學說。其中以去英美中國次數爲最多。頗獲各國學術界之稱許。於一九〇九年回國研究自然哲學，任海德堡 (Heidelberg) 大學講師，後升任副教授。一九二〇年在可倫 (Köln) 大學被任爲正教授，一九二一年轉教於來比

(一) 本文材料摘自德文報 Frankfurter Zeitung (四月號)，杜里舒講演錄（民國十二年商務印書館出版，及杜里舒及其學說（民國十三年商務印書館出版)。

錫(Leipzig)大學。此後乃常住於該處。一九三五年告老退修，仍從事於研究著作工作，不幸於本年逝世矣。

氏獲有三處大學之名譽教授，並被各種學術團體約聘爲會員襄助研究工作。其一生在學術上之貢獻影響於時代者，可以其所著之戰勝唯物論(Überwindung des Materialismus)一書爲代表。

氏初爲生物學家，繼轉而爲哲學家，由生物學上之新發現而創"生機主義"之學說，以駁昔日大生物學家盧(Roux)所創之"機械論"(Entwicklungsmechanik)。氏之著作甚夥，茲僅舉其著名之書列於下：

一，論理學爲解決不盡之問題(Logik als Aufgabe)一九一三年出版。
二，個性問題(Das Problem der Individualität)一九一三年倫敦大學講演。
三，體魂論(Leib und Seele)一九一六年出版。
四，知與思(Wissen und Denken)一九一九年出版。
五，生機主義之理論及歷史(Der Vitalismus als Geschichte und als Lehre)一九〇五年出版，英文譯本名爲The history and theory of vitalism, by C.K. Ogden。
六，生機體之科學及哲學(Philosophie des Organischen)一九〇八年出版。
七，秩序論(Ordnungslehre)一九一二年出版。
八，實在論(Wirklichkeitslehre)一九一七年出版。
九，進化論之論理的研究(Logische Studien über Entwicklung)一九一九年出版。
十，形而上學(Metaphysik)最近出版。
十一，靈學(Parapsychologie)最近出版。
十二，心靈生活上常有之謎(Alltagsrätsel des Seelenlebens)最近出版。

由以上所列各書可見其思想範圍包括之廣矣。

關於杜氏之學說，茲作最簡略之陳述，略爲介紹。

杜氏原係動物學家，對生物學問題之研究有二十年之久，故氏之哲學出發點，由生物學之問題始，繼之以生物現象建立其所謂之論理學，最後更本生物界以推定形上界。故杜氏之宇宙觀係建築於生物界之基石上者。因之其學說可分爲二類。第一，生物理論；第二，哲學。

第一：生物理論

當十九世紀之後半，生物受物理化學之影響，以爲機體之構成，有如化合物之以元素合成。甚或視機體如機器，爲若干機件配合而成。是派學說名之爲機械主義。至一八八〇年前後，德國生物學者盧氏（Roux）遂創生物進化上之機械論（Entwicklungsmechanik）。其解釋生物構成之由來，曰：卵與卵中之核，乃一極複雜之機器，此機器由細胞之分割（Zell-Teilung）而自行分裂（Desintegration），於是乃發展成爲胎；若將一細胞裂爲二，而育其一，則此長成之胎乃爲常胎之半。故羅氏推論曰：分子半則所產生之物亦半，絕不能成全胎。當時持此說者尚有生物學家威斯曼（Weissmann）。杜里舒起始爲生物學家時，亦附和其說。及一八九一年，彼以羅氏之法，用之於海蝟之卵，以爲試驗，但用分裂之細胞所養成之胎，乃爲全胎而非半胎，惟其形居常胎之半耳。由此試驗乃證出羅氏所言之謬誤。至一八九五年，所得證明之材料更多，益覺機械說之不通，乃著形態變化之定位說一書，而自居於生機主義者（Vitalismus），是爲杜氏學說獨立之始，

杜氏所謂之生機主義者，乃生活之自主之謂也（Autonomie des Lebens），意謂生活自身，自生變化，初非可以化學物理作用所得而解釋焉，其所以然者必另有原因，杜氏爲證明其說列舉三證，可參閱杜氏之著作及講演錄，茲不詳述。又依此三證，機械論乃被排斥，而生機論乃得確立。生機論者，謂形態之變，初不起物理化學的原素，而必發自內部之動因。此內部動因杜氏名之爲"隱得來希" Entelechie，即有所祈嚮之謂也，此與機械論所主張者恰相反對。究此物爲物質歟？抑非物質歟？衆說紛紜，莫衷一是，而就其作用言之，則較易明

瞭，蓋杜氏實驗之結論謂：細胞之可能性遠在羅氏所觀察之上，遠大於表現的價值。細胞球無論如何剪斷，所成之胎均成一完形，是以細胞球中之千萬細胞其表現之可能性無一不同。各細胞之可能性均屬相同，故杜氏名此現象曰"平等可能生系"（Äquipotentielles autogenetisches System）。此"平等可能生系"中又分爲二類，第一，如卵巢，任何一卵均能長成一複雜之機體，故名曰複雜平等可能系（Komplex-äquipotentielles System）。至如各細胞球，則不能以一細胞長成一機體，但能各盡一種職分與他細胞相輔而成一生機體，此之謂"協和的平等可能系"（Harmonisch-äquipotentielles System）。"協和的平等可能系"中有無窮數之細胞，其可能性又各無限，制裁此無窮各個之可能性者則"隱得來希"（Entelechie）之力也。牠對各細胞有各種不同之制裁力。依此乃能合無數細胞而構成一生機體，此其作用之妙殆非人力所能想像者。至於"隱得來希"來自何處？杜氏曰此非人所知也，蓋亦猶"生"何自來之不可知也。杜氏持生機論而歸本於"隱得來希"。以消極方面觀之，其駁倒機械論者之言論，證據確鑿，不可動搖。然以積極方面言之，似覺"隱得來希"之爲物尚爲渺茫難明，但其以生命爲一獨立機體，並非以元素積疊而成，則與柏格生（Bergson）之生命精進，奧宜肯（Eucken）之精神生活原無大異。蓋三家均不以物理因果律，適用於生活者也。

第二：哲學

杜氏謂：全體性之論理，乃論理之始，亦即論理之終。蓋生物上最顯著之現像，即求達於全體性（Ganzheit），如細胞之成胎即其一證也；生理上毀損以後，常能自恢復（Restitution）二證也；生理上某官能發生變化，則其他官能中亦另起變化以應之（Anpassung）三證也。可知機體爲一全體，而求保此全體者，則機體之大目的也。此全體性，不獨限於生機體，宇宙之大，亦一全體也。人生其間所以整理此全體，使之有條不紊，於是有所謂秩序（Ordnung）。設而使此宇宙而達於有秩序的全體（eine geordnete Totalität），則學問之能事畢矣。故全體論，秩序論，乃論理學之本，亦卽人類智識之本也。　杜氏乃本此二觀念而建立其哲學。

玆由杜氏自述文(二)中之分類，列表如下以示其哲學之系統：

杜里舒之哲學系統：
- 甲，發端論 (Lehre vom Ausgang)
- 乙，秩序論 (Ordnungslehre)（非形上學部）
  - 1. 一般秩序論(Allgemein)
  - 2. 自然界秩序論 (Naturordnungslehre)
  - 3. 心靈秩序論 (Seelenordnungslehre)
- 丙，實在論 (Wirklichkeitslehre) (形上學部)

甲，發端論：

杜氏哲學之發端在"有" (Haben)"知"(Wissen)，其根本語爲"Ich habe etwas bewusst" "我自覺的有某物"。　一反新康特派之以"思"(Denken) 的出發點而後有"爲"(tun)，有"活動"(Aktivität)，有"自發" (Spontanität)等論調。　杜氏之出發點之"我思"只有一種"有"之狀態而無"活動"在其中，此"我"乃"容受的"，"靜止的"。　故將康特之發端點所謂"理性"，所謂"官覺"一掃而空，爲吾人提示一種新見解。

乙，秩序論：

關於秩序論，杜氏謂人之對於事物，好求秩序。　乃至宇宙大之全秩序，苟可以一覽而得之者，尤爲人心所希冀。宇宙雖複雜，而我之觀之者若有條不紊成一首尾完具之全體，此則人類之理想也。　杜氏名之曰秩序一元主義 (Ordnungsmonismus)，或曰秩序一元主義的理想(ordnungsmonistisches Ideal)。

其秩序論分爲三部，第一曰："一般秩序論"，此類所研究者，卽前所謂秩序之最終體(Ordnungsletztheiten)，或曰不可分析之秩序意義 (Unzerlegbare

(二) 該文載於一九二三年德萊書店所出版之自白中之德國現代哲學 (Die Deutsche Philosophie der Gegenwart in Selbstdarstellungen) 內容爲由德國各大哲學家各爲文一篇，自述其所學與系統之成立。蓋由各人親口說出其學問上之經歷，而德國哲學一般思潮之眞跡，因以表顯焉。

Ordnungsbedeutung)；且以此不可分析之秩序符號，應用於各科學，證明各科學之基礎皆由此最終性之符號而來也。杜氏書中所常舉之秩序符號爲："此"(dies)，"非此"(nicht dieses)，"如是"(solches)，"關係"(bezogen)，"不同"(verschieden)，"數"(Zahl)，"綠"(grün)，"酸"(sauer)，等………。此一般秩序之符號甚易於適用在論理學，數學上。至於自然科學，精神科學則不可，故此一般秩序之外別有所謂第二："自然界之秩序論"及第三："心靈之秩序論"。

關於"自然界之秩序論"杜氏謂：物之在我自覺之內者，無論何物均負有前所言之秩序符號。負此符號之某物曰直接對象(Unmittelbarer Gegenstand)，卽直接在我自覺之內者也。然此直接對象，初無一定秩序。今欲使其紛亂的而變爲秩序的，而有永續不斷的"恒"與間斷幻動的"變"之觀念，此必經"我"以直觀之法使，此直接對象之某物，等於間接對象。此後，此間接者若獨自存在，初不以我之覺不覺而異也。此若獨自存在之間接對象之全體名曰自然界，卽一種秩序的概念(Ordnungs-Begriffe)也。

此自然界中不能達到秩序一元的理想，猶之一般秩序也，於是代此一元之理想而有三，第一曰類(Klassen)，第二曰系(Systematik)，第三曰因果(Kausalität)。求同者名曰類。求異者名曰系，就其相異處而考其理由，此爲系中當研究之事。將自然界中之事物，以前之一變爲因，後之一變爲果，於是乃有因果合理之說明。若夫因果關係之種類則有四，一曰單獨因果，見於物理化學；二曰全體性因果，見於生物界；三曰物之創造；四曰動之創造，卽隱得來希等………。關於各種類之詳解可直接參考杜氏之著作，不復贅述。

夫"心靈之秩序論"者乃求在"我自覺"之外之繼續不斷之物之秩序者也。杜氏乃以記憶之主體爲"自己"，此外更加以意識，此全部之主體，是爲靈魂。更以我之靈魂代替"我自己"乃有又恒又變之主體焉，於是心理界之種種現象，乃得而推求矣。

由此學說，康特之所謂官覺理性，乃得而解釋。　乃至所謂"思""欲""綜合""比較"等而後乃有歸束。　此亦杜氏之所以以靈魂爲心理學之本也。

杜氏分秩序論爲三，亦將平常哲學之所謂"我"分爲三。　其在原始關係中而不爲時間所限者，是爲"我"(Ich)。　其在記憶中之我屬於過去且有斷斷續續之象者，是爲"自己"(Selbst)。　其由秩序而生之全體系統，爲永續體，但有時自覺有時不自覺者，是爲"我之靈魂"(Meine Seele)。　第三種乃爲超於"我""自己"者。　以上別有前後一貫之主體。　自近來下意識說漸漸發明乃知潛伏於表面之下者，自有一系統一貫之體在，而所謂種類活動，皆由此體而來。　杜氏乃稱之爲我的靈魂。　杜氏以爲哲學家不能將三種之我區別清楚，致有以哲學與心理學混爲一談之弊，故鄭重分別之。　第一"我"爲屬於一般秩序論範圍內者。　第二"我"爲屬於自然界秩序論以內者。　第三"我"爲屬於心靈秩序論以內者也。

丙，實在論：

杜氏之實在論凡分二部。第一曰：一般實在論（Lehre vom Wirklichen überhaupt），第二曰：各種實在之形式論（Lehre von den Wirklichkeitsformen)，而此兩部以死的研究爲過渡。

一般實在論中所研究者有以下各問題：—

1. 空間之解釋（Die Ausdeutung der Räumlichkeit)。

2. 變之解釋（Die Ausdeutung des Werdens)。

3. 因果之解釋（Die Ausdeutung der Kausalität)。

4. 特別與普通（Das Besondere und das Allgemeine)。

5. 全體問題或秩序一元主義（Die Frage nach einem Ganzen)。

杜氏於以上各章中列舉種種問題，以證事物之無窮而人之所知之有盡。所謂自然界經驗界之現象及事物，在實在界中必另有一特種關係形態。　由此合人窺見宇宙之不可測，則知所謂實在，而並不以現象顯現者，又何可勝數乎。

實在論之第一步，皆以現象為果，以實在為因之立脚點上立論者也。由此後則舍此因果推論之方法，而突然進入他一界。其進入他一界之方法，則以死之研究為過渡。杜氏謂：依生物學之研究，機體者乃由"非空間"(Nicht-räumlichkeit)來，安知其不同時由"非時間"來？其來也由於"非時間"，亦為由甲一形式入乙一形式耳。其死也亦曰歸於"非時間"而已。故常言生為始，死為終之說，乃以時間現象為標準，若以"非時間"為標準，並無"始""終"之意義矣。

由"時間"之一界而入於"非時間"之一界，而其中以死為之過渡，由此可以推知所謂實在者，其境界 (Zuständlichkeit) 有種種。若此世界之表現於"時""空"界者，不過僅為境界之一種。除表現於"時""空"之境界外，其他境界，蓋為吾人所不及知耳。

形上學之最終一境，是為上帝。如求到上帝，則一切現象皆可由之而推演。故上帝之概念，可名曰未發展的可發展的概念。

杜氏曾自述其學說之特點曰：『我學說中，我所自創者有以下各點：

一：以原始的知之秩序為中心。

二：以"複雜程度"之概念屢次應用。

三：未開展之可開展的概念。

四：時，變，自己，靈魂，四者之說明方法。

五：稱自然界對象為間接的若自獨立的對象。

六：自然界變化之四種形式。

七：以倫理歸入論理中。

八：以積體與進化兩概念加入歷史哲學中。

九：形上學之發端方法。

十：死在哲學上所佔之地位。

十一：我之哲學之出發點之生機主義。

十二：我之排斥心物並行論之方法。

我之超人問題之說明，即以生機主義爲本，故生機主義乃我學說之綱本也。我之生機主義乃本新科學之研究而出者也。

總之，我之學說，自我原來之宗旨言之，則理性主義也。所謂理性者，非總和的，機械的，之謂也。而全體性之謂也。然秩序一元論旣不能盡情實現，於是我書中有傾向二元論之說，此非我之咎也，而宇宙當前境界（Gegeben）之咎也。我爲良心所驅遣，故不能不明白承認，旣已認此當前之境，故我書中說明處，不能免非理性之元素矣。」

杜氏學說，內容恢宏，非此短文所能盡述。惟當此以生物學爲出發點之哲學大師逝世之際，不能不略介紹其創見，以爲景仰，以略窺其面目。氏來我國之時，正當我國對舊學作重新之估價，故頗引起我國學術界之注意；蓋戶外之光，可使室內陳物更明麗也。當時，氏在我國所講之題目，約十二個，茲將其講題及地點列下，以爲參考，並作本文之結束。

一：康德與最近哲學潮流（北京）。

二：生機體之哲學（上海）（共十七次講完）。

三：國家哲學（南京）。

四：生機主義與教育（南京）。

五：達爾文主義之批評（武昌）。

六：近世心理學問題（北京）。

七：歷史的意義（天津）。

八：一與多（北京）。

九：近代哲學史（北京）（共十九次講完）。

十：系統哲學（北京）（共十二講）。

十一：倫理學上的根本問題（天津）。

十二：自由問題（上海）。

德國的社會福利工作(一)

Social Welfare in Germany

雷爾 (Werner Reher) 著

魏 進 譯

『當我們從事社會福利工作時，恰恰如同從事其他任何國家活動一樣，我們最要緊的同時也是最困難的事情是重新教導人民，使他們對於生活有一種正當的態度。必須領導他們眞正地認識這個眞理，就是：人類被送到這個世界來不是來受苦而是要奮鬥。上帝把他們放在這個地方，其目的是要他們如同樹木一般昌盛繁榮並且能結菓實。在痛苦與不如意的環境之中他們必須能增長力量纔行。在山上生長的橡樹不能不爲其生命作堅苦的奮鬥。牠必須在狂風暴雨之中堅持不拔。並且由於這種狂風暴雨之功效反而使那受風吹雨打的樹幹一層一層的漸漸地更加粗厚了。直到這小小的山橡能够抵抗這些力量而直立不撓時方停止再加粗厚。我們見到這同樣的事情曾發生在許多國家的歷史之中。凡是國家受到災難的時代，並且如果國家們還確然地把這災難克服了，則這個時代正是幫助國家們去發展牠們的力量的時代。在各災難期間，每件東西如能忍受痛苦仍然生存，其結果正與人民經過淘汰所得之結果相同。這種結果與我們所見到的在各地的實際生活所經過的淘汰程序所生的結果是一個樣子的。每件活物不能不經過一個試驗時

(一) 譯自柏林海陸出版社 (Terramare Office) 所發行的單行本。

期，並且假如牠是柔弱的牠將要被拋棄了。』

黑路根斐 (Hilgenfeldt)

凡文明國家均有社會救濟的組織，牠們的發起與維持都是由私人舉辦的。這些工作之中有些是受宗教的派別之支持與保護，有些是受非宗教的團體之推進。這類非宗教組織其成立的目的均在應付某項一定的社會需要。其鼓勵人們去作這些事情的思想，都是由基督教的「愛隣人」的原則而來。其觀念是「對別人要作些善事」。因此乃有社會福利的活動。這些活動均受國家的津貼及受國家的指導，並且所有這些個活動也是受基督教的原則所啓發。所有這一類的事務之希望與目標是在助成一種社會政策，使個人的經濟苦難可以減輕，最低限度也可減到他最低的可以忍受的地步。所以其根本的假定是：經濟的苦難是一個永遠不變的情形，社會上有某一階級必須生活於這種情形之中。如果要有暫時災難發生，一般地都是採用暫時的辦法去應付牠。但是這一貫的假定，一般的社會福利活動所根據的假定，是根據一種信念，卽相信社會中不能永遠沒有窮人。這個原則的傳佈與實際之應用使那些發現他們是需要幫助的人們的道德抗拒力量減弱了。

在許多國家之中，慈善救濟事業所採取的方式是因爲其所要達到之一定的目標而決定。所以在英國及在法國有幾千個會與協會都是完全依靠自願的捐款之支持，並且在牠們事業之進行上是完全獨立，各不相干。牠們的目標一般地說來都是人道的，以幫助社會之中有需要救濟的份子爲目的。因爲這些機關財源豐富，所以這些機關的負責人不感到錢的困難，任意施捨，以致引起社會上良心較小的人們有機會去得到多餘的津貼，比在一個有整個系統有統一管理的機關之中他們能多得到兩倍和三倍的津貼。現在，在每個大城之中都有上千上萬的人需要救濟。這個並不是完全因爲失業所致，同時也是因爲人口中的其他份子們由於這個或那個原因使他們自己遭遇到了經濟上的逆境所致。但是在一般人民羣衆之中，失業或者祇是一部分人能得到職業，這兩種情形永遠是造成社會苦難的主要原因。所以，應付這種情勢的有確定效力的唯一辦法是在國家經濟系統之中，給那些個仍然能夠作工的人們去找一個工作位置。在現在這個時代，失業人數之增加，已經到了那樣大的地步，即使盡力之所能及，計劃出來的最好的社會政策也將要證明牠不足以應付這種情勢了。

一個美國委員會曾研究造成現在普遍全世界的不幸的困苦的原因，牠得到一個結論，認為用機器去替代手工是致此的基本原因。並且是這個原因在這整個的經濟系統之中引起了嚴重的不安。所以，現在所需要的是：快快地促進社會變換之程序以應付這種已經改變了的情境；或者另用一種辦法，即是將機器發明的速率緩慢下來。在勞工市場中所流行的一般情形指示出來：社會的——經濟的地位是怎樣的與工業地位有密切的因果關係。並且因此而生出一個問題，牠與所有的文明國家都有關係，並且這些國家或者用同一方法或者另用其他方法必須去解決牠。

戰後（指一九一四年起之大戰——譯者）這一時期曾將社會的苦難帶到了人們的眼前，惹起了世人的注意。這種苦難已經變成了那樣的普遍，那樣的根深蒂固，僅僅靠着傳統式的社會政策的任何辦法都證明牠不足以去解決這個問題了。當我們回頭溫習一下那個僅僅在十九世紀所生的經濟的發達情形，我們就可看出來社會問題是一個勁兒地愈變愈嚴重，愈變愈難解決，並且這些困難已經變成了全世界的普遍現象。在我們的時代，各種宗教派別曾經用了極大的努力去應付這種社會苦難的問題，但是他們不曾能夠得到一種滿意的解決。由機械方法從事生產所曾經造出來的進步，牠曾經與前進不已的頑強的社會的苦難之增加攜手而來，並且增加到了那樣的地步，凡是對這件事情細細加以研究的人，現在都普遍地有一種信念，認為祇用私人的計劃與工作是不會有希望去對這種情形作有效的應付。現在的情形指示出來：必須由國家來干預，並且對社會事務要採取一種有系統的國家政策。

俾斯麥（Bismarck）對於社會問題的態度是頗足以啓迪我們的，並且在關於制定社會法律之目的方面，他的態度清清楚楚地指示出來，他那時代與我們時代之不同點。當各式各樣的政府保險第一次被引用在德國時——健康保險，老年保險等等——人們都希望這種社會法律可以有一種效力能將那些受病災或年老痛苦的階級更緊切地引帶到國家的精神撫慰與同情之中。——這些社會法是保障工人階級以抵抗由疾病，意外災禍或年老而生的困難。但是在羣衆這方面所生出來的對於國家的固定的反對心，不但一點都未軟化，反而生出了相反的結果。這種反對國家的心志，表示出來牠本身比以先更强烈了。趨向激烈思想之趨勢及移向左傾，更變劇烈了，直到最後發展成爲一種對國家之不滿，簡直以反對國家作爲牠的眼前惟一目標了。所以，這些有統治權的在位的人們，如果希望用他們的社會法律，可以使羣衆與國家成爲一個有機的整體，那已證明出來他們是錯誤了。

德國現在正努力去建立一個國家的和國家功用的新社會觀念。這種思想是根據在人民與他們的家鄉之傳統的連結性上，和在一種希望上。這個希望是：將人民連結成爲一個民族公團（Volksgemeinschaft），在這個公團之中沒有階級的區別。用這種方法，可以由於人民與國家綜合在一起，而爲社會問題找到一個解決的辦法。除非將這種試驗，首先地贏得了人民的接受與認可，否則，牠是命定地要失敗的，因爲國家必須得到人民的誠心願意的合作。

在人民方面的這種自由的協助，現在在德國已經成爲已成的事實與力量了。這是一種證明，證明出來國家已經用正確的方法去接近人民了，並且他們的心已是被贏得了。並且這個的功績必須要歸功於國家社會主義人民福利會（N. S. V.=Nationalsozialistische Volkswohlfahrt）。這個組織現在已經有七百多萬會員。這個組織表現的最惹人注意的工作有兩種：德國人民冬季救濟和婦嬰會。這七百萬會員都是這些工作的負責人。從事這個社會服務的大約有一百五十萬個志願工作者。這些工作者都親身去教導人民，用一種實際的方式使人民瞭解：個人的需要是一件與整個的社會有關係的事情。　對於個人所施給的幫助，必須與給他一件賑濟物不同才是。　對於有需要的人加以幫助那是社會的責任，並不是在作功德，反之，牠乃是一件爲了維持社會牠本身之存在的必需的工作。像這個樣子的作法才是鼓舞國社人民福利會去從事種種活動之原則，並且這個原則才在人民的心中繼續不斷地保持着。

在馬克斯主義的及自由主義的系統之中，個人及他的需要形成爲利益的中心點。　而國家社會主義的謀求福利的組織，却不是這樣。　在這裏，人民的社會，是我們所要去小心注意的，首先的，並且主要的目的物。　社會的福利，是爲了謀求個人福利的必需的先決條件。　有一次希特勒宣稱道：『我們不向富人說：「周濟窮人」，但是我們却要說：「德國人民幫助你們自己罷」』。

國社人民福利會與宗派的福利服務的方式，其性質迥不相同。　並且與其要完成的目標之動機也迥不相同。　國社人民福利會的特殊性質，是由其特殊的目的而決定。　一般的說來，宗派福利服務的目的在解脫苦難，並且使窮人與需要幫助的人的生活維持到可以忍受的地步。　而國社人民福利會並不視爲這種苦難情形是一種永久的狀態，也不認爲窮人與有需要的人必須生活在這種狀態之下。牠的目的，不是使個人的苦難，減到能够忍受的地步，而是去幫助個人克服苦難，去將他又重新按置在可以能掙工錢的基礎之上，同時也將家庭按置在一個堅固的基礎之上，這樣來，乃使個人與家庭都成爲民族社會的有機份子了。　在實行這個目的時，國社人民福利會不能不認爲個人的健康與家庭所居住的衛生環境是主要的條件。　這些條件，都是民族社會之中的有用份子所必需的。　牠的目的是去幫助那些此後他們可以自己能掙錢的人們。　所以牠的主要工作是：以那些在健康方面生來就是健壯的人們爲限，和那些社會之中的有潛力的有用份子爲限。　但是這並不是說：對於那些有遺傳病的和永久不健强的人們，就不管不顧了。　對於這類人民的照顧與保養，在國家的官款之津貼之外，還有宗教的機關與協會去照顧與救濟。　所以國社人民福利會把像這樣的這部份社會救濟事業，留給國家及教會去作。但是與這個有聯繫的是我們必須在心中記着這種事實：由教會保護下的及管理的公共救濟事業之組織，其進行並不是完全或者甚至不是大多數都依賴信徒們的志願的捐款。因為他們對於病人及衰弱的人們，作了照養的工作；所以他們從國家及市政府，得到大批而且規定的津貼。無論如何，國家社會主義福利會之主要目的，並不是在減輕困苦，和使困苦減低到能忍受的地步，而却是要拔除所以發生困苦之原因。這些個原因並不是物質的與道德的同時而來的；因為道德上的意氣銷沉與怠惰，乃是由於繼續的失業與患病，和無人關心他的那種感覺，產生出來的。國社人民福利會，因此，不僅施給物質的幫助，並且還供給道德的鼓勵與教育。社會的困難苦痛，是一種影響整個社會的現象；所以為了求公共的幸福與安寧起見，社會應當去處理牠。這就是國家社會福利會所努力去向一般的百姓之心中，所灌輸的原則；也是和向那些暫時受到經濟困難的不幸的人們，所灌輸的原則。

對於那些需要幫助的人們而言，他們有一種正當的希望，希望能夠被人承認他們是與別的人民立在同一的地位；並且還希望把他們現在所處的情形，被認為是由於意外的環境所造成，對於這種環境，他們自己沒有有效的方法去操縱。所以，必須不要把他們區分成為普羅階級，並且必須使他們感覺到：當我們高談社會的時候，我們並不是在用空洞的字句而已。因此，那些對於這種工作有所捐助的人的，不能像施捨一種賑濟物品似的，用一種面帶德色的方式，把捐的東西給了窮困的人們。反之，却要出之於一種同志的精神，去幫助需要幫助的人。因為富裕的人們與困窮的人們，均處於同一社會，所以他們必須真實地瞭解：社會之所以能夠存在，是基於一種道德的原則：「個人為全體，全體為個人」。

國社人民福利會自從成立以來，在前四年半，牠的財源繼續增加不已；這是同着商業繁榮的增進，及失業人數之減少一同來的。這個真理「我們之中沒有一個是自給自足的，我們都是互相依賴的」，已經為人們所認識了。牠所包含的實際意義，已經爲那些希望看到社會正義之被促進及被建立的人們所認識了。因此，我們可以說：一個國家已經變成了一個大的家庭。這個大家庭之得以保證牠的存在，祇有當於牠的單個份子們在身體上，健康，在道德上，不屈不撓，準備着與其他份子去合作，並且願意犧牲自已的利益到那樣的必需的限度，以去達到並且支持整個的社會在幸福與效率方面，都走上一個一致的標準時，方能作到。

在過去，人們都以爲「要設法把現在的社會結構加以改變，使人民中的大部分，不再不得已地去生活在需要他人幫助和整頓的環境中」，是不值得考慮的一種想法。人們認爲「窮人是形成了社會結構中的永遠不變的一種階層」。並且這種階層，已經存在了那樣多的世紀，所以更足以證明在實際生活之中，的確是：窮人爲社會中永遠不變的階層。德國也曾作了一點點的嘗試，去減輕貧窮；並且窮人們的無可奈何的生活情形，也曾相對地進步了一些。但是在大戰期間及在戰後期間，貧窮與困苦在德國是那樣地普遍，絕對大多數的人民，都覺得他們自己是處在貧窮與需要人的幫助的階層之中了。困苦的情形，已經發展到了那樣巨大的闊度；那些祇是由於「隣居之愛」所鼓舞起來的慈善活動，就是想把那普通的痛苦稍加減低，都作不到了。至於將痛苦完全取消，那更是談不到了。在這種困難的情形壓迫之下，革命的精神乃發展起來，羣衆們與上層階級的敵對情緒，也愈來愈明顯。

當於現在的德國政府就職的時候，在一九三三年，失業的人數竟超過了六百萬。該政府乃發動一個原則：有人如果認爲現在所存在的困苦情況，是國家生活之中所不能夠改變的情況，這種看法是錯誤的。不久這個原則就見諸實行了。

國家社會主義人民福利會乃被委託去擔任將全體人民，富裕的同貧窮的都一律地，在一個謀求公共福利的偉大的公共工作之中團結起來。在一個很短的期間，就證明出來：在差不多有七千萬人口的國家之中，要想將已經存在有數年之久的道德的怠惰，從全國之中除掉，是可能作到的。一種樂觀的精神被喚醒了，並且對於生活與人類的命運之實際的信心又恢復了。幾百萬的失業的人和他們的家庭，都得到了實際的保證：凡是那些經濟環境較好的人們，都覺得去貢獻他們最大的力量，去供給金錢及貨物品及勞力，以達到克服國家困難之目的，乃是一種道德上的義務。人民奮起響應。因此，乃將以往的偏見推倒了。並且重新又將經濟環境中不幸的人們，又恢復為國家的社會中的有用份子了。

在一九三三年的初期，國家社會主義人民福利會——N·S·V·——僅僅有幾百個工作人員。在一九三三年五月三日，阿道夫·希特勒(Adolf Hitler)頒佈一道法令，認為該福利會是一種正式的黨的組織，由牠去負責解決一切關於社會福利與救濟的問題。志願會員的數目，月月增加，年年增加。在一九三七年四月，其會員已經達到六百八十八萬六千人了。

冬季救濟會，是在一九三三年九月十三日成立的。成立之後立即開始工作。牠的活動遍佈於德國各城各鎮。這個工作，是在國社人民福利會之管理之下施行的。牠之所以能夠成功，無論怎樣說，都是因為有上千上萬的男人與女人，志願地很快地去貢獻他們的服務所致。有了那樣的態度，才能保證這種整個的事業得到成功。在四個星期之後，這個組織便充分地按着工作之程序猛進，其志願的幫忙者達到一百五十萬人。這一羣幫忙的人，雖然他們因為各式各樣的職業，祇允許他們節省出晚間的鐘點，去給國社人民福利會幫忙；但是他們並不停止，仍然繼續他們的幫忙工作。在組織方面，或者在牠的工作計劃方面，到後來，並不需要有大部的改變——這種事實證明出來：在一起首，所曾經估計的人民情緒，是如何的準確。雖然這一百五十萬工作者對於那樣的工作，是十分的沒受過訓練並且沒有經驗，但是這個組織竟成功了——這種事實是許多最有力的證明之一，證明這種作的性質，是如何的實際。這種休戚相關的精神，指示出來什麼樣子的眞社會主義，方可以應用在實際上面。這個樣子所表現出來的例子——大多數人民，是怎樣敏銳地感覺到他們對於他們的男女同胞，應當去盡義務——將失業那一階層人的信心給喚醒了，他們相信他們以後是能夠克服他們的困難的。鼓舞冬季救濟，並指導冬季救濟的標語是：「在今年冬季，不要有一人挨餓或受凍」。並且可注意的是：在發出這個標語的時候，竟有一千七百萬人不能不去救濟。因此，冬季救濟會第一年的主要業務是分配食物，衣服，與家庭的燃料。在十月末，第一批的免費貨物之分配舉行了。

在組織冬季救濟會時，首先注意到的事情是各地方的各個的需要。有些地方，牠們在其本區域之內，如果有貨物與服務的交換之組織，他們就能夠自己供給自己。對於那種地區就不再另救濟。還有其他地方，不得不根據互相交換的原則，而去接受區域以外的幫助。這些個作法，都是根據大家所共知的對別人負責的觀念而來的。一個地方的出產品如有餘賸，而這些出產品又正爲其他地方所需要，本地方乃答應將這賸餘之貨送到那所要的地方去。除去以上兩種區域之外，其餘那些地方就應當把牠們當作爲純粹而完全的苦難區了。

爲了說明這種方案之運用，我們可以以分配馬鈴薯作個實例。以生產馬鈴薯的地方爲負責區，那就是說這些地方所生產的馬鈴薯如有餘剩，乃將牠們的馬鈴薯，送到那些馬鈴薯不敷自己消費的省分去。祇就消費馬鈴薯這一點而論，所謂苦難區域者，主要的都是些工業區；在這些工業區內，才能找到最大數目的失業者。向這些地方所送來的馬鈴薯，都是從那有餘剩的地方來的。當於向那些牠們自己不生產馬鈴薯的地方去分配馬鈴薯時，在計劃這種分配制度之際，對於以下的事實已被注意到了，就是：德國西部，漢堡(Hamburg)及其他城市的工業區，一般的說來，都喜歡各種黃色的馬鈴薯。當然牠們是按其所好而得到這種品質的東西了。各種藍的，白的馬鈴薯也都送到所喜食牠們的地方。當然，這種選擇的原則，包括許多瑣細的工作；但是却被與此有關係的各省，對於此舉更加稱贊。因爲這種原故，他們覺得他們的特別的嗜好，是被迎合了。他們所分配的馬鈴薯，竟達一千五百零四萬三千六百三十四個亨威特(cwt)(譯者按：cwt 是 hundredweight 的簡寫，在英國爲一百二十磅，在美國爲一百磅）。 這種事實，是可以作爲一種說明。 告訴我們祇是這一部分所作的救濟工作，就是多麽鉅大。 不僅僅關於分配馬鈴薯迎合了地方的嗜好與需要，並且那些不甚喜食馬鈴薯的地方，也因爲供給他們各式各樣的澱粉質的食物，而注意到了他們嗜好之不同。

此外，再以煤的分配來作例子，以說明這種分配的工作。因爲煤的運費很費錢，所以關於煤的運輸要加以特別的注意，使其分配合理化。 在一九三三——三四年的冬季，於木料與泥炭之外，冬季救濟會散佈了五千二百九十萬零三千零七十亨威特煤。 祇有將煤商的合作，加以系統的組織，方能够去散佈這樣鉅大的數量。 此外又發出煤票以爲每家之用，每張煤票可以換一亨威特的煤或褐煤煤球。 在一九三三——三四，在冬季所發出的煤票共是八百八十萬張。 凡是領到這種「票」的人，他們可以自由選擇煤商，對於每張票僅僅付三個半辨士作爲登記費。 祇要煤商在手中有了足够某種數目的煤票，他便將煤送到國社人民福利會的當地捨煤中心點，在這兒他將煤交到後，卽換回來一個「繳納證」。於是他乃將這個證明文件，送給他的批發者，當作他的付款。 批發者再將牠送到煤炭企業組合，然後這個企業組合再從國社人民福利會得到現款。 所付的現款包括運費，這個當然是因地方之不同，而運費也不一樣了。 在一九三三——三四年冬日救濟會所散佈的煤，佔德國全家庭消費的煤量百分之十六。 在冬季，對每個受措助的人，所發出的煤票，平均是八張；其定量爲八個亨威特。分配煤量之多少，是以個人的需要而定。

馬鈴薯與煤的分配，是冬季救濟津貼工作中的主要的特點。 再次是各色各樣的衣服與食物；不過，特別的是散佈冬季用的溫暖的衣服，及國內自製的亞麻布的衣衫。 這都是由社會中，各階級的人所捐贈的。 農人捐助他的農產物，城市的人捐助穿戴的衣裝，礦工助煤，伐木人助木料。 把所有的這些物件，如加以分類，則有六十種不同的類別，從爲小孩所預備的魚肝油，到一切可食用之物，如薰烤的食物，新鮮肉類，各種酒，蜂蜜，臘腸，新鮮菓菜和煙草。 又有我們所謂的「一磅重」物品之分配。　所謂一磅重物品者，就是，每個月，德國的家庭主婦，都要買一磅重的食物，或其他別的東西——這是以財力大小而定——她們可以把牠捐助到冬季救濟機關去。　需要別人幫助的家庭之困難，因此可以減輕，並且在這種方式之下，主婦們也將對於她們幸運較次的窮人們應盡的義務之感覺表現出來了。

衣服是用大規模的方式去收集的。　假如這些衣服，如需要修補，便把要補修的送到特設的縫紉工作室；這種工作室，是附屬於冬季救濟會的。　在這些捐助之外，尚有單獨舉行的，是向商店收集新的亞蔴布衣衫，假若必需用錢買時乃用金錢去買，並且向需用牠的地方去散佈。　在冬季救濟會成立的第一年，共發出二百四十三萬七千六百九十四雙靴子與鞋。　並且所有這些已經做過的事情，與正在進行中的事情，都不是以面露德色，向窮人施恩惠那種態度去作的；而是本着在社會的幾個份子之間的休戚相關的精神去作的。

冬季救濟，在經濟方面所佔的重要性，從以上這些數目字中，也表現出來了。　沒有再好的例子，比分配鮮魚所採取的辦法，更足以表現這種重要了。　在冬季救濟會成立之前，在全德國之內，有六千七百萬居民，但是其平均的鮮魚消耗量，竟未能超過倫敦一個城的平均消耗量。　因為鮮魚的需要不多，所以不得已，乃將所捕的魚，變成了魚食以餵牲畜。　但是這種處置的辦法所得的入款，甚至尚不足以抵銷作魚食所花的費用。　由冬季救濟會從事將魚賣向民衆的第一次試驗，是因冬季救濟會用了公道的價錢，買了一千噸魚，所引起的。　該會把這全數，都分配給需要的家庭了。　冬季救濟會的第二年，所買的數量，及所分配的數量，差不多達到了三千噸。在第三年的數字，是八千二百五十噸；在第四年，是九千三百五十噸。　這個總數量，表示出來：怎樣的將食魚的習慣，介紹給那些從來不曾慣於去用魚當作主要食物的省份裏去。　用這種方式，冬季救濟會的舉動，造成了一種自然的需要，這種需要，甚至竟超過了冬季那幾月。這個結果是這樣：一般的人民現在所消耗的魚量，畢竟比以往多的多了。　自然的，由冬季救濟會所買的魚，都是放在最新式的冷凍車中，以免腐壞。當分配魚的時候，將合適的烹調方法的說明書，也在同時送交給各家庭的主婦們以備參考。

用這種方法，冬季救濟會曾經成為一個最大的工具，使深海魚業，就是恰在冬季，也合平常一樣完全充滿了工作。所有這些種活動，都說明了冬季救濟會，對於國家經濟的重要性。從這個觀點來看，對於貧窮的人，捐助了維持生命的必要的必需品，可以使他們賸下他的那一點點的錢，去買別的需用品和作些別的小的適意的事情。這樣以來，乃生出一種現象，即是如果沒有冬季救濟會，則有些貨物不能售出；而現在呢，這種貨却賣出了。就這樣地乃眞正地促進了購買力，使購買力增加了。並且在那些很敏銳地感覺到需要營業的復興之商業上，也因此而得到商業的復興了。

在可能作到的地方，冬季救濟會讓那些受苦難的區域，去從事製做「募集日」的徽章。在每一個月，舉行一次街頭募集；這種募集，是由黨的各機關的黨員所作的。並且由這些貧困區域所製造的徽章，也在此時出賣，每個售價兩辨士。這樣的徽章，有幾百萬個都賣出了。平均是一枚徽章付給做者半辨士以償還其本錢，多餘的錢作為救濟費。這種徽章的設計與材料，每月更換。牠們是用花邊，象牙，磁器，琥珀，和假花做的。因時間之進展，這些種設計愈來愈藝術化，並且現在成為收藏家們的興趣的新目標了。

當於黨的國家領袖們，在「國家休戚相關日」，舉行他們每年的捐款募集時，是不賣徽章的。這個「休戚相關日」是另一種實例，表現出存在於統治官吏們與人民之羣衆之間的社會感。在這一天，在全德國所募集的錢物，是增加不已的；從最後這三年所收來之款數，便可以表示出來。牠們是：一九三四年，收到四百零二萬二千馬克，一九三五年，收到四百零八萬五千馬克，及一九三六年，收到五百六十六萬二千馬克。在一九三七年的「國家休戚相關日」所收到的錢數是：八百零七萬一千一百八十馬克。

冬季救濟工作之進行必需現款，為使這種現款來源不斷，志願的減薪金減工資，佔有很重要的一部分。現在全國之中，雇用的人數很有增加；同時，對於冬季救濟的資財的捐助，也增加了。這個可以見出，對於冬季救濟政策的實際的反應。一次又一次地曾經證明出來，像這個樣子所實行的工作，曾經喚起個人的道德責任感覺。這個，對於小捐助者，和大量的捐助者，都是同等真確的。對於這個工作，並沒有什麼嚴格的及一定的規章。不過是從富厚的地方所得來的捐助品，分配給較比貧窮的地方而已。此後還要有一個更優良的平均分配的標準，不僅是散佈實有的贈物之各種應用品，而還要有錢款的幫助。組織的工作已經區域化了，是按着國家社會主義黨的組織，劃分成區域的——那就是說，分成為區，社，地方中心——，因為分成許多區域，所以可以使這架收集和散佈的整個的機器，用眼一瞥就可自由操縱。各社在每星期，都向區部的主事人們，呈交一個帳目說明書，這些個區，又輪流的向全國各總部，呈交每日報告。志願幫忙者有一百五十萬人，所以不能不注意到發生不規則事項之可能性，可是由於這樣的嚴格的統制，在實際上，乃排除了任何不規則事件之發生。這個就是使這全部行政費減到很低的秘訣。在起初，這些行政費一共只是佔入款的百分之一。以後，牠們增加到百分之一點八。這是由於必需雇用整個時間的社會工作者之增加所致。因為雇用整時間的工作者，纔能漸漸的根據十分確定的家庭必需程度，而去分配津貼，而免去僅依據羣衆分配之辦法了。

看一看冬季救濟會之財政上的成績，有一種事實，頗使我們震驚，就是：這些工作之所以能够作得到，並不是全仗着從顯赫的富人，或團體的多量的大捐助；反之，却是依仗着從全國人民中每個人的小捐助。有些家庭，牠們的習慣：是牠們的星期日的主餐所食的菜，要比一道菜為多。現在，這些個家庭們，在每月中有一次，要把所特別增添的那一道菜或多道菜的錢，捐給冬季救濟會。飯館們，也按着這個計劃去作。管理飯館的人，從他的顧客，得到了全餐的飯價時，他乃扣下祇上一道菜所應得的錢；此外將顧客所多給的菜錢，送到冬季救濟會去。這種多餘的錢，是按照一定的表格所計算的。這種星期日一道菜的飯食現在變成爲一種正常的風俗了。並且這種風俗正是具有一種象徵的意義。裂一塊麵包，贈給社會中之同胞的精神，由此種辦法表現出來了。冬季救濟會還設立一種國家彩票。每張彩票的價錢是六辨士。這種辦法頗爲流行，頗受歡迎，凡得彩者立即付款，因此，彩票的銷路更好了。最後，還有一種計劃，已經被實行就是：在冬季所有的獵獲的禽獸，冬季救濟會都應得到一部分。

由於這些個辦法，在國內政治方面，冬季救濟會，變成爲一個重要的影響力，因爲牠的工作，是去打破階級與黨的界限的。凡是一種機關，在很嚴重的經濟衰退的時期內，很成功的在人民之間，喚起了一種休戚相關的新精神時，那麼在繁榮的時期內，牠也須勤奮工作，不能懶惰。冬季救濟會之價值，就是在此點；因爲牠是一個範圍廣遠的社會教育的因素。人民大衆之所以肯接授牠，並不是由於上峯的命令，反之，牠所被施行的方式，竟是完全本於人民自動的合作。從牠的根本出發點起，牠的性質便是以自助爲目標。牠完全根據由國家社會主義運動所介紹進來的新社會秩序。

在一起首，冬季救濟會分配牠的津貼的方法，是用一種一般的方法，諸如聲請他有所需要，便將津貼送給他；但是因時間之進展，已經可以去應用另一種進行的方式；在這種推進之方式中，家庭乃變成爲注意之主要目標了。在這種方式之下，乃能夠去研究貧苦家庭們所能維持生活的限度。由於這些個調查，自然地要得到一種結果；就是漸漸地生出一種信念，覺得另外又有一種明確的呼聲——需要另外一個與冬季救濟會一類的工作，不過其方面是與此不相同的。由這個信念所生出來的主要的果實之一，就是：在國社人民福利會之中，設立一個「母親與兒童組」。

在單個家庭中所存在的病苦，其最主要的方面，都是由於不良的家庭居室情形所致。他們之中有許多人，住在大城中的齷齪的合住的小屋。由於延長了的失業，乃令人興起一般的漠不關心與悲觀絕望。 人民們，認爲他們所不得不生活的環境，是無法改變的；所以他們起始去想：生活是太沒有生活的價值了。這種感覺，使家庭生活的整個的基礎，更加薄弱。 並且到後來，因爲握有統治權的人們，對於這種現象之漠視，及他們爲了維持家庭之存在，所採取的政策之失敗，乃將家庭觀念之本身給摧毀了。 像以上所說的，那類已經採取的保護家庭的有力的政策施用之前，在此地是沒有法子可以想的。 所以，第一個步驟，是再重新去給各家庭中的父親們，找到正式的並且有保障的職業。 在一九三三年的情勢，是很令人沮氣消志的。青年人們，不敢去擔負結婚生活的責任；並且因此，那正常的結婚的比例數，大大的減少了。 以至生存的本身，竟變成了一個問題；而對於這個問題的滿意的解決辦法，還尚未見到。

有二十年之久，在世界大戰期間，及貨幣膨脹，及由人民中間的階級衝突所生出的紛亂時期，母親幾乎是家庭的惟一的支持者。 在世界大戰的時候，她必須去做男子的工作，並且無論她是怎樣的堅忍耐苦的去勞做，她發現想爲她的小孩子們得到維持生命的必需品，仍然是不可能的。 當於父親失業了，她乃試着去挽救這種境遇，她乃從事那種與男子所作的同樣的工作，但是工資却比男子得的少，並且這樣的，乃使她覺到她的幻夢是消滅了，她再不能夠有掙足工資以支持家庭的可能。 按照一九三二年所作的調查，入小學的學生們，祇有十分之一是營養很好的，同時有百分之四十一是很明確的營養不足。 因此乃發生一種現象，即一大部分的學童的健康與體質都受嚴重的損害，所以目前的問題是去找一些方法去修補那些損傷。 佝僂病（亦即軟骨病——譯者）愈來愈普遍，並且對於流行性感冒之侵襲，及其對他種病症之天生的抵抗力，是一個勁兒地愈來愈軟弱。 而對着這種事實，作爲家庭的保護人的婦女，對於她的奮鬥乃起始覺到氣餒了。

在多年的掙扎與焦灼之後，家庭的頭腦人物，終於又找到了職業，可是當此之際，母親的抵抗力能已經竭盡。 因此，國家的福利服務機關，乃不能不向母親與小孩的道德方面與身體方面的復原去努力。這種工作，祇有像冬季救濟那樣，用羣衆的幫忙，方能够救濟那些陷於困苦中的最急需的人們。

在國社人民福利會庇護之下，成立了個德國實行委員會。這個委員會的會員，是從政府及市政官吏，黨及牠的各種組織，以及各教會的爲人民謀福利的協會之中的會員們挑選出來的。在從事這個工作，有以下各種組織共同合作：福音傳道會國內部之中央委員會，天主教慈善同盟會，德國紅十字會，德國病人幸福社之執行部，德國接生婦協會，在工廠的社會工作者，德國看護婦協會等等。這些位幫忙的人們所組成的這個團體，就這樣地保證了「母親與孩童」的組織之有機的和健全的發展。一般人民的幫忙，及對於犧牲金錢時間等等之慷慨，也是使這件工作，得以成功的主要原素。因時間之進展，我們很清楚地看出，這個運動也曾經變成爲民族公開中的一個主要的不可缺的因子了。

由於這個機關的一切幫助，乃能很快地發展一種普遍的制度，以爲母親們與孩童們恢復健康與休息之用。在一九三四年五月到一九三五年四月大約有五萬三千位母親被國社人民福利會送到鄉間去，在那裏有特別建築的家屋，她們在那裏居住三個星期，以使她們的力量得以恢復。但是這個組織的工作尙不止此；因爲當於母親離開家庭的時，必須採取一種辦法去代替她。必須選擇少女們與婦女們去照顧各家庭，清理房屋，整治菜飯，爲小孩子們洗滌與修補衣物等等。女學生們挺身而前，並且自動地願意去爲這種工作而貢獻其勞力。

在那爲恢復健康所預備的家中，母親們不僅僅受到醫藥的保養與看護，並且還有機會得到充分的休息，這個大概是她們一生之中第一次得到如此的休息的。經過陸續的友誼的談話，談論一些關於每個家庭中的與母親有興趣的各種問題，她們的眼光因此而變廣闊了。在家庭中所用的新的烹調方法與經驗，因而得到討論與交換。因此，恢復健康與休息的這幾個星期，也變成爲用新穎而有光明的思想，去鼓舞並且幫助她們心靈的時間了。

自然地，受到「母親與兒童」運動的好處的婦女，無論怎麼樣都不是限於國家社會主義黨的女黨員們，或者屬於任何階級的婦女。屬於「國社黨」的婦女，她所受的照顧之方式與程度，和那些屬於以先曾經反對國家社會主義的各政黨的婦女們是受同樣的待遇的。

這個基本原則，也應用在於放假日及爲恢復健康而送到鄉間的兒童們。在這一方面，現在的政權又表示出來，牠無意用强迫的方法以贏得全國的人心，反之，牠却經過一種實際而能生出看見的結果的影響，以贏得一心一意的選舉票。直到一九三四年末，被送到鄉間去恢復健康的兒童，有五十四萬五千一百一十五人。這些兒童，是在一種特備的家室中去居住和進餐。或者把他們當作爲農家的客人。從鄉村之中，有許多人挺身而前，對此辦法加以援手；因此乃使國社人民福利會能够爲兒童所實行的工作，達到這樣大的規模。從大城市及工業區出來的兒童，有五十多萬人，都是初次經驗到眞正的家庭是些什麼樣子。差不多是第一次，他們看見牲畜在草地上吃草，第一次他們感覺到鄉村地方之幽美，以及山陵，湖沼與海的美妙。因爲與農民之風俗習慣，及農村間的風俗與慶祝和宴樂相接觸，及與天然的幽靜的美景相接觸，並且與那種擁擠匆忙的城市相對比，他們乃得到了無比的奇特的經驗。最重要的是農人的工作能給城市的兒童的心靈以最深的印象。城市兒童的精神，又重新將其根本伸入到他的先人們的土壤之中了。當於這些兒童們回家之後，他們是帶着他所得到的新鮮的鄉村記憶一同回家的，並且他們要將在鄉村中所見的奇聞怪事及美麗的風景，都向他們的朋友遊伴們去敘說的。

因此，把兒童送到鄉間，不僅由此可以使兒童們恢復健康，並且還有一種教育的功用，這種功用，可以證明在這件工作中所費的大的努力是應當的。不僅這個工作的第一年得到了顯明的成功，而是一年比一年更加成功。這種成功之增加的比例，是與那受過訓練的婦女工作者之增加成正比。因此乃能够有力量去從事「母親與兒童」的工作。我們用不着去驚訝，家庭的生活，又重新受到正常的尊敬了。並且由於這個結果，生活的一般的標準乃提高了。金錢的幫助，並不是健全的家庭政策的最重要的，最重要的乃是這個事實，即這個政策是本着尊重那些受幫助的人民的個人之尊嚴而實行出來的。當於母親又回復了她的作母親及主婦的天然的職務時，當於丈夫用不着再去照顧家庭事務，而按着自然的需求去作工時，一旦這個家庭眞正地認識了國家之所以努力，使家庭中的小孩的健康與智力，有所長進，其目的是在使國民多作體力的工作時，那麼這種家庭尊嚴之恢復，必定能够償還了國家以先所曾經施給他們的好處了。

從事救濟工作的人們如看護婦，婦女會員，幼稚園教師，等等都是經過一番訓練的。通過這種訓練的合格人員愈多，則國社人民福利會所雇用的工作人員也愈增加。因爲有這樣的增加，所以謀人民福利的這個機關才能够爲母親和她們的孩童們供給極大的幫助，並設立供咨詢的機關。在一九三六年的前六個月之中，有一百三十九萬零七百九十位婦女，從國社人民福利會的咨詢機關，得到建議與幫助。在一九三七年九月，有二千六百一十六處固定的「育兒所」，一共可以收容二十五萬一千四百三十九個兒童。並且還有在收穫時期所設立的育兒所，可以收容四千一百十九人。在城鎮中在鄉村中的每個地方，在託兒所和兒童的家（譯者按：此處所指的「家」不是指普通家庭，乃是專爲兒童在鄉間所設立的家爲休息及恢復健康之用的）中，到處都有國社人民福利會的工作人員，紛忙地工作着。因爲要使公共的健康服務得到統一化，所以凡是在一九三四年，由國社人民福利會所設立的醫藥顧問機關，現在全都由政府的管理健康的機關去管轄了。有些「家」也被改變了，以應付某一種一定的需要。譬如說，我們現在有些「家」是專給年齡大一點的母親預備的，另有些「家」是專爲不久就要作母親的人預備的。因此乃有些特殊的家，在這些家中，母親們和她們的嬰孩得到看護與醫藥的照應。在那些專爲預期要作母親的人們所預備的家中，從嬰兒降生那日起，就教導母親怎樣的去照撫與哺飼她的嬰兒。她被教導：正當的哺飼並不是一定要花費多的金錢，甚至雖然花費相對的小，但是那種食物仍然可以包括嬰孩營養的必需的維生質素。

爲那些需要特殊保養與看護的兒童所設立的家，其數目也增加了很多。在收穫時期的幼稚園，孩童是很細心地被看護着，並且得到極優美的食物。他們學習去唱民歌，並且給他們講故事，及供給他們其他像這一類的小娛樂。因爲繁忙而勤苦工作的母親們，是沒有充分的時間，去爲小孩子們作這些事情的。這種收穫時期的幼稚園制度，已經一年比一年的增加，並且有極大的幫助，去增進孩童的健康之一般的標準。而且更進一層的是：這種制度，已經減低了對於兒童所生的意外危險的數目，並且還使小孩不去作損壞東西的舉動。於一年之間，凡家庭中所發生的火患，其中有五千件，已經表示出來是由於二歲到七歲的小孩子所致的。因此，這個收穫時期的幼稚園，使小孩不能任意弄火，所以解除了造成財產及生命的危險的一個大的禍源。

在現在的德國的困苦區域，不能不採取特別的辦法。由於與牙醫合作，國社人民福利會，曾經購買及訓練了六十個巡迴的牙科治療器具，及實地的治療人員。這個巡迴治療班，到各荒遠的鄉村小學裏，去爲小孩子們檢查牙齒，並且給他們以必須的治療。在一九三八年時，這種巡迴治牙班，將要達到現在的兩倍。他們發現：有許多「村會社」，其學校兒童之中，有百分之九十五的牙齒是不健全的。人們找到這事態之造成的原因，是由於不合適的哺飼所致。這樣的事情，由於與此相關的各種機關聯合的努力，在將來一定要被減除的。在下巴燕 (Nieder-Bayern)，國社人民福利會，現在正設置第一個健康站 (Health Station)，其用意在於：有系統地去照顧那些陷於天生來的疾病的青年人民們，並且採取最新式的方法，去將這種疾病治療痊愈，使其脫離痛苦。

所有這一切努力所得的結果，使我們發現嬰孩死亡率的曲線（譯者按：卽表示死亡率高低的統計圖線），已經發生了顯著的變化。在一短期間之內，嬰兒死亡率，從一九三一年所生的小孩之百分之八的死亡率，到一九三六年，減到百分之六點六。有人可以回答這個問題說：在最近十年間，就是在經濟不景氣最尖銳的時候，嬰兒死亡率也減低了。但是我們要記住：在這十年間的前一半所減低的比例比後一年小多了。　牠從來未超過百分之一點五。　在這種現象之外，我們必須加上一種事實，即自一九三三年以來，德國的大家庭的數目，曾有極大的增加，並且經驗指示出來，在大家庭中的嬰孩死亡率，比在小家庭中要高。　並且衞生的方法，在小家庭之中也比在大家庭易於遵守。　祇用這一點，就足够證明：現在的嬰兒死亡率比前幾年低，只少有一部分，是由於國社人民福利會採取的辦法所造成的。　「母親與兒童組」，及德國婦女會因爲在最近四年之間，救的生命大約有十四萬個小孩，牠們很可引此以自豪了。　如果沒有牠們的幫助，這些生命，大概最大部分都要死亡的。　在一九三四年，嬰孩降生後一年就死的數目，是一萬三千八百二十七人。　這個數目之中有百分之五十以上，是在降生後第一個月內就死的。　根據這種由事實而產生的教訓，於是乃採取了某種特殊的辦法。　國社人民福利會對於將要生產小孩的母親，加以特別的注意。　並且還有咨詢機關遍於各地，其目的在於供給生育知識的指導。

與希特勒青年團相密切的合作，國社人民福利會還曾經設立了一個照料「少年犯」的組織。　他們的行爲是由於不良的教養而來，如果將他們置於仁慈的薰陶之下，則這種薰陶的力量，將要使他們眞切地體會到他們所作的錯事之意義。　當於將這一步驟達到成功之時，乃再進一步，另走入一階段，在這階段上，乃從事對於性格的積極訓練。　對於那些已經證明出來難於教導的頑梗不馴的兒童們，也業經建立了「家」，讓他們在那裏居住，並加以照顧。　對於這個工作，希特勒青年團予以幫助，其所幫助之點是：將牠自己的那些「光榮行爲」的原則，灌輸到那些剛愎任性的少年們的心中。　最後，在勞作服務營之中，作了六個月的强迫工作，於是乃生出影響，把以先的那種剛愎任性的青年，又回到了另一種生活，這種生活正是他所以被領導去要達到的。

對於結核病的撲滅，也是國社人民福利會各種活動中的一個最重要的活動。這個問題，是極端重要的，不僅是在德國，而是在所有的文明國家。　結核病問題不是一個新的問題。　不過對於撲滅牠的方式，自古以來從未經有統一的處理。因爲這個理由，乃在一九三三年成立了一個中央委員會，專作撲滅結核病的工作。在這個委員會的組織之內，國社人民福利會與國立公共健康委員會連合起來，負責去添補這件工作的空隙，並且使撲滅這種疾病的工作更加有力——這種疾病，在已往凡是醫藥與健康保險機關，都不能够去對抗的。這並不是說解脫了別的機關對於這件工作的財政擔負，而是說國社人民福利會的主要的功用，不過是去監督那些擔負治療結核病的經費的機關們——各式各樣的社會保險機關，等等——使牠們能够一定地盡了他們的責任。僅僅當於按照保險契約等等訂的條件中所載明的錢財的幫助期滿了時，於是牠才把這個工作交與國社人民福利會，去擔負此後對於患病者的照料的責任。

撲滅結核病所採取的第一步，是剷除合適於這種病症發展及傳染的條件。經濟困苦，營養不足，居室的情形不合衛生，在冬季衣服不充足及熱量不足，這些點都是構成使小孩子們易於生這種病的條件。因爲將家庭生活，置於健康的基礎之上，所以有許多足以引向患結核病的起碼條件，是很成功地被取消了。這是很常見的情形，凡是爲他們自己及爲其家庭的生計而掙工錢的人，都怕捨棄了工作，都怕去受適當的治療；因爲他們想，如果那樣作，他們將要失掉工作位置。所以他們常常地試着把他們的病懸而不治。能延遲到多麼久，便延遲多麼久。雖然明明知道這樣作，則疾病更加劇烈，將要使最後痊癒的希望減少，並且，更甚的，他們也變成了與他們密接的週圍的人們的一個傳染的源泉，而他們仍是遲延不治。由於這些個原因，國社人民福利會乃採取有效的步驟，去保證每個病人：假設該病人肯立刻去從事治療，則不受經濟上的損失，並且繼續幫助到任何必需的長時間。換言之，國社人民福利會變成了家庭的保管人，並且使牠自己去負責，以謀其家庭的福利。

現在所賸下的問題，是去談談國社人民福利會的工作對於各式各樣的需要與職業所生的影響。爲了使牠的工作得以實行，牠需要受過訓練的人員，連男帶女，去作看護婦，幼稚園教員，家庭監督員，等等的工作。在一九三六年末，雇用在「母親與兒童組」的人數，達到二十七萬九千一百五十六人之多。凡是曾經完全被教會佔領，或者受教會保護的活動之工作範圍，現在是放在了國社人民福利會的手中了。這是一個很有意義的变換，因為這個工作範圍，是教育國族公團中的份子的一個最重要的工具。

國社人民福利會主要的工作之一，是訓練一種國家社會主義的從事保育工作的姊妹團體。看護婦為了她們的工作，要在醫院之中讀完兩年的課程，由此而受到訓練與學識。於是他們乃被雇用去當區護士，特別是在受到病苦的區域。這些位護士們，是為每塊地方的人民所訪問，並且是他們的忠實的幫忙者與顧問。區護士，凡是一切關於健康的問題，都應當委託給她，由她負責。從事保育工作的姊妹團體所設的母親居住所，並不是宗派的。看護婦們可以結婚。結婚後並不必放棄了她們職業上的實際工作。並且因此，為婦女所預備的職業，又已經開創了一個新的樣式。

每個國家，都願意有一個將要與牠的天然的傳統及理想而相符應的社會秩序。這是在歷史上第一次，德國現在開創了一個社會秩序，與整個的德國人民之渴望及理想相符應。在短短的五年之間，對於明確地去替代事務之老秩序之趨向，曾經作出一個大的進步。並且國社人民福利會是作這一切工作的開荒者。直到現在以來，所達到的成功之秘訣，是基於教育的制度。這種教育制度，領導着人民去真正的認識：個人對於社會的要求，必須與他對於這個同一的社會所盡的義務相等。

帳目報告

冬季救濟會所作的救助工作之總費用：

一九三三——三四…………三五〇・〇〇〇・三五六馬克

一九三四——三五…………三六〇・四九三・四三〇馬克

一九三五——三六…………三七一・九四三・九〇八馬克

一九三六——三七…………四〇八・三二三・一四〇馬克

上列的統計與數字，是從一九三六——三七年的總報告引用來的。

如用錢數來表示，則冬季救濟會在一九三六——三七年冬季，對於需要的人們所作的幫助工作，曾經估價如下：

食料，各種食品等等……………一二四・〇八〇・三〇四・〇二馬克

家庭用的燃料……………………六二・九三七・五九三・三六馬克

衣服……………………………七八・九六五・二六五・一四馬克

家庭用的物品…………………九・五七九・六七一・八九馬克

領物票及各種贈品………………三八・六三〇・〇四一・七二馬克

各項費用…………………………七・六五〇・一〇六・五三馬克

在一九三六——三七年，爲使在本年其餘各月所實行收集的必需品，分散的愈遠愈好起見，冬季救濟會，乃給德國紅十字會及其他社會福利機關一千六百萬馬克的津貼。　在這筆津貼費之外，從冬季救濟資金中，又給國社人民福利會三百萬馬克，用牠去作患結核病的病人之治療費用。

在一九三三——三七年，由冬季救濟會所施出去的各種應用物品如下：

馬鈴薯……………………一〇・九五六・〇三八亨威特

煤，焦煤及泥炭…………四二・五四三・四二〇亨威特

各種食料……………………二・五一二・四四八亨威特

衣服，鞋，家常亞蔴衫，床，被褥，等等

……………一三・六四七・四五九件或雙

免費飯食，學校及冬季救濟飯食……………三二・九八〇・五五九餐

凡在冬季救濟會管理下的免費戲票，音樂會票，電影票

……………三・七三四・七五二張

各式各樣的物品的贈物，例如書籍，樂器，玩具，等等

……………三・二一二・四六二件

在一九三六——三七年間，由德國國有鐵路，私有鐵路及輕便鐵路爲冬季救

濟會所運送的貨物，達五千三百十三萬二千一百二十八享威特。　這個共包括三千五百四十二列運貨車，每列車掛五十輛貨車。　因爲這些貨都是免費運輸，所以德國國有鐵路，私有鐵路，及輕便鐵路所貢獻的錢數有：一千七百五十二萬七千九百八十馬克零六個分尼。

由冬季救濟會所應當去幫助的人數已經減少了，由於此種事實，即可表現出來失業的人數，是繼續地減低了。　試舉例來看，在一九三三——三四年間，凡一千個居民之中，有二百五十三個人應當去幫助。　在一九三四——三五年，這個數目減低到二百十一人，並且在一九三五——三六年，減少到一百九十四人。上一年一九三六——三七，在一千個居民中祇有一百六十一人應當幫助。

在一九三六——三七年，從事冬季救濟工作的助理員們，其得薪金及報酬的人數，佔幫忙者的平均數的百分之點六。　那就是說在一百三十四萬九千零八位幫忙者之中，僅有百分之點六的人數，是掙薪金與報酬的。

在一九三六年到一九三七年，冬季救濟會的工作費用，是很小的。　這個費用，僅僅佔已經實行的救濟工作所費的錢款之總數的百分之一點八而已。

在一九三六年，於「國家休戚相關日」所收入的募款，比上一年所收入的，增加了一百五十七萬七千四百六十五個馬克七十分尼。　人們都稱「國家休戚相關日」爲向社會服務的人民總投票，這個投票的數目，在一九三六年，也增加了百分之三八點六。

與一九三五——三六年相比，星期日一道菜的捐款，所表示出來的收入爲：一百七十六萬九千八百六十七個馬克，五十個分尼。

在一九三六——三七年，在現在的德國所舉行的街頭募集，非常地成功。其收入爲三千五十三萬一千九百二十五個馬克二十四個分尼，比上年多出一千二百十二萬二千六百十個馬克九十五個分尼，或者是增加百分之六十五點七。

有一萬萬一千八百六十六萬二千一百七十八個冬救濟徽章，在街上賣出。比上年增加了四千七百三十五萬二千八百十九個。　與往年一樣，在貧苦的區域之中，將作這種徽章的本錢發還了，並且還幫助着去給一些副工作。

由冬季救濟會所發起的大衆聖餐慶祝會也是在一九三六——三七年實行的。屬於很貧窮家庭的小孩，有三百萬之多，都在這些個大衆聖餐慶祝宴會上得到歡樂，這種會的全數爲二萬三千個。

迄今冬季救濟會的資源，完全用在解除可怕的苦難上面，這是國社黨掌握政權時，所認定的目標。但是國家社會主義的福利服務工作的基本原則，並不是僅僅去撲滅全國所受的病症而已；而且是盡力之所能爲，去剷除這些致病的原因。循着這個方針，因經濟情形的不息地改進，乃使冬季救濟會，可以向別的方面去注意。在一九三六——三七年，有五千九百五十九萬七千四百六十九個馬克八十八個分尼，用在「母親與兒童組」及國立母親福利會方面。

在這種方式之下，「母親與兒童組」所作的工作，增加地非常之多。在一九三六年末「救濟與諮詢中心」之數目，是二萬六千二百七十九個。比上年增加了百分之三十七點七。這二萬六千二百七十九個「救濟與諮詢中心」所處理的人數爲三百四十一萬零八百四十八人。

在一九三六年，有十八萬五千八百四十五位將要生產的母親們，在坐蓐期中的母親們，是被看護了，並且還有九萬九千一百六十八個嬰孩。

從一九三四年五月起，到一九三六年底，在恢復健康期間受看護的母親有十七萬五千八百九十二人。全數的日期，是四百六十五萬七千三百十六日。在這個數目之中，僅是在一九三六年的恢復健康假期中被看護的母親，就有六萬九千八百七十六人。

在幼稚園工作這方面來說，平均每個月，給小孩子們的免費飯食，爲十七萬六千八百零三餐。

爲了減輕大家庭中母親的工作，及救濟患病的主婦，有八萬零八百十七次是：派遣特別的輔助的家庭幫忙者，或是替代母親去到她們平常的被雇傭的位置上去作工。

爲青年所設的恢復健康假期組，在一九三六年，於一個假期之中，就照應了四十一萬七千零七十二個青年。

在此地，我們所持的目標，是使嬰孩死亡率能到多麼低便多麼低，並且特別去注意生來便健康的小孩，使他將來，要發展成爲該種族的健康的標本。因此「母親與兒童組」對於我們將來的工作是有特殊的意義的。並且牠的工作範圍，也要一年比一年的增加。

評"人生之型式"

Lebensformen

王錦第評

著者：士榜格 (Eduard Spranger)。

英文譯者：皮格斯(Paul I. W. Pigors Ph. D.)。

中文譯者：董兆孚君

中譯本由長沙商務印書館出版，中華民國二十七年七月初版。

人生之型式原名爲：Lebensformen，英文譯本爲：Types of Men，董兆孚君的中文譯本，所根據的藍本是皮格斯 (Paul I. W. Pigors) 的英譯本。著者爲士榜格教授 (Eduard Spranger 董兆孚君譯爲斯普蘭格，筆者在過去介紹 Spranger 的時候都用士榜格，現仍從敝譯名），他是柏林大學哲學系主任，在教育學上是世界的權威，關於士榜格的生平，我們曾有幾篇文字介紹過(一)，現在就着人生之型式這本書介紹給大家，因爲這本書如果不是士榜格的頂基礎的一本著作，也是他著作中極重要的一部。

現在我們先把本書的目次列出，看看他講的是一些什麼問題：

第一卷　哲學的基礎

第一章　兩種心理學

(一)關於士榜格教授的著作翻譯的也有，介紹的也有，見中德學誌第一卷（研究與進步時期），第二卷的各期，以及第三卷第一期。最主要的有三篇論文請讀者參閱：

1　士榜格的教育及文化思想(第二卷第一期)

2　文化與國民性(第二卷第三期)

3　文化形態學(第三卷第一期)

第二章　精神科學之分析法與綜合法

第三章　個人的精神活動

第四章　社會的精神活動

第五章　基本的精神法則

第六章　自我圈與對象層

第七章　提要

第二卷　個性之理想上的基本型式

第一章　理論之型

第二章　經濟之型

第三章　藝術之型

第四章　社會之型

第五章　政治之型

第六章　宗教之型

第三卷　道德學之推論

第一章　道德問題

第二章　片面之道德學系統

第三章　公共道德與個人道德

第四章　價値之階層組織

第五章　個人理想

第四卷　精神結構之理解

第一章　複合型式

第二章　歷史的決定的型式

第三章　理解

第四章　生之律動

士榜格的這部巨著是心理學方面的撰述，在某屆國際心理學會曾以這部書爲討論的中心問題，心理學是研究人的科學；雖然心理學的產生在歷史上很久遠，不過它的進步卻是在晚近的幾十年。　從科學的發展史看來，天文學的產生最早，而進步最遲緩而有限制。　關於「人」的科學如心理學產生雖較晚，而近數十年的進步最快。　但是心理學究竟是晚近才惹起普遍興趣的科學，所以心理學的方法與成果不像物理學一樣，能有嚴密而統一的見解與範圍，對此羅素有一個趣味的說法，他說現代的物理學愈離開了「物」，而接近於「心」，心理學愈來愈離開了「心」而接近於「物」，羅素所說的心理學是指美國行為派的心理學而言，至於士榜格的人生之型式這部書所代表的觀點便是心理學依然是研究「心」的，換句話說，就是人類的精神，本書就是從人的「心靈」結構與型式為出發點，進而探討全部文化的機構，特別在教育思想方面特有卓見。

本書第一章至六章為文化哲學或精神科學的普遍性質的研究，士榜格將這種研究應用在精神方面的個性問題上，因而形成人生的各種不同的型式，這由於個人生活在文化環境或精神環境中，所以我們不研究社會環境是不會明白個性的精神狀態的，所以士榜格說：

> 個人為「共同」之二重性的成員，彼經反省之後，知彼之屬於該「共同」為「一部分」，並為「一雛形」，彼所以為一部分者，因彼對於該「共同」接受一切精神效果並賦與一切精神效果（用此等效果即可與一切政治活動相混合）。　因而與該「共同」發生一效果的相互關係。　……個人之所以為一雛形者，因彼可在其全部精神創作或至少在此等創作之一面，被視為全種類之一特殊情形，此特殊情形可型式地循環於該「共同」之一切成員中。
>
> 中譯人生之型式一一六頁

個人的精神活動與社會的精神活動是分離不開的，人只要還是人的時候，人就要生活在人的社會，他自社會「接受」一切精神效果，並且從個人向社會「賦與」一切精神效果，所以一切精神現象，即人文現象，都是個性的理想上的基本型式建立起來的。　士榜格於本書所企圖的是建立一種人文（精神）科學的心理學。所有人文科學，如政治學，社會學，宗教學，倫理學等都是以人爲出發點的學問，所以關於人文或精神現象的研究，必得由心理學爲之解釋才算有了根基。董君於中譯本的序言中有一段文字介紹本書的專有名詞，說得很簡要：

吾人創造一超個人意義以上之「精神成就」底活動，曰「精神活動」，客觀價值之實現曰「成就」，一切成就之組織曰「結構」，自成一系統之結構曰「型式」，一切型式交互融貫推盪複合之總體曰「文化」。

已成文化曰「客觀精神」；文化之道德嚮導（Cultural ethical directive）曰「規範精神」。任何精神之全體皆表現一特殊之「意義關係」或「價値關係」（意義常涉及價値），領會此意義關係或價値關係曰「理解」，理解之基礎曰「精神體驗」（「知」相通曰理解，「情」相通曰同情，「意」相通曰通感，而皆基於體驗）。

精神活動自內而外（創造），精神體驗自外而內（「吸納」，筆者按即接受」），內外相生（精神活動有름於精神體驗，而精神體驗引起新精神活動），表裏相輔（前者創造價値或意義，後者採納價値或意義以資創造），而精神備焉，文化成焉。

以上所說精神活動與精神體驗的交互關係，說得再淺顯一點，就是個人的精神與文化環境的關係，更說穿了來講，便是個人與環境的關係，不過士榜格於本書中所專心致意講的是人類心理中的精神作用與文化環境的關係，換句話說，士榜格就看人之所爲人的各種型式爲基礎，而構成他的文化心理學或文化哲學。在文化環境生活的人，有其自成一系統之結構曰「型式」，士榜格發現這等型式中的每一類型式都有一確定的「意義的與價値的」方向，成爲各類單獨結構中的一個支配的方向。（見中譯本一一八頁）

從心理學的立場區別人性的並不是一件稀奇的事情，正如士榜格在英譯本的序文所說，遠自希臘的顯歐夫拉斯圖（Theophrastus）於他所著的品性（Characters）一書中，便依照人的顯著情緒加以區分。我國學校制度未興之前，所謂

「私塾」時代兒童啓蒙書的三字經開頭便是「人之初，性本善」，性善與性惡問題是中國思想上所時常道及的；再如現代有人把人分爲兩類，一類是內傾性的，如詩人，哲學家，一類是外傾性的，如政治家，實業家；也有人把人分爲什麼神經質，等等；還有從道德的觀點分爲君子與小人之別，更有從政治觀點把人分爲先知先覺，後知後覺，不知不覺等；我們由這兒看來，古今中外對於人的分類學的研究（「人的分類學」一詞是筆者自撰的）是很普遍的，但是像士榜格於人生之型式一書中這樣的系統的研究，並由人生的型式爲出發點爲教育學，社會學，文化等…整個的人文科學建立了基礎工作，簡直可以說是空前的成就！

士榜格把人生的型式分爲六種類別，就是我們在本書目次中所已列出的理論型，經濟型，藝術型，社會型，政治型，宗教型，現在我們把每一型式的特質簡要的敘述一下，因爲這正像本書的名稱所告訴我們的是士榜格的中心問題，同時又是其他問題的基礎與出發點。

第一我們看屬於理論型的人，這樣的人抱着「同一化，差別化，普遍化，個別化，分析與結合，條理統系」的態度，他所要求的是客觀，所以無論在什麼時候，客觀成爲這樣人的態度，而一切主觀關係如情感與欲望，愛惜，恐懼與希望，都要後退而居其次。理論家在思維上是高超的，但是時常無力對付實際的生活問題，如瓦西斯克（Wasianski）在他所著的康特的晚年(Immanuel Kant in seinen letzten Lebensjahren)中說：『大理論家康特與小機械家朗普（Lampe），前者的頭腦，後者的兩手，都常爲一切沒有意義的物難住』，因爲「哲學的研究並不就是實際生活必要的」。如赫爾曼黎契(Hermann Reich)說保羅·溫德斐特(Paul von Winterfeidt)一天坐於書城中，甚至於沒有睡眠的榻舖，柏拉圖素來輕視人在經濟上的計算，斯賓諾沙（Spinoza）的謀生之道是磨眼鏡。

理論家有時誤解自己的本質，但是一入政界，他的界限立刻便顯出來。這樣的人好把教育當作唯一進化的途徑，各實證主義者自康多塞（Condorcet）至巴克爾（Buckle）以及現代各家都有這種理知獨斷的趨向。因爲理論家忘掉人不僅爲純粹的理性動物，就算我們原諒「所有人類的理知都屬平等，因一切正確思想都同樣」的錯誤，我們也必得主張：人的非理性的結構對於這等結果的平等仍爲一個永久的障礙。通常的理知主義者與急進主義者有一種政治上的同調，因爲他們將多方面的眞實建立於一切概念的普遍的基礎上。理論家容易是大同主義者，因爲民族的差異在理知結構中所包含的並不如在「想像」，「一切社會見地」，與「宗教」中那末多。

第二是屬於經濟型的人。人與自然時常是密切的互相作用着。一切自然產物滿足一切需要是這樣人的倫理學，「利」與「害」二範疇爲「經濟人」的支配的中心態度。從經濟的立場看，認識，藝術品，與宗教上的儀禮都是奢侈品，這種奢侈品在經濟繁榮時代雖被重視，但是到了饑饉的時候便毫無所用。

「經濟人」可以表現爲兩種極不同的形式，這就是生產者與消費者，然而這不過是一種經濟上的命名。因爲每一個人必然同時爲生產者與消費者。一個人的「經濟環境」與他的「需要」將決定生產與消費將孰占優勢。我們不能忘記的是：倘若一個人不爲經濟力量所限制，人類欲望將不止於一個確定的適度，而在滿足之點外，常繼續增進。

士榜格未曾把理論型僅限於各學者，同樣他也沒有把經濟型限於那每日尋麵包吃的人。總而言之，經濟人爲「在一切生活關係，將效用提高於其他一切價值之上」的人。從他看來，每一種東西是自我保存的一種資料，是天然生存競爭的一種憑藉，並且爲達到舒適生活的一種潛能，他使一切財產，能力，時間與空間經濟化，以便自身獲得最大的效果。所以經濟型也可以稱爲「實際型」，功利主義者便屬於這一類。依着這樣人解釋歌德的話：「任何無用之物都是一種累贅」（Was man nicht nützt, ist eine schwere Last），凡未經應用的知識純爲又不必需的頑石，「經濟型僅尋求能加以利用的智慧，不顧及純粹的客觀認識，與理論家的爲眞理而求眞理絕不相同。這種態度引起實用主義的發生，實用主義不承認任何特殊的認識法則，而只以爲任何在生物界有用或有害之物爲眞實式錯誤。

爲經濟動機所支配的人物與「現實」的關係，顯然比理論家的關係密切。經濟型在原始時代，功利的計較，常依着本能的確定性而活動，而在一切較高階段中，則常有一種熱望：其傾向必有一無限的目的。一般大資本家的活動常不是從純粹的經濟動機出發，而發自社會動機與政治動機。抽象的經濟傾向在多數情形中，實在超出純粹追求私人利益之上。我們可以說有利的觀念與生產的觀念成爲惡魔式的熱望。

屬於經濟型的人還有兩種過度的歧誤，一種是非生產的消費，我們稱之謂浪費者；另一種是不爲生活享用的獲得與儲蓄，我們稱之爲守財虜，這兩種經濟型上的邪道，在努力了解每一事物時，失去了眞正的生活意義，但也有剎那間的歡樂感覺。

第三是藝術型。人類生活包含着各種不同的價值境界，依着美的型式說，一切不同的價值都爲美的標準所標明。因此這種型於任何處所都注意那足以使他的自身的內部形成力擴大。知識對此雖然並非沒有貢獻，但是很少，因爲知識破壞直觀的事物，並且依着普遍眞實的一切概念，將一切事物加以分類，由此可以說明眞正美的型式對於概念事物的厭惡。概念的事物好像有一特定的缺欠，就是缺乏「可塑性」與「色彩」而成爲幾無生氣的死殼。

由上所述我們知道藝術型與理論型是不同的。同樣藝術與經濟型也是針鋒相對。任何人將美的對象加以應用的性質，這個對象便立刻成爲「技術的」或「道德的」對象。藝術家對於實際生活的一切需要是冷淡而無能的，恰與理論一樣。

藝術家並不是一個反社會的型式，但是個性是藝術家的財寶，創造的源泉，所以藝術家在一切社會關係中傾向於孤芳自賞。換句話說，個人主義與「不自菲薄」爲藝術型的特性。不過藝術家的意識中也含有權力的感情，正如理論家在知識中有這樣感情相同。美的型式從自己所有的範圍中尋求外部的權力手段，換句話說，就是尋求美術創造的一切效果。其手段就是語言，他用語言以期影響大衆。他也用裝飾的外貌，服飾及居住的華美，及與善於修詞的手段。但是每當「名譽心」一佔優勢時，那便成爲政治型的人物了。藝術家常爲貴族主義者與個人主義者，他的見地一被他人威脅時，便與世界相絕，如我們的詩人屈原便是這樣一個很好的例證，也就是所說：「余既厭世惡俗兮，寧不遠之乎？」

成爲藝術家致命傷的沒有甚於「服從超個人的一切社會勢力」。他純自美的觀點看國家，在有利的情況下，他把國看爲一個形式，在不利的情況下，他把國家看爲桎梏。由於這個理由，藝術家是自由主義者而欲限制國家的作用於一最低限度。如洪保德 (Humboldt) 與魏色雷歐波德(Leopold v. Wiese) 便作這種主張。

現在把藝術型與宗教的關係敘述一點。從藝術型看來，在美上重要之物便有最高價值，所以他的信念是一美的宗教。因此人間與天堂的嚴格二元論爲藝術型所不能接受。依照美的泛神論看來，世界之「美的宗教」的概念，爲萬有靈活論(Animismus)，如世萊爾瑪哈 (Schleiermacher) 對於宗教的分析，在他所著宗教講演錄 (Reden über die Religion) 中便顯出極顯著的美的宗教型式。他如何德林 (Hölderlin) 於著作中曾說過：「最美者既最神聖者。」

第四是屬於社會型的人。社會的性質於最高的發展中是「愛」，由愛可以產生一個確定的信念：一切生活皆相關聯，並且在本質上也許全爲一體。這種愛可以施於單獨的個人或一有限的團體；仍不失爲支配社會型生命的基本動力。人之所以愛一個人，或因眞美聖的價値都表現於這個人的生命與努力上，或因三者的聯合使這個人表現爲優越的人格。愛根本看別人（無論是一人或多人）爲價値之可能的附託者。社會型的人不是直接獨立而立於他人，我們可以說社會型式把他自有價値純爲反映於他人中的價値。

在完全之愛中，個性的一切範圍都消滅了。自我感情與相互感情，自我保全與自我犧牲，自由與斷念，都能全然合一。施愛之我與一多慾而自私之我絕不相同，前者爲一「超己之我」，這種超己之我在「他人之我」愈加充實起來。

任何人不能否認這種「重視他人的生活爲一價值之可能的附託者」的態度包含有宗教要素，不過這種宗教特性僅在任何人受這種眼光觀察時才顯著起來。社會型式也可以表現在較狹的形式中：妻可爲夫而生，母可爲子女而生，僕可爲主而生。雖然在這樣較低的階段，就是僅施於一人或少數人之愛，這樣的愛也必定表現爲生活中的中心動力，並且完全有與被愛之人結合的願望。

就社會型式看來，科學好像是包含物象過多，而包含心靈過少，知識使人矜持，而愛卻使人謙遜。基督教的箴言有：『愛基督教勝於具有廣博的知識』。科學的客觀性與愛的精神相反，特別當着人在客觀的現實中受公正的研究與觀察時相反尤甚。我們在「同情」或「傾服」時，或在「寬恕的狀態下，才感覺我們本身在社會境界中。如果願意把「愛」也成爲「正義」實在是一難事，因爲在正義中，常有一客觀理解的元素，與一切普遍法則的適用。沒有較高教養的偏愛者，很難同時是一個公正人，所謂「愛之欲其生，惡之欲其死」便是這種樣子。這可以稱爲片面的社會型，片面的社會態度占優勢到什麼時候，愛就將眞理逼入暗室到什麼時候。所以在一方面是誠實與正義，一方面是愛的時候，便易於產生悲劇式的矛盾。

社會型與經濟型也是相反的，凡是爲了自己而追求任何事物的人，不能爲他人而生，因此博愛足以毀滅經濟原理。例如梅爾·孔斐 (C. F. Meyer) 會經說過：「任何施愛的人常爲一浪費者。」

此外社會型與藝術型，宗教型，政治型等也無相類而自成一獨立的型式。簡約說吧，社會型式的活動從一擴大的自我出發，至少在社會型的人施愛之處，個性束縛全被突破。

第五是屬於政治型的人物。純粹的政治型式，使一切生活的價値境界，都效力於他的權力意志。政治型以爲認識不過是支配的一種手段。在實際論的社會學中把政治型描寫的最顯明：「觀察爲的是求知，求知爲的是預見未來，預見未來爲的是制御一切」(voir pour savoir, savoir pour prévoir, prévoir pour régler)，政治型人物的中心是權力，他對於人的觀察自如何始能加以統治的見地出發。

政治型的人有一特質，在他與下階人員相接觸時，極力不使別人窺透自己的底蘊，如一小說中所說：「別把自己完全讓別人知道，而永遠保持一種神祕，這就是一種藝術」，每一個權力人——即政治型的人物——必須培養這種使人「莫測高深」的性情。但是政治家必爲人類性質的實在主義的學者，一個教育家所注意的是「人可以作什麼樣的人」，而一個政治家所注意的是人「究竟是什麼樣的人」，這是教育家與政治家對於人看法的不同。

不過權力傾向的過度要求，有時陷於「協識脫離」(Hysterie)的狀態，晚近精神病理學對此已有證明。居上而不居下的態度是一切昏狂的出發點及支配的動力，一般精神病患者就有許多是權力意志的產物。並且在若干特定的條件下，他們將這種昏狂造成癲狂的生活計劃，我們只有從權力意志的見地，才了解這種根深蒂固的「自欺」，關於這一個問題，變態心理學家阿德勒(Alfred Adler)受了魏興革(Vaihinger)的「或然哲學」(Als-ob Philosophie)的影響而提倡這種說法。所以我們可以說「虛僞造作」是政治型的根本特質。

政治型與經濟型有關聯，然而終不相同。金錢常爲一種政治手段，不僅因爲金錢使人擺脫物質壓迫，並且供給一種影響他人的工具，由於大多數屬於經濟型，但是政治型獲得財富的態度，常不是經濟的態度而是政治的態度，用外交與條約的手段，用征服或勢力，任何人都能獲得財富而不必遵守經濟學的法則——即儲蓄與勞動的法則。

政治型的人顯出一種特有的兩面性：政治家的意志與爲人之故在精神上助人的欲望。一個純粹有權力意志者爲自重與自決的人，因此他不是一個溫和的朋友，而是憤世嫉俗者。任何人如果想治人的時候，就不喜爲他人而生，尼采的

「求權力的意志」(Wille zur Macht)便卑視博愛的精神與社會態度。權力意志使一個人自覺高於他人，並且需要認識與名譽及追求自由；而愛使我們包含於一切義務中。

政治型的威嚴跟着勢力範圍的擴大而增大，一個人在有兩人相從與一大隊人相從，便有截然不同的表現。我們在支配愈廣並所從屬的範圍也隨之增加的事實中，發現追求權力的特有辯證法。不遜之神(Hybris)是內心的危險物，這種危險物與追求權力的心理相伴，由此我們了解斯多亞派及其前輩犬儒學派的聰明人在「他已經完全獨立而無求於人」的狀態中，體驗他的最高權力的意識。

打算支配多數人者如果發現自己的權力不足時，他便建立團體爲自身的後盾，這樣才能產生超個人的精神力，權力心理學只有加上超個人的主體時才能完成。

還有一個問題也是我們要注意的，就是任何人在什麼樣的情況下用什麼方法治人的問題。有的個人主義者不擇任何手段與任何代價追求勢力，如中國的「過官癮」便是一個極好的例證。如果一個人想憑他的知識治人，這成爲現代的技術政治，憑他與趣化的人身顯身便成爲美的貴族主義或教育的貴族主義，憑他的財富求名則爲富人政治家，憑他的宗教活動就爲僧侶政治或神權政治。總而言之，在一切權力關係的社會結構中，都表現着「從屬」與「領導」的關係。

中國古典中有兩句話：「窮則獨善其身，達則兼善天下」，這便是追求權力意志「無入而不自得」的辦法，權力意志能否得着施展的機會，一半是靠人力，一半還要靠天命，但是「權力人」是永遠有野心的，傲視一切的，有自信的，就在現實中「不得意」，他會在莊嚴的孤獨中欣賞「自己的偉大」，「世人不夠理解自己」與「個人的獨立」等陶醉的感情，這種型式易與一美的想像的自我相結合，屈原在這種型式中又是一個典型的例子。尼采的內在權力的理想不過是「過屠門而大嚼」的未滿足的意識，還有那與人類絕交的賽斯馬利亞(Sils-Maria)的隱士也曾作過權力意志宣言。

第六是屬於宗教型的人。人類的體驗能相對的孤立，無論在情感方面或反省皆可不與全體生活相關聯。但是在另一方面，如果一個孤立的價值體驗（不拘如何主觀）在其對於全體生活意義的重要中被了解時，便有了宗教的意義，而這種宗教意義的價值，必然爲個人所能體驗的最高價值。最高價值體驗可爲一個完全主觀的心靈產物，可爲心靈內部的極頂或中心，不過常有與心靈相對抗的事物，就是影響心靈體驗結構的世界與命運。世界本身就是一個宗教概念，科學想在理論上了解全體終屬無效。

宗教意義爲「價值全體」的關係。這種價值全體關係在最高價值中達其極點。所以世界的意義，就是全體的意義，只可以用宗教的態度去體驗。宗教性的本質，必在尋求精神生活最高價值見到，尋求的條件爲無止與不滿，「余心迄無安息，或當安息於汝乎？」(cor meum irrequietum est, donec requiescat, Domine, in Te.) 一個人對於他的體驗中的最高價值辨識不明，就是沒有歸宿的人，只有彷徨失望。但是如果一個人於自身發現了最高價值而安息其中，他便體驗到超度與幸福。

一切宗教人物在他們確定的活動中，旣不爲一切效用的觀察與一堆實踐格言所決定，也不爲道德的時尚所決定。宗教型的人認爲心靈的超度高於心靈完全的與和諧的發展。因此宗教型式必須泯滅一切肉體的本能，並完全克服他的一切低級衝動。屬於宗教型的人可以分爲三種基本宗教型式：第一種型式根據下列的情感，「好人在冥冥中的衝動出於正當的意識」(Ein guter Mensch in seinem dunklen Drange ist sich des rechten Weges wohl bewusst)。第二種型式爲「不信一切有限的生活價值」與「堅決不信自己」的結果，便形成絕對克己主義。最後，在第三種型式中發展一「對於自己的各種動機加以詳細省察，以辨此等動機是否起源於較高的或較低的心靈境界」的傾向。

用宗教的術語說，最高世界價值，表現於個人的意識中而爲上帝的恩惠。命運能被一極强的反抗意志在精神上摧毁，或者在神性的定命口實之下艱忍支持，所以命運在宗教的態度中，愈不在理論上被了解爲一切環境間的純粹因果連繫，而被認爲世界最高價値秩序的結果，就宗教家說來，命運愈變成定命。在原始階段上，「定命」經過「神」「人」同形說的想像，可以加以理解，在一較高階段上，「定命」不是別的，就是人對於一切自身的成就必須有內心指導的眞正有價値的事物。祈禱也是這樣：在原始階段上，祈禱是依照任何人自己的欲望以影響一切事物的魔術手段；而在較高的精神階段，祈禱不過是對於價値能力的一種懇求。因爲主觀的幻想不能在世界進程中改變什麼事物，所以祈禱的效果只是給於任何人厭棄自己的生活而接受一確定的命運，或主張一最高價値的信仰。

人在現實生活上不易達到最高價値的境界，但是未達最高價値境界之前，不能算宗教態度，而祈禱便是補足這種缺欠的好辦法，這用佛教的術語說，稱爲「發心」。最後我們還有一個問題，假如一個人缺乏每一價値的確信時，將有什麼表現呢？缺乏了對於價値的確信，便等於完全放棄宗教態度，放棄了宗教態度的結果是虛無主義的產生，虛無思想認爲生活無意義，無價値。所謂「世紀末」的思想便屬於這種型式。雅斯波 (Karl Jaspers) 在他所著的現代的精神狀況 (Die geistige Situation der Zeit)一書中對於現代的虛無思想有很深刻的研究與見解。

以上是士榜格所分的人生六種基本型式，我們根據着原著簡略的把每一種型式的特色敍述了出來，在本書第三卷他講的是道德學的推論，不過人生之型式這本書是心理學——建立神精（人文）科學的心理——的著作，士榜格自己也說心理學的研究旣無權力，又無能力作各種道德的價値判斷，但是因爲道德也有它的心理學，並且自柏拉圖發現「眞」，「美」，「善」等三分法而善爲最高，有人加上宗教上「聖」的觀念爲一第四觀念，在這三個或四個觀念間的關係，不拘怎樣的差異，而我們已經假定道德學構成一特殊的價値階段。

道德問題的發生起源於價値的衝突。以上六種人生的型式，也可以說是人生的六種基本價値，在講心理學的時候，我們只問「是什麼」，但是在講道德心理學時我們要問「應該如何」，假如生活沒有衝突，便沒有道德問題的發生，所以士枋格說：

人固非僅生活於一種價值之中者，一切不同的價值體驗皆會集於彼之意識中，且在此種會集中，不僅同一種類之各種價值之等級有衝突，即各種不同種類之各種價值之等級有衝突，即各種不同種類之各種價值亦有之，屬於一切認識成就之價，在生活發展中可與政治成就之價值相衝突，私人之經濟價值可與社會之經濟價值相衝突，而宗教之價值則與美之價值衝突，其他類推（中譯本二八八頁）。

各種人生價值雖免不了衝突，但人生「求全」的要求是道德生活的出發點，同時也是歸宿點，我們設想一個人物，這個人包括一切價值方向，他的態度與行爲，都同等同時爲此等價值方向全部所決定，這樣的人雖然仍爲一個人，我們可以稱他爲「小宇宙先生」，這種浮士德式的人物生活於他的一切價值方向的「完全」中，並且只有同時滿足他的傾向於最高階段的一切精神衝動時，始能完全實現了他的使命，不過人的心力與體力的限制，不容他同時極度生活於此等方向全部之中，因爲他的一切價值傾向互相限制，也許更屬於一切不同的階段。

以上的討論可得如下的結果：第一，特殊的道德體驗源於衝突，一切衝突在道德生活結構中非特殊的現象，而爲一切道德體驗的先在條件。第二，一切主觀價值參加自我決定至若何時，在一種衝突中「服從最高者」的決意就有主觀價值至若何時，倘於此有一客觀的道德標準，那末客觀的價值必須爲決定的價值，不僅體驗者的天才與環境是決定的。道德學常以一切客觀的（眞實的）價值的比較爲根據。第三，吾人自始已將他與主觀價值對照下的客觀價值歸元爲一種規範的評價法則。客觀價值在體驗結構中不常被視爲易加肯定的一種本能的價值。但在意識中所表現的特殊形式，實在是義務的體驗。一切客觀價值都是如此，特別是一切道德價值更是這樣。因爲這些價值被認識於衝突中。（中譯本二八九頁）

我們以上所述的六種人生的型式，各有他的不同的價值體驗，這種價值體驗在日常生活中就可以觀察到，例如一個經濟型的人把吃飯，穿衣，住房看得比藝術型的人要根本，一個政治型的人可以犧牲一切，甚至身家性命，為了他的呼風喚雨，「大風起兮雲飛揚」的權力意志，一個宗教型的人寧願挨餓，受難，殺身去殉道，我們所謂「道不同不相為謀」在士榜格的人生之型式中才有更能深刻的了解。　不過「道不同」不僅「不相為謀」，並且有時互相衝突，道德問題的發生就在這兒作起點。

士榜格於片面之道德學系統一章中所講的便將由各自不同的價值體驗中產生的與之相應的道德學系。　他設有若干生活態度就有若干片面的道德學系統！（１）如與經濟型式相應的有功利主義的道德學系統，這種系統將一切價值歸元為效用價，換句話說，就是使每一種事物根本效力於生活的維持與環境的適應（見中譯本二九四頁）。　（２）與理論型式相應者，不是真理的道德學（此質為社會道德學一分支）而為普遍法則性的道德學。　所謂道德就是依據箴規而生活的意思（見中譯本二九五頁）。　（３）與藝術型式相應的第三片面道德形式，為內部形式的道德學系統。　這種道德學的本質是體驗的「個性」與「普遍性」聯合而為一「全體性」，在這種全體性中，每一種生活衝動，都依照他對於人格的重要程度而受正確的評價（見中譯本二九六頁）。　（４）與社會型式相應者為基督教的「非以役人，乃役於人」的道德學系統，這種道學的本質是「為他人而生」佛教的慈悲也屬於社會型（中譯本二九七頁）。　（５）與政治型式相應的為「自我肯定」的道德學系統，如尼采的超人哲學便是最典型的例，他在原始生物基礎上建立超人與權力意志，達爾文的物種原始 (Origin of Species) 為這種道德學樹立下科學的基礎（見中譯本二九八頁與二九九頁）。　（６）因為宗教性的本質為一切價值體驗對於最高價值的關係，與宗教型式相應者為神福，被神所愛，或邀神眷顧的道德學。　同時在宗教範圍中有兩種道德學的形式：就是生活最高擴張的道德學與生活最大限制的道德學（見中譯本三〇〇頁）。

人生有各種不同的型式，每一種型式有不同的價值體驗，價值體驗的衝突而有道德問題的發生，因爲道德問題而有與各樣型式對應的片面道德學的系統，現在繼續以上的問題所要討論是各種價值是否有階層組織？　換句話說，就是價值是否有等級？　因爲一個人不僅生活於一種價值之中，各種價值——就是經濟價值，藝術價值，社會價值，政治價值，及宗教價值——中什麼是重要的？　次要的？　它們的階層組織怎樣？　於本書第三卷第四章中便是討論這個問題的。這個問題對於個人生活或社會生活，特別在教育上，是極重要的關鍵，同時也是文化類型的所以有成立的可能；價值的不同與衝突，我們已經根據原著者略加敘述過了，現在討論的是價值是否有層級？　其層級組織又是什麼樣式？

任何人最初認爲一切經濟價值爲最高的價值（見中譯本三二二頁），誠然是一個人活着的必要條件是經濟的生活，一個人過日子就必得吃飯，穿衣，住房，不過必要的價值並不就是最高的價值，同時更不是充分的價值或條件，在某種特定的時間中，一切經濟價值，皆爲最迫切的價值，但是除了經濟的迫切價值，還有社會的，政治的，或宗教的……各方面的價值，例如一個作母親的人爲了兒女的利益而犧牲自己的迫切需要，自己不吃讓孩子吃，自己不穿讓孩子穿？　這是社會的價值超過經濟的價值。伯夷叔齊採食首陽山上，不食周粟，最後甚至餓死，這是政治的價值超過經濟價值的又一例。

關於價值層級的組織，士榜格說：

一切價值之眞正定義故有兩種事實：一切經濟價值皆爲最低之價值，而一切宗教價值則爲最高之價值（見中譯三二二頁）。

同時他又說過：

故於此，僅餘吾人應如何排列其他一切價值於功利價值與宗教價值兩極端之問題（見中譯本三二三頁）。

在文化的創造上作有價值的貢獻者，依士榜格講來分爲三個等級：其最大而極有影響的是宗教人物，第二型式，爲美術的創造力，最後爲哲學，黑格兒說哲學像是密涅發的梟」(Minerva's owl)。以上三種型式便是宗教型，藝術型及理論型。

我們於此不能詳細介紹士榜格府級組織的論據，但是他說過幾句話是我們所同意的：

任何僅在黑暗中觀望絕頂之人，實不能得絕頂之眞象。在吾人所見之物事以上，常有一較高的方面與有可塑性之一切價値判定，此等判定，皆發生於道德生活之爭鬬（見中譯本三四六頁）。

一切價値的府級組織好像一座高山一樣，我們「能知所先後」，便有發峯造極的一天。

現在我們用本書最末的幾句話結束這篇介紹文字，這是士榜格在作科學的研究後所唱的美麗而悲壯的一首詩一樣：

世固有「思想之翼不能負吾人超出其外」而「唯一寓言能暗示正義於不朽之本質」之地矣。倘吾人果將演奏生之律動於此强有力之究極的讚美詩中，必自彼「互相錯綜，互相鬬爭於人心之迷宮中」並「英雄的自苦惱之黑暗，躋於鎭定寧謐之精神狀態」之一切鬬奇競勝的主調中，詠出此表象的合唱曲：

快樂爲至美之神之火花

爲埃里西姆（Elysium 爲樂土之意）之女兒……但日耳曼人之心靈已深刻地體驗不幸之地獄，因此，在此心靈中，此種「雖然」之勝利，獨能爲極眞實之勝利焉。

關於人生之型式一書，以上好像是「讀書報告」(reading report)似的介紹過了。最後讓我們對於中文譯本再講幾句話。第一我們有一個主張——就算是一個偏見也好——反對用文言文翻譯外國現代的著作，至於外國的古典詩歌有時也須能用點文言表示古雅，簡潔，現代的著作最好別用文言翻譯。第二直譯固然有時可以用，但是總得盡量使讀者能懂，例如把(Ocean of beauty)譯作

「美海」雖然盡了直譯的能事，但是不懂德文或英文的讀者誰能知道是什麼意思呢？ 其他例子尙多，不勝枚舉。 第三是譯者採用日文所譯名詞的不當，例如把「上帝」譯作「神」，在我們中文中「上帝」與「神」的觀念大不相同，至少是在現代的口語中「上帝」成爲西洋文上 Gott 或 God 的專用語，而「神」還是有種混雜的用法。 我們並非說日文的專門漢字的外國譯語不能用，有的我國已經普遍的採用了，例如「哲學」一詞便是日人所先撰造的，但是不能任意的採用。

我自己也翻譯外國書，知道譯書的困難麻煩，所以在介紹的工作上不肯「吹毛求疵」，但是善意的「求全責備」不能沒有，但是我對於那些自己不動手去作，而又好說風涼話，打擊別人勇氣努力的人，我卻說：「只要做比不做好！ 只要有就比沒有好！」 歌德說人在努力前進的時候，錯誤是免不了的，我希望青年人都有這種精神，對於董兆孚君的譯這本士榜格教授的大著人生之型式同樣致給這種意思。

會務報告

一　叢書新刊　楊丙辰先生所譯赫貝爾短篇小說集（Hebbel: Erzählungen），前經列入本會所譯中德文化叢書，已由商務印書館出版，為該叢書之第十五種；內容計短篇小說十四篇，其中除兩篇曾見本誌二卷一期外（"獵人家中的一宿"及"保爾最堪紀念之夜"），其餘均未經發表。

二　德文夜校　本會夜校本年秋季，係於九月二十九日開課，計本校一年級兩班，二，三，四年級各一班，西城分校一，二，三年級各一班，均為每週上課兩次，每次一小時半；講師本校一年級為董逢曾先生及顧華先生，二年級為傅吾康先生，三年級及四年級為吳履侶先生，西城分校一年級為董逢曾先生，二年級為方志浵先生，三年級為衛福民先生。　此外西城分校一年級並加設一特班，每週授課四次，以期速成，係由衛德明先生擔任講授。　本校二年級及三年級每週亦各有加班一次，分別由吳履侶先生及衛德明先生擔任講授。　本會德文夜校本校及分校各班共有學生一百七十二人。

三　新譯書籍　本會編譯委員會三十年一月十六日開會時曾議決翻譯特雷持克之政治學（Treitschke: Politik）及布爾卡特之世界史論叢（Burckhardt: Weltgeschichtliche Betrachtungen）。現此兩書已由關琪桐先生着手翻譯，預計前一種可於一九四三年九月以前譯竣，後一種可於本年底以前譯竣。

研究與進步第一卷(即中德學誌第一卷)目錄

第一期目錄

(民國二十八年四月)

第二期目錄

(民國二十八年七月)

第三期目錄

(民國二十八年十月)

第四期目錄

(民國二十九年一月)

定價每册國幣貳角五分

中德學誌　第二卷　目錄

每冊定價國幣一元四角

每期末附書評及會務報告

本誌第三卷第一期目錄

本誌第三卷第二期目錄

本誌第三卷第三期目錄

中德學會編

中德文化叢書

一	魏蘭之介紹	賀 麟等譯著	一册	.40
二	陰謀與愛情	張富歲譯	一册	.70
三	工作學校要義	劉 鈞譯	一册	.45
四	德國史綱	魏以新譯	一册	1.30
五	女青年心理	劉 鈞譯	一册	.45
六	五十年來的德國學術	本會編譯	第一册 2.00 第二册 1.40 第三四册各1.00	
七	給一個青年詩人的十封信	馮 至譯	一册	.40
八	論德國民族性	楊丙辰譯	一册	.70
九	斯托姆小說集	魏以新譯	一册	1.80
十	德國史略	魏以新譯	一册	.70
十一	快樂的智識	梵 澄譯	一册	1.80
十二	湯若望傳	楊丙辰譯	(印刷中)	
十三	葛德論自著之浮士德	梵 澄譯	一册	.50
十四	論優美感覺與崇高感覺	關琪桐譯	一册	.40
十五	赫貝爾短篇小說集	楊丙辰譯	一册	1.20
十六	親和力	楊丙辰譯	(印刷中)	
十七	歷史之地理基礎	張星烺譯	(印刷中)	
十八	哲學論叢	關琪桐譯	(印刷中)	

商務印書館發行

特刊

一	德國留學指導書	張天麟編譯	一册	.40
二	今日德國教育	王錦第譯	一册	.45
	(此書商務印書館代售)			
三	統一國家之德國	弗立克著	一册	.15
四	德國現代思想問題	關琪桐譯	一册	.80

補助德語教材刊本

一	德華常用小字彙	孫用震編輯	一册	1.00

中德學誌編輯簡章 二十九年十月第一次重訂

1 本誌原名「研究與進步」，自第二卷起，擴充範圍，改用今名。

2 本誌錄稿，以由德文譯爲中文者爲主；除本會會員稿件外，並酌收外稿，但須將原文出處詳細註明，其原文不易見者，並須與譯稿一併寄來。

3 來稿本會有删改之權。

4 來稿中有中文人名書名等譯爲德文後，重行譯爲中文時，應請譯者援用原來字樣，幸勿另譯新名；其由德文譯爲中文者，除有慣用者外，以本會所定爲準。

5 來稿逕寄「中德學誌編輯委員會」，請勿寄交編者個人。

6 來稿經本誌決定採用者，酌給現金或本誌爲酬。

7 來稿經本誌給酬後，其版權即爲本會所有，原作人不得以其一部或全部在他處另行發表；在本誌發表後，他人亦不得轉載。

8 來稿不爲本誌選用者，均可退還，但須由原作人附寄郵費，如欲掛號寄還者，並須加附掛號郵費；郵遞如有遺失，本誌概不負責。

9 本誌除譯稿外，兼收介紹德國學術文化之著作，但以經本誌特約者爲限。

10 本簡章如有未盡事宜，得隨時修改之。

編輯者　中德學誌編輯委員會

出版者　中德學會
（北平地安門內黃化門大街西妞妞房二十號）

印刷者　京華印書局
（北平和平門外虎坊橋）

定價表	每季一册（郵費外加）	每年四册（郵費在內）
國內	國幣 1.40	國幣 5.00
德國	馬克 1.00	馬克 4.00
其他各國	美金 .50	美金 2.00

Bezugsbedingungen:	Einzelheft (Porto extra)	Ein Jahrgang, vier Hefte (einschliesslich Porto)
Innerhalb Chinas	Ch. $ 1.40	Ch. $ 5.—
Innerhalb Deutschlands	RM. 1.—	RM. 4.—
In anderen Ländern	US. $ -.50	US. $ 2.—

Zu beziehen durch das Deutschland-Institut, Peiping.
In Deutschland durch "Forschungen und Fortschritte", Berlin NW7, Unter den Linden 8.

AUS DEUTSCHEM GEISTESLEBEN

Herausgegeben vom

DEUTSCHLAND-INSTITUT, PEIPING

durch

Wolfgang Franke

unter Mitwirkung von

Dseng I-sin Achilles Fang Gu Hua Max Loehr

Yang Bing-tschen Yang Dsung-han

In Verbindung mit

Dr. Karl Kerkhof, Berlin

3. Jahrgang, Nr. 4 Dezember 1941

Abhandlungen

"Forschungen und Fortschritte"

Zeitgeschichtliches

Buchbesprechungen

Anschrift der Redaktion: Deutschland-Institut, Peiping (China), Huang-hua Men nei, Hsi Niu-niu Fang 20.

中德學志

沈兼士

《中德學志》編輯委員會 編

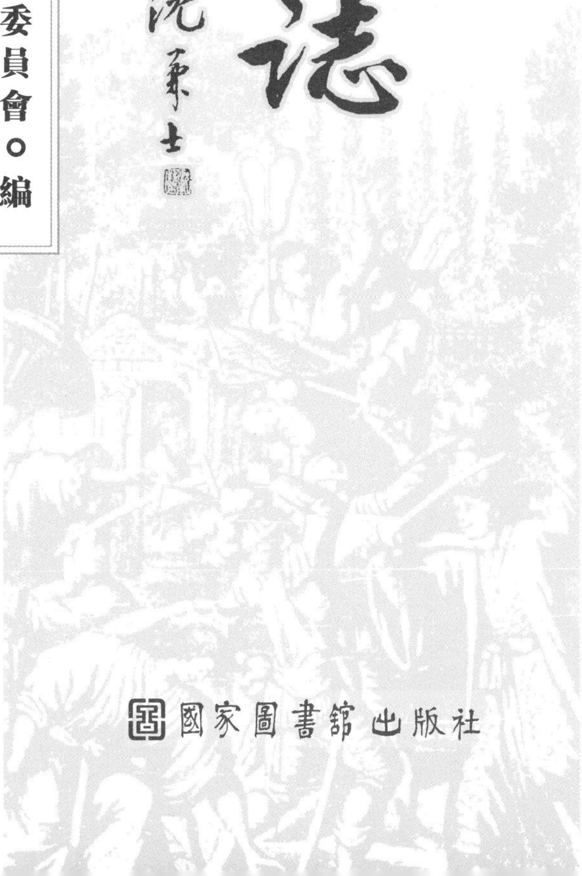

國家圖書館出版社

第四册目錄

第四卷第一期

第四卷第二期

第四卷第三期

中德學志

沈兼士

第四卷第一期（三十一年三月出版）

中 德 學 誌

北平中德學會出版

中德學誌

第四卷　　民國三十一年三月　　第一期

論著

翻譯

書評與介紹

會務報告

蘇德曼論(上篇)

Hermann Sudermann

畢樹棠著

在德國文學史上有一種很顯著的現象，便是每逢一個時期，最重要的文學作品或作家必有兩個同時出現，並駕齊驅，而且有時是相對而生，異曲同工。例如，最早在九世紀的時候，有兩部偉大的宗教敘事詩同時並存，一爲 Heliand，一爲 Evangelienbuch，其重要幾乎不相上下。降至霍亨斯陶薮 (Hohenstaufen)時代，Nibelungenlied 與 Kudrun 兩部史詩又互相媲美，前者無異爲德國之易利亞德 (Ilias)，後者亦無異爲德國之奧狄賽 (Odyssee)。與此同時代的武俠詩歌，又有艾愼巴赫·臥佛蘭 (Wolfram von Eschenbach) 與斯特拉斯堡·格特費 (Gottfried von Strassburg) 二人之作，表現了對於人生之適成相反的兩種見解。此後，德國文壇經過若干年代都可以說是平平無奇的膠着現象，到了十八世紀又起了動搖，生出互相對峙的勢力，這大可先以柯羅普史托克 (Friedrich Gottlieb Klopstock) 與雷興 (Gotthold Ephraim Lessing) 二人爲代表。繼之，又產生了歌德 (Wolfgang von Goethe) 與釋勒 (Friedrich von Schiller) 兩顆巨星，光耀燦爛，照徹了十八世紀末葉的德國文化。由我們看起來，歌德總算德國一個最偉大的文豪，然而在德國人心目中，歌德似乎並不是一時無匹的個獨享盛名者，如荷馬 (Homer) 之於希臘文學，或沙士比亞 (William Shakespeare) 之於英國文學也。到十九世紀裏，德國文學之富麗可謂空前，而歷經各個時期，其間最著名的作家每每是成雙相對而至，如克萊斯特 (Heinrich von Kleist) 與柯爾諾 (Theodor Körner)，烏蘭 (Johann Ludwig

Uhland) 與豪夫 (Wilhelm Hauff)，海湼與雷腦 (Nikolaus Lenau)，蓋貝爾 (Emmanuel Geibel) 與夫賴里格拉特 (Ferdinand Freiligrath)，格利杷册(Franz Grillparzer) 與赫貝爾 (Friedrich Hebbel)，雷特爾 (Fritz Reuter) 與謝非爾 (Viktor von Scheffel)，弗萊他 (Gustav Freytag) 與凱勒(Gottfried Keller)，海栔 (Paul Johann Ludwig Heyse)與史皮爾哈根 (Friedrich Spielhagen)，魏濮蘭德 (Adolf Wilbrandt) 與魏登布 (Ernst von Wildenbruch)，馬利特 (E. Marlitt) 與維爾納(Friedrich Ludwig Zacharias Werner)，以及哈克蘭德 (Friedrich Wilhelm von Hackländer)與格史太克 (Friedrich Gerstäcker)，都是顯著的例證。 此後便漸就步入接近當今的時代，卽俾斯麥以後與上次歐戰以前的期間，也便是造成近代德國文學的個簇新時間，這時也照樣有兩個最主要的作家似乎在相對而立，這兩個人是誰呢？ 我們可以毫無疑義的說一個是現猶健在的豪普特曼 (Gerhart Hauptmann)，一個便是業已死去的蘇德曼。

這兩個人在較近德國文學創作上有很大的影響，這是批評家所共同承認的，而且依然歸向於歷史上的前例，對他們採取了"兩雄並列"而"互異其趣"的態度。 他們兩個的文學事業在表面上頗有大體相似之處，同是把住一種目標，一齊勇猛前進，不顧一切的達到了盛名的極峯，而內在的抱負與修養在文藝中的實質成就，則大不相同，甚至可以說是相背而馳。 德國文學史家社累耳(Wilhelm Scherer) 曾有一種理論，說形成德國文學之動向有兩種互相敵對的勢力，作基本的競爭，這勢力之一種是男性的，一種便是女性的。 這個說法是否完全可以成立，自當別論，而拿來分別批評蘇德曼和豪普特曼，却是一針見血之論，最爲得體。 豪普特曼是高度情緒的，以神經銳敏的易感性，靈通於極盡其溫柔的微妙刺激，是一種有生殖性的卽女性的最高天才；反之，蘇德曼是一種健壯的男性性格，成於較爲粗野的質料，其細微處不够深入人心之最私的至境。 然而，他並不是一個差等的藝術家，因爲他對於人生表裏兩方的多樣事實，有豐富的自信與博通的知識，足與豪普特曼的純悟精解相抵稱也。 關於豪普特曼，過去已有不少的介紹與批評的文字，見於十餘年來的報章雜誌，讀者當已較爲熟習，而且蘇德曼去世已十餘年，論者已漸漸對他冷淡。豪普特曼至今還佔着老前輩的地位，雖然不怎麼活躍，却未完全隕沒，尙不時爲論者所樂道，他在德國文學史上的地位似乎較爲悠久些，所以這裏將他略過，本篇專論蘇德曼。

蘇德曼不僅是成名於德國的一位作家，他的小說大半都已譯成數國文字，他的劇本上演於歐美各國的諸大戲院，在當時新舊兩派作家中他都贏得崇高的地位，在這兩世紀交替的時期間，他是最孚衆望的世界作家之一，委實是一個時代的寵兒。他所以有此普遍的成功，不外兩種原因，一爲新穎的倫理，一爲諷刺的風格，前者是時勢的需要，後者是傳統的技巧，而二者又是一貫而生，相得益彰的。在蘇德曼的每一部作品裏，必銳利的標出一個生動的問題，而所有那些問題的發展都是作者以完全之知識的與道德的修養，去成立他的倫理思想，所以蘇德曼的文章的重要處固有多端，而其爲一種分明的教育事業實居首位。他的勇敢的與積極的呼聲喚醒了一種鳴鐘似的回應，操着權威的魄力引起了舉世的注意，注意那非常永恆與無限勢力中之社會的與知識的潛流。蘇德曼所撼動起的學說自然是一種新思想，他所接受的倫理法則自然對旣成的社會秩序是一種新反動，然而也就是一個新時代文化的啓蒙者，今日檢討一番，正是認識一段自由思想的好功課呢。本文主旨就是要將他的些主要作品一一論其大要，並且追尋出其倫理觀念之所在，當然更特別注重和德國一時輿論的關係，說是客觀的批評亦可，說是解釋一個作家的性格亦無不可也。

其次，講到諷刺的風格，本來在德國文學上是屢見不鮮的。誠然，德國民性表現於文學者，由整個上看，是俱有一種嚴重的體性，然而一經流入急性的血液，則最易變爲嘲弄與譏諷。譏諷之爲物不但在十六世紀的大行論辨的文學裏成爲主調，就在十八世紀的古典作品裏也居不小的部分。雷興的批評手筆固然是積極的崇高，而對於知識的鈍惰與藝術的空虛，則處處痛惡而深仇之。少年時代之歌德對於橫行一時的俗鄙與虛僞，亦大施其稚氣的酷刻誅伐。釋勒少年時較雷與與歌德尤爲奮激，對於當時之政治社會現狀攻擊不遺餘力。至如浪漫派諸子，本以麗情雅趣爲自高，一意寓譏諷於暗示，以成其雅技，而其鋒芒實未嘗消盡。後來起了"青年德意志"的反動，竟以無情的謾罵爲反抗虐民暴政的惟一利器，博爾內與海涅是這時期的兩個最大諷刺作家。後來，美學批評家飛世爾(Friedrich Theodor Vischer)之論，亦復如是。所謂"最新派"(Die Moderne)者，是最好以侵蝕性的嘲笑以透進近代生活的諸般現狀的，蘇德曼便是其中的一個最出色的諷刺家。

寫實主義往往是譏諷的根據，然而譏諷的性質則往往是超過事實的眞象。要表出一樁事之可鄙或可笑，作者便給牠描成一幅歪曲的圖畫，所以漫畫裏的寫實是有賴於合乎事實者少，而使着啓示聯想者多。諷刺作家所表現的事物並不想取其自外表所得之眞象，乃要描出其內在經驗所得啓示的眞個相似，乃以誇大而過甚的邪惡看法，以求達其譏諷的手段者也，乃重修事實之眞象，而無意於潤飾化或理想化者也。我們把這譏諷的境界分辨清楚了，便不難明白何以蘇德曼在當時一面被稱爲是一個徹底的最新派，而一面却是一個不熱心的寫實主義者。他不依着那自然主義者的最高要求，說甚麼絕對不准將他的個性--尤其是他的哲學一放射到他的作品裏。反之，我們確乎不難從他的文章裏得到蘇德曼這個人的眞面目。他是一個十足的近代人，在都市裏長成的，聰慧而有相當的世故，對世事又那麼通達，幾乎沒有能够欺瞞，疑難，甚至使他驚奇的事。這是我們對他所得到的第一個印象。其次，便是他爲人的直心宏懷與其同情的廣大豐富。進而，我們看出，他的大同主義絕未使他失去國性，且使他對於德國的國土與國民有一種强烈的親切情感，並有一種宗教的深念。在晚近國民自決心與精神謀出路的空氣中，蘇德曼對之既不是一個嘲弄不恭者，也不是一個漠不關心者。他的懷疑主義並不攻擊任何高尚的人道理想，因爲他自己就是此中的一個深切感醒者，他是不相信人類的動機，尤其是那世代相傳而不加思想的死板道德觀念。由蘇德曼言之，道德必須是以力得之，不是由傳而受者，是個人各別的，不是造成典型的。一個人的道德拯救之得失如何便是引起蘇德曼文學創作的興趣的問題，因爲在氣質上他雖然是一個懷疑者，他却清清楚楚在人性之中看到那潛伏着的道德之力，這些潛力一經得其自由，便自陳腐的熱過的日常生活之道德上升騰起來。因此，有這種體性的作家就很自然的抱有一種二重的目的——即一方面要暴烈的去動搖那社會道德的衰落機構，這種機構大半是停滯在外强中乾的社會習慣與妥協上，早已沒了維繫人類精神的實力；而同時要制止社會的整個崩毁，而且以其自己之支撐而持續的志氣以增强社會的氣力。他爲達到這類目的所設的企圖當然不能完全脫離戲劇化的矯飾，於是頭腦簡單的責難者便給蘇德曼加了一個頭銜，說他是一個裝摸作樣者，而成了一種批評。誠然，他沒在作品裏極力表露他自己的性格，却也沒能隱藏得不顯一些風色。他所描寫的人物很少和他自身恰恰相合，根本就沒想給自己作寫照。他沒有意和作品裏的羣衆相親密，而成心把自己隱在作品的後面。從這個地位中，他猛烈的落在那加色的隱動的避光的社會上，這種社會是他所痛恨疾惡的對象，乃從其黑影裏活動的隱密處把牠拖了出來，直抛在滿是陽光的街衢之中，任憑無情的照射。所以，蘇德曼旣不是一個夢昧的行吟者，也不是一個抒情的歌唱者，他是一個行動的推想者，一個自覺的利他主義者，這主義是由對一切在困苦中的生靈之最深同情，和對各種暴虐形體之最深厭惡，所激動而生者。而妙哉，這個堅決的裁判者與果敢的復仇者同時又是一個非常有力的藝術家。他的劇本可以說是德國這一派文學的最上品，至如他的小說，雖然產量較少，而在這一派文學上的成功更是毫無問題的。

上文已將蘇德曼的時代地位和他寫作態度的特點約略表過，有似一段總括的空談；下文試就其著作的產生次序做一番較詳的考察，以觀其實。先論小說，次及戲劇。

蘇德曼文名之成立，由於榮譽(Die Ehre)一劇之出演，時在一八八九年十一月二十七日，上演於柏林之雷興劇院。在那時以前，他的生活很困苦，不斷的在貧窮中作掙扎，做過私館教習，新聞記者，並爲各雜誌作零篇故事等事。他於一八五七年生於東普魯士的一個小村莊裏，父親是一個製酒爲業者，在那地方的酒家都不是很有錢的。他父親供給兒子入學校，因爲貧所困，竟至一度輟學，蘇德曼在十四歲上便落於易卜生（Ibsen）與豐坦（Fontane）的早年命運，在一家藥鋪裏做學徒。後來復學，畢業於梯爾西特（Tilsit）之高等普通學校，接着又在科尼斯借（Königsberg）大學研究語言學與史學。一八七七年到柏林，繼續研究工作，遂以此都城爲家，以寫戲曲小說成其文學事業，於一九二八年逝世，去今已十餘年矣。蘇德曼在近代文學運動中得到一個領袖的地位，當自一八八九年爲始，那時他已經出了一部短篇小說集，名在黃昏中（Im Zwielicht），又產生了他第一部最重要的長篇小說，名憂愁夫人（Frau Sorge）(一)，此書一出，他立刻聲價千倍，被承認爲一有奇才與偉力之作家，並爲一成熟之思想家，在文壇上的地位乃漸趨穩定。

憂愁夫人眞是一部憂鬱而愁暗的書。主人翁名麥保羅（Paul Mayhöfer），是個一生未得快樂的人，從未嘗着青春的滋味，自孩童的時候，不幸的父母吵鬧已散下了毒羂的種子。他父親是東普魯士一位鄉紳，自從安逸生活中敗落以後，便把餘年消磨在無情的麻木之中。小保羅承担了破產的父親的一切責任，不但爲過度努力的重量所壓倒，而且還負了一家道德保全的更大責任。自從他母親死後，再沒有一道光線接到那憂愁夫人所織的陰幛上來，而一天一天的圍緊了這個遲鈍的羞怯的寡歡的孩子。他抑鬱着機械着去幹他單調的工作，以安慰日漸衰老的父親和漠不關心的一對姊妹。保羅的勤勞竟得熬到成功，但是他剛以不倦的勞力恢復了業已失去的名譽，而更不名譽的事又苦到他身上來。他想起他母親來，他覺到給他兩個姊妹洗刷汚名是一件神聖的義務。他用盡了他的道德的英雄手段向那誘姦者理論，而無效，乃用粗暴的威脅手段强迫那懦夫俯首履

(一). 憂愁夫人有中文譯本，胡仲持譯，商務印書館出版。

行婚約。　可是經過這一次果敢的血洗的偉績之後，他又墜落在陰沉的厭然自棄之中。　他的家業是日見興盛，却沒有興會，因爲姊妹已經嫁了，他已沒了監護人的興奮之勁了。　他已被一種虛僞的無趣的人生觀所壓服住了。　這時他藉以達到極端自由的路却走上極其不調和的途程，因爲已進入懺悔的境界裏去了。　既而爲要保全一個鄰人的產業，脫開他那墮落的父親的一副奸計，保羅竟把自己的房舍放一把火燒了，因此自己又落於窮困，而且還判處兩年的罪役。　最後他走出監獄，一個眞正女子的愛在門口等着他，這幸福是他久已縈繞於心，而太無勇氣以追求者也。　故事到此已終，不過這樣心理問題的解決是不能使人滿意的，因爲情勢不是非此不可的。　保羅爲家事努力，鞠躬盡瘁，功成圓滿，爲甚麼心理走上幻滅的方向，這似乎不是必然的。其次，作者以銳敏而無畏的細查在他的小說中收入些事實的問題，對於青年女子與其謹心的長輩都似乎不大入耳，還有些旁的技巧問題也大可引起反對的批評，但是憂愁夫人一書雖然不免有些錯誤，總不失爲近代德國小說中的一部最上作品，不過讀者須有相當鑑賞的準則罷了。

兄弟與姊妹 (Die Geschwister) 是兩篇故事的一部合集，於一八八八年出版，在這兩篇小說裏都包含着和前一部書一樣的問題。　第一篇名磨坊哀史(Geschichte einer stillen Mühle)寫一個弟弟戀愛哥哥的妻子，悲劇達到高度的時候，是因爲損人者對於被損者感到了深刻的依憐，結果二人同死。　第二篇寫一個女子戀愛她姊姊的丈夫，先時她甘心願致那無用的姊姊於死地，後來因爲這種精神的犯罪，她自己也以一死報之。　我們從這兩個故事可以看出來，不受拘束的自由權不是作者所主張的。　道德的法則以悲劇的收場支持之，其力之堅有如歌德的親和力(Die Wahlverwandtschaften)一書中之所寫者，這兩部書在內裏頗有相似之處。　但是這裏沒有無趣的婚姻和膀說的宣傳，試觀那不幸的女主角俄爾嘎(Olga) 的反對社會傳統的一段話，可以知之。　其言曰：「我的愛法和你們兩個人都不一樣；我不會意志薄弱的；我不會偷偷的走了，和你似的說甚麼『這麼着是好些』。　我要拿我靈魂的火征服她，拿我臂腕的力戰勝她，我要把她擺到我胸上來，挾走到黑夜裏去，到荒野裏去，不管是甚麼去處，就算沒有太陽願為我們光照，沒有房屋願為我們安身，也不顧得。我情願同她餓死在路旁，也不願向拆散我們的世界乞求一絲的恩惠。這便是我要作的，設若我是你的話，洛伯。再說設若我是她的話，我要撲倒在你胸上，大笑着說道：『來呀，你沒有飯吃，我就為你乞討，你沒有床睡，我的膝就做你的枕頭，你有創傷，我拿眼淚洗淨牠，我要為你忍受一千個死，我要感謝上帝，感謝他允許我這樣做。』你聽，洛伯，這就是我戀愛的理想。」

在這部書以後，蘇德曼就寫了他那劃時代的劇本榮譽，留着後文論戲劇的時候一起詳談，在這裏先略過，繼續講他的第三部小說貓路(Der Katzensteg)(二)。

貓路於一八八九年出版，是一部歷史小說，然由各種義意言之，均不失為一偉大之作。這部慘史的背景是在一八一四年，正是德國歷史上光榮的一頁，作者藉着愛國傳統的判定與其自己愛國的強烈本性，而以懷疑的眼光徹底觀審這段過去的史迹，結果看出他的疑念是得確立了。眞個是一個悽慘的迷醒，對於很多愛國靈魂的一個重大打擊也。故事的成熟是在光榮的一八一四年，而醞釀却遠在七年之前，正是一八〇七年拿破崙征服普魯士之時。一位普魯士貴族名史蘭頓男爵(Baron von Schranden)者，因為他母親的關係而同情於波蘭，這時看着拿破崙興起，是波蘭的一線希望，只因為此希望所激動，乃惹下大逆不道的罪惡。有一支法國軍隊駐在他的爵邸裏，他強迫那十五歲的女孩子瑞金娜(Regina Hackelberg)指引着法國軍隊偷渡了所謂貓路，達到普魯士軍的背後。因攻於不備，把普軍殺得一人不留。後來這事揭穿，男爵乃大犯衆怒，爵邸被攻而焚燬。從此他住在劫後的殘邸中，慘淡而孤絕，惟有以陷機彈槍保衛自己的性命，和一切的交往都斷絕了，他成了個法律保護之外的人了。沒有人願意或胆敢給他做事，雖有諾大一份產業也等於無用了。只有兩個人還跟着他，一個

(二)貓路有成柏宗君中文譯本，題名血愛，光華書局出版　據說是由法文本傳譯的。

名瑞金娜，是他的侍婢，一個名柏來斯拉夫 (Boleslav)，是他的兒子。柏來斯拉夫在科尼斯倍學校讀書，忽然看出同學們都對他廻避起來，他知道了原因，立刻就離開學校，用了個假姓名入了一個著名的志願軍團，向法軍作戰。但是不幸得很，有他從前一位同窗也來入伍，他恐被發現，乃逃亡。接着又加入了一枝軍隊，經過一場惡戰，受傷，被虜，最後和議成立，乃歸家。此後便轉入瑞金娜的故事。史闊頓男爵剛去世，村裏衆人拒絕葬之以禮。柏來斯拉夫到場，瞧見瑞金娜在那裏正掘墳穴。他本來受的就是剛强自持的訓練，後來在顛沛之中，又養成了不屈的自尊與高尙的義務心，這時他回來給這老鄙夫盡最後的孝道，眼瞧着那瑞金娜正是他惟一的僥孽，因此待她便極其粗暴而賤視之。他招集了他同伍中的友伴來幫助着埋葬他父親，可是事情一過，他們就竟然無聲不響的離去了。於是柏來斯拉夫到此乃臨對着他的可怕的前途命運：「他的手將與人人相敵對，而人人的手也與他相敵對。」這時他等候着要決定他的前途，在這其間他寬恕了瑞金娜，讓她應了他的需要，管理諸事，她也貼心服侍，始終無二。不久，他爲她的崇高的不念舊惡之心所感動，竟且漸被這奇女子的鄉土柔媚所引住了，她雖然在早年自甘服從，墮落於恥辱與罪惡，但是他依然保存了她的眞純的性格，固定的忠實，貞潔的尊嚴。柏來斯拉夫壓住他對她的悟後深情，將全副精神貫注在他的工作上，他勇敢站立起來，以隻手之力蔑視那愛國的民衆。正是這般愛國者，他們咬牙切齒的一心要懲罰那第三輩甚至第四輩的人，使盡侮辱以供奉其空虛的偶象！好個柏來斯拉夫，眞是英雄，他努力，苦工，忍耐，咬定了牙要贖回他自己的愛國之名，終至第二次戰號之聲又吹鳴了。他沒作片刻的猶豫，好像這是他惟一的去路，把他養精蓄鋭的工夫一舉發出，響應了國家的呼召。這時瑞金娜已爲他鞠躬盡瘁，玉殞香消了，他把她葬理以後，自己亦爲祖國報之以光榮的死，成了一個無名的千古英雄。

這是故事的大略情節，從這段大略裏不難看出蘇謨之作是深受浪漫色染的影響，若進而作一完密的研究，更不難明瞭雖然故事的情趣那麼動人，人物與背景的安排又那麼自然，而貓路仍然是一部有力的教誨之作，和作者所有其他作品是一樣的成分，不過本書所含的教誨是愛國主義之眞假而已。　這類題材，蘇德曼用得很少，只後來在推霞(Teja)(三)一獨幕劇中再度表揚過那眞純的愛國精神，在那裏也流露出所謂愛國心者，不過是"無上命令"（Der kategorische Imperativ，康德倫理學中之名語）之必要的一着，藉以驅使英雄的行爲而已。　再試就蘇德曼的貓路與豪普特曼的沈鐘（Die Versunkene Glocke）一劇的主角，比較觀之，柏來斯拉夫是被社會的大不平所逼苦，而自己起而對同一社會擁護他的大丈夫義務的神聖，亨利（Heinrich）則是自圖的自損的，犧牲整個的社會甚至自己的家庭，以求對自己或自己所玄望的天才之一種義務的妄想，二者相對，正是一幅莊大的比照呢。

蘇德曼的第四部小說是伊歐闌德之結婚（Iolanthes Hochzeit，一八九二年出版），這部書旣無浪漫意味，亦不合於何種旨趣，只是寫得很漂亮的一個故事，因之價値爲之落低，尤其在德國讀者視之，單是講故事的技巧不能充分的得到賞識。　其次，一般讀者每易重視一個故事的新奇，而本書在這一點上也毫不顯著。　大意講一位冷酷的老大獨身者忽然試行一個過遲而無效的婚事打算。他剛結婚了，立刻又對生活之將改變大起驚惶，竟至就在他結婚的那天晚上把他新娶的妻子正式的許嫁於另一個人了。　於是他撫掌慶幸，作出兒戲的快樂，因爲從那討厭的桃色束縛之中得脫離了一身的担負。　誠然，這情節是太簡單了，然而作者就藉着這個簡單的故事作成一件小巧的地方藝術品，那喜人的音調從頭彈了出來，一直支持到末尾。　這故事是充溢着北部德意志地方生活的芬芳氣味，作者之單純描寫東普魯士未有更勝於此書者，這恰是一個那裏的鄉愚(Krautjunker)的一幅活現的寫照，一種混雜不清的性格，旣愚鈍而又傻樂，旣大方而又頑固，旣懷階級之自大而又抱愛國之專誠，旣重物質主義而又信仰理想，就是這麼一副怪物之象。　其次，這篇小說完全表露出蘇德曼的批評習性與

(三)推霞，有朱在舫譯文，見新潮一卷二期；沈鐘，有孫博中文譯本，開明書店出版。

其戲劇式的談風，而且一種機敏的暗嘲籠罩着字裏行間，有如一片稀薄的紗幕，正是這位譏諷大師的又一副面目也。

論到作者的第五部小說往事（Es war ，一八九四年出版），似乎有些地方是較次於憂愁夫人和貓路，但是我們要知道這部書是寫成了十年以後才問世的，自然不免有些微稚氣，可也顯然表出作者的非常之才與特具之力，亦自成佳作。要精細的明了這一部書，先要知道蘇德曼是一個抱相當程度的悲觀者。在他分析與察斷事物上，很明白的露出悲觀主義，然而他決不是從煙蔽的眼鏡裏窺視將來。他並不視當代人的道德成果為滿意，但是他對性格遺傳的信念並不像宿命論者之迂滯，他並不無條件的相信過去對於將來的勢力。一件已經犯了的罪不能算沒作，這是當然的，然而一種堅强的意志能毅然而起，與過去的錯誤所生的威脅結果作勝利之戰。但是，這却不能由懺悔而得之，這是蘇德曼給我們的教訓，和尼采（Friedrich Nietzsche）似的，將無生氣的後悔拋棄而永絕之，這世界不能為眼淚所感動，只能為功績所感動。一個人不能制止的要以豪爽而無畏的直言對他罪惡的過去一刀兩斷，這是惟一的需要，也便是往事一書中的主腦教旨。一個人若要恢復他的命運的勝利，必須把他的過去一掃而淨之，就如往事裏的主人翁，還沒有心曉澈這層道理，便能贖回他的自身，盡力補救他的過去，而再度變成一個污蹤的人。故事的情節是這樣：有個名瑟侖田（Leo Sellenthin）者，是一個熊腰虎背的大漢，精力滿足而無情的利己者，是在蘇德曼的作品裏常常見到的一種人物。他因為犯下兩重大罪，在本鄉立不住脚，就遠走高飛的避到美國，然而因為在本鄉留下一個撇不開的迷戀，把他又勾引回去了。他重返故土，就遇上他舊日作下宛孽裏的一位侶伴，名喚斐麗西（Felicitas），這時已是他的摯友烏瑞士（Ulrich）的妻子。他們倆這段不幸的姻緣結合，瑟侖田是負有責任的，因為當初他和斐麗西勾搭得臭聲四播，鬧得烏瑞士耳根不淨，曾忍不住向瑟侖田當面質問過，他却把和她通姦的事推得乾乾淨淨，說沒有那麼回事。現在，他又被這無恥的婆娘勾誘回來了，却整個失去了他心理的平衡與自尊，而且據他自己說，這樣下去，不久他要自趨毀滅了。　最後，他決意要和她一塊兒自殺，那女人急了，就當着瑟命田和她丈夫的面把這段事揭穿，加了一番解釋。　按着滿足一般小說讀者的習慣心情，這段案情的結果總離不了兩個人拿着手槍火拼，以作解決，然而大謬不然，烏瑞士竟一反德國士大夫之所爲，表出慷慨大量，把他的"朋友"饒恕了。　從此所有的罪罰都落在那斐麗西的美人肩上，而瑟命田則輕身大步重新走上一個得謀財富與愛情雙全的前途去了。　這樣的結局，在一般的倫理觀念上是頗難令人滿意，然而蘇德曼却非如此收場不可，這種武斷便是他的缺點之一。　他的小說戲本裏的人物大可恰恰分爲兩種，一種是主動的或有力的，一種是被動的或萎縮的，便是推進的與漂流的，前者是他所贊許的，而不顯其道德的特異，後者是他所同情，憐憫，責難，而輕蔑的。　一個人物要想得蘇德曼的尊重首先得賦有一種鎮靜自持的個性，一種獨創的自我。　在這種粗壯的學理中，至少絕沒有神秘之可言，沒有不實際之處也。

在蘇德曼的劇本裏也宣傳着這同樣的理想，而且比較在小說裏尤爲着重而強烈。　他的劇本大半都是社會戲劇，正像他的小說都是社會小說一樣。　這些戲劇小說之作，無異是以其鐵拳痛擊社會舊習慣所養成的保守範疇，而使之棄舊更新。　假使這位大諷刺家在憂愁夫人與往事兩部小說中運用了一種懲罰，那麼在榮譽 (Die Ehre)，故鄉 (Heimat)(四) 及索多謨之滅亡 (Sodoms Ende) 三個劇本中，他更變本加厲，那施出的懲罰有如蝎刺一般。　所以我們既然將蘇德曼的幾部小說大略談過了，現在進而來討論他的劇本，首先必須記在心裏的便是在這些戲中人物的後面正是一幅一幅的時代背景，是一些近代人生的社會問題。　但是，要表出這些劇本裏所生的衝突的一般根據，要表出這些衝突達到一個焦點和歸到牠們的結局所用的方法，我們就不得不先明白蘇德曼的社會哲學，這哲學是個甚麼樣子呢，茲約略述其大要如次。

(四)故鄉，有圭瑞中文譯本，女青年協會出版，係自英譯本名Magda轉譯。

由蘇德曼看來，人類社會不是一個堅固凝結的組織，而是一種分層的組織，這組織的每一層都是一個獨立世界的縮形。他以為，人類利益的永久戰爭便是接近的社會層層間的一種爭鬥。不論這戰爭之發生是貴族階級與中等階級的，或是資產階級與無產階級的，也不論加入鬥爭者是僱者與被僱者，是生產者與經紀者，是軍人與非軍人，或者用因蘇德曼而著名的兩個名詞，是"前屋人"與"後屋人"，反正都有一種必需的接觸，而生出當然的摩擦。這社會集群的孤立性很大，每一個階級皆自有其靈魂，生活各為獨立，和其他階級都互相敵對着。這個，誠如小說家史皮爾哈根 (Spielhagen) 所說，並不是一個甚麼新發現，要說是一種社會哲學，也可謂很簡單；但是在蘇德曼以前有誰曾將這個作成一個戲劇裏的題旨，而且那麼明顯呢？

既然社會的機構是如此，於是便時常有這樣的事，就是出來一個特出的人物，在發展他的優越天才的過程中却走出他生來所賦與的環境之外。假使這個人物對於故有環境束縛的斬斷力不够，假使為義務與憐憫心所驅使而保持了對於狹隘範圍的順從，假使習慣之力與家庭之愛把打破自己的桎梏的手停住了，那這個人還是不足道的，是該落於不幸的！若根據這幾個前提，就斷定蘇德曼的警告所指是要教這個失脫了家庭的人開倒車往回路上走，那就大錯而特錯，誤解了他的主要旨趣了。反之，他是極力提倡這種對現成社會的離棄，而毫無錯誤的走上達於自由的途徑的。至少，在他的初期作品中，他是注重個人較甚於社會集群，而他所喜歡的英雄似乎是為適合於自己的更高地位而奮爭者。茲就其劇作內容，試一一論之。

蘇德曼的第一個劇本就是榮譽（一八八九年十一月上演，一八九〇年出書），文名即以是大噪。這齣戲的旨趣是反對那一般的意見，說甚麼榮譽之為物是人人可以享有的一種最高理想佔有物；而尤特別反駁德國人對於個人名譽一節的流行觀念。特拉斯伯爵 (Trast) 是劇主人翁的顧問式的朋友，他要把那作怪的榮譽之說革除，而易之以人類的品行受公正的高尚觀念所支配，這就是表明作者的倫理見地，稱傳統的名譽為傳統的謊語之一種是也。在舞台上，這位出色的大同式的人物與作者頗有外表相似之處。特拉斯並不算與劇中情節有密切的關合，他的主要所在就是藉以宣佈上述的那種哲學，他以充滿妙語的滔滔辯才把這件事作成了。他的地位只是主角海內克(Robert Heinecke)的顧問，而以難得的態度大大的蹂躪了米林克(Kurt Mühlingk)和他的一羣快友，使我們不勝同情，且在苦笑之中把這一般時髦的放蕩少年加以譏諷擺佈，尤為令人痛快。在全劇之中，特拉斯所造出的印象是作者自己粉墨登場，在他自己的羣衆之中作出他自己的特性動作。特拉斯的重要處便是他作了蘇德曼哲學的解說者，所以他雖然不是榮譽一劇中的主角，却有首先說到他的必要。

他本是一位青年軍官，因為欠下賭債及其他原因受人白眼，不得已乃去職而退伍。經過多少年以後，他回來了，竟變成一個印度咖啡大王，富有資財，且操有商業上的勢力，那區區九萬元的欠債，他早已歸還，却半點沒能恢復他父親對他的歡心，更沒能恢復和他舊日朋輩交往的情形。一種變遷的經驗不僅教導他遠望到他過去和現在的社會地位的限界之外，而且指引他擺脫了一切階級的偏見而獨立。他於是成了一個生活藝術的老練家(Lebenskünstler)，成了歌德的麥司特維廉(Wilhelm Meister)式的個人物，終於學到了使境遇適合於自己的需要，而不使自己被適合於境遇，學到了要在生活的鍛鐵爐裏作一把鐵鎚，而不作那鐵砧。為描寫這個偉大的人格，作者證實了他雖然滿懷着先天的對祖國之愛，而實在却是一個以天下為一家的公民，試觀特拉斯之擺脫德國人中隨處有之的地方主義，其難得而可貴，可以知之。特拉斯始終是個世界的人物，無論和德國的商人與印度的酋長，在英國俱樂部裏與在大陸上的集會所裏，走進巴黎拉丁區的歡娛與紐約熱鬧區的喧嘩，他都同樣的處之融洽而自得。這個人惟有對正義俯首貼耳，對於旁的道德規律概不承認。這樣，他自然造成了一些強敵，但是他對於公論是恬然不顧的。他照例是獨行其是，把不相投的人們隔得遠遠的，不輕自失言露態。此外，他有完好的修養與自制，自恃而不傲慢，往往存心謹愼而動輒露出他的譏諷，這譏諷是銳利的而頗含着冷笑。特拉斯就是這麼一個難得的人物。

劇中主角是青年海內克，在老練的這位特拉斯保護之下，進步得廣知世事，雖然他還缺乏在困境中所需要的平衡力。他本出身微賤，而以其幹才與堅忍，加以時運之亨通，乃一躍而達到重要的商人地位。他服務於他的從前恩主米林克，經過好些年的不倦工作之後，他剛從印度支行回到柏林。在這些年海外經商的時期中，他是多麼樣的渴念他的雙親與姊妹呢？但是，一到了家，他立刻就覺出他對於自己家庭間的精神氣圍已不相習慣了，海內克和他的家庭之間的裂痕已明顯的暴露出來。雖然事前特拉斯曾警告過他，但是他往家走的時候卻沒對這事有半點的疑慮。此刻事實已開始向他步步明瞭，他不得不傾聽特拉斯的訓話：「一個人已脫落於他的階級之外，而又沒有勇氣使良心與之斷絕，這個人是很不幸的。」蓋由特拉斯觀之，也就是蘇德曼的見解，每一個階級都有一種不同的道德，而尤有一種特殊的名譽心也。海內克知道了他的幼妹阿瑪（Alma）在她大姊的保護之下竟和小米林克發生了不法而有利的關係，大吃一驚。在起始盛怒之下，他要求小米林克賠償他家庭名譽的損失，但是經過了一夜愁思之後，他想出了一個較好的辦法。他要把他的家庭拯出於一個泥潭之中，要在世界遠遠的一個角上建立起一個新家庭來。可是海內克這時又看出他家庭的整個鄙賤，他不幸生在這麼個階級裏，眞是羞恥之至，因爲他已看出來他的至親骨肉這在個無底的糊汚坑裏是如何的安然幸福。一雙父母對女兒的辱門汚節已久而不以爲意，老米林克已納了一筆大款給他們遮了羞，至如阿瑪，剛受了一度咒罵又樂得一番恩赦，她的婚姻前途又是光明的了，因爲她攏着一筆罪孽的財富，又成了一個更上的佳偶，比嫁奩裏藏着一副完全的婦德好得多呢。海內克亦再無好計可施，只有把這個無恥的家族棄之不顧。他本和米林克比鄰而居，鬧過這次風波，給米氏父子一個極短時間的不愉快，他便和他的新婦相偕而去，這新婦名倫諾（Lenore），心腸俠義而高尙，是小米林克的姊妹。統觀這一本戲，情節很夠錯雜，而殊不渾然天成，是定就的安排以動人者，至如技巧方面，則以惡貧穢富並列，亦不與當時自然主義相諧和。此劇最可稱讚之處是其聰明的辯論與攝取的環境，而不如其後來諸劇本之作遠甚。然以所有之事變歸結成一個悲劇，藉以反映出作者與其"第二自我"(alter ego)之忠厚天性，此則其不可及之價值也。

蘇德曼的第二部劇本是索多謨之滅亡 (Sodoms Ende)，於一八九一年間世，是對於柏林近代生活之邪惡的一種諷刺，在思想上仍然是與其他諸作是一貫的，在技巧上却更進爲自然主義的作風。所謂"索多謨之滅亡"是一幅繪畫，描寫死海之北的一座城，因其居民罪孽深重，上天降火燬滅之，故事原出於舊約創世記第十八與十九兩章。這戲裏的主角名雅尼各 (Willy Janikow)，是一個多才而頹委似的青年，有些地方頗使人想起易布生 (Henrik Ibsen) 的羣鬼 (Gjengangere)(五)一劇裏的與爾芬(Oswald Alving)那類的人物。這青年畫了一張索多謨之滅亡，一舉而名大振，而其出名的原因由於畫裏的道德成分者少，由於其嘲世之坦白者居多。他這張畫是以他慘淡悲光的玄想觸到了這一個死套傳統的畫題，所以把一個相沿已久的畫意一變而爲另一情調，成了迷醉肉慾與追求狂歡的一幅可怕的諷喻。這種作品本來難得有眞正修養的藝術家的欣賞，而在柏林的富貴士大夫之羣，多以刺激與享樂爲得趣者，却很能接受這類的情調。其中有一位名魏斯博士 (Weisse) 的，是一個頗有雋智與明眼而德性衰頹入暮的閒散先生，就對這件藝術品稱許不置，說甚麼：「這個畫題何祇經人用過了千百次，可都是些甚麼式樣呢？總是在前景中畫上一塊巖石，上面立着善主羅得 (Lot)，四面環繞着些牛驢之類，再稍後而是他的妻子化成一根鹽柱，遠處再畫的是好像三枝燃着的火柴。如此而已，千篇一律！」這位博士是好壞時運都經營過，作過抒情詩人，轉而又作批評家，很能適境應變，着實享過大名，而光榮今已過去。蘇德曼對於這種寄生物的態度，我們是不問而知的，所以緊對

(五)易卜生的羣鬼，有潘家洵譯本，收入易卜生集第一册，商務印書館出版。

着這類道德枯冷了的人物又站出來一位忠實的李曼教授（Riemann），與之極端相反。這個人是保持着他的未經損壞的心，以敵抗一切離心的邪惡，他用不着尼采的那誘人入勝的"超善惡論"，對於中庸而平凡的儕輩乃能作清醒而公正之論者。他對雅尼各道：「請讓我對於你的宣惡福音，任從我自己的看法。」在蘇德曼的每一個劇本裏，必有一個角色似乎是代表作者發表意見的，而在索多謨之滅亡中，無疑的李曼教授便是特別担任這個任務的。一個人經過多少失敗與墮落，只要最後他已達到一種澄淸而確定的獨立性格，蘇德曼可以原諒他所有的罪惡，他尊重那有力的"生存意志"，但是對於那自命爲"超人"者流，他是半點憐惜也沒有，他是完全沒有頹廢之氣的。

其次，蘇德曼好用對比的描寫以制勝，在這戲裏，雅尼各的父母受貧而苦工，那狹隘的居舍正與投機家巴來諾司基（Barezinowsky）的壯麗建築毗連而相映成趣。這個家庭是無恥的暴富之徒與無羈的酒色之徒的一個道地的居聚之所。青年雅尼各在這種淫靡橫逆的惡窟中，很容易受那敗德的傳染，他之所以成爲那等人物，本不足怪。而那成熟的亞達夫人（Frau Adah），她那爽快的姪女姬第（Kitty），及可憐的藴勒麗（Klärchen Fröhlich）爲甚麼都發了瘋似的給他出力，這就很難解了。在一段時間裏，事情是平靜的順行着。雅尼各不是一個眞正的壞人，因爲要壞，至少也得有點性格。他只是極端下賤的浪人與不及格的利己主義者之一種混合性，凡有引誘他處，他都不禁沾染之，這是他的最壞之點。那麼他是否只算一個無損於人的懶惰者呢？不，絕不是。這種在半路上迷失正當方向的人，結果不只自趨毀滅，旁人也連帶遭殃。所以雅尼各在這短短五幕戲的時景裏，破壞了六個人的幸福。最後到結局的時候，他對藴勒麗和他的至友克拉麥（Kramer）作過兩重惡行之後，他嗚咽着懇求道：「對我行最後一次好事，殺了我吧。」劇中主角旣不能乘機自殺，作者只得以一次極不自然之流血結之。

這個戲有幾點不得不使我們佩服，第一描寫一種社會階級極其生動，這動景在柏林，而滔滔者天下皆是也。　第二是全劇構成的技巧極其精鍊，有幾件事安排得極盡戲藝之能事。　第三，這戲是寫實之作，而未達生活之眞實，是一段諷諷，諷諷往往是過火的，然而雖是不深入事實，而在事實上也並非不可能。　他是在生活中作擴大的觀察，而不是有意採取生活之一段，沒有意將日常生活的這這般般收到戲裏。　他是有一種力，卽以技巧之力造成戲劇的眞實，換言之，一本戲的眞實就在於寫戲者以其才力使我們把幻象接受爲事實，此卽蘇德曼之謂也。

在索多讃之滅亡之後二年，卽一八九三，蘇德曼復作故鄉（Heimat）一劇，首次出演。　這個戲是較爲離開了前一本戲的自然主義而再用榮譽裏的那種折衷的方法。　這個戲所包含的又是一個社會的衝突，是擁護蘇德曼的社會思想的一部最有聲有色之作，所以也最著名。　此次，戲裏的主角是一位女子，一位奮發向前的女子。　讀者要認淸，在蘇德曼戲本裏所寫的"婦女解放"已經不是在那時二十年前之所謂"婦女解放運動"的義意，那時一般新作家對婦女問題的看法都以爲已經過了理論的階段，德國女子之要求一切與男子平等一節也已經走上實際上的順路，所以這時若要向前途已定之勢開倒車，是完全不可能的。

馬格達（Magda）因爲要保全自己，不受她父親的專制，於好多年前已離開了她的老家。　她父親之爲人，是用一種小朝廷式的威風治理他的家庭，依着他自己的理想，採用强迫的訓練，以注入一種徹底武德尊嚴的崇拜。　他們父女分裂的直接原因就是因爲馬格達拒絕許嫁於少年黑富特丁（Heffterdingk）一事。她離家到了柏林，先給一位老太太做侶伴，住了一年，她決意要度舞台生活。她父親聽到這個丢臉的消息，大生厥氣，竟得了中風病，終身不得復原，於是不得不脫離軍職，好一個可怕的打擊！　反正他一切的不幸都是由馬格達這妮子而起。　至如馬格達，她自己的命運又如何呢？　完全爲父親所棄，獨居於柏林，她掙扎着打開她自己的事業前途，竟爲一位青年律師的引誘所陷迷。　既而被棄，復操藝術家之業，一折二磨，竟達到最後的成功，成了一個聲名遠播的歌劇台柱。於是藉着她舞台的名子，重遊故鄉，就地在一個大音樂會裏露出她明星的地位。這時她對於她父親昔時之暴橫還很清楚的記在心裏，她的憤恨尚兀自未消。然而因爲一心無私的黑富特丁之勸說，她讓步了，和老父言歸于好，她父親一方而也因黑牧師之力，雖然初時大動宿怒，後來也就允許接見她了。馬格達知道她和家裏的人沒有協和之可言，只是一種憐憫之心引着她回顧到家裏，所以原無心從旅館裏搬回故居，只故作取悅老父之舉耳。這是一個轉局之點，假使馬格達只要保持她自己的立場，便不至發生悲劇，而只因從旅館裏搬回家裏這一舉動，遂定下了結局的命運。衝突之不免發生是很明顯的，馬格達之自由自性式的生活和她家人之謹拘狹守式的生活，一方面是演戲的放蕩，一方面是禮法的死規，這差比是相去很遠的。她似乎不能久住下去，等那糾紛的來臨，她不是一個尋常的冒險者，然而事實却不如此。馬格達以不得動問她過去的生活爲條件，重入了她父親的家。果然不久，他親耳聽見了她的秘密，而且事情是一件接着一件的發生，其勢日熾。老頭子羞憤難當，竟至不知所措。他自來沒這樣緘默，讓女兒任情自便，至如此極。他已很多年拿她當個路人看待，無論她變個甚麼東西，他都置之腦後，無意聞問，甚至她的名子在家裏都不准有人提及。但是他是穿過朝廷的制服的，名譽心是時時驅使着他要瀕於爆發，這時他惟一的心腸就是要刷洗這玷辱門庭的汚點。但是還有一線希望，便是有一位凱勒博士(Dr. Keller)正勾引馬格達，一定要娶她。這時這位博士是施瓦采(Schwartze)的政治密友，而施瓦采又是宗教界的要人，是崇德高行的顯著擁護者，所以這門親事若得結成，老頭子的家聲便可重振。凱勒之爲人，是可厭的僞善者之眞實代表，在德國所謂“攢營家”(Strebertum)者是，他不管馬格達的從心裏的輕視他，而只要利用她的缺乏經驗。婚姻的提議竟開始進行，因爲黑富特丁牧師的好意斡旋，她竟接受了婚議。接着凱勒就提出了條件，馬格達必須脫離舞台，這一層自可辦到，進而他又要求她永遠和她的孩子分離，這是最後的難關，她一怒就要把他趕出去。但是這時老頭子站了出來，要强迫她接收這個苛刻的要求，來到這時，馬格達感覺出她本已脫出了父權的拳籠，而今又套到頸子上來，於是起而反抗，至少她不能把孩子犧牲在這樣暴虐裏。她這樣決爭自由的動機，不是自私，聽她高傲的呼道：「我是我自己，決不能把自己失掉了，」這是不錯的。我們已看見她預備屈服，要忍受個人自由之削減，要放棄她個人的光輝事業，無非爲着她的老父，因爲對他自覺抱愧，藉此以謀補報。但是現在她的母性本能反叛了，當她想起這種可惡的犧牲是道德一般規律的制裁，她於是把這規律踏成粉碎。她在憤怒徹骨之下，也不再顧念她父親了。她爲使這婚姻決裂到底，乃暗示她和些旁人私通，也許是沒影的事。老頭子見勢無可挽回，急了，拿起手槍來就要打死這自認爲娼妓的女兒，不想一氣昏倒，就嗚呼哀哉了。就這死屍身上，馬格達重新踏上她過去的自由之路，自然不能沒有一些精神的自罰，因爲她父親的痛苦與慘死，她良心上永遠不能完全自釋其內疚也。但是故鄉裏的女英雄這時雖在痛楚之中，却是煥然獨立於悲非之中矣。

隱處之幸福 (Das Glück im Winkel) 一劇於一八九六年出世，其中心人物也是一位女子，名伊麗撒白 (Elisabeth)，在行爲上與故鄉裏的馬格達是完全相反的。她是"一個懷有聖母靈魂的信仰酒神者"，把結婚一事看做一個避難所，高尚的人爲引誘所迫時，可以在這避難所裏尋得庇護與安全。要不然，她如何能應許嫁給一個老年的校長，他縱然有一顆慈善的心和很多眞價的品性，却不可愛呢？及至引誘又來了的時候，正是她à逃脫過的個男子，她既缺乏力量默默忍受她自作的殉節，又沒有勇氣像馬格達似的推翻她的羇絆。要決定她的命運，是需要另一種人格之超等的德性毅力。雖然這個並無損於伊麗撒白品性之高貴，然而却已難稱她爲一個女英雄，那麼是誰來補充這戲裏的主角地位呢？能否是羅克尼次 (Röcknitz) 呢？他是個運動家，是這戲裏的個"强人"，胸膛極大而良心特差者。他漫無羞恥的故作"超人"(Übermensch)，而作得一敗塗地。原因就在他不但隔超人很遠，而且連常人都夠不上，所以在他和伊麗撒白的丈夫衛德曼 (Wiedemann) 之間我們始終等不到一番解釋。他自作誇大的說，他不竊取後者的幸福，却毫不客氣的當面奪取之，這算甚麼呢？ 伊麗撒自既避免了爲丈夫而自戕，而自退隱於所謂"隱處的幸福"，她的心腸之改變恐怕是由於對維克尼次的失望，由失望而入於幻滅，正如由於衛德曼之愛情的寬宏大量，有以制服之。 在他們夫婦之間的最後解和上，作者似乎以全力爲男子的高懷豪氣以得人之同情。 原來伊麗撒自是維氏一家人的個無家可歸的窮親戚，衛德曼之向她求婚大半是出於一種博愛的動機，因爲他猜想她已經是被一個不忠實的愛人所糟塌了。 但是她有她的天眞與女子的尊嚴，她對這種猜疑生出憤慨，也是自然的事。 衛德曼的憐憫之心而混雜着愛慕，驚奇，與輕蔑的心理，也是明眼人所能洞見的，這是否能加强人們對他的喜悅，也似乎是問題。 總之這齣戲結束得殊爲費力。 伊麗撒自算是終身秘密的愛着維克尼次，而她已經知道輕視他了，危險算是脫開了。但是她能進而愛她丈夫麼？ 這樣年長而老成的人，只是心腸仁慈與胸懷好德，別無在她眼裏可重視之處，這種結合對那樣一個女子有幸福的可能麼？ 在伊麗撒自的幸福上是浮着一個很大的問號的。 蘇德曼自己的哲學就引動起這個問題，他們倆是屬於兩個不同的世界，他們的愛是一種妥協的愛，在這個婚姻上是有一個悲慘的污點的，這污點之上覆着一重補丁，這補丁能黏住而永遠不動麼？

故鄉是蘇德曼最成功的劇本，在流行上隱處的幸福是差得遠了。 原因大概就在一個孤女的性格不如那明星女伶的想像之能投時好。 不過這個戲却是很有重要性的，其義意便是：馬格達以其有力之個性打出了她自己的命運，而伊麗撒自則以較差的性格不得不滿足於傳統的習慣所分給她的一分命運。 其次，這一本戲也標出了衛護公認的道德之一明顯轉變，也就是作者的倫理思想之又一步。同樣，這也是作者的一個藝術問題的最後試驗，便是兩個互異的境界之衝擊，這個此後已不再是他的切近的興趣了。

在上述兩個戲本之間，即一八九五年，蘇德曼還寫了一本戲，名蝴蝶之戰 (Die Schmetterlingsschlacht)，是一個喜劇，而却不怎麼教人喜歡，也似乎比較沒有永久的價值。 不過以寫實的情景而言，這也是作者最出力的一番工夫，較之以前諸作，有過之無不及。 把小官僚階級的親切生活整個暴露出來，將其擺出的窮相與製造階級之另一種不同的艱苦，作成一個顯著的對比，而以赫爾根提姆(Hergentheim)和般克曼 (Winkelmann) 兩個家庭作代表以表現之。 般家的馬克司 (Max) 是一個理想家，看出自己是在這兩個階級之間而又超出其上的，實在他的情感與行為也確實是站在二者以上的水準上。 赫氏的丈夫早亡，留下一羣女兒，大的名埃爾薩 (Elsa) ，青年守寡，已經和一位遊商名克西來(Kessler)的在暗中勾搭得火熱，而她最小的妹妹羅細 (Rosi) 天眞爛漫的給他倆做媒介。 這密秘的關係一直保持到埃爾薩已經攫得了馬克司，尚未揭開。馬克司是一個有錢的製造家的兒子，赫氏一家姊妹們都僱在他工場裏做裝細工作，這關係非同小可，但是這段秘密終於被她未來的丈夫所發現了。 赫氏姊妹們不能放走馬克司，因為她們都在他手裏討飯吃的，於是就採取了一種最殘忍的手段，就是設法使馬克司相信和克西來通姦的不是大姊，而是小妹。 羅西還是個天眞未鑿的孩子，被全家所逼迫，使她自己担這個汚名，以洗刷她姊姊的名譽。 雖經她苦苦哀求，而這代人受罪的犧牲終未得免，而那知這小妮子所秘密愛着的人正是馬克司。 到頭來，這定下的詭計終於失敗了，羅細和馬克司到底彼此得到了美滿的幸福。 這樣團圓的結局並不能算喜劇，蝴蝶之戰只是名為喜劇而已，其情太狠，使讀者失掉了眞正喜劇的滿足，雖然結尾是美滿的，而這個戲却毫無問題是滿含着憂鬱的。

以上所述，嚴格的說，算是已將蘇德曼的所謂"社會劇作"到此達一結束。雖然在他後來的劇本中，並未將社會問題去掉，但是此後却不是專寫一個特別案情，甚至亦不專重現代，而是從較高尙的與更普遍的人生着眼。 在一八九七年，他所出的臨死集 (Morituri) 裏就明白表現出這種遠大的眼光來，這部集子是三個獨幕劇的合印本，彼此沒有甚麼有組織的相互關係，各成其獨造，可是我們可以看出來牠們的一致，便是分別探討一個同樣的心理問題也。 第一篇名推

霞 (Teja) ，第二篇名小福利慈 (Fritzchen)(六)，第三篇名永久的男性 (Das Ewig-Männliche) ，玆分論之。

蘇德曼一時撇開近代德國人的生活，而將日耳曼的古蹟片段搬到舞台上來，推霞一劇算是破題第一次，這類題材我們在弗萊他 (Gustav Freytag) ，達恩 (Felix Dahn) 等人的作品裏已見之熟矣。 這戲裏的主人翁就叫推霞，是東哥特人(Ostrogoth)的個嚴酷的國王，演的是哥特族人爲羅馬與拜占庭 (Byzantium) 所攻困，他作最後的生存競爭，而將他自己和國人的性命都一舉犧牲了，落成一齣有聲有色的悲壯之劇。 原來，哥特之王於此役中苦戰而被困，到後來只折耗得餘下很小數的幾個戰卒，堅守不破而飢迫不堪，一心等着糧需的到來，以蘇此困，每一分鐘都指望着兵糧船來到的影子。 在這千鈞一髮的時候，哥特人依從着一個古制，爲他們的國王選了一位王后。 推霞抑鬱不樂，毫不關心的服從了他的民意。 在大婚成禮的那一天，主教亞基拉 (Agila) 致過了結婚的訓辭，但是推霞的一顆心全不在此，早飛在天涯海際，瞅望着那要來的船。船，和人民的運命，此外甚麼也理會不得。 那知剛剛行過婚禮，他得了確報，船隻已被叛逆者獻到敵人手裏去了，哥特人是沒有希望得到了。 這時他們只有兩條路可走：第一是慢慢的餓死於維修王 (Vesuvius) 山的嚴洞裏，第二是殺出重圍，爲敵人屠戮而死。 當然他擇定的一條路是殺出去，這殘小的勇敢健兒們要以死血以留下其種族的千古英名。 但是他們不能樂快的去死，因爲他們是一個飄泊的部族，以帳幕爲家，家裏有妻子兒女。 這時准許他們去作最後一次的探視，但是只准他們作默守的訣別，而不得爲婦人的號哭泣淚軟了心腸，以使英雄氣短，就國王自身也不能例外。 這個，後來纔知道這嫌惡女性的國王是寃屈了哥特族人的婦女，第一個使他改變了這種成見的就是他的愛后巴提達 (Bathilda) 。 推霞一生的悲哀都集結在這短短的一幕裏。 在這最後的一刻裏，這命數已定的人纔第一次明白了何謂幸福。 他和他的新婦歡娛笑樂，一直到最後的時刻，不得不把

(六)小福利慈，有潘家洵譯文，載新潮二卷五號。

事情對她說知。　她以天眞的義氣接受這無可如何的事，並沒猛烈的發出悲哀與失望，她寂靜的吻了她丈夫的額，就這麼祝他丈夫去死，推霞的眼漸漸的睜大了。　最後的時候，他對主教說道：「今天晚上，我算侮辱了你。　你饒恕我，而且接受我的感謝，因爲現在我也知道了爲甚麼哥特人要死。」　他握定了他的劍，接着對他的人們道：「得，你們都準備好了麼？　訣別的事都作過了麼？」

特歐得麥（Theodemir）：主上，我們所做的可是違反了您的命令。　我們那一個女人猜到了這件事，我們那一個告訴她了這件事，這却難說。　反正她們都知道了。

推霞：那麼，他們惹起一番痛哭的別離來？

特歐得麥：主上，她們默靜的以送死的吻祝福了我們。

推霞（吃驚）：她們也是！（高聲）眞個，我們都是民族之王。　唉，我們的命運好苦！向前去！（他向着舞台的背景走去，餘衆隨後跟上。　在民衆對國王致敬的震耳歡呼聲中，幕下）。

這個獨幕劇已不愧爲傑作，其題旨可以說是在驟然臨死的情景之下一個人格的心理反動。　在這一點上，推霞是和這集子裏第二個戲小福利慈密切相通着的，而這第二篇不但在這個集子裏，就置之蘇德曼的整個劇作之中，也可謂數一數二的佳構。

小福利慈寫的是一件近事，可以說是榮譽一劇的另一種收場。　在普魯士軍隊裏有一位幼年軍官，名小福利慈，是一個性情和善而遇事隨便的小夥子。　他和一個有夫之婦通姦，被她丈夫朗士奇（Lanski）捉住，打了一頓馬鞭子，趕了出來。　按着德國軍隊裏的名譽常規說，吃了這樣的虧還逃不了一番處分的。人人都知道，這種名譽的常規是沒有多少道理的，對於很多小過與輕罪常常就寬加赦免了。　若只是犯了第七條的色誡，在軍隊裏沒有甚麼大不得了處。　但是有一樣，若一個軍官受了人家的恥辱而自己沒拚命的報復，吃了啞吧虧，却是名譽常規所永遠不能作半點饒恕的。　所以我們外行人常常在德國街市的兩旁路上聽見有些軍官，在太平無事的時候也帶着鋒利的刀子，插在鞘裏作出那麼漂亮的琅琅聲響，就是這個緣故。　言歸正傳，小福利慈已挨了人家一頓可恥的打罰，自己並未抵抗，因爲身邊沒帶着軍刀。　這件事已交到營裏的軍界會議議處，判決以決鬥了結此案，這是小福利慈的幸運，否則將爲他終身的恥辱。　他先回家，對家人作一次匆匆的訣別，就在家裏接到了正式的通知：已決定在第二天早晨舉行決鬥。　朗士奇本是個擊射的名手，而且他是被挑鬥者，照例要讓他先開槍，那麼小福利慈是注定了要得送死的，而且事態也已明顯，他已決心死於這次的決鬥了。　在這裏，作者以最妙的技巧與最精的戲文來表現出一個無拘無束的少年，如何在他的青春順境之中先盡情放蕩，昏天黑地，而在臨死的時候一變而清醒了。　當他急速回顧了一番他的浪費的生活，在他眼前的幻覺之中倏然飛過一幅家庭幸福圖，若不是他自陷迷途以失去了他本有的家傳天性，這幸福將由他創立起來的。　他的家庭，他的愛，他的前途希望，都一齊集在這個幻象裏。但是他現在和前途的希望，和愛，和生命的本身，都一刀兩斷了。　這個短短的悲劇以一種奇大的漲力，一景接着一景的奔放下去，一直達到焦點是父子之間的諒解。　接着再沒有工夫給小福利慈作最痛苦的懺悔，他得向他的可憐的母親告別，而這件事又是絕對不能使她知道的。　這一幕別離的慘痛是沒法形容的，這可憐的孩子拿一度喧鬧的假作歡樂，極力咬着牙隱藏起他的心頭之痛，最後，他做着心碎的假相，離開了家，嘴裏哼着快樂的小調，毅然一直去送死。

永久的男性也只是一幕，是作者自己指明爲一種奇想遊戲之作（Spiel），實在就是童話式的戲（Märchendrama）。　這齣喜劇的裝扮，奇形怪狀，使人看了便聯想起莫里哀（Molière）的劇本裏所諷刺的路易十四時代的時尚。　然而蘇德曼所譏諷的却不是專指着那一個人，劇中所列的角色都是標着一般的名子，例如：“皇后”，“宮將”，“女宦”，“青衣侍衛”，“赤衣侍衛”，“畫師”之類，頗似歌德的天眞女兒（Die natürliche Tochter）的作法。　其次，這戲是用韻文寫的，這是和以前諸作最大的區別，而且語文之中時有警句與諧語之點綴。

至如故事，是寫一個人物在偶然臨死的時候的精神情狀。　有一位藝術家給皇后畫像，竟大胆的引動了這位至尊模特兒的風流之趣，她聽從着，驚愕而無怒意。　這一幕妙景被宮將來打消了，宮將原與皇后相愛，乃受懿旨，教他毅然去把他的情敵的熱情制住。　於是兩個人面對面要解決這個問題，此時機智的藝術家却是比較有常識些。　他看出了，以他的畫筆去對付將軍的寶劍，是相形見絀的，女人是愛英武勝過溫文雅的。　於是他用巧妙之術去點化那情痴的武士，陳說他那崇拜的偶像之無價值。　既然得了將軍的同意與合作，他便臨時演了一齣小小的悲喜劇；當將軍以裝死窺透了他所崇拜的女子的眞實內心，藝術家和將軍臂挽着臂，快樂自得的亡命而去，只留下那俊美的冉安（Jean），皇后的無恥侍男，一個人在場上，作了"永遠的男性"的代表。

這三齣戲雖有相通之處，然而在劇本的作法上說，決不是組織成一種小小的三部曲，試觀上述，自可明了。　至如共同一個集名，自然共有一個中心觀念，而因時代與地域之各異，其人們之理想關係亦各不同。　在推價裏，我們看出一種整個種族意識之表現；在小福利慈裏，我們看出一個人物的行爲被特殊階級的倫理所感動，至如永遠的男性，則差不多正是小福利慈一悲劇的個倒反的冷嘲，兩個有魄力有價值的人物公然不偉的逃避了社會的愚弄，不肯將生命與身體犧牲於無味的積習傳統；此其大較也。

赫爾巴特的生平及教育思想

Leben und Werk Friedrich Herbarts

——紀念大教育家赫爾巴特逝世百年忌——

王錫第著

赫爾巴特 (Johann Friedrich Herbart) 是德國的哲學家，倫理學家，心理學家，尤其是有名的是教育學家的赫爾巴特，他是教育學的建立者，實在是承前啓後的人物。直到一八九〇年時德國所謂"新教育"(一) 運動開始以前，支配德國教育界的思想者，便是赫爾巴特學派的學說。不僅限於德國，並且赫爾巴特的教育思想有國際的影響，例如英國在一八九〇年時幾乎沒有人知道赫爾巴特的爲人與他的思想者，但是到一八九六年時，便幾乎任何英國的教育學界的人都知道了這位教育學家，並且講授他的教育學說；北美合衆國更易於接收新風氣，

(一) "新教育"或稱爲"學校改革"，這是士榜格(Eduard Sprangor)在五十年來的德國學術（中德學會出版的中德文化叢書之一，士榜格的文章爲查德穆先生譯）裏，認爲十九世紀末葉德國教育界的變更很大，在教育各方面都有新現象發生，所以用"新教育"或"學校改革"的名稱包括這一個時期的教育。同時"新教育"是對着赫爾巴特教育學支配下的"舊教育"而說的。這些"新教育家"，如李斯曼 (Rissmann)，衛爾曼 (Willmann)，抵提斯 (Dittes)，林德 (Ernst Linds)，納脫普 (Natorp)，士榜格等人，都對於赫爾巴特的教育學說加以批評；並且他們曾在一八九七年創辦批評"舊教育"的雜誌，叫做德國學校 (Deutsche Schule)，一八九九年賽弗特 (Seyfort) 等人刊行裴斯太洛齊的全集，此外還有許多復興裴斯太洛齊的著作，這也是不滿意於赫爾巴特的"舊教育"而產生的新運動。在"新教育"運動的促進中，德國教育界轉了一百八十度的方向，如奥透(Otto)在柏林等處創立的學校，李玆 (Lietz) 在各地提倡田園學塾；此外還有很"典型的"新教育理想與制度下的學校，如雨後春草的生長起來，例如手藝學校，勞作學校，製造教學，庭園勞作學校，行動學校，自由精神勞作學校，生產學校，無學校的學校等。綜觀赫爾巴特逝世以來百年間的德國教育，大要可分爲三個時期："舊教育"時期（以赫爾巴特的學校爲中心），影響所及約有半世紀左右；"新教育"時期，約自一八九〇至一九三三；第三，就是現在的德國"納粹"教育時期，從希特勒一九三三年一月奉領的國社黨掌握政權以來，"新教育"也成爲過去的歷史了。

赫爾巴特的教育思想也曾在北美發生過極大的影響(二)，直到最近杜威(三)教授的教育學說樹立之後，美國才與"定於一尊的赫爾巴特派"(Orthodox Herbartian).分了家。不過無論是赫爾巴特的祖國——德意志，甚至於西歐與北美各國，在現代的教育改進運動上，便首先研究並且批評這個"舊教育"的中心人物——赫爾巴特，作爲"新教育"學的開始。因爲在他死後二十年——一八六〇年——開始風靡一時，赫爾巴特的教育思想成了德國教育界的主潮，甚至於德國教育界的有名權威，如裴斯太洛齊(Joh. Heinrich Pestalozzi)，菲希特(Johann Gottlieb Fichte)，世萊瑪哈(Friedrich Schleiermacher)等人也有望塵莫及的樣子。

赫爾巴特不僅在教育學上有極大的貢獻，而且在其他學術領域也有很大的影響。在心理學上，在倫理學或美學上都有他的繼承者，就哲學史上看來，也有赫爾巴特的地位，不過在教育界方面，他的勢力特別顯著，所以我們現在的這篇論文注重在赫爾巴特的教育學說，同時也要述及其他的領域。

赫爾巴特生於一七七六年，卒於一八四一年。今年——一九四一年！——正是他逝世的百年忌，我們以治教育學的資格，爲了紀念這位"科學的教育學"建立者，寫這篇文字紀念他的百年忌。

赫爾巴特的生平：

（二）一八九二年美國成立了全國赫爾巴特學會，以提倡赫爾巴特的教育學說並使適用於美國情形爲宗旨。這個學會成立後，就着手翻譯赫爾巴特同他門人的著作。自一八九五年每年出一本年報。康奈爾大學教育學教授狄葛莫(Charles de Garmo)是第一位會長及年報編輯，很提倡赫爾巴特的學說，並拿他的學說做基礎，寫了些教科書。除了德國而外，赫爾巴特的教育學說在美國要算最盛行了，這個運動的提倡者大部是留學德國的而得了博士學位的美國人，赫爾巴特的學說在十九世紀末葉的美國簡直成了一種風氣，雖然到了一九〇一年這個宣傳赫爾巴特學說的機關停止活動，把這個學會改稱全國科學的教育研究會，但是在美國教育界及一般教師思想及實行中，更沒有生再大影響的學說。

（三）杜威(John Dewey 一八五九年八月廿日生)對於赫爾巴特的學說批評很利害，他說：「由我看來赫爾巴特主義簡直是一個教師的心理學，不是一個兒童的心理學」(見教育論文集 Educational Essays, By John Dewey)。杜威認爲赫爾巴特的學說是一個尊重權威主義的國家最好的代表者，把個人性格的形成要按照國家倫理的需要。

赫　爾　巴　特

一個人的生活是一個人的思想或學說的根源，所以在講一種思想或學說的時候，要對於這個發生的時代背境及思想家的生活認識清楚，才能了解他“何所據而云然”，教育家的赫爾巴特當然也不是例外。

赫爾巴特在一七七六年五月四日生於德國西北部之俄爾登堡（Oldenburg），這一年裴斯太洛齊正在三十歲，同時最受赫爾巴特的哲學學說的影響的菲希特已經生後十四年了。赫爾巴特的祖父是一個貧窮紡織業者的孩子，但是因為他祖父極有才幹，後來作了他的故鄉俄爾登堡文科中學(Gymnasium)的校長，在職前後有三四年之久。赫爾巴特的父親是律師(四)，並任故鄉的議事員。至於他的母親更是一位少有的著名女子(五)，他母親的父親是一個醫師，這個醫師的姑娘——赫爾巴特的母親——極富於潑剌的想像力，敏捷的判斷力，堅强的意志，並且有不屈不撓的精神，她雖然是生有男性各種美德的女傑，同時她又有優雅豐厚的情趣，也是賢妻良母的最好典型。她對於愛兒赫爾巴特的幼年教育極為認真，像她那樣的家庭教育實在夠得上家教的模範。赫爾巴特自身的天分極好，再加上遺傳及教育的環境，實在使他適於成就為一個偉大的教育哲學家，由於他的境遇也使他有餘暇組成教育學的體系。從這一點看來，赫爾巴特比宿命的遭遇不幸的盧梭（Rousseau）幸福多多，就與幼年喪父的，僅由母親一手養育成人的裴斯太洛齊也較為好多了。

赫爾巴特雖然有一個得天獨厚的家庭，但是他的身體卻極虛弱，這一點與他的兩個先進，盧梭及裴斯太洛齊是相近的，據傳記家所說赫爾巴特的身體並不是先天的虛弱，主要的原因是在他年幼的時候，不愼誤落在沸水中被燙壞了。因為這種後天的災害，所以赫爾巴特從小就身體不健康，特別利害的就是他的眼病，因此他不能同別的孩子一樣進入公立的學校受教育，他的父母為了補償愛

（四）　赫爾巴特的父親名為徒瑪斯·格哈得·赫爾巴特（Thomas Gerhard Herbart），這個人因為每日刻板生活的緣故，他的思想竟然沒有開擴的欲望。

（五）　母名為路易色·學特（Louise Schütte），赫爾巴特的成人完全是母愛與母教的力量。

兒失學的痛苦，便爲赫爾巴特請了一位家庭教師(六)，他的這位啓蒙老師對於奧爾夫·基當(七)(Christian Wolff)的哲學造詣極深，赫爾巴特在少年先受了奧爾夫·基當的哲學洗禮，這件事使赫爾巴特從少便對於哲學發生了興趣，當他十一二歲的時候，天才就頗顯露出來，後來他在哲學及教育學上能有精密完整的理論體系，原是在早年就有了準備的功夫。赫爾巴特在哲學上的天才既然表現在他的早年，同時他又有音樂的天才，他的父母讓他學提琴，手提弦琴(Cello)，豎琴，及鋼琴四種樂器。對於鋼琴他的進步特別快，據說在他十一歲的時候在一個奏演會出演，博得滿場的喝采。赫爾巴特幼時對於音樂的愛好與理解，對於他的思想與生活有極大的影響，特別在他晚年的著作中，關於心理學及美學的論文，他最愛在和聲中找出實例，這確是他在音樂上的啓發而產生的結果。

赫爾巴特的母親自身教給她愛兒希臘文及算學。自一七八五年至八六年，

（六）名烏爾聖(Ülzen)，後來成爲牧師。他對於赫爾巴特的教育設施的目標就在培養思想的清晰性，確定性與聯les性。使本來富有哲學秉賦的兒童，從啓蒙教育中得到強有力的刺激。

（七）奧爾夫·基當(Christian Wolff 一六七九至一七五四年)是德國第一個用德文著述的哲學家。爲理性論者並獨斷論者(Dogmatiker)。曾任哈雷(Halle)大學教授，在思想上承繼萊勃尼茲的哲學，不過萊勃尼茲的著作，甚至書信及簡誌，都是用法文及拉丁文寫的，並且有使一般人不易接近的形而上學體系，到了奧爾夫才把他在各處發表的文章收集起來，並且用通俗的文字穿上德國語言的化裝與世人相見，所以學者認爲萊勃尼茲的承繼者爲"常識哲學派"，正如"蘇格蘭常識哲學派"的萊德(Thomas Reid一七一〇至一七九六年)一樣。奧爾夫接受了笛卡爾，斯賓挪莎(Spinoza)及萊勃尼茲的理性主義，並以哲學的方法相等的數學的方法。同時他認爲經驗的事實與理性的演繹能吻合；理性與感官知覺都是認識上的合理官能。他採取了笛卡爾的心物二元論，而靈魂與肉體的交互關係，他又應用萊勃尼茲的和調說。
奧爾夫把科學分爲理論的及實用的，前者有本體學，宇宙論學，心理學，及神學；後者有倫理學，政治學，及經濟學，同時他以爲科學也可以分爲"理性的"及"經驗的"，這要看組成的命題是來自理性，還是來自經驗，例如理性的宇宙與經驗的物理學，理性的心理學與經驗的心理學等。而邏輯(論理學)是一切科學的基礎。
奧爾夫用德文及拉丁文寫過關於當時各門學問的教科書，這些教科書在德國大學採用過好些年，並且當時他首創的許多德國哲學名詞到現在還應用着。雖然奧爾夫缺少獨創性，但是他對於當時輕視他們國語的德國人，供給從德文研究哲學的機會，並且對於"啓蒙運動"(Aufklärung)也有極可注意的貢獻。
關於奧爾夫的參考書有：Baumann: Wolffsche Begriffsbestimmungen

他又在一位大學教授的私塾入學，主修的是自然科學方面的功課，這樣使他有了科學的興趣。 到一七八八年他入了故鄉的拉丁學校二年級，入學後的第二年該校昇格爲文科中學，赫爾巴特被編入第一年級。 這個時候他在哲學上的天才更加表現出來，十四歲的時候就寫過關於意志自由問題的論文。 在該校高年級的時候，赫爾巴特已經對康特哲學有了接觸，所以在一七九三年舉行畢業式的時候，赫爾巴特有一篇慶賀演說，論國家中道德向上及墮落的一般原因，使顯然受了康特著的道德形而上學引論（Grundlegung zur Metaphysik der Sitten）的影響，他的演說不僅當時博得好評，並且還在新聞紙上發表出來。 在赫爾巴特幼年時代的思想中，已經可以看出他成熟後的哲學及教育學的萌芽。 在一八九四年赫爾巴特畢業文科中學的時候，他用拉丁文作了一篇卒業演說，論威策羅（八）(Cicero) 及康特的思想中至善與實踐哲學的原理，這與往年的慶賀演說一樣，得到很好的聲名。 他的哲學天才在文科中學的時代，已經很表現出來，但是赫爾巴特並不因此自滿，對於古典的修養功夫更加倍的努力，這樣他算修完了文科中學的學程。

後來成爲大思想家的赫爾巴特，在畢業文科中學之後，他的健康還沒有恢復，並且在眼病之外，又害起牙齒病來。 他的父親本來想教他的兒子繼承父業，去作法律家，不過在他畢業文科中學的那一年，跟隨着他母親到耶拿(Jena)去，就在當年的秋季正式入了耶拿大學。 耶拿是當時德國的哲學，藝術的中心，也是所有文化的集中地，特別是當初便有"康特哲學殿堂"的稱呼，康特哲學在耶拿發展的最爲顯著。

（八） 威策羅 (Marcus' Tullius Cicero) 紀元前一〇六至四三年）是羅馬共和國最後的大政治家，也是羅馬第一的雄辯家，曾因預防政治陰謀的暴發，而得了國父的稱號。 第一回三頭政治成立時，他因爲加以攻擊而被放逐，後來雖被赦免，第二回三頭政治成立時他又攻擊，便被殺了。 他在晚年曾從事著述，又因爲他向來學過希臘文，所以與希臘哲學有接觸的機會，特別對伊壁鳩魯學派，新學園派，及斯多亞學派的思想接受的頗多，不過他在哲學上的功夫是爲了道德上的實踐，目的不在於"書生"式的咬文嚼字與觀念論的遊戲，這是政治家的精神與本色。

赫爾巴特在大學求學的時候，正是頂頂大名的菲希特在耶拿大學主講知識學的基礎 (Die Grundlagen der Wissenschaftslehre) ，菲希特的思想是深刻的，性格是有誘惑力的，學生對他都極崇拜，我們的教育家赫爾巴特也對於菲希特的哲學思想受了極大的影響。　不過當着他過大學生活的時代，也有一些個人的問題發生，他的父母正當他對於哲學有興趣，並且與大哲學家菲希特的思想接近的時候，總以為哲學不供給生計上必需的麵包吃，所以讓他學法律，但是當時他的主要興趣在哲學，不過因為他父母的功利計算，他不能不暫時犧牲自己的愛好，然而這不過表面的事情，他對他父母說哲學，文學及數學是研究法學的基本學科，實際上他依然繼續着研究哲學。　但是他本心的欲望是不能長久束縛的，法學到底不是他根本興趣的所在，所以後來反客為主，還是治他興趣集中的哲學。　我們要知道一個有天分的人，對於有興趣的事情，在他做來，固然可以事半功倍，就是對於沒有興趣的事情，他幹起來也能有些正面或反面的成就，所以赫爾巴特的學習法律也不是徒勞無功的，他在晚年的大作實踐哲學 (Die praktische Philosophie) 與自然法及道德的分析說明 (Analytische Beleuchtung des Naturrechts und der Moral) ，便有不少法學研究所供給的成分。

赫爾巴特從幼年受了奧爾夫・基當的洗禮，在文科中學的時代又接觸了康特哲學，到了大學生時代有菲希特的知識學影響他，在這個時候赫爾巴特的本來的看法完全被破壞了，於一七九五年八月他有一封信給別人，敘述他受了菲希特的影響：「因為在知識學中容許了無限自我的存在，使得我的頭腦無限的空虛起來」。不過他們二者的性格總不相同，菲希特是熱情的思想家，赫爾巴特是理論體系的天才，雖然赫爾巴特對菲希特曾經一時傾倒，但是終於他們分了家，赫爾巴特自己的哲學體系逐次形成，對於菲希特的知識學發生了疑問，在一七九六年他給人的一封信中，曾說他自己正在建立一個新的知識學，至於他們二人根本不同的所在，雖然二者都是康特哲學培育出來的，但是菲希特始終固執觀念論的立場，而赫爾巴特漸次有了濃厚的傾向。　在一七九五年，赫爾巴特有兩篇論文發表，一篇是：批評施陵 (Kurt Schilling) 著的哲學一般形式的可能性論 (Über die Möglichkeit einer Form der Philosophie überhaupt)，另一篇是：施陵的著作：我或人類知識上的無限制論 (Über Schillings Schrift vom Ich oder dem Unbedingten im menschlichen Wissen)，在這兩篇批評的論文中，赫爾巴特最初表示他自己獨創的見解。他在思想上所以與菲希特分家，一方面固然是生活及性格的不同，同時他當時所研究的學問對他也有不小的影響，那個時期他接觸了希臘哲學及英國倫理學，如沙夫茲巴利 (Shaftesbury) 及哈徹松 (Hutcheson) 的道德思想(九)，特別是希臘的哲學家巴門尼得(十) (Parmenides) 對他的影響都很顯明的看得出來。

赫爾巴特在耶拿時代的生活，不特與菲希特有人格的及思想的交涉，同時與

(九) 沙夫茲巴利 (Shaftesbury 一六一七至一七一三年) 與哈撒松 (Hutcheson 一六九一至一七四六年) 在道德思想上屬於同一學派，有人稱他們為"情感的直覺論"——見張東蓀先生著的道德哲學，中華書局印行——，他們二人學說的大旨在於認為人對於道德自有一種分別善惡的感覺，正如有分別圖畫的美醜感覺一樣，前者把這種感覺叫做"道德的感覺" (Moral sense)，他以為人不僅把具體事物作感覺的對象，並且道德行為也是感覺的對象；後者把這種感覺叫做"內的感覺" (Internal sense)，因為哈撒松把五官感覺稱為"外的感覺" (external sense)。

他們二人各有一部倫理學上的代表著作：Shaftesbury: Characteristics of Men, Manners, Opinions, Times, 一一一一年刊行。（人，風俗，輿論，及時勢的特質）。Hutcheson: A System of Moral philosophy, 一七七五年刊行，（一個道德哲學的系統）。關於沙夫茲巴利的文獻在本雜誌三卷四期五五一頁文中亦論及。

(十) 巴門尼得 (Parmenides) 大約在紀元前五一五年生於意大利南部的愛勒亞 (Elea)，出身於一個富足的家庭，他是愛勒亞學派 (Eleatische Schule) 的形而上學家，並且是這個學派的主要建立者。巴門尼得是以"有"的觀念為他的本體論上的出發點。「只有"有"，沒有"非有"，或不能思議」這句話就是他的根本思想。"有"是恆常不變的實體，是無始無終的現在。"有"不是發生的東西，倘若"有"是發生的東西，那就不能沒有生這個東西的東西了。從"非有"生"有"是不合理的。所以生"有"的就是"有"，"有"又是不滅的，凡是滅的就是"非有"了。"有"是"有"，不是"非有"；"有"又是分割不得的，若是能分割，那末就不能沒有分割它的東西了。"有"又是不能變動的，沒有厚薄的。"有"又是絕對獨立而自足的。巴門尼得對於理知有堅定的信心，他以為凡在思想上矛盾的就不是真實的。以上這種形而上學的講法，簡直是赫爾巴特形而上學的主幹。

歌德，釋勒，赫德（Herder）等人形成的文學藝術運動也有了關聯，赫爾巴特曾到他們的住處訪問過，受過當時德國藝術運動中心地氛圍氣的浸潤，特別與釋勒還有個人的交情。但是這個時期最使他感覺興趣的是希臘思想及文藝，尤其是荷馬的史詩鄂地色（Odyssee）使他受到莫大的感動，所以他曾經關於荷馬史詩作過音樂的研究，並有論文發表，同時鄂地色成爲赫爾巴特後來認爲最標準的教材或讀物。此外赫爾巴特在這個時期對於數學也作過埋頭研究的功夫，像赫爾巴特這樣"多方面"而不淺薄的研究功夫，在他的教育學上都有了用處，"多方面的興趣"這個概念在他的教育學中是一個中心原則，赫爾巴特個人也實在是多方面的天才家，哲學，音樂，數學，美學（倫理學在內）對他都有興趣，都有研究，而且都有成就。

當赫爾巴特剛要畢業大學的時候，他就離校去做瑞士（Interlaken）的一個總督石台哥男爵（Von Steiger-Reggisberg）的家庭教師，這一家有三個孩子，由於他的友人及母親的勸告，在一七九七年三月他去就這個貴族的家館。赫爾巴特的家庭教師生活前後有三年之久，這是他一生絕無僅有的教育經驗。他的東家要他每兩個月寫一個報告，講他的教法與學生功課及品行上進步的狀況。其中有五篇現在還保存着，這便是赫爾巴特式教育的胚胎。他在東家的優遇及絕對信賴下，根據他的教育思想施教，從他的報告看來，這位青年教師用心理學的方法教學，對於學生的個性及年齡有個別的教法，他最重視個性，他的三個學生有八歲十歲十四歲的不同，他的教法也個別的施以年齡相當的教育。赫爾巴特把荷馬的鄂地色作爲教材，培養兒童的道德基礎，並且運用他在教育學上的中心概念，努力喚起學生多方面的興趣。這段家庭教師的生活對於赫爾巴特的終身事業——教育學——有決定的影響。

赫爾巴特在瑞士的時候，會過近代教育史上的一位偉人，就是獻身孤兒教育的裴斯太洛齊，他對於裴氏的教育基本原則"基礎教養"(十一)(Elementarbildung)

(十一)　"基礎教養"的意思就是兒童欲學習有得，必須自身不斷的活動。從教師方面說，教授須很注意。　當時赫爾巴特不過是一個青年的家庭教師，而裴氏已經是大名頂頂的教育家，在一七九九年赫爾巴特訪他的時候，裴氏已經五十三歲了，但是因爲志同道合的緣故，他們二人作了忘年之交，裴斯太洛齊屢次訪問赫爾巴特，當後者離開瑞士的時候，他對於這位慈祥和善，年逾耳順的老友，極端讚美裴氏的人格。　後來他又到布雷門 (Bremen) 專門研究哲學教育的時候，想把裴斯太洛齊的教育學說更加以科學化，他寫了一篇批評的文章叫：裴斯太洛齊的近著：格特魯德教子法論 (Über Pestalozzis neueste Schriften: Wie Gertrud ihre Kinder lehrt)，還有一篇解釋裴氏教育學說的文章叫：裴斯太洛齊的直觀教學法入門 (Pestalozzis Idee eines ABC der Anschauung)。　前一篇文章裏講裴斯太洛齊的目的及方法，然後敍說從裴氏的學說如何發展出他自己的思想，同時反駁別人對裴氏的著作及思想不當的非難，而把裴氏的眞思想講出來，後一篇文章講觀察法的價值，養成，及用途，想把這個方法的數學原理找出來，他把三角形的研究作爲附錄而附加在上面。　赫爾巴特對於裴斯太洛齊的教育思想要作正確的了解，簡直成爲他一生的問題，尤其是因爲赫爾巴特在數學上素養很好，所以對於裴氏的教育學說能探本索源的了解，他曾經說過：「爲了德國人要用德國話講述裴斯太洛齊的事業」。　從這可以知道他對裴氏崇敬之深了。

以上我們已經講過赫爾巴特的父母，爲了他兒子的生活問題，讓他學法律，但是赫爾巴特陽奉陰違的依然治他興趣所在的哲學；不過上天好像有點嫉恨哲學家在精神的上享受過於富足，於是在物質上的享受要給他一些威脅，荷蘭的猶太

適合學生的能力。　生機體的發育是繼續不斷生長，在教育上我們教養學生也要逐漸的進展。　一棵樹的長成從生根發芽到開花結果，是不斷的生長，看不見的逐"漸"生長是很自然的。　教導學生使他獲得知識，也應該如此。　加一新觀念就是已有的知識上加上極細微的一點，逐步上進——頗似佛教語的"漸修"——凡是原來沒有根芽的，不能教他生長，兒童的心既不是一張白紙可以隨便塗寫，也不是一個盒子可以隨便裝什麼東西，而是一個正在發展中的能力。　教師的責任是使兒童的個性得着發展，而這種發展是一個出發點或"基礎"前進的。　一切知識的教學，也要找出知識的出發點來，依自然秩序教授學生。　這種方法也可以說是"發生學的"方法，在知識教育方面就是從直觀出發的主張。

人，大哲學家斯賓挪莎 (Spinoza) 拿磨鏡片自活，而不願意到大學作"教壇哲學家"，他怕的是鬼頭鬼腦的"辦事員社會"妨礙了獨立而自由的思想；至於赫爾巴特的境遇雖然比較的好得多，不過他在生活上也受到過威脅，又因為他違背父母的主意來弄哲學，所以有苦也不好向他父親說，曾經有一個時期赫爾巴特仗着一個朋友的資助過日子。到一八〇二年他在格廷恩大學 (Göttingen) 得到一個位置，講授教育學。從此之後赫爾巴特踏入興趣，生活，職業合一的"康莊大道"。起初他只講教育學後來加上倫理學及實踐哲學等課。赫爾巴特的觀點與當時風行的觀念論派是不相容的，但是因為他那樣莊嚴的學者態度，加上縱橫的才氣，於是"不鳴則已，一鳴驚人"，他的聲名便與日俱增起來，因此海德倍大學在一八〇五年聘他為正教授，不過他沒有應聘，仍然留在格廷恩。

在格廷恩的時代，赫爾巴特寫了一些文章，值得注意的有兩篇，一篇是：對於裴斯太洛齊教授法的批判 (Über den Standpunkt der Beurteilung der Pestalozzischen Unterrichtsmethodè)，另一篇是：世界美的（道德的意思在內——筆者註）表現是教育的重要功用 (Über die aesthetische Darstellung der Welt als das Hauptgeschäft der Erziehung)，這篇論文放在裴斯太洛齊直觀法入門中作為附錄，在一八〇四年出第二版時公布的。這個時候赫爾巴特提出自己的立場，對於裴斯太洛齊晚年著述上的錯誤，也本着"吾更愛眞理"的態度，加以批評，赫爾巴特自己的思想體系到此漸漸的完成起來。在這兩本書裏赫爾巴特主張"教育的教授"就是眞正倫理訓練。他贊同裴斯太洛齊以感覺為學習初步，但是學校功課排列次序，必須與教育目的相符合，這個目的就是"道德的自覺"。

到一八〇六年他著成普通教育學 (Allgemeine Pädagogik)，力言教育上道德教育的地位；一八〇七年又完成了一般實踐哲學 (Allgemeine praktische Philosophie)。當赫爾巴特著作這些書的時候，正是德國不安定的時代，普法戰爭的餘波侵襲到大學的講壇，但是黑格兒在炮聲隆隆中忙着寫他的精神現象論

(Phänomenologie des Geistes)，熱情的愛國哲人菲希特做起獅子吼來，激發德國國民的祖國愛，我們的教育哲學家赫爾巴特由於身體素弱，依然決然的幹他分內的工作，不過據說在他收入低微的薪金中，被徵收過一千五百佛郎的獻金。

赫爾巴特在格廷恩由講師進為副教授，當時的學生因為戰爭的威脅與經濟的恐惶，多數捨棄了哲學的研究，而從事實利的學問。但是赫爾巴特的聲望漸漸高起來，在一八〇九年科尼斯倍（Königsberg）大學聘他繼續著名哲學家康特(Immanuel Kant）的講座做哲學教授，當他接到聘約的時候，非常高興，他說：「我接收了這個聘約感到最大的快樂，從小孩子的時候就研究科尼斯倍的哲人著作，這是理想中最著名的哲學講座」所以他就任之後，努力工作，在這裏他完成了他關於教育理論及實用的大工作。並且不久他便首創歷史上有名的"教育學研究室"(Pädagogisches Seminar) 及"實習學校"(Versuchsschule)，在大學裏附設教育實習學校，這是第一個，也可以說這是首次用科學方法研究及試驗教育的機關，現在世界各國都有附屬實習學校了，而實習學校的始祖是赫爾巴特。在這個實習學校最大限度只收二十個學生，凡是想作校長及視學的學生都受教授的監督在附屬學校裏練習，後來這些人發生了大影響，使德國各邦的教育助進了很多。不過當時這些附屬學校的學生入學的時候，他們的父母只少要有一年的時期把孩子完全委託學校，一切都不能干涉或過問，修完了教育實習課程的學生，然後分散各地從事實際的教育活動。赫爾巴特自己的工作中最重要的是關於心理學的著作，可惜當時普魯士很保守而且專制，所以赫爾巴特不能盡量的自由發表。此外還要提一筆的，就是赫爾巴特與當時普魯士的教育委員洪保德・威廉（Wilhelm von Humboldt）相識，由洪保德的推荐赫爾巴特任為學務委員中的一人，主管高等教育事業。

到一八一一年，赫爾巴特已是三十五歲的壯年了，與一個英國商人的女兒德累克・瑪麗（Marie Drake）結婚。一八一七年建立學生寄宿舍，他自己任舍監，並且講授數學，夫婦倆人共任監督的責任。

赫爾巴特在這個時期正熱心研究心理學，因爲他感到教育學的基礎有確立的必要。關於心理學的著作主要的有：心理學體系(System der Psychologie)，心理學讀本（Lesebuch der Psychologie)，當作科學的心理學（Psychologie als Wissenschaft)。關於哲學的著作有：一般形而上學(Allgemeine Metaphysik)，哲學辭書（Kurze Enzyklopädie der Philosophie)，此外還有許多教育學上的短篇論文。

赫爾巴特在科尼斯倍（Königsberg）過着大學教授的學者生活，因爲他的努力與成就，極負校內及校外的衆望，不過他的進步思想與普魯士那般頑固的官僚漸次發生了"意見"——「這眞是西洋也有嗅蟲了！」——，同時據說當地的氣候不適於赫爾巴特的健康狀況，於是他不得不離開此地。恰巧一八三一年黑格兒在柏林大學逝世，正在物色繼任的人選，赫爾巴特希望能繼任大哲人黑格兒的講座，他的朋友們也希望能實現，但是因爲一些錯綜複雜的原因，沒有成功。黑格兒的講座與康特的講座一樣，都是當時歐洲最有名譽的地位，可惜我們的哲學家與教育家的赫爾巴特，沒有繼任黑格兒的方便，未免美中不足。但是一八三三年格廷恩大學有一位教授病故，赫爾巴特在全校惜別的空氣中，離開了他住過二十五年的科尼斯倍去格廷恩就任正教授。到此之後過着安靜的學者生活，主要的是擔任教育學的功課，學生們對着這位教授很崇拜，他的課堂永久是擠得滿滿的。這一個時期，他的大部分時間都是準備講義，沒有大量的著述，他的思想到現在更加成熟了，到一八三五年，他著的教育學講義綱要（Umriss der pädagogischen Vorlesungen)出版，這是普通教育學的姊妹篇，也是補充篇，一八三六年改題爲普通教育學綱要(Umriss der allgemeinen Pädagogik)問世。這部書是赫爾巴特對於教育學體系的主著，其中雖然不少論及形而上學及心理學的篇幅，大體都是很實際的教育學問題，到一八四一年這部書的新版剛剛問世，他的聲望更高起來的時候，在八月十一日他還是精神很健的上課，就在當日夜間他害了窒息性"卡他兒"，至同月十四日便與世長辭。

赫爾巴特的性格及在教育史上的地位

赫爾巴特一生六十五年的時間，除了到瑞士柏恩（Bern）作家庭教師以外，其餘的時間都是治學生活及教育生活，特別自一八〇二年得了格廷恩大學講師的地位之後，直到臨終四十年的長期間，從格廷恩到科尼斯倍，晚年的八年間又從科尼斯倍回到格廷恩送了終。始終他的生活是沒有大波瀾的大學生活。由這一點與盧騷及裴斯太洛齊比較起來，赫爾巴特的兩個先進是波瀾萬狀，“轗軻常苦辛”的“苦命人”，因為他們的生活不同，所以性格也就各異其趣，我們在前已經講過，一個人的生活是一個人思想的根源，他們這三個教育思想家的生活狀況不同，性格及學說也不同，換句話說，他們生活上的境遇及他們的性格，規定他們在教育史上的地位。盧梭在教育上有熱情及幻想，裴斯太洛齊有博愛的胸襟，能實踐，教育學史上正缺少一個冷靜透徹的理論家，赫爾巴特出來之後，恰好補了這一個教育學史上的缺欠，而他的那種寧靜淡泊的學者生活，也適於成就他在教育史上的成就。赫爾巴特在教育學史的地位在於他創立“科學的教育學”。雖然在赫爾巴特以前，未嘗沒有略有組織的教育學書出現，例如科密尼阿斯（十二）(J. A. Comenius) 著的大教授法（The Great Didactic），康特著的教育論（Über Pädagogik），雖然都在教育學史上有相當的價值，不過大教授法只是一種教學法上的開山之作，教育論雖然比較的有組織，但是還不能認為嚴密“科學的教育”，直到赫爾巴特的教育學出世之後，以倫理學及心理學為基礎的科學，用倫理學規定教育的目的，心理學指示教育的方法，才開始建立了獨立的教育科學，這一點是赫爾巴特在教育史上值得大書特書的功績！教育的活動在人類史上看來，恐怕是很久遠的，但是把教育的活動自身當作學問來看，我們不能歸功於到今年逝世正百年的赫爾巴特！

（十二）科密尼阿斯（Johann Amos Comenius；1562—1620）為柏門（Böhmen）的大教育家，集實學主義——與文雅主義對立——的大成者。本來他是研究神學與哲學的，在荷蘭住的時期專攻倍根（Francis Bacon）的哲學，他在教育界的功績是把倍根哲學應用到教育上，把「直觀」看做教育上的第一原則，觀察自然法則是教育的基本精神。

近代西洋教育思想史的發展，按時代先後看來，盧梭是第一個値得我們重視的教育思想家，從盧梭到裴斯太洛齊，更由裴氏影響到赫爾巴特，福勒貝爾（十三）(Friedrich Fröbel)，他們這幾個教育思想家，在關係上看來是承前啓後的有機的發展，他們在教育上的貢獻也各自不同，像盧梭那樣的熱情與幻想，是一種豫言者似的教育思想家，因爲他只有高超的理想，並沒有實踐的證實，不過無論如何，這位天才的思想家，雖然他的思想只止於思想，而現代教育的精神卻由他指示出來。裴斯太洛齊在思想上看來是盧梭的承繼者，同時也是熱情的思想家，不過裴氏對於現實的國家及社會有一種極度的憤懣，而抱着改造的熱情，盧梭有些病態的詩人情調，對於人生——就是墮落的所謂"文明社會"的生活！——有些厭惡，所以有逃避現實的傾向，最後他主張"返回自然"，而裴斯太洛齊始終抱着人類愛的博愛精神，他要"進入人間"，雖然這不是他自己說的話。盧梭與裴斯太洛齊的性格，共同的一點都有幻想的熱情，缺少冷靜的理論體系，所以他們二人的教育思想裏，充滿了格言式的及故事式的成分。他們二人所缺少的論理體系，特別是盧梭所缺少的，也正是西洋教育思想史上所要求的理論的教育家，我們的這位終身過着大學生活的典型學者，赫爾巴特出來了，恰好他補了盧梭及裴斯太洛齊的缺陷，建立了有理論體系的"科學的教育學"。

赫爾巴特的哲學，心理學，及倫理學

我們以上所講的是赫爾巴特的生平及他在教育學史上的地位。現在要講他整個的思想體系，我們最着重的一點是教育家的赫爾巴特，不過我們知道他的教育學建立於心理學及倫理學之上，所以要了解他的教育思想，不能不先了解他在

（十三）福勒貝爾（F. Fröbel 一七八二至一八五二年）也是研究裴斯太洛齊教育思想的大教育家，就是他首創的幼稚園——見拙譯百年來的幼稚園，士榜格著，中德學誌第三卷第三期——，他與赫爾巴特都是裴斯太洛齊的信徒，但是所見不同，赫爾巴特注重方法及教師的工作，福勒貝爾着眼在兒童的發育及活動。福勒貝爾或者更可算爲裴斯太洛齊的信徒，因爲他做過裴氏的學生與同事，但他也把他先生的學說擴充而參當時哲學及科學眼光去解釋。

心理學及倫理學上的見解，而他在心理學及倫理學上的見解，特別是心理學，又建立在他的哲學思想之上，因此我們先講赫爾巴特的哲學，尤其是他的形而上學。

從西洋哲學史看來，有一段是觀念論（Idealismus）稱霸哲學界的時期，自康特經過菲希特而到黑格兒，黑格兒是集觀念論大成的人物，他的信徒固然很多，他的反對者也不少，從社會學的觀點反對黑格兒的馬克思是一般人都知道的，但是從哲學或教育學的觀點反對黑格兒的兩個思想家，叔本華及赫爾巴特用什麽道理反對黑格兒，我們就比較的生疏，他們二人都自認為康特的忠實信徒，二人都對於自然科學有趣味，並且他們都想為他們的思想找出經驗的事實作基礎。同時二人都提出形而上學的體系：叔本華的體系可以稱為"汎神的觀念論"，赫爾巴特的體系可以稱為"多元的實在論"。赫爾巴特實在是一個富於批評精神的獨立思想家，他對於康特以後德國發展的觀念論學派，整個的加以反對，不過在一八二八年他卻自認是康特學派中人。

從赫爾巴特看來，我們不能從一個原則推演出實在來，原則在思想之後才有，並不能在思想之前。同時也不能用一個簡單原因便說明了一切的存在，所以一元論與汎神論都在排斥之列。實在的說來，所謂"物自體"（Ding an sich）的知識是不可能的，黑格兒所認為的形而上學簡直是一個夢。但是"物自體"是有的，不是"一"而是"多"，並且世界不僅是我們的觀念。赫爾巴特反對理性主義的方法，先驗主義，一元論，汎神論，主觀的觀念論，以及自由意志；代替這些看法的是經驗主義，多元論，實在論，及決定論。赫爾巴特認為除了經驗，在知識上便沒有進步的希望。哲學的職責要從經驗及科學的一般概念作出發點，用一個民族無意識中演化出來的思想作根幹。這種概念要用形式邏輯使之清楚而明顯，並且假如有不調和的概念，便要指示出來。所以一般的哲學就建立於考定概念，分析概念，比較概念，並且使概念調和起來。論理的任務在於發見概念上的困難，不調協，及矛盾；有些概念我們往往認為沒有問題的，其實卻是矛盾的窩集，例如物，動，變等。譬如說，一物在普通思想上講來，是許多性質的堆集體，金是重的，並且是可鎔化的，"一個"物便是"許多"性。

赫爾巴特認為凡是矛盾的便不是實在的，所以他把古代的那條邏輯上的矛盾律又特別推崇起來。只有看做絕對的自體圓滿的體系，實在才能想像。從這一點講，哲學家的赫爾巴特依然不失為十足的理性論者，因為他認為：真正的知識是一個自體圓滿概念的體系。假如我們的經驗供給我們的世界觀是矛盾的這個世界觀便不能成立，而形而上學的問題便從此開始；矛盾必得要去掉；我們必得要整理我們普通的及科學上的概念，使這些概念調和起來形成實在的真像。赫爾巴特在形而上學上，接受了康特所說的：經驗所顯示的只是現象；但是他堅持着認為表象（就是現象）必得是什麼東西的表象，這個什麼東西便是實在，本體，"物自體"。他曾說過 (so viel Schein, so viel Hindeutung auf Sein)：（有什麼樣的外表就暗示什麼樣的實在）。所以把我們的感覺看做心的產物是不能解釋的；無論感覺是如何的主觀，總暗示它們之外還有什麼"存在"，換句話說，總有一個"物自體"的世界。問題是：這個真正實在的世界是如何構成的？

我們的表面的，現象的世界是一個矛盾的世界，是一個許多性質與變化的世界。例如一物有許多性質，並且一物變化它的性質。如何的"一"中有"多"？一物如何是白的，硬的，甜的，並且是香的？如何此時為一物，彼時又另為一物？每一個存在都是同一的，而且是絕對的同一，每一個感覺都是有一個"實在"在背後，每一物都是單純的不變的，永恆的存在，絕對的，不可分的，並且不因空間與時間而變化的。從此看來，同一律在赫爾巴特的本體論中是一個基本律。

但是假如一個存在就是一個簡純的，不變的本體，那末我們如何有雜多的幻像與變化呢？為什麼我們所經驗的存在"好像"——注意"好像"一詞所表示的意思！——有許多性質與變化呢？ 形而上學對此解釋的時候只有先承認一個假設：赫爾巴特以爲有"許多"單純的原則，或本體，他稱爲"實在者"(das Reale)。 每一個特殊的與表面的存在並不是一個存在有許多性質，而是許多單純的"實在者"的集合體，並且多少是永久的結合。 多數"實在者"因爲互相間的關係有不同的變化，所以便有某種現象跟着發生。 所謂"變"就是"實在者"的來或者去，我們說一個存在有變化，就等於說：組成存在的"實在者"或"單子"(Monaden)在關係上有了變化，至於組成存在的"實在者"自體毫無變化，赫爾巴特所謂"單子"是受了萊勃尼茲 (Leibniz) 影響的用語。 我們在經驗上所以有變及現象的發生，只是由於"實在者"間的關係變了，"實在者"增加或減少的緣故。 因此我們稱現象爲存在的"偶然觀點"。 同一條線可以看爲半徑或切線，同樣的一個"實在者"也可以與其他"實在者"發生不同的關係，而不變化它自身的本質。 所以互相間的關係並不影響存在的自身。

"實在者"的世界是絕對的；本身沒有變化，生長，與表象，一切是如此就是如此。 所有一切衝突與變化都是我們經驗的現象；一切性質都是屬性的，實在的世界是絕對靜止的狀態，不會發生什麼事情，一切變化都是意識中的現象。

然而好像實在者自身也有變化，這麼該怎樣解釋呢？ 這是因爲每一個實在者都盡力保持自身的同一性，而反對其他實在者的擾亂，所以同一的實在者能有不同的表現而反對其他的實在者。 實在的說，"實在者"自身依然沒有變化。

赫爾巴特的心理學：赫氏的心理學是形而上學的一部門，稱爲"理性的心理學"。 他認爲經驗的心理學不能作爲哲學的基礎；心理學要以形而上學爲前提。 沒有形而上學基礎的心理學對於理性評判問題是不能回答的，甚至於討論也不可能。 靈魂是一個單純的，絕對的，無時間性，無空間性的實在者。 這是科學上迫我們首先承認的第一個本體。 所以靈魂不能有各種不同的功能或力量，像赫爾巴特時代的心理學家所說的。　他之所以攻擊"功能心理學"(十四)乃是基於形而上學的前提。　因爲靈魂是一個單純的本體，所以除了自身保存之外，沒有別的活動。　靈魂與一堆"實在者"聚集的肉體是關聯的，靈魂的存在乃在腦筋。　一切靈魂大體相同，靈魂及其發展所以不同乃是由於外界的條件，例如肉體的組織。　靈魂本來沒有什麼活動與力量，也沒有感覺與衝動，靈魂對於自身也不知道什麼，更沒有形式，直覺，與範疇，並且也無意志及行動的先驗律。　靈魂上所以有知覺乃是在反抗其他實在者時所起的自身保存的功用。　在發展的狀態中，靈魂的全體內容乃是知覺的產生與聯合，所以心理學成爲一種"精神物理學"(Physik des Geistes)，赫爾巴特的意思是想創立一種與物理學上的力學平行的學問，他認爲舊物理學用"力"解釋一切事物，新物理學把一切事物看做"動"；舊心理學用"功能"解釋一切心理現象，新心理學必得要把一切心理現象看做"觀念的運動"。　赫爾巴特用數學的計算處理意象運動的關係。　心理生活是觀念的交錯與反對；無論是感覺，渴望，或衝動，都是意象的交互作用。　意識界內並不盡包精神生活的全部，意識與潛意識中間還有一個歷程。　在心理生活上沒有所謂自由意志，精神上的一切現象都是有固定法則的，並且心理上的歷程是可以用數學決定的。　從這一點看來，赫爾巴特對於心理學的貢獻是不能輕視的，他以爲心理學有三層基礎：除了形而上學之外，還有數學與經驗。

赫爾巴特認爲心理學經驗的基礎就是他的"統覺"(Apperzeption)說，這是赫爾巴特在教育學中的中心概念。　所謂"統覺"就是心的同化作用，從已有的觀念同化新觀念的作用，他說：「每一觀念或留或變或去要看它與以前所已具的觀念能調和與否而定」。　新觀念的解釋以自覺中原有的觀念而定，這就是赫爾巴特

(十四)　"功能心理學"在德文稱做Vormögens-Psychologio，英文稱做Faculty-Psychology，這種心理學的主張者以吳爾夫爲代表，在赫爾巴特之前流行於學界，把精神的各種作用看做心中各種獨立功能的活動。　例如吳爾夫把認識能力分爲上等下等兩級，前者如感覺，想像，記憶等，後者如注意，反省，悟性等，把以上這些能力，都認爲獨立的固定的能力，而不單認爲一種作用。

的統覺原則。教師按照統覺原則就學生已有的觀念引起學生的興趣與注意，於是教師在教育上便有了辦法。

赫爾巴特的倫理學：赫氏的教育學有兩門基礎科學，一個是我們已經講過的心理學，其次便是倫理學。赫爾巴特認爲形而上學是講本體的，另外有一門學問是講價値的，這門學問就是美學。形而上學與美學是絕對分立的，換句話說，純理哲學與實踐哲學各有不同的領域，所以他反對一切想把這兩門學問結合的企圖。除了理論判斷之外，還有一種贊賞與不贊賞的判斷，譬如我們說美與醜，善與惡，就是屬於美學的範圍，美學的問題在於檢定判斷的對象要發見對象中什麽是使我們高興與不高興的。赫爾巴特認爲我們贊賞與不贊賞的感覺起於對象的"形式"，而無關於"內容"。

"實踐哲學" (Praktische Philosophie)，也就是倫理學，是美學中的一分枝，專講道德上的美醜問題。美的判斷以表現美的顏色與形狀等爲對象，倫理的判斷以表現意志的行爲爲對象。換句話說，美的判斷以音，線，色的關係性爲對象，倫理的判斷以意志的關係性爲對象。赫爾巴特發見我們對於某種意志的關係加以贊賞，反之對於某種意志的關係則加以憎惡。他在倫理學上有一個中心思想，就是所謂"五種觀念"(Fünf Ideen) 的說法，這是赫爾巴特在道德思想史上爲學者所注意的倫理學說。這"五種觀念"是人類意志基本的關係，對此有一種"無意志的贊同"(„Willenlose Billigung")，所謂"無意志的贊同"，就是離開一切利害關係，用公平無私的態度觀察行爲時，自然生出一種滿足或不滿足來。赫爾巴特所說的"無意志的贊同"與康特所說的"不關心的趣味"，我們認爲是一個意思的兩種說法。

經驗告訴我們這五種觀念是道德價値的最基本的標準：（1）內心自由的觀念 (die Idee der inneren Freiheit)，就是說個人的意志與道德上的確信相調和了的關係（一個人所"要"的與所"應該"的合一），（2）完整性的觀念 (die Idee der Vollkommenheit)，就是說意志在各種活中而有和協的統一關係；

以上這兩個觀念可以說是一個人的"私德"，若是二人或二人以上發生關係時，還有三個"公德"的觀念：（3）好意的觀念 (die Idee des Wohlwollens)，就是說自己與他人間意志調和的關係，（4）法理的觀念(die Idee des Rechts)，就是說兩個意志互相不侵犯的關係。（5）公正的觀念 (die Idee der Billigkeit)，就是說一個人對於他人所做了的事與以報酬的關係。

赫爾巴特從以上五種道德基本標準的觀念，更導演出五種與之相當的"社會觀念" (Gesellschaftliche. Ideen)，不過這五種社會的觀念並不是以上五種基本觀念的繼續，在排列的次序上是要變更的，由多數的（社會的）意志關係出發，而至內心的（個人的）意志關係，這五種社會的觀念是：（1）法理社會的觀念 (die Idee der Rechtsgesellschaft)，（2）報酬制度的觀念 (die Idee des Lohnsystems)，（3）行政制度的觀念(die Idee des Verwaltungssystems)，（4）文化制度的觀念 (die Idee des Kultursystems)，（5）生動社會的觀念 (die Idee der beseelten Gesellschaft)。以上五種社會的觀念，在內心自由的觀念實現出來而應用到社會的時候，便都能調和起來。最高的理想社會是"意志"與"理性"統一起來，社會中的各個份子互相間沒有衝突。這便是赫爾巴特的中心道德思想的"觀念論" (Ideenlehre)，也就是他的實踐哲學上的要旨（見赫爾巴特的一般實踐哲學 (Allgemeine praktische Philosophie) 第一篇）。在實踐哲學第二篇，題為觀念與人生，論"德" (Tugénd)，"義務" (Pflicht)，"社會" (Gesellschaft)，"國家" (Staat) 問題，不過以"觀念論"為主幹，討論現實的道德問題。赫爾巴特以倫理學為指示教育學目的的基礎科學，所以以上所述的道德學上五種理念，就是教育學的目的，他曾經說過，無論兒童的思想及行為上，教育的一般目的，就在於以道德諸五種觀念為中心。

赫爾巴特的教育學：

赫氏最大的貢獻及影響實在是他的教育思想；形而上學，心理學，美學，論理學都是他建立教育學說的基礎。教育學被認為實用心理學，而教育學的目的由倫理學解答或決定。赫爾巴特在教育學說上的思想，有人用以下的口號總括起來（見雷通羣著西洋教育通史，商務印書館出版的大學叢書，二六四頁—二六五頁）：

（一）一個目的（道德的生活），

（二）兩個基礎學科（倫理學與心理學），

（三）三個方法（管理，教學，訓育），

（四）四個階段（明瞭，聯合，系統，方法），

（五）五個道念（我們以上稱為"五種觀念"）（自由，完全，好意，正義，報償），

（六）六個興味（經驗的，推究的，審美的，同情的，社會的，宗教的）

我們現在為了興趣及易於了解起見，就照着以上所列的這個圖表講來。赫爾巴特以道德為教育的唯一目的，他說：「教育的唯一問題，教育的全部問題可以用一個概念——道德（Tugend）——包括起來」。又說：「道德一字足以表明教育的全部目的」。諸如此類的話在他的著作中是屢見不鮮。

教育的目的是道德，在講赫爾巴特的倫理學時，我們已經知道他有五個觀念說，但是如何才能達到這個教育的目的呢？這要根據他的心理學來施教，從這點看，他實在是近代教育心理學的始祖。赫爾巴特認為要達到上述的教育目的，須用"三個方法"，這就是他的教育方法論，這三個方法是：

（１）管理（Regierung）

（２）訓練（Zucht）

（３）教學（Unterricht）

在赫爾巴特作家庭教師時第三報告書中，為管理下過一次定義：『學校的兒童在教師講話以前，必得要肅靜的坐好。兒童不能任意攀登隣家的房屋，因為隣人保有他的花木或果實。這樣漸次養成兒童的權利感覺。我把這種事情總名為"兒童的管理"（Regierung der Kinder）。』因為在兒童期任性的行動，

常帶一種粗野的"暴燥性"(Ein wildes Ungestüm)，所以要用管理的方法制服這種不遵守秩序的野性，正由於管理的目的是在兒童暴燥性的"制服"(Unterwerfung)，所以"强力"(Gewalt)成了唯一的手段，這就是說父母或教師要用"壓迫"(Drücken)對待孩子。但這不過是管理方法的原則，應用這個原則的時候，還有種種不同的"手段"(Massregeln)，這些手段可以分爲消極的及積極的兩種：消極的如監視(Aufsicht)，威嚇(Drohung)，懲罰(Strafe)；積極的是作業(Beschäftigung)，使兒童專心作業，不好的野性自然無從發作。在作業的時候，縱然沒有積極上"精神教養的收獲"(Gewinn für Geistesbildung)，至少消極上也可以妨避兒童的"暴亂"(Unfug)。在用"强力"制服兒童狂暴的時候，甚至於"體罰"(Die körperliche Züchtigung)也在所不免，且並他舉出體罰的例來，如飢餓，監禁，放逐等。但是無論如何，當使用這些手段時，要"愛""威"並用才行，就是"愛"(Liebe)與"權威"(Autorität)都是必要的。總而言之，管理的目的在於使兒童不至於發作不良的活動，所以是屬於消極方面的。

第二個教育方法是"訓練"，原文爲 Zucht，就是等於德文上 Ziehen ("栽培"的意思，例如說"栽培植物" Pflanzen ziehen)，從 Ziehen 演變而爲 Erziehung (教育)。"訓練"與"管理"不同，訓練是積極的教育方法，赫爾巴特曾經說：「訓練是直接影響兒童的"心情"(Gemüt)，以陶冶道德性格的方法」。訓練的目的，一言以蔽之，在於養成"堅固的道德性格"(Charakterstärke der Sittlichkeit)。

關於訓練的手段，赫爾巴特舉出命令，賞罰，教訓，實例(模範)等等的方法，其中尤其重要的是教師及朋友的模範與實例。至於實施這種陶冶的手續，最初要藉他人的指導，就是所謂客觀的訓練，等到年齡漸長的時候，就入於自主的訓練。赫爾巴特把訓練分成四個階段：(1)意志的記憶(Gedächtnis des Willens)，就是以前在某種"道德情境"(Moral-Situation)中作過的，再應用到目前。（２）選擇（Wahl），人的各種傾向在價值與强度看來，有優劣强弱的不同，我們要選擇其中適合我們欲望的。其次便達到了主觀的品性，所以（３）是行爲的一般原理（Grundsätze），這種原理在一切情況中能規定意志的方向。但是意志在某種情況下要遇到障礙，在遭遇障礙的時候，便是品性陶冶的第四段，所以（４）是鬪爭（Kampf）至於訓練的目標，仍然是教育的目標，也就是前述的五種觀念。

第三個是赫爾巴特的"教學"（Unterricht），這是他的教育學中最富於獨創性的一部分，也是最精彩的一部分，同時又是引起許多現代教育學專門問題的原源。赫爾巴特把教學分爲兩種：（１）教育的教學(der erziehende Unterricht)，（２）非教育的教學（Nicht Erziehungs-Unterricht），前者或稱爲訓育的教學，就是所教授的觀念，具有活潑的生氣，長留在兒童的觀念界，能發生有益於道德性格構成的結果，從心理學上看，指觀念——智的作用——達到徹底的深化，而成爲心情的（Herz），意志的狀態。非教育的教學乃是指觀念僅作觀念授與，對於道德的性格，並沒有什麼直接觀念。例如專門學校的知識技能就屬於這一種。赫爾巴特認爲普通教育上的教學，不許僅如後者的樣子，必需達到訓育的教學才行。他的這種思想，一方面由於道德中心的教育理想，一方面由於他的心理學觀點而來。

現在我們要問訓育的教學如何進行呢？赫爾巴特告訴我們有"四個階段"：

（１）明瞭（Klarheit）

（２）聯合（Assoziation）

（３）系統（System）

（４）方法（Methode）

明瞭就是把新觀念弄清楚；聯合是就新觀念與舊觀念互相結合；系統就是使新舊結合的觀念成爲體系——根據赫爾巴特心理學上的根本概念"統覺"而來——；方法就是使系統的觀念能自由應用在各種活動的情況。赫爾巴特的"四段論法"

是後來赫爾巴特學派中著名的"五段教學法"(十五)的張本。

赫爾巴特的四段教學法有兩種根據：（一）由"直觀"而進於"概念"是知識成立的心理過程。（二）爲對知識作論理方面的考察。但是怎樣才能使觀念明瞭呢？赫爾巴特說需要"專心"（Vertiefung），在對於事物集中注意力的時候，便能把事物的全部及各部分都看出來，至於使新舊觀念結合就需要"審思"（Besinnung），把新舊觀念比較辨別出來，認識了二者的正當關係。"專心"與"審思"更可分爲靜動兩作用。

以上是赫爾巴特的"形式主義"（Formalismus）的四段教學法。到此還有一個根本問題，"專心"與"審思"要怎樣才能引起呢？赫爾巴特的答覆是要先引起"興趣"（Interesse），興趣是"對於某種事物引起快感的注意力集中狀態"，所以"興趣"是教學的前提，現在我們可以列出一個圖表如下：

興趣
- （一）專心
  - （1）靜的……明瞭
  - （2）動的……聯合
- （二）審思
  - （3）靜的……系統
  - （4）動的……方法

以上已經講過教育的"最後目的"（der letzte Endzweck）是道德生活的陶冶，教育的"近前目的"（das nähere Ziel）也可以說是實現最後目的的手段，

(十五) "五段教學法"是赫爾巴特的門人齊勒（Tuiskon Ziller，一八一七至一八八二年）把赫爾巴特的四段教學法中的"明瞭"一段，更分爲"分析"（Analyse）與"綜合"（Synthese）二段，合起來就成爲分析，綜合，聯合，系統，與方法五段了。分析是把事實的觀念分解爲要素，好了解各部要素的特性，綜合是把已經分明的各要素，再綜合爲全體，以明全體整個的特性，其餘的三段與赫爾巴特相同。齊勒（Ziller）認爲這五段教學法在教育上是不能不遵照的，他稱之謂"教學上形式的階段"（Die formalen Stufen des Unterrichts）。赫爾巴特的再傳弟子賴郛威廉（Wilhelm Rein一八四七年生），也就是齊勒的高足，認爲他的先生所用的名稱不適於實際，所以又改爲以下的名稱：（1）豫備（Vorbereitung），（2）提示（Darbietung），（3）聯合或比較（Verknüpfung），（4）總括（Zusammenfassung），（5）應用（Anwendung）。五段教學法到賴郛威廉才算確立起來。不過除了修正赫爾巴特四段教學法的五段教學法之外，還有主張三段或四段說的，例如唱（1）直覺，（2）思考，（3）應用三段；或說（1）吸收，（2）理會，（3）應用三段；更有講（1）指導，（2）提示，（3）整理三段的。

就是興趣，所以我們認爲赫爾巴特的教育目的是"整齊嚴肅"的道德系統，而他的教育出發點又是"輕鬆爽快"的趣味横生。赫爾巴特在普通教育學第二卷全部講"多方面的興趣"(Vielseitigkeit)這個概念。至於爲什麼要求"多方面的"興趣，他並沒有明顯的說明，大約是因爲人的生活是多方面的，世界也是多元的（與他形而上學有關），在"塞翁失馬"的人生命運中，有了"多方面"的興趣，才可以不至於"一蹶不振"。

赫爾巴特把興趣分爲六種：

（1）經驗的興趣 (das empirische Interesse)

（2）思辨的興趣 (das spekulative Interesse)

（3）審美的興趣 (das aesthetische Interesse)

（4）同情的興趣 (das sympathische Interesse)

（5）社會的興趣 (das gesellschaftliche Interesse)

（6）宗教的興趣 (das religiöse Interesse)

赫爾巴特的"六個興趣"不是任意列舉的，而是從他整個的哲學系統組成的。在他的一本著作中曾經講過："客觀的對象"與"我們的意識"交涉時，只有兩種"心的狀態"發生，這就是"認識"(Erkenntnis)與"同感"(Teilnahme)，這就是唯二無三的關係，這恐怕可以說是赫爾巴特的認識論。凡是不通過這兩個關門的任何事物，絕不能成爲意識內容。一切認識又可分三類（包括全部認識）：（一）多樣性的認識，（二）合法則性的認識，（三）審美性的認識；與這三種認識對應的有三種興趣，就是經驗的興趣，思辨的興趣與審美的興趣。一切同感也可分爲三類，（一）對人類的同感，（二）對社會的同感，（三）對最高實在的同感，與這三種同感相應的也有三種興趣，他是同情的興趣，社會的興趣，及宗教的興趣。從赫爾巴特的說法看來，人與世界的全部關係就不外這"六個興趣"了！在下我們可以列一簡明的圖表：

（一）認識	（一）多樣性的認識	（1）經驗的興趣	客觀的對象與意識的內容
	（二）合法則性的認識	（2）思辨的興趣	
	（三）審美關係的認識	（3）審美的興趣	
（二）同感	（一）對人的同感	（4）同情的興趣	
	（二）對社會的同感	（5）社會的興趣	
	（三）對最高實在的同感	（6）宗教的興趣	

人與世界交涉時所發生的認識與同感兩類"心的狀態"（Gemütszustände），又可以名為理論的與實踐的。 教學的目的要調和這些興趣，不得偏於一方。以上所說的"多方面的興趣"這個概念是赫爾巴特教育學的中心概念，所以教育史家認為這是最能代表赫爾巴特教育學的中心思想。 而從他提出"興趣"的講法之後，對於"興趣問題"的討論，近三十多年來實在成為世界教育界最感"興趣"的問題(十六)。

從"多方面的興趣"這個中心概念出發，現在要講到教學的具體問題，這個問題可分為三方面講：

（1）材料（Materien）

（2）方法（Manieren）

（3）過程（Gang）

赫爾巴特以為教材就是"學術"（Wissenschaften），教材的選擇當以興趣為標準，他曾經說：

「教學的材料，不能不從學術中擇之，但此種教材必須與兒童心中自然興趣相適合」。

他又說書的閱讀也當以興趣為中心：

「凡書籍若是現在沒有什麼興趣，並且將來也可以引起新興趣的，現在就沒有閱讀的價值」。

(十六) 現代講"興趣"問題最好的一本著作是杜威先生的興趣與努力（Interest and Effort）。

教學的近前目的是興趣，而教學的最後目的是道德，所以科學只有在達到道德目的作手段時，才有意義，他把科學的共同要素分爲以下三種：（１）記號(Zeichen)，（２）形式(Form)，（３）事物(Sache)，例如語言是記號；數學的圖形，形而上學的概念等是形式；事物是自然及藝術二者的產物，唯一能喚起直接趣味的。對此赫爾巴特說過：「兒童初見事物，只認識於感官上特徵(Merkmale) 的複合體 (Komplexion)，從這種特徵或形式上而進於事物者，叫做“綜合的教學”(synthetischer Unterricht)，若將事物分爲各種特徵而去認識，叫做“分析的教學”(analytischer Unterricht)。」

教學的方法主要的是要提高青年的自覺人格，引導青年自動的活動，所以教學的“技巧”(Kunstgriff) 與態度是重要的。

教學的過程，赫爾巴特於分析的教學與綜合的教學之前又加上“敘述的教學”(darstellender Unterricht)，所謂敘述的教學是教學過程中最簡單的，就是利用兒童已有的觀念作出發點，加入新材料以擴大舊有的觀念，在實行的時候有兩件事要注意：（一）新材料的內容必與已有的觀念有關係，（二）教師把新材料的內容與兒童既有觀念作結合的說明。這種講法是根據心理學來的。

此外赫爾巴特在教育學上還提出一個重要問題，這就是適應年齡的教學，他把教學分爲四期：

第一期：初生到滿三歲，專教以語言。

第二期：四歲至八歲，教學以分析爲主，本期末教以讀書，寫字，算術……道德方面當先養成完整的觀念，其次養成好意的觀念。

第三期：兒童期，本期當養成正義與公正兩個觀念，教學上當教以歷史，算術，詩歌及理科方面的課程。

第四期：青年期，本期當引導青年趨向自己發展，道德上的陶冶，該教青年自己充分了解。

赫爾巴特的教育學大略如以上所述，這是歷史的講法，至於我們的批評及赫爾巴特學派的興衰，另外再作文講。

今年是赫爾巴特大師逝世百年的紀念，我們就用這位大教育家紀念他的前輩康特的話，用來紀念他自己：

> 許多世紀過去了，並且在流逝的時候，把它帶給我們的偉大人物，也一個不留的攜走，這些世紀的一切鴻跡，設若不牢固的保存在神聖紀念中，也要消滅，少數人的思想能發生什麼影響，要看多數人在生活上怎樣的回憶，發展與應用來決定。……因爲坟墓自身是陰冷而寂寞的，只有把它當作熱愛的心靈，發表關於它的語言時，才能夠發出聲音來。

大教育家赫爾巴特逝世已經一百年了！

整個人類正在切迫的需要着"教育"，不是嗎？

參考文獻：

關於赫爾巴特的參考文獻，眞夠上汗牛充棟的樣子，不過重要的還是他自己"第一道手"的工作：

（1）Einleitung in die Philosophie. 1813 哲學導論

（2）Psychologie als Wissenschaft. 1824—1825（當做科學的心理學）

（3）Allgemeine Metaphysik, 1828—1829（一般形而上學）

（4）Allgemeine Pädagogik. 1806（普通教育學，本書有前北京大學教授尙仲衣先生的譯本，商務印書館發行，不過他是根據英譯本 The Science of Education 譯者爲 Henry M. and Emmil Felkin 夫婦的重譯）。

（5）Allgemeine praktische Philosophie. 1808（一般實踐哲學）

赫爾巴特的全集有兩種：

（1）K Kehrbach: Johann Friedrich Herbarts Sämtliche Werke. 1887 年刊行。

（2）G. Hartenstein: Johann Friedrich Herbarts Sämtliche Werke. 1890 年刊行。

僅把赫爾巴特講教育的著作，集爲教育學論著的有下列兩種：

（1）E. von Sallwürek: Johann Friedrich Herbarts pädagogische Schriften. 1922

（2）H. Felkin: Letters and Lectures on Education by J. F. Herbart. 1901

此外"第二道手"（就是間接史料）的參考文獻太多，只能舉若干重要的著述如下：

（1）G. Weiss: Herbart und seine Schule. 1928（赫爾巴特及他的學派）

（2）W. Kinkel: Johann Friedrich Herbart, sein Leben und seine Philosophie. 1903（赫爾巴特：他的生平及他的哲學）

（3）De Garmo: Herbart and Herbartians. 1895（赫爾巴特與赫爾巴特派）

（4）E. Felkin: Introduction to Herbart's Education. 1921（赫爾巴特的教育引論）

（5）T. Ziller: Allgemeine Pädagogik, 1892（普通教育學）

（6） W. Rein: Erziehung und Leben. 1917 （教育與生活）

（7） W. J. Eckoff: Herbart's ABC of sense-perception. 1903（赫爾巴特的觀察法入門）

（8） A. Böhm: Die Beziehungen zwischen Platos und Herbarts Pädagogik. 1915 （柏拉圖及赫爾巴特的教育學）

（9） W. Rein: Outlines of Education （英譯者爲 von Liew） 1899 （教育學大綱）

（10） K. A. Schmied: Geschichte der Erziehung. 4. Band 2. Abteilung. 1898（教育史）

（11） T. Ziegler: Geschichte der Erziehung. 1909（教育史）

（12） R. Kynast: Problemgeschichte der Pädagogik. 1932 （以問題爲中心的教育學史）

（13） P. Monroe: Text Book in the History of Education. 1932 （教育史課本）

（14） Windelband: Geschichte der neueren Philosophie. 2. Bd. 1919 （近世哲學史）

（15） W. Rein: Enzyklopädisches Handbuch der Pädagogik. 1903（教育學辭典）

赫爾巴特的教育學在日本教育界發生過影響，關於這方面的參考書有：

（1） 谷本富：實用教育學及教授法。明治二十七年

（2） 谷本富：科學的教育學講義。明治二十八年

（附註：谷本富是日本明治時代宣傳赫爾巴特學說最力的一人，當明治二十年時東京帝國大學有赫爾巴特的教育講座，日本教育界曾爲赫爾巴特的教育學獨霸一時。）

（3） 稻富榮次郎：ヘルバルト（赫爾巴特）昭和十一年

關於赫爾巴特的中文參考書：

（1） 普通教育學（赫爾巴特的原著）尙仲衣譯，商務發行

（2） 西洋教育通史，雷通羣著，商務發行

（3） 西洋教育思想史，瞿世英編，商務發行

（4） 近三世紀西洋大教育家（F. P. Graves 原著）莊澤宣譯，商務發行

（5） 現代德國教育思想概觀，普天編譯，商務發行（書評一則，評現代德國教育思想概觀，見中德學誌第二卷第二期，三七一頁）

（6） 德國教育，鐘魯齋著，商務發行，（書評一則，評德國教育，見中德學誌第二卷第三期，三七六頁）

（7） 今日德國教育，王錦第譯　商務代售

（8） 西洋倫理學史，謝晉青譯　商務發行

（9） 教育大辭書，唐鉞，朱經農，高覺敷主編。　商務發行（其中有關於赫爾巴特的一段）

十八世紀末之德國貴族生活

Deutsches Adelsleben am Schluss des achtzehnten Jahrhunderts

埃興道夫 (Joseph von Eichendorff)(一) 著

顧 華 譯

Der Adel überhaupt aber zerfiel damals in drei sehr verschiedene Hauptrichtungen. Die zahlreichste, gesündeste und bei weitem ergötzlichste Gruppe bildeten die von den grossen Städten abgelegenen kleineren Gutsbesitzer in ihrer fast insularischen Abgeschiedenheit, von der man sich heutezutage, wo Chausseen und Eisenbahnen Menschen und Länder zusammengerückt haben und zahllose Journale wie

那時候的貴族大抵是分爲三個很不同的主要流別的。 數目最多的，最健全的，而又最爲好玩的一組是在他們的差不多是島嶼上的索居裏的那些和大城市遠隔的較小的地主，在現在這個時候，大路和鐵道把人和各地方都湊在了一起並且無數的定期刊物像蝴蝶似地把文明底花粉傳播到了全世界以後，要對那樣的索居再作一個

（一） 埃興道夫(1788—1857)爲德國浪漫派作家，主要作品除詩外有長篇小說"Ahnung und Gegenwart"，中篇小說 "Aus dem Leben eines Taugenichts"；後一種已有三種中文譯本，1.飯桶生涯的片段，廖輔叔譯，民國二十三年上海商務出版；2.荒唐遊記，綺汶譯，民國二十三年上海亞東出版；3.遊蕩者的生活，毛秋白譯，民國二十四年上海中華出版。

Schmetterlinge den Blütenstaub der Zivilisation in alle Welt vertragen, kaum mehr eine deutliche Vorstellung machen kann. Die fernen blauen Berge über den Waldesgipfeln waren damals wirklich noch ein unerreichbarer Gegenstand der Sehnsucht und Neugier, das Leben der grossen Welt, von der wohl zuweilen die Zeitungen Nachricht brachten, erschien wie ein wunderbares Märchen. Die grosse Einförmigkeit wurde nur durch häufige Jagden, die gewöhnlich mit ungeheurem Lärm, Freudenschüssen und abenteuerlichen Jägerlügen endigten, sowie durch die unvermeidlichen Fahrten zum Jahrmarkt der nächsten Landstadt unterbrochen. Die letzteren insbesondere waren seltsam genug und könnten sich jetzt wohl in einem Karnevalszuge mit Glück sehen lassen. Vorauf fuhren die Damen im besten Sonntagsstaate, bei den schlechten Wegen nicht ohne Lebensgefahr, unter beständigem Peitschenknall in einer mit vier dicken Rappen bespannten altmodischen Karosse, die über dem unförmlichen Balkengestell in ledernen Riemen hängend, bedenklich hin und her schwankte. Die Herren dagegen folgten auf einer sogenann-

清楚的想像幾於是不可能了。樹林尖頂上的遠處的青山在那時候確還是思慕和好奇底一個不可卽的對象，外界的生活，——關於這個或許有的時候報紙帶來消息，——好像是一個奇異的故事。這廣大的單調祇有藉時常舉行的打獵——這些通常是以絕大的喧囂，誌喜的鎗聲和驚險的獵者謊談結束的，——以及藉例不可免的到最近鄉鎮底年市去的出行，來打斷。這種出行尤其是頗爲少見並且現在或許可以在一個狂歡節底行列裏欣然地供人觀賞的。最前面乘車走的是那些太太們，穿戴着她們最好的衣飾，在那些壞的道路上並非沒有生命的危險，在不斷的鞭聲中坐在一個套了四匹肥的黑馬的舊式華車裏，這車是用皮條吊在那不像樣的架子上，使人擔心地擺來擺去。先生們則跟在後

ten "Wurst", einem langen gepolsterten Koffer, auf welchem diese Haimonskinder dicht hintereinander und einer dem andern auf den Zopf sehend, rittlings balanzierten. – Am liebenswürdigsten aber waren sie unstreitig auf ihren Winterbällen, die die Nachbarn auf ihren verschneiten Landsitzen wechselweise einander ausrichteten. Hier zeigte es sich, wie wenig Apparat zur Lust gehört, die überall am liebsten improvisiert sein will und jetzt so häufig von lauter Anstalten dazu erdrückt wird. Das grösste, schnell ausgeräumte, Wohnzimmer mit oft bedrohlich elastischem Fussboden stellte den Saal vor, der Schulmeister mit seiner Bande das Orchester, wenige Lichter in den verschiedenartigsten Leuchtern warfen eine ungewisse Dämmerung in die entfernteren Winkel umher, und über die Gruppe von Verwalter- und Jägerfrauen, die in der offenen Nebentüre Kopf an Kopf dem Tanze der Herrschaften ehrerbietig zusahen. Desto strahlender aber leuchteten die frischen Augen der vergnügten Landfräulein, die beständig untereinander etwas zu flüstern, zu kichern un zu necken hatten. Ihre unschuldige Koketterie wusste noch

面，坐在一個所謂"灌腸"之上，一個長的加了墊套的箱子，在那上面這些有義氣的弟兄們緊緊地一個靠着一個並且彼此望着辮子，騎着保持身體底平衡。——但是他們最可愛不用多說是在他們的冬季跳舞會裏，這些跳舞會是鄰居的人們彼此交互在他們的積雪未消的別莊裏舉辦的。這裏可以看得出來，可以供這種娛樂用的設備是何等之少，這種娛樂又是隨處最愛被人即興舉辦並且現在是那樣時常地被一切的團體用不足的設備勉强舉辦的。最大的，迅速騰清了的，地板時常是可怕地活動的居室作了大廳，校長和他的一夥作了樂隊，各式各樣的燈裏的些少光亮放送了一種不穩的微明，向較遠的角落裏，並且放送到在開着的旁門裏頭靠着頭，必恭必敬地旁觀先生太太們底跳舞的一羣管事底和獵戶底女人身上。但是高興的的鄉下小姐們的清脆的眼睛因此顯得更見明亮了，她們不斷地彼此有什麼要耳語，癡笑或逗弄。她們的無邪的賣弄對於那種可厭的拘泥倘

nichts von jener fatalen Prüderie, die immer nur ein Symptom von sittlicher Befangenheit ist. Man konnte sie füglich mit jungen Kätzchen vergleichen, die sorglos in wilden und doch graziös-anmutigen Sprüngen und Windungen im Frühlingssonnenscheine spielen. Denn hübsch waren sie meist bis auf wenige dunkelrote Exemplare, die in ihrem knappen Festkleide wie Päonien von allzu massiver Gesundheit strotzten. - Der Ball wurde jederzeit noch mit dem herkömmlichen Initialschnörkel einer ziemlich ungeschickt ausgeführten Menuett eröffnet und gleichsam parodisch mit dem graden Gegenteil, dem tollen "Kehraus", beschlossen. Ein besonders gutgeschultes Paar gab wohl auch, von einem Kreise bewundernder Zuschauer umringt, den "Kosakischen" zum besten, wo nur ein Herr und eine Dame ohne alle Touren, sie in heiter zierlichen Bewegungen, er mit grotesker Kühnheit, wie ein am Schnürchen gezogener Hampelmann, abwechselnd gegeneinander tanzten. Überhaupt wurde damals, weil mit Leib und Seele, noch mit einer aufopfernden Todesverachtung und Kunstbeflissenheit getanzt, gegen die das heutige

毫無所知，——這拘泥總祇不過是道德之偏見底一種徵象。 可以恰當地把她們和無憂無慮地在春日的陽光裏做狂放而嫻雅宜人的跳躍和迴旋的，幼小的小猫們去比較。 因爲她們大都是美麗的，除了少數的穿深紅的幾位以外 ， 這些位穿着她們的緊束的盛裝像過分健壯的牡丹花似地踱來踱去。 ——跳舞會每次都還是由一個做得頗不嫻熟的小步舞底照例的起首花樣來開場，並且彷彿有嘲弄意味似地由正相反的狂亂的『收場舞』來結束。 特別練得好的一對，圍在一個欣佩的旁觀者之中 ， 也許表演一個"哥薩克"舞，這時祇有一男一女，不帶一切的旋轉，她以欣喜地溫雅的動作 ， 他以怪誕的狂態 ， 像一個用繩子牽動手足的木人似地，交互相對地舞。 大抵那時候 ， 因爲是心身以赴，還是用一種犧牲的不以死爲意和專心藝術的精神去跳舞的，和那比較

vornehm nachlässige Schlendern ein ermüdendes Bild allgemeiner Blasiertheit darbietet. Dabei schwirrten die Geigen und schmetterten die Trompeten und klirrten unaufhörlich die Gläser im Nebengemach, ja zuweilen wenn der Punsch stark genug gewesen, stürzten selbst die alten Herren, zum sichtbaren Verdruss ihrer Ehefrauen, sich mit den ungeheuerlichsten Kapriolen mit in den Tanz; es war eine wahrhaft ansteckende Lustigkeit.[7] Und zuletzt dann noch auf der nächtlichen Heimfahrt durch die gespensterhafte Stille der Winterlandschaft unter dem klaren Sternenhimmel das selige Nachträumen der schönen Kinder.

Die Glücklichen hausten mit genügsamen Behagen grossenteils in ganz unansehnlichen Häusern (unvermeidlich "Schlösser" geheissen), die selbst in der reizendsten Gegend nicht etwa nach ästhetischem Bedürfnis schöner Fernsichten angelegt waren, sondern um aus allen Fenstern Ställe und Scheunen bequem überschauen zu können. Denn ein guter Ökonom war das Ideal der Herren, der Ruf einer "Kernwirtin" der Stolz der Dame. Sie hatten weder Zeit noch Sinn für die

起來，現在的文雅地輕率的徜徉，適成爲普遍的矯揉造作底一個使人厭倦的圖畫。跳的時候提琴嘶嘶，喇叭嘟嘟，並且在旁室裏酒杯不斷地鏘鏘，還有的時候，酒够程度的時候，連老先生們，在他們的太太們底顯然不悅之下，也以極不經的竄跳衝進跳舞裏；那是一種實在是傳染的歡樂。最後還有在夜間的回家的路上，經過冬季景色底陰森的寂靜，在淸澄的星空之下，美麗的孩子們底歡樂的餘夢。

那些有福的人大多數是怡然自得地住在很不壯觀的房子裏（總是稱爲"堡"），這些房子就是在最引人入勝的地帶以內也不曾按照美麗的遠景底美學上的需要去設計，但却是爲了由每個窗裏都可以方便地俯瞰畜廏和倉庫。因爲那時候一個好的經濟家是先生們底理想，一個"道地的管家婦"底名譽是太太底自傲。他們對於自然之美旣沒有閒暇也沒有了解，他們自己還是未加炮製的產物。人生底

Schönheit der Natur, sie waren selbst noch Naturprodukte. Das bisschen Poesie des Lebens war als nutzloser Luxus lediglich den jungen Töchtern überlassen, die denn auch nicht verfehlten, in den wenigen müssigen Stunden längst veraltete Arien und Sonaten auf einem schlechten Klaviere zu klimpern und den hinter dem Hause gelegenen Obst- und Gemüsegarten mit auserlesenen Blumenbeeten zu schmücken. Gleich mit Tagesanbruch entstand ein gewaltiges Rumoren in Haus und Hof, vor dem der erschrockene Fremde, um nicht etwa umgerannt zu werden, eilig in den Garten zu flüchten suchte. Da flogen überall die Türen krachend auf und zu, da wurde unter vielem Gezänk und vergeblichem Rufen gefegt, gemolken und gebuttert, und die Schwalben, als ob sie bei der Wirtschaft mit beteiligt wären, kreuzten jubelnd über dem Gewirr, und durch die offenen Fenster schien die Morgensonne so heiter durchs ganze Haus über die vergilbten Familienbilder und die Messingbeschläge der alten Möbel, die jetzt als Rokoko wieder

一點詩意是被認爲無用的奢侈品祇捨給了年青的女兒們，她們則也總要在少有的空閑的時間以內把久已過時的調子和奏鳴曲在一個壞的鋼琴上去敲並且把處在房後的果園和菜園用加意選擇了的花壇去裝飾。　一破曉室中院裏就起了一種巨大的喧鬧，驚嚇了的外鄉人當此，爲了免得會被闖倒，急忙地去躲到花園裏去了。　那時候到處的門都在砰砰地開閉，在許多的爭吵和無謂的呼喚之下灑掃了，取了牛奶，做了牛油，並且燕子們，好像牠們參加了這個過活似的，歡樂地在這個混亂上面穿來穿去，從開着的窗戶裏朝陽是那樣明朗地照徹了整個的房子照到了變黃了的家庭畫像和那些老式傢俱所鑲的銅上，這些老式傢俱現在做爲羅珂珂式（二）又當算做新式

（二）　羅珂珂(Rokoko)爲十八世紀流行之一種建築及製作體式，"羅珂珂"一字本有"如貝殼的"之義，因此種體式所用之花樣多有類貝殼者，故名。

für jung gelten würden. An schönen Sommernachmittagen aber kam häufig Besuch aus der Nachbarschaft. Nach den geräuschvollen Empfangskomplimenten und höflichen Frag n nach dem werten Befinden liess man sich dann gewöhnlich in der desolaten Gartenlaube nieder, auf deren Schindeldache der buntübermalte hölzerne Kupido bereits Pfeil und Bogen eingebüsst hatte. Hier wurde mit hergebrachten Spässen und Neckereien gegen die Damen scharmütziert, hier wurde viel Kaffee getrunken, sehr viel Tabak verraucht und dabei von den Getreidepreisen, von dem zu verhoffenden Ernteweiter, von Prozessen und schweren Abgaben verhandelt; während die ungezogenen kleinen Schlossjunker auf dem Kirschbaum sassen und mit den Kernen nach ihren gelangweilten Schwestern feuerten, die über den Gartenzaun ins Land schauten, ob nicht der Federbusch eines insgeheim erwarteten Reiteroffiziers der nahen Garnison aus dem fernen Grün emportauche. Und dazwischen tönte vom Hofe herüber immerfort der Lärm der Sperlinge, die sich in der Linde tummelten, das Gollern der Truthähne, der einförmige Takt der Drescher und

的了。　在美麗的夏日下午鄰人之中是常是有人來訪的。　在熱鬧的迎接底客套和對於“尊體”的客氣的詢問以後，通常就在荒蕪的園中茅舍裏坐下來，在牠那木瓦所蓋的頂上彩繪的木製的愛神把箭和弓已經丟了。　在這裏用常套的笑話和打趣把婦人們來尋了開心，在這裏喝了許多咖啡，吞吐了很多的菸。　並且一壁講論到糧食的價錢，講論到可望到來的收獲天氣，講論到各項訴訟和重稅；此時頑皮的公子哥兒們坐在櫻桃樹上把核向他們的姐妹們扔去，她們是在由園籬上面向田地望去，看是不是她們所秘密期待的近處駐紮的一個騎兵軍官的帽上的翎毛由遠綠叢中露出了。　其間由庭院那方不住地傳來在菩提樹裏跳躍着的麻雀底喧聲，火鷄底格格的叫聲，打穀者底單調的節拍和鄉間生

all' jene wunderliche Musik des ländlichen Stillebens, die den Landbürtigen in der Fremde, wie das Alphorn den Schweitzer, oft unversehens in Heimweh versenkt. In den Tälern unten aber schlugen die Kornfelder leise Wellen, überall eine fast unheimlich schwüle Gewitterstille, und niemand merkte oder beachtete es, dass das Wetter von Westen bereits aufstieg und einzelne Blitze schon über dem dunklen Waldeskranze prophetisch hin und her zuckten.

活底所有的那奇妙的音樂，她把在外鄉的鄉間生人，像阿爾卑斯山的號聲把瑞士人一樣，時常是無意之中沉入鄉愁的。在下面的低地裏呢，韭稼做起輕微的波紋，到處都是一種極其悶熱的暴雨將臨的平靜，並且也沒有人注意到或是覩察到，西方的天氣已經起來並且一個個的閃電已經在暗的樹林圓環之上預示什麼似地往來飄忽了。

論古代人"死"之表現法

Wie die Alten den Tod gebildet

雷興 (G. E. Lessing) 著

常 蓀 波 譯

雷興（Gotthold Ephraim Lessing, 1720—1781）於一七六七年卜居於漢堡，興致勃勃參加建立民族劇院的工作，同時他與他所尊敬的一位文人保德（Bodo）開了一個印刷所，他這時似乎可以期望一個安定而昌旺的終身事業了。 不過劇院因管理不善不久就關了門；而印刷所也失敗了，反累他負了一筆重債。 這個時期他寫給親友的信札都透露着非常的失意與頹唐，他想到意大利去找點適當的工作救濟他的困乏。 不過一七七〇年他接受了卜分思史外Braunschweig親王之聘就了臥爾分布忒 Wolfenbüttel 圖書館主任之職一直到他死時。

在漢堡短促的逗留期間縱然遭受了許多的打擊，雷興仍然成功了幾個不朽的貢獻。 最主要的是漢堡劇談Hamburgische Dramaturgie，這是就當時上演於漢堡劇院的劇本所撰的批評文字，但是他給戲劇藝術的規則貢獻了一個完美的學說。 他的學說雖是根據亞里士多德的原理，往往獨有見地 ，而運用亞氏的原理不拘泥不附會尤具會心。 這部書對於德國的劇作家影響極大，將他們從模仿法國擬古悲劇的束縛中解放出來，並且指示他們去師法那打開眞正悲劇感情的泉源的希臘戲劇作家與莎士比亞。 另一個作品是研古信札 Briefe antiquarischen Inhalts。 當時有位學究先生克婁茲（Klotz） 對於雷興的作品先本亦[illegible]攻擊，這些信札就是雷興的答辯。 克婁茲是哈勒 Halle 大學的教授，雷興拉奧空論（Laokoon）在一七六六年出版後，克婁茲發表文字肆意攻擊雷興的學識與他認爲雷興錯誤的地方。 雷興在拉奧空論第十一章一個脚注裏批評伽魯司指責荷馬之不當，他說古代的作者從未以骨架表現死的。 藝術家應當遵從荷馬將"死"

與"睡眠"表現為孿生的兄弟，像貌畢肖，都是兩足交叉着。克婁兹對這意見加以攻擊，說雷興犯了一個不可恕的錯誤。於是激起雷興另寫了這篇被近代美學家譽為"眞正之希臘感情與近代生活的覺醒之間的一個純朴而通俗的溝通"的論古代人"死"之表現法。

雷興的批評文字差不多可以說每篇都是因一些個人的激刺與辯難而撰述的，因此有人認為他是學問上的無賴。事實却並不如此。雷興不曾因為報復攻擊過任何他同時代的人，他實在如詩人海涅所說：「他是他的時代的生存之批評者」。他喜歡人辯論，因為他希望改正一切錯誤的意見，於是每逢他自己或他人受到不公平的攻擊時，便立刻運他如椽之筆回敬一下。在這篇文字中雷興將他在一個小註中表示的意見得以儘量發揮，並且證明他的學說。他的同時代的人都接受他所證明的古代人的"死"之表現法——死之擬人化，迥異於基督教與中世藝術所表現的骨架。哥德在他的詩與眞 (Dichtung und Wahrheit) 中對這篇文章大加驚賞。有幾位考古學家對於雷興所加與砲薩尼亞文句的解釋不同意。這樣文字學上的枝節無關全文的宏旨。這篇文章已成為雷興著作中的一篇經典，甚至他的最苛細的仇人古兹 (Goozo) 也稱讚它。——譯者

敍　言

這篇文字假若被讀者依照引起我撰述它的那情形來估價，我將要不勝歉仄的。那情形是十分可鄙的，只有我應用它的態度能以寬恕我應用了它。

我確實不是不重視我們現在的大衆對於一切被稱為論爭者那樣過分靈敏的嫌惡。不過好像是大家忘却許多重要論點之說明辯解都是得之於辯駁的了，而且人類對於任何事情一定不會意見一致的，假如他們從來不曾為任何的事情爭論過。

"爭論"，禮貌如此稱呼一切的討論。爭論在現在已經變成這樣一種不禮貌的東西，遂使得我們覺着妒忌與誹謗反不如爭論可引以為恥。

假如大衆之中大多數的人（他們不願聽人講到論辯的作品）是著作家，那末不寬容一種論駁的語調也許不僅是禮貌而已。這對於自尊心與利己心是如此之干犯！對於隱秘之名譽是如此之危險！

而且他們說極少因論爭獲得眞理。——如此極少嗎？假使未經爭辯眞理已成立了，縱然如此而眞理也仍是因每個論爭獲得的。論爭曾經激動研究的精神，曾經使得偏見與權威在不斷的震蕩之中；簡單說來，曾經阻擋住那煌煌的假的眞理，不容它在眞理的地位植根。

我也不能同意這樣的意見最重要的眞理才需要爭論。所謂重要的是相對的觀念，而在某一方面極不重要者在另一方面也許是極重要的。當作我們的知識的一個構成分子而說，一個眞理，因此，也如另一個眞理同樣的重要；那些不關心於眞理與非眞理之間最細微的事物的人將永遠不能使我相信他之愛眞理是純粹為了眞理。

我不願將我個人思考這件事的法則強求任何人同意。但是我至少可以請求那意見最與我差異的人，假若他有意公開地講述這個研究，我請求他忘記這研究是着眼於任何人的。讓他探討這題目而不要理會所講到的人。在我講到的作家之中有為藝術批評家所最傾向的，他一般地認為是最佳的著作家，沒有人要求從這位批評家學得什麼。所渴望從他學得的只不過是這個，究竟在他的一方面，在目前的例證中的這一個或另一個的天秤盤上他應安放了什麼會使得天秤盤下落的或者更加重天秤的。只有這樣另加的法碼，不隱藏地認為適當的法碼，使得他成功他所希求的；但是他却不能那樣幻想只憑他大膽的陳述就能算這樣的一個另加的法碼。假若他是超越我們兩個，讓他不要放棄這個教誨我們的機會。

關於他將在我的作品之中注意到的無理性之處，他可以儘量批評。假若只要他不使得這題目因他的批評而受了損害。我本來應該更有系統地着手研究的；我本來應該將我的理由安排在一個更有利的光亮之下陳述的；我本來應該利用這本或那本珍本書或孤本書的；眞的，什麼不是我本來就應該的？

我所能建樹我的研究的基礎的，只是憑賴那些久已週知的古代藝術中的墓碑。這一類的寶藏日有發現。我眞願有幸福是那些能够首先饜足他們的求知欲的人們之中的一個。 但是那一定是奇妙的，假若惟有那據有最新鑄造的錢幣的人才算是富人。 這毋寧說是愼重的本分在這錢幣的眞價値被無疑地確定之前不十分重視它。

考古學家爲了要證明一個新的主張，指示我們去參證惟有他一個人知道的與他第一個發現的一件古代藝術作品，他也許是一位誠篤君子；假若這些人中八分之七的人却並不是這樣，那末對於研究未免可悲了。 但是有的學者他的主張僅根據一位布阿薩爾 (Boissard) 或一位皮蒱斯 (Pighius 均爲十六世紀古典學者) 在他之前一百餘年看見過的古物，那末他斷然是毫無欺詐；而且在古舊的事物中發現新的事物，這至少是與從新的事物中證實舊的事物同樣的値得稱讚。

問　題

克婁茲先生 (Herr Klotz) 總以爲他是尾隨着我。 但是每當我聽見他的召喚轉回來找尋他的時候，我才看見他在一團塵霧中徘徊着，確實在我所踐踏過的路途的一邊。 他最近的這樣的一個召喚道，「雷興先生將應允我指責他的主張，古代藝術家不曾將死亡表現爲一個骨架（見拉奧空論，Laokoon 十一章註），這與他的其他兩個假設：古人從來不曾表現過憤怒，或一個翱翔的形像而不帶着翅膀，同樣無價値。 他自己甚至不相信在佛羅命司的公爵博覽室裏收藏的一個灰罐上以一隻臂支持着的倚憩的銅骨架。 或者他會比較容易地相信，假如他觀看一個雕刻的寶玉，上面鐫了一個完全的骨架（參看： Buonarotti, Oss. sopr. alc. Vetri, t. xxxviii. 與 Lipper Daktyliothek ；2.1000, n 998）。 在佛羅命司博物院中這個骨架（有一個老人坐着向骨架吹笛）也是同樣被看見雕在一個寶玉上的（參看 Les Satires de Perse par Sinner, p. 30）。 但是雕鐫的寶玉是屬於比喩的，雷興先生將這樣反駁我。 那末我願再指示給他克爾其林博物院收藏的金屬的骨架。 假如他還不滿足，我願另外更提醒他溫克曼先生 (Winckelmann) 在他的論比喩一文中第八十一頁曾經早已注意到在羅馬兩個古大理石瓶上雕着骨架。假如我的枚舉的例證不使的雷興先生煩厭，我願再添上司波紐 (Sponius)(一)書中第一分，第三條，特別是第五號。我既已大膽記載下許多事情反對他，我必須指示給他漢密頓先生 (Herr Hamilton)(二)所有的粉繪瓶的豐富收藏，爲得指示給他看看瓶上的一個憤怒之神。」

這眞是天呀，天大的膽！實在說，來反駁我！不論什麼人反駁我我總認以爲是極仔細的，不論他在我是厭煩不厭煩。

無疑地克斐茲先生所加與我的這樣一個辯駁，不論怎樣說已夠使得最冷靜最心平氣和的人也要發氣了。假若我說：「現在還沒有晚上」，那末克斐茲先生就說：「但是早已過了晌午了」。假如我說：「七加七不是十五」，那末他就說：「但是七加八是十五」。這就是他所說的反駁我，駁倒我，確實證明我許多不可饒恕的錯誤。

我請求他一瞬息的工夫仰助於他的悟性，毋須仰助於他的記憶。

我曾主張過古代藝術家不曾將"死"表現作一個骨架和說他們從來不曾表現過一個骨架是一件事嗎？假若這兩句話之間絕對沒有差異，所以證明了其中的一句的也必須證明另一句？那否認了其中的一句的也必須否認另一句？

這裏是一個雕鐫了的寶玉，與一個大理石瓶，那裏是一個黃銅的雕像；都無疑地是古代的，而且都表現一個骨架。很好。誰不知道這個？誰能知道這個假若他的手指與眼睛沒有差舛的地方當他願意知道它的時候？古代的藝術作品必須總是按照比喻的意義造成的嗎？

這些古代的藝術作品表現骨架；但是這些骨架也表現"死"嗎？一個不得已而應用之骨架必須表現"死"，"死"的擬人化的抽象，"死"的神明嗎？何以一個骨架不應只表現一個骨架？何以一個骨架不應表現其他的事物？

(一) Sponii Miscellanées Antiquairo Erudition.

(二) Hamilton: Collection of Etruscan, Grecian and Roman Antiquities from the Cabinet of the Hon. Wm. Hamilton, No. 6.

探討

克斐茲先生的伶俐未免太過分了。　我不必多答覆他，可是我還要比我必需回答的要多說幾句。　因爲既然有幾位學者多少具有克斐茲先生那樣怪癖的觀念，我願爲他們的利益起見樹立兩個論點：

第一：古代藝術家果眞是表現過"死"的，表現"死"的神明，並且將死表現作與一個骨架絕對不相同的另一種形像。

第二：古代藝術家表現一個骨架時，用意在藉這個骨架表現絕異於"死"，"死"之神明之"死"的某事物。

一　古代藝術家不把"死"描繪爲一個骨架，因爲他們是依照荷馬的觀念描繪的，把"死"描繪爲孿生"睡眠"的兄弟的，把"死"與"睡眠"表現的那樣酷肖，我們自然而然視他們爲孿生。　在艾里司(Elis)尤諾(Juno)廟裏一個杉木櫃上，他們兩個孩子一樣休息在"夜"之臂中。　惟只一個是白的，另一個是黑的；一個睡着，另一個似乎是要睡着；兩個都是足交叉着。

我在此願乞援一個原理，這原理極少有例外，即是，古代人忠實地保留着以前一度曾給與了一個理想存在物的審美的表現。　因爲這些表現縱然是隨意給了的，每個人都有權想像作這樣或那樣，可是古代人認爲這是好的而且是必需的表現，後來的人應該放棄他的權力而遵從第一個發明人。　道理由很明白：若沒有這個共同的一致，必無共同承認的可能。

因此"死"與"睡眠"的這個相似，既已一度被希臘藝術家接受，按照所有的形似來說，他將永遠被他們遵守。　它無疑地呈現在拉開代蒙(Lacedämon)地方的這兩個存在物的雕像上，因爲他們提醒鮑薩尼亞(Pausanias)(三)荷馬是將他們表現作兄弟的。

(三)　希臘風土學者，約二世紀時人，著有'Periegesis'（希臘旅行指南）十卷。　此處所述見第三卷 Laconia 第廿九章第二五三頁。

那末請問，假如"死"立在"睡眠"之旁，而將"死"表現作只是一個骨架，我們能够想像出他與"睡眠"有什麼些微的相似之處嗎？

溫克曼寫道：「或者，蓋底司(Gades)的居民，卽近代的卡的斯(Cadiz)人是如此描摹"死"的，他們在各人種之中是惟一崇拜"死"的一個人種。」(四)

不過在這裏溫克曼沒有任何極微弱的理由用這個"或者"。非斐司特拉圖(Philostratus)(五)只講到蓋地塔尼人(Gaditani)「他們是惟一對"死"歌唱讚美詩的民族。」他甚至沒有提到一個立像，更不必提到他給了我們什麼理由使我們懸揣這個立像表現一個骨架。再說，蓋地塔尼人的這種表現與這又有何關係。這是希臘人的象徵圖畫的一個問題，並不是野蠻人的圖畫的問題。

我首先觀察到我不能與溫克曼同意，關於解釋非斐司特拉圖的句子，將：「人類之中祇有他們爲"死"奏凱歌(τὸν οάνατον μόνοι ἀνορώπων παιανίεονται)」解釋爲：「蓋地塔尼人在所有人類之中是惟一崇拜"死"的」。用"崇拜"來說死對於蓋地塔尼人未免太輕了，而對於其他的種族却未免否認的過分。甚至在希臘人中"死"也並不是完全不被尊敬的。蓋地塔尼人的特別處惟只這點：他們認爲死神能够接受懇求的；他們信仰他們能藉上犧牲與讚美歌緩和"死"的殘酷與延緩"死"的判決。因爲讚美歌就他們的特殊的意義看來是歌唱給一個神明祈求避過災害的詩歌。非斐司特拉圖似乎是指示埃斯去路(Aeschylus)的一段文字，在這段文字中講到"死"，說"死"是諸神之中惟一的神明不重視獻禮因此也沒有祭壇，也沒有讚美歌歌頌他：

那裏旣無祭壇，也聽不到凱歌

溫克曼在他的論比喩(Allegorie)文中講到"睡眠"時(六)，也提到在亞爾班尼

(四)　見論比喩第八三頁。

(五)　約第三世紀初年之雅典修辭學家(此處所述見於所著阿波羅紐傳(Vita Apollonii，共八卷) lib. v. c.4.

(六)　見論比喩第七六頁。

宮(Palazzo Albani)內一個墓碑上，"睡眠"被表現作一個年青的神靈伏在一個顛轉的火把上，「而且在羅馬的克來孟替諾學院 (Collegio Clementino)裏一個灰壜上也可以找見正和這一樣的兩個精靈。」 我願他論到"死"時也想起這個表現。那末我們不應該放過這惟一的精靈與"死"的共同的表現，因為在表現中他只供給我們"死"之各種形式的各種比喻。

我們還願意溫克曼曾經把這兩個墓碑描寫的更詳細點。 但是他關於這些講的極少，而且所講的話又不確定。 睡眠倚伏在一個倒轉的火把上；但是死可也是如此？ 確實完全一樣？ 這兩個精靈之間果眞毫無差別？ 他們的差別是什麼？ 我不知道這些墓碑在各處曾經是否很著名的，那末我們可以有個地方尋求一個解答。

不過，幸而他們的種類並不相同。 溫克曼沒有注意到在這些墓碑上任何的東西，這在他以前早經被人知道的其他的墓碑上是不引人注意的。 他看見一個年青的精靈與一個顛倒的火把，淸晰的銘文"Somno"；但是在布阿薩爾書中(七)的一個墓碑上我們看見這同一個圖形，那上面的銘文"Somno Orestilia Filia"及其含義給我們極少的疑難。 往往在許多墓碑上並沒有銘文，在好幾個墓碑上與石梯上的確它現出是複製的(八)。 那末在這個絕對符合複本之中，那另一個若不是"睡眠"的孿生兄弟"死"，他是什麼？ 假如那一個是"睡眠"的一張畫？

這眞令人驚訝，考古學者竟然不知道這個，或者假若他們知道它，他們竟忘記應用它於他們的解釋中。 我在下面只舉幾個這樣的例子。

我記得貝勞瑞 (Bellori) 在他的菁華錄 (Admiranda)(九) 使得出了名的那個大理石梯，他曾經解釋為：與人的最後命運有關係。 在那棺上雕着的其他東西之中，現出了一個長着翅子的青年站在一個屍體旁，若有所思似的，他的右足交

(七) 見 Topograph. Parte iii, p. 48.

(八) 見 Topograph. Parte v. pp. 22, 23,

(九) 見 Admiranda, Tab. IXXIX.

叉着左足，他的右手與他的頭俯在一個支持在死屍的胸部的倒轉的火把上，他那提着火把的左手裏拿着一個帶着蝴蝶的花環。 這個形像，貝勞瑞說是愛神，他正在熄滅火把，這卽是說熄滅愛情，在這死人的胸脯上。 而我說，這個形像是"死"。

並不是每個長着翅膀的男孩子或青年的形像都必須是愛神。 愛神與他的兄弟們的集聚，往往有這個構圖與各種精靈的形像相同。 請問精靈之中有多少是被表現作男孩子的(十)？ 而且那一個沒有它的守護神？ 每個地域，每個人，每種人類社會關係，每種職業從最低級到最高級(十一)，是的，我可以說，每個無生命的事物，它的安全是最重要的，都有其保護神。 假如這個對於許多人（克婁茲先生也在內）不是一件全然不知道的事，他一定不賜與我們他的雕刻的寶玉上愛神的甜蜜的故事了(十二)。 這位大學者用最周到的手指翻遍所有雕刻的書籍找尋這個美麗的小神，不管在何處只要他看見一個裸體的小男孩，他便喊道：「愛神！ 愛神！」 於是趕快登記在他的目錄上。 我希望那位將考查這些克婁茲愛神的人多有點耐心。 在每個瞬間他將要必需從他們中挪出一個來的。 但是我們在此且不談這個。

關於並非每個長着翅膀的男孩子或青年必都是一個愛神這一點，我們上面講過的已經够了；因為在貝勞瑞的墓碑上的這個形像毫不必須是愛神。

而且這絕對不能够是愛神的！ 因為沒有比喩的形像可以是與它抵觸的。 不過這樣一個愛神一定是這樣，他的工作是熄滅人心房裏的愛情。 這樣的一個愛神正因這個緣故他不是愛神。

而且在這個長着翅膀的青年的四周及他的上面的每樣東西都表示出極有利於"死"的形像。

(十) 見 Barthius ad Rutilii lib. i. v. 327, p. 121.

(十一) 見 Ibid. p. 128.

(十二) Über den Nutzen und Gebrauch der alten. geschnittenen Steine. pp. 194-224.

因爲，假若僅因古代人將"睡眠"表現作一個長着翅膀的神靈已經被證明這形像即是"睡眠"，那末僅這個就足以證明我們臆斷他的孿生兄弟"死"也是同樣的形像並不錯。"死被表現爲老人（Somni idolum senile fingitur）"拔爾特（Barth）(十三)很隨便地寫上的，以表示他對於司搭丟（Statius）(十四)一段文字的標點是正確的：

「請告訴我，何以我招致得，溫柔的神聖的青年，
指出我的錯誤，罪過，何以祇有我得不到你的恩惠？
(Crimine quo merui, juvenis placidissime divûm,
Quove errore miser, donis ut solus egerem
Somne tuis?)」

詩人在此祈禱"睡眠"，而拔爾特認爲詩人說"青年（juvenis）"是說他自己，而不是說"睡眠"。

「請你說，何以我，青年人，招致得，溫柔的神聖
(Crimine quo merui, juvenis, placidissime divûm etc.)」

也許如此，因爲在沒有辦法的時候也許是如此，但是理由却是十分無價值。在一切詩人中"睡眠"是被視爲一個年青的神明，他愛葛瑞司（Gratiae）女神中的一個，而尤諾爲了酬報他一件重要的服役，於是將這個葛瑞司給了他作他的妻。可是有人宣說過藝術家曾將他表現作一個老人嗎？那是不能被信任爲他們的，縱然與這相反的圖形在任何紀念碑上不復可見。

但是如我們看見的，不僅"睡眠"，而且還另有一個"睡眠"，這當然是"死"無疑，被看見在溫克曼的較不著名的紀念碑上，在布阿薩爾的那些比較習知的紀念碑上，都是表現作手裏執着倒轉的火把的一個年青的神靈。假如在那裏"死"

（十三）見所著 Ad Statium. Silv. v. 4.

（十四）一世紀時羅馬詩人。其主要作品爲 Thebais 史詩，又有一詩集曰 Silvae。有詠睡眠一首最著名，此處所引即是。

是一個年青的精靈，何以在這裏一個年青的神靈不能也是"死"？　他必須不是"死"嗎？　既然除了倒轉的火把不說，所有他的其他的屬性都是"死"最美麗的，最富表情的屬性？

什麼能够比一個熄滅了的，倒轉的火把更能清楚地指示出人生的結局？　假若它是"睡眠"，這個人生的短促的停止，他俯伏在這樣的一個火把上，何以"死"不可以有更大許多的權力也這樣兒？

甚至於長着翅膀是他的形像也比說是"睡眠"的更恰當。　他的襲擊較之睡眠更突然，他的經過更迅速。

「是否安靜的高齡把我

收去，是否"死"展着黑翼環飛，」——霍拉壬(Horaz)(十五)如此說。

那末他的左手裏拿着的花環是什麼意思？　這是埋葬的花圈。　在古代希臘人與羅馬人都用花來圍繞屍體，活着的人將花環撒在屍體上；火葬的柴堆，灰罐與墓碑都用花環綴飾着(十六)。

最後，那花環上面的蝴蝶呢？　誰不知道蝴蝶是靈魂的表徵，特別是後離開人世的靈魂的表徵？

除此之外我們還須再考查這個形像的整個位置，他立在屍體旁依伏在屍體之上。　請問，除過死神還有什麼神明，什麼更崇高的存在物能够，並且可以取這個姿勢？　一個死的屍體，依照古代人的觀念來說，沾汚一切接近它的東西，而且不只沾汚那些觸摸他的或僅觀看它的凡人，甚至天上的諸神也要被沾汚。　所有的神明都是被禁止看見屍體的。

——我是被禁止諦視被殺害者不潔的屍體。

（十五）　一世紀時羅馬詩人，以短歌及諷刺詩著名。　此處所引見於其詩集 Lib. ii. Sak. iv. 57,58.

（十六）　見 Car. Paschalii Coronarum, lib, iv. c. 5.

（十七）　希臘三大悲劇家之一，約紀元前五世紀時人。　此處所引見所撰悲劇 Hippolyth. v. 1437.

（十八）　希臘神話中的女神，司光與月，猶如阿波羅所表現的男性觀念一樣。

歐里庇得(Euripides)(十七)讓狄亞娜(Diana)(十八)對垂死的希波利圖(Hippolyth)(十九)如此說。是的，爲了避免這個景象諸神必須趕快離開當垂死的人吸最後的一口氣的時候。因爲狄亞娜繼續着如此說：

那些呼吸最後一口氣的人沾汚我的眼睛，

我看出現在你已鄰近你的死的頃刻。

——說完她便離開她的愛人。阿波羅(Apollo)(二十)說（在這同一位詩人的作品中）他必須立刻離開阿德美圖(Admetus)(二十一)的住處因爲阿爾開司太(Alkeste)(二十二)將要死了，也正是這個道理。

因爲她將要死了我離去這個友愛的邸宅，

以免死的氣息將我沾汚(二十三)。

我認爲這種情形，諸神也許看了屍體不會沾汚他們，在此處是很可使人信服的。至於那站在屍體旁邊的何以不會是愛神算是第二個理由，而且也是一個理由否認他是所有的其他神明，他只是諸神之中惟一的例外能夠諦視死屍而不沾汚他自己的死神自己。

或者有人如此想也許還有一個神明是例外的，卽是那個特殊的精靈，人的靈魂的特殊保護神？也許有人這樣說這一定是荒誕無稽的，假如一個人的精靈站立在他屍體之旁哀悼，既然它的生機消滅強迫着他與它永遠分離開？可是縱然如此，這個觀念我們不能說它是荒誕不稽，它却是全然違反古代人的思想方式的，按照他們的思想方式說，甚至一個人的保護神並不等待到他死，而是在身體與靈魂完全解體之前就離開他。這個可以用幾段文字明顯地證明，因此這個精

(十九) 歐里庇得悲劇 Hippolyth 中的主人公。

(二十) 希臘神話中太陽之神，與狄亞娜同是宙斯與 Lotos 所生。

(二十一) 希臘 Phorae 之國王。

(二十二) 希臘 Pelia之女，阿德美圖之妻，後代她的丈夫而死。歐里庇得的悲劇 Alkeste 卽演述此事。

(二十三) 見 Alkeste, v. 22, 23.

靈不能够是才死了的凡人的保護神。 他將他的火把置在這個凡人的胸脯上。

不過我不能將他的姿勢上的一個特點略而不顧。 我似乎在它之內發現一個我在拉奧空論(二十四)中同部分所提出的一個臆測的證明。 我的那個臆測遭受了許多駁詰；現在可以看看究竟它所根據的理由是否確切。

當砲薩尼亞描寫在戈里司的尤諾廟裏一個石梯上的圖畫時（我在前面已經講過），那張畫裏除了其他的事物外還有一個婦人，右臂裏抱着一個白的正在要睡的男孩子，左臂裏抱着一個黑孩子， καθεύδοντι ἐοίκοτα 這可說是“他酷肖睡眠的孩子”與說“他似乎要睡”是同等的意義，他又說道:「ἀμφοτέρους διεστραμμένους τοὺς πόδας」。 這幾個字拉丁翻譯人譯爲：「distortis utrinque pedibus（兩邊彎曲的足)」，法國人譯爲「les pieds contrefaits」。 我在那段文字中問這裏彎曲的足是爲什麼？ 何以“睡眠”與“死”遭遇到這些醜的肢體？ 這樣的肢體表示什麼意義？ 我既找不到一個答解，於是我提議將 διεστραμμένους τοὺς πόδας 不譯爲“彎曲的”而譯爲“交叉的足”，因爲這個姿勢是睡眠的人通常的樣兒，所以在古代的紀念碑上睡神被如此表現着。

我必須先引證全段文句，因爲許爾堡 (Sylburg) 以爲在那幾個字裏面必需有一個修改。「πεπόιηται δὲ γυνὴ παῖδα λευκὸν καθεύδοντα ἀνέχουσα τῇ δεξιᾷ χειρί, τῇ δὲ ἑτέρᾳ μέλαινα ἔχει παῖδα καθεύδοντι ἐοίκοτα, ἀμφοτέρους διεστραμμένους τοὺς πόδας. 表現的是一個婦人，右臂上抱着一個白的睡着的孩子，另一個臂上她抱着一個黑的，像那個睡着的孩子，兩個都是交叉着足」。許爾堡以爲διεστραμμένους（交叉）這個字有疑義，因爲它前面有個 ἐοίκοτα（像）， 而這兩個字都是指示 παῖδα（孩子）。 這個改變不惟是多餘的，而且是十分錯誤的。 說它是多餘的，因何以這個 διαστρέφεσθαι （交叉）恰就指示 παῖδα (孩子)，既然它也可以指 αμφοτέρους (兩個)或πόδας(腿)？說它是錯誤的， 因爲ἀμφοτέρους (兩個)

(二十四) 見拉奧空論第十一章附註。

只能屬於 πόδας（腿），我們就必須譯爲"兩足彎曲"，而它既可以還指示兩個 παῖδα (孩子)，我們就必須譯爲"兩個（形像）都是彎曲的足"。 這卽是說，假若 διεστραμμένος 在此作"彎曲的"解而且只能作"彎曲的"解！

現在我須自白，當我以前寫拉奧空論的這段文字時，我並不知道何以睡神與死神應該描給爲彎曲的足的。 後來我在倫戴爾 (Rondel) 書中才發現古代人的用意是藉這些彎曲的足指示夢幻的曖昧與虛妄的。 但是這個動作是根據着什麼？ 它又是什麼意思？ 不論它解釋作什麼，它充其量不過只解釋了一半兒。"死"確實是沒有夢的，而"死"也有這同樣彎曲的足。 因爲，我在前面說過，"兩個 (ἀμφοτέρους)" 必定指示前面的兩個"孩子 (παῖδα)"，否則"兩個 (ἀμφοτέρους) "若與"足(τοὺς πόδας)"連在一起一定是一個極浮淺的冗語。 假如一個存在物有着彎曲的足的話，那一定是兩隻足都是彎曲的。

但是假如有人僅因此之故就遵從許爾僕的讀法，爲了要能以將這彎曲的足單獨給與"睡眠"，那又將如何？ 那末，請這位固執的人指示給我看任何古代的"睡眠"的形像是被表現作有這樣的彎曲的足的。 我們現在還保存有極多的全身雕像以及浮雕像，考古學家都一致地認爲它們是"睡眠"。 在這樣雕像之中我們可能找得見有一個雕像上是雕着彎曲的足的，可是像人們猜想的那樣多？

那末這是什麼意思？ 假若"死"與"睡眠"的足是不能被滿足地解釋出來；假若指派給"睡眠"的彎曲的足不能在任何古代的作品中找得到佐證，那末，我以爲再沒有比這更自然的一個懸揣了，卽是彎曲的足在這裏只不過是一個幻想。它們是根據砲薩尼亞的一段文字，而且是那段文字中的一個字，而且這一個字又是另具有與這十分不同的一種意義的。

因爲 διεστραμμένος 這個字從 διαστρέφειν 看來並不只解作"彎曲的"，如"醜怪"一般被解作"扭歪"那樣；與其說是 tortuosus, distortus 不如說是obliquus,

（二十五） 十八世紀意大利著作家。

transversus，而 πόδες διεστραμμενοι 也很有譯爲：「橫歪斜的足」也正如同譯爲：「彎曲的足」一樣；眞的，前一種譯法確實比較後一種譯法更爲正確。

但是那個 διεστραμμενος 也如此被繙譯了一定十分不恰當。很明顯的意義未必總是眞正的意義。下面的解释是一個比較重要的，它要給天秤一個完全的變化；我以前擬議以"交叉的足"來譯 πόδες διεστραμμενοι，講到"死"及"睡眠"都如此譯，不僅是在意義上說是最美麗的與最適當的，而且我們在古代墓碑上常見到的也正是如此。

交叉的足是一個睡眠者的自然的姿態當他極溫靜地甜蜜地睡着的時候。這個姿勢被所有的古代藝術家一致地給與了他們所願描繪的在這種睡眠中的每個形像。克勒拍特拉（Cleopatra）如此睡着在望樓中，女仙如此睡在布阿薩爾的一個古墓碑上；而狄哦司苦利德（Dioskurides）的赫爾馬富羅地（Hermaphrodite）也是這樣睡着或將入睡。再多舉例證未免繁冗。我此時只能想到一個另一種姿勢的古代形像。（克斐茲先生，我極歡迎他迅速地檢查他的雕刻書籍，並且指示我更多的例證）。但是我現在所想到的形像是一個醉醺醺的牧畜之神，他是醉了，並不是安靜的睡眠。古代藝術家遵奉這個姿態以及睡着的動物。在柏林皇家收藏的古物中兩個古代淡黃色大理石獅子，牠們的前爪交叉着，頭俯在前爪上。因此這毫不奇怪，這兩個石獅子所表現的"睡眠"恰與睡眠的人通常的姿勢相同。我曾指示到瑪非（Maffei）(二十五)書中的"睡眠"，我也可以同樣正確地指示到託流（Tollius）的一個同一的大理石像。瑪非也曾經提到兩個較小的大理石像，以前這兩個像屬於克羅那大將軍（Connetable Colonna），簡直沒有一點差別。

甚至在清醒的形像中交叉着足的姿勢也被用了作爲休息，鎮靜的一個表記。河神的半凭倚的或全凭倚的姿勢，凭倚在他的甕上的姿勢很多，甚至在站着的人一隻足交叉着另一隻足是休止與靜默的實在姿態。因此商業神與牧畜神有時也現出這種模樣，特別是當他們凝注於奏笛或做其他的消遣的時候。

現在凡讓我所舉列的所有這些可能的情形來與純粹矛盾的意見作一衡量，許多人竭力要以這種意見排斥我的解釋。 下面我所引的要算是最深刻的了，這是從我所感激的，給了我許多比這更重要的忠言的一位學者的著作中引來的。 這位評林 (Kritische Wälder) 的作者說：「雷與所加於 διεστραμμένους τοὺς πόδας 的解釋，似乎與語言的用法牴牾；假若我們要大膽臆揣，我只能這樣說：『他們足與足交叉着睡着，卽是一個的足伸展出去橫在另一個的足上，表明"死"與睡眠的關係……』」

我的解釋是與語言的用法牴牾嗎？ 如何牴牾呢？ διεστράμμενος 這個字除了這不能再有其他的解釋嗎？ 凡所有關係的都必須是彎曲的嗎？ 何以那個交叉着足的能以說是在希臘文裏面比 διεστράμμενον (κατὰ) τοὺς πόδας ，或 διεστραμμένους τοὺς πόδας ，將 ἔχοντα 省去更確切原文更美麗的？ 我一點也不知道這裏有什麼與文字的本來意義違反的地方，或者違反語言的眞正構造的地方。 假若佨薩尼亞的意思是說"彎曲的"，何以他不用普通常用的 σκολιός ？

當然這裏有許多容人臆測的地方。 不過僅有可能性的一個臆測配得上反對毫無缺點可以是成立的眞理的一個臆測嗎？ 不，我甚至不能承認那個反對我的臆測是有可能性的。 因爲一個男孩子休息在夜神的一支臂裏，另一個男孩子休息在另一支臂裏；因此，這一個男孩子的足與另一個的足纏扭在一起是容了解的。

最後，假設這種纏扭的可能性，假若 διεστραμμένους 這個字是表示這個意思的，它不是也表示了與彎曲十分不同的意思嗎？ 這個意義豈不也與習慣的用法牴牾嗎？ 我的對方的臆測不也陷於他所指責的我所陷於的那個困境嗎？ 他反而沒有他所不能否認的我的優良之點之中任一點？

我們再研究貝勞瑞的那個圖形。 假若這個被證明了，從我在這以前所援引的證明了，古代藝術家是以交叉的足表現"睡眠"的；假若證明了，他們所給了"死"的表現完全與"睡眠"相同，那末他們在描摹"死"時大概不會略去交叉着的足的。假若在貝勞瑞的這個作品恰是我這臆測的一個證明又如何呢？因爲它確實是表現着一足叉着另一足立着，並且這個特殊的姿態我認爲也同樣可以證實了整個圖形的意義，正如在他處後者的表現意義足以確定這個特殊形態的特點一樣。

但是這一點須明白：我並不如此魯莽與自信不疑地形成我的結論，假若貝勞瑞書中的圖是惟一的古代的墓碑，它上面的死神的形像是以交叉着的足表現着的。因爲再沒有比這更自然的反對我的理由：假若古代藝術家以交叉的足來描摹"睡眠"，那末他們只把他描繪作凭倚的，因爲他是一個睡者；從"睡眠"在睡眠中的這個姿態，無從推繹得出他伸直時的姿態是什麼模樣，或者更無從推繹得出他的相對者"死"的相應的姿勢，而"死"有一度偶然現出與我們通常見到的睡着的睡眠一樣的姿態這只是一個偶然。

若欲消除這個異議，惟有提供幾個能以證明我認爲我在貝勞瑞雕刻的這個形像中所發現的姿態的墓碑。所以我急忙要指示出許多的這些例子足以供推理之用，並且我相信，假若我提供出幾個這些例子的最顯著者來解釋，一定不會被人認爲僅是多餘的裝飾品的。

第一個是上面提到的在布阿薩爾書中保存着的墓碑。既然這些形像的明白的題銘不容人誤解它的意義，那末它便可被視爲解決所有其餘的問題的一個關鍵。這個形像如何是表現 Somno Orestilia Filia ？它表現着一個裸赤的少年滿臉傷悼之容側望着地面，凭倚在一枝倒轉的火把上，一隻足橫叉在另一隻足之上。

我不應略而不提起在柏林皇家圖書館皮宥斯的文件中有這同一個墓碑的一張圖畫，根據這張畫司盤亥母 (Spanheim十七世紀古典學者) 在他所作的卡里馬胡司 (Kallimachus) (二十六)註疏中曾編入這個"睡眠"的形像。它一定就是與布

(二十六) 見 At ver. Hymn. Dolum.

阿薩爾書中所給的那同一個墓石上的同一個形像，根據題銘之相同是確然不容疑的。但是觀看了這二者之間如此顯著的不同我們才更驚訝。那在布阿薩爾的雕像裏的細長的長成的體軀在皮蒼斯中是一個肥胖而壯健的兒童；後者有翅膀而前者沒有；至於頭的彎曲與臂的姿勢等小的差別更不必提了。何以這些差別逃得過司盤亥母的注意是可想像得到的；司盤亥母只是從葛魯忒（Gruter 十七世紀荷蘭古典學者）的碑銘集裏知道有這個墓碑，而他在碑銘中所見到的只有銘文並沒有一個雕刻。他不知道或者不記得這雕刻在布阿薩爾的書中已經印行了，所以他以爲他是在供獻一些世界全然不知的新發見，當他從皮蒼斯的文件中部分地提供出它的時候。我們更難原諒葛瑞威由（Grävius 十七世紀荷蘭學者），他在手編的葛魯忒碑銘集中根據布阿薩爾增加了這個構圖，而同時他却沒有注意到這個構圖與葛魯忒的文字描寫之間的矛盾之處。在葛魯忒的描寫中這形像是：一個長着翅膀的神靈，多髮，肥胖，睡着，右手放在左肩上，肩上披着一塊捲起了的紗（Genius alatus, crinitus, obesus, dormiens, dextra manu in humerum sinistrum, a quo velum retrorsum dependet,posita），而在雕刻上那形像却是完全不同的——沒有長着翅膀，沒有豐厚的頭髮，並不肥胖，並沒有睡着，右手也並未放在左肩上。這樣的不相符合眞是可羞，而且一定覺醒讀者的懷疑，尤其是他找不到關於這樣一個字的提示。同時它這樣證明，兩張畫不能够是當下從墓石摹臨的，其中的一張必然是從記憶中描繪出來的。究竟這是皮蒼斯的構圖，抑是布阿薩爾的構圖，只有那位有機緣拿它與原來的墓碑比較的人才能決定。依照後一個人的記載它是在羅馬塞西主教長的宮殿裏發見的。但是這個宮殿，假若我所聽人講的正確無訛則在一五二七年刼掠中被完全毀了。布阿薩爾在那裏所見過的古物現在也許在法尼司宮裏還可以保存着；我揣想關於赫爾馬宮羅地與假定的皮路司(Pyrrhus) 的頭的雕刻也正如此。至於其他的古物我相信我又在其他的陳列館裏找尋到——總而言之，它們都零散開了，我們若想發見我們所講的那個墓碑實在是困難，假若它在今日縱然仍存在着。三.根據假設，我對於布阿薩爾的圖形的意見猶如對於皮蒼斯者同樣的不敢贊同。　因爲，假若"睡眠"確實有翅膀，它也確實不需要必然有翅膀的。

第二個插圖（略）表示某一個克呂美內（Clymene）的墓碑，也是取自布阿薩爾的。　這些形像之中的一個如此酷肖前面提到的那一個，這種酷肖與它所佔的地位使得我們不再爲它懷疑。　它就是"睡眠"不能再是任何事物，而且這個"睡眠"也倚在一個倒轉的火把上，一隻足搭在另一隻足上。　它也是沒有翅膀，那眞要算是奇妙的了，假若布阿薩爾在此又忘記它們，但是我在前面說過，古代人往往可以表現"睡眠"作沒有翅膀的。　砲薩尼亞沒有給那在"夜"之臂裏的"睡眠"翅膀；司塔丟與鄂維丟（Ovid）遵從着他，在他們詳細描寫這位神明與他的住處的時候也都沒有給他翅膀。　布魯克許生（Brouckhuy sen 十七世紀荷蘭古典學者）錯誤的很厲害，他說後一位詩人確實給過"睡眠"一對翅膀，一個在頭上，另一個在足上。　雖然司塔丟這樣描寫他——

自己也奔到那裏用飛翔的脚步，風吹着鬢角。（二十七）

——可是在這裏毫沒有一點地方能夠解釋爲生來的翅膀的只不過是有翼的帽子與有翼的鞋，詩人們不僅將這些給商業神穿戴，並且也給與了其他的神明們，假若他們願意要把這些神明表現作非常之迅速的時候。　但是我所注意的並不是睡眠的翅膀而是他的足，我要繼續指示出在各種不同的墓碑上同一個睡眠的διεστραμμενον（交叉）。

我們的第三插圖（略）表示一個皮拉（Pila）或一個石梯，這也是取自布阿薩爾的。　這上面的銘文也見於葛魯忒的書中，葛魯忒將手裏拿着火把的兩個精靈名之爲愛神。　但是十分熟識這個睡眠的形像的人在這裏自然不會認錯它。而這個"睡眠"的形像也是兩次交叉着足站着。　何以這同一個形像在這裏要重複兩次？　他與其說是重複不如說是一對；表明意象與仿造意象。　兩個都是睡

（二十七）見 Ad Tibullum, lib. ii. Eleg. i, v. 89；L. 10, Theb. v 137.

眠；一個是暫時的，另一個是長久的睡眠；總而言之，它們是酷似的攣生兄弟，"睡眠"與"死"。我可以臆揣照我們在這裏所觀看的來說，溫克曼所提到的在墓碑上的神明，以及在亞爾班尼宮的墳園墓石上與克里孟替納學院的屍灰罐上所刻着的精靈都是"睡眠"與"死"而不是其他的事物。我們千萬不要爲他們足前放着的弓所誤；這些弓是屬於翔翔的精靈正如屬於站着的精靈一樣，我還曾經在許多各式的墓碑上看見過一張無弦的弓或甚至一張破弓並不是愛神的表號而是與他毫無關係的一個意象，一般度過的生命的意象。何以一個弓能以是一位良善的主婦的意象我不知道，可是有一個古墓銘，這是因萊希（Leich）教授從未刊行的詩選(二十八)中才令人週知的，這個墓銘即是如此說的：——

「這張弓告訴我們，她用全力治理家務。」

從這至少這是明明顯顯的，它不必就必然是愛神的武器，它的含義也許比我們所能解釋的更多。

我又附了第四個插圖(略)。這是布阿薩爾在羅馬聖安哲羅寺(St. Angelo)找尋見的一個墓碑，當然這在那裏現在仍然可以找尋得見(二十九)。在一扇閉着的門後一邊站着一個長着翅膀的精靈，只露出身體的一半，都用手指着閉着的門。這個表現太生動了不禁令人想起 domus exilis Plutonia（普魯托的荒廢的家）(三十)，一切釋放是絕望的，這個永恆之獄的看守人除了是"睡眠"與"死"還有那個更適當的？在我們所看見的那姿態與動作中不必需要倒轉的火把來更正確地標誌他們；藝術家已經給與了他們交义的足了。可是這個姿勢在這個地方一定顯得如何之不自然，假若它不是明顯地表示出是特徵的！

可是讀者且不要認爲以上所列舉的這些例證就是關於這一個問題我所能羅舉的全部例證。甚至就從布阿薩爾我還能再援引好幾個，或者僅"死"，或者僅"睡眠"，或者"死"與"睡眠"在一起，呈現出同一的足的姿勢。馬菲也供

（二十八）見 Sepulc. Car. xix.
（二十九）見 Parte v. p. 22.
（三十）見 Tollii Expos. Signi vet. p. 292.

給我完全的圖形收穫，此如表現在第一個圖中者(三十一)。

但是這種過多的例證爲得什麼目的？　四個這樣的墓碑，不要計算在貝勞瑞的那一個就已足够消除那個假定：旣能含有如此深沈的意義的不能僅是一個不足輕重的偶然。　至少這樣的一個偶然一定是所能想像的最奇特的一個了！　這是什麼樣巧妙的一個暗合，假若某些事物偶然地像這樣在不僅一個眞正古代墓碑上都是這樣，確實如我前面說過的，按照某一段文字我的讀法，它們必是如此的；或者假若它只是一個偶然，這段文字不能如此構造成宛若它被以對於這樣的墓碑的一個眞正觀察寫下來一樣。　不，機會沒有如此始終如一，而且我可以毫不自負地如此堅持，因此我的解說，雖然它只是我的解說，而且因爲僅是依據我自己的權威之故絕不會得到一點嘉許，却完全被證明猶如類此性質的任何事能够被證明的一樣。

正是爲了這個原故我認爲簡直不値得花費時間來消除這個或那個瑣碎的錯誤，假若一個懷疑者不停止懷疑的時候這些錯誤或會想起的。　比方說替布魯司(Tibullus)(三十二)的這兩行詩：——

後面現出有黑色羽毛的寂靜的
睡眠和蹒跚的彎着腿的夢。

的確在這裏那個明白的提敍是說夢幻是長着彎曲的腿的。　但是夢幻！　假若夢幻的腿是彎曲着的，何以"睡眠"的腿也必與他一樣也彎曲着？　因爲他是睡眠的父親嗎？　眞是一個絕妙的理由！　可是我所想到的答案不僅這一個。　因爲眞正的理由是如此：這個形容詞"蹒跚的，彎着腿的"(vara)確實不是替布魯司自己的，它只不過是布魯克許生的一個武斷的讀法。　在這位註疏家之前所有的版本讀作"黑的(nigra)"或"空妄的(vana)"。　後一個字是眞正的原文，而布魯克許生所以被誘引着拒斥這個字者，只能如此解釋：他改動了一個字母以一個新

(三十一)　見 Museo Veron. tab. cxxxix.
(三十二)　紀元前一世紀時羅馬詩人。　此處所引見於其詩集 Lib. ii. Eleg. i. v. 89.

奇觀念蒙混他的作者的那種得意誤引了他。 因爲，假若古代詩人常將夢幻表現作搖搖欲墜兩足虛弱的樣兒，卽是表現作欺騙人的夢幻；那末他們就必定想像這些輭弱搖擺的足是彎曲的嗎？ 何以輭弱的足必須是彎曲的，或彎曲的足必須是輭弱的？ 再說古代人並不認爲所有的夢幻都是虛僞的欺騙的，他們信仰一種極眞實的夢，而懷着這種夢的"睡眠"同他的孩子們，在他們看來是懷着將來的自信心（Futuri certus）同時也是最壞的創造者(Pessimus auctor)(三十三)。 因此彎曲的足旣是不確實性的象徵，那末古代人便不能使它爲一般的夢幻所具有，更不能爲「睡眠」所具有，因爲他是夢幻的父。 可是我承認所有這些瑣碎的理由都可摒棄不要，假如布魯克許生，除了被歪曲了的砲薩尼亞那段文字外，能以舉出任何一個例證是有利於"睡眠"與"夢幻"的彎曲的足的。 他解釋 varus 這個字的意義用了二十幾段多餘的文章，但是要證明 varus 是夢幻的一個表性詞時他却引證不來了，而且必須製造一個引證，如我前面已經說過的，甚至不是砲薩尼亞的，而是從誤譯砲薩尼亞而製造出的一個引證。 這眞是荒誕之至，他旣然不能發見一個向外彎曲之腿的睡眠之雕像，他竭力指示給我們在波爾秀(Persius)(三十四)的一節詩中至少有一個彎曲的足的精靈，這里所謂精靈只不過是天賦 (indoles)，varus 因此只不過是足與足離開立着罷了。

星圖啊，甚至雙生子
你也做出氣質不同的來

關於砲薩尼亞的 διεστραμμένους 這個字的離題文字未免過分有點冗長了，假若它不是供給我一個機會使我同時提出古代各式各樣"死"之表現法。 因爲任它有着"死"的與他的兄弟的交义的足；它們被視爲特徵或否；至少這一點就我所引來的墓碑看來是無疑問的：古代藝術家總是將"死"表現做與"睡眠"絕對的酷肖的，我所要證明者也僅是這個。

因爲，我旣然深信不疑在這種足的姿勢中所包含着的特具的質素，所以我不

（三十三） 見 Seneca Herc. Furens, v. 1070.
（三十四） 一世紀時羅馬詩人。 此處所指見 Sat. vi. v. 18.

堅持這個意見：沒有"睡眠"或"死"的雕像是能够沒有這個質素的。我能够毫不困難想起一個例子，在這個例子中有如此的一個姿勢能够與全部的意義完全不符合，我想我能舉出這樣的例證。假若一隻足與另一隻足交叉是一個休息的標記，那末這標記只應當屬於"死"發生的時候；從另一方面說，"死"若尚未發生時，卽以此故它需要另一種姿勢。

宣示死的來臨的姿勢中，我以爲在司太反諾紐（Stephanonius）或利開圖(Licetus)(三十五)的一塊寶玉上我辨識得出"死"。一個長着翅膀的精靈一隻手裏拿着一個屍灰罐，似乎要以另一隻手熄滅一個倒持着尚在燃燒的火把，側傾着傷悼地望着地下爬着的一個蝴蝶。那伸長開的腿或者是表示他要向前走，或者是指明身體的不自知地所取的姿態當它要猛然抽回一隻臂的時候。我不願以司太反諾紐寶玉的第一個詩的解釋人與奇妙難解的利開圖所給與了這個作品的非常勉强的解釋的一個辯駁稽延我。這兩個人都是根據這假設：一個長着翅膀的童子必是一個愛神；他們旣自相矛盾，所以當這個假設的根據遭受檢驗的時候他們的辯駁立刻便毫無存在的可能了。因此這個精靈旣不是愛神，在一個忠誠的心裏保存着亡友的記憶的愛神，也不是那因爲獲不到酬報憤怒之餘棄絕愛情的愛神；他確實是"死"或來臨的"死"，正在要熄滅他的火把，我們已經看見他倚在火把上。

我總被這個熄滅火把的姿勢——認爲是鄰近死的一個比喻——引起我的注意，正如在魯多威齊(Ludovisi)別墅我看見過的所稱爲卡司托爾(Castor)與波盧斯（Pollux）兄弟們的雕像往往引起我的注意一樣。這一對兄弟並不是卡司托爾與波盧斯，許多學者已經知道了，但是我懷疑究竟代托瑞（Del Torre）(三十五)或馬非因此就能與實在的情形更相符合。他們兩個都沒有披布，極相似的兩個精靈，都是表現出一種溫和而憂鬱的姿態，一個抱住另一個的肩頭，他每隻手裏

(三十五)　均爲十七世紀時意大利考古學家。

都拿着一個火把；他右手裏的火把，似乎是他從他的玩侶手中拿來的，似乎他正要在橫在他們兩個之間的一個壇上熄滅它，而左手裏的火把，他擲在肩後要猛然熄滅它；在他而後而立着一個比他們小的女性形像，很像伊西絲（Isis）。代托類認爲在這個圖裏的兩個形像是供獻伊西絲的；而馬非認爲他們是啓明星與長庚星。姑不論馬非反駁代托類的解釋的理由如何完美，而他自己的觀念也是同等的不適當的。馬非從什麽地方可以給我們證明古代人曾把啓明星與長庚星表現作兩個分開的存在物？在古代人的觀念中它們只是同一個星的兩個名字，它們這兩個名字僅是指同一個神話中的人物（三十六）。那大膽妄加揣測古人的深邃思想的與不知道這些普通的熟識的事情的人眞够可憐！不過給這個卓越的藝術作品仔細想出一個新的解釋確是比這必需的；假若我提出"死"與"睡眠"，我所渴望者也只是提出而已。他們的態度與獻祭者不同是可以看得出來的；假若火把中之一是照耀祭品的，那末後面的那個火把又有什麽意義？那一個形像要同時熄滅兩個火把，就我的猜想看來是很明顯的，因爲事實上"死"給與了清醒與沈睡一個終止。而且，按照這個原理來說，那縮小的女性形像若解釋爲夜神，"死"與"睡眠"的母親，也未嘗不恰當。因爲，假若伊西絲或西貝類（Cybele）頭上的 Kalathus 使得她可以被人辨識得出是萬有之母，我也不應驚訝看見這裏夜神——

諸神的母親——也是人的

如奥佛絲（Orpheus）（三十七）呼喚她的那樣，也是戴着 Kalathus 的。

除此之外從司太反諾組的形像與貝勞瑞的形像之併合所呈現出的最明顯的一點卽是屍灰甕，蝴蝶，與花環，這些皆是"死"所以區別於他的模本"睡眠"的那些表號，不論什麽時候與什麽地方需要這個區別的時候。"睡眠"所特有的標記是在另一個手裏提着一個角。

（三十六） 見 Hyginus, Poet. Astr. lib. ii. cap. 42.

（三十七） 一個神話中的人物，希臘人認爲他是荷馬以前最著名的一個詩人。

我們還可以援引我說不來是某皇后或王妃的一個脫奴籍的阿蒙普圖(Amemptus)的墓石上的完全另一個表現也許對這個問題更有闡發(三十八)。一個雄的與一個雌的半人半羊神，雄的吹笛奏琴，雌的吹一個雙笛，每個背上都載着一個長着翅膀的童子，他們都吹笛管；在一個半人半羊神翹起的足下放着一個屍灰罐，另一個的足下有一個角。這個比喻是什麼意義？這在這個雕刻中有什麼用意？像克婁茲先生那樣的一個人，他的頭腦裏塞滿了愛神，一定早已準備好答案了。他們是一對愛神，在此處聰明的藝術家又表明愛情對於最不可馴養的獸的勝利，藉音樂獲得的勝利。好罷，什麼能够更値得古代藝術家的聰明才智除了總是調笑愛情，尤其是如這些紳士先生們知道的那些愛情的方法。同時這仍然是可能的，甚至一個古代藝術家，摹仿這些先生的說法來說，犧牲於愛情與慇懃者甚少，而在這一個例示中更絲毫牽扯不到愛情！也許這是可能的，在他們的眼裏所視爲酷肖愛神的事物在他人不過一個水珠，沒有比"睡眠"與"死"更喜戲謔的。

在長着翅膀的童子的喬裝之下，這兩個形像對於我們不復新奇了，而且在一個形像旁邊的瓶子，在另一個形像旁邊的角在我看來並不比他們的質地寫下來的名字更不明顯。我很明白這瓶子與角也許只是飲酒之器，並且在古代半人半羊神並不是鄙野的狂飲者，是以在許多作品中他們出現在巴胡司(Bacchus)(三十九)的行列中，甚至還給他拉車。但是何以他們需要用表號指示他們有這種才能？而且那豈不更與這符合，在這裏這個瓶子，這個角當作"睡眠"與"死"的表號解釋，而這些東西他們必須攢在旁邊當他們吹管子的時候？

假若我稱這瓶子或屍灰罐爲"死"之表號，我並不因此即謂實在的屍灰罐，Ossuarium 或 Cinerarium，或者瓶子不論如何所以被如此命名者因爲它裏面保存了燃燒了的屍體的餘燼。我把 λήκυθοι 也包括在內，那些與埋了的屍體一

(三十八)　見 Boissardus, Par. iii. p. 144.

(三十九)　即 Dionysus，希臘人與羅馬人的酒神。

同放置在土裏的每種容器，但我不敢查這個問題，這些瓶子裏可以裝了些什麽東西。在希臘人中一個將被焚燒的屍體是很少沒有這樣的一個瓶子與這樣的一個花環的，這個在阿利斯托法內 (Aristophanes)(四十)許多段文中明白地指示出，所以這二者何以變爲"死"的表號是不言而喻了。

關於角之是"睡眠"的表號更少有使我們懷疑之處。許多詩人在許多地方都指示到這個角　從一滿角裏他傾他的祝福在疲倦的人的眼簾上——

「對他，因傷而消瘦了

並且經過了暴風雨，睡眠已從充滿了的角中

充分地給與，

他拿着一隻空角隨着離去的夜神到了他的洞窟——

夜，和帶着空角的睡眠，如飛地離去」

而藝術家所描摹的他的形像正如詩人所看見的他的形像一樣。(四十一)只是雙角，羅美恩德合給 (Romeyn de Hooghe)(四十二)的誇張的想像所强加於他的雙角，則不爲詩人或畫家所知。

我們縱承認那坐在半人半羊神背上的是"死"與"睡眠"，那末這個併合的圖畫用意何在？　假若我僥倖猜到一部分，因此我們就能够解釋這整個圖畫麽？或者這祕奥並不很深沈。或者阿蒙普圖是一位音樂家，他所擅長的樂器我們在這些地下的存在物的手中已經看見了，因爲半人半羊神據後期的詩人所述在地獄的門上有住處——

「半人半羊神住紮在門前」

而且在一位藝術家的墓石之上安放上他的藝術的工具是十分普遍的，在這個墓石上這些工具一定不會缺乏一個優美的頌揚的表徵的。

（四十）　希臘大喜劇家 (B. c. 444—380)。

（四十一）　見 Servius ad Aeneid. vi. v. 233.

（四十二）　十七世紀荷蘭的藝術家。見德文譯本 Denkbilder der alten Völker, p. 103.

不過我在此僅能含糊地表明我自己關於這個墓碑一般的情形的意見。因爲我又一度看見我自己有點困窘究竟布阿薩爾可以信賴的程度若何。那張的構圖是布阿薩爾的，但是在他之前荷蘭的考古學家司美丢(Smetius)曾刊行過那碑銘並增加了一行字，而且又附了碑銘册面的圖象的一個逐字的描寫。司米提阿司講到主要的圖形時說：「下面有兩個半人半羊神，一個是男性的，背上披着貍皮，彈着五絃琴，在他上面有一個精靈，吹着像德國近代式的笛，別的一個，一個半人半羊女神，口中同時吹着兩個笛子，她背上有兩個帶蝶翅的精靈，都用手打着一種樂器。他們兩個人之間立着一個罐子和一個酒神的角」。一切都正確無誤，只除了那女性的半人半羊神所載的精靈。按照司美丢這個精靈也應該是一個女，應該長着蝴蝶的翅膀並且她的兩手在擊打什麼東西。按照布阿薩爾則這個形像正如它的伴侶一樣的沒有翅膀，而它所吹奏的不是鐃鈸或小拍板，而是一種如它的伴侶所奏的同一種笛子。如此不斷地批評這許多自相矛盾之處實在有點可悲。它們必定不斷地使得古物的研究，對於一個不願將這種研究建築在流沙上的人，成爲極可厭惱的一種學問。

雖然，縱令司美丢所見者比布阿薩爾更正確，我也不能因此卽完全放棄我的解釋。因爲長着蝴蝶的翅膀的女性精靈一定是一個皮緒黑（Psyche），而且假若皮緒黑是靈魂的圖畫，那末我們在此必定是看見死的靈魂而不是"死"。對於這個解釋那瓶的表號也極適宜，而角的表號一定仍然是指示"睡眠"。

我更想像我不僅在墓碑上發見"睡眠"的雕像，特別是在我們簡直不期望發見他的伴侶中發見他。在巴胡司的隨從中，常看見有一個拿着豐饒的角的男童或精靈，我不知道可曾有過一個人認爲這個值得他破費工夫將它與這個形像證爲是同一的。比方說，這是現在在法國國王的御藏中的極著名的巴嘎利司(Baggaris)寶玉上雕着的，瑞士的學者卡騷朋(Casaubon)首先給了這雕刻解釋，它被他與他所有同時代的註疏家注意，(四十三)但是他們之中沒有一人知道關於這除了明明顯

（四十三）見 Lippert: Dakt. i. 366.

顯呈現於目前的一切之外，應有何解釋，於是一個拿着豐饒的角的精靈仍然是一個拿着豐饒的角的精靈。我敢大胆宣說這個精靈是"睡眠"。因爲如我們在前面已經證明的，"睡眠"是一個細小的精靈，而"睡眠"的表號是一隻角，再說一個醉顛顛的巴胡司除了"睡眠"他還能渴望什麽更適意的伴侶？古代的藝術家通常都以"睡眠"與巴胡司配一對兒，這可以用司塔丢裝飾他的宮殿的"睡眠"的圖畫證明。(四十四)

「燃燒着的火山在此中鑿成成千的

神像，這裏在牆上懸有花束圍着的"歡娛"。

這裏有要安息的勞作做伴侶。對於酒神

和戰神的嗣子，愛神，他指示了一個

公共的憩所。在室中天花板耀熀着，

在這裏他同死安息：沒有人以爲這個畫像是悲戚的。」

不，假若一個古代的碑銘可以爲我們信任的話，或者甚至這樣說這碑銘够古老的話，巴胡司與「睡眠」甚至被普遍供獻着認爲是人生的兩個最偉大的與最甜蜜的支持者。

我們在此不更熱切地探求這個線索。而且現在也不適宜於更詳細地討論我的特別題目，更廣搜羅更多的證據，證明古代人如何將"死"畫的與"睡眠"一樣，將"睡眠"畫得與"死"一樣，有時將兩個畫在一起，有時分開，有時附有某種表號，有時則沒有。我所引援的那些，甚至再搜尋不到其他的證據也足以證實它們所以被計劃了要證實的一切，而且我可以毫無考慮地接着討論第二個問題，這問題包含着一個單獨的反對命題的辯駁。

第二，我說：古代的藝術家，當表現一骨架時，以此骨架表示與作爲"死"之神明的"死"十分殊異的事物。我因此證明(一)它們並不表現"死"，並指明(二)它們究竟表現什麽。

(四十四) 見 Thebaid. X,v. 100.

一，我從來沒有這個思想要否認他們表現骨架。按照克斐茲先生的解釋我必定要否認的，而且否認它因爲這個理由，他們——古代的藝術家，一般地說來，被禁制摹描一切醜陋的與惝嫌的對象。因爲他說，我應該毫無疑意根據雕刻的寶玉因之將這些例證變化爲比喻的，這比喻因此將它們從美麗的最高法則解除出。假若我需要如此做，我只須加添上一句，在墓碑上與屍灰罈上的形象也同樣屬於比喻，因此在他所引證的例子中只遺留着兩個黃銅的形像保存在克爾齊侖博物院與佛羅侖司的陳列館中的銅像，這些作品當然不能列入拉奧空論中如我所了解的"藝術品"這個名詞的那些藝術品中。

但是給他這些慇懃是爲什麼緣故？僅就關涉及克斐茲先生的地方說，我只需否認他所指責錯我的地方罷了。我並不曾在什麼地方說過古代藝術家不表現骨架，我只說過他們不將"死"描摹爲一個骨架而已。眞的，我認爲我在那時可以懷疑佛羅侖司的那個銅骨架的眞正是古代作品與否的問題；但是我又加了這樣一句：「它不論如何不能說是表現„死"，因爲古代人描摹"死"與這不同。」克斐茲先生將加添了的這一句話隱過他的讀者，可是一切都須是依這一句話來決定。因爲這句話表明我不願確實否認我所懷疑的事物。它表明我的意思僅如此：假若所討論的形像是表現"死"的，如司彭司所主張的那樣，它不是古代的作品；假若它是古代的作品，那末它不表現"死"。

我在以前早已知道幾個古代藝術作品上雕刻着的骨架，而現在我更知道幾個遠超過克斐茲先生不幸的勤苦與誇張的懶惰所能夠提出的數目。

因爲，實在說來，他所引證的那些作品，除了一個而外，都是在溫克曼的作品(四十五)中可以找尋見的，而克斐茲先生在這點只不過是抄襲自溫克曼的，這從兩個人所共同犯了的一個錯誤可以明白看得出。溫克曼寫道：「我在此注意到，骨架現在只存在羅馬的兩個古代墓碑與大理石瓶上，那兩個墓碑一個在羅馬學院的博物館內，另一個在米底其的別墅裏。在司彭的書裏還可以找到一個雕

（四十五）論比喻第八一頁。

有骨架的墓碑，不過已不復在羅馬了。」在此處溫克曼講到現在仍然保存在米底其別墅中的那個刻着骨架的墓碑時他提到法國考古學家司彭 (Spon, Recherches d'a tiquités p. 93)。講到第三個時，現在已不復在羅馬了，他又提到同一位學者的著作古學掇拾的第七頁 (Miscellanées Antiquaraires p.7)。這個與那個對於司彭是一樣的，而且是一個，假若司彭在他的探索(Recherches d'antiquités)中所引證的那個墓碑現在仍然立在米底其別墅中，那末在他的掇拾中所提到的那個墓碑也確實仍然在羅馬，並且是在同一個別墅與同一個地點我們可以看得見。不過我必須補充一句，司彭並不是在米底其別墅而是在瑪達馬別墅中看見它的。

因此正如溫克曼不能比較引用自司彭的兩個引證一樣，克斐茲先生也正如此，否則他定不會指示給我，溫克曼在他的論比喻中引用的兩個大理石雕像，在他剛剛提到司彭書中的墓碑之後。這些中間的一個，我在前面已經說過，被估算做兩個，這個他一定允許我來推求它的根源。

不過現在爲了使得克斐茲先生可以不煩惱這個減除起見，我情願立刻提出半打其他的骨架供他應用代替我所除去的那一個。這是我自己所不敢保存的一個獵禽，它只是偶然迷失在我的領土之內的，因之對於這我是極不吝惜的。第一我很光榮將三個骨架同時提供在他的面前。這三個是在佛羅倫司(Florenz)，安德瑞尼(Andreini)的達克梯利俄推卡 (Daktyliotheca)雕刻的一塊石頭上的，在高瑞(Gori) 書中(四十六)找尋得到。這同一個高瑞還能够展示給他第四個骨架，這是刻在一塊古大理石上，也保存在佛羅倫司(四十七)。第五個，他將要爭辯了，假若我的知識並不錯誤的話，是在法布勒梯 (Fabretti)(四十八)，第六個在斯徂茨 (Stosch) 講到的兩個寶玉中的第二個寶玉上，他只從李佩特 (Lippert)(四十九)的

(46) 見 Inscriptiones antiquae, quae in Etruriae urbibus exstant, par. I. p. 455.

(47) 見書第三八二頁。

(48) 見 Inscript. cap. i. n. 17.

(49) 見 Descript. des Pierres gr., p.517 n 241.

印象中提出其中的一個。

古物研究該是什麼一個可悲的研究，假若它之奧妙僅依賴這樣的知識；而其中最有學問的人，只是那些最容易地而最無遺漏地在他的指甲上，總計這些無足輕重的細微末節的人！

但是在我看來這種研究有更高貴的一面。一個販賣古物者是一件事，一個考古學者另是一事！前者享有破片碎瓦而後者享有古代的精神。前者簡直不用他的眼思想；而後者甚至觀看時也要用思想。在前者能說出"它原來是如此的"之前，後者已經知道它能否是如此的了。

前一位可以從他的一堆破爛東西中，堆積起七十七個這樣的藝術的骨架，證明古代人是將"死"表現作骨架的；後一個人將對這個短淺見識的勤勉聳一下肩頭，而且將繼續着說他以前說過的：他早知道所有這堆東西；或者它們不是如同被人們認爲那樣年代古老，或者它們不是人們所宣稱的那種事物。

且抛開年代的問題不談，且將這問題視爲未曾決定的或不能決定的問題，那末我們有什麼理由說這些骨架表現"死"？

因爲我們近代人將"死"表現作一個骨架嗎？我們近代人中仍然有人描繪巴胡司爲肥胖的大肚的模樣。因此古代人所給予巴胡司的表現也是如此嗎？假若赫克里司誕生的那一個淺雕現在可以發現，我們看見一個合掌的婦人 digitis pectinatim inter se implexis，坐在一扇門前，我們就應該說這個婦人在禱告尤諾露絲那 (Juno Lucina)，她可以幫忙亞爾克美內(Alkmene) 得到一個迅速與愉快的拯救嗎？但是我們不也是同樣的禱告？這個推理如此之可悲使得我感覺着羞恥把這推理分派與任何一個人。再說近代人也並不把"死"描繪作僅僅一個骨架的；他們給他一個鐮刀或這類的東西在他的手中，而這個鐮刀正是將骨架改換爲"死"的。

假若我們要相信古代的骨架表現「死」，我們必須承認，或者憑這表現本身或憑古代著作家精確的證明。但是或者這一個或那一個都不出現的。甚至最微弱的，最間據的證據也不能夠從這引證的出。

所謂間接的證據我指詩人的暗示與圖畫。 請問在任何希臘的或羅馬的詩人中何處有極微弱的一點線索允許我們猜想他發見"死"是被表現作一個骨架的，或他自己是如此思想的？

"死"的圖畫往往出現於詩人中，而且常是很可怕的。 他是慘白的，血色不佳的，帶着病色的"死"；他展着黑翅膀到處飄蕩(五十)；他戴着一柄劍；(五十一)他磨軋着饑餓的牙齒(五十二)；他突然張開一分健啖的牙床(五十三)；他用他的沾污了血的手指尖指着他的注定的犧牲，(五十四)他的體驅那樣碩大無朋遮住整個戰場(五十五)，而且匆匆而去帶走整個城池(五十六)。 但是在這所有的描寫中什麼地方甚至令人懷有一個骨架的猜想？ 在歐里庇得的一篇悲劇中，"死"甚至被引入行動的人物之中；而在那里他也是那個悲慘的，可怕的，堅決的"死"。 可是甚至在那里他也是絕不曾有一點地方顯出有骨架的樣兒，雖然我們知道古代舞台的機械佈置是毫不躊躇地常以比這更可怖的形像恐懼觀者的。我們找不到顯明的線索，他除了被用他的黑袍外還用什麼表現過(五十七)，還有被用鋼刀，他用它割斷垂死之人的頭髮，如此將他們奉獻與地獄中的神明(五十八)。 也許他可以有着翅膀。

但是這些攻擊不可以有對我出爾反爾的嗎？ 假若我承認在詩人們的圖畫之

(五十) 見 Horat. Sat. ii. i. v. 58.

(五十一) 見 Statius, Theb. i.v. 633.

(五十二) 見 Seneca, Her. Fur.

(五十三) 見 Idem. Oedipo.

(五十四) 見 Statius, Theb. viii. v. 380.

(五十五) 見 Ibid. viii. v. 378.

(五十六) 見 Ibid. I,v. 633.

(五十七) 見 Alcestis, v. 843.

(五十八) 見 Ibid. v. 76,77.

中看不出有這個骨架的描繪；我反回來便不能承認它們並不因此過於可怖與那個"死"的意象一同存在嗎——我相信在古代藝術家中，我曾發現了那個"死"的意象？假若從詩人的圖畫中，不能尋得到的一個結論是眞實的而對於物質的藝術圖畫是眞實的；那末同一個結論，從這些圖畫中，尋得的一個結論不可以也是眞實的嗎？

我回答，不；這個結論在這裏也正如在另一處同樣全然的不眞實。詩歌的圖畫比較藝術的圖畫屬於無限廣大的領域：而且特別在一個抽象觀念的人格化中藝術僅能表現那個觀念的重要的與普遍的質素。它必須排斥不合於這個普遍性之例外的一切偶性，這些偶性與這個主要質素反對，因爲在這事物本然中的這些偶性，使得這事物不能爲人辨識，而爲人辨識是它的首要的目的。詩人正與這相反，他將他們人格化了的抽象觀念提陞進一類活動的人物之中，他能允許他違反這個觀念活動至某種程度，而且能將他引入一切變形之中，這變形是因任何特殊情形引起的，而不使我們忘却它的實在的本質。

因此，假如藝術希冀將人格化的"死"的觀念使得我們能够辨識的出，那末她必須憑藉什麼，她還能憑藉什麼，除了，在一切可能的例證中，"死"所共具的一切？而"死"所共具者豈不就是安休與無感覺的狀態？她愈渴望表現偶然之事，這在一個例證中也許要排斥這個安休與無感覺的觀念，則她的圖畫必愈變得不可辨識，除非她依賴增加幾個字，或流行的符號這符號並不比文字好，因此它就不復是圖畫的藝術。而詩人却不必耽心這個。文字已經爲他將抽象的觀念，提陞到獨立存在物的等級，而這同一個字永不停止地去覺醒同一個觀念，不論他可以有多少矛盾的偶然事件與這個觀念聯合在一起。他可以把"死"描寫爲從來不曾如此悲苦，如此可怕，如此殘忍，我們因此不忘記它只是"死"，而這樣可怕的一個形體不是主要地屬於它的，而是只在同一的情形之下是屬於他的。

臨死的那情狀並沒有什麼可怕之處，若只就死只是到死的過程來說，死是沒有什麼可怕之處的。惟只這樣死，在這個頃刻中，在這個心情中，依照這個人或那個人的意志，含羞以死或焦憂以死，可以是可怕或變得可怕的。 但是請問那所以引起可怖的是"死"還是死的情形？ 同樣，死是所有這些恐怖的渴望的結局，而那只可歸諉於文字的貧乏，假若它喚起兩種情狀，那不可避免地引到死的情狀與死本身的情狀，因爲用了一個而且是同一的名字"死"。 我知道這種貧乏往往形成哀憐之情的一個泉源，而詩人因此從它獲得利益，我更知道文字毫無疑問地應得到偏愛，它輕視那建築在這樣相殊的物質的混雜之上的哀憐之情，輕視那以分明的名稱消除這些混雜的哀憐之情。 這樣的一個文字，似乎古希臘人的文字，荷馬的文字正如此。 κήρ 在荷馬是一個東西，而 θάνατος 另是一個東西；因爲他不願常把 θάνατος 與 κήρ 併合，假若兩個字都只是表現同一個事物。 他用κήρ 他懂得死的情形的必需，它可以常是一個悲苦的，夭折的，暴烈的，羞辱的，不合時宜的死；用 θάνατος 他表示自然的死，這個字前面不加 κήρ ，或表示死的情形而不指示及前面的 κήρ 。

羅馬人也對於 lethum與 mors加以區別。

「出現了下界之神的扈從，可怖的忿怒，

惆悵的戰爭女神持着火把的惡婦，

以及死亡，奸詐和"死"的慘淡的畫像。」

泊特洛紐 (Petronius) (五十九)如此說。 司彭司以爲很難了解這個區別，但是或者他們以爲 Lethum 解作不朽的基本原理或根源，他們以爲它在地獄中有一定的住所，而以 mors 或 mortes 表明在我們塵世上每個特殊的不朽的例子的直接原因(六十)。 我則以爲毋寧說 Lethum是指死的樣兒，而 Mors 原本是而且一般地是指"死"的，因爲司塔秀說(六十一)：

(五十九) 羅馬暴君奈龍 Noron 帝的親信大臣之一，被尊爲 Elegantiao arbiter (豐儀的盟主)，詩人與傳奇作家。此處所引見其著名的 cona Trimalchionis

(六十) 見司氏所著論爭集(Polymotis)第二六一頁。司氏的書出版於一七四七年，雷興在拉奧空論中引用司氏的論說加以評批者甚多（見拉奧空論第七，第八，第九諸章）。

(六十一) 見 Thobaid, ix. v. 280.

「"死"以千樣的死法惆𢤱不幸的人

(Mille modis lethi miseros Mors una fatigat.)」

死的樣式是無窮的；但是只有一個"死"。因此 Lethum 完全符合希臘文的 κήρ 而 Mors 與 θάνατος 符合，而毫不夾雜這樣事實上的成見，在這一個文字中就如在另一個文字中一樣，這兩個文字有時變得混淆了，而最後幾乎被用作同義的字了。

不過我不擬在此給我自己想像出一個在戰場上每步都爭鬥的對手。這樣的一位對手也許說，我願承認 κήρ 與 θάνατος 這兩個字之間的區別，但是假若詩人們，假若文字本身曾區別出一個可怖的死與一個不可怖的死，那末何以藝術不可以被允許對於死具有同樣兩個意象？那較不可怖的意象可以是倚伏在倒轉的火把之上的精靈，及他的各種表號；因此這個精靈是一個 θάνατος。它與 κήρ 的意象如何符合？假如這個必須是可怖的，那末或者它是一具骨架，我們應該仍然被允許說，古代人表現死，即暴烈的死，因我們的文字缺乏一個適當的名字，故藉一具骨架表現之。

這確實是對的，古代的藝術家也接受別於前於它的恐怖的死之抽象觀念而以 κήρ 的特殊意象表現後者。但是何以他們能夠揀選那些惟有在死之後很久始發生的情形作爲他們的表現？一具骨架對於這是不適宜的也是同樣不可能的。不論是誰，假若不滿意這個推理，讓他觀察這事實。幸而砲薩尼亞曾爲我們保存了用這個 κήρ 描寫的意象。它表現作一個長着可怕的牙齒與彎曲的指甲的，像一隻野獸一般的一個婦人。在曲普塞琉司 (Kypselus) 的聖物櫃上她被如此描繪着，上面"死"與"睡眠"睡在夜的臂間，在波律乃開 (Polyneikes) 後面，當他的兄弟艾替俄克類(Eteokles)攻擊他的時候。「τοῦ Πολυνείκους δὲ ὄπισθεν ἕστηκεν ὀδόντας τε ἔχουσα οὐδὲν ἡμερωτέρους θηρίου, καὶ οἱ καὶ τῶν χειρῶν εἰσιν ἐπικαμπεῖς οἱ ὄνυχες· ἐπίγραμμα δὲ ἐπ' αὐτῇ εἶναί φασι κῆρα。在波律乃開之後立着一個，她的牙齒可怖的像一個野獸的，手上的指甲也彎得像爪；她上面的題詞說她是一個 κήρ」。在這段原文中 ἕστηκεν 之前似乎短了一個實體字，但是那一定只是一個通詞，假若因此我們就懷疑所短的那個字必定是 γυνή 不論如何它不能是 σκελετός ，這對於我已經就够了。

克斐茲先生以前已經有一度不曾應用這個 κήρ 的意象，以反對我關於古代人描繪的死的形狀的意見(六十二)，而他現在知道我能反駁他的是什麼了。κήρ 不是死，那完全是因為文字貧乏的原故才把它當作死 ，用了一個迂廻法 ，與加添上"死"這個字。 如此明顯的一個觀念在所有的文字之中應該有它自己單獨的一個字的。 可是克斐茲先生不應該稱讚喀爾來阿司因為他以 mors fatalis 繙譯 κήρ。 更正確更恰當點應該譯為 fatum mortale, mortiferum ，因為在蘇達司(Suidas) 中 κής是被用 θανατόφηρος μοῖρα 解釋的，而不是θάνατος πεπρωμένος。

最後我願提醒我的讀者諸君，古代人之婉言雅語與他將那些可以立即醒覺不適意的，悲苦的，可怖的觀念的字改作較少激動人的字那樣的巧妙。 假若因這種婉言雅語的原理他們不明白說：「他死了」而說：「他曾經活動，他已經到了死亡之域了」(六十三)這樣話；假若這種巧妙的理由之一是在盡力避免不好的朕兆的字；那末那就再不容懷疑藝術家也應該把他們的語言調合於這個較柔和的調子。他們也不願意以一個不可避免地在觀者之前招致嫌厭之感的那些腐朽與凋衰的觀念，醜的骨架的意象來呈現"死"的；因為在他們的製作之中，不期而然的這樣一個意象之出現，也能如不期而然聽見一個實在的字同樣的不祥。 因此他們也寧願選擇一個意象，它引導我們到那個藉一條適宜的旁徑足以表明的意象；還有什麼更適合於這個的意象，除了那種意象，它的象徵的表現語言喜於運用作為"死"的性質，"睡"的意象？

「沒有人以為這個畫像是悲戚的。」

但是婉語雅言不排斥一種文字中的字，不必須將它們拒絕應用因為它把它們

（六十二） 見 Act. Litt. vol. iii. p. 288.

（六十三） 見 Gattakerus, De novi Instrumenti stylo, cap. xix.

改換爲較溫雅的字。 它頗運用那些引人怡惡的，因此它不避免那些較少觸犯人的字，在一個比較可怖的地方。 比方說，它講到一個安靜地死去的人時，只說:「他已經不活着了」，所以它說到那死的極殘被人殺死的人時，它一定說:「他死了」；同樣，藝術也並不完全從她的領土排斥去那些意象——藉這些意象她可以指示"死"；但是因爲這些意象之可怖她不願意應用，却願在這樣的情形之中，卽是當這些意象比較合宜時或甚只至可供她用時，保留它們。

因此，旣然已經證明古代人不曾以骨架表現"死"；那末何以在古代的墓碑上仍雕着骨架；那末它們是什麼，這些骨架表現着什麼？

簡捷了當地說這些骨架是 Larvae，並不因 Larva 本身的意義卽是一架骨架之意，而是在 Larvae 之下暗含着一種離去的靈魂之意。

古代人通常的靈物學是這樣的。 除了衆神，他們相信有一種稱爲達蒙(Daemon)（六十四）的創造的精靈。 在這些達蒙之中他們也把離開的靈魂計算在內，他們用這個公名 Lemures 包括他們， Lemures 只有兩種，好人的逝去的靈魂，惡人的逝去的靈魂。 好的變做他們後代子孫和平的幸福的家神，名之爲 Lares。 惡的，被懲罰他們在人世間做的罪孽，在地球上流蕩着像無休止的亡命者一樣，他是虔誠的人的一個空虛的恐怖，不信神者的一個損害的恐怖，名之爲Larvae。 在講到一個不確定的靈魂，不知它究竟它屬於第一種或第二種，於是用 Manes（六十五）這個字。

而且我說，這樣的Larvae，這樣的離去的惡靈魂是被以骨架表現的。 我深信不疑這個意見是從藝術的觀點得到的新意見，而且不曾被考古學者根據了來解釋古代的墓碑的。 因此，讀者將要求這個意見得以證明，假若我指示他們去參考司太發諾司 (Henricus Stephanus) 的一個註疏，據這個註疏一個古銘文 of

（六十四） 此字在希臘文中原是「神明」之意，又指介乎神與人之間的一種半神性本人性的存在物。又人的保護神。

（六十五） 見 Apuleius, de Deo Socratis, p. 110.

σκελετοί 是被用 Manes 解釋的，也許這還不足證明，但是姑不論這個註疏只讓我們猜測什麼，下面的這些話將足以釋去一切疑惑。西尼喀 (Seneca)（六十六）說，Nemo tam puer est, ut Cerberum timeat, et tenebras, et Larvarum habitum nudis ossibus cohaerentium" 或者如我們年高的誠實的與純粹德國的邁開爾赫爾 (Michael Herr) 繙譯的：「沒有像如此幼稚以致恐懼 Cerberus，黑暗與死的表章與赤裸的屍骨掛在一起。」（六十七）請問一個骨架，還有比用 nudis ossibus cohaerens 更明白地指示出的嗎？它還能如何更有力地被表現出，古代人是習慣於想像並摹形他們的常現的精靈作一個骨架的？

假若這樣的一個觀察供給我們關於誤解的表現一個更自然的解釋，這個無疑地是這些表現的正當之一個新的證明。只有在一個古代墓碑上的單一的骨架可以確實是"死"假若這不曾被根據其他的證據證明"死"不是被如此描繪的。但是如有像這樣的骨架許多架出現時又何如？我們可以如此說，甚至如詩人知道各式各樣的"死"：——

「各怨怒女神站在周圍，還有"死"的各式各樣。」

——所以也必須承認藝術家將各式各樣的"死"表現作一個各自的"死"嗎？縱然像這樣各式各樣骨架構成的一個作品不能詩釋出什麼確實的意義？我在前面曾經提到在高瑞的書中一塊石頭，上面有三個骨架；一個是在被兇猛的獸拖着的二輪車上趕着，將另一個骨架仆打在地上，威嚇着要將車馳過那擋在它的路上的第三個骨架。高瑞稱這表現為死對於死之勝利。這句話毫無意義。但是幸而這個寶玉的雕工極劣，又填滿許多字想着冒充希臘人的作品，但是這些字沒有意義。高瑞因此說這是一個隱教派 (Gnostiker) 的作品，許多人向來是任意大放厥詞而不敢解釋他們的理由的。我覺得這不是"死"對於"死"的勝利，或

（六十六）見 Epist. xxiv.

（六十七）見 Sittliche Zuchtbücher des hochberühmten Philosophi Seneca. Strasburg 1536.

"死"對於嫉妒他的領土的幾個敵人的勝利，我認爲他們只不過是離去的靈魂，被賦予 Larvae 的形體，他們在另一個生命中仍然依附着他們在這一個世界中所最欣喜的職業。這裏的情形正是如此，這是古代人中共同接受的一個意見，而且委琪爾不曾忘記在他描寫這個的許多例子中描寫喜好賽跑(六十八)——

「她生時對於車輛和武器

所有的喜悅，她對良驥所加的

愛護，都伴她於地下。」

因此在墓碑上與屍灰罈上石梯上再沒有比這種精靈更普通的了，他練習——

「各種的藝術，以前生活的模擬」

而且卽在高瑞的作品中，他曾提及這個寶玉，也有一個大理石碑，這一個寶玉，簡直可以說是它的諷刺畫。那在寶玉上追趕的與被趕的骨架，而在大理石上是精靈。

假若古代人不曾想像到 Larvae，卽是離去的壞人的靈魂，而只想像到骨架，縱然它只是一個藝術作品，也應被稱爲 Larva，那是十分自然的每個骨架都應被稱之爲 Larva。由此 Larva 也是那出現在莊嚴的宴席的那個骨架的名字，爲得要刺激動更匆忙的生命享受。泊特洛紐書中講到這樣的一個骨架的一段文字是很著名的(六十九)，但是我們可以從它尋釋出的這個結論，說它是表現"死"的，却是極輕率的。因爲一具骨架提醒古代人注意"死"，那末它就是被古代人接受的死的意象嗎？特利馬利巧 (Trimalchio) 所說的話頗明白地區別出骨架與"死"來：

我們都要是這樣的，當"死"將我們攫去的時候

這並不是說：「這個人將不久帶走我們，」「在這個形體中"死"將要求我們，」而是說：「這是所有我們一定要變成的樣兒，我們將來都要成了骨架，當"死"要求

(六十八) 見 Aeneid vi. v. 653.

(六十九) 見 Cena Trimalchionis.

我們的時候。」

如上所述我想我已在所有的各方面證明了我答應要證明的一切。但是我仍然希望向讀者表明我之所以如此者，並非僅對克斐茲先生而發。　只將克斐茲先生一人的錯誤改正也許對於多數的讀者似乎是同樣容易而無用的一宗事。　假若他與全羣的羊走的迷途了，那恰是另外一件事。　那末那使得牧人或他的狗奔跑的不是最後的咩咩叫着的一隻羊，而是那羣羊。

證　明

因此我願提到比較高明的幾位學者，他們我在前面已經說過多少也懷着克斐茲先生的錯誤想像，我願以一位與克斐茲先生銖兩悉稱的學者，他的死去的朋友伽魯司(Caylus)伯爵開始（七十）。　那些人該是如何可愛的靈魂，他們在百里之遙曾與他交換過問候立刻便認做他們的朋友！只有一點可惜的，我們恰同樣容易地變作他們的敵人！

在伽魯司伯爵從荷馬的作品中提供給藝術家的題材之中，有一個是阿玻羅將沙皮登（Sarpedon）的滌洗了與塗了香料的屍體交與"死"與"睡眠"（七十一）。伯爵說：「那惟一令我們抱憾的，荷馬沒有着手處理在他的那個時代與"睡眠"符合的那些表號。　要表明這個神明，我們僅知道他的動作，我們用罌粟花表彰他。　這些觀念是近代的，第一，它全然是屬於次要的功用的，不能應用於目前的例證中，在目前的例證中甚至花朵在我看來也是十分不適當的，特別是對

（七十）　十八世紀法國的古典學者，著有 Tableaux tirés de l'Iliade, de l'Odyssée d'Homère et l'Enéide de Virgile, avec des observations générales sur le Costume, à Paris, 1257—58. 雷興在拉奧空論中對此書攻擊的體無完膚。　這書也是激動雷興撰述拉奧空論的一個原因。

（七十一）　見荷馬史詩 Ilias. XVI 681.

於一個與死配合在一處的形象。」(七十二) 我不擬在這裏重述我在拉奧空論中關於這位伯爵缺乏賞鑒力，要求荷馬應該以藝術家的表號裝飾他的心靈的創造品，說過的那些話。 我只擬在這裏指示出伯爵本人知道的這些表號如此之戔戔不足道，而且他對於"死"與"睡眠"的確實表現是如何之不熟知。 關於第一個已經被從他自己的話語裏無可置辯地指示出來，他相信"死"能够，而且必須，被表現作一個骨架的。 他不願更保持完全的靜默關於"死"之形像，如同在一個不辯自明的題目上那樣；他更不願注意一個冠以花朵的形像不能與"死"之形像十分配合的。 這種意見只能起於這個事實，即是他從不曾夢想到這個形像之相似，而他自己將"死"描繪作一個醜陋的怪物，將睡眠描繪作一個柔和的精靈。 假若他知道"死"也是相同的一個柔和的精靈，他一定會提醒他的藝術家們注意這個，而且只能與他們討論，究竟賦予這些相同的精靈以表號是否適當，而何種表號是最相稱的。 但是第二，他甚至不知道"睡眠"，而他本來應該知道他的。 若說，除了藉他的動作之外他只以悲痛的罌粟花表示這個神明未免過於愚昧。 他的確正當地注意到這兩個象徵物都是近代的，但是他不僅沒有說那古老的本來的象徵是什麼，而且也完全否認這些象徵物是歷代相沿傳留給我們的。 他因此毫不懂得這些詩人們常常歸之於睡眠的那角，這角是詩人們依照塞爾威阿司與魯塔替阿司的明白證明被描繪的。 他更一點不知道那個倒轉的火把；他不知道一個附有這樣的火把的形像是從古代就存在着的，而它之被稱爲"睡眠"的雕像，並不僅根據一個揣測，而是根據他自己不可置疑的碑銘。 他沒有在布阿薩爾，或葛魯式，或司盤亥母，或貝葛 (Beger)，或布魯克休生的作品中發現這個形像，在任何地方都不曾聽到它。 我們現在試想像荷馬的圖畫，他既然將"睡眠"與"死"配置在一起，宛如它是阿爾嘎底 (Algardi) 的覺醒了的睡眠一樣；他所畫的"死"比那跳躍在古代德意志死之舞踏中的"死"更溫雅。 那末在這一方面古代的，希臘的，荷馬是什麼樣兒？ 那個不是幻想的，哥特式的，

(七十二) 見 Tableax tirés de l'Iliade.

法國的？ 荷馬所想像的這個圖畫，依照伽魯司所說。 不也像法國學者哈達特(Houdart)的繙譯一樣與原文一樣嗎？ 這仍然只是藝術家的顧問的過失，假若他變作如此俗厭地，浪漫地近代化，而他本來應該如此質朴而富提示，如此優雅而偉大，懷着古代的眞正精神的。 他何以會感覺着被引誘着施展出他所有的權力於這兩個長着翅膀的這樣便利的形像上，造作那相同的差異，與那差異的相同，在生長，形狀與舉止方面相同；可是在顏色與皮膚方面不相同，猶如他的著色的一般的色調所允許的那樣。 因爲按照砲森尼亞所述這一對孿生一個是黑的，另一個是白的。 我說一個與另一個，因爲在砲森尼亞的原文中是不確實清楚的，他說這個是白的與這個是黑的。 雖然我不應驚異假若一位藝術家將那黑的畫成"死"，可是我不能就因此向他確證它一定毫無疑問與古代作品悉合無間。至少能奴司(Nonnus)呼"睡眠"爲黑色的(μελανόχροον)，當維努司表示出她不願將這樣一個黑配偶強與了白的帕西推阿(Pasithea)(七十三)的時候；而且這也是十分可能的，古代藝術家給與了"死"白色，因此藉以指示他在這二者之中，並不是比"睡眠"更可恐怖的。

眞的，伽魯司從著名的偶像論者，一個利巴(Ripa)的，或一個卡爾塔流(Chartarius)的作品中學不到一點什麼，不論這些偶像論者的抄摹者可以被稱呼作什麼。

利巴(七十四)確實知道"睡眠"的那個角，但是他在其他的方面如何錯誤地把他擲出去了！他與卡爾塔流(七十五)給與了"眠睡"的圍在一件黑衣上的短的白外套是屬於夢幻的不是屬於"睡眠"的。 利巴知道砲薩尼亞中那段關於"死"與"眠睡"之相似的文字，但是一點都不曾利用這個作他的圖畫。 他提出三種，

(73) 見能奴司所著 De Compendiosa Doctrina, lib. xxxiii. v. 40.。 能奴司是第四世時羅馬著作家。

(74) 見 Iconolog. p. 464.

(75) 見 Imag. Deorum, p. 143.

而三種之中沒有一個是一個希臘人或羅馬人會辨識出的。　再說，其中僅有一種，喀米羅達法拉拉 (Camillo da Ferrara) 的發明，是一個骨架；但是我懷疑究竟利巴藉了骨架是說那第一個將"死"畫作一個骨架的是喀米羅不是。　不過我不知道這位喀米羅是什麼人。

那些最善利用利巴的與卡爾塔流的是意大利兩個學者基拉都 (Gyraldus) 與喀毋司(NatalisComes)。

他們從基拉都(七十六)抄襲了"睡眠"的黑的與白的衣服的錯誤，而基拉都只看過一篇繙譯，而不是非斐司特拉圖自己的原作。　因為非斐司特拉圖所說的不是 ὕπνος 而是 ὄνειρος ，他說：「他在畫像上有倦怠的容顏，他在一件黑衣上穿着一件白衣，我想是他夜間用和日間用的衣裳。」　我實在不明白甚至最近繙譯非斐司特拉圖的人鄂類阿琉 (Gottfried Olearius) 何以對於這幾個字竟能如此疏忽，他担保我們他給了我們一個完全新的繙譯。　他將這譯成這樣的拉丁文：「'Ipse Somnus remissa pictus est facie, candidamque super nigra vestem habet, eo, ut puto, quod nox sit ipsius, et quae diem excipiunt'」。　鄂類阿琉不知道 μεθ' ἡμέραν 的意思是 interdiu(日間) νύκτωρ 的意思是 noctu(夜間)嗎？對於他這種辯護我們祇有說我們對於滌除這種古老的可憐的繙譯已經厭倦了。那末他至少不應渴望根據一個未經鑑別的繙譯去饒恕或指責任何人。但是這段譯文下面接着：「他(眠睡)手中也持着一個角，因為他是要把"夢"由正當的門引進的」。他在一個註子里附了：「由非斐司特拉圖這個地方可見，有充分的理由可以把這個門叫做睡眠之門，而睡眠又是由此把夢引進的，並且可見無須照圖內布的意思，以為委琪爾所用的字是 Somni 而非 Somnii。」　但是非斐司特拉圖本人並未講到"眠睡"Somni 的小門，而是講夢幻 Somnii 的小門，而那允許夢幻通過的真正的門是 Somni 而非 Somnii。　因此委琪爾只能得到圖內布 (Turnebus) 註疏的幫助，假若他在他的這些門的觀念中要絕對與荷馬的觀念符合。　關於

(76)　見 Hist. Deorum Synatag. ix. p. 311.

"死"之形式斐拉都是完全緘默的。

那塔里司喀母司給了"死"一件撒着星的黑袍。這黑袍，我們在前面已經看見了，是在歐里庇得的作品中尋得見的，但是誰在黑袍之上撒了星我却不知道。他也曾把夢幻 Contortis cruribus ，並且担保我們魯與 (Lucian) 曾使得他們在他的睡眠之島上穿着這樣的衣服遨遊的。但是在魯與的作品中他們只是不具形體之夢幻 ἄμορφοι，而彎曲的腿實在是那塔里司自己的杜撰。甚至依照他的敘述，這些彎曲的腿也不一定是一般地屬於夢幻的作為比喻的區別，而只是屬於某種夢幻的。

若再指正其他神話的編纂者很難償付所費的辛苦。惟有班蘄 (Banier) 一人似乎應得一個例外。但是甚至班蘄也毫不曾講到"死"的形體，而且關於"睡眠"之形體他犯了好幾個不正確的錯誤(七十七)。因為他也將斐娄司特拉圖畫中的夢幻誤認為"睡眠"了，並且在這畫中注意到睡眠被賦以成人的形體，雖然他以為他能從砲薩尼亞的這段文字中決定"睡眠"是被表現作一個孩童而且祇是被表現作一個孩童。他也沿襲了蒙特福康 (Montfaucon) 的一個絕大的錯誤，這曾經被溫克曼指摘過，因此這個錯誤應該被他的德文編譯者熟知的。即是蒙特福康與班蘄都宣稱在布爾斐司別墅中的亞爾葛底的睡眠像是古代的作品，而那在它左近的許多作品中的一個新瓶，他們說是盛一種催眠液的容器，因為蒙特福康在一個雕刻作品上發見它旁邊放着一個瓶。不過這個亞爾葛底睡眠像本身不論它的雕刻的技巧如何之精美，確實是與古代藝術家的純朴與高貴不適合的。它的位置與姿態是借自收藏在巴爾貝利尼宮中睡眠中的山神的，這個我在前面曾經提到過。

在這種知識方面我遇不到一位作者他既不曾留下"死"的意象，或者他曾將"死"表現的正確。甚至那些熟知我所已提到那些墓碑的人們，或者熟知類似我所提到的墓碑的作品的人們因此之故也不能更接近眞理。

(七十七) 見 Erläuterungen der Götterlehre, vol. iv. p. 147. 德文譯本。

託流是知道各種古代的大理石像的存在的，它們上面持着倒轉的火把的孩童表現"死"者永恆的睡眠。但是這就是承認其中之一個是"死"嗎？他因此就領悟到"死"之神明不曾被古代人表現作另一種形體嗎？從一個觀念的象徵表號到擬人化的這個觀念與被尊爲一個獨立的存在物的恰當限制的確是一個頗長的距離。

講到高瑞也正如此。高瑞極明顯地列舉出在古代石棺上兩個這樣的長着翅膀的孩童 Genios Somnum et Mortem referentes表示"睡"和"死"的精靈(七十八)。但是這個 referentes 却將他告訴了。他既然在另外一個地方講到這些孩童時說：Genii Mortem et Funus designantes 指"睡"和"死"的精靈；既然在其他地方，姑不論他歸諉於保諾羅替 (Buonarotti)的死之意義，他仍然將其中的一個認爲是一個愛神，既然，我們在前面已經看到了，他承認古墓石上刻着的骨架是 Mortes（死）；那末這簡直是毫無可疑的，關於這些他至少是委疑不決的。

以上所說的也可以應用於馬非伯爵。因爲他雖然主張那在許多古墓碑上兩個長着翅膀的持着倒轉的火把的孩童是代表"睡眠"與"死"，可是他會說這樣一個孩童，站在巴黎古物館著名的"Conclamation 大理石"上的孩童，既不是"睡眠"也不是"死"，而是一個精靈，他用他的倒轉的火把表示所指示的不存在的人死在青春之花中，愛情與他的王國哀悼這種早死(七十九)。甚至當馬丁神父 (Dom Martin) 苛刻地反駁這第一個錯誤時，而且在他的味羅納訪古錄 (Museum Veronese) 中收錄這同一個大理石像時，他毫不企圖要給它一個更明白的鑑定，而將那第一三九圖上的這些形像，他本來可以爲這個目的應用它的，空着不與任何的解釋。

但是這位馬丁神父簡直不値一駁。他一定要將這兩個持着倒轉的火把的兩

(七十八) Inscriptiones antiquae,quae in Etruriae Urbibus extant, parte iii. p. xciii.

(七十九) 見Explications de divers Monuments singuliers qui ont rapport à la Religion des plus anciens peuples, par le R. P. Dom. p. 36.

個精靈，在古代墓碑上與屍灰罈上發見的，認爲是男人與他的妻的精靈，或認爲聯合的保護神，據幾位古代人所述每個人都有這種保護神的。

他可以而且應該知道，至少這些形像之中的一個因有明確的古代銘文證明之故，必是"睡眠"，而恰好在這時我僥倖在溫克曼的著作中偶然發見一段文章，溫克曼早已指責過這位法國人之無知了。

溫克曼寫道：「我想起另一位法國人，一位馬丁，一位胆敢說葛桴地烏司不懂得 Septuaginta（七十人合譯的舊約）的人，他大胆而果決地說那在古代屍灰罈上的兩個形像不能是睡眠與死，但是有一個雕刻着這兩個精靈的神壇，上面還附着睡眠與死的古代銘文，現在是在阿爾班尼宮的墳園裏公開展覽着的。」我應該早就想到這篇文字，因爲溫克曼在此處是指我在前面從他的論比喻文援引的那同一個大理石碑。我在前面講到它時所未曾如此明白地表現的，在這裏比較表現明白了；不只是那一個精靈，而且是另一個，在這個阿爾班尼石碑上被它的古代銘文從字面上指定了，它們確實是什麼，即是"死"與"睡眠"。我多麼願意我能夠以這個宣示，在這個研究之上封上最後的封記！

可是我願在結束這篇文字之前再略論司彭司。司彭司，他竭力想將一個骨架强我們承認是古代人的"死"的意象，司彭司以爲在古代人中"死"之通常的表現絕不能不是恐怖的與鬼怪似的，因爲古代人對於死的本質懷着一個暗淡許多悲苦許多的概念遠非我們現在所能承認者（八十）。

可是宗教既首先揭示給人類甚至自然而然的死也是罪孽的果實與酬報，因此宗教的確曾經無限地增加了"死"之恐怖。曾經有過許多聖哲認爲生命是一種懲罰，但是視生命爲一種懲罰這個觀念却不能出現於一個僅運用理性的人腦筋裏而沒有啓示的。

從這個觀點看來，那從藝術的領土內排斥出"死"之古代歡樂的意象的，大約必是我們的宗教了。既然這個宗教不願啓示這個可怕的眞實驅我們於絕望之境；

（八十） 見 p. Polymetis p. 262.

旣然它也担保我們正義之死只能表現作溫雅的與復原的；我不明白什麼應該阻擋我們的藝術家不去擯棄可怕的骨架而去佔據那另一個更好的意象。　甚至聖書上講到"死"的一個安琪爾；什麼藝術家不願塑造一個安琪爾？

惟有被人誤解的宗教才將我們與美隔開，而且這是眞正的與被人正當地了解的宗教的一個表徵，假若它到處都能引導我們回到美麗。

處世箴言（續四）

Aphorismen zur Lebensweisheit

叔本華 (Arthur Schopenhauer) 著

關琪桐 譯

第五章 勸告與格言（續前）

第二節 （續前）

我們與自己的關係

（九）一個人如果能以獨立自足，如果自己就是一切，並且可以說：「我所有的我都帶來」，那他確乎已經具備了幸福的必要條件。因而亞理士多德所說的"幸福乃自足之謂"那話，乃是我們應當不憚煩的以之諄諄教人的（見幼泰德謨倫理學七卷二節）。這種思想根本說來，正是盛福爾（Chamfort）那個妙句所表示的那種思想——我曾將此句作爲一個格言，置在本書篇首（譯者按：原書題標之下引盛福爾的一句話，原文是：Le bonheur n'est pas chose aisée:il est très difficile de le trouver en nous et impossible de le trouver ailleurs（意思是說，幸福是一件難事，在我們自身來發現它，是很難的，而在我們身外來發現它，乃是不可能的）。因爲我們一面除了自己以外，不能確然依靠別人，而另一面，那由與人往還所生起的重擔和不利，危險和煩累，乃是無數而不可避免的。

最錯謬的幸福之路，莫過於涉身社會，豪飲浪擲：因爲這種生活的目的在於把我們的可憐的生活轉化成一長串歡愉，快樂，和满意，因而結果一定會使我們陷於失望和迷惑之中。同樣，在與此相伴的附樂段 (obligate Begleitung) 方面，卽在相互的撒謊方面，也是一樣(十三)。

一切社會都必然要求人們之互相適應和限制：因此，社會愈大，它就愈成了淡而無味的。一個人只有在獨身自處時，才能完全自得：誰要不喜歡孤寂，那他也就不愛自由：因爲只有當一個人獨處時，才是自由的。"强制"乃是與每一個社會所不可分離的伴侶，每一個社會都需要人有所犧牲，而且人的個性愈爲卓越，則這種犧牲便愈使人感到困難。因此，每一個人都會依照他自己的價值之比例，來逃避，來忍受，或來愛好"孤寂"。因爲在孤寂中，可憐之人就感覺到他的全部可憐，偉大的天才就感覺到他的全部偉大，一句話說，各個人都窺見他的本來面目。

其次一個人在自然的品級表中，站得位置愈高，那他就會愈感到孤寂，而且他這種感覺乃是自然而不可避免的。如果外物的孤寂與內心的孤寂，互相契合，那對他乃是一種利益，在另一方面，則他如果尋常與性情相反之人互相往還，那就會使他心神攪亂，局促不安，並使他的自我亡失以去，而毫無一點可以補償之道。

自然在人與人的道德和智慧方面，雖然立了很大的差異，可是社會並不注重這些差異，而只把它們認爲是同一的，不但如此，它反而以人爲的地位之分，品級之別，代替了自然的差異，而與自然的品級表背道而馳。藉着這種排列，那被"自然"置於下位的，就立於高處，至於那被"自然"置於高位的，就降落下來。因此，後一類人就往往拋開社會，因爲在每一個社會中，只要人一多起來，"鄙俗"就佔了上風。

社會中使大才之人惡心的事情，就是權利的平等和要求的平等，因爲別人的

(十三) 著者註：正如我們的身體隱藏於衣裳以內似的，同樣，我們的精神也隱藏於謊言以內。我們的言談，舉動，和全部本質都是撒謊的，可是我們正藉這種掩護，有時得以窺見一個人的眞正思想，正如我們藉人的衣裳，得以猜測他的體態似的。

能力和其在社會上的成就實在並不平等。　所謂好社會者都承認一切優越權，而却不承認才能的優越，才能的優越乃是一種違禁品，這種社會强使我們對一切愚癡，蠢笨，荒謬，鈍鈍，都要表現無限的容忍。　至於個人的優越則應求人原諒，或完全把自己掩藏住的。　因爲才智優越，只要一存在，就會觸犯了人，並不必你有意得罪人的。

因此，我們所謂好社會，不祇有一種不利，它不祇把我們所不能讚賞所不能愛惜的人，推薦於我們，而且它甚至不允許我們依照我們的天性，度我們的日子；它爲使我們與他人調協起見，强使我們皺縮起來，甚或自殘其形。　精神的談話或幻想，只宜於智慧的社會：在普通社會中，它們正是被人所憎惡的，因爲要取悅於一個社會，那人們是絕對要平凡而愚鈍才行的。　在這樣的社會中，我們必須嚴厲自抑，而把自己的四分之三犧牲掉，以便與他人肖似。　自然我們可以藉他人的交誼來補償我們的損失，但是一個人如果愈有自己的價値，那他就愈容易看到，這事是得不償失，而經營折本的：因爲人們一般說來，都是破了產的，那就是說，同他們交往並無任何利益，可以補償了那種交往的煩膩，煩躁，和不快，並補償了它所加於人的那種自抑。　因此，就大多數的社會性質說來，我們如果捨掉社會而換取孤寂，那乃是一種有利之圖。

抑有進者，“社會”爲代替純眞的才智的“優越”起見（這種優越是少見的，而且就是遇到，也難被人容忍），它就抓住了一種虛妄的，因襲的優越，這種優越是建立在任意的原則之上，而在高等階級中傳統下來，並如口號似的時在變化的，這就是所謂時髦(der gute Ton, bon ton, fashionableness)，當這種優越與眞正的優越衝突起來時，它的弱點就顯露出來。　而且當時髦來臨時，常識就隱退了。

一般說來，每一個人只能與他自己處於完全的和諧中，他與他的朋友，他的所歡，並不能够如此：因爲個性與性情的差異總產生了一種失調，縱然這種失調是極其輕微的。　因此，眞實而深沈的心理平安，和完善的心靈寂靜——這種寂靜，除了康健以外，乃是塵世上最高的福利——只能在寂靜中來求得，而且我們如果把它當做恆久的情調，那它又只能在極深的恬退中來求得。如果他自身是偉大而豐富的，那麼他就已經享受了這個可憐的塵世上所能求得的最幸福的狀態了。

我們由此就可以說：友誼，愛情，和婚姻，不論如何把人們緊密的結合起來，而人們最後所能完全眞心與之結合的只是他自己，頂多只是他的兒子。不論就客觀的或主觀的條件說，一個人愈不被迫與人周旋，那他就愈爲安適。寂寞與孤單可以使人立刻看到它們的壞處，縱然人們還不曾感覺到那些壞處。至於社會則是潛移默損的，它在消遣，交談，和俱樂等的外表以後，隱藏着巨大而難以救療的災害。一個青年的主要課目之一，就當是如何學習來忍受孤寂。因爲孤寂乃是幸福之泉，平靜之源。

由此種種，我們就可以推斷說，一個人如果完全依靠自己，而且自己就是一切，那他乃是最爲得已的。西塞鹿甚至說：「一個人如果只依靠自己，並且把一切置於自己一身，那他是不能够不幸福的」(Paradoxa Stoicorum II)。此外，一個人自身所有的愈多，那麼別人對他就愈不足輕重。一種"自足"的感覺可以阻止一個內心豐富的人，多所犧牲以與他人爲伍，當然更不使他過分自抑自挫，以求與人接近了。與此相反的感情，却使平常之人成爲那樣和藹而柔順的，因此，他們竟容易忍受他人，而不容易忍受自己。不但如此，凡有眞實價值的人，並不爲世人所敬重，而凡被世人敬重的，又並沒有眞實價值。每一個有價值而卓著的人之恬退自守，就是這種情況的證明，也是它的結果。由此種種說來，凡有價值的人要想表示一種眞實的智術，那他就當在必要的情形下把他的要求限制住，以便保持或推廣他的自由，而且他雖然不可避免的要與人世發生關係，可是也當及時迷途知返，不要喪掉自己。

一個人所以和易近人，乃是因爲不能忍受寂靜，或在寂靜中來忍受自己。內心的空虛和饜足，驅使他們到了社會中，到了生人中，並且驅使他們出發去旅行。他們的內心缺乏彈性，因而不能活動。他們企圖藉酒來提高這種彈性，因而許多人就都由此成爲醉鬼。因爲這個，所以他們就需要外面的恆久刺激，並需要最强的刺激——就是與性情相投之人爲伍，如果沒有這種刺激，他們的精神就在自己的重力之下沈陷了，並落在一種沈重的倦態中（十四）。同時我們可以說，他們各人都是"人類"觀念的一小部分，因此，他很得需要別人來補充他，以便有幾分求得一種完全的人類意識。在另一方面，一個人如果是全整的人，一個卓越之人，那他就呈現出一個統一來，而並不呈現出任何碎片來，因而他是自足而無待外求的。

在這種意義下，人正可以把一般的社會比之於俄國的角樂。那些角各個只有一個音調，而且只有藉各個調子依時銜接起來，才能產生了一種音樂。大多數人的心思和精神都是一種單調，正如那些單音的角似的。他們許多人都似乎常常只有一種思想，而再不能作別種想法。由此我們就不祗容易明白，他們爲什麼那樣煩膩，而且還可以明白，他們爲什麼那樣和易近人，那樣愛好成羣結社：人類畢竟是好羣居的。各人天性的單調之味，乃是他們所不能忍受的。(omnis stultitia laborat fastidio sui, 一切愚癡都苦於厭惡自己。）只有在成羣結夥起來時，他們才算是一種東西，正如那種角樂似的。

在另一方面，那有才思之人正可以比之於能以單獨完成合奏的一個藝術家，或可以比之於一個鋼琴。這個鋼琴正是一個小的合奏團，同樣，那個人也彷彿

（十四）著者註：人們都知道，有些苦楚在與人共同忍受時，就似乎減輕了一些。人們似乎把煩膩歸在這一類苦楚中，因此人們就聚集起來，以便共同解悶。正如"生命之愛"實際上是一種對於死的恐怖似的，同樣，人的社交衝動也不是一種直接的衝動，也不是依靠在社會之愛好上的，而是依靠在寂寞之畏懼上的。他們並不是尋求他人的優美的團聚，而乃是逃避獨處的荒涼和抑鬱，和自己意識的單調。爲逃脫這個起見，人們就寧願與下流之人爲伍，而甘心忍受每一種社會所必然含有的那種煩累和拘束。但是厭惡孤寂的心理如果被克服了，而且人們也習於孤寂，並對孤寂的直接印象，可以鼓勇承受，而不使它產生了上述的那種結果，那麼人們雖然單獨自處，也可以舒適自得，而無需乎仰望社會了。因爲那種需要並非直接的需要，而且人們也慣於"孤寂"的良好效果了。

是一個小的世界，而且那些人們藉合力才能完成的那種結果，他可以一個人單獨在一個意識的統一中表現出來。　正如鋼琴似的，他不是交響樂中的一部分，而是宜於獨奏和孤寂的，他如果與人共同合作，那他就只是附樂中的一種主調，就如鋼琴似的；或者在聲樂中，他係指導他人的，猶如鋼琴似的。　同時那些愛好社會的人也可以由這個比喻中抽得一個規則，就是，他們所往來的那些人在性質上的缺陷，可以有幾分藉數量而被彌補了。　本來一個才智之士已經足以供他往來：但是他如果只能找到尋常的人，那麼最好是多多益善，以便藉人數衆多，和通力合作，而產生一種結果——仍照上說的角樂爲比：希望上天賜給他容忍之心，好與世人周旋。

人類內心的空洞貧乏，又引起另一種不幸來。　當一些上流之人聯合起來，求達一種高貴而又理想的目標時，往往有些人就潛入其中，或擠入其中，而把全部事情完全毀損了，或者把它大爲改變了，而使它與原來的目的恰相反對。　因爲無數的羣衆，正如害蟲似的，充滿了，遮蓋了一切，而且常常準備無分別的抓住任何人，以便遣除其煩膩，猶如他們在別的環境下設法救濟其缺點似的。

此外，人的愛好羣居又可以看做是人類在精神上的一種互相溫暖，正如他們在酷寒之時，擠作一團，以便使身體上互相溫暖似的。　但是誰要在自身有許多精神上的熱力，那他就無需乎那樣團聚。　我曾在這種意義下想出一個寓言來，人們可以在此書第二卷，末一章中找到它。　由此說來，每一個人的社交之愛，幾乎正是與他的智慧上的價值成反比例的。　而且我們如果說：「他是不和氣的」，那差不多就等於說：「他是才能出衆的」。

"孤寂"可以給智慧崇高的人保證兩層利益，第一，他可以自得其樂，第二，他不必與人厮混。　後一種利益，人們一定會重視它的，如果他們想到，每與人世交往，會帶來如何多的約束，煩累，甚或危險。　拉布律耶爾 (La Bruyère) 說："Tout notre mal vient de ne pouvoir être seul"(我們的一切不幸都生於我們之不能獨處。)　好交遊實在是一種危險而有害的傾向，因爲它會使我們與那大部分道德墮落而智慧鈍暗的人互相接觸。不好交的人乃是不需要這類人的一個人。一個人如果自己十分充實，以至無需乎社會，那乃是一種大的幸福，因爲我們的一切苦痛幾乎都是從社會中生起來的，而且構成我們幸福的最重要的原素的那種心理的平靜（它僅僅次於康健），稍與社會接觸，就會受了危險了，因而它離了大量的孤寂是不能够存在的。西尼克派爲求得心理平靜的幸福起見，曾經棄絕了一切財產：同樣，一個人如果着眼於相同的目標，而把社會拋棄了，那他也就選擇了最好的途徑。聖皮爾 (Bernardin de St. Pierre) 曾有一句中肯而精到的話說：「飲食有節，致身康健，處人有節，使心平安」。因此，人們如果能够及時與寂寞互相友好，甚或互相愛慕，那他們就掘發了一道金礦。但是這並不是人人都能做到的。原來使人羣居的乃是貧乏，而當貧乏被克服以後，煩膩又把他們驅在一處。如果沒有這兩種原因，每人原都可以自己獨處的：因爲只有在孤寂之中，人們才可以放開自己的胸懷，而看到自己是絕對重要惟一無二的，可是這種情調在擾攘的社會中，就縮小至於零，因爲它在社會中步步都遇到一種令其痛苦的否認 (démenti)。在這種意義下孤寂甚至可以說是每一個人的自然狀態，它使一個人又如先祖亞當似的，復返於原合乎天性的幸福之中。

但是亞當也還有父親和母親！因此，在另一種意義下，孤寂又不是人的自然狀態：因爲一個人在初入世時，並不是獨自一人的，他乃是生於雙親和兄弟姊妹之間的，因而是生於社會中間的。因此，人之愛好寂靜並不是一種原始的渴慕，它乃是由經驗和反省而來的：而經驗和反省乃是隨自己精神能力的發展，和年歲的增加，而發生的，因此，通體說來，一個人的社交衝動乃是與他的年歲成反比例的。一個孩童只要獨處幾分鐘，就會焦急悲苦，啼哭起來。兒童感覺到孤身獨處乃是一種大的懲罰。青年是容易互相邀好的：只有其中較高貴，較有思想的人，才偶爾尋求孤寂。不過要是整天寂寞無侶，那在他們也是難以忍受的。至於成人極容易如此：他很可以獨處，而且他的年歲愈大，他就愈可以如此。至於老年之人，則在其儕輩謝世以後，孑然一身，再不能享受人生樂趣，因而感到寂靜乃是熨貼自如的。但是在各個特殊的人方面，他總是依照他的智慧的價值之程度，而增長其孤標之傾向的。因爲這種傾向，如我所說，並不是純粹自然的傾向，也不是直接由需要所生起的傾向，它只是人的經驗和反省的結果，只是人在洞察了大多數人的道德的和智慧的可憐狀況以後所得的一種結果。最壞的情形乃是：在個人中，道德上和智慧上的缺點，合謀串通，而產生了極其可怕的現象，因而使你與大多數人往來起來，就不祇沒有意趣，而且不可忍受。因此，在塵世上固然有許多整個壞的東西，而其中最壞的仍數社會。因此法國那位好交遊的服爾德也不得不說："la terre est couverte de gens qui ne méritent pas qu'on leur parle"（塵世上充斥了許多不値得答理的人）。那位始終熱烈愛好"寂靜"的柔和的彼特拉克（Petrarka）也曾給了這種傾向以同樣的理由：

世人多愚昧，不識登天途，
爲避塵寰果，我心愛幽獨，
誰能證吾言，川林與平蕪。

他在寂靜生活（de vita solitaria）那部美麗的書中，闡發了這種意思，那部書就成了齊麥曼（Zimmermann）論"寂靜"的那部名著的前驅。盛福爾曾用一種譏諷的口吻把幽獨心理底這種次等的間接的來源表示出來，他說：「人們慶說一個獨居的人是不愛社會的，這往往就如同說：一個人不愛散步，是由於他不喜歡在夜間到 Bondy 的樹林中去散步似的」。

波斯詩人薩地（Sadi）在其玫瑰園（Gulistan）中也表示了同樣見解，「自此以後，我們就離開社會，而奪取隱遁一途。因爲孤寂才是平安的」。那個和婉的基督徒西利喜阿（Angelus Silesius）也曾用神祕的語句，吐露了完全同樣的意見：

希律（Herodes）汝大敵，約瑟可通靈，危險忽將至，夢裏神示警。

世界如伯利 (Bethlehem)，埃及乃荒徑，

速逃無久留，否則禍將臨。（此乃指希律王殺戮伯利恆嬰兒事件言，見馬太二章）

卜倫諾 (Jordanus Brunus) 也曾表示說：那些想在塵世上度天堂日子的人都齊聲說道：「看，我要出去漫遊，居在孤寂之中」。薩地在玫瑰園中也說他自己道：「我在厭倦了大馬色的朋友們以後，於是就退居於耶路撒冷的荒野，以便與禽獸遊」。簡而言之，凡普羅用託斯 (Prometheus) 用較好的黏土造成的人，都是如此說的。他們既然只藉其天性中最低下最卑賤的成分，即藉其天性中鄙下，平凡，而庸俗的成分，才能與一般人發生關係，共同相處，而且那些人既然不能與他們處於同一平面之上，而只得把他們曳到他們的低下品位，而隨其素願，那麼他們與這些人相處果有何種快樂呢？因此，可以滋養這種孤居獨處之渴慕的，就只有一種貴族的情調了。

一切可憐之人都是好交遊的——這眞是可惜的！一個較高貴的人之象徵，最先就表示在他之不樂與人相處中。他愈來愈愛好孤寂，而捨棄社會，而且年事漸長，他們就認識了，除了少數例外，世界上是只有孤寂和鄙俗的。這話聽起來雖然刺耳，可是西利喜阿仍不能不承認它的眞實，雖然他正有基督徒的和藹與友愛。

獨處雖苦，切莫鄙俗，

雅趣一失，到處荒蕪。

說到大才之人，則全人類這些偉大的教師們，是不愛與其餘之人常相厮混的，正如塾師們不樂參與他周圍喧囂的那些兒童們的遊戲似的。因爲他們如果想入到世上，以便把人領導上，經過錯誤之海，達到眞理之港，並把他們由粗樸鄙俗的黑暗之淵中提高起來，升到光明之域，以便蒙受教化，提高心情，那他們就必須與他們同遊共處，而仍不能與他們互相同化才行。他們自幼就顯然感覺到，自己與庸流全不一樣，但是他們逐漸才明白了事情的眞相，而留心使才智

的遠隔，濟之以身份的懸殊，而不使任何人接近他們，除非那人已經多少有幾分免除了一般的鄙俗。

由此種種，我們就可以看到，"孤寂"之愛好並不是一種直接的原始的衝動，乃是間接(尤其在天才之人方面)逐漸發展出的，它必須先克服了自然的社交衝動，而且不時的要受梅非斯妥 (Mephistopheles) 心中微語的反對，因爲梅非斯妥說：

憂心如鷹，

損性命，

莫與戲弄，

縱與賤人相親，

也會免孤零。

孤寂乃是卓犖之人的命運，他們有時也嘆息這種命運，但是兩害相權取其輕，他們仍然是寧取孤寂的。伴着年歲的增長，我們就愈來愈容易，並且愈來愈自然的，敢於聰明些了。在六十以後，孤寂的衝動就成了眞正自然的，本能的。因爲那時候一切事情就都聯合起來，促進這種衝動。最强的社會衝動——即婦女之愛和性的衝動，已經不再活動了：老年時性的缺乏正是某種自足性的基礎，這種自足性漸漸就把一般的社交衝動吸收了。人們已經經過了千百種迷妄和愚行，活動的生涯大部分已經過去，人們已經再無所期望，也沒有什麼計劃和目的。他原來所屬的那一代人已經消逝了，他們被另一個世代所環繞着，因而他們事實上眞正成了孤單的。到這時候，時間之流愈益加速了，因而他們就願意利用餘年，從事精神活動。因爲旣然只有人的頭腦仍舊保持其能力，所以現在他們所達到的許多知識和經驗，以及一切思想的逐漸完成，和一切能力的運用自如，就都使任何種研究比一向更爲有趣，更爲容易。人們此時可以看清楚先前處於烟霧中的千百種事情：他們達到了種種結果，而感覺到自己的完全優越。由於多年經驗的結果，他們就不再向人類多所期望，因爲人類通體說來並不能在較爲熟悉時互相有所獲得，他們知道，除了極少數的幸運的情形以外，人們不能遇到別的，只能遇到十分有缺點的人性例樣，而這些例樣最好是聽其自便，不要觸動才好。人在此時就不易陷於尋常的人生幻想，他們認識了各個人的本來面目，因而很少願望與他有較密切的聯絡。最後，老年人們已經習於獨處，而只與自己交遊，所以這種生活也會成了人的第二天性——如果人在幼年就與“孤寂”爲侶，那更是這種情形。到了此時，那原來由社交衝動强奪來的“孤寂之愛”，就成了一種完全自然而簡單的愛好，因而人之處於孤寂中，就如魚之處於水中似的。因此，每一個天賦卓越，不與衆同，而孤標獨立的個性，由於這種與其本性相合的孤寂生活，在老年時就輕鬆自如，不似幼年時，那樣感受壓迫了。

因爲事實上，每一個人都是依照他的智慧能力的程度，來分享老年這種實在的利益的，而尤以天賦超卓的人可以享受它；不過每一個人也總多少有幾分可以領略它。只有那極其貧乏而鄙俗的人，在老年時仍然與先前一樣愛好交遊。但是他們已經不宜於社會，而成爲社會之累，因而他們頂多只能讓人容忍自己。至於在先前，則他們乃是被人追求的。

年齡的大小與好交的程度原成一種反比例，這種比例正有一種目的論的意義。人愈年青，他在各方面就愈當學習，因而憑自然的設計他與同類之人互相交遊，就可以互相得到教益，就這種教益說來，人類社會正可以稱爲一個偉大的貝爾，朗克司特（Bell-Lancaster）制的學校，因爲書本和學校乃是一種人爲而與自然設計相左的建制。因此，一個人愈年青，那他就愈勤於上自然的學府去——這乃是十分合乎自然的目的的。

但是霍拉手說：“Nihil est ab omni parte beatum”（沒有一種東西是面面幸福的），而且印度的成語也說：「沒有蓮花沒有莖的」，因此，孤寂雖有許多好處，也有它的些小的壞處和煩累，不過這些壞處比起社會上的壞處來就渺乎其小了。凡真有價值的人，都可以感到離開他人比伴着他人，更可以平安度日。

不過在這些不利中有一種是不如其他缺點容易被人覺察的：就是，人在家中久待之後，他們的身體就容易感受外來的影響，因而稍受一點冷氣，就可以使他們生了疾病。　同樣，人們如果儘管恬退孤寂，那他們的心情也可以成了敏感的，因而經由極輕微的事件，言語，甚或顏色，他們就可以被攪動了，苦惱了，或觸犯了：至於那生活於繁劇中的人則完全不注意這些。

一個人——尤其在青年時——雖然會因為對於人類有一種正當的厭惡，而退處於孤寂之中，可是他也許不能久耐孤寂生活的荒涼。　對於這一類人，我願意建議說，他應當把他的一部分孤寂帶到社會之中，並且有幾分學習於在社會中孤居獨處。　他不應當把自己心想的事立刻告知他人，而在另一方面也不要把他人所說的話過於認真，他在道德和智慧兩方面都不要向他人多所期待，而且對於他們的意見，也應當固守一種淡然態度——這乃是實行可羨的容忍的一種最安全的方法。　要是這樣，則他雖處於他們中間，而也不完全與他們為伍，他與他們只有一種純粹客觀的關係。　這樣就可以使他免得與社會太於接觸，並因而免於人的污蔑，和觸犯。　對於這種有限制而加戒備的交遊，莫拉丁 (Moratin) 曾在其喜劇咖啡店或新喜劇 (el Café o sea la comedia nueva) 中給了一種富有劇意而堪一讀的描寫，最能表現此種精神的當數裴特羅 (D. Pedro) 一個角色，尤以第一幕第二和第三兩景中為然。　在這種意義下，人可以把社會比做一個火，聰明人只在相當距離從火取煖，但他並不與火過分接近，一如愚人那樣：愚人在被火燒以後，却逃在孤寂的寒冷中，抱怨說，火能燒人。

（十）妬忌是與生俱來的：可是它同時是一種罪惡和不幸（十五）。

因此，我們應當把它看做是我們幸福的仇敵，並且把它當做一個惡魔，而與以窒息。　塞尼克用下述的名句，領我們達到這個觀點：「我們的命運，如果不與他人互相比較的話，那它是可以使我們高興的，一個人如果見了更幸福的人就

（十五）　著者註：人類的妬忌心就指示出：他們是如何不幸的：他們既然恆常注意他人的行為與忽略，那他們就很夠煩膩的了。

感覺苦痛，那他是不能幸福的」(de ira III,30)。 其次他又說：「當你看到許多比你强的人時，你應當思想那些不如你的人」（書翰集十五）。 在遇有眞實的災患降臨時，可以給我們以最有效的安慰的（雖然這種安慰同妬忌是由同樣來源出發的），就是來思想，別的人的悲苦比我們的還大：再其次的安慰就是，與那些同樣不幸的人互相交往，因爲他們正是與我們同病相憐的。

前邊所說的是妬忌心的積極的一面，卽我們對他人所發生的妬忌心。 至於它的消極的一面，卽我們所引起他人的妬忌心。 在這一方面，我們可以說，任何憎惡都不如妬忌那樣難於消釋，因此，我們不當儘管熱心努力來刺激他人的妬忌。 我們爲避免危險的結果起見，反需應當取消了這種快樂，一如取消了別的許多快樂似的。

貴族有三種，第一是門第和品級的貴族，第二是財富的貴族，第三是精神的貴族。 後一種貴族才是眞正優越的，而且只要人們假以時日，它總會被人所承認的。 甚至菲德利大王也說過：「天賦卓越的人可以儕於君王之列」(les âmes privilégiées rangent à l'égal des souverains)。 他這話是向他的御前大臣說的，因爲那位御前大臣曾經驚異，服爾德坐在國王和王子們的棹上，而大臣和將領却坐在御前大臣的席上。

每一種貴族都被一羣妬忌心甚大的人所圍繞着。 這些人對於貴族中的每一員，都是秘密激憤的，而且他們如果對他無所畏懼，那他們就總要苦心在種種途徑下，使他知道：「你並不比我們了不起！」 他們這種苦心就表現出他們是有一種相反的信念的。

被妬忌的人尋常所採取的步驟乃是遠離開這一夥妬忌的人，並且儘可能的避免與他們互相接觸，以便藉一個廣闊的裂口而使他們遠相分離。 如果這一層辦不到，他們也應當極其沈靜的來忍受他們的攻擊，而中和了他們的對象。 我們見許多人都是如此做的。 至於此一種貴族中的分子往往可以與其餘兩個貴族中的分子，相處甚得，而毫無妬忌，因爲每一個人都可以把自己的優勢與他人的互相平衡了。

（十一）人們在從事一種工作以前，應當一再熟慮思考，而且就在人們澈底考慮之後，他們也當承認人類知識有達不到的地方，因爲也許有不能研究，不能預知的情景會發生了，使你的全部打算都陷於謬妄之中。這種考慮就常在消極的一面置了一個重量，而勸令我們如無必要，就不可輕舉妄動：「勿動靜物」(quieta non movere)。但是你如果拿定主意，並且已經着了手，那麼一切都當令其自行發展，你只靜待結果好了：你不可以因爲重新回想已經做成的事情，並一再思考可能的危險，而使自己陷於苦惱之中：「你應當把這回事情完全拋棄掉，而永不再思想它，只當藉一種確信使你安心，就是，你已經在適當時機，充分考慮好一切了。義大利的一句成語也給了我們這種教訓，它說：legala bene e poi lascia la andare)歌德曾把此句譯爲：「先把鞍子設穩，然後放膽馳騁。」（這裏我們可以附帶的說一聲，歌德在其所謂格言集中所寫的一大部分成語，都是從義大利文翻出來的）。

如果你所得的結果是不良的，那麼那是由於一切人事都是受"偶然"和"錯誤"的支配的。人類中最智者，蘇格拉底，還得需要守護神警告他，以使他在個人事務中可以行事合理，或者至少可以免去失足。這就證明了，人類的理智是不足於用的。據說，一位教皇曾經說過，當我們遭了不幸時，我們至少在某些方面是有缺點的。這話並不是絕對的，並不是在一切情節下都眞實的，不過它在大多數情形下乃是眞實的。這種感覺似乎大部分促使人們儘可能的把自己的不幸掩藏住，並且在可能範圍內，表現出一種知足的面孔來。他們恐怕，人們由他們的不幸，就斷定他們是有過的。

（十二）一種不幸事件如果已經發生了，並且也再不能改變了，那你就不當思想，那事情原可以兩樣，更不當思想，它藉某某種方法原可以避免了，因爲這種思想正把痛苦增加到不可忍受的地步：這樣，人就成了自苦之士。人們寧可以效法大衛王，因爲大衛在他兒子病臥時，不斷的以祈求禱告來耶和華，但是當他兒子死了以後，他却彈了彈指頭，而不再思想此事了。　一個人如果對於此事不能寬心，那他就可以逃在宿命論的觀點上，並且洞明了這個偉大的眞理：凡發生的任何事情都是必然發生的，因而是不可避免的。

這個規則畢竟仍然是偏陂不完的。　它誠然可以使我們在不幸的情形下，直接感到寬心慰藉：不過這些不幸如果是由我們的疏忽，大膽，或至少一部分過失而來的，那麼我們如果一再回味，原來可以避免它的方法（雖然這是一種令人傷心的回味），那乃是一種有益身心的自己訓練，足可以使我們聰明良善，改過將來。　至於我們所犯的明顯的過犯，我們也不當如平常人似的，爲自己原諒，辯恕，或緩和，我們應當還直承認了它們，而明目洞察其兇惡，以便計劃在將來決心設法避免它們。　自然，人們這樣，就會給自己加了大的痛苦，而不滿意起自己來，但是我們應當記得：「省了拐杖，害了兒郎」。

（十三）說到我們的幸福與苦楚，那我們是應當把幻想約束住的，因此，我們萬不當建造空中樓閣。　它們的建造是很化費的，因爲我們剛才把它建造起來，立刻就得在嗟嘆呻吟中把它拆除了。　但是我們也極其應當小心，不要因爲心中刻畫一些祇係可能的不幸事件，而使自己的心境憂戚起來。　如果這些不幸只如捕風捉影似的，或者只是渺乎其遠的，那麼當我們從這樣一種幻夢中驚醒以後，就當立刻知道：一切原都是幻景，因而我們更可以喜歡較好的現實，而且頂多也只須預防一種雖係可能而却完全遼遠的不幸。　但是我們的幻想並不喜愛這一類玩藝，它往往游優閒散建造起極其快活的空中樓閣來。　使"想像"做悲慘的幻夢的材料，乃是那雖然遼遠而却有幾分實在伺嚇它的不幸事件。　我們的想像把這些不幸拓大了，使它的可能性比現實上近了許多，並且把它刻畫成極其可怖的。　這樣一種幻夢在初醒時，我們是不容易把它擺脫掉的，一如快活的幻夢那樣。　因爲快活的幻夢立刻被"現實"所反駁了，並且頂多只能在"可能性"的襟懷中留下一點微弱的希望。　但是我們如果把自己交給黑色的幻想（blue devils），那它們就給我們帶來一些不容易消滅的景象，因爲一般說來，悲慘事情的可能性乃是很固定的，而且這些事情的程度我們總是不能測度出的：它可以變成可然的，因而把我們獻在"憂愁"的手內。　因此，我們只應當用理性和判斷力，用乾燥冷靜的反省，用單純的概念，來抽象的觀察那些與我們苦樂有關的事情。　這裏想像是不應當活動的，因爲它是不能够來判斷事情的，它只能在眼前產生一些影像，而引起人的無益而痛苦的心境來。

這個規則在晚上是極其應當嚴格遵守的。　因爲朦朧夜色既然可以使我們恐怖起來，並在到處看到可怖的形相，所以思想的混淆不清也有一種相似的作用。因爲不確定的事情總可以產生一種不放心的感覺，因此，在晚上人的理解和判斷力就因爲弛鬆之故蒙上了一種昏暗，人的智力也疲憊混淆，而不能洞察事情的底蘊；在這時候，我們思考的對象，如果涉及於個人的關係，那它們就易於採取一種危險的形象，而成爲可怖的影像。　當人們在夜裏躺在牀上時，多半是這種情形，因爲在這時候，人的精神完全弛鬆了，而且判斷力不能勝任它的職務，但是想像仍然在活動着。　夜色給了一切以一種黑色的現象。　因此，在就寢以前，或在中宵醒了以後，我們的思想大部分只是各種事質的一些悲慘的混淆和扭曲，彷彿幻夢似的：而且我們的思想如果涉及個人的事務，那它們往往是漆黑的，可怖的。　在清晨時，這類可怖的影像猶如幻夢似的，都消滅了：因此，西班牙的成語就說："Noche tinta，blanco el dia."（夜是有色的，晝是白的）。

不過就在晚上燃起燈光來，而人的理解也如他的眼睛似的，不能如白天那樣看得清楚。　因此，這個時候是不適宜於思考嚴重的事情，尤其是不適於思考不快的事情的。　清晨才是思考這些事情的適當的時間，清晨是宜於一切精神的和身體的勞作的，這裏並無任何例外。　因爲清晨是一天的幼年：一切都是快活，新鮮，而輕鬆的：我們覺得自己有力量，而且我們的全部力量也都可以供我們支配。　人們不應當晏起，致把清晨的時間縮短了，也不要把它消耗在無價值的事務中或談話中，我們只當把它看做是生命的精華，並且有幾分把它看做是神聖的。至於晚上則是一天的老年：在晚上我們是疲憊，多言，而輕佻的。　每一天都是一個短促的生命。　每一次覺醒和起床都是一種小的出生，每一個新鮮的淸晨都是一種小的青年，而每一度就寢和入眠都是一種小的死亡。

一般說來，康健，睡眠，營養，溫度，氣候，環境，以及別的許多外界的東西，都對於我們的心境有一種重要的影響，而這種心境又對於我們的思想有一種重要的影響。　因此，我們對於一件事情的見解，和我們完成一件事情的能力，都是受時間和地點所支配的。　因此，

好情致，莫丟掉，

一過去，再難來到。——歌德。

客觀的概念和新穎的思想，是任意來與不來，並任意在任何時候來的，我們是必須等待它們，而不能控制它們的。　不祇如此，就是個人事情的澈底考慮，也不能在人所預定的時間把自己完成了，也不能在人從事思考時，把自己完成了。　它也得選擇它自己的時間。　因爲那宜於它的一串思想，可以不經呼喚，而活動起來，而且我們也可以帶着充分興趣來追蹤它。

我所提倡的那種想像控制法，還需要我們不要把先前所曾受的枉曲，傷害，損失，侮辱，輕忽等，重新現實化了，與以描寫。　因爲這樣就把那久已潛睡的憤怨，嫉怒，和一切惜惡的情緒都重新刺激起來，而把我們的心情汚損了。　新柏拉圖主義者，普羅克魯（Proklos）曾經寫了一個寓言，說：每一個城中，在高貴而超卓的人身旁，總有各種賤民住着，同樣，縱然在極高貴而極崇宏的人身中，也有完全低下而鄙俗的人性，甚或獸性，依照設計，存在着。　這些賤民不應當被激動得叛亂起來，也不應當由窗中向外窺伺，因爲它們的面孔是可憎的：前述的那種想像的活動正是這些賤民的煽魁。　除此以外，最輕微的煩躁，不論是由人類來的或事物來的，都會膨脹成爲一種可怖的不幸，而使人智窮力竭，如果你繼續琢磨它們，並在明顯的色彩中，大規模的把它們刻劃出來。　人們應當極其平靜而如實的觀察一切不快的事情，因爲這樣就可以使人極其輕的看待它們。

微小的事物如果置在眼前，就可以把我們的視景限制住，並可以把世界遮蔽了。同樣，與我們處得最近的那些人和事，縱然是極其輕微而淡然的，也會使我們的注意和思想過度忙碌起來，感到不快，並把重要的思想和事情驅散了。因此，人們實在因當抵擋這種傾向。

（十四）我們在看到自己所不曾具有的東西時，心中自然會湧起一種思想來：「我要有那種東西，豈不好麼？」這種思想使我們感到自己的缺乏。我們反而應當常常問說：「如果那原不是我的，豈不好麼？」我的意思是說，我們應當試想，當我們失掉它們以後，它們該在我們面前呈現什麼樣子，不論它們是什麼東西，不論是財產，康健，朋友，愛人，妻子，兒女，和馬犬。因為通常說來，我們只有在失掉了各種東西以後，才可以明白了它們的價值。在另一方面，我們如果能依從我所提倡的那種觀察方式，那麼第一，它們的享有就可以比先前更能直接使我們快樂，第二，我們將要儘可能的來防止它們的損失，就如不把財產置於危險中，不激怒了朋友，不使妻子的忠貞受了試探，並且不忽忽視兒女的康健，等等。

我們往往藉遐想將來順利的可能，而企圖把現在的陰慘狀況弄得光明起來，並因而發明了許多虛幻的希望，這些希望中每一個都孕育着一種失望，而且當這種希望在堅牢的現實上粉碎以後，這種失望是總會來的。

我們寧可以把許多險惡的可能做為我們靜觀的對象。因為這樣就可以使我們一面思患預防，另一面在它們不曾出現的時候，使我們感到一種愉快的驚異。當我們經過了焦灼以後，我們就顯然快活了一些。我們甚至有時可以把那有實現可能的可怖的不幸事件看做已經現實了，因為這樣我們就可以易於忍受以後實際上所發生的那些小了許多的不幸，因為我們如果回想到那些未曾實現了的巨大不幸，就可以自行安慰。不過人在遵行這個規則時，我前邊所說的話乃是不可忽略的。

（十五）那與我們有關的事務和事情，是完全差異，沒有秩序，沒有關聯的，它們出現在極其明顯的對比中，而毫無一點共同之處，除了說它們都是我們的事件。因爲這種原故，所以我們對於它們的思想和顧慮也應是斷而不連的，然後才能與它們互相契應。因此，當我們從事於一種事情時，我們就應當撇開一切事情，而在各別的時候來關顧，來享受，來忍受每一種事情，而完全不要顧慮其餘的事情。我們應當把自己的思想分爲多少抽屜，當我們打開其中之一時，其餘別的仍然可以閉着。

這樣我們就可以不至使一個沈重難受的顧慮把現在每一種小的享受都汚損了，並把我們的一切平靜都剝奪了；一種思慮也不至把別種思慮驅逐了，而且對於一切重要事情的顧慮也不至使人忽略了許多徵小的事情。尤其一個人如果能以勝任崇宏而高貴的思想，那他就不當讓個人的無事和鄙俗的顧慮，把他的心靈完全佔據充滿，而把那些高等的思想擋住不能進來。因爲這正可以說是，爲生活而把所以生活的理由忘了。

自然，我們如果想這樣指導自己，也正與我們想做許多別的事情似的，總得需要一種自制。不過我們也可以藉一種反省加強這種自制：那種反省就是，每一個人都得從外面忍受許多大的強制，如沒有這種強制，人生就不能維繫，此外，一種些小的恰當的自制正可以防止住外來的許多強制，正如靠近中心的環上的一個小段就與外圍上百倍大的一段相應似的。能使我們避開外面強制的，莫過於自制：正如塞尼克所說：

「你如果想制伏一切，你應當先制伏自己」（書翰集三十七）。其次，自制是在我們自己的能力以內的，而且就在極端的情形下，或在傷及我們的痛處的情形下，我們也總可以稍爲弛鬆了些。至於由外而來的強制，則對我們毫不客氣，毫不吝惜，毫不憐憫。因此，我們是應當用自制來逆防人制的。

（十六）我們應當把自己的願望限制住，把自己的欲望控制住，把自己的忿怒約束住，並且常常思想，一個人只能求得無限小的一部分有價値的東西，而却免不了許多災患；或者簡單說來就是：我們必須"自禁，並且自抑"(abstinere et sustinere)。　這種規則我們如果不能履行，那麽任何財富，和任何權利都不能使我們免於可憐之感。　霍拉丢曾有詩道：

悉心體察，就教高明，

如何方可，穩度生平；

莫常貪求，亂汝心情，

莫希鄙物，勞汝智靈，

莫懼瑣事，害汝天君。

（十七）亞理士多德說：「生命成立於運動」，這話分明是合理的。　我們的形體的生活只是由一種不停的運動而成立，而可能的；同樣，我們的內面的精神的生活，也要求繼續不斷的有所事事，不論是藉實行或藉思想：凡無所事事或毫不思想的人就可以證明這一層，因為他們會立刻用指節或其他物件敲物作響，以解無聊。　我們的生存根本上是毫無休息的；因此完全的不活動就會立刻成了不可忍受的，因為它可以帶來可怖的煩膩。　人們應當把這種衝動加以調制，以便有節有度的使它更可以得到滿足。不論你作某事情，或者造作某種種東西，或者至少學習某種事情，都可以；你總得活動才行，活動正是人類幸福所不可缺的條件。　他的能力要求把自己運用出去，而且他願意親眼看到運用的結果。　在這方面，最大的滿意就在於造作並完成一種東西，不論它是一個籃子，或一部書。　我們如果看到一種工作一天一天在自己手下長起來，並終於完成了，那乃是可以使我們直接滿意的。　一個藝術作品，一部著述，甚或一件手工，都可以招致這種結果；自然，那個作品愈為高貴，則那種快樂也是愈為高尚的。

在這一方面，那最幸福的人乃是那天賦高超的人，如果他們意識到自己有一種能力，可以完成重要，偉大，而有聯貫的作品。　這樣，他們的全部生涯就有了一種較高的生命，並給了它以一種特異的氣味，這種氣味，因為與其餘之人的生活，大相逕庭，所以後一種生活同它比起來，就成了完全浮淺的。　對於天賦高的人說來，人生和世界除了一切平凡的，物質的興趣以外，還有另一種較高的，形式的興趣，因爲他們的生命給他們的作品含着許多材料，使他們在一減除了生活的窮困而得以喘息以後，就立刻在其一生來辛勤搜集它們。 就是他們的智力也有幾分是雙層的，一部分是來應付普通的關係的（那有關意志的事情），另一部分是純粹客觀的來把握事物的，因此他們就度着兩層的生活，他們同時是觀衆又是演員，至於其餘的人則只是演員。

同時，每一個人都當依着他的才能的程度，來努力從事。 因爲無計劃的活動和無定規的工作，對我們有一種不利的影響，這可以在長期的作樂旅行上看出來，因爲人在這種旅行時是至感不幸的；人們如果沒有自己的所事，那他們就彷彿被迫於其自然的元素以外似的。 努力與困難搏戰，正是人們的天然需要，正如鼬鼠之愛好掘土似的。 在一切都滿足了以後，就產生一種經久的快樂，這種快樂所引起的靜止狀態乃是不可忍受的。 克服困難乃是他的一生的圓滿快樂；這些困難也許是在物質方面的，就如商業與事業，也許是在精神方面的，就如學習與研究。 與這些困難搏戰，並且得到勝利，那乃是人的快樂所在。 如果人們沒有努力的機會，那他也要依照自己的所好來造一個機會，他或則從事狩獵，或則玩弄杯球，或則被自己天性中一種無意識的特徵所指導，與人口角爭論，煽動陰謀詭計，濫用權術，胡作非爲，以求消滅了那種不可忍受的安靜狀態。 因爲：「人們是難以靜待的」(difficilis in otio quies)。

（十八）一個人不當以幻想的影像，而當以明白思想出的概念，爲自己的導星，可是事實上大多數人正是與此相反的。 人們在精確觀察之後，就可以看到，在我們決定一種事情時，那決定最後結果的，多半不是概念和判斷，而是一種幻想的影像——這種影像正是代表所討論的幾種事端之一的。

我記不清還是在服爾德，還是在第狄維的一部小說中，一個立在歧路上的青年的壯士，曾看到人類的「德性」就表現在那左手拿着鼻煙盒，右手拿一撮煙，並且向人說教的老師的形相中；至於罪惡則表現在他母親的侍女的形相中。 特別在我們幼年時候，我們幸福的目標就把自己確定在一個幻想的形相中，那個形相在我們面前浮動着，而且往往半世之久，甚或經過人的一生，至終不變。它們是一個嘲弄人的妖怪。因爲當我們達到了它們以後，它們就融化了，使我們經驗到，它們完全不能完成它們所預許的快樂。凡家庭生活，公民生活，社會生活，鄉村生活等的幻想，以及居室，環境，聲榮，敬意等的景象，都是屬於這一類的，每個愚人都有他的所好(chaque fou a sa marotte)，甚至我們的愛人的影像也都屬於這一類。我們這種情形乃是自然的，因爲直觀的景象既是我們所能直接感到的，所以它比概念和抽象的思想在我們的意志上有一種較直接的作用，因爲抽象的概念只能給與普遍的對象，並沒有特殊的細節，可是正是這些細節才包含着實在。因此，概念只能間接影響我們的意志。可是能實踐其諾言的又只有概念。因此，我們非需要教育，就不能信託概念。自然，概念有時也得需要藉一些影像來加以解釋或註釋，不過這裏也得有些斟酌。

（十九）前述的規則應該隸屬於一個更概括的公理之下：就是人們總要恆常主宰當下一般直觀的印象，而不要爲其所蔽。這些印象比起單純的思想和意識來是強烈的不可比擬的，這倒並不是由於它們的質料和內容，因爲這些往往是輕微的；乃是因爲它們的形相，直觀性，和直感性，可以強襲我們的心情，而擾亂其平靜和企圖。因爲眼前的，直觀的東西，既是容易看到的，所以它就可以立刻以其全部力量來影響我們。在另一方面，則思想和論辯便需要時間和閑暇，才能一步一步被領略出來；因此，人們並不能在每一剎那都把它完全現實化了。因此之故，我們藉反省所排斥了的東西，在一見之下，又可以使我們迷戀起來。因此，一種惡意的判斷就會使我們心煩起來，縱然我們知道下此判斷的人是完全無資格的；其次，一種侮辱也會把我們觸犯了，縱然我們明白侮辱我的人是可以完全鄙棄的。同樣我們縱然有十個理由使我們說沒有危險，而我們倘使誤認有一個危險實際存在，則那十個理由也會被那一種幻想所平壓了。如此可以類推。在所有這些情形下，我們都可以看出我們的本性畢竟是無理性的。婦女們是常受這一類當下的印象所支配的，而且很少有人享有過分的理智，以至可以不受這些印象的支配。

我們如果不能單藉思想完全克服了一種印象，那我們就可以藉一種相反的印象來中和了它，就如我們藉找尋那些重視我們的人，就可以取消了侮辱的印象；又如一種恫嚇而來的危險之印象，我們也可以藉實際觀察它的反面，而把它中和了。　萊勃尼茲曾報告說（理解新論一卷，二章，十一節），一個義大利人在受非刑拷打時，曾經設法勉強忍受，而其忍受之道就在於，在受刑期中，決心時時思維他如果招了供，將會招來絞架之刑，因而他就不使這一種景象一刻離開他的想像之前。　因此，他就一時一時呼喊說，我看到你了（io ti vedo）——後來他曾經解釋他這話的意思。

但是正因為前說的這種理由，所以當周圍之人都同我們意見不一致，因而見諸行為之時，那我們縱然知道他們是錯誤的，也不禁躊躇起來。　一個被人窮追，微服潛逃的國王，也需要他的忠實的侍從私下對着他屈躬敬禮，然後才可以提起精神，而不至終於懷疑起自己來。

（二十）在此書第二章中，我已經力說過康健的崇高價值，而認它對我們的幸福乃是首要的，重要的。　現在我在這裏要陳述一些完全概括的康健保存規則，以便加強並證實我所說的話。

強身之道就在於當身體強健之時，令它的全部或一部經受許多勞力和困難，並習於抵抗任何拂逆的影響。　但是當身體的全部或一部只要一表現出疾病的狀態來，那我們就當立刻抓住相反的手續，而想盡種種方法來珍重，來調養那生病的全身或一肢。　因為生病而柔弱的人是經不起猛力加強的。

筋肉應當藉強烈的運用而加強，至於神經則只能經由強烈的運用而減弱。因此，人們應當藉種種合適的努力來練習筋肉，同時他們却當留心使神經不作任何努力。　同樣我們也當使兩眼不要視太亮的了，尤其是反射的光，不要在幽暗中過度努力，也不要儘管視微小的對象；我們也不當使兩耳聽強烈的聲響，尤其腦子不可勉強努力，用非其時，或續用不已。　因此，人們應當在消化的時候，讓腦子從事休息：因爲在腦中造作思想的那種生活力，正是在胃中和腹中努力準備糜漿和乳糜的那種生活力，同樣，當筋肉激烈運動時或在它運動以後，我們也不可用腦子。因爲運動神經正如感覺神經似的；我們在受了傷的肢體中所感到的痛苦，實際是處於腦筋中的，同樣，能去工作的也不是我們的腿和臂，乃是人的腦中的一部分，那個部分可以藉着一長串脊髓把那些肢體中的神經促動了，並使它們運動起來。因此，我們在腿或臂上所感到的疲倦也是眞正存在於腦中的。因此，只有那些隨意運動的，卽由腦中出發的筋肉，才能令人疲厭，至於那不藉意志而活動的筋肉，如心臟者，便無此種感覺。因此，人們如果同時使腦子營強烈筋肉活動，而又使它作精神上的努力，或者前後緊接着運用它，那顯然可以把腦子損傷了。

下述的事情與這種道理並不衝突。就是，人在散步之初或在一般短的遊行中，往往感到自己的精神活動提高起來，因爲在這時候，所說的那種腦筋的疲倦還不曾來到：不但如此，而且那樣一種輕微的筋肉運動，以及由此增加的呼吸作用，更可以促使多含養氣的靜脈之血上升到腦中。

人們尤其要給與腦子以可以使其恢復力量的充分睡眠，因爲睡眠，對於全部之人，正如上條對於鐘錶似的(比較意志與表像的世界二卷，二一七頁)。這種睡眠的程度是與腦子的發展和活動成比例的，如果超過這個程度，那只是白費時間，因爲這種睡眠在長度方面固然有所獲得，但它在深度方面卻已有所損失(比較意志與表像的世界,Insel 版,九七九頁)(十六)。

一般說來，人們應當瞭然，我們的思想不是別的，只是腦子的有機的活動。因此，它在努力與休息方面也是與別的有機的活動，處於同樣關係中的。過度

(十六)著者註：睡眠乃是我們預先借來的一段死亡，我們借它來乃是要保持並恢復一天中消耗了的生命的。Le sommeil est un emprunt fait à la mort (睡眠乃是向死所借的債)。睡眠乃是向死亡有所借貸，以來保持生命的。或者也可以說，睡眠是對於死亡所給的利息，至於死亡則是收回去的資本，利息愈大而且付得愈勤，則本錢收得愈遲。

的努力可以傷了眼睛，也可以傷了腦子。人說得好，腦之思想正如胃之消化似的。有人幻想，有一個精神的，單純的，恆常思想，而永無波乏的靈魂，單單住在我們的腦中，而並無需乎世界上任何東西，這種謬想使許多人陷於無意義的行徑，並誤領他們把自己的精神弄得遲鈍了。就如菲德利大王就有一度竟想把睡眠完全取消了。哲學教授們實在不應該藉那種想討好教授法的老太婆哲學來加強這樣一種實際上有害的幻想。人們應當慣於把自己的精神能力看做是生理學上的機能，並照樣來處理，來珍重，來施用它們，並且應當常常記得，每一種苦楚，煩累，和失調，不論在那一部分，都可以影響了人的精神。最使我們處理得當的，要數迦朋（Cabanis）所著人類身體與其道德之關係論一書（Des rapports du physique et du moral de l'homme）。

許多大才之人因爲忽略了這裏所獻的方策，所以他們縱然極其博學，而在老了以後，畢竟思想柔弱，幼稚，甚至瘋狂了。若舉例來說，則本世紀中英國著名的詩人，如司各脫（Walter Scott），渥茲渥斯（Wordsworth），和騷提（Southey）等人，在其老年，甚或在六十歲時，精神上就成了遲鈍而無能的，甚至降到痴鈍地步。這無疑的是由於，他們全體都被高的版稅所引動，而把著作看成一種職業，並且只爲金錢來寫作。這種情形就引誘人們從事於拂性的努力：一個人如果把天馬駕在轅下，並且用鞭子驅使他的文藝之神，那他也將如那個強向維納絲女神服務的人似的，也得有同樣的補償。我猜想，康德也是因爲在其晚年終於成名之後，還仍然過度工作之故，才使自己在最後四年陷於第二次兒童時期。

一年中每一個月，對於我們的康健，我們的體況，甚至對於我們的心境，都有一種各自的，直接的，並與氣候無關的影響。

莫查特傳

Mozart(一)

本滋利夏（Richard Benz）著

謝　庚　譯

許多重大的歷史上事件，卽精神方面歷史上的事件亦然(二)，時常像戲劇一般巧合地同時發生，牠們很少能爲同時代的人所了解，大概終須好幾代以後的子孫們才能領悟牠們底重要的意義。　在一七六二年秋收期中的某個星期中，在維也納所偶然發生的是兩件多麼巧遇的事情——在我們今日看來，這是多麼可紀念和充滿了意義的；但是任何一位兩次皆在場的人，能够在當時便抓住牠們間深切的連繫意味嗎？　那時在十月五日，正是甚負時望的劇樂大師格盧克(三)演他的新作悲歌劇奧惠鄂(四)（Orfeo）的日子——他將近五十歲，曾經在許多宮庭宴會中演奏當時人們所獨鍾的甜蜜的意大利曲調，爲宴會增添光彩；但是這次從台上所發出來的，是一種新鮮的，深深感人的心弦之音；到會的皇室中人聽了，也和其餘的人一樣，爲之吃驚，爲之讚嘆。　八天之後，卽十月十三日，這同一的

(一) 譯自：Die Grossen Deutschen. Neue Deutsche Biographie. Herausgegeben von Willy Andreas und Wilhelm von Scholz. 2. Band, S.246—261

(二) 所謂精神方面歷史上事件，如樂譜之創作，算式之發明均是。

(三) 格盧克(Christoph Willibald von Gluck)（1714—1787）生於德國女恩倍(Nürnberg)爲著名之歌劇改革家，使歌劇具有劇的眞實性與魄力。

(四) 奧惠鄂（Orfeo）是格盧克的第一部作出新形式的歌劇。

莫　查　特

皇室在美泉宮 (Schönbrunn)（五）中更碰到另一個奇蹟：一個六歲的孩子由他的父親，一位薩爾次堡 (Salzburg) 的宮庭樂隊長帶來作首次的藝術旅行（六），表演鋼琴的熟練，已如一位完美的技藝家；這孩子對於奧王凡慈 (Franz) 用一塊手巾把鋼琴鍵蓋住那種詼諧的逗弄，一點不露窘態；他對於皇帝自己的提琴表演，用最公正和內行的態度，毫無忌憚地批評；又因爲還是一個太小的孩子，不懂什麼禮節，親熱地爬到皇后瑪麗雅特賚森 (Maria Theresia) 的膝蓋上去。當他在光滑非常的硬木地板上滑倒時，公主瑪麗雅安他內特 (Maria Antoinette) 把他扶起來，他便向她喊道：「您眞和氣，我將來定要娶您」。沒有人能夠預測到從這天以後將有怎樣的命運光臨，十年之後就是這位公主當了法國王后，正想預備車馬去接她的老師格盧克來巴黎，以便完成剛在開始中的音樂革命，不料她自己在另一個跟着來的可怕的大革命（七）中葬送了性命。但是這位曾被她携過手的，曾爲人們所預測過：世上所有的榮譽和富財將賜於他的神童呢？——恐怕比她的不幸還要早幾年，已在京都的維也納頹傷地交迫於飢寒愁苦之下，還有那個會曉得在他的身上潛有產生不朽創作的更高天才呢。

這時已到了"巴洛克"(Barock)（八）時代和她的高尙的宮庭文化的末日，牠的最後的照耀彩飾了這二位孩子的雙幕劇。格盧克後期的作品已經站在新古典時代的較冷淡的光輝中。他把人們以"巴洛克"的神髓當作最後的精神形成世界這一點拯救了出來，引導到新古典時代的純潔的人道之中。然而他的繼承者莫查特再一次地發揮"巴洛克"文化中的要點——不是對牠的神話，不是牠的理想；而

（五）美泉宮 (Schönbrunn) 爲著名之皇室劇場在維也納附近。

（六）藝術旅行 (Kunstreise) 爲當時歐洲音樂上一種教育法；使學習者到處表演吸收各地的音樂知識。

（七）按卽1789年的法國大革命。

（八）"巴洛克"(Barock)一辭乃指在16，17及18世紀的前半期的歐洲的一種文化趨尙。在歐洲藝術史中，牠繼承文藝復興之後，其文化特點爲自由的，不受拘束的。

是牠的日常生活的平凡性，牠的人生哀樂的真實性，更把這些變形爲生命本身永世的敬神性。

在歷史的力量即因果律之上，更有一種形而上的意識高踞着，這種意識顯然是矛盾的，無理的；牠選出和命令着一班天才，同時又破壞和毀滅着他們的肉體；牠賜給大衆以藝術和奇蹟，而又朦住他們的眼睛不令知曉。莫查特遭遇了這種最不可能的命運，受着這種無意識的支配。由他的例子使我們猝然明白了塵世生命的無意識：使較高的生命作不可避免的犧牲。我們似乎必須覺得羞愧吧，如果我們宣佈說一位愛生命者竟得不到生命的愛。然而從另一方面說，這個塵世上所具有的癲狂，困苦，和死亡種種災禍和毀滅，又毫無疑問地是證明生命的永遠的光明和美麗的條件。

人們也曾試着用因果律去觀察莫查特的一生，打算去證明，而且用平常所謂合理化的見解，也證明了像他那樣的性格和像他那樣所受的教育，他只能有那種境遇，不會有第二條路的。但是其中有一點人們沒有把牠計算在內：便是有一個超塵世的，不可測識的魔運在作祟。牠也要使他的生命必須如此。然而魔運的統治人，是爲塵世的判斷所反對和禁止的，因爲牠輕視了塵世的造命意識。這魔運是歌德的大智所想到的，因爲當歌德聽見莫查特和像他這一類的人物時，從他的嘴唇中不禁迸發出一句極端神祕的話來：『這個人又一定要被毀滅掉。』這樣便使歌德瞭解了這個偉人的夭逝，原是由於不可測識的魔運的"自然"的兒戲的結果。

的確，在魔運的意識中，這是最自然不過的；因爲每一個神賦的天稟，必須由他在人世中的失敗和損害來償付，直到他的自然的生命無論在道德上和生命上都凋毀無餘，使這生命再也不能帶來有力的藝術作品，才肯罷休。

在維也納皇宮中那次第一幕的表演，立刻便有了後果，而且在每一次這樣過早的強迫的藝術旅行中總要重複發生的。這效果便是：莫查特病了——猩紅熱打擊他躺下，同樣地在下一次去巴黎和倫敦時，發疹傷寒向他作祟，而且時時重犯。 然而這還是有形的危機，當他的精神上的需求已不堪忍受時，他的身體顯然尙能支持——他整個的組織既沒有休息，也不能逃出病魔之手來作將息，使精神方面永在疲勞和緊張之中，因之更造成身體方面的繼續不斷的損耗和軟弱，更加之實際上的貧乏，愁苦，飢餓接踵而至，自然使他的身體無法來支持那一直發展到極高點的精神了。

但是這個生命的那種簡直不可能的急調，不僅在外表上是一種奔騰難遏的行程——人們只要想一想僅僅九年的工夫中，却包含了從唱劇逃走（Entführung）到鎮魂曲（Requiem）的一串傑作——同樣的在他的內心中，有一種催迫消耗的力量；由於父親——是魔運派下的第一個具決斷性的工具——來把這力量喚醒，然而再由早年的習慣：工作在無止無休的狀態中一直到神經和血液永不靜止的習慣，把牠升展起來：也由於不顧身體的需要僅作霎眼般睡眠，終於把這力量一直發展成爲在跳舞中，社交中，及人和人間的接觸中的活動力，成爲好動的人的永遠的勤勞力和活躍力，更發展到使手指永不休息地去演奏，卽使摸不着鋼琴鍵，也要拿一樣東西來撥弄。

在這裏，一種壓倒一切的，外來的力量變成了他的主宰，把他原來的資稟和天性壓了下去，這由下面這點可以證明的：當外界統治力量一旦停止時，他的內心便時常回復到一種愭愭憧憧，似明不明的狀態中，而對於生命方面的事物，回復到冷眼觀察的，求舒適的，而又猜疑的態度中。 如果不是他的父親對他的才能很早便有了認識和訓練，壓迫他的天性使之源源不斷的流露，恐怕他已變成了一個淹沒無聞的天才了吧，再不能由他的作品中，把他表現出來了。 而且由流傳的記載中，使我們知道卽在他的最高創作時期，他是多麽不願意地僅被強迫地寫作，雖然他的腦中儘量的醞釀着他的音樂，使之成熟，但是一定有許多東西他曾醞釀過而沒有紀錄下來的。 從他的最後幾年情形而言，這是一個明明白白的供狀，便是他好像已經感覺到自己的壽命將盡，他必須強迫去實際'工作'，這對他說：卽是實際有系統的作曲。

他的原始的天資：思察力或完全的專心和潛入力，推動一切事情，究竟只當作一種爲自己的遊戲而已，然而又完完全全直到最後把一切都溶化在這遊戲中；除此之外，還有另一點：卽對外界每一個刺激的極度的敏感性，接受性，亦卽把自己移入於每個外來的事物和方法中的那種難以置信的潛移力——這力量不但使他在他音樂中成爲每一個方式每一個體裁的多方面的主人，而且也使他成爲時時變動的和具有神祕的變化性的人類探索者和人類創作者。我們必須感謝這位薩爾次堡的宮庭吹號手沙赫特諾 (Schachtner) 對於孩子的莫查特所作的最恰當的描寫，有一段說得非常懇切；當他寫道：『他是一團火燄，牠的熱情很容易延黏到外界的每一個事物上；我想，如果缺乏像他所受到的那樣好的教育，他便能變成一個萬惡的匪徒，因爲他對於每一個刺激那麼容易接受，而又不能分辨牠們的好壞。』做父親的也知道這點，設法把這種內心的力量，轉移到實際的創作上，由於苦心引導和以身作則地把這力量壓迫在明銳地瞭解事物的能力之中，這樣加重了他的接受性，養成一種神祕的洞鑒人物的藝術；因爲這種洞察的能力，使他一生成爲非常坎坷不幸，但是同時這也是沙士比亞之所以有擬造人類特性之樂的原因。

這位父親是怎樣一位人物呢？對於莫查特的一生，他的直覺的認識和有心的引導，是不可以撇開不談的。他是使做兒子最後必須反抗他的保護的那種頑固專制的迂闊人，如同人們所稱呼他是莫查特命運中的魔星呢？還是一位有益的警醒者，謹愼的引導者，和稀有的天才教育家呢？——對於如此偉大的人類的創作品，後人必須一半感謝這位教育家的。何是何非便須視各人的看法如何了。他一定是一位個性倔強的人物，是一位機警的主人，和對他的本行藝術的技藝好壞的評斷者；他的一生沒有別的念頭，除去領導兒子早熟的異才，用當時認爲得到成功和榮譽和實際價值的最好方法，來完成他的一切音樂上的技能。他生於奧斯堡(Augsburg)，明顯地具有施瓦本 (Schwaben)(九) 地方的人的性格

(九) 施瓦本 (Schwaben) 爲中古時代日耳曼之一公國。茲附大堡包括其中。

上所有的特質；在這特質中時常有一種罕有的固執脾氣，同他的偉大的處世智慧和精神力量連繫在一起，此外還有一種對別人非常敏感的不信任，然而却不向外現露成爲妒忌怨恨，反而大部讓自己忍受着，養成自以爲是被人忽略，侮辱和驅逐的自怨自艾的態度。他的對於人性本惡的悲觀的觀察，是由當時的普遍的人生觀所養成，更由各方面的經驗使之加强，這不但在宮中的供奉中可以見到，而且由於同歌者雜技者和作曲者的接觸，到處證實了俗語所謂的同行是寃家這句話的意味。莫查特·雷歐波德(十)沒有失去受到普通教育的機會，他最初決定當個學者，也曾一度上過大學——特別是對於葛雷(十一)的崇拜，並和他通過信。他雖是個十分虔誠的天主教徒，但對於北德意志的啓蒙運動(十二)也不是毫不受到影響的，即如在音樂方面有許多事他和淸教徒的音樂學校是有關係的。他最卓越之處便是對於藝術的熱忱，這不但因爲他是主教宮庭中的樂隊指揮和副樂長，在執行職務上是如此，便是對於他的孩子的才賦，也以這種熱忱去敬之爲神聖的賦與，而這種天才也只能由於這種高尙的責任心去教育和訓練，才能惠賜給人們。他和他的太太，一位簡單的對生活具滿樂趣的薩爾次堡婦人，一共有七個孩子，而生存的只有最幼的二位：瑪麗亞安娜(Maria Anna)家中呼作小安娜(Nannerl)，生於一七五一年，和 Johannes Chrysotomus Wolfgangus Theophilus(十三)在一七五六年正月二十七日呱呱落世。

這位女孩子已經露出有驚人的天資，父親立刻便教育她使成爲大鋼琴家，因此這男孩子的音樂意識，由於姊姊的演奏和學習，在三歲時便驚醒了。於是一種絕無前例，精通一切樂器的本領，在一個未成年的孩子身上開端了，他便是全

(十) 莫查特的父親名雷歐波德(Leopold)

(十一) 葛雷(Christian Fürchtegott Gellert, 1715—1769)係德國詩人。爲人和藹可親，人有所問必詳釋之，故彼之朋友與讀者範圍甚廣。

(十二) 啓蒙運動(Aufklärung)指文化解放運動的時期：打破傳襲的偏見和觀念。此運動發生於十八世紀的德國。

(十三) 這是莫查特受洗時之教名。德文名爲 Wolfgang Amadeus。

時代所共認爲惟一的神童莫查特。由於不斷的練習他很快學會了鋼琴，提琴，僅在五歲便躍進到有作曲和即席作曲的能力；在一七六三年的第二次藝術旅行的途中，因爲參觀水堡（Wasserburg）城內的大風琴，在無意的停留中，也迅速地精通了這項樂器。

今日我們所有的各種樂器，甚至於在那時候已經很可驚奇地在短時間內都具備，這看去好像預期着某一個人將要降臨，他將總攬所有這些樂器似的。因爲這裏不是以前常有的只是對某一種特別樂器的精通，而是對於一切樂器和牠們底充滿意義的使用的一種統轄的能力，由於一種神祕的契合力量在不可思議的情形中突然發生了。在他七歲上，他對於各種音樂樂器的領會，已可認爲是完成了。在那年這姊弟倆去明興（München）奧斯堡．曼海姆（Mannheim）的藝術旅行上，由一張在佛蘭克府（Frankfurt）的演藝廣告中，可使我們明瞭他的能力；在廣告上說這孩子不僅會演奏提琴協奏曲，會在交響曲中做鋼琴伴奏，還可以在大鋼琴上和大風琴上憑人們指定最難的曲調"即時背誦着彈奏"只要人們願意聽多久便彈多久。那時歌德曾聽過他：『我自己大約十四歲』，他在一八三零年對艾克曼（十四）說道：『迄今我對於那個小孩子的頭髮裝束和佩着小刀那副模樣，還記得淸淸楚楚。』但是那次旅行的目的地是巴黎和倫敦——而這時已經開始他的第二個時期，有規則的創作時期；在最初他便表現出對於流傳的樂譜體裁有驚人的吸收能力和運用能力，正如同他已經具有的對於單純的樂器有驚人的吸收和運用的能力一樣。

人們曾經把當時這位學習者，所受其他人的影響分析得非常仔細：從一七六三年在巴黎受說伯特（十五）和一七六四年在倫敦受巴赫（十六）的影響起，一直到

（十四）艾克曼（Johann Peter Eckermann）德國詩人及作家，以與歌德友善知名。

（十五）說伯特（Johann Schobert, 1767逝世）德國作曲家及鈴巴羅（Combalo）彈奏家。1670年移住巴黎。

（十六）巴赫：此處指 Christian Bach（1735—1782），是德國音樂之父 Johann Sebastian Bach 的兒子，亦頗有名。

受維也納交響樂派（當一七六八年在維也納作第二次停留的時候）和純粹的意大利派（從一七七零年起）以及曼海姆派（十七）（從一七七七年以後）的影響為止。同時人們由於他那種素來完全沈灊在形形式式轉變不一的精神形式中的傾向和能力，和更由此對於每一個樂譜體裁加進他自己特有的新的完整和美妙的意境：這兩種原因，便相信從莫查特的天性和性格中必可推斷出一個結論來：認為他是一位"女性"的天才只能由於外界的刺激才能燃燒起來，決不肯把特有的內心世界的原始的固有創作精神表現出來的。但是解釋他這天才的現代流派並不如此看法，更沒有打算把莫查特列為第二流的創作家。因為這樣廣泛無邊的接受外界的能力被稱為女性的天才，除非這個天才只能接受外界的直覺的影響，以至於完全放棄了自己的創造性，充滿了外來的意想，才有意義；而莫查特之所以和一班僅僅是模倣者和拾人牙慧之流有所不同之處，便是這種接受外界的能力不曾埋滅了他的創造性，反而能從至醜至惡的外來思想中，優越地，單獨地跳了出來。這點對於舒柏特（十八）和貝多芬（十九）說也沒有多大的不同。莫查特之有時時改換的多數的作為模範的人物，可由他的孩提的年齡去解釋，實際上他在這個年歲中，已經能夠學習着去創造了。甚至下面這件事，更可視作他的未感受過的內心的健全的象徵，即他雖在技能上是驚人的早熟，而他發現眞正自己特有的和再不變更的情調色彩之時，也在別人突然明白自己的特性的那個年齡上。——因為如果他的心靈上的自我發展也是眞正地早熟，無疑地將把他的生命損耗得更快了。

（十七）當時曼海姆宮庭用四十人組成的大樂隊並有優秀的演奏家和作曲家，音樂史上稱之為曼海姆派。

（十八）舒柏特（Franz Schubert, 1797—1828）是表現出藝術歌曲的最高典型人物，被稱為"歌曲之王"的大天才。

（十九）貝多芬（Ludwig van Beethoven, 1770—1827）德國最偉大的浪漫派的音樂家，被稱為"樂聖"。

事實上莫查特的特別的接受性和感受性告訴了我們另一些完全不同的事實：有如他精通所有樂器和音樂方法一般，他也是樂譜體裁中的惟一的萬能者，換言之他佔有一切，因爲他能了解和運用整個輝耀的音樂界的緣故，再沒有第二個人能够如此。 有一些人像海頓(二十)和貝多芬平常只在心靈交響曲方面，或是像格席克只在歌劇中悲劇作品方面是偉大的；另一些人只精選和創造鳴奏曲的形式，還有一班人像巴赫(二十一)和很德爾(二十二)有賦格（ Fuge 或遁走曲），複音混合樂調法和教堂作品：如果和他們比較起來我們便可看出莫查特幾乎在各方面有同樣的權威和偉大；他是第一個統治人類的新形式的一切世俗和意志之音的人。 而且他不僅學習，還能預測到在他之後將來發展的趨向。 當巴赫(十六)的精神活躍在他的第一部交響曲中，和意大利式的運用人類之音的優美，尙沒有在他的傑作歌劇中失去的時候，他已經在四重奏和五重奏中時時奏出晚生的貝多芬的那種憂鬱和超凡出塵的情調來，也開始了舒伯特的幻想鳴奏曲中的那種心靈之音。 在當時的人對這點，一定比我們還要認識得淸楚，因爲我們已經太習慣於後代的音樂家的音調色彩了——對於那時的人他是被認爲一位偉大的革命家，大膽創作者和一位自由派的人物；他那種有魔力的爆發時常是聳人聽聞的，使一切傳襲下來的簡單的美，都動搖成了問題。

在這裏我們尤其必須提一提他的音樂的德國化，他是最初的一個人，以這點爲他藝術上的一條明知的，選取的導線。 他是最後一位去到外國學習的音樂家，同時他又是第一個明白德國化藝術作品的可能性的人，並且把這可能性表現

(二十) 海頓(Joseph Haydn, 1732—1809)生於奧大利亞之大音樂家，作品以器樂曲居多。 爲人愉快，熱心忠厚，其周圍的人們敬稱之爲「海頓爸爸」。

(二一) 巴赫 (Johann Sebastian Bach, 1685—1750)被尊爲德國音樂之父。 在宗教作品方面可稱爲空前絕後。

(二二) 很德爾(Georg Friedrich Händel, 1685—1759)生於德國，爲偉大的聖劇音樂家。 1726年歸化英國。

得如此强烈，以至於他始終儘量地疏遠着意大利的作風，雖然在我們今日看來，他的作品仍免不了南方的氣息。德國藝術的羅馬形式從他以後便停止了。然而他自己却仍佔據這羅馬式的一切，就如同德國民族所立的羅馬帝國裏的一位秘密的皇帝一樣。再從另一方面說，他是站在兩種文化的分界線上：他是"巴洛克"時代作宮庭服務的最後一人，同時又是和"巴洛克"文化作爭鬥和猛烈反抗，從其中解放出來的第一個人。那時藝術家爲胸襟狹小頑固不化的諸侯所輕視和奴化到了極點，他那種反抗的表現，差不多把我們的音樂藝術最初惟一所依存的那班愛好藝術的諸侯所放出來的偉大光明的景象也爲之暗淡無色。處在這兩方面的情形，突然在法國大革命的前夕發生變化了。莫查特在此已預備好了路徑：去求得世人對於自由藝術家的自主性，雖然他仍是這個目的的犧牲品，然而替首先達到這目的的貝多芬開了先路。

莫查特，雷歐波德和他的孩子們的旅行不過是休假期內的旅行。他帶着如此年幼的孩子們到處表演想賺錢，不久便在薩爾次堡受到無數的非難。這也是一個重要的原因，便是當時竟沒有一個諸侯是莫查特的發掘者和鼓勵者，把他送到外國去，如同以前有過的無數的前例，即格盧克倘身受到——做父親的須自己來開銷一切費用，來冒--切的險；因此在他的信件中關於賺錢這件事佔很重要的地位，原也無足使我們驚異了，而當他得不到物質的收獲時，他對於無補實際的名譽，不禁常自嘲笑。也許這位父親特別地向當時還是音樂生命的中心點的宮庭趨附，儘量地只和"顯耀人物"接近；但是他一想到這位學習者時，他總保持自由選擇學習地方的權利，以便他有系統地收受知識。

於是他們順序地來到倫敦和巴黎，還有荷蘭，瑞士，而後又回到明興；在一七六七年回到故鄉薩爾次堡時，第一個歌劇"Apollo 和 Hyacinthus"在該地大學上演，翌年在維也納這十二歲的孩子已經能慶幸他的唱劇"Bastien 和 Bastienne"在舞台上的成功，同時那喜歌劇"La finta semplice"現露出新奇的體裁，不過尚未成熟。然後意大利的旅行可以說給帶來了重要的磨練和試驗。這次是這位神童最末一次的勝利旅行，從一七六九年十二月起，父子倆週遊到佛羅那(Verona)和米蘭(Mailand)，波羅尼亞(Bologna)，佛羅稜斯(Florenz)一直到羅馬和納不爾(Neapel)。以後再回到米蘭，在那裏莫查特曾導演一個歌劇；在一七七零年的十二月，他的第一個悲劇"Mitridate"的演出收到成功。他們在一七七一年春天剛剛回到薩爾次堡不久，便第二次受聘來到米蘭；在這第二次旅行中，他在奧大利親王斐迪南(Ferdinand)的結婚儀式，隨着哈色(二十三)(Hasse)特做的主歌劇，附演一個夜曲"Ascanio in Alba"而得到喧賓奪主的風頭。第三次意大利旅行又僅至米蘭去重演「"Lucio Silla"，由於外界的原因」，這次的收獲並不很大。同時在這孩子的本身中，有一種變化似乎發生了，他對於流傳着的意大利的形式再不能滿足：當他一七七三年三月回到薩爾次堡的時候，他的孩子氣似乎消失了——青年期開始，在新生命中溜入了暗淡不明的幻思的性格。他以後未曾再踏上意大利國土。但是那地方所留給他的是對於音樂普遍領略的眞實的經驗，尤其在喜歌劇一方面是如此；並在聲樂方面於深切的印象；使他在樂器上已有的成就上，更開闢了一條完全新鮮的道路。

這幾次的意大利旅行，還供給我們他方面的豐富材料；在那裏在他的信件中開始了對自我個性的豐富的紀錄。我們有這紀錄，再也不能在別人這般年青時期中得到。在那兒這位十四歲的青年，已經全然表現出我們只能在成人身上找得着的特性來；他用一針見血的方法來批評藝術和人類，絕對肯定地而且差不多是毫無姑息地；加之還有一種幽默的和毫無顧忌的傲慢，使他所發的言論顯着只是玩弄言辭和歪曲事實。這種性格我們只能在另一個偉大的德意志人的身上找到，他是混有意大利特性的血質的：本他諾(Clemens Brentano)(二十四)同樣地知道用音節鏗然的韻調和字眼，用生命中的永遠的詼諧和遊戲來掩遮內心的深

(二三)　哈色(Johann Adolph Hasse, 1699—1783)德國作曲家，其最後作品即爲此次奧親王斐迪南婚禮中的歌劇 Ruggiero。當時彼聆聞十四歲之莫查特之夜曲時，乃謂"這年青人壓倒了我們"。

(二四)　本他諾(Clemens Brentano, 1778—1842)德國詩人及小說家。

處，而有時從他的藝術中不免流露出內心的痛苦和悲哀來。 就莫查特而言他具有一種只有天才纔有的惟一的處世態度：他把人生看作遊戲而惟獨對於藝術具有熱忱，而更以這滿腔熱忱的藝術光榮了遊戲的人生。 而且關於晚年的莫查特更有人時時給我們證明了以下的觀察，即「在他的談話和行爲之中他可以被認作一位大人物的成分，決不比當他正在從事於一件重要的作品時爲少」，因爲即在他的生活中，他的精神永遠貫注在他的藝術中。 當他寫作時他對於滑稽之事，丑角的舉動，甚至於瑣碎的諷刺都不發生興趣；只儘量來尋找和忍受那班離他內心的思想活動最遠的最簡單的人們。 事實上——除了海頓——他沒有一位可以將肺腑之言傾告一二的朋友和精神上的知己——他並不對此難過，他不需要友誼，他決不因爲內心寂寞的悲哀和追逐了解的慾望，使精神受到折磨。 人們最後不能把這種使自己囚居其中的心情叫做寂寞，只可稱之爲僅有的必然的精神之自我存在，因爲在肉體方面從不能發生這樣純粹的事：換言之如果拿他是一個人這點來說，他在自己的精神中一切都夠了，雖然他的肉體需要不斷地和別人來往：社交啦，跳舞啦，和談戀愛啦。 他爲了要忍住內心的洶湧的思潮，欺騙着一班圍繞着他而與其思想漠然無關的衆人， 用着這樣的方法 ：當他的太太向他敘述神話時，或是別人向他詼諧，遊戲或說話時，他安靜地不露聲色地像一位對手似的參加着，心中卻充沛着藝術的思想，只能在過後把牠們寫錄下來。 世人可以想像到這是怎樣一種人，實實在在而又孤零零地在這世界中活着。 我們也可以預想到，在一個人之中 ，音調的高尙表現 ，旣達到了這般偉大和神聖不可侵犯，一切家常瑣談和牠比起來自然顯得毫無價値，不會比滑稽和愚笨顯得更有意義的了。 但是這樣一個人便吃虧在他仍要說話，而不知道說話所能發生的效果——於是這位熱心腸的，愛人類的，高貴的，俠義的人，時常因爲敏銳的判斷，有力的回答，和扎心的諷刺，在不知不覺之中深深得罪了一班人，結下了怨仇，他的以後的許多失敗，都由於這種率直的坦白所帶來的。 在神童時代人們對此，也就受之而已，也許更爲這是他的吸引人之點；並且這位諳世的老練的父親，對此十分明瞭和具有戒心，尚可減輕和調和他這種性格的外露。 但是意大利的旅行是他和他父親在一起的最後一次長途旅行。 在一七七七年他還伴着他到維也納，在一七七五年正月和他一起在明興領受到“Finta giardiniera”的偉大成功，這是他第一部成功的喜歌劇。 但是薩爾次堡已在新的大主教統治之下，事情便不像以前那樣順手。 ——兒子莫查特自從那次意大利旅行回來之後，也被任為該處的樂隊指揮——使莫查特眼界跳出薩爾次堡狹小的環境的外國旅行，在這最後一次大旅行之後，父親便不能和他在一起了，因為他如果要遠行，必須自己正式辭去宮庭的職務。 ——現在由母親一人來伴着他，以便對他的不明世故和不懂實際的性格有一點保障。 而且由事實上證明了這種保障是很要緊的：在他和他的在奧斯堡的“小表妹”一陣胡鬧的打情罵俏的熱戀之後，現在在曼海姆，他的心又掉在未柏阿洛易瑕（Aloysia Weber）的身上了，並且計劃一種冒險的事情：他打算帶她並她的境況不佳的全家去到意大利，相信以自己的才能，不久必能在那裏打通了道路；幸虧父親私下裏由母親方面得到事情的眞像，在信中用嚴厲的口吻令他放棄了這企圖，最後讓他去旅行的目的：巴黎。

然而這裏又證明了一件事，如果沒有父親的勤苦的領導，他在處世上不會有進步的；薦書對他沒有多大用處，他對貴族的難堪的待遇，甚起反感；同時因為看到那時已壓倒一切的格盧克，尚在和舊勢力作苦鬥，使他不能相信自己會成功的了。 神童的光芒就是在溺愛他的人如格利姆（二十五）的心中也消淡了，而“另”一個莫查特尚不曾為他們發現——在巴黎停留期中謠歌劇“Les petits riens”是惟一的成績，這是著名的跳舞師諾未爾（Noverre）向他定購的。 在異鄉的巴黎於一七七八年母親竟會離他長逝了。 這是可以想像得到的，他自己是怎樣地陷入自譴和絕望之中；因為她是為隨伴着他而來的。 但是這裏突然表現了這位青年有着何等的心腸：他為了憐惜他的父親，預備把這不幸的事編個謊言慢慢地告訴他。 而事實上我們可以由記載上讀到這位迄今尚沒有看見過人死的青年，

（二五） 格利姆(Friedrich Melchior Grimm, 1723—1807)法國政治家及作家，其先世為德國人。

看見了母親的死是多麼的害怕——但是爲了父親的緣故，倘從他的嘴中說出安慰的話來，他說出生命最後在永遠不變的天堂中的自信的言辭，使我們料到在他的無憂無愁的內心最深處與死神是多麼的接近和親熱。

父親這時叫他回國；他爲他在宮庭中找到一個較前高的新位置；莫查特勉強回到薩爾次堡。但是在途中地他遭受到第二個痛苦，在他的心上留下更顯著的痕跡：未柏阿洛易琅當時在明與當歌女，甚爲得意，不再需要他，不久便投在另一個男人的懷抱中了。這樣莫查特再度着薩爾次堡的生活，一切都還安適；這是他安慰父親和姊姊的最後一次在一起的幸福時期。他在去巴黎以前，已經在此地創作了無數的娛樂曲，Kassationen（二十六），鋼琴協奏曲，交響曲，和像哈分過（二十七）的夜曲那樣的燦爛的作品，現在更開始了加冕彌撒曲，同時爲出演明與而寫出愛多麥紐（Idomeneo）——一七八一年正月在該地出演的時期是他和他的家人的如醉如癡的成功日子——在這劇中是他最後的採取格盧克的作風——再沒有像這裏格盧克得到這樣純粹的反響——然而這裏又是他們的分歧點，在這裏對於他也對於我們結束了一個時代：這是他以宮庭服務者的身份所寫的最後的作品；也是華麗的"巴洛克"時代的最後的熱誠的作品。正當他在明與與高采烈的時候，來了大主教的命令要他急速去維也納，因爲主教自己在那兒想用他來博得敬重。莫查特同往常一樣必須在那兒和雜役膳宿在一塊，除了主教的住宅之外不能再在他處演奏——於是演成了破裂，由於伯爵阿爾克（Arco）的挑釁的行爲，弄得無可挽回。莫查特自由了。然而和宮庭分離的同時便來了他父親的責難，他不明白爲什麼他兒子要反抗那傳襲下來的宮庭服務，並且不滿意他和那個現在已成名的阿洛易琅的妹妹未柏·孔司坦册（Konstanze Weber）的結婚。更可嘆惜的是他對這婚姻的困苦的後果和他兒子往後維持生活的困難，都不幸言中了。

（二六）Kassation 爲樂隊譜曲中之一種，與夜曲和娛樂曲性質相同在十八世紀甚爲流行。

（二七）哈分過（Paul Haffner, 1829—1899）爲 Mainz 區之主教。

在所有這些現在必須完全由他獨自去鬪過去的奮鬥掙扎中，現出了第一部永著不朽的神作由後宮的逃走 (Entführung aus dem Serail) ——這是第一部完全帶個人色彩和最熱烈的德國化的作品，在我們所有的音樂界關係中，可說是一種去舊革新的創作。牠在一七八二年七月十六日在狂歡的讚呼之下作公開演奏，不久便流遍全國的舞台上。歌德在他的意大利旅行中證明這點，因爲他自己曾想到努力作一部德國唱劇——然而此意可以休矣，『因爲莫查特起來了，由後宮的逃亡壓倒了一切。』

這部劇是表現人生對於處女的崇拜——直到今日尙可由所有的遙遠渺茫和神話性的內容中，微微透露出這位天才的愛情深意的曙光來，他把這愛情貢獻給一位塵世的女人，或許永得不到報償——同時這愛情却祝福和拯救了他的肉體，他對於世界，不是在認識方面而是在對待方面完全無能，然而這愛情却能神秘地使他完全自主地來對待世界。在這世界中他以他的惟一的神奇的天稟，想造成一個塵世的"幸福"，和旁人一般來成家立業。誰能責備他的這位太太呢，她吸引住了他，她也許也希望由他的才能得到另一種優美的生活，而她却缺少了這種結合中最需要的一點，便是她不是一位謹愼的管家婦，不能代替了父親和姊姊所給他的照應。她之不明外面的事理，對這個困苦艱難的世界漠然不顧，和他正是一對——她自己在這婚姻中所受的痛苦也是不輕，在此短短的八個年頭中，她生育了六個孩子。如果她對於他不是精神上的伴侶，因爲這對於精神較高的人是用不着的，那末她必是他的一位愉快的妻子，她那種溫情的相處他幾乎連一個星期也不能缺少的。她是一塊發生力量的土地(二十八)，由於和牠的接觸，給天才一種力量，來表現生命的眞榮深邃的眞實性，同時也表現愛情的盛衰的實在性，以及世上的苦中帶甜的戀愛遊戲的眞實性。那種可憐的不斷的操心，爲了生活爲了妻子兒女的衣食——怕是惟一能使他寫出前人所未說過和結構過的，成了生命之光的偉大作品的原因。

(二八) 德國神話中有種妖魔定要接觸土地才生出力量來。

在維也納最初的幾年，莫查特仍有許多次的公開演奏，而且他的收入也不算少，足使做父親的滿意；這位仍計算着他的兒子現在已能够有若干仟元存入銀行中了。但是自從飛加羅的結婚（Figaro）以後，莫查特的意思轉變了，一種新的熱忱的創作熱情湧進他的心中，更使他不願把自己的精力消耗到維要藝術那方面去。這樣已足够是他的經濟的不濟的原因了，即便不算孔司坦册的要化許多錢的疾病和時時不斷的遷居，此外有時還必須滿足高貴的熱情或善心的賜送和借助種種化錢的事——而且那時即是一個成功的作品也沒有著作權的；一個歌劇在某處上演只要在第一次償付作者，以後便不用償付了。我們也發現莫查特一直到完成飛加羅之時，總在從事作鋼琴曲；但是十五個偉大的鋼琴協奏曲在這時發表了；同時巴赫的影響在他的用賦格方法的幻想曲中漸佔勢力；莫查特特地爲了償還心願而寫的C短調彌撒曲也受了巴赫的影響，那心願是在他太太病中時或更早一點，當他憂愁着是否她將歸他所有時所許下的。

在這時期中，一七八二年至一七八六年之間，六個貢獻海頓的絃樂四重奏（二十九）也産生了，證明是莫查特所允許的精神間的惟一的契合。在貢獻曲"Al mio caro amico Haydn"中他稱呼海頓爲父親，要他在這世界中保護他的兒子；且在事實上海頓是第一個創出具體的四重奏形式者。他是莫查特所唯一的崇拜的人，而海頓對於這較年青的天才更是坦白無私地加以尊重。但是以後在一七九零年，當海頓最後解脫了匈牙利宮庭的服務，來到維也納的時候，便被聘請到英國去——在分別的時候莫查特吐露那時已常有的將死的思想，使深受感動的海頓只好設法來安慰他；但是事實上他們也再不能會見了。

自從逃走成功以後，莫查特對於"純德國國民性歌劇"的運動抱有很大的期望，然而失敗了；他必須仍舊供給意大利式的歌劇，如果他不願他的音樂被排擠出高尚的歌劇的影響以外的話。但是達彭得（三十）爲他把波馬爾謝（三十一）的樂

（二九）絃樂四重奏是由第一，二高音提琴，中音提琴，次中音提琴，及低音提琴組成的。

劇改編成喜歌劇，再由他完成了飛加羅。　比較起來，莫查特的更是一種巨大的革命：他膽敢把有一定形式的詼諧劇使之充滿了活躍的有曲線的形式，把心中之歌從詼諧諷嘲之下唱了出來——一位明悉一切的創造的天才，從那種僅隨着時代進展的至醜的日常生活中，創造出無時間性的愛情的神話來；甚至於他也能把這時代，即"羅可可"(三十二)(Rokoko)時代的完全感官的世界，融化在神話中：把不論過去和將來永遠是錯綜雜亂熙往攘來的人類社會，都融化在其中。　不是在維也納，而是一七八六年在普拉哥，他的飛加羅得到偉大的成功；在一七八七年莫查特爲普拉哥寫了第二部歌劇，在其中他更邁進一步，使喜劇中滲滿了悲劇的氣氛：董歡(三十三)比飛加羅還要顯得是一種特創的作品，沒有別的作品是能與之比擬的。　他造成的悲劇形式，不像格盧克似的由於死和生，威脅和堅強意志的簡單對比而成——意外地在變化無窮輝煌燦爛的方式之中，把人物顯得如生命一般的實在，在此種人物的創造中，所有激起心靈上情感的管絃樂和永是新穎的人類的聲樂有着同等的分量。　而且牠以悲劇式的意義顯着對生命及所有生命的喜樂，羞恥和過失作一番有力的肯定——伸出了紅塵的魔手和復仇之神握手，（即看破了紅塵）——以至把產生這戀愛的，求生熱忱的神話和宗教，也爲之黯然減色。　而在甜蜜的誘惑聲調和地府和音的那種優越的表演的幕後，站着死神，牠不被認作是劇本的結尾，而是顫動地被預料到的生命歸趨的目標。　在作董歡的那年，莫查特的父親死了；三星期之前，做兒子的曾寫給他這樣的話：

(三十) 達彭得(Da Ponte, 1749—1838)意大利之歌劇詩人爲莫查特作品飛加羅的結婚，董歡，昔何爲等歌劇之脚本撰者。

(三一) 波馬爾謝 (Pierre Augustin Caron de Beaumarchais, 1732—1799) 法國戲劇作者，於1778完成劇本飛加羅的結婚。

(三二) "羅可可"(Rokoko)一辭乃代表歐洲藝術的一種狀態，在十八世紀前半期產生於法國，其特點爲韻調上的絕對自由和不守成規。

(三三) 董歡 (Don Juan) 爲西班牙文，意文爲 Don Giovanni 爲歐洲民間流傳故事中之神話人物具有辟邪的縱慾及狂妄的瀆神的性格。　把此種人物引用在文學中最初發現在西班牙文學家 El Burlador 的劇本中。

厂因爲死(說得準確點)是我們生命的最實在的目的，所以這幾年來我已經把他認爲是人類最好的朋友，對我說，一想到牠並不使我害怕，正反而使我得到許多安慰和舒服！ 我感謝我的上帝，因爲他賜給我這種福氣來認識，死是開我們眞正幸福的門的鑰匙——我躺在牀上總不免想起有日我也許將不復存在這世上(雖然我還如此年青)——然而任何一個認識我的人，也不能說我在生活的過程中是憤恨或愁苦的。」

董歡的戲劇式的氣息，造成那部至高的戲劇，也注入在交響曲作家的莫查特之中，在一七八八年思潮洶湧的夏天，在六，七，八連續三月中，最後三個交響曲發表了：變E調，G短調，C調交響曲——至今被認爲是一個獨一無二的傑作三連曲(三十四)誰要是一串地聽了，便可知道這些是能顯顯貝多芬形式的莫查特式並不是在規定的綱領下或在理論的實踐下產生出來的，而是在內心的壓迫力量下誕生的；牠們的豐富和多方面的情調幾乎難以了解：牠們有表現心靈事實的和從來有過的華麗豐滿的四幕：有幸福的世界，有悲慘的世界，有自由解放凱旋的世界，把人類相同天性的無盡的反影綜合起來都表現在其中，所以流傳下來的作曲形式，自然不再够用的了。

不久貧窮強迫這位音樂家再一次出了維也納去尋找他財源，去觀察世界的四周——一七八九年到北德意志的旅行和一七九零年到佛蘭克府的旅行，可以證明此點。 他重在德雷斯登(Dresden)城和柏林演奏，雖然很得皇室的人們的喜悅，但是收入却幾乎不够旅行上的開銷——他只得向他的太太寫信說等他歸來時她看見了他本人，應該比看見了錢還要高興。 在來比錫的湯姆士教堂中，那年老的多來斯(三十五)聽了莫查特彈奏大風琴那樣動人，便說是他的先生巴赫復生了。在該地莫查特從湯姆派(三十六)的人那兒聽到了巴赫的聖樂曲，用不斷增加的驚奇

(三四) 三連曲(Trilogie) 係在材料方面或思想方面有連帶關係的三個同性質的作品。

(三五) 多來斯(Johann Friedrich Doles, 1715—1797) 教堂作曲家爲巴赫的學生。

(三六) 湯姆派指在 Leipzig 的湯姆士學校的學生及湯姆士教堂中之著名之孩童合唱團。

心去欣賞這另一種作品的音調——人們能够在他最後二個作品中找到這種影響的痕跡。在柏林有一次上演他的逃走時他曾親自出席；在那裏據說扮演小金髮女郎的女角色，巴拉娅亨利特 (Henriette Baranius) 曾令他傾倒；並且人們也傳說他和年青的蒂克(三十七)有一次會見。他能帶回家的惟一的東西便是替國王寫六個四重奏的定單。

從他向他的朋友普合倍(Puchberg)一而再再而三地懇求借錢的信中，可以讓我們想像到他在回到維也納時是如何地窘迫，而且由他給那時正在維也納附近的巴登 (Baden)地方作浴水治療的妻子的信中斥責她的舉止輕浮，可斷定他除了物質的困苦外，還來了最不堪的精神上的痛苦。對於這些痛苦和打擊在他身中的天才所起的反應是什麼呢？——牠便是只能由生命的依戀者才能得到的超越的哲學音樂！皇帝約瑟夫二世(Joseph II.) 的最近這次的定單是令他把她們都如此做 (Cosi fan tutte) 的本事編成喜歌劇——現在在這歌劇中他把對人生的認識藏在輕鬆，諧謔和顯着圓滑的方式中：一切生存的人物在他最後的性格中，十分透明地表現出微笑和寬容的思想家的風度。這裏已不再是用熱情和忠於生活的態度所擬造出來的悲劇人物，而是描寫只是一個假面具的人——一切都不過是生命意志的貪婪得發光的假面具，在他們面前，眞和假的觀念是沒有意義的；這生命意志以萬事中之一的資格，把一切造物像酒神般如醉如癡地擁抱其中。

這就是這個美麗的塵世的反面，曾爲莫查特看見了，但他不對此寒心反而對牠愛護。但是這裏也是他和實際世界告別的地方——這位現在離開實際世界的人再一次轉向到神話上，和至善至美的夢想上。薛堪耐德耳 (Schikaneder) 的德文魔劇，由莫查特把牠變成了實際的發出聲音的"魔笛"(三十八)——所有的渴慕的戀愛之情和光輝的慈悲之心，又一次純潔地永遠地洶溢在這個心上。這裏又

(三七) 蒂克 (Ludwig Tieck, 1773—1853) 德國詩人，小說家及批評家。

(三八) 魔笛 (Zauberflöte)，其詞用德文：是用唱劇的樣式作成的，把純德國式的音樂思想經過了充分的洗鍊而表現於歌劇裏面。

一次表現出，然而像拯救到潔白無瑕的兒童世界中的，那種在他一切歌劇中都具有的不可測識的人性的二重性：Tamino 和 Papageno（三十九），前者代表人類精神的哲理和友誼的奮勉，後者代表貪戀紅塵心思的赤子之愛的遊戲，牠們是平等賦與天才以權力的啓示。同時由於虔敬和轗軻，把達到神化境界的人物在我們面前消逝，進入最後的光輝如日月的哲知和仁慈的廟堂中。

但是正當這些不朽的曲調最後實際地打動了人們的心，和一次接着一次的演奏宣告了這位天才已得到勝利的時候，莫查特已躺下在和死神掙扎，舌頭上已嚐得到悲苦的死的氣味。在病重時他還有一次到普拉哥去，給在他生時唯一認識他的親愛的普拉哥人，在雷歐波德二世（Leopold II.）行加冕禮時，公演他的另一個表現寬容的善心的作品：蒂托的仁慈（Clemenza di tito）。他更不休息地寫作；在旅途中，在回來後，他一心要完成鎮魂曲，這是一位神秘的生人（四十）下定錢求他寫的，而他自己覺得這將是他自己的死亡彌撒曲。在他死的前一日發着燒的時候，他的精神還貫注在那時正又在舞台上演奏的魔笛，手中拿着一隻錶——這時來了夜之神（四十一）——這時 Papageno 唱了：「我願再聽我的魔笛一次」——同時他向自己輕輕哼着他的小曲。他還要作鎮魂曲，口誦着曲調；但是到了 Lacrymosa 他已用盡了力氣。他只有痛苦地啼泣，把樂譜丟開一邊。醫生們束手無策；人們拿他得腦膜炎來治，用冰囊放在他的頭下，使他顫慄得失去了知覺。在神志不清的夢囈中顯出他還在作鎮魂曲；他還試着用嘴來模仿鼓聲。他在一七九一年十二月五日午夜以後逝世。

他早已清楚地安謐地等待着死亡——然而不願意的離開了塵世：在他死的

（三九）爲魔笛中二個角色。

（四十）這位生人現在知道原來是華爾則克（Walsegg）伯爵差來的，他爲追悼其亡妻想將莫查特的鎮魂曲作爲自己作的以誇示於人。這曲莫查特未能完成，Lacrymosa 的下半部係其弟子 Süssmayer 依其口授續成的。

（四一）係魔笛中之角色。

前數日，一位匈牙利貴族答應每年給他數千 florin（四十二），同時由亞姆斯特丹(Amsterdam)也來了另一個有利的提議可把所有的困苦一掃而空，然而一切都晚了。關於他的墳墓所發生的事，幾乎令人難以置信的：因爲極端的貧乏，音樂家水屯 (Van-Swieten) 忍心來提議把莫查特葬在已含有二十或更多的墳的貧民墓地中。在那兒槓夫們草率地把他埋了；因爲隨伴柩車的寥寥數位朋友（四十三）受不住突然降下來的暴雨寒雪，在城門口都回轉家去了。人類所加給他的這樣大恥辱，比起另一種不復是人類支配的事實，尚須驚懼畏縮——厩運最後一次在他的遊戲中耍弄手腕，他使他在死時離開了人們，如同在生時使他在精神方面離開了他們一樣。人類的精神歷史添了一屑至爲悽慘的意義：這個至放光明的生命之歌者，他在這個塵世上竟不能不如此生，也不能不如此死。

（四二）florin爲金幣之一種其上有百合花形1252年始鑄於意之 Florenz。此處指奧國值48.2分的銀幣。

（四三）當時他的妻子因病未能送殯。

民族之演變(舉例)

Volkskrisen (Ein Beispiel)(一)

佟瓦德 (Richard C. Thurnwald) 著

金舞侯 譯

以下所述民族之演變數類，由之可見各地方及各時期之共同特點。所謂演變者，係就吾人觀察民族之評價制度及其心理上思想以現今與過去相較均有改變之謂。其致於如此之結果，係因受外方之影響或自身糾紛之趨勢而引起者。

吾人所舉之例，係採取原始的一民族之生活。因如此有一優點，即各種情況之共同特點更見明顯也。且如此所得結論易保平衡，因對較近之民族，個人之同情或直接之參預可引起惑動，使吾人思想混濁。本文第五節所舉之例，係述該民族感受歐洲風俗之同化而有改變之影響，此種情形，無論亞洲，非洲，太平洋西岸各地均可見之。各民族均有其獨特之問題，固不待言也。

所選擇之例，爲布音(Buin) 民族，居住在布根維兒島(Bougainville) 之南部，屬於新吉尼 (New-Guinea)，曾爲德國之領地。余在一九〇八與一九〇九年已曾訪該地(二)，因而熟悉該民族之生活狀況。最近於一九三三——一九三四年，余同余妻再到該地(三)，此次余能將該民族生活狀況與上次來訪時之情形

(一) 譯自：Forschungen und Fortschritte, 11. Jahrgang 1935, Nr. 19, S. 246—248.

(二) Forschungen auf den Salomo-Inseln und dem Bismarck-Archipel. Berlin, Dietrich Reimer-Ernst Vohlsen, 1912. I. und III.

(三) Im Auftrage des Australian National Research Council in Sydney.

作一比較(四)。且得到許多該民族最古歷史之材料。以此余得有其每個時期相繼之生活方式，及其過渡時所生演變之印象。有五個時期可分：

一 最初一時期。當時在布晉島上之居民，臆斷概已非爲同種。以掘草根採果品及獵取穿山甲，蛇等等爲食物，適如現代獵者之生活然。芋頭爲婦女所植，非不可能之事。當時該地人民概全然裸體，一九〇八年尚有一部人民仍在裸體。然已能建造不透雨之茅舍，且知羣居於以母爲主之小團體中；略如其近鄰之那加維西（Nagavisi）。上述之社會形式，稱爲"巴卜哇"(Papuanisch)式。

二 百餘年以前。其時布晉島上曾有獵取人頭之黑盾海盜侵入，彼等最後施行掠奪之基地可考者爲西南方之鄰島名爲摩諾，爲小特蘭（Shortland）羣島之一，布晉島即居其對方。現尙無人能知此南海島上一有特性之民族究係來自何方。是否自南印度而來，尙爲一不能確定之問題，仍待考證。此黑索羅門族(Schwarzer Salomonier) 攜來猪，貝幣，椰子，香蕉，山藥，芋頭等物至布晉島上。侵入者之中有能在本地人中獲得服役之人者，並與之組織安定之團體，以種植園圃爲生活之基礎，其中芋頭及山藥之秧苗，概由婦女以鋤(Grabstock)種植之。

三 所以每個海盜家庭均聚集有一羣土著，爲彼等僕從。此等家庭分據該島各地並久居特殊地位。於是有以父爲主之貴族及奴隸之分別。共同生活及貴族對於奴女之納取遂漸見種族之混合。各項手藝亦隨土著之女人進入貴族之宅院，奴隸並摹做貴族之習俗，畜養其豬，並須幫助建房及其他事務。以此原有不同語言之兩種族類遂漸引起互相文化上之同化，而成爲有同一語言，文化及社會制度之"民族"。

（四） Sioho: Pigs and Curroncy in Buin-Observations about primitive standards of value and economics; former Hilda Thurnwald: Woman's Status in Buin-Society; und R. Thurnwald: Stone Monuments in Buin. La Oceania, V/2 Dezember 1931.

四　其後由於此項同化所生之各種情形，仍繼續不斷，就各時代之其他民族尚可觀察到無數同樣之例。凡此通常謂之以經濟手段顛覆貴族之權威。以上所舉事實究屬如何？因有貴族，遂致有少數公認爲出衆之人物（在較早之同等社會內出人頭地之人每被人忌視——最初時期進化之慢，此爲一因）。貴族恆喜優惠他人，即幫助保持彼之地位，征服或剷除酋長及社會之仇敵，及能蕃殖猪並得很多貝幣以助彼開設宴會者。酋長藉勝利之復仇行爲並藉宴會保持奴隸之擁護。能有奴隸之擁護爲貴族受其友伴敬仰之基礎，亦爲部落之管理及防禦所賴。因人民希望得到各自之利益，養猪一事乃見發達。因此遂有猪與貝幣連續不斷之交換。穩固彼此家庭友誼之嫁娶亦與此種交換有關。（"貿易"與"婚姻"Commercium und Connubium)。猪之爲物可謂能變成宴會，並能爲取得衆望之資本而以取得擁護爲利息。養猪可爲下級好勝之人進身之階。貴族中如不能使人順服，不善處理其事務，或遇有不幸，則有失勢之危險。在此種社會中，"爭勝者"及"富有者"得被重視，此即爲人民之"淘汰"(Siebung)。"經濟手段"非如某種學說所述，恆以强迫或壟斷奏效。各種內在力量之衝突已開始引起貴族權威之演變。

五　因歐人突入而生特殊之演變。在第四節中所述之諸趨勢，因受歐風之影響而增快或變換其途徑。歐風之傳到布音島上，乃由海外歸來之種植者，倉庫工人，家庭傭工，船上服役者，兵士等及最近在金礦作工之工人所輸入。彼等並攜歸美麗物品及歐洲之錢幣，如不分與酋長及家屬，可以之爲猪與貝幣交換之用。無論如何，歸來者因此，復因彼等得有新的技能及知識，更爲本島人所重視。一九〇八年已可見此種情形，因人口較密之該地數十年來屢經他地爲護得勞工而利用故也。其間約在十年前，澳洲之管轄區域亦已擴張至布音島。若此之辦法，於吾人並無足奇，但於土人生活之舊規則爲一種異常之搖動；各酋長向有之統治權因之驟然被奪。無已之私鬥及部落之爭爲法律裁判所代替，後者用和平方法解決一切糾紛。舊時鬥爭雖甚殘忍並虛耗人力，然人生之彈力及偉大情緒實由之而生。　此外歐人所託代辦事務者，自爲能與之以洋涇浜英語(Pidgin English)互相達意之土人。　此種人多爲工人而非貴族。　彼第由其新的聯絡而得一種勢力，時常超乎舊日酋長權威之上。　且有教會之活動掊擊原有習俗觀念之宗教基礎。　然數世代後，舊日之衝動及傳來之思想方式倘可保持其勢力。　吾人不可爲外觀所誤。　最近一次演變對於布青島人民所加之變革難題——許多其他民族亦有同樣情形——異常重大。　此次演變雖爲若干其他演變中之最大及結局最不可知者，然仍不過其中之一而已。

約翰哈勒爾

Johannes Haller

(七十五歲壽辰紀念感言Zum 75. Geburtstag)(一)

貝錦玉編譯

居冰根(Tübingen)歷史學家約翰哈勒爾於一九四〇年十月六日在斯圖加德(Stuttgart)慶祝他的七十五歲壽辰。自一九三二年以來他便於斯圖加德開始度其隱居生活。在德國歷史界中，他開闢了他的地位。因爲他的個性表現得那麼强烈，研究上的評論眼光是那麼透切與獨特，表現的天才又是那麼完美，以致我們不能輕易地拿他來與其他的人比較。

五十年前，他來到德國；除去在羅馬作了七年的研究工作以外，他大多在德國的西南部居住與工作；並且其中約有二十個年頭是留在居冰根的。凡是有機會碰到他的人，沒有一個會忽視了他那波羅的海式的性質；於初見時，你即能覺出他具有一種堅決；幾乎是固執强求的果斷性稀奇地與那崇高的開豁大度相互混合着。他從巴塞爾(Basel)——在這里，他曾作過短期的大學講師——移往馬爾堡(Marburg)，繼而經過基森(Giessen)，最後到了居冰根。

在居冰根，自大戰後直至其退職止的幾年中，繼續增長的聽衆於其周圍集聚起來。雖然那些可以與他直接接觸的學生的人數在比例上覺得稀少——由於他的嚴厲與所發問題的艱深，便散佈開一些形式上的傳言笑語；有時，即使是和他相識的人也隨同詼諧他。——但終以眼光的遠大，理解的奇特及表現的深切的緣故，他的演講運行着一種異常的吸引力。

(一) 編譯自：Forschungen und Fortschritte 16. Jahrg. 1940, Nr. 29/30, S. 348

哈勒爾不像他人似的，他並不以爲缺乏趣味和寫壞的文體爲做教授或史家必不可少的特徵。他研究範圍的廣闊可以由他數年前的一個論文集看得出來，這裏面收集的文章所論到的題目由日耳曼人在歷史中出現起直到第一次世界大戰(二)。在世的歷史學家沒有第二個人在獨立的研究上能擴張了這麼廣泛的範圍。同時，也沒有幾個能像他一樣作到了含有文學性質的工作。

他著作中的德國史綱(三)最爲讀者所賞識；因爲它並不是一本瑣碎，沒有觀點與批判眼光的歷史敘述。由於作者獨特的理解與表現，其中充滿了可讀的言論；所以它的出現，能引起德國學術界普遍的注意與歡迎，的確並不是偶然的。它不是一本汎汎的德國史或日耳曼民族史，而是哈勒爾的一家之言，是他的一部史論。本書第一特點即是自始至終完全充滿與他人迥異的見解；我們可以隨便舉幾個例子來說：（一）斯陶斐 (Staufen) 朝——尤其是菲得利第一——的意大利政策，史家向來以爲是徒勞無功的，而哈氏卻極力廻護，認爲是不可避免的絕好政策。（二）一般史學家認爲一二五〇年選侯制成立後數百年的混亂時代是無足敘述的，但是他則確言這幾百年比那帝國的英雄時代要重要得多，因爲到這時候德國才有永久的政治形式，才能表現它的特質。（三）他對於一八一五年建立德意志同盟以後的數十年代的看法亦與他人不同。其他的人以爲那些年代是空洞地過去了，然而他卻舉了許多實例揭言民族的新發展。因此，極多的人都評論他的主觀見解太強。的確，這種評論是對的；而正因爲他的主見太強的緣故，使我們對於德國過去的歷史事件有了新的認識；這也就不能不說是他的貢獻之所在。

原書是哈氏在大學中的講義。其內容的性質我們可以借用他自己的話來說明，這也就是它的第二特點。他在導言中說：「我不是要講德國史，只是要講

（二） "Reden und Aufsätze zur Geschichte und Politik"（關於歷史與政治的演說及論文）一九三四年，斯圖加德，科塔出版。

（三） "Epochen der deutschen Geschichte" 一九二三年由科塔出版；現已出五萬冊。中文有魏以新先生的譯本，名德國史綱，爲中德文化叢書之四（商務）。

德國歷史上的各時代。……所謂時代是指在某時期有某新事開始，一種新動機爲有影響地發展，一種事件給事物的演進一個新方向。這種事件我們稱其爲劃時代的事件。在廣義方面說，我們也可以叫受這種事件影響的全部時期爲一個時代。……我要講德國史上各種千鈞一髮的時際，講它演進的轉變點。我們要觀察它，同時選它做觀察點。從這觀察點上，泛覽德國民族的發展，逐段加以總括的說明」。由以上的話看來，我們便很容易地瞭解哈氏的趣旨了。爲了要作歷史的觀察，明瞭全體的關係，第一必須探求重要的轉變點。明白新事所以發生，舊事所以廢止的動機，以及方向的變更。如強隣的出現，偉人的功業等都能使民族的發展變更方向或給全民族的努力以新的衝動與新的目標。哈氏在這方面的言論有着犀利的觀察，明銳的分析與奇特的理解。只要翻開書，你便可以發現他正在敍述取作轉變點的某事件及其影響。例如關於一二五〇年選侯制，一五一九年的皇帝選舉，路得的宗教改革，一六四八年西發倫和約，菲得利大王的出現，一八一五年德意志聯盟等事件對於以後民族發展路程上所有各種影響與動力都闡述得異常清楚。

德意志自立國起至鐵血首相俾斯麥所完成的統一時期止，國內總是走着分崩離析的路，同時國外還時常忍受東西強隣的壓抑，使得他們始終未能踱入合理、正常發展的途徑。雖然如此，而哈氏根據對於過去歷史的觀察，發現德國民族每每在危亡的衰敗喪亂之後仍能擡起頭來找得出路。於是他即某於已往各種事實，鼓起勇氣與精力來堅定德國民族的信仰，令他們深信無論經過甚麼樣的失望與艱苦，德國的將來是有望的。這也就是他這本著作中的第二特點。他在初版原序中說：「……許多人以爲德國因爲戰敗關係要失掉它在歷史上的意義，雖然如此，我仍願這本書中能使我們德國民族虛心自知，同時並加強其信仰與堅決意志；我們應從痛苦的現實中產生一個較好的將來。一般具有新力量的新時代的人物也要恢復德國在歷史上的意義。……」於是，我們就不難發現爲什麼這部著作能夠深深感動地喚起普遍的注意，要知道德國民族是需要信念的。

此外，他並不因德國民族優秀的堅毅性而隱匿了它的劣點而不提。他常常客觀，嚴格地指摘與批評它的缺點。是的，歷史家的任務不只是要隨時逐代地敘述過去，觀察過去，他更應當發現與批判過去的正確與錯誤而為將來指示出一條光明合理的康莊大道。在這一點上，哈氏對其民族可謂供獻了他的最大精力了。所以我們說德國史綱在德國的歷史研究及對于其人民信仰的堅定上的重要性是不應當低估的。

哈勒爾的其他著作如千年來的德法關係(四)及比羅的時代(五)等都是基於過去激動的經驗所寫出來的，因此我們也就很容易發現為什麼大家都一致稱他為政治史學家了。歷史界的人們早已知道他的關於中古末年教會史的研究(六)及屠冰根大學創立述論(七)只能代表他研究範圍中的一部份；因為他對於文化史與精神史也有着同樣絕大的興趣，同時他還是經院神學與人文主義專家。此外，他還有一部言論範圍最廣的書籍就是羅馬教皇史(八)；現在已出二册，其中所選錄的完全是他研究的精華，這是他自從事學術活動以來便在忙碌着的一樁工作。總之，近古以來，那西方民族的信念與思想正與他們的外部命運一樣在這裏找到了表現；在這表現中，由於思想與內容的豐富，吸引了每個讀者的心情。我們希望著者的工作精力與意志忠實地持續下去容許他完成他的偉大作品。

(四)"Tausend Jahre deutsch-französischer Beziehungen" 一九三〇年科塔出版，一九三九年三版，亦有英譯本。

(五)"Ära Bülow" 一九二二年科塔出版。

(六)"Concilium Basiliense" = "Studien und Quellen zur Geschichte des Konzils von Basel"（巴塞爾宗教會議之歷史研究與淵源）。一八九六年出版精裝之教皇與教會改革(Papsttum und Kirchenreform)。中古末年史(四章)，Vier Kapitel zur Geschichte des ausgehenden Mittelalters，第一册柏林衛德曼書店 (Weidmannsche Buchhandlung) 出版，一九〇三年。

(七)"Darstellung der Anfänge der Universität Tübingen"共二册，一九二七，一九二九年史圖加德柯漢末(Kohlhammer)出版。

(八)"Das Papsttum, Idee und Wirklichkeit."（教皇，理想與事實）一九三四年第一册，一九三七年第二册初版，一九三九再版，斯圖加德，科塔。

學術與國家

Wissenschaft und Staat(一)

杜科翰 (Graf K. von Dürckheim-Montmartin) 著

關琪桐 譯

新的"學術觀"承認學術是依屬於民族和國家的。就是學術家也應當以服務於國家，爲第一要義。學術是不能脫離了民族的特性和其生活要務的。學術家應分把他的工作奉獻於國家，因爲國家正是保護這種特性，並保證民族的生活意志的。在我們這樣承認了"學術"與"民族生活全體"間這種聯繫以後，那並不曾障礙了學術的進步，反而使學術的豐富發展得到了基礎。這種認識也一樣不至輕視了學術的價值，反而把學術繫屬於人生的基本價值上。這種學術觀不是不被人爭論的。它反而是與將過去的這個時代的學術的代言人，處於猛烈的戰爭中的。反對它的人求助於一長串傳統，求助於浩繁無涯的特異成績，並求助於一種學術的價值學說，那種價值學說給一切學術的活動，要求無條件的自由，並且承認"眞實"乃是最高的價值，因而它（那種學說）似乎是無可駁詰的。因此，"舊學術觀"對"新學術觀"所加的最嚴重的責難，聽來乃是很合邏輯的：它說，"新學術觀"叛逆了一切學術的最高價值"眞實"，並毀滅了它們的最高權利"自由"。這乃是嚴重的攻擊，而且似乎是十分有理的，因而甚至"新學術觀"的許多代言人，也暗地裏被一個問題所擾動了，就是，他們對着這些攻擊，在何種範圍內可以堅持自己的立場。因而這場戰爭就一往一復的洶湧咆哮起來，不論是公開的，或祕密的。因而不可避免的結果就是：我們不論

（一）譯自：著者附與本會之德文原稿。

在何種方式下來呈述現代人們對於"學術與國家的關係"所持的觀想，同時必然就得與過去人們對於這種關係的觀想折衝一番。

在各派意見的爭衡中，就出現了幾派世界觀的對立，這裏所謂世界觀就是對於宇宙實有（Sein）的本質，和各種價值的秩序，人們所持的觀想。從事於這種戰爭的，一頭就是理性主義兼個人主義的自由主義，另一頭就是那顯乎生活並在人民全體的意識中所建立的民族主義。

人們對於學術在國家中的地位，究竟如何觀想，那總是看他們對於"人類本質"和"人生意義"，如何觀想而定的。

理性主義第一是從人之所以異於禽獸的那一方面來看人類的，這種差異的最高點就在於人之具有認識能力，即具有理性。在理性主義看來，就這種能力而論，一切人都是性質相等的，不論各人們是在如何逐漸差異的程度內都賦有此種能力的。藉着這種能力，人就衝入了知識領域，而且這種領域的意義就使他脫離了空間和時間的現實性以外。他可以獲得了那係"眞實"的一些知識，這使他超出了一切生物之上。"能獲得眞理"乃是一種最高的能力，"能享有眞理"乃是享有了最高的價值，"服役於眞理"乃是最高的服役。但是學術乃是這種服役的一種最高形式，學術家必須成爲眞理的服役人，否則他就一無所有。至於國家的職責，則在於給學術家確保這種服役的絕對自由。

我們這裏所談的"眞理"，其有效性是超出時間以外的；這種"眞理"正有幾分超然於我們的"存在"（的世界）之上，超然於我們的空間兼時間的"現有 Dasein"（的世界）之上。它的價值正在於此。"尋求眞理"誠然得以這個（現有的）現實界（Daseinswirklichkeit）爲出發點，但是眞理的意義和價值只在於它自身，而並不在於爲我們的存在服役。因而學術家對於離開"現實生活"的另一個生活，就不祇有其權利，而且也有其義務。他之拋棄生活，完全不是他的本質所表現的一種滑稽的特徵；那乃是他的活動的必然的結果，甚至是他的活動的必然的前提。說到他對於政治實況的關係，情形也是一樣。過去的學術雖然對國家說也成熟爲有用的效果，而且舊日國家的學術家也是良好的愛國之士，可是他們所以如此，並非說，他們職務的意義正在於此，乃是說，雖有此種意義，而仍無妨其是這樣；同樣，他們研究出的有用效果，也並不是這種意義的一個結果。從實際事實方面所給與"學術研究"的鼓勵，只是外面的因由，這種因由並不能涉及於學術的意義，而且人們一向雖然努力以學院方式，來培養將來的官吏，可是那種教育是完全不顧及他們後來職業上的實際要務的。學術家應當擺脫了民族的和私人的一切聯繫，當做獨立的個人，以求圓滿服役於"美"和"善"的普遍的人類價値，而且尤其應以其職務負荷者之資格，而圓滿服役於"眞理"。這種價値學說的結果，就必然把個人主義尊崇起來，升入廟堂，因爲要給這些價値服務，結果就使人們有理由對家庭，對民族，對國家，廢弛了具體的職責。必然的結果就是，人生已經四分五裂爲各種力量互相交戰的一個混沌了。同時這種結果又使生命與精神，實踐與理論，民族與學術間的裂縫日益加深了，而且影響所至，又使學術分爲多少獨立的部門，實則這種分裂，雖求助於各種部門的特殊思想法則，也是不能爲自己辯護的。

當民族現在看到了它所達到的深淵，並且認識了，一切危險的根源乃在於對全體的不忠（die Untreue）以後，那麽它就無論如何不得不隨着對於學術的本質和意義，重新思考一番了。一個民族如果新醒悟了它的本質和它的全體，那麽它遲早一定會覺得下邊的事情是一種褻瀆神靈的錯誤：就是，有一個階級，雖比別的任何階級都更應分在國家中促進"人們的自我意識"和民族的"自我完成"，可是它反而感覺到：它與生活和民族的自然聯繫，乃是它的活動的障礙。因而當我們重新醒悟了民族的全體是我們生存的基本價値以後，同時我們也就得修正了古代的"學術觀"。

我們重新洞見了人生的全體乃是一個事實，乃是可以賦與（事物）以形相的觀念；這種洞見乃是新學術含義的基礎所在。我們主張：一切生物，都只會當做合乎其本質的一個全體，而把自己實現在"現有"中的，而且每一個小的全體，都是從一個較高的，較廣的全體，而得到它的生存的意義的；這乃是有意識中或無意識中可以決定一切復興運動之方向的那種基本洞見。若在民族的生存中，這事情的含義就是下邊一種見解的爆發：就是，個人的孤立的存在乃是違反民族生活的基本法則的，而且一種對自己民族不負責的活動，是不能被允許的。一個人既然當做一個全體的一肢而生出來，所以他就必須在爲這個較高的全體服役途徑下，來實現他的生命。只有較高的全體，才可以當做意義和價值所在，來決定它所賦有的肢體的生命。因此，當一個人在其一舉一動中，如果都本其職責，顧及他所屬的全體，那只不過是重新尋到生命的自然法則罷了。現在學術的復興，也不外是這樣重新找到它的生存的自然意義。

但是我們不論如何摒擊過去的有害原則，而我們仍當保存古舊傳統中的一些價値。舊式的學術家，有的因爲自己企圖的純粹，判斷的公正，眞理之愛的毫無限制，立身行事的毫不固執，所以他們就享受到一切人的敬重，這類學術家是永久可以爲後世的模範的。我們現在雖然反對一種自立的，獨立的科學，那確乎不是要否認了純眞的學術家的這些德性中的任何一條，乃是因爲我們確信，那爲這些德性之基礎的意義源泉，必須隸屬於另一個更高的意義源泉才是。

新學術觀的第一個標記就在於：學術正如人生成就中任何別的範圍似的，已經不再是人生的一種獨立的特殊範圍了。就是學術也得成爲民族兼國家的本質的總體上的一個肢體——它乃是由這個總體接受其意義與職責的。就是學術也當做全體的一個負荷者之一，而同別的一切肢體，來促進全體的自我實現。就是學術的服役，也是對於國家的服役。"隸屬於民族"這個要求，對於學術說來，正是它的存在的前提，它的可能性的基礎，它的職責的源泉，這些職責中的第一條就是：要用"知識"這種資具，在國家以內，來促進民族的"自我意識""本質發展"，和"自我保持"。

學術的活動既然這樣明白無疑的繫屬於我們存在的現有上（existenzielles Dasein），並繫屬於我們民族的生命全體上，所以下邊這兩層責難就似乎是有理由的，就是，這種新學術觀已經限制了學術家對於眞理所有的絕對的職責，並且取消了學術的自由。 我們可以考驗考驗這種責難。 在新學術觀的框架之中，"眞理"的地位是如何樣的呢？這個新科學觀還承認：眞理原則對於科學的研究是絕對的要件麼？ 對於這個問題，我們可以毫無附帶條件的答覆說：它承認！一種學術，如果不承認眞理是它的活動的絕對的條件，那它就不是學術了。 每一種學術的成就，每一種認識，其所以能够經久存在，都是由於它是眞實的。"眞實"乃是每一種認識所據以存在的形式上的前設。 因此，"眞理"之爲一種價值，一般說來，乃是無可置疑的。所成問題的只是：這種眞理價值是否是一切科學活動中最高的一種價值。 對於這個問題，我們也可以同樣毫無附帶條件的答覆說，不是！ 一種眞理，如果只是一種"認識"所以存在的必要條件，那它還不能給與此種認識以任何價值。 在價值問題中，所重要的不祇是：一種知識是否是眞實的，而尤其重要的，乃是：被認識的東西是否值得認識。 眞理之價值，只在於其服役價值（Dienstwert），而不在於其固有價值（Eigenwert）。從事認識的活動，所以有意義，並不在於發現形式的眞實，而在於求得有價值的知識。 但是這些知識的價值品級，乃是依照我們所認爲對我們生存有束縛力的那些價值的品級秩序，而分爲高低等級的，因而後一種品級秩序就可以決定了學術活動的重要性和優先性。 在自然而順乎生活的品級秩序的頂顚，並不是立着形式的純抽象的價值，乃是立着我們以身體，靈魂，和精神三者，憑其本質，極深沈的繫屬於其上的那些現實性，也就是我們民族的本質和生命——這正對我們是神聖的。 "發現眞理，以求爲此本質服務"才可以給與一切學術以一種自然的價值秩序。

"眞理"無可爭辯的，是，並且永遠是，求得有價值的知識之先決條件；同樣，自由也是一切學術的發展之先決條件。 在把學術繫屬於國家上以後，那並不曾障礙了"自由"之途，反而開啓了新的"自由"之途。 因爲偶然的自由已經變成了必然的自由，就是成了爲一個階級服務的自由。 就是學術家也是國家中的一個階級。 在自由問題方面，對新學術所發的責難，乃是由自由主義的個人主義來的，因爲這種個人主義並不能把學術家認爲是一個階級，認爲是給公團的全體服役的一個肢體。 對這種個人主義說來，所謂學術家的自由，乃是指他自由活動，而不顧及一切自然的聯繫，甚至不顧及他與民族的聯繫而言，其次，這種自由還又要求他克服了他的思想中民族的前提，並克服了統治他的自然情感的那些價值。 他們以爲，不論宗教的信仰，或愛國的熱忱，都不應當影響了學術家的思想方向，和研究方向。 雖則如此，而在老學術中也並不曾有過在理論上所要求的那種自由。 因爲向着抽象的眞理概念進行，那已經是一種不自由，因爲這乃是反乎生活的自然要求的，而且思想所受於民族的影響，和思想的方式，乃是永不能被克服的。 但是就是不提這一層，而學術的活動，也是被許多由命運和嗜好來的偶然的束縛所決定的。新學術觀現在取消了那種不自然的不自由，它不祇承認由本質的形相和生活的公團來的那種自然的聯繫，而且還把它作爲學術研究的基礎。 一個人只有在覺得自己不是其民族全體中的一個肢體時，那他才覺得，自己若繫屬於民族的本質和生活要務上，意是一種不自由。 在另一方面，一個學術家自身如果被以民族和國家爲頂巔的那種價值秩序所貫注，那麼只有在一個國家中，那統治學術的價值秩序與他的生活的價值相一致時，他才感到自己是自由的。 對一個眞正的肢體說來，"自由"就與對全體的服役乃是二而一，一而二的。 當新學術觀以"服役國家的自由"來代替了"拋棄國家的自由"時，那麼這只是對於想規避這種服役的人，才是一種不自由。 學術家如果不再是個人主義者，那麼先前那種好像是不自由的行爲，就可以成爲肢體（性的存在）的自然表示了。

這裏我們必須插入一段話。 在新學術定向的框架中，一切學術不是都成了"目的學術"麼？ 有些知識，人們並看不到它們對於國家有用處，那麼這一類知識還有希望被人認識麼？ 這些問題是建立在一種不充分的理解上的。

要把一切學術思想轉變成爲一種淺薄的目的思想，應用思想，那是離新學術觀最適不過的。 鄙俗的實用主義正消滅了眞純的學術精神。 我們必須承認，就是學術對於那負荷它的生命根據也有一種較深的責任。 一種學術，只有在它承認了自己民族的本質，存在，和信仰，爲它的生命根據，並且被這種生活根據所鑄造，而它又必須服役於這種生活根據時，然後它才可以經久常存。

無疑的，有些學術的研究，人們並不能窺見它們的結果對於國家和民族有一種直接的利益。 而且它們所以能夠發展，乃是有繫於，學術家不曾思想過它們的結果的直接發展。 但是就在這些範圍以內，學術家如果是堅牢的植根於他的民族的本質的兼命運的結構以內的話，那他也必然對於後一種生命法則充滿了必然的敬畏之心；沒有這種敬畏之心，一種學術終於會荒涼起來，但是如果有了這種敬畏之心，則每一個對象都可以在與民族精神相契應的方式下，被學術所研究。 但是一切學術之力在普遍繫屬於民族的本質，發展，和保存上以後，却可以有進一步的影響：這種聯繫可以在互相背馳的各個科學部門間成爲一種"建立統一"並有"創造力"的原則。 有些研究已經被人開始，或被人集中精力加以繼續了，雖然它們對一個不曾意識到民族的學術，却容易顯得是不稱乎學院的尊嚴的。 就如那些直接有關於民族健康的保護，民族食糧的確保，和民族防禦的強化，的種種研究，便是。 無疑義的，這種新的觀想結果就會使：那在國家中所完成的繁富的學術工作，在某種範圍內，施用於民族的實際的要務上。 這種聯繫就可以取消了那在一種孤立的學術中所包含的種種危險。 這就又領到另一個問題上，就是，在運用，評價，並發表學術的結果方面，人的自由問題，至於先當序說的話，則是有關於研究對象的選擇的。

就在自由主義時代，也因爲必須保守軍事上有價值的祕密消息，而給與人以一種限制。 此外在一種伴着民族意識而進行的學術研究之中，由於內面的政治原因，還加了一層限制。 所研究的結果乃是在下一個觀點下被考驗的，就是：它們是否有益於民族的健康——所謂健康也指靈魂的兼精神的健康而言。 人的自由所受的這類束縛，只有在那與其民族的生命全體生疏了的人才會對之發生異議的，因爲這些自由實際上只不過人對於民族精神或民族生活的毫不負責能了。

正如在研究對象的選擇方面，和研究結果的發表方面似的，同樣，在知識過程自身的範圍以內，學術對於其民族的生命基礎也有一種自然的聯繫：那就是民族本質的特性在思想方式上所加的陶鑄力量。理性主義向來的錯誤之一就在於，它要求把這個連繫克服了，而不認它爲眞純知識的先決條件。但是現在卻有一種確信已經發軔了，就是：這種陶鑄力量，正是人的思想所有的一種自然而不能克服的先決條件，甚至是它的有創造力的基礎之一。這種說法甚至可以應用於自然科學上。它們的結果縱然是普遍有效，而可以通行於國際間的，可是它們的歷史也在其發問的方式中和求知的方式中，指示出一切思想所受於民族的束縛來。

但是這種民族的本質，對於一種繫屬於民族上的學術說來，尤其是它的研究的對象。這種民族本質的闡明，發展，和描繪，也一樣是學術的職責，正如學術在生存競爭中服役於民族的自我確保似的——人們在"隸屬於民族的學術"這個概念之下，是容易單獨想到後邊這種服役的。隸屬於民族的科學，不祇目的在於研究我們生活上空間上和時間上的條件，它還要求促進那在這些條件下確保自己的那種民族的發展。學術不祇當是"存績的研究"(Bestandsforschung)，還應當是"本質的研究"(Wesensforschung)。有些學術是在國家中服役於民族的生存確保的，但是同時在這些學術之旁，又有別的"研究"，鮮花初放出來，促進了民族的本質意識和其自我信仰；那就是，種族學，史前史，和民族學等。這類本質的研究是必須進行的，我們正不必顧及，我們對於民族的"自我理解"和"本質發展"所盡的這種服役，將在何種範圍內被國際的學術團體所尊崇。被民族所束縛的學術所得的結果，並不必一定有國際的意義，同樣，這一類學術也不必總可以被國際人士所理解。一種知識的眞否，並不看每一個人是否理解它，而且理解的範圍（原作基礎）縱然限於民族，那也無損於一種知識的"學術價値"。在民族的自我發展的範圍中，有一些問題，只有自己的民族才可以對他作學術的解決，也只有自己的民族才可以了解它們的結果。一種學術只有在坦然信受了這個觀點以後，才可以用其資具，來服役於民族的本質的發展，和其將來的前程。因為世界的將來發展或者不是在抽象的"人類"(Menschheit)原則之下形成，而只是由企向自覺的民族之具體組織的那種意志所形成的。就如德國學術，如果從其研究中，把那只有自己同胞才能一直理解並尊崇的問題和結果，都刪除了，那麼他就不祇對於自己的民族，盡了一種陋劣的服役。它恐怕不久就會對於"民族的信仰"伴着血，土，與歷史，所生於其中的那些範圍，也關閉其門戶了。此外，就是學術也當本其職責，來幫助民族進向上帝，進向絕對——這一層正又標記出真正隸屬於民族上的學術之進一步的聯繫來。一個民族的宗教信仰，縱然因為是一種活生生的信仰，而不容純粹學術的研究，可是全部科學要想有豐富而健全的發展的話，那麼從事研究學術的人也必須覺得自己，對於那與其民族結合起來的那些宗教上所經驗的價值，有一種義務才行。

理性主義不但否認，學術工作應當闡發民族的本質，並在國家中維持民族的生存，同樣，它也否認，學術家應當繫屬於傳統上所尊崇的民族的信仰內容。不但如此，而且舊學術觀的第三條柱子，還正在於這種聯繫的取消。這裏我們就覺察到，自然學術的"現實概念"侵入了存在的領域以後，所有的特殊的不利。但是先前的學術家甚至一般受教育的人，雖以"不信的自由"為其特徵，可是到了現在，他們又以"信仰的自由"為其特徵了。康特的辛勞，原來也不是志在摧毀信仰的自由——即學術家的信仰——而乃志在建立它，並確保它。現在我們所要求的就又進了一層。現在就是對於學術家說來，信仰的國度也應當超過了狹義的宗教經驗的領域，更進一步，因為舊日的宗教經驗，在個人的靈魂中乃是緘默不語，而對着自律的知識國度，隱藏起自己來的。而尤其在什麼真正存在或不存在的那個有決定力的問題方面，更是一語不發的。我們現在處於"現實概念"的變化之中，這一面是因為我們的內在的信仰經驗，一面也是因為我們重新承認了：我們的存在的現實，要比一切概念的現實，佔優勝地位。這樣就使過去時代在知識與信仰間，現實與價值間，所建立的那個鴻溝，崩潰傾圮了。在我們的現實經驗與價值之間所發現的那種統一，就在信受了我們民族的存在方面，找到了它的最有含蓄的表示。這種民族生活的各種基礎，我們只能用“信仰”之力來理會它們，同時這些基礎也給“認識”領域構成了恆久的產地。這種說法是對一切學術都有效的，但是它尤其可以應用於精神學術的範圍中。就如一個歷史學術如果把活生生的神話撕毀了，那它對於故鄉的神靈就是一種叛逆，並且危及了自己的現實。神話乃是較深的民族生活現實性的一種表示，因而也是民族的生活眞實性的一種表示。人們一向對於神話，所以有另一種見解，乃是因爲人們把“理解力”所取的現實概念，也卽自然學術的現實概念，認爲係絕對無上之故。自然學術的認識之客觀性雖然除了別的以外，還證明自己是不依賴於民族的成分的，可是在這個客觀性之旁，還有民族學術的客觀性同時存在着，而這種學術之成立，正有待於一個民族在其主觀性中用以直觀自己的那面鏡子的眞實純粹。學術的職責之一，就在於研究那惟一可以給與我們生命以意義的“現實”；這種現實乃是一種較大的“實有”（按此指民族）之現實——這種實有乃是出現於各種無常的“現有”（個人）形像之遷流中，而爲我們在自己的負責的生存中所意識到的。自然，凡誠懇從事改造學術的人，都知道，要把握這種現實，那不僅需要傳統的思想方式，還需要許多別的思想方式。但是我們如果間說，這種改良由何改始，那麼我們的答覆只是說：從教育新學術家起手。一個學術家如果在一切生命問題中，又重新找到一種眞正的生存的態度，因而自然而然肯定了他與民族本質和命運的聯繫，那他的活動自然而然就會服役於他的民族的本質發展和生存確保了。

關於學術和國家的關係，我們如果把前邊所說的話都簡短的總括在形上學的觀點之下，那我們就得到下述的結論：我們所處的時代，正是在重新反省人類的原則，並重新調整實踐的生活的。不論在有意識中或無意識中，人們都已發現了現實的實有。爲我們存在之基礎的那種生存（卽民族），我們已經重新在它的悠久的本質力中經驗到它，而且我們覺得它有一種悠久的意志，要在生命所能以寄託的惟一形式中，把自己實現於現有（個人）之中，那種形式正是含蓄一切的全整形式。我們的存在的一切新的安排，其所以有意義，就在於與這種現實的實有和生活意志相應。在實現了合乎本質的生命全體以後，於是"實有"與"應當"間的對立就消滅了。依照人的本質而把各個人重新鑲嵌在他的生活全體中（即民族中），並把每一個民族國家當做肢體安插在它的自然空間中——這乃是籠罩了我們這時代的那種信條的一個活躍的表示，因為現在人已經信奉了那重新發現出的生活的基本法則了。這乃是眞正"實有"所起的一種革命，乃是本然的現實性所起的一種革命，它乃是反抗那變得無根了的人類精神把它（實有）在現實界摻雜混亂了的。這乃是重行發現了並重行承認了"實有"的那種神聖的自負——它自負其自身藏着"當然"，並且其自身荷着生命形相的法則。因此，現在所完成的，也即所當完成的，事，乃是：人類已經衝入了眞正的實有，或者掉過來說，就是：眞正的實有已經爆發於人類中了。一切眞正的國家的復興的意義，也只有從這裏才可以理解。這種復興只有在一個國家重新把握住它的原始意義以後，才可以完成，而國家的原始意義乃在於：實現了那給它做基礎的"本質全體"。為國家服役，就是參與"實有"的實現過程的。這一層也建立起學術對於國家的聯繫來。因此，在新學術觀的意義下，學術就參照於一個確定的國家概念。眞正學術與自由主義國家間的裂口，並不亞於眞正國家與自由主義學術間的裂口。一個國家並不當只是求謀私人利益的一些暫時的政黨之總和，它應當把民族的本質全體實現在帝國中，它應當是神明的"實有"在現有界所表現的基本形相；只有在這種國家以內，學術才可以聯繫在國家之上而盡了自己的職責。這事可能實現的程度有多大，於是眞理概念也就跟着得到一種新而較高的意義。新學術觀自然承認"眞理"是一種服役價值，因為"眞實"是一切認識所由成的形式的條件。但是在國家成了（那負荷我們存在的）生命全體的實現者的地方，於是那給國家服役的學術，同時也就服役於那可以當做無所不包的"價值內容"看的眞理了。因爲，國家只要眞正是民族的本質全體的一種化身，那它同時就是表現於民族形態中的那種生活和眞理的"現有形相"(Daseinsform)了。那最可以束縛人的學術的教育法則，即它所服役的最高的價値，所以是眞理，並不是因爲它是形式上的認識條件；它之所以爲眞理，乃是因爲它是一種負荷世界並創造世界的內容，乃是因爲它是一種神聖的"實有根據"(Seinsgrund)，乃是因爲它是那在現有中找到自身而惟一眞正現實的"實有"之總和。這裏眞理又出現於它的最深的，宗教的意義中。在先前，學術自然是得擺脫了它與宗教的連繫的——不過這也只是擺脫了獨斷的束縛罷了。現在的情形就不同了。現在的人，在其背棄本質的現有形相和違反生活的知識形相兩者的傾覆沈淪之中，又重新發現了他的生存的神明根據，發現了現實的實有——眞正的生活，只有服從這種實有的法則，才可以建立起來的。因而他就復返於眞正生活與眞正知識的那種統一上了，也就是復返於合乎實有的生命與合乎實有的知識之統一上了。從這種宗教經驗中，他就以民族的肢體和國家的服役兩種身份來幫助學術，在實際中來實現"實有"，在國家中來發展民族！

評"赫爾曼與陀羅特亞"

Hermann und Dorothea

曹京實評

著　者：歌德 (J. W. v. Goethe)

譯　者：周學普

出版年月：二十六年二月。

發行所：上海商務印書館。

書　價：洋裝一册，二〇四頁，價玖角。

赫爾曼與陀羅特亞是歌德在一七九六年九月寫起，一七九七年五月寫完，又經修改至十月由費威克 (Vieweg) 書店出版的。這是一個長篇的敘事詩。他寫時很受荷馬的影響，在他給釋勒的信中曾經清楚的說出。

這部詩據歌德自己表示，是他的得意作品。少年維特的煩惱曾風行各國，且曾惹起"維特熱"，但他在寫後並不願拿起重讀，而這部長詩他卻時時吟詠。

他寫這部詩時，很懷抱一個企圖，就是想將希臘的古詩風格應用在他的"新詩"裏。他的這個企圖可以說完全達到了，一七九七年十月二十日，釋勒從耶拿 (Jena) 給歌德信說：

「數日前波推格兒給我們送來二册您的美麗的赫爾曼樣本，令我異常喜悅。它如今流傳到世了，我們將要聽到，一種荷馬式的吟遊詩人的音調在此新政治局面的世界中要何等與衆不同。　現在我又將此部詩歌以照舊毫未減弱的印象與新的感動讀過一遍；在它的品類中簡直完滿極了，它系悲壯的却又極深地動人，簡言之，它系美不可言的。」(一)

在本信中釋勒又說：「赫爾曼竟引我入了一個神化的詩人境界（且僅由于它的純粹詩藝的形式）」。

釋勒為與歌德同時代的大詩人，對於歌德的詩能如此讚美可見這詩是寫得很成功的。　關於寫這詩時他受到荷馬的影響，在一七九七年他從威瑪給釋勒信說：

「一種關於敘事詩的思想，我卻要立即奉告。　因敘事詩應隸于最大的平靜與愉快的範圍之內，所以智力或覺在其他詩類方面有更多的要求，而這次，當我細讀奧地賽時，我殊驚異，恰巧斯種智力要求都如此圓到地滿足了。　設對于古代的文法學者及批評家的努力方面的，同樣對他們的天才與性格上的記述，作一番精密的研究，那就可顯然看出，他們均系智人，在彼等偉大的描寫同其想像方式完全符合以前，他們是決不會休止的。　故此，我們必得為我們今日的荷馬全集，對亞里山大詩體負責，如胡爾夫（Wolf）(二) 所努力表示的，但這自然賦予斯類詩文以一副全然另樣的面目」。

歌德這樣的細讀奧地賽，這樣深刻的認識了牠，所以他寫赫爾曼與陀羅特亞也充滿了平靜與愉快，以理智代替熱情，並且具備着與整個詩意相合的偉大描寫。

詩的背景是採用一七九二年法將寇斯汀（Custine）統率法軍侵入萊茵河以西的德國境地，德國人民受不了法軍的殘暴，逃避河東的紛亂逃難的情境。　歌德於一七九三年曾隨普軍克服法軍，曾目擊難民們的逃難實地情形，故寫得頗自然

(一)　本文所引歌德給釋勒的信，見中德學誌二卷二期張德潤先生譯之釋勒與歌德通信選集，二五九及二四五頁。

(二)　胡爾夫 (Friedrich August Wolf) 一七五九——一八二四，德國古典派學者及批評家。他說荷馬的詩不是由一個荷馬作出的，而是由許多不同的詩人(Homeriden) 所纍積成的。

逼眞。(三)

全詩共分八章，故事開首寫難民的逃難情形，以後便寫赫爾曼奉父母之命趕着車，帶着舊衣服到難民羣中去施捨而遇到賢淑美麗的陀羅特亞。赫的父親願他的兒子娶一家富室的女兒爲妻，但赫却願娶陀羅特亞，因此乃由父親的朋友牧師與藥劑師親自己到難民羣中去打聽及觀察陀氏，果然打聽出她賢淑勇敢，又親眼看見她美麗仁慈，兩人乃爲赫氏賀喜，勸他去求婚。赫爾曼走到泉邊正遇到陀羅特亞兩手提着大甕和小甕走向泉邊去提水。這一段有很幽美的描寫，是歌德詩中最出色的地方。赫爾曼本來是求婚的，可是他見她的眼光顯示着理智，不含有愛情，他乃說他父母要僱她去幫着管理家政。她應允了。她辭別了衆難友便同赫爾曼走了。跟着便寫他們兩人一路的情形，這是全詩中最精彩的一章，寫少女去到生人家去當侍女的心境很細膩，寫夜景極靜美，當時大風雨將起，月亮爲雲所蒙蔽，一對男女青年在暗黑的路途上相扶抱行走的情景，表現得很甜潤。兩人到了家，全家人見了陀羅特亞都覺得滿意，但是父親並不知道兒子尚未向她求婚，所以他一見面所說的話很不合適，以致陀認爲他語含譏諷而生氣轉身要走。父親也覺得不耐煩要回屋裏去睡覺，轉身就往寢室裏去。但兒子把她留住了。赫爾曼這才向她說明他並非請她來作僕人，乃是要求她的愛情。兩人乃擁抱親吻。父親也擁抱她，母親也走來和她熱誠的握手和親吻。當牧師給他們帶指環時，陀羅特亞又說些她未婚夫死在巴黎的原因，全詩便結束了。

以譯文而論，這部詩的譯筆可以算作好。牠的好點是在能令讀者看得懂，不至於如一般的譯文像天書一般，看一句猜一句。譯詩能如此就算難得的了。

不過，像釋勒所說的"赫爾曼竟引我入了一個神化的詩人境界"，譯文尚未能具有這種魔彩。這個不是翻譯者的過錯，而是譯詩的一個根本問題，譬如離

（三）　歌德甘著征法記 (Campagne in Frankreich) 和邁恩茲的圍攻 (Belagerung von Mainz)

騷，我們吟詠起來，便常常被引入一個神化的詩人境地，而外國人讀他們的譯本，便難得如我們所得的。譯小說，譯戲劇，可以設法不失原來的神味，而譯詩則大難如此。詩的“神”“味”多是含蓄在字裏行間的，也可說是含在字外的，暗示的。其“美”在有“相”無“相”之間，其“神”似可捉摸又似不可捉摸。惟有天才的作者才能將這“神化的詩人境地”用有形的字表現出來，並且表現得恰到好處，能將具有某種程度修養的讀者，也帶到那種境地。但一經翻譯，這種似有似無不可捉執的東西便難如原文表現得那樣的好了。況且一國文字有一國的特殊美點，這種美點很難翻譯，尤其像赫爾曼與陀羅特亞這樣的詩，以“純粹詩藝的形式”見長，這個更非單音的方塊字所能充分表現的了。試將本書最開首的幾句抄出看看：

「請問那可是什麼遠犯：伯羅白爾丘斯 (Propertius) 曾給我靈感？

馬爾提亞爾 (Martial) 曾經和鬱幹的我的同伴？我不讓古人們在我後面，

掌管教言；

他們喜歡追從我生平走向拉丁國那邊？

我努力誠實地將自然和藝術觀看？

任何名稱不將我欺騙，任何教義不將我制限？

人生的有拘束性的衝動不使作爲人的我改變？

我排斥僞善的假面？

啊，繆塞 (Muse) 呀，你所勸行的這些錯誤，

俗人們唯我是怨；他們只見我是俗人癡漢。」(四)

讀者如將這樣的詩品味品味，不知可能品出怎樣的滋味來？郭沫若先生譯少年維特的煩惱筆調尚有情致，文句尚能吸人，但是他譯的浮士德上部，便表現不出原文的吸力。雖然他用了更大的工力來譯浮士德但竟沒有維特那樣成功。這是譯詩比譯小說困難的一個明證。

(四)　赫爾曼與陀羅特亞的正文前有一首悲歌，這幾句是從悲歌中摘來的，見譯本一頁。

譯詩雖然特別困難，但並非絕對不能譯。 譯者如果也是詩人，或者具有詩人那種品味力與表現力，而他對於外國文又有精深的瞭解，同時他又肯捨出工夫選詞鑄句，推敲玩味，則他所譯出的或可說雖不中不遠矣。 不過，這個是說着容易而眞能如此的便恐怕有如鳳毛了。 所以以一般的譯書文字看來，這部譯詩總算是好的。

在印刷方面有一個小的缺點，就是本詩的註文與被註的文有的在一頁有的不在一頁，太不整齊。 譬如第一章，"嘉麗渥白"註文與被註文均在第七頁，而"大道"則被註文在第七頁，註文却排在第八頁末了。 像這樣的缺點，幾乎全書均是，讀時頗不方便。 如果有再版的機會，希望加以改正。

現在且試着評一評這篇詩的本身。 以無學如我者而敢於評這樣的大作，未免過於狂妄，但是歌德自己曾說他本人以及作品均不避忌受人批評——他的話引在本文之尾——所以，也不妨以讀者的身份，寫一點讀後感，想歌德有知也許願意一聽。

「赫爾曼與陀羅特亞是我現在還喜歡的幾乎唯一的大作，我不能不有深切的同感而讀它。」(五) 這是歌德自己說的，可見這本書在他的著作中是多麼重要。因爲重要所以有許多學者都對牠加以批評，有的讚美，有的指摘。 譬如釋勒說牠形式完美至極，能引人到神化的詩人境地。 石勒格爾(A. W. Schlegel)(六)在一般文學新聞裏說：「牠是一本充滿知慧和德性的珍美的教訓的書」。 而現代批評家竟有人說：「凡是他的以革命爲題材的作品之中，以赫爾曼與陀羅特亞所含的惡意爲最少。 但就是牠，也是由於保守的小市民對於特異前進者的憎惡，而把改革完全歪曲着。 在另一方面，少壯時代的詩人的寫實主義在這種作品裏被破壞了；他把畏怯的，早熟的小都市民和悲慘的農民，希臘式的理想化了。」

到底是誰說的有理呢？

（五） 歌德對話錄——周學普譯，商務印書館版——七一頁。

（六） August Wilhelm Schlegel 一七六七——一八四九，德國批評家，詩人，精於東方學的學者。

大概以詩藝的形式而論，釋勒的話不是過火的。　這篇詩是作者有意的摹倣荷馬的古詩而寫成，然而他不稱牠爲古詩，却稱牠爲"最新的詩篇"，這足見歌德是想在詩的形式完美上要有所貢獻，而翻舊出新。　當時的人們頗有反對他這樣的嘗試，所以他在全詩前的悲歌中說：

「俗人們唯我是怨；他們只見我是俗人癡漢。

是的，就是較爲賢能者，溫良眞正的人們也希望我改變；

而只有你呀，繆賽呀，卻叫我如此地幹。」

再看他給釋勒的信，見他所津津樂道的也是敍事詩的形式。　而釋勒在給馬耶爾的信中也說，歌德寫赫爾曼不像寫維特及浮士德只憑強烈的衝動，而是以明確的求形式美的意識寫的。

以歌德的天才，他既專心一意要在形式方面得到完整而美好，他是成功了。在這方面我們無可否言。　不過要以詩的內容而論，這篇詩頗顯出歌德力量之軟弱。　我們不能同意說他把改革"完全"歪曲，但是我們不能否認，他把畏怯的，早熟的小市民和悲慘的農民希臘式的理想化了。　他明明的指出：「聽人說人人共通的人權，聽人說鼓舞人心的自由，說可讚美的平等，就覺得心兒高起，自由的胸部被純潔的血脈衝震！」(七)　但是他却不肯再進一步的指出：爲什麼人民聽見自由平等就高興到那樣地步？　必是人民處在不見天日的暗處方能一見光明便「心兒高起，血脈衝震」，如果光明成了家常便飯，人民又怎能那樣？　但是大詩人歌德的力量祇達於此便不能再向下深追了。　這一點是不能不引人注意的。　更有甚者，他不但不曾覺出因爲農民的處境過於慘淡受苦，所以「他們樂意栽種"自由"的生氣蓬勃的樹，把權利和自治向人人約定。　年輕人都狂喜，老年人也歡欣，快活的跳舞在新旗的周圍開始舉行。」(八)　他反而把現狀寫得到了"詩人的美化境地"。　記得魯迅先生一篇小說曾寫農民已到了貧困

(七)　見譯詩一一四頁。

(八)　見譯詩一一五頁。

不堪的境地了，而詩人們坐着船在河邊望着田野遊玩，指手劃脚，說是到了畫境。歌德，眞怪，怎麼也如此的來寫赫爾曼呢？美國歷史家懷特（Andrew Dickson White）說：「當我們讀雍阿澤（Arthur Young）當他見到法國農民革命已到了爆發之前夕時，他所記述的那種法國農民憤怒的情形，我們一定要以爲法國農人已竟陷到一種比任何同類國之農民都困苦的境地；但是這裏有一個例子可作證據，證明彼時德國農村處境之不幸尤甚於法國農村。歌德在一七九二年同着軍隊曾到過法國邊境，他告訴我們在法國農民的小房裏有麵包和酒，而在德國這樣地方祇有黑麵包且沒有酒。至如那惹人怨恨的壓迫及其令人困惱的情形，設而雍阿澤到過普魯士領地，他將毫無疑問的要給我們一幅與從法國得來的圖畫是一模一樣。且拿普魯士的幾個大省來看，在勃蘭登堡農民之中約有六分之一，按着封建制度的佃田辦法可以耕用一小塊田地，而其大部農民在實際上祇是日工。在施雷仙（Schlesien）農民都是受着嚴厲的農奴制度之管轄，被强迫的留在田間；必須得到地主允許方能結婚；農奴的小孩一定要留在田間爲農工，除非地主特別開恩允許他去求別的職業。在民登（Minden），凡君主，王子，親王所統治的領土上每個農民死去時他所留的那很小的一點動產還要分給地主一半。在波蘭的普魯士（Polnisch-Preussen）一般的情形是：農奴是絕對的什麼都不許有。他所有的是他有個地主。就是那最少的封建制度下的義務，地主都曾經設法去躲避；並且可以隨意驅逐他們的佃戶。」（九）

由這段記載，可見彼時德國農民困難到了什麼樣的地步，可見他們爲什麼聽見法國革命而瘋狂，爲什麼他們見拿破崙攻進柏林而喝彩！然而奇怪的是詩人歌德既然親眼見到了這種困難，而又親手記下了這種吃黑麵包且無酒比已經激起法國革命的農民更苦的實況，而在他的詩篇所畫的圖畫爲何又是那樣的與實況絕然的不同？他在詩篇中把田園寫得是多麼美妙如畫？出產是多麼豐富——「麥子已經成熟得過分，明天我們要開始割取豐富的收成」，還有各色的葡萄都

（九）見拙譯之石太因，中德學誌三卷二期，一九三頁。

長得極爲豐滿，飲着八十三年代做的美酒，所有的人都穿了節日的美服而散步，——與懷特所寫得是多麼懸隔？

這是什麼緣故？ 是否他眞像有些人所批判的，說他的世界觀和創作，都含有積極和消極的二重性的，所以他有時是偉大，有時是微小，有時是嘲笑和反抗現存制度的叛逆的天才，有時是妥協的，或逃避現實的，甚至擁護現存制度的俗人呢？ 我們也或者以爲這種批評有些過火，但是最後陀羅特亞轉述她未婚夫所說的，不正是表出他是擁護現存制度的人麼？

「現今世間一切都在動搖，

似乎一切都分離支散。

任何國家的法規都崩潰，

財產從原主脫離，……

土地不復屬於我們；財寶流離遷移；……

一切東西都在動搖，好像備具形態的世界溶解而退回於混沌和黑夜裏去，

將重新變成什麼形體。」(十)

如果因爲赫爾曼與他的父母是富裕的小市民，因而歌德不能不以小市民的意識去寫他們，這個也是有理的。 然而，陀羅特亞的未婚夫則是一位具有"愛自由的熱情，和具有想去在改革了的新社會中活動的慾望"的志士，是一位"懷着高遠的思想，爲尊貴的自由而勤奮，有氣概的年青人"，而在他的眼中，所見的革命竟是如此的邪惡，這點又當作怎樣的解釋呢？ 況且這位有氣概的年青人，在他去巴黎之前，"就豫先認淸了一切"就豫先知道革命是這樣的壞，那麼，他爲什麼反去巴黎追求理想，而被投獄而被害斃？

細細的來思索這些地方，覺得這位偉大的詩人，對於革命似乎有很深的內在衝突。 以他那樣的天才，他當然且並確實看到革命的可貴點了，可是"他自己"又擋住他的視線不願認眞去看；不但不願認眞去看，反而要把一位具有革命

(十) 見譯詩一九九——二〇〇頁。

熱望，極端羡慕新社會的青年寫成像個糊塗人一般的死去，以加重革命的罪過，並且在詩的末尾藉着赫爾曼的口還鄭重聲說“不宜使可怕的動亂蔓延”，而要以自己的生命去維護現狀，排斥改革。但“他自己”（“他自己”這三個字，在本文中代表他的許多東西一時不便細說）把他的革命的理智並不能完全掩住，因此便起了自我衝突。這種衝突的情形在一八二四年一月，他曾向愛爾克曼（Eckermann）說過，他說：

「這個劇本——激憤人們(Die Aufgeregten)——是我在法國革命時候寫的，不妨看做我當時的政治信仰的告白。我把貴族夫人當作貴族式的代表者，而藉夫人的口中說出貴族的通常思想。夫人剛從巴黎回來，她在那裏目擊了革命的事變，由此得到了好的教訓。她現在確信：人民可以壓迫而不能完全鎮服，下層階級的革命的暴動是貴族的不正的結果。她說：「大凡我覺得是不正的行為，我將嚴格地避免；又關於他人的不正的行為，不論在社交界或宮中，我將侃侃地說出我的意見，即令被所謂人民主義者所毀謗。我對於任不正都不能再緘默了！」這話說得很好，可是接着他又說：「我不能是法國革命的友人，這是真的；因為革命的慘酷在我是印象太新，時刻使我激憤，而革命的有益的結果當時還未被認明。當時我對於有人要把在法國是重大的必然性的結果的事情人工地在德國弄起來，是不能袖手旁觀的。」（十一）

最後這話充分的表示他自己矛盾，充分表示他逃避現實，因為他曾親眼看過法國大革命時的法國農民比德國的農民生活優裕，但他竟認法國革命是必然的，而在德國起革命便是人工的，他便要加以阻止，這不是歪曲事實嗎？也許有人說歌德所反對的是革命，但他並不是現狀的擁護者，不但不擁護現狀，並且還主張適合時勢的改良，因為他說過：「我也同樣不是專制暴虐的贊同者。我完全確信：任何大革命都不是人民的罪過，而是政府的罪過。若政府常是正當，常是謹慎，以適合時勢的改良對付革命，不要違逆民意以至於必要的改革被人民強迫起

（十一）見歌德對話錄三九頁及四〇頁。

來，那麼革命是決不會起來的。」（十二）他的話固是如此的說，但是他在寫赫爾曼的逃難人民時以及全篇詩的含意，那裏有一點替農民呼出「吃黑麵包沒有酒」的苦況，那裏有一點向政府指示為了避免法國革命恐怖時代的那樣殘暴流血而應作些適合時勢的改良？反而，他不但不如此且竟完全避開現實而且把現實加以詩意的美化。這點，我們不能不覺得他不僅離開了革命並且也離開他的改良主張了。以此而論，恐怕他還比不上與他同時代的大政治家石太因(Stein)，因為石真很敢正視事實加以改良，而歌德不但不揭出黑暗，反而在那"可怕的動亂"已經蔓延到德國時，他尙埋在象牙之塔，贊頌樂天知命的小市民的滿足，贊頌安靜而優裕的家庭生活的舒適，贊頌就這樣走下去而恐懼世界改變；他尙想以古希臘的風韻在當前的坟墓上撒上一道金粉，以備自己陶醉，和令往遊的人低迴徘徊，景仰憑吊！

雖然如此，還許有人以為這話是誣蔑歌德。因為他的地位太崇高，他的詩文很偉大，他豈能如此。為求確切起見不妨再引一些他自己的話，就可知以上的話是絲毫無誣了。他說：「詩人們都似乎有病，他們都是不滿意，而還要互相地弄得更不滿意。這眞是文學的惡用。文學本來是被賦與為紓緩人生的細小的不合，使人人滿足於現世和他自己的境遇的東西。」（十三）使人滿足於現世是當然的，可是要使人人滿足於自己的境遇這不是把文學看作麻醉品和脂粉了麼？他持着這樣的文學觀，無怪他將以革命為背景的赫爾曼寫得不但不是革命的，反而連改革也夠不上了；不但不改革，反而成了十足的逃避現實掩飾現狀的東西了。

但是歌德便因此而渺小了麼？不，不，他仍然是偉大的令人可敬愛的，因為他親口說過：「我也是人，也有人的缺點和弱點，我的作品也不免有缺點和弱點。不過我認眞修養，不停地力求進益，所以能夠不停地進步。因此，他們

（十二）見上書四〇頁。
（十三）見上書一三七頁。

往往爲了我的已經棄卻了的缺點而非議我，這些好人一點也沒有損害我。他們向我開啟的時候，我已經和他們隔開數里之遙了。我對已經完成了的作品大抵是很冷淡；我不拘泥於舊物而速卽另想新的。」（十四）

這話說得何等嘹亮，是具着何等的氣魄，祇有歌德才敢這樣說，才能說得這麼從容。如果他能活到百年後的今日也許比這篇文字中的這點卑微的見地前進遙遙了。是的，不拘泥於舊物而速卽另想新的罷！

（十四）見上書六〇頁。

會務報告

一　本會為酬謝上年度曾為本誌撰稿或予以其他協助之人士起見，特於二月九日設宴招待，席間由本會常務幹事兼本誌主編傅吾康先生用華語致詞，略謂本誌尚不免有受人批評之處，吾人自身對之亦未盡滿意，希能共同繼續努力，以圖改善；本誌已往所載幾全為翻譯文章，自本年度起擬更注意中國學者研究德國學術之著述；此外更就兩國之文化合作有所發揮，並對德國大使館之協助表示感謝。

二　一九四一年適為德國大音樂家莫查特 (Mozart)逝世後一百五十年，本會特於十二月十三日開會紀念，由本會研究員霍福民先生對莫查特之生平及其作品作簡短之演講，演講完畢後並選奏莫查特主要作品之唱片。　嗣更於當月二十七日，二十八日及本年一月三日演奏莫查特及與其有關各音樂家作品之唱片三次，計第一次：1.歌劇"非加羅的結婚"之序曲 (Ouvertüre zur Oper "Figaros Hochzeit"), 2.降E長調鋼琴協奏曲 (Klavierkonzert Es-dur), 3.小夜曲 (Eine Kleine Nachtmusik)；第二次：1.歌劇"她們都是這樣做"之序曲 (Ouvertüre zur Oper "Cosi fan tutte"), 2.笛子豎琴協奏曲 (Konzert für Flöte und Harfe), 3.G-短調交響曲第一樂章 (Sinfonie G-Moll, 1. Satz)；第三次：1.莫查特之父：軍隊交響曲第一樂章 (Leopold Mozart: Divertimento militare), 2.巴赫 (大音樂家巴赫之子)：B-長調交響曲第一樂章 (Joh. Chr. Bach: Sinfonie B-dur, I. Satz), 3.莫查特：G-短調交響曲第二及第三樂章 (W.A. Mozart: Sinfonie G-moll, II. und III. Satz), 4.悲拄芬：第一交響曲第一樂章 (L. van Beethoven: I. Sinfonie, I. Satz)

三　本會研究員巫鐘思女士在本期內曾為本會德文夜校女生用華語講演兩次，一次在上年十二月十七日，講題為"德國聖誕節之風俗"，另一次在本年三月三十一日，講題為"德國歷史中最著名的婦女"，所述婦女有 Eleonore Prohaska, Königin Luise, Kaiserin Maria Theresia, Kaiserin Adelheid, Kriemhild, Roswitha von Gandersheim, Annette von Droste-Hülshoff。

四　本會德文夜校本學期係於二月二十三日開課，本校除二三四年級班照舊收插班生無其他更動外，於原有之一年級外又另設一初級班，由字母講起，由衛德明先生擔任講授；西城分校各班均無甚更動。學生人數計本校各班共有九十九人，西城分校各班共七十人。

五　北京大學工學院為學生便於修習德文起見，特與本會商酌，由本會在該院開設德文班，係於上年十一月二十九日開課，由本會德文夜校講師黃祿符先生及本會會員曾一新先生分別擔任講授，現有學生兩班，共三十七人。

六　德國當代思想家杜科翰先生 (Graf. K. von Dürckheim-Montmartin) 前已有論文三篇，由本會特請關琪桐先生譯為中文，題名為"德國現代思想問題"，作為本會特刊第四種 (Gegenwartsprobleme deutscher Geisteshaltung，參看本誌三卷三期之會務報告)；杜氏另有其他論文數篇，現亦已由本會約請關琪桐先生譯述，總名為"現代德國思想譯叢"，預計短期內可以譯畢付印。

中德學會編

中德文化叢書

一	魏蘭之介紹	賀麟等譯著	一册	.40
二	陰謀與愛情	張富歲譯	一册	.70
三	工作學校要義	劉鈞譯	一册	.45
四	德國史綱	魏以新譯	一册	1.30
五	女青年心理	劉鈞譯	一册	.45
六	五十年來的德國學術	本會編譯	第一册 2.00 第二册 1.40 第三四册各1.00	
七	給一個青年詩人的十封信	馮至譯	一册	.40
八	論德國民族性	楊丙辰譯	一册	.70
九	斯托姆小說集	魏以新譯	一册	1.80
十	德國史略	魏以新譯	一册	.70
十一	快樂的智識	梵澄譯	一册	1.80
十二	湯若望傳	楊丙辰譯	(印刷中)	
十三	葛德論自著之浮士德	梵澄譯	一册	.50
十四	論優美感覺與崇高感覺	關琪桐譯	一册	.40
十五	赫貝爾短篇小說集	楊丙辰譯	一册	1.20
十六	親和力	楊丙辰譯	(印刷中)	
十七	歷史之地理基礎	張星烺譯	(印刷中)	
十八	哲學論叢	關琪桐譯	(印刷中)	

商務印書館發行

特刊

一	德國留學指導書	張天麟編譯	一册	.40
二	今日德國教育	王錦第譯	一册	.45

(此書商務印書館代售)

三	統一國家之德國	弗立克著	一册	.15
四	德國現代思想問題	關琪桐譯	一册	.80

補助德語教材刊本

一	德華常用小字彙	孫用震編輯	一册	1.00

研究與進步第一卷（卽中德學誌第一卷）目錄

第一期目錄

（民國二十八年四月）

第二期目錄

（民國二十八年七月）

第三期目錄

（民國二十八年十月）

第四期目錄

（民國二十九年一月）

定價每册國幣貳角五分

中德學誌　第二卷　目錄

每册定價國幣一元四角

每期末附書評及會務報告

中德學誌 第三卷 目錄

第一期目錄

第二期目錄

第三期目錄

第四期目錄

每冊定價國幣一圓四角

每期末附書評及會務報告

中德學誌編輯簡章 中華民國三十一年三月第二次重訂

1 本誌原名「研究與進步」，自第二卷起，擴充範圍，改用今名。

2 本誌錄稿，以介紹德國學術文化之著作為主；除本會會員稿件外，並酌收外稿。

3 來稿如係原著，應將所用參考書籍或其他材料一併附列文後，如係譯稿，須將原文出處詳細註明，其原文不易見者，並須與譯稿一併寄來。

4 來稿本會有刪改之權。

5 來稿中有中文人名書名等譯為德文後，重行譯為中文時，應請譯者援用原來字樣，幸勿另譯新名；其由德文譯為中文者，除有慣用者外，以本會所定為準。

6 來稿逕寄「中德學誌編輯委員會」，請勿寄交編者個人。

7 來稿經本誌決定採用者，酌給現金或本誌為酬。

8 來稿經本誌給酬後，其版權即為本會所有，原作人不得以其一部或全部在他處另行發表；在本誌發表後，他人亦不得轉載。

9 來稿不為本誌選用者，均可退還，但須由原作人附寄郵費，如欲掛號寄還者，並須加附掛號郵費；郵遞如有遺失，本誌概不負責。

10 本簡章如有未盡事宜，得隨時修改之。

編輯者　中德學誌編輯委員會

出版者　中德學會
（北平地安門內黃化門大街西妞妞房二十號）

印刷者　京華印書局
（北平和平門外虎坊橋）

定價表	每季一册(郵費外加)		每年四册(郵費在內)
道林紙	聯銀券	1.70	6.00
新聞紙		1.10	4.00

AUS DEUTSCHEM GEISTESLEBEN

Herausgegeben vom

DEUTSCHLAND-INSTITUT, PEIPING

durch

Wolfgang Franke

unter Mitwirkung von

Dseng I-sin　Achilles Fang　Gu Hua　Max Loehr

Yang Bing-tschen　Yang Dsung-han

In Verbindung mit

Dr. Karl Kerkhof, Berlin

---

4. Jahrgang, Nr. 1　　März 1942

Abhandlungen

Übersetzungen

Buchbesprechungen

Anschrift der Redaktion: Deutschland-Institut, Peiping (China), Hung-hua Men nei, Hsi Nien-hua Fang 20.

中德學志

沈兼士

第四卷第二期（三十一年六月出版）

中 德 學 誌

中德學會出版

中　德　學　誌

第四卷　　民國三十一年六月　　第二期

論著

翻譯

書評與介紹

雷興的生平與著作(一)

Leben und Werk Lessings

常蓀波著

一

德意志的宗教改革運動在政治方面收了極大的效果，而在文學一方面除了馬丁路德(Martin Luther, 1483—1546)繙譯的聖經及幾篇大胆的虔敬的新教讚美詩之外却是一片荒瘠不毛之地。 這本毫不足怪，這地拜三十年戰爭之賜沾染了血腥和殘暴與混亂的屠殺，刼掠之事成了司空見慣的現象，在這種情形之下當然不會開放藝術的花葩的。

結束那個長期的宗教戰爭的和約於一六四九年在維斯特法輪 (Westphalen) 簽訂，而在以後的五十年間在文學的領域之內仍然毫無蘇生的消息。 許多高等學府無人過問，幾百座普通學校都關閉了，文學的愛好尚有待於重新培植。 詩人們才放棄用拉丁文寫詩不久，社交場中仍以法語作爲交際的通用語言；詩人申訴的對象仍然是那些想在德意志文學中尋得到古典文學的酷似的少數人。 要有這樣一種新的詩歌：歌咏大衆的情感與塵俗的生活，同時要格調高尚，這似乎是這個時代中覺醒的文學者所共具的一個渴求。 至於戲劇，因爲在英國伊利沙白朝舞台的影響之下在三十年戰爭之前早已經表現出有希望的朕兆了的，這時反而降入丑角戲，而且由於從意大利輸入歌劇(Singspiel)，雖然多少變了一點花樣，却並沒有什麼顯著的進展。

在此種情況之下，力求開闢新園地的文學者之中第一個出現者是被譽爲來比

(一) 本文係根據 T. W. Rolleston: Life of Gotthold Ephraim Lessing 與 Adolf Stahr: G. E. Lessing; Sein Leben und seine Werke 所撰。

錫之天鵝的葛特舍德(Johann Christoph Gottsched, 1700—1766)(二)。葛特舍德是德國理性主義的領袖，當理性主義在德國新的文學理想之前消沉了的時候他的地位遂也跟着一落千丈。他沒有想像力，天賦的文學才能很有限，並且沒有一點批評的識見。英國十九世紀的文豪喀來爾(Thomas Carlyle, 1795—1881)(三)曾譏他爲笨鵝，不過不論是天鵝也好，笨鵝也好，在他的時代葛特舍德確實是惟一有功於德國文學的人。他認淸楚德國文學當前的問題，他懷着建立德國國民文學的壯志。他明白德國作家若一味模仿外國的作家，德國是不會產生偉大的國民文學的；他也明白德國語言若追隨着法蘭西學院公佈的規則亦步亦趨是不能有大進步的。所以他認爲最必需的工作是給德國語言與德國文學發現一組規則。他最特別致力的，應當時急迫的需要，是德國劇院的改造。他希望從他誦讀的古典作品中，特別是法國的大師的作品中演繹出這些規則。他將在當時舞台上流行的打諢的丑角排斥掉，逐漸使得一般的觀衆對於精美的喜劇與高貴的悲劇發生趣味。不過他也如一般的改造者一樣，他的致命的缺點使得後來的人忽略過他的功績。他認爲文學應當是訓世的，而毫不了解文學所具的比這更深沈的潛力，並且他判斷文學只依據狹隘的與迂闊的學說。在戲劇中凡是不與法國舞台上所標榜的「亞里士多德的規則」符合的，在他看來都是粗野的，無價值的。許多的法國劇被他繙譯，改編，模仿；在他的周圍漸漸形成一個巨大而活躍的學派。而且這些劇也與法文作品一樣，用押韻的「亞力山大體」(Alexandriner)

(二) 葛特舍德是來比錫大學的教授，詩人，戲劇家與批評家。他對於德國語言與文學的重要貢獻是修辭術(Redekunst, 1728)，德文文法(Deutsche Sprachkunst, 1748)與論詩之批評的藝術(Versuch einer kritischen Dichtkunst, 1730)。他推崇法國作家而卑視英國作家，對於莎士比亞與密爾頓十分鄙棄。

(三) 喀來爾是十九世紀英國受德國文學哲學影響最深的一位文人。他的第一部著作是席勒傳(Life of Schiller, 1825)，最後一部是菲德烈大王傳(History of Frederick the Great, 1858—1865)。他繙譯過歌德的 Wilhelm Meister，他是十九世紀溝通德英文化的一個人。

音節非常的乾燥，機械。

與葛特舍德這一派相反的另一個學派也走了一條迷途——它的標語是 Ut pictura, poesis，（詩即畫）（四）。這派的首領是伯德麥（Johann Jakob Bodmer, 1698—1783）與布賴廷革（Johann Jakob Breitinger, 1701—1774）。這派的主張是詩歌不應直接申訴於悟性或道德觀念，而是直接申訴於想像的。最能引起想像者是詩歌的圖畫——特別是激動驚奇之感的圖畫的描寫。詩歌是語言的圖畫，正如繪畫是色彩與造形的詩歌一樣。詩歌或圖畫的優美即在它能模仿另一個的效果。任何一種作品的優劣完全是視它能否達到這個目標而定，而不管它遵守任何外在的條規與否。若就糾正葛特舍德這一點說，他們的主張是對的，但是實行的結果却不幸混淆了詩歌與空間藝術的限制，遂致後者含了象徵的意義，而前者只剩下空洞的描寫。不過，在當時所有的各種影響來說，他們的影響還是最有價值的。他們將英國文學介紹與德國的功績實在不小。他們又重發現了尼貝倫根歌（Nibelungenlied）（五），這首史詩證明一首詩沒有幻想或評論，只憑着強有力的敍述，用最單純的可想像的語言，情感約束的動作與品格就可以達到眞正的偉大。他們模仿英國的旁觀報（The Spectator）（六），創辦了一個週刊畫家談普（Discourse der Mahlern），在這刊物上他們拿上英國的理想與法國的理想抗衡。後來伯德麥繙譯了彌爾頓（John Milton, 1608—1674）的詩，這兩派之間的爭點因這繙譯弄得更明顯了。爭辯愈來愈烈，德國各部的人士都參加，雖然兩派之中沒有一派不論在論旨上或駁詰上能說是完全正確，不過因爲他們的爭辯却把當前文學上的各個問題都討論無遺，給一個偉大的新時的時代掃淸了道路。

（四）這是引用拉丁詩人霍拉丢（Horaz 65—8, B.C.）詩藝（Ars Poetica）中的一句話。後世的人往往引用這個成語主張詩與圖畫的混一。伯德麥與布賴廷革的主張正是如此。

（五）德國十三世紀的長篇史詩，等於英國的 Beowulf，法國的 Chanson de Roland。

（六）十八世紀英國散文家 Joseph Addison 與 Richard Steele 所創辦，這刊物對於十八十九世紀英國散文發展的影響極鉅。

隨了這個新的時代出現了四個人。魏蘭(Christoph Wieland,1733—1813)(七)是最多才多藝的一個人，他的成就似乎比雷興的要深厚的多，他融化了法國文學的精神，在德文中重新創造出那種精純，輕快，明確的風格。柯羅普史托克(Friedrich Gottlieb Klopstock,1724—1803)(八)捨棄那種學院派的模仿而以男性的氣魄與熱情抒寫他自己的心曲，他是第一個人表明德國文字能以容納甚麼樣的英武的節調。溫克曼(Johann Joachim Winckelmann, 1717—1768)(九)復活了研究古代事物的趣味，由於他的努力與研究希臘藝術的寧靜與純朴才重新被世人認識。但是這三個人中不論那一個所給與德國的影響，就深廣，力量與久遠說，都比不上雷興。雷興的戲劇作品給德國的戲劇以民族的題材與色彩，打動每個德國人的心弦，可以說是並世無兩。但是這只是他多方面的活動的成就之一。

雷興(Gotthold Ephraim Lessing)於一七二九年一月二十二日生於薩克森(Sachsen)的一個小市鎮卡門茲(Kamenz)。他的祖父提俄非羅雷興(Theophilus Lessing)曾做過卡門茲的自治市長，活了八十九歲，他死的時候雷興還不到七歲。雷興的父親約翰·格特費雷興(Johann Gottfried Lessing)是他們一族中最有學問的最虔信路德派教義的一位。他在威登倍(Wittenberg)大學研究過神學與教會歷史，原來想在威登倍獲得一個教授的地位，但是在一七一七年他卻接受了他的故鄉卡門茲的一個路德派教會之聘，回去當傳教士，自此以後他畢身

(七) 魏蘭在一七六二年——六六年五年之間譯了沙士比亞的二十二篇劇。他是多方面的作家，重要的作品有 Die Abenteuer des Don Silvio von Rosalva(1764), Agathon(1766)，Die Geschichte der Abderiten (1774)，Oberon (1780)。

(八) 他的主要的作品是二十一歲就開始寫的史詩 Messias。這篇史詩給他奠定了在德國文學上的地位。

(九) 十八世紀德國的古典學者，他的主要作品是 Gedanken über die Nachahmung der griechischen Werke in Malerei und Bildhauerkunst (1755)，Geschichte der Kunst der Alterthums(1764)；Monumenti Antichi Inediti(1767)。

的事業不曾出過這個小薩克森城。後來他與總牧師的女兒由斯提內薩樂美斐勒爾(Justine Salome Feller)結了婚。一七三七年他的岳父逝世哥特佛里德雷與升了總牧師。他爲人極虔誠勤懇，居心良善；他的學識也相當淵博，除了古典文學外他還精通英文法文(一〇)。雷與的母親是一個典型的賢妻良母，極尊敬她的丈夫，家事處理的井井有條，對於子女極知教養。

雷與幼年生活在虔敬與學問的空氣之中。他是十二個孩子中的第二個，有一個比他大着兩歲的姊姊。他的父母很早就認識了他的才能，並且爲他策畫他的將來。他們要送他到麥森(Meissen)的聖·阿佛拉(St. Afra)著名的官費學校，然後再升入大學準備神學博士的學位，假若他不喜歡做牧師，他也許可以獲得神學史教授的位置，這是他的父親畢生未曾遂了的一個心願。於是雷與先被送入卡門玆的文法學校，十二歲時進了聖·亞佛拉開始了五年的嚴格的學校訓練。在夏天四點半（冬天遲一點鐘）起床，沐浴，整理床舖，刷鞋，背拉丁文繙文，然後用早飯。從六點到十一點，下午一點到六點，晚上八點至九點半都是上課或舉行宗教儀式。這學校的目的在訓練教會人材，要養成優良的路德派教徒與拉丁學者。一禮拜要上十五堂拉丁文而希臘文與希伯來文只有七堂。所有的課程都用拉丁文教授。教員們也都是有點聲譽的人，有一位克利母先生(Herr Klimm)影響雷與最大。克利母是一位著名的數學家，他還是一位古典學者，精通英文，法文，意大利文。他有一句格言：「文字只不過是學問的工具，一位學者若不懂得數學與哲學便毫不足道。」在他的影響與指導之下，雷與熱烈地研究數學，並且從希臘原文譯過幾卷歐几里德。

除了學校的課程之外雷與在聖·亞佛拉的期間中沒有許多創作。他的喜劇青年學者(Der Junge Gelehrte)是在這時起稿的，但是他到了來比錫之後才完成。此外只有些摹仿古希臘詩人安那克瑞恩(Anacreon, 550—465 v. Chr.)

(一〇) 他譜譯過 Superville 與 Tilloston。

(一一)的詩歌。

一七四五年麥森被捲在戰爭的漩渦中，學校仍然開着，但是工作的進行陷在一種無組織的狀態之中。雷興漸漸感覺着聖·亞佛拉不能滿足他求知的慾望，他渴求更廣大的知識，同時他也厭倦聖·亞佛拉的種種限制。他的父親在來比錫大學設法為他得到允許入學。聖·亞佛拉的校長也允許他退學，並且說了這樣稱讚他的話：「他是一匹必需要雙份草料的馬。旁人覺得非常緊難的功課，在他像空氣一樣的輕鬆。我們實在不能再教給他什麼了」。一七四六年六月——他正十八歲——他離開聖·亞佛拉。

一七四六年的九月雷興在來比錫大學註册研讀神學。來比錫在當時是德國印刷業與書業的中心，而且是最有力量的，葛特舍德所引導的，文學運動的中心，到處充滿鼓舞著作的空氣。不過這個新環境却使得這位青年學生侷促不安甚至有點煩厭。在當時一般大學中學生的傳統精神是一種裝做的粗野氣概即所謂『吹大話』(Renomisterei)，而在來比錫每個學生却須溫溫有禮會獻殷懃。二年後他給他的母親寫信描寫他當時的情形道：「才來到這裏的幾個月我過的生活比在麥森還要幽靜。我總埋頭在書中；我漸漸徹悟到書籍只不過能把我造成功學者，却不能將我造成功一個人。於是我冒險加入在我的同學們裏面。天呀！我與他們之間多麼的不同！一種粗鄙的鄉下人的羞怯，被人藐視的拙笨的舉止，一點都不懂社交禮貌，態度抑鬱，落落寡合，讓任何人遇見我都要看得出我瞧不起他——這樣的一個人就是我。我感着從來不曾那樣難過。我決心要改善我，不論花什麼代價。我學習跳舞。比劍，跳馬……我居然學得很好，他們都稱讚我了……我尋求朋友的團聚，因為如此我可以學得如何生活。有一個時期我把書本兒扔開，為了要和其他的事物更快活許多，更有用的事物——結識。」

(一一) 摹仿安那克瑞恩在當時的德國是一時的風尚。Gleim, Kleist 諸人主張德國詩人應摹仿安那克瑞恩的詩的方法與理想。

他最喜歡的教授是克利斯特 (Johann F. Christ) ，艾乃司提 (Ernesti) 與刻斯特湼 (Kästner)，但是葛特舍德却毫不曾吸引住他。 他結識了兩個青年朋友外塞 (Weisse) 與邁利巫司(Mylius)。 那時候來比錫有一個著名的女伶傚貝兒太太 (Frau Neuber)，她的劇團中有許多名演員，雷與與外塞熱狂的去看戲。他這時把在聖·亞佛拉所草的青年學者完成了，傚貝兒太太接受了這個劇本，它的上演獲得相當的成功。

但是他在來比錫的生活情形傳到卡門兹，認爲他是墮落在放蕩的生活中了，他的父母把他叫回家住了幾個月，他又回到來比錫 ，得了他父親的同意改修醫學。 他的趣味却完全在戲劇上。 一七四八年傚貝兒太太的劇團因爲不能賺錢解散了，他爲這些演員担負了不少的債務，他覺得來比錫再沒有吸引他的事物。於是動身到威登倍，同年的年尾又到了柏林。 他的朋友邁利巫司正在爲一位出版家律狄革 (Rüdiger) 編一個刊物，介紹他寫書評 ，他又爲律狄革繙譯了洛林 (Rollin) 的歷史和許多外國書。(一二) 一七五〇年他和邁利巫司創刊了一個專門討論戲劇文學的雜誌，只出了四期就停辦。 第二年他接受了佛司報 (Vossische Zeitung) (一三) 文藝編輯之聘，寫了許多文字批評當時重要的德法兩國的書籍。他的批評因學識的淵博，文筆的犀利 ，判斷的精當 ，引起了文壇的注意。 不過他的父親却反對他的文士生活 ， 催促他再回到威登倍完成他的學業。 他在一七五一年年終離開柏林。 不過在他走之前他却不幸的好像命運注定的與服爾德(François Marie Arouet Voltaire, 1694—1778) 有過一回齟齬，這個對于他以後的生活有嚴重的影響。 他曾替服爾德繙譯過法律文件，並且有一個時期常在服爾德家吃飯 (一四) 。 服爾德的祕書魯文 (Richier de Louvain) 曾把他的主人

(一二) 這時期重要的繙譯是 Römische Historie, Die Gefangnen, Kleinigkeiten。

(一三) 出版家佛司(Christian Friedrich Voss)所辦。

(一四) 服爾德曾雇用雷與給他繙譯他與猶太人 Hirsch 訴訟的文件，在訴訟期間雷與常在服爾德家吃飯。

將出版的路易十四之時代（Siècle de Louis XIV）的校樣借給雷興，雷興匆忙之中將它帶到威登倍。服爾德以為雷興要盜印，或者不得他的許可繙譯它，於是大發脾氣。雷興立刻將校樣寄回並且附了一封拉丁文的信，他說服爾德一定不發表這封信，假若他要談論這一件事情的原委。雷興的推測不錯，這封信已經銷滅了。在當時的柏林這件事故引起不小的騷動，並且被人顛倒是非地報告與非德烈大王，所以他後來聽見雷興的名字總有點悻悻然。

他在威登倍住了一年，極安閒，極勤學，他仍研究古典文學。威登倍圖書館中藏的關於宗教改革運動史的書籍極多，他差不多每本書都繙到了。一七五二年四月他得了文學碩士的學位。他在圖書館鑽究的結果是關於路德傳記中一個軼事的研究。在這一年終了他覺着在威登倍已經待膩了，他預備要回到柏林去。這在他的文學事業上是第一個重大的轉點。在這以前他所有的作品都是瑣碎的草率的——只不過是一件嚴肅的工作的訓練與練習。在威登倍的一年他很消閒自在地自由讀書或寫作，絲毫不受那些雜誌上寫文章的限制，他的寫作的能力已經成熟了，他開始發現了他能表現的有力而自如的風格。

他回到柏林又重就了服司報的編輯，以後的三年是他一生最忙迫的日子。他繙譯了許多外國作品，他還自己刊行了幾期劇院文庫（Theatralische Bibliothek）葛特舍德在當時的德國文壇上是早已馳名的最有影響的一位作家，他主張不論詩歌或戲劇德國必須遵從法國的規律。所以雷興在服司報上所撰的論文既以葛特舍德和他的學派做為他評論與嘲笑的對象，在短期間內他變成一班作家所畏懼的人。一七五三年的夏天他印行了雷興著作集（G. E. Lessings Schriften）二冊（一五）。翌年他的朗格先生的隨身小冊（Ein Vade Mecum für den Herrn Sam.

（一五） 著作集由一七五三年刊，一七五五年刊完共六册。第一册為短歌，警句與謡曲，並附了二十三篇寓言，他的詩的特色是與當時一般詩人們歌咏自然者大異其趣，所以他的題目多是咏羨酒的，眞可以説是安那克瑞恩派了。第二册是論各種題目的二十五封信。

(Gotth. Lange)給了一般著作家一個大衝動(一六)。 他在這篇文字裏譏刺朗格的霍拉丢(Horaz)譯文的訛誤。 在這三年中他印行了六小册他自己認爲有價值保存的作品，給他在當代文學中佔了一個穩定的位置。 雖然他的詩歌不能如哥德的那樣搧動自然情感的深調，可是它有那種清朗的愉快的音樂的調子，一班的大學生都喜歡吟咏。 他的警句仿效馬爾恰里(Martial 40—104)的風格，最能表現他的尖刻而敏銳的幽默。 他的信札極値得注意，因爲這是第一次在德國文學中淵博的學問的究討用一種自由的活動的文體敍述。 其中最重要的是題名爲救援(Rettungen)的一篇，他爲被前人誤解了的歪曲了的作家們辯護，最好的一篇是論霍拉丢的。 這六卷作品中還收集了他早年作的幾個劇本與沙拉山普蓀小姐(Miss Sara Sampson)。 青年學者我們已經提過了，此外是自由思想者(Der Freidenker)，猶太人(Der Junden)與憎女者(Der Misogyne)。 這些喜劇固然是越超過同時代任何的德國喜劇，但是不能說它們已表現了崇高的戲劇才能。 在結構的安排與人物的襯托上雷興完全取法於當時法國的喜劇，而在對話方面往往有過分明顯是造作的地方。 沙拉山普蓀小姐寫於一七五五年，劃分了他的一個迥異的發展的階段。 就觀念的構成與技巧說它有許多錯誤，但是在當時它却有極有力的影響，它指示給德國的戲劇家一條道路，悲劇的題材也可以在平常的男人與女人的經驗中尋得到。 雷興很重視這個原理，這多半是他研究瑞查生(Samuel Richardson 1689—1761)(一七)得到的提示，瑞查生的克拉麗沙

(一六) 雷興在著作集第二册中的第二十四封信裏面指摘出 Lange 繙譯的霍拉丢許多錯誤中的十四個嚴重錯誤。 Lange 立刻在漢堡通訊上回答，他所犯的十四個錯誤中四個是手民之誤，只有兩個眞是錯了。他反而揶揄雷興的學識，他說雷興要作文字學的批評家不如去當印刷局的校閱先生更稱職。因此雷興寫了這篇文字，隨指出 Lange 譯的每一首短歌中至少有一個嚴重的錯誤。 他所以在題目裏用Vade Mecum(隨了我走)，因爲 Lange 曾用這來嘲笑過雷興的著作集。

(一七) 英國十八世紀的大小說家。瑞查生的小說描寫中等階級的生活，都用書簡體。他的第一部作品是 Pamola (1740—1741)，一七四七年刊行了 Clarissa Harlowe，使他成爲馳名歐洲的小說家。第三部是 Sir Charles Grandison (1753—54)。這三部作品對於當時英國的及大陸諸國的小說之影響甚大。

(Clarissa)(一八)幾乎一絲不爽在沙拉山普蓀小姐的女主人中被重新表現出了。

這篇悲劇在佛蘭克府 (Frankfurt)受到熱烈的歡迎，於是他決定要致力於戲劇。為了實行這個計劃他突然在一七五五年十月中旬離開柏林到來比錫，那裏新設立了一個很好的劇院。他在第二次卜居柏林之時已是一個著名的文人，結交了幾位至死不渝的朋友。這些朋友中主要的是門德爾遜(Moses Mendelssohn)(一九)，在一七五五年他們兩個合作過一篇論玄學家的普柏(Pope ein Metaphysiker)。尼古萊 (Christhof Friedr. Nicolai)，(二〇)一位學者兼書商；刺姆勒(Ramler)，著名的短歌作者。他還認識葛萊母 (Johann Wilhelm Ludwig Gleim)(二一)，哈伯城 (Halberstadt) 的詩人，與克萊斯特．艾瓦(Ewald Christian von Kleist) 一位普魯士軍官，他的詩咏春 (Der Frühling)(二二) 曾獲得雷興的稱讚。這時候雷興的詩人與批評家的地位已經確定了。他在德國到處受人愛戴，崇拜，畏懼。他可以開始好幾種不同的事業，但是連他自己也說不來他願選擇那一種。事實上他一種都沒有選擇；因為在許多方面他都是先驅者，

(一八) 克拉麗沙是 Clarissa Harlowe 中的女主人公。克拉麗沙是一個好人家的女兒，受浪子 Lovelace 之誘與他私奔，後來羞悔自殺。盧梭的 Nouvelle Héloïse (1761)的題材卽是受這部小說的暗示。

(一九) 門德爾遜是一個猶太人。一七五三年雷興認識他的時候他是一個絲場的書記，他們的結識是因為都是棋迷，後來成為終身不可分的朋友。他對於雷興不論在學術方面或生活方面都有極大的幫助。

(二〇) 雷興與尼古萊在一七五五年結識。尼古萊卽是哥德在他的浮士德中所嘲笑的「代理哲學家」，在先一年雷興先認識了尼古萊的哥哥(Gottlob Samuel Nicolai)，哈勒(Halle)大學二十四歲的哲學教授。

(二一) 葛萊母與克萊斯特都是主張遵循希臘詩人安那克瑞恩的寫詩方法與詩的理想改造德國文學的人。他的主要作品為 Versuche in scherzhaften Liedern, Preussische Kriegslieder von einem Grenadier, Lieder für das Volk, Romanzen.

(二二) 克萊斯特的咏春是受了英國湯母生的四季之歌 (Thomson's Seasons)的感興而寫的。

他在任何方面都不曾穩定下；他的永不疲倦的精力驅策他去開發新的田地，而等待他人來耕耘，建築與收獲。

他到了來比錫才發現他的朋友科和（Koch），一位優秀的演員正是舞台上喧嚇一時的人物；他不久又復活了以前在來比錫的生活，與戲子們交際，參加各種劇院的活動。他的老朋友外塞也在那裏。他爲科和改編了幾篇哥爾多尼(Carlo Goldoni,1707—93)(二三)的喜劇。但是在這時他突然找到一條新的路徑，甚至使得他把劇院也拋棄。他老早懷着到國外，特別是意大利，遊歷的意思。這時他認識了一位來比錫富商的兒子，名字叫做溫克勒(Winkler)的青年紳士。這位紳士想周遊各國約請雷興作遊侶。雷興接受了他的提議，除了一切旅費，食宿費之外，雷興一年還可以賺三百塔勒的薪水。他們定好在一七五六年的復活節動身，計畫遊歷三年，要到荷蘭，英國，法國與意大利。不過行期一再耽擱，五月十日才登程。他們先到荷蘭，七月底到了亞姆斯丹，打算遊覽荷蘭的各大城市，十月再到英國。但是雷興却永遠不曾看見英國。八月廿九日非德烈大王突然侵入薩克森，迅速地佔領了來比錫與德勒斯登(Dresden)。因此溫克勒立刻遄返來比錫，雷興當然也隨着回去，他是如何的懊惱可想而知。後來溫克勒要取消他和雷興的遊歷契約，雷興與他訴訟，雖然雷興最後勝訴了，但是拖延了六年之久這個官司才告結束。在這期間他因爲等候判決不能離開來比錫，而這個文化中心的城市在異國軍隊的佔領之下實在沒有他賣稿過生活的機會，他十分的狼狽。無聊之中他開始研究中世紀詩歌；他也翻譯些英國人的著作。這時恰遇着他的朋友詩人克萊斯特駐扎在來比錫。克萊斯特具有豪爽氣概，心地極其質朴，極被雷興那種坦白高貴的天性吸引，二人的友誼增進了許多。克勒司特的軍隊一七五八年奉命換防，雷興決意先離開來比錫，於是向他的朋友告別（克萊斯特第二年在 Kunersdorf 之役受傷身亡），又一度回到柏

（二三）意大利的戲劇家，晚年曾用法文寫了許多篇喜劇。

林。

雷興第三次卜居柏林約有三年半的光景，這是一個極緊張的文學活動的時期。他對於古代德國文學的研究仍然熱烈地繼續着。詩人剌母勒成了他的知友之一，常幫助他的研究工作。他並沒有忽略了戲劇。從他這時寄給葛萊母的信我們可以知道他工作的情形：「剌母勒先生和我擬了一個計畫又一個。只待二十五年你看吧，我親愛的葛萊母，你一定要吃驚的，我們寫了多少作品。特別是我。我白天夜裏都寫，我現在最小的決心要至少比未加(Lope de Vega, 1562—1635)(二四)所寫的劇本還要多三倍。不久我的浮士德博士(Doktor Faust)要在這裏上演。趕快來柏林罷，你就可以看它」。

在這個時期他的最值得注意的作品是那著名的文學信札(Litteraturbriefe)。一七五八年的秋天尼古萊，門德爾遜與雷興計議要創辦一個新刊物，用談話的文體討論文學上的問題。那時克萊斯特在戰場上才受了傷，雷興提議每週給克萊斯特寫一批信件——這就是那個令人害怕的著名文學信札的起源，這些信都是討論當代的文學，每週刊行一次，繼續了有七年之久。雷興，尼古拉與門德爾遜是撰稿人，每人用好幾個筆名。第一年中三分之二的信札都是雷興寫的，這些都是極有影響極優美的批評文字。它們對於德國文學的貢獻極大，它們把文學的各個部門都激動並指示前進的道路。有一封信批評普柏(Alexander Pope)(二五)與蓋衣(John Gay, 1685—1732)(二六)的德文繙譯，指示出德國文學在這一方面的缺點；另一封信鼓勵新的歷史家應攆取那些不讀書的機靈著作家與有學問而不能著作的學者而代之；又有的信討論德國與各國的詩歌。再有的信件繼續

(二四) 西班牙的戲劇家與詩人，味加所寫的劇，據云有四百五十餘齣之多。

(二五) 英國十八世紀的詩人與批評家。

(二六) 英國十八世紀的諧趣作家，著名的作品為 Beggar's Opera。

雷興對於葛特舍德及其學派的攻擊。他大胆提出沙士比亞應該作爲德國戲劇的眞正的模特兒，說沙士比亞比柯奈依(Pierre Corneille,1606—1684)(二七)，拉辛，(Jean Baptiste Racine,1639—1699)(二八)與服爾德都優美偉大。

一七五九年八月克萊斯特受傷死在佛蘭克府尼古萊的哥哥的家裏。這消息傳到時雷興正要動身到佛蘭克府探視。他十分痛悼。「唉，親愛的朋友」，他寄葛萊母信道，「這消息可惜太眞確了。他死了。死在尼古萊教授的家裏，而且在他的懷裏。甚至在極度痛苦之中他仍然是那樣寧靜，和悅。我的難過與悲悼簡直說不出來……我要罵這位良善的人——唉，我的悲傷不覺使得我惱怒我爲他痛苦的人。他已經受了三四次傷；他何以不後退！許多做將官的比他受的傷又少又輕從前線退下來還是照樣的體面。他這是自己找死的。請恕我，我過苛責他了……」

在一七五九年他刊行了一篇散文悲劇非拉塔司(Philotas)，同年還刊行了他的寓言全集，附了一篇論寓言的主要觀念的文字。(二九)

雷興漸漸疲倦於他的無休止的工作，覺着他的康健有改變環境與工作的必要，於是他到布累斯劳(Breslau)自荐作陶恩兹因(Tauentzien)將軍的秘書(他是普魯士軍隊中的一位將軍，布勒司劳的長官，造幣廠的監督，雷興在來比錫時經克萊斯特的介紹認識的)。陶恩兹因很歡迎雷興。雷興作了四年多秘書，過着一種前所未經的生活。他與普魯士軍官們在一起，常參加社交集會，漸漸狂迷了賭博。雖然如此他永遠沒有忘掉他的眞正目的，他收集了六千本書。一七六三年戰爭結束後，他又像從前一樣熱切地做他的研究工作。他探究基督教早期的歷史，關於神父們的事蹟他獲得極淵深的知識。從他給門德爾遜的一封信看來他比當時任何的思想家都更深澈地了解斯賓諾沙(Baruch Spi-

(二七) 法國十七世紀的悲劇家，主要的作品爲 Le Cid Andromède.

(二八) 法國十七世紀的悲劇家，主要的作品爲 Phèdre Athalie.

(二九) 即Fabeln nebst Abhandlungen mit dieser Dichtungsart verwandten Inhalts.

noza, 1632—1677）（三〇）哲學的意義。一七六四年的夏天他得了一場熱病，病勢很嚴重，復元的很慢。在養病期間他思索到死，和過去的生活並且爲個人的將來擬了許多計畫，他這時特別顯得寧靜與敏感。同年八月五日他在給剌母勒的信上說道，「一切氣質的變化，我想，是與我們身體機構的活動相關聯的。我一生中嚴重的時代在來臨了；我正在開始要作一個人，而且我如此諂媚我自已，在這次病的發熱之中，我把我青年期愚蠢行徑的殘渣都在熱狂的譫語中發洩淨盡了。」兩個星期後他又給這位朋友寫信訴說他仍不能沉下心來工作。「人生眞是淒慘！生命已經消耗盡了，而還活着；不康健而人看起來是康健。在我病前我那樣精力瀰滿地工作。我現在召不回我那樣的精力了，我要嘗試」。他在得病之前已經很辛勤地開始了寫拉奧空論（Laokoon），在春天空氣清新的早晨他在他的花園裏着手寫他的喜劇瑪邦封巴倫赫爾穆(Minna von Barnhelm，又譯名軍人之福有楊丙辰中譯本，民國十六年，北京樸社出版）。

在這期間他的父母的生活因受戰爭的影響十分艱窘，常常寫信來向他要錢。他對他們很慷慨，但是他們似乎過分估量了他能幫助他們的限度，他們好像以爲他要給陶恩茲因做一輩子的秘書似的。事實上他總認以爲他這職務是暫時的。他決意要辭職離開布勒司勞；可是難題是他該到何處去？科尼斯倍（König berg）大學曾請他担任演說學教授——這是很令人羨豔的一個位置，可是有一個條件雷興不能接受。他每年必須作一次頌讚御宇的君主的演說。像非德烈那樣的君主，當然誰都願意頌讚的，但是雷興想，他之後誰知道是什麼樣的人君臨德國？「誰敢說你的壽命不會比他的長？」也許有人這樣回答。但是雷興終於謝絕了這邀請。雷興的稱讚是絕對不出賣的一種商品。

那時他要遊歷羅馬與希臘之意又復活了。這幾年來他積蓄了一點錢；溫克勒的官司最近判決他勝訴，他得了三百塔勒。可是他還有債，這點錢不允許他實現他多年未償的宿願。在德勒司登謀一個相當的位置似乎不是不可能。他

（三〇）十七世紀荷蘭的大哲學家，雷興受他的影響極大。

委決不下該到什麼地方去，在這種心情下柏林自然是一個吸引他的地方，於是先到來比錫與卡門慈小住之後，在一七六五年五月他又到了柏林。在柏林，他自己說，「像屋頂上的一隻鳥」，棲止一會兒等待着有什麼來指示他再往前飛翔的機會。

在柏林有一個新的光輝的將來曾經曇花一現地展開在雷興之前。皇家圖書館（Schlossbibliothek）的主任才死，遺缺待補。先有人找溫克曼商議過因爲薪水的問題決裂了。菲德烈大王以爲雇個德國人一干塔勒足夠了，而溫克曼因此原故二千塔勒也不幹。有一位菲德烈大王的親信軍官很維護德國文學，竭力給雷興運動這個位置。這位君王對於雷興因爲從前聽了他的侍臣的構讒永遠懷恨在心，一聽見提到雷興的名字就大發雷霆不許再提這個名字，他並且說他一定從法國找一個人。他後來確實實踐了他的話，雇了一位墨欸貝尼提(M. Bernety)，他的國籍確實很合條件—但是僅此而已。

當時有人以爲雷興謀這位置還有成功的可能，假若用學識淵博的作品（證明他勝任這個位置）引起一般人的注意。他因此又繼續寫從布勒司勞攜來的雜亂的斷片的拉奧孔論，而且開始準備印行。這書在一七六六年的春天出版，立刻受到熱烈的歡迎。溫克曼以前不知道有雷興這樣一個人，他讀雷興坦白而恭敬的批評很稱讚；後來拉奧孔論愈來愈著名，他竟變了態度；在給一位朋友的信裏他很憤恚地稱雷興爲「只不過一個大學校裏的機警之才，想拿詭論來出風頭，其人學識淺陋，還可不置答辯」。可是造化的安排眞有意思。溫克曼死後恰是雷興來編輯他的書信集；他在一堆待他揀選的信件中發見這一封信，他若無其事地將這封信收在選集裏。聽到溫克曼慘死（三一）的消息時他寫信告尼古萊說，他欣願以他自己幾年的生命獻給溫克曼。

米那賢巴爾赫姆在一七六六年的秋天寫成。剌母勒供獻了許多意見，雷興幾乎完全都採納。第二年在漢堡第一次上演，一七六八年春天在柏林上演，受

（三一）溫克曼在一七六八年從維也納回羅馬的途中被一個同行的旅客在旅店中謀財害了命。

到熱烈的歡迎，很快德國各地都知道了這個喜劇。 在德國舞台上從來不曾有過這樣成功的劇本。 女詩人喀蚩（Anna Karsch）當時在柏林參觀它上演，她寫信告葛萊母說德國從來不曾有過這樣一位詩人能如此成功覺醒「儒雅的與粗野的，有學問的與無學問的」的人的狂熱與喜悅的。 演員與劇院的經理大發其財而雷興本人却不曾賺了一文錢。

三

從他到柏林之日起（一七六五年五月）至一七六七年的春天止——除了一七六六年的夏天陪伴一位青年貴族布賴廷豪夫（Leopold von Breintenhoff）到皮爾蒙特（Pyrmont）遊歷過一次——雷興自己這樣說他是悃洋洋站在柏林的市場；等人來雇他；顯然是沒有人確實知道該如何雇用他。 最後來了一位雇主，最後一個光輝的日子似乎為雷興為德國放出曙光了。 有一位漢堡的戲劇家與批評家羅文（Herr Löwen）曾刊過一部戲劇論集，討論改良德國舞台的問題。 羅文以為目前急迫的需要是取消那些遊行的戲班，由一個演員領導自謀出路的戲班，而是在大城市建立固定的劇院，由國家輔助，由具有豐富學識與優良教養的官員主持；同時設立戲劇專門學校訓練後起的人材，獎勵本國劇本的寫作。 羅文的主張以後在德國大致都逐漸實行，而且結果極好，但是在當時時機還不成熟。 不過似乎有機緣讓他在他自己的城市裏實行他的主張。 那時當然談不到國家劇院——恰好有一位演員在漢堡建築有一座極優美完備的劇院，因為內部鬧意見劇團解散了。 有十二個漢堡的商人在羅文鼓吹之下組織了一個公司賃下那個劇院，任羅文做經理，邀請了德國最著名的演員，最後聘雷興當劇院的批評家與顧問，年薪八百塔勒。 假若他肯寫劇本更好，但是並不限制他。 他的職務是給每個上演的劇寫篇批評，批評劇本與上演，在劇院每二週印行的劇報上發表。 這劇報的目的希望幫助演員了解他們所扮的角色，提高德國戲劇寫作的水準與教育看戲的人欣賞。 像這樣的職業再沒有適合雷興的了，八百塔勒的報酬在當時也不算壞，他毫不遲疑就拒絕了卡塞耳(Cassel)大學考古學的講座的邀請（這是拉奧空論給他找來的），而接受了這個位置。

此外還另有一個事業，也是與劇院有關係的。漢堡有一個叫做保德(Bode)的文人；這人曾編過漢堡通訊，是一個有教養，有才幹的正直君子；雷興一七六六年冬天在漢堡與他結識。博德計畫在漢堡設立一個印刷局，他聽見雷興要來漢堡於是他請求雷興加入，雷興稍加考慮就接受了他的提議。雷興的朋友之中有許多著名的著作家，他們當然肯幫他的忙；而且他以爲在自己的印刷局中印自己的作品總比較有利；劇院方面的一切印刷品也可以由這印刷局承印。

現在的問題只是如何擺脫他的債務，想法子弄一筆款作印刷局的股本，然後到漢堡就他的新職務。債的總數有五百多塔勒，而且在聖誕節必須給他父親寄二百塔勒，這位牧師的財產都被債主看管了。最後雷興不得不把他在布勒司勞費心血一册一册蒐集來的珍貴古典書籍出賣。而據他自己說柏林的人並不懂的這些書的價值，所賣的錢遠不及買時花的錢。

債務問題總算想法子解決了，一七六七年的四月他已在漢堡。四月二十二日民族劇院開幕，五月一日那個著名的刊物漢堡劇評(Hamburgische Dramaturg)的第一期問世。

這刊物原擬將作者與演員都批評的，但是不久就證明走不通。一位著名的女演員加入劇院的條件就是她絕不允許雷興先生在文章中提到她的名字。他最初對於獲得允許批評的演員所給與客氣的批評竟引起了風波，於是這計劃很快就算完了。

漢堡劇評繼續出了兩年，在百期刊物之內整個雷興的戲劇學說都宣佈出來。若是將它視爲一個整體來看，年代前後並無順序，因爲它是隨着劇院的出演的劇本而刊出該劇本的批評的。不過每個劇本都是按照雷興潛思研究而得的一貫的原理檢討的。他的中心的目的是闡明亞里士多德的戲劇學說——指示給德國人，法國派自謂是遵循希臘的規律，事實上完全誤解了與誤應用了希臘的規律

——以沙士比亞爲模範，沙氏雖然不懂得希臘規律却是希臘人的眞正承繼者，並且鼓勵德國戲劇人產生他們的國家劇與希臘劇英國劇並駕齊驅。

雷興在漢堡住了不久就發現劇院注定了非失敗不可。他寫信告他的兄弟卡爾（Karl）說：「沒有一個人知道誰是廚子，誰是侍僕。」劇院的主人太多。勒文不久也脫離了，演員們互相傾軋爭鬥，而最致命的是縱然在文化最高而又富足的漢堡，觀衆並不能欣賞高尙的藝術和本國的天才。這個民族劇院掙扎到一七六八年十一月遂告解散。

漢堡劇評除了最初幾期往往總是衍期。從商業方面來看這個文學事業也不比劇院事業成功。讀衆固然很熱烈地期待這刊物，但是他們可以買盜印本；雷興和他的伙伴又不善於應付商務上的一切困難。雷興的積蓄漸消耗完了，他的薪水又不能按期領到，每次開演時劇院的債主都把賣票房包圍了起來。他這時又是棲止在「屋頂上的鳥」了，想向南方走的意思逐漸增强了。

在一七六八年的四月裏雷興到來比錫磋商他的印刷局出盤的事情，他本來打算在歸途拜訪哈爾的克婁茲（Klotz）教授的。克婁茲是一位極著名的學者或僞學者，當拉奧空論出版的時候，他曾在自己編的刊物上與以熱烈的讚揚。不過環境改變了雷興的心境，因此他不惟沒有得到雷興友誼的訪問，反而受到一篇論難文章的指摘。克婁茲總算是一位儒雅的著作家，不過學識淺陋，人又不眞誠。他用鄙卑的手段獲得非德烈大王的寵遇，得了一筆大薪水；於是他豢養了一羣諂媚他的人來反對足以影響及他的地位的任何學者。拉奧空論出版的時候，他想將雷興收伏在他的羽翼之下。但是雷興後來發現他的不學無識與他的那種手段，於是就和克婁茲冷淡下來。克婁茲知道這是什麼意思。不能得到雷興，就要破壞雷興，克婁茲第一步在一篇文章中講到拉奧空論時說裏面有許多的錯誤。克婁茲御用的書評家們跟着都來了，有一個得意揚揚說在拉奧空論中至少有一個「不可饒恕的」錯誤。雷興決心揭穿克婁茲與他的一般羽翼的技倆。他作了兩篇文章，論古代人死之表現法(Wie die Alten den Tod gebildet)

三二），與研古信札 (Briefe Antiquarischen Inhalts)。在研古信札中雷與指責克婁茲的批評只不過證明他自己不可饒恕的疏忽與愚昧。雷與又說克婁茲毫無學問不言，東鱗西爪他抓了其他作者的一點意見，却又不幸都誤解了。他歪曲了雷與，企圖壓倒雷與結果給他自己掘了陷阱。有人說：「克婁茲以一粒豌豆擲雷與，而雷與以一堆巨石來回敬他。」克婁茲漸漸變成公衆的妨礙與學問的災害。他無法來防衛他自己，只在他自己編的刊物上發表一些曲意奉承雷與與漢堡女演員的文字；在這場論爭還沒有結束他就逝世了。

隨着研古信札雷與寫了論古代人死之表現法，這是因克婁茲批評拉奧空論中的一個註子而撰寫的。在所有雷與的作品中，就風格與思想言，再沒有趕得上這篇論文優美的了。這篇文章的效果極大。它是一道眞正的希臘的光芒，在它的照耀之下那種象徵死的醜惡的幽靈從藝術中逃遁去，安詳而美麗的形像代替了它。

在雷與決定前去漢堡之時他久已蓄着改革舞台的希望似乎在他離開那個城之前注定在一個十分意外的情形中與以實現。這時候柯羅普史托克正在漢堡住着，他很受約瑟夫二世（神聖羅馬帝國的皇帝）的重視。在柯羅普史托克的影響之下，約瑟夫二世極熱心獎勵德國文學，計畫在維也那組織一個學院，與國家劇院，並擬請雷與爲指導之一。雷與十分喜歡這個提議，雖然尼古萊反對他接受它。門德爾頌，尼古拉這些良善的普魯士人以及其他的朋友們都以爲維也納並不優於伯林。但是雷與因爲菲德烈大王所與他的仇視的待遇，使得他憎惡這個普魯士的國都——伯林。他在一七六九年八月給尼古萊的信上說，「這些有學問的人們（擬議中維也納學院中人）在你們看來是如此之可笑，而就我的判斷而言却它無可笑之處。在維也納也並不缺少思想的自由。請問在什麼地方一位讀書人可以被剝奪去這種自由的？……」幾天後他又寫道，「維也納如何且不必管；可是我敢說在維也納德國文學的遭遇要比在你們法國化的伯林總好一點……

（三二）此文已由本文撰者譯出刊登本誌第四卷第一期。

請不要向我談你們柏林的思想自由與言論自由。所謂自由不過可以自己刊布隨意攻擊宗教的文字而已。你們不信試讓人在柏林任意暢談宗教以外的任何事情，像生南恩非爾司(Sonnenfels)在維也納那樣。讓在柏林大聲疾呼擁護臣民的權利，反對獨裁，像現在法國與丹麥那樣，你一定要發現現在世界上那一個國家是最受奴隸待遇的了。」

不過維也納的計畫終成泡影，雷興仍然在等候一位雇主。假若當時他放棄了意大利的旅行，他也許可以弄到維也納編劇人的位置，賺一筆很可觀的薪水。他這時寫信給他的兄弟卡爾，「我思念父母不已。但是上帝可以作我的見證，我所以不充分幫忙他們不是我缺乏意志。我在現在是全家中最窮的一個。因為他們最窮的不過一文不名，而我為了解決最低限度的生活竟負了債。」

這時候救星來了。雷興在漢堡認識的朋友之中有一位艾柏特(Johann Arnold Ebert)，他是卜勞恩史外(Braunschweig)卡羅利諾模學院(Collegium Carolinum)的教授。他們兩個文學方面的志趣十分相投，特別是兩個都愛好英國文學，於是艾柏特請求卜勞恩史外的王子任命雷興作渥爾夫比泰(Wolfenbüttel)圖書館的主任。雷興先請假到意大利旅行，應允在兩個月之內就任他的新職務。

雷興在漢堡的生活除了他的失意之外，對他却是非常之愉快而有利的。這個「自由城市」的空氣非常對他適合，他又有許多朋友。他是教授東方語言來馬留斯(Reimarius)家的極受歡迎的客人。葛茲(Goez)牧師與他也極相好。這位牧師也像雷興的父親一樣是老路德正教的擁護者。雷興另一位漢堡的朋友是一位絲商刻尼喜(König)。他的夫人，伊發刻尼喜，當時約有三十五歲，十分活潑，溫順，有教養，性情甜蜜，意志堅絕，又極善諧謔。雷興和她，她的丈夫，她的四個兒女感情都極好。刻尼喜死後(一七六九年)雷興遵照他的亡友的遺囑，負起照料這一家人的責任。因此之故雷興一直遲至一七七〇年四月才到渥爾夫比泰履新，他在那兒服務一直到他死。他不再是「屋頂上的鳥了」，很不幸地他以後總感覺着一隻在籠裏的鳥並不比一隻在屋頂上的鳥好的多。

渥爾夫比泰圖書館，或稱奧古斯都圖書館(Bibliotheca Augusta)，是十七世紀時卜勞恩史外的大公爵奧古斯都建立的，收藏的圖書極富，尤以各種版本的聖經爲最完備。它還收藏有許多稿本，似乎是專待着雷興來發現它們。雷興最初極喜歡他的職務。他有閒暇，一年薪水六百塔勒，此外還供給住處與煤火。而且公爵還給他檢查所有在公爵領土內印行的一切書籍之權。渥爾夫比泰有一種被遺棄的古都的抑鬱調子——公爵早遷移到卜勞恩史外——這個對於雷興那種天性與習慣的人不免有點不大適合。但是兩地相去不過七哩，而王子收羅了許多人才，本人又極富才學。除了艾柏特之外雷興又結識了詩人紮哈利亞(Zachariä)與伽特那爾(Gärtner)，神學家施米特(Schmidt)，與神父耶路撒冷(Jerusalem)。

雷興在渥爾夫比泰住下來之後不久便開始發掘在他統治之下的富藏。不久他就發現了一篇重要的原稿，十一世紀著名的自由神學家都爾(Tours)的貝棱加留(Berengarius)攻擊坎特布里(Canterbury)總主教朗佛侖克(Lanfranc)的文章。雷興發現了這篇原稿對於神學研究的供獻甚大，貝棱加留的眞正教義幾乎與路德的相同。雷興原想把這原稿附一篇介紹文刊行，但是他後來放棄了這計畫，他只寫了一篇歷史論文，都爾的貝棱加留(Berengarius Turonensis)。

恰在這篇論文却成的時候，雷興期望着以非常的欣喜讀它的那一個人已不復存在了。卡門玆的那位老牧師晚境十分坎坷，又遭受他的教民的敵視，在一七七〇年八月逝世。雷興立刻担負起他的父親的債務，盡力來幫助安慰他的母親與姐姐。他想着給他的父親寫一部傳記，但是永遠沒有實行。

關於雷興在渥爾夫比泰以後五六年間的生活，內在的與外在的，一個最有價值的權威是他與他的漢堡朋友的寡婦伊發剋尼喜的通信。他們兩人互相鍾愛——他一七七一年秋到漢堡訪問她的時候——局外人一概不知。除了在來比錫一度愛過女伶勞侖玆(Lorenz)之外，一直到他這時，雷興不曾受過異性的影響。

在他一生的生活中或藝術中都找不到一點痕跡。他的抒情詩中的女人是諷諷或慇勤有禮貌的對象，絕不是浪漫情感的對象。他對於伊發剋尼喜的感情也許說不上是浪漫的，但是這與任何女人所希求的同樣的溫馨同樣的沈深。不幸伊發的丈夫死後經濟的情形非常不好，而雷興的收入又極微，自己一人尚處不足，非得等她把她承繼了她的丈夫的買賣處置妥當才有和雷興結婚的可能。

雷興以前印過的詩與警句的集子繼續受讀衆的歡迎。他很後悔他早年的作品，他請剌母勒替他校閱矯正，一七七一年出版，他加了一篇論警句的極美麗的文字。他又答應服司重印他的劇作集，加了一篇新作艾米利加勞地（Emilia Galotti）。這篇劇遠在來比錫時已經着手寫，「七天寫七行」，這時又重新繼續寫。卜勞恩史外劇院的經理聽說雷興的這篇新戲，他請求雷興在一七七二年三月十三日公爵夫人壽日之前完成以備上演。這劇本雖然如期完成，而且是德國十八世紀的一篇重要悲劇，不過雷興自己認爲寫的十分草率。他在一七七二年二月寫信告服司說：「我愈快寫完，它愈使我不快」。

在一七七三年雷興開始印行渥爾夫比泰圖書館藏書對於歷史與文學之貢獻（Zur Geschichte und Litteratur. Aus den Schätzen der Herzoglichen Bibliothek zu Wolfenbüttel）。許多人所不知的與極重要的原稿都收羅在內，雷興一有發現隨時由公爵的印刷局印行。他自已撰的註疏與介紹文給這些「貢獻」增加價值不小；各式各樣的題目他都處理得極好，他的淵博豐富的學識與精細的辨別力很引起一般人的驚訝，油印之發現，古代德國詩歌，希臘選集，法蘭德斯人的人的史紀，古星術——沒有一種逃過他的注意。其中有兩個原稿給萊勃尼茲的意見，給三位一體的教義與永恆的懲罰的教義，帶來新的說明，這個觸犯了那些理性主義者。雷興說在這兩方面萊勃尼茲都是正教觀點的維護者；並且在論三位一體的文章中他譏嘲近代的神學家。這些「貢獻」一直刊印了六年，他後來漸漸也覺得沒有什麼興致了。他的家裏不住間他要錢，他還得應付漢堡的債主，他的薪水在這種情況之下預支了不少。

他想到另外謀一個職業，在維也納或德勒司登他都可以不費什麼力量找到收人較豐的事情。不過王子耳聞到他有辭職的意思，於是向他提議給他一個統率——公爵家的顧問，答應優厚的薪俸。不過雷興以後須竭誠爲公爵家效勞，放棄他遨遊世界的計畫。雷興同意了。可是當時王子須到伯林去，不能立刻決定這事。王子回來後，雷興期待着立刻把這個解決。但是仍無結果。雷興想法子間接探問也毫無所得。於是雷興怒了。莫非王子玩弄他嗎？爲了他的愛人伊發，受了她的誠摯的懇求，他不能棄去這個位置。可是渥爾夫比泰的生活現在他覺得是令他憎厭的了；他工作的毫無趣味，他什麼也不能作，沈在一種默默的憤恚與抑鬱的情狀之中。他最後決定破斧沉舟來幹一下，在一七七五年的正月裏他動身到維也納旅行，在那裏至少他可以見到伊發。

雷興先到伯林，爲得到皇家大使的介紹信。然後到德勒斯登，等候渥爾夫比泰的正式准假信；三月三十一日他才到達維也納。他寫信告訴伊發，「我到得比你期待的還要早。試想我想我多麼渴望着要擁抱你」。自從他們相愛之後他們兩個只見過一次。這時她的一切事情都已料理停當。工廠抵押了，她與她的孩子們每年可以有五六百塔勒的收入。他們二人的結合似乎再沒有什麼嚴重的阻礙。

但是雷興與卜勞恩史外剋王的關係仍然沒有解決的途徑。在維也納他受到各階級，從朝廷至平民，的尊敬，德國的著作家從來不曾有過這個榮譽。國家劇院特爲上演艾米利亞表示敬意，他一進劇院，觀衆熱烈的鼓掌歡迎他。他結識了卜勞恩史外家最年幼的一位親王（那時二十二歲）。這位親王要到威尼斯，他請雷興與他同行。一七七五年的四月這兩位旅客出發。

親王原初只提議到威尼斯，上了路之後，行程大改。雷興很苦惱，但是沒有辦法。他給伊發的信上記，「與王爺們來往都是如此。什麼事你都不能完全相信他們，他們說的話不能完全算數。他們一旦握住一個人時，他必須忍耐着，不管情願不情願」。

雷興最初只估畫着幾個禮拜，最後竟忍耐了九個月。　他看見佛羅倫司，日內瓦，羅馬，拿普勒司，波倫亞，巴維亞，勒革錦（Leghorn）；他與教皇庇護六世會談；到處與學術界的人會晤；他研究近代各種族的風俗與特徵，他也研究古代藝術的殘留。　但是這次的旅行他卻不曾利用了續寫他的拉奧空論，或任何種藝術作品——甚至他旅行中的日記也只是乾燥無味的記載。當然他旅行的許多條件確實不宜於作重大的研究。　時間正是一年中最熱的時候　，雷興康健又不甚好並且在一切無聊的宴集之時他非去侍候親王不可。　十二月他們方回德國，雷伴送親王到明興，又轉到維也納，從德勒司登回到他的故鄉，在家裏與他的老母住了四天。　一七七六年二月他到柏林小住了幾天，最後回到卜勞思史外。

關於他自已的位置的問題雷興決定不讓它馬虎下去。　他一從意大利回來侍從大臣就奉命傳達王子將給他的位置的消息，他都接受了。　他也見了王子，王子答應不久再傳喚他。　他又受了愚弄。　他寫信告伊發，他等候王子到三月三日。　二日他在給伊發的信上寫道：「假如他此時傳見我，他一定得聽我說我的一肚子話；假如他不傳見，他至遲將在禮拜三接到我的一封信，這樣的一封信我想他不當接見的」。　到三日王子仍然沒有請他，那封信他終於寫了，通知他要提出辭職，並且極生動地描寫在過去三年中王子對他的許多不應當的行爲。　這封信恐怕比英國的約翰生博士（Dr. Samuel Johnson）（三三）給邦司特非尉勳爵（三四）（Lord Chesterfield）的那封著名的信更動人，但是我們現在只能憑它給了伊發的效果來判斷它：「假若我不曾像一般人那樣崇拜你愛你，你給王子的幾封信確使得我要崇拜你愛你了。　我讀它們時，我在我的思想中摟抱了你一百次」。

後來雷興講到王子時說：「王子畢竟是一個高貴天性的人」。　他毫不惱怒

（三三）約翰生博士是英國十八世紀的大文豪。　未得意時生活十分困窘，他計畫編英文字典請邦司特非尉勳爵幫助被拒。　其後他的字典成然成功出版了時，勳爵復在 The Globe 上撰文揄揚，因此詩約翰生特修書謝，試毀備至。

（三四）英國十八世紀的名卿與文人，以書翰著名。

雷興坦白的敘述，他請他暫時不要談辭職的問題；最後他招雷興單獨談話，圓滿解決了他的職業的問題。王子允許預支給他一千塔勒還債，以前預支的薪水都夠消，他的薪水加了二百塔勒。他的住處也給改良了。老公爵給了他宮庭顧問官的官銜。他說：「我用頂粗野的德國話告訴他們我滿不在乎這個」。

這時他的婚姻的一場難題都沒有了，但是他仍然延宕着。他着手極嚴重的文學作品——即是在那貢獻中印行了一篇關於基督教歷史的原稿的斷片殘文。這是已故的來母魯司教授的作品，他從漢堡帶回來的。一七七四年他曾印行過一個斷片，當作他在圖書館中發現的無名氏之作。這些斷片都附了他的辯駁，極引起當時一般人對於神學研究的興味。他在這一年的另一個工作是編訂耶路撒冷的哲學論文集（Philosophische Aufsätze von K. W. Jerusalen）。耶路撒冷是他的那位方丈朋友的兒子；他的智慧與品格與他悲劇的結局極使得雷興感動。在他的序文中他盡力洗淨哥德的維持所詬污的他的朋友的記憶（三五）。耶路撒冷不是不健全的傷感者，而是一位強毅銳敏的思想家，他的死給了德國哲學一個嚴重的打擊。

八月裏他到漢堡訪問伊發，這是上次在維也納分手以後的第一次會面。他們在兩個月內準備好結婚的一場。十月他又到了漢堡，他與伊發在八日那天在一位朋友的家裏結婚。邀請參加婚禮的人極少，一場都在可能範圍內靜悄悄地舉辦。他們立刻動身回到渥爾夫比泰，住到圖書館對面一所小住宅裏，伊發的十九歲的男孩子那時在蘭道（Landau），其餘的三個隨着他們的母親與繼父。

雷興的家庭生活極美麗——這是他的奮鬥的與勞苦的生活之間的一個美麗的插曲。拜訪過他的家的人們都十分稱道伊發，稱道她的神聖一般的美麗與他的怡悅人的同情。她富有機智，靈活，有教養，實在是雷興的一個最好的伴侶。

（三五）耶路撒冷是駐 Wotzlar 卜分恩史外使館的秘書，戀愛他的一位同事的太太，後來祇得自殺。他與哥德是大學時代的同學，在 Wotzlar 又相遇，他自殺時哥德已離開 Wotzlar 他的不幸的結局給了哥德不小的影響，哥德的維持的結局完全是以耶路撒冷爲模特兒，正因此故雷興不滿意維持。

雷興常帶了不速之客回家來吃飯，飯菜不夠的時候，他總說；「弄點火腿與雞蛋好了」。他殊不知這兩樣在他家的厨房裏也並不豐富。雷興的脾氣也柔和的多了。門德爾遜到渥爾夫比泰來訪問雷興；他很奇怪雷興的改變。「這是因爲你的太太？或共濟會（Freimaurer，這時雷新加入了共濟會，很使得門德爾遜煩惱）？或年齡？或成熟的理智？」。伊發的小孩子都把他視爲親愛的保護人，他常常與他們在一起游戲，得到他們的信任。

雷興個人生活很閒適，有規律，他還是無休止地工作着。每天六時起牀，有時還早一點；工作到正午，或是他自己的文學工作，或辦理他在宮庭裏的職務。十二點半午飯，一家歡悅地談着。午後散步，他常喜歡散步到布倫斯威克。假若晚間有人拜訪他，這客人一定是受歡迎的；他若是一位棋手更受歡迎。

雷興的服飾這時總是很整潔，甚至很時髦。他憎嫌凌亂與骯髒。他在書室裏一張大橡木棹上工作，旁邊蹲伏着他的愛貓，一切都是整齊有序。

他在這個時期的作品，在思想上與風格上，都是他一生中最著名的。他論共濟會的五篇對話（Ernst und Falk）之中大半是在這時撰述。雷興在一七七一年的秋天到漢堡的時候他加入了共濟會後來在柏林門德爾遜詳細詢問他共濟會入會式的情形，他回答他宣過誓嚴守秘密。「什麼話」！門德爾遜怒道：「我們兩個共同探究眞理有二十幾年，而你現在宣了誓不肯示給我你已發現的眞理？」也許雷興向他或其他問訊的人暗示過共濟會的秘密並沒有什麼值得諱莫深如的，因此招來一位有地位有權力的共濟會的主腦的一封信警告他。並且這位主腦期望他在卜勞恩史外推進共濟會的道理如同蘇格拉底在雅典人中一樣，「但是要避免蘇格拉底那樣不幸的命運，你不能超越過共濟會所指派給你的地方；你必須時時提防，甚至和我們一樣的兄弟們在一起，切勿講到共濟會，或做任何禁止我們做的事，除了在秘密的地方」。他還要求雷興把入會以前所寫的一篇論共濟會的文字毀棄。

假如雷興之加入共濟會並非十分的鄭重，他最好取一種冷漠的態度。他覺着其謗會可以作爲一個最有勢力與慈善的社會力量。 他在嚴肅與隱(Ernst und Falk) 的對話中極發揮這個思想。這部對話集被認爲是雷興最優美的作品之一。就它的激發人的思想與精純的文學優雅合而爲一而言，批評家以爲足以繼武柏拉圖的對話集。

另一種著作，大部寫於雷興結婚後的一年，是他的晚年的宗教作品中最好的一種。 這就是著名的人類的教育 (Erziehung des Menschengeschlechts) 。 要認識這篇論文的重要性，我們必須知道宗教論爭的情形。 當時大約有三派。舊的正教的教士爲聖書的文字爭論；凡在聖書中所記載的每個事實與教義是絕對的眞理，它的文字不容許更改；聖經從頭到尾是上帝對人的啓示的至高的與最後的發言。 與這個學派相反，但是仍然在教會的領域之內，是理性主義者，他們與正教派同意認爲聖經中包括了最完全的與最終的啓示；但是他們以爲除此以外還有其他的：聖經的歷史不必都是眞實的，甚至聖經中的教義也往往被解釋爲與迷信的，暫時的思潮適合。 在教會之外有自然論者或自然神教者，他們主張聖書是有計畫的欺騙與悖理的迷信的結果。 研究聖書，若不是爲了要暴露它們，是不値得思想開明的人士費力的。 雷興的論文先探詢神聖的啓示是爲絕對的與最後的眞理之拯救必不可或少的嗎？ 假若不如此，眞理就不神聖了嗎？ 他對自然神論者說：「在萊勃尼茲的世界中沒有應受我們輕視或憎嫌的——而宗教應受他們的輕視與憎嫌嗎？ 啓示不是普通所謂原罪，贖罪，三位一體的教義，而是傳達概念的工具。」 雷興提議每個個人必須經過整個教育的程序，而教育程序之存在惟在人種的全體歷史中能夠被保存。 這個人發展是一般發展的原因。時間的巨大的慢慢動着的輪子可以被無數的小輪子推動，每個小輪子可以產生明顯的結果。 雷興的這個宗教觀在當時的思想界可以說是宗教改革以後最重要的一件大事。 它消解了所有的舊派別，舊論點的意義。 這篇論文共分一百節，前五十三節首先發表，全文在一七八〇年方印行。

在雷興的生命史上這時發生了一件大事。 一七七七年聖誕節的前夜他的太太生了一個男孩，這孩子活了一天就夭折。 而伊發生產時的情形非常嚴重。在三十一日他寫信給厄申堡說 (J. J. Eschenburg)：「我乘着我的太太神志不清的時候寫這封信感謝你的垂注。 我的快活太短促了。 我很不情願地喪失了他——我這兒子！ 他那樣聰明——那樣聰明！ 他們必須用鐵鉗子把他拖進世界來，這不是聰明嗎？ 他如此短暫就看到世界的悲哀？ 他捉住第一個機會就避逃開，這不是聰明嗎？ 而這個小無賴還要把他的母親拖走。 因為簡直沒有一點希望她可以留下。 以前我要像旁的人一樣過良善的生活。 但是結果對我太殘酷了。」 伊發在神智不清之中（或者她只能辨識得出她的丈夫）有十天的工夫；他時時被人從她的病牀前拉開，恐怕更增加她最後的痛苦。 最後似乎有一點復元的希望，但是這只是暫時的。 第二年（一七七八）正月十日他寫信給厄申堡，從他那倔強的自制我們可以看得出他的悲傷與痛苦來：「我的妻死了，我現在有了這種經驗了。 我很歡喜我不會再有如此的經驗。 我十分鎮定。」幾天之後他給在柏林的卡爾寫信道：「假若你曾認得她；人們說稱頌自己的太太就是承頌自己。 好罷，那麼就不說她了，但是假若你曾經認得她！ 我躭心你將永遠看不見我如我們的老朋友摩西所說，如此鎮定，如此知足，在我的四壁之內。」

但是雷興不是那種浪費生命於無益的嗟嘆的人。 這時有一個工作，名譽與義務不容許他休息，在他的生命與才智尚未消竭的時候。

漢堡的那位東方語言教授來馬留斯，寫過許多哲學書，在當時頗有聲望。他曾以二十年的時間寫了一部論理性的宗教的書，這部書嚴守秘密，世人都不知道。 這書詳細討論基督教的歷史證據與宗教的起源，來馬留斯的主要目的是攻擊基督教的重要保壘——復活的教義。他的這部書的名字是上帝的合理崇拜者之自辯(Apologie oder Schutzschrift für die vernünftigen Verehrer Gottes)。 他的觀點是根據英國的信自然神教者，他極精細地探尋記載在聖經中的那些神蹟的證據。 在他死後一七六七年他的女兒伊利絲將這部書的原稿交託給雷興，雷興選了若干篇刊登在貢獻內，題名為渥附夫比泰斷片 (Fragmente des Wolfenbüttel'schen Ungenannten)，著者的名字則未宣佈。這些斷片發表後在正教的神學家中引起大騷動，羣起而攻擊雷興，指責他不應該發表含有如此危險的傾向的作品。雷興一生沒有對於辯爭厭倦過。他發表了這些斷片正期待着他人的攻擊而迎頭回敬一下。他遇到的最頑梗的敵人是葛茲牧師——他在漢堡時認識的一位朋友。葛茲並不是雷興理想的與來馬留斯的主張相稱的一個敵手。他不是基督教的理想的擁護者；但是他却代表着一大部分人的意見，雷興不得不以他來作爲回擊的對象。雷興寫了一個寓言（Eine Parabel）公認之理(Axiomata)，題爲反葛茲（Anti-Goeze）的十二封信與兩個小册子答辯，申論他所謂基督教者是什麽。這些文章不只思想縝密，學識淵博，而且文字非常優雅，精采動人，縱在今日我們讀了仍然覺着虎虎有生氣。雷興並不是維護來馬留斯的結論，他只在要求對於人類思想中最崇高的題目應有的自由批評的權利。他的主要的論據是聖經不能被認爲是基督教中一個必須的信仰，因爲遠在新約被教會承認之前基督教早已是一個活動的征服的力量。基督教所不可少的眞正的證明是它的適應人類的天性；因此宗教的精神永遠不受勇敢的思想家的思考與探究所影響。這個論爭的結果給評論神學的著作家爭到較大的自由，關於基督教的生長，信條的組成，宗教的要素提出新的問題。雷興像七年戰爭中的菲德烈大王一樣，他不僅是一個武士。有時他發見一片荒涼不毛之地，很快他便把它變作思想的一個肥沃的領土。他的勇氣他的接濟源源不絕。他在這場酣戰之中發表了來馬留斯的最後一個斷片。

所有反駁，葛茲的文章都是在公爵印刷局印刷的。雷興享有自由印行他的作品不受檢查的特權。但是他從來沒有想到這個特權會遭取消的；他沒有想到當他的保護人王子離開卜勞思史外的時候，使得他驚訝，憤悲的，公爵受了他的敵人的慫恿命令印刷局長此後凡是雷興的作品未經檢查許可者概不許付印；而且最後的兩篇斷片也不許續印。幾天之後他請求公爵允許他繼續印他答辯的文章，因爲他受到葛茲極不禮貌的攻擊。當他受到特許有不經檢查刊印書籍的自由的時候，他知道不能印行觸犯宗教或道德的作品；但是這是指他個人的作品而言，而在他自已的意見看來這個限制並不是說他選擇圖書館的寶藏公佈於世的時候應該效慮到宗教的問題。他請求極苛細的神學們在他自已的著作中找出一句話來是違反正教的。這個請求曾在一七七八年七月十一日呈給公爵。十三日公爵命令雷興在八天之內將斷片的原稿呈交，並取消他所享受的自由印行權；未經發表的斷片與一切類似的作品都不許再印。

正在這樣劇烈的論辯之中雷興受到這個打擊，被套上一付架鎖，他的憤怒可想而知。他寫信給厄申堡說：「縱然禁止印刷斷片在他不算一回什麼事，不過若仍禁止他與葛茲的論爭他非辭職不可。

八月三日雷興的請求曾得到答覆。凡不經政府的許可，反葛茲及將來的一切著作均嚴禁印行，這時雷興可以說是一敗塗地了。好像除了屈辱投降或辭職之外，再沒有別的途徑，但是還有一個方法兩方面都可以得到滿足。他八日寫道：「所謂將來的一切著作嚴禁印行是指在卜勞恩史外公爵的領地之內說的。否則他已經違背這一個條款了；他的對於葛茲牧師先生的一個極不必需的問題的必需的回答，已經送到柏林付印了，並且已經柏林的檢查官准許印行。」但是公爵的顧問官不認可這個。不得卜勞恩史外政府的同意任何地方都不准雷興繼續他的辯論。雷興不理會這個禁令。他仍然印行他的必需的回答，指明教會的信條是基督教教義的權威的解釋。而這些信條又何所依據？雷興主張所依據的不是聖書，而是比所有的新約都早就存在着的傳說。這些傳說被初期的基督徒認爲比聖書更近眞理。接着又刊行了第一續篇（Erste Folge 在漢堡刊行）指責葛茲文章中錯誤的引證。這第一續篇永沒有第二個續篇，因爲葛茲終於沉默了。這時雷興能夠服從公爵的命令了，雖然並不屈辱，但是不能說沒有勉強。這個重大的論爭就如此結束了。

在這次論爭中雷興一方面將基督教當作一個宗教的系統來討論，一方面討論那些證明基督教的源流的文件；在這兩方面他都寫了一部劃時代的著作。一篇是前面已經說過的人類的教育，另一篇是關於福音書作者的一個新假設，刊行於一七八四年他的遺著神學的論文集中。許多的權威批評者對於這新假設的價值的意見雖然不一致，但是都認爲這篇論文之出現是一種新的科學的誕生。雷與對於基督教的態度改變的很利害；他最後的態度可以在他死後刊行的遺著中一個斷片裏觀察到：

「我於基督教毫無反對之處；正與此相反，我是基督教之友，而且將畢生歸依它。基督教與任何其他的宗教一樣地滿足宗教的目的。我相信它，我認爲它眞，猶如任何人相信與承認任何歷史的事實眞一樣……惟理主義者應該滿足這種言詞；至於那些認爲基督教的信仰是受聖靈的直接影響而產生的一個絕無僅有之物的人們，我不能否認這種聖靈的直接影響的可能性，而且我確實情願不做任何凡是防碍這個可能性實現的事。

『確實我一定自認……』」

這個斷片就在此終結。雷與沒有更進一步表明他對於這個問題最後獲得的結論是什麼。

這場宗教的論爭結束之後，雷與帶了他的繼女瑪爾庚（Malchem）離開渥爾夫比泰到漢堡去（一七七八年九月十二日）。他計劃只住一週，結果停留了一個多月。經過這一個奮鬥時期之後，他需要在那些能夠給他以友情與學問上的共鳴的朋友們中休養他的精神。這些朋友之中主要的是來馬留斯的女兒伊利絲；此外有保德，克勞丢斯（Claudius）與大翻譯家服司。他與他們在一起度了幾十天快樂的日子。他們都很難過，發現雷與雄壯的體魄這時已現出衰弱的徵象了。他以前的精力，生氣都消逝了——他的身體總不斷有點小的不舒適——他們特別注意到，甚至大家聚談的時候他忽然昏昏欲睡。十月底他回到渥爾夫比泰，他着手寫一篇劇詩，他期望以這篇詩要比十篇斷片更有力地給一般人的偏執與悖理一個攻擊。

一七七八年八月十一日雷與寫信給他的兄弟卡爾說：「許多年來我計劃着一

篇劇，它的題材極與目前的這些論爭相似，這眞是我始料所不及。　假如你與摩西認為這劇好，我將要徵求預約來印行它，你趕快印刷附上的廣告並分散給人們。」　這個廣告告訴大家說雷興既然被迫着停止他的一篇作品，他忽然又想起他的一篇舊的劇本計劃，而予以完成。　他請求德國各處他的朋友們預約這部作品，並且他希望在聖誕節之前知道他們努力的效果如何。　定價是一個吉爾登。

他寫信告伊利絲他在用韻文寫他的劇，「為了快的原故」；他所選的詩格是英國的十音無韻詩——這種詩格以前在德國不曾在這樣重要的作品中被用過，但是自從一與應用以後它纔為德國公認的劇詩的詩格。

像雷興這樣曾貢獻給德國舞台第一篇偉大的喜劇與悲劇的作者，這時登廣告徵求人預約他的劇本，當然要引起一般的興味。　而且一般人都猜想：「這篇賢人那譚（Nathan der Weise），多少有幾分是那樣激動全德國的宗教論爭的一個繼續，更增强了大家的趣味」。　雷興得了朋友們的幫助劇本的預約很成功。只伊利絲一人在兩個月內就徵求到七十個預約者，詩人赫德（J. G. Herder）（三六）徵求到二十六人。　甚至不認識雷興的人們也都代為徵求，在一七七九年一月底已經有了一千預約人，在四月裏達到一千二百人，而書店代預約的尚不在內。這種預約的辦法是抵抗盜印的一個最有效的方法，當時許來的著作家都採取它。

經過幾個月安靜而愼重的工作，在四月裏一切都準備好付印了，那譚在五月中旬與世人見面。　讀者未必敢期望在一個作者自認是神學論爭中一個穿插的劇本中，發見一件偉大的藝術作品。　假若不是雷興自已的聲明，恐怕不會有人猜想這篇劇是具有論戰的目的的。　雷興那時代所謂正教派的偏狹與驕橫在這劇裏寫的淋漓盡致。　那譚的主要觀念是高貴的品格可以容納各種的信條並存，因此維護某個宗教派別的人，毫無理由拒斥維護其他的派別的人。　每個人在任何一

（三六）　赫德不僅是一詩人，他還是批評家與哲學家，他在威瑪（Weimar）的宮廷裏做過傳教師，與哥德是朋友。

個宗教中都可以信奉上帝。全劇以思想的發展爲中心，不注意動作的進行。 這一點很受批評家的重視，所以劇中許多的極高貴優美的藝術質素反而被忽視了。就劇本而言那潭有許多嚴重的缺點，就劇詩而言它却是十八世紀最優美的作品之一。 雷輿在這個劇中過分重視倫理的與哲理的探討，所以他一點都沒有遵守他在漢堡劇譚中那樣熱烈地擁護的規律。

但是那潭並不曾完全征服了那些神學家們。 有一位著名的研究教會史的權威撰文研究新約在早期的基督徒中的情形，他駁雷輿，他說新約是早期的教會的眞正信仰的規條。 於是雷輿寫了聖經崇拜者（Bibliolatrie）回答，又開始寫一組給各種神學家的信。 他在這時開始的工作很多，但是沒有一宗完成了的。雷輿的精力顯然是衰頹了，昏睡病愈加重，漸漸眼也受了影響，甚至有些時候他不能讀書。 他的經濟情形這時又陷於困窘，那潭的收入大部付償了債了。 神聖羅馬帝國的新教徒會這時又威嚇他，要在樞密院控告他刊行斷片之罪，甚至渥爾夫比泰的居民對他也起了反感。 雷輿很痛苦，很抑悒，但是對人還是很愉悅。

這時（一七七九年）在雷輿的生活中有一個小小的軼事。 有一天有一個衣衫襤褸頭髮蓬鬆的人登門拜訪雷輿，他還攜了一條極大的，也像他一樣粗野，討厭的狗。 這人叫克乃曼（Kōneman）。 「你是什麼人」？ 雷輿問他。 「我是一個哲學家」。 這位哲學家是從立陶宛的故鄉跋涉而來，想在富裕的家庭中謀一個教師的位置。 但是沒有一家肯敦請他，他這時既無住處，又無工作，也無飯吃。 他從他的衣服底下抽出一篇髒的稿子。 這是一篇未完成的論人類崇高的命運的論文，他期望這篇文章將來在歷史上要創造一個新的時代。 他要雷輿給他一間頂樓居住，讓他靈魂與肉體都不受饑餓，然後完成他的傑作。 他結果如願以償，而且還出乎他的意想，因爲雷輿對於不幸的人總是仁慈的。 不過他却使得雷輿有點狼狽。 雷輿讀了他的原稿指示給他裏面的文法上的錯誤時，他說他預備寫一篇序言，聲明他是不注意這項節的。他也極不講禮貌；他與他的狗，所有雷興的朋友都不喜歡。但是雷興不願與他離開，他不願棄他不顧。他有兩個面包——他最後的兩個面包，他將一個給了另一個飢餓的人。雷興正是如此。「他與他的狗很正大光明地分的吃」，雷興說：「只要我有一片面包，這位哲學家一定有半片」。克乃曼與雷興住了幾個禮拜，寫他的稿子，後來到艾府(Erfurt)去。

卜勞恩史外的老公爵一七八〇年的三月間死去，雷興的保護人繼位。他做了公爵後的第一件事是逮捕了雷興的一個朋友，一個猶太人得維松(Daveson)。雷興一向是保護被壓迫的種族的。在門德爾遜與其他的猶太朋友中他發見使他感動極深的偉大的品格與優良的教養。他確知得維松無罪。他替他辯護，他到監獄中探視。後來得維松被釋出獄，染着病，他接到他的家裏。這樣一個熱心幫助貧苦無告的人的人，據說他在街上走着常受無知的人陵辱——被有學問的人雇了來陵辱他的。在雷興死後甚至葛萊母寫信問艾柏特，他聽了從卜勞恩史外傳來的消息極爲不安：據謠傳雷興是被染着宗教狂的人謀殺而死的。在卜勞恩史外的居民中因雷興死的情形，可怕的浮士德(Faust)傳說又復活了。到處談論着雷興已經被魔鬼一直帶到地獄裏去了。這種種傳說可以使我們知道雷興最後的日子是在怎樣的一種氛圍中度過的。他甚至必須寫一篇自辯辯白他人散佈的流言，說他的斷片是受了一個亞姆斯丹的猶太人一千鎊的賄賂印行的。伊利絲說有的人猜疑雷興與他的繼女，他所鍾愛的瑪爾辰有染；她所以不嫁而替他管家，他們說正是因爲有這種關係。

這些惡毒的攻訐對於雷興這樣宅心忠厚性情慈愛的人的打擊可想而知；他的難過，他的憤懣顯然影響了他的身體的健康。他在布倫斯威克最親密的朋友是厄申堡，與青年劇作家來斯威茲(Leisewitz)。這個青年詩人是雷興的崇拜者，他的劇本塔林的尤留(Julius von Tarent)很受雷興的稱贊。雷興甚至認爲這是貝利興根(Götz von Berlichingen)的作者(哥德)的作品。來斯威茲爲人極好，對於雷興敬愛備至。

另一個雷興的崇拜者在這個時期才第一次出現的是非德烈亞口比（Friedrich Jacobi）。（三七） 讀過哥德的詩與眞（Dichtung und Wahrheit）的人記得亞口比與哥德在杜色爾道（Düsseldorf）整夜坐着俯視着月光下的萊因河，互相傾吐他們的熱切的精神上的渴望那情景。 亞口比的歲數比哥德大，哥德覺得他比自己的知識成熟，而亞口比對於斯賓諾莎的研究更使得哥德易於接近。 雷興早已是迷醉於斯賓諾莎的，他與亞口比的晤談始於一七八〇年亞口比到渥爾夫比泰拜訪他的時候，這次的會談對於重新估定這位久被忽視的大思想家的價値與地位很有關係。 亞口比在雷興死後不久發表了他與雷興談話的記錄，他要證明雷興是斯賓諾莎的一個澈底的信徒。 門德爾遜對於這個論斷很有禮貌地否認。 究竟雷興最後是傾向於萊勃尼茲或斯賓諾莎在今日還是一個爭論之點。

亞口比與他的妹妹海倫妮（Helene）在一七八〇年七月九日離開渥爾夫比泰，雷興伴他們到卜勞恩史外，在那兒住了幾天。 八月十日亞口比又回到卜勞恩史外，與雷興相隨了到哈伯司達去訪問葛萊母。 這個旅行十分有興味，他們談話極愉快，而沿途的風景又十分引人。 葛萊母很歡迎他們，他留心到雷興有時神志昏昏，而且與亞口比常常談起斯賓起莎與他的學說。 在葛萊母的過夏的住宅中有許多名人的題名，雷興在他自己的名字上寫了他所喜歡的"ἓν καὶ πᾶν"（一即全）與一句拉丁文"Dies in lite"（競爭之一日）。

他們在哈伯城逗留了四天。「這個短短的旅行對我眞有說不出的好處」，他寫信告瑪爾辰。 確實是如此，它使得他逃避開渥爾夫比泰的孤寂享幾日朋友暢聚的快樂。 不過他回到渥爾夫比泰又着手完成他的那給各種神學家的信，並且準備第五個貢獻——這個貢獻主要的題目是他一生所最感趣味的寓言。

但是在渥爾夫比泰的孤寂生活中要安定而孜孜的工作已不是這時候的雷興所

（三十七） 亞口比是一位哲學家，他與雷興討論斯賓諾莎的結果撰成 Ueber die Lehre des Spinozas.

能支持的了，他的好動的天性又把他驅逐進紛擾的世界。這次他到漢堡去（十月九日）。他的精神與康健都極好。他覺着他又可以工作了，他甚至應許漢堡劇院在年終要寫一個劇本，他可以得到三百塔勒的報酬。在漢堡那賢是不能上演的，但是在一個私人的集會中他聽到誦讀這劇本，而且著名的演員士勒德(Schröder)誦讀那賢與牧師的部分。

十一月一日他回到卜勞恩史外，經過這次旅行他心理上身體上都好了許多，但是他還是不能快活。他寫信給伊利絲說：「我匆匆歸來，我真難過回來，因為我第一所尋見的就是我孑獨一身。在這種不自滿意的情形中，我能健康與做我的工作嗎？『當然成囉』！我聽見我的朋友們說：『因為像你那樣的人只要肯，什麼事也能做』。但是親愛的朋友們，這是說能做你所能的任何事嗎？假如我將來再感覺到這個能够——這確實是個問題。但是沒有嘗試究竟知道能不能做什麼呢？那末，我親愛的朋友，既然你也勸我嘗試，我就嘗試一下罷」。

他又繼續工作他的第五個貢獻，同時想實行他答應漢堡劇院寫的劇本，打算將一篇英國無名氏的劇本倫敦浪子改編。

十一月中旬他又到卜勞恩史外；而且在二十二日與來斯威茲還有其他志趣相投的文學朋友們消磨了一個愉快的晚上。第二天雷興被公爵傳見。公爵新得到一個消息，新教徒會已議決傳公爵，讓他給那個編輯謗毀宗教的斷片的人以應得的懲罰。公爵告訴雷興這消息時十分關心，他決意要保護雷興是顯而易見的。可是雷興很冷漠的答覆，請公爵與他的大臣們計議好了。雷興後來說：「他畢竟是一個天性高貴的人；我不知道我近來何以常對他發脾氣」。不過公爵仍然給雷興辯護，說他刊佈那些作品是因為他的病，神經失常的原故。

也許新教徒會明白雷興的地位，就斷片的編輯者言，是難以攻倒的；或者他們明白召了卜勞恩史外公爵(一個著名的擁宗護自由的人)來懲罰他的圖書館主任也是沒有多少希望的事；因此這個計議便無形消滅了。雖然如此却給了雷興不少的困惱與焦急。這時在宇力喜倍（Jülich-Berg）公國內新頒佈了敕令凡不參加禮拜與聖餐者科以罰金，假若不服從，則與以監禁或流逐的處分。雷與寫信給亞口比說，「天呀，這羣無賴！他們眞應該再受教皇的壓迫，再變成一個殘酷無人道的宗教審判所的奴隸」。

十二月裏他又到卜勞恩史外，他的朋友們注意到他的身體有了嚴重的變化。他每呼吸都很吃力，步態很孱弱無力，那炯炯的虎眼現在也暗淡起來，簡直無光彩了。談話的時候他總心不在焉，前言不達後語；但是對於瀕近的末日他似乎並不曾感覺到沮喪。他在給他的老朋友門德爾遜的信裏寫道（門德爾遜這時剛給了他一封信稱讚並且感謝他的繼續的存在之文件的證明）：

「我無時不在急切需要這樣的一封信，假若我只要不變得全然灰心喪氣的話。我想你一定明白我不是貪婪稱讚的人。但是世界上的那種冷漠不關懷，他們認爲一般人所做的工作在他們看來沒有一件是對的，縱非致人於死，也足令人麻木的。你不能滿意我近來所寫的每篇作品，我毫不奇怪。沒有一篇應當使你滿足的，因爲沒有一篇是爲你而寫的。只不過你在這裏或那裏被我們快樂的過去迷惑着而已。我在那時候也是一個壯健正常的嫩樹，而這時這樣一個長了木瘤的枯朽的樹幹！唉——親愛的朋友，這一幕是過去了。但是我希冀再與你談一次！」

這個希冀沒有實現。這封信（一七八〇年十二月十九日）就是他給門德爾遜最後的一封。

新年時天氣很暗淡而寒冷，雷與的身體因此很受痛苦。他有四個禮拜的工夫不能給他的漢堡朋友們寄他每週一次的報告他的康健的信。但是最後多陽光的日子來了，他給焦急着候他的信的伊利絲寫道：

「我的親愛的，我眞的又病了。假若我只要忙的話，這能使得我不給你信嗎？——而且我比尋常病的利害。不僅是我的腦停留在我的胃裏了——謝謝你的哥哥的丸藥；而且我的眼睛也停留在那裏了，其實我瞎了也正好……但是我是在給你寫信呢，你要說了，這眞是非常晴麗的一天，而且我有一副極好的新眼鏡。你的哥哥一定記得我在十年之前向他訴說過我的眼睛的痛苦……我現在記不淸那時候我的眼睛怎樣又好了的。或者我只是練習的去適應我的不幸的際遇，而在那時候際遇還不眞太不幸。我的上帝！但願一切再加過去一樣！假若你確實知道我給你寫這一封信花費了多長時間！」

到一月底他的康健似乎好得多，他居然能離開渥爾夫比泰到卜勞恩史外參加二月五日開幕的展覽會。有一天他與公爵一同吃午飯，下午消磨在俱樂部裏，來斯威茲給他看耶路撒冷方丈作的爲德意志文學辨護的文章，這篇文章大半是根據溫克曼與雷興的著作。晚上他應公爵夫人的招宴，隨後他去拜訪得維松一家人。在那裏突然發作頂劇烈的喘息病，他們趕快送他回到他的住處，當晚的情形很嚴重。第二天他覺着好了許多，他想回渥爾夫比泰。但是宮庭御醫不讓他回去，並且立刻召了瑪爾辰來。他的病是胸腔水腫與肺部及腹部的炎症。

有時他覺着他自己的病好得多了，他竟懷疑他的末日是否確已來到了，但是他對人說或生或死他都坦然，並且靜待着命運的判決。「他死得像一位聖哲」，有的人這樣說他。而他最後幾日確實是有如蘇格拉底那樣的恬靜。他的朋友們，來斯威茲，得維松，還有其他的人們都常在他的跟前，他也極喜歡他們做伴。有時談話過疲倦時他要求他們讀書給他聽。

在十五日那天他的病顯然減輕的多了；他從牀上起來，談話也像平常那樣有精神。晚間他在臥室裏，差人告訴他剛有一位客人來請見。他立起來，打開通着臨室的門，站在他們的面前；但是他的精力已衰竭了，他不能說話。那時候瑪爾辰坐在門側，她的臉轉了過去，恐怕他看見她的眼淚。他含着慈愛與矜憐的眼光望着她，他的四肢已經支持不住了，他被抬到牀上去。接着是痛苦的喘息。最後的剎那到了。幾分鐘後，他躺在得維松的懷裏，得維松對他高聲朗讀，他們覺察到他已經完全死了。

雷與死後，哥德寫信給施太因太太(Frau von Stein)(三八)說：「他的死給我們的損失太大；較我們能想像的還大」。雷與在學問的園地中踐踏過的，他確沒有在一處久執擱過。但是凡是他的足跡踏過之處，他都留下不能磨滅的痕跡。沒有一門學問，一種問題經過他的探索而不獲到進步的。他生存在文人們以結黨排除異己爲風氣的一個時代，而他却孤芳自賞，不爲所動，一切的毀譽漠然於中，只追求他所認定的眞理。他看得見下一代的作家對他的信任與尊崇。他的下一代的詩人與哲學家給德國文學在世界上佔領了主要的地位，可是他們承認那給他們開闢了成功的大道的是雷與。他不執著於任何一個哲學系統，他無休止地在指正謬誤的知識，在藝術，詩歌，戲劇與宗教方面他都提示出許多重要的概念，鼓舞起許多崇高心靈的熱誠，激動他們極度的努力。他的作品在他的時代顯赫一時，而在今日仍然不失其光芒。他的劇作富於想像力，爲各時代的人所欣賞；他的批評的與宗教的文字，因他所獨具的有魄力的與古典的醇正的風格，永遠有一種不衰的魔力。

他的外在的生活往往被認爲是一般文人的命運，文章憎命達。他一生中經歷過大悲哀，大困窘，與大失意。但是他都一一担承得住，不曾爲它們挫傷。他那樣剛毅的氣概在文學史中實在少有。他知道如何將他的悲哀變爲工作，如何以理想的目標之追求來減輕人世的得失之感。而他的一生也並非都是失敗與挫折。他愛鬪爭，他有過許多次鬪爭，而每次他都是勝利者。他愛友誼，再沒有人像他那樣有更懇篤親愛的朋友。他有名譽，假若他愛，他肯要名譽。對於他，我們引用他批評萊勃尼茲的話來移贈與他最爲切當：「撇開他提供的確切結論不說，僅就他的淵深而卓越的思想方法而論，他已是成功爲對於他的時代與他的國家的最有深遠的價值的一個影響」。

(三十八) 哥德的愛人。哥德在雷與死的時候正計畫要到渥附夫比泰去訪問雷與。

雷興重要著作年表

(一)詩與戲曲

Die Alte Jungfer (1749)

Kleinigkeiten (1751)

Doktor Faust (1755)

Schriften (1753—55)

Philotas (1759)

Der Misogyne (1762)

Der Junge Gelehrte (1764)

Minna von Barnhelm (1764)

Lustspiele (1767)

Miss Sara Sampson (1772)

Emilia Galotti (1772)

Nathan der Weise (1779)

(二)論　著

Ein Vade Mecum für den Herrn S. G. Lange (1754)

Theatralische Bibliothek (1754—58)

Laokoon (1766)

Briefe antiquarischen Inhalts (1768)

Hamburgische Dramaturgie (1769)

Wie die Alten den Tod gebildet (1769)

Berengarius Turonensis (1770)

Zerstreute Anmerkungen über das Epigramm (1771)

Zur Geschichte und Litteratur (1773—81)

Vom Alter der Oelmalerey, aus dem Theophilus Presbyter (1774)

Das Testament Johannis (1777)

Über den Beweis des Geistes und der Kraft (1777)

Eine Parabel (1778)

Nöthige Antwort auf eine unnötige Frage (1778)

Eine Duplik (1778)

Axiomata, wenn es deren in dergleichen Dingen giebt (1778)

Ernst und Falk. Gespräch für Freimäurer (1778)

Anti-Goeze (1778)

Die Erziehung des Menschengeschlechts (1780)

Leben des Sophocles (1790) (此係雷興逝後，他的朋友厄申堡 (J. J. Eschenburg) 代為整理編輯在柏林印行者)

(三)譯　述

Römische Historie (1749—52)

Die Gefangnen (1750)

Huart's Prüfung der Köpfe (1752)
Schreiben an das Publicum (1754)
Thomson's sämmtliche Trauerspiele (1756)
Franz Hutchinson's Sittenlehre der Vernunft (1756)
Eine ernsthafte Ermunterung an alle Christen (1756)
Richardson's Sittenlehre für die Jugend (1757)
Das Theater des Herrn Diderot (1760)

(四)編 纂

Philosophische Aufsätze von K. W. Jerusalem (1776)
Von dem Zwecke Jesu und seiner Jünger (1778)
Beschreibung des portugiesischen Amerika von Cadena (1780)
Fragmente des Wolfenbüttel'schen Ungenannten (1784)

(五)書信集

Gelehrter Briefwechsel zwischen J. J. Reiske, Moses Mendelssohn und G. E. Lessing (1789)
Freundschaftlicher Briefwechsel zwischen Lessing und seiner Frau (1789)
Briefwechsel mit Fr. W. Gleim (1795)
Briefwechsel mit seinem Bruder K. G. Lessing (1795)

(六)全集及選集

G. E. Lessing's Sämmtliche Schriften. 30 Teile. (1771—94)
G. E. Lessing's Sämmtliche Schriften. 32 Bde. 1825—28 (此集附有厄申堡的補編)
G. E. Lessing's Sämmtliche Schriften, herausgegeben von K. Lachmann. 13 Bde. (1838—40)
Lessing's Sämmtliche Werke in einem Bande. Mit dem Bildniss des Verfassers. (1841)
G. E. Lessings Sämmtliche Schriften. Herausgegeben von K. Lachmann. Auf's Neue durchgesehen und vermehrt von W. von Maltzahn. 12 Bde. 1852—57.
Lessing's Werke. Nebst Biographie des Dichters. 20 Teile. 1879.
Lessing's Sämmtliche Werke. Herausgegeben von R. Gosche. 8 Bde. 1882.
Lessing's Werke. Neu herausgegeben von F. Bornmüller. 5 Bde. 1884.
G. E. Lessing's Gesammelte Werke. Mit einer literarhistorisch-biographischen Einleitung von M. Koch. 3 Bde. 1786.
G. E. Lessing's Theatralischer Nachlass 2 Thle. 1284—86.
G. E. Lessing's Theologischer Nachlass 1784. (以上二種爲雷興之弟卡爾所編)

蘇德曼論(下篇)(一)

Hermann Suderman

畢樹棠著

在這個短篇集子之後，蘇德曼繼續寫了一本戲，頗出乎當時文壇意料之外，是聖經上個悲劇的故事，名約翰傳（Johannes 一八九八年發表）。 劇中的主人翁便是新約馬太福音第三章裏那個施洗的約翰，這個人本是所謂「救世主的前驅者」，是個挨惡向善的好人，他一生的故事見於新約馬太福音，馬可福音，路加福音的各章裏，讀者自可參閱，在歐美人人都信基督教的腦筋中是一個極普遍的故事。 在劇本裏採取這段情節的也頗不少，蘇德曼之寫此聖經戲，也可以說是一種時風，因爲當時的文學創作已走過了極端的自然主義，而在剛剛露頭的象徵主義中作最新的嘗試，在小說中爲尤甚。 自然聖經裏的故事是一部分很好的材料，但是這類變態的故事總是象徵着某一種義意，和一般聖誕節復活節時候基督們徒所排演的那類宗教戲是完全不同的，這是一般讀者必須分辨清楚的。 這類聖經故事的劇本在中國劇壇上似乎最不流行，譯本也很少，演出更不容易成功，這其中似乎以王爾德(Oscar Wilde)的莎樂美(Salome)(二)演約翰的最後悲劇最爲出色，前幾年曾轟動一時，俞珊女士即以演此劇芳名大振，然而也算僅有的例外了。 話歸正傳，蘇德曼的約翰傳自然有作者自己的一番用義，仍離不了他那一貫的思想，茲先將劇中情節，略述如次。

（一） 上篇載本誌四卷一期。

（二） 莎樂美，有三種中文譯本，（一）田漢譯，（二）桂方谷等譯，（三）徐葆炎譯。俞珊女士在南國劇社裏所演的是第一種。

當時猶太人民困於兩重的壓迫，既為羅馬人所征服，而羅馬人所餘留下的一點生氣又漸漸為猶太人自己的神權政治的死法律所吸竭，為迷信與教士愚術所腐敗，完全沉沒於殺盡心靈的死守教儀主義。 因此，民衆不但不能在一種活的宗教源泉之中以求蘇生，而且將為空虛的定式所毀滅，於是他們便成了一個悲觀的民族，對於自力恢復一節業已絕望，惟有指望得見一個先知先覺的救世主之來臨。 是怎樣的一個救世主呢？正如新約路加福音第三章第十七節所謂：「他手裏拿着簸箕，要揚淨他的場，把麥子收在倉裏，把糠用不滅的火燒盡了。」

施洗的約翰，便是被一部分人民所擁護，視為他的先知者。 但是他自己却以為：他只是救世主的個前驅者，他相信另有一位蓋世的人物，來担承這衆望所歸的領袖地位，他是太够不上了。他在耶路撒冷(Jerusalem)鼓動民衆，反對分封王希律(Herodes)，因為他荒淫無道，姦娶弟婦，汚辱了猶太人的清白家德。但是在開始他就怕自己居功：「我要自作這人民之主麼？ 讓那牧人驅着他的羊羣，分花拂柳也好，穿荊入棘也好。 我却渴望孤獨，我想我那巖石。」 只因為一顆心內外的嚴正拘束，他始終是停留在叛徒的前路上，是一個沒有戰略的將帥，一個沒有作法的領袖。當他徘徊於這種不定的情景之中的時候，加黎利人西門(Simon)的話在他的靈魂裏伏下了根，道：「高於法律與犧牲者，是愛，」於他靈魂是中便從此種下了滅亡的酵母；就在這個靈通的路上使他一面得到一種妙悟，一面却也完全喪失了他政治事業的勇氣，試聽他道：「孩子們，在你們的靈魂裏有一片吼聲，好像很多的水，澄清而復澎湃，我要都把來導入一條長江大河裏去，我覺得我要沉溺在那裏頭了。」 雖然如此，而他依然毫不退讓的忠心於救世主的幻想，直到他從一個乞婆嘴裏聽到了一段話，才使他傷心喪胆；說什麼他的傳示對於任勞負重的他們沒有安慰，他們委實不需要那金鑾金甲式的救世主呢。 這個譴責在約翰方寸已亂似的靈魂中，刺得作痛。 正當他要預備率領着人民反抗希律王的時候，曾受過他洗的耶穌在加黎利(Galiläa)宣佈的那「我們應該愛我們的敵人」的戒律，傳到了約翰跟前，遂使他把打希律的一塊石頭，剛舉起手，又從手裏落下了，這便是他做領袖的結局。

這段整個的情節是吸引着一種內在的衝突，似無其他解釋之可言。 在蘇德曼的社會劇本中，我們已見到那種新舊時代的鬥爭，這裏在施洗約翰的靈魂裏仍然還是這個東西在繼續着 ， 不過這一次的爭點是包括着基本歷史型的對人生態度，所以其決斷的着落也就似乎不同。 所謂生活之新精神的解釋，即吾人之所謂基督教義（Christentum），其勢力征服了本劇主人翁的情感意志中的神攻世界觀，則此劇作之目的已達，於是約翰也就可以心平氣靜的把他的生命交給這個新的確定 ，道：「我聽見在我四周起了一片雄偉的吼聲 ，神聖的光明幾乎把我包住了………一個寶座自天而降 ，配着些火柱。 上面坐着身穿古服的和平之王(Friedensfürst) ，即救世主基督也。 他的劍名曰博愛，他的戰聲是慈悲。」所以當施洗約翰剛剛斬首之後，接着便起了歡騰的贼聲，宣佈拏撒勒人 （ Nazaräer，即基督之故鄉人）已進了耶路撒冷了。 這幕人性靈魂的悲劇如此收場，自然是最適當不過，雖再有一蘇德曼復生，亦難出其右也。

不過蘇德曼雖盡其全力與技巧，以寫此劇，却似乎沒能完全達到他的目的，即驅使觀者方面對約翰生出同情是也，蓋凡是悲劇的目的都要喚起觀衆的憐憫與恐怖，而蘇氏此篇之作，似乎失之，至少失去一部分。 這也有相當的原因，本來，我們個人都套進人類整個命運之網裏，却步步掙扎着往外解放，不知要經過幾何年月 ，惟有等到在大地之上都達於坦然無私 ，光天化日之下，人人心心相照，各率厥真，共感合鳴，到那時，詩人才可以有把握將那些有力的情感奔放無餘，自由放射，其同情之贏得，自何消說！ 至如過去的史跡，無非是隔閡與衝突，糾紛相纏，心靈與物質同蹈此運，時代的關係是沒法解開的。 例如有一個人——像約翰之類——有似遠居於荒原古野裏，掃絕七情六欲，修除一切過失，將天性浸沈於冷守與操節之中，其人格的純化之境無非是一往清心素念，凝思着一種幽暗而死灰似的自命正義，這類寶貝是所謂深山古刹與雲洞苔巖縫裏的不吃人間煙火的產物，我們生在二十世紀裏的人對之實在有些無緣，任你作者有怎樣神通的手筆，也難得普遍的同情。當希羅底（Herodias，卽腓力 Philipp 之妻，爲其兄分封王希律所娶者）對這令人難近的聖人大肆辱罵的時候，他的話正是我們心裏所要說的，道：「一個人要胆敢做衆人的裁判者，他必須在他們的生活裏居一分子的地位，而且得與其同人以人情相處。但是你呢，好像住在那麼遠遠的地方，連人心的一動，你都認爲是荒淫……你已經是畏縮的避開了一切的罪惡，和個懦夫似的退隱到孤獨裏去了，這會子却爬出來，說旁人有罪。你這樣的惜惡人，說不定是荒野裏的烈風教給你的，但是對於那些爲愛情而生而死的人，你知道些甚麼呢？」這固然是一方面的看法，要之，像施洗約翰這樣的人物，是不合於做一齣悲劇的英雄的。試觀他個人的劇情發展到最危急的時候，最後來了眞正的人道，燃燒着他的整個的身心，他到這裏反打住了，不能領導着人類前進，達於更善再高之境。此無他，他的精神之力不能變爲動能的，他只是一個受動的，無創造力的人物而已。

在這戲裏有一個最動人的角色是那女人希羅底。和馬克柏司（Lady Macbeth，莎士比亞所著悲劇 Macbeth 中之主角）一樣，是一個殘忍而兇猛心腸的化身，一個霸道的尤物。她對於希律的諸般奸謀詭計，無不千依百順，其意並不在藉着諂媚與懇求以換得每日的輕憐蜜愛，也不在求得她那女性虛榮的滿足，而在抓到征服他的絕對勢力：不作他的情婦，而要作他的主人。約翰之於希羅底，正是她要作政治擴大中所熱望的工具。爲要買到這貴重無比的工的，甚至她女兒的青年色相在她看來價錢都不怎麼高。由這一點上，可以看出蘇德曼是想促進希羅底在約翰命運中的地位，以往的作者也多如此着筆。這一節，他寫得很成功，而比較殊不成功的是：他解釋莎樂美（Salome，希羅底的女兒）對她母親的謀劃之伏首順從。由青春肉體的莎樂美看來，施洗約翰原不過是一個男性，不多甚麼，也不少甚麼。在她的脈管裏，有她種族的任性血液在滋蔓着。她那早熟的不合健康的色慾直引着進攻到這粗樸似的聖徒，無非因爲他是獨身者。所以她好像傳染了一種病理上的剛愎自用，似乎不是完全屬於新約世界裏的個人物，而是屬於一種史特林倍（August Strindberg），普累服（Marcel Prévost），芒得斯（Catulle Mendès）式的病態發洩。她對於這猶太來的野人之迷戀，是病態的；同時她在受責之下而對他的反感，那殘忍的報復，以及對他那顆斬斷了的首級的殘酷得意，也同樣完全是病態的。

至如在這戲裏的希律，則差不多不值得提出討論，他不過是一個半明不暗的唯利是圖的墮落人物，不過是聖經裏的一個狐狸（路加福音第十三章第三十二節裏，耶穌給他的這個稱呼），而又不够狡詐，只多不過對行霸的羅馬人做個脅肩諂笑而卑躬下氣的鶺鴒，另一方面在他的姦婦手裏做個黃口孺子式的傀儡而已。

總而言之，蘇德曼雖然是自由的採取了這段福音的故事（三），寫成一本新式的戲文，然而在形式上與實質上總是一個聖經的劇本，從這裏又自然的可以看出作者和基督教信仰的關係。蘇德曼終於是一個近代的人，在他那時候，譏笑宗教的時風業已過去，同時在另一方面，教會中人對於思質的反對者也漸漸採取了一種較爲尊重與容忍的態度。一時德國的熱心眞正文化之士也進而尊崇眞純的虔敬，所以不論甚麼久不相謀的教派也可以共聚於一堂，歸根結底，也便是施洗約翰的宗教：博愛與慈悲。因此我們想起十七世紀的時候，宗教的爭執達到高潮，薩克司（Hans Sachs）高倡這同樣的眞純信仰，發出他的質樸的高見，

（三）關於施洗約翰與希羅底母女的故事，讀者若沒讀過聖經的，也許還不大清楚，玆錄新約馬太福音第十四章的頭一段，略作參考：「那時分封的王希律，聽見耶穌的名聲，就對臣僕說，這是施洗的約翰從死裏復活，所以這些異能從他裏面發出來。起先希律爲他兄弟腓力的妻子希羅底的緣故，把約翰拿住鎖在監裏。因爲約翰曾對他說，你娶這婦人是不合理的。希律就想要殺他，只是怕百姓，因爲他們以約翰爲先知。到了希律的生日，希羅底的女兒，在衆人面前跳舞，使希律歡喜。希律就起誓，應許隨他所求的給他。女兒被母親所使，就說，請他把施洗約翰的頭，放在盤子裏，拿來給我。王便憂愁，但因他所起的誓，又因同席的人，就吩咐給他。於是打發人去，在監裏斬了約翰，把頭放在盤子裏，拿來給了女子，女子拿去給他母親。約翰的門徒來，把屍首領去，埋葬了，就去告訴耶穌。」（據新約全書，通行官話譯文）

道：「一個基督徒的古來標準，是慈悲爲懷，而並不是吃肉，因爲貓狗都也能吃肉！」此之謂也。

接着，蘇德曼又出了一個劇本，名三枝鷺羽(Die drei Reiherfedern，一八九八年出版），和他以前所有的作品相比，可謂大不相同。作者本人自稱爲「一本劇詩」，實在是屬於神仙劇一流，頗可與豪普特曼的沉鐘 (Die versunkene Glocke）和弗爾達 (Fulda) 的魔寶 (Der Talisman) ，同歸一類，縱然這個戲情的構成是出於蘇德曼自己的幻想，不藉助於任何民俗傳說或神話的關聯。所以必須視其內裏的質質魔力如何，不管其招來的興趣是那一方面的。在過去，蘇德曼在永久的男性一劇裏已曾一度迷入詩的歧境之中。三枝鷺羽的情節只是達於一種諷喻的工具，而其技巧方面則是坦然的違反自然主義的成規。在這齣戲裏，和永久的男性一樣，我們所見到的是些典型，而沒有眞正個性，只多有一個例外，便是維特王 (Witte) 的那個猛烈而忠實的家臣，那粗魯而龐大的羅巴司 (Hans Lorbass)，像這戲裏描寫他是 baumlang und ungeschlacht（樹的長相，一股粗野），還有點個性。至如戲裏的主角，則頗缺乏劇情的格性，他只是一個理想者之不停止的不知足的模糊象徵，這等理想者所懷的情抱，正與很多德國詩人所任情探索者，一般無二。他自稱爲欲望神的不倦之子，好個不客氣的雅稱，他眞不愧爲浮士德 (Faust)， 胡安先生 (Don Juan)，以及鑄鐘匠亨利 (Heinrich) (四) 等文藝脚色中的一位昆仲呢。茲將戲中的情節，略述如次。

有一個名喚維特親王者，一生苦苦的追求幸福，而其實，幸福就始終在他掌握之中，他自己却莫明其妙，這份命運也是够慘的了。故事是這樣的：他受一位墳地的妖婦 (Begräbnisfrau) 的差遣，去幹一件冒險遠行的勾當，他從一隻白鷺神鳥之處得到三枝鷺羽，這東西好像孫悟空的金箍棒，是有些魔法神力的。他若把第一枝羽投到火裏，維特就可以瞧見他的意中女子的朦朧形似，她的愛情

（四） 浮士德與胡安先生兩位劇中人物，凡涉獵過歐洲文學者，當已熟悉。鑄鐘匠亨利是豪普特曼名劇沉鐘中的主角，前文已提及。

之護持，便將照耀了他的生存。若第二枝羽再燒了，那女子就要出現在他面前，是一個美人在睡中行走。但是若第三枝羽落在火裏，他意中所愛的形體就必須死滅了。維特親王回來之後，果然就先把第一枝羽焚了，以驗其驗，立刻就有一個巨大女人的模糊輪廓出現在地平線上，接着就慢慢的在空中消失了。她的容貌，維特沒能瞧見，比方再遇到了，他如何能認得她呢？不久，他就到了塞木蘭國 (Samland) 那美麗而寡居的皇后宮庭裏去，這皇后因為她百姓的緣故，曾立誓要嫁給他，假使他能戰勝了所有其他的求愛者。當他還沒有加入這爭愛的戰鬥之時，她已愛上他了，但是他被魏德倭夫公爵 (Widwolf) 所打倒，這位公爵是他的私生兄弟，也就是把他逐出他所承襲的哥德蘭公國 (Gotland) 之外，而這時却目中無人的來向皇后求愛者是也。這時，維巴司出頭了，他領着皇后的武士，討發篡逆，居然把他們這一夥都趕跑了。皇后不顧前誓，終於嫁給維特親王，親王也就要統轄這份國土，等到故主的皇儲長至成年，再行禪讓。但是維特一面迷迷糊糊的渴求着那不自知的愛情，並嫌棄着那平凡無奇的陳套，一面却又加上了良心的苦痛，因為他自己和他皇妻的誓言並未徹底，是僞造的。在這等悔恨的重壓之下，他的一切作為都鬆懈了，接着他要好的天性也落於麻痺之中了。於是荒廢了他的朝政，耽於縱酒狂歡之事，任憑御用寶劍都眼看陳腐了。可是他的靈魂還依然繼續着切望理想。就在這種心緒破裂的情形之中，他在深夜裏把第二枝鷲羽焚了。立時幻然一變，驀地裏他自己的妻子出現了，她閉着眼，於睡夢中在他眼前走過，使他不勝驚愕。但是，維特不在迷障之中，這種偶合對他並沒留下甚麼印象。他疑心那皇后在暗中偵查他夜間的狂樂舉動。便對她痛加斥責，而且越發疏遠起來。一面日漸沉溺於怠惰之境，深不自拔，最後當魏德倭夫來大施報復的時候，他竟拒絕率領人民與之抵抗。到這山窮水盡之時，又來了那個粗莽的大漢維巴司。給這君王的昏惰痼疾投了一服最後的英雄藥劑者，便是此人，在這個戲裏，他頗關重要，以其超卓的德性佔了一個輔助角色的地位。他默察了主人的心思，乃決意要殺那稚齡的皇儲，他以爲把這孩子滅除，他主人沒了後患，必一心無貳的起而重理朝政，因爲到那時，他必須爲他自己的國祚而奮鬥，而不是爲「"借來的"」國土瞎操心！ 果然，維特王受了鼓勵，從慵情的夢境裏猛醒起來，却不是由於這椿罪惡，而是發於他的要好天性。 那殘忍的羅巴司按計行事，在緊要的關頭上竟軟化了，結果和那孩子沒事人兒似的回來了。 維特本已反躬自責，如癡若狂，這會子見此情景，便恢復了常態。 乃銳意奮發，極力圖治，以救此危亡之秋。 不久，敵人來攻禁城，他的英勇的軍隊便一舉而大破之。 從此國家就安全了。 但是維特呢？ 「把我從凡庸的日常裏救出罷！」(Errette mich vom Alltag！)他發出這個話來，便又追求他多年所夢想的自由。 於是就領着他那忠心的羅巴司，放棄了「"竊取的"」王位之尊，回復他那朦朧理想的盲目追求去了。 經過十五年的浪跡漂泊，歷經艱苦與失望，而年已垂老，幻想全滅，最後又落足在那墳地妖婦的茅舍之旁，精神一蹶不振，竟無意於人世上的生活了。 到這時他才睜開眼睛看到了真實，他應該把住幸福不放的時候，却他輕丟掉了。 當皇后臨場再露色相，滿腔是愛，全身是憐，他抓住了整個的眞實。 可是時至現在，他一生的途程快已跑到了盡頭，他才看明了他已在那幼稚的空浮追求之中把他的生活浪費而錯過了。 現在他已看出他失敗的根原是那一道魔符作的怪，爲要最後解除這魔符起見，他把那第三枝羽又投在火裏了。 當那火燄焚完了這枝神羽的工夫，皇后就倒在地上死了。 接着維特叫了一聲：「"Du Warst's！"」也支持不住，頹倒在她身上，完了。 這三枝羽眞個和老僧的偈語似的，一步也不差，都應驗了。

試將這一本戲與施洸約翰的悲劇相比較，也頗有相似之處。 這兩個人物都是因爲追求一種自誤的理想，而落入自身毀滅的收場。 約翰是始終在期待之中尋求那金盔金甲式的救世主，而同時基督早已駕起他精神的燦然光輝，在大地上走着呢；同樣維特親王是一死兒把自己消磨在那有氣沒力的探索裏，探索他已經拿在手裏的東西，所謂騎着驢找驢——不是驢，是一個完美女子的高尚愛情。 三枝鷲羽委實是一部大有詩劇價値的作品，不過雖然有很多詩意的靈妙，而由整體上觀之，却是蘇德曼的一部最不成功的創作之一，自然和他後來的狂飈同志社的蘇格拉底 (Der Sturmgeselle Sokrates)相較，還不算很失敗。蘇德曼雖然算是多才多藝，造詣很廣，可是他的天才總有限度，殊不適宜於傳奇與神仙故事一路，勉强而爲之，總有些差事。他是一個十足而過火的新時代的人，十足而過火的個北德意志人和普魯士人。他從當時流行的批評空氣中，嗅出一口知識的氣息，這是一時其他作家所不及的，所以他的拿手戲是涉及那些有最大道德現實的問題，而且那些問題是最該收入於近代小說與戲劇之中，爲文藝創作上的正當天職。這是蘇德曼的特長，作得已達於頂點，出了這個標題以外，便落得平平，甚至無何精彩了。

兩年之後，蘇德曼又寫了一個劇本，頗引起大家的議論，這劇本的名子就含着象徵的意味，聖約翰之火 (Johannisfeuer)，於一九〇〇年問世。在這戲裏所象徵的義意，非三言兩語所能道盡，最好藉一位男主角的一段演說，來作說明，最爲清楚，其言曰：「在我們個個人中，都潛伏着一點異教的火星，這從古日耳曼的時候起，已經有數千年之久了。這點火星是一年有一度發成很高的火焰，於是就名之謂"聖約翰之火"。一年一度有一個自由之夜，是的，眞是一個自由之夜。於是巫者們帶着嘲弄的笑聲，跨着他們的帚柄，驅上布洛甖高峯(Brocken，卽哈爾慈山 Harzgebirge 之最高峯)，那帚柄是他們的法寶，隨時把來一打，便從中興起妖術來。接着曠野的萃萃從林間呼嘯而過，於是在我們的心裏喚醒那野性的欲望，覺到生活尙未滿足，而且也就不能滿足。因爲無論一時來統治這個世界的法律是叫甚麼名子，要想使一種願望能夠實現，藉其恩惠以延續我們的生存，那就必有一千個其他願望得慘遭破滅，其中有一些也許因爲根本就永遠不能達到，其餘的一些便是因爲我們把牠們放過而飛走了，和一羣野鳥似的，撒手飛去，就再也抓不到了……雖然有這樣的情形，然而一年總有這麼一夜我們是自由的，那麼你們知道在那邊燃燒起來是甚麼呢？你們知道？那是我們頹萎了的些願望的幽靈；那是樂園之鳥的赤紅羽毛，說不定我們對此竟至懷抱虛望，以終吾人之一生，因爲牠們已從我們手裏飛去了；那是些舊的混亂；那是我們內裏的異教種子呢。縱然在陽光裏永遠不能有這樣的快樂，也是法律使然——這是聖約翰的前夜。對於舊的異教之光，我敬祝這一杯酒，這一夜儘牠們燃燒得高高的好了——可有人肯和我碰杯相祝麼？」（見本劇第三幕第十景）。哈特魏（Georg von Hartwig）發表了這一段有些過火的演說之後，接着有一種爲難而不安的寂靜佈滿了餐桌的四圍，這種情景，我們似乎不難了解。最後，這寂靜的氣氛爲女主角馬利克（Marikke）所打破，她舉起戰慄的手和哈特魏碰了杯，說道：「我肯，」同時對他深深的釘了一眼，其含情處，似亦不難了解也。

聖約翰之火的結局是十足的悲慘。雖然在全篇之中，不見有一點血跡，但是有兩條生命在統治勢力的鼻息之下爲犧牲而消滅了，這統治的勢力便是法律，便是一時統治這個世界的道德是也——此中所包含的，正是一個極大的悲劇。

由倫理上觀之，這個劇本或者可以在作者的哲學調和的方向中劃明更進一步，也許不能。這個就在對於其結果作如何的解釋。但是由戲藝上言之，則確乎沒有進一步的證據。作者本來最喜歡製造動人的巧藝，而這一次却用得太隨便了，大有懸賓奪主之勢，因之使全劇受損傷不少。有一些傳奇似的成分本來是採來僅作點綴裝飾之用的，却不幸竟不知不覺的混進聖約翰之火的內部機構裏去了。這些裝飾的形態不僅是包括這個戲名的語表雙關，而且收入了些象徵的解說，特別是那些做作的對話插入，零零碎碎，有好多都是作者對他自己的作品所下的注腳，正如我們在榮譽裏所聽到的特拉斯伯爵的話，索多謨之滅亡裏魏斯博士和索曼教授的話，蝴蝶之戰裏克西來的話，都是一樣的安排，委實有點不大新鮮了。

蘇德曼之爲劇作家本不以自然主義者自命，也似乎沒有向這個方向發展的特殊素性，所以自其大體上論之，上述諸點也就可以無需多責。理想的戲劇自然應該是解釋自己的，但是就算比蘇德曼更偉大的戲劇作家也多不免落於同樣的缺點。在藝術的限度以內，一個作家是可以自由引入"調音的手法"(Stimmungsmittel)，藉以做作的增加其作品之效力。但是有些事情，其本身已十足的明瞭，而加上些跡近無味的解釋，我們依然可以提出反對的。例如哈特魏與馬利克之互相迷戀，似不必以聖約翰之前夜的祝火而一齊發現，其內在之真實早已具有充分之戲劇性了，不過著者故意以這種技巧以襯出其悲劇的力量罷了，而實在是不需要的。試觀這兩位中心人物的德性組織與其氣質的根原，他們的看落與命運早已因此前定，可以知之。

這裏所謂德性與氣質是由於遺傳性，是在蘇德曼的其他劇本裏沒有露過面的。哈特魏出身於一種有主宰性的民族，他是屬於所謂"治人者"(Herrenmenschen)的，雖然他自己却是這一類強種之中的個弱產。反之，馬利克是一個嗜酒而慣竊的丐婦之女，依着蘇德曼的特性遺傳的定理，有其母必有其女，她一定是好偷竊的。但是她母親——那可憐的窮婆子——主要的是出去討些果腹之食與蔽體之衣而已，而女兒却是一個特別式的賊性狂，不能忍住不去偷竊她那一份兒的幸福。「我母親偷，我就也偷！」(Meine Mutter stiehlt. Ich stehle auch)！只因這一句話，便把她自己送掉了，本是一個姣美而儉樸的姑娘，人人都叫她是蟋蟀(Heimchen)，雖然是個可憐蟲兒，也被福吉爾路透一家扶養成人了，却因愛情的不專，肉慾的衝動，滿不在乎，諸不關心、遂使一朵好花，落於殘缺毀滅的地步。作者所描寫這兩個主要人物的輪廓是清清楚楚的。所不幸者是，人物的姿態沒能和輪廓完全相符合。哈特魏沒有"治人"血族的真正傳統氣性，歸根他是一個誇浮的懶惰的而且自私的不學無術之輩。他這真實的體性不但旁人瞧不透，連他自己也莫明其妙，也許蘇德曼至少是看明白的！這恐怕不是有意造成這種樣子的。自然，在實際人生之中是有些不可思議的人物，所以在戲裏也就有些深不可測的脚色，例如漢姆雷特(Hamlet)，浮士特(Faust)，窩楞斯泰因(Wallenstein)之類，是難得隨手的解釋的。但是有一條定則，一個劇中的人物若不能確切的具體表示出作者的眞實意想，就得認爲是一種劇藝上的失敗。

人物之天賦本性的推動力沒能在這悲劇的整體上有充足的明顯表現，這一層似已不成問題。可是，劇中所取事實之演變，也足可使這兩個主要人物一直達到注定命運之極境。哈特魏和馬利克一樣，是一個窮困之子（Notstandski·d），而處在一種受恩深重的地位之下。自從他父親自殺之後，他流落無歸，因他舅父福吉爾路透（Vogelreuter）的高恩厚德，極力成全，乃得教育成人。當他還是個小學生的時候，便愛上了馬利克。只因她始終沒有看出他對她的深情摯愛，哈特魏的一顆私心裏就以爲他是被輕蔑了。這齣戲開場的時候，正是哈特魏和福吉爾路透·特祿黛（Trude Vogelreuter）結婚的前四日，特祿黛是一個溫柔而貞淑的閨秀，有誠篤的愛情與些許的頭腦。他們二人的結合，由哈特魏方面言之，可以說一半是對於他舅父以往的恩惠之一種報答，一半是對於那蟋蟀的一種報復，所謂 mariage de défi 者是。這兩點在戲的情節裏却沒有有力的證據，表現得不够，我們只知道在過去的時候，馬利克曾以其天性的自大拒絕過哈特魏的稚氣的愛戀表示。例如有一天，他追着她直到地窖裏去，她竟很心把這個熱戀者鎖在裏面過了一整夜，意思要想藉此把他的勇氣折磨到零度，和地窖裏儲存的牛奶成一樣的溫度與無害。自那以後，他心靈一轉，知道他的命運已定，沒有這份因緣了。聽他在第三幕裏向她解說道：「當時事已至此，我斷定我是得不到你了，所以後來我就轉向特祿黛了」。接着這位女子心理學大家又驚奇的問道：「難道你壓根兒就沒看出來，事情是這樣促成的嗎？」就在這緊急的時候，蟋蟀的抑制着的氣性因哈特魏之再度出現而燃燒起來，於是以兩件事成熟了戲文的收場：第一，從一個舊抽屜裏翻出些孩子式的詩詞，因而發現了哈特魏對她過去的戀愛，此一事也；其次是馬利克的母親來了，只因這個放蕩的乞婆，乃使馬利克陷於萬劫不復的境地。

這麽以來，馬利克是"偸竊"了她的一點幸福，然而却宏襟大量的拒絕了哈特魏的半涼不熱的迷情，說要和特蘇崽解除婚約。 在這一點上，這部戲所隱含的內功似乎又醞釀着作者的倫理主張，在這主張之中，哈特魏和馬利克都一齊把他們的愛情放在次要的地位，而先關心到他們對家庭的責任。 所以戲的結局是哈特魏和特蘇崽雙雙到神壇之前結婚，同時馬利克在他們兩口後面，拿眼瞧着，把手捲兒用牙咬緊，以審塞住她極度慘痛的放聲哭出。 假使在這種平凡的收場中還有甚麼"勸懲"之意存於其間的話，則由膚淺的眼光觀之，總不外是對於社最權威之贊許，和對於個人不肯服從之一種反斥而已。 從這部戲裏，似乎可以表示出這以故鄉與榮譽而得名的作者態度，不是個依教者，便是個叛教者，總在這兩極端着筆。 但是我們在作這樣粗率的結論之前，最好先另假設下兩種可能，即這本戲的結尾能否是一種殘酷的諷刺，或能否是一種現實之不說明的說明呢？這後一種的可能性當然最少，因爲在作者前此一切的作品裏，我們已經看出蘇德曼是不好忍藏他的意見而不發的。 可是，單就此戲而論，若不把這個大問題付之缺疑，則不免更爲力弱矣。 進而言之，我們若對於蘇德曼後來的作品再加以仔細觀察，則對於此劇之眞正義意，似亦不難從旁得之。

到一九〇二年，蘇德曼又出了一個劇本，名生活之樂(Es lebe das Leben)，又是一個悲劇，而且確乎是作者文藝活動中倫理方面的突變之一種辨論。 吾人現在之生活總不免爲已有之社會的規律所操縱，而形成熱情與個性生活的障礙，這本戲的義意就是要將生活的意境提高，不與現實衝突，而能得超然的滿足。蘇德曼很積極的保證社會對於個人的公正要求，在法律的範圍以外自有豐富的幸福可尋而得之，不過其代價却是很高，可以使少數人聞而嚇倒耳。

在生活之樂一劇中，蘇德曼可謂第一次把我們引入德國高等生活之中。 有凱令豪森公爵者 (Graf Michael von Kellinghausen)，爲保守黨之重要黨員，已放棄了他在國會裏當選的地位，而以全力運動，使他的朋友佛爾克林男爵(Baron Richard von Volkerlingk) 當選。 他這樣犧牲他個人的政治高位，是由於他妻子的鼓動之力，他妻子名碧蒂 (Beate)， 是他這一黨裏的個女性蕭何，家中座客當滿，茶餘酒後，有多少國會議案的命運都在這裏決定了。她力勸凱合豪森公爵，縱陳利害，說他於國會生活之如何不適宜，並且黨裏的意趣是如何的需要他不再被選，而使他的好友藉機登台，居然就使丈夫伏頭貼耳的信服了。於是在她的聰明的操縱之下，佛爾克林果然發展成了他的難得的政治勢力。並且佛爾克林的兒子諾伯特(Norbert)也在這同一的影響之下成熟了一個熱心的社會思想家。諾伯特之愛碧蒂伯爵夫人比他自己的母親爲尤甚，而且一聲兒不響的便承認作了她女兒哀倫小姐（Ellen）的未來丈夫。這兩位小男女的相愛只是本戲主要情節之外的一個平凡枝節而已。主要情節中的兩個軸心人物還是佛爾克林和碧蒂。他們二人彼此知心已有十五年之久，開始他們是親密的朋友，不久便相愛而成一對情侶了。碧蒂本來是私懷淑靜的個小婦人，佛爾克林以其高越的心胸，和一把鑰匙似的，將一個重新而開廣的生活富藏對之闊然開朗；在他的指導之下，就竟出落得變成一個有毅力有宗旨的女子，竟能照樣還報，變成佛爾克林的個精明的顧問，並且成就了他兒子的人格。他們這種暗中的關係經過一段短時間之後就達於成熟，而成爲一種契合，一種精神的伴侶，從這伴侶的情誼上雙方都挾着勇氣要繼續他們的生活。碧蒂的野心是爲佛爾克林夢想着一個偉大的前途，而且因爲她不能眼瞧着他的英雄之才無用武之地，於是遂爲他創造出一個使才用世的機會，即活動選舉是也。佛爾克林的良心有些退縮不敢向前，因爲對於暗中被欺瞞的人着實對他不住。但是他終於聽從了碧蒂的勸誘，而進了國會。接着，在一個離婚問題的緊迫辯論上，他要大聲疾呼，做他黨裏的主要發言人，擁護婚姻之神聖與不可離散。在這一點上，他的廉恥心乃大起擾動；他不是那一種人，裝腔作態，設法使人們服從他公開的言論，而不明他祕密的行爲。他覺着，凡在他政治資格上所說的話都應該說出來而毫無內在的衝突。因此乃變本加厲，以全副精神盡他的職責。於是引起悲劇的收場乃由此自然而生。佛爾克林可以作一個道德的戰士，而只此一次。藉着一段偉大的演說，他就可以決定這問題的勝利，可是在他的勝利之中，也就可以確定他的所以必死。　以蘇德曼之最善創造戲情觀之，這個簡單的線索似乎是太薄弱了，於是乃藉一政治的陰謀以增強其力，同時又藉碧蒂的慨然自作犧牲使佛爾克林的自殺未隨，以再增其力。　如此，對於她的行動，自然作者得表出一個強有力的動因，全劇的架子方能立得有根　，　所以在這一點上碧蒂便作了這一本戲裏的眞正主角呢。

忽然，凱介豪森公爵聽到了有辱自己門庭的流言，他確乎相信這話是毫無根據的，乃決意要懲辦那無的放矢的人。　他對於他的妻子和他的朋友有完全的信賴，但是惟恐因爲些不相干的小事而引起一種對他們的嚴重責難，他於是想知道他們二人是否能回想起他們相互關係中有何細情，這細情或者可以引起眞相的最淺色彩，而擔了非禮的親密之名。　斟酌的結果，他乃對佛爾克林要求他作“君子一言”的表示，就有何痕跡，也絕不用有何畏懼。　這麼一來，竟出乎意想之外的把事情逼到焦點了。　佛爾克林預備要起個僞誓　，做個淸白君子，　而碧蒂却力阻之。　「他先對你作出君子之一言，接着他回家去就必一槍而自盡。」事已至此，她惟有作孤注之一擲，且要更一進步，要放棄她的一切，以使佛爾克林仍可自成一致，一舉就可以使這一個大謊逐出於他的一生之外。　於是她對她丈夫供認了一切，並且解釋爲甚麼她在他這方面保守了半生的秘密，假使她得了她的自由，佛爾克林也得了他的自由，假使她專守了他作一個過去侮辱的殘留，她豈不是把他的一生完全破滅了呢？　凱介豪森公爵得到這個粉碎的暴露之後，勢不能強作常例之滿足，他所懷的目的自此已不能一致。　他在着手追究散佈流言的人以前，必須先對他的政界朋友發出一言爲證的話，便是全黨應該有嚴密的保障，以剷除流言的汚辱。　可是這麼一來，他和佛爾克林之間要以名譽儀式的常規以作解決，已是絕對不可能的了。　再說，小佛爾克林在這本戲裏很早就在無意之中宣佈了他父親的死刑。　他曾寫過一本小册子，討論決鬪的問題，表示出一種自由主義的傾向，和他社交界中的眼光完全不一致，他擁護他這種主張，便是與凱介豪森伯爵和佛爾克林男爵適成反對。　他們二人從不同的立場上却作同樣的主張，他們以爲當那無法拯救的欺辱臨到跟前的時候，君子之人必將他們的爭執訴之於武力解決，而諾柏特的意見則以爲那犯罪者假使是一個大丈夫而願意和解的話，最好是依着他自已的判斷而行。這會子，他們二人果然都退到諾柏特的判斷上了。佛尉克林預備了四十八小時的遲延時間，安置他的事情，以便不至在他自殺的動機上留下甚麽使人懷疑的痕跡。

在這戲最後兩幕裏的問題就是要將這個事件落到一個結局，這結局是使碧蒂的偉大犧牲將不至歸於一場空而無用。佛尉克林大發婚姻神聖的演說，得到極大的效力，這已給他開出一條蓋世前途的希望，這一件事可謂前無古人，而且屹然莫之能傷，若傷之除非是妄口流言一事。他是公認爲要做一個功成名就的人物。碧蒂看出來，佛尉克林既有必死之決心，就算對於他所發的言論已經盡力而得償報了，她更知道，他藉此第一次的大成功，已覺到生活的可愛，而且他是滿懷着私心的貪戀要想生活下去，於是她乃決心要救他。因爲心病，使她的生命不斷的在危險之中，所以她自己的生命，由她看來，是一個最適宜不過的犧牲品。碧蒂心想，假使她死了，佛尉克林爲保存她的名譽計，爲那小兩口的幸福計，不得不生活下去。她打算定了，乃勸她丈夫去請佛尉克林男爵來參加一次雅集的早餐會，藉以剷除那剛在萌芽的惡意流言。接着她也得到佛尉克林的允諾，必赴此會。

在第五幕裏，便是凱令豪森公爵的早餐會，到會的都是男子，只有碧蒂一個是女人。他似乎沒按常規的舉起杯來，提議祝生活之樂，接着說完一句「Es lebe das Leben！」便把一杯毒酒一飲而盡。她有遺書一封，對她丈夫解說她死的目的。凱令豪森和佛尉克林到此時乃恍然覺出他們的往事是落空了。佛尉克林是可以——而且必須——生活下去，凱令豪森對於愛倫與諾柏特的結合也已無異議。但是碧蒂這份自我之舉是否定全達到目的，則猶不能說定。試聽佛尉克林向凱令豪森說的幾句話道：「那麽你明白了，我必須生活下去，雖然我本無意於此——所以生就因爲我已經死了。再會。」

在生活之樂一劇裏，差不多所有的角色都是從俗而守舊的，惟獨碧蒂是一個例外，誠不愧爲悲劇中一個出色的女英雄。像她這樣的人物並非絕無而僅有，反之，在粉脂隊裏也還多得很。但是，她却有她個人的格調，和法國戲劇裏的豪俠奇女，和易卜生與品內羅 (Arthur Pinero) 以及蘇德曼自己所有劇本的女傑，都判然不相同調。她的特異處就在她有一種耗費的生活意志，且不爲諸般道德的躊躇所羈束，以滿足她這種意志。由喀萊爾(Thomas Carlyle)的話說來，正所謂她是以避免悔恨之法以戰勝悔恨者是也。這並不是說她沒有一種道德的觀念，她有，却整個是她自己的一種。以社會的道德法則言之，碧蒂是大可責備的，雖然她有很多好處，也難得寬恕。但是我們都有一個很奧妙的習慣，對於實際人生中的行爲和舞臺表演中的行爲往往是兩種看法，對於舞臺上總是懷着寬大的衝動把悶氣放鬆的，所以對於犯罪的碧蒂，也就不待辯訴而自軟化了。不過她之有罪是沒有問題的，而且她的罪孽是因爲她那不悔恨而反樂快的精神，而尤爲之加重。在這一點上看去，她可以說是尼采式的，又大似故鄉裏的馬格達，以驚人的自負之氣指出她的罪惡和她的自由信念之間的關係。碧蒂，確乎是懷抱着一種熱烈的人生之愛，愛其富麗萬千，圓滿無缺。但是，她所愛的不僅是限於她自己所適合的一部分，甚至預備要拋棄她自己的一份，以爲她所最愛的人求得在人生之樂中的更大享受。她是一個盡情爲他人尋求幸福者，試看她爲自己所保持的一部分，便可知道正是包含在爲愛情的自殉之中。所以，把碧蒂和我們之間，用舞臺隔成一個安全的距離——因爲人類的同情似乎必須保持着一個距離——則她的罪只管很多，而已被遺忘，因爲她已愛到至處了。關於生活之樂業已說了很多的話，似乎比作者其他劇本都論得詳細些，一半是因爲這齣戲在舞臺上的成功較廣，一半也因爲牠在蘇德曼的倫理上是一段重要的紀錄。

這一段紀錄是甚麼呢？蘇德曼之爲作家，在他一生之中貫徹着一個中心的觀念，便是"道德的個人主義"，到這裏已大可證實了。同時又表現出一種公平的默默順從，順從以社會的普遍協和抑制着個人的行為。任憑把碧蒂的生活之樂怎樣提高，而她犯罪的代價到頭終以死償之，這是很分明的。這兩種情操並不一定是得抵觸的，是可以一致，至少蘇德曼對此是一個健全的信仰者。

蘇德曼於一九〇三年又寫成一本喜劇，名狂飈同志社之蘇格拉底(Der Sturmgeselle Sokrates)，是一個非常失敗之作，就是作者的最忠實的徒黨也不得不承認其失敗。其失敗不只限於劇本的某一點，舉凡結構，形式，旨趣，以及情節，對話，脚色，一言以蔽之，作品的整個都是要不得的。而最壞處是寫作的精神，是毫無疑義的應受責備。這齣戲是對於那高尙的政治理想的一幅諷刺畫，那理想便是鼓動起所謂"人民之春"(Völkerfrühling)，即一八四八年所發生的德國愛自由之時期是也。這戲裏所包括的故事殊無細說之價値，只略言其大要，即足矣。在東普魯士有一座小城市，這當然是指梯爾西特城(Tilsit)而言，當十九世紀的七十年代間在那裏有一個俱樂部，名叫狂飈同志社(Die Sturmgesellen)。社裏共有社友五六位，差不多都是些怪僻的頑固的老物，他們一個禮拜在這個陰暗的會所裏聚會一次，把一個夜晚在啤酒香煙和閑談國事之中度過。他們是當年革命被壓服之後，於五十年代之初所創設的一個祕密結社的幾顆無傷的殘留，這種結社本來很多，是在反動時期中祕密的保持過民主希望的生氣者。這一夥人是一半懷着腐敗式謀反的一副荒謬正理之氣，一半又保守着那可笑的拘泥死板的勁兒。可是這些狂飈社的老會員的蠢氣也並不是沒觸到牠的悲哀。他們一面還在那裏興致勃勃的高談闊論，甚麼自由，平等，一視同仁之愛，一面他們的政治信條業已過時而失其義意；一個新的時代已早把他們很多的古舊夢想都實現了，而他們似乎還在鼓裏，莫明其妙。這種對於一個人的少年意氣的些臨死的偶象還抱着可笑而動人的忠實，似乎已大可作為一個悲喜劇的好題目，在作者的心裏未嘗不就是取的這一點。可是不幸得很，蘇德曼却作下了兩重錯誤。第一，成語云：「時勢變，吾人亦隨之變」(拉丁語，Tempora mutantur, et nos matamur in illis)，他將這上半句整個認為當然，而將後半句過分的加重在形容這群狂飈社的人們，絲毫不留餘地，把他們變成一堆徹頭到尾的獃子和僞君子。 他們的行爲大半都完全和他們宣稱的高尙節操相矛盾，且有辱於他們的才智。 其中一位是個卑鄙的趨炎附勢者，另一人是個汚濁的浪蕩子，第三位是個毒惡的陰謀家，第四位是其中的一個比較最有風趣者，名馬庫西(Rabbi Markuse)，是個足够和藹可親的人，十分品行端正的公民，但是在諸般小事上任情得太幼稚，雖然自命是一個新聖人，却公認他是一個儒夫。 用這等滑稽的例證來揭穿五十年代末之人的言行差別之大，正如對革命的殘留者直指着臉挑戰一般。 至於第二種錯誤，其性質則尤爲嚴重。 在狂飈社中的第五個人名哈特麥爾(Hartmeyer)，算站在主角的地位，舊時的理想在不滅的熱情上繼續的燃燒着。 蘇德曼把這一個人作爲這群幻想者之中的一個最荒謬絕論者，無目的而鬧找毛病的一般熱情，配着吉訶德式的(Fon Quixote)狂妄而缺乏常識。這樣描寫簡直是對於德國人國民意識中的最敏感處加以有傷害的搔撓。 德國人正是以他們的理想主義以自豪，而蘇德曼却舉出五十年代之末的舊式理想，以侮蔑新式一輩的德國人，這委實太苛刻了，如何使得！ 作者寫這一個戲，雖然表現得不高明，却是含着悲觀的味兒，是有些變樣了。 試觀貓路一劇，也是暗含着不同情於一般的愛國傳統觀念，然而却抱着一種信念，要和眞正有效力的國民理想並行不背；再看狂飈同志社之蘇格拉底，就不是那麽回事，蘇德曼是差不多懷着一腔的憤怒，已經轉變了他的道德觀了。 蘇德曼的作品在德國是曾經時常受攻擊的，這本戲自然尤爲人所垢病，技巧又是一個問題，就只這倫理的觀念，也實在沒法找出滿意的解釋。

自從這部戲失敗之後，蘇德曼的繼出作品可以說又入了一個時期，也可以說是他創作事業的後期，不只戲本，而且還回過頭來寫了幾部小說，一直到死的時候，尙未擱筆。 可是這些終究是他後半期的出產，銳氣已大不如從前，不那麽一部接着一部的起勁了，所以眞能代表一家作風的傑著還是在上半期中的幾部，這個算是已有定評。 關於他後二十幾年來的著作，若詳細說起來，又可以寫成一段專篇文章，本文擬就此打住，將來或者再繼續寫。這裏只粗粗的記一大略，作一尾結可也。

自一九〇三年之後，過了十年，蘇德曼好像沒寫過甚麼重要的文章，到一九一五，已是上次歐戰的期中，他寫了一個戲本名石頭記（也可譯爲石頭堆裏的一塊石頭， Stein unter Steinen)， 表現信賴人道之勝利，而以一位好心腸的女子之戀愛爲本事。 其次，在歐戰期間他一共寫了三個劇本，於一九二八年合編爲一書，題名 Die Entgötterte Welt ，石頭記和花船 (Blumenboot) 也許就包括在內，亦未可知，因未見過，不敢說定。 又在差不多十年之後，於一九二五年又出了一部兔皮商人 (Der Hasenfellhändler) ，此後他的劇本之作乃成絕響矣。

自一八九四年蘇德曼寫了往事之後，就把工夫完全用在創作劇本上，一直沒寫過小說，到一九一七年才出了一部立陶宛的故事 (Litauische Geschichten)，再度發展他的說部天才，寫得很見老練。 一九二六年又著成瘋狂的教授 (Der tolle Professor)，雖是小說，實在却是半部自傳，寫他在科尼斯倍大學求學時代的生活，雖然在窮苦之中，却很潛心於求知識的興趣，他那時正是一個勇敢向前的學生，決鬪家，和跳舞者。 最後到一九二八——他於這年十一月廿一日去世——他似乎還寫了一部書，名Purzelchen ，講的是些甚麼，沒見過，不得而知。他的戲劇全集於一九二三年編成，重要之作都收在裏面。還有他寫過一部自傳，題名我的青年寫照 (Das Bilderbuch meiner Jugend)，研究蘇德曼的生活，這當是一部最好的參考。

要之，蘇德曼是屬於十九世紀末葉寫實派運動中的文人之一，但是他不很同情於歐戰以前那一個時期的文學所具的新眼光和所用的新方法。 他的性格，他的思想，他的筆力，他的筆風，都是獨立的一支。 他和豪普特曼各奔前程，同時彰著，當時他的名聲走得快而且遠，後者還是德國的，前者早已是世界的，而前者衰微就暮之時，後者猶譽滿寰宇，力量不算不大，只是不能持久。 豪普特曼今年已整整八十歲，聽說還在寫作，而蘇德曼則差不多已被人遺忘，成了文學史上的人物，位在豪普特曼之次的個人物。　二十年來，蓋棺論定，他的著作之尙爲人所樂道者，亦只憂愁夫人一部小說，及榮譽與故鄉兩部戲文而已。

參考：

(1) Kuno Francke: A History of German Literature—As Determined by Social Forces.

(2) Otto Heller: Studies in Modern German Literature: Sudermann.

(3) Arthur Eloesser: Die Deutsche Literatur vom Barock bis zur Gegenwart. Band II. Von Goethes Tod bis zur Gegenwart. (English Translation: Modern German Literature, by Catherine A. Phillips)

(4) Ludwig Lewisohn: The Spirit of Modern German Literature.

(5) Otto Eduard Lessing: Masters in Modern German Literature.

(6) Encyclopedia Britannica. 13th edition

(7) The Holy Bible: The Books of the New Testament.

雷興自論

Lessing über sich selbst.

吳興華譯

Als vor Jahr und Tag einige gute Leute hier den Einfall bekamen, einen Versuch zu machen, ob nicht für das deutsche Theater sich etwas mehr tun lasse, als unter der Verwaltung eines sogenannten Prinzipals geschehen könne: so weiss ich nicht, wie man auf mich dabei fiel und sich träumen liess, dass ich bei diesem Unternehmen wohl nützlich sein könnte? – Ich stand eben am Markte und war müssig; niemand wollte mich dingen, ohne Zweifel, weil mich niemand zu brauchen wusste, bis gerade auf diese Freunde!–Noch sind mir in meinem Leben alle Beschäftigungen sehr gleichgültig gewesen: ich habe mich nie zu einer gedrungen, oder nur erboten; aber auch die geringfügigste nicht von der Hand gewiesen, zu der ich

前幾年本地有幾位先生起了這麼一個念頭，就是要試看一下是否德國的戲劇，除了在一個所謂"總管"的人統制之下，還有可以改善的地方：我也不知道他們怎麼會瞧準了我，並且想到以爲我或能對於這一番事業有所幫助。我一向就是在市場裏待沽，然而一向總是閒著；從來就沒有人願意僱用我，當然就是因爲沒有人知道怎麼用我，一直到這些朋友爲止。再說我一生就是這樣，對於所有的職業老是不太感覺興趣的。我從沒有堅持要作某一件事，甚至連自薦也沒有過；不過只要我認爲在某一點上，人家也許會因爲一種偏好而選擇了我；那麼不管這件工作是多麼細小，我也

mich aus einer Art von Prädilektion erlesen zu sein glauben konnte.

Ob ich zur Aufnahme des hiesigen Theaters konkurrieren wolle? darauf war also leicht geantwortet. Alle Bedenklichkeiten waren nur die: ob ich es könne? und wie ich es am besten könne?

Ich bin weder Schauspieler noch Dichter.

Man erweiset mir zwar manchmal die Ehre, mich für den letztern zu erkennen. Aber nur, weil man mich verkennt. Aus einigen dramatischen Versuchen, die ich gewagt habe, sollte man nicht so freigebig folgern. Nicht jeder, der den Pinsel in die Hand nimmt und Farben verquistet, ist ein Maler. Die ältesten von jenen Versuchen sind in den Jahren hingeschrieben, in welchen man Lust und Leichtigkeit so gern für Genie hält. Was in den neueren erträgliches ist, davon bin ich mir sehr bewusst, dass ich es einzig und allein der Kritik zu verdanken habe. Ich fühle die lebendige Quelle nicht in mir, die durch eigene Kraft sich emporarbeitet, durch eigene Kraft in so reichen, so frischen, so reinen Strahlen aufschiesst: ich

是來者不拒的。

至於我願否參加這改良本國戲劇界的工作，這問題是很容易回答的。需有斟酌的只有這兩點：我到底能不能？和我怎樣才能作得最好。

我既不是一個演員，也不是詩人(一)。

的確，有些人時常捧我，認爲我是個詩人。不過，那都是因爲他們錯認了我。 淨仗著我幾篇冒失寫作的戲劇體的實驗，他們不應該就下這樣大度的結論。 手持色筆，調和顏料的人不見得都是畫家。 那些作品中最早的寫成時，正是人們十分欣悅的把幽默和輕鬆當作天才的表現的時候。 比較新近的作品裏面，即使有甚麼不錯的地方，我也全知道那不折不扣全是批評的功勞。我覺著自己胸中沒有那活躍的靈感，像噴泉一樣，倚仗著自己的力量衝向上方，倚仗著自己的力量射出大量新鮮壯觀的水柱：我老是得借重唧筒和水管把他從心裏擠出來。 我簡直是又可憐，又寒

(一) 內亦含有劇作家之意，因當時之悲劇多係用詩體寫成。

muss alles durch Druckwerk und Röhren aus mir herauf pressen. Ich würde so arm, so kalt, so kurzsichtig sein, wenn ich nicht einigermassen gelernt hätte, fremde Schätze bescheiden zu borgen, an fremdem Feuer mich zu wärmen, und durch die Gläser der Kunst mein Auge zu stärken. Ich bin daher immer beschämt oder verdrüsslich geworden, wenn ich zum Nachteil der Kritik etwas las oder hörte. Sie soll das Genie ersticken: und ich schmeichelte mir, etwas von ihr zu erhalten, was dem Genie sehr nahe kömmt. Ich bin ein Lahmer, den eine Schmähschrift auf die Krücke unmöglich erbauen kann.

Doch freilich; wie die Krücke dem Lahmen wohl hilft, sich von einem Orte zum andern zu bewegen, aber ihn nicht zum Läufer machen kann, so auch die Kritik. Wenn ich mit ihrer Hülfe etwas zu Stande bringe, welches besser ist, als es einer von meinen Talenten ohne Kritik machen würde, so kostet es mich so viel Zeit, ich muss von andern Geschäften so frei, von unwillkürlichen Zerstreuungen so ununterbrochen sein, ich muss meine ganze Belesenheit so gegenwärtig haben, ich muss bei jedem Schritte

冷，又近視得看不見東西，要不是我學會了一點謙恭的去借用他人的寶奇，在他人的火旁取暖，同時以藝術的目鏡增强我的視力。因之我一念到或聽說甚麼關於批評的不利的話，總覺得有點不好意思，甚至於不高興。它也許會將天才壓滅，可是我可以大言說：我從它那裏得到的益處簡直和天才差不多遠了。我就像是一個跛者，一有人來嘲笑我的拐杖，我就沒法辦了。

自然，就像拐杖可以幫助一個跛者，從這個地方移到那個地方，可是不能叫他跑，批評也是同樣情形。固然我因了它的協助成就了一些作品（比那些才力與我相似而沒有批評幫助的人總得强點），可是我得費那麼多時候，別的事甚麼也不能幹，不許叫任意的消遣來打斷我的工作，我必須把整個閱讀過的書籍都存在腦中，我必須能安安靜靜一步一步的把我以前對於風俗習慣和感情所發表的言論

alle Bemerkungen, die ich jemals über Sitten und Leidenschaften gemacht, so ruhig durchlaufen können, dass zu einem Arbeiter, der ein Theater mit Neuigkeiten unterhalten soll, niemand in der Welt ungeschickter sein kann, als ich.

Was Goldoni für das italienische Theater tat, der es in einem Jahre mit dreizehn neuen Stücken bereicherte, das muss ich für das deutsche zu tun folglich bleiben lassen. Ja, das würde ich bleiben lassen, wenn ich es auch könnte. Ich bin misstrauischer gegen alle erste Gedanken, als De la Casa und der alte Shandy nur immer gewesen sind. Denn wenn ich sie auch schon nicht für Eingebungen des bösen Feindes, weder des eigentlichen noch des allegorischen, halte: so denke ich doch immer, dass die ersten Gedanken die ersten sind, und das Beste auch nicht einmal in allen Suppen oben auf zu schwimmen pflegt. Meine ersten Gedanken sind gewiss kein Haar besser, als Jedermanns erste Gedanken: und mit Jedermanns Gedanken bleibt man am klügsten zu Hause.

全重溫一遍。你要叫我來作一個拿新玩藝娛樂戲院中的觀衆的人，可以說世界上再也沒有比我更不適合的人了。

果爾東尼(二)替意大利戲劇界所作的事——一年供給它三十篇新劇——我因之不能替德國幹。不錯，卽使我自己會作的話，我也一定不幹。我一向是不信那些初起的念頭的，不像德拉卡撒和老山秋一輩子老不改。因爲卽使我還不至於認爲牠們是悪魔（不管是實在的也好，設喩的也好）的主意，我也總是覺得初起的念頭倒底是初起的，你要喝湯最好的部份也不會是總在面上飄著。我自己初起的念頭比起一切別人初起的念頭來，也是毫不見佳：跟一切別人的念頭全一樣，那還不如在家裏蹲着好。

（二）卡羅・果爾東尼 Carlo Goldoni（1707——1793）意大利有名喜劇作家，人喩之爲意之莫利哀（Molière），生平劇作極多。

Endlich fiel man darauf, selbst das, was mich zu einem so langsamen, oder, wie es meinen rüstigern Freunden scheinet, so faulen Arbeiter macht, selbst das an mir nutzen zu wollen, die Kritik. Und so entsprang die Idee zu diesem Blatte.

Sie gefiel mir, diese Idee. Sie erinnerte mich an die Didaskalien der Griechen, das ist an die kurzen Nachrichten, dergleichen selbst Aristoteles von den Stücken der griechischen Bühne zu schreiben der Mühe wert gehalten. Sie erinnerte mich, vor langer Zeit einmal über den grundgelehrten Casaubonus bei mir gelacht zu haben, der sich, aus wahrer Hochachtung für das Solide in den Wissenschaften, einbildete, dass es dem Aristoteles vornehmlich um die Berichtigung der Chronologie bei seinen Didaskalien zu tun gewesen.–Wahrhaftig, es wäre auch eine ewige Schande für den Aristoteles, wenn er sich mehr um den poetischen Wert der Stücke, mehr um ihren Einfluss auf die Sitten, mehr um die Bildung des Geschmacks darin bekümmert hätte, als um die Olympiade, als um das

最後大家同意了，也要在我身上用一用批評，就是那使我工作得那麼慢，或者，要按一些比較心直口快的朋友們來說，那麼糟糕的東西，批評。這就是寫作本文的起源。

我覺得這個意思倒不壞。它使我想起希臘人所謂的"劇報"，一種短的報告，就連亞里士多德也肯肯替希臘舞台下過一番工夫來寫。它又使我想起：很久以前讓我笑過的那位飽學的卡騷伯努。那位先生向來是特別尊重堅固有根據的科學的。他認為亞里士多德寫作"劇報"的主要目的，就在糾正時間先後上的錯誤。老實說，要是亞里士多德沒事淨講甚麼某幾篇作品詩歌的價值啦，甚麼它們對風俗的影響啦，對觀衆高級趣味的養成啦，而不常提到奧林比亞大競賽，它們舉行的年月，以及當時監場的市官(三)們的名字，那就是亞里士多德大丟其臉了。

(三) Archonten 雅典市之掌政官，共九人。

Jahr der Olympiade, als um die Namen der Archonten, unter welchen sie zuerst aufgeführet worden!

Ich war schon willens, das Blatt selbst Hamburgische Didaskalien zu nennen. Aber der Titel klang mir allzu fremd, und nun ist es mir sehr lieb, dass ich ihm diesen vorgezogen habe. Was ich in eine Dramaturgie bringen oder nicht bringen wollte, das stand bei mir; wenigstens hatte mir Lione Allacci desfalls nichts vorzuschreiben. Aber wie eine Didaskalie aussehen müsse, glauben die Gelehrten zu wissen, wenn es auch nur aus den noch vorhandenen Didaskalien des Terenz wäre, die eben dieser Casaubonus breviter et eleganter scriptas nennt. Ich hatte weder Lust, meine Didaskalien so kurz, noch so elegant zu schreiben; und unsere itztlebende Casauboni würden die Köpfe trefflich geschüttelt haben, wenn sie gefunden hätten, wie selten ich irgend eines chronologischen Umstandes gedenke, der künftig einmal, wenn Millionen anderer Bücher verloren gegangen wären, auf

我原先倒是也很願意給這篇文起個名字叫漢堡劇報的。可是這個名字聽起來太特別了。現在呢，我覺得換的這個名字心裏非常高興。我在一本劇譜（四）裏要寫甚麼或不寫甚麼，那是我個人的事；至少里昂亞拉齊在這方面沒給我甚麼規定。可是一篇劇報該是如何模樣，那些學者們認爲他們是知道的，那管他們所知道的只限於台倫斯（五）的劇報，那本連這位卡騷伯努也歎爲短小精悍的作品。可是我旣不高興把我的劇報寫得那麼短，也沒法寫得那樣精悍；要是那些現世的卡君們看見，他們準得大搖其頭，因爲他們一看，我極少想到任何時間先後的問題——這在將來，當億萬別的書銷聲匿跡時，或許會使人對於某一點歷史上的事實增進了解的。在路易十四或路易十五王

（四）漢堡劇譜Hamburgische Dramaturgie爲雷興論劇不朽之名著，本文卽係選譯其中之一段。

（五）Terenz（194——158 B.C.）有名的拉丁喜劇作家。

irgend ein historisches Factum einiges Licht werfen könnte. In welchem Jahre Ludewigs des Vierzehnten oder Ludewigs des Funfzehnten, ob zu Paris, oder zu Versailles, ob in Gegenwart der Prinzen vom Geblüte, oder nicht der Prinzen vom Geblüte, dieses oder jenes französische Meisterstück zuerst aufgeführet worden, das würden sie bei mir gesucht und zu ihrem grossen Erstaunen nicht gefunden haben.

Was sonst diese Blätter werden sollten, darüber habe ich mich in der Ankündigung erkläret; was sie wirklich geworden, das werden meine Leser wissen. Nicht völlig das, wozu ich sie zu machen versprach: etwas anderes; aber doch, denk ich, nichts schlechteres.

"Sie sollten jeden Schritt begleiten, den die Kunst, sowohl des Dichters, als des Schauspielers hier tun würde."

Die letztere Hälfte bin ich sehr bald überdrüssig geworden. Wir haben Schauspieler, aber keine Schauspielkunst. Wenn es vor Alters eine solche Kunst gegeben hat, so haben wir sie nicht mehr; sie ist verloren; sie muss ganz von neuem wiedererfunden werden. Allgemeines Geschwätze darüber hat man in ver-

朝的那一年，或是在巴黎，或是在凡爾賽宮，或是當着幾位直系王子，或是沒當着幾位直系王子，演的是這篇還是那篇法國傑作。他們上我這篇文裏來是要找這些東西，而使他們大驚懊喪的就是：一無所得。

不說這些，這幾篇文字應該講甚麼呢？關於這點，我已經在"弁言"裏解釋得很清楚了；至於它們事實上成就如何，我的讀者們就會知道的。不祇是我所答應了把它們作成的，還有一些別的；不過我想，並不是一些更壞的。

「這些文字必得一步步的跟隨着詩人和演員的藝術所採取的步驟。」

寫到這後一半，我心裏有點別扭。我們演員倒有不少，可是沒有演劇藝術。就算我們當初有的話，現在也是無影無踪了；這玩意早就丟了，非得重新起爐竈再建起來不可。要說大體上的規矩，在各種語言裏我們倒是有不少；可是特殊的，人人全

schiedenen Sprachen genug; aber spezielle, von jedermann erkannte, mit Deutlichkeit und Präzision abgefasste Regeln, nach welchen der Tadel oder das Lob des Akteurs in einem besondern Falle zu bestimmen sei, deren wüsste ich kaum zwei oder drei. Daher kömmt es, dass alles Raisonnement über diese Materie immer so schwankend und vieldeutig scheinet, dass es eben kein Wunder ist, wenn der Schauspieler, der nichts als eine glückliche Routine hat, sich auf alle Weise dadurch beleidiget findet. Gelobt wird er sich nie genug, getadelt aber allezeit viel zu viel glauben, ja öfters wird er gar nicht einmal wissen, ob man ihn tadeln oder loben wollen. Überhaupt hat man die Anmerkung schon längst gemacht, dass die Empfindlichkeit der Künstler, in Ansehung der Kritik, in eben dem Verhältnisse steigt, in welchem die Gewissheit und Deutlichkeit und Menge der Grundsätze ihrer Künste abnimmt.–So viel zu meiner und selbst zu deren Entschuldigung, ohne die ich mich nicht zu entschuldigen hätte.

Aber die erstere Hälfte meines Versprechens? Bei dieser ist freilich das Hier zur Zeit noch nicht sehr in

知道的，寫出來清楚簡潔的規矩，藉之可以決定演員們在某種情形下演的是値得攻擊還是値得讚美，這種規矩，據我所知，也不過就有兩三種。就因爲這點的緣故，所以凡是關於這一門的討論總彷彿是那麼左傾右側，意義不清似的。本來這也不足爲奇，你想一個演員，他沒有一條幸運的箴規，怎麼能不到處困之倒霉呢？老覺得人家誇自己誇得還不够，挨駡又覺得挨得實在太多，還別說有好些時候，他連人家倒底是要駡他還是要捧他也不知道。特別是別人早說過這句話了：從批評的觀點來看，藝術家們的敏感性增高的程度，就跟他們藝術上根本信條的確定性，明瞭性以及數量所減低的程度完全一樣。好了，這些就是爲我自己和那一班藝術家請求恕罪而發的，因爲要沒有他們，我也就沒有甚麼可請求恕罪的了。

可是我所答應作的頭半部呢？這一半截至現在爲止似乎還沒有怎麼太

Betrachtung gekommen,–und wie hätte es auch können? Die Schranken sind noch kaum geöffnet, und man wollte die Wettläufer lieber schon bei dem Ziele sehen; bei einem Ziele, das ihnen alle Augenblicke immer weiter und weiter hinausgesteckt wird? Wenn das Publikum fragt: was ist denn nun geschehen? und mit einem höhnischen Nichts sich selbst antwortet, so frage ich wiederum: und was hat denn das Publikum getan, damit etwas geschehen könnte? Auch nichts; ja noch etwas schlimmers als nichts. Nicht genug, dass es das Werk nicht allein nicht befördert, es hat ihm nicht einmal seinen natürlichen Lauf gelassen.– Über den gutherzigen Einfall, den Deutschen ein Nationaltheater zu verschaffen, da wir Deutsche noch keine Nation sind! Ich rede nicht von der politischen Verfassung, sondern bloss von dem sittlichen Charakter. Fast sollte man sagen, dieser sei, keinen eigenen haben zu wollen. Wir sind noch immer die geschwornen Nachahmer alles Ausländischen, besonders noch immer die untertänigen Bewunderer der nie genug bewunderten Franzosen; alles, was uns von jenseit dem Rheine kömmt, ist schön, reizend, allerliebst, göttlich;

顯露頭角，——再說這又怎麼可能呢？柵門也就剛開，你就想看見那些賽跑的已經達到終點了；那終點又每一分鐘都移得越來越遠。要是觀衆們非得要問：「你們作出點甚麼來？」然後自己再以一個帶有諷嘲性的「甚麼也沒有」回答時，我禁不住也要回問一句：「觀衆們可曾作出些甚麼，使我們能够作出點東西呢？」也是甚麼也沒有；哼，比甚麼也沒有還要更糟一點。他們不但不幫忙使這項工作有所進展，連它本來能跑的道兒也不叫它跑了。要說到那好意的建議，給我們德國人建起個國家劇場來，我們這些德國人根本說不上是個國家。我並不是指政治上的情勢，只是指心理上的特點。人幾乎要說，這特點就是自己不願意有自己的東西。我們仍然是一切外國東西最忠實的模擬者，特別對那些使人驚奇起來沒够的法國人，我們老是最恭順的驚奇者；所有從萊因那邊來的東西都是美的，迷人的，可愛的，崇高的；我們寧可不承認自己有臉面和聽覺，也不願發現它們和別人的不一樣；我們寧可讓

lieber verleugnen wir Gesicht und Gehör, als dass wir es anders finden sollten; lieber wollen wir Plumpheit für Ungezwungenheit, Frechheit für Grazie, Grimasse für Ausdruck, ein Geklingle von Reimen für Poesie, Geheule für Musik uns einreden lassen, als im geringsten an der Superiorität zweifeln, welche dieses liebenswürdige Volk, dieses erste Volk in der Welt, wie es sich selbst sehr bescheiden zu nennen pflegt, in allem, was gut und schön und erhaben und anständig ist, von dem gerechten Schicksale zu seinem Anteile erhalten hat.-

Doch dieser Locus communis ist so abgedroschen, und die nähere Anwendung desselben könnte leicht so bitter werden, dass ich lieber davon abbreche.

Ich war also genötiget, anstatt der Schritte, welche die Kunst des dramatischen Dichters hier wirklich könnte getan haben, mich bei denen zu verweilen, die sie vorläufig tun müsste, um sodann mit eins ihre Bahn mit desto schnellern und grössern zu durchlaufen. Es waren die Schritte, welche ein Irrender zurückgehen muss, um wieder auf den rechten Weg zu gelangen und sein Ziel gerade in das Auge zu bekom-

人家把我們說服，拿鄙俗當作不受限制，粗暴無理當作雅氣，作鬼臉當作表情，鏗鏘的韻當作詩，噪音當作音樂，也不願對他們的最高地位有任何微細的懷疑。 這個可欽可愛的民族，這個世界第一的民族（他們時常很謙卑的這樣稱呼自己），在一切好的，美的，高尙的，合理的東西裏，都由公平的命運手裏接到他們分所應得的最高的地位——

這一套老話已經是聽俗了的，同時你要眞把它應用到實事上，很容易使人痛心，所以我還是不談的好。

因之我就不得不拋下本地劇詩人的藝術實在能成就的進展，而來研究一下，它事先必須要先作些甚麼，好能使它立刻以更快更大的踏步走完它應走的路程。 這些踏步就等於一個走入岔路的人要回來，再走上正確的途徑，眼中一直看見自己的目標時所要走的踏步一樣。

men.

Seines Fleisses darf sich jedermann rühmen: ich glaube, die dramatische Dichtkunst studiert zu haben, sie mehr studiert zu haben als zwanzig, die sie ausüben. Auch habe ich sie so weit ausgeübet, als es nötig ist, um mitsprechen zu dürfen; denn ich weiss wohl, so wie der Maler sich von niemanden gern tadeln lässt, der den Pinsel ganz und gar nicht zu führen weiss, so auch der Dichter. Ich habe es wenigstens versucht, was er bewerkstelligen muss, und kann von dem, was ich selbst nicht zu machen vermag, doch urteilen, ob es sich machen lässt. Ich verlange auch nur eine Stimme unter uns, wo so mancher sich eine anmasst, der, wenn er nicht dem oder jenem Ausländer nachplaudern gelernt hätte, stummer sein würde als ein Fisch.

Aber man kann studieren und sich tief in den Irrtum hinein studieren. Was mich also versichert, dass mir dergleichen nicht begegnet sei, dass ich das Wesen der dramatischen Dichtkunst nicht verkenne, ist dieses, dass ich es vollkommen so erkenne, wie es Aristoteles aus den unzähligen Meisterstücken der griechischen Bühne abstrahieret hat.

每人對於自己勞苦的工作當然都覺得很得意。我相信自己曾努力研究過劇藝，比二十個實地演習的人知道的還多，再說我總算也演習過一點，因此也就有資格來談這椿事；因爲我十分知道，就像一個畫家總不要讓一個一絲不懂怎樣揮動畫筆的人來指摘他，詩人也是同樣。我至少總嘗試過一個詩人要產生的東西，同時要有甚麼我自己不能作的東西，我仍然可以判斷一下，那東西能不能作。我承認自己的意見不過是衆中之一，在我們當中還有好些也要發表意見的人，但他們要是不曾學會亦步亦趨的模擬外國人時，簡直的就像一條魚一樣的噤口無言。

然而一個人可能研究半天，結果還是研究得大錯特錯。那麼甚麼能確定的告訴我我沒碰見同樣的情形，我沒有誤解劇藝的本身呢？就是這個，我對於劇藝完全的了解就跟亞里士多德從希臘劇臺數不勝數的傑作裏所抽出的一樣。我從這位哲學家的詩學裏面的源流和基礎獲得了我的思

Ich habe von dem Entstehen, von der Grundlage der Dichtkunst dieses Philosophen meine eigene Gedanken, die ich hier ohne Weitläuftigkeit nicht äussern könnte. Indes s eh ich nicht an, zu bekennen (und sollte ich in diesen erleuchteten Zeiten auch darüber ausgelacht werden!), dass ich sie für ein eben so unfehlbares Werk halte, als die Elemente des Euklides nur immer sind. Ihre Grundsätze sind ebenso wahr und gewiss, nur freilich nicht so fasslich, und daher mehr der Schikane ausgesetzt, als alles, was diese enthalten. Besonders getraue ich mir von der Tragödie, als über die uns die Zeit so ziemlich alles daraus gönnen wollen, unwidersprechlich zu beweisen, dass sie sich von der Richtschnur des Aristoteles keinen Schritt entfernen kann, ohne sich eben so weit von ihrer Vollkommenheit zu entfernen.

Nach dieser Überzeugung nahm ich mir vor, einige der berühmtesten Muster der französischen Bühne ausführlich zu beurteilen. Denn diese Bühne soll ganz nach den Regeln des Aristoteles gebildet sein; und besonders hat man uns Deutsche bereden wollen, dass sie nur durch diese Regeln die Stufe der Vollkom-

想，不過在這裏沒有篇幅不能充分發揮。同時我毫不遲疑的承認（儘管在這個開明時代裏人家會因此而笑我！），我拿它當作一册絕不會發生錯誤的作品，就像歐幾里德的原理永無錯誤一樣。裏面的根本原則也像歐幾里德的一樣眞確，自然不是那樣易解，因此也就比歐氏書中所包括的一切更易於使人困惑一點，我特別相信在悲劇上，因爲時間在這方面已經供給我們不少了，可以不容反辯的證明這點：就是悲劇只要離開亞里士多德的規矩一步，就等於離開盡善盡美的目標一步一樣。

這點說定了之後，我就開始進行來仔細的批評一些法國劇臺上最有名的模範作品。因爲法國的劇臺總算是完全依照着亞里士多德的規矩建造的；特別是因爲別人老想勸我們德國人，說法國劇臺只因爲藉著這些規矩才達到盡善盡美的地步，在那裏他們

menheit habe, auf welcher sie die Bühnen aller neuern Völker so weit unter sich erblicke. Wir haben das auch lange so fest geglaubt, dass bei unsern Dichtern, den Franzosen nachahmen, ebensoviel gewesen ist, als nach den Regeln der Alten arbeiten.

Indes konnte das Vorurteil nicht ewig gegen unser Gefühl bestehen. Dieses ward, glücklicherweise, durch einige englische Stücke aus seinem Schlummer erwecket, und wir machten endlich die Erfahrung, dass die Tragödie noch einer ganz andern Wirkung fähig sei, als ihr Corneille und Racine zu erteilen vermocht. Aber geblendet von diesem plötzlichen Strahle der Wahrheit, prallten wir gegen den Rand eines andern Abgrundes zurück. Den englischen Stücken fehlten zu augenscheinlich gewisse Regeln, mit welchen uns die französischen so bekannt gemacht hatten. Was schloss man daraus? Dieses: dass sich auch ohne diese Regeln der Zweck der Tragödie erreichen lasse; ja dass

往下一看，所有別的較新民族的劇臺都是離得老遠。我們自己堅信這點也已經很久了，以至於在我們這些詩人裏，模仿法國人的簡直就跟照古代規矩去工作的一樣多。

但是這種偏見不能永遠與我們的感覺相對而立。幸而因為幾篇英國劇作的緣故，我們從迷夢裏醒來了，同時得到一種新經驗；就是悲劇，除了他們的柯奈依(六)，拉辛(七)所能供給的之外，還可以供給人一種截然不同的效果。然而我們彷彿是被這"真理"突然的光輝暈眩了似的，又跳回到另一座懸崖的邊沿上去。那些英國戲劇，乍一看起來，彷彿在某一些規矩上有點缺欠，那些規矩就是法國人教我們研究得清清楚楚的。由此我們得到的結論是甚麼呢？就是這一點：不用借重這些規矩也可以達到悲劇的高峯；真的，要是人總差一

(六) Pierre Corneille (1606——1684) 法名悲劇作家，名著有 Le Cid, Cinna, Polyeucte,. 等，又稱為法悲劇之父，作風雄渾壯闊。

(七) Jean Racine (1639——1699) 法最大悲劇作家，名著有 Andromache, Britannicus, Phèdre, Atala. 作風細膩善描婦女心理。

Regeln wohl gar Schuld sein könnten, wenn man ihn weniger erreiche.

Und das hätte noch hingehen mögen!–Aber mit diesen Regeln fing man an, alle Regeln zu vermengen und es überhaupt für Pedanterei zu erklären, dem Genie vorzuschreiben, was es tun und was es nicht tun müsse. Kurz, wir waren auf dem Punkte, uns alle Erfahrungen der vergangnen Zeit mutwillig zu verscherzen und von den Dichtern lieber zu verlangen, dass jeder die Kunst aufs neue für sich erfinden solle.

Ich wäre eitel genug, mir einiges Verdienst um unser Theater beizumessen, wenn ich glauben dürfte, das einzige Mittel getroffen zu haben, diese Gärung des Geschmacks zu hemmen. Darauf los gearbeitet zu haben, darf ich mir wenigstens schmeicheln, indem ich mir nichts angelegner sein lassen, als den Wahn von der Regelmässigkeit der französischen Bühne zu bestreiten. Gerade keine Nation hat die Regeln des alten Drama mehr verkannt, als die Franzosen. Einige beiläufige Bemerkungen, die sie über die schicklichste äussere Einrichtung des Drama bei dem Aristoteles fanden, haben sie für das Wesentliche angenommen und das Wesentliche,

點達不到高看時，說不定是那些規矩的害處。

這個還可以讓牠將就過去！不過人們又開始把這些規矩和一切別的規矩全混起來了，特別是限制有天才的人，應該作甚麼，不應該作甚麼，准要被人認爲村學究氣。簡捷說罷，我們已經達到這麼一個階段，把一切過去的時代的經驗全玩笑似的拋開，同時寧願請求詩人們，叫他們每人自己重新去發現自己的藝術。

如果我可以相信，我已經捕到那惟一的方法能停止這欣賞力的混亂時，那麼我就會不揣冒味，認爲自己對於德國戲劇界有所建樹了。在這一點上繼續工作，我至少可以這樣安慰自己，因爲我所感覺與趣的不過就是要打破這法國劇臺描頭畫角的迷夢。說老實話，再也沒有一個國家比法國人更會誤解古代戲劇的規則了。他們在亞里士多德著作中找到了幾句不關緊要的話，論到戲劇最適當的外表的配置，這幾句話他們給拿來當作內部的實質，同時再加上好些限制啦，講解啦，把這點內容給弄得

durch allerlei Einschränkungen und Deutungen, dafür so entkräftet, dass notwendig nichts anders als Werke daraus entstehen konnten, die weit unter der höchsten Wirkung blieben, auf welche der Philosoph seine Regeln kalkuliert hatte.

Ich wage es, hier eine Äusserung zu tun, mag man sie doch nehmen, wofür man will!-Man nenne mir das Stück des grossen Corneille, welches ich nicht besser machen wollte. Was gilt die Wette?-

Doch nein; ich wollte nicht gern, dass man diese Äusserung für Prahlerei nehmen könne. Man merke also wohl, was ich hinzu setze: Ich werde es zuverlässig besser machen,-und doch lange kein Corneille sein,-und doch lange noch kein Meisterstück gemacht haben. Ich werde es zuverlässig besser machen,-und mir doch wenig darauf einbilden dürfen. Ich werde nichts getan haben, als was jeder tun kann,-der so fest an den Aristoteles glaubet wie ich.

疲弱不堪，以至由此產生的作品，迫於情勢，決沒有不是離最高的效力還隔着老遠的，而那位古哲學家苦心造出的規矩，就爲的是達到這種最高的效力。

我敢在這兒說這麼一句大話，你們聽了要怎麼想就怎麼想！——讓別人隨便跟我提到那一篇偉大的柯乃依的作品，說我不能把牠變得更好一點。來，我們賭甚麼？——

唉不；我不願意你們把我這句話當作吹大話來看。那麼請注意我在這裏附加的話：我毫無疑問的將要把牠變得更好一點，——然而我離着柯乃依仍然很遠——然而我寫出的仍然不會是一篇傑作。我毫無疑問的將要把牠變得更好一點，——然而我並不能因以就當自己怎樣了不得。我所作的也不過是每個人全會作的事，只要他也像我一樣的堅信著亞里士多德。

國　家　論

Der Staat

達曼(Friedrich Christoph Dahlmann)著

曾　一　新　譯

達曼，一七八五年生於威斯瑪 Wismar，一八一三年任基爾 Kiel 大學歷史教授，一八二九年轉任格廷恩 Göttingen 大學教授，一八四二年再轉撥恩 Bonn 大學，一八四八年任德意志國民會議議員，一八五〇年任普魯士國會議員，一八六〇年歿於撥恩。 達曼是自由立憲主義派的代表人物。 他的政見，和英法兩國的自由主義史學家一樣，是偏於理論方面的。 主要的著作有：丹麥史 Geschichte von Dänemark，一八四〇——四三年，英國革命史 Geschichte der Englischen Revolution，一八四四年，法國革命史 Geschichte der Französischen Revolution，一八四五年。

Der Staat ist nicht bloss etwas Gemeinsames unter den Menschen, nicht bloss etwas Unabhängiges, er ist zugleich etwas Zusammengewachsenes, eine leiblich und geistig geeinigte Persönlichkeit. Die Familie, unabhängig gedacht, ist Volk und Staat in völliger Durchdringung beider. Durch mehrere Familien im

國家不僅是人類間公共的東西，也不僅是獨立自主的東西，國家同時是結合體，是在肉體上和精神上統一着的一個人格。 家族這個東西，單獨地想來，是民族和國家雙方的完善的融合。 由於國家裏面的好幾個家族，是有發生好幾個國家的可能的。

Staate entsteht die Möglichkeit mehrerer Staaten; und indem herrschende Familien durch ihren Zusammenhang mit abhängigen zu Stämmen heranwachsen, geschieht ein starker Schritt dazu, allein Volk und Staat weichen von nun an freier aus einander. Es braucht weder ein ganzes Volk sich in demselben Staate abzuschliessen; trennen doch oft Weltteile die Mitglieder desselben Hauses; noch duldet es die schon mächtiger schaltende Geschichte, dass überall der Staat aus einer blutsverwandten Volksnatur erwachse, oder, wenn erwachsen, unvermischt fortbestehe. Volk und Bevölkerung unterscheiden sich fortan häufig, und der Staat ist etwas anderes geworden als bloss die Form des Volkes.

Gleiche Volksart von Haus aus, das will sagen, ein körperlich und geistig gleichartiger Menschenschlag, gleiche Sprache als Zeugnis seit Jahrhunderten gleichverstandener Lebenserfahrungen, bilden eine glückliche Mitgabe für den Naturstaat auf seinem dornichten Wege zur bewussten Durchbildung. Aber die Geschichte hat von jeher häufig die stille Urbildung der Natur unterbrochen, indem sie verschiedenartige Stämme

強盛的家族與其附屬的家族，結合起來而生長爲種族的時候，那便朝着這個方向邁一大步了。但是民族和國家從此就更自由地互相分離了。整個的民族並不須要關閉於一個國家裏面，世界各洲反而往往把一家的分子分開。舉凡國家都由同一血統的民族生長出來，如果已經生長出來的，使不起混雜而一直生存下去——這個的確更有力的歷史，也不能繼續存在的。民族和人口將來往往會分開，國家不僅僅乎爲民族的外形，牠已經演變爲別的東西了。

自始即相同的民族種類——這就是說，肉體上和精神上相同的人種——和相同的語言——這是幾百年來在同一思想之下的生活經驗的證據——對於原始國家經過艱辛的途徑而達到有意識的完成，是很有貢獻的。但是歷史古來往往妨害自然的靜止的原形，因爲歷史把各種不同的種族和民族性層疊起來，而往往正由這個混合

und Volkstümlichkeiten über einander schichtete und gerade aus der Vermischung manchmal eine zweite gelungenere Natur und gediegene Staatsbildungen gewann. Aus Pelasgern, Thrakern, Achäern, Ioniern erwuchs das lebensvolle Volk von Attika und seit das Christentum unserm Weltteile Einheit der Religion gab, konnte selbst einem Mischvolk von Briten, Römern, Sachsen, Dänen, Normannen, nachdem die furchtbaren Krisen des ersten Zusammentreffens überwunden waren, der Staat von England gelingen. Tritt so das Band der ursprünglichsten Blutsverwandtschaft allmählich zurück, so verstärkt sich dagegen das Band des örtlichen Zusammenseins mit dem Wachstum der Bildung. Das unbestimmte Heimatsgefühl der Naturvölker, welches hauptsächlich nur Liebe zu den Genossen und zu gewissen Lebensarten ist, steigert sich mit dem Fortrücken der Bildung und namentlich durch Werke der bildenden Kunst zur örtlichsten Vaterlandsliebe. Völkerwanderungen hören auf.

Die übermächtige weltliche Ordnung, welche den Menschen in ein Volk setzt, indem sie ihn in einer Familie geboren werden lässt, nimmt

裏面造出第二個更優異的性質和緊密的國家組織。　由裴拉斯格人，特拉基恩人，阿黑亞人及意歐尼恩人裏面生長了雄赳赳的阿提卡民族；自從基督教統一了歐洲的宗教以來，便是不列顛人，羅馬人，薩克森人，丹麥人及諾曼人的混合民族，在戰勝了第一次衝突的可怕的危機之後，也居然能夠建設英吉利這個國家了。　最原始的血族關係的連繫如此漸趨弛緩，地域上共同居住的連繫便相反地跟着教育的發達加强起來。　原始民族的模糊的鄉土感情——主要的只是對於同鄉和某種生活樣式的感情——即隨着文化的進步，特別是由於造形美術的作品而增高到專以土地爲對象的愛國心。　民族移動便停止了。

强有力的世界命令，使人出生在一個家庭，而把他放在一個民族裏面。　但是那個世界命令却不是由自己裏面拿出牠的權力，也不是在自己

aber ihre Macht nicht aus sich selber und hat ihren letzten Zweck nicht in sich. Sie dient vielmehr einer höher stehenden Ordnung, welche jedem einzelnen Staate und allen Staaten mit einander überlegen ist. Wir glauben an ein grosses gemeinsames Werk der Menschheit, zu welchem das einzelne Staatenleben nur die Vorarbeiten liefert, an eine auch äusserliche Vollendung der menschlichen Dinge am Ende der Geschichte. Das am tiefsten verschlungene Rätsel unsres Daseins steht freilich an ihrem Anfange. Darüber aber hat nun einmal die Lehre vom Staate nicht zu untersuchen, wie es denn gekommen sei, dass die Menschheit von Anfang her so schief gegen das Licht steht, dass sie bei jedem Schritte einen langen Schatten wirft, warum es unmöglich ist, die Lehren der Religion in ihrer ungetrübten Reinheit als Anforderung in den Menschenstaat einzuführen, warum Familienvorteil und Staatswohl sich so mannigfach bekämpfen, und warum, was die höchsten Beziehungen angeht, Eines gut sein kann (dem Sittengesetze des Individuums entsprechend), ein Anderes aber recht (dem Gebote des Staats entsprechend).

更而有着牠的最後目的。牠可以說站在更高的命令之下，這個更高的命令是優越於每一個國家，優越於一切的國家互相之間的。我們相信有一個人類的偉大的共同事業；對於這個共同事業，各個國家生活是只成爲其預備工作的。我們相信當歷史終了時，人類的事業在外面上，也可以完成。人類生存的這個最複雜的謎，固然是在歷史的開頭卽有的。但是關於這一層，國家的學理，却決不是要研究爲什麼人類自始卽對於光線斜着站着，致使每走一步，卽投一個長影；也不是要研究宗教的理論爲什麼不能帶其無垢的純粹性而作爲必要物引入人類國家裏面來；國家的學理也不是要研究家族利益和國家福利爲什麼如此重重衝突；也不是要研究爲什麼——這一層是最關緊要的——前面的家族利益能够是善（卽合乎個人的道德律），而後面的國家福利則能够是正當（卽合乎國家的命令）。國家學不須要指出倫理關係的根據。國家學應該承認這些倫理關係，造出外面的制度，使國家能爲更高的有調

Die Staatslehre hat den Grund der ethischen Verhältnisse nicht aufzudecken, sie soll dieselben anerkennen und diejenigen äusserlichen Einrichtungen ausbilden, welche diesen Zwiespalt zu vermindern dienen, indem sie den Staat der höheren versöhnenden Sitte empfänglich machen. Der Einzelne aber muss zuvor in seinem eigenen Wesen die billig herrschenden Gewalten von den billig dienenden unterscheiden lernen, ehe er von Staatssachen zu urteilen unternimmt.

Darum ist die Errichtung des rechtlichen Zustandes, wie er denn auch beschaffen sei, freilich Sache des Staates, aber nicht letzter Zweck des Staates. Darum aber auch tritt der Staat als solcher nicht an die Stelle der göttlichen, unbedingt zu befolgenden Ordnung, und es kann die Vorschrift nicht vor der Wahrheit bestehen, dass die äussere Pflicht vor der sittlichen erfüllt werden müsse; wiewohl nichts auf der Erde der göttlichen Ordnung so nahe steht als die Staatsordnung.

Der seiner höheren Bestimmung getreue Mensch bringt dem Staate jedes Opfer des Eigentums und der Person, nur nicht das Opfer seiner höheren Bestimmung selber; alles

解力的道德所容納，藉以緩和家族利益和國家福利的不一致。不過個人在企圖判斷國事以前，是必須預先在他本身裏面把正當地統治着的權力和正當地服從着的權力加以區別的。

因此，法律制度的建設，無論其情形如何，總是國家之事，但是並非國家的最後目的。所以國家本身也不能代替神的絕對要服從的制度。雖然在地球上沒有一個東西像國家制度那麼接近神的制度，但是那個要求先履行外面的義務，後履行道德上的義務的法令，却是不能在眞理之前站穩的。

人對於自己的高尚的使命是很忠實的。他對於國家犧牲財產和身體，只是不犧牲他的高尚的使命本身。他願意把他的一切權利，都貢

sein Recht mag er hingeben, nur nicht das, worüber er kein Recht hat. Das ist der Ruhm und die Gefahr der menschlichen Dinge, dass der Einzelne am Ende unberechenbar gegen den Staat steht.

Der Staat inzwischen wird keine Macht in seinem Innern gestatten wollen, die sich gegen seine Rechtsanstalten erhebt. Der schlechte Staat bedient sich zu dem Ende lediglich seiner Gewalt, verschlingt die Familie mit der Macht seines Gesetzes, legt sich ein Obereigentum bei, drückt auf die Forschung seinen Stempel, dringt jeder Regel jede Ausnahme auf. Der gute Staat hingegen, weit entfernt das Privatrecht zu stören, stellt es unter den Schutz des öffentlichen Rechts und legt dem Eigentum und den Personen allein diejenigen Beschränkungen auf, welche das öffentliche Wohl erfordert. Durch diesen entscheidenden Schritt der Gewährleistung des Privatrechts söhnt er das selbständige Wesen der Familien mit den Schuldigkeiten des Staatsrechtes aus, und die Regierung stellt sich hoch über der Bevölkerung auf; alle ferneren Zwistigkeiten kämpfen sich in kleineren Kreisen durch, bedrohen die Gesamtordnung nicht.

獻出來，只是不願意貢獻他自己無權主張的東西。和國家比較起來，個人終是數不起的。這一樁是人類的名譽，也是人類的危險。

同時，國家不允許在牠裏面有反抗牠的法律組織的力量存在。不良的國家，爲要達到這個目的，便專使用牠的強權，拿牠的法律的力量去吞噬家族，自享一個最高所有權，對於研究則加以限制，對於任何原則都要定出例外。反之，良好的國家決不擾亂私權，反而把私權放在公法的保護之下，對於財產和身體則只加以公益所要求的那些限制。拿了這個徹底的步驟去保障私權，良好的國家便可以調解家族的獨立性和國法的責任；政府高高地站在人民之上，其餘的一切鬥爭，都發生在較小的範圍之內，並不威脅公共秩序。

Da die Menschheit kein anderes Dasein hat als dieses, welches, im steten Entwickelungskampfe räumlich und zeitlich begriffen, in unserer Geschichte vorliegt, so entbehrt eine Darstellung des Staates, welche sich der historischen Grundlagen entäussert, aller ernsten Belehrung und gehört den Phantasiespielen an. Der Idealist, zeit- und ortlos hinstellend, was den guten Staat bedeuten soll, löset Rätsel, die er sich selber aufgegeben hat; er vollbringt mit Menschen, die es nie gegeben hat, die Aufstellung einer Gegenwart, welche keine Fähigkeit zu sein besitzt. Die Politik muss, um lehrreich zu sein, ihre Aufgaben nicht wählen, sondern empfangen, wie sie im Drange von Raum und Zeit hervorgehen aus jener tiefen Verschlingung der gesunden Kräfte der Menschheit mit allem dem krankhaften Wesen, welches in der physischen Welt Übel, in der moralischen Böses heisset. Die Politik ist Gesundheitslehre, nicht weil sie Gesundheit geben, sondern weil sie die Ursachen der Krankheit entdecken und oft vermindern kann.

人類是在空間中和時間中作不斷的發展鬥爭而出現於我們的歷史之中的。因爲人類除這個生活外，並沒有第二個生活，所以撇開歷史基礎去談國家，是根本不足爲訓，是屬於幻樂。觀念主義派的人，不管時間和空間而主張什麼該是好國家。這是自己猜自己提出的謎的。他拿歷來不曾存在過的人們去設計一個毫無存在能力的狀態。政治，爲了富有教訓起見，是不可以選擇其任務而必須接受其任務的。按政治的任務是在空間和時間的壓迫之下，從健全的人類力量和一切不健全的性質的那個深刻的糾纏裏面發生出來的。這不健全的性質，在物質界裏面叫做"害"，在精神界裏面叫做"惡"。政治是健康學；這並不是因爲政治能够賜與健康，而是因爲政治能够發現病源而往往能够減輕牠的緣故。

處世箴言(續五)

Aphorismen zur Lebensweisheit

叔本華 (Arthur Schopenhauer) 著

關琪桐 譯

第五章 勸告與格言(續前)

第三節 我們與他人的關係

(二十一)要想與世人相處,則具有大量的先見和忽略乃是有益的,藉着先見,人們可以避免了災害與損失,藉着忽略,人們可以免除了議論和爭執。

誰要想在人羣中生活,那就不應當無條件的把自然所安立,所給與的任何個性拋棄了,縱然那個人是極其惡劣,極其可憐,或極其可笑的。 他反而應當把他看成是一種不可變更的事實,這種事實是依照悠久的形上學的原則而必然發生的。 而且他在惡劣的情形下應當思想:「世上是不能沒有這類傢伙的」。 如果他有另外一種看法,那他就枉曲了他人,而向他人挑戰,作生死之鬪。 因爲別人並不能變更了他自己的個性,他的道德的特質,他的知識的能力,他的脾氣,他的容貌,那就是說,他不能成爲另一個人。 如果我們完全鄙棄他的本質,那他們就沒有別的辦法,只能把我們看成一個死對頭,來加以搏擊。 因爲我們只想在一個條件下容許他的存在,就是,他要拋棄了他所不能改變的樣子,而變成另一種人。

因此,我們如果想在人羣中來生活,那我們必須允許每一個人依其天賦的個性,存在於世;不論他的個性是如何樣的。 我們只當設法,就它的種類和性質所允許的範圍內來利用它。但是我們旣不可以希望改變它，也不可以絕對把它鄙棄了。對於許多人我們都應當思想：「我不改變他，我只想利用他」。這乃是最聰明的一種思想，人們所以說：「自己生活，也讓別人生活」，其含義正是這樣的。不過這種工作乃是不容易的，正如其是很正當的似的。而且一個人如果能夠一下免避與許多人接觸，那才是幸福的。

要想容讓世人，人們應該在無生物方面來練習忍耐，因爲無生之物藉其機械的或物理的必然性，也會强項不屈的抵抗我們的行爲；此外日常的事情也需要我們的忍耐。這樣求得的忍耐，人們後來漸漸就可以轉移在人類上，因爲他們漸漸慣於思想：不論他們如何障礙我們，而這種障礙乃是由他們本性中出發的一種嚴格的必然性而發生的，那種必然性正如無生物所依以作用的那種必然性似的。因此，要憤怒他們的行爲，正如憤怒一塊滾在道上的石頭似的，都是一樣愚蠢的。

（二十二）我們驚異的看到，智慧和性情的同所與異所，在人與人交談起來，是極其容易而迅速的表現出的：在任何一種瑣事方面，它都可以被人感覺到。兩個性情上根本差異的人，縱然所談的是極其與己無干的淡然事情，而此一個人的每一句話也會使另一個人多少不悅起來，甚至常常使他煩惱起來。至於情投意合的人，則在一切事情方面都立刻感覺到一種調協，這種調協在性情更爲相投的人方面，立刻成了一種完全的諧和，甚至成了一種同音。

這可以解釋了兩種情形。第一，我們由此看到，爲什麼平常人們那樣愛好交遊，並那樣容易在到處找到良好的夥伴——那樣良好，可愛，而忠實的人們。至於特異之人則情形正與此相反，而且他們如果愈爲卓著，則情形更是這樣的。他們在其離羣索居中，只要能以偶爾發見了他人與自己有氣味相投的地方，不論那個地方如何之小，他們也會感到極大的快樂！因爲一個人對他人所有的意義，正如他人對他所有的意義似的。天賦卓越的人，正如鷹似的，是孤單單的築巢於高處的。

第二點，人們也可以由此理解了，意見相同的人如何能以那樣迅速的聚集起來，好像他們被磁石吸引在一塊似的。有同好的人是在遠處就互相祝賀的。自然，趣味鄙俗而天賦惡劣的人，是最可以常常供給我們機會，來從事於此種觀察的；但是我們所以常在他們一方面看到這一層，乃是因為他們的人數是成千界萬的，至於良好卓越的人則是稀少的，因而他們可以說是罕見的。

就如在一大些為實踐目的而集合的黨羽中，兩個地道的惡棍會迅速的互相認識了，好像他們帶着一個徽章似的，因而他們就可以立刻共同合謀來捉弄人或敗露人。同樣，人們如果設想有一大羣極其聰明有才的人(這自然是不可能的)，其中只有兩個蠢貨，那麼這兩個蠢貨一定會被同情心互相吸引，而且其中一個人會高興自己在其夥伴中至少找到一個曉事的人。我們正可以奇特的看到，那樣兩個人，尤其是那道德不高，智慧又低的人，如何在一見之下就可以互相認識，並且熱心互相邀好，而友愛歡愉的互相祝賀，互相殷懃，彷彿如同舊識似的。這種情形是極其驚人的，因此，一個人就不禁依照佛教的輪迴之說來假定，他們在前一生就是互相友愛的。

人們雖然有許多互相契合的地方，可是他們有時也會互相乖違起來，或者發生了暫時的傾軋。這乃是由於他們當下的心境不同所致。因為心境是人各不同的，它會因為各人當下的狀況，職業，環境，體況，和所思，而有所變化。因此之故，就是極其調協的人之間也會發生了齟齬。要想常常改正此種平衡，而不使它受了擾動，並且要想保持一種中和的溫度，那非需要極高等的修養不可。情態的相似十分有助於和樂的友誼，這種效力的程度可以藉下一件事情而被度量出來：就是，一大羣人在共同利害之下只要有一種對象對他們全體同時都有一種相等的影響，則不論那種對象是一種危險，一片希望，一個消息，一幕大觀，一場戲劇，一段音樂，或別的東西，那他們就可以被刺激起來，作一種熱烈的交談，並且表示一種誠懇的興趣。因為這一類對象，當其平壓了一切私人的興趣以後，就產生了一種普遍的情調。人們在缺乏了這一類客觀的影響時，他們往往就抓住一種主觀的東西，因而他們往往藉酒杯來在社會中產生一種友誼的情調。甚至茶和咖啡也可以達到這個目的。

暫時的情調之差異容易在一切社會中產生了一種不諧，這種不諧也可以一部分解釋了，當這一類令人傾軋的影響（縱然係暫時的）已經過去以後，人們記憶起先前的情節來時，何以就把自己理想化了，有時甚或幾乎變化了。記憶的作用就如同暗室中的透鏡似的，它把一切都集中起來，因而產生了一種比原樣較美的影像。我們只要在時間或空間上遠離開某種對象，就總有一部分可以得到這種美景。因為這種有理想作用的記憶，雖然需要長久的時間才可以完成其工作，可是它是可以立刻開始其工作的。因此之故，與人來往的聰明的辦法乃是，只隔着長久的時間，才與自己的相識和朋友互相謀面。在重新會面之後，你可以注意到，記憶力已經在工作了。

（二十三）一個人的視線總超不出自己以外。我這意思是說，每個人所見於他人者，只限於他本人所是所行的範圍中，因為他只能依照自己心靈的尺度，來把握，來理解別人。如果這種智力是極其低下的，那麼他人縱有極大的才能也都不能影響了他，而且他在具有大才的人身上，也看不到別的，只看到他的個性中最卑下的地方，並只看到他的性情和性格的缺點。在他看來那人簡乎其簡盡是缺點，那人的較高的才能對他是不存在的，正如顏色對於盲人似的。

因為一切才思是不能被那沒有才思的人所見的，而且每一種評價，都是被評價的人物之真正價值與評價的人之知識範圍兩者所產生的一個產品。因此，一個人不論同任何人交談，他總會把自己與那人等例齊觀，而且他人的優越性質在他面前就消逝無蹤，而且他人就是對他俯就，他也完全不懂這回事。

你如果一考究，大多數人是如何卑鄙，如何愚蠢，如何鄙俗的，那你就可以看到，我們如果與他們接談，自己就不能不在當下也變得鄙俗，正如電流的傳播似的。你將可以充分領略人們所說「隨俗」那話的本意和恰當，而且你將要避免與任何社會接觸，如果你知道，你只能藉你的天性中的可恥部分才能與他們互相交通。　人們也可以看到，在蠢夫和愚人面前，只有一條道可以表現你的理解，那就是，永不要與他們接談。　許多人在社會中往往感想到自己就如一個跳舞家似的，在被人請去赴跳舞會時，却只完全遇到一些拐子，——他該同誰跳舞呢？

（二十四）一個人在等待一件事情，枯坐無聊的時候，如果不抓住手下的東西，如一根棺，一把刀或叉，或別的東西，來敲敲打打，那我是會敬重他的，這一類人一百個中也只有一二罷了。　他或者多半是在思想一種事情的。　在許多人方面，我們見到，視[聽]的能力就完全代替了思想的能力，他們要藉敲打才能意識到自己的存在；除非手下有了紙煙——因爲紙煙也可以達到同樣的目的。由於同樣理由，所以他們就只有用眼耳來對付周圍一切了。

（二十五）羅希弗克（Rochefoucauld）曾經中肯的說過，我們是不能在同時敬重一個人，又愛慕一個人的。　因此，我們就應當選擇，我們還是要求得人的愛慕，還是要求得人的敬重。　他們的愛慕恆常是自私的，雖然自私的途徑極其差異。　而且獲得愛慕的手段，往往是不易使我們以此自驕的。　一個人之能否得人愛慕，主要的就看他能否在低的程度內來要求他人的才思和心情，而不過事苛求；但是他之爲此，必須誠懇而不假冒才行；如果單是心存鄙棄，勉爲縱容，那還不行。　這就使人想起了海爾威（Helvetius）的千眞萬確的話語：「可以使我們快樂的智力程度，恰好正是衡量我們自己所有智力程度的一個標準」。　從這些前題，我們就容易得出我們的結論來。

說到人的敬仰，則情形正與此相反，敬重之心是反着人的意志勉强求得的，因而多半是被人掩藏住的。　因此，敬重之心就在內心給了我們以一種大了許多的滿意。　它是有繫於我們的眞正價値的；這種說法並不能直接應用於人類的愛情上；因爲愛情是主觀的，敬重乃是客觀的。　自然，被人愛慕，對於我們是更爲有用的。

（二十六）大多數人是十分主觀的，因此，歸根說來，除了他們自己，任何東西對於他們都無興趣。　因此，他們不論說什麼話，總立刻先想到自己身上，而且凡與他們個人利害稍為有關的事情，只要稍被提到，那就可以完全吸引了，佔據了他們的注意，因此，他們對於談話中客觀的對象就再沒有把握的能力，而且任何理由只要與他們的興趣或虛榮互相抵觸，那他們是永遠不能信從的。　這一類人是容易被人紛心，容易被人觸犯，被人侮辱，被人污蔑的，因此，人們縱然與他們談起與個人全然無關的任何事情來，也總得極其小心，不要使自己所說的話在任何途徑下，稍微隱射了眼前那個有價値而多心的人。　因為這類人只顧到與他們個人有關的事情，而不顧到別的。　他們並不懂得，也不感覺他人談話中眞實，中肯，美好，精緻，而詼諧的地方，可是任何話語只要在極遼遠而極間接的途徑下，損傷了他們的虛榮心，或者在有害的途徑下貽羞於他們那極其珍貴的自我，那他們是極容易敏銳感覺到它們的。　因此，他們之易於得罪，就如小狗似的，你會不經意的踏在他的小蹄上，因而聽到它尖聲狺狺起來。　他們也可以比之於負有創傷和瘡腫的病人，你要極其留心，避免與他們稍有接觸。　在許多人方面，這種感情，竟至使人與他們談起話來，只要是露出才思與理解來，或者不曾充分掩蔽住它們，那他們就直然把它們認為是一種侮辱，縱然他們在當下仍會把這種感情隱蔽住。　因此，那引起此種感情的無經驗的人就百思而不得其解，不知道他究竟如何能以引起了他們的憾怨和怕恨。

但是他們也同樣容易被人所諂媚，所賣哄。　因此，他們的判斷大部分是謬敗的，只是嘉惠其黨派或階級的一種意見，而並非一種客觀的正直的判斷。　所有這些都導因於下一種事實，就是，這些人的意志是遠優勝於其智力的，因而他們的狹小的智力，就完全供意志的服役，而從不擺脫了這種服役。

天文學給人類這種可憐的主觀性，貢獻了一個燦爛的證明，人們因為這種主觀性，所以就把一切都參照於自己身上，而且不論思想到什麼，就一直返回自身，因而天文學就把偉大世界的過程都參照於可憐的自我上，並且使天上的彗星與塵世上的瑣務俗事發生了一種聯繫。　這是一切時候都有的現象，而且它在最古的時代也已經發生過了（就如 Stobaeus 的牧歌一卷二十六章）。

（二十七）一種扭曲事實的陳述，不論宣說於公衆，或宣說於社會，或描寫於文學中而爲人們所公認，或者至少不曾被人所反駁了——你總不要失望，以爲事情就止於如此了。你應當自行安慰而自忖道，這件事情以後慢慢將被人仔細考驗，洞明眞相，將被人思想考量，加以討論，並且往往最後會被人所正確判斷了。因此，在時久之後，（這種時間之久暫，是看困難的大小而定的），一切人們就終於看清楚明眼之人所可以立刻看到的事情。

同時，人們自然將需要忍耐。因爲見解正確的人在一羣昏愚人中，就如一個帶着準確的錶的人，走在一個一切鐘都錯了的城市內似的。只有他知道正確的時間，但是那中什麼用呢？人人都依照那指錯了的鐘錶行事，一個人縱然知道只有自己的錶指得眞正的時間，他也得隨從大衆。

（二十八）人在這一方面就如兒童似的，你如果慣壞他們，他們就驕傲起來。因此，你對任何人都不可以太於縱容，太於寬大。一般說來，你如果拒絕一個朋友的借款，那你是不容易失掉他的，但是你如果允許他借款，那反而容易把他失掉了。同樣，你也不容易因爲一種傲慢而疏忽的行爲，失掉了一個朋友，却反容易因爲過分友誼而慇懃的態度失掉了他，因爲這種態度就使他傲慢而難堪起來，因而引起了裂痕。

但是絕對使人難堪的一種思想乃是：人們是依靠自己的；這種思想的必然結果就是傲慢不遜。有些人只因爲別人與他們常相來往，或與他們親暱談話，就有幾分生起倨傲之心來，因而他們就立刻想，人們總得容讓他們，並因而企圖把禮法的界限打破。因此，很少人值得你與他親密往來，而且你應當特別小心，不要與卑賤之人爲伍。一個人如果思想，我需要於他者，比他需要於我者多了許多，那麼他就立刻覺得，好像我偷了他一種東西似的，因而他就企圖報復，並且把所失的索還。在與人交遊中要想顯得優越，惟一的方法就是讓他們看到，你並不依靠他們。

因爲這種原故，所以你頂好是時時讓一個人感覺到（不論他是男是女），你很可以無需乎他們。這樣反而可以加强了你們的友誼。不但如此，你在與許多人周旋時，如果不時對他們表示一點瞧不起的樣子，那也是無損的，他們反而因此愈會重視我們友誼的價值。義大利有一個精美的成語說：「誰要不敬重人，就可以得到人的敬重（Chi non istima vien stimato）。如果我們覺得一個人眞有價値，我們也必須在他面前隱住這種感情，好像它是一種犯罪似的。這事情並不是痛快的，但是它正因此是眞實的。狗還經不起大的友誼，且不用說人了。

（二十九）心情高尚，天賦崇高的人，尤其在幼年，往往敗露了自己十分缺乏人類的知識和處世的本領，因而他們就容易被人欺騙，或常被人誤領了。至於鄙賤之人則很瞭然於如何在世界上迅速而順利的找到進身之路。這種原因就在於，人如果缺乏經驗，那他們就不得不先驗的來從事判斷，而一般說來，任何經驗都是與先驗的見解背道而馳的。這種先驗的見解使平常之人只看到他們的自我，至於崇高而優越的人則不如此。因爲卓越之人所以異於庸流者，概在於一種無私。他們旣然依照自己的思想行爲，來度量前一種人的思想行爲，所以他們計算的結果往往是錯的。

品格高尙的人由於他人的教訓和自己的經驗，終於明白了他們對一般人類應當有何種期望，就是，人類六分之五在道德和睿智方面，都是那樣壞得生成的，因而若非有特殊的環境使你與他們不得不互相交處，你頂好是預先避免他們，而且在可能範圍中不要與他們接觸。雖然如此，可是他對於人性的渺小可憐永不能構成一個圓滿的概念，他要永久在其一生推廣這個概念，並完成這個概念，但是同時他却尋常計算錯誤，而使自己蒙了不利。

但是當他誠心悅服了他所受的教訓以後，他不時的仍然會看到，當他到了他所不認識的一些人的社會中時，他就不得不驚異，他們全體，就其言談和態度看來，完全似乎是合理的，正直的，忠實的，貞潔的，有德的，同時又是十分黠慧而恰倒的。

不過他不當因此迷惑了。因爲這只是由於自然並不如那些拙劣的詩人似的，當他們想表現一些惡棍和愚人時，就笨拙的從事工作，而且念念不忘，用力描寫，使人立刻在那樣一個人物後面都看到詩人自己——那個詩人繼續不斷的否認他們的意見和話語，並且帶着警告的口氣大聲急呼的說：「這是一個惡棍，這是一個愚人，不要重視他的話語」。自然正如莎士比亞和歌德似的，在他們的作品中，每一個人，縱然是個魔鬼，當其登場說話時，都是恰合其時的。他們是十分客觀的被描寫出的，因此，我們就對他們發生了興趣，而不能不同情他們。因爲他們正如自然的作品似的，是從一個內在的原則發展出的，因而他們的言談舉止就顯得是自然，甚至必然的。因此，誰要期望魔鬼帶着角，愚人帶鈴子，在世界上行走，那他一定會成了他們的犧牲或玩物。

此外還有：在社交中，人們的做法往往如月亮和鬼火似的，只把事情的一面指示給你。甚至每一個人都有一種天賦的才能，可以裝腔做勢，把他的容貌做成一個面具，精確的表示出他眞心要裝出的樣子，這種面具因爲是完全照着他的個性做出的，所以與他極其合適，因而它的作用總是虛枉不可靠的。他往往戴上假面具，只要他覺得自己必須諂媚奉承，以求他人歡心。人們應當對此極其注意，把它看得好像是用油布做的，並且要記得義大利那個卓越的成語：「Non è si tristo cane, che non meni la coda（沒有一條狗，壞到不肯搖自己的尾巴）」。

無論如何，人們應當細心提防，不要對新認識的一個人有十分好的觀感，否則他們在大多數情形下一定會受了欺騙，而使自己蒙了羞恥，甚或受了損失。在這裏下邊這件事乃是值得注意的。正在瑣事方面，人們往往表現出自己的品格來，因爲他在這時是不加提防的。人們往往在瑣屑的行爲方面，和單純的舉止方面，適當注意到一般人的漫無限制的自私心，和對他人之毫不關心來，這種自私心即在大的事情方面，也不能把自己抑制住，雖然人們要竭力掩蔽它。這類供人觀察的機會是不可以忽略掉的。 一個人在日常生活的進程中和關係中，並在法律所不干涉的小事中如果毫無顧慮，只求自己的利益和舒適，不惜貽害於他人，他如果攘奪了一切人所共享的東西，如此等等，那麼人們就可以確信，他的心中完全不懂得正義，而且他在大事方面也是一個惡棍，只要法律和權威不把他的兩手束縛住。 這一類人，一出門你就不可信託他。 一個人如果毫不靦覥的破壞了他的俱樂部的規則，那他也會把國家的法律破壞了，只要他覺得破壞了無有危險。

一般人的天性中如果是善勝於惡，那麼我們頂好是信託他的正直，公平，知恩，愛情，和同情心，而不當信託他的恐怖心。 但是情形如果是相反的，那麼我們也當採取相反的途徑。

如果一個與我們有關係並打交涉的人，向我們表現出一種不快的或惱人的態度來，那麼我們就應該問自己，他對我們是否有大價值，使我們常常得忍受他那種變本加厲的態度（原諒和忘却乃是把重價得來的經驗扔在窗外）。 如果我們的答覆是肯定的，那麼我們就沒有多少話可說，因為空言是無濟於事的。 我們應當把這事忽略過去（不論我們自己警戒與否），可是我們應當知道，我們這樣就已屢屢把這種凌辱給自己招來了。 如果我們的回答是否定的，那麼我們就當立刻一下與我們的有價值的朋友絕了交，如果是一個僕人，那我們就當把他辭掉。 因為他當下雖然竭力誠懇聲言，他不再蹈步前轍，可是他遇了機會時，仍會不可避免的做完全相同的事情或完全相似的事情。 一個人可以忘掉一切，一切，可是他不能忘掉他自己，忘掉他自己的本質。 因為品格是無法改換的。因為人的一切行為都是從同一個內在原則出發的，依照那個原則說來，他在相似的環境下總是常做相似的事情，而不能做別的事情的。 人們可以參考我對於所謂自由意志所寫的那部競獎論文，他們在讀了它以後，定可以擺脫了關於此事的幻想。 因此，一個人如果與一個已經絕交的朋友恢復感情，那乃是一種弱點，這種弱點所受的處罰就是，你的朋友，一遇機會，就故態復萌，而仍然實行原來使你們感情破裂的事情，不但如此，他或者還是愈來愈大膽的，因爲他暗中感到，你是離不了他的。你如果把一個被辭的僕役招喚回來，情形也是一樣。

由於同樣理由，我們也不當期望，在情形變了以後，人們仍然與先前行一樣的事情。人的意見和行爲，是與其利益同樣迅速的變化的；是的，他們的目的是在那樣短的期限中要支取其支票的，所以人們如果接受了那種支票，而不加以拒絕支付，那他們一定是更爲短視的。

因此，我們如果想知道，一個人在我們想安置他的一種位置中，將如何行事，那麼我們就不當依靠他的諾言和確信。因爲他說的話縱然是誠懇的，而他所說的事情乃是他所不知道的。因此，我們如果想推測他的行爲，應當先考究他所要進入其中的那些環境，和這些環境與他的品格所會有的衝突。

如果我們想對於眞實而却十分可憐的人性（大多數人都是如此的），求得一個必需的明白的深刻的理解，那麼十分有效的做法就是：把他們在文學中的行爲舉動用做他們在實際生活中的行爲舉動的註釋，並且可以反過來看。這種做法乃是十分有益的，這樣，我們對於自己和他人就不致有了錯誤的觀念。你如果在人生中或在文學中遇到一種特殊的「卑賤」或「愚癡」的特徵，那你也不要把他做爲煩惱苦悶的對象，而當把它看做是知識的對象，我們應當把它看做是人類特徵的一種附加的例證，而加以注意。我們看它，將如一個礦物學家看他所碰到的一個富有特徵的礦物例證似的。

自然，這裏有想像不到的許多例外，而且各個人的差異也實偉大可觀。但是整個說來，世界是處於險惡中的，如我們久已說過的。野蠻人是互相吞食的，文明人是互相欺騙的。這就是人們所謂世道。各個國家同其一切精細的機構和武力的手段（不論是對外的或對內的），不都是一些預防的手段，而對人類的無限制的非義加以限制麼？我們不是在全部歷史中看到，每一個國王當其一度立定了，而且人們稍爲富庶之後，就利用這種景況，領着他的軍隊，一如領着匪徒似的，湧到鄰國去嗎？一切戰爭歸根說來，不都是劫掠之舉麼？在遠古之時，以及中古時的一部分，被征服的人都成了征服者的奴隸，那就是說，他們必須爲勝利者工作，至於那償付戰費的人民不也都是照樣行事麼？因爲他們正是把他們先前工作的收獲交給人的。服爾德說一切戰爭，都不外是爲劫掠(Dans toutes les guerres il ne s'agit que de voler)。德國人是應當服膺這句話的。

（三十）任何品格都不能够不加管束，聽其自由，它總得需要概念和規則來指導它。但是人們如果把這一層推得太遠了，以至於反着天生的性格由技巧的途徑下，單藉理性的反省，來獲得一種品格，那麼他將立刻會看到古人那句話會應驗了。

「你縱驅走自然，它會時時出現。(naturam expelles furca, tamen usque recurret)」

人們容易洞察了處人的規則，甚至還可以發現了它，並中肯的把它表示出來，可是隨後在實際生活中，他們會立刻違反了那個規則。不過人們還不應當因此就敗了興致，而思想說，他在世界生活中不能依照抽象的規則和格言來指導他的行徑，因而頂好是讓自己隨便行事去。這個正如爲實際行爲而擬就的理論的教訓和指示一樣，我們第一應當先理解這個規則，第二應當練習遵守它。前者是經由理性所一下完成的，後者是經由練習漸次完成的。

人們可以在樂器上把音節教給學生，也可以用劍把進擊退避之術教給他。但是那個學生縱然極其努力，而他仍然會立刻錯誤了。因而他就想，在迅速的誦讀樂譜，並在熱烈的交戰起來時，他就完全不能遵守這些規則。但是他經由誤失，過錯，和重新努力，畢竟慢慢藉練習把這些規則運用純熟了。在寫說拉丁文時，文法的規則也是如此。一個愚夫之變爲廷臣，一個熱心之人之通達世故，坦白之人之變爲緘默，高貴之人之變爲譏諷，都是慢慢來的。但是這樣由長久習慣所養成的自我訓練，對於我們總好像一種由外來的強制之力。人的天性總在不斷的反抗這種強制，有時甚至無意中把它打破了。依照抽象規則而發生的行爲，與由原始天生的傾向所發生的行爲之關係，正如一個人爲的藝術作品，就如一個錶，與活動的有機體之關係似的，在前一方面，形相和運動是强加於它們以外的一種物質上的，至於在後一方面，形相和物質乃是互相貫穿，融爲一體的。

拿破崙皇帝有一句話，正可以藉獲得的品格和天生的品格間這種關係，被證實了，他說：「凡不自然的東西都是有缺點的 (tout ce qui n'est pas nature est imparfait)」。這乃是一個普遍的規則，可以應用於一切上，不論在物理界或在道德界。我在此處所能想到的惟一例外，乃是礦物學家所熟知的天然的沙金石，因爲天然的沙金石並比不上人造的沙金石。

因此，我在這裏要警告人不要有任何一種裝做，這種做法恆常引起人的輕藐來。第一，它被人看做一種欺騙，而欺騙是示弱的，因爲它是建立在恐怖上的，第二，它又是一種自我鄙棄，因爲人們正是要裝做他所實際上不是的樣子，也卽裝做比他實際上爲人較好的一種樣子。一個人不論裝做什麼，並因而自吹自擂，那我們就可以說，他正缺少着那種東西，不論他所自誇的是勇氣，是博學，是才智，是機智，是愛情，是財富，是高位，或是其他任何東西。因爲一個人如果圓滿的享有某物，那他就不會想到誇示裝做，他知道自己享有它，那已經使他心安了。西班牙有一句成語說：「herradura que chacolotea clavo le falta（拍拍家響的蹄子，短少着一個釘子）」。但是我們仍然不可以無條件的把繮勒衝破，而把自己的眞相露出，因爲我們天性中許多惡劣的和卑賤的地方正需要掩藏的。但是這話只能爲消極的遮掩辯護，却不能爲積極的"作假"辯護。

你還應當知道，當人們還不明瞭你在裝做什麼時，他們先已知道了你在裝做。最後，裝做也是不能久的，假面具總有一天要揭破的。「沒有人可以長戴着一個假面具供人瞧。一切裝做的事情都容易被自然所破壞的」（塞尼克仁慈論 (Clementia) 一卷，一等）。

（三十一）一個人雖負着自己的身體的重量，而他並感不到它，可是他如果想搬動別人的身體，那他就會感覺到。同樣，人們也注意不到自己的錯誤和過失，而只注意到他人的。每一個人都可以拿別人當做一個鏡子，而在其中淸楚照見自己的過失，罪惡，粗陋，和悖謬。但是人們大半都如狗似的，狗是向鏡中狂吠的，因爲它不知道它正看見了自己。它還以爲那是另外一個狗。

一個人如果對他人吹毛求疵，那他正是在從事於改良自己的。因而人們如果愛好並慣於私下對他人的外表行爲，和他們的所行所忽，注意觀察，並嚴加批評，那他們由此就可以改善了自己，並完成了自己。因爲他們或則會自己正直爲懷，或則有充分的驕傲和虛榮，可以避免了他所那樣嚴厲責斥的言行。至於縱容的人則情形正與此相異，「我們對人縱容，同時也向人要求縱容 (hanc veniam damus petimusque vicissim)。福音書曾經很動人的以他人眼中的微屑和自己眼中的椽柱，來諷喩世人。但是就眼的本性說來，它是只向外看，不向內看的，因此，我們如果想覺察到自己的過失，則最恰當的方法乃是注意並責斥他人的過失。爲進德修業起見，我們是需要一個鏡子自照的。

說到文體和寫作，這個規則也是可以適用的。人們如果不責斥這方面的一種愚妄，而却來讚賞它，那他們一定會模倣那種愚妄。因此，在德國這一類愚妄乃是蔓延甚廣的。人們看到法國人是十分寬容人的。他們的格言乃是：「我們寬容人，也要求人寬容我」。

（三十二）品格高尙的人在其幼年時相信，人類間本質的和決定的關係，以及由此產生的團體，乃是一種理想的關係，那就是說，它們是建立在情趣，思想，愛好，才能等的相似上的。但是他後來就知道了，這些關係乃是一些實在的關係，那就是說，它們是依據在一種物質的興趣上的。這些關係乃是一切團體的基礎，而且大多數人甚至想不到有別的關係。因此，每一個人都是依照他的官位，職業，國籍，家庭，以及社會習慣所給與他的那種地位和職份，而被人看待，被人分類，並被人應製的。至於一個人本身是什麼樣的，那是看他個人的性質而定的，不過人們談起話來時只有在高興時才肯破格提到這一層，因而人人都可以把這一層扔在一邊，加以忽略，只要他覺得這樣合適；大多數人都是這樣的。但是一個人愈有眞實的價値，他就愈不喜歡那種排列，因而他就愈想逃脫那種排列的範圍。不過這種排列所以存在乃是由於，在這個苦難而貧乏的世界中，設法應付困難的方策乃是最重要而最當先的。

（三十三）正如紙幣代替了現金，在世上流通似的，同樣，外表的裝做也代替了眞實的敬重和眞實的友誼——人們是想藉極其自然的模倣來的模樣來代替那種敬重的。同時我們在另一方面應當問訊，是否有人眞正配得那種敬重。無論如何，我寧重視一個忠實的狗之搖尾，而不重視百十種那樣虛僞的表示和態度。

眞實而純正的友誼需要我們對於他人的禍福有一種純粹客觀而完全無私的强烈的同情心，而這樣結果又使實在的自我與朋友融爲一體。人性中的自利主義是與這類人極相矛盾的，因而眞正的友誼就屬於難以置信的事物中，人們對於它就如對於龐大的海蛇似的，並不知道它們還不杜撰的，還是存在於某一種地方的。

人與人間之結合，有許多大體上誠然是建立在種種隱藏着的自私的動機上的，不過其中也摻雜着眞實而純正的友誼成分，這些成分使這些結合大爲高貴了，因而使這些結合在這個殘缺不完的世界內，畢竟相可以得到友誼一詞的令名。這一類結合是遠超於日常的合夥的，日常的合夥是十分不可靠的，因而我們如果聽到我們的許多熟識在我們背後講我們什麼話，那我們就不會再答理他們的。

除了你需要誠懇的幫助和重要的犧牲的情節下，試探一個朋友之純正與否的最好時機，就在於你把你所遭的不幸告知他的那個剎那。在這時候他的表情或則描畫出一種眞實，誠懇，而不雜的愁苦來，或則藉沈默的寂靜，或一種暫促的不同情的形色，證實了羅希佛克的名言：「在我們至交的不幸中，我們也總會發現了一種並不至使已不悅的事情 (dans l'adversité de nos meilleurs amis, nous trouvons toujours quelque chose qui ne nous deplait pas)」。普通所謂朋友在這些情形下，都難以抑制住自己的一種輕微而快意的笑的衝動。　最能使人興高采烈的莫過於你把新近才遇到的一件重大的不幸告知他，或把個人的弱點毫無隱飾的吐露出來。　——這就是人類的特色。

遠隔和久別可以有損於任何交情；縱然人們不願意承認此事。　因為我們所不見的人，縱然是我們最心愛的朋友，而在年久以後，他們都可以乾燥起來，成為抽象的觀念，因而我們對於他們的興趣漸漸就只成了理性的，甚至只成了傳統的。　至對於我們眼前的人，那我們就常常可以感到一種活躍而深刻的興趣，縱然眼前的東西只是一些心愛的動物。　人性是如此偏於感性的。　歌德的話在這裏就證實了自己。

"現在"是一個偉大的女神（塔騷四齣，四景），

所謂誰家的朋友，命名是恰當的，因為他們寧是家屋的朋友，而非主人的朋友，而且他們寧與猫兒相似，而不與犬相近。

你的朋友號稱誠懇；仇人也照樣如此。　因此，你可以利用他們的責斥，以求認識自己，好像一服苦的藥劑似的。

患難之交果然少麼？　正相反的，你剛同一個人締了交，他立刻就處於患難之中，而向你借錢了。

一個人如果想像，在社會中表現才智和理解就是得人愛慕的捷徑，那他才是一個處世的外行，才智和理解在大多數人方面只能刺激起憎恨和嫉恶來，這種厭惡是尤其難以忍受的，如果感到它的人不能說明自己所以抱怨人的理由，甚至還得向自己遮掩那種理由。

較詳細的事情進程是這樣的。　一個人如果注意到並感覺到那與他談話的人的才智是優越的，那麼他在默默中，並在含糊的意識中，就推斷說，那個人也在同樣程度內注意到並感覺到他自己的低下和限制。　這個省略的三段論式就刺激起他的最兇的憎恨，厭惡，和忿懣來（比較表像與意志的世界 Insel 版本，二卷，九六〇頁。　那裏我曾經引了約翰生和麥克（Merck）——歌德的青年朋友

——的話語）。格拉與(Gracian)說得好：「得人憐愛的惟一方法，乃是穿着上最簡單的獸類之皮(Para ser bien quisto, el unico medio vestirse la piel del mas simple de los brutos)」（見其所著 Oraculo manual, y arte de prudencia——一七〇二年版，二部，二八七頁）。

對人顯示自己的才智和理解，無異於間接來責斥他人的無能與愚昧。此外，一般俗人在看到與己相反的事情時，總是激昂憤慨的，而祕密促動他這種憤慨的乃是他的妬忌心。因爲我們日常可以看到，虛榮心的滿足乃是一般人最大的快樂所在，可是這種快樂所以可能，只是由於將自己同他人互相比較之故。但是最使一個人驕傲的，莫過於才能的優越，而且人之在動物界中所以佔了首要的品位，也是由於這種優越(十七)。因此，你如果在一個人面前，並當着其他證人，呈露出決然的智慧上的優越來，那乃是一種魯莽大膽的舉動。因爲他由此就覺得受了挑戰，非行報復不可，而且往往要找尋機會，藉侮辱來行報復。因爲這樣他就由智慧範圍進入意志範圍中，而在意志範圍中，人們又都是平等的。在社會中，品位和財富雖常可以希望得到人的敬重，可是才能的優越永不能够期望這一層。它祗被人忽略了，還算是最嘉惠的待遇。人們如果注意它的話，那也只是因爲他們認它是一種厚顏無恥，或者以爲享有這種敬重的人只是僥倖巧取了它，而膽敢以此自驕的。因而人人都在暗中打算別出奇計，使他屈辱，而其所以遲遲者，只是等待機會罷了。縱然極其謙恭的行爲，也難以使人原諒了你的才智上的優越。薩狄(Sadi)在其玫瑰園(Gulistan Graf)(譯本一四六頁中)曾說道：「人們知道，愚人之厭惡智者，要百倍於智者之憎恨愚人」。

在另一方面，則才智上的低下，乃是眞正可以得人信用的。因爲溫暖之於

(十七) 我們可以說，意志是人所給與自己的，因爲意志就是人自己；至於智力則是他所受於天的一種嫁妝，那就是說，它是受自悠久而神祕的命運和其必然性的——他的母親正是這個命運的單純工具。

身體，正如優越之感之於精神似的，因此，每一個人都好像憑着本能似的來接近那使他溫暖的對象，正如其接近火爐和陽光似的。　但是能給你這種感覺的人必須是決然較低下的一種人才行——就如在男子一方面，他的才能是必須低下的，在女子一方面，她的美麗是必須遜劣的。　在許多人面前，要證明自己是眞正低下而非裝作的，那是頗令人煞費苦心的。

我們可以看到，一個差可人意的少女如何友愛的迎接一個極其醜陋的女子。在男子一方面，身體的優越是不甚被人注意的，雖然人們坐在較小的人旁邊，要比坐在較大的人旁邊，該當是較爲舒服的。　因此之故，我們就看到，在男人之中愚昧之人是得人愛惜，被人尋求的，而在女子之中，又是醜陋之輩得人愛惜，被人尋求的。　人們容易稱說他們是性情好的，因爲每一個人都要在自己面前，並他人面前，爲自己的偏好找到一個藉口。　因此，任何一種才智的優越都是可以使人勢孤的一種性質，人們要逃避它，憎惡它，而且人們爲辯護自己的行徑起見，還要給那個具有才智的人揑造許多謠言(十八)。

在女性方面，美麗也有同樣的效果，很美的少女並找不到女朋友，甚或夥伴。　這一類美女最好是不要徵求夥伴的位置，因爲當他一進門去，她所希望的那個新的主人的面孔會現出慍色來，這個女主無論爲她自己，無論爲她的女兒，都不需要這樣一種把自己壓下去的對照。

至於品位的優越則其效果正與此相反。　因爲品位的優越並不如容貌的優越

(十八)　如果你要想涉身於世，那麼友誼和伴侶乃是最要緊的方法。　但是偉大的才能總是會使人驕傲的，因而他就不適宜於來諂媚那些才能薄弱的人，因爲在這夥人面前，人們是應當掩藏住，並且否認自己有大的才能的。　至於一個人如果意識到自己的才能是薄弱的，則這種意識是與謙抑，和藹，友誼等性質很相契合的，因而它可以使人敬重部値恩劣之人，而給自己招來朋友和恩主。

這些話語不祇可以應用於宦途上，而且可以應用於尊榮和品位上，甚至可以應用於學界的命名上，就如在學府中，那被人歡迎的庸才常是居於高位的，至於有造詣之人則很晚才能進去，或者永進不去。　其餘一切莫不皆然。

那樣可以藉對比和距離來發生作用，它們只如環境的顏色的，是藉反射來影響一個人的面色的。

（三十五）我們所以信託他人，其原因大部分是由於懶散，自私，和虛榮。我所以說懶散，乃是因爲我們自己不求研究，照顧，並行事，而卻信託另一個人；我所以說自私，乃是因爲我們需要談論自己的要事，因而才被這種需要所領來信託他人；我所以說虛榮，乃是因爲我們所信託給人的事情是我們所得意的，但是我們仍然要求人們不要敗露了我們的信託。

對於人的不信託，我們也不要怒氣塡胸，因爲人之不信託人，就表示他們是讚頌誠實不妄的，那就是說，他們坦白地承認了誠實不妄是極其難得的——難得的程度至使人懷疑開它是否存在於人間。

（三十六）客氣是中國人的基本德性，它有兩個根據。一個根據我已經在我的倫理學中加以說明（Insel 版本五九一頁）。至於另一個根據，則如下述。客氣乃是人的一種互相默喻的合同，人們要藉此互相忽略了對方的道德上的和睿智上的可憐的性質，而不要以此互相責斥。這樣，彼此的缺點都不容易發露出來，因而雙方可以交蒙其利。

客氣是聰明的，粗暴是愚昧的。如果因爲不必要而故意的做法，招來敵人，那乃是一種瘋狂，就如一個人把自己的家宅縱火焚燒似的。因爲客氣正如籌碼似的，乃是一種公認的僞幣，如果你吝嗇它，那就證明你的糊塗；你如果博施它，那就證明你的聰明。一切民族在信尾都寫着你的最謙卑的僕人（Votre très-humble serviteur), (Your most obedient servant), (suo devotissimo servo)。只有德國人拒用僕役(Diener)一詞，因爲它自然是不眞實的。但是誰要過分客氣而竟至把實在的利益犧牲了，那他正如不以籌碼給與人，而反以眞幣給了人似的。

蠟是堅硬而易碎的，可是些微的溫熱就可以使它柔軔起來，採取了任何一種形相。同樣，你也可以藉一點客氣和友誼而使一個人柔順了，親切了，縱然他是乖僻的，惡意的。　由此看來，客氣之於人，正如溫熱之於蠟似的。

客氣是不容易做到的，因爲它需要我們對一切人都表示最大的敬意，而事實上大多數人又是不配我們的敬重的。　其次，它又需要我們，對人們裝一種最活躍的興趣，可是我們又很高興對他們全無興趣。　要把客氣和驕傲結合起來，乃是一種處世的傑作。

所謂侮辱實際正是人們對於我們所表示的一種不敬。　我們對此往往會憤怒起來，可是我們在一方面如果對於自己的崇高的價値和尊榮不曾有完全過度的評價，也即不懷着漫無節度的驕傲，而且在另一方面，又明白了：人們，一般說來，在自己心中對於他人都如何思想，如何看待——那我們就遠不至於像那樣怒氣塡胸了。　許多人在聽人稍微暗示到他人對自己的責斥以後，往往就感到拂意，那麼當他們聽到熟識之人背後對他們所吐露的意見時，他們更該作何感想呢？　其間不是有一個明顯的對比麼？　我們應當常常記得，平常的客氣都只是一種獰笑的假面具，因此，當它偶爾戴得歪了，或者暫時脫去了，你休要大聲喊叫。　一個人如果全然粗暴用事，那麼他就彷彿把衣服脫掉，而一絲不掛似的。自然他在這種情形下，如許多人那樣，是十分不雅觀的。

（三十七）一個人的行止永不要以他人爲模範，因爲地位，處境，關係，都是不一樣的，而且品格之差異也給了各人的行事以一種特殊的色形。　因此，兩人雖做同一樣事情，而結果並不是同樣的（duo cum faciunt idem, non est idem）。　一個人必須依照他自己的品格來行事，倘使他經過了成熟的反省和銳利的熟慮。　因此，即在實踐的事情中，獨闢蹊徑也是不可廢的，否則一個人的所作就與其本性相違反了。

（三十八）我們不要搏擊任何人的意見，我們應當思想，我們如果想勸說人拋棄其所信仰的一切荒謬意見，那我們縱然達到麥蘇沙來（Methusalem）的老齡，也不能够完成此事。

在與人談話時，要避免一切改正他人的言語，縱然你的言語是用意至美的。

因為觸犯人是容易的，說正人是不容易的，縱非不可能的。

我們如果聽到他人的談話，而且對那種談話感到煩惱，那麼我們就應當想，那是兩個愚人所演的一場喜劇。這是已經證實了的。一個人如果入到世上，想誠懇的在極重要的事情方面來指教人，那麼他如果得全首領而回，那算是他的萬幸。

（三十九）如果你想讓人信仰你的判斷，那麼你只可以冷靜而無感情的來表示你的判斷。因為一切猛烈表情都發源於意志，因此，你如果說話激烈，人們將認你的判斷本於意志，而非來自冷靜的知識。意志既然是人的基本的成分，而知識只是添附的次等的成分，所以人們就容易相信，判斷是由被激動的意志來的，而不容易相信，意志的激動是單由判斷來的。

（四十）人們萬不可自行讚美，縱然他們對此有充分的權利。因為虛榮是那樣尋常的，至於功德則是那樣不尋常的，因此，我們如果似乎在稱讚自己，那麼縱然你的話語極其間接，而人們也會以百對一的來說，我們只是根據虛榮心來談話，而毫無充分見識來看穿自己的愚妄可笑的。不過培根的話也總有幾分道理，他說你如果盡情謾罵，一定會留些痕跡，這話不但適用於污蔑，也可以適用於自誇；因而適量的自誇也是可以採用的。

（四十一）如果你疑惑一個人對你撒謊，你可以裝做相信他的樣子；那樣他就愈會鼓起勇氣來，撒謊得愈為有聲有色，結果使自己露了馬腳。

一個人如果想隱諱一件事情，而卻於無意中露了一點，那麼你可以裝做不信他。他在受了你這種反駁之後，就會把全部事情的後隊呼喚出來。

（四十二）我們可以把自己的全部私事看做是一些祕密，而且縱然是我們的相好，而除了他們眼見的事情以外，別的事情我們也要完全不使他們聞知。因為時間久了，情形變了，他們對於你的最無害的事情所有的知識，也會給你招致惡果的。

一般說來，你寧可以藉沈默來表示你的聰明，而不可藉語言來表示它。因爲沈默乃是明哲，語言正是虛榮。　沈默和講論的機會是往往同樣多的，不過我們常常愛好講論所給人的暫時的滿意，而忽略了沈默所招致的恆常的用處。

活潑而有興致的人，往往大聲自言自語，以求舒暢自己的胸懷，可是人們應當拋棄了這種快樂，免得它變成一種習慣。　因爲要是這樣，則思想與語言將會和好友愛起來，漸漸使我們在與他人談話時，把自己的思想高聲吐露出來。可是按明哲的做法說來，我們的思想與我們的談話之間實在應該有一種遠隔的鴻溝。

我們有時設想，他人絕對不能相信關於我們自己的一種事情，實則他們根本沒有想到來懷疑它；可是我們如果假定，他們懷疑開它，那他們也就不能再相信它。　我們因爲假設，別人不能不注意到我們的事情，所以往往就把自己敗露了。　這就彷彿一個人身處高崗，因爲暈眩之故，就投身下去似的，因爲他想，他在這裏並不能站穩，而且他在這裏站立的苦楚是那樣大的，所以他頂好一下把它了結了。　這種謬見就叫做暈眩病。

在另一方面，我們又常知道，有些人在別的方面雖然不曾顯露出特別的聰明來，可是他們對於他人的私事，却是一些特出的代數家。　你只要給了他們以一項數字，那他們就可以解決了最複雜的問題。　因此，你如果向他們講述，先前的一種事情，而却不提一切人名地名，並且不暗示到你所說的那些人；那麼你就當留心，不要在談話中涉及任何一種完全確實而個別的環境（縱然是極小的），就如地點，時間，與此事稍有關聯的人的名字，或與此只係間接有關的事情。因爲你一提到這一層，那麼他們就立刻得到一個肯定的項目，而使其代數的天才由此發現出其餘一切項目來。　他們在這裏的好奇心就給了他們以大的靈感，因而他們的意志就鞭刺了他們的智力，並驅使它達到最遠的結果。　因爲人們對於概括的眞理雖然不能領略，不感興趣，可是他是極其注意個人的事情的。

依照上述的種種，所以那以處世之道教人的先哲們都用許多理由，諄諄教人，保守緘默，因此，我就滿足於他們的教言，而不必多所申論了。　不過有一些特別警策而少爲人所知的亞剌伯的箴言，我可以附在這裏：「你的仇敵所不當知道的事情，你也不要告給你的朋友」。 ——「如果我隱藏住我的秘密，它就是我的獄囚；如果我讓它逃脫了，我就是它的囚犯。」——「沉默之樹上掛着它的果實——就是平安」。

（四十三）用錢用得最有益的時候，就是當人把你的錢騙上走的時候。 因爲我們這時候立刻就購買來伶俐了。

（四十四）對任何人都不要懷敵對之心，不過你要注意各人的立身行事，並且記在心裏，以便確立他的價値（至少對我們說），而指導自己對他的行爲。——我們總要常常確信人的品格是不可變的，因而我如果忘了一個人的壞的徵候，那就無異於把辛苦得來的金錢拋棄了。 因此，人們應當防備愚昧的親暱，和不智的友誼。

「不要愛，也不要恨」這句話就包含了一半處世之道；「不要說，不要信」這句話就又包括了另一半。 自然，在一個世界中，我們如果非需要這個眞理以及下邊的眞理不可，那麼人們是會從這個世界轉身而去的。

（四十五）不論藉語言或藉容貌表示出憤怒或憎惡來，那是無用的，危險的，不智的，可笑的，鄙俗的。 人們不當在別的途徑下，只當在行動中表現出他的憤怒或憎惡來。 人們如果愈能避免了在別的方面來表示怨恨，那他們就愈可以在行動中來表示它。 只有冷血動物是最毒的。

（四十六）發言而不加着重（parler sans accent）乃是深於世故者的老規矩，它的目的在於讓別人來發現你所說的話之意味，他們的心靈既然是遲鈍的，所以當他們還未曾領略淸楚時，你已經就逃脫了。 反之，發言而帶重音（parler avec accent），那就叫做求訴於人的感情，這裏結果乃是相反的。 如果你的態度客氣，口氣和藹，那麼許多人，你縱然實在污了他們，也不至有什麼直接的危險。

第四章　我們與世事及命運的關係

（四十七）人類的生命不論採取何種方式，而它的原素總是一樣的，因此，它的本性到處是一樣的，不論它是度在茅舍中，或皇宮中，道院中，或軍隊中。人的遭遇，冒險，幸福，不幸，不論如何紛歧錯雜，而它們就如糖果業的糖果似的。許多糖果的形相是奇特而雜色的，可是它們都是由同一種揑粉所揑成的。各個人所遭遇的事情，並不如你在道聽途說時所想像的，那樣參差，它們委實是十分相似的。人生的進程正如萬花筒中的影像似的，在萬花筒中，每轉一下，你就看到另一種花樣，可是你眼前所有的總還是那些碎片。

（四八）古人有一句很中肯的話說，世界上有三種權力，就是聰明，力量，和幸運。我想最後一種乃是最有效的。因爲人的一生就如一隻船的水程似的。至於命運——不論順運或逆運——乃替着風的職司，它或則迅速的將我們推向前去，或則遠遠把我們倒推回去。我們自己的辛苦和努力乃是沒有大的力量的。它正如舵似的，在長期間的工作中，雖然也可以使我們向前走一程，可是一頓暴風又可以把我們照樣颳回來。反之，風如果是順的話，那它就可以十分助進我們，使我們竟然可以不必用舵。西班牙一個成語把命運的力量表示得最妙：「給你兒子命運，把他拋在海中 (da ventura a tu hijo, y echa lo en el mar)」。

但是命運差不多是一個惡劣的勢力，人類是應當儘可能的避免受它的支配的。在一切賜與者之中，只有一個賜與者當其有所賜與時，向我們明白指示出，我們對他的贈品毫無任何權利，而且我們之獲得它，不是由於我們的價值，而只是完全由於他的善意和恩典，因而我們就應當懷着快樂的希望，希望將來謙抑自卑的接受許多非應分的贈品。這個贈與者就是命運，它懂得國王的藝術，他使你明白，在它的寵惠和恩典之前，一切功德都是毫無力量，毫無作用的。

當一個人回顧其生命的途徑，縱覽其迷津似的錯路時，他們就必然看到許多幸福不曾來臨，許多不幸却被招來，在這時候，人們就容易過分自責起來。因爲我們的生命途徑完全不是自己的作品，它乃是兩個成分的產品，一個就是所遇事情的系列，另一個就是我們決意的系列，這兩個系列是互相影響，互相增損的。此外，在兩方面我們的視線都是很有限制的，我們並不能在遠處預先說出我們的決心來，更不能預先測度出將來的事實來。我們在兩方面所能正確知道的，只是當下的情形。因此，當我們的目的尙在遠處的時候，我們不要一直駛向它，我們只能猜測一條近似的路子，而轉換我們的方向，如撥船掩風似的。

我們所能爲力的只是，常常依照當下的情形，來構成我們的決意，以便希望把事情支配得，可以使我們較進於主要的目標。因此，外面的事情和我們的目的，大部分就可以比之於向兩邊趨向的兩種力量，而且兩者所夾的對角線就是我們的生命途徑。

泰倫斯（Terenz）曾說道：「人生就彷彿骰子戲似的。你所最願意擲出的一面，如果不曾落下，那麼你也必須用藝術來改良那憑機會所落下的一面」。間接說來就是，命運是分配紙牌的，我們是玩弄紙牌的。但是爲的要表示我現在的意思起見，則下一個比喻乃是最恰當的。人生就如下棋似的，在這裏我們擬就一個計劃；但是這個計劃在人生中是被命運任意所決定的，在下棋中是被對手所決定的。我們的計劃所經受的種種變化往往是十分大的，因而在實施之中，我們幾乎看不到原來計劃的任何一種基本特徵。

此外在人生中還有一種東西，超過了所有這些的影響。我們往往比我們自信的要愚昧些——這雖是一種瑣屑的，可也是常被證實的，眞理。在另一方面，我們也常比自己所設想的較爲聰明。不過這種發現是眞正有過聰明舉動的人後來才得到的。在人身中，有的地方是比腦子較爲聰明的。在人生偉大的剎那中，我們所走的重要步驟，往往不是根據於是非的知識，而是根據於內面的衝動，也可以說是根據於一種本能的——這種本能乃是由我們本質中最深處所出發的。可是我們後來往往依照明白而却貧乏的獲得的（甚或借來的）觀念，或依照普遍的規則，或依照他人的例證等，來責難自己的行爲，而不曾十分衡量，

「一物並不能適於一切」的那個話語，因而我們就容易枉曲了自己。 但是最後我們就可以看出來，誰是對的了。 人們只有在達到幸福的高齡時，他們才可以在主觀和客觀兩方面來判斷這回事。

那種內面的衝動或者是在無意識中受那種有先見而在醒時忘了的幻夢所指導的，這種幻夢給了我們的生命以一種一律的音調和劇意的統一——這是那搖幌不定，變化易誤的意識所不能給與人的。由於這些幻夢，那自命在某一方面有偉大成就的人，就從幼年起，內心秘密中感覺到自己的使命，並且在這一方面來努力不懈，正如蜂之建造它們的蜂巢似的。 這正是格拉與 (Baltasar Gracian) 所謂偉大的鑑別力 (la gran sinderesis)：它乃是人自己的偉大的庇護，沒有它，人是會滅亡的。

要依照抽象的原則來行事，自然是困難的；我們經過了許多練習，才可以做到這一層，而就是這樣也並不總能成功。 因而這些原則常常是不能供人用的。每個人都有一種天生的具體的原則，那些原則是藏在他的血液裏的，它們正是他的思想，感情，和意志的總結果。 人往往並不能抽象的知道了這些原則，他在反省自己的生平時才明白了，他曾遵循過它們，而且是被他們所牽繫的，正如被一條不可見的線索所牽動一樣。 這些原則因為不一樣，所以它們就領人趨於幸福或不幸。

地毯工業中心的開羅城(一)

Kairo als Teppichzentrum

艾爾德曼（Kurt Erdmann）著

李　子　英　譯

科學界開始對東方地毯加以研究尚屬近五十年中之事。由于可供參考資料之不完備與夫可靠文獻來源之不常有，故尚待研討者仍多。若干問題且尚未經確立，其他亦僅涉及皮毛，即就極少數涉及之點其初步研究工作雖已大致完成，但最後之斷言尚待確定。

就諸問題中曾經討論最詳者為一種織成幾何圖案地毯之來源，此種地毯現雖有鮑德（Bode）氏正從事參定其織造之所在地，但迄今相沿仍暫被稱為"達馬斯庫斯地毯"（Damaskusteppiche）（圖一）。因此類地毯之圖案與顏色極特殊，故恆引人特別注意。旋又發現大批上織"奥托曼花形"之重要種類地毯（圖二）由其式樣之顯明本質的特點。被認為係土耳其宮庭織毯廠之出品，與前述"達馬斯庫斯地毯"之圖案極相近似。關于此類地毯來源之意見最為繁多分歧。一九一〇年曾有人首次道及係出自埃及(二)，然此事當時並無人注意，至一九二〇年方引起重視，因薩爾氏（Sarre）提及是年發表之蘇丹摩拉德三世（Sulten Murad III），于一五八五年（明萬曆十三年）所頒之諭令(三)內，有召開羅城之織毯工

(一) 譯自：Forschungen und Fortschritte 14 Jahrg. 1938, Nr. 18, S. 207—210

(二) 見瓦倫丁諾（W. R. Valentiner）編：Catalogue of a Loan Exhibition of Early Oriental Rugs. The Metropolitan Museum, New York, 1910, S. XXVI—XXVII, Abb. No. 20.（東方古代地毯展覽目錄第二十圖）

(三) 見 G. Jacob: Deutsche Übertragungen türkischer Urkunden（德譯土耳其文件）。Heft 4. Kiel, Orientalisches Seminar, W. G. Mühlau, 1920.

頭十一名至君士坦丁堡(四)一事。開羅城當時必有織毯工廠存在，由此可以證實。根據原有式樣標記，其出品由薩爾氏辨明卽係所謂之"達馬斯庫斯地毯"，其與假定爲土耳其宮庭織毯廠所製地毯之關係，因土耳其織毯廠之設立曾助于開羅之工匠，現更易明瞭矣。據薩爾氏稱開羅城之製毯業因之而陷于停頓。然此一結論至九二四年(五)曾被取消，蓋因是年發現一法國遊歷家特文諾(Thévenot)之遊記中云：彼于一六六三年（清康熙二年），在開羅城尙曾見該地之織毯業備極繁榮。得此修正後，薩爾比之臆說遂被採納。至是一般咸認爲該種織成幾何圖案之"達馬斯庫斯地毯"卽係開羅城之出品，與此類似而上織花狀之地毯，則爲曾由開羅招募工匠始得成立之土耳其宮庭織毯廠之產品。此一問題後又爲托爾氏（Troll）（六）提起，蓋托爾氏曾根據技術方面之研究並作結論云；此兩種地毯，因極其相仿故應爲同一地域之出品，"達馬斯庫斯地毯"係埃及製造之臆說，在托爾氏以爲未便贊同，彼並認爲此兩種類，應皆出于尙未確定之西安那托里亞（Anatolien 卽小亞細亞）之某地。倘依此說，則前所述及蘇母摩拉德三世之諭令及法人特文諾遊記中所證明埃及已有地毯工業存在是事，又不能決斷矣。

在討論地毯織造歷史之問題時，文獻證據曾佔異常重要之地位。其一向所知四五種知識來源，實則僅爲可供參考資料之一少部分，且詳加對正其解釋又各分歧(七)。

開羅地毯最早爲人道及，遠在一四七四年（明成化十年），時有威尼斯人巴巴羅氏（Barbaro）在太伯瑞斯（Tabriz）將彼一向所未見之波斯地毯與彼所知最詳之布魯撒（Brussa 地在西北小亞細亞）及開羅地毯作比較鑑賞。十五十六兩世紀遺留而來之珍品目錄中，雖未切實提及開羅，然對地毯一項曾分爲兩大類，

(四) 見 Zeitschrift für Bildende Kunst XXXII, 1921, S. 75/82.

(五) 見 Jahrbuch der Asiatischen Kunst I, 1924, S. 19/23.

(六) 見 Ars Islamica IV, S. 201/31.

(七) 關於其文獻及出處之詳細見於本文著者在 Ars Islamica V, 1938, No. 2. 中所發表之文中。

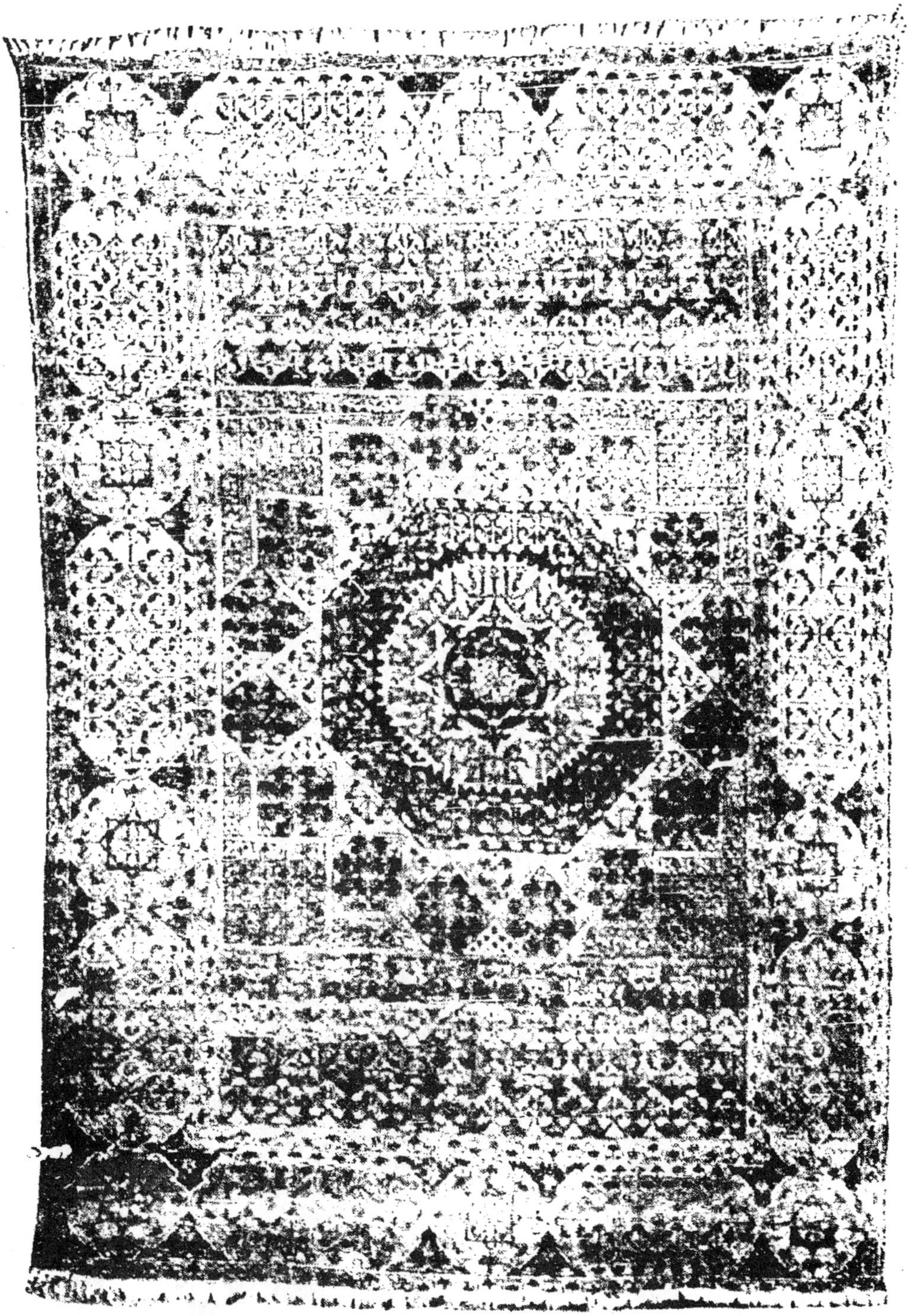

第一圖　所謂達馬斯庫斯地毯
柏林國立聯合博物院藏

第二圖　所謂土耳其宮庭織毯廠所織之毯地
柏林國立聯合博物院藏

即"土耳其地毯"(tapedi turcheschi)與"達馬斯庫斯地毯"(tapedi damaschini)。東方地毯常見于當時圖畫之上者亦分兩種，一種可認出係土耳其製，另一種當係所謂之"達馬斯庫斯地毯"。此項記載，顯見互有關聯，彼珍品目錄中之"達馬斯庫斯地毯"被認爲即係見于圖畫中之"達馬斯庫斯地毯"，而此種地毯又同爲巴巴羅氏所云之開羅製品。此一結論後又被證實者，爲"達馬斯庫斯地毯"之名稱至十六世紀末葉忽不見于目錄中，而"開加倫地毯"(tapedo cagiarin)之名稱首次出現。

當摩拉德三世召開羅城有名織毯工匠來君士坦丁堡之際，歐洲收藏之開羅地毯亦首次見諸記載—一五八四年(明萬曆十二年)羅倫左考勒 Lorenzo Correr 之珍品目錄；一五八九年(明萬曆十七年)卡特利那德米迪西 Katherina de Medici 藏有開羅地毯二十幅；一八九六年(光緒二十二年)奧國大公斐迪南 Erzherzog Ferdinand zu Oesterreich 藏有阿開芳藍 alkheyrisch 地毯七幅；一五九九年(明萬曆二十七年)德思退 Gabrielle d'Estrées 藏有五幅。當此時也"開以倫" Cairin 一詞在法國日常談話中屢屢可聞，一六一一年(明萬曆三十九年)考特格瑞夫編之辭典 R. Cotgrave's Dictionarie 中註釋云:「"開以倫"爲一種土耳其地毯，來自埃及之開羅城」，又全弗泰 Jehan Fortier 于一六〇四年(明萬曆三十二年)向國王奏陳請在巴黎設織毯工廠，並奏稱彼能倣造波斯及開羅地毯，終十七世紀之百年間，開羅地毯在西方皆佔重要地位一六一三年(明萬曆四十一年)賈利布邦(Charles de Bourbon)之珍品目錄；一六三三年(明崇禎六年)費里波孀婦 Witwe Phélipeaux 之收藏；一六四四年(順治一年)索遜市廳 Rathaus von Soissons 之收藏；一六六四年(康熙三年)美雷瑞 Maréchal de la Meilleraye 之收藏；一六七七年(康熙十六年)瓦倫瑞拉 D. Fernando de Valenzuela 之收藏；一六七七年(康熙十六年)溫尼斯城聖維特宮 Palazzo Cavalli a San Vitale 之收藏；及一六九八年(康熙三十七年)德費阿長老 Abbé d' Effiat 之收藏)。一六八八年(康熙二十七年)"馬賽商務表"上所載進口貨中曾列有此項地毯，直至十八世紀，其重要性始漸失，但雖至此時期西班牙皇室所藏此種地毯，仍極被珍視一七〇一，一七四七，一七五一，一七八九年等（康熙四十年，乾隆四十五年）之珍品目錄中均有列載。

但此種地毯之重要性非僅限于西方。前所道及一五八五年（萬曆十三年），曾有織毯工匠十一名被召往君士坦丁堡宮中一事，已可表明此項埃及工業所佔之重要地位，法人特文諾于一六六三年（康熙二年）對此工業，更給世人一切實生動之敘述焉。彼曾云開羅地毯輸出不僅限于歐西且亦輸往君士坦丁堡此說又為伊夫里亞西頬比 Ewliya Tschelebi 證實，氏于敍述葉尼瓦里加米回教堂（Jeni Walide Djami）時，謂其室內鋪以波斯與埃及地毯陳設極為華貴，彼並云君士坦丁堡地毯商人，除由斯麥拿（Smyrna）烏沙克（Ushak）薩羅尼卡（Saloniki）卡瓦拉（Kavala）等地販運貨物外，並兼售以斯發汗 Isfahan 及開羅地毯。且在一六七四年（康熙十三年）所見于前方提及之回教堂收藏目錄中，埃及地毯所佔重要地位，一如在一六八〇年（康熙十九年）土耳其宮中珍藏目錄，或一六五五年（順治十二年）土耳其人戰敗庫提斯坦（Kurdistan）族阿得可汗王子（Abd Alkhan）所擄獲之珍品中之同等重要也。

至一七〇〇年（康熙三十九年）後，出品始漸減少。一七二六年（雍正四年）埃及曾被列為地毯輸入國，一七六二年（乾隆二十七年）薩瓦瑞所編環球商務辭典（Savarys Dictionnaire universelle de Commerce）中解說地毯交易極詳，而開羅地毯竟毫未被提及。一七〇一年（康熙四十年）西班牙皇室收藏，在後來之珍品目錄中亦頓見減少，而不易再設法購補矣。

由也觀之開羅地毯，在一四五〇至一七〇〇年（明景泰元年——康熙三十七年）間，確曾為出產甚夥且極重要之一種，雖其式樣不免多有改變，但在此二百五十年間，曾經始終繼續不衰。此種地毯必為著名美術與技巧之產品，堪與波斯製造者相比美，其華麗美觀在歐西及東方同樣受人稱讚。近東一帶織造之地毯，或即廣義的土耳其製地毯中，應加予論及者，僅有一種品質合格者，即所謂"達馬斯庫斯地毯"與極近似該種之上織花形——同被稱爲土耳其宮庭織毯廠出產之地毯。 托爾氏從技術上考察所得之結果，由各種記載得以證實，雖云其共同出產地，現並非在西部小亞細亞之某一宮庭工廠，其存在迄無文字上之證據，但在開羅方面，其重要性，已有歐西及東方所提供之豐富符合之證據，確切無疑得以建立矣。

惟倘因堅持此說，而不承認君士坦丁堡亦曾有地毯出品之意見，則不當。一五八五年（明萬曆十三年），曾由開羅招募織毯名匠十一人以及伊夫里亞西類比氏曾有織毯匠人寓所(Haus der Teppichmacher)一名詞，使世人覺地毯在君士坦丁堡，亦有織造以供宮內急需非不可能。 但由諸種記載上之敘述加以判斷，則今日仍被人以爲係小亞細亞等地之土耳其宮庭工廠織造之地毯，其大部分恐皆來自開羅，蓋其出品自十六世紀以來，已由當地粗製幾何圖案之"達馬斯庫斯地毯"改良而成，至于當地之粗製地毯遠自回教奴隸（Mamluken）時代起恐即有製造矣。

疾病的侵襲與心理的狀態(一)

Krankheitsanfänge und Psyche(二)

舒立慈・亨克(Harald Schultz-Hencke)著

胡 雋 吟 譯

最近五十年左右，有一件事實愈來愈較明顯，就是有許多肉體上的疾病，並不能認爲牠們"專"是由於某些器官發生了毛病所致。 同時這些疾病的病源也不在於肉體之某器官，而却是與病人的心理因素 (Seelische Faktoren)(三)顯然具有確定無疑的關係。 我們現在去說明這種事實，其用意並不是說：對於屢屢展現在吾人眼前的，在解剖學上和形態學上兩方面都確實有事實可見的那些特殊病理學上的新發見，有什麼可爭辯之點。 因爲這種器官上的病徵，在真實的感覺上確實是存在的，這已成定案了。 此外， 又有一些病， 雖然早就被人察覺出來了，甚至病人也能清清楚楚的指出那病苦之所在，並且這些病之客觀性的存在也是毫無疑義的，可是我們還是不能找到與此病相符應的器官上的現象來。 這種重要的事實就是說：有許多病痛是找不出病理學上或解剖學上的根據的，對這些病痛我們只能用最近代的新的檢查方法，才能偵察出來其中的"官能異常"(Funktionsanomalien)，或在更明顯的病例中能查出他的"官能障礙"(三) (Funktions-

---

(一) 譯自：Forschungen und Fortschritte 16 Jahrg. 1940，Nr. 32/33, S. 380—381。

(二) 本文係根據一九四〇年在維斯巴登 (Wiesbaden) 所舉行的內科醫術會議中所作之講演而節錄者。

(三) 本文中所譯之名詞，均係根據商務印書館出版，國立編譯館編訂之精神病理學名詞及普通心理學名詞兩部譯名表。

störungen)來。用最近代式的設備，由X光線的檢查，可以顯示出來"官能異常"的形象，同時用化學方法的檢查，也發現出來：在身體血液中某些種物質的百分比是變態的多，或是變態的少。因爲這些因素能夠影響許多重要的疾病，所以牠們就轉移到生理學方面去了。因此我們已經認爲心臟循環系統 (Blutgefäss-system) 是可以有一種官能的變異的，雖然牠在解剖學上或形態學上找不出什麼變異來。還有些其他一類的病徵，也是由於一種腺液動作的障礙 (Gestörtheit der Drüsentätigkeit) 所致，可是在解剖學上及形態學上也找不出有什麼變異。

於是有許多種樣式的疾病，是沒有（或者至少是不明顯的）特種器官的特性的，就這名詞的普通義意而言。雖然如此，然而我們當然仍要使用更優美的方法，很耐性的去搜求出更進一步的解剖學及形態學上的根據來。由於此種關係，我們就如同假定一個工作前題一般，可以很顯然的有了以下的假定，就是：身體各部的官能錯亂的發生，乃是由於與諸器官相關聯的神經所致，並不是這些器官自己本身出了什麼毛病。誠然，在這兩方面，我們都找不出來某種器官有了什麼確定的變異；但是在其他各種疾病方面，我們常常看到這種現象，所以我們也姑且把這個法子用在此地。所以此處所論到的各種器官的疾病乃定名爲"器官性神經病"(Organneurosen)，雖然這也只是以假設的工作前題爲根據而已。

無論如何，研究者們很久就發現：有一類與一個或數個器官上（即如胃，肝，腸，心臟，盾狀腺等）有關係的疾病出現之時，恰恰是當病人正被一種強烈的情感事件所煩擾時。這種事實頗引起研究者們的注意。由這種事實，乃顯示出一種可能性來，就是：這些疾病之"咎"大概是由於"情感之過重"所致。有些觀念如憂鬱病(Melancholie)，忿怒病 (Choleriker) 及其他等等，都足以表示出這類病之性質的概念，牠們在早期的文學中早已被人們所熟知的了。

雖然如此，因爲我們願意不持着成見去試着在所有的這些所謂"器官性神經病"的病案中，去尋索出一些特種器官性的東西；不持着偏見去試着在神經系統中，去發見一些主要的致病因素；於是新的研究，乃用一種更新的假設的工作前題而開始了。根據此種理論，才能夠尋出：心理的——即是原來屬於情感的——情形是屬於情感興奮領域之內；而由於這種情感的興奮，才發生了這些"器官上的官能障礙"(Organfunktionsstörungen)；催眠的試驗，似乎已將這種見解給證實了。例如：用催眠暗示的動作，在無線電報中，可以明明白白的顯現出"官能的變異"(Funktionsabänderungen)，特別是胃和腸的官能。

所以用純粹心理的方法去引起"官能障礙"，那是可能的。用優良的檢查方法的幫助，能夠啓示出來："官能障礙"乃是客觀性的實際存在的病苦的"根本原因"。但尙不止此，還能更進一步證明：許多純官能障礙，到後來都變換成爲"器官的變異"(Organveränderungen)，並且這種變異在解剖的根據方面也可以看的出來。所以我們就發現了如下的事實，例如：以前許多"心臟性神經衰弱"(Herzneurosen)的病案中，有百分之二十是變成爲眞正的器官的心臟病了(deutliche organische Erkrankung des Herzens)。

由此，那個認爲情感興奮，或者以更普遍方式去表示說，一種情感特質的心理圖像，乃是身體疾病的保菌者的這種見解，就漸漸成爲可理解的了。於是"身體和心理之間是具有如何的關聯"這個新生的問題乃實際的被人所理解了。在這種"關聯"上，相關作用(Korrelat)的概念，已被證明是一種很有用處的觀念；據此種作用所表現的，其中所包含的：既不是"因果關係"(Kausalität)，也不是所謂的"平行論"(Parallelismus)，也不是"共通的關係"(Wechselbeziehungen)。這些種範疇(Kategorien)是不足以去表徵出現在所說的這種"關聯"的特性的；的確，所有我們必需要從事研究的，乃是去單獨設定那個在"同時出現"的現象。這就是說：某些種情感和情感之傾向或情感之興奮的有實效的出現，可以使人們有顯著的"官能變異"——很可能成爲"官能障礙"那類病，或者是某種器官的一種"官能失常"——這乃是表示出一種簡單的"同時出現"之相關性(Gleichzeitigkeitskorrelat)。

這種理論是很明顯的與以下之事實不相一致，就是：並非所有的這種"情感之過重"都隨伴着有一個"器官上的官能障礙"(Organfunktionsstörung)，或甚至於惹起這種樣的持久性的障礙，以致日後必然要發生器官上的特種變異。由此乃產生了一個新問題，就是對於這種情形的性質還要更作進一步的研究，研究在什麼樣情形下，"情感過重"適足以作出這樣一種的障礙特性來？其最明顯的因素，乃是所謂的"預發性"(entgegenkomm nde)的器官萎弱——雖然關於這類情形還沒有一個人能夠舉證出任何特異點。

在這期間，精神治療術將全副力量都集中在研究各種情感或情感的過重方面。這是由於一種完全不同的角度去接近這個問題。關於牠們的形態和關於牠們被形成爲情感經驗的那個原本的組織所採取的方式的法則，已經被學者們發現出來了。關於精神治療術的心理學的領域，已經被推進而擴大了。並且這些問題已有了各種答案；因此，牠的範圍（至少在某限度內）有了一定的系統；而最終集中於神精病構成的原理方面。在此處，我們又遇到神精病(Neurose)這個名詞，這名詞是由於十九世紀時假設的工作前題而源起的，雖然人們所探究出來的事實，確然無疑的是限定在心理的特性上，並且主要的是屬於情感的特性上。至如關於實際的心理事實，已經被確定出來一些顯然有規律性質的關係；最初他們是猶疑不決，並且常常是誇大的；但是仍然認爲牠們愈來愈具有使問題的範圍集中的力量，並且對牠們的需要也愈來愈大，所以對於牠們仍然應當加以重視。在這種研究的進程中，神精病構成的原理，漸漸發展到深蘊的心理學(Tiefenpsychologie)中；這就是說：我們必須首先把心理的較深遠的領域，也認爲是屬於牠的範圍內的。由此點，乃引導出"抑斥程序"(Verdrängung prozess)的確定，及由此所生的"解放趨勢之抑制"(Gehemmtheit expansiver Tendenzen)的確定，"無意識"的確定，並且更特別的是："無意識中情感過重"(Unbewusste Affekte)的確定。從這種論點，並且又根據特殊的觀察，乃引起了更進一步的研究，研究那些在屬於該領域中的"情感過重"和"器官的官能障礙"

(Organfunktio s-törungen)兩者之間可有什麼樣的"關聯"(Zusammenhang)，並且由此更進一層去研究：停留在無意識中的"情感過重"和所述及的障礙之間，有什麼"關聯"，以及在以後由此所發生的器官上，有何顯明的病痛。對神精病者"肉體"的病痛加以很仔細的研究，乃啓示出這種"關聯"是確實的存在着的。但恐懼和焦慮(Angst)，驚駭(Schreck)，氣怒(Zorn)，貪婪(Habsucht)，吝嗇(Geiz)和色慾(Sexuelle Erregung)的等等情感，已經證明是一羣情感或興奮的主要表象，牠們尚仍然沒有被人完全無遺的熟思考查。再者，卽使只是單單"情感的傾向"(Affektlagen)也應當在此處加以考慮，如此則這種表情，例如：貪婪和吝嗇乃能够被認為是表示疾病之主要的情感，其性質常常是模糊不清的，可是這種情感表現於"韌性執拗"(Zähigkeit)和深刻的透視力(Penetranz)方面則頗顯然，而牠們並不表現於"暴燥不安"的特性上(lärmender Charakter)。這些情感的傾向，卽或尚未被病人們所顯示出來，但是却常常能完全的意識得到，不過是很難於用目力去觀察就是了。在其他情形中，情感傾向的痕跡，只能用最辛苦的研究考查，才能探究出來。然而由此我們却得到了一副關於心理組織的錯綜畫面，並且還得到了這種組織的發展史跡，這種組織是包含在對情感傾向的一種潛伏的預備狀態中(Vorhandensein latenter Bereitschaft)，卽如剛才曾經提到的那些顯然表示出來的情感之普通名稱卽是。

剛才所論及的情感來源的諸種情狀，乃是關於一個大範圍的個體發展的性質。通常許多因素，凡是由於其個人特性中的遺傳和體外的來源兩方面來的，我們都要加以考慮思索。由這些乃形成了一組補充的論證。在一個與此相近似的病例中，那種使我們在此處發生興趣的器官神精病性質的現象，幾乎可算作是性格的產品；同時在其他與此近似的病例中，身外來的影響，可以佔據極端重要的地位。試舉一實例以明之，如：一個人按照他的性格來說，他可以有一種走向於貪婪的傾向，而這種傾向却恰和他的環境相衝突，因而便被窒壓下去了；但是這貪婪之情感，仍然保留在潛伏的準備中(Vorhandensein latenter Bereits-

(haft)，並且到最後乃在器官的官能障礙上尋覓到表現的出路而藉以表現出來。

對情感主要的幾方面所試着作的研究，在神精病組織方面也佔有一部分地位，這種嘗試把他們暫定的分類伸引出三種範疇。關於一個神精病之構成，其主要論到的那些趨勢乃是：爲求佔有所作的奮鬥，爲求別人的重視而作的奮鬥，及爲求性的滿足所作的奮鬥。在生活的特種情況中，當這些趨勢開始行動時，吝嗇和貪婪，怒氣和色慾乃藉着器官的障礙而把牠們顯示出來。爲什麼恐懼和驚駭也有此同樣的"關聯"？其理由乃見諸以下的事實，就是：對於爲了佔有慾，自重心和性作用而從事一種解放之奮鬥所加的抑制，大部分都是由於這些種情感爲基礎而激刺牠們去作這種活動，以求達到這些慾望之滿足。對於解放的努力所加的抑制，因此而成爲神精病構成惟一的中心了。其他支持這種理論的因素，特別是每一種嚴重的神精病，乃是悠閒舒適(Bequemlichkeit)，對生活的奢求，過份的補償(Überkompensation)及由此繼之而生的工作技術的缺陷，處人缺少知人之明(Mangelnde Menschenkenntnis)，對人態度之惡劣荒謬和其他等等。這一類的神精病，無論以後牠們所表現的印象是多麼"輕"，而牠在人們生命的最初幾年間，大概都是已經獲有這種病患了。至如那些輔助這具有同族遺傳性相聯結的各種因素(Begünstigende genotypische Faktoren)，我們也可以在病例之中，列舉出數則如下：過於敏感(hohe Sensibilität)，強烈的動作衝動(Starker motorischer Drang)，超常態的性慾(Hypersexualität)，及在某一定環境下所有的多種性質不同的器官卑劣的情結(Organminderwertigkeiten mannigfacher Art)，心理的委弱(Schwachsinn)和其他等等均是。而環境的因素乃是艱難和奢侈享樂，或者最壞的情形就是這二者的混合。今簡述其結果如下：在某些情況中，一個神精病患者(若只是他一人獨處的話)，可以在一種極猛烈暴亂的情緒表情中，解放了他的感情；但是若由於他的神經系組織的關係，而不能如此去做時，該情感就把牠自己投擲到相關的器官上(Korrelatives Organ)使之發生了所謂的器官性神經病(Organneurose)。如據我們以上所論及的那些病患來看，其中有一部分具有一種奇怪的特色，就是：即或是用一種最精細的觀察，我們所能够探查出來的，常常僅是些流動性的情感痕跡；並且是一個人自其童年期起，就能够阻窒他自己的情感，以至於牠們遁影藏踪，使我們無憑查考，但是雖然如此，牠們仍然停留在下意識中時時在準備着。一有機會便要出現。

乍一看，這好像是關於與情感有關的神經系組織和特種器官疾病之間的關聯方面，似乎是彼此不加選擇的（Wahllosigkeit）。然而，近來，更較正確的研究，曾發現了一種事實，就是：雖然有許多病症，我們還不能精確的判定其病源之所在，可是的確有某種特殊病源確是顯然的存在着，並且這種病之選擇某種器官以發洩其病態，也不是以某器官之軟弱而定。在恐懼或焦慮和心臟及腸臟之間，在驚駭和盾狀線之間，在忿憤和頭動脈（Kopfarterien）或者和心臟的冠狀脈管（Kranzgefässe des Herzens）之間，在貪婪和胃臟之間，在吝嗇和腸或其他無條紋的肌肉（例如：輸尿管 Harnleiter）之間，在性興奮（Sexualerregung）和心臟及生殖器之間，似乎像是有一種特殊的"關聯"存在於其中，所以在最近的將來，去斷定牠們之間到底是否有一種特殊緊密的關係眞實的存在於其中，這個將要成爲一個研究的題目，這也表示出我們是第一步嘗試着去劃出一個"相關"的關係草圖，用以去研究互相的關係，這種關係，似乎能够把一直到今日的諸病症之病源所在的無確定性，變成爲確定的了。

德國詩中所表現的中國(一)

China in der deutschen Dichtung

常安爾 (Ed. Horst von Tscharner) (二) 著

崔　亮節 譯

序　言

德國文學裏所表現的中國，是何面目？　從這經緯萬端的外國世界中，詩人所吸收的是那些？　引起他們興趣的又是那些？　是國家？　是人民？　是風俗？　是精神？　詩人又怎樣把他們在中國所尋得的東西，在其詩中運用了，而加以創作呢？

假如我們在各不相同的時代中，按照這些問題，將德國文學研究一番，那我們就可以得到一幅圖畫，非常動人：中國所表現的方面，出現的方式，竟如是複雜，因爲他們所見的中國，自中國發現的東西，按照詩人所處時代的精神觀

（一）本書原名：德國詩中表現的中國 —— 以經典文學時代爲止 (China in der deutschen Dichtung bis zur Klassik von E. H. v. Tscharner. Ernst Reinhart in München, 1939). 著者常安爾氏，爲瑞士柏恩 (Bern) 及根夫 (Genf) 大學漢學講師，曾居中國，任燕京大學德文教授，乃德國青年漢學家之一（參閱本誌三卷一期德國青年漢學家第八十七頁）。原載 Sinica Jg. IX SS.8 ff, 50 ff, 185 ff, 269 ff, und Sinica Jg. XII, SS.91 ff, 181 ff，此書爲其改編增訂之單行本。　全書百餘頁，插圖十幅，見解深遠，文辭美麗。茲自各章中擇譯數節，約及原書之半，雖免掛一漏萬之譏，深望讀者原諒是幸。　參閱本誌三卷二期，342—343 頁，本書書評。

（二）請參閱註(一)。

點，及詩人個性之不同，自然難趨一致。例如巴羅克(Barock)(三)時代的詩人，尙未將中國的事物，形成一體，便應用在那種怪誕之豐富與表現中；但羅可可(Rokoko)(四)時代，旣由歐洲單方面對中國之讚感的影響下產生，其詩人便也敢於大膽的，將中國之事物，改變爲"中國風"(Chinoiserie)(五)了。由這種研究方法所得的一幅圖畫，其證明的事情，最主要的是詩人及其時代之特性，詩人的理想與夢想；其命題固然是特殊的，但我們却可以得到普遍意義的，文學史與人文歷史的剖面圖。

從這剖面圖，我們可以同時追尋漢學在德國及全歐洲逐漸發展的陳跡。若想自我們認識中國的沿革，得到一幅正確的圖畫，吾人勢須走出德國文學的窄圈子，而將哲學論著，文化史及人種學的描述，甚至成爲西方認識中國之根源的，那些原來的中國消息，中國描述，均加以深思熟考，同時尙須注意德國鄰近民族的情形。

這些詩人——或一般人類——爲何關懷那麼遙遠的異國呢？現代的心理學家，必定會用"好奇心"，"異國情調"(Exotismus)(六)，"夢想"，或"逃避"(Flucht)，這類現成的新名辭，做爲這問題的答案，且嗤之以鼻，認爲這太不値當問了。他們所講的也許不錯：多數詩人，尤其是一般平常的人，連過去的現在的，都算在內，他們對於中國，全東方，及其他國度民族的"好奇心"，及"異國情調"，實爲構成他們對異邦之吸力的惟一原因——我們只須想想現代中國式

(三)　巴羅克爲歐洲一六〇〇年(明萬曆二十八年)至一七三〇年(雍正八年)之歷史發展階段，原表示"有形藝術"(如建築，雕刻等)之體裁，後引用於文學音樂方面，並代表當時全部文化。參閱本誌三卷四期652頁。

(四)　羅可可爲歐洲自巴羅克(見註三)脫出之藝術體裁，一七三〇年至一七八〇年(乾隆四十五年)，爲其全盛時代，世稱羅可可時代，在建築上表現者，極盡奢華繁富之能。

(五)　"中國風"一字原係法語，表明中國人之藝術，裝飾，風俗等事；後引用爲中國裝飾之模範；十七世紀時，歐人室內傢俱，紡織，瓷器上，均喜用之，即模倣中國之裝飾是也；至十八世紀時，尤爲盛行；表現中國人生活風俗之圖畫，亦稱曰"中國風"，見本文插圖。

(六)　"異國情調"一字，由exotisch(外面的，外來的)一字轉來，指吾人對外國事物之興趣而言。

歌劇（Operetten）及影劇（Kinostücke）的影響，便知一切了。同樣的，我們也可以說，其他嚴肅些的思想家，曾因爲西方文化之貧乏，逃往中國夢想那種中國色彩的烏托邦。思想深刻的人和詩人，在這遠方異邦的中國所尋求的却不同了。雖然他們曾因爲認識之缺乏（這是當時那些資料不充分不眞確之過），給他們心目中的中國，暗自加上主觀的見解——其最基本的原因，不外想要理解那最崇高的眞理，這種眞理自然要超過民族和歷史的限制；不僅理解便算了事，還要將這眞理"具體化"，"象徵化"；他們當然要從中國那樣古遠複雜的世界中，尋求眞理，給他們自己的宇宙觀，加以補充，糾正，及解說。在本意義上看，歌德（Goethe）（七）的詩（我們在這書中，還要加以研究），實達絕頂，因爲他有那種幸運，竟得認識了那些資料，爲深一步理解中國最有效果的資料。我們在今日自然隨時可以得到更多的這類材料，中國在現代德國文學中的重要性也因之增大。可惜在本書中，我們不能細論這一點。

* * *

羅馬古代的"世界學"（Weltkunde），到了卡爾大帝（Karl der Grosse）（八），方纔與中古日耳曼基督教的德意志之精神，接近起來，但所吸收者，係以基督教宇宙觀所能容忍的爲限。這卡羅林格（Karolinger）（九）時代的"文藝復興"，經過了相當的時期，直到二百年之後，方纔有個德國人名諾特克（Notker）（一〇）者，

（七）歌德（Johann Wolfgang Goethe），德大詩人，一七四九年（乾隆十四年）生，一八三二年（道光十二年）歿。其名著浮士德（Faust），受中國影響極深，蓋歌德曾悉心研究漢學也。參閱本誌三卷四期六五一頁；三卷三期三四九頁至四〇三頁一個新的世界影像之建立者——歌德一文。

（八）卡爾大帝，法文稱沙理曼大帝（Charlemagne），爲羅馬皇帝及佛蘭克國王（唐大曆三年至元和九年，西曆七六八年至一八一四年），爲丕平矮人（Pippin der Kleine）之子，生於七四二年（唐天寶元年），歿於八一四年。參閱本誌三卷二期一七三頁。

（九）卡羅林格爲佛蘭克貴族，因族中傑出之卡爾大帝（見註八），名著於世。七五一年（唐天寶十年），由丕平矮人取得王權。

（一〇）諾特克（Notker III. Labeo），九五〇年生，一〇二二年死於黑疫。爲當時名流，曾譯柏艾丟（見註一一）之著作哲學之安慰。

在柏艾丟註釋(Boethius-Kommentar)(一一)一書中，提到"産絲國"(Seres)(一二)那個字，這在德語中實爲初次；其民居於模糊不清的遠東，出産絲綢，運銷國外；因之古希臘人與羅馬人稱之曰"産絲國"。古代人對於有關"産絲國"的其他報告(顯然是理想化的)，說到這民族誠實公平的槪念，及和平之酷好，這幾點，與當時所想像的"異教之邦"，自然格格不入了；這些事，在德國只好等以後，十六世紀的"人文主義"者(一三)，重新發現了。

基督教宇宙觀之能擴大其範圍，有賴於歷次的十字軍東征，從茲以還，用德語寫出的世界知識之著作，也便增多了。頭一部著作，名魯齊達留(Lucidarius)(一四)，一一九〇年(宋紹熙一年)出版，及五十年後，又有埃木斯．盧多夫(Rudolf von Ems)(一五)的世界史(Weltchronik)，俱提到"産絲國"，二者骨爲普遍的讀物，歷時甚久。在宮廷的敍事詩中，我們可以重尋十字軍由近東這新奇世界，帶回歐洲的那種生命之熱情，與夫輝煌奢靡的生活。其中最有力的詩人，是艾愼巴赫(Wolfram von Eschenbach)(一六)，他在一切深刻的幻想裏，寧願沈溺於聲音顏色之中，因此他又重新用了"産絲國"那個字，見於傳記英雄巴齊氾(Parzival)，與威來漢(Willehalm)二書中，不過他用這字的本意，仍是爲的多用些名子好看罷了。中古時代的人僅將"産絲國"看做一個名辭，連德國那些寫亞力山大英雄傳(雖然這部傳記，牽涉到東方)的那些人，也包括在

(一一) 柏艾丟(Amicius Torquatus Severinus Boethius)爲羅馬政治家兼思想家。四八〇年生，五二四年歿。深得其王(Ostgote Theoderich)之寵信，旋被讒下獄，於獄中作哲學之安慰(De consolatione Philosophiae)，共五卷，於歐洲中古時代，影響甚大。

(一二) 按該字原意爲「絲」，引申之爲「産絲之國」，卽中國是也。

(一三) "人文主義"(Humanismus)：參閱本誌三卷四期六五六頁。

(一四) 魯齊達留爲羅馬奧古斯多都奈西(Honorius Augustodunensis)所著之 Elucidarium 及 Imago mundi 二書德譯本，爲德最初之普通讀物，一一九〇年出版，其後改版無數，至一八〇六年，已八十二版矣。內容係當時之地理知識。

(一五) 埃木斯爲中古南德(mittelhochdeutsch)英雄詩詩人，一二五〇年至一二五四年間，歿於意大利。

(一六) 艾愼巴赫爲中古南德詩人，約一一七〇年生，一二〇〇年歿，參看本期書評。

內，只有詩人艾愼巴赫・吳利(Ulrich von Eschenbach)（一七）在他詩中提到“產絲國”，給它一個相當的地位。

這時代（卽行將結束的十三世紀）的宗教界，對於歷史的事蹟，處在對立的地位，甚可注目：在十三世紀的前半葉，成吉思汗及其數子，已將其赫赫的威力，伸遍亞灣，直至德國的邊境上了，於是歷代教皇及各國君主，用實際政治的眼光，兼受有關約翰（Johannes）長老謠言的深刻影響，着手遣派使者，到蒙古統治者那裏，不久馬哥孛羅(Marco Polo)（一八）也隨來了。馬哥孛羅在一二九八年（元大德二年），口授筆錄的旅行記，乃是當時歐洲人所能見到的，第一部忠實詳盡的中國報告。這部報告，雖以驚人的客觀態度寫了出來，却無人肯相信他，在描述中國情況的時候，他不能不用那些碩大無朋的數字量度，譬蒙古大汗的收入便是一例，因之馬氏替人加上“百萬大話翁”（Il Milione）的徽號。不過他的書，還常爲人所讀，多半是由於他屢次在書中，提到大家歡迎的外來商品，尤以寶石，珍皮，香料爲最；馬哥孛羅旣身爲商人，自然留意這些事情了。

十四世紀時，馬哥孛羅書第一部德文譯本幾乎無人知曉。以後十五世紀時的譯本，較比幸運些；一四七七年（明成化十三年）印刷，一般人當它做馬哥孛羅書的創版，四年之後，再版出世。那時的德國，彷彿也在吸收“文藝復興”的精神，馬哥孛羅便是這“文藝復興”前驅之一。但至多限於範圍窄小的知識階級，卽學者。另一部與之近似，用舊式精神寫出的書，其影響之廣遠偉大，均匪前書可及：那就是莽德威（Mandevill ）的德譯本孟特維拉（Montevilla）（一九）這是

（一七）艾愼巴赫・吳利，中古南德英雄詩詩人，爲十三世紀時人物，係艾愼巴赫（見註一六）之親屬。著亞力山大傳(Alexandrois)，乃詩歌小說也。

（一八）馬哥孛羅，意大利人，一二五四年（宋寶祐二年），生於威尼斯（Venedig），一三二四年歿。曾親來東方，爲中古時期，歐洲最著名之旅行家。

（一九）孟特維拉爲一部旅行記，原名英國之騎士孟特維拉旅行記（Reisebuch des “englischen Ritters Johannes von Montevilla”），係法著作家吳特附莫斯(Jean d'Cairémeuse)所作，時一三六六年也。（見 Sinica, Jahrgang IX, S. 16)。

一個講故事的，在一三六六年（元至正二十六年）的時候，從其他的遊記搜集而成的，其中穿插不少古代的傳奇，及荒誕不經的人物。書中採取了不少描寫中國的材料，最多取材於和德里 (Odorich von Portenau)（這是一位幻想家）的著作，因之變成炫耀不實的諷刺文章了。這書仍然受着老舊的，基督教古代的"稀奇事物" (das Wunderbare)之支配，不然就是重新受了它的支配；這"稀奇事物"屬於幻想世界之中，曾為世人相信，且遠在相信馬哥孛羅報告的那種奇異的眞實之先。

馬哥孛羅同他當時一般旅行家，及孟特維拉書中，均稱中國為"契丹"（二〇）這是當時亞洲通用的名子。這"契丹"即時古時"產絲國"的地方，好像沒有人能夠的確的說出來。及至蒙古人在中國的統治霸業崩潰的時候，中國又給外國人享以閉門羹，經由亞細亞的通路，也便中斷了，這異邦大國的消息，也從茲隔絕；只有這些消息，或能將馬哥孛羅那些珍貴翔實報告的價値，活潑有力的保存起來。十六世紀中間的時候，"人文學者"如佛蘭克 (Sebastian Franck)（二一）及敏斯德 (Sebastian Münster)（二二），在他們的世界書 (Weltbücher) 裏，節錄了馬哥孛羅書，附帶着一些古代的"產絲國"（覓得重見天日）之描寫，努力使之普及於一般民衆，這眞是一件極有意義的事情。

那時一般人對於"契丹"的印象，不外是孟特維拉所牽强附會描寫的，這書居然成為人人必讀物了。在大體上說，當時德詩人，覺得這國度，也是無從下

（二〇）契丹（德文 Kitai, Kathay; 英文 Cathay; 法文 Cathay, Catay; 語根為拉丁字 cataya）一辭，為馬哥孛羅（見註一八）傳至歐洲者，其說甚有可能。歐洲中古時，俱以此名中土。其後由秦一字，傳為支那（德英文俱為 China，法文為 Chine），西方各國遂改稱中國為支那，日本亦用是稱；然俄語現仍襲用契丹一字 (Kitai)，以名中國。

（二一）佛蘭克，德宗教著作家及史家，一四九九年生，一五四三年歿。

（二二）敏斯德，德神學家及"世界學"家 (Kosmograph)，一四八九年生，一五五二年歿。

（二三）見註二四。

手的樣子，連那位坐在鞋模之後（二三）的宇宙詩人薩克司 (Hans Sachs)（二四）也非例外。 只有十五世紀惟一的詩歌創作，羅森普呂 (Rosenplüt) 的葡萄祝 (Weinsegen)，——首幽默詩，還可證明"契丹"這名稱，和此國的統治者，在西方的普遍：

貴重的香膏，上帝祝福你！
你若是完好的樽漿，
便能醫治我各處。
君士坦丁的皇帝，
"契丹"的大汗，
約翰們，世稱三富翁，
不會輕視你的高貴名，
但我豈能責罵你？

*　*　*

中古基督教的宇宙觀，不但為文藝復興 (Renaissance)（二五）時代的"人文主義"所震撼衝破，亦因當時科學地理的發現，而致動搖。 那時的人類，一方面渴求已經失去的古代，同時又有新的渴求，與之並起，那就是追求遠方異國的天地。

美洲之發現，對於當時人的意義，有匪今日我人所可揣度者。 即印度，中國，日本，在當時也是重新發現的：這是瓦斯科達嘎瑪(Vasco da Gama)（二六）

（二四）薩克司，德詩人，一四九四年生於女恩培 (Nürnberg)，一五七六年歿。 父為成衣匠。幼入拉丁文學校讀書。 一五〇八年習鞋匠之業，有織匠努年貝克 (Leonhard Nunnenbeck) 者，教之以嚴格律詩。 一五一一年起，漫遊德國(為學徒之慣例)，兼採各地詩歌。一五一六年，歸女恩培，為鞋匠師(Meister)。 贊成路德(見註八八)之宗教"改革運動"，著作極豐。

（二五）文藝復興乃歐洲自中古至近代之過渡時期，在藝術文學方面，恢復古希臘之方式。 始於意大利十四世紀時之"人文主義"者，表現於油畫及雕刻中。 十五世紀時，因君士坦丁堡之陷落，印刷術之發明，及美洲新大陸之發現，此運動隨遍全歐，時十六世紀也。

（二六）瓦斯科達嘎瑪，葡萄牙發現家，一四六九年生，一五二四年歿。 一四九七年，氏以三桅船二隻，自里斯本(Rastollo bei Lissabon)起航，十一月二十二日繞好望角，旋至東印度。參閱本誌三卷二期一九八頁。

在一四九七年（明弘治十年）時，迴繞非洲開闢的海道，因之開拓了歐洲與東亞的貿易，日見興旺。這新的渴求，正是一種新的探求精神，一種新的冒險式的旅行衝動，戰爭式的征服慾，商人式的利潤慾，也就是歐洲殖民政策之發始，還有那佈教的熱望，保持這種聯合，使之永久持續。

葡萄牙人，在一五一四年（明正德九年）"發現了"中國。但中國自始即未允許這些粗鄙的水手登岸。直到一五八三年（明萬歷十一年），方纔允許了那些傳教士們進入中國內地，並准其在內地定居，自茲時起，歐洲纔聽到中國詳細的消息。可是誰也不曉得，這名為中國——支那（二七）——的國度，與馬哥孛羅所說的"契丹"以及古代"産絲國"的地方，都是一回事，無怪乎歐洲人竟把中國，當做與美洲一樣的新"發見"了。

當時的歐洲人，較比馬哥孛羅時代，更易接授這種知識，即有關中國那麼遙遠的異國之真情；這都是文藝復興的偉績。此外還要加上一件重大的事實；即興旺的商業貿易。起初是葡萄牙的船隻，以後到了十七世紀，還有荷蘭的船隻，把中國工藝産品，大量卸在歐洲海岸各地，其中尤以瓷器，漆器，絲綢，糊牆紙（這紙是當時極感需要的居住設備所歡迎的）為最；因之竟發生並引起無謂的好奇驚嘆，甚至可說引起了一種靈感；由此竟變為一種真正的風尚，即"中國風格"的時尚，曾風靡路易十四（Ludwig XIV）（二八）的宮廷，結局竟影響了整個羅可可的文化。這風尚的發展，規定了中國世界的圖畫表現，這類表現愈來愈多起來，也使得文字的中國描寫，顯見而易明；不過這些圖畫，又受着文字的強烈支配就是了。

中國消息，中國描寫，這類典籍，最多出自傳教士的手筆，自然又以那些熱

（二七）見註二〇。

（二八）路易十四，法人稱之曰大王（Louis le Grand），為路易十三及奧國安妮（Anna von Österreich）之子，一六三八年生，一六四三年（明崇禎十六年）登極，一七一五年（康熙五十四年）薨。

心的耶蘇會（二九）傳教師所寫者為最要；從他們那方面影響了哲學，政治學，神學，同文學，他們曾給這些學問供給資料，並予以刺戟。不過，在德國文學方面的影響，還是在一六七〇年（康熙九年）時，比較有力些；因為在那些年，歐洲終久能夠做一些比較豐富的中國想像了，我們只須瀏覽資料中最重要，最標準的，便知一切：

一五八五年（明萬曆十三年），德譯本一五八九年　門多薩（Mendoza），支那王國新述（Neue Beschreibung des Königreichs China）

一五九六年（明萬曆二十四年），德譯本一五九八年　林詩騰（Linschoten）（三〇）東印度紀行——附圖（Reise nach Ostindien-Illustration）

一六一五年（明萬曆四十三年），德譯本一六一七年　金尼各（Trigault）（三一）耶教流入中國史（Geschichte der Einführung der christlichen Religion in China）

一六四二年（明崇禎十五年），法譯本一六四五年（順治二年）　魯德照（Semedo）（三二），中國通述（Allgemeine Beschreibung Chinas）

（二九）耶蘇會（Jesuiten）為歐洲天主教之一派，明萬曆十年（1582年），自巴範濟（Franciscus Pasio），利瑪竇（Matteo Ricci）等，至中國廣州以來，有歷史百餘年，影響東西文化者，至深且鉅；中國知泰西科學，地理，曆法，炮火，西方知中國儒家哲學，均此輩耶蘇會人士之功也。會中名人輩出，湯若望（Schall），南懷仁其尤著者。參閱費賴之：入華耶蘇會士列傳（S. J. Pfister. Notices Biographiques et Bibliographiques sur les Jésuites de l'ancienne mission de Chine. Changhai, 1932）；福閣閣：萊勃尼茲與中國（O. Franke: Leibniz und China）本誌二卷一期有關琪桐先生全篇譯文；麥凱爾：萊勃尼茲與遣華宣教會（Franz Rudolf Merkel: G. W. von Leibniz und die China-Mission., Leipzig 1920）；及本誌三卷三期四三三頁康熙時代耶蘇會教士所繪之中國地圖一文。

（三〇）林詩騰（Jan Huyghen von Linschoten），荷蘭旅行家，一五六三年生，一六一一年歿。

（三一）金尼各（P. Nicolas Trigault），字四表，一五七七年生，一六一〇年（明萬曆三十八年）至華，一六二八年歿於杭州。法人，耶蘇會教士。

（三二）魯德照（P. Alvarez Semedo），字繼元，一五八五年生，一六一三年（明萬曆四十一年）至華，一六五八年歿於廣州。葡萄牙人，耶蘇會教士。

一六五四年（順治十一年），德譯本一六五四年　衞匡國（Martini）（三三），明清戰史（Geschichte des tartarischen Kriegs）

一六五五年　衞匡國，中國新輿圖（Novus Atlas Sinensis）

一六五八年（順治十五年）　衞匡國，中國古代史（Sinicae Historiae Decas Prima）

一六六五年（康熙四年）　德譯本一六六九年　內荷夫（Neuhof），荷蘭使節紀行——附圖（Holländische Gesandtschafts-Reisen—Illustrationen）

一六六七年　姬耐掔（Kircher）（三四）　現代中國最新歷史例解（China monumentis illustrata）

一六七〇年　德譯本一六七五年（康熙十四年）　達魄（Dapper）（三五），荷蘭使節續紀——附圖（Weitere holländische Gesandtschafts-Reisen-Illustrationen）

一六七二年，一六七八年　殷鐸澤（Intorcetta）（三六）及柏應理（Couplet）（三七），四書拉丁文譯本。

（三三）衞匡國（P. Martini），字濟泰，一六一四年生，一六四三年（崇禎十六年）至華，一六六一年歿於杭州。意大利人，耶蘇會教士。初至浙江，時海內騷然，乃游歷各省，歸杭州。著書十餘種。

（三四）姬耐掔（P. Athanasius Kircher），德之學者兼語言學家。一六〇二年，生於蓋徽（Geisa），一六八〇年，歿於羅馬。一六三〇年爲維兹堡（Würzburg）大學哲學，數學，東方語言學教授。一六三一年，因戰亂逃往羅馬，爲羅馬大學（Collegio Romano）數學教授。氏學識極廣，惜近膚淺，未有重大價值耳。

（三五）達魄（Olfert Dapper），荷蘭醫生及地理著作家，居亞姆斯特丹（Amsterdam）市，一六九一年歿。

（三六）殷鐸澤（P. Prosper Intorcetta），字覺斯，一六二五年生，一六五九年（順治十六年）至華，一六九六年歿於杭州。意大利人，耶蘇會教士。氏譯中庸（Sinarum scientia politico-moralis）及論語（Libri Luen-yü）爲拉丁文，著書九種。

（三七）柏應理（P. Philippo Couplet），字信末，一六二四年生，一六五九年（順治十六年）至華，佈道於江西，福建，湖廣，浙江，江南等省，一六九二年歿。比利時人，耶蘇會教士。著有西文四書直解（Confucius Sinarum philosophus sive Scientia Sinensis latine exposita），係拉丁譯文。

在這轉變時期，門多薩【爲西班牙奧古斯梯努會之僧侶（Augustiner)】的中國報告，是第一部最詳細的書，這報告方面衆多，活潑有力，清晰扼要，自然要出類拔萃了。 在一部描述中，有那樣的清晰，可謂空前。 那部孟特維拉曾提到體面的中國人，蓄留長指甲的事：這是惟一的"中國特點"，可爲一位木刻家，在一四八二年（明成化十八年）的版本中，應用到他的圖畫裏。 門多薩新穎，清晰，忠實的描寫，也不足以拿來創造一幅完全的中國圖畫，如一些銅版畫所表現的便是；得布利（De Bry）曾以這種畫，裝飾林蕭滕的紀行，這紀行曾列爲當時風行的遊記叢書之一。直到內荷夫的著作出了世，在利用圖畫表現中國上，纔有了顯著的大進步，因爲內荷夫自已就是畫家，銅版是照他原來的畫稿鏤刻的。從他許多的中國城市圖同風景畫中，的確看得出中國的風味來，同時他表現的許多中國建築，也抓住了中國建築術秀麗的形式變幻；但其他的圖，如像北京皇城裏面的宮廷圖，已須應用晚期歐洲羅可可的意義解釋了；還有在別的地方，表示了許多誤解之處，而且所藉助的想像，都是歐洲的。 至於姬爾雪的插圖，在價值上講，更其複雜了。 這書倒增加了一些中國木刻畫的模倣圖，相當的精確，多半是些神像；按照中國的模型所刻的銅板畫，帶歐洲的色彩，過於濃重；按文字的描寫，畫出的狂想圖，較比得布利的繪圖，實強不了多少。 從達魄的書中，我們也可找到近似的作品，不過不那樣混雜紊亂；可惜達魄本人，並非內荷夫一流的畫家，雖然內荷夫是他的先進，模範。

門多薩的著作，深印人心的許多文字描寫上的優點，如：內容豐富，生動有力，顯明易解，在我們所考慮的時期之內，只有內荷夫還趕得上他；內荷夫寫的報告，用的是畫家的眼光，和一半的詩人心情——在許多帶靈感的描寫之後，多以"四行詩"一首爲結尾。 他旣不受傳教師那種宗教使命的約束，自然也不受任何阻礙，無妨嘆賞那些凡世的事情，加以描述，且能正確的批評許多問題，例如中國藝術便是。 那位奧古斯梯努會的門多薩，及其精神上的伴侶，並未親身參與傳教事業，至少未曾追隨某種一定的傳教政策（這種政策，曾爲耶蘇會教徒的活動及報告的特點），由於這種情形，門多薩的著作內容，總能包羅萬象。在傳教士中，只有魯德照的著作，比較受人注意，因為他所描述的，都是直接的，又特別因為其中軼聞豐富的緣故。

耶蘇會教徒，立刻明白了這點，除非首先得到中國士大夫階級（儒者）的尊敬同友誼，不能達到他們在中國傳教的目的。　他們覺得，承認儒家的宇宙觀，及儒家的政治社會秩序，並加讚揚，然後把基督教的教義，聯在這上面，很是值得作的一番事情。　這好像不算是甚麼難的事。　門多薩便是由於自己的判斷力，亦由於熱誠的靈感，對中國治國行政的方法，中國的智慧理性，道德民俗，各方面的種種優點，深加讚許；他也很有理由的，把中國給當時戰亂相仍的歐洲，做為模範，歐洲的藝術史同人文史的燦爛之華，時常蒙蔽了歐洲的個性。但他永遠着重的說，中國缺少一樣東西：真正的信仰。　耶蘇會教徒的中國描述，也同樣帶這種色彩，這些書裏，總是多一半充滿孔夫子那位人物的靈感，後來竟給他奉獻了一部詳細的孔子生平事蹟，和大學，中庸，論語幾部經書的譯本。　耶蘇會教徒，起初雖稱中國人為"無神論者"(Atheisten)（三八），後來他們所描寫的中國人，竟變成"自然神教者"(Deisten)（三九），甚至於成為"有神論者"(Theisten)（四〇），他們需要福音書(Evangelium)，由基督教求得上帝的啓示了。　這耶蘇會的見解，最後竟引起那名聞於世的「儀式之爭」(Riten-Streit)（四一），一方面是多明我會 (Dominikaner)（四二），一方面是聖方濟會 (Fran

（三八）"無神論"否認上帝之存在及上帝之世界秩序。

（三九）"自然神教論"：英法之啓明時代（見註四四），有此最顯著之宗教觀，視上帝與此世並無關係，非如"有神論"之視上帝有人格，能啓示於人者。

（四〇）"有神論"相信上帝之存在，上帝為超乎一切之最高人格，創造世界，並統治之。

（四一）儀式之爭：耶蘇會傳教師既在華宣教，多明我會與聖方濟會 (Franziskaner) 亦接踵至，時崇禎三年（1630年）也。　多聖兩會，對於中國人之"祖先崇拜"，及"尊孔"問題，意見紛歧，引起熱烈爭辯，斯即世所謂之儀式之爭也。　參閱本誌二卷一期十九頁。

（四二）多明我會為天主教之一派，一二一六年，由聖・多明我 (Hl. Dominikus)，在法部魯士 (Toulouse) 創立。

ziskaner)（四三），因之在中國的傳教事業，竟停頓下來；於是啓明運動者(Aufklärer)（四四）便得到一個武器，拿在手中；"自然理性"(natürliche Vernunft)同"自然道德"(natürliche Moral)的觀念，還有人類史的古代觀念，便是其中最主要的；他們竟利用這些，與傳統的基督教相抗。

耶蘇會教徒，一方面有傳教的使命，一方面同中國士大夫階級有了諒解，自然難以給中國的"各派宗教"，下一個正確的批評，這是顯而易明的事情。還有他們的先驅門多薩，也有這種情形，他雖然給我們預備了兩部極有見解的觀音傳（Guan-yin-Legenden），不過他那基督教的熱誠，始終是個障礙。耶蘇會教徒的報告，自金尼各以來，便提到"三教"，即儒釋道三家之謂。歐洲聽到不少釋道二家的歷史，組織，活動，及其見解，但這些多方曲解的描述，只能表明，皈依此種宗教的人，是些盲目的偶像崇拜者而已。至於老子及其門人的哲學典籍，十七世紀的歐洲人，並未聽說過。衞匡國曾引用老子的玄妙格言，但又同時把這位道教始祖，比為"中國的艾辟苦絡"(Epikur)（四五）（即享樂派的先知）：所以在每部描寫中國的書裏，都可以找到老子其人，直到十八世紀，還是如此——那些著作家，凡遇前輩著作中可資採取者，都要借用一下——後來又把老子同彌勒佛，即彌勒佛，"大肚兒彌陀佛"(Dickbauch-Buddha)混為老子，在歐洲人的眼光，這位佛像，自然容易同老子混淆了。

衞匡衡的著作，可謂中國知識上強有力的一個進步。他的新輿圖，是嚴肅科學的中國研究裏第一部的收獲。衞匡國在書中最後說明，中國與馬哥孛羅所說的「契丹」，是一個地方；他又說明中國發音的譯法，例如他常以葡萄牙文為準，用X那字母代表"尸"那個音。他那本耶蘇降生前的中國史，同新輿圖

（四三）聖方濟會為天主教之一派，由亞西西（Assisi）城之聖方濟（Hl. Franz）創立。

（四四）啓明運動，係歐洲一七三〇年（雍正八年）至一七八〇年（乾隆四十五年）之歷史階段。參閱本誌二卷四期六二八頁。

（四五）艾辟苦洛，希臘文為 Epikuros，希臘哲學家，紀元前三四一年生，二七一年歿。其哲學主張人生宜幸福快樂，頗有影響於世。參閱本誌三卷期二七八頁。

一樣的有價值，一樣的新穎，這書相當忠實的反映了普通的中國歷史描述，帶有儒家的色彩。不過給他當代人影響最深者，還是他第一部的著作（即滿清征服中國的歷史）：這部用拉丁文寫的目擊記，在出版當年，便已傳譯爲各種歐洲文字，並激動那位荷蘭詩人萬登文德 (van den Vondel)(四六)，寫了一部悲劇，名崇禎皇帝（明代最後的皇帝）；還有兩位德國著作家，受了感動，各自寫了長篇小說，我們還要在這書裏細講一番。

這一切的報告，雖然是科學性質的，雖帶宗教的色彩，但不缺乏稀奇古怪的事情，足以引起一般人的好奇。特別是那位耶蘇會的世界學者姬爾雪有這傾向，寧願以虛名炫耀於世，而不願埋沒無聞。例如他以前的中國描述者，只能微弱無力的嘗試一番，用昔日基督教的知識，說明佛教的偶像，或以皮塔哥拉斯 (Pythagoras)(四七) 解釋"輪迴之說"(Seelenwanderung)；但姬爾雪就拿怪異的圖畫作證，大膽堅決的主張，中國的"象形文字"(Zeichenschrift)，是諾亞 (Noah)(四八) 之子含 (Ham) 從埃及帶來的，姬爾雪由此創立了那種"連屬論"(Abhängigkeitslehren)，直到十九世紀，還有許多嚴正的學者們，研究這學問。

姬爾雪是給我們寫過一部中國描述的，唯一德國的耶蘇會教徒。他生平並未到過中國，而德國到中國的傳教士，又沒有給我們遺留下有名的著作。在當時"非僧侶的"德國旅行家中，我們只知道一位到過中國的人，報告他冒險的經驗，同觀察的事情：那就是安得遜氏 (Jürgen Andersen)(四九)。那樣說起來，在巴羅克時代的漢學一方面，德國所處的地位，倒是接受者，而非施與者。德

(四六)　萬登文德 (Justo Van den Vondel)，荷蘭詩人，生於一五八七年，歿於一六七九。著有悲劇三十二種，最著者有 Palamède 等。

(四七)　皮塔哥拉斯，希臘哲學家數學家，紀元前五八年生，歿於五〇七年後。參閱本誌三卷一期六一——六七頁文化形態學的研究一文。

(四八)　諾亞聽神命，造巨方舟，洪水氾濫凡四十日；地上生物絕滅，在舟中者，獨得生存。見舊約創世紀六至九章。

(四九)　安得遜，十七世紀初時人。曾自荷蘭亞姆斯特丹 (Amsterdam) 至東方各國。著有安得遜與伊威遜東方旅行記 (Orientalische Reisebeschreibung Jürgen Andersen's und Volquard Iverson's).

國學者，至多不過將其所吸收的知識，傳播一下：或是譯作，或是百科全書，例如一六六八年（康熙七年），及一六七〇年的兩部大厚書，佛蘭齊西（Erasmus Francisci）的東西印度之樂園及國園（Ost- und West - Indischer Lust- und Stats-Garten），同歷史藝術及風俗新鑑（Neupolirter Geschicht-, Kuns - und Sitten-Spiegel），或一六八八年（康熙廿七年）哈培爾（E. W. Happel）（五〇）的遠異文庫（Thesaurus Exoticorum），這些百科全書，可以代表當時博學的理想，更可以表示（有如著作家，同書局的人們誇讚的言論），一般讀者們，有若採花折枝似的，從這搜羅萬備的知識雜碎中，隨便取用一些就是了；再不然便是從書裏找到一個代替的東西，既安適又不費錢，便可游歷遠方，却免去長途跋涉之苦；這又表明，旅行之事已變成一個理想了。

第一章　巴羅克時代

在十七世紀的時候，中國消息衝進歐洲，其勢愈來愈兇，同時還有中國物品，怒潮朝似的擁入歐洲的市場中，這兩件事，最初應用於巴羅克時代的文學裏，値得注意一番。歐洲巴羅克時代所"經歷"的中國，仍舊是膚淺的，從這遠方的世界傳來的各類消息，實與中國的應用美術品，及有目共覩的外國花草菓實差不多，滿足了當時人的搜集慾望同他們對於古董的嗜好，這是最主要的一點；他們那種博學多聞的腦筋裏，充塞了這些消息，有如他們的藝術陳列室和"奇妙花園"（Wunder-Gärten），爲美術品及花菓塞滿了的一般。巴羅克時代的這種精神觀點，反映在文學之中：大部的詩人，俱表同情，但也有反對的。巴羅克時代，把中國當做擴大宇宙觀中，唯一重要的部分，因之所經驗的中國，也格外深刻些，在這概括一切的宇宙觀中，中國對於"至情"（Pathos）的表現，

（五〇）哈培爾（Eberhard Werner Happel），德著作家，一六四七年生，一六九〇年歿。著亞細亞之順治帝（Der Asiatische Onogambo, Hamburg 1673），及其他遊記小說數種，蓋氏曾於一六七〇年至東印度旅行也。

有很大的貢獻，用這種"至情"，巴羅克時代的詩人表現那碩大無倫的緊張心情；詩人不得不走進這緊張心情中，因爲他們的靈魂是處在"人文主義"的認識及見解，與舊有的信仰二者之間的，這舊的信仰，乃是新興的教會勢力與君權所支撑的。

如果巴羅克時代的詩人，親身認識了中國風土民情，他們的中國經驗，能否產生更優美的文學作品呢？ 富雷明 (Paul Fleming)（五一）的例子，便可告訴我們，"旅行的衝動"(Reisedrang)，當時的新旅行理想——富雷明在一六三八年【明崇禎十一年】曾寫過：「一個人若不去旅行，那還有甚麼價值呢？」——儘管與日俱增，但旅行本身，對當時文學並無何等効果：他在波斯 (P rsien) 旅行後，因有所感而寫的詩，內容除了個人經驗及冒險紀事，除了古代神話式的圖畫裝璜之外，盡是些簡短客觀的敍述，記載些"地理學"，"人種學"上的奇事，尤其是滿篇的名詞；我們只能偶爾碰見一兩首詩，從裏面略微描出一些東方景物，和東方生活之深刻魔力。 因此這位詩人所親身經歷體驗的東方，在他的詩裏，仍舊是些未用的材料罷了。 但他同時的人，却尊之爲理想的"旅行詩人"。

富雷明成了德國唯一著名的詩人，其名竟傳至東方——直至沙密索 (Chamisso)（五二）的時候。其餘"描寫東方的詩人"，仍舊追隨原來的方法，從別人的報告描述中採取資料。 這類報告的著作家，或爲傳教師，或爲冒險家，都是十六十七世紀的歐洲人，所描寫的東方，自然也就膚淺，不完備，錯誤層出了——從這些描述中取材創作的詩，也就可想而知的。 在東方諸國之中最奇怪的中國來講，此點尤爲眞確。

（五一） 富雷明，德詩人，一六〇九年生，一六四〇年歿。 初習醫，一六三三年爲長官。 一六三五年，偕歐列阿留 (Adam Olearius)，及"印度旅行家"曼德斯羅 (von Mandeslo)，至波斯旅行，係受某公爵 (Herzog von Holstein-Gottorp) 之命前往者。

（五二） 沙密索 (Adalbert von Chamisso)，德詩人及博物研究家。 一七八一年生，一八三八年歿。 法大革命時，自法逃至德國，曾爲普魯士邦官吏。 一八一五年週遊世界，凡歷三年之久。 歸德後，任職於柏林植物園。 著詩歌甚多，具柔和之浪漫主義風格。

歐皮茲（Martin Opitz）（五三）為德國巴羅克時代之奠基者，他以文藝復興晚期代表者的地位，實行傳佈文藝復興的文化遺產於德士的任務；在他說起來，中國為錯綜的文藝復興的經驗之一，在他的詩裏，忠實的重述了這經驗：這經驗不加修飾，便排列在詩中，完全依照天然的面目；許多新近得來的古代神話式的傳說，人物，圖畫，許多新的哲學觀念，科學經驗，工業發明，地理發現，也都擁擠在一起，他利用這些，表現在他的詩歌之中。在一六二八年（崇禎元年）的戰神頌（Lob des Krieges-Gottes）裏，他將榮耀歸與十六世紀的歐洲殖民地征服史，成為詩中的最高峯，同時還把這段歷史，粗枝大葉的描寫了一番；在詩中，戰神（Mars）帶我們到了中國：

你領我們何處去？繞
過好望角，儻法拉（Cofala）多富饒，
刼了那裏的財物；又到馬達加斯加島（Mondon-Insel），
木葉，黃檀香木，還把象牙找；
小西洋（Goa）歸順；征服了麻六甲（Malacca），
不遠就是蘇門答臘（Sumatra）；又往
富庶的中國岸，這國產瓷器，
有大礮，還能印書籍。

關於這一點，歐皮茲在註解中，曾指示讀者參考兩印度史（beyd Indianische Historien），這自然是指的得布利的遊記叢書了。林壽藤在這彙集中，論中國的那一章，大部取材於門多薩，門多薩曾特別着重的說，“大礮”和印刷術的歷史，在中國是悠遠的。歐皮茲在另一首名叫好譽（Vielguet）的詩裏，其中的一節中，仍然取材於同一個資料，詩的寓意，是譴責詩人貪圖名利，仰慕虛名的事：

你以為馬德里，巴黎，羅馬
三處的人，因為人材濟濟的緣故，
格外喜讀你的作品嗎？中國的杭州河，
那邊也有人翻印你那些夢想麼？

（五三）歐皮茲，德詩人，一五九七年，生於本茲勞(Bonzlau)，一六三九年，歿於但澤(Danzig)。

在歐皮茲的書中，我們還可見到純眞的，文藝復興式的“宇宙主義”（Universalismus）（五四），但到後來的巴羅克抒情詩中，便爲人所拋棄了。這抒情詩，還是從赤心或感覺生活中傾倒出來的。在這裏，我們也不難遇到偉大深情的態度，例如歐皮茲，便常扯到極遠的地名，爲的是將新宇宙表現爲背景。“東方與西方”一變爲此種表現觀點的口頭禪，人人不離口，甚爲普遍。航海亦變成極其普通的觀念，在詩中也眞個應用了，如史培（Friedrich von Spee）（五五）曾用之於耶蘇會士聖方濟各將航日本國詩歌（Poetischer Gesang, von dem H. Francisco Xavier（五六）der Gesellschaft Jesu, als er in Jappon schiffen wollte）；詩歌（特別是精神的）自早從“航海”借用的那種習慣的表現，現在的抒情詩用的更多了，還有世俗的，獻慇懃於婦女的詩歌，也是如此——我們只須想一想珊瑚海岸（Korallenstrand）（愛侶的櫻唇），便知一切了！

在巴羅克時代的抒情詩裏，我們雖然談不到甚麼眞正的“異國情調”但這種詩，却反映了當時的“異國風格”，可謂例外的事；這“異國風格”在事務的觀念中消失了，將這種事物傳諸德國者，實爲海外貿易之功。哈斯德費（Harsdörffer）在一首花詠（Blumen-Lied）裏，描寫了花園中，田野中千紅萬紫的花飾：

人們在這兒瞧得見稀罕的花飾，
不論是東方或西方的，
那一時，譬如是………

香櫻（Weichsel），無花果，石榴，
再有凡是外來的，

（五四）“宇宙主義”：認爲個人係全體之一部分，故全體超過個人。柏拉圖，亞利士多德，阿其諾（Thomas von Aquino），黑格爾等，均屬此宇宙觀之主張者。參閱本誌三卷四期五九一頁。

（五五）史培，德詩人，一五九一年生，一六三五年歿。一六一〇年入耶蘇會，在德各處講道，旋至特利爾（Trier），死於大疫。

（五六）方濟各，字沙勿。一五〇六年生，一五五二年（明嘉靖三十一年）至華，旋於是歲歿於上川。初至日本，見彼邦人士崇慕中國，頗欲一往；乃耶蘇會至華傳教之始祖。

都可在此飽眼福。
曼陀羅華(Alron)，瓜樹，橘樹。
都可在這兒長，
還有雁來紅 (Amaranton)，
古人那曾識
………

巴羅克時代這種的詩，正適合一般人對自然界的傾向，對自然界魔力及稀罕的傾向。　歐洲後來的中國描述——衞匡國，內荷夫，姬爾雪——爲的描寫中國特有的花草植物，常是多費篇幅，多用圖畫。　那部痴漢 (Simplicissimus) 敍述的荷蘭船長，曾允許帶回最稀奇罕見的花草，只要他在印度，或他處航海時，遇得見的就成：　因之「搜集了眞正稀奇的海生或陸生植物，以便主人拿來裝飾他那藝術陳列室」。　痴漢與佛蘭齊西的樂園與國園，同年出版，後者不僅在表現形式的意義上，應用了當時的風尙。　賀夫滿瓦道 (Hofmannswaldau) (五七) 和哈斯德費一個樣，——在和解的愛神 (Versöhnte Venus) 中——因爲一個外國風味的花園，激起熱情，從他的詩裏，也能尋到新而廣的世界觀所殘留的"動機"：

這樣圍起來的地方，到處佈着
美的山慈姑花，自外國來此，
已同我們一樣，在這國度裏生長，
更有別的花，在此成對擺列，
此外還可看到許多異國奇花，
都是自東徂西，冒險航海奪得。

還有更偉大的態度：

…………………我想這世界，
想那直布羅陀爪哇之間的地方，
那偉大的異國兒，這地球的寵國兒…………

再就是結婚宴餐棹上，擺列的珍饈美食，及自古受人歡迎的香料：

用了多少人的智慧，從外國帶了來，
還有多少擱了糖，用香料保存的………

（五七）　賀夫滿瓦道(Christian Hofmann von Hofmannswaldau)，德詩人。　一六一七年生，一六七九年歿。

在巴羅克抒情詩中，凡指廣汎的世界的時候，印度實佔首要地位。 廣義的"印度"亦包括中國在內，常被人應用的"兩印度"，係包括東方西方的地帶而言，連美洲也在其中。 至於中國本身，在眞正巴羅克抒情詩中，尙難遇到，在史培歌詠聖．方濟各的詩中，所提到的日本，也不過就是一個名辭而已。

如在巴羅克戲劇中，尋找中國，也是枉然。 嚴肅的巴羅克戲劇，在根本思想上，仍以追隨古代爲主。 在戲劇中，如以空間距離，代替時間間隔，劇情多發生於土耳其，而以法國戲劇爲模範： 例如羅恩石坦 (Lohenstein)（五八）的伊伯拉罄將軍 (Ibrahim Bassa)，和伊伯拉罄皇帝 (Ibrahim Sultan) 便是。 只有葛利飛 (Gryphius)（五九）的佐治亞國之加塔莉娜(Katharina von Georgien)，又提到東方，但至多不過到了亞美尼亞國（Armenien），及波斯國而已。 再不然，就是耶蘇會教徒用拉丁文寫的宣傳劇，表現了印度國，日本國殉道者的歷史。 耶蘇會人士，自然而然的，對於傳教區內風土，人民，及所遇的事情，熟悉起來。 這些事情雖然不是一般世俗人所盲然不知者，究竟不能像出演一齣嚴肅戲劇的時候，假定觀衆所能瞭然的那些知識觀念一個樣。 再看嚴肅的巴羅克戲劇，出演的多麼菲重！ 只須看一看在服飾及佈景方面所表現的"地方色彩"(Lokalfärbung)，卽足使其有奇特，詭異，甚至滑稽的影響——結果破壞了戲劇的嚴肅性。 至於這種"地方色彩"（尤其是中國的）形式表現的基礎，還要在十七世紀最後幾十年間擴展。十七世紀與十八世紀交替的時候，"中國人"纔出現於法國舞台之上——那是在"歌劇"（Singspiele）與"插劇"(Zwischenspiele)之中。 不過這已是羅可可時代之端倪了。

（五八） 羅恩石坦 (Daniel Casper von Lohenstein)，德詩人。 一六三五年生，一六八三年歿。 頗受葛利飛（見註五九）影響；著悲劇數種，埃及美女王(Cleopatra, 1661 年)，伊伯拉罄皇帝（1673 年）其著者也。

（五九） 葛利飛 (Andreas Gryphius)，德詩人。 一六一六年生，一六六四年歿。 參閱本誌三卷四期六五七頁。

只有巴羅克戲劇，"輕浮小說"(Schelmenroman)（六〇），"遊記小說"，"英雄俠義"(heroisch-galant)（六一）小說，能夠在"文學的意義上"應用中國知識，中國知識和當時整個的世界知識是一個樣的。"輕浮小說"和"遊記小說"，所以能夠應用中國知識者，因爲普通的游歷衝動，即可做爲小說的"動因"（Anlass），游歷之事，亦可做爲冒險記中神速的線索與怪異的背景。"英雄俠義"小說，應用中國知識的原因，在於這種小說的人物情節（用之於巴羅克式的誇大性的時候），常感覺兩種需要，一爲與時俱增的活動大場面，一爲愈來愈豐富，包括愈廣的"道具"（Requisits），這都是爲了表現誇大性的力量和莊麗而起；且因小說家，將其作品，視爲全部學識之純粹收納者，其勢日甚一日。

一六七〇年（康熙九年）的時候，下面的書出版了：偉人一官傳．中印政治戰爭愛情史，丹麥挪威等國王家騎兵團長哈格頓撰，共分數章，附精美銅版插圖多幀．阿姆斯特丹市莫斯．雅科書局出版（Aeyquan（六二）oder der Grosse Mogol. Das ist, Chinesische und Indische Stahts-,kriegs-und Liebes-geschichte. In unterschiedliche Teile verfasst. Durch Christ. W. Hagdorn, Dero zu Denmarck, Norwegen, ec. Kön. Majest. Oberstern z: Ross. Durchgehents mit viel schönen Kupferstücken verziert. In Amsterdam, Bey Jacobvon Mörs）——這和刊行內荷夫氏那部藝術的插圖遊記的，是同一個著名的出版家兼銅版鏤刻家。哈格頓在序言中曾說過，人家不妨問他，爲甚麼不寫一部眞正的歷史，而僅作了一部長篇小說。據答，中國幅員如是之廣，經過的事蹟如是奇特，都是很難令人相信

（六〇）"輕浮小說"：源自西班牙小說，表現流浪人，匪賊，丑角之生活。德詩人格利梅豪森（Grimmelshausen）作痴漢(Simplicissimus)，即有是風。

（六一）"英雄俠義"："俠義"(galant)指"宮廷的"，"騎士的"而言，惟特指歐洲十八世紀，騎士風盛行時，向婦女獻慇懃之事；今譯爲"俠義"，取其簡便，與中國原有之俠義小說，含義迥異耳。

（六二）一官：鄭芝龍號一官（中國人名大辭典，一五六二頁），歐人書之爲 Iquon, Aequon, 皆一官之轉音。見當安爾原書一一七頁註。

的——舉例說罷，誰能了解，像中國那樣的大國，會在一個極短時期以內，屈服於滿清的武力之下？——，這些事情，若用小說體裁寫了出來，讀者或許相信些，或至少相信各人以爲不錯的那部分……同時，讀過其他中印史籍之後，可自摘著小說中，充分的看出來，大部是與史書脗合一致的。

哈格頓在一官傳中，借鏡法國風靡一時的著作家拉卡爾普累內德(La Calprenêde)（六三）的賈桑德 (Cassandre)（六四），甚至有許多地方是直譯過來的，但此書並不以此爲足，不僅簡單的把小說地點，從波斯移到中國，把時間由亞力山大（Alexander）（六五）時代，移到滿清之統一中國，便算了事，還穿插了新一點的中國歷史中的人物史蹟，以及通常"英雄俠義"文學材料中的人物，插話(Episoden)，"枝葉"(Episodchen)。一官傳較比賈桑德，在人物情節方面，尤爲活潑有力，具有魔力，內容豐富，這是顯見易明的事；一官傳如與賈桑德比較，除去若干地方和"動機"之外，的確有其完全獨立的外貌，很值得與宮廷的巴羅克其他德國長篇小說，相提並論一下。不過一官傳，僅只是片斷而已，哈格頓同代的人，爲之深爲惋惜的時候，我們不難明瞭個中的道理了。

"英雄俠義"長篇小說，不僅有其外在的，還有內在的"型式"，(Schema)不論那一個時代，不論那一個地點，不論那一件情節，都難逃避它。要想給真情實節，加以忠實的"潤色"(Färbung)，既要合於歷史，又要合乎"人類學"，那不但是詩人所未曾想過的，也是超乎詩人能力以外的事情。這篇小說內在

（六三）拉卡爾普累內德：法國小說家及戲劇詩人。一六〇九年或一六一〇年生，一六六三年歿。在都盧斯 (Toulonse) 讀書。一六三二年至巴黎，爲王家衛隊上官。氏有詩人天才，頗得王后及貴婦之賞識。作劇本十種，尚有其他著作甚夥。賈桑德（1642 年至 1650 年），共七卷，爲其得意小說作品，由科馬特 (Christof Kormart)譯爲德文 (Satira oder Cassandra, Leipzig，1680 年至 1707 年，第二版始出全）。賈桑德係土勞埃 (Troja) 國王之女，爲阿波羅 (Apollo) 神之愛人，蓋神話耳。

（六四）見註六三。

（六五）亞力山大帝 (Alexander der Grosse) 爲馬其頓 (Makedonien) 王。紀元前三五六年（周顯王十三年）生，三三六年（周顯王三十三年）立爲王，三二三年（周顯王四十六年）

"型式"，最主要的特點（騎士風度及宮廷趨奉婦女之事），不合中國國情，我們可以不假思索，便說出來。　我們所要問的是這幾點：有多少中國的材料——"人類學"和"史學"的——埋藏在這部小說之中，並用何法，把它表現出來，如何確定了這幅圖畫的綫條色彩，或問這種"巴羅克化"(bareckisiert)的中國，係何面目。

一官是甚麼人呢？歐洲人聽說過那位强大的鄭芝龍，昔日曾爲海盜，其子名國姓爺(Koxinga)（六六），尤其著名；歐洲人認識這些名子，由於衛匡國的明清戰史，這是主要的來源，此書已不脛而走了。　我們這小說的英雄，昔日亦爲"海上之王"；如果再問：這"別名一官的"海盜的本性如何呢？這一點由一官的騎士僕從艾斯吞(Exton)，替我們回答：「這位海上王……是生還的一位首領（曾爲我主人），後改名爲一官」，欲自立爲帝，被人當做一官，執送北京了。鄭芝龍在偉大的明清政治及戰爭中的聲望，好像被哈格頓所加倍了似的，並被提高，成爲更尊貴的英雄了。　這位英雄的眞實家世，仍爲一謎，即英雄本人，也在到處探聽；這自然是小說情節一方面的。　一官僅知自己不是中國人，生於大蒙古帝（六七）的領土之內，（極可能，由當時最有勢的一個"城市長官"(Stadthalter)，撫養成人）。　那時他還叫夏沙(Ciaxar)。　其後，毀掉了大同(Taitung)的神判廟(Orakeltempel)，僧衆便向他宣稱，神判在很早的時候，就已預言：「英雄無雙，帝胄出身，搣地毀廟，俱是其人」。　一官自然是這小說中，最英勇有謀，寬洪大量的英雄，曾向神許願：「扶助一切需要救助受人壓

（六六）國姓爺：即鄭成功之別名，鄭芝龍之子。　鄭芝龍生於福建泉州南安縣，父母甚貧，幼至澳門，略受教育，旋領洗，命名尼古拉(Nicolas)；既聰慧多能，數年間，累資逾萬，乃置船艇無數，竟爲海盜。　其子成功，半受教馬尼拉之西班牙人，半學於臺灣之荷蘭人，未受洗禮。　其性格一如乃父，及父被滿人所殺，遂與滿清海戰，清廷甚苦之。　一六六二年（康熙元年）二月十二日，逐荷人，據臺灣，七月二十三日，卒於臺灣府。　見費賴之：入華耶穌會士列傳，一七三頁註。

（六七）"大蒙古帝"(Grossmogul)：印度國統治者之名，爲回教之王朝，一五二六年（明嘉靖五年），由巴布爾(Babur)創立，其起源爲土爾其之蒙古人，十八世紀漸衰，爲英所併。

追的，並做正義之事」。

其他在明清戰爭中出名的人物，也同一官一個樣，在哈格頓的手筆之下，都變做"英雄俠義"的騎士了。如崇德帝，爲清代帝王，於北京陷落前半年駕崩；李自成（德國卻稱之爲李孔武Lyeungzus)，爲可怕的叛黨首領，在哈格頓的書裏，仍是"逆賊"，不過是舊王朝的後裔，且列在明代末位皇帝的宮廷騎士隊中；吳三桂與滿清合盟，自北京逐出李自成，吳氏爲小說中"最富中國國民性"的一個人，其祖父雖有登基的權利，不過因爲酷好和平的儒家學術，竟把皇位捨棄不要了。

哈格頓的小說，在開頭的時候，將歷史背景，粗枝大葉的略述了一番，與一般巴羅克長篇小說，截然不同：

> 這強大的支那帝國，無論是用勢力，或用財富來比，世上找不到第二個，數百年來受大明朝的統治，國泰民安，與其他著名皇朝，並無兩樣；但從大明朝傳到最後的崇禎帝，由其統治國家以來，社稷便動搖了，竟於短促異常的時期以內，一蹶不振：如今完全受了滿族的轄治，不過數年，滿族佔據了一切韃靼領地，世界爲之震驚不已。
>
> 正在這個時候，從朝鮮有一隻船，揚帆而行，向那世界聞名的豐後(Bungo)(六八)航去…

從這裏便言歸正傳了。經過重新熟習的海上暴風之後，那船在豐後續岸，船裏走出一位騎士，帶着一個騎士風度的僕人，他爲到這名聞四海的島上著名的神判廟裏，聞卜而來。正待略事休息，忽被決鬥之聲所擾，這英雄連忙跑去排解。決鬥者正是逃亡國外的"逆賊李自成"同吳三桂，這吳三桂便把這位救星，領到魯宮（Schloss Luys)，這宮屬於一位大明的後裔。這騎士便聽說他的情人（薩伏蒂絲飛王后 Königin Saphotisphe（六九）同時也是阿瑪旺加王 König Amavanga 的未亡人）同她的胞妹（發雷賽絲公主 Prinzessin Pharessɔs, 吳三桂的的情人），在三個月之前，由於滿洲阿勒德吉喜公主(Prinzessin Aledesig) 和

（六八）豐後：日本地名。

（六九）薩伏蒂絲飛：在哈氏書中，此類人名地名，與中國歷史，並無關係，僅小說虛構之人物地方而已。見當安爾原書，一一七頁註。

李自成的唆使，被人殺了，吳三桂要替公主報仇，想殺李自成。騎士聽說，便拔劍挺身而鬥。隨後，大衆認出，傷勢最重的是偉大的一官，見者無不羨慕讚嘆，盡心竭力的扶持了他。一官正在病床將息的時候——他打算此後活在世上，僅爲替那被殺的情人報仇——，那武士風度的僕人艾斯吞，按照普通插話的型式，給宮廷人士講一官傳。

一官高貴的身世，艾斯吞亦不得其詳，與一官本人所知者一般。艾斯吞在剛波亞 (Camboja)，與獅相鬥，一官救他一命，便隨他做了僕從。他往朝鮮冒險旅行的時候，道上遇見西夏國 (Tangut) 巴科羅太子 (Prinz Paco o) 大家相信：他早已不在此世了）的人，要挾他替太子的姐妹們，奪回被篡的王位。一官便同遼東 (Leatung)的中國軍隊首領們，聯合起來，經過多少次的鏖戰決鬥，攻擊西夏國的篡位者，同他們的聯盟（天札王（七〇） König Thienzar 和女眞國 Niuche 的崇德太子 Prinz Zungthe)，正在這時候，一官得了一幅女人的像片，竟不知不覺的愛莫能釋了。以後又在多次戰爭中，攻打西夏國和女眞國的滿人，聲望與日俱增，將士們，奉之如神明一般。崇禎帝便召他進北京的宮裏，爲的是酬報他的功勞。在宮中御花園裏，他竟得認識西夏國的薩伏蒂絲飛公主，他對她在相片中早已愛慕多時；公主的兄弟巴科羅，大家以爲他死去多年，不料此時竟以假名，留住宮中。起先一官只能偷視女像，如今已能眞個向她眉目傳情，最後竟得公主垂愛。這女像又落在皇帝的手裏，皇帝亦愛不釋手，竟把一官遣往大同(Taitung)，勅他做"守衛長城使"(Beschützer der Gressen Mauer)，原來崇德也愛慕薩伏蒂絲飛公主，他假充他人居住宮中，說服皇帝，使帝相信這像裏的女人，是雅飛爾德公主，與一官並無關係；皇帝不久隨又降旨，把一官調往四川 (Suchuen) 去，叫一官替皇帝向雅飛爾德公主 (Pr nzessin Affelde) 求婚，這樣一來，一官的情人，自然悲淒異常了。一官來到四川的潘塔莉賽女王 (Königin Pentalisea) 的宮中，這國中連女子都披上盔甲，參預比武

（七〇）天札或係天聰之誤，天聰卽崇德以前之年號。

之事。 但公主之母（潘塔莉賽女王），却愛上了一官，設法阻止他離開，已有多時。 經過許多冒險——自然還穿插着別人的冒險故事——，一官用計脫身成功。 他往北京去了，路上遇見一隊戰士；一官既有誓言，且身爲騎士，按其慣例，自然要路見不平，拔刀相助的。 這些人竟得脫逃，用暴力拐跑三個蒙面的女子，把她們推在船裏——直到後來，一官纔明白過來，他原來幫助了崇德，拐跑自己的情人薩伏蒂絲飛公主了。 崇禎帝素有"暴君"的綽號，竟在北京下諭，捕拿一官，罪名是與戶部大臣桂（Kämmerer Guey）密謀，私通滿人，桂大臣並將賜死。 一官，李自成（直到這時候，還忠於皇室），巴克羅太子，三個人都裸起半身，捆綁在"北京城大市場"的柱子上，公開示衆，將處極刑。 皇帝如此殘虐無道，竟激起兵民巨變，虧了那寬洪的一官的勢力，皇帝僅以身免，未致受辱。 一官領了叛兵，開往遼東。 崇禎帝之女，有書致一官，令他從"殘暴的父皇"手中，救出自己同薩伏蒂絲飛公主，這薩公主，也被人帶回宮中了。崇德願以武力爲一官的後盾，只要他履行一個條件，那就是用決鬥的方式，決定誰獨自享有薩公主。 皇帝的軍隊竟叛變了，有的降了一官，有的表明，至少不願與一官作戰。 皇帝徒喚奈何，只得讓步，"道歉"了事。 此時聯軍統屬於一官，崇德，李自成，及巴科羅之殿下，出師再征西夏王國。—— 這便是第一卷的煞尾。

豐後神託廟的神，皆給一官吳三桂暗示希望，二人所愛的公主們，尙在人間。 艾斯奈續講一官傳。

某次一官，崇德，李自成在"三人決鬥"中，拚死力戰，爲的是奪取薩伏蒂絲飛，不想却有另一個騎士，用計拐她逃跑了。 一官崇德，冒險追隨劫人者，竟至日本。 他們以爲佳美拉絲(Gammellas，日皇之女)，就是所追尋的薩伏蒂絲飛。 崇德正千方百計的向她求愛，一官已經覺察出錯誤了。 後因友誼同騎士的精神，一官向崇德揭穿了他的誤會，崇德便不樂意和佳美拉絲結婚，不過已經太遲了：在結婚的那一天，皇宮如臨大敵，崇德只有二途可擇，要不是同未婚妻結婚；不然，便得剖腹自盡。不僅崇德，連佳美拉絲，也要自殺，崇德既那樣受了她的迷，便真個同她締結姻緣，把薩伏帶絲飛也撇開了。此時天札帝崩，國內宣佈崇德即"滿洲大汗"之位。衆英雄便向朝鮮去了，在那裏聽到消息，李自成率衆反叛皇帝，規模異常浩大，原因是皇帝把薩伏帶絲飛從她（假定的）"未婚夫"手中劫去了，並令把她帶到宮中。一官擔怕薩公主也許會流落在李自成的手裏，"因爲他知道皇帝同李自成，都是沒有德性的"。崇德許了一官六萬軍隊。一官立刻到了北京，崇禎帝已經自縊，李自成也登極了。一官化裝，扮做園丁，進了宮後的花園，竟在那裏和薩公主重逢，其情景之美，有如邨歌(Idyll)(七一)。崇德與三桂進軍北京，李自成便連同軍隊和擄獲品自城中退出，但沒有帶走薩公主，原來巴科羅已把她救出，送還家鄉西夏國了。因爲感激崇德，更兼交情深厚，一官強讓崇德，就中國皇帝之位，崇德自然推讓一官登基。一官很容易的說服北京的人民，"結局便迎戴崇德爲帝，因爲一官早已充分證明了崇德的品德"。這時吳三桂正在山西(Xensy)窮追李自成，一官在一年之內，竟替崇德征服了中國其餘各省，後歸北京。如今崇德帝惟一官馬首是瞻，這是他的摯友，既聰睿又英武；不過這樣一來，朝上的達官顯宦，便暗自嫉恨一官了。崇德給他加上一個強(Kiang)的尊號，意思就是英勇超絕，蓋世無雙的英傑，並封之爲"大同國"王，不久將在那國裏，同薩伏帶絲飛舉行結婚大禮。一官在大同接到崇德帝突崩的消息，不久阿瑪旺加（此時已爲幼君順治帝的攝政王）帶了大隊人馬，假稱爲慶祝一官大禮而來。阿瑪旺加也鍾情於薩公主，竟令人截住婚禮的行列，用暴力劫去新娘，送到軍營裏。阿瑪旺加正待提拿一官，不想一官混進阿王的軍隊（他們已經擠進城中），驚天動地的屠殺一番，並令燒掉神判廟，因爲阿王同一部人馬，躲在廟中的緣故。這却應驗了神判中所說的話，廟裏僧衆便一致戮力，替一官効勞，各處約來同夥，反抗劫人逃亡的匪衆。一官在兩次鏖戰中，攻打阿瑪旺加，第三次却離了他，一官想用突

(七一) 村歌：即描寫鄉村和平氣象之詩歌，尤重牧童之事。

襲的方法，自敵營中把薩公主脫救出來，不想就擱過久：薩公主完全變了卦，再也不肯聽他那一些愛情的辯白，不想跟隨他了。　這時一官的幸運，不論是戰爭的抑或是愛情的，日趨沒落之途。　一官想忘絕那不貞的公主，退入"大蒙古帝"的國度之中，他原是在這裏出世成人的；一官替"大蒙古帝"効勞出力，連戰皆克。　這時薩伏帶絲飛，遣來使者找一官，（這段"故事"夠複雜的），替他情人解釋她一切舉措的經過。　薩伏帶絲飛上了阿勒德吉喜（崇德之妹，因熱戀一官，追隨着他）的當，這阿公主竟用了一個絕妙的計策，使薩公主相信了一官並不愛她。　正在她不幸的時候，阿瑪旺加鄭重的向她求婚，爲了母親的命令，只好答應了他。　結婚之後，那聰明超凡的阿公主，纔給她揭穿了這騙局。　還有更不幸的事情，薩伏帶絲飛遣了使者到一官那裏，帶了一封信，信裏瞞怨着他那不可變換的厄運，她切望還有一次幸運，見一官一面。　一官請求"大蒙古帝"考查他的身世，追究他的生父爲誰；他立了多少功，但所希望的報酬，僅此而已；一官便往北京尋找薩伏帶絲飛。　在彼此都認識的一位女友家中，不久竟得重逢。　他們那種要忍痛誓絕的崇高意志，究竟敵不住情人們昔日的熱情，便互相擁抱；一官竟想綱劍自刎。　後來他們恢復了理智，每日見面，經歷數月之久，却尊重一切宮廷的禮貌。　一官有兩回竟得機遇，殺掉阿瑪旺加（即情人之夫），阿王並不知一官在身旁；但猶豫良久，極其豪爽的，放掉了殺仇的機會。　後來薩伏帶絲飛，感覺這種光明的交往，仍然於心有愧，便向一官發誓，要他棄絕自己，薩后便動身找丈夫去了；他曾被阿勒德吉喜，喚往山西去的。　一官重病幾危；病愈之後，惟有一念在心：殺死阿瑪旺加。　後來他聽說，阿瑪旺加要把阿勒德吉喜（爲了她愛一官，一官纔遭遇這愛情的磨難），給他做妻；阿瑪旺加又要到豐後島，想從神判中解決他的疑難。　一官願在豐後，遇見不共戴天之仇。因爲海風不利，又從新得了病，就擱多少個月，纔到達目的地。——　一官傳這收尾（同時也是第二卷的結局）同開始時的原來情節，又銜接上了。

第三卷並無大助於書中正經的情節。　只有一官與"大蒙古帝"女兒短期邂近之事，我們可以揣測，一官就是她所丢失的兄弟。 第三卷大體上講，是由四個別的"故事"穿插而成的——即書中其他人物的生平冒險史，這許多人，同一官傳複雜的穿插起來，我們至多能够大略的說一說罷了。 例如吳三桂（那位衆英雄中"最富中國民族性"者）在書中講他動人的一生歷史。

哈格頓把衛匡國明清戰史所報告的明代之滅亡，及滿清征服中國的史蹟，在小說中粗枝大葉的，自外描寫了一番。 那段戲劇式的插話（在大同劫新娘及以後之事），我們可自衛匡國的書中找出來，衛氏已在前詳細描寫了這段事。 哈格頓將史乘上的眞事，巧妙的適用於小說之中，如像這類的例子，書中可以找到多處。 在哈格頓所講的適用於小說中，係指巴羅克"英雄俠義"小說而言，因此最可能的便是：犧牲中國的本性。 一官的角色，多半是虛構，李自成亦變得過於高貴了，誠然不假，但我們不能單單根據這兩點，便說這是詩人的過錯。不過一官，李自成，以及其他單是些勇武的騎士們，居然可以統轄軍旅，決定國家大政方針，這類巴羅克小說的特點，實難符合中國國情。 尤其不能適合小說裏所描寫的中國那個時代。 只有在中國的"英雄時代"，尤其是三世紀時的三國時代，纔能有那種武士的人物；那部同名的著名歷史小說（按即三國演義——譯者），將當時的事傳諸後世；就是在現在的中國，仍舊粉墨登場的表演當時的歷史。 即便是他們，也不能够與書中相同，他們在那碩大無朋的中國，決不能沒個輕重的跑來跑去。 他們固然也在英勇的比武中，一決雌雄，但只能在戰爭中舉行，如兩軍對峙，身居衆軍之先的時候，不然便是在冒險戰爭徘徊之際，按照武士的榮譽規定，決鬥一番，但決無在戰爭範圍以外實行的，尤其不能因爲女人的愛情，引起鬥爭的事情。 這部小說和一般巴羅克小說相同，以愛情爲英雄轟轟烈烈的戰爭政治事業之"動因"(Beweggrund)；這當然不是中國式了。 至少可以說，這不是標準的中國式，這就是結局最要緊的一點。 我們可用例外之事，證明一番：叛賊劫掠吳三桂的愛姬，因之激怒吳三桂，決定聯合滿清（七二）

（七二） 指三桂奉詔入援，至灤州，聞愛姬陳沅（即陳圓圓），被劉宗敏掠去，憤而降清事。

——這動機衛匡國的書中未曾提到，哈格頓也未見應用——；問題的中心是個愛妾，並非騎士鐘情的"公主"。史稱上大同劫奪新娘的事，雖然引起戰亂，其"動因"是犧牲征服者，傲慢的破壞了中國的道德律，倒不是因為冲犯新郎本人所引起來的反亂。另一方面，中國詩歌，戲曲，歷史中，固然有從軍女子的典型人物，明清戰爭，也給哈格頓一個直接的例子，做爲他描寫那位從軍的四川女王的模範（七三）；可是他描寫的英勇女騎士（Amazonen）——他竟給她們的王起了基督教的名子，潘塔莉賽！——，其行爲舉止，同歐洲"英雄俠義"社會的，並無分別。這特點可說是小說中的主腦。一官在北京朝中遇見"許多高貴的王侯武士，其中一部，是爲了在宮中可以看到凡世所無的美女而來的"。生活與文學所表現的歐洲宮廷中混雜的"英雄俠義"社會，竟由一官在中國其他的王宮裏，還有鄰近中國的王宮中見的到。

中國與巴羅克，有一點是共同的：彬彬有禮。哈格頓知道這一層，所以書中英雄講話的時候，更加有禮謙恭，而且遇到中國人與外國人交往的時候，故意指出中國人講禮貌的事情。另一方面，巴羅克小說與中國小說有不約而同的一點，連哈格頓自己也不知道，那就是強度的人物"典型化"（Typisierung），不是變成絕對的英雄，便是極端的惡人——如像雅飛爾德傳中的納隆親王（Fürst Nallond），或塔爾康與安羅娜故事(Geschichte von Talkon und Androna)中的魏法麟親王（Fürst Wiffalın），我們眞想，馬上給他們畫上魔鬼的面具！同時中國小說戲劇與巴羅克小說，一樣歡喜用男扮女裝(männlich-weibliche Verkleidung)——不過中國的"英雄"，在那種輕快的場面裏（如賈雷色 Carresse化裝爲費蓮 Philene，同他的愛人雅飛爾德經歷的劇情），其行爲並沒有那種"英雄俠義"的派頭。我們還可以在中國小說中，找到西方"郵歌"所描寫的，男女因傾慕而致憔悴的事，不過這類英雄，只限於青年，才子，或年輕進士，一流的人物；哈格頓並未意料，在雙重意義之下，描畫了一個中國背景的輪廓；書中陷入情網

（七三） 或指女將秦良玉。

的青年吳三桂，給他愛慕的西夏國發當賽絲公主，教授中國文，這是公主把他從殺人犯手中救出，帶往宮中去了之後的事情：

公主之父吉達斯發(Gidasphar)王……常喜歡聽我們關於美術的談話，王令我再把這些話，奉告公主們。薩伏蕾絲飛喜歡學習天體運轉，和星象之學，發當賽絲卻喜讀中國的文字；我在中國文字方面所知道的，自然多於天文學的知識，我便教發當賽絲，學中國文的讀法書法；在短期之內，她學會了好多東西，後來竟得隨意讀寫，但她還不能把字完全的連綴起來；因此我心生一計，想法使單戀的我，得到最大的安慰快活：爲此目的，我假意向她說道，我們若想把辭字連綴起來，互寫情書，要孫最高明的方法，因爲這樣做的話，可在短期之內，熟習單字與構句之法。她既無疑竇，便答應那樣做了。我起初給她寫愛情短札，並幫助她正式回答我的原函……然後便可以寫正式情書了，我便按照我的興致，模做中國名家的手筆，心裏鄭重其事的寫了許多書信，用了許多盡美盡善的辭藻，誇讚她的美貌淑德，把我對她的偉大愛情，用足以令人心碎的字句，表現出來，並極其謙卑的，乞求她對我的愛情……

在這幕配景裏，——這配景表現哈格頓傾向於"郁歐"的場面，在一官傳其他配景同插話中，表示得更是露骨些——哈格頓不過是想應用他對於中國語言同學術的知識，使之略帶中國的“地方色彩”就是了。在這書裏，我們常時見到中國的特點與色彩，不過大多數是膚淺的加在小說結構之上，毫無組織的插在本文中；不然便在陝隘急促的“英雄俠義”情節中消失了。所以簡短的歷史概述，常因書中許多英雄的前史，牽涉到中國以前的朝代；講吳三桂以前的歷史，便應用了文化歷史方面的知識，尤其是孔子的學說。有不少時代史上的事蹟，多半從旁一瞬便過去了，因此這小說裏，那種理想化的宮廷騎士社會，自然難以同寫實的客觀描寫相容，例如描寫叛衆的報告便是。另一方面，一官用毛筆作書，女英雄相信“輪迴之說”，北京御花園的園丁受賄，各點都是眞正的中國式。還可以找出別的例子，多少表示外面的“地方色彩”。至少在衣服和裝飾方面是如此的。哈格頓認爲，在建築一方面，只有皇宮値得一番描寫：——

「那外國人見了精巧的建築，驚嘆不置，因爲全部是用碩大正方的大理石，建立起來的，精美異常，所有的圓柱角石，都鍍着金，塔同殿頂，都鍍的銀。克拉羅(Claro)河也被引來，眞是巧奪天工，這河圍繞這座秀麗的山石，石上立着皇宮；河水清澈見底，微發柔音，聽了不禁引起愉快非常的感覺。」

哈格頓描寫的皇宮各點，並非眞正的中國式，也不能表示出一幅圖畫來。哈格頓若要想出任何一幅圖畫，必須從書中的人物和配景中得來；讀者也有同樣的感覺。有一部分畫出刻銅的圖，裝飾了這部小說，與我們推想當時作者讀者所想像的圖畫，大概是一致的。我們可以看一看表現書中所描寫的宮殿圖：首先引人注意的是兩個騎士，眞是地道的巴羅克式，騎士頭戴高大的西班牙羽盔，馬首也是西班牙的大羽飾；再看背景，花園，宮殿，也根本是巴羅克式；但裝飾着種種建築術的花樣，這是自中國模倣來的。巴羅克式，在背景中放了些中國的"道具"——那便是這部小說的本質。背景裏還有"啞角"(Statisten)(七四)同"群衆"(Massen)，未經這位巴羅克小說的作家，詳細的描寫一番；畫家倒可以把這"啞角""群衆"，表現的更近乎中國的特點——在所有圖畫中，那幅"群衆"圍繞大同神判廟做戰的圖畫，表現的最富於中國色彩，雖然作者沒有在書中描寫出"群衆"和大同的宙宇是甚樣子。我們再把書裏騎士"三人決鬥圖"同中國人所畫的"英雄鬥武圖"，比較一下：圖中的人物，服飾，配景，固然在自然形式上起了變化，帶着很強的傳統意味，不過這種變化形式的景緻，人物，及其"文化"(Kultur)，與中國原來的相差過遠了；至於在風景，人物，以及傳統的藝術形式變化，背後所隱藏的精神，同中國的又相差有多遠！中國特性的眞正瞭解，這是歐洲人今日仍在費力追求的……

第二章　啓明運動與羅可可時代

由一個巴羅克時代的人，變成一個啓明運動及羅可可時代的人，其變化之深刻，徹底，堅決，實甚於西方人從來所經歷的任何變化。啓明運動與羅可可，其表現的方式固有差別，所代表的新精神却是一個；文藝復興，法國的"唯理論"(Rationalismus)(七五)及英國的"經驗主義"(Empirismus)，

(七四)　啞角：戲劇及小說中不發言之角色。

(七五)　"唯理論"：認爲理性係知識之本源，超乎感覺之知識；亦指哲學知識，由"自因推果"(a priori)的觀念推斷者而言，故反對"經驗主義"(見註七六)。參閱本誌二卷三期四四一頁。

(七六)它們的種子在這新精神中，發揚光大，竟至壓倒一切的地步；粉碎了舊有之一切關聯，從人們在巴羅克時代所經歷的"永生與現世的緊張"(Jenseits-Diesseits-Spannung)中，解放出來；如今人們自覺的，希望在啓明哲學中，規定出自己的法則來；且在羅可可的生活藝術之中，無拘無束的，發揮其情感，並反映自己。二者爲同一精神之不同表現形式；前者（啓明運動）兼重嚴刻，後者（羅可可）幽默嫺雅。

我們已經說過，關於中國的認識，自然大有貢獻於這偉大的變化。在藝術同"應用藝術"(Kunstgewerbe)的範圍裏，常時提到，在哲學的領域中亦是如此。中國爲此種變化的因素，這層意義，我們却不可過於重視。即使沒有"中國的經驗"(China-Erlebnis)，巴羅克時代的精神，也會鬆弛解放的。這新穎解放的精神，變得比從前來更容易接受一切不習慣的奇怪事體，啓明運動同羅可可時代，在中國的世界中，找到近似的精神，尤以中國哲學及"應用藝術"的產品爲最，但以歐洲單方所認識者爲限。因之孔子成爲啓明運動的"守護神"(Schutzpatron)，那種娉婷柔美，脆弱易折的瓷器，也象徵了羅可可時代的風格。除去瓷器，還有絲綢，漆器，地氈，傘，扇，做爲象徵，還有中國亭，在許多巍峨的建築中，立了起來，有若雨後春筍，以後秦半建立在"中英合璧"的花園四周，以爲新的"自然感覺"作證。

羅可可的瓷製品，不見得永遠是眞正的中國式，也不見得在各方面，都表現出純粹的中國式來。中國在歐洲的瓷器主顧，向中國定貨的時候，總會附帶的，把他們的希望送了去，中國的瓷器製造家，便依照他們的期望，在形式同裝飾一方面，適應一下。不然，中國便把瓷器的半製品，運往歐洲，在那裏照歐洲的風格，完成瓷製品。歐洲直到一七〇九年（康熙四十八年）的時候，方纔

(七六)"經驗主義"：以經驗（觀察，實驗）爲認識論唯一基礎，創始者爲英人洛克(John Locke)。參閱本誌二卷三期四四一至四四二頁。

由所謂"煉汞術士"(Alchimist)的博特協(Böttger)（七七）氏，正式製造成功，亦即麥森"硬瓷"(Meissner Hartporzellan)之濫觴（七八）。同樣，中國漆器及中國地氈，也做製成功。且所模做者，不僅限於質料，即形式裝飾，也在做製之列。還有，與做造之事，相輔而行者，便是按照歐洲風格，適應與改製的產品。其結果便是歐化的中國產品，或中國化的歐製品：即"中國風"是，自然要包括高尚的藝術創作品，如瓦多（Watteau）及部舍(Boucher)（七九）的許多圖畫，在德國有德克(P. Decker)(八〇)及何洛德(J. G. Höroldt)，何洛德為博特協的後繼者。此即表示新時代與方纔過去的時代之間，一個重大的區別所在。

"中國風"之象徵羅可可與中國的關係，猶如古玩陳列室（其中滿置海外輸入之古玩）所象徵的巴羅克與中國之關係。巴羅克時代的人，所要做的事，充其量，不過把這些古玩，雅緻聰慧的排列排列，就算完了——羅恩石坦曾在阿米紐(Arminius)(八一)書中，領讀者參觀過富麗堂皇的一所"中國"古玩陳列室。

（七七）博特協(Johannes Friedrich Böttger)，德人，歐洲硬瓷發明家。一六八二年生，一七一九年歿。為藥劑學徒，應柏林某金匠之召而往。旋自普魯士邦逃亡，至德雷斯登(Dresden)，為國王奧故強者(August der Starke)所執，令其點金。一七〇八年及一七〇九年，與奇豪斯(von Tschirnhaus)合製紅櫻色石器，名"博特協瓷"，後製中國瓷器，竟告成功。

（七八）一七一〇年（康熙四十九年）以來，麥森(Meissen)地方，即開始製造歐洲之白色硬瓷，以做製中國瓷為目的。初，十六世紀，意大利做製中國琺瑯成功，傳入荷蘭，十七世紀，斯業遍歐洲。琺瑯均繪中國圖畫，如亭，怪獸，菊花之屬。博特協製造硬瓷成功後，歐洲所製瓷器，仍視為中國貨，以其繪中國圖飾也，歐人重視中國瓷器可知。參閱賴希萬：中國與歐洲(Adolf Reichwein, China und Europa, Berlin 1923)，三二至三九頁。

（七九）部舍(François Boucher)：法籍畫家。一七〇三年，生於巴黎，一七七〇年歿。從畫家勒木安(Lemoyne)及刻銅家卡斯(J. F. Cars)習繪事，研究畫家瓦多之藝術。後至意大利，從提波羅(Tiepolo)習畫。

（八〇）德克(Paul Decker)，德建築家及畫家。一六七七年生，一七一三年歿。著有建築論（一七一一年）。

（八一）本書原名豪爽之阿米紐司令(Grossmütiger Feldherr Arminius oder Hermann nebst seiner durchlauchtigsten Tussnelda)。阿米紐為獄魯斯克(Cherusker)親王。獄魯斯克，為介於脫伊多堡森林（Teutoburger Wald）與埃爾貝(Elbe)河間之威賽河地帶(Wesergebiet)。紀元前十七年生，紀元後二十一年歿。紀元後九年，率獄民戰羅馬之瓦魯(Varus)將軍(羅馬奧古士都帝之大將)，敗之，德意志民族遂得脫離羅馬之羈絆。

北京皇宫花园中骑士三人决鬥圖

自哈格頓之一宣傳

何羅德氏所繪之"中國風"

"中國風"的意義，便迥乎不同，這已可表明外來古董物的內在之同化，苦心的工作，及富於創造性的變化。巴羅克時代的人，只能在冷酷，沒有一毫生氣的古董陳列室中，讚嘆不置而已；但羅可可時代的人，却能夠利用純粹的，與半純粹的中國產物（尤以"中國風"的產品為最），為其服飾，住宅，花園的裝飾，既活潑又有力；並為其密切的生活同社會生活的工具及表現。

我們在這裏，不能詳細考慮羅可可生活及藝術中的中國事體，同"中國風"。如想認清，中國在歐洲十八世紀裏的文學中，所扮演的特殊角色，那麼關於中國在這時代，在文化史方面扮演的偉大角色，我們只有毫不放鬆的注意一番。

法國自翻譯天方夜譚（Tausendundeine Nacht），及類似的東方童話集（自一七〇四年［康熙四十三年］起陸續出版）以來，竟引起一般人眞正的好尙，大家拼命的寫做"異國風趣"的狂想小說；不過這種風尙，在那仍然遲鈍的德國，還沒有值得提起的競爭作品可言，直到魏蘭（Wieland）（八二）以前，仍然如此；雖然當時的德國，在文化一方面，仍舊仰仗法國。法國這種的小說（假稱其目標為中國），放棄了一切文學的模式；因為除了"中國波斯"的"悲喜劇"童話圖闌多的材料(Turandot-Stoff)（八三）（此點在本書中以後還要遇到）之外，直到一七三五年（雍正十三年），杜哈德（Du Halde）（八四）的巨帙百科全書出版之

（八二）魏蘭（Christoph Martin Wieland），德詩人。一七三三年生，一八一三年歿。參閱本會叢書之一魏蘭之介紹，及本誌二卷四期魏蘭：賀拉斯和奧古士都之譯文。

（八三）圖闌多：為意詩人戈志（Carlo Gozzi）所作之"悲劇的喜劇"童話，取自天方夜譯（又名一千零一夜），故圖闌多實一波斯之"中國風"，即波斯人由中國得到材料，所作之童話也。一七七七年，威特斯(F. A. C. Werthes)將是書德譯本，刊行問世。

（八四）杜哈德（Jean-Baptiste du Halde），法學者，一六七四年生，一七四三年歿。一六九二年，加入耶蘇會。著有百科全書中國全誌，詳名支那滿清帝國地理歷史年代政治全誌(Description géographique, historique, chronologique, politique de l'empire de la Chine et de la Tartarie chinoise)，一七三五年出版。又編成誠信札（Lettres édifiantes)，係耶蘇會傳教神父，年自日本，中國，小西洋(Goa)，阿比西尼亞(Ethiopie)等地，寄歸歐洲之通信集。尙有啓迪研究文集，詳名耶蘇會傳教師海外佈道啓迪研究文集，(Lettres édifiantes et curieuses écrites des missions étrangères par quelques missionaires de la Compagnie de Jésus)，係叢書性質，與上書迥異，一七〇二年，勒戈邊（Charles Le Gobien）神父主編，出至第八集時，勒戈邊歿，途由杜哈德，繼續編纂之事，出至第二十六集，亦大百科全書也。（見 La Grande Encyclopédie, Paris 中杜哈德條）。

前，中國的文藝創作，歐洲一概不知；杜哈德的著作曾為歐洲的"中國詩人"最富足的寶庫，繼續數十年之久。

在這中間時期，有關中國的德國著作，性質比較嚴肅些，同大部外國相當的作品一個樣；所應用的資料，多自無數的中國描述而來，卽中國風土人情，國家制度，歷史，及關係中國歷史，社會，宗教，及道德見解的各種描述，在這些描述之外，還要加上新近翻譯的儒家著作。這中間時期，歐洲的中國著作，最要緊的乃是哲學著作（包括廣狹二義），亦卽啓明時代的著作。

* * *

我們若想知道，自啓明運動最初時起，一般人對於中國哲學的研究，多麼普遍盛行，並想知道，當時人對於中國哲學擁護及反對的熱烈狀況，我們只須看最初的代表者湯姆士·基當（Christian Thomasius）（八五），便不難知道一切了。一六八七年（康熙二十六年），中國哲學家孔子或西文四書直解（Confucius Sinarum Philosophus），在巴黎出版，是好些耶蘇會神父的著作，除去編者柏應理神父的一篇論孔子之倫理學政治學的序文，內容有大學，論語，中庸的譯文。這部帶有"僧位政策"（Ordenspolitik）意味的著作，給啓明運動者一個有力的刺激，成為他們研究中國的主要資料。各方面的學者，都在從事研究，在通俗翻譯的方面，其範圍愈加擴大。湯姆士，在坦白而合乎理性與法則的思想（Freymüthige, jenoch vernunf.- u:d Gesetzmässige gedancken）（八六）（這是一六八九年（康熙二十八年）最初的德文月刊）中，特意給這部書，寫了一篇詳盡的書評，帶着譏刺的鋒芒，誇大其辭的說，中國哲學已成時代的問題了。湯姆士

（八五）湯姆士·基當：德哲學家及法學家，一六五五年，生於來比錫，一七二八年歿於哈勒。創德文月刊(Froimütige, lusthige und ernsthafte, jedoch vernunft- und gesetzmässige Gedanken oder Monatsgespräche über allerhand, vornehmlich aber neue Bücher)。一七一〇年，任來比錫大學講師，著述甚豐。參閱本誌三卷二期二〇三頁，三卷三期四五六頁。

（八六）見註八五。

以爲對孔子的崇拜，是一種「權威之偏見」(praejudicium auctoritatis)，一種對於"權威"的盲目信仰，例如艾壁苦洛，便不容分說的判了罪，有如他這樣的恭維了孔子："我們只須對一位「孔子崇拜者，兼艾壁苦洛懷恨者」(admirator Confucii und Osor des Epicuri)像這種兼備兩種性格的人，在我們之中不難成百的找出來)，讀上述的「艾壁苦洛見解」(Propositiones des Epicuri)，便可注意，他如何的吹毛求疵了。下回我們無妨把同樣的意思，用孔子的話告訴他，末後加上一句：這是孔子所說的：他一定把這些事體，捧到天上去了。尤其在改變情況，正反兩面，都可辯論，或此種事體，與一般人類的行爲及容忍之事相違的時候，更是如此"。不管孔子的崇拜者，把孔子比成蘇格拉底(Sokrates)(八七)也罷，或者說他高於蘇格拉底也罷，湯姆士由柏應理的書中，下了結論，孔子的著作，至多可與斯卡利澤 (Scaliger)(八八)的著作，或路德 (Luther)(八九)的賀辭(Tischreden)相比；因爲孔子的書，固不少聰睿精邃的教訓，但亦不乏「無價值」(nichtswürdig)，而且可笑的事情。湯姆士便根據柏應理的書，引出一大篇的格言同寓有教訓的軼事，表明孔子「眞是一位正義，聰慧，有理性的人」；但在那篇結尾，却加上了一些引用的話，竟把孔子表現成「愚人」似的了。

湯姆士把中國哲學的崇拜者，全然責備成不敢分辯的"權威信仰"，這點是

(八七) 蘇格拉底：希臘大哲人。紀元前四七〇年，生於雅典，三九九年歿。安貧自若，而有大勇。其學說出發點，爲認識自己！人之爲惡，識見不足耳，非自願也，故曰：「道德即知識。」氏無著作，後人所知者，皆其門人所述：如：克諾芬 (Xenophon) 之蘇格拉底回憶錄，及柏拉圖，以對話體裁，傳蘇氏之思想者是也。

(八八) 斯卡利澤(Julius Cäsar Scaliger)，意語言學家兼詩人。一四八四年生於利瓦(Riva)，一五五八年歿於阿讓 (Agen)。學問炫博。其子爲 Joseph Justus Scaliger，爲經典語言家，一五四〇年生於阿讓，一六〇九年，歿於萊頓 (Leiden)。

(八九) 路德馬丁 (Martin Luther)，德人，宗教改革家及新教創立者。一四八三年生，一五四六年歿。作品富宗教思想，且爲詩人及語言創作家。參閱本誌二卷四期五八八頁。

不對的：正是啓明運動哲學中傑出的人才，如萊勃尼茲(Leibniz)(九〇)吳爾夫・基當(Wolff)(九一)，福爾泰(Voltaire)(九二)，能夠給他們自己所研究的學問，從孔子學說——那時　不知有其他的中國哲學——找到鼓勵，明證，同示例。

萊勃尼茲的一生，受了中國魔力的支配，表現於他的思想同工作之中(九三)。在一六六九年（康熙八年）起草建立普魯士學術研究院 (Preussische Akademie der Wissenschaften)的時候，即可看出他崇拜中國的心跡。　二十年之後，從柏應理的書中，得到特別的啓示，如同別人所感受的一樣——那時他稱孔子爲"中國哲學之王"。　於一六九〇年（康熙二十九年）爲始，同在中國的耶蘇會傳教師，通信往來，勤於發問，多屬賢明的問題，並激勵傳教師，做最澈底的研究。一六九七年（康熙三十六年），他刊行了現代中國最新歷史例解（Novissima Sinica)(九四)，這是報告和書翰的文集，出自耶蘇會士的手筆，其目的在喚起新教人士，創立自己的宣教會。　萊勃尼茲本人給這書寫了一篇序言。　在根本上講，宣教會的觀念，不過是個託辭藉口。　柏應理在前已經說過，並不是想在歐洲人面前，講解中國人的聰明智慧，只是爲的表明一下，如能認識中國的哲學，

(九〇)　萊勃尼茲(Gottfried Wilhelm Leibniz)，德人，爲哲學家，數學家，物理學家，工程學家，法律學家，政治著作家，歷史及語言研究家。　一六四六年，生於來比錫，一七一六年，歿於漢諾威。　在來比錫耶拿大學習哲學及法律，一六六七年，在阿爾陶夫 (Altorf) 大學獲博士學位。　其造詣之深，著作之豐，成莫與京。　氏獨具隻眼；尤景仰中國，注意其文化。　參閱本誌二卷二期二三六及三〇六頁，二卷三期五六一頁，三卷一期五五至六〇頁，及註二九參考文獻。

(九一)　吳爾夫・基當 (Christian Wolff)，德哲學家，一六七九年生，一七五四年歿。　在耶拿習神學，喜哲學及算學。　一七〇七年，任哈勒大學數學教授。　著作多屬哲學方面。　參閱本誌二卷二期三〇七頁。

(九二)　福爾泰 (François-Marie Aronet,，二十四歲時，取名 Voltaire)，法名著作家。　一六九四年，生於巴黎，一七七八年歿。　從耶蘇會教士讀書。　一七一七年，因作諷刺文，下巴斯的 (Bastille) 獄，於獄中作悲劇昂利阿德 (Henriade)，並完成其第一部悲劇哀的普 (Oedipe 一七一八年)。著作多悲劇，歷史，詩歌，小說，富哲學思想，並批評當時社會，尤針對教會之黑暗。

(九三)　參閱本誌二卷一期三至二四頁萊勃尼茲與中國一文。

(九四)　見本誌二卷一期一四頁。

可爲將來傳教師手中的一個利器。但萊勃尼茲在序中所說的，便全然不同：「我覺得歐洲的現狀，有如是之眞確，道德日趨沒落，至爲可怖，我以爲中國人給我們派遣傳教師，教我們“自然神學”的目的及其應用，我們也同樣的給他們派去宣教師，把“啓示神學”教給他們，乃是勢所必至的一件事情。」萊勃尼茲在一七〇〇年（康熙三十九年）創辦普魯士科學研究院的時候，曾有與中國交換宣教師——那是最廣義的——的願望，期待其實現，那就是同中國交換科學，哲學，及實用之知識經驗，同樣他還希望，在北京也能創辦一個相似的研究學會，那就是說，在北京柏林之間，設立這類研究學會的一個完整的連鎖。中國可自歐洲學習“理論科學”，——萊勃尼茲期待甚殷者，是藉着中國的“古代研究”，應用他的“二進算法”(binarische Arithmetik)(九五)——同“啓示宗教”，歐洲自中國所要學習者，爲“實用哲學”，包括政治學，社會學，同倫理學；由兩大民族精神上的補充，自然產生得了和平的“世界國”(Weltreich)，那就是‘大同’了。中國自古以來，便證明“自然神教”能够保障道德同人類眞正的幸福，這是啓明運動最歡迎的地方；萊勃尼茲在一七一六年（康熙五十五年），去世不多時以前，還在一篇論文中，提到這一點。

萊勃尼茲對於中國的熱心，影響了“虔誠派”(Pietist)的富郎克(A. H. Francke)(九六)，這是新教中國宣教會的創辦人；又影響了“東方學家”(Orientalist)如拉克羅則(M. V. La Croze)(九七)及拜亞(G. S. Bayer)(九八)這兩個人，極力在德國推行科學的漢學；但其中最受萊勃尼茲的影響的，是哲學家吳附夫·基

（九五）二進算法：爲萊勃尼茲所創，中國古時亦有之。數字僅爲〇及1，如13以1101代表之。參閱本誌二卷一期一一至一二頁。

（九六）富郎克(August Hermann Francke)，德人，爲哈勒“虔誠主義”(Pietismus)，及哈勒富郎克基金會之創辦者。一六六三年，生於呂貝克，一七二七年，歿於哈勒。

（九七）拉克羅則(Mathurin Veyssière de Lacroze)，法學者。一六六一年，生於南德(Nantes)，一七三九年，歿於柏林。著有印度基督教史(L'Histoire du christianisme aux Indes, La Haye 1724)。

（九八）拜亞(Gottlieb Siegfried Bayer)，德人，爲十八世紀時歐洲著名之“東方學家”。一六九四年生，一七三八年歿。

當，曾將萊氏的'中國'見解及其哲學觀，全部完成一個有系統的理論。對我們特別有關係的吳爾夫著作，厥爲中國實際哲學論 (de Sinarum Philosophia Practica)的講演稿，那是一七二一年（康熙六十年）在哈勒 (Halle) 大學，交卸校長最後一年之職的時候講演的，一七二六年（雍正四年）刊行問世，並加註釋，這註解的篇幅，竟超過本文，但也證明他對當時漢學的知識，多麼淵深了。不過，他却因爲這篇講演，犧牲了哈勒大學的講座，連在那裏停留居住，都成爲問題：因爲根據他所研究的結果，中國人尊崇孔子爲先知大師，有若'猶太人之摩西，土耳其人的摩罕默德，或吾人之基督救世主'，大家便控告他是"無神論者"，他只好從哈勒逃跑了。但我們今日却奇怪這一點，吳爾夫深信"有神論"，對於中國的見解，也帶着濃厚的"有神論"色彩，據云，孔子並非中國哲學的"創始者"，倒是它的"恢復者"，'按天意所定，拯救中國於毀滅之中'。吳爾夫的主旨，在於模倣中國人，從天性的倫理政治之力的觀點，證明自己的學說。一切人的幸福，自天子以至於庶人，均繫於各個人的道德；在上的以身做則，小孩自幼便受大人的教訓，發展爲全德的人，但只有極少數的人，能夠達到治國平天下的地步。大學講的多麼賢明：「古之欲明明德於天下者，先治其國；欲治其國者，先齊其家；欲齊其家者，先脩其身。」吳爾夫較其前驅及模範，更進一步，其前驅模範有：柏應理著作中中國經書的譯文，衛方濟神父 (P. Noel)（九九）的新譯本，衛氏除了三部已知的經書之外，還譯了孟子，孝經，同三字經，一七一一年（康熙五十年），在普拉哥 (Prag) 出版，書名支那帝國六部經書 (Sinensis imperii libri classici sex)。衛方濟在序言中云，這六部經書中，'並未隱藏高深的道理，不過是些通常的"道德學" (Tugendlehre) "倫理學" (Sittenlehre) 等等罷了'；衛方濟同吳爾夫不斷來往，但吳氏却發現了其中

（九九）衛方濟 (P. François Noel)，一六五一年生，一六八七年（康熙二十六年）至華，一七二九年歿。比利時人，耶穌會教士。曾於比國教授文學修辭學，成績昭著。至華後，在江西佈道。著書二十三種。

更深奧的道理，那就是各門學問同天性的一致性。實際上，吳爾夫更深刻的鑽研中國的哲學觀，他十分惋惜，未有人譯出禮記(Buch der Riten)，世人所知者，不過是些零散的片斷　他却堅信：「其中必有超乎人們所能尋找的道理。」

這篇吳爾夫的講演，十分受人敬仰，一七四〇年（乾隆五年），以德文出版；一七四一年，佛梅(J. H. S. Formey)(一〇〇)又用法文編輯出來，名爲美麗的吳爾菲嫣(Belle Wolfienne)；一七四二年，又重譯爲德文，書名亦相同（Lieschöne Wolfianerin)。一七二四年（雍正二年），吳爾夫尚未刊行講演稿的時候，他的學生畢風爾(Bülffinger)(一〇一)在屠冰根(Tübingen)出版了一部新的中國哲學思想文集同描述，名爲中國古代道德政治論示例(Specimen Doctrinae Veterum SinarumMoralis et Politeae)，將是書奉獻於國君，希望他能用其權力，像中國似的，把政治與哲學，政治與與道德，溶爲一爐。據衛方濟同吳爾夫說，畢風爾也想以中國的學校制度爲模範，其理想以道德爲教育之目標。

雖然吳爾夫那樣的思想家，指給當時德國思想界一個重要的方向，但他同時的人，對中國的批評便迴乎不同，在德國如此，在法國更是那樣。（待續）

(一〇〇)　佛梅(Johann Heinrich Samuel Formey)德哲學神學著作家，一七一一年，生於柏林，一七九七年歿。

(一〇一)　畢風爾(Georg Bernhard Bülffinger 或 Bilfinger)，德哲學家，一六九四年生，一七三八年歿。

德國的人口政策(一)

German Population Policy

傅雷克斯(Rudolf Frercks)著

曹京實譯

在世界大戰之後，十五年之中，德國的人口生育率一直地在降低。由於生育率降低所減少的人口，其數目之大直超過在大戰中所死亡的人數許多倍。人口減少現象中，最嚴重的一點是人口中最健康的份子都普遍的不肯多生小孩，這已成爲一種流行的情態。在我們所認爲最受過優美教養的人們間，都不願早婚，或者根本就不結婚。甚且如果每對結婚的夫婦，生育了正常數目的小孩，竟顯着那是一種最惹人注意的事件了。凡是那些由遺傳而來的秉賦具有最高的資質的家庭，及那些世世代代曾經對於國家的福利與進步有不可估計之貢獻的家庭，在戰後這一期間，其子孫之蕃衍率如與其他部分人民相比較，竟低得太遠了。假如這種情態，此後依然繼續下去，則必產生一種不可避免的結果，就是在幾十年之內，一般的優越有能力的水準將要降低了。並且另外還有一個因素，也足以使各方面的能力水準趨於低下，即自一九一八年以來，有遺傳病的家庭及那些有一大羣不能適應社會生活的份子的家庭，其生產率並未隨着一般的下降曲線一同低降。這些家庭所生的小孩數目比強健無病的人們所生的較多。

生育率的低降，一部分是由於家庭的精神之一般的低落所致。家庭精神之低落是與個人主義的與利己的見解之發展一同來的。更甚的是，沒有採取像減稅那一類的辦法，以鼓勵那些遲疑不前的青年夫婦去担負個人家庭責任。在戰

(一) 譯自柏林海陸出版社(Terramare Office)所出版之單行本，一九二八。

後這一期間的道德觀念之崩潰及馬克斯主義者所傳佈的教義：個人有權去隨自己的意欲處置自己的身體，這兩個條件都供給一種最後的推動力，使生育率急速地趨於低落。　還有在實際上泛濫於各地的自願墮胎，並且因此乃在婦人與少女之間增添了疾病，有時這種疾病拖延到很長時期。

歷史上的事實是，祇有不使本族的血統枯竭，並且還催動這血流代代川流不息，國家方能經久不亡。　祇有由於對種族與國家之義務精神所鼓舞起來的有秩序的家庭生活，方能作到這種地步。　並且這種家族意識必須加以培養與鼓勵。就這樣地，東方的民族們曾經保持他們國族的存在，不僅僅是存在了多少世紀，而是存在了多少千年，並且他們的生命力直到今日仍是充滿精力的。　而在歐洲的那些老國家，却被白人病（White Man's Disease 卽指不願生育小孩之風氣——譯者）所襲擊了；那卽是說一天比一天的不生小孩。　生育率的低減就是不生小孩的一個徵候。　這種疾病，除非及時加以處理，將要證明牠對於國族的生存是有致命的重要關係的。

於一九三三年在德國生了九五七・〇〇〇個小孩，而於一九〇一年存在的生育數目竟達到二・三二〇・〇〇〇個。　在一九〇〇年其生育率佔全人口的千分之三十七，而在一九三三年則僅僅佔全人口的千分之十四點七。　所以，在我們親眼所見到的這一個相對地短的期間中，每年生育的數目，曾經減少了比一倍還多。　這個現象的實際意義是；現在的中年人，這一代人都是在本世紀轉換之前後（卽一九〇〇之前後——譯者）所生的，又將要少生孩子了，其少生的數目將要比正常的生育數目減少一倍還多。　但是為什麼這種人口的減少對於全體人口並未生出可以目覩的影響呢？這個理由是由於以下事實所致，卽在最近這幾十年，健康的環境有極大的改進，預防傳染的辦法在各方面都經採用，並且因為採用系統的訓練，身體的質地也業經增進了；因此平均的壽數由三十六歲增加到六十歲。　所以，生育率之低落對於全體人口所生的影響祇有以後才能看出來。那卽是說：在本世紀之前或剛剛轉入本世紀之前後，在這個生產很多的小孩的繁盛時期所產生的小孩，到現在正達中年。 而這些中年人因以上所說的原因平均壽數已經增加。 等到這一代人死了，則此後方能看出人口減少來。 於是，現在的生育率之低減，特別是牠如果繼續不停止時，則將要由於在全人口的整個數目中有了突然的縮減而顯示於人們之眼前。

於一九〇〇——一九一一年每一千個婦人在她們能生育小孩的期間有二百八十六個合法的生育。 在柏林其數目爲一百七十個。 而在一九三二年間每一千個婦人在她們生產小孩的期間，却僅僅有一百零一個合法的生育。 在柏林這種數目僅是四十五個。 這個生育的減縮曾顯示出來，在人民各階層中多多少少都相等，特別是在城市之中。 在柏林結婚的數目比生孩子的數目大，因此，在該地流行的一孩制將要每況愈下有使一個家庭得不到一個小孩而祇是得到一個小孩的分數的危險。 德國統計部的指導官堡德菲(Dr. Burgdörfer)(二)博士曾經計算出來：除非將現在的生育率設法增加而外，在本世紀之末德國的人口將要減到現在人數的三分之二左右。 按着堡德菲博士的計算，假如德國想要保持牠的人口數目，必須全人口中每一年每千個人生育二十二個小孩。 要想保持現在的人口數目，即是以六千七百萬人口爲準，我們每年必須生育大約一百五十萬個小孩。 但是統計表示出來，在一九三三年所生育的數目比一百萬人還少，比所希望的人數少五十萬。

每個國家在牠的歷史的路程上都曾經過戰事和經濟的災難， 然而牠仍然存在；但是生育如果低降，則對國家的存在便受了根本的打擊。 因子孫之縮減才有所感觸而在墻上寫了一句問我們的話：將來怎麼樣呢？這句問話包含一個政治的問題：假如我們的鄰邦不受生育低減這種病症的侵擾並且人口繼續增加，則將來要發生什麼現象呢？譬如，雖然義大利大約僅有四千萬人民，但是牠每年的生育數目却超過德國。 並且在波蘭，牠的人口僅僅有三千二百萬，可是牠每年的生育數目竟與德國的生育數目相等。 在斯拉夫族(Slaven)的國中，並且特別地是在烏克蘭(Ukraine)其生產率比這個還高。

(二) 堡德菲關於世界人口之論著見本學誌三卷二期三〇七頁。

在自然界之中，權利同時就是一種義務，並且這種權利也不是由人來決定的。去延續一個人的自己的種類乃是權利同時也是義務。所以德國特別是在牠的新的覺悟之下，如果對於她自己的生存之延續而起始表示焦急，並且對於這個問題加以特別的重視，那乃是一件很自然的事情。有一次希特勒(Hitler)宣稱道：「我不是用我們所築的路去衡量我們的工作之成功。我不是用我們的新工廠，我們所建造的新橋樑，也不是用我們所裝備的新的軍隊去衡量牠；反之，去評判我們的工作的成功所採取的最高的一點乃是德國的孩童，德國的青年。假如他們都在增長並且發達，那麼我就知道德國人民將來不能夠衰落，並且我們的工作將來不能夠徒勞無功。」

從一九二九到一九三二年，失業的人數增加到六百萬以上，當然結婚的數目也要一直地減少。由於當時的經濟之不穩定，並且在最近的將來又不能夠有復興的希望，所以許多男女青年都管制自己不去担負結婚生活的責任。由貧窮曲線之增長，及結婚數目與生育數目曲線之低落，乃給人們一種可怖的印象，對於現在失了信心，對於將來失了希望。這種現象在人民之大羣中到處都流行着。應當找出各種手段和方法去使青年男女能夠結婚，使他們不至於在經濟上担負他們的責任，這是去阻止生育率低落所應採取的第一步，祇有以家庭爲出發點，才能使復興的工作起始。首先要去促進家庭的興趣並且保障家庭的興趣。

國家社會主義政府得到政權之後，立即制定法律以處置這個情勢。第一個制定的條例是：「鼓勵結婚法」，這個法律是載於：「減少失業法」之第五節中，這個法律是一九三三年六月頒佈的。這個法律立下了特別的條件，去鼓勵那些因經濟的原因而致延遲結婚的青年人們。由於向市政機關的請求，青年夫婦如果想結婚可以得到一筆借款，其最大數目可達一千馬克。對於這筆借款是不付利息的。人們都稱這筆供給費爲結婚借款。這種借款同時也是減少失業的一個實際的辦法；因爲婦女或少女們因結婚而騰出的空位置，現在就可由失業的人們去遞補了。但是對於這種借款的請求者必須要滿足某些醫學上的條件，男女請求者都必須在心智與身體上沒有遺傳的缺欠，傳染病，或他種疾病其足以對全社會發生重要的影響，並且以全社會的福利為觀點而應阻止其結婚者。這樣來，乃可以希望結婚的夫婦在遺傳方面能夠生出健康的小孩。

這筆借款並不是給現款，而是發給一種換物券。這些換物券具有各式各樣的貨物與分量。可以把牠們拿到商舖中兌換某種家庭用品，如家具，襯衫，和家庭器皿。如此，便可避免借款之誤用了。並且這筆錢到後來仍然流回到製造家具及家庭必需品的工業去。凡得到這筆借款的夫婦應當每月償還百分之一。但是每生一個小孩則取消原借的款項之四分之一。

上溯到一九三七年末，曾經發出結婚借款八十萬份，平均每份借款是六百馬克。這些結婚借款的總數達到四萬萬九千萬馬克。祇要有人需要這種鼓勵去担負結婚生活的責任，那麼在將來還是永遠要供給結婚借款的。這種借款在目前的估計是每個月的平均數都保持有一萬五千馬克。直到一九三七年末由於這種借款而結婚的夫婦所生的小孩有六十萬人之多。財政部的國務大臣賴因哈特(Herr Reinhard)曾經計算出來，由「人口政策法案」所產生的結果如下：

一、有八十萬婦女退出勞工市場。

二、因受結婚借款的影響日趨繁榮的工業——如製造家具之工業，製造家庭用具工業及其他一切供應家庭必需品之工業——又將有新的位置可僱用另外十五萬人去工作。

三、失業救濟金每年所需用的款項，平均將要縮減到三萬萬馬克左右。

四、每年的貿易賣出額，入款及消費率，也將要增加。

五、家具及家庭的用品的需要將要有繼續的增加。家庭用品必需常常的因毀壞而更換，所以其需要量也一直地在增加。

從結婚借款所得的償還費，都是以實際的方式把這筆錢花費在謀求家庭的福利方面。自從一九三五年十月以來，對於較貧窮階級中的大家庭，曾給予有不可思議的貢獻。　凡是得到資助的家庭最低限度必須有四個在十六歲以下的小孩。　直到一九三六年末，在這種方式之下，所幫助的貧窮家庭，其數目達到三十五萬家之多。　對於每個家庭所幫助的數目平均是三百五十馬克。　這個就是表示所幫助之錢款之總數是一萬萬二千五百萬馬克。

自從一九三六年八月以來，這些個辦法又擴充了。　因此乃可以給小孩的津貼費立出定額。　其資助率是十馬克。　由第五個小孩起凡在十六歲以下者每一個小孩每月給十馬克。　在目前，祇限於那些每月入款不超過一百八十五個馬克的家庭才能領到這種津貼費。　但是還想要把這種津貼的範圍擴大。　在目前的情形是：一個工人每星期他如掙得四十五個馬克的工資並且他有八個孩子，那麼他每個月從國家得到四十個馬克的津貼費。　這筆費是由郵局自動送來的。　這種津貼費完全免稅。　直到目前，共有二十五萬個家庭已竟得到這種規定的小孩津貼費了。　當於批判這些個辦法之時，我們必需記着，在德國對於普通的消耗品及對於商業交易額所課的稅是很廣大的。　現在，大的家庭必須一定地比小家庭對於這些種稅所納的錢款較多。　所以，從人口政策的觀點來看，這些個孩童津貼費是表示出來一種正當的賠償。　這是那樣計算的，即這種對於第五個小孩所發的規定的孩童津貼費，是償還這些個家庭對於交易額所納的稅的過量費，所謂交易稅者就是指對於消耗品所課的稅及入口稅而言。　對於第六個第七個小孩所發的津貼費是表示償還對於社會的捐助，譬如所付的保險費等等，和所付的房租之一部分。

現在的課稅法，關於一切的入款與賦稅之規定，均以保障家庭的存在爲第一目的，並且也是最要緊的目的；而在以先的財政政策之下，則大家庭所負的經濟負担，比較小的家庭所担負的重多了。　一個大家庭中的父親，有極大的義務以去應付那些不可或缺的需要品；於是在那些社會階級中，其入款不多或者僅有很少的一點入款的，乃能發生一種危險，即這些有健康及有價值的血統的家庭們，因爲牠要供給許多小孩，乃將要在社會等級中低降其地位了。　社會必須預備一千多種日常必需品，但是沒有小孩的家庭是不需要牠的。已經結婚的人的住所是要比單身漢所要的較爲寬大，並且他必須從結婚時起就爲他的家庭供給比以先多的食物與衣服。在生存的奮鬥上，有許多方面他不能夠與別人並駕齊驅，並且因爲這個原因，在試着去獲取生活上的必需品和各種安適快樂方面，他也沒有與別人一樣的競爭能力。國家社會主義的國家眞正的見到：一定要設法使一個家庭之貧窮，不是由於小孩子太多所致。因爲，這些有多數小孩子的家庭，惟有牠們才能夠保障人民與國家的將來，不僅是不遠的將來而是遙遠的將來。

本着這個觀點，乃採取了特別的辦法。現在我將要將其中最重要的一個敘說如下。在新的所得稅法之下，凡是爲了教育目的或爲最後的訓練而從某公共基金得到金錢的幫助或者別的幫助，都免徵所得稅，結婚津貼費及生育獎勵金也均免徵所得稅。按照對薪水所徵的稅之一覽表，對未結婚的人們，已結婚的人及家庭中的父親們有以下的區別：——

未結婚的工人…………課工資百分之十六的稅

結婚的人而未生小孩………課工資百分之十稅

結婚的人生一個小孩………課工資百分之八稅

結婚的人生兩個小孩………課工資百分之六稅

結婚的人生三個小孩………課工資百分之三稅

結婚的人生三個以上小孩……課工資百分之一稅

更有甚者，凡是遺產稅，財產稅，市政稅，對於結婚的人在免稅方面都有優待。在新的法令之下，又規定減學費的辦法。凡是一家之中有數個孩童上學，即使有一個或者一個以上件到免費學校去上學，則其餘小孩仍可受減費優待。即使小孩尚未上學校讀書也計算在內以使上學的小孩得到減費待遇。凡是孩童正受着商業的訓練或是其他種職業的訓練，但是尚不能自己掙錢以維持生計時，也計算在內。

減稅不過是不久就要實行的普遍的調節制度的一個開端。這種制度的最終目的，是要取消那些已經結婚的夫婦因爲未生小孩，或者祗生一個小孩或兩個，所佔的經濟上的特殊的便宜。在每個大家庭之中，關於財政問題，都比那些沒有小孩或者祗有一個或兩個小孩的家庭容易成爲焦灼考慮的問題。在大家庭之中，對於每一筆花費都必須仔細地考量一番，並且在這個家庭之中要取消許多娛樂，因爲牠有一大羣小孩，必需供給他們衣食等等的絕對不可少的必需品。然而正正是這些個家庭，才對於國家的生存，國家的命運及國家的前途有決定性的重要。所以這些調節的辦法之目標，都是要使那兩種家庭的財政負担得到一個較比公正的平衡，這兩種家庭是：一種有許多小孩子而另一種則沒有小孩，或僅僅有一二個。但是同時也應加一種小心，就是，目的在鼓勵生育小孩愈多愈好的這些獎勵費，是不能夠給與那些對於社會有很少價値的，並且已經證明出牠們在實際生活的各方面都不能謀生的家庭的。關於經濟的負担之調濟，曾有很大的改革，這種大的改革都是按照着實地經驗的結果而造成的。現在成立許多調濟機關去專研究各種職業的經濟負担，並將牠們分門別類。且舉例來看，德國醫藥業指導官瓦格納(Dr. Wagner)博士曾經專爲全體登記許可的醫生們設立一個調濟機關。據一般的情形來說，德國的醫藥師們都是僅有一個很小的家庭。其平均人數是太低了，距離足夠維持人口的必需的比例數是差得太遠了。這些登記的醫生，大約祗有百分之二十之家庭有三個或三個以上的孩童。在作這個計算時，未結婚的及新結婚的夫婦都計算在內；所以，如果我們僅僅計算那些已經結婚的醫生們，則這個統計所得的結果，將要比這個百分數還要超出很多。

爲了使以醫藥爲業的家庭之負担調濟辦法得以實行，曾經規定將註册費減少百分之二十，並將這個減少的數目付與調濟機關。由這個來源能夠對六千一百位醫生給他們一筆每月特別津貼費。凡生了第三個小孩則由第三個起，以後每月津貼五十馬克，直等到該小孩長到二十一歲爲止。但是，假如這樣受津貼的小孩如要再多受一期教育，則這筆津貼費可以繼續到二十四歲。並且假如這位醫生在這個應受津貼的期間死了，則這些津貼費仍繼續發給他的寡婦。在最近這三年，在這種調濟計劃之下，共付的津貼費已經到了一千五百萬馬克。

尚有一些其他工業，也採取與此相似的計劃。在雪茄煙製造業中曾經實行了部分的家庭負担之調濟。在已經結婚有家室的人們之相對的增加之工資率之外，尚有其他附加工資，其數如下：

一、一對結婚的夫婦，如有一個或兩個年齡均在十五歲以下的小孩，每星期多得兩個半馬克。

二、已結婚的夫婦，最少已有四個小孩均在十五歲以下，可多得三個半馬克。

三、如有五個或六個小孩，均在十五歲以下，可多得四個半馬克。

四、如有七個或七個以上的小孩，均在十五歲以下，可多得五個半馬克。

在受有最高教育的階級之中，及那些對於社會最有貢獻的人們，都流行着獨身的生活和晚婚的情形。特別是晚婚最爲普遍。這種情形非常地不好，與淘汰的原則正正相反。牠所表現的是：在最有價値的人民之中及有最高的天賦的人民之間其生育率一直地在低降。在人民中的上層階級，其生育率降低的主要原因我們必須認爲是：對於教育之過度的重視，拼命競爭去提高自已地位及入款的那種精神，和變態的對於社會的進步之渴望。

但是在這方面正在慢慢地起了改變。當於計劃工資與薪金的等級的時候，早就把家庭之存在計算在內了。但是最低限度，去採取使早婚能夠實現並對早婚加以鼓勵的改良辦法是十分急需的，特別是那些高高在上，佔據在人民所仰望的地位的人們更特別需要，並且他們也應當爲全國民衆立一模範。譬如，在文官制度之中現在有一個規定，凡通過最後考試並且又得了一定的官職的人們，只要他們一旦結婚則在他們同官職之地位中可得到最高的薪金。這樣以來，則他們便用不着去等待那每年的加薪了。

還有其他鼓勵結婚及養育孩童所採取的特別的辦法，在這些辦法之中有一種在此應當提及的是保姆計劃。按照這個計劃，凡一個家庭已經有了二個小孩，如果再生小孩由第三個小孩起則由城鎮担負保育的費用。譬如柏林便是對於第三第四個孩童担負一種名譽保育責任。對於每個小孩的第一年每個月給三十馬克，一年之後每月給二十馬克，直等到這個小孩過滿了他或她的第十四週間生日方才停止。

所有這些個經濟的辦法，都是由私人去辦理，這是在政府實行的辦法外的附加辦法。由這些辦法，可以證明新德國爲抵抗生育率之低落所取的決然的精神。無論如何，加入這一場戰鬥必能得到成功，因爲在廣大的羣衆之中，對於生活的新信心已經喚醒，並且將戰後曾佔勢力的特點如精神之沮喪，及對於生活鬥爭之應付之恐懼，也被這個對於生活的新信心所代替了。

使居住得到充分的便利，並且特別的是向田地殖民的計劃，也是對於人口政策具有決定的重要性一些辦法。因爲一個人，他如果與他的故土有直接的並且永久的關係，譬如一個殖民者或一個農人，則他對於由他血汗所經營的土地，一定願意永久保持。在歷代以來，並且在每個國家，凡是有田地及耕耘土地的人民都是人民之中最有生產力而健康的分子，並且也眞是一個永遠取之不竭用之不盡的一個源泉。由牠，國家可以使牠的剛毅的資質得以更新。

在一九三三年很顯然的是：結婚的數目有普遍的增加。在一九三二年結婚的數目爲五一七・〇〇〇，但是在一九三三年結婚的數目竟增加到六三九・〇〇〇。在一九三四年達到了最高峯，在這一年結婚的數目達到了七三九・〇〇〇。幾乎比一九三二年多了三分一。自然是有一些婚姻，在最大的經濟不景氣時代曾經向後延遲了，那個時代大約是從一九二九年底到一九三三年首。環境好轉了乃使結婚變成爲可能的事。這種促進結婚數目增加的特殊原動力，在幾年之後慢慢地就要停止牠的作用。所以在一九三五年結婚的數目比上一年稍微的減少那並用不着去驚訝。這種低減在將來的幾年之內還要繼續。因爲在戰事時期及戰後（指一九一四——一八之歐戰——譯者）這一期間生育率很低，所以到現在所長成達到結婚年齡的青年數目也少。從一九一四年以來之二十年間，生育率之低降，祇有在現在的所謂的結婚市場上才起始使牠感覺出來。

自從生育率起始降低以來，直到一九三四年才將向下低減的趨勢起始好轉，並且生育率也提高了。這種人口增加的趨勢，在以後幾年間都很有規則地在繼續着。現在每年的生育數目，平均是一百三十萬人。這個數目比一九三三年增加了三分之一。別的國家對於我們人口的增加，並不是永遠地用歡迎的眼光去看牠；並且人民也曾表示對牠有所疑懼，認爲這樣的發展，終久一定地要惹起戰爭。但是他們忘了問一問每年德國必須生育多少小孩，方能保持現在的六千七百萬人口的水準。堡德菲博士（Dr. Bu gdörfer）曾經計算出來，爲了保持這個水準數目每年必須生育一百四十萬。如此看來，我們現在尙決然未達到能夠保持這個水準的數目。一個國家就如同個人一樣，必須努力設法去維持牠的生存，這乃是自然的。這是最原始的，同時也是地球上最自然的權利。

在一九三五年五月二十一日，在希特勒（Adolf Hitler）的演說中，對於人口政策有一淸楚的陳述。這個人口政策，乃是他的和平政策的起碼條件。他說：「每場戰爭的主要影響乃是去摧毀國家之精華。但是因爲在歐洲再沒有尙未被佔領的土地，所以每場勝利——對於歐洲的基本困苦，並未做出任何不同之點——其最上的結果是：能夠將一個國家的居民的數量增多起來（指戰勝國將戰敗國之人民據爲己有而言——譯者）。但是假如國家們，認爲這樣的勝利是有價值的，那麼牠們可用較比簡單而更自然的方法，並且也用不着流淚就可得到牠。就是採取一種完善的社會政策，增加國家生育小孩的願望，則在幾年之內，牠自已的人民所生育的小孩就能比用戰爭去征服的外國人要多多了。不。國家社會主義的德國却願望和平，因爲牠所建從其人生哲學的基本原則要牠如此。」

德國正在使牠的青年人對生活有一種正確而健全的觀念；並且牠正努力去將生活的環境從新改造；其改造的方式是：使男女間的地位，將來能夠適當地平衡起來。這個並不是說，將婦女所從事的各種職業與商業整個地解職。有一千萬多婦人服務各種職業，幫助她們的丈夫去爲生活而奮鬥，支持家庭或是維持她們自己的生活。不過現在的政策之意義是：國家要給家庭和母親以特殊的保護。婦女，她們應當去分任自然的延續人類的任務，所以必須保護她，使她能够正當地完成她們的天職。因此家庭乃又被認爲並且承認：牠是國族社會的細胞了。

如從健康的觀點來看，於懷胎尚未生產那階段對於生命之保護，不能不認爲是顯然的必需。就是在蘇俄，雖然懷孕的母親，可以自由去選擇是願意生小孩或是不願，但是墮胎是早就受法律的禁止；因爲醫生的經驗指示出來，有很多的婦人，並且其數目一天天的增加，她們的健康是因爲墮胎而永久地被損壞了。

德國是很幸運的，她的立法者能够實行一種成功的生育政策。別的國家現在正起始去嚴重的注意人口問題。差不多所有的歐洲國家，特別是法國，英國，比利時和斯坎的那維亞各國，其政府及由專門職業的人們與政治領袖們所組成的公共團體，都指示人民要注到由生育率低落所合的對於國家之危險。並且他們之中有許多人，早就採取各種方法去應付這種情況了。

我剛才所描述的法律及社會的辦法，都在心目中有一個目標，卽是純粹以數量的辦法去維持國家的生存。但是在所有這個之外，德國的作法，早已從現代遺傳生物學所得到的新的成績去作了。個人所遺傳來的體質上的主要特點，在這個人的一生裏永遠不能改變。一個人他如生來是一個黑種人，那麼將永遠是一個黑種人。用食物，氣候，及水土的改換等等所做的試驗，都不能將身體的形狀，顏色，性情或智力有根本的改變。他是無可避免的要受遺傳的鎖鍊所縛束。遺傳的腦病與缺陷也是如此。優生學告訴我們，卽使是極端加小心，和極端設計的環境的改變，也不能把那樣的人的天性改變過來。在同樣的方式之下，一個天生來的愚笨之人，無論他是在多麼優美的環境教養起來的，及無論怎麼樣地去教育他，他也不能變成爲一位學者。無論學校教育是怎樣地專一，也不能夠將那些天生來未具有音樂與美術才能的人們，做成音樂家美術家。同樣的，那些遺傳來腦力有欠缺的人，雖然受到最好的訓練與教育，也將永遠地在平均智力水準之下。

所以那些肩負指導國家命運的使命與責任的人，必須自然地去關心到將來的後代，將要成形爲什麼樣子的性質的問題，並且他們必須去鼓勵每一種促進種族一般的身體的與心智的標準之實際的方法。因爲那個緣故，他們將要不只是把注意點着重在：去保養那些不適宜生活的人所作的慈善辦法，反之而是去阻止那些有遺傳病的人有遺傳缺點的人生育子嗣，並且同時還採用積極的辦法，去鼓勵那些具有最好的遺傳血統的人們，將其品質傳給後代。這個政策如進行成功，則瘋人院，心智衰弱者的調養院，患不能治療病的醫院，及其他像這類的社會機關，都將要在數目與範圍方面縮減，並且將要漸漸地把牠們加以改變去作別的目的之用。牠們將要屬於公共衞生的一個新的支派，這個支派之目的，是在增進全國人民的遺傳資質。

現在僅僅舉出幾個顯著的事實，就可以說明對於應付遺傳的健康問題所採的辦法，在德國是多麼必需。在一九三二年每十對婚姻，其父母本身都健康又是從健康遺傳的血統而來的，僅生十七個小孩。可是在同一年，那些有遺傳病的家庭，每十家竟生育三十五個小孩。這個事實的意義是：那些患心智及身體的遺傳病的家庭，及患身體變態遺傳的家庭，他們又生育一些與他們患同樣毛病的人，並且其生育率竟兩倍於那些健康家庭。我們得到一種顯明的事實，與以上所說的現象恰恰符合，就是在一段很短的期間，瘋人院與精神經病療養所的病人，由十七萬人增加到三十萬人。對於這些病人的居住飲食及奉侍都是極爲週到仔細，國家担負極重的花費，但是同時有幾百萬正常的健康人民，甚至積蓄一點僅僅維持生活的錢都非常困難。因爲維持三十萬無用的，有害的，無希望的居住在瘋人院與精神病療養所中病人，每年的花費竟達十五萬萬馬克之多；那就是說等於七千五百萬金磅，或三萬萬七千五百萬金元。

由於錯誤的人道理想，乃對於那些不適於參加人生鬥爭的人們，和不能適應社會的份子，和有遺傳病的人們及半正常的人們，不僅僅保養他們，衛護他們，並且同時，竟沒有恰當的辦法去使這些不適於生存的人民，減低那可驚的高度的生育率。 在父母之中，有一人或兩人犯過罪的罪犯家庭之中，其所生產的小孩之平均數是四・九。 在那些累犯罪的，就是屢次犯同樣罪的，罪犯之家庭中其所生產的小孩之平均數每個家庭是四・四。 有些腦力遲鈍的小學生(Hilfsschüler)，必須送到課程減輕的學校去受教育，生育這類小孩子的家庭，每家平均的生育數是三・五個小孩。 但是在那些正常的家庭中所生的小孩僅是二・二。在上等級階中，每個家庭所生的小孩僅僅是一・九。 在一九三一年，在課程減輕的學校之中，所受教育的腦力遲鈍的兒童有七萬個。 國家所花的費用，對於每個小孩每年是一馬克七十八分尼。 這個比對於小學中的正常小孩所花的平均費用多出三倍。 這些遺傳病人，所需要的公共錢財數目固然很多，但是尚不足以用牠作為根據去採取一種法律手續去應付這種現象，所以還要看看那物質方面的重要原素。 甚至於假如我們偶然對於每個市政府，為了應付遺傳病人，所不得不負担的費用的數目瞥上一眼，對於這種情形就更清楚了。

在西德意志有一鎮，其救濟部，對於有遺傳病及變態的病人所花的費用，都有詳細的記載。 在這類家庭之中有一個家庭，自從上一世紀的八十年代以來，就把牠的不健全的遺傳記錄了下來，其中有八十人竟受到二百零一次犯罪裁判；有十九個小孩曾經被送到少年罪犯所；有十個人曾為妓女。 地方政府機關，祇為這個家庭所用的金錢，其總數竟達二十萬零五千馬克，（一萬零二百五十金磅，或五萬一千二百五十元）。 用這筆款可以建築六十八所住房。這個數目，正合一百三十三個工人一年所得的工資。

斯圖加德 (Stuttgart) 又供給我們一個實例，其詳細的情形在市政府之法廳有所記載。 一位結婚的男子，生了七個心智缺陷的嫡出孩童。 在他死後，這位寡婦生了一個私生子也是一個低能兒。 在一九二四年，所有這八個小孩，都不得不由各機關去收留他們，因為他們都成了棄兒，並且他們又完全不能照顧自己。　從一九二四年四月一日到一九三四年十二月三十一日，為了這幾個孩童所花的費用為三萬七千零八十七馬克；那即是說，一千八百五十四個金磅，或九千二百七十個金圓。　假設這些個孩童平均再活三十年，他們更要再費十萬馬克，合五千金磅，或二萬五千元。

最近基爾城（Kiel）曾經公佈一些統計，指示出來在三年之內，地方救濟處為六十五個酒徒的家庭，或父母全是酒徒或祇是一個為酒徒，所出的用費為三萬三千馬克（一千六百五十金磅，或八百二十二元）。　這個不僅僅是一個說明，指出在自由主義政權所執行的社會"照養保護"制度是一種背理有害的制度；而牠還證明出來：為了促進全國的健康，及為阻止生育具有遺傳病的後人，國家社會黨的法律辦法是多麼公正。　我們所注意的所保護的，不是那一類有病的個人之利益和他的命運，而卻是那未來的子孫的利益。　自然的，在將來與現在一樣，凡是保衛公共健康的工作，將要對全人口中的個人加以注意，但是超於個人生活之外，這些工作，都要以促進及保持全國家社會之健康為目的。

在一九三二年德國第一次公佈阻止人民中的半變態份子數目之增加辦法及阻止生育具有遺傳病子孫法案之初稿。　在一九三三年七月十四日，將這個法案載入法典之內。　這個法案規定：凡是患嚴重的精神與身體的病症和變態，並據醫學的經驗已經指明其差不多一定能夠遺傳時，則患這種病的人不准生育。　只要法廳命令某人不許生育，則這種命令必須執行。　外國人常常批評說，德國這種禁止生育的法律太過火了。　但是作這類批評時，人們應當返躬自問，譬如：如果那些人在法律上，已經被奪了他們管理財產的責任，並且他們還受別人或機關的保護，那麼應當允許他們有完全的自由，去按照自己的衝動，去決定一個對他們本身及整個社會有極端重要的問題麼？　凡是患這種病症的人，如果他自己不自動請求舉行停止生育的手續，則他的保護人或受託人，或他所居住區域中的醫官，或可以拘留該病人的機關的首席醫生，都可以代他請求去施行這種手續。

德國的禁止生育法律，其性質是禁止的，無害的，義務的。　這個法律不許正常的人不生育，除非因爲挽救病人的生命或健康，純粹根據醫學的立場而行手術，使之不能生育，如卵巢揭開手術。　在這種情形，其手術是按着普通的醫藥手續而處理。　除此之外，在德國是不許不生育的，除非在法律上，清清楚楚地載明患那種應當不生育的疾病。　以下是禁止生育法律的全文：——

第一節

（一）無論何人患有遺傳病，如果經科學的醫學經驗確定，該病人所生的孩童極端能够由遺傳得來一些嚴重的身體的或精神的缺陷時，可以用外科手術使他不能生育。

（二）根據現行法律之義意，凡患下列各病症者都認爲是遺傳病人：——

（甲）生來心理缺陷，

（乙）精神分列症，

（丙）狂燥的——抑鬱性精神病，

（丁）遺傳來的癲癇病，

（戊）遺傳來的痙攣及他種無意義運動之病，

（己）遺傳來的盲目，

（庚）遺傳來的耳聾，

（辛）遺傳來的嚴重的身體缺點。

（三）凡是患嚴重酒精中毒病的人，也要使他不能生育小孩。

第二節

（一）應當禁止生育的人他自己應當上申請書請求去行這種手術。　假如他不能管理他自己的事情，或者官方已經證明他無能力管理自己的事情，或者他尙未够十八歲，則他的合法的代表人負責去替他請求，但是去作這個，這位合法代表人必須有法廳的許可以作爲被監護人的保障。　在其他一切情形之下，凡是一個人管理自己事情之能力受到限制時，則此人的申請書均由其合法代表人去辦理。對於成年人如果他已經有了保護人，則必須得到後者的同意。

（二）這種申請書必須附帶一個醫生的說明書，該醫生必須按照適當的手續已經得到國家的承認，方爲合格。並且該聲明書，必須聲明，已向將要受不能生育手術的人充分講明這種辦法之意義與影響。

（三）這個申請書可以撤回。

第三節

由以下各人也可申請行使不能生育之手術：——

（一）各區醫官，

（二）凡應當禁止生育的人所住在的醫院，療養院，感化院或監獄之監督。

第四節

這個申請書必須用書面，或者在防止遺傳病的法廳之辦公室口授令別人筆錄。這個申請書所根據的事實，必須有醫生的文件作證明，或者採取其他可靠的方式也可以。法廳必須通知與該申請書有關係的醫生。

第五節

凡某某是否應當被施行阻止生育之手術，當由該人所居住區域中之防止遺傳病法廳決定之。

第六節

（一）防止遺傳病法廳必須附屬於地方法院。該法廳必須包括：一個裁判官爲其主席，兩個助理裁判官，其中之一必須是該區的醫官，另一位必須爲醫師，這位醫師要具有德國法律所規定的資格，並且特別對於遺傳病有關係的問題要有充分的知識。法廳中的每個份子均可以委任一個代理者。

（二）按照第二節第一段，如果裁判官對於保障遺傳病人之申請書已經同意時，則審問對於該人有關之案件時，他不能作該法廳的主席。假如某醫官曾經上此申請書，則他不能去審問這個案件。

第七節

（一）防止遺傳病法廳之進行，在任何方面均不許公開。

（二）防止遺傳病法廳，有權力去採取任何必需步驟以使達到判決。牠可以傳喚證人及鑑定人，並且可以要求被禁止生育的人出廳或受醫生的檢驗。或者該被告如果沒有可以原恕的理由而缺席時，法廳可以將他正式逮捕使其出席法廳。凡關於傳喚證人，鑑定人及宣誓或令法官迴避，或更換法官，均必須按照普通民事訴訟手續辦理。凡醫生如被傳喚去作證人或鑑定人時，他必須舉出證據，不得顧忌其業務上的守祕密之誓約。假如防止遺傳病之法廳要求法官及行政官吏供獻消息，他們必須照作。

第八節

法廳對於判決有完全自由，並且這個必須根據整個的訴訟程續及所呈到的證據。在口頭討論之後，裁判詞要由多數投票決定之。裁判詞必須繕書，並且必須由法廳中參與此事的份子簽字。凡對於該案件中之不許生育的人所下之判決，或是有利或是不利均必須陳明理由。該判決詞必須送給醫官，申請人，及將要被禁止生育的人。但是假如此人不能自己申請，則該判詞必送給該人的合法代表。

第九節

在第八節，第五句，所提及的人，當他接到法廳裁判的通知時，由接到那天起，在一個月內可以作反對該裁判的請求，這個請求或用書面或在防止遺傳病法院辦公室口述均可。這個請求，可以有使該法廳之判決暫緩執行的效力。接着就由防止遺傳病的高等法廳去聽審這個請求。如果未能在規定的時間限制之內去作這種請求，這種請求權可以按照民事法典所規定的條款而延長。

第十節甲

（一）防止遺傳病高等法廳，將來應附屬的高等地方法院，其行使職權之區域與該法院相同。牠包括的職員為：高等地方法院職員一名，醫官一名，經德國政府認可並且對於遺傳病有特殊研究的醫生一名。第六節第二段所載的每位員，可以委任一位代表人，此種辦法也應用於此處。

（二）高等防止遺傳病法廳之訴訟程序，將來應由第七節與第八節規定之。

（三）高等防止遺傳病法廳之判詞爲最後判決。

第十節乙

（一）如果法廳最後決定要某婦人不許生育，而該婦人在即將行這種手術時如正在懷孕，可以得到該孕婦之同意而使妊娠中止，但是如果所孕之小孩已經能夠生存，或者使妊娠中止將對於該孕婦的健康或生命有嚴重的危險則不在此列。

（二）如果妊娠中止的手術在懷孕第六個月底以前施行，則認爲該胎兒是不能生存。

第十一節

禁止生育要用外科手術行之，德國內政部長與司法部長將來要規定一些條件，在這些條件之下，禁止生育的其他手續可以應用。

（二）爲禁止生育所必須行的醫科手術，及使妊娠中止手術，祇可在醫院行之，並且須由德國正式認可之醫師行之。祇有當於禁止生育的命令已經作了最後決定時，該醫師方可行不能生育及使妊娠中止之手術。行這種手術的醫院及醫師由聯邦的最高長官指定之。凡上申請書的醫師，或曾經以鑑定人的身份曾參與本案件之進行的人，均不准施行該手術。

（三）行手術的外科醫生，要對醫官上一書面報告，說明行手術時所用的方法。

第十二節

（一）假如法廳對於不許生育的命令已作最後決定，雖然與該受禁止生育人之意志相反，該手術也要立即施行，但其申請書如果不是由該人自己所主動發出時，則手術可暫緩。醫官必須請求警察官吏，採取所認爲必需的任何步驟。假如其他辦法證明無效，可以使用強力。

（二）假如有某種情形，足以使該案件的事實必須重加考慮，則防止遺傳病法廳，必須將該案件的整個程序重查，並且應當時阻止行使不能生育的手術。如果申請書已被拒絕，仍可允許再審，但是祇有當於發現新的事實足以作為禁止生育辦法之辯明時方可如此。

第十三節

（一）這種司法程序之費用由國庫支付。

（二）如果被行手術的人曾保過險，則其行手術的費用由健康保險基金支付。假如該人需要幫助則由救濟會支付。其他的人，這筆費用如果與法定醫藥費及公共醫院之平常費用之最低數目相等，則由國庫支付。特別花費必須由被禁止生育的人自己支付。

第十四節

（一）如果未能按照本法律條文，而行不能生育之手術或中止妊娠及除去生殖腺，祇有在一種條件下方可允許，即當某病人必須行此手術，否則病人之生命或健康要生嚴重危險；並且施行此手術之醫師，係按照已經公認的治療規則而行，且已經得到了病人的同意。

（二）去掉一個男子的生殖腺時，於得到他的同意時方可實行，假如醫官或法廳的醫官之意見認為需要這樣作，以使該人減消非常的性慾衝動時；因為該人有非常的性慾衝動，則怕他此後違犯刑法第一七五——一七八，一八三，二二三——二二六條。這個對於以去生殖器作為懲罰或作為保護社會安全之辦法的命令並不衝突。

第十五節

（一）凡是參與這種裁判程序的人們或參與實行這種手術的人們均必須保守祕密。

（二）任何人如應保守祕密而不肯保守，並且毫無理由的將祕密洩露，可以罰他在一年期間以內的監禁，或者罰款。但是祇有他被控告時方可受此懲罰，並且法廳的主席他自己可以提起控訴。

第十六節

（一）本法律之施行由各邦政府監視之。

（二）全國每邦的最高長官有決定設立此種法廳之地點及法廳權力所及之區域權，但要按照第六節，第一段，第一句所載之條文辦理。　每邦之最高長官得任命法廳之官吏及這些官吏之代理人。

第十七節

中央政府之內務部長，得到司法部長的同意時，可以頒佈必須的法律與行政的法令以便使本法見諸實施。

第十八節

本法由一九三四年一月一日實行。

柏林七月十四日，一九三三。

從以上可以見出，該法律所規定的程序，和那不許生育的一串疾病是何等地準確，不能有一點誤解及錯施的可能。　在這一點上，德國法律比許多其他國家所曾採取的辦法較爲優越。

常常有人誤會，以爲使人不能生育便是去勢，或者認爲牠與去勢是同一義意。　其實使人不生育乃是一個小手術，並不害及正常的性慾感覺或正常的性慾功能。

防止遺傳病人生育子嗣法律所根據的原則，其目的在保護國家的健康遺傳，而在一九三三年十一月二十四日，所公佈的「抵制危險的累次犯罪法」，其性質則是以懲罰爲主。　這個法律是使那些由於異常性慾衝動而生出犯罪行爲的人，得受去掉生殖器的懲罰。　由根本去阻止這種衝動，不僅是保護大衆，以阻止該人再作與此相同的罪惡，並且還阻止他們將其犯罪的血系傳入到將來的子孫。去掉生殖腺最低限度，可以部分地使人性慾衝動力低減，並且也是對他個人的一種保護。　由於這種辦法可以使他再不作別的罪惡，以違反自然法則；並且由此，則可阻止由那種罪惡所引起的公衆憤怒與騷動。

那些反對德國的促進全國遺傳健康法律之人曾經問：「誰曾經給你權力去摧毀生命及去攪擾那生命所由生的自然的法則之運行」？ 不，我們不是在摧毀生命。 我們僅僅是阻止那些受疾病影響的人，及那些不適於去滿足每個人從事生活所必需的要求的人再傳佈他們的子孫。 在另一方面，我們如果說：去縱容並且鼓勵無用及為疾病所苦人，且甚至於讓這些人繁殖子孫，那才是違反自然的法則。 這話不是更合乎眞理嗎？ 凡是自然能夠自由而行不受攪擾的地方，凡是不用人去攪擾天然，並且有健康的選擇程序的地方，都是那些禁止每種患病人自由繁殖的地方，都是與那用而不得其所的人道慈善行為使病疾猖獗所不相同的地方。 當然，對於那些實實在在與我們生活在一起的病人及不健康的人，我們不能不對他們加以保養與慈善行為。 每個人都應當受保養。 但是，假如一個人所患的是能夠傳染到其子孫的疾病，如果他有子嗣時，那麼，這種遺傳病應使牠止於此人而已，不應再讓他遺傳給他的後代。 受這種傳染病的人也許是由遺傳而來，他自己是完全無辜的犧牲者，但是國家社會有權力去要求他，假如他的智慧能夠瞭解並且能滿足這種要求，則他將要自動地去犧牲他的生育小孩之慾望。只要他能夠判斷其行為之對或錯，他將要明白：他旣然不能教養他的小孩，則他不生小孩，是減去了多麼重的一個負擔。

在一方面，社會也可以因此而保護牠自己，不至於使社會中的份子衰劣退化，並且使那些怕生育小孩的人們的憂患之根據也解除了。 這樣看來，使人不生育之法律，如從人道的觀點來看是一個仁慈的並且慈惠的辦法。 同時在另一方面，牠與自然也相契合，因為牠在人類這方面增加了天然的淘汰力量，這種力量通行於整個的自然界。 自然願意有選擇，有淘汰，人類便應當用其人道的精神力量，使自然的選擇程序更有效力。

雖然有許多國家，早就使人不生育這件事視為立法的一個題目，但是牠們都以德國的使人不生育的法律為模範。

在一九〇七年，美國印第安納（Indiana）邦通過第一次使人不生育法律。加利佛尼亞（California）康耐梯克特（Connecticut）及華盛頓（Washington）諸邦，也都隨着通過了這種法律。美國四十九邦之中，有二十九邦曾實行了禁止生育法，但是這二十九邦並不完全一致。這些禁止生育法是根據優生原則，及根據阻止遺傳的犯罪趨勢遺傳給後嗣之需要而成立。這些法律是要自願地請求禁止生育的。但是在一九二六年法庭決定在某種情形之下，可以實行强迫禁止生育，該決定聲稱：與其等着令那不肖的子孫受到死刑，或者因為他們太低能不能謀生而飢寒至死，反不如使那非正常及無用之人不再生育為善。

比這個更早的是一些瑞士的縣區，早就採取了禁止生育的原則；那是因為一些瑞士的研究及治療顛狂病的領袖醫生之請求所致。在一九〇六年乃走向禁止生育的第一步。在一九二八年在渥德縣（Canton Vaud）通過一種法律，在某一些情形之下，可以强迫禁止生育。斯坎的那維亞各國也曾採取禁止生育的原則，以便消除患遺傳病的病人生育子嗣。譬如，在一九二九年丹麥（Denmark）通過了禁止生育法律，在一九三五年將該法重加修正，使牠更易瞭解更加詳細，因之而與德國的形式更相同了。但是在丹麥法律之中，有些點比德國的還更急進。從社會的觀點，丹麥法律載有：凡是有不健全的遺傳的人如不能維持一個家庭則禁止他生育。挪威（Norway），瑞典（Sweden），芬蘭（Finland）也均依此例而行。其餘有幾個國家，都是根據德國實行該法所得的經驗，而草定其禁止生育法。由於生物學對於人類遺傳之研究有了進步，禁止生育問題不僅祇是專門家之問題，而也變成了全世界上政治社會領袖們認為牠是與公共利益有關係的問題了。在一九三五年，把這整個的問題，提出於在崔里西（Zürich）（在瑞士崔里西湖畔——譯者）所開的優生關係之國際會議，差不多所有的文明國家，都派代表參加這個會議。該會議通過以下議決案：「凡參加本會議者共同宣言：本會議經過四天討論之後，不管出席者的政見與觀念有何不同，均都根據一個深的信念而聯合在一起，即研究與實施優生學，乃係所有各文明國家一件極重要而刻不及緩的必須事件。本會議勸告全世界各國政府，均應研究遺傳生物學，人口政策及優生之種種問題題，與歐美的幾個國家所曾經實行的實際方法要相一致，並且將所研究之結果見諸實行，以謀國家的幸福。」

自從彼時以來，各國之中，不僅醫學界忙着去研究禁止生育的問題，就是政治及社會的領袖也是如此。雖然他們的努力，尚未能使所有的國家，立刻就採取立法的辦法，但是對於這個問題的討論，不僅盛行於半公共團體，並且還在報紙上，書籍及公開通信上都對此問題有所討論，這個是不能沒有效果的。譬如，在一九三七年五月六日，埃及醫學協會頒佈關於埃及人口生產統制的聲明。在這個聲明之中，那些參與發表該聲明之醫學專家，聲稱他們贊成德國所實行的禁止生育限制。波蘭的優生社，已經向公衆要求，以法律手續禁止生育遺傳病的子嗣。在一九三七年，在立陶宛（Lithuania）開一醫學會議，討論禁止生育問題；最可注意的是立陶宛大總統施每唐納（M. Smetona），在開會辭中宣稱他個人贊成禁止生育政策。在愛沙尼亞（Estonia），自一九三七年四月起，已經實行一條法律，凡某人如有遺傳的缺欠，而其情形尚不必將他拘留在某機關中時，則可禁止他生育。甚至在英國，對於接近這個問題一向是猶疑不前的，而現在也將態度改變了。在一九三七年春季，英國下院開會的時候，曾討論到引用有遺傳病的人民自動使不生育辦法之可能性。議會中之一位保守黨黨員雅穆士（Jame a），他是飛行隊長的指揮，他讓人注意到一件事實即很多患腦系病及神精經錯亂的人都遺傳。在一九二九年，英格蘭與威爾斯（Wales）大約有三十萬患遺傳病的人；並且在一九三四年，關於禁止生育的分部委員會，曾由於檢查這些病，而發出報告說：大約有十萬人要由各種機關去收留保養。因此，該委員會乃勸告對於某些病症要允許自願的不再生育。保健部長伍德爵士（Sir Kingsley Wood）承認：贊成自願行不生育手術的輿論一直地增長。雖然如此，這種提議仍然遇到各方面強的硬反對，並且根據宗教的立場持異議的人也是很多。

最後，我們可以選擇美國大學教授，在引用系統的優生政策的普遍運動中，所發表的宣言中的一個聲明來看一看。在一九三七年二月二十日，在坎沙斯城(Kansas City)舉行的哈佛社(Harvard Club)集會中，有哈佛大學教授兼美國人身構造學家協會(American Association of Physical Anthropologists)會長胡頓(Earnest A. Hooton)曾作以下言論：『這裏有兩條路，一個是我們必須作一些生物學的掃除工作，一個是讓那些「不勝任的人所組織的政府，所有的政府，所享受的政府是不能從地球上被消滅的」的概念所迷惑罷』。——載於一九三七年二月二十一日紐約泰晤士報(New York Times)。

胡頓教授說：除了微生物而外，人類最大敵人是人類自己，並且因為城市文化的發展及工業的發展，身體的損壞變成了驚人的普遍。他說：「文明愈是加速度地進展，人的生物學的身體狀態像似愈退化。醫學對於病症加以治療，並且對於減少病苦與延長生命也頗生效力，不過，不幸地，也同時保存了身體不健全的人，長期患病的人，和生理的低能的人。在原始生活的那種困難情況下，天然選擇頗為刻酷，凡輭弱及不適於生存的人均被淘汰。祇有強壯的人，能够生存去傳子嗣。身體不健康的人之可以生存，及身體有病尚可以生育子嗣，是祇有在一個條件下可以允許，卽身體的輭弱腦力的低能不是同時均有。文明人他努力去追求的是：不管他身體是多麼輭弱，只要他的智識有進步他的心智的健康不受損害便行。他曾試着去相信：心智的活力與行為的高尚理想，是在器官系統情形有病態及及退化之環境下方能繁榮。積聚下來的文化傳統，曾傳遞下來無數發明與設計以便生存。一個人祇用一點點的體力及一點點的知識或不用知識就可以維持他的生命與延續的子嗣」。

我們繼續讀到：「無論如何，過度的利他主義與不分好惡的人道主義都是不能通行的，因為牠們減低了人民的智慧……。現在，要想忽視為了保護那身體太壞不適於生存的人而將一般人民的體質水準降低的事實，是不可能的。無論如何，一般人是不知道智慧減退與器官衰弱有連帶關係的，並且不去承認心理——生理的並行也較爲省事；因爲牠們混在一起，是極端令人不舒服的。」

胡頓教授於是宣佈他自己贊成對於瘋狂的病人及腦力缺陷的人，應强迫他們不許生育；但是他說：「在一個民主國中，去實行這種辦法是很困難，除非先實行一種教育的運動，選舉人都成爲可教導的人及有社會意識的人。大概惟一有效的方法，可以用牠去得到所希望的結果的，是在中等學校及專門學校中，設立實用人類生物學一門功課，如此可以由教授而使人明白：遺傳與人的身體組織對於人的品行之關係的智識與事實」。

人口政策及優生學，必須不要以僅僅用現在的辦法去保持現在的人口數目，及消滅具有遺傳病的子嗣爲滿足。至如我們所作的，祇不過是盡了最低限度的義務，這義務是受命去謀國家幸福的官吏所必須實行的。凡對於這些社會學上的事情，具有智慧的與無偏見的同情的人，大多數都接受我所說那種人口政策與優生辦法所根據的原則。但是實施這種原則的方式，要按各國的經濟的，文化的與政治的情形而變。

有時，有人諷示說我們的優生政策含有：按照養家兔人所用的方法去處置人類。這類的反對很無價値，並且也不宜用在此處。雖然吵嘴的人，有時罵他的對方說他僅有個兔子腦子。但是人與家兔沒有相似之處，這是一點不假，其重要點是人與高等動物在根本點上有相似之處；因爲人一般的是屬於動物界，並且因爲這個他要受那管理有機物的自然法則所管轄。假如有人忽略那生長，衰退，死亡的自然法則，或者忽視那在整個的有機的自然界中所通行的爲生存而競爭的原則，卽生理上不適於生存的人被淘汰了，並且祇强健者方能生存的原則，則那結果是一定引入悲劇的幻滅。那個法則不是人制的乃是天制的。

無論如何，人是一個理性動物。天賦給他理性，這種事實使他高出於其他動物，並且使他自成一種自成一類。他的多多少少的已經發達的智慧與意志，要使他經過强迫的選擇程序是不可能的。因此，無論一個政府是多麼專制，牠也不能够去命令一個市民去與另外一個市民去配偶。沒有法律或行政的方法，能够侵犯人類生存的最內部的範圍之內。在此地，每個人均按照他自己的意志去行動，沒有選種的方法可以推行。

因爲他爲他自己去決定他的配偶，則此人預先就決定了他的小孩的形狀，身材及遺傳的特性。假如他自己是生自於健康的血統，並且他所聯姻的婦女也是生自於健康的血統，則他對於他的子嗣無須疑懼。但是夫婦二人有一個或者兩人全屬於墮落及生理學的地劣等血系，則他們的缺點將要遺傳到他們的小孩。使一種族或一國的血系之品質提高的問題之意義是：凡是担負謀求全國幸福的人，要用教育的影響與努力，去作到使人們自覺地走上選擇的程序。這種教育的呼籲，要訴諸人類的道德的倫理的天性。對於保護及提高國族健康的積極探求而言，那是一個必需的條件。

爲了使那些患嚴重的遺傳病的人，及身體不健全的人，不使他們的病遺傳給他們的子嗣而通過一些辦法，那是一件較比容易的事情。但是在正常的人民之間，多才多藝與天資高的人及普通平常的人的區別是很大的。假如那天資高的人及多才多藝的人，現在也能够像那較比愚笨的人及遲鈍的人一樣地急於去生小孩，則在一個相對的短時期，可能將一國人的品質改變了。因此，那乃是官吏的職分去影響他們，特別的是青年人，教導他們明白選擇丈夫與妻室之重要，因爲這乃是爲了他們結婚後所生的小孩着想，也是爲國族的將來着想。青年男子——因爲在人類之中多是男性追求女性——必須要教導他如何去選擇婦女，使該婦女成爲人類高尚的品質的保護人與傳遞者，這個高尚的品質曾爲這兩個人所屬於的部落或種族所代代相傳的。要選擇她，不僅是一個人的伴侶，並且還要是他的小孩子的母親。在一九三六年十月十八日的鼓勵健康的婚姻法，祇於能够阻止在這種事情上作出更明顯的及不幸的錯誤而已，不能再有更多的功用。爲了保持一個國族的遺傳的健康，無論如何，必須要有一個法律，這個法律能够幫助去阻止那能產生不合希望的小孩之婚姻。如果看那情形嚴重，該法律可以絕對的禁止當事者結婚。　對於阻止結婚的條件分類如下：——

（一）當於訂婚人之一造，如患可以傳染之病症，並且該病可以很嚴重地損害另一造及小孩時。

（二）當事人之一，曾經依法被宣佈他或她暫時地或永久地不能管理其自己的事情時。

（三）當於訂婚人之一造，雖然在法律上未被褫奪他或她的管理自己事情的權利，但該人患有精神錯亂病，且以社會之利益而論，該種病症已使該人的婚姻不受人希望時。

（四）當於訂婚當事人之一，患有載在阻止患遺傳病的子嗣法之中的某一種疾病時。

當於有遺傳病的一方，如已經行不能生育的手術時，最後一條可不實行。

在幾年之內，就要實行一種凡是一個想要結婚的人，必須呈驗結婚健康證明書的制度。　對於這件事情，醫師們將要與管理公共健康的官吏合作，如此，則醫師們又將要有新的職務去担負了。　如果一個家庭患遺傳病或者身體不健全，該醫生應當決定該血統所生的子嗣是否不合需要或絕對地必需使該血統中斷。在別的情形之下，醫師應當使該家庭明白遺傳的人類生物學的事實，並且按着生物學的原則去忠告他們。　這個新職務要求一般的醫生，必須對於人類的遺傳生物學有很好的知識，並且必須使他自己能時時長進，對於整個世界上遺傳生物學所造成的進步要不落伍方可。　他必須知道那一種合法的辦法應當應用在遺傳生物學範圍之內。　他必須要探討家庭的歷史，並且能夠對於婚姻問題能有建議。　在每一個結婚儀式舉行之前，男女兩人對該婚姻所肩負的義務要作詳細的報告。他們必須確實知道結婚並不是完全一件私人的事情，而却是不能改變地與他所負的責任不去污染他的種族的血統及提高與保持社會相連在一起。　一個想要結婚的青年必須確實認清：他將要是那即將來到的後代人的祖先。

現在全德國對於家庭的觀念及對於健康小孩之偉壯的外表而感到驕傲這一點

上一般人民的態度，已經有很大的改變。政治的與文化的衰退，現在已經停止進行。必須採取實際的方法，以達到保持全國的健康與效率，及保護國家以抵抗使國家墮落的力量；因為假如允許崩壞的趨勢一直地繼續進行下去，則沒有人能够忍受了。德國總統在他所著的我的奮鬥 (Mein Kampf) 一書中，已經宣佈了什麽是他的政策之目的，並且已經規定了一些原則，這些原則能啓動一個政府，使牠在立法的時候，要考慮到人類生物學的事實以謀國家的幸福。

「認為種族是社會存在的基礎，乃係人民的國家之職份。我們要確切不移地使種族的血統將來能够保持純潔。必需宣告那種眞理，即一國所能據有的所有品中，最有價値的乃是孩童。必須確定祇有那些健康的人方可以生育小孩，並且關於此事，祇有一事是不名譽的，即：那些有疾病的或顯出有其他缺點的父母向世界生產小孩是也。並且如果父母有病或缺陷而肯限制自己不生育，那便是一件極有榮譽的事。但是在另一方面，如果阻止自己去生育健康的小孩，也應當責備他認為他是應受非難與譴責。因此，國家必須挺身而前，作為將來後代的保育者，對於這個使命而言，則個人的自我的慾望是一文不値的。那種人們，在關於這些事情上，應當服從國家的法律。為了達到這個目標，國家應當接受現代醫學進步的利益。凡是患顯著的遺傳病的人，或者是該種病症的帶菌者，都要宣佈他們是不適宜生育子嗣的人；並且國家必須採取實際的辦法，使那類人不能生育。在另一方面，國家必須保證：凡是如果認為小孩們的幸福是對於他們的父母的一種苦惱，則健康的婦女不能因為該政府之財政的及經濟的制度，而限制自己生育小孩。由社會去供濟大家庭的問題頗為人們所漠視，此後，國家要取消這種懦弱且甚至是罪過的漠視態度，並且牠更要成為是這種最偉大的上天所賜的恩惠（指多子多孫的大家庭——譯者）之最高的保護者，大家庭是人們可以引為驕傲的。國家的注意力與保育力量，寧可放在兒童身上而不必十分注意到成人。

「凡是身體及心智不健康不適於生存的人們，必須不要將他們的痛苦遺傳於他們小孩子的身體中。 從教育的觀點來看，在此點上有一個極大的任務，需要代表人民的國家去完成。 但是在未來的時代，在這方面所達到的成績，將要比在我們現在的中產階級的時代的幾次勝仗，偉大多了有意義多了。 用教育的方法，國家必須教導人民：疾病並不是一件可羞恥的事，而是一件不幸的事情，因此凡是患病的人均應受到憐憫，但是在同時也必須告訴人民：如果祇是因爲利己的思想，因爲對於子嗣之慕戀，而將自己的痛苦遺傳入那天眞無辜的小生命中，那更壞了，那才是罪惡，才是羞恥。

「國家必須還要教導人民：假如一個無辜的人患了遺傳病，他肯禁止自己不去生育子嗣，而將他的愛情與善意贈授給那些他所不認識的小孩，這些小孩的健康情形，足以保證牠將來能夠變成一強有力的社會中的一位強健的份子，則這個人的行爲正是一種眞正的高貴的天性之表現，並且也是一種值得去致十分敬仰的人道行爲。」

書評及介紹

書　名：Wolfram von Eschenbach. Sechste Ausgabe von Karl Lachmann. (1930)

出版者：Walter de Gruyter & Co., Berlin und Leipzig.

顧　華　評

此書早已寄到，寄來的時候出版家囑我們在中德學誌上批評介紹，當時雖然約略把牠翻閱了一過，但是因爲拉賀曼(Lachmann)此篇已早有定評，又經過幾個學者的增訂，沒有什麼可以吹求之處，加之筆者對此書也未感很深的興趣，所以對於批評一層，擱置了很久，直到現在纔着手，也就藉此機會把艾愼巴赫和他的作品介紹一下。

艾愼巴赫在我國除了專攻德國文學的人，大概是很少有人注意的，但是他在德國文學史上是佔有很重要的地位，可以說是中古時代德國最重要最偉大的敍事詩人。　對於他的一生我們知道的很少，甚至連他的生卒年月和是否能夠寫讀也不能確定（文學史家多以爲他是不會寫讀的），祇知道他是德國南部巴燕(Bayern)的人，出生並且住在安斯巴哈(Ansbach)附近的艾愼巴赫(Eschenbach)所以他叫做 Wolfram von Eschenbach，但是他也曾經到各處旅行過，並且懂得法語。　因爲他很貧窮，所以不得不依賴當時的貴族爲活，他的東家大概是當地的一個叫做偉特海姆(Wertheim)的伯爵。　後來他也在圖林根(Thüringen)的海爾曼（Hermann）伯爵那裏住過一個時期（一二〇三至一二〇五年），同時在那裏的有另外一個重要的中古詩人，佛格外德（Walter von der Vogelweide）。海爾曼伯爵很賞識他，他的作品之一，威廉（Willehalm），就是依據伯爵所介紹的法文材料寫成的。海爾曼伯爵是一二一七年去世的，之後不久他也死了。

艾愼巴赫一共寫了三部長的敍事詩，巴齊瓦爾（Parziwal），提圖萊爾（Titurel）和威廉（Willehalm）——後兩種都是不全的——，和一些短詩。艾愼巴赫的偉大處可以說是在他的藝術手腕，別的敍事詩人大都是把一些驚險或戀愛的故事一個跟着一個地敍述出來，而在他的作品裏則是有一貫的思想的。在他的巴齊瓦爾裏我們可以看得出來一個英雄的形成，一個英雄的心身兩方面的進展：由出生到無知的青年，由無知的青年到成人，以及成人以後的一切經歷。把當時生活的各方面有聲有色地呈現到我們眼前——這是任何一個別的詩人所不及的。艾愼巴赫的作品都是用當時的中古德文（Mittelhochdeutsch）寫的，後來也有人把他的作品譯成近代的德文（見下）。

巴齊瓦爾是一個長二萬五千行的敍事詩，全詩分爲十六卷，內容是述主人翁巴齊瓦爾一生的故事。他是個遺腹子，母親爲了不願叫他去做騎士，所以不使他外出，叫他孤獨地生長起來，但是雖然如此，他未受任何人的教導，生長起來之後，仍完全是一個騎士風度的人，終於仍是做了騎士，最後並且戰勝與他同時的最著名的騎士加外因（Gawein）而成爲騎士的首領。巴齊瓦爾的本事據說是取材於一個法國詩人 Chrétien von Troyes 的作品，但是其中的一切美妙的描寫，則是艾愼巴赫自己的創作，—這也是他所以能成爲一個偉大詩人的原因。據傳巴齊瓦爾在一四七七年已經有印本，後來在一七八四年曾經有人重新刊印，第一次經過校刊的本子就是現在我們所有的這個拉賀曼的本子。巴齊瓦爾有各種不同的近代德文譯本：San Marte (Albert Schulz), Karl Simrock, Karl Pannier, Wilhelm Hertz, 其中以最後一種爲較好，因爲譯者自己也是一個詩人。

提圖萊耳一詩祇有兩部份的片段遺留下來——內容所述是 Schionatulander

和 Sigune 之間的戀愛，——但是由這些片段裏我們可以看得出來，艾憤巴赫的文筆是何等的美而有力，在中古德文作品中恐怕是沒有可以與他比擬的。 提圖萊耳也有 San Marte (Albert Schulz) 和 Karl Simrock 的近代德文譯本。

艾憤巴賀的第三部敍事詩，威廉 (Willehalm)，也是一部未完的作品，並且也是以一部法文作品 (Bataille d'Aliscans) 爲藍本的。 內容所述是第八世紀末阿幾塔尼亞 Aquitanien 的一個威廉伯爵 (Markgraf Wilhelm von Orange) 和薩拉森人 (Sarazenen) 鬥爭的事蹟，加了一些別的穿插。 此詩除了 San Marte 較早的一種以外，似乎還沒有別的譯本。

此書是拉賀曼 (Lachmann) 把上面所述的三種作品和艾憤巴赫的詩根據多種稿本加以校刊在一八三三年出版的，其間又經過幾個學者的校訂：Moriz Haupt (一八七二)，Karl Müllenhoff (一八七九)，Karl Weinhold (一八九一)，Eduard Hartl (一九二五)，現在已經出到第六版了 (一九三〇)。 此書在中國大概是不會能使很多的人感到興趣的，但是對於德國中古文學有興趣的人，或願看德人校刊古籍方法的人，這倒是一部很可看的書。

會務報告

一 繪畫木刻展覽 本會存有德國繪畫及木刻多種，前曾於二十五年，二十六年，二十七年分別在北京及天津展覽數次，未再展覽者已有數年之久，且從未在南方展覽，故本會會長羅越博士特於本年五月間將此次繪畫，及木刻攜至南京上海各展覽數日，有多數人士來會參觀。 展覽目錄此次亦經重印。

二 德文夜校 本期內本會德文夜校無何變動，計仍爲本校一年級兩班（一班上年秋季始業，一班本年春季始業）及二三四年級各一班；西城分校現有學生五班，計一年級三班（一班上年秋季始業，一班本年春季始業，餘一班爲每週上課四次之特別班，亦係上年秋季始業）及二三年級各一班。

三 德文暑期班 本會倣往年先例，本年亦開設德文暑期班，以便學生利用暑期餘暇補習德文。 現暫定爲已習半年，一年及二年者各開一班。 上課期間爲七月一日至九月五日。

四 德文考試 本會前曾與德國明興德意志學院（Deutsche Akademie München）會同訂有德文考試條例（Prüfungsordnung），凡學生習德文滿四年級者，均可應試，及格者由本會發給中文文憑，德意志學院發給德文文憑。 初次考試已於本年五月十二日舉行。

研究與進步第一卷（卽中德學誌第一卷）目錄

定價每册國幣貳角五分

中德學誌　第二卷　目錄

第一期目錄

第二期目錄

第三期目錄

第四期目錄

每册定價國幣一元四角

每期末附書評及會務報告

中德學誌　第三卷　目錄

第一期目錄

第二期目錄

第三期目錄

第四期目錄

每冊定價國幣一圓四角

每期末附書評及會務報告

中德學會編

中德文化叢書

一	魏闌之介紹	賀麟等譯著	一册	.40
二	陰謀與愛情	張富歲譯	一册	.70
三	工作學校要義	劉鈞譯	一册	.45
四	德國史綱	魏以新譯	一册	1.30
五	女青年心理	劉鈞譯	一册	.45
六	五十年來的德國學術	本會編譯	第一册 2.00 第二册 1.40 第三四册各1.00	
七	給一個青年詩人的十封信	馮至譯	一册	.40
八	論德國民族性	楊丙辰譯	一册	.70
九	斯托姆小說集	魏以新譯	一册	1.80
十	德國史略	魏以新譯	一册	.70
十一	快樂的智識	梵澄譯	一册	1.80
十二	湯若望傳	楊丙辰譯	(印刷中)	
十三	葛德論自著之浮士德	梵澄譯	一册	.60
十四	論優美感覺與崇高感覺	關琪桐譯	一册	.40
十五	赫貝爾短篇小說集	楊丙辰譯	一册	1.20
十六	親和力	楊丙辰譯	(印刷中)	
十七	歷史之地理基礎	張星烺譯	(印刷中)	
十八	哲學論叢	關琪桐譯	(印刷中)	

商務印書館發行

特刊

一	德國留學指導書	張天麟編譯	一册	.40
二	今日德國教育	王錦第譯	一册	.45
	(此書商務印書館代售)			
三	統一國家之德國	弗立克著	一册	.15
四	德國現代思想問題	關琪桐譯	一册	.80

補助德語教材刊本

一	德華常用小字彙	孫用震編輯	一册	1.00

中德學誌編輯簡章 中華民國三十一年三月第二次重訂

1 本誌原名「研究與進步」，自第二卷起，擴充範圍，改用今名。

2 本誌錄稿，以介紹德國學術文化之著作爲主；除本會會員稿件外，並酌收外稿。

3 來稿如係原著，應將所用參考書籍或其他材料一併附列文後，如係譯稿，須將原文出處詳細註明，其原文不易見者，並須與譯稿一併寄來。

4 來稿本會有删改之權。

5 來稿中有中文人名書名等譯爲德文後，重行譯爲中文時，應請譯者援用原來字樣，幸勿另譯新名；其由德文譯爲中文者，除有慣用者外，以本會所定爲準。

6 來稿逕寄「中德學誌編輯委員會」，請勿寄交編者個人。

7 來稿經本誌決定採用者，酌給現金或本誌爲酬。

8 來稿經本誌給酬後，其版權即爲本會所有，原作人不得以其一部或全部在他處另行發表；在本誌發表後，他人亦不得轉載。

9 來稿不爲本誌選用者，均可退還，但須由原作人附寄郵費，如欲掛號寄還者，並須加附掛號郵費；郵遞如有遺失，本誌概不負責。

10 本簡章如有未盡事宜，得隨時修改之。

編輯者 中德學誌編輯委員會

出版者 中德學會
(北京地安門內黃化門大街西妞妞房二十號)

印刷者 京華印書局
(北京和平門外虎坊橋)

定價表	每季一册(郵費外加)	每年四册(郵費在內)	郵票不收
道林紙	聯銀券 1.70	聯銀券 6.00	
新聞紙	聯銀券 1.10	聯銀券 4.00	

AUS DEUTSCHEM GEISTESLEBEN

Herausgegeben vom

DEUTSCHLAND-INSTITUT, PEIPING

durch

Wolfgang Franke

unter Mitwirkung von

Dseng I-sin Achilles Fang Gu Hua Max Loehr

Yang Bing-tschen Yang Dsung-han

In Verbindung mit

Dr. Karl Kerkhof, Berlin

4. Jahrgang, Nr. 2 Juni 1942

Abhandlungen

Übersetzungen

Buchbesprechungen

Anschrift der Redaktion: Deutschland-Institut, Peiping (China),

Huang-hua Men nei, Hsi Niu-niu Fang 20.

中德學誌

沈兼士

第四卷第三期（三十一年九月出版）

中 德 學 誌

中德學會出版

中　德　學　誌

第四卷　　民國三十一年九月　　第三期

論著

翻譯

書評

老年歌德的思想

Zur Gedankenwelt des alten Goethe

曹京實 著

本文略分下列數段：（一）歌德與其時代；（二）歌德的寫作經驗談；（三）關於戲劇的言論；（四）世界文學的建立與中國文學；（五）代表歌德全部思想的浮士德。

一　歌德與其時代

有一次魏闌・馬丁(一) 論列與他同時代的最傑出的人物，他說：柯羅普史托克(二) 是當時最偉大的詩人，赫德(三) 是最偉大的學者，拉法特(四) 是最偉大的基督教士，而歌德(五) 則是「人性中的至人。」

（一） Christoph Martin Wieland 1733—1760， 少年研究法律，但專心於文學創作，頗信法國自由主義。 曾去威瑪創雜誌名曰 Der Deutsche Merkur ，藉以網羅當時詩人。歌德，席勒，赫德都是他的知己朋友。詳可參閱中德文化叢書之一魏闌之介紹。

（二） Friedrich Gottlieb Klopstock 1724—1803 是古典派的開路先鋒，新詩語的創造者。 他拋棄理智 ， 尊重感情。 詩材每取偉大而高尚的史料。 他的著名敘事詩有 Der Messias 及抒情詩集頌歌 Oden，又作有三本聖經劇。

（三） Johann Gottfried Herder 1744—1813 曾學哲學，但以批評著作著名。 他尊重自然與民衆文學，不喜技巧，長於搜集使徒事績與古代民歌。 他讚揚博愛 ， 合理 ， 公平。

（四） Johann Kaspar Lavater 1741—1801 瑞士人專寫哲學及神學著作，並善於由人之面相看出人之性情，著有關於相面書四冊。

（五） Johann Wolfgang Goethe 1749—1832 ，生於邁恩河畔的佛蘭克府 （ Frankfurt am Main)。 家境富饒。 十七歲去來比錫 (Leipzig) 研究法律。 在斯特拉斯堡 (Strassburg) 與赫德相識。後往訪薩克森威瑪（ Sachsen - Weimar ）公之太子奧古斯特 (Karl August)。 及奧氏即位，對歌德頗爲優遇。 歌德因而服務於威瑪宮廷幾達六十年之久，歷任議長及內閣總理，並結識魏闌，赫德，釋勒諸人。 但至老年漸爲諸友所不了解。 歌氏曾不顧衆議，與平民女佛爾比烏斯 (Christiane Vulpius) 同居，生長子奧古斯特，（次子早殤），後至一八〇六年始正式結婚。 死後其遺骸同釋勒均葬於威瑪之宮墳。

據說，又有一次馬克斯的兩個女兒露拉和燕妮同他們的父親作遊戲，提出許多問題要馬氏回答，其中有一項是「你所喜歡的詩人是誰？」對於這個問題，馬氏的答案是莎士比亞(六)，艾斯基拉斯(七)，歌德。

由此可見，無論右派左派，對於歌德都是一律喜歡而且推崇的。

然而歌德到底因何這樣值得被人讚許呢？爲解答這個問題，首先要研究他的思想。要研究他的思想，不能不研究他思想的來源，所以本文雖以老年歌德爲主，但是他的思想不是突然而來，不是老年與壯年截然劃分，故不能不先將時代的環境交代淸楚，以明其思想之來經去脈。

歌德的老年思想，乃是德國全部思想史(其實是歐洲思想史)，及文藝史經過多少年月之蘊育所致。此話說來很長，在此地只能作撮要的略述。緣在十六及十七世紀時，德國文學與歐洲各國相比，很爲落伍。意大利早就有了斐特拉迦(八)，法國已經有了莫里哀(九)，英國已產生了莎士比亞，西班牙也早有西萬提斯(十)，而德國文壇還不見有什麼出色。在彼時德國文字的運用還未發展到現在的精鍊地步，尚不能自由表現文藝所需要的婉轉錯綜的情緒。雖然路特(一一)因爲翻譯聖經使德國文字的應用有極大的改進，但不能立竿見影，仍不能產生像西萬提斯及莎士比亞那樣偉大的作家。後來雖然有了葛特舍德(一二)和葛來謨(一三)因受啓蒙運動(Aufklärung)的影響，奮然而起，使德國文藝頓有迴波瀾錦之槪，然而，因爲葛特舍德極力主張摹倣法國的步爾索(Boursour)，巴羅

(六) William Shakespeare 1564—1616，英國的著名詩人及戲劇家。

(七) Aeschylus B. C. 525—456，希臘的悲劇詩人。

(八) Francesco Petrarca 1304—1374，意大利的詩人。

(九) Molière 1622—1673，他的眞名是 Jean Baptiste Poquelin，法國戲劇家。

(一〇) Cervantes Saavedra 1547—1616，西班牙小說家，其名著爲堂·吉訶德先生(Don Quixote)。

(一一) Martin Luther 1483—1546，德國宗教改革派的首領。

(一二) Johann Christoph Gottsched 1700—1766，德國著作家及批評家。

(一三) Ludwig Gleim 1719—1803，德國詩人，著有普魯士擲彈兵歌(Lieder eines Preussischen Grenadiers)等。

(Boileau)等人的作品；而葛來謨又主張親英反法，所以德國文學仍然未到獨立發展的地步。但他們將法英兩國的文學介紹到德國，使德國的固有文藝得到新血液，新境界，這種功績也是不小。尤其葛特舍德的夫人對於散文極力主張使德國文字雅潔化，對於詩主張注意韻律與格式，對於戲劇主張學法國的空間，時間，事質的一致，對於德國文學的進步更有裨益。

摹倣不是壞事，摹倣是走向創造的一個不可缺少的階段。不過祇是一味狂枉而迷信的摹倣，便不能産生出什麽可貴的東西了。在當時的德國便是流入了迷信的崇拜法國病症。德國人，尤其是宫廷的貴族，都以善說法國話爲榮，以讀法國書爲裝飾，甚至將法國的福祿特爾 (Voltaire) 請去作宫廷詩人。直到十八世紀初葉，德國學者才恍然覺悟，覺得法國作家所得的祇是希臘的形式與規律，而英國所表現的雖然不合希臘規律，但是却具有希臘的精神，從此一般學者乃主張捨棄法國。其中主持最力的是批評家雷興 (Gotthold Ephraim Lessing) (一七二九——八一)。由他領導擺脫法國的新古典主義。由是，德國乃漸漸走上狂飈運動 (Sturm und Drang) (一四)。這種運動直接的是受盧梭 (Jean Jacques Rousseau) (一六七〇——一七四一) 的"回返自然"之主張的影響，反抗生活及文學上一切習慣，制度，及傳統思想；主張自由表現天才，努力合於自然，盡力發展情緒與本能，反對摹擬，讚美獨創。此思潮一經波及德國立刻發生熱烈歡迎。赫德領導各學者高聲急呼：每個民族均有其自己的語言歷史風俗及其特別的民族精神，所以文學也應自具風格表現自己特有的神彩，排除摹倣而充分發揮自己的天才。歌德正生長在這個時代。他本來具有絕頂的天資，又經與赫德接近，直接受其點燃，於是乃如春花勃發，將德國經過多少年月蘊育積蓄的文學思想與技巧都藉着他而表現出來了。康德 (Kant) 是集歐洲哲學大成的人物，歌德也可以說是集西萬提斯，莎士比亞，莫里哀……以

(一四) 這個運動是採取當時德國戲劇家柯凌戈爾 (Friedrich Maximilian Klinger) 於一七七六年所著的戲劇狂風暴雨 (Sturm und Drang) 之名，用以象徵如狂風一般破壞傳統的一切，如暴雨似的焦急去尋求新的東西的潮流。

及德國固有的文學寶藏於一身的文豪。所以他一出世在一七七三年便發表了五幕悲劇鐵手騎士葛玆（一五），次年便發表了少年維特的煩惱（一六），一躍而成世界聞名的作家。這固然是歌德的天才高於旁人，可是如果他早生了一百年，生在德國文字沒經過提鍊雅化之前，他的成就也未能有如此之大。所以歌德的作品不完全是他自己的，而是時代多方所織成的；歌德的思想也不僅是他自己的，而是整個德國，甚至全歐洲，甚至中國所多方助成的（此點在本文後部有較詳敘述）。一個人如果能表現自己，能代表自己，已經是難能可貴的了，如果能代表一個時代那更不易。從這個觀點來看歌德就可知他的思想代表的方面是多麼廣，多麼有可研究的價值了。

二　歌德的寫作經驗談

歌德是一個偉大的文學家，是一個集歐洲文學遺產的大成文豪，所以研究他的思想，首先要看看他對於寫作持着什麼想法。在他老年時期他常與愛克爾曼(J. P. Eckermann)談話，這些話由愛氏集錄成册，命名為歌德對話錄（一七），這本書雖不是有系統的著作，但頗足以代表歌德在老年時期的思想結晶，本節便以牠為中心，分下列數段加以論述。

（一）不要希望寫大部著作。凡從事文藝寫作的人，尤其一般青年作家，大部分都想一開首便寫出大部頭的著作，一者可以表示自己氣魄偉大，天才縱橫；再者也想一舉成名，舉世震驚。但是老作家歌德以他畢生的經驗，告訴我們：不要寫什麼大著作。他自己說，他曾因為要寫大著作而苦惱過，他認為假如他祇是寫他所能夠寫的東西，他到老年時將能寫出一百多本書了。他說詩人們祇要把呈現於眼前的東西，以清新的心境加以處理，一定可以有好的作品出

（一五）Götz von Berlichingen mit der eisernen Hand，我國有周學普譯本。

（一六）Die Leiden des Jungen Werthers，我國有郭沫若譯本。

（一七）Gespräche mit Goethe，我國有商務印書館出版之周學普節譯本。本段所引用之譯文均取自此書。

現；卽使偶爾失敗，也受不到什麼損失。可是寫大部著作便不然了。作者要用全副精神去按排，整個的心思都在緊張，不但生活失了寬裕，就是他的作品一旦要是寫得錯謬，使一切努力都成枉然。並且，寫大的著作，難免在整部著作中有某一部分生出缺陷，那麼因爲這一小部分的缺陷，就把全部書都帶累失敗了。歌德向愛克爾曼說：「在科尼斯倍(Königsberg)有個叫作奧格斯特·哈根(August Hagen)的人，是很有才能的人物。你讀過他的渥爾夫利特與黎塞那(Olfried und Lisena)嗎？裏邊有寫得再好不過的幾節。波羅的海的光景及那地方的其他特點的描寫都是很精巧的。然而只不過有若干節是美妙而已；作爲全體是不能使誰滿意的。可是他爲了這個，不知費了如何的心機和氣力！是的，他因此幾乎耗盡了精力。現在他造成了一個悲劇！」(歌德對話錄八頁)。歌德是受過這種苦惱的，所以他諄諄告誡愛克爾曼要聽從他這老人的話，不要迷誤和摸索。他又主張不要應順別人的請求，而要依照自己的所想而創作。世間是廣大的，豐富的；人生是變換的，複雜的。每一舉目，材料卽在目前，作家們爲什麼不在從自己的實際經驗中去找材料呢。歌德認爲他自己的卽興詩(Gelegenheitsgedicht)都是從現實受到暗示，以現實爲基礎的。他不尊重憑空虛構的詩。有的文學家鄙棄粗俗，不屑以平凡的日常俗事寫入他的作品，他認爲那是不對的。因爲一個人對所熟知的事物，一定能寫得深刻有生氣。但是人的經驗有限，不能事事物物均爲他所盡知，所以他寫漁夫卽使成功，而寫獵夫也或許失敗。寫一部大部，要寫許多方面，需要非常博大的學識，這不是一個年青的作家所常能勝任的。

愛克爾曼說他聽了歌德這一篇話，他長進了好幾年的程度，以爲能得與歌德這樣偉大的人物相接近，十分幸運。其實，這不僅愛氏一人的幸運，就是後來的作家，讀到歌德的這種寫作經驗談也是有無限利益的。

（二）描寫要首先把握特點；創作切忌博而不精。關於描寫，歌德也曾發揮過他從事寫作的多年經驗。他說：「把握和描寫特殊的東西，是藝術的眞正生命。」描寫類性，可以摹倣，但是描寫特殊的東西，是不能摹倣的，因爲那是根據於特殊的經驗。　無論觀察什麼東西，要捉住牠的特徵，把這特徵把握住，然後才可加以描寫。　把特點捉住之後，還要斟酌表現的形式。　是用戲曲來寫牠呢，還是用詩，用小說，用散文呢？若是寫一段與園丁的會話，便可用斷片的寫法，工作既然容易，材料的種種方面的特徵，也能表現得更好。

對於描寫，歌德十分重視剎那的情趣。　他說：無論怎樣的剎那，都有無限的價值，每一剎那都是永遠的表現。　只有臨時速成纔能做得最高尚的東西。他認爲蘭堡 (Ramberg)是一位特出的畫家。　蘭氏有一次在德雷斯登 (Dresden)叫歌德出一個畫題。　歌德就說以亞迦美農 (Agamemnon) 爲題。　那就是叫他描寫亞迦美農從特洛亞 (Troja) 回歸故鄉時，從馬車下來的景象，以及走進自己家門口時感覺不安的景象。　歌德一說出這個題目，蘭堡不加思索，就開始畫起，把題材把握得迅速而又正確。　歌德也曾談到他自己作詩時，常有一種突然襲來的靈感，要求他立時寫成。　他對於他當時所寫的詩本從來沒有什麼印象和豫感，因此他就覺得他是被這種靈感所強迫，而本能的，像作夢一般，把詩句寫了出來。　等到他統統寫好了時，他才覺得。

歌德所說的這種情形，可以說是一個極端的例子。　凡是從事寫作的人，往往都有這種類似的經驗，覺得文思如湧潮，澎湃而至。　可是這樣寫出的作品並不一定優美，有時絕頂美，有如李白所寫的清平調，有時也許是跑野馬的胡談。歌德雖然讚美剎那間的情趣，但是他寫浮士德却絲毫不是由於剎那間之靈感而來的，反而是五十餘年的苦思所成，所以把歌德的話也要看清了，才能眞正的認識他。

對於風景的描寫，歌德也曾有很好的意見。他說，他寫文章的時候，如何運用他的材料，是與畫家們取同一態度的。　畫家們畫早晨的風景時，多用青色而少用黃色；在畫晚景時，則多用黃色，而幾乎不用青色，他在寫作文學作品時，對於材料也是如此處理。　所以他的文章能寫不同的特色。　他從來不肯爲了詩的目的而觀察自然，但是他自己有風景寫生的經驗，他又有自然科學的研究經驗，所以他能不斷的對自然的事物作精細的觀察，對於自然界極細微之點也能有所認識。　他既然有這樣的豐富的觀察經驗與材料的積蓄，故能每到應用的時候，他自然能按着眞實的自然而用筆墨去描寫了。　但是歌德也並不主張凡寫風景必須親眼看見，方能寫得動人。　他說釋勒 (Schiller) 對於自然並不像他那樣作細密的觀察。　釋勒所寫的威廉忒爾 (Wilhelm Tell) 之中的瑞士風景，他自己並未親身目覩，而是聽歌德口述與他的，可是他寫出來，也是十分的具有眞實性。　歌德說這完全是由於釋勒的驚人的天才所致，不是人人都能作得到的。釋勒不祇對於自然的風景不甚注意觀察，就是對於世間的知識，他也不如拜倫 (Byron)，但這並不能減低釋勒的偉大，因爲他的創作力是在於理想界的。歌德雖然這樣的推崇釋勒，但是他在文藝的寫作上，始終主張作家們應當求得複雜的知識。　他以爲整個的世界都可拿來作爲寫作的材料，如果對於世界沒有充分的知識，作家們便不能自由利用牠，處理牠。　然而，也不可以把這種話看呆板了，歌德固然主張一個人要有複雜的知識，可是同時也更承認一個人應當把精力集中。　在一八二五年四月他對愛克爾曼說：

「我在不屬於我的專門的事情上浪費了很多的時間。　我想念羅伯·特·斐伽 (Felix Lope de Vega Capris) 所做了的事，覺得我自己的文學作品的數目是非常少。　我實際應當更專心於自己的職業。」　「假如我不因礦石的事情而那樣忙，假如我費時間於更好的事情上面，那麼必定能够得到了金鋼石的最美麗的裝飾了罷。」　（歌德對話錄九七頁）。

他很贊美他的朋友梅爾 (Hans Heinrich Meyer)（一七六〇——一八三二）終身專心於美術的研究。　歌德說他自己，曾用半生的精力作美術品的觀察與研究，但是在某些地方，他無論如何仍然趕不上梅爾。　梅爾由於注全副時間於一個專一的部門上，所以別人不得不承認他對於這一部分有着最高的知識。一個偉大的作家的不可及處，就在此點。　他要博，因爲他所寫的是社會的種種花絮，是人生複雜多采的花花離離的萬千色象；他又必須精，因爲他無論寫一篇一花，王公，販卒，娼妓，怪魔，都要儼然逼眞，氣韻生動。 博便難精，精便難博，所以要想成一個偉大的文學家，尤難於其他藝術家。 閣僕可以有幾十幅幾百幅畫，但是在歌德的作品中我們可以看到上千上萬的畫。 不祗歌德如此，凡偉大作家如莎士比亞，曹雪芹，施耐庵無不如此。

當我們研究歌德的老年思想時，第一我們要注意的，就是千萬不可把歌德的思想看成一種像石塊一般的定形。 如果那樣，便不會體會到眞正的歌德了。歌德的一生就是一首美麗的詩，他的老年就是一部詩而又加上深奧而又平易的哲學。 所以他的話是簡單的，似乎是平常的，可是細看起來，便如一顆寶石，每一稜角均有光彩，不僅不矛盾而反能相映成趣。 譬如他論描寫，主張眞實，可是他又把眞實與現實區分開來。 有一次他批評羅倫 (Claude Lorrain)（一八）的風景畫，他非常讚美他。 說他有美麗的思想和感覺，在他的心裏有在別處不易見到的世界。 歌德說：「他的畫有最高的眞實性，却毫無現實的痕跡。 他熟悉現實世界，連極微的細點也都明白，他用了現實世界作手段，以表現他的幽美的心靈的世界。 而這個正是能够使外觀的眞實 (das scheinende Wahre) 會引起以爲這是實物那樣的錯覺那樣地利用現實的材料的眞正理想性(Idealität)。」（歌德對話錄二〇六頁）。

這一段話眞是千古不磨的至言，大概凡是偉大的作家無不如此，他所寫的東西是眞實的，可是又沒有現實的痕跡。 我們讀魯迅的阿Q正傳覺得阿Q就在我們眼前，就在我們身邊，就在我們心裏，可是又提不到一個眞的阿Q出來。歌德也說在他的親和力(Wahlverwandtschaften)裏，沒有什麼不是他自己經驗過的，却也沒有什麼是與經驗完全同樣的東西。

（三）作品要精純，勿以多爲優。 關於寫作的多少，生產的快慢，歌德在老年也曾發表了不少名言高論。 他說一個人的作品多寡，一個人所作的事業多寡，是不一定能用這或多或少來批判他是否富有生產力的。 文壇上有許多詩

（一八） 他的眞名是 Claude Gelée，法國畫家，生於一六〇〇，卒於一六八二。

人，因爲出了許多詩卷，常被人認爲是生產力暢旺的作家，但是依他看來，這些人決不能稱他們爲眞正的天才，因爲他們的作品決沒有生命和持久性。歌德認爲勾爾斯密斯 (Goldsmith) 雖作了很少的詩，可是他却是非常有生產力。因爲他的詩都能持久。歌德對愛克爾曼說：「我生平有一個時期，每天要能寫可印成全紙一張(十六頁)那麼多的文章，而且來得很容易。我的兄妹(Geschwister)是三天寫成的；你也知道我的克拉維哥 (Clavigo) 是一個星期寫成的。這樣的事情現在似乎不便做了；但是我雖然上了年紀，也決不至於悲觀生產力的缺乏。不過我少壯時每天在無論什麼境遇中都能做事情，現在却只有在某種方便的情況中能夠成功罷了。在十年或十二年前獨立戰爭之後的幸福時期，我沈迷於東西詩集 (Divan) 的寫作，往往有一天能作兩三篇詩那樣的生產力，而且不論在野外，在車上或在寓所都是一樣。現今浮士德第二部的寫作，我只能在清晨的時間，睡後精神回復，日常生活的俗事還未煩擾我的時候爲之。而且爲寫成的又是那麼一些！在最順利的時候可以寫一頁，但通常只有可以寫手一般寬的地方而已。若在心機不靈的時候，往往還要少呢。」（周譯一六二頁）。歌德是主張惟有精神與肉體都非常暢旺強健的人，才可以寫出有蓬勃的興致和充滿力量的東西。他認爲莎士比亞寫哈姆雷特（二〇）時，在起初並不用什麼心力，就能夠概觀各個局面，人物及全體的終結，這個可說是由於天賜的。但是，當他寫到後幾場時，他對於人物仍然可以隨心所欲，自由安排，可以天天寫，時時寫，一連幾個星期，筆鋒都不見疲弱。這却是由於他的精力特別健旺所致。歌德以爲如果一個戲劇作家的身體不能像莎士比亞那樣堅實優異，反而常受到病苦，則他所寫的劇本，必定時時停滯，或者完全不寫。即使用酒一類的東西，興奮他的精神，勉強使他寫作，則他所寫出的東西，也一定要損掉他的價值。所以歌德主張，在不能生產的時候，最好不寫東西，與其白費精力，寫

（一九） Oliver Goldsmith 1728—1774，英國詩人，小說家，及戲劇家。

（二〇） Hamlet 我國有周平譯本，啓明書局出版。

出不滿意適東西，還不如閒遊睡覺好些。

歌德以為激刺一個人的生產力，很可以利用外力，這種外力因人而異，沒有一定的準稿。他自己當精神不振，在錯綜紛擾的環境中，不能有下決心的力量時，他便飲一杯葡萄酒，這時，他心中便豁然開朗，立時就可以下了決心。他說拜倫每天在野外過幾小時，或在大洋邊騎馬，或划小船，或乘船張帆駛行，或洗海水浴，或游泳，他是古今中最富生產力的人物之一。歌德以為作大事業是非年紀青是不可的，他讚美拿破崙（Napoleon）在二十七歲就成了三千萬人民的偶像。但是他又主張普通的人只有一次青春，而偉大的天才則有反復的青春。所以一個天才，就是在老年，也還常有生產力特別盛旺的時候。他們到老年時似乎有一種返老還童的現象。歌德管這個叫做反覆的思春期（Wiederholt Pubertät）。

（四）歌德反對文學家入政黨——關於文學與政治關係，歌德也曾發揮過他的意見。他認為，如果有人說政治是詩，或說政治是詩的題材，那是不可以的。譬如以英國詩人湯姆遜（James Thomson）（一七〇〇——一七四八）以「四季」為題作了極好的詩，可是當他用「自由」作題目所寫的詩，便很拙劣了。這原因就是政治這個材料過於缺乏詩的成分，所以就是有才能的詩人也不易把他運用到好的地步。況且，政治是有黨派的，詩人如果想要作政治活動，自然也必加入政黨，這樣一來，那一頂有顏色的有偏見的帽子自然要戴在他的頭上了，那種詩人的曠達而超然的眼光與情趣，也自然的從他眼前飛走了。但這話的意思並非說詩人不許愛國。愛祖國，讚美祖國是詩人分內的事，但是祖國與政黨是兩件事，愛國詩人可以如老鷹一般在全國之上空自由飛翔，隨意攫取他所要取的東西，而不必受到省或邦的政治限制，而加入政黨的詩人，便不能如此的自由了。什麼叫做愛國心，什麼叫作愛國活動呢？據歌德說，如果一個詩人肯終身努力，啓發國民精神，提高國民趣味，同時排除政治上有害的偏見，這便是愛國心與愛國活動之表現。除這以外不應再向他作更多的要求了。

譬如要求一個軍隊裏的團長，去參加政治作愛國活動，而把他軍隊的職務忽略了，是一樣不應當的。因爲軍官們祇是將自己的軍隊訓練好了，準備在戰場上獲得勝利，那便是他的愛國活動，並不一定要他實際參加政治活動，才能算是愛國表現。況且在擾攘軋轢的政治活動之中過生活，對於詩人的精細的性質也是不合適的。歌德說：「我生平雖然費力作事，而我的一切活動却被人家看作是無價值的；這是因爲我不參與政治的黨派的緣故。要使他們合意，我是不得不進了雅各賓 (Jacobin) 俱樂部，作爲其中的一份子而鼓吹殺戮流血的罷。」（歌德對話錄二七五頁）。

但是歌德却很推許法國詩人貝閣傑 (Béranger)（一七八〇——一八五七)所作的政治詩。因爲他的作品裏沒有虛構的事，沒有僅僅是空想或幻想的趣味。他所選的題材都是有意義的，都是極確實的。他崇拜拿破崙，他喚起對於拿破崙的武功的回想，這樣，他對於當時受壓迫的法國人給了很大的安慰。對於這樣的詩文，任何人都要起共鳴的。並且他的寫作的技術又是那樣的巧妙，他把題材磨琢得又是那樣的透澈。其中充滿了機智，精神，眞誠，純樸，優雅，諷刺和嘲笑，同時又合於勞動階級的口味，而在另一方面，他的歌曲又優美而不凡俗，民衆們能够與這樣的舒暢美麗的作品相親近，無形中他們的思想也更高尙了起來。歌德認爲裴閣傑的政治詩之所以能够作得這樣好，是因爲他不但不以他的詩作爲政治的黨派工具，反而他所反對的都是有關於全體國民的利害的。所以人們都認爲他的詩是代表着國民的呼聲的。更進一步，歌德雖然承認阿倫特（二一），柯爾諾（二二），呂凱特（二三）對於德國脫離法國的壓迫的鬥爭有相當的影響，但是他說，即使是在那樣的時機仍然不需要詩人從事政治工作，因爲普遍的艱難，普遍的羞辱的感情，已竟深深的打印在全體國民的心裏，用不着詩

（二一） Ernst Moritz Arndt 1769—1860，德國愛國詩人，曾寫德意志人的祖國是什麼，(Was ist des Deutschen Vaterland) 再版達十五次之多。

（二二） Karl Theodor Körner 1791—1813，德國抒情詩人。

（二三） Friedrich Rückert 1788—1866，德國東方學者及詩人。

人們去點燃，那人民的憤怒的火，已經在各地爆發了。有一次愛克爾曼告訴歌德說，當德國與法國相鬥爭時，因為歌德未從軍親身上戰場殺砍，頗引起一些人的非議。歌德向愛氏解釋，他以為向祖國服務是多方面的，不必人人都去當兵便是報國，人的天才不同，能力不一，應該各盡所長才是。他說：「作軍歌而坐在室內——這難道是我的方式麼？若是從可以聽到敵人的前哨的馬的嘶聲的露營裏，我或者會喜歡作軍歌罷。但是，這不是我的生活，不是我的本領，而是德渥陀爾·柯爾諾（Theodor Körner）所擅長的。他的軍歌，也是和他很相配的。而在我呢，既不是軍人的資質，又沒有軍人的心情，軍歌定然是和我的臉兒很不相配的假面罷。」他又說：「我在自己的詩中從未有所假作。凡我不曾經驗過，不曾受過痛痒，不使我苦惱過的東西，也沒有做過詩，也沒有說過。當我戀愛的時候，我只做過戀愛的詩，那麼我沒有憎惡，怎能讓我做憎惡的詩呢？」（歌德對話錄二二七——八頁）。

這樣的話真是嘹喨極了。與內心沒有眞的憎惡而搖旗狂喊的人們相比，便可見出歌德的人格了。這不是一件易事，這也需要很大的魄力與精深的修養，方能做得到。當魯迅在世的時候，他受到許多暗箭，他把許多寶貴的光陰與無無可匹敵的生命都用在與內心無眞憎惡而外表硬裝時髦之類的鬥爭上。他的透視力的強度與歌德完全是一個樣子的。不過歌德與魯迅相比，前者更是個詩人，後者更是個鬥士，至於其本質，以及其具有老年的周密而精純且不為某一定型所限制的智慧則完全相同。

（五）歌德對於非議他的人所持的言論。

曹丕在他那著名的典論論文裏，有兩句透澈千古的名言說：「文人相輕，自古已然。」眞的，這個不止是「自古已然」，而是「文人相輕，中外皆然。」我國某大作家到了老年常為非議他的人所煩擾，也曾發了許多言論，而歌德呢也是如此。所不同者是歌德不像他那樣疾惡如仇就是了。但他們兩人對於非議者所放的冷箭的看法，以及其言論的口吻都大致相同。當愛克爾曼向歌德說有人非難他，歌德說道：「我不情願說出我的心意，在那種評論的背後躲着比你所知道還要多的對於我的惡意咧，我在其中感覺到人家多年間想用以迫害我，暗算我的那種舊的惡的用了新的形式的表露。 我很明白：我對於許多人是目中之釘，，他們都想把我除去。 而因爲他們對於我的才能無可如何，他們就毀謗我的品行。 或者說我是驕傲，或者說我是自私自利，或者說我是對於青年作家非常嫉妒，或者說我沉迷於肉慾，或者說我不信基督教，末了甚至於說我對於祖國，對於親愛的德國沒有愛情。 你多年以來知道我很透切，那種評論的意義，你也感到其命意所在罷。 但你如果要知道我忍受了什麼苦惱，你可以讀我的克塞尼恩（Xenien），那麼，你從我的反抗會明白：人家想用什麼方法交替地擾害我的生活。」（歌德對話錄二二七頁）。 這話是很沉痛的。 大概一個天才往往不是爲世人所不了解，便是爲人所嫉視。 他雖然對於人類有了無可倫比的偉大貢獻，然而他在生時竟受盡人類所給他的折磨與摧殘。 莫里哀受了多少苦惱，盧梭與福祿特爾曾得到了何等待遇！拜侖被庸俗的人們逐出了英國，西萬提斯一生都是流離痛苦，甚至至今竟找不出他的墳墓。 不僅如此，就是有天資的人們也往往互相迫害，柏拉丁（Platen）使海涅愁苦，海涅使柏拉丁怒憤。 兩人都是天才，然而均以天才的資能互相誹謗。 從古今歷來的文豪的不幸的遭遇上看來，歌德可以說是超越萃倫的幸運者，他雖然也受了一點非議，但是有誰不曾受過非議呢？並且同樣受過非議的人有誰享受過他那樣的榮華富貴呢？有幾個像他那樣在二十幾歲便聲被文壇而名譽日隆至老不衰呢？以歌德的整個寫作生涯看來，畢竟他是極端幸福的。 比起我國的歷來的窮愁潦倒爲金錢所苦的天才們眞是幸運遙遙了。

三 關於戲劇的言論

一七七三年歌德作成葛玆（Götz）劇本，於一七七九至一七八二年間他作成了愛格蒙特（Egmont），伊菲格尼（Iphigenie）與塔梭（Tasso），一七九〇他擺脫了在威瑪的行政工作，只管理美術科學部，一七九一兼任威瑪宮中戲院院長。凡爾禘特爾（Voltaire）的摩罕默德（Mahomet）與譚克勒得（Tancred），狄德羅（Diderot）的拉摩之姪（Rameaus Neffe）等均由歌德重述或翻譯。對於戲劇他有這樣的豐富經驗，所他他對於理論以及演劇的實際情形，甚至對於劇場的構造都有非凡的見解。他將戲劇看得很重要。認為牠是提高民衆知識，使民衆得到文化修養的最有力的工具。他把劇場與學校看作同等的地位。他說：「德國有分佈在全國的二十個以上的大學，有同樣廣佈的一百個以上的公立圖書館，又有很多數的美術館以及蒐藏所有自然界的事物的博物館。德國的劇場很多，數目大約在七十以上。這些劇場作為高等民衆教育的支持者和促進者也決不可以輕視的。對於音樂和歌謠的趣味和實習是在任何國裏都沒有如同在德國那樣普及。這也是很重要的事情！」（對話錄一一八頁）。他覺得，對於年青的人們，劇場是一個最有益而最愉快的地方。劇場裏有詩，有畫，有唱歌，有音樂，有演劇的技術。劇場匯集了藝術的各方面，並且充分的表露青春的魔力，美的熱力。在諧和的而藝術的氛圍中，以上這種種，都一齊作高度的發動，展開在觀衆之前。而觀衆呢，可以不言不語，像王子一般坐在那兒欣賞領略。這個要比在雲霧煙氛的瀰漫中玩一局骨牌要高尚得多多了。歌德說：「威瑪的劇場，是決不可以小覷的。這是我們黃金時代以來生存的老樹幹，許多新進有為的人才都是在這幹條上生長了的。」以偉大的詩人如歌德者，而能如此的推重戲劇，可見戲劇對於人生是具着何等的影響。有一次愛克爾曼被歌德邀請到他家去聽音樂，愛氏答應了，可是那天晚上碰巧在劇場要上演將棋（Die Schachmaschine），愛氏與歌德商量，是聽音樂，還是看戲。歌德便勸他去看戲。由以上種種方面看來可見歌德對於戲劇重視到什麼程度。

本着歌德的經驗，他認為釋勒的計劃為最好，釋氏的計劃是，造一所演悲劇的劇場，每星期只演一種戲，只給男人們看。歌德認為德國戲臺有一個缺點，就是各種戲都混雜着上演。在同一個地方，昨天看過哈姆雷特，今天又會看見維也納式的滑稽戲，在第二天又欣賞了魔笛 (Zauberflöte)， 而在第三天又不得不欣賞新的幸運兒 (Das neue Sonntagskind)。 這些內容與外表均不相同的東西，混雜的走進觀衆的腦子裏，印象非常迷亂，所以他們對於所看的戲，不能夠作適當的瞭解與判斷。 他又主張：不論戲或歌劇，只要劇團排演熟了之後，只要能夠賣座，就可以反複上演。 凡是舊戲，已經多年不演的舊戲，只要演出來能夠博得觀衆的喝采，也應當隔些時候，便反複上演。 如果有人主張常常看新戲，把經過非常辛苦而練熟的東西，只在觀衆面前演過一兩次就擱置起來，那實在是浪費戲子的精力，是決不應該的。 在意大利常常將一個歌劇連續上演達一個月或半個月之久，那觀衆也太有訓練了，他們竟不願要求時時變更。至於那些有修養的巴黎觀衆，他們竟把那偉大的詩人的古典戲劇，重複看了許多次，把那詩句都記下來了，任何音級的輕重都分別得很清楚。 歌德覺得在威瑪的演劇情形便與意大利法國不同了。 上演伊斐格尼和搭梭的次數，差不多三四年才演一次。 他說：「觀衆不耐煩看這種戲，這也是當然的。 但也可以說戲子沒有夠演那種戲的訓練，觀衆沒有看那種戲的修養。 但倘使戲子重複扮演而能精熟他所任的角色，演技能夠出神，成爲好像不是勉強記住，而一切都從他們自己的心裏湧出來那樣，那麼觀客也不會不感到興味罷。」 歌德又說：「我以前實在盲信我能夠教養德國的劇場。 是的，我盲信我自己能夠對劇場有所貢獻，能夠對這樣的組織與以相當的基礎。 我寫了伊斐格尼和搭梭，抱了以爲這樣會順利地進行的那種稚氣的希望。 可是觀衆並不因此受刺激和感動，一切都依然照舊。 假如我得了成功，博了喝采，那麼像伊斐格尼和搭梭那樣的作品，必定已經寫成了一打之多了罷。 材料是十分充足的；但是和剛纔說過那樣，沒有能夠用精神和生命演出那樣的戲的戲子，也沒有能夠用感情賞識那樣的戲的公衆」。 由這段話裏，我們才明白爲什麼歌德是那樣的讚美意大利和法國的演劇的情形。 又可明白，戲子與觀衆的訓練是多麼困難。以歌德那樣的文名，以歌德在威瑪所佔的政治地位，尚且有這樣的不如意，不能把他的劇表演到好處，可見彼時德國的演員與觀衆了。

對於威瑪的劇場，歌德盡過極大的力量。威瑪的大公爵卡爾．奧古斯特（Der Grossherzog Karl August）曾給歌德以全權，由他自由處理劇場。歌德便也將心力傾注在這個上。他所注意的不是華麗的佈景，不是發閃光的衣飾，而偏着重在選演優美的劇本。他所上演的也有悲劇也有笑劇，可是這劇本的本身必要偉大，內容必要快活美好。並且在所表現的整個精神方面，必須健全而有中心。凡是病態的，纖弱的，感傷的，恐怖的，悽慘的，傷風俗的，一概不演。歌德把戲劇作爲教育民衆以及戲子的偉大工具，所以他想利用美好的劇本使這工具生出效果。他認爲當於戲子們對於優秀的東西如果能不斷的研究，並且時時加以練習，必能够慢慢的把具有相當的天才的人，造成相當的人物。他也和演員們時常接觸，指導他們讀劇本，說明他們所擔任的脚色。並且和他們討論研究如何使他們演得更出色並且親自參預主要的試演。在上演的時候他也親身去看，到第二天的時候，他把他所覺得不好的地方都加以評論，使他的技術更有長進。除此之外，更有一點，是歌德所特出的，就是他不僅設法提高演戲的人的技術，並且努力擡高他們的社會地位，儘力使他們加入上流社會的交際。這個方法好極，因爲惟有與具有文學修養的社會相接近的人們，方肯努力作文學的修養；惟有具文學修養的演員，方能體會出劇本優美處與婉轉處；如此，他們方能在舞台上表達出這種深徵而不可言傳的妙處。試問一個粗俗的戲子，又怎能具體的表現出美秀的文學作品呢？注意到演員們的內面的外面的精神修養，是歌德一大貢獻，我們對此點不可不深加注意。據歌德說，釋勒與他的見解相同，他也是常與男女演員們相交際，對於任何試演都出席，並且，如果演員們把他們劇本演得很好，他常邀請他們，和他們歡樂一整天。一方面慶幸他們的成功，一方面商量下次再演時，應當改良之點。

一八二五年三月二十二日威瑪劇場失火被燒了。歌德對於擬定再建的新劇場曾發表過改良的意見。在舊劇場裏，是把樓廳分配給貴族，最高樓廳分配給公務員和青年職工們。富裕而文雅的中等社會有時因爲正廳被大學生們所佔據便沒有地位了。正廳後面的少數優等坐位及正廳前面的坐位也太少不够用，所以歌德主張在新劇場中要在正廳周圍完全圍繞以優等坐位，又在樓廳和最高樓廳之間設一列三椅的優等坐位，可見歌德所注意的，不僅僅是提高演員的修養，並且對於觀衆，也是同樣的注意。

對於戲劇作家，歌德最推重莎士比亞（William Shakespeare）。他認爲莎士比亞在人性的一切方面，一切高度和深度都已經發揮盡了，差不多，後來的人再沒有什麽被留下而可以自由運用的了。這是英國作家們感到的最困難的一點。不過莎氏的這種不可及的偉大，據歌德與愛克爾曼的意見認爲不專是莎氏個人的，而且是由他所處的時代的强盛的創造空氣而來的。只要一研究英國當時的時代氛圍，和那些作家，如約翰孫（Ben Jonson），麥新格（Massinger），馬爾羅（Marlowe）．畢蒙（Beaumont）和佛勒勅（Fletcher）便可知道以上的話是多麼正確了。歌德說：「莎士比亞譬如瑞士的山嶺。如將蒙白朗（Montblanc）照原樣移置於呂內堡（Luenburg）的廣大的荒野中，你將對於它的雄偉驚歎不知所云。但你若在它的雄壯的本國去尋它，經過其附近的雍哥夫勞（Jungfrau），芬斯忒阿訶侖（Finsteraarhorn），埃格爾（Eiger），惠忒爾訶侖（Wetterhorn），谷特哈爾特（Gotthard），和蒙特．羅撒（Monte Rosa）等大山而接近它，那麼蒙白朗雖在仍然是偉大，但是它却不能使我們那樣驚異吧。」（歌德對話錄三四—三五頁。）

歌德認爲像莎士比亞那樣驚人的作家祇能產生在莎士比亞的時代，在歌德所處的時代是不能產生的。他的理由是：莎士比亞的創作是一種不受紛擾的天眞的夢遊人的創作。這一類的創作惟有在能够自由飛翔的大宇宙中方能得以縱橫的儘量發揮作者的天才。他願意怎樣寫，便怎樣寫。他可以不必顧忌別人的喜怒，他可以不必受外人的評論所左右。只要他有貫天徹地的高超而美妙的思想，及生花的巧筆，他便可大膽揮毫，作大膽的創造。然而在歌德的時代便失掉這種自由了。新聞雜誌上面，有許多沒有天才的人，而偏偏要對於天才的作品狂加批評，譫加指導。作家們如果信了他們的話，其作品必如水下流，流入庸俗；作者們如果自行所是，不理他們，而他們便要搖筆狂吠，吠吠亂吠。而且這種低級的狂吠客，大部分都是對於作品下以否定的批評。使已成名的天才蒙冤，使未成名的望而卻步。他們眞是一種文藝界的瘴氣，一種作家們的毒物。所以在歌德的時代中難以再產生涉士比亞了。

歌德對愛克爾曼曾說過一個作家要儘量利用文化的遺產。有豐富的遺產自然可以產生富麗的花朵。他說涉士比亞對於德國文學有極大的影響。涉氏開拓的方面極廣，所寫的又是那樣超越，同時又是那樣的眞切，盡了人類文筆之能事。他說德國文學的大部分都是從勾爾斯密斯(Goldsmith)，費爾丁(二四)及涉士比亞來的。如果沒有這些外力，也許德國的文學不能發展的那樣快了。所以我們也可以說，歌德的文藝作品，自然包括他的偉大的戲劇浮士德，是集歐洲文學大成的著作。否則，雖然有了歌德也許他未必能有現在這樣偉大。

從以上所列舉之各點，我們可以明白歌德對於戲劇是如何的熱心，把戲劇看得是何等重要。同時我們又可以看出，他雖然身爲威瑪宮廷戲院的院長，但他所自著的劇如伊斐格尼及塔梭經過三四年才上演一次，這固然由於演員們不能把他的戲表演到極好處，及觀衆的學識較低尙不能對之加以相當的欣賞，但是，也是他所寫的劇本不甚適於上演所致。至於浮士德上演的困難，更是人所週知，歌德自己也曾承認。大概因爲人們不能對他的劇加以他希望得到的欣賞，所以他羨慕涉士比亞的時代，並且熱烈讚美像涉氏那樣大膽創作的夢想的天才詩人，引爲同志，而洩自己之抑鬱。所以我們如果把（一）他的劇經三四年才上演一次，（二）討厭報紙雜誌的否定批評，（三）羨慕涉士比亞的時代，讚美涉士比亞本人，這三項合起來看便可對歌德的關於戲劇的言論更可了解了。

歌德曾給威瑪戲院定出演員規則，凡演員出演時均必嚴格遵守。他一手所教導出來的演員吳爾夫（Alexander Wolff），曾經扮演過二十次浮士德，每次

(二四) Henry Fielding, 1707—1754，英國小說家及戲劇家，其名著爲 Tom Jones。

均能遵守歌德所定之規則。 這種規則所規定的頗與中國舊戲的方式相似。 中國舊戲，凡一舉一動，一哭一笑，一腔一調，無不有一定形式。 而歌德恰恰也認爲這種表演方合於眞正的藝術。 他認爲藝術與實際是兩件事，實際的人生並不是藝術，必須把實際的人生加以鍾鍊，加以形式的表現方得成爲藝術。 戲劇是藝術之一，所以戲劇也必要與實際有相當的距離，而採其精華，造成一種定型的形式表演，方能表現眞的人生。 歌德所定的演員規則，便是希望每個戲子都能這樣作去。 歌德曾讀過中國劇本老生兒，趙氏孤兒，並且在一八一七年九月四日給柯內伯爾（Knebel）談到中國戲劇，那麼，他這種戲劇表演的定式化的思想是否受到中國的影響呢？

四　世界文學的建立與中國文學

當歌德年老的時候，在他思想中曾展開一枝奇異的花朵，具有非常的氣魄，與高遠的理想——就是他主張建立世界文學。 可惜這種偉大而高貴的理想，竟未惹起世人的注意，一直被湮沒而少有人提起！以致這個最代表人類共通性的文學，仍然未能脫離種族及國家的狹窄的範籬。 在一八二七年一月歌德曾向愛克爾曼有過如下的談話：

「我愈想愈明白：詩文是人類的共同財產，她在隨時隨地在千百萬人的心裏出來。 某一個人比另一個人做得稍稍好些，比另一人游泳得稍稍長久些——不過如此而已。 馬遜遜先生（Herr von Mathison）不應當以爲他是獨一無二的詩人，我也不應當以爲我是獨一無二的詩人；而人人都應當對自己說：詩才不是很稀罕的東西，誰也沒有任何特別的理由，做了一首好詩便可以因此自負。 但我們德國人如其不從我們自己的環境的狹小範圍裏向外觀看，我們當然很容易陷入於這種炫學的自負的。 因此我很喜歡環顧其他民族，並勸告無論何人也應像我這樣去看。 國民文學在現今沒有多大意義，現今正是世界文學的時期了；人人現在都不可不有所作爲而提早這個時期。 我們不應當想：中國是頂好，或塞爾比亞是頂好或卡爾特隆（Calderon），或尼貝龍根（Nibelungen）是頂好……我們應當具歷史地加以觀察，而採照情形可以算是相當好的東西。」（見對話錄一二一頁）。

這段話是非常的重要，他說這話時已是七十八歲的老人了，正足以代表他文學修養的結晶。我們知道歌德是一位讀書極博的人，他所注意的國家由英國，法國，意大利，希臘，並又涉及近東（見其東西詩集（Westöstlicher Diwan）中國，美國（見威廉師之修業與遊歷（Wilhelm Meisters Lehr-und Wanderjahre）而望着將來（二五）。他是一個不顧種族不顧國家而極端崇拜文化的人。當他談到德國脫離了法國的壓迫時，他曾說他不惜恨法國，因為以法國那樣高的文化，以法國給德國有那樣多的學術的好處，他又怎能恨怒法國呢？如果沒有恨怒，他說他又怎能去負矛執戈去殺法國人呢？由他的這種思想看來，他已經不是德國的而是世界的了，他的精神已早就超越國境而飛翔於世界的上空了。有人說林肯是 more than an American，那麼，我們也可說歌德也是超越德國的，因為在他靈魂的深處自然而然的有一種世界大同的思想。他的這種思想與中國有沒有關係呢？有的，因為他所生的時代，正是承繼着文藝復興的餘緒，每個人都由黑暗中覺醒了，都孜孜的要創造，要開闢新天地，因而西方民族與東方民族有了接觸，不祇在地理上有了新的發現，即在政治，經濟，美術，文學，莫不視東方為一個新的宇宙。本着這種背景，歌德對於東方文化，特別是中國的文化，經過一番研究之後，他乃大聲呼了出來：「國民文學在現今沒有多大意義，現在正是世界文學的時期。」可是我們還要更進一步去研究，歌德為什麼那樣的喜歡研究中國的學術呢？其動力何在呢？

歌德到了老年時對於中國學術的注意，其程度之熱烈，頗惹起一些人的驚

（二五）歌德總文集中第二十二卷載有題名合衆國一詩。由鄭均吾先生譯為中文：亞美利加呀，你的好運勝過了我們的舊大陸，你沒有荒廢的城堡，你沒有火山的遺留。沒有無用追憶，與無聊的搏擊，擾你的國中的和平，直到如今。祝你乘時而多幸，你的子孫誦歌時，切屬他們注意騎士賊徒妖怪的歷史。

異。　以我們現在的眼光看來，大概歌德曾抱着一個很大的胸懷就是他把歐洲的文化的文化遺產以及希臘的筵席努力利用之後，他便轉了方向而想發掘這個東方的文學之國的寶庫，而再建立一些新的東西。　這些新的東西之中的最重要的一個便是他發現建立世界文學的理想。　他的這種思想的形成大概可分兩點：一個是，他以先不知道中國文學，他也與一般人一樣，先只知有己而不知有人。　可是他超乎一般人的是，別人看了他人竟不知予以正確的估價，而歌德看了之後，不但能鑑賞，並且由這個更推而知道，天地之大，除自己歐洲的各民族之外，其他民族對於文學也曾有寶貴的貢獻，因而引起他的好奇心努力去研究。　愈研究眼界愈寬，而同時又碰到了第二個因素中國的大同思想的哲學，這眞是"正中下懷"，於是他的世界文學的觀念乃完全成形。　我們試看他在威瑪大公爵的圖書館中所借的書籍，就可知他是多麼熱心研究中國了。　據該館的登記簿所載一八一三年十月四日至十一月十七日，歌德由威瑪大公爵圖書館借去：安德生：一七九二至一七九四年英使旅華記（二六）。　安德生：一七九二至一七九四年英使馬卡兒內旅華記（二七）。　金士：北京馬尼拉等處遊記（二八）。　金士：北京遊記（二九）。　一八一三年十月十二日借：馬可波羅：東方國記（三〇）。　許特內爾：英使覲見中國皇帝行程記（三一）。　沙特米爾：旅行家見聞錄（三二）。　一八一三年十月十

（二六）　Aeneas Anderson: A Narrative of the British Ambassador to China 1792—1794, London 1796。

（二七）　Aeneas Anderson: Erzählung der Reise und Gesandtschaft des Lord Macartney nach China 1792—1794. Erlangen 1795。

（二八）　M. de Guignes: Voyages à Pékin, Manille et l' Ile de France 1784—1801, Paris 1808。

（二九）　Guignes: Voyages à Pékin, 1784—1801, Paris 1808。

（三〇）　Marci Pauli Veneti: De regionibus orientalibus libri III, Coloniae Brandenburgicae 1671。

（三一）　Huttner: Reise der englischen Gesandtschaft an den Kaiser von China (1792—1793). Zürich 1798—99。

（三二）　J. P. Sattler: Neue Sammlung wahrer Schicksale reisender Personen. Erlangen 1784。

二月至一八一四年二月七日借：馬丁尼烏士：中華大國新地圖(三三)。 一八一三年十月十二日至一八一四年二月十七日借：巴羅由北京至廣州旅行記(三四)。一八一四年十月十二日至一八一五年二月七日借：雷謝爾士：埃及與中國哲學(三五)。 一八一三年十月十二日至一八一七年二月十七日借：馬可波羅：東方遊記(三六)。 他還讀過中國的文學譯品：老生兒(三七)，趙氏孤兒大報仇(三八)，好逑傳(三九)，玉嬌梨(四〇)，花箋記一(四一)，及今古奇觀幾段(四二)，詩：百美新詠。

歌德為什麼要這樣的努力研究中國呢？ 如果沒有像上段所說的那個大的慾望，沒有一個在心中燃燒的目的他又怎肯把他的寶貴的光陰放在這些研究中國的書籍上面呢？

他不止於研究中國的作品，並且他自己也作一些與中國有關係的東西，如在一七九六年他作的在羅馬的中國人 (Der Chinese in Rom) 如一八二七年一月的中德晨昏四季詞均是。 而尤其他在這十四首中德晨昏四季詞中他確實得到了中國詩的神味，充分表現出中國的安閑，幽靜，美雅，精緻及與自然同化，與

(三三) Martin Martinius: Neuer Atlas des grossen Reichs Sina 1656。

(三四) Barrow's Reise durch China von Peking nach Canton, 1792—1794. Weimar 1804。

(三五) Recherches Philosophiques sur les Egyptiens et les Chinois · Berlin 1773。

(三六) Marco Polo's Reise in den Orient (1272—1295) Ronneberg 1802。

(三七) 英人 Davis 譯成英文。

(三八) 由法人 P. Prémare 譯成法文。

(三九) 於一七六一年由英國僧正 Thomas Percy 譯為英文，一七六六由法國人署名M者由英文轉譯成法文。 又由德國人名 Murr 者由法文譯為德文，但他以為「好逑」是個人名，所以翻成為 Die angenehme Geschichte des Haoh Kjo'h（好逑的快樂故事）了。

(四〇) 由法人 Abel Rémusat 譯成法文。

(四一) 由英人 P. P. Thomas 譯成英文。

(四二) 由法人 M. M. Davis 譯為法文，其書名為中國短篇小說集 (Contes Chinois) (Paris 1827)。

美景相忘的那種超然境界。 茲錄四首馮至先生所譯之詞於下，以供參考：

中德晨昏四季詞

一

怎肯辜負好春光，
吏塵僕僕人消瘦；
夢魂一夜到江南，
草色青青水色秀——
臨流賦新詩，
踏青攜美酒，
一杯復一杯，
一首復一首。

七

比陽春更豔，
那怪我常常留戀，
況又是平原草淺。
曾記得花園裏，
來就我，翩翩地，
訴心事，從頭細。
她完全是我自己的，
怎能夠教我忘記。

八

暮色徐徐下沉，
身邊的俱已變遠；
長庚星的美光，
高高地最先出現！

一切在不定裏動移，
霧氣霭霭地升起；
黑暗深沉的夜色，
反映着一湖靜寂。

九

在那可愛的東方。
我感到月的光輝，
柳條裊裊如絲，
拂弄他附近的河水。
由陰影中的游戲，
顫動着月的幽光，
由雙眸輕輕潛入，
沁入肺腑的清涼。
過了黃花時節，
才曉得黃花的價値。
有亭亭最後一枝，
孤傲的補足了滿園秋色(四三)。

我們如考究歌德的建立世界文學的思想歷程，恐怕不出以下幾個層次，一：他有接受外國文學成績的寬闊胸襟，如他接受莎士比亞，拜侖，莫里哀等人；二：因時代的關係，中國文化已經流入西方，歌德又用接受希臘英法等國文學的同樣態度來接受中國。及到與中國思想相接觸，覺得牠與衆不同，特別有股清新之感，因而便起而研究；三：研究之後，才知道除了歐洲，世界尙有許多別的地方也有同樣好或者更好的東西，因而把原來的狹窄的觀念打破而把目光銜到

(四三) 見歌德與中國文化，衛禮賢(Richard Wilhelm)著，溫晉韓譯，載於小說月報號外，中國文學研究。

整個世界；四，又看到中國的大同哲學，於是世界文學的觀念乃具體建立。假如他所見的中國文學是一團糟，或者是很卑汚不足道的東西，那麽，他的世界文學的思想也或不會成形。因爲他將要以看不起的眼光來看東方，而以自視甚高的神氣來看自己了。那樣，恐怕祇賸了歐洲文學，尚有什麽世界文學！幸而，流到歌德眼中的中國文學作品，雖無不是中國的第一流的東西，然而却竟引起了歌德的讚美，因而才把他的眼光引誘到了東方來，引到整個的世界來。這個可以從他與愛克爾曼的談話來證明。歌德有一天告訴愛氏，說他讀一本中國小說，頗惹起他的注意。愛氏也與普通人一樣，也是以奇異的眼光來看中國的，所以他說：『你在讀中國小說嗎？大概看去很異樣罷？』而歌德卻說：『並不是和應想那麽異樣。那些人幾乎和我們同樣地思想，行動和感受，讀者不久就覺得自己和他們是類似的人，只不過在他們那裏，一切都來得更加澄明，淸純和文雅（sittlich）罷了。在他們那裏，一切都是合理的，市民式的，而沒有多大的熱情和詩的激昂，因此和我的赫爾曼和陀羅特亞以及李卻特遜（Richardson）的英國小說有很多相似之處。但兩者又有差異，這就是：在他們那裏，外面的自然界是常和人的形像（Figur）共同生存的。常聽見金魚在池裏游躍，鳥兒在枝上啼鳴，白天常是晴爽，夜晚常是淸明；很多講到月亮，但月亮並不改變風景，月光被想爲和白天同樣明亮。而家宅的內部是和它們的圖畫同樣淸楚優美。例如說：「我聽見可愛的女子們笑，而看到了他們的時候，她們是在精美的藤椅子（Rohrstuhl）上坐着。」你就可以想見一種極可愛的情景（Situation）；因爲不聯想到極度的輕便和纖美是決不能想像藤椅子的。還有無數的傳說（Legenden），常在說部裏並行，可以說是諺語似地被應用着。例如講一個女子，說她的脚是那麽輕而纖美，她能夠在花上站穩（balancieren）而不把花兒折斷。又講一個青年，他是那麽賢德而能幹，在三十歲時得有和皇帝談話的光榮。又講一對情侶，在長久的交際之中竟會是那麽自制，有一次他們不得已在同一房間裏過夜，通宵以談話消磨時間而不相接觸。又有無數的傳說，都是講禮儀道德的。但也正由於這種在一切事情中的嚴肅的節制，中國方能維持了好幾千年，因此還將繼續存在。』（歌德對話錄一一九——一二〇頁）。愛克爾曼問歌德說，他所讀的中國小說可是中國小說之中的極好的作品嗎？歌德說：『決不是極好的罷，中國有千百種這樣的小說；在我們的祖先還在樹林裏生活的時候，他們已經有小說了呢。』接着這段話之後，歌德乃發表他的世界文學的意見，可見他的這種思想的形成是在讀了中國書籍之後，有鑑於中國文學作品之優秀而發。所以他說他愈想愈明白，不要在狹小的環境裏作炫學的自負，不要以爲自己是獨一無二的詩人，而要環顧其他民族，而要建立世界文學，並且要大家一齊努力放大眼光儘量把世界文學的實現期提早！

不止於在世界文學的建立之理想上，歌德受了中國文學的影響，同時在他的作品中，他也確實把中國的東西加以引用了。衛禮賢（Wilhelm）在他的歌德與中國文化中說：『歌德在他的戲劇「愛情的凱旋」的第四幕描寫（中國式的時髦）時尚：墨茜和妮被人奪去的事情演完後，就演引她到陰曹去的那一幕也就變成中國的公園一樣：

曲徑迴環夾着淺池飛瀑，
寶塔，洞穴，斷壁草原，
更有煢煢漁舍，供沐浴的帳帷，
中國式的廣廳，彩亭，……。

中國的文學對於歌德的印象是多麼深啊！我又想到中國的大同思想也許對歌德的世界文學之建立思想有關係。歌德所讀過的中國小說如好逑傳等都是孔子思想的產物，所以我們雖然沒見他提出孔子的大同思想，但我們也可以懸想，他的世界文學的建立，即使不是直接的，必也間接的受到孔子大同思想的影響，因爲他研究中國是不能不首先與這種思想相接觸的。但這個沒有直接的證據，所以本段不標題爲世界文學之建立與中國思想，而題爲與中國文學。

五 代表歌德全部思想的浮士德

任何作家，很少能有一部作品能够代表他的全部思想。惟有歌德的浮士德竟能如此。他自己承認他的這部作品在一七六九年就起始構想，直至一八三二才完成。經過了六十餘年；佔據了歌德的成年後的整個生命。試問有誰的作品曾經隨着生命的波浪蘊育有如此之久呢？他在自著的詩與眞實（Aus meinem Leben, Dichtung und Wahrheit）中說：「關於（浮士德）的民間所傳說的著名傀儡劇故事，時復在我心中呟然響，嗡然鳴，發爲種種音調，幻爲種種色彩。因爲連我也是和浮士德一樣，終日勞勞逐逐於各種智識，力追力求，然而連我也是和他一樣很早地便感覺到了人類智識之空虛無用。連我也在生活中曾以各種各樣的方式嘗試了人類的智識，但總是更不滿意的，更煩惱的，退了回來。」(四四)。

由此可見浮士德是最能代表整個的歌德的思想的著作了。故在本文中，對於牠不能不予以相當的地位，加以陳述。據我們所知的，浮士德有三種本子；一是浮士德初稿（Urfaust）是一八八七年一月五日文學史家施密特（Schmidt）在格希好森（Luise Goeschausen）公主家發現的，其中的浮士德是位青年學者，"酒肆"及最後的"牢獄"是用散文寫的。這是他在一七七五年去威瑪過政治生活以前寫成的，頗受盧梭所提倡的返於自然的影響。自一七七五年後，他曾去瑞士及意大利旅行，因受古羅馬古典藝術的影響，因而將狂飈運動時期的奔放浪漫的幻想慢慢改變成爲古典藝術的澄明寧靜的趨向，於是乃改寫浮士德初稿而於一七九〇年發表浮士德斷片（Fragment）。其中的浮士德是一位老年人因吃了藥酒而變年青了三十年。這是第二種本子。第三種本是浮士德上部。這是在一七九六年寫起的，這時他運用了古典的精神和形式作成了"獻詞"，"天上序曲"及"舞台上的序劇"又有浮士德與靡非斯特之辯論及締約及"市門之前"

(四四) 見葛德論自著之浮士德（一至二頁）梵澄譯，商務版。

及"華爾布幾斯之夜"等場，於一八〇六年告成，於一八〇八年出版。在浮士德上部裏，浮士德有三個不同的形式，在"獻詞"裏是青年的學者，在正文裏是髮鬚如銀的老教授，後來他吃了藥酒又變成為貌美年青的愛的追求者。

在一七九七年三月歌德將浮士德作成一個概略，將第一第二兩部分劃為三十部分，一至十九為第一部，以下為第二部。當時他已着手寫"海倫納"，但停下了，未繼續進行，直到了一八二五年又開始繼續寫，到一八三二年正月寫成，不久他即逝世，第二部於他死後即被發表。

由以上可見浮士德是經過多次改變的。牠不僅在歌德的筆下有着不同的變化，而其傳說的本身也因時代思想的差異而顯出種種不同的影子。直到十六世紀，德國走進商業資本時代，科學思想加緊發達，並且因為見到科學發明所顯出的奇蹟，便聯而想到要利用魔術，巫術以尋求眞理，所以到彼時浮士德的傳說乃定型為他是以魔術探求知識，因享樂而出賣靈魂的人。這時候見之於文字的有一五〇七年八月二十日特利戴密斯 (Trithemius) 給哈斯福特 (Wirdung de Hasfurt) 信中提到的小浮士德 (Faust le jeune)，一五八七有位佚名的作家印行了醫生浮士德的歷史，一五九九維得曼 (George Widmann) 作出浮士德的傳說。英人馬爾維 (Christopher Marlowe) 於一五八九年作醫生浮士德之生與死劇本。從這以後，浮士德又成了傀儡劇的主角。這種傀儡劇於十八世紀時在德國極為流行。歌德在年青的時候看了就為所動。雷興·格艾 (Gotthold Ephraim Lessing) 曾企圖將舊的傳說寫成為文學作品。繼雷興之後有些狂飆時代的詩人也想要利用這個題材。柯凌戈爾 (Friedrich Maximilian Klinger) (一七五二——一八三一) 曾寫過關於浮士德的小說。但是他把這位角色寫成為一個新教徒及反抗具有特權的貴族階級的戰士，而非完全是眞理的探求者。惟有到了歌德才給浮士德以正確的估價，並且以美妙的文筆畫出其種種采色。歌德是自然美景的讚美者，同時也具有海闊天空的胸懷，所以寫浮士德一開首便寫浮士德由小街陋巷的狹小境地，要展翅向偉大的宇宙而飛翔。這位年老的博士研究一切的哲學和科學，都不能得到眞理，他說道：「哲理呀，法律呀，醫典，甚至於神學的一切簡篇，我如今，啊！都已努力鑽研遍。……我心焦欲燃，究竟所知有限！……我所以纔拼命學神仙，看有多少的玄機，能藉神力神舌道穿。……啊！我爲什麼還要坐監？ 這汚濁的玻璃，瘟穢的窗眼，便是那幽藹的天光，透過後也生了塵垢！」這正是歌德的思想。 一個透視力極强的詩人，是決不能滿意於現狀的，所以他要飛，他寫道：「飛！飛！請你飛入那寬宏的境地！……你如能解釋羣星的天路，解釋得"自然"的教諭，你的靈力會從胸中醒來，如精靈與精靈對語。」（四五） 這可以說是第一部浮士德的第一個主眼，也可以說是歌德一生的思想的第一個主眼。 然而魔術仍不能解宇宙之謎，仍不能把眞理顯示在他眼前，浮士德乃要自殺，可是那代表希望與快樂的，及由神轉到人的，及那純潔而又實際的復活節的鐘聲與合唱，又把"復活"的念頭喚醒了。 他說道：「可是這幼年時聽慣的聲音，如今他又喚回了我的生命。……一種不可言說的渴美憧憬，把我驅引到郊外的原野與森林，千行熱淚在我頰上迸流，我便感覺着我與萬彙新生。」 從這時起，浮士德不再在書齋中討生活了，不再在書典中求眞理了，乃勇敢的走入人生的大羣中，要在那裏飲一杯人生眞正的美酒。 可惜！年歲空爲知識所蝕，青春早已埋葬於陋室，顧往思來惟絲絲銀髮，弱老殘軀！什麼入世的壯志，什麼人生的美景均如遙遠蜃樓，可望而不可及了。 懷熱望而難達，惟有淚珠點點！望前途而徘徊，又難滅對人生之憧憬！ 傷哉！ 此時之浮士德。 恰在此際，魔鬼麼菲時特（Mephistopheles）的魔力，又使他回復了青春。 浮士德便以血簽字，把自己賣給魔鬼了。 凡是肯定人生，愛慕人生，對人生具有無限熱望能像浮士德——其實就是歌德——那樣的人，誰能不把自己賣與魔鬼呢？ 這是第一部浮士德的第二個主眼，也是歌德一生思想的第二個主眼。 浮士德突然又得到了青春，又有機會來嘗人生的美味，他的行動不免要急激，過火。 所以他誘戀了商人之女馬甘淚（Margarete），殺了他的哥哥；

（四五） 見郭沫若譯之浮士德二十九頁。 凡本段所引之浮士德第一部譯文均摘自此書。

她也以催眠藥弑母及溺斃她的私生子。因此犯罪入獄。浮士德逼迫魔鬼一同去救她，乃藉魔法入獄。她見了浮士德不但不惱恨並且依然對他熱愛無比。但他勸她也藉着魔鬼的法力逃出獄中，她竟不肯。後來因為天將黎明，魔鬼糜非斯特的法力將要失效乃急催他們出獄。她一見有魔鬼在旁乃對浮士德也討厭了，乃跪下向上帝呼救，天空忽有神聲，說：「她已被救了。」魔鬼挾浮士德逝去。這是浮士德的第一部。歌德對第一部感到不滿，乃又寫浮士德第二部。其大略情節是：馬甘淚死了之後，浮士德感到良心之不安，乃回到大自然之懷抱，臥於花草芬芳的草地上。時有邪神阿利愛兒（Ariel）及其他嬌小的精靈們在空中飛旋唱歌以解除他心境的悔惱。浮士德與糜非斯特到一中古時代的宮殿。糜非斯特勸誘國王以未開發的金礦作擔保品發行紙幣，因而取得了國王的信任。國王乃又讓糜非斯特設法使巴黎司（Paris）與海倫納（Helena）復活。但魔鬼雖有破壞的本領却沒有創作的能力，所以他無法爲力，而浮士德雖然沒有糜非斯特的那樣魔法，但他能用思想，因而他從"母親們"（象徵思想）得到一隻神鼎（象徵古典藝術），由牠得到巴黎司與海倫納（象徵古典美）。但是因爲浮士德一見海倫納姿容絕美，頓生愛慾，想由巴黎司手中搶來據爲己有，乃突發爆聲，浮士德倒在地上，精靈化爲霧氣而消失，乃成爲黑暗騷擾。後有浮士德的門徒瓦格納以科學方法造一小人叫作何猛苦魯斯（Homunculus）。於是何與浮士德及糜非斯特一齊去找海倫納。果然找到，浮乃與海同居生子名爲歐福利昂（Euphorion）。這個小孩有一天說：「讓我跳舞！讓我在大氣中跳躍！我要穿入一切，攫住一切：這便是我的快樂。」浮士德勸他道：「你須變得和平一點，小心一點！快快按捺住這類的大膽！你不要爲你自身預備下跌跤與境非。哦，我的愛兒，如你有所不幸，便是我們的不幸呀！」而歐福利昂却說：「我再不願老居住在地球上！你們應將我的手我的頭髮，我的衣服託付給我，因爲這些東西都是我的。」海倫納道：「啊！思索！啊！想你屬於何人！這是何等的不幸，倘使你擾亂我們的結合：我，你，和你的父親。」但是這小孩不顧這個，後來他"展開翅膀，參加戰爭"，乃向天空飛去，飛得高高的，突然墮地而死。海倫納說：「生命和愛情的帶兒都已中斷。」乃擁抱浮士德，頓時她的形骸消滅。祇賸了衣服面紗留在他的懷裏。但她的衣服與面紗竟變成雲彩，圍繞浮士德將他帶上一個山峯。後來他在國王所賜給他的海邊荒地建設他的偉大城市。他要創造一切；他「誠心地服從：自由和生活」，他「願意看見這自由的的地上有自己的人民住屯」；他要親眼看這黃金時代的到臨；他竭盡智力要使高尚的理想實現；他對於未來懷着美麗的希望；他喊：「美啊，你站住罷！等候我罷！」在這最高的美的追求而將實現之剎那間他嘗味到高尚的滿足，他死了。天使由天空散薔薇之花，阻隔魔鬼不得接近浮士德的屍體，浮士德的靈魂乃隨天使而昇天堂。

這是多麼動人的一個悲劇呵！無怪當世人以及後世對牠歌謳仰拜了！

但這樣好的浮士德不是短期寫出的，這乃是歌德的思想結晶，這乃是歌德全部的思想主脈。他在一七九八年四月二十一日曾給釋勒一封信說：「這些日子浮士德總有增加；無論加上去的多麼少，這終歸是一番很好的準備和預兆。這許多年來，使我對於這部作品總在躑躅不動手的原因，便是將那舊日已經凝結的材料重加溶解的困難。我已照着大名鼎鼎的金匠雪里尼 (Cellini) 的辦法，用一堆錫盤子，一大捆乾硬的木柴，加工燒鍊，現在只希望切切實實地使這作品得以重復溶解流動。」(四六)

關於浮士德的第二部，在一八二九年十二月六日歌德向愛克爾曼說：「因為這立意佈局太舊了，而五十年來我總加以思考，便使內容異常充實，以致現在材料底去取，成了很難的事。第二部底起意，的確是遠在五十年之前，像我方纔所說的那樣的。但直到現在我方才將其寫出，在我更明白一切世事之後，這是與這著作有益的。在我，這好像有人在少年時候有很多銀錢銅錢，而一生只是

(四六) 見梵澄譯：葛德論自著之浮士德十五頁。

最高價的兌換，以致終于在老年見到自己少時的積蓄全成了純金幣。」(四七)

不止於在時間方面，他對於這部偉作曾經用了五十年的思考，並且在空間方面，他也是在儘力量之所能及的，去運用全歐洲所能供給他的材料。他在一八二六年二月十六日他向愛克爾曼說：「在我的葛茲・封・伯里興根一劇上，我作了很幸運的一着；這肢體是我的肢體，骨肉是我的骨肉，以此就大可作成一點什麼了。反之，在維特和浮士德，我又得取自自己的胸懷了，因爲流傳下的故事不很久遠。魔鬼與妖靈的性質，我只寫過一次；我很高興將我的北方的遺產花光了，轉而赴希臘的筵席。」(四八)

他說他「轉而赴希臘的筵席」，眞的，他在浮士德第一部，一開場便是中世紀的德國小城，登場人物也是仿照彼時的服裝，詩與說白也是摹倣十五世紀的形式。在第二部，以海倫納的復活象徵古典美的復活，以浮士德與海倫納的結婚象徵德國文化與古典的文化之結合，他們的兒子歐福利昂則代表浪漫主義，而竟因不滿足於現實而飛到天空墮地跌死。全篇都是用着古典的詩句與韻律。這便是他極力利用希臘文化遺產及爲希臘文學所影響的具體證明。

歌德之接近古典主義，固然是與他在意大利旅行有關，然而，我們敢相信：卽使歌德不去意大利，當他到老年時也一定離開浪漫主義而走入古典主義。因爲在他的全部思想中，甚至就是在他的青年時期，他均是十分注意到現實，注意到觀察實物與自然界。注意實物與自然界的必需條件是"理解"與"平靜"。而這兩個條件又是古典主義的骨子。所以，以浪漫主義起家的歌德，就其思想的歷程而言是一定不移的要以古典主義爲歸宿的。到寫浮士德第二部時，他的肯定現實的態度更堅決了，積極的創造性更增加了，不止他把歐福利昂寫得因爲要作無意識的飛求而跌死，並且他把靡非斯特寫成一個完全失敗的魔鬼，而這個魔

(四七) 見前書四十九頁。

(四八) 見前書十九頁。

鬼的所以失敗正是因為他是一個"否定萬事的精靈。"正是因為他認為「應該輕視人類最高的力量：理智與科學。快讓眩惑及伶俐鬼的幻術來解你的械。」

歌德的肯定現實的思想在浮士德第二部中說得非常透澈在饑饉，債務，憂慮和危迫的四位婦人向浮士德說話時，浮士德道：「我於世上馳騁，我握住了各種快樂的頭髮，忽略了不能使我滿足的東西，放棄了欲離我的事物。我只成就了我的希望，而我還不斷的希望：這樣我把我的生命推到一永遠不停的勤勉中。起初呢，我是偉大而有力；現在呢，我是與「賢智」「慎重」同行。全地球的事物，泰半不能瞞我，然而我們不能預測別一世界的情況，所以，那轉目注視到那一方面，自信超過白雲，超過人類的人，是多麼不量力！他應當專肆力於我們的地球；人世呢，它對於稍有價值的人決不致默然不理。何苦向「永遠」中飄蕩？人類對於他所知道的東西纔有把握。那麼，他走他的路，不提幽靈；他應當前進，他能達到幸福或否運；人心是不會滿足的，對於好如此，對於壞亦如此。」(四九) 這段話最能代表老年歌德的思想。

浮士德在歌德的筆下愈變愈積極，愈來愈富於創造性。麋菲斯特願意送給他一個王國，他拒絕了，他要自己創一個，他要用自己的一切去造一個。直到後憂慮把他變成瞎子，而他的精神愈更高昂，這是歌德老年思想的精華，也是歌德的偉大不可及處。當浮士德瞎了時，他說道：「夜似乎更黑暗一些，可是於我心中有一明火燃着。我所決定的計劃，我迅速地去實行。只有上帝的言語是有力的。噯！你們，我的僕從，快快起床，快把我膽大地想下的東西給我看；拿住了儀器，搖動鏟子與木椿；我們要使這指定的建設實現；精確的秩序與迅速的專工自能致良好的成績。唉！希望這個最偉大的工作完成，一個智慧能領導千百付手！」(五〇) 這是何等氣魄！這是老年歌德思想的極峯。

從這些點上看來，就可以明白，為什麼無論左派或右派的思想家，對於歌德

(四九) 徐仲年譯，載於歌德的浮士德見大陸雜誌第三期。

(五〇) 同前註。

都一律讚許。又可明白為什麼這部浮士德是如此的難產。以天才如歌德者不難一揮而就，倚馬可待，而竟蘊育了五十個年頭才寫出來，這是多麼慎重的一件品品啊！總之，我們可以說浮士德第一部是表現：飛，飛出狹窄的境界，到大宇宙去；追求理想，享受人生。第二部是：既已飛出去了，既已享受到人生了，便要平平靜靜的，以最高的理智擬定計劃，以勇敢無畏的自信使計劃實現，所以不止瓦格納以科學方法創造了一個小人，不止浮士德與海倫納結合創造了小歐福利昂，不止浮士德在荒涼的沙灘上創造了城市，而他，這個愈老愈前進的老浮士德還望着前途而希望能實現其偉大的將來。雖然盲了雙目，仍然在黑暗中看見光明；雖然已經年老體衰，而青春之火，仍然在熊熊的燃燃；沒有一點灰退，沒有一點失望，沒有一點玄想；以絕頂的大力，週密的計劃，奮然去追求理想，猛然去努力創造——這便是整個的老年歌德思想，這便是歌德以絕卓的天資，利用了全世界的文化遺產，經了八十三年的歲月所鍊成的寶物！（五一）

魏蘭·馬丁說歌德是「人性中的至人」，誠哉斯言！惟有人性中的至人方能具體的表現人類的至高理想，方能把人性中之高貴美德發揮到極致！當吾讀於研究老年歌德全部思想之後，方知魏蘭與馬克斯對於歌德之讚許確有其理由的。（五二）

（五一）法人石達弗爾（Stapfer）曾將歌德的戲曲譯成法文，安貝爾（Ampère）在巴黎發刊的 Globo 中曾加以批評。一八二七年五月三日歌德向愛克爾曼說：「他（指安貝爾）精密的研究了我的生平以及精神狀態的轉變的路徑，……關於浮士德，他說：不僅是主人公的陰鬱的，不知足的努力，就是梅菲斯特的冷笑和辛辣的諷刺也是我的本性中的一部分，這話實是是極恰透切的。」——見周譯歌德對話錄一二八頁。——可見浮士德是多麼能夠代表歌德。

（五二）我國之浮士德譯本有二：一是郭沫若譯，民國十八年，泰東書局出版，祇有上部；一是周學普譯，民國二十四年商務印書館出版，上下兩部全。

赫爾巴特學派與他的反對者

Die Herbartsche Schule und ihre Gegner

王 錦 第 著

我們現在的這篇文字是繼續赫爾巴特的生平及其教育思想而寫的，那篇文字所講的是赫爾巴特自己的思想，這篇文字所要談的是赫爾巴特在學問各部門的影響，尤其是在教育界的影響。 我們知道赫爾巴特自身實際辦教育的經驗，除了做過三年的家庭教師及創立附屬實驗學校之外，便都是講學及從事著作的生活，所以他的成就是教育學系統的建立，至於他所以能在教育上發生極大，很久，而且世界主要國家幾乎都受他影響的緣故，這是他的門人及接受他學說的人在理論及實踐上，為他盡力宣傳普及的力量而來。 因為赫爾巴特的哲學思想與當時為德國哲學界主流的觀念論派不相容，所以赫爾巴特的學說不能立刻引起多大的反應，但是觀念論派的大師黑格兒與謝林（一）死去之後，赫爾巴特的學說便擴大起

（一） 謝林（Friedrich Wilhelm Joseph Schelling 1775—1854）是與黑格兒，菲希特等哲人一樣，同為德國觀念論派的大師。 從一七九〇年至一七九五年，謝林在 Tübingen 大學神學院研究哲學與神學。 後來在萊比錫做過兩個青年學生的私人教師，並且在這個時期他自己研究教學•物理學，與醫學。 一七九八年在耶拿做了哲學教授。 在這裏他接觸了浪漫派的風氣，而產生了他最拿手得意的工作。 此後，他又變換了好幾次的位置，做過美術專門學校的校長等職。 他曾被聘到柏林大學去與當時流行的黑格兒哲學爭一席的地位，但是沒有什麼成功。 謝林的思想可以分為三個時期！ 第一期是祖述菲希特的哲學，在這個時期他著有：一個自然哲學的觀念（Ideen zu einer Philosophie der Natur 1797），從世界靈魂（Von der Weltseele, 1748）及超驗的唯心主義體系（System des transcendentalen Idealismus, 1800）。 第二期表示他受了卜魯諾（Bruno）及斯比諾沙（Spinoza）的影響，他把自然與精神看為一個比高原則的兩方面，在這個時期他著有：卜魯諾（Bruno, 1802）及學園派的研究方法（Methode des akademischen Studiums, 1802）。 第三期完成了他自己的思想體系，直到他死，他的第三期著作，尚未出版，後來由他的兒子編成全集，在一八五六年。

來，於是有赫爾巴特學派（Herbartschule）的產生。赫爾巴特的教育學一方面是科學的教育第一個創立者，同時也可以說是"舊教育"的集大成者。有人把舊教育的特徵舉出下列十條：

（一）舊學校大都以"耳"爲教育的媒介，"目"在其次，動作與行爲一點也沒有做到。

（二）教師在學生面前指示及說明教材，提出及聽取問題而加以批判。

（三）質問是教師的任務，學生惟有受質問時才回答，學生的質問或提議，至少是不很歡迎的。

（四）因此學生的立場始終是被動的，所以自發活動，生產及創造的能力，都因被忽視而薄弱起來。

（五）教師是根據已定的過程與形式，而執行教學的工作或"支配者"，學生對於教師只是"服從者"，所以"新教育"的學者把舊學校叫做："教師的學校"。

（六）學生幾乎嘗不到作業的快樂。

（七）陷於偏重教材，和"教授的唯物論"（Didaktischer Materialismus）。

（八）雖然有"學級"或"班級"這樣錯誤的團體存在，但是眞正的共同社會精神並不存在，因此有共同社會精神的共同社會教育，完全希望不到。學級的組織與經營，全憑教師去設施，對於學生的自治活動，並沒有留下絲毫餘地。

（九）舊教育把孩子們看作不完全的成人，不是爲了他們的現在，而是爲了他們的將來而施以教育。

（十）只根據暗記，模倣，復習等機械的學習方法。

我們知道赫爾巴特及赫爾巴特學派的教育學，也就是後來被稱"舊教育"的這一派，支配教育思想有半世紀左右，而後起的"新教育"又以批評赫爾巴特的教育學爲建立"新教育"的出發點，所以我們對於赫爾巴特及其學派的反對者也要簡約的敘述一下，這樣便使我們對於到今日爲止的過去一世紀的教育學，得着一個鳥瞰的巡禮，本文所講的便是赫爾巴特學派與他的反對者。

赫爾巴特是在多方面的學問上都有成就的學者，同時他又是自成一家系統的哲學家。在心理學，倫理學，美學，宗教學，哲學，教育學等各部門都有獨創的思想，並且在一貫的基礎之上建立了嚴整的體系，所以赫爾巴特的繼承者在各學問的部門都有人在，不過他的最大影響在於教育學方面，現在我們先講赫爾巴特在教育學上的繼承者。賴恩（Wilhelm Rein, 1847—1929）曾經把教育學上所謂赫爾巴特學派分爲下列三派：

（1）舊派或保守派（die ältere Richtung），

（2）新派或補充派（die Fortbildung），

（3）專門於實行者派（Verbindung und Vermittelung mit der beherrschenden Praxis）。

屬於舊派的有外滋（Theodor Waitz, 1821—1884），司特籃佩（Ludwig Strümpell, 1812—1879），凱恩（Hermann Kern, 1823—1891），石推（Karl Volkmar Stoy, 1815—1885），弗立克（Otto Frick, 1832—1892），薩偉爾克（Ernst von Sallwürck, 1839—1926），及藍格（F. A. Lange, 1827—1875）等人。屬於新派的有齊勒（Tuiskon Ziller, 1817—1882），福格特（Vogt），朱斯特（K. Just），及瑞恩自己等人。屬於專門活躍於實行派的有德爾浦培（Fr. W. Dörpfeld, 1824—1893）以及各國的教育家等人。由這些學者所代表的赫爾巴特學派稱霸於十九世紀後期的德國教育界。在這些赫爾巴特學派的繼承者中，石推，齊勒，及賴恩自身三人尤爲著名，可稱鼎足而立的三位赫派大將。這三人中的石推及齊勒二人開始把赫爾巴特的教育學說實際實用到學校教育上，但是因爲他們二人的態度不同，於是赫爾巴特學派從此分爲兩個方面，正如黑格兒的學說在黑格兒死後分爲保守派與革新派一樣。這就是石推始終忠實的祖述赫爾巴特自己的學說，把赫氏的學說應用在中小學的實際教育，特別是在小學校方面，石推的後繼者更把赫爾巴特的教育學應用在中學的實際教學上，所以被稱爲赫爾巴特學派中的保守派。　至於齊勒並不固守赫爾巴特的立場，他有自己的立場，對於赫爾巴特的教育學說自由的加以解釋，繼承着這種自由的立場最徹底的要算賴恩，所以這一派被稱爲赫爾巴特學派中的革新派或補充派，也可以叫做進步派。　現在我們就這新舊兩派中的幾個重要的代表人物，就是進步的赫爾巴特學派中的齊勒及賴恩，保守的赫爾巴特學派中的石推及弗立克，把他們的生活，思想，及事業簡約的敍述一下，因爲齊勒及賴恩在學問上成就上最高，所以我們的講述先從這個教育家說起。

進步的赫爾巴特學派：齊勒及賴恩

齊勒 (Tuiskon Ziller) 生於一八一七年，卒於一八八三年。　他的故鄉是在德國圖林根 (Thüringen) 一個小市。　他父親是神學家，母親很賢明。　當他十三歲時入了鄉里的文科中學，畢業後在一八三七年入來比錫大學，主修哲學及語言學，兼習赫爾巴特的教育學。　大學卒業後曾經一時任故鄉文科中學的教師。　但是齊勒是一個"愛智者"，在一八五三年再入來比錫大學，繼續他的治學生活，這一次他研究法律，並且任爲這個大學的講師。　但是他對於教育學的趣味很濃厚，所以從一八五三年以後，兼任教育學的功課。　在一八五六年著了一部：普通教育學入門 (Einleitung in die allgemeine Pädagogik)，就在同年還有一本兒童的管理 (Die Regierung der Kinder) 出版，在這兩部著述中表明他是繼承赫爾巴特主義的。　後來得到巴特安斯 (Ernst Barth) 博士的助力，倣法赫爾巴特在科尼斯倍 (Königsberg) 大學的辦法，齊勒在來比錫大學設立教育研究所，並且附設實習學校 (Übungsschule)。　一八六四年升爲副教授，在一八六五年刊行了齊勒在教育史上劃期的大著：教育的教學基礎論 (Grundlegung zur Lehre vom erziehenden Unterricht)。　到一八六八年又創設了科學的教育學聯盟 (Verein für wissenschaftliche Pädagogik)，齊勒自己便做了"盟主"。在這個時期他治學依然很勤，一八七六年著成普通教育學講義 (Vorlesungen über allgemeine Pädagogik)，一八八一年又寫成一般哲學的倫理學（Allgemeine philosophische Ethik)。一八八三年去世，享年六十六歲。

齊勒的教育學：齊勒在教育學上的出發點是赫爾巴特主義，但是他的目的是想把赫爾巴特的教育學說自由的加以解釋與補充，使赫爾巴特主義更進於完善。他對於赫爾巴特主張教育歸宿點是道德（想當於大學之道，在明明德……在止於至善），教育出發點是興趣等論，很信奉的祖述着，但是對於方法問題，頗發表了幾點青出於藍而勝於藍的見解，在教育史上齊勒有三個爲人注意的說法，就是：（1）文化史的階段說，（2）集中法，及（3）五段教學法。

（1）"文化史的階段"(Kulturstufen)說是認爲人類文化的發展階段與兒童心理的發展階段相當，就是說教材的排列要照"生物發生的原理"(biogenetischer Grundsatz)，從時間上看來，人類由野蠻而漸漸的進入文明，兒童心理的發展也是這樣，這就是所謂"重演說"(Rekapitulationstheorie)，不過"重演說"並不是齊勒的首創，以前便有這種說法，但是從他開始實際的把"重演說"應用在教學上，齊勒根據生物發生的原理，把教材按照時間的排列出來，他把小學八年的教材分列如下：

（第一學年）童話——格利姆(二)(Grimm)的十二個童話。因爲這一期的兒童相當於人類發展的第一階段，所以着重在想像的生活。

（第二學年）魯濱孫（Robinson）故事——當兒童正在發展的第二階段，所以要教兒童了解如何征服最切身的自然界，而得到社會生活上的價值。

（第三學年）家長的歷史——圖林根(Thüringen)故事——這是兒童發展的第三階段，要使兒童對於最簡單的社會養成服從的美德。

（第四學年）裁判官的歷史——尼貝倫根（Nibelungen）的故事。這是發展的第四階段，要使兒童對於社會組織，能有參與個人志趣的能力。

（二）格利姆的童話有中文的譯本，彭兆良譯述的格林童話集，世界書局出版，全二册，編爲世界少年文庫(4)。

（第五學年）猶太王——德意志帝國的建設者。　這是發展的第五階段，要使兒童領暸倫理的秩序。

（第六學年）基督的傳記——宗教改革史，這是發展的第六階段，要使兒童保持最高權威的律規。

（第七學年）祖師的歷史——德意志自由戰爭。　這是發展的第七階段，要對於兒童的觀念界加以陶冶，使兒童養成"完全"及"好意"的兩觀念。

（第八學年）路德的宗教問答——德意志帝國的復興，這是發展的第八階段，要使兒童個人與他人調和，達到最高的完全狀態。

以上是齊勒把教材按照文化史的階段排列出來，因為他的排列是按照時間的先後劃分的，所以可以稱為時間的排列。　齊勒的這種文化史階段說很顯明的是受了赫爾巴特的影響，赫爾巴特在他的一本著作（Ideen zu einem pädagogischen Lehrplan für höhere Studien, 1801）中就明白的表示過這個意思，在他論拉丁文與希臘文那一種應該先教的問題，赫爾巴特以為照兒童的理解力看來，要先教希臘文。　齊勒在思想上得了赫爾巴特的暗示，把這種想法徹底的應用在教育學上。

（２）其次"集中法"（Konzentration）也是齊勒對於教育學上提出的一個重要問題。　這就是凡所教的教材要在一個中心點集中起來，不使彼此散漫無章。這種說法與文化史的階段說有密切的關係，同時也是在赫爾巴特的教育學說提到過，據赫爾巴特看來，教學的目的是人格多方面的陶冶，但是多方面性與散漫性必得要嚴格的加以區別，在客觀的對象雖然是多方面的，如赫爾巴特所說把客觀世界無所不包的六種興趣，但是一個受教者的人格上依然需要統一性，這是赫爾巴特對於集中法這個原理的暗示，齊勒便從這個講法出發而構成他的集中法。齊勒認為一個人的自我並不是人格上空虛的，而是不斷的生長與發展，在生長與發展的過程中，要把經驗與知識統一起來，才能構成人格的統一。　除去精神生活的內容——經驗與知識等——便沒有所謂自我，所以精神生活的內容或要素要保持統一的狀態。　兒童的教育並不是只要接受一堆雜亂無章的教材，而是要求教科的內容時常保持聯繫的關係；我們可以說齊勒的集中法是對於教材要求"化學的變化"，而不是物理的變化，也似乎相當於中國治學上所謂"我田引水"。

各種教材在兒童的精神生活上既然需要統一，那末我們必得要有一個中心點，做為各種教科集中的所在，齊勒把這個中心點叫做"意中材料"（Gesinnungs-stoff），這種材料是所有教材的集中點，從這個集中點吸收一切教材，伸張各方面或多方面的結合，把這個集中點做爲核心而把兒童的各種經驗範圍都漸漸的統一起來，結合起來。但是我們在那裏去找這個集中點呢？換句話說，就是我們拿什麼標準規定這個集中點呢？集中點的選擇與發展，一方面要根據兒童的精神發展與統覺過程，一方面又要與人類文化的發展階段相當，這便是齊勒的集中法與文化史階段說發生密切關係的所在。

齊勒根據以上的看法，把"歷史"與"文學"認爲教科集中點的核心。這就是歷史爲人類現實的發展姿態，文學是把人生的倫理鬭爭想像的表示出來；更進一步，他對於所謂"意中材料"特別着重於宗教的與倫理的基礎，所以他的集中法帶有顯明的宗教色彩。對於小學各年級的課程排列，便是從集中法出發的，他的這個"教科課程表"並不是任意規定的，而是從他的教育原則推引出來的，在教育史上所以很有名。

（３）第三我們要講齊勒的五段教學法。五段教學法是齊勒把赫爾巴特的四段教學法中的"明瞭"一段，更分爲"分析"與"綜合"兩段。分析（Analyse）是在教學的時候，先從學生已有的思想圈出發，把新觀念加以分析，使與已有觀念發生密切的關係，這便是分析的階段。在教師提示了新教材之後，學生對之加以接受，便是綜合的階段；其餘的三段與赫爾巴特相同，合起來成爲下列五段教學法：（１）分析，（２）綜合，（３）聯合，（４）系統，（５）方法。齊勒以爲這五段教學法在教育上是不能不遵照的，他把這種教學法叫做"形式的階段"，（Die formalen Stufen des Unterrichts），並且他認爲這五段教學法是"方法的單元"（Methodische Einheit），所謂"方法的單元"是指一種教材中的一小結束的教材，也就是教材能構成一個觀念的單元，這一點是齊勒自己的創見。此外在分析之前，齊勒認為有指示目的的必要，目的指示（Zielangabe）就是對於所學習的教材，在學習之前要告訴兒童為什麼要學這種教科，好引起兒童的興趣與動機。

賴恩（Wilhelm Rein）

赫爾巴特學派中主張進步革新的齊勒的學說已經約略講過了，現在我們講齊勒的高足弟子賴恩，賴恩也是屬於進步的赫爾巴特學派，生於一八四七年，曾任他的故鄉愛森納河（Eisenach）的師範學校校長，在一八八五年石推（Stoy）逝世之後，賴恩繼承了石推的講座就任耶拿大學教授。他在耶拿大學創設教育學研究所，這個教育研究所在歐洲是極有名的，各國派遣有許多學者及留學生到這兒來研究。賴恩對於赫爾巴特學派的功獻，與其說他在學育學上有什麼新思想的發見，無寧說他把赫爾巴特的學說——尚未證實的學理——應用在實際的教育上。他在教育學上的思想，承繼着赫爾巴特及他的先生齊勒的學說，對於文化史的階段說，集中法等祖述齊勒，對於教育的目的論及興趣論祖述赫爾巴特，不過在實際的應用上他對於前說有更進一步的發展。這就是他得着兩個同事的幫忙做了一本書，名為：國民學校教學的理論與實行（Theorie und Praxis des Volksschulunterrichts），在這部書中賴恩講到國民學校八學年的課程，在應用齊勒的教科課程表得到如何的結果，並且對於"教學的形式階段說"在實際的應用上是否可能。賴恩在選擇教材時所用的根本原則依然是文化史的發展階段說，不過在國民文化的發展與個人精神的發展上，除了平行關係之外，教材要從古代單純的事物而至新鮮複雜的事物，他特別主張時間的發展。對於作為教材基礎的格林童話集及魯濱遜漂流記，賴恩與齊勒是相同的，並且把"倫理的科目"作為核心而"我田引水"的吸收其他的教科，也就是集中法原理的運用，賴恩也首肯齊勒的"意中材料"說，他對於集中法原理有下列的話來補充：「教科因為散漫的危險，所以各個部份不能不更要結合起來。在所有多樣性與變化性中，要求意識的統一性與人格同一性，尤其是對於道德性格的發展，更是不能缺少的根本條件。」 從以上幾點看來，賴恩與他的先驅並沒有什麼大出入，不過在應用時更修正前輩的學說，使它們進於完善。

關於教學的形式階段，賴恩與齊勒一樣也採用五段教學法，不過他把各階段的名稱改換如下列的樣子：（1）預備（Vorbereitung），（2）提示(Darbietung)，（3）比較（Verknüpfung），（4）總括（Zusammenfassung），（5）應用(Anwendung)。

現在讓我們把賴恩的五段教學法略爲說一說，因爲赫爾巴特學派的教學形式階段在教育學史上是極有名的，而教學形式階段到賴恩才完成起來，他在教育學上最大的功績也就在這一點上，所以值得特別注意。

在教學的程序上，第一是"預備"，用個比喻說，例如農夫在下種之前，必得先要把土地耕好，同樣的是教師在兒童的心裏播種新知識的種子以前，也必得先要把兒童的心地耕好。這就是說新觀念的獲得以前，要先有十分豐富的舊觀念，並且這種舊觀念keep要明瞭而有秩序，這是教學的第一階段。其次是"提示"，新教材在向學生教授的時候，要因學生的年齡與教科的性質而有不同，例如對於幼小的兒童要把一種話化爲故事式的，但是對於高年級的學生可以教他們讀關於歷史科目的一種選文，或者把自然物，地形讓他們看，使他們注意觀察。在第一階段的預備做完之後，新教材便容易正確的接受，教師在第一階段對於兒童關於新教材的問題，儘可以不必說明，在提示的階段，學生對於新教材得了認識，這是教學的第二階段。不過到此爲止只達到教學目地的一半。我們還得要進一步，要把新得的觀念比較一下，並且更要與舊觀念比較一下，必得要把新舊兩觀念結合起來，這是"比較的階段"，也就是教學的第三階段。教學到了第三階段所得到的仍然是關於具體事物的知識，換句話說，新舊兩種觀念雖然結合在一起，但是還沒有組成統一的系統。在"總括的階段"，把新得的觀念與舊觀念在體系的組織中要統一起來，這是教學的第四階段。但是在得到了有系統的知識之後，對於人生及社會還沒有什麼價值，我們必得要把這樣系統的知識適用在具體的事實上，這是"實用的階段"，也就是教學的第五階段。教學的形式階段說由赫爾巴特首創之後，經過齊勒而到賴恩才完成起來，在十九世紀的教學法上成爲一種重要的思潮。

保守的赫爾巴特學派——石推與弗立克

石推（Karl Volkmar Stoy）生於一八一五年，曾入來比錫大學（Leipzig）及格廷恩大學求學，在格廷恩聽講赫爾巴特的功課，因此對於哲學及教育學引起興趣。卒業大學之後在威哈木作教師，在一八四二年赴耶拿大學，第二年——一八四三——成爲副教授。當這個時候他接辦一個地方的私立學校，因爲辦理成績優良，博得很好的名譽。在一八四五年石推做了正教授。到一八六五年一度轉職於海德堡（Heidelberg），到一八七四年再回耶拿，至一八八五年在耶拿逝世。石推在教育上最值得大書特書的是在耶拿創設教育學研究所及附設實習學校，這個教育事業在他去世之後，賴恩繼承石推創設的規模而更加以發展，這個研究所是耶拿大學有機的一部分，並且從國家得到年金，所以發展上比較的方便，而且極有成績。

石推的著作很多，主著爲：教育學的綱要，方法，及參考文獻（Enzyklopädie, Methodologie und Literatur der Pädagogik）。他的教育思想在根本的立場上是忠實的祖述赫爾巴特的學說，石推曾經說明他與齊勒的態度不同，他反對齊勒的教育學形式階段說，同時他對於集中法也不完全同意，他認爲教材是一種互相間規定的結合關係，所以反對把一種教材做爲"意中材料"而把其他的教材做爲從屬關係的集中法。關於小學學年的課程排列，他也不同意把格林童話及魯濱遜飄流記作爲初年級的教材，對於文化史的發展階段說，石推只承認把這種看法作爲指導原理則可，作爲呆板的固定步驟則不可；在石推的晚年與齊勒在思想路術上相離很遠，在他給他的一個朋友的信中曾有這樣的話：

「我與齊勒的教育改革絕無任何與最細微的關係，我對於他的學說不能完全同意。我的結論是凡是齊勒的學說中新加入的成分（就是不是赫爾巴特的學說中本來有的——筆者誌）都是錯誤的，本來已有的都是對的，這一點我與你完全同意。」

由以上這一節信看來，石推對於赫爾巴特的教育思想完全承繼着，而對於進步派的改革不能同意。

其次屬於保守的赫爾巴特學派，與石推同調的是弗立克 (Otto Frick)。他生於一八三二年，卒於一八九二年。曾在柏林大學等處求學，畢業之後，作過文科中學的校長。在一八八〇年更任福蘭克慈善學團 (Fränkische Stiftungen) 的校長，這個學團在二百幾十年以前，本來是特別爲貧民及孤兒建立的，後來逐漸的發展，變成學系繁多的學校，所有各階級的學生都進入這個學團，因此這個學校的校長也定要是在教育界中知名有地位的人物，弗立克於是就任了慈善學團的負責人。

弗立克在教育思想上幾乎與石推沒有不同的地方。正如進步派的賴恩與齊勒一樣，他們這新舊兩派還一點不同的所在：進步的赫巴爾特學派把教育理論應用在國民學校的經營上，石推與弗立克這兩個保守的赫爾巴特派學者把教育理論放在文科中學上實踐出來。

赫爾巴特學派中的進步派與保守派在教育上的理論與實踐，以上大略的講過了；因爲赫爾巴特自己把他的教育學說僅只打了一個基礎，他自身教學的經驗很少，沒有機會把他的學說應用。但是他的信徒與繼承者宣傳他的學說，替他擴充教育學上的工作。他們把赫爾巴特的理想在德國的中小學裏教材及教法方面都去實行，然而他的承繼者差不多從最初就分爲像以上所講的進步與保守的兩派。

至於赫爾巴特學派中專門實行派更是十九世紀中葉前後簡直成了世界教育界的主潮，在他的祖國德意志佔了唯我獨尊的地位，有許多德國校長及教師在辦理教育上採用了赫爾巴特主義，雖然主張或須不同，也或者沒有顯明的提出赫爾巴特主義，却都是赫爾巴特主義的宣傳者。除了德國而外，赫爾巴特主義在西洋的法國，英國，美國……等國家都有很大的影響，尤其是美國曾經盛極一時的流行赫爾巴特主義，這個教育思潮在美國大概是美國人在德國留學得博士學位的人們所提倡的，到了十九世紀的末年差不多成了一種風氣，赫爾巴特學派中專門實行者最主要的一個人就是康奈爾大學教育學教授德・哥木(Charles De Garmo)，他是美國赫爾巴特學會的會長及該會出版的年報編輯，極力提倡赫爾巴特的教育思想，並且拿他做基礎，寫了些教科書。　此外哥侖比亞大學師範學院的 Frank M. McMurry 及他的兄弟意利諾愛大學的 Charles A. McMurry 也寫了許多講赫爾巴特教育學說的書。

赫爾巴特的教育學說在美國所以發生極大的影響，一方面固然是因為美國教師的特性易於接受新穎的學說，同時赫爾巴特的教育學自身也實在有惹人注意的價值。　我們知道英國人是從來不大注意別人的事情，但是對於赫爾巴特的教育學却也曾一時像講他們的快樂主義(三)與生意經一樣的起勁，曾經跟着賴恩做過教育工作的一個英國學者芬德雷 (J. J. Findlay) 在一本書(四)中說：「在一八九〇年幾乎沒有英國教師知道赫爾巴特這個人的存在；但是到了一八九六年便幾乎每一個師資學院（Training College）的人都在講論並且教授這個新教育學（就是赫爾巴特的教育學——筆者誌。）」　此外在法國也有教育家專門實行赫爾巴特的教育學，在東洋的中國與日本在教育思想上及實施上也直接間接的受着赫爾巴特的教育學影響，中國自從廢科舉，興學堂以來，教育制度是參照各現代國家而製訂的，我們雖然還沒有見到明顯的赫爾巴特學派的教育家在中國宣傳赫爾巴特主義，但是至少可以說受着赫爾巴特的影響，也或者是因為間接的影響而不自知。　中國自從民國改元以後各大學，專門學校附設實習學校，這是沒有問題的

(三)　這是著者跟尼采學來的一句俏皮話，尼采是最德國人的德國人，尼采曾經說過一句話開英國的玩笑：「並不是一般人都尋快樂，只有英國人愛找樂子！」

(四)　見杜威教育論文集(Educational Essays. Edited by J. J. Findlay, M. A., Ph. D.)，六頁至七頁。

赫爾巴特給與我們的影響，這也是我們應該知道的一個教育史上的常識；此外中國師範大學的各學系——教育系不用說，文理各系都在內——都把倫理學，道德思想史——東洋的及西洋的——當做必修科，在中等學校有修身或公民一類的科目，着重的德育的陶冶，並且一般學校大都有校訓，校訓是設教的最高目標，而這個最高目標都是屬於德性的，我們雖然不敢據此便說這種情形就是受了赫爾巴特道德一語爲教育目的所在的據據，至少我們可以假定這是間接的受了赫爾巴特的教育學影響，也或者是偶然的暗合。無論如何說，中國自從興學校以來，教育制度上的作法是仿造西洋的，而日本的現代化比較中國早了幾十年，中國初期施行新政，許多是由日本間接學來的，正如日本間接的從中國學去印度佛教一樣，教育上也不是例外，我們知道清末民初的時期，中國學堂的博物或聲光化電的教師有許多是日本人，同時又有留東的學生在明治維新以後的日本求學，於是帶回了維新的思想；而赫爾巴特的教育學說當明治二十年至三十年左右在日本也曾風行一時，當時有一個德國教授在日本帝國大學講赫爾巴特的教育學，在日本最熱心宣傳赫爾巴特主義的叫做谷本富，他是一位博士，著有實用教育學及教授法（一八九四年出版）與科學的教育學講義（一八九五年出版），谷本富在他著的實用教育學及教授法開卷第一頁便用中國古文一唱三嘆的筆調寫着：「嗚呼！赫爾巴特！赫爾巴特其名實爲我輩夢寐中所不得忘懷者哉，其學說我輩理應日夜唱導之不怠，不幸其名其學於我國何其傳播之遲耶！更有進者，其名其學於歐美各國教育界亦尚未大行其道也，然我輩盡力唱導，功不唐捐，其名其學，而今而後其將風靡我教育界乎？」日本維新初期的教育學基礎是赫爾巴特學派的，換句話說是德國式的，直到目前爲止，日本的教育界以及一般的學術界對於德國文化的各方面都熱心的介紹與研究着，也或者赫爾巴特的教育學就是一個引線。

關於赫爾巴特學派在教育上的承繼者與影響，我們已經約略的講過了。我們屢次說過赫爾巴特不僅是一個教育思想家，並且他還是一個有體系的自成一家言的哲學家，所以在哲學上，心理學上，美學上各方面都有他的承繼者，在赫爾巴特死後，他的學說先在奧國踏上發展的第一步，維也納大學的教授彭尼次與哲學家而兼教育學家的艾克斯那等人，可以說是承繼赫爾巴特主義，祖述赫爾巴特思想的先驅者。在德國來比錫大學是赫爾巴特的哲學及教育學的大本營，赫爾巴特的承繼者都把這個地方做為他們活動的根據地。最先有杜路畢修繼承赫爾巴特的哲學，這個人是來比錫大學的正教授，本來是講教育學的，後來轉向哲學。還有一個人司特藍佩(Ludwig Strümpell 1812—1879)對於赫爾巴特的哲學是最初用批判的立場而且有一本著作叫做赫爾巴特的形而上學要旨批判的解釋(Der Hauptpunkt der Herbartschen Metaphysik kritisch beleuchtet)。此外對於赫爾巴特的哲學繼承的人有哈太修塔，著有一般形而上學的問題及基礎論(Probleme und Grundlehre der allgemeinen Metaphysik)，這部書直到現在為止還是赫爾巴特的哲學入門書中有價值的著作。在心理學方面承繼赫爾巴特的有心理學基礎論(Grundlegung der Psychologie)的著者維衣次及用自然科學方法的經驗心理學(Empirische Psychologie nach naturwissenschaftlicher Methode)的著者杜路畢修。在美學方面的承繼者有美學教本(Lehrbuch der Aesthetik)的著者固林自可及當做形式科學的一般美學(Allgemeine Aesthetik als Formwissenschaft)的著者秦姆爾曼，在宗教哲學的領域承繼赫爾巴特的有宗教哲學(Religionsphilosophie)的著者房·杜台斯，宗教哲學基礎論(Grundlehren der Religionsphilosophie)的著者杜路畢修，赫爾巴特關於宗教哲學上的論說(J. F. Herbarts philosophische Lehre von Religion)的著者蕭爾路，與宗教及宗教問題論(Gedanken über Religion und religiöse Probleme)的著者司特藍佩。以上所說的各家都是承繼赫爾巴特主義而加以發展的，在赫爾巴特的學問領域，各方面都有繼承的人物，不過在教育界的影響特別大，所以其他部門的承繼者，我們不再詳細的講述了。

赫爾巴特的教育思想及他的教育方面的承繼者，我們已經講過了，他這一派的教育學說在教育史上被稱爲舊教育，我們不知道舊教育是什麽，便不好了解新教育的由來，同時不講新教育的理論與作法，也不好理解舊教育的價値與錯誤，我們知道新教育的建立是由批評赫爾巴特的教育學出發，現在把新教育的思想簡約的介紹在下面，換句話說，就是赫爾巴特主義的反對者在教育上對於赫爾巴特所代表的舊教育有什麽樣的批評。

有人提出新教育的精神與舊教育的不同，例如笛斯特魏哥（Diesterweg）在他的選集（Ausgewählte Schriften. 2 Bde）裏，把新舊教育作着如下的對照：

（1）用“生長”來代替“培養”。

（2）用“自由發展”來代替“馴服”。

（3）用“有機的方法”來代替“機械的方法”。

（4）反對記憶的原理，而重視直觀，認爲洞察比較言語的概念，更爲重要。

（5）認爲力量比較知識更爲重要。

（6）認爲自由的意志與能力，比較機械的熟練，更爲重要。

（7）認爲“個別的”比較“一般的”更爲重要。

（8）認爲內部的自己決定，比較外部的決定，更爲重要，這就是所謂新教育。

新教育也並不是突然發生的，而是漸漸形成的，在赫爾巴特活着的時期，已經有眼光銳利的學者指出赫爾巴特主義的缺點，這個人就是百匿克（Friedrich Edward Beneke, 1798--1820），百匿克相信人可以從自由意識去獲得關於自己的確實認識，但是對於外界，就只能從感覺器官去獲得不完全的知識，而建設以內部作用爲主的心理學。在這一點上，他對於那種把精神當做不可知的實體。把精神作用的本質當做表象，想從力學的關係，來說明各種精神現象的赫爾巴特的觀念論的主知心理學，是抱着反對態度的。

赫爾巴特從主知上解釋意志，倡說意志就是知，這就是所謂心理學的主知主義，百匯克認為赫爾巴特式的心理學用在教育學上，便把教育與教學混淆起來，對此百匯克說過這樣的話：「教育大都以養成人格爲目的，與衝動，傾向，感情和努力有關係，反之，教學則關係於觀念世界，就是知覺，表現，構成，及論理的考察等作用。」這幾句話的意思是說赫爾巴特主知主義的心理學不能成立。

其次關於理論的陶冶或道德的陶冶，當選擇教材的時候，必須以兒童的能力與興趣，年齡，性別，家庭等生活狀態，個人的特性，及教材的性質這四個爲條件。詳細的檢查這些條件以後，便必須施以"適應"各兒童特性的教育。赫爾巴特在教育學有名的所謂"形式階段說"，實在是忽視兒童個性及實際生活條件的講法。不過當着赫爾巴特的教育學風靡一世的時候，百匯克的思想完全沒有惹起任何人的注意，不但道不得行，而且世界還強迫他過着極悲慘的生活。爭千秋的人往往是一時不遇的，但是時代上總有一天會認識他，始終不能不承認他的價值。百匯克的思想，經過他的一個門人德提斯(Friedrich Dittes, 1829—1896)的傳揚，便有許多優秀的學者繼承他，著名的有韋爾曼(Otto Willmann, 1839—1920)，林德(Ernst Linde, 1864—　)，李斯曼(Robert Rissmann, 1851—1913)，納脫爾普(Paul Natorp, 1854—1913)等人，由這些百匯克後繼者的努力而把赫爾巴特所代表的根本錯誤的舊教育推翻，而促成新教育的黎明，所以百匯克在教育史上可以說是值得永久紀念的先覺者，他是反對赫爾巴特主義的第一人。

百匯克的門人德提斯承繼他老師的路術，重新提出裴斯太洛齊及笛斯特魏哥兩大教育家的思想，對於赫爾巴特式的主知的，機械的，學習的教育學加以反對，在赫爾巴特派的勢力最盛行的時代，他就像裴斯太洛齊一樣，主張正當的教育目的在於人類素質有圓滿調和的發展，而教育的方法，應該以兒童的自發活動爲主，在一八七八年他創辦攻擊赫爾巴特派的刊物，叫做教育學雜誌(Pädagogium)，這個刊物成了攻擊赫爾巴特的大本營。

繼續着德提斯反對赫爾巴特主義的是韋爾曼，韋爾曼本來是赫爾巴特派出身的人，並且曾經師事過齊勒，從一八六三年起，他有幾年的功夫用在齊勒所辦的實習學校裏，而且從韋爾曼的著作中可以看出他受着赫爾巴特很深的影響。但是後來他的思想轉變了，對於赫爾巴特的學說因爲不滿意而脫離了，這件事在教育史上是有重要意義。

韋爾曼認爲教育在於正確地把握文化價值的整個意義，並且把它當做精神營養的要素，使全文化蒸蒸發展，至於他批評赫爾巴特的思想，說他是個人主義的，主知主義的，心理學上是機械主義的。依照韋爾曼的意思，人生是自然是一個混沌的"大宇宙"(Cosmos)，而不能苟且加以分析與分割的東西，提高這個全體，使它向上的，就是教育的使命，這是韋爾曼的根本思想。他對於赫爾巴特的教育學加以意識的攻擊，表現出一種新教育的思想來，所以有人如默斯那(Messner)說韋爾曼是最初在人類活動的全體上，考究教育的人。沙貝爾克(Sallwürk)說新教育的轉向是由韋爾曼開其端的。

到了一八九〇年左右赫爾巴特的教育學被批評得更利害起來，如林德站在人格主義的立場，反對赫爾巴特的理知主義與機械主義。林德的根本立場是人格主義，成爲人格核心的並不是理知的思維作用，而是所謂心情與意志，什麼是心情？心情就是"把事物在它們對我們所有根本關係上來把握的一種靈魂的力量"；什麼是意志？意志就是"在外面來發現這個關係的一種努力"。以這兩個概念爲中心的人格，就是發展及創造自我的一種內面的力量。因爲這個緣故，教育必須扶助人格創造的發展。而赫爾巴特的教育學着重在理知主義，把教育的對象置於記憶抽象的知識，把機械的主知方法當做手段，在這一點上赫爾巴特乃犯了根本的謬誤。

其次關於教學方法方面，林德認爲赫爾巴特派的形式階段說，乃是教學的一主義，是憑着機械的合法則性，來束縛人格的特性，根據冷冷的理知鐵則，來把感情方面的人類活潑潑的生活，當做沒有意義的東西，這便是林德認爲現代教育，乃至文化萎靡不振的原因，在教育上誠然需要相當的教育技術，但是正如歐德所說：「只注意技術的末端是缺乏生產力時代的特徵，囿於技術的末端是缺乏生產力的人類的象徵」。

林德對於赫爾巴特的學說，特別是齊勒的學說，雖然像以上所說的加以反對，但是在赫爾巴特自身的學說中，對於"興趣中心主義"及"直觀的教學階段"等思想方面，林德認為在教育學依然是有價值的講法，特別是赫爾巴特把"興趣"的概念作為教學的出發點，就是赫爾巴特在教育學上最大而且最重要的貢獻。林德曾經引用過赫爾巴特的話，而表示贊同，他認為教育的方法，應該由體驗出發，他說：「生活的內容是最優良的教育對象，實際上的見聞，思考，體驗，與我們人格上最接近的東西，使人的心情快樂的或煩惱的，就是最優良的教材。」

林德站在人格主義的立場，批評赫爾巴特的學說，還有人由社會的見地，而且自身提出"新教育"的學說，對於赫爾巴特的教育學說，加以全面批評的有李斯曼及納脫爾普這兩個人。李斯曼在一九〇三年搜集他二十年間的論著，題名為我為什麼排斥赫爾巴特的教育學？（Warum ich die Herbartische Pädagogik ablehne）。依照赫爾巴特學派，特別是齊勒的看法，教育是關於個人的，只有在個人的範圍內，社會的要素才可以加到教育裏去。李斯曼以為教育不是個人的陶冶問題，而是一種應該首先使社會接近更高階段的手段，他曾說過：「教育是加諸個人的一種力量，然而教育的目的在於完成共同社會本身的理想。」這幾句話的意思是說實現"社會全體"的理想為目的，應該按着這個目的來教育個人。李斯曼認為齊勒所說個人在未踏入社會以前，應該先使他完成為一"個人"完全沒有意意。李斯曼以為向來的教育學者，都認為教育是一個教師與一個兒童間的事情。但是所謂"個人"與"社會"都只是抽象的區別，實際上兩者就是同一的存在，離開了社會的個人便等無，教育本身就是社會的活動。就個人看來，使自己成為社會有機的優秀分子，去參加社會的活動；就社會看來。是社會自身把文化傳給後代，所以"個人"與"社會"是分不開的。

但是社會教育並不只知製造"服從"的家畜，就算達到了目的，而忽視個人道德上的責任及人格的活動，教育的目的，無寧說是自覺的基於"自由意志"，來造就能夠貢獻及協力全體社會與其文化的"個人"；個人的利益與社會的利益是密切的結合着，而且互相連帶的東西。從這種講法看來，李斯曼的思想也是個人主義的，可是與赫爾巴特式的個人主義，便有顯著的差異了。在一九〇六年李斯曼在叫做德國的學校雜誌（六三〇頁）上，曾經說過赫爾巴特的個人主義與他的個人主義有什麼樣的區別：

「個人主義這個名詞，有宿命的兩重意義：第一是指對立於全體（社會）的個人，第二是表示個別性。赫爾巴特的教育學，在第一種意義上（就是在與社會對立的意義上）是個人主義，"新教育"的個人主義乃是第二種意義的個人主義。」

李斯曼不只在個人主義的問題上，反對赫爾巴特主義，對於赫爾巴特的主知主義與道德主義，他也有許多批評，李斯曼認爲人格核心的要素，不在於知識或思想，而在於非合理的要素，如"情意"與"衝動"等，在這一點上，他是承繼裴斯太洛齊等人，把陶冶意志做爲教育的根本，同時這也是他主張勞作教育的淵源。至於教育的目的，赫爾巴特把"德"當做教育活動的最高目標，在李斯曼看來，這是教育的一面觀，教育目的在道德之外，必須加上"眞"與"美"，至於他對此主張的論證，現在不詳細講了。

赫爾巴特教育學的稱盛，"新教育"的興起與對於"舊教育"加以體無完膚批評的，就是馬爾堡學派的大將納脫爾普(五)(Paul Natorp)，他在一八九七年及一八九八年間舉行題爲赫爾巴特，裴斯太洛齊，與現在的教育學問題（Herbart, Pestalozzi und heutige Aufgaben der Erziehungslehre）的講演，在這個講演中，納脫爾普對於赫爾巴特的教育學攻擊很利害，在一般教育學界惹起異常的衝動來，赫爾巴特學派受了這樣的刺激，也不肯默然無言，賴恩等赫爾巴特學派的

（五）納脫爾普（Paul Natorp）是本世紀的哲學家，也是所謂馬爾堡學派代表的哲學家，同時又是把康特主義左翼化的思想家，主張社會的理想主義，可以稱爲理想主義的或人格主義的社會主義。著作極多，最著名的爲社會教育學。

人便起而應戰，於是釀成一場熱烈的論戰，因為立場的不同，勝負雖然不好講，但是新康特派勃興之後，赫爾巴特式的哲學與倫理學便漸漸衰微下去，是不能否認的事實。　在十九世紀末年，赫爾巴特的教育逐漸失去過去的威風，替代赫爾巴特的教育學，而繼之興起的是批判的教育學，文化教育學，或生命教育學。

現在我們把納脫爾普對於赫爾巴特的批評，可以分為下列三點來說：

（一）以論理的，美的價値為倫理價値的手段，不承認他有極高的獨立意義——這是反對赫爾巴特的道德主義。

（二）意志活動不是基於表象的力學關係，它本身就是獨立的精神活動，因此，需要獨立的具體陶冶與訓練——反對赫爾巴特的知主義。

（三）精神的活動不是由外面的刺激而起的被動東西，而是能夠自己發生作用的自動東西，精神本質的根源就在於此——反對赫爾巴特的機械主義。

以上所講的幾個學者，都是反對"舊教育"的，批評赫爾巴特學派教育學說的錯誤，而促成"新教育"的產生，雖然赫爾巴特派的教育學已經成為過去的歷史，但是他在教育史上的地位是永遠不會使人忘記的！　沒有赫爾巴特派的舊教育不會有新教育，而新教育從一九三三年一月以後，又不新了，所以赫爾巴特逝世百年來的德國教育可以分為三個時期：

（一）舊教育時期（約自一八四一——一八九〇）

（二）新教育時期（約自一八九〇——一九三三）

（三）國社黨教育時期（六）（自一九三三——　　　）

我們在本文所講的限於舊教育的代表者赫爾巴特學派及新教育興起的初期，至現行的國社黨教育也是反對赫爾巴特的教育學，特別是不取赫爾巴特的主知主義，關於現在的德國教育，請讀者參閱拙譯今日德國教育，在此不再詳述了。

（六）關於現行的國社黨教育，最近出版了一部書，叫做：Erziehungsmächte und Erziehungshoheit im Grossdeutschen Reich. R. Benze G. Gräfer 編，一九四〇年出版，讀者如欲知最近德國教育的狀況，這本書便有極詳細的敘和述，不只限於學校教育，凡與教育有關的社會上各方面的活動，都講到了，並且書末附有詳細的書目，可供教育學者的參考。　該書有書評一篇載於中德學誌第三卷第一期第一五六頁，可參閱。

亞歷山大(一)

Alexander der Grosse

布爾卡特 (Jakob Burckhardt) 著

關琪桐 譯

Und nun geht in dem Moment, da der Perserkrieg beginnen soll, die Führung durch Philipps Ermordung (336) auf Alexander über. Dieser ist dem Vater ähnlich und doch wieder unendlich unähnlich, ohne dessen berechnende, kalte Intrigue und völlig ohne dessen possenhaften Zug, vielmehr eine hochpathetische Natur, durch seine Mutter aber, die geheimnisvolle und entsetzliche Äakidin Olympias, der ihr superstitiöses und orgiastisches Treiben, ihre Wirtschaft mit Schlangen usw., den Ausdruck einer verwegenen Kraft und schrecklichen Lei-

於是當波蘭戰爭將要開始之頃，由於菲列的被刺（元前三三六），政權就轉移到亞歷山大上。 亞歷山大與他父親相似，同時又無限的不相似，他沒有他父親那種計算而冷靜的詭計，並且也完全沒有他那滑稽的心情，他寧有一個十分熱烈的稟性，而且經由他的母親，他似乎與一種可怕的自然力結合起來。 他母親就是那神秘而可怖的奧林比亞，她的迷信而粗暴的衝動，她與蛇的交涉等等給了她以一種鹵莽大力的表示，和可怖的

(一) 本文係自布爾卡特所著之希臘文化史(Griechische Kulturgeschichte)一文中選出。 關於布爾卡特請參閱 本誌三卷四期，五六六至五八二頁。

denschaftlichkeit gibt, scheint er mit einer furchtbaren Naturmacht zusammenzuhängen. Und zu diesem Vater und dieser Mutter kommt der Lehrer Aristoteles. Man hat allerlei Sagen and Konjekturen darüber, wie weit die Belehrung gegangen sei, aber wer will wissen, wie dieser Lehrer und dieser Schüler mit einander verkehrt haben? Dass Alexander eine schwer zu bestimmende, aber wissenschaftliche und lernbegierige Natur war, wollen wir gerne glauben. Es ist das weltgeschichtlich Bedeutendste, was dieser Aristoteles getan hat, dass er Einfluss auf ihn gewann und ihn erzog.

An Geschäften und Krieg wie auch an den furchtbaren Hofwirren nahm Alexander früh teil. Bei Chäronea sauste er zuerst in die heilige Schar hinein; dagegen war er wohl unbeteiligt am Tode des Vaters und erfuhr die Teilnehmer selber erst allmählich; die Sache reichte möglicherweise tief ins militärische Gefolge hinein, so dass das Erforschen für ihn gar nicht wünschbar war. Auf sichere Kunde von der Teilnahme der Olympias geriet er wahrscheinlich, wollte aber diese, die er für eine grosse Persönlichkeit

熱情的表示。除了這個父親和這個母親以外，又有他的老師亞理士多德。關於這種教育的程度，人們曾有種種傳說和猜想，但是誰想知道，這個教師與這個學生是如何互相交往的呢？亞歷山大是一個難以捉摸，好學問而要研究的人，這是我們所願意相信的。這個亞理士多德在世界史上所做的最有意義的事，乃是，他曾影響了他，並教育了他。

亞歷山大早早就參加了事務，戰事，和可怖的宮廷紛擾。在查倫尼亞，他最先飛躍到神聖同盟中；而在另一方面，則當他父王死後，他是很不動心的，他是慢慢的才知道了共犯人的；這件事情很可能的深深達到軍事的結果，因而搜索犯人在他看來乃是完全不可意的。他大概也聽到奧林比亞參與此事的確實消息，但是他似乎把她看成是一個偉大的人物，所以他就不願意在任何途徑下連累了她；他自己在馬其頓王家的流血而陰

scheint gehalten zu haben, auf keine Weise kompromittieren; er selbst ist in der blutigen und düstern Tradition des makedonischen Königshauses nahezu die lichteste und freundlichste Gestalt.

Aus der Krisis, die auf Philipps Tod gegenüber Barbaren und Hellenen folgte, rettet ihn nur Kühnheit. Er züchtigte zunächst die nördlichen Völker, die sich gegen ihn erhoben hatten, und dann musste Theben, das leider unter den Auspizien des Demosthenes bei aller Hilflosigkeit mit dem leichtsinnigsten Trotz gegen ihn aufgestanden war und die makedonische Besatzung niedergemacht hatte, mit seinem Untergange büssen. Daraufhin konnte er den Heereszug gegen Persien antreten; das Erbe, das ihm Philipp dafür hinterlassen hatte, waren drei Millionen Schulden, der makedonische Heerbann, die Freunde und Gefährten, die Phalanx und der griechische Zuzug je nachdem; denn Hellas war und blieb meuterisch; Sparta hatte sofort erklärt, es sei nicht seine Art, andern zu folgen, sondern andere zu führen. Auch von den andern war eine Erhebung bei jedem falschen Gerücht zu erwarten; es war im Grunde eine ku-

暗的傳統中，幾乎是最光輝而最和愛的一副面容。

菲利蒲死後，在蠻族和希臘之前，他就處於危險之中，只有大膽絕倫才救助了他。　其次，他就又懲治了那向他崛起的北方的民族，而且他也不得不以淪亡來懲處泰卜，因爲泰卜很可惜的在德謨士的蔭庇之下，雖然毫無可爲，而却輕心暴慢，對他揭竿而起，並且剷平了馬其頓的要塞。　於是他就可以向波斯進軍了，菲利蒲爲此事給他所留下的財產只是：三百萬債金，馬其頓的募兵權，朋友和伴侶，方陣，還有和希臘的援軍，這個援軍是看風色的，因爲希臘一向是叛變無常的；斯巴達曾經聲明過，他們的做法不是來跟從人，而是來領導人。　就是別的國家，在每一度虛僞的謠言發生時，（類如亞氏死亡的消息）他也得準備他們的叛變。　這乃是一種奇特的統治權。

riose Hegemonie.

Aber Alexander geht über alles Berechnenwollen hinaus; von gesicherter Basis, allmählichem Ausrunden, genau inne gehaltener Proportion von Haupt- und Nebenaufgaben ist bei ihm nicht die Rede, und so ist er selbst militärisch und politisch nicht genau auszurechnen; es ist oft wie eine Laufbahn im Traum; er glaubte, die Fähigkeit zum Siege sei an sich göttlicher Art. Im grossen ist er wie eine Art Abenteurer, vor allem aber ein Entdecker, der nicht weit genug in der Welt herumfahren kann und hernach mit dem grössten Schmerz auf das Gangesland verzichtet; in den einzelnen strategischen Massregeln dagegen ist er zweckmässig und wahrscheinlich oft genial; und doch geht im Moment der Aktion der löwenkühne Soldat mit dem Feldherrn durch; so schon in der mit Raserei unternommenen Schlacht am Granikos, wo er die Mitte des Reitergetümmels aufsucht. Wenn irgendwo in der Geschichte, so hat man bei der Betrachtung dieses inkommensurabeln Menschen das Gefühl: hier führt eine allmächtige Hand. Die welt-

但是亞歷山大超出了一切計慮打算之外；在他一方面，根本談不到確保的基地，逐漸的完成，和精確的遵守着的主要職責和附屬職責的比例，因而他在軍事方面和政治方面都是不曾從事精確計算的；事情往往只好像是夢中的一個經歷；他相信，克敵致果的能力本身乃是神聖的。大體看來，他正好像是一種冒險家，尤其是一個發明家；他是永久不滿足的在世界上漫遊的，因而他是帶着極大痛苦才把恆河流域捨棄了的；至於在個別的戰略的規則中，則他乃是妥貼的，而且顯然往往是一個天才；可是在行動的剎那，勇如獅子的兵士，則同其元帥勇往直前；就如在格倫尼柯河上的勇猛酣戰中，他曾尋求過騎士騷擾的中心。如果可以在歷史上任何時候可能的話，那麼人們在觀察這個不可量的人時，就有一種感覺，就是這裏有一個全能的手在領導着。那把他引出來的世界史的設施，太於龐大了，我們是不能抵抗他的。

geschichtliche Veranstaltung, die ihn hinausgeführt hat, ist zu riesig, als dass wir uns dessen erwehren könnten.

Allerdings muss nun auch am persischen Hofe ein Schlendrian und eine Besinnungslosigkeit geherrscht haben, die keinen Namen mehr haben. Hier rächte es sich, dass der Staat jahrelang unter der Ägide eines Mörders gestanden hatte, dessen Interesse es war, keinen fähigen Achämeniden aufkommen zu lassen. Nachdem bereits Philipp den Krieg in Kleinasien eröffnet hatte, brauchte man noch zwei Jahre zur Rüstung und schlug dann – gegen Memnons Rat – im unrichtigen Augenblick los. Durch die erste grosse Niederlage ging Kleinasien bis zum Taurus verloren, und Alexander, der hier über seine gefährlichsten Feinde, die griechischen Söldner, gesiegt hatte, bekam Zeit, sich einer Landschaft nach der andern zu bemächtigen. Ob er damals in Gordion den berühmten Knoten wirklich durchhauen hat, mag fraglich bleiben. Arrian weiss es nicht; uns scheint: er hat ihn weder gelöst noch durchhauen, aber eine Miene gemacht, als wäre dies geschehen, und wer diese Miene machen kann,

無論如何，在波斯宮廷中必然籠罩着一種無以名之的因襲生活和無精打彩。這裏的壞結果就是：那個國家在一個篡逆者的保護之下，存在了許多年，而且這個篡逆者的利益就在於不使任何有能幹的亞凱曼德人崛興起來。當菲利蒲在小亞細亞開了戰爭以後，人們還需要兩年工夫，才能準備完成，並且反着麥姆農的指教，而在不適當的刹那，開了戰端。經了第一次的偉大的敗北，於是小亞細亞就失掉了，一直達到陶魯士；亞歷山大此時已經戰勝了他的最危險的敵人，卽，希臘的傭兵，因而他就有時間，把一個一個地方都佔據了。他在那時是否在高爾登把那有名的結子眞正斫開，那是成問題的。亞里昂也不知道：我們想，他旣不曾把它解開，也不曾把他斫開，他只是有一種表情；好像這事已經實現了，而且誰要是可以做出這種表情的話，那他是可以征服了世界的。此後跟着就是

bezwingt die Welt. Es folgt (333) der Sieg über Dareios selbst bei Issos. Nunmehr fühlt Alexander sich schon völlig als Herr des Perserreiches. "Schreibe nicht mehr an mich als deinesgleichen," schreibt er dem geschlagenen Könige, "sondern als an den König von Asien und Herrn alles des deinen und dann sage, was du wünschest. Bestreitest du mir aber noch ferner die Herrschaft, so fliehe nicht; ich ziehe gegen dich, wo du auch seiest." Seiner Menschlichkeit gegen die gefangenen Frauen liegt vielleicht vor allem das Bewusstsein zugrunde, dass an diesen für den Orientalen ein Reichsrecht hängt, und ohnehin erbt ja im Orient der Sieger den Harem des Besiegten. Überhaupt aber ist in Alexander keine Rancune der Grausamkeit; wie schon sein Vater, schont er gerne das Menschenleben und will später auch die griechischen Söldner, als sie schubweise in seine Hände fallen, am Leben erhalten. Sprechend symbolisch ist aber, dass er in das wundervolle Schmuckkästchen, das mit dem Prachtzelt des Dareios in seine Hände gefallen ist, die Handschrift der Ilias legt; es ist ganz buchstäblich so gegangen: hellenischer Geist

對於大琉士的勝利（紀元前三三三年當中國東周顯王三十六年）甚至還是在伊蘇地方。現在亞歷山大已經完全感覺到自己是波斯帝國的統治者，因而他就給那戰敗的國王寫信說，「你給我寫信時，不許把我當做你的同輩，必須把我視為亞細亞的國王和你的所有一切的主人翁，然後再說出，你所希望的。你如果還與我繼續爭執統治權，那麼你就不要逃開，我要向你進軍，不論你到了什麼地方。」他對於被俘虜的婦女是很仁慈的，他所以如此，也許是因為他特別意識到，在東方人說來，一個帝國的權利就繫屬在這些婦女上面，而且在東方，勝利者是要把失敗者的後宮承繼了的。一般說來，亞歷山大並無殘忍的宿怨，正如他父親那樣，他也愛顧惜人，而且當後來希臘傭兵漸漸落在他手以後，他還想保存他們的生命。但是最明白的象徵出他的為人的，乃是：當那個奇特的寶石匣同大琉士的華美的天幕，落在他手中以後，他卻把伊里亞德一書裝進去；希臘的精神是當鑲嵌在東方的財富中

sollte in orientalischen Reichtum hineingefasst werden.

Die Belagerung von Tyrus, die nun erfolgte, war kein eitler Starrsinn, sondern im höchsten Grade gerechtfertigt. Alexander hatte den Rücken nur frei, wenn es keine persische Seemacht mehr gab, die ganze phönikisch-persische Flotte ihm diente und jede Besorgnis wegen Hellas schwand. Dass er die eroberte Stadt, wie auch hernach Gaza, von den alten Bewohnern völlig leerte, beweist, wie wichtig es ihm war, keine auf die persischen Interessen eingerichtete Bewohnerschaft zurückzulassen. Und nun konnte er, nachdem sich ihm schon während der Belagerung von Tyrus die übrigen Phönikier und Kyprier angeschlossen hatten, gegen Ägypten rücken. Wir möchten gerne wissen, ob ihm die dortigen Griechen irgendwie entgegenkamen, als er in Unterägypten die grosse Stadt gründete, die seinen Namen heute noch trägt. Für diese gibt er nicht bloss die Strassenzüge an, sondern bestimmt auch, wie viele Tempel und welchen Göttern man sie bauen solle, und indem er dabei nicht bloss die hellenischen Götter, sondern auch die ägyptische Isis bedenkt, weiht er

的，這事實已經完全一字一板的見諸事實了。

隨後他就來圍攻推羅，這事並不是一種虛榮的頑強，乃是極其有理由的。亞歷山大只有在波斯的海權消滅了以後，全部腓尼基和波斯的艦隊都為他効力，而且對於希臘的顧慮也消滅了以後，然後才可以無後顧之憂。他曾把這個被征服的城市（一如以後把迦查）中的舊日住民，一掃而空，這就證明了，他是很注意不使那為波斯利益打算的居民殘留下來的。當他圍攻推羅的時候，別的腓尼基和西普魯人已經歸附了他，因而現在他就可以進向埃及了。我們想知道，那裏住着的希臘人是否曾經歡迎他，當他在埃及北部建立了那在現在仍然負荷着他的大名的那座大城的時候。對於這個城市，他不祇給了街道的容貌，而且還決定了人們應該建立多少廟宇，並當為建立什麼神靈，而且他在這裏不祇想到希臘的神靈，還想到埃及的伊西斯，這樣他就開始了偉大的新的神政趨向，不過他大概並不曾完全意識到這件事情的合

-wohl ohne sich der Tragweite dieser Sache ganz bewusst zu sein — die grosse neue Tendenz der Theokrasie ein. Der darauf erfolgte Zug nach dem Ammonium mag seinen Grund teilweise darin gehabt haben, dass er in gutem altem Aberglauben daselbst wirkliche Auskunft, zumal über den Hergang bei Philipps Ermordung, erwartete. Hauptsächlich aber wollte er an diesem, seit Lysander doch offenbar käuflichen, Lügenwinkel die Erklärung erhalten, dass er der Sohn des Zeus Ammon sei. Es bewog ihn hiezu das Bedürfnis, eine Autorität zu besitzen, welche keine Widerrede gestattete; war er ein Göttersohn, so konnten auch die Griechen zu derjenigen bedingungslosen Verehrung und Anbetung gebracht werden, woran die Orientalen so leidlich gewöhnt waren. Dass er von jenen Staatsbeschlüsse über seine Göttlichkeit verlangte, gehört zu den Dingen, die man sich im damaligen Griechenland erlaubte; die Griechen, die gegen dieser Prätension so zimperlich taten, hätten sich besinnen dürfen, dass sie siebenzig Jahre zuvor einen Lysander als Gott angebetet hatten.

Die weite und lange Abwesenheit in Phönikien und Ägypten war

義。他此後所以進軍亞盟，一部分理由就在於他處於古代迷信之中，而期待着那裏的真正消息，尤其是關於菲利浦被刺的經過消息。但是主要的是，他想在這個謊言角落中求得一種宣示說，他是薛烏氏亞盟的兒子。明成這個角落自索桑德以來，已經分質則了可賄賂的了。促動他從事此種步驟的乃是：他需要一種不容人發生異議的權威；他如果是一個神子，那麼希臘人也就可以對他無條件的恭敬崇拜，一如東方人那樣可惜的所慣熟了的樣子。他這樣要求國家來承認他的神聖性，正是那時的希臘所允許的一種事情；希臘人對此種自負是表示謹慎考慮的，但是他們應當想到，他們在千年前曾經把索桑德當做一個神靈，而對之祈禱過。

當他遠離久別，而逗留在腓尼基和埃及時，這事情乃是危險的，正

nun zwar "gefährlich" wie alles, was Alexander unternahm; aber alles sollte eben gelingen; die offenbare Zerfahrenheit der persischen Regierung machte, dass sie ihm nicht schadete. Als er nach zwei Jahren (331) in Mesopotamien erschien, hatte Dareios allerdings wieder eine grosse Armee zusammengebracht; aber nun geschah das letzte: Nachdem die Perser auch bei Arbela geschlagen waren, gab es keine persische Regierung mehr. Alexander aber, bei dem im Kampfe der Soldat wieder mächtiger als der Feldherr gewesen war, indem er – wie einst schon bei Chäronea – an der Spitze seiner Genossen und seiner Phalanx mit lautem Rufen in die feindlichen Reihen stürmte und damit die Flucht des Dareios entschied, überliess nun auch die weitere Verfolgung nicht einem Reitergeneral, sondern folgte dem Geschlagenen selbst sechshundert Stadien weit, und vollends später, als es galt, die Banden des Bessos zu verfolgen und sich des von ihnen gefangenen Königs lebend zu bemächtigen, war er wieder Vortrabsgeneral und hatte zuletzt nur noch einen Quintextrakt seines Heeres von wenigen hundert Mann um sich; als er den Gesuchten einholte, war dieser freilich bereits eine Leiche.

如亞歷山大所從事的其他一切事情似的。但是一切事情都是該當成功的，波斯政府的散漫無紀，使他的久遠別離並不曾傷害了他。不過當二年以後（當中國東周顯王三十八年）他又出現於美索不達米亞時，大琉士已經又徵集了一個大的隊伍，但是現在卻發生了最後的一種現象，就是：當波斯人在亞爾白拉被打敗以後，於是就再沒有波斯政府了。在亞歷山大方面，他的兵士的氣概比元帥的氣概還要猛烈，他此時正如有一度在哲倫尼亞似的，立在他的同人和他的方陣的頂點，帶着嘹亮的呼聲衝在敵人的陣線內，因而決定了大琉士的逃脫，但是他這一次並不曾吩咐一個騎士將領繼續窮追，他乃親自把敗軍追了六百士塔得遠。後來當他必須窮追白蘇士的隊伍，並且要把他所擒住的國王活活了結了時，他又成了前鋒的將領，而且最後他身邊只有幾百個精兵；自然當他追及了那個被尋求的人時，這個人已經分明是一個死屍了。

Von Arbela an besass Alexander, was ihm Mittel zur Weltherrschaft werden konnte, die Schätze Persiens und damit eine unbeschränkte Möglichkeit der Truppenwerbung; Babylon und Persepolis fielen in seine Hände. Dafür, dass er die letztere Stadt, nachdem er die königlichen Schätze daraus fortgebracht, mit vollem Vorbedacht den Flammen übergab, gab er selbst als Motiv die Verwüstungen des Xerxes, namentlich in Athen, an; die Tat dürfte aber eher den Sinn gehabt haben, dass nunmehr ganz Asien sehen sollte, Persis sei nicht mehr das herrschende Land im Reiche; dies wäre echte, für alle Völker lesbare Frakturschrift eines Alexander gewesen. Jetzt konnte man mit Äschylos in den Persern (929) sagen:

"Das asiatische Land, o König und Herr
ist furchtbar, furchtbar zu Falle gebracht."

Nach dem Tode des Dareios waren nun freilich die Makedonier voll Hoffnung, dass der Krieg zu Ende sei; aber Alexander beredete sie zum Weiterziehen; er musste auch den Satrapen ein Ende machen und sich dabei völlig als Erben und Rächer

從亞爾自拉起，亞歷山大就具有了可以使他統治世界的資具，那就是波斯的寶藏，和由此而來的無限徵兵的可能性；巴比倫和普塞市也落在他的手中。當他把後一座城市中王家的寶藏都運出來以後，於是他就故意把那座城付之一炬，他對這件事舉出的動機乃是說，薛西斯也曾經刼掠過雅典。但是這件事實的意義乃在於：現在全部亞細亞都應該看到，波斯在帝國中已經不是有統治力的地方了！這才是一個亞歷山大的眞純而爲一切民族都可以誦讀的大型字蹟。現在人們可以同埃斯奇拉斯在波斯人中一樣的說（九二九行）：

啊，國王，和主人，亞洲地方
已經很可怖的陷於滅亡中了。

在大琉士死了以後，馬其頓人很有希望，把戰爭結束了，但是亞歷山大勸說他們繼續前進。他必須要把那些諸侯們了結了，並且在這裏完全裝做最後亞凱盟德家的繼承人和復仇

des letzten Achämeniden gebärden. Und hier tritt seine Grösse glänzend zutage. Vielleicht jeder andere hätte die steinigen Länder des Ostens auf sich beruhen lassen, er dagegen macht fertig in (nach hellenischem Masstab) ruhmlosen und furchtbaren dreijährigen Kämpfen um Felsburgen im Schnee, damit nicht sein Reich dereinst von hier aus wieder überzogen werde; freilich erwirbt er dabei auch Roxane, die Perle des Orients. Dass der grosse Gründer nicht auch noch zugleich organisieren kann, dass alle Einrichtungen höchst provisorisch und flüchtig sind, und dass auch er, wie bisher die Achämeniden, das Reich satrapienweise vergibt und zwar nicht nur an Makedonier, sondern auch an Perser, die er kaum kennt, kann nicht wundernehmen. Er ist eben Regent von Asien, so gut es unter solchen Umständen geht; aber er ist noch mehr der grösste bisher auf Erden erschienene Feldherr und noch mehr Soldat als Feldherr, am Ende aber doch am allermeisten Entdecker. Was er sehen will, muss er erobern; das Beherrschen kommt erst hernach und das Geniessen überhaupt nie.

Während dieser Kämpfe in

人。　這裏他的偉大就燦爛奪目的表現出來。　每一個別的人也許都把東方的不毛之地委棄不顧，可是他卻繼續了無名的（依希臘人的標準說）可怖的三年戰爭，以求得雪地中的山寨，以便使他的帝國不至於由這裏受了襲擊，他分明在此時求得了羅克森納，東方的珍寶。　自然，這個偉大的建國者同時還並不善於組織，而且一切建制頂多是暫時的，飄忽的，而且他也如一向的亞凱盟德家似的，把帝國分封給人，而且他還不祇分封給馬其頓人，還分封給他所不曾熟識的波斯人，這都是不足為奇的。　他是亞細亞的君主——依照環境所許可的話；但是他更是一向在塵世上出現的最偉大的將軍，可是他又寧是兵士，而非將軍，而且最後他又極其是一個發明家。

當他在西爾康，安息，和蘇格底

Hyrkanien, Baktrien und Sogdiana hat er die ersten schweren Konflikte mit seinen Makedoniern. Hiebei geben wir darauf nicht viel, dass man ihm nachsagte, er habe sich im Trinken nach der barbarischen Seite hin verändert, denn furchtbar getrunken wurde schon an Philipps Hofe, und mit der im Rausche begangenen Ermordung des Kleitos kam doch wenigstens tiefer Jammer über ihn; überhaupt können bei seiner enormen Tätigeit solche Exzesse nur seltene Ausnahmen gewesen sein. Dagegen müssen seine allerdings schwer billig zu beurteilende Orientalisierung in Tracht und Sitte und seine neuen persischen Kontingente starke Unzufriedenheit erregt haben, und die Folge waren die verschiedenen Verschwörungen. Über die des Philotas muss eine allgemeine Überzeugung bestanden haben. Die Untersuchung wurde "von den Makedoniern" geführt, welche den Verurteilten denn auch mit ihren Wurfspeeren tot warfen. —Die spätere Verschwörung der Pagen wurde zwar durch Foltergeständnisse ermittelt, hernach aber freiwillig bestätigt. Bei Kallisthenes, den sie als Mitwisser angaben, ist es vor allem erstaunlich, dass Alexander

納，這樣作戰時，於是他就開始與他的馬其頓人有了嚴重的衝突。　這裏我們不必十分注意，人們曾經毀謗他說：他在痛飲中已經變得近乎蠻族一方面了，因爲他在腓利浦的宮廷中已經是酩酊大醉的，而且說到那在泥醉中所加於克里陶的殺戮，也不足爲他深惜；一般說來，他既有一種絕大的活動，所以這一類過度情形也只能是稀有的例外。　在另一方面，則他在思想和行動中的那種難以賤價評論的東方化，和他那新近的波斯徵兵員，都刺激起強烈的不滿，結果就發生了種種的黨徒陰謀。　關於菲勞他的陰謀，人們一定已有一種普遍的確信。罪案的審訊是在馬其頓人面前進行的，這些馬其頓人結果就用他們的標槍把被決的人刺死。　後來侍童的陰謀誠然是藉拷打調查出的，但是隨後却自願的被證實了。　他們供稱迦里登尼是他們的共謀之人，這是尤其可驚異的，因爲亞歷山大竟然那樣久的把他置在自己四週。　這個人想，國王和其行爲是比不上他自己和其著作的，而且他來不是爲的要在這個人方

ihn so lange um sich haben konnte. Derselbe meinte, der König und seine Taten ständen unter ihm und seiner Schrift; er komme nicht, um bei diesem Ruhm zu holen, sondern um ihn berühmt zu machen, und der Anteil an göttlichen Wesen hange für Alexander nicht von den Lügen der Olympias über seine Erzeugung ab, sondern von dem, was er, Kallisthenes, schriftlich unter die Menschen bringe. Wer so petulant ist, kann durch sein blosses Schwatzen die Beute von Verschwörern werden, die ihn mit sich nehmen.

Nun will Alexander aber noch weiter, so weit als überhaupt noch "eine feindlich gesinnte Macht übrig ist", ein Grundsatz, nach welchem er eigentlich bis ans Ende der Welt hätte weiter kämpfen müssen. Er kommt so zum Indus und geht über einen der Ströme des Pendschab nach dem andern; denn er hat gehört, dass "jenseits des Hyphasis glückliche und tapfere Völker wohnen, mit vielen Elefanten". Wie er sich bei diesem indischen Zuge das ganze bisher Eroberte eine Zeitlang wie einen vergangenen Traum aus dem Sinne schlagen kann, ist ganz unerhört; aber der grosse A-

而求得令名，乃是要使他(迦里登尼)成爲有名的，而且亞歷山大所以能分享神聖的本質，不是由於奥林比亞關於他的出生作了謊言，乃是由於迦里登尼給人類所帶來的文書。 誰要是這樣悻悻不快， 那他就會單藉他的饒舌，而成爲那些拉攏他的叛黨的獵獲品。

但是現在，亞歷山大還要往前進行， 只要「有一個敵意的權力存在的」話，他是總要向前進的。 依着這個原則說來，他是必須繼續作戰，直到世界盡處的。 因此，他就到了印度河上，而且他渡過了一道一道的彭迦卜河流，因爲他聽說，「在西伐西斯那邊住着幸福而勇敢的民族，並且有許多象。」 他在這次印度遠征中如何能够把他一向所征服的全部土地當做一個過去的幻夢，而把它忘諸懷，那我們是完全不曾聽說的。 但是這個偉大的冒險家，在這裏正沉醉

benteurer, der hier im Gefühl seiner Kraft schwelgt, wäre gewiss nicht über alle diese Flüsse gegangen, wenn er nicht sehr viel weiter gewollt hätte. Freilich werden nun am Hyphasis seine Krieger schwierig, und nun hat es etwas förmlich Rührendes, wenn man ihn bei Arrian in der ihren Grundzügen nach gewiss echten Rede zu seinen Makedoniern sagen hört: "Ich will euch zeigen, dass hyrkanisches (kaspisches), indisches und persisches Meer zusammenhängen, und vom persischen aus wird Libyen bis zu den Säulen des Herakles durch unsere Flotte umfahren werden und wird von diesen Säulen an ganz unser werden und ebenso ganz Asien, und die Grenzen dieser Herrschaft sind dann dieselben mit den Grenzen der Welt". Die Soldaten hatten natürlich das Entdeckungsfieber nicht, das der Schüler des Aristoteles hier bei ihnen voraussetzt, und zwangen ihn zur Umkehr, worauf er den zwölf Göttern Altäre errichtet, einen prachtvollen Agon abhält und nach Süden abzieht.—Noch entdeckt er dann am untern Indus mit Staunen Ebbe und Flut und macht seine Ausfahrt auf zwei Indusarmen nacheinander, auch um zu entdecken,

於他的權力之感中，因而他如果原來不想遠去的話，他一定不會超過了這些河流。在西伐西斯河他的兵士分明倔强起來，而且當我們聽他對他的馬其頓人說了大體上眞純不謬的話語時（據亞里安講），那分明有一種動人的情節。他說：「我要想給你們指示出，西喀尼海（即迦斯庇海），印度海，和波斯海，是互相連貫着的，而且從波斯海出發，我們的船艦就可以航行了里比亞，至海拉克里的柱子，而且從這些柱子以過，一切都成了我們的，而且全部亞細亞也成了我們的，這樣，這個統治權的界限就與世界的界限一樣了。」那些兵士們自然沒有亞里士多德的學生所假設他們有的那種發明熱，因而他們就强迫他返師，於是他就給十二位神靈立了祭壇，舉行了一次華美的競賽，而進向南方。——於是他又在下印度河驚異的發現了潮汐作用，而且他先後在印度河的兩個支流上向前航行，以便發現出，兩道支流，那一個利於航行。此後就開始了可怖的六十日濕地旅程——由奧雷頓至該德羅新，並

welcher von ihnen für die Schiffahrt der bessere sei; dann folgen die schauderhaften sechzig Tage des Marsches von den Oreiten bis zur Hauptstadt von Gedrosien und bis Mesopotamien.

Inzwischen hatte sich alle Welt so benommen, als würde Alexander "aus so vielen Völkern und Elefanten" niemals wiederkehren; als seine Rückkehr dennoch bevorstand, floh z. B. Harpalos mit seinem Raub von fünftausend Talenten und mit sechstausend abgefallenen Söldnern nach Griechenland. Andere, welche Willkür geübt, blieben, fanden aber an dem Könige einen strengen Richter. Auch die Auseinandersetzung mit den Makedoniern musste nun erfolgen. Da diese am liebsten in die Heimat zurückgekehrt wären, um dort als reiche Leute zu leben, ergriff er das einzige Mittel, das er hatte, um sie in Persien zurückzuhalten: indem er zu Susa seine eigene Hochzeit mit einer Tochter des Dareios feierte, vermählte er zugleich zehntausend andere Makedonier, Hephästion voran, mit Asiatinnen, stattete alle aus und zahlte dem ganzen Heere mit zwanzigtausend Talenten die Schulden, welche die Soldaten—man möchte wissen, bei was für mitziehenden Geldleuten

至美索不達米亞。

同時，全世界人士的行動樣子，好像亞歷山大永不能「從那麼多的民族和象羣中」再返回來，但是當他的返期迫近以後，於是哈爾巴洛就帶着他的五千達蘭的掠品和六千叛逆的兵士，逃回希臘了。那些曾實行暴政的人留在那裏，但是他們却看到國王是一個嚴厲的法官。現在他也必須同馬其頓人開始折衝。這些人們都極願意返回家鄉，以便在那裏當做富民去生活，於是他就採取了他所有的惟一的方法，以便把他們挽留在波斯。當他在蘇沙，同大琉士的一個女兒舉行婚禮時，同時他又使一萬別的馬其頓人（海非斯伸首先結婚）與亞細亞女子結了婚，並且支付了一切嫁裝費用，而且用兩萬達蘭償付了全部軍隊的軍士們所欠的債，（我們正想知道，他們是從那些同行的財主借來的），而同時並不曾記錄各個人的姓名，雖然登記也分明只是眞正贈品的一個形

—gemacht hatten, ohne dass die Namen der einzelnen notiert wurden, was doch offenbar nur die Form für ein eigentliches Donativ war. Aber die Unzufriedenheit dauerte fort, hauptsächlich wegen der neuen asiatischen Kontingente und deren gleichfalls glänzender Ausstattung, und kam zu Opis am Tigris, als er die Alten und Schwachen entlassen wollte, zum lauten Ausbruch. Und jetzt trat erst die volle Macht seiner Persönlichkeit zutage. Als statt der Berechtigten Alle die Entlassung fordern, springt er von der Rednerbühne hinab und bezeichnet sofort dreizehn Anstifter zur Tötung. Und, nachdem diese Exekution vollzogen ist, besteigt er die Bühne nochmals und hält jene (von Arrian gewiss trefflich fingierte) Rede, da er ihnen erst die Armut des früheren Makedoniens vorhält und dann ausführt: "Was ich gewonnen, gehört ja euch. Kleinasien, Syrien, Ägypten, Mesopotamien, Persien habe ich euch zum Genuss gegeben, es ist euer Eigentum, ihr seid Satrapen, Strategen, Taxiarchen. Ich habe für mich nichts Besonderes zum Geniessen, ich wache für euch, damit ihr schlafen könnt... Zeigt eure Wunden, ich will die meinen zeigen

式。但是怨氣仍然在繼續着，主要的是因爲亞細亞的新募軍人，和其同樣燦爛的裝備，而且當他想把老弱兵卒淘汰了時，那種怨氣就在底格里斯河上的奥皮士，喧嚣的爆發出來了。在這時候，他的人格的全部力量才開始表現出來。本來有權利的人才可以要求辭職，可是此時全體都要求起來，於是他就從講壇上下來，立刻把十三個煽動人處死。當這種行刑完畢以後，於是他就又上到講壇上，而作了那篇講演（這篇講演自然是被亞里安所卓越的假造的），他在那裏首先表述了先前馬其頓人的貧苦，於是就進而詳論道：「我所求得的都是諸位的。小亞細亞，敍利亞，埃及，美索不達米亞，波斯，我都把它們給了你們來享受，它們是你們的財産，你們是太守，軍略家，和稅吏。我自己並沒有特別的東西供自己享受，我給你們守夜，好讓你們睡覺。拿出你們的創傷來，我也把我的指示給你們。在我的指揮之下，沒有人會在逃脫時死亡了。現在我想把不能戰爭的人，差遣回國，以便使那裏

...Fliehend ist unter meiner Anführung niemand umgekommen. Und jetzt wollte ich die Kriegsunfähiggewordenen heimsenden, dass dort ein jeder sie beneiden sollte; weil ihr aber alle fort wollt, so zieht alle ab, verlasst mich, bloss von besiegten Barbaren bewacht. Zieht ab." Dann schliesst er sich ein und teilt Kommandos an auserlesene Perser aus, und jetzt bricht bei den Makedoniern der Jammer los, und sie parlamentieren so lange, bis er nach zwei Tagen herauskommt und sie weinend als seine Verwandten erklärt und sich von ihnen küssen lässt. Auf diese superbe Rührungsszene hin erfolgt jene grosse sakramentale Kommunion zwischen Hellenen und Persern, auf die wir später wieder kommen werden. Die zehntausend alten Krieger, die er mit Krateros unter gegenseitigen Tränen heimsendet, erhalten ausser vollem Sold ein jeder ein Talent; dabei aber bleibt es, dass es fortan auch ein persisches Agema, persische Pezetären und persische Argyraspiden gibt.

每一個人都豔羨他；但是你們既都願意前去，那麼你們全體都去吧，只留下我，單被那戰敗的蠻族所守護好了，下去罷。」於是他就閉門不出，而傳令於特選的波斯人；現在馬其頓人方面就現出失望神氣，互相商議起來，一直等他兩天以後出來，哭着說他是他們的親人，並允許他們接吻，才算罷了。在這個宏壯而可歌可泣的景象以後，跟着就是希臘人與羅馬人之間的偉大的聖餐式，關於這一層我們以後還要提到。那被他遣回國內的一萬老戰士，和克洛泰羅，對他交互揮着眼淚，除了接受到充分的薪給之外，每人還接受了一個達蘭。但是同時還留下波斯人組織成的騎兵中隊，波斯人所組成的重步兵，和波斯人組成的銀盾隊。

Daneben ruhten auch die grossen Unternehmungen nicht. Schon vor dem Ereignisse von Opis hatte Alexander in Persien die Mündung von

同時那些偉大的事業並不休止起來。在奥庇斯事件以前，亞歷山大已經在波斯航行過幼發拉底和底格里

Euphrat und Tigris befahren und hatte dabei die Entdeckung gemacht, dass die Perser am untern Tigris durch Dämme künstliche Katarakte angelegt hatten, damit keine feindliche Flotte hier eindringen könne; da er solches besser hindern zu können glaubte, lachte er über solche Künste und gab dem Strom seine Schiffbarkeit zurück. Später züchtigte er die Kossäer, ein eigentliches Raubvolk zwischen Susa und Ekbatana, welches das ihm von Grote gespendete Mitleid nicht im mindesten verdient. Ferner liess er auf dem kaspischen Meere eine Flotte bauen; denn auch die See wollte er erforschen, und es war gut, dass ein Hellene diesen Drang hatte, denn die Orientalen von sich aus würden die Umrisse ihrer Länder und Meere nie erkundet haben; endlich vor seinem Ende plante er noch einen Zug nach Arabien. Und während er zu Babylon residierte, kamen Gesandtschaften von allen Enden; es ist sogar ganz glaublich, dass auch aus Rom eine kam, für welches es Plutarch mit Recht als Gunst der Götter bezeichnet, dass er nicht länger gelebt habe. Jetzt erst schien er "Herr der ganzen Erde und des ganzen Meeres" zu sein, und jetzt

斯河，並且同時發現了，波斯人在下底格里斯藉着堤壩，安置了人造的瀑布，以使使敵人的船艦不能湧擠進去；但是因爲他相信他能可以用更好方法來阻止敵艦，所以他就非笑那一類藝術，而使河流仍然通起航來。

後來他又懲罰了柯薩人，柯薩人乃是蘇薩與埃克拔它諾之間的一個以搶刧爲生的民族，他們是絲毫不配享有格羅特所給與他們的那種同情心的。

後來他又下令在裏海上建造一個艦隊，因爲甚至於海，他也想加以探求，而且希臘人之有這種衝動，乃是好的，因爲東方人自己是不會把他們土地的輪廓以及海洋偵查出來的。

最後在他死以前，他還計劃了一次亞剌伯的進軍。當他寓於巴比倫時，於是就來了各地的使臣，而且我們可以完全相信，就是羅馬也派來一個使臣。普魯塔克曾經正確的說道，他之不曾久存人間，正是諸神對羅馬的恩賜。在這個時候，他才像是成了「全部地球和全部海洋的主人，」現在他又想起了希臘人，並且經由他的水師提督尼康諾爾，送給他們一道命

erinnerte er sich auch der Griechen wieder und sandte ihnen nach Olympia durch seinen Admiral Nikanor jenes früher besprochene Gebot, wonach die Poleis alle ihre Verbannten zurückrufen sollten.

Aber schon war in Ekbatana (324) Hephästion gestorben und von Alexander, wie Patroklos von Achill, betrauert worden, und bald kamen diesem Ahnungen und Vorzeichen seines eigenen Endes, die von ihm jedenfalls ziemlich superstitiös aufgefasst wurden. Nach heftigen Gelagen, wohl mehr aber infolge der übermenschlichen Arstrengungen wurde er von einem Fieber überfallen, dem er lange trotzte. Nach Arrian, der sein letztes Schicksal von Tag zu Tag verfolgt, lag er schliesslich in einem Ziergebäude am Teiche des Parks krank, dann im Palaste Nebukadnezars. Hier erzwangen es die Soldaten, ihn zu sehen. Lautlos lag er bei dieser letzten Revue da und erhob kaum noch das Haupt zum Grusse der einzelnen oder winkte etwa noch mit den Augen. Auf die Frage, wem er das Reich hinterlasse, entgegnete er "dem Besten", oder "dem Stärksten", je nachdem man das Wort κρατίστῳ übersetzt. Auch dass er einen gewaltigen Agon zur Feier seines Todes voraussehe, soll

令（在奥林比亞），讓各城市把所有一切被放逐出的人都招喚回來。

但是早在埃克拔它諾（三二四年），海菲斯仲已經死了，而且他被亞歷山大悲悼，就如巴特羅克羅斯之被亞奇爾悲悼似的，於是亞歷山大就立刻得到他自己的死亡的預感和預兆，——不過他也有幾分迷信的解釋了這些預兆。在激烈的饗宴以後（但是或者更因爲他的超人的努力），他就受了熱症的侵襲，他很久輕視這種疾病。據那曾經逐日踪跡過他的最後命運的亞里安說，他最後在公園池沼邊上一個樂遊宮中躺着病了，後來又住在尼布撒旦甲的宮中。兵士們在這裏強迫要見他。在這最後一次檢閱之下，他毫無聲息的臥着，幾乎不曾抬起頭來，祝賀各個人，或用眼暗示他們。當人們問他說，他把帝國留給誰時，他就答覆說，「留給最好者」或「留給最強者」——兩種意思是看我們如何翻譯 κρατίστῳ 一字而定的。據說，他曾經說過，他

er gesagt haben. Er starb gegen Abend des 13. Juni 323, erst zweiunddreissig Jahre und acht Monate alt, und gleich über seiner Leiche erhob sich der Hader der Marschälle.

Alexander war nach Arrians Charakteristik nur an Ruhm nicht zu sättigen. Dies ist der grundhellenische Zug an ihm, während er ungriechisch, aber höchst königlich war durch seine Treue in Verträgen und durch seine Fähigkeit zu bereuen, wo andere beim Fehler als bei etwas Trefflichem zu beharren pflegen. Wie viel er geahnt und gewollt hat, ist ungewiss und durch das Phantasiebild, welches die Griechen sich von ihm machten, vollends unsicher. Möglicherweise würde er bei längerm Leben vermittelst der durch die Reichtümer Persiens ermöglichten Söldnerwerbung die Weltherrschaft auch auf den Westen auszudehnen versucht haben, wo jetzt in Karthago die letzte Geldkasse ersten Ranges war, die nicht ihm zu Gebote stand. Auch ohne diese grenzenlose Ausdehnung konnte sein Reich nach seinem Tode nicht beisammen bleiben. Aber es ist eine Eigenschaft der grossen Weltbezwinger, dass sie nicht sowohl direkt die Zukunft bewirken, als vielmehr die Welt auf eine neue Grundlage stellen, worauf dann Neues aller Art aufgebaut werden kann. Und

也預見到一次偉大的競賽，來紀念他的祭日。　他死在紀元前三二三年六月十三的晚上，才活了三十二歲八個月，而且在他的死屍之旁，他的將領已經立刻交惡起來了。

據亞里安的描寫說來，亞歷山大在命名方面是永不能滿足的。　這是他的基本的希臘特質，同時他又是不類似希臘人的，但是他是極其合乎王者身分的，因為他在契約方面是忠實的，並且在別人怙惡不悛，彷彿擇善固執的地方，他却能以表示懊悔。他預想到多少，並預感到多少，那乃是不確定的，而且就希臘人對他所作的幻想看來，這一層乃是完全不確實的。　也許如果活得較久的話，他會用波斯的財富，徵募大量傭兵，而企圖把他的世界統治權也拓展在西方，在西方，迦太基乃是那尚未服從他的命令的最後的第一等錢袋。　不過就是沒有這種無限的拓展，而他的帝國在他死後，也不能維繫多久。　但是偉大的征服世界者都有一個特質，就是，他們不太直接構造將來，而寧是把世界置在一個新的基礎上，以便

nun ist es nach unserm schwachen Ermessen immer ein Glück, wenn eine höhere Kultur über eine geringere, ein begabteres Volk über ein unbegabteres Eroberungen macht, und dies war hier der Fall, wenn auch die "Moralität" des damaligen Griechenlands und die des damaligen Persiens sich leidlich mögen aufgewogen haben. Hiedurch wurde jedenfalls viel Leben wieder frei, welches die persische Halbbarbarei erstickt hatte. Um aber die wahren Gesichtspunkte zu gewinnen, muss man den grössten Kausalitäten der Weltgeschichte nachgehen. Unser Gesamturteil wird wesentlich bestimmt durch die enorme Wünschbarkeit derjenigen Kontinuität der Weltkultur, welche ohne Alexander nicht würde gewonnen worden sein. Rom lernte das Griechentum eigentlich erst durch das Medium des kulturbeherrschenden Diadochentums hindurch recht kennen, und Rom liebte an Griechenland wesentlich die Kultur; diese wollte und musste es übernehmen und retten. Ferner war ihm die Bewältigung der hellenisierten Ostländer unendlich viel leichter und lag ihm näher, als dies bei deren früherm Zustande der Fall gewesen wäre. Die römische Weltherrschaft gehört aber, wie die makedonische, im höchsten Grade zu der Kette von Wünschbarkeiten, von welchen unser Urteil umstrickt ist. Und an beiden Weltherrschaften hängt die Möglichkeit der Verbreitung des Christentums.

使一切新的事物都可以建立起來。據我們的柔弱的猜想說來，一個較高文化如果征服了一個較低文化，一個天才民族如果征服了一個愚笨民族，那總是一種幸福，在這裏正是此種情形，縱然那時候希臘的道德與那時候波斯的道德，差可互相頡頏。但是經由這次征服，那被波斯的半野蠻狀況所窒息的許多生活，就又自由起來了。但是爲求得真正的觀點起見，人們必須踪跡世界史上最大的因果關係。如果沒有亞歷山大，則世界文化便不能有那種連續性，那種連續性乃是無限可欲望的，這一層正根本上決定了我們的總括判斷。羅馬是經由那在文化方面佔優勝的亞歷山大的後繼人的媒介，才認識了希臘文化的，而且羅馬所愛於希臘的，主要的乃是文化；它是必須接受了並救濟了這個文化的。其次，羅馬之征服那些希臘化的東方人，也比先前的時候，無限的容易，而順利了。但是羅馬的世界統治權，正如馬其頓的世界統治權似的，乃是在極高的程度內，屬於那把我們的判斷迷惑住的那些可意事物的鏈子中的。基督教傳佈的可能性，都是有繫於這兩個世界帝國的。

處世箴言(續完)

Aphorismen zur Lebensweisheit

叔本華 (Arthur Schopenhauer) 著

關琪桐 譯

第五章　勸告與格言(續前)

第三節　我們與他人的關係(續前)

(四十九)人們應當常常記得時間的偉大作用，和萬物的變化不居。因此，你不論遇到什麼，你總可以立刻想像相反的一種情形。在幸運中，你要想到不幸，在友誼中，你要想到仇敵，在晴天時，你要想到變天，在愛情中，你要想到憎惡，在信託和坦露中，你要想到敗露和懊喪，反過來說，你如果處於逆境，也當活躍地想到愉快之時。這乃是眞正處世之道的一種永久無誤的泉源，因爲我們由此就常常思想忖度，而不易於受欺被騙。一般說來，我們是應當逆料時間的變化無常的。

我們如果想正確的評價事物的變化無常，則前一種經驗乃是必不可離的，這種經驗對於別種知識都沒有這裏那樣不可缺乏。因爲每一個狀態，在它所存在的那時候，總是必然存在而有充分權利的，因此，每一年，每一月，每一日都似乎好像要永久保持其權利，至於無窮。但是它們却都不能够維持長久，只有「變化」是恆久不易的。一個聰明之人是不會被貌似的安定所欺騙的，而且他還可以預先知道了命運的變化將來所取的方向(十九)。

人們所以認事物的一度的狀態，和其所取的方向，一般的是繼續不變的，其原因就在於，他們只看到眼前的作用，而不理解其原因。可是這些原因正包含着將來變化的種子，至於他們所單獨見到的結果，則不含有這些種子。他們固守住這些結果，並且假設，他們所不知道的那些原因，旣然招來那些結果，所以也能可以保持它們。他們因爲大家都錯誤了，所以他們反而因此佔了一種便宜，他們由這種錯誤所招來的災難，乃是普遍的，因而彼此都可宥恕。至於有思想的人，當他錯誤了時，是當獨任其過的。——在這裏我可以順便說，所有這些道理都證實了我所說的話，就是人的錯誤之起，乃是由於他根據結果來推論原因的。（參看表像與意志的世界一卷，Insel 版一二八頁）。

可是我們只可以在思想中逆睹時間的作用，而加以預防，並不能在實際上截住將來，那就是說，我們並不能在將來以前要求將來才能完成的事情。誰要作這種要求，那他就會經驗到，最兇狠，最不徇情的盤剝者莫如時間，而且你如果强向它預先支付，那它是比猶太人還要敢取重利的。就如你可以藉未曾融解的石灰和人工的熱度，驅使樹木在不多幾天內發葉，開花，結果，不過隨後那棵樹就會死了。一個青年人縱然只在幾星期中施展了他的生殖精力，並且可以在十九歲時行了他在三十歲時所優爲的事情，那麼時間也會預先支付給他，但是他要對此償付利息，那個利息就是他的將來精力的一部分，甚至是他將來生活的一部分。

有些疾病，人們如果要想眞正根本擺脫它們，只有讓它們走其自然的途徑，在它們走完這個途徑以後，它們自然就消滅了，絲毫不留任何痕跡。人們如果

(十九) 在人類的事情中，機會是有大的影響的，因此，我們現在雖然藉着當下的犧牲，來阻擋威脅而至的遼遠的危險，可是這種危險會藉着不可預知的新的事態而消逝了，因而不祇我們所作的犧牲算是白費了，而且由這種犧牲所招致來的部署，在事態變化之後，反而成了一種不利。因爲，在思患預防時，我們不必對將來看得太遠，而應當計算到機會，並鼓勇來應付許多危險，期望它們如許多黑壓壓的暴風似的，一時會過去。

要求當下立刻恢復其健康，那麼時間也可以借給他款，疾病會被驅除了，但是他所付的利息乃是一生的孱弱和間歇病。

在戰爭和紛亂中，人們有時急於用款，因此，就不得不把土地和公權，以三分之一或者更少的價値出賣了，可是他如果樂意等待幾年的話，那他就可以在時期終了之後，來接受原來的充分價値。　可是他要强迫時間來預先支付給他。此外，人們有時要去遠處旅行，因而他們需要一宗款項。　這宗款項他們本來可以在一二年中從他的進款中積蓄而來。　可是他們偏不肯等待，因而他們就去借此種款項，或從其資本中扣除了，那就是說，要讓時間預先借款給他們。　他所付的利息就是紛亂的賬目，和有增無減的債務——永久也還不淸。

這就是時間的盤剝。　凡迫不急待的人都是它的犧牲。　要想把時間的有節度的步法加速了，那乃是最費錢的一種事情。　因此，我們應當小心，不要欠着時間的利息。

（五十）平常人與聰明人之間在日常生活中有一種可以表示其特徵的差異，就是，平常人在反省並估量可能的危險時，總是只詢問並只注意已經發生過的那種危險；至於聰明人則反省那可能發生的危險。　他們想，正如西班牙成語所說：在一年中所不曾發生過的事情，竟可以在幾分鐘內發生了（lo que no acaece en un ano, acaece en un rato）。　這種分別是很自然的，因爲要發現將來可能發生的事情，就需要人的理解，至於要觀察已經發生過的事情，則只需要人的感官。

我們的格言是：要向惡魔供獻犧牲。　我的意思是說，人們應當不惜辛苦，時間，不快，麻煩，金錢，或自制，來向不幸把門擋住。　這種犧牲如果愈大，則那種惡運便愈顯得渺小，遠離，而少可能。　這個規則的最明顯的例證就是保險賠償金。　它乃是一切人們公開在惡魔之祭壇上所獻的犧牲。

（五十一）人們不論遭到何種事情，都不要太於狂喜，或過分悲悼，一則因爲一切事情都要變化，時間可以把眼前的事情變化了，一則因爲我們容易錯認了什麽是可以使我興讒的，什麽是可以於我們有害的。差不多每一個人都有一次抱怨過那後來對他眞正有利的事情，或者喜歡過那給他招來最大苦難的事情。與此相反的正當的心情，莎士比亞曾經精美的描寫過：

我已經過那麽多陣的愉快和悲哀，

所以不論那一種，都不能在一露面時，

就使我情不自主，如婦女似的。（All's Well 三幕，二景）

一般說來，一個人在遇到不順事情時，如果泰然自若，那就證明他知道，人生的可能的悲苦是如何巨大而一再來臨的。這就是其多伊派所說不要忘記人類命運（conditionis humanae oblitus）的旨趣。我們應當常常記着，人生是如何悲慘可憐的一種命數，而且它所遭的不幸是如何之多的。我們如果想把這個記憶保持不墜，也只須放眼觀察周圍的情形便了。不論人在何處，他總可以看到，人們是在爲這個可憐，荒蕪，而無利益的生存，扎掙，輾轉，並痛苦着。這樣，人們將會抑制住自己的要求，而在不完全的事物中和情況中，勉事適應，並且可以挺身應付不幸事件，以便逃脫它們或忍受它們。

因爲不幸事件不論大小，總是人生的根本元素，因此，人是應當常常記着它們的。可是我們也不可因此就成了一個難以取悅之人，如貝雷伏（Beresford）似的，對於人生的時時災患過分悲悼，愁眉不展，更不應該在每遇蚤咬時，就呼天求助（in pulicis morsu Deum invocare）。我們只當是一個易悅之人，謹愼小心，挺身而起，以求避免不幸，不論那種不幸是由人類來的，或事物來的。在這樣努力防衛，仔細講求之後，人們就可以如一個黠慧的狐子似的，巧妙的逃脫了或大或小的惡運：我們應當記得，所謂惡運大部分只是一種化裝的笨拙。

一種不幸事件，我們如果預先就觀察它是可能的，而且如人所說，我們已經準備好來應付它，那麽當它來臨以後，我們就感到它不十分嚴重。這種情形所以發生，主要的乃是由於，我們如果在它來臨以前，只把它看做一種單純的可能事件，而沈靜的加以觀察，那我們就可以明白淸楚的從各方面看穿了不幸的範圍，並且至少知道它是一種有限的，一覽無除的不幸。因此，當它實際發生了時，它的影響也不至超出了它的實在的重量之影響。如果我們未曾事先準備，只是不意中遭了不幸，那麼我們那受了驚的心靈，在初看之下，就不能精確度量不幸的程度。他當下看那種不幸是茫無涯涘的，因而就容易看它是毫無止境的，至少也是比實際上較大的。在同樣途徑下，黑暗和不定也可以使任何一種危險顯得比實際上較爲大些。此外，我們既然預想過可能的不幸，那麼我們也一定思想過安慰的泉源和求助的方向，至少我們也可以慣於思考它，而不至於驚皇失措。

能使我們平心靜氣忍受所遭遇的不幸的，莫過於確信：凡發生的大小事情，都是必然發生的那個眞理。我在意志自由論那部得奬的論文內，已經證實了這個眞理，並且闡發其最後的理由。因爲在不可避免的必然中，人們立刻就知道了安身立命之處，而且那種知識使他看那由極生疏的偶然原因招來的事情，也與那由公認的規則和完全的先見而發生的事情，是同樣必然的。我們如果知道了事情是必然而不可避免的，那麼這種知識就有一種安定人心的作用，關於這一層，我請讀者參觀我在意志與表像的世界中所說的話好了（Insel版，一卷三四五—四六頁）。一個人如果浸潤於這種知識之中，那他第一就要做他所能做的一切，隨後就可以安心忍受他所不得不忍受的事情。

那時時攪擾我們的輕微的不幸，我們可以看它們是意在使我們預先練習，不要使那能以忍受大的不幸的能力，在順境中，廢弛鬆懈了。對於日常的煩惱，交遊的摩擦，輕微的爭執，他人的無禮，無謂的閒話等等，我們應當如那堅硬如角的西格佛里 Siegfried 似的，那就是說，我們完全不要感到它們，更不要把它們擱在心裏，輾轉沈思。我們只應當把它們摒在一邊，如路上的一塊石頭似的，挪在遠處，永不當在內心玩味咀嚼它們。

（五十二）平常人們所謂命運，多半只是他們自己的愚蠢的行徑。在荷馬的伊里亞德中有一段精美的文字，人們是應當時時服膺在心的（二十三卷，三一三行以下）。他在那裏曾經以 μῆτις ——即黠慧的反省——教人。因爲惡行雖然是在來世才能得到補償，可是愚行却在此世已經得到報酬，雖然恩典可以不時的代替了法律。

可怕而危險的人並不是那面目猙獰的人，而是那料事狡黠的人，因此，人類的腦，實在是比獅子的爪還可怕的一個武器。

最完美的處世之人，乃是那既不優柔寡斷，復不魯莽滅裂的人。

（五十三）在聰明之下，就數勇敢是我們幸福的一個重要的條件。不過任何人都不能把兩者賜與自己，因爲他的聰明是由母親遺傳來的，他的勇氣是由父親遺傳來的。可是他也可以藉設計和練習，大爲促進了這些性質。

在這個世界中人們既然擲着裝鉛骰子，所以我們也當有一種鐵似的脾氣，穿着鎧甲可以抵擋任何命運，穿着武裝可以抵禦任何敵人。因爲人的一生就是一種戰爭，每一步都得與人相爭。服爾德說得好：「人若非在刀尖上就不能成功，而且人死時手裏還持着武器（On ne réussit dans ce monde qu'à la pointe de l'épée, et on meurt les armes à la main）」。因此一個人如果一見雲彩密集起來，或見雲彩剛在天邊出現，就退縮沮喪，悲嘆起來，那他只是一個懦夫。因此，我們的箴言乃是：

遭遇不幸，鼓舞前進。

一種危險事情的結局，只要還在未曾分明，只要它還有變好的可能性，那我們就不能思想任何投降，而只當思想抵抗到底。正如天上只要還有一片蔚藍，人們就不能對它絕望似的。是的，人們應當鼓勇應付一切，而使人說：

大地縱成塵，

壯士也不驚。——霍拉乘，詩頌三卷，三首。

全部人生——且不用說人生的福利——都不值得人的提心吊胆；因而我們應當

處逆境而挺胸，

奮大勇以圖生。——De Iside et Osiride 十四章

不過人在這裏易於到了過度地步，因爲勇敢會墮落成一種暴烈。　我們若想在世上生存，則某程度的畏懼乃是必要的，懦弱只是這種畏懼的一種過度罷了。培根曾經很恰當的表示出這一層來，他給了所謂虛驚 (Panicus) 以一種文字學上的解釋，那種解釋要比撲魯塔克（在 de Iside et Osiride 十四章）給我們所保留的解釋要高明了許多。　他把 Panicus 推源於那擬人化了的自然，潘神 (Pan) 並且說：「事物的本性就把畏懼和恐怖與人生繫屬起來，這種畏懼只應當保持生命和存在，並把威嚇而至的災禍驅逐了。　但是自然界自身是不能夠保持精確的界線的，它把無意義的和無根據的畏懼與健全的畏懼結合起來，因此，我們如果能往深處觀察一切生物，尤其是人類，那麼我們就可以看到，他們是被恆久的虛驚所充滿的」（古人的智慧第六）。　此外，虛驚的特徵就在於，它自己不明白知道自己的原因何在，在必要時，它只是假設（並非認識），那種恐懼自身就是所以畏懼的原因。

第四章　年紀的不同

服爾德曾有一句極美的話說：

「心情若與年紀乖

應時災害一齊來。

(Qui n'a pas l'esprit de son âge,

D· son âge a tout le malheur)」

意思是說，人在某個年紀，就有那個年紀的心情，因而他的心情如果與其年紀相反，那他就遭受了那個年紀所有的不幸，因此，我們在這幸福論的結尾，應當瞥視一下人生各個時期所經的種種變化。

在人生的全部，我們所常能直接感到的只有現在，沒有別的。　現在的特徵，乃是：在一起初我們看到有遼遠的將來，活躍眼前，而在臨了，我們又看到長久的過去，成爲陳跡。　因此，我們的性情——不是我們的性格——就經過了一些人所共知的變化，由於這些變化，所以現在每一度總採取了一種不同的顏色。

在我的主要作品中（二卷，三十一章），我曾經解釋過，我們在兒童時期是多運用智力，而少運用意志的，而且我也曾解釋了爲什麼如此。正因爲這個原故，所以我們的青春是最爲幸福的，因而後來當我們回憶起它來時，它就彷彿一個失掉了的樂園。在兒童時期，我們與人沒有多少關聯，也沒有多少需要，因而沒有刺激意志的東西。因此，我們的大部分生涯當都費在尋求知識上。智力就如腦子似的（腦子在七歲時就已達到它的充分體積），很早就發展出來，縱然它還不曾成熟了。它不斷的在新事物的全部世界中，來尋求它的營養品，因爲在那個世界中一切事物都是煥發着新奇的魔力，而引人入勝的。

因爲這種原故，所以我們的童年就是一首繼續演變的長詩。因爲詩的本質，就如一切藝術的本質似的，也在於來把握柏拉圖式的觀念，也卽各個特殊事物中的本質的成分，也卽種類全體所共的成分；藉這種本質每一個事物就出現爲它的種類的代表，而且一個情節就可以表像了一千個。

我們似乎看到，我們在童年的世界中，只從事於當下的個別的對象或過程，而且我們之從事它們，只以它們使我們當下的意志發生興趣爲限。但是實際情往並不如此。在幼年時，人生（在其全部意義下）是那樣新奇，鮮豔，而不因爲一再重複，使其印象遲鈍了的，因而我們就在沈默中（並沒有明白的目的）藉各個特殊的景象和過程，來把握生命自己的本質，以及它的形態和表示的基本類型。照斯賓挪莎的話說來就是，我們是在悠久的形式之下 (sub specie aeternitatis) 來觀察一切事物和人類的。

我們愈年輕，那麼每一個殊例就愈代表它的全部種類。但是我們的年歲如果愈長，則這種情形便愈來愈行減少。因此之故，事物在我們年輕時，給與我們的印象，比它們在我們年老時所給與我們的印象，是有大的分別的。因此，我們在兒童和少年時所得的經驗和知識就成了後來一切經驗和知識的恆常類型和標題，而且我們往往把後來的經驗和知識納在這些範疇之下，雖然我們並不曾有意識的覺察到此事。

照這樣我們的世界觀在兒童時期就已經奠定了堅牢的基礎，不論這種世界觀是浮淺的或深刻的；這種世界觀在後來雖然可以有所拓充和改善，可是它在根本上是不能變化的。這乃是一種純粹客觀，因而是有詩意的觀點，這種觀點對於兒童時期是很重要的，而且因爲我們的意志還未曾把其充分的力量施展出來，所以這種觀察更得到一種助力。由於這種觀點，所以我們在兒童時期，就多事拓展知識，少事施用意志。因此，洛飛爾 (Raphael) 就曾那樣巧妙的運用許多兒童的誠懇的凝視的注目，來給畫他的天使——尤其是 Sistinische Madonna 畫中的天使。因此之故，所以人的童年是那樣祝福的，因此，人一記憶起童年來，總不禁有一種嚮往追慕。

當我們這樣誠懇的對事物作初步的直觀的理解時，另一方面的教育却努力以各種概念灌注於我們。但是概念並不能把事物的眞正本質給與我們，這種本質因爲是我們一切知識的基礎和眞正內容，所以它只能藉直觀的來把握世界，才可以獲得。但是這種知識只能被我們自身所獲得，却不能在任何途徑下被產生。

因此，我們的睿智的價值，正如我們的道德的價值似的，並不是由外面進入我們心中的，只是從我們自己的本質中出發的，因而任何種裴斯塔洛齊(Pestalozzi) 的教育藝術，都不能把一個天生的愚人改造成爲有思想的愚人。這是不可能的，他生下是愚人，死時還是愚人。

在兒童時期，我們對於可以直觀到的外面世界旣然有一種深刻的理解，所以我們就可以明白了，兒童時期的環境和經驗爲什麼那樣堅實的印在記憶之中。我們那時是徹頭徹尾的委心於外物的，任何事物都不能把我們的心紛了，而且我們看眼前那些事物好像就是其種類中惟一的例子，而且還好像再沒有別的東西存在。但是到了後來，我們旣然知道有許多對象存在，所以我們就把這種心境失掉了，因而也就把耐心失掉了。

我在意志與表像的世界第二卷三十一章，曾經闡述說：事物的客觀的存在，即其在單純表像中的存在，乃是一種完全令人歡心的存在，至於它的主觀的存在，因爲是成立於意志的，所以是被痛苦和煩惱所瀰漫的。人們如果記得這話，那麽我們就可以簡短的把這個事表示說：一切事物看起來都是輝煌的，但是其內心卻是可怖的。

因此，在兒童時期，我們多是從事物的外觀方面，表像方面，和客觀方面，來認識事物，而少從它們的存在方面，即少從意志方面，來認識它們的。因爲那一方面正是事物的可意的一方面，而且那主觀的可怖的一方面還是不曾被我們所知悉的。因此，青年人的智力就認實在和藝術所產生的那些形相，正是許多祝福的存在：他想，它們的外觀既然那樣美麗，所以它們的實在一定是更爲美麗的多的。因此，世界在他們面前就如伊甸園似的，我們都是生在這個亞爾喀德(Arkadien)國土中的。

因此，後來我們就對於實在的世界生起一種渴慕來，這種渴慕正是趨向實行和忍受的一種衝動，它正把我們驅迫在世界的混亂場中。在這個混亂場中，我們就明白了世界的另一面，就是存在一面，也即意志一面——即那每走一步都受挫折的意志一面。於是漫漫就來了偉大的覺醒，在這種覺醒一開始以後，我們就可以說：「幻想時期已經過去了(l'âge des illusionsest passé)」。這種覺醒愈往前進，它就愈爲徹底。由此我們就可以說，在兒童時期，人生就好像從遠處看到的台上的佈景似的，可是到了老年時，它就彷彿像近處所見的佈景似的。

最後還有一種情形也可以助進了兒童時期的幸福。正如在春日初起時，一切葉子都呈現同一種顏色，同一種形相似的，同樣，我們在早期的兒童時間都是互相類似，而調和甚得的。但是到了春情發動期，他們就開始有了差異，正如一個圓子的半徑似的，愈離愈遠了。

青年時期正是人生前半期的終點，它比第二期有許多優點。能使這個時期煩惱起來，陷於不幸地步的，乃是幸福的追求，他們確然以爲，幸福是一定可以在人生中求到的。由此就生起了那繼續被騙的希望，並由這種希望生起了不滿意。一個夢幻而不確定的幸福之光怪陸離的影子，在許多變幻莫測的形相之下，飄蕩在我們面前。因而我們就徒然的尋求它們的原形。因而我們在青年時期大部分就不滿意我們的位置和環境，不論它是什麼樣的。實則人生的空虛和貧乏到處表現出令人失望的情景，祇是我們因為初次才嘗到這種滋味，而把它委於那種環境罷了——這正是因為我們原來所期望的與事實大相逕庭的緣故。

人們如果藉着及時的教訓，在青年時期就剷除了人在世上可以多所成就的那個幻想，那他們就所得已多了。事實上所以常有相反的情形出現，乃是因為人們在初年大部分是藉虛構來認識世界，而非藉實在來認識世界的。

在我們青年的晨曦中，那由詩歌所刻畫出的景象，在我們面前是輝煌綺麗的。因而我們就有了一種渴慕，非看它實現了不可——就彷彿要把握住天上的虹霓似的。青年人期望他的生活出現在一個有趣味的羅曼斯的形式下。由此就生起了我在前著第二卷中所描寫的那種失望來。因為那些影像對我們所以有一種魔力，正是因為它們是一些影像，而非實在的，因此，當我們觀察它們時，我們就平安寂靜，而感覺到那種純粹的知識是完全自足的。要想實現這些幻象，就無異於是被意志所充滿的，而意志是必然會帶來痛苦的。關於這個，我願意請同情的讀者來參觀前書第二卷三十七章。

前半生的特徵乃是一種無饜足的幸福之追求。後半生的特徵乃是一種對於不幸的顧慮。因為我們的年歲漸長，就逐漸明白認識了，一切幸福都是虛幻的，一切苦楚才是實在的。自此以後，我們，至少是那些聰明之人，就只企圖避免痛苦，而認那不受攻擊的地位，才是幸福的。我可以順便說一句話，人在年老時，較能可以防止不幸，在年輕時，較能可以忍受不幸。

在我年輕時候，一聽到有人按門鈴，我就覺得高興，因為我想，有什麼好消息來了。但是到了後半生，我在這種情形下的感覺就彷彿一種驚嚇，我想：「又來了」。

天賦超卓的人眞正說來是完全不屬於人世的，他們是依其優越的程度，或多或少獨立無倚的。　他們對於人世，正有兩種相反的感情：在幼年時，他們感到自己是被世人遺棄的，在晚年時，他們覺得自己是逃出了人世的。　前一種不快的感覺歸因於他們不懂得人世，後一種快意的感覺歸因於他們認識了人世。

因此之故，人生的第二期，就如樂句的第二半似的，比第一期是少所渴慕，多得安靜的。　這原因，一般說來就在於：人在幼年時常常思想，在世界中是有許多珍奇，可以給人幸福和享受的，祇是人們難以求得它們罷了。　至於到了老年，人們就知道了，人在世上是毫無所得的，因而他們對世事就平心靜氣起來，並且可以享受一種過得去的現在，甚至對瑣事也感到快樂。

成熟之人憑其一生經驗所獲得的東西，第一，就是毫無所蔽，由於這種結果，他看世界就與青年和兒童，大相逕庭。　他在這時候，才完全簡單的洞明了各種事物，而把它們如實而觀。　至於兒童和青年，則一個幻想世界就把他們的實在世界遮掩了，或扭曲了，這個幻想世界乃是由他自己所造的怪想，古昔相傳的成見，和稀奇罕見的幻像，所集合成的。　因爲經驗的第一要務就在於使我們擺脫了我們幼年時候所染的幻想和謬見。

要防止青年人們，不使他們陷於這些謬見，那乃是最好的一種教育方法，縱然這種方法只是消極的。　不過這種教育乃是困難的。　爲達這個目的起見，我們應當把兒童初期的視綫儘可能的限制住，不過在這個範圍內，我們必須給與他們以完全明白而正確的概念。　只有在他把這個範圍中的事理都正確認識了以後，他才可以把他的範圍逐漸拓大了。　不過我們要恆常留心，不要落下任何曖昧不明，一知半解，扭曲不正的地方。　這樣結果就使他對於事情和人情的概念常是有限而十分單純的，但是正因爲如此，那些概念是明白而正確的，因而它們只需要拓充，並不需要改正。　這種方法可以一直進行到青年時期。　這種方法特別需要，人們不要允許青年讀任何小說，只當藉合式的傳記，來代替了它們，就如富蘭克林（Franklin）的自傳和謨理滋（Moritz）的雷色安頓（Anton Reiser）

等便是。

當我們年輕時候，我們設想，那在我們一生中重要而有意義的事情和人物是伴着鑼鼓和號角來的，但是到了老年，則反省的觀察又使我們知道了：它們完全是靜悄悄的，從後門不知不覺的，潛入來的。

從前邊所說的話看來，我們可以把人生比做一個繡貨，每個人在其前半生都只看到它的正面，在其後半生只看到它的反面。反面是沒有那樣美的，但是它是能啓發人的，因為它可以使人看到各條線索的輻輳。

才智的優越，縱然是極大的，也得等到四十歲以後，才能在人的談吐中佔了一個決定的優勢。因為優越的才智雖可以常常超過了年齡的成熟，和經驗的結果，可是它永不能代替了它們，因而年齡和經驗就可以給了最平凡的人以一種平衡力，使他與最大的天才家的才能，互相頡頏，只要那個天才家是年輕的。我這裏所說的自然只是做人的優越，並非談論人的作品。

全人類六分之五所賦於自然者是很可憐的，一個人只要稍微有點長處，而不屬於這些庸流之中，那他到了四十以後總免不了幾分厭世的色彩。因為他一向根據自己推測他人，結果慢慢都失望了，他終於看到，他們不論在腦力方面或心情方面，甚至在兩者方面，都比他瞠乎其後，而不能與他勢均力敵，因而他就避免與他們發生交涉。因為一般說來，每個人都是依照自己的內在價值之為大為小，來愛或惱寂靜——即自得其樂——的。康德在其判斷力批判（Kritik der Urteilskraft）第一部二十九節總註之末，也曾經研討過這種厭世的心情。

一個青年人如果對人類所作所為都善於適應，並且坦然自在與人周旋，好像預先準備好似的，進入社會之中，那在睿智方面和道德方面，都是一個壞的象徵。那就表示出他的平凡來。在另一方面，他如果對世人的行為表示驚異失措，而且應付起人來也覺笨拙顛倒，那就表示他的天性是高貴的。

我們在年輕時候所以愉快活潑，一部分就由於，當我們上山時，我們還看不見死亡，因為死亡是在山的另一面的脚下的。但是當我們一跨過山頂以後，我們就立刻看到一向道聽途說的死亡。因此，我們的生活的勇氣就立刻沈降了，因爲我們覺得自己的生活力也在同時低落了。現在一種陰鬱的誠懇就驅散了青年的勇氣，而且這種誠懇甚至表現在人的面孔上。當我們年輕時，人們不論對我們講說什麽，而我們總認人生是無止境的，因而就把流光浪擲了。但是我們如果愈老，我們就愈經濟我們的時間。因爲人到了晚年，每活一天，都感覺自己死之將至，就彷彿一個行近法庭的犯人，每走一步，都感覺到刑之將臨似的。

在年輕人的眼光看來，人生乃是一個無窮悠長的將來，從老年人的觀點看來，人生乃是一種十分短促的過去。因此，在一起初，我們看物是很遠的，就如我們把望遠鏡的對物鏡置在眼上似的，可是到了後來，就好像我們把望遠鏡的對眼鏡（Okular）置在眼上了。人們必須年紀大，活得長，才能知道人生是如何短促的。

人愈年長，則人事，不論全體或個別，都顯得較小起來，人生在年輕時是在我們面前堅牢而穩定的立着的，但是到了此時，它就在我們面前好像是一些虛幻現象的狂徃浪流，因而全部的空虛都湧現出來。在我們年輕時，時間的步伐是極其遲緩的，因此，我們生活的前二十餘年不祇是最幸福的，而且是最延長的，所以它給我們留下極多的回憶，因而每一個人在需要時，都可以從前二紀講說許多事情，而且他所能講說的要比他從以後兩倍的時間內所能講說的要多的多。在一生的春天，正如在一年的春天似的，日子是長得令人起膩的。可是在一生和一年的秋天，日子就短了，但是它們也較爲晴朗，較爲穩定了。

人們在老年時爲什麽看他所經過的生命是那樣短促的呢？這是因爲人對於過去的記憶是短促的，所以他們認人生也是短促的。一切不重要的事情和許多不痛快的事情，都從記憶中消失了，所以結果就所剩無幾了。因爲一般說來，我們的記憶是殘闕不完的，正如我們的智力一樣。一個人必須把所學的功課温習，並必須把過去的事情反省才行，如果他不願意讓兩者都逐漸沈沒在忘失的深淵中。但是我們都不慣於反省不要緊的事情，也多半不慣於反省不快意的事情，而我們如果想把它們記在心裏，又是非反省它們不可的。 但是不重要的事情是愈來愈多的，因爲那在一起初顯得重要的許多事情，在屢屢重複之後，就漸漸成了不重要的了。 因此，我們就較易於記憶初年的事情，而不容易記憶後來的事情。 我們活得愈長，則愈少有重要而有意義的事情，値得我們玩味，它們一過去之後，就被忘却了。 這樣，時間就無影無蹤的消逝過去。

其次，我們是不願意反省不快意的事情的，尤其在它們有損於我們的虛榮心時(這是常事)，我們更不樂意反省它們；因爲很少有不幸是完全沒有我們的罪過的。 因此，不痛快的事情就立刻忘記了。

這兩種缺點都使我們的記憶簡短起來，而且記憶的材料如果愈多，那它就按比例愈簡短了。 乘船離開陸地的人，看見岸上的景物就愈來愈小，愈不可辨識，愈難以分辨，同樣，我們所經過的年代和其經歷及行事也是如此的。

此外，有時我們的記憶和幻像又可以把我們生平所早已經過的一種事情，極其活躍的親切體會到，彷彿是昨天才發生的一樣。 因此，它們就對我們顯得很近起來。 這是因爲我們並不能把現在與那時中間所經流的長時間，一覽無餘了，因爲那段時間並不允許我們在一個影像之下來洞觀它；除此以外，在這期間所發生的事情也大都分遺忘了，只有關於它們的一種概括的抽象的知識存留着。這種知識只是一種概念，並不是一種直觀。 因而年深日久的特殊事情，有時候就在我們面前極其貼近，好像昨天才發生的一樣，至於中間的時間則消滅了，因而全部生命就顯得短至不可想像，在老年時，我們有時甚至把我們所經過的長久的過去，因而也把我們自已的存在，立刻看做是渺茫難信，不可稽考的：這大部份是由於：我們眼前常常只有確立不變的現在。 這一種心理的過程的最後根據就在於：我們自己的本質並不處於時間之中，只有那種本質所表像的種種現象是處於時間中的，而且現在正是客體與主體的接合點。

但是在另一方面，人們在年幼之時，又爲什麼看他前面的生命是長得那樣茫無涯涘的呢？ 這是因爲我們把無邊無沿的希望塡充在人生裏，所以就不得不給它們要求一個位置——爲達這些希望起見，人們活到麥蘇涉來的高齡，還覺得死得過早咧。——其次還因爲，我們要把我們所經過的不多幾年，來衡量將來，而過去的幾年在記憶起時好像常是事變紛繁，時間綿長的，因爲一切新鮮的東西都是重要的，因此，它們在過後就仍被人所反省，因而它們就在記憶中一再重現，並藉記憶印在想像之中。有時我們想回到一個遼遠的地方去，實則我們只是想回到當我們年幼而活潑時在那裏所度過的那個時期。 在這裏，時間是以空間的面具來欺騙我們的。 我們如果旅行到那裏，那我們就感覺到那種欺騙了。

達到高齡的途徑有兩條，不過兩者都以無毛病的身體爲必要的條件。 這兩條途徑可以用兩盞燈來解釋。 一盞燈所以燃的久，乃是因爲燈心雖粗，而油則很多。 油就是人的生命力，至於燈心則是耗用生活力的種種方式。

在三十六歲歲以前，我們在自己的生活力一方面，就彷彿是那憑利息過的人，我們今天所貸出的，明天就又拿回來，在三十六歲以後，則與我們相似的乃是那開始動了本的資本家。 在一起初這事情是完全不被人所覺察的：而且支出的大部分總可以常常自行彌補，即稍有些小的不足也不至被人注意。 但是這種不足是逐漸增長的，它畢竟被人覺察出來，而且它的增加是與日俱進的。 這種情形有加無已，每一個今天都比昨天較爲貧乏，這種過程永不能指望停止起來。降落的程度就如物體的下墜似的，是加速度的進行的——一直到了最後一物無餘爲止。 這裏所比較的兩者，即生活力與財產，如果眞是同時開始消耗了，那才是一種完全悲哀的苦境，因此，人的貪財之念是隨年齡以俱進的。

在另一方面，我們從幼年到成年以後，在生活力一方面正如那從資本中再積蓄利息的人一樣，不祇出項可以常常自行彌補，而且資本也是日在增加的。 這種情形在財富一方面也是一樣，它也是經由誠實可靠的監護人的關心注意才可能的。 嗚呼，幸福的青年，悲慘的老年。

但是一個人仍然應當愛惜青年時期的精力。 亞理士多德（在政治學中）曾說：在奧林比亞賽會中得勝的人裏邊，只有兩三個人曾在兒童時勝利過，隨後又在成人時勝利過，因爲那種訓練需要早期的努力，因而就把人們的精力完全枯竭了，結果在後來成人時就不濟事了。關於筋肉的力量我們固然可以如此說，而關於神經的力量則尤其可以如此說——一切睿智的成就都是這種力量的表示。因此所謂早慧之人（ingenia Praecocia），所謂神童，都是暖室教育的果實，他們在兒童時雖然可以引起人的驚異，可是到了後來都成了平庸之流。不但如此，而且如果過早的來勉強學習古代的語言，正可以使許多博學之人後來見解遲鈍，缺乏判斷，所以它是功不補過的。我曾經說過，差不多每一個人的品格都似乎特別適宜於某一個時期，所以他到了這個期間是顯得特別優勝的。有些人在年輕時是可愛的青年，可是到了後來就不能動人了別的人在成人時是精强能幹的，可是到了老年，就失掉了一切價值：許多人到老年時才顯得最爲卓越，在那時候他們已經有了經驗而恬靜起來，所以他們也就成了較爲柔和的：在法國人方面常是這樣情形。這種情形所以發生，一定是由於人的品格中就含有一種傾向，或近似乎青年的性質，或近似乎壯年的性質，或近似乎老年的性質。每一段年紀都與這種性質之一互相契合，或者加以改進。

船上的人在看到岸上的景物遠退變小以後，才覺得他已經前進了，同樣一個人也是在看到那與年俱長的人還是年輕時，他才感覺到自己的年邁。

在上邊我們已經闡述過，一個人年紀愈長，他的所經所見，所做所爲，就在他的心中愈少留下痕跡，而且我也解釋過這種情形的原因。在這種意義下我們可以聲言，人只有在年輕時，才是帶着充分的意識生活的，到了老年時代就只帶一半意識生活了。人愈活得年長，他就愈少伴着意識往前生活：各種事物都匆匆過去，不曾留下任何痕跡。正如一個藝術作品，雖然見了千百次，也不曾給人留下印像似的。人們只做他們所不能不做的事，過後他們就不知道自己是否曾經做過此事。

人生愈趨近於完全的無意識地步（按即死），於是它就愈來愈少意識，因而時間的經流也由此愈來愈加速了。在兒童時，一切事物和事情都因爲新鮮之故，所以樣樣事物都可以進入我們的意識之中，因而日子是長得沒頭的。這種情形也發生於旅行之時；在旅程中一個月就好像比在家中四個月還久。不過事物的這種新奇性，仍然會使那在兩種情形下顯得長久的時間，實際上比較老年或在家中時，顯得長久起膩。但是我們的睿智，因爲長期習於同樣的知覺，所以它就漸漸磨得平滑起來，因而一切事情就都空空過去，不留任何痕跡。因而日子就愈來愈不重要，並且因而愈爲短促了。兒童的一時是長於老人的一日的。因此我們生命的時間正有一種加速度的運動，正如一個滾下來的彈子似的。又如一個旋轉的盤上，一個點離得中心愈遠，它就跑得愈速，同樣，每一個人離得生命的起點愈遠，他的時間也就愈來愈快。因而我們就可以說，就我們心中直接所感到的時間的長短而論，一年的長短正是與一生的商數成反比例的。就如在五歲時就比在五十歲時，時間要長十倍。

時間速度的這種差異，在每一段年紀，都對於我們生涯的全部，有一種決定的影響。第一，它使兒童時期——縱然它只包括十五年——包括了最長的生命時間，因而使它成了最富於回憶的。其次，我們年紀愈小，也是愈不耐煩的。兒童是不斷的需要消遣的，不論是游戲或是工作：這種消遣稍一停止，於是可怖的煩膩就立刻侵襲了他們。甚至青年也是不能免於此的，而且他們對於空虛的時間是要焦灼的。在成人以後，煩膩就愈來愈消逝了。老年人覺得時間常是短促的，光陰似箭般過去了。自然我這裏說的是人，而非說得是衰老的牲畜。由於時間之流的這種加速的前進，所以人到了老年，就不感覺煩膩，而且各種感情和其所引起的痛苦，也就寂然無聲，因此，我們的康健只要仍然保持，那麼整個說來，生命的重擔是比年幼時候較爲輕的。因此，人們就稱那緊在高年之衰弱煩惱以前來的那個期間爲一生的壯盛之年。

就我們的舒適自在說，這些年代誠然可以說是最好的，不過幼年畢竟有一種優勝之處，因爲那時候一切都可以給人以一種印象，每一種東西都活躍的進入心中，因而它正是心靈的孕育時期，開花時期，正是一生的春天。深刻的眞理只能直觀，却不能推測，那就是說，最初的知識是一種直接的，並經由當下的印象而喚起的，因此，它只有在這種印象活潑，强烈，而深刻的時候，才能來臨。因此，在這一方面，一切都有賴於我們之利用青年時期。在晚年時，我們就較可以影響別人，影響世人！因爲我們自己已經完成了，决定了，再不能接受新的印象：因而世界就對我們減少了影響。這些年代就成了行動的年紀，至於幼年則是構成基本思想和概念的年紀。

在年輕時，是直觀得勢的，在老年時，是思想得勢的，因此青春正是詩歌的時期，老年正是哲學的時期。在實際的行動上，人在年輕時也是藉直觀到的事物和其印象，來决定自己的行爲的，而在老年時，則只是藉思想來决定的。這一部分是由於，到了老年，各種直觀的事情才充分繁多起來，而可以歸類在一些概念之下；到了這時，那些概念才有了充分的意義，內容，而可以爲人所信託，而且在同時我們也可以藉習慣之力把各種直觀的印象之力平抑下去。

在另一方面，當人年輕時——尤其是那思想活潑，想像豐富的人——則直觀的印象，事物的外表，乃是十分得勢的，因而他們只看世界是一幅圖畫。因此，他們所着重的乃是如何在世上顯露頭角，而並非如何在內心親切體察。這可以於青年人的嚮慕虛榮和愛好修飾方面看出來。

精神的力量，無疑的是在青年時期至遲頂到三十五歲最能猛烈運用，歷久不疲的，自此以後，它們就衰落了，不論衰落的如何之遲。不過就在下半世，甚至在老年人，也都有精神上的補償。經驗和學問到了此時，才算眞正豐富了。人們此時已經有了時間和機會，從各方面來觀察，來思維各種事情，他已經把各種事情互相比較過，並且發現出它們的接觸點和結合點來。因而他們到了此時才把各種事物的眞正關係正確理解了。一切事情都澄清了，因而人們此時也就更澈底的領略了他在年輕時所已經學習的，因爲人們對於這個概念已經有了許多的例證了。人在年輕時所自以爲知道了的事情，到老年才眞正知道了，除此以外，人們還實在知道了許多事情，而且他也有了一種由各方面思想而出，並眞正互相聯貫起來的知識。而在年輕時候，則我們的知識常是疏漏的，零散的。

一個人只有在年老時，才對於人生有一種圓滿而適當的觀念，因為他洞見了生命的全部和其自然的過程，而且他不祇如年輕人似的，只見到來路，而且還看到出路，因而他就充分認識了生命的空虛：至於青年人，則總是為幻想所迷，而以為事情將來會有好結果的。

但是在另一方面，人在青年時却有較多的構想，因而他們就可以由他們所知的微量的材料，創造出較多的花樣來。至於在老年時，則人們有了較多的判斷，透澈，和澈底。人在幼年時已經搜集來種種材料，可以使他構成獨有的知識，和新穎的見解，他已經搜集來一個天才家可以給與世人的那種東西，但是只有到了後半生，他才能把他的材料運用自如。因此，我們就常常可以看見，偉大的作家在五十左右時，才把他的傑作給與世人。但是青年時期乃是知識之樹札根根的時期，雖然這棵樹非長得高了，不能結果。

每一個世代，縱是極其可憐的，也總以為它比前一代，以及更早的世代，要聰明的多。人的每一段年紀也是這樣的，但是在兩方面，人都是常常錯誤的。在身體成長的年代，我們也在才能和知識方面日有增長，所以每一個今天就都慣於藐視昨天。這種習慣根深蒂固起來，所以即在我們的才力開始沒落以後，它還存在着，實則在那時候，今天是應該敬視昨天了。因此之故，所以我們就往往要輕視我們年輕時候的成就和判斷。

我們可以概括的說，人類的智力和腦力，在其主要的性質方面，雖然與人類的品格和心靈相似，也是天賦的，可是人的智力完全不如人的品格那樣不易變化。人的智力是可以經過許多變化的，而且那些變化，整個說來，是按規矩出現的；這一部分是因為智力有一種生理的基礎，一部分是因為它有一種經驗上的材料，他的能力漸次增長，達到了頂點，隨後又漸次衰落，達到了無能。但是在另一方面，那常促動這些能力而使之活動的種種材料，和思想與知識的內容，以及經驗和認識，還有練習觀察的過程，與這種過程的完成，凡此等等都是日在增長的，一直等到一個決定的弱點出現了（死了），使一切都傾圮了。由此看來，人是由兩種成分組成的，一種是絕對不變的，一種是在兩種相反的途徑下漸漸變化的。 這就解釋了他在各段年紀的態度和價值所有的種種差異。

在較廣的意義下我們也可以說，我們生平的前四也年把本文獻給我們，至於後三十年則把註解獻給我們，有了這種註釋，我們才眞正明白了本文的眞義和聯貫，以及其教訓和精微。

人生的結局正如化裝舞的結局似的，到了那時，人的假面具才卸脫下來。在這時候，你就看到，你在一生與之周旋接觸的那些人，究竟是如何爲人。 人的品格也都露出眞相，人的行爲也都結了果實，人的成就也都得了評價，一切幻想也都破碎不完。 要達到這個結果，是需要長時間的。

最奇特的眞情乃是：人生是到了一生收場的時候，才眞正認識了，明白了他自己，他自己的目標，尤其是他與世界，與別人的關係。 到這時候，人們往往（並非總是）給與自己以一個比他一向所設想的要低的位置。 但是有時候，一個人在此時也給了自己以一個較高的位置。 這是因爲他不曾充分認識了世界的卑污齷齪，因而他把自己的目的比一般的世人置得較高了一些。 人們正是碰巧才明白了自己是如何爲人的。

人們往往要稱青春爲一生的幸福時期，老年爲一生的悲慘時期。 如果各種感情能使人幸福，那麼這話也是眞的。 但是青年是被這些感情所來回撕動的，歡樂甚少，痛苦常多。 不過這些感情都給了冷靜的老年以一種平靜，因而老年立刻含有一種思維的色彩：因爲那時候，人的知識已經得到自由，佔了上風了。這種知識本身既然是沒有痛苦的，所以這種知識愈籠罩了意識，則這種意識便愈爲幸福。

人只須一考量，一切快樂都是消極的，一切痛苦都是積極的，那他們就可以瞭然，各種情感不能使人幸福，而且老年雖然缺少了許多快樂，那也不是可以抱怨的。 因爲每一種快樂只是一種需要的平息，因而老年之沒有快樂並不是可抱怨的，正如一個人在就餐以後，不能再食，在酣睡一夜以後，睜眼醒着似的。

柏拉圖在共和國的起頭，曾說耄老之年是幸福的，因為它終於擺脫了那一向不斷的擾擾人的性慾。他這種評價是正確得多的。我們甚至還可以說，性慾給人所生起的種種無窮的憂慮，以及由此所發生的情緒，恆常給人造成一種柔和的瘋狂，而且這種瘋狂是永不能停止的，只要他們仍然立於那種衝動——即恆常作祟他的魔鬼——的影響之下。因此，這種衝動若是不消滅了，他是永遠不能成為完全有理性的。

我們確知，一般說來，除了一切個別的環境和狀態以外，某種憂鬱和悲酸，正是青年的特質，某種愉快正是老年的特徵。這原因就在於，青年仍然為那個魔鬼服役的，甚至可以說是為他強迫而工作的，那個魔鬼不容易給他以一刻的空閒，而且差不多一切降於人上或威嚇而至的災殃，直接間接都以那個魔鬼為作俑者。至於老年人，則是恬愉的，正如一個人脫了長期的縲絏，而自由活動似的。

在另一方面，我們卻也可以說，在性慾息滅了以後，人生的真正核心就消耗了，只有他的軀殼還存在着。它甚至可以比做一場喜劇，在一起初是由演員演的，可是到了後來，就由穿着上他們衣裝的自動機來演來了。

雖然如此，可是青年仍是騷動的時期，老年乃是平靜的時期。由此我們就已可以推測出兩方面的快樂程度來。孩童常常急於把自己的手遠遠伸出去，採取他眼前的一切雜色而多形的事物，因為他已經被此所迷惑了，因為他的感官還是新鮮而年輕的。在青年方面，情形也是一樣，只有用力更猛了些。他也照樣被花雜的世界和多重的形相所迷惑了，因而他的幻想之力就提攝出世界原來不能給與他的美好景象來。因而他對於他自己也莫名其妙的東西，是充滿了貪求和追慕的，這尚剝奪了他的平靜，使幸福成為不可能的。

但是到了老年，所有一切都減退了，這一部分是因為血液流得比較冷靜了，感官的迷惑力也減弱了，一部分是因為人的經驗已經指示明白事物的價值，和快樂的內容，因而那在先前隱蔽了，扭曲了自由而純粹的世界觀的種種幻想，怪像，和偏見，就都慢慢被擺脫了。因而現在人們就可以較正確的並較明白的認識了一切，就可以把各種事物如實而觀，並可以或多或少明白了一切塵世事物的空虛無物。

正是這種情形給了差不多每一個老人以一種聰明的色彩，而使他特異於青年人，縱然他的才能是很平庸的。不過所有這些的主要的結果，乃是一種心理上的平靜；這種平靜正是幸福的一個大的成分，而且甚至可以眞正說是幸福的條件和本質。因而青年就設想，世界上是可以得到美滿事物的，只要他能知道它們在什麼地方，至於老人則浸潤於傳道書所謂一切都是空虛的那個眞理，而且知道，一切胡桃都是空的，不論他的外皮是如何鍍上金的。

只有到了高年時候，人們才能完全達到了霍拉丢所謂無物可羡(nil admirari)的觀點，那就是說，他才可以直接的，正確的，堅固的確信了一切事物的空虛，和世上一切光榮的虛白。一切幻想都消滅了。他不再想像，在任何地方，不論在皇宮中或在茅舍中，有一種特殊的幸福寓着：他在擺脫了身體上或精神上的痛苦時，到處可以享到幸福，此外在任何地方也都不曾寓着比此較大的幸福。世上人所見的大小高低，在他看來已經再沒有什麼分別。這給了老年以一種特殊一心理平靜，在這種心境中，他是含着微笑俯視世上的一切詐僞的。他完全覺醒了，並且知道，人生不論如何裝飾打扮，而那如過會時似的所陳設的燦爛景物，終久掩藏不住它的窮乏可憐。人們不論如何塗抹鑲飾，而人生的本質總是不變的，這一種存在的眞正價値總是藉痛苦的免除來度量的，而非藉快樂的存在，更非藉虛飾的存在，來度量的。（參觀霍拉丢書翰集一卷，十二信，一至四行）。

覺醒乃是高年的基本特質。那時候，那一向給與人生以魔力，並給與他的活動以鞭策的，幻想，就都消滅了。人們已經認識了世上一切莊嚴事物都是空虛無物的，尤其認識了一切輝煌，燦爛，和崇宏，都是空虛無物的。人們已經發現了，在許多心慕的事物和渴望的快樂以後，實在沒有什麼，因而他們就漸漸洞穿了我們全都生涯的極其貧乏和空虛。　只有七十歲以後，人才全都明白了傳道書的第一句話。　但是老年人所以有點乖僻的樣子，也正是因爲這種原故。

人們常想，老年的命運乃是疾病和煩膩。　疾病並非老年人所應有的，尤其在人眞正達到老年的時候。　因爲生命愈增長，則康健和疾病也是跟着增長的 (crescente vita, crescit sanitas et morbus)。　說到煩膩，則我在上邊已經指示出，老年爲什麽比青年還要少受它的侵襲。　而且煩膩也完全不是孤寂的必然伴侶，雖然由於無須解釋的原因，老年人是免不了孤寂的。　人們只有在不能享受別的快樂，而只能享受感性和社會快樂，並且其精神不曾被充實，其力量又不曾被發展時，他們才會感到煩膩。　自然在年齡較高以後，人的才力是要逐漸降低的，但是人的才力如果原來很充分，那麽總可以留下充分的力量，來抵禦煩膩。其次，如我上邊所說，由於經驗，知識，練習，和思維，人們的正確的見識也就增長了，他們的判斷也就銳利了，他們的綜合也就明白了，而且他們在一切事物方面，也對於全體得到一種愈來愈連貫的瞰視。　人們因爲不斷的重新組織其堆積的知識，並且不時的加以擴充，所以他們在各方面都有一種內心的自我教育，並且不斷的運用了，滿足了，獎賞了他們的心靈活動。

藉着所有這些情節，所說的那種才能的減退就可以有幾分被補償了。　此外，如前所說，在老年時，時間也過得快了許多，這正可以防止住人的煩膩，體力的減退並無多大損害，如果人不用它去謀生。　老年貧乏，實在是一種大的不幸。　如果人把窮乏驅逐了，而且康健還存在着，那麽老年正可以是一種十分可意的年紀。　舒適和安定是老年人的主要需要，因而人在老年要比在幼年更爲愛錢。　因爲錢正可以代替了垂衰的體力。　在被愛神離棄以後，人們就樂意在酒神方面來尋歡樂。　他們現在已經不需要來看物，來旅行，並來學習，代之而起的乃是教人和高話的需要。　一個白髮之人如果愛好讀書，音樂，戲劇，並對於一般的外物有一種感受性，那眞是一種幸福。　在一些人方面，這種愛好也實在能經到最晚的高年。　一個人的眞正的人品，在老年時是比在任何時期，都可以更爲他所受用的。

大多數人因爲一向常是愚蠢的，所以在老年時就愈來愈成了一些機器，他們所思，所說，所行，都是千篇一律的，而且任何外面的印象都不能再對他有所變化，或從他們內心呼喚出新的花樣來。向這一類人來談話，正如在沙上來寫字似的，所留下的印象立刻就失掉了。因此，這一類高年只不過是生命的死容(caput mortuum)。人們在很少的情形下，竟然長起第三次牙來，自然正好像要藉此來象徵第二個孩童時期的來臨。

年歲愈大，則一切精力便都消耗了，而且這種消耗是愈來愈速的：這誠然是一種悲酸的事情，但是它乃是必然的，甚至是有益的：因爲這種消耗正是準備人的死亡的，若非如此，則死亡便很令人難堪了。因此，極高的年齡所帶來的最大的利益就是所謂善終（Euthanasie），就是那完全自在，毫無疾病，毫無宛轉，毫無感覺的死亡，我在意志與表像的世界第二卷第四十一章（Insel版，一二四八），曾把這種死亡加以描寫，讀者可以參閱。

吠陀經的烏波尼薩曇（Upanischad）卷二，五三頁，把人的自然的年齡規定爲一百年。我想這是對的。因爲我已經說過，只有那活得超過九十歲的人，才能享受善終，所謂善終就是，沒有任何疾病、任何昏迷，任何痙攣，任何炭喘，而且有時甚至沒有任何慘白顏色，往往身首不倒，飯後死了，或者寧可以說，根本就不曾死了，只是停止了。在以前的任何一個時期，人們只是因疾病而死的，因而是夭折了的。

附異文一段如下：「舊約詩篇九十章，十節中，把人的壽命定爲七十；至多是八十，而尤重要的乃是，希羅多德也是如此說的（一卷，三二節，三卷，二二節）。不過這些話乃是虛妄的，它乃是粗疏浮淺的觀察了日常經驗以後所得的一種結果。因爲自然的生命歷程如果是七十歲至八十歲之間，那麼七八十歲的人必然該因老而死。但是事實並非如此，他們也如青年人似的，是得病而死。但是疾病根本是一種變態，因爲這也不是自然的歸結。只有在九十至百歲之間，人們一般是因爲老邁而死的，並沒有疾病，扎掙，痰喘，痙攣，甚或還不變顏色。　這就是所謂善終。　烏波尼薩曇把人的天限定爲百年，我想那是對的」。

人的生命實在說來既不能說是長的，也不能說是短的，因爲我們只是依照這個標準來衡量別的一切時長的。　一個人不論活得如何之長，而他所能感覺到的只是那不可分的現在。　但是人的記憶由忘心所失的，要比它由增加所獲得的爲多。

青年和老年的主要分別就在於，青年的前程是生，老年的前途是死，青年有着短的過去和長的將來，至於老年則正相反。　無論如何，當人老了以後，他眼前只有死亡，而在年輕時，他眼前只有生命。　現在我們的問題乃是，兩種前程那一種更是危險的，而且整個說來，人生是不是一種寧該留在後面，而不該留在前面的東西，傳道書（七章，二節）說：「死日較好於生日」。　要求大年總是一種大胆魯莽的欲望。　因爲西班牙有一句成語道：

「活得長、有苦嘗。」

各人的生命長短，並不如星相家所說，是在各行星中預示出來。　但是人類一般的命運却可以說是受行星所影響的，因爲每個年紀都依次與一個行星相應，因而整個說來，它是連續的受各個行星的支配的。

在十歲時，是水星統治一切的。　人在此時正如這個行星似的，是迅速而輕捷的在狹窄的範圍內活動的，而且他的心情可以受瑣屑事件的支配；但是他在這樣一個機敏善辯的上帝的統治之下，學習起來是容易而又迅捷的。　在二十歲時，金星（愛神）的統治權就開始了，愛神和婦女把他的整個心靈佔據了。　在三十歲時，火星（戰神）就開始了統治，人到此時就精力充沛，強堅勇敢，倨傲好戰起來。

到了四十歲時，就開始了四個小星的統治，他的生命就加寬了，他開始節約起來，藉着穀神（第一遊星）來嘉惠有用的事物。　他藉着竈神之助，安起他的爐竈來。 藉着智慧神，也學會他所應當知道的事物。家中的主婦，又當做天后（第三遊星）來統治家中(二十)。

但是到五十歲時，天神就統治起來了。 他已經活得超過了許多人，並且感覺到他比現在的世代是優越的。 他仍然充分享有他的精力，可是他却有了豐富的經驗和知識。 他可以依照他的個性和地位，來統治他周圍一切。 因而他就不樂意受人的命令，而願意命令人。 在他自己的範圍以內，此時他是最適宜於指導和統治的。 天神就在這時候達到了極點，同時那五十歲的人也照樣如此。在六十歲時，就來了土神，伴着來的還有鉛鐵似的沈重，遲緩，和韌性。

多少老人帶死像，

沈重遲緩如鉛樣。

——羅密奧與朱麗葉，二幕，五景。——

最後就來了天王星，或者如人所說，人到了天上。 我這裏不曾提到海王星，因爲不思想的人已經把它誤稱了。 因爲它本應當稱做愛神；可是我個人並不能如此稱呼它。 若非如此，我就應當指示出，終點如何與起點連綴起來，而且愛神如何與死神立於一種秘密的聯繫之中，藉着這種聯繫，冥王（埃及人稱他爲 Amenthes ——見普魯塔克 Iside et Osiride，二十九章）就不祗是萬物的接受者，而且是萬物的賜與者（λαμβάνων και δίδους），而且死神正是生命的偉大的貯蓄器。 因此，一切都是從冥王來的，而且凡現在生存着的一切，都曾在那裏存在過。 如果我們能夠洞見了使一切事物發生的那個幻術家的詭計，那我們就該把一切都明白了。

(二十) 六十年來所發現的那些小遊星，乃是一種新奇之事，我是無所用之的。我與它們的關係正如哲學教授與我的關係一樣；我忽略了它們，因爲它們不預我的事情。

德國詩中所表現的中國(續完)

China in der deutschen Dichtung

常安爾 (Ed. Horst von Tscharner) 著

崔　亮　譯

十七世紀的中國消息同描述，常代表互爲矛盾的見解，更容納自相抵觸的解釋。 新而有影響的描述，多半出自耶穌會教徒的手筆，如：李明神父 (P. Le Comte) (一〇一) 在一六九六年(康熙三十五年)出版的中國現狀新錄 (Nouveaux Mémoires sur l'état présent de la Chine)，一七〇二年(康熙四十一年)至一七七六年(乾隆四十一年)陸續出版的大百科全書啓迪研究文集(Lettres édifiantes et curieuses)(一〇二)， 還有一七三五年(雍正十三年)杜哈德神父大走紅運的那部中國史地全誌(Description géographique, historique de…………la Chine)；除去這些書之外，還有一些世界旅行報告出了版，如藍格(Lorenz Lange)的便是，藍格自一七二五年(雍正三年)至一七二六年，因爲給俄國辦外交的事務，在北京逗留多次；還有英國海軍大將兼世界環航家安松 (Anson) (一〇三) 的報告，一七四八年(乾隆十三年)出版，對於中國的精神，政治，物質狀況，有非常輕蔑的批

(一〇一) 李明 (P. Louis Le Comte)，字復初。 一六五五年生，一六八七年(康熙二十六年)至華，一七二八年歿於法國波多 (Bordeaux)。 法人，耶穌會教士。 性近數學，其遊記中多天文，自然史之記載。

(一〇二) 見註八三。

(一〇三) 安松 (Lord George Anson)，英海軍大將，一六九七年生，一七六二年歿。 曾游歷全球，聞名於世。

評。還有魯濱遜漂流記(Robinson Crusoe)(一〇四)的下卷，在一七一九年(康熙五十八年)出版，書中不少模倣的文字，將巴羅克的"輕浮小說"同"遊記小說"，在新時代的精神裏重新恢復了；本書是報告的性質，主人翁游歷中國各處，用嘲弄侮慢的態度，描寫出來的。

從這浩大的中國資料中，每個人自然可以找到他所需要的東西。所有處於領導者地位的思想家，對於中國這"錯綜的觀念"(Ideenkomplex)，都表示他們各自的態度，且有不得不如此的形勢；這的確是當代的一個特點。在法國尤其如此，法國正在遭遇着偉大的"精神鬥爭"，這鬥爭便是大革命的導火線。法國派到中國的耶穌會傳教師，其數最夥，方興未艾的羅可可之中國風格，也是在法國完成的，在十七十八世紀交替的時候，法國的精神界，已在開始對中國戰爭了，這却是萊勃尼茲聚精會神，研究中國的時候。

在這裏，我們只能提到參預這"精神鬥爭"中最著名的人物：費諾龍(Fénelon)(一〇五)在一六八七年(康熙二十六年)出版的逝者對話(Dialogues des morts)中，使蘇格拉底說服了孔子；貝勒(Pierre Bayle)(一〇六)在同時及以後，歌頌「無神論的」中國人的那種寬洪大度同道德。這鬥爭正由不著名的思想家，繼續推進的時候，一七四八年(乾隆十三年)，孟德斯鳩(Montesquieu)(一〇七)以反對中國者的立場，進了"決鬥場"(Arena)中：法意(Esprit des lois)所見到的中國，

(一〇四)　魯濱遜漂流記爲英詩人狄佛(De Foe)之著名小說，一七一九年出版。

(一〇五)　費諾龍(François de Salignac de la Mothe-Fénelon)，法高僧。一六五一年生，一七一五年歿。身出名門，其族中人物輩出。著有寓言(Fables)，逝者對話(Dialogues des morts, où la politique s'allie à la morale)等。

(一〇六)　貝勒，法自由思想家及哲學家。一六四七年生，一七〇六年歿。一六七五年，任色當(Sedan)大學哲學教授。一六八一年，爲羅特丹(Rotterdam)大學教授。因思想自由，受人攻擊甚烈，一六九三年，因以免職。

(一〇七)　孟德斯鳩(原名 Charles de Secondat，後爲孟德斯鳩男爵 baron de la Brède et de Montesquieu)，法著名公法學家及著作家。一六八九年生，一七五五年歿。青年時即業律師，業餘攻讀不輟，嘗比較各國最良法律，加以研究，法意即其精華，爲不朽之作。氏反對黑奴制甚烈，其後黑奴解放，即其鼓吹之力也。

其結局爲純粹"專制主義"的一幅可怕的景象，既沒有尊嚴，也沒有道德，僅只是恐懼而已——「中國是用木棍(Prügel)的威力來統治的」。文化悲觀論者盧騷(Rousseau)(一〇八)爲的證明自己的論著，在中國找到一個眞理：藝術同科學破壞道德。盧騷與孟德斯鳩反對那位在大百科全書 (Dictionnaire Encyclopédique) 中，寫中國題目的狄德羅 (Diderot) (一〇九)，也反對艾爾威徐斯 (Helvétius) (一一〇)，尤其是福爾泰同開內 (Quesnay) (一一一) 二人，也在受攻擊之例。福爾泰反抗教會的制度信條，及其在政治上的權柄，在通史及風俗論 (Essay sur l'histoire générale et les moeurs) 那篇文理，十分嘆服"自然宗教"(natürliche Religion) (即孔子學說之"自然神教")，因爲有這個，中國纔能有那尊崇祖先的，政教一統 (priesterkönіglich) 的政治，一般人對於法律同道德亦有普遍的尊重心。福爾泰的悲劇趙氏孤兒 (L'Orphelin de la Chine) (一一二)，歌頌文化道德對於野蠻凶橫之勝利，意在攻擊盧騷的文化悲觀論調。開內(重農學派 Physiokratie (一一三) 之鼻祖)竭生平之力，鼓吹"國家社會"的"自然秩序"(natürliche Ordnung) 同"濟經系統"，俱以中國爲模範，其門人竟稱之爲"歐洲之孔子"。自然神教，自然道德，宗教信抑之寬容，"開明專制"(aufgeklärter Absolutismus)，世俗與僧侶權之一致；取消有特權的貴族階級及僧侶制

(一〇八) 盧騷 (Jean-Jacques Rousseau)：法名著作家。一七一二年生，一七七八歿。著有民約論 (Contrat Social)。

(一〇九) 狄德羅 (Denis Diderot)，法百科全書編纂家。一七一三年生，一七八四年歿。爲刀匠之子，習法律，性近文學，又研究數學，物理學，及哲學。一七四六年，著哲學思想 (Pensées philosophiques)，反對基督教，其名大噪。

(一一〇) 艾爾威徐斯 (Claude Arion Helvétius)，法哲學家。一七一五年生，一七七一年歿。一七五八年，著精神論 (De l'esprit)，攻擊宗教政治，遭議會之禁止。後至英德，歸國後，居巴黎。著述甚多。

(一一一) 開內 (François Quesnay)。一六九四生，一七七四年歿。初爲醫生，研究經濟學，與米拉波 (Mirabeau)及杜哥 (Turgot) 創"重農學主義"(Physiokratismus)。著經濟表 (Tableau économique, 1758 年)爲"重農學派"之經典。"重農學派"頗受中國影響，視土地爲財富之唯一根源，能增加財富者，厥爲農業云。

(一一二) 見註一二七。

(一一三) 見註一一一。

度，而代之以分別等級，根據學識能力，非世襲的官職制度；國民之和平幸福；以上這些是福爾泰一派的啓明運動者，自中國見到的主要觀念，組織，情況；同時也是他們自己向人傳佈的思想。

法國的思想家領導所寫的"歷史哲學""政治哲學"的著作，在德國自然也傳誦一時，不過直到赫德（Herder）（一一四）之前，德國本國，並未產生何等類似之作，可以與之相衡。　只有歐洲與亞細亞及其他所謂野蠻國政府之比較（Vergleichung der europäischen mit den asiatischen und andern, vermeintlich barbarischen Regierungen），爲著名法律學教授尤斯提（L.H.G. von Justi）（一一五）之作，一七六二年（乾隆二十六年）出版，本書值得在此提起，大意雖然贊同中國，但也不少批評中國的地方。

* * *

在啓明運動和羅可可時代之德國，傾向於詩歌小說的各文學中，其致力於實際中國問題者，好像還是以假託的書翰報告爲首；虛構的外國人，多少用了帶有諷刺意味的態度，把他們對於歐洲的欠缺短處，在書翰報告之中，揭發出來，其中最有名的代表作，便是孟德斯鳩的波斯人信札（Lettres persanes）。　一七二一年（康熙六十年），波斯人信札陸續出版，同時法斯曼（David Fassmann）（一一六）也用名出了一大列的小册，性質近乎雜誌，書名奉欽命出國游歷之中國人（旅費由國庫支出），爲支那帝國皇帝報告世界情況大事，尤重歐洲各國情況（Der,

（一一四）　赫德（Johann Gottfried Herder），德哲學家兼詩人。　一七四四年生，一八〇四年歿。　參閱本誌三卷四期551至565頁吳賓與赫德的歷史觀一文，及658頁。

（一一五）　尤斯題（Johann Heinrich Gottlob von Justi），德經濟學家及政治學家。　一七〇五年生，一七七一年歿。　任維也納大學"官房學"（Kameralistik）教授。　一七六五年，受菲得利大王之命，管理礦山，旋以受賄之誣，下獄中，時一七六八年也，後竟卒於獄。　氏爲德國"官房學派"之代表人物。　一七七五年，著經濟學（Staatswirtschaft）；一七六六年，著財政制度之系統（System des Finanzwesens），爲財政學名作。

（一一六）　法斯曼，德人，一六八三年生，一七四四年歿。　嘗游歷歐洲各國，爲語言學教師。　歸國後，研究神學。　著作多時尚讀品。

auf Ordre und Kosten Seines Käysers, reisende Chineser, Was er von dem Zustand und Begebnissen der Welt, insonderheit aber derer Europäischen Lande, dem Beherrscher des Chinesischen Reichs, vor Bericht erstattet)。法斯曼仍然是典型的百科編纂家，作風近於法國化的新聞體裁，但不太浮淺空洞就是了。這本中國旅行家兼消息報告者的小說，結局仍不過是他那部百科全書的骨架而已。那書開頭說：「何羅飛（Herophile），係貴胄出身，自幼攻讀外國文字，尤重歐洲各國語言，除國語之外，善操歐語數種」。他旣得皇帝的寵眷，便被派往世界各國，視察各地情形，遂往歐洲。何羅飛——多麼聰明的一個中國人名！（按該字拉丁語根為「愛英雄」之意——譯者）——經由莫斯科（Moskau）到了德國的七堡（Siebenbürgen），又同七堡的人，到了來比錫"復活節市場"（Leipziger Ostermesse）。在一家咖啡館中，遇見一個博學而通曉世界情況的法國人，名瓦爾壬普來（Val du Prez），何氏十五年前在中國便認識這人。他們便決定「一同游歷若干年，並以講故事及各類事體的談話消遣娛樂」。進餐之後，何羅飛帶他朋友，到自己的房間中坐下，向他朗誦剛剛寫妥的第一封報告書，自然是關係德國的；「至尊的皇帝陛下，謹遵無上恩典的聖旨，以極濟聖威的第一次報告，恭呈大皇帝陛下御覽……」德國以後，便接着報告法國同西班牙，隨後又是些過去及現代的特別史事，有一部分是游戲性質的筆墨，如羅馬女皇帝陛下卡爾溫泉（Carls-Bad）紀行。他的朋友瓦爾壬普來教他可蘭經（Alcoran）（一一七），中國人何羅飛又給他描寫中國的情形，以為報酬，諸如此類，不一而足，其變化十分有趣，且接續不斷，直寫了四開本的四大厚册。我們從何羅飛那個名子，從他對皇帝的稱呼上看，就知道法斯曼並未下過功夫，把那空有外表的虛構，進一步的利用一番，使其有精神，有內容。偶爾可以見到他輕心膚淺的嘗試，將歐洲的情況，描寫得帶些外國色彩，並不習慣的樣子，還

（一一七）可蘭經：為回教徒之聖經，內載摩罕默德所得之啓示。原係阿拉伯文，分一百十四章（Suras）。

有缺少根據的事情，好像眞個是當時一個中國旅行家所見的似的。例如我們讀到：「歐洲各國都從耶穌降生時紀元」，或「有一位稱爲教皇」，或談到來比錫的大學生，『習慣上自稱爲"未成年人"(Pursche)，依我看，這名稱未免太不雅了……』最後這句話已有更深一層的中國見解了，不過當初僅做爲僞飾的"時代諷刺"(Zeitsatire)說出來的，其實就是這部帶濃厚的百科全書意味的著作之本旨：從這種意義上看，何維飛的見解，乃是對於羅馬帝國(Römisches Reich)政教不能合一，辭案因循誤事，等情的批評。法斯曼的何維飛之中國報告，仍爲普通百科全書的形式，最感興趣的，是歷史同"國家制度"，甚至於"人種學"與"文化史"方面，也有記載，作者亦率直的表明他對於中國的景慕，因爲中國不但歷史悠久，其天然富源，大於歐洲者，亦不知凡幾。

這種帶諷刺性的假記信札文學，最出衆的代表作家，仍在法國。孟德斯鳩的波斯人信札，爲狄弗雷尼(Dufresny)(一一八)的嚴肅及滑稽的娛樂(Amusements sérieux et comiques)之前驅。他們的後繼人物中，我們可以提到：達讓侯爵(Marquis d'Argens)(一一九)，在一七三九年（乾隆四年），刊行了中國人信札(Lettres chinoises)；德拉卡撒尼(Victor de la Cassagne)在一七四五年（乾隆十年），出版了歐洲之中國偵探(Espion chinois en Europe)；最後有英國哥德斯密(Goldsmith)(一二〇)，一七六二年（乾隆二十七年），將他以前的中國人書翰(Chinese Letters)與世界公民(Citizen of the World)合爲一書了。

(一一八)　狄弗雷尼(Charles Dufresny)，法戲劇著作家。一六五四年，生於巴黎，一七二四年，歿於同地。得路易十四之寵眷，特權頗多，惟喜浪費，致一無所得。著喜劇多本。

(一一九)　達讓（原名 Jean Baptiste de Boyer），法著作家，久居荷蘭。一七〇四年生，一七七一年歿。一七四四年，應菲得利大王之召，赴波茨丹，爲御前侍臣，及翰林院之指導(Akademiedirektor)。

(一二〇)　哥德斯密(Oliver Goldsmith)，一七二八年生，一七七四年歿。英詩人，戲曲作家，小說家，及文學家(man of letters)。世居愛爾蘭。一七四九年喪父，家貧甚，生活游浮不定。曾赴歐洲大陸。威克斐牧師傳(Vicar of Wakefield)，卽其貧困時，所售之文稿。

非得利大王 (Friedrich der Grosse)(一二一) 也寫過這類簡短的諷刺文，一共是六封"信札"，一七六〇年（乾隆二十五年），以假名在可侖 (Köln) 出版，書名中國大皇帝欽命駐歐使臣費飛子報告書(譯自漢文) (Relation de Phiphihu, émissaire de l'empereur de la Chine en Europe. Traduit du Chinois)。此書極富機智尖銳的諷刺，針對"教皇"無法無天的政策，並攻擊天主教教會之道德衰落，其所奉的教條亦有違理性。十八世紀的啓明運動者，對於中國的觀念，顯然把純粹的"唯理論者"，看做是中國人。這虛構的中國人，在歐洲所見者，全與亞洲的——宗教，風俗，督察制度，政治——不同，還有許多全然不可理解的事體。費飛子向皇帝報告：「歐洲與我國人精神上最大的區別在這裏，歐洲人常把他們自己，托付於"想像力"，並無一些顧忌，其理性的內省，全由這想像力來支持；中國人幸而爲陛下之臣民，他們是同常識和哲理繫在一起的，實有不可分解之勢」。費飛子聽到教會無法無天的事，便嘆道：『咳！我們中國的學問家多麼神明，其行爲也是至美至善！他們所不敢須臾或離者，是那純粹的德性；他們所問的只有這種純德，這純德生於永存不滅，幸運多福的"蒼天"之懷抱裏』。費飛子稱天國爲"天"，僧侶爲"和尙"(Bonzen)，教皇爲"喇嘛"；在第一封信裏，給皇帝解釋：「羅馬之於歐人，猶西藏之於蒲甍人也。達賴班禪 (der grosse Lama) 駐藏；即教皇(Priester-König) 之謂耳」。非得利大王所創想的中國偵探，實由深刻的虛構促成，且自較高的距離，表現歐洲情況，其諷刺也便有了更高的價値。雖然在他表現中國人的時候，略帶譏訕之意，他仍舊算是"中國崇拜者"；這是毫無疑問的。以後非得利對中國的譏訕，

(一二一) 非得利大王：自一七四〇年（乾隆五年）至一七八六年（乾隆五十一年），爲普魯士國王。父爲非得利•威廉一世（Friedrich Wilhelm I.），母爲漢諾威多羅台公主）(Prinzessin Sophie Dorothea von Hannover)。一七一二年生於柏林，一七八六年，歿於波次丹之無憂宮 (Sansouci bei Potsdam)。王於政治軍事，均有偉績，尤好音樂，哲學，及著作之事。參閱本誌二卷二期306至312頁，形成世界的哲學所在地——柏林一文；三卷一期36頁；三卷四期584頁。

便加强起來——一七七〇年（乾隆三十五年），給福爾泰送了一首詩，模倣御製盛京賦(一二二)的譏諷詩(Parodie)，這盛京賦原是乾隆帝有名的讚美歌，法譯本也是一七七〇年出版——，到了後來，他受了新時代潮流的影響，把中國全然擱置腦後了。

魏蘭在"政治小說"金鑑又名是鄉國王(Der goldene Spiegel oder die Könige von Scheschien)中，所描寫的中國之見解同情況，便勝人一籌，這小說是在一七七二年（乾隆三十七年）出的版。魏蘭所描寫的見解觀念，已變成他自己特有的了（這是他本人所說的），有一次給拉羅史索非(Sophie von Laroche)(一二三)的信中說：「這小說是最有用事體的一個撮要；凡文明國家中之大人同高尚的人們，可自人類歷史中學習的東西，都在其中了」。金鑑是給國君所寫的，且十分明顯的，表明了啓明運動的理想。獻書"題辭"(Zueignungsschrift)開頭有這樣的話：「陛下所熱心關懷者，不外人民之安居樂業是也」。這部爲國君說法的書中，表現了各種不同的模範人物，尤以恐怖人物爲多，大部出自歐洲各國；但魏蘭却照習慣，使此種模範人物，出現於外國地方的"色彩"(Farbe)與"範圍"之中：是鄉國（這是在廣漠無邊的亞洲所發現的王國）。魏蘭在小說中，在表示描寫的空間時間的"標識"，大部分便消失不見了，那"標識"是代表觀念與情況的。我們時常料到是中國的模範，只是不能將其證明：例如他稱家族爲國家之"本"(Elemente)；讚美"哲理道德審美學派"，舉之爲模範；或將荒野變爲肥沃的耕地；都是此類的明例。我們在這裏，同許多別的地方，都可料想其爲中國的模範，魏蘭却穿插爲一致性的"理想模範"(Idealbild)，並無時間空間的限制。如從某國家，某人民，得來一些先例同觀念，他便不憚其煩的，題出他們的名子。這位啓明運動者曾云，宗教之產生，必須藉重信仰宗教之力，「有如東印度的婆羅門教徒(Braminen)同中國的和尚，常給信男善女們的符咒

(一二二)　見註一六〇。

(一二三)　拉羅史·索非，德女著作家，一七三一年生，一八〇七年歿。

(Amulette)一般」。丹尼史門(Danischmend)舉出神話中的帝舜，認爲同模範國君提凡(Tifan)，一樣的德高望重：「這位中國一切偉大的君王中之先聖，在草舍中完成了自己的教育。何以見得他不能成爲人君之聖呢(曾有一位中國文人這樣講過)？舜初務農，卽足以使他發展成完善的人格。這是極關重要的一點。自襁褓時起培養爲將來國君的人，我們試看看，其中能有幾人，可以此種優點，自詡於世呢！另一段長篇的插話，以僧人的愚昧行爲做"動機"(一二四)、他們反對國家同文化，這是魏蘭自啓迪文集和杜哈德的著作裏引證的。

這原來是編者夾在"虛構之譯文"中的一段插話。魏蘭在註解中，常給讀者提到杜哈德氏，還有其他的權威，且常在註裏，寫出長篇有關中國的各種意見。在註解中，他分清了那個是漢文譯者的，那個是拉丁文譯者的，還有那個是他自己的。他給模範國君帝舜，下了這樣的註解：「從各方面看起來，中國先王堯舜，較比是鄉國國王的歷史，並沒有多了多少歷史的眞理」。深印於金鑑全書中者，爲"虛構"與"眞理"界線之劃淸，也表明負責的著作家，譯者，出版家之增多；開宗明義第一章，在「奉獻於明太祖皇帝漢文譯者」"獻書題辭"中；所表明的就是這個。是鄉國國王的歷史，由該國"歷史家"(Chronisten)記載，且由說故事的女子奴瑪哈兒(Nurmahal)，同哲人丹尼史門，每夜——同天方夜譚(一千○一夜)中的一個樣——給印度葛巴爾(Gebal)王講述；序言云，這部書由「明太祖皇帝末年間的項夫子(Hiang-Fu-Tsee)(一二五)(他是一位不著名的文人)，譯成漢文，書名金鑑，——由可敬的□□(J.G.A.D.G.J.)神父，自中文譯爲平易的拉丁文，復經本書的編者(魏蘭)，自拉丁寫稿中，譯爲德文。魏蘭不僅把著者的人格，寫的那般曲折複雜，卽其小說結構，及金鑑原書，也有同樣的情形。從這大綱同小說各處，都可以看出，這位羅可可詩人却表現成啓明運動者(的魏蘭)了；這位羅可可詩人之心靈，正在同自己，同所取

(一二四)"動機"(Motiv)卽戲劇小說中，情節之出發點。

(一二五)爲虛構之人物。

用的資料，自主微笑的玩耍。金鑑不只是純粹的政治哲學的啓明小說而已，乃是羅可可時代的文學作品，甚至可說是“中國風”之一。啓明運動同羅可可合流之後，產生了最奇特的一位詩人，那就是魏蘭；產生了最奇怪的一部作品，那就是金鑑。

金鑑書中由成吉斯汗的一個大臣，負責教育那位將來的模範人君，他犧牲了自己的（和太子同歲的）小孩，爲暴君遣來的兇手所殺害了，大臣的意思，是要救那托付於己的太子。成吉斯汗之名，同足爲世人模範的忠君之“動機”（決心犧牲自己的親生兒），我們已在福爾泰的趙氏孤兒中見到，自然不在同一個有關聯的地方；福爾泰所描寫的成吉斯汗，是個殘狠的國王，要將太子置之死地，但因大臣之妻有淑德，不惜和太子同歸於盡，大汗便受了感動，免其一死，且在精神方面，向她屈服了。魏蘭書中成吉斯汗之名，福爾泰所描寫的成吉斯汗那個人物，及哈勒爾（Haller）（一二六）書中的成吉斯汗王朝，均表示十八世紀的歐洲人，對於這世界征服者的理想化之景仰。福爾泰和魏蘭書中的“動機”（不惜犧牲愛兒），實借自中國元朝的一部戲曲名趙氏孤兒（一二七）者，其譯本見諸杜哈德的中國全誌。福爾泰認爲這部譯本，對於西方漢學之進步，有重大的

（一二六）哈勒爾（Albrecht von Haller），瑞士人，解剖學家，生理學家，植物學家，醫生，及詩人。一七〇八年生，一七七七年歿。氏爲神童，一七二三年時，卽開始學醫。往阿爾筮（Alpen）山旅行，著詩歌阿爾筮（Die Alpen）。一七二九年歸柏思，爲醫生及大學教授。氏學識淵深，幾所不通。一七七一年，作吳松（Usong），述波斯國吳松帝，開明專制，爲模範國君之事。氏所根據者，仍爲中國材料。

（一二七）趙氏孤兒：元曲之一，元紀君祥撰，共五折。法馬若瑟〔P. Joseph-Henry-Marie de Prémare, 耶蘇會教士，一六九八年（康熙三十七年）至華傳教，於中國文字，造詣極深〕神父譯爲法文（L'orphelin de la maison de Tchao），載杜哈德（見註八三）中國全誌第三卷339頁。此譯本並不完全（詩詞多未譯出），然爲當時評價中國戲曲之唯一資料，影響甚鉅；歐洲詩人，多受感動，發而爲文。福爾泰（見註九一）亦作趙氏孤兒（L'orphelin de la Chine, Paris 1857），係悲劇，共五幕，獻李史略公，（Duc de Richelieu）情與元曲大異，僅劇名相同耳。德詩人魏蘭，亦作趙氏孤兒（Die Waise des Hauses Dschao）。

意義，在"獻書題辭"中這樣寫道：「趙氏孤兒爲一部可貴的作品，有永久之價值，勝於從來及將來描寫這大國的一切著作，藉以認識中國的精神」。麥他斯塔焦(Metastasio)(一二八)同一個大學生非得利克斯(Friedrichs)(一二九)，受了這譯本的影響，寫了著作；歌德亦同，這是很明顯的。不過從這些作品中，實在找不着一部書，可供吾人尋找中國眞精神之需用，連福爾泰的書也是如此，他當然見過趙氏孤兒的譯文。福爾泰作出了一部古典派的"十二音節戲曲"(Alexandrinerdrama)，內中只有一篇解釋儒家思想的論文，可以代表中國之精神；麥他斯塔焦作的有中國英雄(Chinesische Helden)，但只是帶"中國風"背景的"倫理俠義"(moralisch-galant)小說罷了；非得利克斯的中國人(Chineser)，乃是一部戰爭的希臘傳說英雄歐列斯特之戲劇(Orestes-Drama)，附帶着中國人名就是了；至於歌德的艾爾培諾(Elpenor)，不過是古代的一個"無頭肢的石像"(Torso)罷了。

從編者的立場看，改編趙氏孤兒，有兩層主要的缺憾：這部戲曲，分爲兩部，時間相距二十年之久；而且裏面沒有愛情的情節。所以編者，只選趙氏孤兒的一部分，做爲藍本；福爾泰選了前半，別的人都取了後半；歌德在改編的時候，自然也感覺上述的困難，但除去歌德之外，編者都給原本加了戀愛的情節，不過仍用中國的"動機"就是了。

中國英雄，是受人景仰的維也納(Wien)宮廷詩人麥他斯塔焦所寫，時爲一七五二年(乾隆十七年)，最初他在皇帝行宮美泉(Schönbrunn)導演，並以波諾(Bonno)做的貴婦公子(von Damen und Cavaliers)伴奏；這書的情節，有如

(一二八)　麥他斯塔焦(Pietro Antonio Metastasio)；意詩人。一六九八年，生於羅馬，一七八二年，歿於維也納。

(一二九)　非得利克斯：係大學生，著悲劇中國人或名運命之公平(Der Chineser, oder die Gerechtigkeit des Schicksals)，一七七四年，在格廷恩出版，惟無著者姓名；當安爾氏根據畢德邁爾(Biedermeier)一卷116頁，及二卷140頁，謂作者係非得利克斯。見當安爾氏原書121頁註。

魏閣之提凡國王的前史，主要的地方，俱按周朝召公(一三〇)的歷史，"主因"(Hauptmotiv)也同趙氏孤兒一樣；這段歷史見於杜哈德的書中。那是紀元前九世紀的事情，關係一位太子，其父——厲王——殘暴驕侈，因爲人民叛亂，他同全家便犧牲了。厲王的一位大臣召公，旣有德望，且忠於國君，竟犧牲了自己的親生兒，捨與憤怒的群衆；却將太子教養成人，撫之如己出，後來宣佈他是合法的國王。在宣佈國君不久之前，麥他斯塔焦，插進自己創想的情節。召公爲攝政（Regent），與眞的歷史相同，但麥氏却稱之曰梁辜（Leangus）。麥氏的書裏，在召公之「子」宣文（Sivenus）——即宣王——之旁，安排了一個朋友名閔德（Minteus），他是軍務大臣；與此二人相對者，有滿洲公主二姊妹，她們因爲乃父作戰失利，被中國擄來作俘。公主李星嘉（Lisinga），要同中國的王位繼承者結婚了。她的情人宣文，並不知道自己就是繼承者，李星嘉也是悶在葫蘆裏——，因而引起多少怨恨，哭泣，情唱之事。在第二幕裏，梁辜把宣文的身世揭穿。宣文自然興高采烈了，但閔德也提出繼承王位的要求，原來養他成人的安興辜（Alsingus），也告訴了他，說他是繼承王位的，因爲他在襁褓的時候，是從暴徒手中搶奪了去的。於是重新陷入悲愁混亂之境。最後在第三幕中，經過好幾次的群衆暴動，要求重立他們的國王，終究破了那個謎：有人拿出太子的血衣，證明閔德爲眞正的太子——原來閔德就是梁辜的兒子，曾爲太子犧牲而遇救。麥他斯塔焦不但把社稷還給皇帝，即模範大臣所犧牲的兒子，也還了大臣。劇本的結尾，是下面的合唱，歌辭是一七五五年（乾隆二十年）德文譯者所做的：

> 空前絕後奇忠臣，
> 榮譽傳遍宇宙間，
> 但願令名日日新，
> 傳於玆土代代孫。

（一三〇）召公：周厲王三十七年，王流於彘，召公攝政，史稱「周召共和」，共歷十四年，復由厲王之子宣王即位。

在這裏，我們也看的到「中國的」啓明運動：即以這中國英雄做表率，特別是在梁華向宣文講他將來爲人君之事的長篇"警告辭"(Mahnrede) 裏——「你想想吧，今日有多少黎民期望着你，看你這位宣王，究竟是慈父似的好君，還是無道的暴君了」。在爆發强烈熱情的情節中，自手持太子血衣的遊行隊裏，在謀殺的配景描寫中，從人民暴動之描寫，及最後一幕的群衆集合：「有和尙，文武百官；國中名流，衛兵」，我們可以尋出巴羅克的遺跡。此外呢——都是羅可可的同"中國風"的東西了。在歌劇中，大部分都是代表羅可可時代的，仍然保持其輕鬆的本來面目；在輕捷的"俠義"的對話中，以及短篇的"情唱"(Arien)中，也是代表羅可可的作風。中國同滿洲"侍童"(Edel-Knaben)的開場白，乃是羅可可的東西，也是"中國風"之一種。在別處呢，"中國風"只限於佈景，服裝，裝飾，幾方面。例如第一個佈景有這描寫：「宮中特別給滿洲俘虜公主，佈置了這樣的一所房子，裏面是外國的油畫，燦爛奪目的器皿，上好的布帛，鮮明的地毯，凡足以表明中國的"華飾"及一切悅目的物件，俱當拿來裝飾一下」。

這佈景的"中國華飾"，是羅可可舞台藝術之特色，這種藝術，曾以"異國情調"的狂想圖，把觀衆魔住了，吸在極度受人讚賞的創作之中。意大利的歌劇，把這類的創作帶到德國去，傳到維也納，明興(München)，德雷斯登(Dresden)，斯圖加特(Stuttgart)，各地的皇家劇場之中，多少帶些"英雄俠義"的巴羅克小說的遺跡，用來駕馭羅可可時代那種輕鬆自由的精神。這戲劇的藝術，把詩的世界，同美麗的的現實世界溝通了，那是眞正的，同模做的中國裝飾品的現實世界，還有以凡爾賽(Versailles)(一三一)宮爲模範的宮廷，在裏面高興自在的活動着。"中國人"在法國舞台上最初也曾風靡一時，那時正是十七世

(一三一) 凡爾賽：法巴黎郊外巨宮，建築偉麗。路易十三時（一六〇一年生，一六四〇年歿），爲其狩獵之場，至路易十四（見註二八），開始建造，時一六六一年（順治十八年）也。至路易腓力普(Louis-Philippe，一八三〇年至一八四八年，爲法王)，乃大興土木，而有今日之壯觀，其告成時，爲一八三七年（道光十七年）。

紀末葉；在那以前，舉行化裝跳舞會，同服裝遊行的時候，"中國人"也曾受過好奇的民衆之歡迎。因此中國人同中國世界（當時歐洲人所想像的），統治了法國的喜劇歌劇（Lust-und Singspiele），是有一整列的樣子；再稍晚一些，意大利的歌劇（Opern），也有同樣的情形。

一七三五年（雍正十三年），麥他斯塔焦寫了一部獨幕的"音樂喜劇"，名中國女子（Le Cinesi），爲維也納宮廷中一段情史的表演。這"中國"歌劇的"動機"大概是皇家的"中國座談會"（chinesische Salons）；但至少可以說，這劇的情節中，並沒有一點兒的中國特點——三個"中國"女友所演唱的幾齣歐洲歌劇，完全是英雄的，"村歌"的，喜劇的體裁！一七五四年（乾隆十九年），麥他斯塔焦把劇本重新寫了一遍，將以前的情節裏所埋伏的中國核心，擴大發展起來；把那劇從巴黎回國，而半歐化了的青年中國人（在有喜劇唱角的那一齣裏，一個女子，僅只是模倣了他的舉止行爲），改成一個新的角色；因之，這劇中的女角，必須更加接近中國人的態度才行了。這部改編的喜劇，配上格盧克（Gluck）的音樂，還有那窮極奢侈的佈景，在維也納排演的時候，曾受當地人，如醉如狂的歡迎。

這裏的"中國人"，是在雙層的喜劇情況中出現的。"中國人"平常在歐洲社會中出現的時候，多半是態度不自然，說話拙鈍的外國人，在昂松（Anseaume）（一三二）的僑法之中國假面人（Le Chinois poli en France）中，便是如此；一七五六年，格盧克爲了維也納宮廷，給這劇配上了音樂。羅可可的音樂喜劇，固然喜歡比較各種民族，民族愈遠愈好似的；歐洲人，也喜歡讓各型的民族，在狂想的中國意境中，經驗各種的喜劇的冒險，如中國神仙（Idolo Cinese）便是一例，這劇配了舒斯特（Schuster）的音樂，在一七七四年（乾隆三十九年），轟動了德雷斯登城。

在十八世紀中，與歌劇一同發展的，是"舞術"（Ballettkunst），大有華開愈

（一三二）昂松，法戲劇寫作家，一七二一年生，一七八四年歿。

盛之勢，歌舞自然要歡迎"中國的"服裝華飾了。麥他斯塔焦的中國英雄，最初上演是在一七五二年（乾隆十七年），因為其中有"中國"歌舞的關係，更加壯觀了；二十年之後，明與地方，演了一齣其他的意大利的"中國人歌劇"，也有同樣的情形。諾威爾 (Noverre)（一三三），為歌舞藝術之鉅子及革新人，一七七二年（乾隆三十七年），因為演了一齣"中國歌舞"，在倫敦 (London) 大走紅運；一七七二年，又在維也納舞過中國婚慶化裝跳舞會 (chinesische Hochzeitfeyerlichkeit auf der Redoute)。在六十年代的開頭，漢堡(Hamburg)的人，格外歡迎柯赫班 (Kochsche Truppe) 的"中國歌舞"。至於從這新"歌舞啞劇"(Balletpantomime)中，創出極關重要的"中國風跳舞"(Tanz-Chinoiserie)，那必須等待歌舞大家格盧克，同安焦里尼 (Angiolini) 了：二人按照福爾泰的趙氏孤兒，寫了同名的舞劇(Orfano della China)。一七六六年（乾隆三十一年），這劇最初在維也納上演，兩位藝術家，一位專門配音，一位專管舞術，各盡其能，將文明中國人，同野蠻蒙古人相反的性格，表現出來。二人稱其作品曰「悲劇的歌舞啞劇」，與福爾泰把啓明運動的戲曲，稱為"悲劇"者同，這種啓明戲劇，亦曾在德國的舞台上演過。在此劇中的主人翁"中國人"，面貌嚴肅；在麥他斯塔焦的中國英雄裏，有一部分也是那樣；正因此故，舞台上的中國人，較比通俗些的"音樂喜劇"中的人物，適眞不了多少；"音樂喜劇"完全是一脈相傳的"中國風"傀儡，那就是瓷器瓶上的，秀緻怪異的人物，那種垂着大八字鬍，長辮下垂，頭戴尖帽，頻頻點首的"塔狀人"(Pagoden)。

不論歌劇作家，音樂家，以及舞術家，有多麼偉大的功績，當時仍將歌劇舞劇，主要的當做"悅目的藝術"(Schaukunst)，羅可可時代的人，最喜觀看描寫童話的佈景，服裝，裝飾，"機關"(Maschinerie)，燈光，這類事體；現代的描述，證明過不知多少次了。一七八六年（乾隆五十一年），有篇評論賽德曼

（一三三）諾威爾 (Jean Georges Noverre)，法人，"歌舞"之革新者。一七二七年生，一八一〇年歿。

(Seydelmann)(一三四)的歌劇，名怪物(Il Mostro)，在德雷斯登演的那篇文章，盛讚劇中的"中國仙女世界" (chinesische Feerei)：

> 中國人的行列，舞台華飾，服裝華飾，以及遠景油畫；例如第十四幕的加冕堂，那裏全部都是列柱，樹景，直至把眼看花了；國王的墳墓在第一層裏，一所監獄，還有那巖穴，好像是真的石頭；忽然變成了一個透明的中國華廈，花園，及花園裏的宮殿，差不多有二千盞明燈照射着，把眼睛照得都睜不開了；因這無窮無盡的變幻，這歌劇的價值，自然偉大非凡。

與啓明運動諷刺的"詩歌小說"(Verserzählung)之晚代作家相對者，有一七七二年(乾隆三十七年及一七七三年的兩部詩，即翁澤 Ludwig August Unzer 的秦氏墓側之漢武帝，中國風的哀詩 Vou-ti bey Tsin-nas Grabe, eine Elegie im chinesischen Geschmack，同周(中國十四行詩)(Tcheou, ein chinesisches Sonnet)，爲羅可可的精神作證，同時還帶些"癡情"，同新的"自然感覺" (Naturgefühl)。對於嶄新的"自然感覺"，中國也同樣的有其特殊的影響：即由於"中英"合璧的花園，這種樣式的花園，竟代替法國那種剛性的花園而興了。從名稱上，就可以看出來，德法俱直接從英國學來的；英國人輸入這種園型的，是查姆柏茲(Chambers)(一三五)，此人曾久住中國。一七六二年(乾隆二十九年)，魏蘭在比利兵克太子傳(Geschichte des Prinzen Biribinker)(這是頓西爾維歐 Don Sylvio 的一段插話)中，就已描寫了一個花園，其模範一定是"中英"合璧式：「……凡世界上能有的各種樹木，矮叢，植物，花草，都放在這裏了，雖無一定的規律，却極盡美妙之姿……從花園的設計中，並看不出些許人爲的藝術，一切只像是大自然的把戲。遊人到處看見裸體少女石像，俏麗非凡，動人魂魄，或臥密叢之下，或躺在窟穴裏，從她們手拿的水甕中，傾出細小的溪流，流過花園，形如長蛇，在各處噴入空中，做出各式各樣的形像，到了別

(一三四) 賽德曼(Franz Seydelmann)，德音樂作曲家，一七四八年生，一八〇六年歿。

(一三五) 查姆柏茲(Sir William Chambers)，英人，建築家。一七二六年生，一七九六年歿。十六歲時，至中國廣州，給中國建築圖。著有東方花園論(Dissertation on Oriental Gardening：一七七二年)，證明中國風景，優於歐西各國。

處，又變做瀑布，或者匯流在大理石的水池裏面」。我們只須除去園中的少女像，水甕，噴泉，大理石水池，這些東西，便可以得到"中英"合璧花園的一個眞面目；例如哈勒爾在吳松(Usong)(一三六)中，描寫的李王(Liewang)宮後的花園，便是如此。一七七三年（乾隆三十八年），翁澤出了一篇論文，題名中國花園論(Ueber die Chinesischen Gärten)，直接了當的，敘述此種"中英"合璧花園的審美觀。這篇審美論的根本原則爲：人爲藝術同大自然的競爭，及複雜，生動，變化，驚奇，之間的一致；翁澤特別重視蛇形線條的價值，「似乎比直線活潑生動的多了，他們——中國人——不僅喜歡在台階，石級，山谷，運河之上，應用這種線條，就連在他們的橋梁上，也有這種形狀」。另一方面，他將中國人理想花園中"陰森"的情形(一三七)，說得未免過火了——翁澤在這裏滲入了一大部分"凱爾特民族（Kelten）的英雄浪漫文學"(Bardenromantik)，翁氏自其藍本（查姆柏茲的著作）中，自然找到了初步的說明。

翁澤卻把秦氏的墓，放在上述的"中國花園"中，武帝哀慟的哭她。翁澤的哀詩，仍舊自杜哈德的書中取材。我們從書裏讀到，武帝在位五十四年，自紀元前一四〇年，以至八十七年，因爲一個妃子死去了，便憂傷消瘦起來，那原是皇帝熱烈寵愛的妃子(一三八)。漢武帝從一位方士研究道家的學術，這方士竟使皇帝重見了死者，皇帝對道教的信仰，自然更加堅固了。他服用多次的道家不老長生之藥，直到後來，他幾乎死去，方纔曉得是受騙了。翁澤爲合乎他那部詩的需要，想像了這樣一個結局：漢武帝力求速死，以便同其愛妃重合。翁澤不但從杜哈德的書裏，借用了情節，及若干哲學觀，宗教觀，還借得一串的中國字，概念，成語，以供哀詩之用，然後在註解中釋明。中國風的哀詩是這樣起的頭：

(一三六) 見註一二六。

(一三七) 例如石窟石洞是。

(一三八) 原書妃名秦娜(Tsin-na)，不可考，今以漢音譯之。

我豈能用「剛」字，
配合我的哀歌；
噫！武帝願自「柔」音裏，
尋找那失去的安息！（1）
「事死如事生！」（2）
是金科，是玉律，想到它，
願在黑暗的荒野中，
永遠哭我那秦娜！

“黑暗的荒野”也是壯麗偉大的“中國花園”之一部，這種花園，翁澤也曾描寫過。我們不妨在這裏將原註舉例示明：『（1）周易裏面有兩個卦，「剛」表示强健堅固的意思，「柔」是柔弱易屈之義。（2）中國的一句格言。德文講便是：「尊敬逝者，猶若他們在世時，受人尊敬的一般』。詩中接着把秦妃美貌豔姿，出神的描寫了一番——秦氏的頭髮是黃色的，雙脚却是柔韌的纖足——，翁澤又將武帝受方士欺騙的事，照自己的意思想像出來：

“生藥長！”
誘人的藥湯！
長生不老，大膽的希望，
究竟是幻想，不然秦妃也不死。
李少君，我明白了，
花言巧語，誰還聽那套！

我眞想死去，
因爲秦妃離了世，
走吧——啊，我多麼羨她！——
脫離了「氣」(Ki)，
用永久的「理」(Li)罩起。

“生藥長”，就是杜哈德書中所說的長生不老藥，翁澤大約知道，中國字——在某種情形之下——可以交換其位置，因之在這裏寫成了“生藥長”，爲的是叶韻。李少君，就是漢武帝相信的方士，「氣」是“動物的靈魂”，「理」

是"人類的靈魂"。

翁澤因患癆症，二十五歲的時候便死去了，那是一七七四年（乾隆三十九年）的一月十三日。倘天假其年，未始不可以寫出更好的，"中國風味"的詩。但顯然是不能如此。因為他那奇特的追求，多半是拒絕的，而非確認的態度。就連魏蘭，也稱翁澤的詩為「中國的瞎話」，「模倣慾之誤解」；其實魏蘭有多少材料，是從中國取來的，且在某種限度之內，也承認"中國風"為其權威——在巴黎之判斷 (Urteil des Paris) 中有一首詩，也用了不少的中國字做花樣，同翁澤並無差別。要想寫出有中國精神的詩，離當時還遠的很呢。當時也有同啓明運動，同羅可可，及與當時的"中國崇仰"，背道而馳的"時代精神"。中國與"中國風"，竟成譏諷之的：在哈曼 (Hamann)(一三九)，李奚登培 (Lichtenberg)(一四〇)，莫澤 (Justus Möser)(一四一)，及歌德青年時代的作品中，都可以看到。這相反的運動有澄清的作用：由此產生了西方的"經典文學" (Klassik)(一四二)。在擴展的內在世界觀中，在"經典文學"擴大的文化知識中，中國必須予以接受容納，惟有如此，纔可以穩定中國在西方文學中之地位：那就是說，用中國自己的文學作品，達到上述的目的，如今這類作品的翻譯，已經開始了。

（一三九）哈曼 (Johann Georg Hamann)，德哲學家兼著作家。一七三〇年生，一七八八年歿。在科尼斯培 (Königsberg) 研究神學，對詩學語言學，亦感興趣。著作多預言性質。

（一四〇）李奚登培 (Georg Christoph Lichtenberg)，德物理學家及著作家。一七四二年生，一七九九年歿。格廷恩大學教授。參閱本誌三卷二期292頁，三卷四期605頁。

（一四一）莫澤，德歷史著作家，政治家，公法學家。一七二〇年生，一七九四年歿。

（一四二）"經典文學"：原指希臘羅馬藝術文化而言，文藝復興（見註二五）時，歐洲視為模範。在德國文學史中，係指"全盛期之經典文學"(Hochklassizismus) 而言，用以概括當時整個精神文明。代表人物為：柯羅普史托克 (Klopstock)，魏蘭，溫克曼 (Winkelmann)，雷興，至歌德，釋勒，何德林 (Hölderlin)，乃臻絕頂，亦名"德意志經典文學" (Deutsche Klassik)。參閱本誌三卷四期658至661頁。

第三章　經典文學

我們知道"民族自覺"，大體上還是狂飇與突進運動 (Sturm und Drang)(一四三)，規定目標以來事情，這"民族自覺"所反抗者，爲啓明運動同羅可可時代國際性的，"異國情調"的傾向。但此種工作並不限於狂飇與突進運動者。一七七二年(乾隆三十七年)，戈景 (Göckingk)(一四四) 給朋友翁澤寫信，討論他的哀詩：「……據我所知，我們看到的那類詩作之中，這是惟一無二的，但我總希望你，把天才多用在有關祖國的題目上纔好呢」！一七七五年(乾隆四十年)，漢堡某戲劇"徵文懸賞"曾云：「不顧他人的毀謗，我們覺得應該坦白的表示一下，如果可以用德國的風俗習慣，替代外國那種全然生疏隔膜的習俗，那定然是大家所最歡迎的事情」。這次懸賞徵文——由史略德(Friedrich Ludwig Schröder)(一四五) 主持，他是當時漢堡劇院的領導人物——的態度，爲一般公衆所贊成的。一七七六年(乾隆四十一年)，菲得利大王給福爾泰(福氏常時勸問大王對"中國景仰"的事體，原來他對遠東各民族的習俗是隔膜的)，寫信說：「我現在把所注意研究的東西，縮小在歐洲範圍之中了；這是日常不可或缺的知識。我從研究蒙古，阿拉伯，日本所能得到的，不過是空汎好奇的東西罷了」。(J'ai borné mon attention à l'Europe; cette connaissance est d'un usage journalier et nécessaire. Ce que je pourrais ramasser d'érudition sur le Mogol, l'Arabie et le Japon, serait l'objet d'une vaine curiosité)，菲得利責備福爾泰說，他只希望在中國描述中，給歐洲人顯示一個理想化的模範。有如塔奇圖

(一四三)"狂飇與突進"：亦稱"天才時代"(Geniezeit)。爲十八世紀，六十年代至八十年代，德國文學史中之階段；各國青年詩人，目視啓明運動(見註四四)所主倡之理智，大有與日俱增之勢，乃起而反抗，以保存情感之原有價值。德"狂飇與突進"之先知，厥爲哈曼(見註一三九)。

(一四四) 戈景 (Leopold Friedrich Günther von Göckingk)，德詩人，一七四八年生，一八二八年歿。

(一四五) 史略德 (Friedrich Ludwig Schröder)，德伶人及劇院指導。一七四四年生，一七五九年歿。

(Tacitus)(一四六)給羅馬人所寫的日耳曼(Germanien)描述一般。

菲得利說的實在有理。不過這"理想模範"，究竟有多少適合眞實的世界，人們對這"理想模範"的信仰，又有多少，那便是最後的問題了。多數啓明運動者，固曾相信；即菲得利大王也曾信過，雖然多少帶些懷疑的微笑。不過從十八世紀中葉以來，讚美中國的呼聲，已逐漸微細了，反對者的呼聲，却日見增強。這種變化，亦有其外在的原因。耶蘇會教徒（他們是最能稱讚中國的，同時也是大衆的權威）傳教的活動，同他們在歐洲的勢力，俱因"儀式之爭"，一蹶不振了。爲了這層原因，耶蘇會教徒的中國著作，也漸稀少起來；且較以往，內容更加空汎，也多評語，自一七七六年（乾隆四十一年）起出版的有關中國人之歷史，科學………記載(Mémoires concernant l'Histoire, les Sciences……des Chinois)，便是一個明例。更因東西商業貿易，日見繁盛起來，世俗旅行家的描述報告，也便增加許多，中國人對這些商人的態度，自然不會是客氣的；因此，這些商人，便在報告中，施以報復手段。

歐洲自然會看透，誇讚中國的人，未免把中國吹得太過於理想化了。物極必反，那是一定的道理：一般人竟肯相信，藐視詬罵中國的報告文章。特別代表這新潮流的，有荷蘭人德鮑 (Corneille de Pauw) 的名著埃及中國之哲學研究(Recherches Philosophiques sur les Egyptiens et les Chinois)，一七七三年（乾隆三十八年）在伯林出版。這部書的影響，深値吾人一番注意。這位"俗僧"(Abbé)，那些年曾逗留在菲得利大王的宮裏：他的見解，實由於同那位福爾泰的老友（即菲得利大王——譯者），交換意見而起。德意志水星 (Teutscher Merkur) 雜誌，仍代當時保守派所主張的啓明運動，同羅可可的見解，但此時却同魏蘭似的，毀謗翁澤的哀詩，[極盡冷潮熱罵之能]；這雜誌給德鮑的著作，寫

(一四六) 塔奇圖 (Cornelius Tacitus)，羅馬大歷史著作家。五〇年生，一一六年歿。十九世紀時，德國研究塔奇圖，有增無已，蓋塔氏所作之日耳曼 (Germania)，曾爲學者釋明故也。參閱本誌三卷二期290頁。

了一篇非常詳細的書評，係出自亞口比 (Friedrich Heinrich Jacobi)(一四七) 的手筆。構成中國那幅圖畫者，都是些惡劣的因素：荒野不毛，匪賊，與荒一類事情，又以"專制主義"爲最。爲表現這類批評的口吻說法，我們不妨隨意舉例若干爲證。「我們之中，若有人想寫一些有關孔子的書，他一定找不到一個書局，給他出版的；既使找到，大家一定把著者毀滅，不論有多麼困難」。「如果有個朝代，或皇族退位之後，必定有皮匠，廚師一類的人，自告奮勇，來做皇帝」。最妙的幾句話：『某先生(Hr. v. P.)曾云，中國的倫理學，與其說以忽敗道德爲目的，不如說規定外表的舉止，更洽當些。把精神俱耗費在小節之上，遇到大事，便莫能爲力了。如果把無用的觀念，儀式，風俗，同人類最重要的責任，混在一起，那麼良心上的自譴，以及喚醒這種意識的感覺，俱要因之削弱了』。德鮑的著作這樣的勸人：「我們不應該用兒戲玩耍的輕信態度，接受他人所說的中國一切報告，雖然常有人這樣做過……」希石斐 (C. C. L. Hirschfeld)(一四八)，受了德鮑的影響，在那部偉大的著作花園設計原理 (Theorie der Gartenkunst) 中曾明示，查姆柏慈在書中所描寫的花園，決難出現於像中國那樣荒蕪的國度裏面。他這樣的見解，大約來自費佛勒 (Pfeffel)(一四九) 的某篇詩歌小說(這是當時產生的)，也因爲李奚登培的，一篇尖刻的散文諷刺而起。李氏有一篇短文，名論中國陸軍學校及齋戒學校，附彼邦其他消息數則 (Von den Kriegs- und Fast-Schulen der Schinesen, nebst einigen andern Neuigkeiten von daher)，嘲弄了中國人的"容忍態度" (Passivität)，這態度養成他們忍受軍隊，

(一四七) 亞口比 (Friedrich Heinrich Jacobi)，德哲學家，一七四三年，生於杜塞爾道 (Düsseldorf)，一八一九年，歿於明興。初習商，旋入政界。一八〇四年，明興科學院請之爲會長。氏著作多屬信仰之表示；固非有系統之嚴格思想家耳。氏與當時大學者來往，彼等匪淺，歌德，哈曼，其尤著者。

(一四八) 希石斐 (Christian Cajus Laurenz Hirschfeld)，德人，花園藝術家，一七四二年生，一七九二年歿。著花園設計原理，共五卷，一七七七年至一七八二年出版，述"中英"合璧花園最詳。

(一四九) 費佛勒 (Konrad Pfeffel)，德詩人。一七三六年生，一八〇九年歿。

同督察官的一切侮辱，及鞭笞饑餓的苦楚；這篇文又攻擊中國人的客套虛僞，及假飾謙卑自貶之貌；中國人自誇其文化進步，歷史多麼悠久，但實際上，却是靜止不前的停留在那裏，李氏對於這一層，也加排擊——中國一切的事情，都是自動的，其哲學「在五千年之前，卽已發展成熟了。中國人今日所談的哲學，不過是按照成方，泡製而已……」李突登培那樣尖利的諷刺，自然足以毀滅"中國景仰"有餘，較比德鮑的學者論文，還加利害呢。

狂飆與突進運動者，所以捨棄中國，較其同時代的人，自然還有更多的理由。他們反抗啓明運動的"理智系統"，同羅可可時代的，那種合乎理性的"形式娛樂"，"情感娛樂"；代之而興者爲：自然，創作，熱情，情感，天才，他們希望以這些事體，統治生活及文學。狂飆與突進運動者，爲世人說法的，是"民族意識"：自然與創作，只能在自己家鄉的範圍中悟得；接近自然的人，從本質與創造中所領悟的，實易於受過教育，有高深學識的社會優秀分子所能者，在惡劣的古代，人所領悟的，自然要易於在過度文明的現代了。因爲這種緣故，他們便將本質奇怪的中國，放棄不問，更因爲他們所認識的中國，仍舊是啓明運動時代合於理性的表現，或羅可可時代的裝飾娛樂罷了。哈曼素有"北方神秘詩人"(Magus im Norden)之稱，他給狂飆與突進開了先鋒，好像鬼火一般，他利用當時的中國"道具"，做爲譏諷的暗示，或假裝的攻擊。所以在一七五九年(乾隆二十四年)，批評戴朗德(Deslandes)的哲學史爲「給法國天主教式(gallicanisch)內房壁爐上預備的中國小玩偶。」一七六二年(乾隆二十七年)，在他一篇短文讀者與藝術批評家(Leser und Kunstrichter)中，論到中國與瓷器，構成足以代表"審美論"之誤解的意義。一七七三年(乾隆三十八年)，哈曼在著作家自語(Selbstgespräch eines Autors)，及其他著作中，以中國人自居，取名閔滿洪(Mien-Man-Hoam)，是北方(Mitternacht)宮中的官吏(Mandarin)。在別處，他用"滿大人"(按卽中國官吏——譯者)那字，表示自滿，貪妄，空洞形式之奴隸的意思——在自語中，也藐視"歐洲官僚們那種迂腐的口吻」。哈曼在致卡德門波之女巫(An die Hexe zu Kadmonbor)一篇文章裏，帶着諷刺的口調提議道：「歐洲的出版家，既是那樣歡迎各國，各宗教的著作家，無妨與北京交換書籍刊物了。」凡啓明運動或羅可可時代所崇尚愛好的，俱由哈曼的譏諷，弄得一塌糊塗，將其毀壞了事——爲的是開闢新徑，以便深一步的了解中國。他本人同中國，也有一番別的關係，不然就是在以後，有的那種關係：一七八八年（乾隆五十三年），在他死前幾個星期，寫信給亞口比說，他曾受過孔子及尚書的薰陶。

赫德的人類歷史哲學之觀念(Ideen zur Philosophie der Geschichte)，是他在威瑪(Weimar)與歌德精神交往的時候，產生的作品。歌德本人，對於中國，並未做過何等偉大的著作，科學的也罷，文學的也罷——其最大的著作，還是中德晨昏四季詞(Chinesisch-Deutsche Jahres- und Tages-Zeiten)。雖然如此，在他的短文裏面，在較長的著作中(在許多地方，"動機"，暗示之中)，還有信札，談話，備忘錄——這是他一生，創造的遺產，取之不竭，用之不盡的那麼豐富——裏面，都證明他曾注意中國，自幼年時起，以迄逝世時止，未曾中斷；從這些作品中，也反映了他與中國精神關係的性質與變化。而且歌德也是反映他那時代的一個明鑑，這是包括他一生的，那段長時期的明鑑。

歌德童年，實受啓明運動與羅可可時代的精神支配。他父親也完全是啓明運動的人物，歌德雙親的府第，在佛蘭克府(Frankfurt)，其裝飾爲羅可可的風格，自然也不短少"中國風"。歌德在孩提的時候，曾在畫家諾特納格(Nothnagel)的油布工廠中，嘆賞那裏製造出來的花氈，「那些熟練精巧的畫工，用他們的畫筆，在氈上忽然描出中國幻想的花樣，忽然畫出天然的花朶兒，一會兒是人物，一會兒是風景，」這段文字，見於詩與眞理(Dichtung und Wahrheit)一書中。歌德在來比錫的生活創作，都是放縱於羅可可的精神裏。他在佛蘭克府生病的時候，按照"虔誠教派"，"神祕教派"做內省的功夫，竟反抗了「一些曲折的鏡框……同某種中國的地毯，」深爲乃父所不滿；但據佛蘭克府的學者們表示，他在斯特拉斯堡（Strassburg），受過狂飇與突進運動的洗禮以來，竟在一七七三年（乾隆三十八年）的時候，不是歌德，就是他同志麥爾克（Merck），對於翁澤的哀詩，有這樣善意的評語：「翁君之作，可謂精巧的細工了，竟把中國的閒談，靈巧的用之於茶盤修容盒之上。」

四年之後，歌德立志從新轉變以來，在多情之凱旋（Triumph der Empfindsamkeit）（一部帶諷刺意味的喜劇）中，用筆判了那種膚淺的中國風尚之罪名，在他評判的時候——這點値得一番注意——，是連病態"維特風"（Werthertum）的愛情小說，"自然小說"都說在內的。歌德何以同"中國風"，"維特風"小說有那種（値得注意的）關聯呢？因爲歌德在當時人爲的"自然花園"中，見到了這種關係；這種花園，同翁澤在中國花園論（Ueber die Chinesischen Gärten）和哀詩中描寫的一個樣。英塞在安格羅馬尼多門（Anglomania Domen）中所做的假託信，論到「英式小花園的時候，不過譏誚了這種風尚毫無意義之點，並不需要何種文學的目標；但歌德在那精細的下界女神單人劇（Proserpina-Monodrama）中，帶着尖刻的譏諷，描寫了"下界之神"（Pluto）的花園，可以說是模倣翁澤的"中國花園"的譏諷詩："下界神"因受了"稀罕風格"（seltner Gusto）的影響，於是創造了一個花園；巨人（Titanen）拖來羣山和山谷，放在一處，又從"下界之河"（Acheron），搬上那永久的巖石，佈置成一座"假山"（Point de vue）；肥沃盛旺的田野，遂成了荒野，日常平凡之物，都給掩蔽起來——

譬如說罷，一個牛舍
變成了中國的廟宇………

歌德在一篇帶諷刺的，擁擠的描寫中，表現了人工"自然花園"裏那種混雜錯亂，悶人擁擠的狀態：

我們眞不想
離開這完美的花園。
你看這裏不是高就是窪，
各式各樣的短叢做榜樣，

曲徑，人工瀑布，養魚池，

高塔，石洞，山石，草場，石隙，

一些木犀草 (Reseda)，別種草也在吐香氣，

廢墟，巴比倫柳，美國松，

穴居有民，綠草上有牧童，

塔上有小閣，回教禮拜堂，

佈滿青苔，難以安枕是石床，

迷閣，凱旋門，拱廊，方尖的石幢，

漁翁有草舍，沐浴有涼亭，

中國葛特 (gotisch)（一五〇）合璧的圓亭，風閣，石窟，

中式的廟宇，中式的建築物，

墓穴，却不是安葬的地方，

不過人希望萬物歸已有。

歌德像翁澤似的，在這裏用了一個中國字做把戲， 那就是"亭"(Ting) 字——當時人們，還可以用那中國字稱呼"風閣"(Kioske)！ 一七八六年（乾隆五十一年），改訂原書的時候 ，將重複題到的廟宇 ，表明係指"中國的"廟宇而言！歌德給第二幕配的佈景是：「中國風味的大廳，地面黃色，有各式圖像，」第一幕的配景，却是「裝飾得異常雅緻的一間大廳」；第一幕大加修改之後，歌德把"抬轎"(Sänften) 應用上了，自然帶着諷刺的意味，高貴的人，坐轎登山間卜——轎子也是歐洲從中國得來的；在十八世紀的歐洲社會中，"抬轎"同"乘轎章程"(Sänfterordnungen)， 曾扮演過重要的角色。

"下界神"從英國貴族同夫人那裏看來的"稀罕風格" ，在歌德的意思，是指的"中國風格"。 題到"中國風格"及"中葛合璧"的時候，在歌德同他當時的許多人， 均指違反自然的錯綜之態， 游戲式的曲折狀況， 狂想或病態的書求而言。 此種見解，赫德也有同感，歌德這種意見，在一七九六年（嘉慶元年）

（一五〇） 葛特：爲歐洲中古時，最後之藝術體裁，將各種藝術形式，溶爲一爐。

的一首短詩中，表現的最清晰，詩名羅馬城中之中國人(Der Chinese in Rom)，那是指着經典文學中心，威瑪城中的保約翰(一五一) (Jean Paul)而說的，歌德在詩中，把晚星作者 (Hesperusdichter ，按卽保約翰——譯者）的性格，比成中國人了：

我在羅馬瞧見一個中國人；他以為
古今的一切建築，都是討厭拙笨的。
他嘆息，咳，可憐的人！我望他們總會明白，
如何用木柱枝起蓬頂的理，
識見高超的人，欣賞的是這些，
條板，紙板，木刻，各式的鍍金。
你瞧，我相信看見圖中之人羣，
竟把空中樓閣比做大自然界的
形形色色，會把眞正健康的人，
叫做病人；雖然他有病，只他是健者。

再論到“花園設計”的藝術，一七九九年（嘉慶四年），歌德給普洛披廉(Propyläen)書局，寫了一篇論美術之愛好(Ueber den Dilettantismus)，初稿有這幾句話：「英國的風格，基於實用，法國風格，却將這一點犧牲了。模倣他人的英國風格，仍有實用的外表。中國的風格(一五二)。」

歌德所表示的拒絕態度，僅限於中國本質之奢美的一方面，尤其是在歐洲的支流，那就是“中國風”了。至於這歷史悠久，文物之邦的外國，其史學，哲學的學術，決非歌德所能夠忽視的，歌德在精神方面，所感覺的求知渴望，同赫德並無差別。一七七〇年（乾隆三十五年），在斯特拉斯堡的時候，歌德曾自「日報」(Ephemerides) 中，注意到衞方濟的中國六部經書的譯本——他是否讀過，我們不能知道。不過其後十年間，歌德從事研究漢學的著作，當無疑問，

(一五一) 保約翰(Jean Paul Friedrich Richter)，德詩人，一七六三年生，歿於一八二五年。參閱本誌三卷四期 646 頁。

(一五二) 按此係大綱，爲歌德之草稿。

在當時這類作品之中，仍以杜哈德氏的材料豐富的百科全書佔第一位。一七八一年（乾隆四十六年）一月十日，在他一段日記中，表示得格外明顯，好像在那裏發洩了他在官署及社會中的滿腹牢騷，他嘆道：「文王乎！」——文王為周室之始祖，中國稱讚為哲學同治國的大師。歌德略帶譏諷的，題到許多中國旅行記一類的書籍，還提到十七世紀，歐洲式的中國戲劇歌劇，一七八一年年終的時候，在廢物村中之最新品 (Neuestes von Plundersweilern) 裏，嘲笑了劇院的行事：

方纔來到人一園，
竟把入口強來佔，
樓前釘起兩牛皮，
只想腳跟站已住，
偌大世界都征服，
鬧得舞台多威武；
不久衆人便知曉，
倫敦竟從中國到。
衆人何須耗萬金，
飽覽全球真暢心。

歌德寫做艾爾培諾的時候，也是有這種反對歐洲式中國戲曲的意見；那部著作，極可能的——有如我們在這裏假設的——是受了杜哈德書中，趙氏孤兒的刺戟寫出的。一七八一年一月，歌德便開始寫艾爾培諾；兩幕借用的曲文，還是一七八三年三月，按照新的計劃產生的。歌德自中國藍本中所採用者，乃是在戲劇上最有効果的"動機"，並按照他那時對於古代的強烈喜好，將劇情轉變到古希臘的世界裏，人物都換成希臘的名子，穿上希臘的妝束，並將中國的"動機"，同希臘近似的"動機"連在一起，然後再像平常似的，同那種特殊的經驗，聯貫起來。但仍然可以清楚的認出中國藍本中的"動機"：就是堅貞，高貴，誠實，甚至有些傲慢的那個青年(一五三)——中國文學戲曲中，典型的高貴青年——他當然

(一五三) 趙氏孤兒中之主人翁，年二十歲，故云。艾爾培諾之主人翁，年歲推測不一，自八歲至十五歲不等。

不知的長大成人，卻用深思的方法，給他揭穿了當年一般兒殺之事，他受了感動，便以報復可怕的家仇爲己任，却不料這仇人，就是他的父親。由此所發生的"衝突"(Konflikt)，在中國劇本中，解決的相當容易，因爲中國倫理的信條，是絕對的，還有後父的行爲，也夠粗率卑陋；但經典文學的，"非悲劇"的歌德，做到這"衝突"的地方，却深感棘手——在另一方面，歌德好像自始就有意減輕這"衝突"，不使艾爾培諾在後父（即其復仇之對象）家中，而是在母親安蒂歐培(Antiope)的家裏長大，艾爾培諾雖不認識她是自己的母親，却像親母一般的孝敬，直至成人，安蒂歐培便將復仇的使命，托付於他。所以這樣一來，結局便容易同歐洲的國情調和了；時歌德稱之爲"嚴肅劇"(Schauspiel)(一五四)，原是準備慶祝公爵府中將生之嬰兒排演的。一七九八年（嘉慶三年），歌德將擱置多年，殘缺不全的艾爾培諾劇本，送給釋勒(Schiller)，名之爲：「誤取材料之例，覺難令人置信。」歌德顯然也忘記是從那個書裏看了之後，有所感觸而寫的劇本。無論如何，他未能夠把中國倫理的極端結局完成了。艾爾培諾所以殘缺者，是因爲歌德個人生活上起了轉變，撤去了他戲劇中那根本的"經驗來源"；亦爲了內容近似的，其他希臘式的劇本的設計，最顯著的就是德爾飛之伊菲格妮(Iphigenie in Delphi)。

歌德因爲尊崇追求希臘詩神阿波羅的(apollinisch)(一五五)的古代，便否認了艾爾培諾裏所有的中國模範。那時他覺得中國給了他戟刺，給了他"動機"的來源，這固然是綽綽有餘的；但不足爲模範，更不足爲"衡量之物"。吾人如曉得他所認識的中國，便知他必然要採取這種態度的；至於這種態度，能阻止他做那些事，他全不知道，恐怕他也不能知道。一七九〇年（乾隆五十五年），在威

（一五四）"嚴肅劇"之結局，勝於"悲劇"，故介於"悲劇"與"喜劇"之間。

（一五五）阿波羅(Apollo)：希臘文爲 Apollon，或 Apoll 爲光明，詩歌，音樂，青春，醫術，星卜之神，並保護"文藝女神"(Muson)，農藝，牲畜，及航海之事，且以箭射人，用示懲罰。爲古希臘人之主神。

尼斯短詩（Venezianische Epigramme）中，歌德判斷了自己的文學使命，迴想自己在威瑪的崇高地位，同他在歐洲可疑的聲望：

究竟是甚麼提拔了我，連中國人
都在玻璃上畫了威特和綠蒂（Lotto）呢？

但這事，並不能阻止歌德，注意他所碰到的中國事體，不論是從中國來的也好，不論是有關中國的也好；因為他的心靈，大體上總是自由的接受着東方的文化。從他某次襲用別人旅行紀事的兩節選錄中，可以證明，他曾用心於中國，顯然是十八世紀九十年代中的事情。其中之一節選錄，稍短一些，出自安松爵士世界旅行記（Lord Ansons Reise um die Welt）。歌德從這世界週遊記中，只抽取了論中國的那一段，可見他所感覺興趣的是甚麼了；這事深值吾人一番注意。這備忘錄——撇開那怒氣冲冲的，英國海軍大將的主觀論調不講，主要的都是些人種學方面的記載——的性質，可以表明這旅行記，是歌德對於中國的見解有餘了。

再者，他對這爭辯多時的"文物之邦"的興趣，可從他讀佛蘭齊西的歷史藝術風俗新鑑一事證明——「此書味同嚼臘，但不少可供吾人參考的資料」，這是一七九八年（嘉慶三年）一月十三日，歌德給釋勒信中的話。據吾人所知，歌德在這部十七世紀的百科全書中所讀的，仍是關於中國的東西：一位中國道士（Götzenpfaffe），同耶蘇會神父利瑪竇（Ricci）（一五六）的一段哲學談話。歌德在一月三日，報告給釋勒說，「我既讀了這段，感覺非常的興趣，由此得到中國人容智的一個好觀念。」為了釋勒反對的意見，歌德在正月十三日，又回到這問題上去了。在這「無味的哲學談話中」（歌德原來的話），那中國道士，主持兩種見解：人類可以成神仙，同"創造的鏡"（schaffender Spiegel）（一五七）

（一五六）利瑪竇：一五八三年（明萬曆十一年）來華，一六一〇年（三十八年）卒於北京。著有幾何原本，西國記法，幻股義等數十種。意人，耶蘇會教士。

（一五七）原意為"創造的鏡"，究指道家何事而言，不可攷。或指"照妖鏡"：姑誌之，以質諸明達之士。

——歌德曾應用過這兩種思想；一七九八年，在浮士德（Faust）"爭辯"的那一齣裏（始終是輪廓的形式）；還有在浮士德自殺獨語的那段：「我與神明一般…」雖然在浮士德中已經埋伏了這種思想，且自其他相近啣接的刺戟中，亦足影響了歌德；不過佛蘭齊西所寫的中國人，與那蘇會教徒之論辯，對歌德有重大的作用，都是一件明顯的事情；歌德自佛蘭齊西的書中借用了「創造的鏡」那個名辭。如果這位寫浮士德的詩人（按即歌德——譯者），曾經知道，在這篇歐洲"認識論"方式的談話中，在那描寫得怪可笑的道士（歌德稱這道士為「中國學者」，自然以為他高於那位耶蘇會教徒了）背後，所代表的，正是那老子的"神秘學派"；再如果歌德知道，這"神秘學派"在中國的宇宙觀，藝術，文學中，有何等的重要的地位，那麼，這偶然的，虛心的明證，對於歌德，自然有更偉大的價值了。歌德及當時人心目中的中國哲學，只是那"理性論"的儒教而已。

釋勒至遲在一七九五年（乾隆六十年）即已知道的，又在一八〇〇年（嘉慶五年）從新改編了的那部中國小說，名叫好逑傳(一五八)；這是釋勒的通信，日曆，同一段抄來的斷片中，所證明的。柏西（Thomas Percy）(一五九)主教，在一七六一年（乾隆二十六年），曾將這小說的英譯本，刊行問世，譯者姓名未詳；根據這譯本，穆爾（C. G. von Murr）譯成德文，一七六六年（乾隆三十一年）出版，附帶許多註釋，根據的書，以杜哈德的為主。

歐洲最初認識的中國說部，就是好逑傳。不過歐洲自杜哈德的書裏，已經認識了一些中國的文學作品，即趙氏孤兒劇本，四篇短的小說，及詩經中的八首詩。柏西同他以後的穆爾，在好逑傳的附錄裏，寫有其他一部中國劇本的內容說明，還附帶了好些詩。一七七〇年（乾隆三十五年），乾隆帝御製盛京賦

(一五八) 明代小說。

(一五九) 柏西：英詩人及民俗學家。一七二九年生，一八一一年歿。一七八二年起，即為主教。

(一六〇)的法譯本出版了，菲得利大王，曾有模倣的諷刺詩，同年也出了法國漢學家歧尼 (de Guignes) (一六一)翻譯的尚書。從一七七六年(乾隆四十一年)起，在有關中國人之歷史，科學……記載中，陸續出現的許多稗史，寓言，傳記，生平記述，有如書經一書似的，當時充滿文學的精神，其影響，自然是更加布接易見了；這記載中，還有一些繙譯的中國詩。在那些年裏，拉沙姆神父 (P. Lacharme) 把整部詩經譯成了拉丁文。不過拉沙姆的譯本，到了一八三〇年（道光十年）方纔出來，有如中國的說部，小說，劇本，及其他詩歌的譯本，大多是到了十九世紀，纔雨後春筍般出世了。

一八一七年（嘉慶二十二年）劇本老生兒(一六二)英譯本(An Heir in his old age)出版，譯者得維斯 (J. F. Davis)；

一八二〇年（嘉慶二十五年）今古奇觀(一六三)中的一段故事，由托姆士 (P. P. Thoms) 譯爲英文 (The Affectionate Pair)；法譯本見於阿貝雷米薩 (Abel-Rémusat) 的中國小說集(Contes chinois)，一八二七年出版；

一八二四年（道光四年）詞曲花間集，由托姆士譯爲英詩 (Chinese Courtship)，附錄中有百美圖新詠 (Neue Gedichten auf die Bilder hundert schöner Frauen)之一段；

一八二六年（道光六年）玉嬌李(一六四)，由阿貝雷米薩譯爲法文 (Les deux Cousines)；德譯本 (Die beiden Basen)於翌年出版；

(一六〇)　御製盛京賦：由錢德明〔字若瑟(P. Jean-Joseph-Marie Amiot)，一七五〇年（乾隆十五年）至華，一七九三年，歿於北京。法人，耶蘇會教士。學識淵博，研究中國語言，歷史，藝術，不遺餘力。著作極夥。〕神父譯爲法文 (Eloge de la ville de Moukden et de ses environs)，歧尼（見註一六一）主編，一七七〇年，在巴黎出版。

(一六一)　歧尼(Joseph de Guignes)，法"東方學家"。一七二一年生，一八〇〇年歿。主稿宋君榮〔字奇英 (P. Antoine Gaubil)，一七二二年（康熙六一年）至華，一七五九年，歿於北京。法人，耶蘇會教士。爲耶蘇會中最有學問者，中國文之造詣，至爲精深〕之書經，及錢德明（見註一六〇）之孫子，吳子，司馬法。均中國經書之譯本也。

(一六二)　老生兒：劇曲名，元武漢臣撰。

(一六三)　今古奇觀：明代小說。

(一六四)　玉嬌李：小說名，出自明嘉靖某名士手筆。

一八二七年（道光七年）今古奇觀中的十篇故事，譯成法文，名中國小說集，由得維斯，托姆士，及殷弘緒神父（P. d'Entrecolles）（一六五）翻譯，阿貝雷米薩主編；德譯本(Chinesische Erzählungen)同年出版；

一八二九年（道光九年）劇本漢宮秋（一六六）譯爲英文（The Sorrows of Han），譯者得維斯；與好逑傳(一六七)新譯本，同時出版；

一八三〇年(道光十年)詩經由拉沙姆神父譯爲拉丁文，主編者爲莫爾(Julius Mohl)(一六八)；

一八三二年（道光十二年）劇本灰闌記(一六九)法譯本（L'Histoire du Cercle de Craie）出版，譯者爲余廉（Stanislas Julien）（一七〇）。

若想翻譯中國的文學作品，對於中國的本質，首先需要一番深刻活潑的瞭解；較比一般旅行記，風土人情的描述，甚至中國歷史，哲學著作的翻譯，所需要的理解，深刻的多了；因爲歷史，哲學的著作，其所介紹的東西，大體上不過是中國本質的精神"上層建築"罷了，不然就是相當於這"上層建築"的歷史解釋。一七五五年（乾隆二十年）的時候，福爾泰就已經寫過，趙氏孤兒譯本，爲中國精神之明證，其價值超過其他任何中國描述。一七七二年（乾隆三十七年），戈最向翁澤發表意見，在一封信裏，討論翁澤的哀詩：『在讀中國風味的詩的時候，如果不想感覺任何困難，必須先有一番充裕的準備不可。因爲我們必得預先熟悉這好民族的歷史風俗纔可以。閣下的詩，在我讀來，較比那位作戰部祕

（一六五）殷弘緒（P. François-Xavier D'Entrecolles）：字繼宗，一六六二年生，一六九九年（康熙三十八年）至華，一七四一年（乾隆六年），歿於北京。

（一六六）漢宮秋：劇曲名，元馬致遠撰。

（一六七）好逑傳：明代小說。

（一六八）莫爾（Julius Mohl），德"東方學家"，一八〇〇年，生於斯圖加德，一八七六，歿於巴黎。

（一六九）灰闌記：劇曲名，元李行道撰。

（一七〇）余廉：法"漢學家"。一七九九年生，一八七三年歿。一八三二年，爲漢學教授。一八五二年，管理法蘭西大學（Collège de France）。其法譯漢文著作，風行於世，如：道德經（老子作），玄奘遊記，太上感應篇等，及無數小說戲曲，灰闌記，趙氏孤兒（一八三四年），其尤著者也。

翡巴氏〔巴克豪森 Kriegs Rath B(arckhausen)〕容易的多了，原來我給他聽過你的詩；我所以覺得容易的緣故，由於我在一年前，讀過一部中國小說，這書裏有你所觀察的服裝描寫。』 這部小說，當然是好逑傳了，且很明顯的是穆爾之譯本。"理性主義"的福爾泰，固然明瞭這一層，並知道與趙氏孤兒譯本，並列一起的那部中國小說（按即好逑傳——譯者），但對福爾泰却無何等用處：他所寫的趙氏孤兒，幾乎是沒有一點兒中國的特點。 不過好逑傳似乎也沒有甚麼深刻的影響：從哈勒爾的與松（這書中的"地方色彩"自始至終，都描寫的精確。）翁澤的兩首詩，還有菲得利克斯的中國人裏，並不能尋到受了好逑傳影響的痕跡。「……必須先有一番充裕的準備不可。」 若想預備那認識中國本質的工作，若要開始這種工作，實需要"自動接受的意志"(Aufnahmewilligkeit)，必須下一番長期的，內心的苦功夫，最後還得有較多更好的譯本纔可以。

穆爾的譯本出版後，所引起社會一般人對於這書的興趣，究竟有多少，很難以說出來的。 不過從這時候起，大家欣然接受一切中國事體的願望，已有逐漸沒落之勢。 無論如何，赫德不能夠放過這好逑傳不問的；那是穆爾的譯本（在這好逑傳的附錄裏，有中國詩），不然就是柏西的譯本〔柏西的英國古詩拔遺(Reliques of Ancient English Poetry)，曾給赫德指示過一個重要的途徑〕。不過赫德自一七七八年（乾隆四十三年）至翌年出版的民歌集中，並未應用這些中國詩，連杜哈德書中的中國詩，也未用過。 大概他覺得，這中國詩譯成拙笨的散文之後，太乏詩意了。 但無論如何，赫氏一定注意了從詩經中譯出來的若干首詩，因為這的確是很古的民歌，赫德自杜哈德的書中，定然知道這一層。因此我們可以推想，大約赫德不願在詩集中，搜集些太生疏隔膜的國家：其不屬歐洲文化圈裏的，只有一首是祕魯(peruanisch)的，一首是格陵蘭(grönländisch)的民歌。 另一方面，他預備給以後增訂版搜集的民歌之中，有一首是馬札得加半島的(kamtschadalisch)(一七一)，十二首是馬達加斯加島的歌。

梅恩(Meyern)(一七二)與塞肯多甫(Seckendorff)(一七三)，便可證明，當時的人，竟全然不知道老子的哲學；當時人心目中的中國哲學，僅為儒家的哲學而已。歌德的書中，決無題起老子的話，即塞肯多甫的莊子傳(Dschuang Dsï-Geschichte)(一七四)，好像也沒有注意過。但根據安培爾(Ampère)後來的證明，歌德在這時一定讀過好逑傳那部書。一七九六年(嘉慶元年)正月，便研究了這部書，不過歌德從書中所得到的種子，並未能開華結實，供吾人欣賞一番。大約還是譯本缺少，且係重譯的毛病。歌德同釋勒，只能用英譯本來判斷德譯本的價值。一八〇〇年(嘉慶五年)，釋勒給書局經理翁格爾(Unger)寫信云：「您不難知道，這書已經老舊，大家也把它忘在腦後了，」但釋勒繼續的說：「不過這書具備多少優點，為此類文學中獨出的作品，真值得重新恢復這書的生命…」釋勒希望重新翻譯好逑傳的計劃，屢次延期，他未見其成功，便

(一七一) 岡札得加在西伯利亞之東端，為一半島，介鄂霍次克海，與伯林海之間。島上居民，俄化甚深，約三千五百人。

(一七二) 梅恩(Wilhelm Friedrich von Meyern)，德著作家。一七五九年生，一八二九年歿，為奧國道德之外交官。著有政治及教育小說達納索(Dya-Na-Soro)，為紀念哈勒爾(見註一二六)之英松所作者。達納索之舞台在西藏，述中國與達賴喇嘛之來往。中國文士某，本崇禎(Kiong-Tsion)帝詔書至西藏，覓古代經典；自舊檔中，尋得老君或伏羲氏之著作，喇嘛與中國文士爭辯甚烈；乃由作書者，將該典籍，譯為西文寄與友人，惜讀者不得見之。

(一七三) 塞肯多甫(Karl Siegmund von Seckendorff)，德著作家及音樂作曲家。一七四四年生，一七八五年歿。在威瑪宮廷中，為御前侍臣，賞智僅次於歌德。崇仰中國文化，著中國道德家(Der chinesische Sittenlehrer)，論倫理之真義，且謂真正幸福，在人心中；又著運命之輪(Rad des Schicksals)，乃教育小說，以莊子夢蝴蝶為出發，終達人生觀之原則。運命之輪，於一七八三年出版，不全；一七九四年，再版出，更名運命之輪或莊子傳(Das Rad des Schicksals oder die Geschichte Tschoan-gsees)，仍未完結；今日所見者，僅第一卷耳。

(一七四) 見註一七三。

已作古了。一八〇二年（嘉慶七年），從老赫德的著作中，便可看出他受中國哲學文學書籍的影響，這些書籍已能重新爲讀者公開了：從日常示例（Exempeln der Tage）（這是有關中國人之歷史，科學……記載第十二卷中，中國儒家各種寓言，比喻，傳記之譯文，都是中國人大智慧，及風俗的例證）中，還有從那篇短文（這是在他所辦的雜誌阿得拉斯台 Adrastea 裏，給日常示例寫的序言，且與人類歷史哲學之概念中，論中國的那一章，大相逕庭；因爲從那時以後，赫德已能深入中國文化現象的研究了）裏，都可以看出赫德所受的影響。

那種深刻的瞭解，的確是中國人的著作資料，重新公開以後的頭一個影響，這一點，我們從歌德也可以看出來。一八一〇年（嘉慶十五年），歌德在顏色論（Farbenlehre）的歷史部分，並在序言論古代史（Zur Geschichte der Urzeit）中講過，工藝的技術，愈是在文化進步遲緩的國家，發展的愈是興盛，永無止境的樣子。「因此，我們看到，染色業（Färberei）在風俗是靜止狀態的國家裏，發達無已，至臻上乘，例如埃及人，印度人，中國人，都是如此。靜止的民族，其技術中有宗教的成分。其材料的初步準備工作，極其純潔精確，一步步的工作手續，又非常的繁複。他們工作的時候，抱着一種"自然的緩慢"（Naturlangsamkeit）精神，那是較比適於教育的，突飛猛進的國家，所望塵莫及的。」歌德將"較比適於教育的，突飛猛進的國家"，與埃及人，印度人，中國人對比，最後並把他們當做"非文明的民族"（ungebildete Völker），他多少帶了些歐洲文明的驕傲態度。雖然"靜止"（stationär）那個名辭，聽着有些輕藐之意，骨子裏却稍有讚美的意味，甚至多少帶了些嫉妒心。歌德自這些"靜止的民族"所看到，所驚嘆者，爲人類文化世界中，一個定律的結果，這定律，他自早就從植物界，動物界，同地質學中認識了：即遲緩而有恆的發展之定律。

這也是迫不得已（不論是自然界的，抑爲文化界的，凡由霸道促成的事情，歌德均視如仇讎），歌德因在一八一三年（嘉慶十八年）十月間幾星期之中，有戰亂的事情，希望在遙遠的中國，找到精神上的寄託，「專心致力於深刻嚴肅的中國研究。」從十月二日至十六日的日記上，都記着"中國"(Sinica)那個字，多半寫在最明顯的地方，且時常記載兩次之多，然後寫下他用心研究的著作，如：衛匡國神父，德鮑，同馬哥孛羅〔歌德後來在西東詩集註釋及說明文(Noten und Abhandlungen zu besserem Verständniss des West-östlichen Divans)中，頌揚了馬哥孛羅，以誌不忘之意〕的書，巴羅中國旅行記(馬卡特尼之素描)(Barrows (一七五) Reise nach China, Kupfer zu Macartnay (一七六))，及品托（歌德曾想翻譯品托的冒險旅行記）的著作。此外，歌德有兩次題到中國文法(Sinische Grammatik)。他這種嚴肅多面的中國文化研究，得力於他同漢學家克拉普羅 (Klaproth)(一七七) 的交往，克氏曾於十一月十二月留在威瑪。其後二年之中，歌德雖然受了波斯詩人哈非斯(Hafis)(一七八) 的魔力，並在西東詩集中推崇備至的捧了他，然而歌德的"中國研究"，並未因之中輟。歌德感覺做寫中國字，十分有趣：歌德自大公爵圖書館中，借了"木刻版"(Druckstöcke)，一八一六年（嘉慶二十一年）五月，已經給瑪莉公主同奧古斯特公主(die Prinzessinnen Marie und Auguste) 當面寫中國字了。一八一五年（嘉慶二十年）十月十四日，格利姆・威廉 (Wilhelm Grimm)(一七九) 寫給他兄弟格利姆・雅科

(一七五) 巴羅 (Sir John Barrow)，英旅行家及地理學家。一七六四年生，一八四八年歿。

(一七六) 馬卡特尼 (George Macartney)，英伯爵。一七三七年生，一八〇六年歿。祖先爲蘇格蘭人。一七六四年使俄，締結英俄同盟。歸國後，入議會，任愛爾蘭邦秘書。一七八〇年，爲麻打拉薩(Madras)總督。一七八六年，歸國受爵，被派往華，擬與中國通商，未成，乃歸國。

(一七七) 克拉普羅 (Heinrich Julius Klaproth)，德"東方學家"。一七八三年，生於柏林，一八三五年，歿於巴黎。一八一六年以還，爲巴黎大學漢學教授。著作甚多。

(一七八) 哈非斯爲波斯詩人木漢梅 (Schemseddin Muhammed) 之別名，一三二〇年，生於錫拉斯 (Schiras)，一三八九年歿。以抒情詩 (Ghaselen) 歌詠美酒，兒童之愛，與夫大自然界之美麗，並嘲笑虛僞庸俗之事。死後，友人顧蘭丹(Muhammed Gulandam)輯其詩集 (Diwan)。歌德讀譯本有感，因作西東詩集 (West-östlicher Diwan)。

(一七九) 格利姆・威廉，爲德"德文學家"(Germanist)，係格利姆・雅科(見註一八〇)之弟。一七八六年生，一八五九年歿。

(Jacob Grimm)（一八〇）的信，證明歌德當時對於東方同中國，多麼努力的下了功夫：歌德「寫文討論甚事，又關懷波斯的事情，寫了一捲哈非斯風格的詩歌，一邊讀講好逑傳，又從保羅 (Paulus) 學習阿拉伯文……」。

所以歌德總是回到那部中國小說（好逑傳——譯者），那是當時歐洲人所知道的惟一中國說部。兩年之後，他知道了一部自中國文學，新近譯來的作品：即劇本老生兒——得維斯曾譯之爲英文。這部中國劇本，眞個迷住了歌德，他說這部書極有價值，深值一讀；這是他反對克內柏 (Knebel) 的意見。因此歌德對於中國的理解，愈加精微深奧了。一八二一年（道光元年），歌德在法國鄉景 (Campagne in Frankreich) 裏，回顧了十八世紀的發展：福爾泰所闡明者，爲歐洲之情形，歌德不顧福爾泰對於中國的景仰，在書中說，「德鮑伸張他那征服的精神，可謂無遠弗屆；中國人或埃及人，因西方多年的偏見，累積而得的光榮，德鮑深不願他們平白的得了去似的…」同樣，在一八二一年的時候，歌德在一篇短文中，評論了"印度詩"薩昆塔拉 (Sakuntala)（一八一）——「我們曾多年沈溺於此詩之崇拜」——此外還批評了其他兩部印度詩的創作，並談到與之相關的中國劇本老生兒。經典文學家歌德，從印度文學作品中，尤其是從那一部中國劇本裏，在那奇特的現象之"交織"(Gewebe) 背後，發現了人類的共同性格；同時也覺到，可以用那些奇特異樣的觀念，風俗，情況（例如中國人的"安葬觀念"，及"宗教同督察官的儀式"），加强戲劇裏人類共同性的"動機"。這部中國劇本的情節，既不帶半點兒殘暴之事，結局又那麼幸運，一定打動了歌

（一八〇）格利姆•雅科：爲日耳曼語言學之奠基者。一七八五年生，一八六三年歿。與弟（見註一七九）合著德意志傳說 (Deutsche Sagen)，兒童及家庭童話集 (Kinder-und Hausmärchen)，一八一二年至一八二二年），並著手大德意志字典 (Deutsches Wörterbuch) 之編纂。

（一八一）薩昆塔拉爲印度詩人卡里達薩 (Kalidasa) 之劇曲。卡氏於五世紀時，居於維克拉瑪的迭 (Wikramaditja) 王之宮中，爲印度最偉大之詩人，戲曲家，英雄詩及抒情詩創作家。

德的心弦，原來這老生兒同"恐怖劇"（Schauerdrama）如趙氏孤兒者，作風是迥異的。

有了對於外國民族特性的理解，纔可以用活潑生動的眼光，去看他們所表現的，人類的共同性；歌德固然是因爲浪漫派（romantische Schule）（一八二）研究家，翻譯家的熱誠，受了感動；但最主要的，還是由於他研究波斯國文學的緣故。要看他的研究，多麼澈底有効，可用西東詩集去證明，這是從他的研究產生的。至於歌德研究那麼生疏的一個國家，理解了多少，可自西東詩集註釋及說明文中看個明白，這是一八一九年（嘉慶二十四年），和西東詩集同時出版的：若想理解外國的文學，不單是作者，就是讀者，也需要澈底詳盡的一個介紹，藉以明瞭外國風土情況，生活的習慣，思想的方式。有了這種深刻經驗的理解，歌德接近了中國文學；他要理解中國文學的時候，已有原來對於中國各方面的研究，做爲基礎了。

如果一八一四年（嘉慶十九年），一八一五年，是歌德研究波斯國文學的時代，那我們更可以有理由的說，一八二七年（道光七年），是他研究中國文學的年了。在這一年中，歌德讀了花間集，（一八三）(Geschichte vom Blumenpapier) 百美新詠中若干代表作，小說玉嬌李，及阿貝雷米薩的十個中國小說。同年一月三十一日，歌德與艾克曼（Eckermann）(一八四) 的一段長篇談話中，發揮了歌德對於中國文學的意見，在世界文壇中，給中國留了一個地位；世界文壇，固然

（一八二）浪漫派由"浪漫主義"而來。"浪漫主義"爲歐洲之精神運動，始於十八世紀中葉，而於一八〇〇年（嘉慶五年）至一八五〇年（道光三十年）時，至爲隆盛，表現於文學，"有形藝術"，及人文科學之中。重視情緒，勝於理智。

（一八三）花間集：後蜀趙崇祚輯。

（一八四）艾克曼 (Johann Peter Eckermann)，德著作家。一七九二年生，一八五四年歿。與歌德友誼甚篤，著歌德晚年之談話(Gespräche mit Goethe in den letzten Jahren seines Lebens)，卷一與卷二，一八三六年出版，卷三於一八四八年出版。參閱本誌二卷四期 626 頁。

是歌德同浪漫主義者的共同目標，不過他的意見，不能同他們一致。 歌德從中國文學中得來的種子，最後竟開花結實，成功了若干文學作品：那就是倣効百美新詠的詩作，及中德四季與日間。

一八二七年（道光七年）一月三十一日，同艾克曼的談話，歌德的着重點，仍為中國文學中所表現的人類之共同性。 「他們的思想，行為，情感，與吾人並沒有分別，不久我們便覺着，同他們是一樣的了，只有他們的一切事情，都比較的清晰，純潔，合禮些，」像歌德作的赫曼與多羅蒂(Hermann und Dorothea)劇本中所表現的那樣聰明，平民化 (bürgerlich)。 「此外還有一點區別，在他們的世界裏，外面的自然界，老是同人物們共同的生活着。池中的金魚，總是唼水有聲，枝上的棲鳥，也在唱個不休…」 中國小說的世界裏，描寫得異常之清淡文雅，歌德深為折服，他便描寫了「最能動人的一個情景」(allerliebste Situation)，並迴憶其中「無數的稗史，不斷出現在本文之中，且如諺語似的應用了。」 在這些中國的稗史之中，也是自始至終，受着道德禮儀的支配，歌德並舉例示明。 「正因為中國在一切事體之中，有這最嚴格的限制，纔能夠支持數千年之久，也會永持不解的。」 與此相反者，有歌德所題到的，貝郎惹 (Béranger)(一八五) 的詩歌，全無一些道德觀念，却被法國讚為最偉大的詩人——這裏不還可以看做是歌德（雖未明說）所比較的，中國那種基礎堅牢，平靜有恆之"文化生命"，同歐洲那種搖擺不定，突飛猛進的發展麼？但是歌德的談話，却放過這點不題了。 他覺得更重要的，是該說明：「詩為人類共同所有者」——且隸屬世界文學之中：

我願把眼光轉到外國，也勸告每個人這樣的做。 國民文學(National-Literatur)，將沒有甚麼價值了，現在是世界文學的時代，每人努須努力推動這個時代。 但便是這樣的評價外國的事體，却不當拳

(一八五) 貝郎惹 (Pierre Jean de Béranger)，法詩人。 一七八〇年生，一八五七年歿。 工人之子，初為僕歐，終為大學之著作家。 十九世紀時，為法國最成功之作家，受人歡迎，無以復加。 作品多詩集。

附於某特殊事物之上，認之爲模範，而不加以變更。　我們不應當想，這許是中國的，或塞爾維亞的(sorbisch)，或卡爾德崙(Calderon)（一八六）的，或是尼貝龍恩(Nibelungen)（一八七）的東西；我們在需要某種模範的時候，必須仍舊回到古代的希臘纔可以，因爲在希臘的著作中，永遠表現着那完美的人格(der schöne Mensch)。　其餘的一切東西，我們只好用歷史的眼光去觀察，且盡吾人所能，從裏面找出我們以爲好的事體(das Gute)。

凡希臘以外的東西，「只好用歷史的眼光」去觀察，這結論，自然限制了歌德以前對於中國文學的讚美；不論是艾克曼敍述失實，或歌德因譏諷浪漫主義者之見解，而說得過火了。　無論怎樣，歌德的結論，同一八二九年（道光九年）所發表的格言 (Maxime) 或"迴想"（顯然是以前產生的作品，惟作時不可考）是一致的：

中國，印度，埃及的古代作品(Altertümer)，不過是些古董文玩；讓自己或別人熟悉這類古董，那是再好沒有的事情；不過用來做爲道德或審美的涵養，却沒有何等効果可言。

歌德在這裏題到"古代作品"的時候，自然還聯想到文學作品之外的文化產物；這樣講來，中國與埃及的關係，自然是可能的。　結果，歌德從中國，好像看到兩個主要的方面：一個是"古代的"，"古董的"事體（歌德亦將"中國風格"的歐洲風尙，與此相聯），一個是活潑的人類共同性（這是歌德從中國文學中發現的）。　一八二七年（道光七年），歌德認識了中國文學作品以來，便以人類活潑之性情，眞個誠心悅服了，且立卽把這些作品，放在世界文壇之中——

（一八六）　卡爾德崙 (Calderon de la Barca)，西班牙著名戲劇作家。　一六〇〇年，生於馬德里，一六八一年，歿於同地。　作品多屬喜劇。　參閱本誌三卷三期457頁。

（一八七）　尼貝龍恩爲德國之傳說。有矮人之族藏鉅寶，價值連城，名"尼貝龍恩寶"(Nibelungen-hort)，屬西爾卜寧(Schilbung)王及尼貝龍 (Nibelung)王，由矮人阿伯利(Alberich)守護。　及英雄齊格飛(Siegfried，亦德國西部防綫之名）出，殺二王，並降服阿伯利，此寶遂歸齊格飛。　齊格飛既死，爲布根王室 (die Burgunden Könige)所得。　由此產生尼貝龍歌 (Nibelunglied) 係德之"英雄詩"(Heldenepos)。　是項傳說，於德意志部落時期，傳佈至廣，手寫本亦多不勝數；中古時，漸爲人所忘，後始有人重加研究。

他所說的世界文學，並不像"浪漫主義"者，把世界各國的文藝作品，聯在一起，藉以表現各國國民性之不同，就算完了；歌德所選擇的，乃是各民族中，那超乎國家的，普遍人類的，且表現人類活潑生力的文學作品，這纔合乎"經典文學"的意義，也就是赫德所主倡的"人道主義之概念"(Humanitätsidee)。 常有人說，歌德的世界文學觀念，並不超過歐洲的範圍。 歌德同歐洲鄰國頻繁的文學上之交往，還有他個人對這種思想的推進——歌德本人在外國的文學影響——都足以引起這種見解來。 但我們方纔講過的歌德談話，便是反證。 如果經典文學家的歌德，只願把古希臘人，當做"模範"，那麼他所要除去的民族，不僅爲中國人，即歐洲各鄰國也在其中。

德國大學課程制度檢討(一)

Über die Formen des akademischen Unterrichts

史納貝 (Franz Schnabel) 著

貝 錦 玉 譯

"我半生的光陰大皆致用於學習他人所曾思想過的東西。 現在應當是我自己思想的時候了；假如說這已嫌太晚的話，那麼至少將我曾經學習過關於他人的思想整理一下，矯正他們的錯誤，並作一番清晰的解釋，這也就可以勉强地算作我自己的思想了。" 雷興 (Lessing) 在他三十五歲， 功成名就， 榮譽顯赫之時，寫下了這句話；那時候，他感覺到整個現代教育中所常發現的矛盾，縱令我們盡了我們那最大的力量也永不能將這矛盾解決或消滅。

豐富所引起之困惑

學術材料的數量——值得知道的材料亦然——於目前仍然是不停地增加。專們學科訓練數量之多亦是難以計算的。 "參考書"愈來愈無固定形式，每個人於他能够作獨立的精神事業之前，必須完成相當時期的基礎課程，愈變愈長。在急湍流動長江大河似的推動之下，教育的觀念與內容變爲有彈性及有延展性的了。 它們成爲自由意志與空想的戲弄對象；於是有準則的禁令愈益緊迫地形成相反的力量。 然而精神文化不是别的，它乃是有創造性的人格以其本身的力量來克服傳統的重壓，自由地解脫材料的束縛，其目的在于標奇立異，創造形式以及使它豐富起來。 個人方面而不遺餘力，精欲求精，若無他自肩責任的創造，現

（一） 譯自佛蘭克府新聞"大學與青年"欄

代文化之形成是全然不可能的；然而那進化的生活却使得個人活動範圍日益偏狹而越感缺乏了。這正是現代生活中一個最大悲劇的矛盾。德國的觀念哲學在一個時期曾有過這樣的傾向，人類歷史正表現出並慶幸這向着自由發展的進步，而恰在此時，以現實生活爲根據的思想出現了。沒有任何方面能比在學術工作方面所感覺到的這種現代生活的內部緊張更形強烈的了。學者看到四面八方擁來的包圍與重壓，看見它們來自增聚着的豐富材料，來自困難與糾纏的環境，來自不勝其煩的問題，他不能讓任何人來却脫其重負，由於肩帶着這重負，他曾獲得幸福與利益，同時也受到了毀傷與損害；爲了生活與工作，他必須以他個人的決心去却除它。尼采 Nietzsche 對於近代情勢認識得特別透澈，他迂迴地描寫過說："在一切工作中，遺忘乃是不可少的；就如同所有組織一樣，其生活不僅有光明的一面，同時也有黑暗的一面。" 同時，雷與於其本人及一般學者之間劃上了一條分歧線，就以這樣的立場他疾呼下面的話："他們還在搜集那些材料，而我早已棄之一旁了。"

所有的高等教育及所有的教養皆存於此種精神狀態中。就是大學改進的中心問題也不能越此範圍之外。

以權威去解釋爲原則？抑以事物本身爲原則？

過去，祇要所要傳授的是一個有一定範圍的知識與思想方法的寶庫，大學的授課方法也有了固定的形式。經院學派與人文學派以他們恆久不變的講義爲基礎而用有學問的人中所流行的拉丁文作解釋並令學生聽錄寫於筆記本中。但輕率的批評者却以爲在書籍印刷時代這種辦法乃是不適當的。無論如何，最先在現代的實用科學 (Erfahrungswissenschaft) 的發展方面，其次於自然科學領域中均向着新穎而有生氣的形式及令人易解的紹介方面推進。解剖學者稱他們的講堂爲"解剖劇院 (anatomisches Theater)"，更可表現出以上所談到的事實來。學術與授課新方法之最早完成是在巴都亞 (Padua)，那就是一五四三年

魏薩安德亞 (Andreas Vesal) 於解剖臺前講授人體的構造。 二百年後，莫伽尼 (Morgagni) 氏發明了病理解剖學，此後他即倡導診斷必永以解剖研究爲根據的原則。 由於解剖學思想的建樹，病床的臨診指導形成了近代醫學的基本條件：現代臨診學的發軔是在十八世紀初葉賴登 (Leyden) 地方久負盛名的大學中，在這薄哈維黑曼(Hermann Boerhaave) 氏是一位最早出現的臨診醫生，那時差不多全歐洲習醫的學生均來學於此，古典派權威者葛倫奴斯 (Galenus) 氏的解釋自此以後不再構成大學校課程的內容，方法與目的了， 但事物本身却取而代之，纔爲所有一切的基礎，並甚至死者也要爲生者服務，即如在海德倍 (Heidelberg) 歷史悠久的解剖館入口上面所寫的："Hic mors gaudet succurrere vitae" (此處"死"是樂於救助"生"的)

大學校課程的新制度

經過了百餘年的時間這新的原則纔被採用於所有各學術部門，大學課程纔規定了一個更高的目標中，而不僅以傳統的智識傳授給學生。 德國大學的興起與開展與這種意義 (Sinngebung) 有着密切的關係。 這是應當時常重新檢討與重新解決的。 還有古典的德意志文學與大學校的，並還與它們相反地生長起來，然而各大學却輔佐了它的成熟——最初的一個就是格廷恩 (Göttingen) 大學，在這里洪保德兄弟 (Brüder Humboldt) 接受到決定他們以後生活與事業的刺激，其後在耶拿 (Jena) 大學釋勒 (Schiller) 曾發表過他的大學就職演說 ，同時尚有一些浪漫派作家也在此充任講師，雷輿曾經苛刻地批評過教授們的腐儒主義，還有在哈勒 (Halle) 讀過書的溫克曼 (Winckelmann) 脫離了學校的氣味寫他的著作：因爲——他這樣說過——"大學的飯食小菜常掛於他的齒間。" 可是於本世紀開始之時湯姆士 (Thomasius) 竟已如一正直派別的破壞者 (Zunftbrecher) 推動了偉大的，帶革命性的進展，開始不用拉丁文而用德文講課。 他開的先例引起了他人的效法。 於是講堂上之討論以及高深學術的文學皆立刻紛紛解脫外國衣飾的羈絆到處蓬勃地發揚光大起來。 尤其在成立於一七三七年的格廷恩大學中，古典式的課程制度曾被發展了以適應學術與生活的需要；格廷恩大學遵照它創始人的目標無論在那一方面皆變爲一個"現代化"的高等學府，並要自覺地在中世紀沿襲下來的舊式大學中顯露出頭角來。 格廷恩的人們從他們許多的先輩及私人教師那裏獲得了學問；可是無有任何大學能像格廷恩大學一樣設立了各種不同訓練的課程，並根據各種觀點對過去作數十年有系統的明察審慮以改進之而日臻完善．也無有任何大學對於整個德意志之精神生活能具有如此廣遠的影響。 其次，可以說唯有科尼斯倍 (Königsberg) 早已繼起直追了。 但在那里不是整個學術團體或創立傳統中的某個學術團體產生出了影響， 而是那唯一的偉大思想家，康特 (Kant)， 於大學的課程中供予含有決定意義的推動力量。 因爲康特之有名不僅因爲他是哲學家，並且於已往爲教師的時候便已獲得了極大的榮譽；自一七五五至九七的四十餘年間，他一直在這個大學中講書。他意識到哲學這門課程對於所有學問的意義至爲重大，是爲各種學問的基礎，以後大學校之存在與否均有繫於此。

教科書之束縛

讓我們觀察一下大學（課程教授法制度）在格廷恩及科尼斯倍的發展以及在德國其他各大學極盛時代中的應用與改進。 大學中的教授方法與前一世紀，尤其各與各種純科學思想相一致，有系統地是建立在一些因素上。 教授們的基本規則乃是根據整個計劃大綱， 於每點鐘授課之前應當考慮何種材料是無須講授的。 因爲每種學術的完善無缺就是這學術的滅亡。 巴羅克時代 (Barockzeit) 的博學歷史家把所有學問作了一種驚人的比喻：學術亦與藝術相同需要一種內在的調和。 爲了保證(課程教授法)有系統的進行與擅自變動的抑止，各大學舊式拘泥的教育對各種科目均備以教科書一册，教師之授課自然常是以此爲準繩的。就是格廷恩大學之教授，甚至康特也同樣以教科書爲講授範圍；解釋與討論均只限於課程表所公佈的教科書中之教材， 而從未涉及其專門學問的本身上去。

在普魯士監委會發予科尼斯倍的規章中寫着以下的意見："無論如何低劣不堪的綱要也比根本沒有綱要高上一籌；唯有這樣，始能澈底剷除那乾燥無味之聽錄的困難。" 今日之學術與已往，傳統的工作絕然不同，因為教授者不再僅限於說明和解釋教科書上的材料，同時其個人也是一個有創始性的研究者，根據他對於向前發展着的學術上的見聞經驗，每學期均有新穎的材料來加深其講授內容，而在這些見聞經驗上也包含着若干他自己的創作或發明。這乃是教學與研究的統一，因此也就形成了德國大學之主要特點。人們均以編著者的指導為基礎，他——如康特所說——不應被視作批判的標準，而却應被視作一種動機的引起，自己來對他作批判或甚至作反駁批判。" 我們自康特之遺物中尋獲了一種教科書，這是他講授形而上學的基礎。當我們翻閱此書的時候，所以使我們驚訝的，就是在他對於這審定的教科書的解釋中包含着新穎的批評方法，這批評方法特別地力辯各種學術之形而上學的可能性。康特談論十分自由，在書頁的邊緣上或在紙條上都寫着他的註解。他順序依照每一章教材講授；可是他還插入他個人的意見，隨意進行，解釋，證明，反駁，離開本題，然後再回到本題上。教科書中的敘述與組織在康特看來是不完全的，所以他常常每年對每一句作更詳明的講解，予以多方面的證明，並對於教科書中所標示的問題提出他自己的見解。有些頁書大皆用紙黏蓋起來，此外有很多行的字跡完全塗抹了去，因此教科書中的材料幾乎無所遺留。教科書的內容和他自己講義的內容是如此的不同，以至他只能將它們在表面的關係上聯繫起來。使進步的制度在腐舊制度的束縛中發展對於哲學著作者的確無利益可言。這新的制度不能找到適當的表現，故此我們知道其文體之所以艱澀，不但是因為它要與破碎支離的材料作精神的鬥爭，並還需與那舊制度的束縛作鬥爭。參與思想的教育及精神活動的過程一事對於學生本是一種唯一無二的訓練，當此過程於高尚，批評與人道的精神中陸續完成時，這精神並未誇耀它是有它自己的淵源的，同時也毫不瞭明那粗野的詭辯術；而當謝林 (Schelling) 與黑格爾 (Hegel) 樹起對批評主義的反動時，詭辯術變成了一般的習慣，更有人創出新玄學信條來，而按照狄爾泰（Dilthey）常爲人引用的話來說這信條不是別的，它只不過是它的倡導人的私有制度而已。

教師與著者

我們很容易想到，教授們均寧願自己寫教科書，因爲這可以作爲他們授課的最佳準繩。格廷恩大學教授都實行這種方法。他們是第一流的著述者，而也是印象的演說家；當法學家，自然科學家與醫學家等看出他們唯一的責任，便是將漫無系統的大量材料有條不紊地理出頭緒來的時候，政府即予以他們絕對的自由權，所以他們可以根據經他們自己發現與領悟的原理原則來規定其研究工作與課程。十八世紀格廷恩之有名的法學教授蒲履特（Plütter）氏除去寫了無數的具有研究性質的書籍外，他還編著了不少的教科書——這雙方面的工作彼此互有補益，每種教科書於每學期均重新出版，修正，增訂，內容日益完善以適應學術之進步，以外在法政學方面也適應法律生活之進展。蒲履特從其師吳爾夫·基當（Christian Wolff）學習後——吳氏是用德語授課的——，他在馬爾堡（Marburg）還算是不以聽錄方法而作優越講演的第一個人，雖然如此，而在哈勒（Halle）却激起學生之憤懣，因爲他說明了他將着重於著述工作，而教書生活以後只不過是一種責任的履行而已：因此現在我們已經注意到講授內容與講授技巧 ars dicendi 了。蒲履特也是令學生於每學期舉行一次實習的第一個人，讓他們寓學於做；所以其學生打算學習必需自己專心致力，以外還得親自代理一樁訴訟案件，這是需要深思熟慮和事先準備的，蒲氏所刊行之訴訟事件（Rechtsfälle）”乃是根據這種研究室方法(Seminar) 及其學生之實習彙編而成，同時也就做爲他們課程及實習生活的參考。不久又設立了語言學研究室。因爲格廷恩的學者，著述家以及教師都是卓絕無匹的，各地學子均熱望地來此讀書。哈勒爾阿伯雷（Albrecht von Haller）是其中最負盛名的一位，起初是薄哈維（Boerhaave）的學生。他在晚年時竟敢滿足地確言德國民族及其民族意識皆被强化了，因爲格廷恩正如賴登一樣“由於其教授法的優良，尤其是它的教科書也爲法國所讚美，並甚至熱烈地寧願效做德國而不用法國的。”

學術書籍

因爲訂定之教科書形成了大學教課之重要工具，所以於大學中設一“大學書局”正與教授們的演講是同樣的不可缺少。於是關乎這件事我們又可以格廷恩作模範了。政府及學校當局盡可能地委派一個能够勝任的書商，予以大學服務人員一切所應享之權利及所應盡之義務，允其亦享有大學職教員在司法權上應得的權利，並允許其有享受所有優先及自由之權。在格廷恩有個罕見的情形，就是萬德和（Vanderhoek）與陸普瑞希特（Ruprecht）出版商的歷史在大學成立時期即已開始，直到現在仍與大學之歷史並存。教師多有賴於出版所。學期之始，如新版書未能按時印就，則他們即感到極度困難。然當教科書過厚並需要較多資本時，出版商的憂慮也不下於教師們的困難。但因自四方薈萃於此的貴族與富裕的學生爲數極多，於是也就減輕了他們的冒險性。同時，爲人景仰的研究者所寫廣識博聞的論著可自這默默無聞的小城市遠及全球文化界。於格廷恩出版之書目中，我們可以尋到所有著名的論著，這些論著在十八世紀奠定了實用科學的基礎——如哈勒爾（Haller）的編著，偉大政論家施略策（Schlözer）的定期刊物及其所發表之言論，東方語學者米夏也利斯（Michaelis）以及海涅等之刊物。學術與其主人翁的歷史自然不存在於一般人的意識中。然自另一方面看以下這些名字將於其後世愈益光亮地發着光輝：（Karoline Michaelis—Schlegel, Therese Heyne, Dorothea Schlözer）等皆是格廷恩大學教授的女兒。

書評及介紹

評袖珍式"華德詞典"新編本

傅吾康（Wolfgang Franke）評

書名： Chinesisch-Deutsches Taschen-Wörterbuch

編者： P. Otto Jörgens S.V.D.（岳立仞）

出版者： Missionsdruckerei Tsingtao.

出版地點及時期： Tsingtao 1941.

裝訂及書價：三十二開布面洋裝　定價聯銀券二十五元。

這本詞典德文原名爲（Chinesisch-Deutsches Taschen-Wörterbuch）係天主教聖言會商格理司鐸(P. Jos. Stangier S.V.D.)所編的華德袖珍詞典的新編本。內容包括六千多單字和無數的詞語，共有八百多頁，每頁排兩欄，所以在內容的數量方面並不少於利定自（Werner Rüdenberg）所編的華德辭典（Chinesisch-Deutsches Wörterbuch, 第一版 Hamburg 1924，第二版 Hamburg 1936）。 新編華德詞典以便於實用爲目標，所選擇的材料均以此目標爲依歸，並且全部都是採用白話詞語及通俗實用的文言詞語，把這樣巨大的材料按置於這樣袖珍式的三十二開本書中，實在不是一件易事，應用既方便而材料又豐富，爲了說中國話和讀中國白話文章的德國人及爲了一些初學者們，這本詞典在與此目標相同的諸詞典中可佔第一位。 並且爲了說德語寫德文的中國人們，我們也要首先推舉這本字典。 可是據編者自己曾說（本書第二頁）他並未顧及德語德文之初學者，而只是對德文有相當把握的中國人，可以有幫助。所以我們不能從這方面去批評牠。

關於內容方面，這本詞典與第一版的舊編本稍有不同。舊編本對於名字的冠詞，名詞，動詞，形容詞等詞類以及辭文之組合及變化都用各種標誌表明，而在本版新編本中都一概取消了。

關於參考資料，據編者所示有下列諸種：

商務印書館出版者：標準語大辭典。王雲五大辭典。國語辭典第一册。學生辭典。哲學辭典。Deutsch--Chinesisches Wörterbuch 第二版。

中華書局出版者：中華成語詞典。辭海。

Rüdenberg, Chinesisch—Deutsches Wörterbuch 第二版。

R. H. Mathews, A Chinese—English Dictionary.

Deutsch—Chinesisches Hand-Wörterbuch 第二版兗州。

由以上參考資料及與本書內容相比，覺得材料之收集及選用兩方面，都非常優良，足見編者的確費了學者所應當出的工力，可算是本書一個最大的優點。

但是在譯音方面，不免令人感到有相當的缺陷。關於譯音是根據何處口音為標準，在編者序文中及詞典內容之本身上，都看不出來。編者曾寫過：「所有之單字，均用普通華北白話口音，假如牠與國語之讀音不同時，則在該字後附加國語之譯音。」（第二頁）據此，我們現在要問：什麽是"普通華北白話"？我們知道華北的面積甚大，而各地的白話口音又是各個不同的，許多字的北京口音和天津口音就互相有差異。更甚的是河北省南部的和北部的口音，或者山東的和山西的口音相差更大。所以他所說的"普通華北白話"的說法是太含混了！而根據全體的譯音看來，有的是國語口音；但是其中又有許多字是根據山東口音，而在該字後加以括號註上國語譯音者。例如"北""白""伯"和"筆"各字主要的解釋條例均列為同樣譯音 Bee 之部首中。又如："窄"和"責"亦均列入同樣譯音 Dschee 之部首中。我們知道，這些字用國語口音說出來是完全不同的。那麼，他旣然不是以國語爲全書一致的標準，也許他想以山東口音爲準，可是他又並非完全用山東口音譯音，如："台"依山東口音應譯爲"Tā"而他列入國語口音"Tai"之譯音部下。這種在全詞典中，時而國語，時而非國語譯音之不一致情形，對於外國人學中文者，特別對於一個學中國國語的初學者（因國語爲外國人學中國語之標準言語），是易於引他們入於迷亂誤會中的。

本詞典各字次序，都按譯音字母之先後而排列的，而同一譯音之許多字，又按照四聲而定先後的，"chi"如齊(1)，疾(2)，擠(3)，祭(4)，此種方法甚佳，但是四聲之規定又犯以上口音不一致的毛病，並非完全一律用國語的或山東口音，或華北某一地方口音的譯音以註聲。所以在說話方面，若根據這本詞典應用起來，會發生出許多困難的。我們都知道，用人人所熟知的國語讀音的譯音方法爲標準是最合適的法子。所以我以爲：最好用韋德(Wade)的譯音法，如果特別喜歡用德文譯音法，麼那可以用利定自所纂之華德辭典中所用之雷興與歐特曼(Lessing-Othmer)的方法爲標準，就可免去以上的毛病了。此外而對一字有其他種方言讀音時，假如是必須註入的話，可以在該字後再註以該方言譯音，及該方言淸楚的地方記號，這樣旣可顧到重要的方言又可顧及全書譯音的一致，這樣才似乎較爲合理些。

該書每個拉丁譯音後還註有中國國音字母的注音，但是這方面也犯了同樣毛病，許多字亦並非用一般中國字典上所用的國音字母注音法。有些是國語讀法的注音，有些是用山東某處口音的注音。

關於同一譯音之許多單字是按四聲排列先後的，單字下之詞語也標出四聲來，並且成語因爲應用之不同而四聲也因之有所變動，在這詞語後也標誌出各四聲的標記。這也是本書的長處，但是就在這一點上也犯了以上所論及的毛病，四聲變動的用法並非一律均用國語口音，或一律以山東某處讀音爲全體一致之標準。這個會更增加了初學者們的迷誤不淸。

以上所論及關於譯音，注音及注聲之全書不一致性或無固定標準之缺陷，也許是編者一時的忽略所致，如稍加注意，是易於避免的。但是雖然如此，這本詞典內容之偉大價值仍然存在；況且如因譯音關係而有疑惑難尋之字時，在該詞典後還附有康熙字典的部首表，依此表還可以尋出我們所需要的詞字，這很能彌補牠的缺陷。至於排印之清楚，紙料之精良，裝訂之美觀堅實，以及錯誤之稀少，使我們對經理者校對者及印刷者所成就的功績，表示十分贊揚。據此再看牠的定價，就覺出是非常低廉了。

總之：聖言會在今日溝通中德文化關係的諸多前導者們中，無疑問的是要佔一席地的。而且在現今諸多困難的環境下，該會還能使這本詞典照常出版，確實使從事溝通中德文化工作的中德人士們要表示十分感謝的。

胡雋吟譯

會務報告

一 德文夜校　本會德文夜校於上期結束後，即於七月一日起開辦暑期班，分三班講授（已習半年，一年及二年者各一班），授課至九月五日爲止，共有學生五十餘人。本年秋季始業各班係於九月二十八日開課，班次亦略有變更，計除本分校原有各班外，另於本校設一研究班，以備有高級程度者繼續練習德文德語。

二 槍畫展覽　本會存有德國槍畫木刻多種，前雖曾分在各地展覽，事隔數年，各界人士必尚有對此項槍刻未曾寓目者，本會因更於本年九月二十日至二十八日展覽一次，以供藝術家及其他各界人士之鑑賞。展覽目錄亦經重印，每册售價壹圓。

三 特刊之五　德國現代史名家羅琦和文 (Axel von Freitagh-Loringhoven) 著有近年來之德國外交史一種，書名一九三三至一九三九年間之德國外交政策(Deutschlands Aussenpolitik)，頗足供留心現代史者之參考，前經本會特請楊丙辰先生譯爲中文，現已譯竣由本會自行出版，爲本會特刊之五。

研究與進步第一卷（即中德學誌第一卷）目錄

第一期目錄

（民國二十八年四月）

第二期目錄

（民國二十八年七月）

第三期目錄

（民國二十八年十月）

第四期目錄

（民國二十九年一月）

定價每冊國幣貳角五分

中德學誌　第二卷　目錄

第一期目錄

第二期目錄

第三期目錄

第四期目錄

每期末附書評及會務報告。　每冊定價國幣一元四角

中德學誌　第三卷　目錄

第一期目錄

第二期目錄

第三期目錄

第四期目錄

每期末附書評及會務報告。　每册定價國幣一圓四角

中德文化叢書

中德學會編　　商務印書館印行

一	魏蘭之介紹	賀　麟等譯著	一册	.40
二	陰謀與愛情	張富歲譯	一册	.70
三	工作學校要義	劉　鈞譯	一册	.45
四	德國史綱	魏以新譯	一册	1.30
五	女青年心理	劉　鈞譯	一册	.45
六	五十年來的德國學術	本會編譯		第一册 2.00 第二册 1.40 第三四册各1.00
七	給一個青年詩人的十封信	馮　至譯	一册	.40
八	論德國民族性	楊丙辰譯	一册	.70
九	斯托姆小說集	魏以新譯	一册	1.80
十	德國史略	魏以新譯	一册	.70
十一	快樂的智識	梵　澄譯	一册	1.80
十二	湯若望傳	楊丙辰譯		(印刷中)
十三	葛德論自著之浮士德	梵　澄譯	一册	.50
十四	論優美感覺與崇高感覺	關琪桐譯	一册	.40
十五	赫貝爾短篇小說集	楊丙辰譯	一册	1.20
十六	親和力	楊丙辰譯		(印刷中)
十七	歷史之地理基礎	張星烺譯		(印刷中)
十八	哲學論叢	關琪桐譯		(印刷中)

特　　刊

一	德國留學指導書	張天麟編譯	一册	.40
二	今日德國教育	王錦第譯	一册	.45
	(此書商務印書館代售)			
三	統一國家之德國	弗立克著	一册	.15
四	德國現代思想問題	關琪桐譯	一册	.80
五	一九三三至一九三九年間之德國外交政策	楊丙辰譯	一册	5.50

德華常用小字彙	孫用震編輯	一册	1.00
德語津梁	方志彤註解	一册 紙面	3.00
中德學會德文圖書目錄		一册 布面	5.00

中德學誌編輯簡章 中華民國三十一年三月第二次重訂

1 本誌原名「研究與進步」，自第二卷起，擴充範圍，改用今名。

2 本誌錄稿，以介紹德國學術文化之著作爲主；除本會會員稿件外，並酌收外稿。

3 來稿如係原著，應將所用參考書籍或其他材料一併附列文後，如係譯稿，須將原文出處詳細註明，其原文不易見者，並須與譯稿一併寄來。

4 來稿本會有刪改之權。

5 來稿中有中文人名書名等譯爲德文後，重行譯爲中文時，應請譯者援用原來字樣，幸勿另譯新名；其由德文譯爲中文者，除有慣用者外，以本會所定爲準。

6 來稿逕寄「中德學誌編輯委員會」，請勿寄交編者個人。

7 來稿經本誌決定採用者，酌給現金或本誌爲酬。

8 來稿經本誌給酬後，其版權即爲本會所有，原作人不得以其一部或全部在他處另行發表；在本誌發表後，他人亦不得轉載。

9 來稿不爲本誌選用者，均可退還，但須由原作人附寄郵費，如欲掛號寄還者，並須加附掛號郵費；郵遞如有遺失，本誌概不負責。

10 本簡章如有未盡事宜，得隨時修改之。

編輯者 中德學誌編輯委員會

出版者 中德學會
（北京地安門內黃化門大街西妞妞房二十號）

印刷者 京華印書局
（北京和平門外虎坊橋）

定價表	每季一册（郵費外加）	每年四册（郵費在內）	郵票不收
道林紙	聯銀券 1.70	聯銀券 6.00	
新聞紙	聯銀券 1.10	聯銀券 4.00	

AUS DEUTSCHEM GEISTESLEBEN

Herausgegeben vom

DEUTSCHLAND-INSTITUT, PEIPING

durch

Wolfgang Franke

unter Mitwirkung von

Dseng I-sin Achilles Fang Gu Hua Max Loehr

Yang Bing-tschen Yang Dsung-han

In Verbindung mit

Dr. Karl Kerkhof, Berlin

4. Jahrgang, Nr. 3 September 1942

Anschrift der Redaktion: Deutschland-Institut, Peiping (China), Huang-hua Men nei, Hsi Niu-niu Fang 20.

中德學志

沈兼士

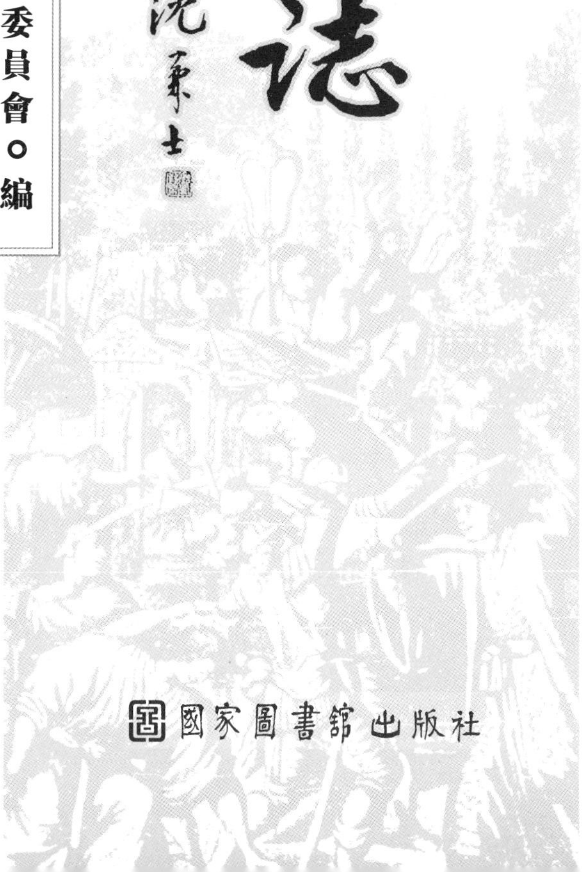

《中德學志》編輯委員會◎編

國家圖書館出版社

第五册目録

第四卷第四期

第五卷第一、二期

中德學誌

沈兼士

第四卷第四期（三十一年十二月出版）

中 德 學 誌

中 德 學 會 出 版

中德學誌

第四卷　　民國三十一年十二月　　第四期

論著

翻譯

書評及介紹

請　注　意

茲爲紀念中德學會成立十週年、特將本誌五卷一二兩期合併爲十年紀念特刊訂於民國三十二年五月出版。

Zur gefl. Beachtung !

Anlässlich des zehnjährigen Jubiläums des Deutschland-Institutes werden Heft 1 und 2 des 5. Jahrganges der Zeitschrift "Aus Deutschem Geistesleben" zusammen als Doppelheft im Mai 1943 erscheinen.

哲學王大菲得利

Friedrich der Grosse als philosophischer König

曹京實著

一　菲得利與啓蒙專制主義

哲人政治的理想，由來甚久。柏拉圖(一)著的共和篇便主張武士階級中之富於思辨的人士從四十歲到五十，應當精研哲學，論理學，到五十歲之後，才可參加政治，而政治領袖則應是一位哲學王。這種思想，過於高妙，頗不易見諸實行，因爲善於執行政務的人，往往缺乏高深哲學的修養，而有高深哲學修養的人又往往不屑與塵俗的政治相絞繞，故兩者揉合爲一的希望，若干年來終未見諸事實。西方學者常盛稱我國康熙(二)爲哲學王，而我國人士雖對於此位明君之文治武功，盛加稱道，但也不過祇是認爲他是"有道"之君而已，並不若西方漢學家(三)之承認他是一位學者。至於西方君主，有幹才者頗多，然究其對於哲學有深的造詣者，實屬寥寥，故吾人欲求其一二人物之足可以冠此"哲學王"三字者，頗爲難得。如欲勉強求之，惟德國之菲得利大王似乎近之。菲氏在他十六歲時曾致其妹威爾梅(Wilhelmine)一函，自署其名爲"哲學者菲得利"(Frédéric le philosophe)(四)。後來爲國君時他也處處想做一個啓蒙專制主義

(一) (Plato) 紀元前四二七？一三四七。

(二) 在位期間一六六二至一七二二。

(三) 如白進 (P. Bouvet)，張誠 (Gerbillion) 等。

(四) Lettre à sa soeur Wilhelmine, Oeuvres de Frédéric II, vol. XXVII.

的理想哲學王。 但是經過多年哲學的研究之後，他覺得人的智慧不能了解形而上學的確實性，因而說：「神給了我理性，可是理性僅能指導我們的行動，並不能夠使我們瞭解一切。 笛卡兒（五）與萊勃尼茲（六）所不能發現的，別的人再也不能發現了。」 由此可見大菲得利仍然是個實行的政治家，而不是默想深思窮究眞理的哲學家。 不過在已往幾千年來，各國君主中之具有與哲學王之形態相近者，似乎首推大菲得利，故本篇以此名之，或者不算太過。

大菲得利之所以能夠以哲學者自居，以哲學王自期許，並非因他天才卓越，超過以往歷代各國諸王，而實是由於當時英法德思想界所掀起的啓蒙思想所致。法國專門研究普魯士歷史的著名學者卡芬克 (Cavaignac) 曾說：「十八世紀時在歐洲流行的思想是啓蒙專治主義，這種主義之實現者爲菲得利大王。 所謂開明的君主專制，或啓蒙專制主義者 (Règne du prince ami des lumières 或簡稱 Le despotisme éclairé) 即以義務的觀念來限制君主的行爲，而君主能自己監視自己並履行自己的責任。」（七） 菲得利大王自己也說：「最好的政府，就是國王能夠施行啓蒙政治。」 那麼可見菲得利所受的啓蒙思想的影響是多麼深了。可是啓蒙思想是什麼呢？ 爲了明白大菲得利一生的思想與行動的樞紐不能不先說明此點。

由十七世紀至十八世紀中葉在英法德三國興起一種啓蒙思潮，這種思潮的主要目的是消除歷來思想上及習慣上的迷信與盲從，而以理性之光輝照鑑一切。所以啓蒙思想與唯理主義有密切關係。 由於這種思潮，人們才敢於排斥傳統的基督教的極端迷信，一般學者才努力要合理地，理智地將宗教信仰加以整理，而輕視教會以及教皇的權威，主張以人心中自然之理性爲宗教的根據。對於政治，如英國的霍布士（T. Hobbes, 1588—1676），洛克(D. Locke,

（五） René Descartes, 1596—1649.

（六） Wilhelm Leibniz, 1646—1716.

（七） Cavaignac, La formation de la Prusse contemporaine, p. 47.

1632—1704）等與法國的孟德斯鳩（Montesquieu, 1689—1755），福祿特爾（Voltaire, 1694—1778），盧騷（J. J. Rousseau, 1712—1778）等的自由思想固然普遍了全歐洲，然因德國貴族特權最大，農奴制度實行的比別的國家更爲徹底，故在德國思想上所起的波瀾爲最急劇。法國政治學者托克維爾（Tocqueville）曾說過：「德國的農奴不能離開貴族的領土，如果私離，便被追捕回來。領主對於他的農奴有裁判權，有私生活監督權，有任意責罰權，有允許結婚及允許變更職業權。農奴必須爲領主擔負勞役，建造領主的住宅，運送領主的收獲物，農奴不能出讓或抵押土地，其子孫承繼其土地時，必須將一部分獻給領主，並且在某種情形下，領主可强迫他出賣其農產物或不許出賣。」（八）

由這段話看來，可見當時德國農奴困苦到了什麼地步。他們所納的直接稅或間接稅，超過貴族所繳納的七倍以上。德國中最貧窮的克利溫省，農民所納稅收幾乎超過入數，因而感到生活絕望，都棄置土地不願耕種。而貴族們却過着逍遙自在的都會生活，極端驕奢淫佚；國王們認爲國家是他們的私有財產，任意消費使用，認人民是他們的奴僕，對之不負任何責任。物極必反，因而產生了政治上的自由思想，要國君瞭解國土不是國王的私有財產，國君的權限要有限制不能隨意濫用，並且希望君主由專制的利己思想一變而爲一仁慈的合於理性的聖賢君主，這便是所謂啓蒙的專制主義。但是有一點我們應當特別注意，就是在十七十八兩世紀，哲學家們改革家們所要打倒的直接對象，往往不是君主而是貴族。哲學者們往往藉着君主的權力去實行他們改革思想，而君主也甘願與哲學者攜手以壓抑貴族。貴族們是直接的寄生在農民身上，所以對於改善人民的生活，不能不反對；貴族之所以能夠享有特權，是因爲他們據有封建制度下之領地，君主如果沒得到他們的允許，不能在其地域內募兵，不得通過軍隊，不得徵求租稅；而他們反代國王行使警察權，行政權，司法權，租稅徵收權。故貴

（八）儒教對於德國政治思想的影響，五來欣造著劉百閔譯一一五頁引句。並請參看 Andrew Dickson White: Seven Great Statesmen, p. 264—268.

族與君主常常起爭執，以期減削對方權力。　貴族是人民的直接壓迫者，所以人民以及思想家都傾向君主，主張增加國家的權力，增進人民的幸福。　哲學者們想利用君王以與貴族宣戰，故極力鼓吹君王開明，實現"賢明政治"以得民心；以合理的君權政治，增進人民福利，而壓斥貴族。　思想家與君主所要達到之目的相同，故啓蒙思想便爲賢明的國王所採納了。

除了樹立合理的君權政治之外，啓蒙思想所要完成的第二個工作，是主張寬大主義與信仰自由。　國家與教會的權力時常發生衝突，國王們均願脫離教會的拘轄。　菲得利大王也主張國王應當重視宗教所指示的道德，而不應當重視宗教的教義。　國王們既要脫離教會的管束，而一般思想家也見到教權是支持貴族與國王的最有力的工具，如不先打倒教權則政治的改革便無由實現——因爲教會所依賴的是一切傳統的制度，而改革者恰恰要創新而蔑視舊制；教會信仰迷信神權，而改革者則主張依靠個人的理性；教會以階級爲基礎，而改革者則主張打破階級；同時，思想家所最認爲可寶貴的是思想自由，言論自由，出版自由，而教會恰有取締與干涉思想與言論的權力，所以在此點上兩者便直接立於衝突的地位了。　教會雖然具有牠的傳統勢力，可是沒有武力，故在權力方面自然不能不向國王讓步，國王爲了攬權起見也自然樂於與啓蒙思想的哲學者相接近，並願由自己實現一部分以壓倒教會而增加自己的人望。　由於這個原因，大菲得利曾將說過「教義是人造的，所以有變化；道德是神造的，所以是普遍的」的法國大學者福祿特爾請到普魯士予以無上的榮遇。

歷史上有一件奇異的現象，就是有了事實而無思想爲之領導，則事實必然按着故轍向前推衍，不能生急劇的變化；有了思想，而事實尚未發展到與思想相牟合的地步，則此思想必踏空而爲人所排拒。　當貴族與教會日趨腐化之際，思想界也起了大的波瀾，這便是法人笛卡兒（Descartes）所播動的合理派的哲學，主張以理智爲基本，以演繹爲方法；及英人洛克的經驗派，主張感覺爲人類知識的惟一來源。　二派雖然相反，但理智正足以反對迷信與盲從；而經驗與感覺正是重視個人而否定教義規定的眞理；所以二者在思想方面都掀起懷疑的思潮，驅使人們另尋新路。　啓蒙專制主義的哲學思想便是混合這兩大派的思想而成的。　在德國爲這種思潮所影響的人首推萊勃尼茲。　萊氏是德國最偉大的哲學家，同時也是科學家，他的書都是用法文或拉丁文寫的，他主張人類必須內心調和與充實方能得到快樂，而所謂幸福者乃是快樂狀態之延長，而快樂之所以能够延長則必賴有明智，而明智者就是自利自愛而同時又能推己及人希望他人也能有同樣的幸福，否則，自己的幸福便不能延長了。　他的這種思想一旦打入到國王大菲得利的思想中，他便處處想以自己的理性限制自己的慾望使自己常能保持明智，同時他更以國王的權力爲人民謀幸福以求自己眞快樂並且要長遠延續。　結果果然，他是成功了，人民將"大"的頭銜加在他的頭上了。

菲得利大王始終贊美專制主義，可是他所實行的是合理的的專制主義，是明智考慮後的專制主義。　這完全是啓蒙思想的產物。　啓蒙思想並不反對國王的權力，不過要以客觀的理性來指導國王使用權力，要國王本諸自己的責任去君臨其國。　學者們也正想利用國家萬能這種思想爲武器去打倒貴族與僧侶以實現他們的理想。　法國拉維斯 (Lavisse) 曾說：「在普魯士合理哲學派造出了絕對的權力與良善家庭，湯姆士 (Thomasius)，吳爾夫 (Wolff)，費希特 (Fichte)，黑格兒 (Hegel) 諸人，在普魯士王國中，實現了他們的理想。」　萊勃尼茲之外，吳爾夫的思想對於德國的政治的影響爲最大。　他的理想是：由國家行使職權來保證個人的和平與安全，因爲和平與安全是幸福的主要條件，而人類的最大目的卽是獲得幸福。　由此點他推論到爲了達到國家目的便不能不限制個人自由。由於這種理論乃形成了儒斯替(Justi)所著的 Grundsätze der Polizeiwissenschaft（警察學原理）的根據。因而主張國家萬能，並且國權應由國王去行使，所以啓蒙專制主義哲學者們就自然的反對英國的君主立憲政體了，因爲憲法是專爲限制國王的權力而設置的。　同時，又怕國王濫用職權，故又用明智，義務，人民福利等等作號召，並希望賢明的哲學王之產生。　所以菲得利大王說：「治國譬如治家，君爲父，民爲子。 他們利害相共，如果人民不能得到幸福則君主也不能得到幸福。」(九) 這便是完全受了啓蒙思想之感應而發的。 甚至俄國女皇凱撒琳(Katharina)也說過：「國民不是爲我而存在，而我乃是爲國民而存在。」萊勃尼茲曾提倡由國家令全體國民一律保險，以減少下層階級因受火災，水災及其他不幸所得來的苦痛。 吳爾夫也主張移殖人民，努力生產，分配職業，禁止奢侈，强制勞動，救濟失業。 由於這種理論與這種社會政策之實行，果然對於德國君主生了無限的好處。 法國在一七八九年產生了大革命，然在德國便因爲行此政策而避免了。

在德國啓蒙思想家之中對於菲得利大王影響最深的也是吳爾夫。 他認爲人類是平等的，人無論是誰都肩負着兩件東西，一是權利，一是義務。 如果沒有義務，便沒有權利，權利是由義務而生。 但是義務不能完全由一個人獨自力量所能完成，必須藉助他人，所以人類是互助的，互相有幫助他人的義務。 因此，社會乃是人類爲了達到互助目的而成立的契約的一種產物。 社會乃是由各個份子所組成的。 那麽，在社會之中必要在共同的目標下，各盡所長，各盡所能，然後各個人纔能都有其特權。 社會的權力固爲組成之分子所共有，但是爲了求社會全體的幸福，則各個人必須服從全體。 君主不過是執行全體權力之代表人，所以他的權力雖然是絕對的，可是他也有規定的義務不能濫用其職權。—— 菲得利大王之所以偉大，不正是因爲他本身實現了這種理想麽？ 由此我們可以瞭解爲什麽吳爾夫在一七二一年七月二十一日在哈勒(Halle)大學講演"中國實踐哲學論"，因贊揚儒教而稍批評基督教便被國王菲得利·廉威第一於一七二三年十一月八日令吳氏於四十八小時內離開普魯士國境，而於一七四〇年六月菲得利大王即位即下令命吳氏再反歸哈勒任教，並任命爲宮內顧問官及柏林學術院內爲官職。 當菲得利爲太子時，吳爾夫曾著倫理學一書，上寫：「第一卷敬獻於太子，第二卷敬獻於國王。 在那個時候菲氏已竟與吳氏的學說有了

(九) 見菲得利著之 Anti-Machiavelli.

接觸，並且還感到欽佩。　在一七三九年他命令普魯士各大學均講授吳氏的學說(一〇)。　可見吳氏學說在他心中佔着何等地位。

在教育方面影響菲氏最深的是啓蒙思想大師萊勃尼茲。　一六九三年萊氏曾擬一教育草案，送達勃蘭登堡之大臣庫放(Kunau)以教育勃蘭登堡選侯之嗣子。這個教育案的大意是，君主應養成爲一良善者，英勇者，明斷者，穩健者。　所謂良善卽有信仰，正義，愛，且能盡義務。　所謂英勇卽在一切場合皆能保持自由之精神。　所謂明斷，卽絕不爲外形所惑，而能作眞確之判斷。　所謂穩健卽避免一切過度或不及。　把這幾點養成之後，再去瞭解政治與軍事的技術。　有了這種技術之後，方可有快樂的嗜好如研究歷史，地理，地質學，法律，經濟，園藝，建築，數學，美術，醫學，化學等。　君主應獎勵雄辯，應會音樂及調弄樂器。　這樣的君主其才智學識方能超過他的臣下，而爲萬民所欽仰。——　這不是萊氏理想的哲學王嗎？

菲得利大王不正是這個教育原則下所產生出來的典型人物嗎？　不正是萊氏理想的哲學王的實現者嗎？

二　身世與生活

普魯士的起源以勃蘭登堡的伯爵領地(Markgraf von Brandenburg)爲起點。勃蘭登堡先爲斯拉夫野蠻民族所佔據，以溫登（Wenden）人爲主，他們佔有埃爾貝河（Elbe）北岸，常與南岸的日爾曼人相戰。　一一三四年日耳曼貴族阿布雷特(Albrecht)被任爲該地之領主，方改稱爲勃蘭登堡伯爵領地。　其首長係由

(一〇)　除了吳爾夫之外，還有詩人兼評論家雷興（Lessing, 1729—1781）也是啓蒙思想的代表者。　他在論精神與力量之證據(Über den Beweis des Geistes und der Kraft)中也贊美理性反對盲從。　在他的名著 Laokoon 中也是以古典之合理性與合法性爲其根本的精神。

武士選舉。十五世紀時德意志南部霍亨索倫（Hohenzollern）貴族被封爲勃蘭登堡領主。一六四〇年勃蘭登堡出現了一位英雄菲得利•威廉公爵，即世人稱道的大選侯（der Grosse Kurfürst）。他初即位時，正是三十年戰爭之末期，國力疲竭，貴族跋扈，大選侯就位後即改良國政，增加兵力。當三十年戰爭結束時，締結維斯特法輪條約他在埃爾貝河與奧得河之間得了不少土地。一六五六年瓦薩戰後，他打敗波蘭，普魯士乃宣佈獨立。一六八八年由其子菲得利第一繼位，菲得利第一死後，由其子菲得利•威廉第一繼位，這位國王舉動頗爲奇異，精神失常，具有病態，同時也具有道德與理智；特別儉省，王子王后皆饌食菲薄，派往外國的使臣也以寒酸爲他邦所笑，但他對於訓養軍隊却毫無吝色，不計一切代價，以普魯士那樣土地磽薄的小國竟擁有常備軍六萬人。他特別喜歡身體高大的兵士，他派人各地去尋找長人。普魯士駐倫敦大使替他找到一個愛爾蘭人，身高七尺有餘，便得到將近英金一萬三千鎊的賞金，較大使的薪俸要高出好幾倍。檢閱軍隊變成了他的狂熱。終其一生均樂此不疲。他生性殘酷，好武斷，常發暴怒打人，罵人。他輕視文學，痛恨異教徒，不喜愛音樂，而以啜啤酒，吸淡芭菰，殺野猪，射鷗鵠爲消遣。他不解學術爲何物，曾下令封閉柏林學術院。他曾說：「我是國王，應該爲所欲爲」。他在宮中舉行吸煙會時，凡是不嗜吸煙的大臣及外國使臣都不敢違背他的意志，因而也都口含着煙管。

一七一二年正月二十一日菲得利大王降生了。他降生時全國歡騰，當時他的祖父菲得利第一，尚爲國王，但是他父親（即後來的菲得利•威廉第一）已喪兩子，如果再不生男孩，以後的王位便要給旁系。所以全柏林均鳴鐘放礮，大行慶祝。他在幼年時完全受女性之教養與管理。他的母親道斐泰亞（Sophia Dorothea）是漢諾威（Hanrover）王（後來爲英國國王喬治第一 George I）之女。她品格端正，心地純良，不像她丈夫那樣的不喜歡學問。她選擇堪眉克（Kamecke）夫人去監視太子的教育。還有羅庫伊（Rocouilles）對於皇太子的影響很也大，她是位法國婦人，與改革派相接近，因而被逐出法國——這眞是一件奇異的事，菲得利•威廉第一竟肯令她去教育他的兒子。 當時法國文學正是支配全歐洲的時候，凡是上等社會交際都說法國話。 所以這位皇太子在孩提時代便能說法國話了。 這個對於他的一生有着極大的影響。 他幼年時身體很單薄，對於外界的感覺極其敏感，心常憂鬱。 最能瞭解他的心情的是他的長姊，所以他對她也特別親愛。 有一次他得到了一面小鼓，他覺得很爲高興，可是他的姊妹覺得討厭，便令他拉她的車或者玩弄她的花，但他却回答道：「擊鼓比遊戲强多了，並且也比玩弄花朵有用處。」 王后聽見這樣話立刻去告知國王，國王感到非常滿意，因爲他認爲皇太子也是喜歡具有軍事風味的鼓。 王后常常將她的仁慈思想教導她的孩子，所以菲得利大王自幼年便具有仁慈的根基了。 他的父母每年到漢諾威去拜謁他的外祖父。 當他們在堂葛迷得(Tangermünde)停留時，有許多人集在一起瞻看這位皇太子的丰采。於是王后令他去走入人民之羣中去隨意與人民接近。 有一次他走到一家麵包舖，將他所有的一點錢都買麵包了。 他回到羣衆之中，將所有的麵包都分散給大家。 他的父母由窗戶看到了這種情形，立刻分咐人再買些麵包，分給羣衆，以使這一幕快樂的情景能够延長。 直到他十二歲時，在堂葛迷得地方還是照例的每年向人民分散一次施捨物。 所以該地的人民都稱他是"他們的"王子。

當七歲時，他便再不受婦女們的教導。 此時教導他的人有兩個，一是陸軍中將芬金石太因伯爵(Graf Finkenstein)，一是陸軍上校加爾石太因(Kalkstein)。 國王曾向這兩位教師發下一個關於教育太子的訓令，說道：「必須仔仔細細教導他知道上帝萬能，如此他便可永遠對於神有所敬畏了；對於神的敬畏是限制王權的惟一工具，因爲王權是不受人造的法律與刑罰所限制的。」 在這個訓令中並諄諄告誡這兩位教師要教導皇太子對於父母敬愛服從，並要拒斥驕傲，矜誇，諂媚，而要謙和，有秩序，節儉。 關於學術方面，要以實用爲主，不要用拉丁文教學，而要用法文與德文。關於歷史方面，要教導他明瞭與其家族有直接關係與其王國有直接關係的史料。特別對於皇太子的體育要加以鍛鍊，在不過度勞力之原則下，要時時有刻苦的生活訓練。該上諭寫道：「最要緊的是要教導他喜愛軍事，要他深深印在心中，除了軍刀而外沒有東西能給他以光榮與名譽。假如一位國君如不專從軍刀上找到滿足則他將爲全世界所嘲笑了。」關於學術方面的教師是一位法國人名叫杜罕（Duhan)的。他對於皇太子的影響極大，特別是關於歷史的知識與法國文學受惠於他爲最甚。當時德國文學正在低落時代，而法國文學之光正輝芒四射，所以非得利大王的心自然被法國文學所引動了。所以他說的法國話比說德國話還較爲流暢。國王雖然不許他學拉丁文，但據他自己說他在少年時也有一位拉丁文教師。有一次這位教師在太子面前讀一篇拉丁原文的勅令，恰好國王走進房屋，便問道：「流氓，你在這裏向我兒子念叨些什麼？」教師答道：「陛下，我正給他講解勅令。」國王舉起棍子，威嚇道：「我要勅令你，你這個東西！」從此太子便再不學拉丁文。因爲國王也還喜歡音樂，所以太子對於音樂的修養便沒被忽略。太子所最喜歡的是笛子，可是國王不喜歡，因爲他覺得笛子太靡靡而不雄壯。

在非得利大王幼年期間他所感到最痛苦的，便是他父王喜愛的那一套軍事精神。國王不僅僅教導他對於兵役的細則都要通澈瞭解，並且還教導他明白戰略。在他極小的時候，國王就不許他穿小孩衣服，而令他著軍服。並且還強迫他剃光頭，因爲當時普魯士的兵士都是光頭。這個與愛美心重的小非得利的意志正相反。當宮廷理髮師給他剃頭時，他的眼中已充滿熱淚。幸而國王因事不能始終在旁監視，因而給他多留了一些頭髮，非得利大王後來很賞賜了這位理髮者，以報答他這一種善意。

國王對於太子的軍事訓練，想的可謂無微不至。爲了使他能對於軍事有詳細的明瞭，在一七一七年成立了少年實習兵隊，又設立了一個兵器館，內中陳列各種兵器，以便太子學習各種兵器的用法。在十四歲時，他已竟是陸軍上尉，十六歲爲少校，十七歲時便是少將了。他也跟隨着他的父王去檢閱軍隊，去尋視各省。

就在這種情形之下，太子長大成人。態度很淸秀，體格細高，有機智而富於幻想，時時流露出一種火熱的神情。他的天性與他的嗜好漸漸與他父親的嗜好愈來愈遠。國王最喜愛的是軍事，而他對於軍事的嚴格，以及制服均不感興趣。國王喜歡射獵，喜歡晚間聚一羣他所信任的人在一起吸煙說些無拘束的話，而太子對於這個覺得粗俗。他對於他父親周圍的人的嗜好也不喜歡。老王常常興高采烈，而太子則常鬱鬱寡歡。他喜歡下棋，他喜歡吹笛子，他喜歡法國文學，而國王對於這些都不感絲毫趣味。太子只要一有機會便把那緊綳綳的制服丟在一旁而換上輕鬆的法國衣服，並且將理髮師給他留下的長頭髮梳成美觀的波紋。這些行爲一旦被國王知曉，便大發雷霆，太子的倒霉時間便到了。不是笛子被他打斷了，便是法文書籍被抛出宮去，或太子本人被踢被打，被扯頭髮。有時國王祇令他以麵包和水而食，以示懲罰。

在一七九二年正月薩克森之選帝侯兼波蘭國王奧故斯徒斯强者 (August der Starke) 邀請非得利•威廉及皇太子到德雷斯登 (Dresden) 王宮遊玩。波蘭國王故意的將宮室佈置的特別幽美，令往遊的人像作夢一般到處得到舒適，到處得到美感。太子感到非常有興味，因爲他在此再見不到那些毫無美感的制服，再受不到近於吝嗇的節衣節食的待遇，再不必遵守那些嚴格的道德訓條；日日有宴會，時時有娛樂，一羣一隊美貌的貴婦人衣飾豪華，談吐動人，態度豔美，樣樣都爲太子開了一片新天地。奧故斯徒斯的兒子謨理(Moritz)變成了太子的終身好友。他的女兒以美貌著名的奧澤爾夏女伯爵 (Gräfin Orzelsha) 給太子以極深刻的印象。她有時著以男裝，這個更增加她的美豔；非得利的情感不可制遏的爲她所牽動，並且他的追求並不受到女伯爵的反對。非得利回國後第一首詩便是爲這位女伯爵而做。他爲了思念她飲食頓減，形容消瘦，醫生證明他有得癆病的傾向，國王乃急令他結婚，但是後來與他結婚的並不是他的意中人，乃是別人，所以使他的大半生活竟未在婚配中得到什麽快樂。

使他們父子失和的還有一個主要原因，就是國王反對英國而王后與太子都親近英國。王后親近英國是因爲親屬關係，而太子則是羨慕英國的自由思想與優美的文化。家庭之中政見既然分歧，國王乃利用他的威權對其反對黨加以壓迫。他所用的手段是不許太子及其姊與他們的母親見面。祇有在吃飯時可以見面，此外都得互相躲避。有一次他們母子三人正在偸着會見時，國王突然走入，恰巧會見之處沒有出路，王后爲了避免被國王撞見的危險乃將太子藏在衣橱之中，將女兒藏在床下。國王在椅子中假寐達兩小時之久，兩位小囚犯也祇得在他們牢獄中委屈兩小時。

同樣的事情還有很多，其中最有趣的是菲得利在德雷斯登王宮中認識了一位傑出的笛子大家關茲 (Quantz)。他急於想請這位音樂家教授他的笛子。王后也努力設法想請關茲到普魯士來，但是未能成功。因爲波蘭國王也喜歡他不願他到別的國去。但是後來，波蘭國王鑒於菲得利之熱烈請求乃允許這位著名笛師一年去柏林一次。這些事情都是背着普王作的，一點不敢讓他知道。有一次這位音樂家與菲得利坐在一起。菲氏脫了他那窒息而緊綳的軍服，換上了輕鬆舒適的金色花緞長袍。突然間屋門開了，菲氏友人開特 (Katte) 急忙告他國王來了。這是太危險了，因爲不僅太子的服裝爲國王所不喜，就是這位大名鼎鼎的音樂家所著的緋紅色的外衣更是爲國王所深惡而痛絕的。開特急忙將樂器與樂譜收在提箱中與關茲飛跑到一間小屋藏避起來。國王到屋果然起了疑心，便開始檢查，把搜查出的樂譜用火燒了。幸而他未去到那小室去搜索，所以關茲未受到侮辱。

國王常在大庭廣衆之中責駡菲得利，有一次他說：「我的父親待我是同樣的刻嚴，我受不了便逃跑了，可是菲得利連逃跑的勇氣都沒有。」在人羣之前，國王常用手杖去嚇他。他常向他姊姊表示，如果國王再這樣虐待下去，他祇有逃跑了。國王要求菲得利取消太子的頭銜，而願將王位傳給比菲得利小十歲的奧古•威廉（August Wilhelm）。因爲小威廉是完全合乎他父親的理想。菲得利對於這個要求的答案是，他可以讓位，但是他父親必須向國民宣佈他之所以取消太子的頭銜是因爲他是私生子。這個當然是得不到同意的，所以他的太子的頭銜也自然的不能夠被取消。

除此之外，還有一件事令他父親不喜歡的是菲得利雖然貴爲太子，但是受他支配的錢却極少，不够他尋找快樂之用。他沒有別的法子，祇有借債。這事被國王知道了，知道他向柏林商人借了七千或者一千泰爾。國王把太子所欠的債完全償還，乃下令無論何人如借錢給太子便加處罰，甚至罰以死刑。借債這件事無異火上澆油，使國對他更不滿意了。所以他對菲得利也更加兇暴了。有一次國王幾乎將他勒死。菲得利大王回憶這段事情的發生情形說道：「他們天天勸我忍耐，然而他們却不知我受的痛苦是多麼利害。我天天被打，所受的待遇有如奴隸一般，並且所有的娛樂都被取消了。甚至讀書與音樂也被禁止。不許我與任何人談話，在我四週佈滿了偵探——甚至衣服都不充足，至於其餘的必需品是更少了。但是最令我完全無法忍受的是我父親在波次丹（Potsdam）最近待我的情形。國王召見我，當我進屋時他捉住我的頭髮，將我拖倒地上，用拳打我，打完之後，將我拖到窗前，用繫帷幔的繩子絞勒我的咽喉，他用全副力量扣緊繩子兩頭用力勒我。幸而我得個機會站了起來，捉住了他的雙臂，但是當他用兩手曳我時，我覺出我是被勒得喘不出氣了，我乃大喊求援。一位宮內侍從官跑來救我，他用力破開國王雙手將我救出。你想，我現在除了逃走而外，還有什麼別的出路。開特與紀斯（Keith）都願跟隨着我，就是走遍天涯地角他們也不願離我。我已經將護照，匯票都準備好了，所以我不會有什麼可憂慮的。我將要逃往英國；該地人士將要張開雙臂歡迎我，並且我將再不必恐懼我父親的惱怒了。關於所有這一切事情，我全未向王后說——所以她，假如有人令她發誓的話，可以發誓對此事一無所知。只要國王下次再到他所統治的領土去遊行時，我們將捉住機會而出發了」。他的姊妹用全力勸阻她，但是他父親以後對待的殘酷情形，更使他逃走的意志堅強起來。

菲得利果然利用種種機會作逃走的準備，並且也實行逃走過；可是都因爲臨時發生一點小的錯誤而被人發覺。　國王知道他決心要逃往英國，乃將他像囚犯一般監視起來，在他住的屋內除了兩個木棹子別無他物，吃的更是壞不可言，在他的屋外佈滿了監視兵，槍上都上着刺刀。　有一次國王看見了菲得利便用手杖使勁打他，鮮血一直流到臉上，菲得利後來很傷心的寫道：「自從有史以來，勃蘭登堡王子的臉從未受過這樣的侮辱」。　一天國王問他爲什麼要逃走，他答道：「因爲你待我像待奴隸，不像待你的兒子」。　國王喊道：「你是個無信義的逃犯，從你混身上下就找不出心肝與榮譽」。　太子答道：「你也是這樣，你向我說有幾千次了，假如你處在我的地位，你早就逃走了」。　這話激惱了國王，他拔出劍來便要砍他。　幸而毛瑟爾（Mosel）將軍攔住他並且大聲喊道：「陛下，留着你的兒子，殺了我罷」！這種勇敢的行爲使國王略加遲疑，菲得利便趁機逃出了。　從此各將軍們便設法使他們父子不再見面。

菲得利交給他的親信開特一隻箱子，內中裝有珠寶及信件。　這些信件不止與菲得利有關係，並且與王后及她的大公主都有關連。　許多信是他們三人互相寫的，都是背着國王，所談論的關於與英奧聯盟的事。　當開特被捕時，他將這隻箱子設法交與了王后。　王后急忙啓封將內中文件完全改作，這樣就是國王再看到這些信也沒什麼妨碍了。　但是國王後來看到這些信之後，對於菲得利仍然照舊恨怒，因爲他疑心這箱子是被啓開了，信件是被更換了。　當審問菲得利時，法官令他發誓，說這些信件都眞的，但他拒絕，他說他也記不淸礎。　開特被審判了，因爲他同謀使太子逃走。　法官本不願定他死罪，可是國王非令他死不可。說他身爲軍官不應棄職潛逃，說他不應與外國使臣私自接洽使太子逃走——這是叛逆罪，並且鼓舞太子私逃。　這些罪名應得的懲罰是火燒與吊死，但顧念他是功臣之家故祇是砍頭。　開特的祖父是一位有名的陸軍元帥，流着淚向國王求情，可是國王不許。　當行刑那天，國王強迫菲得利在樓窗上親眼看他的好友被殺。　菲氏向開特喊道：「原諒我罷，最親愛的開特！」開特回道：「爲了這樣可愛的王子而死，是甜蜜的！」

國王一定要將菲得利處死，可是法廳審判結果說他罪不應死。　國王仍是要他死，並將他的罪狀向其他各國宣佈。　各國均表示反對。　後來有一位穆勒（Müller）牧師乃爲菲得利作一切死的準備。　這時各國均爲太子求情，英國更爲此事而與普魯士的聯結完全破裂，各軍事高級將領也都一齊反對這將要發生的流血慘劇。　國王便也不能不變更態度，同時穆勒又以宗教的力量盡力感化菲得利，菲氏又親眼看見開特死時之可怕，乃也軟化，表示悔過。　兩方面都軟化了，父子的感情乃又重生，終於乃又和好如初，並且他所享的自由比以先更多了。　此後菲得利便事事按着他的父親的意志去作。　對於國家各種事務均非常留心，非常勤奮。　特別對於軍事學識，更刻苦研究，使他自己成爲一個戰略家。　這是他青年生活大略情形。

三　兩巨星之相遇

菲得利以太子的身份而遭受到像上所述的痛苦，其惟一的原因就是他愛文雅，愛學術，愛藝術。　他與他父親的衝突不是感情的衝突，不是權力的衝突，而是文化的衝突。　假如他也與他的父親一樣看不起智識，則他也許終其一生不會與當時的思潮啓蒙思想相接近，則他也許以戰士自許而不會願戴哲學家的華冠了。　那樣，則德國的學術藝術也許不會有今日這樣發達，其一部文化史也許又是一個樣子，因爲彼時的德國文學藝術與英法相比都是很落伍的，所以菲得利大王之吸收與提倡，對於德國文化是有着極高的價值的。　而這其中對他影響最深的是法國文化，而法國文化之携帶者則是當時歐洲思想界的泰斗，啓蒙思潮的台柱福祿特爾（Voltaire, 1694—1778）。　法國步魯爾（Lévy-Bruhl）曾說：「菲得利關於重視倫理方面，是從吳爾夫學來的，關於愛好智慧則是從福祿特爾學來的」（一一）。 這話說得固然不錯，可是我們覺得如果說菲得利因爲愛好智慧而與福祿特爾接近，似乎要更正確些。 福氏在彼時眞是被人看作是智慧之星，其所得的推崇是並世無兩的，所以菲得利大王便因推崇他而接近他。

福氏的思想是受英國的影響的。 法國當時的政治最爲腐敗，而英國的政治則開明，進步。 所以福祿特爾與孟德斯鳩都到英國視查，因而在思想上受了很大的激動，對於英國的哲學以及宗教，倫理，政治觀念都發生了極大的興趣，此點一讀福氏的英國通訊（一二）便可瞭然了。 他認爲所有的觀念都是從經驗來的，這是很明顯的受了英國大思想家洛克（ Locke ）的影響。 他根據這種哲學思想，又根據牛頓所發明的宇宙聯繫的規律乃敢於批評神學，批評教會。 因而他用以作鬥爭武器的袖珍哲學字典與朦昧的哲學家都爲人所讚嘆而接受了。 他指破人的盲從，擊醒人的迷信，大喊着要人用智慧理性衡量一切。 有智慧之光則可將愚蠢之門封閉，於是，則利用人類愚昧而統治人心的迷信的，教義的，人爲的宗教便無法潛入了。 這個，在法國是不能相容的，因爲法國國王並未接受啓蒙思想，然而在普魯士便大受歡迎，因爲菲得利爲太子時已經就跟這個偉大的思潮心心相印了。

菲得利與他父親和好之後，過了一個時期便結婚了。 他父親爲求菲氏更加喜歡起見，乃將萊茵斯堡王宮（Rheinsberg）買下，花了很多錢加以修理，這所宮殿前有大湖，有橡樹，有山毛櫸。 更設些曲徑，園圃，方尖塔，廟宇，奇花，異果。 以天然風景論是清靜而幽美，以人工佈置論是處處都費了藝術家一番苦心。 他的妃極其嫻淑，外表溫柔嬌美，羞怯而純潔，各方面均挑惹菲得利動以極大的熱情。 菲氏召集一些朋友在此地歡聚。 當時有位畢爾費得男爵（Baron Bielfeld)曾參加過這種聚會，他寫信說道：「所有住在宮中的人都享受到極度的無拘無束的自由。 你看皇太子和他的妃祇有在進餐時，開跳舞會時，

(一一) Lévy-Bruhl, L'Allemagne depuis Leibniz, p. 83.

(一二) Lettres sur les Anglais, 1734。

音樂會時或其他娛樂時才參加，此外，每個人在晚餐之前都可在他自己的屋子裏想，讀，畫，寫，玩，自由娛樂。 到晚餐時，他用不着穿什麼炫煌的衣飾，祇要打扮得乾乾淨淨便可進飯廳了。 太子所作的事情及娛樂都表示出他是一位具有風趣的人。 他的席面談話很令人高興；他說的多而且說得好。 他像似對於任何方面都很熟悉，或者沒有他所不能瞭解的；他永遠懷藏着創新而明晳的意見，一有機會便表現出來。 他的機智就像永遠不熄的維絲妲（一三）的火焰一般。他對於相反的意見，永是安靜的用着賢明的意見去應付。 他有時也詼諧說些笑話，可是並不傷人，並且如有人也能作機敏的反答，他也並不認爲是觸犯。

太子的圖書館陳列的很好；牠是在一個塔樓上，整個的看見湖與花園的全景。 其中藏着許許多多仔細選擇的法國的最精美的著作，都裝玻璃櫃中，上有雕刻與金飾。 室中掛着一副福祿特爾的全身長的像。 他是太子所最喜歡的作家；其實，所有好的法國詩人與散文家他都是很崇敬的。

在吃過晚宴之後，男士們都到女士的接待室中去歇息一會去用些咖啡。 全家都圍着咖啡棹。 我們談天，說笑話，我們娛樂自己，差不多這個時候是這一天中最令人快樂的時候了。 太子與其妃在他們自己的屋中用咖啡。 晚間的時間都用在音樂方面，太子在他的接待室中開音樂會，但是必須經過他的約請方能參加。 這種約請永遠被人認爲是一種恩寵。 太子常是表演笛子，對於這種樂器，他已經是一位十足的大師了，用牠能表現許多情感，手指敏熟，吹奏得特殊動人。 他自己作了好幾支奏鳴曲。 當他演奏的時候，我常常有站在他後面的光榮，並且特別被他的緩徐的音節而迷醉了。 在文雅的事情這一方面，他的才能高出他處理任何其他事務。 他跳舞姿式優美，悠然而美觀，他特別喜歡高尚的娛樂，但他不喜歡下棋，他認爲那是消耗時間與心神的東西，他說：「下棋還不如採煙囱較有益處」。

接着這位作者便述寫太子妃的令人銷魂的美貌及其可愛與嫻雅的嬌柔性格。

（一三）Vesta 羅馬人所崇拜的司地，火及家庭之處女神。

他說：「以後我們有一個極愉快的跳舞會。太子平常都是穿着軍服，今天穿一身鮮明的綠色絲衣，飾着寬的銀邊與瓔鑣。背心織着銀線，繡着花紋。他的舞伴的衣飾與此相似，不過在豪華方面稍次而已。每件東西都富麗而寫意，但是在這一羣人之中惟太子妃最爲光豔。我在此度的是完全銷魂的生活。與太子共餐，爲神獻酒，在花園與樹叢之間悠然散步，傍水漫遊，任意欣賞藝術與學問，談話悅人——在這個天堂般的王宮中，事事物物都予生命以趣味」。

此外在此宮中還常演劇，演員都由來賓充扮。菲得利自己也常登台，他曾演過勒與（Racine）的 Mithridates 及扮演福祿特爾的Edipus中的 Philoctetes。並且還常常舉行假面跳舞會。在萊茵斯堡中充滿着詩的空氣，各種娛樂都啓發人心性靈。這個地方乃變成爲快樂之宮了。

除了這些娛樂之外，他還努力研究學問，或與學者傾談，或自己閱讀古典書籍——都是藉着法文譯本。他又研究哲學以解決其在神學上所遇到的困難。吳爾夫是當時最大的學者，他的論理學，倫理學與哲學都譯成法文以備菲得利閱讀——因爲菲氏的讀法能力高於德文，並且他也認爲法文是最優美的文字。可是到了晚年，他認爲吳爾夫違反了萊勃尼茲的理論體系，對於他又特別反對。

對菲得利的思想點燃最熾烈的人，是福祿特爾。他將法國文學的光榮推到登峯造極，他的大名照耀了整個歐洲。他之所以能够如此，並非由於他的高深的學問，也非由於他的富煽動的熱情；乃是由於他以譏諷與學問作武器去與腐舊的教會及學派作不息的戰鬥；乃是由於他能以健全合理的常識之光，投擲在迷信盲從之深淵，使小鬼匿迹黑暗藏形；乃是由於他能以無所不包的天才，將學術的各部門如歷史，物理，哲學，甚至於詩，滲透在新思想之中，而爲大衆所瞭解；乃是由於他能使用優美的語言文字與機智使他的想像爲讀者所歡迎所接受。凡是他所寫的都是實際的；因此菲得利感到福氏與他脾胃相投。菲得利早就受到福祿特爾的教益了，在一七三六年，他才二十四歲，便給這位文學巨子一信，到他四十二歲時他乃向福氏致其仰慕之情，並願與之爲友。這兩顆巨星互相通信（當中有些間斷）達四十二年之久。 菲得利將他的哲學論文與其他文章交與福氏請求他的批評與指導。 他對於福氏的仰慕可以說到了極點。 對於福祿特爾的作品他像寶物一般的重視；福氏的像片懸在菲得利的寫作棹上，成爲他的圖書室的主要裝飾。他常說福祿特爾的Henriade的每一枝一節的思想都可與荷馬（Homer）的 Ilias 的全部相媲美。 他想將這部書出版，內中帶些銅版畫，由克諾貝爾斯道夫（Knobelsdorff）繪圖，但是未能成功。 他給福氏許多有價值的贈品，他令克諾貝爾斯道夫畫一像贈給福氏，福氏也將他不肯發表的最後作品贈菲得利，菲氏稱這個爲他的"金羊毛"。（一四）

菲得利在這期間努力修養，以爲不久即就王位之準備。 他常寫哲學論文與詩，但對於兩方面都不能有太高的成就，因爲他太注意實際，與道德，較比好一些的還是他所寫的政治論文。在一七三六年他寫一篇對於歐洲國際關係之研究，以一個二十四歲的青年能寫出這樣文章是很難得的。他這篇文章的根本意見是：法國不斷的擴強國勢，與國努力鬥爭以統轄德國，所以普國應對此力加準備。關於各國王，他在結尾以加重的語氣寫道 ：「他們的缺點是由於他們荒謬的過於高看了他們自己所致。 國家並不是爲了國王所成立的，反之國王們乃是爲了國家而存在的」。

他的這種思想，無疑的是受了他研究哲學時所得的啓蒙思想的影響。 對於這個原則，他終身奉之甚謹，並且作爲他的行政的基本原則。 這篇文章，他本預備在英國發表，可是因某些原因未能作到。 直到他死後才從他的遺稿中發現。 從這篇文章中，可見出他的一切施政的基本原則與外交政策在他青年時已成形了。

他的第二篇論文是在一七三九年寫的，那就是人所週知的Anti-Machiavelli。

（一四） 菲得利即位之後曾給 Jordan 信說：「福祿特爾的雄辯有如 Cicero（紀元前 106—43，羅馬大演說家，政治家），可悅如 Pliny（12?—114? 羅馬作家與演說家），聰明如 Agrippa（紀元前 63—12 羅馬政治家）；他將古人之美德與才能都集於一身。 他的心永遠在工作着；他的筆下的每一滴墨都具含蓄與機智。 他向我們朗讀他的高貴的悲劇-Mahomet，我們都着迷了。 我祇能崇拜並守緘默」。

這文寫得極好。他認爲馬氏的言論是暴君政治的傳佈者，不僅卑鄙，並且是對於君主的責任的一種辱謗。菲得利對於這位意大利人的每一論斷均加以反駁。他說政府的基礎並不是暴虐的行爲，乃是道德，公正與仁慈。祇是仁慈一端就足以使君主快樂。在結論他說：「君主並不是人民的無拘無束的主人，乃是人民的公僕。」這句話爲後世許多人所引證，變成菲氏最有名的言論了。這篇文很爲重要，因爲這不是一個平常人寫的，乃是一國的儲君，他既然這樣的宣佈了他的態度，則他即位爲王時，必須見諸實行才可，所以此文引起極大的注意。這篇文是經過福祿特爾閱過之後才發表的，菲氏並未署名，但不久，人們便知道作者是誰了。全世界都等待着，要看看這位皇太子登極之後是否能言行一致。

當法國被奧國女王瑪麗．泰麗沙（Maria Theresa）的兵打得大敗時，法國希望菲得利出來干涉幫助法國。在背地操縱國政的夏多羅（Chateauroux）公爵夫人乃決定派遣福祿特爾去辦這件重要的事。福氏以爲對於菲得利能夠有影響的力量，便毅然接受了這件任務。那是在一七四三年。當時福氏到達柏林的情形有英國駐普公使向英國內閣報告道：「福祿特爾又來到這裏了，並且永遠由國王陪伴（此時老王已死，菲得利已就位爲王）着，福氏像似要在柏林的歡樂的笑聲中再加上一些詩意似的。此地所談沒有別的，祇是福祿特爾，他將他的悲劇向王后們公主們誦讀，直到她們落淚爲止，在詼諧方面及在諷刺的機智方面他竟超過了國王。在此地的人如果不能背誦或在口袋中有福氏的詩便不被人認爲是時髦之士」。

但是福氏雖然在表面受到這樣的歡迎，可是在他所負的使命方面是完全失敗。菲得利在詩文方面當然遠不如這位大文豪，可是在實際政治上所玩的手段却不比詩人在紙所玩的拙劣。據麥考萊說（一五）福氏與菲得利所開的外交談判是極其奇異，世界上再沒有這兩個人物所開的會議那樣怪誕而特別了。他們彼此在操行上都有弱點，所以這次都互相變了本來面目。這位大詩人除了條約擔

（一五）Lorol Macaulay: Historical Essays, p. 656—657。

保而外絕口不談詩事；而這位大國王，却除了隱喩押韻之外絕口不談外交。有一次福祿特爾將關於歐洲情形的文字放在國王手裏，國王便很詼諧的回他幾首詩，亂寫在紙邊上，他們彼此不禁暗自笑了起來。福祿特爾不愛國王的詩，可是國王也不愛福氏的外交工作，他認爲福氏未攜帶國書所以說：「他的整個任務，僅是一場笑話，一幕趣劇而已。」

法國詩人之不滿乃是當然的，不過尙未表現出來就是了。但是非得利又看出這位詩人在品行上也不能保持他所寫的韻文那樣白淨無瑕。他出於奇異的放蕩不羈的詩情，交給了非得利的嬌美的幼妹公主尤雷克（Ulrike）一首情歌表示他的愛情。該詩大意是：

荒唐在結網，
以爲具眞理，
雖然極粗糙，
仍然不止息；
昨夜臨夢境，
自思已爲王，
我愛汝公主，
向之宣情腸；
忽然夢魂返，
情境縈心房，
吁嗟別無路，
惟有自下場。

公主接到這首情詩之後，煩她哥哥非得利寫一答覆，措詞極爲委婉平靜，說明他們地位之懸殊不能接受他的愛情。她說：他之所以能夠這樣的高出人表，是由於他的天生的才能，而她呢則是由於她的祖宗所賜。這話眞是委婉極了。

但是菲得利便不能這樣含蓄，他對這件事也寫了一首詩作爲答覆，大意是：

吾人之夢，
出自天衷，
醒時所想，
夢中自見：
故彼英雄，
夢越萊茵；
故彼商人，
夢擄利銀。
狗在睡中，
無忘吠月：
福祿特爾，
善謊善遮，
來我普國，
自思爲王，
即使夢幻，
亦屬荒唐，
愚而可笑，
如此無聊，
惟可從夢，
自尋逍遙。

雖然有這些小的衝突，並未使福氏傷心，當他離開柏林時，他很明白的表示他願以後留在普魯士宮廷之內，爲宮廷詩人，願與菲得利有機會相處。

當菲得利在作第二次施雷仙 (Schlesien) 戰爭之前他被波次丹 (Potsdam)的風景所迷醉了，他決心在那建一宮室。兩年建成，命名爲 Sans-souci (無憂宮)(一六)。他立刻搬進去住，以此爲休憩之所，直到他死均住在此處。此後非得利的名字便與 Sans-souci 連在一起了。當他在世的時候，他所公佈的文學作品均署名爲"無憂宮之哲學家"。他將萊茵斯堡贈給他的幼弟，他再不去那個地方了。波次丹的風景雖然也與萊茵斯堡一般美麗，非得利雖然也與在萊茵斯堡一樣好客，好文學，好藝術，可是他已經稍有改變了。在這裏他所收集的朋友都是從英，法，意…等地來的文人，藝術家，貴族，戰士……。非得利在公餘之暇，便與這些人在一起晚餐。在表面上這羣人很舒服，互以學問經驗相炫耀，對歷史文學作有極趣味的討論。國王非常寬大，對來賓和藹可親。但據麥考萊說，他極喜歡戲弄人，如有廷臣喜歡穿美麗的衣裳，他就將油澆在那人的好衣服上，假如有人愛錢，他便設法戲弄他使他在錢上吃虧，如果有人患憂鬱病，他就努力使那人相信那人是患了水腫病，如有人想到別的地方去走，他便揑造一封信恐嚇那人阻止他。由這些點看來，可見非得利是喜歡看別人痛苦而自尋快樂的。

他善譏諷，善拿別人開心。人們在他面前不能拘束，因爲一拘束，他便感到不快；可是人們如果爲了求得他的寵眷而大胆的與他很親熱，則他一定要殘酷的屈辱他們，讓那人自己悔恨自己的狂枉。一般詩人因爲貧窮又爲了非得利大王之聲名所誘惑，願去作宮廷詩人，剛去時還好，還能受到禮貌與優待，可是過了些時候他的空的幻想便被打破了，便鬱鬱寡歡，便不受優禮的待遇而老下去了。這些人中之一便是前面提過的大名鼎鼎，聲名赫奕，本來可以用不着去投奔非得利的，可是終於去了，便是福祿特爾。

福氏在天性上有一個弱點，便是他太敏感，太受不下別人的反對。因而攻擊他的人便給他無窮痛苦。其實，反對他的文學，至今早已湮沒無存，而福

(一六) 非氏之所以命此宮爲「無憂」者，並不是完全爲了享樂，此外還有他更深的意義。在此宮之旁他建一地下拱室，以爲他死後安葬之所。並建一司花與春之女神 Flora 像於其旁。關於這個地下墓，有一天他向朋友說道：『Quand jo serai lì, jo serai sans souci』。從他的寢室窗中，他可以天天看見他的坟墓的守護神Flora。

祿特爾的名字還是很有光輝，他的痛苦真是無謂之至。他還有一個致命的大毛病便是他的嫉妬。他的文名已竟出人頭地，第一把交椅本來已經很穩固，不必再怕有人來與他爭，可是他永遠不安，永是怕別人出了大名，出了風頭，這也是時時使他感受痛苦的。他和步豐 (Buffon) 狡辯，與盧梭作戰。本來在文學的作品上，他已經遇不到敵手，他本可以悠然自得而以寬大的胸懷提拔後進了，對於小的諷刺本可以不理了之，可是他竟不會這樣。這時忽然有一個敵手出現，那便是早爲人們所忘却的柯雷倫 (Crélion)。柯氏寫了一篇劇，叫 Catiline。上演時，極博得觀衆的喝彩。這篇劇是寫開梯林與西塞祿 (Cicero) 的女兒杜麗亞(Tullia) 二人間的戀愛事迹。觀衆對此劇歡呼若狂，國王便賜給作者以年俸。福祿特爾看了便着惶，急忙與他競爭，急急編了些劇本上演，但是這個所得的祇是冷淡。福氏由是對巴黎及宮廷人士均感到不滿，有心到外國找尋愉快，恰好他所愛的賈特萊夫人 (Madame du Châtelet) 逝世，他乃一定要到外國去了。

在一七四九年福祿特爾從菲得利接到這樣的信：『你像那個白象一樣，爲了牠，沙 (Shah) 與大毛古爾 (Grosse Mogul) 起了爭奪，並且那位勝利者還很幸運的以牠爲頭銜。假如你肯來到此地，你便可以在我的頭銜上佔一地位：「菲得利，普魯士王，勃蘭登堡選候及福祿特爾的佔有者。」』又匯了一千路易爲福祿特爾作旅費。但是福氏不認爲滿足，又要一千路易，以便他的風騷而醜陋的姪女黛尼斯夫人 (Madame Denis) 與他一齊同來，但國王回信道：「我不能向婦人隊裏求光榮。」福氏大怒發了孩子脾氣，喊道：「難道有這樣的吝嗇人嗎？他在他的地窖中有幾百桶洋錢，而竟與我計較這區區一千路易。」該判勢決裂，但是國王菲得利機敏異常，裝着滿不在乎的神氣，像要請達爾諾 (Baculard d' Arnaud) 來作他的偶像。他還寫了幾首很不好的詩，意謂福祿特爾已成爲一個沒落的太陽，而達爾諾則是一個上昇的太陽。一般朋友將這詩傳到福氏的耳裏，他狂怒了，便立即起程赴柏林，有這樣的開首，則結局不問可知了。

於一七五〇年福祿特爾離開巴黎。他到柏林自然是很受優待，他說國王是最可愛的人，波次丹是哲學家的天堂，他作了御前大臣，得到金鑰匙，十字章，以及終身可領年俸八百鎊的證書。 如果他死後他的姪女尚在，她每年可有一百六十鎊的津貼，並且御廚夫御車夫均可由他支配。 他住的房子就是薩克瑟（Saxe）在聲望最隆時去遊普魯士住的行館。 菲得利本人在當時也很屈尊自己對他作一些諂詞。 王子們，元帥們，大臣們都想與他接近，求得他的顧盼。福祿特爾的光臨使無憂宮平添了許多春色。 詩與學問都得了新的養料。 他可自由度他的生活，祇有晚間他才參加社交會。 這種宴會也是極有意味的，因爲那是"理性的宴席，那是靈魂的奔流"。 而福祿特爾與菲得利肩並着肩站着，就像在幻想之天堂上生活着一般。

很顯明的，菲得利知道他不能與福祿特爾會發生極熱烈的友誼，並且他對福氏的品格也不能發生眞的欽敬。 不過菲得利所要的並不是知己的良友，乃是他的批評能力與優雅的嗜好。 菲得利希望福祿特爾能對於他的文學有所幫助。福氏很願意幫助他，同時菲氏由於與這位大詩人之討論中也得了很大利益。 在這個期間菲得利完成了許多最重要的作品。 在一七四六年他完成了時代史的第二部，這是描寫施雷仙戰爭的著作。 接着他便開始了他的勃蘭登堡王室回憶錄（在一七五一年出版）。 其餘還有許多小的作品，有詩，有散文，有抒情歌，有信札，還有一首關於戰爭的藝術的詩，及一首引人發笑的史詩，題名爲 Palladium 。 把這些作品收集在一起於一七五〇年出版，總名爲無憂宮哲學家的著作。 這些作品都受到福祿特爾的很大的幫助。

但是好景不長，不久這個環境便變了。 達與得本是福祿特爾推薦給菲得利的，可是因爲菲氏對於這位年青的法國詩人說了一些諂媚的稱呼，福氏便生了嫉妬，他便使他解職。 福氏又同一個猶太商人打一場官司。 猶太商人說福祿特爾賣給他假珍珠。 雖然福氏在法廳上勝訴，但是這件事到底眞像如何，終爲人們所懷疑。 他的性格更爲人所懷疑的是他違背國王的諭令，而用低價收買來比錫（Leipzig）與薩克森（Sachsen）的證卷。 後來，他竟忘了一切而與外國使臣交接起來，這個是菲得利所不能允許的。 菲氏對他嫌惡之情有增無已。 但菲氏爲要他的天才，所以還不能明白表示。 關於福祿特爾，菲得利說過：「最多我們還要用他一年，把橘子汁擠乾了時就要把皮殼丟掉了。」

至於福祿特爾這方面呢，他對於菲得利也生了反感。 據福氏的敵手毛伯秀士（Maupertius）所述說的，有一次他正給一位菲得利的幕僚改正詩文，可巧菲得利的僕人拿着菲氏的詩文到了，福祿特爾向這位將軍說：「親愛的朋友等下次再來吧，國王現在送來些汚穢的襯衫要我給他洗呢。」

雖然如此，但是這兩位巨星仍然不能分離很久。 每次不和之後便又加倍的尊敬對方而致諂詞。 菲得利對於這位詩人的天才着實尊敬，他曾寫一首詩專爲安慰這位詩人因年老而起的悲傷，這詩最後幾行是：

君曾揭示宇宙之迷，
多麼光明的前途在等待着你。
年歲將在你的神龕前俯首，
你的鼎鼎令名早已宣稱不朽。

然而，有一件事使他們的裂痕更擴大了，簡直不能再合好了。 毛伯秀士宣佈他發現了一條新的自然法則。 別的學者宣稱這條法則自從來勃尼茲宣佈以來早就有了。 福祿特爾認爲這是一個好機會，可以給他的敵手一個致命的打擊。 他乃寫一封匿名信對於毛氏加以嘲笑。菲得利不願見他所任用的人受人嘲笑（一七），乃親爲答覆，將這匿名信的作者痛加申斥。 福祿特爾又寫一篇東西以譏刺毛氏，題名爲亞加基亞博士史。 菲得利讀到這篇手稿很爲其尖刻的譏諷的智慧而感到喜悅，但他要求福祿特爾不可將牠發表。 福氏也答應了。 但是不久這篇著作便在德雷斯登（Dresden）出現了。 毛氏的敵人都高興了。 自然菲得利對這位詩人不滿。 福氏爲了要得到國王的好感，乃勉強的發一宣言聲稱以後他對於行爲要加小心。 但是事情並未終結。 在一七五二年他被強迫去從窗戶往

（一七） 此時毛氏被任命爲柏林學術院院長。

外看，他的亞加基亞被死刑執行吏在大街用火焚燒。

福祿特爾感到無限恥辱，乃將他的津貼證書，十字章，及金的御前大臣的鑰匙，均封在一包裹內，立刻送還非得利。 在封條上他寫了以下數行：

謹將所贈璧還君，

曾爲此物倍勞神；

我心已傷情已碎，

留還情愛予故人。

在這個包裹之後，又給非得利一封信，以毫無掩飾的筆觸述說他的不可忍的痛苦。 這封信果然得到了預期的效果。 當天國王就表示一些好感，並且願意恢復以先的友好的關係。 但福祿特爾看出他不能再得到國王的信任，他乃請求他回法國作沐浴旅行。 國王允許了，乃於一七五三年三月二十日從波次丹出發。福祿特爾有一本國王的詩稿，臨行忘記奉還，不想竟從這裏引起了一場侮辱。福氏走到佛蘭克福（Frankfurt）他的姪女黛尼斯夫人跑來迎接他，當時他便被當地的官吏下令逮捕，理由是他携帶國王詩稿不還。 他當然要將詩稿立即交出，可是他的行李未到，他乃受到一些侮辱與苦頭，竟由當地的兵士將他關在一間小屋中，關了十六天之久。 監視他的哨兵都上着刺刀。 他的姪女也被兵士從泥中拖過。 獄吏還向他勒索一筆款。

兩顆巨星相遇之一幕喜悲劇，就在這樣的悲慘聲中結束了。

但到後來，非得利又同福祿特爾合好。 兩人又通起信來。 這位偉大的君主很想藉着這位偉大的天才把他傳諸不朽，而這位天才，也想憑藉着這位政治舞台上的巨星對他所示的崇敬而將自己的地位提高。 麥考萊說：『終以他們彼此所受的傷痕太深，無法消滅或全部治愈。 不但傷痕是永久存在，就是痛處也時常潰爛，湧出新鮮的血來。 這些信件中所講的都是問候，道謝，效勞，以及景慕等。 但是如果有一樣東西使得腓特烈（卽本文中之非得利）回想到服爾泰（卽本文中之福祿特爾）的狡黠和頑皮，那麼他的頌揚話中，就要帶些輕蔑與不悅的表示。　假使服爾泰會憶起他和他的姪女在弗蘭克福所受到腓特烈的侮辱，那麽他的表示則更糟糕了。　他的一大套頌詞就立刻轉爲痛罵，「你該記得你是怎樣的待我的。　因爲你我竟失去我本國國王的寵幸，因爲你我被我的國家逐出來了。　我愛你，我把我自已信託你。　我沒有別的願望，只想終生侍奉你。　然而我得的報酬是什麽呢？一切你所恩賜給我的東西，鑰匙，勳位，恩俸，都剝削去了，而我不得不逃出你的領土。　我給你的擲彈兵追逐着，好似我已做了一個逃兵。我受你的逮捕，受你的侮辱，受你掠奪。　我的姪女被你的兵士在弗蘭克府的爛泥上拖過，好像她是你營裏的可憐的隨從。　你有偉大的天才，你有佳美的品質，但是你有一椿令人惜恨的惡德。　你已經玷汚了哲學家的令名。　你替那些頑固者所作的誹謗來張目，頑固者說凡是反對基督教者他的正義或人道是不能相信賴的。」　國王的答覆雖不像這樣的熱烈，都有其同樣的嚴肅：「你該知道你在普魯士的行爲是很可恥的。　願同一個像我那樣不以天才有弱點爲嫌的人來往，可稱是你的運氣。　你很應該在地牢裏看着。　你的才智並不比你的奸詐狠毒更來得名頭大。　光是一座墳墓還不够收受你的怨恨。　莫貝修意（即本文中的毛伯秀士）已死去了；但是你還是繼續中傷他嘲弄他，好像他活着時候，你還沒有害得他够。　這種話我也不必多說了。　尤其我們也不必再聽關於你的姪女的事了。　我一聽到她的名字就討厭死。　我可以拿你的功績來抵擋你的過失！但是她不曾寫過謨罕默德（Mahomet）或梅洛貝（Meropel）』（一八）。

最奇異的是他們兩人互相攻擊，互相不滿到了這種地步，然而友誼仍然繼續下去。　並且每一次不睦之後，必又互相追悔，又互相給對方以更大的諂詞，及更高的崇敬，可是諂詞聲猶在耳之時，也許又互相譏嘲起來了。　無疑的這兩個人都是蓋世的天才，都有一般人所不可及處，可是愚蠢人所必具的弱點，以及奸詐人所應有的權術，都地道的藏在兩人的靈魂深處。　詩人與哲學家的美麗的外衣使二人翩翩如仙，可是塵世之火一旦燒到心田，那人類的惡魔，便以猙獰的醜

（一八）引用傅勤家譯腓特烈大王，八三頁譯文。

態而出現了。不僅他們二人如此，幾乎人人如此，幾乎歷史上所有一切的偉大的人物莫不如此。人本是獸，所以獸的惡根性乃是天然的不可泯滅的根性。以往的人如此，以後的人仍然如此。不過也許因爲文化的高長，把這獸性沖淡了，中和了，昇華了，但是不再經過幾千萬年之後，那影子仍要籠罩人心。因此，我們在研究這位空前的人類中的偉大的人物菲得利大王時，不能不將他的這一方面着實的指點出來，看看他也不過是如此，也是個人不是偶像般的神。

至於這位偉大的詩人福祿特爾呢，在離開柏林之後，他覺悟了，不再想在王廷中諂媚阿諛看國王的眼色了。他躲在幽美的萊曼湖 (Lac Léman) 畔，看破虛榮，參透依賴王室之可憐與無恥，覺悟到自已的偉大責任，對宮廷無企求，對教會無奢望，像孔子所說的：「無慾則剛」，陶淵明說的：「不憂亦無懼」，他乃由此開始長期作戰，反抗一切好的壞的以權勢凌人的人。

四 即位後的政績

一七四〇年五月三十一日老王菲得利・威廉逝世。菲得利大王即位之後，於六月二日羣臣向他祝賀之時，他宣言道：「雖然我們曾向我的可愛的父親忠實服務，應當衷心感謝，但是如果你們以剝削窮苦的人民來使我們富足，那是不能使我們快樂的；相反的，你們應當依照我現在的命令以爲我們謀快樂所費的力量去謀全國的快樂；特別是，不可將我們個人的利益與全國的利益劃分開，對於全國的利益應與我們個人的利益同樣注意；並且假如二者有了衝突，則應犧牲我們的利益而以人民爲先」。這些話是菲得利自就位時起至死時止都在奉行着，並且，由於這個宣言，他便得到了全國人民的愛戴。

在上一年，冬季特別寒冷，以致本年有許多地方發生饑荒。當這種困苦的聲音傳到新國王的耳中，在即位的第二天，他便下令將早已裝滿糧食的倉房啓開，以賤價出售。 凡是仍然不足的地方，便由鄰邦運糧救濟。 在國王動物園中遊獵射殺之物，也以賤價出售。 有好幾種稅，都是對於人民生活必需品徵收的，現在完全免除了。 他所節儉下來的款項也都配給最需要的人了。 這種舉動使舉國歡騰，菲得利到處都受歡迎但他並未忽略設法使國家更趨繁榮的方略，他剛即位，即下了不少命令增進製造，凡有技術的工人如願意移居普魯士便予以種種優待。 他又特別注意軍隊，對於紀律特別嚴明。 凡是不合實際的費用一律取消。 並將長人禁衞軍也取消了，用這筆款，他又增添一萬兵士。 所有旗幟都以普魯士的黑鷹爲標誌，上寫着 Pro Gloria et Patria。

比這個更重要的改革也有數端。 他認爲獲得民心比用刀劍及軍隊的力量爲更大。 在他父親時代，言論沒有自由；報紙在以先不許存在，後來雖然允許了，可是必須受到嚴肅的檢查 。 但菲得利登極不久，由於他的動議刊行了兩個刊物，並且他還爲牠們寫些文章。 學術院成立了，有學之士多人被聘請到柏林。他父親曾將吳爾夫驅走，現在又將他請回了。 共濟會(Freemason) 也正式被允許。 在菲氏的即位後不久，他曾親身參加該會並爲其主席。 對於宗教他也持寬容態度，反對一切狹隘的偏見。 又對司法加以改良，使法律更合理化，行政更無弊病。 在他即位的第三天便宣佈廢止酷刑。

所有這些改革，都是他獨斷獨行，並不與大臣們商議。 他不信任任何人，他不受別人的影響。 在七月中旬，他到了科尼斯倍 (Königsberg) 他的祖父曾在此地接受王冠。 而菲得利．威廉因反對這種加冕禮的形式而未舉行。 菲得利也覺得沒有把所有的形式完全舉行的必要。 他給福祿特爾信說：「我現在向普魯士旅行，在該地去接受人民表示臣服之禮，但是這種禮沒有聖瓶子，沒有那一套空洞的，愚人計劃出來的，習慣所愈演愈深的禮節」。 當他加冕時所發的紀念牌上所寫的字是：「人民的繁榮」。他在柏林所發的紀念牌上的字是：「爲眞理與正義」。 從這兩個紀念牌的刻字上面，我們可以看出當時的菲得利心中所惦念的是什麼了。

以後他便捲入戰爭，可是當第二次施雷仙戰爭完畢之後，國家一承平，他又從求國家繁榮這個理想入手。將施雷仙收入他的版圖後，他乃努力開墾與移民。在一七四六年開始了許多偉大而煩難的工程，將奧白塔爾(Oberthal)的卑濕之地變成爲可耕的地。把這個工程完畢之後，他站在奧白塔爾的堤堰之上，慨然說道：「我在這裏征服一塊領土，並用不着兵士去守衛牠」。爲了使內部航行更便利，他開了好幾道運河，在斯文迷得(Swinemünde)及斯太丁(Stettin)建築了港口，並宣佈恩登(Emden)爲自由商埠。亞洲與本哥爾(Bengal)貿易公司也成立了。工商業都有顯著的進步。非得利特別注意司法行政的改革。當時的司法行政的情形壞極了。貪贓受賄的事至達有數千件之多，一件訴訟案件常拖延數年。而每年所費的金錢却十二分驚人。非得利對這個震怒異常，他決定立即干涉，並以強制手段取消積弊。當時，其才幹最足以對普魯士法典之缺點加以改良的大臣高賽吉(Cocceji)便在泡眉恩(Pommern)省開始作試驗改革。該地之司法行政特別汚穢，改良結果在八個月之短期間，將積案兩千四百件完全解決。以先之案件有達多年而未決者，現在任何案件均在一年之內即與宣判。高氏爲泡眉恩省特制一法典，非得利對他的成績異常嘉許，乃任命他爲大法官，並委託他擔負改革全普魯士司法行政的責任。高賽吉雖然年歲已高，但以不竭之毅力用全副精神，於一年之內將所有不勝任的法官與代訴人均解職，補以有能力的人。並且爲了實現非得利的計劃，乃頒佈一法令，限定一案件必須在一年之內判決。結果法律之明晰性與確定性之原則乃見諸實施了。在一七四九年出現一部新的普魯士法典草案，名爲非得利法典草案(Entwurf des Corpus Juris Fredericiani)。

除了一般人民福利之外，非得利所最注意的是軍備的改進與兵士的紀律。每年都舉行盛大的演習。對於騎兵的訓練特別注意。他不以本國的軍官的技能學問爲滿足，特從匈牙利請了一些最傑出的騎兵軍官去教導他的軍隊，以便使他的軍隊智勇兼備。

關於宗教方面，菲得利力持寬容主義，他說：「强制宗教信仰有如暴君，將國內的人民都擯走了；而宗教自由則有如慈母，能够保育培植她的孩子」。他認爲宗教的狂熱信仰，在反對異教時容易引起殘忍行爲。他給威登白熙公爵函中說道：「閣下應警戒狂熱，使宗教不產生禍害。因爲可憐的人類，如果能够與佔最高地位者的意見相融洽，一定是由於他們對於人類社會能表示同情，而不是由於暴力。即使就政略上說，閣下也一定要警戒狂熱；因爲閣下的臣民大體都是新教徒。要之，寬容主義可以使閣下被尊敬；而迫害適足以使閣下被嫌惡」。（一九）菲氏認爲君主的政策不應當干涉人民的信仰；他應當以寬容的精神引導全國的僧侶與臣民，這種精神不僅與聖經主張以和平，謙遜，慈愛待遇同胞的精神相合，並且對君主也有利。

菲得利大王在合併施雷仙的第二天便實行宗教寬容主義。因爲在這個地方奧國的檢查極爲嚴密，幾乎無書可讀，可是在菲氏征服牠之後，即輸入大批書籍。對於羅馬教徒並不取締，對其僧侶表示尊敬，給大僧正以鑄幣特權，並保證信仰自由。因爲施行這樣的寬容政策，法國的新教徒都逃到普國，同時將法國的工藝學術都帶到了普國，而被歐洲各國所放逐的耶穌會教士也來到普魯士替菲得利新合併的領土施雷仙出力不少。

關於宗教的寬容政策，有一段事，可以幫助我們更明瞭菲得利的性格與態度。在一七五〇年，一天菲得利正在波次丹花園散步，他遇到一位青年穿着很不平常的衣服。兩人談話之後知道他的名字叫黑德黑細（Hedhessi）匈牙利人，信仰新教，在奧得河畔之佛蘭克福研究神學。他與菲得利談話應對敏捷並且合於理性，使菲氏極爲喜歡，乃請黑氏留在普魯士並供給他生活費用，但這位青年謝絕了。菲氏說假如他不能留在普魯士，他可向菲氏要一些恩典。這位

（一九）儒教對於德國政治思想的影響，三七八頁。

青年說他也不想接受什麼恩惠。菲得利說道：「可以想想，我沒有什麼好處可以給你嗎？」青年答道：「陛下，假設你肯垂青，或者可爲我作一件事。我曾買了一些神學與哲學的書，都是維也納所禁止的，並且他們一定要拿走，因爲耶穌會士他們檢查書籍極嚴。假如陛下肯略施恩惠……」，菲得利不等他說完便插嘴道：「以上帝的名義你帶着這些書罷，並且你再買些維也納所最禁止的，而與你有用的書，你聰明白了嗎？假如在維也納你的書被人拿走了，你告訴他們這是我贈給你的。他們也許不在乎這句話，可是毫無關係，你把書交給他們，便直接去找我的公使，並將我說的話全都告訴他。然後，你找一個最好的旅館，舒舒服服的一住。每天的花費一定不可少於一個杜凱特（Dukaten）。一直等到將書送還你爲止，這事由我負責。信我的話——記住每天所花的不要少於一個杜凱特」。說完之後，國王令他等一等，回到宮中，取來一條紙，在上面寫道：「持條人在維也納的花費由我們擔負。菲得利」。國王令他將這紙條交與公使，並且又囑咐一遍讓他不要節省金錢，要過最舒服的生活。果然，當這位青年到了維也納時，書都被拿走了。黑德黑細乃向普魯士公使求援。該公使早就接到了訓令將該青年送到最好的旅館去住，並立即將所發生的事情報告國王。國王立刻下令將布累斯勞耶穌會士的圖書館立即封閉並令兵士守門。耶穌會士完全迷惘了，不知國王爲什麼這樣震怒。他們派代表到波次丹去。他們到了之後一直等了數個星期才見到國王，見到國王之後，國王令他去見普國公使，並有一信給維也納的書籍審查會。他們因爲未能達到任務乃返還布累斯勞，不得已又令派代表去維也納見普魯士公使。該公使很表歉意說他不能對這件事有什麼意見，不過有一位匈牙利青年停留在旅館之中，他有一箱子書被耶穌會士拿走了。他們方才恍然大悟立刻將書還給黑德黑細並清償了旅館的費用。他們又急忙回到波次丹，國王好好的接待他們，並下令將圖書館開放。菲氏給教區長一封信說，黑德黑細本人，及其家庭，及一般匈牙利人均因此事受辱，在匈牙利應當給他一個最好的教區由他管理，否則在

布累斯勞的耶穌會公學將要遭受與圖書館同樣的命運。 當然教區長都按着國王的意思實行了。(二〇)

在斯脫利哥戰爭的次日，有兩千農民包圍菲得利大王，要求將附近的羅馬教徒處死。 大王說道：「愛你們的敵人，祝福咒詛你們的人，以善報惡，使你們受苦的人你們也應該替他禱告，因為你們是天父的真子。」 農民再無話可說，只好安靜告退。

對於文學，哲學，美術，戲劇，他都有很熱烈的趣味，他自己常作詩，寫哲學論文，並且自己還設計建築宮室，他很喜與唱歌者及跳舞者相接近。 他最喜歡當時最具魔力的女優巴巴倫納 (Signora Barbarina)。 當她演完歌劇之後，他常與她在一起吃茶。 並且還常請她與他所選擇的朋友們一同晚餐。 這是一件很難得的事。 在戲劇預演的時候，他常親身去管理一些事情。 他自己也寫些劇本與樂譜。

但是他的天性還是偏於保守。 他對於階級制度仍然很重視。 他認為貴族，市民，農民這三個階級應當有清楚的劃分，彼此不得參越。 貴族為全國中的第一階級。 凡政治中的最高官吏，以及軍隊中的最顯要的官職均必須由貴族充任。 因此，貴族不能降低身分去營十一之利。 他們的經濟來源是他們有很大的土地。 但他們也有因貧困而經商的，所以菲氏便制定了些法令去禁止他們離開他們的領地。 並絕對禁止出售武士財產。 又預備大宗錢款以為貴族的領地投資之用。 又設立軍官學校與武士學院以增加貴族階級的尊嚴與學識。對於農民，菲得利也非常注意。 但他不敢干預封建地主與農民間所存在的關係，因為他怕傷了貴族而惹起糾紛。 他抬高農民的方法，是由國外移來人民，用全力幫助他們去耕荒廢的土地。 在七年戰爭之前，他曾汲乾了許多卑濕地方，並建造堤堰以防水患而使農作物不受損害。 有許多以先荒涼地區現在都變成盈盈綠野，這都是由於他的功績。 他對這些事情的每一細點都感到趣味。

(二〇) Kugler: Frederick the Great. p. 182—184。

他與各省長官的談話都是很有意味的。

他因爲要區分貴族與農民，所以他又採用中古時代的行會制度。他極力幫助工業之發展，一方面將錢借給工業界，一方面採取保護關稅政策。對於製造瓷器工業他特別獎勵，他常用本國所做的瓷器作禮品。爲了使商業發達，他特開了些運河，最著名的是伯朗貝運河(Bromberger Kanal)，連貫奧得河(Oder)與外克色河(Weichsel)。此際他雖然年歲已老，但仍然孜孜不息以增加全國的福利。他願使貧苦者受益，使各階級均護得幸福。在豐年他努力儲粮以備荒年之用。在一七七〇年異常豐收，農民無屋收藏乃不得不令粮食爛在田中，非得利用官倉儘量收儲。到一七七一年收成異常減少，他以低價出售所儲之粮。在隣國多有餓莩，而在普國則很安然，隣國饑民乃多來就食。

當施雷仙之格雷苯倍(Greiffenberg)鎮被火燒了，非得利立刻撥大批款項給當地長官由他去重建該鎮。次年他去巡視施雷仙時，格雷苯倍派一代表到賀爾齊倍(Hirschberg)去等候他並向他表示感謝。他見着非得利說道：「陛下曾對我們施助並重新建築我們的家室，我們以格雷苯倍的名義向陛下致謝。以細民如我們者，其感戴之忱固不足道，但是我們無論如何要哀求上帝以神的恩惠報答陛下的仁慈。」非得利聽了這些話，流下了淚，說道：「你們用不着向我致謝。幫助受苦的人民乃是我的責任——因爲這個我才存在。」這個回答已成爲多人注意的名言了。

到年老時，他用了很多時間在司法行政方面。在一七八〇年他給達朗貝爾(D'Alembert)一信，說：「國王們乃是其本國的裁判官；不過因爲國事之紛雜煩重乃不得不將這個職務交與別人。但是他們仍不應忽略了這方面的特權，並且還要小心監視他們所委託的官吏，則用他們名義行使此權時方能不枉法不作壞事。由於這種考慮，我不得不仔細監視司法行政；因爲一個不公正的法官比强盜還要壞。去保障社會中的每個份子的權力與財產的安全及使個人都順應人類的天性而得到幸福，乃是該社會領袖的明顯的責任。我研究柏拉圖

(Plato)，亞里斯多德(Aristoteles)及蘇郎 (Solon) 的法典想作些什麽呢？眞正的哲學就是將哲學家的聰明的教訓見諸實行。」

在政治方面菲得利願意有階級的區別，但在法律之前，他願一切人均皆平等。這個對於貧民確有很大幫助，使他們可以反抗富者的壓迫。本着這種精神他讓人民可以直接向他上訴，求得他的最後判斷。這個辦法他可以得到貧苦人民的信仰，並且也可以看到法律上的缺點。如果上訴給他的案件過多，則他可以知道法官們仍不能秉公無私。有時他由於研究這種上訴案件便震怒異常。由於下邊事實我們可以明白他的性格。

有一個磨房看守人名阿奧爾德 (Arnold) 者，在紐馬克從司每陶伯爵 (Graf Schmettau) 租一盤磨，其租金是按年交付。可是他變成欠債者了，因爲他說緊在他磨房上部由他的鄰居地主葛爾斯道夫 (Gersdorff) 建了一個水塘，將水磨所必需的水源給阻斷了。司每陶伯爵告他欠租，法廳乃判決將水磨出賣。磨房主人屢次申訴均被駁斥。於是他乃屢屢上訴國王。國王委託一個完全公正無私的官員去仔細研究這個案件各方面情形。研究的結果他認爲磨房主人有理。國王當卽命令再從新由法廳審查。審察結果還是維持原判。菲得利知道這位窮人是含冤的，他又令柏林最高法院研究這個案件，並令快快解決。最高法院也認爲原判有理。菲得利爲認這件案子之所以判理不公乃是由於關係方面有勢力所致，並且法廳認爲牠本身獨立不受國王影響所以仍然按己意而行。因此他決定以高壓手段出而干涉，給無良心的法官一警戒。他命令大法官與最高法院中的三個裁判官去見他。他對他們痛加申斥：「你們知道在我的統治之內，就是極小的農人及極卑鄙的乞丐也與國王一樣是人。法官如果違背良心比一羣強盜還要危險：搶刼一個人他還有法防禦，但是若利用司法而達到他們不光榮的目的，那便無人安全了。那樣的人是世界上最下流的人，應當受到雙倍的刑罰。」他立卽將大法官解職，同時告訴他此後他再不用想作官了。又將三位法官下獄。他並向最高法院起訴控告以先判決此案的法廳。上議院將他們全判爲無罪。但是菲得利仗着他的無限制的君權，打消了上院的判斷，令最高法院審判官解職並監禁起來。其除的有許多人都在礮台中監禁一年，並將磨房主人所受的損失予以賠償。這件事情的經過以及國王的判斷引起極端的衝動。國王這種不肯妥協的正義感使遙遠的地方人士均爲之稱揚。並且他的這種爲極窮苦的人民爭求權利的堅決態度更得到了普遍的謳頌。並且對於本國人民更得了無限安慰。全體人民都信任他。許多人都爲大法官惋惜，都向他致慰問之詞。他與被解職法官所住的地方都擠滿了人，擁擠不開。菲得利對這個並不加禁止。可見他的行爲之仁慈與大方，純潔而具有父愛。他任命加莫爾爲大法官，讓他作一徹底改革，儘量利用當時哲學思想，並改進中等階級。加莫爾乃召集許多最著名的法學家用全力編纂一新法典。

菲得利大王的普魯士國法 (Allgemeines Landrecht für die Preussischen Staaten) 是受着當時的啓蒙思想的大哲學家如萊勃尼茲及吳爾夫等人的學說所形成的。其中關於幫助市民的義務方面有以下的規定：「對於不能生活及不能根據特別法規得到私人補助費的市民，國家有負擔給養或扶助的義務。」又規定設立國立貧民院，以收容無所依靠的貧民，並在健康與能力許可的範圍內，凡被收容的乞丐必須從事勞動。一般向公衆乞食的乞丐一概禁止，地方官憲必須努力清除乞丐，並且任何人不許施食與乞丐。如貧民院年金不足時，經地方團體之許可或國家之許可，可向富人之奢侈品，華美品，或公共娛樂徵收適宜數目之捐稅。凡刑法上如無特別規定之罰金，應完全充爲補助貧民之用，貧民院所收的貧民其作工所得的收入可以作該院之設備經費，如有不足，則向因清除街頭乞丐而獲得利益之市民要求補助。更規定：「對於無生活方法或機會者，應供給以適當的勞動」，並且愛好怠惰或安逸而不肯努力謀求生活的方法的人，應由當地官廳處以刑罰，並且要強制使其勞動。由國家取締使下層階級養成安逸或毀壞其勞動力的各種情形。如果有鼓勵這種情形的人，國家應取締之，並將其收入支給於良善的貧民。

由此可見菲得利對於國家的繁榮與箇人的福利是多麼注意了。 這個法典是德國啓蒙專制主義思想的結晶，也是菲得利大王理想中的道德政治理論的具體表現。 可惜在他生時未能完成，直到他死後方才發表。 他在世時曾將法典草案分給國內外有識之士徵求他們的意見。

按照這個法典看來，圖謀國家與人民的幸福是社會存在的最大目的。 爲求達到這個目的才制定法律，所以除了完成這個目標而外，法律便不應該限制市民的自由和權利。 凡是構成國家的份子，都要依照他的地位與財產，努力造成全體人民的幸福。 兩者如有衝突則個人幸福應當讓步。 這個法典有一個最大的特點，即是沒有規定君王的特殊權利及其個人與其家族的世襲權力，反而規定了人民的權利。 凡是國家法律所不禁止的一切行爲人民皆可自由行動。 國民有要求國家保護人格及財產的權利，如果國家未與以保護，則個人可以用武力防禦自已。 這個法典並沒有說君主是神的代表，祇承認他是社會的代表，他可以單獨行使權力，他具有實現一般幸福的義務。 對內他有維護公共的平安與安全權使各個人不受暴力的壓迫，他是唯一的立法者，可以頒行警察普通法規，可以赦免或取消刑法上的追訴。凡國內一切集團或公共建築物，爲和平與安全起見，應該由君主指導或監視。 國家元首爲了實行此等義務，必須有特殊的收入和必要的權利。 對於私人財產，職業，商業，生產品，消費品都有課稅權。 如果官吏以國家元首的名義，並且在他們職權之內，施行一切事項，任何人不能反對。

但是因爲貴族的勢力太大，在法典中他並不敢攻擊貴族階級，農村居民除了特殊幾個地方外，完全被置於隸屬制度之下，仍然由農奴爲土地佔有者服勞動義務。 對於土地所有者的特權，大體上仍與以承認。 雖宣稱廢止農奴制，其實還規定了農奴身份。 並且法典又規定了市民階級與農民的區別。 在市民與貴族之間還有中間階級，包含不屬於貴族階級的高等官吏，宗教家，中學及大學教授。 這個階級不能爲最高級官吏，不能出入宮門。 而貴族如有相當的技術，對於一切有名學的事務，即可儘先錄用。 他們享有保護教會的權利；他們可以用土地的名稱作爲自已的名稱。

這個法典雖有許多創新的精神，但是細按其內容，仍然對於貴族階級有利。然而菲得利死後，他的繼承者菲得利·威廉第二認爲這個法典有革命的傾向未與公佈，直至一七九四方纔頒行。 但對"危險"地方都修正了，對刑法上的規定更嚴密了。

在處理國政方面，菲得利在當時諸王中可以說是最富於民主精神的了。 他的許多有名的逸事中最有名的一件是關於風磨的事。 從這件事可以看出他的特殊性格，與其行政的根本態度。在他的無憂宮前有一盤風磨。 菲得利想將這塊地方收買爲花園之用。 他將磨房主人召去，問他這磨要多少錢可以出賣，這位磨房主人回答道，這磨房是他父親傳下來的，他也想將牠傳給他的孩子，不願出售。 國王允許再擇一塊比這好的地方再給他建一個磨房，並且還有水力，一切費用國王擔負，並再給他一筆錢。 但這位磨房主人不肯改變己意。 菲得利惱怒了說道：「你知道我可以不用花一點錢就可以用你的磨房麼？」 磨房主人答道：「是的，假如在柏林沒有議會」。菲得利聽完了這句話乃變更花園的計劃。這是菲得利能够服從法律的一個最好的最令人不遺忘的一個好的例證。

菲得利在行政方面所以收效這樣的快，大半在於他有極正確的記憶力，及他以擇人的品行爲用人第一標準。 有一次來了一件公文請他簽字任命一位裁判官。 當讀到這人的名字時，他停了一停，將主管該事的大臣召來。 他表示對這位人選很不滿意。 該大臣極力證明他選擇之洽當並列舉該人的種種長處。國王乃從司法機關要來一特殊文件；他看了一時，向該大臣說道：「喂，你看這個人因爲幾畝地曾與他母親打官司；並且她因爲這麼一點微屑的小事還被强制在她的瀕死時發誓。 有這樣心腸的人，我怎敢將我人民的福利交付給他呢：去罷，再另選一個人！」試看菲得利的記憶力是何等的驚人，他選擇人對於心腸方面是多麼注意。

他對於時間極端節省，在他的棹子上有一個記錄册，把各種應做的事情都記載在上面。他時間的分配都以照例應辦的事情爲準。他的身體並不需要多的睡眠，黎明即開始他的工作。上午完全用在國事方面。下午大部分時間用在社交與讀書。他在作各種事情之間，常以吹笛子爲消遣。他曾告訴一個朋友說，當他吹笛子時，他也在想各種事情，並不注意笛子的音節。當他吹奏的時候，他常常遇到頂快活的思想。他每天都要作一點特別事情，每年都要找一些特殊的工作。他的主要工作是到遠的省分去巡查，去檢閱軍隊。無論走到那個地方，他都停留一個相當時間，以便與當地官吏談話。他常令那些官吏陪伴着他走一段路。他喜歡與商人會見，並留心他們的事業。就是在車中也不浪費時間，如果在路上沒有什麼事情可以引起他的注意，他便讀書。假設因爲車的顛動而不能讀書時，他便背誦他所記憶的詩文。他是永遠不肯偷懶或在無聊的事務方面浪費自己的精力的。

五　戰功與外交

在菲得利即位不幾個月，日爾曼皇帝卡爾第六 (Karl VI) 去世了。菲得利聽見這個消息，從病中一躍而起，要作一番事業以滿足他在腦中所盤旋許久的計劃。他給福祿特爾寫信說：「這是時候了，我們要將以往的政治制度整個改變。」前章已說過當他二十四歲爲皇太子時論述關於歐洲的國際關係，他就認明奧國是始終阻撓德國强盛的敵人。現在他要有番作爲。此時的奧國國力已大減削，因與土耳其戰爭，財源已竭，幼根(Eugene)親王已死。卡爾第六無子早就想將皇位傳給女兒泰麗莎(Maria Theresa) 乃特公佈政務詔典(Pragmatische Sanktion) 昭告歐洲各國。幼根曾建議如果依靠十八萬兵士去實行政務詔典比依靠各國王的諾言可靠多了，這個建議並未被接受。而普魯士呢，則用全力建設軍備。普國各省均很繁榮，財源日漸增加，並且無有國債。普國有這樣的資源在手，自然要找尋機會以追求令名與擴張國勢了。

幾世紀以來奧國便對普魯士玩弄手段。我們知道奧國君主曾承認普國可以據有于力克(Jülick)與貝爾格(Berg)，但同時又對牠的敵人們表示好意。非得利現在要用武力來實現他的要求，但他怕樹敵太多，乃不得已採取較緩和的手段，以獲取利益最大而危險最小的地方。在施雷仙有好幾個小國都是他的祖宗世襲的領土，可是爲奧國所佔據了。這幾個是耶哥恩道夫(Jägerndorff)，里哥尼茲(Liegnitz)，伯利哥(Brieg)，及奧勞(Wohlau)。爲了這些地方，以先已經起過許多爭執。在大選帝侯時，奧國爲了抵抗土耳其不得不求他的援助，乃將施維布斯(Schwiebus)區域割與普魯士。但是奧國同時用極狡猾手段又得到大選侯之子的諾言；當他即位時將該地即奉還奧國。當非得利第一即位之時，他就宣佈他曾有這樣的諾言，並且不能不遵守。非得利乃不得不擔起責任以恢復這些土地。

非得利知道如何去應付這個局面，他早就想立些武功以增加他的光榮。現在他將方向看準了，並且這個方向是能有價值的。他決定使用武力。用很短的時間軍事便預備妥切。動員軍隊，大礮，軍火，都在進行。各方均覺得奇怪，各國公使紛紛探詢而不得要領。國王的軍隊的佈置都像似要攻擊于力克與貝爾格而不像攻擊施雷仙。人民都爲這種佈置所錯信，他很覺得高興。他給魯賓(Ruppin)寫信說：「你把那些所說的，所想的，所做的一切可笑的事都報告給我。我要用勇敢而準確的一擊獲得人民的信仰。此時在我一生中是最快樂的時候了，也許我將來的盛名即以此爲基礎。」但不久便人人皆知普魯士兵到了施雷仙邊境。奧國駐普公使報告本國目前的險境。但瑪麗·泰麗莎的內閣說不要相信這種事情。雖然如此，但另遣公使包搭男爵(Baron Botta)由維也納到柏林以監視普國的行動。他看清了非得利的計劃，當他見非氏時便向他說當經過施雷仙時道路極端難行，因有水災幾乎不能通過。非得利也看透了他的目的，乃冷然答道，那條路上最討厭的是過於泥濘。

到十二月一切預備完畢，準備開火。佔領施雷仙已成爲公開的秘密，菲得利乃派高特爾伯爵 (Graf Gotter) 去維也納索要施雷仙。當他出發之前，菲得利將自己的心意告知包塔，包塔說道：「陛下，你將要使奧國與你自己都沉淪在地獄中了。」菲氏答說他的目的在使瑪麗・泰旒莎接受他的提議。包氏停了一會，乃用譏諷口吻說道：「陛下，你的軍隊無問題的都是面孔漂亮的人——比我們的漂亮多了；但是我們現在是站在火焰之前了（言卽無退步餘地之義）。因此，請你考慮考慮你所要採取的步驟。」國王不耐煩了，苛然答道：「你似乎承認了我的軍隊的外表：不久你就要有機會判斷他們的行爲了。」以後再有奧國代表來見菲得利時，他均說時機已過，無商量餘地。當菲氏出發前線之前他向軍官們告別時說：「普魯士人們，我之所以膽敢從事這場戰爭，並不靠聯盟，而祇是依仗你們的勇敢與忠心。我的動機是公正的——所以我依仗命運來幫助我。你們要記着你的祖先在大選帝侯的麾下在華沙 (Warschau) 與費貝林 (Fehrbellin) 戰場上所立的戰功。你們自己是自己的命運的主人：只要有了光榮的行爲，榮譽及報酬在等待着你們。我用不着諄諄告你們在你們思想中所追求的唯一目標乃是光榮。你們將要遇到的敵人軍隊，都是在幼根王子手下所訓練的且曾得到極高的令名的。當然這位天子是不存在了；可是我們如果獲得勝利，則我們的榮譽依然不減，因爲我們的對手是具有那樣的大名。再見。你們卽出發汛地。我卽出發獻身戰場以求正在等待我們的名譽。」

於十二月十三日在王宮舉行一盛大假面跳舞會，提琴與喇叭正在嗡鳴，假面跳舞正酣，菲氏悄然離開首都到施雷仙戰線去了。

十二月十六日踏入施雷仙領土，他遇到兩個代表，一個是格羅高 (Glogau) 武裝城的新教徒派的，他請求菲得利不要從教會所在地那方面進攻。另一個代表是代表該城司令官，因爲他要將全城燒毀以防菲得利將該地佔領以爲進攻之根基地。菲得利向他們說道：「這是施雷仙人初次請求我的恩惠，所以，我允許你們。」果然不攻該城，教會也得保存了。

實際上普魯士兵並未遇到抵抗。奧國兵數太少，不足以充分防守所建之堡壘，並且也無援軍。前線屢屢呼援，維也納均無法應付。惟一能抵抗普兵者惟有惡劣天氣與難行之道路。菲得利善於鼓舞軍心，並分配大批賞賜以提高士氣。菲氏並發許多宣言告施雷仙居民，凡他們的財產，權利與特權均不改變，他的兵士必能遵守極端的紀律。這些宣言，以及軍隊的良好行爲，及施雷仙新教徒所具的希望——他們認爲菲得利是他們的解放者——使普國得了極大的方便。奧國所發出的答覆，反而無人注意，爲人所輕視。以致開戰不久格羅高便被封鎖，布累斯勞(Breslau)開城讓敵，奧勞(Ohlau)駐軍撤退。當在一七四一年正月七日進入布累斯勞時，該城之市長陪他入城，並且街上人民非常之多均對他歡迎。市議會代表及貴族均被國王召請赴宴。宴會之後他騎馬看視全城，兩天之後便開大的跳舞會。他又於跳舞會中悄然上前方了；奧勞與南斯勞(Namslau)很快的便被佔領了。他一路風順節節勝利，惟到耐瑟(Neisse)遇到了奧國最強堅的礮壘，一時不易攻破，他乃將主力兵均集於此。由於這種順利而快速的成功他高興異常，從他給約爾丹(Jordan)的信中可想見他的當時的神氣：「我的親愛的約爾丹先生，我的甜蜜的約爾丹先生，我的溫和的約爾丹先生，我的良美的，可愛的，愛和平的最慈惠的約爾丹先生！我告訴你，以便使你滿意：施雷仙可以算是征服了，耐瑟早就遭到了礮火！我將要告你極偉大的計劃，並告你幸運從來未產生過的偉大成功。我以這個贈禮使你滿足。請你作爲我的西塞祿(Cicero)以辯護我的行爲能：我將以我的行爲之成功變成爲你的愷撒(Caesar)。再見，你自己一定能感到我，你的忠實的朋友，所帶給你的最大的熱愛。」

從這封信中，我們可以看出菲得利在當時是多麼與高采烈，可是有一句話也暴露出他內心的不安。就是他請約爾丹作替他行爲辯護的西塞祿。我們知道西塞祿並不是公正者，並不是正義的的維護者或戰鬬者，乃是能將黑說成白將白說成黑的大雄辯家。　他爲什麼要請這樣的大雄辯家去替他辯護呢，就是因爲他征奪施雷仙雖然看着像名正言順而實際上仍有令他不能心安之處，便是由於上段所說的政務詔典。　這個詔典的目的是卡爾第六想讓他女兒繼續哈布斯堡(Habsburg)家族的皇冠與領土。　凡是奧地利大君主政體內的王國侯國內各階級均將這個法律批准。　英吉利，法蘭西，西班牙，俄羅斯，波蘭，普魯士，瑞典，丹麥，和日爾曼諸邦都訂約以維持此詔典。　所以這已經爲各國所同認，故任何人也不應去破壞。　當卡爾第六逝世時，泰麗莎正生了孩子，她身體雖弱，可是她仍擔起了國事。　這時她便要藉重那詔典了。　英，俄，波，荷等國，都宣稱要履行條約。　普魯士更是對女王表示極大的友誼與擁護。　所以當菲得利動兵侵施雷仙之前女王及其廷臣均不肯信，以爲菲氏決不能背信。　可是菲得利已侵入了。

這位青年貌美，儀態萬方，貞性純潔的女王爲了保持她的國土，曾以戲劇式的舉動，鼓舞她的臣民。　她生了孩子之後，即由睡榻勉强起來，忽忽趕到布累斯堡(Pressburg)，在大羣衆之中她加了王冠，穿了聖・斯蒂芬(Stephan)長袍，以柔弱的身軀，竟像她祖先們那樣登上抗爭山，拔出了爲國家而鬪爭的古劍，對東南西北各方揮舞着，灰白色的臉上帶着紅暈，向地球的四角挑戰，以力爭她與她孩子的權利。　這時沒有一個旁觀者能制得住自己的眼淚。　後來當議會第一次舉行會議時，她戴了父親的重孝蒞會，她以淒惻而悲重的話，懇求她的百姓來援助她的正義。　朝中官吏及代表都跳了起來，他們拖着自己佩刀，用眞摯的語調，宣稱以生命財產來扶助她。　直到那時，她在衆人的面前都在很堅決的；不過當她在羣臣呼叫中，她竟倒在王座上，放聲大哭起來。　情景更要使人感動的，便是有一次她在各級人民之前，把所抱的小大公舉起給他們看，於是匈牙利的熱情爆發而變爲吶喊，頓時響應了整個歐洲，「讓我們爲我們的瑪麗・泰麗莎而戰死罷！」

這樣的淒豔的情景，就是到了戰事完全終結，勝利已經判定時，對於曾著過反馬基雅來的以哲學王相期許的非得利也不能沒有影響。 他預見及此，故不能不預先設了許多理由以為自己辯護，以減輕他心情上的正義的擔負，這種理由恐怕在他當太子時已預備好了，其實用不着約爾丹作辯護了。

幾天之後，他又給約爾丹一封信：「對於你的仁慈之心，我告訴你，我們已竟按着基督的樣子按排好了，就要對於耐瑟加以砲轟。 假如該城不肯投降，我們將要迫不得已將該城轟成平地。 大概再有十天就可以完了，有十四天就可以與你見面了。」 可是出乎他意想之外，攻下耐瑟並不像他所希望的那樣的快。堡壘很經得起轟擊，外部情形很好。 冬天很寒冷，戰壕結冰。 牆壘都澆上水，凍結成像玻璃一般的冰，無法攀援。 普魯士兵筋疲力竭，乃被迫而不得不作長期圍城準備，放棄了短期攻取的希望。 但施雷仙的全上部一直到雅不隆克(Jablunke)都為普兵所佔領。 普軍乃停止進攻以為休息。 於正月二十六日非得利回到柏林。 奧國也利用此期間作充分準備。

在這期間，非得利令高特爾伯爵去維也納，提出條件：他可以保護這位皇帝的女兒，並且還幫忙選舉她的丈夫羅丁根的法蘭西士大公 (Franz, Herzog von Lothringen)為皇帝，但是必須將全部施雷仙割給普國以為報酬。 維也納表示不能接受，但交涉並未決裂，因為據維也納方面的觀察非得利似乎不想得到施雷仙的全部，因為他得的地方愈多而他所要求的反到減少，所以對於非氏的提議均不注意。 英國極力勸奧國讓步，但奧國堅持普國非將施雷仙軍隊全部撤退，決不讓步。 會議乃毫無結果。 非得利任命三十位牧師與施雷仙居住之新教徒相結納而滿足他們的需要。 因之乃引起了教皇的嫉妬，乃向歐洲各天主教國呼籲反對這位背教的 Markgraf von Brandenburg (勃蘭登堡之伯爵，這是對非氏的一種輕視的稱呼)。 非得利也公佈一宣言，聲稱凡在他的權力所及之地，一切人民他均予以保護，特別在施雷仙更是如此。 教皇的呼籲並無人注意。 非得利又獲得了俄國的贊助。 甚至法國也對他表示友好態度。 惟英國與薩克森與奧國聯盟。 但這兩個國家對於戰爭均無準備。 在二月底奧國軍隊均集中在摩拉維亞由伯爵耐佇格（Neipperg）元帥統領準備決戰。非得利早又出發前線，並於視查前線之時幾乎為奧兵所擒。在距離耐瑟十里地方的耶格恩道夫（Jägerndorf）非得利從逃兵之報告中才知道奧軍由尼伯格統帥即來援救耐瑟。他急將分散之部隊集在一起，並令上施雷仙的軍隊均退到耶格恩道夫。同時奧軍也出動了。他們在普軍之先到了耐瑟，因而便阻止了非得利與下施雷仙的軍隊相聯結。非得利不得已乃被迫便向北退以渡耐瑟河。但奧軍也向這個方向來了，並由逃兵報告得到奧軍的目的在奧勞因為彼處有許多普軍大炮以為奪取之目標。非得利的地位陷於危險。他與他的主力被隔斷；與本國的交通也時有間斷；在施雷仙所佔據的土地不是為奧軍所奪回便是陷於危險。更加使他煩惱的是降了大雪，使他無法觀察敵軍的行動及自己的必需措置。而奧軍也是同樣的不知道普軍的第二步要取什麼步驟。在此時，非得利別無出路，惟有快快與奧軍速戰。可巧四月十日太陽出來了，雪不能阻止他的軍隊行動了，他乃急急與奧軍相戰。奧軍騎兵極好，勇敢善戰。將普軍衝散。非得利終於又將軍隊招在一起大聲喊道：「兄弟們！普魯士的榮譽，你們的君主的生命！」他向敵線衝鋒。但是他人數太少，不久便潰敗了。

非得利見要敗仗，乃騎馬向左翼司令陸軍元帥石韋林（Schwerin）跑去。石氏告他處境之危險，固然戰事尚未決定，可是因與主力斷絕終是十分危險。他說：「假如陛下願意離開戰場，可快快跑到奧得河對岸。率領大軍與此地軍隊相連則為目前最緊要之事；同時我一定用全副力量使我們戰勝。」在起首非得利尚遲疑不決，但奧軍步步向前壓迫，他不得已乃以極憂鬱不快的心情接受了這位富有經驗的將軍之建議。

為了要渡奧得河不得不繞遠經過奧貝林（Oppeln）。他以為有幾旅人駐在彼處。他乃帶很少的兵向該城馳去。但路太難走，兵士多跟不上他。等他到了奧貝林見城門緊閉，令人問為何不開門。城上忽然射出子彈來。方知該城已被奧軍佔領了，他們急忙逃走。及他知道戰事勝利，乃又急返前線。後來菲得利寫這段歷史時，對於他初次的戰爭經驗有很嚴肅的批評，並指出許多錯誤。他說這個可爲後來之借鑑，是的，他後來果然不再犯這些錯了。這場勝利，可以說完全由於普魯士軍隊之勇敢與有訓練。從此，各國才知劾根親王所訓練的奧軍不是難攻不破的，普軍也不是祇在檢閱時才顯得漂亮的。於是英，法，西，瑞典，俄，丹麥，巴燕，薩克森及奧地利的使臣，均雲集於菲得利的營帳。該處乃成爲歐洲外交的中心了。

經英國的調停，並且菲得利也不願過於削弱奧國以增加法國的威勢，乃承認由奧國割讓下施雷仙與耐瑟於普國，普國將軍隊撤退。但普軍須在上施雷仙過冬，過冬之後方能撤兵。並且還要不時假作戰鬬以防普之同盟國疑惑，同時這個決定要絕對保守秘密。菲氏對於瑪麗．泰麗涉表示極大同情，並暗示可幫她忙。結果尼伯格領兵退至摩拉維亞，耐瑟投降。菲得利在十一月七日行完加冠禮之後便回到柏林了。

奧普媾和之後，奧法戰爭仍然繼續。奧國及匈牙利軍隊，因爲得他們的年青的，可愛的女王之鼓舞，在戰場上極端英武。法國與巴燕軍隊尚未向包希米亞出發，便被追退出奧國國土了；並且奧軍一直追入巴燕將其首都明興(München)於一七四二年二月十二日佔據。匈牙利軍隊兇猛異常，以極野蠻的方式也打入巴燕。法國乃不得不請求普國幫助，便派大詩人福祿特爾去普魯士。在前段我們已經提過福氏外交談判失敗。但菲得利覺得奧國對於法巴的勝利頗與自己不利，奧國雖對於條約很忠實履行，無可藉口然而他不管這個，乃又加入聯盟軍，乃送新軍幫助法，巴兩國。他爲了節省自己的軍隊，乃想利用薩克森的兵替他打仗，他立刻從柏林到德雷斯登，但是薩克森的選侯奧故斯徒斯第三(Augustus III)並不願意，同時奧氏的大臣布祿爾伯爵(Graf Brühl)也不願意。但菲得利外交手段極巧妙。在國王奧故斯徒斯宮中開一會議，布祿爾也在座。奧氏一進屋與菲氏寒暄之後，布祿爾爲了使會議早早完結乃捲起摩拉維亞地圖，很快的將牠放之一邊。菲得利乃安安靜靜的又將地圖打開並爲奧氏講解戰場情形及如何的需要他的軍隊，奥氏立刻感到了興趣。布祿爾見他的主人有嘉許的態度，不覺荒張起來，不知如何應付，並且歌劇就要起始，奥故斯徒斯已竟不耐煩再多談判。菲得利捉住這種機會在這位薩克森國君退席之前便得到了他的同意。菲得利於是乃統率薩克森的軍隊推進包希米亞與摩拉維亞。在歐爾迷次(Olmütz)他與他的軍隊取得了連絡。菲得利以判斷自己軍隊的標準來判斷薩克森的軍隊，以致屢生錯誤，因而沒什麼大的勝利。他向奥故斯徒斯要大礮，奥氏回答無錢。菲氏乃被迫放棄摩拉亞回到包希米亞去依靠他自己的軍隊。但德騷(Dessau)親王所統率的普軍在格拉玆(Glatz)打了勝仗，全省均爲之降服。不久上施雷仙也宣誓效忠於菲得利了。

這時菲得利在克魯登(Chruden)停留了四星期，以學術與美術爲樂。在這期間英國又出來調停。菲得利清楚的看出從他的同盟國得不到大的利益，因爲他覺得法國領袖以及巴燕的軍隊都沒什麼作爲，同時也覺出薩克森沒什麼可靠，並且對於法國內閣的誠實性他也得到了不可信賴的證據。英國之所以想使菲得利退出聯盟，其目的是她可以更容易將聯盟軍打敗。菲得利要求全部施雷仙及格拉次省。但是奥國認爲她已竟得了很大勝利，所以不願答應菲氏的要求。菲得利決定以武力解決，乃利用上施雷仙的資源以充實他的軍隊。奥國也出兵來攻打他。菲氏要求法國從毛爾道(Moldau)進兵與普軍取得連絡，法國元帥白老格利歐對此提議拒絕了。

奥軍向菲得利軍右翼進攻以奪取其軍火。菲得利爲給對方以大打擊乃親身立陣前與奥軍相戰。奥軍雖極勇敢，但終敗績。於是奥普會議乃又重開。女皇瑪麗・泰麗莎不得不同意菲得利的要求。於六月十一日，在布累斯勞(Brèslau)成立預備條約，將施雷仙全部，格拉玆，及摩拉維亞的一部分割給菲得利。祇有上施雷仙大約有五百方哩地方未載在條約之內。在七月十二日菲得利回到柏林，受到盛大的歡迎。在七月二十八日和約正式成立，並由英國保證。法國聽到這個個和約，大起驚惶，把她所預定的策略給破壞了。全內閣整個的陷於苦境；有些人竟昏暈了過去，擔負指導國家責任的內閣大臣夫勞瑞(Fleury) 竟流下淚來。菲得利給他一信解釋訂和約的原因。他以悲哀的口氣答覆道：「陛下將要成為歐洲命運的裁判者；然而你所能作到的最光榮的角色也是祇此而已！」

泰麗莎傷心至極，她的王冠上最光彩的一顆珠子為人搶去了。她以後每見施雷仙人便不由的落淚。

在布累斯勞和約成立後，奧軍用全副力量去與法軍作戰，到處勝利。巴燕軍隊屢被奧軍擊敗。巴法軍隊一直被奧軍追退至萊茵河岸。英國軍隊也加入與法軍作戰，在梅恩(Mayne)得大勝利。法國與德皇（巴燕國王 (Karl Albert) 於一七四二年正月二十四日宣稱為德國皇帝，名為卡爾第七）以最惡條款向奧國求和。泰麗莎認為祇有德皇讓出皇位，由她的丈夫法蘭西士大公為德皇方可講和。在一七四三年九月奧國，英國，荷蘭及撒丁尼亞 (Sardinia) 在臥姆斯 (Worms) 成立攻守同盟。奧國允給撒丁尼亞一些地方，以為報酬。菲得利以尖銳的目光對此嚴密監視。雖然該同盟並未提到布累斯勞和約，但菲得利也不能緘默無言。他決定取積極步驟。第一步他想使日爾曼各小邦聯合在一起以對抗奧國的勢力，乃於一七四四年春在全國巡行，成立佛蘭克府聯盟，其目的在使德國自由並維護歐洲和平。但不久由於法國的關係大多數國家均放棄了這個聯盟。菲得利的注意力乃集中在法國方面了。因為法國是奧國與英國的天然仇敵，同時，英國國王喬治第二 (George II) 回覆泰麗莎一信，其中有一句話說道：「夫人，無論什麼東西，凡是值得被人奪取者，也值得去收回」。菲得利得到了這信的寫本，一看便知英王所指的是什麼，並且也知道英國的真目的所在，他不能不加防備。這時法國已有大的改變，夫勞瑞已死，國策猶疑不定。路易十五 (Louis XV) 當政，完全受婦人們的陰謀所操縱。菲得利認為與這樣的內閣去商量是一件重要的事，他決定派遣婁登堡伯爵 (Graf Rothenburg) 去巴黎。婁氏曾在法國軍隊服過務，在法宮廷有許多朋友，並且對於巴黎的環境知道的特別清楚。非得利認爲斐氏所負的責任過於重大，乃召他談話以測驗他的能力。他自已以法國大臣自居與斐氏辯論，凡是非氏自己所提出的意見，均由斐氏反駁答覆。結果斐氏應答極好。國王說道：「假如你在巴黎能夠也像這樣滔滔雄辯與善勸善誘，你一定能成功。」果然，在一七四四年七月五日斐登堡在外交得了勝利。法國與普國訂一條約反抗奧國並根據佛蘭克府聯盟以保護德皇。法國允許派遣兩軍團至萊茵，助非得利去攻擊包希米亞。

非得利的第二步是設法反抗他的北方鄰國。他急於要與俄國聯盟，可是被英國阻止了。但他終於與俄國生了友好關係。普國與瑞典現在很爲親密。因爲非得利將他的妹妹配與瑞典太子。在婚禮之後非氏即又回到前線。法國軍隊由國王路易十五親自統率侵入奧國的尼德蘭（Niederlande）。但法軍之攻擊上萊茵者受到阻撓，並且奧軍已侵入挨爾薩斯（Elsass）對羅丁根（Lothringen）有所威脅。非得利乃被迫而急急向包希米亞進攻。一七四四年八月十五，普軍到了包希米亞邊界。並未遇到大的抵抗。九月二日軍隊集在普拉哥（Prag）。十六日攻下該城。非氏的弟弟戰死。從普拉哥他向北進攻與奧國邊界相接近。奧國政府命令普軍所到之處，居民均逃往森林中，將糧食全要燒燬，所以普軍所到之處均是空的村莊與一片荒野。非氏因給養不足感到恐惶。同時，他想與法王路易十五取一致行動，乃互相約好規定其進軍路程，但法軍並未履行諾言，並對普軍祇有阻礙而無幫助。普軍給養不足，而奧國人民一律均不肯賣糧與普軍，貴族，僧侶及官吏又都忠心於奧國皇室。非得利乃陷於危境。更利害的是從匈牙利來了許多驃騎兵，四圍將普軍包圍起來。非得利對外的一切交通均被切斷。直有四個星期之久他得不到普拉哥的消息，及在萊茵方面受特朗（Traun）所統率的奧軍是否向前進攻，及薩克森是否援助奧國。普軍不得已掘戰壕藏身以等機會。因給養不足，非得利終於不得不退兵。他所曾經佔據礮壘因爲受匈牙利兵的包圍乃被迫棄放了。菲得利於退兵之際受到無數攻擊，他急於想打一次仗，但是特朗所佔的地勢極好，普軍竟不敢攻擊，又因給養缺乏，乃繼續後退。奧國軍隊乃積極攻擊普軍後方。就這樣的，在沙沙瓦（Sassawa）與上埃附貝河之戰鬪反復不決。但是普軍因爲沒有軍糧，天氣酷寒，及奧軍出沒無常之攻擊，以及疾病之流行，乃被迫退過了埃附貝河。菲得利相信奧軍一定要紮營過冬，不能渡埃附貝河，他乃在河之對岸遠處駐兵。但奧軍早探知了這一切，乃於十一月十九日突然渡河。菲得利不得已乃放棄了普拉哥，退到施雷仙去過冬。

菲得利在他的時代史中毫不隱藏他的錯誤，他嚴肅的批評這場戰爭道「這場戰爭的一切有利之點均屬於奧方。特朗所去的角色是瑟陶瑞阿斯(Sertorius)；而國王所去的是龐貝（Pompey）。特朗的舉措，是一個極完美的模範，假如可能，每一個軍人均應研究他以便摹仿。國王他自己應當承認，這場戰爭有如他的戰術學校，特朗是他的教師。」泰麗莎得此勝仗之後便宣佈布累斯勞和約無效。施雷仙人民又在奧國統治下過他們的快樂生活了。菲得利急謀對策，乃令軍隊反攻。天氣雖然惡劣，但是普軍以勇氣與決心卒將奧軍擊退。戰事乃暫停下，但奧國輕騎兵仍然時時進襲。政治方面依然很受壓迫，在一七四五年之始，奧國，英國，荷蘭，與薩克森在華沙（Warsaw）成立共同防守同盟。其條件爲：薩克森出大批軍隊，由英國津貼其軍費，並且不得與普魯士講和，奧國可以得回施雷仙與格拉茲省。

此時德皇卡爾第七死了，菲得利又陷於危境。因爲奧國竟誘引卡爾之子退出戰爭，並且不向奧國作任何要求，還願幫助法蘭西士大公作德意志皇帝。從此，佛蘭克府條約便瓦解了。菲得利極力慫慫法國與他攜手快與奧國作戰，可是路易十五不願。菲得利又陷於孤立。乃用全力整頓軍備，向全國徵兵，並將大批存銀改作錢幣，因此方能使戰爭繼續。

菲氏在一七四五年所採之戰略，與在上年不同，他不願像上年一樣採取攻勢被敵人包圍，乃在施雷仙嚴陣等待敵人攻擊。恰好，特朗被免職了，更給菲得利一個好機會。菲氏在去耐瑟之後便在格拉茲省與施雷仙交界的山上屯駐其主力軍隊，並在堪門茲 (Camenz) 廟設立司令部。在此地，他幾乎被俘虜。因爲他想將司令部設在廟內便先來觀看一下，這個消息被奧國盜賊知道了便來廟中捕他。此時，廟裏鐘聲突然響了，召集僧人在晚間唱詩。當方丈出來時他陪着一位客人穿着與他們一樣的法衣。大家正唱詩時忽然院內大亂，有一羣人闖進廟內，但他們不敢攪擾神事，因而唱詩並未間斷。亂事終了，方丈命音樂停止，此時衆僧人方知這羣人是來搜索菲得利的。原來這位穿法衣的客人便是菲得利。菲氏爲了酬謝這位方丈給他很重的禮物。

奧軍與薩克森軍隊攜手向施雷仙邊境進攻。菲得利乃後退佔一優良地勢以備大戰。爲了欺騙敵人，他故意放出流言，說他退向布累斯勞。他爲了使人確信，將布累斯勞的街道修了一部分。他又將前鋒軍召回，並向他們也散佈這個消息。奧軍與薩克森軍萬沒想到在他們前面有那樣多的敵軍，所以並未作適當的準備。當普軍在山上出現時，奧薩兩軍領袖正在蓋爾恩堡 (Galgenburg) 開會議。菲得利的兵藏在荊棘與泥牆之內，奧薩軍隊並未看見，他們以爲很容易便可將施雷仙攻下。當辯論正濃之時，普軍已出動了。在第二天晚上，普軍佔好了最易於攻擊的地勢，在拂曉便佈成了陣勢。薩克森軍剛得到進攻施特雷高 (Striegau) 的命令，普軍右翼突然出現，其迅如雷，將薩克森軍擊毀之時，奧軍尙毫無所聞。奧軍統帥聽見槍聲以爲薩克森兵在攻擊施特雷高並未介意。這次奧軍損失一萬一千人，七千俘虜，四千陣亡。菲得利仍誘引法王路易取積極態度，但法王不願，兩人並寫信互相攻訐，感情乃日趨惡劣。

此時英國內閣改換，態度轉趨和平。菲得利與英王在漢諾威 (Hanover) 訂一條約，由英國保障菲得利據有施雷仙並勸引奧國與薩克森講和，同時菲氏承認法蘭西士大公爲皇帝。但是泰麗莎不願與菲得利講和，並且公開宣佈她寧願捨棄她的衣服，也不捨棄施雷仙。奥軍果然用全力奮勇進攻，可是普軍英猛異常。雙方大鬥許久，普軍終佔勝利。菲氏乃轉返柏林。當然他又受到極烈歡迎。他希望奥國在此時可以願意講和。但奥國與薩克森仍然反對，並且努力整頓軍備，準備再戰。奥軍一部進攻施雷仙，一部要進攻柏林。菲得利乃急以同樣快的速度去應付。柏林市民均加入防禦工作，並掘有戰壕以防突然襲擊。菲氏又用以先的故智，揚言他要回兵以保自己國土，並假裝退兵的樣子，薩克森領兵統帥羅蘭親王（Lorraine）又中了這個詭計。菲得利偸偸於十一月二十三日到了盧撒梯亞（Lusatia），將薩克森兵打得大敗。菲氏想利用這個機會與薩克森講和。可是薩克森王主張先停戰並由普魯士賠償因普軍侵犯薩軍所受的一切損失，然後再開談判。菲氏對此條件當然拒絕。雙方戰事更趨激烈。但奥軍因爲內閣處置不當，致使前方軍隊兵力分散，不易集中，勢力乃弱。不久菲得利接到薩克森內閣信件，表示願意接受菲氏以先所提議的以英國與漢諾威所訂的條約爲講和之根據，並又告知菲氏泰麗沙現在也希望和平。菲氏讀到這信，猶如一顆巨雷震耳嗡鳴。普軍用最大的努力與勇敢，卒將德雷斯登攻下。菲得利立即馳往王宮，薩王與故斯徒斯的孩子們均在宮中，菲氏熱烈的擁抱他們，並保證他們安全，對於薩國大臣們也均優禮接待。並在晚間赴劇場觀歌劇。十二月二十五日，和約成立。凡是在布累斯勞所訂的條件均引入到該條約中，但強迫薩克森償還普魯士一百萬泰拉，菲得利承認法蘭西士大公爲德意志皇帝。

菲得利回到柏林，人民歡迎的極烈無可言述，都喊：「國王萬歲，菲得利大王」。他以冷靜的心情接受這種熱情，在晚間他與他的弟弟們巡行街市看人民歡樂的情形。他走到一個冷靜的街巷，將馬車停住，並走上一個狹窄的樓梯。這裏住着他的青年時的教師杜罕（Duhan），他正臥病在床。菲氏走至瀕死的杜罕之床前說道：「親愛的杜罕，我見到你現在的病況，是使我多麼痛苦啊！我將向上帝請求你痊癒，或減輕你的痛苦。我可以作些什麼犧牲以表示我對你的感謝呢？」從這點，很可看出菲氏的性情。　他的最好的朋友如約爾丹及凱撒琳(Keyserling)都在前一年死了。　菲氏向杜罕告知他們死的消息說道：「他們是我的家族。　現在我的哀悼之情簡直無法表示。　注意你的健康罷，並且記着，你是我的老朋友中最後一位了。」　菲氏對於死友的孩子，均像親父一般的注意。　這都是表現着他的得人心處。

奧法戰爭，直到一七四八年十月十八日才終結。　訂立阿痕(Aachen)條約。該約承認菲得利佔有施雷仙。　菲氏在表面上與法王仍然和好如初，可是在內心却已種下了不滿意法國的情緒。

歐洲暫時得以喘息。　可是戰爭的空氣依然在彌漫着。　歐洲各國對於普魯士驟然起了嫉妬，以爲她想成爲一個王國都是夢想，而今竟變成了在歐洲極有勢力的國家。　大家直到此時還以譏刺與輕視的口吻稱菲得利爲 Markgraf von Brandenburg（勃蘭登堡伯爵），並且認爲他是一位危險人物，預斷他一定要再侵他國以增加自己的國土。　有這樣不穩的空氣，當然戰爭是難以避免了。　同時泰麗莎也不能忘掉施雷仙。　又見該地在菲得利統治之下，日趨繁榮，更令她痛心，她乃計劃將該地收回，並設法與他國聯盟以增厚自己的安全。　她的行政很賢明，國家很繁榮，入款比她父親卡爾第六多得多。　她又加緊增強軍備與訓練，因而不久她便對自己有了信心。　當時的國務大臣是康尼茲(Kaunitz)伯爵。　他也是很恨菲得利的。　他的才能很高，並用全力整頓行政。

薩克森依然對菲得利持着仇視態度，特別以布綠爾(Brühl)伯爵爲更甚。在俄國女皇凱撒琳(Katherina)以及她的最有權的大臣白氏突契夫(Bestuscheff)對於菲氏也是具着仇視態度。　奧國急忙利用這種機會，於一七四六年成立奧俄共同防衛同盟。　其中有一條是假如菲得利攻擊訂約國之任何一國，則菲氏在施雷仙的佔據權無效，並且須立時將該地由奧國收復。　薩克森也被約請加入聯盟。　由此，奧薩二國乃聯合慫恿俄國反對普國。　結果在一七五五年俄國內閣正式決定，如有俄國同盟國與普國開戰時，俄國即行加入。俄國之所以肯作這樣決定與英國的金錢大有關係。不久非得利對這些事情全都知道了。因爲薩克森的官吏有賣國行爲將薩克森，維也納與俄羅斯來往重要信件全賣與非得利。因此，他乃能以最適當的手段應付當前的局面。英國不願歐洲再發生戰爭，非得利也需要充分休息，更需要和平。結果，在一七五六成立一條約。法國與普國感情日漸惡化，法奥乃成立聯盟。這是出於康尼兹的力量。因爲康氏早已看出英國對於奥國態度冷化，所以便轉而拉攏法國爲助。可是拉攏法國以反對普國是非常困難的。因爲有兩個世紀半之久，法奥兩國均互相仇視。自黎世列（Richelieu）柄政以來，使用種種方策阻礙維也納。普奥間的仇恨，正好催進了普法間的親密。非得利喜歡法國的文化，寫說都用法文，並且法國國勢之强也不容他有與法國開仗的野心。但奥國對此不但不感到失望，並還認爲有隙可乘。因爲這已往的戰爭法奥都沒得到好處，惟有普魯士一國佔了便宜，而法軍却替非得利白白的流血了。法國既然充滿了這樣不滿意的情緒，乃自然要趁機會生出毛病了。

在法國的最有勢力的龐巴杜（Pompadour）夫人，屢屢想與非得利聯絡，可是非氏不理。在一七五〇年福祿特爾代她向非氏表示極柔順的友意，可是非氏冷然說不知道她。而女皇泰麗沙則不惜犧牲她的尊嚴，稱她爲“表姊”，“最親愛的姊姊”。在一七五六年五月九日奥法同盟乃得成立。英國想左右俄國與非得利攜手，可是俄國仇非太深，不肯。而瑞典也起了革命，王后（非得利的妹妹）及其丈夫均失了大權，因而也跟着法國反對普國了。在此時，非得利對於戰事已有充分準備，但他依然願意和平。一七五六年七月，他要求奥國女皇公開聲明她對於現在所作的準備之目的。女皇的答覆是她爲保持她的皇冠的榮譽與尊嚴不得不如此。非得利認爲這個答覆過於模糊，要求她再宣佈得清楚些，並保證他在本年與次年不能受到奥國攻擊。但答覆對於後點並未提及。非得利後來又作第三次要求，而答覆的話近於侮辱。非氏認為這等於公開宣戰，乃決以武力解決之。戰事又起。這便是有名的七年戰爭。

菲得利認為俄國在本年內決不能出兵攻普，所以他將主力軍隊均集中在攻擊薩克森與包希米亞的兩戰線上。在薩克森方面他建築堅壕以掩護勃蘭登堡並以此為根據以進犯包希米亞。他的這種戰略，極端秘密，祇有很少的親信知道。在一七五六年八月二十九日六萬普魯士兵向薩克森開發。任何人也未想到戰事爆發得這樣快。薩軍立刻陷於混亂，並放棄德雷斯登。菲得利攻下三個地方均未遇着抵抗。九月九日他進了德雷斯登。對於薩克森王室大臣及人民極力表示好感。這時全歐洲震動，認為菲得利破壞歐洲和平。德意志皇帝向他抗議，說他的行為是罪犯，是叛逆。菲得利為了答覆這個，乃將在德雷斯登所得的重要文件公佈，以為辯護。自從攻進薩克森之後，菲得利不斷與奧故斯徒斯通信。勸誘他守中立或者與普魯士站在一邊與奧國相戰，但薩克森所佔的地形極好，他們不敢攻擊普軍，普軍也不敢攻擊他們。可是薩軍週圍被包圍，凡外邊的供給均被切斷。菲得利乃希望以饑餓使薩軍就範。但結果薩王僅是表示他有意守中立的傾向而已，菲氏當然不滿，乃繼續包圍，因此便失掉了攻打包希米亞的最好時機。

奧軍裝備仍未完全。雖然作戰極其勇敢，但終非普軍敵手，在十月時被普軍打得大敗，可是奧軍死戰到底，普軍仍然時時受挫。後來薩克森軍隊經過七十二小時之久沒有食物沒有睡眠之奮鬥，終於投降了。菲得利將大批麵包分配給他們，並對他們的軍官待以極大的禮貌，凡是不願服務於菲氏的均可回家，凡願入伍者均可穿著普魯士制服。但薩克森人愛國情緒極濃，常有整旅人攜帶軍械逃走。

法國此時宣佈菲得利因侵犯薩克森，便破壞了維斯特法輪（Westfalen）條約。此時波蘭，法國，瑞典，俄國，均聯合起來反抗普魯士。而菲得利則很缺少聯盟。在一七五七年一月十一日他與英國訂的條約又延長了。可是英國內閣，不願英國加入戰爭故對非氏並未加以助力。非氏乃被迫放棄他在維斯特法輪的最堅固的據點維瑟爾（Wesel）。爲了充實他自己的軍備，乃儘量利用薩克森的資源。官吏薪俸均減少了，或完全減除。

在一七五七年，普軍由薩克森出動直趨包希米亞，以攻取布拉格爲第一目的。奧國由勃朗（Browne）元帥率領大批軍隊駐普拉哥，同時道恩（Daun）也率兵趕來救援。道恩兵尚未到，非氏下了攻擊令，普軍幾乎失敗，幸而普軍老將石韋林（Schwerin）奮勇當先，舉着普國旗幟在空中狂呼而軍心大震卒獲勝利。這次普魯士所出的代價是七十二歲老將軍石韋林戰死，及損失一萬八千兵士。對方死傷及俘虜達二萬四千人。普拉哥被包圍，非得利乃領兵去打道恩。道恩夙以小心謹慎著名，他不願冒險與非得利對陣，反而在科林（Kolin）建了一片極好的陣地等待敵人攻擊。非得利以戰勝餘威勇猛襲去，但卒被道恩打敗，乃放棄普拉哥，離開包希米亞。

一波未平一波又起，非得利正在苦惱敗仗，而法軍已由艾士特雷（Estrées）元帥統領加入反抗普國戰線了。俄國兵也在東方活躍。非得利雖知環境困難，但他仍有辦法，於十一月五日在羅斯巴何（Rossbach）與法國相戰，法軍由蘇比瑟（Soubise）親王統率，人數雖然超過普軍一倍，但蘇氏無勇略，法軍缺訓練，故被普軍大敗。俘虜達七千人之多。非得利又以出色的戰略與勇氣在布累斯勞打敗了奧軍。奧軍二萬七千人均傷亡或被俘虜。非得利大名由此一戰震動全歐。此戰爲有名的盧丹（Leuthen）大戰。因爲這一場戰爭，有些英國青年，竟要到普魯士去當義勇軍，以學習這位大軍人的戰略。英國每年給非得利約有七十萬鎊補助費，而皮特（Pitt）更時時鼓吹普國以抵禦法國。非得利的榮譽突然達於極點。

一七五八年春由斐迪南王親阻住法軍前進，非得利即向俄國反攻，開始時兩方戰鬥力相等，領土無大變化，但普軍終佔優勢，卒將俄軍打敗。打敗俄軍之後，他立即轉過兵力去薩克森打奧國軍隊。此時奧軍由兩位名將統率，一是道恩，一是勞頓。兩人聯合起來共同籌策突然襲到霍賀其爾鎮 (Hochkirchen) 攻擊菲得利，將普軍打得大敗。哈爾許 (Harsch) 將軍又領奧軍侵入施雷仙圍攻耐瑟 (Neise) 堡壘。菲得利又陷於困境，可是他的迅速的決斷力與迅速的行動又救了他。他急快的繞過了道恩的駐軍，馳至施雷仙將耐瑟解圍。並將哈爾許打退。道恩利用此機會攻打德雷斯登，菲得利回兵援救，道恩退兵，菲得利鑒於天寒，乃停止戰鬥，在布累斯勞過冬。

當七年戰爭打到第四年時，菲得利很不順手。奧軍集結在薩克森境內，迫向柏林；俄軍在奧得河打敗普軍後便威脅施雷仙。他有一次與俄軍相戰，苦戰了六小時，他親自衝鋒三次，有兩匹馬死在他的袴下，他的步兵被迫後退，由夙具胆略的勞頓所率領的奧國的兇猛的騎兵也像狂風一般的衝來。菲得利幾乎被俘。他急忙逃開戰場，派人送緊急文書到柏林，讓王族離開柏林，將檔案移往波次丹。可是同盟國雖然得了大的勝利，但因為互相嫉妬，互相牽扯，不勇猛繼續前進，乃給菲氏以整頓的時間。第五年開始時，普魯士已到了難以繼續戰爭的地步，可是他不顧一切，仍要戰鬥到底。一七六〇年開始時，柏林被敵軍佔領。可是後來菲氏在里格尼玆 (Liegnitz) 戰勝了勞頓，又在陶爾皋 (Torgau) 打敗了奧軍之最小心而有令名的道恩。第五年已過完，可是戰事仍未終了。菲得利因為戰事延長，極端感到苦惱，然騎虎難下，不能不打下去。在一七六一年，菲氏雖未大敗，可是漸漸竟被敵人圍困。勞頓攻陷了拾維得尼次要塞，使施雷仙的一半地方及穿過山地的狹徑的控制權均落於奧人之手。俄國兵也得了勝利。菲得利陷入不可言傳的苦境，環顧四境覺得很難再支持下去。恰巧歐洲政局突然起了大的變化使菲氏一懼一喜。英國同情於菲氏的皮特 (Pitt) 因英王喬治第二 (George II) 逝世，喬治第三即位而退職，由步特 (Bute) 爵士繼任。步特認為英國應與法國講和以擺脫大陸上的糾紛。因而步特使英國停止對普魯士所給的一切資助。菲氏自然十分苦惱。但他雖去了英國却平空竟得到了俄國。一七六二年正月五日，俄國女皇伊麗沙白（Elizabeth）忽崩。他的兒子彼得第三（Peter III）繼位。彼得是最崇拜菲得利的。他立刻釋放了普魯士的俘虜，又使他們回到普國去。他下令撤兵。並且要求普魯士給他一個普國軍隊的名譽職，因此他便穿着普軍制服，胸上佩着黑鷹章，並又送給菲得利一萬五千精兵。雖然彼得不久被弒而死，女皇凱撒琳第二（Katherina II）登基不准他的軍隊受菲氏指揮，不對菲氏表示友好，可是她對於她丈夫所締結的和約仍然遵守，因而菲得利便無東顧之憂了。同時英法兩國講和一同退出戰場，對於日爾曼戰爭各守中立。戰場上祇賸了普奧兩國。這時土耳其在匈牙利邊境集結十萬大軍威脅女皇。她乃於一七六三年二月在胡柏斯堡（Hubertsburg）訂立和約。七年戰爭便結束了。時在一七六三年二月十五日。

在初開戰時，一般人均認普魯士必敗。可是菲得利認爲敵國散處遠方，極難有緊凑聯絡取一致行動，他們彼此，利害衝突，互相嫉妬，軍事計劃與行動均不能與普軍相比，故普軍有獲勝利之可能性極大。菲氏的看法果然實現了。同時普軍之訓練，克服困難之毅力，與紀律之嚴明，均非別國所能及，故每於危境能造出勝利之機會，此亦爲普軍勝利之主要原因。

六　老年與遺囑

當七年戰爭結束之後，菲得利回到柏林，曾給達爾恩侯爵（D'Argens）一信：「當我回來時已是一個老人了。對於這個城除了墻而外我一點都不認識，在此地再見不到老友，却有無數的工作在等着我，在此地不久我就要把我的老骨頭放在墳墓中了」。

他雖然功成名就，年歲已老，可是他並未休息。他現在沒有友國，英國拋棄了他，俄國自彼得第三死去，突然對他敵視。惟有一七六三年時土耳其曾對他表示好感，所以現在惟有她是他的朋友了。他認爲與俄國同盟必能獲得大的利益，乃於一七六四年四月與俄結盟。規定兩國之一如發生戰爭另一國必須出兵一萬二千，補助費四十八萬泰拉。他們又選擇斯坦尼斯勞斯•奧故斯徒斯(Stanislaus Augustus)為波蘭王。後來因為宗教的衝突，俄皇採高壓手段，致激起波蘭南部數省反叛，俄軍侵入波蘭並追叛黨至土耳其，焚毀土國一鎮，俄土戰事乃起。普魯士不得已按條約規定津貼俄國。同時因俄國屢獲勝利，普國因恐懼而嫉視，乃想尋找聯盟以求均勢。

奧國此時見俄國獲勝，也想聯絡普國。兩者目的相同，又因奧皇約瑟夫第二(Joseph II)於一七六五年即位，他因崇拜菲得利而願與普國和好。他常與菲得利見面，菲氏也以極大禮貌與歡娛相與週旋。菲氏不僅對奧軍之訓練表示誇獎，並承認曾將他打敗的特朗為老師，與勞頓見面時稱他為元帥並與他並肩進餐。此外，菲氏與奧皇會見時為避免以先在戰場上之仇恨特命全體出席之普軍將領及他自己均穿奧軍軍服，菲氏對他的戰敗者求友好之表示真是無以復加，後來俾斯麥對他戰敗的奧國所表演的一幕最精彩的外交劇大概也是從菲得利學來的。在一七七二年俄，普，奧三國瓜分波蘭。菲得利得到了泡沫雷爾(Pomerelle)及其他地方。他的頭銜改為"普魯士的國王"不是以先所稱的"普魯士內之國王"了。瑪麗•泰麗莎對瓜分波蘭很表不滿。關於此事她向康尼茲諭道：「當於我的領土在各方面都受攻擊時，我真不知道那一塊地方是我的安全地帶。我依然依仗正義以及上帝的幫助。但是關於這件事，不僅大衆向上天所作的正義的呼聲反對我們，就是對於通常的明哲與正義感也違犯了，在一生中我因此感到最不舒服，及最大的羞辱。」這位貴婦人的正義感確可敬佩。

菲得利急忙到新得的地方，西普魯士，作繁榮的工作。對行政大加改革，建立學校，整頓司法，防止傳染病，促進工商業，開墾荒地，設立郵局，他治理這塊地方，與治他的本土是一樣的不遺餘力。

自從瓜分波蘭，俄普兩國友誼感到動搖，但不久因為凱撒琳女皇之子保羅大公(Herzog Paul)之妻死，乃由普國亨利(Heinrich)親王提議將普國一公主嫁他。

由此兩國便又和好如初了。 當菲氏六十七歲時，因爲奧國侵略巴燕(Bayern)，又與奧國起了戰爭，他自領一軍又上戰場——時在一七七八年四月五日。 七月十三日他的先鋒又到了包希米亞邊界。 泰麗沙不願她兒子約瑟夫陷於危險，乃向菲氏求和，但所提條件，菲氏不接受。 菲氏此時身體已甚衰弱，可是他仍然和年青時一樣，騎馬立於危險的陣前，並不以生命爲意。 他曾受傷，可是他仍不退後，後來因爲軍糧不足，疾病流行，他乃退兵，但因退兵得法，故令名並未受損。 福祿泰爾在前一年死了，菲氏寫一論文以紀念他，內中充滿熱情，此文他曾在柏林學術院宣讀。

後來在一七七九年三月停戰，奧國退還了在巴燕所得的領土。 而普國並未向巴燕索求報酬。 德意志各邦均承認他公正。 而巴燕人民更對他感謝，在農村之中常有他的像片懸在室內與他們所供奉的高爾밀安 (Korbinian) 守護神並列，從此 "der Grosse" 這個美名便落在他的頭上了。 可是他青年時的美夢再不回來了。 無憂宮中的髮光衣影，巧笑歌聲，再不存在了。 他的門齒已落，不能再吹他的得意的笛子，他的衰老的身軀，祇有使他在回憶中回味已往的甜蜜。他爲了他的密友及爲他出力的英雄建築五個雕像，並賜給爲他出力的老友以最大的溫情。 我們看他對於年老的齊丹 (Zieten) 所表示的便可知其餘了。 齊丹每到柏林菲氏必去看他。 有一次在國王宴會桌上齊丹睡着，別人想喚醒他，可是菲氏說：「讓他睡罷。他照顧我們太久了。」 在一七八四年菲氏去柏林參加狂歡節，齊丹時已八十五歲，也到王宮去見菲氏。 菲氏看見他時立刻趨前爲禮表示極熱切的歡迎。 並認爲齊丹以如此高年來看他，實不敢當，假如知道齊氏來，他必下台階去迎接他了。 菲氏問這老人的健康，老人說：「我身體很好，尙然吃肉飲酒，可是也老朽了。」 菲氏道：「聽你頭半句話很使我高興；可是你站着一定乏了。」 立刻吩咐給他拿椅子。 老人不肯坐。 菲氏道：「老父，坐下罷，否則我就離開這屋，以免打攪你了。」，老人乃坐下，菲氏站着他與談了多時。

他對於別的老友大率如此。如對於傅奎（Fouqué）因他年老不能再常來無憂宮，菲氏便親自常去看他。並常贈饋他精美的食物，百年以上的美酒等，因他難於步行，不能陪伴國王談話，乃特做一椅，由人拉他遊行無憂宮園中，菲氏步行在他身旁。因他年老發音不清，乃特製一傳聲器給他。可見菲氏對待老友眞是無微不至了。

有一次他按鈴喚侍僮，不應，他去看他，見已熟睡，在衣口袋中露出半截信，心爲好奇所引，菲氏將信抽出看見是該僮之母所寫，大意是感謝她兒子將節省的金錢送給他用，並囑他忠心侍奉上帝與國王。菲氏看完還了，便回屋取出一捲銀票放在該僮口袋中，然後按鈴喚醒他。問他：「你睡了嗎？」該僮臉變白了，不由得將手伸入口袋內，取出一捲鈔票，他大驚跪下說：「這是別人陷害我放在我口袋裏的」。菲得利答道：「這是你睡夢時上帝送給你的，快給你母親送去罷。你母親與你以後由我照顧。」

在他暮年，音樂，戲劇都不能給他快樂，他乃專心研究學問，在學問中找樂趣。並在一七八〇年寫一篇關於德國文學的文章題目是：德國文學；其缺點，阻礙及其改進之方法。文章不很好，可是對於德國文學抱着極大的希望與鼓勵。

他因爲受國民的愛戴，宮前並不設置守衛兵，有一個人晚間走入宮中，絲毫未遇到阻攔，見他祇蓋一個氈子在沙發上睡得正熟。當他騎馬在柏林街上行走時，街上人常圍住他狂呼，尤其小孩子們更不放他，跟着他亂嚷亂鬧。有一次他發怒了，說，「這羣孩子爲什麼不送到學校去？」孩子們喊道：「嚇！嚇！你還是國王呢，連星期三下午永遠放假都不知道！」

他的腰已竟潛了，可是他仍然照常處理國事，仍然每天檢閱軍隊，在一七八五年在施雷仙閱軍，他在馬上騎了五個鐘點，可見他精神之卓越。在次一年他得了水腫症，已不可救治，但他仍照常辦公，並且感到去死不遠，乃急將所有行政計劃均積極告一結束。在一七八六年一月二十六日齊丹死了。菲得利聽見這個消息十分感動。 有些將軍進見他都不敢提及此事，可是他自已喟然說道：「好，我們的老齊丹就是在死時也表示他是一位好的將軍。 當戰爭時，他永遠當先鋒——他現在又先走了。 我常是統帥中軍——我將隨他去了。」

四月來了，空氣清新而溫暖。 菲得利希望自己的身體也能與自然物一樣能夠重生新的力量。 陽光照在他的身上他很覺快活。 他常坐在波次丹王宮前椅子中吸新空氣。 守衛兵怕有人攪擾他在他不遠地方站着。 他召他們到身前用仁慈的聲音說道：「我在這坐着，你們站着太累，可以來回的走一走。」他常想再騎一騎他的愛馬康得(Condé)，可是他沒有力氣了。 到夏天時，他痛苦異常，不能睡眠，晝夜均坐在椅中。 但他的態度依然安靜。 毫不表出他內在的痛苦。 從來沒有一聲呻吟。 他夜間咳嗽，通夜不睡。 但這個並未使他間斷公務。 從此，他便在清晨四點到五點之間召見他的內閣大臣。 他向他們說道：「我的健康強迫我讓你們不舒服，但這個不會長久。 我的生命已到最低潮。 只要我存在一日，我便要利用那一日。 時間不是屬於我的，乃是屬於國家的。」

有一天，他被人用椅子抬出在宮前沐着日光。 當他仰視天空時，他喊道：「我不久將要與你更接近了。」 到八月時，他的病已到危機，在十五那天他辦了許多事並且指示次日在波次丹作軍事演習的戰略，依然十分正確，並特別與地形相合適。 到十六日他未召集閣員，陷於沉迷。

一七八六年八月十七日他逝世了。

他的遺囑如下：「我們的生命乃是從降生至死亡之間的一段迅速旅行。 在這個短期間人的目標乃在求社會的幸福，因爲他是該社會的一員。 自從我繼位秉國政以來，使用全力工作，使我所領導的團體昌盛繁榮。 我曾維護法律與正義；我曾使財政走入正軌出入相符；我曾使軍隊達到某種紀律俾能與其餘歐洲各國相並肩且超過之。 由於如此的爲國盡職，我要責備我自己忽略了我的家務。 因此，爲了防止與我密切關係的人對於我的財產發生一切可能的紛爭，我藉着這個莊嚴的記錄宣佈我的最後的願望如下：——

「我毫不遲疑的將我的生命交與"自然"並將我的身體交與所組成牠的分子。我曾爲一個哲學家，因此我希望埋葬時，不要鋪張，飾示，或炫耀。我不希望我的身體裸露或塗香油。將我安置在無憂宮我早已預備下的地下墳墓。假如我死在戰場或死在旅行，將我葬在最近的地點，然後在冬季時將我運到無憂宮。

「我遺給我的親愛的侄子菲得利•威廉，我的繼承者，普魯士王國，省，城，宮殿，堡壘，要塞，所有的軍火，土地，礦場，或是由於世襲或是由於征服的均在內，及王冠上的珠寶，在柏林所用金銀器皿，我的鄉下的房子，我所收集的錢幣，圖書陳列室，花園等等。我並特別將財庫遺交與他，但必須在我死時，並且因爲這財庫是人民所有，故由他保存，並且惟有因爲保護他們與供濟他們方可動用。

「假如當我病的時候我欠了一點債，並且因我死亡未能償還，則由我的繼承人承還這就是我的遺囑。

「對於我的王后，我的配偶，在她現在所據有的收入之外，再每年給她一萬泰拉，每年兩桶酒；燃料，食物均免收一切費用與課稅。因爲以上各點我的王后允許指定我的侄子爲她的嗣子。因爲沒有她的合適住處讓渡給她，在名義上且住在什特亭 (Stettin) 。但我要求我的侄子在柏林的王宮中給她預備些合適的房間並免收一切費用：他應當對她表示她是他伯父的妻室所應得的尊敬，並且永遠不許背棄善德。

「關於我個人的財產，因我從來不貪婪或富裕，所以沒有多少可以處置。我從來認爲財庫是我的救急的方舟，不潔之手是不能接觸牠的。我從來不將公款用作私用。我每年的用費從未超過二十二萬泰拉。我對於財富的管理沒有可以使我良心不安之處，所以用不着對於我要委交他人管理的財產一一說明。

「我指定我的侄子菲得利•威廉是我惟一的嗣子。

「我以感情向我的嗣子推薦在戰爭時受我指揮的官吏。 我特別請求他對於在我身邊服務的人員要供濟他們；不許他辭掉任何人，不許他們在貧困中度他們的疾病與老年，他將要發現他們是有才智的軍人——曾經證明他們是有能力，勇氣，熱心的人。

「我更要我的繼承者尊敬他們的叔伯們，姑母們及其他親屬。 人的命運都受機會支配，機會決定人的祖先，並且人也不能因爲他當了國王便更有價值。對我所有的親屬都要和睦相處，並且不要忘了犧牲自己的利益以謀全體的幸福。

「當我吸最後一口氣時，我的最大的渴望，是：我王國的繁榮，及是否牠的政府本着正義，智慧與決斷來處理事務；是否牠的寬和的法律使牠得到最大的快樂，及適當的財政管理使牠爲各國家中的最昌盛者；是否牠的軍隊因爲注意光榮與名譽，而將牠保護得更爲穩固；啊，是否牠能享的最大的繁榮一直到地球的末日！」

論雷興的拉奧空

Über Lessings Laokoon

常蓀波著

一

我們對於雷興的估價不論如何不會是太高的。他生在一個啓明運動的時代，他賦有深厚的人道精神，他的興趣是多方面的，他的學識淵博，具有銳敏的識見與理解力，以一人而具備這些條件，無怪對於他的時代的文化能有那樣的貢獻，他的影響能及於整個的歐洲。雷興是一個繼往開來的人，也正因此故，他的重要與偉大更遠超過一切偉大的與重要的作家。就他的文化活動而說，他在宗教問題方面的探討與論辯給與歐洲人思想上，人生態度上與宗教與人生的關係上許多重要的提示與悟識；而在文學批評方面，他以希臘主義者的立場承受了，並且綜合了，他以前及同時代的美學思潮給近代的美學開闢了道路。他在德國的重要更不待言。他的同時代的文學者正在力圖樹立德國的民族文學，他的努力也完全傾注在這方面，他介紹英國文學與古典文學，宣揚眞正的希臘精神，糾正並駁難那一班偏狹的文學者與法國的擬古典主義。在創作方面他給德國文學建立了一個新的傳統，他創造了德國的布爾喬亞戲劇，悲劇與喜劇。有了雷興的努力——他的智慧照耀及文化的各方面——德國的十八世紀的下半世紀才有了那樣煌輝燦爛的成績——「狂飈時代」(Sturm und Drang)，所以歌德，釋勒與赫德 (Joh. Gottfr. Herder, 1744—1803)(一) 對於這位篳路藍縷的前輩十分敬仰與尊崇。

(一) 詩人，哲學家與批評家，歌德的朋友。

拉奥孔是雷興在美學方面與文學批評方面最重要的一部貢獻。我們在介紹這部著作之先應該先明白雷興撰寫這部書時歐洲的學術狀況，他所承受的影響，以及促成他着手寫這部書的動機。

從十五世紀末葉至十八世紀中葉歐洲人攷古的興味大盛，在意大利古物逐漸有所發現。阿波羅像（Apollo Belvedere）是首於十五世紀末發現，繼而拉奥孔像，赫叩雷(Herakles)像，尼阿布（Niobe）像，均先後在十六世紀被發現。在十七世紀中葉以前沒有人看見過紀元前五百年至四百年之間的任何一個希臘雕刻品，而在十五十六世紀時古代的雕刻也只不過被藝術家視爲模特兒。十六世紀以後許多學者以爲古代詩歌與古代造形藝術特別適宜於互相解說與參證，在此種影響之下才對於古代藝術品開始了純粹的學術研究。雷興在拉奥孔中對於司彭斯(Spence)（二）與伽魯司(Caylus)（三）的批評和指摘正是爲了駁詰當時流行的這種概念。從十八世紀開始一直到十八世紀中葉繼續不斷的考古發掘更激動研究古物的興趣。溫克曼(Johann Joachim Winckelmann,1717—68)（四）的古代美術史（Geschichte der Kunst des Alterthums, 1764）中討論古代繪畫的地方即是根據他自己在羅馬參觀這些發掘品的獲得。一七五〇年左右英國，法國，德國的學者都熱烈地研究美學。第一個是包木嘉吞(Baumgarten)（五）給了研究美的科學「Ästhetik」這個名字。一七五一年以後英國的學者專門研究希臘本土的刻石，而在羅馬的許多有價值的發掘品被運往英國者極夥。隨着古物的發現與研究於是藝術批評也應運而生，一方面是研究藝術的欣賞歷史，一方面是對於美的問題的思攷。

在這個時期關於美學方面貢獻最多的是幾位英國的作家。巴克（Edmund

（二） 英國十八世紀的著作家。 此處指其"Polymetis"，一七四七年出版。

（三） 法國十八世紀的著作家。 此處指其"Tableux tirés de l'Iliade, de l'Odysée d'Homère et l'Enéide de Virgile, avec des Observations générales sur le Costume", 1757—8.

（四） 十八世紀德國的古典學者。

（五） 十八世紀德國的美學家。

Burke, 1729—1797)，開母司(Lord Kaimes, Henry Home, 1696—1782)，霍格玆(William Hogarth, 1697—1764)，與棱諾爾玆(Sir Reynolds, 1723—1792)對於德國的美學運動極有影響。他們的著作差不多都是在包木戛吞的美學第一次出版(一七五〇年)的十年之內相繼刊行的。霍格玆的美的分析(Analysis of Beauty)一七五三年出版，而一年多後雷興的朋友邁利司(Christof Mylius)譯爲德文，雷興給譯本撰序介紹。巴克的論崇高與美麗(Essay on the Sublime and Beautiful)首發行於一七五六年(完全的第二版在翌年刊行)，雷興好久蓄着繙譯它的計畫。棱諾爾玆在閒散人(Idler)上發表的文章都是在一七五八年與五九年之間刊登的。開母司的批評要義(Elements of Criticism)在一七六一年出版，由麥哈特(Meinhardt)譯爲德文，甚得雷興的稱讚。

雷興對於這些著作的意見可以從雷興在一七五八年的一封信裏批評巴克的話來窺測一二，「作者的原理雖然沒有多大的價値，而他的書若當作哲學家所假定的觀念與意見的一個無可比擬的搜羅詳盡的總集是非常之有用的。他收集了所有的材料，系統極爲嚴明。」

巴克與開母司有許多相同之處，我們應該把他們兩個放在一起討論。他們兩個基本上一致的一點是，如巴克所說，任何種情緒之自然發洩，縱然它是痛苦的如恐怖的情緒或引人憐憫的不幸的情緒，其本身也是令人貽悅的。或如開母司所說，一種痛苦的情緒，若非變態的劇烈者，思索之時是悅意的。這種意見引出很重要的幾個結論。

一、巴克以爲痛苦與恐怖可以產生快感，並可消除危險的與煩擾的牽累，這個概念與以後的美學者對於亞里士多德的"宣洩說"(Katharsis)所加的解說極相近，而且巴克正是給予這種解說的啓示者。

二、認爲崇高是在美麗之外，它是指示痛苦與危險的觀念與自衞的原理相關連着。而美麗是指示快樂的觀念與人類的社會天性相關連着。在這一點巴克與開母司都是遵循朗占諾司(Longinus)，可是承認崇高與美麗並列這已表明在美的鑒賞上一個偉大的擴展的開始了。巴克甚至還承認醜惡，雖然與美麗是相對的，與高崇有部分的一致。這是很重要的一點。

三、從痛苦的情緒也是令人怡悅的這個原理，巴克提出這個永恆的問題的答案：「何以我們看了實物令我們痛苦的表現會有快感？」巴克以為事實並非如此；眞正的不幸與災難並不引致旁觀者的純粹痛苦。因為當作情緒來看，它們是令人怡悅的，雖然內容是痛苦的。比方說一個劇院正在上演最好的悲劇，假若聽衆聽說在劇院附近有一個地位高貴的國事犯將要被正法，劇院立刻便會一掃而空。

四、這幾位著者的其他意見很富有歷史的意味。開母司認為秀雅（Grace）是與崇高相對的，這也許是得了巴克的暗示，而且他認為秀雅與動作有關。這些觀念後來在德國思想中很發達，多半是雷與從開母司得到啓示而介紹了的。

巴克與開母司二人也曾提示到詩歌與繪畫之間的差別。巴克，也如同雷與在拉奧孔中一樣，引用了伊里亞（Ilias）敍述海倫（Helene）之出現在特洛亞（Troja）長老中產生的效果那一段與斯賓塞爾(Edmund Spencer, 1552—1599)詩中對於一個美麗的婦人詳細瑣碎的描寫比較。巴克指明詩歌，嚴格地說來，並不是模仿的藝術；開母司更進一步主張，一張圖畫只限於一個頃刻的時間，不能以連續發生的事件作題材。還有一點更重要的，開母司已經預想到雷與後來提出希臘劇中時間與地方一致律和合唱隊之連續的出現之關係。

霍格茲的美的分析在一七五三出版而一七五四年雷與在佛司報（Vossische Zeitung）上就撰文介紹與以熱烈的歡迎。那時雷與才二十五歲。他說霍格茲的觀念是給整個藝術的研究散佈了一個新的光亮，並且足以箝制一般認為“鑒賞無論辨”的人之口。後來在德文譯本的序言中雷與指示出決定構成美的線條的灣曲的程度與種類之困難；他以為數學的研究也許可以解決這困難。

棱諾爾茲一七五九年在閒散人上發表的三篇文章中有篇論雄偉體(Touching the Grand Style)，似乎是有意反對霍格茲的主張的。他在開始幾頁內就嘲笑

「構成秀雅與美麗的飄蕩的線條」，與「金字塔形原理」。棱諾爾茲認爲一種生物客觀地說來是不比另一種生物更美麗；不過在同一種生物中美麗是所有各式形像的媒介或中心。他這個意見對於我們的從種到個體，與從不變到變的法則中心的或主要的本體的概念影響甚大。

棱諾爾茲還爲天才的權利辯護，反對批評條規之重要性。他好似預想到德國的"天才時代"，與固執死板的批評條規的傾向。這四個人中，霍格兹的古代形式主義之發展，巴克的承認崇高是美麗的一個補充，反對只求勻稱之崇拜，開母司的允許痛苦存在於快意的情緒的範圍之內，與他想將當時的戲劇從時間與空間的苛酷的規律之中解放出來的渴望，與棱諾爾茲的將雄偉體與裝飾的形式主義分離開，而以正常的或中心的自然傾向解释雄偉體，在十八世紀德國的美學思潮中我們正可以尋繹出這幾個人的觀念的迹象。那時候的德國，在雷輿與他的同時代的人們建樹起一個活潑的進步的美學之前，也正是在古代的規律與近代的表現之間彷徨着，激蕩着。

十八世紀的初期在德國是一個充滿各種活動的一個時代。從英國與法國吸收來異邦的材料急切地取而用之，結果對於一般缺少經驗的天才產生了極古怪而紛歧的效果。這對於後來美學思潮的發展影響極大。雷輿接受自他的以前一個時代有兩個重要的批評問題：(一)德國民族劇與僞古典派的法國劇院的關係，也就是與法國人所奉戴的古典作家的眞正精神的關係；這個問題的解答形成他的漢堡劇談 (Hamburgische Dramaturgie, 1767—68) 的主要題材；(二)描寫的或繪畫的詩歌的價值，這種藝術表示出古典精神的沒落與近代人對於自然的情感之氾濫，而且似乎是被古代人的理論與當時的人對於在自然對近代人對於模仿中藝術所付與的因襲習慣之誤解所維護着。討論詩歌的美與繪畫的美之間的關係正是雷輿的拉奧空的題材。

第一個問題與哥特舍德 (Johann Christoph Gottsched, 1700—66)(六)是分不

(六) 十八世紀德國的詩人，戲劇家與批評家，曾任來比錫大學的哲學與詩學教授，他對於德國語言與文學的貢獻極大。

開的；而第二個問題與伯德麥 (Johann Jakob Bodmer, 1693—1783)(七) 和布賴廷革 (Johann Jakob Breitinger, 1701—1774) (八)，所謂瑞士派批評家，有密切的關聯。雷與一七四六年在來比錫大學讀書的時候哥特舍德正在那裏講哲學史與詩學。他在當時的德國代表對於毫無形式的戲劇一個反動。他想擔當起創造一個德國文學的事業，特別是一個能與英法兩國並駕驅騁的戲劇。他用他整個的精力，並利用他的地位，與信奉他的一般文人撰編劇本，作文章鼓吹，又大量繙譯法國的戲曲。結果他以在當時歐洲的文學世界中流行的代表古典趣味的觀念的法國劇或模仿法國劇的德國劇代替了十七世紀以來盛行的粗野的丑角戲與浮士德劇。

雷與是一個希臘主義者；他不惟信奉古典作家，他還信奉莎士比亞，在戲劇問題上是唯一的指導者；因此他極不以這種以法國劇來改進德國劇的主張爲然。他以爲這種影響極有害而且完全走了一條錯誤的道路。當時有的刊物上說，「沒有一個人肯否認德國劇之能有今日之發展者，大部分是拜哥特舍德教授之賜。」雷與駁道，「我正是那個人。我全然不承認這種話。我還寧願哥特舍德從來不曾過問劇院的事。他自詡得意的改革或是些瑣微不足道的地方，或者是反而改的愈壞了。…… 他的目的不在改良古代的德國劇，而在創造一個新的戲劇。請問他創造了什麼新的戲劇？一個法國化的德國劇；而毫不曾考慮過這個法國化的劇本究竟適合於德國心靈與否。」

所謂瑞士派的批評家與詩人伯德麥和布賴廷革與哥特舍德差不多是同時代的人。他們與他們的朋友和信徒代表着反對哥特舍德的主張的一大派別。他們表現出極端意見的調和與古代的和近代的生活之間之一致的感覺。詩人魏蘭 (Christoph Wieland, 1733—1813) 青年的時代是瑞士派的朋友，他可以視爲是這兩個時期的文化之間的差別的一個衡量度。瑞士派擁護荷馬，彌爾頓 (John

(七) 十八世紀德國批評家，詩人，曾迻譯英國彌爾頓的失樂園。

(八) 十八世紀德國著作家，批評家。他與伯德麥都是蘇里喜 (Zürich) 人，故稱瑞士派。

Milton,1608—1674)，與阿利歐司托（Ludovico Ariosto, 1474—1533）反對哥特舍德的僞古典主義。在瑞士派的影響之下，傷感主義（此如詩人柯羅普史托克 Friedr. Gottlieb Klopstock, 1724—1803, 所代表的）與對於農民生活和浪漫的景色的興味同時在詩歌中產生了。以詩來詳細描繪自然界的景物的圖畫的詩歌是因湯母生（James Thomson, 1700—1748）(九) 的長詩四季(Seasons)激動的。四季在一七四〇年至一七四七年間由布羅克(Barthold Heinrich Brockes,1680—1747)譯爲德文，瑞士派人更撰寫文字提倡圖畫的詩歌，於是一般作者都追隨這個新的風尙，結果產生了哈勒爾（Albrecht von Haller, 1708—1777）的阿爾卑司山(Die Alpen), 克萊斯特（Ewald Christian von Kleist, 1715—1759）的詠春詩(Frühling, 1749）與蓋司那爾（Salomon Gessner, 1730—88）的牧歌（Idyllen, 1760)。

在考古學方面司彭斯與伽魯司的意見很有力量。他們主張詩歌與繪畫這兩種藝術就它們的限制說似乎沒有重大的區別，在雷興以前的時代似乎極爲流行，而這個概念在瑞士派的批評中更被特別提到。雷興撰拉奧空的目的據說即是主要地爲了辯駁這個意見，猶如他的漢堡劇談是對哥特舍德和那些被崇奉的法國偶像而發的一樣。溫克曼起初也是一個瑞士派，他在他早期的一部作品論希臘繪畫與雕刻之模仿（Gedanken über die Nachahmung der griechischen Werke in Malerei und Bildhauerkunst, 1755）中曾說過這樣的話：「繪畫的範圍也如詩歌的範圍同樣的廣大，畫家能追隨着詩人，就如音樂家能追隨着詩人，是可能的。」這句話確實提示了拉奧空的副題，"論詩歌與繪畫的限制"（Über die Grenzen der Malerei und Poesie)。

但是拉奧空的產生並不全是因爲瑞士派與湯母生的詩的刺激。盧騷（Jean Jacques Rousseau, 1712—1778）與索緒耳(De Saussure, Horace Bénédict, 1740—1799)(十)對它也很有力量。盧騷是近代浪漫自然主義的眞正創始者。盧騷

(九) 英國十八世紀墳園派詩人，以描寫自然界景色著名。

(十) 十八世紀瑞士的自然學者。

在歐洲是一個具有多方面影響的思想家。假如盧騷是第一個酷愛自然的傷感主義者，則他的同鄉索緒耳是第一個登山的學者。我們在今日無從推知白山(Mont Blanc)在索緒耳攀登上去以前（一七八七年以前）歐洲人的知識與感覺若何。在索緒耳的著作中，科學的精神與藝術的精神調和在一起，對於以後人們所具有的阿爾卑司的美的感覺給予了極深刻而有力的影響。

雷興的地位是介乎實際的批評家與思攷的批評家之間；藝術的立法者與美麗探究者之間。近代沒有一個人像他那樣把不經批評無條件地接受自傳統的那些藝術公式豐富地提示出來，而以活潑的洞識力代替了那些公式啓示給我們在古典的世界以及浪漫的世界中人性的共同根源。可是他也並非拒斥規律。他相信批評家是詩人的嚮導。他認爲眞正的詩歌規則都包含在荷馬與索佛克雷(Sophokles, 紀元前 496--406)(十一) 的作品中，而在亞里士多德中有詳確的解釋。他在漢堡劇談中把他自己的主要論點講得極詳盡。

「我不是演員，也不是詩人。我的朋友們常以後者的榮銜寵錫與我。這只不過因爲他們誤解我了。如此寬大的一個結論不應自我所嘗試的那些戲劇企圖推繹出的。每個手裏玩弄畫刷，塗抹顏色的人未必都是一個畫家。我最早的作品是在一個世人以享樂與技術巧妙爲天才的時代寫成的；我在以後的作品中那些差强人意的作品，我自己十分明白只不過，而且完全是，得了批評的好處。我自己並不覺着那暢流的溪泉是因他自己那純粹而源源不絕的噴射力量升湧起來的；我必須用喞筒吸壓出我自己的泉水。假若我不曾學得到借用他人的財富，在他人的火前溫暖我自己，並且用藝術的透視鏡加强我的眼力，我該是如何之貧乏，如何之冷冰，如何之短視。因此，當我聽見任何輕蔑批評的言論的時候我是多麼煩惱或羞怒。人們說批評妨礙天才；我却欣幸我自己，批評恰賜予了我極與天才相似的事物。我是一個跛者，他不能受一篇譏嘲拐杖的文字的教益的。

(十一)　希臘三大悲劇家之一。

「但是，雖然拐杖幫助跛者從這裏挪動到那裏，可是它却不能使得他成爲一個跑家：批評之於詩人也正如此……但是詩人可以更仔細地探尋他自己錯誤之所在。　那保證我不曾犯了如此的錯誤，與我不曾誤認戲劇藝術的要素者是因爲我確切地了解戲劇藝術完全如亞里士多德從希臘舞台上的無數的傑作抽繹出的戲劇藝術一樣……我毫不躊躇地承認（縱然在所謂啓明的時代我也將要因它被人嘲笑不已）我視（亞里士多德的）詩學猶如歐几里德的幾何原理一般的正確無誤，它的原理也是同樣的眞實與確切，只不過不像原理那樣簡單，因此之故引起許多誤解。　我尤深信不疑者，關於悲劇我能證明，它的學說是極完全地被保存下來遺留給我們，戲劇作者若稍不遵循亞里士多德的指導，他絕對達不到悲劇的完美境界的。」　他又接着講法國的悲劇久已被認爲是古典規律的具體表現；德國的天才被那些違反法國規律的英國悲劇覺醒了，於是德國人走了一個極端，遂認爲這些規律是不必需的，甚至是有害的。　「這個姑且不論——但是他們却開始把一切規律與這些規律淆混在一起，認爲指示天才何者可以作何者不可以作是迂腐。總而言之，我們是僭越專橫地擯斥一切過去的經驗，而要求每個詩人應該給他自己重新發明藝術。

「我若認爲我很有所貢獻於我們的劇院這未免太自負了，假若我推測到我已經找到阻止我們的鑑賞的這種發酵的方法。　不過至少我可以自己驕傲於人，我一向是向這個目的努力着的，因是我所研究的再沒有比攻擊法國舞台的規則的妄想更厲害的了。　世界上再沒有一個國家像法國那樣誤解古代戲劇的規律如此其甚的。　他們在亞里士多德的書中發見的關於劇中便利的安排偶爾說過的無足輕重的話，他們竟視爲重要的意見；而在另一方面，他們却用各式各樣的限制與解說來把那些眞正重要的意見如此刪削使其變得不足輕重了。

「我大膽在這點有所申言，你們相信與否悉聽尊便。　請給我看那位偉大的康尼耶 (Pierre Corneille, 1606—1684) 的作品，那一篇我不能加以改正？　你們願意賭什麼？

「可是不要如此。 我不願我的這話被視爲大言不慚。 所以請仔細注意我又說什麼話來補充它。 我確實應該修改他的劇本——可是那要與一篇康尼耶的劇本距離的很遠，那與要成功爲一篇傑作的距離也很遠。 我確實應該修改它，而我修改了他我也不應自鳴得意。 我所應作的只不過如像我一樣對亞里士多德具着同樣的信心的任何人應作的一樣。」(十二)

我們若回想起瑞士派追隨着湯母生介紹圖畫的描寫於詩歌之中，而溫克曼在他早年的作品中早已說過造形藝術的最高目的是譬喻，我們便不難明白雷與題爲拉奧空或論詩歌與繪畫之限制的這部著作的主要論點是什麼。 它的主旨，簡單說來，就是排斥圖畫的描寫於詩歌之外，與否認造形藝術和動作有任何直接的關係，因此也不承認造形藝術與表現或表象有任何的關係。 雷與的主張無疑是有點偏頗，而詩歌的限制被他弄得窄狹了，爲了要符合那從繪畫的領土割棄許多部分的同一個原理。 可是雷與因是他個人的天才的關係他維護詩歌，而溫克曼則維護繪畫與雕刻。 他們的成就從抽象的探索到具體的，承認美有許多的等級與形體。

雷與所以撰拉奧空的直接原因是因爲溫克曼在他的論希臘的繪畫與雕刻作品之模仿中說過希臘雕像上的表情總是呈現出一個偉大而鎮定自若的靈魂，他用著名的拉奧空的雕像說明，那雕像上的拉奧空的面容上絲毫沒有表示出在那樣不幸的情景中應有的極度的痛苦，而更可貴者，他沒有像詩人魏吉琉 (Virgil, Publius 紀元前70—19) 描寫的那樣喊出聲音來。 雷與對於溫克曼加與魏吉琉的批評很不滿。 他說在雕像上拉奧空的面孔上沒有焦痛的表情，也沒有要喊呼出聲的模樣——這些他完全承認——不應以希臘人性格的要求來解釋，而應以希臘藝術的規則來解釋的；換言之，描寫極度的痛苦與其表現在詩歌中是合法的，却與美的規則與目的不能相容，而美是造形藝術中最崇高的。 就從這一點開始雷與討論詩歌繪畫之間的各種問題。

(十二) 見漢堡劇談 ii, 101—104. 中德學誌二卷二期二五一至二六五頁載有本段中文譯文。

二

雷興的這部著名的論文以討論拉奧空開始，而且在書中有好幾次又提到拉奧空，所以他卽用拉奧空來作書的名字。希臘拉奧空的雕像與羅馬拉奧空的詩歌供給他研究，比較，這兩種藝術的材料。

拉奧空在希臘傳說中是特洛阿波羅(Apollo)神廟中的祭司，因為忤了神的意旨結了婚，他與他的兩個兒子在包西頓（Poseidon，地中海之神）的祭壇上正在奉獻一隻牡牛的時候（拉奧空正是執行這祀典的祭司）突然遭受毒蛇的襲擾。拉奧空之受這個懲罰還有一個原因。當希臘人圍攻特洛城多少時日而仍攻不下，佯裝要放棄了整隊乘船回去的時候曾遺留下一隻巨大的木馬。拉奧空知道這是希臘人的詭計，他竭力苦勸他的特洛同胞不要將木馬拉進城，因此他才遭受天譴。羅馬詩人魏吉琉在他的史詩伊尼亞 Aeneis中描寫拉奧空大聲疾呼地勸說特洛人道：

「一個人當前，後面跟隨了一大羣人，拉奧空急急慌慌地從碧堡的高處跑了下來，老遠地就大聲吼道：『呵，不幸的公民們！你們這是多麼的狂顛？你們竟相信仇人果然已經揚帆而去了嗎？或者你們以為希臘人送的任何禮物都是無奸詐的？你們可知道鄂地色（Odysseus）這人的狡譎？或者他們是在這個木馬的間架裏包藏了潛伏着的亞海伊人（Achaeer 指希臘人），或者這木馬是為了攻打我們的城池之用而製造的，偵視我們的房舍並且可以從它上面降落到城上；或者裏面隱藏着其他的詭計。不要相信這木馬罷，你們特洛的人民們。不論它究竟是什麼，我總是恐懼希臘人的，甚至當他們帶來禮物的時候。』他如是說着，以絕大的力氣揮開他的長矛刺在木馬的腰部與腹部漲起的地方。矛刺在那裏擺蕩着，那些成拱形的地方因腔穴的反響發出空洞的聲音，洩出一聲嗚咽。假若我們不是聽過衆神的勅令，假若我們的心不是那樣倔強與固執，他必定已經驅使着我們用鋼鐵沾汚了這個希臘人的巢穴，而迄今特洛的國運一定仍然昌盛，而你，普瑞阿母（Priamus, 特洛亞國王）之崇高的堡砦一定仍然存在。」

後來拉奧空在祭壇上受毒蛇的纏結時魏青琉這樣描寫道：

「另一個災異，更殘酷，更恐怖，爲前所未經受的，現在被迫着降臨於我們，不幸的人們，並且使得我們毫不提防的靈魂驚惶失措。拉奧空經拈鬮決定了，正在平日的祭壇上宰殺一隻牡牛的時候，喂，看哪！從特命那道（Trenado, 河名）平靜的深淵裏——我敍述這故事時我還渾身抖顫——一對蛇，盤成無數的捲圈，橫上海面，並排着向岸邊而來。牠們的胸部都升起在巨浪洶湧之中，而牠們的頭頂，血紅的，高聳在浪頭之上；其餘的各部分輕輕地向前挪動，牠們的背脊彎曲成許多的蟠摺；我們聽見從咆哮的海中發出的聲音。牠們這時候漸漸來到田野，眼睛充滿血與光的閃耀，用震顫的舌頭舐着牠們吁吁作響的口。我們看見這情景都嚇得面無人色，嚇得逃散。牠們堅定地爬向拉奧空，兩條蛇先把他的兩個兒子幼小的肢體纏在牠們的懷抱中，並且用毒牙飽餐那不幸的四肢，拉奧空也如此，當他手裏拿了武器跑來救護他的兒子的時候，牠們將他攫住，並且將他縛在牠們堅定的蟠旋中。牠們又雙層繞住他的胸部，牠們多鱗的背部蜿蜒上升雙層纏住他的喉頭，牠們的頭與頸部都翹了起來。他（拉奧空）這時緊張開兩手，想要扯開那些纏結，他的髮紐侵在血塊與黝黑的毒液之中；這時他向天空發出怖人的呼號，像一個受了傷的牡牛逃開祭壇，搖摔掉牠頭上未中要害的斧頭時的怒號一樣。但是徐徐蹓走，這對碩大的毒蛇逃向崇高的神座，尋求猜獰的特利唐尼亞（Tritonia, 河名）的砦堡，在那裏蹲伏在女神的足前與她的盾甲的庇護之下。」

題爲拉奧空的那個著名的希臘雕像正是表現拉奧空父子三個爲毒蛇盤繞住掙扎的痛苦表情。這像的雕刻家或謂是羅底茲(Rhodes)的保利道洛司(Polydorus)亞基山德爾與亞善那道洛司(Athenodorus)。他們的時代據較可靠的權威是紀元前一世紀時，有人說比這年代早，在紀元前五世紀時。又有人說他是紀元後一世紀時人，並且拉奧空像是受了羅馬皇帝提突司(Titus, 紀元後 79—81 在位)

之命雕塑的。 這個自然尚是一個疑問，不過現在保存在梵帝岡教皇宮裏的拉奧空雕像確實是一五一六年在提突司的浴室附近被發現的，這雕像也正是普林尼(C. Plinius Secundus, 紀元後 23—79)(十三)在他的自然史 (Naturalis Historia lib. xxxi cf 5) 中講到的收藏在提突司宮中的那座雕像。

三

雷興在拉奧空中以繪畫代表造形藝術與空間藝術，以詩歌代表音樂及一切創造文學，所謂時間藝術。 他區別這兩種藝術所用的方法不同時，他承認這兩種藝術各自所具的界限應以對於想像的申訴來決定。 若欲知曉這個區別必須先確定或一種藝術要獲得它獨有的效果時所能依賴於感官或想像的限度與程度若何。 我們現在引用雷興的文字說明。

雷興比較魏吉琉描寫的拉奧空死的情形與希臘藝術家的拉奧空的像時，他說：

「描寫的詩人所利用的意象之每個特點雖然不必在其他平面上，或大理石上，必然有同樣優美的效果，可是藝術家所利用的每個詳細描寫便不能在詩人的作品中同樣的有效果嗎？ 這是確然無疑的。 因為在一件藝術作品中所謂美者，不是呈現於我們視官之美，而是藉視官為媒介而呈現給我們的想像的美。如此，在我們的想像中同一個意象既然可以藉任意的或天然的象徵被清新地喚起，故同一種快感，雖然程度不一，每次也必被激起。」(十四)

雷興在這裏陳述了他的重要的原理，即是一切的藝術都是藉感官為媒介而申訴於想像的。 在下面這一段文字中他說明何以詩人在應用這些象徵時要受限制，他同時指明詩歌中訴於想像的限度較繪畫為大。

「事實如此。 既然語言的象徵是我們任意採取的，那末我們也可以用此種象徵指明一個身體各個部分相毗連的出現猶如我們在自然中看見一個身體的那些

(十三) 此指大普林尼，羅馬的歷史家。
(十四) 見拉奧空第六章。

同樣的部分並列着一樣。但是這是語言與它的象徵的一個特性，而且也是不特別屬於詩歌的之一個特性。詩人的目的不僅是希冀容易被人了解而已；散文作者僅以他的描寫表現的清楚明確即滿足，但是詩人並非如此。他希冀他能覺醒我們如此生動的一個觀念，這些觀念在我們的心靈上閃掠過時，我們相信我們是在經驗那些觀念的物質對象所產生的印象。在我們的幻覺的這一個頃刻我們不復去意識他爲此目的而應用的媒介，換言之，他的文字。這就是構成我們對於詩歌的圖畫的解釋的原理。」(十五)

這個原理，申訴於想像的原理，構成繪畫的方法與詩歌的方法之間的區別；但是雷與並非遵據這原理來提出它們的區別。他的方法十分嚴密而且給我們一種親切之感。他劃明畫家與詩人表現某對象獲得成功的各自的限制，根據這來提出詩歌與繪畫的區別。也正是如此所以雷與仍然是採取形式批評派的方法，他不曾考究產生這些限制的心理的原理，而僅在詩人與畫家的作品中解釋這些藝術各自的限制。

溫克曼以爲希臘的繪畫傑作與雕刻傑作所共具的特徵是顯示在形態上與神氣上的一種高貴的純朴與寧靜的莊嚴(edele Einfalt und stille Grösse)。魏吉琉描寫的拉奥空在遭受毒蛇的吮噬時忍不了痛苦張吭厲號，醜態畢露；而希臘藝術家的拉奥空雕像，縱在筋肉奮張的劇痛之中而在面容上與整個形態上表現着毫不含着激越的情感，「正如大海的深淵，不論水面上如何的浪濤洶湧，永遠保持着鎮定一樣，希臘藝術家所表現的人物的神氣也正是如此，在各種情感的外形下面呈現着一個偉大而鎮定自若的靈魂，」更使我們感覺着他的痛苦的深刻。溫克曼因此認爲雕刻家優於魏吉琉。溫克曼指摘詩中的拉奥空發出怖人的呼號，但是他也明明白白說雕刻上的拉奥空所以不同於詩中的拉奥空者，「因爲他的口張開着不允許他出聲。」(十六) 溫克曼以拉奥空之受難與索福克雷悲劇中的非洛克

(十五) 見拉奥空第十七章。

(十六) 見 Gedanken über die Nachahmung der griechischen Werke in Malerei und Bildhauerkunst, 21—22.

台鐵（Philoktet）相比擬。但是被遺棄的非洛克台鐵却毫不鎮定自若，毫不能臨難掙持。他的狂吼，驚呼兇惡的咒詛，瀰漫於禁地，擾擾了所有的祭祀與神聖的儀式。溫克曼指摘魏吉琉，他却不曾指摘荷馬。荷馬的英雄對於身體所受的痛苦毫不隱藏。雷興從根原處解答這個問題：

「喊叫呼號是身體痛苦的天然表現。荷馬受了傷的英雄往往呼號着倒在地上。他還讓維納斯只受一點抓搔就失聲驚呼；這不是他可以藉此描寫這位快樂女神的嬌媚，而是如此他才能够給受難的"人性"應得的表現；因爲即是鐵血的馬爾司（Mars）中了狄奧米底司(Diomedes)的長矛的時候，他如此恐怖地呼號，他的喊聲竟像千軍萬馬的狂嘶怒吼，使得雙方的軍隊都張皇却顧。雖然荷馬在其他方面把他的英雄描寫的超越過一切人性，不過關涉及痛苦的及凌辱的感覺的事物時他們總於是忠於人性的，或者藉呼吼，哭泣，或譴責的一切人性表現。在動作方面他們是超越的人，在感覺方面他們是眞實的人。」(十七)

這段文字中所講的荷馬的精神也正是忠於人性。希臘人的勇武精神猶如隱藏在燧石上的火花，假如沒有在外的力量覺醒它，它便靜靜睡着。野蠻人的英勇精神則如一團烔烔燃燒着的火燄，永遠在閃爍着，而且吞噬或染汚其他的品質。因此荷馬描寫的野蠻特洛人爲了要保持勇氣必須先窒塞住一切人類的情感，而文明的希臘人能够哭泣傷悼而同時仍不喪失其勇氣。希臘人宣示他的痛苦與悲哀，他並不以此爲恥。在荷馬的詩中有這樣的一句：「爲那些已經死了的凡人哭泣我以爲不應受責備」。這正是希臘的精神。發洩人性所具的情感並不減削靈魂的偉大。溫克曼在這點只從浮面上發空靈的議論，所以他無從解释何以同是表現希臘精神的藝術作品，悲劇，詩歌，與雕刻，而現出如此之矛盾。他的這個錯誤的觀念使得他不曾去探索藝術型類的問題，陷於藝術型類的淆混之中。

那末雕像上的拉奥空何以表現作臨難掙持，神色鎮定？雕刻家「必須把狂

(十七) 見拉奥空第一章。

贼變柔和爲歎息，這不是因爲一聲狂贼會暴露一個卑鄙的靈魂，而是因爲它要產生出一個可憎的扭曲的面容。 試讓拉奥宓的嘴被强張開，然後再判斷他給了我們什麽效果！ 讓它贼叫，而諦視他。 它原本是感發憐憫之情的一個形相，同時炫示出痛苦與美麗，它現在却變作一個醜陋可怖的人形，我們看見他簡直要掉轉眼睛才高興；因爲痛苦的景像激動煩厭，除非受難的對象之美麗能把煩厭變爲甜蜜的痛苦情緒。」(十八)

拉奥宓雕像下的沒有披布。 魏吉琉的拉奥宓穿着祭司的長袍而雕像是完全赤裸的。 這又是這兩種藝術的差異，因表現的媒介不同而生的差異。

「在詩中一件長袍並不是長袍，因爲它掩藏不了什麽。 我們的想像看透隱在它下面的一切。 在魏吉琉的詩中拉奥宓也許穿着長袍，也許不曾穿，他的痛苦對於我們的想像却是在身體的每部分都昭然若睹。 我們的想像的確看見祭司的髮紐環繞住他的眉毛，但是眉毛並未被遮住。 不，這髮紐不惟沒有妨碍，它甚至更加强我們對於受難者的苦厄所具的概念：

『他的髮紐浸在血塊與黝黑的毒液之中。』

他的祭司的尊嚴不能有所助於他，甚至那最高貴爲他贏來崇敬與榮耀的表章也被毒的泡沫浸透，褻瀆。」(十九)

但是藝術家却不能申訴於想像；他必須將拉奥宓所受的痛楚厄難呈現於我們的眼前。 他只要將拉奥宓的身體與四肢的扭曲表現得出就能成功。

「只要讓拉奥宓頭上仍然戴着花圈，也一定要大爲削弱那表情。 前額的一部分一定要被掩蓋住，而前額正是表情的精神所在。 正如以前所述，藝術家不能表現贼叫因爲它是與美不相符合；所以現在他棄却那習慣所要戴的花圈爲了獲得成功的表情。」(二十)

(十八) 見拉奥宓第二章。

(十九) 見拉奥宓第十五章。

(二十) 見拉奥宓第五章。

從魏吉琉與希臘雕刻家都以拉奧空爲題材而產生了詩人摹仿藝術家，或藝術家摹仿詩人的問題，更因此而討論畫家對詩人的創意與技巧。假若畫家用他的色彩與形式的工具來表現詩人的文字描寫，何以我們對於藝術家仍然同樣的贊美？雷興以爲是如此：就畫家言技巧較創意更難，而在詩人恰相反，技巧似乎較創意爲易。他將這問題分成兩點來討論：「第一，題材之創意與新奇絕非畫家最重要的品質；第二，題材若熟習時可以助進並啓發他的藝術的效果。」(二十一)

如是，技巧成爲藝術家的作品中的惟一重要的元素，藝術家不妨自詩人的作品取材。伽發司曾從荷馬的詩中選出可以作爲繪畫的題材的那些情景，於是雷興加以分析研究。他要區別出何者是詩歌的圖畫，何者是藝術的圖畫？這個當然是根據詩歌與繪畫各有的限制與差別。他以爲藝術家必不能將詩人的作品中的所有的圖畫完全採用。荷馬表現不可見的動作與人物，也表現可見的動作與人物。得來登 (John Dryden, 1631—1700)(二十二) 的聖猜西里亞節日之歌 (Ode upon St. Cecilia's) 完全是音樂的圖畫，繪畫無論如何無方法再現它。因此伽發司所主張的學說，詩人之優劣應依照他能供給畫家取材之多少來判定，便不能成立了。雷興的意見正與這相反：

「一個詩的圖畫並不必需要改變做一個物質的圖畫。但是每個形態，各種形態的每個併合（詩人藉了它可以使得他所給了一個對象的描寫如此之分明，我們讀了他的描寫，比他的文字更能意識到這個對象，）所以被名爲一個圖畫者，因爲它使得我們更接近物質的圖畫特別具有的那個幻覺的程度，這幻覺是最容易而且最迅速地被審量物質的圖畫喚起的。」(二十三)

縱然詩人與藝術家都能表現可見的對象，「詩歌的圖畫也並非一定總是供給藝術家以摹仿的題材；從另一方面說，藝術家也並不一定總能供給詩人以某種

(二十一) 見拉奧空第十一章。

(二十二) 英國十七世紀的戲劇家，詩人與批評家。

(二十三) 見拉奧空第十四章。

可以很成功地描摹再現的情景。」雷輿於此從荷馬的詩中選了兩個圖畫作爲對照，解答詩歌所描寫的可見的對象的圖畫何以對於畫家無用。

「潘達洛司 (Pandarus) 的圖畫是荷馬整個詩中最完美最迷人的一個圖畫。從攫取弓到射箭的每個頃刻都描繪出來，所有這一切剎那間一個一個動作如此密接地追隨着，而又如此明顯地分別起訖，假如一個人不知道如何彎弓，他看了這幅圖畫便可以學到。潘達洛司拿出他的弓來；張開弓；打開箭筒；揀選一枝未曾用過羽毛完整的箭；把箭安在絃上；把絃帶箭拉到矢筈下；弓絃靠近胸部；箭的鐵針靠近弓；大而圓形的弓鏗的一聲急旋出去；箭跳躍出去，迫切地飛向它的鵠的。」(二十四)

荷馬這個精妙的描寫却被伽發司忽略了。何以他認爲這個繪聲繪影的圖畫不適於畫家的取材？他何以認爲荷馬描寫的另一個情景，諸神集聚在宙斯的宮殿裏會議飲酒的那情景：

「現在諸神都集聚在金地板上端坐在
宙斯身旁，在他們中間端嚴的喜伯
依次傾斟神酒，他們用金的無柄杯
互相飲祝，遙矚着特洛人的城池。」(二十五)

是適於畫家的摹仿？

這個顯明的對照正是給雷輿一個提示，對於這兩種不同的藝術各自的方法之間主要的差別給予一個明確而詳細的敍述。

「我願從基本的原理來探索這問題的究竟。

「我如是推理：假如繪畫與詩歌在它們的摹仿品中果眞運用全然不同的工具或符號——卽是前者運用在空間的形相與色彩，後者運用時間中的發音的聲音——假如這些符號顯然需要對於所代表之物有一個適當之關係，那末，毗連着安

(二十四) 見拉奧空第十五章。

(二十五) 見伊里亞 iv. 116—126.

排的符號自然只能表現那些存在於毗連的位置中的整體或部分的事物；而連續的符號只能表現那些整體或部分是連續的事物。

「那些存在於毗連的位置中的整體或部分的事物名之曰形體。因此，形體以及其可見的性質都是繪畫的特殊的題材。

「事物之整體或部分是繼續者名之曰動作。因此，動作是詩歌的特殊的題材。

「更言之，所有的形體不僅存在於空間，它又存在於時間。它們延續着，而且在這延續的每個頃刻之中可以裝出一個不同的外表，或結合成不同的形狀。每個這些頃刻的外表與結合是前一個的結果，也可以是後一個的原因，所以它是一個動作的中心。因此，繪畫也能摹仿動作，只不過表徵地摹仿，藉形體爲工具。

「從另一方面來說，動作不能單獨存在，它們必須依賴某些存在物。所以這些存在物既是形體，或被認爲形體，詩歌也能描繪形體，只不過表徵地描繪，藉動作爲工具。

「繪畫在動作的同時存在的組成中只能運用動作的一個單獨的瞬間，所以藝術家必須選擇那含蘊最富的一個瞬間，並且凡前於或後於這瞬間的動作都能以極容易地從它推察而想像得之。

「同這一樣，詩歌在動作的連續的摹仿中是被限制住僅運用形體的一個單獨的性質，所以詩人必須選擇那能喚起她所運用的形體的最明顯的意象者。」(二十六)

根據這個原理，上面所舉出的荷馬詩中時兩個例子何以適宜或不適宜於作爲畫家的題材便可以得到解答。第一個例子——潘達洛司的弓——所以不適合，因爲它包括着一個可見而連續的動作，在時間的順序中一個部分隨着一個部分發生的動作。第二個例子所以適宜因爲它包括着一個可見而固定的動作，它的不

(二十六) 見拉奧孔第十六章。

同的部分是在空間中毗連着發展的。作爲表現一個風景或一個形像的工具來說，繪畫優於詩歌；作爲表現動作及人類心靈的活動的工具而言，則詩歌優於繪畫。繪畫不是絕對的不能表現動作，詩歌也不是絕對的不能表現形體。然而它們的差別處也正在此，所以要給一種藝術劃明精確的界限互不侵犯實在困難，或者竟不可能。

詩人與畫家若都表現可見的對象時，他們必須選擇最適合於各自的藝術的限制的那些對象。雷興說詩歌運用"時間中發言的聲音"，是說聲音是連續不斷發出的；畫家運用"空間的形相與色彩"，是說形相與色彩是共同存在於毗連的位置中的。假若畫家與詩人都要表現一隻船，畫家在他的畫布上重新表現出他在一個刹那的時間，從某一個觀點，所看到的形式與色彩，而詩人只不過給那個恰當的文字符號加上一個可以表明那對象的表性詞——黑船，快船，或空船。

照此看來，一切的物體美的描寫或自然美的描寫，都在詩歌的範圍之外，都不是詩歌描寫的對象。雷興不承認語言（作爲詩歌的媒介言）「有按照部分一個一個描繪有形的整體的權力，因爲這樣的文字的描寫，是完全缺乏那作爲詩歌之首要目的之幻覺的。我說它們一定缺乏這個幻覺，因爲身體的共同存在的元素與語言的連續的元素是不能相容的。」(二十七) 換句話來說，假如詩人要想描寫詩歌的圖畫而獲得成功，他必須利用時間之延續來補償空間廣袤的缺陷。荷馬描寫物質的對象時他就完全用詩歌的方法。他以動作來表現身體。即以他描寫阿希爾 (Achilles) 的盾甲來說，荷馬並不描寫那已經製造成功的盾甲，「而是用了一百多行美麗的詩句詳細描寫製造它，裝飾它所經過的程序；荷馬將他描寫的題材中的共同存在的事物變化爲連續的，因此將一張枯索無味的物體的圖畫改成功一個動作的生動的圖畫。」(二十八)

關於描寫人體的美更是如此。

(二十七) 見拉奧空第十七章。

(二十八) 見拉奧空第十八章。

「詩人只能以在連續的順序之中描摹美之各元素，因之他全然禁制他將物質之美的描寫視為美。他感覺着那些元素，當連續呈現出時，斷然不能產生它們當作一個整體的各部分時產生的同樣效果；我們投之於它們的那集中的一瞥一定永遠不能在一個單獨的圖畫中呈現給我們這些元素；人類的想像無力描繪某一張嘴，鼻子與眼睛併合在一起所產生的效果，除非我們能够從自然或藝術中回想起同樣的各元素所構成的一個面孔。」(二十九)

而在這一點荷馬又是一切榜樣的榜樣。他教導詩人如何補救他的藝術的缺陷來與畫家競爭。

荷馬描寫海倫的美麗時，他不描寫她的身材如何美好，他只告訴我們她經過特洛的長老面前的時候她的美麗所產生的效果。

「特洛人與悲傷的亞海伊人為這樣的
一個女子忍受長期的災禍不該受責備，
她是那樣令人驚異地酷肖不朽的女神。」(三十)

詩人只要遵守他自己的藝術的限制他也可以表現身體的美。而且還有一種身體的美更是詩人描繪的特產。雷興說：「妖媚是在動中之美，而且是，正以此故，它對於畫家不如對於詩人較為相宜。畫家只能將動作留給人猜測，事實上他的人物是無動作的。因此之故，他所畫的妖媚變成一個皺顏。」但是在詩歌的描寫中妖媚仍然是妖媚，我們一定願意不憚煩地觀看的一個倏忽的美。

詩歌不能描寫形式之美，但是他可以藉了描寫形式之美所產生的效果，或動的美（因為動作是產生在時間的延續中的，它不在藝術的領域之內）訴諸我們的想像，使我們藉了想像達到詩歌最重要的終鵠——幻覺。藝術家所描摹的形相只是自然中一瞬間之相，特別是畫家只能利用從某一點觀察到的這一瞬間時相。

(二十九) 見拉奧空第二十章。

(三十) 見伊里亞 iii. 156—8.

但是藝術家的作品是供我們長久而且重復地審覽的，並非僅匆匆的一瞥。所以選擇這一個瞬間中的形相與觀點很不容易，故理想的上選是能允許我們的想像不受限制自由活動的意境。我們凝視的時間愈長，我們的想像愈豐富；我們的想像愈豐富，我們必愈相信所觀看審覽的含蘊無窮。不過在起伏不定的情感之中最不適於這個條件者莫如在最高潮的情感。情感達於極端時，表現於藝術作品之中者即這個極端的情感的形相，使我們的想像不能更翱翔於感官所接受的印象之外。所以若表現拉奧空嘆息，我們在想像中能聽見他的哀呼。若表現他哀呼時，這已達到他的情感的極端，無從激動我們的想像造成那個韻味無窮的意境。(三十一)

但是藝術家所採取的瞬間之形相，經藝術的表現，在畫布上或大理石上它却變成永恆的形相了。所以藝術必須不表現那些我們認爲僅暫時存在的形相。

「一切的形相，凡是在我們看來是突然而發作又突然而消滅的，它們只不過存在於一個倏忽的瞬間之中——一切類此之形相，不論其與我們以快樂或恐怖，一經藝術的表現延長此種形相之存在，遂給與一種不自然的性質；每次重複審覽的時候，它們給我們的印象愈變愈弱，而最後甚至使得我們對於它全部充滿憎惡與嫌厭之感。」(三十二)

詩歌中的拉奧空哀號因爲受了劇烈之痛楚，這不久會沒有了的，否則它便蝕吞了拉奧空的性命。所以它不是永存的。而在藝術作品上却表現出延續的動作已變成永恆的形相。拉奧空像的雕刻家必須避免這個。希臘的畫家替毛馬苦司 (Timomachus) 有一幅名畫，以殺自己的孩子的米底亞作題材。他不曾畫米底亞正在殺害她的孩子時的那情景，而是比這早一剎那，當她在自己的內心裏慈母之愛與妒忌之心交戰的那瞬息。觀看了這像，我們的想像把我們帶的比這更深遠些，超越過藝術家在那個瞬息所能描繪出的一切。正因爲如此替毛馬苦

(三十一) 見拉奧空第二十一章。

(三十二) 見拉奧空第三章。

司將米底亞之躊躇不決造成功永恆的了，不惟不使我們俗厭，反使得我們希冀寧願它在人性中也永遠保持着這樣的狀態，情感的爭鬪永遠委蛇不決。替毛馬苦司另一幅畫，憤怒的阿傑克司（Ajax Furens），表現出這位英雄狂怒，屠殺了許多羊之後力盡精疲獨自坐在那裏正在估量如何結果他自己的性命。他沒有畫那正在憤怒中的瘋狂的阿傑克司，却給了我們他那憤怒與瘋狂的最生動的觀念。這些都是卓越的藝術家以他們的才智克服他們的藝術的限制的極好的模範。

雷興所討論的美只限於物質的美，並且不把美當作詩歌的主要性質來討論。他討論詩歌中美的地位時他只問用語言描繪物質的美的效果若何。他認為希臘人的藝術的限制比後世要狹隘的多，只限於描摹美麗的形相。希臘藝術作品之精美絕倫卽憑賴藝術家所選擇的對象本身完美無瑕；藝術家並不要求觀者僅以從他的作品摹仿原作之畢肖獲得滿足。雷興完全接受希臘的美的觀念，認為美是藝術的正當終鵠與最高法則。他否認優美的藝術描繪醜惡的形相。他輕視表現也正是這個道理。他討論詩人與畫家能運用物質的醜的限度大半是補充阿迭生（Addison, 1672—1219）的意見。(三十三)

雷興以為詩人比較能自由利用醜惡。就本質上說，醜惡是不能作為詩歌的題材的，可是荷馬描繪過泰爾西鐵（Thersites），他把它應用作產生並且加強滑稽的與可怖的那種混合的感覺的一個元素。雷興根據亞里士多德在詩學（De Poetica）中所說，認為醜惡是一種缺陷。若以醜惡與美善的行為對照，襯托，可以產生滑稽的效力而消滅醜惡的效力。詩歌旣是表現在連續的時間中發生的一串承先繼後的動作，當然可以利用醜惡。雷興說，「詩人往往全然忽略外形及形相之美，如他的英雄一度贏得我們的敬重，他確信英雄的高貴的品質已吸引住我們，我們便不會想到他的身體姿勢之為醜為美。縱然我們會想到這，因為已經懷有美好的成見的緣故，確信我們自己將給他一個外形，縱不漂亮，至少也

(三十三) 十八世紀英國的詩人與散文家。他是近代提倡想像說（Theory of Imagination）的人，雷興受他的影響很大。他的批評文字散見於他與Steele合編的旁觀報（The Spectator）。

不招人厭嫌。總而言之，凡詩人並非有意申訴於視覺的任何事物，我們必不注意它。魏吉琉描寫的拉奥空哀號的時候，可曾有人想到那張開的嘴是醜陋的嗎？」(三十四)詩人的圖畫並不限於一剎那，他可以描繪他的英雄的任何動作，探尋他的根源，追踪到他的結果。在這個長的時間中的各種形相與變化，每個都可成功爲藝術家的獨立的作品，而在詩人只不過他的英雄的一種性行，此種性行先後組合產生了良好的效果而削減了一個單獨的性行所給予了我們的不良的影響。因此一個人在身體極度的酷痛之中厲號縱然不美觀，假如他的其他行爲已引起我們的敬仰，我們一定不責備他。魏吉琉的拉奥空厲號，但是他是我們熟識的愛若先知的愛國者與慈愛的父親的拉奥空。我們有了這個成見便不認爲這有傷大雅的厲號是他的性格上的缺陷，而完全是由於他所不能忍受的痛苦。詩人所以能使我們對於他的英雄的厄運感到切膚之痛完全是藉了這厲號。

畫家因爲他所運用的媒介的性質在用醜惡時比較詩歌所受的限制要大。繪畫，若就摹仿之工具言，能表現醜惡；若就優美的藝術言，它不能表現醜惡。因爲不僅實際的醜惡事物招人嫌惡，用形式與色彩表現的這種對象也是招人的嫌惡的。而且在表現滑稽的與可怖的感覺，繪畫也不能與詩歌相比。因爲在詩歌中形式之醜惡因其共存的部分改爲連續的部分而失掉它的不快意的效果；所以醜惡也毫無醜惡可言。它能與其他的外形更親密地結合產生一個新的與特別的效果。而在繪畫中所有的醜惡的效果完全存在着，經過摹仿並不曾稍減弱它本來的效果。因此無傷損的醜惡不能長久僅保持着可笑的感覺。我們對於醜惡的不快意之感漸增强，最初覺得諧謔的事物逐漸變得非常之可惜。有傷損的醜惡也正如此，我們的恐怖之感漸漸消失，最後只留給我們殘缺的畸形而且它是再不能更改的。詩歌能利用醜惡與可怖的或滑稽的質素構成的混合感覺，消滅醜惡的效果，達到詩歌的目的；繪畫却不能構成這種混合感覺：因爲滑稽的或可怖的質素都是暫時的，而且是依賴其他事物（所表現之形相）引起的，所以最後當

(三十四) 見拉奥空第四章。

這些感覺消逝了時，我們的面前只有那件藝術作品，它表現的是不可改變的醜惡的形相。 我們審視這形相只有醜惡的感覺以及醜惡所引起的屬於憎厭的其他感覺。

雷輿認醜惡爲一種缺陷雖然是採取亞里士多德的解释，但是關於醜惡的問題他並不完全接受亞里士多德的意見。 亞里士多德在詩學中講及喜劇時說滑稽是一種過失，或醜惡，但不與人以傷害或痛苦。 但是講到詩的起源時他說模仿是人類的天性，而且人類還喜歡模仿的作品。 「吾人喜觀覽藝術中最逼眞之表現，雖其對象本身如最低等之動物死屍之軀體，視之足使吾人痛苦亦所不惜。此解释可於其他事實中求得之：夫求知爲最大之快感，非哲學家所獨有，抑亦吾人所共具；姑不論其求知之能力較哲學家爲如何微小也。 吾人喜觀繪畫之故即因同時學習——推察諸事物之意義，如識畫中之人爲誰某；設吾人以前未曾見此畫中之人，則其快感非由於圖畫之模仿品，乃由於畫家之技巧或設色，或其他類似之原因激起耳。」(三十五) 亞里士多德認爲模仿是人類的天性；人類喜歡模仿，因爲由此可以得到快感。 故模仿的對象不論爲何與給吾人以何種感覺，以此對象而成功的模仿品，皆能給我們以快感。 亞里士多德在這裏所注意的是模仿的快感，所以縱是如何醜惡或令人憎厭的對象，其模仿品也能給人以快感。雷輿却着眼在何種對象可以達到詩歌的最高境界——所以就本質說，醜惡是不能作爲模仿的對象的；但是他可以與另一種質素，滑稽的或可怕的感覺，結合成一種混合感覺，藉以消滅醜惡的成分。 第二點，亞里士多德注重知識的問題，他認爲求知是人類最大之快感，故任何事物（或美或醜）之模仿皆能給我們快感，因爲此種模仿皆能滿足我們求知的欲求。 關於這點，雷輿與亞里士多德異趣，所以他根本不理會知識的問題。 他只注意凡是能藉混合感覺達到詩歌的最高境界的醜惡才能作爲模仿的對象。

希臘的西蒙尼底司 (Simonides)(三十六) 說過「繪畫是無聲之詩歌，詩歌是有

(三十五) 見詩學第四章。

(三十六) 約公曆紀元前五世紀時希臘之著名抒情詩人。 此處引文首見於 Plutarch之著作中。

畫之繪畫」，這本是指兩種藝術的效果而言，它們確實是有差別的。羅馬的荷拉丢(Horaz)(三十七)所說「詩如畫 (Ut pictura, poesis)」，也只是在論詩的時候以圖畫作比喻說「畫既如此，詩亦相同」。但是後來的批評者爲了方便往往稱引他們，特別是荷拉丢，而且賦與一種新的意義與解釋。事實上西蒙尼底司與荷拉丢都不曾將詩與圖畫混爲一談，如擬古主義時代的作家或浪漫主義時代的作家那樣。在古代藝術的型類尚未混亂。生於擬古典主義與藝術的型類混淆的時代，雷興卽在根據眞正的希臘精神，推翻僞古典主義而返於眞正的古典主義。

拉奥孔在德國的藝術批評史上是一部劃時代的著作，影響了整個歐洲有百年之久，現在已成爲不朽的經典。它只是雷興原來計劃中的三分之一，他還擬討論音樂與舞蹈諸問題。雷興在敍言中自謂他這部著作「毋寧說是因瀏覽而成篇，而非經過一般原理之系統的發展。因之，它應被視爲一部著作未經整理的材料集叢，而非一部完成的著作。」雷興對於繪畫與雕刻的技術知識比較有限，所以在這方面他的意見不如在詩歌方面的正確。但是我們應注意的不在某些枝節或某種知識，而是他的這部著作所啓示的古典精神，他的思想方法，與時間藝術和空間藝術之間許多耐人深味的思攷。正以此故，拉奥孔是一部不朽的經典，是每個研究美學與批評的人，不論在那個時代，一部"啓示錄"。它還是歌德在來比錫作學生時代給予他熱情，在他晚年稱道不絕的書。歌德記述拉奥孔出版了時給予了德國人的影響道：「我們誠心悅意歡迎那位優美的思想家從濃黑雲霧中帶給我們的光亮。如像被閃電的燭照一樣我們看見那個光輝的思想的一切結果——這思想將空間藝術與時間藝術之間的差異區別得十分淸晰。所有同時的一切批評都被棄如敝。」(三十八)不僅在當時，拉奥孔永遠是一道光亮。

(三十七)　公曆紀元前一世紀時羅馬詩人。此處所引見於其所著 Ars Poetica。

(三十八)　見 Dichtung und Wahrheit, ii, 112.

德國的女子職業(一)

Deutsche Frauenberufe

馬懿思 (Ilse Martin) 著

自從十八世紀歐洲機器發明和科學進步以後，婦女生活的範圍忽然擴大了許多。因爲機器工業不像手工業那樣需要熟練的工人。可是牠所需要的工人的數量却大爲增加了。而工人愈多，每個工人的工資就愈低，所以機器時代的初期，一個在工廠做工的工人不能够維持他全家的生活。所以他的妻子也不能不跑到工廠去。工業企業家很歡迎女工，因爲女工比男工便宜。企業家爲了利潤的增加，對於工人的健康與生活完全置之不顧。同時在工人方面，因爲工廠的勞動條件過苛，所以於短時間內就可以耗盡了他們的體力。而這種痛苦的工作，乃是德國婦女在家庭之外有職業的第一步。

同時歐洲所有的學術，都逐漸建樹在科學的基礎上了。而且到了十九世紀，在歐洲出現了不少新學術部門，比如民族學社會學經濟學上古史學等等。而以前傳下來的學術，到這個時候也已經開始分門別類，比如醫學之內有了內科外科等等。因爲科學所佔重要的地位，新學術的出現與舊學術的分門別類這三個緣因，所以人們非得入大學，才能够參加十九世紀的精神活動。

德國婦女的智識份子對於科學研究工作的供獻向來不少。中古時代有一位修女名叫 Hildegard von Bingen。她是科學家同時也是醫學家。學術上深深受她影響約數百年之久。以後還有科學醫學和天文學的幾位女學者。她們無一不是在家裏念書的。十九世紀以後，願意研究和願意得到學術上的智識的女子也頗不少，可是既不被允許入大學，她們也就沒有法子參加當時的文化活動，尤其是參加運用思想和專門技術的學術工作。於是有才分的女子，差不多

(一) 編者註：本文係中德學會德籍漢學研究員馬懿思女士在本年四月中爲本會德文夜校女生用華語所作之第三次講演稿全文。

都到外國去讀書。美國大學在一八四四年，歐洲瑞士的促里喜（Zürich）大學在一八六四年，相繼允許女學生可以正式入學聽講並參加考試。德國到外國去念書的女子大都是學醫學的。那些女大夫和牙科大夫們回國以後便開始行醫。她們的趣旨，除了像一切的女子一樣願意輔助和安慰可憐的同胞以外，她們還特別爲她們那些從事卑微職業的姊妹們服務。

德國婦女運動的正式歷史是從一八六五年起。這個運動的目的，是爲了獲得婦女高深學問教育的建立。德國當時流行的唯心哲學的社會思想，也是要求應該讓出地位來給德國女子在家庭之外有得到功名的機會。然而在家庭之外工作，不能不先受相當的教育。

一八六五年成立的德國婦女總會之宗旨，是在於要求女人應該有獨立的地位，來從事社會上的工作和學術上的工作，以推進國家與社會的發展。假使我們問：「德國婦女們爲何在這個時候才想到了有這種必要呢？」表面上的緣因就是我以上所講的關於女子的職業和學術的演變。而內在的緣因乃是因爲十九世紀的自由主義和社會主義的流行。牠們主張男女間和社會各階級間的權利應當絕對平等。

那時候在教育方面有一個最主要的思想，就是理智主義。據這主義的理論說：人生最寶貴最偉大的力量是悟性。我們可以說男女之有悟性，是沒有差異的，而十九世紀的女子的教育的確漸漸變成完全與男子的相同。這種社會主義自由主義與理智主義所主張男女權利平等的理論，在一九〇八年就實現了。那年不但差不多所有運用高深學問的職業都開放了女禁，同時國家也允許女子可以在任何大學中正式就讀。

可惜一九一四年到一九一八年的第一次歐洲大戰，破壞這種女子職業的正當發展。在那危急艱苦的四年中和以後的無所維繫的時代，個人思想和自我主義特別發達起來，以致人人都爲了個人的享受，而不顧公衆的利益。

一九一八年，德國婦女得到了選舉和被選舉權以後，就不再受任何的限制了。　她與男子處於全然平等的地位上。　大學畢業相當可以辦事的女子，雖然能够得到和男同事相同的待遇，可是比較低級工作的女人，因爲國家不干涉，所以有的只得到男同事的一半的報酬。　一九一八年以後德國經濟方面特別困難。　所以企業家只僱用低工資的工人，而在可能範圍之內只用女工以減低生產費用。

我們還得想到一件事。　停戰以後，成千成萬的軍人從前線回來。　他們之大部分找不到事情做。　就只領國家的失業救濟金，而不能够維持多孩子家庭的生活。　有職業的女子們，在個人主義和自由主義的影響之下，大多不喜歡結婚來受家庭之約束。　中學小學畢業在外邊作事的女子所得到的報酬因爲比男同事的少，結過婚也都不大願意有孩子。　這個態度對於民族的保存很有危險。

我們參看統計的數字來比一比歐戰前後職業女子的數量，就可以知道一九二五年的是比較一九〇七年增加了百分之三十五。　但是家庭中無職業的主婦們的數字，比一九〇七年却反而減少了。

現在我講一講婦女職業的種類。　比較重要的婦女職業是家庭工作——就是說在別人的家庭工作——和社會工作。　其次是紡織職業製服業和農村工作。在這後來的三種職業之中，女工佔工人總數的百分之五十以上。　試看那些數字，而再回想男人失業的概況，我們就可以明白婦女得到經濟上絕對的平等權利，而這種平等權利對於國家的經濟是有危險性的。　當國家不能幫助家庭或者不能統制經濟界之活動的時候，那麼國民的存在與興盛恐怕就要繼續地衰微下去。

於大戰以後，自一九一八年至一九三三年的十四年——教育方面發生了一種所謂"大學普羅階級"的現象。　所謂大學普羅階級是大學畢業而找不到事做的級階。　即使有時他們找着了事情，而所得的收入不足以維持相當的生活。　婦女既可以自由的念書作事，因此許多男學者便不能够找到相當的事來維持他們所應享受的生活。

如果我們來觀察一下那些女學者的工作，便能發現她們所從事的職業常常是與她們的性格不適合的，比如法官教士政治家等等。在這些職業範圍之內，女子的成就趕不上男子。可是我們假使觀察女子另外的一些職業活動的結果時，在某一些的學術工作及輔助學術工作的職業上是極其需要女子的，比如醫生，中小學教員，社會工作人員，幼稚園教師，家政輔導者，製藥師等等。

一九三三年國社黨開始執政的時期，婦女職業情形就像以上所說的。經濟與民生問題最爲困難。政府自覺非得採用最有實效的辦法，則無法挽救國家的衰敗。國社黨的格言就是：「工作與麵包」。爲把成羣失業的男子——尤其是當家長的——回歸到收入足以維持家庭生活的地位起見，政府乃暫時禁止女子從事與她的性格不適合的工作。大學教授也放在這類職業之內。此外婦女從事職業權利的有無，得看她丈夫職業之有無。她丈夫若有事的話，這位女子就不准再繼續她在家庭以外的工作。她暫時須勉強回到家庭去，給一個做家長的男人騰出她在工場的位置來。我說暫時是什麼緣故呢？德國政府的這個方法是很實際的，牠鼓勵許多的德國女子結婚願意多有孩子。從世界觀方面看來，國社黨主張延續民族的生命是每個國民最大的責任。所以說婦女的天職就是做母親。她的責任雖然和男子不一樣然而其性質却與男子的職業有相等的價值。這種想法，根本上和十九世紀的哲學和當時德國婦女運動的動機不同。

那麼一九三三年以來，婦女們爲母親的地位既被所有的人重視了，女子也都喜歡家庭的生活。沒有錢而想結婚的人民，經濟方面由國家幫助。等到有了孩子以後，國家就予以獎金。孩子增加，獎金也隨着增加。國家並且預備了各種關於家庭衛生兒童教育等等問題指導計畫。作這幾項社會工作的專門人才和顧問，大部分都是女子，而這些可運用醫學經濟學教育學上的智識的職業，算是與女子的性格最爲適合了。其中以文學醫學經濟學民俗學等最爲重要。

目下戰爭情勢對於女子職業予以根本上的影響。現在正和一九三三年相反。爲了國家的生存，女子必得以她各種天才在家庭之外作事。無論何種事業——比如內政各公署和各種試驗所等等——無一不招女性工人。　有的地方女工比男的精細。有的地方——比如在工廠之內——她們先得練習。　假如有太笨重的工作的話，工程師們有時爲她們發明新型機器以增加產量。

値此危急存亡之秋，德國女子雖然大部分都參加教育和社會上的工作，或在工廠和公署中爲國家服務，而青年女子仍然能夠自由讀書以作爲將來職業的基礎。　請諸位只要看我們所研究的漢學，是與德國國家的存亡本來沒有什麼關係的，而像我們這樣的漢學研究者，還能夠在北京逍遙自在地繼續我們的研究工作，就可以知道德國學者並非停頓了他們的活動。

關於停戰以後德國女子職業問題，誰也不能詳細的推測，可是我們大概可以想到：國家對於醫學教育和社會上的某一些職業一定要將牠們發展成爲女子的專門職業(二)。　而女子一定也歡迎有這種職業的機會。

並且一九三九年的"學校維新"以來，德國女孩子在中小學受到與她們性格適合的教育。　她們都必得學習育兒烹調以及縫級等等女子不能不會的學科。此外十八歲至二十五歲的女子，必得經過一年的在任何家庭幫忙的工作和半年的勞役。　德國不少青年的女子，將來也想作勞動營的營長或者各種女子學科的教員。　其中需要大學畢業的也不少。　此外還有除了受過她們專門職業訓練以外，還自動入大學研究與她們將來職業有關係的學問的女子更是不少。

假使那一位想詳細的研究德國目前女子職業問題就請參考這本小册子(三)，題目叫充滿希望的女子職業。　在這本小册子中詳細的說明了各種職業的條件訓練和工作的機會。

(二)　據正式統計可見一九三六至一九三七年的冬學期，德國大學學生總額之內的女學生佔百分之十六，其中商業教育，職業教育，文學，數學，物理學，化學以外各種科學的女學生佔總額的一半以上，醫學，牙醫學方面她們佔四分之一，而藥學方面是三分之一以上。　且學女子專門職業的經濟學的女學生，在一九三六年的夏學期只佔總額之百分之十三，然而到同年的冬學期這個數目已經漲至了百分之二十一，同時與女性不適合的法學的女學生減少自百分之十九到百分之十八。

(三)　該册原名：Aussichtsreiche Frauenberufe

一封評論歌德親和力小說之函件(一)

Brief über Goethes Wahlverwandtschaften

索爾格(Karl Wilhelm Ferdinand Solger)著

楊丙辰譯

Wenn ich meine vorläufige Meinung über die "Wahlverwandtschaften" sagen soll, so muss ich schon diesmal nach Art der Rezensenten, die freilich nicht meine Lieblingsart ist, mit etwas allgemeiner Theorie anfangen. Doch bitte ich recht sehr, dies nur als ein vorläufiges Wort anzusehen. Es ist hier wieder ein unerschöpfliches Kunstwerk, ein immensum infinitumque, und ich kann noch bloss vom ersten Eindruck sprechen . . . .

Ich möchte die Hoffnung fassen, dass aus diesem Werke, dergleichen ich lange eins gewünscht habe, den Menschen einmal ein

如果要我把我對於親和力一部小說暫時的見解說了出來的話，那我這次已經是不得不按照着作書評的人們底方式，拿一點普泛的原理來，把我這見解說了出來了，不過這宗方式，當然不是我所心愛的方式的。但是我十分地請求，須要把我這話僅只當作一種暫時的言詞看待。在這兒又是一部取之不盡，用之不竭，浩涵無根的藝術作品，一部優點無量的著作，並且我對於這部作品，現在還僅只能談我初次所得的印象哩。——

像這樣的作品，我早已就願意能得見到一部，因此我很希望，人們由這一部書中可以能略少獲悟人類底命

(一) 編者按：親和力已由楊丙辰先生譯成中文，列爲本會所編之中德文化叢書之十六，由商務印書館出版。

Licht aufgehen | werde über das Schicksal überhaupt, und besonders in der antiken Kunst, worüber alle neueren Kunstrichter unaufhörlich sprechen, und das keiner so verstanden hat wie ich. Was ich aber darüber denke, ziehe ich nicht bloss aus der Gestalt der Kunstwerke ab, sondern ich sehe es in seinen innersten Gründen ein, welche ich hier nicht entwickeln kann.

運是怎麼一回事，尤其古代希臘羅馬藝術中所表現的人類底命運，這是一切較近的藝術批評家，都這麼不停止地愛講談的，可是並沒有一個人能像我這樣來了解了這一點。然而我對於這一點之所思索的，却不僅只是我由藝術作品底外形上抽繹了下來，乃是我在作品至深邃之"根底"與"因由"中有所見及的，而這些"根底"與"因由"，我在這兒尚不能予以發揮。

Die ganze alte Welt ist die Welt der Gattung als eins und aus Einem Stücke. Das Ebenbild Gottes in ihr ist als die Idee der gesamten Menschheit erschienen, und es gab nur Menschen innerhalb der Nationen. Es gab also auch nur ein Geschick der Menschheit: denn diese war die erste Erzeugung Gottes, die zweite erst setzte einzelne Menschen ab. Diese Einzelnen konnten daher nur bestehen, so lange sie das Geschick der Menschheit zu dem ihrigen machten: wollten sie ihr eigenes für sich haben, so wurden sie von jenem allgemeinen ergriffen und zertrümmert. Dies beweist nicht allein die Kunst, welche es in seinen tief-

我以為全盤古代的世界，是一種類體的世界，而所謂類體的世界，便是全類，全種屬的事物，俱皆一式一樣，猶云：一丘之貉，彼此無所差別，直似由一塊事物之所雕成之謂。古人稱人類為上帝之肖像，而此上帝之肖像之出現於古代之世界中，簡直是以全人類之一總意像出現於其中的，所以在當時之所謂人類，乃僅只是民族中，國境中，與大衆無殊的一體人類的。因此所有人類底命運，也都是大衆一體的一種命運，而無個人之特殊命運，因為人類底總體，是上帝第一步之創造，到了上帝第二步

sten Keimen darstellt, sondern auch die Geschichte in den höchsten Resultaten mit ihren Verbannungen, Ostrazismen usw. Kein grosser Mann Griechenlands, der es durch seine Individualität war, ist anders als im Elende gestorben.

創造，纔是使各個人產生了出來的。以此之故，在古代的世界中這些各個人之存在之能得以維持，僅在它們將全人類同然之命運，作為它們自己的命運時纔能行的，可是假使它們要為它們自己發展它們自己的命運時，那它們就要被那一種普遍的大命運之所攫取，而毀滅之了。 關於這一點，不僅只古代那能將這一點在其至深邃之根苗中予以表現之藝術，可以為之證明，就是古代那結果至為重大的時期的歷史上所敍述之種種放逐，種種瓦片裁判（譯者按：所謂瓦片裁判，係古代希臘之一種特別裁判，凡人民中有離羣標異，欲改革政治，而為人民之所深惡疾痛時，則不問有罪與否，即由公衆投票，流放國外十年，後又曾改為五年，因投票時，須將所欲放逐之人之名姓書於瓦片之上，是以名之曰瓦片裁判）等等刑罰，也都是可以為之證明的。 因此希臘古代超羣脫俗，個性特別顯著，一言一動，俱與大衆相反之偉大人物，無不為大衆所棄，往往死於慘痛之中，而不能會有其它的命運。

Was ist nun aber jenes allgemeine Geschick der Menschheit? Äusserlich, was das Geschlecht begrenzt, die physischen Gebrechen, denen jeder unterworfen ist, innerlich die notwendige Art zu denken, die unwillkürliche Verknüpfung der Gedanken, die in dem Grossen und Kleinen, dem Edlen und Schlechten dieselbe ist. Und dass er diesen allgemeinen Gesetzen nicht entweichen kann, das stürzt eben den Einzelnen. Das Drama ist die wahrste Darstellung der Gattung als des Erstgebornen und des Individuums als des Zweiten. Die alte Kunst ist also in ihren innersten Gründen dramatisch, selbst in der Erzählung, wie bekannt, im Homer.

那麽具有這樣大勢力的人類公共的普遍命運，究竟是怎樣的一種命運呢？　那這從外面說，就是天然限定着全人類的一種事物的，就是人人所逃不脫的，生理上的欠缺，肉體上的脆弱的，從內裏說，就是思想上大衆不得不一致的方式的，就是無論在大人物與小人物，在高尙的人物，與惡劣的人物所同然的那宗不知不覺的思想結合方式的。　至於說一個人不能逃脫了這一種公衆同然的普遍律則，那這便恰切是毀滅一個個人的事物了。　文藝之中，戲劇便是對於上帝第一步所創造的類型，以及上帝第二步所創造的各個人最忠實的一種表現藝術，因之，古代之藝術，在其至深邃之根底中，實在是戲劇的，甚至在古代的小說中，也不免是這一種性質的，譬如爲人所共知的荷馬底作品，亦莫不如此。

Ich übergehe die sogenannte romantische Welt, welches mich zu weit führen würde, und komme auf die moderne. Hier ist das Erstgeborne das Individuum, welches das Ebenbild Gottes in sich trägt. Und

這以上是說的古代情形，至於人們所稱之爲浪漫派的世界，是怎樣一種情形，這，我要越過不談的了，因爲這將要使我的話說得過遠，我現在是要直接來談一談現在的情形的。

zwar trägt es dasselbe in sich nicht als das Allgemeine oder als den absoluten Gott, sondern als das, welches gerade diesen bestimmten Punkt endlicher Erscheinung (welchen wir eben Individuum nennen) mit seinem eigenen, durchaus nur ihm gehörigen Wesen beseelt. Es kann also heutzutage jeder seinen Gott nur in sich selbst finden und auch seine Philosophie und seine Kunst, oder wie ihr es nennen wollt. Das Zweite ist die Gattung, und um kurz zu sein, sage ich nur, der Mensch lebt in der Gattung durch Anschauung aller übrigen Individualitäten, welches das System der Ehre und der zweckmässigen Staatseinrichtungen bildet. Sein Geschick aber ist seine Individualität, oder (recht verstanden) sein Charakter, und der Ausdruck dieses Geschicks die Liebe und Freundschaft. Nur dadurch kann ihm das Ebenbild Gottes in ihm zugleich wirklich werden. Der Mensch hat jetzt kein anderes Geschick als die Liebe. Wer seiner Individualität sein Verhältnis zu der Gattung unterwirft, oder dies mit ihr vereinigt, der kommt durch. Und das stellt die Kunst im Roman dar. Alle heutige Kunst beruht auf dem Roman,

在現代的情形上，却和古代希臘羅馬的情形相反，在這兒，佔整個文化上第一位置的，乃是負載上帝肖像於自身之內的各個人，而不是人類底類型。而各個人自身之內所負載上帝底肖像，倘不可以解釋爲一種普遍的事物，或一位絕對的上帝，乃是應當視之爲宇宙內無量無邊，而有終極的汪洋現像大海中，恰切這一定的一個滴點（恰切就是我們所稱之爲個人的），而具有其自己的，絕對屬於它一人的一副性靈的。所以在今日之下，任何一個人僅只在它自身之內，方能發現它的上帝，並且也能發現它的哲學和它的藝術，或者任從你們怎樣來稱呼這些事物都可以的。在現代整個文化情形上，居於第二位置的，總是種屬事物底類型，並且爲的是令我的言詞簡短，我只來說，現在的人類只是因觀察到一切其它人們底個性與人格，總知有所謂人類底類型，而生活於其中的，這一點，却就是造成社會上榮譽底系統，與適合目的的國家組織之系統之所在了。但是在現代這個世界中，個人底命運，

selbst das Drama (Iphigenia, Tasso). Wer seine Individualität falsch versteht und meistert, oder die Stimme des Gewissens überhört und dem klügelnden Verstande folgt, der geht unter. Und das ist der Gipfel der heutigen Kunst, der tragische Roman. Bei den Alten gibt es dagegen eine (so zu sagen) romantische Tragödie, wo der Charakter gerecht-fertigt und im Sturze selbst verklärt wird (Oedipus in Kolonos).

却就是個人底個性了，或者如果把這話了解得正當時，那麽就是它的性格了，而這一種命運底表現，却在它的愛情和它的友誼方面。只是由於這兩方面，上帝之肖像，纔能會在個人身內同時實現了出來。人類在現在的世界裏，簡直可以說是，除了愛情之外，並無其它的命運途徑的。誰現在要是能把它對於種屬的關係置之於它的個性之下，或能把它這種關係同它的個性連結了起來時，那麽它便會在社會上打得通的了。而能表現了現代這宗情形的，乃反而是小說底藝術，而非戲劇底藝術了。現在的一切藝術，全都集結到了小說上頭來，甚至戲劇（譬如說歌德所寫的依斐格尼亞，與達索兩部戲劇）都還脫離不了小說的窠徑的。誰要是誤解它的個性，和克服它的個性，一徑錯誤，或忽略它內裏良心之聲，反而去聽從撥弄小智小慧的浮淺理智，那麽它必定是要淪亡的了。描寫這一點，却就是現代藝術底極峯了，而描寫這一點的一派小說，就是悲壯派的小說了。反之，在古代却是有一種所稱之爲浪漫派的悲壯戲劇的，在古代這種戲劇中，所描寫人物底性格，總要被認實爲光明正大，並且在倒場淪陷中，竟能到了純化高尙的地步（譬如說古代俄帝普在可洛諾斯一劇中的情形，便是如此）。

Alles dies ist von mir sehr roh hingestellt. Ihr werdet euch das Wahre herausfühlen. Die protarchos ate liegt hier nicht bloss in dem Entschlusse, den Hauptmann und Ottilien kommen zu lassen, sondern schon in dem schwankenden Zustande, in dem die weislich von Gott getrennte Verbindung Eduards und seiner ehemaligen Geliebten, die ihm noch dazu selbst Ottilien bestimmte, doch geschlossen wird. Aber hier sind eben die Motive gerade ineinander gewirrt, wie es sein muss, wo Unheil entstehen soll. Ich denke, niemand wird hier verkennen, wie im Verlaufe der Handlung selbst alles von den Individualitäten ausgeht und diese immer einseitiger werden (besonders Eduard), je mehr sie gegen die Umgebungen zu kämpfen haben. Diese Betrachtung, dass

以上所說這一切關於親和力的普通道理，都是經我很粗疏地寫在了那兒。你們自能由這部小說中把眞理給你們自己感覺了出來的。這部以描寫悲壯事體爲對象的小說，所描寫悲壯事體底伏根，却不僅已隱隱包藏在招請少校與蓼蒂麗的決斷中，乃是已早具於另一種基礎本不穩定的狀況之中的，在這一種狀況之中，愛德華和他以前的舊愛人早經上帝所很聰哲隔離的結合，又復舊歡重拾，終究仍繼續了起來，而在愛德華底愛人方面，還是自擬退避三舍，推荐蓼蒂麗，代替自己，以嫁愛德華的，所以這其中種種不妥不穩的因素，實已隱隱伏下矣。不過著者在這兒所描寫各方面心理上的動機，確乎糾紛錯雜

sie dadurch einseitiger werden, rechtfertigt mir auch den Eduard, der mir sonst zu wenig seiner selbst mächtig ist. Und doch bin ich nicht ganz mit ihm zufrieden. Ich glaube, alles würde gewonnen haben, wenn er innerlich grösser wäre und doch fallen müsste. Aber das Grösste und Heiligste darin ist wahrlich die so tief innerliche Ottilie, die ihr keusches Inneres herausgeben muss an den Tag des Schicksals, der dieser Sturm ihre Knospe aufweht und ihren heiligen Blütenstaub verstreut. Und göttlich ist es, dass auch ihr erhabener Vorsatz und ihr Gelübde nichts mehr hilft. Sie kann ihre eigene innere Macht nur noch dazu anwenden, sich durch sich selbst zu vernichten. So ist es gründlich durchgeführt.

了起來，而這乃是不得不然的，如果要令災禍發生的話。　我想，任何一個人在這兒都不能不會看得出來，在書中所敍行動底歷程中，所有一切事故，怎樣均係由書中主人公之個性與人格中發生了出來的，而它們愈不得不對環境作奮鬥時，它們這些個性愈久就愈要向着一方面發展了，而這宗情形之在愛德華，是尤爲加甚的。這一種認它們這些主人公底性格因同環境的奮鬥，而將要愈偏於一方面發展的觀察法，却就令我覺得愛德華底個性，有情可原了，關於他，我總是覺得，他所具有剋制自己的能力過少了。　而我也還是不能完全滿意於他的。　我相信，一切的都要大大轉變了的，如果他在心性方面，能愈向偉大處奔趨，而終不得不自行犧牲時。但是在這部小說中，最偉大與最神聖的人物，却實在是要屬之於那位這樣精神深邃，而情感豐富的蘉蒂麗女士了，她是竟把她冰淸玉潔的一副貞烈性靈交付了出來，置之於命運底支配之下的，這一陣暴風給她把她的苞蕾吹得開放，然而可是又把她的神聖的

Die vielen Reflexionen und Beobachtungen sind recht charakteristisch. Sie gehen immer auf Beobachtung und Untersuchung menschlicher Individualität, selbst wenn sie von der Natur ausgehen. Seht, wohin selbst das Studium der Natur diesen wahrhaften Dichter des Zeitalters geführt hat! In der Natur selbst erkennt er die Liebe, das sind die Wahlverwandtschaften. Eben dazu gehören die Details der Umgebungen, wovon ich mir auch nicht ein Jota rauben lasse. Gerade diese sind das sichtbare Kleid der Persönlichkeiten. Und sie haben noch eine andere hohe Bedeutung. Sie sind das tägliche Leben, worin sich die Persönlichkeit ausdrückt, sofern sie mit andern in äussere Berührung

花粉，吹得五零四散。　當在我們說到這位女子所拿定不要再見她的愛人的崇高主意，和她所起的，不要再見她的愛人的誓願俱皆不能收效時，心內更起的那悲壯殉情的志願，那眞是令人感到她這行動底神聖偉大了。因爲她這時覺得，她只能運用她內裏的能力，以毀滅自己，纔能脫逃了同她的愛人的結合的。　這却是她怎樣思想，怎樣澈底照辦了的。

這部小說中處處所夾雜間插的那些審議思量，以及反醒默觀的言詞，實在是十分具有時代特徵的。　這些言詞常常總以觀察與檢討人類個性爲目的，縱然這些言詞是以大自然爲出發點的。　試觀，對於大自然之研究，竟把歌德這位當時時代上的眞正詩人，引導到了甚麼樣的地步吧！所謂愛情，他甚至在大自然界中，也認識了出來，而這可就是所謂親和力的了。　至於說這部小說中，對於環境仔細詳盡的描寫，却是與種種親和的情形相襯合的，這無論如何，也令人覺不出，是書中的贅疣，過餘的成分，我甚至還要說，是絲毫都不可以

kommt und sich von ihnen unterscheidet. Diese bleiben immer der eigentümliche, gleichartige Ausdruck desselben, während das Innere sich gewaltsam umkehrt. Diese Umkehrung ist eben schrecklich einleuchtend, wenn einmal der Blick zugleich auf die eigentümlichen Umgebungen fällt, die immer dieselben blieben oder gleichartig fortschritten.

減删的。恰切這環境底細膩描寫，便是書中各主人公顯然可認的外面衣裳。況且這宗描寫還更有一其他高深的意義。因爲這宗描寫可以說是書中各主人公日常表現它們的個性，和一經到了外面互相接觸，而又彼此顯出各自不同時的生活之所在的。可是這宗描寫，却總是人生外面永久不變的特異成分，而人生裏面的情形，却就要猛烈變移，不易始終如一了。這宗人心猛烈變移，時而如此，時而如彼的情形，一經人們同時把眼波轉移到環境的自然界上去，看到那亙古如一，不變不易的向前運行，便不能不駭然地有所憬悟了。

Es könnte vielleicht scheinen, als wenn manches von dem, was ich zuerst gesagt habe, einen Widerspruch erlitte durch die Art, wie hier die Natur behandelt ist, ja wie sich dieses ganze Buch auf die Natur gründet. Der geheime innere Zusammenhang zwischen Eduard und Ottilien, "die sich sogar in den Kopfschmerz geteilt haben", der zuletzt, wo sie so still nebeneinander zu sitzen pflegen, zur wahren Anziehungskraft wird, Ottiliens Auf-

我的話，說到了這兒，或許會令人覺得，我先頭所說的話中有許多，似乎是要矛盾起來了，因了這部書中那宗對待大自然的方式，以及因了這部書全盤都建立在大自然的情形之上之故。譬如愛德華與莪蒂腦之間那宗神祕的，內裏的連繫，甚至在患偏頭痛方面，竟還相同，因而如果它們常常這樣安安靜靜相並而坐時，眞可成爲彼此吸引的對像了，其次，莪蒂

finden des Steinkohlenlagers durch blosse hohe Sensibilität, die Tätigkeit des Pendels in ihrer Hand, endlich überhaupt die Wahlverwandtschaften selbst zeigen deutlich, dass hier die allgemeine Verwandtschaft der Natur mit sich selbst das Schicksal ist, welches alles hervorbringt. Nun könnte man sagen: also geht es nicht von den Individuen aus, sondern von jener allgemeinen Macht.

Aber bei tieferer Ansicht wird jeder entdecken, dass dieser Macht in der Hervorbringung der einzelnen Begebenheiten, Handlungen, Verhältnisse auch nicht der geringste Spielraum verstattet ist, sondern sie nur im Hintergrunde liegt, nicht als wirkliche Erscheinung hervortritt, sondern als das Wesen, welches innerhalb der Erscheinung ist. Und wie das durchgeführt ist, das ist wieder eine der allerausserordentlichsten Vollendungen der Kunst, der fast nichts aus irgend einer Zeit vorgezogen werden darf. Jede einzelne Regung oder Bewegung in dem ganzen Verlaufe ist unmittelbar in dem Charakter der Personen

麗僅以她的至高度的感覺力，即能發現地內之炭府，以及書中所述英國人所設之擺子振動遊戲，擺子一入她的手中，便要自行振動，最後，書中各個主人公之親和情形，凡此種種足可清晰證明，在書中之所敍述的大自然同自體的契合，便是產生了一切事故的命運的了。 所以由這兒看起來，人們便要會說：那麼所謂命運的，並不是自個人出發，而是自那一種普泛的大自然權威之所出發的了。

但是無論何人如果能作更深一步的觀察時，那它必不能不會發現，在書中產生各項事故，各項行動，各項關係等情形之中， 這種普泛的大權威，絲毫影響都不發生，乃是隱隱伏藏於後幕之中，並不以實在的現像出現，乃是以現像內裏的事物出現的。至於這一點，在書中，怎樣被著者貫澈到底，這却又是著者異常圓滿高妙的藝術本領之一的 ， 著者這一種本領，簡直在任何時代中，都無其匹。全部小說澈實貫終之歷程上，任何一種活動，或行動，一律直接伏根於各人物之性格中，並且凡是上面所謂那

gegründet, und wo jenes Naturverhältnis ausdrücklich erwähnt wird, erscheint es entweder als zufällig bemerkt oder gar als Folge der persönlichen Verhältnisse, wie eben jene gegenseitige Anziehung der beiden Liebenden. Ich muss noch einmal zurückgehn auf die Vergleichung mit den Alten. Bei ihnen beruht das Geschick nicht auf Gesetzen der sogenannten physischen Natur, sondern der sittlichen, und diese sondert sich auch schon ganz als Prinzip des Schicksals von jener ab. Bei ihnen werden auch die Handlungen der einzelnen Personen gänzlich vom Geschick selbst hervorgebracht, und der Charakter der Menschen suppliert jenes erst, hier ist es gerade umgekehrt.

Die Grösse des Gegenstandes und die erhabene und reine Ansicht desselben hat eine solche Einfachheit der äusseren Hülfsmittel der Darstellung hervorgebracht, dass sich auch hierin das Werk der alten

宗大自然之關係，明明被提及時，那這總要令人覺得，或者係經著者偶然之所提及，或者甚至是書中人物關係之效果，恰恰像書中二位相戀的主要主人公那宗彼此相吸引的情形一般。話既說到這兒，我不得不再一次反了回去，把上面所作同古人的對比拿來，更行對比了下去。在古代的人們，人類底命運，並非在所稱之爲物體的大自然界之律則上根基着，乃是在道德律則上根基的，而這宗道德律則，却就因爲是命運底原則的緣故，也竟完全自物體的大自然界上分離了下來。在古代的人們之間，個人底行動，也是完全爲命運之所製造了出來的，而人類底性格竟是那一種普遍大命運上的補充了；可是在歌德這部現代的小說中，却恰切反了過來，而係人類底性格，就是人類底命運了。

這部小說中所描寫的人物這樣偉大，各人物所抱的見解，這樣崇高與這樣純潔，而經作者以這樣單純簡練的筆法寫出，簡直使這部作品在這一點上，也是與古代的悲劇相接近的，

Tragödie sehr nähert, und dass man nach gemeiner Ansicht die Geschichte selbst fast nur das Gerippe eines Romans nennen könnte. Daher rührt auch die grosse Kürze der Erzählung gegen die langen und häufigen Reflexionen, und auch dieses, dass die Erzählung oft in das Präsens übergeht und mit kurzen, auf den ersten Anblick hart scheinenden Zügen Zustände der Personen umreisst.

Über die Details der Umgebungen habe ich mich schon geäussert. So wie diese das ganz tägliche wirkliche Leben der Personen immer in gleicher Schwebung erhalten und gleichsam als Folie dienen, so verhält sich die Einflechtung von allem, was jetzt Mode ist, als Gartenkunst, Liebhaberei an der Kunst des Mittelalters, Darstellung von Gemälden durch lebende Personen und was sonst dahin gehört, zu dem Leben der Leser und des gesamten Zeitalters. In der Behandlung dieser Dinge liegt ebenfalls eine Kunst, die ich nicht genug bewun-

並且按照一般人們底見解說，人們簡直可以差不多僅只稱呼這部作品，爲一部小說底骨格，而其精神乃實在是古代戲劇的悲壯的，古代戲劇的簡單的。因此書中疏疏落落，時而簡短述說，時而冗長的縟議反思，一經對照，亦極令人覺出其活躍感人之力，而書中那敍述已往事體，應行用動字過去時形式之處，反而不知不覺轉入動字之現在時，此外，爲描畫各人物狀況之輪廓，所用簡短精警，乍一看出，頗令人有苛酷之感的筆法，無不益足見其飛躍活潑而已。

關於環境各部分之描寫，我在上面已將我的意見吐露。這一項描寫，對於各人物完全日常眞正之生活，於全書中保持其同一之高度，其作用，則彷彿底盤上之金箔薄葉一般，而著者又特將現下時興之事物，譬如園藝，對於中古時藝術之愛好，以活人表演名畫上之圖像，以及其它這類事體，向這部小說中之穿插，對於現代讀者之生活以及全部時代生活之關係，亦莫不各盡其致，各得其所。在著者對待此項物之方法中，

dern kann. Sie sind als vollkommen gültig, wahr und in der Zeit lebendig aufgefasst und von dem höchsten und reinsten Standpunkt aus dargestellt. Sie sind sogar in die Handlung selbst als bedeutend verflochten: wenn zum Beispiel der Architekt am Ende beim Sarge Ottiliens dieselbe Stellung annimmt, die er einst als Hirte in dem Gemälde halten musste. So sind wir ganz auf einheimischem und frischem Boden der Zeit. In diesem Roman ist, wie im alten Epos, alles, was die Zeit Bedeutendes und Besonderes hat, enthalten, und nach einigen Jahrhunderten würde man sich hieraus ein vollkommenes Bild von unserm jetzigen täglichen Leben entwerfen können.

Eben dazu gehören die überall

亦然具有一番高妙的手腕，而這也是很令我驚嘆不止的。 此項事物，是在著者底腦子中，作了一番了解的，就是把牠們了解爲充分有效，充分眞實，與充分活躍於時代之中的。 甚至此項事物之被編入小說主幹的行動之中，也還不是死板的，毫無意義的，譬如書中末後段落，青年建築師，在薆蒂麗棺材後邊，弔祭薆蒂麗時所站立的位置，是和他以往表演名畫，扮演牧童，立於落魄不堪的大英雄白里撒身傍時的位置完全相同的，因而令人所起的傷感，淒凉，也是一樣無量無邊的。 這樣，我們讀了這本小說，便完全恍然如置身於我們這個時代裏家鄉的與爽朗的土地之上的了。 在這部小說中，是和在古代有名的敘事詩之中一般，把所有時代上的重大事故與特別事物，無不包含於自體之內，並且如果幾百年下去之後，人們要是讀到了這部小說，便會由其中，給人們製造了一幅關於我們現在日常生活狀況的充分圓滿的畫像出來了。

可是這部小說中，到處所散置着

ausgestreuten Reflexionen. Es ist heut zu Tage fast kein anderes Mittel da, auf Menschen zu wirken und in höherem Sinne in der menschlichen Gesellschaft gesellig zu leben, als eben das Privatgespräch und die Reflexionen darin. Wir müssen jetzt wahrlich unsere ganze Welt und unsere ganze Lebenstätigkeit hauptsächlich darin suchen. Diese aber sind auch hier wieder recht, was sie im gemeinen Leben sein sollen, Betrachtungen über das Nächste, das was in den täglichen Sitten liegt, Betrachtungen aber, welche nie in Philosophie übergehen und doch im wirklichen Leben selbst niemal tief in das Wesentliche und wahrhaft Bedeutende eingreifen. Ja, diese Reflexionen sind eigentlich das wahre Leben, das wir führen, insofern wir uns über das ganz Gemeine und Sinnliche erheben. Es trägt also in ihrer Darstellung recht die höchste Aufgabe der Kunst, nämlich das Tiefe und Innere in den Gestaltungen der reinen Wirklichkeit selbst zum Sein zu bringen. Und wie vollkommen ist sie hier gelöst! Diese Reflexionen sind das Element, worin das Einzelne atmet, sie sind das Akkompagnement zu den Arien der Begebenhei-

的那些審議反思的言詞，却也是屬於我們現在這日常生活狀況之上的。

在今日之下，要向人們施以影響，並且要想在較高意義之下，在人類社會中，度一種社會的生活，那差不多不會有其它的方法的，除了於其中作私人談話，以及作默審反思的行動之外。實在的，我們現在最主要的便是不得不在這私人談話中，這默審反思中，尋找我們全盤的世界，和我們全盤的生活動作了。然而在這部小說中，這一切私人的談話，一切的默審反思，却就完全是對我們最切近的事物，就是對日常禮俗道德中所藏有的事物的觀察的，而這在日常的生活中，也是應當如是的，不過這宗觀察，却永不會轉入哲學之中去，而成爲哲學，但在實際的生活中，却總要是深深涉入主要之點與眞正偉大的事物之中去的。是的，不錯的，這宗默審反思的動作，簡直就是我們所生活的那眞正生命，只要我們一旦肯超越十分卑俗的，與感官性的生活之上去的話。因此在敍述或表現這一種默審反思的行動與言詞時，便含有藝

ten und Handlungen. Wer aber nicht einen Sinn hat, gebildet für Goethe und durch ihn, der wird sie ohne Zweifel sehr langweilig finden.

術手腕上最高的一層任務，就是要把在關於純潔的現實界的結構與表現中所具有的那深邃之處．與精華之處，弄成了永久的存在，永久的名言名理的。 而這宗問題，在歌德這部小說中，解決得多樣地圓滿周備啊！ 在這部小說中，這宗默審反思的言詞，可以說是書中各個人物呼吸於其中的要素，可以說是書中種種事故，種種行動底歌曲之伴奏。 然而誰要是沒有一種感能，不曾受有了解歌德的教育，或不曾爲歌德底精神之所陶冶，那他無疑地要覺得他這部小說中這些默審反思的言詞，是冗長無聊的了。

海恩護的描寫

Beschreibung von Herrnhut

蔡爾特 (Karl Friedrich Zelter) 著

關琪桐譯

Pfingsten 1822

Die verfluchten Postchaisen sind so niedrig, dass, wenn sie oben ein Loch hätten, man sich bequem in der Welt umsehn könnte. Obschon ich nun die Männermützen eben so lieb habe wie die Mützenmänner, so habe ich mir in Görlitz eine schöne Mütze gekauft, um nicht mehr wie eine Hypotenuse im Wagen zu sitzen und zu schwitzen, und so bin ich nun hier in Herrnhut—ein Herr ohne Hut.

Wie ich hieher gerate, mag Zeit und Gelegenheit lehren, genug ich gedenke das ganze Fest hier zu verleben; man ist ja doch unter

一八二二年五旬節

那可以咒詛的驛車是那麼低的，因而它們如果在上邊有一個孔的話，那麼人們是可以舒適的在世界上來回眺望的。我雖然"不"喜愛低帽，如我"不"喜愛戴低帽的人似的，可是我在高里茲曾經買了一頂美麗的低帽，以便使我不至如一條弦似的坐在車裏發汗，這樣我現在在海恩護這地方(一)就成了一個沒有(高)帽子的先生了。

我如何來到這裏，那等有時間和機會再說罷，我只想起我在這裏曾經過全部祭禮就夠了。人在這裏仍然

(一) 編者按：此地德文原名有"上帝保護"之意，der Herr＝上帝或先生，die Hut＝保護，但另有der Hut一字，與此同音，其意爲帽子或高帽，此處作者如此說法，蓋雙關諧語也。

Christen, sollten sie sich auch in ihrer Knechtsgestalt etwas höher anschlagen als der Herr selber.

Das erste, was ich gestern mittag beim Eintritte in dies einzige Gasthaus tat, war, mich an den gedeckten Tisch zu setzen. Nicht lange darauf kamen ein paar muntere frische Mädchen böhmischer Rasse angefahren, von denen die jüngste allerliebst war.

Ich hiess den Kellner, ihnen an meinem Tische, wo eben zwei Plätze offen waren, servieren.

Sie waren offen und gesprächig, dass ich fast glaubte, mein Glück bei der Jüngsten wagen zu dürfen, indem ich ihnen proponierte, mit mir nach Dresden zu gehen.

Ach, wir danken sehr, sagte die Älteste, wir müssen heut noch an Ort und Stelle, wo wir erwartet werden; wir haben nur einen kleinen Umweg genommen, um das schöne Herrnhut zu sehen; wir gehn nach Mariental.— Das ist ja ein Kloster; was haben Sie denn da zu schaffen? –Dahin eben will ich, um dort Profess zu tun.–Sie beide wollen Ihre anmutige Jugend der Welt entziehn? –Verzeihen Sie, ich allein. Meine Schwester begleitet mich und geht wieder nach Böhmen zur Mutter

是在基督徒中間的，雖然他們在其奴隸的面孔中，氣勢比主人還高一些(按此指此地教派雖然生活虔誠謙抑，實驕傲也。)

我在昨天中午在進了這個唯一的旅館以後所做的第一件事情，就是坐在擺好了的席上。　不久以後就來了波希米族的一對活潑而新鮮的少女，其中尤以最年輕的一位最為可人。

我就叫堂役，在我的棹上服役她們，因為我的棹上正有兩個座位空着。

她們是坦白而愛談話的，因此，我幾乎相信，我可以在那個幼女方面來冒險尋求自己的幸福，因而我就向她們提議同我到德雷斯頓去。

其中較長的那一位就說，謝謝您，今天我們必須去別的地方，因為那裏有人在等候着我們；我們只是繞了一截路，好看看那美麗的海恩護。我們是到瑪利亞谷去的。——那是一個修道院；你們到那裏做什麼去呢？——我正是要去那裏宣誓的。——你們兩人都願意從世界中剝奪了你們的動人的青春麼？——請恕我，只是我一個人。　我的妹妹伴着我前去，她還要返回波希米，找母親去的。

zurück.–Und das ist Ihr entschlossener Ernst und Wille?–Jetzt oder nie! ich habe die Welt lieb und das Kloster noch mehr, und das ist ja nicht ausser der Welt.

Sie schien geliebt zu haben, ja zu lieben, Ton und Tempo ihres ganzen Wesens verriet eine Leidenschaft. Ein Bruder von der Gemeine, der am andern Tische sass, näherte sich und sprach böhmisch mit den Mädchen, und da sie beide sogleich auch hier einhakten, ging ich auf mein Zimmer.

Um elf Uhr. Jetzt komme ich aus der zweiten heutigen Predigt. Das alles wusste ich, manches glaube besser zu wissen, wenigstens anders und doch–was ein abstruses Wesen mit Begeisterung vorgetragen wirken kann, ist mir abermalen klar worden. Alle Spekulanten treffen sich auf Einem Markte beisammen.

Beide Männer sprachen so geschickt, eindringlich, ja frei, dass sich der Glaube meldet, indem sich das Herz öffnet, und hätte der Organist Jeschke seine Doppelschläge an sich behalten und weniger oder nicht gequirlt auf seiner Orgel, die aus lauter Flötenregistern besteht und kein einziges Rohrwerk hat, so

——這是您的決定的誠懇和意志麼？

——現在不做，就永不做了！ 我喜歡世界，更喜歡修院，修院也不在世界以外。

他們似乎發生過愛情，甚至現在還在愛着，他們全身的音調和節奏，都呈露出一種熱情來。 在另一個棹子上坐着的教區的一個修士，走近來，同那些少女講了波希米語，而且因為她們兩人甚至在這裏也立刻同人攀談起來，所以我就到我的屋子去了。

到了十一點鐘。 我從今天的第二次講道中出來。 所有一切我都知道，並且相信有許多地方知道得更明白一點，至少知道得不一樣，——可是我在此處卻再度明白了，一種深奧的事理在有聲有色的講演出來時，是如何有影響的。 一切投機家都是聚積在一個市場上的。

兩人的談話都那樣熟練，那樣動人，那樣坦白，所以人的信仰心就自然流露出來，同時人的心竅也敞開了。 而且風琴師，葉士凱，如果停奏了他的雙重音，或者少在他那只有笛子的調音絃而並無號筒的風琴上，嘈嘈價按的話，我對於全部祭禮是應

wäre ich für diese Festzeit ganz gewonnen worden. Die Gemeine sang den Choral "Komm heilger Geist" bescheiden, andächtig, rein und mit Erhebungen, wie sie dem Liede zukommen.

常徹底歡喜的。 教團合唱着"聖靈的來臨"，謙遜，虔敬，而純潔，並且帶着那個歌所應有的一種振奮。

Abends nach neun Uhr. Nun komme ich heut zum dritten Male aus der Predigt und habe die Pfingstliturgie mitgesungen, die freilich prosaisch ist. Man entschuldigte sich: sie sei zu lang. Ich nahm die Sache in Schutz auf meine Weise: Nichts ist lang oder kurz, was recht und der Intention gemäss ist und die Welt weiss schon abzukürzen, man braucht's ihr nicht zuvorzutun.

晚上九點鐘以後。 我現今是第三次從講道中出來，並且也曾參加過五旬節禮拜，這種禮拜分明是無趣味的。 人們為自己祈恕說：「它是太長的。」 我自己卻在我自己的方式下保護此事：凡合適的並與意思相合的事情，沒有一件是太長或太短的，世人已經懂得自行縮短，我們不必預先做個樣子的。

Man hat mir eine Missionspredigt gegeben. Was ich gelesen habe, ist mit Beredsamkeit, ja mit Glut geschrieben, nicht bloss für Heidenvolk und Stockmenschen.

人們給了我一種傳道講演錄。我所讀的是用雄辯和熱情所寫的，並非專為邪教和愚夫寫的。

Der Anblick des Bethauses hat mich frappiert. Der grosse Saal kreideweiss angestrichen; Fenster weiss verhängt, alle Frauen kreideweiss angezogen, spalierartig nebeneinander sitzend—ich fühlte mich wie unter Abgeschiedenen, Auferstandenen schauerlich.

禮拜堂的光景令我大吃一驚。大廳是塗着白色 ；窗是掛着白幔 ，一切婦女都穿着白衣，筆直的相並坐着。 我覺得我自己陰森的好像坐在死人和還陽的人之間。

Die Stadt ist heiter, gerade, reinlich und ermangelt nahen Wassers, das kostbar muss hergeleitet

那座城市是晴美的，通直的，純潔的，近處沒有水，那裏的水是很費錢才引來的。 那個地方是一個衛生

werden. Die Lage ist ein gesundes weites Tal, rings von bequemen Bergen umgeben. Strassen wie die Landstrassen sind mit hunderteckigen Basalten gepflastert und den Füssen wenig zutulich. Ordnung, Zucht und Stille feierlich. Auch ist Feiertag. Eine weite Enge. Mir ist wunderlich dabei. Man sieht niemand auf der Strasse. Eine Frau oder ein Mann läuft unbegleitet wie eine Kegelkugel über den Platz hin, dem Bethause, dem Schwesterhause, dem Brüderhause zu. Man redet nicht mit einander, niemand bleibt stehn, niemand sieht sich um; an keinem Fenster wird man jemand gewahr. Nur wenn die Glocke schlägt, eilt man gruppenweis zum Bethause, weil es mit dem Schlage anhebt und fast mit dem Schlage vorüber ist.

Pfingstmontag (den 27. Mai 1822). Gestern abend um zehn Uhr (eine Stunde nach der Liturgie) ging Einer, königlich besoffen, tobend in lustigem Ärger, den Platz entlang durch die Strassen. Das wäre Einer auf Einen Tag. Heute wollen wir wieder hinhorchen: ob wohl 365 fürs Jahr herauskommen mögen.

Beispiele von Verbrechen gibt's

而廣闊的山谷，四周有可意的山脈在環繞着。街道與國道似的，鋪着百角的玄武岩，是很不利於兩脚的。秩序，規律，和寂靜都是莊嚴的。祭日也是如此的。一條寬敞的狹路。我在這裏頗感驚異。我們在街上看不見人。一個婦人或一個男子正如一個木球似的毫無伴隨的經過廣場，跑到禮拜堂，修女院或修士院。人們都不互相談話，沒有一個人站着，沒有一個人四面瞻望。我們在窗上也看不到任何人。只有在打了鐘以後，人們才成羣結夥的跑到禮拜堂，因爲它是伴隨鐘響而開始的，而且也幾乎伴着鐘響就完了。

五旬節後的禮拜一。（一八二二，五月，二十七日）。昨天晚上十點鐘（禮拜以後的一點鐘），有一個人酩酊大醉起來，忿怒可笑，悻悻然走過方場，經過街衢。那是一天中僅有的一個人。今天我們還要傾聽，一年之中是否可以有三百六十五個這樣的人。

犯罪的例子也是有的。一個放

auch. Ein Brandstifter hat dem Kriminalgerichte den Gefallen getan, sich aus Reue über seine Missetat selber zu erhängen; ob man immer so wohlfeil davon kommt, habe nicht nachgefragt.

Schöne Menschen sind mir noch nicht vorgekommen, was freilich unnötig wäre. Man sieht sich nicht an, man redet nicht miteinander, fast scheint es ein Sittengesetz zu sein.

Dagegen sieht man unbegreifliche Abgestalten, besonders weibliche, man sollte glauben, sie wären aus mythologischen Geschlechtsvermischungen erzeugt.

Eine alte preussische Offizierdame wohnt unter einem Dache mit mir. Sie liess mich gestern zu sich einladen. Nach dem Abendessen ging ich auf ihr Zimmer. Es ward über die heutigen Predigten gesprochen. Es ward gefragt: Ob ich gewisse Bücher kenne? die mir auf mein Verneinen sogleich verehrt wurden. So klopft man einem alten Hengst den Hals, wenn man ihm aufsitzen will. So lange sie keine hübschen Mädchen zu Missionarien haben, werden sie mich schwer überwinden.

Von Toleranz wird gesprochen: ein Wort, das ich nicht leiden

火的人曾經因爲懊惱自己的罪行，而自縊了，因而滿了刑庭的意。人們是否儘管這樣的便宜逃脫了，那我是不曾問過的。

我還不曾見到美麗的人，這自然是不必要的。人們都不四下瞻望，也不互相談話，這幾乎成了一個道德法則。

在另一方面，人們卻看到不可捉摸的面孔，尤其是婦女的面孔，人們應當相信，她們是由神話上的性交而產生出的。（按神話上的人多半是怪模怪樣的。）

一個普魯士的軍官夫人，同我住在一個屋頂之下。昨天她請我到她那裏。在晚餐以後，我就到了她的屋裏。我們談到今天的講道。她問我說，我是否讀過某些書，我說，沒有，於是她就立刻把那些書給了我。人們在想騎一匹老馬時，是要這樣先拍一拍他的脖子的。他們若是沒有美麗的少女做傳教師的話，那他們是難以把我克服了的。

我們談到容忍：這乃是我所不能忍受的一個名詞(若以此教人)，好像

kann. Als wenn man einander nicht ertragen müsste? Aus dem Allen siehst Du, mein Guter, dass ich von der Tollenranz was verstehe, mein Appetit mag sich anstellen, wie er kann. Alt muss man hier sein, dann geht es an. Das junge Volk nimmt sich wunderlich aus.

人們一定是不能互相忍受似的？ 從所有這些裏面，我的讀者，你可以看到，我已經了解了一點容忍，不論我的口胃如何。 人在這裏必須是老的才行。 青年人是特別例外的。

Der Gottesacker, hart an der Stadt, nimmt sich aus wie ein Spargelfeld. Geschichtet liegt das liebe Fleisch; jedes Stück hat seinen Stein, worauf Name, Geburts-und Todestag eingegraben sind. Solche Ordnung lockt wohl manchen in dies Leben, um nur unter diesen tot zu sein; der Mensch ist ein närrischer Kerl.

墓地逼近城市，景象就彷彿一塊龍鬚菜田地似的。 親愛的肉一層層停在那裏：每一塊肉都有一方石頭，上邊刻着姓名，生日，與死日。 這樣一種秩序引誘許多人，到這種生活裏，祇爲得是作這些死人之一。 人乃是一種愚蠢的棍徒。

So wie die Menschen, so ist denn auch anderes hier unter der Schere gehalten. Die schönsten Linden vier-und fünfeckig gestutzt, grünen, blühen und duften und lassen sich machen. Will man gerecht sein, so muss man finden, dass die Leute wissen, was konsequent heisst. Wer hier geboren oder gewöhnt ist, muss sich ohne Zweifel hier sicherer als anderswo finden.

正如人似的，這裏別的東西也如被剪裁似的。 最美的菩提樹，有四五個角子支着它，吐着綠，開着花，發着香，並且任人斧削。 人們如果公道的話，那他們必然會看到，這裏人們知道，什麼是一貫。 誰要生在這裏，或住慣這裏，那他毫無疑義的會覺得此處比別處安全。

Jetzt halb neun Uhr ist Morgensegen. Den meinigen hab' ich bereits abgehalten, und ich sitze hier und schreibe.

現在八點半鐘，正是朝禱的時候。 我們朝禱已經舉行過了，所以我就坐在這裏，從事寫作。

Vor dem Brüderhause, das ich aus meinem Fenster beobachte, finden den ganzen Tag Versammlungen statt, und selbst während der Betstunden ist der Platz nicht ganz unbesetzt. Sie scheinen der allgemeinen Aufsicht geeignet zu sein, indem man von hier aus das ganze Örtchen fast, wo nicht übersicht, doch überhört.

Das Haus, worin ich wohne, ist das einzige Wirtshaus im ganzen Orte: eine vollkommene Einrichtung. Unten im Hause hält ein Jäger Aufsicht, der einzige Mensch, der hier ein Seitengewehr und Epauletten trägt. Auch dieser ist ausschweifend höflich, indem er jedem aus dem Wege tritt und mit Kutschern und Bedienten im vertraulichen Vernehmen ist.

Die Art, wie ein empfohlner Fremder hier aufgenommen wird, ist: Man bittet ihn halb zwei Uhr nach Tische zum Kaffee. Nach dem Kaffee folgt Limonade, Früchte, wie sie die Jahrszeit gibt, und dergleichen. Da eben keine Jahrszeit ist, so erfolgten gestern Äpfel, die hatten Runzeln, wie die schönste der Schwestern sie nicht besser wünschen könnte, wenn nicht alles schon aufs beste bedient wäre.

在從我的窗戶中望見的修士院之前，整天有許多集會，甚至在祈禱的時辰，那個方場也不是完全不充滿着人的。這些集會似乎宜於監臨一般人們，因為它們從這裏縱然不能鳥瞰那個小區域全部，也可以傾聽到它。

我所住的那個房子乃是全地區的唯一旅館，一所完善的建設。在樓下有一個獵夫在巡視着，他是這裏唯一佩帶刀劍和肩章的人。就是這個人也是過度客氣的 因為他給每一個人都讓開路，並且與御夫和從者也是親暱的。

一個被介紹來的客人在這裏是照下述方式被接待的，就是，在飯後一點半鐘，人們請他去喝咖啡。咖啡以後就跟着檸檬水，和當時季節所生的果子，以及別的。因為現在不是產果的時令，所以昨天就陳上帶皺紋的蘋果；那些修女中最美的本當是最願望面上生起這一類皺紋的，倘使不是一切都防守的最好的話。

Doch muss man sagen, dass die hiesige ganz weisse Tracht den Matronen günstig ist, wegen der Nettigkeit und Reinlichkeit.

Dritter Pfingsttag (den 28. Mai 1822). Gestern abend habe das Schwesternhaus gesehn. Die Oberpflegerin und Ortsherrschaft, Gräfin Einsiedel, und die Hausvorsteherin, Schwester Fabricius, führten mich in Person allenthalben umher; auch der Schlafsaal von hundertundfünfzig Betten ward nicht vorenthalten. Die schönste Person, die ich hier gesehn habe, ist diese Schwester Fabricius: wohlgewachsen, fest, gross, eine Dreissigerin. Anderswo hätte ich sie für einen verkleideten Mann gehalten. Oberlippe und ein starkes Kinn spiegelglatt spielen ins Blaue; ich glaubte Bartwurzeln zu bemerken, wie denn die Kinne der meisten Schwestern behaart sind. Durch ein munteres gefälliges Wesen hat diese würdige Person in der Tat einen Eindruck gemacht.

Nachher war ich zum Tee bei meiner Hausgenossin, der Frau von Döberitz, wo ich die Oberpflegerin und den ganzen Park der Oberschwestern, ohne eine einzige andere Mannsperson, beisammen und die Unterhaltung über Erwarten belebt

可是人們還必須說，這裏的白色衣裝對於那些老婦人乃是嘉惠的，因爲它乃是清潔而純淨的。

五旬節的第三日（一八二二年五月二十八號）。昨天晚上我看到了修女會。監督長兼地方領袖，埃因西德伯爵夫人，以及會監督，法卜里西修女，親自領着我到處去看；就是那容着一百五十個牀位的寢廳也不曾把我拒而不納。我在這裏所見的最美的人，就是這個法卜里西修女：長得勻稱，堅實，高大，是一個三十多歲的人。若在別處我會認她是一個喬裝的男子。上脣和一個剛强的下顎如鏡似的平滑，透出一點青色；我相信曾經看到鬚根，因爲許多修女的下顎都是多毛的。這個可尊敬的婦人經由一種活潑而可意的性情，實際上給了人以一種印象。

隨後我就到了我的同居人杜伯雷兹那裏，去喝茶，在那裏我看到，監護長和高級修女全部，聚在一處，毫無一個別的男子，她們談論的熱烈，出乎意料之外。他們實際上使我大

fand. Sie hatten mich in der Tat dreist gemacht, und eben war ich im Anlauf, mein Geschütz spielen zu lassen, als die Glocke acht Uhr schlug zum Abendsegen. Man ging zum Bethause und ich auf mein Zimmer, allwo ich sechs Gänseeier verzehrte.

起膽來，而且正當我要準備進攻時，於是就打了八點，令人去做晚禱了。人們到了禮拜堂，我到了我的房間裏，吞食了六個鵝蛋。

近代國家的本質與演變(一)

Wesen und Wandlung des modernen Staats

邢卅・奧透 (Otto Hintze) 著

曾一新 譯

"近代國家" (der moderne Staat)，是對於我們近代公共生活的外形所加的名詞。這個名詞，在學術上也很普遍。但是這個簡短的名詞，並不是一個單純的時代劃分，牠的固有的意義內容和適用能力，並不十分清楚。正因爲這個緣故，我認爲根據比較憲法史的研究，去對於所謂"近代國家"的本質，作進一步的探討，是很有用的。如果要作這種嘗試，我們必須明瞭，單用一個歸納法是不能達到目的的。"近代國家"並不是空洞的邏輯上的種類概念，牠是一個有形的觀念，是我們普通稱爲"理想型"(Idealtypus) 那個種類的直覺抽象。由政治觀察和歷史研究所供給的經驗材料，我們可以根據判斷力——那是免不了某種獨斷色彩的——去摘出幾個特性出來，然後在觀念上把這些特性加以提煉，再拿一個建設的精神行爲把牠們互相結合，使之成爲一個生動的全體。這個全體固然不是具體的實在，也不要求成爲具體的實在。但是這個全體却是一切歷史社會的基礎。牠在錯綜複雜的現象裏面，是不能缺少的指針，在科學的判斷上，是不能缺少的標準。

我們談到"近代國家"，便會想到近代國家和中世國家，近代國家和古代國

(一) 譯自：普魯士學術研究院報告 Sitzungsberichte der Preussischen Akademie der Wissenschaften 一九三一年，七九〇至八一〇頁。

家，近代國家和東方國家的區別。　我們由近代國家的最新的類型借了一切這些類型所共有的名詞卽"國家"，　而把牠適用到舊的類型上去。　這是很有特色的一件事。　至於何所根據，那是一個問題。　關於這一層，我們在這裏無暇詳加討論。　根本，一切這些類型都具有强烈的個性，所以强把牠們插進某種某類的邏輯上的槪念形式，是不合理，並且還有失去牠們的基本特性的危險。　這些國家類型，並不像在某一種之下的小分類那樣並列着。　牠們是歷史生活的特別顯著的形態。　這些形態，一部分甚至像中世國家和近代國家那樣，是世界史發展中互相關聯着的環。　因此，我們不能按照格式去對這類型下定義。　我們只能從經驗上的事實材料裏面把這些類型當做直覺的抽像引導出來而加以敍述罷了。一切這些類型所共有的"國家"這個名詞，也不是純粹的邏輯上的槪念，牠只是更高的層序的一個直覺抽象而已。　因此，"國家"這個名詞也是模糊的，內容空虛的槪念。　歷來人們對於國家也不曾下過滿意的定義。　這個名詞，究竟包含着現實的東西呢？　還是只包含着思考出來的東西呢？　這個問題也不能得到一致的答覆。　我認爲在"國家"這個名詞後面，是有現實的東西的。　並且我認爲國家這個名詞——照 status republicae 這個字的本來的意義說來——是表示一個共同團體能够產生共同意志，共同行動以及共同事業的狀態或組織。　這裏所說的"狀態" Zustand 和"組織" Verfassung ，不能認爲是純粹靜的，牠們同時應該認爲是動的。　在"現實" Aktualität 的意義上，牠們只在產生統一意志的那些精神行爲之不斷反覆裏面有其實在性而已。(二)　我們也可以不把共同團體的這個狀態或組織稱爲國家，而把在這個狀態或組織之中的共同團體本身稱爲國家。　這樣一來，這個觀念便更趨具體，而更接近普通的習慣用語法了。不過這裏所說的"共同團體" Gemeinwesen，是舉凡超過家族以上的比較有永久性的人類團體，都應該包括在內的。　這裏所說的人類團體也和家族一樣，發生於自然的一般人類生活條件裏面。　這種人類團體，有種族，縣，城市，民族。

（二）斯門特(Smend)：組織與憲法 (Verfassung und Verfassungsrecht)一九二八年。

有時候還有包括好幾個民族的宗教社會和文化社會。羅馬天主教會所統一的信仰基督教的西歐，便是這個例子。信仰基督教的西歐，是產生中世國家的基礎。這一層對於我們有特別重要的意義。近代國家便是從中世國家產生出來的。當形成一個共同團體或一個國民（這是近代國家的典型基礎）的概念時，我們必須訴諸生活經驗所供給我們的直覺。這裏也許有人要提出異議，說：這種共同團體並不是原有的自然創造物，牠們已經是某種國家組織或前國家組織的結果或殘渣。這個異議，是不能遽爾加以拒絕的。這裏實際我有不願意否認的一個困難。這個困難，我覺得可以在下記的事實裏面找到說明。所謂事實，就是：沒有一個歷史上的國家，其基礎不可以還元到以前的國家組織，而再還元到有史以前的狀態上去的事實。因此，一般國家的成立問題，也不是純粹的歷史問題。這個問題，是屬於哲學上的思索的範圍，或屬於前史的假設及構思的範圍的。

對於我剛纔所說的國家組織的實情，或許也可以適用維也納(Wien)的孟策爾(Adolf Menzel)贊同奧斯特瓦爾特(Ostwald)而提議的"能體系"(Energiesystem)(三)這個名詞。不過因為這純粹是自然科學的觀念，所以適用起來，是有相當的困難的。這個名詞，把國家明白地表示為一個力量發動的泉源。這是牠的優點。但是為避免與自然科學的概念發生混合起見，我想採用法律學者和經濟學者已經使用慣了的名詞，就是"機關"(Anstalt)或"經營體"(Betrieb)。這些是專為人類的，社會學的能體系而起的名詞。當我們把國家看做一個狀態時，換句話說，就是對於國家作靜的觀察時，在"機關"的資格的國家是潛在的能體系。反之，對於國家作動的觀察時，在"經營體"的資格的國家便是活動着的能體系。這些名詞，在這裏使用起來，當然比法律學家和經濟學家普通使用的帶着更多的社會學的意義。這些名詞並不曾把事實本身加以縮小。便是

（三）社會科學與社會政策叢書 Archiv für Sozialwissenschaft und Sozialpolitik 第六十六卷，第一册，一三二頁以下(一九三一年)。

一個機關或經營體，也有充滿着團體精神而成爲一個法人的；甚至有時候還在倫理的意義上具有類似人性的東西。

一方面，我們在"國家"(Staat)這個名義之下，把國民看做一個能夠行動的單位，他方面，我們在"社會"(Gesellschaft)的名義之下，却把這個國民看做私人利害關係極複雜，因而分裂爲身分和階段的東西。因此，國家和社會是始終由國民這個共同的活的基礎互相結合着的。不過這個結合的樣式異常紛歧，並且可以由這個結合樣式看出文明的發展階段。在種族國家裏面，政治組織完全站在血族團體上面。在這裏，血族團體是等於後來的社會。古時有所謂"市府國家"(Polis)。市府國家根本上也是一個種族國家。在古代市府國家裏面，這些血族團體形成着社會中的貴族階級，而"外僑"(Metöken)和"平民"(Plebejer)則形成着比較個人主義的下層階級。在這兩階級的階級鬥爭裏面，產生了一個和近代國家類似的政治社會，那就是"市民自治團體聯盟"(bürgerlicher Gemeindeverband)。在中世紀的封建國家裏面，那個佔有土地的武士階級和教會行使了最重要的政治機能；近代國家的發生，在根本上，不外是這個封建社會組織之國家化的過程罷了。這其間，在最高而專制的國家權力的主宰之下，發生了一個新的個人主義"市民社會"(bürgerliche Gesellschaft)這個市民社會，是受一般私法的規範之節制的。這個市民社會，終於擺脫了專制國家的主權而和充分發達的近代國家相對，和十九世紀的自由國家相對了。於是，市民社會便站在個人主義的基礎上，成爲國民的一個均等組織。市民社會，雖然由議會主義的代議制憲法和國家發生聯繫，但是此外却在不受國家的約束的範圍內活動。現在，政治上和社會上的重大危機，好像要演變到一個新的狀態去似的。在這個新的狀態裏面，市民社會的不受國家約束的範圍，是不能不放棄的；"自由國家"(der liberale Staat)，如什密特(Carl Schmitt)(四)說過，

(四) 轉至全體國家的傾向(Die Wendung zum totalen Staat)，載歐洲評論(Europäische Revue VII, 4)一九三一年。

不能不變爲"全體國家"(der totale Staat)，換句話說，就是變爲節制整個國民生活的國家；不過國家同時——這一層是我想要特別加以力說的——不能不和社會的利害及社會的對立發生聯關，換句話說，就是不能不"社會化"(sozialisieren)。現在連社會中的下層階級也和上層階級同樣，在國家生活裏面發揮一天比一天大的勢力，所以"政府國家"(Obrigkeitsstaat)就變爲"國民國家"(Volksstaat)了。國民國家，把社會中的利害對立和階級鬥爭容納在自己裏面。統一意志的產生，因此越來越困難。統一意志，多半已經不能再用議會主義的政府來產生，而只有用新的獨裁方法纔能夠產生了。

但是無論那一個國民及其國家組織，社會組織都不是孤孤單單站在世界史裏面。國民的內部性質，始終受制於偉大的世界所安排好的外部生活條件。在中世紀的時候，各國民還生活在一個偉大的共同團體裏面。那個共同團體，就是羅馬天主教會所包括的歐西基督教宗教社會和文化社會。由十六世紀至十九世紀，各國民都在逐漸形成着的歐洲國際體系裏面成爲了主權國家。這個國際體系，具有戰爭上的"國家理由"(Staatsräson)和尚未完成的國際法。自從世界大戰以來，新的，包括整個地球的"世界國際體系"(Weltstaatensystem)便想要造成一個新的聯盟組織，想要造成一個以和平爲目的的國際聯盟。國家發達的第一階段，是封建主義組織的時代；第二階段，是具有市民資本主義社會組織的現代國家；第三階段，是將要開始的全體主義社會化國家的時代。

如此，外部的和內部的國家形成作用，是在作不斷的歷史流動。如果我們不照合理的觀點去分析這個運動，換句話說，如果我們不把這個運動當作一個發展過程去理解，我們是不能理解國家的形成作用的。因此，近代國家的本質，如果不顧慮到我們關於國家形成所知道的整個發展過程，便不能決定。近代國家的本質，不能看做一成不變的東西。近代國家的本質，是要當做生成着的東西，要當做演變着的東西，有時候，即使不是當做會死滅的東西，也要當做會變成別的形態的東西，纔能決定的。我們現在正在危機裏面。我相信，我們達到了比以前更容易決定近代國家的本質的一個發達時期了。

舉凡一個模範的歷史發展，其雛型是必然要採用理想型的觀察方法的。 模範的歷史發展，可以分為三個階段。 第一階段是特徵逐漸形成的時期。 近代國家的理想型所具有的特徵，便是由中世教會政治封建主義的初期形態形成出來的， 這個教會政治封建主義，起初還很顯明，但是後來逐漸分解而消滅了。這要算近代國家的初期，也就是建設的階段，粗略地看起來，這個階段可以認為一直達到法蘭西大革命。 第二階段是理想型比較完善發達的時期。 這是完成的階段，最盛的階段，大體上說來，是包括着十九世紀的。 第三階段是末期的階段，我們現在是已經走進這個階段。 在這個階段，理想型已經在新潮流的影響之下，顯出衰落，崩潰或沒落之象了。 這個新的潮流好像要演變到另一個不同的類型上去似的。 這時候，歷史現象互相的連結方法是：某一個類型的初期同時便是前一個類型的末期。 因此，近代國家的初期同時便是封建主義的末期——這一層主要地可以在憲法中看出來。 另一方面，一個類型的末期同時包括着下一個類型的開始。 因此，我們走進了的近代國家的末期，同時包括着一個新的"未來國家"(Zukunftsstaat)的開始。 關於這個未來國家，我們現在還不能够作一個適當的敍述。

在時間上劃分近代國家，有特殊的困難，現在我們也可以明白其原因了。人們有時候一般地認為中世紀以後的近代歐西的整個國家生活是近代國家；有時候却特別認為法蘭西革命以後的國家生活是近代國家。 結果有人也許想把世界大戰以後將要形成的類型認為是眞正的近代國家了。 這個意見的不一致，是因為歷史家，政治學者及實際政治家的立場不同的緣故。 我們在這裏把第一個見解，就是歷史見解，作為基礎而企圖決定理想型。 理想類型是第一時期建設，在第二時期完成，而在第三時期崩潰和變形的。 這當然只不過說與形成近代國家有關的主要潮流是如此罷了。 這些主要潮流，我們能够由該潮流所向的目標最透澈地敍述出來。 這個目標表示那些主要潮流的作用的實際結果。 這樣做去，可以得到四個不同的概念。這四個概念互相補充着，互相層疊着——像彩色印刷似的——表示中世以後發達出來的近代國家的理想類型。都四個概念是：

1. 在歐洲國際組織的範圍之內的“自主強權國家”(der souveräne Machtstaat)，
2. 具有“市民資本主義”(bürgerlich-kapitalistisch)社會形態和經濟形態的比較完整的“貿易國家”(Handelsstaat)，
3. 尊重個人自由的“自由法治國家和立憲國家”(der liberale Rechts- und Verfassungsstaat)，
4. 包括一切這些傾向而朝向民主主義的“國民國家”(Nationalstaat)，

這四個類型，綜合起來，便可形成近代國家。現在我們須要對於這些類型作更進一步的說明。

1. 自由國家是和中世的“教會政治封建主義”(hierarchisch-feudal)憲法相對立而形成的。牠擺脫了教會的保護而成爲“俗世國家”(weltlicher Staat)，牠同時是歐洲國際組織裏面的“強權國家”(Machtstaat)。按歐洲國際組織是代替中世的“半教會半俗世的世界君主國”(geistlich-weltliche Universalmonarchie)出現的。

國家和教會脫離關係，曾經經過一個很長的過程。這個過程，要算今日纔達到某種結果。這個過程對於國家生活的每一個時期，都具有很重要的意義。當羅馬教皇的世界霸權在宗教改革會議時代崩潰時，出現了一個新的“國家教會制度”(staatskirchliche Ordnung)。這個制度到處於君主專制有利。尤其在英國方面，爲“新教”(Protestantismus)所促進，國家教會制度便更趨興盛了。嗣後，英國方面在“清教革命”(die puritanische Revolution)裏面又發生了在世界史上很重要的一個變動。那就是，清教革命把君主政體的國家教會至上權連同國王本身的優越權都加以推翻而給“議會主義”(Parlamentarismus)

開闢了路線了。在法國方面，則國王和當時還極富於封建色彩的"法蘭西舊教"(die gallikanische Kirche)有密切的關係，致使不能在適當的時期實行必要的改革，所以革命是無可避免了。在西班牙方面，自從信奉天主教的國王斐迪南(Ferdinand)和意薩培拉(Isabella)以來，尤其自從"耶穌會教義"(der Jesuitismus)抬頭以來，因爲教會在國家裏面發揮莫大的權力，所以國家的俗世性格便不曾得到適當的發展。在奧國方面也有同樣的情形。在信奉新教的德國裏面，君主政體的國家教會，一直到最近爲止，是一個具有政治意義的因子。現在到處流行的口號，是："教會和國家的分離"(Trennung von Kirche und Staat)。但是這個口號可以作很不同的解釋；一方面可以解釋作：國家不顧教會而自主地處理一切公事；一方面可以解釋作：在國家和教會之間樹立一個和解的契約關係。國家對於有關教會利害的事宜行使絕對的主權，是始終未爲羅馬天主教會所承認的。

不過"主權"(Souveränität)是一個歷史範疇。這個範疇，根本是要從法國的政治史和法制史纔能完全理解的。主權的歷史背景，是十四，十五世紀的英法之間的百年戰爭(der hundertjährige Krieg)。百年戰爭的結果，兩國間的統治權的糾紛纔算得到解決，兩國纔劃下界限，各自成爲明確的獨立國家。因爲和安朱·普蘭塔哲內(Anjou-Plantagenet)家的綜合的封建國家脫離關係，法國便在內部鞏固起來成爲主權國家。原來每一個"封建君主"(Lehnsfürst)在法國領土裏面是"自主的"(souverän)，換句話說，是"政府"(Obrigkeit)。國王只不過是這些君主的君主罷了，換句話說，國王是國中的比較最高的政府權力。但是在法國方面，自十三世紀至十六世紀之間，國王根據封建制度的"歸屬法"(Heimfallrecht)把封邑陸續收回，因此，便從最高封建君主的比較最高的政府權力裏面出現了絕對最高的權力，出現了唯一的獨立的政府權力。這個權力恰巧便是和王位結合着的國家權力。並且，不像英國和阿拉哥念(Aragonien)國王那樣對羅馬教皇宣誓過君臣關係，法國國王始終不曾隸屬於

"皇帝"(Kaiser),也不曾隸屬於"羅馬教皇"(Papst)。法國國王是根據一個固定的繼承法去做國王,並不像德國那樣由諸侯中選舉出來的。把"主權"(puissance souveraine)這個概念採用到國法學的書籍裏面來的博登(Bodin),也實際把法國看做世界上唯一的主權國家。這個意見,關於英國是不對的;但是此外都很對。尤其關於德國是對的。德國民族的神聖羅馬帝國(das Heilige Römische Reich),直到一八〇六年崩潰爲止,始終受教會封建制度的約束,不曾成爲自主的近代國家。按其主要原因,是帝國的負擔過重和帝國的異常廣汎的政務——這一層是和法國的甚緊密的國家行政事務正相反的。只有幾個德國民族的國家,尤其是奧地利和普魯士,在這期間發展到近代國家而已。但是便是牠們也不能够達到國民國家的最後階段;到了俾斯麥(Bismarck)的德意志纔是眞正的近代國家。包括許多語言的"奧地利·匈牙利君主國"(die österreichisch-ungarische Monarchie)本身,能否綜合起來算做眞正的意義的近代國家,是和具有近代國家性格的偉大的西班牙君主國有同樣的疑問的。西班牙固然在世界史上做過偉大的事業,牠有一個絕對非近代的特徵,因爲特具有超民族性和世界性,牠的耶穌會派天主教的勢力,是超過原來的政治上的政府的。波蘭始終不曾成爲近代國家——所以牠滅亡了;俄國有類似東方國家類型的地方——關於土耳其,姑置不論——;"斯干的那威恩諸國"(die skandinavischen Reiche),自十七世紀以來由"種族國家"(Stammstaat)慢慢地發展到近代國家。現在我們發現一個很值得注目的事實,那就是:原來只有法國和英國可以認爲是幾百年來的眞正的近代國家。無論如何,近代國家的幾乎一切的重要制度,都發源於這兩個國家。可是這兩個國家的政治制度是相對立的——法國是專制君主的軍人國家,官僚國家,英國卻採用議會,地方自治及"民兵"(Miliz)制度。這個對立,對於近代國家的歷史有根本的重要性。這個對立,歸根結柢起因於"盎格羅諾曼的"(anglo-normannisch)和"法蘭西·卡羅林格爾的"(französisch-karolingisch)組織很不相同的封建制度。因爲英國和法國的近代自主國家,是從這個封建制度發達出來的。

這樣看來，"主權"(Souveränität)是國家這個"個體"(Individuum)由舊社會關係的約束解放過來的意思；這同時也是至個人自治的過渡，其前提是：對外，有獨立性，在內，國家權力有獨占性。"議會制度"(parlamentarische Institutionen)並不因此被排除在外，因為這個制度是國家權力的工具的一部分。在某種情形之下，對於德法的"國會制度"(ständische Einrichtungen)也能夠作同樣的觀察，雖然這個制度在法國和德國裏面不能不看做封建制度的殘渣。不過在國家裏面，除國家權力本身行使強權以外，是任何強權的行使都無論如何要加以排除的。在主權國家裏面，"決鬥法"(Fehderecht)以及任何別的私人自衛的方法，都在被禁之列；國家却同時必須保障人民得到充分的法律保護。

主權國家，從歷史上看來，是"政府國家"(Obrigkeitsstaat)。牠的國家權力是根據自己的法律的。這一層，和中世時代已經出現的國民將權力委任於國家之說正相反。主權，從歷史上看來，是帶有"專制主義"(Absolutismus)傾向的"君主主權"(Fürstensouveränität)。按專制主義，容易和國家權力之絕對的，獨占的效力相結合，是要在國土剛由綜合的君主政治新造成的國家纔會眞正出現的。耶立內克(Jellinek)說：主權既不是"君主主權"也不是"國民主權"(Volkssouveränität)，而是抽象的國家權力的一個性質；至於主權在誰手中，是無關緊要的。這個意見，對於過去的國家生活，是很適當的表現。不過在主張國民主權的人們當中，是當然得不到贊同的(五)。

但是近代的主權國家是："強權國家"(Machtstaat)。主權國家必須要能夠在新的"國際社會"(Staatengesellschaft)裏面獨立自主。新的國際社會，無疑地可以認為是中世宗教社會及教會社會的俗世化的變態。這個國際社會依然是一個文化社會；因此國際社會便更趨團結，否則"國際法"(das Völkerrecht)也許不會發生呢。國際法非但是近代的唯理精神的產物，並且還受

(五) 參看黑勒(H. Heller)：主權論(Die Souveränität)，一九二七年。

到中世的神法觀念及自然法觀念的影響。 這些觀念，可以經由"教會哲學"(Kirchenphilosophie)一直溯源到"斯托阿派哲學家"(die Stoiker)上去。 但是這個團結的感情，雖然因過去幾百年間的各王朝的親戚關係而增强，在歐洲國際體系裏面却不曾實際表現爲一個鞏固的制度。 正相反地，絕對佔優勢的倒是各國自衞的原則。 各國都得知道怎樣纔能保護及貫澈自己的利益。 這時候始終有强國，尤其是那些有野心想做世界君主國的强國，成爲阻礙。 最初是西班牙——奧地利，後來是法國，再往後是英國。 我們對於這些發源於君主權勢慾望的"强國政策"(Grossmachtspolitik)， 很可以拿"帝國主義"(Imperialismus)這個名詞來表示。 我們能够指示羅馬帝國的世界霸權的觀念——就是"帝國"(Imperium)後來叫做"君主國"(Monarchie)的觀念——怎樣轉移到"皇帝"(Kaiser)和"教皇"(Päpste)上去，怎樣再由皇帝和教皇轉移到西班牙及法蘭西等各個國家上去。

這個舊的"地中海帝國主義"(Mittelmeer-Imperialismus)，在近代的歐羅巴裏面變成"大陸帝國主義"(der kontinentale Imperialismus)，而在拿破崙(Napoleon)時代達到了最高峯。 除這個帝國主義外，在十七，十八世紀，英國方面出現了一個新的帝國主義，那便是"海洋帝國主義"(der ozeanische Imperialismus)。 英國的海洋帝國主義便參加西班牙人，葡萄牙人，荷蘭人的發見事業及殖民事業，企圖獲得普遍的海上霸權和商業霸權了。

但是這時候歐洲國際體系裏面的强國政策有一個特色，那就是決不像古代那樣，只有一個世界霸權在歐洲民族圈上面爲所欲爲。 這時候是老有一個"勢力均衡"(Gleichgewicht der Macht)反復出現的。 起初是三個强國，後來是五個强國，最後則六個强國，輾轉締結同盟。 牠們帶着許多小國，全都秣馬厲兵，彼此在不斷的競爭空氣裏面對立着。 因爲戰爭完全是新的"國家理性"(Staatsräson)的"最後手段"(ultima ratio)。 戰爭對於戰勝國是榮耀而有益的。 至於戰爭是否正義，那是次要的問題。 哲學家們尋找了至永遠和平之路，但是政治家們却始終留意於戰爭的可能性。 戰爭遂在近代國家裏面成爲了整個政務的偉大的"平衡輪"(das Schwungrad)。 於是發生了常備兵制度，附帶着還發生了許多東西，那就是：艦隊，軍需工業，新的租稅制度——其主要成分制度是"軍用稅"(die Kriegssteuern)——新的官僚派財務行政，戰費的籌備及新的國債制度。 因爲列强間的不斷的競爭終久無法加以調和，所以引起了一切力量——尤其是軍事力量及財力量——的空前的緊張。 像歐洲大陸那樣，君主專制主義及官僚制度的地方，便會發達緊密的，合理的行政技術。 這個行政技術，爲減輕國家負擔的重壓起見，又企圖促進經濟的發達。 英國是海島國家。 英國在國際間感受到的軍事上政治上的壓力遠在大陸國家之下。 當英國開始爭奪海上霸權的時候，"議會政治"(Parlamentarismus)纔剛達到了最高峯。 跟着議會政治的發達，各地便由名流實行地方自治。 這個地方自治，在行政的緊密性方面和技術方面，短期間是無論如何遠落在大陸之後的。

2. 關於自主的强權國家，姑且至此爲止，不再往下談了。 我們現在談談從經濟生活方面看來的近代國家。 我們對於這個近代國家，恐怕可以加以一個標題，叫做："封鎖的貿易國家"(Der geschlossene Handelsstaat)。 在這裏面，"重商主義"(Merkantilismus)是最佔優勢的傾向。 重商主義在歷史上的機能，主要地是牠使近代國家成爲一個獨立的"經濟體"(Wirtschaftskörper)的事。 這個經濟體，具有貨幣及度量衡的統一，在內有一個自由的市場，對外有關稅界限。 關稅界限，固然普通開放着一個門戶，但是怎是抱着嫉妬心而在"貿易數額"(Handelsbilanz)的觀點之下，對於關稅界限加以監視，加以統制。 原則和方法在這裏固然變了，但是基本觀念是不變的，那就是：在可能範圍內作最大的"自給自足"(Selbstversorgung)，與外國通商則務期多得貿易利益。 這背後站着相對的"自給自足"(Autarkie)的那個舊理想。 但是這個理想常常被經濟利慾的不可根絕的本能所阻礙，所改變。對抗和競爭的精神，便在這裏也佔着優勢。

完全的自給自足，在近代的國際社會裏面是根本不可能的。然而用互相交換的方法，按照各國天然資源和需要，在國際間實行和平通商的那個理想，不外是一個愚笨的錯覺。近代國家，都努力成爲比較能夠自給自足的經濟體而互相門戶對立，都想獲得經濟上的優勢而雄視別的國家，都想使財富變成強權，使強權變成財富，甚至想把經濟力量看做"戰鬥潛力"(Kriegspotential)。一言以蔽之，國際間的經濟競爭的這個精神——按經濟競爭是軍事上政治上的競爭的寫照和結果——正是近代國家的經濟生活的眞正面目。如果沒有這個經濟競爭精神，恐怕連資本主義經濟形態也不曾達到那麼廣大的範圍和那麼高的程度呢。我們也許甚至於可以說，由十六世紀中葉至十七世紀中葉的戰爭大半是宗教戰爭，由十七世紀起至大革命時代止的戰爭主要的是貿易戰爭。貿易戰爭之最早者，要算英國和荷蘭這兩個信奉新教的海上強國爲一六五一年的英國航海條例(Navigationsakte)——譯者按：依此條例，英國進口貨概須由英國船隻運輸——而起的長期戰爭。自一七九三年以來的英法大戰，尤其是在拿破崙下的戰爭。也充滿着兩國間的貿易上政治上的競爭色彩。英法之間，"貿易封鎖"(Handelssperre)幾乎繼續了整個十八世紀。那個"大陸封鎖"(Kontinentalsperre)，不過這個大規模的貿易封鎖的擴充罷了。

"資本主義"(Kapitalismus)這個近代民族世界的經濟組織，是和國家組織有密切的關係的。經營的高度的緊密性和高度的合理性的精神，是由不自由的"團體狀態"(Gemeinschaftsverhältnisse)過渡到個人主義的"社會狀態"(Gesellschaftsverhältnisse)時的一個附帶現象。資本主義便是由這個緊密性和合理性的精神發生出來的。在資本主義裏面最重要的。是由手工業工人與同業公會商人之靜的狀態過渡到以個人營利心爲基礎的"企業"(Unternehmung)上去的事。按企業是根據工資契約去組織勞動，並且以在市場價格上的利潤爲轉移。資本主義並不是國家造成的——資本主義的出發點完全和國家的經濟政策的出發點不同——，但是資本主義和國家結合，爲國家效勞，受國家的保護和促進，終於發達到標準的經濟形態了。資本主義的初期，恰巧便是國家實行重商主義經濟政策的時期。資本主義的最盛時期，同時又是在十九世紀裏面近代國家最盛的時期。我們可以說，資本主義是和近代國家及其市民社會組織共興亡的。

在資本主義的影響之下，市民社會組織表示了形成"企業家富豪階級"(Unternehmerplutokratie)和勞工無產階級的傾向。這是階級分裂，對於國家生活是一個危險。不過這個危險，在法國方面比英國及別的工業國家小，尤其比德國也小。按其主要原因是：英國方面，舊的土地制度已經崩潰；德國方面呢，在大多數的邦裏面，尤其是在普魯士裏面，小農階級也被"農業資本主義"(Agrarkapitalismus)所毀滅，所吸收；可是在法國方面，小農階級却由大革命的立法保護得完完整整且由封建制度的負擔解放過來。這些被拔去了根的人們，便在英國和德國給正在勃興的工業供給了大量而廉價的勞動力。這個勞動力促進了工業的急速的發達。在法國方面，工業進步得比較緩慢；農民和小市民階級——並不是無產大衆——仍在社會機構裏面佔着優勢。

3. 我們要在這裏加以觀察的近代國家的第三個面貌，是自由主義"法治國和立憲國"(Rechts- und Verfassungsstaat)的面貌。我們由這個面貌可以很明顯地看出個人主義機構的基本特徵。國家不但是客觀的法律秩序的監視人，國家並且把人民在私人方面看做"人"(Mensch)，在公共生活方面看做"市民"(Bürger)而對於人民的主觀的合法要求加以承認和保護。

因爲這個緣故，國家能够合法地行使强權的那個獨佔權，便爲加强法律上的保護起見，禁止了私人的自衛。合理的成文法，卽顯著地抬起頭來而和歷史的習慣法及先例相對立了。在歐洲大陸方面，十八世紀末和十九世紀的大規模的法典編纂事業，如普魯士國法(das Preussische Landrecht)及拿破崙法典

（Code Napoleon），要算潛在近代國家裏面的個人主義"法律合理主義"(Rechtsrationalismus) 的紀念碑。中世的羅馬法學者的羅馬法，非但對於君主的主權有利（尤其在舊法國方面），並且對於人民的私法範圍的保護也有利（尤其在德國方面）。這要算"近代開明專制政治"（der moderne aufgeklärte Absolutismus）的偉大的功勞之一。在裁判手續和法院組織的合理的改革裏面也有同樣的情形。按法院組織在歐洲大陸方面是很有官僚派色彩的。

更重要的，是對於人民的主觀的公權加以承認和保護的事。這個傾向，在英國的清教徒革命裏面得到了强大的刺激，繼而被英國和法的"啓蒙運動"(Aufklärung) 向前推進。個人在國家裏面的自由權，結晶於美國的憲法和法國革命的人權及市民權裏面。此後，個人的自由權，便被認爲基本權利，而從這裏被採用到一切的近代憲法裏去了。在美國方面有很奇特的一點，那就是：這個個人自由的特權，在聯邦憲法裏面成爲基本條項，而嚴格的約束着立法；有關個人自由權的立法；是要在最高法院審查通過纔能發生效力的，這一層歷來阻碍着美國的一切有關社會政策的立法。

在近代國家裏面，除個人自由權外，市民自由的第二個台柱，要算"代議制憲法"(Repräsentativverfassung)。在代議制憲法裏面，國家權力的各種機能，須由不同的國家機關分別執行；那就是，立法權由國會執行，行政權由政府執行，司法權由法院執行。按這個分權方法，是採用孟德斯鳩（Montesquieu）的學說，特别富於法國色彩或大陸色彩。最初主張分權的，要算英國的"洛克"(Locke)。他把國權分爲立法權，行政權和"聯合權"(föderative Gewalt)。因爲聯合權與外交有關，所以洛克把這個權力劃歸政府執行。他又依照英國的採用仲裁裁判的自治制度，把司法和行政一共放在"執行權"(die ausführende Gewalt) 的概念之下。法國的法院院長孟德斯鳩，却把司法與行政分開，主張設立彼此獨立的法院，而把政治與行政放在執行權之下。這些方式，沒有一個完全適合於實際制度；只有格耐斯特（Gneist）所擬的方式，要算比較切乎實際。 按耐格斯特的方式，是：把政府當作"基礎"(Grundlage)，把法院當作"界限"(Schranke)，把立法當作最高"調節器"(Regulator)。 在英國方面，國會制的政府，是事實上根據國會對於國的優勢而形成的；至於內閣，則由下院的多數黨組織；這種政府組織，雖然並不適合"分權說"(Gewaltenteilungstheorie)，但是也傳到歐洲大陸，把在這裏發生的君主立憲政府——這種政府是淤在舊專制政治的變形上面的——逐漸推翻了；美國方面呢，分權原則已由憲法加以規定，總統是由國民選舉出來的，總統的政府，就其對國會的關係來說，是遠比以國會爲基礎的內閣具有獨立性的。 但是這兩個制度也有一致的地方，那就是：兩個制度都是政黨政府，並且原則上都站在二大政黨——一個是政府黨，另一個是反對黨——的交替上面。 這個原則，在歐洲大陸上面，是的確沒有一個地方能够實現的。

康德(Kant)認爲"法治國"(Rechtsstaat)的本質，在於"法律目的"(Rechtszweck)的實現，在於遵守法律的政府。 事實上却沒有一個政府能够自閉於法律之單純的執行裏面。 政府不能不發動主權來決定的例外情形，是日有所見的。 尤其政府在原則是上政黨政府的地方，政府便需要由獨立的行政裁判權來加以節制。 格耐斯特想在這種行政裁判權裏面看出近代國家的固有的本質來；對於立憲君主國，也是如此。 至於正規的法律手段應該擴充許到什麽程度，則各國議論紛紛，莫衷一是。 保護個人的權利範圍，使之不受警察權和行政機關的侵害，在這裏仍是一個行政上的觀點。

4. 近代國家的第四個面貌，是"國民國家"(der nationale Staat)的面貌。 這個面貌是表示全體的範圍的。 國民國家的構造，不是個人主義的構造，而是集團主義的構造，說得更準確一點，是"同盟的·朋黨的"(bündisch-genossenschaftlich)構造。 民族國家，是由國民結合而成的一個有活動能力的單位；這個單位，並非具有統治的形式，而是具有朋黨的形式的。

自始即成爲近代國家之基礎的那個社會，我們也許可以叫做"自然國民社會"(die natürliche Volksgemeinschaft)。這個自然國社會，是一個原始的同族感情，是站在共同血統的前提或想像上面，尤其是站在實際的語言共同團體及文化共同團體上面和共同的歷史經驗及歷史記憶上面。我們是無意識地，不由自主地主張在這個不明確的國民社會的。但是這個不明確的國民社會，其本身還够不上一個政治上的強有力的"完成因子"(Integrationsfaktor)——斯門特(Smend)之言——去形成眞正意義的國民國家。

這國國民社會，是能够變成國民國家的。但是爲變成國民國家，還得有特別的制度或歷史上的行爲。在英國方面，國民國家是跟着國會的形成慢慢地發達出來的。國會的朋黨基礎，在這裏使給自然國民社會供給了一個鞏固的根據。但是，有一個重要的歷史上的行爲，也與英國國民國家的形成有關，那就是：革命軍與其軍官會議及軍人會議，於一六四八——四九年，藉"人民同意"(Agreement of the people)的名義，對於"長期國會"(das Lange Parlament)施行了壓迫的事。按"人民同意"係指軍官參議會根據國民主權去擬定的新的共和憲法而言。如此，幫助國民主權思想而使之第一次爆發的，是一個純粹的聯合行動。在美國方面，民族國家的形成，雖然一七七〇年七月四日的獨立宣言開始，却是到一七八七年制定聯邦憲法，到處舉行"聯合遊行"(federal processions)來慶祝時纔完成的。在這個基礎上面，美國民族便在十九世紀像一個坩堝似的混合着移民形成出來了。法國到大革命時止，不過一個潛在的民族國家罷了。在這一層，法國也可以看做歐洲大陸的主要榜樣。到了"襲擊巴斯提監獄事件"(der Bastillesturm)之後，在聯邦慶祝會裏面，尤其在一七九〇年七月十四日的巴黎聯邦慶祝會裏面，這個潛在的民族國家纔露出表面來。法國人把這一天定爲國慶日，是有理由的。這是一個象徵行爲，是使整個民族像弟兄似的團結起來成爲國民的。這裏所說的整個民族，最初只是有教育的階級和有產階級；因爲這兩個階級是派出代表——即"護國軍"(die Nationalgarden)

——由法國各他趕到巴黎來參加聯邦慶祝會的。　釋勒（Schiller）在綠特里（Rütli）草原宣誓爲瑞士國民時，曾仿這個先例，說：「我們願爲唯一的弟兄國民」（Wir wollen sein ein einzig Volk von Brüdern!）。按這即是大革命的綜合理想："友愛"(fraternité)，是和個人主義理想，"自由"（liberté）及"平等"（égalité），鼎足而三的。"國民"(Nation)這個思想，即站在這個理想上面；於是勒營（Renan）所說的"每日舉行人民投票"（un plébiscite de tous les jours）的國家，便大見增强了。"友愛"這個字，此外還對於過去的憲法史開啓了一大展望，那就是對於中世的"弟兄之誼"(fraternitates)和"共同誓約"(conjurationes)，對於古代的"黨派"(Phratrien)，對於史前時代的"盟兄弟關係"（Blutsbrüderschaften）和"結盟"(Männerbünde)。

這個"兄弟之盟"（Verbrüderung），是德國法律上所說的自由結合；兄弟之盟，是可以拿來說明盟約的。"結盟團體"（Genossenschaft），並不像世人往往所想的那樣與"共同社會"（Gemeinschaft）同意義。兩者之間，有個人主義分化的一個階級；"法人"（die Rechtsperson）便是在這分化裏面發生出來的。結盟團體的分子是法人；他對於全體有主觀的，法律上的權利；但是在共同社會却還談不到這種權利。把這個權利適用到民族國家上去，便如盧梭（Rousseau）所闡明：人民非但是國家權力的對象，並且還是參加國家權力的權利主體；人民非但是"臣民"（sujets），並且是"公民"（citoyens）。因此，民族國家便很容易地和國民主權的原則結合了。舊的政府國家的君主主權，變爲了新的國民國家的國民主權。這是一個很大的變化。和別的一切聯合行動一樣，這裏也混有不合理的，神祕的成分。這裏也有興奮，也有熱狂；這種熱狂，是有變成狂獻的可能的。俗世國家的"國家主義"（der Nationalismus），可以說往往變成一種宗教代替品，尤其像法國那樣國民主義突然出現的地方是如此的。無論何處，國家主義裏有一個性格；這個性格，在"祖國危急"（das Vaterland ist in Gefahr）的非常時期，尤其在戰爭時期，是會激昂而成爲強烈的情緒的。 武揑斯(Ferdinand Tönnies)區別了"共同社會"(Gemeinschaft)和"利益社會"(Gesellschaft)兩個範疇。 什馬棱巴賀(Hermann Schmalenbach)爲作必要的補充起見，曾於一九二三年(六)樹立一個社會學的範疇，叫做"同盟"(Bund)。 "同盟"這個範疇，對於說明歷史，其意義是比其創造人所看見到的還要大的。 歷來社會學者固然也對於這個範疇加以注意，但是牠恐怕值得更進一步的注意呢。

國民主義的原則，非但把主權思想加以改變，並且連"國家理由"(die Staatsräson)和"資本主義經濟理由"(die kapitalistische Wirtschaftsräson)也加以強佔了。 國民便代替君主去主持帝國主義政策。 歷來有常備兵的地方，現在就採用普遍徵兵制度來代替。 普遍徵兵制度，在歐洲大陸方面成爲了國民主義的憲法原則。 無論那一個強國，都不願意缺少徵兵制度。 倘未採用自由的國民憲法的地方，徵兵制度便必然地促進了自由的國民憲法的產生。 近代國家的一切"利己主義"(Egoismus)，都因國民主義原則得到概念上的合法性。 利己主義成爲了"神聖的利己主義"(sacro egoismo)。 國民主義，最初是在拿破崙時代得勢的。 政治和戰爭，自從拿破崙時代以來，完全改變了方法，擴充了範圍。 政治和戰爭，變爲更強有力，更可怕的東西。 自由通商，久爲英國用以充分利用牠的經濟優勢的一個手段，但是也不過在一八六〇——一八七六年的很短的時期收到實效罷了。 此後又出現了"新重商主義"(Neomerkantilismus)。 新重商主義，現在人們把牠看做國家事業的護符。 這個主義，是里斯特(Fr. List)已經主張過的。 在德國方面，自"關稅同盟"(der Zollverein)以來，新重商主義對於民族國家，是和"學生合作社"(die Burschenschaft)的同盟運動或後來的"國民同盟"(der Nationalverein)運動有同樣大的影響的。 在國民國家裏面，學校的意義完全改變了。 學校往往變爲國家主義的工具。 學校非但對於正在成長着的少年實施國民主義教育，而是

(六) 雙生兒(Die Dioskuren)，第一册。

排斥國內的異民族。人們對於異民族，並不承認其在文化上的權利，多少總想用强權去加以同化。這和"宗教改革"時代及"反宗教改革"時代的宗教精神的排外性，是異曲同工的。跟着國民國家的出現，"國粹國家"(der Nationalitätenstaat)的問題，少數民族的問題也抬頭了。在立憲國家裏面，少數民族當然用盡一切方法去爭取地位；這樣一來，便要引起無窮的摩擦了。

我們看見：這四個類型，一個挨着一個出現，後一個附在前一個上面，後一個和前一個相融合。第一個類型——自主的强權國家——幾乎單獨的佔了至一六五〇年爲止的時期；這個類型還因宗教問題和國會制憲法添上了特色。第二個和第三個類型——經濟國家和法治國家——在年代上說來，是差不多互相一致的。這兩個類型，是對於自由的强權國家的修正，牠們佔了差不多到十九世紀爲止的時代。這兩個類型，表示英國的國會制度和歐洲大陸的君主專制政治的分裂。在第四個——國民主義——類型的時代，代議制憲法便過於普遍，而傾向於普遍選舉制和民主主義。由中世末期至二十世紀之間形成出來的近代國家，其本質是融合這四個類型而成的。如此，近代國家的理想型，是在十九世紀時代纔顯著地出現；但是在二十世紀之初，已經露出根本變化的痕跡，而趨向於更進一步的變革了。依歷史生活的性質來說，具有顯著特性的文化，其最盛時代總是比其發生和衰滅的時間短得多。我們在十九世紀末看見的近代國家，是經過四五世紀纔成立的。到社會生活的另一個顯著的類型出現以前，也許還要經過同樣長的時間呢。

如果可以大膽地拿一句簡短的話來表示十九世紀和二十世紀之交的近代國家的本質，那麼我便提議把牠叫做"市民國民的國家"(der bürgerlich-nationale Staat)。第一：因爲牠是由緩慢地抬起頭來的市民階級領導着的；這個市民階級，已經不是特權階級，而是事實上的指導階級；第二：因爲市民社會和國民憲法的並立，是近代國家的特別顯著的特色。但是這不可以認爲：近代國家無論在那一個"發展相"(Entwicklungsphase)裏面，都已經比較明顯地表示這些特徵——事實當然決不如此，雖然在文藝復興 (Renaissance) 時代已經出現了"市民階級" (Bürgertum) 和"國民" (Nationalität) 的口號。 我們倒應該認爲：一方面是具有個人主義自由精神和私人經濟資本主義精神的市民社會組織，他方面是國民主義國家和朝向民主主義的憲法，形成了近代國民的歷史生活的發展方向。

這個傾向的目標，我們還不能明瞭地加以認識和敘述，但是在二十世紀的今日，這個傾向已經起了顯著的變化了。 不過有一件事是明瞭的，那就是：這個傾向在我們面前延長下去的時候，決不作直線的延長；這裏有一個裂縫，從這裏開始一個完全新的發展。 如果我們把歷來叫做"近代國家"的，將來當作"市民·國民的國家"而置於"封建國家"之後，進而把"近代國家"適用於歐戰後的國家，那恐怕就適當了。

舊的超民族的大帝國（如土耳其帝國，奧地利·匈牙利君主國），是久已被認爲"時代錯誤" (Anachronismus) 的。 在這些大帝國崩潰之後，便成立了新的國民國家。 歐洲的政治地圖，固然因爲國民國家的成立而大行現代化，但是這個"歐洲的巴爾幹化" (Balkanisierung Europas) （譯者按：國民國家成立之後，歐洲便像巴爾幹半島那樣羣雄割據）告訴我們，舊的單純的國民國家，今日已經沒有能力像以前那樣維持政治上和經濟上的獨立了。

歷來的"近代國家"具有市民的，國民主義的憲法。 "近代國家"是歐洲國際組織的一個"機能" (Funktion)。 歐洲國際組織，便在較小的民族單位之間維持勢力之均衡。 至於新的"世界國際組織" (Weltstaatensystem)，則包含着根本不同的政治上的存在條件。 ——這一層，我們可以在主要世界強國的新的競爭裏面看出；主要的世界強國，爲要達到強權目的和經濟目的，便企圖用新的方法，即用一種聯合帝國主義的方法，去獲得更大的超國民的政治領域。 這一層，我們又可以在"只許戰勝國有完整主權"的事實裏面看出；戰敗的國民喪失了國際法上的主權；戰敗國雖然得到許多形式上的讓步，却被降到第二等國了。這一層，我們尤其可以在"推翻歷來的國家理由"裏面看出；歷來的國家理由，是把戰爭當做政治的最後手段去貫徹國家利益的。這一層，我們也可以在"主張政治上和經濟上的國際合作"裏面看出，固然國際合作和極端的國家主義利益衝突。這一層，我們又可以在國際聯盟，國際法庭，強制仲裁裁判，保護弱小民族等制度裏面看出；不過所期望的普遍的軍備減縮還遙遙無期呢。

並且經濟生活的機構的改變，是：和帝國主義有密切關係的"金融資本主義"(Finanzkapitalismus)的向外發展，整個世界的急速的工業化，資本主義經濟形態本身的擴張，資本主義內部起變化而成爲桑巴特（Sombart）所說的"末期資本主義"（Spätkapitalismus）。末期資本主義，具有由"工會"(Gewerkschaft)，"按照工資率的工資"(Tariflohn)，"販賣合作社"(Syndikat)及"同業聯合會"(Kartell)所組成的市場。末期資本主義，具有官僚派的企業家。這些企業家，是大"企業聯合"(Konzern)所聘請的總經理和總監察人。在末期資本主義時代，國家要作社會政策上的干涉，尤以對於"失業問題"(Arbeitslosigkeit)爲甚。末期資本主義，具有越來越長，越來越平的"商況曲線"(Konjunkturkurve)；這個曲線，現在正在長期的蕭條裏面進行。此外還有：信用經濟的增大，信用狀態和通貨狀態因鉅額的政治上的付款義務而起的混亂。按這個付款義務是戰爭的結果，即賠款。世界上的黃金，因此起了反常的分配；世界上的貨幣，因此趨於異常的缺乏。這一層和無計劃的生產過剩，同是目前的危機的主要原因。

原來資本主義組織，站在個人主義社會機構上面，有自動的調節作用。這個調節作用，對於目前的"集合主義的"(kollektivistisch)聯繫却失去效力了。於是，大家便起來認眞討論國際計劃經濟和國際通貨合作。國家便對於私人企業予以保障和津貼，並且開始對於銀行加以統制。國家又被迫和珊瑚蟲似地纏繞在身邊的金融經濟及整個私人經濟作更密切的結合。不過這時候，國家並不像以前那樣，爲政治上的權力去加以干涉，却是爲經濟上社會上的目的去加以保識的。我們現在很少聽見說要促進經營的社會化，不過我們恐怕能夠說資本主義和社會主義之間的界限已經被打破了。我們可以想起若雷（Jaurès)的話來，他說：「我們過渡到社會主義上去，却自己不理會，好像航海的人經過赤道線時，不理會自己在經過赤道線似的。

在這一切的演變背後，我們可以看出在整個國民本身裏面發生的一個組織上的變化。歷來的個人主義社會機構轉變爲集合主義機構了。按這是職業相同及利害相同的人們聯合起來組織"團體"（Verband）的。這些團體，得力於極端的民主主義，甚至能夠發揮政治上的勢力了。無產的勞工階級，帶着國際色彩，勢力日見膨脹，遂成爲國家主義市民階級的勁敵。"聯盟的·朋黨的"（bündisch genossenschaftlich）組織原理，風靡着整個新時代。無產的勞工階級，也是這個組織原理的一個產物。設若沒有"團結權"（Koalitionsrecht）和工會之外的"黨規"（Parteidi ziplin），那麼，在等級不同的勞工社會上面樹立統一的階級意識，也許不曾成爲事實呢。市民階級也不是像以前那樣有產，有教育的階級。市民階級，受到戰爭的影響而大趨貧窮。現在因爲無產階級也比較容易得到受教育的機會，所以市民階級便不能像以前那樣排除無產階級而獨佔受教育的機會了。

整個國民裏面的舊的細胞組織，卽家族制度，現在正在作進一步的演變，這是有極重要的意義的。程度比較高的民族，正在加緊限制兒童數目。市民階級的家庭機構，發生了變化。市民階級的家族，追隨了無產階級家族形態的榜樣；市民階級的婦孺，也和無產階級的婦孺一樣，在職業上和經濟上獨立起來。女子因爲在職業生活上和營利生活上的地位發生變化，便也要求政治上的權利了。幾千年來，唯有男子有參政權，現在這個特權，開始動搖了。在家族內部，個人主義傾向還在進行的時候，在社會裏面，團結運動却蔓延到一切生活部門上去。團結運動，尤其又蔓延到正在生長着的青年上去。在青年階級裏面，以前的不明瞭的團結慾，便發展到有目標的組織形態了。

個人主義的社會結合，普遍地過渡到集合主義的聯盟組織上去。這個傾向，便是在國家生活裏面也可以看出來。“國家意識”(Nationalbewusstsein)，原來是市民階級即有教育的階級和有資產的階級的共同創造物。在完善的民主主義裏面，國家意識因爲逐漸擴充到下層階級，所以失去了統一和力量。後來由社會中有關私人利害的範圍出現了個別的同盟傾向，國家意識便大受威脅。國家意識本身愈趨微弱，個別的同盟傾向便愈加增强。據我們的可靠的經驗看來，“國家精神”(Nationalgeist)和“黨派精神”(Parteigeist)，就其强弱而言，是互相成爲反比例的。

政黨的活動，越來越和社會上的結社混合而具有更緊密的結合形態了。多元的政黨國家，代替了十九世紀的單元的國民國家；在國民國家裏面，政黨本來不過是國民精神的變形而已。“階級鬥爭”(Klassenkampf)參加到國家生活上去。階級鬥爭，使意志的統一趨於困難。階級鬥爭，會攪亂國會的活動。階級鬥爭，往往要造出新的獨裁政治方式來。

這些政治上的演變，並不是到處都同時並且同樣明顯地出現的。新的政治界比舊的政治界更缺少統一性。新的政治界，非但形態沒有統一，而且方向也沒有統一。我們能夠分出四種國家，即：1. 舊的民主國家，2. 共產主義的俄國，3. 法西斯意大利，4. 在上述三個類型之間動搖着的其他國家。

這個大規模的演變，現在至少還可以在法國，美國和英國裏面看出來。戰勝國中的這些民主國家，便是在現代的“世界政策”(Weltpolitik)裏面也表示國家內部生活甚爲安定。因此，近代國家，雖然起了很利害的變化，却好像仍然沿着一條直線發展下去似的。可是那些在歐戰時還不曾具有完善的民主主義組織的國家，其發展方向却和近代國家的歷來的性格比較背道而馳。俄國在革命時代以前，依其國內制度看來，固然不能算做近代國家，但是自一九〇六年的第一次革命以來，俄國却傾向於市民民主主義。在剋連斯基(Kerenski)時代，俄國在其西方的同盟國(譯者按：係指法國)的影響之下，好像也眞實成爲了民主國家似的。　可是在一九一七年的共產主義十月革命（Oktoberrevolution）以後，俄國便踏上完全不同的路線了。　從此以後所樹立的“蘇維埃制度”(Sowjetverfassung)，無論在那一點，都和我們所說的典型的近代國家相反。這裏，至少在原則上，是談不到自主的國民國家的。　蘇維埃共和國聯邦（die Föderation der Sowjetrepubliken），只是國際共產黨（die kommunistische Internationale）的俄國部分罷了。　在這裏，自主的國民國家的概念，便失去其意義。　“無產階級獨裁”(die Diktatur des Proletariats)代替了國內的國家主權。　共產主義共同經濟，代替了私人企業和資本主義；不過關於“新經濟政策”(die neue ökonomische Politik)的部分，是例外。　個人自由權是沒有的，“政治警察”(G. P. U.)是萬能的。　其複雜的選舉制度，目的在使佔多數的農民比城市少派代表，目的在排除非無產份子於國家生活之外。　此外，蘇聯只隱蔽着共產黨領袖的獨裁而已。　這個像結社似地組織起來的黨，是一個典型的同盟組織。　牠包含着可靠的，老實的共產黨之精華。　這個精華，是時常可以拿肅淸異己的方法容易地加以洗刷的。　那個複雜的政府機關，只聽命於最緊密而最高的政黨機關。　這個政黨機關，叫做“政治局”(Polit-Bureau)，是由獨裁者主持的。　除政治局外，政府機關，連等於部長的人民委員長在內，並沒有獨立的意義。　不屬於黨的人民，根本只是被動的人民。　國家等於無階級的社會；但是兩者都爲結盟的少數人所統治着。　這個少數人本身，又站在獨裁者的領導之下。　這個獨裁者，不允許有反對和分裂。　這樣看來，蘇聯是和在西歐發達的近代國家完全相反的。

雖然不那麼完全相反，却也顯著地不同的，要算法國式的近代國家和意大利“法西斯主義”(Fascismus)。　在意大利方面，國家也由政黨去統治；政黨也站在領袖的獨裁權之下。　這裏也只有一個黨，也不許有反對黨；這裏，政黨也是一個同盟，也是一個結社，具有完善的階級組織和嚴格的紀律。　這裏也和共產主義的俄國一樣，對於青年實施相當的教育。　但是意大利却有民族意識，並且尊重教會，雖然其政黨根本是"非教會的"政黨。意大利又保存資本主義經濟形態，可是要受國家的監視。意大利又和君主政體結合着，因爲"Duce"——譯者按：領袖之意，係墨索里尼（Mus-olini）的尊號——，形式上是受國王的委託去主持政務的。正式的黨義，認爲法西斯革命不過是舊君主立憲制的復興和延長。可是舊君主立憲制，是王族的制度，當然對於單由習慣法上發生出來的議會制政府，是不會承認的。我們只須指出特稜亭(Silvio Trentin)（七）的在法律上已無可爭執的論說，便足以使這個黨義失去效力。舊制度的一切的要素，在新的法西斯制度裏面，都完全改變了意義；並且其改變方法，是和自由的"近代國家"的類型完全背道而馳的。國王，部長，國會，政府，立法，司法——一切都依照獨裁權的要求，帶上了一個完全新的面貌。集中在"Duce"手中的國家權力，是對外完全獨立，對內絕對自主的。國民經濟，完全和國民國家合爲一體。國王是社會上的階級鬥爭的"調節人"(Moderator)。這個"社會化王權"(das Soziale Königtum)的學理，在"勞工憲章"(Carta di lavoro)裏面得到了實現；這是劃一新時期的現象。但是自由主義在公共生活裏面的自由人格權，都爲統治一切的強權國家原則而犧牲無遺。個人自由權應有的保障，在這裏也付闕如。站在人權基礎上面的自由憲法，也沒有。國會制政府，也是沒有的。社會和國家的個人主義機構，由職業階級組織取而代之。這是"合作制國家"(der korporative Staat)的意義。不過，這個合作制國家，的確還沒有完成。國民代表，將由法西斯黨的最高評議會根據職業代表候補人名簿去任命；國民代表對於立法不過有形式上的，比較不重要的權利而已。一切重要權限，都集中在法西斯黨的最高評議會；最高評議會，在組織上，是根本以獨裁者的意志爲意志的。這個國家獨裁，也像蘇維埃俄國的無產階級獨裁那樣，否認了個人在公共生活裏面的自由權。這兩個國家，都想排除個人主義組織形

（七）參看著者在綜合政治學雜誌（Zs. f. d. gesamte Staatswissenschaft）第八十八卷第三期六一五頁所發表的評論。

態，都想拿朋黨的細胞去建設政治社會。在這一層，兩國的政府制度也是一致的。俄國採用蘇維埃委員會制度，意大利便採用合作制國家的職業代表制度。結果，兩國的政府制度，都不是由國民的多數去行使國家權力，而是由國民中挑選出來的極少數人組織鞏固的同盟去行使國家權力，而且國家權力都以領袖的獨裁權爲最高峯。所不同的，是：一個宣佈國家主義原則，另一個宣佈國際主義原則。

要像法國的政治論說那樣（八），把國家生活裏面的這些新現象，簡單地看做只有暫時意義的退化或變態，那是不可能的。這些現象，具有許多原則；這些現象能够像以前的法蘭西革命那樣，給世界創造許多東西。一九一九年的和約，還根本不曾給世界政治上的"能體系"，恢復其失去了的勢力均衡。强迫戰敗國接受的那些條件，一方面於"布爾雪維基主義"(Bolschewi mus)的擴張有利，他方面於法西斯主義的擴張有利。戰勝國新建造的那些國家，雖然富於愛國心，却缺少政治上的安定，岌岌可危。這便是現代國家生活的第四個類型，是我們所踏上的。這種國家的主要代表，要算德國。德國的確在極不幸的環境裏面。關於這一層，我們無需乎多加說明，因爲這些事是任何人都知道的。並且我們在這裏也不預備作政治上的討論，我們不過指出德國的政治環境和近代國家的正常政治環境之區別而已。德國現在還沒有自由和平等，德國想成爲國民國家而得到正常的存在，是不可能的；因爲自由與平等是國民國家所不能缺少的條件，並且德國國民的名譽心受到故意的損傷，因此國民國家所站立的倫理基礎也被破壞了。加之，那個叫做賠款而課於德國的巨額進貢，使普遍的經濟危機的破壞作用變本加厲。國民主權等於消滅；國民經濟則爲外國利益而工作，並且爲救濟幾百萬的失業者而受到重壓；政黨完全變態，政府處於過激的兩翼政黨之間，左右爲難，被迫採取獨裁手段了。固然對於個人在公共生活裏

（八）參看著者對於得拉魏加（de la Vega）的著作所寫的批評，載綜合政治學雜誌第九一卷，第三冊，五八七頁以下。

面的自由權並沒有過分加以限制，却不能看做市民國家和國民國家的正常統治方式。第四類型中的別的國家，也有同樣情形或更爲厲害，甚至那些表面上具有完整主權的國家，如波蘭（Polen）或南斯拉夫（Jugo-lavien），亦復如是。歐戰前的國家生活和歐戰後的國家生活大不相同，這是到處可以看出來的。舊的政治世界已經崩潰；新的政治世界尙未具有鞏固的形態和方向；不過新的政治世界是要變成和以前的近代國民國家不同的東西的。

歷來担當國民國家的上府市民階級，好像走上崩潰那一條路，或至少好像失去了其主要政治勢力似的。取市民階級而代之或和牠並駕齊驅的，一部分是工業無產階級，一部分是要求參加國家政治的複雜地混合着的中府階級。在這裏，國家主義傾向和國際主義傾向仍然成爲無可調和的對立；不過根本問題只在國家主義像聖來那樣帶有帝國主義色彩呢，還是像將來那樣帶上聯邦主義色彩。因爲國家是幾千年的歷史的產物，在將來的國際生活裏面，國家當然也是不能缺少的份子。問題只在：國家仍保留其國家理性和經濟理性的冷酷而排外的利己主義呢，還是在康德所說的"自由國家的聯邦主義"（Föderalism freier Staaten）裏面採用較有人性的"妥協辦法"（modus vivendi）。國家生活的將來，主要地是以此爲轉移的。

近代德國國際公法概念(一)

Die Deutsche Völkerrechtswissenschaft

貝拜爾(Fritz Berber)著

李予英 譯

國際公法，有時也名爲萬國法，它與別種法律不同之處在于它並非由一個國家所製定，因此它所代表的也不是某一個國家的法律概念；因爲它是用以維持各個有自主權國家間關係的被劃一的法律體系，所以比較應該說它是代表許多不同國家的法律概念的總合，或者說它是這些概念的一個調和。誠然，有些國家的法律概念在這個總和中比其它國家有着更大的影響勢力。早即爲世人週知的關于國際公法見解有"盎格魯撒克遜"與"大陸"之區分，特別對于戰爭一名詞的使用最關重要，恰可在此引用來表明過去百年中對于國際公法的形成上最有勢力的兩種法律概念，即英法兩國的，在有些地方率不能相同，結果兩國的學說竟有的大相徑庭。一件值得注意的有趣事體是"盎格魯撒克遜"一名詞並不確當，因爲自從美國立國之後便有一種美國學說存在並也極爲重要，然此學說決非依附于舊的英國學派意見，在幾種重要的範圍中，包括"海戰法"與"中立法"，且完全依照其獨立的系統，因而所得的結論時常與英國之主張正相反對。在另一方面"大陸"一名詞主要所指爲法國的，所贊助者也多是法國的主張，這需要回溯到過去時代它在歐洲大陸佔政治的優越勢力，今則只爲學術上的領域，惟當初產生此種主張所根據的眞實情況已早消失無存。幸後起之德國實驗主義學說謂

(一) 譯自：Forschungen und Fortschritte 15. Jahrg. 1939, Nr. 27, S. 337—338.

該主張決非虛構。

因此，國際公法按其性質雖應代表許多大不相同之法律概念的一個總合，然而事實上少數主要大國的概念則在國際公法的形成上確要獲得甚大的影響力。不過享有這種勢力的不一定全是政治上有力的國家；因此法國在歐洲的政治優越地位久已衰落，却仍能保持其學術上的重要勢力，同時又假如荷蘭小國雖在大海洋國如英格蘭及早年之西班牙葡萄牙等國堅持之領海權概念下，其所主張的海上自由學說仍得成立並見諸實施。

德國關于國際公法學理之晚近演進，率當在這種容許一個國家之學理在國際公法之實在演進中發揮相當之影響力的進化下加以明瞭與賞識。這種影響力即或不能迅速直接發生效力，然久之必甚可能。德國國際公法學者曾一致拒絕參與謝涉 (Schecher)(二) 在國社黨甫當政後所從事將國際公法改爲國外政治法律之變形工作。國際公法與其它法理學部門迥異者在其大部分乃一完整之國際法律體系，且只應由緩慢有恒之工作，而非用魯莽侵入方式，始能獲得影響勢力：德國國際公法重要代表者之工作自始即根據上述之認識。其工作進行大要循兩方向。最重要爲國際公法之基礎須從國家社會主義的觀點加以詳確之研究，再者到處業已興起的德國人民爲爭取自由平等之奮鬥在國際公法中率當予以贊助及立足地。特別是關于基本原則需要揭明國家社會主義者的國際公法學說乃一深入民心的公衆學說，並明白表示係反對中產階級帝國主義者或極端愛國主義者之思想，並依據本國之基本意識製定牢固之政綱。少數淺學之人擬盡將政府與國家之區別完全取消，並將各國家直接置于國際公法之下，徒顯示出思想之混亂並執着于淺薄之文詞而未能把捉事實之眞意。所幸此舉並未成功。反之由國家之正確概念所得出的幾種情形與結論並與國際公法頗關重要，曾由古爾克

（二） Schecher, Dr. Ludwig: Deutsches Aussenstaatsrecht. Berlin, 1933.

(Gürke)(三)，基爾(Kier)(四)，拉石侯弗(Raschhofer)(五)，拉伯爾(Rabl)(六)諸學者以極鄭重之態度為文發表，且並非偶然者，上述諸氏皆為屬于蘇得頓德國(Sudeten-Deutsche)之與國人。布倫斯(Bruns)(七)及施密特(Carl Schmitt)(八)發表之論著談及國際公法與對外政治二者間之基本關係極為重要；布倫氏在德國正努力謀平等權利之時而將國際公法中應享之基本權利劃分甚明尤當予以特別提及。

由此引導吾人至過去六年中德國對國際公法研究之第二大任務，就是以合乎學術的方式去增强並擁戴德國元首為德國人民獲取平等權利及應佔的國際地位之政治奮鬥。足以證明此項工作的著作文字發表甚多，以下僅舉其二三。其中有涉及根本問題者，亦有單只討論實際問題。羅格(Rogge)(九)，曾研究希特勒之對外政治綱領內容涉及國際公法之點，比爾芬格(Bilfinger)(十)則以批判之態度對國際聯盟加以研討。布倫斯(十一)為威廉國際法研究會理事(Leiter des "Kaiser-Wilhelm-Instituts für ausländisches öffentliches Recht und Völkerrecht")及德意志法學學院國際公法委員會會長(Leiter des Ausschusses für Völkerrecht an der Akademie für Deutsches Recht)又兼國際法學雜誌"Zeitschrift für Ausländisches öffentliches Recht und Völkerrecht")主筆，對于裁減軍備問題及因薩爾(Saar)區佔領與國與蘇得頓區(Sudetenland)歸還德國所引起之諸問題

(三) Gürke, Norbert: Volk und Völkerrecht. Tübingen, 1935.

(四) Kier, Herbert: "Über die Gestaltung eines Volksgruppenrechtes." Zeitschrift für ausl. öffentl. Recht und Völkerrecht, Aug., 1937.

(五) Raschhofer, Hermann: Hauptprobleme des Nationalitätenrechts. Stuttgart, 1931.

(六) Rabl, Kurt O.: Grundlagen und Grundfragen eines mitteleuropäischen Volksgruppenrechtes. Tübingen, 1938.

(七) Bruns, Victor: Deutschlands Gleichberechtigung als Rechtsproblem. Berlin, 1934.

(八) Schmitt, Carl: Nationalsozialismus und Völkerrecht. Berlin, 1934.

(九) Rogge, Heinrich: Hitlers Friedenspolitik und das Völkerrecht. Berlin. 1935.

(十) Bilfinger, Carl: Völkerbundsrecht gegen Völkerrecht. München, 1938.

(十一) Bruns, Victor: Die Volksabstimmung im Saargebiet. Berlin, 1934.

曾有不少重要貢獻。羅玲和文(Freytagh-Loringhoven)(十二)筆下發表之許多論著，特別是在他所主編的年久之國際聯盟與國際法(Völkerbund und Völkerrecht)雜誌上之文章，曾闡明歐洲系統政府重整之諸問題。曼德斯羅(Graf Mandelsloh)(十三)對此問題亦曾詳加研討，惜不幸早亡。施密特(十四)在他的戰爭各別意義批判曾對某一些辯爭熱烈的問題加以研討，烏加斯特(Wolgast)(十五)，亞萊斯(Jahrreiss)(十六)，瓦爾滋(Walz)(十七)，律蘭(Rühland)(十八)等人也曾從事于這樣的工作。柏拜爾(十九)是德國對外政治研究學會.(Deutsches Institut für Aussenpolitische Forschung)的理事又兼外交月報(Monatshefte für Auswärtige Politik)的主筆，在他著的安全與正義(Sicherheit und Gerechtigkeit)一書及曾發表的許多文件(關于"洛迦諾"與"凡爾賽")也同布倫斯(二十)的成績一樣，他所貢獻的是把龐雜多量的資料加以條整。

由于從事研究之工作大部均着重于當前問題的一事實觀之，故對于廣括的系

(十二) Freytagh-Loringhoven, Axel Frhr. von: Die Regionalverträge. Fünf Vorlesungen München, Leipzig, 1937.

(十三) Mandelsloh, Ascho Graf von: Politische Pakte und völkerrechtliche Ordnung. Berlin, 1937.

(十四) Schmitt, Carl: Die Wendung zum diskriminierenden Kriegsbegriff. München, 1938. Völkerrechtliche Grossraumordnung mit Interventionsverbot für raumfremde Mächte. Berlin, Wien, 1939.

(十五) Wolgast, Ernst: Vom Wesen Europas. Grenzen—Bewusstsein—Innere Raumgestaltung—Verhältnis zur Welt. Rostock, 1933.

(十六) Jahrreiss, Hermann: Deutschland und Europa. Köln, 1939.

(十七) Walz, Gustav Adolf: "Wesen des Völkerrechts und Politik der Völkerrechtsleugner", Handbuch des Völkerrechts, Bd. I, Abt. 1. Stuttgart, 1930.

(十八) Rühland, Curt: System der völkerrechtlichen Kollektivverträge als Beitrag zur Kodifikation des Völkerrechts. Berlin, 1929.

(十九) Berber, Fritz: Sicherheit und Gerechtigkeit. Berlin, 1934. derselbe: Locarno. Eine Dokumentensammlung. Berlin, 1936. derselbe: Das Diktat von Versailles, 2 Bände. Essen, 1939.

(二十) Bruns, Victor: Politische Verträge. Eine Sammlung von Urkunden. Bd. I u. II. Berlin, 1936 u. 1938.

統工作多無暇顧及乃不足奇。烏格斯特(二一)與費德洛斯(Verdross)(二二)，曾刊印國際公法手册，國際法雜誌(Zeitschrift für Völkerrecht")主筆瓦爾滋(二三)，施米資(Schmitz)(二四)，史陶芬倍格(Stauffenberg)(二五)等人，曾發表其有系統的研究結果，分爲若干各別問題。對于國際公法之各方面下一明白界說之德國概念，現尚未到時機。他國著作家如德國學者福爾涅(Fournier)等人曾從事類似的工作，擬將德國對國際公法以一切研究工作均置入一個固定系統的意義，給予讀者一個不惡的印象。目前時代的對外政治須被實事所決定，不宜爲國際公法製定嚴格的體系。因此我們更不當希冀尙在幼稚時期，並已堅決對實驗主義之趨勢宣戰的德國學說，便能在國際公法的實際形成上發生若何重要的影響，但是它的最終目標的輪廓業已顯明；我們的目的應當是去創製一個純正的國際公法體系，須用熱誠忍耐與不自私的工作，拋開空洞的實驗主義與新聞學派的追逐病態事物。這個體系將不復是一些偶然與形式的條文的湊合，背後隱藏各種不道德不誠實的行徑，並且多爲那些貪婪者與佔有者之欲望而設。反之，它應當是世界萬國的一個眞實的法律體系，代表世事的有規律的秩序，建築在正義上並置于歷史的活流中，爲所有自由的及有平等權利的各國家之整個團體而設。

(二十一) Wolgast, Ernst: Völkerrecht. Berlin, 1934.

(二十二) Verdross, Alfred: Völkerrecht. Berlin, 1937.

(二十三) Walz, Gustav Adolf: Völkerrecht und staatliches Recht. Untersuchungen über die Einwirkungen des Völkerrechts auf das innerstaatliche Recht. Stuttgart, 1933.

(二十四) Schmitz, Ernst: "Sperrgebiete im Seekrieg". Zeitschrift für ausl. öfftl. Recht und Völkerrecht. Dezember, 1938.

(二十五) Stauffenberg, Graf von: Statut et Règlement de la Cour Permanente de Justice Internationale et Eléments d'Interprétation. Berlin, 1934.

德國莎士比亞學會(一)

(一八六四——一九三九)

Die Deutsche Shakespeare-Gesellschaft

狄特金 (Werner Deetjen) 著(二)

曹京實 譯

譯者序

一八二四年十二月三日，歌德向愛克爾曼說：『要緊的事情，是求得一宗用不盡的資本。你可以藉你已經開始了的英國的語學和文學的研究得到那樣的資本罷。請你繼續下去。・又這是好機會，你可以不停地利用那位青年的英國人。研求古代的語學是已經大部分在少年時期錯過了。所以請你在英國人那樣的優秀的國民文學裏求你的慰藉罷。而且我們自己的文學是大部分從他們那裏來了的。我們的小說和悲劇，除了從葛爾斯密司 (Goldsmith)，斐爾亭 (Fielding)，莎士比亞等以外，從那裏得來的呢？就是在現在，可以同拜倫，謨亞 (Moore)，華特爾・史格特 (Walter Scott)，比肩的三大文豪在德國的什麼地方呢？』——見周學譜譯歌德對話錄七〇頁。

他又曾說過：莎士比亞在人性的一切方面，一切高度和深度都已經發揮盡了，所以任何英國的戲劇家，如其是偉大的人，他總不得不留意於莎士比亞，不得不研究他。

由歌德的話，我們可以明白德國爲什麼這樣的努力研究莎士比亞。德國的莎士比亞學會成立至今幾乎有八十年了，不知這八十年中莎翁對於德國有怎樣的影響。但是，無論怎樣，像本文所說的歐針爾豪瑟 (Wilhelm Oechelhäuser)，竟敢於「願望所有的德意志人，各階級的男人及女人，都應受到莎士比亞的著作的影響。」這一點眞是可佩服！高爾基自己說他開蒙與文學名著相接近的，是由於伏爾迦河上載運船上的一位廚子。我們怎能有一日人人都能與世界文學的寶庫莎氏傑作相接觸，一個貨船的廚師傅也能自己有一部分文學名著的藏書呢？我們號稱文學之國，那麼這個小願望，不是難以實現的，所以譯了此文，以供參考，並資惕勵。

(一) 譯自 Forschungen und Fortschritte, 15. Jahrg. 1939, Nr. 18, S.232—233.

(二) 著者爲德國文學史教授，已於一九三九年五月逝世。

正文

德國涉士比亞學會於(一九三九年)四月二十二日及二十三日舉行七十五週年慶祝會。古典派學者及浪漫派學者們早已將園地開闢好了，在這片園地上，將要收到因他們的種種努力而產生的豐富菓實。這個學會原是由浪派漫學者首先發起的，他們希望能夠成立一個德國涉士比亞學會，可是這個願望直到許久以後纔得實現。在一八五八年丁爾斯代特 (Franz Dingelstedt) 正當威瑪 (Weimar) 戲院的經理，他當時向國民提出成立這個機關的計劃，然而直遲到一八六五年這個計劃方得成爲事實，並且也不是成功於丁氏之手，而是成於歐斜爾豪瑟 (Wilhelm Oechelhäuser)。歐氏是一位維斯特法輪 (Westphalen) 地方的人，當他很年青的時候，他已經以深刻的鑑賞力與暸解從事這位英國戲劇家的研究了。當他的晚年，他雖成了一位頭角崢嶸的經濟學者，但仍繼續努力使德意志人民能夠與涉士比亞的創作相接近相認識。就他所希望達到的目標的本質來看並不是純粹科學的，他不過願望所有的德意志人，各階級的男人及女人，都受到涉士比亞的著作的影響而已。歐斜爾豪瑟的計劃曾被薩克森的大女公爵索菲亞 (Grossherzogin Sophie von Sachsen)，加以仔細的考察。她是一位聰明而有遠大眼光的貴婦人。經過一番詳細的審考之後，她承認這個計劃有極偉大的重要性，並且立刻着手設法使牠實現。那是她引誘着丁爾斯代特又將他早年的努力重新拾起而加以發揚。

在一八六四年四月二十三日這個學會成立了。那時正是一個很不安定的時代，在此時代之中產生了這個學會，所以這個年幼的學會的生長歷程上遇到許多困難。雖然如此，而牠竟能達到成功。雖然那些原來對此學會所生的憧憬未能完全實現，但是在當時對牠所曾表示的懷疑却早就完全消滅了。

這個學會自從成立以來，在每年四月二十三日舉行年會，並且在德國有許多的人士對牠感到興趣。因此，這個每年舉行的事件，在許久之前就變成爲民衆的涉士比亞節期了。這個節期，除了有兩次例外，都是在德國古典文學誕生地的威瑪舉行的，管理委員會及執行委員會的開會地址是一所毫不奢華的房子，釋勒 (Schiller) 曾在此房內度過他的晚年。

到一九〇七年在那所小的公爵劇院 (Hoftheater) 中曾上演應節的戲劇。在這個劇院中，當歌德(Goethe) 在世的時候，曾上演過他的浮士德 (Faust)。此後，德國涉士比亞學會乃在那由艾爾內斯特大公爵 (Grossherzog Wilhelm Ernst) 所建立的美麗的新劇院中上演這種戲劇了。這個劇院在一九一九命名爲德意志國家劇院(Deutsches Nationaltheater)。

因爲這個學會與威瑪有許多聯繫，並且又因爲威瑪有牠的豐富的文化傳統，所以牠自然的被選爲在德國國土上建立紀念這位偉大的英國詩人及戲劇家物品的地點了。因此，在一九〇四年涉士比亞的影像乃在美麗的威瑪公園建立起來。這個像是出於雷興·奧透 (Otto Lessing) 之手。

這個學會的第一任會長是哈勒大學 (Universität Halle) 哲學教授烏里齊 (Hermann Ulrici)。繼他之後爲會長的是布雷門 (Bremen) 地方人戴流斯 (Nicolaus Delius)。他是德國的英國方言學研究的眞正創始人。在彼時他爲撥恩大學 (Universität Bonn) 教授。繼他之後爲拉恩子爵 (August Freiherr von Loén)，他是威瑪戲院的總經理，他對於涉士比亞劇的舞台上演有極大的改進。接着便是文克子爵(Gisbert Freiherr von Vincke)爲該會會長。他是一位顯赫的官員，在閑暇的時候，他翻譯涉士比亞的作品，並作研究工作。繼他之後爲歐斜爾豪瑟，他在當時已是七十年歲的老人了，可是他的工作有卓異的成績。他是以各界人士得與涉士比亞的著作相認識，爲他的工作目標。所以他預備好了許多涉氏的戲劇以備台上公演，並且發行了第一部眞正的通俗劇本，該書流通極廣。繼歐氏之後者爲布蘭德爾 (Alois Brandl)，直到一九二一年方才去職。他的大名，遠超於德國國境之外，頗爲人所週知，特別是在英國。他在英國以德國方言學的老權威資格努力工作，因此便成爲兩國間的言語溝通者了。布蘭德爾在柏林仍然很爲活躍。自從一九二一年以來本文著者曾爲該學會的會長。

還有許多副會長的大名也毫無疑議的應當在此提及。其中第一位便是丁爾斯代特。當於舉行就職祝賀會的時候，是他第一次將莎士比亞的歷史劇上演，由利夏第二（Richard II.）起至利夏第三（Richard III.）止。其次便是傅里森子爵（Freiherr Hermann von Friesen）。當他幼年時候，他是蒂克（Ludwig Tieck）的好友，並且也像蒂克一樣，努力工作以求得到對於莎士比亞更完滿的瞭解。最後便是那位愛國的國家戲劇家魏登布（Ernst von Wildenbruch）。

在舉行年會時其主要的事件便是舉行講演。這些講演者之中，大部分為英語研究家，不過其中也有德語研究家，歷史家，哲學家，音樂理論家，法學家，神學家，種族學家，詩人，小說家，批評家，及國內國外之戲劇家。在這些年之間曾經討論的題目是多麼豐富啊！有許多特殊的題目曾經被學者們闡明而發揮了，並且有許多內容充實的哲學的論文在此會被宣讀了。自從一九二五年以來，我們不僅僅祇是有些主要的講演，並且在晚間在集會之前，為了比較不是專門學者的聽衆，還預備一些特殊講演。常常的，使用講演及燈片把觀衆們引導到莎士比亞的世界，並且也利用這些晚間向觀衆們灌輸一些即將上演的莎劇的預備知識。

在一開首，該研究會便認出了戲台是實現其目標的一個最有利的工具，因而後來，如何使莎士比亞的著作與近代舞台相適的一致這個題目，乃經過了許多次的討論。這個研究會的許多工作都已證明對於舞台是有着實際的價值的。並且自從一八六四年以來，在德國上演的莎士比亞戲劇，其數目增加的很快，造成這種事實的大部分原因也是由於德國莎士比亞研究會所致。莎士比亞戲劇的大多數，包含那些以先在戲台上所看過的，都是在這七十五年當中上演的。

在過去十年間，這個研究會曾經很幸運的不僅向其會員每年貢獻一個大的年會，並且也曾舉行過許多其他種特殊集會，這些特殊集會常常在維斯特法輪境內的著名工業城市博胡木（Bochum）舉行。因為卓越的舞台經理施米特·

薩拉丁 (Saladin Schmidt) 之功績，使該城變成為一個著名的戲劇城了。在一九二七年歷史劇由約翰王 (King John) 至亨利第八 (HenryVIII) 都上演了，並且在一九三七年除涉士比亞的其他戲劇之外，他的四個羅馬劇也上演了。

關於我們研究會的科學的研究，在牠年鑑中都有特別清楚的反映。該會的第七十五部年鑑將於今秋（指一九三九年——譯者）出版。涉士比亞年鑑範圍極廣，並且人們都承認牠是研究涉士比亞的最重要的材料之一。該年鑑有許多年都是由可畚地方的凱勒・吾康 (Wolfgang Keller) 所編輯。在一九一四年又開始收集涉士比亞的原本，即人們所知道的"涉士比亞所採用之資料考" (Shakespeare's Quellen)。並且又公佈了許多專記一事的特殊文章題名為：德意志涉士比亞學會叢書 (Schriften der Deutschen Shakespeare-Gesellschaft)。這種著作的第七部不久即將出版。一個批判的德文涉士比亞著作附有序言及註解的書已在一八六七——七一年出版了。該書現在已經不合時宜，可是在當時却非常重要。我們的圖書館漸漸的要成為歐洲大陸對於涉士比亞材料之收集最豐富之一處，並且仍然需要能得到更多的材料。

當世界大戰之際，我們的學會受到很大的損失，但是我們很成功的引導這隻船安全的通過這些危險而受驚擾的風濤。在議和之後我們的年鑑便成為兩國間聯繫物之一了，並且在此期間，在德國及涉士比亞祖國間的老關係又早已復活了。我們很高與去說，在過去幾年間德國已經起始覺到有認識涉士比亞的必要，並且我們也很有理由去希望；藉助於即將到來的後代人的力量，我們能成功使我們祖國對於這位偉大的英國天才能作更進一步的鑑賞。

書評及介紹

評"演化史研究大家"

書　　名：Die Meister der entwickelnden Geschichtsforschung

（演化史研究大家）

著　　者：Kurt Breysig（貝來細格）

出版者及時期：Walter De Gruyter & Co., Berlin, 1936.

書　　價：RM　10.00

羅　越 (Max Loehr) 評

歷史研究上凡有兩種爲對比的方法，其一只要流傳可靠的事實者，即是記述的方法。 其二就要由事實之系列來編成各種巨大的單位，俾得探索牠們的聯絡者，即是啓發的方法。 其爲對比是如何，古人所謂本末者，足以顯明。 此本書之目標，大體是將我們引進於彼造化這個方法的少有的創始者之思想界中。實在是少有的，因着迄於十八世紀來到，所能提起的傑士，不過三名。 其間，最初時的是古希臘國亞理斯多德超凡哲學家。 其次就有一千七百年以後入世的阿剌伯人易逢哈爾囤 (Ibn Chaldun)，其三是十八世紀意大利人衛克 (Vico)。

亞理斯多德偉大的實行，就在他遺下的雅典人之國家史 Der Staat der Athener 裏便有一種　歷史現象內在的原故加以理解其概念的傾向。 這樣的陳述，因爲含有定立時期的和考查其根本方向的意思，固有演化的或者說啓發的特性。亞里斯多德雖未及至根據他的材料而進行於推論之處，然鑑於其爲元始之試驗，他的功績仍成爲一種驚奇的進步，甚至可以說他構造了一個在精神生活上完全新的形式了。

易逢哈爾倜（十四世紀）屬於罕見的超乎不但其民族同胞而且萬民的大思想家。哈爾倜的絕頂之作品，就是在他異常寬廣的記述歷史研究基礎上建立的史學上的理論學術。簡而言之，可以說他建設理論史學了。牠的要旨，卽是均之跟社會及歷史生活有關係的"三段階說"，引用如下：游牧和農工，都會和文化，奢侈和惡化，三段階。這個無量勇敢的學說，除了絕不是遽然而抽象之推論以外，並且依據其段階觀念之事實來說，達到於演化史學上最足成爲大綱之原則。譬如：歷史上的演化都是自從人類之特質按現定的次序發出來的；當其次序相繼的過程都是成爲必然附隨之系列的。總之，哈爾倜之思想界裏已有彼最普偏的因果律一法則之理解了。

衛克之學說基調清楚的表現他傾向於形而上學和先天論，乃反對經驗知識的兩種觀念的傾向。他的主要著作是萬民同性之新學綱要 (Grundzüge einer neuen Wissenschaft über die gemeinschaftliche Natur der Völker",,,Principi di scienza nuova······")。對於衛克是否爲首一個眞正的演化史學家的問題，假使別的標識沒有，然由他明白歷史上最多有的經過形式無不緩慢發生的形式，這一事實來判斷，則已有一個解決的要點了。衛克亦想定三段階，叫作三性。第一個是幻想性的時期，其憲法乃神政。第二叫英雄性，有獨裁憲法；第三叫理性性，卽人道主義的及君主政體的時代。此外他發現了歷史上的並行經過及彼種更精微的速度之問題。

以單獨的超凡的衛克而後促進演化史學者，則有堪注意的法國人堵哥 (Turgot)和康多塞(Condorcet)兩家。堵哥之制度也是大體有先天論及演繹之意味。他提議人類繼續不斷的發達和進化之學說，而因爲進化被不合理的熱情之抵抗現象，這種學說亦包含二元論之觀念。一個別的而同時對於演化史爲廣大定則的理念是滿足以讚美其名。這個定則說：地球現代局面的通觀，照着各種段階生活之眞跡來，能給我們眼前而表現人類之完全的歷史。

當他在獄中的時候，康多塞寫他出名的小稿人類精神進步歷史畫速寫（Esquisse d'un Tableau Historique des Progrès de l'Esprit Humain, 1791）。這個由樂天觀立場來寫的推拒形而上學的作品，雖然有一種統一化的傾向，然而關於其制度表示的首尾相應而論理的啓發，熟思，簡潔等優點，超越堵哥之制度。

以下牛書記十八世紀德國人之名，卽是說溫克爾曼（Winckelmann），莫賽（Möser），赫德（Herder）。

溫克爾曼之重要在他的希臘美術史古代美術史（Geschichte der Kunst des Altertums），一七六四年出版。這本書開始有進化史方向並且嚴格的學術在一齊。演化史之記號，乃行動之陸續的通流，他果然取得了。也許因着在美術史裏幸有各人和團體的連帶一種前提，所以溫克爾曼向他研究的對象，卽希臘影刻及其他藝術品，加以得到特別偉大的結果。歐洲溫克爾曼而後的藝術史比別的研究範圍處於較優的地位，亦由於他。

莫賽以德國西北地一小公國之史爲研究的對象，書名謂：學斯納布呂克史鑑（Osnabrückische Geschichte, 1678）。這本對於中古時代國家和社會之憲法情形加以看重的書册，本來有一個很統一的題目，卽是說國家主權對於農民階級之關係成爲各種行動之核心。按照莫賽的確信，經過兩千年的民族仍是同一的歷史單位體質，因此演化史上爲要求之縱斷面一種思想，在他的理解上眞有堅牢的基本。所以他注意處不是某帝某王之室，然而是國民全體之存在及其改變。

最後所提起的而鑑於他效果爲第一的大家，就是赫德（Herder）。與其他兩士相較，也是關於他歷史舞臺的世界主義，也是關於他博覽的生活形式之數量，無疑赫德是較高的。在他的關於人類史哲學之理念（Ideen zur Philosophie der Geschichte der Menschheit）論述萬國史事，依賴進化史之方法。他雖不要作"意思的狩獵"，卽是反目的論的定則，然而在別的所在他說出一個反對的理想來，就是法國學者的思想而相近的這一句：人性之目的在人道。從這種理想出發而達到無史性之推論的赫德就發表，大自然惠愛之秩序引導人類向於其目的。

同時赫德說，這樣的秩序受天體方面的解決的影響。 貝來細格為史學者，亦親身是演化史觀場的同志，並且在他別的作品中也是實行這種理想。 此書，就是可說是為演化史方法流傳的專記及辯論，而著作者對於其材料加以異常顯明的描寫，足以使讀書者得到不少的識益。

評"德 國 通 史"

書　名：Deutsche Geschichte, I—III

著　者：Johannes Bühler

出版者及出版時期：Verlag Walter de Gruyter & Co, Berlin und Leipzig, 1934.

書　價：布面三册每册RM. 7.20

傅吾康 (Wolfgang Franke) 評

利用繁多的原始材料及學者們最新研究的結果，寫一部一方面具有學術性，另一方面又必須具有通俗性，而不致使普通人難於瞭解的德國歷史，乃是一件很困難而負有責任的工作。　如果著者不僅寫出政治的事件而已，還要把國家人民一切公私各方面的事蹟如，經濟，文化，教育，行述，藝術………等都包括在一部書中，那更難了。　本書的著者，在這方面，在這本著作上已得到了相當的成功。

近一二百年來，歷史家們所寫的歷史，都是根據"發展"及"演進"思想(Entwicklungs-und Fortschrittsgedanke) 所寫的，而且是很成功的。　但在這部書中著者轉變了以往一般人寫史的觀點，而以"命運" (Schicksal) 及"功績" (Leistung) 爲寫史的主要思想，他在序中說：「德國人民的"命運"和"功績"就是本書的核心和目標，著者也依此以決定此書之特性及內容。」(序，第五頁)這個是具有危險性的，因爲用現代思想及標準以觀察敍述過去的事蹟是不能十分合適的，著者也見到此點，所以他特別提出說：「被"命運"及"功績"思想所確定的歷史是愈客觀愈好，事實方面也必得與根據任何其他思想所寫的歷史一樣正確才是。如果不如此，就不能捉住在歷史上與史實相應驗的命運，也不能捉住實在的歷史上的功績，那只不過是在自己個人的思想和願望上，加上一件歷史的衣冠就是了。」（序，第五頁）這個原則是眞實的被著者在此書中始終一貫的實行了。當他描寫史蹟時，也常提及：過去的行動及思想必須根據過去的看法以求瞭解及評判，而不應當用現在的看法。這個態度很爲正確，可是今日的歷史寫著者中，有些人所持的態度正正與此相反，所以我們覺得本書著者在這方面的優點是不可不表揚的，例如著者說：「雖然種族對歷史的發展有相當的關係，然而不能以此爲寫著歷史的出發點，也不能完全根據此點去描述史實。」（第一册，第三十一頁）由此段言論，可見本書著者的態度確是很客觀的。

本書中或許有可以被人批評的地方，那就是在第三卷中關於宗教改革及宗教問題之描述等方面，因爲著者應用新教徒的觀點處比較太多些。

因註解太多，加在正文內很不方便，著者把牠們都排在每卷書尾，註明頁數，章數，以及註文號碼。此外在後面還有人名，地名及史蹟之引得，均爲本書之優點。至如文筆之流利易解，更爲本書生色不少。

本書內容非常豐富，截至現在止，全書已出版三巨册，自上古至一五五五年（明，嘉靖年間），此後各卷尙未出版。玆將其目錄大綱列於後，以示其內容之一般：

第一册

第一卷　德國民族之起源

前期石器時代——中期石器時代——後期石器時代——銅器時代——哈爾斯塔特時代（銅器至鐵器之過渡時代）——拉泰恩時代（後期鐵器時代）——羅馬帝國時代——民族遷移時代——弗蘭克帝國及德意志國家之建立。

第二卷　農業貴族時代之文化

物質文化——精神文化——藝術文化——社會與國家，風俗與法律。

第三卷　統一天下的帝國

康拉德第一——亨利第一——奧透第一……等。

第二册

第一卷　由農業貴族時代到前期中古時代的過渡時期。

精神統一的弛放——過渡時期的帝王。——

第二卷　前期中古時代

社會生活及經濟生活之新方式——前期中古時代之皇帝及國王——前期中古時代之文化

第三卷　後期中古時代

後期中古時代之文化——後期中古時代政治之基礎及任務——後期中古時代之德國皇帝及國王。

第三册

第一卷　自中古時期到宗教改革

造形藝術——人文主義——社會及經濟的狀況——帝國——教會

第二卷　宗教改革時代

路德之性格及信仰——由修正信條之宣言時至臥姆司之路特——卡爾第五之選舉——臥姆司之國會——卡爾第五與凡慈第一之第一次戰爭——人民對宗教改革之接受——革命之附隨現象——……——農業戰爭——……等等。

胡　雋　吟　譯

評"大德國建立之歷程"

書　名：大德國建立之歷程 So wurde Grossdeutschland（德國叢書第一册）。

著　者：柏乃德 (Brettschneider)。

出版者：上海壁恒公司 (Max Nössler & Co.) 一九四二年。

曹泊寧評

最近讀到大德國建立之歷程，覺得有寫出一點感想的必要，便寫出了以下的一點意見。

一看這種小册子，便知是宣傳一類的作品。但宣傳並非壞事，有許多優點與美質如不經宣揚便不能令多人知道。故宣傳有時是必需的。可是爲什麼多數人，甚至宣傳者自已都討厭這個名詞呢？爲什麼受宣傳者一見了牠便生戒心，宣傳者一戴上這頂花冠即使能說得"天花亂墜"也沒人敢信呢？這大概由於兩個原因，一是宣傳者過於主觀，持論不公正；一是他太忠於宣傳，常常誇大，自誇，而訕謗別人，說了一些言過其實，似是而非的話。一般宣傳家常犯這兩個病，所以他們所得的效果往往與所希望的相反。

我們讀到的這本小册子，便不很犯這個毛病，因爲著者以學者的態度，應用着歷史的事實，故有時能避免以上兩個缺點。可是也有一二處頗能惹起讀者的注意，譬如著者在證明德國爲歐洲中心之後，曾顯明說道：「在精神上和文化上總也有外國宗教或哲學系統侵入德國，妨害了德國統一的發展。」——八頁。以此觀點看來，似乎其中負責最大的要屬普魯士最偉大的英主菲得利大王（Friedrich der Grosse），因爲他不是曾努力的在研究並介紹外國的哲學嗎？　他不是曾將法國的著名詩人兼哲學家福祿特爾（Voltaire）請到無憂宮（Sans-Souci）去研究哲學與詩麼？　至如歌德（Goethe）也似乎應被人認作是妨害德國統一發展的罪人，因爲他不是與愛克爾曼（J. P. Eckermann）談話時，屢次主張接受"歐洲文化遺產"，學習莎士比亞，"赴希臘的宴席"麼？　菲得利與歌德都是德國之寶，人羣之星，而他們竟引導別國的文化侵入德國妨害德國統一，如按著者的看法，他們眞是給德國減色。　可是，菲得利大王與歌德他們所做的果然錯了麼？—　可巧案頭上還放着另一本替德國說話的書，這是德國人杜科罕（Graf K. von Dürckheim-Montmartin）著的德國現代思想問題（Gegenwartsprobleme Deutscher Geisteshaltung）。杜氏也與柏氏一樣，想證明德國之所以採取今日之政策與手段，乃是由於種種原因與不得已的苦衷。但論到各國文化的交織問題，杜氏是這樣說的：「歐洲所產生的最崇高的東西，乃是各個不同的民族之多重的絕頂成就，而非統一的文明。　因而歐洲一切偉大民族，希臘人，羅馬人，德國人，法國人，西班牙人，尼德蘭人，英國人，斯坎德諾維人，都是憑着民族的特點，才創造了卓絕千古的作品，而爲全世界人譽爲人類精神的傑作。　如荷馬，歌德，莎士比亞，但丁，塞溫提 Cervantes，杜雷 Dürer，愈卜朗 Rembrandt，米凱蘭格羅 Michel Angelo，維拉該 Velasquez，剛卜羅 Gainsborough，還有別的許多人物，不是與星空一樣偉大麼？」——十九頁。　又說：「正如在各種特殊的藝術中的差異方面似的，同樣，各種民族的差異性也須由下一種事實而顯現出來，就是在某些特殊的文化範圍中，他們是無可爭議的遠超於別的民族的。」——二〇頁。　杜氏認爲文化並不能由一國包辦，彼此各有所長，所以互相研究藉重乃理所當然。　他不但不認爲別國的文化侵入了德國，妨礙了德國的統一發展，而他還說：「現在許多歐洲人已經感覺到，在認識了東方的本質以後，歐洲人自己的本質的許多特徵也可以活躍起來，不論這種活躍是在對立之中，還是在喚醒了掩埋了的特點。同樣，東方人，如果深刻研鑽歐洲民族的文化，那他們也或者可以得到許多深的誘因，使他們及時加强了，並加活了他們自己的本質。」——二三頁。

此外大德國建立之歷程之著者，雖然認爲別國的精神與文化曾侵入了德國，且妨害了德國，可是他竟接着便說：「德國的精神生活也越過牠的邊界，給與鄰邦新的思想和新的鼓勵。……路德的宗教解放對於全世界有無量的影響。德國近代歷史中的詩人和思想家：赫德爾，哥德，席勒爾，康德，菲希特，黑格兒，叔本華，和尼采等，在德國境界之外有他們的信徒，德國的音樂家巴赫，門德爾，海登，莫查特，叔貝特，貝多芬，華格納，和斯特勞士，不止是歐洲，就是全世界也得到他們的益處。德國的科學，尤其醫學，生物學和化學，增加了生命的認識，並將維護生命的工具貢獻給全世界。」——九頁。前後話一比，都是可以引動讀者特別注意的。

這本書也有兩個很足令讀者滿意之點。一是譯筆十分流暢。直是創作，不像翻譯。如果這本書能夠流傳，譯者的功勞是不能抹殺的。一是全書後半部敘述凡爾賽條約那幾大段，沒有怎樣渲染，便自然引動讀者對德國的同情。大概凡是具正義感的人，對於德國人民在第一次大戰後所受的困苦，多少要表同情。只要說老實話便足以盡宣傳的能事。

所以我們的作者，在寫全部書，尤其前部，如果多寫出一些大選侯，菲得利大王，石太因，露易絲王后，俾斯麥，希特勒等等爲建立德國所費的種種苦心與血汗，及所遭的艱難與困苦，再加上些可歌可泣的事蹟，讀者能不自然對德國表同情麼？

寫書的人多是喜歡知道一點讀者的意見，所以本文便以讀後感的態度就這樣的寫出了。至於"評"字是不敢當的。

會務報告

一　德文夜校　本會德文夜校本期係自九月二十九日始業，本校共有學生七班，計一年級兩班，分由衛德明(Hellmut Wilhelm)先生及黃滏督先生講授，已習半年者一班(即本年一月始業者)，由衛德明先生講授，二年，三年，及四年各一班，分由顧華先生，傅吾康（Wolfgang Franke）先生及吳樹倍(Erich Wolters) 先生講授；此外本校並自本期起加設一研究班，以備程度較高者繼續練習，此班担任講授者亦爲吳樹倍先生。　分校共有學生四班，計一年級兩班，講師爲霍福民（Alfred Hoffmann）先生及黃滏督先生，二年及三年各一班，講師爲方志彤先生及羅越（Max Loehr）先生。　本分校各班共有學生一九五人。

二　十年紀念特號　本會至明年五月間成立即滿十年，故擬將本誌五卷一二兩期合併出版，爲十年紀念特號，現已開始徵稿，所收稿件約分三項：（一）研討德國文學之著述及德國文學作品之翻譯；（二）其他與德國有關之論文；（三）中國學者及在華德國漢學者研究漢學之文字。　除本會會員外，並經分請各方學者担任撰述。

三　德文詩選　本會會長羅越博士（Dr. Max Loehr）爲應愛好德國詩藝者之需要起見，特於本年暑假期間著手編一德文詩選，所收德國古今詩作約八十首左右，現已編乙竣事，刻正在印刷中，預計本年內可以出版。

研究與進步第一卷（即中德學誌第一卷）目錄

第一期目錄

（民國二十八年四月）

第二期目錄

（民國二十八年七月）

第三期目錄

（民國二十八年十月）

第四期目錄

（民國二十九年一月）

定價每册聯銀券貳角五分

中德學誌　第二卷　目錄

第一期目錄

第二期目錄

第三期目錄

第四期目錄

每期末附書評及會務報告。每冊定價聯銀券一元四角

中德學誌　第三卷　目錄

第一期目錄

第二期目錄

第三期目錄

第四期目錄

每期末附會務報告。　每冊定價聯銀券一元四角

中德學誌 第四卷 目錄

第一期目錄

第二期目錄

第三期目錄

(本期)

每期末附會務報告。 每冊定價聯銀券一元四角

中德文化叢書

中德學會編　　商務印書館印行

一	魏蘭之介紹	賀　麟等譯著	一册	.40
二	陰謀與愛情	張富歲譯	一册	.70
三	工作學校要義	劉　鈞譯	一册	.45
四	德國史綱	魏以新譯	一册	1.30
五	女青年心理	劉　鈞譯	一册	.45
六	五十年來的德國學術	本會編譯	第一册 2.00 第二册 1.40 第三、四册各1.00	
七	給一個青年詩人的十封信	馮　至譯	一册	.40
八	論德國民族性	楊丙辰譯	一册	.70
九	斯托姆小說集	魏以新譯	一册	1.80
十	德國史略	魏以新譯	一册	.70
十一	快樂的智識	梵　澄譯	一册	1.80
十二	湯若望傳	楊丙辰譯	(印刷中)	
十三	葛德論自著之浮士德	梵　澄譯	一册	.50
十四	論優美感覺與崇高感覺	關琪桐譯	一册	.40
十五	赫貝爾短篇小說集	楊丙辰譯	一册	1.20
十六	親和力	楊丙辰譯	一册	3.00
十七	歷史之地理基礎	張星烺譯	(印刷中)	
十八	哲學論叢	關琪桐譯	(印刷中)	

特　刊

一	德國留學指導書	張天麟編譯	一册	.40
二	今日德國教育	王錦第譯	一册	.45
	(此書商務印書館代售)			
三	統一國家之德國	弗立克著	一册	.15
四	德國現代思想問題	關琪桐譯	一册	.80
五	一九三三至一九三九年間之德國外交政策	楊丙辰譯	一册	5.50

德華常用小字彙	孫用震編輯	一册		1.00
德語津梁	方志彤註解	一册	紙面 布面	3.00 5.00
中德學會德文圖書目錄		一册	紙面 布面	5.00 6.00

中德學誌編輯簡章 中華民國三十一年三月第二次重訂

1 本誌原名「研究與進步」，自第二卷起，擴充範圍，改用今名。

2 本誌錄稿，以介紹德國學術文化之著作爲主；除本會會員稿件外，並酌收外稿。

3 來稿如係原著，應將所用參考書籍或其他材料一併附列文後，如係譯稿，須將原文出處詳細註明，其原文不易見者，並須與譯稿一併寄來。

4 來稿本會有刪改之權。

5 來稿中有中文人名書名等譯爲德文後，重行譯爲中文時，應請譯者援用原來字樣，幸勿另譯新名；其由德文譯爲中文者，除有慣用者外，以本會所定爲準。

6 來稿逕寄「中德學誌編輯委員會」，請勿寄交編者個人。

7 來稿經本誌決定採用者，酌給現金或本誌爲酬。

8 來稿經本誌給酬後，其版權即爲本會所有，原作人不得以其一部或全部在他處另行發表；在本誌發表後，他人亦不得轉載。

9 來稿不爲本誌選用者，均可退還，但須由原作人附寄郵費，如欲掛號寄還者，並須加附掛號郵費；郵遞如有遺失，本誌概不負責。

10 本簡章如有未盡事宜，得隨時修改之。

編輯者　中德學誌編輯委員會

出版者　中德學會
（北京地安門內黃化門大街西妞妞房二十號）

印刷者　京華印書局
（北京和平門外戌坊橋）

定價表	每季一册（郵費外加）	每年四册（郵費在內）	郵票不收
道林紙	聯銀券 1.70	聯銀券 6.00	
新聞紙	聯銀券 1.10	聯銀券 4.00	

AUS DEUTSCHEM GEISTESLEBEN

Herausgegeben vom

DEUTSCHLAND-INSTITUT, PEIPING

durch

Wolfgang Franke

unter Mitwirkung von

Dseng I-sin Achilles Fang Gu Hua Max Loehr

Yang Bing-tschen Yang Dsung-han

In Verbindung mit

Dr. Karl Kerkhof, Berlin

4. Jahrgang, Nr. 4 Dezember 1942

Abhandlungen

Übersetzungen

Buchbesprechungen

Anschrift der Redaktion: Deutschland-Institut, Peiping (China), Huang-hua Men nei, Hsi Niu-niu Fang 20.

中德學誌

中德學會十周年紀念特刊

張爾田題

第五卷第一二期（三十二年五月出版）

中德學誌

中德學會出版

中 德 學 誌

中德學會十週年紀念特號

第五卷　民國三十二年五月　第一二期

（以上各篇大致以題材時代之先後爲序）

本期德文增刊各篇內容節譯及概略

引　言

歲在癸未，民國三十二年，公歷一九四三，距民國二十二年，公歷一九三三，癸酉之歲，本會之初成立，於今十載矣。本會同人等，慭慭懇懇，各盡其能，期欲於東西文化，中德交誼，有所致力。斯亦即本會之職志，而所以成立之由也。十載以來，天下多事，四海沸騰，干戈擾攘，迄無寧歲，計畫中之各項事業，多不克如願進行。幸承兩國社會人士之嘉許贊助，在此十年中，或錫教言，或助費用，或賜册籍，或惠宏篇，俾使風雨飄搖之際，本會仍能努力不輟，不可謂非幸事也。斯亦本會所欲竭誠感謝兩國社會人士者也。今際此十年紀念之日，懷往瞻來，固無自慶之意，更無自倭之理。益當恒其貞德，無怠無懈，盡其區區之力，以答十年來兩國社會人士贊助之高誼。茲爲紀念本會之十週年，特將本學誌五卷一、二兩期合刊，爲本會十週紀念特號。并自本期始，於原有之述論德國文史學術著作外，增栽述論中國文史學術著作。并特增刊以德文論述中國學術文化之著作，由本會德籍會員，旅京專攻中國學術文化之諸學者撰述。既以資紀念，并以見本會，不徒爲中國人士學者研究德國文化學術之學會，亦復爲德國人士學者研究中國文化學術之學會。庶使本會爲名副其實之中德兩國人士，共同研究中德兩國文化學術之中德學會。此則本會所深引以爲幸，而可以告慰兩國社會人士者也。

本會事業，初不限於刊行中德學誌一項。如編譯中德文化叢書，中德學會特刊，辦理德文夜校，教授有志於習德文之人士，每年舉行德文論文比賽及致贈奬金，以鼓勵研習德文及德國文化，廓充本會圖書館德文中文之藏書，舉辦德國繪畫，木刻，印刷，圖書等項之展覽，德國音樂之演奏，舉行中德學者中德人士之聚談抑聯歡諸集會。其詳均具見於本期所載胡僑吟君之中德學會與中德文化一文。社會人士，幸賜觀覽焉。

詩云，風雨如晦，鷄鳴不已。同人等敢本斯義，不怠不倦，無喋無懈，困思勉行，盡其區區之力，惟所志者，體大而責重。同人等不揣冒昧，從事於斯。事崇高也，而承之以渺小。事重大也，而承之以淺陋。固知愧矣。然登高自卑，行遠自邇，千里之行，起於足下。同人等不敏，擁彗先驅，略盡微勞，以待賢者。四海知音，共鑒斯誠。

康特哲學中數種重要名詞之解釋

Erklärung einiger Begriffe bei Kant

砲爾森 (Friedrich Paulsen)

楊丙辰節譯

康特(一)之哲學，號稱深奥難解，但如果能將康特哲學上所使用之各種名詞，預先考究明白，則其難解之處，自可迎刃而解，事半功倍，實爲治康特哲學者之一捷徑，因此近代康特派哲學大家，對於經康特所使用與創製之名詞，莫不皆有一番澈底之解釋，以爲研究康特哲學者之助。 砲爾森氏亦近代康特派哲學大家中之一人，所著：依瑪努艾爾·康特，其生平及其學說（Friedrich Paulsen: Immanuel Kant. Sein Leben und seine Lehre）一書第二部份第一卷第一章第三節，題名；康特哲學中數種重要名詞之解釋，即爲一篇見解極精闢，而實能揭示康特眞意之文章，茲特譯出，藉中德學會成立十週年所出之紀念刊之機會，予以發表，以爲我國治康特哲學者之一小助云耳。 譯者識

在我未將康特對其問題之解決之言詞，作纖細陳述之前，我極願將康特在其問題之解決上所時常使用之數種概念，簡短解釋一番。 我先來解釋康特所使用的"覺察(Wahrnehmung)"，"現像 (Erscheinung)"，"物本體 (Ding an sich)"之一列概念。

我先從"現像"一名詞說起。 那麼甚麼是"現像"呢？ 對於這個問題，人們可以暫先作以下的答復，就是，所謂現像的，恰恰卽尋常語言中所說的事物

(一) 編者註：Kant 我國向譯爲康德，茲據張東蓀先生近譯爲康特——見本誌之創刊號研究與進步一期第三頁。

(Ding)一名詞之意，換言之，即與主觀完全無關，而恆存恆在的一個客觀事物，連帶其一切隨時隨地變換不定的動作與關係。譬如天空月球，照尋常的說法，乃是一個自行存在的事物，但從認識理論上的反思審省方面說，天空的月球，却是一種現像，換言之，就是一種僅只為一個發動覺察作用的主體而存在的事物，並非與此主體，毫無關連地有其絕對存在的一種事物的。

如果人們對這個問題，要作更進一步的答復時，那麼人們就可以說：現像，是純粹主觀的單獨覺察與物本體之間的一種中間事物。覺察，拉丁文曰：sensatio，乃是實地上一個人意識中的一種暫時的，通過的過程。現像，却有超過這一點的地方，現像不是 sensatio（覺察）的行動，而是 das sensibile（可覺察的事物），是可能的覺察上恆存恆在的客觀物體。月球，乃一恆常存在的天空物體，帶有這樣的大小，這樣的體積，這樣的運行。牠實實在在是懸掛在那兒的，縱然沒有一個人眼睛瞧見了牠，縱然牠是令人瞧不見的：所以牠存在與否，並非與牠現在被實地上這一個或那一個人之所意識，之所覺察的一點有何關連。但從其它一方面說，月球底存在，實在不是對於一個發動覺察作用的主體無有關係的，所以說，月球並非一個獨自存在的事物。如果我要提到月球的話，那麼我所說的一切，最後，也不過是按照月球底內容，經由我們的覺察，而知其確係具有，就是天空有這樣大強度，這樣形狀，這樣運行的一個光的現像；並且一提到了月球，除由覺察方面所知者外，由我們的思想所加了上去的，可就是這樣的一個體積，在這樣遠的一個太空距離中，就會碰到的，而牠的表面，又是這樣的一種形狀，等等云云的一類話頭，但這一切的，却又是我們覺察上的內容了，因為我們確切相信，如果與我們可能的話，那麼我們在一定的一個方向之中，穿行太空，經過了一定的一段路程，便會在那兒遇到了一個有一定形狀和體積的物體，這個物體給我們所呈現的，是一個令我們的官能所不能穿透的，反射光明的，以及其它等等云云的狀況的事物。可是我們對於月球所斷定的這實在，却完完全全仍是根基在這宗實在的覺察，或認為可能的覺察之上的。假使沒有這些一定的光的覺察，沒有這些可能的阻抗覺察，那麼我們就不能說月球是實在的了。　並且假使沒有一個可以覺察光明，可以感覺阻抗的主體，那麼無論甚麼地方，人們便也不會提到為一個這樣的客體物的月球的了。　至於說，給一個具有這樣機構的主體，所表現為月球的事物，即所謂物本體的，縱然仍能是存在那兒的，但我們所提到的月球，却實在只是為一個這樣的主體而存在的，所以說，牠是一個"現像"。　月球既如是，一切其它的物體，亦莫不皆然。

然則根據上述之情形，我們現在可以來作這樣的解釋了，就是現像實係為一個具有這樣智力體制的主體而發生的種種可能覺察之總體，或者我們要用康特底名詞時，那麼便是為一個人底"意識界（Bewusstsein überhaupt）"所發生的種種可能覺察底總體了。　不過這宗覺察，却不必一定是實地上的覺察不可的，因為一個現像，仍然能是實在的，和可以認之為實在的，而不必一定是要在直接的覺察中具有的，譬如說，月球背反的，令我們瞧不見的那一面，或者地球底內部，牠們都只是非根據所已具有的覺察，利用合於自然律則的推斷，不能發現其為可能的，像行星中的海王星，就是這樣，因為當在牠未經人們察見之前，已經被一個人測知牠在甚麼地方的了。　對於這一個概念，英國大哲學家密爾氏（J. S. Mill）曾作有充分純粹的闡發，他說，所謂一件事物（即一個現像）之經驗方面的實在，簡直就是這樣或那樣共存並在的各種覺察上的恆常不斷的可能性的。　康特關於這一點的概念，和密爾氏完全相同，關於這一點，他發揮得最為清白的地方，就在他的"二律背反說（Antinomienlehre）"之第六段中，他在這兒曾說：「我們人類對外界事物的把柄，除了我們的覺察，和由此一覺察，到達其它可能覺察上去的實際進展之外，實實在在並無其它把柄的。　因為從本體上說，僅只為事所呈現的情況的現像，只是在覺察中纔是實在的；要是在覺察之前，稱呼一種現像（著者按：就是："一點事物"之意）為一件實在的事物，那就叫作，我們在經驗底進行中非得要碰到了一種這樣的覺察不可的。

康特底見解，我們現在也可以用下列目錄式的說明來陳述一番的。　在這宗說明上，有三點應當區分了出來，第一點就是主觀的意識內容，或者也可以說：存在於一個一定的個人意識界內的覺察與思想（此即康特所說的 sensatio“覺察”之意）。　第二點，就是客觀的現像，或者也可以說是爲一種囊括宇宙一切的意識界，或爲一種人類總意識界而具有的一切可能覺察之總體（此即康特所說的 mundus sensibilis“感覺界”）。　第三點，就是本體存在的現實界，爲對於一個發動覺察作用的主體，並無任何關係的界域（此即康特所說的 mundus intelligibili“超官能界”）。　這三點中的第一點，主觀的意識內容，僅只是直接爲一個單個的，有這宗覺察的主體，而具有的；在這宗主觀的意識內容上，所有一切要素之間的關係，或者是由經驗方面偶然起於時間裏的持續，或者是由於心理上聯想方式(assoziativ)偶然起於時間裏的持續的。　這三點中的第二點，現像界，爲一切具有同樣機構的主體，時時處處都要是同一的，不會有第二個樣子的，在這宗現像界上，所有一切要素之間的關係，全都是自然律則，全都是關於空間與時間內各式各樣客觀物體，互相連繫的，普遍有效的規則的。　這三點中的第三點，超官能界，是處於官能性觀感形式之外的，這個界域以一個必然性的概念，僅有我們的思力纔能理解得到，恰恰爲了這個緣故，便爲被束縛於官能性覺察之上的人類認識之所不能達得到的了。——　主觀的意識內容，是心理學研究上的對像，現像界，是科學研究上，尤其是自然科學上的本來對像，超官能界，是可以能爲一種絕對的認識上的對像的，不過這個界域之出現於人類的認識中，僅只爲我們人類認識作用之性質上所負批評使命，作一種不可或缺的檢察概念而已，假使將牠拿來作爲思入非非，有意弄玄虛的學說上的對像，那麼舊日一派形上哲學的虛僞科學，便就要發生出來了。

現實界上的這三個階段，或形式，即主觀的現實界，客觀的現實界，絕對的現實界，是人們可以拿“智力 (Intelligenz)”上的三個階段或形式來爲之作解釋的，即（一）“動物的智力”，（二）“人類的智力”，（三）“上帝性的智力”等三種是也。　現實界上的形式，是與智力上的形式相互與相對立的。　即連這一種的區分法，爲把康特的思想弄清白，也是非常重要的，而這一種區分法，康特決無可疑地也曾作爲他的學說上的一個重要的定方向的指南針。

"動物的"智力，僅只有一種主觀的感覺與覺察內容，連帶上一些偶然發生的，聯想式的結合，牠們這宗智力，並不曾達到了對一種帶有現像彼此之間適合自然律則的連繫的客觀世界，造作思想的地步。動物並不能把一個充滿存在事物的世界拿來與自己相對立，而將其自體置立爲這個世界中的一份子，並且在大宇宙中確定牠在空間與時間裏的地位，動物底覺察（與想像）始終都要是些純粹主觀的意識改變的。

"人類的"智力和動物智力相雷同之點，即在感覺與覺察首先全都是以純粹主觀方面隨時隨地變換無定的事物，具有於它們這智力範圍之內的。但是人類的智力，却又有超出這一點之上的能力，因爲人類的智力，根據這宗要素便能構造關於客觀物的思想，以及構造關於所有客觀物彼此之間的一種巨大的，包括一切，而爲一切客觀物俱皆有效，且適合律則的連繫的思想；這一種客觀的世界，連帶其客觀的適合律則性，人類的智力，把主觀的意識內容，並且把意識內容中思想的經過當作一種偶然的，與客觀的歷程無關的經過，拿來與之相對立。——人類智力與動物智力的這種區別，是完全因人類智力主動性大爲强大的原因；動物僅只是被動地忍受外界的印像，然而人類對於外界的印像，却是能主動地加以改造，加以分析，和加以綜合的功用的，因而更有能力可以使這些印像脫離了人類的自體，把它們樹立爲獨有存在的事物，而其它一方面尙能把自己樹立爲一個表現個人人格核心的自體，以與物體相對立。人類這一種在外界現像上的自發活動，就是叫作"理解力 (Verstand)"的。

最後，"上帝性"，的智力，在康特，固然並不視爲人類可以能實行，但爲識知人類理解力之性質起見，却是一個不可缺少的概念。他拿一個"直觀的理解力(anschauender Verstand)"之名稱來表示這一種概念。在這一種概念上，存在與思想之區別悉行泯滅，而這一種區別，在人類的理解力上，却就是有構成能力的。 上帝並無身外之存在，他是萬有底總體。 他的認識，是絕對的認識，因爲他用他的思維創置現實界。 可以能給我們把這一個思想弄明白的一個思想，就是數學上的思想，因爲在數學中，人類智力所認知的對像，也是由人類智力自己的動作中產生了出來的，像上帝創造萬物的情形一般，因有這一個緣故，所以在這兒，便沒有一種令我們人類的認識所不能透達的事物給我們殘留下來了，所以在這兒，便沒有現像與物本體之間的區別了。 不過人類的智力，對於現實界，却並沒有創造的能力，現實界對於人類智力之具有，是非要藉經覺察底形式不可的，因此在這兒思維與存在，總是分立的了。 反之上帝性的智力，對於事物之關係，就彷彿人類智力對於幾何學上三角與圓圈的關係一般。 所以說，在上帝，思維與存在，直接是合一的。 這便是所謂一種“絕對認識”之理念，便是所謂理性上不得不有的一個理念，以便顯明我們人類認識力上頭的感受性，與受有限制性了。

智力上頭的這三個階段，人們也可以拿下列三個名稱來稱呼，就是：“官能性 (Sinnlichkeit)”，“理解力 (Verstand)”，與“理性(Vernunft)”。在人類，就是在動物與上帝之間的一種中間事物之上，智力上這三個階段，全都是能碰得到的，但在動物，却僅只有官能性，而在上帝却又僅只有理性。“官能性”，是人類能獲得感覺的能力，就是所謂對感覺的感受性。 感覺(Empfindung)，不是一種與一個主體由外向內印入的意識內容，這是不可能的，因爲靈魂並不是一座房屋，並沒有窗戶，不能從窗戶裏面自外邊進來一點甚麼事物的；感覺是被我們製造了出來的，但却須要外面的一種惹動的。 感受性底形式，是空間與時間，官能性上的產物，是我們在空間與時間裏面所作的那形形色色，異常夥多的覺察。 “理解力”，是我們用概念作思維，在規則之下作歸納，用普遍的事理來確定片段的事理，等等舉動的能力，這換言之，就是我們下判斷的能力了。 理解力底機能形式，是在論理學上的判斷形式中天然具有的，關於理解力底這宗機能形式的概念，即康特之所稱之爲“範疇(Kategorien)”

的了。理解力與感受性相對立，而為一種自發的能力 (Spontaneität)，牠的作用，即在向覺察中置入適合律則性，與系統的連繫。官能性與理解力上的產物，合在一起，便是在空間與時間內，按照律則所編制的大自然系統，像科學方面給我們所陳述的那大自然系統一般。"理性"，是人類所具超越經驗世界，而入於超官能世界的能力，理性底產物，便是"理念世界 (Ideenwelt)"，便是康特用拉丁文所稱呼的：mundus intelligibilis（超官能界）。理性，本來是上帝性思維底形式，牠的作用就在對存在於理性中，而為理性之所固有的理念 (Ideen) 作直觀。在人類底身體中，理性只是"絕對理性(absolute Vernunft)"之一道昏弱的反光，理性在人類身內的職責，尤其是創造實際的理念，創造關於經驗世界中固然不曾有，然而却應行具有，並且因理性底活動，尚能使之實現，與應當實現的事物之思想，這樣譬如說世人所夢想關於制度至美至善的一個國家的理想等類理念即是。在原理的範圍之內，理性以限制與規定理解力使用法的一種原則，而發出其活動作用，而在其發動其此項作用時，即形成康特所說之"批判的理性 (kritische Vernunft)"，批判的理性之任務，第一在藉一種關於絕對認識之理念 (Idee einer absoluten Erkenntnis，所謂關於一種絕對認識之理念，係指思想與現實，二者之合一而言），使理解力得以曉然，其不得不僅只限於現像界之理由，第二即在由一切原理的認識對於人生最末後目的之關係中，以批評一切原理的認識之價值（此即所謂叡哲"Weisheit"者是），第三即在即適所稱之為"內在的理解力使用法"，亦使其以冥思的理念為轉移，最後即在視關於現實界之一致性的理念為業已實現的目的思想 (Zweckgedanken) 之系統。

自這兒起，康特所說的"感覺界之概念 (der Begriff des mundus sensibilis)"以及"超官能界之概念 (der Begriff des mundus intelligibilis)"便又可獲得其最後的確定形式了。所謂世界是超官能性的，乃係從上帝之理解力方面而言，上帝理解力，實係理解力之原始型 (intellectus archetypus)，這個世界是化解在他的思想之中的，所以說這個世界本來就是一個思想單位的，而康特所說的

mundus noumenon（超官能性世界，或思想性世界），顧名思義，當然是一種存在的思想系統了。反之，為人類理解力所具有的現實界，却是官能性的與現像性(sensibel und phänomenal)的了，至於上帝性的理念界，對於人類的理解力，却是表現爲一種實質的，活動的，變動無定的物體界的，這一個世界，是人類的理解力不能以純粹的的思想，乃是要以經驗，辛勤困苦與不完整地方能獲得的。

關於物本體(Ding an sich)之問題，我還要再作一個小小的註解的。這一個問題，本來是講解康特哲學的人們底一個難題（crux interpretum）。其實，康特對於這一點所說的話，也是非常的繁雜的，意義岐出的，並且固然也還是矛盾的哩。這其中的原因，大概在物本體之問題，並非爲康特研究工作中之中心問題，這是康特視之爲當然的一個前提的；爲康特研究工作中的對像的，却反而是理性認識之可能性，因此康特對於物本體之問題，也不過僅只是隨時隨地略少一提而已。下列各點，我覺得對於康特之此項思想，有根本之重要。

至於說，康特對於一種超主觀的現實界之存在，從不曾有過瞬刻之懷疑，這是任何一位不存成見與偏見的讀者，縱然沒有康特自己的，以至嚴重之態度所確切承認的話，也是絕對不會反對的。這一點，在任何時期本來都是康特思想上的第一個與當然的前提的，康特後來在他純理性批判一書中，對於這一點，絲毫都不曾有所變更。"現像"底概念，"感覺界"底概念，這是康特思想上批判主義時期所以之以爲起點的，勢必不能不有一個可以發出現像的現實界之概念，以與之相關連。沒有這一種現實的事物，現像底概念就要空虛無意識了，並且在這時，如果我們內裏的一個表像，一個思想，是唯一的一個實在事物的話，那麼牠便要是絕對的一個實在事物了，只是在一個其他的，可以爲現像之憑依的事物之前提之下，現像方能被稱之爲現像的。一種恍然認爲真的絕對錯覺主義，是和一個絕對的實在主義，並無所區別的。

上邊的話，既然如此，那麼我們按照康特底意思，對於物本體之問題，還能說些甚麽話呢？　如果我們要嚴格脚踏純理性批判一書之實地的話，那麽我們便可以說下列的四點了：（一）所謂物本體的，並非官能性觀感上之對像。　這是一個分析的判斷的。　（二）物本體是人類思考上的一個對像，並且固然還是一種必然性的思考上的對像的，人類的理解力，在牠批判的，檢查的考慮反省的路程上，認官能性的認識，爲官能性的認識時，換言之，就是認官能性的認識爲偶然地，無規律的出現的，並且還是限於主觀一方面的認識時，便造出了現像與物本體之二種互相關連對立的概念來。　僅只爲了這一點的原因，我們也是可以稱呼這物本體爲一種理解力上的事物的 (ens intelligible noumenon)。　這一個概念首先並不是有積極意義的，這並不是一個可以按照牠的性質，被人類理解力所能認知了出來的事物，乃是一點經人類理解力，當作了一種其他的事物拿來與現像相對立的事物的。　可是因爲人類的思考力，僅只經由官能性的觀感，纔能獲得一種內容，所以物本體之概念，本來便是無內容的，牠不過僅只是一種事物上空空洞洞的形式而已，不過僅只是數學上的一個X而已，這是人類的理解力拿來當作了一種先驗的對像，以與經驗的對像（就是與現像）相對立的。　（三）爲一種直觀的，換言之，即必須官能將外界的物質引現眼前的理解力，一種積極意義的思想性事物(ein noumenon)，是不能會具有的。　這只是爲上帝性的智力方能具有的，在上帝，天地間一切的事物，都要是些被他直接觀感的概念（理念）的。　可是從我們人類的理解力方面說，物本體和上帝性的智力，這兩個概念，在我們却都要一律成了一種或然的概念了，就是成了一種固然可思議，而有可能的概念，但是我們却不能用我們觀感的補塡，能得使牠實現化的。　（四）這一種空洞的，或然的物本體概念，我們在一定的一種關係之中，也還可以給牠弄來一種內容的，並且固然還是藉徑於原理的理性的，因爲在我們人類的身內，純粹的思考（就是我們的理解力或我們的理性），却並不屬於現像範圍內的，牠是現像底前提，換言之，就是人類自我底本體，這人類自我底本體，當然並非以一種客觀事物，具有於觀感中的，乃是僅只具有於思考絕對自發機能之中的。　假使我們能自這兒出發，確定物本體之性質的話，那麼我們就可以說：物本體乃是"我們人類理解力上的事物(Verstandeswesen)"，這宗人類理解力上的事物底單位，便是一種積極意義的，超官能界裏的事物。這宗說法，當然僅只是一種假定的理解力之使用（推斷作用），像我們在一種純粹的理性科學，譬如在形上哲學之中，至多因爭戰的目的，纔能容許我們來這樣作的。可是在這其間，還另有一種其他的情形，加到了這上頭來的了，因爲康特所說的實際理性，竟給這個關於一種絕對存在的精神世界，弄出了確切性與有效性，使牠得以穩穩妥妥地站立得住，不過當然不能拿來作爲原理的用項的。

我們的話說到這兒，這個問題可以了然了，可以無須再說了。至於說，康特哲學上眞正困難之點，眞正苦惱的問題，却係由"先驗的分析說"上所含"圖型 (Schema)"之運用中發生了出來的，就是先驗的分析說中所指示的各種範疇(Kategorien) 究竟能適用到物本體上頭來麼？康特對於這個問題的答復，決定是否定的，他的話總是說，範疇僅只能用到現像之上，範疇也不過僅只是觀感界上的構成功用而已，並不是別的，沒有實地上的物質，這些範疇，絲毫價值都沒有的。然而其他一方面，康特却又時時刻刻把各種範疇一律運用到物本體上頭去，他認爲物本體有實在，有因果關係，有繁夥性，牠們能惹動主觀，而其它一方面，人類自我又是以一個物本體的事物被惹動的。因此物本體便是造成了一個非官能性的事物之世界的，這些非官能性的事物，是絕對與官能性的事物相適應的，而這些非官能性的事物，也要和官能性的事物一個樣，彼此立於適合律則的關係之中，以及其他這類的情形。那麼由上面所說的言詞看，這兒顯然是暗含有一種形式上的矛盾的，這個矛盾，是人們自從亞口比(Jakobi)，菲希特(Fichte)艾乃西得木斯・舒爾彩(Aenesidemus-Schulze) 等位哲學家底時日以來，總要拿來向康特責難的，人們總是說，沒有物本體，沒有物本體底實在與效用，人們是不能走入康特哲學體系中來的，但是偕同着這些事物，人們却又是不能逗留在康特哲學底體系之中的。

對於這個矛盾底一種解決辦法，按照我的見解說，只能在一條道路上是有可能的，就是人們須要把範疇底意義，劃分成一種二重的意義，就可以能行了。所謂範疇底二重意義，一重便是"純粹論理的超經驗的意義(eine rein logisch transzendentische Bedeutung)"，一重便是"先驗的物理的意義 (eine transcendental physische Bedeutung)"。自這兒出發，康特便可以對上面所說的那一種責難，這樣來作答復了，就是他可以說："我固然斷定，物本體是有其存在的，但這所說的存在，並不是和我所說的實在性之範疇完全一樣的一個概念的，我已經足够清晰的說過，所謂實在性之範疇，並不是別的，也不過僅只是人類覺察中，或外覺察，或內覺察，或至少可能的覺察中所具有的事物而已。在這個意義之下的實在性，所謂經驗的實在性，當然不是物本體之所能具有的，物本體之所能具有的，乃是一種超官能或超經驗的實在性的。這同一的情形，也是適用於因果性(Kausalität) 之上的；連這一個概念，我也是在一種二重的意義之下，予以使用的，這在任何一位讀過我的"先驗的辯證說 (Dialektik)"，以及實際理性之批判的讀者們，都是足可知的，因爲我是把因果性分爲以自然律則爲依據的因果性，和以自由概念爲依據的因果性的。在以自然律則爲依據的因果性之意義之下，所謂某某事物爲某某現像之起因，這就叫作某某事物通例在時間內，要在某某一個現像之前先過去的。這一點，當然僅只是對於亦然處於時間之內的事物，那麽就是對於現像，方能斷定的了；譬如說，對於能惹動我們的官能物體，也可以把這宗斷定加了上去的了，外界的激刺和生理的惹動，以及生理的惹動和人類的感覺，四者全都是立於經驗意義之下的因果關係之中的。反之，在物本體與物本體之間，當然是不能有一種經驗的因果關係的，乃是只能有一種超經驗的關係的，關於這種關係，我們不能由觀感方面作想像，乃是只能由純粹思考方面去作理解的，這是限於人類內界的一種關係，像在論理的思考中的因果關係一個樣。至於說，我怎樣把我這個問題弄妥當的，這我已經足够清晰地向大家予以暗示的了，我以爲，各物本體之間，各在上帝之中，就是在至爲眞實，至爲美善無虧的一個事物之中，有其單位的超官能界各枝各節之間，是有一種內裏的互相適應的關係的，是有一種對於以目的爲目的的絕對目的之一致性的論理的適合目的的關係的。 一切的事物，在上帝之中，乃是一體的，並且一經把牠們置入彼此的關係之中，那便要登時顯著了出來，這一切的事物，爲要達到絕對的至善至美的圓滿無虧地步，都要是些必須得具有的部分使命的，是和那任何一個藝術作品上的，或任何一部文藝作品上的每一部分不僅因內裏的，時間上的交互關係，乃是也因一種內裏的，適合目的關係，同一切其他的部分，互相聯合了起來的情形一個樣的。 這爲我們固然始終仍要是一個或然的思想的，然而現實界却是以現像界，對我們而具有的，倘若我們再以理念界 (Ideenwelt) 視現實界，那這現實界，便僅只能爲我們之所思維，而不能直接觀感了，我們總覺得，在上帝底理解力之中，現實界纔能有其觀感的呈示的。

假使你們現在還要再反對，而以爲這一切的，也不過僅只是些"主觀的"思想形式而已，這些主觀的思想形式，不能會引我們達到超主觀的方面去的，假使你們要說這話時，那麼我就要請你們想一想，我的思想，我當然只是用我的思想，和我的思想形式，方能思想得出的，由這一個魔圈之中，我是怎樣也跳不了出去的。 連物本體，以及其實在性之思想，也不過是一個思想而已，所以當然也是主觀的性質的，我固然對於超主觀事物底思想，能得思索思維，但是我却不能由超主觀的方面來思索思維，這樣，超經驗的實在，當然都要是一點"我"所斷定，"我"所加於其他事物之上的事物了。 不過我可是明白，我的意思是甚麼的，如果我把這宗實在性加到一個其他事物之上去時，並且我想，這也是你們明白的。 假使不然的話，那我便沒有法子向你們這些離奇古怪的人們，施以幫忙的了，那麼一本談論現像與物本體的書籍，就要不能是爲你們所寫的了，然而你們的反對，因爲你們不明白我的眞意之所在，當然也不是爲我所寫的了。

十九世紀之德國女作家

Die deutschen Schriftstellerinnen des 19. Jahrhunderts

畢　樹　棠

所謂"女作家"，在文學史上是個後起的名詞，和男作家比起來，資格較晚，這自然是社會傳統以男性爲中心的原因，甚麼事女子都顯着落後，已非一朝一夕。但是若講起女子本身和文學的關係，却是自古就佔着一個很大的勢力，幾乎沒有女子，便無文學之可言，換言之，有多少偉大的文學作品留傳後世，都是從女子身上産生出來的。所以女子自己創作文學，直接在文壇上佔地位，不過是近百年來的事，而女子在文學上的影響，却是由來已久。德國自然也不能例外，在十九世紀以前，若要從德國文藝活動中找尋女子的踪跡，只可間接以求之，便是只能看她們在文藝背景中所佔之勢力與所生之影響，若要找出名實相符的女作家（Frauenschriftstellerei），幾乎是鳳毛麟角。可是單論勢力與影響，也真不小，例如在古典文學的長久時期中，所謂"麗情艷事"（Minnedienst）幾乎是一切德國抒情詩之主要源泉，一直到十三世紀之末而其風始衰。甚至在霍亨斯陶棻時代，（Hohenstaufen 1178—1254）的那些偉大的史詩作家，也都是武俠式之愛的典型描寫者，例如透利斯探與伊索德（Tristan und Isolde），就是吸取這種精神最濃厚的一部傳奇之作，此人所共知者，其他無論矣。

其後，入了文風較嚴與傳奇較衰的時期中，這種女子勢力的黃金時代便過去了。到十八世紀中，文采斐然，女子的魔力乃以一種有理性的姿態再度出現，而含英咀華似的發展到兩個方向。其一，是對文人才子的第一流作品操有權衡藝術之賢明鑑識，從旁爲力不小；其二，給偉大的文學作品供獻一些理想女流的典型，試觀歌德等人之作，所寫如 Iphigenie, Leonore, Dorothea, Johanna 等類的書中人物便是。 其次，如威馬爾（Weimar）耶拿（Jena）各地的女子，是表現一種非常精美之心思的與趣味的陶養。 試觀十八世紀之末及十九世紀之初那些豐富的信札集子，都是極其真純的些時代精神中的人性紀錄，讀之，可知德國女子的文藝修養並非到十九世紀之末方才開始進步的。 但是，文藝的修養不能老是潛伏着而不外露的，所以接着在小說方面，女子的嘗試頗形活躍，然而幾乎一色是模仿的，沒有創作之可言，似乎女子根本就有一種好模仿的特性，而形成女流文學的個萌芽時期。 所以由今日觀之，在當時的優秀作家之中，女子還是沒有甚麼地位，有一部空空的女作家人名錄與書名錄，做個鴻爪留痕，也就夠了。沒有一個人留下一種不可磨滅的印象，例如韓克（Henriette Hanke），誰還記得這個名字呢？ 她那一百二十五卷的小說，早已為人束之高閣，而湮沒無聞了。偶有傳者，也許有布拉希曼（Luise Brachmann）的一二首詩，平凡無奇的留在人間，不過她是苦苦的倚在釋勒（Schiller）的肩臂上，藉以寄託芳名，所謂蠅附驥尾者是，非獨到之力也。

那麼要討論德國的女作家，該從甚麼時候說起呢？ 該從那一點上講起呢？這毫無問題的要以十九世紀的初年為始，要以小說的創作為先，因為大約就在那個時候，德國女子作的小說才大露頭角，而風行於時，才在接踏上文壇的地位。所以，以此為出發點，絕不武斷。

這女子小說的興起，差不多立刻就分為兩派，彼此大不相同。 粗略言之，一派可以稱之謂只是娛樂的小說，另一派可以稱之謂有所為而作的小說——這"有所為"可以是純粹藝術的，然而大半都是教育的。 自然，我們不能說第一派的作品完全是無所為，完全不顧社會道德的意向，反之，這派女作家倒是擁護高等社會所公認的金科玉條，而且是隨時準備着供獻於德國的少年之輩（höhere Tochter）。 然而正是這一派的小說給"女作家"（Frauenschriftstellerei）這個新名詞加上了一種討厭的意味。 其討厭之發生，決不是由於任何道德的見地，因爲這派女作家的蜜糖似的道德是無懈可擊的，就算最苛刻的主日學校的監督，也得高高興興的證實她們的宗教說法是健全的。說牠討厭，也不由於一種生活缺乏的理論，因爲她們是和那祝福式的樂觀主義打成一氣的，沒有半滴苦味從那溫柔的心腸裏達到筆尖上來。在她們的作品裏，壞人的脚色自然也描寫到，那無非是因爲宇宙的變化本是形形色色，事情不免有些是走上錯誤的路。但是在這派女作家的筆下，照例是一色的寬恕，所以注定的最難逃免的禍害也必化險爲夷，她們那甜美的靈魂總是給他們禱告着，於是書裏所有的下流脚色都是十足滑稽性的邪惡，說變就變的。這類小說之平庸無奇，無何威力，只可消閑遣興，而爲識者之所詬病，自不待言，然而這種產量却很大，在小說界佔一很大部分，而且都是同樣的格式，同樣的材料，同樣的作法，蔓延所及，勢力亦復不小。所以把這類"母親作風"式的小說，置之不理，是不對的。而更不幸者，這種作品傳到外國，使異地的讀者對德國女子造成一種錯誤的想像。這想像是個甚麼樣子呢？在外表上，她照例有一雙精神飽滿的藍色眼睛，一對豐盈的淡黃髮髻，一臉柔媚的微笑，和一個 Gretchen 式的手提包。在知識方面，她總是多才多藝的，她在精巧的刺繡女紅之外，必閱讀而且背誦席勒和聯訂的海涅詩集；她必歌唱而彈奏叔伯特 (Franz Schubert)，孟特爾遜 (Mendelssohn)，和叔曼 (Schumann) 的曲子；而且她懂英語和法語，還特別心愛各種美麗的花兒。她是個有名的天使似的美女，沒有乔背的個小鳥依人似的閨秀，而正是德國人所最愛的。濮柏勞女士 (Helene Böhlau) 所描寫的，這女子是以一雙天眞的驚奇眼光以接觸這個世界，而又安排一種泰然的工夫以處之，因爲有成千的遊俠騎士正在死命的去尋求她，要爲她——她們造幸福呢。

但是，那時的德國女子是否都是這個樣子呢？當然不是的。就事實而公正論之，心智較高與氣質較大的女子早已邁步猛進到這類貧血式的和玩偶似的婦女之前，而且把她們已遮蔽得落在晦暗裏去了。以小說裏的女主角言之，她們已被遺棄在德國的通俗圖書館裏的破書架上，飽受炎涼之苦；譯成他國文字的，除非像英國維司特夫人（Mrs. Caspar Wister）之類，別人似乎很少過問。

現在我們來討論第二派，便是那有所爲而作的女作家（Tendenzschriftstellerei），這是首先値得注意的。誠然，在這派剛剛出頭露面的女作家中，能運用高妙的文章技巧，能集中全力以抓住人性之眞諦，同時就把自己也表現在裏面，以渾成其偉大，確是極其少數；然而已經表現出一些非同尋常的才力而抱着一種進攻的氣勢者，却也很多。就大體言之，絕非過度的誇張，我們可以說凡在德國文學上有顯著地位的女子，差不多都是懷着一種改革的心意以從事寫作。而且她們所選定的努力去處，大多數都是婦女的問題，幾乎沒有例外。當然，這些生氣勃勃的革新者踏上前線之時，大半都在社會不安定的期間，又正是小說界變成激烈的社會鬥爭的舞台的時候。在這類時期中，執着筆桿兒的女衛士們是設心處慮，要在藉力文藝的掩護之下從混亂之中爭取一點新鮮的婦女自由。由此可知，甚至浪漫主義的女流徒黨也不贊成政治的與宗教的保守主義，蓋卽爲此。例如，阿內姆・貝蒂娜（Bettina von Arnim, 1785—1859）就是個富於情感的女子，發揮出好多特殊浪漫的過度激情，她的詩才在浪漫派的偉大運動中，也頗形出色，她那一部虛構有餘的歌德和一個孩子的通信，實不愧爲德國浪漫主義中的一部精美之作。但是在政治和宗教方面，她有很多見地却完全與一八三〇年興起的"少年德意志"派相吻合。她的王者之書（Dies Buch gehört dem König）是一個大胆的宣言，以顯明的態度將施雷仙（Schlesien）的織工們之困苦情況喚起大家的注意；且大事非難官僚政治的欺害百姓，多少無端而生的人類痛苦皆歸之(一)。

少年德意志的活躍時期，是自巴黎七月革命（一八三〇）到德國革命發生（一八四八）爲止。這重大的社會勢力加入了這派作家的戰鬪，對保守主義的

(一) 關於施雷仙的織工們一事，後來在豪普德曼（Gerhart Hauptmann）的著名劇本織工們（Die Weber）裏有極悲慘的描寫，其時已在十九世紀之末，回顧阿內姆之書，已相去有數十年矣。此書有中文譯本。

堡壘極力攻擊，而使婦女的"解放"(Emanzipation)呼聲增加了實際的重要性。這羣德國的少年派接受了法國的社會主義者的學說，厮熟了聖西門(St. Simon)與喬治桑(George Sand)的著作，這些都已對男女的社會關係放射了一道新的光明，於是她們首先提出的便是"婚姻自由"的大胆要求。這裏所謂婚姻自由，是指脫離宗教儀式之一般社會的婚姻而言，和中國脫離家庭束縛的婚姻自由不同。這種呼聲在少年德意志的一切女流作品中鼓動得如潮起雲湧，成了一種衆音齊鳴的氣勢，自雷發爾德女士(Fanny Lewald, 1811—1889)之清明而穩健的論調，一直到擁護自由戀愛者之輕率有餘的樂觀見解，皆是也。不久，所謂自由婚姻的學說與制度乃漸爲人所懷疑，於是所謂"解放"，本是婦女叛動最終目的的標語，而其義意爲極端派所翻新，意使急進者流亦爲之嚇退。所以將近十九世紀之中葉，即所謂民主政治之世，個性之說興起，使最狂野的無政府主義在一個重新再造的謀略中滋蔓而出，是爲集合主義派。這種現象，頗易使人想到社會主義與個人主義歸根結底是從同一個基本衝動中所發出的，二者理想之極盡頭處是可以相會合的。

當時，狂熱的解放主義者之毫無拘束的空思妄想，頗使眼光較爲清楚的領袖們抱着有理性的目的，而淡薄了對她們的同情，這也是時代的關係使然。然而今日之前進的女子，若試一研究這少年德意志對於婦女的貢獻及其所產生之文學，必不禁爲之驚奇而嘆服，因爲她們對於治療社會病症的藥方，直到今日也可以說是不失時效的。例如步洛女士(Julie Burow)就主張每個女子都要採取一種職業，以謀物質的獨立。鄂託女士(Luise Otto)於一八五五年首創德國婦女總聯合會(Allgemeiner Deutscher Frauenverein)，她竟主張在勞工協會有各級女工的組織。這些說法在當時看起來是太理想，然而後來都步步走上實現的路，在今日所謂婦女解放，在歐洲已成了一個歷史上的名詞了。

我們試將革命時期與革命以後時期的新派小說，就其社會哲學中之諸大潛流，約略分爲三類，一曰集合主義派，二曰個人主義派，三曰反對派；在這第三派中可以將所有與前二派不相諜合的作品皆歸之，其反動有原於自信者，有原於慣性與漠視者。這種分法自然是很粗草的，其中還有旁的須加精辨之處，下文將分別解釋，此不過爲便於敍述起見，姑如此略省其眉目耳。

少年德意志派裏主要勢力的差別，大可以韓韓伯爵夫人 (Ida Hahn-Hahn) 與雷發爾德女士 (Fanny Lewald) 二人爲兩個最好的例證。她們的生平皆自十九世紀之初達於德國新時代的開始。雷發爾德女士生於一八一一，卒於一八八九。韓韓伯爵夫人生於一八〇五，卒於一八八〇，在發展她的文名上看來，委實是太晚了。她有一種極其偏執的氣質，在她青年的時候，論者常說她是拜倫式的 (Byronesque)。她兒童時代的經歷，婚姻的不幸，對天主教的信仰轉變，在尼姑院裏的短期修行，以及其他浪漫的事迹，都表明出她個人一生的境遇是和她那些小說裏的女主角的命運緊密相聯着，所以韓韓的小說總集大可視爲她的一部連續的自傳。從她的第一部著作社會之邦，(Aus der Gesellschaft, 一八三八年出版）開始，她就選定了德國的上流生活爲她性情相近的文章發展之地，而以對讀者極力寫進光耀燦爛的浮華世界，遂使她一舉而得到了普遍的歡迎。我們試讀韓韓的小說，就不禁要覺得我們是屬於可憐的小民一般 (Misera plebs)。好像我們買了一張入場劵，只許坐在最賤的高樓座位上，而以小民的娛樂心境，放開眼線以瞰望那令人目眩的集會。而且似乎要教你知道你的信賴決不會有錯，這高貴的伯爵夫人親自立在門口，審查所有的入場人物，檢閱個個人的身分地位。除非來者至少是一位男爵，進場是穿着騎兵制服或宮庭裝束，在她面前是不能認爲及格的。至如普通平民，則只限於有天才之絕對證據者，纔准入場，而天才由韓韓之意度之，似乎是由於一種無限的擴大力所造成，天才者的靈魂是能無所不容的，無所不至的。凡是平凡的事物，自表至裏，這位伯爵夫人都一律表示堅決的厭棄。在她小說裏的人物無非是"風雅君子"與"窈窕淑媛"，都往來活動於跳舞廳與深閨閤之間，以此爲人世生存的天然軸心。而很奇怪的是，在這種着色加香的禮儀世界裏，却有最驚人的不循習慣的事件不斷的發生，作者韓韓伯爵夫人便耽溺於這些靈魂的悲劇之中，因為她正是了解她們的人。到今日，由我們看來，她所描寫的那些人物，老在心神爭鬥的不得安定之中，就和一羣魚似的，老在釣鈎上掙扎着，悶燥着，我們對於這般可憐虫却發生不出真正的人生同情。然而，在她的著作裏雖然有些顯明的奇僻，而且因為缺乏較高的技巧，其奇僻處尤為刺眼，而確有一種引人入迷的魔力，就在這魔力裏，這位歇斯特里性的女作家在那一切華麗的裝飾之中表露出她的病態的主觀性，而令人驚奇不置。不用別的，就以她這種坦白無諱而言，也就是够新的了。海涅曾說，德國的女著作家只有一隻眼睛放在她的稿紙上，因為那一隻眼睛是釘在一個男人身上的。這個話已經成了後來立論者的根據，似乎已成為定論，然而這種批評却不能用在韓韓伯爵夫人身上，至少她得是一個例外。她的小說裏那些女主角全然是韓韓自己的寫照：噴湧似的熱誠者，疑心而反覆的戀愛者，狂烈的信仰者。她們都沈溺在情感衝突的深海裏，而韓韓給她們每個人建了一座墓碑，刻着一行碑銘，道：「天才為之」。這裏，在近代的讀者，必對天才加以辯護，而將罪惡加在氣質的不良衝動上。例如有一位女主角浮士丁奈（Faustine）的命運，便是作者本人一副最真實的映像，她把一顆血心從她的第一個愛人的摟抱中脫出，接着從這個人手裏傳到那個手裏，變個不休，最後好像要服一次安眠劑，懷着那顆心隱到女修道院裏去了。她的人生哲學是容納在這樣一段機警的名言裏：「愛，就一心專情於一個單獨的對象，但是為甚麼那個對象就該老是一樣的，而不變呢？」這種哲學也許是太任性了，是有毒的，然而誰知道呢？

韓韓伯爵夫人以其強烈之個人主義的傾向，預兆了後來文學中所謂“上流道德”(Herrenmoral)之流行(二)。換言之，她是少年德意志派——如著名的谷次

(二)“上流道德”之相對名詞為“民衆道德”(Herdenmoral)，這都是尼采哲學中的些巧立的名稱。

科(三) (Karl Ferdinand Gutzkow) 與勞伯 (Heinrich Laube) 是——所力爭的"解放"的個預言者。但是這種擴大的自由却不是貢獻給尋常才能的男女，如尼采所謂之"大多數" (Vielzuvielen)，而是為異常之人所專有的一種特權，這種人由尼采與士替湼 (Max Stirner) 的術語言之，即"無匹者" (der Einzige) 或"特別人" (der Eigene) 的便是。惟有這種異常而特別的人方有偉大的個性，而照例總是一個貴族之張，此即韓韓個人之論調也。

和貴族式的自我主義的這種過度强調相對峙者，即雷發爾德女士之平等的利他主義是也。她是個中流社會的人物，以其穩重之質性表現出她的絕不浪漫而微帶乏趣之作風，而這種質性却使她在婦女運動 (Frauenbewegung) 之中成了一種有力的教育因素。她的主張中之原動力不是一種火性的氣調，而是冷靜的邏輯。她是清明而一定的，總是有節制而嚴守公平的，所以她所主張的改革是在合理的範圍以內的。她所想到的那些問題和韓韓夫人是一樣的，而以較大的公正與深沈以處之。和她同時的人將天才免除於一般道德之外的那種傾向，雷發爾德女士是對此抱着非常反對的態度。她以極其公平而沈着的精神，研究紛紛討論的婚姻問題，她最早的一部小說一個人生的問題 (Eine Lebensfrage，一八四五年出版)，便是以最明直的文藝筆力以辯護離婚之主張，遂博得普遍之注意與尊崇。在初期的"新婦女"戰士之中，雷發爾德女士當佔第一席的榮譽地位。她為婦女進步的成功而作的實際活動，和她的文藝工作是完全協和而一致的。

不過，韓韓夫人與雷發爾德女士雖然在態度上不相為謀，而合起來都算是德國女子的革新派。這革新派所抱的目的對於虔敬的基督新教信女善男，却不啻是一個震天雷，把他們嚇住了。例如那圖秀女士 (Marie Nathusius)，就整個是位保守的正教派的女作家，像她的一位可憐閨秀的日記 (Tagebuch eines armen Fräuleins，一八五三年出版) 之類，此等精巧的"向內心"的發揮，完全是表現

(三) 谷次科（一八一一——一八七八），德國小說家及詩人。勞伯（一八〇六——一八八四），德國小說家及戲曲家。士替湼（一八〇六——一八五六），德國個人主義派之著作家，其真名為施米特 (Kaspar Schmidt)。

那謙遜的服從精神，這種精神是置世界大事於不顧，而埋頭相信她們在天佑的掌心裏是够足安全，可無他求的。

至如在天主教方面，對於少年德意志運動的看法，似乎尤爲熱心，像多斯特許侯（Annette von Droste-Hülshoff，一七九七——一八四八），就是這方面一位最好的代表。 在她的一班同輩之中，她算是個很出色的作家，而且有些批評家認爲她在德國女詩人中也可以坐頭一把交椅。 多斯特的眞本實力並不在擁護她的傳統理想，並以喬治桑爲首敵，反之，她的文章旨趣是起於迷信的拘滯和宗教的神秘，有些遮蔽了她的藝術的清純，她是缺乏遠大的眼光。 不過這種短處在她的小說裏却得到相當的彌補，即有一種堅固的眞實與觀察的細密，爲一時所罕見。 這兩種力量竟使維斯特法輪（Westfalen）的"紅土"生出的這個女兒成就了"地域藝術"上一個偉大的代表。 而多斯特的更偉大處還在她的抒情詩，是硬直的性格力與柔敏的悟解力之一種美妙的混合，表出一種奇絕的天然知覺，最善表現自然界中最平庸的物性。 遠處她看不見，近處她却比誰都看得眞切，轟隆的雷她聽不見，唧唧的虫聲她却能辨別其音調的細微之末。 喬治桑從大處放開視線，她却專自極小處著筆，就這一點就見出她們倆的根本不同之處。 她有這種特具的敏感，所以對於自然界的描寫能爲讀者引起些新奇經驗，她似乎可以稱爲一位早期的印象派者，爲後來此派如鄧南遮（Gabriele d'Annunzio）（四）之輩的前驅。

此外，還有一位有力的抒情女詩人，也是反對參加女子的社會活動，名帕奥利（Betty Paoli，一八一五——一八九四），爲維也納人。 她的詩所表露出的原動力比較多斯特尤爲坦白，她是個唯愛論者，而又似乎能自圓其說。 在她的詩中，充滿了強烈而頗有反省力的戀情，却不贊成一切女性的野心；女子惟一幸福的機會只能於愛情中尋得之，而且是一種自卑的愛情。 天然之力這樣的安排

（四） 鄧南遮（一八六三——一九三八），爲義大利晚近之著名詩人，小說家，劇本作家，也是軍人。

定了她的命運，不能越出一步，同時又給與她一種樂而自得的屈己從人之力，遠非粗獷男性之所能及。 這和中國情種大家所謂女子是水作的男子是土作的，剛柔相濟，意味差不多可以暗合。

這三派作家都是莊嚴的態度，已約略表過，現在轉而略加討論十九世紀中兩位最多產的女作家。 她們對於倫理意旨的問題表示一種穩靜安詳的態度，抱着所謂斯多亞式的淡泊主義 (Stoizismus)，惟一的秘訣就是無感無動的漠不關心。

第一是睦爾巴哈女士 (Luise Mühlbach，一八一四——一八七三)，她是完全立於少年德意志派勝敗之局以外，雖然她嫁的一個人正是這一派的個重要分子。 在十九世紀之末歷史傳奇式的小說瘋狂一時之前，一個作家的時髦名過其實如睦爾巴哈女士者，可謂絕無而僅有。 她確乎不是沒有相當的才力，無奈她竟全然缺乏藝術的恒心，讓她那一枝不顧好歹的輕便之筆隨着她的文思無所不至。 但是這位毫無拘束的女文匠却在知識階級之中擁有一羣很忠實的讀者，因爲在一八四八的革命之後，歷史的遺事奇聞流傳了好久，而她的小說正完全迎合了這種淺薄的趣味。 誠然，她書裏的些人物都和歷史上的本人略微有些相似，就和莎士比亞的一齣戲裏那些無聲的排隊人似的，和他們所扮的人物是有些相似，可是只是戴着他們的假面穿着他們的衣裳，整隊而行而已。 睦爾巴哈在歷史傳奇小說中第一次稀有的成功，是腓特烈大帝與其宮庭（一八五四年出版），是一部共有十三卷的冗長小說。 自那以後，聲名日見廣播，她平均每年要出十三部書。 近代歷史的全部都被她踏遍，以爲別作饒舌的資料。 自十八世紀到十九世紀的腓特烈三世 (Friedrich III) 爲止，所有著名的人物未被睦爾巴哈所宰割，以供她文藝製造所之用者，幾乎沒有。 她藉着她的眞名子"蒙特教授夫人" (Frau Professor Mundt)，以第一號廚娘與節儉持家婆兩個頭銜享盛名於柏林，她的家庭經濟也居然伸張到她的文藝工作裏去，不得不算是能手。 直到死時，纔把筆擱下，享年六十歲整，有限的供應到此算是竭盡無餘了。 到她晚年的時候，她竟不得不把昔日受人歡迎的舊作，改頭換面，重新再出，此眞所謂換湯不換藥，亦無聊之極矣。

正是禍不單行，在德國小說界裏有個陸爾巴哈，在戲劇裏就出了個比喜費佛爾（Charlotte Birch-Pfeiffer，一八〇〇——一八六八）。以眞正的劇本作家而論，這位女士是缺乏那從頭到尾的一個必要的條件，即握住性格之力是也；然而她却知道怎樣造出一個使人感動的角色。她不能創出一個劇情，但是她却有很大的組織技巧，能湊出一種賤價的貨色，有完全的把握能在舞台上使觀衆喝采，而且能絕對的支配着觀衆的面容和淚管，教他們哭就哭，教他們笑就笑。她的劇本一色都是滴流出最容易動人的情感。她這個買賣在當時很發達，比仿比喜費佛爾女士若處在今日，她那樣的寫法，大可以實行專賣，來個演戲的托拉斯，因爲她所能見到的每種流行的小說，她都把來改編成劇本了。英法作家，如迭更司（Charles Dickens），布琅的（Brontë），囂俄（Victor Hugo），喬治桑（George Sand），部爾衛（Bulwer），愛略脫（George Eliot），及本國小說家如奧爾巴和（Berthold Auerbach），斯皮得勒（Spindler），舒京（Schücking），都不分青紅皂白的改編一番，搬到舞台上去，算起來，也不知有多少呢。

總看起來，在浪漫時期，少年德意志時期，以及緊接其後的時期，德國委實產生了些著名的女作家，尤其是女小說家，已如上述。然而這些小說似乎沒能得到文學史家的一致推重。因爲很明顯的她們一方面是從粗暴的男性心懷中學來的那種激動之氣，而主要的在着販旁人的理想，售於悟性遲鈍的讀衆，大半對於美感的原則沒有多少尊重。但是有一個重要的變動却是由這種小說裏的女權主義的勢力作出來的。這變動是甚麼呢？便是興趣中心的日漸改變，從注意書中的男主角變到注意女主角，是也。女子的所謂"過分的"要求旣然每每在物質世界中被拒絕，於是便把牠們轉送到小說世界裏。於是女子寫的，女子讀的，以女子爲主要角色的小說，只管沒有甚麼偉大藝術的意義，却爲這一時期女子的願望留下一個財產的目錄。又因性格觀察之力日增與心理搜索之興味日高，給這一類書多加一重很大的收穫。慢慢的便看出來，女子的道德機構的最好評判者就是女子自己，而且這種認識和後來分析的技巧相結合的時候，更可以最後斷定，惟有在這種情形之下，當時的德國女作家纔能夠握住女子的十足生活呢。

正和這"有所為而作"的小說相對照着的，便是一大堆只為娛樂的小說，其性質前文已略述及。在全十九世紀之中，這種小說的出產大半受"求與供"的商業律所支配，到了這世紀之中葉，這種小說的寫作確實已成了女子"才智"的野心之一條出路，於是遂看做一種可教可學的生意。大家的鑑賞趣味已入於一種舒適的死板同樣，自此以後，小說匠有多少生意的成就，也就等於有多少才能的表示。小說林中充斥了永久而方便的居住者。有志願的女作家只需把着一顆樹一搖，立刻就紛紛落下來所需要的男爵，軍官，教授，藝術家之類，附屬的些人物也同樣的隨着落下來，現成的，又好又新，甚至情節和詞藻也都給預備好了。有幾種家庭雜誌，其中以園亭 (Gartenlaube) 與陸上與海上 (Über Land und Meer) 二種為"一般讀者"認為特有最高的水準，藉此那些因襲的小說和因襲的抒情詩很有勢力的佔着十九世紀後半期之前部，樣子是可憐的千篇一律。至如說到"傾向"，這類消閒式的小說並非完全沒有，而且可以說完全和當時一般思想的傾向是相符而行的。這類作品的大部分都表露一種溫和而冲淡的自由主義。少年德意志風行起來的那種奮力的激動，自於一八四八德國革命之難大受重創，已落於風流雲散，其崩毀之餘所留下的殘堆碎片及平平靜靜的漂流於消閒小說的淺水之上。在這一輩作家，是承認女子應當爭取自由，但是這個自由的範圍與程度是一個爭辯的問題。例如有一個提出的問題，便是女子是適宜於一些甚麼職務呢？那時她們以為藝術和女子有接近的意義，如希勒恩女士 (Wilhelmine von Hillern，生於一八三六年，卽比喜費佛爾之女) 的論斷，就以為科學樹上所生長的花冠女子是達不到的，但是她却可以從藝術樹上勇敢的採到她的花冠，好像達於藝術的卓越比科學的出色較為容易似的。女子小說家的

"自由主義"在她們對各種偏見的不斷的攻擊中已表示出來，但是她們所選擇加以攻擊的那些偏見不外兩種，一種是已經失勢而過時的，一種是攻擊之可以確保勝利的，而且照例她們存心是和平的，沒有戰意的。在十九世紀前半期中的純粹消閒式的小說，這裏可以不必一一加以論列，因為自一八四八德國革命到一八七〇普法戰役之間的這個時期，睦爾巴哈女士就是這派作家的個很好的代表，雖然她自以為是站在"歷史"小說家的地位，實則似是而非，這個前文已談過了。

在一八七五年前後，德國女作家中有一位標準人物，便是馬利特女士（E. Marlitt，她的眞名是約翰幼琴 Eugenie John）。她的小說頗流行一時，她所抱的主意是將優雅的樂趣與平易的勸善合而為一，設法贏得自由派的喝采而又不失去保守派的贊許，可算一個妙訣。如金埃西（Gold Ilse），基雪拉伯爵夫人（Reichsgräfin Gisela），在商務官家裏（Im Hause des Kommerzienrats），老姑娘的秘密（Das Geheimnis der alten Mamsell），繼娶的太太（Die zweite Frau），荒野公主（Das Heideprinzesschen），及其他說部確有消愁解悶之功，且有很多美妙可愛之處。馬利特誠可稱之謂一位"有成就"的作家。她的筆鋒頗好，有說故事的天賦，滔滔的流暢，娓娓而動聽；她的品德也頗情趣可人；她有一種妙訣，對於沒法解決的問題可以敏捷而適當的作出自然的解決；而最大的長處是永遠忘不了體貌。這都是好的方面，至於缺點自然也有，雖然由老實的讀者看來，不過是些未臻於完美的些小疵而已。在她的故事中，有一種和機器做出似的一式的情節，和一種反乎常識之不必要的苛刻偏見。常識在她的小說中有時不得不作情節之因素，然而往往和一般的推定相左，變成一種不調協的東西。誠然，常識大半是習慣造成的，禁不住至理的衡量，因此馬利特便把牠視為無足輕重，而將人事的主動之力交給了大度的人心作主張，輔助高尚的人心為一切好人的無敵引力。堅強意志的奮鬥是勝利的不二法門，好心的不停活動是馬利特小說裏"個人引力說"的基本。這個妙訣一經發現，於是模仿者如蛾之赴燈，轉相傳播，幾徧於全世界，可惜她們學得的是那巧技，失去的却是那優美呢。這一流的女作家很多，正可謂不勝枚舉，惟獨其中有一位應該特別提到，即維爾納女士(E. Werner)。她用一般的法子採取了馬利特的上色的法子，彩色很美，但是她竟能青出於藍，幾乎獨成一家，因爲她有較廣的眼界，熱切的覺悟，和一種銳利的批評本領。她書中的主角不限於那因襲的一羣貨色，反而趨附於一些不相配合的獨個人物，甚至把一個奇僻怪形的極稀見的人物來作一個英雄，這是她和她的老師大不相同之處。同時像維爾納這樣有高手的技巧和健捷的筆工，而却稱不起是偉大作家者，尚大有人在，玆略舉其名，聊作鴻爪之留痕而已，如：賴門特(Golo Raimund)，斐爾司(Egon Fels)，丁克拉格(Emmy von Dincklage)，格律默(Claire von Glümer)，雍漢斯(Sophie Junghans)，永刻爾(Emilie Junker)，皆以各別的敏才或輕快的風格，爲一時所讚美之女小說家，而今已如落花逝水，湮沒無聞矣。

這些七十年代的女作家對於眞正文學的修養，就算沒留下一部有永久價值的著作，有之，則似乎當推樊絲綺女士(Luise von François)的最後的萊根堡女人(Die letzte Reckenburgerin)。此書以驚人的寫實之筆將十八世紀之末與十九世紀之初的教養實情描出一幅畫圖。雖然也有牠的些缺點，例如說教之處太多，又缺乏女流小說最普遍的眼光，然而在德國小說裏總居一個頗高的地位，不僅因爲比一般小說的標準爲高，而且有牠自己的眞正價值，這眞正的價值就在於牠是從一種有才調有毅力而又有溫柔有慈悲的心腸裏產生出來的。

其次，梅仙步女士(Madwida von Meysenbug)的文學性格裏也表露出和樊絲綺同樣高貴的才力。她有三卷雜記的集子，充滿了深刻的人情眞趣，是人類精神的紀錄，在人生之中佔着一方面的境界，和這個時代的精神大師如瓦格納(Richard Wagner)尼采(Friedrich Nietzsche)之流是密合一氣的。梅仙步和樊絲綺同屬於有高深學識的一派女作家，而各人表出她獨自的來歷，不相依附，因爲由她們看來，值得努力的惟一目標和她們的目光之所注視者，只有一件東西，便是人性理想方面之豐富發展是也。

再其次，是厄布內艾偵巴哈 (Marie von Ebner-Eschenbach) 的作品，也是理想方面的，而含着一種教育式的目的。 她本是屬於老派的文人，到這時歲數已很高了，不與時流相浮沉的，然而對於這一代的女作家們却造下一種很大的影響。 在這新時代未來臨之前，她已享過美名的，但是自從馬利特女士的風靡一時的淺薄一經衰微，而厄布內艾偵巴哈的入人已深的情感復受歡迎，如陰雲吹過，復見天日。 她在這時已被一部分批評家視爲德國第一流的小說家，而一般讀者也承認她是世界上最好的短篇小說作者之一。

馬利特和她的模仿者們本以她們的所謂"理想"，而得到衆人的讚許，而厄布內艾偵巴哈也是一個理想家，不過是更切於實質的一種。 她是很認眞的，而絕不放蕩於她力所不逮的哲學問題之中。 她有批評自己的天才，並有擺脫偏見的識力，這是在貴族中人之所難得者，她本是奧國一個伯爵之家的出身呢。天生的仁慈德性和大度的智慧修養是她作品中的思想與品性之主要成分。 在她的小說中，每一個人物都隨他用自己的新法子對於擔任生活之路的問題去盡力去奮鬥，但是命運的路程却不因畏縮那不幸的結局而離失了一定的方向。 作者的指示只是告訴我們，事情的成果總是證明更高的道德之理，這是一定的。 因爲她是堅確的主張希臘和歌德一派的德性理想，這種哲學的中庸性正好解釋了她那一句警語的意義，即：Gutsein ist Glück 是也。 這種格調當然不能爲批評家所一律滿意，不過她的缺點不全在此，最大者還在藝術方面，文章顯着有些倔強之氣，就不免失之於粗笨。 所以按着一個作家的最高境界看起來，厄布內艾偵巴哈缺乏兩種要素：一爲高深的美感，二爲更大的調和。 若以她的堅強的個性而論，自然總不失爲德國文學上一個傑出的角色了。

總之，樊綠綺，梅仙步，和厄布內艾偵巴哈，這三位女作家雖然各人都得到她們在思想上和教育上的相當價值，而對當時的婦女運動却沒有甚麼特別注意。這個運動，前文業已說過，曾在十九世紀之中葉搖動起多少女子的心懷，已入得很深，後來在娛樂小說盛行期中，一度落退，而到十九世紀之末年，又如波浪之再湧，翻成澎湃莫禦之勢。這三位女作家的生平和作品正是反映歌德時代熾盛過的豐富燦爛文化，留下的一道灰色餘光，儘管豐姿美好，終究是過時的口味了。和她們可以打成一氣的，還該提及一個人，即羅馬尼亞的皇后卡門息爾發(Carmen Sylva)是也。她是兼有厄布內艾愼巴哈和梅仙步的成熟涵養，復加以新派的更新成分。她作品裏所反映的境界，比起厄布內艾愼巴哈來，範圍尤廣。她模仿約旦(Wilhelm Jordan)(五)的成法，大胆的把近代科學的原理取作了她作品裏的知識材料。又於熱心研究社會和宗教問題之後，她那堅定而絕非固執的樂觀主義竟立在一種篤信自然進化的高高水準上。

自此以後，又是一個新時期的開始，便是自一八七〇年之後到十九世紀之末，一直達到二十世紀之初。但是還有個過渡時期，其間有幾位女作家都是在青年時的氣勢甚壯，而後來却沒有甚麼大成就，正是應了"繼往開來"的一句話。她們的要點就是引進藝術歇斯特里質的崇拜。

基利坦(Ada Christen)，舒賓(Ossip Schubin)，楊尼舍(Maria Janitschek)，這三位女子都是奧地利人。她們雖然沒有沾染那享樂派的閒散而樂觀的氣味，可是大體上她們的人生觀又十分的憂鬱，和那極度的悲觀派，正相投合。三人中以基利坦爲最年長，而憂鬱的基本調子在她的作品裏也最爲眞純。她和卡門息爾發的年紀相同，而追從着她的却是更年青的些女作家，因爲她和她們比較相投合些，皇后反而有些差事，文章之得人心，往往如是。她的詩歌都富於深激的情緒，有很多點使人不禁想起帕奥利來，只是基利坦的自我表露來得更加澈底，她的詩是毫無隱蔽，毫無假裝之處。這種坦白無私的調子從她的 Lieder einer Verlorenen 詩裏發出，接着傳到馬德倫女士(Marie Madeleine)的凱浦路斯島上(Auf Kypros)，和賈林庫比女士(Else Galen-Gube)的懺情錄之作。

(五) 約旦(一八一九——一九〇三)，德國哲理派詩人，近人黎普德曼幼時及斯匹特勃(Carl Spittoler)均曾受其影響，而皆不成。

女性自身隱藏的秘密，向來嚴封固緘，到基利坦手裏可算暴露無餘了。　她之所以打在"新派作家"之林，還不僅由於她這種毫無拘束的自我成分；並且更因爲她以悲慘的自然主義描寫無產階級的境地，這在她的詩歌和小說裏同可證實。此外，著名的那維也納式的幽默，她也毫沒失掉，她有幾篇寫維也納生活的故事，親切而和藹，是眞正的玲瓏妙品，如眞的維也納兒童 (Echte Wiener)，寫華爾茲大王史陶斯 (Strauss) 對作家的母親之孩子氣的迷戀故事，是也。基利坦能完全體會維也納生活之機敏而生動的新鮮之氣，但是她却握着一樁事實，便是在維也納生活的藝術的放任之根底下，却是淺薄的俗流沈淪。　在她的幾篇滿含憂鬱的小說裏，明白表示出這等人的本地色彩的歡樂，是爲陰沈的悲哀所滿佈，而且終爲絕望所撲滅。

舒賓女士的最早期的作品，風頭很健，滿含着有偉大成就的希望。　有一種雖未經修養而氣勢很壯的天眞文才，有一種非同尋常的銳氣，有一種機敏的觀察力，對上流社會和平民生活兩方面同有一種眞知灼見的識力，而她自己却又是這兩等階級以外的個人，一個年輕輕兒的女子能有這樣的才調，委實不可多得。她從十六歲就開始她的文藝活動，一鳴驚人，步步出色，深爲喬治桑和杜介涅甫 (Ivan Turgenieff) 等名家所讚許，視爲德國文學上一顆小明星。　但是日遷月異，聲望既著，她反而有了自信心，不往藝術完整的路上走，使人覺着她和過去韓韓夫人的情形有些差不多。　在觀察人生和個人意識上都日趨淺狹，而沾染了些隨俗投時的習氣。　雖然她最初動手寫作的時候，很是趨向於寫實主義，而由後來觀之，在自然派的傾向上她是沒有份兒的；又雖然在昔日女流小說中所禁口不談的些題目，她都暢言不諱，而對於當時青年女作家所達到的言論自由的程度，她却握不着要點，也就沒有和她們打成一片的耐性。　所以舒賓女士是一個早熟而無大成就的角色，她的文藝生涯正是頭重脚輕之勢，所謂花發春三月而已。

楊尼舍女士是在十九世紀的八十年代之初大露頭角，優秀於羣倫，爲"最新派"的最早典型人物之一。她的主要特徵是一種"惟情主義"，而爲"土與火"之奇妙混合。在一方面，她狂醉於最猥褻的愛慾問題，而以塵世濁氣的態度以發洩之。而在另一方面，她又是象徵主義的個熱誠崇拜者，酷嗜一切深奧之玄理。這兩個方面，——則爲極端之現實，一則爲無窮之虛渺，而聚於一人之身，其來由委實令人莫測。她又和當時很多其他的德國作家一樣，也是十九世紀最高神秘論中的個女道士，這神秘學說便是尼采所創出來的"超人"（Übermensch）之說是也。

舒賓和楊尼舍二人的徒黨是無數的，但是在德國之外，則很少聽到她們的名子，惟有普蕊深（Hermione von Preuschen）也許有人知道，因爲她的繪畫也很出名，曾參加過外國的展覽會，她的文章多含着女子風流的神秘味兒，和她的畫有同樣的風格。還有應該附帶提及的，便是在當時的德國新派女子小說中，有一種和時流大不相同的，卽原有女性作品中的那種溫柔貞淑的品質，還保存着一部分。如魏德穆女士（Ottilie Wildermuth）和波爾科女士（Elise Polko）一派的作品，都是歷史的風味配着甜美的靈魂，是教會學校裏聖誕樹周圍的些安詳嫻靜的女學生的寫照，已非當時新女作家的特色了。新女作家是衝開處女的閨範，以坦白無諱爲主，甚至越出女子本身的地位，僅不至達於殘忍的境地而已。

上文將十九世紀裏的德國女作家分爲甚麼娛樂派，有所爲而作派，及革命時期前後之分爲集合主義派，個人主義派，二者之反動派，這些個派別的名稱實際都不能解釋作家們的眞正區別，不能定爲文學史上的批評術語，不過藉着這種分類，把幾個時期的重要作家粗粗的理出個眉目，解說起來，似乎可以有個頭緒，其中可以做代表的人物和可以做代表的作品，以及前後轉變或因襲的痕跡，可以大略得一個印象，而不至去題太遠而已。德國之有婦女文學，是自革命思想中所發生的婦女解放運動爲始，自婦女解放運動中生出女子對政治對社會對女子本身的地位種種的新意識與新活動，於是產生了"少年德意志"動向中的新女作家，在文學中作出她們的熱情表現，和理想追求。這完全是時代的產物，雖然其中照例不免有些派別的蕪雜和新舊的摩擦，然而終是十九世紀裏德國女子文學中的一個主要潮流，而且由澎湃而澄清，日漸達於思想的深刻與藝術之成熟，是毫無問題的。　所以我們順着這個進展的痕跡往下看去，經過上文所說的那個短短的過渡時期之後，便揭開和二十世紀相接合的一個簇新的花開果熟的季候。到此，所謂"女作家"似乎已成了一個過去的名詞，這時已無分作家之男女，共同威風的支持着德國的文壇。

這一時期的第一批女作家大半都生於一八六〇與一八七〇年之間，她們在文壇上的地位是屬於豪普德曼與德姆爾 (Richard Dehmel)(六) 之間那個興盛的文風一羣。　這一羣文人是不受政黨的拘束，而以他們的中產階級的仁愛觀和社會的團結一致主義以自豪，即所謂"重視人道" (im Menschlichen stark) 是也。　這般女作家的態度自然是出來替她們女性說話的，而只缺着豪放的天性，既不站在社會之外，也不屬於大衆階級之內，反之，她們是度着一種受庇護的中產階級生活，却又不想再在這庇蔭之下生活下去，正和近十年來大多數的中國新女作家的情形差不多。　這其中有兩位代表的人物，一位是陸特爾女士 (Gabriele Reuter) 以身出名門 (Aus guter Familie) 一書得名，且因此書乃公認她是婦女運動中的一位最先的領袖。　這書所描寫的是暴露十九世紀最後十餘年中的那些閨閣女兒的情形，她們是生活在舊家庭的保護之下，往往是莫明其妙的安然淑靜，而忽然覺出女子在緘默之中所忍受的痛苦，而引動了她們要尋求自由和責任之心，而於是婦女問題以起。　故事的主角是海僂令小姐 (Agathe Heidling)，是一位官吏的女兒，官家小姐無非爲長成嫁人，只因婚事不成，她鬧了一場，便排上自己的個性和理由闖進一種無目的的生活裏去了。　其次，在布格林夫人和她的兒子們 (Frau Bürgelin und ihre Söhne) 一書裏，著者描寫舊式母道之落於悲哀，因爲她以舊式的頭腦教養新式的兒輩，業已不能勝任，而她依然堅持做母親的威權，結果激起兒子們的叛逆，那悲哀是不可免的。　其後，陸特爾女士乘勢又寫到新

（六）　德姆爾（一八六三——一九二〇），德國社會派詩人，在上次歐戰以前著名於時。

女性運動進展中的各方面，但是她再也不能抓到她最初幾部著作中的爲婦女解放的熱情，所以都未得成功。

其次，爲柏勞女士（Helene Böhlau），她出身於書賈之家，久居於威瑪（Weimar），所以柏勞早期的作品很受歌德思想的薰染，後來則轉趨於尼采。她的第一部得名之作是一位參議員之女的故事（Ratsmädelgeschichten），專記述歌德的故居與其傳說，連那最會做蘋菓湯的老廚子都寫到了。她投身於女性叛逆中的作品，是半禽獸（Halbtier）與母親的權利（Das Recht der Mutter）二書，立刻變成痛哭和吶喊之聲，然而這並不是她的最好的作品。她的文藝工作有一種雙重的動力，一方面是由於傳統的影響，另一方面由於解放的熱望；而這兩種趨向却要共同存在而互爲表現，存在於心平氣和的短篇小說中與殺氣騰騰的長篇小說中，似乎不相爲謀。然而她的才能的這兩個方面居然合而爲一，產生了柏勞的一部眞正藝術之作，火車站的側軌（Der Rangierbahnhof）。此書於一八九六年出版，語調依然是悲悽的，但却是純粹的白描之作，是有永久的價値，因爲書裏沒提倡甚麼一定的主張，不因時過境遷而失其眞質性。故事的主角是莪莉夫人（Frau Olly），她抱着一腔內在的火，而不能傳達到她的環境裏去。她的家庭和她無緣，丈夫是一個和善而凡庸且自私的人，都不能了解她，因此她的"內在之我"便被棄爲一絕緣孤立。結果，逼得她所謂"玉殞香消"，青春早亡，她的死在表面上是死於肺病，而實際是她的慧心與野心失敗之結果，這種野心是佔在她身上而代表整個的女性，而始終積壓在她自身之內，身外則四處不通，所以不得不損耗而至夭折。及至她的青春彫竭，生命已臨末日的時候，纔來了個偉大藝術家的靈魂，安慰着她，送她到死神的懷裏去，這不免是故事的回光反照而已。至如以"火車站的側軌"爲書名，是用的個比喩，也可以說是一個象徵，暗示一個不好對付的家庭，永遠是和新路軌接上而終又脫去的之意。在近代德國小說中，這是一部難得的佳著。原來女作家的天性是有兩個方向，一爲前瞻的，一爲後顧的，而本書的特點，就是在這兩端之間立下了一個均衡，並將女作家的人性與藝術兩種才能作了一個圓滿的調和，故很可愛，亦很可貴。

婦女文學的演進是隨着一般文學運動的演進而變的，從社會主義的局面到個人主義的局面，從自然主義到新浪漫主義，變得很快，回頭一看，已經和初時出發的觀點形成矛盾的現象。擁護女性的前進戰線曾延蔓了整個的歐洲，經過一度赫然成功之後，已被放棄而破壞了。女子之要求做人的權利與義務，及工作上的男女平等者，這時已受到其他女子在後面的攻擊了。因為這樣的態度是片面的，一個勁兒的和男性立在對立的局面，自然有失常態。因此對於性的問題便生出一種新的裂痕，如尼采主張拿着鞭子去接近女性，史特林堡（August Strindberg）則畏縮在女子的鞭子之下，成了一個女性嫌惡者，以及韋特金（Frank Wedekind）之讚揚娼妓，都並非無因。所以聰明的女作家們在女性解放一度成功之後，不得不有反身自顧的重新覺悟，而在作品裏另創出一種局面，這裏應當首先提及的便是安德利薩洛眉女士（Lou Andreas-Salomé）。她生在俄國的舊都聖彼得堡（St. Petersburg），是一個歐洲的混合種。她是德國女子中的個首先應和易卜生者，極表示推重，因為他是個女性解放的前驅者，然而她在尼采的生活中也佔重要的地位，他曾把她的人生讚美歌（Hymnus an das Leben）譜於音樂，想藉藝術的結合成全為婚姻的結合。她固然是新女性方面的人物，却不是個專一此道的戰士，因為她有一種成見，反對一切極端的趨向，而自信有兩性複合的存在，且坦然承認男性的原素是真正創作性的。她要想發現出女人不是全女的而男人也不是全男的之至理，甚至竟早已說出弗洛伊德（Sigmund Freud）(七)的學說來，例如在她的小說魯特（Ruth）裏的主角是個青年女子，而很明顯的是由於父親方面的遺傳。在界地（Das Zwischenland）一書中，著者取義在描寫女子的春情發動期，就兒童與成人生活之間的這段時期寫出其振動的昏眩的與紛擾的特性，但是這些特徵在故事中初時似乎是劇烈革命的一

（七）弗洛伊德（一八五六——一九三九），為奧國性心理分析學之首創者，卒於倫敦。

閘火焰，而不久便漸就落下，變成一片毫無危險性的哨賤，結果所留下的只是少女們的淸脆而嬌弱的浪漫啣啣之聲而已。媽 (Ma) 的主角是一位母親，還年輕而有些女孩子氣，竟不得不捨棄對於業已長成的女兒的摯愛。故事的情景是寫另一種"界地"的時期，即四十歲的女人是也。巴爾扎克(Honoré de Balzac)(八)以為"三十歲的女人" (La Femme de trente ans) 就已快到撒手情場的時候了，而後來米加里司 (Karin Michaelis) 則把時期延長，在這時期裏愛情有再生的可能，一直到五十歲的"危險期" (Das gefährliche Alter) 為止，所以四十歲正又是一個"界地"的時期呢。安德利女士的純文藝工作並沒吸收了她的性格的全部，因為她是一個有興奮力，有理解力，有助力的人物，在很多點上，很像當時的女流浪漫派。她是尼采的朋友，又更是黎爾克 (Rainer Maria Rilke)(九) 的摯友，她很讚許這位偉大抒情詩人的精神，用心分析過他的作品裏的深情與感力。

在這一羣作家中，作品最豐富且有持久之重要性者，當推菲碧格女士 (Clara Viebig，一八六〇——)，她有生氣勃勃的一種天賦才能，不復為傳統的浪漫阻力所束縛。她先試作了幾部書，寫她個人少女時代的往事，她想調解各種不同的見解於一爐。接着，她就捲入時羣的潮流，成了馬郝姆 (Laura Marholm) 反解放運動一派的信徒，這一派的主義是說女人不過是自然造工的一部分，需與男人相合，方得完全。雖然她贊同這種思想，而她的文章却是陽剛生動之氣，從此就不再描寫她自己，而以史傳的天性擴大了她寫作的範圍。第一個鼓勵她擴展描寫的範圍而從大的人羣上着筆的是法國的左拉 (Emile Zola)，她從左拉所學來的東西比任何德國作家所得的都多。她首先表現出她對於鄉村生活的親切，描寫她的故鄉，但是這可不是反對自然主義者所說的"地方藝術" (Heimatkunst)，使德國文學離去中心而消逝於隱秘的角落裏去。菲碧格生於一個古城

(八) 巴爾扎克（一七九九——一八五〇），法國小說家。

(九) 黎爾克（一八七五——一九二六），德國抒情詩人。參看本期吳興華黎爾克的詩一文。

名特里爾 (Trier)，她所描寫的便是摩塞爾河 (Mosel) 畔她的故土，和挨非爾山裏的孩子，她有一部書就以此爲名 (Kinder der Eifel)，寫挨非耳地方的晚春和早冬，地瘠而民貧，都把兒子們送出去，到礦田裏和鎔鍊礦物的大工廠去工作。她以此地爲背景，而以坦白的肉感引力，加以一種女子罕有的幽默，產生了她的名著女兒村(Das Weiberdorf)，而成爲德國小說中一支濃厚而充滿血質的趣劇調子。故事說的是挨非耳史米特村 (Eifelschmitt) 的男子都出門去遠地方工作，撇下女人們孤守村非；一年只有兩度和她們的丈夫相會，平常日子裏渴望愛情而不可得，便把一付思春悲秋的愁腸集中在一個獨留的男子身上。這人渾名叫 das Pittchen，爲人巧計多端，能設法不去工作，而和個小村長似的擅作威福，鎮服了她們，她們也就爭着献媚於他，以冀得哥兒的歡情寵幸。因爲他是一個小罪犯，不免時時有人追捕，她們都一齊護衛着他，和一羣娘子軍似的拿拳脚石棒抵禦巡捕。一直等到男子們都從礦田上和工廠裏回來了，儘管是汚穢而粗暴的，但是人數却足够女人們用的了。到時，她們都餓極了似的，擁上前去迎接他們，大家都成了一個模樣的女人，這時纔成雙結對的正如北京所說的些"公母倆"，這就是女性，純粹的女性。

菲碧格每逢要寫比這個再高些的社會階級，或者要想出教育和文化的複雜問題，則往往失敗。她需要的是民衆在她身後，一大長列的受苦受貧的人，跟着她的鼓聲而進。在她描寫柏林生活的一部小說每日的食糧 (Das tägliche Brot) 裏，把成千成萬的灰色而單調的生存，却藉一個貧苦的小女僕表現出來。法國龔枯爾氏兄弟 (Goncourts)(十)是公認爲寫這一派小說的兩位大家，不過他們只做從旁的觀察者，英國穆爾(George Moore)(十一)所寫的苦命女 (Esther Waters)也是如此，而菲碧格則更進一步，寫得更爲直接而深入，讀之使人生出一種女性和

(十) 龔枯爾兄弟，卽 Edmond Huot de Goncourt（一八二二——一八九六）與 Jules Alfred Huot de Goncourt（一八三〇——一八七〇）二人，同爲法國小說家。

(十一) 穆爾（一八五二——一九三三），英國小說家。

母性的親切的印象。　其次，她不僅熟悉她的故鄉下來因(Niederrhein)地方，而且熟悉東部德意志。　東德意志是她少年舊游之地，那一大片的產穀平原，在她筆下描成豐美的畫境，使人宛然如親臨其地。　如睡着的軍隊 (Das schlafende Heer) 與我赦免你 (Absolvo te)，便是從這裏產生出來的。　這兩部小說在很多點上却因循着一般小說作法的陳套，然而描寫那些人物的種種情景，都充滿一種真純的活力，把鮮紅的血灌輸進平常骨格的血管裏去，即所謂舊瓶而裝以新酒者是。　來因河上之防守 (Die Wacht am Rhein) 一書則又回到西部的描寫，這是德國內在精神歷史的一段美妙的插曲，不是從歷史的紀錄而是從人民的靈魂裏抽取出來的，即普魯士人 (Preusse) 與來因蘭人 (Rheinländer) 在這裏漸漸的成了一家人了。　要之，菲碧格女士以其生動之氣力與熱誠的心腸，以經營她的文學題材，竟能使一個變動的時代在她的著作中留下不可磨滅的千古寫照，此非有天生的史詩之才，不能有此成功，所以她在近時德國文學中的地位，不僅是脂粉隊中的一位女相如也。

海涅女士(Anselma Heine，一八五五——一九三一)，是菲碧格女士(十二)的朋友，因受她的影響而寫了同樣作風的隱藏的書信(Die verborgene Schrift)，所描述的是一八七〇年以後到上次世界大戰之間挨爾薩斯 (Elsass) 地方的事。　只是作者沒有菲碧格那樣握緊主題的魄力，把整個地方的精粹表現出來，和來因河上之防守相比，似乎差等了。　然而她有她的特長，她的沈靜幽默甚至諷刺的態

(十二)　菲碧格女士為晚近自然主義作家中之一重要人物，著作甚富，除本文所論及者外，尚有很多部，不能一一詳述，茲列其書名及出版年時於後，以備讀者參考：Rheinlandstöchter (1897)，Es Lebe die Kunst (1899)，Einer Mutter Sohn (1906)，Das Kreuz im Venn (1908)，Vom Müllerhannes (1903)，Der Kampf um den Mann (1904)，Die vor den Toren (1910)，Heimat (1914)，Eine Handvoll Erde (1915)，Töchter der Hekuba (1917)，Das Rote Meer (1920)，Unter dem Freiheitsbaum (1922)，Menschen und Strassen (1923)，Der Einsame Mann (1924)，Die Passion (1925)，Franzosenzeit (1925)，Die Goldenen Berge (1927)，Charlotte von Weiss (1929)，Die Frau mit den tausend Kindern (1929)，Menschen unter Zwang (1932)。

度，和她的雋雅而謹細的風格，以及對人類諸般荒唐滑稽與癡心妄想都給她作了現成微笑的資料，遂使她適合於短篇小說的寫作，而在作品之中老保持着一種始終不變的氣圍，儼然成了一種獨家的色調。來自芬蘭 (Aus Suomiland) 是她描寫芬蘭生活的一部短篇小說集，很美妙的寫出那千個湖水的境地，以及那陰鬱的些幽處和長老之風的質樸。海涅女士生於撥恩 (Bonn)，父母都是柏林人。她幼年的時候，父親在哈勒 (Halle) 大學作教授，那時她過的是一個教授的女兒的生活。在那時，哈勒地方還沒有鐵道交叉經過，還是一種山村意味的整齊樸素。從這裏，她留下些有趣的回憶錄，研究那時閨中女兒的生活，淑靜嫻適，自不必說，她們若不及時嫁個如意的郎君，便在生活前途上沒有甚麼事業可言，除非做個女教師，伴娘，或教會的女執事而已。海涅女士之轉變到女權運動裏去，是她到柏林以後的事，在這裏，她又留下些美妙的時代紀錄，寫那時做母親的所處的情境。她們是在浪漫精神的末期中長成的，如沙密索 (Adalbert von Chamisso)(十三) 在女子的愛情與生活 (Frauen-liebe und -leben) 一書裏所描寫者是，而後來又受了她們更進步的女兒一輩的引動，踏入了新的啓蒙理想裏來，成了一種兩截式的人物，煞是好看，亦記實也。

其次，梅爾斐士特 (Elsbeth Meyer-Förster，一八六八——一九〇三) 也是個缺乏長篇小說之才，而善寫短篇者。她是 Alt-Heidelberg 的著者維廉梅爾斐士特 (Wilhelm Meyer-Förster) 之妻，她的天賦才能含着青年的稚氣，而未經教育的栽培，所以不投合於知識的修養與思索。然而她能握到她的題材，發揮其情緒，自成一家風格，不受各家批評的成法所拘束，她的靈感是純粹抒情的，她的本能是純粹直覺的，這似乎惟有女子能之，而她正是此道的一個成功者。她的才能和她本人一樣，是兒童的天性，無論在柏林，在她的家鄉施雷仙 (Schlesien) 地方，或接近與她有血統關係的波蘭地方，她都處之安然而得趣。在一個孩子的戲劇 (Drama eines Kindes) 和一集短篇小說我的些故事 (Meine

(十三) 沙密索（一七八一——一八三八），德國後期浪漫派詩人，亦爲動物學家。

Geschichten）裏，她描繪出一些純眞而自然的女子天性，好像一片花兒在草地上欣欣向榮的長着，而大半免不了受男子們脚下的踐踏。

這時的文藝精神是由自然主義所喚起而穩定的反對精神，從這種精神產出來的女子文學自然爲最主要的趨向，同時又另有一種趨向仍繼續自作支持，特別是在南部德意志一帶，爲尤顯著。這一種是不想打破歷來的傳統，而且要繼續撫育那從詩的寫實主義流傳下來的遺風，使成一種活的存在。這一派女作家也和南歐保持着一種關係，正和海歲(Paul Heyse)(十四)，浮斯(Richard Voss)(十四)，威伯朗特(Adolf Wilbrandt)(十四)等男作家的處境一模一樣。這裏先講枯爾次(Isolde Kurz)和弗伯莫西(Irene Forbes-Mosse)，二人都住在義大利，（胡赫 Ricarda Huch 也是如是，詳見後文），都以義大利爲她們的第二故鄉，也可以說是文藝故鄉。枯爾次是施逢本(Schwaben)作家黑曼枯爾次(Hermann Kurz)的女兒，初以凱勒（Gottfried Keller）(十四)爲師，寫和他同樣的古傳式的故事，而保留了更多的原來雖敬精神。繼在佛羅論斯的故事(Florentiner Novellen)一書中，她又回到文藝復興（Renaissance）裏去，追步着梅爾孔斐(十四)（Conrad Ferdinand Meyer）的後塵。她在情感方面的天性是貴族一流的，是母親方面的遺傳，所熱望的是英雄氣概的人物和崇高屏上悲劇式的爭鬥。因爲她的情緒高漲，所以在短篇小說中也是悲劇的調子，而且每每力求故事的收場充滿極高的悲情。例如專制王（Der Despot）一篇裏，在一個男子的胸中燃燒起一股詩的熱情，而棄絕其他的一切，所有本分的義務以及家庭國家，都置之度外，這種做人的方式就算在詩人的性格中，也似乎難以想像得到，所謂絕無而僅有者也。所以枯爾次的作品，除去一小部分抒情詩之外，她的小說雖然屬於"寫實的"一路，却是不實境界中之一種感官的眞實。這種藝術上的魄力是來自心理學，由心境的細密處

(十四) 海歲（一八三〇——一九一四）德國詩人與小說家，浮斯(一八五一——)德國戲曲與小說家，威伯朗特（一八三七——一九一一）德國詩人與小說家，凱勒（一八一九——一八九〇）與梅爾孔斐（一八二五——一八九八）同爲瑞士產之德國小說家。以上諸人皆在十九世紀德國文學史上有永久地位者，流風所及，故爲女作家輩所宗法焉。

着意，抓到人類的智慧與靈性，而表之於美麗的文字與靈妙的風格。例如午時的妖鬼 (Mittagsgespenst) 一篇故事中，寫一個中古時的城市，在喧擾已極的生活裏居然產出一個白晝見鬼的妖氣，而寫得極其生動逼真。這種運用巧想的工夫，在她的短篇小說和諷刺式的神仙故事中最爲出色，詩猶其次，即海設(十四)亦不能專美於前。除寫佛羅倫斯的一集之外，尚有義大利的故事 (Italienische Erzählungen) 一集短篇小說，作風是一致的。

弗伯莫西是阿內姆貝蒂娜 (Bettina von Arnim) 之裔，她開始寫的一部書是半聲 (Mezza voce)，這個書名就表徵了她的個性。她的短篇小說都由一種嬌弱而懶洋洋的意態寫出來，可以看出是一位有素養的作家，有美妙的理想，而以敏巧柔媚的筆致以表之，胡安之諸女(Don Juans Töchter) 即是最好之例。可是她的才能則只限於一個上流社會的女子之才而已。她的姊妹海卿 (Elisabeth von Heyking) 也有一部成功的作品，永遠沒達到他的一封信 (Briefe die ihn nicht erreichten)，是從國際外交界裏取得的題材，本有以奇制勝之處，而著者又以謹細之筆以揭露之，故成傑搆，因此，她也就不能再寫出第二部這樣的書了。

克洛桑魯斯特 (Anna Croissant-Rust)，原爲來因普法爾次 (Rheinpfalz) 人，幼時即居於明興 (München)，因爲她對於故鄉有質樸無飾的記述，並在短篇小說裏對明興地方的生活作大胆的描寫，於是便爲論者視爲自然主義一派。她的四隱士 (Winkelquartett) 和寫駐防兵生活的 Unkebunk，爲中產階級的生活留下一些深刻而獨特的印象，在記載社會情形上亦頗有價值。但是她這種作風的主要來歷正和非碧格一樣，是得自法國的左拉，鼓勵她發揮她自己的氣質，幽默之中而含着鄉土的氣味，於現實與空想之間作一連結，而尤以寫女子的生活爲得法。其次，蘇培兒(Auguste Supper)是施維本人，長成於黑瑟 (Hermann Hesse) (十五) 的故鄉喀窩(Kalw)城。她所描寫的範圍都是她最親切知道的地方

(十五) 黑瑟（一八七七——）德國小說家，史特爾（一八六四——）德國神秘小說作家。

生活，如關於黑林 (Schwarzwald) 的些故事便是。　在她書裏的那些人物，如農民，學校教師，鐵匠之類，都是愚昧的奇怪的而且愚蠢的，穿着粗重的靴子，滿沾着泥糞，在各處流蕩，使人想起菲碧格所寫的那些農民來，不過後者的眼界較廣，不限於狹隘的鄉土一隅而已。　在她後來的些小說裏，如寒谷中的磨房 (Die Mühle im Kalten Grunde) 等篇，她又深入一步，寫到農民最深心處的內性，以及農民在宗教境界中的信仰與迷信，從這裏可以看出在基督教的表面信條之下，仍然還留殘一種古代對自然的崇拜。　而且她竟受了這些妖魔鬼怪的影響，而研究這類的問題，懷着宗教的與形而上的意識，而相信有陰間生活的存在。　結果，差不多要產生出一個女性的史特爾 (Hermann Stehr)(十五)呢。

天主教的文學在所謂 Barock 時代曾經是一種偉大的文學，在浪漫主義的時期也一度復興，其後即再就衰微，及至十九世紀之末，則幾乎完全消滅，只在些狹隘的地方教派中有一星半點而已。　這時却有一位女作家在這方面一露頭角，儀態端淑，自是公教本色，文章雅麗，別具藝壇面目。　我們走馬觀花似的試就近代德國女流文學作一巡禮，至此不得不特書一筆。　這位女士名韓德爾馬柴緹 (Enrica von Handel-Mazzetti)，於一八七一年生於奧都維也納，她有荷蘭，施維本，奧地利，義大利，匈牙利，甚至幾滴基督新教的血液。　她有一位天主教的先祖，本是無罪的，却在十六世紀受宗教的裁判，在班堡(Bamberg) 地方定了罪，幸有這位後裔於二百年後的今日在一部小說裏給他作了一場洗白。　當她進聖彼爾登 (St. Pölten) 地方的少女學院 (Institut der Englischen Fräulein)(十六)的時候，她的詩才已引起師友的注意。　在幼年時，她就認定了自己的職業，便是要作一個以史詩體而流傳的作家。　她初時寫了些維也納樸素生活的小故事，都發表在那些天主教的家庭雜誌上，自然是虔敬而含教訓的意味，而不過火，在這類雜誌裏算是超出標準以上的好文字。　她寫流傳史詩式的作品，當自她採取

（十六）　聖彼爾登地方的少女學院，爲瓦得瑪利亞 (Maria Ward) 於一六〇九年所創辦，爲一天主教會，專辦幼年女子的教育。

一個特別的歷史時期而作社會學的考究爲始，她所採取的是反宗教改革（Gegen-reformation）及奧地利的 Barock 時期。　她有兩部長篇小說，成就了她在文學上的地位，而同是由於非常博洽而貫通的研究，以慢慢形成的。　試看她的小說的結構之美，可以證明她的技巧很高，因爲善用這種技巧，所以把她深研史實的些瑣碎痕跡在表面上都化淨了。　創立了她的境界之後，乃進而置身於此境界之中，以女子特有的安詳而優遊的氣度，寫了出來。　她的第一部社會小說是赫姆伯格之可紀念的一年(Meinrad Helmpergers denkwürdiges Jahr)，大意是寫在一七一一年處死刑的一位自由思想者的身世事迹，而這位不信神者的兒子後來入了一個維也納寺院，就皈依了天主教。　天主教的女作家本來好寫改教歸宗的故事，但是韓德爾馬柴緹却有非常的自然巧妙以走進這時代的歷史色彩裏去，這樣才力除去樊絲綺（Luise von François）和胡赫二人之外，實無與能比倫者。　她的第二部小說是耶西與瑪利亞（Jesse und Maria），是她文名益彰之作，寫的仍然是反宗教改革時期正教徒和異教徒的衝突，主人翁依然是個自由思想者，是個奧國的貴族。　因爲作者最愛有力的和悲劇的情節，所以依然把他寫到致死之地，但是在他執行死刑之前，已和舊教和好了，改宗而皈依天主了，不過使他澈悟回頭的不是僧人式的信徒，而是個平民女子，一個有實際的與犧牲自己的信仰者。　在這部書裏，作者得到了更大的自信力，以此自信力描寫她的鄉土生活，寫農民則不諱其粗野，寫上等人則超然於俗流，而灌輸以特別緊張之情緒。　要之，韓德爾馬柴緹在做人與寫文兩方面都是純然歸依於宗教，在她作品裏的些模範人物全是外表沈靜而內在熱烈的，雖然也受到些求全責備的批評，而作品的價值總是公認的，她也泰然自信。　她的生活也是尼姑式的，隱居獨處，而一心慈悲，則又合於聖方濟格（St. Franzis）(十七)派的精神。

(十七)　聖方濟格會，是天主教會的一派，爲十三世紀義大利的阿栖栖（Assisi）地方聖法蘭西斯所創（Giovanni Francesco Bernardone, 一一八一——一二二六），以愛好自然爲主旨，而以救助貧苦疾病爲懷。

講到天主教的作家，還有一個人可以連帶提及，便是馬利莪特 (Emil Marriot)。她也是篤信天主教的，而她的寫作題材却又是一種，她是追尋另一種靈魂裏衝突的悲劇，她偏愛那"牧師的愛情"一類的問題，像海最在二囚犯 (Zwei Gefangene) 一書所寫者是。在她的一集短篇小說剃髮的頭 (Mit der Tonsur) 中，主要的角色大半都是些情場失意的僧人。她的佳作似當推一個牧師的死 (Der geistliche Tod) 一書，是一篇動人的散文悲歌。

現在談到最後一個最重要的女作家，胡赫女士(十八)。枯爾次寫文藝復興時期，韓德爾馬柴缇寫 Barock 時期，胡赫曾寫過兩部關於德國浪漫主義的書，寫得很好，因此贏得學者之名，儕於鴻儒之林。但是她已寫了兩大套小說，一者取材於三十年戰役(der dreissigjährige Krieg，1618—1648)，一者取材於加里波的的事蹟 (Giuseppe Garibaldi)(十九)，而確沒取浪漫主義時期爲題材，寫過甚麼東西，大概她以爲浪漫主義還不能劃明爲過去的一個時期而和現在完全斷絕。至如她寫近代生活的小說，則保持着近代的態度，因爲她覺着近代的精神到現在尚未改變，在現時的血液裏還工作着呢。所以胡赫是給頹廢運動的新浪漫

(十八) 在近代德國女作家中，除非碧格女士以外，當以胡赫爲最重要，著作亦甚富，依其發展之次序言之，約可分爲三類：一爲純粹浪漫的，二爲歷史觀的，三爲求永恒的眞實的，茲列其作品之全目如次，以供參考。(1)詩歌：Gedichte (1891)，Gedichte (1894)，Neue Gedichte (1907)；(2)小說：Erinnerungen von Ludolf Ursleu dem Jüngeren (1893)，Der Mondreigen von Schlaraffis (1896)，Teufeleien (1897)，Fra Celeste (1899)，Aus der Triumphgasse (1901)，Vita Somnium Breve (1902)，Von den Königen und der Krone (1904)，Die Verteidigung Roms (1906)，Der Kampf um Rom (1907)，Leben des Grafen Federigo Confalonieri (1910)，Der Letzte Sommer (1910)，Der Grosse Krieg in Deutschland (1912—1914)，Der Fall Deruga (1917)，Der Wiedererstandene Christus (1926)；研究及傳記：Blütezeit der Romantik (1899)，Ausbreitung und Verfall der Romantik (1902)，Aus dem Zeitalter der Risorgimento (1908)，Natur und Geist (1914)，Wallenstein (1915)，Luthers Glaube (1916)，Der Sinn der Heiligen Schrift (1919)，Entpersönlichung (1921)，Michael Bakunin und die Anarchie (1923)，Freiherr vom Stein (1925)，Alte und Neue Götter: Die Revolution des 19. Jahrhunderts in Deutschland (1930)。

(十九) 加里波的(一八〇七——一八八二)，爲義大利愛國志士，興國英雄之一。

主義作了一個過渡，雖然在任何方面或任何運動中她都沒參與過。她於一八六四(？)年生於卜勞思史外(Braunschweig)的一個貴族舊家。她的第一部小說是少年烏爾斯勞之回憶 (Erinnerungen von Ludolf Ursleu dem Jüngeren)，在這書裏已表現出對於自然主義大量產生時期的一種貴族式的非難。她研究歌德，凱勒，和梅爾孔斐諸大家的文章，心領神會，修得了自己的成熟風格，所以第一她在文章風格上已達於至境。她書裏的人物都是屬於修養頗高而暮氣沈沈的一羣，保持着他們自己的審美見地，始終不變，而又每每要討論到他們自己的衰落。至如生活與知識之間的衝突，則知識總是勝利的，生活則是注定在美中消盡的。胡赫的最具特色的作品是第二部小說人生不過是一短夢(Vita Somnium breve)，後來又改名爲翁爾邁克 (Michael Unger)，力量較前書爲尤高。書裏所述的翁爾氏原爲古時漢撒同盟 (die Hanse) 族之苗裔，歷代都是些小君王，世世相傳，免不了遭遇古來王家的一般命運，到了最後這一代的子孫，竟倦於至尊之權勢，捨棄了世襲王家的束縛，而重新踏上另一個境地，要到人生未經過的境地裏做一番冒險的勾當。他們是已經追隨了整個的頹廢途程，從孜孜不息的舊式中產階級生活直到弛懈的審美活動的情境，而自鳴得意。這種一羣香客似的，浪遊以尋美，是很够浪漫的。其中有友誼，有愛情，其結成和他們在最易動情的年齡裏是同一情形。他們是渴望着尋得新的人生式樣，若發現有新的人物，猶如得到一種新的游藝，每一種新的發見便證爲人道上增加了可貴的豐富。胡赫之爲人在德國文學裏是一個稀有的奇才，這得歸功於她的教養之高，然而因此也就缺少了一切粗稚之氣和低級生活的成分，仍然缺乏完整，非全才也。她所收納的一幫人物和她自己的一家人似的，寫在她這一套的小說裏，宛如一個私家的畫廊，她自居是引導參觀者，使人注意到她這一幫的各個之美，無一遺漏。而且這些人物都和作書的是一樣的文采斐然，詞藻淨鍊，語色純一，好像都穿了化裝的彩衣，雖然這些語言是在現時說出來的。

胡赫在轉向歷史中尋求英雄隊裏的人物之前，此種向往於壯麗的氣概，向往於天生就像藝術品的人物，確乎早已吸引住她的心思，要在一種古代文化之中培養出一種更壯麗的人道典型，而且這些人物若仍能保存原始野性的美，則吸引力與可能性為尤大。當她住在的里雅斯德（Triest）城的時候，其地正在義大利和達爾馬提亞（Dalmatia）之間，兩面的亞得里亞（Adria）海岸都全景在望，她自己在那裏的生活更啓示了她這樣的胸襟。她採取了達爾馬提亞山中的光景，放進她的國王與王冠（Von den Königen und der Krone）一部古傳式的故事裏，在那牧畜佃獵的人民之中竟還保存着一個王室的秘密傳統，雖在異邦統治之下，亦不能廢去。這種狂熱而幻想的情節，最難達到充分的力量以產出那廢舊王統的一個完美象徵的觀念，使之重過一切人生的目的。這種古傳式的故事是不能捏造出來的，類似這樣的作風，歐美固不乏名家，而大半都藉史實與政情為根底，而加入作者的諷喻成分，此成分每落於次要之地位，能如胡赫之透過一層者，委實少見得很。她還有一部傑著，凱旋坊下瑣譚（Geschichten aus der Triumphgasse），也是她在的里雅斯德城的經驗創出來的。在這部書裏，她走進窮人的生活，描出一幅畫圖中的奇觀，一本古色天香，毫無社會的成見滲出作品的傷痕，只是不恥襤褸的形形色色，呈現出一個光怪陸離的雜會。在古老山城的破落街區之中，有一座小小的羅馬凱旋坊，圍集着一堆七嘴八舌的叟嫗下民，互相談說些奇思玄境的故事，比着港埠裏的輻輳商賈，是古雅而高超得多了，他們是住在上城裏，從年深貧守的高處，俯仰笑傲在下方的這些俗類。這些遺民自己度着一種神仙故事式的生活，老指望着有新的奇蹟來臨，從更古的文明和宗教裏給他們傳下偉大而僅有的寶藏。他們對於這古遠遺族的留傳，懷着孩子式的驕傲，使他們表出高居人上的氣態，敝衣破裳，高視闊步，在兩千年高貴積成的汚塵穢土之中，踹躅自得。這印象眞是一個夢境，一字一板的向我們演述那夢境自身的故事，甚至如他們談說疾病，瘋癡，犯罪，和亂德的事，那情景也都一樣諧和在一支魔幻的交響曲中，遂使這一部書在德文中成了最美妙的散文詩之一。

以上已將十九世紀以來德國文壇上的女作家大略表過，比較重要的人物和作品大約已盡於此。不過自一八七〇年以後到十九世紀將盡所產生的些新興作家，其中有幾位是到二十世紀之初或者到上次世界大戰的時候，還佔着文壇上的重要地位，這便不能說她們只是十九世紀的作家了。所以我們研究十九世紀的德國女子文學，應當以一八七〇年的普法戰役作爲一個劃時代的分點，以前種種已遠受到十八世紀的思想影響，以後種種也已達於二十世紀的新潮序幕，委實是一個很有意義的偉大時期。這也不限於女作家是如此，整個的德國文壇亦復如此，甚至全世界的近代文學也都可作如是觀也。

此外，負一時文譽的女作家自然還有不少，有的因一兩篇別出心裁之作，爲人所樂道，有的追隨此家彼派一氣，凑個錦上添花，而大半不能單獨創出個地位，不能留下多少影響，甚至如曇花一現，瞬間逝去。所以似乎沒有在這裏一一詳述之必要，只可約略記下幾個姓名，以作有時之查考而已。如尼采主義的信徒，尚有希爾戴克 (Leo Hildeck，眞名 Leonie Meyerhof)，著有目的與成就 (Wollen und Werden) 及火柱 (Feuersäule) 二書。郝斯台德 (Sophie Hoechstetter)，是一個醉心個人主義者，在思想上極活潑而在文藝上不求上達。凱倫堡 (Hans von Kahlenberg，眞名 Helene von Monthart)，是一個具有"武威風格" (Militäradel) 的作者，著有巴希維次家 (Die Familie Barchwitz) 及森比里次奇 (Die Sembritzkys) 二書。其次，蘇特奈 (Bertha von Suttner) 著有打倒武力 (Die Waffen nieder！) 一書，爲舉世所讚許，在裁兵非戰與鼓吹人道上頗有意義，而在文藝上之價值殊微。再如：利特蘭 (Klaus Kittland)，菲林格 (Hermine Villinger)，尼西 (Charlotte Niese)，諾得曼 (Richard Nordmann)，福拉潘 (Ilse Frapan) 等人，也都各有其美或各有其力。這一些大體都是小說作家，散文小說在十九世紀比較最爲發達，女作家們也自然以在小說方面者爲最多，成就亦最可觀。

女性抒情詩人，可謂甚多，值得稱讚的亦復不少，除上述以外，其中當以史

陶斯妥內 (Lulu von Strauss und Torney) 普特卡麥(Alberta von Puttkammer) 與米格爾 (Agnes Miegel) 三人爲較出色，餘如利忒 (Anna Ritter)，荷爾姆 (Mia Holm)，林根 (Thekla Lingen)，馬得倫 (Marie Madeleine)，以及安布洛修 (Johanna Ambrosius) 等人之作，皆可誦也。　又哥拉齊 (Marie Eugenie delle Grazie) 爲致力於史詩者。　在戲劇方面，自比喜費佛爾之後，也沒出過甚麼高出前輩的作家，只有本斯頓(Elsa Bernstein 筆名 Ernst Rosmer)似尙可稱，其時已在十九世紀之末矣。

尼采的悲劇學說(一)

Nietzsche über die Tragödie

常蓀波

一

在西洋文學中悲劇是最古的文學體裁之一，而且就流傳於後世的作品而言，悲劇作品比較史詩要多幾十倍。歷來西洋的哲學家每對於悲劇發深微奧妙的議論，似乎哲學家與悲劇特別有緣分。這本來毫不奇怪。西洋第一部文學批評的偉著便是大哲學家亞里斯多德的詩學(De Poetica)。在這部未完成的或殘缺的著作中，四分之三的篇幅是論悲劇的，並且亞里斯多德解答當時一般人關於悲劇與史詩的優劣的疑問，他舉出四點比較，認為悲劇比史詩優越。經過黑暗的中古，到了文藝復興期，回復了研究古典文化的熱忱，在意大利，法國與英國產

(一) 尼采在中國不是一個陌生的名字。民國十年前後曾有許多人作文章介紹他，標榜他的超人主義，民鐸雜誌還爲他刊行過專號。他的查拉圖司特拉如是說 (Also sprach Zarathustra) 經郭沫若氏選譯在創造週報上刊登時對於當時寫文章的人曾有過相當的影響，其後林語堂氏還擬作了他的薩天師語錄。尼采在中國還與另一個名字混在一起，即是他是第一次世界大戰的道德責任者，有人著論謂威廉第二所以窮兵黷武就是受了他的超人哲學的影響。第一次世界大戰開始後英國許多名人多持這種論調，賢如哈代(Thomas Hardy,1840—1928)尚且不免，更毋論柯南道爾 (Sir Arthur Conan Doyle,1859—1930) 了。我們的評論家的意見當然是隨着他人依樣葫蘆。兹將尼采的生平略述如下：尼采於一八四四年十月十五日生於薩克森的一個小村莊中，祖先是波蘭的貴族。他的父親從普魯士的菲得利·威廉第四任爲Lutzen教區的長老，並且教四位女公主讀書。他的父親對於菲得利·威廉第四矢忠矢誠；尼采恰生在威廉第四的生日那一天，他的父親以此爲無上的光榮，於是以菲得利·威廉第四的名字Friedrich Wilhelm作他的教名。他的父親三十六歲時就死去，他自幼即受他的母親的教養，以才智受人稱揚。一八五八年入 Pforta 的國立學校讀書，對於文學與音樂甚感興味，同時對於瓦格納的作品已多嫻熟。一八六四年他入了波恩大學，在著名的言語學家 Ritschl 與Jahn 之指導下研究古代語言學，最受 Ritschl 的愛重，翌年隨了 Ritschl 轉學到來比錫大學，同年結識了瓦格納。他在來比錫作的關於語言學的論文在 Rheinisches Museum

生了許多註疏家，給了悲劇許多新的意義，也隨着加添了許多穿鑿附會。在整個文藝復興時代德國文化尚在低潮期，只有一位斯篤謨（Johann Sturm, 1507—1589）熱烈地鼓勵詩學的研究。宗教改革家的馬丁路德可以說是第一個提示過這部偉著的。戲劇家薩克斯（Hans Sachs, 1494—1576）在他的作品中曾經提到 'Katharsis' 的解釋。到了十八世紀以後情形可就不一樣了。德國研究詩學的學者不惟日見其盛，而且他們研究悲劇的結果影響了整個歐洲的文學批評，他們關於詩學的校勘與註疏工作也極精湛。從雷興（Gotthold Ephraim Lessing, 1729—1781）開始，他是要恢復眞正希臘精神的一位啓明運動者，他要揭示給德國人眞正的古典文化，摧毀當時流行於德國的法國僞古典主義，他遵循亞里斯多德的意見，具有深刻了解古人的同情，他對於悲劇的 'Katharsis' 的作用所與的解說極有貢獻。雷興之後，米勒（Müller），渥勒特（Valett），葛魯豐亨（Gröfenhen），利武（Ritter），蒙森（J. J. Mommsen），包木葛特（Baumgart）施米特（Schmidt），貝爾內司（Bernays）等等，我們熟知的大詩人歌德與釋勒更不必提了，這些偉大的學者天才都是熱烈研究詩學而各有不同的獻助的。尤其是貝爾納司，他是 'Katharsis' 的近代解釋的樹立者。他所發見的這個名詞的醫學解說一直到今日被認爲是最正確的合乎亞里斯多德的主張的解釋。

上發表後，引起巴賽爾大學當局的注意，聘他作古代語言學教授，那時尼采還未畢業，所以在一八六九年他便作了大學教授，才二十四歲。那時瓦格納住在 Luzorn 湖上，尼采常與往還，他對於這位老前輩極爲崇拜，不過後來竟變得反目。普法戰爭爆發後他曾服務兵役在戰地看護傷兵，後來得了傳染病及其他的病症，這個影響於他晚年的健康，從戰地回來後他又回到巴賽爾教書。其後因腦病眼病相繼併發不得已辭職到意大利，瑞士，德國的來比錫，瑙思堡(Naumburg)等地養病。一八八九年在 Torino 因過事疲勞與服安眠藥過量的影響轉爲劇烈的精神病，遂於一九〇〇年八月二十五日在他的妹妹守護之下逝於威瑪的寓所。尼采是一個憤世嫉俗之人，所以與人落落寡合，世人多以爲狂人。當時首先發見尼采的偉大的是丹麥的文學批評家布蘭兌斯(Georgo Morris Kohn Brandes, 1842—1927)，其後法國的批評大師與歷史哲學家的泰納（Hippolyto Adolpho Taine, 1828-93），瑞典的詩人與戲曲家史特林堡(Johann August Strindborg, 1849—1912)是他惟一的知音。他的著作繙譯爲中文的有：梵澄譯：蘇魯支語錄 Also sprach Zarathustra，蕭贛譯：扎拉圖士特拉如是說；Ecco Homo，梵澄譯：尼采自傳；Dio fröhlicho Wissenschaft，梵澄譯：快樂的知識；Morgenröto，梵澄譯：朝霞。

然而德國的才智之人對於悲劇研究的成就尚不僅此。以上所提到的幾位不過是宣揚眞正的古典精神，對於古人求深澈而同情的了解，對於一詞一字尋源探本鉤玄索隱，或是偶而發出一些精深的意見於古典文化加以微妙的解釋。德國的學者有其特質，這是其他各國的學者所想不上的一個特長。雷興曾說過，德國人最擅長系統的著作。任何題材一到了德國學者的手中無不條理井然，有頭有尾，讓任何異國的學者見了自嘆弗如。這確是事實。十八九世紀英法兩國的哲學家對於悲劇有過不少的著作，但是不曾成爲什麼系統或將悲劇納於他們的系統之中。十九世紀德國產生的三位世界哲學家黑格兒(Georg Wilhelm Friedrich Hegel, 1770—1831)，叔本華(Arthur Schopenhauer, 1788—1860)與尼采(Friedrich Wilhelm Nietzsche, 1844—1900)，各自建樹自己的哲學系統，或者說，宇宙系統，就是把悲劇納入他們自己的系統之中，根據他們的系統來攷察與解釋悲劇。換言之，悲劇只不過是供給他們的系統的參證或詮釋；在他們看來，它並不是一個獨立的存在。

狄克森(W. Macneile Dixon)(二)說過這樣的話，探索哲理的旅行者在旅途中必須要爬過那高峻的德意志山脈的，其中巍然高聳着黑格兒思想的朦朧的峯巔。我們現在也須瞻仰一下它。黑格兒是理性主義者，他稱他自己的哲學爲絕對的唯心論(Absoluter Idealismus)；或汎理論(Panlogismus)。他最得意的是他那有名的辯證法(Dialektik)。根據他的辯證法，他把他的哲學系統按照人類理性發展的階段分爲三大部分：論理學，自然哲學，精神哲學。精神哲學又分爲三：主觀精神，客觀精神，絕對精神(Absoluter Geist)。絕對精神又分爲藝術，宗教，哲學。哲學是精神發展的極致，也是萬有本體的理性發展的極致。黑格兒既是理性主義者，他觀察宇宙的理性着眼在它的有機的完整，而非片面的或局部的。他認爲人間充滿了矛盾與衝突，在不絕的矛盾與衝突之中人類才能獲得進化。矛盾的與衝突的兩個力雖然相反而實相成，結果產生了大和諧——

(二) W. Macneile Dixon: Tragedy.

這就是他所謂"綜合"(Synthesis)。這樣的矛盾，衝突，然後產生了綜合；在綜合之中又存在着內在的矛盾，萌形成了兩個相反的力量，結果又產生了新的綜合。這樣的程序永遠繼續進行着，從此產生了人類進化的歷史，人類永遠是在"未濟"之中向着更圓滿進化的。黑格兒的悲劇學說完全是從他的辯證法的線索來的。他論悲劇毫未提到悲劇主人公的受難，他在悲劇中只看到一片天和。在人生中有許多衝突的理想：個人意志，國家法律，信仰，愛國，責任，名譽……。因兩種理想的衝突，於是悲劇英雄淪於苦難與災禍。他的災禍消滅了理想的衝突。悲劇即產生于這樣兩種理想的衝突。衝突的結果它的英雄甚至喪失掉生命，然而却表現出永恆的公理與完滿的和諧。悲劇所以能予人以快感，所以能使人高尚正是這個道理(三)。

從黑格兒轉到叔本華，我們發現另一個天地。我們當然不能期望這位厭世的悲觀哲學家像黑格兒那樣的悲劇學說。叔本華的哲學是意志哲學。他所謂意志也就是康特所謂"物之眞如"(Ding an sich)。在叔本華看來人生只是一場無休止的爲生存的鬪爭，被盲目的求生的意志脅迫着，而在這場鬪爭之中所遂遇的只不過難以救濟的失敗與結局的死亡。我們在人生整個過程中只是向墳墓走着。誕生，衰朽，死亡，悲憂，傷悼，失望只能够隨着願望之消滅，生存意志之消滅同時消滅的。悲劇所呈獻給我們的是可怖的求生存的事實，不可言傳的人生厄難，惡人的勝利，無辜的慘滅，機會之弄人。因此悲劇所與我們的教訓是使我們認識人生之無價值與痛苦，死之光榮與失敗之喜悅。黑格兒不承認命運對於人生的播弄，在理性的世界中並無命運之存在。叔本華却以爲人生從始到終就被命運之手籠罩着；遇到命運便行"退讓"(Entsagung)，如是才能擺脫生存的意志，得到解脫。叔本華的退讓正是所謂以退爲進。對於悲劇英雄的遭遇能够"旣傷逝者，行自念也"，因而對於人生有所憬悟，這在叔本華看來正是悲劇的功用與悲劇給與我們的快感。(四)

(三) 黑格兒的悲劇學說見於他的 Aesthetik。

(四) 叔本華的悲劇學說見於他的 Die Welt als Wille und Vorstellung.。

若用黑格兒的辯證法來說，我們在前面兩段文字中所講的兩位哲學家的悲劇學說恰是一正一反，而結束了十九世紀的那位超人哲學家供給了我們一個綜合。黑格兒重視理性，所以樂觀；叔本華以人類的盲目生存的意志代替理性，以為人生的一切苦惱統是生自這個生存的意志，觸到"人何以要生存"這個矛盾，於是悲觀厭世，終於歌頌退讓，讚美死亡，以掩飾他自己的心理隱機（Verwickelt-heit）。尼采肯定了叔本華的生命是罪是苦之說，但是他提供了另一種解釋——根據藝術的新的觀點的解釋，來肯定生存的意義，於是到了尼采的手中消沉的停滯的苦惱的退讓的人生，一變而為活潑潑地生機盎然勇進欣歡的人生。他承認，他知道，人生的苦惱，但是，在他，這並不能引致他悲觀而逃出人生；他維護人生應該存在，但是他並非根據那絕對的理性。這樣，他是同於黑格兒與叔本華的，而也是異於黑格兒與叔本華的。在這樣的異同之間顯然呈現出德國人的更完備的悲劇學說的探索。

二

尼采著了一部悲劇起源論（Geburt der Tragödie），在這部書中他詳細陳述了他的悲劇學說和驚人的新穎的意見。這是尼采的第一部重要作品，刊行於一八七二年正月，那時尼采不過二十八歲，已經在巴賽爾（Basel）大學當了四年文字學教授。尼采在來比錫求學時代受着三個大的影響支配，即是希臘精神，叔本華與浪漫音樂家瓦格納（Richard Wagner, 1813—1888）（五）。他愛好希臘文明，因此致力於古代文字學的研究，而這種研究不過是他求獲得真正了解希臘文明的一個工具。尼采在一八六五年的秋天從撥恩（Bonn）大學轉到來比

（五）瓦格納是十九世紀大音樂家之一，歌劇改革家，新樂劇的創始者。一八六八年在拜羅特（Bayreuth）建築成的理想的劇場，尼采與瓦格納交密正在這個時期。他的主要的作品為Der Fliegende Holländer, Tannhäuser, Lohengrin, Tristan und Isolde, Meistersinger von Nürnberg, Nibelungen, Parsifal。尼采悲劇起源論中的許多觀念都是得自瓦格納作品的啓示。

錫大學的時候，他在撥恩一年的生活經驗使得他非常的悒鬱不振，他想改換他自己的心境。他第一次讀到叔本華的意志與觀念的世界(Die Welt als Wille und Vorstellung, 1819)，他不禁高興的寫道：「在這裏我看見一面鏡子，我在其中窺探世界，人生與以可怖的宏偉描繪的我的本性。」他對叔本華充滿了敬愛的感情，認叔本華作他的導師。他在來比錫認識了瓦格納，變成了瓦格納的熱烈崇拜者。在這三種影響之下的三年的來比錫生活(一八六五—六七)中尼采孕育了悲劇起源論。這部書雖然是他的處女作，事實上却是他多年智識發展結成的果實。尼采是一個多方面的天才，各種顯然不相容的才能，哲學的，藝術的，科學的，極爲調融，沒有一種顯得凌於任何一種之上。他的這種特點在這第一部書中已經表現出。這部書大約是寫於一八六七至一八七一年年尾，那時尼采正在思索美學上的許多問題。一八七一年刊行，題名爲悲劇起源於音樂的精神論，(Die Geburt der Tragödie aus dem Geiste der Musik)，後來才改爲悲劇起源論或希臘文明與悲觀主義(Die Geburt der Tragödie, oder: Griechentum und Pessimismus.)。尼采在一八八六年寫的札記中有一篇講到他這部悲劇起源論的目的很爲詳盡，可惜不曾印行，下面的譯文根據他的妹妹伊利沙白福斯特尼采夫人(Elisabeth Förster-Nietzsche)的引文：

「關於悲劇起源論。———一部涉及關係於快活的或不快活的美感狀態的各種經驗的書，附以形而上學的藝術的解說。同時陳述一個浪漫主義者之自白（痛苦的人感覺着最深沉的對於美的渴求——他產生了它）；最後，一部青年的作品，充滿了青年的勇敢與憂鬱。

「基本的心理經驗：“阿坡羅”(Apollo)這個名詞代替在一個幻像的世界之前的那個恍惚休息的情狀，在一個被指定作爲逃避轉化的美麗的外觀的世界：“狄奧尼蘇司”(Dionysos)，恰與此相反，代表熱切的轉化，長成的自我意識，在創造者暴燥的耽於逸樂的一個形相中，他也完全意識到毀滅者的暴怒。

「這兩種態度與它們所根據的渴望之間之對立。阿坡羅態度把眼前幻像用魔術造成永恆的：在它的光亮下，人必須靜止，不動情，和平，復原的，與他自己與一切生存融洽無間；第二個態度（狄奧尼蘇司的）爭求創造者，任性創造的逸樂，卽是構造與毀滅。創造被感覺着與解釋爲一個本能一定僅是一個不滿足的存在物，洋溢着高度奮發與高度抑壓的財富與生活的不間斷的智巧的動作。——一個願克服存生的苦惱的神的智巧動作，惟憑藉連續的變化與變形，外形作爲一個暫時的與短促的解脫；世界當作神一般的幻夢與解脫之間的一個明顯的接續。

「這種形而上學的藝術的態度是與叔本華的獨斷的意見相反的。叔本華不從藝術家的觀點而從觀衆的觀點來估價藝術。我的這個態度藉了與眞實的存在相反的非眞實的存在所產生的快樂帶來拯救與解脫（惟有受難者與在絕望中的人的經驗得自他本人與一切存在的事物）。—— 賦有形相的解脫與其永久性（恰如柏拉圖所要描繪者同，所異者柏拉圖抑壓一切過於興奮的知覺，甚至觀念本身）。第二個觀點與此相反——認藝術爲藝術家的一個現象，尤其是音樂家：不得不創造的痛苦，作爲一個狄奧尼蘇司本能。

「悲劇藝術，在兩種態度中都豐富，代表阿坡羅與狄奧尼蘇司的調解。狄奧尼蘇司極重視外形；可是它將要被否認，被欣然否認。這個與叔本華的作爲對於世界的悲觀態度的退讓的教訓是反對的。

「反對瓦格納的學說，所謂音樂是工具，而戲劇是目的。

「對於悲劇情味（對於宗教甚至悲觀宗教）的渴望。

「誤信賴科學，雖然我們能强烈地感覺到它暫時安慰的樂觀主義；理論的人的寧靜。

「對於基督教的深沉的敵視。何故？德意志精神的退化悉受它的影響。

「任何對於世界存在之辨正必須是審美的辨正。對於道德深刻的狐疑（——道德卽是外形的世界）。

「生存之幸福惟有來自外形的幸福是可能的。（「存在」這個名詞是那些受化成之苦的人們發明了的一個杜撰。)

「在化成之中的幸福惟有在眞實的，「生存的」，美麗的幻像的毁滅中才是可能的，——在幻像的可悲分散中：——隨着在外形世界中最美麗的現象，狄奥尼蘇司的快樂達到它的極致。」

尼采在他所有的作品中都提到狄奥尼蘇司與阿坡羅。關於它們法國現代的文學史家法格 (Emile Faguet, 1847—1916)(六)在他的尼采研究中講得極扼要：「昔日有一種族，所愛惟美麗與生命。它特愛生命，强健的與豐滿的，勢盛的與快樂的，崇高的與勝利的。這可以稱之爲它的狄奥尼蘇司的精神。但是它也愛美麗，愛種族之純潔，莊嚴的面顏，神色之寧靜。這可以稱之爲它的阿坡羅的精神。這兩個希望在歐林普司 (Olympus)(七)的概念中是有幾分聯合在與併合在一起的。歐林普司是衆神會議的地方，他們强大有力又都高貴美麗，得意洋洋生命的快樂與生存的意志；不朽：這是一個常常反覆說的一個詞，已經失掉其意義了；不朽，即是說貪婪於生命，渴求它永恆；想要美麗的，察覺其美麗的，而且竭力益求察覺它。歐林普司是更高的存在，他結合了狄奥尼蘇司的與阿坡羅的形態於一身。」

尼采從希臘人借用了阿坡羅與狄奥尼蘇司這兩個名詞。這兩位神明與藝術發展的密切關係正如男女兩性與人類生育的不可分離。我們從這兩個希臘人的藝術之神悟曉在希臘世界之中存在着一個廣大的對照，源淵與目的完全是相對的，即是造形的藝術與音樂的藝術，阿坡羅代表造形藝術，狄奥尼蘇司代表音樂的藝術。這兩個相異的傾向並行着，顯然是現出差異來，却互相激動產生新的與更有力的生命，永遠是爭鬥，最後藉了希臘意志的玄學的神妙，他兩個結合而產生的悲劇。他兩個所代表的是兩個不同的世界。阿坡羅是日神，代表夢幻的世界；狄奥尼蘇司是酒神，代表沉醉的世界。在這二者之中狄奥尼蘇司比較

(六) Emile Faguet: En lisant Nietzsche.

(七) 歐林普司是希臘山名，據希臘神話所述它是宙斯與衆神所居之地。

更原始。春之來臨與催眠藥酒覺醒了狄奧尼蘇司精神。人類受了他的精神的鼓舞自由發洩他原始的本能，沉溺在狂飲，酣歌，舞蹈之中。人與人之間一切的藩離都被打破，人類又與自然合一，沉入於神祕的原始的一致中，達到一種完全忘却自我的境界。在唱歌中與舞蹈中人類如與神明同在，他不知道該如何走，如何唱，他簡直要決活的騰入空中。他自己感覺着他是一個神明，他神魂蕩漾意氣昂揚到處徘徊着如同他在夢幻中看見的神明一樣。人在這時候不復是一個藝術家，他已經變成了一件藝術品。他對一切固定的事物都不滿足，他建造他又毀壞。生命在他是一席轉動的筵席，所謂幸福即是無休止的活動與野性的放蕩。

阿波羅却與此不一樣。阿波羅是日神，還是一切形相的設計者。美麗的夢幻世界的外形是一切造形藝術的必要條件。具有阿波羅精神的人審量夢幻世界的美麗外形感到一種恬靜而深沉的快樂。他與夢幻的現實的關係，猶如哲學家與生存的現實一樣，他從這些圖畫領悟到人生的意義，而且得到人生的訓練。他所欣然觀賞的不僅是適意的圖畫，但凡一切嚴肅的，困苦的，悲慘的，鬱悶的，突然而來的打擊，命運的拔弄，整個人生的地獄與天堂都在他的面前經過，他將它們當作壁上的畫幅來賞玩。這種觀賞給他快感，却不給他一點痛苦。他知道眼前看見的是夢幻世界，但是他還喊着：「這是夢幻！　我還要再夢！」這證明我們的內心非常欣喜地經驗我們的夢。他所看重的是和諧，限制，與哲學的冷靜。所以尼采稱阿波羅爲：「個體原理（Principium individuationis)的光輝意象」，「代表着在一個虛幻世界之前，在賦有美麗外形的世界之前（此美麗外形是計畫作爲免於轉化的拯救的）悠悠鎮靜的狀態。」

狄奧尼蘇司的精神表現在音樂中。叔本華說音樂是不受概念干涉的意志之直接客觀化。尼采說它是原始痛苦的無形相與不可觸覺的映像。音樂自狄奧尼蘇司舞蹈產生，抒情詩歌又是隨着音樂而產生。抒情詩歌的最初的形式是民歌，確實是世界的一面音樂鏡。歷史上每個時代最豐富的產生民歌的時代都是受狄奧尼蘇司節日的激動的。阿坡羅的精神在造形藝術中與史詩中顯示着。在這些藝術中阿坡羅的幻象在我們前面建起一個英雄的世界。荷馬描寫的人物是最好的榜樣。

荷馬是一個精神凝注的夢想者。阿坡羅型的樸素的藝術家。希臘人在雕刻上把荷馬與阿希勒胡（Archilochus）（八）並列，視爲希臘詩歌的祖先。在近代的美學家，爲了解釋的方便也許要說荷馬是第一個客觀的藝術家，而阿希勒胡是第一個主觀的藝術家。但是這種解釋沒有多大用處。所謂主觀的藝術家實在算不了藝術家，而且我們在整個藝術的領土之內所要先克服的便是主觀，釋放自我，抑壓個人的意志與渴望。任何種眞正的藝術作品，假若無客觀性，無純粹的超脫的思考是不能使我們信服的。因此我們必先解答這問題：何以抒情詩人能够是藝術家，所有他的作品總是講到"我"如何如何，而且歌詠他個人的情感與渴望。若與荷馬比較這位阿希勒胡以他的憎惡與狂歡的喊叫，酒醉的渴望的發洩使得我們驚懼膽寒。他被人稱爲第一個主觀的藝術家，我們能說他不是藝術家？尼采以爲這可以如此解答：第一，因爲是狄奧尼蘇司藝術家，他已與原始的一致，它的痛苦與矛盾同一。假定我們認爲音樂已經被正確地稱爲世界的一個復唱與改造，我們可以說他產生了這個原始的一致作爲音樂的摹本。不過在阿坡羅的夢幻靈感之下，這音樂又作爲一個象徵的夢幻圖畫顯示於他。無形相的不可觸覺的原始痛苦的映象在音樂中，及其在外形中的抵消，於是產生了第二個鏡子，作爲一個具體的象徵。在這種情形之下藝術家已經將他的主觀繳械了。現在呈現給他的圖畫是外形的一個夢景，表示原始矛盾與原始痛苦也表示原始快樂。因此，抒情詩人的那個"我"字，若說是"主觀的"完全是向壁虛造。我們已經知道音樂是意志的客觀化，或狄奧尼蘇司的精神；抒情詩也可以視爲音樂的客觀化，將音樂繙譯爲可觸覺的概念與意象。如是無所謂主觀的藝術，也無所謂客觀的藝術，沉醉者變成了夢想者，夢想者也變成沉醉者。在抒

（八）阿希勒胡是公元前七世紀時希臘詩人。

情詩歌中，於是我們發現狄奧尼蘇司的與阿坡羅的精神之間的初步的調融。

三

尼采認爲悲劇的起源與抒情詩歌的起源是相同的。悲劇不過是發展到極致的抒情詩歌。關於悲劇的起源的問題從來不惟無人解決，而且無人鄭重研究過。古代的傳說認爲悲劇由合唱隊產生，它只不過是合唱隊。合唱隊是理想的旁觀者，它代表民衆與所描寫的國王貴族形成尖銳的對照。這種解說在許多政治家看來極爲正大；但是他仍不能解決悲劇的起源的問題，因爲國王與民衆之對照，政治社會舞台與悲劇的純粹宗教起源是無關係的。我們若明白這一點，再想想埃斯去路（Aeschylos）與索佛克雷（Sophokles）作品中合唱隊的古典的形式，便明白這種解說的無道理。施雷格•奧威（August Wilheim Schlegel, 1767—1845）（九）的意見要比這著名的多。他說我們應該把合唱隊當作觀衆的精華，即所謂"理想的觀衆"。這是一個很淺薄，不科學，但是很動聽的意見。因爲眞正的觀衆總很明白在他面前的是一個藝術品，並不是一個經驗上的現實；而希臘人中的悲劇合唱隊却是被迫着在舞台上的人物中辨認得出眞正的人物，把舞台上表現的情景完全當作現實看。沒有舞台的合唱隊——即是悲劇的原始形式——與理想的觀衆的合唱隊是不能符合的。詩人釋勒在他的悲劇邁辛那之新娘（Die Braut von Messina）（一〇）的序文中曾把合唱隊當作悲劇護衛它自己與現實世界接觸的一道活動的牆壁，用合唱隊保守它的理想領土與詩的自由。這個理想的領土正是希臘的山特（Satyr）（一一）合唱隊所願意居住的所在，它遠在

（九）施雷格是德國十九世紀的浪漫文學家，以繙譯莎士比亞著名，他還是一位極淵博的文學者與東方語言學者。此處所述見他的名著論戲劇藝術與文學（Über dramatische Kunst und Literatur, 1809—1811）。

（一〇）詩人釋勒最後的作品之一。

（一一）據希臘神話，山特是一種精靈，形狀半人半羊，喜酒與女色，善吹笛，常遊於有音樂鐃鈸的地方，每與仙女舞蹈徵逐。希臘人每於狄奧尼蘇節日扮作山特形狀以滑稽突梯的詩歌演述諸神與傳說中的英雄的事蹟。

一切凡人的現實的徑路之上。希臘人爲這個合唱隊築造了一個虛構的自然國的基架，安放了虛構的自然人。悲劇卽是根據這個基礎發展，所以悲劇在起源就遺棄關於現實的痛苦描繪。可是它並不是被幻想安放在天與地二者之間的一個專斷世界，而是據有歐林普山上羣神所據有的同樣的現實。山特是狄奥尼蘇司的合唱者，在神話與崇拜認可之下生活在一個宗教承認的現實之中。悲劇卽是從山特產生了的，狄奥尼蘇司的智慧卽是經他來宣洩出的。尼采以爲這種現象很令人驚訝正如說悲劇是由合唱隊產生的一樣。他以爲有教養的希臘人在山特合唱隊之前感覺他自己中和了；這是狄奥尼蘇司悲劇最直接的效果，國家與社會，人與人間之隔陔，都消融了產生了不可當的一致感覺，引他回到自然的核心。每個眞正悲劇所給與了我們的哲理的慰藉，不論現象如何不斷的變化，生命在根底是無法形容的强盛與愉快，這種安慰好像山特合唱隊，自然人的合唱隊，呈現出那樣具體的清澄光輝。

心思深沉的希臘人就拿上這個合唱隊來安慰自己，他以徹察的眼睛瞥進所謂宇宙歷史的可怖的破壞程序的核心，他又窺探見自然之殘酷，他簡直要墮入釋迦的魔障要否認意志。但是藝術救了他，生命用藝術救了希臘人，也救了他自己。原始的崇拜狄奥尼蘇司的狂歡的希臘人在興奮與神魂蕩漾的情狀之下完全是在一個空幻的世界中轉動着。他看見他們自己化身爲山特，崇拜他們的神明狄奥尼蘇司。因此，他們同時是演員又是旁觀者。最初他們只將狄奥尼蘇司想像作存在的；後來他們把他在他們眼前表現了出來，於是狄奥尼蘇司變成了悲劇英雄的原型。普羅眉託斯(Prometheus)(一二)，窩底浦斯 (Oedipus)(一三)以及其他的悲劇英雄都是這個原始的狄奥尼蘇司的化身。狄奥尼蘇司的苦痛浸沾了阿玻羅的光輝，音樂醞釀成故事，如是產生了悲劇。

但是何以悲劇只產生在希臘，而不產生於其他的國家？亞里斯多德曾說過

(一二) 普羅眉託斯是希臘悲劇英雄之一，因竊火給與人類遭受宙斯的懲罰，被縛於一岩石上，埃斯去路有詠他的三部曲。

(一三) 窩底浦斯是希臘悲劇英雄之一，索佛克雷最著名的一個悲劇卽是歌詠窩底浦斯的不幸遭遇的。

悲劇是源於頌神的詩歌，多利亞(Doria)人自認悲劇是他們的發明。尼采對這問題要探索出一個所以然來。他以為希臘人著名的與高采烈的精神只不過一個絢縵的夕陽，他們在本質上是悲觀主義者。尼采是叔本華的信徒，他相信人生是痛苦，世界不停止地在變化着，人類的痛苦也永恆地產生出新的幻象，永遠是對立的矛盾的。但是尼采以為生命在本質上不是道德的，所以不能用道德來辨正。也正因為這個緣故尼采反對基督教（一四），因為基督教只承認道德的價值，拿上另一個世界來使人嚮往與信仰，忘掉這個世界的痛苦與罪孽。希臘人是最敏感的一個民族，對於一切極微細與劇烈的痛苦感受的最親切。他們洞悉宇宙間的苦痛。但是他們不隱遁，也不皈依宗教，他們還要活下去。為了求活得下去的這種迫切需要他們創造了歐林普的衆神，創造了一個藝術的世界作為人生的苦惱現實與希臘人中間的一個緩衝地帶。因為現實雖然是痛苦的，但是現實的幻境却是令人怡悅的。我們不能在現實世界中尋求正義與幸福，因為永遠不會尋得到。我們對於人世的一切苦難不幸應該當做一件藝術品來欣賞玩味，在欣賞玩味之中，我們只發見它美麗，崇高與偉大，却感不到一點現實的痛苦與威脅。這就是尼采所說：「經由形相的解脫」。狄奧尼蘇司藝術與阿坡羅藝術都是逃避人生的方法。我們要逃避現實的痛苦投入無休止的變化的漩渦中，這是狄奧尼蘇司藝術；為了逃避變化的痛苦，阿坡羅藝術諦視着人生的形形色色的意象。這兩種藝術結合的悲劇呈現給我們對於世界與人生的審美的解釋。在道德的解釋中，否認人生；在審美的解釋中，一切人世的形相經由悲劇詩人給我們造成功美麗的欣賞的對象，凡道德無從解釋與辯護的人生，我們得到滿意的解釋；我們不否認，而肯定，人生。悲劇所給與我們的不僅是一種審美的快感或是阿坡羅諦視一個痛苦的現實的美麗形相所感到的喜悅。尼采以為還有一種哲理的快感。我們在欣賞悲劇之時知道生命的現象是永恆地在變化着的，但是生命實在

（一四）尼采在一八九五年寫過 Der Antichrist，公開地反對基督教，予以猛烈的攻擊。在尼采所有的著作之中差不多都透露著反對基督教的意味。

是美麗的强盛的。 永恆的生命永遠在變化沒有休止；它要一切無休止的毀滅也要一切繼續的更生。 悲劇英雄雖然是人類意志的最高表示，但是他只是一個現象，而意志的永恆的生命不因他的毀滅而毀滅的。 悲劇所昭示我們的是"信仰永生"。

希臘悲劇因遭遇一種無可調解的衝突而自入於毀滅。 這與其他的姊妹藝術形式——比方說史詩——總是很鎮靜地美麗地自然而然而消滅者完全不同。 悲劇的衰亡很令人悲惘，所以在希臘世界中我們聽見哀悼它，詩歌也與它同時消滅。 隨着悲劇的消滅產生了一個新的藝術，賦有悲劇在它的奮鬥的一生中所呈現的各種形態。 歐里庇得（Euripides）就是爲悲劇作殊死戰的英雄。 這個新藝術是"新希臘喜劇"，在它裏面還保存着悲劇的衰退形式。 新喜劇詩人所以對於歐里庇得很熱烈地依附着正是這個原故。 歐里庇得與他的兩位前輩的悲劇大師不同。 但是他與新喜劇詩人却很有相同之點，他將觀衆帶到舞台之上。以前的悲劇詩人都用超越於尋常人的高貴人物作爲悲劇的英雄，歐里庇得却用無高位無權勢無令聞無閥閱的庶民作他的英雄。 歐里庇得所得意的卽是描繪了庶民的凡庸，熟習的日常生活與活動。 尼采認爲這是悲劇的沒落與死亡，同時也是新喜劇的誕生。 隨着悲劇的死亡希臘人不再信仰不朽：他們不僅不信仰一個理想的過去，而且也不信仰一個理想的將來。 到了這個時代，賤民的權力强大了起來，至少在情感上是如此。 假如在這個時期我們還說有所謂希臘的快樂精神，那麼，這是賤民的快樂精神，他們不擔當任何迫切重大的使命，他們不爲任何偉大的事件奮鬥抗爭，他們不看重任何過去的或將來的事件，惟着重眼前的現在。 他們似乎不知道有那樣一個第六世紀，有悲劇的誕生，好像那個偉大的時代的藝術作品根本未曾存在過。 這一點表現出希臘文化的墮落。 所以在尼采看來，歐里庇得不僅是悲劇的，而且是整個希臘文化的，罪人。

但是歐里庇得想把悲劇與原始的全能的狄奧尼蘇司元素分離開，而以反狄奧尼蘇司的藝術，道德，與世界概念爲基礎構造一個新的淨化的形式。 如是悲劇喪去狄奧尼蘇司元素，但是也不是純粹的阿坡羅型的，他是惟理論的與非藝術的。歐里庇得實在說來不過是蘇格拉底的應聲蟲。歐里庇得的神明不是狄奧尼蘇司也不是阿坡羅，而是蘇格拉底。希臘悲劇的藝術就喪失在這一個新對立狄奧尼蘇型與蘇格拉底型之上。歐里庇得設計他的劇情時是一個蘇格拉底型的哲學家，表演的時候是一個熱烈的演員；他却從來不曾是一個純粹的藝術家。所以他的戲劇既冰冷而又熱烈，可以凍結又可以燃燒；既不能得到詩歌的阿坡羅的效果，而又割棄去一切狄奧尼蘇司的元素。這樣的悲劇要求發展需要新的興奮劑：冷淡的，似是而非的思想——代替阿坡羅的直觀，與熱烈情感——代替狄奧尼蘇司的狂歡；而且這思想與情感又是極如實地摹仿了的，毫不沾染著藝術的氛圍。蘇格拉底說：「知識是美德」，於是審美的蘇格拉底主張是：「一切美的事物必須是可悟知的」。歐里庇得執住這條法規衡量悲劇中的一切元素，並且依據他自己的原理改正他們。詩歌的缺陷與墮落多半是由於這種批評程序與這種知識。歐里庇德悲劇中的序曲正是這種理性方法的結果的一個例證。在劇的開始先出來一個人告訴我們他是什麽人，劇中如何如何，將如何如何，完全摒棄懸慮的效果。歐里庇得的悲劇效果不憑賴懸慮，也不憑賴以後將接著發生什麽事故的狐疑，而只憑賴詞藻富麗綴飾的劇文。劇的重心不在動作，而在動情力(Pathos)。這些都是歐里庇得與他的前輩們大相逕庭的地方。歐里庇得自以爲是第一個頭腦清明的悲劇家，於是他攻擊那些沉醉的詩人，說他們不自知地寫詩，所以他們錯了。柏拉圖曾經調侃過詩人的創造才能，說他的才能不是自知的識力，因此與卜占者圓夢者等視齊觀。換言之，詩人須變得無意識，喪失掉理性才能吟詩。歐里庇得所以在悲劇中排除去狄奧尼蘇司的元素正因爲他看重理性，看重知識。蘇格拉底以爲造成功批評家的是本能，而造成功創作家的是意識。根據蘇格拉底的學說，「知識是美德；人類犯罪由於無知；有德之人是幸福的。」這三種基本的樂觀條件就致悲劇於死命。因爲具有德性的英雄必是一個推理者；在美德與知識之間，信仰與道理之間，必須有一個必須的可見的關聯。 樂觀的辯證法將音樂從悲劇中擯斥去，毀滅了悲劇的要素。 所謂悲劇的要素是狄奥尼蘇司情狀的表現，音樂的可見的象徵化，狄奥尼蘇司狂歡的夢幻世界。

四

尼采所最重視的是音樂。 瓦格納曾說過我們對於音樂必須以異於應用於一切造形藝術的原理來估價，也不能依照美的範疇來估價，固然有美學家期望音樂也產生像其他的空間藝術作品的效果，對於美的形相喚起喜悅。 究竟音樂與意象和概念的關係如何？ 即是相反的兩種藝術力量併合爲一致的活動的時候產生什麼樣的結果？ 尼采認爲叔本華在這一點講得最透澈。 叔本華以爲我們可以將現象世界或自然與音樂認爲同一事物的兩個不同的表現，因此事物是現象世界與音樂類同之點的一個媒介，我們若要明白它們的類同之點，必須對於事物有相當的知識。 假若我們視音樂爲世界的一個表現，它實在是最高級的宇宙語言，它與概念的普遍有密切的關聯，猶與特殊事物的關聯一樣。 它的普遍性絕非抽象的，而是明確的。 意志的一切可能的努力，奮張與表示可以用無數的曲調表現出來，依照事物之本然而不依照現象。 音樂對於萬有的眞性的深切關係也可以如此解釋這事實，若音樂的演奏適合於任何的情景，動作或事件，它往往是似乎洩露給我們最秘奧的意義而且似乎是對於萬有本性的最正確精當的註疏；聽了交響樂的演奏深受感動的人他宛如自己經驗了一切人生宇宙間的大事；可是他略一思索，他在音樂與他的心上經過的事物之間却找尋不到相似之處。因爲音樂所以異於其他的造形藝術者，它不是現象的摹本，說得更確當一點，意志之充足客觀化，而是意志本身的直接摹本，因此音樂代表宇宙間一切有形物的形而上的本然與每個現象的本然。 如此我們正可以稱世界與音樂化合爲一的世界爲與意志化合爲一的世界。 照叔本華的學說來說，音樂是意志的語言，我們的意象與概念都藉音樂以表現。 因此狄奥尼蘇司藝術對於阿波羅藝術官能常有兩種影響：

音樂激動狄與尼蘇司普遍性的象徵直觀，音樂任聽象徵的意象浮現在它最高的意義之中。由此尼采推想音樂可以產生神話（最顯著的典型），特別是悲劇的神話：換言之，即用象徵表現狄與尼蘇司知識的神話。

從一般所知曉的藝術本質，依照外表與美麗的範疇，絕對不能公正地推定悲劇的概念的；惟有憑藉音樂的精神我們才能了解摻混在個人之毀滅中的快活。因爲惟有從這種毀滅的特殊例證我們才能豁然穎悟狄與尼蘇司藝術的永恆現象，它給與我們以意志的完全表現，超越過一切之上的永恆的生命。我們輕鄙一切毀滅也因爲有了這樣的例證。悲劇的最大的形而上的快樂是本能的無意識的狄與尼蘇司知慧轉爲舞台的語言的一個繙譯。悲劇英雄（他是意志的最高的表示）不被認爲是我們的快感，因爲他只是現象而且因爲意志的永恆的生命是不受他的毀滅的影響的。悲劇所叫喊的是：「我們信仰永恆的生命」，而音樂正是永恆生命的直接的觀念。空間藝術的目的却與此不同。阿波羅用以消滅個人的苦痛的是尊頌現象的永恆：美麗勝利了生命本身所具的苦痛。

狄與尼蘇司藝術要我們信任生存的永恆快樂；不過這個快樂我們不能求之於現象之中，而須求之於現象之後。我們諦視個體生命中各種痛苦的可怖的事實之時，我們感覺到求生存的熱望與生存的快樂；掙扎，痛苦，現象的毀滅，這時對於我們變成必需的了，假若我們觀察一下無數的各式各樣的生存形式彼此衝撞入生命之中，宇宙的意志又是如何充溢豐滿，我們便會認明這種需要。雖然有所苦痛有所恐怖，我們還是幸福的活着的人，不是個體，而是與創造的快樂結合在一起的同一活着的人。

人類的無厭足的意志永遠在用上幻夢來誘惑人類，强迫他們繼續活下去，這是一個永恆的現象。有一種人受着蘇格拉底式渴愛知識的束縛，以爲可以藉知識來醫療生存的永恆傷痕；另一種人受了藝術的勾引人的美麗面網的籠罩，還有一種人受形而上學的安慰，相信在流動不息之現象之下永恆生命在不滅地流動着。這三種幻像是爲比較高貴天性的人安排了的，這些人都深刻感覺到生存的重荷，不得不藉銳敏的刺戟被誘入遺忘悲哀之境。據尼采的意見我們所稱爲文化者卽是這些刺戟構成的；按照它們的成分的比例說，我們有主要的蘇格拉底文化，或藝術文化，或悲劇文化：或者用歷史的解釋來說，一個亞歷山大文化，或一個希臘文化，或一個佛教文化。近代世界就糾纏在亞歷山大文化的網中。亞歷山大文化以具備有最高的知識力，努力於科學的研究的學理家爲理想，這種文化以蘇格拉底爲始祖。所謂文化人都是學究，一切教育方法都以這個理想爲目標。蘇格拉底文化的中心是樂觀主義，無限的權力——從智識獲來的無限的權力，求此生之幸福。這種文化要保持長久的存在需要一個奴隸階級來維護，但是依照樂觀的人生觀奴隸階級是被否認的。所以一旦美麗的引誘人的話語"高貴的人"，"高貴的工作"，說完之後，這種文化便逐漸趨於沒落。

學理人文化的沒落很貽近代人以不安。他過去所依賴以躲避禍患的憑藉沒有了。卓越的大天才利用科學的行頭指示出知識的限度與相對性，因此確然否認科學的萬能。康特與叔本華正是打倒這種樂觀精神的英雄。樂觀派的人以爲一切宇宙之謎是可以解開的，空間，時間與因果律被視爲最宇宙的眞的全然無限制的法則。康特則認爲在實體中時間空間等等只不過把現象提陞到獨一的最高的實體之中，以它代替萬有的最深的眞實的本質，因此任何這個本質的知識是不可能的。由此種知識所產生的文化，尼采稱之爲悲劇的文化；它最重要的特點是智慧代替科學作爲最高的終鵠，智慧不受科學的誘惑與欺騙，以鎮攝的兩眼締視一個廣博的宇宙觀，並且以同情的愛的感情將世界的永恆痛苦視如自己的。將來必有一代的人懷抱這樣英勇的幻象渴求宏偉雄壯事業的壯心，以驕傲無懼的氣魄視一切蘇格拉底文化的柔弱無力的樂觀教訓如敝屣，然後才能以果決地，健全地，充滿地生活。具有這種悲劇文化精神的人才能渴望一個新的藝術，有着形而上學的慰藉的藝術——悲劇。

悲劇在豐富的人生之中，在人生的歡樂與憂患之中，巍巍然端坐在那裏，神魂恍惚地諦聽遙遠方傳來的一曲悲楚的歌詞，訴述幻想，意志，愁苦(Wahn,

Wille, Wehe)的歌詞。 人類應該信賴狄奧尼蘇司生活與悲劇的誕生，應該英勇地做一個悲劇人，然後才能得到濟度。 人類唯有從希臘人才能學得到神跡一般的悲劇的復生。 希臘人因為具有悲劇的神秘所以能與波斯人打仗，而敢於冒險作戰的人也需要悲劇作為一付必需的醫療劑。 隨着狄奧尼蘇司生活的擴張，人類能覺察到狄奧尼蘇司解開個人的枷鎖，而使他自己首先感覺到在政治本能上一個增進的侵犯；在另一方面，組成國家的阿坡羅也是具有個體原理的天才，國家的與家庭的情感不承認個人的人格是不能存在的。 在這種情感的激發之下只有一種出路，或是皈依於佛教，無所希求，只求寂滅之境，藉想像造成一個極樂淨土，或者走向絕對的世俗的道路，最堂皇，也最悲慘可怖的表現即是羅馬人的 Imperium（最高無上權）。

在這兩條錯誤的途徑之中，希臘人不得不尋求另外的一條出路，他居然找尋到一個第三徑路，這不是專為了個人，也不是專為國家，正因為這個緣故它是注定是不朽的。 在萬物之中上帝最喜愛的是不壽，但是它們雖然不壽却是與上帝永恆地生活在一起。 最高貴的存在物不一定非具有皮革的韌性不可，羅馬人性格中的剛直的耐久性也許不是至善的不可或缺的一個性質。 但是假若我們要問希臘民族在全盛時代憑藉了何種醫藥的方法使得他們能以蔑視他們的狄奧尼蘇司衝動與政治衝動的憤怒，不疲敝於銷魂狂樂的懷想之中，也不兢兢然爭取帝國的與世俗的光榮，而是恰與這些相反，完成了那樣宏偉燦爛的混合物，我們在一杯高貴的光輝的燃燒的安排的酒中找尋見這個混合物——悲劇。 悲劇有非常巨大的力量，它在希臘時代曾經激發，滌淨，慰安過希臘民族整個的生命。 悲劇的最崇高的價值是在它呈現出它是一切防預醫療的力量的元素，一個民族的最強盛的與最堅固有力宿命的特質之間的秉公裁斷的惟一調停人。

悲劇最初完全着重在最高的音樂狂熱之中，所以在希臘人中悲劇使音樂發展到極致；其後，在音樂之外又有了悲劇情味與悲劇英雄。 悲劇英雄擔當了整個狄奧尼蘇司世界，解除了我們的重負；同時悲劇藉了悲劇情味之助，以悲劇英雄爲代表，將我們從求生存的深切的渴望之中拯救出來，並且以那個在掙扎之中的悲劇英雄由於他的毀滅（不是由於他的勝利）給他自己安排了的另一個生存與更崇高的快感，提醒我們。　悲劇在它的音樂與具有感受性的狄奧尼蘇司型的聽者之間安置了一個崇高的象徵，悲劇情味，而且給與了聽者一個幻覺，惟有音樂才能給故事的造形世界以生機活潑最有效的工具。　依恃這個高貴的幻覺，悲劇才可以揮動它的四肢來作頌神的舞蹈，毫不躊躇地放蕩縱飲。　悲劇情味給我們最高限度的這種自由，而音樂傳移給悲劇情味一個動人心目的與令人信服的形而上學的意義，這是文字與意象永遠達不到的一個境界。　悲劇的觀者因此體驗到經過毀滅與否定所引循到的超然快樂的眞確表現；所以他想像他聽得見萬物的最深沉的淵洞淸晰地向他訴語。

悲劇中的阿坡羅元素藉它的幻覺之助完全勝利了狄奧尼蘇司的主要的音樂元素，並且以音樂作爲達到它的目的之工具，不過這個阿坡羅幻覺在最主要點要消滅了的。　在悲劇的整個效果說，狄奧尼蘇司元素却又佔了阿坡羅元素的上風。阿坡羅幻覺最後被發現只不過是內在的狄奧尼蘇司效果的悲劇扮演中熱心的面紗。　狄奧尼蘇司效果極有力量，它最後逼迫着阿坡羅戲劇用狄奧尼蘇司的智慧來談話，强迫它否認自己，與它的阿坡羅超越性。　所以在悲劇中的阿坡羅元素與狄奧尼蘇司元素的繁雜綜錯的關係可以用這兩位神明的結合來象徵：狄奧尼蘇司說阿坡羅的語言；而阿坡羅最後也說狄奧尼蘇司的語言，如是達到悲劇藝術最崇高的目的。

五

悲劇起源論原名爲悲劇起源於音樂的神精論，是在尼采受着叔本華與瓦格納二人的整個影響之下著作的。　這書是獻給瓦格納的。　據尼采的妹妹說，悲劇起源論僅是她的哥哥從學生時代起就蓄意要著作的一部論希臘精神的書中的一部分。　不過原來計議的討論悲劇的部分也比這部書要規模大。　這部書所以在一八七一年以這個書名刊行者或者是爲了瓦格納的緣故。尼采在一八七一年四月裏到特利布司成（Tribschen）訪問瓦格納，見他神情很沮喪，簡直忘記他的生命的使命。尼采想要鼓舞瓦格納，於是把他已經着手的論希臘精神的大書棄置一邊，選出已經寫好的論希臘精神的一方面的悲劇的部分，而以瓦格納音樂，狄奥尼蘇司的名字與它聯合在一起。尼采在一八八八年所寫的自傳'Ecce Homo'中有一篇講到悲劇起源論的文字，當年對於瓦格納的景仰完全消滅淨盡，他說：「心理學者可以說我在早年所聆的瓦格納音樂事實上與瓦格納毫無關係；我所描寫的音樂，只不過描寫我所傾聽過的……凡是寫着瓦格納的名字的地方，讀者還可毫不遲疑地代以我的或查拉圖斯特拉的名字。」他在這篇文章中給他的著作的命名一個詳細的說明：「這本書每被人引用爲『從音樂的精神中悲劇的重生』：他們只是在給瓦格納的藝術，目的，與使命尋求一個新的公式——因此潛隱在這書中的基本要義被全然忽略了。『希臘文化與悲觀主義』這名字比較不易引起誤解。這書包含着證明希臘人何以克制悲觀的第一次的企圖。悲劇就是希臘人絕非悲觀者的證明：在這一點叔本華錯誤了。」一八八六年尼采給悲劇起源論寫了一篇"尾曲"，他說：「你現在明白我在這部早年的著作中大膽提出的問題嗎？我現在多麼悔惱在那時我沒有勇氣用我自己個人的文字來表現這些個人的思考與嘗試，我艱難地用康特與叔本華的術語來表現新奇的價值，這些價值根本與康特和叔本華的精神和味口恰是對立的！請問叔本華的悲劇的意見究竟是什麼？他在意志與觀念的世界（II.495）中說：『悲劇所以使得人昂揚者，因爲他覺醒了我們：世界，人生不能徹底滿足我們，因之不值得我們依戀。悲劇的精神就在此點：它引致我們退讓。』可是狄奥尼蘇司的聲音與這又如何不相同！在當時這種退讓主義與我又如何之無關！但是在書中還有比這更糟的，我現在追悔這比追悔以叔本華的公式湮埋了毀壞了狄奥尼蘇司的預兆還更厲害：我摻雜了近代觀念毀壞了宏偉的希臘問題。」尼采還說過：「我似乎有權自命爲第一個悲劇哲學家——這即是說與一個悲觀的哲學家極端地對立不相容。」，

「……新的生命肯定者承擔一切重大事件，人類的訓育，以及無憐惜地將一切退化的寄生的東西予以摧毀，這樣的人將要使生命之洋溢重新恢復於世界之上，狄奧尼蘇司的境地也將再一度的興起。 我預見到一個新的悲劇時代：生命肯定的最高藝術，悲劇，也將重生，當人類意識到，但是毫無一點痛苦的感覺，在它的後面有最艱苦而最不可或免的爭鬪……」。 在這幾段文字中尼采把他自己的主旨解釋的極清楚，不容人再誤解。 他是悲劇的哲學家，却不是悲觀的哲學家；說他是悲觀者，惟有當他以道德者來觀察宇宙人生的時候才講得通。 但是我們在前面說過，他的悲劇起源論的要旨之一就是否認他以前的哲學家的道德觀。他認為人生之意義與價值惟有從藝術的或審美的觀點才能辨正。 我們甚至可以說，他的整個悲劇學說也是建築在這種藝術觀上面的。

黎爾克的詩

Rilke's Dichtungen

吳興華

在我未提筆之前，我一點也沒有想到關於黎爾克說幾句中肯的話是一樁多麼困難的事。想起來夠多容易，他的詩篇，散文及信札多年來就是我歡樂與憂愁中最親切的伴侶，彷彿把我對它們的印象大略描述一下，就可以算盡了介紹的責任。然而現在我徒然翻找搜尋，而從心靈的隱秘處落出來的一些碎片，都只是個人感情的殘餘，離着最下等的批評還差的老遠——對於別人毫無用處是更不用說了。我不知道這是不是就是偉大的詩人的記號。你一向以爲對於他的作品已是很熟悉了，你看他們就像看自己的詩一樣，然而等到了該用冷靜的頭腦衡量，分析時，一切都引退，黯淡了，你只能對自己說這一句話：批評是多餘的。

但是重新喚回一些斷片的記憶——那些在個人詩的教育中挺然拔出其餘之上，記載著進步的里程碑——那却是一樁値得歡迎的工作。我們誰不曾有過同樣的經驗？幼小時隨著教師，或母親輕柔的聲音學得的詩：『少小離家老大回』……『故人西辭黃鶴樓』等等，然後在長成後總有那麼可紀念的一天，當這幾十個字中所環抱著的意義，越過年代的阻隔，第一次顯示給我們？誰又不記得——幾乎是戰慄的記得——第一次和但丁相識的情形，以及那崇高的膜拜者的旅程，從第一行：

Nel mezzo del cammin di nostra vita…………

穿過雨雪，地獄的呼號咒駡，穿過淨界而聽到最後的讚美歌：

O, virgine madre, Figlia del Tuo Figlio……

那豈不是一生最可珍貴的經驗？同樣的，莎士比亞，哥德，與（至少在他那特殊的領域裏）黎爾克。

說起來也許會惹人笑，我是在英文翻譯裏第一次遇見黎爾克的名字。那篇詩就是我在本期中試著想用可憐的中文移植過來的奧菲烏斯，優麗狄克，合爾米斯。和他一比起來，我曾一度心醉的現代英美詩是如何的淺薄而不値一顧？而那還是翻譯，在過程中原作的十分美至少要丟五分的翻譯……我當時的羞慚眞是語言無法形容的。

因爲，我希望見到這點的人不像我想像的那樣少，有許多偉大的詩人是沒法學習的。從天才到凡庸在表面上看起來只是小小的一步，然而這一步就是天人分界，不容半點馬虎。我對於黎爾克所以這樣愛好，並且急切着想把他介紹給旁人，也就是因爲他的詩有這樣一種特殊的品質——一種足以爲後進取法的深度。其他像哥德，像何德林 Hölderlin，乍一看彷彿人人可摹仿而自成一家。哥德的詩集幾乎是一個整個的宇宙，包含着一切神奇下至碌碌無殊的東西。何德林的悲歌所呈獻給讀者的也是極廣的一面，有些人在裏面看出崇高的詩，有些人只是無病呻吟。但是當你照樣落筆時，你就會發覺，在一切緊要的，精緻的，句節轉捩筋骨處，你不是剛剛達不到，便是略微過了一點。而這一點，這微小的一點不但阻止你成爲第二個哥德，第二個何德林，甚至於恐嚇着掠奪你詩人的名號。

黎爾克的詩在這方面就佔有莫大的優點。與其說使人摹仿，我們不如說他是在替人引路，在前面給人作榜樣。自然我不用聲明，並不是每個跟隨他的（或者自己以爲是在跟隨他的）全能置足於他所到達的黃金國土裏。這是世界上少數的絕不可能的事情之一。但是你至少可以看見他怎樣工作向前，或者，要是你運氣更好的話，能看上一眼那遼遠耀目的完美。

簡括一句說：每個有地位的詩人的作品中都具有着精華與糟粕。批評的威力與用處只能達到後者，一般讀者也只能感到後者——所謂"糟粕"並一定是劣等的詩，只是那些落入言筌，可以理解，分析的部份。黎附克莫大的光榮就在這一點：他的糟粕都可以使善學者的詩變得更好。

二

我可以解釋得更清楚一點。所謂學某一個詩人並不是只去學他的筆調和格律。自然黎附克詩中的音樂性是有耳朵的人全不會忽略過的——正好給一些老覺得德文太硬，不能產生柔和的感覺的人一個絕好的反證。他有許多十四行詩也可稱得起是完美的產品。這一切都很對，但同時它們都是不難仿效的，而只具有它們並不能造成好詩。黎附克把金針度與後人的地方却在他處理的手法。從他自己的信札中我們也可以看出來他曾如何努力使自己脫出早年詩的窠臼。真的，從早期詩到他的畫册 (Das Buch der Bilder) 的進展幾乎使人無法置信。以前的詩是輕而帶着一點微微感傷的調子的。它們似乎是每個少年人自然的表現，畫册可不同了。其中的詩如黃昏，回憶以及後面的幾首長詩不但足以使大部份同時的詩人退後，同時且暗示我們黎附克將擇取的路徑——趨向人物事件的深心，而在平凡中看出不平凡。黎附克自己是他作品最好的批評家。他珍視畫册一集的程度可以在他的信裏看出來，原因也就是因為他意識到自己的脚踏着實地，以後可以不受擾亂的進行了。然後再到新詩(Neue Gedichte)甲乙集及晚年閃耀不可端倪的傑作都是循着一條很明顯的自然的路線。黎附克敲開不朽之門的鑰匙是他自己苦心學習而後獲得的。當新詩甲集出版時，他在給他妻子寫的信中曾談到如何他因為立在一幅賽尙痕 (Cézanne) 的畫前，覺得自己更能夠了解畫家的苦心與進步的痕跡，因之而悟到自已同時也在進步。「我深信，」他寫道：「有些畫我在短時間之前也許只會略看一眼而走過，後來也並不更熱切而抱着莫大希望的轉回向它們，我現在站在這些畫前能够發現許多新東西都是因了一些內在的個人的緣因。我仔細研究的並不是那些畫本身（因爲不管怎麼着，我只要面對一張畫，就打不定主意。費了天大的力氣才分辨出好畫與不太好的畫。至於早期繪的與晚期繪的我是更鬧不清了）。我在這幅畫裏注意到的乃是其中的轉折（Wendung）。我之所以能認出它的緣故也就因爲我在我自己的作品中剛好達到同一點，或許還沒有達到，反正也接近了……」（一）

黎爾克作品中的轉折絕不止一個，但其中最主要的就是把他脫出一班通常抒情歌人之羣的品質，而在畫册一集中初次清楚的顯現出來的。黎爾克終於學習到能夠在一大串不連貫或表面上不相連貫的事件中選擇出"最豐滿，最緊張，最富於暗示性"的片刻。同時在他端詳一件靜物或一個動物時，他的眼睛也因訓練的關係會不假思索的撇開外表上的虛飾而看到內心的隱祕。一個例子會更清楚的說明這點。

三

現在請大家翻到剛才提起的奧菲烏斯·優麗狄克·合爾米斯一詩來作我說的話的印證。黎爾克在這篇詩中爲選擇，"那最豐滿，最緊張，最富於暗示性"的時刻，一定費大費苦心。奧菲烏斯，我們知道，是希臘神話中日神愛普羅與繆斯珂利歐的孩子。他在豎琴上所奏出美妙的音樂能夠使最兇暴的野獸帖耳馴服，使急湍靜止，使岩石點頭。當他的妻子優麗狄克死去後，他極端的悲痛感動了諸神。於是他們允許還給他他的愛妻，只有一個條件就是他在領導她一齊回歸人世時，未到達之前，不許回頭看她一眼。然後奧菲烏斯歷盡艱險，以他的絕技感動了地界的三頭犬與永不落淚的柏魯脫（Pluto），陰世的主宰，最後贏回了優麗狄克。但是，在一切難關度過後，他終至遏不住他的好奇心，而在一顧中失去了他的愛妻與畢生的幸福。

這個故事，像許多其他的希臘神話一樣，幾乎像是生來就爲作詩的題材而設

（一） 給 Clara Westhoff 的信，日期是一九〇七年十月十八日。

的。但是它"最豐滿，最緊張，最富於暗示性"的一點到底是在哪裏？恐怕大家所見不見得相同。粗粗看起來，似乎奧菲烏斯在地界王面前奏琴那一段最爲感人，但黎爾克拋棄了這顯而易見的一點，而選擇了這短短的一瞬：在奧菲烏斯將要回頭而尚未回頭時。在這短短的一瞬裏，他放進了整個故事。這已經是很難了，然而這還只是巧匠而不是詩人的任務。此外，他却又加入一些東西，一些使整個故事脫離了希臘氣氛（這並不是像許多人所以爲的那樣大的損失），凝固而具有永遠性的東西。

開首描寫從地下通至人間的路程這一段是很簡潔的。黎爾克並不假借甚麼蝙蝠，老鼠，屍蟲，深淵，泥澤，暗夜來作點綴，增加這幅畫圖的陰森。只有這寥寥的幾點：岩石，虛空的林木與灰色的湖。一條白色的路蜿蜒向前，伴着給予人類生命的溫暖的血液，一齊奔馳向人間。

然後詩中的主題人物一一出現。先是奧菲烏斯，一切藝術家，或者更擴大點說，一切人類的象徵，焦急而不安，並不是爲了甚麼特別緣故，只是因爲最擔驚，最費力的時辰已經過去了，長久夢想的快樂已近至唇邊，他不禁懷疑如此的幸福是否可能，而這懷疑，看起來微不足算，終將是一切的毀滅。然後是合爾米斯。他象徵着那人類生命中永遠的疑問，一切問題中的X。有些時候他出現在我們之間而把手放在我們的某一些行爲上，於是我們說：「這是運氣，沒法辦……」「正趕巧了……」「沒想到……」。他背後或許還有一個更偉大，可怖而不可知的神祇。他或許只是一個傳達他人旨意，自己毫無目標，意志的工具。他或許預先看到一切遠至千百年之後，近在目睫的災難，看人類盲目的對面奔去。他或許也在與我們同樣的愚昧無知裏。黎爾克只給了他輕輕的一觸，其餘都讓我們自己去思索，但這一觸眞是畫龍點睛也不足以喻其神妙。在最後那至高的樂人回頭時——一切崩潰了。彷彿一座五彩玻璃的大殿堂摧倒爲碎片——優麗狄克仍是木然無感，而伴她的神却"痛苦"的喊道：「他轉過身來了。」超人，要按希臘人看，也一樣是有情感，並不是冷酷而不能轉移的。

冷酷而不能轉移的却是一切我們所追逐，熱望達到的事物。藝術家日夕揮汗遙望的"完美"，哲學家鞭策着自己的腦筋而思索着的"絕對的眞理"，歌德在浮士德序曲裏歌唱的"永恆的女性"(Das ewig Weibliche)。優麗狄克從地界裏回來時，已經是

……鬆弛了，像是委長的頭髮。

孤獨被棄如落下的雨。

她只默默的跟着奧菲烏斯向前走，不知道往哪裏去，也不知道爲甚麼。我們可以想像出來這對奧菲烏斯是一個多麼可怕的啓示。他在前面走，因爲神的禁約而不敢回頭，然而在後面跟隨着的是她從前金髮的愛妻嗎？抑或只是風呢？這單調的脚步聲，輕得幾乎聽不見，而後面的兩人竟一句話也不說。合爾米斯他還能了解，或許他無事不願與凡人交談，但她呢？難道她見到他，重回到生命裏，不感覺高興嗎？這樣他機械的向前走，心被焦急和狐疑撕裂，一點也沒有料想到她已經經過一番完全的改變。

最後，到了全詩的高潮點時，作者處理的手法是很値得我們注意的。自然，我們在開始讀整篇詩時，心裏一直就在戰慄的等候着奧菲烏斯轉身的一刻，然而詩人只引我們到奧菲烏斯狐疑的最高點，然後就把他撇下了，接着那幾大段描寫和對於過去的追憶正是暗示着又度過一些時間，而在這期間，奧菲烏斯終於決定了把一切犧牲回頭一看。這一段心理的過程與其說複雜，不如說無法理解。即使詩人用全力講述爲甚麼他要如此作，我們仍然不會明瞭其中的深義。黎爾克却省去了這一切，甚至於把奧菲烏斯轉身的情形都略去了——這也是很難寫到恰好處的。我們試閉眼想一想：用怎樣一行詩才能充分傳達出這一個動作？應該寫他急驟的轉身呢，還是緩慢的？他眼中的表情是甚麼，當他轉過身來時？——只從神的口中告訴我們他已經轉過身來了，而這一點已經足够。

同樣，神和優麗狄克重回到地界去的情形也只是從奧菲烏斯眼裏寫出。我們可以很容易的看出來這篇詩的結尾是如何的富有畫意。幾乎有點像電影裏的

"淡出"的樣子。 最後兩行詩重複前文，暗中的對比更使效果增強。

這篇詩倒底是甚麼意思呢？ 我們只感覺到整個希臘神話彷彿披上一層新的意義。 原來的故事夠多簡單，簡直是可愛的簡單！ 現在到了詩人筆下，仍是同樣的輪廓而精神都大不相同了。 這原是必然，不可避免的。 哥德的伊菲姬尼 (Iphigenie) 與攸里披底的伊菲姬尼幾乎是完全兩人。 她倆的動作毫無不同處——設法解救了她的兄弟與他的朋友，然後和他們一齊逃走——但那位上古的詩人對於這些動作的解釋全是極普通，極簡單，而同時又極合理的。 哥德却設法在伊菲姬尼一舉手一投足中都看出些深幽的意義。 她只是一個號筒，藉着她哥德才能以吐出他自己內心的聲音。 也就是爲了這個緣故，不但今古的看法不同，就是哥德和臘辛(Racine)對於伊菲姬尼的看法也全是截然兩樣。 臘辛劇中的騎士，貴婦，隆重的禮儀，和深入女子內心的細膩的詩句可以說是把希臘劇"法國化"了。 哥德的伊菲姬尼却是耽於沉思，有着崇高而嚴厲的道德觀念。 與攸里披底或臘辛的人物一比，與其說是"德國化"，不如說是"哥德化"了。

同樣黎附克的人物：他的優麗狄克，亞爾凱斯帝，他的俄羅斯僧侶，他的聖撒拔斯田，大衛，約瑟阿，聖母瑪麗甚至於下至近代的伯累德若德大公……這一切人都是一條弦奏出不同的音樂。 這並不是說這些人物彼此無異。 正相反，隨便向黎附克晚年的那一冊詩裏看一眼，人都可以發現一個性格研究的博物院，光怪陸離，使人目不暇給。 那些人物有些就像黎附克自己所說的一樣：「彷彿從過去的繡帷上剛走下來似的」，穿着古裝，披着假髮；有些是從希臘神話與聖經裏取出的；有去赴第一次大戰的兵士；有詩人；有在熱戀中的女郎。 這些人處境的不同自然給他們每人的故事與行動一種特異的陰影，然而黎附克知道如何達到他們竭力想用繁重的禮儀，玩笑，或假裝的漠不經意掩藏起來的"眞心"。自然這"眞心"的存在是否是在我們知覺之內？ 我們是否每人都是像他所寫的杜絲(Eleonora Duse) 一樣，"故意"在我們的行爲透明的部份上呵氣而使之蒙霧，而使它不洩漏我們深處最高的秘密？ 這問題是大家永遠辯論不清的。 黎附克無疑的認人心中有一種更高的能力統治着，但是它只在一些緊要關頭（這些關頭也就是黎爾克所畢生追逐，取作題材的（二））才出現，而我們人人都"知道"它的存在。這種幾乎是超人的能力常常會改變了事物原來的行程。一般說起來，它總是藉一個突然的決心來表現：奧菲烏斯在嬌妻已將回到帳中時，突然抑不住自己的好奇心；亞爾凱斯諦眼看自己在片刻之間由歡愉羞澀的新娘變爲寡婦，而突然打定主意替她名義上的丈夫去死；聖母瑪麗在加拿的婚禮宴席上突然被片時的虛榮心克服，希望耶穌能在衆人前顯示他希奇的力量來把水變成酒；伯累德若德大公在被土耳其人追逐危急時，突然感到他祖先高貴的血液奔流在他脈管中，於是驅馬跳入急流裏『像回到他自己的堡中一樣』……許多可愛的，甚或偉大的劇作家和小說作家特有的才能就是在大家視若無奇的世界中看出千萬不同的面影，不同跳動着的心靈。但更偉大却是那些進一步看透人千變萬化的行爲，而發現底下的基礎的人。唯有他們能親切的感到人類其實是如何相像，可憐的相像。在這樣的徹悟後產生的詩文才能供人咀嚼回味，它們是從一個高處攝取的，因之"眞實性"所達的範圍也就更廣更遠。

黎爾克所以能把這些人物寫得如此細膩，一半固然是藝術的神奇，一半也因爲他具有着一種幾乎反常的銳敏的感覺與想像力。我個人的意見是：這種銳敏的感覺並非像普通人所相信的那樣，完全是先天的。一大部份也要依賴着人力。在這裏我們可以看出來黎爾克爲了藝術所下的苦心與所接受的犧牲。在他最好的友人眼中看來，他都是永遠包圍在自身的靜寂中，對甚麼事都彷彿心不在焉似的。其實這是每個想達到絕高的詩人必經的境界。一人的精力本來有限。爲了無時無刻不追求內心的祕密，搜摸過去無人注意到的奇異事件，他不得不是 in sich gebunden，而忽略一些衆目所集，衆手所指的東西。許多人有一個錯誤的觀念的認爲事情只要一過去就凝固了，接到一個不變的外形而成爲

（二）關於黎爾克自己對這些不易抓在手中的時光的意見，借一個領域在造型藝術裏的人觀點而表現出來，看下面述羅丹的第二節：羅丹的男子造像。

半死的東西。　你用到它時只要一伸手，一開抽屜，像取一件衣服似的。　要真是這樣，黎爾克的專心豈不是全虛擲了？"過去"永遠是在急馳着的，每一分，每一秒，每萬分之一秒，它都改變着形狀。　關於這點，沒有比黎爾克自己的一段詩說得更透澈，更動人了。　原詩太長，不及全譯，但其中的一節如此說（三）

……〔那歌者告訴你〕你不只是一個林地的夢
不會像幸福的陽光
那樣容易的被許多陰天忘記。
你的生命是不可言喻的屬於你，
正因為它是背負着許多別的生命。

……這就是一切過去事件的意義，
它並不永遠以整個重量壓迫你，
它許會重新回轉到我們心裏，
交織在我們的內部，深切而美麗：
像那些如由象牙雕成的婦人
被許多薔薇的紅焰圍拱，烘托，
像那些君主沉下了疲倦的臉色，
像統治者緊閉着無血的嘴脣
不為孤兒與哭泣的人們動心，
像那些少年，類似提琴的和音
為了婦人沉重的頭髮而死，
像那些處女，捨身去伺奉聖母，

（三）『歌者在一個王室後裔的孩子面前歌唱』 Der Sänger singt vor einem Fürstenkind 見畫册 Das Buch der Bilder 第二集，第一部。　作者的主意是指出如何在這樣一個孩子的生命中鼓蕩着無限過去的生命與悲歡。

世界都因她們而震盪。
同樣豎琴發響了，以及曼陀林，
過去誰的手曾在上悲壯的彈奏，——
天鵝絨衣間深埋入光亮的匕首，——
運命綏綏由虔誠機遇而構成，
向晚的園亭嗚咽傳出的"再會"，——
同時千百鐵盔上，高高在空中，
野戰搖曳着如一艘船舶。
同樣城鎮慢慢的擴大而重新
退回自身中像是大海的波浪，
同樣鐵矛，如生着鳥的翅膀
直擲向一些報酬優厚的光榮，
同樣爲花園的游戲打扮着孩童——
同樣一切困難，無關的景象
發生，只爲供給你每日的經歷
一千個偉大的比擬與前例
使你能强有力的藉它們長成。
過去的事情埋植在你的胸中
只爲了，像花園，重新從胸中長起。

關於黎爾克所有批評家能够說的話在這一節詩旁都將黯然失色了。 同時在幫助我們了解黎爾克其餘的作品時，這一段詩也是非常有價值的。

四

黎爾克在他的散文傑作布列格隨筆中有一段極有名的話，適足以給他自己的詩歌下一個註脚：（四）

（四） 所引用者係梁宗岱先生的譯文，見詩與眞第三十頁至三十一頁。

『……一個人早年作的詩是這般乏意義，我們應該畢生期待和採集，如果可能，還要悠長的一生；然後到晚年，或者可以寫出十行好詩。　因為詩並不像大衆所想像，徒是情感（這是我們很早就有了的），而是經驗。　單要寫一句詩，我們得要觀察過許多城許多人許多物，得要認識走獸，得要感到鳥兒怎樣飛翔和知道小花清晨舒展的姿勢。　得要能够回憶許多遠路和僻境，意外的邂逅，眼光光望着它接近的分離，神祕還未啓明的童年，和容易生氣的父母，當他給你一件禮物而你不明白的時候（因為那原是為別一人設的歡喜），和離奇變幻小孩子的病，和在一間靜穆而緊閉的房裏度過的日子，海濱的清晨和海的自身，和那與星斗齊飛的高聲呼號的夜間的旅行——而單是這些猶未足，還要享受過許多夜夜不同的狂歡，聽過婦人產時的呻吟，和墮地便瞑目的嬰兒的輕微的哭聲，還要曾經坐在臨終的人床頭，和死者的身邊，在那打開的，外邊的聲音一陣陣擁進來的房裏。　可是單有記憶猶未足，還要能够忘記它們，當它們太擁擠的時候；還要有很大的忍耐去期待它們回來。　因為回憶本身還不是這個，必要等到它們變成我們的血液，眼色和姿勢了，等到它們沒有了名字而且不能別於我們自己了，那麼然後可以希望在極難得的頃刻，在它們當中伸出一句詩底頭一個字來……』

我們在讀以上這段文字之後，就可以看出黎附克詩歌的得力處。　他具有着一個異乎尋常富有接受性的心靈。　我很不願意再觸到詩人個性，人格的問題，更不願意講到是否詩人在他們的作品中應該"誠懇"——意思就是：一句一字都是從眞心裏出來。　這些問題看似簡單：自然，一個詩人應該有一個堅强的個性。不用說，他要不誠懇，就不配稱詩人。　但請聽下面濟慈（Keats）的話：（五）

『…至於所謂"詩的個性"云云……它並不是它本身——它壓根兒就沒有本身——它甚麼全是，也就甚麼全不是。　它沒有個性——它光亮和黑影全喜歡；它快快樂樂的生活，不管醜惡或秀美，上流或下流，富或貧，卑賤或崇高。　創造出一個亞哥（Jago）時，他和創造出一個伊摩干（Imogen）（六）一樣高興……詩

（五）　牛津版濟慈信札第一卷，二四五頁。

（六）　莎士比亞劇中的兩個人物。　此處用作『惡』，『善』的化身。

人是一切生物中最無詩意的了；因為他沒有"自身"，他永遠是在設法充滿他人的軀殼。太陽，月亮，海洋，男人和女人都在它們身中有一種不變的特性——詩人則無，沒有"自身"……眞說出來實在也够別扭的，可是事實是我所說過的話中沒有一個字能被認為是從我自身的個性中吐出的意見——那又怎麼可能呢？因為我根本就沒有性格……』

不要忘記濟慈和黎爾克是兩個作風與成就都非常不同的詩人。但他在這封信裏說的話却恰好給黎爾克上面的一段話作補充。一個詩人的心腦必須是空白的。他必須小得比最微細的塵土還小，以便能穿入緊閉的門縫，閤起的花蕊，歇在粉蝶的薄翼上。他必須能够像一面鏡子，忠實的反映出大千諸相，而自己沒有甚麼來阻礙或屈曲反射出的形象。他必須把許多景物，書籍，男女，偉大或微不足算的事件都藏在腦中，等候它們沉澱。然後在清朗時，才會現出他所熱望的東西——事物所有不變的特性。中國詩話中所謂的"遺貌取神"也就是指此點。因為一件靜物，觀察起來所呈現的困難毫不下於一個活動而有感情，理智的人。我們想描寫它，總不免要犯過分側重的毛病。或者我們只費力使他人藉我們的詩看出一片葉上有多少紋理，或者抽象到使原物完全失去了本性。不但是靜物，動物，極普通的情感也不是容易表現出來的。我們曾經有多少時候感到過孤寂無歸？但讀了哥德的流浪者之夜歌，我們就覺得沒有話可說。在那詩中透露的彷彿不止是孤寂之感，另外還有些別的，使得整個詩幾乎抬高到包羅全宇宙的地步。我們却沒有想到這種高曠的，籠罩一切的感覺並不是附加的，而是那孤寂之感本來的一部。但普通人都停步在流淚，歎息，思家的地方，唯有詩人，偉大的詩人能穿過這一切雲霧，看見後面的華日。

『無情有恨何人覺？月曉風清欲墮時』才是眞的白蓮。『堤遠意相隨』才是眞的柳。『傾耳無希聲，在目皓已潔』才是眞的雪。這些佳句都不是光從細察花有幾瓣，雪柳隨風飄舞的狀態可得的。它們是看見過無數白蓮，柳，雪景及許多別的東西，"深入而奪其魂"之後所得的結果。同樣黎爾克的西班牙舞者，欲盲的婦人，轉盤(Das Karussell)，羅馬式的噴泉，以及他壯麗的動物描寫——豹，狗，火雞等。 這些詩表面看起來彷彿都不太着題：黎爾克並不告訴我們那舞女穿甚麼衣服，踏甚麼樣的步子。 他從頭至尾描寫的只是：『如手中一顆瑞典火柴吐光的情形』。 我們看見火焰如何佈向四方，吐出熊熊的火舌，以及那舞女如何以一隻手收集起躍動的火，而把它在足下踏滅。 自然甚麼都沒有燃着。 根本就沒有火。 但我們可能有比這詩更好的對一個着長裙旋舞的西班牙女郎的描寫嗎？

一般詩人應該從黎爾克學習也就在這點上：他必須有耐心，把一切存儲在腦子裏等候未來的發展。 不仔細思索我們絕料不到包圍着一座花瓶，一隻鳥，甚或一張白紙有多麼厚的密霧，而穿過之後，核心的神祕又是如何眩目可驚。 我們日常見到的，講論的都不是物體本身，而是人給它們的形容詞。 如何脫去凡庸，這是最確定，最不會錯引的路徑。

五

在我結束本文前，有幾點我還應該說明。 第一：我特意避免講到杜易諾哀歌 (Duineser Elegien) 與獻給奧菲烏斯的十四行集 (Die Sonette an Orpheus)兩部詩集。 它們是黎爾克晚年的作品，也毫無疑義的是他一生最重要，最富於含意，恐怕也是最好的作品。 但片段的描述大概對讀者毫無用處，而稍微仔細一點就需有一本專書(七)，本來我寫這篇短文的目的，與其說是供給讀者一篇完全的黎爾克生平及作品的速寫，毋寧說是提示給大家一個可能的看法，一個看起來或許能幫助了解詩人更深一點的角度。 黎爾克詩中的語言是極簡單而不加炫飾的，有時因太簡單了，結果很容易使人忽略在這薄脆的外衣下含蘊着多少欲迸裂直出的深意。 為了公平起見，請求讀者在讀詩時至少也應該費一點心——費

(七) 關於這方面 Heinrich Cämmerer 的 Rilkes Duineser Elegien—Deutung der Dichtung 恐怕是最易看的一本。

作者創作時千萬分之一的心——似乎也不算不合理。因此我若能指出幾點普通人或許會看不到的東西已經很滿足了。對于黎爾克真正的解釋，我很謙遜的等待一些能力遠超過我的人來作。第二：基於同樣的緣因，我並沒有講到黎爾克的一生，他作品中他人的影響或他給予別人以及整個現代德國文學的影響。我只想指出他的影響在詩，散文的形式，處理手法上，都遠比一般人所想的爲大。這一點已經够了。特別是布列格隨筆可以說是一部千萬年後都可以使後來人充分了解現代人及他的痛苦的奇書。最後：詩原是沒法講，沒法下注解的東西。黎爾克因爲時代離我們較近，可參考的材料又太少，他的詩又沒有帶有細註，考證的版本，再加上他詩中本來就有晦澀的地方，像他自己所歌唱的一樣：

Singe die Gärten, mein Herz, die du nicht kennst
wie in Glas eingegossene Gärten, klar, unerreichbar.

不能達到的——如嚴滄浪所謂的『鏡中花，水中月』，這是黎爾克所見的幻景。硬要分析而把行行的詩割裂成散文豈不大殺風景？不必諱言的，一定有許多人讀了同一的詩會感到與我截然不同的感覺。在這種情形我只好請大家記住偉大的詩含意原是無窮盡的。它隨時，地，人而異，而增長，甚至於創作者自己也不能說他把握着一切。我們大家都是跋涉向同一光輝的神壇的人，雖然取徑不同，所見各殊，對於原作者肅然起敬的心情恐怕是共有的罷？

述羅丹 (Auguste Rodin)（八）

一 羅丹的幼年

當他沒有獲得光榮之前，羅丹是孤獨的。後來光榮終於來到了。但只把他變得更孤獨。因爲光榮根本不過只是圍繞着一個新名字所有誤解的總和罷了。

（八） 本文乃吳君所譯黎爾克（Rilke）的一篇作品附印於吳君文後以爲讀者的參考。（編者）

在羅丹的名字四圍這樣的誤解有許多。而要想把它們全都驅散又是一樁極困難而艱苦的工作。再說這工作也並非必需的，它們圍繞的只是他的名字，而絕不是他的作品。那些作品已發展到溢出了名字與一切名字的範圍，已經到了"無名"的地步，就跟一片平原是"無名"的一樣，或者一片海洋。海洋之有名只不過是在地圖上，在書籍裏，在人類的口脣中，然而實在講起來，它只是面積，動作與深度。

我們現在將要談論的工作已經增長有多年了，它們每天長大，就跟一片樹林似的，一個鐘頭也不肯放鬆。我們在這千萬藝術品中環遊，幾乎要被如此大量的覓得物與發現所驚退，於是我們不由自主的想轉身看那一雙創造出這世界的手。讓我們想想人類的手是多麼微小，它們多麼快的就會感到勞累，再說我們真給它們移動的時間又是多麼少。我們禁不住要問問那操縱着這雙手的人。這人倒底是誰呢？

他是一個老人。同時他的生命是隸屬於那些沒有法子敘述的生命中的。這個生命先開始了，然後進行，一直穿透到一個高齡的深處，讓我們一看，就彷彿是這完全已經是好幾世紀以前的事似的。我們關於它可說是甚麼也不知道。在這生命中自然應該有一個童年，不管怎麼樣的，一個童年，不知在何處的貧窮裏度過，無人知曉的，時刻探尋着而不確定。說不定這個童年現在仍然存在着，因為——就像聖奧古士丁說的一樣——要不然它們會跑到哪裏去呢？他現在的生活說不定還包括着他所有那些過去的時光，那些充滿了等待與被棄之感的時光，那些懷疑的以及長長的充滿了憂煩的時光：他的生命任甚麼也沒有丟失，任甚麼也沒有忘却。也許是……我們關於它甚麼也不知道。然而我們堅信在只有從這樣一個生命裏才能迸出這樣豐滿繁富的行動來；只有這樣一個生命，，其中一切都是同時而警醒的，毫無進展與完成，只有這樣的生命才能永遠年青，永遠強壯，時刻騰舉起來向那些崇高的工作。將來會有一個時間到來，當人們想替這個生命發現一個歷史，帶着許多波折，軼事與細節。它們將全是由揑造而生的。人們會講有那麼一個孩子，他時常忘掉吃飯，因爲他覺得拿一柄鈍洋刀來割裂一塊粗糙的木頭比吃飯要緊得多，同時人們或許會在他的青年中安置一個會遇，使得他能以期望有一個偉大的將來——這永遠是一個被大衆愛好的，動人的預言。比如說罷，人們恰好可以選擇那名姓失傳的僧人在五百年前，彷彿有那麼一回事，對年青的邁克，哥倫波（九）說的話：「孩子，工作罷，恣情的觀看聖保羅自日的大鐘，與你同道人美麗的作品，觀看並且愛慈善的上帝，那時你就會獲得偉大的事物所有的壯美了。」那時你就會獲得偉大的事物所有的壯美了……也許有一個同樣親暱的感情——只不過比那僧人的聲音低得多了——向這年青人發言，當他碰到他事業開始中的一個十字路口時。因爲這正是他所尋求的東西，偉大的事物所有的壯美。

二　羅丹的男子造像

……羅丹的男子造像却大不相同（十）。我們可以比較容易的在腦中構成一個男人最精粹的本質，完全匯集在臉孔的面積中。我們甚至可以想像得到在有些時刻——沉穆的與內心激動的時刻——當整個生命都進入一個男人的臉裏。當羅丹想要爲一個男人造像時，他所選擇的就是這些時刻；或者這樣說可以更清楚一點：他創造出那些時刻來。他急速的躍進。他絲毫不信賴頭一次的印象，也不信第二次的，也不信以後任何一次。他只是觀察和記錄。他記下一些不値得半句話的動作，扭動與半掩的扭動，四十個縮寫與八十個剪影。他在他模型日常的習慣中或想不到的當兒突然掩至，因爲在那些時候他們是被一些正確無訛的表情把持着，或因爲疲倦，或因爲努力。他瞭解他面容中一切的變化，知道一個微笑從哪兒來再落回哪兒去。他看着另一個男人的臉就好像看著一幕自己也參加在內的戲劇似的。他是在他自然的環境中。四圍所發生的事

（九）　Michèle Colombe, 1430—1512，法國雕刻家。

（十）　本文緊接着一段討論女子造像的文章。在那裏黎爾克曾說過羅丹在雕塑女子頭部時，總不把它看作獨立的，而永遠認它爲身體的一部分。

情沒有對他是漠不關心的，也沒有能避開他的眼光的。他永遠不讓那問題所牽涉到的人自己告訴他甚麽；除了他自己眼見的以外，他甚麽也不想知道。然而他已經把甚麽都看在眼中了。

因之爲每一個半身像都得花許多時光。同時，材料越來也越增多了，有些只用素描記下來，那就是說：鋼筆隨便畫幾道，再灑上幾滴中國墨水，有些則聚集在他腦子裏；因爲羅丹把他的腦子也作爲他最可靠，最聽使喚的工作用具。他的眼睛，在那些模型等待造像時，所看見的遠比他的兩手在同一期間所能創造出來的爲多。他可是甚麽也不忘却。時常當他的模型離開他之後，他眞正的工作又重新藉他豐富的記憶力而開始。他的記憶是廣大而無所不包的；在裏面保存着的印象並不日常失去故態，它們彷彿是習慣於它們的住處，而當它們從那裏再來到他手中時，就如同它們是他兩手自然的產物一樣。

這種工作法的結果產生出數量頗可觀的從生命中取出的片時，幾百幾百的湊在一起：這正是這些半身像所給人的印象。造成一個人的不可勝計的遼遠的對照以及未曾料到的變易，還有一個人繼續不斷的發展，借着幾個巧妙的動作而會合在這些像中，同時以一種內在的附著力彼此結合在一起。他找尋這些人在他們生命所有的經緯度中，他們性格所有的氣候變易都展開在這頭部的半球上。

宇宙觀學與精神史

Weltanschauungslehre und Geistesgeschichte

王錦第

從歷史上看來，學術思想——文化的根基——能有貢獻予人類，並且"自成一家"的系統，有中國文化，印度文化，以及希臘文化。就現代的學術思想——工業革命之後——看來，德國人的成就，不能不說是獨樹一幟而且來得別緻一點，文化類型學者如何爲現代文化分類，我們不在這兒討論，無論如何，德國系的學術思想，或擴大來說"文化"，總要佔一個相當的地位，所以我們需要加以虛心的研究。同時我們要知道對於一種文化的研究，先要注意文化根基的學術思想，尤其是最有特色的學術思想，現在我們所介紹的宇宙觀學與精神史，便是最地道的德國思想，本文只是一篇"述而不作"的東西，用意很簡單，不過爲對於治學有趣味的人，知道德國如何有兩門新的研究：宇宙觀學與精神史。

（1）宇宙觀一詞的起源

"宇宙觀"（Weltanschauung）這一個詞的起源，據一般學者認爲康德（I.

Kant, 1724—1804) 最初在他所著的三大批判中判斷力批判 (Kritik der Urteilskraft) 裏使用的。 從這個詞的字面看來，它是由於 Welt (由世界) 及 Anschauung (就是"見"或"直觀"的意思) 兩個字拼成的；若用淸楚明白的白話說來，宇宙觀就是對於世界的看法。 後於康特的其他德國人，如大詩人歌德 (J.W.Goethe, 1749—1832) 及學者而兼政治家的洪保德•亞歷 (Alexander von Humboldt, 1769—1859) 也有用宇宙觀一詞的語例。 後來在德國之外的其他國家常有用相當於宇宙觀的語例，在日文上與中文相同叫做世界觀，或宇宙觀。 我們可以知道相當於 Weltanschauung 的文字，例如世界觀，宇宙觀，都是直接或間接從德文譯出來的，所以我們認爲"宇宙觀"一詞的產地或"老家"是德國。 所謂"宇宙觀學" (Weltanschauungslehre) 也是德國人創立的一門學問。

在講"宇宙觀學"之前，我們必得先要知道"宇宙觀"的含義，而在講"宇宙觀"之前，我們又要先知道"世界" (Welt) 的含義。 德文上的 Welt 在中文是"世界"，無論是中文或德文，這個字有狹義與廣義兩個意思：狹義的意思如"世界歷史"，"世界地理"，"世界大戰"，"世界主義"等語例中的"世界"；廣義的意思便等於"宇宙"，宇宙又是什麼呢？ 宇宙就是一切事物的總名，(一) 事與物又是什麼呢？ 我們現在不下定義，此處所謂事與物乃是就這兩個字的最廣義講，石子，樹枝，昆蟲，微塵，桌椅，房屋……都是物，人也是物。 石子從山上滾下來，樹枝被風吹動，昆蟲交尾，微塵飛揚起來，桌椅的破壞，房屋的倒塌……都是事，人的呼吸，吃飯，睡眠，結婚，生孩子，交朋友，以及築萬里長城，造金字塔，發明科學，自相殘殺等等的行爲，也是事。 自無始以來就有物有事，把這"上下四方"，"往古來今"的一切事物，總合起來，名之曰"宇宙"。 我們在這裏所用的"世界" (Welt) 就是一切事物總名的意思，它的含義不止限於我們所住的地球，天文學上的太陽系也包含在內，但是"宇宙觀"的"宇宙"不就是物理科學中天文學知識上的宇宙(世界)，因爲天

(一) 見馮友蘭先生著：人生哲學，二百七十六頁。

文學上的宇宙是純粹的科學概念，而宇宙觀的宇宙，於其說是從理智的，無寧說是感情的，信仰的，或直覺的；但是這也並不就包含着反理智的意思。

世界的含義是像我們以上所說的，至於世界觀或宇宙觀的"觀"（Anschauung）就是中文白話上的看法或想法，文言上的"見"，所謂"仁者見仁，智者見智"的"見"，也就是荀子批評別家哲學時所說：『愼子有見於後，無見於先。老子有見於詘，無見於信（同伸）。墨子有見於畸，無見於齊，宋子有見於少，無見於多』（荀子中天論篇）中的「見」。哲學家固然是各有所「見」，普通人又何嘗無"見"，不過哲學家如孔子能够做到"吾道一以貫之"；普通人不能做到"一以貫之"的程度而已。無論哲學家或普通人既然活在世界上，對於世界就有一種看法或想法，縱然愚夫愚婦的"見"時常矛盾或衝突，但是矛盾或衝突的"見"依然不失爲"見"。所以我們可以說"世界觀"的"觀"是一般人都有的，中國人有他的世界觀，外國人也有他的世界觀，現代有現代的世界觀，譬如說科學的世界觀；原始時代也有原始時代的世界觀，譬如說神話上的世界觀。世界觀用在學問上或爲專門術語，雖然是由於德國，但是世界觀卻可是任何國家以及任何時代都有的。

在德國"宇宙觀"(Weltanschauung) 這一個詞在語義上，因爲時代的不同，用法也有變更，到了西歷一八三〇年特別是在浪漫派的影響下語義轉化了，例如謝林（F.W.Schelling, 1775—1854）在自然哲學體系(二)的序論上說：『知覺有兩種方式，一種是盲目的而且無意識的作用，一種是自由的而且有意識的作用。從無意識的作用所產生的便是"宇宙觀"（Weltanschauung），從有意識的作用所產生的，便是觀念世界的造成』。謝林所說的世界觀與康特所說對於感覺世界的把握不能做等量齊觀，因爲謝林所謂世界觀，雖然說是無意識的，但是仍爲知覺的產物：並且不僅爲被動的，而且是生產的與自發的。"世界觀"一詞在浪漫派的影響下，所謂"觀"（Anschauung）要解爲生產的，能動的，知

(二) Ideen zu einer Philosophie der Natur, 1798

覺的意思，現在我們所謂"世界觀"的語義就是從浪漫派的用法得來的，世界觀就是對於世界主體上的把握，評價，並且與以意義，雖然這樣說，但是這種世界觀並不限於學問上的世界觀，無寧說帶有感情的與意志的特色。黑格兒(G.W.F.Hegel, 1770—1831)在精神現象學上有所謂"道德的世界觀"(die moraliche Weltanschauung)，葛列思(J.von Görres, 1776—1848)有所謂"詩的世界觀"(die poetische Weltanschauung)，蘭克(L.von Ranke, 1795—1886)有所謂"宗教的與基督教的世界觀"(die religiöse und christliche Weltanschauung)。關於世界觀，除了以上所舉的語例以外，也有人用什麼"厭世的世界觀"，"樂天派的世界觀"，"中世紀的世界觀"，"進步的世界觀"等等的用法。總而言之，從以上世界觀的用法看來，世界觀絕不僅是對於世界做一種理知的把握，而包含着對於人生的評價，世界觀與"人生觀"(Lebensanschauung)有密切的關聯。例如狄爾泰(Dilthey)所說：『世界觀最後的根本問題是"生"』(Gesammelte Schriften. VIII, S. 78)。同時世界觀也不僅爲個人的產物，無寧說是集團的，由於環境與種族，職業與階級，文化與歷史的階段而產生的。人在創立他的世界觀之前，必定要生在一定的世界觀中，並且在某種環境——自然環境與文化環境(就是社會環境)——中受着調適於某種世界觀的教育或薰染，甚至於政治上用强力要你採取某種人生觀與世界觀(人生觀與世界觀是不能分離的，我們可以把"人生"看做"主觀的"(Subjektivismus)，"世界"看做"客觀的"(Objektivismus)但是"主觀的"與"客觀的"不是截然不同的，所以最近杜威(John Dewey)有一本新著問世，名爲：主觀•客觀(Subjectivism-Objectivism)，所以世界觀可以說是一種歷史的，社會的產物，在現實的生活中爲了現實的生活而產生出來的；世界觀是一種歷史的產物，也是社會的產物。不過在這裏有一點値得我們注意：在現實的生活中，不知不覺的狀態下直接得到的世界觀，我們稱爲"自然的世界觀"，因爲這種世界觀是無自覺的，無反省的。例如神話上或初民社會中的人，對於世界萬有都做一種擬人式的看法，認爲萬有不是神就是鬼。 至於有反省的與有自覺的世界觀，我們可以稱爲"哲學的世界觀"（philosophische Weltanschauung），自然的世界觀是說不出道理來的世界觀，哲學的世界觀是說出道理來的世界觀，說不出道理來的，在結論上不一定就是錯誤的，說出道理來的，在結論上也不定就是正確的。

無論自然的世界觀或哲學的世界觀，都是對於世界的主體做一種整個的解釋與評價。 亞斯波（K. Jaspers）在他所著世界觀的心理學（Psychologie der Weltanschauung）中說：『我們講到世界觀的時候，我們就用思考對於我們的力量與觀念加以審查，至少對於吾人根本的而且全體的主體加以思考。』 席枚爾（G.Simmel, 1858—1918）也曾說過，世界觀實在是人對於世界的觸覺器官，一個動物如果失了觸覺器官，牠的行動便盲然不知所爲，一個人如果沒有世界觀，那末他的生活也就要無所適從。 人是"大宇宙"（Makrokosmos）中的"小宇宙"（Mikrokosmos），小宇宙離不開大宇宙，人生離不開宇宙，所以人必有世界觀，叔本華（A. Schopenhauer, 1788—1860）說：「人是形而上的動物」（animal metaphysicum），我們也可以援例來說：「人是有世界觀的動物」，正如人必定生在歷史與社會中一樣，人也必定在世界觀中生活。 世界觀並不只是一種觀念形態，而且是現實生活上每個人行爲直接的而且實際的指導原則。 人生在這個大千世界中，有生，老，病，死等生物學上必然的現象，有離，合，悲，歡等情感上的遭遇，有饑餓的呼喊，有流血的鬪爭，有幸福者的微笑……總而言之，對於這個形形色色的世界，人既然逃不出這個世界，那末對於這個世界便不能不有所"觀"，佛家的出世，又何嘗出了"世"呢？ 至多不過是出"家"而已，世界這個家是任何人根本脫離不開的，不管你生在世界的家中是幸福，還是苦惱，人力造作的家可以"出"，也可以"住"，世界根本不能出，所謂"出世"，其實也不過出了"紅塵之世"，"紅塵之世"是世界的一部。 在這形形色色的世界中，人是形形色色中的一個，正如莊子說：「號物之數謂之萬，人處一焉。」（秋水篇）人雖然是萬物當中的一物，但是人究竟是萬物之靈，人對世界的反應比其牠的動物來得別致一點，至於別致的這一點是什麼，說來話長，爲人所下定義的數目也不是一言兩語能說出的。 我們從世界觀的立場看來，人是有世界觀的動物。 從心理學看來，每人都有性格，每人的性格背後便是他的世界觀。世界觀是每個人都有的必然現象，不論這是自然的世界觀，還是哲學的世界觀。老人有老人的世界觀，青年人有青年人的世界觀，中國人有中國人的世界觀，德國人有德國人的世界觀，初民社會的人有初民社會人的世界觀，中世紀的人有中世紀的人世界觀，現代人有現代人的世界觀；每個人都有他的世界觀。 但是並不是每個人的世界觀都是正當的，所以各種不同的世界觀並不是有同等的價值與權威。 所謂自然的世界觀便是動搖的，一時的，相對的，自己矛盾的；而哲學的世界觀便需要「持之有故，言之成理」的基礎，不特要有歷史的根據，而且需要理論的圓滿，不僅要滿足知識上的要求，而且要滿足情感與道德上的要求，這樣便由日常生活上的世界觀，進而爲宗教的，藝術的，道德的世界觀，再進一步便有"世界觀學"的出現了。

(2)世界觀學的成立

把世界觀做爲"學問"來研究，而成立"世界觀學"(Weltanschauungslehre) 的是德國哲學家狄爾泰 (W. Dilthey, 1833—1911)，他把形成世界觀的法則分爲三個階段：

(1)現實的把握 (Wirklichkeitsauffassung)，

(2)人生的評價 (Lebenswürdigung)，

(3)目的的建立 (Zwecksetzung)

以上是狄爾泰對於世界觀學所提出的三個步驟，就是首先要把"現實"認識清楚，進一步便是以把握現實爲基礎，對於人生的意義加以評價，最後對於人生的目的或理想建立起來。 從以上所說狄爾泰的三階段看，造成世界觀的基礎，一方面要有人生的體驗，一方面更要有對於人生的關心。 我們可以從此知道宇宙觀與人生觀的關係，也就是以上所提過的“主觀•客觀”，“宇宙”由人去“觀”才成其爲“宇宙觀”，“人生”在宇宙中去“觀”，才成其爲“人生觀”，宇宙觀雖然由人去“觀”才有宇宙觀，但是“宇宙”離開人依然在那裏存在——這只是樸素實在論的根據——，宇宙本來不是爲人而設，所以宇宙並不關心“人”，所謂“不爲堯存，不爲紂亡”，就是這個意思，但是“人”卻不能不關心“宇宙”，因爲人離不開宇宙，人的所以關心宇宙，推到根本，還是關心人自己，也就是所謂對於人生的關心。所以我們可以說人生觀是縮小的宇宙觀，而宇宙觀是放大的人生觀。從哲學史上看來，宇宙論與人生論是哲學中的兩大部門，而宇宙論與人生論的密切關聯，從哲學史上的實例證或現實上的實例中，都可以證實“人生”與“宇宙”相提並論，絕不是偶然的事情。所以狄爾泰說宇宙觀的基礎是人生的體驗與對於人生的關心。

狄爾泰把宇宙觀分爲三種類型：

(1)自然主義 (Naturalismus)，

(2)自由的觀念論 (Idealismus der Freiheit)，

(3)客觀的觀念論 (objektiver Idealismus)。

所謂自然主義的類型，就是在根本上把人認爲自然的。例如希臘時代的哲學家德謨克利脫(三) (Democritus)，艾辟苦洛(四) (Epikur)，及現代霍布士(五) (T. Hobbes)，費爾巴哈•路德維(六)(Feuerbach)等人都屬於這個類型。與自

(三) Domokritus 大約生於公元前四六〇年，他是希臘哲學中原子論派的創立者，關於物理學，形而上學，道德學及歷史的著作很多，並且是造詣很深的數學家；同時旅行的地方極多。德文著作的參考書有：Brieger, Die Urbewegung der Atome; Lortzing, Die ethischen Fragmente des Demokrit; Natorp: Die Ethika des Demokritus; Dryoff: Demokrit-Studien.

(四) Epikur (341—270 B. C.) 是希臘哲學家，快樂主義的創立者，他認宇宙爲物質的，盲目的，機械的，所以人生無他希望，只可追求目前快樂。

(五) Thomas Hobbes (1589—1679) 是英國哲學家，他的道德思想與政治思想實開近代思想的先河。

(六) Ludwig Feuerbach (1804—1872) 是德國唯物主義的哲學家，著名的著作有宗教的本質 (Das Wesen der Religion)，有中文譯本。

然主義相對的，有自由的觀念論這個類型，屬於這個類型的哲學家，認爲人的本質不單是自然的，而是有"自由人格"者，例如蘇格拉底，伯拉圖，康特，菲希特都屬這個類型。　至於狄爾泰所舉的第三類，所謂客觀的觀念論這人類型，在這一個類型中的哲學體系，把"自然"與"自由人格"的對立消除了，認爲"人"與"自然"（就是"天然"，中文的文言只用"天"，約略相當於中國思想上所謂"天人之際"或"天人合一"的說法，）不是對立的，而是調和的，最能代表這個類型的思想家便是大詩人歌德，及大哲學家黑格兒，此外如希臘時代的黑拉克里特(七)（Heraklit）及巴門尼得(八)（Parmenides），以及近代德國的謝林(九)

(七)　Heraklit 是公元前五三五年至四七五年的希臘哲學家，生在艾菲柰地方（Ephesos），他是一個高貴家庭的孩子，終生保持着貴族的脾氣，極端反對平民政治。　他很嚴肅而善於批評，同時又是悲觀的，並且獨斷而驕傲，更有找別人"錯"的傾向，對於他以前或同時的哲學家或文人，他都有些看不起，他自稱他的思想是自己創見的，並不是受了任何人的影響。　他的學說可以用一句話說出來：「一切是流動的」（alles fliesst）。　此外他還有一名言：「戰爭是一切的父親！」（Der Krieg ist der Vater aller Dinge）所以唯物辯證法的社會主義者，在講辯證法的歷史時，便把他認爲開山祖。

(八)　Parmenides 大約生於公元前五一五年，伊利亞學派的發揚光大者（柯諾芬尼(Xenophanes 570—480 B. C.) 爲這個學派的創立者，見：Freudenthal: Über die Theologie des Xenophanes)

(九)　謝林（Friedrich Wilhelm Joseph Schelling 1775—1854）的生平與著作，見中德學誌第四卷第一期拙文赫爾巴特的生平與教育思想中的小註。

謝林受新觀念論及文藝上的浪漫派影響最深，當他在屠冰根（Tübingen）神學院作學生的時候，已經得到菲希特哲學的最好解說者的榮譽，後來不久他用自然哲學補充菲希特的思想，這樣一來，不僅使浪漫派（Die romantische Schule）與詩人歌德十分高興，並且因此得到他國內自然科學家的許多朋友。　在本文中我們說過世界觀受了浪漫派的影響很大，謝林的哲學最足以代表文藝上的浪漫派如何影響哲學（世界觀學照狄爾泰說是"哲學的哲學"（Philosophie der Philosophie））。　關於文藝上浪漫派與哲學的關係，參閱下列諸書：

(1)　Haym: Die romantische Schule（浪漫學派）
(2)　Walzel: Deutsche Romantik（德國浪漫派）
(3)　K. Fischer: Schelling（謝林）
(4)　Noack: Schelling und die Philosophie der Romantik（謝林與哲學上的浪漫派）
(5)　T. Ziegler: Die geistigen und sozialen Strömungen des XIX. Jahrhunderts（十八世紀的精神上與社會上的狂飆運動）
(6)　Windelband: Die Philosophie im deutschen Geistesleben des XIX. Jahrhunderts（十八世紀德國的精神生活的哲學）

都屬於這一個類型。 我們從人類思想史看來，這三個類型確是代表思想上的三大派別。 不過狄爾泰不把世界觀與形而上學相混，他把世界觀保持着廣泛的含義，他曾經說：『不能把世界觀弄得太過，弄得太過的時候，便是形而上學了』。 以上是狄爾泰建立世界觀學的企圖，受了他的影響者有黎凱特（H. Rickert, 1863--1936），黎凱特曾經說哲學並不想樹立自己的世界觀，而是以系統的理解各種世界觀爲目的，把"世界觀學"（Weltanschauungslehre）建立起來就是哲學的任務，這樣世界觀學豈不是把哲學的地盤取而代之了嗎？ 關於這個問題在此不加詳論。

(3)精神史是什麽及其與世界觀的關係

以上我們把世界觀及世界觀學簡略的講過了，現在我們講"精神史"（Geistesgeschichte），及其與世界觀的關係。 "精神史"這種研究也是德國首先創立的，正如德國建立世界觀學一樣。 "精神史"這一個名稱是從黑格兒的哲學著作中才有的，我們知道這位眞正偉大哲學家黑格兒有一句最能代表他中心思想的話，就是：「萬有都是精神」。 從這一句話可以引伸出下列的意思：所有的歷史都是精神的歷史，並且不能不是精神史，因爲從黑格兒的哲學看來，不是精神的便不得爲歷史的。

不過在現代德國學術界所用的"精神史"，與黑格兒所謂精神史是不相同的，至少是有區別。 第一在現在德國人並不把萬有都看做"精神"，只是對於某種特殊的對象才稱爲"精神的"，第二在現在德國用精神史的時候，只看做關於研究歷史對象的一種方法。 因爲同一的對象，可以用種種不同的方法加以研究。 例如今日德國從精神史的觀點治文學史，美術史，音樂史等，便有"看做精神史的文學史"，"看做精神史的美術史"，"看做精神史的音樂史"等等語例表現的方法。 以上的這種用法與黑格兒的"精神史"是不盡同的。

前面所說關於精神史的用法，只是介紹現今在德國精神史的語例，不過這種語例的用法並不是根據精神史的定義出發的；因爲"精神史"正如"世界觀學"一樣，與其說是一種已經"成人的"學問，無寧說是正在促成爲一種學問的運動過程中，這種促成爲一種學問的運動要由客觀的興趣及研究態度出發。我們在文學史中舉出幾個例來，說明精神史的研究方法及態度，同時要知道精神史的研究態度不限於文學史，最後要說明精神史的界限。

我們研究文學史的時候可以用各樣的方法，而且各樣的方法可以用在各國的文學史研究上，無論中國文學史，印度文學史，或德國文學史都同樣的妥當。不過最簡單而且原始的方法，就是按作家分類的方法，把文學的作品從創作的詩人文人出發，把詩人文人的生平及作品按着活動的時代記述一下。例如德國文學史上自雷興到赫德，從赫德到歌德，從歌德到釋勒，如此類推下去。就是對於一個作家的作品，也是按着創作的時代順序排列起來，這一種文學史可以稱爲"作家的歷史"(Autorengeschichte)。

文學史上的另外一種方法，便是以詩人與文人的取材爲中心，作爲研究的出發點。例如以浮士德(Faust)的傳說爲中心，看看十五六世紀歐洲通俗文學書中如何說法，到了雷興如何說法，進一步到了以浮士德傳千秋的歌德又是如何的說法，甚至於最近斐特森(Julius Petersen)又是如何的說法。或者以詩的"母題"(Motiv)爲研究的出發點，例如以對於君主的反叛這個"母題"爲本，看看在詩中有怎樣不同的表現法。

第三種研究的方法，便是以文學作品的種類，及其發生與變化的狀態爲中心。例如希臘時代的悲劇與文藝復興之後歐洲的悲劇有怎樣的不同，譬如在德國有關於所謂"教育小說"(Bildungsroman)發展史的論著，也有關於從希臘到現在敍事詩的歷史論著。以上所說關於文學史的兩種研究方法，前者稱爲"材料的歷史"(Stoffgeschichte)，後者稱爲"形式的歷史"(Formengeschichte)或"種類的歷史"(Gattungsgeschichte)。此外關於文學史的研究，還有種種的方法，以上所說只是當做例證就是了。

文學史以外，其他部門歷史的研究，也都有特有的方法與觀點，例如宗教史與哲學史，但是這些部門的歷史並不能稱爲精神史。例如以教義史爲中心的宗教史，就是按着教會或宗派所採用的教義作歷史的研究，只記述教義間對立抗爭的歷史，而不問爲什麼"這一派"的教義如何打敗了"那一派"的教義。

哲學史的一般形式就是"哲學家的歷史"(Autorengeschichte)，但是以"哲學問題爲中心的哲學史"(Geschichte der Philosophie als Problemgeschichte)近年來也頗有成就，德國在這一方面最知名的有哈特曼•尼古(N.Hartmann)著的哲學思想及其歷史(Der philosophische Gedanke und seine Geschichte, Berlin 1936)，文德班在哲學史上的成就也在這一方面，中國青年學者張季同以哲學問題爲中心寫了一部中國哲學史，我們可以說以問題爲中心寫哲學史是近來的一個新趨勢。

以上所舉的研究態度與方法，還不能稱爲精神史，到底精神史的本質在哪兒呢？ 精神史的特有觀點是怎樣呢？ 精神史與世界觀的關係又是如何呢？ 關於以上這些問題，我們根據士榜格(E.Spranger)在他所著什麼叫做精神史(Was heisst Geistesgeschichte？)一文中的說法，分爲三個項目，把精神史的含義及其世界觀的關係，敘述如下：

(一)精神史以各時代不同的人的意識狀況及"意識的方向"(Bewusstseinsverfassung)爲研究的對象。有意識能力的人在精神的構造上，各國與各時代是有很大變化的，所以精神史就是人的精神(精神狀況)變遷的歷史(Geistesgeschichte ist Geschichte der wechselnden Geistesart des Menschen)。

(二)人對於外界的認識有"主體"與"客體"的區別，主體是認識者，客體是世界，我們稱"世界"的時候，就等於對象的"全體"或"總體"，我們根據第一項的說法，人的意識狀況與意識方向既然由於時代與地理的變化而有變化，那麼"世界狀況"——對"意識狀況"說——當然也是跟着變化的，所以我們可以稱爲："歷史上形形色色的世界樣子"(Eine Fülle historisch wandelbarer Weltaspekte)。因此洪保德•威廉(W. v. Humboldt)說精神史常是世界觀的歷史。

(三)不僅主觀的意識與客觀的世界隨着歷史有變化，就是主觀與客觀，人與世界的關係也隨着時代有變遷，這種主客的交涉關係所以變遷，一方面由於被動的體驗如何受世界的影響，另一方面由於主體的主動形成作用如何看世界，主動的作用可以表現爲種種方面；例如宗教的或宗派的，審美的，理論的，道德的，技術的，及政治的等；以上各方面的單獨研究，在這裏不講，我們所要研究的是精神史，精神史所討論的是人與世界從歷史上看來是怎樣的交涉關係。

我們以上所提出的三個精神史的概念，是根據士榜格的講法。若把這三個概念綜合起來，我們可以說精神史是要問人的精神狀況如何變遷，世界又如何跟着變遷，進一步便要問人與世界的交涉關係又是如何的變遷，所以我們可以由此得一結論，就是精神史是世界觀的"歷史的研究"，世界觀學是世界觀的"學理的研究"，也可以說一個是"縱"的研究，一個是"橫"的研究。

人是一種生物，所以人與其他生物中的動物與植物一樣，也有形形色色的種類，人的精神狀況也有形形色色的不同表現，所謂：「人心不同如其面焉」，人心就是精神狀況。精神史就是要說明人的精神狀況變化的歷史。但是有一點我們必需放在心上的，就是人的精神狀況所以變化決不是偶然的事情，我們必得要問爲什麽因爲"時代"與"地方"的不同而有不同的精神狀況，有人把人的精神狀況所以變化從歷史的及地理的背境加以解釋，所以每一個"世界的歷史"(Generationsgeschichte)常就是精神史。精神史有它特殊的方法，講精神史的人如士榜格(E. Spranger)不同於實證主義的見解，更與唯物史觀的說法相左，例如實證主義者認爲："文化完全按照有機的發展法則所變化的，所以各種文化都同樣的經過一定的形式"，譬如孔德的人類知識進化三階段說就是最典型的例子。唯物史觀認爲生產方式決定經濟生活的狀態，而經濟生活的狀態又決定各種意識形態，所謂精神史當然不外是一種反映。

（4）精神史的研究方法

現在我們把德國關於精神史研究方法的發展，在這裏敍述一下，看看精神史的研究如何在德國滋育生長起來，精神史的方法及其研究的對象是什麽，並且如何的變化，對於精神史促成爲一種專門學問研究的是哪些學人們。我們可以說赫德（J.G.Herder）是精神史上最偉大的創立者，他從地理的及歷史的複雜背境對於人加以細徵的觀察，德國"浪漫時代"（romantische Generation）所受赫德的影響是有歷史常識的人都知道的。此外黑格兒在他最有名的精神現象學（Phaenomenologie des Geistes, 1807）一書中，是用高深的哲學及豐富的概念寫成的，在這部大著中，他一方面很有系統的構成人類意識的階段，另一方面他把世界意識的發展從歷史的觀點建築起來，黑格兒的精神哲學對於精神史的建立是極關重要的事情，特別是他從歷史的觀點研究人對於宇宙的看法，簡直可以說世界觀學與精神史的研究，在他的精神哲學中都有了萌芽。自從十九世紀中葉以來，黑格兒學派的學者，從種種方面爲精神史奠定了基礎的工作，不過因爲思辨哲學看重體系的研究，所以有時反而成爲具體方面歷史觀察上的障礙。從以上這種觀點看來布爾卡特（Jacob Burckhardt）所著在意大利的文藝復興時代文化（Kultur der Renaissance in Italien, 1860）一書，實在値得我們大書特書的，在這部書中把"文藝復興時代的人"（Renaissancemenschen）活生生的表現出來，用極巧妙的筆調，把當時的生活樣式，就是現世的個人主義，描寫得活現紙上。所以在意大利的文藝復興時代文化一書雖然沒有用精神史標名，但是實在是一部精神史上最好的書。近代人中對於精神史的研究可以稱代表的學者是海木（Rudolf Haym）（一〇）及狄爾泰，特別是狄爾泰正如他是世界觀學的建立者一樣，他也是近代精神史的主要權威者，他對於文學史及哲學史的研究，是由於一個根本思

（一〇）R.Haym（1821—1901）是德國的政治家與文學史家，並且是哲學家，曾任大學教授。不滿於唯物主義與從來的形而上學，而唱導復歸康德，他可以說是新康德學派運動的一個先驅者，

想（從另外一種觀點看，也可以說他的研究是一面的）出發，這個根本思想就是把文學作品或思想作品，都從創作者的體驗中，就是從創作者的"中心體驗"(Zentralerlebnis) 找出它的"源源本本"來。所謂"體驗"在狄爾泰用來的意思，就是人自己獨有的精神構造，更明顯一點說，就是歷史的環境及個人的遺傳交互影響下，所形成的一個人獨有的精神狀況。因為狄爾泰看重歷史的時代對於人的精神狀況影響的重大，所以便有他所唱導的"時代說"(Generationentheorie)，並且由時代說進而有構造心理學 (Strukturpsychologie)，這種構造心理學就是提出一種有組織的方法，敍述並且了解歷史上的各種精神形式的由來。狄爾泰的弟子士榜格受了這種影響，於是士榜格企圖着創立精神科學的心理學，他所著的人生型式 (Lebensformen) 就是這個企圖的產物。我們嘗想中國的精神史在各時代常有顯明的區分，如魏晉人的談玄，宋明人的論道，清人的講義理之學等，假如用現代精神史的方法加以敍述與解釋，一定有不少新發現出來。

在狄爾泰之後，來比錫大學的著名史學家蘭培西特(一一) (Karl Lamprecht, 1856—1915) 從時代的不同而來的人的精神狀況的變化這個觀點，試著德國民族的歷史，特別是對於國民精神發展的歷史，他的著述計劃有許多是創見的。此外有鼎鼎大名的西洋的沒落著者施彭勒 (Oswald Spengler) 對於精神史的大膽而新穎的說法，更惹起世人的注意，他對於所謂"文化精神"(Kulturseele) 的概念，包含着兩種意義：一方面是某一文化的"形而上的原型"(Metaphysische Urform eines Kulturprinzips)，另一方面是受了一定的環境條件影響而形成的"地域的精神"(Landschaftsseele)。

實在的說來，精神史上的主要問題就是精神的形態 (geistige Gestalten)，精神的形式 (geistige Formen)，精神的形式類型 (geistige Formtypen)，不過在這裏所謂"精神的形態"是把人的精神形態，各時代的精神形態，以及各國民的

(一一) K. Lamprecht 是德國心理主義的歷史哲學家，來比錫大學的教授，他把史學的對象作為社會心理學的現象，從這樣現象的法則，可以看出文化階段的發展來。

精神形態都看做一樣的。　但是自從人文科學的心理學——如士榜格著的人生的形式——發展以來，對於精神史的研究，多從一面的靜的（statisch）方面去觀察，努力去敍述人的類型，從個個的人去認識各時代的精神形式。　同時我們要知道對於精神史的研究，從力學的及動的觀點去觀察，也是極重要的。　我們從精神史上看來，人在歷史的條件下為什麼採取"這一種"精神的形態，而不採取"那一種"精神的形態？　對於這樣的問題不能不加以了解，不過這種研究非常的困難，簡直是有理論上不能說明的祕密（Geheimnisse der Freiheit），但是這種"發生學的了解"（genetisch-verstehende），就是探本溯源的了解，又是研究上不能缺少的功夫，這種"發生學的了解"在"人文科學"（Geisteswissenschaft）及"精神史"（Geistgeschichte）的研究，都是非常重要的方法。

以上所說"發生學的了解"這種方法，本來是自然科學中生物科學的方法，但是這種方法用在"歷史科學"（Geschichtswissenschaft）上，以及社會科學（Sozialwissenschaft）上或道德學（Ethik）上，便收了極大的效果，特別是用在與信仰與感情等成分有密切關係的精神史上，更有許多的方便，我們知道人在研究文化現象或社會現象的時候，最容易為已有的信仰，固執的成見所囿，換句話說，就是難得客觀的研究態度。　近三百多年來自然科學的進步，已經使人對於自然現象不固執成見了，不至於再有像中世紀教會把唱地動說的天文學家囚起來或焚燒的悲劇發生了，但是對於文化現象——如思想，道德，精神……——的態度，正如某一社會科學家所說，人還停留在石器時代。　我們如何用科學的客觀態度研究文化現象，正如三百年以前科學家研究自然現象一樣，實在是現在人類最切迫的問題，"發生的了解"這種方法就是幫助我們研究文化現象——精神史當然包含在內——時，最有效的一種方法，它的好處至少有下列四種：

第一：材料簡單，容易研究；

第二：鑑別來源，探本溯源；

第三：材料客觀，不動成見；

第四：知道文化現象是進化或演化的，不致爲目前的現象所惑，因爲"文化"(Kultur)與"自然"(Natur)不同，文化的變化大，而自然的變化小。

現在我們可以舉一個例，說明發生學的方法如何應用在精神史的研究上，譬如我們研究歐洲"文藝復興期的人"(Renaissancemenschen)在本質上的特徵，便是"個人主義"，(個人主義是現在最重要的道德問題，參閱士榜格著：國民道德與個人的倫理。Volksmoral und persönliche Sittlichkeit)不過只講出個人主義是不夠的，我們必得進一步要問，個人主義是怎樣產生的？在如何的主觀狀況及客觀狀況下產生的？對於這樣的問題，我們必得用探本溯源的發生的方法才能解答，例如要知道當時宗教的態度怎樣變化，就是說當時的人不囿於教會的信條，而想直接與上帝接觸，以及當時神秘主義的傾向如何助長個人主義；此外如商業的繁榮與貨幣經濟的擴張，以及當時的都會生活，都與個人主義的興起有關係。再詳細一點說，在主觀方面，當時的人在理性上有一種自覺，並且由於與東方有了國際交通的往來，對於傳統的文化有了懷疑與破壞，這樣的情況最適於個人主義的生長。更從藝術方面看來，當時的造形美術非常發展，所以發展固然由於個性的强韌，而美術的發展又助長了個人主義。從以上這些條件看來，歐洲文藝復興期的個人主義，並非是偶然的，突如其來的，而有源源本本的來源。因爲在精神史上看來，任何的一種思想，在表面上忽然看去，縱然也須覺得如何抽象得難懂，或神秘得使人莫明其妙，但是只要它能佔精神史的一個篇幅，它必定能在當時吸引觀衆或信徒，除非我們對於當時的社會有相當的了解，並且這種思想所以能應當時的要求有一種認識，那麽我們對於這種思想的意義便不能根本的了解。至於說一種思想在產生時能吸引觀衆，就是說這種思想能應當時的全部或一部的要求，至於價值的評論是另外一個問題。就是在精神史上，我們也不要忘記一個生物學的根本概念，人類的行爲是對於"一種"環境的反應，在精神史上人對於環境的反應是一種反覆思考而且組成理論體系的反應．假如我們不對於當時周圍的環境有一種認識，那末只講一種思想的本身是不曾清楚的，所以現在各部門的精神史，特別是哲學史，所以很難使人滿意，就是這個緣故，要想爲精神史建立可靠的科學基礎，“發生學的了解”(Genetisches Verstehen)是極端重要的一個方法。 應用這種方法而有好成績的，狄爾泰所著青年時代的黑格兒(一二)(Jugendgeschichte Hegels)便是一本最值得我們注意的好書。 這本書出版的時候，正是德國學者要把精神史促成專門研究運動正熱烈的時期，這部書可以說是很好傳記，但是他與普通的傳記有些不同，它是一本精神史的代表作品，狄爾泰在這本書的序文上說他由於努力於“人文科學”(一三)——有人譯爲“精神科學”，是直譯的，日本學術界普通也譯爲精神科學——的歷史，使他研究起黑格兒來，所以這部書既不是普通形式的傳記，也不是傳統形式的哲學著作，而是別具一格的發生學的方法寫成的創作。

我們以上曾經說，人的活動都是對於環境的反應，各時代的環境不同，人

(一二)　青年時代的黑格兒在一九〇六年四月出版，書分兩卷，第一卷講黑格兒的思想最初的發展與神學的研究，第二卷講黑格兒如何從研究神學而產生了黑格兒的世界觀，這本書的研究對象正如書名一樣，乃是黑格兒的青年期，黑格兒在青年期把大部分的時間與精力用在古代史，啟蒙思想家，康特哲學，及菲希特以後他同時代的哲學思想上；黑格兒的興趣不僅限於純粹的學理，同時他對於法國，瑞士，英國及德國變動期的政治與法制，都埋頭研究過，在青年黑格兒研究中，最爲他集中精神的是以原始基督教爲中心的宗教史與神學史。 所以本書關於黑格兒對於神學與宗教史的研究佔去頁數最多，敍述的也最詳細。 至於黑格兒哲學的方法在本書中也有體系的敍述，所以本書不僅對於有宗教史興趣的人及傳記家供給一種別開生面的著作，尤其是對於黑格兒哲學及辯證法關心的人，更應當讀讀這本書，並且本書以黑格兒爲中心，把當時德國思想界敍述出一個鳥瞰圖來。 我們希望這本書在不久的將來，能有中文的譯本，使中國人不僅知道有少年歌德，並且還有青年黑格兒也是一個偉大的人物。

(一三)　“人文科學”這一個詞是德文 Goistoswissonschafton 的譯語。 在法文爲 sciencos moralos，在英文爲 Mental sciencos。 在科學系統的分類上，“人文科學”的對象與“自然科學”(Naturwissonschafton)的對象不同，二者是整個科學中的兩大主枝，狄爾泰的終身事業便是建立在人文科學及人文科學的歷史。 我們知道自然科學分許多獨立的科學，同樣人文科學也分許多獨立的科學，人文(精神)科學分精神過程的科學與精神所產的科學，如心理學屬於前者，後者以精神所產生的結果爲研究的對象，又可分爲組織的科學及發生論(gonotischo)的科學，前者如文獻學，社會學，經濟學，法律學，宗教學，藝術學等，後者如歷史學便是，政治學沒有放在人文科學中，因爲德國學術界普通不把政治學看爲科學。而認爲藝術，這是應該注意的一點。

的活動也隨之各異，我們把各時代自然及文化的環境，稱爲“世界的素材”(Weltstoff)，人不能離開世界的素材，人與世界是交互作用的，所謂交互作用，就是說人對於世界不只是被動的，而且是主動的反應，反應有種種的形式，肉體的與精神的，精神的形式也有許多方面，在精神史的研究上，對於各時代的環境固然不能不作探本溯源的研究，同時在主觀方面，對於精神形式又不能不作“全體的把握”，用這種態度或方法研究精神史，稱爲“了解的精神史”(verstehende Geistesgeschichte)。宋伯(一四)(Max Weber)對於社會學的研究，也稱爲“了解的社會學”(verstehende Soziologie)。以上是精神史的方法，以下我們再講各部門的精神史。

(6)精神史的方法與經濟史，政治史，美術史，及宗教史的研究——一般精神史與各部門的精神史

精神史可以分爲一般精神史與各部門的精神史，不分文化領域乃至精神領域，而做整個研究的，稱爲一般精神史，這種廣泛範圍的研究，可以說到今日爲止，還沒有開始。我們現在所能講的只限於各部門的精神史，例如從精神史看的經濟史，或從精神史看的政治史，美術史等。不過在敍述人的精神狀況如何變遷之前，要知道主觀的精神狀況與客觀的世界構造是分離不開的，換句話說，人的精神狀況相應於“體驗世界的構造”(Erlebnisweltstruktur)，不把人的“精神狀況”(Seelenart)與環境世界的關係觀察清楚，只講主觀精神狀況的變遷是不行的，如果可能也不過是沒有內容的空架子而已。

從精神史的觀點看來，可以分爲各種不同精神的領域，在心理學上把人觀察的時候，例如有教育家，政治家，藝術家，僧侶，商人等，他們精神的形式各

(一四) 宋伯(Max Weber, 1864—1920)是德國現代最特出的經濟學家與社會學家，他把社會科學(Sozialwissenschaften)與社會政策(Sozialpolitik)嚴格的劃分清楚，這樣一來，對於社會科學的貢獻甚大。主著有經濟與社會(Wirtschaft und Gesellschaft)及宗教社會學(Aufsätze zur Religionssoziologie)等書。

自不同，這是常識上都有的認識。人的活動既然如以上所說，都是對於周圍世界的反應，而人所活動與體驗的領域又各自不同，如教育的領域，政治的領域，美術的領域，經濟的領域，宗教的領域等，這也是我們周知的事實。現在把精神史的方法用在經濟史，政治史，美術史及宗教史上，看看所謂精神史的根本方法及特質在什麼地方，不過以上分這四項只是常例看，並不是說精神史只包含這四項，譬如精神史的方法適用於文學史，更是比較的容易看出來，如我們以前已經談及的。

（一）用精神史的方法研究經濟史，第一要知道人是經濟活動的主體，所以先要從經濟的觀點，把人在"精神構造的變遷"作爲中心問題。這種意義的經濟史，要從一個民族或集團所有的"經濟上的思想"（Wirtschaftsethos）出發，用"經濟心理學"（Wirtschaftspsychologie）的觀點加以研究，在這兒所謂"經濟心理學"是人文科學的心理學(一五)。因爲處理這種意義的經濟史上的問題，要從三方面入手：（1）對於經濟的主觀看法，（2）從經濟的主觀把握客觀上經濟的條件，（3）從兩者的關係生出經濟活動的各種形式——如生產與消費，需要與供給，交易關係，貨幣，以及信用制度等重要問題。例如古典經濟學上把所謂"經濟人"("Homo-Oeconomicus")看做永恒不變的本質，但是這種新經濟史——精神史的——把"經濟人"認爲有許多種類，例如純農業地域的"經濟人"與高度工業化地域的"經濟人"不同，德國對於經濟的看法與美國對於經濟的看法不同。與這個問題有關聯而另有特殊意義的，例如末柏（Max Weber）研究宗教（Die grossen Weltreligionen）對於經濟生活的影響，他從這種觀點說明東洋及西洋的經濟組織如何不同；此外還有學者把宗教的態度認爲西歐資本主義的一個來源，例如宋巴特（Werner Sombart, 1863—1941）在經濟

（一五）人文科學的心理學是德文 Geisteswissenschafliche Psychologie 的譯語，與所謂"記述的分析的心理學"及"了解心理學"相同，閱：E. Spranger, Lebensformen。有中文譯本，不過譯文不好懂。

史上及社會學上著作中，時常提到這一點。

（二）政治史用精神史的方法來研究，與從來所謂："劃期的行動及國家行動的歷史"(Geschichte der "Haupt und Staatsaktionen")一樣，不能不以政治世界的事實爲基礎。要以偉大的領袖，偉大的政治家，以及戰爭與和平時期重要事件，作爲政治史的中心問題。不過用精神史的方法研究政治史，着重點略有幾分不同，精神史的政治史所研究的主要對象，有下列三方面：（1）政治支配者，以君主或政治家精神的狀況（精神的構造）爲問題，（2）與政治支配者最有關係的客觀權力體的構造問題，（3）各時特有的"政治樣式"("Stil" der Politik)。

在今日用精神史的方法研究以政治家爲中心的問題，不僅注意考究他的行動，並且要對於他的人格或性格加以分析的研究，以前把政治上的偉人，在德國有兩種說法，一個是"不能比擬的人"，另一個是"不能度量的人"，到了歌德更用了一個詞，他稱政治上的大人物爲"魔力的東西"(Das Dämonische)，例如成吉思汗，拿破崙，菲得利二世(一六)(Friedrich II. von Hohenstaufen)，菲得利大王等人，像以上這些偉大的政治家，固然在主觀方面，各有獨自的精神，所以對於他們個人需要心理的研究；同樣在客觀方面也有各時代獨自的精神，中國諺語所說：「英雄造時勢，時勢造英雄」，就是這個意思。關於時勢的研究，我們可以依精神史的方法，提出類似下列的問題來：（1）關於封建制度精神的研究，（2）東洋專制政治與西洋專制政治比較的研究，（3）北美合衆國民主主義的研究……等都是對於一個時代或時勢，要抓住"時代的精神"(Geist der Zeit)，德國現在有一個刊物，就叫做時代精神。從除了人以外的客觀環境看來，各時代固有各時代的精神，同樣地理的條件也很重要，例如歐洲大陸諸國建國的過程，與大英帝國發展的過程，根本上就不同，這種異點只在憲法的形式與各別制度組織的研究，是不能充明解釋出來的。

(一六) Friedrich II. von Hohenstaufen，1215—1250

最後我們講到政治的方法（樣式）也是隨時代而有變化的，例如意大利人馬基阿未利(一七)（Nicolo Machiavelli, 1469—1527）所倡導的"國家理性"(Staatsraison）是特別適於君主政治色彩的政治形態，近世是國民的國家時代，在政治的方法與形式上都變化了。　到了國際聯盟出現的時候，雖然實際是少數國家過於看重自身的"霸權"("Hegemonie")，不配稱爲"國際"，但是政治的樣式卻又有了變化，而"國際的"政治思想卻不能不推康特的永久和平論（Zum ewigen Frieden）爲一個主要的理論基礎。　以上所說是歐洲文藝復興後政治樣式的三變，至於東洋的政治樣式與西洋的政治樣式，是更比較容易看得出的。

（三）從精神史的觀點治美術史，在音樂史上更容易建立明顯的計畫，在美術史的研究上有三個方面要注意：（1）主觀的方面，（2）客觀的方面，（3）從主客交互的作用而產生的審美的或藝術的生活，屬於主觀方面的研究如對於創造的藝術家，加以心理學的分析及各時代藝術上的趨向或"藝術的意慾"（Kunstwollen），(例如宗教的藝術，合體主義的藝術，唯物論的藝術等)，並且要對於當時一般觀衆的藝術上趣味，加以分析，也是必要的。　關於客觀方面的研究，最主要的是造形美術，如彫刻與建築，就是從這種美術看與各方面的生活有如何的關係，有如何的作用。　其次以及國民的美術，宗教藝術等。　並且在藝術的創作中，所取材的生活內容也有種種的不同，例如就有不知道肖像畫藝術存在的時代，也有不把風景畫認爲一個獨立美術部門的時代，我們在藝術史上遇到這樣的問題，便要問爲什麼是這種樣子呢？　在發這樣問題的時候，就是引導我們不能不對於精神史的背境加以深入的研究。

（一七）馬基阿未利是近代政治思想史初期最值得注意的一個人物，當文藝復興與新教改革時期，反對天主教的空氣漸漸高漲起來，推反宗教的獨尊要用政治的力量，加強政治的力量便要有新的政治學說，這種加強政治力量的新學說，對於"近代國家"(Der Moderne Staat) 的產生有極密切的關係。　馬基阿未利的時代，正當羅馬教廷(與政府內政相似)與意大利政府在政治上破產的時期，他便對於天主教施以極端的攻擊，主張統治權歸於君主，他的學說見於他所著的君王論（1515）。

關於主客二者交互作用（交互的發展，克服，完成的過程），的各種形式是美術史的第三個問題。普通在德國就稱為"樣式"(Stil)的問題。不過"樣式"一詞不能表示什麼具體的內容；此外還有一些傳統的名稱，如印象派與表現派，自然主義與理想主義，象徵主義與寫實主義等，不過這些空名詞不能引導我們深入作積極的研究。據士榜格說來，對於這個問題，只有用人文科學——"精神科學"——的方法，把"藝術精神的構造"加以深刻的分析，才能有結果。就在建立精神史的老家德國，用精神史的方法研究美術史還在提倡時期，提倡最力的一個就是士榜格。

（四）據德國精神史及人文科學（精神科學）的學者看來，精神史中最主要的部份是"世界觀的歷史"(Geschichte der Weltanschauungslehre)及宗教史，這是我們所以把"世界觀學"及"精神史"放在一塊介紹的緣故。因為在世界觀的歷史及宗教史上，所注意的問題不是人的某一方面的生活，而是（1）與人格的全體有關係的對於整個世界體驗的主體，（2）及人的精神與世界的"最後的"問題，（3）把全體世界作為研究的對象。只有在這種根本的世界觀史及宗教史的研究中，才可以找出主觀的精神及客觀的世界之間戰鬭的統一來，像黑格兒那樣的哲學天才所謂"絕對的精神"便近於這種境界，也就是所謂"絕對的生命源泉"(der "absolutè" Lebensgrund)。不過精神的各種形式在表現的時候，不能不藉助於"語言"("Sprachen")，所以又不能藉助於"美的具象，理論的思考活動，以及宗教的與宗教的信條"(die ästhetische Versinnlichung, die theoretische Gedankenbildung, die Symbolik kultischer Handlungen)等力量，不過在這樣的情況仍有表現不盡的東西，於是就現出所謂"神秘的意識態度"(Mystische Bewusstseinshaltungen)。把宗教史作為學問的研究，據精神史的學者研究，只有精神史的方法可能，只把宗教的表現及宗教的儀式，作一種記述只是對於宗教表面的觀察，不能了解宗教的真髓，至於精神史的研究能否把對象能充分的了解，也是一個疑問。

以上我們把精神史的方法在政治史，經濟史，美術史，及宗教史上如何應用，已經簡略的說過了，現在我們再把精神史在學術界的信用及它的前途簡單的敍述一下。

(7)精神史爲什麼受非難？

在德國對於精神史的研究，定出一個計劃並且促成爲學問的運動，努力加以唱導，乃是公元一九〇〇年以來的事，而關於精神史的工作在一八六〇年已經開始研究，精神史研究上的代表學者，最有的名是布爾卡特(J. Burckhardt)，海木(... Haym)，狄爾泰 (Dilthey) 等人。　不過我們要知道在德國精神史"研究熱"的絕頂已經過去了，反而精神史在今日的德國受到各方面的攻擊與非難，精神史所以受非難有種種理由，現在我們只舉出兩個理由，使我們知道精神史在學術界還沒有得到普遍的承認，它的前途還有待於今後精神史家的努力。

第一，精神史的許多代表學者，例舉了太多的"精神"，而他們卻怠於以資料爲基礎的研究，他們對於歷史的對象儘有許多的議論，而對於史料自身的輪廓缺少精確的認識，但是海木與狄爾泰卻是例外，他們二人在精神史上的工作，都以可靠的資料爲基礎，記述的愼重與立論的小心，遠非其他一般精神史家所能望及的。

第二，精神史所以受攻擊的理由，因爲精神史的許多代表者太缺乏哲學的或方法論的素養，結果是在精神史上的成績，便缺少學問上的正確性與嚴密性，所以不能從這些精神史家學得了什麼可靠的知識，因之精神史失掉了學術界的信用。

除了以上所舉的兩個理由之外，精神史所以不能得到普遍的信任，還有另外的誤解，總有人覺得"精神"是捉摸不定的東西，不免有人要說：「精神不受制於任何其他的力量，而是精神自身發展的進行」，或是有人又這樣說：「精神是頭中的觀念 (Idea)，乃是推動歷史的唯一力量」，像以上這樣的說法，恐怕是很普遍的對於精神史的誤解，不過據權威的德國精神史家看來，精神史絕不是這樣的主張，精神史絕不是從"自然"脫離而成爲遊離的精神，脫離自然或違反自然的精神是不存在的，以自然爲基礎與材料而產生的精神活動，才是精神史的眞正對象。

(8)結　論

我們以上所介紹德國的世界觀學與精神史，初看來使一般人不免有難以捉摸的感覺，特別是對於精神史中的所謂精神，在唯物論與實證論流行過的中國學術界對於這樣的字眼不免有敬而遠之的態度，其實若把精神史也像"精神科學"改爲人文科學一樣，稱爲"人文史"就容易了解多了，我們知道人文科學（精神科學）是研究"人"的環境作用（心理學）及精神所產的"文化"，而精神史所研究的對象也是"人"如何在文化環境中互相間影響的歷史，所謂"人"生在文化環境正如"人"生在自然環境中一樣，人的環境總逃不出這兩種環境，精神史所特別看重的是人與文化環境的交涉史，所以我們也可以稱精神史爲人文史。

本文的參考書：

（1） Dilthey: Weltanschauungslehre（世界觀學），見全集（Gesammelte Schriften VIII)

（2） Dilthey: Das Wesen der Philosophie（哲學的本質），見全集

（3） Jaspers: Psychologie der Weltanschauung（世界觀的心理學），

（4） Litt: Wissenschaft, Bildung, Weltanschauung.（科學，教養，世界觀），

（5） Scheler: Die Wissensformen und die Gesellschaft; Philosophische Weltanschauung.（知識的形式與社會；哲學的世界觀），

（6） Dilthey: Jugendgeschichte Hegels（青年時代的黑格兒），

（7） Spranger: Lebensformen（人生的型式）

（8） Spranger: Was heisst Geistesgeschichte?（何謂精神史？）這是士榜格的一篇講演錄，本文大部份的材料是取於這篇講演，並且有的地方簡直就是翻譯，特別聲明一下！

（9） Burckhardt: Kultur der Renaissance in Italien（在意大利的文藝復興時代文化）

（10） 鬼頭英一譯：精神科學序說(Dilthey著)，

中德學會與中德文化

Das Deutschland-Institut und die deutsch-chinesischen Kulturbeziehungen

胡雋吟

人類文化之發展有一顯著之特點，即各民族彼此皆欲有所獲於人，亦欲有所授於人，以求融合世界各民族之特長，使自己產生一愈冲和宏大且普遍之圓滿文化生活，依之而卓然久存於廣垠複雜之世界中。 此種活動方式概有二種。 一爲有意識目的之授受活動，即當某民族所寄存之國家國勢强盛，其文化與當前環境相稱合而適於人性時， 該民族能對其固有文化生活隨時改良， 隨時排除腐質增入新養料，且能對新舊文化之遇合持以從容不迫之態度而行潛移默化之工作，以使其固有文化更臻完美，以影響其他各民族。 此等排除吸收及放射作用多係自動自主者，故其結果多形成一種美滿且具有民族個性之新文化生活。 二爲盲目不知所措衝動式之授受活動。 即當某民族所寄存國家之國勢衰弱，文化大部分僵化腐化多不適於人性及當前之環境時，該民族乃隨外來刺激力之大小而行授受活動。 而外來文化之輸入亦常形成爲急流猛衝之勢，以致接收者之活動多成爲被動且無目的意識，或作部分或作整體之生吞，而不得從容溶解消化，結果乃經過一番大痛苦大混亂。 然無論如何，凡外來文化之流入，對固有文化均具有一種刺激及提醒之作用，似可斷言。 所謂刺激者即由內外文化之對比，而得反省，得以認識自己文化之僵腐成份是也。 所謂提醒者，即對自己文化之優點重新估價，重新認識，而生棄腐提精吸新之自動活動，隨以產生另一套具民族個性之新鮮文化是也。

我國清末時與歐西文化之接觸，似屬第二種方式，當時籠罩全國大部分文化生活之儒家思想，已化腐化，故一與外來文化相接觸，卽無良策應付，於是海禁大開，歐西文化不分優劣，一齊如潮湧來，從容吸收已不可能，臨時應付又乏適宜方策，我文化中僵腐成分乃完全暴露，一般人頓覺自己積病太深，外來勢力過猛，於是乃無暇確定一致之選擇標準，遂形成一種不知所措之衝動式之接收及排斥活動。故近數十年來，中國全民族各方面均處於迎拒衝突激盪摸索研究之大潮流中；全體各級人民均陷於萬般痛苦中。然在此期間，一種新文化體系已得蘊育，已將逐漸成形。所謂新文化體系者，乃以自己固有具活躍生命之文化精粹，溶以我所需要之外來文化成分，而產生一兼具普遍世界性及固有傳統性之文化結晶是也。爲促進此新文化之提早產生，我國近多年來有志之士，對此眼前演變之必然局勢，莫不力謀捨棄衝動式之活動，而從事對外來文化作有意識有選擇性之介紹焉。倘此時外籍人士之具有同一目的及態度者，如有機會與我合作，彼此以純友誼純學術之精神，互相幫助，互求瞭解，以促進將來或可實現之普遍性之世界文化，誠爲人類活動中最愉快而偉大之事，亦爲世界文化發展史中最有價值之事蹟也。中德學會之組織，恰合此種性質，今屆十週年之期，試瀏覽兩民族以往文化授受之梗概及今日中德學會發展之情形，以爲紀念。

查歐亞文化之溝通，乃先由藝術品及貨物之交換，而後漸有學術及精神生活之接觸。中德文化之授受亦不出此例。早期之文物交換，茲略而不談。今僅由中德間學術及精神生活之接觸方面，略述其發展情形，以見中德學會在中德文化史上所佔之地位。

自十七世紀起，耶蘇會士東來傳教，將西方之科學如曆法，製礮術等傳入中國，而將中國之哲學思想（如儒家思想等）傳入西方。其時首先注意中國文化思想之德人爲萊勃尼茲(Gottfried Wilhelm Leibniz 一六四六——一七一六)。當時德國正値三十年戰爭之後，全國陷於貧困，愚昧，迷信及種族宗教之敵愾仇恨中，有志之士，均思打破當前難關，另尋新路。此時中國正値康熙盛時，對內政教統一，對外威震四方，人民安樂，學術發達，而對外來民族及宗教並不排斥且持寬厚態度。德人驟悉此種與己迥異之東方國家，便得一極強烈之印象。萊勃尼茲爲當時最偉大之思想家，博學遠識，對教士寄回之中國報告，及歐洲其他各處之有關中國學術思想之記述譯著，均努力研究，並與教士屢次通信力主以西洋之教義及科學與中國之智慧文教互爲交換。彼謂中國爲一偉大和諧之統一國家，必須將中國文化傳回歐洲。又竭力促使俄帝注意東西交通道路之完成及旅客之保護，且曾於其最新中國史中序言云：「我覺得……人類最高的文化產品，在今日已有幾分在我們大陸的兩個極遠的邊端匯合起來，就是在歐洲合中國匯合起來。……此外……就是當教育極高，地勢極遠的幾個民族，相向着伸出他們的前臂時，在他們中間的一切也都得到一種較高的生活方向。」又云：「由這門（俄國）我們與這立於歐洲對面的另一個文化世界之間，不祇可以進行一種貨物的貿易，而且可以進行一種光明和智慧的交易」。由此可見自萊氏起，"人類精神聯繫"之偉大觀念已深植於德國，且已努力從事於使其實現之工作。此後，萊氏又主張建設宏大之科學機關，以爲研究各國各種學術之便利。此思想不久竟得實現。一七〇〇年成立普魯士學術研究院，此後德雷士登，彼得堡，維也納等科學會，均相繼成立。然東西文化交換之工作竟隨萊氏之逝世而消沉，直至十九世紀末年始得再現。

承受萊氏之影響者有法郎克（August Hermann Francke 一六六三——七二七）及吳爾夫(Christian Wolff 一六七九——七五四)。兩人均爲私人提倡研究中國學術者，吳氏見解深刻，並爲用德語向德全國各階級普遍宣揚中國學術思想者。彼特別注意宋儒之理性哲學，對於十八世紀之德國青年界及讀書界之影響極大。繼其後者有著名於世界之文豪歌德。彼特別注意中國文學，其所寓目者，雖非第一流作品，然讀其與艾克曼之談話錄（Gespräche mit Goethe)，可悉歌德對中國文化已有深刻之認識及讚賞。彼以爲中國溫柔敦厚之人生觀，克己雅緻之舉止，實超勝於歐洲。歌氏由此啓示，乃有欲溶合歐亞文學而從事產生一世界文學之觀念。叔本華在所著之"自然之意志"一書(一八五四出版)中特將"中國學"專列一章，分節加以詳述。此後德國之讀書界乃有注意"中國"者矣。其較著者如洪保德•亞歷之於地理，洪保德•威廉之對中國語言之研究等等。及至十九世紀末葉，學者對"中國學"考究漸加精密，乃漸有科學之"中國學"之創立。然因當時環境之種種不適宜，如缺乏完備之中文書籍，及應有之中文基本學識等，其發展甚為遲緩。當時最有名之漢學家如克拉普洛特 (Klaproth)及貴茲拉夫 (Gützlaff) 之著作均為利用他國之參考書而以法文寫成者，而夏德(Hirth) 及勞飛爾 (B. Laufer) 等漢學家，在本國均受輕視，以致不能立足而被迫遠離祖國至國外講學。除李多芬 (Richthofen) 及其後之喀貝倫次(G. v. Gabelentz) 因環境之方便而作私人研究得有成績外，彼時之"中國學"在此期始終被人忽視。然經此階段之醞釀，至一八八七年德政府遂於柏林創辦一東方語言學校，最初設華語日語兩部，均由專門漢學家阿林特 (Arendt)， 佛爾克 (A. Forke)許勒(W. Schüler)雷興，(F.Lessing)等人任教。五十年來發展之結果，已成為德學術界不可或缺之唯一高等語言學校，而使當時德國漢學研究有劃時代之進展。此時期之漢學人物有曾主編大亞細亞雜誌之辛得勒(B.Schindler)，及曾著中國文學史及北京人頭骨研究之哥魯貝氏 (W. Grube)。此外有康拉底 (A. Conrady)，哈隆 (Haloun) 及以編中國通史，予德國漢學界樹立極大榮譽而成名之現代德國漢學家福蘭閣 (Otto Franke) 教授。然以上各人之高深成就，均為獲得語言工具後，由個人私自作深入之研究者，至於以純科學態度作漢學研究之專門學術性之機關，尚付闕如。當時法英等國已先後在各大學設有講座。而德國僅於萊比錫大學校有一門中國語課程而已。後經相當時期之呼籲，至一九〇九年德國議會始正式通過於各大學中設漢學講座之議案。當年即於漢堡大學設立，此後自一九一二年至一九二三年間於柏林大學，佛蘭克府大學均相繼設立漢學講座。自此時期起德國漢學研究乃漸形發達。歷來主持講座者有名教授福蘭閣，海尼士(E.Haenisch)，佛爾克及福氏門人顏復禮 (F. Jäger) 等人。一九二七年於佛蘭克府創立一中國學院(China-Institut)，創設人爲衛禮賢教授，即本會第一任幹事衛德明之尊翁也。該院專以輸入中國文化，聯絡中德兩族感情爲目的。於今已獲得其預期之發展，及雙方人士一致之推崇矣。衛君並創刊漢學雜誌(Sinica)，使德國各級人士對中國文化之理解程度因之提高。此後哥廷恩(Göttingen)及撥恩(Bonn)哈勒等大學亦先後成立漢學系及中國學分系焉。當時由各大學，機關及個人研究所得之成績，及刊行之專著及雜誌爲數漸夥，於歐西之漢學研究乃審有顯著之影響矣。今僅舉名教授福蘭閣及亞口布(F. H. Jakob)之言以示其趨勢之一斑。福氏曾大聲向德國及全歐學術界呼籲曰：「萊勃尼茲在幾世紀以前所辯過的事情，現在已經開始實現。現代西洋人對於中國文化的觀念，和從前所作的荒唐幻想，及熱烈的崇拜，或無理性的咀咒，仍是同樣的遼遠。牠應建立在真實上，一種嚴肅的學術，應該助謝他們認識這種真實」(漢學雜誌一九三六年三期西洋人對中國文化觀念的變遷講演詞)。亞口布教授於其論東方文化對於西方文化的影響一文中結論云：「……人類每三個人中便有一個中國人，這個民族，有偉大的文學有藝術的創作，有文化上無盡的寶藏，研究她的工作，是這麼艱巨，可惜工作人數，却是這樣的渺小……現在世界交通，日形便利，東西的關係，日見密切，也許以後我們能够更加注意。從研究東方文化中，得到一種新生命」(見漢學雜誌一九三一年四期)。由此可見德國學者對中國文化之態度及熱誠矣。此爲"中國學"在德國之大略情形。至於德國學術之東來並非如此顯著而熱烈。由在華教士與國內通信中，可得證明，德學東來開其端者亦爲萊勃尼茲，然德人之親身來華者則以傳教士湯若望爲始。湯氏任華多年，因改革曆法，介紹礮火武器之製法，成績卓著，深得中國當局之信賴。彼之著述甚多，於中國天文數學之研究影響極大。繼其後者有教士戴進賢。中國學士顯宦從此二人學者甚多。康熙四十六年，因天主教改變傳教方針，而遭中國當局之排斥，西學之介紹工作乃暫停，直抵咸豐末年方又繼續。此後於光緒宣統兩朝，新式科學技術繼續傳入中國，或由國家聘人來授，或派士子往學。自此時起，朝庭開之於先，私人繼之於後，留學生紛紛出國。留德學生多半攻讀醫學，工學，軍事及自然科學。民國成立後，各大學復加德文課程，而北京大學且首設德文系，同濟大學亦完全以德文及德國醫術為主。最近輔仁大學亦增設德文系。返國之留德學生，於政治，軍事，醫學，教育及自然科學，各方面皆有所貢獻，而將德國學術著作譯成中文者，各門各類亦皆包括無餘，據中德學會圖書館中所藏者已有：語言及文學，哲學及宗教學，歷史學及政治學，地理學，法律學，社會學及經濟學，軍事學及戰事，自然科學及工藝學，教育學，及藝術等十餘類，每類包括至少四種以至十八種。對於德國人文科學作專門研究者則較少，據吾人所知者，老年學者：昔日有馬君武君之專攻經濟。今日有張君勱君及張東蓀君之專攻哲學，張星烺君之專研歷史，楊丙辰君及郭沫若君專研文學，鄭壽麟君專攻文化史。青年學者有馮至君陳銓君及周學普君之於文學，賀麟君之於哲學，劉鈞君之於教育等亦均有精深之造詣。至於聯絡中德感情之文化機關，除本會外，尚有民國二十四年於南京成立之中德文化協會。至如將兩國文化生活之互為介紹，而具有清楚之學術目的，及完整計畫及實際工作之組織者，據吾人所知，則僅有上海同濟大學（今改為上海德國醫學院）及北京之中德學會耳。

中德學會係首由中國學者鄭壽麟君發起。因德國在佛蘭克府曾成立一中國學院，將中國學術介紹至德國，故鄭君擬於中國成立一學術機關，將德國之今昔文化介紹至中國，以促進中國人士對德國文化之了解與深刻之認識，並給研究德國學術工作之學者及學生以各種幫助。繼得張君勱君，德大使陶德曼(Dr. O. P. Trautmann) 君及參贊，飛休(M. Fischer) 君及國立北平圖書館長袁同禮君等之贊助及合作，乃於民國二十二年三月二十七日於北平邀請中德人士舉行會議，議定會務之監督及其職權之行使，須由中德雙方董事及會員共同擔任，復議定本會應持兩國共同合作之態度，而尤須顧全名實之一致。於是當場組織一籌備委員會，結果於民國二十二年五月四日籌備完成，定名為中德文化協會。於此草創時期，人力財力均感缺乏，經費由北平各大學，北平各文化團體及德國公使館等各方面捐助，故規模甚小，僅在國立北平圖書館中借用一辦公室爲會址。 並約請：丁文江，蔡元培，顏惠慶，胡適，胡庶華，王蔭泰，蔣作賓及張伯苓等諸位先生任本會董事，特請陶德曼及王世杰兩位先生爲本會名譽會長。 工作分爲總務，編譯，圖書三組，由鄭壽麟，艾克(Dr. G. Ecke)，洪濤森(Hundhausen)，張君勱，賀麟，鮑鑑清，袁同禮，蔣復璁，謝禮士 (E. Schierlitz) 等人分負各組責任。 鄭壽麟君並將其一部分德文書籍捐藏於會內，以爲圖書館之基礎。 故學會之有今日，於茲十年紀念之時，於鄭君篳路藍縷之功，當致最大之敬意焉。惜本會成立不久，鄭君即離北平，會務由常務幹事二人，衞德明 (H. Wilhelm) 君及楊丙辰君負責。 衞君係漢學世家，專門研究中國法理學及人文社會歷史，並爲外籍學者之首先研究顧亭林之著作者。 楊君乃德學先進，譯著甚多，我國北方學德文之學生幾均出其門下。 二君熱心會務不遺餘力，故本會歷時不久，即有相當之成績矣。 截至民國二十三年三月，總務組之答覆關於中德文化教育情況之諮詢，解決一切留學及旅德等問題之工作異常忙碌。 圖書組已擴充有德文書籍一千五百餘册，雜誌報紙三十份，並有圖書室及閱覽室。 並爲中德雙方之圖書館，各學校及各種文化機關互爲介紹定購大批中德書籍。 編譯組：除介紹會員協助北京大學翻譯印行書籍刊物外，並約人撰譯中德文化論叢，送各雜誌報章發表。 當時之主要工作爲計畫編譯中德文化叢書，計分文學，歷史，哲學，教育，自然科學等各門類，分請學者著譯。 於一年之內第一第二輯均得出版。 又曾於北平與滬及杭州各地舉行德國現代印刷展覽及於北平舉行釋勒紀念展覽會，以助社會人士對德國文化之認識。

民國二十四年五月二十二日，本會董事及會員開會議決更名爲中德學會。此後常務幹事改推謝禮士(E. Schierlitz) 及馮至二位博士分任。 謝君同時任教於輔仁大學並主持該校圖書館之任務，馮君專門研究德國文學。二君志同道合，對會務之擘劃，更臻完美。 會址於此時期一再擴充遷移，乃有今日之適宜完備之規模。　在此任期中圖書已增至二千三百餘册。　報章雜誌亦增有四十九種之多。　此外除幫助公家私人介紹書籍及購置外，並進行調查北平各圖書館之德文藏書，擬編一總目錄，結果於民國二十四年底全工告竣，惜因故至今未得出版單行本。關於向一般民衆所作之文化介紹工作，曾演映德國風景，德國音樂生活，德國日常工作之電影片。　並舉行維希曼（F. Wigmann）個人作品展覽，近代木刻展覽，及德國繪畫展覽，後者原擬於全國各處舉行，因時局不靖交通不便而未果，僅於北平天津兩地舉行，而參觀者竟逾萬人以上。足證中國社會人士對此方面之興趣已大增矣。　謝馮二君沉靜好學，於室內工作努力擴充不已，如總務組之工作：(一)成立諮詢處，規定每日辦公時間，以備有意去德留學旅行參觀者及關於德國文化教育學術各方面之詢問者與以各種之幫助及方便。　特爲此由張天麟君編譯德國留學指導書以供參考。　(二)與德國學術交換處 (Deutscher Akademischer Austauschdienst)，柏林德國國外書籍交換所 (Deutsch-Ausländischer Buchtausch) 及德國明與德意志學院 (Deutsche Akedemie) 取得聯絡，並允爲其駐華代表。　及代其將各種學術雜誌書報贈與中國學者。　(三)爲中國研究德國學術之學生介紹及請求洪保德德文獎學金。　更由本會添設獎學金，以爲向本會提出德文研究成績中之佳作之獎勵。　(四)創立德文補習夜班。　(五)於民國二十六年之年會時，更廣約中德文化界之教授，學者，及文化機關之領袖集於一室，作純友誼之聯歡。　此後又舉行留平德國交換研究生與中國學生作友誼之歡敍多次。　編譯工作爲馮謝二君所最注意者。　彼等曾鄭重聲明編譯組最大目的爲將富有學術性質之德國文學科學之第一流偉大著作向中國介紹，如此中國人民始能了解德國文化之根本精神。　故除援助會外人士之出版發行書籍，及供給編輯魏蘭釋勒紀念册之材料外，而於中德文化叢書之擴充推行亦不遺餘力。而於三年中即將中德文化叢書第三，四，五及第六輯出版。　其準備付印者尚有六部之多。　又有論叢八種，已多半刊載於各報章中。　又創編中德學會特刊，以包括較普遍性之譯著，於最短期中已出版第一輯一册。　總瞰此三年中之工作成績，足見謝馮二君之志趣及努力之所在，惜馮君僅任事一年卽他去講學，以後會務僅由謝君獨力推行，否則本會此數年間之成就，當更爲宏大也。

民國二十六年夏初傅吾康(W. Franke)博士來華助理謝君辦理會務。二十七年謝君休假赴歐，不幸於二十八年春因病逝於故鄉，同人悲悼萬分，蓋不特中國失一知友，卽世界文化界中亦失一富有才識魄力之工作者。此際馮至君猶未歸來，一切會務不得不由傅君獨力支持，負責中德雙方常務幹事之職務，又値戰事期內，交通阻隔，友朋四散，環境異常惡劣，而傅君苦心孤詣，不違本會之初衷，本旣定計畫，竟使中德間在精神上與學術上之聯絡益增深切，彼虛心處理內外會務，一方面增約董事及會員，一方面復請專責之職員，分項推行各組之工作，雖物力人力不及以先，而本會之一切工作及組織竟較昔日反見完備擴展。民國二十九年春乃約得顧華君來會襄助會務之進行，後又以會務繁盛，漸感有一質任會長之需要，遂於民國二十九年秋請輔仁大學教授福克司(W. Fuchs)君任德籍會長，以缺席之馮至君爲中籍會長，顧華君任中籍常務幹事。筆者亦於此時被約來會任編輯之工作焉。福君爲知名於世界之青年漢學家，著述甚多，溫和而善處世，任職一年卽以受聘於明與大學，擬返德而辭職，會長之任乃以專門研究中國藝術（繪畫，古銅器陶器）之靑年漢學家羅越(M. Loehr)君繼之。福羅兩位會長先後與久負全責之幹事傅君共同推進會務，以至今日已六年矣，試總查此期間本會工作之成績，以示其發展之概況。

(甲)圖書方面：(一)圖書館之藏書，經數年來之搜尋及添置，自二千三百餘册已增至四千四百餘册，而關於德國學術之中文譯著亦增有一千餘册。(二)報章雜誌自四十九種增至七十二種，後以國內外交通發生阻隔，頓然減少，然今日尙有四十種。於民國三十年尙獲得普魯士學術研究院之彙報及哲學歷史類之專刊多種珍貴報籍。(三)德文圖書目錄已刊有單行本，華文圖書目錄亦將編製完竣，總之：本會之小規模圖書館，在今日之中國，可爲藏有德國人文科學書籍最完備之圖書館矣。(四)民國三十一年王揖唐先生捐贈四部叢刊全部，今後擬行擴充發展之漢學圖書室之基礎因於奠定。

（乙）總務方面：（一）除繼續以前轉贈及介紹書籍外；答覆諮詢之工作，由民國三十年起因交通不便乃漸減少，僅存有學術研究方面之答覆及協助。但與德國學術機關之聯絡，仍如昔日並未間斷，而其中與本會關係之最密切者爲德國明與德意志學院。（二）德文夜校至二十八年，由一班漸增至四班。及至二十九年得前述之學院之合作，更加擴充，至三十年已有八班，學生共二百餘人，至三十二年本貴精而不貴多之宗旨，重訂規則，勵行入學及學中考試，專收對德文興趣較濃厚之學生，故截至本年度，對學生加以淘汰，而祇留有七班，學生百餘人。復組織畢業考試委員會，由此獲得中德文畢業文憑者已有四人。爲畢業生及德文高深者之進修，復添設研究班一班，另一方面更努力從事德文教材之編製，已出版者現已有四種。（三）留學獎金以交通發生阻礙而停止，但德文成績優良之獎金額則行增加，更由二十九年添設論文比賽獎金及德文書籍獎品。（四）六年來與文化團體及中德學者以及會員會友之聯歡茶話座談之舉行不下二十餘次，復舉行音樂會多次，並爲本會會員會友及學生對於德國學術之欣賞瞭解計，更廣請德國學者漢學家及文化人士作學術講演多次。（五）至於公開文化之介紹，除放映數次有關德國學術性之影片外，並有近代木刻展覽。古今木刻覽展，且編有目錄及說明，以闡示德國木刻藝術發展之歷史。後又舉行古今木刻繪畫展覽，及古籍展覽，將德國印刷術發展史之歷代實例，陳設於我國人士眼前，以便得一深刻真實之認識。

（丙）編譯方面：傅君深以爲在此危難時期，埋首研究，譯著學術作品，既爲保持中德兩國可珍貴之傳統精神，亦爲唯一實在之溝通中德兩國文化之途徑，故雖經種種困難，而截至今日，本會所編之中德文化叢書，竟由第六種之後部起已繼續出版至第十八種矣。印刷及準備中者尚有十餘種。中德學會特刊自第二種起亦已繼續出版至第五種，正在印刷及準備中者尚有四種。自一九三七夏季以來，北平之雜誌刊物頓形減少，同時中德文化之聯絡亦感缺乏一普遍且具時間性之刊物，為補此缺憾，遂於民國二十八年創編研究與進步季刊，以登載德國人文科學及自然科學各方面最新之研究與其結果之短篇論文之譯文及著作。一年後因感中德兩國夙來對醫學軍事及其他自然科學方面已曾有相當之重視及授受工作，而於人文科學方面特乏專門介紹之刊物；又以自然科學家對專門著作多願閱讀原文，乃決定由第二卷起始取消自然科學之譯著，並更名為中德學誌，擴充篇幅，增訂內容，專注重於人文科學之翻譯及論述。今又自本期起，開始增載關於研究中國學術之文章。並增刊一德文中國學術論著專册，以登載本會德籍會員所作之中國學術文章。則此後之中德學誌即為名實一致之中國德國雙方學術介紹之雜誌矣。

民國二十九年德國又資送德籍漢學研究者二位來本會從事研究工作，於是本會創辦時之目的及工作範圍，因此更加推廣，但此種趨勢於實際上早已蘊育，蓋一向服務於本會德籍人士，無論任何職務者，皆為研究中國學術之專家，彼等對中德雙方文化生活之異同，與彼此之需要，以及此後互助互濟之方策，均擬以終生之精力，作深切之研討者。

總之：在此期間，中德學會之工作於各方面皆有迅速之進展。其發展趨勢，於實際及形式雙方，均充份表現中德學會今後不僅為傳授德國學術予中國者，且兼中德雙方學術互為介紹之組織矣，而會員會友及工作人員亦為具偉大胸懷，明確意識及專門學識之志士，故中德雙方人士能同心合作，而不受政治之煩擾，不互相疑忌，推心置腹以學問相開聞，此為中德學會一最可寶貴之特點，故不能不特表出之也。

本會既有以上大規模之擴充，一切會務，有待中德人士同力接洽辦理者亦漸繁，而本會中籍會長馮至君，自離會後始終未返，故時時深感中籍會長負責無人之苦。乃於今年三月請得楊宗翰君代理。楊君曾多年為北京大學師範大學教授，曾任川大文學院院長，並曾服務於中華教育文化基金董事會之編譯委員會，富有修養，尤於人文科學有深入之研究，此後對以往工作之整理，及今後工作之擘劃與推行，定將有更進一層之建樹。

統觀中德學會以往十年之工作，不可不謂有相當之成績。然際此創業期間，一切工作究屬試驗性質，何種工作能有實效，何種方法徒勞無益，並非事前已有成規可循。況從事文化溝通工作，首宜注意兩民族之感情聯絡，與兩民族間根本精神之瞭解，而感情與精神均極微妙，故不能操切，而宜由近及遠，由淺及深，由模糊誤解而及眞切相知。同時中德兩國文化均甚悠久，而中國之文化生活更爲複雜，故其最良善而有效之具體方法最亦難捉摸。因此本會所採用之方法與工作，有方起旋輟者，有內容及方向屢有改換者，所浪費之人力及時間亦已不少。然有一點可令吾人有信心者，即瀏覽中德文化授受之歷史，及今日中德學會之成績，使人深信中德兩民族間文化溝通之途徑已得其梗概。況於全世界陷於戰亂中之今日，此種純學術組織得以繼續達十年之久，不能不令人欣幸而以興奮之感情予以慶祝者也。

於整個世界文化生活中，十年亦僅一瞬耳，中德兩民族及中德學會之會員會友及同人，如能堅持一向之旨志，努力不懈，則其工作之有待於將來者將不可以量計，此後中德兩國，如能產生一種具世界文化性之"中""德"新文化體系，更進而再能聯合世界各民族之共同努力，以抵於一種最圓滿，而普遍於全世界之文化體系，以償人類文化生活之最大企向，則今日中德學會之所努力者，殆爲其基始也。於此十週年紀念之期，吾人將馨香禱祝此偉大理想之能及早產生焉。

易學象數別論初衍

Versuch einer neuen Deutung des I-ching

劉厚滋

引論

家世治易，主在事功。生晚，王父鐵雲公鶚之言不得聞；而大人申述以教叔氏者，五六歲時，即聞之熟。年十八九，治算學，聞西哲羅素（Bertrand Russell)「天地一函數」之語；頓悟此即易理。乘除出於加減，一 -- 者，正負兩符號；六十四卦者，算學之公式；爻象所繫，習題舉例云爾；易誠易簡哉。大人公餘，復時爲講授，遂漸能貫串。已居外氏紉詩堂者半年，山窗向晚，每篝燈與表弟羅君奉高繼祖討論經史；先外祖貞松先生振玉亦時時負手來爲講說，自天人性命至訓詁金石，無所不談，而微言時出，獲益至多。既歸燕園，聞沈兼士先生申意符象徵之理，劉半農先生復談律呂鐘簫之數，亦均有所融會。而熊子眞先生十力一夕議論，驗證啓發者尤夥。時臥病歸津，長日無聊，取黃黎洲先生易學象數論，杭辛齋氏易數偶得等數種，反復觀玩，以求河洛眞象。久之，積思成痗，惘惘如失；一日忽豁然自得一說，以證易象，無往不若合符節，不禁狂喜，以呈大人，大人亦許可而修正之。恐其忽焉忘也，因合毚所聞見，作爲此帙。雖敝帚自珍，十年以來，秘諸篋衍，師友而外，未敢以質世之君子；然亦私心自喜，以爲樹此新義，乃爲不負如來。

乃毚歲十一月二十五日先妣羅恭人忽焉棄養，倉卒變生，瞻依頓失，五內如焚，百脈齊沸，於是頹然復病，病中母氏劬勞兒時景象外，無他念也。比起遭逢世變，憂虞益深；思所以上慰老父，下以自樂，復取易玩讀，以趨庭焉。大人因爲述清儒周太谷先生星垣易傳，由是一新向義，悟易之見仁見知，卽陽明之良知良能，自王輔嗣以來，凡得意忘象之說，皆仁者之良知，卽此論亦由是入。若知者之良能，則初未窺其藩籬，更無論乎奧衍，誠不敢妄言以欺世；顧亦微知良知之門庭在數，數衍而理生，良能之蹊徑在象，象成而用達，理敷萬事，用設萬物，而易之能事畢，所以求象數之門徑；曰坎曰兌，熟讀而深思之，研幾而誠求之，坎之象曰君子以常德行習教事，兌之象曰君子以朋友講習，則先哲固久以明詔後學矣。

其所以名象數別論云者，以爲鑿空講說，爲宋以來學人大敝。易學精蘊，寂然不動爲理，發動於事物則爲用，曰理曰用皆藉象以明，象又藉數學窮其變化，故治易而去象數，雖簡捷如程傳，語言文字，亦未能盡賅。而古人論象數書中，惟黃梨洲先生易學象數別論，一掃諸家蕪說及辛齋偶得之極深研幾，爲最所服膺；二家之說雖相反實以相成，故是編雖不襲二家故義，亦願謹附於二君子之末，庶幾亦長之上下敢應義歟。初衍者則希能尙有進於此者，與諸君子相見耳。

至全文則共分八節，一引論，二見易，三論象，四演數，五闡書，六申用，七制器，八結論。見易一篇，要在提清易之「簡易」「變易」「不易」本旨，掃除陰陽秘書說法，樹立易本身之哲學地位，使學人認清易爲何物。然後分論象數，以見易之本體。論象演數二篇，卽本此旨，推求作易者取象運數方法，以見其理用。　圖書一篇，則只就數學本身說明河圖洛書，在數學上價値，闡明其與八卦有同樣變化，同爲自然現象中奇跡，或者取以印證本與易無關係，以破自宋以來治易者河洛之障，故列第四。　中用制器二篇爲學易致用之例，明苟能因勢利用，觸象生意固不必沾滯於易之書也。　結論，則略抒一得之見，故系篇末。

引論亦分"易之組織"，"易之哲學"，"易之致用"，"易之研究方法"四章。

(i)　易之組織

易之組織：分易之組織與易書之組織二目，易書之組織，卽吾人日常所誦讀之六十四卦，三百八十四爻，兩經十翼之易經的組織。　易之組織，則抽象的易之組織也。

易經內容：係由二經十翼，易言之卽由卦彖大象爻小象文言繫辭說卦序卦雜卦組織而成。

二經者：卽自乾至離之上經，與自咸至未濟之下經之總稱。　十翼者，彖上下，繫上下，象上下，說卦，文言，序卦，雜卦，等十篇也。

卦之義：王輔嗣曰：「夫卦者時也」說文「卦從卜圭聲」卜象龜燒裂形。應劭曰：「卦自然之形，陰陽之始也」。　則卦之本義，乃卜筮所成，已具陰陽相對含義之符形。　☰☷☲☵☳☶☴☱八單體及自屯至未濟五十六複體，合爲六十四卦，王氏之說，則又使學者知所通變者也。

彖之義：王輔嗣曰：「夫彖者何也，統論一卦之體，明其所由生者也」。如屯之彖曰：「屯剛柔始交而難生，動乎險中大亨貞，雷雨之動滿盈，天造草昧，宜建侯而不寧」。　剛柔始交而難生，動乎險中大亨貞，係言屯之"時""位"。　雷雨之動滿盈，係言屯之情，天造草昧宜建侯而不寧，係言所以適性通變，蓋彖即一卦之統論也。

象之義：王輔嗣曰：「夫象，出意者也」，義最明晰。惟「大象」爲一卦之總象，雖略說象，而主在申明卦用，如師卦之象曰：「地中有水師，君子以容民畜衆」。地中有水師，略說卦象，君子以容民畜衆，即係說卦用。小象爲一爻之象，如師上六：「大君有命，開國承家，小人勿用，」之象曰：「大君有命以正功也，小人勿用必亂邦也」。只說卦象而已。言卦用者，蓋鮮。

爻訓交，爲龜灼文，金文多作爻，爲六畫，所謂六爻。龜灼則變，就其變而玩其象，卜之方也。王輔嗣曰：「夫爻者何也？言乎變者也。」於易之書，八卦爲乾坤之變，六十四卦爲八卦之變，三百八十四爻，屈伸反復，雖至無窮，有形變化，實止於三百八十四，因名之爲爻，謂係一變數也。

文言，惟乾坤兩卦有之。蓋：易以乾坤立極，故特申其義而贊美之，文言之義蓋謂節文贊美之言也。

繫辭即上下二傳，繫辭謂繫於經後之辭也。

說卦所以說明引伸卦之取象義例，序卦所以說明乾坤屯蒙排列次序數學關係以外之原故，雜卦，則補說卦序卦所未及者也。「易之組織」：即抽象的易之組織，其內容可分「理」「用」「象」「數」四部。

"理"：此處所言之理，其界限極廣，即包含"一切事物最初之原理"，及"萬物萬事一枝一節一時之理"。作易者，雖知"萬物萬事一枝一節一時之理"，即係"最初原理"之引伸變化，但又知"理"，決不能離開事物單獨運動。故易學雖重推理，並不同後儒深說寂然不動之理，而注重萬物情狀也。

"象""數"，作易者既認定理不能離開事物，單獨運動。又知理所附麗者爲憧憧往來於兩間之實象及意象，故捨理而言象，更知天地間之實象與意象變化，非語言文字所能窮盡，乃取"數"以副合之。"數"爲天地間奇器，能以至簡御至繁故能盡萬象情狀，使各得其當，如就公式求得數，無不適合也。

"用"：易既以"象""數"窮盡天地間事物情狀，得知其所應當之處置，則所發揮者，即謂之用。　如“隨”之象，君子以「嚮晦入宴息」，“嚮晦”“宴息”，皆爲一種自然現象，嚮晦爲不復勞作之時，宴息爲疲勞後必然需要。思宴息而逃嚮晦，乃造成以「嚮晦入宴息」之事實，正與三三如九同樣的有數學關係。　君子因此象數屈伸之情，遂得隨時之用也。

易之情狀，大體如是其組織亦不出乎四者也。

(2)　易之哲學

易之哲學，其特點全在易抽象的組織。　組織既明，易之哲學思想，可思過半，蓋其最大特點：即在認定語言文字不足以系統的說明宇宙萬物情狀，徒數學亦不足一一符合，觀察“意象”“實象”情態，參用數學演算方式造出一種包括象數之符號，以天地間至易至簡之眞理，條理天地間萬物萬事，使抵於當，所謂「皆止於至善」。

譬如有事若干：一日作舟楫，一日以水力發電，一日隨手舉臂擊垣，臂痛欲折。　三事各不相同，但細按之，則：舟楫之理，乃以楫擊水，水反流行舟，水力發電之理，乃蓄水回流，轉動風車以起電。　擊垣臂痛，乃垣之抗力震臂之故。　主要原理，皆只一反動力而已。　反之：知此反動力道理，可用作舟楫，可用使水力發電，可用因震傷手臂，而不再擊垣。　此不同三事，仔細推尋，皆有相同點。　天地間事反復演繹歸納之，雖條理萬殊，要不出一加一減之變化也。

故易之宇宙觀，最大出發點有二：一得於微子觀念，即所謂「河出圖」之理論，周太谷先生曰：「河之出圖也始於滴」，實發前人所未發。　蓋古人觀聚點水成勺，聚勺水成盂，馴至成江成河。　因悟萬物皆成於一至微之微子。　更進一步，則因此地本來無一點水，故滴一點水，兩點水，三點水至成江河，有無相成，適成一相對理論。　一爲循環觀念，即觀日月晝夜晴雨風雷四時，皆係相對現象，百卉草木皆因此循環推移而滋生，因悟天地間萬物萬事，皆不出此理。　四時晝夜，晴雨風雷，推移代用得當，則草木暢茂，生機活潑，不然則否。　故易之觀念，謂宇宙本體，只一個"寂然不動的原理"。此原理既動，又生出一個"動的原理"。乃與"寂然不動的原理"，共成相對二理。天地間一切情狀，皆爲此相對二理所演成。能就此相對二理，子細推尋，宇宙萬體情狀，無不可得。反之，無論在宇宙間，任何一體上，皆可發現此相對二理。其相互關係所發生情狀，雖萬象萬殊，而錯綜於其間之數學關係，固不出"大於""小於""等於"三關係者也。

是以易的宇宙觀，不談"寂然不動的原理"，而着意於相對二理，及其間大於小於等於等關係，處置天地間一切現象。所謂：「先天而天不違，後天而順天時」。亦卽認定其關係而適應之，如「未雨綢繆」，卽先天而天不違，「順水推舟」，卽後天而順天時也。

易之人生觀，亦略如此；因人生亦宇宙之一體，喜怒哀樂未發以前，人心中只有空空洞洞一個念頭；此一念頭，午夜初醒時，可以體驗得之。只覺胸中有無限悲天憫人意思，此情況卽宇宙間寂然不動的理，卽孔子所說仁之本體。及一有人事雜入，利害是非之心頓生，卽與原理相對之動。此一靜一動，往來錯綜，乃生萬象萬殊之情狀，乃發生大於小於等於之數學關係；作易者執此相對二理，與此數學關係推求，則萬象萬殊之情狀可見，其處置方法可得，此卽孟子所謂義也。

此寂然不動的一個念頭，卽孔子所謂「仁」，老子所謂「無」，佛說明心見性之「性」。孟子道「性善」，卽說此性是善，荀子道性惡，乃說利害心是非心生後之人性。程子說主靜存誠，周子說養生機，莊子說退嬰，皆係說此境界也。

因人心與天心同，我心與人心亦同，故論語曰：「夫子之道，忠恕而已矣」。又曰「己所不欲，勿施於人」。卽設身處地，體驗萬物萬象情狀之謂也。作易者旣盡天人之情狀，以象數一一配合之，取法自然，作爲一一符號，以通天下之故。繫辭曰：「非天下之至神，其孰能與於此」，信夫。

(3) 易之致用

易爲理用象數四者所組成，旣詳於前，易對於宇宙觀，及人生觀之理論，亦已述之。　所未及者，致用一端而已。

"象" "數" 幾全爲推理工具，理亦必待致用而後得彰，故致用實爲作易者第一目的。

易之致用，見於繫辭者有四曰：

以言者尙其辭，

以動者尙其變，

以制器者尙其象，

以卜筮者尙其占。

「以言者尙其辭」，其義今不甚可曉，或古人於易，亦如左國諸書所載，折衝尊俎間之誦詩酬答耶。

「以動者尙其變」者，其義在易中最爲重要，因易之特點，全在一變字，舉例明之如次：

"臨" 卦全體皆取監臨之象，而初九至上六，因其位異，監臨方法亦異。初九九二，位之最下者；處下位以爲監臨之事，實近於諜，未可出以威力，故曰：「咸臨」，咸，感也，以感情臨之也。　六三位近上卦，其勢已逼，其利害關係已深，爲監督者，徒以感情結納，已不可能，不得已乃出之以甘臨；甘臨者，姑以甘言相悅，俾行監臨之實是。　六四，居上卦之下，位臨下卦，權位相當，故曰「至臨」；謂來臨而已，六五「知臨」，所謂「太上下知有之」。　上六「敦臨」，所謂「不癡不聾，不作阿家翁」也。

一監臨之事耳，因勢位不同，乃發生五個不同方法，皆卽所謂變。　學易者，觀其變化，履其適合勢位，作相當舉動，盡其義矣。　然此猶係就書說書，若更推進一步，如火柴置於盒中，藥面塗於盒側，靜也。　火柴發火，用也。

劃火柴，動也。火柴與藥面相觸，即發火，變也。故「以動者尚其變」而後致實用。

「以制器者尚其象」者，謂取天地間自然現象之理，以創作器用。因易象為天地間一切意象實象之象徵。用此方法道理，儘可有種種制作，就徐百林觀飛鳥製飛機言之，則飛鳥為象，飛機為觀象製器也。

以動者尚其變，以制器者尚其象，皆係實際致用；所不同處，其結果，一為流動的抽象，其一則為固定的實象而已。

「以卜筮者尚其占」者，質言之，即係實說卜筮。更推進一步言之，則譬如以手持物，釋之則墜，常人皆知之，而此實即所謂占。循是推論，易說前知，并非妄語，并無所謂神奇也。

此四者外，尚有「君子以此洗心，退藏於密」一語，亦為學易致用要義。蓋易變誠多，天地萬象之變尤多，易之書何能一一盡之，姑舉一相當數目，使學者習於就象數推求事物情況，即所謂以此洗心也。不知此語，雖學易終身，亦死於句下而已。

(4) 易之研究方法

易之研究方法，可分讀易學易兩步。第一步讀易，即易書之研究。第二步學易，即易義之研究。

讀易次序，厚滋以為宜從王輔嗣周易略例入手，乃得明何者為卦，何者為象，何者為彖，何者為爻，何謂時，何謂位，何謂龍，何謂馬，何謂九，何謂六，何故三與五同功，何故二與四同功，乃得略明易例。

次讀上下傳，上下傳多統論易簡之理。研習者，淺之可得易之概念，深研則可探得其本源。其中最重要一章，為程傳本所分上傳第八章之爻辭解例；如「初六，藉用白茅，無咎。子曰：苟錯諸地可矣，藉之用茅，何咎之有，慎之至也。夫茅之為物薄，而用可重也；慎斯術也以往，其無所失矣。」着目點全在「慎之至也」數語；由此可悟讀易方法，故學易者，應有重之。　然非謂繫辭中要點祇此也。

次讀乾坤兩卦。　乾坤兩卦爲全易綱領，卽「相對二理」之代名辭。　得綱領而後可及條理也。　全易之中，惟乾坤有文言，由此可見一斑。

次當探求象數大概，兼讀說卦序卦雜卦。　易之體系略備。　次讀六十四卦之彖及大象，如辭地上於水，故其象爲臨，澤無水，故其象爲困，二女同居，故取象爲睽，風行地上，故用省方觀民設教，澤中有火革，故用治歷明時，然後分研爻象；旣匯通其變化，學易之初步盡矣。

學易要語，則祇「仰則觀象於天，俯則觀法乎地，近取諸身，遠取諸物」四句，卽取象於天地事物，類別其情狀，做致知格物工夫，不滯於書中，詳俟後"論象""中用"篇中盡之。

二　見　易

劉歆定易爲六經之長，其書瑰奇淵紡，在諸經中若爲最不可解！　而中涵至理，其思想條理，尤至明析，世之具哲學思想者，類能體驗及之。

易之書，說者謂：秦焚諸子百家，易獨以卜筮之書得完。　其說當否，姑不具論，惟自漢武帝定儒爲一尊，降及炎宋一千數百年間；屢飾以宓羲，文王，周公，孔子，易之書日益崇高，易之義，乃愈不可見。　至歐陽公童子問，始焉致疑，辯難紛起，支蔓日多。　乾嘉以來，經學大師治焦孟者，執着互體，師馬鄭者，又穿鑿音義，馴至近人，則附會科學，史家則尋求故實，易簡之義，幾熄。

然則易終不可見耶？　則繫辭曰：「君子以此洗心。」又曰：「仁者見之謂之仁，知者見之謂之知」矣。　易可見耶？　則又曰「神無方而易無體」矣。

孔子曰：「必也正名乎」，則治易者，亦必以正名始。

正義曰：「夫易者：變易之總名，改換之殊稱。　易緯乾鑿度云：『易一名而含三義：所謂，易也，變易也，不易也」。又云：「易者，其德也光明四通，簡易之節。」鄭康成作易論，易贊。亦曰：「易一名含三義；易簡一也，變易二也，不易三也。」說文：「祕書說曰：日月爲易，象陰陽也。段氏註曰：祕書謂緯書。」

易也者：極天下之變化，守天下之恆軌，而御之以易簡之道者也。徵其象，於日月爲近。質言之，變化者，如數學上數項級式之錯綜，不變者，如數學公式定理之有一定。簡易者：則數學雖極縝律精微，提綱挈領，不過加減乘除之變化，而乘除又出於加減者也。

則數學者，繹衍數目變化之學問，易者，推論天人心物恆變之機樞者也。繫辭：「子曰：夫易何爲者也？夫易開物成務，冒天下之道，如斯而已者也。」盡矣。

故世之易說者：設以說政事，歷歷皆政事矣，而易義不止政事，執以論性命，歷歷皆性命矣，而易非徒說性命。下而投之讖緯術數，又歷歷皆讖緯術數矣，易又豈僅讖緯術數之方耶？

此正如數學之應用：可用於鹽鐵籌河，亦可用於引漿賣菜，其公式固一定不變者。所謂：「仁者見之謂之仁，知者見之謂之知」。此王輔嗣，重申「得義忘象，得象忘言」以教學易之士者也。

西洋哲學，條理萬殊，大要則不出唯物，唯心二論。易非唯心，亦非唯物。而以御唯心之說，可極心學之淵竅，以推唯物之理，可闡物理之精微。蓋唯心，唯物二論，皆以天人心物之現象爲歸，易則超然爲天人心物綱領，條理一切之學問也。

易之質，以象數爲表裏，而以原理及一切萬殊萬變之理爲之內容。易之方法錯綜於易簡，而所以行易簡者，曰中庸，曰無爲。中庸曰：「無聲無臭至，易之謂也。」

繫辭曰：「易之興也，其於中古乎？作易者其有憂患乎？」又曰：「易之興也，其當殷之末世，周之盛德耶？　其當文王與紂之事耶？」　故之晚近發掘殷墟，所獲卜辭，文體多可與爻辭比耦。　史記孔子世家載孔子讀易，韋編三絕。　論語：「假我數年，五十以學易。」　繫辭數見「子曰」如論語之稱孔子者。　則易之興也，於殷周之世，其書大備於孔門弟子，爲信而有徵矣。　其經始之者，不必無宓羲，文王，周公，孔子，亦不必泥於宓羲，文王，周公，孔子也。

古今註易解易之書，顧亭林云：家藏易三百餘種。　近人杭辛齋愼修著有易楔，易數偶得等書四種，亦云：所藏可三百數十類，倫敦圖書館庋易至五百外。　錢塘丁氏八千卷樓書目所有亦都三百六十九部。　晚近書肆時或見其未收者。

石埭周太谷先生遺書嘗謂：吾惟服膺羲文周孔四君子之言，他則或有不慊於吾心。　鄂中熊十力先生，佛學大師，讀易垂四十年，曰：「吾一生治易，惟取仰則觀象於天四語，身體力行之。　易注則：王輔嗣雅善玄言，程伊川切於踐履，王船山頗有神解。」　至所曾讀諸書，竊以爲王弼易註，程子大傳，朱子本義，太谷易傳，雖敗義或有不同，要皆深會古君子作易微旨者。　他如海鹽杭辛齋先生愼修之精博旁徵，多發人所未發，有見之言，皆非他家可望肩背者，若濂溪太極，康節河洛，又非易而別傳易旨者，敬願多述前哲之言不敢卽以蠡測海，道謬來茲也。

三　論　象

黃黎洲先生曰：「聖人以象示人，有八卦之象，六畫之象，象形之象，爻位之象，反對之象，方位之象，互體之象，七者而象窮矣。　後儒之爲僞象者：納甲也，動爻也，卦變也，先天也，四者雜而七者晦矣。」　故治易象必探七而格四，然後如驪龍頷下，一探得珠。

蓋易之爲書，以象數爲表裏。　象也者：設爲乾坤八卦，馴至六十四卦，三百八十有四爻，以徵合天地宇宙間萬物萬事萬情萬象之萬變，得其結果，而知所以措施也。　傳曰：「曲盡萬物之情而不遺」者是矣。

更一言以蔽之；果何者何易？　易象果爲何物？　則易者，天地間變易之理，象則變易之迹，理終不易，迹以時遷，故易中所示之爻象，不過變易之一端，天地宇宙間變化之片迹，示人取象之端倪而已，王輔嗣曰：「義苟在健，何必乾乎，序苟在順，何必馬乎。」　又曰：「得義而忘象」，其義亦深且長矣。　易之奇耦，如數學之加減，易之六十四卦，如數學之公式，彖象爻象，如公式之舉例。　$(a+b)^2=a^2+2ab+b^2$ 之公式，亙古不變，而ＡＢ之數，可一可二，可千可百，可以算雞兎同籠，可以算春秋曆歷，其用不出乎加減乘除，乘除亦加減之變也。

故一卦之象，如一公式，卦之六爻，如公式之一部。　反對方位，互體之象，如公式之變化，乘龍履霜，荷校載鬼，則所設象例，五六七八數之變也。

今者治象：解釋爻象，就古君子義旨之可見者：引伸其端倪而已。　若革故鼎新，非末學之所敢擬也。　且註解爻象，亦猶數學之講解例題，精於數理者，類能明之，至明體達用，則又存乎其人。

八卦之象。　八卦者，乾，坎，艮，震，巽，離，坤，兌，亦即☰，☵，☶，☳，☴，☲，☷，☱也。　所以論八卦之象者，論其象之所由生，與其象之所由枋，二者而已。　繫辭曰：「乾坤其易之門耶？」　是舉坎，離，震，巽，艮，兌皆出於乾坤；而（☰）爲（一）之重叠，即爲乾。　（☷）爲（--）之重叠，即爲坤。　三重之所以盡其變化，所謂重叠以盡情。

孤（一）無變，不能盡象之情，故必耦之以（--）。　獨（--）亦不變，不能盡象之情，亦必耦之以（一）。　合（一）與（--），上錯下錯，乃得四變，爲（⚏）爲（⚍）爲（⚌）爲（⚎），即來瞿塘先生所謂四象。

（--）乃析（一）所成，爲變化之開始。　錯（一）與（--）是爲再變，再變止四，未成變化，必三變而爲☰，☱，☲，☳，☴，☵，☶，☷乃爲小成。

觀其變化之緜，始一成三，變化之畫，亦始一成三。　蓋天地之至理，變必至三而後成：老子所謂：「一生二，二生三，三生萬物。」是也。　聖人則之，一與 -- 皆重三畫而爲乾坤，乾坤成而八卦成位乎其中矣。

觀八卦之所由成，其蹟有二，一爲自然之變，一爲重畫之變：

自然之變者，所謂一畫開天爲（一），即濂溪所說之無極，實亦即說文：「惟初太極，道立於一」之一。　宇宙萬象，文數之基也。

（一）變爲（--），所謂兩儀。　至--之成因：其方有二，一爲析（一）爲（--），一爲副一爲（--）。　此亦可見陰陽闔闢之機矣。　重（一）與（--）：乃得四變，爲 ⚌ ⚏ ⚍ ⚎ 是爲四象。

就⚌，⚏，⚍，⚎，各冠一或--則：

⚌冠一爲☰

⚌冠--爲☱

⚏冠一爲☶

⚏冠--爲☷

⚍冠一爲☴

⚎冠一爲☲

⚍冠--爲☵

⚎冠--爲☳　而八卦成。

此說由來瞿塘先生發之。

重畫之變者，（一）生（--），各重三畫爲☰，☷。　立☰，☷爲兩極，動者以施，靜者以受，命奇象陽，定偶象陰，奇施偶受爲陽爻，偶施奇受爲陰爻。故：

一施☷受，一變爲☳

再變爲☵

三變爲☶　爲三陽卦

一施三受，一變爲☳

再變爲☵

三變爲☶ 爲三陰卦

合以乾坤，亦成八卦；卽世傳之文王卦次也，朱子取之。

文王卦次序圖

		☳	震爲長男
☰	乾爲父	☵	坎爲中男
		☶	艮爲少男
		☴	巽爲長女
☷	坤爲母	☲	離爲中女
		☱	兌爲少女

此二者之判：（⚊）與（⚋）爲變之自然，☰與☷爲聖人原情之作，⚊⚋盡象之變而已，☰☷則於施受生成之情，動靜陰陽之理，頗能窮殫。探幽遡源，固貴乎前，窮理致用，則後者尙矣。朱子用之有深意也。

且易象有先天後天之說；厚滋竊疑朱子說爲後天易，來瞿塘說，卽先天易。說者每謂先天易不能用，非不能用，迨無所用也。因天地動靜，極其變化，雨晴晝夜，四時八者而已，人間世錯綜其間，則變化至不可方物；正如喜怒哀樂之未發，本空洞無物，七情旣動，有中節有不中節，其變乃至萬端，此易之所以用後天也。

象之所由枋曰：「仰則觀象於天，俯則觀法乎地，近取諸身，遠取諸物。」四者而已。吾所謂萬象，不出天文，地文，人文三者。就天文論之，日月風雷。地文論之，山澤水火。人文論之，父母子女。而此數者，皆係相對之跡象。立⚊與⚋以象徵相對兩迹，錯綜爲八卦，爲六十四卦，以盡徵合萬象。故乾坤象天、象地，象父、象母，坎、離、震、巽、艮、兌象水，火，風，雷，山，澤，子，女也。

說卦傳曰：

「天地定位，山澤通氣，雷風相薄，水火不相射。」又曰：「乾健也，坤順也，震動也，巽入也，坎陷也，離麗也，艮止也，兌說也。

乾爲馬，坤爲牛，震爲龍，巽爲雞，坎爲豕，離爲雉，艮爲狗，兌爲羊。

乾爲首，坤爲腹，震爲足，巽爲股，坎爲耳，離爲目，艮爲手，兌爲口。

乾天也，故稱乎父，坤地也，故稱乎母，震一索而得男，故謂之長男，巽一索而得女，故謂之長女，坎再索而得男，故謂之中男，離再索而得女，故謂之中女，艮三索而得男，故謂之少男，兌三索而得女，故謂之少女。

乾爲天，爲圜，爲君，爲父，爲玉，爲金，爲寒，爲冰，爲大赤，爲良馬，爲老馬，爲瘠馬，爲駁馬，爲木果。

坤爲地，爲母，爲布，爲釜，爲吝嗇，爲均，爲子母牛，爲大輿，爲文，爲衆，爲柄，其於地也爲黑。

震爲雷，爲龍，爲玄黃，爲旉，爲大塗，爲長子，爲決躁，爲蒼筤竹，爲萑葦，其於馬也，爲善鳴爲馵足，爲的顙，其於稼也，爲反生禾，其究爲健，爲蕃鮮。

巽爲木，爲風，爲長女，爲繩直，爲工，爲白，爲長，爲高，爲進退，爲不果，爲臭，其於人也，爲寡髮，爲廣顙，爲多白眼，爲近利市三倍，其究爲躁卦。

坎爲水，爲溝瀆，爲隱伏，爲矯輮，爲弓輪，其於人也，爲加憂，爲心病，爲耳痛，爲血卦，爲赤，其於馬也，爲美脊，爲亟心，爲下首，爲薄蹄，爲曳，其於輿也，爲多眚，爲通，爲月，爲盜，其於木也，爲堅多心。

離爲火，爲日，爲電，爲中女，爲甲冑，爲戈兵，其於人也，爲大腹，爲乾卦，爲鱉，爲蟹，爲蠃，爲蚌，爲龜，其於木也，爲科上槁。

艮爲山，爲徑路，爲小石，爲門闕，爲果蓏，爲閽寺，爲指，爲狗，爲鼠，爲黔喙之屬，其於木也，爲堅多節。

兌爲澤，爲少女，爲巫，爲口舌，爲毀折，爲附決，其於地也爲剛鹵，爲妾，爲羊。」

大程子謂皆說其性之所近者，此語可謂言簡意賅，更下一轉語，卽廣示取象端倪，以便學人衍繹；正如數學公式，備舉不同諸例，使學者知所以應用也。

傳之所述；天、人、事、物，之一目，大體具備，引申應用與否，又存乎其人矣。

茲取說卦傳所有，類臚於次：

	自然現象	人倫	人體	顏色	牲畜	物體	性格	器物	植物
乾	天	父，君	首	大赤	馬，良馬，老馬，瘠馬，駁馬		健，寒	玉，金，冰。	木果
坤	地	母，臣	腹	黑	牛，子母牛		順，吝嗇，均，衆	布，釜，大輿，柄	
震	雷	長男	足	玄黃	龍	善鳴，馵足，的顙	動，決躁		萑葦竹，萑葦，反生禾
巽	風	長女，盜	股，廣顙，寡髮，多白眼	白	雞		入，進退，不果，臭，長，高		
坎	水，月	中男	耳，耳痛，心病		豕	美脊，亟心，下首，薄蹄	陷，隱伏	多眚輿	堅多心木
離	火，日，電	中女	目，大腹		雉，鼈，龜，蟹，蠃，蚌		麗	甲胄，戈兵	科上槁
艮	山	少男，閽寺	手，指		狗，鼠，黔喙之屬		止	徑路，小石，門闕	堅多節木
兌	澤	少女，巫，妾	口，舌		羊		說，毀折，附決	剛鹵	

朱子本義曰：「此章廣八卦之象，其間多不可曉者，求之於經，亦不盡合也。」　信然；惟苟平心深思，宗程子之說，求其性之所近，以意逆之，亦多宛轉相通，說之如下：

☰爲(一)之重爻，⚋之所由生也。　象相對兩迹之健者剛者，故於六合象天，於國象君，於家象父，金玉器之至堅，所以爲國之禮器者，如君之垂拱，故以象徵。　寒時之肅，冰水之堅，大赤色之華，木果，果節之實者，其德相類，故皆以☰象徵之。仰觀俯察，取萬有之類者，以一符徵之，卽象之所由枋也。

坤（☷）--之重文，析（一）副（一）爲之；象厚順之德。正如地爲天耦，而包於天，母於內主，父之副也。布，釜，物之資實用者，大輿以載，柄以執。多所容，故衆。黑，色之樸茂者，地之衆廣大，故均，受而不施，故吝嗇，德亦相類。

震之德動，其情決躁，雷之性動以燥，足所以動體者，龍物善變，乾施坤受之始變，爲長男，赤黑之雜爲玄黃，長男義幹父蠱，非以順成，在禾乃爲反生之象。的顙亦馬之良而燥者。

巽陰施陽受之始，爲長女，廣顙寡髮多白眼，女之長老貌。其德巽，旅進旅退，故於天爲風，於體爲股，於人爲盜，木所以爲舟輿，皆旅進退者，其情皆進退不果。

坎爲中男，陽爻處中，故於馬爲美脊，亟心而下首，薄蹄。☵象流水出卽☵立形。水險也，故陷，入於坎窞，故隱伏。陽爻處中，美在中也，故木堅多心，輿外飾也，美在中矣，故輿多眚。

離爲中女，中虛外明，火之象也。在天爲日。中虛，故爲大腹，有目之象焉，中庸曰：「日月星辰繫也。」若附於天，故其義爲麗。日之光不可逼視，火烈民畏，故其義轉爲兵戈甲胄。

艮爲少男，艮止也，有重門之象；故於人爲閽寺守門者也。於木爲堅多節者，節所以止也。狗，鼠，黔喙之屬，禽之伏藏者，徑路山石，亦有隱伏之義，門闕且象形也。山，地之險阻，主象爲山。

兌爲少女，口，舌以悅，澤水之柔，羊物之馴，巫職祝，詞口舌之非，妾女以悅君子者。

其間：義有未安，或名不可釋者，不可妄作，謹守蓋缺之義。且傳之所有，不過萬象之片迹，不能備，亦不必備也。

六十四卦：六十四卦取象之方，大別爲四：

一曰原符，如乾坤等八純卦本無所取義，特設此符號，象徵原理者。

二曰象形，如噬嗑（☲☳）其卦形如齒齧物，故曰頤中有物曰噬嗑。

三曰取義，如「睽」，睽之卦上火下澤，火性上炎，水性下流，火上澤下，動則相反而行，故曰「火動而上，澤動而下」，睽之義也。

四曰徵事，如旅，旅之卦上火下山；山上有火，爲旅人野處，居高擁火自衛之象，故名其象曰旅。

至立卦取象之義，多在每卦大象中明之。　列表解釋於下：

卦名	卦符	象辭	釋義	類別
乾	䷀	天行健，君子以自強不息。		一
坤	䷁	用六永貞，以大終也。		一
屯	䷂	雲雷屯，君子以經綸。	上水下雷，雷鳴而未雨，屯止之象也。　水在天上爲雲，雲即水蒸氣，古人格物之精，直不可及。	三
蒙	䷃	山下出泉蒙。	上山下水，有山下出泉之象。泉，江河之萌始也，鄭氏曰：「蒙，萌也。」故云。	三
需	䷄	雲上於天需，君子以飲食燕樂。	雲上於天，欲雨需水之象。人之所需，莫大於飲食；生之所需，莫大於安樂。	三
訟	䷅	天與水違行訟，君子以作事謀始。	天行而西，水流而東，行相違也，行事相違者必爭，訟也。故其象爲訟。	三
師	䷆	地中有水師，君子以容民畜衆。	師，衆也，能律衆教衆者，可以爲師矣。　書曰：「作之君，作之師。」上地下水，地下之水也。　地下之水，可謂衆矣，亦不溢出地外，能律衆也。	四
比	䷇	地上有水比，先王以建萬國，親諸侯。	比，附也。水上地下，水附於地之象，江淮河漢是也。	四
小畜	䷈	風行天上小畜，君子以懿文德。	風上天下，風行天上，將風而積不發之象，故曰小畜，畜，蓄也。	三
履	䷉	上天下澤履，君子以辨上下，定民志。	天處於上，澤處於下，自然之象，各得其位也。　上天下澤，各得其所處矣；履步也，處也。	三
泰	䷊	天地交泰，后以財成天地之道，輔相天地之宜。	地上升而天下降，故交，交則通，通則各得其適，適，泰也。　如以貨財器物交易而進，各得其所，適泰之象也。	三
否	䷋	天地不交否，君子以儉德避難，不可以榮以祿。	天上地下爲否，天浮而上，地凝而下，兩間愈趨愈遠，故其象否；否，不也。	三
同人	䷌	天火同人，君子以類族辨物。	天浮而上，火炎而上，如人之同行者，故曰同人。	四

大有	☲☰	火在天上大有，君子以遏惡揚善。	火在天上，明健之象，健而能明，民歸之矣，故曰大有。	三
謙	☷☶	地中有山謙，君子以裒多益寡，稱物平施。	山處地上，高於地者也。　今地上山下以尊下卑之象，故曰謙。	三
豫	☳☷	雷出地奮豫，君子以作樂崇德殷薦之上帝。	故說謂雷出於地者；雷上地下，雷出於地，將震者也，有豫而欲發之象，故曰豫。	三
隨	☱☳	澤中有雷隨，君子以嚮晦入宴息。	澤之義悅，雷之義動，悅而後動，隨其意也，故曰隨。	三
蠱	☶☴	山下有風蠱君子以振民育德。	山下有風，風周行於山之象，振動之象，蠱動也，故云。	三
臨	☷☱	澤上有地臨，君子以教思無窮，容保民無疆。	澤地之凹者，澤上有地，居高臨下之象也。	三
觀	☴☷	風行地上觀，君子以省方觀民設教。	風上地下，風行於地上之象，如王之巡狩，吏之觀風，故其象曰觀。	四
噬嗑	☲☳	雷電噬嗑，先王以明罰勅法。	噬嗑，象頤中有物形也。	二
賁	☶☲	山下有火賁，君子以明庶政，無敢折獄。	賁，文也，釐定文法，禁民爲非之道。　火象文明，艮以止，文明以止，爲賁之象也。	三
剝	☶☷	山附於地剝，上以厚，下安宅。	上山下地，附於地也，山高於地者，而附於地，上踣而下也；剝落之象，故其卦爲剝。	三
復	☷☳	雷在地中復，先王以至日閉關商旅不行，后不省方。	地上雷下，雷在地中，欲起之象，卦符爲☷☳，陽在下，亦復之象也。	三
无妄	☰☳	天下雷行，物與无妄。	天上雷下，雷降於天之象，王弼註：「與辭也，猶皆也。」雷降於天，人皆肅然不敢有所妄作，故曰物皆无妄。	四
大畜	☶☰	天在山中大畜，君子以多識前言往行以畜其德。	上山下天，天在山中之象，天大山小，山非可以畜天者而畜之，是爲大畜。	三
頤	☶☳	山下有雷頤，君子以愼言語節飲食。	頤之卦爲☶☳，如人牙齒，頤之象也。	二
大過	☱☴	澤滅木，大過。	澤下於地，木生地上，澤上木下，是澤滅木矣，不已太過乎。	三
坎	☵☵	水洊至，習坎，君子以常德行教習事。	重坎，水繼至之象也。	一
離	☲☲	明兩作離，大人以繼明照於四方。	重離，繼明之象。	一
咸	☱☶	山上有澤咸，君子以虛受人。	山高澤虛，山上有澤，尊而能虛者也，可以感人矣。彖曰咸，感也。	三
恆	☳☴	雷風恆，君子以立不易方。	雷雨將作，必風，是風雷常相與也，取其義爲恆。	三
遯	☰☶	天山遯，君子以遠小人，不惡而嚴。	山，地之隆起，本下而上行者也，以下犯上，故爲小人道長之象，天性上浮，若避地然，如君子之惡小人而避之，故云遯，遯；避也。	三

大壯	☳☰	雷在天上大壯，君子以非禮勿履。	天至健也，雷至動也，雷在天上，以至健而涵至動也，可不謂之壯乎，是謂大壯。	三
晉	☲☷	明出地上晉，君子以自昭明德。	離日也，坤地也，晉，進也。日出地上，升進之象，故其卦爲晉。	四
明夷	☷☲	明入地中明夷，君子以莅衆，用晦而明。	夷，平也。日入於地而明夷，地上日下，明夷之象也。	四
家人	☴☲	風自火出家人，君子以言有物而行有恆。	火燃風生，炎燒而使空氣對流也。風自火出，如家人之吸息相關，故云。	三
睽	☲☱	上火下澤睽，君子以同而異。	火動而上，澤動而下，其情睽也。	三
蹇	☵☶	山上有水蹇，君子以反身修德。	水上山下，山上有水之象，登山而復涉水，其難可知，彖曰：「蹇，難也，」故云。	四
解	☳☵	雷雨作解，君子以赦過宥罪。	雷雨并作，則百菓草木皆甲坼，解之象也。	三
損	☶☱	山下有澤損，君子以懲忿窒欲。	培土爲山，掘土成澤，山上澤下，損下益上之象，故其卦爲損。	三
益	☴☳	風雷益，君子以見善則遷，有過則改。	風雷相益者也，故益。	三
夬	☱☰	澤上於天夬，君子以施祿及下，居德則忌。	☱☰五奇一耦，自上斷決之象，彖曰：「夬，決也。」	三
姤	☰☴	天下有風姤，后以施命誥四方。	天上風下，風行天下之象，風行天下，何所不遇，姤，遇也。	三
萃	☱☷	澤上於地萃，君子以除戎器，戒不虞。	澤水之所歸，澤上地下，水聚之象，彖曰：「萃，聚也。」	三
升	☷☴	地中生木升，君子之以順德，積小以高大。	坤上巽下，地中升木之象，木植於地，日以生長，升之象也。	三
困	☱☵	澤无水困，君子以致命遂志。	水在澤下，澤中无水之象也，澤無水故困。	三
井	☵☴	木上有風井，君子以勞民相勸。	木上有水，以器汲泉也，有井之象，巽爲風亦爲木。	四
革	☱☲	澤中有火革，君子以治厤明時。	澤中宜有水者，今澤中有火，滄海化桑田矣，改革之象也。	三
鼎	☲☴	木上有火鼎，君子以正位凝命。	以木巽火，烹飪也。鼎，飪器之尊者，故其卦爲鼎。	三
震	☳☳	洊雷震，君子以恐懼修省。	重震，雷聲鳴之象。	一
艮	☶☶	兼山艮，君子以思不出其位。	兼山，止之象也。山中有山，君子之所止。	一
漸	☴☶	山上有木漸，君子以居賢德善俗。	孟子曰：「斧斤以時入山林」，山，所以儲木者也，儲蓄以漸，故山上有木，其卦爲漸。	四

歸妹	䷵	澤上有雷歸妹，君子以永終知敝。	兌爲少女，震爲長男，兌附於震，歸妹之象。	四
豐	䷶	雷電皆至豐，君子以折獄致刑。	雷鳴電閃，豐隆之象。豐大也，華茂貌，雷電皆至，其情似之。	三
旅	䷷	山上有火旅，君子以明愼用刑，而不留獄。	行旅野處，傾居高踞火以自衞；山上有火，旅火之象。又秋冬之間，放野火者縱火燒山，火蛇行而上，過而不留，若行旅然。	四
巽	䷸	隨風巽，君子以申命行事。	巽爲風，重巽，隨風而行也。	一
兌	䷹	麗澤兌，君子以朋友講習。	學而時習之，不亦說乎，有朋自遠方來，不亦樂乎？故朋友講習取重兌之象。	一
渙	䷺	風行水上渙，君子以享於地立廟。	風行水上，其文四散，王弼註：「渙，散也。」故其卦爲渙。	三
節	䷻	澤上有水節，君子以制度數議德行。	澤上有水，水居澤中，水爲澤節，不至泛濫，節之義也。	三
中孚	䷼	澤上有風中孚，君子以議獄緩死。	巽遜，兌悅，巽上兌下，遜施悅受，忠心孚也。故曰中孚。	三
小過	䷽	山上有雷小過，君子以行過乎恭，喪過乎哀，用過乎儉。	雷出於地者，今出於山，過矣；然山附於地者，過中未遠也，故曰小過。	三
既濟	䷾	水在火上旣濟，君子以思患而豫防之。	火炎而水適在其上，所以成烹也，其濟必矣，故曰旣濟。	三
未濟	䷿	火在水上未濟，君子以愼辨物居方。	火上水下，雖有水，亦未足濟事也，故曰未濟。	三

六十四卦之象，暨象形之象，大備於此；更論六爻之象。爻象義例有二：

一以六爻爲六位者，如乾初九至上九，皆就位言：文言所謂：「時乘六龍以御天也。」

一以六爻爲六時者，如豫卦初六至上六，皆言所處時勢；故彖曰：「豫之時義大矣哉。」

六爻之象，有「正象」，有「反象」，有「正喻」，有「反喻」；而無論反正，各爻皆又有一相反之理。如：

「潛龍勿用」（乾初九）爲正象，位處初九，乾之最下，正如潛龍之不可用也。

「屨校滅趾，无咎。」（噬嗑初九）爲反象，屨校滅趾，凶象也；而言无咎，意蓋謂屨校滅趾，其禍未甚，急返改圖，尚可無礙，故曰无咎，反象也。校爲刑具。

「闚觀，利女貞。」（觀六二）爲正喻，蓋觀只於闚，正婦人之見也。

「貫魚以宮人寵，无不利。」（剝六五）爲反喻，蓋剝至於六五，剝之極矣，凶何待言；而言无不利，卽反言能如此處此時會，則無所謂不利矣，是反喻也。

所謂無論反象，正象，各爻皆又有一相反之象者，如「屨校而未滅趾，倖免於前，未有不大創於後者，是也。

更推進一步論之則：

荷校滅趾，知自返則无咎，不知自返則凶。　故其象曰"不行也"。

荷校不滅趾，倖進則凶，自知倖免而自返則无咎。

共爲四層推理；金剛經所說：「乃至受持四句偈，爲他人說，受福甚多。」而經中幷無此等四句偈，卽說此四層推理處；執此四層推理以治學，學无不通，以處事，事無不明，其福德將何如乎？　易反對之象，卽此反復道之之推理，如例所說者也。

至方位之象：竊以爲西家之東，卽東家之西，易理圓貫似不應執着如此，疑經中「東南」「西北」「西郊」「西山」等方位係就當時事實設譬者。　互體之象，治焦氏者，類能言之，厚滋不敢遽謂爲枝說，實亦不能貫澈其理，均謹闕疑，以俟君子。

四　衍　　數

易以象數爲表裏，象徵萬象，加減乘除於其間，以成變化，然易上下經中除「九」「六」外，不言數；而變爻成卦處處皆應用數理，易道可謂係"純數學觀念之哲學"；如西哲羅素所說「數理哲學，其在數學上進行過程與算學不同，而非相悖」也。

繫辭：「天一，地二，天三，地四，天五，地六，天七，地八，天九，地十」「大衍之數五十，其用四十有九，分而爲二以象兩，爻一以象三，揲之以四，以象四時，歸奇於扐，以象閏，故再扐而後卦。」「天數五，地數五。五位相得而各有合，天數二十有五，地數三十，凡天地之數五十有五，此所以成變化而行鬼神也。」「乾之策二百一十有六，坤之策百四十有四，凡三百有六十，當期之日。二篇之策萬有一千五百二十，當萬之數也。是故四營而成易，八變而成卦，八卦而小成。」

易中言數者，大體具備，加以衍解有二方法。

一爲取易中零碎材料，附合數學片段，視其異同，加以發揮。此法海鹽杭辛齋先生用之：所著易數偶得，即此種材料總集；但皆係零碎資料，殊難得一系統觀念也。

一爲假定一數學系統，依易衍繹之例衍繹之，視其結果是否與易相同。二十二年春，病中讀河洛，苦不得解，獺祭故書，所說更迷離恍惚。愈遡遡，惟覺故說多謂河洛出於圖南康節，朱子深於邵學，相去亦未遠，取附易首，必非無故。久之，思得此法，試以河洛易數相比，無不若合符節。

乃悟，數理即易理，即宇宙人生之事理，物理，一而三，三而一者也。

譬如火燃煙生，意拂怒作，猶之加三於二，結果必得五數，天地間至易至簡，至複至雜之事理，莫不如是。學者果能以此洗心，至於極則，則知幾。前知，猶爲末也。易之書已覺多事，此以數理附合之說，更爲贅疣矣。

今準「天一，地二，天三，地四，天五，地六，天七，地八，天九，地十」之理，假定「一，三，五，七，九」五奇數當陽卦，「二，四，六，八，十」五偶數相當陰卦。在數學上，基數實祇「一」至「九」九個基數，「十」乃下一位之一，又爲五之兩倍，如二之於一。「五」在九基數，「一二三四五六七八九」中，正居中位。又爲十之二分之一，故十爲一時，五即當半。「一」爲奇數之始，「二」爲偶數之始。此四者，同爲有特性之數字。故以「一」「五」爲乾，「二」「十」爲坤。其他六數，各以數次大小當卦次先後，則：

三等於震。　七等於坎。　九等於艮。

四等於巽。　六等於離。　八等於兌。

奇耦各從其類，數次先小後大，卦次以說卦所傳長男，中男，少男，長女，中女，少女爲序也。

此種類合方法，結果雖亦與河洛數字所當卦位相同，（詳後圖書篇中）而於陰陽施受之情，如前「論象」所說者，殊未盡情。　亦只如來瞿塘先生所次八卦構成圖，爲先天卦數而已。　且在數學上，奇耦固可以象徵（一）（--）兩符。（十）（一）尤爲極端相同之奇跡。　在作易者彼時數學雖未必發展，至此程序，然以此例彼，正可證得古今中外一切形而上，形而下學之元始抽象原理，固無二致，易之精深不可及也。

又說卦傳所說，乾父坤母，震長男，坎中男，艮少男，巽長女，離中女，兌少女一說；曾據「文王八卦次序」說其構成原因，爲陽施陰受爲陽，陰施陽受爲陰，於「論象」中。　今據其理，分一，二，三，四，五，六，七，八，九，十。　十數字爲奇耦兩類，奇數系以加號（＋），耦數系以減號（－）。　陰施陽受者，加（－1）於（＋1）（＋3）（＋5）（＋7）（＋9），陽施陰受者，加（＋1）於（－2）（－4）（－6）（－8）（－10）。　卦以二三初爻變化先後爲「長」「中」「少」分別，此亦以奇耦數字之數目大小爲次，先小後大。　則：

$$(-2)+1=-1$$

$$(-4)+1=-3$$

$$(-6)+1=-5$$

$$(-10)+1=-9$$

爲陽施陰受五差數。

$$1+(-1)=1-1=0$$

$$3+(-1)=3-1=2$$

5＋（－1）＝5－1＝4

7＋（－1）＝7－1＝6

7＋（－1）＝9－1＝8

爲陰施陽受五差數。

0 在數學上，爲正負奇耦均未發生時之第一數字。　右行生正，左行生負。第一步衍數爲奇，再衍一步則爲耦；故此數字不能當任何一純卦，而當「一畫開天」之 一 ，卽 ☰ 之省文。　在易中， ☰ 雖似與 ☷ 相對，相當太極之兩半；而（一）之涵義，實等於〇（無極）。（－1）在數字表面上，似當爲八純卦中之乾；而此數字之涵義實等於「幾」。　（周子太極圖說之⊙）爲析（一）副（一）時之（--）。

玄學素分一元論二元論，而易之哲學實兼兩者而有之，爲一種「一元論的二元論」。　自易以乾坤立極，所謂：「乾坤其易之門耶」言，當然係「二元論」。　而推本窮源，說卦象歸納，則（☰）（☷）爲（一）（--）重文，--又係析（一）副（一）所成。　正如數學一切變化，皆發源於（＋）（－）兩符，而（＋）（－）之先，尚有一中和之0存在。　電氣現象，處處皆係陰陽電之作用，歸本窮源，皆始於一「正子」(Proton)。　雖似二元論，結果仍係一元論也。　先聖推理之深，眞不可及。

儒家所講身心性命之學，核心卽在此等處所。　易之（一），數學之0，卽喜怒哀樂之未發。　易之（--），數學之（－1）卽「人心惟危，道心惟微。」之危微。　孟子道性善，荀子道性惡，後儒紛論無已，初讀書時，亦頗以決此爲難；及學易，乃知其皆是。　孟子所說，係說人性原本，在喜怒哀樂未發之時，本靜如止水，無所謂善不善，無善是爲至善。　如易之（一），太極之〇，數學之0。　荀子所說，則說旣動之幾，如易之(--)，太極圖之⊙，數學之（－1）卽中庸：「發而皆中節謂之和」之初發，旣在求發而皆中節，本未必中節可知；荀子特揭出此點，使人於發念之初，卽匡之入正；故曰：善者，僞也。

僞者，人爲也。孟子是更深一步說，本來幷無不善，能持此心不失，又何恨不得其正。陽明先生致良知之說，即深得孟子心法。近儒李龍川先生，先王父鐵雲公其門下弟子也。有詩曰：

「要知夜氣銷亡候，只在鷄鳴第二聲。」（示逢源）

語雖似淺，實說此義甚深。

更論之則：「仁者愛人」。人之生機，本出於愛之一念。曾謁熊十力先生，先生曰：「汝平心靜氣，一念不作，則心上蓬蓬勃勃，有個念頭。」即喜怒哀樂之未發也。於午夜初醒，雜念未生時亦然；此時但覺四體盎然，融融洩洩，天地間萬事萬物，莫不可愛，他念一生，則否。無念之境，旣爲愛善，有念初生，當然與此相對爲惡爲悖。

故在易中，無念之念爲（一），有念之幾即爲析（一）副（一）之（--）。（--）雖係自（一）中化出，仍係相對原理也。今此數學推衍所得之一（0）一（－1），即當此兩符，義例舉同。可知一切古今中外一切學說，苟推至最初原理，固無二致。孟子曰：「東夷有聖人焉，其心同，其理同，西夷有聖人焉，其心同，其理同。」易曰：「夫天下同歸而殊途，一致而百慮。」信夫。

則前列各術式中，（0）當（一），（－1）當（--）而以－5與2當乾坤兩純卦，其他類次，仍如前法。

一等於0	--等於－1		
乾當－5	坤當2	坎當－7	震當－3
巽當4	離當6	艮當－9	兌當8

此中又有一奇跡，即凡奇數皆帶（－）號，而耦數則帶＋號。與卦象，坎外包陰爻爲陽卦，離外包陽爻爲陰卦例正同。

又用上列數字，如六十四卦之例加減之則：

乾＝（－5）＋（－5）＝－10

坤＝2＋2＝4

屯＝水＋雷＝（－7）＋（－3）＝－10

蒙＝山＋水＝（－9）＋（－7）＝－16

需＝水＋天＝（－7）＋（－5）＝－12

訟＝天＋水＝（－5）＋（－7）＝－12

師＝地＋水＝2＋（－7）＝－5

比＝水＋地＝（－7）＋2＝－5

小畜＝風＋天＝4＋（－5）＝－1

履＝天＋澤＝（－5）＋8＝3

泰＝地＋天＝2＋（－5）＝－3

否＝天＋地＝（－5）＋2＝－3

同人＝天＋火＝（－5）＋6＝1

大有＝火＋天＝6＋（－5）＝1

謙＝地＋山＝2＋（－9）＝－7

豫＝雷＋地＝（－3）＋2＝－1

隨＝澤＋雷＝8＋（－3）＝5

蠱＝山＋風＝（－9）＋4＝－5

臨＝地＋澤＝2＋8＝10

觀＝風＋地＝4＋2＝6

噬嗑＝火＋雷＝6＋（－3）＝3

賁＝山＋火＝（－9）＋6＝－3

剝＝山＋地＝（－9）＋2＝－7

復＝地＋雷＝2＋（－3）＝－1

无妄＝天＋雷＝（－5）＋（－3）＝－8

大畜＝山＋天＝（－9）＋（－5）＝－14

頤＝山＋雷＝（－9）＋（－3）＝－12

大過＝澤＋風＝8＋4＝12

坎＝（－7）＋（－7）＝－14

離＝6＋6＝12

咸＝澤＋山＝8＋（－9）＝－1

恆＝雷＋風＝（－3）＋4＝1

遯＝天＋山＝（－5）＋（－9）＝－14

大壯＝雷＋天＝（－3）＋（－5）＝－8

晉＝火＋地＝6＋2＝8

明夷＝地＋火＝2＋6＝8

家人＝風＋火＝4＋6＝10

睽＝火＋澤＝6＋8＝14

蹇＝水＋山＝（－7）＋（－9）＝－16

解＝雷＋水＝（－3）＋（－7）＝－10

損＝山＋澤＝（－9）＋8＝－1

益＝風＋雷＝4＋（－3）＝1

夬＝澤＋天＝8＋（－5）＝3

姤＝天＋風＝（－5）＋4＝－1

萃＝澤＋地＝8＋2＝10

升＝地＋風＝2＋4＝6

困＝澤＋火＝8＋（－7）＝1

井＝風＋水＝4＋（－7）＝－3

革＝澤＋火＝8＋6＝14

鼎＝風＋火＝4＋6＝10

震＝（－3）＋（－3）＝－6

艮＝（－9）＋（－9）＝－18

漸＝風＋山＝4＋（－9）＝－5

歸妹＝雷＋澤＝（－3）＋8＝5

豐＝雷＋火＝（－3）＋6＝3

旅＝火＋山＝6＋（－9）＝－3

巽＝4＋4＝8

兌＝8＋8＝16

渙＝風＋火＝4＋（－7）＝－3

節＝水＋澤＝（－7）＋8＝1

中孚＝風＋澤＝4＋8＝12

小過＝雷＋山＝（－3）＋（－9）＝－12

旣濟＝水＋火＝（－7）＋6＝－1

未旣＝火＋水＝6＋（－7）＝－1

帶（＋）號數字之和爲（188），帶（－）號數字之和爲（－252），而此兩集數之和則等於（－64）適爲卦數。

（－252）＋188＝－64。

若乾用0，坤用（－1），如前法與他六純卦相配，則得算式如下：

乾＝（－5）＋（－5）＝－10×2＝－20

坤＝2＋2＝4×0＝0

因六十四卦內之乾坤係指成卦而言（0）與（－1）非用數，故仍以用（－5）與2爲正。但其卦數又不當與上列相同，故本朱子卦數陰陽施受之理以生數0乘4，以成數2乘－10。其他六十二卦用乾坤配合者，則取（0）與（－1）；衍式如下：

屯＝（－7）＋（－3）＝－10

蒙＝（－9）＋（－7）＝－16

需＝（－7）＋0＝－7

訟＝0＋（－7）＝－7

師＝（－1）＋（－7）＝－8

比＝（－7）＋（－1）＝－8

小畜＝4＋0＝4

履＝0＋8＝8

泰＝（－1）＋0＝－1

否＝0＋（－1）＝－1

同人＝0＋6＝6

大有＝6＋0＝6

謙＝（－1）＋（－9）＝－10

豫＝（－3）＋（－1）＝－4

隨＝8＋（－3）＝5

蠱＝（－9）＋4＝－5

臨＝（－1）＋8＝7

觀＝4＋（－1）＝3

噬嗑＝6＋（－3）＝3

賁＝（－9）＋6＝－3

剝＝（－9）＋（－1）＝－10

復＝（－1＋（－3）＝－4

无妄＝0＋（－3）＝－3

大畜＝（－9）＋0＝－9

頤＝（－9）＋（－3）＝－12

大過＝8＋4＝12

坎＝（－7）＋（－7）＝－14

離＝6＋6＝12

咸＝8＋(－9)＝－1

恆＝(－3)＋4＝1

遯＝0＋(－9)＝－9

大壯＝(－3)＋0＝－3

晉＝6＋(－1)＝5

明夷＝(－1)＋6＝5

家人＝4＋6＝10

睽＝6＋8＝14

蹇＝(－7)＋(－9)＝－16

解＝(－3)＋(－7)＝－10

損＝(－9)＋8＝－1

益＝4＋(－3)＝1

夬＝8＋(0)＝8

姤＝0＋4＝4

萃＝8＋(－1)＝7

升＝(－1)＋4＝3

困＝8＋(－7)＝1

井＝4＋(－7)＝－3

革＝8＋6＝14

鼎＝4＋6＝10

震＝(－3)＋(－3)＝－6

艮＝(－9)＋(－9)＝－18

漸＝4＋(－9)＝－5

歸妹＝(－3)＋8＝5

豐＝（－3）＋6＝3

旅＝6＋（－9）＝－3

巽＝4＋4＝8

兌＝8＋8＝16

渙＝4＋（－7）＝－3

節＝（－7）＋8＝1

中孚＝4＋8＝12

小過＝（－3）＋（－9）＝－12

既濟＝（－7）＋6＝－1

未濟＝6＋（－7）＝－1

結果帶（－）號數字之和爲（－244），帶（＋）號數字之和爲194二數相加：

（－244）＋194＝－50

爲大衍之數，黯合之蹟至奇。

易之道：八卦小成，六十四卦而大成。八卦之成，於論象中，已詳衍其迹，六十四卦，在卦象方面，亦已具論。而六十四數之成，吾人所知，八八相乘，其數適成六十四而已。又「大衍之數五十」亦僅知其爲百數之半，數理微妙之迹，未得窮也。觀上衍各式，同用六十四卦錯綜所成，而一爲六十四，一適得五十；至其所以不同之故，則在一取成數之2與－5爲乾坤，一取始之數0與（－1）爲乾坤。因知：卦數者，大衍之成數，大衍之數者，卦數之始數也。以陰陽家術語說之：則大衍之數爲先天數，卦數爲後天數。易象多用後天，天道遠，人事邇，易重致用，不尙玄理之義，可思過半矣。

至五十所以爲大衍之數者：衍者，演也。數之用全在推演，當一數可衍至千數萬數，西哲羅素（Russel）之論算理哲學曰：「自然數者，0因前鄰關係而生之後裔也。」此語最能說明衍字涵義。在數學上1 2 3 4 5 6 7 8 9謂之基數，即0以上自然正數之最小的單位，若個十百千萬，則大於此之單位，因同爲一種紀數之名詞，而其每一單位中所含之數目，已大於基數甚多，故竊以爲大衍者，"基數單位以上大單位之衍數也"。

中數爲數學上一大奇迹，在近世統計學上處處皆以中數爲根據。易數亦然，故河洛棄五不用（後圖書篇中詳之），邵子所說「數點梅花天地心。」在大衍數中，「百」爲「個十百千萬」五單位之中數，五十爲百之中分，是五十者，實用數字之最中數，因取之，則大衍之數者，大衍之中數也。

「其用四十有九」者；舊說多祇謂「棄一不用」，杭辛齋先生易數偶得則謂：

「讀者須知大衍之數五十，乃一陰一陽，各得其半焉，二十五乃一，三，五，七，九之積，今以兩個一，三，五，七，九相對，則一陰一陽各得二十四，中間之一，乃陰陽各半平分，合之只有四十九。可以分而爲二之後，必須掛一，即此一也。掛一以後，陰陽之數乃適得其平」

云云。亦未敢便同其說，竊以爲數之最中者，莫過於0，今設取十萬個0加減乘除，結果并不能於0以外，更得任何一數字，可知至中之數在算理哲學上（非普通算學）。往往不能用，大衍之數五十不用者，以此。但若在0上，無論加一減一，其變化即可至無限。易逆數也，溯往以知來者。實際算出之數，亦多帶（－）號，如（－64）（－50）故大衍之數亦減一爲用，得四十九。

是「大衍之數五十，其用四十有九」者，五十不可用，必四十九乃可用，非棄一不用。

又四十九爲七之自乘積，七爲二、五之合，二、五者陰陽也，所謂二五之精妙合而凝，又爲來復之數，此算理迹象，在自然現象中以樂律爲最明顯。do re mi fa sol la si 成一音階，其中乃五全音，二半音合成。五全音爲五、二半音合一，至第七數（在數上爲第七數，即來復之數；但在音樂上實際數爲八數，所謂隔八相生也）。乃另爲高階或低階之 do do，循是錯綜，可盡合宇宙間，各種聲音，"七"之爲一奇妙數字，於此可見，四十九者，大衍數中之七也。

綜之：五十者，大衍之中數，四十九者，大衍之用數。又先天易圖自乾至坤，共六十四卦；而乾爲天一衍之中，夬，大有，大壯，小畜，需，大畜，泰八卦。其他七衍之中，合天之卦如履，同人，无妄，姤，訟，遯，否七卦均棄不用，亦得卦四十有九，不用此十五卦者，天德不可爲首故也。

天數二十有五，地數三十：杭辛齋謂一、二、三、四、五之和爲二十五，二、四、六、八、十之和爲三十，奇耦象天地，故二十五爲天數，三十爲地數；信然。

又五爲"一三五七九"五奇數之中數，六爲"二四六八十"五耦數之中數，各取其積亦爲"二十五""三十"合爲天地之數，卦數用六用九不用五者，迨亦因其爲基數之中數故也。

用九用六之說，杭辛齋先生取弧弦說之，理至明達。

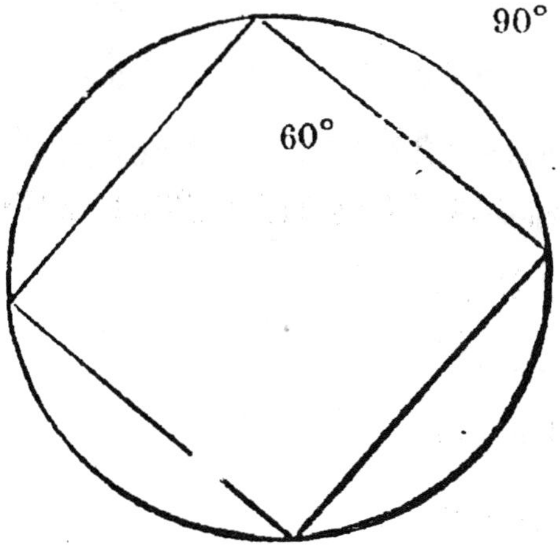

弧度 90° 弦度 60° 爲幾何學之定理，地附天，猶弦之附於弧也，以弧弦之度數，爲奇耦之代表數，不亦宜乎。

傳曰：「四營而成易」。九十之四乘積爲三百六十當週天度數，六之四乘積爲二十四，當一年之節氣，其他古制度中，如里計長者也，數三百六十步，畝計方者也，方二百四十步。"九""六"之數，似尙有"線""面""空間"

"時間"之關係也。

又九之乘數如：

2 × 9 ＝18　　5 × 9 ＝45　　8 × 9 ＝72

3 × 9 ＝27　　6 × 9 ＝54　　9 × 9 ＝81

4 × 9 ＝36　　7 × 9 ＝63

其積兩桁數相加，其和仍均爲九。如：

1+8=9，　2+7=9。　3+6=9。　4+5=9，

6+3=9，　7+2=9。　8+1=9。

六如法乘之則：

2×6=12　　3×6=18　　4×6=24

5×6=30　　6×6=36

其兩桁數之和爲

6　　1+2=3　　1+8=9

2+4=6　　3+0=3　　3+6=9

亦爲奇妙之得數，不惟同爲三之公倍數，其變化次序亦至有規則。他數皆不然，試取「五」「七」算之：

5=5

2×5=10=1+0=1

3×5=15=1+5=6

4×5=20=2+0=2

5×5=25=2+5=7

7=7

2×7=14=1+4=5

3×7=21=2+1=3

4×7=28=2+8=10

$5\times7=35=3+5=8$

遂皆無章次矣。獨「九」「六」有此奇迹，而九純六雜，亦與易說陰陽理合。要知先聖之用九用六，在數理上，必仍有精義，非偶然也。

他數之不待說，不必說，或不能解者均闕。

五　圖　　書

圖書之名，始見於易傳，傳曰：

「河出圖，洛出書，聖人則之。」

再見於論語，曰：

「鳳鳥不至，河不出圖，吾已矣夫。」

孔安國曰：「河圖者，伏羲氏王天下，龍馬出河，遂則其文，以畫八卦。　洛書者，禹治水時，神龜負文而列於背，有數至九，禹遂因而第之，以成九類。」

劉歆云：「必羲氏繼天而王，受河圖而畫之，八卦是也。　禹治洪水，錫洛書，法而陳之，九疇是也。　河圖洛書相為經緯，八卦九章，相為表裏。」

易學啓蒙蔡元定註云：「古今傳記，自孔安國，劉向父子，班固，皆以為河圖授羲，洛書錫禹。」

然王弼易於「河出圖，洛出書」無註。　張皋文諸人所收漢易亦鮮言河洛；恐漢晉以來，止存圖書之名，固未嘗有圖，鄭玄依緯書謂：「河圖有九篇，洛書有六篇」，黃梨洲謂：自唐以前皆祖其說。　據此是戴九履一之圖非古也。

至朱子周易啓蒙周易本義始列其圖於易首。　近人傅東華著易圖書學傳授攷源曰：「圖書之學，蓋創始於陳摶。　摶作易龍圖，宋志著錄，雷思齊所謂：『初初陳圖南，始創意，推明象數，自謂：因玩索孔子三陳九卦之義，得其遺旨，新有書述，特稱龍圖，離合變通二十餘，貫通易理。』」

日本福島俊翁著：河圖洛書ニ就テ據宋朱震漢上易傳清毛奇齡河圖洛書原舛編作授受圖如下：

（毛 圖）

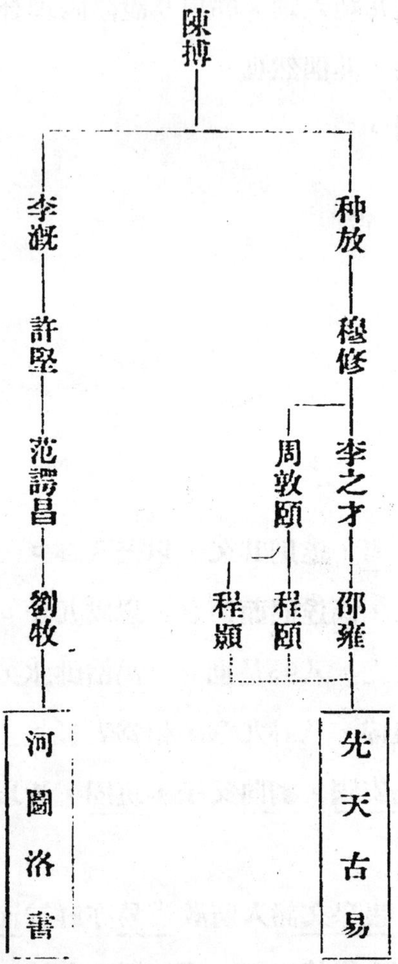

（朱 圖）

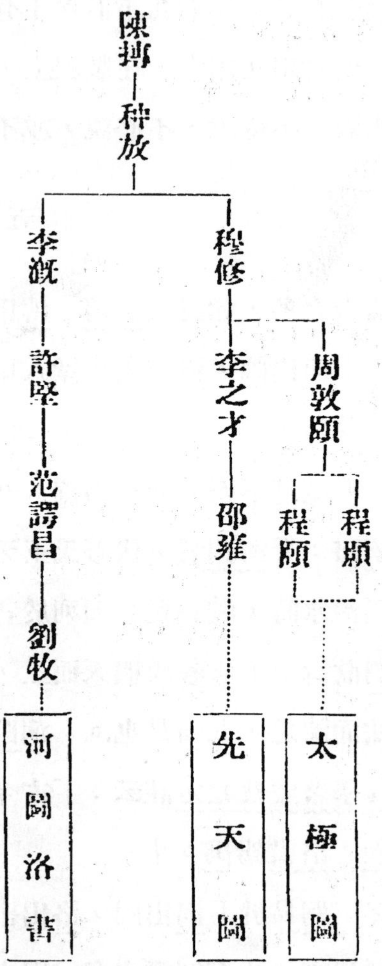

雖陳摶龍圖序係出僞託，要各家所說，戴九履一之圖，皆謂出自圖南也。

惟宋儒如魏鶴山，尚取蔣山說謂：「先天圖爲河圖，五行生成數爲洛書，而戴九履一爲太乙九宮之數。」張南軒以河圖爲興易之祥，歐陽公則逕言：「河圖洛書怪妄之尤甚者。」朱子之跋通書更曰：「莫或知其師傳之所自」。則漢上西河授受之說似亦未必足據。

黃梨洲宗羲著易學象數論，申永嘉薛士隆說謂：「書猶職方，圖乃黃册，河洛居天下之中，故以繫名」，乃盡掃諸家之說。

厚滋讀易：始亦病河洛怪誕，主歐公之說；旣治古史，學數學，乃知當分別論之。 卽論語易傳所謂圖書之本義；當與薛說相近，特恐非職方黃册，而爲河洛二水水道圖記，古水經之流耳，先民逐水草而居，河洛爲三代文化中心，故有專司之官，以其圖記爲重寶，竹書紀年「洛伯用與河伯馮夷鬥。」 穆天子傳：「柏夭旣致河典。」可證也。 柏夭，河宗柏夭，河典疑卽河圖。 載九履一，左三右七之圖，則九個「魔方陣」(magic square) 之最初一個，縱橫隅正之和皆得十五，爲數學不可解之奇迹。

（洛書，亦卽魔方陣之最初一個）

4	9	2
3	5	7
8	1	6

實亦數學上自然現象，河圖自亦相同，特數學上，尙未知其名，及二者奧妙何在，未洞明耳。 後臥病讀河洛，乃得別解，循是玩索，知圖書之數理，與八卦全同，爲洩漏自然秘密之兩大奇器，倘非宋人所創，而古已有之，漢晉以來，必皆失傳，故無定說。 至希夷先生乃復自數學中衍出也。

若古今諸家之說：除晦庵繫於易首不贊一詞，爲獨具卓見，南軒謂爲與易之祥，自有妙悟。 漢儒孔劉諸人謂：圖爲八卦，書乃九疇，恐亦有所見開於古義外，他皆讕言也。

蓋歷來計算河圖之法，皆準易傳「天一，地二，天三，地四，天五，地六，天七，地八，天九，地十。」 一語，奇耦各從其類，實則大誤。 洛書乃奇耦已分之後，河圖乃奇耦未分以前，一則隅正井然，一則奇耦糅合，河圖陰陽之雜也。 故治圖宜從雜字着目。 卽自「一」「二」兩數分別起數爲：

一→四→七→九

二→三→六→八

如下圖：

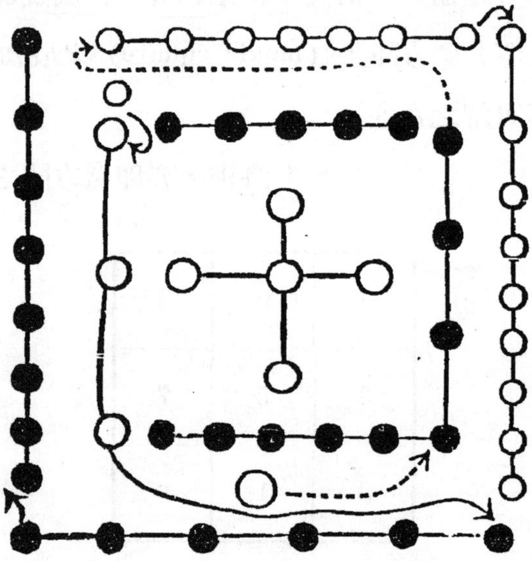

（圖一）

如上數法，更畫線聯絡各數點，則得下列兩半形：

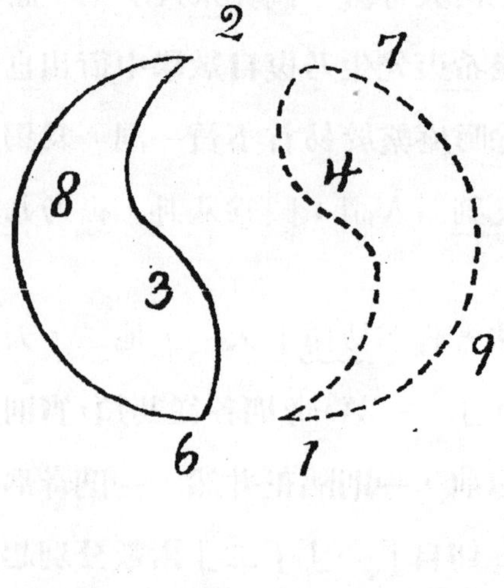

（圖二）

合兩半形爲一得下圖：

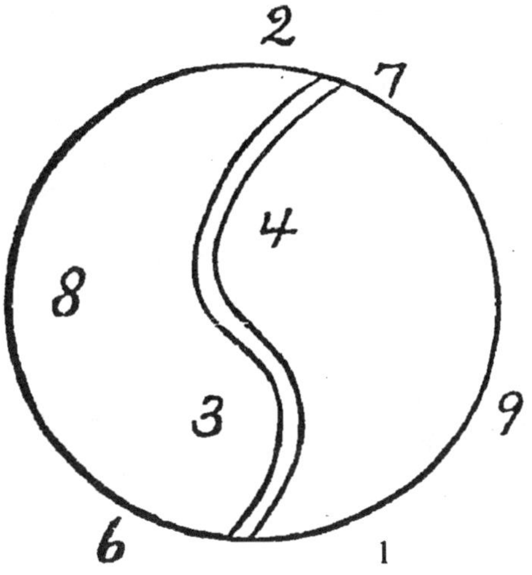

（圖三）

宛如太極圖形，且其三奇數一，七，九聯絡線第二位適爲耦數四，三耦數二，六，八聯絡線中第二位適爲奇數三，正當太極圖中黑白兩點。

（圖四）

再假定「一」「二」兩數爲乾坤兩卦，對立於一八等邊形之相對邊，然後依前說數法，及線路方向圖之爲：

一，四，七，九　右向上行

二，三，六，八左向下行。　則得圖五：

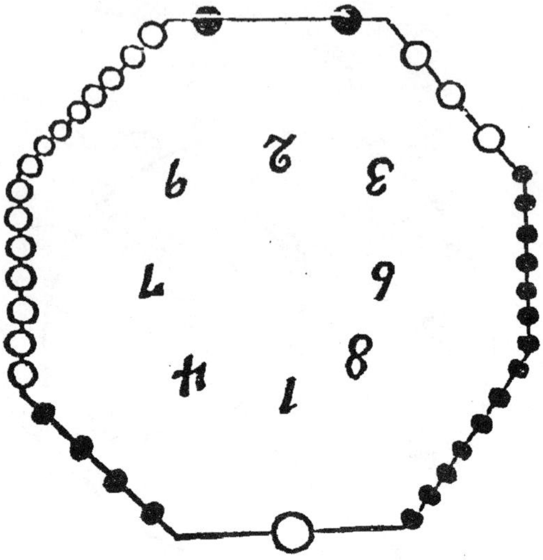

（圖五）

在卦圖中，乾坤兩卦相對者，爲伏羲卦列法，今取此圖與宓羲卦圖比例之，得下圖：

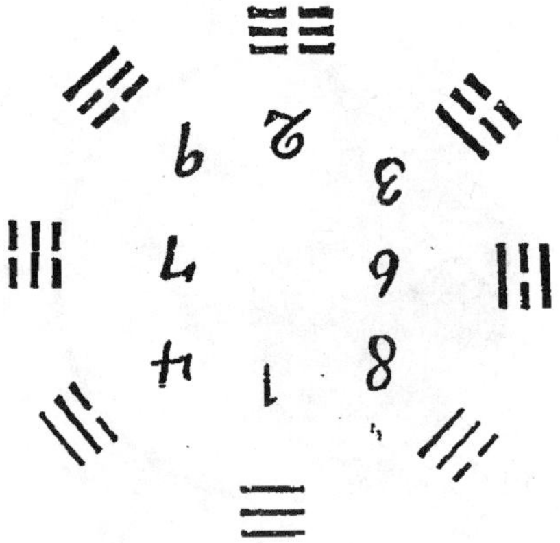

（圖六）

則除一當乾，二當坤外，震當三，巽當四，坎當七，離當六，艮當九，兌當八，與前"衍數"中所設某卦當於某數完全相合，奇偶舉無誤舛。　且易以震巽爲長男長女，爲風爲雷，徵陰陽始動之機。　河圖中以"三""四"二數當之。　一生二，二生三，三爲一以後之第一位奇數，爲奇之始動。　二二如四，二爲二以後之第一位偶數，偶數之始動也。 在太極圖中"三""四"又當陰陽兩幾。 若準此例，將圖三中之數字以八卦得圖七：

（圖七）

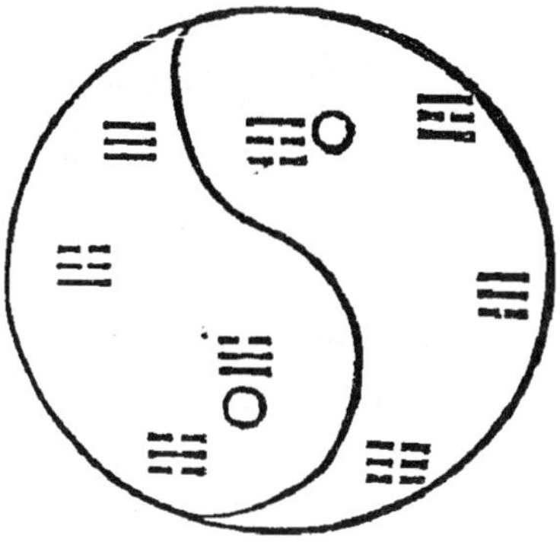

震巽恰當兩幾之位，宛轉相通，義例脗合。

可知太極圖，宓羲卦，河圖實三物而一理；所異者羲卦爲象原，河圖爲數原，太極則理原也；羲卦形象之始雜，河圖衍數之始雜，太極微念之始雜；所涵之理皆同，皆說喜怒哀樂之始發，尙未定中節與否境界。 故卦圖用文王卦，不用宓羲卦，邵子謂無極不可用，太極亦不可用，必「皇建其有極」而後可以有用，易用後天，不用先天，卽此義也。

惟厚滋以爲卦圖雖分演象數，皆先聖據自然現象，推衍而成，太極或卽宋儒所作。 因八卦發揮爲六十四卦，爲三百八十四爻，萬有一千五百二十策，當萬物之數，極天地之變化。 河圖爲數根，亦發揮爲歷算之學，爲一切學術之根源。 太極則自無極而太極而止，邵子雖引入皇極，亦僅中最初之原理而已，且易與數學處處皆有迹象可據，太極則空論原理，亦不似宋以前人治學方法。 朱子跋通書謂：「莫或知其師傳之所自」固不敢遽定出自濂溪，要爲宋大儒之作以傳易之心法者，迨不誤也。

言洛書，則書之於圖，當如文王卦之之宓羲卦，皇極之於太極也。

舊日數洛書之法，守「戴九履一，左三右七，二四爲肩，六八爲足，」之說，亦誤。

蓋洛書奇偶分別，隅正井然，與河圖爲發念之始不同，乃喜怒哀樂之已發，發而皆中節之後也。　是以起數不應於一，二，而應於始動之三，四。　洛書四隅四正，非如河圖渾然可以分別順數。　今正數道石埭周太谷先生說，奇數自三起數，自乘減去成十之數，而以其餘數所得之數爲下一位，卽以此爲次：

$$3\times3=9$$

$$(3\times9)-20=7$$

$$(3\times7)-20=1$$

爲三→九→七→一

隅數在洛書中皆爲偶數，亦爲成數，不能與一，三，七，九同法。繫辭曰：「數往者順，知來者逆，易逆數也。」　因取其義，自四起數，而以前一奇數乘之，於其積減成十之數，餘數所得之數，卽爲下一位數，如自四起數（上聲）以九乘之，得三十六，減去其成十之數餘六，第二位卽爲與四對角之六。

$$(4\times9)-30=6$$

$$(6\times7)-40=2$$

$$(2\times9)-10=8$$

就上式所得結果，爲自四而六而二而八。　作圖如下：

（圖八）

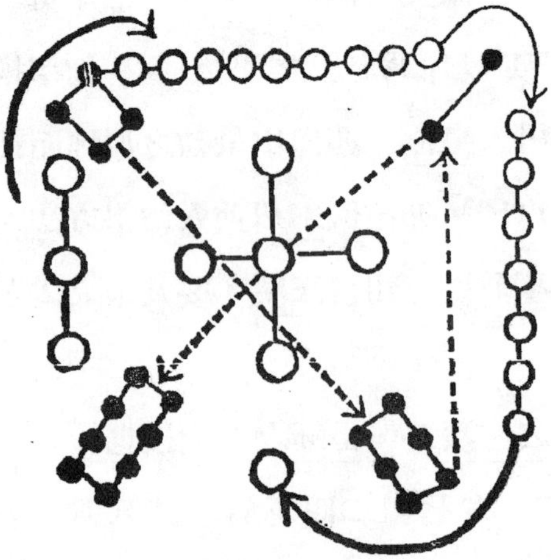

（圖九）

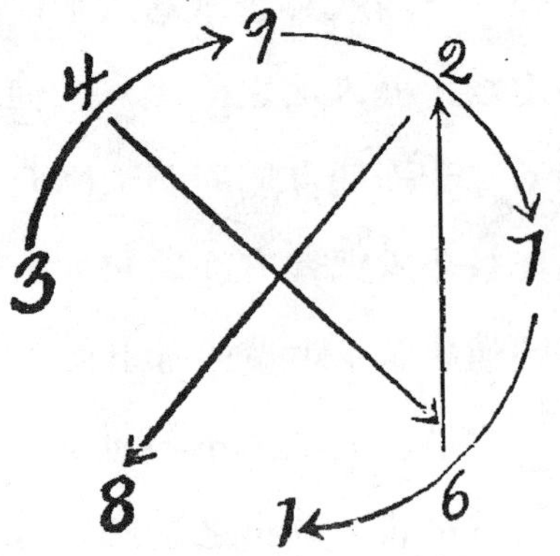

更在一八等邊形，相隣兩邊上，自三四起數，各依陽正次序，向相反方向排列，得下圖：

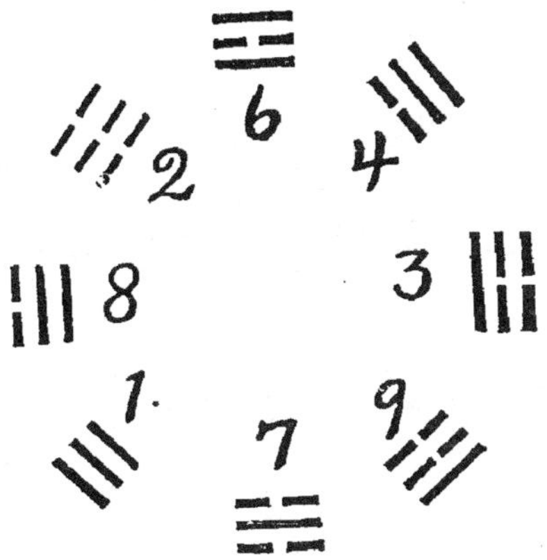

（圖十）

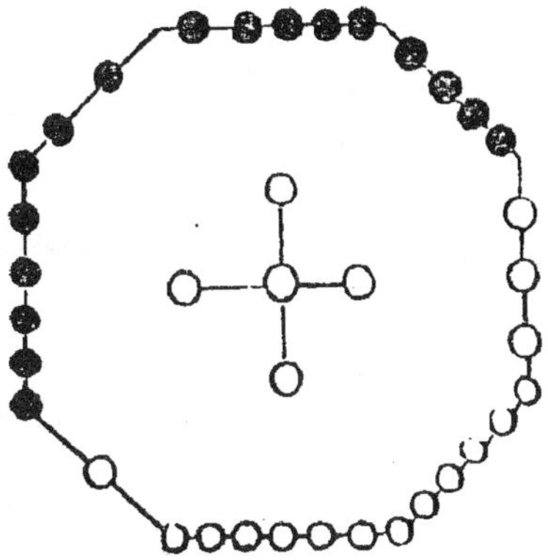

（圖十一）

即爲文王卦位，與前說符。且書卦皆陰陽各從其類，所謂：「發而皆中節也。」

至此，雖知其然而不知其所以然，然圖書之謎，可以破矣。太谷先生，咸道間心學大師。承濂溪晦庵之學而發揚之。先王父鐵雲公即出其門人龍川李先生門下，家大人又其四傳弟子。所著周氏遺書前四卷皆論易象圖書，極多精義，亦謂洛書即九疇，乃禹改河圖所成云。（太谷事蹟詳拙著張石琴與太谷學派文中；見輔仁學誌八卷二期。）

又先生遺書中原圖篇謂：

「●（讀滴）●之原，出於河，聖人則之而爲圖，至禹變而爲九疇。

河之出圖也，始於●」

其義極精。點動而成線，線動而成面，面動而成體，爲數學精理，萬物始於正子(Proton)爲物理學之妙義。古人觀察物象，雖未必精微至此，然必係見滴水之爲江河，乃悟萬物皆出於一至微之微子。象此作圖，故曰「河出圖」，非龍馬負之而出也。

先生遺書都十二册，弟子數傳至萬人，以觸於世主，書不刊行。世不白，至誣爲符水容成之術，號之爲大成教，大學教，甚至爲骷髏白骨教。道書厚滋家藏有一部，他以蘇州張丈介貽所收最多，頗有意刊以行世而不得，致潛德不彰慨夫。

六 中 用

易繫辭曰：「夫易聖人所以極深而研幾也，唯深也，故能通天下之志，唯幾也，故能成天下之務。」

又曰：「夫易何爲者也；夫易開物成務，冒天下之道，如斯而已者，是故聖人以通天下之志，以定天下之業，以斷天下之疑。」 易之用也。

「易有聖人之道四焉；以言者尚其辭，以動者尚其變，以制器者尚其象，以卜筮者尚其占。」 用易之方也。 至所以學易者則：「仰則觀象乎天，俯則觀法乎地，近取諸身，遠取諸物」，「君子居則觀其象而玩其詞，動則觀其變而玩其占」而已。 動則觀其變而玩其占者，觀立竿而玩其見影，非卜筮之謂也。

故易之學，乾坤有乾坤之用，八卦有八卦之用，六十四卦，三百八十有四爻，有六十四卦，三百八十四爻之用。 且勢有順逆，用有反正，其用遂至於無窮。

大體言之，乾坤之用，詳於文言，八卦之用，備乎易傳，六十四卦之用著於大象，三百八十四爻之用，略存乎爻詞。 爻詞者，事例之片迹也。 或順言之，或逆言之，或正言之，或反言之，見仁見知存乎其人矣。

王輔嗣曰：「得意而忘象，得象而忘言。」 熊十力先生下一轉語曰：「易之爲書也，先哲以其自得深造之學，舉以示人，而引人與共其學，既已會入，則書亦筌蹄耳。」

蓋理終不易，而迹則時遷，猶之佛說法華一花之生，莊嚴燦爛，一花之落，虛空寂滅，花時時開，花時時落，不執着於一花一葉，乃眞佛性。 悟此，易之用，思過半矣。

乾坤之用，易簡而已，「乾以易知，坤以簡能，易則易知，簡則易從，易知則有親，易從則有功，有親則可久，有功則可大，可久則賢人之德，可大則賢人之業，易簡而天下之理得矣。」

其目：「堯舜之道，仁義而已矣。 夫子之道，忠恕而已矣。」 是也。繫辭曰：「憧憧往來，朋從爾思。 子曰：天下何思何慮，天下同歸而殊途，一致而百慮，天下何思何慮。」 故仁義之道以壽天下之民而不怨，忠恕之道雖蠻貊之邦行諸。

八卦之用：傳曰「天地定位山澤通氣，雷風相薄水火不相射，八卦相錯，數往者順，知來者逆，是故易逆數也。」盡矣。

其目則：「乾」「坤」相對兩原理也。 震巽皆主動，而震剛巽柔，艮之義止，可以止則止，兌之義悅，可以行則行，坎離象水火，日用之資也。

譬如家室：乾，坤爲父母，父之位，太上下知有之知已，乾：「用九見羣龍無首吉」，使羣龍各現其用，而不爲之首也。 坤爲母，坤：「用六永貞，以大終也」，持諸子以衡，俟而收其功，是矣。 震爲長子，西銘曰：「家子其大臣」，家子責在幹蠱，義不主順，又父之亞也，故動而剛，動不可以終剛，巽以柔動濟之則有功。 風雷不可終用，所謂：「以馬上得天下，未可以馬上治之。」水火日用之資，以當中男中女，承父兄之蔭，而守其成也。 少男可諫，禮以防逸，小女用悅，樂以承歡也。

八卦錯綜，如此而已，所謂夫婦之愚可以與知焉，及其至也，雖聖人亦有所不知也。 神而明之，存乎其人矣。

六十四卦，乃八卦之發揮，三百八十有四爻，又六十四卦之推廣。 從至萬有一千五百二十，當萬物之數，反復錯綜，至於無窮。

是以六十四卦，僅就象彖，尋繹其故說。 三百八十有四爻皆略。 因苟得其義，天地間，萬物萬事，無一非易之爻象，易之書且爲筌蹄，況枝說乎。 正猶學數學不能不算例題，得其理法，例題猶敝屣也。

乾　象曰天行健，君子以自强不息。

乾體純陽，袖領萬樞之位，作之君，作之師，萬方所以資仰望者，周公吐哺握髮，禹聞善言則拜，自强不息也。

坤　象曰，地勢坤，君子以厚德載物。

乾以易知，坤以簡能，簡能者，爲其易從而有功。坤之道含章可貞，不以察察爲明，則物無所不容而各得其所，大臣之道也，丙吉問牛喘，得此義矣。故曰「君子以厚德載物。」

屯　象曰：雲雷屯，君子以經綸。

雲雷爲屯，欲雨未雨之象，當此時事，君子以經以綸，十年生聚，十年教訓，經綸之端也。故「天造草昧，宜建侯而不寧。」建侯所以資生聚教訓者，不寧者，屯難之時，未可以晏安也。

蒙　象曰：山下出泉蒙，君子以果行育德。

蒙，萌也。萌芽之始，導之入正，爲正本功夫。古重胎教，普法戰勝，俾士麥(Bismarck)首賞小學教員，皆深會此義者。治人治心，莫不皆然，殷法棄灰於途者，去手，濂洛之學於喜怒哀樂初發時，做克己復理功夫，均係着意於此。果行育德者，以果斷之行育德，否則靡不有初，鮮克有終矣。又萌芽，發育之始，苟其莠也，正之可矣，否則正宜煦育而長養之，故蒙之初六「發蒙利用刑人，用脫桎梏。」遏惡揚善之謂也。

需　雲上於天需，君子以飲食宴樂。

雲上於天需，欲雨需水之象，水氣上騰於天爲雲。以合人事，人之需，莫大於飲食，生之需，莫大於安樂，君子能以飲食安樂與人，則人之需君子也甚矣，當此之時，君子所尚，以待用也。結歡於平日，有所用而後求之，所謂「定其交而後求」。觀需之象，而先爲需之備，此所謂先天，所謂知機，易之道也。

訟　象曰，天與水違行訟，君子以作事謀始。

天水違行，爲訟之象。論語曰：「聽訟吾猶人也，必也使無訟乎。」正本清源，致於無訟，是爲上上。使「無情者不得盡其詞。」爲上中，不幸而訟，雖勝仍損，故其道窒而不亨，斯爲中下矣，君子觀訟之象以作事謀始者，謀乎此也。

師　象曰，地中有水師，君子以容民畜衆。

師衆也，行師也，君師也。師行以衆，容民畜衆，所以行師也。西伯善養老者，武王師於孟津，諸侯不期而會者，乃八百。容民者使民得各安其生理，畜衆者，使仰足以事父母，俯足以畜妻子，內無怨女，外無曠夫也。師之道，以先知覺後知，先覺覺後覺而已，作之君者，以師道率民，容民畜衆之義，庶幾近矣。

比　象曰水上有地比，先王以建萬國，親諸侯。

比，附也。先王以建萬國，親諸侯。相比之道也。諸侯比於天子，天子亦比於諸侯，親親柔遠之道盡，天下寧矣。反復其道，則待人之來比者，「邑人不誡」，所以親親，「失前禽」。所以柔遠、故後夫凶，比於人者，內比親親，外比尊賢，比之无首，張耳之於陳餘，亞父之於項氏是也。

小畜　象曰，風行天上小畜，君子以懿文德。

萬事備矣；而時未可行，故暫畜之，是爲小畜。此其時，百廢舉久矣，就其已修者，更修之，君子所以懿文德者也，禹征有苗，三旬，苗民逆命，帝乃誕敷，舞干羽於兩階，七旬而有苗格，是其效也。

履　象曰，上天下澤履，君子以辨上下，定民志。

天上澤下，其位井然，君子觀此，使民各履其位，而天下平，反復其道，則納民軌物而民志定，苟所當履，雖履天位而不作也。

泰　象曰，天地交泰，后以財成天地之道；輔相天地之宜以左右民。

后以財成天地之道，輔相天地之宜，以左右民者，孔子所謂：「既庶矣，又何以加焉，曰富之，既富矣，又何以加焉，曰教之」也。蓋順其自然之勢，略左右之，爲處泰之道，蕭規而曹隨，參眞知所以處泰之時也。

否　象曰，天地不交否，君子以儉德避難不可以榮以祿。

否之時，非可用者，故處約以救之。文言「尺蠖之屈，以求伸也，龍蛇之蟄以存身也」，處否之道矣：

同人　象曰，天與火同人，君子以類族辨物。

水流濕，火就燥；其性同也。君子見天火之情同，乃知以類族辨物。孟子云：「伊公之他端人也，其取友必端，」爲此地絕好註脚。反其用，即求同於他人，故出門同人无咎，同人於宗乃吝。能與人同，而後人能與之同，堯同於舜，湯同於伊尹，齊桓公同於管仲，同人之効也。

大有　象曰火在天上大有，君子以遏惡揚善，順天休命。

火在天上，大明之象，無所不燭，遏惡揚善，即所以順天休命也。舉賢措不肖，則民服，賞罰分明，民自納於軌物矣。

謙　象曰，地中有山謙，君子以裒多益寡，稱物平施。

不患寡而患不均，山入於地，裒多益寡之象，君子用以平天下。孟子曰：「君子平其政，行辟人可也。」稱物平施，謙之大用也。反復其道，則人道惡盈而好謙，卑以自牧，同人之始也。

豫　象曰：雷出地奮豫，先王以作樂崇德，殷薦之上帝，以配祖考。

雷出地奮，動於突兀間也。有備而後可以如此。作樂崇德，殷薦之上帝，王者之所當備。取以示例，教人有備而後動耳，反復其用，則君子觀雷出地奮，知變多生於倏忽，乃作爲重門擊柝以禦暴客，而備不虞也。

隨　象曰，澤中有雷隨，君子以嚮晦入宴息。

嚮晦，宴息之時，使嚮晦入宴息，民所樂從也。隨其所悅，使以嚮晦入宴息，民有不悅而隨之者乎？上隨其悅而命，下悅其命而隨，隨之用也。「以逸道使民，雖勞不怨，以生道殺民，雖死不怨殺者。」可爲此轉語，武王伐紂，湯放桀，隨時之用也。

蠱　象曰：山下有風蠱，君子以振民育德。

風行山下，振發之象。　雷厲風行，所以振民，春風照育，所以育德，皆蠱之用。

臨　象曰，澤上有地臨，君子以教思無窮，容保民無疆。

臨，監臨之象。　監臨之道，使下知有之而已。教思无窮者，使不知監臨者果何如，視之如帝如天，而後可收監臨之用。　又監臨之道，大德不逾閒，小德出入可也。　故容而後可以保民無疆：否則「民不畏死，奈何以死畏之」，不挺而走險者，鮮矣。

觀　象曰，風行地上觀，君子以省方觀民設教。

風行地上，觀察之象，觀民風俗，因而設教，觀之用也。　反復其道，則爲民上者，苟能現身說法，資民觀摩，則草上之風必偃，尤觀之要義。　故彖曰：「大觀在上，順而巽。」

噬嗑　象曰，雷電噬嗑，先王以明罰勑法。

勑法以威，明罰以明，雷威電明，君子以威明罰。　明罰勑法，皆所以正民者。　故曰：剛柔分動而明，雷電合而章，其用在分，其效在合也。

賁　象曰，山下有火賁，君子以明庶政，無敢折獄。

賁，文也。　文明所以示天下者，山下有火，文明以止之象，君子觀此，明析庶政，使民皆見，則民自納於軌物，不待刑罰，所謂文明以止，無事於刑獄矣，故曰無敢折獄。噬嗑，齊之以刑，賁則導之以政也。

剝　象曰：山附於地剝，上以厚下安宅。

山附於地，剝落之象，處剝落之時，惟有培植根本，可以救之。　下爲上之根本，故上以厚下安宅，所謂百姓足、君孰與不足也。

復　象曰：雷在地中復，先王以至日閉關，商旅不行，后不省方。

雷在地中復，冬至一陽來復之象。　舊者已息，新者初復，交替之際，不可以有爲也。　故於是日閉關，商旅不行，示人戒愼改命，俟其變定後動，愼无妄行取禍；微意深矣。

无妄　象曰：天下雷行，物與无妄。

法令既勑，雷行於天下，民乃不敢妄作。　故曰天下雷行，物與无妄。秦王子犯法，商君刑其師傅：此其效也。

大畜　象曰，天在山中大畜，君子以多識前言往行，以畜其德。

天在山中，所畜者大矣。　儲畜之可久而可大者，莫如學問德行，故君子觀大畜之象，多識前言往行，以畜其德。

頤　象曰，山下有雷頤，君子以愼言語，節飲食。

語云：「病自口入；禍自口出。」　頤頰也，口輔也。　君子觀乎此，節言語，愼飲食，所謂知微知機，易之道也。　王弼註：「言語飲食，猶愼而節之，而況其餘乎？」

大過　象曰：澤滅木大過，君子以獨立不懼，遯世无悶。

大過，太過也。　當大過之時，君子爲大過之事，獨立而不懼，如伊尹之放太甲，霍光之廢昌邑王是也。　然必先能遯世无悶，如禹稷顏回之易地則皆然，則可。　否則不爲莽卓者，幾希。

坎　象曰：水洊至，習坎，君子以常德行習教事。

坎，險也。　水洊至，重坎之象，習坎君子以常德行習教事，所習險之象，以爲用也。

離　象曰：明兩作離，大人以繼明照於四方。

離爲日象，兩離爲重日，爲繼明之象。　君子觀乎此，知治事者不可少熄其明，因申之以繼明之誡也。

咸　象曰：山上有澤咸，君子以虛受人。

咸，感也。　人道惡盈而好謙，虛懷若谷，最爲感人之道。　故取山虛成澤之象爲感，其涵義深矣。

恆　象曰：雷風恆，君子以立不易方。

雷風恆相倚而至，百卉草木，時利賴之。　君子觀乎此，知恆久之道，乃百姓所期，故以立不易方。

遯　象曰：天下有山遯，君子以遠小人，不惡而嚴。

遯之象，地墳起爲山，天上浮而避，陰長陽遯，故君子以遠小人，不惡而嚴。　反復其用；君子知世不可爲，避地而全身，如韓靳王之隱湖上，一也。知世不可爲，故立崖岸以惡小人，使天下人知所以善善惡惡，如夫子不見陽貨二也。　易有絕不能用而反用者，如遯是也。

大壯　象曰，雷在天上大壯，君子以非禮弗履。

論語：「棖也慾，焉得剛，」苟自反而縮，欲求爲大壯之行難矣，故君子以非禮弗履，所以持大壯之情也。

晉　象曰：明出地上晉，君子以自昭明德。

晉，進也。　日出地上，自進之象。　君子觀世有可爲則自進，所謂：可以進則進也。

明夷　象曰：明入地中明夷，君子以蒞衆，用晦而明。

夷，平也。　明夷，日入地平線下之象。　其用在自晦其明，以避患難，所謂：「內文明而外柔順，以蒙大難，文王以之。」　更申其用：爲人上者，苟察察以爲明，則水至清無魚，人至清無徒矣。　故必自晦其明，使爲其所用者，各盡其才；惟又不能使爲其用者，竟覺其無明，必如日入地平線下，明固自在，特夷而使下耳。　此君子以蒞衆，所以取象於明夷者也。用晦而明者，吾自晦其明而人得各盡其明，人之明猶吾之明也。

家人　象曰：風自火出家人，君子以言有物而行有恆。

家齊而後國治，國治而後天下平，家庭者，國之基礎也，而家人父子之間息息相關，如風自火出，又未可行以政法。　故君子齊家之道，先之以言有物而行有恆。

睽　象曰：上火下澤睽，君子以同而異。

火動而上，澤動而下，方向相反而柔進上行，其進也同，方法異，目的同也，故君子以同而異。　以同而異者，殊途而同歸，分工合作之義也。

蹇　象曰：山上有水蹇，君子以反身修德。

山上有水，蹇難甚矣，道蹇不行，反求所以解蹇外，無他方也。　故君子觀蹇，以用反身修德。

解　雷雨作解，君子以赦過宥罪。

雷雨作，則險難解，百果草木皆甲坼，生機蓬然，故君子以赦過宥罪，應天順人，體上天生生之心也。　舊謂：此亦因時致宜之用，其義甚深，非僅取象而已，云云，大誤；蓋果如所說：則全出利害之見，一念之差，天人頓判。　願讀者三復斯言，幸甚，幸甚。

損　，象曰：山下有澤損，君子以懲忿窒慾。

損爲損下益上之象。　損其可損，以益所當益，爲損之道。　王弼註：「可損之善，莫善忿慾也。」　故君子用損，以懲忿窒慾始，老子曰：「不見可慾，其心不亂。」　亦懲忿窒慾之一端也。

益　象曰：風雷益，君子以見善則遷，有過則改。

益爲損之反，損莫善於懲忿窒慾，益莫善於改過遷善也。

夬　象曰，澤上於天夬，君子施祿及下，居德則忌。

夬之象，澤在天上。　澤在天上，施之於下，則人感其德，否則爲怨之府；故君子觀夬，用施祿及下，居德則忌，順乎天而應人之情也。

姤　象曰：天下有風姤，后以施命誥四方。

姤，遇也。風行天下，無所不遇，君子觀此，用作誥命，施於四方，所謂宣傳也，其用溥矣。

萃　象曰：澤上於地萃，君子以除戎器戒不虞。

萃，聚。　衆聚則易生亂，君子觀此情，乃除戎器戒不虞，反用其道也。

升　象曰：地中生木升，君子以順德，積小以高大。

木體自然，漸生於地。　君子觀此，乃用其義，順自然之情，日積月累，以抵於成也。

困　象曰：澤无水困，君子以致命遂志。

澤无水，困亦甚矣，小人處困之時，黠者挺而走險，愚者日益銷沉而已。皆益其困者也，君子反用其道，以致命遂志，乃不終困也。

井　象曰：木上有水井，君子以勞民相勸。

井，汲井之象，汲乃得飲，亦云勞矣，君子觀此，知天下之道無往不然，故指說井道，以勸民勞勤也。

革　象曰：澤中有火革，君子以治歷明時。

澤有水者，今澤中有火，時會之變也。　君子乃措意於時會，用防微而通變。治歷明時，治時會之常態者，知其常而後可以通其變，故觀革之象，以治歷明時始。

鼎　象曰：木上有火鼎，君子以正位凝命。

鼎，定也，處大定之時，恭己正南面而已，故君子以正位凝命，太上下知有之，惟為無者，乃可履太上之位。　曾文正之治軍，庶知此義者矣。

震　象曰：洊雷震，君子以恐懼修省。

雷霆至之威，以恐懼修省宜矣，湯禱辭桑，知所以用恐懼修省者也；反之，能使天下戒懼者，洊雷之威也。

艮　象曰：兼山艮，君子以思不出其位。

艮止也。　兼艮，止之甚也。　君子自用，以思不出其位，所以免禍而全身者。　用之於人，使各止於其所當止，則天下平。

漸　象曰：山上有木漸，君子以居賢德善俗。

孟子曰：「斧斤以時入山林。」　山所以養木者，山多林木，則山豐秀。君子設位，以居賢德，其俗化之而善，則造義乎此也。

歸妹　象曰：澤上有雷歸妹，君子以永終知敝。

歸妹，嫁妹也。嫁娶，長久之道。故必謀所以永終，知敝之所在，而有以別之也，君子觀歸妹之象，知所以謀長久之道。

豐　象曰：雷電皆至豐，君子以折獄致刑。

豐，雷電皆至之象，適爲噬嗑之反，噬嗑剛柔分動，故明以明罰，威以勑法，豐威而明者，乃在以折獄致刑矣，君子折獄致刑，用豐之道。

旅　象曰：山上有火旅，君子以明愼用刑，而不留獄。

山上有火，高明之象，明則愼，艮爲止，止亂以刑，故君取其道，以明愼用刑。

又、旅，行旅也。旅人過而不留，乃用其義，而不留獄也。

巽　象曰，隨風巽，君子以申命行事。

巽爲風，重巽隨風之象。因其俗而申之命，民無有不巽而從之者，故君子用其道以申命。

兌　象曰：麗澤兌，君子以朋友講習。

麗，連也。重兌，皆說之象。人生眞樂，莫如進德修業，朋友研習所以進德修業也。論語曰：「有朋自遠方來，不亦說乎。」故麗澤，君子以朋友講習也。

渙　象曰：風行水上渙，先王以享于帝立廟。

風行水上，其文曰渙，鼓鐘于宮，聲聞於外也。君子用之作事以教民。先王始之以享於帝立廟，教知所景仰也。

節　象曰：澤上有水節，君子以制數度，議德行。

澤之水，水之有節者，數度所以節物，德行所以節事，故君子觀水澤之節，用制數度，議德行，以節天下也。

中孚　象曰：澤上有風中孚，君子以議獄緩死。

中孚，中心孚也。憧憧往來，朋從爾思，推我之心及人之心，則作奸犯科者，未必非出於不已，故用議獄緩死，冀其或宽，期其或悔也。　蘇長公文：「皋陶曰：三殺之，堯曰三宥之。」雖曰，想當然耳，深得聖人之情者也。

小過　象曰：山上有雷小過，君子以行過乎恭，喪過乎哀，用過乎儉。

小過去中未遠，行過乎恭，喪過乎哀，用過乎儉，雖過可也。　故君子示以爲小過之方也。

旣濟　象曰：水在火上旣濟，君子以思患而豫防之。

水在火上，蓄水備災之象，君子防患於未然，用其道也。

未濟　象曰：火在水上未濟，君子以愼辨物居方。

水在火下，雖有水，無濟於災，置非其位也。　故君子以愼辨物居方，使萬物各得其所，而後各得其用矣。

七　制　器

繫辭曰：

「易有聖人之道四焉：以言者，尙其辭，以動者，尙其變，以制器者尙其象，以卜筮者尙其占。」

又曰：「古者庖犧氏之王天下也：仰則觀象於天，俯則取法乎地，觀鳥獸之文，與地之宜，近取諸身，遠取諸物。　於是：始作八卦，以通神明之德，以類萬物之情，作結繩以爲罔罟，以佃以漁，蓋取諸離。　庖犧氏沒；神農氏作，斲木爲耜，揉木爲耒，耒耨之利，以教天下，蓋取諸益，日中爲市，致天下之民，聚天下之貨，交易而退，各得其所，蓋取諸噬嗑。　神農氏沒，黃帝堯舜氏作，通其變使民不倦，神而化之，使民宜之，易窮則變，變則通，通則久，是以自天祐之吉，黃帝堯舜氏垂衣裳而天下治，蓋取諸乾坤。　刳木爲舟，剡木爲楫，舟楫之利，以濟不通，致遠以利天下，蓋取諸渙。　服牛乘馬引重致遠，以利天下，蓋取諸隨。　重門擊柝以待暴客，蓋取諸豫。　斷木爲杵掘地爲臼，臼杵之利，萬民以濟，蓋取諸小過。　弦木爲弧，剡木爲矢，弧矢之利，以威天下，蓋取諸睽。上古：穴居而野處，後世聖人，易之以宮室，上棟下宇，以待風雨，蓋取諸大壯。古之葬者：厚衣之以薪葬之中野，不封不樹，後之聖人易之以棺槨，蓋取諸大過。上古結繩而治，後世聖人，易之以書契，蓋取諸夬。」

王輔嗣注至略，若不能盡其義者，朱子本義亦然。虞氏消息，李氏集解，諸書則肆爲穿鑿，又闌入讖緯家言矣。

近人治易，至觀象制器，不能得解，亦取互體之說。觀象制器，遂成攻擊舊說之焦點。胡適之先生，曾爲書論之，以爲觀象制器，乃「見物起意象，觸類而長之。」並舉牛頓見蘋果墜地，乃悟萬有引力。瓦特見水壺蓋衝動，乃造蒸氣機爲證。極爲妙悟，惟短短一書，未盡其說，因更申之。

易之爲書：通體皆以象數推演宇宙人生之蘊，而御之以至易至簡之邏輯符號，既說之如前，研討制器，亦當着目於此。

王弼曰：「得義忘象，得象忘言。」

繫辭曰：「神無方而易無體。」「形而上者謂之道，形而下者謂之器。」

熊十力先生曰：「吾平生學易只篤行『仰則觀象於天，俯則觀象於地，近取諸身，遠取諸物，』四語。」

沈兼士先生亦謂：「易象數之象字之義，應作象徵之象字解。」故學易者，當即就其象徵演繹之理，以逆窺現象推移之軌迹。觀象制器之說當可迎刃而解，干支互體，徒治絲而棼耳。

取繫辭觀象制器本文，分別論之如次：

「古者庖犧氏之王天下也：仰則觀象於天，俯則取法乎地，觀鳥獸之文，與地之宜，近取諸身，遠取諸物，於是始作八卦，以通神明之德，以類萬物之情，作結繩以爲罔罟，以佃以漁，蓋取諸離。」

王弼注：「離麗也。罔罟之用，必審物之所麗也，魚麗於水，獸麗於山也。」

質則：離之彖曰：「離，麗也。日月麗乎天。」日月星辰麗乎天，自天地仰觀，狀如覆網，作網罟者，圖象形製器，更推進一步：則製器者，見日月星辰，若附於天，圖思荷制器捕物，必使物附其中不脫，如星辰之麗於天。乃用其理、作爲罔罟。故前者，現象之象徵，後者意念之推衍，正不必曲爲深論。家大人爲說易時，嘗舉此爲例，使自思其餘，且謂：此讀易之方，不可爲注疏束縛也。

「神農氏作：斲木爲耜揉木爲耒，耒耨之利，以教天下，蓋取諸益。」

顧頡剛先生古史辯引李鼎祚周易集解謂：「益之卦象爲☴☳巽震，其互體則爲☷坤爲☶艮。如更把初爻和四爻互易，即成爲否☰☷。即成乾坤二卦。故虞翻道：否，四之初也。巽爲木爲入。艮爲手，乾爲金；手持金以入木，故斲木爲耜。艮爲小木，手以撓之，故揉木爲耒。坤爲田；巽爲股進退，震足動耜，艮手持耒，進退田中，耕之象也。」可謂深文周內之至，顧先生，即執此爲攻易焦點也，制器之義，若果如此，眞笑話矣。

實則：益之象，損上益下，制器者於此得耕之理。耕之於地，使下之土上，上之土下，亦損上益下也。制器以達其用，是爲耒耜。

又：此節引李氏集解，略見互體之說而已。後祇直抒己見，不復舉一家成說。

「日中爲市，致天下之民，聚天下之貨，交易而退，各得其所，蓋取諸噬嗑。」

噬嗑之象曰：「頤中有物曰噬嗑。」王弼注：「頤中有物，上齒下齒因齧物而合，齧畢各退其所；象徵此義，創爲市制。市之制，以其所有，易其所無，民各懷貨，如頤中有物。互易於市，如齧而合之，齧而分，如退而各得其所。故曰：「蓋取諸噬嗑。」

「黃帝堯舜，垂衣裳而天下治，諸取諸乾坤。」

乾象至易，坤象至簡，取諸乾坤，無爲而治。無爲者非不爲也。以易簡之道而宰百爲，行所無事，故治也。乾以大明導萬物，而實以坤之順善。順萬物之情而非以私意導之也，此所以爲易簡也；故萬物萌動，不知其所以而化，而天下治也。 後之導民者，私意詭詐多端，去易簡愈遠，天下亡無日矣，奚其治。

「刳木爲舟，剡木爲楫，舟楫之利，以濟不通，致遠以利天下，蓋取諸渙。」

風行水上爲渙，渙，風激水行，水渦四暈之象。 聖人因悟激水行物之理，乃作楫擊水，水以行舟也。

「服牛乘馬，引重致遠，以利天下，蓋取諸隨。」

隨之彖曰：「動而悅隨。」 蓋雷象動，澤爲悅，動而悅，隨之義見矣。 故錯諸象：爲「君子以嚮晦入宴息。」 嚮晦乃宴息之時，君子以其時使入宴息，非隨其所悅而使之動，民乃悅隨耶？ 牛馬動物，因其動，使物附之行，隨之義也。

「重門擊柝，以待暴客，蓋取諸豫。」

豫之象，雷上地下。 象曰：「雷出地奮豫。」 雷出地奮豫，動於倉卒也。 君子觀象，因思所以禦倉卒之變，故設爲重門擊柝，以待暴客，防患於未形，豫之義也。

「斷木爲杵，掘地爲臼，臼杵之利，萬民以濟，蓋取諸小過。」

小過爲雷爲山，雷下擊山，山上承雷，物當其間者，有摧毀之象。 制器者，因作杵臼，杵象雷，臼象山，雷上山下，杵臼所以椿物也。

「弦木爲弧，剡木爲矢，弧矢之利以威天下，蓋取諸睽。」

睽之彖曰：「睽，火動而上，澤動而下。」 又曰：「天地睽而其志同也，男女睽而其志通也，萬物睽而其事類也。」 蓋睽之象，相反而用，揆則有功。弓之張也。 其背上隆，其弦下張，其勢睽也。 不睽則矢不得發。 一動而上，一動而下，而皆志於發矢，不猶天地睽而其事同乎。 故曰：蓋取諸揆。

「上古穴居野處，後世聖人易之以宮室，上棟下宇，以待風雨，蓋取諸「大壯。」

雷上於天，將雨之徵，君子觀象思所以禦風雨，乃作爲宮室，以待風雨也。

「古之葬者，厚衣之薪，葬之中野，不封不樹，喪期無數。後世聖人，易之以棺槨，蓋取諸大過。」

大過之初六曰：「藉用白茅无咎。」繫辭：「子曰，苟錯諸地可矣，藉之用茅，何咎之有，慎之至也。」大過，過而非過，聖人以造棺槨，迨慎終追遠意乎。」王弼注曰：「取其過厚。」

「上古結繩而治，後世聖人，易之以書契百官以治，萬民以察，蓋取諸夬」。彖曰：「夬，決也，剛決柔也。」民可與樂成不可與謀始，上古之世，習結繩久矣，書契之利民不知也，聖人卒以易之，不亦果乎，取象於夬，迨取斷耶？熊十力先生曰：「剛決柔者，言其決之利也。書契者，所以發達思想之工具也，得此工具，則思想以有保留而增新，以有交換而愈出，此益而不已，成決之象，書契所爲作也。序卦，「益而不已，必決，故受之以決。」意亦微矣。

綜上所釋，可得以下結論：

即易之觀象制器，淺言之：即器未成先，已有理在，其理或寓於物，或寓於事，一器之制，即取諸其理，其理又不出於易也。熊十力先生又申而誨之曰：「器未成先，已有理在，此非正見，須知器之理乃與器俱有，未有此器，便未有此理，此不待多辯，須知此理，不是離器之理，器既未成，理在何處耶？」此正與神識論「刃之不存，利於何有，」同；乃知器未成先，只有個絕對的原理在，并未有各器之理，質言之：即飛機未成之先，可以有個飛的理，而并無飛機之理。實在飛的理，仍係絕對原理之一部份、能運用絕對的原理，則「先天而天不違，後天而順天時」，并非難事。但言制器，不能不從飛的理說起。飛的理，寓於飛鳥，觀飛鳥悟飛的理而製飛機，即「仰則觀象於天，俯則觀法乎地，近取諸身，遠取諸物。」工夫。胡適之先生「飛鳥爲飛機先河。」一語，發人深省不少。歐美物質發明家，皆實用觀象制器者也。至是：不惟制器一途，易之用，迨可思過半矣。

八　結　論

綜以上六節所論，對於易之一書，有下列之見解：

一　易非卜筮之書，而爲一種類似「符號邏輯」之推理書籍；其主要部份全在符號（卦），文字不過舉例說明之流，舊來專就文字研易，當然不能得其要旨。

二　易之一書爲中國一切思想之根源。儒道兩家思想均出於是。故倘不了解易理，而欲探討儒道兩家思想，正如不讀大藏經論而求了解佛陀也。

三　宋代理學，皆奉易爲圭臬。故研究易理，不妨用宋儒太極圖皇極經世等書參考；研究宋學亦當以易爲參考也。惟此尙係專就易經之推理部份而言。若所謂連山歸藏周易之區別，周易乾坤屯蒙次序之解釋等：則尙在研究之中，未敢以質君子。所敢言者，乾坤屯蒙之次，自魏伯陽之參同契中，可窺得消息，連山諸說，漢入緯書，未可一筆抹煞耳。

一九四三寫成於燕都明金城坊寓

此文始業於中華民國二十年，幾經删改，屢易其草，始勉告成。中間除承引論中所述諸先生指教外，胡適之師沈有鼎君朱寶昌劉景芳兩兄，均曾爲讀一過。沈劉兩教授幷爲細核數字，情尤可感，附此敬致謝忱。又寫此文之動機，係受杭辛齋氏易數偶得之啓示，知杭氏書，則由父執馬鵠班先生義立，今是文成而馬先生困死海上數年矣，識此以示不忘。

論語堯曰章作於墨者考

Der Ursprung des Buches Yao-Yüeh im Lun-Yü aus der Schule des Mo Ti

趙貞信

論語二十篇中要算堯曰篇的堯曰章最富有神秘性，使人看不懂想不透它所以在論語中的道理，因此從來的讀書人只好憑他的學力智識猜來，固有往好處猜的，也有往壞處猜的。

往好處猜的開始於唐朝柳宗元，他在論語辯下中說：

> 或問之曰，「論語書記問對之辭耳，今卒篇之首章然有是，何也？」柳先生曰，「論語之大莫大乎是也，是乃孔子常常諷道之辭云爾。彼孔子者，覆生人之器也，上焉堯舜之不遭而禪不及己，下之無湯之勢而己不得為天吏，生人無以澤其德，日視聞其勞死怨呼而己之德涸焉無所依而施，故於常常諷道云爾而止也。此聖人之大志也，無容問對於其間。弟子或知之，或疑之不能明，相與傳之。故於其為書也，卒篇之首嚴而立之！」（柳河東文集卷四）

經他提出這是孔子常常諷道之辭，聖人的大志即存於此．到宋朝的理學家起來，遂一致認為這是道統說的發源地，孔子自己表明他是承接二帝三王之道的人，聖聖相傳之傳道得道的痕跡就蘊伏在這裏。這一說以後便成為正統勢力，大概稍為讀過一點中國舊書的人沒有不知道這一說的，尤其很少人不相信這一說的。我往年曾寫了一篇前人對於論語堯曰章尊信和懷疑的文章，對於這一說有極徹底的駁擊。此文現已寄與齊魯大學，不久可在齊魯學報上發表。想來讀者們看了拙文以後，必會對於這一說從此不再相信了。

往壞處猜的開始於宋朝蘇軾，他說：

此章雜取大禹謨湯誥太誓武成之文，而顚倒失次，不可復考。由此推之，論語蓋孔子之遺書，簡編絕亂，有不可知者。如周八士，周公語魯公，『邦君夫人』之稱，非獨載孔子之言行也。（論語或問下卷二十引）

他雖不知道大禹謨湯誥太誓武成都是僞尙書，僞尙書中和論語相同的句文都是從論語中竊去的，不是論語鈔尙書。但他却知道置堯曰章於周有八士周公語魯公等之列，而斷論語爲『簡編絕亂，有不可知者』，『非獨載孔子之言行也』，這一點見解似乎比了認堯曰章爲有聖人的深義與旨所在的人要明達得多，所以後來王若虛陳天祥輩都很贊同，就連朱熹也曾有『蘇氏疑堯章有顚倒失次者，恐或有之』之語（論語或問下卷二十），不過他怕疑經侮聖，不敢拿蘇氏的話注入集注罷了。

這章書眞如蘇氏所說是顚倒失次雜亂無章的斷簡殘編嗎？如說是與孔門無關的記載，然則是與何門有關的記載呢？依我反覆循誦仔細察看的結果，頗以爲蘇氏的說法雖比較可取，然也還不完全對。其實細按起來，這章書並不算毫無次序條理；而全章的意思，外貌雖儼若儒言，內容實有許多和墨家之學說密合。這雖是我一個大膽的假設，但如果這個假設不盡無理，則我們卽不全認它是墨家言，最低限度或將不能不認它是儒墨混合下的產品，不能不定它爲或係出於逃墨歸儒的陽儒陰墨之人之手筆。果爾如此，則這章書之產生時代及其逐節句的解釋，自將不能盡如前人之說，而前人之說之當否亦可無待繁言而盡明。今卽本此見地試敍述其理由。

古書有一條通例，就是名爲某人之書，實非卽某人之手著，而應看作某派之人所共著。故莊子可視爲道家叢書，而墨子亦可視爲墨家叢書。漢書藝文志著錄墨子七十一篇，今本墨子則已缺去十八篇，祇存五十三篇。而此五十三篇中，如親士修身所染非儒等四篇及備城門以下之十一篇，或爲儒書混入，或由後人僞撰，非墨子所本有。其經上下經說上下大取小取等六篇則又係墨家後學中之另一派墨者所作。 即其餘最能得墨學之眞相的三十二篇，其中若尚賢尚同兼愛等均分爲大同小異的三篇，俞樾以爲是墨離爲三後之作，三家相傳之本不同，後人合以成書（墨子閒詁序）。此說果然很有理由，但就三篇之文字察看，其宗旨雖無殊，其撰成之時代實相差甚遠。 大抵上篇最早，中篇次之，下篇最晚。 早者當成於戰國中期，而晚者或已達秦漢之際。 若法儀七患辭過三辯等四篇，孫詒讓以爲是天志節用非樂之餘義，我則以爲亦爲撰人不同，後人併入墨子，篇名亦後人所加。 大抵戰國初私人著述之風未盛，故墨子並無自著之文，和孔子一樣。 及私人著作之風旣行，墨者遂亦將口傳之辭著於竹帛，其後學又各加推演，是以有義同文異之篇錯出並傳。 及劉向校定墨子，遂將其初別行之篇併爲一書，故眞僞並列，純駁雜陳。 自漢至今，輾轉傳鈔，不惟闕去之篇甚多，即倘全篇留存的，其中字句之舛訛缺脫，也眞不知凡幾，所以在先秦子書當中，這一部子書實爲譌錯殘缺得最厲害的一部，這是我們不可不先知道的一件事。

從前梁啓超曾說：

墨學所標綱領，雖有十條，其實只從一個根本觀念出來，就是『兼愛』。孟子說：『墨子兼愛，摩頂放踵利天下爲之』，這兩句話實可以包括全部墨子。（墨子學案第二章）

這句話說得很對，全部墨子反來覆去無非是衍說『兼相愛，交相利』六個字的意義，所以呂氏春秋不二篇和尸子廣澤篇也都說『墨子貴兼』（不二篇作『貴廉』孫詒讓云，『「廉」疑即「兼」之借字』）。 因爲他貴兼，所以他把士和君都分爲兩種：一種是執兼的，一種是執別的。 執兼的謂之兼君兼士，執別的謂之別君別士。 所謂兼君，就是執行兼愛主義的君主。 怎麼樣的君主才算是兼君呢？他說：

兼君之言……曰，『吾聞爲明君於天下者，必先萬民之身，後爲其身，然後可以爲明君於天下』。 是故退睹其萬民飢即食之，寒即衣之，疾病侍養之，死喪葬埋之。 兼君之言若此，行若此。（墨子兼愛下。 本文所引墨子均依墨子閒詁本）

從古以來有過像這樣的君主了嗎？他說有過，先聖六王都是像這樣的君主。

今若夫兼相愛，交相利，此自先聖六王者親行之。何知先聖六王之親行之也？子墨子曰，吾非與之並世同時，親聞其聲，見其色也，以其所書於竹帛，鏤於金石，琢於盤盂，傳遺後世子孫者知之。泰誓曰，『文王若日若月，乍照光于四方，于西土』，卽此言文王之兼愛天下之博大也。譬之日月，兼照天下之無有私也，卽此文王兼也。雖子墨子之所謂『兼』者，於文王取法焉。且不惟泰誓爲然，雖禹誓卽亦猶是也。禹曰，『濟濟有衆，咸聽朕言！非惟小子敢行稱亂，蠢茲有苗，用天之罰；若予旣率爾羣對諸群以征有苗』，禹之征有苗也，非以求富貴，干福祿，樂耳目也，以求興天下之利，除天下之害，卽此禹兼也。雖子墨子之所謂『兼』者，於禹取法焉。且不惟禹誓爲然，雖湯說卽亦猶是也。湯曰，『惟予小子履，敢用玄牡告於上天后曰，『今天大旱，卽當朕身履，未知得罪於上下？有善不敢蔽，有罪不敢赦，簡在帝心。萬方有罪，卽當朕身；朕身有罪，無及萬方』，卽此言湯貴爲天子，富有天下，然且不憚以身爲犧牲，以祠說于上帝鬼神，卽此湯兼也。雖子墨子之所謂『兼』者，於湯取法焉。且不惟禹誓與湯說爲然，周詩卽亦猶是也。周詩曰，『王道蕩蕩，不偏不黨；王道平平，不黨不偏。其直若矢，其易若底，君子之所履，小人之所視』，若吾言非語道之謂也，古者文武爲正，均分賞賢罰暴，勿有親戚弟兄之所阿，卽此文武兼也。雖子墨子之所謂『兼』者，於文武取法焉。不識天下之人所以皆聞兼而非之者，其故何也？（兼愛下）

他不但證明先聖六王都是兼君，而且說他的貴兼卽係取法於先聖六王。這段文字上面雖兩說『先聖六王』，但下面却只敍了禹湯文武四王，這很可異！我頗疑當中許有脫文。脫去了哪兩王呢？那無疑的是堯和舜。這不但就墨子書中連稱堯舜禹湯文武的極多可以推知，在天志下篇且明有『故昔也三代之聖王堯舜禹湯文武之兼愛天下也從而利之』之語，尤足證他彼親兼行愛交利的六王確是堯舜禹湯文武（韓非子顯學亦云，『夫堯之賢，六王之冠也』）。我們明白了墨子所說的兼君，明白了墨子所舉出的曾經親行兼愛交利的先聖六王，試再翻出堯曰章來看一看，腦子裏將起何種感想？

> 堯曰，『咨爾舜，天之歷數在爾躬！允執其中！四海困窮，天祿永終！』舜亦以命禹。
>
> 曰，『予小子履，敢用玄牡，敢昭告于皇皇后帝：有罪不敢赦，帝臣不蔽，簡在帝心。朕躬有罪，無以萬方；萬方有罪，罪在朕躬』！
>
> 周有大賚，善人是富。雖有周親，不如仁人！百姓有過，在予一人！
>
> 謹權量，審法度，修廢官，四方之政行焉。興滅國，繼絕世，舉逸民，天下之民歸心焉。所重：民，食，喪，祭。
>
> 寬則得衆，信則民任焉，敏則有功，公則說。

試問這是不是就是墨子所說的兼君？是不是就是墨子所說的曾經親行兼愛交利的先聖六王？還不信呢？『曰予小子履』的一節即是墨子說湯兼愛的文字，擺在這裏比着，可以不用我再多說。『雖有周親』的四句也是墨子說武王兼愛的文字，不過列在兼愛中篇：

> 昔者武王將事太山隧，傳曰，『泰山有道曾孫周王有事，大事既獲，仁人尚作，以祇商夏蠻夷醜貉。雖有周親，不若仁人！萬方有罪，維予一人，』此言武王之事，吾今行兼矣。

這兩節都是墨家講兼愛的話，已不容更辨。『堯曰咨爾舜』的一節，我以為就是兼愛下篇的脫文，你如不信，我試仿了他的調子寫給你看：

> 且不惟禹誓為然，雖堯典即亦猶是也。堯曰，『咨爾舜，天之歷數在爾躬！允執其中！四海困窮，天祿永終！』舜亦以命禹，即此言堯舜之讓天位唯懼不得允執其中而至四海困窮，即此堯舜兼也。雖子墨子之所謂

『兼』者，於堯舜取法焉。

如果我把這一節文字插入兼愛下篇，你敢說不合拍嗎？這樣三節極重要的文字，都在墨子兼愛篇中，都是墨子證古聖王曾經親行兼愛的話，堯曰章還不是墨家言是什麼呢？不出於墨學者之手又出於誰之手呢？因爲它統章都是根本了兼愛的一個意思發出，所以粗看上去似乎這章書沒有條理，實際上它一絲也不亂。這一點徐時棟就已窺破了，他曾說：

論語此章歷記古帝王言語政事，全以得民心爲本。唐虞夏則本諸四海，商則本諸萬方，周則本諸善人及百姓及四方及天下之民及重民及得衆任說，歷引古書斷章取義，大抵皆言得民心而天下治。儒者不知其義，謂顚倒失次，謂零雜無倫序。(煙湖問考卷一)

這是一個很犀利的觀察，所可惜的是：蘇軾他們不知道這章書當中有一個兼愛的連鎖，所以當它是斷簡殘編；他雖則看出了當中有一個連鎖，但不知道這個連鎖是墨家的兼愛，所以也沒有知道它是墨家言。孫詒讓說法儀七患辭過三辨等四篇是天志節用非樂等篇的餘義：(見墨子閒詁)，梁啓超說法儀七患辭過三辨等四篇是墨家記的墨學概要(見墨子學案)，我們現在似乎也可說堯曰章是兼愛篇的餘義，或墨家的政治主張的概要吧。

墨學的根本觀念是兼愛，這個觀念應用到政治上自然要產生尚賢主義，因爲只有賢者在上方能政治修明，萬民安樂，所以他認定尚賢是爲政的根本。他說：

何以知尚賢之爲政本也？曰，自貴且智者爲政乎愚且賤者則治，自愚且賤者爲政乎貴且智者則亂，是以知尚賢之爲政本也。……賢者之治國家也，蚤朝晏退，聽獄治政，是以國家治而刑法正。賢者之長官也；夜寢夙興，收斂關市山林澤梁之利以實官府，是以官府實而財不散。賢者之治邑也，蚤出莫入，耕稼樹藝聚菽粟，是以粟菽多而民足乎食。故國家治則刑法正，官府實則萬民富，上有以絜爲酒醴粢盛以祭祀天鬼，外有以爲皮幣與四鄰諸侯交接，內有以食飢息勞持養其萬民，懷天下之賢人。是故上者天鬼富之，外者諸侯與之，內者萬民親之，賢人歸之。以此謀事則得，舉事則成，內守則固，出誅則彊。故唯昔三代聖王堯舜禹湯文武之所以王天下，正諸侯者，此亦其法已。（尚賢中）

這所說的是賢人政治的實效。賢將怎樣尚法呢？他說：

是故古者聖王之爲政也，言曰：不義不富，不義不貴，不義不親，不義不近。是以國之富貴人聞之，皆退而謀曰：始我所恃者富貴也，今上舉義不辟貧賤，然則我不可不爲義。親者聞之，亦退而謀曰：始我所恃者親也，今上舉義不辟疏，然則我不可不爲義。……古者聖王之爲政，列德而尚賢，雖在農與工肆之人，有能則舉之，高予之爵，重予之祿，任之以事，斷予之令。曰：爵位不高則民弗敬，蓄祿不厚則民不信，政令不斷則民不畏，舉三者授之賢者，非爲賢賜也，欲其事之成。故當是時，以德就列，以官服事，以勞殿賞，量功而分祿，故官無常貴而民無終賤。有能則舉之，無能則下之，舉公義，辟私怨：此若言之謂也。

（尚賢上）

故古者聖王甚尊尚賢而任使能，不黨父兄，不偏貴富，不嬖顏色，賢者舉而上之，富而貴之，以爲官長，不肖者抑而廢之，貧而賤之，以爲徒役；是以民皆勸其賞，畏其罰，相率而爲賢；是以賢者衆而不肖者寡：此謂尚賢。然後聖人聽其言，迹其行，察其所能而慎予官：此謂事能。

（尚賢中）

這些話是不是和『周有大賚，善人是富。雖有周親，不如仁人』及『舉逸民』等語同一意義？（崔述豐鎬考信錄卷三解『雖有周親』四句云，『細玩此文，乃聖人不私其親而惟求天下之賢才與共天祿，正與上章成湯之言相表裏，「周親」二句即所謂「帝臣不蔽，簡在帝心」也；「百姓」二句即所謂「萬方有罪，罪在朕躬」也，故孟子曰，「先聖後聖，其揆一也」。故讀此章可以見聖人貴德尊賢，大公無我之心』。『貴德尊賢，大公無我』，實墨家之主旨也）。

墨家的以尙賢爲政本是法古聖王，古聖王又法誰呢？他說法天。

故古聖王以審以尙賢使能爲政，而取法於天；雖天亦不辨貧富貴賤，遠邇親疏，賢者舉而尙之，不肖者抑而廢之。（尙賢中）

說『天亦不辨貧富貴賤，遠邇親疏，賢者舉而尙之，不肖者抑而廢之』，是不是和『帝臣不蔽，簡在帝心』之語同一意義？

尙賢到極度，不但農與工肆之人可以舉之爲官長，亦且可以舉之爲天子。兼愛中說：

故古者聖王誰能審以尙賢使能爲政，無異物雜焉，天下皆得其利。古者舜耕歷山，陶河濱，漁雷澤，堯得之服澤之陽，舉以爲天子，與接天下之政，治天下之民。…此何故？則王公大人明乎以尙賢使能爲政。

這就是禪讓說的濫觴，『堯曰咨爾舜』一節即是敍述堯舜禹禪讓之事的，是不是也屬墨家言呢？

墨家的根本主義是兼愛，兼愛主義的實行者雖屬於兼君，但兼愛主義的主張者則屬於天，兼君不過順從了天的意志奉行而已。順從了天的意志奉行就可以得天之福，否則即須得天之禍。法儀篇說：

天之行廣而無私，其施厚而不德，其明久而不衰，故聖王法之。旣以天爲法，動作有爲必度於天，天之所欲則爲之，天所不欲則止。然而天何欲何惡者也？天必欲人之相愛相利，而不欲人之相惡相賊也。奚以知天之欲人之相愛相利，而不欲人之相惡相賊也？以其兼而愛之，兼而利之也。奚以知天兼而愛之，兼而利之也？以其兼而有之，兼而食之也。……故曰：愛人利人者天必福之，惡人賊人者天必禍之。

天是不會開口的，那末人們的行事如果忽順天之意，忽不順天之意，將何以驗天的喜不喜呢？他說天的喜怒徵於天所降的災祥。天志中說：

故古者聖王明知天鬼之所福，而辟天鬼之所憎，以求興天下之利，而除天下之害。是以天之爲寒熱也節，四時調，陰陽雨露也時，五穀孰，六畜遂，疾菑戾疫凶饑則不至。

這是順天之意天菑不作的徵驗。尚同中說：

夫既尚同乎天子，而未上同乎天，則天菑將猶未止也。故當若天降寒熱不節，雪霜雨露不時，五穀不孰，六畜不遂，疾菑戾疫飄風苦雨薦臻而至者，此天之降罰也，將以罰下人之不尚同乎天者也。

這是不順天之意天降災殃的徵驗。能順天之意，不但災殃不作，還可得天之賞；不能順天之意，不但災殃大作，還須受天的罰。這並不是憑空造說，都有古代的帝王的事實可作憑證。天志中說：

愛人利人，順天之意得天之賞者有之；憎人賊人，反天之意得天之罰者亦有矣。

夫愛人利人順天之意得天之賞者誰也？曰，若昔三代聖王堯舜禹湯文武者是也。堯舜禹湯文武焉所從事？曰，從事兼，不從事別。兼者處大國不攻小國，處大家不亂小家，強不劫弱，衆不暴寡，詐不謀愚，貴不傲賤。觀其事上利乎天，中利乎鬼，下利乎人，三利無所不利，是謂『天德』，聚斂天下之美名而加之焉，曰，此仁也，義也，愛人利人順天之意得天之賞者也。不止此而已！書於竹帛，鏤之金石，琢之盤盂，傳遺後世子孫。曰，將何以為？將以識夫愛人利人順天之意得天之賞者也。皇矣道之曰，『帝謂文王，予懷明德，不大聲以色，不長夏以革，不識不知，順帝之則』，帝善其順法則也，故舉殷以賞之，使貴為天子，富有天下，名譽至今不息。故夫愛人利人順天之意得天之賞者既可得而知已。

夫憎人賊人反天之意得天之罰者誰也？曰，若昔者三代暴王桀紂幽厲者是也。桀紂幽厲焉所從事？曰，從事別，不從事兼。別者處大國則攻小國，處大家則亂小家，強劫弱，衆暴寡，詐謀愚，貴傲賤。觀其事上不利乎天，中不利乎鬼，下不利乎人，三不利無所利，是謂『天賊』，聚斂天下之醜名而加之焉，曰，此非仁也，非義也，憎人賊人反天之意得天之罰者也。不止此而已！又書其事於竹帛，鏤之金石，琢之盤盂，傳遺後世子孫。曰，將何以為？將以識夫憎人賊人反天之意得天之罰者也。大誓之道之曰，『紂越厥夷居不肯事上帝（信案：非命上引太誓作『紂夷處』，非命中引太誓作『紂夷之居』，但此處之『紂越厥夷居』當作『越紂夷厥居』：蓋『越』為發語辭，而『紂夷』連文，實周人之常語也），棄厥先神祇不祀，乃曰「吾有命」，無僇其務。天亦縱棄紂而不葆』。察天以縱棄紂而不葆者，反天之意也。故夫憎人賊人反天之意得天之罰者既可得而知也。

他在這裏既證明兼君得天之賞，別君受天之罰；更特別指出文王因順天之意愛人利人而得天下，紂因不順天之意憎人賊人而失天下。從事兼的愛人利人，從事別的憎人賊人。愛人利人的就謂之賢，憎人賊人的就謂之不肖。賢的可以得天之賞，不肖的即須得天之罰。所以兼愛主義固然是天的意志，就是從兼愛主義推出來的尚賢主義也是天的意志。因為賢不賢就在肯行兼愛不肯行兼愛上作分別。尚賢中說：

故古聖王以審以尚賢使能為政，而取法於天，雖天亦不辨貧富貴賤遠邇親疏，賢者舉而尚之，不肖者抑而廢之。

然則富貴為賢以得其賞者誰也？曰，若昔者三代聖王堯舜禹湯文武者是也。所以得其賞何也？曰，其為政乎天下也，兼而愛之，從而利之，又率天下之萬民以尚尊天事鬼，愛利萬民，是故天鬼賞之，立為天子，以為民父母，萬民從而譽之曰聖王，至今不已，則此富貴為賢以得其賞者也。

然則富貴為暴以得其罰者誰也？曰，若昔者三代暴王桀紂幽厲者是也。何以知其然也？曰，其為政乎天下也，兼而憎之，從而賊之，又率天下之民以詬天侮鬼，賊傲萬民，是故天鬼罰之，使身死而為刑戮，子孫離散，家室喪滅，絕無後世，萬民從而非之曰暴王，至今不已，則此富貴爲暴而以得罰者也。

能順天之欲，求興天下之利，除天下之害，則就天之爲寒熱也節，四時調，陰陽雨露也時，五穀孰，六畜遂，疾菑戾疫凶饑不至；不能順天之欲，爲天興利除害，則卽天降寒熱不節，霜雪雨露不時，五穀不孰，六畜不遂，疾菑疫戾飄風苦雨荐臻而至。能愛利萬民，則就天鬼賞之，立爲天子，以爲民父母；如賊傲萬民，則卽天鬼罰之，使身死而爲刑戮，子孫離散，家室喪滅，絕無後世。這是不是就是『天之歷數在爾躬，允執其中！四海困窮，天祿永終』的意義呢？所以劉恭冕解『天之歷數在爾躬』說：

王者天之子，當法天而行，故堯以天之歷數責之於舜。春秋繁露郊語篇引此文釋之云，『言察身以知天也，』此蓋以『在』訓『察』，『躬』訓『身』也。…察身者，謂省察其身，當止至善以承天之事，受天之大福。故天垂象而人主法焉，天示異而人主懼焉。書洪範云，『王省惟歲』，詩大明云，『唯此文王，小心翼翼，昭事上帝，聿懷多福』，『翼翼』者，敬也，並省察身之義也。（論語正義卷二十三）

這是這一句書的確解。說『止至善以承天之事，受天之大福，』何異『順天之欲愛利萬民以得天賞』之語。說『天垂象而人主法焉』，不但和法儀篇的『天之行廣而無私，其施厚而不息，其明久而不衰，故聖王法之』之語相合；卽與天志中言天愛民之厚，民不可不相愛以答天之說亦頗符。天志中說：

且吾所以知天之愛民之厚者有矣，曰，以磨爲日月星辰以昭道之，制爲四時春秋冬夏以紀綱之，雷降雪霜雨露以長遂五穀麻絲使民得而財利之，列爲山川谿谷播賦百事以臨司民之善否，爲王公侯伯使之賞賢而罰暴，賦金木鳥獸，從事乎五穀麻絲以爲民衣食之財，自古及今未嘗不有此也。

今有人於此，驩若愛其子，竭力單務以利之，其子長而無報乎父，故天下之君子與（皋）謂之不仁不祥，今夫天兼天下而愛之，撽遂萬物以利之，若毫之末，無非天之所爲也，而民得而利之，則可謂厚矣；然獨無報夫天，而不知其爲不仁不祥也：此吾所謂君子明細而不明大也。

說『天示異而人主懼焉』，更與『天降寒熱不節，雪霜雨露不時，…飄風苦雨荐臻而至，此天之降罰也』等語相合。所以這『歷數』二字的意義，恐怕就是漢書藝文志所稱之數術家中的『天文』『歷譜』之術。漢書藝文志說：

天文者，序二十八宿，步五星日月以紀吉凶之象，聖王所以參政也。易曰，『觀乎天文以察時變』。

歷譜者，序四時之位，正分至之節，會日月五星之辰以考寒暑殺生之實。故聖王必正歷數，…以探知五星日月之會，凶阸之患，吉隆之喜，其術皆出焉。

這是一種以天象推測人事的方法；而天象的變異也正是墨家認爲是徵驗人的行爲合不合天的意志以爲得福得禍的標準。天象與人事有密切的關聯，所以上面說了『天之歷數在爾躬』，底下就可說『四海困窮，天祿永終』。這幾句話的意義和墨家言這樣合拍，這一節書是不是屬墨家言呢？

不但『天之歷數在爾躬』，『四海困窮，天祿永終』這三句我認爲是墨家言，就是『允執其中』這一句我也以爲有墨家言的嫌疑。不信請看孟子。孟子離婁下說：

湯執中，立賢無方。

這個『執中』的眞正解釋如何，他雖沒有說明，但含義必屬很好當無可疑。但到盡心上却說：

楊子取爲我，拔一毛而利天下不爲也。墨子兼愛，摩頂放踵利天下爲之。子莫執中。執中爲近之。執中無權，猶執一也。所惡執一者，爲其賊道也，舉一而廢百也。

這個『執中』就不是全好了，要全好必須加上一個『有權』的條件；假使不加上這個『有權』的條件，不但不是全好，簡直還是大不好——賊道——這是爲什麼呢？上面『湯執中，立賢無方』的兩句話，據焦循的解釋，說是『惟賢則立而無常法，乃申上執中之有權』，是『湯執中』一句必須聯住下一句作解，單上一句是不能獨立的。如果『執中』果然離不開有權，則『允執其中』的『執中』豈非已被孟子罵爲『賊道』了嗎？這是一可疑。古書中提到『執中』二字的就是論語孟子大戴記三書，但這三書中的『執中』無一不是和墨家的主義併說的，這總不會都是偶然的巧合吧！論語『執中』的上下文都是墨家言，已無待贅說。孟子『執中』的下文緊接着『立賢無方』，『立賢無方』豈非即是墨家的尙賢主義？大戴禮記五帝德稱『帝嚳執中而獲天下』，五帝德據司馬遷說是『儒者或不傳』的書，則它不是儒家言可知；而敍述帝嚳的一節則全出墨家，大概略明墨家的學說的都能一望而知。原文云：

> 高辛生而神靈，自言其名；博施利物，不於其身；聰以知遠，明以察微；順天之義，知民之急；仁而威，惠而信，修身而天下服。取地之財而節用之，撫教萬民而利誨之，歷日月而迎送之，明鬼神而敬事之。其色郁郁，其德嶷嶷。其動也時，其服也士。春夏乘龍，秋冬乘馬，黃黼黻衣，執中而獲天下，日月所照，風雨所至，莫不從順。

這一段裏凡墨家之尙賢，尙同，天志，兼愛，節用，明鬼等說法幾乎無不盡有，這還不是墨家言是什麼？古書中三處提到『執中』，三處都和墨家言併合在一起，『執中』二字何故與墨家言如此密切？這是二可疑。有此二疑，『允執其中』一語是不是有墨家言的嫌疑呢？墨家的政治主張，尙賢之外還有尙同。尙同就是要天下的人一切都和上面的人相同，下面的人只能看上面的人的樣，不能自己立樣給人家看。這是一種最整齊劃一的制度，使得沒有一個人敢不跟了天子的腳步走，沒有一個人能揮發他的自由意志。尙同中說：

> 方今之時，復古之民始生，未有正長之時，蓋其語曰，天下之人異義。是以一人一義，十人十義，百人百義，其人數茲衆，其所謂義者亦茲衆。是以人是其義而非人之義，故交相非也。內之父子兄弟作怨讎，皆有離散之心，不能相和合。至乎舍餘力不以相勞，隱匿良道不以相教，腐朽

> 餘財不以相分。天下之亂也，至如禽獸然。無君臣上下長幼之節，父子兄弟之禮，是以天下亂焉。

這是不尙同不統一的禍害，如果一尙同一統一這些禍害就可以沒有了。尙同中又說：

> 舉天下之萬民以法天子，夫天下何說而不治哉？察天子之所以治天下者，何故之以也？曰，維以其能一同天下之義，是以天下治。

照他的尙賢主義說，是天子是天下最賢的人；照他的尙同主義說，是萬民都須效法於天子：這一個理想如果能夠實現，眞可說『天下何說而不治哉』！但單獨一個好皇帝就能一同天下之義了嗎？這當然不够，還要有許多好官。尙同中又說：

> 天子既已立矣，以爲唯其耳目之情，不能獨一同天下之義，是故選擇天下贊閱賢良聖智辯慧之人置以爲三公，與從事乎一同天下之義。天子三公既已立矣，以爲天下博大山林遠土之民不可得而一也，是故靡分天下設以爲萬諸侯國君，使從事乎一同其國之義。國君既已立矣，又以爲唯其耳目之情不能一同其國之義，是故擇其國之賢者置以爲左右將軍大夫以遠至乎鄉里之長與從事乎一同其國之義。

據成蓉鏡解釋『謹權量審法度』的『權量』『法度』，以爲就是堯典的，『律度量衡』（見經義駢枝），漢書律歷志說，『虞書曰，「乃同律度量衡」，所以齊遠近，立民信也』，『齊遠近，立民信』，豈非即是墨家『尙同一義』之意？據包愼言解釋『修廢官』，以爲漢書律歷志引此文，顏師古不解『修廢官』的一句，是顏氏之意以爲官卽職掌權量法度之人（見溫故錄），照他之說，是修廢官卽修『謹權量，審法度』之官，這也似乎有點和墨子天子選擇賢者爲三公爲國君之左右將軍大夫以及鄉里之長以從事乎一同天下之義一同其國之義的意思相合。如『法度』二字不照成蓉鏡卽『律尺』的解釋，而照邢昺作『車服旌旂之禮儀』，朱熹作『禮樂制度』的解釋，則與尙同中所引之周頌之意尤合。

故古者聖人之所以濟事成功垂名於後世者，無他故異物焉，曰，唯能以尚同爲政者也。是以先王之書周頌之道之曰，『載來見彼王，聿求厥章，』則此與古者國君諸侯之以春秋來朝聘天子之廷，受天子之嚴教，退而治國政之所加，莫敢不賓。當此之時，本無有敢紛天子之教者。

鄭玄箋『聿求厥章』云，『求車服禮儀之文章制度也』，則修審法度之宜以應諸侯之求，豈不是四方之政行了嗎？是這一節合於墨家尙同之義。

『興滅國，繼絕世，舉逸民』等語，則都合於墨家的尙賢主義。『舉逸民』一句，不待解而可見。『興滅繼絕』兩句，白虎通封公侯篇說：

王者受命而作，興滅國繼絕世何爲？先王無道，妄殺無辜，及嗣子幼弱，爲強臣所奪，子孫皆無罪囚而絕，重其先人之功，故復立之。

這就是『追有功，顯有德，』和『善善及子孫』的意思。國無辜被滅，世無辜被絕，是使有功有德之人不獲賞延於世，也是上不順天之意，下不中國家百姓人民之利之事。所以如果不能『興滅繼絕』，天必將出菑害以譴告之；反之，則即可得『天下之民歸心焉』。說苑敬愼篇說：

存亡禍福，皆在己而已，天災地妖亦不能殺也。……殷王武丁之時，先王道缺，刑法弛，桑谷俱生於朝，七日而大拱。工人占之曰，『桑谷者，野物也，野物生於朝，意朝亡乎？』武丁恐駭，側身修行，思昔先王之政，興滅國，繼絕世，舉逸民，明養老之道，三年之後，遠方之君重譯而朝者六國。此迎天時得禍反爲福也。故妖孽者，天之所以警天子諸侯也。

這個故事當是墨家所捏造，不但順天之意得福，不順天之意得禍，合於墨家天志之說；即『明養老之道』一句亦與漢書藝文志引七略稱墨家『養三老五更是以兼愛』之語相合。而自『興滅國，繼絕世』至『遠方之君重譯而朝者六國』之數語，與論語全合者，乃適當爲此段文字之重心，可見論語此數語亦未必不來自墨家。

『所重民食喪祭』一語中之重民和重祭，無待繁言卽可知其與墨家之兼愛及明鬼主義相合。因爲墨家之主要目的純綠利民，而賞善罰惡之威權則託爲操於天鬼。故全書所反覆申述，幾均不出此重民與重祭的兩端。至於重食，他在七患篇中也曾竭力言之，說：

夫五穀者，民之所仰也，君之所以爲養也。故民無仰則君無養，民無食則不可事。故食不可不務也！地不可不力也！用不可不節也！……且夫食者，聖人之所寶也。故周書曰，『國無三年之食者，國非其國也；家無三年之食者，子非其子也』。此之謂國備。

其實重食與重民有聯帶關係，『食爲民天』，旣重民自然不得不重食，所以節用也是墨家的重要主義。因爲浪費的結果是可以使人衣食不足的。這三種都和墨家的主義相合，獨有重喪似乎和墨家的短喪薄葬主義突衝；但這重祭而不重喪的一點，也正是墨家最大的弱點，從前王充已經指出。他說：

墨家之議，自違其術。其薄葬而又右鬼，右鬼引效以杜伯爲驗。杜伯死人，如謂杜伯爲鬼，則夫死者審有知；如有知而薄葬之，是怒死人也。情欲厚而惡薄，以薄受死者之責，雖右鬼其何益哉？如以鬼非死人，則其信杜伯非也；如以鬼是死人，則其薄葬非也。術用乖錯，首尾相違。(論衡薄葬論)

儒家之宗孔子也，墨家之祖墨翟也。且案儒道傳而墨法廢者，儒之道義可爲，而墨之法議難從也。何以驗之？墨家薄葬右鬼，道乖相反，違其實，宜以難從也。乖違如何？使鬼非死人之精也，右之未可知。今墨家謂鬼審人之精也，厚其精而薄其屍，此於其神厚而於其體薄也。薄厚不相勝，華實不相副，則怒而降禍。雖有其鬼，終以死恨。人情欲厚惡薄，神心猶然，用墨子之法事鬼求福，福罕至而禍常來也。(論衡案書篇)

可見右鬼和薄葬是不能並行的，旣重祭就不得不重喪。而且人情莫不戀生重死，『兔死狐悲，物喪其類，』況於萬物之靈之人，況於天性骨肉同室之親！一旦死別，就草草掩埋，立刻丢開，究竟不是人的情感所許。在那個時候，真不得不藉一些虛文儀節來作慰藉悲哀思慕的工具。短喪薄葬過於不近人情，不易爲人所贊成。所以莊子天下篇也批評它說：

古之喪禮，貴賤有儀，上下有等。天子棺槨七重，諸侯五重，大夫三重，士再重。今墨子獨生不歌，死不服，桐棺三寸而無槨，以爲法式。以此教人，恐不愛人；以此自行，固不愛己。未敗墨子道。雖然，歌而非歌，哭而非哭，樂而非樂，是果類乎？其生也勤，其死也薄，其道大觳，使人憂，使人悲，其行難爲也。恐其不可以爲聖人之道。反天下之心，天下不堪。墨子雖獨能任，奈天下何？離於天下，其去王也遠矣。

『反天下之心，天下不堪』，這是墨家的致命傷。本來並稱爲顯學的儒墨，儒家愈久愈得勢，而墨學入漢以後即告衰息，根本原因恐怕就在這裏。大抵墨家的尚賢兼愛非攻等主義最易爲儒者所接受，而儒家的重喪主義也最易爲墨者所接受。這不是我瞎說，儒家接受墨家的種種主義，在孟子荀子禮記等書裏面都可看見，墨者接受儒家的重喪主義孟子裏也記着一條。滕文上說：

吾聞夷子墨者，墨之治喪也，以薄爲其道也，夷子思以易天下，豈以爲非是而不貴也？然而夷子葬其親厚，則是以所賤事親也。

夷子是墨者，但他的葬親偏不從墨道而從儒道，可見在戰國時也儘有墨者不主張短喪薄葬的。總緣從人情立論，短喪薄葬固已非人心所安；而重祭不重喪，在理論上也自相衝突，所以有的墨者就將這條主義自動的放棄了來改從儒家的厚葬久喪。由此看來，重民重食重祭固合於墨家言，即重喪二字也不一定不出於墨學者的手筆。

堯曰全章並無『孔子曰』或『子曰』的字樣，這很可以斷定它不但不是孔子的話，並且作者也沒有把它僞託爲孔子的話。但自『堯曰咨爾舜』至『所重民食饗祭』的一大段固確與孔子無關，然最後的『寬則得衆，信則民任焉，敏則有功，公則說』四語，則雖與眞孔子無關，却與假孔子有關。因爲陽貨篇子張問仁章孔子答子張的話也有

寬則得衆，信則人任焉，敏則有功，惠則足以使人。

之語，子張問仁章雖不可靠，但它既明標『孔子曰』，則此數語在一般人的心目中總把它看作是孔子所說。堯曰章也有此同樣之四語，當然也是孔子所說，並可就此推定全章都是孔子所說。但漢石經論語和皇侃義疏本都沒有『信則民任焉』之句，阮元說，『此句疑因陽貨篇子張問仁章誤衍』（論語注疏校勘記），是他已疑這一句是從陽貨篇中搬來。翟灝則更認此四語都爲子張問仁章之殘簡。他說：

按四語與上文絕不相蒙，與前論仁章文惟『公』『說』二字殊，疑秦以前子張問仁一章原在古論子張篇首，而此爲脫亂不盡之文。古書簡盡則止，不以章節分簡，故雖大半脫去，猶得餘其少半連絡於下章也。（四書考異下條考）

這一說日人武內義雄贊同，而對於『公則說』句與陽貨篇文不同之解釋，則云：

『公則說』之『公』字，卽『惠』字缺壞殘存之中央部分，可見『公則說』卽『惠則足以使人』之異文。（論語原始）

照他們所說，是這四語與堯曰章無關，乃古論子張篇首子張問仁章之殘簡，它前半的一大段雖已脫去，後半的一小段則因連於下章（子張問政章），所以猶得留存。這一說頗有理由，不能算絕不可信。但就堯曰章作者之摘取湯說之文，與在墨子中者相比，顯較簡潔，似未必非經他有意改删，則又安知此文非亦係堯曰章作者摘取了子張問仁章之語加以删改而附於全章之後的呢？說因連於下章故得留存，則『惠則足以使人』一句似不應易爲『公則說』。『公』字卽作可勉如武內義雄之解，但『足以使人』四字何能變成一個『說』字？而『寬則得衆』『敏則有功』之二句當中又何以缺去五字？這二點殊不易解，是翟氏武內氏之說雖不

盡無理，亦尙覺有難通之處。今徵之墨家言，則非攻下有『寬以惠，緩易急，民必移』，及『必務寬吾衆，信吾師，以此授諸侯之師，則天下無敵矣』之語，殊與『寬則得衆』之語之意義相合。孟子盡心上稱墨子『摩頂放踵，』莊子天下篇稱墨子使學者『日夜不休』，卽墨子七患篇亦自云『財不足則反之時，』可見『敏則有功』一語亦甚與墨家的主義吻合。至於『公則說』一語，尤有出於墨學者之可能。因墨家最重法天，所以要法天的理由，就因爲『天之行廣而無私』(法儀)，『天兼天下而愛之』(天志)，『天不辨貧富貴賤遠邇親疏，賢者舉而尙之，不肖者抑而廢之』(尙賢中)。其次最重效法古聖王，因古聖王之爲政都是取法乎天的，所以也『不義不富，不義不貴，不義不親，不義不近』，『舉公義，辟私怨』(尙賢上)。而在兼愛篇中所引古聖王兼愛天下的例子，尤處都是稱道古聖王的爲公。於文王則曰：

> 泰誓曰，『文王若日若月，乍照光于四方于西土』，卽此言文王之兼愛天下之博大也，譬之日月兼照天下之無有私也，卽此文王兼也。(兼愛中)

於文武則曰：

> 周詩曰，『王道蕩蕩，不偏不黨；王道平平，不黨不偏。其直若矢，其易若底，君子之所履，小人之所視』。若吾言非語道之謂也。古者文武爲正，均分賞賢罰暴，勿有親戚弟兄之所阿，卽此文武兼也。(同上)

說『兼照天下之無有私』，說『勿有親戚弟兄之所阿』，尤其將『公』字的意義寫得很顯明。而劉恭冕之解『公則說』將呂氏春秋貴公篇之說引來作解，更覺與墨家之義相近。

> 呂氏春秋貴公篇，『昔先聖王之治天下也，必先公；公則天下平矣。平得於公。嘗試觀於上志，其得之以公，其失之必以偏。故鴻範曰，「無偏無黨，王道蕩蕩；無偏無頗，遵王之義。無或作好，遵王之道；無或作惡，遵王之路」。天下非一人之天下也，天下之天下也。陰陽之和不長一類，甘露時雨不私一物，萬民之主不阿一人』，是言政教宜公平

也。公平則舉措刑賞皆得其宜，民服於上，故『說』也。（論語正義卷二十三）

此處引鴻範之語與上面引周詩之語合，此處說『陰陽之和不長一類，甘露時雨不私一物』，與上面說『譬之日月兼照天下之無有私也』之語合，說『萬民之主不阿一人』亦與上面『勿有親戚弟兄之所阿』之語合，『公則說』一語的解釋，假使果屬如此，還能說它不是墨家言嗎？墨子認天有意志，以爲天最無私，所以主張法天。老子不認天有意志，但也以天爲無私，也主張法天。老子第七章說：

天長地久，天地所以能長且久者，以其不自生，故能長生。……非以其無私邪？故能成其私。

第十六章說：

知常容，容乃公，公乃王，王乃天，天乃道，道乃久，沒身不殆。

同天地這樣無私心，轉能成其私；同天這樣無所不容，無處不公，就可以『沒身不殆』。因爲他們都是主張公的，所以呂氏春秋貴公篇旣引荊人遺弓不肯索的一件事，說『老聃則至公矣』；去私篇也引墨家的首領腹䵍殺子償命的一件事，說『鉅子可謂公矣』。可見『公』字確與墨家的說義密合。不但如此，卽墨子之徒所僞造的晏子春秋，在內篇問上也有景公問晏子曰，『古之聖王其行若何』？晏子對曰，『其行公正而無邪』之語，接着便記說，墨子聞晏子之言，稱之曰，『晏子之道』，更足證墨家的主張人君應該公正。自從儒者接受了墨家這一個字的意義，於是在荀子書中就屢提此字，王霸篇有『人主不公，人臣不忠也』，正論篇有『上公正而下易直矣』，賦篇亦有『公正無私』，『志愛公利』（楊倞注，『欲在上位行至公以利百姓』。）等語，認爲這是一種人君不可少的德行。傳之旣久，作禮運的人就說孔子有『天下爲公』之言，而尸子廣澤篇也改呂氏春秋不二篇的稱『孔子貴仁』爲『孔子貴公』了。後人只看見後起的儒家書中常用此字，遂以爲這確是儒家固有的法寶，不知道它也是和尙賢主義這樣的從墨家那邊攝來的精華啊。

上面證明，無論將堯曰全章統看，或逐節分看，幾乎都與墨家的主義相合，我們似乎就大胆一點說它完全出於純粹的墨學者之手，好像也不爲過，如果放寬一步，姑定它爲出於逃墨歸儒之人之手，眞覺得再不能更退了。若反過來看一看，它和儒家的主義合不合，則最重要的前三節即可見其兩相衝突。第一節可用崔述的話來證明。他說：

> 漢儒所傳之古文尚書，二帝三王之言具在也。堯之讓岳也，曰，『朕在位七十載，汝能庸命巽朕位』。其授舜也，曰，『詢事考言，乃言底可績，三載；汝陟帝位』：皆欲其代己熙庶績以安天下耳，未嘗以天下爲重而欲其常保而無失也。舜之咨岳也，曰，『有能奮庸熙帝之載？』其府載歌也，曰，『股肱喜哉，元首起哉，百工熙哉』！惟欲熙庶績以終堯之功耳，亦未嘗以天下爲重而欲常保而無失也。……孔子曰，『巍巍乎舜禹之有天下也而不與焉』，孟子曰，『舜視棄天下猶棄敝蹝也』，又曰，『遵海濱而處，終身訢然，樂而忘天下』，然則天祿之去留初不在舜意念中也明矣。今論語所載堯命舜之詞，乃云『四海困窮，天祿永終』。堯授舜以天下，豈但欲其不令四海困窮；舜之不令四海困窮，又豈徒爲永終天祿計哉！且舜固嘗『讓於德，弗嗣』者也。……舜方讓而不居，而堯乃以『天祿永終』戒之，是何其待舜之太薄也邪！……天道遠，人道邇；天無迹而難憑，人有爲而共見：豈有置人事不言而但以歷數爲據，使後世闇干者得藉爲口實乎！無怪乎曹丕之自謂知舜禹而晉宋以後篡弑之主之咸徵符瑞也！且歷數在躬，於何見之？於民之視聽見之耶，則何不言人之所共見而但言人之所不見乎？（唐虞考信錄卷二）

這是用了儒家之說來攻擊墨家的。孔子的主義是『君子謀道不謀食，君子憂道不憂貧』（論語衞靈），而對於『旣得之，又患失之』的人則直斥爲『鄙夫』（論語陽貴），完全是一種『正其誼不謀其利，明其道不計其功』的主張。對於天道亦絕口不言，所以他的弟子子貢有『不可得而聞也』之歎（論語公冶長）。用了這副眼光來看這節文字自然完全不合式了。若墨家則以為肯行兼愛的賢者就可以由匹夫而登為天子，不行兼愛的暴君便須身死而為刑戮。其賞罰之權完全操於上帝，而禍福之徵概可察諸天象。這和儒家的主義剛剛立在反對的地位。然和這節文字的意義則剛剛合式，是這第一節文字確只能合於墨家而不能合於儒家。

孔子是一個不信祭鬼祀神可以改變人事的人，所以說『獲罪於天，無所禱也』（論語八佾）。季路問事鬼神，則答之曰，『未能事神，焉能事鬼』（論語先進）。樊遲問知，則也說，『務民之義，敬鬼神而遠之，可謂知矣』（論語雍也）。有一次他生了病，子路說要替他禱告禱告，他問子路『以前有這回事嗎』？子路回答說『有的。在名誄的一篇書上曾說『禱爾于上下神祇』。他說，『我已經禱得很長久了』！（論語述而）因為他不信向鬼神悔過遷善可以獲福，所以他不要子路替他禱告，就用一句『我已經禱得很長久了』的浮泛話來阻止他。這和墨子

> 天子為善，天能賞之；天子為暴，天能罰之；天子有疾病禍祟，必齋戒沐浴，潔為酒醴粢盛以祭祀天鬼，則天能除去之。（天志中）

的意思豈不恰恰相反，是這第二節禱天請罪的文字也只能合於墨家而不能合於儒家。

儒家是主張親親主義的，一切都以自己為出發點，從自己一步一步的推開去，以遠近親疏來分待遇的厚薄，所謂『親親而仁民，仁民而愛物』（孟子盡心上），『老吾老，以及人之老；幼吾幼，以及人之幼』（孟子梁惠上）。所以最重同家同族的人，賞賜和責罰都和異家異族的人不一律。這就孟子萬章上所講的一個象的故事最可見出。在古代的傳說中，說舜是一個極好的人，而他的兄弟象則是一個極壞的人，有欲殺兄妻嫂等罪惡，等到舜做皇帝了就把他放置在有庳。照孟子的弟子萬章想，象既是這樣的壞人，舜做了皇帝就該把他殺了，為什麼不殺他而把他放置在有庳呢？有一次他就用了這一個理由去問孟子，孟子回答他

說，『象在有庳是舜封他去的，說把他放徦在有庳是人們的譌傳』。萬章覺得這眞太奇怪了，這樣的壞人不但不殺他，還要封他！就又問道：『舜把共工驩兜三苗（三苗之君）鯀這四個壞人誅殺的誅殺，流放的流放，天下的人都服他，因爲他敢把不好的人誅罰。象是一個最不好的人，倒把他封在有庳！有庳的人作了什麼孽？仁人是這樣做的嗎！別人不好就要誅殺，自己的兄弟不好還可以得封賞，這是一種什麼理由呢』？孟子說：『仁人的對於兄弟，是不藏匿怒氣，不留蓄怨恨的，只知道親他愛他罷了。親他就希望他尊貴，愛他就希望他富有。拿有庳來封他，就是要使得他富貴。自己做了皇帝，兄弟還是匹夫，這還能算親他愛他嗎』？因爲是自己的兄弟，要親他愛他，所以就是最不好的人也要使得他富貴，這和墨子的『不義不富，不義不貴，不義不親，不義不近』（尙賢上），『不辨貧富貴賤遠邇親疏，賢者舉而尙之，不肖者抑而廢之』（尙賢中）的主張是何等的相反，可見這第三節『周有大賚，善人是富；雖有周親，不如仁人』的說法也只能合於墨家而不能合於儒家。

這樣三節極重要的文字，用墨家的主義來比附，無一不合式；用儒家的主義來比附，無一不衝突：試問我們將怎樣再敢有說堯曰章是儒家言不是墨家言的勇氣！

淸儒崔述曾說：

> 辨異端於戰國之時最易，爲其別名爲楊墨也。辨異端於兩漢之世較難，而人亦或不信，爲其雜入於傳記也。辨異端於唐宋以後最難，而人斷斷乎不之信，爲其僞託之聖言也。（考信錄提要上）

別名爲楊墨的時候最易辨；一和儒書混淆，就不易辨也不易得人相信；到託爲聖言不但不好輕易去冒犯它，人家也絕對不肯信你了。堯曰章自雜入最有權威的傳記——論語中，本來地位已很高，更被後世儒者一再吹捧，不但硬認爲是孔子之言，且謂聖人之深意即存於此章，此章是論語全書之精華，爲孔門惟一之瑋實，從此它的本來面目遂長期湮沒，不得重見天日。崔述又云：

磁州故產磁器，有孫某者，仿古哥定汝諸窰之式造之，既成，擇其佳者埋地中，踰兩年取出，市於京師保定諸貴人家，見者莫不以爲眞也，由此獲利十倍。

州中賣煙草者，楊氏最著名，價視他肆昂甚，貿易者常盈肆外，肆中物不能給，則取他肆之物印以楊氏之號而畀之，人咸以爲美，雖出重價不惜也。

由是言之，人之所貴者名而已矣，非有能知其實者也。……

嗟夫，聖人之經猶日月也，其貴重猶金玉也，僞作者豈能襲取其萬一，乃世之學者聞其爲經輒不敢復議。名之爲聖人之言遂不敢有所可否，即有一二疑之者，亦不過曲爲之說而已，是貴人之買磁器，而市賈之販煙草也！（提要上）

堯曰章的所以受人重視，就因爲它既是仿造儒家之式，又被印以孔氏之號，後人見它立足在論語的經裏，又信它是聖人之言，先定下了尊崇它的成見，從此愈讀不懂就愈往高深處猜測，一擡兩擡把它擡進了雲裏霧裏，愈使後人看不出它的眞面目。即有一二點疑竇偶被聰明人發露，但總不能將它的眞相整個窺破。其實作堯曰章的人初無將此章冒充爲孔子之言之意，此章的羼入論語，恐眞如崔述所謂：

蓋有莫知誰何之書而妄推奉之以爲古之聖賢所作者，亦有旁采它文以入古人之書者。（提要上）

到了印上了孔氏之號以後，便『人咸以爲美，雖出重價不惜』，所以晉朝的楊泉就說：

論語聖人之至教，王者之大化。鄉黨篇則有朝廷之儀，聘享之禮；堯曰篇則有禪代之事。（意林卷五引物理論）

是論語的地位還靠這一篇增高。宋朝的羅泌也說：

門人於堯曰之篇，上記帝王之所以得天下（『在予一人』以上），下言帝王所以爲治之道（『謹權量』以下）。於堯舜禹則贊其執中，至湯武則惟稱其罪己，湯不執中邪？蓋門人之學所得於聖人之意者如是。（路史發揮第六卷路史總論）

是此篇果寓有聖人之深意。清朝的惠棟也說：

夫子言『述而不作』，信哉！鄉黨一書，半是禮經；堯曰數章，全書訓典：……推此言之，聖人豈空作耶？（九經古義）

是孔子之述而不作也須藉此篇證明。陳澧也說：

論語…『堯曰咨』一章，論堯舜禹湯文武，尚書百篇此提其要矣。…故曰，『論語者，五經之錧鎋也』。（東塾讀書記卷二）

也用此篇來證實論語之確可爲五經錧鎋。其實這些都是尊經崇聖的成見作怪，假使這章書不列在論語中，不當它是孔子的話，這種推重恐怕就完全沒有了。崔述說得好：

古人之書，眞僞本不難辨，但人先有成見者多耳。…昔…蘇子瞻使人買金華豬，中途而逸，以他豬代之，乃宴客莫不稱美者，既知非金華豬，始相視而笑。此無它，子瞻座上之客皆有成見在心…耳。惜乎，今之讀書者皆子瞻座上客也。（提要下）

因爲讀書的都是子瞻座上客，成見蒙蔽了理智，所以被堯曰章高踞寶座，冒充爲聖人之言達兩千年。現在似乎我們已應該一確認它是墨家言（最低限度亦是儒墨混合產品）；二把它的著作時代移後三百載——秦末漢初。說把它的著作時代移後三百載，僅指此章之撰成時期而言。此章之前三節及末一節都爲鈔用現成材料，事甚明著，已不待言。即自『謹權量』至『民食喪祭』之一段，亦未必非引用陳言，不過他所據之原書已失傳，此數語又偶然未經他人稱引，致我們不知其來自何處，不能定其確爲陳言與否（禮記樂記云，『且女獨未聞牧野之語乎？武王克殷反商，未及下車而封黃帝之後於薊，封帝堯之後於祝，封帝舜之後於陳。下車而封夏后氏之後於杞，投殷之後於宋，封王子比干之墓，釋箕子之囚，使之行商容而復其位』。俞樾云，『牧野之語乃周初史臣記載之書也（湖樓筆談卷二）。 尚書大傳引大戰篇於『好故好私，惟仁之親』下亦有『武王勝殷若天下之已定，遂入殷，封比干之墓，表商容之閭，發鉅橋之粟，散鹿臺之財，歸傾宮之女，而民知方』之語，魏源云，『大戰即牧誓之下篇也』（書古微）。 觀此兩條，可見所記雖異，實出一書；而知佚尚書中實記有武王興滅國，繼絕世，舉逸民之事，則『興滅國，繼絕世，舉逸民，天下之民歸心焉』之語安知不亦出於佚書）。

然其所引用之材料之本身，則確可信最遲者亦爲戰國產品。 如『堯曰咨爾舜』一節，以『躬』『中』『窮』『終』爲韻，與孟子滕文公上所引之

放勳曰，『勞之，來之，匡之，直之，輔之，翼之，使自得之，又從而振德之』。

以『來』『直』『翼』『得』爲韻者相同，或二者即出一書。 萬章上云：

堯典曰，『二十有八載，放勳乃徂落，百姓如喪考妣，三年，四海遏密八音』。

可見孟子所見記載堯事之書係名堯典，則論語之文或亦即出自此堯典。 然就孟子『如喪考妣』一語看，以父和祖母連稱，與春秋前之妣必配祖者不同，足徵此堯典非春秋時書。 就論語堯命舜，舜命禹，因傳位而致辭看，則堯舜禪讓之說起於墨子以後，足徵此堯典必屬墨家之說已行之後之出品。 此爲戰國早期材料。 如『寬則得衆』數語，除改動之部分外，係屬鈔自子張學派之儒所造之孔子語。 此爲戰國晚期材料。 至『曰予小子履』及『周有大賚』等數節，或尚屬戰國以前之書；但未必全部均爲原文，因古人引書，率喜隨自己之見地增删改易，觀墨子所引與論語所引之語句有出入，可見其傳授之淵源雖同，而上竹帛之辭則殊未能一律。 說此章之必成於秦後者，則緣其文中兩用『萬方』。 崔述云：

蓋凡論周事者，……以後世君臣之分斷武王之是非，不知……自文王之世固已未嘗一日臣於商矣，況武王乎？牧誓曰，『…俾暴虐于百姓，以姦宄于商邑』，夫曰『于百姓』而不曰于萬方，曰『于商邑』而不曰于下國，則是紂之號令止行于其畿內之明證也。 故凡眞古書之文未有謂桀紂之命行於天下者，惟僞書乃往往有之。 如湯誓及此篇皆馬鄭相傳之眞古文尚

書也，則其文但曰『率割夏邑』，『茲允于商邑』而已。　而僞古文尚書之湯誥則曰『夏王滅德作威以敷虐于爾萬方百姓矣』，泰誓則曰『殘害于爾萬姓，』曰『毒痡四海』矣。　何者？僞書撰於東晉以後，彼固以漢晉之事例之也。（豐鎬考信錄卷三）

就此可知在天下未統一以前是不能用也沒有人用『萬方』二字的，　所以用『萬方』二字必須在秦以後。　再一看秦未統一以前的書，則引用和論語同一的文句果不作『萬方』而作『萬夫』：

在湯誓曰，『余一人有罪，　無以萬夫；萬夫有罪，在余一人』。（國語周語上）

湯乃以身禱於桑林曰，『余一人有罪，無及萬夫；萬夫有罪，在余一人』。（呂氏春秋順民）

呂氏春秋作於秦始皇八年（見序意篇），其時還作『萬夫』；　可見將『萬夫』改成『萬方』，定在秦一統以後（孫星衍尚書今古文注疏云，『「方」與「夫」聲相近，當爲「萬夫」』，是彼亦以『萬夫』爲是。　呂氏春秋諭大篇引商書曰，『五世之廟，可以觀怪；萬夫之長，可以生謀』。　五廟爲商人自稱其宗廟，則萬夫亦商人自稱其民，尤可證論語所引應作『萬夫』，不應作『萬方』。　論語堯曰章之文不得成於秦前，此爲明證。

至於此章所以羼入論語之故，則因論語一書在漢以前本無成書，至漢文帝時始由博士就四方收集得來之一大堆記載孔門言行之竹簡中選擇其比較純粹之若干單篇零簡編纂而成。　其中偶然濫收之篇簡，實不一二而足。　不惟道墨諸家有心僞造之孔子言行頗多雜入，　即明明與孔門毫無所係之材料，如齊景公有馬千駟，邦君之妻，太師摯適齊，周公謂魯公，周有八士等章，亦一任其附在篇末，不加刪除。　崔述對於每篇之末有可疑之章，則云：

蓋當其初，篇皆別行，傳其書者，續有所得，輒附之於篇末，以故醇疵不等，文體互異。（洙泗考信錄卷四）

這個篇末附加的條例，不但適用於論語一書，古書中如荀子每篇之末總有若干附加品，莊子內篇篇末的幾條故事，也是後人所增。　對於論語末後數篇全篇的覺可疑者，則云：

唯其後之五篇多可疑者(季氏，微子，陽貨，子張，堯曰)，……竊意此五篇者，皆後人之所續入，如春秋之有續經者然，如孟子之有外篇者然，如以考工記補周官者然。(同上)

這也是古書的一條通例，如莊子之外雜篇多不可靠，荀子之大略以下六篇也非荀子所著。　章學誠云：

莊子讓王漁父之篇，蘇氏謂之僞託，非僞託也，爲莊氏之學者所附益爾。(文史通義言公上)

楊倞也說，自大略至堯問，皆荀卿弟子雜錄卿語及引記傳雜事。　朱熹也說：

古書多至後面便不分曉，語孟亦然。(朱子語類卷十九)

可見古書之末數篇每成問題，但說某書之僞篇即爲爲某學者所附益，此說固是；惟古書篇皆別行，初無固定之成書，其將不可靠之篇附於定本全書之後者，大率爲後人之整理此書者所爲，此於晏子春秋之劉向敍錄中可以看出。

所校中書晏子十一篇，臣向謹與長社尉臣參校讎太史書五篇，臣向書一篇，參書十三篇：凡中外書三十篇，爲八百三十八章。除複重二十二篇，六百三十八章，定著八篇，二百一十五章。外書無有三十六章，中書無有七十一章。……其書六篇，皆忠諫其君，文章可觀，義理可法，皆他六經之義。又有複重，文辭頗異，不敢遺失，復列以爲一篇。又有頗不合經術，似非晏子言，疑後世辯士所爲者，故亦不敢失，復以爲一篇。凡八篇。其六篇可常置旁御觀。(晏子春秋書首)

就此可知晏子原書劉向所見此有十一篇本，五篇本，一篇本及十三篇本(其爲劉向所不見之本當尚不少)，向等就此不整齊之三十篇中删其重複，重加排比，定爲八篇；而以彼等認爲可信之六篇置於前，不甚可信之一篇置於後，尤不可信之一篇置於最後。　根據這一個例子來看論語，就可知論語後十篇的所以不如前十篇純粹，而最後五篇的所以比衛靈以前五篇更不可信的原因。　由此言之，是前人以爲堯曰篇之列在最後係含有聖人之深義奥旨，由吾儕觀之，此篇之所以列在最後，實緣編撰論語之人對此篇最不信任，徒以不忍使之遺失，故姑附之於最後耳。　此意唐之楊倞亦知之，所以劉向所校定之荀子，列大略爲第二十九，宥坐爲第二十四，子道爲第二十五，法行爲第二十七。哀公爲第二十八，堯問爲第三十者，楊氏覺其核斷尚欠精審，故將此數篇改排於最後。　梁啓超云：

> 楊倞將大略宥坐子道法行哀公堯問六篇降附於末，似有特識。　宥坐以下五篇，文義膚淺；大略篇雖有精語，然皆斷片，故此六篇宜認爲漢儒所雜錄，非荀子之舊。（要籍解題及其讀法）

就此既可知將不可信之篇列於最後，確爲古人整理書籍之一標準；又可知識力未周者其編排亦偶有不甚精到，不能饜足人心之處，有待後人爲之改定（據汪中墨子序，知其所改定之墨子，亦以可信與否之標準分爲內外雜三篇，而將親士篇中之道家言二條移附篇末，此亦師劉向楊倞之法而爲者）。

然則此章既爲墨家言，何以附於儒家書之後？曰，此尤不足異，蓋與儒家言之入墨家書者同。　墨子書首之親士修身，汪中云：

> 其言淳實，與曾子立事相表裏，爲七十子後學者所述（述學墨子序）。

又云：

> 親士篇錯入道家言二條，與前後不類。（同上）

孫詒讓云：

> 修身親士諸篇誼正而文靡。校之他篇殊之類，…疑皆後人以儒言緣飾之，非其本書也。（墨子閒詁序）

就此可知墨子書中不但有整篇之儒家言，且有零星之道家言（親士篇雖與墨子他篇不類，然除竄入之道家言外大率爲墨家之尚賢說，且明稱「兼王」，尚不似修身篇之純爲儒家言），足徵論語中亦有墨家道家之說初非異事。

且學術流變，如川入海，愈趨下游，即混雜愈甚。　墨在孔後，雖在在和儒家立異，但總不得不受孔子之影響（淮南子要略，『墨子學儒者之業，受孔子之術，以為其禮煩擾而不悅，厚葬靡財而貧民，久服傷生而害事，故背周道而用夏政』。今按，墨子書中頗多孝慈弟忠之說，當承自儒家。『兼愛上，「臣子之不孝君父，所謂亂也。…父之不慈子，兄之不慈弟，君之不慈臣，此亦天下之所謂亂也」。「君臣父子皆能孝慈，若此則天下治」。兼愛中，「君臣不惠忠，父子不慈孝，兄弟不和調，此則天下之害也」。兼愛下，「為人君必惠，為人臣必忠，為人父必慈，為人子必孝，為人兄必友，為人弟必悌」等皆是）。孟荀在墨後，雖極力闢墨，亦不得不承受若干墨子之學說（孟子中之尚賢禪讓非戰民貴諸說皆來自墨家。荀子中亦雜有不少之尚賢尚同兼愛節用等墨家學說；其天論之旨則又頗同於戰國時之道家）。其它法出於儒，名出於墨，道出於儒墨（胡適之先生謂道出於儒，錢賓四先生謂道出於墨，我則以為道出於儒墨，容另文詳之），陰陽出於儒道墨，各家的交混已深，故至戰國末年遂不得不有集合百家雜說之呂氏春秋出來。到了漢代，混合的局勢更進步，其時幾乎統一全國的思想的新道家，就是『因陰陽之大順，采儒墨之善，撮名法之要』（司馬談論六家要旨）的混合產品，現存的淮南王書便是這一家的代表（昔人稱漢文帝『雜伯無為』，雜出於儒，伯出於墨，無為出於道而，文帝固以好黃老言著名者也）。就是當時主張罷黜百家，定於一尊，稱為儒學大師的董仲舒，我們如果翻開他的大著——春秋繁露——來一看，便不禁替他喪氣，還不是把陰陽儒道墨許多雜料拌合在一起後捏出來的東西。淮南子氾論訓說：

逮至高皇帝，…暴亂已勝，海內大定，繼文之業，立武之功，履天子之圖籍，造劉氏之貌冠，總鄒魯之儒墨，通先聖之遺教。

說『總鄒魯之儒墨』，有兼容其人，兼采其學之意。其實這不待至漢高定天下以後始如此，戰國時即已如此。韓非子顯學說：

是墨子之儉，將非孔子之侈也；是孔子之孝，將非墨子之戾也。今孝戾儉侈俱在儒墨，而上兼禮之。

可見那時之儒墨已為上所兼禮，其學已為上所兼采。墨家學說之混入儒家，遠在孟子之時，到戰國末年已成源遠流長，根深蒂固。不但儒家自己早已視若固有，卽他人也沒有疑心到他們的學說的來源的。而墨家則除開被儒家所篡奪因而同於儒家的幾種重要學說以外，已只剩如韓非所云之『儉』『戾』，莊子所云之『生勤死薄，其道大觳，其行難爲』，司馬談所云之『尊卑無別，儉而難遵』之不近人情的那些部分。凡是墨家好的部分都和儒家相同，而不同的部分則均係儒勝於墨，在世主兼尊儒墨，兼采其學的結果，自然墨家不得不受淘汰，墨學不得不告中絕。現在我們一翻開儒家叢書的禮戴記來看，墨家言眞多得很。禮運篇所說的大同主義，淸末的康『聖人』（有爲）認爲眞是孔子之微言，似乎是替海通以後的中國預先定好的一種主義，那裏知道這眞是純粹的墨家言，孔子的時代在睡夢裏也想不起說出這番話來。這就是儒家採取墨學的成績。而墨學入漢以後便似鴻飛冥冥，聲消跡滅，便因爲它的精魂已經被儒家所收攝，殘餘的軀殼不得不殭仆腐爛了。堯曰章在今日的我們看來，果然知道它是墨家言，一最低限度也是逃墨歸儒之人的手筆。但在漢初人看來，實在全盤是儒家的面目，再也辨不出它是墨家的出品。所以雖對於這一章書不十分信任它是孔門的嫡傳，但也沒有懷疑到它不是儒家言。在他們把它附在論語之後，這是不足怪的。

民國二十年，顧頡剛先生欲撰堯典的三種本子一文，先日擬成小題目若干則，囑信爲審其當否。時信方初至北平，對於考索之學尚無門徑，實不能論其是非；惟幼時讀論語頗熟，値新獲覽古史辨崔東壁遺書等書，故頗以先生列論語堯曰章『堯曰咨爾舜』數句爲春秋時之堯典似未安，卽以此意告之先生，蒙先生深韙其言。自此以後，因思一探堯曰篇之究竟，遂留心搜輯材料。至二十四年十二月先完成論語一名之來歷與其解釋一文，翌年一月又完成論語之編纂者一文。至此對於堯曰篇之來源始若略有所悟，因卽陸續撰寫論語堯曰篇探源一文。不意及其粗就，計之竟近十萬言，一時殊無能容如此長稿之刊物可以發表，衹得重行改削，劃爲數篇，期可分登各處。會遭事變，久而不休，刊印文章之機會頓少，遂致迄今尚未能將全文盡刊。　此文亦爲論語堯曰篇探源之一部份，自信其說雖近新奇，然似尚未盡妄誕，深望能得當世留心此問題之學人君子賜予批評教誨，倘獲因相互討論辨難之故而竟使此章書之究竟竟得論定，豈非一大快事！

事變以前，在平師友相與討論經子之學者殊多，時獲啓發之樂。　五六年來，分散略盡矣。　窮居獨學，索然寡趣，創闢文字遂擱於看筆，惟藉讀書遣日。　而於整理古籍之意念乃益堅，良因未經前人整理之書固難讀，即已經前人整理之書亦甚難滿足吾人今日之需求，祇當爲之重行整理。　於子書中頻年以對於墨子之材料收集爲較多，急擬成一遠勝於孫氏閒詁之帙，第外則烽火遍地，內則飢寒迫體，未能從容一力於此也。

儒墨古本並稱，韓昌黎謂孔墨必相爲用，不相用不足爲孔墨，誠以救世濟民之心孔墨初無殊致。　第孔子道大，誠如布帛菽粟之爲民生所不可一日或離；而墨子辭切，實足爲今日救時濟世之當前急劑。　倘能舉其兼愛之義而講明之，使天下之人皆視人國若己國，視人家若己家，視人身若己身，則攻奪之事不起，戰爭可以永息。　堯曰一章，姑不論其出儒出墨，其愛民之深，憂民之切，實萬分篤摯，必合於孔墨之意也無疑。　如使四海困窮，必遭天祿永終，世之執政者可不深念之！墨子之言曰，一人耕而九人處，則耕者不可以不益急矣；天下莫爲義，則爲義者不可以不益勸矣。　欲明墨子之道使行之天下，令凡天下之君皆爲兼君，天下之士皆爲兼士，拯民之溺，救民之焚，變干戈爲玉帛，化戾氣爲祥和，俾國家永永鞏固，而人民永永安樂：斯固吾儕學人之責歟！斯固吾儕學人之責歟！

論吐火羅及吐火羅語

Tochara und Tocharisch

王毓烈著

前　　言

伯希和教授 (P. Pelliot)曾說：「吐火羅語問題，是一種必須深知中亞史語，始能解答的問題。可也是一種最難解答的問題。因為就我們現在所知的情況來說，有些解答是互相抵觸，好像任何解答均須要包括在內。要使問題明瞭，就僅能作陸續接近的研究，各人利用前人研究的成績而整理自己的主張，以為一種暫時的學說；但是如此，卻也仍舊不能掩蓋各人學說的弱點。」(A propos du Tokharien, TP. 1936, p. 259 吐火羅語之商討)

誠然，吐火羅或吐火羅語的問題，自本世紀的初年直到現在，這四十年來，經過中亞史語，東方學，漢學，印度學，突厥學，伊蘭學等等的學者或研究者的探討，雖然都能持之有故，却又不能言之成理。所以參加的學人愈多，辯論的範圍便也隨之愈大。像這樣論戰的廣汎，中亞史語學上可以算是首屈一指。諸家宏著中，時因一詞之誤，遂使全文推翻；此眞所謂失之毫釐謬以千里了。論戰最烈之時，約爲二十年前四五年內，及前六年之三四年中。自地祇不靈，誤奏金聲；於是絃誦之音，亦隨秋風飄然而去。西儒吐火羅問題之辯難，由是亦於不自然中告一段落。邇來身困陋巷，頗理積稿。舊友或以此問題相詢，因述於下；以其不喜師比也。此問題董理之繁難誠如伯氏所言；今以數萬言之短篇，以論兩大問題，欲其免於掛一漏萬之譏，蓋不可得。然此中卄菩及誤謬，惟方家識之；是以更求方家正之。

上 論吐火羅

一 吐火羅斯坦名稱之來源

在我國新疆省葱嶺的西方，俄國聯邦政府吉爾吉斯（Kirghiz, 正讀 Qïrqïz）㈠共和國的南部，烏斯白克（Uzbek,正讀 Üzbäk）㈡共和國的東部以及達軒克（Tadzik,正讀 Tažigh）㈢共和國的北部，或這三個共和國的全部，現在史地學家均稱之曰土耳其斯坦或突厥斯坦（Turkistan）。但於中古之時，一般人却名之曰吐火羅斯坦（Tokharistan）。這一帶地方正當錫爾河（Sir Daria）和阿姆河（Amu Daria）的上流㈣，"斯坦"猶言地方，突厥斯坦即突厥人佔據的地方。

（一） 吉爾吉斯一名便是中國古代的堅昆，黠戛斯正音是 Qïrqïz，俗寫 Kirghiz 或 Kirgiz 等。

（二） 烏斯白克一名中國古稱月即別。正音是 Üzbäk。

（三） 達軒克一名當是中國古稱亞利伯人的大食（Tazigh）正音或 Tazigh。

（四） 錫爾河古稱藥殺（Yaxartos）水，阿姆河古稱烏滸（Oxus）水。Daria 者，言水或河。

當中國隋唐（西紀七、八、九三世紀）之時，突厥(Türk,*Türküt)(五)人西徙，領有了兩河流域，直到現在他們還在繁盛着；所以人們稱他爲突厥斯坦。可是中古時代突厥人未來以前，兩河流域怎麽人稱爲吐火羅斯坦呢？並且吐火羅又是怎樣來的呢？這個問題，我們得從希臘亞歷山大（Alexander）東征和中國漢代住在燉煌祁連間的大月氏說起。

原來亞歷山大於紀元前三三一年在高加梅拉（Gaugamela）戰敗波斯以後，於是所謂波斯的阿凱梅尼（Acæmenia）王朝從此便粉碎了。國王大流士(Darius)東逃於當時的撲挑城(Bactria正作撲桃普通譯爲"大夏"，不妥。今改，詳後)。撲挑本屬於大流士，但太守巴蘇斯（Bassus）却畏懼亞歷山大威力，遂殺害了大流士，以希冀希臘軍停進。正相反，紀元前三二九年遠征軍更討巴蘇斯佔領了撲挑城。以後北定粟弋（Soghd, Soghdiana, Soghdīq)(六)南攻印度，在在均是以撲挑爲根據而發揚其希臘帝國的國威。可是這時已經不是他踏破波斯那樣的容易了，時刻演成遠征軍的失敗和自己陷於危地的事實。於是在三二三年乃不得不班師回國，帶着他所謂光輝凱旋建設大帝國的幻想一同西返。不圖於興奮的長途中遂因病而歿，帝國的奇夢當然也消滅了。統一帝國既已急逝，那末起而代之的便是割據紛爭的局面。割據中最大的，在亞洲首推塞琉息(Seleucides)王朝。其王塞琉庫斯尼卡特（Seleucus Nikator)復欲統治撲挑城。因之，所謂馬其頓人的塞琉息朝便領有了中央亞細亞。從此經過一個很長的時間，中亞

（五）突厥爲鐵勒(Türäk)人東部一政治上的名稱。以後應用漸廣，遂爲全Türk人的稱謂。伯希和教授 P. Pelliot 以此蒙古（指拓拔［Tabghač］魏而言）語多數加 -ut 而成。因之 Türk 一字便變成 Türküt，而中國突厥二字乃由此二字音譯者。

（六）粟弋是 Soghdiq 之正譯。他的原名爲 Soghd 後經北狄加 iq 作 Soghdiq 遂成後漢書之粟弋（粟弋當爲粟弋之誤）（古音Sokdiok）。我不取"康居"的譯名，因爲康居和粟弋只是政治上的關係，並不是一個民族（白鳥庫吉說）。更不取"窣利"或"修利"，因爲這不過是梵文雅言另起的一個名稱，Sulik 的譯名，與 Soghd 本名無關。況且"窣"有入聲 -t，尤不近於 Soghd 之-gh，用之徒生誤解。Soghd 一名希臘東征之時即有之，而梵名較晚。吾人何不用原名，而反用梵文之別名呢。

史的知識入於不明狀態；直到撲挑城知事底奧多都斯 (Diodotus) 背叛塞琉息王朝，我們纔又重新認識起來。

紀元前二五六年安都庫斯 (Antiochus) 二世時代，挑撲城底奧多都斯際於塞琉息國勢力不能遠達東方之時，他便宣布獨立，建設所謂撲挑王國 (R. Bactrianum)。 幾乎同時伊蘭 (Iran) 系的安息國 (Parthia) 也因爲安息 (Arsaces) 個人奮鬪，反抗希臘虐政，於二四八年建立起來。 這個安息國位於塞琉息之西撲挑王國之東，恰把他們兩國分開。 所以如果塞琉息王要想收回撲挑王國，必須首先擊敗安息國不可。 這事一直等到紀元前一世紀末及二世紀初纔發生。在這數十年中，撲挑國的底奧多都斯於二四五年傳位底奧多都斯二世 (Diodotus II.)，但不久於二三〇年爲幼替莪摩(Eutydemus) 所篡奪。 安息國則因安息一世在位不過二年戰死，遂傳於其弟提里達特斯(Tiridates)，國家更加强盛。 在這個時期也正是塞琉息朝塞琉庫斯二世 (Seleucus II.) 在位的時候，曾經討伐過安息，但終被提里達特斯擊敗。 以後安息國王第三位阿塔班奴斯 (Artabanus) 立(七)(210—191 v. Chr.),塞琉息朝也在二二三年傳到了安都庫斯三世 (Antiochus

（七） 安息王位之傳繼是久成問題的，直到現在學者還在研究中。 如上述的提里達特斯是否又稱安息第一世(Arsacos I.)呢？ 阿塔班奴斯第一世可稱安息第二世麼？ 若然，阿塔班奴斯第二世 (Aratabanus II.)又須稱阿塔班奴斯第一世了。 異說紛紜，莫衷一是。 茲按年代分出，並列所疑。 惟今之學人若羽田亨教授等，頗以安息二世爲阿塔班奴斯一世，余暫從之，而頗疑其非是。

1	安息一世	Arsaces 250—218 v. Chr.
2	提里達特斯一世	Tiridates I. 248—211
	（或安息一世？）	(Arsacos I.?)
3	安息二世	Arsaces II. 210—191
	（或阿塔班奴斯一世？）	(Artabanus I.?)
4	菩里亞帕吐斯	Phriapatius 191—176
5	菩拉阿特斯一世	Phraates II. 76—171
6	米特拉達特斯一世	Mithradates I. 171—138
7	菩拉阿特斯二世	Phraates II. 138—128
8	阿塔班奴斯一世	Artabanus I. 128—123
	（阿塔班奴斯二世？）	(Artabanus II.?)

III.)。這位塞琉息國王便重新討伐安息，很幸運的和阿搭本奴斯一世締結和約。如是則撲挑國和塞琉息的牆壁完全推倒，獨立數十年的撲挑王國立刻就有滅亡之禍。二〇九年塞琉息軍攻撲挑國，擊敗幼替戴摩的軍隊。但在此時，幼替戴摩宣稱：如果塞琉息軍再要進攻，他便將求助於當時住在北方藥殺水(Yaxartes，即錫爾河)彼岸的斯克泰(Scythen)遊牧民族了(八)。據有遠大眼光的安都庫斯三世終於遷就了幼替戴摩，與之訂立和約；承認他有君臨撲挑國之權，並且自己也引兵南下攻擊印度去了。因之希臘支派的撲挑王國始可得以保存。然而撲挑王國北方的遊牧民族斯克泰人是什麼呢？爲什麼安都庫斯三世等就那樣懼怕他呢？

斯克泰一名，原爲希臘用Σκυθαι(Skydhai)一字稱當時黑海以東民族之總名，或稱遊牧國家之王族及遊牧人之名。本名應是斯考勞對 Σκόλοδοι (Skolodhoi)由亞述(Assyrien)文獻所見，更稱阿史古栽(Aš-gu-za-ai)或伊史古栽(Iš-gu-za-ai)。民族屬於伊蘭(Iran)，但那時正在遊牧階段，並不文弱，善戰好鬬自是當然的事情。安息王提里達特斯昔與塞琉庫斯二世戰爭，便曾得其助而擊敗了希臘軍隊。此次安都庫斯三世與幼替戴摩言和，多一半是懲於昔日之失敗，更或願保存與己同爲希臘支屬的國家，以免爲北方夷狄野蠻民族所滅亡。他這遠大眼光確是作到了免除此種危機，不過遊牧民族的侵略雄心却不因此中止；只是等待機會罷了。幼替戴摩以後繼位的爲戴麻特流斯(Demetrius)，即位於紀元前一九〇年。撲挑國王南征高附(從通譯 Kabul 一名，實未必妥)，並進出於五河(Banjab)一帶。此時撲挑國威，攜帶着希臘文明，重新宣染於北印度。於是戴麻特流斯之名震於中亞，撲挑都城(Bactria)亦趨於極端繁盛。可是正在戴麻特流斯經略南方得意之時，一七四年，幼克拉替德斯(Eucratides)

(八)有許多學人常把 Scytho, Scythians 譯爲塞，塞國，塞人，實在不恰當的。字讀Skytho或 Skythians 與塞音無關。以民族論雖可定爲印度伊蘭人(Indo-Iranisch)，但其他一切則無確說。"塞"本指 śaka，拿來譯 Skytho 是非常冒險的。

在撲挑王國本土叛變了。由此乃引起兩者間的長期鬥爭。結果就靡特流斯戰敗，一六〇年被害或被放逐。不過當幼克拉替德斯奏凱回朝的途中，一五六年，又爲其子阿坡勞多搭斯（Apollodotas）所弒。而阿坡勞多搭斯不久又爲其弟希列克勒斯（Heliocles）所篡害。如此君臣父子兄弟互相鬥爭和轉相謀害的結果，到了希列克勒斯的時期，國家便達到了一個衰弱疲敝的地步。而北方虎視眈眈的斯克泰人，却不待他恢復國力，方和他爭鬥；恰相反，就在此時便乘虛而入，一舉而把此希臘支局的撲挑王國滅亡了。這時距其建國不過僅僅纔有二百餘年。

滅亡撲挑王國的斯克泰人，據斯特拉鉢（Strabo）氏的地理志（Geographia）的記載，共有四族：

1	Ασιοι	[Asioi]
2	Πασιανοι	[Pasianoi]
3	Τοχαροι	[Tokharoi]
4	Σακαραυλοι	[Sacarauloi]

此中之 Asioi 正稱 Asii, Pasianoi 正稱爲 Pasiani, Sacarauloi 正稱爲 Sacarauli, Tokharoi 正稱爲 Tokhari。這均是文法語尾變化的不同，無關宏旨。Asii 和 Pasiani, 近代學者雖有不少的推測和比附，但均有困難不妥之處，故吾今暫棄此二名不論，專言後二者。Sacarauli 近人有以此與漢代所稱之塞（Śaka）是其同名，殊可採納；而 Tokharoi 或 Tokhari 應即中古漢籍史書所稱之吐呼羅，吐谿羅，吐火羅一名轉譯所出，則決無可疑。此四族中約以吐火羅爲最強。所以當希臘支局撲挑國方在內部混亂的時候，其西鄰安息國英主第六代米特拉達特斯一世（Mithradates I. 171—138）之子普拉阿特斯二世（Phraates V. 138—128）曾借斯克泰吐火羅的勢戰敗了希臘軍。而同時斯克泰人又侵襲安息，普拉阿特斯二世戰死。新立的阿搭班奴斯二世（Artabanus II. 或一世，I）更與吐火羅人戰，於一二四年又戰死了。由此看來，吐火羅可以稱四族之最強者。

所以時人都稱佔領撲挑王國的斯克泰人以爲就是吐火羅人，並且也稱已滅亡的希臘支局的撲挑王國爲吐火羅斯坦了。易言之，即吐火羅人所佔居的地方。這便是中古以前中亞土耳其斯坦稱吐火羅斯坦的原故。不過西方中古以前確使這個名稱不相間斷，而中國中古時方有，且頗不同，則其故爲何？今略述之。

二　吐火羅譯名

西方用"吐火羅 (Tokhara)" 這個名稱，從斯特拉鉢地理志引用以來，不論其他希臘，羅馬，亞備曼尼亞，敍利亞，印度，中古波斯以及古代西藏均有相同的名稱。白雷 (H. W. Bailey)(九) 氏曾加以分析，現在把他排起來，列之如下：

1. 希臘文 Τοχαροί (Tokharoi) Ταχαροί (Takharoi)
2. 拉丁文 Tochari
3. 亞脩曼尼亞文 t'uχari-k' ,toχarastan
4. 敍利亞 thwrstn
5. 印度梵文雅言 (Sanskrit) tukhāra, tuṣāra (-ṣ- 讀如 -k-) tuḳkhāra, tuṣkāra.
6. 中古波斯文 tωγryst'(n)
7. 亞剌伯波斯文 ṭuχāristān, ṭuχara, ṭaχārristān, ṭaχairistān
8. 古代西藏文 Tho-gar, tho-dkar, tho-kar.

中國記吐呼羅的名稱始見魏書。唐書又稱吐火羅或吐豁羅。高僧遊記又稱都貨羅或覩貨邏或覩火羅，這均是由 Tokhāra 一字之音譯。佛經作兜佉勒，作兜呿羅，作兜沙羅想由梵文轉譯而來。並排列之：(一〇)

(九) H. W. Bailey: Ttaugara (吐火羅)。倫敦大學東方研究學校學報 (Bulletin of the School of Oriental Studies) 1926 p. 883

(一〇) 參看伯希和氏的 Tokharien et Koutchéen. (吐火羅語與龜玆語) 亞細亞學報 (Journal Asiatique) 1934. p.34. 及 48 註 1. 與白雷氏吐火羅 p. 887.

史書（古音）	遊記（古音）
吐呼羅 (t'uoχuâlâ)	都貨羅 (tuoχuâlâ)
吐火羅 (t'uoχuâlâ)	覩貨邏 (tuoχuâlâ)
吐豁羅 (t'uoχuâ(d)lâ)	覩火羅 (tuoχuâlâ)

佛經譯名如：兜佉勒（古音 təu k'i̯wo lək）

兜呿羅（古音 təu k'i̯wo lâ）

均爲雅言 Tukhāra 之譯音，而

兜沙羅（古音 təu ṣa lâ）

自爲 Tuṣāra 之譯音。至於何以遊記之都覩 (tuo) 均爲 t- 不送氣清音，而史書之吐 (t'uo) 均爲 t'- 送氣之清音？則恐因一爲直接聽來，其當地語本爲 to- 而不爲 th-。一爲由西域胡人（粟弋？）展轉傳譯而來，故得有送氣之音。此事伯希和及白雷二氏頗有闡明，不必詳論。然西方 Tokhara 之名自紀元以來至於中古未曾間斷；何以中國之近鄰反自中古始有正確之譯音？這個疑問便是月氏西遷所引起各種錯綜的問題及各種支節未定的問題。

三　吐火羅與月氏及"大夏"

上文曾言及斯克泰人在紀元前一世紀又半之時，南下攻擊撲挑王國(R. Bactrianum) 而據之。可是斯克泰人如吐火羅及其他三部族，果其覆滅撲挑王國，僅由於乘其空虛和圖其財富麼？恐怕這不過是原因中之一二；其他動機，當仍甚多。惟動機中之一，應起於月氏之西遷。這却是確實毫無可疑的。

大概是在漢朝以前或戰國的時代吧，今日之甘肅西部爲所謂月氏民族所佔據。範圍當限敦煌祁連一帶。在其旁則爲烏孫民族。範圍限於張掖（古之渾邪王地）或甘肅西方一帶(一一)。此時月氏強盛，所以北方匈奴之冒頓(Bagh-

(一一) 烏孫在西漢初年是以甘肅爲根據，而與月氏爲鄰的。不過關於他的方位，却是歧說紛紜。李多芬 (Richthofen)氏以爲月氏住敦煌之布隆吉爾 (Bulungir)一帶，於是烏孫在其東之額濟納河 (Etsina)流域 (China, vol. I. p. 447. 及附圖第三）；但有時又謂烏孫在月

tur)（一二）曾爲質於月氏。以後匈奴强橫，冒頓擊破月氏。至老上單于（紀元前 174—161）殺月氏王，以其頭爲飲器；於是月氏西遷，經天山南路北道而漸住於伊列（伊犂 Ili-(t)？）流域，此事約發生於紀元前一七六至一七五年以後（一三）。斯克泰人的四族本來住於藥殺水北及伊列附近，現在更見東方來的月氏人也要佔領伊列，於是戰鬪突起。相爭的結果，當如漢書張騫傳所言："時月氏已爲匈奴所破，西擊塞（Saka）王。塞王南走遠徙，月氏居其地。"那末吐火羅及塞等四族的南下並且征服撲挑王國；月氏民族的追迫，當然也是原因之一了。這在年代上也是相合的。

從四族南下以後，吐火羅最强，塞弱更居於西部，故中國史書對於塞種所見最少。反之，吐火羅居於東部又最强，何以中國史學書也不見呢？這個原故，不過是由譯名不同，遂使人感覺若缺此名似的。史記和漢書均記有月氏半

氏西方之羅布泊（Lop Nor 見上書同卷 p.49）。其不能確定，若此。勒維 (S. Lévi) 氏主張在月氏之西方（見 Notes sur les Indo-Scythes. J. A. 1897. 前編 p. 13）。白鳥庫吉氏亦主西方說。他說"月氏在東方領有今之甘肅甘州府等，烏孫則在其西領有今之安西州"（見烏孫考——史學雜誌1901，一月份 P. 55—62），福蘭閣教授 (O. Franke) 亦採用其說（見 Beiträge zur Kenntnis der Türkvölker und Skythen Zentralasiens p. 14.）。惟桑原騭藏根據以下理由定其地在張掖郡，即月氏之東，亦有可取。其所根據之理由在漢書張騫及西域傳中均有"厚賂烏孫，招以東居故地。"或"烏孫能東居故地。"或"昆莫地空"之記載，是指烏孫在東方原有"故地"。而史記大宛傳之同文爲"厚幣賂烏孫，招以益東居故渾邪之地"。或"烏孫能東居渾邪地"或"故渾邪地空無人"。由此可知烏孫"故地"即渾邪地，而渾邪地當時亦即匈奴渾邪王領有之地。漢書地理志卷二十八載"張掖郡故匈奴昆邪王地"，昆邪即渾邪，是知烏孫原處張掖郡，在月氏之東也。（參看氏著張騫西征考）

（一二）冒頓當爲 Baghtur 之譯音。朱新注讀"墨毒"頗誤。白鳥庫吉氏因朱注之誤，遂有對蒙古語之 bogdo 之擬構（見西域史新研究）。"毒"入聲收 -k 音，以之傳不收 -k 之 -do，已屬不可；而且"頓"收 -n 只可傳譯外音 -r，收 -t 等字。今使若收 -k 音，必是朱新不知譯音之理，僅知"頓"對字不應收 -n，遂以致誤。白鳥從之尤誤。Baghtur 猶言勇，冒頓質月氏盜馬而歸，頭曼（tümän，此言萬，猶言萬夫長也）皆稱其"勇"。西儒夏德 (F. Hirth) 等氏之說，非不可從（見氏著 Ancient China 等書中）。

（一三）關於月氏西遷的年代，諸家意見亦頗不一致。白鳥氏以爲在紀元前一七四至一五八年間（見烏孫考）。藤田豐八以爲一七四至一六一（見東西交涉史研究）。

"大夏"的事。此中所謂"大夏"當即 Tokhara（吐火羅）之譯音。原來吐火羅征服希臘式之撲挑國以後，一般均稱此為吐火羅，已詳上文。月氏從佔得伊列流域，就已遠隔匈奴，西接粟弋，南隣吐火羅，北隣丁零，東界烏孫。而烏孫與月氏同處甘肅之時，月氏暴橫，曾攻烏孫而殺其王。漢書張騫傳說：

"臣居匈奴中，聞烏孫王號昆莫。昆莫父難兜靡本與大月氏俱在燉煌祁連間，小國也。大月氏攻死難兜靡，奪其地。人民亡走匈奴。子昆莫……既健，自請單于報父怨。遂西攻破大月氏。"

烏孫王昆莫既西破大月氏侵入伊列流域，那末大月氏又怎麽樣呢？很有趣的，他和斯克泰諸族吐火羅同一方法，於紀元前一三五年漸次南下而侵入吐火羅(一四)。這個吐火羅（Tokhara）漢書及史記稱他為"大夏"。漢書張騫傳接着說：

"大月氏復西走，徙大夏。"

史記，大宛傳說："

"月氏……乃遠去過宛，西擊大夏而臣之。"

這個西方的"大夏"顯而易見應是 Tokhara, Tokhari（吐火羅）的譯音了。不過稍成疑問的，便是 Tokhara 的 -ra 音。"大"字中國古音為 t'âi dâi（或(d'âi)，"夏"為大夏即 $\gamma\alpha$, t'âi$\gamma\alpha$ 或 *Tagha, *Taga,至於 -r- 的音是可省略的。如果前說的"塞"古音*Sak，可為 Sacarauri 之略稱，則大夏 *Tagha 又何以不可為 Takhara 之略稱呢？一向學人每以"大夏"當希臘支屬的 R. Bactrianum

(一四) 月氏由伊列南徙吐火羅的年代諸說亦異。白鳥以為在紀元前一五八年，福蘭閣(O. Franko)氏等以為一六〇年。桑原騭藏氏以為在一三九至一二九年（張騫之遠征），藤田氏以為在一六一或一六〇年。羽田亨氏却以為一四〇年左右，頗同於桑原。茲用羽田及桑原二氏之說，暫定為一三五年左右。因張騫受武帝命，向月氏出發之際，月氏尚在伊列。其時為紀元前一三九年。及其至"大夏（吐火羅）"而月氏已擊"大夏"而臣之，時在一二九或一二八年。所以月氏擊大夏應在一三九至一二九之十年間。我定為一三五年左右，想甚妥當。

（即前之將用撲挑王國），是很不妥當的。他們大概都以爲大月氏乃吐火羅的同名了。這種意見，從雷慕沙，（Remusat,）拉申（Lassen）及李多芬（Richthofen）(一五)倡道以來直到現在，尚未泯滅。

大月氏乃是從中國西北部侵入吐火羅的民族。惟他的人種和語言到現在，因史料的缺乏，所以還不能有一確實的界說。有主張西藏族的（Rémusat, Klaproth, Richthofen等），有主張印歐（Indogermanisch）民族的（Rémusat, Klaproth等），有主張突厥族的（Wolf, Hirth, Almásy等），有主張伊蘭族的（Iranisch），(現在最風行的）。主張西藏族的，可以說是誤於大月氏西遷後，在南山所存的小月氏，有與氐羌相混的痕跡，故定爲西藏族。主張印歐族的是爲印歐民族發源中亞學說所誤。其次突厥族的主張，頗有些根據。但他們由貨幣人象爲證據，以面貌似突厥人，故有此說，這實在是一個很粗劣，很不可靠的方法。甚至論及大月氏之翕侯即突厥語之葉護（Yabghu），以證大月氏即突厥族，尤爲薄弱。蓋翕侯即葉護本無可疑，惟大月氏之翕侯，寧非因襲伊蘭系吐火羅之名稱？且匈奴有翕侯，烏孫亦有翕侯。匈奴烏孫民族未定，何能定月氏屬突厥？所以他是否屬突厥族，尚成疑問。伊蘭族的主張，近代學者雖多喜之，但他們均以月氏即吐火羅同名同種，所以吐火羅屬伊蘭，大月氏自然也是伊蘭族。總之，我們在大月氏史料缺乏時候，對於他的民族及語言，不易有什麽確定說法。不過他即是和吐火羅同爲伊蘭種，但也未必便是同一部族，同一名稱。所以又何必要使先後侵入撲挑王國（Bactrianum）兩個部族歸於一呢？

其次便有許多學者常把吐火羅等四族侵入撲挑王國，與月氏之侵入大夏國的時期常混而爲一。所以他們以爲吐火羅即大月氏。殊不知吐火羅等滅亡撲挑

(一五) 參看 Rémusat: Nouveaux Mélanges Asiatiques, p. 224. 亞細亞叢考新誌。Lassen: Zur Geschichte der Griechischen und Indoskythischen Könige. p. 255. 希臘及印度斯克泰諸王史論考。Richthofen: China vol. I. p. 439 中國

王國是在紀元前一五〇年左右，而大月氏的擊大夏（即昔阿佔據撲挑王國的吐火羅）而臣之的時期，却晚了十五六年。二者既有先後之別，豈可混爲一談。可是我們當然還記得，前文所述的安息王阿塔班奴附一世和吐火羅人戰，死於一二四年的事。那末如果大月氏已經擊敗而領屬的吐火羅（即大夏國），爲什麼安息王在一二四年還能與之能戰爭呢？我以爲大月氏在一三五年左右入大夏後只是北方一部份，且因人數較少，所以仍被多數的吐火羅人，塞人，以至 Asiai 人，及 Pasiani 人掩蓋了。十年後安息王與之戰，當然仍稱大月氏臣屬的大夏爲吐火羅人。月氏和吐火羅僅只是政治關係，其本地軍民恐仍是吐火羅即大夏人，所以安息稱之如此。這是一種可能的解釋。史記漢書只說"擊大夏而臣之"。這個"臣之"應解釋爲臣屬的意思，不一定是滅亡大夏（吐火羅）的國家。我們試看他們的方位和民俗及建都的不同，便可知道其中消息了。

漢書上說大月氏王庭在嬀水（阿姆河）北，而同時又說都嬀水藍氏城却在嬀水南，似自相矛盾。但是看一看史記便明白了，他說：

"大月氏在大宛西可二三千里居嬀水北。其南則大夏，西則安息，北則康居，行國也。隨畜移徙，與匈奴同俗。控弦者，可一二萬。……西擊大夏而臣之，遂都嬀水北爲王庭。"

"大夏在大宛西南二千餘里，嬀水南。其俗土著，有城屋。與大宛同俗。無大王長，往往城邑置小長。其兵弱畏戰，善賈市。及大月氏西徙，攻敗之；皆臣畜大夏。大夏民多，可百餘萬。其都曰藍市城；有市販賈諸物。其東南有身毒國。"

我們從這兩段記載中可以知道；第一，大月氏在大宛西，而大夏在大宛西南，並知大月氏在西方二三千里而大夏在西南二千里，則大夏應在大月氏之東南；第二大月氏王庭在嬀水北，而大夏都城却在嬀水南的藍市城。兩國既然在方位及都城有不同，又說二者兩國相隣，那末大夏雖然臣屬大月氏而並非滅亡。不然史記又何必在張騫第二次使西域，至烏孫後說"分遣副使，使大宛，康居，大月氏，大夏，安息，身毒，于寘，扜罙及諸旁國。"而使大月氏大夏分列呢？所以我相信大夏不是大月氏。

不過在漢書上却說"大月氏國王治監氏城。"這個"監氏"城無疑的是"藍市"城的同音異譯。那末藍市既然是大夏的都城，漢書說他是大月氏的都城，這不是大夏就是大月氏麽？持此論者，想來沒有看到時間的不同。張騫兩次通西域時代是在紀元前一三九年至一一五年二十餘年的事，漢書所記的西域的事多出於漢宣元二帝調查的結果。(一六) 其時在紀元前七十三至三十三之間，可以說晚於張騫時最少有四五十年。假設若有人以爲在此五十年中，是大月氏眞正南侵大夏亦未必不合理。漢書記載中曾用兩個"本"字，這個字是"原來"和"曾是"的意思，而史記却沒有。這便是在史記時是如此，而漢書時已不如此了。我們看他的全文：

"大月氏本（史記無此字，見上文）行國也。隨畜移徙，與匈奴同俗。控弦十餘萬，……西擊大夏而臣之，都嬀水北爲王庭。……"

"大夏本(史記無此字)無大君長，城邑往往置小長。民弱畏戰。故月氏徙來，皆臣畜之，共稟漢使者。"

這兩個"本"字便是說"大月氏原來是行國，……"可是現在已經不是那樣了，"也曾經建都於嬀水北……"可是現在也不那樣了。現在是：

"大月氏國治監氏城（即藍市城），去長安萬一千六百里，屬都護，戶十萬口四十萬，勝兵十萬人。"

這樣解釋，漢書共記有兩個都城，便不矛盾了。而大夏呢，也是"原來並無大君長，……所以以後便臣屬於大月氏"。可是現在呢，却是

"有五翕侯：一曰休密翕侯，治和墨城……；二曰雙靡翕侯，治雙靡城……；三曰貴霜翕侯，治護澡城；四曰肸頓翕，治薄茅城……；五曰高附翕侯，治高

(一六) 漢書西域傳和史記大宛傳兩者比較的研究，可參看 Herrmann: Die alten Seidenstrassen zwischen China und Syrien（中國與敍利亞之古代絲路）p. 32—37.

附城。……凡五翕侯皆屬大月氏。"

在這五十年的變化是：第一，大月氏南侵入藍市城；第二，大夏的城邑的小長合併爲大翕侯 (Yabghu) 同時大夏仍係半獨立國而臣屬於大月氏，大月氏並未把他滅亡了。

怎麼說大月氏南侵入藍市城呢？一由於藍市監氏古音相同，想爲同地音譯之異字。二由以道里計之亦相合。史記說"大夏在宛西南二千餘里"；"大宛在匈奴西南，在漢正西，去漢可萬里。"如果道不出大宛，恐只如漢書大月氏監氏城所謂"萬一千六百里"左右了。但是反而按之史記大月氏則在大宛西二三千里，是必經大宛，至少亦應有萬二千里以上。那末不是在漢書所敘的大月氏已經南下，而入都大夏的藍市城麼？可是雖然他入都藍市城，並沒有滅亡了大夏國，這時候大夏國共有五翕侯割據獨立，（同時也一面臣屬他）。荀悅前漢紀上說：

"大夏本無大君長，往往置小君長，有五翕侯。一曰休密翕侯，二曰雙靡翕侯，三曰貴（十霜）翕侯，四曰肸頓翕侯，五曰高附翕侯。"

這不是明明指示出五翕侯仍稱大夏麼？此其二。再由人口而論，史記說"大夏民多，可百餘萬。"而漢書"大月氏……戶十萬，口四十萬，勝兵十萬人。"漢書大夏是置於大月氏條下，我們能說：大月氏的數十萬人口加上大夏百餘萬的人口，經過了五十年就消滅了八九十萬，只餘下四十萬了麼？而況五翕侯的地方又相當廣大，現在我們已經知道休密便是 Comari，高附是 Cabura，其他雙靡，護澡，薄茅也漸知道他的方位，均是佔藍市 (Khoara?) 的東南一帶。漢書說他們對於都護的距離：

"休密……去都護二千八百四十一里。……雙靡去都護三千七百四十一里。……貴霜……去都護五千九百四十里。……肸頓……去都護五千九百六十二里。……高附……去都護六千四十一里。"

翕侯之間相隔可三千餘里，其地之廣大可知。難道說他們除去月氏人口數十萬外，他們就只有數萬人或十數萬人麼？所以我以爲這五翕侯仍稱大夏，易言之即吐火羅；他們不過只臣屬於大月氏非是同國。所以漢書所記的人口只限於大月氏，並沒有把他們列入。前漢記把他們別列於大夏內，是有來源的。桑原氏（張騫西征考）明白五翕侯和大夏存在的意義，可是他以爲如果大夏存在，月氏便不應都嬀水南的藍市城。他以爲大月氏佔領嬀南藍市城，大夏便已滅亡而不存在了。所以他在史記的藍市城和漢書的監氏城兩名詞上很費了一番苦心。說他不是一個地方，並且以爲後者或在嬀水北方。他這樣主張終久沒斷定，只取消極的疑問的口氣和徘徊歧路的態度。（一七）白鳥氏亦以爲月氏在此時期積極南

（一七）桑原氏以爲漢書"治監氏城一句，卽班固……添記於大月氏之下者。蓋其記事體裁，每國之下，必舉其都城。而大月氏爲行國，故史記不傳其部城班氏遂取大月氏國大夏之都城，記爲大月氏之都城了。我以爲漢之治監氏城一句，爲班氏編纂之際妄增，殊非實事的記載。此種想像，雖失之誇大，但若中國文人通弊，重文字而輕事實，當不得一槪排斥這種想法。" 他又說："反之，若信班固治監氏城之句爲不誤，則其自然之結果，不得不否認監氏城卽藍市城之說。……因此不得不認其國都之監氏城在於嬀水之北了。若然，那末嬀水北之監氏城與史記所記在嬀水南之藍市城，便到底不能視而爲一了（注八四）。" 這是一個何等純理論的想法，誠然是他說的，誇大的想像。然而他更有一個具體說法，他以爲"Samarkand 亦可單呼爲 Kand（這是對的）。如是，則監氏城推定爲 Samarkand，當更確實有理由了（原來他以"氏"讀如 ti，可以對 kand 之 -d，kont 之 -t）。……則監氏之名，或亦漢人自由省略之稱謂。……且與都嬀水北爲王庭之句亦一致了。"（見同注）但是監氏的古音必不是 kand，乃是 k—m —ži，和 kau—d 決不相合，那末他便不能解釋"漢書西域傳大月氏國記載之矛盾。"可是原來漢書西域傳又何嘗矛盾，只桑原氏自己矛盾罷了，看以下他的註文。他說"今日之東方學者以漢書之監氏城，視作史記之藍市城，而置嬀水之南。其自然之結果，大月氏由嬀水之北，移其根據地於南，而其年代則置張騫之遠征與西漢末之間。……予如上所述反對此等東方學者之見解，承認漢書之大月氏，依然嬀水之北爲根據地，故不承認大月氏之南下爲紀元前七十年（卽史漢之間）時之事。大月氏縱以其根據地徙於嬀水之南，其發生亦須在西漢末至東漢之初世，而五翕侯，深信其在此以前，已存在於大夏地方的。" 那末假設如氏說大月氏南渡嬀水是可以不侵害五翕侯的，不知道他爲什麼不可提早一點，而建都於藍市城？同時西漢以後，月氏南下，他又建都於什麼地方呢？他還在北方如氏所定的 Samarkand？但是此時此城已爲康居所佔。又何以自解？後漢書明說他是藍氏城"，氏意以爲"藍氏城"卽藍市城麼？那末前漢的監氏（氏以爲 kand）城爲其國都，爲什麼不是後漢藍氏城呢？

下爲不可能。(一八) 殊不知大月氏和大夏僅一水之隔，南下而取其京都，至爲易事，有何不可。惟欲消滅一個地廣民衆的大國，却要遭逢意外的困難。大夏既可以遷都，更可南徙以自强。所以由五翕侯之建立爲契機，終至貴霜統一大夏，進而消滅了侵擾他的大月氏。如此事例，歷史中極爲常見。那末大月氏南侵入藍市城即監氏城，不背理論，漢書實非誤記。而大夏不因失其京城即亡其國，亦爲自然之事理。此漢書大月氏人口不計大夏，前漢紀所以把五翕侯錄於大夏條下了。昔者，馬加特 (Marquart) 曾認史漢之間，大月氏南下頗有重大意義。且認其時在安息王普拉阿特斯(Phraates IV.)四世，或即紀元前二十七年左右。(一九) 他如包業，(Boyer)，斯密斯(V. Smith)之說亦應尊重。(二〇) 前述二氏均以爲非，由今觀之，馬氏之說仍有其不移之價值。不過應少加修正方妥。西儒每以五翕侯係大月氏所立，可是漢書大月氏條下明說"有五翕侯，……凡五侯，皆屬大月氏。"可見五翕侯非大月氏所立。不然"凡五翕侯，皆屬大月氏"之句，載於大月氏條下，豈非贅疣呢？（桑原氏已論及此，誠爲明見。）所以我們對於西儒所論，得加修正。如此現在我們可以說在紀元以前，大月氏並沒有消滅了大夏，只是大夏臣屬於他。所謂五翕侯者，也是大夏割據中自身所立。更許有使臣在月氏之都城藍市城，或監氏城司理歲貢，外交，軍事等等罷了。可是到了紀元後的後漢，情形却有些變化，這個變化尤使人疑大月氏和吐火羅爲一。

四 吐火羅與貴霜

後漢的時候，五翕侯中的貴霜 (Kuṣana) 平定了其他四翕侯，統一大夏，時人皆稱大夏爲貴霜。可是後漢書大月氏傳的記載，非常簡略，傳說：

(一八) 見西域之新研究月氏章。

(一九) Marquart: Erānšahr p. 205.

(二〇) Boyer: L'epoque de Kaniska （迦膩色迦朝）J. A. 1190 前編，p. 548。V. Smith: The Kushan Period of Indian History （印度史上之貴霜朝）J, R. A. S. 1903 p. 28

"大月氏國居藍氏城，西接安息，四十九日行。東去長史所居六千五百三十七里，去洛陽萬六千三百七十里。戶十萬，口四十萬，勝兵十餘萬人。初月氏爲匈奴所滅，遂遷於大夏，分其國爲休密，雙靡，貴霜，肸頓，都密凡五部翕侯。後百餘歲，貴霜翕侯丘就卻攻滅四翕侯，自立爲王，國號貴霜王（應無王字）。侵安息，取高附地；又滅濮達，罽賓，悉有其國。丘就卻年八十餘，死。子閻膏珍代爲王，復滅天竺，置將一人，監領之。月氏自此之後，最爲富盛。諸國稱之皆曰貴霜王；漢本其故號，言大月氏云。"

都城藍氏，當然卽漢書之監氏，亦卽史記之藍市。（二一）可是人口和戶數仍本漢書，這純是抄襲所致。按今日西儒的研究知道丘就卻卽 Kujūla Kadphises 貴霜王的音譯。"卻"爲"劫"之誤字。閻膏珍卽 Wima Kadphises (Kadphises 二世）之音譯。"珍"爲"彌"之誤字。（二二）丘就劫在位爲紀元後三十（四十？）年至七十七年，閻膏彌卽在位爲七十八年至一百二十年。後漢書說五翕侯立於丘就劫百年前，那末最晚應在紀元前七十年左右。可是我們由前文已經知道前漢時五翕侯的建立，仍是大夏本國的事。那末此言"分其國……"云云，恐怕是因爲距五翕侯建立時期已遠，不能詳細明白所致。再者東漢之交通西域，實始光武建武二十一年冬西域十八國各遣子入侍爲始，而是年卽貴霜帝國建立（西紀四十五年）之初。貴霜既然統一大夏，消滅四翕侯，因之五翕侯的來源，自然也要使人難以追究其原始的。此其二。後漢書末句明言，"諸國稱之皆曰貴霜王；漢本其故號，言大月氏云。"可見此書的大月氏卽是貴霜。所謂"大月氏……分其國……"，難道不是由貴霜自分的麼？同時我們也可推想出，在此時期大月氏實已不再存在。一，如書言大月氏卽貴霜，故"大月氏"僅成東漢稱貴霜之華名。二，貴霜既建立"貴霜王"帝國，侵安息，取高附，滅濮達，罽

（二一）關於藍氏城，監氏城，藍市城的解釋是很紛亂的，監氏城的所在地，依桑原的說法，在媯北之 Samarkand，註文中已指出其誤。藤田豐八亦以藍氏在媯北。勒維 (S. Lévi) 以爲卽 Puskara vātī，義爲藍荷之城 (la ville au lotus bleu) J. A. 1897. 斯派支 (Specht) 以爲卽 Balkh 之古名，亦卽著名之烏弋山離 Alexandria。諸說均不免附會。今之學者多不取此。藍市，監氏，藍氏恐爲同音之異譯。

（二二）見伯希和 (P. Pelliot)，中亞問題九考 Neuf notes sur des questions de l'Asie centrale, T. P. 1928—9.

賓，悉有其國，那末守嬀南藍氏城的大月氏，當然也在被消滅之例。或者大月氏竟是被大夏人民及五翕侯所同化，貴霜帝國一起即建都藍氏。那末大月氏自然無形滅亡。所以後漢書貴霜國沒有另外都城，只說都藍氏，不就是這個理由麼？他既建都藍氏，統一大月氏昔日臣屬四翕侯，當然便不必再提大月氏了。所以後漢書也沒有這樣的記錄。由是言之，我們知道後漢之初，昔日臣屬大月氏的五翕侯之一的貴霜侯强盛起來；他消滅了他的統治者大月氏，恢復了舊日大夏的都城，並且佔領了其他四翕侯及僕達罽賓，更侵擾安息，而建設了一個貴霜帝國。可是中國人因爲他在未强盛之際，曾臣屬於大月氏，所以仍名之曰大月氏；實際大月氏早已不存在了。中國這樣的稱貴霜的代名大月氏，在三國志魏志明帝本紀中仍然因襲他。本紀太和三年（西紀二二九年）載有大月氏王波調入貢。此波調即貴霜王朝第末位 Vāsudeva（希臘字貨幣爲 Bazodeo 在位時期爲二〇五年至二二九年）之音譯。這已是貴霜代名“大月氏”的尾聲了。

因爲貴霜用了代名“大月氏”，所以一般東方學家或漢學家，總疑心貴霜確是大月氏，或者最少是大月氏種。可是他們的理由，決非一端。其中最重要的，第一即由人種方面觀察。有說貴霜王的貨幣的鑄印的王面，應是屬於土耳其（或突厥）種。而大月氏他們也疑心是土耳其種，所以貴霜王，最少是王族應是大月氏種。如此則後漢書說“分其國”云云也就有了根據了（二三）。第二他們更疑

（二三）關於月氏人之種族及語言，學者意見繁雜，不克詳述。昔者高諾 (Sten Konow) 撰文 (Corpus Inscriptionum Indicarum) 張星烺氏曾加轉述。條理分明，簡潔核要。今爲修改節述，當有補於讀者。凡持月氏應爲突厥種者，不外一根據貴霜諸王貨幣之王像而言。如肯納嶷氏以爲迦膩色迦 Kanisika 之錢像，“其頭蓋尖，其顴骨凸出，其鼻長大而厚，其鬚粗。是皆突厥民族之標志。衣服寬鬆，足靴甚大，亦爲突厥斯坦境內普通之衣服。是以貴霜部人屬於突厥族，當不致誤。”其二則根據傳說而論。乾陀羅 Gandhara）之突厥王曾認迦膩色迦王爲其祖考，亦爲貴霜即突厥之證。其三則由語言方面加以說明。如丘就掇(Kujūla Kadphises)之稱號 Yavaga，即翕侯，夏德 (F. Hirth) 以 Yavaga 爲突厥文之 Yabghu（葉護）。丘就掇名之 Kuyūla，赫爾支以爲即突厥文之，Güjlü，義爲強健。高諾以突厥文之 Güzül 意爲美。如是等文，均爲主突厥種之佐證。惟高諾著此文之際，則以爲上述三證，均不成立。氏以貨幣之像，本難憑藉，傳說終是傳說，語言之可解爲突厥語者，又安知非最初伊蘭語而爲突厥所借者。且按之歷史，突厥之侵入貴霜較晚，而伊蘭曾據新疆在先，故語言恐爲借自伊蘭。再加他種證明，高氏乃主伊蘭說。張氏文見禹貢五卷八九合期 p.20—21.

心月氏一名即貴霜(Kuṣaṇa)之譯音。貴霜一名可有數種寫法如：

1. Kuṣaṇa, 2. Khuṣaṇa 3. Guṣaṇa

4. Korsano 5. Kurṣaṇa

語根大體爲 Kuṣa, Kuṣi, Kuṣaṇa 或爲其形容詞的複數。月氏古音 ngiwut-źi, 或 ngiwut-tśi, 與 Kuṣi 相近，或者更是與 Kurṣi 相近(？)。所以他們便指定中國月氏乃貴霜的譯名。月氏既是貴霜 Kuṣāṇa 的譯名，那末月氏當然是貴霜了。如果貴霜月氏爲一，那末大夏也便是大月氏。如此則以前的論斷，不是又成疑問麼？可是上兩項證據却是非常薄弱的。如第一以人種言，只就貨幣王面，那是何能斷定他是土耳其種呢？即貴霜王爲土耳其種而大月氏一定是土耳其種麼？這一個證據，眞是太無力了。其次，"月氏"一名原在中國前漢初年即有的名稱，當時貴霜並未興起，何以中國便能有此譯音呢？如果說前漢末貴霜即當時大夏北的大月氏同音，那末漢書又何必說他是五翕侯之一，皆屬大月氏？並且若按後漢書所說的，中國稱他大月氏，是因他原受大月氏領轄，所以如此稱法。如果當時在發音"貴霜"和"月氏"全同，書上爲什麼不說"月氏又稱貴霜"，而只說這是由中國稱謂所據不同呢？所以這兩項證據均不能成立。況且現在由考古及古語文方面的研究，知道貴霜實操伊蘭語(Iranisch)，貴霜貨幣仍用希臘字，這可說是大夏的文化，加上了撲挑王國的遺產造成的。誠然不知他又和人們的假定土耳其種，土耳其語爲大月氏種族及語言者，發生什麼關係？所以我們不能斷定他和貴霜是同種，同名。易言之，即貴霜不是月氏；更言之，貴霜是大夏的一部。貴霜不是月氏，大夏當然也不是大月氏。

五 吐火羅與 Ttaugara

大夏或吐火羅雖然不是大月氏，已如上文所論但還有幾個希臘及寒語言名詞問題，頗似能使此說動搖。所以直到現在仍有一些學者，在那裏著文比附。

這尤不可不加以討論的。原來在西紀一五〇年左右（後漢桓帝和平年），希臘有一地理學家陶雷米(Claudius Ptolemäus)，旣通天文曆算復深知地理。其地理書 (Geographia) 卽於是年告成。陶雷米自稱他的東方地理很修改了馬利奴斯 (Marinus) 氏地理的記載（見地理書第一卷）。但馬利奴斯之記載東方行程，則取之馬斯頓商人梅斯(Maes Titianus)。而梅斯之父固曾爲商，梅斯亦曾遣經理至中國(Seris)。其個人雖未至華，然其聽諸商人口述及記載者，非均無研究價値。因是今日之研究中亞古代史及東方史者，都視此爲重要史料。梅氏爲紀元後二世紀初人。去陶雷米著書極近。據陶氏轉載之文，有 θαγαῦροι 人，θαγοῦρονδρος 山及山北之 θογάρα 城之句。今試述三名所見之地。原文說：

"絲國四周有安尼巴 (Anniba) 繞之。奧格薩奇山之脈 (Auxacian mts.) 之東段，阿斯米拉山 (Asmiraean)，加先(Kasian)山，塔古魯山 (Thagurus)，赫毛達(Hemodas)山，赛里庫山 (Sericus)，鄂陶羅科魯山 (Ottorocorrhas)山，全在國的邊境上。境內有二大川，幾貫流全境。第一河名俄科達(Oechordas)，源爲西支；一發源於阿斯米拉山，一發源於奧格薩奇山。第二河名包泰(Bautes)，也分二源：一出於加先山，一出於鄂陶羅科魯山。"

此中之山名及河名，西儒多有考證，有關本文的，可略舉之。此中之奧格薩奇山 (Auxacian mts.) 卽指葱嶺，赫毛達山(Hemodos) 或卽喜馬拉雅山，俄科達河 (Oechordas) 卽古代塔里木河之南支，包泰 (Bautes) 水卽西藏境中藏布江。這是考證比較確實，能使人相信的。其中之塔古魯山 (Thagurus) 西儒亦考訂爲甘肅西境直入新疆，所謂月氏西徙後，餘下的小月氏所保之南山。這是陶氏地理書絲國的山水名。其次書中更敍及其東部，大意說：

安尼巴山之東有格來尼國(Garenaei) 和那班尼國 (Nabannae)。阿斯米拉山之北有阿斯米拉國。山南直至加先山，有伊塞敦國 (Issedones)，伊塞敦是一個大國。其東有特羅尼國 (Throani)。過此，倈塔古里山(Ethaguri)之東，有倈塔古里國。伊塞敦國南，有阿斯帕克利國 (Aspacarae)。再南爲

拔泰國 (Batae) 國。更南近赫毛達山及賽里庫山有鄂陶羅科雷國(Ottorocorrhae)，這是最南邊了。絲國有達姆尼 (Damna) 城，皮阿底 (Piada) 城，阿斯米拉 (Asmiraea) 城，塔爾罕 (Tharrhana)城，伊塞敦塞里克 (Issedon-Serica)城，阿斯帕克利 (Aspacora) 城，得羅撒赤 (Drosache) 城，帕利延 (Paliana) 城，阿布拉干 (Abragana) 城，陀加羅 (Thogara) 城，達格撒特 (Daxata) 城，俄羅散 (Orosana) 城，鄂陶羅科雷 (Ottorocorrha) 城，索蘭 (Solana) 城；塞拉市 (Sera Metropolis) 城等等。

這一些國家及名城中，西儒的考訂出很多，比較能取信的僅如：格來尼國(Garenaei) 是何奴呼延部，伊塞敦國 (Issedon) 是鄯善國，特羅尼國 (Throani) 是敦煌郡，拔泰國 (Batáe) 是西藏，所謂發羌部。城市中，達姆尼 (Damna) 是焉耆員渠 (？ ？) 城，皮阿底 (Piada) 是交河城，塔爾罕(Tharrhana) 是敦煌城，伊塞敦塞里克(Issedon-Serica 中國伊塞敦) 是鄯善伊循城，得羅撒赤 (Drosache) 城是酒泉，陀加羅 (Thogara) 以為張掖 (？ ？)，達格撒特(Daxate)是玉門關，塞拉市 (Sera Metropolis)是武威。西方學者諸種考訂(二四)之是否，姑且不問，

(二四) 考訂此種地名約以赫爾曼 (A. Herrmann) 為最著。氏任柏林大學史地教授。其有關此類之論著，如：

1 氏與斯文赫定 (S. Hedin) 共著之南方西藏 (S. Tibet) 第八之論葱嶺 (The Ts'ungling Mountains 一文，1922.

2 中國與敘利亞間之古代絲路考 (Die alten Seidenstrassen zwischen China und Syrien, I. 1911.

3 中國至羅馬帝國之絲路考 Die Seidenstrassen von China nach dem Römischen Reich) Mitt. Geogr. Ges. Wiss. 1915. pp. 472.

4 樓蘭考(Lou-lan)1931.

5 其他關於 Kattigara, Thina, Sakai, Seres, Sinai, Tamaros, Taprobane, Thaguroi, Thogara, Throana等等論文，發表於 Paulys Realenzyclopädie des Klassischen Altertums. 第二版。

他人如夏德 (F. Hirth) 氏中國與東羅馬(China and the Roman Orient) 1885。週本 (Ch. Joppen)之印度歷史地圖 (Historical Atlas of India) 1923。斯坦因 (A. Stein) 之中亞 Serindia 1921。費達 (P. Vidal de la Blache)之勒雷米古地理書中之商業見聞(Les voies de commerce dans la géographie de Ptolémée) C. R. Acad, Inscr., 1896。格魯特 (J. J. M. de Groot) 紀元前之西域(Die Westlande Chinas in der vorchristlichen Zeit, 1926. 等著均應參考。

但近代西方之漢學家，西域研究家，已較數十年前突飛猛進，則决不容疑。昔且認爲荒謬無稽之古地理書，居然能引起多數學者聚精會神，用去數十年研究，漸漸使他整理出來有了眉目，則實爲吾輩所不及。回顧吾國，除張亮塵教授轉錄玉勒(H. Yule)馬哥波羅遊記註中所引此古地理書爲國語外，更有何人加以董理呢？今舉西人考證之可信者，列出如上，國人嗜此之學人君子，亦能欣然而知所發奮歟？上引陶氏地理志一節及略文，有 Thagurus(塔古魯山)和 Thogara（陀加羅城）。Thagura, Thogara, 西儒皆認爲這是西方吐火羅 (Tokhara) 的同名而東方的譯法。猶之乎高僧記西方本地音都貨羅，覩貨邏，覩火羅 (tuo-χuâlâ)東方中國却把他譯爲吐呼羅，吐火羅，吐豁羅 (t'uoχuâlâ)。t 與 th-的關係大概便是如此（見前）。假設 Thagura 或 Thogara 即西方吐火羅的同名，那末爲什麼加之於中國甘肅西部呢？於是西方學者便以爲這是中國大月氏和西方大月氏同名一樣的關係。易言之，即吐火羅便是大月氏，中國甘肅西部的大月氏西徙於撲挑王國 (R. Bactrianum) 爲吐火羅 Tokhara，餘種保甘肅西部南山，所以南山稱 Thagurus, 有月氏餘種故亦有 Thogari人，更有Thogara城。張掖爲月氏種故地，所以張掖應是月氏的城。由此說來月氏即吐火羅極爲可能。但是只據此很可指摘的希臘古地理書，殊不易使此理論確定；可是等到近來燉煌所出的于闐語沙州地誌殘卷經人整理以後，這個理論便立刻達到確定的時期了。

斯坦因氏在中國甘肅敦煌作文物搜考以後，他帶回去了許多重要的古代文獻，此爲近數十年我國學人所知。此中有用于闐塞語書寫的關於沙州 (Ṣacū) 記事的文件。後經陶麻斯(F. W. Thomas) 和高諾 (Sten Konow) 二氏公布於敦煌所出中世兩文件中。(二五) 此中記載出許多地名及民族名。內中有和吐火羅的東方名稱類似的 Ttaugara 一字。而同時此文獻中看他附近有鐵勒拔曳固

(二五) Two Medieval Documents from Tun-huang, p, 23—31.

(Ttrrukibayarkata)(二六)和突利失(tūlisi)(二七)以及黑山哈將軍 (Karattaha pata) 夷木圭 (imjuva) 等名稱。(二八) 這些名稱是西方學者已經知道的。 不久，白雷氏 (H. W. Bailey) 又發見斯坦因所獲于闐塞語文件中有關于甘州 (Kammicū) 和沙州一使者的報告。 使者自稱"愚僕" (Ñaśa bisa)。 在此報告中敘述甘州陷於圍困之危急，食糧及家畜均感缺乏。 現在不妨把他有關地理名稱者數行錄出：

"cu jsām kammicu bādūmna tta vaña drrai pacada ṣṭāre (以上第七十五行)

"cū ttudiśa u ttūrkibayarkāva u hāttibara u îci imjūva tta yipikīmnittahi: u bedi (以上第七十六行)

"daruki nasta ṣṭāre ci buri hvaihu:ra tta biśi karastahi: nasta ù karastaha. (以上第七十七行)

"cu dumva u cahi:spata u sūlya tta jsām kitha khu tta viña drrai pacada biśi ham (以上第七十八行)

"tsa ni samimde kammicū hā hervī hadi ni ttramdi hame śālai āphāje u śālai jsām va (以上第七十九行)

"khāysi niśti" (第八十行)。

此六行之大意約爲：

(二六) Ttrruki bayar kata 一名，白雷以爲是突厥 (Turk)和拔曳固 (Bayärqu) 見 p. 918)。惟余以爲這是屬于鐵勒的拔也古，(隋書鐵勒傳)，唐書拔曳固，拔野古，拔野固 (回紇傳) 即其同名。 惟唐時已屬回紇。 但彼在唐時每與突厥戰，恐未必爲突厥之拔曳固，勿寧稱爲鐵勒拔曳固較妥。 Ttrruk(-i)但可讀若 Tt (ä) rrük， Tt (ä) (rr) 即"鐵"之譯音，(r)ruk 即勒之譯音。 別有考。

(二七) H. W. Bailey (白雷) 以爲即中國鐵勒，大誤。 余以爲應是突利失。 別有考證。 突利失在突厥文碑中是 "Tölis," 可以同 tūlis (i) 相比，而鐵勒則不可。 突利失及達頭設 (Tardus) 乃鐵勒以突厥政區分劃的名詞。 此用爲人民之名，亦民族常見之例。

(二八) Karattaha pata, -ttaha 當爲突厥語之 tagh ， 此言山 (白氏說)。 Karattaha pata ， 此言黑山將軍部，或黑山首領部？ 余未敢定。 imjuva 一名，譯名遺忘，查出再補。 今暫定爲夷木珠；或即 "inju(?)乃"眞珠"乎？ 但暫不列入，異日細查。

(二九) bādūn應與突厥文 bodun,之同字，-a- 可讀若-o-，爲 *bodun,。 其意爲 "人民"，白氏從 Minorsky 之說，作 bwdwn。 實即 budun。

關於在甘州之人民(bādūṃna)(二九)約可分爲三區(75行)。突利失(ttūḍiśa)(三〇)和鐵勒拔曳古(ttūrkibayarkāva)(三一)和訶咥波羅(三二)，(hātti bara)和ïci(和)步木主(iṃjūva)人，他們現在住在 yipikīṃnittahi：(三三)及 beḍid aruki(76行餘)。所有的回紇(hvaihu:ra)(三四)人，他們均住在karastahi(黑山？)和 karastahas(三五)(77行)。dūmva(仲雲？？)(三六)和

(三〇) ttuḍiśa 卽前文 tulis (i) 之同字。-d- 讀如 -l-，亦卽突利失。

(三一) ttūrkibayarkāva 亦前文 ttrrukibayarkata 之同字。ttark (i)一仍可讀如 *ttur(u)k (i)-，-bayarkava 可讀如 *bayarkū卽鐵勒拔曳固。

(三二) hatibara， 相當於鐵勒傳之訶咥，那末 bara，自然可譯其音爲波羅，所以我暫稱之爲訶咥波羅。是否，將或可加以正式研考。

(三三) yipikimnittahi：ttahi：亦爲突厥文之 tagh，此言山。是字當 yipikimni山。

(三四) hvaihu：ra 卽中國回紇之譯音。其原字或應讀如 *hvaighur 卽突厥文之 uighur，中國譯音回紇，韋紇，回鶻，畏兀兒等。

(三五) karastahi 及 karastaha 均應譯爲"黑山"。stahi, staha俗 tagh, 山，kara 猶言黑(？)但一言小黑山，一言黑山？則吾殊不敢斷定。

(三六) dūṃva, 白氏以爲可讀若 dūṃ-va，並疑爲沙州所發見之藏文文件中數見 dvan，惟不知何地名，或何名族名。余以爲應讀爲 Tūṃva，或爲高居誨赴于闐路中之小月氏種之仲雲族。在甘州附近高居誨言有小月支故地。此時代與于闐語文件發見之時期相近。二者均在九十世紀。高居誨(九三八年至九四二年)至甘州，他說"甘州回鶻牙也。其南山百餘里，漢小月支之故地也。…… 沙州西日仲雲族，其牙帳居胡盧磧。云仲雲者，小月支之遺種也。其人勇而好戰，瓜沙人皆憚之。"居誨記晚於此案語甘州報告約百年，(約八〇〇年)，百年前或南山之小月支故地，亦有仲雲族？今實不能定之。更有 Tuṃva 是否如白氏說可以單讀如 Tuṃ。Tuṃva，之 Tuṃ 讀若"tung"恰可轉"仲(古音 d'ung)"-va 可以轉"雲(古音 jiuon)今日西北方音中，讀"雲"如 uā, 如 uū, 如 üo(參看B. Karlgren, Études sur la phonologie chinoise 第四册)，五代西北音，"云"可讀如hu,hun等，那末我仍以"雲"(uā)對 -va 非不可能。故今暫定 Tuṃva 爲"仲雲"，以待他日之修正。更願同好，勿視此爲定論。

cahi:spata（朱邪將軍？？）(三七) 及修利(Sūlya)(三八) 人，他們現住於城內。因此，他們這三區人在一起互相衝突起來(78行除)，又不派人進入甘州城來。如此一方便圍城而攻，一方却陷入絕糧之境。（79行至80行）(三九)。

從這段于闐塞語所記甘州被圍報告中，我們又發見有突利失，鐵勒拔曳古和吏木主等名詞。甘州沙州(燉煌)在甘肅西部本相鄰接，所以兩者相同是自然的事。那末在燉煌所出之兩文件中，Ttaugara 介于吏木主突利失及鐵勒拔曳固之間者，當然也不應出沙州與甘州之間。若然，則 Ttaugara 一字，匆寧即是陶雷米地理書中所記載東方 Thogara 人之同名呢？假設二者為一，顯然在紀元左右，中國甘肅西部便有所謂 Thogara 人，Thoguru 山 Thogara 城。于是陶氏所記之 Thogara 為可信。可是此 Thogara 即是西方 Tokhara（吐火羅）之同字。易言之即于闐塞語沙州文件中所見之 Ttaugara，即陶雷米地理書之 Thogara，亦即西方的 Tokhara。因之西方的吐火羅既見於古代紀元左右之中國甘肅西部，復見於紀元後九世紀（沙州文件大約在此世紀之初）中國甘肅之西部。沙州文件未見之前，吾人不必信 Thogara 在甘肅西方，今陶氏所記由此得其根據；那末東西兩吐火羅，在地理和文獻上不就是古代的大月氏麼？於是便有學者來創"大月氏"乃 Tokhara（吐火羅）譯音之說。此以英國伊蘭學研究家白雷(H. W. Bailey)氏倡之最力。(四〇)

氏以中國古代所稱之大月氏及大月支均吐火羅音譯。何以言之？大月氏

(三七) Cahi: Spata，此字連前之 u（訓意為與，和）合讀可為 ucahi: spata，或為突厥文之 uéagh（？uéaq？），此尚難定。若 u 單讀（訓與），則 cahi：可否即沙陀•(cigil)自稱之朱邪(？)。此決不敢擬，惟書此以備參考。唐論記曰："至甘州……有別枝號處月山沙陀，云朱邪之氏之遺族也。" 似可比附，惟危險殊大。

(三八) Sūlya 直譯為修利或較早之窣利，其真名粟特，再古為粟弋(Soghd, Soqdiq)，修利及窣利均梵名。此稱Sūlya,乃因塞語用梵名之故。唐時康居粟特人內康豔典內徙故鄯善地，去甘州已近，此種族之居甘州者（參看伯希和氏論文，亞細亞學報 J. A.1916, p. 1）？以上略採白氏說。余更疑此為甘州之胡商，不必必與康豔典之內徙有關。何者？唐代稱胡商，胡妓等文即指粟特人而言。證據繁多，此處不詳。

(三九) 白氏有原文及英譯見吐火羅考 (Ttaugara) 883 及 884 頁。惟余頗加修改。各名詞之註釋，見 883，884 頁及 918 頁。

(四〇) 吐火羅考 880。p. 886

古音爲 d'âi-ngi̯wut-tśię，大月支古音亦同。“大月”二字更古之音爲 d'âd（或-t）-ngi̯wăt，此當爲Toghar（或 *To(d)ghar）卽吐火羅之譯音。“氏”與“支”實爲中國人所加。“氏”猶言氏族，“支”猶言支派，並非原來本有之音，或是譯音。如塞王卽（古音 Sək-ji̯wang）卽 Śaka-muruṇḍa，“塞”轉 śaka 之音，“王”譯 muruṇḍa 之意。他如骨咄施（古音 kuət-tuət-śię）又稱骨咄（kuət-tuət），卽 khottal之譯文（見沙畹西突厥史料 Documents sur les Tou-kiue occidentaux p. 276），“施”字並非音譯。所以大月氏或大月支之“氏，支”亦可以是意譯，原名應是“大月”。不過史記有稱“月氏”的地方是什麼原故呢？白雷以爲這是略稱。如“比丘尼（古音 b'ji-k'i̯əunji）”是梵文雅言 bhikṣuni 之轉音，而可省稱爲“尼（nji）”；阿梨耶（古音â-lji-i̯a）是梵文 ārya 之轉音，而略稱“梨耶”（lji-i̯a）“；僧伽藍（Səng-g'i̯a-lâm）”是梵文 Saṅghārāma 之轉音而簡稱“伽藍”（g'i̯a-lam）。那末大月氏自然亦可稱月氏，實際“大”亦是音譯的。其次“月氏”中國更分大小，如大月氏，小月氏，大月支，小月支。白雷以爲中國人以音轉之“大”誤訓爲大小之大，於是生出大小兩月氏來。大字可以用爲轉音的。大食（t'ai-dz'i̯ək）是由中古波斯 tāžigh（亞剌伯）的音轉，大宛亦可簡稱爲“宛”的。於是白雷就斷定大月氏的“大月”卽 Toghara 之譯音，亦卽在吐火羅的譯音之前，紀元前後所用的譯音名稱。至於大月氏或大月支，不過是說“吐火羅族”或“吐火羅部”罷了。如果確如氏說，那末斯特拉鉢（Strabo）所言滅亡撲挑王國（Bactrianum）的四種斯克泰（Skythe）人中的 Tokhara，（吐火羅）當然就是中國所稱西徙的大月氏了。因此大月氏所擊大夏而臣之的大夏，亦必須爲撲挑王國不可。舊日學者本有此論，由是更可重證舊說。但白雷氏之說果可信麼？我以他論據的根基，實在有些薄弱。

第一，大月氏或大月支中國人可稱爲月氏或月支，從來沒有稱爲“大月”或“月”者。“塞王”之王爲譯意，中國有稱“塞”的，及“塞”種的。所以二者不可並論。至於骨咄施與骨咄譯 Khottal，“施”音並無着落，我們只能說我們的史語名稱尚未尋到，不能說他是譯意或任意增加的。因若如此，則"施"字將作何解？我們能說他是那個意思呢？再退步來說，卽"施"或是譯意，但吾人終見有"骨咄"一名單用，塞王亦有"塞"名單用。可是"大月"一名在那裏呢？這當然是幻想而已。第二，大月氏後稱大月支，"氏"下音支，是古人以"氏"應讀如"支"，其訓自非氏族之意。且氏更有作氐者，氐亦能訓爲氏族之意麼？用"氏"用"支"作音譯之用，漢書每見，爲什麼不可是譯音呢？且氏支同音，古人先後並用，明爲轉一音之異文，白雷不明，竟有此誤，殊爲可惜。其三，大月氏本對小月氏而言，或其自號爲"大"某某自未可知。然與比丘尼之稱尼，阿梨耶之梨耶，僧伽藍之伽藍亦不可共比。何者，"比丘"，"阿"與"僧"在中國原無意義可尋，故省略以便記憶，而"大"原有意義，記憶不難，何必省略？省之，則原字當無"大"字。反之，中國稱西方之大夏永不作"夏"，大食永不作"食"以大夏大食俱爲轉音之故。且"大"字有大小之大意，省之則恐人誤解爲大小的大。今大月氏之大可省，則大字自爲訓大小之大，明甚。其四，吾人若就轉音之規則看來，Tokhara 或 Toghar,亦不能譯爲"大月"。今不論"大"字之是否相合，卽僅就"月"字而言，卽知其誤。中國紀元前後轉異域之音，原有一通則。卽外語之語尾 -r, 中國必以帶 -n 音之字相對，以此時中國無帶語尾 -r 之音，故以帶 -n 者，譯之。此是公律，例證極多，文非論此，恕不徵引。那末我們試看 Tokhara 或 Toghar 之語尾，中國若加以全譯，何以不用一帶 -n 之字來轉音，乃用以入聲收 -t 的"月"(ngiwat)字呢？這不已同公律不合麼？再者，或有人以收 -t 的字可以轉 -r, 但是這乃西紀後六七世紀之事。該時中國入聲 -t, 已變爲 -d（或ㄊ），所以可以對 -r。可是白雷所討論乃在紀元左右，兩漢之際，入聲之 -t, 仍爲 -t, 殊不能轉 -r。(四一)所以只就譯音規則而論，白

(四一) 此涉中國古代音韻學問題，語涉題外，不便多論。惟此定律及音學決不可移。高本漢 (B. Karlgren)以中國上古（漢亦在內）有收尾-r 之音，(Word families in Chinese,) 顯誤。惟此誤，學人只能因爲詳或保守而期期知其不可，然不知其所以不可。故其文至今已十數年，未見有一言之成理之論著，加以反駁者。嗟此君子，能知所興起乎？

氏之說亦使人可疑。這四種困難中，有二已是使白氏所論失立足之點。所以白氏所倡"大月"爲 Tokhara 古代轉音之說，不能成立。那末大月氏又非吐火羅 (Tokhara) 了。至於何以紀元初期東方有 Thogara，則當爲中國以大月氏爲吐火羅之代名，故西方旅商在甘肅知中國有月氏者，即以爲是吐火羅，乃名之 Thogara。惟于闐塞語之 Ttaugara 恐另有來源，與漢代之月氏，殊無關係。此事余已另文詳之。

六　吐火羅與小月氏

與此問題相連貫的，尚有小月氏和吐火羅的問題也是容易使人疑心吐火羅 (Tokhara)與小月氏同名的。史漢對於小月氏都說他保南山羌，而此南山，學者以爲可以延長到當時所謂天山南路南道東端的。張騫通西域後返程欲避匈奴，史記大宛傳說"並南山欲從羌中歸。"漢書西域傳也說"從鄯善傍南山，北波河，西行至莎車，爲南道。"所以南山很可能在今日阿爾金山 (Altyn Tagh) 一帶。後漢書（卷百十七）更有湟中月氏胡傳，其地當在青海東西寧河湟中城一帶。可知小月氏南下或西遷確實有之。玄奘西域記中曾記在于闐東方與納縛波西方有所謂故城皆荒蕪的覩貨邏 (Tokhara) 故國。這正是在南山最西之一端，使人很可以比附漢後的小月氏。(四二) 伯希和氏曾以這是玄奘有聞必錄的結果，並非眞有此城。且在玄奘前後經于闐東方者均無此記載，伯氏之疑或是（？）。(四三) 惟高居誨記于闐之行，在燉煌之西南有仲雲部自稱爲小月氏之餘種，伯氏亦以此爲假借之名，未必可信。(四四) 余以爲即屬可信，此爲五代之事，玄奘所記既稱故國，則亦不能與之相合。故仍不能與吐火羅發生關係。

(四二) 三國志卷三十引魏略說："燉煌西域之南山中，從婼羌西至蔥嶺數千里有月氏餘種。"可證南道有月氏種。玄奘所聞或即此事？余不敢言。

(四三) 見論吐火羅語及龜茲語，p. 46. 註中。

(四四) 同上文 p. 37. 註1.

惟有一事可信，即小月氏之名確曾爲吐火羅 (Tokhara) 之代名，是爲上舉貴霜朝後王之事。北史西域傳曾記有小月氏國，文說：

“小月氏國都富樓沙城。其王本大月氏王寄多羅子也。寄多羅爲匈奴所逐，西徙後，令其子守此城，因號小月氏焉。在波路西南，去城一萬六千六百里。……其城東十里有佛塔，周三百五十步，高八十丈。自佛塔初建，計至武定八年，八百四十二年，所謂百丈佛圖也。”

富樓沙當即 Puruṣapura (亦即 Peshwer)，寄多羅當即 Kidāra, 此中所謂匈奴，伯希和氏以爲即蠕蠕。波路或即 Bolor（？），百丈佛圖即迦膩色迦塔。此以寄多羅屬之大月氏，因爲寄多羅實貴霜王朝之後裔。而以其子稱小月氏，這實在是一趣事。寄多羅即古錢所稱 kidara kuṣaṇa（寄多羅貴霜），其盛時曾“興師越大山，南侵北天竺，自乾陁羅以北五國盡役屬之。”（魏書西域傳所載）

其入乾陁羅時約當四二五年，實受北方所謂匈奴之壓迫。所以再由 Gilgit 及 Chitral 逃入迦濕彌羅 (Kaṣmirȧ)；此時約爲四七五年。後傳其子，如北史所說，中國便稱他“小月氏”了。此小月氏或有二意，一爲因逃避國家縮小，二爲別於原大月氏（吐火羅地方）而稱曰小月氏。無論其從何解釋，總是貴霜王可稱月氏王以至小月氏王。不過史書因稱他爲小月氏，便亦把甘肅月氏餘種保南山的小月氏放在一起說：

“先居西平張掖之間，被服頗與羌同。”

却是抄襲史漢，是很錯誤的。因這兩個小月氏各不相干。西方爲貴霜王朝後裔，受匈奴之逼南遷，中國人以一向之代名大月氏，爲之改名；而東方之小月氏則爲眞正月氏西遷所遺留之餘種，二者毫無關係。史家不知，强爲附會，殊屬可笑。那末小月氏亦能指貴霜，易言之即指吐火羅。貴霜之中國代名爲大月氏，此小月氏亦不過代名罷了。因此我們可以說小月氏之名稱也和貴霜及吐火羅是無眞實關係的。

七　吐火羅＝大夏之重證

由以上各種論斷，吾人可知自漢代至於南北朝之時，即自紀元前二世紀至紀元後五世紀，中國所稱在西方的大月氏（大月支），或月氏（月支）甚至於小月氏（小月支）均與 Tokhara （吐火羅）至於其後裔之貴霜，在名詞上均無直接關係，尤非同名之異譯。 種族方面，即系同出伊蘭種，(四五) 亦非同族，尤非同支，此更不待言。 那末月氏在西方所擊敗的大夏並且使臣屬月氏的大夏，和斯特拉鉢 (Strabo) 地理志所言及滅亡撲挑王國 (R. Bactrianum) 之 Tokhara（吐火羅）是否爲同名之音譯便又重新應加以考慮了。 前文已經說過，在發音上是有是極相似的，大夏 tâi-γa(＜*tâ(d??)-g'a?)，可比 Tokhara(或 *Toghara, *Toghar 至於*Ta(d)ghar)只不過簡略了-ra,或 -r音。 "夏"字上古音可否有"-d"音今不能知，而古人譯音常簡略尾音，則史書通例。 漢人以中國古稱"大夏"之名，頗似 Tokhara 字音，遂以名之，實非不可能。 所以在較晚至於新唐書還說：

"大月氏爲烏孫所奪，西過大宛，擊大夏臣之，治藍氏城。 大夏即吐火羅也。" （西域吐火羅傳）

這明是說大夏即吐火羅，或更嚴格一點，大夏即吐火羅之同名。 唐書時代雖晚，然去魏晉非遠，撰者必有所本。 所以我說大夏即吐火羅之音轉，斷非臆測。 那末現在可以分：

1. 由於大月氏決非吐火羅之同名或同族，故"大月氏擊大夏而臣之"之大夏，惟先大月氏滅亡撲挑王國之 Tokhara（吐火羅）足以當之。
2. 由於大夏 (Tâi-gha) 與 Tokhara (Toghara, Toghar 吐火羅)音聲相近，故中國人用大夏爲 Tokhara（吐火羅）之譯名。
3. 新唐書西域傳謂"大夏即吐火羅也。" 可爲古人以大夏爲吐火羅同名

(四五) 此事非不可能。 惟本文非純論月氏，故不深言。

之佐證。

如是，則昔之學者以大夏當吐火羅者，今得重新決定。 今人以"大夏"當希臘之 R. Bactrianum（撲挑王國）者，應即加以改訂。 惟希臘之 R. Bactrianum, 中國實無相當譯名，因此時中國至西域之路，尚未通達，是以史文缺書。 今吾暫以去大夏（Tokhara）讖此國不久後之一類似名稱撲桃（古音 b'uok-t'ieu）譯出。 "撲桃"見於前漢書西域傳烏弋山離國條下，應爲"Bactra", 之音轉。(四六) 希臘之 Bactrianum 王國即建都於是。 城國同名，故余以此國稱撲挑王國，必不致大誤。 至於大月氏一名，究來自何字，是待於研究月氏問題者，此文不詳。 他若復詢大月氏在中國史書中每當於 Tokhara （大夏＝吐火羅）及 Kuṣaṇa（貴霜），其故何在？ 則吾人可立即答如後漢書所記，這不過是中國稱此地之代名罷了，實與 Tohhara 及 Kuṣaṇa 等名無涉。 惟此代名造成極嚴重之紛糾，致使此數十年來，研究西域史地學者不下數十人均捲入漩渦中，討論至於今日，尚未有一決定之結論。 此文所言，特欲向解決途中，略一試探而已。 不過也許這便是一個尾聲？ 余不能言，亦不敢言。

八　吐火羅領域之謎

自貴霜王朝後寄多羅南遷後，中國改稱其代名爲小月氏，於是月氏（大月氏）代名之法，漸少見於中國正史。 大概當時以爲用代名之種種不便，且君臨中國北方之人，又非深通吾國掌故，自然而然，有採取眞正音譯地方名詞之要求。於是吐呼羅（＝Tokhara）一名乃出現於蒙古種之拓拔（Taghbač）魏朝（紀元 465）（見魏書文成帝紀）。其後隋稱吐火羅（隋書西域傳），唐有吐豁羅（唐書，西域傳），均本於此。 北史爲吐呼羅及吐火羅均有傳，一或原於魏書

(四六) 烏弋山離（古音 uo-i̯ok-ṣan-li̯ḁ = Aloxandria[Arakhosia]）傳說："東與罽賓（古音 Kjäi-pji̯ŏn＝Kaṣmira），北與撲挑，西與犂靬（未定），條支（Taeono?）接。 可知撲挑（*bnoktieu）即 Bactra 或 Bactria 之音譯。

（？），一則同於隋書，二者並列，殊不知二名實一，誠爲雜集諸史之書。正史之外，眞實譯名較早者，梁高僧傳曇摩難提（Dharma Nantin）傳，作兜佉勒是即梵文 Tukhāra 之轉譯。其時爲紀元三百八十五年。至鳩摩羅什(Kumārjūna）譯名兜呿羅而註曰即小月氏，鳩氏歿於四百十三年而在四百三十一年。求那跋摩（Guṇavarman）譯此同名則稱月氏，蓋此時代名之月氏與梵化之譯名尙在並用，經師殊須斟酌於兩者之間。所以有鳩氏之特注小月氏（時當寄多羅 Kitāra），求氏仍須用月氏，以此爲中國人之舊習，以是名易於使人明瞭能了。如是，現在可以知道：

Tokhara 之譯音	紀元左右	四世紀	五世紀		六世紀	七世紀以後
	大夏	兜佉勒	兜呿羅，	吐呼羅	吐火羅	吐豁羅

至於高僧遊記之直譯，則較晚。均當六七世紀之時，不必列入。七世紀以後經八九世紀，此吐火羅一名漸爲人所忘，蓋此時亞剌伯（大食）東漸，西域諸國求救於唐，於是唐使高仙芝將兵禦之。於七百五十一年七月，大敗於怛羅斯河(Tharaz)附近。二萬之師，生存者不過數千。自是中國在西域之勢大衰，適安史亂於內，於是中國更不暇西顧了。册府元龜（卷九九九）曾載吐火羅求逐大食事，今日閱之，尙生感慨。其文曰：

開元十五年，吐火羅葉護遣使上言曰"奴身罪逆不孝，慈父身被大食統押。應徹天聰，頒奉天可汗進旨云。'大食欺侵我，即與你氣力。'奴身今被大食重稅，欺苦實深。若不得天可汗救活，奴身自活不得。國土必遭破散，求防守天可汗西門不得。伏望天可汗慈憫，與奴身多少氣力，使得活路。又承天可汗處分突厥施（Türgäš）可汗云：'西頭事委你，即須發兵除却大食。'其事若實，望天可汗却垂處分。奴身緣大食稅急，不求得好物奉進，望天可汗炤之。所欲驅遣奴身及須西方物，並請處分奴身，一一頭戴，不敢怠慢。"

在高仙芝未敗以前，此類西域白話譯文求助表很多，可惜怛邏斯一敗，西域即爲大食軍馬搜斂，探揣幾盡。此佔領區中，昔曾一度屬吐火羅故地或唐置吐火羅道者，極爲廣大。據唐書所載及玄奘所知，少有不同。唐書載唐置吐火羅道，自于闐以西。波斯以東，凡十六國。以其王都爲都督府，以其屬部爲州縣。凡州八十八。縣百一十，軍府百二十六，皆隸屬安西都護府。其州部之分列如下：（新唐書地理志）

1. 月支都督府，以吐火羅葉護阿緩城置，領州二十五。
2. 大汗都督府，以厭達部活路城置，領州十五。
3. 條支都督府，以訶達羅支國伏寶瑟匈城置，領州九。
4. 天馬都督府，以解蘇國數瞞城置，領州二。
5. 高附都督府，以骨咄施沃沙城置，領州二。
6. 修鮮都督府，以罽賓國遏紇城置，領州十。
7. 寫鳳都督府，以帆延國羅爛城置，領州四。
8. 悅般州都督府，以石汗那國豔城置，領州一。
9. 奇沙州都督府，以護時犍國遏密城置，領州二。
10. 姑墨州都督府，以怛沒國怛沒城置，領州一。
11. 旅獒州都督府，以烏拉喝國摩喝城置。
12. 崑墟州都督府，以多勒建國低寶那城置。
13. 至拔州都督府，以俱密國褚瑟城置。
14. 烏飛州都督府，以護密多國摸達城置，領州一。
15. 王庭州都督府，以久越得犍國步師城置。
16. 波斯都督府，以波斯國疾陵城置。

以上按本州共十六，加領州七十二共八十八州，即爲唐置吐火羅道。此道有今俄國突厥斯坦，阿富汗，伊蘭以及北印度一帶。東西南北均有三千里左右。若按玄奘西域記所載其地亦大，共分二十七國，記中所載有：

1. 呾密國，東西六百餘里，南北四百餘里。(Termed)

2. 赤鄂衍那國，東西四百餘里，南北五百餘里。(Chaghanian)

3. 忽露摩國，東西百餘里，南北三百餘里。(Garm?)

4. 愉漫國，東西四百餘里，南北百餘里。(Shuman)

5. 鞠和衍那國，東西二百餘里，南北三百餘里。(Kubadian)

6. 鑊沙國，東西三百餘里，南北五百餘里。(Wakhsh)

7. 珂咄羅國，東西千餘里，南北千餘里。(Khotal)

8. 拘謎陀國，東西二千餘里，南北二百餘里。(Komedai)

9. 縛伽浪國，東西五十餘里，南北二百餘里。(Baghlan)

10. 紇露悉泯健國，周千餘里。(Khrui-Samangan)

11. 忽懔國，周八百餘里。(Khulm)

12. 縛喝國，東西八百餘里，南北四百餘里。(Balkh)

13. 銳秣陀國，東西五六十里，南北百餘里。(Jumada)

14. 胡寔健國，東西五百餘里，南北千餘里。(Guskan)

15. 呾剌健國，東西五百餘里，南北五六十里。(Talikan)

16. 揭職國，東西五百餘里，南北三百餘里。(Ghaz)

凡十六國，其地之廣，由此可見。　惟玄奘所記以此未足，更有所謂吐火羅故國，兩者相加，其地竟至不可思議。　如有

1. 安呾羅國，覩貨邏國故地，周三千餘里。(Andarab)

2. 闊悉多國，覩貨邏國故地也。　周減千里。(Khosta)

3. 活國，覩貨邏國故地也。　周二千餘里。(Kunduz)

4. 訖栗瑟摩國，覩貨邏國故地也。　東西千餘里，南北三百餘里。(Khrishm)

5. 鉢利曷國，覩貨邏國故地也。　東西百餘里，南北三百餘里。(Farikar)

6. 呬摩呾羅國，覩貨邏國故地也。　周三千餘里。(Himatala)

7. 鉢鐸創那國，覩貨邏國故地也。 周二千餘里。(Badaksana)

8. 淫薄健國，覩貨邏國故地也。 周千餘里。(Yamgan)

9. 屈浪拏國，覩貨邏國故地也。 周二千餘里。(Kurana)

10. 達摩悉鐵帝國，在兩山之間，覩貨邏國故地也。 東西千五六百餘里，南北廣四五百里。(Dharmasthiti)

11. 瞢健國，覩貨邏國故地也。 周四百里。(Mungan)

12. 阿利尼國，覩貨邏國故地也。 周三百里。(Ahleny)

13. 曷邏胡國，覩貨邏國故地也。 周二百餘里。(Ragh)

玄奘所記當均貴霜王迦膩色迦盛世，所役屬及佈教之地，故使愈大，愈與佛陀教化有光。 所以我們不必純用嚴格的批評論之，只是唐前吐火羅曾一度是極大之國，唐時其國亦廣有三千里以上，誠爲中亞一大國。 再加中國置道以吐火羅爲名，幾盡有中亞的全部，則其龐大可知。 設若更加南山吐火羅故國，甘肅西方之吐火羅(Thogara)，則其大誠不思議了。 然此種寬廣無邊的大國，曾敗於波斯，亡於希臘，臣於月氏，毀於嚈噠；再亡於嚈噠，再臣於十箭。 欲求中國唐室之保護，冀免大食重課之侵襲。 奈高仙芝怛邏斯一敗，大食竟若秋風之掃落葉，盡乘金聲捲之而去。 大國云乎哉，二十七國云乎哉！ 自李唐內亂相繼，天可汗西門早已不保。 至於趙宋朱明，士大夫風雅自賞，陳舊相高；於是西域之路永絕，而吐火羅之名亦不再見於國史。 吾人只知西遼與蘇丹決戰於沙漠，北韃馳逐於呼羅珊，鐵木耳重建帝國，準葛爾之往來伊犂。 及至十七世紀準部內附，西域似又可通，吐火羅故地復充西門；惟二百年來之諸官吏及大師，率皆逆水行舟，指退爲進。 逮於清末，彼輩終以極秀麗之楷書和傲慢之心情，再加有教養之禮貌，雙手把他割贈出去了。 現在此地稱爲突厥斯坦，即昔日之吐火羅斯坦；別言之，即昔日吐火羅人佔據的地方，今日已經是土耳其族佔據的地方了。

下 論所謂吐火羅語

一 新疆古語之發見

有清末季，西人旅行中亞者，日有增加。吾人今不必問其目的何在；但其對於古代史語文獻，常能隨個人嗜好，加以搜集；自亦爲長途跋涉中治學之一法了。一八九〇年（光緒十六年），英人包維（Power）在庫車（Kucha 古稱龜茲）購得用梵字（波羅謎字，Brahmi）書寫之佛典後，遲二年，法人格勒納（M. Grenard）更在和闐（Khotan，古稱于闐）獲古佛經之殘片。二人在中國新疆得古代宗教文獻後，於是惹起歐洲學者之注意。一八九八年，俄國學術研究院乃任命克雷門茨（D. Klementz）赴吾國新疆吐魯番（Turfan，有古高昌，交河遺蹟）從事調查和發掘。終得古物很多，飽載歸國。至一九〇〇年，英國印度政府亦派匈人斯坦因（A. Stein）率隊來我新疆南道之和闐等地發掘，所獲尤夥。俄英二隊考古之結果，更引人興趣。於是在一九〇二年，由久已著名之外蒙考古家俄人拉得維夫（W. Radloff）在德國漢堡（Hamburg）所舉行之東方學術討論會中提議，組織國際中亞調查同盟，由在會之國分別組織進行。從此以後，德，英，法，俄均有新疆考查團來我新疆。

考查團之最先工作者爲德國。是團由格倫維戴勒（A. Grünwedel）和胡特（G. Huth）二氏率隊於一九〇二年首途，專從事於吐魯番及庫車一帶之考古搜掘。是稱第一隊，次年返國。同年（一九〇三）更遣第二隊來，乃由勒考克（von Le Coq）氏率領，分在吐魯番及哈密工作。至次年末方歸。而同年（一九〇四），格倫維戴勒又率第三隊到；範圍加廣，就吐魯番，庫車及哈密外並及哈喇沙爾（Karaschahr，有焉耆古蹟），至一九〇七始返。一九一三勒考克更率隊作第四次之考古，其範圍則復推至瑪喇爾巴什（Maral Bachi）。德隊至此告終。英國復由斯坦因作第二次之考查。一九〇六年氏於我甘肅燉煌得千佛洞石室藏書六千卷而去。 一九一三年氏復率隊在甘，蒙，新探查，是爲第三次。 至一九三〇年復欲爲第四次之搜檢，而時代變遷，僅單人旅行新疆省一次卽罷。 法國所遣則由伯希和 (P. Pelliot) 及魏洋(Vaillant) 兩氏於一九〇五至敦煌，仍由千佛洞石室中擇七千卷，更赴庫車考察乃歸。 俄國之隊由柯玆羅夫 (P. K. Kozlov) 領導，於一九〇七年赴內蒙之哈剌和托 (Khara-Khoto 古黑水城) 得古物極多而歸。 第二次乃由鄂敦堡 (S. Ol'denburg) 率隊於一九〇〇年赴吐魯番，哈喇沙及庫車從事考查發掘。 一九二〇年鄂氏更有第三次之考查。 當西方競爭新疆文物之搜檢之時，東鄰日本亦起而追隨。 由大谷光瑞作三次考查（一在一九〇二至一九二四；二在一九〇八至一九〇九；三在一九一〇至一九一四）。 至一九二七中國始知組隊作本國本土之西北科學調查，然已爲人搜檢之餘，惟所得已頗可觀。(四七) 那末西北古代文化曾呈燦爛光明，遂爲一般人所認識了。 以上除中國考查過晚及日人所得較少外，其德，英，法，俄所獲，乃啓近三十餘年新疆史語學研究之風尙，自亦當然之趨勢了。

從四國搜掘所獲，內中發見有今人所不識文字語言很多。 大約可分爲五種。 學者稱之爲第一種語言，第二種語言以及第三，第四，五種等等。 第三種語言不久卽知爲粟特 (Soghd) 語，第二種以後亦知爲于闐塞 (Khotan Śaka) 語，第五種亦知爲西夏語惟第一及第四殊不能有一正當名稱。 第四種用希臘字母書寫，文件甚少，至今仍成懸案(以下論及)。 第一種語言又分甲乙兩方言，德國學者假定爲吐火羅語 (Tocharisch) 惟此種假定，亦終不失爲暫時之名稱，學者仍多有以爲不然者。 凡上出諸語之文獻，上或可及晉漢，下可至於唐宋；或書於簡牘，或見諸紙卷；甚至壁中題款，碑石銘刻，均可有助於此五種文字語言之考釋。 除西夏語應歸漢藏 (Tibeto-Chinesisch) 語系之西羅摩 (Si-lo-mo)語族及第五種不詳外；其他三種均屬印歐 (Indogermanisch) 語系。 第二，第三

(四七) 各家考古報告，不下三十餘種，惟因本文非論此題，概不列出。

爲伊蘭語(Iranisch)族，粟特可謂爲純伊蘭支，于闐塞語則應謂伊蘭之東支。至於第一種語，所謂吐火羅語者，則在印歐語系中自成一族。與亞利安(Arisch)，伊蘭，希提特(Hethitisch)，希臘，斯拉夫，阿爾巴尼亞(Albanisch)，立陶宛，意一幾(Italisch-Keltisch)，亞爾曼尼亞(Armènisch)諸語族並列，按其性質或更近西方諸族，反遠於東方之亞利安，伊蘭諸族。因此三種語言與漢藏語系遠隔，於是吾國學人知者頗少，或即知之亦未必即願多所論列。然而其事，實關吾國新疆及中亞之古代文化，而此古代文化又爲漢唐文化之一環。西域古史古語不明，漢唐文明已不能得一圓滿之解決。所以當今西儒之治東方史以及中國史者，莫不爭先董理，以備不時之需；惟吾國學究，乃以缺疑相尚，自以"不知爲不知，是知也"之訓條爲高。誠未知其比邑谷府期上下何若。然古代大師又何嘗如此。唐初玄奘法師西行，固曾歷歷記述西域諸國之語言。此種記述頗足以爲前述四語之參考及印證。

西域記述哈喇沙爾有云：

"阿耆尼國(Agni，即焉耆)……文字取則印度，微有增損。"

述庫車之語言亦說：

"屈支國(Kucha，即龜茲)……文字取則印度，粗有改變。"

述阿克蘇有云：

"跋祿迦國(Bharuka)……文字法則，同屈支國，語言少異。"

由此西至窣利，所記即異：

"自素葉(Sui-ab)水城至羯霜那(keš)國，地名窣利(Suli，即粟特)人亦謂焉。文字語言，即隨稱矣。字源簡略，本二十餘言，轉而相生，其流浸廣。粗有書記，豎讀其文。遞相傳授，師資無替。"

自窣利抵鐵門，出鐵門，

"至覩貨邏國(Tokhāra 即吐火羅)，其地南北千餘里，東西三千餘里。……語言去就，稍異諸國。字源二十五言，轉而相生，用之備物。書以橫讀，自左而右。 文記漸多，愈廣窣利。”

出吐火羅國境後，

“至梵衍那(Bāmiyān)國……文字風教，貨幣之用，同覩貨邏國，語言少異。”

後至迦畢試國亦說：

“迦畢試國(kaiśi)……文字大同覩貨邏，習俗語言，風教頗異。”

更抵尸棄尼國文云：

“尸棄尼國 (Šighnan)……文字同覩貨邏，語言有異。”

至商彌國，復云：

“商彌國……文字同覩貨邏，語言別異。”

其後言及佉沙國，他說：

“佉沙國（即喀什噶爾 Kašgar 或疏勒）……而其文字，取則印度。 雖有删訛，頗存體勢。 語言辭調，異於諸國。”

記朅盤陀國說：

“朅盤陀國……文字語言大同佉沙國。”

記烏鎩國亦說：

“烏鎩國……文字語言，少同佉沙國。”

其在和闐所記有云：

“瞿薩旦那(Kustana 即于闐)……文字憲章，聿遵印度；微改體勢，粗有沿革；語異諸國。”

至斫句迦國說：

“斫句迦國……文字同瞿薩旦那國，言語有異。”

以上共十四國，語言可分爲五種。

1. 阿耆尼與屈支及跋祿迦等地文字模仿婆羅謎 (brahmi) 惟語言未詳。

2. 窣利語言之廣大區域，粗有書記。字源二十餘，豎讀成文。

3. 吐火羅及梵衍那，迦畢試，尸棄尼，商彌等國通行吐火羅文字，字源二十五言，皆以橫讀，自左向右，而文記漸多，逾廣窣利。　他國則語言稍異。

4.　佉沙及朅盤陀，烏鎩等國，文字取印度，而語言異於諸國。

5.　瞿薩旦那及斫句迦等國，文字聿遵印度，而語異諸國，斫國語言有異。

玄奘記述諸語時代，正相當於前述西域文獻時間之中間。　因之，其所記之五種語言，應與前舉之首四種不知語言必有密切關係，自不待言。　今日學者已定之粟特語可謂即玄奘所記之第二種之窣利語，決無可疑。　于闐語可謂相當於玄奘之第五種之瞿薩旦那語，大體亦定。　惟玄奘第四種之佉沙語至今尚無着落（但余相信數年後，即可將"無"字去掉）。　其他第一種之阿耆尼，屈支一語就文獻所記，學者假定爲"吐火羅"。　但玄奘所記第三種之吐火羅語，又將何以解釋？此問題似頗簡單，實極複雜，西方學人之治中亞史語者，似均曾參加論戰，直至一九三七戰亂以前，仍在爭辨中。　三十年來反復研討，每以支節叢生，懸案層出，幾使嗜此人士，目不暇給；其難以索解，正如上篇。　惟按研究之趨勢，確應入決定之途，是則此篇之所論，亦筆者之願望也。

二　所謂吐火羅語與龜茲語

上章曾述及德國之四次之新疆考古，範圍不出於吐魯番，哈喇沙爾，庫車，等地，易言之即未越高昌，焉耆龜茲等古國。　焉耆及龜茲，法國亦曾搜查，惟不及德人所獲之夥，是其不同。　德國在初次考查後，得無數之回鶻文之佛經譯本，按其款識，知其原譯自一 Toχri 文經，而此 Toχri 文經又譯自印度文經典者。　於是當時之東方學家繆勒 (F. W. K. Müller)（四八）氏乃於中央亞細亞未定語言之推斷一文中聲言，在新見未明之中亞語中，必有語言名 Toχri 者；而 Toχri 一名，亦即吐火羅 (Tokhara) 之同音。　其時在一九〇七年。　以後，在

（四八） F. W. K Müller： Beitrag zur genaueren Bestimmung der unbekannten Sprachen Mittelasiens. SBAW. 1907.

未知之印歐語言中，其發見於上述三地者，語言頗用婆羅謎字，且可知此中實大體相近，不過有方言的分別，於是定爲第一種語之甲乙兩方言。甲種方言大體出於焉耆高昌，而乙種則龜玆及其他二地均見。這個情形，本來很像玄奘所記的第一種焉耆龜玆地方所用語。但在繆勒提出未見語言中應有吐火羅語以後，不久西額（E. Sieg）及西咯凌（W. Siegling）因下列理由乃把他假定爲吐火羅語。

原來繆勒氏在前文中曾見之回紇文題識爲：

"彌勒菩薩從兜率天下生經第十品（分？）終。由阿闍黎（ācārya）論師（回紇文 Vaibazaki，梵文 Vaibhāsika）聖月（回 Ariacintri 梵 Āryacandra）從印度語（änätkäk）之彌勒下生經（回 Maitrisimit，梵 Maitreyasamiti）譯（yaratmüš，伯希和氏等以其意爲"編"）爲吐火羅（toχrï）並由博士（baxši）般若羅尸陀（暫定名，回 Prtanıiarakšt 梵 Prajñaraksita）從吐火羅語譯爲突厥（Türk）語。"（見氏文 959—960）

此中最可注意的，便是回紇經文乃由聖月自印度文彌勒下生經譯爲吐火羅語之句。西額和西額凌二氏乃在第一種語言之彌勒下生經（Maitreyasamitinataka）三種寫本中加以選擇研究。以後知諸本題款中載其原編者，即爲論師聖月。因此他們遂在一九〇八年合著一文名吐火羅語即印度斯克泰語說（四九）中稱第一種語言爲 Toχrï 語，亦即吐火羅語。並且指示此語有兩種相異的方言甲和乙。及至一九一六年，繆勒及西額二氏更發表一文名彌勒下生經及吐火羅語。（五〇）在此文中對回紇文及第一種語之下生經加以比較研究，知回紇經中借用第一種文字者很多，於是加強其吐火羅語之名稱。由是以後，大多數學人均以第一種語言爲吐火羅語了。

但是從回鶻經題款中，我們並不是只見到從第一種語言中譯來的，只見到吐

（四九）Sieg, E. und Siegling, W.: Tocharisch, die Sprache der Indoskythen. SBAW. 1908.

（五〇）Sieg und Siegling: Maitrismit und "Tocharisch" SBAW. 1916.

火羅(Toχrī)語，而且亦有從 Küsän 語譯來的。這個Küsän,繆勒認爲是本文上篇所論的貴霜。他在一九一八年曾撰文名吐火羅語與貴霜。(五一) 文中錄此題款爲：

"一切有精……救經第三十二品終，原列阿闍黎論師 Klianzini(梵 Kalyaṇzena)之伊帝目多伽(回 idiwut 梵 itivṛttaka 即本事)中。師從 küsän 語譯爲巴爾楚克(barčuq)語，附有大阿闍黎(Srvarakšti)遺留之伊帝目多伽經讚……。"(上文 580)

在繆氏同一論文中，別題款有作：

"……此外在四 Küsän (Tört Küsän) 國 (Ulus) 諸博士大有功德於佛教。對於彼等 Budarakisit (梵Buddharakṣita), Srvaraksiti (Sarvarakṣita), Azokrakšiti (Ašokarakṣita) 我亦禮拜。同樣在三唆里迷 (Uč Solmi)……。" (同文 581)

此同一論文而後經葛瑪麗女士 (A. von Gabain) 加以增補，更發表於繆氏回紇叢考第四本(五二) 中。其題款亦有 küsän，文曰：

"十業喻鬘經 (Daśakarmapatta-avadānamalā) ……終。論師僧伽多沙(回 Sangadas 梵 Saṅghadāsa) 通曉論 (śāstra)，祕 (tantra) 及 Kryādhara。曾由 ugu küsän 語譯爲吐火羅語，並由 prasniki (梵文 praśnika?) Šilazin (梵 Silasena) 從吐火羅語譯爲突厥語 (türkcä)。" (同文 p. 582. 回紇叢考第四本 p. 678—679, S. 號書題款，Kolophon aus Buch NS.)

此外有一同文題款，惟改 prasniki 爲 praštinki, 見同本中(N 號書題款，Kolophon aus Buch N.)。此種 küsän, 四 küsän 以及 ugu küsän, 之 küsan 又見於吾國王樹枏所獲回紇文殘卷中，後經及羽田亨氏加以考證，以此名即十世紀左右龜茲一名之當時回鶻音譯字。(五三) 此名更見於十一世紀克什克爾 (kāšghart)

(五一) F.W.K. Müller: Toχrī und Kuisan (Küsän) SBAW. 1918.

(五二) F.W.K. Müller und A. von Gabain: Uigurica W. SBAW. 1931.

(五三) Toru Haneda: A propos d'un texte fragmentaire de prière manichéenne en ouigour provenant de Turfan. (吐魯番出土回紇文摩尼教徒願文之斷簡)。Bull. de la maison Franco-Japonaise. vol. 4. 東京. 1933.

之突厥亞剌伯字彙中，(五四)中國曾轉譯爲苦先或曲先。那末我們至少應知道：由回紇譯經時（約九十世紀）第一種語言中有兩種存在，一卽吐火羅語（Toxri tili），二卽龜茲或苦先語（Küsän tili）。而且此二語亦很有些不同，因爲題款中明說：

ugu	küsän	tilintin	toχri	tilincä	äwirmiš
烏古(五五)	苦先(龜茲)	語　從	吐火羅	語　到	譯　了

Toχrī	tilintin	silazin	prağniki	yangirti	türkcä	äwirmiš
吐火羅	語　從	silasena	prağniki	新(重新)的	突厥到	譯　了

該語便是"從烏古苦先（龜茲）譯到了（不是過去詞）吐火羅語，再重新由吐火羅語譯到了突厥。"既然兩者相譯必然有些不同。很可幸的，在此題款未發表以前，法國梵文學家勒維（S. Lévi）氏便已在那裏完成第一種語言之乙種方言，應名"庫車語"的考證了。

勒維的論文名乙種吐火羅語卽庫車語說。(五六)他定爲庫車語最大的理由，便是於伯希和氏在庫車（卽龜茲）附近之古壘中發見有許多記載有國王名號之木簡通行證，用乙種方言寫的。所以可知此語當地通用的語言，而同時王號亦可由唐書所記載龜茲王名，尋出有同一王名之譯音。由此更可見乙種方言必爲

（五四）Mahmūd al-kāšgharis dīvān lughāt at-turk. C. Brockelmann 譯文 Mitteltürkischer Wortschatz. Leipzig 1928. p. 245

（五五）ugu küsän 曾譯烏古苦先，烏古譯音不可太重視。但是也不可太輕視，或竟是烏古部的烏古(??)。ugu，也可作 oku(Uigurica IV. p. 7)，莫非就是更古的烏護 *oghu(或烏紇 oghuz的簡稱)？現在我不便深論。但是葛瑪麗女士以爲或是其他 törtküsän（四苦先）之"四"譯意所從出，我不相信。因甲方言另有"四"字，不是 ugu. 伯希和教授疑爲是甲方言之原形容詞，亦仍未必然。宋史外國傳六（卷四百九十）龜茲條下云："又稱龜茲回紇"，是龜茲當屬回紇。回紇部中本有烏護，oghu，烏紇 oghuz。ughuz，原傍白山，相當西州之地，龜茲之北。莫非此 ugu -küsän 卽龜茲回紇?? oku，ugu 卽古代烏護 ogha之後裔？後世烏古亦其遺種?? 此已出本文範圍，僅論及此。

（五六）S. Lévi： Tokharien B. Langue de Koutcha, JA. 1913.

龜茲語無疑。茲舉一木簡文字加以解釋以見一斑。簡中文字約分四行，今以羅馬字母及漢譯轉出：

"Śuer—oksai-- ṣtwer		te	parra	ptārka	
四	牛等 四	此等	自由	令通行	
ikạ	ṣe	kṣuṁtsa	warṣanne	meṁ	ne
二十	一	治世	有雨(第十一)	月	在
ikạ	ok--ne	swarnatepi		kṣu	ne
二十	八 在	蘇伐那疊(國王名)		治世	在
or—saca-kāra	ākṣa"				
木簡證明書	給了				

全文連譯則爲"四牛之牛四，放此等自由通行。治世之第二十一年，第十一月二十八日，蘇伐那疊王之治世，給與此證。"蘇伐那疊乃梵語"金"之意，其父卽名蘇代勃駃（Suarnabuṣpa）、此言"金花"，玄奘西域記卷一所記龜茲國金花王，亦卽其父。那末此簡乙種方言所記，自爲龜茲當時通用之語言。然則乙種方言者，當不得爲吐火羅語，以其並未見於吐火羅地方而反在龜茲應用。那末吐火羅一名在吐火羅乙種方言中，至少應名之爲龜茲語。此其一。勒氏於另一講演中，（五七）更舉出此乙種方言不應爲吐火羅語之一反證。氏言今日所知之吐火羅一名，在希臘爲 Tokharoi，拉丁爲 Tochari，梵文爲 Tokhāra，其中間之 -kha- 及 -cha- 均含有塞音 k 後之吐氣之 -h- (aspiré-h)，此吐氣音在龜茲語之塞音中，却從未見到；易言之，卽有 k 而無 kh-。龜茲語既無 kh-，那裏能有 Tokhara（吐火羅）等名稱之帶 -kha- 之字呢？所以乙種方言，決非吐火羅語。此其二。有此二證，於是所謂吐火羅之乙種方言，便獨

（五七）S. Lévi: The kuchean language and the beginning of its study（龜茲語及其研究之端緒）1927．東京

立起來，另成一名，稱之爲庫車語。但那時他尙未知回紇經文題款之"küsän tili"即龜茲語。由今日言之，此題款之"küsän tili"實爲龜茲語成立之又一最佳證據了。

但是如果此說可以成立，那末便要發生一嚴重問題。即龜茲之區域（即乙種方言）中，從未見有"吐火羅"語（即甲種方言），而相反的，乙種方言在焉耆及高昌皆能見其施之文書，且壁上題款亦用之。那末這認爲只是龜茲語殊不妥當。並且甲種方言多見於寫本著錄，若擬爲此甲種方言，（即"吐火羅語"），乃由西方吐火羅斯坦地方之一種語言，同時又如梵文一樣，亦作佛教移植新疆之媒介語言，似無不可。西額及西額凌於一九二一年撰吐火羅語殘片一文，即持此見。（五八）惟此仍有一問題可疑。即何以此甲種方言寫本，由西方吐火羅斯坦之語言寫本移植於焉耆及高昌時，其必經佛經最盛之龜茲區域，反不能尋得此種方言？所以二氏即只能決定，其多見寫本之甲種方言，仍應稱吐火羅語，而乙種方言，亦只名乙種方言，却不必稱龜茲語。惟自勒維創說以來，學人已認爲第一種語言之乙種方言即龜茲語，甲種方言爲吐火羅語；但亦有調和兩家之說，稱吐火羅語分甲乙兩方言，甲仍爲吐火羅語，而乙即龜茲語。是以吾人在此方面所知至少有兩種事實是非常明顯。即

1. 在龜茲及焉耆，高昌等地知其古代有兩種方言，甲爲"吐火羅（Toχrī tili)"，乙爲龜茲語（Küsän tili)，可是學者仍有以爲 küsän 是"貴霜"。
2. 此兩種語言在語音上，是很爲密切關係的。所以學者曾合併稱之第一種語言。
3. 甲乙兩語的文字體式，很像玄奘西域記卷所述焉耆及龜茲地方的語言。可是學者說他是來自吐火羅斯坦的一種吐火羅語。

這是當時學者在此方面，對兩種方言的信念。

（五八）Sieg und Siegling: Tocharische Sprachreste, Berlin, Leipzig 1921. p. IV. V.

三 所謂"吐火羅語"之本名"Ārśi"

當勒維氏定乙種方言爲庫車語的後五年，西額氏竹由甲種方言中看到一個 Ārśi 的名詞。氏撰一文名吐火羅之一本名（五九）他以爲這個名稱便是回紇人所稱 Toχrī 語的一個本語自稱的名詞。易言之，即甲種方言中自稱之專名。繆勒氏因此種發見，乃就斯特拉鉢（Strabo）地理志之 Asioi（見上篇）及彭沛（Trogue Pompée）史書之 Asiani，以及中國漢代"月氏"加以比附。氏文見所著吐火羅語與貴霜文中。以 Asioi 和 Ārśi 相比，其最困難之點乃在時代上及西方之希臘拉丁此名之 -r- 音消失之原理。Ārśi 一名在甲種方言出現之時代約距 Asioi, Asiani 名詞之記載，相差有五六百年，果能相合麼？縱爲一名，但何以早於 Ārśi 出現前五六世紀之時而反無此 -r- 音？且此 -r- 音在彼時期，希臘拉丁能無故把他消失了麼？消失 -r- 之公律能在此二語譯名中存在麼？凡此種種，可爲 Ārśi 比附 Asioi 難以解決之問題。所以我們在未能充實證明以前，這個比附是難以成立的。至於以 Ārśi 比附月氏，更多不便。一由於月氏此時之古音，正爲 ngiwat-tśi（或 *gazi, 如"阿月"轉 agaz［胡桃］，處月轉 čigil），月有 ng- 或 g- 之前輔音，而 Ārśi 則無。月氏之名見於紀元左右之漢代，尾音 -t 亦不能轉 -r（參看上篇）。那末"月"非 Ar- 之音轉，以 Ārśi 比月氏當然也不成立了。

繆勒氏兩種比附既不成立，可是他還有第三種比附。他以爲可以比附昔日的安西都護府的"安西"(An-si)。An- 可以比 Ar, 西(siei)可以比 -si。如此看來是好像對的；但略加深思，即知其不可。一者，安西之名最早起於七世紀，（六四〇年），Ārśi 一名之轉音，Ar- 應用一入聲字收 -t>-d 之字當之。不必以收 -n 之陽聲"安"譯之。以此種在四五世紀後即絕跡。所以用"安西"爲 Ārśi 之音譯，不可能。二，安西之名實爲中國訓意之名，其意爲"安撫西域"

（五九） Sieg, W.: Ein einheimischer Name für Toχrī. SBAW. 1918. p. 560.

或"安定西方"與安東(安撫東方),安北,安南四名並列,殊無譯音之可能。二中有一,即不能成立,但是當時人者多有同意此說者。如勒維氏即以爲如果甲乙兩方言應有共同名稱,吐火羅當然不能妥當;於是他便以之稱庫車語爲西安西語,焉耆及吐魯番兩地的語稱東安西語(見論吐火羅語)。(六〇) Ārśi既然不能比附安西,那末勒維的建議,自然亦就不能成立了。

以上是述西額氏尋得 Ārśi 一名,及各種比附並論其非是。然而 Ārśi一字,果然便是甲種方言的本名麼? 我們可以說在一九三六年以前的幾乎二十年的時間,沒有人懷疑。一九三四年,伯希和氏雖然也說起"這個 Ārśi 的名稱,西額及西額凌二氏在一九二一年所撰的吐火羅語殘片緒言中無一語言及之;在一九三一年所撰的吐火羅語文法(六一) 中常引此名,或獨引,或在複合字中引之,惟只作爲固有名詞。對於此名與"吐火羅語"未定之比附,殊未一語隱喻及之。"所以伯氏似乎疑心道:"此二氏先既以 Ārśi 爲吐火羅語之本名,而又何故不加稱用? 乃至保留一如其視外國人如回紇之類;以待 Ārśi 語之稱名呢??" 但氏未加更深追問。至一九三六,白雷 (H. W. Bailey) 撰吐火羅(六二) 文中,方正式由解釋之不同,使 Ārśi 爲甲種方言本名之說,乃大起動搖。

伊蘭語學家白雷氏以爲 Ārśi 一字爲甲種方言(=Toχrī=Ttaugara"語) 的外來語。此字勿寧爲梵文俗語 (Prakrit) "Ārya"之變音。他曾舉例加以解釋。如 maitreya-avadāna-vyākaraṇa, (彌勒來時經(?)) 有下列之偈四:

"kulmass or e- ṣakyākāl tane māñcām ṣ-i [六音節]:

[七音節 + metrak- ṣinām] apṣlyaśśäl ṣyak kumnässi:

sokyokal näm ārśiśśi kāsu tāki [ṣ]. -e kaśal -i [一音節]:

[一音節+ ṣokyāl śrāddheśśi] mā tiri naṣ māṣtatsi kärsāmantap:"

(六〇) S. Lévi: Le Tokharien, JA. 1933. No. I. p. 1—30.

(六一) Sieg und Siegling: Tocharische Grammatik, 與 W. Schulze 共著。 Göttingen 1931.

(六二) H. W. Bailey: Ttaugara, BSOS. 1936.

此偈譯文，因殘缺頗感困難，惟若知其大意，則應爲：

"……大哉，願望，故

……與彌勒（maitreya）神獻同來。

大哉，彼等，阿黎耶（Āryas, Ārśiśśi），之願望，神可……同……

大哉信者（Śrāddheśśi）之願望，非爲智（Kärsāmant）路成煩惱。"（六三）

此偈中，Ārśiśśi 和 Śrāddheśśi（信者）及 Kärsāmant（智慧）平行，那末 ārisi 豈不便是 ārya，此言"聖"，方可通順麼？其他 Ārśi ype 當卽與 Ārya-deśa 同詞，此言"聖地"。Ārśi kạ̈ntwā 此言聖語。於是氏乃定爲中亞梵文俗語 Ārya 因以下之演變乃成 Ārśi：

梵文雅言 Ārya，卽中亞俗語 *Ārśa＞甲方言（Toχrī）Ārśi.

並且尋到許多于闐塞語與中亞梵文俗語 -ry＞rs- 之例。他這種意見極爲新穎，由是頗蒙伯希和氏之首肯（Tokharien, TP. 1936），然而翌年此說卽遭西額氏之反駁，因失其根據。

西額氏見白雷氏以 Ārśi 卽 Ārya 說以後，於一九一七年著吐火羅語果在何處（此名不雅訓，可改爲論吐火羅語存在之眞實性）。（六四）此文重新證明 Ārśi 非由 Ārya 變來之外來語，而確爲此語之本名。他所持的理由：

1. 白氏所言梵 ry＞俗 rs，在于闐塞語或可存在，但第一語之甲乙兩方言俱非。如

   梵 vrya＝于闐塞語 vīrśa，而甲語爲 wärya-ṣintā，乙 wärya-sene。

由此可知 ry＞rś 之公律，甲乙兩方言無之。

2. 梵文之 ārya 一字，在兩方言中均有字以譯之。如甲方言用 klyom（陽性），klyomim（陰性）；乙方言用 klyomo（陽）klyomña（陰）。既有譯字，何必再用 Ārśi，重之？再者 Ārya，Ārye 可爲形容詞用，

（六三）同書 p. 905—907。

（六四）E. Sieg: Und dennoch Tocharisch, SBAW. p. 130—9

而 Ārśi 則爲專名詞用，如 Ārśi ype, Ārśi kantwā, 是以未能相合。由此可知自氏所擬 Ārśi 爲 Ārya 之說，與 klyom 衝突，故亦不能成立。

3. 再言自氏所舉文獻，其譯文亦爲不妥。 如上所舉，其文應爲：

"……與彌勒新日子一同來吧。 那是我們的宏願，他能使 Ārśis 好的……。"

"是信者的宏願，他不是智路的煩困。"(六五)

由此譯文看來那個 Ārśi 或 Ārśiśśi 非成爲專名（如 Ārśi 人等）方可。 其他自氏舉例極多，西氏均一一加譯釋，於是自之所疑盡消。 再加以前舉二反證，那末 Ārśi 爲外來語 Ārya 變音之說，便不能成立；而本名之說反得更爲穩固。所以在此章我們可以斷言者：

1. 甲種方言 (Toχrī) 之本名爲 Ārśi.
2. 希臘之 Asiei, 拉丁之 Asiani, 中國之月氏，安西均與 Ārśi 無關，不可比附。
3. Ārśi 非梵文 "Ārya" 之中亞俗語所變之外來語。

四 眞吐火羅語與阿耆尼及龜茲

自氏雖然以 Ārśi 即 Ārya 之說，爲其誤點，但他有一極可採取之新說，却不可不信。 即氏以爲西方之吐火羅原地，在中古稍早之時，即相當於第一語言兩方言風行之季，他却是伊蘭語。 那末第一語言就不能是來自吐火羅了。 此其一。 再者玄奘明說吐火羅地方之語言爲：

"字源二十五言，轉而相生；用之備物。 書以橫讀，自左向右。 文記漸多，愈廣窣利。"

在字母之體勢知道不是婆羅謎字，因爲如彼，玄奘會說"文字取則印度"的，今此文無之，可見不必是婆羅謎字。 那末已經和第一種語言之用婆羅謎字者不同。

(六五) 同書 p. 136。

若就字母之數目而言，第一種語言之字母頗多出於二十五，此其不合者二。那末第一種語言也不是玄奘所記的吐火羅地方的文字了。而反之則在玄奘稍前，曾統治吐火羅地方之嚈噠之貨幣文字，（六六）乃用希臘字母，而此字母雖原爲二十四，但此地又加一讀 ś 音之字，乃恰成二十五言。文既橫讀，又自左向右。那末無疑的玄奘時代，此地確有希臘字母了。但此希臘字體殊非始於中世，自希臘征服以後，蓋即用之，所以貴霜王朝之貨幣亦用希臘字母。（六七）由此觀之，第一種語言與吐火羅本地文字語言殊無關係。學人稱爲之爲"吐火羅語"者，白氏以爲極不恰當。於是氏立說以爲應名此二方言，一爲屈支語，一爲阿耆尼語。

屈支語之建立，勒維氏首倡。至白氏更加以解釋。氏以爲"龜茲"一詞即 kutsi, 此字印歐語 (Indogermanisch) 之字源中，應是"白"意。其字根爲 Keuk。如梵文之 śok-,śuc- 伊蘭之 sauk-（光明）等。在第一種語中 k 可齶化爲 ś 或 c 的，若此字爲 *kuki 則龜茲語可爲 *kuśi，此即龜茲二字之譯音。回紇經文題款之 küsän 當由此轉成。此說如可信；則龜茲國王以"白"爲姓，就可迎刃而解。吾國學人昔曾以自由爲龜茲姓"白"之來源，甚至"白""帛"相爭，那便可以因此而止了。

第一種語言既非吐火羅本地之語言，那末昔日西額所創由吐火羅本地流入高昌焉耆之甲種方言文書之說，自然不能成立。氏以爲此甲種方言即爲焉耆以及於高昌一帶本地所操之語言。此正與玄奘所言焉耆"文字取印度，微有增損"之意相合。所以他稱之曰阿耆尼語 (Agnisch)。他以爲玄奘名焉耆爲阿耆尼，(Agni 乃梵名，此言火)，與較古法顯所稱烏夷以至月藏經所載之億尼，及焉耆又作烏耆等（釋藏中）均似爲 Agni, 實爲 *okñi。此字之意可以龜茲語"auk"見

（六六）Junker： Die hephalitischen Münzinschriften（嚈噠錢文考），SBAW. 1930。

（六七）Herzfeld： Memoirs of the Indian Archaeological Survey（印度考古調查專報）1930. No. 38。

之。"auk"意爲"蛇"。那末甲方言中之阿耆尼可爲*ok。蛇，龍二者其意相連。伊蘭語之阿維斯陀(avesta)文 ažiš dahākō 之 aži 爲蛇，中世波斯文之 azdahāgh 及中世安息語之 aždahāgh 其意皆可爲龍。所以 *okñi 可以訓爲龍。若然，則焉耆王姓龍亦可解釋了。並且梵文之述及焉耆王名中有因陀羅阿羅順那(Indrārjuna)王和旃陀羅阿羅順那(Camdrārjuna)王名。此阿羅順那(Ārjuna)可訓爲勇，猛，光，白，等，亦可訓如龍之猛(如 Nagārjuna，今稱龍樹，但亦稱龍猛，Naga 爲龍)。此梵文 ārjuna 譯名，或*okñi 爲王名之尾字所致。所以他便定甲種方言爲阿耆尼語。(六八)

氏定龜茲爲 kutsi，或無大誤，惟以甲方言爲阿耆尼語實出粗疏。蓋阿耆尼(Agni)之名僅爲梵化之名，決非本名。本名固稱焉耆，自漢時卽有之。阿耆尼之名何能上溯至四五世紀呢？且氏所據之焉耆又作烏耆及法顯之烏夷等名，根本卽系焉耆及焉夷之誤字，那末他所假定之 *okñi 三字，當然落空，而龍的解釋亦便消失了。詳辨烏耆烏夷之"烏"爲"焉"之誤字，乃伯希和氏在白氏文同年發表以後，而立刻批評的。文名吐火羅語之商討。(六九)但白氏及讀伯氏文後，便又在一九一七爲其論吐火羅作一跋，(Postscriptum)。(七〇)他改其意爲中國焉耆之譯音乃來自*Angi，而此 Angi 在巴爾楚克塞語(Barcuq Śaka)爲 agñye，則其原字尾或可認爲有 -gni，在甲方言中無 g 音，於是變爲 -kñi。並且氏更指出在梵文中 ahi，或俱鼻音之 angis，其意爲蛇，實又爲此說之佐證。但西額氏却證明梵語所稱焉耆之 Agni，龜茲稱之爲 akeñe ypoyä，其意爲"邊地"，決無"龍"意。那末白氏之說又落空了。(七一)由此吾人可知：

1. 第一種語言非吐火羅地方之語言文字。不必稱之爲吐火羅語。

2. 乙種方言可稱龜茲語，龜茲(*kuśi)有白意，故國王姓白。甲種方言白

(六八) Ttaugara p. 898—901。

(六九) P. Pelliot: A propos du Tokharien, TP. 1936, p. 259—284。

(七〇) Ttaugara p. 921。

(七一) E. Sieg: Und dennoch Tocharisch. p. 130—131。

雷氏以爲應稱阿耆尼語，來自*Agñi 其意爲蛇爲龍，故國王姓龍。中國之焉耆乃由*Angi 音轉而來，此字與*Agñi 爲一。惟甲種方言無"g"，所以爲 *Akñi(？)。然西額氏以爲龜茲語之 Akeñe-ypoyä 其意爲"邊地"。

如此第一種語言既不應稱吐火羅語，那末此中之甲方言爲什麼在回紇題款要稱爲 Toχrï 語呢？自雷氏曾提出沙州所出于闐塞語文獻，見此中有"Ttaugara"之名，其地不出甘沙兩州附近，易言之卽甘肅西部（詳上篇），Toχrï 或 Toχarï 或 Toχar 毋寧與 Ttaugara 有關？因此兩名詞所發見之時代相去最近(九，十世紀)，地方較近，當爲可能。於是吾人可再補充第一條爲：

3. 第一種語之甲方言，回紇題款中稱曰 Toχrï（吐火羅）語者，毋寧與其同時代較近之甘肅西部之 Ttaugara（吐火羅）有關。

五結論

總結上論，卽在天山南路北道，古代有一種屬於印歐語族的語言（第一種語言）。此種語言又分甲乙兩方言。

甲方言所在地約爲焉耆（及高昌一帶）。中國古稱之爲焉耆焉夷；梵文稱之爲阿耆尼，億尼（Agni）；龜茲語稱之爲 Akeñe ypoyä（邊地）；回紇經文稱之爲 Toχrï 語與西方吐火羅語無關而或與甘肅西部之Ttaugara連繫。至其本名則爲Ārśi, 如 Ārśi ype（Ārśi 地方），Ārśi kaṇtwa（Ārśi 語）。自雷以爲應稱 *okñi（龍）、Agnisch 阿耆尼語（中國"焉耆"亦由此出，作 *Angi）；而西額氏以爲應稱 Ārśi, 仍爲 Tocharisch（吐火羅語）之方言 A(Ārśi)。

乙方言所在地約爲龜茲（及跋祿迦一帶）。中國古稱龜茲屈茨；梵文稱之屈支(Kucha)；回紇經文稱之爲 küsän 語（苦先，曲先）。勒維氏以此爲庫車語（Kutchéen），自雷氏以爲應稱 kutsi（龜茲）*kusi，其意爲"白"。 西額氏則稱爲 Tocharisch (吐火羅語) 之方言 k.(kučā)。四年前諸家研討之結果，大概如此。但吾以爲此中仍存在多少疑難和多少矛盾。如：

1. 回紇經文題款中既稱此二語爲 Toχrī 與 Küsän, 那末 Toχrī 實只限於甲方言，西額仍以稱爲第一種語之總名，似未必妥。 難道說此龜茲和焉耆兩地方言必須統一於一專名之下麼？ 甘肅西部之 Ttaugara 一定指古代月氏人民語言？ 他不會指一部份西方吐火羅人民而言麼？ 我們又何必以小稱大呢？ 難道說不能立連合名詞稱"龜茲焉耆語"(Kuchi-yenkisch)或"焉耆龜茲"(Yenki-kuchisch) 甚至於 Ārśi-kutsisch 麼？

2. 焉耆之甲方言既有本名 Ārśi, 何以回紇人乃用一個無關的西方或東方的吐火羅同名的來稱他呢？ 這又怎樣解釋呢？

3. 自雷氏以中國之焉耆乃自 *okūi 之變字 *angi 轉音而來，此 -n- 之倒置在中國轉音中，幾不能見，自氏之說恐不易成立，龜茲語稱之爲akeñe, 此 -n 似亦不易移位。 難道說焉耆的解釋必賴 Agni (阿耆尼) 方能明白麼？ 或寧應 Agni 之稱，乃因此地早已存有類似焉耆 (An-gi 或 *ar-gi)之音，起而模仿乃成 Agni 一字呢？

凡此問題均待學人之努力。如疑難盡釋，則此問題眞到了結論的時期了。(七二)讀是文者，盍幸思之？

(七二) C. J. Wang 著 "Ārśi and Toχrī" 一文，即將刊出，當爲此問題結束之一助。

附：研究吐火羅及"吐火羅語"問題的論著冊目

因爲這兩個問題討論的人極多，而且經過一個很長的時間；所以在我這篇短小文章中，不能全部包括進來。並且有時還得特意把他省略，以求簡明易曉。但是如果國人有志於此，那末只憑文中小註所提到的，一定是不够的。因此，以下我重新加入一個重要論著目錄，以便深究者之盡搉。

本目錄爲求雜誌名稱簡明及節省文字，擇其常見者予以略稱。如

BSOS. =Bulletin of the School of Oriental Studies, London (倫敦大學東方研究學校學誌)

Idg. Jb.=Indogermanisches Jahrbuch. Berlin-Leipzig (印歐語年報)

IF. =Indogermanische Forschungen. Berlin-Leipzig (印歐語研究)

JA. =Journal Asiatique, Paris (亞細亞學誌)

JASB. =Joural of the Asiatic Society of Bengal, Calcutta, (孟加拉亞細亞學會學誌)

JRAS. =Journal of the Royal Asiatic Society, London (皇家亞細亞學會學誌)

KZ. =Kuhnz Zeitschrift, =Zeitschrift für vergleichende Sprachforschung, Göttingen. (比較語言學研究雜誌)

MSL. =Mémoire de la Société de Linguistique de Paris. (巴黎語言學會專刊)

OZ. =Ostasiatische Zeitschrift, Berlin. (東亞學誌)

SBAW. =Sitzungsberichte der Preussischen Akademie der Wissenschaften Berlin, Phil. hist. Klasse. (柏林普魯士學術研究院報告史語組)

TP. =T'oung Pao. (通報)

ZDMG. =Zeitschrift der Deutschen Morgenländischen Gesellschaft, Leipzig. (德國東方學會雜誌)

上　吐火羅問題

1. Bailey H. W. (白雷)： Ttaugara (論吐火羅) BSOS. 1936—37. p. 883—921.
2. Boyer, (包來)： L'époque de Kaniska (迦膩色迦朝) JA. 1190. p. 548—550.
3. Edkins, J. (艾約金)： The Yue-ti or Massagetae (月氏即 Massagetae 說) Journal of the China Branch of the Royal Asiatic Society (皇家亞細亞學會中國支會學誌) 1886. p. 227.
4. 同氏： The Gatae (月氏) (論月氏) China Review. (中國評論) XVIII, No. 1 p. 60.
5. Cunningham (孔寧含)： Coins of the Indo-Scythians. (印度斯克泰之貨幣)

6. 同氏 : Archaeological Survey of India, report, vol. II.（印度考古探查）報告卷二。

7. Franke, O.:（福蘭閣）: Beiträge zur Kenntnis der Türkvölker und Skythen Zentralasiens.（突厥民族之知識及中亞斯克泰）

8. de Groot, J.T.M.(格鲁特): Die Westlande Chinas in der vorchristlichen Zeit(紀元前之西域）1926.

9. First, S.（費斯特）: Der gegenwärtige Stand des Tocharerproblems.（吐火羅問題現在研究之情形）Festschrift für F. Hirth zu seinem 75. Geburtstag.（夏德教授七十五歲祝壽論文集）Berlin. p. 74—84. 1920.

10. Hirth, F.（夏德）: China and the Roman Orient（中國與東羅馬）1885.

11. Herrmann, A.(赫爾曼): Die Seidenstrassen von China nach dem Römischen Reich（中國至羅馬帝國之絲路考）1915.

12. 同氏 : Die alten Seidenstrassen zwischen China und Syrien（中國與敘利亞間之古代絲路考）1911.

13. Kennedy, J.（肯納氏）: The Secret of Kanischka（迦膩色迦王之迷）JRAS. 1912.

14. Konow, S.（高諾）: Zwei Handschriftenblätter in der alten arischen Literatursprache aus Chinesich-Turkistan（中國新疆所出之甲種方言文書之二手寫紙片）SBAW. 1912. p. 1127—39.

15. 同氏 : Indi-Skythische Beiträge（印度斯克泰之一考查）SBAW. 1916. 16. 787—827.

16. 同氏 : Beitäge zur Kenntnis der Indo-Skythen（對印度斯克泰知識之供獻）OZ. 1919—1920. p. 220—237.

17. 同氏 : Corpus Inscriptionum Indicarum vol. II. 卷二

18. Gardner（格得納）: Coins of the Greek and Scythian Kings of Bactria（希臘及拔挑斯克泰王之貨幣考）

19. Lévi, S.（勒維）: Notes sur les Indo-scythènes（印度斯克泰雜考）JA. 1896 p. 444—84 1897. p. 1—42, 526—531.

20. Müller F.W.K.(繆勒): Toχrı und Kuisan (Küšān).（吐火羅與貴霜）SBAW. 1918. p. 569.

21. Marquart（馬爾加）: Erānšahr（伊蘭設(?)）

22. Pelliot, P.（伯希和）: Neuf notes sur des questions d'Asie centrale（中亞問題九

考）TP. 1928.

23. 同氏　：　Tokharien et Koutchéen（論吐火羅語及龜兹語）JA. 1934.

24. Richthofen（李多芬）：　China（中國）I. p. 439.

25. Rémusat（雷穆沙）：　Nouveaux Mélanges Asiatiques. 張錫琛譯考新篇。

26. Specht, C E.（斯貝施）：　Note sur les Yue-tchi（月氏雜考）JA. 1890. p. 180—185.

27. Sieg, A.（西額）：　Ein einheimischer Name für Toχrï（"吐火羅"之一本名）SBAW. 1918.

28. Staël-Holstein, A. von.（鋼和泰）：　Kopano und Yüe-shih（貴霜與月氏）SBAW. 1914.

29. 徐　松　：　漢書西域傳補注卷上大月氏條。

30 丁　謙　：　漢書西域傳考證大月氏條。

31 王國維　：　月氏未西徙大夏時故地考（觀堂集林補遺）

32 張星烺　：　中亞交通史料卷五，吐火羅各章。

33 白鳥庫吉　：　西域史上の新研究（東洋學報三卷二期）。

34. 山下寅次　：　玄奘三藏の大唐西域記に見える覩貨邏國と漢書西域傳に見える月氏國とに就いての考（史學界六卷二號）

35 桑原騭藏　：　張騫の遠征

36. 藤田豐八　：　西域研究第七月氏烏孫の故地（東西交涉史の研究，西域篇）

37 羽田亨　：　大月氏及び貴霜に就いて（史學雜誌十一篇，四號）

F "吐火羅語"問題

一　文獻及譯文

I. 甲方言 ＝Arśi 語，Toχrï 語。焉耆語

38. Sieg, E. und Siegling（西額及西額凌）：　Tocharische Sprachreste（吐火羅語殘片），Berlin, Leipzig. 1921.

39. Sieg, E.（西額）：　Die Geschichte von den Löwenmachern in tocharischer Version. (Aufsätze zur Kultur und Sprachgeschichte vornehmlich des Orients), Breslau, 1919. p. 147—151.

40. Sieg, E.　Das Märchen von dem Mechaniker und dem Maler in tocharischer Fassung. 吐火羅語中之匠人與畫家傳說（OZ, VIII. 1920）p. 362—369.

41. Sieg, E, Siegling, W.：　Bruchstück eines Udanavarga Kommentars (Udānālamkāra?) im Tocharischen, Festschrift für Moritz Winter-

nitz, Leipzig, 1933. p. 167—173.
42. Sieg, E. 及 Siegling, W. : Tocharisch, (吐火羅語) SBAW 1908. p. 928—932.
43. Müller, F.W.K. (穆勒) 及 Sieg. E. (西額) : Maitrisimit und "Tocharisch"SBAW. 1916. p. 399—410. (彌勒下生經及吐火羅語)
44. Sieg, E. : Ein einheimischer Name für Toχri, ("吐火羅"之土名) SBAW. 1918.
45. Lüders, H. (呂戴附) : Weitere Beiträge zur Geschichte und Geographie von Ostturkistan. (西論新疆史地) SBAW. 1930.
II 乙方言＝ Kustsi 語， küsän 語，龜茲語
46. Lévi, S, (勒維) : Note préliminaire sur documents en tokharien de la Mission Pelliot (伯希和氏所獲吐火羅語文獻初考) JA. 1911. I. p. 139—190.
47. Meillet, A. (梅業) : Le tokharien (吐火羅語) Idg. Jb. I, 1914.
48. Poucha P. (普差) : Indian literature in Central Asia (西域之印度文學。) Archiv Oriental (東方學報告) II. 1930 p. 46. 印度文學之在乙方言者。
49. Hoernle, A. F. R. (何勒) : The Weber Mss. Another collection of ancient manuscripts from Central Asia(魏伯所獲其他中亞寫本集成) JASB. 62. 1893. p. 1—40.
50. 同 氏 : A report on the British collection of antiquities from Central Aisa. (英國之中亞古物搜集報告) JASB. 70. 1901. part I Extra number 1.
51. Lévi S. (勒維) : Étude de documents tokhariens de la Mission Polliot. (伯希和所獲吐火羅語文獻之研究) JA. 1911. II. p. 119—144.
52. 同 氏 : Le "tokharien B," Langue de Koutcha (所謂吐火羅語乙方言即庫車語說) JA. 1913. II. p. 311—318.
53. 同 氏 : Notes on manuscript remains in Kuchean (龜茲語寫本雜考) 在 A. Stein (斯坦因) : Innermost Asia (亞州深奧部) 之附錄 G. p. 1029—1030. Oxford 1928.
54. 同 氏 : Un fragment tokharien du vinaya des Sarvastivadins J. A. 1912 I. p. 101—111.
55. 同 氏 : Une légende du karuṇā-puṇḍarika en langue Tokharien-

no, Festschrift für Vilhelm Thomson, Leipzig 1912 p. 155—165.

56 同 氏 : Tokharian Prātimakṣa fragment. JRAS. 1913. p. 109—120

57. 同 氏 : Kuchean fragments（龜茲語殘卷），刊於 A. F. Rudolf Hoernle（何勒）所出之 Manuscript remains of Buddhist literature found in Eastern Turkestan,（新疆所出之佛教文學寫本），vol, I, Oxford, 1916, p. 356—376.

58. 同 氏 : Le Sutra du Sage et du Fou dans la littérature de l'Asie Centrale,（中亞文學中之賢愚經）JA. 1925, II. p. 305—232.

59. 同 氏 : Fragments de textes koutchéens,（龜茲語殘卷總集）內有 Udānavarga, Udānastotra Udānālaṃkāra et Karmavibhaṅga 之全文，譯文字彙與"吐火羅語"之導言。 Société Asiatique（亞細亞學會）單刊之 II. Paris 1933. 161. p.

60. Leumann,（呂曼）: Über eine von den unbekannten Literatursprachen Mittelasiens.（論中亞未知之文學語言）Mémoire de l'Académie impériale des sciences de St-Petersbourg.（彼得堡國立學術研究院專刊）VIII Serie. tome IV. No. 8. 1900. 28 p.

61. Sieg, E 及 Siegling W. : Die Speisung des Bodhisattva vor der Erleuchtung, nach einem im Turfan gefundenen Handschriftenblatt in der B-Mundart des Tocharischen, Asia Major（大亞細亞）II. 1925. b. 277—283.

62. Siegling, W. : Bruchstücke der Kalpanamanditikā des Kumāralāta.（此文為 H. Lüders 呂戴附撰，但內有西額凌氏之譯文）Leipzig, 1926. p. 27—28.

63. Sieg, E. 及 Siegling, W. : Udanavarga-Übersetzungen in "kucischer Sprache," aus den Sammlungen des India Office in London, BSOS. London. VI. pt. 1931. p. 483—499.

二 語言之研究

64. Sieg, E. 及 Siegling, W. : Tocharische Grammatik（吐火羅語文法）（此書受柏林普魯士學術研究院委託編著）共著有 Wilhelm Schulze（威廉舒爾采）

氏。 Göttingen 1931.

65. 同氏 : Tocharisch, die Sprache der Indo-skythen, ("吐火羅語"即印度斯克泰語說) SBAW. 1908. p. 915—932.

同氏 : 吐火羅語殘片 (見前)

66. Lévi, S. 及 Meillet, A. (勒維及梅業) : Les noms de nombre en Tokharien B. (吐火羅語乙方言之數詞) MSL. XVII. 1912. p. 281—294.

67. 同氏 : Remarques sur les formes grammaticales de quelques textes en tokharien B. (吐火羅語乙方言文書之文法雜考) MSL. XVIII. 1912, p. 1—33. XVIII, 1913 p. 381—423.

Meillet, A : 吐火羅語 (見前)

68. Reuter, (路特) JN. : Tocharisch und Kutschanisch(吐火羅語及庫車語) Helsinski. 1934. 23 p.

69. Schrader, O. (施拉得) : Reallexikon der indogermanischen Altertumskunde (印歐考古學全書) 由A. Nehring 刊，Berlin 及 Leipzig 1929. 在卷二(Band II), 有氏著 Tocharer (吐火羅) 章 p. 540 ff.

70. Bloomfield, M. (布倫費德) : On the newly discovered Indo-European language called Tocharian. (論新見之印歐語，所謂吐火羅語)， John Hopkins University Circular, No. 210. Nov. 1908.

71. Ciardi-Dupré, G. (部布雷) : "Tocarico" e "Iranico Orientale" (吐火羅語及東伊蘭語)，Notizie di due lingue scoperte nell' Asia Centrale (中亞新語考) 中，Firenze, 1917. 31 p. (Idg. Jb. VIII. p. 43)

72. Gaál, L. (加爾) : A Tokhár nép és nyelve (吐火羅民族及其語言)，Korösi Csoma-Archiv. II. 1927. p. 241—267. (Idg, Jb. XIII, p. 105).

73. Meillet, A. : Les nouvelles langues indo-européennes de l'Asie centrale (中亞之新印歐語)，Revue du mois, août, 1912.

74. Sinclair, Th. (辛克萊) : The Indo-European language of Eastern Turkestan. (中國新疆之印歐語)，The Classical Quarterly, 1924.

75. Charpentier, J. (沙邦鐵) : Die ethnographische Stellung der Tocharer, (吐火羅之人種情況)，ZDMG. 71. 1917. p. 347—388.

76. 同氏 : Die verbalen r-Endungen der indogermanischen Spra-

chen.（印歐語之動詞 r- 附加詞）Uppsala-Leipzig 1917. p. 6—11，41—44.

77. Pokony J.（波考尼）：Die Stellung des Tocharischen im Kreise der indogermanischen Sprachen.（吐火羅語在印歐語族之情況），Sonderabdruck aus den Berichten des Forschungs-Institutes für Osten und Orient in Wien. III. Band. 1919. 30. p.（維也納東方及近東研究所學報外集）

78. Fukushima, N.（福島）：On the Designation-problem of the so called Tokharian Language（論所謂吐火羅語名稱之意義問題）1935. 藤岡博士功績紀念言語學論文集 p. 7—72.

79. Peterson, W.（彼得生）：Hittite and Tocharian,（希提特語與吐火羅語），Language IX. 1933. p. 12—34.

80. Woolner, A. C.（沃勒納）：Sanskrit names of drugs in Kuchean.（龜玆語中之梵文名詞）JRAS. 1925. p. 623—638

81. Mironov, N. D.（米羅諾夫）：Kuchean studies（龜玆語研究），Rocznik Orjentalistyczny, VI, Lwow 1929. p. 89—169.

82. Grierson, G. A.（格里松）：Etymologies tokhariennes.（吐火羅語字源）JA. 1912. I. p. 339—346.

83. Reuter, J. N.　　：Die Anlautsvokale im Tocharischen（吐火羅語首母音之研究），Festschrift tillägnad Hugo Pipping, Helsingfors, 1924. p. 452—461.

84. Schulze, W.（舒爾采）：Tocharisch tsoke poke（吐火羅語之 tsokepoke,）SBAW. 1921 p. 293—297.

85. Smith, E.（施米特）：“Tocharisch” die neuentdeckte indogermanische Sprache Mittelasiens（中亞之新印歐語所謂吐火羅語），Videnskabsselskabets Skrifter, II. Hist-Filos. Klasse, 1910. No. 5. Christiania 1911. 43 p.

86. Vendryes, J.（方德烈斯）：Les formes verbales en -R- du tokharien et de l'italo-celtique（吐火羅語及意爾語動詞形之 -R-）

87. Pelliot, P.　　：A propos du Tokharien（吐火羅語之商討），TP. 1936. p. 259—284.（馮承鈞氏有譯文）

同氏　　：Tokharéen et Kutchéen. 1934（見前）仝上。

88. Lévi. S. : The Kuchean language and the beginning of its study (龜茲語及其研究之端緒) 1927. 東京

89. 同 氏 : Central Asian studies, (中亞研究) JRAS, 1914.

90. Geiger, W.: (蓋格) : Die archaeologischen und literarischen Funde in Chinesisch-Turkestan und ihre Bedeutung für die orientalische Wissenschaft, (中國新疆考古及文書的發現與東方學術上之意義) Erlangen, 1912. 24 p.

91. Sieg, E. : Und dennoch Tocharisch (吐火羅語果何在，或論吐火羅語之真實性) SBAW. 1937. p. 130—139.

同 氏 : 同題載 Forschungen und Fortschritte (研究與進步) 13. Jahrg. 1937. No. 28. p. 329—330. (簡稿)。

凡上論著，或經閱覽，或見轉引。各譯華名，意在求讀者之方便。至其當否，殊未敢必。若遇有志之士及博學君子，欲對此問題，加以研究，則此簡目之效用立見。夫以數十年數十家之研究，一旦集其論題，彙而刊之，寧非斯學之快事。然回思吾國新疆古代史語，久煩西儒代勞，國人乃毫無供獻，不勝慚愧。十數年來，吾華各學專家繁出，想有嗜此者。惟恨不曾相識，未免感嘆耳。

湯若望與中國天曆

Adam Schall von Bell S. J. und die chinesische Astronomie

曹京實

一　引　言

“天人合一”是我國文化活動的一個最高努力目標，故研究天文曆數便成了許多學者一個最有趣味的題目。(一)　只要將我國史籍打開，則見授時推步，史不絕書，測天儀器，代有發明。　天曆之學，誠蔚然成了我國科學的主幹。　而最令人注意的，乃是歐洲學術首先與我國舊學起衝突的，不是聲光化電，不是機器製造，　而是我國素有根基的天算。　我國對此既有根基，　而又自以為獨得天密，故一旦西學來臨，便與之猜爭不已。　結果鬧得朝野騷動，中外震驚，甚至演成流血慘劇。　這眞是西學東漸史中一件大事，也是我國舊學與西學爭鬥史上一件大事。　在這場鬥爭中，我國的大統曆法失敗了，　在隋時來到我國的客卿

(一)　我國歷代天算家，據清阮元編疇人傳所載，由上古羲和起至清陳之鍔共二百七十餘人。　清羅士琳編續疇人傳載三十二人。　尚有諸可寶之疇人傳三編因手下無此書故不克舉其人數。

回回曆法（二）也失敗了，甚至獲得勝利的西洋曆法的代表湯若望也受到了身縛九條鐵鍊，跪在二十位王公，十四位閣老，十二位尚書，八位最高將帥，和七十二位其他官員之前（三）受審判，以致幾乎受到斬首的刑罰。真是兩者俱傷。然真理終究是真理，西洋科學卒因湯氏之奮鬥而闖進了我國舊學之關，且清除了舊學的障礙。

可是，這位鬥爭者，這位爲真理而始終不屈不撓者，湯若望，終以七十六歲的老翁，因與我國舊學戰鬥，而於悲慘之情境下，鬱鬱以死！真是：政治革命困難多，學術變法亦不易。

二　天文曆算之被重視

我國古時測天，畫周天爲三百六十五度四分之一。所謂度者，據夢溪筆談云：『天事本無度，惟曆者無以寓其數，乃以日所行分天爲三百六十五度有奇。』註云：『日所行三百六十度日有餘而一非天，故一日爲一度也。』（四）這種畫分，見於我國最古的書籍的是堯典（五），其言謂：『朞，三百有六旬有六日。』史記索引解釋謂：『大歲三百六十六日，小歲三百六十五日，舉全數云三百六十六日。』周髀算經記三百六十五日者三，三百六十六日者一。漢趙君卿註：『是爲四歲共一日，故歲得四分之一。』

在科學未發達之古時，這種觀測，可以說是相當精密的，同時也可看出我國

（二）清史稿，列傳五十九，湯若望傳，二頁。

（三）德人魏特著；楊丙辰譯：湯若望傳第五〇二頁。縛九條鐵鍊者，因湯氏被誣爲謀反重犯，乃頸項繫三條，臂腕繫三條，腿足繫三條——見湯傳四八六頁。——湯傳已付印，尚未出版，今承中德學會以校樣惠借，得獲參考，附此誌謝。

（四）夢溪筆談（宋，沈括著）卷七，一二頁。

（五）清華學報第一卷，第二期；陸懋德著之中國第一篇古史之時代考文末謂堯典爲夏代史官所修，『考其作史之期，至早必在夏初，卽距今三，九〇〇年以後；至遲必在夏末，卽距今三，五〇〇年以前。若以西曆考之則當在紀元前二，〇〇〇至一，五〇〇之間。此亦可謂世界最古之史書。』因堯典有「蠻夷猾夏」，「金作贖刑」，「棄，汝后稷，播時百穀」等字句，近人疑其爲僞作。但陸氏力辯其爲真，今姑從陸說，故引用之。

古時對於曆的研究是何等注意。　我國爲何這樣注意研究曆數呢？時人傳羲氏和氏項下之論言曰：『敬天授時，帝王之所首務，故聖人重其事。』

因是帝王之首務，故我國歷代對天文曆數之研究常設有專司，並時時改進求與天道相合。　史記曆史索引謂：『黃帝使羲和占日，常儀占月，臾區占星氣，伶倫造律呂，大撓作甲子，隸首作算術，容成綜斯六術而著調曆。』史記太史公序臣瓚註謂：『重黎司天地之官也。　顓頊命南正重以司天，北正黎以司地。』

據以上兩點看，我國對於研究天日之專司設置，眞是早得無可再早。但這話是不可靠的，因黃帝顓頊之有無都成問題，至於這些專門家當然更近於傳說了。

然傳說也往往有些事實作影子，故這種材料也可表出我國古時對於天曆之重視。

據春秋古傳載，當春秋之世，天文家們已用土圭測日影，使日南至之月爲春正月，並用十九年七閏之法。至漢對天之觀測更爲細密。　景帝六年（紀元前一五一）在太常之下設太史令一人，太史待詔三十七人。　據續漢書百官志載，這些官所管的事是：『凡歲將終，奏新年曆，凡國祭祀喪娶之事，掌奏良日及時節禁忌；凡國有瑞應災異，掌記之。』

在太史令之下又設靈臺丞一人，待詔二十四人，司測量日月星之責。　用他們測算的結果，以改進歲，時，日，月的推算。

由以上種種可見在漢時已經有了類似清時的欽天監，類似西方的觀象臺了。

武帝太初元年（前一〇四）因晦朔望多有差誤，　詔御史大夫兒寬與博士共議。　寬與博士賜等議，皆曰：『帝王必改正朔易服色，所以明受天也。……唯陛下發盛德，宣考天地日時之極則，順陰陽以定大明之制，爲萬世則。』（六）

這幾句話很重要，　由此可看出我國歷代帝王鼓勵研究『天地四時之極』及『順陰陽』的動機。　漢時如此，漢以前以後，甚至清末無不如此。　想爲萬世找一通則，是我國文化發展的一個最主要的中心思想，所以對於天體之運行，當

（六）　漢書律曆志。

然更要追尋其道之所在了。

由漢以後，外國的天算學便到了中國。

三 外學之影響

我國研究天曆之術在漢時頗爲發達，亦頗有成績，並且完全未受到外邦的影響。後來便多少受到外學的影響了。隋書經籍志載有波羅門經卷多種，通志藝文略有婆羅門算經一卷，似乎我國也受到印度的影響，可是在史書上已無可考證，不能知其實際情形。據我們所確知的，我國接受外學最早而最深的的是由西域來的曆法。清初湯若望取消回回科之後，回回科秋官正吳明炫疏言：『臣祖默沙亦黑等一十八姓，本西域人，自隋開皇己未，抱其曆學，重譯來朝，授職曆官歷一千五十九載，專管星宿行度。』(七) 唐書藝文志曆志載有瞿曇羅，瞿曇悉達等，據姓纂謂瞿曇爲西國姓氏。所謂西國大概是指西域。疇人傳於瞿曇悉達項下謂：『瞿曇悉達開元六年（七一八）官太史監，受詔譯九執術，上言：「臣等謹案：九執術法，梵天所造……。」』(八) 梵天是指西域？是指印度？但據明史載：『嘗考前代遠國之人言曆法者多在西域，而東南北無聞。』註謂：『唐之九執曆，元之萬年曆及洪武間所譯回回曆，皆西域也。』(九) 這是明明說出在明朝以前關於天算方面外學之入中國者都是從西域來的了。

疇人傳瞿曇悉達項下之論語謂：『九執術，今西法所自出也。名雖殊，理則無異，如九執之十二相，即西法之十二宮也。……以日月地景徑及距緯論交食亦與今西法同也。惟九執譯於唐時，其法尚疏，後人精益求精，故今之西法爲更密合耳。』

讀到這樣的話，有一點令人不可解。我國既素重天算，而與今之西法相合的

（七） 清史稿第八四冊，湯若望傳。

（八） 疇人傳，卷十三。

（九） 明史（曆志）卷三十一。

九執術於唐時已輸入中國，　由唐開元六年至明萬曆十一年（一五八三）意大利人利瑪竇來華，已歷八百六十餘年之久，爲何我國對於曆算竟不能媲美歐洲呢？豈我國方塊數字不及亞拉伯數字易於運算所致歟？（一〇）

宋史曆志載北宋凡易曆八次。　北宋由太祖建隆元年（九六〇）至靖康（一一二六）共一六七年，竟易曆八次，可見我國曆算錯誤之甚了。

元世祖四年，西域人扎馬魯丁（疇人傳改爲札瑪魯鼎）撰進萬年曆。（一一）明洪武三年（一三七〇）六月改司天監爲欽天監。　設欽天官。　又設天文，漏刻，大統曆，回回曆四科。（一二）　回回曆自成一科，可見其被重視。（一三）

據明史載：『萬曆十二年（一五八四）十一月癸酉朔，大統曆推日食九十二秒，回回曆推不食，已而回回曆驗。　禮科給事中侯光春因言「……回回曆科推算日月交食，五星淩犯，最爲精密，何妨纂入大統曆中以備考驗。」詔可。』（一四）

可是回回曆的計算亦多錯誤。　如元太祖定燕京後想在庚辰歲西征，西域術人奏謂，五月望夜，月應當蝕。　而耶律楚材則說不當蝕，結果耶氏的話對了。次年十月楚材說月應當蝕，西域人說不蝕，至期果然蝕八分。（一五）至於後來與湯若望相競爭時，每次測驗日月蝕都錯誤，所以我國乃不得不捨棄回回曆法而接受西洋測天術了。

四　錯算之解釋及對天體之認識

這裏有一點我們應當注意的，就是，以先我們計算天象如發生錯誤，還以爲

（一〇）疇人傳卷二十八，論曰：『步算之書苦於難讀。　（趙）友欽窮皆曲喻，而以平易，其津逮來學之心至矣。』　我國文字之難影響我國學術之進步，以此可爲佐證。　蓋以飽學而統欽天監算學之疇人傳撰者阮元竟認『步算之書苦於難讀』，其難可知矣。

（一一）元史五十二卷。

（一二）明史紀事本末，卷六。

（一三）回回曆將周天分爲六十度，每度分爲六十分。並以這種分法以定算星宿的軌道。

（一四）明史卷三十一。

（一五）元史耶律楚材傳。

是天體運行有變異所致，還不承認是由於我們計算方法之不精而生。故唐志說：『天爲動物，久則差忒，不得不屢變其法以求之。』

直到明史曆志才改變態度，認爲『天行至健，確然有常，本無古今之異，其歲差盈縮遲疾諸行，古無而今有者，因其數甚微，積久始著，古人不覺而後人知之，而非天行之忒也。使天果久動而差忒，則必參差凌替而無典要，安從修改而使之益密哉。』

這種認識是我國天文學一大進步，由此，才能引進與接受西洋的測驗方法，由此，才使我國天象的觀測得到一大改革。

至於天體之認識，我國確有些創見。不過有的因未引起世人注意，便湮沒了。在哥白尼（Copernicus）發表地球繞日而轉（一五四三）之前，東西學者幾乎都認爲日繞地而行。惟獨在我國有一段特殊的記載，却爲一般學者所忽略，便是西漢（約在紀元前百年）時的緯書尙書考靈曜關於地之游行的話：『地有四游，冬至地上行，北而西三萬里；夏至地下行，南而東亦三萬里；春，秋二分其中矣。地恆動不止，而人不知，譬如人在大舟中，閉牖而坐，舟行而人不覺也。』這段話發表在哥白尼日靜地動的學說前一千六百餘年。當時對於天體有這樣的認識，且以人在大舟中因而不覺地之游動爲譬，着實可驚，然對我國天文學絲毫未發生影響，深爲可惜。也許因爲牠是緯書，便被研究天文的科學家所忽略了。

關於天的形狀，後漢郗萌記宣夜之說爲最與近代學說相合。其言曰：『天了無形質，仰而瞻之高遠無極，眼瞀精絕故蒼然也。譬之旁望遠道之黃山而皆青，俯察千仞之深谷而窈黑；夫青非眞色，而黑非有體也。日月衆星自然浮生空虛之中，其行其止皆須氣焉，是以七曜或往或順或逆，伏見無常，進退不同，由乎無所根繫……若綴附天體不得爾也。』（一六）

疇人傳郗萌項下之論曰：『宣夜之說，謂七曜不綴附天體。夫旣不附天

（一六）疇人傳，卷四，郗萌傳。

體，則七曜各自有其高下可知。 今西人言日月五星各居一天，俱在恆星天之下，即不綴附天體之謂。 意其說或出于宣夜歟？』(一七)

關於日月之形。 宋沈括謂：『又問予以日月之形如丸耶？如扇耶？若如丸，則其相遇豈不相礙？對曰：日月之形如丸。 何以知之？以月盈虧可驗也。月本無光，猶如銀丸，日之耀乃光耳。 光之初生，日在其傍，故光側，而所見纔如鈎。 日漸遠，則斜照，而光稍滿，如彈丸以粉塗其半。 側視之則粉處如鈎，對視之則正圓，此有以知其正圓也。 日月氣也，有形而無質，故相值而無礙。』(一八)

據此，星球之說，在宋時已確立。 而有形無質之說立論大奇。 也許觀天器具不精，故為此臆說耳。

元，趙友欽也認為月球無光。 他說：『以黑漆球映日，則其球必有光可以轉射暗壁。 太陰圓體即黑漆毬也。 日月對望為地所隔，猶能受日之光者，蓋陰陽精氣隔礙潛通，如吸鐵之石感霜之鐘，理不難曉。 日月不全瑩，而以瑕映於內者，如明鏡映水之處則瑩，照地之處則瑕，以為山河所印之景者是也。』(一九)

他又認為：『日之圓體大，月之圓體小，……月與人相近，日與人相遠，故月體因近視而可比日體之大。…… 日食月食當以天度經緯而推，同經不同緯止曰合朔，同經同緯，合朔而有食矣。 人觀望日體見為月之黑體所障，故云日食。 然日體未嘗有損，所謂食者強名而已。』(二〇)

這種認識已頗與後世歐西學說相近，惟以觀察不精，故造詣不深。 其觀察不精，係由測器不精所致，故列測器於下節。

(一七) 仝上。

(一八) 夢溪筆談，卷七。

(一九) 革象新書月體半明篇。

(二〇) 革象新書日月薄食篇。

五　測器之發明

我國對於天文學很有許多學者努力研究與觀測，而數千年來，直至明末，仍然錯誤百出，原因雖多，而觀測天象的器具不精，當爲其主因之一。疇人傳博集羣書，其中對我國歷代所發明的測天儀器，頗多描述，茲選其重要的幾種列下。

（一）土圭　春秋古傳載，春秋之世，以土圭測日影，使日南至之月爲春正月。　土圭是什麼樣子呢？『土圭之長，尺有五寸。　以夏至之日立八尺之表，其景與土圭等，謂之地中。』　疇人傳卷五，頁十九。

（二）渾儀　『漢落下閎作渾儀，其後賈逵張衡等亦各有之，而推驗七曜並循赤道……太宗（唐）異其說，因詔爲之，至七年儀成。　表裏三重，下據準基，如十字。　末樹鼇足以張四表。　一曰六合儀，有天經雙規，金渾緯規，金常規，相結於四極之內，列二十八宿，十日，十二辰，經緯三百六十五度。　二曰三辰儀，圓徑八尺，有璿璣規，月遊規，列宿距度，七曜所行轉於六合之內。三曰四遊儀，元樞爲軸以連結玉衡游筩而貫約矩規。　又元樞北樹北辰，南矩地軸，傍轉於內。　玉衡在元樞之間，而南北游仰以觀天之辰宿，下以識器之晷度皆用銅。』　卷十三，頁七。

（三）漏箭　『孔壺爲漏，浮箭爲刻，下漏數刻以考中星。』　卷三，頁四。

（四）銅天儀　『史官用侯臺銅儀……。　立八尺圓體而具天之形，以正黃道，點察發斂，以行日月，以步五緯。』　卷四，頁九。

（五）筩　『以徑寸之筩南望日，日滿筩空則筩之長短以爲股率，以筩徑爲句率，日去人之數爲大股，大股之句即日徑也。』　卷五，頁十。

（六）銅渾天儀，地動儀　『張平子既作銅渾天儀於密室中，以漏水轉之，與天皆合如契符也。　崔子玉爲其碑銘曰：「數術窮天地，制作侔造化，高才偉藝與神合契」蓋由於平子渾儀與地動儀有驗故也。』　卷六，頁五。

地動儀是什麼呢？是否認爲地亦游動？

（七）鐵渾天儀　『其規有六，其外四規常定，一象地形，二象赤道，其餘象二極，其內二規可以運轉。用合八尺之管以窺星度。』卷十，頁一。

（八）水轉渾天儀　『隋耿詢造渾天儀，不假人力，以水轉之。』卷十二，頁一。

（九）宋之渾天儀　宋蘇頌以古法授韓公廉為新儀象。其渾儀極為精巧複雜。『輪三重，一曰六合儀縱置於地渾中，即天經也，與地渾相結，其體不動；二曰三辰儀，置六合儀內；三曰四游儀，置三辰儀內。……又植四龍柱于渾下……柱下設十字水趺鑿溝通水道以平高下……。』又有水運儀象臺。『其制為臺，四方而再重。上狹下廣。……內仰設晝夜機輪八重，貫以機輪軸。……輪外以五府半座木閣蔽之，府皆有門，以見木人出入。第一府左搖鈴，右扣鐘，中擊鼓；第二府，報時初正；第三府，報刻；第四府，擊夜漏金鉦；第五府，報夜漏更籌。……又樞輪左設天池，平水壺。平水壺受天池水，注入受水壺以激樞輪。……同轉上下輪，運水入天河，天河復流入天池，周而復始。』又有渾儀圭表，其制於渾儀下置圭。圭長一丈三尺，面分尺寸，兩旁列二十四氣。——卷二十，頁八。

（一〇）西域札瑪魯鼎於元時來華，曾造：渾天儀，測周天星曜器，春秋分晷影堂，冬夏至晷影堂，地理志，晝夜時刻器。——卷二四，頁二—四。

（一一）元郭守敬（二一）作：簡儀，候極儀，渾天象，玲瓏儀，仰儀，立運儀，景符，闚几，日月食儀，星晷，正方案表懸正儀，仰規覆矩圖，異方渾蓋圖，日出入永短圖等。——卷二五，頁一——二。

（一二）管　『以衡管窺之，有一星旋轉最密，名曰紐星。』——卷二八，頁一。

（二一）郭守敬為我國最偉大的天文家。時人傳論他道：『推步之要，測與算二者而已。簡儀，仰儀，景符，闚几之製，前此言測候者未之及也，垛疊招差勾股弧矢之法，前此言算者弗能用也。先之以精測，繼之以密算，上考下求，若應準繩，施行於世，垂四百年，可謂集古法之大成，為將來之典要者矣。自三統以來，為術者七十餘家莫之倫比也。』

又宋，沈括亦記有用管窺之事，謂：『熙寧中，予受詔典領曆官，雜考星曆，以機衡求極星，初夜在窺管中，少時復出，以此知窺管小不能容極星遊轉，乃稍稍展窺管候之，凡歷三月極星方遊於窺管之中，常見不隱。』(二二)

可見窺管卽古時的望遠鏡了。但窺管不能運轉之弊亦於此可見。我國測器不精，無近代之望遠鏡爲一主因。我國測器多用水激之使動，用水亦有毛病。夢溪筆談載：『下漏家，常患冬月水澀，夏月水利。』徐光啓也曾說過用水漏之弊。他說：『今所用者水漏也，然水有新舊滑澀，則遲疾異，漏管有時而塞，有時而磷，則緩急異。』(二三)

測器遲疾不一，緩急屢變，無怪觀測之不密了。

六　傳教士之貢獻

明神宗萬曆四十一年（一六一三），南京太僕寺少卿李之藻奏上西洋曆法，謂：『邇年臺諫失職，推算日月交食，時刻虧分，往往差謬，交食既差，定朔定氣，由是皆舛，伏見大西洋國歸化陪臣龐迪我，龍華民，熊三拔，陽瑪諾等諸人，慕義遠來，讀書談道，俱以穎異之資，洞曆算之學，攜有彼國書籍極多，久漸聲教，曉習華音，其言天文曆數，有我中國昔賢所未道及者』十四事。『凡此十四事者，臣觀前此天文歷志諸書，皆未能及。或有依稀揣度，頗與相近，然亦初無一定之見，惟是諸臣能備論之，不徒論其度數而已，又能論其所以然之理。……觀其所製窺天窺日之器，種種精絕，卽使郭守敬諸人而在，未或測其皮膚，又況現在臺諫諸臣，刻漏塵封，星臺迹斷者寧可與之同日論也。昔年利瑪竇最稱博覽超悟，其學未傳，遽先朝露，士論至今惜之。今龐迪我等，鬚髮已白，年齡向衰，失今不圖，政恐後無人解，伏乞敕下禮部，亟開館局，首將龐迪我等所有歷法，依照原文，譯出成書。……』(二四甲)

(二二) 夢溪筆談卷七。

(二三) 疇人傳，卷三十二，頁九。

(二四甲) 明史紀事本末，卷六。

這段疏奏，在我國天算史上有絕對不可忽略的價值。 一，藉此可知在湯若望來華（萬曆四十七年，一六一九，首至澳門）前西洋傳教士對我國天文曆數所貢獻的是些什麼？ 二，與後文相對照，可以看出湯氏自己對我國的貢獻有何獨特之點。 三，可知明末研究天象的機關竟到了『刻漏塵封，星臺迹斷』的地步了。 四，由此動議，於懷宗崇禎二年（一六二九）九月癸卯開設曆局，『依照原文，譯出成書。』

但『我中國昔賢所未道及』的十四點是些什麼呢？

一 天包地外，地在天中，其體皆圓，皆以三百六十度算之，地經各有測法，從地窺天，其自地心測算，與自地面測算者，都有不同。

二 地面西北，其北極出地高低度分不等，其赤道所離天頂亦因而異，以辨地方風氣寒暑之節。

三 各處地方所見黃道各有高低斜直之異，故其晝夜長短，亦各不同，所得日景有表北景表南景，亦有週圍圓景。

四 七政行度不同，各爲一重天，層層包裹，推算周經各有其法。

五 列宿在天，另行度。 以二萬七千餘歲一周，此古今中星所不同之故，不當指列宿之天爲晝夜一周之天。

六 五星之天各有小輪，原俱平行，特爲小輪旋轉於大輪之上下，故人從地面而測之覺有順逆遲疾之異。

七 歲差分秒多寡古今不同，蓋列宿天外別有兩重之天，動運不同，其一東西差，出入二度二十四分，其一南北差，出入一十四分，各有定算，其差極微，從古不覺。

八 七政諸天之中心，各與地心不同處所，春分至秋分多九日，秋分至春分少九日，此由太陽天心與地心不同處所，人從地面望之，覺有盈縮之差，其本行初無盈縮。

九 太陰小輪，不但算得遲急，又且測得高下遠近大小之異，交食多寡，非此不確。

十　日月交食，隨其出地高低之度，看法不同，而人從所居地面南北望之，又皆不同，兼此二者食分乃審。

十一　日月交食，人從地面望之，東方先見西方後見，凡地面差三十度，則時差八刻二十分，而以南北相距三百五十里作一度，東西則視所離赤道以爲減差。

十二　日食與合朔不同，日食在午前，則先食後合，在午後則先合後食，凡出地入地之時近於地平，其差多至八刻，漸近於午，則其差時漸少。

十三　日月食所在之宮，每次不同，皆有捷法定理，可以用器轉測。

十四　節氣當求太陽眞度，如春秋分日，乃太陽正當黃赤二道相交之處，不當計日勻分。（二四乙）

七　湯若望來華及交食之徵驗

湯若望原名約翰·亞當·封·白耳（Johann Adam Schall von Bell），於一六二三年（天啓三年）抵北京後始以湯若望爲名。（二五）　係德意志人，奉天

（二四乙）仝上。

（二五）湯氏何年到北京，中外記載不同。　據楊譯湯若望傳謂湯氏於一六二三年入北京。　其原文爲：『一六二三年一月二十五日，即中國新年前六日，龍華民和沙爾行抵北京。』——九十七頁。　又謂：『一六二七年之秋天和夏天，湯若望被派遣赴陝西省城西安府。』——一〇三頁。又『一六三〇這一年中，徐光啓升任禮部尚書，當在鄧玉函神甫底病勢惡轉時，他已經向朝廷建議，由山西詔羅神甫和由陝西詔湯若望，同京供職於欽天監。……由我們的推測，他這次到北京的時日，大概是在一六三〇年秋天的。』——一二六頁。

一六二三年爲天啓三年，若以陽曆早於陰曆計，則新年前六日或許尚爲天啓二年而未至三年。

一六三〇年爲崇禎三年。

可見湯傳所載湯氏兩次入北京，一在天啓二年或三年，一在崇禎三年。

但清史稿湯若望本傳載：『順治元年，睿親王多爾袞定京師，是歲六月湯若望啓言：「臣於明崇禎二年來京」』——想係湯氏指其第二次來京而言。　據此，可知魏特的湯若望傳說他於崇禎三年來京是推測錯了。　致錯之由，大概是以鄧玉函於崇禎三年逝世，便認爲在該年召湯入京。　考湯傳於鄧氏病轉劇時召湯氏來京，焉知鄧氏不是在崇禎二年病劇，至三年方死呢？故湯氏第二次回北京之期應在崇禎二年，而非三年。

主教，一六一一年十月二十一日入耶穌會，一六一八年四月十六日，復活節之星期一，由葡萄牙之里斯本出發赴中國。他們的目的固是來中國傳教，可是湯氏和其同伴三人，特倫爵，羅，奇爾徽采爾，在船上所努力研究的是觀察星象，流星，風向，海流，及磁針移動等工作。他們又確定航路，及由船上所見的海岸與島嶼的位置。

最有趣味的是他們給我國皇帝所帶的貴重禮品中，有一架天文儀器，能自動表現天體的運動。可見他們一出發到中國來，便想利用科學作為傳教的階梯了。

當時的西洋學者雖然以科學的方法來研究天文，然而認為天象的變遷是上天示警的觀念仍然存在，譬如在一六一八（明，萬歷四十六年）天空出現兩顆彗星，據魏特著湯若望傳所載，他那時正在船上，連他那樣懂得天文的人，都認為是不祥之兆，——可見在當時對天體雖有了相當的認識，而仍存有迷信的成分。

一六一九年七月十五日經過幾乎喪了生命的海程，湯氏到達我國澳門。這時正是我國明神宗萬曆四十七年。當時太監當權（二六），國家已透出衰頹朕兆，滿洲努爾哈赤於一六一六年二月十七日自稱皇帝，建年號曰天命，宣稱與我國皇帝平等。一六二一佔據瀋陽，遼陽。斯時我國國家不安，人心浮動，天象示警，天算失誤，需要外來學術匡救，所以湯若望到我國不久便能展其大才了。如果沒有這樣的歷史背景，則湯氏充其極也不過是一位有名的傳教士而已。

一六二三一月二十五日，龍華民和湯若望抵北京。次年徐光啓入禮部為侍郎，與湯氏等西人過從甚密。（二七）湯氏將從歐洲帶來的數理天算的書籍列為目錄，呈遞朝廷，並將所帶儀器一一陳列，請中國官吏參觀。

（二六）明史卷三〇四宦官傳序載宦官任出使，專征，監軍，分鎮，刺臣民隱事諸大權。

（二七）明史集列傳一百三十，徐光啓傳謂：『徐光啓……從西洋人利瑪竇學天文曆算火器，盡其術。……五年魏忠賢黨智鋌劾之落職閒住。崇禎元年召還，……已擢本部尚書，詔與西洋人龍華民，鄧玉函，羅雅谷等推算曆法，光啓為監督。』

據曆書所載一六二三年應有月蝕。時吏部尚書張問達對天算很感興趣，命湯若望預先做出一份月蝕計算書。當在十月八日月蝕出現時，月蝕的實際情形與計算書很吻合。在月蝕的次日，這位大臣親自拜訪湯氏，並請他預先算出一六二四年九月間的月蝕。湯氏便寫一長文分為上下兩册，以確定月蝕的時間，並以圖作說明。這是他到我國後第一部關於天算的著作。

湯若望利用一六二三年十月八日的月蝕，同羅馬關於月蝕的報告作比較，計算出北京子午線圈與羅馬子午線圈的距離。

一六二七年（天啓七年）湯若望去西安府。在該地他所做的科學工作是確定了這座城池在地圖上的緯度，並觀測一六二八年一月二十一日的月蝕。

一六二八（崇禎元年）欽天監又將日蝕算錯，徐光啓利用機會向朝廷啓奏引用歐洲科學方法，同時鄧玉函將湯若望兩册關於日月蝕的論文從新印出，分贈各官吏，並進呈朝廷。

八　詔開曆局及新舊學之爭執

崇禎二年（一六二九）五月乙酉朔日蝕，『光啓依西法預推順天府見食二分有奇，瓊州食既，大寧以北不食。大統推算三分有奇，回回推算五分有奇。已而光啓法驗，餘皆疏。帝切責監官。』（二八）

於是禮部奏請開曆局，以光啓督修新法。帝敕曰：『西法不妨於兼收，諸家務取而參合。』光啓乃上修曆法十事，修曆急用儀器十事。當時所擬造之儀器為：七政象限大儀六座，列宿紀限大儀三座，平渾懸儀三架，交食儀一具，列宿經緯天球儀一架，萬國經緯地球儀一架，節氣時刻平面日晷三具，節氣時刻轉盤星晷三具，候時鐘三架，測候七政交食遠鏡三架。

九月癸卯開局，又請湯若望，羅雅谷等譯書演算。光啓又進曆書總目一卷，日躔術指一卷，測天約說二卷，大測二卷，日躔表二卷，割圓八線表六卷，

（二八）疇人傳卷三十二，六頁。明史卷三十一，十七頁。

黃道升度表七卷，黃赤道距度一卷，通率表二卷。（二九）

這些書，以及以前所作的正確的預算，固然是由徐光啓出名，然而光啓是受到湯若望等人的影響後方能有此成績，是無可疑的。

時光啓進爲禮部尚書，仍督修曆法。當時四川巡按馬如蛟薦資縣諸生冷守中精曆學，並將其所著曆書送局。光啓力駁其謬，並預推次年四月四川月食時刻，令其臨時比驗。

崇禎四年（一六三一）正月光啓進曆書二十四卷。夏四月戊午夜望月食，光啓預推分秒時刻方位。並奏言日食隨地不同之理。

已而四川報冷守中所推月食實差二時，而新法密合。——舊法又失敗。

光啓又進曆書二十一卷，冬十月辛丑朔日食，新法推順天見食二分十二秒，應天以南不食，大漠以北食旣。例如京師見食不及三分不救護。光啓上奏以爲：『帥（食）分數甚少，亦宜詳加測候，以求顯驗。』帝是其言。『至期光啓率監臣預點日晷，調壺漏，用測高儀器測食甚日晷高度。又於密室中斜開一隙，置窺筩遠鏡以測虧圓，畫日體分數圖板以定時分。』結果，其時刻高度全都密合，惟所食之甚度不及二分。

時有滿城布衣魏文魁著曆元曆測二書，送局考驗。光啓指其謬。而文魁反覆論難。光啓著學曆小辨駁之。

崇禎六年（一六三三）冬十月『大學士徐光啓上言：「臣奉命督領修正曆法，所造曆法書表者三，共七十二卷，日躔月離恆星經緯日月交食各種略備。今至五月復令知曆者推算，得各色立成表二十卷，日躔交食及土木火星曆指草稿六卷。」』（三一）

崇禎七年（一六三三）徐光啓卒。次年，魏文魁上言曆官所推交食節氣皆

（二九）疇人傳，卷三十二，頁五一一一。

（三〇）明史紀事本末卷六，明史卷三十一，十二頁。

（三一）明實錄四九八册懷宗崇禎實錄卷六。

非是，乃命文魁入京測驗。是時言曆者四家，於大統回回外，別立西洋爲西局，文魁爲東局。

這時李天經爲欽天監正。

據魏特著的湯若望傳載，這時崇禎皇帝也被西洋的科學方法引起熾烈的興趣。『一六三四年二月二日湯若望和羅雅谷向中國朝廷呈進由歐洲所帶來之望遠鏡一架，以黃綢封裹，連帶鍍金鏡架與銅製之附件。兩位內官，一盧姓，一魏姓，經教士向其說明儀器之機構，並授以使用之方法。是年八月初，教會更將製作極精之禮品數件向朝中進呈，即：天體儀一件並赤道與獸帶合製之圈環儀器一件。這兩件禮品體積頗高重大，皆係製作精巧之金屬物。此外還有用兩張巨大的紙葉所製成的半面球形圖一張，這球形是在平面上所畫的帶有網狀綫的天球，最後還有水平日晷一座，這是一直到這時在中國尙未見過的一種日晷製造法，日晷係畫在一塊白色寬五埃勒（Elle）之大理石面上，而指針則係立於一鍍金，爲皇帝紋章之象徵的龍體上。半面球形圖之兩張紙葉係裱糊在珍貴的綢子上，更以軟木緇織細格裱裝全圖，可以按照一本中國書籍之式樣，而加以摺疊；天體上所繪之各星宿皆作金黃色，而紙葉之四邊繪有極精工之邊飾。

『這些精緻的儀器，尙未送至朝中之前，皇帝曾令兩位內官到曆局先行視察。……令他們把這些禮品取至宮中，而陳列於皇城外牆之內部。二日之後，他親自將這些儀器視察一次，並且非常滿意。耶穌會教士向朝中建議，把這些儀器陳列於御殿城中，以便皇帝隨時可以親自作天空視察。他們這建議經朝廷照准，於是這兩位傳教士遂得獲膺未之前聞的榮幸，就是准許他們脚踏禁宮聖地，以便安置那些天文儀器。……所以這樣御殿城中便有了自己的一所天文臺，而爲太監之所管理。爲的是使皇帝的興趣時時熾烈，這兩位傳教士爲中國朝廷，還製造了許多其他儀器，譬如：象牙製小日晷，望遠鏡，圓規，小號天體儀，星高機，等物。』（三二）

（三二）魏特湯若望傳一五四——一五五頁。

九　明淸之改曆及湯氏掌欽天監

這時，崇禎皇帝已竟有了改用新法的意思。據明史（三十一卷）載：『是時新法書器俱完，屢測交食凌犯俱密合，但魏文魁等多方阻撓，內官實左右之，以故帝意不能決，諭天經同監局虛心詳究，務科畫一。是年天經推水星伏見及木星所在之度，皆與大統各殊，而新法爲合。』

又『崇禎九年正月十五日辛酉曉望月食，天經及大統回回東局各預推虧圓食甚分秒時刻。天經恐至期雲掩難見，乃按里差推河南山西所見時刻奏遣官分行測驗。其日天經與羅雅谷，湯若望，大理評事王應遴，禮部李，及監局守登文魁等，赴臺測驗，惟天經所推獨合。已而河南所報盡合，原推山西，則食時雲掩無從考驗。帝以測驗日月，新法爲近。』

『十年，正月辛丑朔日食，天經等預推，惟京師見食一分一十秒，應天及各省分秒各殊，惟雲南太原則不見食，其初虧食甚復圓時刻，亦各異。大統推食一分六十三秒，回回推食三分七十秒，東局所推祇游氣侵光三十餘秒。而食時推驗，惟天經爲密。時將廢大統用新法，於是管理另局曆務代州知州郭正中言，中曆必不可盡廢，西曆必不可專行。四曆各有長短，當參合諸家兼收西法。』（三三）

是年六月間傳教士又向朝廷呈遞天體儀器一件，儀器直徑長四啟，爲青銅質，材料之價值銀四百兩。（三四）

崇禎十一年（一六二八）羅雅谷去世。天算與技術工作，完全由湯若望負責。

和傳教士作對的人們，均與宦官互相勾結。他們常常暗中毀壞湯若望的榮譽。宮內的天文臺由宦官管理，他們常向朝廷進呈不實的報告，說歐洲儀器和

（三三）明史卷三十一，頁三十一——三十二。

（三四）魏特湯若望傳一五六頁。

天算無用。 皇帝也漸漸信從他們。 乃將以前搬出殿外的偶像又搬回殿中，而將天文儀器移置到旁邊去。 因此將儀器的安置完全弄錯了。 以致測天時生錯誤，崇禎對西法懷疑。 故十一年正月『諭曆法仍遵會典行大統曆。』（三五）『如交食經緯晦朔弦望因年遠有差者，旁求參考新法與回回科並存。』（三六）但魏特的湯若望傳謂：『十月十九日曾預言有月食出現 ， 但是在觀測的時候，發生湯若望的計算與月食有半點鐘的差別，因此皇帝就決斷：湯若望的計算既不對，人們便可以無須再從事於曆法的修改。』 其實在正月便已下詔不更曆法更無待十月的月食了。 這大概是湯傳誤記了。

湯若望聽見了以上所說的那種錯誤，並且也知道了其原因所在，他乃請求親入宮中將儀器位置改正，以便觀測十一月三日的日食。 當他去安置儀器時，崇禎帝正在幕後。 但直至明亡，湯若望等西洋人也未得與我國皇帝相見。

除了天文儀器之外，湯若望還製有許多他種器具，如關於光學，水力學，和音樂等物件。 最令人驚異的是他還為我國政府鑄造了重砲，魏特湯傳中對此，有段很有趣味的記載，因不在本文範圍內，故不述。

十四年十二月李天經言大統曆節氣之失，時帝已知新法之密。 『迨十六年三月乙丑朔日食，測又獨驗，八月詔：「西法果密，即改為大統曆法通行天下」未幾國變竟未施行。』（三七）

據清史稿湯若望本傳載：『順治元年睿親王多爾袞定京師，是歲六月湯若望啓言：「臣於明崇禎二年來京，用西法新法釐正舊曆，製測量日月星晷，定時考驗諸器，近遭賊毀，擬重製進呈，先將本年八月初一日日食照新法推步，京師日食限分並起復方位與各省所見不同諸數，開列呈覽。』

王命湯若望修正曆法。 七月，禮部啓請頒曆。 王言：『治曆明時所

（三五） 明實錄四九九冊，懷宗崇禎實錄卷十一，頁一。

（三六） 明史，卷三十一，頁三十二。

（三七） 明史卷三十一，頁三十二——三十三。

重，今用新法正曆，以敬迓天休，宜名時憲曆，用稱朝廷憲曆乂民之至意。自順治二年始卽用新曆，頒行天下。』（三八）

湯若望於八月十日向政府送呈六張地圖，和三件儀器——渾天儀一，鍍銀太陽象限儀一，望遠鏡一——並附帶論這三件儀器施用法之文件。又於一六四〇年八月二十一日呈遞曆書範本一册。又預測九月一日日食。於七月二十五日，湯若望進呈圖表以說明九月一日的日食。大統與回回兩學派也均進預測之圖表。湯氏將全國各大城在該日所見的日食時刻全都計算出來。八月三十日湯若望奉到批示，由大學士馮銓同湯若望赴觀象臺觀察日食。回回大統均有錯誤，惟西法無誤。（三九）乃詔封湯若望爲欽天監監正。但湯氏願專心傳教，不願爲世俗事務所束縛，堅決疏辭。後終接受。這時反對他的人又起來了。用種種方法攻擊他。據魏特湯傳載，甚至有人攻擊他說他並未奉有充當欽天監監正的命令，在禮部的文卷中並沒有這件公文。這個案件竟鬧到內閣會議。幸而禮部將這文件找到，才算了事。

湯若望時常試着改革欽天監的設施。他所最重視的是監中人員之忠實奉職與優異工作。一六五二——三，他要求將欽天監全部餉銀二百零八兩八錢四分，增至四百一十七兩六錢八分。

這時湯若望的官銜是太僕寺卿，後又改爲太常寺卿。順治十年（一六五六）三月賜號爲通玄教師。敕曰：『國家肇造鴻業，以授時定曆爲急務。羲和而後，如漢洛下閎，張衡，唐李淳風，僧一行，於曆法代有損益，元郭守敬號爲精密，然經緯之度，尙不能符合天行。其後晷度遂以積差。爾湯若望來自西洋，精於象緯，閎通曆法，徐光啓特薦於朝，一時專家治曆如魏文魁等實不及爾，但以遠人多忌，成功終不見用。……朕承天眷，定鼎之初，爾爲朕修大淸時

（三八）淸史稿第八十四册，湯若望傳。

（三九）東華錄（順治二年）載：『是年八月丙辰朔日有食之，命大學士馮銓同湯若望…測驗……惟西洋新法一一吻合，大統回回兩法俱差時刻。』

憲曆。……　今特賜衘嘉名，俾知天生賢人佐佑定曆，補數千年之闕略，非偶然也。』(四〇)

又陞他爲通政使，進秩正一品。

又將欽天監中之回回科取消。

十　被誣與受審

順治十四年四月，革職回回科秋官正吳明炫疏言：『臣祖默沙亦黑等一十八姓本西域人，自隋開皇己未，抱其曆學，重譯來朝，授職曆官歷一千五十九載，專管星宿行度。　順治三年掌印湯若望，諭臣科：凡日月交食及太陰五星淩犯，天象占驗，俱不必奏進。　臣察湯若望推水星二八月皆伏不見，今於二月二十九日仍見東方，又八月二十四日夕見，皆關象占，不敢不據推上聞。　乞上復存臣科，庶絕學獲存，並上十四年回回術推算太陰五星淩犯書，日月交食占象占驗圖象。』(四一)

吳氏又上疏舉湯若望舛錯三事：一，遺漏紫氣，一，顛倒觜參，一，顛倒羅計。

八月，上命內大臣愛星阿及各部院大臣登觀象臺測驗，水星不見。　議明炫罪坐奏事詐不以實，律絞；緩赦，得免。

直至此時，湯若望與舊學的爭鬥上都在勝利。　大統回回都有千年以上的歷史，而湯氏用幾十年的工夫便全打倒。　然而因此樹敵太多，以致幾瀕死亡。我國史册對湯氏之被誣，有詳細的記載，而魏特湯傳所述更有聲色。　事關我國曆學新舊相爭至鉅，故略述如下。

這時反對湯若望最利害的是楊光先。　據清史稿楊傳載，他在明時爲新安所千戶。　清初命湯若望用新法治曆，並所頒之時憲曆書的封面，題有『依西洋新

(四〇)　清史稿湯若望傳（列傳五十九）頁一一二。

(四一)　前書十一頁。

法』五字。光先上書，指其不宜。後來又指摘湯若望誤以順治十八年閏十月爲閏七月。於是乃著闢邪論以攻擊湯若望。斥湯氏所奉的天主教爲妄言惑衆。他否認天主的人格化，否認造物主，並嗤笑十字架與其他基督教信條之無理。他說：『傳教士們，尤其湯若望，敗壞國家的官吏，誘引他們造反。朝廷不可不特別小心預防有鞏固軍事設施的澳門。湯若望在全國暗自埋伏敵對國的人，基督教徒的十字架與聖牌，便是此輩謀叛黨徒的信號。』（四二）

但傳教士對此種言論並未予以駁斥。直到一六六四年（康熙三年）才有一本駁辯闢邪論的著作，名爲天學傳概。楊光先又著不得已辯駁之。並向北京市民散布了五千份誣蔑歐洲天算術的傳單。楊光先的勢力本來不大，不足以打敗科學的西學。然而這份宣傳宗教的天學傳概却引起了多數人的反對。因爲該書謂中國第一位大皇帝伏羲也是亞當（Adam）的子孫，是由猶太到中國來的。並且說中國的哲學，如果與基督教學說赫赫之光相較，則僅爲螢火之明了。湯若望本來想以天學作爲傳教的階梯，可是因爲曆學而樹敵，又因教會傳教之技術不慎而影響天學。這恐怕是他們所未能預測的。

這本天學傳概給了反對基督教的回教天算家，僧徒，太監，一個良好的藉口。大獄因之而起。

一六六四（康熙三年）九月十五日，楊光先向禮部控告湯若望，南懷仁，利類思，安文思等四人。控告的條類是：陰謀不軌，危害國家，宣傳不正當的宗教，及傳佈舛謬虛妄的天算學說。

審判結果爲：湯若望陰謀不軌，擬處絞刑，南懷仁等各應杖一百，驅逐朝外。

將前兩種罪名審判之後，便審判第三種，時爲一六六五年。此時在一月十六日恰爲日食之期，於是於多日前即由大統，回回，西洋三派將其預推的結果送遞部中。以便裁判湯若望所持的天算學說是否舛謬虛妄。至期，三派領袖，

（四二）魏特湯若望傳四七四頁。

及各閣老，各部尚書，次級官員，及欽天監全體官員，均共同觀測。南懷仁推算，北京所見的日食應在下午三點二十六分開始。結果回回天算家所預測日食的時候較南懷仁所預測的早半點鐘，而大統所推算的較南懷仁早一刻鐘。關於這場鬥爭，魏特的湯傳寫得很有聲彩。當時湯若望病勢很重，呼吸困難，有時竟喪失意識，昏迷不醒。但「在測驗的時候他不得不帶那九條鎖鍊莅場，蜷臥於風地中一張床上。南懷仁令人將他的望遠鏡送來。他們將他手上的鎖鍊去掉，而將他脖頸上的鎖鍊舉起，以使他能當場工作。日食之時漸次移近。在記時儀器之前，立有數位官吏，呼報時刻。「現在是回回曆所推算的時刻了」，過了十五分鐘的時間，絕未見有絲毫日蝕底痕跡。「現在到了中國曆法所推算的時刻了」，又差不多等了十五分鐘之久（四三）仍見不到日蝕。「現在是你所推算的時刻了，湯若望！」在這一瞬間，太陽登時便開始昏晦，入於蝕底狀態。當場之一切人們，只除去這時深覺羞愧難堪的回回與中國天算家之外，俱皆顯露出興奮驚服的神情。他們一方面向大家遞茶，一方面都依次向望遠鏡內觀察日蝕。……在這裏南懷仁于他的記錄中却作了一種良心的承認，因爲實際上日蝕的開始本來是比他所推算的時刻較早五分鐘的……但因記時儀器前，呼報時刻之官吏在他們那激動興奮的心情中，呼報湯若望的時刻時，恰恰早呼五分鐘。政府公報登時便把歐洲天算的勝利公佈全國。中國與回回兩方面之天算家不得不具結畫押以承認他們的錯誤。按照國法與律條，他們應交刑部議處，但以皇帝之恩赦而得幸免。」（四四）

湯傳又說：『爲的是要在這一案件上，弄得一個極悲重的結局，……輔政大

（四三）此處由著者將原文更改。因上文既說回回天算家比南懷仁預測的日食時間早半點鐘，大統早一刻鐘，那麼必須先呼回回後呼大統才對。而原文則是：『記時儀器之前，立有數位官吏呼報時刻：「現在是中國曆法所推算的時刻了！」十五分鐘的時間，絕未有絲毫日蝕底痕跡。「現在到了回回曆所推算的時刻了！」又差不多等了半小時之久，仍見不到日食。』照原文計算，中國早四十五分鐘，回回早三十分鐘，與前文相違，並錯誤太甚，故改正之。

（四四）魏特湯若望傳四五——六頁。

臣們便決定，當在禮部關於天算案件，正在進行的時期，召集御前大會議，以便解決西洋天算問題。……參與這御前大會人員之總數，竟有二百名。這可謂萃漢人與滿人之英俊於一堂，而予歐洲之科學及其代表者湯若望以裁判了。

『湯若望和南懷仁二人帶着鐵鍊，被帶至大殿中，跪於王公之對面。告發者楊光先跪於大殿之左面。禮部之一位尙書走出行列，跪於殿之中央，宣讀禮部審訊西洋天算時之記錄一篇。這篇記錄宣讀後，便有許多的發問繼之而起。南懷仁撐起精神來，努力用着帶來的儀器底資助要把這一些實在所知絕少的裁判人員們，引入歐洲科學的神秘中。湯若望因言語費力，竟致多次疲憊得臥地不起。………爲證明歐洲天算之優越，南懷仁提議，藉春分之時刻，可以作一次天象之觀測，但是人們不贊成他這種提議。南懷仁又呈遞一册兩年前所寫關於歐洲天算之著作。這本著作是他曾在先一日夜間命七位書記一夜工夫，繙譯成滿洲文字的。然而他們一切的努力俱皆白費。』(四五)

康熙四年，取消新法，又用大統曆。命楊光先爲欽天監監正。但他知道自己學識不够，乃用吳明炫爲監副。明炫想恢復回回科未成功。

康熙五年楊光先進所著的摘謬論，選擇議，斥湯若望新法之謬，及擇榮親王葬期誤用洪範五行。乃由議政王等審議。議政王等議：『歷代舊法，每日十二時分一百刻，新法改九十六刻。康熙三年立春，候氣先期起管，湯若望妄奏春氣已應，參觜二宿改調次序，四餘刪去紫氣。天佑皇上，歷祚無疆，湯若望祇進二百年曆。選榮親王葬期不用正五行，反用洪範五行。山向年月俱犯忌殺。事犯重大。湯若望及………若望義子潘盡孝皆斬。』(四六)

詔命湯若望免死並免流徙。此案被斬者五人，餘均流徙。時湯若望已七十六歲了。是年卒。

『聖祖旣親政，以南懷仁治理曆法，光先坐譴黜，復用新法。時湯若望已

(四五) 前書四九九至五〇〇頁。
(四六) 清史稿八十四册，列傳五十九，湯若望傳。

前卒。復通微教師封號，視原品賜卹。改通玄曰通微，避聖祖諱也。』（四七）

『南懷仁復呈告光先依附鰲拜，將歷代所用洪範五行稱為滅蠻經，致李祖白等無辜被戮，並援引吳明炫誣告湯若望謀叛。下議政王等議，坐光先斬。上以光先老，貸其死，遣回籍，道卒。刑部議明炫坐奏事不實，當杖流。上卹笞四十釋之。』（四八）

這場大獄，就這樣完結了。

十一　湯氏對我國曆法之貢獻

甲　儀器——若望於順治元年上疏稱：『臣……治日月晷定時考驗諸器，近遭賊毀，擬重進呈。』（四九）

乙　著述——疇人傳載：『徐光啓，李天經前後所進交食曆指，交食表，交食表用法，交食蒙求，古今交食考，恆星出沒表，及恆星屏障，皆若望所作也。』（五〇）

若望定新法算書總一百卷：緣起八卷，大測二卷，測天約說二卷，測日略二卷，曆學小辯一卷，渾天儀說五卷，比例規解一卷，籌算一卷，遠鏡說一卷，日躔曆指一卷，日躔表二卷，黃赤正球一卷，月離曆指四卷，月離表四卷，五緯曆指九卷，五緯表說一卷，五緯表十卷，恆星曆指三卷，恆星表二卷，（五一）恆星

（四七）仝前書。

（四八）清史稿八十四冊，列傳五十九，楊光先傳。

（四九）清史稿湯若望傳所引之湯若望於順治元年所上之奏疏中言。但若望於明末所製之儀器，史無詳載。散見於各書中者除本文第七章徐光啓奏請製造修曆急用儀器十事與第八章及本章所引新法算書之記載外，尚有馮承鈞譯之入華耶穌會士列傳（商務出版）一九四頁所載之：『渾天球一具，平面地圖一具，附赤道線，上列十二宮。球體大而適當，用百兩鑄之，其上鍍金。又製中國前此未見之地平日晷一具，用白玉為之，長五尺，其針金龍負之。復為朝中貴人製造便於攜帶之日晷，用象牙為之；又為諸天文家製大小望遠鏡，球儀，羅盤，觀象儀等器，俾利觀測。』

（五〇）卷四十五。

（五一）據周昌壽著：譯刊科學書籍考略四一七頁載恆星表五卷。

經緯圖說一卷，恆星出沒表二卷，交食曆指七卷，古今交食考一卷，交食九卷，八線表二卷，幾何要法四卷，測景全義一卷，新法曆引一卷，曆法西傳二卷，新法表異二卷。（曆法西傳，新法表異二書，據疇人傳謂入清後所作，那麼，此外諸書均是明時所作了。）以上載疇人傳。（五二）

疇人傳所未載者尚有：西洋測日歷一卷（一六四五），民曆補注解惑一卷（一六八三），欽定七政四餘萬年書，新曆曉惑一卷，測食說二卷，共譯各圖八線表一卷，奏疏四卷，赤道南北兩動星圖，恆星屏障，交食蒙求，交食表用法。又集成西洋新法曆書五種二十六卷（內日躔表二卷，月離表四卷，五緯諸表原敍目一卷，五緯表十卷，出於羅雅谷之手。交食表九卷，則出於湯若望之手。）（五三）

此外尚有：崇一堂日記隨筆，西曆新法。（五四）

若望在新法算書中所論的新法，大要有四十二事：

（一）天地經緯。言：天有經緯，地亦有之。地形寔圓，大約二百五十里當天之一度，經緯皆然。

（二）諸曜異天。言：諸曜各天，高卑相距遼甚。舊歷認為同心，為誤非小。

（三）圓心不同。言：太陽本圈與地不同心。二心相距古今不等。

（四）蒙氣有差。言：地中有游氣上騰，能映小為大，升卑為高，地勢不等，氣勢亦不等，若非先定本地之蒙氣差，終難密合。

（五）測算異古。言：古法測天，惟以勾股。新法測天以弧三角形算以割圓八線表，是為以圓齊圓，遇直遇斜無往不合。

（六）測算皆以黃道。言：日行黃道月五星皆出入黃道之外。曆家測

（五二）卷四十五。

（五三）譯刊科學書籍考略頁四一六——七。

（五四）載於鄧之誠編：明清史卷上，明末清初西來教士著作簡表。

天，用赤道儀所得經度尚非本曜在天之宮次。新法就所得通以黃赤道率表，乃與天行密合。

（七）改定諸應。言：七政平行，起算之端悉從天聰二年戊辰前，冬至後，己卯日，子正為始。

（八）節氣求眞。言：舊法平節氣，非天上眞節氣。新法悉皆改定。

（九）盈縮眞限。言：歲實生于日躔，由日輪之轂漸近地心，其數浸消，往曆強欲齊之，古今不相通矣。授時擬立消長，此說為近。而據算測天又未合者，須知日有最高最卑二點，上古在二至前，今世在二至後六度有奇，乃眞盈縮之限，授時從二至起算，如此歲實安得齊也。今用授時消分為平歲，更以最高卑差加減之，為定歲。

（一〇）表測二分。言：舊以圭表測冬至，非法之善也。新法用春秋二分較二至為最密。

（一一）太陽出入及晨昏限。言：大統曆自永樂後造自燕都，乃猶從江南起算與差遠甚。新法從京都起算，而諸方各有加減。

（一二）晝夜不等。言：一歲行度晝夜不等。其差較一刻有奇。新法獨明其故有二：一緣黃道夏遲冬疾，差四分有餘，一緣黃赤二道廣狹不同距，則率度必不同分也。

（一三）改定時刻。言：晝夜定為九十六刻，於推算甚便。

（一四）置閏不同。言：舊法置閏用平節氣非也。新法用太陽所躔天度之定節氣與舊不同。

（一五）太陰加減。言：朔望止一加減，餘日另有二三，均數多寡不等。

（一六）月行高卑遲疾。言：月行轉周之上，最高極遲，最卑極疾。五星準此。

（一七）朔後西見。言：朔後月見遲疾甚有差至三日者。新法獨明其故有三：一因自行度遲疾，一因黃道升降斜正，一因白道在緯南緯北。

（一八）交行加減。　言：月在交上，以平求之必不相合。　因設一加減爲交行均數。

（一九）月緯距度。　言：舊法黃白二道相距五度，不知朔望外尚有損益，其至大之距五度三分之一。

（二〇）交食有無。　言：距交近則其度狹小于兩半徑，故食距交遠則其度廣，月過景過而不相涉，何食之有。　然此論交前後也。　又當論交左右太陰與黃道之緯度相距幾何度分。　月食則以距度較月與景兩半徑幷，日食則以距度較日月兩半徑幷，而距度爲小則食，若大則不食。

（二一）日月食限不同。　言：日食則太陰與地景相遇，兩周相切，以其兩視半徑較白道距黃道度，又以距度推交，周度定時限。　若日食，則雖太陽與太陰相遇，兩周相切，而其兩視半徑未可遂以之定兩道之距度爲有視差，故必加入視差而後得距度。

（二二）日月食分異同。　言：距度在月食爲太陰心實距地景之心愈近，食分愈多；愈遠，食分愈少。　在日食爲日月兩心之距，距近食多，距遠食少。與月食同。　但日食不據實距，而據視距。

（二三）實會中會以地心爲主。　言：會者，以地心所出直線上至黃道者爲主，而日月五星兩居此線之上，則實會也。　若月與五星各居其本輪之周地心所出線上，至黃道而兩本輪之心俱當此線之上，則爲中會。

（二四）視會以地面爲主。　言：視會新法所創也。　日食有天上之實食，有人所見之視食。　其食分之有無多寡，兩各不同。　其推算視食，則依人目與地面爲準。

（二五）黃道九十度爲東西差之中限。　言：地半徑三差，恆垂向下：高卑差以天頂爲宗，南北差以黃道極爲宗，東西差則黃道上弧也。　故論天頂，則高卑差爲正下，南北差爲斜下，而東西差獨中限之一線爲正下，以外皆斜下。　論黃道則南北差爲股，東西差爲勾，高卑差恆爲弦。　至中限則股弦爲一線，無勾矣。 所謂中限者，黃道出地平東西各九十度之限也。

（二六）三視差。 言：視會即實會者惟天頂一點爲然。 過此則有三種視差，其法以地半徑爲一邊，以太陽太陰各距地之遠爲一邊，以二曜高度爲一邊，成三角形，用以得高卑差，一也；又循南而變緯度得南北差，二也；以黃道九十度限偏左偏右而變經度得東西差，三也。

（二七）外三差。 言：東西南北高卑之差皆生于地徑外。 三差不生于地徑而生于氣，一曰清蒙氣差，二曰清蒙徑差，三曰本輪徑差。 此振古未聞，近始得之。

（二八）虧復不一。 言：日食虧復時刻，非二時折半之說。 新法以視行推變時刻，則虧復時刻不一之故了然矣。

（二九）交食異算。 言：諸方各以地經推算交會時刻及日食分。

（三〇）日食變差。 言：據法應食，而食不見食，必此日此地之南北差，變爲東西差故。 此亦千百年偶遇一二次，非常有者也。

（三一）推前驗後。 言：新法諸表，遠溯唐虞，下沿萬禩，開卷瞭然，不費功力。

（三二）五星準日。 言：推算五星皆以太陽爲準。 舊法於合伏日數，時多時寡，徒以段目定之，不免有差，新法改正。

（三三）伏見密合。 言：五星伏見，舊法惟用黃道距度，非也。 須知五星有緯南緯北之分，黃道又有斜正升降之勢，各宮不同，所以加減各異，新法改正。

（三四）五星緯度。 言：太陰本道斜交黃道，因生距度與陰陽二曆。 五星亦然。 故其兩交亦曰正交中交。 其在南在北亦曰陰陽二曆，新法一一詳求，舊未能也。

（三五）金水伏見。 言：金星或合太陽而不伏，水星離太陽而不見，用渾儀一測便見，非舊法所能知也。

（三六）五星測法。言：測五星須用恆星爲準。

（三七）恆星東移。言：恆星以黃道極爲極，故各宿距星，時近赤極亦或遠赤極。此由二道各極不同，非距星有異行或易位也。

（三八）給星大備。言：舊法給星僅依河南見界。新法周天皆有，不但全備中國見界而已。又新法定恆星大小有六等之別，前此未聞。

（三九）天漢破疑。言：天漢昔稱雲漢，疑爲白氣者。新法測以遠鏡，始知是無算小星攢聚成形，卽積尸氣等亦然。

（四〇）四餘刪改。言：羅睺卽白道之正交，計都卽中交，月孛乃月所行極高之點。至紫氣一條，無數可定，明係後人附會，今俱改刪。

（四一）測器大備。言：近代靈臺所存，惟有圭表符景簡儀渾象等器，頗不足用。新法增置者，曰：象限儀，百游儀，地平儀，弩儀，天環天球紀限儀，渾蓋簡平儀，黃赤全儀，日星等晷，而所製遠鏡更爲窺天要具，此西洋近時新增，百年前未有也。

（四二）日晷備用。言：單論求時，則晷爲最準。新法創斯晷，隨處可用，無拘垣壁正側，咸可製造，其稱最者，則地平晷，三晷，百游晷，通光晷，其若柱晷，瓦晷，碗晷，十字晷等不啻數十種，此外更有星晷及測月之晷以爲夜中測時之需。（五五）

我國研究曆學已數千年了，至湯若望才眞正窺得天道，測算無誤。湯氏對我國的貢獻，由以上諸點看來，眞是偉大得很。以這種貢獻與他和舊學的鬥爭情形相比，實屬可歌可泣。明末清初以及清朝至民國，是我國文化變遷史上一個最重要的時代，而在諸般變化之中，以曆法的改革最爲困難。因爲這是我國舊學與歐洲科學接火的第一仗，所以打得最爲猛烈。

不過湯氏在諸般貢獻之中，有一點是我們後人，認爲不可解的，就是湯若望的曆法西傳認爲歌白尼有天動以圓解，又求太陽最遠點及太陽甕度。既然承認

（五五）疇人傳卷四十五湯若望傳。

天動以圓，而太陽又有遠近蹿度，則天與太陽不是都動了麽？　這不是與歌白尼的學說正相反麽？　何以博學如湯氏者，竟這樣解釋歌白尼的學說呢？

十二 結　論

湯若望來華之目的，不是改曆，更不是想將歐洲的科學方法與精神輸入我國，而是在傳播天主教。　至如改曆鑄砲等等乃是用以打動皇帝，獲得世人敬佩以使傳教得到便利。　這是湯若望的根本態度。　而我國方面呢，在朝廷方面可以說對傳教事很不注意，即對湯氏之贊揚，也均以他在天曆上的功績爲主。

這裏有兩篇可紀念的文字，一篇足以表明湯氏的態度，一篇足以表明中國政府的態度，將原文對讀是十分有趣的。

順治因爲湯若望改曆有功，賜給他一塊塋地。　湯氏便在該地建一聖母小教堂。　於一六六〇年（順治十七年）八月他樹立一碑石刻着漢滿文的碑記。　其文謂：『……臣若望蒙恩，軫念犬馬齒衰，賜地一區，以作他日窀穸所，所以昭異眷也。　……寵施優渥，出於格外，豈人力也哉。　古聖賢於遇合之際，率歸之天，今予之得遇主上，用西法以定曆，進修士以養教，道之將行，日升月恆，殆未可量。　又不特一身之感恩稱知己而已。　謂非天主上帝默作合於其間，可乎？用是昕夕輸誠，仰圖報答，計莫如崇祀。　乃於賜地之中央構椽，內供聖母抱天主耶穌，名聖母堂，以資焚祝。……』（五六）

全篇的話都是以天爲主，處處都未離傳教的立場。　而前文所引的皇帝賜湯若望通玄教師封號時的諭旨，全篇都稱稱讚湯氏對於天算學問之精到，而沒有一個字談到天，談到道。　不特賜封號的諭旨是如此，就是順治在湯若望於宣武門內所建的大教堂前立的碑上，所御賜的碑文以及銘文，也莫不如此。　這個碑文是在順治十四年（一六五七）賜刻的。　順治與湯氏已十分接近，並肯爲教堂立碑，可是這碑文對湯氏所推崇的是他的天文曆法之功績，對天主教所提及的是

（五六）魏特湯若望傳（引黃伯祿正教奉褒原文）三〇九——三一〇頁。

皇帝自言信儒，略涉道佛，而不知天主之說，這碑文，無異是皇帝一個不信天主教的宣言。我們且看看碑的原文，便可知湯氏對天算之成功與傳教的失敗了。

『自漢以還，迄於元末，修改者七十餘次，創法者十有三家。至於明代，雖改元授時曆爲大統之名，而積分之術，實仍其舊。洎乎晚季，分至漸乖，朝野之言，僉云宜改，而西洋學者，雅善推步。於時湯若望航海而來，理數兼暢，被薦召試，設局授餐，奈衆議紛紜，終莫能用。歲在甲申，朕仰承天眷，誕受多方，適當正位凝命之時，首擧治曆明時之典。仲秋月朔，日有食之，特遣大臣，督率所司，登臺測驗，其時刻分秒起復方位，獨與若望豫奏者，悉相符合。及乙酉孟春之望，再驗月食，亦纖毫無爽，豈非天生斯人，以待朕創制立法之用哉。朕特任以司天，造成新曆，勅名時憲，頒行遠邇。若望素習泰西之教，不婚不宦，……都城宣武門內向有祠宇，素祀其教中所奉之神，近復取錫賚所儲，而更新之。朕巡幸南苑，偶經斯地，見神之儀貌，如其國人，堂牖器飾，如其國制，問其几上之書，則曰，此天主教之說也。夫朕所服膺者堯舜周孔之道，所講求者，精一執中之理。至於玄笈貝文所稱道德楞嚴諸書，雖嘗涉獵，而旨趣茫然。況西洋之書，天主之教，朕素未覽閱，焉能知其說哉。但若望入中國，已數十年，而能守教奉神，肇新祠宇，敬愼蠲潔，始終不渝，孜孜之誠，良有可尙，人臣懷此心以事君，未有不敬其事者也。朕甚嘉之，因賜額名曰：通玄佳境，而爲之記。』（五七）

魏特湯傳認爲順治很有信天主教的可能，但據這個碑文看來，順治崇奉儒學，兼涉道佛，而對於天主教的書卻從未看過。並且也不知其道理。至於爲教堂立碑，也不過是因爲湯氏對我國制曆有功，和希望他以奉神之心以事皇帝而已，並無絲毫崇信天主教，贊揚天主教的意向在內。在碑的反面刻有二十四個字，最足表明此意：

事神盡虔，

（五七）前書，三一五——六頁。

事君盡職，

凡爾時人，

永斯矜式。（五八）

所以，以我國天文曆數之改革的成績言，湯氏毫無疑問的成功了；以奉耶穌會的派遣所負傳教的使命言，湯氏是大部分失敗了。明清之交，改曆一事，關乎我國文化，思想至鉅，在此東西文化交轉點上，湯若望能傑然嶄露頭角，佔一席地，以其個人論是一大幸事，以我國文化之發展論，能得此新血液，新精神，新科學頭腦，新的治學方法，也是一大幸事！湯氏雖未能竟其傳教之使命，但在東西文化之交流史上可以卓然不朽了。

（五八）寄園寄所寄（趙恒夫輯）卷七，六五頁轉載帝京景物略之言謂：「天主堂在北京宣武門內東城隅。……堂製狹長，上如覆幔，傍綺疏藻，繪詭異，其國藻也。供耶穌像其上，畫像也。望之如塑。貌三十許人，左手把渾天圖，右叉指，若方論說次指所說者，鬚眉豎者如怒，揚者如喜，耳隆其輪，鼻隆其準，目容有瞩，口容有聲，中國畫繢事所不及。所具香鐙蓋韓，修潔異狀。有聖母堂，母貌少女，手一兒，耶穌也。衣非縫製，自頂被體。」

清季達賴喇嘛出亡事蹟考

Die zweimalige Flucht des Dalai-Lama am Ende der Ch'ing-Zeit

吳豐培

一　緒論

西藏介於羌回滇蜀之間，政教風俗，迥異中原，清初歸順，視為附庸；康乾之際，屢加撻伐，始克敉定；增設駐藏大臣，監督其政治；而宗教習尚，一仍其舊，鞭朔不及，餘可知也。　百年之間，尚稱晏然，迨清室不競，中原多故，外侮日甚，法人逼取越南，俄則蠶食回疆，英亦乘機以窺藏，以庸碌之藏臣，頑梗之番僧，與狡焉思逞之英人抗　，無異於以卵投石也。　考藏人之敢於頑拒抗命者，厥有數端：自道光以降，中朝大吏，膜視邊務，所遣藏臣，類多庸庸之輩，罔悉番情，只求瓜代有期，博得勞蹟保舉。　威信漸失，魁柄下移。　而川兵駐防，又皆綠營疲敝之卒；入藏以後，輒娶藏女爲之應娶而供豢養；每年春秋兩汛，雖有操練之名，大率派一委遊代職，事畢以空文塞責，武備廢弛，文教不修，軍民兩政，均不足以震懾藏人；至漸生玩視之心，動輒抗命，此其遠因也。又印藏通商一事，堅阻多時，終以隆吐一敗，俯首定約；而駐藏大臣文碩，以阻藏去職；藏人以清廷奪其賢明長官，更失恭順之心，此又一原因也。（余有文碩對藏政策及處理隆吐設卡案之始末一文詳誌原委）。至光緒二十二年瞻對一案，以番官虐待瞻對人民，侵擾鄰近明正朱窩等土司，經四川總督鹿傳霖進勦，立破其衆。乃議改土歸流，卒以駐藏大臣文海四川將軍兼署總督恭壽受達賴喇嘛之賄，推翻全案；終以瞻對歸還藏番。而商上視清廷更張無定，政以賄成，益生離叛之心。此又一重大原因也。（余成清代瞻對始末一文不日脫稿）。於是藏臣命令，視同具文，頑強之態，日甚一日也。迨英國侵略之步驟，逐漸完成，利誘威逼之法，層出不窮。清廷外交無人，以天朝舊日之虛聲，責成藏人服從約束，而商上以延宕爲得計，終至英軍武力入境，節節失敗，兵至拉薩而達賴喇嘛遂出亡矣。商上震其軍威，擅與英訂立條約，此後諸約，均以此爲根據。於是藏中權利喪失，中原主權剝削，造成不可拾收之局。至達賴喇嘛二次出亡印度，即中藏分裂結癥所在。研求近代史者，焉可忽諸！而藏人不自咎其反覆無常，強弱不敵，而譏中朝有以害之，詎爲定論？茲不揣鄙陋，采集當時重要史料，而綴記之，以明其眞像焉。

二　達賴喇嘛之身世

達賴喇嘛，稽考經典所載，原爲觀世音菩薩之化身，任宗教之主宰；本已早入涅槃。惟因普渡衆生，遂不惜而轉生於世者也。達賴之名稱，起源於蒙古，意爲大海，蓋言智識如大海也。西藏人稱之曰甲娃仁補清，意爲最勝寶飾；喇嘛者，西藏語無上之義。達賴喇嘛之職掌，首超全藏，握政教兩大權，駐錫拉薩北方山上之布達拉宮，每歲例至色拉等寺說法，並誦經，總轄寺廟三千一百五十餘座，約喇嘛三十餘萬衆(一)。　爲西藏黃教之元首，其第一世達賴喇嘛根登珠巴，即羅倫嘉木錯，（按達賴傳作根登珠巴羅布桑；又蒙藏佛教史謂根敦珠巴，法語成就蔚之意）於辛未年（明洪武二十四年）在後藏霞堆地方出世，十五歲拉蕩大堪布扎巴喜饒傳授小戒，二十歲時傳授大戒，親至前藏，經宗喀巴收爲大弟子，授以班禪神母各經。　尋回後藏，創修札什倫布，年八十四在札什倫布圓寂(二)。十三傳而至達賴喇嘛阿旺羅布藏吐布丹甲錯濟寨汪曲却勒朗結，張伯楨達賴傳記其身世云：

「第十三輩於光緒二年丙子五月初五日，　在達布甲探營官屬下郎頓家出世，因有種種靈異，全藏僧俗，公同陳請於駐藏大臣代奏，作爲眞正之呼畢勒罕。　……其父名工噶仁青母名洛桑竹瑪。　……隨於光緒三年丁丑由班禪額爾德尼會同掌辦事務通善濟隆呼圖克圖，并色拉布賚綳噶勒丹三大寺以及札什倫布，商上供職僧俗番官等，公同叩稟駐藏大臣松淮匯呈出具圖記公稟在案。　隨蒙具奏，於是年八月二十九日奉到諭旨；着照松淮所請，工噶仁青之子羅布藏塔布克木錯毋庸入於金瓶簽掣，　即作爲達賴喇嘛之呼畢勒罕。　餘依議。　光緒四年戊寅正月十二，在賁湯德娃尖寺由班禪額爾德尼剃髮授戒，取名爲阿旺羅布藏吐布丹甲錯濟寨汪曲却勒朗結，是年坐床，事畢并奉諭准其使用玉册金印，以及黃轎黃鞍黃韁黃圍幔。　……是年按照定章，奏明將呼畢勒罕名號撤銷。　八年壬午正月十三日由榮增師傅通善濟隆傳授大戒。　……二十一年乙未由正榮增師傅傳授大格隆大戒。　……是年十八歲遵照定制及諭旨掌管政教事務。　時十一月初二日也。」

宗教源流考亦記其事蹟云：

「……二十六年，殺其前掌辦商上事務正榮增師傅第穆呼圖克圖阿旺羅布藏稱勒饒結及其弟洛策等；并將第穆所居之闡宗寺財產，全行查抄入己，並

（一）　蒙藏佛教史第四篇第二節。

（二）　宗教源流考。

咨請駐藏大臣裕鋼代奏，將第穆呼圖克圖名號永遠革除。（按第穆富有貲財，且深得民心，達賴忌而殺之，故今藏人道及此事，頗爲第穆惜，而不直達賴）。……三十一年六月英兵進藏……達賴聞之先一日倉皇北遁」矣。

三　中英藏印之交涉

清光緒二年哲孟雄布魯克巴兩部長，以英人有窺藏之心，稟請駐藏大臣籌備，設法辦理；於是哲部長潮呢英人，以捨納爲英租界。藏人恨哲王與英私結條約，屢議伐之。是年政府與英人訂煙台條約，特別條款中：許英使節入藏（三）。於是三年五月，有英人吉爲哩等赴藏游歷之事。時四川總督爲丁寶楨乃設法阻止，未果入藏。寶楨爲未雨綢繆計，奏請羈縻布魯克巴及廓爾喀兩部落以拒英，復請設法防止洋人入藏遊歷，及派專員駐紮江孜定日地方，以探查英哲情形（四）。而駐藏大臣色楞額逞頓無能，至藏毫無建樹。寶楨雖關心藏事而鞭長莫及。厥後英議與藏通商，而藏人不從；復於隆吐築卡，以橫英人通商之路。英既視哲孟雄爲保護國，隆吐在哲境，乃向清廷交涉。清廷諭駐藏大臣文碩令藏人撤卡。文碩袒藏番，謂隆吐爲藏境，卡無可撤。並請備兵，嚴旨切責，罷文碩以升泰代之（五）。十四年四月英擊藏軍敗之，毀卡，復議於邊地通商；而藏人據新關以隆吐日納宗爲藏地堅持不讓。升泰至藏查得乾隆五十三年舊檔云：「哲孟雄受逼於廓爾喀，達賴以日納宗地給之，以雅拉支木兩山爲界。」遂以此案示藏人。不許出戰。藏人不從，英復督兵，大敗藏軍。據哲孟雄陷亞東郎熱諸要塞，進逼仁進岡。升泰遣守備蕭呂先停戰，復赴邊與英議和。十六年訂藏印條約十六款。於是哲孟雄遂確定爲英國所有。而藏邊險隘，亦與英共之矣（六）。十九年根據前約，復訂英藏通商交涉遊牧條約九

（三）據西藏六十年大事記。

（四）據丁文誠公奏議。

（五）據文碩奏牘。

（六）據升泰奏牘。

條，開亞東商埠，聽英商貿易。添設靖西廳同知監督之。印政府派員駐紮察看商務。自交界至亞東，任英商隨意來往。藏界內英人與中藏人民訴訟，由中國邊界官與英員商辦。印度遞駐藏大臣交件，由印度駐哲孟雄之員，交中國邊務委員驛遞。藏人至哲孟雄游牧，遵英國定章，與原約一律奉行（七）。此約既訂，藏人以通商事，英人獨享權利，而游牧事，藏人反受限制，於亞東開埠勘界之事，不肯實行。遷延時日，復受俄誘惑，漸生親俄之意。二十九年五月英人乘日俄戰爭之機，藉口於條約，不能實行，令邊務委員惠德(James Hart)帶兵二百人，直抵干壩至甲崗，折毀那金鄂博，驅逐守界藏兵。大佐榮赫鵬(Francis Younghusband)帶兵三百名，駐西金以作後援。亞東稅務司巴爾(S. W. Paul)飛報駐藏大臣裕鋼言印督以華官無權治理西藏，擬與有權之藏官，重定約章，強令西藏自主云。裕鋼即電告政府，並照會達賴請派噶布倫隨知府何光燮赴干壩和平商議。時達賴方睦於俄，又恨漢官袒庇洋人。言不宜派大員往議以驕敵；僅派小官達結古堆隨何守前往。商上又歷引乾隆五十九年鄂博為據，決不讓步。七月十九日總署以印兵越界詰英使。英使照覆，略言藏番不遵守十六年及十九年之約，又將宅拉拉東珠拉之界碑毀去。印茶入藏均被喇嘛及地方官阻礙。甲崗原在哲境，是以不准藏番游牧。政府已飭惠德審慎，免越定界。又令藏臣與達賴喇嘛迅派委員與惠德會商，永免葛籐。七月何光燮出關，前往干壩會議於帕克里。藏官奉噶布倫之命，停止供應夫馬，致不能行。於是何光燮告病折回拉薩，裕鋼以外交棘手，亦告病辭職（八）。清廷以有泰為駐藏大臣。十一月有泰至藏英軍由干壩繞道至帕克里，日盼藏官議和。有泰畏縮，僅派都司李福林往議，請英軍退出亞東。李福林至江孜，不敢前往。英官屢經函催，有泰始照會達賴請派噶布倫隨議。然達賴依賴俄國，不願與英交涉，遂寢其事。於是三十年始有英軍入拉薩之事矣（九）。

（七）據國際條約大全，及西藏問題。

（八）據西藏六十年大事記。

（九）據有泰奏牘。

四　英軍之入藏

三十年二月英遂進兵江孜至骨脊地方，藏番阻止不從，因起戰爭。印藏往來照會中榮赫鵬致駐藏大臣有泰照會云：

「……昨於十五日，本大臣前往骨脊地方；骨脊係去江孜大道，行離該地不遠，見番營駐兵紮牆於當路。本大臣即令該戴本等毋得阻擋去路，本營須往骨脊，並非與爾等爭戰而來。如或不聽，本大臣所保護之兵，應分開道前行。於是本營兵陸續前進山上，番兵數百，准令退去。本營兵並未開放一鎗。其時前藏戴本督兵悉踞營壘，本營兵環繞於外，番兵仍不肯退讓。本大臣遂吩咐將番屬刀鎗執回前藏；戴本等當即督令開戰，番兵持刀刃傷本營勇丁，本營兵仍未放一鎗。番人等膽敢向本大臣刀鎗齊發，惟時勢不容止，彼此爭戰良久，將彼戴本等並百有餘番兵一併傷亡。本大臣甚爲不忍。奈平日不啻三令五申，賜彼番屬不可妄動起釁，彼等置若罔聞，致遭此厄。凡活捉番兵，盡數釋去，其受傷未斃者，概令醫生醫治。本大臣現定於十九日前往江孜。大約七日可以抵江，深願與貴大臣並主權番官在江孜晤商。一切妥辦事宜，以免無故生靈塗炭……」。

同時榮赫鵬又有照會致有泰，詢喇嘛助戰，達賴喇嘛是否知情，藏印往來照會中云

「……昨喇嘛和尚與本大臣等爭戰，該達賴是否知情，詢明照覆。本大臣想從前喇嘛和尚，專司看經誦佛，其地方應辦之事，概不預聞；是以本大臣不欲毀廟傷僧，善爲看待。而今喇嘛和尚既能與本大臣等爭戰，是與番兵無異，其廟宇亦即與山寨相等，本大臣現在江孜立候回鴻，請即速覆施行。……」

有泰接此照會，毫無辦法，乃致函達賴囑其預備夫馬，而復榮赫鵬謂在三月內可挈明幹番員，同到江孜會商一切。榮赫鵬亦允在江相候一月。屆時仍不

能前往，而終日在"柳林子"內"跳弦子"取樂。達賴則徵調各處兵丁，以謀抵禦。復屢燒草堆，謂可驅英兵。迨五月二十六日乍丫兵八百餘人至拉薩，大肆搶掠，二十七日復有圍攻駐藏大臣公署之事。有泰日記云：

「五月二十七日……晚飯後，忽聽外面槍聲，乃乍丫兵來搶看門槍支，因起衅，遂至大放槍，欲撲入署內；約在八百餘人，爲勢洶洶，幸衛隊及營兵保住衙署，因彼此痛打，互有傷亡；闔署震動，諸委員皆來調各兵四圍防守，劉化臣獨勞不辭，喉嚨喊啞，漢兵殊不聽話，綠營習氣所染甚深，真堪痛恨。惠臣由後路翻牆而來，因步踏忽忙，已喘不可解。遂同至洋務局略避，恐其槍子打入，復至裏院。余世兄緊握余手，惟恐有失。並將欽差大臣印信自綁腰內，其用心實爲可感。燈後待兵官來少安靜，即漫散到大街上住戶鋪戶大肆搶掠，竟有往東而去。其爲回乍丫無疑。如此被調之兵，倘望其接仗耶？旋統領榮夷情俱來，兩噶布倫來，痛加申飭。因達賴所調，令其回明，應如何辦理，明日聲覆。緣日前即漢人袒護洋人之說，若本處一辦，必落匪語。兩噶布倫留其一人在此，恐有復來之說，不得不令其親見其事也。」

其軍紀之壞，達賴之禦敵之無術，概可想見，以烏合之衆，以禦器械精良訓練有素之英兵，焉得不敗。然達賴喇嘛之兩次與英議定條約，迄未實行，而謀抗拒者：蓋誤以俄爲同教，又爲俄員陶什夫（Darüeft）所誘，爲之策畫，購置火器，因恃以爲援。蒙藏佛教史記其往還經過云：

「俄屬西伯利亞，爲布里雅德族所居，因隣外蒙依尚佛教；其喇嘛常往來於蒙藏各地，時有多爾智者，布里雅德族也。穎敏有才，深通俄蒙各語，俄皇優遇之，賜勳章給巨資，命往西藏留學，學識超衆。彼選爲第十三達賴喇嘛之讚尼。讚尼者：問答之意，即達賴喇嘛問答之教師也。先是黃教未來，記某喇嘛豫言：異日佛教紊亂，將底滅亡，時北方之國，有佛法大王出世統一之。此時多爾智，即指俄皇爲北方佛法大王。常告以英國將來侵略西藏之可畏，中國政府不足恃，惟俄國是將來佛教之唯一保護國爲教旨，且指示俄國版圖，與黄教經文之豫言，以證明之。日後達賴喇嘛之欲親俄即本乎此。俄人陶什夫，佛教徒也。常往來於拉薩與聖彼得堡之間，視西藏深仇英人之奪取哲孟雄，於二十四年攜俄皇所饋之珍寶，赴拉薩；勸達賴喇嘛聯俄以親邦交。謂：中國方懾於英人威權，已不足恃，倘藏民無力禦外勢，必受英人虐待，將見廢宗教，奴人民，後患何堪設想。倘乘此時求援於俄，俄必能盡力驅逐英人在藏之勢力。且可勸令俄皇信佛教，俄皇信，斯全俄人民俱皈依佛法矣。二十五年陶什夫復赴藏攜俄皇請達賴喇嘛遣使赴俄之函，又攜俄皇贈以教主禮服一襲。翌年九月達賴喇嘛遣倉倪隨陶什夫至俄晉謁俄皇於黑海離宮。二十七年夏復遣使至俄。於七月七日晉謁俄皇與俄后，待遇極隆。」第四篇第十四節

而英初亦恐俄加干涉，不敢即用武力。及光緒二十九年知日俄之戰，殆不能免，將無暇及此。故遂乘機命榮赫鵬率遠征隊以攻藏，顧當時其兵力人數極少，英國侵略西藏史云：

「此時集合之實力，計來自皇家礮隊之山號山礮二尊，諾福爾克聯隊附屬之麥格沁礮隊一分隊，廓爾喀第八隊七磅大礮二尊，工兵第二隊半連，錫金工兵二十三隊之工兵八連，廓爾喀第八中隊撥來六連，加以戰地醫院，戰地工程隊，軍火縱隊及電信測量各部，悉附屬焉。……而麥克唐納（General Macdonald）將軍率領戰士一千一百五十名，大礮麥格沁礮各四尊。」第十一章

其總數不過三千餘人，且處隆冬之時，大雪塞途（時爲零下十四度）。牛疫盛行，糧運難繼，夫役逃亡，而藏人有山高地險可恃；不據高屋建瓴之勢，行堅壁清野之策，而番民略得小惠，便代其勞役，至英行軍，得意外之順利；商上更以遷延爲能事，徒託空言恫嚇，而冀英國之退出，其恃頑無謀，於此可見。至英軍節節前進，行軍情形，詳見於英國侵略西藏史中，茲不贅錄云。及英軍至曲水，榮赫鵬復照會有泰，謂將來招會議。有泰無法阻止，乃派都司劉

文通前往迎迓，遂於六月二十二日至拉薩矣。

五　達賴喇嘛出亡庫倫及西甯

英軍之至曲水也，達賴喇嘛惶急，親請有泰同赴曲水議阻。有泰不允，達賴即於六月十九日以印授噶勒丹寺之大喇嘛，託以後事，是夜偕多爾智與布里雅德護衛兵七十名，由色拉寺逾盤包果拉北走庫倫。有泰以達賴事前不遵約束，臨時復宵夜潛逃，遂糾參多款，有泰奏稿云：

「奏爲達賴喇嘛兵敗潛逃，聲名狼籍，據實糾參，恭摺仰祈聖鑒事。竊維我盛朝經營西藏二百餘年，該達賴世受國恩，應如何約束番衆，力保疆土，以期上報高深。乃自該達賴執掌商上事務以來，天威在所不知，人言亦所不恤，驕奢淫佚，暴戾恣睢；無事則挑釁鄰封，有事則潛縱遠遁；種種劣跡，民怨沸騰。蓋自有西藏以至於今，未有如該達賴之不肖者也。查此番邊事相持，已十餘年，疊經前任各大臣開導多方，全不仰體。及至英人屯兵帕克里一帶，勢已瀕危。前大臣裕鋼亟請赴邊，抗不支應夫馬。且煌煌聖訓，三令五申，該達賴若稍有人心，即應作轉危爲安之計。乃恃強背旨，決不允和。故奴才到任之時，英人已由仁進崗而入堆浪矣。奴才見事機逼迫，寢饋不安，晤面坐談，良言苦勸，信緘公牘，數十往還，不獨執拗異常，且謂我漢官與英人一氣，惟是徵兵調餉，不絕於途，奴才知事不可爲，乃不便再行參議。本年三月榮赫鵬進逼江孜，照會奴才前往。該達賴仍然狡執，不肯供支夫馬，而陰遣署噶布倫喇嘛降巴丹增等前往交戰。四五月内，番兵身中槍斃者，幾及萬人。婦哭兒啼，慘人心目；而該降巴丹增總辦軍務，又不能約束兵丁；兼以需索地方，縱兵虜掠，所過之處，十室九空。該達賴置若罔聞，如在夢寐。及至英兵將抵前招，奴才當即傳諭番官，令該達賴回布達拉山敬謹保護高宗純皇帝聖容，並以好言寬慰，且行文知照各情，乃杳無回信。竟於六月十五昏夜潛逃。詢及僧俗番官，僉云不知去向。查舊案凡達賴上下山等事，均應譯咨，以便據情入奏。該達賴違例遠出，並未咨報，究竟有無狡謀，實難懸揣。跡其襲師遺旨，跋扈妄爲，若不嚴行糾參，實無以謝鄰封而肅藩服。除電呈外務部，奏請褫革達賴喇嘛名號，並請將班禪額爾德尼前藏掌理黃教，兼辦交涉事務外，相應將該達賴劣跡據實恭摺縷陳，伏乞皇太后皇上聖鑒。謹奏。」卷一

於是有將達賴喇嘛名號暫行革去之旨。德宗實錄云：

「光緒三十年七月壬辰，諭軍機大臣等。電寄駐藏大臣有泰，電奏悉，著即將達賴喇嘛名號暫行革去，並著班禪額爾德尼暫攝。」卷五百三十三

然達賴喇嘛至庫倫時，朝廷尚命該地方官員妥爲迎護。德宗實錄云：

「九月己亥諭軍機大臣等。電寄庫倫辦事大臣德麟。電奏悉。達賴喇嘛被難逃出求救，請代奏等語。著德麟迅即派員迎護到庫，優加安撫，以示朝廷德意。」卷五百三十五

並諭其在庫過冬，即往西寧居住。德宗實錄云：

「十一月甲申，諭軍機大臣等。電寄西寧辦事大臣延祉。電奏悉。據稱天氣太寒，行路不便，著准該喇嘛在庫倫過冬，以示體恤。一俟春融，仍著延祉偕同前往西寧，毋稍遲緩。」卷五百三十七

至次年四月始行起程。德宗實錄云：

「三十一年三月庚辰諭軍機大臣等。電寄庫倫辦事大臣樸壽等。電奏悉。該達賴喇嘛已報四月十四日起程回藏，即著延祉偕行先至西寧。應否由內地行走，究以何路爲便。著樸壽延祉會商妥定，奏明辦理。」

卷五百四十四

沿路派員照料，以示羈縻。德宗實錄云：

三月丁亥諭軍機大臣等。電寄西寧辦事大臣延祉等，延祉樸壽電奏均悉。達賴喇嘛著即由西路行走，並著樸壽遴派妥員，隨同延祉照料偕

行。沿途著各路大臣諮同迎送過境，毋稍疏虞，即著延祉等將此次電旨轉行各路，一體遵照。」卷五百四十四

故駐藏大臣有泰於三十一年五月二十九日亦奏請開復其名號。有泰奏稿云：

「奏爲據情籲懇天恩，開復達賴喇嘛名號，恭摺代陳，仰祈聖鑒事。竊奴才接據三大寺及闔藏僧俗大衆遞具公稟，內稱：去歲英兵來藏，安危難料，達賴喇嘛不便留藏；是以權避他方。經駐藏大臣由電奏聞。欽奉電旨；著將達賴喇嘛名號暫行革去等因，欽此。達賴喇嘛旋即取道哈拉烏蘇前赴庫倫，玆由庫倫寄與噶勒丹池巴，並噶布倫及僧俗大衆示諭云：現居庫倫幹墊寺，經庫倫大臣代奏，仰蒙皇太后大皇帝恩施賞賜多珍，欽派大臣看視等語。寄信來藏，仰見聖恩優隆，不獨達賴喇嘛感激，即闔藏僧俗莫不長跽北向，頂禮加額。惟是達賴喇嘛前經被議，咎固難辭；然當離藏之時，亦屬迫不得已，第達賴喇嘛爲黄教之主，一旦革去名號，恐難號召番衆，維繫人心。用是聯名，務請代懇天恩，開復名號等情前來。奴才查達賴喇嘛前往庫倫時，曾據商上再三稟訴，請予開復。奴才以其行蹤靡定，且未確查明白，故未敢遽行入告，冒昧瀆陳。玆復據僧俗公稟，奴才伏查達賴喇嘛自光緒二十一年掌辦商上事務以來，其時年歲方少，歷練未深，全賴左右得人，匡其不逮。無如素所侍從，率多小人，往往不知大體，一味逢迎。於藏印邊務情形，粉飾多端，致上下隔閡，藏俗崇信護法，遇有疑難之事，輒往卜之。如箭頭寺之護法，假託神靈附體，蠱惑達賴，欺詐愚民；而又干預交涉事件。藏印決戰失和，實由護法主之，喪師肇亂，實爲罪魁。然而怨毒於人，番民恨之不置。至今百姓作歌演唱，均歸咎於護法；則是戰爭之議，並非皆出於達賴本心，已有明證。奴才前請革去名號，一則該達賴潛蹤遠遁，不克敬謹保護聖容；一則英員榮赫鵬擁兵來藏，若不面見達賴喇嘛，不肯退兵。藏事可危，勢逼處此，不得不奏

請暫行革去名號，爲一時權宜之計。幸賴朝廷威福，罷兵議和，藏地敉平，刻下相安無事。據闔藏稟懇前來，奴才不敢以參革在先，迴護於後。合無仰懇天恩，准將達賴喇嘛名號開復，以順番情之處，出自鴻慈逾格。所有據情懇恩開復達賴名號緣由，是否有當，理合恭摺代陳，伏乞皇太后皇上聖鑒，訓示，謹奏。」卷二

得旨俟其由庫倫起程後再降諭旨而達賴喇嘛到處逗遛，又欲在代臣王旗小住，奉旨不允，仍命其速往西寧。德宗實錄云：

「八月甲子諭軍機大臣等。電寄庫倫辦事大臣延祉。電奏悉。據稱達賴喇嘛欲在代臣王旗小住等語。該王旗部落甚小，達賴喇嘛隨帶人衆，恐難供億。如果由該旗行走，著延祉奎煥各派幹員馳往，妥爲照料。仍勸令趕緊前進，毋任逗遛。該大臣等務當不分畛域，妥速籌辦。」卷五百四十八

三十二年三月二十九日又派博迪蘇達壽赴蒙古唷雅班第達宣慰達賴喇嘛。閏四月二十六日至其地，晤達賴喇嘛，詢欲何往。達賴喇嘛稱眷懷故土，亟欲回藏，擬先赴三音諾顏王旗暫住。再由甘州西寧青海等處取道入藏。朔漠紀程云：

「閏四月二十六日午後往見達賴。達賴遣徒衆持執幡幢鳴鼓樂來迎入該寺後，達賴跪接聖旨，遞黃哈達二分，恭請聖安；當即頒發皇太后皇上所賞物件。達賴行三跪九叩禮，恭謝天恩。入座，達賴款以酪漿茶果。因詳述朝廷德意，並與妥商安禪處所。達賴意甚感激，云：俟斟酌妥協，即行回覆。乃辭出，旋其徒堪布謝天化來見，據稱達賴本意仍欲回藏，前已咨明烏里雅蘇台將軍等語。……

二十七日晴午後，復往見達賴，申明聖旨；並商令於西寧五台二處，擇地棲止。據達賴稱：世受國恩，眷懷西土，甚願歸藏。前在庫倫時，延大臣述有旨飭離庫倫，不准逗遛草地；當即遵旨離庫。嗣於代王旗一病數

月，現病愈，正擬取道歸藏。所以遲延者，因行經哈拉班第達地方，聞天使遠來。故留此迎候聖旨。今朝廷垂念，飭往西寧五臺，與延大臣前旨不同，請煩指示。傅答以朝廷因達賴轉徙靡所定處，慮有雜菁之隱，故格外施恩，飭先擇一安居處所，以重宗教，而惠番衆。然後徐圖歸藏，與前旨仍是一意。達賴云：聖恩優渥，體恤備至，自應欽遵。惟西藏徒衆，屢次來接，言藏中業已平靖，一切教務，待理孔亟，仍願遵前旨速歸，業咨烏里雅蘇臺將軍，飭屬備齊駝馬，即前進矣。商酌再四。達賴回藏之意甚切。當詢回藏由何路經過，務將各實情具文聲明，即爲代奏請旨。達賴遂呈進皇太后皇上無量壽佛各一尊，並云：屢蒙恩賚，感激無地，願遣徒進京入貢等語。……

二十八日雨午後，達賴遣堪布謝化南送咨文二件，用西番字，一係呈請代奏謝恩，一係報明回藏時先赴三音諾顏王旗暫住，再由甘州西寧青海等處取道入藏。」

乃爲之奏請允准，朔漠紀程云：

「五月六日午後接樞府電云：艶電已代奏。本日奉旨：博迪蘇達壽電奏悉。達賴喇嘛既稱願即回藏，取道西寧一帶行走，著沿途地方妥爲迎護。惟現在蒙情困苦，所需駝馬，務令核減，以恤蒙艱。至該喇嘛遣徒入貢，具見悃忱，著准行。欽此。」

「初八日午後往見達賴喇嘛，申明電旨之意，並詢起程日期。據達賴喇嘛云：現與徒衆商酌，尚未定議，大約五月底可以起程，達賴詢及藏中究竟如何情形，英人如何交涉，答以藏約已定，一切平靖。達賴云：前在藏時，遠隔君門萬里，偶欲有所陳奏，或爲駐藏大臣阻遏，不得經達，答以藏臣有會商藏事之權，若達賴所陳事關重大，該藏臣斷不敢壅於上聞，如果實有阻遏情形，本大臣回京，必爲奏參。究係何任藏臣，何事未經代奏，請爲指明，該達賴茫然不能指實也。」

並派達壽沿途照料，朔漠紀程云：

「十一日庫倫差弁送到延大臣一函，內附京電，當譯出云：本日奉旨：達賴喇嘛回藏是否出自真心，途中有無逗留，均應隨時體查。著派達壽隨帶員弁沿途照料，將途次情形，隨時電奏。俟到西寧，聽候諭旨。博迪蘇俟該喇嘛起程後先行回京。欽此。」

達賴喇嘛乃於五月二十七日起程。朔漠紀程云：

「二十七日午刻達賴喇嘛起程，番樂前導，從者百數十騎。達賴乘馬綁肩輿以四馬架之，行里許，下輿向北山頂石像宗喀巴膜拜，然後去。查達賴自本年三月初七日來咱雅班第達庫倫住此逾百日。該庫倫疲於供億，聞蒙民言此間生計，恐三年不能復舊云。」

「初四日午後偕魏部郎震往見達賴辭行，並見三音諾顏王據稱：達賴隨從人多苦於供億，甚恐其去之不速也。該旗盟長亦言前達賴在咱雅班第達駐一百一十日，即羊隻米麪食物等一項計之，已費銀二萬二千一百四十餘兩，餘如蹝房夫馬薪柴零物等項，尚不在內。此款即攤之本盟各旗云。

十月中始抵西寧駐塔爾寺，朝廷蓋欲其即由西寧回藏，故電告查辦大臣張蔭棠，謂其行將返藏：」

「據達侍郎來電：頃與達賴晤面，據稱在甘州休息三日，前赴西寧，到彼住月餘，即起身由柴達木入藏，并問青海沿途供給，歸何處辦理。查達賴歸藏，柴達木以下二十餘站，無人煙地屬西藏，非駐藏大臣給發兵來接至柴達木難以行走。達賴並無他心，但使台駄早齊，自暢行無阻等語。達賴回藏，番衆自是歡迎，即或英人不願，然達賴主持黃教，是其本職，若肯安分不生枝節，自可消弭後患，亦藉以維繫番情。此中消息，極有關係，究竟達賴到藏後能否與聯豫相安，及番衆意向若何，希尊處會商有聯兩大臣詳察妥籌，即速電復，再行核辦。樞漾」張蔭棠奏牘卷四

而蔭棠復電，仍請阻其暫緩回藏，俾預妥籌藏務，再謀迎返。其電云：

「藏密九月二十二日在江孜奉恆八月漾電。敬悉。查英人現雖無阻止達賴回藏舉動：然班禪與達賴釁隙已深，班禪久陷英煽惑術中，難保達賴回藏時不藉端構釁。而英即乘機坐收漁人之利。昨班禪派扎薩克來見，語次頗有大志，恃英庇不諱。今若以接達賴事會商轉有聯大臣。黃教自是歡迎，惟現值埠事未妥，春丕兵未撤之時，可否緩接回藏，以免牽動全局。且冬令嚴寒，應准其在西甯過冬，以示體恤，除將漾電轉有聯大臣先行嚴密籌措外，一俟事勢略定，當即入拉薩會商辦法，再行呈請核辦，棠意欲達賴回藏後，怨叡相安，當預籌北洋練兵五千，配足槍械，挾令達賴回藏。乃能收主權而弭隱患，愚昧之見，謹先密陳。乞鈞裁示遵，蔭棠叩漾。」同上

更電請使其入京陛見，以謀解達賴喇嘛班禪額爾德尼二人之宿憾。其電云：

「十二月十二日據班禪額爾德尼函稱：歷世沾沐天恩，三輩班禪級班墊移喜於乾隆四十五年籲請陛見，仰蒙召見，欽頒敕書有案。今班禪於光緒三十年七月奉旨暫行兼管西藏事務，渥荷恩綸，曷敢推諉。適因英兵入藏以兵威脅，攜赴印京後，藏人惶惶，未敢分身，不得不請駐藏大臣轉奏，叩懇辭退。班禪開年二十五歲，開春後擬親赴北京，援案籲請陛見，跪聆聖訓，爲皇太后皇上慶誦萬壽經典。一俟奉到諭旨，即當由北道入都。懇代奏情，正擬繕奏間，商上聞班禪請陛見，集議數日，二十一日商上等來稱：衆議令達賴於班禪未到之先，速行入覲云。棠查班禪素與達賴不睦，班禪所享權利，皆由達賴賜給。達賴事敗後，雖經有奏派班禪兼管藏事，亦不敢到拉薩接任；一切政權，仍在達賴替身四噶布倫手，班禪自到印京見英儲後，志常觖觖，恃英援欲與達賴爭權。英哄班禪立爲印度等處黃教之主。意實圖併春丕及後藏之地，棠日慮達賴回藏後，英人從中調唆構亂，坐收漁人之利。前月班禪兩次派員來謁，要求達賴賜伊以喀木湖前輩班禪降生之地。棠唯諭以朝廷恩德，當棄小嫌，同心以禦外侮，不宜爭私利而分

畛域。今達賴班禪各爭先籲請陛見，想爲望恩倖澤起見，倘令聯袂同來，獲聆聖訓，猜嫌互釋，永固屏藩，似於藏防不無裨益。可否准其陛見之處，伏候聖裁。再達賴去藏後，將印交噶勒丹池巴代理，始終究未奉有諭旨。查噶勒丹池巴事理明達，老成端慤，藏衆悅服，可否請旨著署理達賴管理西藏事務之處。出自逾格鴻慈，請代奏。棠敬。」張蔭棠奏牘卷二

三十三年正月奉旨達賴班禪俱着暫緩來京，復詢以二人同來是否相宜。

「奉旨：張蔭棠電奏悉。班禪額爾德尼籲請陛見等語，具見悃忱，著俟藏務大定後，聽候諭旨，再行來京陛見。達賴喇嘛現在留住西甯，並應暫緩來京。究竟達賴班禪等來京是否相宜，著張蔭棠體察情形，再行詳晰電奏，欽此。樞卅。」同上

蔭棠復二電更申前議

奉十二月二十日電旨。欽遵。續據噶勒丹池巴商上等稟稱：去年蒙恩賞發鉅款，維持藏事，感戴彌殷。達賴瀕行曾言擬赴北京籲請陛見，面陳西藏情形，恭請聖訓；俾得所遵循等語。達賴現駐西甯，商上等衆議令達賴就近籲懇陛見，乞據情代奏，如蒙俞允，即由西甯起程赴京等情。臣查達賴班禪自乾隆後，久未入覲，致啓強鄰覬覦，得所藉口。今天誘其衷，先後籲請陛見，則萬國觀瞻所繫，主國名義，愈見鞏固。班禪雖受英籠絡，而少從達賴受經，不過以小嫌而生齟齬，倘令聯袂入覲，互釋猜嫌，益當矢同心以禦外侮。現藏局安謐，一切政治，均由噶勒丹池巴商上等經理，所有達賴班禪晉京，於地方情形，尚無窒礙，可否准其陛見之處，伏候聖裁。乞代奏。棠有。」同上

「據探戎噶布倫面稱：奉噶勒丹池巴函稱：達賴在西甯先遣箭頭寺護法曲吉總堪布回藏，專差齎密札言：該護法曲吉總堪布殃民病國，罪重法輕，俟伊到拉薩，即先監禁查抄，聽候究辦等語。可見該護法曲吉罪惡貫盈，奏參革職，藏情悅服矣。噶布倫又言：達賴命鑄銅匠，赴西甯，商上私揣達

賴或有進京覲懇陛見之意。　又棠在江孜，班禪來見，貌似明晰，棠勗以大義，怵以禍福，厚給賞賚，頗知感戴。　函懇再代奏請陛見，行裝已備具，如蒙俞允，八月由北道入都，請飭沿途預備夫馬等語。　查達賴班禪二百年未入覲，今同殷覲見，似足杜他國口實。　唯恐德義各國援利益均霑，紛請通商，大部頗難應付，然英約中文亦無不准別國三埠通商明文，英使能否援約禁阻，殊難懸揣，查各國進藏埠通商，除俄國外均須道經印度，英必多方留難禁阻，商務寥寥各國商人未必肯來，來亦無害於英。　英所忌者，唯俄耳，可否將達賴班禪陛見一節，宣揚試探英使及各國聲口如何。　棠以前奉暫緩來京之旨，未便率代瀆請，乞大部與軍機處籌定示遵。棠感。」張蔭棠奏牘卷三

達賴喇嘛亦以居西甯與阿嘉呼圖克圖積不相能，德宗實錄云：

「光緒三十三年七月甲寅陝甘總督升允奏：塔爾寺主僧阿嘉呼圖克圖與達賴喇嘛同居一處，積不相能，……令來京當差，以冀消患無形。」卷五百七十六

乃於十二月庚辰由西甯前往五台山。　於是有旨始允其來京陛見，德宗實錄云：

「三十四年六月乙亥諭內閣，前據張蔭棠電奏。　達賴喇嘛籲請陛見，恭請聖訓，當經降旨，著暫緩來見。　現在藏務大定，達賴喇嘛已抵五台山，著山西巡撫傳諭該達賴喇嘛來京陛見，由該巡撫遴派文武大員，沿途護送，妥爲照料。」卷五百九十三

六　達賴喇嘛之入覲及回藏

當達賴喇嘛由五台山而入京也。　沿途供應，甚爲豐富。　八月壬午派御前大臣博迪蘇前往保定勞問，又派達壽張蔭棠隨時照料。　張蔭棠上外務部條陳請暫留達賴喇嘛過冬，而飭駐藏大臣收回藏權，並請抑其禮制，應援照蒙古王公儀注。　其文云：

厂竊惟達賴以桀驁稱，班禪以除慈著。　榮在印度時，亟欲設法致二人於京師羈縻之，不遽放歸，以便我整頓藏事，不至有所牽掣。　及榮奉命入藏，道經江孜，班禪差札薩克來迎，談次微露班禪有欲代理達賴之意。　榮於是乘機即令轉勸班禪呈請來京陛見；及抵拉薩，以前情告知藏王；當時噶布倫等頗為驚惶，以為班禪來京後，達賴必致失位，是以情急，乃飛商達賴亦援請陛見；此當時代奏之原委也，現達賴已到北京，我羈留之，固無不可。　惟當此各國觀聽所集，稍着痕跡，恐滋議論。　且傷藏人感情。　計莫如奏請優加達賴封號，月給厚糈，似可藉考校經典為詞，供養於黃寺。轉瞬冬令，藏地大雪，小路被封，不能行走。　須俟至明年三四月方可行走，一面迅飭藏臣密籌布置，按照榮原奏，優給噶布倫數珠薪俸令其逐日到藏臣衙門，籌辦九局事宜；先從漢文學堂，巡警裁判，入手；則政權歸我掌握。　達賴特為傀儡耳，收回政權為保藏一定辦法。　即如原奏：練兵六千，止為彈壓保護之用，並非足以禦英，亦非欲與藏人生釁；在辦理者相機因應，不露形跡，無傷藏人之感情也。　此次達賴覲見禮節，聞各國使臣甚為注意，如皇上起迎，賜達賴坐，雖舊制有此，不妨稍為變通，參酌各國使臣，及蒙古王公覲見儀注；皇上不必起迎，達賴跪拜後，起立奏對數語，即時宣退，以示嚴肅，俟陛見之後，或即恩賜讌享，再行賞坐；或派親貴，及蒙古王公陪享，亦不失優待之典。　達賴體制，舊甚尊崇，王公大臣，均不請謁，現今時勢，似不宜仍沿舊制，賞賚不妨優隆，體制亟應裁抑，當未陛見之先，應使人授意，令其拜謁邸樞，以盡屬藩之體，且無論與何項漢官相見，均應以賓主禮相待，不得仍前抗踞，此亦對於主國所宜然，而有係於各國注視也。　查印度總督接見各藩王，皆總督正坐，藩王旁坐，不迎不送。　今達賴既列藩屬，與王大臣相見，亦應請旨飭令援照蒙古王公相見儀注辦理。達賴自去藏後，藏官公推噶勒丹池巴署理；現達賴一時未能回藏，可否請旨即派噶拉丹池巴暫行署理達賴之位，以維藏心，且隱示我主權。

又達賴之請覲見，由班禪而起，現達賴既准覲見，可否寄諭藏臣亦令班禪來京陛見，以免生心外嚮。　昨奉諭令棠於十二日往見達賴，棠此次入藏議辦各事，亦欲見達賴一談，達賴自西甯所來照會，語意頗恭順。　棠在藏時，自噶勒丹池巴等來見，均以藩員之禮。　現聞藏僧到京，拘牽舊制，妄自尊大，若待之過優，慮日後藏臣更難辦事，必折其驕蹇之氣，乃能就我範圍。棠往見達賴，當待以平行之禮。　俾知棠官職之卑，與之平行；則府累而上者，益望若帝天，自甘臣僕。　藏僧素性愚陋，或非出於驕蹇，而不曉中朝體制，似宜於十二日以前，先見之宣述朝廷威德，及此次辦理藏約之難，諭以執禮宜恭順謙下，冀長承恩眷，庶知斂抑也。」張蔭棠奏牘卷五

蔭棠所擬，雖未見一一實行，而於九月二十日在仁壽殿朝覲之時，禮節抑制，達賴喇嘛甚爲不滿。　十月賜加封號爲誠順贊化西天大善自在佛，德宗實錄云：

「光緒三十四年十月壬戌諭內閣：朕欽奉慈禧端佑康頤昭豫莊誠壽恭欽獻崇熙皇太后懿旨：達賴喇嘛上月來京陛見，本日率徒祝嘏備抒悃忱，殊堪嘉尚；允宜特加封號，以昭優異。　達賴喇嘛業經循照從前舊制，封爲西天大善自在佛；茲特加封爲誠順贊化西天大善自在佛，其敕封儀節，著禮部理藩部會同速議具奏；並按年賞給廩餼銀一萬兩，由四川藩庫分季支發。　達賴喇嘛受封後，即著仍回西藏，經過地方，該管官派員挨站護送，妥爲照料。到藏以後，務當確遵主國之典章，奉揚中朝之信義，並化導番衆，謹守法度，習爲善良，所有事務，依例報明駐藏大臣，隨時轉奏，恭候定奪。　期使疆宇永保治安，僧俗悉除畛域，以無負朝廷護持黃教綏靖邊陲之至意。並著理藩部傳知達賴喇嘛祇領欽遵。」卷五百九十七

厥後兩宮先後崩逝，朝政日紛；達賴喇嘛又以不服水土，懇請回藏，乃詔其先至西甯候封後，再行返藏。　宣統政紀云：

「光緒三十四年十一月壬辰，理藩部奏達賴喇嘛受封，現值大行太皇太

后，大行皇帝大事，未便舉行，而達賴喇嘛在京不服水土，若令久候，不足以示體恤。擬變通辦理，令其先行起程至西甯塔爾寺候封，俟受封後，即遵旨回藏，依議行。」卷二

因値停止筵宴之時，未便設餞，仍派大臣護送如來時禮節，乃於十一月二十八日離京，繞道赴庫倫訪哲布尊丹巴。哲布尊丹巴乃介紹於俄國領事。俄領電達聖彼得堡，俄皇贈以馬隊之服裝器械四百具。及至西甯，即請將阿嘉呼圖克圖斥革，並以此事爲回藏之要挾，所聘練兵教習十餘人，影射蒙古，實係俄人，多購軍火，又經德格等處，遷延不進，至宣統元年十月始回抵拉薩，又與駐藏大臣聯豫積不相能，及川軍入藏，遂有二次出亡印度之事。

七　川軍之入藏

淸光緒三十一年巴塘作亂，戕害駐藏幫辦大臣鳳全，旋即勦平(十)。中朝始銳意經營西康，任趙爾豐爲川滇邊務大臣，謀收土司，議建行省，編練常備新軍，欲以武力震懾藏民。而駐藏大臣聯豫亦以達賴喇嘛陰蓄異謀，久思自立，請增援邊軍，爲川軍後援，宣統政紀云：

「元年十一月戊申，駐藏辦事大臣聯豫等奏：達賴喇嘛陰蓄異謀，久思自立，趙爾豐甫膺駐藏之命，藏人更啓拒漢之心。近聞川兵一千，奉旨入藏，竟敢公然具稟，謂無論是何漢兵，決意攔阻，並欲挾制漢屬之土民，即商埠各事，亦欲與英人直接，奪我主權，又以我不欲輕起兵釁，愈懷輕藐之心，就現在情形悉心體察，有可慮者三；有不足者三：達賴之居心，均已見諸實事；自張蔭棠入藏，令其籌餉練兵，輕棄主權，遂益堅其自立之志，此次私自起用已革之噶布倫邊覺奪吉等事之不合權限者，彼皆有所藉口。若相持日久，彼布置周密，則番氣愈驕，即附我者亦因而解體，可慮者一。俄英兩國，均設法籠絡達賴；而達賴偏聽人言，親俄而忌英，前英兵入藏，實因達

（十）　詳見禹貢第六卷第十二期拙著記淸光緒三十一年巴塘之亂一文。

賴信用俄人陶什夫之言所致。此次達賴出京，又遣陶什夫入俄，陰相結納，並聞攜帶俄國戎裝者二十四人，如係俄籍，則英人必來詰責，藉口興戎，就近先發，而藏非我有矣，可慮者二，自琦善以兵權財政盡付番官，駐藏大臣屬下，僅糧臺及遊擊以下文武數員，制兵則久戍防次，習氣甚深，由藏招募者，且多親附藏人，設有緩急，皆不足恃，可慮者三。然達賴尚未返藏，任用邊覺奪吉等數人，一意拒漢，專橫自恣，久為藏人所側目，其所派番弁番兵，苛斂掯掠，士心既失，民志亦復渙散，不足慮者一。川兵入藏，知為奉旨，萬無阻擋之理；邊覺奪吉等奉達賴之命，意圖抗拒，調兵勒派，其槍械口糧藥彈，均由番民自備。番民素處於專制壓力之下，而從心違，故番官雖日集兵，而民實無鬥志，不足慮者二。番官雖聲言聚兵數千，拒擋漢兵，又煽惑察木多乍丫及類伍齊等處；勒令派兵相助。自趙爾豐派兵駐察木多，而浮言盡息。類伍齊亦因藏官勒派，而反抗，由察木多經類伍齊而入三十九族，其他本為我屬。雖至拉里後由江達抵前藏十三站，皆係藏屬，若有接應，不難奮迅直前，得一二勝仗，則全藏瓦解，不足慮者三。現已派員弁，赴三十九族調集土兵，以備調遣。請飭趙爾巽趙爾豐就近速撥邊軍三四營，作為川兵後援，以壯聲勢，而期策應。至英人通商三埠，照約不能干預西藏內政，俄雖欲干涉，一時未能出兵。惟私濟軍火一事，不能不嚴為防範，仍請飭下陝甘督臣，西寧辦事大臣，認真稽查。」

卷十七

會川邊各藏官無端帶兵佔擾巴塘屬三崖土司之上崖。復煽惑附近各土司，到處擾亂。趙爾豐乃派兵攻勦獷番審訊，皆與達賴喇嘛有關。清史稿宗教志紀其事云：

初張蔭棠以西藏地當衝要，英俄環伺，非籌整頓，難以圖存。建議以漢員指揮，另派北洋新軍入藏，分駐要塞，以厚聲援，駐藏大臣聯豫疏陳藏中情形，亦有派遣軍隊之請。會川邊藏番擾亂，進攻三崖。三崖者本巴塘屬地。與德格多納兩土司接壤，向歸川省管轄。乃藏番察台三大寺，無端派番官帶兵佔據上崖，調渣鴉江卡各土司助兵逼勒崖夷投降；并徧肆煽惑；打箭鑪一帶，均為震動。同時贍對番官，勾結德格土司之弟為亂，逐其兄。鑪城文武據報派麻書土千總江文荃查辦，均被圍困，經川督入奏，廷議以三崖德格均係多境。番官竟敢糾衆侵逼，再事優容，恐番焰日張，土司解體；命川督會同趙爾豐相機籌辦。爾豐電奏力主用兵，並稱此次藏番與達賴有關係，請飭達賴傳諭退兵，乃飭達壽張蔭棠詰問達賴，答詞閃爍，意涉支吾，政府以達賴縱肯戒飭番衆，而萬里遺書，需時甚久，三崖等處，被攻正急，何能久待，遂電爾豐進剿。三十四年冬，番兵調集益衆，近逼鹽井，聲言索戰，雖經川軍擊敗，番衆仍未退卻，揚言阻止趙爾豐入藏，政府以藏番舉動，顯係有恃不恐，藏地介在強鄰之間，意存首鼠，自非設法經營，無以保我邊圉。因思光緒三十三四年間聯豫等條陳，有善後辦法二十四條，創財政，督練，路鑛，鹽茶，學務，巡警，農務，工商，交涉，九局，擬即採擇試辦。但無兵不敷彈壓，多名又恐難相安，擬先設兵三千，其一千由川督就川兵挑選精銳，厚給餉械，派得力統領率之入藏，歸駐藏大臣節制調遣，餘二千由駐藏大臣就近選募，另調川中哨弁官長俾任訓練統率之事，以期持久。聯豫趙爾巽覆奏贊其議，於是派知府鍾穎統領川軍入藏。聯豫樂真齋奏稿詳陳其進兵情形云：

竊知府鍾穎統領川軍入藏，於宣統元年六月二十一日自成都拔隊西進，八月初九日由打箭鑪出關，查由南路，經巴塘江卡等處，至察木多，計程三十六站。若由北路取道德爾格忒至察木多，不過二十三站，路亦較平。奴才電商邊務大臣趙爾豐，派員照料，薪糧芻草，馱運牲畜，供給無闕，師行便利。九月望後，該軍陸續抵察；稍事休息；其時達賴喇嘛，雖尚在通天河一帶，已陰派戴琫改桑堅參，碩第巴爵朱堪布降巴曲桑等三人，潛運軍械；在距察二站之恩達勒調洛隆宗碩般多邊壩各路之兵，屯聚數千人，圖抗我軍。鍾穎飭派第三營管帶陳渠珍改裝；隻身前往偵探；猝爲番兵所獲，詭辭脫歸，遂知番營虛實。　奴才以川軍在察，距前藏程途遙遠；主客之勢既殊，攻守之形又異；奏明請派邊軍三四營，作爲川軍後援；以期策應。　趙爾豐力顧大局，即於十月下旬，親赴察台督師。　十一月初四五等日，川軍邊軍分路銳進，番兵望風逃潰，道路通暢，奴才先已文行三十九族幷派員弁前往，令其預備烏拉柴草，以供軍用。　傳集土兵，以供調遣。　該族頭目等極爲歡迎，一一切遵照備辦。　川軍即由三十九族行走，邊軍則仍由大路前進，所過鎮撫，分駐碩般多等處，遂爲聲援。　時值窮冬，嚴寒盛雪，步隊進行，極形艱苦。　十二月中旬川軍第一營始由恩脅地方折至拉里，即聞江達汛紮有工布番兵約千人，肆行搶擄，焚燬漢民房舍四百餘家，殺斃台站漢兵民三名，又幼孩一名，奴才委員在汛儲備軍糧，亦爲灰燼。　第一營管帶陳慶聞報，兼程而進，十二月二十一日該營馳抵江達，時已日暮，探知番兵屬集工布路山口；即嚴加戒備，三更後拿獲番兵偵探一名，天甫破曉，番騎約百餘邐來劫營，陳慶俟其迫近，發令猛擊，番騎應槍而倒，後隊反走，陳慶帶隊跟追，直趨工布路山口，番兵伐木結營，踞險守禦，　陳慶飭前左兩隊，直前仰攻，右後兩隊，張兩翼夾勦，陣斃番兵百餘人，生擒三十一名，奪獲蠻槍蠻刀馬匹糧食等件。　餘番奔竄後山，追躡無踪，陳慶提訊生擒各番，均各手帶皮圈，上有唐古忒調兵圖記。　供係番官巴革噶布倫邊覺奪吉等，派頭第巴脅朱帶領抵抗大兵，及焚糧劫殺各情不諱，當即正法十數名，其餘概令取保釋放，以示寬大。　遂仍整隊而進，其時鍾穎統領各軍，已由拉里前來，即挑選馬兵四十名，機關礮一尊，派都司張鴻昇帶領星馳援應，復飭第二營管帶張葆初趕站前進，與陳慶協力搜勦。第三營管帶陳渠珍分隊留防拉里江達兩處，以顧後路，陳慶張鴻昇行至推達地方，探知如陀寺內有番兵阨守，並於對山砌築石寨，取犄角之勢　，十二月三十日張鴻昇馬隊先至，番兵分股來犯，並於山頂開放銅礮，我軍皆在平地，易受彈擊，陳慶全營繼至，弁勇奮不顧身，攀援巖石，直撲該寺，進至山腹，番兵傷亡已多，駭竄四散，對山石寨，守兵亦逃，寺內喇嘛，伏地投誠。陳慶進紮該寺，搜獲蠻槍子藥多件，各喇嘛咸稱係為番兵佔據該寺，力不能抗，尚屬實情。宣撫之餘，張鴻升仍帶馬兵及機關礮，由大路進發，本年正月初二日馳至烏斯江，查知番兵昨夜過此，焚燒民房糧草而去。張鴻升即跟蹤窮追，約行三十餘里，與番民相遇，其衆尚有六七百人，自前途數戰之後，各番早已膽寒，一聞我軍號令，即越山狂奔。惟一股退入路傍石堡，仍圖抵抗，張鴻升發礮轟倒石堡，陣斬首級五顆，奪獲蠻銅礮一尊，蠻槍四桿，戰馬四匹；自此以後，番兵若鳥驚獸散，不知所之。張鴻升連夜趲行，於正月初三日即行抵藏。第一營陳慶，第二營張葆初，於正月初五初六等日到藏，知府鍾穎亦即於初八日到藏，僧俗人等，簞食壺漿，夾道迎迓。惟堪布降巴曲桑，自由思達寨逃回，尚思擾我後路，突於宣統元年十二月二十九日，帶兵三百餘名，闖入拉里，圍困糧務衙門。鍾穎所派第三營右隊隊官張鴻雲，後隊隊官于藻留防在拉里，各率本隊，出與接仗，陣斃番匪十餘名。于藻欲生擒降巴曲桑，奮勇上前，被番匪飛彈擊穿左股，張鴻雲麾隊繼進，遂將降巴曲桑立斬馬下，及悍番八名。次日張鴻雲率隊搜山，於拉里迤東冰峽中，遙見番馬步約百餘人，投荒而逸，我兵自後追擊斃番六名，此川軍沿途勦辦番匪，迭獲勝利之實在情形也。」卷六

於是達賴喇嘛懼遭危險，即挈其左右倉慌出亡矣。

八　達賴喇嘛出亡印度

達賴喇嘛返藏與駐藏大臣聯豫積不相能，竟停止供應，復謀抗拒朝命，西藏六十年大事記云：

八月達賴由西寧塔爾寺取道青海之柴達木回藏，駐藏大臣聯豫率屬吏迎

於扎什城之東郊，達賴不理，日若無見，聯豫憤甚；即言達賴私運俄國軍械，親赴布達拉檢查未獲，復派員往黑河查驗達賴之行李，翻箱倒篋，搜檢殆遍，未獲槍械，而各物被檢驗軍隊乘間攜去者頗多；於是達賴深恨聯豫，遂停止其供應。乃佈散流言，謂政府欲滅黃教，嗾令藏人內犯，又不願英國通商，時謀抗阻。」

及聞川兵入藏屢敗藏兵，乃懼而請幫辦大臣溫宗堯至布達拉宮，約以四事。西藏新志云：

「二年正月初二日，達賴邀幫辦大臣溫宗堯赴布達拉山相見，達賴面允三事；一，將各處阻兵番衆，立刻調回。二，渥荷朝廷封賞，咨請奏謝。三，仍尊重聯大臣，供應照常規復，溫宗堯欲安其心，亦允以四事：一，川兵到日，自必申明紀律，維持安寧秩序，不至騷擾地方。二，諸事均和平辦理。三，達賴固有教權，不加侵損。四，決不殺害喇嘛，以昭信守。」卷下

而川軍至拉薩，槍殺喇嘛，達賴喇嘛於正月三日懼而出亡，西藏六十年大事記云：

「初三日川軍前隊抵拉薩，聯豫派衛隊歡迎之。衛隊歸途，開槍擊斃巡警一名，大招寺之濟仲大喇嘛於琉璃橋畔，飲彈而亡。衛隊又向布達拉開槍亂擊僧衆，亦有帶傷者，一時全城震動，人民不安，達賴恐遭危險，即挈其左右逃往印度。」

聯豫有詳陳已革達賴私逃情形，並請懲番官摺，所述經過，略有不同，茲錄其文，以資互證：

「竊查已革達賴阿旺羅布藏吐布丹甲錯濟寨汪曲却勒朗結於宣統元年十一月初九日回藏，奴才等循例出迎，該已革達賴氣象矜張，言詞傲慢，護衛皆係馬兵，執持快槍，導以號鼓，如臨大敵，上山以後，奴才等訂期往見，皆藉故辭卻，與其黨邊覺奪吉等日夜密謀，趕造槍枝子彈，分路調兵，番官番民，稍拂其意，立加酷刑，並欲將其舉家投河；以故各番官皆不敢違。

拉薩有五層樓，即乾隆十五年珠爾墨忒謀逆之所也，該巴革達賴調兵五千餘人屯居其內；於樓上竪獅形大旗，藏中又私設造幣廠，所鑄銀錢銅圓兩面印花，亦擅改從前定制，鑄爲獅形，又於拉薩市中編設營兵，名爲巡警，實以察漢人舉動。凡番商皆禁與漢人交易，米糧柴草，概加限制；即其餘循例公事，亦務與奴才反對，以顯其奪我主權之伎倆，該巴革達賴派出之戴琫改桑堅參頓第巴魯朱堪布降巴曲桑等，由恩達察逃竄回藏，而邊覺奪吉等，復派令赴工布調兵屯踞江達汛，肆行搶擄，焚燬漢民房舍四十餘家，殺斃台站漢兵三名，又幼孩一名，軍糧芻草，悉爲灰燼，及經官兵一再驅勦，而降巴曲桑仍敢繞出拉里，擾我後路，幸川軍第三營力戰卻之。該番等分股逃竄，沿途騷擾，無分民舍寺院，所過刦掠一空。本年正月初三日，我軍馬兵數十名抵藏，奴才派衛隊前往迎護，其時馬隊押有生擒番兵十餘名，行至孟公橋，番兵見我兵人數無多，尙敢前來搶刼，當經格斃一人，嗣行至二桅杆地方，番兵開槍傷衛兵丁左腿，我兵遂亦還擊，此外未戮一人，其生擒番兵，經奴才親訊後，一律取保開釋。查正月初二日午後，該巴革達賴與幫辦大臣溫宗堯會晤，議立條約，奴才以全藏爲我屬地，向無立約之例，因與溫宗堯談及，將其約內之和平辦理四字，改爲秉公持平辦理。由溫宗堯單銜印發，不意該巴革達賴內懷愧懼，聞大兵將至，即於次日夜間，下山潛逃，聞其本意，欲赴後藏，旋因有人唆使，中途變計，逕往印度。奴才查該達賴詭謀叵測，劣跡多端，實係有玷宗教，自外生成，業經斥革，等於齊民，擬請勿庸置議，其餘與巴革達賴同逃之番官，巴革噶布倫邊覺奪吉，大中譯丹增汪布造謀煽亂，同惡相濟，逆跡昭著，情罪重大，擬俟緝獲到日，即行正法，財產入官，充作西藏公益之用，巴革噶布倫彭錯頓柱巴革達賴噶布倫濟汝自桑戴琫改桑堅參頓第巴魯朱黨惡橫行，調兵燬汛，擬請革職，俟緝獲時，發邊遠充軍，在任噶布倫策丹汪曲及達賴私放之戴琫汪堆奪吉，附和陰謀，舉動狂悖，擬請即行革職，仍嚴緝歸案訊辦。自巴革達賴倡言自立，其左右助虐之黨，及事後同逃者，均不止此數人；惟查該邊覺夥吉等平日虐民以逞，卽番人亦恨之刺骨，其抗阻大兵或係造意爲首，或係隨惡爲從，若不分別懲治，無以伸國法而杜後患……。」樂眞奏稿卷六

聯豫此奏不無飾詞之處，究其實，不過全部委罪於達賴而已。達賴出亡，乃經浪噶子康馬而至亞東，英國商務委員麥克唐納(David Macdonald)目擊其事，旅藏二十年頭記其事云：

「一千九百一十年二月十二號的午夜，達賴喇嘛同重要官員及少數扈從，迅速攜帶輕軟騎馬，逃出布達拉宮；在中國新軍主要部隊來到拉薩，圍困布達拉宮以前，達賴立卽離開拉薩，以免危險，日夜趕程前進，經拉闌同康馬躲江孜中國的駐軍，平安到了離斐利莊三哩的卡札寺。到這時候，達賴的扈從，已增加至百人左右，並且有多人武裝起來，當達賴喇嘛已經到了卡札斐利莊的宗瑧向亞東打電話給我，請求讓那位高僧住居在斐利莊英國的「康巴祿」，並且請我騎馬帶衛隊去保護他，在這時候，印度政府通令在藏所有英國官員；對中藏兩方嚴守中立態度，所以我不能夠允許斐利宗瑧整個的請求。我雖然不前去保護達賴，但可允許他駐在英國「康巴祿」，不過不准他常川住在那兒，作爲永久避難所。」

「當時江孜來電報，告訴我謂駐江孜的中國商務委員Ma Chi Fu(十一)率兵緊追達賴，不過達賴從浪噶子已經星夜逃奔，中國軍隊在康馬地方，設能夠捉着他，僅幾小時光景，在斐利莊地方，中國軍隊不敢進攻，或者是爲達賴住在英國「康巴祿」內的原因，又或者是因中國人數太少，不敢企圖逮捕達賴，但當他們等候從拉薩江孜兩地中國軍隊來臨時，能夠監視達賴的行動，已經覺得很滿意了。同時中國某將官，帶領六十個隊伍自亞東上邊喬坦可布村前赴斐利莊，雖然他到了那地方，不知爲什麼原因，沒有停留。」

「在這時候，西藏方面有三百多強壯的徵兵，麕集斐利，且每小時仍不斷增加，然達賴喇嘛在那地方還感覺不安，遂決定南逃亞東，請我保護，從斐利莊到亞東兩條可行路經，因預兆關係，達賴喇嘛揀選從春丕谷下來經過高

（十一）　按卽馬吉符著有藏政擷要藏遊規餘兩書爲當時西藏協務。

取那條路。一千九百零一年二月二十號早晨，便攜帶強有力的衛隊，倉卒啓程，雖前夜大雪，道途難行，也在所不顧了。

「在斐利莊及塔可布中間的門台地方，達賴喇嘛遇見亞東藏商務委員皮西戴瑧，率領一枝兵馬來迎，這位軍官，在驚惶情形之下，於日前曾到我這個地方；因爲達賴喇嘛必須衝過中國軍隊所佔據的塔可布及喬坦可布兩地方，所以這位官員，必須盡力招集隊伍，從速幫助達賴前進。

「在皮西戴瑧從亞東出發前數小時，中國的邊防官 Ma Shih Chao（十二）和一個中國的將官，兼程前往斐利莊，皮西戴瑧沒有遇見達賴，但 Ma Shih Chao 星夜趕到斐利莊，竭力勸西藏大臣在那兒略爲等候（十三），然而他們很聰敏的不聽他們的話，完全知道他是故意延緩時間，以待中國大軍趕到。

「達賴喇嘛的衛隊，從斐利莊向南進發，與皮西戴瑧的隊伍在途間相遇，這時皮西戴瑧錯認達賴的衛隊，爲中國軍隊，於是佈成陣勢，開槍射擊，幸在無大傷亡以前，早經發覺，因此兩軍聯合向亞東前進，所帶人馬，差可抵禦淡軍。當達賴喇嘛到亞東時，適値午後五句鐘，天已昏黑，他直趨英商務委員公署，請求英人保護，我便成了在西藏看見教主的第一個歐洲人了。他贈我一條絲領巾，——即哈達——並同我握手寒暄，雖然達賴疲倦困憊，煩悶憂傷，知明日仍否可以生存於世；但是他尙可保持他的自然態度，和謙遜禮貌。

「我接到印度政府的訓令，謂：假使達賴喇嘛要在商務委員公署避難，應予准許，所以我纔能夠歡迎他，並讓他住在我房屋中。」第四章

時聯豫派兵追索，達賴於亞東不克久居，乃遁入錫金，錫金爲印度保護國，中國武裝軍隊兵無法入追，達賴遂爲英所利用矣。清廷於是革去達賴喇嘛名號，別訪靈異幼子，以繼其政，宣統政紀云：

「宣統二年正月十六日上諭西藏達賴喇嘛阿旺羅卜藏吐布丹甲錯濟寨汪曲却勒朗結夙荷先朝恩遇，至優極渥，該達賴具有天良，應如何虔修經典，

（十二）按即馬師周爲靖西同知。

（十三）此句原書恐有誤。

恪守前規，以期傳衍黃教。乃自執掌商上事務以來，驕奢淫佚，暴戾恣雎，爲前此所未見；甚且跋扈妄爲，擅違朝命，虐用藏衆，輕起釁端，光緒三十年六月間乘亂潛逃，經駐藏大臣以該達賴聲名狼藉，據實糾參，奉旨暫行革去名號，迨達賴行抵庫倫，折回西寧，朝廷念其遠道馳驅，冀其自新悛改，飭由地方官隨時存問照料，前年來京展覲，賜加封號，錫賚駢蕃，並於起程回藏時派員護送，該達賴雖沿途逗留，需索騷擾，無不曲予優容，曲示體恤，寬既往而策將來，用意至爲深厚。此次川兵入藏，專爲彈壓地方，保護開埠；藏人本無庸疑慮，詎該達賴回藏後，布散流言，藉端抗阻，詆諫大臣，停止供給，疊經剴切開導，置若罔聞。前據聯豫等電奏，川兵甫至拉薩，該達賴未經報明，即於正月初三夜內潛出，不知何往，當經諭令該大臣設法追回，妥爲安置，迄今尚無下落，掌理教務何可迭次擅離，且查該達賴反覆狡詐，自外生成，實屬上負國恩，下辜衆望，不足爲各呼圖克圖之領袖阿旺羅卜藏吐布丹甲錯濟旺曲却勒朗結着即革去達賴喇嘛名號，以示懲處，嗣後無論逃往何處，及是否回藏，均視與齊民無異，並着駐藏大臣迅即訪尋靈異幼子數人，繕寫名籤，照案入於金瓶掣定，作爲前代達賴喇嘛之眞正呼畢勒罕，奏請施恩，俾克傳經延世，以重教務，朝廷彰善癉惡，一秉大公，凡爾藏中僧俗，皆吾赤子、自此次降諭之後，其遵守法度，共保治安，毋負朕綏靖邊疆，維持黃教之至意，欽此。」卷十九

於是藏內諸政，頗多改革，將達賴所設造槍造幣兩廠，均行封禁，又增設委員，編練新軍，開辦巡警等均次第舉行，終以藏民不附，於藏臣惡感頗深。聯豫乃遣羅長裿往迎達賴返藏，以商洽條件，無法應允，宣統二年十一月羅長裿有通詳奉飭赴印未能勸回已革達賴文云：

「爲詳陳事：竊查已革達賴阿旺汪曲却勒朗結自本年正月間出逃，寓居印度之大吉嶺，疊次呈懇於倫敦政府；而英廷答復，並無助以兵力之意，該已革達賴，遂嗾其羽黨，向鄰近之廓爾喀布魯克巴兩部，重幣甘言，效包胥

之請，又僞造藏中番官番民函稟，有約期響應之語。其時印度政府所派照料已革達賴者，名曰貝爾，現官哲孟雄政務司，昔年曾隨英弁榮赫鵬遠征軍入藏，每欲擴張領土以矜功；遂據已革達賴僞造之函，分電英印政府，謂亞東江孜兩埠英員衛兵無多，遇變難支，於是英廷遂有調兵進紮納蕩保護商埠之議。　本年六月二十二三等日，亞東江孜兩埠監督，均接有英員照會宣布調兵駐邊緣由，旋奉大部電示，即駐京英麻署使亦照稱藏中商埠如有變亂，則本國派駐納蕩之軍不能不過界保護等語。　先是英麻署使屢有照會謂：印藏邊界，不宜多駐華軍。　是以商埠地方，未經派兵駐紮，此際英人鄭重商貨，恐有保護不周之虞。　七月初三日奉駐藏辦事大臣聯札派赴西路公幹，查勘江亞兩埠情形，職道遂於七月初八日就道，十二日馳抵江孜，會晤駐江英商務員革亞論及藏地安靜，貴國何須調兵，彼亦忝然不能對也。　然江孜四境遼闊，地面空虛，隨經職道稟請聯大臣酌派陸軍一隊來江駐紮，以資鎮懾，職道旋即前進，於七月二十日行抵靖西，會晤駐亞東英商務員麥仲儒，亦告以商埠地方，我認保護，貴國無須驚疑，麥仲儒允爲轉電印政府，並謂職道若赴印度，伊可電知沿途照料等語，蓋彼探知納蕩駐兵之議，已作罷論也。職道察看靖西地方，華夷雜處奸宄易滋，因商之靖西同知馬師周游擊周炳元，議自咱利山至帕克里劃分十五段，每段派漢兵二名、蠻兵三名，常川梭巡，以免疏失，旋於八月初五日奉聯大臣電示：外務部電開：羅道赴印事，現准英使復稱：接本國外部電。　到印時，必當照章接待，駐藏大臣恐達賴在印滋事一節，應即聲明，以免誤會，本國政府於達賴行止，毫不介意等語，希轉知羅道，并將該道起程日期電部爲要等因，職道遵奉於八月初七日出關，八月十二日行抵大吉嶺，自賃寓宅，即作函致孟加拉副總督裴凱，大吉嶺知事福賴特斯，哲孟雄政務司貝爾，分別約期會談。　八月十四日會見貝爾，十六日貝爾來報謁，言及倫敦政府飭令恪守中立，并細詢藏軍邊軍情形，及已革達賴回藏如何安置。　職道告以藏軍少於邊軍，皆紀律嚴明，糧械精足，至巴革達賴之回藏，惟當待以不死耳。 總之敝國撫綏全藏，保安商埠，有永久之治安，可毋他慮，貝爾唯唯，似表聯絡親善之意，並訂招飲之期而去。是日申刻裴凱約往會晤，其署顏非麗，裴凱熟於藏印掌故，善氣迎人，言及巴革達賴事，絲毫不干預，請隨時任便向彼商辦，至藏地安靜，聞之欣慰云云。福賴特斯八月十七日相見，言本國政府欲使君住此安樂，凡事我可照料等語，巴革達賴寓於大吉嶺山後地名巴倫布，職道遣人與彼約會，而巴革達賴卽遣巴革噶布倫策丹汪曲巴革大中譯丹增江布，前署噶布倫洛布策丹三名來寓，言巴革達賴問卜於神，須九月初九日方可見客，職道只得允之，職道前奉聯大臣札飭，到印後查看造鑄銀幣機器，及安設電報物料等因。 職道遂附火車赴噝里格達，而印度總督閔圖及印度外務部參贊巴都喇均尚在新拉避暑，未回，職道小住兩日，仍回大吉嶺，以九月初九日下午與巴革達賴見面，該巴革達賴仍披黃衲，自踞中座，而爲職道設座於其旁，亦未便斥之，巴革達賴言談狡猾，謂番衆欲拒川軍，而彼禁之，番衆欲投英國，而彼阻之。 所以來大吉嶺者，初意欲航海赴北京耳，名號旣革，無顏前去，現承勸我回藏，固所甚願，但藏中政教兩端，更改之事，必須仍復舊觀，今宜一一提議，敍入正式公文，作爲善後辦法云云。 職道向之痛切開導，並令其先定起身日期，且謂一入藏境，則聯大臣必爲奏乞天恩，予以自新之路，而該巴革達賴，仍執前詞，是此以後，巴革噶布倫邊覺奪吉巴革噶布倫彭錯頓柱巴革噶倫喇嘛濟爾白桑此三人者，名曰大臣，餘如大中譯丹曾曲札四品騐官降巴吐翁巴革戴琫改桑堅參巴革署戴琫汪堆奪吉堪布阿旺洛桑英文繙譯札喜翁底等，均巴革達賴之名義，與職道會商，妄肆要求，撮其大端，一不能駐川軍，二不能設巡警，三不能封閉造槍造幣兩廠，四不能懲辦犯官犯僧，五不能平反第穆呼圖克圖寃獄，其他瑣瑣責望，意在盡攬政權，盡廢現制。 職道逐條剖駁，舌敝唇焦，若輩竟無轉機，並送來夷字，謂職道即能允許以上各節，尚須請憑英官作爲中證，以昭憑信，職道恐該番官等從中播弄，復約期與巴革達賴見面，乃其詞意，亦大致相同，此巴革達賴難以理諭之實在情形也。 十月初六日聯大臣電示：外部電開：達賴既不受勸，即可飭維道回藏等因，奉此。職道復作函分致各英官告別，亦均復書照料沿途事件，其孟加拉副總督之參謀官惠靈滋來書云：玆奉敝副總督之命，因接閣下十一月十號之信，實爲感激之至，閣下所言保護江孜亞東兩處商埠，斷不致有擾亂之事；此我所十分相信者，足爲滿意，且閣下來信，表明友睦之誼如此之親切，可見閣下心中最好之意，與我心中最好之意，恰是全然相合也，並願閣下一路平安回藏云云。 方職道初到大吉嶺時，政界軍界學界之人，避暑於此者甚多，來見職道，絡繹不絕，或求職道之像，或索職道之書，因與從容論及時事，或謂英政府意欲派一官如領事之職，來駐拉薩，故巴革達賴須俟允設英官後，始與偕歸，資其保護，或謂英人所練印度士兵十八萬，半係釋教，半係回教，取其互相牽制，以免同心謀叛，乃近日釋教士人，倡言革命，情勢岌岌，故英欲優待巴革達賴，以羈縻釋教士人之心。 或謂英人乘法越之戰，而取緬甸，乘日俄之戰，而進兵至拉薩；英之手段，利在乘隙而動，今雖不得志於西藏，亦必遂所欲於布魯克巴，此等言語，實覘國者所當注意，故職道錄而存之。 職道以十月十五日由大吉嶺東旋，十一月初一日回至拉薩，所有奉飭赴印未能勸回巴革達賴緣由，理合詳祈察核，並祈照詳施行，須至詳請者。」泣血輯存卷二

又西藏史地大綱云：

「達賴提出恢復宗教上尊號，撤退駐藏陸軍，罷免聯豫，三事相要求，清廷以二三兩事，勢不能行，遂無結果。」第九節

迨宣統三年秋，武漢起義，全國響應，清社既屋，民國告成，而達賴喇嘛即乘此機會，潛行回藏，驅逐漢官，解散漢軍，而宣告獨立矣。

九結論

當川軍入藏，達賴出亡印度，藏內無主英人雖屢加干涉，由駐京英國公使向外交部提出覺書；有：「若有擾亂西藏治安之舉，則難漠視」之語，究以一九零七年（光緒三十三年）八月十八日，曾與俄訂有條約五款云：彼此不得干涉西藏內政，保全西藏領土完整。　並未得中國政府之介紹，不得與西藏締結任何條約，及各不派置代表到拉薩，不得在藏取得鐵道馬路電報煤礦權利等項，故尚不能公然阻難，是藏內之政，頗可為也。　時御史陳同善於達賴奉旨革去名號後，曾上藏事孔棘，亟宜妥籌善後方法一摺，於籌藏之策，頗有見地，其奏疏云：

「夫該革喇嘛之所恃以煽惑藏衆者，保存黃教之說耳；乃者別立真正呼畢勒罕，傳經延世，朝廷維持黃教之心，已曉然於天下，藏中僧俗，自應念歷朝撫育之恩，恪懔天威，謹守法度，似可以無他慮矣。然藏中地曠人悍，嗜殺喜兵，是其習慣，高宗嘗謂其口奉佛，其心乃如夜叉羅刹之食人，最得藏人真相，康熙初年第巴桑結嘗與叛臣吳三桂私通，聖祖赦不之問，未幾第五世達賴卒，藏中凡兩立假喇嘛，中國西陲為之俶擾，屢勞大兵，越三十餘年而後靖。　乾隆中朱爾墨特之變，駐藏大臣傅清拉布敦並被害，蓋反覆傾險，其天性矣。今奉旨改掣達賴，輸誠內嚮者固多，而其中無識愚蒙，為流言所動，戀戀於該革喇嘛代圖恢復者；與夫潛謀不軌，假託呼畢勒罕而私有所擁戴者；均當不在少數，防制偶疏，即虞竊發，此不可不慮者一。藏中之不封汗王貝子，始於乾隆十五年，駐藏大臣之握有全藏政權，始於乾隆五十六年，自嘉慶以來，治衛藏如郡縣，視番僧如齊民，六十八城，儼同內地，是西藏於中國，乃屬土非屬藩，達賴係法王非藏王，故光緒三十二年，中英所訂藏印條約第二款，已聲明英國不得占併藏境，不得干涉藏政，中國亦不准其他外國干涉藏境，及其內政。可見法王之廢立，藏政之因革，確應歸中國自由主持，外人早已公認此次舉動，各國決不至直接干涉，首冒不韙，但藏中各寺廟布施豐富，鄰敵垂涎，且其地據川滇上游，進可以攻，退可以守；國初時一見擾於準部，兩見寇於廓夷，掊掠幾無寧歲，至雍正中派兵駐守，其地始定，近年英人據有哲孟雄，與之接壤，至用兵要求立約，開亞東江孜噶大克作商埠，而俄人亦派探險兵隊，由帕米爾高原進窺，其勢亦岌岌矣。聞該革喇嘛向懷攜貳，私與俄暱，前此逃往庫倫，用意可知，惟藏駐俄較遠，又必須道新疆，計非數月不能達，而拉薩由江孜至亞東，不過數百里，過此即屆印界，其沿途英人均駐有印兵，設有旅舍，可資以爲保護。此次該革喇嘛之逃匿，必不於俄而於英，英人伺藏發久矣，計必利用該革喇嘛，以行其陰謀，煽誘藏人，以鬥中國，俟我力疲，然後藉口保商，遥行干涉，以收漁人之利，英人苟得志俄人其能晏然已乎？恐均勢之說，一髮牽及全局，可憂者又不獨藏地矣，此不可不慮者又一。以上二患，朕兆伏於既往，而見端或在將來，防維不可不深，綢繆尤不可不預，權緩急之宜，度內外之勢，綜厥大要，其策有三：藏人所以戴達賴者，戴黃教耳，非有所愛於該革喇嘛也。 查黃教舊例，達賴與班禪分主教化，相代持世，藏人所信仰者，達賴而外，厥惟班禪，謂宜於眞正呼畢勒罕掣定施恩後，並賜加班禪以封號，令代掌全藏教務，以獎恭順，而安反側，庶有以攜該革喇嘛之黨，而孤其勢矣。 此策在因舊俗以斷該革喇嘛之內援者一也，藏地萬峯插天，四時冰雪，入夏泥潦縱橫，痡瘏交困，其境延袤各數千里，山磵番砦，所在皆是，兵少則分布不敷，兵多則轉運難繼，守不勝守，防不勝防，然以不能守不能防而遂置之非策也，查由中國入藏之路，以四川打箭爐爲最便，其地因山爲城，實川西一大都會。 自此由裏塘巴塘西至察木多舊稱康部沃野千里，尤爲蒙番川滇咽喉，可耕可屯，謂宜先開爲行省，駐以重兵，對於川滇可以資捍衛，對於衛藏可以備調遣；經營既周，緩急足恃，此策在扼形勝，以鞏西南之邊防者二也。 國初達賴，本以法王兼藏王，乾隆以後，政教始行劃分，達賴不過黃教上之一領袖耳；惟商上事務，達賴尙得執掌，故能以財自雄，暴戾恣睢，職此之由，請嗣後宜令商上事務，及四噶布倫，要番目缺等之選授，均應專由駐藏大臣主張，不必再會同繼世之達賴，以免牽制，其修飭兵備，振興商業，舉辦警察，提倡學校，諸要政亦應體察情形，從速改良，認眞辦理，以一事權而保治安，此策在修內政以杜外人之覬覦者三也。此三策者，專爲靖內患而設，內患既靖，外侮即無隙相乘，按之時勢，均屬可行，考之事機，尤不容緩；若失此不圖，臣恐存張皇之見者，既不免相操過急，速內變而召外兵，務敷衍之計者，又不免蘊孽無形虧前功而貽後悔，國家西顧之憂，自此正未有所底止矣。擬請我皇上大奮乾斷，密旨飭下樞臣會同理藩部臣與駐藏大臣電商，按照以上各節，妥速布置，切實施行，全藏幸甚，大局幸甚。」陳御史奏稿卷一

其所陳各節，雖頗爲采納；若進而選能吏，修武備，逐漸改革其政教，撫綏其民族，未始不可化頑梗爲恭順，收主權爲國有，雖達賴喇嘛乘鼎革之際，有所蠢動，而藏內有班禪爲主，亦難煽惑，軍政之權，有所統攝，番衆又何能起而爲之響應哉。惜當時執藏政者，惟權利是爭，軍士紀律不講，頗爲藏人所痛恨，鍾穎與羅長裿不和，竟相殘害，駐藏大臣聯豫亦撫治無策，坐失良機，迨達賴返藏終被驅逐，即與中原斷絕，宣告獨立，二百餘年之藩疆，一旦喪之於庸臣之手；今草此文已畢，不禁爲之投筆三嘆焉。

引用書目舉要

清德宗實錄影印本

清宣統政紀影印本

清史稿宗教志排印本

達賴傳張伯楨撰　滄海叢書第三輯本

蒙藏佛教史妙舟撰　排印本

宗教源流考張其勤撰　抄本

西藏六十年大事記朱繡撰　排印本

丁文誠公奏疏丁寶楨撰　原刊本

文碩奏牘文碩撰　清季籌藏奏牘本

升泰奏牘升泰撰　同上

有泰奏牘有泰撰　同上

張蔭棠奏牘張蔭棠撰　同上

有泰日記有泰撰　稿本

藏印往來照會清季西藏史料叢刊本

樂眞齋奏稿聯豫撰　抄本

陳御史奏疏陳同善撰　排印本

朔漠紀程博迪蘇撰　排印本

西藏史地大綱洪滌塵撰　排印本

西藏新志許光世　蔡晉成編　排印本

英國侵略西藏史英國榮赫鵬（Francis Younghusband）撰孫煦譯　排印本

旅藏二十年英國麥克唐納（David Macdonald）撰孫梅生黃次書合譯　排印本

血泣輯存羅長裿撰　排印本

西藏問題王勤堉撰　排印本

南京國學圖書館善本檢存記

Die seltenen Bücher aus der früheren Sinologischen Bibliothek in Nanking

劉　詩　孫

考南京國學圖書館，刱始於清季光緒三十有四年。　時滿洲端午橋，方總制兩江，聞泉唐丁氏八千卷樓售藏書，或恐蹈皕宋樓陸氏之故事，遂斥巨金七萬三千元，購移於金陵，並建館於龍蟠里，命江陰繆荃孫董其事，名曰江南圖書館（一）。　是爲圖書館之所刱始。　丁氏富藏書，搜羅之多，與歸安陸氏皕宋樓，常熟瞿氏鐵琴銅劍樓，聊城楊氏海源閣，同稱藏書四大家。　而丁氏所藏，尤有功於文化，固不僅以板本見稱。　其間佳籍，有四庫修書之底本（二），有名人精寫之稿本（二），有日本高麗精刊本（二），而近代名臣大儒校勘家收藏家所藏之書，尤指不勝僂（二），皆使人讀之肅然有向學之思，不獨以久遠爲重。　而自明以來，收藏家如范氏天一閣，項式萬卷堂，祁氏淡生堂，毛氏汲古

（一）見端午橋奏摺。

（二）見丁氏善本書室藏書志。

閣，錢氏絳雲樓，曹氏靜惕堂，朱氏潛采堂，黃氏千頃堂，王氏池北書庫，顧氏秀野草堂，錢氏述古堂，曹氏楝亭，趙氏小山堂，吳氏瓶花齋，孫氏壽松堂，王氏十萬卷樓，馬氏小玲瓏山館，汪氏開萬樓，鮑氏知不足齋，黃氏士禮居，吳氏拜經樓，袁氏五硯樓，何氏蝶隱園，許氏鑑止水齋，嚴氏芳茮堂，張氏愛日精廬，陳氏稽瑞樓，馬氏漢晉齋，袁氏臥雪樓，馬氏漢唐齋，汪氏藝芸精舍，瞿氏恬裕堂，蔣氏別下齋，勞氏丹鉛精舍，郁氏宜稼堂，朱氏結一廬，李氏瞿硎石室之書，輾轉流迻，多歸丁氏，具載丁氏善本書室藏書志。　是則圖書館之藏書，其善本固直接得之丁氏，而間接則得之明清兩朝藏書家，宜世人之盛稱圖書館多善本也。　宣統元年，法國文學博士伯希和，嘗登圖書館藏書樓，觀丁氏善本，許爲難覯（三）。　是則圖書館之掓，固已聲名洋溢於中外矣。

爾後鼎革之際，館居粤軍，書幸保存，未致亡佚。　尋改江南圖書局，又易爲江蘇省立圖書館，隸江蘇教育司（四）。　嗣以兵事政局，累有變遷，圖書館亦因之更革名稱。　民國八年，改稱江蘇省立第一圖書館，以蘇州學古堂之書，亦設館而稱第二也。　十六年後，國民政府，奠都南京，改名爲第四中山大學國學圖書館。　十七年二月，第四中山大學，改名江蘇大學，是年五月，又改名中央大學，圖書館亦隨之一再改名（五）。　最後又易名爲江蘇省立國學圖書館，迄二十六年未之易。尋兵事起，館書遂蕩析不可問。　此圖書館前後之沿革也。

圖書館藏籍，除丁氏書外，累年增益，何啻倍蓰，具載於江蘇省立國學圖書館書目。　然善本增益則較寡，據昔日典守者汪承基，陶少夔兩先生言，謂僅二三十種，別有私記，而今忘矣。　第丁氏善本書，尚有爲善本書室書目失載者，如讀易小得，楊雄蜀都賦讀，春秋左氏傳補注，春秋師說，篆體偏旁點畫辨訣，錦繡萬花谷前後集，禪宗永嘉集，陸士衡文集，友石山人遺稿等皆是。　載見於

（三）見圖書館詳文。

（四）見圖書館小史。

（五）見國立中央大學國學圖書館小史。

江蘇第一圖書館覆校善本書目齊耀琳序。序作於民國戊午，謂當時善本總數，經之屬三百五十三部，六千一百四十六卷，史之屬四百九十部，二萬零零七十四卷，子之屬五百八十五部，一萬一千零六十八卷，集之屬一千一百二十部，二萬二千五百九十二卷，都二千五百四十八部，五萬九千八百八十卷。此皆八千卷樓之舊藏也。此圖書館善本之大凡也。

比年兵燹，金陵公私文物，俱有散佚，尤以圖書館爲甚。據昔日典守之陶，汪二先生言，謂兵燹之初，館長柳詒徵曾取去善本多種，載以入蜀，然柳公猶子貢禾言，則謂尚存於江北。近又有謂江北被兵時，善本多銷燬，其剩餘則爲柳公攜入川，舟覆，書沉巴陵江，不識其說究若何也。柳公既去甯，城亦旋不守，善本書籍，率委之館中，付廁養以責守，其被盜者比比是，兵甫定，日本新城新藏博士，收拾公私文物，得書十餘萬册，並博物等設中支建設資料委員會董其事，書則庋於珠江路舊地質調查所，而圖書館之善本亦在焉（六）。既而梁衆異丈，來甯主政柄，開圖書館複壁有藏書，遂效漢魯恭王故事，發壁中書，得傳鈔本明實錄等，都爲書八百三十有七種，皆善本。惜多霉爛，完好者尠，此則壁藏較久故也（七）。此圖書館善本幸存之經過也。

會梁丈赴燕京，與傅公沅叔論及此，傅公趣梁丈印實錄，遂以付商務書館印行之。特實錄纂修，多有忌諱，紀載史實，殊乖本眞，而傳鈔譌敓，亦復不免，梁丈有見及斯，倩與公向之校訂之，日盡十餘葉，殊精續。第卷帙繁重，不知何日得殺青耳。梁丈既印實錄傳諸世，時日本新城新藏博士所收者亦以還諸國人，組文物保管會總其事，別設博物，圖書，天文氣象三專門會隸其下。圖書會則居地質調查所舊址，延陶汪諸君司整理，以其爲昔日之典守也。其圖書館原址，則改設師範學校。而圖書館印行各書，則歸之南京中央圖書館。此圖書館善本典守之近狀也。

（六）見中支建設資料整備事務所報告書。

（七）見梁鴻志印行明實錄序。

余來金陵，忽復匝歲，教席餘暇，遊心典籍。　嘗登圖書館藏書樓，檢八千卷樓善本，據丁氏善本書室藏書志，手加讎校，得宋元明清本二百四十有八種，多海內之孤本，於文化流傳，關係至巨，爰撮簡目，分類列次：

1. 經　部

周易程朱傳義十九卷　元刊本。

勿軒易學啓蒙圖傳通義七卷　元熊禾撰　舊鈔本。

易學講義七卷　明諸大倫撰　明刊本。

周易兼兩九卷　清倪璠撰　舊鈔本。

以上易類。

蔡傳音釋辨誤六卷　元鄒近仁撰　影元本。

書傳敷言十卷　明馬森撰　明刊本。

書傳集解十二卷　明黃諫撰　明刊本。

以上書類。

鄉射禮集要圖說一卷　明傅鼎撰　明弘治刊本。

讀儀禮私記一卷　清江筠撰　寫本。

以上禮類。

音點春秋左傳十六卷　明陳理撰　明刊本。

精選東萊左氏博議句解十六卷　明蔡紳撰　明刊本。

以上春秋類。

五經正文五卷　明翁溥撰　明江西刊本。

以上五經總義類。

2. 史　部

南北史記疑四卷　清王懋竑撰　寫本。

以上正史類。

皇朝通鑑長編紀事本末一百五十卷　宋楊仲良撰　舊鈔本。

安南棄守始末一卷　闕名　舊鈔本。

經略復國要編十四卷附一卷　明宋應昌撰　明刊本。

皇明啓運錄八卷　明陳建撰　明刊本。

以上紀事本末類。

重訂謝承後漢書補逸五卷　清孫志祖撰　寫本。

以上別史類。

孤臣泣血錄二卷　宋丁特起撰　明刊本。

靖康紀聞一卷　宋丁特起撰　四古堂鈔本。

靖康稗史不分卷　闕名　舊鈔本。

辛巳泣蘄錄一卷　宋趙與褰撰　逃古堂鈔本。

廷樞紀聞不分卷　明于謙撰　舊鈔本。

以上雜史類。

陸宣公奏議註十五卷　宋郎曄註　元至正刊本。

以上奏議類。

徐文清家傳一卷附毅齋詩集別錄一卷　宋徐僑撰　影明鈔本。

京闈小錄一卷　明方孝孺撰　舊鈔本。

明成化弘治萬曆會試錄不分卷　影鈔本。

皇明開國功臣錄三十一卷續一卷　明黃金撰　明小字本。

金華正學編十卷　明趙鶴撰　明正德刊本。

金華先民傳十卷殘存三卷　明應廷育撰　舊鈔本。

以上傳記類。

裔夷謀夏錄一卷　宋劉忠恕撰　舊鈔本。

以上史鈔類。

至正四明續志十二卷　元王元恭撰　舊鈔本。

嘉靖惠大記六卷　明鄭維新撰　明刊本。

嘉靖括蒼彙紀十五卷　明何鏜撰　明刊本。
萬曆錢塘縣志不分卷　明聶心湯撰　明刊本。
萬曆福州府志三十六卷　明潘頤龍撰　明刊本。
萬曆杭州府志一百卷　明陳善撰　明刊本。
萬曆續處州府志十五卷　明許國忠撰　明刊本。
吳郡考二卷　明陸鳳撰　明刊本。
九邊圖說一卷　明孫應元撰　明刊本。
楚邊圖說一卷　明吳國仕撰　明刊本。
帝陵圖說二卷　清梁汾撰　振綺堂鈔本。
揚州賦一卷續賦一卷　宋王觀，陳洪範撰　明鈔本。
以上地理類。
慶元條法事類八十卷附開禧吏部右選格二卷　宋謝深甫等撰　舊鈔本。
明藩府政令六卷　明皇甫錄撰　明刊本。
明太學志十二卷　明郭鎜撰　明嘉靖刊本。
皇明異典述五卷　明王世貞撰　明刊本。
紀年類編四卷　明袁仁良撰　明刊本。
以上政書類。
秘書省續編到四庫闕書目二卷　闕名　舊鈔本。
明內閣藏書目八卷　明孫能傳撰　舊鈔本。
百川書志二十卷　明高儒撰　舊鈔本。
萬卷堂書目一卷　明朱睦㮮撰　舊鈔本。
澹生堂藏書目不分卷　明祁彪佳撰　舊鈔本。
好古堂書目四卷　闕名　鈔本。
隋書經籍志史部考證十三卷　清章宗源撰　鑑止水齋鈔本。
元艦記二卷　明盛時泰撰　舊鈔本。

名蹟錄六卷附錄一卷　明朱珪編　舊鈔本。

以上目錄類。

楚漢餘談一卷　明高岱撰　舊鈔本。

歷代正閏考十二卷　明沈德符撰　舊鈔本。

以上史評類。

3. 子　部

朱文公小學明說便覽六卷　宋夏相撰　元刊本。

小學集說六卷　明程愈撰　明刊本。

傳道四子書八卷　明徐達左編　影元鈔本。

顏子集註二卷　明潘府撰　明刊本。

白沙至言十卷　明陳獻章撰　明刊本。

以上儒家類。

六韜直解六卷　明劉寅撰　明刊本。

尉繚子直解五卷　明劉寅解　明刊本。

武經直解二十五卷　明劉寅解　明刊本。

元戎濟陣風雷集一卷　明焦玉撰　舊鈔本。

十七史百將傳十卷　宋張預集　明刊本。

權謀錄四卷　明顧炎武撰　舊鈔本。

以上兵家類。

平寃錄一卷　闕名　明刊本。

敬由編十二卷　明寶子偁撰　明刊本。

以上法家類。

傳家秘寶脈證口訣幷方殘本三卷　宋孫用和撰　影宋鈔本。

重刊經史證類本草大全三十一卷　宋唐愼微撰　明萬曆重刊元大德本。

證類增註傷寒百問歌四卷　宋錢聞禮撰　元刊本。

大宋新修太平聖惠方百卷目錄二卷　宋王懷隱等奉敕編　影宋鈔本。

袖珍方大全四卷　明王永輔撰　明弘治翻洪武本。

仙傳外科集驗方十一卷　明趙宜眞撰　天一閣鈔本。

太醫院經驗奇效良方六十四卷　明方賢撰　明刊本。

醫林繩墨八卷　明方隅撰　明刊本。

以上醫家類。

天文大象賦注一卷　宋苗爲撰　孫星衍鈔本。

儀象法纂一卷　宋蘇頌撰　舊鈔本。

測圓算術四卷　明顧應祥撰　明刊本。

以上天文算法類。

皇極經世書卦玄玄集五卷　闕名　明鈔本。

三才世緯百卷　清雍正時人撰失名　舊鈔本。

五行大義五卷　隋蕭吉撰　舊鈔本。

五行精紀三十三卷　宋廖中撰　精鈔本。

大統曆注不分卷　闕名　明人精寫本。

以上術數類。

瀫纓亭筆記十卷　明戴冠撰　明嘉靖刊本。

塵談一錄二卷二錄二卷　明沈儀撰　清吟閣鈔本。

蝶庵道人清夢錄一卷　明顧成憲撰　淡生堂鈔本。

芸菲雜錄備遺十六卷　明管應律撰　稿本。

廣筆疇一卷　闕名　淡生堂鈔本。

巾箱說一卷　清金埴撰　稿本。

家訓筆錄一卷　宋趙鼎撰　精鈔本。

五倫書六十二卷　明宣宗撰　明內府刊本。

灼艾集八卷　明萬表撰　明刊本。

百八手珠一卷　明潘懋功撰　明刊本。

說儲八卷二集八卷　明陳禹謨撰　明萬曆刊本。

說部新書三十二種　清許純緝　舊鈔本。

以上雜家類。

新編古今姓氏遙華韻十卷　元洪景修撰　揚州阮氏抄天一閣本。

詩學大成三十卷　元林貞撰　元刊本。

廣志一百十卷　闕名　明鈔本。

博蒐錄一卷　明桑喬撰　舊鈔本。

說略三十卷　明顧起元撰　明刊本。

鑒古錄十六卷　清沈廷芳撰　舊鈔本。

紅豆山莊雜錄一卷　清錢謙益撰　舊精鈔本。

金屑錄不分卷　清吳穎芳撰　舊鈔本。

以上類書類。

譚賓錄十卷　唐胡璩撰　舊鈔本。

牛氏紀聞十卷　唐牛肅撰　舊鈔本。

友會談叢三卷　宋上官融撰　舊鈔本。

續墨客揮犀十卷　宋彭乘撰　舊鈔本。

以上小說家類。

肇論中吳集解三卷　後秦釋僧肇撰　宋釋淨源集解　明翻宋本。

以上釋家類。

道德眞經義解四卷　宋李嘉謀撰　明刊本。

元始說先天道德經註解五卷　宋李嘉謀撰　明刊本。

道德經集義二卷　明周如砥撰　明刊本。

秘傳關尹子言外經旨三卷　宋王夷受撰　明刊本。

旌陽石函記一卷　明邵輔撰　明刊本。

以上道家類。

4. 集 部

離騷集傳一卷 宋錢杲之撰 影宋本。

以上楚辭類。

駱子集註四卷 明陳魁士註 明萬曆刊本。

李詩選註十三卷辨疑二卷 明朱諫撰 明刊本。

張右史文集六十卷 宋張耒撰 舊鈔本。

盡忠錄十卷附錄一卷 宋陳東撰 明鈔本。

歐陽修撰集八卷 宋歐陽澈撰 舊鈔本。

雅林小稿一卷 宋王琮撰 影宋鈔本。

蛟峯批點止齋論祖四卷 宋陳傅良撰 明成化刊本。

平庵詩稿十六卷 宋項安世撰 舊鈔本。

退庵先生遺集二卷 宋吳淵撰 舊鈔本。

洪文敏公集八卷 宋洪邁撰 勞格補輯本。

洪文安公小隱集一卷 宋洪遵撰 勞格補輯本。

石屏續集四卷 宋戴復古撰 影宋書棚本。

金陵百詠一卷 宋曾極撰 舊鈔本。

亞愚江浙紀行集句詩七卷 宋沙門紹嵩撰 醉經樓鈔本。

翠微北征錄十二卷 宋華岳撰 舊鈔本。

先天集十卷附錄二卷 宋許月卿撰 明嘉靖刊本。

瓊琯白玉蟾上清集八卷 宋葛長庚撰 元刊本。

秋崖小稿三十四卷 宋方岳撰 舊鈔本。

復齋先生集二十三卷附錄一卷 宋陳宓撰 舊鈔本。

蕭冰崖詩集三卷 宋蕭立之撰 舊鈔本。

石堂先生續集二十二卷 宋陳普撰 明萬曆重刊本。

采芝集一卷續集一卷　宋斯植撰　醉經樓鈔本。

深甯居士集八卷　宋王應麟撰　舊鈔本。

彝齋文編四卷　宋趙孟堅撰　知不足齋鈔本。

晞髮集五卷附錄一卷　宋謝翱撰　明嘉靖刻本。

林霽山白石樵唱六卷文集四卷　宋林景熙撰　明嘉靖刊本。

方時佐富山嬾稿十九卷　宋方夔撰　舊鈔本。

王梅邊集一卷　宋王炎午撰　戴光曾手鈔倦圃本。

史詠詩集二卷　宋徐鈞撰　何夢華鈔本。

滹南遺老集四卷附詩話三卷　金王若虛撰　舊鈔本。

陳剛中詩集四卷　元陳孚撰　舊鈔校本。

貢文靖雲林集十卷　元貢奎撰　十萬卷樓鈔本。

翰林珠玉六卷　元虞集撰　舊鈔本。

貞一齋稿二卷　元朱思本撰　舊鈔本。

元音獨步揭文安詩集二卷拾遺一卷　元揭傒斯撰　舊鈔本。

揭文安文粹一卷　元揭傒斯撰　明天順刊本。

啽囈集一卷　元宋无撰　明初刊本。

檜亭集補遺一卷　元丁復撰　影元鈔本。

澹居稿二卷　元釋至仁撰　元至正刊本。

滄浪軒詩集六卷　元呂彥貞撰　舊鈔本。

雁門集八卷　元薩都剌撰　影明成化鈔本。

桃溪雜詠一卷　元嚴士貞撰　舊鈔本。

蛻庵詩四卷　元張翥撰　知不足齋鈔校本。

句曲外史貞居詩集八卷　元張雨撰　舊鈔本。

林外野言補遺一卷　元郭翼撰　舊鈔本。

鐵崖文集五卷史義拾遺二卷後附西湖竹枝詞一卷香奩集一卷　元楊維楨撰

明刊本。

鐵崖賦稿二卷　元楊維楨撰　勞氏鈔校本。

搢明齋集一卷　元黃維天撰　舊鈔本。

姚叔器集一卷　元姚璉撰　精鈔本。

宋潛溪集十八卷附錄一卷　明宋濂撰　明天順蜀刊本。

蒲庵集六卷附幻庵詩一卷　明釋來復撰　明正統刊本。

丹崖集八卷附錄一卷　明唐肅撰　精鈔本。

白石山房逸稿二卷　明張丁撰　勞氏鈔校本。

松雨軒集八卷附雪溪漁唱集一卷　明平顯撰　舊鈔本。

缶鳴集十二卷　明高啟撰　明永樂刊本。

北郭集十卷　明徐賁撰　影寫明成化刊本。

劉仲修詩集六卷文集二卷　明劉永之撰　舊鈔本。

在野集二卷　明袁凱撰　淡生堂鈔本。

鼓枻稿二卷　明虞堪撰　舊鈔本。

希董遺集五卷　明茅大方撰　舊鈔本。

王靜學文集三卷首末二卷　明王叔英撰　精鈔本。

解學士集十卷　明解縉撰　明嘉靖刊本。

素軒集十二卷　明沐昂撰　明刊本。

思復齋稿三卷　明胡粹中撰　明永樂刊本。

侯觀光詩集二卷文集二卷　明侯復撰　舊鈔本。

覺非齋文集二十八卷附錄一卷　明金寔撰　明天順刊本。

誠齋牡丹百詠一卷梅花百詠一卷　明朱誠齋撰　明鈔本。

雪溪漁唱集十卷殘存八卷附補遺附錄二卷　明蘇平撰　明景泰刊本。

竹室內集一卷外集一卷　明釋淨倫撰　明弘治刊本。

漫遊稿六卷　明馮世雍撰　明嘉靖刊本。

張玉坡黃花集三卷　明張元撰　明正德刊本。

西崖擬古樂府註二卷　明何孟春撰　明刊本。

費文憲集摘要二十卷　明費宏撰　明嘉靖刊本。

馬端肅約齋詩集一卷　明馬文升撰　明萬曆刊本。

楊文懿公集三十卷　明楊守陳撰　明弘治刊本。

和梅花百詠詩二卷　明董琥撰　明弘治刊本。

息園存稿十四卷　明顧璘撰　明嘉靖刊本。

陽明文粹十一卷　明王守仁撰　明嘉靖本。

兼葭堂稿殘存七卷　明陸深撰　明嘉靖本。

太史升庵集二十六卷　明楊慎撰　舊鈔刊配本。

桃川賸集二卷　明王廷表撰　舊鈔本。

穀庵集十卷附錄二卷　明姚綬撰　明嘉靖刊本。

王彭衙詩九卷　明王諷撰　明嘉靖刊本。

白泉家稿一卷　明汪文盛撰　舊鈔本。

黃門集十二卷　明許相卿撰　明萬曆刊本。

賜閒堂稿十卷　明夏言撰　明嘉靖刊本。

蘇原先生文集二卷　明吳廷翰撰　明萬曆刊本。

長春競辰餘稿三卷　明朱讓栩撰　明刊本。

琪山集十二卷　明趙秉忠撰　明萬曆刊本。

玩鹿亭詩稿二卷　明萬表撰　明刊本。

歸雲集前稿二十卷　明陳士元撰　明萬曆刊本。

丁清惠集八卷　明丁賓撰　明崇禎刊本。

朱玉州集六卷　明朱曜撰　明嘉靖刊本。

田兵部集六卷　明田汝耔撰　天一閣藏舊鈔本。

隋堂摘稿十六卷　明許應元撰　明嘉靖刊本。

碧筠館詩稿四卷補一卷　明凌立撰　原鈔本。

卓澂甫詩集十卷　明卓明卿撰　明萬曆刊本。

貽清堂集二十卷　明錢養廉撰　舊鈔本。

青藜齋集二卷　明朱朝瑄撰　明崇禎刊本。

繭窩雜稿一卷　明沈昀撰　舊鈔本。

以上別集類。

聖宋高僧詩四卷　宋陳起撰　舊鈔本。

九僧詩一卷　闕名　舊鈔本。

二十先生回瀾文鑑十五卷後集八卷　宋虞祖南評次　元刊本。

續會稽掇英集五卷　宋黃康弼撰　舊鈔本。

註解章泉澗泉選唐詩五卷　宋謝枋得編　明初刊本。

宋詩拾遺二十三卷　宋陳世隆輯　舊鈔本。

玉山唱和二卷　元顧瑛編　影鈔本。

至治之音三卷　闕名　精鈔本。

十二家元人小集十二卷　闕名　精抄本。

唐詩正聲二十二卷　明高棅編　明嘉靖刊本。

文則四卷　明張雲路編　明嘉靖刊本。

唐詩類鈔八卷　明顧應祥撰　明嘉靖刊本。

宋涪溪勝覽集一卷　明楊銳撰　明正德刊本。

唐百家詩品一百卷　明徐獻忠編　明刊本。

釣臺集八卷　明吳希孟編　明刊本。

初唐詩三卷　明樊鵬編　明刊本。

十二唐人詩不分卷　明張遜業編　明刊本。

十家唐詩十卷　明畢效欽編　明刊本。

明初四家詩四十卷　明陳邦瞻編　明刊本。

華氏傳芳集十七卷　明華守方編　明嘉靖刊本。

香雪林集二十六卷　明王思義編　明刊本。

明僧弘秀集八卷　明毛晉編　汲古閣精刊本。

好我篇二卷　明朱朝瞌集　明萬曆刊靛印本。

以上總集類。

柳屯田樂章三卷　宋柳永撰　明抄本。

張子野詞一卷　宋張先撰　明鈔本。

東山寓聲樂府補鈔一卷　宋賀鑄撰　四印齋本。

和清眞詞一卷　宋楊澤民撰　精鈔本。

王周士詞一卷　宋王以凝撰　明鈔本。

玉田詞二卷　宋張炎撰　舊鈔本。

明秀集三卷　金蔡松年撰　明鈔本。

樂府遺音一卷　明瞿佑撰　影天順鈔本。

以上詞曲類。

民國三十一年十二月十五日詩孫脫稿於金陵寓廬。

雪堂所編叢書解題

Die von Lo Chen-yü herausgegebenen sinologischen Sammelwerke

謝剛主

余少讀羅雪堂先生羣書敍錄，嘉其見聞博洽，足以啓迪後學，比畢業清華，得識先生於沽上，以治學相期。及服務舊京，與先生不見者數年。予以纂輯史乘，覩書遼海，時先生已移居遼東，爰迂道旅順，謁先生寓廬。背山面海地極幽僻，于時朔風蕭瑟，海色侵人，先生策杖相迎，坐談移晷。至云：不意在遼海之間，得遇足下。談及滄桑輒生感慨。旅順爲昔毛文龍駐節之所，設有海東稗乘，幸以相告，回首昔遊，猶如昨日。猶憶前歲，曾以長函問教，驛傳初發，而先生已歸道山矣。先生學術之博，見聞之廣，高出羣倫，非陋儒可及，而綜其生平撰述，輯爲叢書，爲類尤繁。恒以叢書始於宋元，至清而集其成，爰有叢書考之輯，而以先生所編叢書，尉爲一集，惟孤陋寡聞，遺漏實多，憑諸目驗，不假傳聞，其所不知，蓋闕如也。

楚雨樓叢書八種十八卷 玻璃版印本

按秦代刻石，留傳天壤間者僅泰山十字，與琅邪殘石，今琅邪殘刻，又燬於火，相斯之跡，幾絕於世，惟賴權量文字，稍見端倪。海內收藏之富，周秦遺物，聚於一堂，當推陳簠齋吳恒軒二家，後則浭陽端陶齋氏，力之所聚，庋藏亦繁，羅氏所編，秦金石刻辭，以端氏所藏爲主，間取端氏以後所出之物，釐訂爲三卷。一曰金，虎符權量之類是也。二曰石，泰山刻石之類是也。三曰匋，瓦量之類是也。輓近東莞容氏所編古刻零拾，卽其續也。殷文存二卷，羅氏旣輯有殷墟書契前後編，復取殷代彝器拓本中殷人文字彙爲二卷，近人孫海波有續殷文存之作，堪爲是書之繼。若蒿里遺珍，彙輯古代買地券等類，可藉此研究古代之經濟，惟收集尚不甚廣耳。是編所輯各書，多見於藝術叢編，羅氏復取而彙爲斯書。

雪堂磚錄四種四卷 影印本

按輯錄磚文始於洪景伯適之隸續，降及清代，則有陸剛父千甓亭古磚錄，馮柳東浙江磚錄，呂堯仙百磚錄，宋經畬磚文考略，是書爲上虞羅振玉氏，輯錄磚文凡四種，楚州城磚錄爲清河王錫祺所輯，刻入小方壺齋叢書中。原書流傳甚罕，羅氏重爲搜輯，以廣其傳。恒農磚錄，爲端匋齋故物，端氏所撰匋齋藏磚記，頗有譌失，羅氏重爲校正，糾其繆失，地券徵存，搜輯甚廣，惟銅山張氏小來禽館所藏，劉宋磚卷，尚未列入。至磚志徵存，則羅氏所輯之磚文也，自序云：『古無誌墓之文，葬時燒磚造壙，放磚上，記姓氏年月而已，其文皆在磚，則或但施吉語，無刻字磚面者，刻字磚面殆爲誌銘之濫觴，最先出者，爲許州魏陳禮等磚，今已亡佚，逮光宣間，近畿多出平面刻字墓磚，中州之彰德，亦有之，或朱墨書不鐫勒，關中唐以下諸誌，亦有刻磚上者，予頗收集之，丁巳仲冬乃出其所藏，手自編寫，得八十有一通，成書一卷，顏之曰磚志徵存，』按近人黃文弼仲良氏，有高昌專錄之刻，亦均效法羅氏，而競起者也。

唐風樓碑錄十一種二十一卷附錄二卷上虞羅氏自刊本

是書所彙輯者，西陲石刻錄一卷，吳中冢墓遺文一卷，芒陽冢墓遺文三卷，廣陵冢墓遺文一卷，昭陵碑錄三卷，襄陽冢墓遺文一卷，鄴下冢墓遺文二卷，中州冢墓遺文一卷，等凡十一種，羅氏嗜金石之學，收藏至富，清季官服京師，居冷曹，出其所藏，或取友朋所得，凡近時中州，吳中，淮陽，關中，所出金石文字，裒輯成書，復鈎稽諸史，詳加考訂，如於西陲遺文，取唐寫李氏再修功德記，及索勳碑，輯補張義潮傳，以補唐前書之缺，取芒洛古冢遺文，魏元氏諸誌，爲補魏書宗室傳，關中唐昭陵諸碑，諸家著錄者，八十有八，今存者若溫彥博等碑，僅二十有八，實祇二十有六，羅氏乃參見舊本，互校羣書，補輯崔敦禮碑，及姜遐斐然兩碑遺文，其它增補文字尤夥，寒冬圍爐，炙硯寫定，爲昭陵碑錄三卷，足徵其用力之勤。至吳中淮陽，吉金樂石，流傳尤尠，羅氏爲之搜輯徵采，有補亡之功。晚近芒洛之間，古冢遺文，日出不窮，後之所出，當必有羅氏所未見者，補輯彙編，此正其時，羅氏之書，可謂其嚆矢也。

雪堂叢刻五十二種一百一七卷 上虞羅氏鉛印本

羅氏編有國學叢刻，後略加增刪，易名爲雪堂叢刻，雪堂者，羅氏書齋名也，是書收輯散佚，敦煌卷子，清人稿本及羅王所撰著述，爲多，唐人卷子本，如二十五等人圖，丞上祕要之類是也。二十五等人圖，乃唐代鄉曲陋儒，取文子微明篇之說，敷衍成書，其謂至人爲志人，虞人爲庶人，殆至人虞人之義，亦不能解，以其爲千年遺跡，過而存之，以資謳噱。清人稿本，如陳玉澍卜子年譜，鈕樹玉匪石先生文集，桂馥國朝隸品，襄理軍務紀略之類是也。中多要籍，頗資省覽。至羅王著述，如王國維洛誥箋，明堂廟寢通考，釋幣，古禮器略說，羅振玉高昌麴氏年表，等類，後多刻於觀堂集林，永豐鄉人鄉人稿，及雜著中，又然波闘詠，重爲影印於吉石盦叢書中，惟其他各書，未見他種刻本者尙夥，則是書洵有別存之價値也。

雲窗叢刻十種十四卷 影印本

是書爲羅氏僑居東瀛時，彙輯所獲唐人卷帙，魏齊石刻，宋元人集部，近人稿本，及與王靜安先生撰輯之書，仿古香齋袖珍本，題曰雲窗叢刻，所輯如元劉佶北巡私記，爲獨山莫友芝手鈔，記順帝北狩之事甚詳。順帝北奔以後，舊史無徵，賴有此書，略見當日梗概。膠縣柯紹忞，撰新元史，順帝北奔之事，卽取材是書。濰縣陳壽祺，收藏古今石刻最富，不輕於著述。此書收簠齋金石文考釋一卷，存金文考釋八篇，漢石記一篇詩二篇，考證漢代鐙制，極爲詳審。若靜安先生之簡牘檢署考，考證古代方策之制甚詳，昔尙無人爲此文者，惟近豫中發現筆削等物，可補是篇之缺。至西陲石刻，芒洛冢墓遺文，近日所出日繁，如不整理，將歸磨滅，此正可依羅氏之法，從而增輯之也。

宸翰樓叢書八種三十卷 影宋本

是書彙刊讀收堂影宋本，周易舉正，元勤有堂本三輔黃圖，宋刊本箋論中吳集解等書，以影印佳槧名鈔爲宗，自記云：往在京師，取藏書中宋元槧本之難得者，影寫付鄂中影版，擬爲一叢書，乃甫成五種，而國變遽作，版存鄂渚，幸未入劫灰，而是時舉家避地，殆無生全之望，意不能續有增益，爰寫目印數十部以了宿願，乃卷施不死，結習未忘，兩年以來，又稍稍刊刻，先後共得八種，因改訂目錄，並志語於卷端，以告世之得此書者，俾知予是書之成，此身蓋在艱難百苦中也。　按是書所輯，以東漢刊誤，宋季三朝政要最稗史學，宋季理宗度宗，流離海隅，以山崖爲宗廟，舟楫爲朝堂，顛沛之苦，不亞明季唐魯兩藩，而史闕有間，殆或過之，此宋季史乘，於民族興復之際，尤宜注意者也。　是書小識云：理宗國史載之過北，無復可考，今將理度兩朝聖政，及幼主本末，纂集成書，以備他日史官之採擇，卷五卷六爲幼主及廣王益王本末，爲考宋史者，所足徵也。

晉古叢刻十種十一卷 影印本

按治金石之學，始於宋代歐趙洪黃諸家，各據古代遺文，以證經考史，咸有創獲，然途術雖啓，流派未宏，近二百年，始益光大，於是三古遺物，應世而出，金石之出於邱隴窟穴者，既數十倍於往昔，此外如洹陽之甲骨，燕齊之陶器，西域之簡牘，巴蜀齊魯之封泥，皆出於近數十年中，而金石之名，乃不足以該之矣。　是編所收者，爲劉鐵雲所藏之甲骨：歷代遺留之古兵符，齊魯之封泥，秦漢之古印璽，漢晉石刻黑影，而爲昔人所撰者，爲翁大年古兵符考略殘稿，吳大澂續百家印存。　輯錄齊魯封泥，前有陳壽卿吳子苾，已有撰述譜錄印行。　兵符圖錄，前有瞿木夫集古虎符魚符考，甲骨文字劉氏曾有鐵雲藏龜，今羅氏更爲輯其餘錄。　昔人纂輯金石文字，各舉一體，惟羅氏所搜輯者，其範圍較廣，而芒洛關隴，齊魯秦晉之間，古物日出不窮，後來居上，羅氏搜輯尤勤，故所得獨豐，此羅氏之書，所以可尚也。

鳴沙石室佚書十八種十八卷 影印本

按敦煌所出，唐人卷帙，以釋道經卷爲多，吾國舊籍，間有傳本，但均流傳英法諸國，存諸國內者，實罕，上虞羅氏，蒐輯英法諸國所寄漢唐古籍影本，及燕京書坊所得叢殘，都爲一集，凡十八種。關於經學者，則有隸古定尙書，春秋穀梁傳解釋。關於史學者，則有春秋後國語，晉紀，張延綬別傳，諸道山河地名要略，沙州圖經。關於子部者，則有星占陰陽書。關於集部者，則有唐人選唐詩。若隸古定尙書，麋信穀梁傳集釋，原書久佚，孔衍春秋後國語，宋史藝文志，僅有著錄，原書未見。晉紀疑爲鄧粲傳，此卷雖僅百餘行，然較晉書爲詳，可補正其缺。若張延綬別傳，張義潮之守瓜沙，唐書不詳其事，尤稗於西陲史乘。至水部式修於唐神龍開元間，爲治河渠水利之書。沙州西州圖經，尤於西北史地有關，凡此諸書，皆爲天壤間久佚之品，今一旦復顯於世，不可不謂人間之瑰寶。羅氏於書前撰有提要，考證其源委甚詳，影印亦精，後又有石印本，較玻璃版本爲遜。書中所云卷帙運京，復盜竊者，疑指李盛鐸氏，盛鐸藏唐人卷帙甚繁，多爲中土古籍，惜秘不示人，故人罕知其爲何書，聞今已售於東邦矣。晚近吾國赴歐西訪求西陲簡輸者，頗不乏人，將來整理爬梳，當更勝於前，然羅氏實有啓發之功也。

鳴沙石室佚書續編四種四卷 影印本

羅氏既編印鳴沙石室佚書，復選釋道摩尼景教卷子四種，彙爲斯輯，若姚秦寫本大雲無想經殘卷，實當皆世，爲吾國寫經最早之本。日人松本文三，移錄其文，考爲竺法念初譯，梵漢西藏均亡之祕籍印入彼土續大藏經中。羅氏以世無單行之本，重爲影印，若摩尼經典，教規殘卷云，初辯"二宗"求出家者，須知明暗，各宗性情懸隔，若不辯識，何以修爲。次明"三際"，一初際，二中際，三後際，初際者，未有天地，但殊明暗，明性智慧，暗性愚癡，諸所動靜，無不相背。中際者，暗旣侵明，恣情馳逐，明來入暗，委質推移。大患厭離於形體，火宅願求於出離，勞身救性，聖教固然，即妄爲眞，孰敢聞命，事須辨析求解脫緣。後際者，教化事畢，眞妄歸根，明既歸於大明，暗亦歸於積暗，二宗各復，兩者交歸。按明暗之際，二宗三際之辯，實爲摩尼教旨，原書極少流傳，藉此可窺其趣，羅氏於釋道摩尼，景教之書，各選一帙，用意甚善。但老子化胡經，景教三盛蒙度贊，石室秘寶，亦已早爲印行矣。

鳴沙石室古籍叢殘十八種三十卷 影印本

是書彙輯印曾唐寫本經史舊籍。凡分羣經叢殘，羣書叢殘，都十五卷，羣經叢殘中有唐寫本周易尚書，毛詩禮記，春秋穀梁，鄭注論語。羣書叢殘中有唐寫本漢書王莽傳，殘本道德經義疏，莊子，略出籯金，類書，文選，玉臺新詠等書，均吾國古書中之要籍也。按經書寫本，各經俱備，惟毛詩卷帙，留存最繁，陸德明經典釋文，援據舊本，可證羣經文字之失。然傳刻過久，已失其眞。盧抱經曾有經典釋文校本，最爲精湛。今敦煌所出唐人寫本經書，多爲盧氏未睹。上虞羅氏，曾有據唐人寫本，撰爲羣書點勘，然未見其書。晚近唐人卷帙鈔諸歐西，突過於前，整輯校讐，誠有功於經術也。老子道德經義疏，載於隋書經籍志者，凡四家，曰顧歡一卷，曰孟智周五卷，曰韋處玄四卷，曰戴銑九卷，是編所收道德經義疏：起治大國章，訖信言不美章，是卷五，乃末篇，與孟智周卷帙同，確爲孟智周本。石室寫本文選四卷，內有張平子西京賦，東方曼倩答客難，爲李善註。其他殘卷，王文憲文集序，及恩倖傳記，光武傳贊爲無注本。按舊唐書李邕傳，父善顯慶中爲文選注表上之：始善注文選，釋事而妄意，書成以問邕，邕意欲有所更，善曰：試爲我補益之，邕附事見義，善以爲不可奪，故兩書並行。今以此二卷與今本相校，凡今本釋意之處，此皆從略，知此爲崇賢初次表上之本，而今本則北海補益之本也。善注文選，世無善本，而善注以前本：人間絕無，此書無注本者，當在善注以前，更爲難得。惟晚近發現唐寫本文選，較此尤繁。漢書王莽傳，僅存三十餘行，然與今本相較，勝於今本者，不下十餘處，此校書所以貴舊本也。近唐寫本文選，及漢書揚雄傳殘卷，日本京都帝國大學，已爲影印於叢書中，均可與此書相輔而行也。

敦煌石室遺書十二種十二卷 鉛印本

是書彙輯敦煌石室所出，中土已佚古籍，及摩尼釋氏經卷，如沙州志殘卷，爲唐開元間所寫，始於水渠，竟於歌謠，敍述詳贍，文字爾雅。其所記水渠泊澤池堰，皆可考證，西北域地西州志，所記地理，於兩唐書多合，西州本高昌故地，貞觀十四年，平高昌置西州，大中十五年，沙州首領張義潮逐虜守此，以十一州地圖獻，中有西州，後分三部，曰和州回鶻，曰阿薩蘭回鶻，曰高昌，均屬服于遼，此唐至五代西州之沿革也。此志撰於乾元以後，尚未論於吐蕃之時，且其敍丁谷寧戎兩窟風景，文字爾雅，非唐中葉以後所能爲也。慧超往五天竺國傳殘卷，記周遊五天竺行程，及國土宗教，物產民風，初不省其書名，及作者姓氏，檢慧琳一切經音義卷一百，有是書，取其相證，文字胞合，乃定爲是本。後日人藤田豐八爲之作注，考據尤爲詳贍。景教三威蒙度讚，後附景教經目二十種，足資彼教之考證，後附流沙訪古記一卷，爲王靜安先生輯，譯斯坦因中亞細亞探險談，日人白鳥庫吉氏游滿州紀事，及法人剌古斯德氏游蒙古演說，題爲斯名，附於遺書之後。每書之後，間有札記，至蔣斧輯沙州文錄，亦極詳贍。斧字伯斧，官學部，喜金石文字之學，羅氏嘗與商榷者。是書在羅氏輯鳴沙石室佚書之前，搜輯各書，均爲石室要籍，堪稱瓌寶矣。是書後尚附有唐寫本金剛經，坊間流傳者多未列入。

敦煌零拾七種七卷 鉛印本

是書搜輯敦煌所出零卷殘帙，關於詩詞小說者，都凡七種，按韋莊秦婦吟，浣花集，所不載，北夢瑣言，謂：『內庫燒爲錦繡灰，天街踏盡公卿骨』，後公卿垂訝，莊乃諱之，他日撰家戒，內不許垂秦婦吟幛子，以此止謗，亦無及也。是今集不載，乃莊之戒，故世無傳本。近巴黎倫敦圖書館，均藏敦煌卷子本，法國伯希和以影本相寄用付槧印，韋相長歌，始再傳中土，王靜安先生云，唐末長篇，只有鄭嵎津陽門詩，然詠開天舊事，了無生氣，遣詞傅色，亦甚粗拙，不足爲元白輿臺，惟此足繼武長慶耳。佛曲三種，皆中唐以後寫本，其第二種，維摩詰經，他二種不知何經。古杭夢遊錄載，說話有四家，一曰小說謂之銀字兒，如煙粉靈怪傳奇公案皆是，搏拳提刀趕棒，及發跡變態之事。說經謂演說佛書，說參謂參禪。說史謂說前代興廢戰爭之事。今觀此卷，是此風肇於唐，而盛於宋兩京，元明以後，始不復見。云謠集雜曲，朱祖謀曾刻於彊村叢書中，於此本小異，凡此諸書，靜安先生，曾取他本校其異同，較原書校出異同約數十條，可知吾國文學源流，無以小言詹詹，而忽之也。

敦煌石室碎金十七種十七卷 鉛印本

此書所輯者多敦煌石室所出殘帙，然亦時可補今本所傳諸書之缺者，如唐寫本毛詩豳風七月殘卷，英倫所藏與今本異同頗多。「七月亨葵及菽」，菽作叔，「六月莎雞振羽，傳莎雞羽成振訊之」，訊作迅，均與釋文本同。其他若「九月授衣箋，故言將𥄉」，今本作故言將寒。「饁彼南畝，箋俱以饟饋來」，今本無饋字。皆以此卷之義爲長。又如唐曆殘卷，以汪日楨長術輯要考之。知此曆當後唐明宗天成之年，惟日干稍有出入。蓋當日西陲，行用之曆，非頒至中土者，邊人疏於學術，故推數多誤。惟每七日輒朱書一𡎺字，乃記日曜日。巴黎所藏同光四年曆，與此同。巴黎又藏七曜律，七曜之名，曰𡎺，曰莫空，曰雲漢，曰嘀，曰溫沒斯，曰那溢，曰雞緩了，殆即番語日月火水木金土，但不知爲何國語耳，亦足裨異聞也。

吉石盦叢書四集二十七種 影印本

是書羅氏僑寓東瀛時所輯，多爲日本諸家藏書，或歐西巴黎倫敦博物院藏敦煌卷子本諸書，其爲卷子本者，則有敦煌唐寫本尚書釋文殘卷，道書殘卷，日本寫本史記，殷本紀殘卷。其爲宋刻元槧者，則有北宋本齊民要術，第五第八殘本。宋槧三藏法師取經記殘卷，蜀大字本孟子音義，宋槧本廬山記。其爲舊鈔本，則有影元說文字原渚宮舊事，貧瞳野錄，祕府殘卷等書。按齊民要術爲農家要籍，久無善本，明以來諸刻譌脫不可讀，浙中袁昶曾以宋本校前七卷，刻於中江官舍，號稱佳槧，此爲日本高山寺所藏，取校此本尚多舛誤。蓋吾國舊傳宋本每半葉十行，此則八行，非出一刻，十行本殆南宋所刻，此則刻於北宋。卷中通字闕筆避眞宗諱，較南宋刻本爲尤古矣。唐三藏取經詩話，中土久佚，此爲宋刊，尤足珍貴。有元一代著書言小學者，三家，曰戴侗，曰楊桓，曰周伯琦，三家之學，以伯琦爲勝，伯琦著有說文字原，六書正譌，當時有合槧本，字原流傳較少，此爲孔葒谷微波榭舊藏，用付影印。日本古寫本史記殷本記，爲內藤湖南舊藏，每帝皆跳行，又卷中所載，太，太甲，太庚，大戊，字皆作大，與殷虛卜辭合，其他可以校正刻本者甚繁。東京岩崎氏，尙藏有夏本紀，及秦本紀各一卷，亦高山寺所藏，與此爲一帙，而紛失者，近尙有卷子本漢書楊雄傳殘卷，發現在此影印之後，惟葉石林模宋克補急就章，石尙在松江，羅氏得此拓本，驚爲奇觀，謂二十年訪求僅乃得之，不知原物尙在人間，此則千慮之一失耳。

殷禮在斯堂叢書二十種五十九卷 鉛印本

羅氏所編印諸書，意在傳古，以金石碑版卷策之書爲繁，是編所收，惟王念孫廣雅疏證補正，附雅郝註刊誤，取王氏手稿付印，爲翠經之書，餘均爲宋元以後，文史著述。如潘檉章吳炎今樂府，自遭史獄，原書久佚。顧苓金陵野鈔，南都死難紀略，記南明史事，爲淸乾隆間禁書。苓字云美，吳郡人，爲錢謙益弟子，著有塔影園集。僅有稿本，已收入是編。內有東澗遺老錢久別傳，記受之一生行事甚詳，於其出處難言之隱，頗寓於字裏行間。日本舊抄本善隣國寶記，記日本與震旦相通，始於日本垂仁天皇，至文正丙戌，釋氏商舶往來書移，爲研治中日交通，必備之書。廬山記，日本元祿本，與吉石盦叢書，所刊南宋本不同，冷齋夜話，續墨客揮犀，羅王二君，用數本相校，最爲完足。遺山新樂府，較張石舟刻本，多第五卷，虎山人詩爲宋虎堪道園之叔祖也。雖著錄四庫，然流傳甚罕，此據長唐鮑氏藏鈔本校刊。當靜安先生効止水之節，羅氏爲整理其遺集，出其餘暇，印成是書，然均爲翠治掌故之書，未可以其時近而忽之也。

玉簡齋叢書初集十種二十九卷附錄一卷二集八種二十四卷 刻本

是書初不分集，以目錄學之書爲多，後以刊刻日繁乃更爲二集，迻邊疆史乘者爲初集，目錄爲二集，初印者各本子目，互有不同，若彭孫貽之山中見聞錄等書，則均爲後增者也。是書所輯講邊疆史地者，有高拱邊略清佚名塞中雜記，等書，均有關史乘。古書日佚，宋元佳槧，祕籍名刻，賴有歷來流傳書目，庶可稍見其崖略，有明一代，周藩朱睦，㮚萬卷堂藏書最盛，崇禎壬午，賊決河堤，書堂付之巨浸，徒有目存。明季清初天一閣范氏，汲古閣毛氏，以外，當推錢氏絳雲樓，也是園，徐氏傳是樓，培林堂，藏書最繁，中多祕本。是書於上述各家書目，大半入錄，堪與葉氏觀古堂，彙刻書目同觀。也是園書目，後序云，趙玄度初得李誡營造法式中缺十餘卷，遍訪藏書家，尠有蓄者，後于留院得殘本三册，又借得閣本參考，而閣本亦缺六七數卷，先後搜訪，竭二十餘年之力始爲完書，圖樣界畫，最爲難事，用五十千，命長安良工，始能措手。今人眼如針孔，溝澮易盈，焉知一書之難得如此。後營造法式傳鈔本，以錢氏爲宗，而愛日精廬張氏所藏者爲最著，近營造學社之繪圖精刊本，亦由錢本所出者也。

國學叢刊三期十二種二十卷 鉛印本

是書刊於宣統辛亥，爲期刊性質，每兩月一册，惟僅出至三册而止，彙輯朋從舊著，及新發現書籍古物，區分八目，曰經，曰史，曰小學，曰地理，曰金石，曰文學，曰目錄，曰雜識，包容至廣，實爲羅氏刻書之椎輪。靜安先生序謂學無新舊，無中西，無有用無用，闡論至詳，尤於卓識。是書雖爲羅氏編而實王君爲之主，羅氏所編殷墟書契前編，隋唐兵符圖錄，後均有精印本，羅王之學，爲途甚廣，而抉擇亦精，靜安先生甲骨金石文字之學，固其所長，以及戲曲小說之學亦有其獨到之處，如是編所載古脚色考，周清眞先生遺事，雖排比舊籍，亦別具心裁，其學實不可及。

東方學會叢刊初集十二種二十九卷 鉛印本

是書爲羅氏族居津門時所刊，古寫本貞觀政要殘卷，日本寛文刻本帝範，臣軌，明人鈔本，四夷館考，稿本話雨樓碑目，及所編訂紀元編，蒿里遺文目錄，雪堂藏古器物目等書，彙爲一集，題曰東方學會叢刊。 按李兆洛所輯紀元編，本已完備，羅氏於是書用力垂三十年，爲校證其舛誤，輯補其不足，始克成書，頗便學人。 近日關右洛中，碑碣墓誌，出土甚繁，羅氏輯其所得，編爲遺文，目錄爲類凡八，曰墓碑徵存，曰墓誌徵存，曰元魏宗室妃主誌存，曰海東冢墓文存，曰甎誌徵存，曰地券徵存，曰蒿里餘錄，統得二千四百九十餘品。 然近日所出碑誌，尚未列入，可以補證者不少，至話雨樓碑目，爲吳江王楠任堂所藏，楠別號勺山，耽歐陽集古之學，從何義門，張瓜田，兩先生之門。 擅精考辨，藏書籍碑帖至爲豐富，又居吳會，故家藏弆，捆載過門，迨無虛日，一時名流，沈凡民，張文漁，嘗扁舟過訪，詳論古刻，其有當意者，各署書而去，故所在金石家，咸以不登王氏話雨樓爲慊。 碑目爲其子鯤所編，中多宋拓祕本，可供學人探討。 羅氏乃爲刊印行世，是書凡分四集，此其第一集也。

四時嘉至軒叢書三種三卷 玻璃版印本

按寺壁飾畫，其來甚久，圖畫見聞志，載會昌廢佛教李衛公時，鎮江浙潤州甘露寺，獨奏存，因盡取管內實畫壁，置之甘露寺，又載成都靜德精舍，有薛稷畫壁，福聖寺有展子虔畫壁。 有胡氏者，募壯夫操斤力劖於頹垣之際，歸陷於室壁中，號爲寶墨亭，是壁畫亦有時轉移，但不能如縑素之久遠，江浙卑溼之地，唐宋舊蹟，已蕩然無存，秦晉諸省，地勢高亢，時有存者，上虞羅氏，遊歷東瀛，見大谷氏兵庫別邸，所藏西陲壁畫，擇其尤者，二十幀付諸影印，楮幣之作、始於唐之飛錢，宋之交子，盛於宋而紊亂於金元，明清兩代，錢鈔並用，然利不勝於弊，羅氏乃輯有金以來鈔幣，及鈔版之傳世者，爲之圖錄，兩浙佚金佚石集存，則集浙省久佚石刻、若唐聚慶，包公夫人，周文遂，三專志，及楊紹買地莂等遺文也。

百爵齋叢刊十四種二十八卷 石印本

是書彙輯洪武本應用碎金，敦煌石室寫本神龍刪定散頒格殘卷等書，所收各書以內閣大庫所藏秘本及敦煌卷子本爲主，萬季野石園文集原書久佚，是書收有萬季野遺文一卷，尤可珍已。

雪堂所編叢書　尚有願學齋叢刊，待時軒叢刊，明季遼事叢刊，或爲其孫繼祖所編，或手頭無書，故未列入，匆匆編此，定有待於增補者耳。

本期德文增刊各篇內容節譯及概略

明各朝實錄之纂修及現存抄本考

Zur Kompilation und Überlieferung der Ming Shih-lu

傅吾康(Wolfgang Franke)著　胡雋吟節譯

（甲）總　論

由於民國二十九年末梁鴻志君於南京出版之明實錄影印本之啓示，吾康乃決撰本文，擬將明實錄之纂修始末，及今日所遺存之鈔本，以及各公私圖書館關於實錄收藏之記載，總集於本文中互爲補證焉。

明末清初時之各種書目中，有明實錄之紀載者甚夥，如黃虞稷千頃堂書目，明史藝文志，錢謙益絳雲樓書目，徐乘義培林堂書目，近古堂書目，焦竑國史經籍志，趙琦美脉望館書目，阮元天一閣書目，毛扆汲古閣珍藏秘本書目。據以上各書目所載最多僅自太祖至熹宗十三朝。此外尚有朱國禎湧幢小品之第二卷及顧炎武之日知錄中曾有手抄明十三朝實錄之記載。至於今日新撰之文章，有趙士煒君之實錄考一文刊於輔仁學誌五卷。記載最清楚者爲李晉華君之明代勅撰書考，但缺漏及差誤之處亦所不免。關於晚明實錄有謝國楨君之晚明史籍考。此外尚有數篇西文及日文之撰述焉。

明實錄之纂修乃根據於起居注。日本東京上野帝國圖書館及內閣文庫中尚存有萬曆泰昌天啓之起居注。今西春秋君於史林十九卷四期及二十卷一期中，所發表之明の起居注に就いて一文，論明實錄與起居注之各點最詳。三田村泰助君於東洋史研究第八卷一號中，所發表之明實錄の傳本に就いて文中，對於明各朝實錄傳留之本樣及保存之方法，考述亦甚詳細。

民國二十三年中央研究院歷史語言研究所曾倡議刊印明實錄。吳豐培君曾與傅斯年君通信，提出一種刊印明實錄應具之完善計畫（該信均發表於北平晨報二十三年二月二十日及三月十五日）。吳君以為將所有國內外之明實錄存本，互相校對，並與其他有關明實錄之各種史料互相對照，而加以整理及補充，然後始得一較完備之刊本。

校勘工作，李晉華君已開端，惜李君不久逝世，此後幸仍得繼續，據云：一小部已校畢，但尚未出版。

梁鴻志君最近所出版之影印本係根據昔之江蘇省立國學圖書館所存之新抄本，此本乃民國初年抄自嘉業堂本者。校勘工作毫無，錯誤不少，亦不詳何為嘉業堂本之原誤，何為該抄本之筆誤。亦未述及所據抄本之源系。

（乙）　各朝實錄之纂修

(一)：太祖高皇帝實錄，二百五十七卷。自元至正十一年始至洪武三十一年閏五月乙酉止。此本曾經數次修改，第一次：建文元年正月勅修太祖實錄，命程本立為監修，董倫王景為總裁，廖昇高遜志為副總裁。建文三年十二月書成(見沈德符野獲編一卷八頁)。第二次：洪武三十五年十月己未命李景隆茹瑺為監修，解縉為總裁。永樂元年六月辛酉修成進呈（見太宗實錄）。按：野獲編一卷七頁及朱國禎湧幢小品二卷十五頁提及該修正本完成後乃將程本立之初纂本焚消。第三次：永樂九年十月乙巳勅重修太祖實錄，命姚廣孝，夏原吉為監修，胡廣胡儼黃淮楊榮為總裁。永樂十六年五月庚戌書成進呈（見太宗實錄）。

(二)：太宗文皇帝實錄，一百三十卷，自洪武三十一年閏五月乙酉始，永樂二十二年八月壬子止。洪熙元年五月癸酉勅修實錄。命張輔蹇義夏原吉為監修，楊士奇黃淮楊榮金幼孜楊溥陳山張瑛為總裁。宣德五年正月壬戌書成進呈

（見仁宗實錄及宣宗實錄）。

（三）：仁宗昭皇帝實錄，十卷，自永樂二十二年八月甲辰始至洪熙元年五月辛巳止。纂修詔勅發於洪熙元年閏七月乙巳。監修爲張輔蹇義夏原吉王通，總裁爲楊士奇黃淮楊榮金幼孜楊溥陳山張瑛。宣德五年正月壬戌書成進呈（見宣宗實錄）。

（四）：宣宗章皇帝實錄，一百十五卷，自洪熙元年六月己亥始，至宣德十年正月乙亥止。纂修詔勅發於宣德十年七月丙子。監修爲張輔，總裁爲楊士奇楊榮楊溥。正統三年四月乙丑書成進呈（見英宗實錄）。

（五）：英宗睿皇帝實錄，三百六十一卷，自宣德十年正月癸酉始至天順八年正月庚午止。纂修詔勅發於天順八年八月戊戌，監修爲孫繼宗，總裁爲李賢陳文彭時，副總裁爲李紹劉定之吳節。成化三年八月丁巳書成進呈（見憲宗實錄）。

（六）：憲宗純皇帝實錄，二百九十三卷，自天順八年正月庚午始，至成化二十三年八月丁丑止。纂修詔勅發於弘治元年閏正月戊辰。監修爲張懋，總裁爲劉吉徐溥劉健，副總裁爲丘濬汪諧楊守陳。弘治四年八月丁卯書成進呈（見孝宗實錄）。

（七）：孝宗敬皇帝實錄，二百二十四卷，自成化二十三年八月己丑始至弘治十八年五月辛卯止。纂修詔勅發於弘治十八年十二月丁巳。監修爲張懋，總裁爲劉健李東陽謝遷，副總裁爲張元禎焦芳王鏊李傑。後又先後改命張懋爲監修，李東陽焦芳王鏊楊廷和爲總裁，梁儲爲副總裁繼續修纂，正德四年四月壬午書成進呈（見武宗實錄）。

（八）：武宗毅皇帝實錄，一百九十七卷，自弘治十八年五月壬辰始至正德十六年三月丙寅止。纂修詔勅發於正德十六年十一月己酉，而於嘉靖元年正月甲子方開始纂修。監修爲徐光祚，總裁爲楊廷和蔣冕毛紀費宏，副總裁爲石珤毛澄羅欽順。後又先後改命徐光祚爲監修，費宏石珤賈詠爲總裁，吳一鵬董玘爲副總裁，於嘉靖四年六月庚子書成進呈（見世宗實錄）。

（九）：世宗肅皇帝實錄，五百六十六卷，自正德十六年四月癸卯始至嘉靖四十五年十二月庚子止，纂修詔勅發於隆慶元年五月庚辰，而於六月甲申方開始纂修，監修爲朱希忠，總裁爲徐階李春芳郭朴陳以勤張居正，副總裁爲高儀。　後又先後改命張溶爲監修，張居正呂調陽張四維爲總裁，馬自強王鏜申時行王錫爵爲副總裁。　萬曆五年八月甲戌書成進呈（見穆宗實錄及神宗實錄）。

（十）：穆宗莊皇帝實錄，七十卷，自嘉靖四十五年十二月辛丑始至隆慶六年五月庚戌止。　纂修詔勅發於隆慶六年十月癸酉，而於十月己卯方開始纂修。監修爲朱希忠（逝後由張溶繼之），總裁爲張居正呂調陽，副總裁爲王錫爵王希烈，萬曆二年七月乙酉書成進呈（見神宗實錄）。

（十一）：神宗顯皇帝實錄，五百九十六卷，自隆慶六年五月庚戌始萬曆四十八年七月丙申止。　纂修詔勅發於天啓元年三月丁卯。　監修爲張維賢，總裁爲葉向高劉一燝韓爌史繼偕何宗彥沈淮朱國祚副總裁爲孫愼行顧秉謙盛以弘周道登鄭以偉李騰芳錢象坤孟時芳周如盤吳宗達孫承宗（見熹宗實錄）。　後又先後改命張維賢爲監修，顧秉謙丁紹軾黃立極馮銓爲總裁，孟時芳黃儒炳李思誠駱從宇施鳳來丘士毅李康先錢龍錫韓日纘爲副總裁（見神宗實錄各卷首頁）。　崇禎三年十一月丁亥書成（見崇禎實錄）。　四年二月始進呈御覽（見朱國禎明史概大政紀引）。

（十二）：光宗貞皇帝實錄，八卷，自泰昌元年九月乙亥始至十二月壬申止。勅修時間及修纂負責人與神宗實錄首次相同，後改命張維賢爲監修。　葉向高韓爌史繼偕何宗彥朱國禎朱延禧孫承宗顧秉謙爲總裁，林堯俞鄭以偉錢象坤周如盤爲副總裁。　天啓三年六月乙亥書成進呈（見熹宗實錄）。　此後又於天啓六年十月癸丑勅重修實錄　，　命張維賢爲監修，黃立極施鳳來張瑞圖李國楷爲總裁，李康先楊景辰孟紹虞曾楚卿爲副總裁。　何日書成則不詳。　按千頃堂書目載：此後又經黃承昊請修正，崔維華主其事，至詔勅發於何日，纂修者何人，皆無詳細紀載。而於崇禎元年三月辛巳書成進呈(見崇禎實錄)。又按千頃堂書目，絳雲樓書目及孫承澤之山書載：此後又有所修改云。

(十三)：熹宗悊皇帝實錄，八十七卷，自天啓元年正月癸酉始至天啓七年十二月辛酉止。其中缺少天啓四年一月至十二月及天啓七年六月（按朱彝尊曝書亭集 四十五卷 書兩朝從信錄後及楊椿孟鄰堂文鈔 第二卷 再上明鑑綱目館總裁書云：順治初年所缺實錄係被馮銓所竊。）纂修詔勅發於崇禎二年六月壬午(見崇禎實錄）監修爲朱純臣，總裁爲溫體仁張至發孔貞運賀逢聖黃士俊劉宇亮傅冠薛國觀，副總裁爲姜逢元朱繼祚方逢年（見北京大學文學院文史研究所史料組所存明紅格抄本熹宗實錄撰修題名錄）。何時書成未詳。

以上十三朝實錄外尙有梁鴻志君影印明實錄所據之嘉業堂撰本，此抄本內尙有崇禎實錄十七卷，自崇禎元年正月乙丑始至崇禎十七年三月丙午止，何時何人編纂者均未詳。

尙有黃宗羲所編弘光實錄抄四卷，曾記載於痛史，及神州國光社二十七年出版之甲申傳信錄二書內。

尙有存於船山遺書內王夫之所編之永曆實錄二十六卷。

以上所述最後兩書雖有實錄之名，而無其實。

丙：明實錄現存各種抄本考。

各處現存鈔本完整者甚少，缺卷多少，亦大有出入，於本文附表中，可以見之，茲將表中所用註號解釋於下：

(1)國立北平圖書館(見國立北平圖書館善本書目)：(A)係明紅格大字抄本，爲內閣大庫所存之副本。(B)爲明藍格抄本太祖實錄及宣宗實錄有禮王府及浙西鄭曉圖書印章。(C)絳雲樓孔廣陶所存之舊抄本太祖實錄。(D)明抄本英宗實錄七卷，內有"安樂堂藏書"之印章，僅有天順一朝，而每卷爲紀載一年之事蹟，非如他朝實錄之每卷紀述一月之事蹟也。此特式抄本與北京大學圖書館所存之A本相同，概係一套，因該處有同式之正統景泰兩朝實錄也。(E)太宗實錄。天一閣藍格抄本。其他有滿文譯本包括太祖太宗宣宗英宗憲宗數朝實錄。

（２）北京大學圖書館（見國立北京大學圖書館善本書目）：（Ａ）明抄本有安樂堂及錢容保之印章，此本亦係特殊式每卷記一年之事者。（Ｂ）神宗實錄舊抄本，（Ｃ）太宗實錄明抄本，有季振宜之印章。民國三十年天津李盛鐸手中購得。（Ｄ）太宗實錄明抄本。（Ｅ）世宗實錄明抄本。（Ｆ）武宗實錄明紅格抄本。

（３）中央研究院歷史語言研究所：（Ａ）廣方言館本，昔屬於江南製造局。該本內有何朝代及若干年且均不詳。（Ｂ）（見浙江省立圖書館館刊四卷三期三十二頁張鋆南潯劉氏嘉業堂觀書記），即嘉業堂本，內除慈宗崇禎實錄外，其餘前均歸盧青厓之抱經樓藏，故該本亦名抱經樓本。再前則爲明末李應昇所藏。以上：太祖憲宗世宗穆宗實錄均有複本，內世宗實錄係天一閣本，內有葉德輝之序文。

（４）英國劍橋大學圖書館，（見通報三十五卷）：（Ａ）明末宇煌經手之抄本，（Ｂ）舊抄本武宗實錄有禮王府印章。

（５）朝鮮京城李王家本（見京城一九三三年一九三四年出版青丘學叢十三卷十四卷之小田省吾著半島現存の皇明實錄に就いて）：明抄本，據云：此本爲朝鮮使臣於道光十年由北京購得。並云原屬於谷應泰者。內有孫蕙及朱實穎之印章，光緒二年朝鮮政府擬刊行影印本而未果。

（６）日本東京宮內省圖書寮（見圖書寮漢籍善本書目第二卷及三田村泰助之文）：係明抄本，昔屬於日本楓山文庫。

（７）東京內閣文庫（見內閣文庫圖書第二部漢書目錄八十一頁及今西春秋所著之文及三田村泰助之文）：（Ａ）係舊抄本，（Ｂ）本係神宗實錄抄本，亦爲一卷述一年事之特式者，據今西春秋云此本中之文體與他本亦不同。按：或與北京大學圖書館之Ａ本相同。（Ｃ）舊抄本內有天啓起居注，原屬於東京之淺草文庫者。

（8）東京帝國上野圖書館（見今西春秋之文及三田村泰助之文）：係藍格舊抄本，卷數不詳，但自太祖至神宗萬曆元年十二月底係實錄，自萬曆二年正月起至天啓九年二月止爲起居注，中間有缺少處。　原屬於德島之阿波國文庫。

（9）奉天藩陽圖書館（見民國十九年出版，東北叢刊三號卞鴻儒之寫本明實錄提要；及一九四一年出版滿洲學報第六卷，松浦嘉三郎之藩陽圖書館藏明實錄に就いて）：（A）英宗實錄藍格舊抄本。（B）英宗實錄舊抄本。（C）憲宗實錄藍格舊抄本。（D）太宗與穆宗實錄新抄本，

（10）美國普林士頓大學圖書館（見通報第二十五卷）：係明抄本有朱筠之印章，原屬張之洞家藏。

（11）國立北京大學文學院文史研究所史料組：（A）武宗實錄藍格大字抄本。（B）憲宗實錄紅格大字抄本。　以上兩種均出自故宮內閣大庫者。

（12）北京人文科學研究所（見北京人文科學研究所藏書目錄史部）：（A）英宗憲宗實錄舊抄本。（B）世宗實錄明藍格抄本。（C）孝宗實錄舊抄本，內容格式及文體均與其他完全不同，亦不詳其所出。

（13）法國巴黎國立圖書館：僅知存有一部皇明實錄，卷數朝代均不詳。

（14）寧波天一閣（見馮貞羣之鄞范氏天一閣書目內編）：（A）太祖實錄明抄本。（B）武宗實錄明抄本。

（15）日本東京尊經閣文庫（見尊經閣文庫漢籍分類目錄第一百七十二頁）：僅云係太祖或太宗實錄明抄本而無詳解。

（16）廣東國立中山大學圖書館（見國立中山大學圖書館善本書目。）：圖書目遍尋不得，故朝代格式等均不詳，據云爲天一閣舊抄本太祖及英宗實錄。

（17）燕京大學圖書館：（A）太宗實錄舊抄本。（B）世宗實錄舊抄本。（C）穆宗實錄藍格舊抄本。

（18）東京東洋文庫：所存之卷數及朝代等均不詳。

（19）按卞鴻儒之文，民國十九年左右羅振玉收藏本：（A）太祖實錄紅格大字舊抄本。（B）太宗實錄舊抄本。

（20）按卞鴻儒之文，民國十九年左右徐鍾收藏本：宣宗，孝宗世宗穆宗各朝實錄舊抄本。

（21）民國三十二年春北京書賈收藏本：孝宗實錄藍格抄本。按：該本內載有民國七年四月受目館主人曉綴所作之序文云係天一閣舊抄本。

（附註）除本文以上所載各抄本外，最近又發現尚有繆荃孫之藝風堂藏書記所記之太祖實錄明藍格抄本，自四九卷至一七九卷。及憲宗實錄明藍格抄本共七十卷。及莫伯驥之五十萬卷樓藏書目錄初編所記之大明實錄殘本（即太祖實錄）共三卷明吳氏叢文堂藍格抄本。及明抄本太祖實錄共二五七卷。

布勒瑚里湖

淸人發原神話中最古之記述

Bulhuri Omo

Die älteste Fassung der mandjurischen Stammessage

福克司（Walter Fuchs）著　胡雋吟節譯

由長白山東向步行二日抵布勒瑚里湖，此湖雖爲淸人發原神話中所述之地，而當十九世紀末葉之數西洋遊人並未曾遊抵此處。亦常有人誤以天池爲該神話中所述之湖焉。其所以乏遊人者，蓋以此地純係原始之荒野，既不便於行人之食住，又易有盜匪爲禍之故也。曾遊長白山而作有之遊記文章，稍古者僅有康熙十六年華人吳木訥之中文遊記一篇，此後間隔二百餘年，至光緒十二年起，始有數西洋人往遊而有記錄，再後更有多人亦曾作長白山之遊。予於民國二十年曾往一遊，而終得達此神話中所指之湖焉。此行乃由吉林東部敦化起程，步行三日至老頭溝，由此乘火車經龍井村會寧至茂山。舍車步行，所經均爲荒涼之原野，行二日至農事洞，此爲最末之朝鮮村莊也。自此又步行八日穿越一綿延不斷之巨林地帶，後乃抵胞胎里小村，該村居民均以採樵爲業。由此再過二十八公里至茂浦。由此處路分爲二，一路西向行通新民屯，過新民屯乃抵以前遊人所至之長白山。一路右行（北向行），行不久過圖們江上源，再稍前行乃達一安靜而神秘之樹林，中有小湖，即布勒瑚里湖也。日本之朝鮮地圖中稱之爲圓池或圓勝池或仙湖。湖岸有石碑，其文曰：「宣統元年八月穀旦天女浴躬處，天池釣客。」天池釣客者係安圖縣之知縣劉建封之別號。碑誌所云之天女故事即清人原起之神話也，此神話故事於滿洲實錄及開國方略等書中有數種不同之記載。其中以天聰九年所編之滿文滿洲實錄（民國二十七年今西春秋君所出版者）較其他所述者均詳細且完備。予已將此段記述譯成德文，茲爲便於華人研究者之參考，又特請李得祺君將其譯成漢文，附於本節譯文後，茲錄其文如下：

「滿洲原起於長白山之東布庫哩山之布勒瑚里湖，彼布庫哩山下之布勒瑚里湖有天女恩古倫，正古倫，佛庫倫三人來浴，浴畢，上岸著衣，季女獲神鵲所置之朱果於衣上，不忍置諸地，遂含口中，甫著衣，果竟入腹，乃即成孕，不得飛昇，曰：「吾身重不能同昇，奈何！」二姊曰：「吾等曾服丹藥，諒無死理，此天授爾娠，俟身輕來未晚。」言已別去。佛庫倫尋產一男，因秉天命，生而能言，倏爾長成。母告子曰：「天生汝，實令汝以定亂國，其往治之。」因將天命所生緣由一一訓示，與以小舠，使順流而往，母遂凌空去。其子乘舠，順流而下，至於渡口，乃登岸，折柳條及蒿爲坐具，端坐其上。是時其地有三姓爭爲雄長，日構兵相仇殺；適一人來取水，見其子異之，回至爭鬥之處告衆曰：「汝等勿爭，吾於取水之渡口處，見一天命降生之奇男子來坐。」於是聚於爭鬥地方之衆人同往觀之，果非常人，異而詰曰：「聖子！汝何如人耶？」其子乃依母訓示之言告曰：「吾乃天神，曾有天女恩古倫，正古倫，佛庫倫三人，浴於布庫哩山下之布勒瑚里湖，天汗因見汝等之亂，欲使吾定之，乃將吾身作爲朱果，遂遣一神，命變為鵲身，啣此朱果，往置於布勒瑚里湖內沐浴之季女衣上返回；彼神鵲遂啣朱果，置於季女衣上；季女浴畢，上岸著衣時，獲得此果；不忍置諸地，含於口中，入腹而生吾；吾母天女，名佛庫倫，吾姓乃天降之愛新覺羅，名布庫哩雍順。」告畢，衆皆驚異曰：「此子不可使之徒行。」遂相插手為舁，擁捧至家。三姓者議曰：「我等盍息爭，推此子為國主，奉為貝勒，妻以百里格格。」遂定議，以女百里妻之，奉為貝勒。於是布庫哩雍順居長白山東鄂漠輝之野鄂多理城，其亂乃定，國號滿洲，乃其始祖也。』

商代灰色陶器之新材料

Neue Typen grauer Shang-Keramik

羅　越 (Max Loehr)

商代灰色陶器近年來在安陽屢經發掘出土，遂為世人所知。但已經發表之材料，則僅以李濟安陽發掘報告第一期中所載者為限，且其中所收者又多係片段，而少完整之器。本文作者曾在私人收藏及古董商求售之品中，見有未經著錄之商代灰色陶器十餘事，即文中所述者是也。各器均作灰色或深灰色，由其所刻之幾何的圖案，可見其與半山，馬廠，熱河等處彩色陶器之關係，亦可見其與商代銅器之關係。與銅器之關係，亦可自尊，豆，罍數具見之，此數具製作式樣甚美，因之亦可見商代製陶者技術之精也。本文所收之材料共有完整之灰色陶器十三件，破碎者二件，其圖案均為前此所未見者，且與白陶以及銅器之裝飾圖案顯然有不同之處，然與此二者在時代上則又確為相近。

為使本文所述各器之歷史的地位較為明瞭起見，作者首將灰色陶器主要發掘地點（河南北部及山東）之情形加以說明，對歷來發掘報告，頗有意見發表。作者將灰色及黑色兩種陶器間之密切關係特為指出，對於後岡究為何時代一問題，亦有明顯之意見，以為就後岡所出彩色陶器之圖樣觀之，後岡下層之時代，亦較梁思永及吳金鼎所擬定者為晚，換言之，即應約與龍山下層為同時。

灰色陶器之簡單的幾何的圖飾，彩色陶器較晚者亦有之，且銅器之圖飾，似亦多係取材於此，故本文作者以為灰色陶器之地位頗為重要；至獸類圖飾則似為灰色陶器所無。（願華）

繪圖列女傳的源起及其宋前的流傳

Das Lieh-nü-chuan und seine Illustrationen. Entstehung und Tradition bis zur Sung-Zeit

馬儀思（Ilse Martin）

孔子雖然不甚重視女性，然中國最偉大讚美婦德的文學作品却出於漢朝之儒家劉向。他作列女傳的目的是在戒天子。書目之"列"字，宋史作"烈"。翻譯列女傳的外國人亦多譯其意為"烈"。但是列女傳中之第七篇為孽嬖傳，故"列"字必作"一班婦女"解（參閱辭海"列女"條）。

劉向列女傳中有大序，小序，傳七篇，頌一篇及圖一篇。今大序及圖已失；故今人懷疑其非劉向所著。羅根澤在他的新序、說苑、列女傳不作始於劉向考中推測，以向在七略別傳所用"校""序"兩字來證明向以前已有列女傳等書。這種見解不但與漢書藝文志相背謬，且就當時劉向撰書之目的言，羅根澤所推測者亦不正確。漢之儒家多以文章自薦；劉向雖屬皇族，而亦以此為謀官位的手段。假如他僅以改編他人著作為自薦之具，當然就不能算作有才能的文學家。又列女傳乃是於"王政"上甚為有關的一本書，而漢書對於向以前的列女傳却毫未提及。

列女傳的書文在向以前雖未曾出現，然列女圖或者已然問世了（考閱：沙畹 Chavannes 氏所提到的魯靈光殿壁像）。不過圖上是否有文，則無可考。

流傳：四庫全書總目提要之史部傳記類中曾略述列女傳的流傳。如果根據宋前歷代藝文志，書目及叢書來研究，則我們知道列女傳曾經過曹大家的註解，同時還知道隋前有人分其七篇為十四篇，加頌一篇共成十五篇。後漢馬融，劉熙亦有註解。此外還有漢代向子歆和曹植的列女傳頌。

帶圖列女傳雖至宋代始再有人提及，然後漢有些祠堂的壁上常有以列女傳之典故繪出的圖畫。這種圖像是否出於劉向之列女傳，尚不能確定。除去蔡邕的小列女傳圖以外，專門爲該書所繪的圖，乃作始于晉朝。補晉書藝文志固未提及衛協的列女圖，而却提及荀勗、顧愷之、王廙以及戴逵等畫家的列女圖。因這些圖均已遺失，故無從研究。

唯顧愷之列女圖一卷曾留傳至乾隆時代（詳見石渠寶笈，初編，三十二卷）。然乾隆時代所存列女圖是否實出顧愷之之手，尚屬疑問。石渠寶笈和米芾之畫史也曾談到唐宋時代所摹顧愷之的列女圖，而今日所存顧愷之之畫跡非單獨畫卷，乃是附於南宋出版之列女傳中的繪畫。試觀此圖，以木版之故，筆道較顧愷之其他圖畫上所畫者爲粗。米芾曾述及，宋人以"唐摹顧筆列女圖刻板作扇皆是三寸餘"；按南宋出版列女傳書中之圖之尺寸正與此同，故書中之圖或即爲米芾所述及者，亦未可知。

劉向以後，有人增補列女傳各篇，迨宋王回始將各篇中所增補者提出另成一篇，稱之爲續列女傳，至於劉向所撰之七篇則稱之爲古列女篇。因所增補之人傳均爲曹大家以前之人物，故曾輩於其列女傳序中以爲此乃曹大家所補，而其他著者則認其爲晉項原等所補。四庫全書謂吾人尚無法斷定之。余亦以此爲然。自晉至唐，各藝文志所引錄列女後傳之材料或爲續列女傳材料之來源。又宋晁公武疑列女傳中之頌一篇非出于向，而實出于向子歆，但却無確實證據（見四庫全書）。（貝錦玉）

散曲體制述略

Kurze Einführung in die Technik der San-ch'ü

霍福民 (Alfred Hoffmann)

作者首述散曲之源流。略謂詞歷唐宋兩朝，盛極而衰，漸成文人遣興之品，曲遂起而代之。曲因起源之不同，而有北曲與南曲之別。散曲之名稱首見誠齋樂府，係指"小令"而言，以示與"套數"有別；逮李開先一笑散一集中，則係將"散曲"二字，用爲"小令"及"套數"之總稱，並爲後人所沿用，本文亦準之。

作者次將小令（小令，帶過曲，摘調，重頭曲，集曲）以及套數各體之體制逐一加以說明，末並附引用書目，以供讀者參考。　（顧華）

顧炎武與張爾岐論學書牘

Um die Metaphysik. Ein Briefwechsel zwischen Ku Yen-wu und Chang Erh-ch'i

衛德明(Hellmut Wilhelm)譯述

顧炎武亭林與張爾岐稷若有往來論學書牘三通，譯者以爲與十餘年前丁文江張君勱科學與玄學之論戰有近似之處，故特爲譯出之。　茲將原書節錄於下：

顧炎武與友人論學書："百餘年以來之爲學者·往往言心言性·而茫乎不得其解也·命與仁夫子之所罕言也·性與天道子貢之所未得聞也·性命之理著之易傳·未嘗數以語人·所謂危微精一之說·一切不道·而但曰允執其中·四海困窮·天祿永終·嗚呼·聖人之所以爲學者·何其平易而可循也·故曰下學而上達·今之君子則不然·置四海之困窮不言·而終日講危微精一之說·孟子一書·言心言性·亦諄諄矣·乃至萬章公孫丑陳代陳臻周霄彭更之所問·與孟子之所答者·常在乎出處去就辭受取與之間·是故性也天也夫子之所罕言也·謂忠與清之未至於仁·而不知不忠與淸而可以言仁者·未之有也·謂不忮不求之不足以盡道·而不知終身於忮且求而可以言道者·未之有也·我弗敢知也·愚所謂聖人之道者如之何·曰博學於文·曰行己有恥·士而不先言恥·則爲無本之人　·非好古而多聞·則爲空虛之學·以無本之人·而講空虛之學·吾見其日從事於聖人·而去之彌遠也·"

張爾岐答顧亭林書："學者苟能席其成業·尊所聞而行所知　·上者可至於聖賢，下者亦足以效一官·　私謂士生今日欲倡正學於天下·似不必多所著述·正當以篤志力行爲先務耳．不識高明以爲何如．論學書粹然儒者之言．特拈博學行己二事以爲學鵠．確當不易．眞足砭好高無實之病．行已有恥一語更覺切至．在愚見又有欲質者．性命之理夫子固未嘗輕以示人．其所與門弟子詳言而諄復者．何一非性命之顯設散見者歟．苟於博學有眞恥實踐履．自當因標見本．合散知總．心性天命將有不待言而庶幾一遇者．故性命之理腾說不可也．未始不可默喻．侈於人不可也．未始不可驗諸已．强探力索於一日不可也．未始不可優裕漸漬以俟自悟．如謂於學人分上了無交涉．是將格盡天之理．而反遺身以內之理也．恐其知有所未至．則行亦有所未盡．將令異學之直指本體反得詡耀長．誘吾黨以去此．又留心世教者之所當慮也．”

顧炎武答友人論學書：“大學言心不言性．中庸言性不言心．來教單提心字．而未竟其說．未敢漫爲許可．竊以爲聖人之道．下學上達之方．其行在孝弟忠信．其職在灑掃應對進退．其文在詩書三禮周易春秋．其用之身在出處辭受取與．其施之天下在政令教化刑法．其所著之書皆以爲撥亂反正．移風易俗．以馴致乎治平之用．而無益者不談．其于世儒盡性至命之說．必歸之有物有則．五行五事之常．而不入于空虛之論．僕之所以爲學者如此．以質諸大方之家．未免以爲淺近而不足觀．雖然亦可以弗畔矣．”

以上三書全文及德譯具見本誌本期德文增刊136至152頁。

（顧華）

三種安陽銅刀考

Über einige Messer aus Anyang

艾克 (Gustav Ecke)

本文中之第二，第三及第五圖是安陽新出土的單刃，獸首柄頭，直通弓背刀圖。其餘的幾個圖因其派別與第二第三第五圖相似，故特舉出以資比較。第二圖在黃濬的鄴中片羽上已曾刊印過。第三五兩圖是該刀第一次被影印出的圖，一般人都以爲此刀原形是在紀元前一千年以後的西伯利亞產品，而今我們首次證明他是安陽出土的物品。其中之一（圖二）有一個雙蛇（非龍）口尾銜接之環形刀柄，他可與欽定西清古鑑上所示之鸞刀(係據周禮上所稱之名)（圖二）一同解說，因爲將他們各方面加以比較，他們之間似乎有相近的關係。其二（圖三）之刀柄似由西伯利亞藝術中吾等所知的麋鹿之頭形而變化來的，這把刀的全形比我們所熟知的西伯利亞刀形較優雅，獸首之表情亦較精神生動。其三（圖五）在形式上是混合形的，其刀刃及刀柄與環狀柄頭之刀形相同，其柄頭本身則屬於西伯利亞寫眞派格式的動物頭的形式。現在事實已證明這三把刀是從安陽出土的，所以我們可以得出兩個與以上相反的結論。

第一我們可以說：中部西伯利亞鑄銅術之起始，因以上之事實，必須向早推移到紀元前一千五百年左右。中部西伯利亞單刃弓背有柄頭之刀和其他西伯利亞銅兵器一同使中國開始有鑄銅術及此種刀形之銅器。

第二我們也可以說：鑄銅之技術不是從中部西伯利亞來的，而是從西部西伯利亞傳到中國，而後始有安陽之文化產品。因此我等可知：這種單刃弓背帶柄頭之刀形是商殷時中國安陽的出產品，後又介紹到中部西伯利亞去的，在該處經相當之改變而獨自成爲本地式了（見圖四），並且由此式又有更多方面的發展。

著者以爲：弓背單刃帶長柄及環圈柄頭鑄在一塊的銅刀，乃是很早時從西伯利亞之葉尼塞 (Jenissei) 學來而同化之，遂得成爲中國的產品了。

（胡僑吟）

	原卷數	1			2		3		4	
		國立北平圖書館			北京大學圖書館		中央研究院歷史語言研究所		劍橋大學圖書館	
		A	B	C,D,E	A	B,C,D,E,F	A	B	A	B
太祖實錄	257	1-13 25-257	1-257	×	×			1-257	33-249	
太宗實錄	130	1-274		(×)	*1-24*	19-130 (×)		1-130	1-130	
仁宗實錄	10	1-12			*1-2*			1-10		
宣宗實錄	115	1-115	1-115		*1-10*			1-115	1-13 17-115	
英宗實錄	361	1-361		*1-7* 天順	正泰 *1-15* 景統 *1-8*			1-361	5-361	
憲宗實錄	293	1-293						1-293	1-293	
孝宗實錄	224	1-224			*1-19*		?	1-224	60-224	
武宗實錄	197	1-153 163-197				(55-188)		1-197		1-197
世宗實錄	566	1-79 84-566			*1-46*	35-40		1-566	1-177 179-566	
穆宗實錄	70	1-70			*1-6*			1-70	1-70	
神宗實錄	596	1-596				(1-596)		1-595		
光宗實錄	8	1-8						[1-8]		
熹宗實錄	87	1-42 55-84,86						1-79 81-86		
總卷數	2914	3022	372		130			2911	1909	

說明：斜體數目，係表示每卷包括一年之事蹟者

括號(　)內之卷數，表示非連續完整者

叉號×，表示不分卷數者

問號？，表示是否分卷及卷數是否完全均不詳。

明各朝實錄各地現存抄本卷數表

4		5	6	7		8	9		10	11	12	13
劍橋大學圖書館		李王家本	圖書寮	內閣文庫		上野圖書館	瀋陽圖書館		普林士頓大學圖書館	北京大學	人文科學研究所	法國巴黎國立圖書館
A	B			A	B,C		A,C,D	B		A,B	A,B,C.	
33-249		1-394	1-267	1-257					(19-257)			
1-130		1-267	1-130	1-130			(×)		8-19			
		1-18	1-10	1-10	1-10							
1-13 17-115		1-115	1-115	1-115	1-115				(6-115)			
5-361		1-357	1-361	1-4 8-361	1-361	?	(×)	(180-361)	(1-361)		149-150	
1-293		1-293	1-293	13-293	1-293				(1-293)		13-16 19-24	
60-224		1-224	1-224	1-224	1-224				(19-224)		(×)	
	1-197	1-197	1-197	1-197	1-197				4-197	(2-138)		
1-177 179-566		1-564	1-567	1-566	1-566				(1-556)		(16-552)	
1-70		1-68	1-70	1-70	1-70		(×)					
		1-595	1-590		*1-48*							
		1-8										
			1-12				1-42 55-87			(15-83)		
1909		3097	2826	2223	1884				1492			

11	12	13	14	15	16	17	18	19	20	21
北京大學 A,B	人文科學研究所 A,B,C.	法國巴黎國立圖書館	天一閣 A,B	尊經閣文庫	中山大學圖書館	燕京大學圖書館	東洋文庫	羅振玉	徐鍾	
			(×)		?			?		
				?		(×)		?		
									?	
	149-150				?					
	13-16 19-24									
	(×)						?		?	1-224
(2-138)			(1-197)							
	(16-552)					(×)			?	
						×			?	
(15-83)										

研究與進步第一卷（即中德學誌第一卷）目錄

第一期目錄

（民國二十八年四月）

第二期目錄

（民國二十八年七月）

第三期目錄

（民國二十八年十月）

第四期目錄

（民國二十九年一月）

定價每册聯銀券一元

中德學誌　第二卷　目錄

每期末附書評及會務報告

中德學誌 第三卷 目錄

第一期目錄

第二期目錄

第三期目錄

第四期目錄

每期末附會務報告

中德學誌　第四卷　目錄

每期末附會務報告

中德學誌編輯簡章 中華民國三十一年三月第二次重訂

1 本誌原名「研究與進步」，自第二卷起，擴充範圍，改用今名。

2 本誌錄稿，以介紹德國學術文化之著作爲主；除本會會員稿件外，並酌收外稿。

3 來稿如係原著，應將所用參考書籍或其他材料一併附列文後，如係譯稿，須將原文出處詳細註明，其原文不易見者，並須與譯稿一併寄來。

4 來稿本會有刪改之權。

5 來稿中有中文人名書名等譯爲德文後，重行譯爲中文時，應請譯者援用原來字樣，幸勿另譯新名；其由德文譯爲中文者，除有慣用者外，以本會所定爲準。

6 來稿逕寄「中德學誌編輯委員會」，請勿寄交編者個人。

7 來稿經本誌決定採用者，酌給現金或本誌爲酬。

8 來稿經本誌給酬後，其版權即爲本會所有，原作人不得以其一部或全部在他處另行發表；在本誌發表後，他人亦不得轉載。

9 來稿不爲本誌選用者，均可退還，但須由原作人附寄郵費，如欲掛號寄還者，並須加附掛號郵費；郵遞如有遺失，本誌概不負責。

10 本簡章如有未盡事宜，得隨時修改之。

編輯者 中德學誌編輯委員會

出版者 中德學會
(北京地安門內黃化門大街西妞妞房二十號)

印刷者 京華印書局
(北京和平門外虎坊橋)

定價表	每季一冊(郵費外加)	每年四冊(郵費在內)	郵票不收
道林紙	聯銀券 3.40	聯銀券 12.00	
新聞紙	聯銀券 2.20	聯銀券 8.00	

CHUNG TÊ HSÜEH CHIH

(AUS DEUTSCHEM GEISTESLEBEN)

Doppelheft zum zehnjährigen Bestehen des Deutschland-Institutes.

Herausgegeben vom

Deutschland-Institut, Peking

durch

Wolfgang Franke

unter Mitwirkung von

Chang Hsing-lang Achilles Fang Ku Hua

Max Loehr Tsêng I-hsin Yang Ping-ch'en Yang Tsung-han

Verantwortlich für die Redaktion:

Hu Chün-yin

5. Jahrgang, Nr. 1/2 Mai 1943

Anschrift der Redaktion: Deutschland-Institut, Peking (China), Huang-hua Men nei, Hsi Niu-niu Fang 20.

中德學誌

沈兼士

《中德學誌》編輯委員會◎編

國家圖書館出版社

第六册目錄

第五卷第三期

第五卷第四期

第六卷第一、二期

中德學志

第五卷第三期（三十二年九月出版）

中 德 學 誌

中德學會出版

中德學誌

第五卷　民國三十二年九月　第三期

（本誌各篇譯著以題材時代之先後為序）

莎士比亞劇中表現的國家(一)

Shakespeares Staat

葛崙茲(Hans H. Glunz)著(二)

曹京實譯

雖然單獨從美學的立場來看，政治與國家在戲劇藝術上所應有的功用，一直地被忽略，然而爲了研究莎士比亞的生平，有些學者們也曾經試着去找尋莎氏對於當時的政見與政黨所持的態度。不過研究的結果，尚無定案，因爲像這一類的結論是不能夠有把握地準能從一節依利薩白(Elizabeth)時代的戲劇中得了出來的。此外，思想界中的社會學派之具有實際主義趨向的人們，又另持一種立場，他們認爲莎士比亞晚年所寫的悲劇與王權神聖學說是有關聯的。這種王權神聖說，在詹姆士第一(James I)卽位之後，曾受到特殊勢力之支持。所以，從這個角度看來，李爾王(King Lear)一劇便變成爲一個因爲一位國王的操切的退位而引起的不幸事件的說明，哈姆雷特(Hamlet)便成爲神對篡位者加以懲罰的具體表示了。在依利薩白時期的末葉，有些政治理論，誠可以供給我們一種有價值的透視，使我們能夠一直地看到某種特殊的戲劇所根據的材料，然而卻

(一) 譯者註：本文譯自 Forschungen und Fortschritte, 15. Jg. (1939), Nr. 1. S. 6-7. 係著者講演稿之摘要，該講演係於一九三八年八月在邁恩河上佛蘭克府德國莎士比亞學會，歌德研究會及佛蘭克府德國學藝協會(Freies Deutsches Hochstift)聯席會議上所發表者。

(二) 譯者註：著者爲邁恩河上佛蘭克府大學的英國語言學教授。

不能利用牠們去解釋一簡整個的戲劇，不能解釋劇情的結構，佈景的款式，或者角色的心理。因此，實際學派的學者們不得不改變他們的立場，而重新假定：一種政治理論，其功用，不過是構成某一些戲劇的背景而已，而這種背景又是被模糊不清的「時代精神」所致成的，至於詩人(即戲劇作者——譯者)他自己所能為力的則是對於微妙心理之特點加以描述而已。雖然如此，然而我們仍然不明白，我們得怎樣去想像那幾乎不能理解，而卻又時時顯現交織在政治背景與主題間的關係。所以無論如何，在這種方式之下，我們不能明白戲劇上美學的價値與哲學的或社會學的價値之間的暫時區別是怎樣才可以化除的。

最近曾有人作了些新的嘗試，去解釋涉士比亞戲劇中的許許多多的表面上的現象；例如，那些想象的，生動的個性描寫，詩人他自己的哲學的，政治的及其他的思想之表現等。因為所有這些都是本着一個線索而來，而這個線索卻是在表面下隱藏着並不顯明，故不能不加以探討(三)。這個嘗試並未完全成功，可也並未完全失敗。他們所取的觀點是：每個戲劇都是一個活的有機體，而且牠還完全具有與衆不同的特色，以便使其中的每個角色各以其自己的特殊方式對於精神境界有所貢獻，在這個精神境界之中的每個元素，或多或少都與某些絕對的最高眞理有着密切的關係。這個眞理自有其絕高的價値，在本劇中的其他任何眞理不是與牠立在敵對地位便是附屬於牠。這個觀點並非由這些學者所首創，因為像施雷格 (Schlegel)與藍伯 (Charles Lamb) 這一類的浪漫派的批評家們早就暗示出這種樣的看法了。

只要一論到國家這一觀念，我們便注意到一點，就是關於形成涉士比亞悲劇內容的那些精神境界的國家觀念，是隨着詩人的逐漸成熟的藝術而流着一種奇特的變換。在他的最初的那些悲劇之中，如國王亨利第四 (Henry VI.) 及泰塔斯·安德羅奈卡 (Titus Andronicus)，其中的悲劇英雄們都不惜以任何代價，汲

(三) 特別請比較 H. Pongs: Shakespeare und das politische Drama, 見 Dichtung und Volkstum, 37. Jg. (1936), S. 257.

波去保存他們自己的天然與道德的自治權利。由人的觀念而生的哀感充滿了這些戲劇。英雄們都拘縛在他們自以爲是的道德範圍之內，並且自願地堅持這種態度，以至死而後已。在此點上，人所具有的道德意識乃是抗拒一切與人類相敵對的力量，這種與人爲敵的力量中之主要勢力是運氣或者運命。運氣藉着國家的形式而出現。因而國家竟被貴族們與地方長官的不斷的擾爭與罪惡所毁壞了，並且因此，國家乃變成爲受慘酷的無理性的強權所利用的工具了，而這些強權，又是直截地與有理性的英雄相立於反對地位的。因爲國家僅僅是一個惡魔似的惡運的破壞勢力的象徵，所以牠能不受英雄所具的人道的道德觀念的拘束。

但是大約在一五九三年與一五九八年間，他所寫的歷史劇，其情形便與此不同了。在這些劇中，那些國王都不够資格，都不够爲國王及做人的標準，那卽是說，凡是國王，無論遇到什麼事情，都應當時時地證明他是有理性的，並且他還要是一位合乎自然人性的人物。那些英雄們都缺少一些東西，因而他們都不完滿，不能成爲人的模範。幾乎無論從那方面看利夏第三(Richard III)都缺欠人性，利夏第二又相信因爲上天賜國王以特殊的恩寵，所以國王卓然立於人羣之上，與人羣相分立，約翰王(King John)缺乏道德的決心與恆心，亨利第四對於一些爲王之道的根本觀念有所懷疑。因此，由於他們的這些缺點，他們對國家做下了錯事，並且惹起了他們自己的衰敗。在此處所表現的國家乃是道德及人的自治權力的表徵。我們可以說，整個的劇都在人道倫理的氛圍中移動着，並且爲了達到戲劇的目的，乃用國家及與國家立在一個立場上的國民們去代表人道倫理。在這個「歷史」之中，事事物物均以人性爲本，沒有東西是超越了這個範圍的。在國家之內，人民組成一個團體，都以此目的爲歸依，凡是英雄們如果要想攻擊毁滅人性，則必羣起而攻之。

最後，便產生了一羣偉大的悲劇。這羣悲劇是以愷撒(Julius Caesar)及哈姆雷特(Hamlet)開其端的。在此處國家所表現的功用又不同了。現在牠所包括的是一大羣各個不同的人類標本，在牠的範圍之內，所有的人類代表們，從最高的到最低的，都可找到牠的一席地位，至少在事實上及在理論上是如此。祇有英雄不是國家的一個眞正的永久的分子，他不過僅僅承認有個國家這麼一件東西就是了，並且假如他發現國家有了缺陷，他就邁過了國家的限制而走入到一個最後的並且無限制的眞實境地。哈姆雷特或者高雷歐蘭傘斯 (Coriolanus) 不得不反抗國家，因爲，雖然在某一時期他們是國家的分子，但是他們受了超人的使命所引誘，並且被誘惑着走出了自然人性的範圍及國家的範圍而走入一種永恆的神秘天地中了。從此國家再不能成爲戲劇中的絕對價値了，再不能成爲道德行爲的標準了。在國家的樊籬之外浮現着無極的眞理，英雄們都被這個眞理吸引去了。愷撒，哈姆雷特，李爾 (Lear) 麥克白斯(Macbeth)，安東尼(Antony)及高雷歐蘭傘斯都在舞台上或其他方面因他們的進展而與國家分開了。他們甚至毁謗國家，因爲他們覺得他們超過了牠。然而雖然如此，他們仍然認爲國家是必需的，就是當他們毁謗國家時，他們也認爲牠有存在的必要，並且英雄們的超人努力也都以牠爲基礎。

有一件令人覺得奇異的事，就是莎士比亞的國家觀念是不可避免的要有像在此地所說明的那樣的雙重變遷，這種變遷似乎有加以解釋的必要。這種解释不能在大名鼎鼎的都德(Tudor) 朝及司徒爾脫 (Stuart) 時代之早期的政治理論中找到，也不能在莎士比亞的戲劇中的文學線索中找到。莎士比亞對於國家的觀念有種奇異的改變，這個改變似乎與這位詩人內心的滋長與發展有密切的關係。但是，由於什麼影響，以及由於什麼經驗，竟使他有如此的發展呢？不幸得很，我們對此仍然在暗中摸索，不能知其究竟。但是，雖然如此，我們如果用比較的方法，也可以得到一些線索。方才已經將莎士比亞的藝術提綱擕領的分爲三個時期，現在且拿這三個時期與莎氏稍早或同時代的英國文學相比。以這時期的英國文學作爲正常的典型，以莎士比亞的悲劇中的模型作爲非典型，那麼就可看出他們間的關係了。在事實上，在莎士比亞之前，有些位作家們對於個人與團體間的衝突這個問題已經討論過了，並且，我們以合理的眼光看來，至少在某種限度之內，他們是對於涉士比亞的國家觀有所影響的。

對於這類的悲劇事件加以思索的第一位作家是李得蓋特 (John Lydgate)，巴利(Bury)地方的和尚。在他的王子們的衰落(Fall of Princes)(一四三五)曾提到這個問題。李得蓋特的英雄們的失敗及死亡都是由於他們蠻橫的驕傲與過度的信任他們自己的人類的能力所致。因爲這個，便使他們忘了依賴上帝及對於「他」的敬畏，而上帝呢卻提醒他們，讓他們知道「他」的存在，並且令他們感覺到「他」的力量。（那即是說，他們如果不信仰上帝，他們便衰落或死亡——譯者）。

這個悲劇問題，在摩爾(Thomas More) 所寫的國王利夏第三的歷史(History of King Richard III)(一五一五)中作者所持的精神與態度便不同了。摩爾是位尙書又是位人道主義者，在他的這部著作中，他將人在上帝與國家當中所居的地位雖然加以壓抑，但是並未處理錯誤。按照摩爾的意見，人在宇宙之中的地位由兩個力量決定，第一被他自己內在的不合理性的元素決定，這個元素藉着宗教而得到表現，第二被他的天然的人性的合理的本質所決定。前者在聖經中已經對人解釋得明明白白了，而後者呢，則在國家及道德系統中得到表現。個人如果膽敢抗拒國家的倫理，那麼他必趨於末路，就如同一個人的行爲背叛了神的法則而受到精神的死亡一樣。

最後，這種由來已久的個人與社會的衝突，在依麗薩白在位時期的宗教改革文學中也曾有一場混戰。當一五五九年宗教統一令頒發起，安格利堪教徒(Anglicans)與清教徒(Puritans)爭執之烈有如潮湧，祇有在胡克(Richard Hooker)的分期出版的第一期出的教會團體法（一五九四）公佈之後，才把這種爭執止息了。因此，宗教方面的個人主義在教堂之中乃流行起來，更因加爾文派 (Calvinist) 的確定論與釋罪論而更甚了，甚至安格利堪教義的擁護者如騷爾斯巴利 (Salisbury) 地方的朱挨爾 (Jewel) 僧正或甚至如胡克他自己都被這些教理所吸引動了。在另一方面，胡克又開始做一種很可觀的工作，設法阻擋清教徒的狂流。　他仔細地指明教堂的教條之每一點及所有的安格利坩派所設的機關及其特點都是天然的，人人可見的組織，並且與神法此條或彼條相印合，因此，那最後的判決權乃是屬於上帝他自己。　當於將教會的關係就這樣地調協一致時，加爾文派的認爲個人必須直接服從上帝的理論乃得到認可了。　在此際，神學家們對於這個不可避免的衝突並未提出解決的辦法　。　表現於文字之中的這種敵對行爲，一方面是個人自由，另一方面是外界權力的壓迫，如與涉士比亞的戲劇加以比較，可以證明涉士比亞的國家觀念與個人觀念的衝突，因時間的推演而生出的那些相連續的階段，都與那些文字所表現的有密切關係。　我們姑且假定在涉士比亞與他所摹倣的原型之間確實存着一種聯繫。　當我們指示出涉士比亞很熟習李得蓋特（四）與摩爾（五）的著作及與他同時的極多的通俗的神學文章時，我們更認爲這種假設是可能的了（六）。　並且　，假如他不能利用他的前輩所預示的概念及將他們根本加以改變而變成爲他自己的　，則他便不配作個詩人　。　簡而言之，如果把涉士比亞悲劇的衝突與他的先輩相比較，則可證明那是很急進地與宗教觀念相違了。　李得蓋特曾將上帝作爲他的悲劇中的一個演員，而在涉士比亞的亨利第四(Henry VI)及泰塔斯•安德羅奈卡(Titus Andronicus)上帝這一角色是由盲目的命運來充當的。　按着穆爾的看法，人由兩種力量決定其休咎，一是依賴上帝，一是在國家組織之中所表現的人性。　但在涉士比亞所寫的歷史劇中人者乃是單獨的完全的一個天然的東西。　在涉士比亞的晚期的英雄們將依昵蘆白式的宗教狂熱轉變成爲向柏拉圖思想之精神原素的追求。　在每種情形之下，　無論如何　，國家乃是這種與宗教相分的程序中的一種表徵。　李得蓋特的「運氣」乃是由上帝本身來的使者，牠已經向國家的致命的破壞與不可思議的活

（四）　W. Farnham: The Medieval Heritage of Elizabethan Tragedy, Berkeley (Calif.) 1936. 及本文作者的：Shakespeare und Morus, Bochum-Langendreer, 1938, 103 ff.

（五）　比較本著者的：Shakespeare und Morus, p. 77 ff. 184 ff.

（六）　A. Hart: Shakespeare and the Homilies, Melbourne, 1934.

動讓步。 摩爾認為人類歷史之中的兩個主要原素，後來變成一個，就是國家的道德。 至如顯現在吾人眼前的教堂，這個祇有在九十年代才起始被人所理解，又被後來的悲劇中的腐敗或最低限度不令人滿意的國家所替代了。

關於這個，我們還記得在一五五九年五月十六日由國王布告在依麗薩白舞台之上凡是關於宗教問題的討論均加禁止；因而留給涉士比亞用一串戲劇去為這種僅僅的消極辦法作辯護，在這些戲劇之中其惟一的主角乃是一個具有道德意識同着具有人性的社會所造成的有組織的國家的領袖角色 。 在涉士比亞以前的戲劇，甚至一直到馬爾羅 (Marlowe)，都認為神是一切活動的支配者(七)。

(七) 關於其他細點，請看本作者即將出版的關於涉士比亞的國家的書。

德國的戲劇文學

Deutsche dramatische Literatur

施雷格 (August Wilhelm von Schlegel) 著

常蓀波譯

引　　言

德國的文學從十八世紀開始以後由理性主義而傳入古典主義至十八世紀之末達到了「狂飆運動」(Sturm und Drang) 發展達極的燦爛成績。　對於希臘文明與藝術有了深切的了解與新的認識，對於自然不勝其歆羨嚮往充滿了詩的感興，到了歌德（1749—1832）與釋勒（1759—1805）的全盛時代這兩位詩人逐漸超過「狂飆運動」的狹隘限制，所以在十九世紀的起始在德國又產了一個新的文學運動——這即是德國文學史上所謂的初期浪漫運動——奧古斯特施雷格與他的兄弟所建立與倡導的浪漫學派。

奧古斯特威廉施雷格 (August Wilhelm von Schlegel, 1767—1845) 是一位偉大的理論家與翻譯家，他的創作的才能卻並不太高。　他出身於一個有名的文學世家。　幼年時期受他的母親的教育，得到極優良的人格薰陶。　他與他的兄弟菲德列克（1772—1829）同時入哥廷恩 (Göttingen) 大學。　他在這時結識了著名的東方學家哥廷恩大學的米開里司 (J. D. Michaelis) 教授與「狂飆運動」的重鎮別革 (Gottfried August Bürger, 1747—1794)，他曾在別革主辦的刊物上發表過他的一篇詩亞瑞阿德尼 (Ariadne) 與一篇論詩人但丁的文字。　別革那時在哥廷恩大學做教授。　他被認爲是德國的最優秀的抒情詩人與優美的韻文家，不過在哥廷恩那樣注重學問的研究輕視詩文創作的一個所在，他卻不十分受人尊視。　在這樣一種寂寞孤獨的生活之中他得到奧古斯特施雷格，發現這個青年後進的才能與學識，熱烈的予以教誨，特別是在言語的選擇排列，韻律的應用，詩歌的意匠經營，給了施雷格很好的基礎訓練。　在哥廷恩大學畢業後他到亞姆斯特丹 (Amsterdam) 做一位銀行家的家庭教師，極受歡迎。　但是他在荷蘭只住了三年，他又回到德國開始他的廣大的文學活動。　回國後他被選爲耶拿 (Jena) 大學的教授。耶拿對於他的意義極重大，它使他與他的兩位同代人歌德與釋勒締結了友誼，這在他個人的文學生活上是一個決定的時代。　他的畢生的鉅著，對於德國文學最偉大的貢獻的莎士比亞戲曲之迻譯也是在耶拿開始的（一七九七年至一八〇二年在柏林刊行，共九卷）。 他一面教書，講演美學，又與他的兄弟非德列克創辦文學雜誌（Athenæum），專刊載批評文字，發表浪漫派的主張與許多的文學同道，著名的替克（Ludwig Tieck,1773—1853)與諾伐里司（Novalis 即 Friedrich von Hardenberg,1772—1801），同居在耶拿，把耶拿造成德國文學上一個新運動的中心。

一七九六年他與他所崇拜的米開里司教授的女兒加羅林(Caroline Böhmer,1763—1809) 結婚。這個婚姻却並不幸福。 加羅林也是一位浪漫派的作家才華極富，學識也甚淵博，貌非美妍而性情剛毅有男子氣槪。 二十一歲嫁了一個叫做 Böhmer 的醫生，不多幾年這位醫生病故。 第二次嫁了施雷格。 她對於施雷格繙譯莎士比亞的工作幫助極大，施雷格的許多批評文字多得她的合作。 在耶拿加羅林簡直是一位沙龍的主人。 歌德與哲學家菲希德（Johann Gottlieb Fichte, 1762—1814），謝林（Friedrich Wilhelm Schelling,1775—1854）諸人都是她的談讌密友。 一八〇三年她改嫁謝林，不過與施雷格還保存着友誼的關係。 施雷格與加羅林離異後就到柏林去。 他的著名的「論文學與美術之現狀」即是這個時期在柏林講演的。 一八〇五年法國著名的女文學家斯塔爾夫人（Madame de Staël 1766—1817）到德國遊歷，到威瑪公國拜訪過詩人歌德，與當代許多德國文人都結識。 這位夫人因歌德的介紹聘請了施雷格做她的孩子的導師，同時指導她研究德國的文學。 施雷格陪伴了斯塔爾夫人遊歷意大利，法國，後來到日內瓦湖上考貝斯塔爾夫人的邸宅裏住了幾年。 他在這期間用法文寫了比較優里皮底（Euripides,480—406 v. Chr.)與拉辛（Jean Racine, 1639—1699）所寫的'Phaedra'劇的論文，極受法國人士的歡迎。 一八〇八年他到維也納遊歷，並且做他著名的講演「戲劇藝術與文學」，這講演後來出版時受到整個歐洲的歡迎。 一八一三年他作了瑞典的王太子的秘書與顧問。 拿破崙失敗之後(一八一五年)他又隨着斯塔爾夫人同到考貝。 在一八一九年斯塔爾夫人死後他接受了撥恩(Bonn)大學的邀請去當教授，與保祿司（Paulus）教授的女兒結婚，但是在第二年又離婚。 他在教授期間竭力提倡古代的近代的文學美術與科學的研究，他自己更熱誠地研究東方文學，特別是梵文。 他開設印刷局印行偉大的梵文作品羅摩耶那(Ramayana) 他又編輯，用拉丁文繙譯其他的梵文名作。 在這個時期他爲研究東方學術曾去過法國與英國，在各著名圖書館中他檢閱所收藏的各種東方的原稿。 他回國之後被任爲古物博覽館的監督。 一八二七年他在柏林講「美術的原理與歷史」。 他的法文寫的像他自己祖國的文學一樣流利自然，法國的刊物常請他寫文章。 斯塔爾夫人的德國論(De l'Allemagne)裏面的取材大部是他供給的，她的遺作法國革命論（Considérations sur la Révolution Française），也是在他監督之下刊行的， 一八四五年五月十二日他在撥恩逝世。 他收藏的書籍在同年十二月在撥恩拍賓。據捐賓的目錄前面所附的年表統計，施雷格所刊行的著作以及在雜誌上發表的文字共有一百二十六種之多。此外還有許多未曾印行的原稿。

施雷格畢生最大的工作及對於德國文學最偉大的貢獻當然是莎士比亞戲劇的繙譯無疑。此外就要推他的「戲劇藝術與文學」(Über dramatische Kunst und Literatur)了。這是一八〇八年的春天施雷格遊歷維也納時對當地三百餘學者名媛的講演，斯塔爾夫人也是聽衆中的一個。第二年的二月施雷格將這講演稿定先將第一部分印行，斯塔爾夫人撰序介紹對於他稱揚備至。第二部分在一八一一年刊行，關於論莎士比亞的幾章差不多是在付印之時重新寫過的。這部書最能代表浪漫派的見解。有許多地方施雷格與雷興在拉奧空論中一樣，對於古代希臘的戲劇與莎士比亞的作品與以同情的解說而對於法國的趣味，藝術的鑑賞力，與擬古典主義的作家卻與以激烈的攻擊。他也像雷興一樣攻擊拉辛與康乃伊(Pierre Corneille, 1606—1684)的悲劇，他還更進一步甚至連莫里哀(Jean Baptiste Poquelin Molière, 1622—1673)也與以不公平的輕蔑，他對於法國的敵意與不理解實在有點驚人。這部著作共三十章。第一章論批評的職責。批評是說明美之原理與應用並非吹毛求疵指摘缺失，俾讀者心目得以開曠，能以不爲一時代一地域的偏見所蔽，不爲某一派的主張與理論所迷惑，然後才能欣賞古今各種藝術之精妙並了解其真精神。他又分述古代文學之特質，基督教的教義與中古的騎士精神。浪漫主義就是合併此基督教義與古代的騎士精神而產生的。第二章總論希臘戲劇。第三章論悲劇與喜劇之主旨。第四章至第十四章皆係分論希臘劇。第十五章論羅馬戲劇。第十六章論意大利戲劇。第十七章至第二十一章論法國戲劇。施雷格謂法國戲劇家受亞里士多德與波瓦洛(Nicolas Boileau, 1636—1711)諸人規律的束縛過甚，又過分重視所謂三一律，故劇作都呆板無生氣。他說康乃伊的劇如穿上朝服背誦修辭名篇，拉辛是以詩作劇，不懂劇的精神爲何，更以巴黎社交中流行風尚來描寫希臘人的性情行爲(在這一點施雷格與雷興完全相同)。莫里哀是抄襲陳作，而內容又多離奇不合常情。至於服爾德(François Arouet de Voltaire,1694—1778)簡直是打諢的丑角不足評了。在這幾章中最足表現出施雷格的偏見。第二十二章至二十八章論英國戲劇，第二十四章，二十五，二十六三章分論莎士比亞的喜劇，悲劇，歷史劇；而第二十二章與第二十三章大部分也是概論莎士比亞的。施雷格對莎士比亞推崇自不待言，而對於莎士比亞的評論確實是極精審。後來英國的詩人與批評家的辜律已撰寫評論莎士比亞的文字時對於施雷格此書取材甚多。第二十九章論西班牙戲劇。第三十章論德國戲劇，甚爲扼要，本文即譯自此章。此書是十九世紀德國的一部文學理論名著，我們希望將來有機會時再譯施雷格論莎士比亞及希臘的幾章以享讀者。

德國戲劇的發展比較歐洲各國的都很幼稚，所以在德國文學中有價值的戲劇作品也比較希少並不足驚異。

在十七世紀中葉之時，德國文學的天才正在最低落的時代；不過在那時候已經開始作各種較偉大的努力與企圖，從那時以後德國作家就高視闊步向前邁進着。假若德國戲劇藝術不曾獲得其他藝術同樣的成功，那末我可以如此說，這並非因爲缺乏戲劇天才，而是因爲戲劇藝術所遭遇的許多不順利的境遇之故。

德國戲劇發展初期的簡陋情形與其他國家相同。我們現在保存着的最古的戲劇的原稿是一位叫做漢司羅森普魯特（Hans Rosenplüt）(一)的作品，他大約是十五世紀中葉女恩倍（Nürnberg）的人。他以後接着產生了兩位成熟的作家，漢司薩克司(Hans Sachs)(二)與愛勒（Ayrer)(三)他們都是羅森普魯特的同鄉。在薩克司的作品中除了嬉戲的狂歡節的劇本之外，我們還發現許多悲劇，喜劇，歷史劇，宗教的與俗世的，序曲與尾曲都是由使者唱出。在後者中，任何戲劇的道具都不用，也不用演員，而是由體面的公民扮演，當作精神的一個合宜的休養。狂歡節的劇本比較粗俗，却都總是非常的詼諧引人發笑，與一般的戲謔笑談一樣。這種劇往往成爲極鄙野的鬧劇，並且爲了作樂與逗趣竟將現實世界的狹隘限制毫不顧及。在所有這些劇本中，編法都極值得稱讚，毫無支節，一語破的：所有的人物從上帝以下每個人物一登場都極明晰地立刻陳述他們心裏所要說的，與他們所以出現的理由；他們彷彿古代圖書上的圖形，嘴上貼上簽條帮助他們不完全的態度表現。在形式上他們近似所謂勸善懲惡之劇本；往往有許多比喻的人物。這些作品尙在幼稚期，雖然很薄弱但是所走的途徑並不錯誤；假若我們就繼續了在同一條徑路上前進，我們一定產生了比十七世紀的戲劇作品更優美更具特性的作品。

(一) Hans Rosenplüt 確實年代不詳。

(二) Hans Sachs (1494—1576) 德國十六世紀著名的詩人與戲劇家。

(三) Ayrer 卽 Jakob Ayrer。薩克司與愛勒皆宗教革命時代德國的重要劇作家。

十七世紀前半世紀，詩歌離開日常生活的範圍（它是久已被限制在日常生活中的），而陷入學者手中。歐匹茲（Opitz）(四) 可以說是近代戲劇之樹基者，他將幾篇古代悲劇繙譯爲韻文，他還模仿意大利的作家編寫過田園歌劇，但是我不敢確定他曾專意爲舞台上演寫過任何劇本。　他以後是葛利飛（Andreas Gryphius）(五)，他可以稱之爲我們的第一位戲劇作家。　他在戲劇方面具有相當的學識，這可以他的幾篇擬作與繙譯證明；一篇是譯自法國的，一篇是譯自意大利的，一篇是譯自溫代爾（Vondel）(六) 的佛來銘語的悲劇；還有一篇鬧劇比得司昆司（Peter Squentz）(七)，這是莎士比亞仲夏夜之夢（Sommernachtstraum）中那個比洛母司與替司比（Pyramus und Thisbe）滑稽悲劇的一個擴充。　莎士比亞在當時除了他自己的祖國是無人知道的；博學的摩哈夫（Morhof），他是十七世紀下半世紀的著作家，他自己說他平生從不曾讀過莎士比亞的作品，雖然他極熟習本瓊生（Ben Jonson）(八) 的作品。　甚至在十八世紀中葉一位當時頗著名並且不是沒有學問的人曾在一篇論文中將葛利飛與莎士比亞比較，他說這二人全然相似之處如此，葛利飛像莎士比亞也極喜悅召喚死人的魂靈。　他似乎寧願將那位佛來銘人溫代爾放在他的眼前作爲模範，這位作家一直是極受德國人崇拜，被尊爲偉大的溫代爾，而葛利飛本人反而默默無聞無人理會。　不幸，葛利飛劇本用的是亞力山大詩格，不過形式不像較後一個時代法國的亞力山大詩格那樣限制嚴；劇景有時變換了，插曲，一半是音樂的，一半是譬喻的，頗像英國的假面劇。　再者，葛利飛的戲劇才能極有限，我不知道他的劇本當時究竟曾上演

(四) Opitz von Boberfeld（1597—1639）曾繙譯過羅馬 Seneca 與希臘 Sophocles 的悲劇。他還是一位重要的理論家，撰有 Buch von der deutschen Poeterey(1624)。

(五) Andreas Gryphius（1616—64）。 他的主要的作品大半部是晚年寫作的諷刺之作。 Herr Peter Squentz 與 Horribilicribrifax 是兩篇代表作。

(六) Joost van Den Vondel（1587—1679）荷蘭詩人與戲劇家。

(七) 全名是Absurda Comica oder Herr Peter Squentz(1663)。

(八) Ben Jonson（1573—1637）莎士比亞同時的著名戲劇家，詩人，散文家與批評家。

過不曾。羅亨司坦因 (Lohenstein)(九) 的悲劇（他在當時可以說是我們文學中的 Marino）(一〇)，在結構上與葛利飛的作品相似；但是，他的其他缺點且不提，他的劇本的長到不可比擬的長度，任何人都不曾存過要上演的意思。

十七世紀末與十八世紀開始三十年間德國戲劇的那種悽慘情形，所謂戲劇只不過傀儡戲與走江湖賣藝的戲班，恰與當時我們的其他文學部門完全相同。我們對於這樣悲苦的境界有一個衡量標準。葛特舍德 (Gottsched)(一一) 事實上確曾一度被視為我們文學的復興者；葛特舍德的作品彷彿是無味的飲料，往往被推荐與復原的病人，好像認以為他們經受不住強烈的飲料，殊不知反而更使得他們的胃口衰弱不振。葛特舍德的工作是多方面的，他編寫的劇本很多，他認識來比錫的一個劇團領袖鐃貝太太 (Frau Neuber)，他把滑稽丑角 (Hanswurst) 從舞台上斥除去，很得意地將他莊嚴地埋葬了。我頗以為丑角的隨口說的話語（這個，我們仍然能夠從傀儡戲揣測得其大概），並不總是很巧妙地構成的，而且他不免有時要說許多無味的套語；但是就整個說起來，丑角的小手指的一指一點比起葛特舍德的全身活動確實更有意義。丑角，就一個比喻的人物而言，是不朽的；不論有人如何深信他確然已經死了，他簡直每天仍然扮作正經面孔的官吏或其他角色出乎我們意料地突然出現於我們之前的。

葛特舍德與他的學派侵入了德國劇院，在那些無精采散漫的翻譯法國作品的影響之下，他們的侵入逐漸變成正常的了。才能比較優秀的人開始為舞台努力了；但是他們並不曾產生出真正的創作，他們僅以編寫可憐的模仿作品滿足；而且法國戲劇的名聲那樣大，他們從法國戲劇所借了來的最可鄙的習氣也並不比較

(九) D. C. von Lohenstein 1635—83。

(一〇) 此指 Giovanni Battista Marino（1569—1625），十七世紀的意大利詩人，文字繁縟典麗，意旨深幽與英國玄學詩人為近。

(一一) Johann Christoph Gottsched（1700—1766）。請參閱中德學誌第四卷第二期拙作：蕭與的生平與著作第三段與註(二)。

優良的鑒賞力的果實為少。　比方說，葛雷 (Gellert)(一二) 仍然師法法國的戲劇編撰田園劇，劇中男牧人與女牧人（女牧人紮着玫瑰紅與蘋果綠的絲帶）互相說那些死板的說愛之詞。

除了法國喜劇的繙譯之外，又有人繙譯丹麥霍爾貝格 (Holberg)(一三) 的作品，上演得到熱烈的歡迎。　這位作家確有偉大的才能。　他描繪時代的風尚確是極忠實丹麥的本地風光；他暴露愚悖，描寫與墮落那僻很透闢周盡；在氣魄與喜劇的主旨與情勢上他並無缺點，只是在他的情節上沒有表現出許多自己的獨創才能。　他的技巧過分求詳盡。　丹麥人非常稱讚他的趣諧的精妙；但是在我們現在的趣味看來，他的那種語調的粗俗很惹人惱嫌；也許是在終日擾攘無休止的市井打罵之中它會很調和。　許多人有過企圖要想恢復他的作品，但是絕少獲得大的成功。　他的首要的優點是人物的刻畫，這確實有點類乎諷刺畫，要表演他的劇獲得成功必需優良的喜劇演員。

葛雷與伊里阿司施雷格 (Elias Schlegel)(一四) 描寫我們本國風尚的不多幾篇劇本並非毫無可取之處。　不過他們圖畫愚悖與描寫時將實生活中不能避免的那種無聊也帶進了他們的圖畫中，這是他們著作中可指責的一點。

在模仿法國作品的悲劇中多少有成功的首是伊里阿司施雷格與以後的克洛乃格 (Cronegk)(一五) 和外塞 (Weisse)(一六)。　我不知道他們的作品若繙譯為優雅的法文是否還像在德文中那樣呆板無生氣。　我們實在忍受不住讀一愛爾 (Elle)

(一二) Christian Fürchtegott Gellert (1715—1769) 十八世紀的德國詩人與戲劇家。　他與當時著名的詩人 Gleim, Kleist 企圖改革德國文學，主張仿效希臘詩人Anacreon的作風，葛雷與青年期曾受過他們的影響。

(一三) Ludwig Holberg (1684—1754) 丹麥詩人與喜劇作家。

(一四) Elias Schlegel (1719—49)是葛雷同時的詩人，曾和葛雷， Klopstock 諸人創辦過一個文學刊物Bremer Beiträge.

(一五) 克洛乃格(1731—58)。

(一六) Christian Weisse (1726—1804) 詩人與劇作家。　外塞的戲劇天才極有限，但寫的劇本甚多又部很長，演一次需五個鐘頭，故人多厭煩。

長的韻文，它的風格淡寡無味簡直與散文無差別；因爲在當時的德國眞正的詩的文字尙未樹立。亞力山大詩格 (Alexandriner)不論在那一種文字中都不能算是好的韻律，而在我們德文中更是加倍的生硬與沉悶。當我們的詩歌已經有過較高的成就之後，哥特 (Gotter)繙譯法國悲劇時曾有過最後的一個企圖想使得亞力山大詩格高貴，使得它重新作爲悲劇詩的詩格，不過在我看來，根據他的作品的證明，我們必須永遠取消這個念頭。但是若將這詩格作爲不正當的悲劇强勢法的誇張風格的一個諧詩文倒是很値得讚美的；它的應用也是多被用在喜劇中，特別是在短小的趣劇中。那些早年模仿法國的悲劇不論在當時如何的受到大衆熱烈的歡迎，却表示出在盲從的模仿中欲求藝術有任何的進步，那希望是如何之渺茫。甚至一種體裁，不論它本身如何的狹隘，若它是在一個民族思想方法之影響之下孕育成的，它必總有深遠之意義。但是，假若它是被盲目地取自外國，一味信賴着外國時，則它就完全變成一件西班牙的斗蓬了。

如此說來，法國喜劇的拙劣繙譯，以及後來霍爾貝格與哥爾多尼 (Goldoni)(一七)二人作品的繙譯，還有一味模仿毫無特殊的精神的作品，構成我們舞台上的整個劇目，一直到最後雷興 (Lessing) 歌德，釋勒相繼出現將德國劇院從它漫長纖弱的平庸中救度出來時爲止。

雷興在他早年的戲劇努力中對於他的時代精神確實有過貢獻。他的青年期的喜劇頗不足輕重；那時這些作品還沒有宣示出那後來在許多文學部門中造成一個時代的偉大心靈。他遵照法國悲劇規則規畫過幾篇悲劇，用亞力山大詩格寫過幾個景，但是却不曾成功了一篇；好像是他沒有運用如此艱難的一種詩格的必需才能。甚至他的沙拉山普孫小姐(Miss Sara Sampson)(一八)是用悲苦的徐緩的風格寫的一篇熟習的悲劇，在這篇劇中我們顯然看得出他曾以喬治巴恩威爾

(一七) Carlo Goldoni (1707—1793) 意大利的喜劇家與詩人。哥爾多尼是一位多產作家，曾用法文寫過戲劇。

(一八) 雷興在青年期受英國小說家 Richardson 的影響所寫的一篇劇。

(George Barnewell)(一九) 作他的範本。 在一七六七年他在漢堡和一羣演員在一起，並且擔任一個注重戲劇批評的期刊的編輯，這給了他一個機會來更密切的考究戲劇製作的本質與必需條件。 在這個刊物上他呈現出他的聰明才智與銳敏眼光；他的勇敢，不，（試想像當時一般流行的意見）他的冒險的攻擊更特別成功地掃蕩了悲劇中法國趣味的獨霸。 他的努力居然獲得如此大的成功，在他的漢堡劇評(Hamburgische Dramaturgie)出版之後不久，所有繙譯的法國悲劇與德國人模仿他們編寫的劇本在舞台上絕了蹤跡。 他是德國第一個熱烈地講述莎士比亞的人，並且鋪砌了歡迎莎士比亞的道路。 但是他的戀戀不捨亞里士多德的信心，加之以狄特洛 (Diderot)(二〇) 的著作所加與他的影響，在他的戲劇學說上產生了一個希奇古怪的混合物。 他不了解詩的模仿的權限，所以他不僅在對話中，而是在各方面，都要求逼眞模仿自然，好像認爲這在一般說來在美術中是適宜的，或者甚至是可能的。 他的攻擊亞力山大詩格是正當的，但是從另一方面說來，他希望取消一切韻律，只是有點太成功了；因爲我們的演員們所以不能默記與朗誦詩句完全由於這個原故。 他們甚至不能訓練他們背誦。 因此雷興也是我們戲劇作家天性所以無生氣的矯揉造作的一個間接原因，在他們的作品中一般的應用作詩法多少受着束縛。

照雷興的自白來說，他不是詩人，他在成熟之後所寫的不多幾篇戲劇是他費了勞力的遲緩的結果。 米那馮巴爾赫母 (Minna von Barnhelm) 是一篇優雅的眞正喜劇；就形式說它是介乎法國作風與英國作風之間的，不過創作的精神與劇本裏面所描繪的社會風味都是純粹德國所特有的。 甚至劇中每件物事都是受地方的決定的；對於値得紀念的「七年戰爭」的諷示使得這篇喜劇在當時獲得非常的成功的力量實在非小。 劇中重要的部分情感的表現仍不免有造作之處，而兩個愛人的困難境遇甚至被帶至過於費力的高度。 喜劇的次要人物都寫的滑稽梯

(一九) 英國的 George Lillo 寫的一篇悲劇。

(二〇) Denis Diderot (1713—1784) 法國啓明運動的中心人物，百科全書的編者。

突，蓋着眞正的德國印記。

艾米利亞加勞地（Emilia Galotti）在當時比米那豐巴爾赫母更受稱贊，不過我認爲這未免有點失當。加勞地的計畫或者是比較籌思的更周詳，寫的更勤勉；但是米那豐巴爾赫母對於喜劇的眞正觀念比較艾米利亞加勞地對於悲劇的眞正觀念更爲適合。雷興的戲劇學說，我們很容易便可以概念想得到，對於一篇半散文的作品比對於一篇作品假若不能飛翔到最高度因而必須不可免地沈落下來的作品，所與的影響不十分有害。他在這時期極嫻熟喜劇中一切世態不會墮入無情打采的，流淚的，與衛道的語言像在他的沙拉山普蓀小姐中那樣。從另一方面說，他的健全的見識，且不論他對於狄特洛的崇拜，使他不流於雄辯的與強語勢的風格，這種風格主要地是由於感歎詞的插入與標符的引用而獲得它的效果的。但是正如在對話中一樣，他決然擯斥所有詩歌的高雅，他要避免這個缺點卻又陷入另一個缺點。他將喜劇中冷淡與仔細的觀察介紹進悲劇之中；在艾米利亞加勞地中情感不是溫雅地表現的而是銳敏地與伶俐地表徵出其特點的。雷興有一個信念，他認爲若戲劇所表現的是我們所認識的事物的忠實摹本，則它是最強而有力，而且是最親切的申訴於我們，因此，他在虛構的名字之下喬裝了近代歐洲的形勢，與當時的風尙，記載在世界歷史上的一件大事粗野的古羅馬德性的一件著名事件（二一）——威金尼亞（Virginia）被她父親的殺害。威金尼亞改爲加勞地伯爵夫人，威金紐司（Virginius）改爲哦達道（Odoardo）伯爵，一位意大利王子代替了克勞丟（Claudio），一個侍臣代替了他的貪慾的厚面皮的大臣等等。它不是一篇習見的悲劇，而是用談話的語調寫的一篇宮庭悲劇，其中有的部分有演員御着劍與臂下夾着帽正與許多法國悲劇中有的一樣。雷興希望在瑪沙喀拉拉（Marsa Carara）的領土之內默默無聞的一羣人中移置進狄塞母威

（二一）這個故事被許多作者寫爲悲劇，法國有 Mairet（1628），Leclerq（1845）Campistron（1683）La harpe（1786）Leblanc du Guillet（1786）Guiraud（1827）諸人；在意大利有 Alfieri（1783）；在英國有 John Webster（1624）；Brooke（1760）J. S. Knowles（1820）諸人。

附（Decemvir）不可避免的暴政的兇猛無道；但是假然只少走幾步我們就可以離開這個卑小的地域，所以稍經思索之後，我們就可以很容易地逃過詩人那樣辛勤地培植了的假定；而這篇悲劇結局的必然性就完全依賴這個假設，詩人給每樣事情都指派了一個動機那種顯而易見的用心招致我們更仔細的檢查，在檢查之中我們幾乎受不到想像任何神妙的幻感；並且在這個檢查之中缺乏內部的連絡不能逃避過指摘，不論一篇劇的外在的組織可以炫示多少思想與反省。

這眞是一件奇妙的事實，在雷興所有的戲劇作品中最後的一篇劇，賢人那潭（Nathan der Weise），當他改進德意志劇院的熱誠差不多已經完全冷却的時候所寫的，而且他自己說只是爲了嘲笑神學家而寫的一篇劇，却是最符合眞正的藝術規律的作品。這劇是將薄伽息（Boccacio）的一篇著名的故事與許多虛構的情節揉合而成，那些情節雖然頗令人驚訝，若照當時代的情勢看來，却並不是不可能的；虛構的人物以一個眞實的著名的人物沙拉丁（Saladin）爲中心而集聚了一羣，這個沙拉丁是被描畫的合乎歷史的眞實，背景是十字軍，耶路撒冷的景象，東方各種民族與各種宗教的人民的會集，所有這些都給與了這篇作品一種浪漫的氣息，而且含着這樣的思想，在所講到的時代所不知道的思想，詩人爲了他的哲學的意見而點綴在劇中的思想，構成一個多少危險的，可是非常之吸引人的對照。劇的形式比雷興的其他作品比較自由而且易於領悟；它簡直是沙士比亞的作品。雷興在這劇中又恢復了詩律，這在以前他是反對的；當然不是恢復了亞力山大詩格（關於能將這種詩格擯斥於莊重的戲劇之外我們不論如何都感激他的），而是應用不叶韻的抑揚詩格（Lambus）。那潭中的詩句有時確實是粗濁與疏忽，但是眞正的適合於對話的詩句；我們拿這篇劇的語調與其他劇中的散文部分比較一下，作詩法有利益的影響立刻便顯然看得見了。假若雷興特別有意藏在內心裏的眞理之發展不需要那樣多的寧靜與和諧，假若在動作中有更多的迅速動作，那末這篇劇在舞台上也將無疑地令人滿足。像雷興那樣的精神獨立不羈的人，在他的戲劇學說中仍然多少受着他的時代的一般趨勢與趣味所左右，我根據這點推斷，模仿那禮的作者比起模仿艾米利亞葛勞地者要少的多。在模仿後一篇劇的值得注意的作品中，我擬只提出朱理亞陶侖 (Julius von Tarent)。

恩格爾 (Engel) 必須被視為雷興的一個弟子。他模仿雷興作的小趣劇是毫不足輕重的；但是他論模仿 (Mimik) 的論文表現出他的師傅的學說所引導的那個方向。這部書包含着關於手勢語基本要素的許多有用的意見：這位作者最大的錯誤是他認為這篇論文是模仿的一個完整系統的學說，雖然它只討論情感的表現，而絲毫未觸及人物的顯示的題目。再說，在他的演劇藝術中他不肯給悲喜劇(Tragikomödie)的觀念一席地；這個，我們可以容易地假設說他不承認任何種的理想力，他所要求的僅自然的一個赤裸裸的摹本而已。

我愈講到現代的作家，我愈希望我的意見能夠概括點，並且避免對於我曾經是，或者現在仍然是，與有着友誼的或敵視的現存的作家的作品與以詳細的批評。關於歌德與席勒的戲劇事業，這兩位作家是我們的國家引為無上的榮寵，而他們和藹的交遊時時使得我能夠改正與放大我自己的藝術觀念，我可以坦白地說那是值得他們的偉大的與無所希求的勞力的。他們最初在錯誤的影響之下所犯的錯誤，或者已經，或者將要，沈於湮沒之中，甚至正因為從他們的那些錯誤他們才能力要向着更偉大的純粹與完美前進的；他們的作品將存在，而且，就是往最少處說，在他們二人之中我們有了一個本質上是德國的戲劇學派與以真正的藝術原理指導的戲劇學派的基礎。

假若歌德在他的維特的煩惱 (Werthers Leiden) 中印行了宛若是一篇擁護情感的權利的宣言反抗社會關係的暴壓，當他抗議戲劇詩一向所受的專斷的條規的桎梏的時候，他用表現在葛茲 (Götz von Berlichingen) 中的作為這個宣言的例證。在這篇劇中，我們看不到一點模仿莎士比亞的地方，但是却呈現出被一個創造天才在一個相似的精神上所激起的靈感。在對話中，他實行了雷興模仿自然的原理，不過更為大胆罷了，因為他不僅反對用詩文與一切修飾，他還不理會寫作的文字的規則，他違反的程度，前人永沒有那樣大胆。他避免一切詩的迂翹法不用；詩的圖畫就是所描繪的事物本身；因此縈響在我們的耳朵裏的是一個荒遠的時代的語調；至少對於那些從來不曾從歷史的碑刻上學到我們的祖先自己所說的語言的人們這個語調是足以引起幻想的。最激動人的是他表現的古代德國人的懇篤熱誠；那疏疏幾筆所概括描繪出的情勢非常之有力量：整個作品傳遞給我們一個偉大的歷史意義，因爲他表現一個將去的時代與一個來臨的時代之間的衝突；一個粗野而勃發的獨立的世紀與一個政治馴順的世紀之間的衝突。在這個作品中詩人永遠沒有現出來他有所措意於這劇本在舞台上的表演；他似乎反而在他青年的傲慢中因爲它的不適當而嘲弄它。

一般地說來，好像歌德的最大目的是在他的作品中表現他的天才，並且給他的時代以新的詩的鼓舞。至於講到詩歌的形式，他是漠然不顧的。雖然，就大部分說，他是喜歡劇的形式。他同時又是戲院的一個熱心的朋友，有時他甚至不惜降底身分以求附合當時的習俗與趣味的要求；比方說，在克拉維歌(Clavigo)中，他模仿雷興的悲劇。這篇劇除過其他的缺點之外，第五幕與其他各幕都不一致。在前四幕中歌德密切地遵照鮑馬謝(Beaumarchais)(二二)的故事，但是他自出心裁創造的一個悲慘的結局，當我們注意到它强烈地提示給讀者阿斐麗亞(Ophelia)的葬禮，哈孟雷特(Hamlet)與拉替司(Laertes)(二三)在她的墳墓前相遇時，我們曾經說過它足以給我們一個觀念，把他們兩人與其餘的人的語調與特色，構成如何强烈的一個對照。在史特拉(Stella)中歌德也像雷興採用維金尼亞那樣任意採取了格來成伯爵(Graf von Gleichen)的故事；但是他的努力更是不成功；他所建築他的戲劇的十字軍時代的特點是能動人的，忠實的，甚至是富於啓示；但是史特拉只不過招誘我們淺薄情感的浮動而已。

歌德在較後的一個時期盡力在企圖他自己的藝術意見與普通的戲劇形式之協

(二二) Pierre Augustin Baron de Beaumarchais (1732—99)法國戲劇家與外交家。對於美國的獨立運動與法國大革命都曾熱烈奔走過。後來亡命到德國，一七九六年才回到巴黎。歌德的克拉維歌即取材於鮑馬謝的生活。

(二三) 這三個人都是莎士比亞的悲劇哈孟雷特(Hamlet)中的人物。

調，差不多在所有的形式中，不論是如何之低卑，他曾作過至少一次的嘗試。在伊夫金尼亞 (Iphigenie)(二四)中他試着要表現古代悲劇的精神，依照他自己的古代悲劇的觀念，特別注意靜穆，明晰與理想。以這同一的質朴，細撓性與高貴的儒雅，他寫了塔索 (Tasso)(二五)，他在這劇中利用一個歷史上的史實來表示宮廷與詩人生活之間的衝突。艾葛蒙 (Egmont) 又是一個浪漫的與歷史的戲劇，它的風格是介乎歌德在葛茲中的第一個體裁與莎士比亞的形式二者之間的一個折衷。厄爾文與厄爾邁 (Erwin und Elmire) 與克勞丁蒙拉貝拉 (Claudine von Villabella)，假若我可以如此說，是理想的小歌劇 (Operette)，這些劇伴以音樂與扮演，如此輕快與活潑地呼吸着，會有變得沈悶與平凡的危險；在這些作品中，塔索裏面的高貴的與文體一致的對話變成了最優雅的歌曲。澤瑞與巴特利 (Jery und Bätely) 是瑞士風土的一幅引人的天然圖畫，而且具有最佳的法國小歌曲的精神與形式；謝爾茲利司特與拉吉 (Scherz List und Rache) 又是一篇真正的滑稽歌劇 (Opera buffa)，充滿了意大利的歌劇情調。共犯者 (Die Mitschuldigen) 是一篇遵守法國規律的押韻的描寫日常生活的喜劇。歌德還甚至寫過佛拉林 (Florian)(二六) 的一篇趣劇的續篇；他的趣味毫不偏私，他還為德國的舞台翻譯過服爾德的幾篇悲劇。歌德的文字與韻律無疑地永遠有黃金的聲響，但是，雖然如此，我們不能就稱贊它們是成功的翻譯；而且那確實是一件令人抱憾的事，假若這永遠不應該曾被嘗試過的事再繼續下去。要將這些無益處的作品充發到德國領土之外，不必需求助於雷輿的漢堡劇評；歌德本人在艾斯特爾(Esther) 裏面幾個景中論法國悲劇的巧妙的諧詩文一定將更有效也更愉快地做得到。

(二四) Iphigenie auf Tauris (1787) 這是一篇古典悲劇，是歌德對於古希臘文化與藝術嚮往的一個象徵。在技巧方面說這篇劇也極值得注意，它是用無韻體寫的。

(二五) Torquato Tasso (1790) 這是歌德的一篇極重要的悲劇，有人以為這篇劇是哥德最偉大的作品。

(二六) Jean Pierre Claris de Florian (1755—1794) 法國詩人與寓言作家。

情感的勝利(Der Triumph der Empfindsamkeit)是歌德的自己的模仿者中的一篇十分機巧的諷刺詩，它傾向於亞里司托法尼司(Aristophanes)任意的諧謔，與幻想的象徵，不過是在良善的友朋中與宮廷中的謙遜的亞里司多芬尼司罷了。歌德在比這早許多年的一個時期，在他的愉快的故事與狂歡節戲劇中曾經完全採用過我們的誠實的漢司薩克司的方法。

在所有這些變化之中，我們清楚地認識得出那個同一的自由不羈強大有力的詩的精神。　對於它我們可以安全地應用荷馬歌詠波洛妥斯 (Proteus)(二七) 的詩句。

「他先變成一個長着巨鬣的獅子，

然後又變成流水，變成綠葉滿枝的樹。」

歌德的浮士德正是他的青年期的作品，這是一部早已計畫，遲了若干年才刊行的作品，可是它最後的形式仍不過是一個斷片，或者從它的本質說，它必須永遠就是一個斷片。　我們在這篇作品之前，對於這位詩人所達到的高度究竟是張皇驚詫失措，或是被他所展開在我們的視野的深遠攫捕得眩暈，實在難以確說。但是我們在此對於歌德的這個特創的作品，這個錯綜龐大漫無邊涘的作品傾致我們的崇敬之情；我們只能從戲劇的觀點來討論它。　神怪的通俗的浮士德的故事極適宜於舞台的一個題材，馬利阿乃特(Marionette)劇本(二八)（歌德在雷興之後又從這個劇本得到最初的觀念），甚至在無知的傀儡劇貧瘠的景中與卑鄙的語句中也滿足我們的期待。　歌德的作品有幾點是密切地依附着傳說的，可是在其他方面完全不顧傳說，有意地伸入各方面不顧戲院範圍的限制。　在許多景中，動作可以說是靜止的，完全是冗長的獨語，對話，描繪浮士德內在的心情與癖性，他對於人類知識不足的觀察的發展，與人類天性的不滿意的命運；其他的各

(二七)　見 Odysseus lib. iv.

(二八)　即傀儡劇。

景，雖然它們本身是極巧妙與意趣深遠的，若就動作的進行說，却只是一個偶然的出現；再說，許多景在想像中是有戲劇的效果的，而只暗示始終無起無訖的狂詩斷片，詩人忽而剛打開一個驚訝的景象，隨着立刻就落了幕；而在眞正的劇詩中，希望要將觀衆帶了經過各個劇景，各個部分必須依照整個劇的形式來制成，所以我們可以說，每景可以有每景的解說，劇情與結局。有些景充滿崇高的才力，不可抗拒的悲情，譬如瓦侖丁 (Valentin)（二九）之被殺，與浮士德馬格利特 (Margarete)（三〇）在地獄中的情景，說明這位詩人是一位精通舞台效果的大師，而他只不過因更廣博的意見將它犧牲了。他往往要求讀者的想像力；不，他強迫他們，因爲要給那一群飛來飛去的人物一個背景，供給自己巨大而可移動的圖畫，這些是戲劇藝術所不能帶在我們面前的。要表現歌德的浮士德，我們必須自己有浮士德博士的魔杖，和他的魔法的符咒經文。但是縱然這劇本具有這一切外在表現的不合稱性，我們仍然可以從這篇驚人的作品學到許多——關於計畫與技巧。在一篇引曲中，這也許是在較後的一個時代所作的，詩人自己解釋，爲了求不背於他的天才，他不能調解他自己以求適合於觀衆的要求，他寫了一封告別信給戲院。

我們一定承認歌德所賦的戲劇的天才極高，但是他確實沒有多大的戲院的天才。他渴欲以緩和的發展來達到他的目的，却不願以急驟的外在的動作；甚至他的和諧的心境的溫和儒雅也阻擋他力求強烈的籠絡群衆的效果。在陶豫司的伊夫金尼亞 (Iphigenie auf Tauris) 中較之歌德的作品以前任何近代的作品更與希臘精神相近這是眞的，但是這並不是像一個反映的意象或一個音樂的回聲那樣的古代劇；後者的猛烈的結局在這裏在遙遠地顯現出猶如回想，所有的一切都是在心靈中柔和地融解了。最深沉與最動人的悲情可以在艾葛蒙中找得到，但是在結果，這個悲劇也是被從外在的世界移到一個理想的靈魂音樂的領土中了。

（二九）瓦侖丁是浮士德劇中的一個人物。他是馬格利特的兄弟。浮士德博士誘惑馬格利特時，他攻擊浮士德博士，被 Mephistopheles 刺死。

（三〇）馬格利特是浮士德劇中的女主角。

以他的這種達到自己感威激動的意象的純粹表現的詩的事業的方向，不理會任何其他的對象，與他的藝術研究之廣博，歌德不應對於我們戲院的形式有那個斷然的影響的，假若他曾選擇了將他自己絕對而且立刻獻之於戲院，他也許可以影響的，這是很容易想像得到的。

在同時，當歌德初露頭角之後不久，已有人企圖將莎士比亞的戲劇在舞台上扮演。這努力很偉大而且是很異常的努力。現在仍然健在的作家在這個完全新奇的展覽之中獲得他們最初的桂冠，而史羅德(Schröder)(三一)在扮演幾個最著名的悲劇與喜劇角色中達到加里克(Garrick)(三二)那樣的完美。不過就全體說來，却沒有一篇劇是表演的很完全的；其中大多數是累贅的散文繙譯，並且往往只是摘譯與任意改動損傷原文美麗之處。個別的人物與情景倒獲得相當的成功，但是莎士比亞的意義却被誤解了。

就在這種情形之中釋勒出現了，他是具有同時對於一般群衆與高貴文士能產生强烈的影響所需的一切條件的一個人。他的早期作品是他很青年時寫的，他那時還不認識他所要描繪的那個世界；雖然他是一個不羈的大膽的天才，他却被前面已經提過的雷興的幾篇作品，歌德的早期作品與莎士比亞的作品中他所看見的那些模範所影響。對於莎士比亞他只能從繙譯了解他。

他的青年期的作品就是在這種情形之下產生了的，强盜(Die Räuber)陰謀與愛情(Kabale und Liebe)與飛厄斯科(Fiesco)。第一篇劇很粗野而可怖，居然產生了那樣大的效力，竟使得年青的熱烈的人隨着轉變了方向，在這劇中模仿莎士比亞的地方都可以看得出來，法蘭西司摩爾(Franz Moor)是一個呆板平實的里查三世(Richard III.)却毫無莎士比亞寫的那樣令人有崇敬與惜憐之情。陰謀與愛情因它的過分的感傷簡直不能感動我們，但是我們却被它最痛苦的印象折磨我們。飛厄斯科在設計上說是最歪曲的，在效果上說是最孱弱的。

(三一)　史羅德是十八世紀德國的著名演員。

(三二)　David Garrick (1716—1779) 英國的詩人與劇作家，並且是扮演莎士比亞的劇本馳名於歐洲的演員。十八世紀英國的著名文人差不多都是他朋友。

像這樣一個如此高貴的心靈絕對不能長久走這樣一條錯誤的道路，雖然它們給他贏得喝采，這也許會使得他盲目地繼續着的。他自己體驗了一個未經訓練的精神的危險與一切損壓的權威的一個不可操縱的挑戰。因此，他以難以令人置信的勤勉與熱情，他自己投身於藝術的訓練。那標明這個新時代的作品是堂喀羅司(Don Carlos)。我們在有的品格的描繪中觀察到一個較偉大的深度；可是舊日的與誇大的浪費仍未完全擺脫掉，只不過用比較恰當的形式掩飾住罷了。在劇情方面，有許多動情的力量，佈局竟複雜到非常機敏微妙的地方，但是在詩人的眼中看來，他對於人類的天性與社會的組織所辛勤獲得的觀察是有如此的價值，他竟不用動作的進行表現它們，他用宛如實在的詳細的完滿呈現他們，使的他的人物多少哲學化了他們或其他的人物；用這個方法席勒將他的作品膨脹到劇院的限制難以相容的長度。

歷史的與哲學的研究，這對於他的藝術有極大利益，這時似乎曾將詩人從他的詩歌事業誘引開一個時期，最後他又回來，帶着一個更成熟的心靈，豐富的各種知識，真正地是開明的人——就他自己的目的與方法說。他這時完全致力於歷史悲劇，企圖擺脫去他自己的人格，將戲劇達到一個真正的客觀表現。在瓦輪斯丹(Wallenstein)中他那樣忠實於歷史，甚至他不能完全把握他的材料，一個沒有偉大的歷史範圍的事件被織進兩篇劇中，附有帶着教育色彩的引曲。在形式上他是完全遵照莎士比亞的；只是他可以不必須過分求觀衆的想像力，他曾力求將時間與地方的改變限制在較狹隘的限制之內。他也將他自己束縛的更不變地遵守悲劇的莊嚴性，他的出場的人物沒有低等的人，或者至少不允許他們說他們本來的言語，將這種人排斥到序曲中，用兵士代表，雖然莎士比亞在偉大事件之中引進他們，那樣生動與真實。秦克拉(Thekla)與馬克司皮考老米尼(Max Piccolomini)的愛情，確實是一個極適當的穿插曲，而且蓋了一個與劇中其他的部分描繪的不同的時代的印記；但是它供給最可感人的戀景一個機會，而且是以同樣的深情與高貴寫了的。

瑪麗斯圖(Maria Stuart)，在計畫與技巧方面都更富藝術的技巧，而且也更深刻廣博。一切都是周到地衡量過，我們也許可以指摘某處有缺點，比方說兩位女王之間的爭執，摩地末耳(Mortimer)情感的狂暴等；但是從這篇劇抽去任何一點而不使得全劇混亂失脈絡却是不可能的。這篇劇的效果當然是成功的；瑪麗最後的刹那是真正配得上一位女王的身份；宗教的印象是以適當的真實應用了的；只是在瑪麗既死之後，由於謹愼(或者這是多餘的)所加與伊利沙白(Queen Elizabeth)女王以詩歌的公道，使得觀衆在離開戲場時頗爲有點冷漠了。

以那樣令人驚異的一個題目「阿連之女郎」(Die Jungfrau von Orleans)釋勒自己以爲應該得到更大的自由。結構更鬆懈；和蒙特葛米里的那一景，一個史詩的混合物，是與普通的語調不一致的；在那個黑武士的特殊的與不可思議的出現中，詩人的對象是濃晦難解的；在塔包特(Talbot)的性格中，與其他許多部分中，釋勒與莎士比亞開始作不成功的競爭；我知道只有所用的潤色(這並不像想像的那樣美妙)對於犧牲給它的更嚴厲的悲情是一個相當的事物。阿林之女郎的歷史，甚至它的詳細情節，都是大家周知的；她的崇高使命，她自己信仰着，而且被一般的她的同時代的人信仰着的崇高使命，產生了極不尋常的效果。因此詩人所表現的那驚異，甚至他的同時代的懷疑精神應該使他不敢將它視爲眞實的；這位被洩露的被棄的女英雄的眞正的可恥的殉道，對於我們一定要比那與史實違背所給她發明的華麗與玫瑰色的女英雄更深刻的激動我們。莎士比亞的圖畫，雖然不免有國家偏見的偏袒，仍然保有多的歷史眞實與深奧。不過，這篇德國作品將永遠留存着作爲一個慷慨的企圖，要辯明被鄙棄的嘲弄所傷損的一個名字的體面；它的炫耀的效力，因語言的豐富的文飾所加强了的，在舞台上應該給它獲得最顯著的成功。

我毫無意思來贊同釋勒在麥西那的新郎(Die Braut von Messina)中所遵奉的與他在序文中公開承認的原理。不過將它們加以檢查，一定引導我遠離開我所究討的學理的範圍。它是目的在成功一篇悲劇，同時形式是古代的，而實質是浪漫的。一個完全虛構的故事，保存在安放在一個如此不定如此缺乏內在可能性的服飾之下，這圖畫既不是眞正地理想的，也不是眞正地自然的，旣非神話的，也非歷史的。浪漫的詩歌的確在要求將最遙闊的對象來結合在一起，但是它不能承認合併那些不可相容的事物；劇中表現的人物的思想方法不能同時既是俗世的又是耶教的。我不願指責他像他那樣公開地借用他人的作品；整個劇主要地是兩個原素合成的；艾頽奧克雷 (Eteocles) 與包利尼西司 (Polynices) 的故事，他們不管他們的母親柔寇司特(Jocoste)的居中調解，互相爭奪王位的繼承，還有兩個兄弟的故事，在克林格的雙生子 (Klinger: Zwillinge) 與在朱連殼陶侖中因爭奪愛人而兄弟互相殘殺。在合唱隊的引入中，雖然它們有許多抒情的莊嚴與許多優點，古人的精神却完全被誤解了，因爲每個仇視的兄弟都有一個附屬於他的合唱隊，互相爭辯，因此都不是眞正的合唱隊了；因爲合唱隊是人類同情的與思想的聲音，它是超越於一切人類的計較的。

釋勒的最後作品威廉退爾(Wilhelm Tell) 在我的意見看來，也是他的最好的作品。在這篇劇中他已經回到歷史的詩歌；他把握他的題材的方法是眞誠的，懇篤的；而且(當我們審量釋勒並不知道瑞士人的天性與習慣時)在忠於所描寫的地域來說實在是驚人的。當然，他在不朽的約翰米勒 (Johannes Müller) 的那些圖畫中有一個高貴源淵可以取材。這個燃燒人的靈魂的，古老德意志風俗的，虔敬的，與眞正英雄精神的圖畫，(當作瑞士自由的一個莊嚴的慶祝)在她建立的五百年之後，値得應該被表現出來的，左露西尼湖上兩岸泰爾的教堂，在曠野中，以阿爾卑斯山作背景。

釋勒正在心靈成熟的壯盛之時不幸短命以去；在他生存的最後的一刻，他的康健早已衰退了，可是他仍須屈從他的堅强的意志。完全消用在最有價値的對象的追索上。假若他曾以整個生命獻之於戲劇，他能完成的貢獻該更偉大，他的每部作品該達到如何更高的藝術成就——他是，在這個字的眞正意義來說，一個有美德的藝術家；他的心地純潔，他崇拜眞誠的與美麗的；並且以無疲倦的努力以求達到它們；他自己的生存是一個犧牲；再說，他是遠離開那個卑下的自愛與嫉忌，這甚至在卓越的藝術家中也是甚普通的。

在德國，每個偉大的創作天才總有一大群模仿者跟隨着的，因此歌德與釋勒也正如此，所以在舞台上出現了那許多拙劣的作品，這並不是他們的過處。

哥玆(Götz von Berlichingen)之後產生了一大堆英武的劇本，這些劇本除了人名與其他外表的服飾之外沒有一點是合乎歷史的，除了盔，小盾牌與刀劍再沒有英武，沒有大日爾曼民族的誠摯而只有想像的粗暴；所表現的感情之近代化猶如所表現的粗野一樣。從英武劇它們變成眞正的騎士劇，這些劇確實應該由騎兵而不用普通人來扮演的。對於那些用了浮淺的暗示及古代多少申訴於我們的想像的作者，我可以借用我自己批評過其中最值得崇拜的一位作者的話來奉贈：

「用上號角，與主搭，與盔胄，約翰拿玆示它。

假如取消了所有的文字一定更能使人怡悅。」

大衆歡迎的第二把交椅是被描寫家庭生活與虛僞道德的劇本，兩種次等的作品佔據着的。從以詔誡與榜樣鼓勵這些作品的責任來說，雷興歌德與釋勒（最後二人以他們的作品史特拉，克拉維歌，陰謀與愛情，召鬼魂者），是不能被寬恕的。我不願舉出名字，我只這樣設想多少有點才能與戲劇知識的兩位作家，曾以全力獻之於這些劇本，他們却都誤會了劇詩的要素，給他們自己建樹了一個虛假的道德目的；但是，一個是在狹隘的經濟習尚之下觀察道德，另一個是在感覺的狹隘的習尚之下觀察道德；那末從此種觀察將產生出什麼樣的結果？群衆的喝采最後在這兩位競爭者之中將如何決定呢？

家庭劇畫的劇本目的在描繪中等社會的日常生活，因此那些用詭計產生的非常事件都被擯斥了，為了補救這種動作的缺乏起見，作者仰助於全然個人的與能夠從一個演員得到表演生動的表現特性，但是却把它附着於外在的特點了，正如一個不高明的畫像者想要逼肖所畫的人，特別注意每個天花痣與小硬瘤，與特殊的服裝與領結：劇的動機與情勢有時幽默而梯突可喜，但是總不是眞正愉悅人的，因為嚴肅的與平淡的目的（這在這兩位撰劇者是時刻不忘懷的目的）完全阻礙這個。喜劇迅速的傾向一般說來都在家庭生活開始之前已經完結了，我們都被家庭生活限制在日常的習慣之中。要想將經濟變成詩歌的是不可能的；描繪家庭生活的戲劇家對於一個幸運的與平靜的家庭，正如歷史家對於一個國家享有內在的與外在的寧靜一樣無所措詞。因此他不得不以描畫痛苦的正確，描畫日常生活的磨折與貧乏，在誠實履行義務時，在教育兒童時，所經驗的煩悶，夫與妻之間無窮的意見不和，僕人們的不良行為，與，最要緊的，賺得一天生活的苦累，來愉悅我們。觀劇的人太清楚這些圖畫了，因為每個人都知道各人家庭的苦楚，在舞台之上看見劇中的人物每週在思想中匆忙地想到他的開支與收入能否抵消的情形也許是對於他們很有益處的；但是他們確實難以從這些劇得到精神之高尚或休息，因為他們在舞台上所找到的只不過他們在家中從早到晚所見的同樣事物。

傷感的詩人於是又想盡力來減輕他們心上的重擔。他的普通的學說合宜地說來大約近似這個：所謂一顆良善的心補償一切的錯誤與浪費，而且關於美德，我們並不如此嚴厲地堅持着原理的。他似乎是對他的觀衆說：允許你們生來的衝動自由發展，試觀察它如何變化我的天真的女兒們，當他們自己情願毫無隱蔽地自白每件事的時候。假如他只要知道如何用上脆弱的情緒來使人墮落，偏於官能的，不是道德的，但是在結局企畫着（藉上幾個慷慨的施主的引入，他慷慨地傾瀉他的豪爽），將一切事情都處理的十分均齊，他于是神異地怡悅了他的觀衆的不潔的心；他們感覺着宛如他們自己作了高貴的事情一樣，而並不要自己伸手到袋裏掏錢——所有這些都是從很慷慨大量的詩人的錢袋裏掏出來的。因此，在這長久的期間，虛偽道德觀念的劇本很難失敗於獲得經濟的劇本的勝利，在德國的情形正是如此。但是在德國的這些劇本中所描繪給我們的不僅是天然的與允許的，而且甚至道德的與高貴的，是遠非一切思想所能想像的，因此，這種劇的誘惑比放恣的喜劇的誘惑還要大，正是為了這個道理，它不以外表的猥褻令我們惜嫌，而選揀了最神聖的名字做爲一個喬裝。

在我們這個時代詩歌的以及道德的鑑識力的沒落隨着產生了這個結果，最流行的寫舞台劇本的人，不理會良好的裁判官的意見，不理會眞正有名望的人的意見，只求獲得暫時的觀衆的喝采；而其他的人們，他們還懷着較崇高的目的，並且還尊重前者，不能使他們自已符合群衆的要求，因此當他們撰編劇本的時候，他們不顧及舞台。因此之故，他們的劇本在上演部分是有缺陷的，而此種缺陷惟有藉實習與經驗才能達到完美之境。

我們德國舞台之劇目，因此，在它的可悲慘的財產中呈現出騎士劇，家庭劇與情感劇的一個駁雜的集聚，間或，雖然很稀少，也有模仿莎士比亞與席勒的宏偉與崇高的風格的作品出現。在這種情形之下，外國的新奇作品之繙譯與模仿，尤其是法國的諧劇與小歌劇是不可避免的。從這種作品之無價值，在劇院的享受中所尋求的只是新奇的暫時的魔力，這個對於戲劇藝術的損害非常鉅大，因爲許多不足輕重的部分倉促之間必須熟記，而且立刻要被遺忘了的。

那些不爲劇院立時上演而寫作的詩人們的努力有許多不同的方向；在此，也如在其他部門中一樣，有一點必須注意者是各種觀念之激動——這個在外國引起對於我們的文學一個雜亂的無政府狀態的責難，雖然，我們在這種狀態中力爭求一個更崇高的尚未達到的目的，這是顯然看得見的。

在德國，學者們對於美學有着較深奧的研究，本質上說來，德國人是一個沉思的而不是實際的民族。他們得到這個結論，即是，藝術作品，特別是悲劇，向來是被根據抽象的學理（多少不免有點誤解）寫作的。這些悲劇對於劇院應該產生不了效果也是自然而然的；不，它們一般地說來是不適於表演的，全然缺乏任何內在的生命原理。

其他的人，對於它有眞正感覺的人，有幾分是，符合古代悲劇家的精神的，尋求最適合的方法使得古代藝術單純的與純粹的形式與我們舞台目前的構造能以調融爲一。

有些眞正具有戲劇才能的人們曾經寫過浪漫劇，但是在此種劇中，他們一般地僅採用一個實在不可允許的——除非在一個朗曼司中——應用範圍，完全不顧戲劇形式所必需的限制。或者他們僅握住西班牙戲劇富於音樂的幻想的與如畫的戲謔部分，而沒有他們的貫澈始終的一致，他們的强盛的力量與他們的戲劇的效果。

我們現在將走那一條道路？我們將再努力求適合於法國式的悲劇；這是早已被我們摒棄了的！重複的經驗已經證明不論在繙譯中與表演中如何的改變——因為甚至在一個哥德或一個釋勒的手中某些改變也是不可避免的——模仿法國劇永遠不能是很成功的。

眞正的模仿希臘悲劇的作品與我們的民族的思想方法要接近的多；但是它是超過群衆的了解的；而且也像古代雕像的賞鑑一樣，對於少數十分有教養的人們，也只不過是一個後天性的藝術欣賞而已。

在喜劇方面，雷興已經指示給我們介紹非地方性的民族習俗的困難，因為對於我們，社會生活的語調並非以一個共同的中心標準為模範而成的。我們假如希望純粹的喜劇，我願强烈的推荐應用韻律，以這種比較富於技巧的形式，他們或者可以逐漸也獲得實質的一個特性。

在我看來，不過，這還不是最迫切的需要：讓我們先把嚴肅的與更崇高的類種帶至完美之境，配得上德國人性格的樣兒。現在在我看來，我們的趣味完全傾向於浪漫的方面。在我們那些半傷感半幽默的劇中最吸引我們的，一會將我們送到秘魯，然後又送到堪察司加，一會又渡入騎士時代，而那情感完全是近代的與悲愁善感的，是不可避免地一個某種浪漫的迸發，這個，我們甚至在最呆板的魔術劇團中也能辨識得出。這種劇的眞正値得注意的地方，在被正當為人發現之前對我們失掉了；一切幻夢隨着這些空幻想頭的發明者也都消逝了，劇本的見解有時比它們的作者的見解還更高明。在一百張劇目中「浪漫的」這個字是被濫用了，被濫用於粗野與古怪的不完全之畸體中；所以且容許我們藉了批評與歷史將它再提陞到它的眞正的意義。我們近年來已經在許多方面復活我們古民族詩歌的殘餘。　它們可以供給詩人作驚奇的節日劇的一個淵源，但是最高級的浪漫却是歷史的。

在這一方面最光榮的冠冕還可以被那些情願競美哥德與釋勒的詩人們收獲得到。　只要讓我們的歷史劇實際上澈底是國家的，讓它不要只附隸於武士與王公的生活與冒險經歷，他們對於整個民族的幸運並無影響。　同時還讓它是眞正歷史的，取自深博的智識，將我們能移回到偉大的古代。　在這個明鏡中，讓詩人能够使我們看見（當我們因我們個人當前的情形而深引以爲恥的時候）在往昔的時代德意志人是什麼樣兒，並且他們將來一定又是什麼樣兒。　讓他把它强烈地印在我們心靈上，假如我們不比現在更加心考慮歷史的教訓，我們德國人——我們，以前曾經是歐洲最偉大與最光榮的民族，他的自由選擇的君王是被人民情願承認做一切耶教國之首領的——我們就不免要遭遇到從獨立國家的名單上失去的危險。　較高的品級的人們，因爲他們傾向於外國的習俗，他們喜好異域的文學，這被人從本來的氣候移植到温室中來，只能產生一個可悲的效果，這個等級的人早將它們自己與人民大衆疏遠了；更長久點，至少甚至有三百年的工夫，內部的分化消耗了我們高貴的精力於內戰之中，它的殘毀的結果現在正是在開始顯露出他們的祕密。　願一切有機會影響公衆的心靈的人施用他們自己的力量來消滅古老的誤解，並且重恢復（像環繞着一個獻神的旌旗一樣）一切的尊敬的對象，這些是不幸地被久已遺棄了的，但是由於忠心的依附於它們，我們的祖先曾得到如此的幸福與名譽，讓他們感覺到他們是不可毀滅的統一的德意志人。　我們的歷史供給了我們多麼光輝榮耀的圖畫，從最荒遠的時代，與羅馬人戰爭起，一直到德意志大帝國之建立！　隨後霍亨司陶芬皇家的英武與燦爛的時代！　最後具有更大的政治重要性，與我們更關係親近的哈普司堡皇室，他那許多的王子與英雄。　這對於一個像莎士比亞的詩人是多麼廣大的一個用地，他能在世界的偉大事件之中分辨得出詩歌的方面！　但是，我們德國人對於眞正有重要關係於我們國家的事件如此冷淡，以致他的最偉大的功業甚至還缺乏一個合宜的歷史的記錄。

毛 奇 將 軍

毛奇將軍傳(一)

Helmuth von Moltke

一八〇〇——一八九一

尤斯特 (Walter Jost) 著

邵文維譯

値得人人稱謝的普魯士軍隊在柏林城裏的科尼斯廣場 (Königsplatz)，爲他們最著名的參謀部長建立了一座立像，以紀念這位在世界史上最偉大的毛奇將軍。關於選擇這座立像的地址和它的鑄塑設計以及它的周圍環境，都含有很深的意義，無論如何皆與毛奇將軍的內心思想或外面姿態有關。這位將軍一生歷事五位君主，他的壽命幾乎與十九世紀的年代等長。他生於一八〇〇年十月二十六日，卒於一八九一年四月二十四日。他以忠君愛國的信念，作爲他意志，思想和行事的主要動力。離他的紀念像不遠，就是俾斯麥 (Bismarck) 和羅恩 (Roon)(二) 的紀念像。羅恩將軍與威廉第一皇帝 (Wilhelm I.)(三) 合作，創造出來一種工具，首相可以利用這件工具去實行他的政策，毛奇將軍又把這項

(一) 譯自安德雷斯 (Willy Andreas) 與說爾茲 (Wilhelm von Scholz) 合著的德國名人傳 (Die Grossen Deutschen. Neue Deutsche Biographie. Propyläen-Verlag, Berlin.) 第三卷 407—423 頁。

(二) 羅恩 (Albrecht Graf von Roon, 1803—1879)於一八七三年充任普魯士陸軍元帥。威廉第一皇帝倚之爲左右手。任陸軍部長時得俾斯麥首相之協助，改造德國陸軍。

(三) 威廉第一(Wilhelm I. 1797—1888) 爲德意志皇帝，於一八五七年遵其兄腓得烈威廉第四之命攝政；一八六一年卽位爲普魯士王。思排斥奧地利於聯邦之外，統一帝國，用俾斯麥爲相，擴張軍備，因有普，奧之戰。一八七〇年復戰勝於法國，於凡爾賽宮中卽德帝位。

政策加上了他的武功冠冕。在這廣場中央的勝利柱（Siegessäule）（四）是代表促成德國統一的三次戰爭（Einigungskriege）（五）和結果成爲德意志聯邦（das Deutsche Reich）（六）的記號。雄偉堂皇國會大廈的正面聳立在毛奇將軍立像的對面，在這座立像的斜後方是一座簡單而沒有什麼裝飾的紅樓（七）。老毛奇將軍是國會——以及貴族議院——裏的一分子。他獻給議員們許多的警告和預言，常被他們忽略或則遺忘，實在對於國家有莫大的損害。在這座用紅磚建築的參謀本部大廈裏邊經過多年靜靜的工作，產生出來毛奇將軍爲德國將來前途着想的作戰計劃。

但是毛奇將軍的紀念像和它的周圍環境倘有迥乎不同之點。他的紀念像不像鐵血宰相的紀念像，帶着十足的英雄氣味，也不像勝利柱和瓦婁德大廈（Wallotbau）（八），那樣雄偉壯麗，又不像勝利街（Siegesallee）（九）的石像，沒有什麼藝術價值。毛奇將軍紀念像的帽子和外衣鑄塑的很樸素，沒有什麼裝飾，他帶着從容不迫的神氣，而又有點不太活潑的樣子站在那裏，他鎮靜的目光注視着遙遠無人知曉的境域。鑄塑紀念像的藝術家似乎是按着毛奇將軍所說的兩句話，想把毛奇將軍的姿態與氣質用紀念像盡量的發揮出來；而且毛奇將軍一生九十年的時間永遠謹遵這兩句話爲座右銘。頭一句話是：『重實際而不尙外

（四）勝利柱（Siegessäule）爲一八六四年，一八六六年及一八七〇年三次戰爭之勝利紀念碑，高達六一．五公尺。

（五）三次造成德國統一的戰爭（Einigungskriege）。一八六四年，普，丹戰爭，一八六六年普，奧戰爭及一八七〇年普，法戰爭促成德意志統一。

（六）德意志聯邦（Das Deutsche Reich）係表示由一八七一年後之統一的德國。

（七）紅樓（das Rote Haus）爲德國陸軍參謀本部。

（八）瓦婁德大廈（Wallotbau）此樓爲德國最有名之工程師所建，該工程師名瓦婁德（Wallot）故以其名爲該樓之名。此樓乃爲德國國會之所在地。

（九）勝利街（Siegesallee）乃柏林城中一條很寬之街道，道之兩旁植很多樹，並樹立有普魯士各王以及布蘭登堡各選帝侯（Kurfürsten von Brandenburg）之紀念石像。以表彰彼等之功勳。

表，』已成爲參謀部的格言；第二句話是：『愉快的和喜怒平均的良善性格，不但是一件大幸福，而且也是我們的義務和功績，我們實在應當如此，但是這不是一件容易的事情，我們必須時時克制我們的性情。』這句話是人所公認的一句話。因此把他的像鑄塑成帶着哲學的風度，而不鑄成一個威風凜凜的將軍，但是從這座紀念像裏邊，還要表示出來一個將軍的眞正尙武精神。

毛奇將軍的繼任者當中的施利分(Schlieffen)伯爵（十）曾經有一次寫信說，毛奇將軍實在是天生的將才。但是當着梅克侖堡（Mecklenburg）的貴公子毛奇（Helmuth von Moltke）生於巴爾西姆（Parchim）城的時候，恐怕沒有人預言到他以後會作普魯士的大元帥。他出身於曾經產生過精練士兵和大地主的老世族。他的父親在普魯士和丹麥服兵役的時候，已經證明出來是一個勇敢善戰的戰士，但是他的父親是一個居無定所的人，常受着患難的追隨和經濟壓迫，所以很少有餘裕供作兒女們的教育費用。他的母親是出身於老律貝克族的巴特瑞爾世家。她是一個忠誠的主婦，而又是賢慧的母親，她賜給子女們的影響很大。她信奉上帝的虔誠和高貴的氣質，從她大兒子的身上完全反映出來了。外界的環境對於毛奇將軍的前途都是有許多障礙的。他的父親把他送入丹麥的哥本哈根陸軍學校裏去受軍事教育。這個學校的規則非常嚴苛，他在那個學校裏不但未得到任何教育，反而受到不少的懲罰，而且在他的性格上受到了不治之傷害。以後他對自己用痛恨的言辭說：『以後再由自己把自身所有的缺點，從新彌補起來。』

變遷開始了，這位丹麥中尉（毛奇將軍）由于內心的熱情以及歸返本族的刺激，他滿心願意及早成爲普魯士人。毛奇將軍也像布綠歇將軍（Blucher）

（十）施利分伯爵(Alfred Graf von Schlieffen, 1833—1913)乃德國名將，任參謀部長多年。曾將克勞塞微兹將軍及毛奇將軍所擬定之「殲滅戰略」加以推廣，適合於近代作戰之要求。彼甚重視軍隊作戰之實地演習訓練，並對參謀部將校之考察旅行亦盡量與以協助。於一九〇三年任德國陸軍元帥。

（十一），格耐色瑙將軍（Gneisenau）（十二）和沙恩荷斯特將軍（Scharnhorst）（十三）一樣，選擇作普魯士的國民。　他利用堅强的意志力，克服了新職責範圍內的無數障礙。　他不仰賴家庭的資助，個人過着簡單的生活，同時還從事寫作，換得一些稿費，因此他制勝了長期的經濟困難。　他時常受着病魔的纏身，所以强迫他較弱不健康的身體勢必棄絕了許多享受。　他不作任何要求享受的慾望，還常常節制自己，不致因享受而摧殘了身體的健康。　有七個宴會約請他去參加，他的確不能再作推辭，勢必如期赴所定的宴會。　以後他曾說：『這七次宴會對於自己簡直等於作了七次關於節制飲食的訓練。』　這種自治的精神對於毛奇將軍有莫大的利益，他在七十歲的時候，仍然有像青年人一樣的活潑精神。雖然年達八十歲的高齡，他尚能騎着馬，領導他的軍團，行閱兵式，他在九十歲的時候，根據當時報紙的記載：『毛奇將軍在下議院裏，不用演說稿，作了一個很自然的，愉快的，清晰的和很完善的講演，博得全體議員注意傾聽他的議論。』　一個好的外表對於軍人的前途是有莫大利益的。　當着普魯士皇太子在閱兵式裏第一次看見這位體高而細瘦的毛奇中尉，就說：『長的太不平均了！（Keine gute Acquisition!）』　自然其餘別的將軍在體格方面，也逃不出這個獨斷的批評。　實際說起來，奧愛根親王（Prinz Eugen），菲得利大王（Friedrich der Grosse）和拿破崙（Napoléon Bonaparte）在體格方面都不合乎平均的要求。　施利分將軍因目力患近視，自認爲無能力再指揮軍隊，可是以後他成爲德國陸軍應付近代戰爭的導師(Lehrmeister)。歌德寫信給愛克曼說（Goethe zu Eckermann）（十四）：『人須有大志，同時還要具有機警和剛毅，去執行實現他的志願；其他別的事情在人生命當中，不算是最要緊的。』

（十一）　布綠歇（Gebhard Lebrecht von Blücher, 1742—1819）乃普國之名將。

（十二）　見會一新先生所譯之格耐色瑙傳（中德學誌三卷一期，三六——五四頁）。

（十三）　見曾一新先生所譯之沙恩荷斯將軍傳（中德學誌三卷三期，四〇四——四三二頁）。

（十四）　愛克曼（Johann Peter Eckermann, 1792—1852）曾整理歌德之遺著，並著有「歌德對話錄」（Gespräche mit Goethe），已有中文譯本。

毛奇將軍具有偉大的志向和貫澈始終的毅力。一個堅強的意志須先用在重要的事情上，雖然有時不免失於偏見。毛奇將軍從陸軍學校畢業了。在當時和以後，在普魯士，丹麥或則其他地方沒有人能稱讚這個以普通教育爲教育宗旨的學校。十九世紀成爲專門家的時代。專門家把世界上的事物分成許多界限極精密的部門。用好的或壞的說法來講，凡是人類所在的地方，就把一切的事物分成許多部門。由於拿破崙征服世界的野心，結果產生出來民主國家發達的時代，隨着國際間互通大使的啟明時期，又達到政黨鬥爭和階級鬥爭的時期。工業和自然科學極其發達的十九世紀，在學術方面以及支配空間，力量和時間方面，皆有長足的進展。所以我們又可稱這個世紀爲經濟發達時期。在這個時期裏因藝術的，文學的以及哲學的精神如此的衰落，以致人生目的走向末落的途徑。但今日的德國正盡全力奮鬥掙扎，爲戰勝這個惡劣的時代，以免遭受同流合汚的危險。毛奇將軍發展他的鴻鬪時期，正値德國文化昌明時代，這是他不勞而獲的幸福。在這個時期裏，有世界聞名的偉大人物如：哥德(Goethe)，康德(Kant)，黑格爾(Hegel)，斐希特(Fichte)，克萊斯特(Kleist)（十五），洪保德兄弟(Brüder Humboldt)，沙恩荷斯特(Scharnhorst)，格耐色瑙(Gneisenau)以及克勞塞微茲(Clausewitz)（十六）來提倡啓發普魯士的精神，他們的學說在世界上頗有勢力。但毛奇將軍怎樣從教育上的限制和外在生活形式上的限制，把整個國家精神溝通到這個新的精神界裏，實在是他個人爲人上妙不可解的事。

這位青年軍官把這些能了解的外國名詞，如普偏論(Universalität)，理想主義(Idealismus)以及人文主義(Humanismus)作爲他終身思想和精神上的寄託。浪漫派的小說體裁，在毛奇將軍的最初創作裏，尚遺留下很明顯的痕跡。他所寫的優美的遊記裏邊十足的表現出來，他對於散文和詩，所作的文學嘗試。

（十五）克萊斯特 Heinrich von Kleist 1777—1811）爲德國文學家。著有破壞的瓷壺喜劇並其他小說和戲劇。

（十六）克勞塞微茲：見曾一新先生所譯之克勞塞微茲將軍傳（中德學誌三卷四期，第五八二——六〇〇頁）。

蒙旦(Montaigne)（十七）和拜倫(Byron)（十八）的作品不時的作爲他自己寫作內容的參考材料。毛奇將軍對音樂頗感興趣，對於莫查特（Mozart）的音樂更特別喜愛。圍攻巴黎的時候，他得以有閒暇時間去參觀凡爾賽宮內所收藏的繪畫。有人問他那一些書是對他最有裨益，他對於這個問題的答案是富有教訓的意味。他首先舉出聖經來。眞實的信仰，而不受任何教條束縛的宗教，作爲他個人爲人的綱要。他又繼續的舉出來荷馬（Homer）的伊利亞特（Ilias），天文學，化學以及克勞塞微玆將軍所著的戰爭論一些書籍。然後他又舉出來釋勒(Schiller)，歌德(Goethe)，莎士比亞(Shakespeare)，司克脫(Scott)（十九），蘭克(Ranke)（二十），特雷持克（Treitschke）(二十一)以及卡萊爾(Carlyle)(二十二)的作品。

他最初目的在求得一般廣泛普通智識。他在職業上也是抱着同樣的態度。他志願在參謀本部供職，他經過許多成績優良的考試，然後才達到目的。澤克特(Seeckt)大將在他的書中論到毛奇將軍說：「參謀本部和其他學校一樣，是爲造就一般中等天資的人，而不是專爲有特殊天才的人創立的。像這樣的學校特

（十七）蒙旦（Michel de Montaigne, 1533—1592）法人。鑒於宗教戰爭之慘酷，退居修學，著有論文集，論及種種問題，而發揮其懷疑論派之哲學，影響於法，英思想界甚巨。

（十八）拜倫（George Gordon Byron, 1788—1824）英國詩人。著哈羅德遊記，其名詩有頓文安(Don Juan)，海盜等篇，年三十六逝世。

（十九）司克脫（Sir Walter Scott, 1771—1832）英國小說家。父爲法律家，母爲名醫之女。幼時愛讀歷史及古典文學；後習法律，官高等裁判所；四十九歲，封男爵，著作有小說三十餘卷，多描寫蘇格蘭往古之武士生活，愛凡和（Ivanhoe 或譯撒克遜劫後英雄略）一書最有名。此外又有詩湖上佳人（The Lady of the Lake)，論著蘇格蘭歷史等。

（二十）蘭克（Leopold von Ranke, 1795—1886）德國歷史家。十八歲入來比錫大學習神學，古典學；後任柏林大學史學教授。旋由普魯士政府派遣赴維也納，威尼斯，羅馬等處研究；歸任政府官吏（史官）。至一八七一年辭去，專從事著述。其著作有羅馬與德意志民族史，十六七世紀之羅馬教皇史，世界史等。

（二十一）特雷持克（Heinrich von Treitschke, 1834—1896）德國歷史家。著有政治學，德國十九世紀史等書。

（二十二）卡萊爾(Thomas Carlyle, 1795—1881)英國評論家，哲學家，歷史學家。石匠之子。學於愛丁堡大學。以教書作文爲生，首從事於德國文學之譯述與介紹，後乃自立成家。晚年，任愛丁堡大學講師。著有席勒爾傳，法國革命，腓特烈大帝史傳，英雄與英雄崇拜，過去與現在等書。對於介紹德國文學至英國之功績甚大。

別爲造就天才優異的人，不但是不可能的，或則也是不幸的事情。這個學校的特點，就是永遠不停止，而且在一種有系統的組織裏，常常產生出來新的使命和事業。每一個人員的升遷，皆經過愼重的選擇和審察。另外一個特點就是實際與理論並重。因爲理論和實際全是這個學校的重要教材。』毛奇將軍充參謀部長時，爲溝通理論的和實際的生活經驗起見，實行參謀部將校與實際統帥軍隊將校對調政策。但是在他自己的經歷裏，除掉在青年時代很短時期的實際軍隊生活以外，他是完全由參謀部出身，一帆風順作到參謀部長。官方批評他的學問造詣很有根底，而又是一個博學的將軍。於一八三三年，官方批評他是一位多才多藝的將軍。距毛奇將軍任參謀部長的五年前，於一八五二年，他的前任雷赫爾(Reyher)將軍批評他說：『毛奇將軍的確是參謀部裏高級職位很需要的一位軍官。』但是在結論裏批評毛奇將軍說：『但是毛奇將軍一方面缺少實地練習，另一方面他的體格似乎趨於虛弱，因而缺少指揮軍隊的力量和生動的威力，所以不能長久保持司令官的威望。』毛奇將軍自己也曾說過，他自己缺少詳細精密的眼光；很自負的布路門他爾（Blumenthal）將軍於一八六六年批評毛奇將軍說：『他是一個很有天才的人，但是缺少實地的軍事訓練，而且對於軍隊的調遣是一個門外漢。』雷赫爾將軍以勃蘭特將軍（Brandt）關於克勞塞維茲將軍遺留下來的同樣批評，加到毛奇將軍身上。所以把毛奇將軍也列入沙恩荷斯特將軍和克勞塞維茲將軍爲首的許多普魯士儒將之中。德國軍人對於他們是感恩不盡的，可是對於這些將軍還常常有缺乏實際經驗的責難。克勞塞維茲將軍雖然終身沒有得到實際指揮作戰的機會，可是他寫成了一本戰爭論。毛奇將軍雖然沒有實際作過軍隊的指揮官，但是他竟能充爲皇帝的第一個軍事顧問。皇帝當然也要常常遵從參謀長的建議。毛奇將軍的確缺少像他的同鄉布綠歇將軍的激烈性格。毛奇將軍注重公事，而不以自身利害爲前提，兼而謙遜寡言，所以雷赫爾將軍對他有以上的批評，乃是當然的。毛奇將軍由於以後所作的事業，毫無問題的推翻了關於他身體虛弱和缺乏實際經驗的責備。毛奇將軍於一八五七年繼雷赫尉將軍，任參謀部長，無論如何對於普魯士人民和德意志帝國都是有幸福的。克勞塞徵茲將軍在討論關於戰鬥天才的那一章裏，曾得到以下的結論：『慎重考慮勝於積極創作，多方面的追求強於單獨在一方面偏狹的探討，冷靜的頭腦勝於急躁的意氣用事，以上所說的條件在戰爭的時候，就是我們同胞的「救主」(Heil)，也是為祖國光榮和安全所倚重的子孫們的「救主」。』當着他寫這些話的時候，或則也許涉恩荷斯特將軍的影像漂浮在他的眼前。但是這些以上所說的話，毛奇將軍可以當之無愧。

毛奇將軍以別的優點代替了實地軍事訓練之不足。他有鑑別賢愚識人的能力。爾旦將軍 (Karl Ludwig von Oertzen) 批評他說：『毛奇將軍把關於毀謗他的話，當作耳旁風，不去留心聽它。並且能把自己所要說出來的怨言，靜靜的再吞下腹中。他很懂得，內藏奸詐，外表和善的一般世俗為人的假仁義，他從來未受過這樣的欺騙。他有等待機會處世的本領，永遠沒有因着暴躁，突然，感情用事，和復仇的觀念把一件事體弄壞了。』他和克服了斐得利・威廉第三 (Friedrich Wilhelm III.) 皇帝（二十三）之抑制的涉恩荷斯特將軍頗相似之點。毛奇將軍也像涉恩荷斯特將軍和克勞塞徵茲將軍一樣的讀了許多歷史書籍。常常研究過去的戰爭，以期得到應付現在和將來作戰所用的學理。他也和其他將軍一樣，帶着遠大的眼光，到外國去作考察遊歷。毛奇將軍也是一位作家。他在作青年軍官的時期，他曾寫過關於比利時，荷蘭和波蘭的論文，又把許多用英文寫的歷史書籍譯成德文。當他已經奠定了普通智識和世界觀（宇宙觀 Weltanschauung）的基礎，專門的智識自然從這些普通廣汎的智識裏產生出來。所以他主張專門的智識是由廣義的方法而不是從狹義的方法推究出來的。這位普魯士軍官（指毛奇將軍）出身於德國很守舊的地方，他又是一個貴公子 (Junker)，所以他一生當然是很保守的。但是毛奇將軍的政治觀念

（二十三）斐得利威廉第三(Friedrich Wilhelm III., 1770—1840) 詳見魏以新先生所譯之德國史綱(Die Epochen der deutschen Geschichte)（一七一頁）。

是極適合現時的需要。毛奇將軍在這四十年的初期，寫了許多文章，來論述鐵路對於交通以及軍事的重要性，同時他還極力提倡軍事工業的研究和利用。以後他又轉向研究歷史上的大戰爭相互關係，並且還批評許多戰爭作戰的經過情形。於是他通曉七國語言。他關於軍事地形學具有訓練有素的眼光，對於速描及繪畫有優異的天才，他另外還有一種能力，就是能把一件極複雜緊難的事情，用他優美動聽的說話法，很簡單的解釋出來。認識外國的情形，對於參謀部將校是非常有價值的。毛奇將軍幾乎遊遍了整個的歐洲以及亞洲的許多部分。他還是青年上校就被聘到土耳其去指揮土耳其的軍隊。他在那裏服務有四年之久（從一八三五到一八三九），不但認識對抗庫登族 (Kurdenstämme) 的戰爭情形，以及在埃及各總督施政的狀況，還熟習了巴爾幹，小亞細亞和幼發拉底河與底格里斯河流域一直到伊蘭 (Iran) 邊境的一帶地方。在一百年以前，這些地方沒有什麼開發，交通很不便利，旅館事業極不發達，衛生設備也不完善。雖然在這樣的困難條件下，他還鼓着勇氣，騎着馬作了很多星期的考察旅行。以後毛奇將軍充普魯士皇太子的副官，得以在羅馬勾留了一年。他曾拜謁過英國和俄國的宮廷，他又獲得西班牙，法蘭西以及比利時國內情形的印象。在他的一些旅行書札裏邊，充分發現出來他關於國家，人民，文化和藝術的遠大眼光。俾斯麥稱讚毛奇將軍是極其有禮貌的紳士。毛奇將軍在平時訓練有素，所以這位高貴的軍官對於這些禮貌絲毫不感覺生疎。因為他常常出入本國以及外國的宮廷，所以早已養成了有禮貌的習慣。毛奇將軍的思想有世界那樣的廣大，可是他不是一個世界主義的信徒。首相曾批評他說：『他是一個極其聰明的人，我很相信，如果他選擇其他職業，也一定會成為出人頭地的人物。所有一切許多關於他的批評，都說他的性格上帶着普偏性的和古典派的本色。可是毛奇將軍的宇宙觀完全奠定在普魯士和德意志的小宇宙範圍內。他既不是一個世界主義的信徒，又不是一個自由黨黨員，也不是一個激進黨的鬥士。老毛奇將軍對於今日的國際聯盟 (Völkerbund) 曾有以下的批評，他說：『他信賴本國政府的力量和見識。他不信任一個由許多國家選出來的代表，所組成的團體；雖然這個團體常常設法解決國際間利益衝突和調整國際間的難題，以便避免國際間的戰爭。但是國際聯盟所處的地位恐怕和古代雅典的最高法院(Areopag)相差不了多少。』

毛奇將軍把戰爭看作好像上帝所創造的世界裏的一個肢體。永久和平對於他好像是一個虛幻的夢一樣，沒有一次把它當作一個好夢。

前幾年，法國的外交部長白里安(Briand)氏（二十四）在日內瓦的國際聯盟席上，曾引用毛奇將軍所說的這句名言，來彈劾製造戰爭的野心家。他的論調是僅僅對着已經減縮軍備的德國而發的，並不是對着他自己本國所發的警告。他的國家裏還高唱着『帶着大砲，前進吧！　帶着機關槍，前進吧！』的口號。在最近過去的幾個世紀裏，法蘭西發動了比世界上任何國家更多的戰爭。由於法國在過去十五年間的所作所為，證明了用官冕堂皇的空話和一紙空洞的安全公約，是不能把戰神立時逐出世界以外。

毛奇將軍在五十七歲的時候，還是一個陸軍少將，被任為參謀部長。他是一個才幹極完備的人，但在當時幾乎還不是怎樣出名的人物，因為在那個時候的參謀部尚沒有什麼很大的重要性。毛奇將軍僅從書籍裏邊認識了歐洲各列強的戰爭。他在參謀本部裏擔任過不同的職務，所以他的軍事眼光已經訓練很尖銳化了。他充任在馬得堡住防的第四軍團參謀長的時候和在作參謀部科長的時候，收集了許多關於軍事組織上的和政治上的經驗。在多事的一八四八年和一八四九年，還有一八五〇年的動員，俄爾木次(Olmütz)的政治失敗也發生在這

（二十四）白里安(Aristide Briand, 1862—1932)法國政治家。卒業大學後業律師於巴黎，尋入新聞界。一九〇二年當選國會議員，其後即投身政界，歷任教育部長，司法部長，內務部長；前後凡任內閣總理十一次，外交部長十六次，在最後十年間，法國歷次內閣，均以氏為重心。生平倡導和平，不遺餘力，洛加諾公約及非戰公約，氏皆為發起人之一。一九三〇年發表歐洲聯邦計劃，尤見稱於世。一九三二年，中日事變發生，氏在國際聯合會中，努力斡旋和平，事未解決，因病辭職卒。

個時期。在這普遍的紛亂裏，於過度工作的餘暇裏，他的家庭賜給他安息和修養的機會。他在一八四二年和年將十六歲的瑪利，布爾特（Marie Burt）小姐結了婚。以美麗和性格來論，她是一位極好的太太。夫婦二人很幸福的度着美滿的生活，一直到一八六六年的聖誕節，不幸她與世長辭了，並未生育過子女。這位謹慎和寡言的毛奇將軍，在他給他太太的信裏邊，充分的表現出來他的深情和幽默。他同她和他的兄弟們常常談論他自己的政治意見，以及述說他對於這個緊張時期的關心。關於普魯士與整個德國的問題，他看的非常清楚。『現在的問題不是在採取君主的或則共和的政體，乃是在施行法治的或則無政府的政體。皇家的軍官是憎惡革命的。敵人不是從外邊來的，乃是存在我們自己國家的內部裏。—— 自由主義(Liberalismus)招來了無產階級的發展，而又不能再阻止它的蔓延。—— 由平民政治運動者(Demagogen)的手中遞給我們的三色國旗（黑色—紅色—金色），貼上了這麼多的污點，實在令人可惜而又痛心的事。—— 德國人民正趨向促成德國統一的大運動，假設各小城邦政府不採取與普魯士合而為一的政策，恐怕不久還要有一個統一運動。』以上就是毛奇將軍對於德國國內問題的批評。這些評語雖已經有百年的歷史，到現在仍然有相當的效力。因此一個軍事領袖如果沒有遠大的政治眼光，在世界上是不能立足的。

當他被任為參謀部長的時候，仍然是軍界裏一位漠漠無聞的人物。他所發表的著作，常常不署他自己的真名。威廉皇帝不久發現了有任用毛奇將軍共謀國事的必要。軍事內閣總裁滿特費（Manteuffel）將軍也很需要毛奇將軍的協助。最初參謀長的職權範圍很小。參謀部將校一共才有十八人。陸軍總參謀關的人員一共有六十四人。毛奇將軍的職權範圍僅限於軍官的養成和準備作戰計劃；關於軍隊的編制和軍隊的教育，也沒有過問的權力。在普魯士的憲法鬥爭時期(Verfassungskonflikt)，皇帝，俾斯麥以及羅恩共同合作，施行軍隊的大改革政策，而摒棄了毛奇將軍的合作和協助。毛奇將軍在他狹小的職權範圍內，暗暗的，靜靜的工作着。他把養成軍隊指揮官的輔佐官員和加速完成軍隊的準備當作他自己首要的使命。其他如：依照戰爭上的規章，推行參謀部將校旅行的計劃；廢止現行的騎兵制和狹義的地形利用；中下府指揮官，以自己的思想力和判斷力，去完成整個計劃的單獨部分；迅速採用外國軍隊的作戰經驗；爲加快動員速度起見，把一些已經由陸軍部制定好的問題，移交總指揮官自由執行；建築鐵路網以備進軍之用；重新整備進軍的技術，而着重在準備分頭單獨進軍，且須於規定時間齊集在戰場上的計劃，均爲毛奇將軍勢在必行的計劃。——總而言之，在毛奇將軍的一切計劃和要求裏邊，不外企圖完成新的作戰體制。

十九世紀人口劇增，因爲民主政治的發達，小城邦聯合成爲統一的國家，於是達於產生大量軍隊的時代。普魯士雖然因民力枯竭，建立強大的軍隊好像離事實太遠，可是它竟能排除一切困難，斷然實現全國徵兵的理想。但是法國和其他國家軍隊的組織更居於落伍的地位。這些國家把職業兵 (Berufssoldat) 作爲它們徵兵制 (Wehrverfassung) 的核心。在這六十年將開始的時期，普魯士因爲重新改組軍隊，所以它的軍隊一躍而較其他國家強大。以數量和質量來論，普魯士的軍隊較其他國家優越。由於公路網的完成，鐵路的建築以及通訊的設備，減輕了調遣大批軍隊，運輸給養，以及指揮上的一切困難。在戰術上，因爲採用由後鎗膛裝子彈的鎗砲，於是更加強了炮火的威力。毛奇將軍根據以上所說的新基本條件，來準備他的軍事計劃。參謀部長的確應當在一些能戰勝敵人的條件裏選擇一條。他所選出的條件就是德國的軍隊在數量上，應當比較敵國站在優越的地位。他的主張和俾斯麥的政策相同。毛奇將軍能把德國的敵人相繼打倒，而且能很從容的去攻擊強大而佔優勢的聯盟國家軍隊。也不能不歸功於宰相的政策。究竟毛奇將軍怎樣應用他的優良的方法，不到十天的工夫，能把奧國 (Oesterreich) 戰敗，怎樣能在幾星期內，與拿破崙第三(二十五)決定了戰爭的大局，怎樣實行他的「殲滅戰略」(Vernichtungsstrategie)阻止戰敗的敵人，無能力再結成新的聯盟。——實在完全依賴他的統帥天才。

毛奇將軍不是毫不費力的，就得到了這些勝利。在他未得到這些成功以前，他不但費盡了心血去戰勝敵人的反抗，而且還須要克服國內的一切阻礙。

克勞塞傲茲將軍曾經給我們一個教訓。他說：『一個軍事計劃不附帶着政治的觀點，不成為一個完整的計劃。政治家應當有軍事的眼光，一個軍隊統帥應當在政治上有判斷的能力。』依照他的意見，軍事與政治是不可分離的；因為戰爭僅僅是政治上的一個工具，所以他主張軍事應當附屬於政治範圍以內。

這位偉大軍事哲學家（Kriegsphilosoph）在以上所說的幾句話，已成為千古不朽的名言。可是在政治家與軍事家之間，達到理論和實際相諧和的地步，實為一件最困難的事情。在世界大戰的時期，我們很痛苦的感覺到軍事與政治不能相諧和。政治在一些根本問題上，完全屈服於軍事之下。這恰是和理論正相反的現象。貝特曼·何路為（Bethmann-Hollweg）與他的繼任者全沒有充分軍事智識的觀點，他們都很畏怯的避免越過他們的職權界限，他們沒有一些抵抗，很放任的讓政治上的事情操縱在幾個軍事領袖手中。德國在大戰以前和以後已經違背了政治上的一元化。

俾斯麥與毛奇是兩位根本不相同的人物，俾斯麥主張一身總攬軍政大權，不久他竟能貫澈了他的主張。自然他們有共同的工作目的和事奉皇帝的忠心。以官職來論，一個是宰相，一個是參謀部長，他們很難接近；以社交方面來論，在最近幾十年來他們彼此互相避免會面。可是他們兩個人在政治上的根本意見是一致的。毛奇將軍對內對外的政策具有和俾斯麥相同的遠大眼光。於一八

(二十五) 拿破崙第三 (Napoleon III., 1808—1873) 為荷蘭王路易拿破崙之子。初流寓英，美等國。一八四八年回國任衆議員。一八五一年現政府推翻，初選為十年長期總統；翌年稱帝。與英，土，聯合，啟克里米亞之戰。併吞薩伏衣 (Savoyen) 及尼斯 (Nizza)，攻陷墨西哥。一八七〇年為普所敗，出降，卒於英。

六二年。在他的思想錄裏有以下的評語：『德意志爲對抗法蘭西的威脅，因而促成全國統一。』俾斯麥首相爲抵抗敵國聯盟的高壓勢力，他曾晝夜不停的準備着去應付這個危機，毛奇將軍仍然繼續俾首相的政策，負起來這個重大責任。由於東部斯拉夫民族和西部羅馬民族的結合，勢必產生對抗歐洲中部國家的戰爭，所以毛奇將軍於一八六〇年預料不久一定有一場大戰爭(Titanenkampf)。『還有一件，用極短的戰綫去對抗一方面的戰爭，同時用全力極迅速的去對抗另一方面的戰爭，然後乘勝再收復在第一方面所失去的土地。』這是施利分將軍爲應付世界大戰所擬定的作戰計劃。我們現在仍然記得毛奇將軍在一八五九年所說的話，他聲稱：『法，俄的軍事同盟，是普魯士最大的威脅。』這句話對於現在的局勢，仍然有它的效力，所以我們不能不承認一九三四年一月締結德，波條約的力量，

雖然俾斯麥首相和毛奇將軍在軍事和政治方面有相同的根本原則，可是他們兩個人仍然常常發生摩擦，由於政治的戰爭目的和軍事的戰爭目的之分歧，所以二人處於反對的情形。全破崙曾經實行過「殲滅政策」(Vernichtungspolit k)「殲滅戰略」(Vernichtungsstrategie)。德國過去和現在沒有一位參謀部長倡導「疲勞戰略」(Ermattungsstrategie)。我們國家的地理環境處於不利的鄰國包圍圈中。因此，我們的軍事領袖勢必實行速戰速決的「殲滅戰爭」。在過去和現在，沒有一位德國的和普魯士的政治家實行過「殲滅政策」。奧國和法國在一八六六年與一八七一年由軍事達到「使戰敗者殲滅的和平」(Vernichtungsfriede)，但是普拉哥(Prag)條約和佛蘭克府(Frankfurt)條約表示出來，勝利者對於戰敗者的要挾倘不過於厲害、究竟「殲滅和平」(Vernichtungsfriede)是如何的不合理，德國在一九一九年從凡爾賽和約裏已經嘗受過了。

俾斯麥首相於一八六六年破出皇帝的百般反對，結果完成了他的「修好政策的政治」(Versöhnungspolitik)而阻了毛奇將軍施行他的「殲滅政策的政治」

(Vernichtungspolitik)。俾斯麥首相於一八七〇年不知立時進兵攻取巴黎，寧肯去占領挨爾薩斯，然後按兵不動，等待法軍來攻時，再與法軍交戰。俾斯麥首相曾經說明他按兵不動不立時圍攻巴黎的理由。但是毛奇將軍所主張的乘勝攻擊巴黎的理由，更爲合理。停止和等待不但能加强法國作戰的意志，而且還能給其他列强干涉的機會。首相常常毫無忌憚的干預軍事。在一八六六年他竟越過毛奇將軍的職權範圍，干預軍隊的調遣事宜；當時參謀部再重新接手去整頓這些事情，頗感困難。在對法作戰的時候，更增加俾斯麥與毛奇的不和睦。俾斯麥首相抱怨參謀部指揮能力不足，毛奇將軍反駁他政治家無權過問軍事行動。究竟是採取飢荒的方法來圍困巴黎——如毛奇將軍的主張——還是用砲擊的方法，强迫法國投降——如俾斯麥和羅恩所主張的辦法——在這個問題上，他們發生了很大的摩擦。的確，當時雙方的主張在作戰上皆有相當的缺點。德國陸軍部和參謀本部未能即時運到攻城的大砲和軍火。因此毛奇將軍拒絕採用不能達到目的的砲擊方法。最後巴黎於一月二十七日陷落了。陷落的原因多半是因爲城內的飢荒和暴動，無法繼續防守，不僅是因爲不堪受砲火的襲擊。在德意志謀建統一帝國時期，首相與參謀部長的政見裂痕，更成爲不可救藥之勢。俾斯麥首相曾以新的難題上書皇帝，來彈劾毛奇將軍。毛奇將軍已經寫好了辭呈，但因內心的不安，結果又中止發送辭職呈文，繼續爲國效勞。他是皇帝的忠臣，專以國事爲前提，而輕視個人自身的利害。所以他竟能把許多戰功退讓給別人。毛奇將軍以後曾解釋政治與軍事的關係，他認爲政治祇能在戰爭的開始和結束時，得以過問決定大局，其他事宜可以令軍隊統帥自由獨立措施。因此毛奇將軍與他的導師克勞塞微茲將軍恰立於反對地位。克將軍不曉得什麼是軍隊統帥在作戰時的獨立職權，克將軍主張政治與軍事應當混合在一起。在世界大戰的時候，已經證明了克將軍的主張是正確的。但是解決這個問題的謎不是靠着理論，而且靠着實地指揮作戰將官的本領。毛奇將軍曾經以慎重的態度說過：『軍政最高領袖的皇帝對政治的要求和軍事的要求有最後取決權，他是這兩方面的仲裁人。』 在世界大戰時似乎是這種形。 但以實際來講，軍政並未能相諧和，反而政治與軍事，首相與軍隊高級指揮官相離太遠，彼此不能合作。

毛奇將軍很圓滿的漸漸克服了最初職務的和指揮軍隊上的困難。 他是一位主張下級幹部有獨立職權的贊助者。 在一八五八年他已經擁護這個「命令乃是輔助下級幹部為完成既定目的之不足。」的原則。 在德國陸軍戰鬥教範裏常常載着毛奇將軍的這些主張和其他戰鬥學上的理論。 但是下級幹部的獨立職權也有它的界限，他們必須服從指揮官的意志，不然的話，恐怕他們隨意濫用獨立職權。 毛奇將軍已經經驗過一次。 在一八六四年對丹麥作戰的時候，參謀部長的建議難以發生效力。 毛奇將軍自己留在柏林，關於戰場上的情形，勢必從一些私人來往的信件裏和報紙上，得到一些消息。 因為官方的消息遲慢，不能使他隨時明瞭戰爭進展的情形。 以後毛奇將軍被任為總司令官。 滿特費將軍 (Manteuffel)寫信給陸軍部說：『精密完善組織的司令部實在是極其重要，因為我以為毛奇將軍的前任司令官把總司令部弄的有亂七八糟。』 恰於一八六六年，皇帝命令參謀部長直接把作戰命令傳給軍隊，不必中間再經過陸軍部的傳達。 可是這條命令在這次戰爭裏尚未能奏效，因為下級指揮官企圖以自己的意見，去指揮軍隊作戰，所以他們常常改變他們所應有的獨立職權。 在對漢諾威人 (Hannoveraner) 作戰時為抵制高級司令官的頑固性起見，毛奇將軍把命令直接授與下級幹部。 在對柏門 (Böhmen) 作戰的時期，一個師長對傳遞毛奇將軍命令的人說：『全對！ 但是究竟誰是毛奇將軍？』 石坦梅茲 (Steinmetz) 將軍在一八七〇年仍然固執己見，不服從命令，於是他受撤職的處分。 一部分軍隊指揮官和軍團長，仍然受舊觀念的束縛，不能隨着毛奇將軍如飛的理想一齊向前邁進。 雖然如此，毛奇將軍仍然不改變他的信念。 他利用在整個計劃中的單獨細則裏有獨立執行職權的下級指揮官，去指揮大批軍隊的條文，於是他解決了高級將領任意獨斷獨行的問題。 為實行此種新的指揮軍隊方法起見，參謀本部負起訓練一般將校的責任，有一致思想和一致行動的「指揮官府」(Führerschicht)必須遵照統帥的命令，分工合作，來發展指揮的力量。於一八七〇年和一八七一年，德國在指揮軍隊上的優點清清楚楚的表現出來。法國人中就沒有和德國將校才能相等的司令官。在世界大戰以前，有一位法國批評家所寫的評論裏邊說，在德國軍隊指揮方面有一個「公司組織」(das Syndikat)，我們被毛奇將軍個人的才能所征服的成分較少些，乃是被一個參謀部把我們戰敗了。毛奇將軍從一八五七到一八八八年專心從事這個「公司組織」的教育問題。德國參謀本部在世界上有如此的威望，實歸功於毛奇將軍。戰爭的成功很容易過去，但是教育與軍紀對於將來的影響很大。毛奇將軍把參謀本部當作活的遺產傳給後世。但是俾斯麥首相並沒有遺傳下來這樣的一個組織。尼采(Nietzsche)解釋參謀本部的話如下：『雖然是一個嚴格的學校，但是它究竟是一個好學校，這個學校比其他任何學校的優點就是：功課多，校規嚴，以傑出天才爲一般學生程度的標準，很少有誇奬，沒有原諒和寬免，不顧才能和出身一律嚴厲處責。人們在這個嚴厲學校裏究竟學些什麼呢？服從和指揮！』

參謀本部乃是一個工具，指揮官利用這個工具，來實行他們的戰略。毛奇將軍解釋戰略爲一個「方法的體系」(System von Aushilfen)，也可以說是在極困難情形壓迫下運籌帷幄的技術。有一些人把一個理論，一個方法譬如包圍或則突進以及其他的方法當作唯一的戰略。施利分將軍說，以上的定義恰好給這些人一個反駁。毛奇將軍主張無論在什麼情形下，指揮官必須採用對於我們最合適而且最有利的方法，以充分的自由獨立職權，去取得他認爲有必勝可能的勝利。

毛奇將軍的戰略不是事先擬定好的，他主張在戰略運用方面，應當完全依賴指揮官的「健全的智力」。當然他自己的智力超乎衆人以上。凡人作事應先行考慮，而後實行。但是他主張思考的時間不可過長。他的計劃和行事裏包含：政治的觀點；關於空間，力，時間的詳細計算；戰爭上所用的一切方法以及堅決的利勝意志。

在一八六四年，他建議給烏郎愛爾（Wrangel）將軍，用兩倍的兵力去圍攻丹軍，結果妥費唇舌，未被採用。在一八六六年，毛奇將軍命普魯士軍隊成大弓形陣式向薩克森（Sachsen）和伯門（Böhmen）的邊境進發。這種辦法受到許多人的激烈反對，因為人們恐怕利用分散隊形的戰略，會發生單組軍隊部分敗北的危險。毛奇將軍的見識比一般人遠大。於六月二十二日發出一件簡短電報：『皇帝陛下命令兩軍向伯門推進，並在基欽（Gitschin）方面集合。』由於兩軍前進的影響，未過幾天，貝乃代克（Benedek）（二十六）將軍拍來更簡短的一件電報到維也納，電報內容說：『皇帝陛下請速作和議，不然的話，恐有全軍覆沒的危險。』維也納方面仍然希望戰爭。普軍全體同時向敵人前方及側方施行總攻擊，結果奧軍在科尼格雷次（Königgrätz）慘遭敗績。因為德軍戰略優良，所以得到這樣偉大的成功。在科尼格雷次之戰，德國遭遇一個很大的危機。實因皇太子所屬軍隊進展遲慢所致。國王又回憶到耶拿（Jena）及奧爾斯泰特之戰，故有退兵之意。幸有毛奇將軍從中阻諫說：『陛下！此次戰爭與普魯士國運有關，不能撤退我們的軍隊！』不久他報告國王說：『陛下今日不但得到戰鬥勝利，而且得到整個戰爭的勝利。』

毛奇將軍於一八七〇年利用與一八六六年迥乎不同的戰略和法國作戰。他把所有的德國大軍集結在法爾茲省（Pfalz），並且計劃一部分軍隊以密集隊形向敵軍兩陣地中間的薩爾（Saar）地帶進軍。但是德軍仍然保持相當寬的隊形，以便隨時作包圍法軍的準備。不幸未能達到所預定的計劃，可是毛奇將軍知道急速採取適當的辦法，來應付這個幻變的局勢。雖然因石坦梅茲（Steinmetz）軍的錯誤，擅自通過在薩爾布綠克地方的右翼第二軍；雖然皇太子軍隊之遲遲

（二十六）貝乃代克（Ludwig Ritter von Benedek, 1804—1881）奧國將軍。於一八六六普奧戰爭時，被任北軍（Nordarmee）之指揮官。於科尼格雷次（Königgrätz）之役。慘遭敗績。

不到，以及在渥爾特 (Wörth) 地方追擊殘敵的緩慢，參謀部長竟能從八月十四到十八日幾天的工夫，把第一軍與在美次 (Metz) 地方的第二軍聯合一起，使兩軍向西推進，以便參加聖者瑞瓦特 (Saint-Privat) 地方的大會戰，和協助包圍在美次地方的巴諾蔡城(Bazaine)。

重新整備的軍隊，以寬大的戰綫向巴黎進攻。 梅茲已被包圍起來。 然後有一部分軍隊施行歷史上有名的右翼進擊，去攻擊麥馬韓 (MacMahon)（二十七）將軍所統帥的法軍。 在色當(Sedan) 大會戰時，德國以兩倍的兵力包圍麥馬韓將軍所屬的法軍，於是決定了拿破崙皇帝以及其最後所剩下的軍隊的命運。

德軍在九月十九日出現於巴黎城前，並將一個巨大砲台包圍起來。 毛奇將軍爲戰敗在數量上佔極優勢的法軍起見，在戰略方面他採取防禦的方法來抵抗法軍，在戰術方面他利用各個擊破的方面來攻擊法軍。 甘必大(Gambetta)(二十八)親自帶領新編成的法軍，急來解救首都的圍困，結果也被德軍擊敗。 毛奇將軍在對法作戰時已經知道，稍施策略，即可完成戰敗法軍的偉業。 以整個情形來看，毛奇將軍不能把法軍完全殲滅。 所以他給擔任圍攻巴黎的增援部隊的命令裏說：『在戰鬥勝利後實行殲滅敵軍時，不必窮追。 最大目的，祇要求擊潰法軍主力。』 克勞塞徹茲將軍說：『毛奇將軍有雄圖遠略和偉大執行策略的勇氣，真正表現出來英雄的本色。』

在促成德國統一的戰爭以前和以後，毛奇將軍以培養軍人之勇敢和尚武的精

（二十七） 麥馬韓 (Marquis Patrice Maurice de MacMahon, 1808—1893) 法國政治家。其先世爲愛爾蘭人，流寓於法。 氏少入軍籍， 以功累擢至將軍。 一八六四年至七〇年間，任阿爾及利亞總督。 普，法戰時，任第一軍司令官，戰敗投降。 議和後歸國，平定巴黎公社之亂；一八七三年被選爲總統，至一八七九年辭職。

（二十八） 甘必大 (Léon Michel Gambetta, 1838—1882) 法國政治家，共和黨首領。 初習法律，有志於革命，一八六九年被選爲國會議員 普，法戰役時，法國大敗，氏乃組織共和政府，防守巴黎。 旋被舉爲總統，固辭。 一八八一年組閣，兼任外長，毅然合併突尼斯。

神爲他的作戰草案(Feldzugsentwurf)的特徵。毛奇將軍於一八五九年想參加法，奥戰爭，結果未能遂願，於是他寫出來這句話：『不冒大危險，不能在世界上作出驚天動地的事業。』最近幾年他常常要求俾首相在敵國方面軍備尚未達完善時期，德國應當急速和它開戰，以收事半功倍之效。首相永遠沒有着手施行毛奇將軍的策略，反而說毛奇將軍的好戰慾，使他常常感覺不安。但是首相在最緊要關頭，爲實行他的政策，又感覺毛奇將軍實在是他的一個很好的助手。

毛奇將軍指揮軍隊的才幹超乎拿破崙之上。因爲指揮軍隊作戰的條件已經變更，他勢必採取另外的步驟，以完成戰爭的勝利。他曾經在一本書裏寫過以下的話：『工業的進步，聯絡的便利，新武器的使用，以及千變萬化的情形，以往的作戰方法已經是不適用了。一些知名的指揮官所用的戰爭法則，爲應付現代的戰爭，顯出已失掉其效用。工業與科學乃是軍事上重要的助力。國家必須全體總動員，從對抗許多國家的大戰爭裏取得最後勝利。』毛奇將軍對於這一點已經準備多年，以便把科學和工業實際應用到戰爭上。德國於一八六六年和一八七〇年盡量利用鐵路網的功能，敵人方面在這一點上尙望塵莫及。毛奇將軍認爲建設鐵路比較構築堅固礮台更爲重要。鐵路完善可加快動員和進軍的速度，因此可以獲得戰爭勝利的基礎。在一八七〇年法國利用鐵路進軍的方法，未達到圓滿的成功。毛奇將軍在當時是利用鐵路戰略的創始人。軍隊移動迅速，自然可以增加數倍作戰的能力。他認爲利用電報，可使分散的部隊能以依照一致的意志，向共同的目標進行作戰。這位參謀部長早已承認改良武器對於作戰上比較構築防禦工事更爲有利。在世界大戰時已經把他的這個意見證明了。

毛奇元帥獲得許多勝利之後，有二十年的工夫，從事於軍事教育。他的精神一直到臨死的時候，仍然是很清醒。毛奇元帥曾經費了一番苦心，爲將來一試新統一帝國的實力。他在國會裏曾提出以下的警語：『將來的戰爭，也會成爲和「七年戰爭」（二十九）與「三十年戰爭」（三十）的同樣情形。』他認爲强有力的德意志乃是和平的最安全保障。他又繼續說：『僅有軍備强大的德國，才能阻止和平的破壞。僅有强有力的政府，才能革新國家，僅有强有力的政府，才能保障和平。』

我們從毛奇將軍的性格表率方面所得的影響，比從他的教訓方面更大。的確，仇視他的人和嫉妬他的人無從下手來攻擊他。雖然他很有名望，仍然保持謙遜和正直的態度。陸軍部長費爾得（Verdy）在一八七〇年和一八七一年是毛奇將軍最親密的同僚，曾稱讚毛奇將軍說：『在整個戰爭裏，沒有人聽到毛奇將軍發一句怨言。他永遠是很愉快的，在禮節方面他要求的不太嚴肅。我們感覺特別隨便。我們非常的恭敬他，恨不得用我們的手把他捧起來，來表示我們對他愛戴的熱誠，雖然出了我們的小範圍以外，仍然在各處能聽到讚美他的話；每一個人都稱讚他是一個眞正好性質的人。』毛奇將軍曾經說過一句名言：『在戰爭的時候好的性格比較聰明的智力尤爲重要。』有許多人的性質在戰場上很好，可是在平時就把這件事情忽略了。他主張沒有才幹的人，不得隨意居高位秉國政。所以他不注重外表，專求實際。

（二十九）「七年戰爭」（一七五六——一七六三）腓得烈不等到敵國的襲擊，用先發制人的手段，在他們整軍之前，早已遣驅普魯士軍隊，長驅直入，進至薩克森（Sachson）地方，並服屬了這個德國的小國家，當作他自己的一省，制定租稅，徵當地的百姓，前去當兵。他再向前推進；攻入捷克斯拉夫，並圍攻普拉格(Prag)。十八世紀最大的戰爭，——即七年戰爭，就這樣的開始了。當時的形勢，對於腓得烈大帝，可算是非常緊張。比他自己更大的奧大利軍隊，向着西利西亞而來，十萬俄軍，向着東普魯士進窺，二萬瑞典軍隊，望波美拉尼亞侵入，再加上法蘭西的十萬大軍，渡過了萊因河，騷擾他的南部，那時聯軍的聲勢，何等浩大，菲得烈大帝猶如釜中之魚，四面皆聞楚歌。但是，同時有幾個原因，很釋然於菲得烈，他自已，比仇敵中的任何人，都來得偉大，他手下，又有英明而足智多謀的將軍，他執掌軍權，對於全部軍隊，可以自由調動，自由處置，比之對方的互相猜忌，各自指揮，不可同日而語。同時又得着英吉利的經濟上的援助。本此各項原因，所以菲得烈雖然八面受敵，但仍能够應付自如，得到最後的勝利。

（三十）「三十年戰爭」（一六一八——一六四八）日爾曼新舊教之戰爭也。當時諸侯中有新舊教兩同盟。及波希米亞新教徒叛，日爾曼帝欲藉舊教同盟之力討滅之，新教同盟起而反抗，瑞典，挪威，丹麥及法蘭西諸國助新教。兩軍迭有勝負，卒訂維斯特法輪和約，除關於政治者外，在宗教上，則承認加爾文派，路德派與舊教受同等待遇。

他一生爲國事奔波，運籌帷幄不遺餘力，於晚年他轉向推想死後靈魂永生的眞義。他常常不斷修改他所寫的安慰的思想 (Trostgedanken)，在這本書裏，他批評他自己和天主的關係。上帝的力量在弱者當中是偉大的，沒有力量的弱者會變成強有力的人。這是聖經上的話。他自己把這句話作爲他的座右銘。他把愛德 (Liebe) 當作天主最高至上的誡命。他一生克苦他的肉身，使他的身體作靈魂的志願僕人。於一八九一年四月二十四日，他曾參加貴族院的會議，當日晚間他很平安的就與世長辭了。『上帝所走的道路與世人所走的道路不同。在人類的進化史裏邊，上帝能從失敗的戰爭裏達到所期望的目的。』——這是有堅強意志和謙遜的常勝將軍（指毛奇將軍）爲後世所留下的箴語。

參謀部仍然很完善的保存着老毛奇將軍的遺產。參謀部在世界大戰時指揮德國軍隊作戰，已經達到成功。雖然未能得到最後勝利，也不能奪去它的光榮。參謀部的將校也是人，參謀部僅僅是由人所組成的團體，也是一個訓練將校的機關，當然要有相當的缺點，和能力的不足。克勞塞微茲將軍曾經說：『假設缺少偉大的將才，雖然一個組織極完善而且有正確觀念和原則的參謀部，在指揮隊作戰方面恐難達盡美盡善的地步。』參謀部雖然不能造就出來偉大的將才，但能給他們開闢出一條平坦的道路，還能給他們預備下所用的武器。德國在一九一四年未能得到一位偉大將官去指揮最優秀的德國陸軍，實在是德國最不幸的事。但是這件事情不能歸咎於參謀本部。興頓堡 (Hindenburg) 將軍，盧頓多夫 (Ludendorff) 將軍以及其他軍隊統帥；坦能倍 (Tannenberg)會戰以及瑪蘇崙 (Masuren) 會戰；對俄，對羅馬尼亞以及對義大利之戰；一九一四年的動員；以及一九一八大戰崩潰時的完整撤退，——諸如以上所舉出之人名與事蹟，可以唯一的證明出來，德國參謀本部的訓練比較敵人的更爲完善。

敵人在凡爾賽和約的第一六〇條款裏，對於毛奇將軍所創立的參謀本部加以無上光榮的批評。這條款的內容是：『德國參謀本部以及其他相類似的機關皆須解散，不得在任何變相形式上重新恢復原來的情形。』

德國人的精神是束縛不住的，德國人的精神仍然沒有死。　從大戰結束的頭一天起，就開始奮鬥，以爭取國家的自由和民族的光榮。

在一九一九年八月二十四日格勒諾爾將軍（Groener）給諾斯克（Noske）陸軍部長的信裏邊說：『我們一直到現在得以渡過共產黨施行赤化的危機，應當首先歸功於參謀部裏的將校，這不算我費話吧！　除我以外，恐怕沒有第二個人看見參謀部將校們，以團結的精神，來和國內的各類政客以及革命的現象，鬥爭的情形。他們用沒有希望的努力，來謀復興民族和重整軍備。　有一個時期，官吏的一切威望全部掃地了。　所有國家的官廳缺乏能力和勇氣，束手無策，祇好讓國家政事任意弛廢，　另外又有一個時期，我在柏林看見陸軍部裏，簡直成了一種無政府狀態。　可是參謀部的將校們不顧自身的利害，咬牙切齒努力工作着。　他們背後並沒有什麼大的力量和方法，來支持他們，竟能和「不合理」，「無限的自由」，「罪惡」來鬥爭。　我們不應當忘掉了參謀部將校的豐功偉績！』

從一九一九年起的以後十五年時間，德國雖然受到監視委員會的監視和不合理的條約上的種種束縛，參謀部仍然能把這少量的職業軍隊，當作維護德國國家的鐵環，和培養德國人民男性實力的所在。——一直到今日的重整軍備，實行徵兵制度的時期，才把參謀部歷史裏邊一件最偉大，最値得感謝和最光榮的使命發揮出來了。

毛奇將軍的精神一直到現在仍然存留在德國軍隊裏邊。我們希望他的精神永遠不死。

宇宙觀論叢(一)

Weltanschauungslehre

狄爾泰（Wilhelm Dilthey）著

關琪桐譯

狄爾泰小傳

狄爾泰一八三三年十一月十號生於德國諾騷（Nassau）的比卜雷（Biebrich）地方。他父親是一個宮廷教師。他在維斯巴登（Wiesbaden）先後入了國民學校，私立學校，和高等專科。他在海德倍（Heidelberg）】攻讀三學期以後，於是就到了柏林，去學神學。一八六四年當他三十一歲時，曾在哲學院中得了學位，他的論文是研究世萊瑪哈的倫理學的，同年他就得到大學教書的資格。一八六六年被聘至巴賽爾（Basel），一八六八年被聘至基爾（Kiel），一八七一年被聘至布累斯勞（Breslau），一八八二又被聘至柏林。他在柏林活動了有三十年光景。後來當他在賽思（Seis）的山上從事休息時就忽然死於一種惡性的傳染症。那時是一九一一年十月一日。

狄爾泰生長在偉大的歷史家的學派中，例如別克（Boeckh）格利姆（Jakob Grimm），和闌克（Ranke），等。這些人給了他以一種科學的民族觀，和世界政治史觀。狄爾泰的整個思想趨向是由這些研究給他的永久印象所獲得的。他的目的乃是要考察「歷史意識」的本質和條件，或者也可以說是賡續康德的工作，而從事於歷史理性批判（Kritik der geschichtlichen Vernunft）的。

狄爾泰從哲學的觀點來研究歷史，又從歷史的觀點來研究哲學。他說，「何為哲學的這個問題，不能按各個人的興趣來解決，因為它的機能只能根據經驗從歷史上推論出來」。「哲學家必須如歷史家似的，根據歷史的資料來工作，他必須同時是一個歷史家」。「人只能在歷史中認識自己，並不能在反省中認識自己」。

(一) 編者註：本文係選自狄爾泰全集第八冊中之一部題名世界觀論叢（自第一七三頁至二二四頁）全文中之第二篇，第六篇及第八篇三段譯文。

他所謂哲學的職責就是哲學對於個人和社會的精神生活之意義。由此種觀點出發，他就認哲學的重要職責之一，就是在普遍有效的方式下，解說出世界的秩序來。就如古代的形上學就是依據幾何思想，而由科學方式下來研究世界秩序的，好像世界是完全客觀而獨立於人生以外似的。不過在古今給與哲學以一種較深的衝動的，乃是對人生和世界之謎來求得一個統一態度的那種欲望。

伏爾泰的工作甚多，我們可以概述如下：

（一）歷史的工作：他早年就從事寫作世萊馬哈傳（Das Leben Schleiermachers），其搜集之勤，鑑別之精，評品之慎，文筆之美，使他成爲名史家，名傳記家，而堪以列足於最偉大的史家，如蘭克等人之中。此外他又著了十六世紀到十九世紀的人生觀與世界觀的發展，並著有論詩歌與音樂的書（Erlebnis und Dichtung. Von deutscher Dichtung und Musik）。

（二）他的精神科學引論（Einleitung in die Geisteswissenschaften）現在已經成了一部經典。在這部書中，伏爾泰曾經解釋了各種精神科學的聯繫，以及它們與社會生活和歷史的關係。這部書的主旨是在給所有這些科學預備一個統一的基礎。他曾分析了由古代至黑格爾的哲學，而說明人們有需要這種基礎的要求。

（三）他曾企圖奠定了這種基礎。他曾反着通行的心理學和其因果的解釋法，計劃了一部描寫的，解析的，體會的心理學（Eine beschreibende, zergliedernde, und verstehende Psychologie）。這種心理學並不要搞一種心理的化學，從簡單元素中構造出一切心理現象來。它乃是要在一種方式下來描寫，來解析，心靈生活的全部實在，而不把它們殘損了。他因此就在德國準備好一種新而重要的心理學。

（四）後來伏爾泰受了胡塞爾的邏輯研究（Logische Untersuchungen）的影響，以爲無需乎這種心理學的基礎，於是他就另換了一個方法。他自己發展了一種新的解釋學（Hermeneutik），用以解釋我們的歷史世界的構造。對於這種解釋學說來，經驗（Erlebnis），表示（Ausdruck），和理解（Verstehen），乃是三個決定的成分。

伏爾泰雖然努力研討，刻苦不懈，可是他的著作大部分有頭無尾，都不曾完成了，這是很可惜的。這裏所譯的是他的全集中第八冊的一部分，題名爲世界觀論叢（Zur Weltanschauungslehre），一共含着九篇（第一篇太簡略，第九篇宇宙觀論戰，文中省略太多，譯出來也不能令人看懂，所以就刪了），頗能窺見他的思想的一面，因爲篇幅之故，所以譯出來登在學誌上，至於大著的介紹，當俟異日。伏爾泰的文章也不甚易懂，譯者文筆又拙，恐無以饜讀者之望，這是令譯者抱愧而不能自安的。惟第六篇：現代文化與哲學，和第八篇之幻夢，原文淺顯明暢，譯起來也比較容易，我想讀起來也該不難的。

我的哲學的基本思想

(Grundgedanke meiner Philosophie)

上：我的哲學的基本思想

我的哲學的基本思想乃是：哲學的推論一向永不曾以全整，圓滿，而未曾割裂的經驗，爲其基礎，也就是一向永不曾以全整而圓滿的現實爲其基礎。 哲學的思辯一向確乎是抽象的；我這裏正反着現在籠罩一切的「康德崇拜」，而把這位大思想家也包括在這種抽象的思辯內。 康德 (Kant) 是由經院的形而上學進到休姆 (Hume) 上的，他所研究的對象，不是純粹的心理學的事實，乃是那由經院的抽象觀念中所發掘出的空洞的形式，如空間，時間，等；——自我意識 (Selbstbewusstsein) 只構成他的解析的結論，而非其出發點。 是的，到了康德，關於「理解」(Verstand) 的抽象哲學就解體了，他並不曾從外面來摧毀了這種哲學，但是他的命運乃是：這種解體在他身上完成了。 康德所達到的最深之點旣然是一種抽象的生產能力 (Vermögen der Produktion)，一種沒內容的形式 (eine inhaltlose Form 這是與他的出發點相契合的），所以形式就可以重新產生出形式來，而且在他那三部批判中，各種心理機動旣然孤立的依照形式發展出來，因而容智主義就可以重新恢復起來，而把純粹思想的形式認爲是「絕對界」在我們身中的源泉。 康德的批判中演了如何樣的一場戲！ 思想消滅了自己的要求，而不再企圖求得無限悠久的發展，而它所以如此，乃是爲的要在後來在意志中重行找到這種要求：這正是一種幻景，因爲這裏正在思想中來尋求原不存在於思想中的東西，而同時却給意志求得那一起初只在意志的協力之下（由我們生活的全部中）當做較高的宇宙觀而湧起的東西。

但是這種經驗主義並不因此減少其抽象性。 這種主義正以一種早被「元子論的心靈生活觀」所殘損扭曲了的經驗，做爲它的基礎。已只取了它所謂經驗；

任何圓滿而完整的人都不能使自己限於這種空洞經驗上的。 一個人如果限於這種經驗，那他連一天的生活力也不能有。

我曾企圖給與經驗哲學以其必要的圓滿的基礎，而我所根據的定理乃是：

（一）睿智不是個人心中的一種發展，也不能根據他來行理解，它乃是人類發展中的一個過程，而且人類正是求知的意志所寄託的主體。

（二）睿智仍當做一種實在，存在於人的生活行爲中，但是人類還有意志和感情兩方面，因而睿智只是在人性的這種「全整」中當做「實在」而存在的。

（三）與這個定理相關聯的定理就是：抽象的思想，認識，和知識，只是經由一種歷史的抽象作用過程才能構成的。

（四）這種圓滿現實的睿智，在其自身還含有宗教，形上學，或絕對，爲其現實的一面，如果沒有這些，它是永不會成爲現實而有力的。

× × × × ×

在這樣理解之下，哲學就成了研究「現實」的科學。

每一種實證的特殊科學，都是研討這個「現實」一部分內容的。 法學，倫理學，經濟學等的對象，不都是在不同的觀點下所觀察的同一的人類行爲麽？這些學說中每一種都是在研究人類和社會行徑之一個部分，一個方面，一種關係的。

在這裏「現實」哲學，對於實證科學就表現出它的改良的意義來。它既然也在全整的現實中，把各種抽象事實的關係發展出來，所以它就含有一些基礎，使這些科學在其上共同發展出來，而不至再受抽象的隔離化的影響。

下：哲學與藝術，並與宗教的分界。

哲學是從事解析的，但是它並產生不出釋勒的思想來。 因而哲學是不能產生什麽的。 它既然從事解析和分割，所以它只能一一指示並綜合那裏存在的東西，和它在意識的事實中所找到的東西。

直接的意識所藉以實行創造的那些「坐標點」(Beziehungspunkt) 如自我，

宇宙，和神明，等，哲學都可以現成找到它們。這樣所構造出的一堆堆表像已經有一種秩序，當哲學出現之時。哲學並不能構造，它只能找到已在我們自我的全整中所產生出的那些關節。

在呈示出宗教，藝術，尤其詩歌方面的種種現象之後，我們就可以瞭然於精神生活的這些各別的範圍都處於如何一種聯繫之中。但是這種聯繫同時又指示出這些偉大事實間的一種關係來，也即部分與全體的關係來，這種關係在現在的情節下就是知識。

這一層可以在歷史方面立刻顯示出來。每一個時期的睿智的文化，都是經由精神生活的各種表示的通力合作所產生出的。這些表示在某種程度內，是與全體互相契合的。人類的睿智在每一個所與的時期對它的對象所處的立場，不論如何差異，而雷與（Lessing）的智者諾謂（Nathan）是不能完全與一個斯保爾丁（Spalding）的宗教論文，和一個門得爾松（Mendelssohn）的哲學論文，完全隔絕的。只有在人們把它們綜合而觀時，才可以看到，那個時代是在何種方式下具有上帝，世界，和他自己的。

人們如果再一把握各個特殊的問題，那麼這一層是更爲明白的。在我們的文學中，雷與等也是在詩歌中先構造了一個人生理想，然後那種理想才得到科學的解釋的。

這種現象的根源就在於，哲學——即一般的以知識爲事的科學——是不能夠表示宗教或詩歌所能表示出的重要東西的。科學如果可以解釋了各種事實的聯繫，而給它們建立了一種充足的統一的理由，那麼在表像能力的範圍中，精神就再沒有別的活動的餘地了。

黑格爾曾經建立起那樣一種觀點來。

在「現實」中，那呈現給我們的材料是非理性的，我們所藉以表像的那些元素，並不是可以互相歸納的，

就是康德也看到絕對的知識能力是沒有界限的。

藝術，尤其是詩歌，產生出典型來。這種典型在我們的表像能力中佔着一個重要的位置。典型是與法則並立的。凡表示自然中一種普遍的關係者爲法則。至於典型則是在單獨的情形下來表示一種普遍的東西的。所謂「典型」，要前設一種目的論的聯繫，如果我們願意把它歸納在一個抽象的思想表示之下。在它自己的範圍中，它對於我們的生命感覺乃是極有意義，而有束縛力的。

現代文化與哲學

(Die Kultur der Gegenwart und die Philosophie)

一

我願向諸位呈獻出的不祇是一種講壇哲學。只有在理解了「現在」以後，我才能向諸位道出眞正的哲學話語來。因此，我們應當先來把握那決定了現在世代並給與其哲學以銘印的那些「現代特徵」。

現代最普遍的基本特徵就是人對於現實的感覺（Wirklichkeitssinn），和其對於塵世的興趣。我們都信從了歌德在浮士德中所說的話。

惟此塵寰，足供留連，
惟彼帝鄉，渺不可攀，
嗟彼愚人，凝視仰天，
謬想凡夫，屹立雲端。
寄語伊人，穩立靜觀，
德必有鄰，不至等閑。

自從歌德說了這話以後，這種「現實的感覺」就藉科學的進步，而日益增長起來。我們所居住的地球好像在我們的脚下皺縮起來。地球中每一個成分，都被自然研究家所度量，所衡量，並且依照它的法則的關係被確定了。驚人的發現已經把塵世上的遠隔距離，納在短而狹的境地中。全部地球上的植物和動物都聚集在博物院和公園中，並且在稀珍本中分類開。一切人種的頭蓋都被度量了，他們的腦髓都被衡量了，他們的信仰和道德都被確定了。旅行家研究了自然民族的心理而且考古學的發掘也使那已經沈淪了的文化的殘留可以爲我們所接近。前一代人所用以看待希臘文化和以色列人之宗教發展的那種浪漫思想已經消逝了，而且我們看到，在到處人們所遇到的都是自然的和人世的事情。在政治中，地球上每一個民族都着眼於他們在塵世上的利益。而且他們也都在毫無瞻顧的求謀自己的利益，只要他們在平靜觀察了民族力量的狀況以後，以爲這種做法並無所害。

這種現實感覺的一個有特徵的結果，在詩人和著作家方面，也顯示出自己來。理想主義的熱情已經沒有力量了。我們較清楚的看到他們的題材限於歷史上的偉大事件，和人生飲料中的摻雜品。我們想把一切都徹底看清楚，而不願受任何事物的蒙蔽。在這一方面，我們的生命感覺寧近於佛爾泰（Voltaire）狄得羅（Diderot），或斐得利大王（Friedrich der Grosse）的生命感覺，而不甚近於歌德和釋勒（Schiller）的生命感覺。我們感覺到了人生中的問題，而且現在的全部文學和藝術，法國偉大的現實派畫家的畫像，以及我們的小說和戲劇中的實在主義，都與近代這種需要互相對應。叔本華，莫姆生（Mommsen），尼采等的混合的文體，要比菲希特和釋勒的悲情，影響更强。

我們這個時代的第二個特徵也決定了現在的哲學。自然科學的方法已經建立起一套普遍有效的知識，並且使人統治了地球。培根那個知識卽權力的計劃——卽人類當藉關於自然的因果知識，進到統治自然的地步——已經愈來愈被各種自然科學所實現了。這些科學乃是在最無可爭執的途徑下促進了地球上進步的那些權力。路易十四的一切藝術在地球上所引起的變化，都不如萊勃尼慈和牛頓在那時的沈寂中所想出的微積分所引起的變化，那樣經久而繁多。因此，伴着十七世紀中數學的自然科學之建立，人類就開始了一種新的階段。沒有一個世紀，比十七世紀完成了一種更大更難的工作。

（甲）科學在機械學完成之後就得到一種堅實的基礎。機械學的完成是由於數學和經驗結合起來。數學發展出體量的關係來，至於經驗則指示出這些關係中，某些實現在運動之中。加利略（Galilei）的發明正構成了這種手續的一種最簡單而最原始的例證。加利略從經驗上證明了，一個降落的物體的運動速度在何種比例中繼續增加，而且運動數量的繼續增加的簡單關係，就在這裏證明自己被實現了。

（乙）就自然的變化可以被運動所表像而言，那種新的科學證明自己有能力，來認識自然途徑的法則。光，熱，電，音，都可以受數學的自然科學所處理。

（丙）天空的運動也證明自己是隸屬於同一法則之下的。

（丁）化學的過程也在愈來愈廣闊的範圍內，可以有數量上的決定。

結果，在所有這些範圍中，都有一種穩定的，普遍有效的自然科學生起來，而可以做爲一切科學的模範。遠超於機械的自然科學以外，甚至在生物的自然科學中，人們也可以在因果法則的基礎上來統治自然。在自然的某種聯繫中，一種變化的原因如果是可以爲我們的意志所控制的，那麼我們就可以依照我們的意志來呼喚出我們所需要的結果來。在別的情節下，至少對於結果，我們可以有一種先見。因此我們就有了無限的期望，以爲我們可以把自己的權力擴及於自然之上。

與此相連的，還有現代文化的第三個特徵。以社會的秩序爲不變化的那種信仰，已經消滅了，我們現在正處於一些變革之中，人們要把這個秩序依照理性的原則改變了。有幾個成分，近幾世紀以來，在這個方向中，已經成爲有力了。

（I）各地方的實業和商業的影響愈來愈增長起來。因而各種經濟的力量就發生了一種變動，因而結果就使各階級的社會地位也發生了變化，而且新的政治上的權力要求也就有了力量。最先就是市民興起來，隨後勞力階級也要求較好的經濟地位和較大的政治影響，而且這些要求現在就決定了國家的內面政治。

(II)　這裏還有另外一個成分，就是，個人的權利意識也無限的生長起來。這種意識最先表現於宗教運動中，表現於那在農民戰爭中有力量的精神主義的潮浪中，表現於尼德蘭的宗教政治的運動中，並表現於英國的清教主義中。這種個人權利其次又在近代的哲學運動中尋求一種堅牢的根據。格老秀斯(Hugo de Groot)，佛爾泰，盧梭，康德，菲希特等人，都標記出這種權利意識在其中所爆發的那些階段。這個意識要求一種相應的社會秩序。但是這種秩序的堅牢基礎又在那裏呢？這裏就又出現了另一個元素。

(III)　這個元素就是那在自然科學中那樣運用有效的科學方法，現在也應用到社會科學之上，獨立的精神科學已經把自己發展成功。在自然科學之旁，自從開內(Quesnay)以來，國民經濟學已經當作經濟生活的法則學說，把自己發展出來，而且人們也把社會的兼歷史的世界，當做一個複合的形態，依照它的自然法則，研究其中互相合作的各個「目的之聯繫」，因而他們就發生了一個新的理想要想在社會的自然法則之基礎上，把社會加以改造。

(IV)　最後那完成這種改革的主體也變化了。開明君主之有限的改良企圖，自從法國大革命以來，就愈來愈讓步於人民的統治意志，就是要給自己以自己的經濟的，政治的，和社會的秩序的那種意志。集會自由，人民代表的日見增長的權力，以及直接普選制的推廣，都含有把關於社會生活法則的知識，應用在實際上的可能。

二

您如果完全浸潤於這種現實的感覺，這種現世的興趣，和科學對於人生的這種統治力中，那您就可以領略了過去一世紀的精神，而且現在世紀雖然不易窺見廬山眞面，而這種基本特徵仍是它所固有的。這個地球必須有一度成爲那被思想所統治的行爲的一個劇場，而且任何箝制也是都不能加以阻止的。

但是當現在人們問說，對於個人和人類，行爲的最後目標究竟在於什麼地方時，那貫穿於現代的深刻的矛盾就是露出來了。現代人們，對於事物起源，人生價值，和行為的最後價值等，偉大之謎，並不比先前伊昂殖民地，或義大利殖民地中的一個希臘人，較為聰明，也並不比伊賓，羅世 Ibn Rosehd 時代的一個亞剌伯人，較為聰明。正在現在，當我們被科學的急速進步所圍繞着的時候，我們看到自己對於這個問題，比先前任何一個時代，還更為不知所措。因為：

（I）實證科學把前幾世紀宗教的信仰和哲學的確信所依靠的那些假設愈來愈解消了。所與的現實，同其感官的性質，已經證明自己是一種不可知的東西的現象。

（II）正是前一世紀的哲學的最偉大的工作——即意識與知識的解析——曾經最有效的促進了這種破壞的工作。空間，時間，因果關係，甚至外面世界的實在性，都被人懷疑起來。

（III）歷史的比較指示出一切歷史上的確信之相對性來。它們都是被風土，種族，和環境所限制的。在歷史上往往有些時期出現，使關於人生價值和行為目的的一切堅牢確信，都成了問題，希臘的發明時代，前執政時代的羅馬，文藝復興時代，都是這樣一個時期。但是我們如果一比較所有這些時代與我們的時代，那麼我們就可以看到，世代愈降，則人的懷疑也愈為澈底，因而思想的紛亂就在我們這個世代，愈來愈擴及於我們思想和行為的前設之上。我們只要縱觀一下全部地球，那我們就可以比先前任何一個世代較明白的看到，對於世界之謎的答語之相對性。歷史的意識愈來愈明的說明了各時代中所出現的每一個形上學說或宗教學說的相對性。求知的努力中，似乎有一種悲劇的成分，即意志和能力間的一種衝突。

科學思想的統治權，和精神對於自己，並對於其在宇宙中的意義所生的迷惑無措，既然齟齬失調，所以由此就生起現代精神中和現代哲學中的最後而最固有的特徵來，一個拜倫，一個雷俄巴爾地（Leopardi）或一個尼采的陰暗的驕傲和悲觀主義，都是以科學精神對於地球的那種統治權，為其前設的。不過他們同時也感覺到意識的空虛，因爲一切標準都取消了，一切要素都搖動了，因而一種無約束的構造假設的自由，和對於無限可能性的玩弄，雖可以使精神享受其統治權，可是同時又使它感到無內容的痛苦。這種「空虛」的痛苦，對於一切深刻確信之混亂狀態所有的這種意識，和對於人生價值和目的的這種懷疑，在詩歌和文學中，喚醒了五花八門的企圖，使人來解答人生價值和目的的問題。

三

在現代這種文化中，哲學的地位是什麽樣的呢？

甲

哲學的最首要，而最明白的職責，是由現在的實證科學的意義中所出發的。這些科學需要一種基礎。因爲每一種科學都含有一些假設，我們是應當考究那些假設的有效性的。各種自然力既然被看做是諸種運動所集合的一個系統，因此它們就前設了空間，時間，和外面世界的實在性，因而所成問題的就是來證明這些前設的有效性。這種思想是由一個假設出發的，就是，它可以依照它的法則，來認識外面的現實。不過這個前設也是必須應當加以證明的。因而在這些點上，以及別的點上，各種實證科學都要求一種基礎設立。由於這種需要，所以當形上學的系統傾圮以後，人們就復返於康德。但是康德所立的基礎，現在既然被人認爲是不充足的，所以就又發生了現在在一切大學中統治了哲學的那種運動。現在人們要把知識問題儘可能的普遍建立起來，而且要藉新而確定的方法來準備這個問題的解決。普遍的科學學說成了現在哲學的職責，只要它是在努力豬求知識的確實性的。

乙

特殊的科學所加於哲學的另一個職責就在於，來建立那些科學的聯繫。現在形上學既然被拋棄了，而只有各種科學被人承認，因此，這種職責只當藉一種百科全書（各科學的一種編制）來解決了。實證哲學就來從事於此種問題的解決。孔德 Comte 和彌爾父子就是這種觀點的最初代表人。在德國，這個觀點經由馬赫 (Mach) 和亞文諾 (Avenarius) 而得到它的完成。

實證主義者的共同的學說就是；一切人類的知識都是建立在經驗上的。各種概念只是呈現經驗，結合經驗，的一種帮助材料。科學乃是經驗的一種表像，它可以使我們把經驗加以集中，加以評價。哲學只是各種經驗科學的綜合。在經驗科學終了之後，就開始了那不可探求的東西。實證主義乃是自然研究者的哲學。凡受過自然科學的訓練的冷靜的頭腦，都採取了這種主義。他們看到，他們生存的目的就在於知識的推廣。因爲對他們說來，人生價值和目的的問題，乃是被個人所解決的。他們是冷靜而恬退的承認有不可研究的東西的。

丙　形上學的講壇哲學

可能哲學，願望哲學 (Philosophie von Möglichkeiten und Würschbarkeiaen) 等。

這個毫無根據的鈍腈的原則，在新教的神學中也得了勢，而且甚至擴展及於李持爾 (Ritschl) 的神學中　他在這裏甚至應用了懷疑的精神，來辯護人們之降落於路德教之特殊的實證性中。不過在這樣一種宗教的全部歷史基礎頹頹以後，人們對於教會眞理的信仰就完全飄浮在空中了。因爲這種信仰，在我們對於人類理想所做的反省中，再無任何接觸點了。

在現代精神的這種狀況中，「懷疑」完成了一切，並且存在於每一個富有生命力的學派的基地中，因而在這種狀況中，形上學的講壇哲學就只成了一種陰暗的存在。我們所需要的乃是把人類努力的種種聯繫，提高起來達到明白而有良好根據的意識之中。至於各種形上學的概念之空洞的可能性，則已經藉它們交戰混亂的狀況，證明自己乃是無結果的一種講壇學問了。這些光輝的故事也許可以蠱惑了青年人們，但是我可以預許諸位說：在青年人後來生活的「誠懇」和工作」之前，這些故事就會粉碎了的。因而，他們大學時代的哲學的痛飲，就只留下一種哲學的醒疾了。

是如何的一種空洞的喧聲，如何的一種形上學的辯論！正如在中古時期之末似的，在一切講壇上，都講授着經院哲學——但是人文主義者畢竟勝利的克服了世界。因此現在，卡萊爾(Carlyle)，叔本華，尼采，瓦格納(Richard Wagner)托爾斯泰，梅特靈(Maeterlinck)，就大爲得勢了。在一個所與基礎上來建立形上學的那些可能性，都枯盡了以後，於是生命的謎之解決，就失沒在一個烟霧似的形相中了。

在現在的狀況下，人是處於形上思想的結束時期中的，而且相信，他們是處於科學的哲學之終結時間的。由此，就發生了生命哲學。它每逢新起來一次，就總脫掉了較多的形上學的成分，並且較爲自由而獨立的發展出自己來。最近一代人中，生命哲學又成爲統治的勢力。叔本華，瓦格納，尼采，托爾斯泰拉斯金(Ruskin)梅特靈，都依次相承，影響了青年。他們的影響，被他們與詩歌的自然聯繫而加强了。因爲詩的問題也是生命的問題。他們手續乃是注重方法而講求生活經驗的，那種手續是在原則上排斥了一切系統的假設上的。它乃是一種方法上的歸納，它是指向於人類生活過程而企圖從其中推出生命的基本特徵來的。

這種生命哲學的力量就在於：它因爲免除了形上學的偏見，而直接有關於生命，所以它就加强了這些思想家的每一種觀察力量，每一種藝術的呈現力量。這些思想家處於一種不斷的練習之中，以便時時知覺到這些特徵。正如經院派的思想家發展了一種能力，可以把一長串推論一覽無餘似的正如歸納家發展了一種能力可以把許多事例並立觀察似的，同樣，這些人也發展了一種能力，可以把靈魂在其中追求幸福的秘密過程，呈示出來，並且呈現出：那在我們自身由衝動生活的朦朧中，帶着要求而出現的力量與那當做作用價值(Wirkungswert)而從外面呈現出的東西，並與那在記憶中思想中，幻想中影響了那樣生起的過程的作用，之間都有什麼實在關係。因此，這些著作家所佔的位置，乃是在那專門發展出的哲學中一向無人估過的。

前述諸人的生命哲學與這樣一種科學分別之處，就在於：它並不談及我們內心隱伏的特徵（它們遇機會就出現了）和外面作用的對象，有何種特殊關係，也並不談及人生途徑的種種特殊的可能性，而只想在明確的方式下來宣說我們內心隱伏的作用，外面出現的作用價值，人生的最高價值和目標，以及求達幸福的途徑。 我如果稱人生價值在其中被產生出的那種因果的聯絜，或那尋求滿足的「自我」與外界的關係，爲人生之意義 (Bedeutung des Lebens)，那麼這些人就是要想明確論究這種意義的。 但是他們由此就成了形上學家的同事。 他們在其狹窄的範圍中也與形上學家作同樣的要求。他們也想來把握最後的絕對。 而且他們的資具也不足以達到這個目的，因爲可以證明他們尋求的關係的惟一可靠的微驗，只存在於我們內心隱伏的力量與外面影響我們的對象間之關係上，這些關係只是一些稀微的成分，而且這些成分只彷彿是深不可測而廣漠黑暗的大水上吐出的一些明亮的點子。 每個人都是根據自己，來談說那些點的。 他在自己以外所見的生命，他都是根據自身來解釋它們的。

這種意向正是與形上學家的企圖相近的。 從這種意向中就出生了這種生命哲學的固有的錯誤。 這種哲學如果限於我們在自己的個性中所見的那個方面，那麼它在某種範圍內也是正確的，但是它如果把它的角隅看做是世界，那它就完全錯誤了。 培根從個性的空洞中所推出的那些錯誤，乃是於這種哲學有所損的，它們忽略了歷史的，地理的，和個人的條件。 歷史就反駁了它的。 叔本華要在靜觀的態度中來擺脫他那不受控制，憂慮焦灼的自我。 卡萊爾傾心於英雄的意志，而以爲在偉大的宗教人格意義下，這種意志才是極大的價值。 托爾斯泰又一再主張由野蠻跳到恬退中。 梅特靈的問題乃是人生。 他從斯多伊派的生命和哲學出發，而且他也如那一派人似的，企圖把泛神主義與濃厚的自我意識結合起來。據他說來。當我們意識到自己與「無窮界」，「不可見界」的關係以後，精神的人格才能生長起來。 因爲這種人格在其無意識的基礎中是與這個

「全整生活」結合起來的，而且它只有把自己看做是那不可思議的「神明」的一種表示時，它才能確保自己的價值。因此，他在他的窮人的寶藏(Der Schatz der Armen)中就推論出一個新的藝術理想來。那種藝術把簡單的靈魂與不可見界的寂靜不可覺察的關係，和那在其中完成了的人格形相，作爲戲劇的中心，這正與莎士比亞戲劇中那些奇特反常的情感之呈現適相反對。同樣，由此又生起一個靈魂生活的理想來：就是那種生活要屈從領會「靈魂深處」與不可見界的作用所有的那種極精細的關係。

在智慧和命運(Weisheit und Schicksal)中，他又由此推得一種教言，教我們利用每一種經驗來培養人格。他的基本概念乃是照斯多伊派的做法，一面把我們的獨立性提高，一面又使自己屈從於人生的權力，而這兩種極端連合之道就在於：使我們的本質與事物互相契合，並且在世界與我們中間建立起一個和諧來。我們的靈魂生活所有的那種不可企及的基礎如果愈爲強烈而活躍，而且眞理和正義如果愈在其中發展出來，則那種基礎便愈與外面的命運進於一種和諧的關係中。他那部最後的作品，隱藏的廟堂(Der begrabene Tempel)又從這裏繼續往前發展，他曾說過實行正義，如何就可以在我們心內發生了一種幸福的感情，而使我們有幾分獨立於外面的世界以外。但是他在這裏却決然轉向於一種詭辯的片面性上，現代的生活哲學家是沒有一個能以逃掉這種片面性的。現在我們已經聽到一個「超乎時間」而「不可見」的「自我」了。

幻　夢 (Traum)

我的一大些恩主，朋友和學生，用賀狀來尊榮我，並用名手所劃的我的畫像賜與我，而且又用盛筵娛樂我，現在對諸位是要表示最熱烈的感謝。我一向對官樣的祝賀，都是婉辭的，至於由個人觀感所給我的自由餽贈，使我充滿了最深的感謝。

當我回顧我的生平時，我是不得不帶着謝意承認許多幸福的。 最要緊的是我畢竟親眼看着：我年輕時候所渴望的可愛的德國民族之統一和其生活秩序的自由發展，已經實現了。 其次我又能依從我自己的內心傾向，自由活動，而同時又能默察靜觀，對着世界生活，立身行事。

我們曾在廣大的範圍中有過一種獨立的活動。 我們教授們在大學中，正有一種燦爛的使命！其次，我又享有一種美滿的家庭生活。 無饜足的求友之心也得到了報答。 我在想起那先我而去的人們，我的老師，特倫德堡 (Trendelenburg)，和愛曼德夫(Bernhard Erdmannsdörffer)，和伯爵約克 (Yorck) 時，我是不禁悲從中來的。 我對於他們是時常縈懷的。

我帶着感激之心，看到了周圍的忠實的新交舊識。 而且我是特別系念處於寂靜的密室中的蔡勒 (Eduard Zeller) 的。

在我的朋友之中我是特別應當感謝高德霽德教授 (Professor Goldscheider) 的，他曾經藉其金針妙手，使我衰敝之體，經過種種危險得以起死回生。

我一向把我的學生當做朋友看待，今天我特別要感謝他們一向對我的助力和他們在無數信件中所表示，而爲我所當熱心答謝的愛慕和忠貞。

我一向企圖把研究方法傳授給他們，就如造成功哲學家的那種解拆「現實」的藝術，以及歷史的思想。 我並不曾對人生之謎有任何解決，但是我在沈思了歷史意識的結局以後，却感到了人生的情調——這種情調正是我想傳授給人的。

現在我可以向諸位談及這一層麼？ 這正是使我們今天聚會在一塊的一次哲學的饗宴。

系統的形式在知識的範圍中乃是不可缺的。 它同時又是一種框架。——當歷史的意識在思想中認識了它的意義以後，就生起了一種生命的感覺，這正是我想對諸位所講的。 今天我正願意給與這種感覺以一種表示。 但是每一種學說的表示都是沈重而冷酷的。不過我的朋友魏登不魯 (Wildenbruch) 已經給我指示了一條路。我要感謝他的話。不論男子和夫人都認爲被詩人歌頌是最美的幸福。他既然求訴於我的詩意，那麼他就應該對我負責的，倘使我的詩與死灰復燃起來，並且把那多年以來從哲學工作中所出發的生命感覺，表現在詩意的形式中——不是用詩句，諸位不要怕。

是在十餘年以前。我在夏天一個晴美的晚上，來到克蘭奧兒(Klei -Oels)我的朋友的邸中。我和他的哲學對話正如一向似的一直繼續到深夜。現在我仍然可以回味當時如何在那久已熟識的寢室之中，脫衣就寢。我正如一向似的，很久站在牀上懸掛着的浮爾帕陶(Volpato)的「雅典學院」(Schule von Athen)那美麗彫刻之前。我在這一晚上特別快樂，好像神聖的拉飛爾(Raphael)的和諧的精神把那拼死命相爭的各個系統之戰和緩起來，成爲一種和平的談話。在這些容易互相吸引的形像之上，備佈了和平的情調，這種情調最先企圖在古代文化的晚陣中來調和各種系統的强烈的對立，隨後又在文藝復興時代的最高貴的才智之士中活動起來。當我困倦之後我就躺下。我立刻就就入了睡鄉。跟着一個緊劇的幻夢生活就把握住拉飛爾的畫係和我們所作的談話。在夢中，那些哲學家的形態就都成了現實的。我遠遠的看見有一長串人穿着近幾世紀的各色衣服從左邊來近哲學家之宮。每當一個人走過，並把面孔轉向於我時，我就努力求認識他。這一位是卜倫諾，這一位是笛卡爾，這一位是萊勃尼茲，此外還有許多別的人，都是我依照他們在畫中的影像所表像出的。他們上了階梯，當他們向上擁擠時，於是廟的四壁就傾圮了。在一個廣大的園地之中，他們就混雜在希臘哲學家的形像之中。現在夢中就有一件事情使我發生驚異。它們彷彿被一個內面的衝動所驅迫似的，都在努力相互結合起來，成爲一個團聚。那種運動最先傾向於右邊，在右邊，數學家亞幾米德(Archimedes)正畫他的圈子，天文學多維某(Ptolemaeus)又藉他所提着的地球而被人認出來。那些把世界的說明建立在堅牢而無所不包的自然界上的思想家，都聚集起來，這些人是從下往上走的，他們想從互相依屬的自然法則之聯繫中，找尋出一個統一因果解釋來，把精神隸屬於自然之下，並且恬退的把我們的知識限於那依照自然科學而認識的事物之上。在這一羣唯物主義者和實證主義者中，我又稱一個人的精細的形徵，和其口上的譏諷的微笑，認識了達朗保（d'Alembert），他的微笑似乎是在嘲弄形上學家的幻夢。我在那裏還看到了孔德(Comte)，就是各國一些思想家所敬聆請誨的那位實證哲學的集大成者。

現在又有新的一隊人擠向中心，蘇格拉底和神聖的柏拉圖之崇高的耆老面孔也在那裏。這兩個人是曾在人心中的上帝意識上來建立一個超越感性的世界秩序之知識的。在那裏我也看到那心中熱忱尋求上帝的奧古士都，許多哲學的神學家都聚集在他的周圍。我曾聽他們的談話，他們企圖把那爲基督教之靈魂的「人格的唯心主義」，與那些可敬的古人的學說連合起來。現在，笛卡爾從數理的自然研究者隊裏脫出來，他是一個柔弱無力，好像被思想之力所消耗的一副面容，並且好像被一種內在的大力吸引到這些主張自由和人格的觀念主義者裏邊。於是全隊人員就又展開自己，當康德的易屈而細瘦的形相，帶着三角帽，柱着拐杖，走近的時候。——他的形容好像因爲過度用思之故，殭硬起來，他正是那把自由的觀念主義提高到批評的意識地步，並使它與經驗科學調和起來的那位大人物。於是一個光彩煥發的像帶着沈思俯視的高貴頭顱，仍用青年的步驟，上了階梯，進向老師，康德，面前——在他的形容中深沈思想和詩意的理想化的直觀，與對於行將降到自己身上的命運所有的一種預感，混合起來，他乃是歌吟自由觀念主義的詩人，就是我們釋勒菲希特和卡萊爾也已經走近了。蘭克(Ranke)和基佐（Guizot），以及別的大史家，似乎在竊聽這兩個人。但是我感到了一種奇特的恐怖好像我在他們旁邊，瞥見了我幼年時候的一個朋友特雷持克（Teitschke）。

這些人剛剛集合起來，於是在廟的左邊，又有各國的思想家聚集在那最先洞察了宇宙之神聖和諧的畢達哥拉斯和赫拉克萊特四周。卜倫諾，斯賓挪莎，萊勃尼兹。看來令人驚奇的乃是：德國那兩位施維本的（schwäbischen）大思想家謝林和黑格爾仍然如在年輕力強時代似的，攜手前來。 所有這些人都宣示說宇宙中有一種瀰漫一切的精神的神明的力量，這種力量寫於每一個事物中和人格中，它在一切之中都是依照自然法則而活動的。 因而在它以外就再沒有任何超驗的秩序和自由選擇的範圍。 所有這些思想家在我看來都在工作煩累的面孔之下隱藏着詩的靈魂。 在這些人裏邊，也發生了一種猛烈向前的運動，當後一個神彩威嚴，步伐整齊，帶着嚴肅而近乎强硬的態度的形像前來時：當我瞥見歌德的如日似的照耀着的大眼睛，和亞波羅式的頭顱以後，我就因恭敬而生了畏懼。他正在中年，而且一切形像，如浮士德，威廉邁士忒，伊非更尼（Iphigenie）和塔騷（Tasso），都在他四周浮動着。 這些人對於那創造了自然而又創造人類的造形法則，都有偉大的思想。

在這些最偉大的形像裏邊又有各個形像立着，並不住的活動着。 他們似乎徒然的想調和了那堅決排斥了一切人生之謎的實證主義和形上學，並想調和了一個可以決定一切的聯繫和人格的自由。

但是這些調和之人却徒然的在這幾隊人中間匆匆往來着——那把這幾隊人隔開的距離一時一刻都在增長着——現在他們中間的地基也陷落了——一種可怖的敵意的離異似乎把他們分開 我自己感到一種奇特的焦慮，好像哲學要分爲三隊或更多的隊——我自己的本質之統一也似乎撕碎了，因爲我一時被吸引在這一隊，一時又被吸引在另一隊，而且我還努力維持我的立場。 在我的思想的這種憧憧之下，睡眠之幕就變得薄而輕了，幻夢的形像也變白了，因而我就醒了。

繁星從寢室的大窗內閃爍進來。 宇宙的「不可測度」，「不可穿越」，就包圍起我來。 我現在就如被解放了似的可以自由來思想我在深夜的談話中貢獻給我的朋友的那種令人安慰的思想呢。

這個不可測度，不可把握，不可捉模的宇宙，由各種途徑下反映在宗教上的預言人，反映在詩人和哲學家中。 他們全體都處於地方和時間的權力之下。每一個宇宙觀都是在歷史上被決定的，因而是有限的，相對的。 一種可怖的思想的混亂似乎就是由此出發的。但是正是那產生了這種絕對懷疑的歷史意識，把這種懷疑的界限確定了。第一，各個宇宙觀是依照一種內在的法則分化開的。在這裏我的思想就又回到那些偉大的基本的宇宙觀上——就是它們給麥者呈現在三隊哲學家的影像中的那些宇宙觀。這些宇宙觀的類型在多少世紀中都互相對峙着。再其次就是那另一種把人解放了的思想：就是各種宇宙觀都是建立在宇宙的本性中，和在有限方式下來行認識的精神與宇宙之關係中的。這些宇宙觀中，每一個都在我們的思想範圍中表示出宇宙的一面來。我們永不能把這些方面一覽無餘。純粹的眞理之光只是多少破碎的光線中才看到的。

這是一種陳腐有害的結合方法。因爲哲學家尋求一種普遍有效的知識，並藉這些知識來決定人生之謎。這個結合方式是必須解開了的。

哲學指出兩種面孔來。那永不熄滅的形上學的衝動，使人從事於宇宙之謎和人生之謎的解決，在這方面哲學家正是與宗教家和詩人相近的。祇是哲學家之所以異乎他們者，乃是因爲他要藉普遍有效的知識來解決這個謎。這種陳腐的結合，現在是必須給我們解消了的。

哲學的發端和最高的職責乃是：要把經驗科學的客觀思想——這種思想正從各種經驗中取出一種依照法則的秩序來——提高在意識之中，並且在自己面前，把它辯正了。在各種現象中有可以捉摸的實在，那就是依據於法則的秩序。這乃是在普遍有效的途徑下所給與我們的惟一的眞理，而且它是在我們的意義和我們的理解力的象徵語言中被給與的。這乃是哲學的基本科學之對象給我們的知識所作的這種證明，乃是哲學的基本科學之最大的機能。自從蘇格拉底以來一切眞實的哲學家都是從事於這種科學的建立的。哲學的另一個偉大的成就，就是它把各種經驗科學組織起來。任何地方，人們只要把一種科學的基礎簡單化了，或者把一種科學與「知識」這個觀念的關係確立了，或者把科學方法的知識價值加以考驗了——那麼在那個地方，就有哲學的精神存在着。不過在我看來，現在已經不能再產生獨立的藝術哲學，宗教哲學，法律哲學，或國家哲學了，產生這些的時期似乎已經完了。此外，哲學的最高機能還有「證明」(Begründung) 和辯正 (Rechtfertigung)，批判的意識，以及那把握住一切客觀的思想，一切評價，一切「標的」的那種組織的能力。這樣所生起的有力的聯繫，是注定要來領導人類社會的。關於自然的各種經驗科學已經把外面的世界改換了；可是現在又開啓了一個新的世界時代，各種社會科學行將在其中對於這個世界也愈來愈擴大其影響了。

在這種普遍有效的知識的另一個方面又有一些問題，關心這個問題的人，乃是那對着生與死而不能互相共喻的人們。對於這些問題的解答只在在於各種宇宙觀的秩序中，這些宇宙觀在各種形相下給我們的理解，表示出「現實的多邊性」來。這些形相都是參照於一個眞理的。可是這個眞理是不能認識的，每一個系統都把自己陷在矛盾之中。歷史的意識把哲學和自然研究所不能打破的最後連鎖畢竟折斷了。人類現在完全自由的站在那裏。但是在同時人們還保存着一種靈魂的統一，他們仍然得以窺見一種雖然茫無涯涘，而却爲我們的活躍本質所明白見到的事物聯繫。我們正可以自行慰藉，勉在這些世界觀的每一個以內，認識眞理的一部分。當我們的生命進程把那不可測度的整個聯繫的片面帶在我們面前時，當那表示這些片面的宇宙觀的眞理把我們把握住時，那我們就可以把自己穩穩交付給這種聯繫：眞理是在它們全體以內的。

這差不多就是我在那時儘管玩味的一些觀念，當時我仍然注視着夏夜中羣星的燦爛，分明如一個前後作夢，中間暫醒的人似的，心中各種思想在交織着。最後又有一次清晨的微睡，和那常伴着它夢昧，來襲擊我。星空似乎照耀得愈來愈亮，因爲晨光已經湧進來。飄渺而祝福的形像進向天際。當我醒了時，我曾努力追喚這個幸福的幻夢景象，但是終於無效。我只覺得，靈魂的最高自由和運動的那種祝福已經表示在它們裏邊了。因此，我就給我的朋友把這個幻夢記載下來，不論這種幻夢最後所消沈於其中的那個生命感覺是否能傳達給他。我們這個世代比一向更努力的，帶着微笑的口和憂鬱的眼，來研求人生那副神秘難測的面孔。朋友們，我們現在要背求這個光明，背求人生的自由與美麗。但是我們不能重行起首，而把過去搖落了。我們不論到什麼新的家鄉，總得帶着舊日的神靈。只有能犧牲的人，才可以盡性生活。尼采雖然在孤寂的自省中尋求原始的本性，超歷史的本質，可是那是徒然的。他脫了一層皮，又一層皮，結果剩下什麼呢？只剩下一種被歷史決定的東西，就是文藝復興時代的權力之人 (Machtmensch) 的特徵。人類究竟是什麼，只有歷史能告知他。別的人們把全部過去都拋棄了，以便無成見的來開始生活，那都是徒然的。他們不能搖脫掉過去的事情，「過去」的神靈正如他們的幽靈似的。人生之佳調是被那與它相伴的過去的調子所決定的。人只有在獻身於歷史所產生出的偉大的客觀的權力以後，然後才可以擺脫了當下的苦難，擺脫了每一種快樂的無常。要想調和無上的人格與世界的進程，不能依賴人的任意和快樂的主觀性，只能獻身於這些權力。

社會學之現狀及本質

Soziologie—Was sie ist und was sie sein sollte

桑巴特 (Werner Sombart) 著

貝 錦 玉 譯

桑巴特介紹

國家經濟學權威，同時更把經濟史作爲精神史而研究的偉爾納、桑巴特於一九四一年五月二十日逝世。不久以前，文叔(Josef Winschuh)於其著作男子、傳統與符號 (Männer, Traditionen, Signale——柏林，Dr. Fr. Osmer 出版)中大爲讚賞桑氏的貢獻；桑氏的貢獻超卓並且獨樹一幟。文叔爲之特闢一章，題曰："桑巴特——資本主義與社會主義間之徬徨者"，其文如下：

桑氏在研究方面的貢獻不只具有一種學術上的客觀價值，並且還爲經濟提出了"經濟到何處去？"的問題。他曾教導一整個世代去理解它的經濟結構，他曾教育那第二帝國的公民去認清自己；他在資本主義的前面舉起了一面鏡子，並使人們養成公正無私，正視或對抗這主義的習慣。桑巴特不但把"資本主義"的觀念紹介到學術上去，同時他更把對於它的討論社會化了。他理解資本主義，且把資本主義作爲一個經濟時代而描寫。

桑巴特所用的方法是學術的，而同時也是技術的。他一生中作品的魔力與作用就決定於這種混合方法中。桑巴特如同一個站在各時代敘述者肩頭上的歷史家，他像一個建築師似地組成他的題材。他具有融會貫通的思想力，有系統地區分之爲階段與時期，而於個體的區分之上建起精神的聯繫。他常常說：教授即區分 (Lehren heisst gliedern)——同時他所作的區分是很得當的。此外，他還是一位在文體上能夠運用技巧的人；造句簡練，而印象深刻。在性格及愛好上之標奇立異對於他已是司空見慣的事，在他的許多演講中就能表現出這一點來。無論如何，他的文筆却勝過他的口才；許多人之贊同與研究此派學說乃是受了桑巴特著作的影響，而並非因爲他是柏林國家學術研究會的導師的緣故。

他的著作之有無限魔力在另一方面，是因爲其中的經濟分析同時也是文化素描（Kulturgemälde）這素描是以正確而着彩色的線條描出的。有一次，塞曹(Saitzau)教授曾談到"桑巴特熱"；無論如何，下面這句話：其文章之風格即其之爲人(Le style c'est l'homme)是很適合我們這位資本主義之歷史家的。

他不是社會政策家，以激動人們的同情。他不以倫理，社會的態度來指斥資本主義，而是以文化人的身份指斥之。他對於分工問題沒有興趣；社會上的哀感去他更遠。他之所以恨資本主義，是因爲資本主義創造了一個"醜態百出，注重物質，違反精神的世界"。根據同一理由，他蔑視布爾喬亞，認爲他們是沒有文化的。雖然他的出身是一個工業家兼國會議員的兒子，而他却覺得對於這一階級，他是不負任何義務的，他置身於階級之外。桑巴特敏銳地感覺到現代充滿生命的發展，過去之腐敗以及新生力量之生長，於是在他的態度中乃日漸貴族味起來。

無論人們把他的研究列於國家經濟學中抑列於社會學中，他是漠不關心的。他在理解與認識上有獨到之處，絕不在微末瑣屑的事物上用功夫。他開始瞭解到現象之繁多複雜，及在現象中或現象後發生着作用的意識；而支持這意識的東西就是人，人乃一切事物的尺度。一次，他在雷興大學（Lessing-Hochschule)中講道："人是有精神的生物(Der Mensch, das Lebewesen, das Geist hat)。由這個定義中，我們即能把桑氏思想的特徵一覽無餘。

桑巴特學說的基礎是倫理學的，其乃決定於理想之形態（Wunschbilder）與價值之標準Wertmasstäbe)。他雖然說在他的研究中，對於其他科學不加可否，不與以任何評價；而他的研究却創造了價值判斷，至少是在無意識中創造了它。在經濟學的方法論戰（Methodenstreit）中，桑氏仍是矛盾的，極端的，同時也是過渡的。有一個時期，他曾是布爾喬亞的，自由的經濟學中之一個落伍者；然若無這研究的自由，則他攻擊當時之時代精神的著作乃成爲不可能的了；另一方面他在方法論戰中並不以他的地位而棄絕那引向國家社會主義之學理觀念的橋樑作用。此學理觀念也給予政治學在精神領導上的元勳地位，同時更把精神科學自世界觀起便統一地整理起來。

他的著作德意志社會主義（Deutscher Sozialismus）於"一切爲了德國（Alles für Deutschland)"的標語下伴着一九三四年度來歡迎國家社會主義。這本書誠然涉及了不少的現實；而桑氏所予之推動力倒是文化的成分多過社會的成分。他對於新事件的態度與其說是社會主義的，動力的，倒不如說是靜觀的，恆久不變的。桑巴特是個經濟學家，而這經濟學家結果竟輕蔑了經濟；於舉世高估經濟價值之時，如於國家經濟體制中然，像桑巴特這種情形眞是鳳毛麟角。晚期的桑巴特簡直完全起了厭倦經濟的情感，人們幾乎想稱其爲貴族式的社會主義者。他希望不以經濟爲主題，而以文化來代替經濟。但這後的時代卻已把桑氏的要求與預言否決了，民族間的戰爭需要更多的經濟。

（一）總　論

"社會學"在廣義方面講，就是說明人類共同生活的學說。"社會學"一詞之出現與應用，我們尚須歸功于孔德(Auguste Comte)。

本學說之發軔爲時甚早，於古希臘時代已曾喧囂一時，如在柏拉圖與亞里斯多德的言論中均可見到；然以後就無人潛心研究了，直至十九世紀，它才獲得了充分的發展。故以下僅對其近世的發展狀況加以檢討。

今日"社會學"所博得的批評並不見佳。法數學家龐恩卡累(Poincaré)稱其爲"方法最多而效果最小的科學"；俄學者彼得拉葉茨基(Petrajitzki)曰："科學病理學學說之博物館"；德歷史學家封多費曰："出租假面具的名詞的機關"士榜格(Eduard Spranger)解釋之爲："各種不同問題，方法與對象糾纏不清的學說"，他還很有理由地談到"對於社會學的恐懼"。

發生這些非難批評的主要原因大約是由於社會學學說種類的繁雜。有人說社會學的見解如此之多，以致我們竟不能只討論社會學，而卻需討論社會學家，這都是過甚其實。因爲一個大師的門徒的數目雖然小，而他仍然能夠找到幾個信仰他的學生，我們一看到現在已出現無限增加的社會學著作，就可證明有了無數理論不同的社會學。下面（在第二章中）我將就這些社會學，或更詳細的說就社會學的"觀念""見解"及"學派"，而對其中六種佔主要地位者加以概括的說明。但我願意預先聲明，凡此六種學說之中我不贊同任何一種；我希望能夠（在第三章中）重新建立一新的主要觀點來領導這關於人類共同生活的理論。

我根據于作社會學的觀念與見解的基礎之認識原則(Erkenntnisprinzipien)

與任務類別，把今日於社會學中我們所能見到的概念與見解各自區別之。所請注意者，即這種依照基本立場的分類並不完全與各研究者所留給我們關於社會學學說的分類相符合，因爲在他們的學說中常常表現出不同的基本概念。如孔德一"系統"中至少包含了三種理論互異的社會學，它們毫無系統地共同存在着。

如果我們打算洞察一種學說的基本結構，我們最好確定這種學說的歷史淵源；看它是產自何種精神環境，並常與何種具有支配力的精神傾向相對立。如社會學之種類，眞像我所說過的是那樣繁多的話，我們便不能一般地確定社會學的源起。於是我們再用不着有像以下所述之舊日的爭論了。蓋某派以爲社會學起於柏拉圖，另一派謂起於十八世紀中葉，第三派謂起自黑格爾(Hegel)及石太因(Lorenz Stein)，第四派謂起於德國浪漫派，又第五派以爲其乃源起於聖西門(Saint Simon)及孔德。結果則以見解之不同而各持其說。而我個人曾寫過一篇論文，題目乃必須稱之爲「一種社會學的起源」(一)，而不稱之爲"社會學的起源"，(乃是本科學中那最有力的一派)。

因爲我所着重者不是敍述社會學上的文獻，所以我將只引證某一些派別中幾個少數且重要的代表者的言論；其餘的就請參閱本學科的各種學說史。關於這方面的著作，我特別要提出的有：巴特(Paul Barth)的歷史哲學即社會學(Die Philosophie der Geschichte als Soziologie, 3.und 4.Aufl. 1922)；史脫滕貝格(H. L. Stoltenberg)在社會學考參書中之社會學史(Geschichte der Soziologie; imHandwörterbuch der Soziologie—A. Vierkandt 出版，1931)；索羅金(Pitrim Sorokin)的當代社會學學說(Contemporary Sociological Theories, 1928)，其中也曾以正確的批判態度闡述過去的各派理論。

此外在威斯(L. v. Wiese)出版的可侖社會學季刊中還有關於現代各派社會學的論文。

可供參考者還有：社會學集成中之今日之社會學(Soziologie von heute)，原

(一) 見"Erinnerungsgabe für Max Weber." 1923.

載於社會學雜誌(Sociologus)中，出版者爲徒隆瓦德(R. Thurnwald)；又柯尼席(René König) 所著：現代法國社會學之最新流派(Die neuesten Strömungen in der gegenwärtigen französischen Soziologie 載於一九三一哥崙季刊七卷中)；以及發爾忒 (A. Walther) 的社會學與社會科學 (Soziologie und Sozialwissenschaft in Amerika. 1927)。

同時，步勒 (Hans Proesler) 在他的小册子"社會學文獻"中編列出了一個研究書目。

此外還有一部社會學文獻集，即史脫滕貝格與鄙人合出的社會學(Soziologie. 1923 版)。

(二) 社會學主要派別

甲. 自然法派或規範說社會學

以前一般人對於人類共同生活的一種觀念形式，乃是自然法。我們知道歐洲文化圈內的自然法是在希臘思潮中源起的。中世紀時神聖自然法的主張已是甚囂塵上；至十六及十七世紀時，國家的，非神聖的自然法的思想乃再高漲起來。而於近代它又有了新的發展。起初，這觀念只限於國家形式方面，經院學派時代則已延用之於整個社會生活上去；自十七世紀以降，它又愈益採納了"道德哲學"的理論。因此它變成了一種無所不包的社會學，並且似乎普遍化起來。十八世紀初葉，此類社會學的代表著作有吳爾夫基富 (Christian Wolff) 的關於人類社會生活及國家的合理思想 (Vernünftige Gedanken von dem gesellschaftlichen Leben der Menschen und insbesondere dem gemeinen Wesen. 1721) 等。以後有幾代的時期，整個社會學的思想爲康德所左右；自一七八八至一八三一數十年間只在德國一國中，論述"自然法"的著作便不下一百〇八本之多，此皆屬於康德學派。此外，世萊瑪哈 (Schleiermacher) 於其倫理學中亦十分適當的述論他的"社會學"。同時西方的思想中也有這種自然法的社會學。單只提到霍布斯（Hobbes），洛克（Locke），馬不里，（Mably）和盧梭（Rousseau）便已足够了。

我曾說過，這派社會學於近代有了新的發展，於是一方面想到了康德派的自然法著作中要以斯塔姆拉（Stammler）的言論最爲出色，尤其是他那著名的一部經濟與法律（Wirtschaft und Recht. 1896年初版）；另一方面想到了天主教社會學之廣大著作；自從人們返回到托瑪斯哲學（Thomistische Philosophie）的路途上去，各論著中跳躍着活潑的生命。在這方面，內容豐富可作教科書者有耶蘇會的卡德萊因（Victor Cathrein S.J.）之倫理學（Moralphilosophie. 1924, 六版），與毛斯巴哈（Josef Mausbach）的天主教道德神學（Katholische Moraltheologie. 1926五版，六版）。參閱：喜林（Otto Schilling）的基督教社會學（Christliche Gesellschaftslehre. 1926）；還有史畔（Othmar Spann）也是屬於自然法社會學派的，其著作有：社會學（Gesellschaftslehre. 1914）；眞理之國（Der wahre Staat. 1921）；社會哲學（Ge ellschaftsphilosophie. 1928）等。

這派的共同思想及他們的構成基礎，即在信仰人類社會秩序乃是一個自然，千古不易與眞理的秩序；這是由神力（在神聖方面講），由理性（在非神聖的自然法方面講）所建樹的，無論是神律還是理性的判斷，這是一個須自內部觀察始能理解的秩序。因此社會學的任務，即在于思考人類社會生活過程中的理性（Logos）是有生活力的，創造的與合作的。如果一個實際的社會制度與此神明的及理智的秩序不相吻合時，那它就不過是離開準繩，如史畔所說：「誤入歧途（Fehlausgliederung）」，所以這是要不得的。自以上的思想中，我們可以得到本社會學中規範說的性質：制定嚴格的定理與達到健全社會的準繩。

對於這規範說社會學雖然要承認它顯著的功績，但如果我們期待它是一種"解釋的"或"實證的"科學——我們也可以不用任何形容語地說：一種科學，而這科學二字的意義乃是我們數世紀以來所給予它的意義，那我們就不以這種理論作爲我們所尋求的社會學；換言之，這種科學應該是一種發現普遍妥當知識(allgemeingültiges Wissen) 的認識方法，所以它只需根據於經驗與邏輯的存在，而不必根據任何一種信仰。(二) 有一種觀察人類社會的方法與我們所必須對於科學上的要求是符合的；我們可以稱它爲自然科學的社會學。

乙. 自然科學的社會學

這類自成一派的學說曾經風行一時，尤其在十八世紀的英國；於十八世紀末葉已有幾部成熟的作品出現。　這種社會學的發展不是根據於自然法，而却意識地與此相反，尤其反對霍布斯的理論，霍氏的主要著作均自一六二四至一六五一年間出現。　這種科學，他們不研究社會應當如何，而是看實際上社會是什麼。

顯然地，這新興科學是受到了包羅萬象的旅行文學的影響。　自十七世紀始，遊記在西歐民族中便已風起雲湧，實是多得無以復加；它的作用就是傳播海外民族全然異趣的社會狀況。

這些浩瀚有力的材料，經過理論的採用與整理而產生了這種自然科學的社會學。　它注定了來左右後世社會學者的思想，並且有一個很長的時期它被認爲是一絕無僅有的社會學。　就是於現代，它仍然佔重要的地位，尤其在西歐各國及美國。　直至今日有許多人對於一切有關社會學名稱的懷疑的根本原因也是生於此。

有些人以爲自然科學社會學是"實證主義"的，其中以德國歷史學派最爲維護此種解釋；而這實在是荒謬的很。　茲將本派學說之基本概念略述如下：

人類社會是自然的產物 (Naturgebilde)，人類歷史即一自然的過程 (Naturvorgang)；它和人類以外的世界相同，被同一"法則"所支配。

故此欲研究這種自然力產物的科學亦應以研究自然科學的範疇與方法研究之，尤需利用的方法即因果律 (Kausalität) 及決定論 (Determinismus)。　不久

(二) 參閱拙作：三種國家經濟 (Die drei Nationalökonomien, 1930).

以前，於一本很好的社會學中寫道(三)：「尚且，沒有任何其他的科學方法比自然科學所用的方法更爲適用，這方法能以最清楚的方式表現所有及每一種科學的性質（其中包括數學）。」

所以社會學的任務是要去"列舉各種事實，以便在其中尋出那一般的法則及作進一步的推理"（聖西門）。

爲了尋出法則性 (Gesetzmässigkeiten)，我們必須按照事態 (Zustand) 或事實 (Vorgang) 之一致性(Gleichförmigkeiten)的觀點來研究。所謂法則性即是由經驗而確立的規則性，如自然律中即含有法則性。所觀察的現象愈簡單，則法則性的確立愈容易。故此一般人就想將一切的複合物分解爲單個的因素。人類存在中最重要的複合體乃是精神產物(Geistgebilde)。自然科學社會學所竭力做的工作莫不過於把一切的精神 (alles Geistige)分爲無形的與有形的兩種。因此不但宗教，藝術，語言，同時國家，家族，團體皆非獨立的；精神本體，根本現象是形成的，被造成的，來自一些自然力根源的原素(Elementares naturhafter Prov nienz)。這種向着元素化的努力結果乃是一種精神的間接化。

科學的最後目標在于"法則"的發現，則其首要目的乃是預言事件的發生："知是爲了預見"，這是聖西門所下爲世人所熟知的公式。

在十八，十九世紀中自然科學的理論支配着許多思想界，這使社會學也遇到了特殊的困難。直至今日大多數的社會學者仍舊執迷於此種流行的思想。當我們看到這種科學在對於大自然的研究上所產生的斐然成績，那是無足爲奇的。直到現在我們可以確定，那一種科學能施其魔力於精神科學，並使其失掉獨立性呢？那就常常是那功績可以引起當時代人的新奇與興趣的一門。於自然科學社會學歷史中最先出現而想模倣的乃是精密的自然科學，至十九世紀則各種生物學出而代其位置，社會學乃受其影響。又有自然主義之第三派——心理主義——從自然科學社會學之發生，直到今日整個時期中，它被研究着。我將於下

（三）見 Paul Barth, a. a. O. 第76頁。

而用幾個主要代表來證明這三個自然科學派，如物理學派，生物學派及心理學派，自十八世紀至二十世紀期中，對於社會學的思想影響如何。

a. 物理社會學

當十八世紀社會學開始發展的時候，整個思想界在相信着那些物理學上的大創造，尤其是牛頓的理論。只要打開論述當時歷史或社會的書籍，其中便沒有一本是找不到牛頓精神的。一種社會的牛頓主義支配着一切。大家在盡力把同性相斥異性相引的學說轉移到人類社會上去。並努力於人類社會中去發見那在宇宙中所找到的"調和性(Harmonie)"。這意思就是說打算創立一種"社會物理學"。這就是我們常常稱之爲近代社會學始祖的聖西門伯爵(1760—1825)的企圖，他的夢想即是那"社會物理學"。又與聖西門同時的傅瑞爾(Charles Fourier 1772—1830)出版了一本著作名曰：四種運動(Les quatre mouvements)於其中除去敘述已然發現的自然三動律外，他還特別論述一個第四動律，這就是他所發現的"社會動律"。

這"社會物理學"的夢想直到現代仍在繼續着。除掉那些淺薄的著作，如加雷(H. C. Carey)的社會科學原理(1858)，或俄斯特瓦(Wilhelm Ostwald)的文化科學精力基礎(1909)；還有一些近世可靠的思想家也在追隨一種物理的機械社會學的思想，如文尼阿斯基(L. Winiarski)，尤其其弟子巴瑞圖(Vilfredo Pareto 1845—1925)無疑的是爲名社會學家之一，在這方面的著作原名曰：Trattato di sociologia generale(1916)。法譯本名曰：Traité de Sociologie générale(共二册，1919)

巴瑞圖社會學的目標乃是一種跟隨化學公式性質或太陽系性質所形成的"社會制度(Sistema sociale)"，此謂之"均衡制度"(意文：Sistema di equilibrio 德文：Gleichgewichtssystem)。爲了目標的達到，所有的社會現象必須被歸納成數量，於是數學的國家經濟的方法便可應用到全社會上去。社會之原子所謂的 Residui (residus)，就是感覺(Gefühle)， 本能 (Instinkte)， 和慾望 (Triebe)； 此乃人類一切行爲的原因，再假所有的理想 (Ideale) 與觀念形態 (Ideologien)而實現之(四)。

b. 生物社會學

於十九世紀中，生物的自然科學之影響日益增大，直到找到它的代表者達爾文，就如同那精密的自然科學找得牛頓一樣，那仍然受着自然科學思想支配的社會科學立刻發生了以下的轉變：一種社會的生物主義代取了社會的物理主義之地位，亦即是社會的牛頓主義轉變爲社會的達爾文主義了。

茲將生物社會學各派的基本思想略述如下：

本學說認爲人類社會是一有機體，然論者之意見也不盡同，一派以爲社會只類似於有機體；另一派則以爲社會與有機體完全相同，故曰："有機的生命過程與社會過程之相合一致的比較並非比喩的而是因果的"。(五) 他們研究這有機體的"生命之過程 (Lebensvorgänge)"，即細胞間的關係，遺傳，長成，發生與消滅。 同時更接受了"進化"的思想，乃主張人類社會與其制度是在可能範圍之內一致的按照"法則"地，自人類以外的大自然，原始的起源"蛻變成人(Menschwerdung)"而發生。 這就是"進化論"的觀念！ "依照我們的假定，一株植物，一個動物，甚至一個社會皆具有一個或多個關於生活，生長及死亡的原則，這原則是內在的，恆久而不變。 因此各種現象是可解釋的，甚至，如經過審愼的比較與推論，多少可以確切地預言。"(六) 在討論人類社會的範圍內也風行着這赫克爾 (Haeckel)的"生物發生之基本定律"。

生物派社會學的集成者當首推斯賓塞(Herbert Spencer1820—1903)，其第

(四) 參閱布斯克 (Bousquet) 的 Grundriss der Soziologie nach V. Pareto. 1926.

(五) 見拉岑郝斐 (G. Ratzenhofer)的社會學的認識 (Die soziologische Erkenntnis, 1898.) 第221頁。

(六) 見 Paul Barth, a. a. O. 第133頁。

一部著作社會靜學 (Social Statics. 1851) 便已表現出此派之基本特點。以後在他的社會學原理 (Principles of Sociology) 中建立起他的社會學體系。這兩册書包含在他那十一本的著作綜合哲學體系 (A system of synthetic philosophy) 中，此外，他還發表了一個八巨册的敍述社會學 (Descriptive Sociology)。斯賓塞思想之影響範圍甚爲廣大，於世界各國社會學文獻上佔相當地位。生物派社會學方面的主要著作可述之如下：在德國有李林菲德 (P. von Lilienfeld) 的將來社會科學之我見(Gedanken über die Sozialwissenschaft der Zukunft. 1873—1881 共五册)，及謝富勒 (Albert Schäffle) 的社會體之構造與生命(Bau und Leben des sozialen Körpers. 1875—1878,共四册)這是一部佔有重要地位的著作，在某種範圍內，這書是屬於生物社會學的。然而我以上關於各派的綜合理論特別是指謝富勒而言(註六a)，在法國有吳爾莫的有機體與社會(Organisme et société. 1890)，還有一本很奇怪的作品，其中明確地建立起"生物社會之假說(hypothèse bio-sociale")，那就是伊佐列(Jean Izoulet) 的近代都市 (La cité moderne 二版 1895, 十版 1911)。這種假說常常在一種社會生物學的形式中實現。其最足以爲代表的著作，就是沙瑪葉 (W. Schallmayer) 的遺傳與淘汰在其社會政策與政治上的意義 (Vererbung und Auslese in ihrer sozialpolitischen und politischen Bedeutung. 1903 初版，1910 再版)。又以人種衛生學之觀點所寫的著述也屬此派，如英國高爾吞 (Francis Galton)所著之"遺傳天才" (Hereditary Genius. 1869) 是其嚆矢，自蒲略茨 (Alfred Ploetz) 寫了"吾族之優秀" (Die Tüchtigkeit unserer Rasse. 1895) 後，乃傳入德國。

種族社會學(Rassensoziologie) 在生物派社會學中形成了特殊的一支。它認爲社會與歷史，不過就是民族與種類間有組織的戰爭，所以它所贊成的唯一構成原則是血質，血質構成歷史過程中一重要的，甚至決定的因素。這種思

(六a) 見四六七頁末行

想頗爲過時了。　無論如何，回溯至十七世紀，哥比諾伯爵 (Graf Gobineau) 把這種思想作爲一種天才的歷史觀念的主幹，同樣克勒姆(G. Klemm) 的與海瓦德 (Friedrich von Hellwald)的文化史 (Kulturgeschichte) 也是以血質爲其基礎思想的，但當時他們並未能樹立起一有系統，有理論的社會學學派來。

就我所知，以種族思想作爲社會學基礎觀念的第一人乃是辜姆普羅維赤 (L. Gumplowicz)。於一八八三年他那第一本著作種族戰爭 (Der Rassenkampf) 刊行於世了；另外還有，如社會學網要 (Grundriss der Soziologie. 1885)，社會學與政治學 (Soziologie und Politik. 1892)，以及社會學的國家觀念(die soziologische Staatsidee. 1892)等。又拉岑郝斐(G. Ratzenhofer)也在追隨着他與生物社會學相連屬的，甚至在某種意義上是它的一支或一部，的心理社會學。

III. 心理社會學

這派學者認爲人類社會乃是人類精神力量的一個表現。"一切社會現象在性質上都是心理的"(吉丁斯 Giddings)。所以社會學對於他們乃是一種"心理學"。因爲他們的精神學說自身帶有自然科學的性質——其理論根據即所謂的聯合心理學 (Assoziationspsychologie)，所以他們竭力來把精神上的各種過程原素化，這就是說把它們還原爲簡單的原素——慾望 (Triebe)；"人類社會乃代表一慾望的結構"(白萊錫 Breysig)。然究竟何種"慾望"是爲人類社會之基本力量，對於這問題的解答各著者自持其說。這是很容易明白的，而一向以"饑餓"與"愛情"二者佔首要地位——即在"統治慾"以外的"生活慾"與"性慾"；可是漸漸還有許多其他的慾望與它們聯合，如離羣慾，合羣慾，名譽慾，摹倣慾，賭博慾等等。這些心理學家認爲精神永遠只是一種心理生活的間接現象(Epiphänomen)，而其本身乃是一種心理事態。

於社會學之著述中心理學派之出現爲時甚早，約與物理學派同時。十八世紀初，我們便已在英國的"道德哲學者"中找到它，這道德哲學者的大部份也是社會學者。　而於此我們也已碰到那些兩種相反暗與亮的解釋。　有些人主張驕傲及統治慾支配着人類的共同生活，　如在曼得維爾 (B. Mandeville) 的 Bienenfabel （1714）中所云。　有些人主張同情，仁愛，憐憫，愛美之衝動 Drang nach Schönheit)等是支配人類共同生活之因素，如在沙夫特斯堡 (Shaftesbury 1713) 及其弟子哈鐵松(Hutchinson)的著作中所云。

心理派社會學於十八，十九兩世紀中風起雲湧，大為開展；在法國及美國其發展尤盛。

在法國關於這方面的著作有塔德 (G. Tarde) 的摹倣律 (Les lois de l'imitation. 1895 再版）。　塔德也屬於騎牆派，他以為歷史的動力也可以是"有創造力的一個人"就是說一個有精神的人物。　還有傅立葉 (A. Foulliée) 的思想力之進化 (L'évolution des idées-forces)這是傅氏第二期的作品。

美國關於社會學的早期作品，就是在這國家尚談理論時期的作品，大皆屬於心理學派；所應當提到的有沃德(Lester F. Ward)的兩部著作：動態社會學 (Dynamic Sociology. 1894 共二冊）和純理社會學(Pure Sociology.1903)；吉丁斯 (F. H. Giddings) 的社會學原理(Principles of Sociology. 1896)；羅斯 (E. A.Ross) 的社會學基礎(Foundations of Sociology)和社會心理學 (Social Psychology. 1908)　挨爾武德(Ch. A. Ellwood)的人類社會的心理生活 (Das seelische Leben der menschlichen Gesellschaft——史脫滕貝格 (H. I. Stoltenberg) 之德譯本1927）。

即在德國我們也常常碰到心理派社會學的理論。

心理主義在這裏早已成了時代的流行學說(七)；幾乎一切的文化科學皆趨而附之。　當代的一些首腦哲學家從事確立起心理學者的觀點來，其中要以翁特 (Wundt) 最為出力。　翁特的社會學說建立在三組社會"法則"上，這三組

（七）　在拙作三種國家經濟中曾詳細地討論其內容。

法則正與他那三個"心理原理"相契合(八)。同時西格瓦(Sigwart)也未能逃脫此時代的偏見；在他的論理學(九)中我們讀到"按照上文的說明，心理學乃是精神科學的理論基礎，……心理學應先被認為是精神科學各理論學科的基礎(如言語心理學[當然！——桑巴特註]，宗教學說，美術學說，以及經濟學說等)。上述數學科的合法則性，最後仍然是回到心理學法則上來的。"

同樣，狄爾泰(W. Dilthey)在其後期作品哲學之本質(Das Wesen der Philosophie. 1907)中批判的寫道："凡經濟，法律，宗教，美術以及科學均相互與人類社會之表面組織相結合起來，而這結合只能自那範圍廣大，形態相同的心理的連繫關係(seelischer Zusammenhang)簡易明瞭地完成之，它們相並自這連繫中發生，並藉這連繫關係的力量共同存在於每一個心理的生命個體中(psychische Lebenseinheit)，而並不相互混亂或析離。……在這種體系(經濟，法律，美術，宗教)中所存在的連繫，易言之，即人類之心理連繫，人類是在這精神之連繫中合作的。因此這連繫終究是心理學的。"

從此說之學者還有司徒姆夫(C. Stumpf)(十)，麥耳(Heinrich Maier)(十一)，貝歇爾(E. Becher)(十二)等。

近世的專門的社會學與哲學相同，直至今日仍然不能擺脫心理主義的羈絆。現在德國社會學心理派之代表如，俄奔海默(Franz Oppenheimer)曰："社會學即社會心理學"而已(十三)；步靈曼(Carl Brinkmann)曰："社會學一如

(八) 見翁特著之邏輯學第三冊，第430頁以下和第650頁以下。

(九) 西格瓦論理學(Sigwart: Logik)，第99及23頁。

(十) 司徒姆夫著有：科學的分類(Zur Einteilung der Wissenschaften)載於一九〇六年普魯士學院研究報告中，第24頁。

(十一) 見其著作：真理與事實(Wahrheit und Wirklichkeit, 1926)．中之第7與10頁。

(十二) 在貝氏所著：精神科學與自然科學(Geisteswiss. und Naturwiss. 1921)中之第114頁上有這方面的討論。

(十三) 俄奔海默：純粹與政治經濟理論(Theorie der reinen und politischen Ökonomie)，第13頁。

所有的文化科學均係一種心理物理學"(十四)；還有白萊錫(Kurt Breysig)，但所著社會學尚未出版；又李特(Theodor Litt)著有"個人與社會(Individuum und Gemeinschaft 1926 三版)；此外史脫滕貝格 (H.L.Stoltenberg) 著有社會心理學 (Soziopsychologie. 1914)，心理社會學 (Seelgrupplehre–Psychosoziologie 1922)，以及其他等等。

同時，部尼斯 (Ferdinand Tönnies) 學說之大部份也可謂是屬于心理學派的。他在他的可作領導的主要著作自然團體與人工社會(Gemeinschaft und Gesellschaft.1887)中對於人類之共同生活加以歸納，說明，同時更瞭解到兩種不同意志形式的作用；這兩種意志形式即本能的意志(Wesenwille)與理性的甄擇(Kürwille)。理性的甄擇確是表示一種精神上的態度，而本能的意志之作用完全如同一種自然的力量。那種本能意志發生及部尼斯所謂之"自然團體"的共同生活，按照他的見解乃是大自然之構成物——一個有機體，同時在動物的共同生活中可以找到它的對立體。部尼斯的思想方法整個帶有自然科學的性質。

讓我們觀察一下這種自然科學的社會學，或反之也可稱之為社會的自然說，那麼我們便不能否認它在對於人類共同生活的認識上貢獻了實在不少的本質上的知識。現在我們可以把它的貢獻寫在下面：

1. 以經驗作認識的基礎，首先樹起科學的社會學，而作獨立的學科。

2. 發現人類生存的合羣性。為了生存，人類並不是各不相干的，他們不過彼此相關着，共存着，相反着而已。

3. 首先意義重大的洞識到各文化部門間的交互作用。

上述三點乃是自然科學社會學的早期功績，猶如其後期功績一樣，但其內一部尤有關於前者。

(十四) 步羅斐：論一種社會科學(Versuch einer Gesellschaftswissenschaft,1919)，第58頁。

像貝婁 (G. von Below) 的判斷(十五)曰："把交互作用之特別重視起來乃是浪漫主義者的直接功績；我們應以廣泛的關係，種類與時間的特殊狀況來解釋每單個現象；[這種解釋作始於浪漫派]。" 必對於十八世紀社會學所貢獻的功績特別無識時，才能寫出這種判斷來；就如同那尚在普遍起來的見解——以爲十八世紀完全陷入"自我"的思想中，乃是至今所有思想上的大錯誤之一。十八世紀最好說是"社會"思想的世紀。

而我們對於自然科學社會學所下的批評，一言以蔽之，就是它犯了錯誤，所以需要另外一種社會學來代替它。因爲我們覺得用自然科學之思想範疇來觀察人類共同生活乃犯了根本上的錯誤。我們這種意見的理由將於本文之實證部分（第三章）解釋之。

下面是關於歷史社會學及哲學社會學簡略的敍述；它們對於社會學本質的看法是相似的。我們可以對以下兩種社會學本質上的概念加以簡略的討論；它們把社會學與兩個其他已然被人們承認的學術範圍並列，表示它們的內容並不是我們的任務：此即歷史社會學及哲學社會學。

丙. 歷史社會學

自十七世紀末年，如我所說，而開始發展的社會自然說，於其早期中表現着歷史敍述的特徵；因爲那時它把各種從組織觀點上研究的事態按照年代地順序排列起來。其一些自稱像：人類史，市民社會史，通史，普通文化史等之類的代表書籍就發生了。而能使各單個事實發生聯繫關係者乃是十八世紀中那啟蒙的前進思想；猶如人類由於認識與技能的增長而日益"進步與繁榮"。對於人類社會之理論與歷史的詳述皆不能鑑別地相互融合起來。

因此，英國早期具有社會學內容的書籍大多是帶着歷史色彩。例如，阿

（十五） 貝婁：德國史學 (Die deutsche Geschichtsschreibung. 1916)，第20頁。同時在他另一著作 Die Soziologie als Lehrfach (1920) 中可以找到更大的錯誤。

當、斯密司(Adam Smith)的司法，警政，稅收與軍備論集(Lectures on Justice, Police, Revenue and Arms, 1763)；斐加松 (Adam Ferguson) 的論文明社會史 (Essa yon the History of Civil Society, 1767)；米勒(John Millar)的階級之起源 (The Origin of the distinctions of ranks etc. 1771)等等。就是在法國，如服爾泰 (Voltaire)，孟德斯鳩(Montesquieu)，累那爾 (Raynal)，康的亞克 (Condillac)，林格(Linguet)，魏格林(Weguelin)，空多塞(Condorcet) 等人的著述也均帶有歷史色彩。

在德國的文獻中，我們也可以尋到像社會學通史一類的書。請注意有伊色琳(Isaak Iselin)的論人類史 (Über die Geschichte der Menschheit,新版1768)，還有阿德隆(Joh. Chr. Adelung)的人類文化研究 (Versuch einer Kultur des menschlichen Geschlechts, 1782)。

現在我們摘錄利奧 (H. Leo) 所著通史 (Universalgeschichte. 1835)中之一段："有些人推想在人類史中包括有一種人類生活條件史。………就人類生活方面而論，有些學者竟只知注重于食料一類東西的歷史，並於漁獵，遊牧，農業以及好戰民族之各階段中瞭解其哲學的特徵而纂為一個人類史的概說。"

在"史學的"十九世紀中把社會學漸漸完全當作研究一種歷史的特殊方法是無足為奇的。於是按照各個人對於這方法之如何描寫，乃產生出各種不同的社會學定義。如貝婁氏(Georg von Below)在社會學中發現了一種史學；這敘述所着重的是羣衆現象(Massenerscheinungen)，尤着重于"社會關係"方面。其目的即在"尋出個人間的因素"，"闡明事物相聯繫的關係"；"他所研究及在講課時所討論的大概還可以說是社會學這就是人類社會問題的複合物"。他曾把以下兩個題材繼受羅馬法的原因(Über die Ursachen der Rezeption des römischen Rechts)或資本主義精神的本質及起源(Über Wesen und Ursprung des kapitalistischen Geistes)劃在社會學研究範圍之內；然無論如何此二者乃是純歷史性的題目。(十六)

(十六) 貝婁：Soziologie als Lehrfach, 1920.

魏伯 (Alfred Weber) 曾自一般的歷史觀察中提出一種由許多問題所組成的"特種集合物"。"他把對於這些問題的討論劃歸"文化社會學(Kultursoziologie)範圍之內。其主要觀點就是瞭解文化的過程是依賴於社會與文明的過程的；他不以適用於一切的因果關係的發見及其理論的利用，而是以對現存世界文化的分析作爲達到目標的方法。魏氏的文化社會學總是與史的事實發生着關係，如在他那部出版不久的佳作之名稱上及內容中皆很明顯地表現出這一點來。(十七)(人們對於魏伯所予的名稱發生了困惑，甚麼是由於加上文化的詞按照邏輯的方法所需要的他種社會學？如謂社會社會學(Gesellschafts-Soziologie)〔按德文是Gesellschafts-Gesellschaftslehre〕則是無意義的；不幸這名詞竟發現於社會學參考書的"系統目錄"中。此外，究竟甚麼應該作爲各社會學的總名仍是未能確定的)。

翁特 (Wilhelm Wundt) 曾用比較概略的方法把歷史分成兩部份，即事實(Vorgänge)與事態(Zustände)(十八)；他把事實稱爲歷史並視其爲史學的對象；而只把事態的研究劃歸爲另一特殊學科的任務，而稱之爲社會學。社會學的對象大約將與以前一般人習以稱作"統計學"，而現代習以稱作"社會誌 Soziographie"者相符合。社會誌乃是一個新發明的名詞。石太因梅茨(R. Steinmetz)，這名詞的發明者，曾經解釋道："社會誌是一種描寫某民族在某時期的所有關係與事態的學問。……社會誌對於高級文化民族的任務，正與人種誌之於所謂的自然民族一樣。社會誌就是要對於整個民族生活及其趨勢和力量，以及其社會生活之興盛與衰微供以完善的描述。"(十九)

尚有一種攜有浪漫主義及民族意味主義的社會誌就是黎耳、威廉 (W. H.

(十七) 魏伯：文化史與文化社會學(Kulturgeschichte als Kultursoziologie. Leyden 1935).

(十八) 翁特：邏輯學第三冊，(1908). 458 頁以下。

(十九) 見載於社會學參考書(1931)中之社會誌，著者是 Rudolf Heberle.

Riehl)所創的"民俗學(Volkskunde)"。(二十)現在在德國，那德國社會學學會(Deutsche Gesellschaft für Soziologie)的一些領袖學者們似乎有用民俗學來代替以前一般人稱之爲社會學的地位的意向。於他們所出版的雜誌民族鑑(Der Volksspiegel)的介紹小册中曾發表過下面的說明："民族鑑是要包括與研究德國各民族各階級以及吾族民族性的特點，組織，其間的關係，及所有政治形態之構成等。此民族鑑將廣泛而透澈地努力研究以認識那德國眞實的民族整體以統一之。"

這種社會誌顯然與美國社會科學學者的學派研究有連帶關係，現在有些人把這學派歸入行爲主義(Behaviorism)中。

無論社會誌對於社會學的這些本質觀念是如何不同，而他們却有一個共同的思想，那就是以爲社會學的任務就在描寫只有一次在空間與時間中所實現了的情況，並把社會學的理論性質剝脫殆盡。

若誰願意把社會學的理論科學性質保留，並不把它作爲任何一種歷史看，那麼他將來卽能看到他所有的努力，在充實我們的認識上多少總有些有價値的貢獻；可是同時他也將要反對社會學的概念僅在于這些努力的思想。

丁.(歷史)哲學社會學

巴特(Paul Barth)曾寫過一部鉅著歷史哲學卽社會學(Die Philosophie der Geschichte als Soziologie)。這本書雖僅只出版了一册，而已包括了八百七十頁，這大概是社會學中的最厚一本。此處的"歷史哲學"一詞自然具有特殊的意義，卽其中包含着許多種類的社會學。巴氏把哲學的名詞認爲是"知的一元化(Vereinheitlichung des Wissens)"並且哲學的名詞，在十九世紀中把對於哲學的

(二十)黎耳：科學的德國民俗學(Deutsche Volkskunde als Wissenschaft, 1858出版)。又民族自然史及德國社會政治的基礎(Die Naturgeschichte des Volkes als Grundlage der deutschen Sozialpolitik, 1869出版，共四册)。

理解漸漸膚淺化了而成爲這個意思。

然當我談到(歷史)哲學社會學時，便與巴氏的意見不同。我把歷史兩字解釋爲形而上的歷史 (Metahistorie)，是所有那些離開經驗與邏輯存在的基礎關於人類社會的學說，而不跑到那規範社會學（見本文第一節）的道路上去；然而所論述的乃是關於人類存在之超經驗的意識關聯，或是關於它的起源或其將來的形態。

在社會學的理解上可以說特別有及純粹有這種思想的著者很少。它總是挾雜在另外一種觀察方法中出現，或許在規範社會學中，或許在自然科學社會學中，也或許在精神科學社會學中出現。有許多社會學家恰與自己相反而做了歷史哲學家；他們以爲他們在研究科學；而實際說起來，他們却在研究形而上學。甚至有不少的名學者也是這樣。

我們已然知道聖西門和孔德是自然科學社會學的代表，而那著名的歷史的"三段論法"却肇始於他們，而他們却是以居爾古 (Turgot) 爲依據的；根據這個論法，人類史之開始是宗教時代，繼之便是玄學時代，最後則爲科學時代。假如這種論斷法式無非是試用來解釋人類史的已往過程，因此它可以說是一種歷史的構成，如果人們想利用它作爲研究假說以觀察各種形態的人類共同生活，於是它實足以適應於一種自然科學社會學，或一種精神科學社會學。然而人們總願意對於人類歷史的總過程，一般地說對於人類的命運給予判斷，那麼判斷的內容是超經驗的，亦即是形而上學。

所謂馬克斯 (Karl Marx)的唯物史觀也不是別的。這唯物史觀當它被認作人類共同生活的一般原理原則的時候，它就立刻失掉其歷史理解的性質。

廣泛地研究歷史哲學的人，有俄盆海默 (Franz Oppenheimer)，謝勒 (Max Scheler)，史畔 (Othmar Spann) 等。在著作方面，如俄盆海默的國家學，(Lehre vom Staat) 謝勒的精神水閘說 (Schleusentheorie des Geistes)，(按：此說與孔德之理論甚麼相近，據孔德的理論，精神是爲了矯正，而不是爲了命令

pour modifier non pour commander)，史評的誤入歧途論(Ausgliederungstheorie 及其最後出版社會哲學 (Gesellschaftsphiloso hie)等等。

如果我們深入與透澈地審查一下，我們就能發現在自然科學社會學思路中隱含着無數玄學成分：精神的間接化(Mediatisierung des Geistes)，宿命論的承認，相信人類是自動物進化而成的，以及有機體的學說——所有這些，或許比這還要多的思想却是（要不得的）形而上學。

我們對於此種社會學的批評絕不可以曖昧不明。因為我們想要依照上面所解釋的意義替社會學保存科學的性質，那麼我們就在歷史哲學派中看不出我們所以尚未用過的社會學一詞的學科來討論它。社會學與歷史哲學之旨趣相異，是無庸諱言的。我們不應誤解歷史與哲學的意義。

戊. 形式社會學

如不想確定內容而劃入純粹形式範圍以使社會學避免誤入及侵入其他相關係的科學領域，而為其開闢一塊自己的園地，似乎令我們感到是一樁冒險的工作。而席枚 (Georg Simmel) 在他那本名著社會學（一九〇八初版）中却完成了這工作。本書的副標題為社會化形式的研究 (Untersuchungen über die Formen der Vergesellschaftung)。當時趨附席枚者頗不乏人；有一個時期，彼等真如已發見了正確的社會學，不再彷徨於歧途。但近來此說無何發展，聲勢日漸低落，然有些社會學權威者仍不斷地研討它，自認是這派的門徒。現代本派的主要代表人是魏塞(Leopold von Wiese)，其代表作為：社會學體系即社會過程及人類社會結構論 (System der allgemeinen Soziologie als Lehre von den sozialen Prozessen und den sozialen Gebilden der Menschen，(關係說Beziehungslehre)。本書於一九三三刊行再版，在德國甚得重視；而在國外或許更為引人注意。

形式社會學的基本思想，以為社會學的工作就在研究"人類共同生活的形式"

而不根據於任何精神或文化的內容。社會學應當"解述社會交際化的本質(das Wesen des Gesellschaftlichen)"。"社會學將于整個事件中僅抽出"人類活動關係(das Zwischenmenschliche)來研究。"(二十一)而那社會交際即人類的"關係"(v. Wiese),"交互關係(Wechselbeziehungen)"(Simmel)。我們可以隨便提出幾枚社會學之論據如次:名譽心是羣體的自存——羣體的滅亡——嫉妬爲分化與征服的手段——羣體之保持在於其與個人的連結,諸如此類,不及備述。

我對於形式社會學的反駁,最主要的就是不贊同它那形式的性質。我相信形式與內容的決定是獨斷的(假如在人類社會中其區分是可能的話)。與其以(交互)關係作形式及各時代的文化內容作內容來講,倒不如把所說的精神產物(das Geistgebilde)作形式和把在精神產物中進行着的生活作內容看要好的多。例如,大學校是形式,而講課,學生間的談論或鬥毆乃是這個社會組織的內容。

此外,如果我們對於形式社會學再加以更詳細的本質上的檢討,則可發現其中毫無對象可言。形式社會學乃是用隔離的抽象方法(Verfahren der isolierenden Abstraktion)把一個複合現象中的某一部份遊離了;依我看來這種方法在精神科學中原則上是礙難容納的。和身體上動作的過程一樣,我們不能把"關係"本身孤立起來,而充作特種科學的對象;這是因爲在人類社會範圍中的每一種現象經過意識決定(geistbestimmt),同時也經過品質之決定(qualitätsbestimmt),——如以後我們所要說的,參閱第三章——每一個"交互作用"具有意識以後,始通過這意識關係(Geistbezogenheit)而形成其特徵或範型(Gepräge)。若無此意識關係,則交互作用僅爲一自然的而非社會的事實:若不基於某一種精神氛圍,也就是沒有"名譽心",沒有"嫉妬"(見前),同時也無"團體",無"羣衆"。我們總得問一下,無論在家庭的,政治的,宗教的,有目的的或有企圖的任何一結合中,爲了社會學上的理解,是否有某事件發生或有某事態供吾人來觀察;但無論如何,結合永遠是爲其精神內容所決定。顯然他,這形式社會學

(二十一)魏塞:a.a.O.第102頁。

即是那自然科學思想法的最末一支。　假如我們以為形式社會學在對於人類社會的理解上是不適合的話，那麽我們也必需拒絕着說形式社會學是一種不幸而也曾用過廣大精神力量的試驗。

己．德系社會學(Die deutsche Soziologie)

本段未列入以前我所討論的五種社會學思想方法體系之內，因為那所討論的五種見解——連同我將要在下章詳細論述的我個人的見解——就我所相信的，是述盡了所有研究社會學的可能理論。　我本來必須和可以把這第六種社會學劃歸那五種之中，則它的地位必在丙丁兩項範圍之內　，　可是我沒有這樣作　，　而却給它另闢一項，因為我願意注重它的特殊性，並且這特殊性是由這派學說的起源而生。

顧名思義，本社會學是由于德意志精神而興起的，其創始人是黑格爾(Hegel)更正確地說，是起于那未被一般人所瞭解的，或"曲解的(umgestülpter)"黑格爾。

吾人已知黑格爾的法理學(Rechtsphilosophie)分為三部，其中有一部名為"市民社會(Die bürgerliche Gesellschaft)"。黑格爾於此處所用之"社會(Gesellschaft)"一詞實具有其特殊意義，與其他社會學的解釋不同。　按照黑氏的解釋，社會一詞的意義是表示個人對於人類共同生活的某一種立場　，　是他全部辯證法中的一項，是在析成單個組織的"需求制度"之內的"利害關係"的"立足點"，是倫理道德向着健全狀態發展過程中的一個階段，是原始的自然團體——家庭——與一國家中達到了充分發展的倫理道德間之思惟的結合物，是一階段，這階段必須合理地克服之。

於這種黑格爾的社會概念中　，　我們可以舉出三種不同的學說來：1. 莫爾(Robert v. Mohl)　，2. 石太因(Lorenz v. Stein)，3. 馬克斯(Karl Marx)。

1. 莫爾是為一種特殊的"社會學"之創立者。　他把黑格爾所論"Gesellschaft"一詞之觀念辯證法的概念曲解為歷史實驗法之概念。如此，他以為"Gesellschaft"

這字含有人類中某一羣人的意味(二十二)，即是"由於某一些利害關係而發展成的自然團體"，界乎私人利害與國家間的一個領域，"位于個人生活與國家生活之間的一個活動範圍"。 莫爾進一步解釋這領域的意義說："社會的生活圈是會自某一種利害關係而發展成的各各自然團體，勿論其是否有正式的組織，無大關係；社會事態乃此極強烈利害關係，對團體之構成份子所生的結果，然後也間接是對於非構成份子的結果；最後，社會是某一範圍，如國家，大陸等實際存在的形態中的總體(Inbegriff)(二十三)。" 這種"社會 Gesellschaft"應構成一種特殊科學，即"社會學"的對象。

反駁此說的意見，可於特雷持克(Heinrich von Treitschke)所寫社會學 (Die Gesellschaftslehre. 1859) 一書中見到；本書之著成專在反駁莫爾之學說。 莫爾之基本錯誤即在于把國家與社會不當地對立起來，這對立是由於對於"國家"之理解錯誤所致（自由主義認爲國家是工具之一種）。 我們可以說社會存於國家之中，也可以說國家即社會；然而我們不能說，國家與社會是兩個不同的活動領域。 特雷持克亦犯有錯誤，那就是他想用國家學來說明一切，而却未把國家學視作社會科學中的一個構成部份來討論。

(二十二) "Gesellschaft" 一字的意義很多，在德國人的腦海中曾引起不少的困惑。 今將其各類意義述之如下：

1. 唯以是以作爲科學語使用時的意義：人類的共同生活。 （莫爾夫已於吾人上述的作品中應用了這個名詞見第四六九頁）
2. 集會的意義(如我參加某會)。
3. 結社(如股份公司)。
4. 以理性之甄擇爲基礎的人類共同生活（部尼斯)。
5. 黑格爾觀念辯證法之一部。
6. 人類中之某一團體，(如本文中所詳細解釋莫爾所用的意義）。 當我們一談到"社會學 Gesellschaftslehre"(Soziologie) 時，"社會 Gesellschaft" 這字僅指"人類社會"而言，一般人類之共同生活。

(二十三) 莫爾(Rob.v. Mohl):Geschichte und Literatur der Staatswissenschaften(1855)。

2. 至於石太因在某種意義上利用黑格爾的思考作爲一種歷史的觀察法，去更深奧地討論問題，他却逃避了黑爾思想中的基本錯誤——即國家與社會兩個社會活動領域形態上的對立。以下的話他說得很正確："凡對於國家及社會的觀察，其出發點必當認爲任何一國家同時是一社會秩序，反之，任一社會秩序是一國家……。所以社會與國家不可分地結合着。二者彼此間的關係非靜止的，而是"辯證的"。國家與社會間的相對運動(向心及離心趨勢——桑巴特註)是世界上所有民族及國家整個內部歷史的內容，是內部歷史的生活原理 (das Lebensprinzip der inneren Geschichte)"。就以這些正確的基本思想而論，尙不足以領導石太因建樹起一個有意義的社會科學體系；而他那本法國社會發展的著作却內容充實，可稱爲社會史書籍中前無古人後無來者的傑出作品。然他這一體系的學說竟未能獲得一般的採納。其學說的概略如下：(二十四)

"國家學(Staatswissenschaft)"之總概念＝自然共同社會團體(Gemeinschaft)的學問。〔這或許與註二十二所述之社會(Gesellschaft)的意義相同，討論此社會的科學，稱之曰"社會科學 Gesellschaftswissenschaft"或普通一般人所理解的社會學(Soziologie)〕。石太因體系之國家學分爲三部：

a. 貨財學(Güterlehre)＝民族經濟學 (Volkswirtschaftslehre卷一)。

b. 社會學 (Gesellschaftslehre 卷二)；這是論精神勞動，精神財產 (geistiger Besitz)，以及精神生活的學說(其中更論及財產及階級之形成，這亦可置于貨財學中)。

c. 狹義的國家學。

3. 馬克斯實現了石太因的觀察法，把它直接應用到資本主義社會上去，並以它爲根據建立起共產主義的進化論。爲了利用這理論達到他的政治目標之故，他尤其需要廢棄那在社會進化中作爲獨立因素的國家觀念，而把經濟利害關

(二十四) 石太因：System der Staatswissenschaften，共二册，1852及1856出版，餘者尙未出現。

係視為一切事件過程中所僅有的原動力。(二十五)

傅萊爾(Hans Freyer)是德系社會學派現代最模範的代表。在他那本著作現實科學的社會學(Die Soziologie als Wirklichkeitswissenschaft)中把"德國"社會學的特點完全表現出來。其中有一段這樣寫着:(二十六)"德國社會學之發生是來自黑格爾市民社會的概念。人們根據黑格爾的社會概念正好把他的法理學體系曲解了,而生出這德派社會學。市民社會決不被認為是道德風紀中靜止而無矛盾的階段,而被認為是一個整個辯證的階段。黑格爾思惟的全部乃是歷史哲學的動學,亦即辯證法;他的辯證法的全部內容被強用於一向辯證着的空間中去。財產之不斷集聚,勞苦大衆之日漸貧困化,勞動之日漸專門化與機械化等——所有這些變動與進展均被馬克斯作為純粹的變動及辯證之要素;黑格爾則以為它們乃是無限而依直線進行的;而國家是一個綜合的階段,應當合併於社會運動之辯證法中;如透視之,所謂國家乃是經過社會性錯誤之改變而形成的階級國家(Klassenstaat)。市民社會並不只是有歷史的,同時它還是歷史的眞正基礎。它是繼續變動着的對立關係的戰場以及世界歷史的決定場所。總之,市民社會的理論——社會學——確是歷史哲學的合法繼承者"。

我們對於這"德系"社會學應當如何批評呢?第一我們必須承認它的偉大功績。這功績就是那些研究者,對於我們的社會事態上所貢獻的認識。他們又重新以血和生命把那硬化了的,純粹形式化的國家學及史學充實起來,同時他們更指示出階級國家和階級鬥爭的現實性。他們教導我們,使我們實在增多了許多智識。如同特雷持克早於他的辯論文中承認地說:"政治(即政治社會學)須指導人們認識每個國家中各羣體——貴族,中產階級,勞動階級的特性及其混合;因為若不如此,則對於政體的判斷是不可能的"。(二十七)又"社會學之大

(二十五)請閱拙作普羅列他維亞的社會主義(馬克斯主義)共二册,1924。

(二十六)傅萊爾:Die Soziologie als Wirklichkeitswissenschaft (1930)。

(二十七)特雷持克:a. a. O. 第 38 頁。

功績乃是它再三地注意到國家生活的經濟基礎"。(二十八)

他們自然是以"西方"的思想成果爲依據。　尤其在法國的歷史學者如：明那(Mignet)，提挨利 (Thierry)，基佐 (Guizot)等中，社會歷史的深入的理解已達到高度的水準。　自盧梭以還，法國的社會學者及社會主義著者的理論便已把所謂的"社會"問題作爲觀察的主要對象。　莫爾想得很對(二十九)："如果不是在理論上和實際上一般地注重于社會及其事態，或昔日絕對的國家及其統計之觀點仍然存在着，那麼在那些研究及報告中——即一八四〇至一八五〇年論述勞動階級情況的文章，其作者如 Villermé (1839)，Buret (1840)， Fr. Engels (1845)等，能有幾篇作品可以寫成呢？"

而德國社會學理論家知道如何把這一切的犀利的見解有系統地利用及統一地組織起來。　這眞是他們的特殊功績。

但是我們要問一下，在"德系"社會學之理論中是否已大致將社會學上懸而未決的問題解決了？　下面即此問題的回答：

1. 如果石太因及馬克斯的理論範圍僅限于高度資本主義時代，則其內容所包括的並非社會學，而是（優良的）社會史。

2. 又如他們的理論被發現爲這史期——高度資本主義時代——的原則，並把這原則作爲一般的領導觀點，同時更解釋之爲歷史過程及社會形成的原理原則，那麼彼等所論及者又不是科學的社會學了，而却是（要不得的）形而上學。

3. 如把這些學說作爲一種歷史的理論來看，所謂歷史的理論就是抽象理論的有關歷史過程範疇的學說，則它們的確是社會學，然却不是完全的社會學。因爲社會學的任務乃是爲一切的歷史與社會而創定此範疇；例如，凡適于高度資本主義時代者亦必適于結構完全兩樣的後期資本主義時代，這後期資本主義時代始自第一次世界大戰終了後。

(二十八) 同上第38頁。

(二十九) 莫爾：a. a. O. 一卷 107 頁。

*　*　*

回頭一下以上所討論的，我們可以看到：問題的所在就是要問，我們是否可以找到一種可以稱得起是獨立科學的社會學，以及我們如何去理解它。 於是，我們發現了六種不同的學說，而凡此六者又均自命爲眞正的"社會學"，以致我們對於它們每一個都懂得一些，於是就妨礙了我們去承認它們是眞正的社會學。

以下是我們對於以上所討論的六種"社會學"的非議：

它們不是對於社會學提出了一種任務，這種任務已歸諸于其他的一些科學，如倫理學，史學，歷史哲學等，便是選擇一個不存在的對象作社會學的對象（形式社會學）。 要不然就是雖然有了對象的正確選擇及目標的正確設定而應用一種自然科學的方法，然那方法對於這對象却是不適當的。

在下面這短短的論文中，我想作一個大胆的嘗試，來指出怎樣的一種社會學才可能是具有正確選定的內容和正確選定的方法的獨立科學。

二　獨立科學的精神社會學

Entwurf einer Noo-Soziologie als selbständige Wissenschaft

甲

我相信，如果我們能以下面的兩個事實作出發點，則我們的問題可以得到最好的解決。 實在說起來，這兩個事實只不過是一個而已，其中並表現着精神與社會的關係。 此二事實卽：

所有社會是精神

和

所有精神是社會

乙

所有社會是精神。 其意義如下：

1. 我們觀察的出發點乃是人類結合的事實，以及此結合的共同性，相互性與對立性。 這種人類共同生活的總體，吾人稱之爲社會。

結合是世界上一種普遍的現象，即岩石，飛禽走獸以及植動皆能相互結合。不過顯而易見的，結合方法則迥然不同。 那麼讓我們問一下，人類所獨具的結合是怎樣的呢？

2. 人類獨具的結合方法並非質體的，如岩石然；亦非形神的 (leib-seelisch) 如動植物然；而是精神的 (geistig)。 人類以精神力相互結合着，這結合雖然也是質體的，也是形神的，但也永遠是精神的，因此也永遠是人類的。 而我們也可以說它是"人爲的"而非"自然的"（人爲乃人之本性 ——Burke)。

3. 以精神力結合(Im Geiste verbunden)的意義：

a. 結合是由於意識的關聯(Sinnzusammenhänge)，最主要的如語言之創造，符號之創造等。 意識關聯是以表現方法而形成的；這表現方法含有一種"意義"，這即是說，含有一種抽象、客觀、自某一因果關係中所抽出的意識。希臘人只用一個字"λογος"就能很妙地透澈明瞭地表現這件事。 此字的含意：(1) 單語(Wort) (2)意識(Sinn) (3)精神(Geist)（而就不是"行爲"！）

b. 以精神力結合是說結合成一些東西，成爲精神產物 (Geistgebilde)，這產物把多數的人"統一起來"，"聯合起來"，故此我們稱之爲結合物 (Verbände)。 它們是"組織 Ordnungen"，與質體性質的單個人相對立。 其範圍，可想而知，是極其廣大的，自拳術家的俱樂部至大學校，自家庭至國家，自百貨商店至宗教團體；簡言之，包括了整個人類的存在；這人類的存在取決於三種自然的 (ideenhaft) 結合物，即經院學派的自然團體(Societates naturales)，家庭，國家與宗教團體。 而實際上還有無數其他的結合物也具有它們的作用；而每一個生命之表現（Lebensäusserung）均與一種或多種的結合物發生意識上的關係，所以若不談到這些含有人類活動的結合物，則無從"瞭解"之。(三十)

c. 以精神力結合是說與一些旁的東西結合，這就是與吾人之同胞結合，同時他是吾人之同胞這種結合是吾人所能意識到的。這種意識的結合只存於精神動物中，即"人"與"人"之間。

沒有任何動物能够識別以上所談到的三種結合形式，在動物中有能識之別之者，乃爲精神動物之人類也。

丙

所有的精神是社會。詳言之，一切的精神表現於社會，如它想實現的話，必適應，附著，依賴於社會、並在社會中完成之。我們只有與他人接觸始能學得語言。在人類中所有的精神均假他人而培養，而建設。單獨一個人則無語言，無精神。而人類之一切事業，一切客觀"文化"，如宗教，藝術，法律，國家，經濟等，只有在社會中假社會以實現之。這些精神領域的數目與社會領域的數目相同，當然在此二領域中精神與社會所表現的關係是稍有差異的。其中有某一些精神範圍至少在理論上不必考慮到社會方面，如宗教與藝術；而其他一些則不然，如國家，法律，經濟，就是在理論上也不能說是沒有社會的，它們是有社會的，我們可以極端地說，它們就是社會。（這種區分差不多與史莱埒哈所倡"象徵的"和"有組織的"文化領域的對立是一致的。）

丁

顯然地，這些精神活動領域之每一個皆是一種社會學或即羣衆科學之觀察對象。精神科學往往把精神與社會分開，此乃大錯，那些研究精神科學的人們，

(三十) 請參閱一九三一飛爾康特(A. Vierkandt)出版之Handwörterbuch der Soziologie 中所載鄙人作品：Grundformen des menschlichen Zusammenlebens.

不願洞察所有的精神社會，也就是不願研究所有精神科學的社會科學。

這當然還不夠，否則以上所說的是想要給社會學提出文化科學上所有的任務。我們必須把我們這門科學的任務規劃出來，找出某一些問題作為它研究的目標。為了使這種規劃能夠得當，我們應當瞭解每一種精神科學的任務範圍，尤為重要的是每一種文化科學。各精神科學或文化科學均分成實驗（歷史的）和理論二部分。易言之，即實現性的學說及可想像性的學說（於其中我分之為可能性，或然性與必然性三者）(三十一)。理論方面又重行分成兩部，一部專論每單個精神領域之概念，是思維術 (Logoswissenschaft)”，是“學理”，是似內向的；另一方面則討論精神領域間之社會化性 (Gesellschaftlichkeit)，這似是外向的。理論方面之第二部份是各單個精神活動領域的社會的及羣體科學的理論，社會學的任務即在于此。

下面以圖表說明每種文化科學中各分支部門的關係：

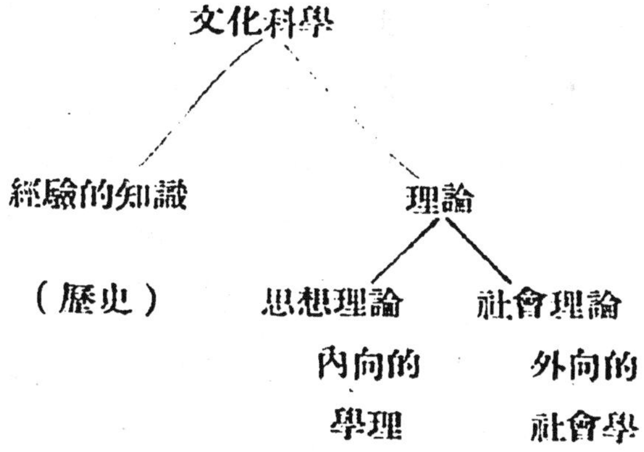

此任務非輕描淡寫所能完成——如思維理論家之用社會學立場——以工作之重大，範圍之廣泛，它實應被樹立為一獨立，積極之理論科學——社會學之目標；吾人可以為此科學下以定義曰：範疇的學說；在這範疇中，我們思考及研究每單個精神領域內精神的社會關係。

所需注意者即社會學之理論性質，這性質絕不與那有系統的社會史相同。

（三十一）詳見拙作：Die Soziologie als Lehrfach

其中的區別大多爲人所忽視。 例如，一般人說魏伯的著作是宗教社會學，關於世界宗教社會條件的研究實在不能說是社會學，而卻是社會史。 文中所談皆爲對於歷史上事實之經過的理解。 宗教社會學所應論述者乃關於一切宗教或某一宗教之社會關係，如教派，教堂，教儀，僧職，教之分化，異教以及教會等。

戊

於詳論各派社會學後，我們還有一個問題需要解答，即：是否尚有一種"普通社會學"存在？ 在何種意義上存在？ 有些學者曾作過種種的嘗試以建立一普通社會學；其中我們所知道的如下：

1. 所謂的形式社會學（見前）曾藉所謂"隔離"之抽象方法使社會歷程自整個歷史過程中解脫而獨立。 然這條路是走不通的，其原因已如前述。

2. 藉所謂"一般化的"抽象方法使特殊社會學之概念失其意義，同時對於一些概念，如分工，經營，領袖，羣衆，組織，總體，統轄，等級，競爭及移動等，把它們特殊的精神內容與文化內容剝脫了去，更以適當的廣泛與空虛形成一般社會學的概念。 例如，當決定在"領袖概念"中存有何種特徵時，那只是綜合領袖們的共通性；這共通性包含有政治，軍事，經濟，宗教領袖的概念，還有在山嶺間，藝術上，文化機關中以及其他等類嚮導的概念。 這種抽空意義的方法自然是可以的，並且也相當沒有甚麼損害。 不過只是要知道，由這種方法所得到的概念大多是沒有內容的，最後所遺剩的只不過是空的外形而已。

3. 還有一種獲得普通社會學的方法，就是枚舉某些現象的可能性，社會生活中的事件及其法式(Schematisierung)；就是我們概觀一下各種不同結合物的形式（Verbandsformen），結合形式（Verbundenheitsformen）以及其他等等。 在某種意義上講，這實是一種很有用和必要的工作。 在上面我個人曾把可能的學說作爲每一種理論的一部份，並且這理論即是可想像到的學說，可是不應該就停止在這一種分類化與法式化之中。 然它們的性質永是一種準備的輔助工作，否則普通社會學只是一個術語錄，一種林尼 (Linné) 的系統，一種記錄的科學，不再是理解的科學了。 這當然是很可惜的。

試問欲建立一種保留精神科學的性質而却避免那些枯燥的抽象與概論性質 (Schematik) 的普通社會學是否可能？ 那當然可能。 這可能性是顯而易見的，如果我們尋找一種作爲本學科的對象的概念，那麼在這概念中社會的精神與精神的社會性被合爲一個結合的單位；這概念不是特殊的（只關係於某一個精神領域），而是普遍的；不是形式的，而是實質的；不是部分的，而是整個的。此即文化的概念，廣義地說，即地球上人類的精神產物。 事實上，在文化概念中精神與社會結合着，雖然它並不關係于某一特殊精神現象形式，如法律，藝術，經濟等，而却包括了所有精神現象形式，但形式與內容皆同樣是確定的。

實際上，我們可以把這個文化的概念，當作一種理論精神科學的對象；此種精神科學我們可以稱之爲普通社會學，或更正確一些稱之爲普通精神社會學 (Allgemeine Noo-Soziologie)；或者我們還能予以一些別的名稱，如〔史脫慶貝格 (Stoltenberg) 的說法：文化學 (Theori· der Kultur) 或一般精神羣體學 (Allgemeine Geistgruppptheorie)〕，其內容可以很確定，可以說是文化的普通範疇學 (die allgemeine Kategorienlehre der Kultur)。 狄爾泰如能幻想一種"歷史理性的批判"的話，他在思想上或許有些地方會是與此相似的。 那麼敵視一切社會學的狄爾泰也還許已變成了那唯一可能的普通社會學的宣傳者。

己

現在我們用經濟學上的名詞作比喻來說，這種新的企業現在所利用的資本可以由一些其他的企業相聯合而更形擴大。 可想到的那些企業如下：

1. 我在本文之第二章中所列的那六種社會學所貢獻的許多有價值的"知識"。 我們延用比喻的說法，就可以說這些知識雖然大大地打了折扣，而所留存的財產仍是很豐富的。

2. 還有現在復活了的人類學於長久迷路入了動物學領域之後，重新找到它原來的本質上去，並正要變成它在百年以前的狀況：此即一種眞實關於人類，亦即關於世界上精神體的學說。

3. 一個年久而有名望的工廠永未正常地發展過，這顯然地是因爲它所出產物品的種類太多了：除掉一種歷史的理論，還有付予歷史家們的一種手段學(Verfahrenslehre)，或稱技術學(Technologie)，是爲史學也。

庚

普通社會學之任務包括下列數則：

1. 是討論文化概念，文化原素與文化傳達者(Träger)的學說。文化原素就是人類，自然及此二者所創出的"環境"(Umwelt, Mitwelt)。

2. 是研究文化之源起與過程的學說；即關于"歷史過程"的學說，如人類目的之建立，實現此目的之手段，歷史過程上的自由性及必然性與偶然性間的關係，單數與多數的意義，精神的力量與範圍，文化傳播的方式，文化觀念(Kulturideen)和文化的意識形態(Kulturideologien)，進步，文化的移動，文化的時期或階段，文化的相同與相似等。

3. 普通社會學還有一個任務，就是應當探討文化的種類，形式和範圍，文化的單個原素，各原素間及各種文化領域間的聯繫關係——而那些關係是由于各種精神領域而決定的——文化的單位與總體〔如漢文化與十八世紀中葉文化(Kultur des Rokoko)所含意義爲何？〕以及文化型態等。所有這一切及一些與此相類似的東西，或形成文化論中一部內容的東西，我們可稱之爲組織形態學。

現在我願意再四聲明，這種我所想出的普通精神社會學所論者絕非一般的科學(Universalwissenschaft)，它那理論上的性質已保護它不去變爲這種一般的科學。而若是我們想給它一個特別的地位的話，它就是一種基本的科學(Grundwissenschaft)。（此乃以前心理學所要求的）。

辛

本科學的對象很清楚地擺在我們眼前，而我們所用來討論它的方法也很明確。這方法只能是精神科學的，因其主要成分乃是理解的方法，是爲理解說(Theorie des Verstehens)；在這里我不想多談，因爲於其他拙作中已詳細地論到了。(三十一)

在這里所應談到的只有下列一些東西：我們對於大自然的瞭解是依賴於純理解的認識方法。爲甚麼？因爲自然離開我們的意識太遠，太生疏；它之所以離開我們的意識太遠，太生疏，乃是因爲我們未曾創造它。可是我們却能瞭解文化，換句話，就是能抓到它的意義；這是什麼原故？這是因爲我們創造了它，它是吾人思考所綜精神的一部。我們把我們對於自然現象與文化現象基本不同之觀點對照一下，如樹與工廠，蚊子舞蹈與人類舞蹈，椋鳥之集會與國民集會等；那麼立刻即將識別我們在知識方面觀察各種事物的不同程度；同時也將洞識到我們對於文化事實有這麼許多高深的知識，只能還元到一個基礎上去，那就是這文化事實都是我們自己的作品的狀況(Umstand)；我們在文化圈內是一個角色，如威廓(Vico)及其後之叔本華(Schopenhauer)已正確地看到的。而對於大自然却是旁觀者。

因爲我們知道爲什麼人類要推進文化，所以我們用不着用盡可能的手段在過程和狀況的外表形態上詳細描寫，測量，權衡，然後再對於那些摸索出而不明瞭的結果。弄出一些所謂"法則"的方程式來。法則對於我們沒有益處，因爲我們簡直不能把"事件"按照它們來整理分類。

根據下面的理由，在文化領域中按照建立自然法則的方法來設立"法則"是沒有意義的：

1. 人類的自由意志，使所有合規則性的發見之可能減少。雖然可以證明

(三十一) 請參閱拙作 Die drei Nationalökonomien之第十三章，1930版。

有這樣的"趨勢"，可是證明這趨勢還是以理解爲基礎。

2. 人們在證明合規則性上所用的"原素"是不存在的，(不像在自然中是有"原素"存在)，因爲在文化範圍內沒有恆久不變的實體。

3. 精神事態是複合的總體，不能分解爲許多構成原素，把精神——文化之內容——還元爲物質乃是發瘋了。可是，把精神從心理中引出並使其自心理中生出，如同心理社會學所作，乃是徒然的，這是出于一種要不得的形而上學，心理學的分析無疑有貢獻于加深我們對於文化現象的洞識。這心理學的分析假定我們已預先詳細地知道那些現象，現代的心理學本身竟也不再要求它是精神科學的基本科學，因爲它瞭解到內心必按照對於具體的活動領域卽文化產物的連繫才能整理和分化之。

簡言之，我們所應遵守的方法如下：因爲精神社會學 (Noo-Soziologie) 必須是一種精神科學，所以應當注意不要陷入形而上學和倫理學中，亦不要接近那些具有超絕意義及相似性的說法。因爲它必須是精神科學，它必須防範及躲避着自然主義派，如物理主義，生物主義及心理主義。還有一些討論人類共同生活，文化與歷史的範疇，我們必須把它們淘汰了去，如發展，長成，民族體，社會體，民族精神，集體意識，生長，有機體，年代的對照，衝動力等。故凡涉及文化靈魂，卽文化本質的東西均不必討論它。(三十二)

辰

這精神社會學是否應該建立或能建了成一科學的"學科"，乃是一個問題，不願在這裏討論它；同時爲了達到這個目的，是需要基本上的檢討，以解明甚麽是"學科"，以及甚麽是"專家"。貝斐說："社會學(就我們所見，他對於社會學的概念是很奇異的)應當只被一種學科的專家所研究。——因爲"今天對於要作科學家的人最要命的事就是不在任何領域中作專家"。(三十二) 這種觀點對於各

(三十二) 貝斐：Die drei Nationalökomien (1920)第五三頁。

派社會學可以說是對的。　可是對於普通精神科學卻不能這樣想。　於此我們必須鼓起勇氣來解釋，在全體上則可以由一個門外漢作有意義的研究，並至多可以要求他是一個精神領域中之"專家"，這就是說，他至少要識別一個精神領域，同時在他思想中根本識別之。　可是就全體而論，普通精神社會學並不是一個"學科"，並且，永遠不能變成一個學科。　此外，這普通精神社會學的命運正與其他完全已被承認了的科學，如哲學與歷史的命運一樣。

在哲學上我們還可以說有專家，如果我們以爲這專家是一個完全有成就了的論理家的話。

然而誰是史學範圍中的專家呢？　在這裏我們以爲這專家是一個通曉某一定時期的淵源的人，那麼一種對於專家的特殊概念就形成了。　那麼他便以這種資格述寫所有文化領域，而不是爲了某一種（例外的事實常證明規則之存在）而作本質上的專家——如精神學家，政治家，法學家，藝術家，國家經濟家或其他種種。　於是他就以此普通歷史學家的資格，而作起歷史專家來了。　雖然他簡直是個門外漢，普通歷史是普通精神社會學的姊妹。　所以它或者必需也只能由專家們來研究。　我們對於他們的要求也就像我們對於史學家的要求一樣，就是他能作爲一個領域中的"專家"，也許他能識別事物之本質，也許能識別事物的淵源。

社會學的歷史觀

Soziologische Geschichtsbetrachtung

張宗熲

一、"歷史"一詞的含義

在我們日常的談話裏，我們時常用"歷史"這個名詞。用它的時候，人們常不能理會到這個名詞含義的複雜。其實祇要我們仔細思索一下，"歷史"一詞實有兩種主要不同的用法。歷史有時被指認作過去的事實，有時則指的是事實的記載。

這兩種不同的意義須是不能混淆的：前者所指是所有那些過去發生過的事情，後者指關於那些事情的記載。人們把這兩種混爲一談常是由於認識不够而起。

由於認識不够而引起的錯誤這裏不談；另外還有在學理上一種習見的錯誤。這就是說不是它不能分辨事實與記載的不同，而是理論上有不周全，不健實的地方。依這種理論來說它認爲記載是可能與事實相等相符的，因之分辨這二種含義之不同並不是治歷史學的基本考慮，而祇是一個考據眞僞時的提示而已。換句話說，在人們尚未做到記載上事實完全相等相符的地步，分辨這兩種含義之不同還有需要；一旦認定事實與記載已是面面相符，這分辨也是多餘了。

關於這套理論我們攏括地講有兩點可說。第一點即是說到記載是否可能與事實完全相符一致的問題。看他們的意思治歷史的人若能應用一套考據的技術，那套根据遺留的記載便可以探知事實的眞相，而確擬一個眞實的過去世界。

在我們看來，這番工作，不論它是多麼翔密，多麼精細，其結果終難獲得它預期的成績。因為除非物理化學家能把已逝去的光波與聲波設法追攝回來，史學家永遠不能把他擬構的過去和實在的過去相對照一下。他只能依憑推理測想他所構擬的過去有部分的真實，而卻不能指定那一部分必與實在一致。換句話說，他構擬的過去世界祇是藉常識與推想而成的；遇到懷疑論者根本懷疑他的構擬的真實性，他也無從用實證科學的見地來駁斥他。既無從駁斥，那麼史學者所汲汲致力的實用目的之成就便登時可懷疑了。這是我們從過去真實不可覓致一點上來說明記載與事實一致的不可能性。

除此之外，我們更可以提出記載中不能包羅全部過去的事實一點。不但能力有所不及，社會的要求也使得記載有所挑選。關於這方面，後面有更詳細的說明。

最後我們還要提出，紀載乃是著於文字的，在記載中已經裝進去記載者的意識形態，價值觀念與文化背景，因之也絕難與事實一致。這一點後文中也將仔細討論到。總結起來說，根據上述三點理由，我們實在不能承認事實與記載有一致的可能性；反之，我們所主張的乃是二者絕不能一致的理論。

根據這個看法，我們乃可進而說明他們的理論中第二個不健實處。原來他們認為分辨"歷史"一詞的含義只是在考據方法中的一項備考：當他們的基本認識已被我們推翻之後這一點自然亦發生動搖。在我們看來，這種分辨實乃是治歷史學的人最基本的一個認識。唯獨當我們具備這種認識之後，我們始不至於貿然相信歷史記載的客觀性，而誤以主觀的歷史觀來代替客觀事實發展的歷程。這一點是異常重要的，因為必如此，而我們始可以討論歷史記載中主觀成分形成的社會條件和歷史記載的社會限定作用等等重要題目。

二　記載的社會條件論

在上節中我們提示兩點：一即"歷史"一詞有事實與記載兩種含義；二即這

兩種含義必須要分辨清楚，記載不可能與事實之眞相完全相符，卽使相符，也無從證知。 在本節裏我們要從記載者方面來說明爲什麽記載與事實不可能一致。換句話說，我們要藉此說明這"卽使相符"的可能性是如何之小。

關於這一點上文中曾攏括的舉陳三項理由。 第一點是純粹否定性質的，先不去談它。 此時的討論便可以自第二點始，卽從記載者與文化的關係上來檢討記載與事實能否一致的問題。

要分辨記載和事實的關係，首先我們能想到的就是記載者是否把他所觀察得來的材料，不論大小，輕重，一一都記之於史册。 說得簡單些，這就是問史家記事之前對他的材料是否有所挑選， 假如，答案是無所挑選，那我們不妨先徵諸事實，再考究記事者的能力問題。 假如答案是有所挑選，那麽挑選的標準的問題便急待解決。

關於第一個答案，我們檢閱史料的結果證實這是不被記史者所採取的。 單就中國的史書而言，從史記而下中國歷朝正史所記大都不外帝王身世，內外戰爭的始末，將相治國的措施，忠奸之鬥爭賦稅，文學，和吏治等項。 至於其他方面，正史裏便往往忽略，不加以記錄。 但是這決不就是說除了這些"大事"之外，那時候的世界便沒有別人認爲的"大事"或他們所看不起的"小事"了。更有一點，卽一些雜史所記的事和正史的取材往往不同。 這證明了史家所記絕對是對於材料有所挑選，祇是挑選的標準不同罷了。 無所挑選的結果是亂記，而中外史册自古以來，都是有條不紊之記載！

可是挑選取捨的標準究竟是些什麽呢？ 答復這個問題我們勢非將每種史册都拿來分析一下，而事實上這番工夫我們現在很難做到的。 因此在本文裏，我們就不想舉陳個別史家取材選事的標準，而只是很普通的講求那些決定選事標準的因素。

簡單的說來，我們主要的意思就是認定史家記事的方式與所記的內容都是受當時文化情境與社會制度的限定。 史家記事時自有一套價値體系；這一套體系正像一付有色有格的眼鏡，戴上了它之後，史家對於外界的事物就有了取捨，同時也加以一種安排。取捨安排的結果使得史家所敘述的情形與實際上事物的客觀表現不同。敘述的內容與形式只能反映一套價值體系的作用而已，其實即使這最完善的自然科學的敘述我們也不能目之為事物的客觀呈現；因為在認識的歷程中，認識的方式與被認識的事物即為價值體系所決定。哲學家中有以事實即是經過價值觀念的判斷和組織後的所現，其原因殆即以此。

價值體系之構成，除自然與生理的原因外，更受社會文物制度的影響。社會制度常依其社會處境而在形式與作用上有所變異，不若自然與生理因素比較的為固定不變。哲學家中如久德（C.E.M.Joad）相信價值為最後的，普遍的，與一致的，依我看來，這便是忽視了社會文物制度對構成價值體系的影響。在社會人類學的比較制度研究中，對於這一點反倒是很早認清。他們實地研究的結果，不但發現了對事物的不同價值判斷，便認識事物的方式——即整個價值體系也與我們習用的不相同。對於這種現象他們的解釋是每一套不同的社會制度造成人們對於問題或現象的不同看法（Perspektive）。關於這個解釋他們曾舉陳許多實地材料為佐證，在本文中我們不便涉及。不過單祇以我們所習知中西文化而言，我們也有具體的事實作理由使我們相信社會制度對價值體系的限定作用。舉例說吧，在一個閉關自守的社區裏，和外界不同社會制度的文化接觸極少，那裏的記事者會根本不注意到他本身所習處的各種制度；這些制度的具體表現——人的活動——乃是自然不易的現象，不必注意它，也更不必記下它們來。這種情形在中國歷史上看得很顯明。過慣了承平的日子發生了災異，戰亂，是值得一記的；在一般守着社會規矩的人羣中出現了一兩個獨特不羣的人格也不妨大書之於史册。除此之外，只有當外面一個新制度擠進來，像耶教和佛教的勢力東漸，才使得記史者於比較新舊制度的同異後，發現舊宗教制度中之體系和機能。舊制度在記史者眼光中從無形顯而為有形之後，社會制度中所蘊含的價值體系便也開始受到注意。生長於民國時代，習處於民國的婦女社會制度的人，對於清以前的婦女生活大部分限於家庭範圍之內這一點大概很容易注意到；但是生於清代，習於清代婦女制度的人——即歐西的婦女制度尚未影響到中國之前——在他的記載中便往往可以忽略掉。這正像我們普通記日記的時候，不去記一日三餐飯的情形，以及其他日常的刻板生活，而在一個初到中國的西洋遊歷家看來，舉凡一著一飲，些微小事，祇與他們的習俗有異，便都記在遊記中一樣。

由此看來，人類學家比較初民社會制度的結論一樣也可適用於我們自命為文化比較高的社會中來。社會人類學實地比較研究的結果告訴了我們因所習行的社會制度不同，各社會中的價值體系與看法乃因地而異。根據這個基本前提，再利用我們的歷史常識，我們又可以推論這種種看法也隨時代而異。換句話說，社會制度在時間的序列中是此生彼滅；在空間的分佈上是此新彼異。在任何方面，我們現在都有理由可以說，除了自然與生理的影響外，價值體系與看法也受當時所習處的社會制度的限制。

把這套理論應用到歷史記載的研究上來，我們說史家所挑選下來的記載須不是史家個人的發明，乃是當時他的社會的看法無形中替他安排好的。我們不能說除了史家所記之外就沒有對當時社會生活更重要的活動了，只是記史者戴上了社會眼鏡之後，他看不見那些社會不讓他看的社會活動罷了。這情形正彷彿我們習慣於住樓房的人，每天儘管上下樓梯，但是却不去注意樓梯的級數多少一樣。等到記史者開始注意到他以前所看不見的活動時，像人民國之後我們開始注意婦女制度等等，我們相信這不是因為舊制度的解體，便是受了新的文化的撞擊。史家記事，我們再重複一遍，不論其方式，或內容，都是受當時的社會情境和社會制度的要求而發生的。

三 記載的個人條件論

上面的討論是說明歷史記載中的看法乃是蘊含在社會制度和文化情境之中；

隨着制度的改變，看法也因時因地而異。 但是這是否即是說在同時代的同社會中只可能有一種看法或價值體系存在呢？ 假如是的話，那麼看法與社會制度又是如何變遷的呢？ 是無理性可述尋的突變呢，還是必須受到新文化的衝擊才能變遷呢？ 假如不是的話，是否這新的發現足以威脅我們上面理論的健實性呢？對於這些問題加以答復和說明乃是本節的意圖。

對於同時代同社會制度中的人是否只有一個看法，或價值體系這問題我們的答案不須在冥想中追尋，只要徵用事實來說明就夠了。 拿我們現時的情形說，有人對於五世同堂的，大家庭制度也許覺得很合適，但在另一部分人看來，也許認一夫一妻的小家庭制度來得妥當便利。 這分歧的看法表現得很顯明，留心我國民元以還的報章雜誌的人大概對於這一類問題的分歧與爭辯都已經看得很多，聽得很耳熟。 說得再遠一點，人們看法的分歧眞是由來已久。 舉春秋三傳的例來說，在莊公三十年春秋中有一段紀日：

「齊人伐山戎」。

公羊傳曰：此齊侯也；其稱人何？ 貶。 曷爲貶？ 子司馬子曰，蓋以操之爲已蹙矣；此蓋戰也，何以不言戰，春秋敵者言戰，桓公之於戎狄，驅之爾。

穀梁傳曰：齊人者齊侯也。 其曰人何也，愛齊侯乎山戎也。 其愛之何也，桓內無因國，外無從諸侯，而越千里之險，北伐山戎，危之也。 則非之乎？ 善之也。 何善乎爾？ 燕，周之分子也，貢職至，山戎爲之伐矣。

看上面兩傳的說法，一則謂之貶，一則謂之愛而善，二人看法上的差異是極端明顯的。 我們沒有理由不承認在同時代同社會制度中生存的人可能有不同的看法這一點，雖然主張社會決定論的人可以用找不到絕對的生於同時代同社會制度的人一點來遮蔽。 在本文中我們的看法不如社會決定論派那麼趨於極端，我們不但承認同時同社會中不同看法的存在，更進一步的願意根據這個事實作爲了解社會變遷的入門。

現在就請答復在同時代同社會中不同看法的事實是否足以威脅上面第二節所提出的記載的社會限定的理論這個問題。用比較簡單的方式來說，這問題的癥結所在實際就是社會學中屢見不鮮的個人與社會的關係的爭論。因之在解答上述問題之前我們覺得有一述幾個關乎個人與社會之關係的理論藉以表明我們的主張的必要。

孫末楠 (G.Sumner) 是美國第一個注意到社會正態 (Societal Norm, die gesellschaftliche Regel) 的作用的社會學家。社會正態是與社會變態對立而稱的；正態代表的是在當時社會中一般公認的行為與看法，變態則指一切與規準相違反的行為與看法。正態和變態的判別因之乃以是否為公認的一點來定。但是所謂公認的，在孫氏的意思，亦就是習用的。行為必已成社會習慣中之一部分方為公認的，故孫氏又將正態和變態按習用一點來判分。由於習慣一詞在歐西語系中意義之複雜，用法之廣濫，並且缺乏文化學的專門意義，孫氏遂又改用"民俗"與"德型"二詞來代表兩種程度不同的公認習俗。在他的名著民俗學 (Folkways) 一書中，全部的討論便在說明民俗與德型是如何的規範着人類的行為；順着德型走的是適應社會的人，換言之，也就是代表社會正態的人。至於反着德型走的，便是社會裏不受規束的"變態"的人了。社會的綿續全靠社會中德型與民俗的裁認作用。變態的人受到裁制，因此不得代代綿續；正態的人得到贊認，由他們手中把整套的社會制度與社會規矩傳遞下代。社會之不致於發生急劇變動或是碎裂胥繫於這種德型與民俗的裁認作用上。如此孫末楠便解決了一個極重要的社會學問題獻給社會學一個新觀點。

但是不幸的是靠這個觀點和理論事實上還不能答復一個極重要的社會學問題。社會究竟是怎樣變遷？是什麼勢力在推動這變遷？在孫末楠的社會學系統裏，個人對社會的作用一點是多少被遺忘的。在他的系統中，他只能解釋社會綿續的歷程的由來，講到變遷的歷程方面，便非它所能幫忙了。

站在批評的立場上來說，孫末楠是注重社會勢力對個人的約束這一點的，其結果是解釋社會綿續的歷程頗能勝任愉快的。但是對於社會變遷的歷程的解釋，他卻遠不如薩皮耳 (E. Sapir) 注意個人對社會的影響後的成就。薩氏是一位創論"人格的進路" (The Personality Approach, die Persönlichkeits-Annäherung) 的社會學家。從他所標榜的研究途徑上一望而知他是一位重視心理因素的社會學者，而事實上他的學說的致力點也就全在於個人對社會的影響與作用這方面。他從不抹煞個人在社會中的地位，因此他能擺脫一切社會決定論的羈絆。照他的理論來講，社會也者無非是許多個體互動的一個場所。每一個人都是這場合中的一個主動一分子。社會是這些個別的動的表現，因之它的本質也是動的，而不是靜的。社會學的要求便是要分析社會動的程度與性質。動的性質決定了一切社會變遷的歷程與方向；動的程度影響這歷程表現的遲速。這裏所謂社會變遷的歷程乃取其廣義的說法，即一切佔有時間之社會活動歷程。

以了解個體間互動關係爲樞紐是薩氏社會學的中心主張。根據這個主張，薩氏乃認爲達成社會學要求其首要任務便在乎探究各別社會中這種互動關係的型式與其所代表的互動之性質。據薩氏研究的結論，他認爲動的性質可依社會中各種態度的配合平衡而分爲兩種：一種是節奏均勻的，互相協調的，或說是平衡的，是謂之眞文化 (genuine Culture, echte Kultur)。一種是節奏雜亂無章的，失去平衡的，是謂之假文化 (spurious Culture, unechten Kultur)。在眞文化中，社會綿續的歷程是很平穩的，沒有很突兀的改變的；在假文化中，則全部社會生活由於不能協調的矛盾，必被捲上改變的歷程，從而再演到一個新的平衡姿態。假文化之所由發生部分的固由於新舊，內外文化接觸所致，根本的卻是由於個人態度的變動而使得舊有的協調的互動關係發生破裂。

應用這個理論到上面所說的看法問題上來，我們可以猜想薩氏的回答將是以眞文化中的各種特點來說明同時代同社會中的一致看法的現象，而以假文化的理論來闡明不同看法發生的原因。以薩氏與孫氏相比較，顯然地在薩氏的觀點中個人對於社會的改造是看得比社會對於個人的約束來得重要的。

我們說薩氏注重個人的因素更可以從他的方法論中得到進一步的證明。原來他的研究方法就是上面我們已經提到過的"人格的進路"。他認為社會裏每個人的人格都代表一部分當時該社會的態度；因此假如我們能把每個人的人格逐一分析一下，便不難找到該社會的文化究竟眞到什麼地步，或是假到什麼程度。從判別文化眞假的程度一點上做起，我們乃又可進而預測該社會的文化前途演變的趨勢，由此完成了社會科學的偉業。

對於這個方法論是否在邏輯上有困難，或是事實上難以允許等點我在這裏不願加以批評。我所要指出的就是以孫氏與薩氏為代表可以說明兩種不同的對於"個人與社會"這問題的意見。現在容我道出我自己的意向來。我的意見其實很平凡無奇，但是却請不要猜想這又是折衷派的論調。因為根據上文所說一位願意用學派頭銜的人很可以說孫氏所代表的是文化學派，而薩氏儘管他也論文化，但是他的觀點，理論與方法乃無一處不與心理學派相近。對於這兩個在觀點上根本差異的主張，折衷調和的工作是無從做起的；這正像拿兩塊彩色花樣不同的布料來，任是讓天巧的裁縫做，也做不成一件渾然一體的衣裳來的情形一樣。

既然不是折衷派，現在我就先表明我的根本觀點乃是與孫末楠一致的。換句話說，就是我們也是主張從社會約束個人的行為一點來出發。但是有鑒於孫氏德型的學說在解釋同時代同社會制度中不同看法這點上遭遇困難，我們必須要設法修正，打破這重困難。在修正的時候，我們不妨借鏡於薩氏的理論，以為資助。原來在薩氏的理論中有一點很值得注意，即是他把社會正態和變態（或說眞假文化）拉平在一條線上看，認為兩種同等可能的社會演進的方式。儘管我們對於薩氏最後的結論把社會正態可變易性看得太大這點表示不滿，或是我們感覺到他的方法在實行上的困難，但是對於這一點我們却不能不承認於我們的修正有重大的提醒。這提醒了我們在任何社會中裁認作用的結果並不能造成清一色的社會正態的人，也不能找誠有一個代表非社會正態，或次社會正態的社員。換句話說，我們不應認為有了裁認作用之後，社會裏便沒有變態的存在，或是說變態只成為一種幻想的實在。反之，變態和正態是同等可能存在的，不過有的變態因為直接抵觸當時的社會制度，受了制裁而斂跡，有的變態則因無害於當時的正態便在不聲不響，不裁不認的境界中發展下去。對於直接抵梧的變態不能制裁的時候，社會制度發生突變，甚至於革命。至於那不聲不響的變態的發展結果往往是社會逐漸改變的根由。

以我們這種看法來與孫末楠的主張比較，孫氏的學說只能以裁認作用失效這一點來解釋社會的突變，但是卻不能像我們感受到薩氏的理論的提示而進一步的解釋社會漸變的由來。換句話說，孫末楠的學說祇能解釋在一種社會制度已將崩潰時有不同看法的現象，而不能解釋平常時候這種現象的緣故。

我們修正孫氏學說的結果已彌補了這項缺憾。我們不再把社會正態看作一種死板板的規律，普遍一致的為所有社員所遵守。同時也不承認除了正態之外，所有的都是些為社會所制裁遏阻的非正態。依我們修正的意見，在社會正態與受裁制的社會變態之間更有一段緩衝的境域，是既不為社會所消極干涉亦不積極提倡的不言不語的非正態界域。它既不是標準的社會正態，又不是標準的變態。它不受贊認，但是它的五光十色的表現，只要不超過社會劃下的限度，也不會受到制裁。它是社會漸變的發源地，也是我認為解釋同時代同社會中不同看法的現象的最妥當的說法。

總結這兩節的討論，我們可以說歷史記載實受兩方面的條件所限定。首先，紀載者的看法與記載中所蘊含的價值體系乃是受當時當地社會制度的限定；第二我們分辨"限定"的意義（Beschränkung）與"決定"（Bestimmung）一詞不同，因之我們又承認即使在同時同社會中也有不同看法的可能。對於這後者的解釋，我們說，除了兩個記事者所處的實際情境難得完全相同一點理由外，主要的還是記事者不必然，都代表當時當地的標準社會正態；在社會劃下的限度以內，各種非正態的意見都可以見諸於史籍。我們在這裏不但在解釋後沒有傷害我們體系和觀點，並且還根據這個看法不同的事實解決了社會變遷的問題。

話說到此，我們可以向歷史學家提出一個建議來結束本節的討論。我們希望歷史學家在他考證過去記載的時候，時刻能注意到記載者有反映的社會價值體系和看法。自然這不是一件輕而易舉的事，實際上要打算全部考查出來也是根本做不到的事。不過能够從記載中發現記載者的價值體系和他所取的社會態度，以常識的推想來看，似乎可以更接近眞實一些。社會學和社會人類學實地社區的比較研究的觀點和理論，似乎在這方面可以給歷史學一點小貢獻。

四 歷史相對論的貢獻

以上三節的討論主要的就是在說明歷史記載和社會制度的關係，或說得更具體些，歷史記載受社會制度的限定的理論。在闡明這個理論之後我們建議給歷史學者請他們在作考證工作時更不要忽略記載的社會性，和記載中所蘊含的價值體系。話說到這裏爲止從歷史學的眼光來看，實在更沒有再向社會學理論可請借助的了；但是從嚴格地社會學立場出發，我們上面的討論却只不過走了旅途的一半，還有剩餘的一半，須得我們去跋涉。因爲以上三節的討論只是從社會學的立場說明了歷史記載的性質，至於歷史研究的結果對於社會學的貢獻，社會科學中歷史方法的科學根據，與歷史知識在社會生活中的功能等問題我們卻還隻字未提。究竟參考了社會學的提示之後，我們能不能從歷史記載探尋出過去的全部眞實？假如是能够的話，那麼究竟歷史學對於社會學的研究又可能有什麼幫助？假如是不能够的話，那麼是否社會科學中的歷史方法便失去了它的科學根據？歷史方法如果不爲採用，是否我們可以有新的方法來代替？應用這新的觀點和方法論又如何能够說明歷史知識研究的需要，和歷史知識的功能？從一個社會學者看起來，恐怕這些問題比以上三節中的問題更爲重要，我們從本節起，就請依次解答這些問題。

首先要提供注意的就是我們不要以爲有了上面所說社會學的提示的認識後我們便可以重獲全部過去實在的世界？這提示並不能即看作是物理化學上追攝過去聲光的工具。果然前面我們也曾說過，了解一種記載中所組合的價值體系後，歷史的研究可以客觀一點，也許更接近眞實一點。但是這種工作除了實行上的困難外，充其量也祇不過能够追尋出記載中所提到的事情眞相而已；至於記載中所未提到的事情，儘管我們憑推理可以想像這是由於記載者受他的看法的蒙蔽，我們却根本無從知悉。看法的社會學解釋只是供歷史研究者作備考而已；它不是探掘過去全部事實眞相的萬能秘鑰。應用今日所有的科學知識，過去的全部眞實仍是無從證知的。

對於我們這個結論，歷史哲學中有一派必然會掀動，提出反對。這就是在著名的德國哲學大師黑格兒氏領導下的精神辯證論派。在歷史哲學中最近這一派的中心人物可以說是克羅徹（Benedetto Croce）氏。像黑格兒一樣，克氏肯定的主張歷史乃是一個"正反合"辯證精神的具體表現。就這一派說，這是他們的最根本命題，不但有邏輯上的必然性，事實上的可證性，最關重要的是它也有形而上的先驗性。在這個形而上的前提下，歷史記載乃無所謂"錯誤"之說；平常人說的錯誤那祇不過是辯證精神的反面階段的表現，爲精神的正面表現所必需，亦爲精神整體中所必備的條件。辯證精神超然寄存於這繁複的宇宙內，跟着時間的推進，牠表現它自己永無止息的生命歷程。在這生命歷程中任何一據點上，我們都可以看出"正反合"辯證精神的表現；正反合三者同時可以集現於一物一事之上，單看這一物一事是與什麼相對而論。根據這個論證，辯證精神乃永遠不變的全部呈現出來的；在辯證哲學中，"過去"的概念根本沒有意義，只能以"發展"代替"過去"，因爲發展的結果使過去就存在於現時精神中，爲現時精神中的一面。

過去既存在於現時精神之中，因此任何歷史，究其實際，都是現代歷史。承認這論據的結果，他們乃必須放棄實在的過去與虛假的過去底分界不可。因爲過去的一切卽存在於現時，或換言之，眞實的卽在眼前，那麼假的過去便只是不存在的，而不存在的亦卽是不可能發現的。

從一個形上的前提出發，這一派的學者最後以假的事物的描寫不存在一點解決了歷史上的眞僞虛實問題。從這種立場來看，自然對於我們上述的結論要提出抗議，甚至於批駁我們爲庸俗的論調。對於這種批判我們覺得不必去抗爭，因爲我們雙方在初出發時所採用對現象認識的途徑便自不同。他們是從形而上的宇宙中，根據一種超越經驗的認識出發的，而我們却只是從平凡的但是普通的人類經驗的知識開始。雙方的前提根本便不同，邏輯的常識告訴我們在這種情形下是無法辯論的。我們不能有一個更高的或是最後的智慧來判斷二者的是非，好壞；我們只能說站在局外人的立場，我們得不着認識那超越經驗的靈感，至少也是我們所有的神會不够使我們相信這種說數。反過來，從平凡的經驗出發，也許多幾分說服的力量。我在想，科學也許祇是平凡人研究平凡的經驗才能得到的收穫。

假定現在我們可以撇開辯證論派的考慮仍舊一貫地維護我們前面的主張，那麼第二步跟着來的問題便是：我們承認全部眞實的過去不可追尋的結果，是否卽等於宣布歷史方法失去了它的科學根據？在答復這個問題之前我們不妨先參酌一下歷史相對論派的主張。

歷史相對論派也是主張分辨歷史事實與歷史記載這一點的。以這一點出發，歷史相對論者得着三點推論。依孟德明姆（Maurice Mandelbaum）的次序，第一點就是說一個歷史事件的全部眞實內容並不能爲記史者所直接觀察。用戰爭的例子來說明，記史者雖然親眼看見這次戰爭，但他却永不能同時看到這次戰爭的所有方面。記史者自已所站的地位僅足以使他對於這戰爭中某一方面看得特別淸楚，對於其他的方面却有賴於別人的報告。對於同時在世界各方面發生的事件，一個人或少數人的觀察決不能面面顧到。這是第一點。

第二點，歷史相對論者認爲史家的記載也不是包羅一切所有他知道的事情；

對於一事件他只選幾方面記下，其餘的部分乃被忽視。歷史相對論解釋這種現象就說這乃是由於記史者個人的興趣與偏見所致。第三點是說卽使史家在當時目擊一件事情發生的情形，但等到他記載的時候，他的文字已不能完全描述當時他全部的感情生活。換句話說，這就是說觀察和記載的兩個期間中記史者個人感情生活的內容有了改變，而於是使得記載的眞實性更難保持。

總結起來說，歷史相對論派乃以觀察的實際困難，觀察者的興趣和偏見，以及觀察者心理狀態的變動三點說明了眞實的過去不可踪跡這個主張。假如眞實的過去無從追踪，那麼歷史學的研究究竟又有什麼實用的成就呢？歷史相對論者的囘答是：歷史記載的作用就在把事實簡單化，簡單化又等於是錯誤化(Verfälschung)。錯誤化的結果使得人們能把握住史實的"確定的意味"(Gefühl der Gewissheit)。史家的要務不在使人們探知過去的眞實，而是在創擬這個"確定的意味"；在這種要求下，我們無須把記載做到與事實一致，甚或是相近的地步。

就它的哲學根據來說，這種主張實際上乃是否定了我們認識外界本態的條理的能力，一切所現的秩序和條理都因主觀而起，爲人處理經驗的概念格局所安排。單就這點而論歷史相對論派是和懷疑物質主義 (Materialismus) 的科學觀一致的。近代科學底哲學在懷特海 (A. N. Whitehead) 普蘭克 (M. Planck) 艾丁頓 (Sir A. S. Eddington) 與羅素 (B. Russell) 諸人領導之下已逐漸放棄了牛頓時代的唯物科學觀，以認識論上的問題爲入手，已經發現了科學的主觀性，和科學認識中的選擇現象。歷史相對論以上的主張，由這方面看來，並沒有犯嚴重的舛誤。

我們認爲其錯誤所在乃在乎接受以上的論據之後，更進一步的否定了所謂"確定的意味"與人定的秩序的實用性。他們認爲在指明這"確定的意味"只是人造的，同時科學的求眞實的研究不能倚仗這種人造的產物兩點之後更應當進而主張歷史記載中所昭示於我們的知識毫無實用的價值。說得過分一點，他們還可以進而標揭"反歷史論"(Anti-Historismus)。對於這點我們不敢輕予贊同。我們覺得只能說到反對應用歷史方法來研究社會現象，而不能說到整個的否定歷史知識的作用。換句話說，我們主張的是"反歷史方法論"而不是反"歷史論"。

說明我們這種主張的理由，在開始的時候，與歷史相對論派的見解原無太大的差別。窺歷史相對論解釋過去眞實不可捉摸一點時，語詞之間似乎偏重個人的因素；而在我們則重心是始終放在社會制度的約束方面上的。這誠然是一個不同的去處，但是卻還不足以指陳上面所說歷史相對論派的錯誤。主要意見的分歧乃是在歷史相對論否定歷史記載的功能而我們要肯定它。果然，在今日要探尋過去全部的眞實乃是不可能的事，但是我們卻不能因爲它不眞實便說它沒有任何價值。眞實的問題不必然決定價值之有無，充其量我們只能說它沒有科學給予人類生活貢獻的價值。要說歷史研究是與科學研究的價值一樣，我們不敢相信；說歷史方法是求眞實的方法我們更不敢贊成。限於歷史學本身的困難，歷史研究的價值不是一個科學求眞實的敍述的價值，但是這也不是說，因爲它沒有這種價值，便沒有一切其他的價值。換句話說，歷史研究的價值不須以它能夠探尋過去的眞假虛實而定，我們應當用另外一套標準來衡量它。關於這個標準如何衡量歷史記載的價值一點，我們在後文討論歷史知識的功能的時候當再有機會談到。

五　修正的歷史關係論

在第四節中我們主要的說明了歷史研究不能夠探尋實在的過去這一點。說明了這一點之後我們又暗示對於由此而引起的幾個不同問題的解答的趨勢。但是在那裏我們並未曾舉出具體的論據來。其所以不曾做這步工作的緣故乃是我們發現對於上述的理論的趨勢有一個很可能的誤解。在這裏若不把這誤解剖明，我們相信下文的討論恐怕難得說服人的。這誤解就是徹頭徹尾的把我們的見解看作是承韋伯（Max Weber）學說之後的曼海姆（Karl Mannheim）的知識社會學與歷史關係論的理論。

我們不能否認我們是把歷史知識與當時的社會情境關聯起來分析，我們也不能否認我們主張把歷史知識算作社會的產物，受社會制度的限定。換句話說，我們的精神確是和韋曼二氏所倡導的知識社會學與歷史關係論很契合的。因為知識社會學，據曼氏的意見，卽是以分析思想的型式與內容如何受社會或生活條件的決定為要務的。

但是二者雖然在大體上很相同，究竟還有兩個大不相同的去處。第一，我們是主張社會限定論的，而他們是社會決定論。雖然同是注重社會的勢力，但"限定"（Beschränkung）一詞在分量上較比"決定"（Bestimmung）這詞要輕得多。美國著名人類學家哥登衛舍（A. Goldenweiser）曾指明"限定"祇是劃下一個可能變異的範圍，而"決定"則是指出某一個必然的結果狀態。我們採用，"限定"的說法乃是在我們發現了孫末楠學說的困難之後。

第二點是和我們目前的討論直接有關的，這就是說雖然我們的結論都是主張知識社會學的理論，但是來到這結論的步驟和手段，却完全不同。換句話說，我們在方法上有了差異。

要說明這種差異，請先說一下曼氏知識社會學理論的由來。實際地講，這套理論並不是由曼氏一人之力而產生的；正像每一種學說都有它的來歷淵源一樣，這套理論在德國的哲學界中可說是從康特（I.Kant）一派流傳下來卽潛蘊着這個必然的趨勢。中間經過韋伯種種的渲染改裝，事實上早已得到一定不移的理論架構。曼氏祇是提出知識社會學的名稱來於是名義上也得到了歸宿。因此在欲了解曼氏學說的企圖下我們覺得似乎有略述一下德國自康特以來關於文化整體的哲學思想趨勢的必要。

原來概括的說，德國的哲學思想在康特與黑格兒分別的引導下，事實上已造成了兩大流別。雖然二者都代表唯心派的大師，但是在根本幾個問題——如現象與本體的界分，認識論——却具有很顯著的差別。在康特是認爲現象與本體要分開來談的，對於經驗世界中現象的認識要基於人類的生物能力而論，於所謂本體的宇宙初不相關。從純粹理性批判一書中看康特的意思，對於一般形上學家所注意的宇宙本體問題倒並不十分重視，他所提出的形而上問題乃是根據人類有認識現象或說經驗的能力的事實而追究這種能力的來由。據他分析的結果，認識現象乃是依憑由範疇組織成的概念格局，這些範疇與概念格局乃是天賦的，也是人類所特有的能力，用他的話說，即是所謂先驗的綜合判斷了。

若以這瞭解來說，康特對於現象與本體的關係一問題所取的顯然是一個二分的說法。唯其是二分，唯其是不把經驗的現象作爲不能經驗的本體的表象，所以晚近科學的趨勢便能够接近康特這一派的理論。事實上，艾丁頓，普蘭克，羅素等人所提倡的科學上的主觀選擇論等等唯心的說法，在康德的哲學批判中，即使沒有明說過，也早都有過暗示了。

黑格兒一派的理論一反於是。前面已經說過，黑氏正是主張經驗世界中的現象在在都是表象一個宇宙本體的精神（Geist）；這無疑的是一個一元論。照他的推論，這個精神固普及於中外，亦復是縱貫古今。所謂縱貫古今自然就指的是歷史的表現。

試即以這一點來比較康特與黑格爾的不同，我們已看出二人雖同以經驗爲構成其系統之一分子，但在看法上則大有逕庭。康德是把經驗放在用範疇組織起來的概念格局以求得一個經驗知識的體系；黑格兒則是用經驗來肯定與說明那形而上的精神的活動歷程。這個區別很重要，在後來的德國思想便造成兩個源流。幾乎很少有學說能擺脫這兩派的影響；即以最近胡塞爾（E. Husserl）的現象學（Phänomenologie）而論，雖則不以心理學的認識論爲是，而又以超經驗的主觀性代替實在主義的本體觀念等等，但就其形上精神而言之，則仍是與黑氏同調的。以一新派哲學大師而如此，其影響之普遍與滲透力之深遠可想而知。

在這種固定風範的思想氛圍中，宋伯自亦逃不脫這種影響。宋氏受黑格兒一派的影響主要的就是重視歷史事實一端而已，不過這一點在宋氏的思想中始終留着深刻的痕跡，終至於在方法論上跳不出歷史方法的窠臼。對康特一派而言，宋氏所受的影響很大，主要的如知識論，科學觀，在在都顯示康特思想的踪影。而尤其顯著的是在認識論的基本觀點上有着極高度的相似。原來宋氏關於這方面的意見大要可以歸納作下列三點來講：第一就是宋氏認爲歷史知識不可能是過去事件的客觀呈現，因此反對把許多個別事件的記載聯起來即作爲客觀的歷史的主張。歷史知識，他認爲正如一切經驗得來的知識一樣，乃是經過概念與範疇的規理之後的產物。換句話說，歷史知識的內容與形式都是依據一種概念格局的安排而成的。第二是說科學上使用的範疇與概念格局並不能完全包容全部人類的經驗，而是有所取捨的。這種取捨的現象，從某方面來看，也就使得人類不能認識那未被經驗與認識的現象的本來面目。第三再進一層，是說由於社會科學的研究與人事，生活的關係特別密切，所以講到這方面，除了科學思想的方式之外又有生活中習用的範疇而構成了一種雙重的限制。

綜合以上三點來看，他與康特實有一點完全相同，就是說二人都認定對於現象的認識乃是經過人類知識中的範疇與概念格局的一番篩洗。不過康特進而又主張這些範疇的知識都是先驗的，也必須是普遍的，這層意見宋氏不能接受。大概是由於時代的影響吧，從歷史的事實中宋氏發現了他理論中第二三兩點，認定概念格局與思想的型式並不是普遍一致的，因之也就難得說它是先驗的。據他看，西洋科學所關示的思想方式只是許多思想類型中的一個而已，另外還有別的類型是不能爲科學思想所包容的。這種多元的現象，宋氏的解釋認爲不能就人的生物因素上去推敲，而必須歸之於文化。文化的形式和內容與知識的格式和性質是互爲決定的；一句話奠定了今日知識社會學的基礎。

不但在理論基觀點上揭櫫了這個新標幟，在實際的研究中他更應用歷史上的材料對於中國社會，資本主義社會等的了解有更進一步的建樹。從這些研究裏他歸納得到幾個理想的或說標準的文化類型，完成了一個有實質內容的社會學體系。

曼海姆承韋氏學說的餘緒，依然一貫的從歷史研究中來探尋歷史知識與社會的決定關係。功夫上的細密與精緻使得他倡導了歷史關係論；隨後又根據這理論而拓展爲知識社會學。他的根本方法，如韋氏一樣，仍舊是歷史方法。

不過用歷史方法得到知識社會學的理論，我們覺得有幾處很容易招致批評；對於這種批評我們很難替韋曼二氏辯護。前文中所以要避免讀者對我們意見的誤解就是爲此。原來照曼氏的說法，知識社會學既是由歷史社會的研究而發現，那麼就邏輯原理來講，曼氏必須先承認各該歷史社會中所留下的記載與我們所知的當時社會情境爲眞實；因爲不然的話，兩個不眞的條件不能供給我們一個肯定的結論。但是若承認所知的歷史社會爲眞實的話，與結論中不承認歷史記載與所知的社會情境爲眞的說法又是互相矛盾。這顯然違反了邏輯上的矛盾律。這是第一點責難。

此外卽不以邏輯上命題矛盾而論，從我們具體的經驗中我們也找尋不出一件實而又不實的事件來。一件事如何可能先爲眞實而後又爲不眞實呢？從平凡的經驗裏我們也可發現曼氏應用歷史方法的缺憾。

對於以上這兩種責難我們覺得竟無從辯護。唯一的辦法能使知識社會學的理論站得住，就是我們必須改絃易轍，放棄曼氏所採用的歷史方法而代之以更妥靠的方法。這種方法就是前文業已提出過的現代社區的比較研究方法。從比較各實地社區中各種看法和社會制度的關係裏，我們發現了知識社會學的理論。得到了這部結論之後，以今衡古，乃推想過去的歷史知識也必受當時社會制度的限定。歷史關係論在曼氏是達到知識社會學這結論的必要手段，在我們則是知識社會學中的一部伸論。唯其我們的方法是以實地社區的比較研究爲入手，在我們的體系中不發生由"先承認過去所知爲眞實而後又推翻之"一點所引起的種種困難。除非是在責問我們對於現在與過去底分界的哲學問題情形之下（不過現在科學也已用它要求普遍性，共同性與歸納性三點來答復這問題了），我們覺得我們的辦法大概是比較曼氏來得妥當一點的。

六　歷史知識的功能

上面我們指出曼氏歷史關係論的困難，同時也提出一個避免這重困難的修正案來。假定我們現在能夠根據這修正案便承認了知識社會學理論的健全性，那麼進一步的我們可以追問：用這個觀點，究竟如何解答歷史研究的價值，或歷史知識的功能的問題了。

歷史相對論告訴我們因眞實的過去無從捉摸，也無從證明所以歷史學不能成爲科學，歷史研究法不能有科學的價值。對於這一點，我們可以更略加補充。歷史學之不能成爲科學更因爲二者之着重點不同，或說是二者研究外界現象的觀點不同。據我的了解，歷史學所着重的似乎是每一個特殊事件，和各別特殊事件的特殊聯繫關係。唯其所注重的是事件的特殊性，所以歷史研究的對象只能有一次的發現；唯其只有一次的發現，所以除非能把這發現追攝回來的話，我們無從證驗。在科學則情形便不然。科學的着重點和歷史學正相反，乃是事物的普有性，或說一致性(Einförmigkeit)。科學的研究不在找尋每一件事物的特殊性格，而是在大量的觀察中去發現所有事物的相同的性質，與能普遍的說明事物間關係的道理——定律。因此儘管這些事件在時間上是一去不復返的，但是祇要科學能把握住這些事件中共同的性質，和普遍一致的關係，科學家便盡了他所有的任務。科學所要求的眞理不是所謂重構過去與預料將來的意思，而是指幾個普遍的性質與關係藉以解釋在我們的認識方式中"所現"的一切。

從上面這個對比中，我們想到科學與歷史研究都是不能概括一切的。科學要求普遍性，一致性，因此在抽繹作用的篩子中把事件的特殊點全都篩除。歷史學要求特殊點，個體性，因此在歷史的敍述中我們不能希望有定律。二者的精神有殊，不能比較那個地位來得崇高，也不必勉强拉在一起。歷史研究中有科學所沒有的價值，正像科學中有歷史研究所沒有的價值一樣。我們相信歷史知識有它的功能；現在所應該問的乃是它究竟有什麼功能的問題。

關於這個問題真正的解答，老實說，是應當從個別的實地社區生活中去發掘，然後從比較中得到結論。但是限於篇幅的關係不允許我們把許多實地材料引證下來；這裏便只好把實地研究後的結論提陳出來了。

講到根據實地材料而對於歷史知識的功能的問題加以解答這一層我們勢不能忽略了功能派人類學家馬凌諾斯基氏（Bronisław Malinowski）的貢獻。在文化論一文中馬氏把歷史知識的功能列入社會意識形態（Ideologie）的功能部分；而按它所滿足的需要的性質分，社會意識形態的功能乃又是一種綜合文化迫力的功能。換句話說，也就是馬氏在該文中所倡論的第三種功能或說需要。

原來在該文中馬氏實主張依三種不同需要的性質而分為三種不同的功能。要說明這三種功能與需要我們覺得為了解清楚起見，似應先對於他的功能哲學論和社會觀加一番說明才顯妥當。概要的說，馬氏的社會觀實建築在下面兩大主張之上：即第一點主張人類社會生活，雖然是形形色色，無奇不有，但是究其根本，仍是建築在不同點外的基本與共同的需要的骨幹上的。換言之，人類社會生活的型式還是受人類需要的限定；它的變異為滿足這需要的文化手段所牽制。社會學的研究就是要在形形色色的不同社會中找到共同的可以比較的基礎，以為澈底了解人類社會生活的根據。第二點是主張要研究人類文化的任何方面，我們必須把文化當作整體看，從這整體的全部機能中來發現文化的各方面和整體的關係。文化的任何一方面都不能超文化的整體而存在，它的意義（或說文化中各方面的功能現實）要在整個文化機構中才能清晰的辨識。把這兩點合併起來看，我們可以說馬氏的社會觀實是一種功能的有機體論。

襯托這個基本主張的是他的功能哲學觀。馬氏提倡這種觀點與前人似略有不同，就在乎前人注重於臆想，冥想，而馬氏則是他觀察西太平洋特布隆島（Trobriand-Inseln）人生活後得到的結論。以這結論為後來作人類學實地研究

時的假設 (Hypothese)。 功能派人類學家因此只承認這是科學研究中必不可缺的假設；但是在外人注重結論的眼光中却仍然稱之爲一種哲學上的論派。

不過無論其精神如何，有一點是馬氏所竭力主張的，就是他假設一切能爲當時社區文化的看法所看到的風俗與器物，甚至於自然現象，無一不有滿足人類共同生活的需要的功能。 照這個假設，實際上即等於說“看法中的呈現”與功能是不分家的；唯其有功能，故始呈現，而一旦呈現，亦必有功能。 根據這個前提的認識馬氏乃極力非難歷史學派人類學家所習用的“遺俗”或“遺器”(Überleben) 的概念。 原來遺俗遺器的意思就是指呈現在現時文化中的一項失去意義的絕對廢物。 依馬氏的意見，這絕對廢物不是不能存在的，不過却必須是不能呈現的。 如果是呈現的話，那無異於掌馬氏理論的嘴。 馬氏可以說明的只是一樣形式未變的風俗或器物，在文化轉變的兩個時代中呈現，可能代表兩種不同的功能。 這一點自然不會威脅馬氏文化論的健全性，實際上更是功能派所最樂道的，用它來指明歷史學派人類學狃於形式而忽略其內含意義的見解。

馬氏文化論中所含的基本觀點既如此，第二步他便把功能按需要的性質而加以分類。 主要的類別可說是三種：第一種就是“生物的需要”，或說直接滿足生物需要的功能活動。 但是生物需要的滿足有時候不一定可以由個人用直接的方式來達到，這時候便需要社會制度爲滿足我們需要的手段。 這種手段的需要就是第二種需要馬氏稱之爲“手段迫力”。 但是構成手段迫力的社會制度與社會組織本身並不能解釋其合理性，若沒有一種堅强的力量來整個襯托在背後，那是極難保持也是極易摧毁的。 因之要解決這重困難，又需要一套能維護或是改善原來組織的上層活動，這就是第三種，馬氏稱之爲“綜合的文化迫力”。 用“綜合”一詞的意思就因爲這種需要不專對社會中某一制度而發，它是普遍地影響整個社會組織的。 在這一類中包括有歷史知識道德觀念，美學理論等等社會意識形態。 它們與第二種手段迫力合稱的時候又可以名爲“派生的需要”。

對於馬氏這種看法大致上我們都表示同意。 只有在一處假如我們所見不是一個誤解的話，我們願意提出一點修正。馬氏本是主張文化的有機整體論的，但是在他的分類中似乎特別看重生物的需要；派生的需要乃都是建築在這個基本需要之上的。好像是它們乃是被派而後始生的。這時我覺得似乎很容易引起誤解，以為前後精神有不一致的去處。這誤解就是說看起來彷彿派生的需要，尤其是綜合文化迫力一項，沒有生物的需要來得真正需要。這種說法我覺得與事實是不甚相符的；中國人不是常有"餓死事小，失節事大"這種說法嗎？更重要的我們不是也曾聽說，甚至於看見，這類貞節烈婦的行為嗎？這時候用上面的說數來解釋，我覺得遠不如把文化徹頭徹尾的看作一個有機整體來得妥當。一樣也是分類，但是類與類之間不須有高下，重要與次要之分。把它們拉平在一條線上看，承認每一類所獨有的必不可缺的功能是我們的修正或補充意見。

經過這一番修正之後，我們現在可以說明為什麼把歷史知識看作一種意識形態表現的型式的理由了。先請替意識形態一詞下一個界說。據姆曼海氏的說法，意識形態乃是使社會行動發生，實現或繼續的一套精神型式。它乃是一種虛構，從那些想攫獲一安定的社會秩序的人的腦筋裏不知不覺地產生出來或說印刻下來。它的功能在乎掩蔽人類社會組織的真正性質與作用，使人們不去根究這些社會制度的合理性問題。與這些實行着的意識形態作對的是烏託邦思想(Utopic)——那些沒實現的意識形態。它們希圖激發集合的反抗行為，拋棄了舊的而接受了新的意識形態。在新的蒙蔽下完成一整個社會改變的目的。

在創造新理想或是維持舊組織任何一項企圖中，歷史知識常被用作有力的說服工具。在記載一件事情時記載者於有意無意之間（大半無意識到它的作用的是在維持舊制度的情形中，而烏託邦的思想家記載的時候往往是有意的）潤飾了他的材料，藉此加強了同時代人們對固有秩序的信任，或是撼動了他們的舊信仰。

等到這記載傳留到後代社會的讀者手中，假如是合於維持那時社會制度的口味，便可以利用作維持的憑藉，而從中又粉飾渲染一陣，成為當時代牢不可破的社會意識形態的表現。假如不合於改造派的口味，自然不是他們所希望的改造的張本了，這時候他們便又要重新去發掘新史實，甚至於不惜歪曲事實，不惜捏造事實以遂其烏託邦思想。每一件歷史事件的記載從記載者本身說起就浸滷在意識形態的深潭中；其間經過幾多讀者的眼和手，歷史記載的面孔也就不知改了幾多次。傳留到現在，這已是經過多次修改删批後的結果；其中或爲維持舊秩序作說法，或爲維持派所排斥，或爲改造舊秩序作憑藉，或爲改造派所"發明"。

從這點看來，歷史知識乃顯明的是意識形態的表映的一種方法。並且在不同的時代，同一的記載所表映的意識形態也跟着時代社會的組織不同而取得不同方面的意義。從這方面來說，我們似乎也可用揣證論派所謂的"一切歷史都是現代歷史"的話了。

話說到此我們可以總結本節的論旨了：那就是歷史知識雖然稱不得爲一種科學知識，但是卻不能因這一點而即判定歷史知識沒有功能。它的功能應在社會意識形態的作用中去發掘。

七　結語——兩個答辯

前面我們說歷史知識的功能乃在乎它是社會意識形態的表映，或說綜合文化逈力這方面。這句話的反面就等於說歷史知識的功能並不在乎能夠使人們重構過去眞實的世界。承認這論據的結果，自又非放棄歷史知識能昭示人類生活演變序則的信念不可。從上文的討論裏來看，這自然是一必定的結論；但在一部分歷史學者看來，也許這說法是被認爲極其荒謬。他們作此判語的根據主要的是說：一事件的繼續性（Fortdauer）常佔用很長一段期間，它在過去發生，但到現在還可能繼續未止。正因爲它繼續，使得我們看見其中一段落之後便可藉歷史記載的幫助而斷知其過去一段的眞相。甚而還可以主張由此也可以預料事件將來的演遞。從這預料一點而論，歷史學也可以說是一種特殊科學了。

對於這個抗辯，我們自必須有明確的駁復。我們的話，扼要的說，可以分兩方面：第一，先請考究一下所謂事件的繼續性究竟是否爲一客觀存在的屬性的問根。 寔他們抗辯的含意，似乎是把這繼續性看得昭然若揭，客觀到無可懷疑的地步。 但是依我們看，情形却不能如此簡單。 休謨（D. Hume）說得好，除了在時間中的自然前後排列外，更無所謂繼續性。 格式心理學家寇勒氏（W. Köhler）則於不承認時序自然排列爲繼續性一點外，更進而積極主張繼續性不蘊蓄於事物本身，而是人類不同慧心（Insight）的發明。 慧心互有不同，因之事件繼續的路線也因人而異。 繼續性不是事件中一種客觀的屬性，反之，它也是我們認識方式中挑擇出來的構想。 因被認識的因素的普遍性程度有別，我們發現的繼續性也有明顯與晦澀，普遍與特殊之分。比如在自然科學中自然界事件的繼續性大部受自然與生理普遍認識因素的影響，故其結果是明顯的，也是比較普遍的。 至於人事中事件的繼續性，因其受社會制度之影響爲大，故認識的結果歧異甚多，旣晦澀而亦復不普及。 有鑒於這種晦澀歧異的情形，我們不得不放棄這以繼續性來證明過去眞實可以把握的說法。

第二點，即使承認在人事中有共同普遍的繼續性認識可追尋試問就現階段的發展情形論，我們有什麼方法一定可以斷知過去這事情的經過？ 歷史知識在這場合下究竟能作什麼裨助？ 我們承認現在之“果”爲過去之“因”所造成，但是一果之因正多，我們又何從斷定這許多因之中必爲某幾因？ 歷史知識唯一可能的幫助就是把因的範圍縮小，但是歷史知識又是否可靠呢？ 從邏輯上來講，在我們未能證實今之果爲過去那一種因所生之前，我們不能即以一種歷史知識規畫出這今之果之因。 換言之，我們不能即用歷史知識證實歷史知識中之歷史因果關係爲眞實；我們必須要具備另外一套可靠的工具。 在現時我們的知識還不够供給這樣一件工具，反之，我們所有的祇是根據實地觀察後“歷史知識隨時隨地隨社會制度而删增飾僞”的結論。 根據這個結論，我們只能相信我們上節的論旨而不能替他們的抗辯幫忙。

歸結起來說，我們仍是有力的維護我們上面的論旨。歷史學是不能成爲科學的，無論從它的成就，它的性質以至於它在社會生活中的功能那方面來看，它都是與科學不同的。但是在我們現在的社會生活中它的地位並不因其非科學而可以抹煞，反之，它應視作現在社會秩序的一種安定力或是推動力。這種安定或推動的力量正是全社會精神生活寄託的所在，我們認爲切勿應受了歷史相對論的影響而結果否定了歷史研究工作的需要。本文的態度既不是消極的否定歷史知識的功能，也不是盲目的提倡，而是願意切實的從社會生活的佈局中找尋它的適當的崗位。假如上文所論不舛的話，我們的目的在原則上相信是相當的達成的了。

歌德與中國

Goethe und China

福蘭閣 (Otto Franke) 著

吳興華 譯

Von den Tagen, wo Leibniz, begeistert von den Schilderungen der Jesuiten-Missionare, seinen Hymnus auf die practica philosophia der Chinesen schrieb, wo Christian Wolff, begeistert wieder durch Leibniz' Hymnus, seine verhängnisvolle Rektoratsrede De sapientia Sinensium hielt, und wo Voltaire und die französischen Enzyklopädisten das Lehrsystem des Konfuzius als "die Religion der natürlichen Vernunft" priesen, bis zu der Zeit, wo China nur noch als Absatzgebiet für europäische Waren Geltung hatte, wo Hegel von dem chinesischen Staate meinte, dass er sich

從萊勃尼茲(一)因被耶穌軍傳教士的描寫所感動，寫下他對中國實用哲學的讚辭時，吳爾夫(二)又因被萊勃尼茲的讚辭所感動，發表他那篇運氣不佳的校長演說：談中國的睿智時，或者從佛爾泰以及其他的法國百科全書家把孔子的教義當作『自然理性的宗教』而讚美時，一直到另一個時代，當中國只被看作歐洲貨品的市場，當黑格爾談起中國時，說它還祇是在『歷史的幼稚時代中』，當蘭克聲明道：中國『彷彿是低首屈服于歐洲的精神了』，從彼一

(一) Gottfried Wilhelm Leibniz 德國大哲學家，數學家，並精研法律政治歷史語言，一六四六年生於來比錫，一七一六年歿于漢諾威

(二) Christian Wolff 德國哲學家(1679—1754)

noch "im Kindesalter der Geschichte befände", und wo Ranke erklärte, dass China "sich gleichsam dem europäischen Geiste unterwerfe", von dort bis hier ist kein langer Weg. Seine Kürze aber zeigt, wie die abendländische Vorstellung vom Fernen Osten, haltlos in sich, aus einem Extrem in das andere hinüberschwankt, ein Zustand, den wir Lebenden bis in unsere Tage haben beobachten können. Ein grosser Teil dieses Weges fällt in Goethes Lebenszeit. Der vir humanissimus, dem nichts fremd blieb, ist auch an dieser damals kaum noch erschlossenen Welt nicht blind vorübergegangen, aber die Extreme haben ihn nicht überwältigt, auch hier wandelte der Genius unbeirrbar seinen eigenen Pfad. Die Überschwenglichkeiten der Aufklärung haben Goethe so wenig gefangen nehmen können, wie die Banalitäten des Merkantilismus oder die Verständnislosigkeiten europäischer Beengtheit; inmitten beider hat er die Linie eigenen Gefühls bewahrt.

Oft genug in seinem Leben, und zwar von Jugend auf, ist Goethe auf die chinesische Geisteswelt gestossen, und immer hat er sich auf-

時到此一時其間的路程並沒有多長。然而它的短促，正好讓我們看出西方對於遠東的印象本身就是不定的，怎樣從一個極端晃悠到另一個極端，這現象是我們活着的人直到我們這一代仍然可以觀察得到的。這條路程有一大部份正好經過歌德的生時。這最足以代表人類，對甚麼東西都不隔膜的偉人，對於那個當時也就剛才開啓的世界，也不是視若無視的就走過了。然而那兩個極端的意見却沒有把他克服，就連在這種地方天才也能不被引誤的沿着他自己的途徑進行。『啓明時代』(三) 過度的熱狂之不能沾染歌德，就跟商業主義的平庸卑下，歐洲狹隘的眼光之缺乏理解性也不能沾染歌德一樣，在兩者之間，他爲自己的感情保持着一條獨特的路線。

歌德在他一生中，一直從少年時代起，就時常和中國的思想界發生接觸，而他總是很注意的，有些時候甚

(三) Aufklärung：歐洲精神文化之一重要階段，參閱本誌二卷四期，六二八頁。

merksam, zuweilen sogar "mit ernstlichstem Studium" ihrer Betrachtung gewidmet; er hat sie eingeordnet in die grosse Gesamtheit, die er immer stärker, je älter er wurde, als die Offenbarung des Höchsten empfand, als seine zeugende Kraft in zahllosen Formen, als sein Licht in unendlicher Strahlenbrechung. Er wusste nicht und konnte nicht wissen, dass er damit an jenes kosmische Gefühl der Chinesen rührte, das sich in dem Begriffspaar tao und tê, dem ewigen Geist und seiner Formwerdung, äussert, und dessen erste Fassung sich in ihrer ältesten Philosophie mit dem Namen Lao tse verbindet. Ebenso konnte er nicht wissen, dass er, als er zu Eckermann sagte, "Gott habe sich nach den sechs Schöpfungstagen keineswegs zur Ruhe begeben", sondern "habe den Plan, sich auf dieser materiellen Unterlage eine Pflanzschule für eine Welt von Geistern zu gründen", dass er diesen Gedanken auch in der Vorstellung der späteren Konfuzianer vom ta t'ung, der grossen Gemeinsamkeit der Geister, hätte finden können. Goethe kannte das Chinesentum nur in der Form, wie es ihm in den Erzeugnissen des Kunsthandwerks, in den Schriften

至『以熱心的研究』來觀察它；他把中國的思想界也排列在他那偉大的整體裏，年歲越加長大，他也就越堅強的感到那偉大的整體才是最高眞理的啓示，他在無算的形式裏創造的能力，以及在不絕的光線屈折裏他一己的光亮。他並不知道，同時也不能知道，在如此作時他正觸到那中國人藉着『道』和『德』——永恆的精神及它的實現——這兩個觀念所表現的宇宙觀，其正式形成在中國古代哲學裏是與老子的名字聯在一起的。同樣他也不能知道，當他對艾克曼說：『上帝在六天的創作工作完了之後絕對沒有讓自己安息，』而『還計劃着在這物質的基礎上奠定一個精神世界的洌始』的時候，他也能發現這同樣的思想在後期儒家對於『大同』——精神偉大的混一——的描寫中。歌德對於中國文化的認識只是藉着些手工藝產品，耶穌軍教士的寫作，以及一些不完滿的法文或英文翻譯的小說或詩歌所呈獻給他的模樣。然後又是些古老的中國席毯，紅漆器皿，傢俱等等，上面全帶着花紋的裝飾，中

der Jesuiten und in ein paar unzulänglich ins französische oder englische übersetzten Romanen und Gedichten entgegentrat. Zunächst waren es alte chinesische Tapeten, Lacke, Möbel u.ä. mit ihren verschnörkelten Zieraten chinesische Gärten mit "krummen Gängen", "Pagoden, Höhlen, Wieschen" usw., chinesische Architekturmit "Säulchen aus Holz, Geschnitzund bunter Vergoldung", die sichihm als grosse Mode der Zeit, alsdeutliche Mitschöpfer des Rokoko von Jugend auf darboten. Sie haben ihm keinen starken Eindruck gemacht, es war "chinesischer Schnickschnack", voll "Leichtigkeit und Zierlichkeit", aber es gehörte für ihn zum "Phantastischen" im Gegensatz zum "Natürlichen", es war "krank", wie das Romantische, während er im Gespräch mit Eckermann (2. April 1829) "das Klassische das Gesunde" nannte, ein Ausdruck, auf den er sogar mit einem gewissen Stolz hinwies. "Der Chinese in Rom" muss ihm als Symbol für den Spott über "den Schwärmer" dienen,

"Der sein luftig Gespinst mit
der soliden Natur
Ewigem Teppich vergleicht;
den echten reinen Gesunden

國花園，與其中『迂廻的徑路』，『塔類建築和空曠的草地』等等，中國建築，與它木頭的小柱，『雕刻和各色的金彩』——這一切都是他自少年時起就視爲一時盛行的好尚，很顯明的幫助造成後來的『羅科科』風氣。它們並沒有給他甚麼深刻的印象，那只是些『中國的零碎』，充滿了『輕鬆的調子與裝飾的趨向』，然而他覺得它們還只是屬於『幻想式的』，與『自然的』相反，它們和浪漫主義一樣，是『病態的』，而他在與艾克曼的談話錄中（一八二九年四月二日）管『古典主義』叫『健康的』，他發表這個意見時甚至還帶一些自傲的意味。『中國人在羅馬』一詩一定正好給他作譏笑那些惹厭的熱狂者的象徵：

『他拿自己輕飄的織品與堅實的自然永恆的席毯作比較，把高貴純潔的健康者呼爲病人，以便只有他自己這病人算健康。』

（四） Rokoko 德國造形藝術界之一種特殊風格，其發展約爲一七二〇年至一七八〇年，以綺麗精巧爲主。

Krank nennt, dass ja nur
Er heisse, der Kranke, gesund".

Dem gegenüber blieb ihm das Klassische, d. h. die Antike, der Richtpunkt alles Schönen und Sittlichen. "Chinesische, indische, ägyptische Altertümer", heisst es in den Maximen und Reflexionen, "sind immer nur Kuriositäten: es ist sehr wohlgetan, sich und die Welt damit bekannt zu machen; zu sittlicher und ästhetischer Bildung aber werden sie uns wenig fruchten". Und "im Bedürfnis von etwas Musterhaftem", sagt er zu Eckermann am 31. Januar 1827, "müssen wir immer zu den alten Griechen zurückgehen, in deren Werken stets der schöne Mensch dargestellt ist. Alles übrige müssen wir nur historisch betrachten und das Gute, so weit es gehen will, uns daraus aneignen". Was er aus den Schriften der Jesuiten, wohl vor allem aus Du Haldes Description usw. und den Mémoires usw., sowie aus denen der "Aufklärer" entnahm, war die konfuzianische Staatsethik. Sie machte ihm, wenigstens zu Anfang, keinen stärkeren Eindruck als das chinesische Kunsthandwerk, und der von Frank-

因為這個緣故，他永遠把『古典主義』，這就是說上古時代的，當作一切美與道德的準則。『中國，印度，埃及的古學』，他在格言雜感集裏面說道：『永遠只能算是些古董，你要想使自己或使整個世界對它們有所了解自然是再好沒有的事；但是在道德或美學的教育方面，它們是幫不了我們多少忙的。』並且『我們要想找一些值得作模範的東西』，他在一八二七年一月二十七日對艾克曼說：『還是總得回到古希臘人那裏去，他們的作品所表現的永遠是美好的人類。其餘的一切我們都只能當作歷史性的來看，並且儘可能的替自己從裏面汲取一點好處。』他所從耶穌會教士的寫作裏，特別是從杜哈爾德（五）的描寫，以及一些回憶錄之類的東西裏，也有從『啓明運動者』的寫作裏所得到的就是中國儒教的治術。這點給他的印象，至少在開始時，並不比那些中國的手工藝品所產生的印

（五） Jean-Baptiste Du Halde 法學者一六七四年生，一七四三年歿，耶穌會教士，其著作中國全誌于一七三五年出版，為當時歐洲人研究中國之必要書籍。

reich ausgehenden Begeisterung für die "natürliche Ordnung" und die "Vernunftreligion" des Konfuzius stand er äusserst kühl gegenüber. Wenn er 1819 oder 1820 in der "Campagne in Frankreich" bemerkte, dass der holländische Gelehrte De Pauw "weder Chinesen noch Ägyptern die Ehre gönnen wollte, die ein vieljähriges Vorurteil auf sie gehäuft hatte", so sollte damit sicherlich nicht bloss De Pauws Ansicht wiedergegeben werden, sondern auch die eigene. Von den kanonischen Schriften selbst hat Goethe offenbar sehr wenig gelesen, wenn überhaupt etwas, und Abel-Rémusat mag schon recht haben, wenn er in seinen Nouveaux Mélanges Asiatiques (I, 255) von 1829 hinsichtlich Noëls "Sinensis imperii libri classici sex," "mit De Pauw bezweifelt, ob sich in ganz Europa dreissig Personen befänden, die den Mut gehabt hätten, diese Übersetzung zu lesen". Erst im hohen Alter, als die China-Begeisterung längst der Vergangenheit angehörte, sprach ihn, wieder im Gegensatz zu der herrschenden Mode, das starke Formgefühl der Chinesen an: das Gewebe altüberlie-

象强多少，而對當時從法國傳播出來的，對於孔子的『自然規則』與『理性宗教』的狂熱，他是抱着一種異常冷淡的態度的。當他在一八一九年或者一八二零年在法蘭西軍役一書中談起那位荷蘭的學者德鮑，說他『絕不肯情願的讓給中國或埃及那多年以來的偏見所堆積在它們身上的光榮』的時候，那時他所提供出來的一定不只是德鮑氏的意見，同時也是他自己的。就連四書五經，看起來歌德就是眞念過，也沒念過多少，而阿貝爾・何簶撒在他的新亞洲雜文集（第一卷，二五五頁）裏論及衞方濟（六）氏的支那帝國六部經書時，與德鮑氏表示同樣的懷疑，的確是很有道理的，他請問在整個歐洲裏能不能找三十人，有勇氣來讀這本翻譯。』一直到他年紀很老的時候，當對中國的狂熱已是隸屬於過去的陳迹了，他才——又是和當時盛行的好尙相反——欣賞起中國人强度的形式感覺來：使得那裏的生活永遠不離一些堅確不移的軌道的代代相傳的規制的織網，『中華

（六）P. François Noël，一六五一年生，一六八七年至華，一六二九年歿，耶穌會教士，著述甚富。

ferter Ordnungen, die das Leben dort in festen, gesicherten Bahnen hielten, die "strenge Mässigung, die das chinesische Reich seit Jahrtausenden erhalten habe", "das Sittliche und Schickliche" auf das "unzählige von Legenden bei den Chinesen gehen", war seinem eigenen Empfinden für Klarheit, Mass und Form durchaus verwandt. Dieses Verwandte fand er auch, oder glaubte er zu finden, in den Werken der schönen Literatur, die ihm durch französische und englische Übersetzungen bekannt wurden. Sie fesselten ihn so stark, dass er unter iherem Einfluss ähnliches dichterisch nachzubilden versuchte. So entstanden 1827 auf Grund der Pai mei schi yung "Hundert Gedichte von schönen Frauen" und des Hua tsien ki, eines Gedichtes von etwa 300 Versen aus der Ming-Zeit, die "Chinesisch-Deutschen Jahres-und Tageszeiten" und die in den "Schriften zur Literatur" unter "Chinesisches" abgedruckten kleinen Gedichte. Beide chinesische Werke - von dem ersten allerdings nur ein kurzer Auszug, lagen Goethe in der englischen Übersetzung von Thoms vor, die 1824 in London erschienen war. Daneben waren ihm auch die Romane Hao

帝國幾千年來所保持的嚴厲的節度』『中國人無數的故事裏講到的甚麽是合乎道德的與適當的』，所有這一切都是與他自己對於清晰，節度與形式的好感完全相聯合的。 同樣的相聯他也找到，或者以爲自己找到，在一些他藉着法文或英文翻譯而認識的純文學作品裏。 它們這樣强的抓住他的注意，以至他在它們的影響之下嘗試着寫些類似的詩作。 這樣在一八二七年出現了他以百美新詠，一百篇詠美女的詩歌，和花箋記 ，一首長約三百句的明代詩歌爲藍本的中德晨昏四季詞，以及在他的文藝隨筆裏在『中國』一部下印的幾篇小詩。 這兩篇中國作品——頭一篇恐怕還只是節取短短的一段——對歌德呈現都是藉着湯姆士所翻譯的，于一八二四年出現在倫敦的本子，此外那兩部小說好逑傳，多半是在一七六一年的英文譯本中，和玉嬌梨，在阿貝爾·何萘撒氏一八二六年的法文譯本中，他都曾涉獵過。 那些詩談不上是甚麽從這些閱讀裏直接產生的擬作，而是詩人從由此獲得的印象而造成的心境的

k'iu tschuan, vermutlich in der englischen Übersetzung von 1761, und Yü kiao li in Abel-Rémusats französischer Form von 1826 bekannt geworden. Es sind keine Nachdichtungen, die aus dieser Lektüre hervorgegangen sind, sondern Niederschläge der Stimmung des Dichters, wie sie sich aus den dabei gewonnenen Vorstellungen ergeben hatten. Schon Abel-Rémusat hatte mit Recht darauf hingewiesen, dass die Übersetzung von Thoms "so gut wie keinen Schimmer von dem poetischen Inhalt des Originals gebe". Wir dürfen deshalb auch in den Gedichten Goethes nichts Chinesisches erwarten, sie haben, vielleicht mit Ausnahme von Nr.8 in den "Jahres-und Tageszeiten", mit China so wenig zu tun wie mit Indien oder Ägypten. Diese kleine Sammlung ist kein "westöstlicher Diwan".

Chinesische Ätherschwingungen wunderbarster Art kann der Eingeweihte aber bei Goethe ganz anderswo zu spüren glauben, da, wo der deutsche Dichter nicht im entferntesten an China gedacht hat. Wer jemals die hauchzarten Gebilde der grossen Lyriker der T'ang-Zeit mit Andacht genossen, jene innigen

印跡。阿貝爾·何慕撒氏在這一點已經很對的說過，他認爲湯姆士的翻譯『簡直可以說連原作詩歌內容的一星火光都給不出來』。因此我們在歌德的詩裏也不能期望得到甚麼中國的東西。或許中德晨昏四季詞裏的第八首詩可以算例外，其餘的跟中國簡直就像跟印度或埃及一樣的毫不相干。這個小小的集子還不是東西詩集哩！

可是一個在行的人却以爲他能夠在歌德完全另一些作品裏感受到中國神妙至極的薄光薄謨的調子，在寫那些作品時，歌德絲毫就沒想到中國。任何人只要他曾目注神移的領略過那些唐代偉大的抒情詩人輕柔如呼吸的圖畫，那些中國天才再也不能以同樣的

Lieder, wie sie der chinesische Genius niemals wieder in dieser Reinheit hervorgebracht hat, der wird in den kurzen Strophen sehnsüchtiger Wehmut, wie "Wanderers Nachtlied", "An Mignon", "Herbstgefühl" u. ä. die gleichen Töne klingen hören, wie in Li T'ai po's berühmtem Nachtlied von Mondschein und Heimat oder in Tu Fu's Nachtlied in der Fremde und sehr vielen anderen. Es ist nicht erstaunlich, dass die Chinesen heute durch jene Goethesche Lyrik am tiefsten berührt werden, weil sie darin ihre eigenen Meister zu hören glauben. Aber es ist nicht bloss die Lyrik, die unbewusst Chinesisches zeigt. In "Dichtung und Wahrheit" (13. Buch S. 158) liest man:" Alles Behagen am Leben ist auf eine regelmässige Wiederkehr der äusseren Dinge gegründet. Der Wechsel von Tag und Nacht, der Jahreszeiten, der Blüten und Früchte, und was uns sonst von Epoche zu Epoche entgegentritt, damit wir es geniessen können und sollen, diese sind die eigentlichen Triebfedern des irdischen Lebens. Je offener wir für diese Genüsse sind, desto glücklicher fühlen wir uns: wälzt sich aber die Verschiedenheit dieser Er-

純淨重新產生出來的內心的歌曲，他也就能在那些充滿了懷念的憂傷的短短的詩節裏，如流浪者的夜歌，迷孃，秋懷等詩，聽到與在李白有名的詠月光與鄉思的夜歌裏，或在杜甫的異鄉月夜及其他許多詩裏所發出的一樣的音調。中國人現在之所以最深刻的受到那些歌德的抒情詩作的感動並不是甚麼可驚的事，因爲他們覺得在其中可以聽到他們本土大詩人的聲音。然而還不止是在抒情詩裏不知不覺的露出中國特性來。在詩與眞裏（第三卷，一五八頁）我們可以讀到以下的話：『生命的一切安適全是基於外界事物的一個有規則的迴轉。日夜，四季，花朶與果實的更代，以及我們從一代到另一代，所遭遇到的，使我們能够，也應該享受的——這一切才是地球上的生活的眞實動力。我們越能够享受這些，自己也就感覺到越快樂：然而如果這些現象的特異在我們眼前上下的轉動，而我們竟不與之抱同樣的感覺，對如此美好的貢獻完全木然，那時最大的痛苦，最沉重的疾病就侵入了：

scheinungen vor uns auf und nieder, ohne dass wir daran teilnehmen, sind wir gegen so holde Anerbietungen unempfindlich, dann tritt das grösste Übel, die schwerste Krankheit ein: man betrachtet das Leben als eine ekelhafte Last". Solche Worte könnten ebenso gut von einem Chinesen der früh-konfuzianischen Schule geschrieben sein und entsprechen ganz der besonders im 12. Jahrhundert neu geformten Lehre von der Identität der Vorgänge in der Natur mit den Regungen der Seele. "Einflüsse" sind hier ausgeschlossen; die tiefsten Regungen menschlichen Sinnens entkeimen schliesslich der gleichen letzten Wurzel.

Haben wir vorhin gesehen, wie China auf Goethe gewirkt hat, so mögen zum Schluss noch einige Bemerkungen darüber folgen, wie Goethe heute auf China wirkt.

"Doch was fördert es mich, dass
auch sogar der Chinese
Malet mit ängstlicher Hand
Werthern und Lotten auf Glas?"

heisst es in den venezianischen Epigrammen. Damals konnte der Dichter nicht ahnen, welchen gewaltigen Einfluss sein "Werther"

人把生命看成一個可厭的重負。』這樣的話語簡直可能是從一個中國早期的儒家的筆下流出來的，並且與那特別在十二世紀才新形成的，認為自然界的現象與內心的變動是一致的學說完全吻合。　在這裏所謂『影響』自然是完全不在話下了：人類心靈裏最深的變動到末了總是從同一最後的根株生長出來的。

我們既然以上已經看到中國在歌德身上發生過甚麼影響，在結束時也應該有幾句話跟着，表明歌德如今在中國有着甚麼樣的影響！

『那對我有甚麼好處，就算連
一位中國人，也以不安的手在玻璃
上畫下維特和綠蒂？』

他在威尼斯諷刺短詩中這樣說。在那時詩人絕不會料到將來有一天他的維特要在中國展開如何強有力的影響。那是他第一本被譯入中文的作

dereinst in China ausüben sollte. Er ist das erste seiner Werke, das ins Chinesische übersetzt wurde. Als er im Jahre 1919 erschien, machte er unter der chinesischen Jugend ein ungeheures Aufsehen. Die Übersetzung erschien in einem kritischen Augenblick des chinesischen Gesellschaftslebens. Die Liebe im abendländischen Sinne, bis dahin unter dem Druck der konfuzianischen Ethik in ihrer Keimkraft erstickt, begann nach der Lockerung der letzteren in der jungen Generation mit der Kraft eines jungen Baumes emporzuschiessen. Das führte natürlich zu einem grundstürzenden Wandel in der überlieferten Gesellschaftsmoral. Die Verlobung der Kinder durch die Eltern wurde als unwürdiger Zwang verurteilt, man machte das Recht auf die Persönlichkeit geltend, sprach von Frauen-Emanzipation und verlangte freie Wahl des Lebensgefährten. Während dieser "Revolution der Jugendzeit" wurde Werther bekannt. Seine Wirkung war noch stärker als einst in Europa. zahllose junge Leser, bei denen die natürliche Herzensneigung im Kampfe gegen die verfugte Verlobung der Eltern lag, litten dieselben Qualen wie der

品。當在一九一九年它初次出現時，曾在中國青年界產生了一個空前的大擾動。那譯本的出現正好是在中國社會生活的一個緊要關頭上。按照西方意義講的『愛情』兩字直到那時為止一向總是在萌芽期間就被中國舊禮教壓得窒息而死了，如今在這年青的一代打破了以上的束縛時，它方始以一棵年青的樹一樣的活力向上暴長。

這個自然引到一種大變動，搖動了歷代相沿的社會道德觀念的根基。父母替子女訂定婚姻是被看作一樁不名譽的壓迫，人們也考慮到個人的權利問題，談到婦女解放，並且要求自由選擇一生的伴侶。人們知道維特正是在這『青年運動』的期間。它的影響甚至比以前在歐洲還要强。無數生來的傾向就是要與按父母之命訂定的婚姻作戰的青年讀者與歌德小說中的主人翁受到同樣的痛苦，同時許多人也和他一樣的走上末路。如今這高潮已經緩和下來了，然而人們還是無厭的吞食着維特。以上已經提到過了，對於中國人裏的識者，歌德的抒情詩具有着最强的吸引力。自然

Held Goethes, und viele endeten ebenso wie er. Die hochgehenden Wogen sind heute besänftigt, aber Werther wird noch immer verschlungen. Es wurde schon erwähnt, dass Goethes Lyrik die Kenner unter den Chinesen am stärksten anzöge. Natürlich können diese zarten Kinder der Muse ihre ganze Schönheit nur im eigenen Gewande entfalten: so wenig wie die grossen Lyriker der T'ang-Zeit eine gleichwertige deutsche Form erhalten können, wird es möglich sein, Goethes Gedichte chinesisch wiederzugeben. Aber ein grosser Fortschritt ist hier schon erreicht. Indessen das Grösste und Wunderbarste bleibt: die Verschmelzung des Westlichen und Östlichen in der Seele des Weimarer Dichters selbst, der vollkommene Mensch, hoch über Parteiungen, Völkern und Rassen.

這些詩神的嬌嫩的孩子只有在他們自己的衣著中才能充分表現出他們的美；就如唐代偉大的抒情詩人之不能得到一個錙銖悉稱的德國形式，同樣把歌德的詩重翻入中文也是不可能的事。然而在這裏已經達到一個很大的邁進了。不管如何那最偉大，最神奇的仍然存留着：這就是說：西方與東方精神之溶合在這位威瑪詩人的靈魂裏，這位完美的，高高凌越出派別，民族和人種的人。

魏宗室東陽王榮與敦煌寫經

Die in Tun-huang gefundenen Sutren-Manuskripte des Prinzen Toba Jung

趙萬里

一 引言

北朝事佛之風，盛極一時。 觀魏書釋老志及楊衒之洛陽伽藍記所載，便知拓跋氏遷洛後，帝都僧寺之多，規制之隆，無與倫比。而傳世雲岡龍門石刻造象之雄肆偉大，即此時代之產物，見者輒驚歎爲中國佛教工藝史上之奇蹟。 此外河北河南山左山右一帶所出，石製造象碑或銅製造象， 又所在多有， 見於著錄者，無慮千數。 凡此皆充分表現，佛教在此時期内之活躍狀況。 上至天家帝室，下迄臣工庶氓，無不滲透呼吸於此種宗教氣氛内而引爲無上之至樂，洵哉宗教爲慰藉人生苦惱與矛盾之惟一工具，而於亂世爲尤甚，此徵之史籍及實物，固無人能加以否認者也。 拓跋氏盛時，宗室如城陽王鸞汝南王悅及廣川王妃亦均篤信彼教，有所述作。 魏書城陽王鸞傳稱鸞繕起佛寺，勸率百姓，共爲土木之勞。 觀近歲定縣料敵塔前出土石刻七寶塔銘，文云：

正始二年二月四日銘旨三州教化大像，用赤金三十六萬六千四百斤，黃金二千□百斤。 二菩薩用赤金四萬六千斤，黃金一千一百斤。

下署定州刺史城陽王鸞云云。 乃知本傳所云，即指此事。 而龍門石刻中廣川王侯太妃造象，及某地所出汝南王造象記，亦均雕造奇偉，不可方物。 雖風會使然，亦可見當時有力者好事之甚。余嘗檢閱公私藏家所庋敦煌莫高窟古寫卷子，見有一人焉，其人乃元魏宗子，久鎮瓜州，負方面之重任，奉佛之誠，不下於城陽汝南諸王。其所寫經帙，今間有存者。而史無專傳，後世且無能舉其名。其人爲誰，即東陽王榮是也。因不揣愚昧，徵之史籍及洛陽近出元魏樂安王系諸誌石，其事蹟及世系乃得大明。爰以三夕之力，寫爲此文。自維學殖荒落，見聞陋隘，下所論列，未敢云是。世之治敦煌學者，幸哉正之。

二　敦煌寫經中之東陽王

東陽王之名，見於敦煌寫經者，首爲妙法蓮華觀世音經。其卷尾題記，字多譌別，茲逐錄如下：

蓋至道玄凝洪倚有無之境，妙理家廓，起拔萃品於無垠之外。是以如來愍湣類昏迷，抗大悲於歷劫。故衆生無怙，唯福所恃。清信士佛弟子尹波，實由宿福不勲，輒多屯難。屆從主人東陽王殿下，禰臨瓜土。賜遭離亂，災天横發，長蛇競熾，萬里含毒。致使信表罕隔，以逕年紀。尋幽寄矜，唯憑聖趣。輒興微願，寫觀世音經卌卷，施諸寺讀誦。願使二聖慈明，永延福祚，九域早清，兵車息鉀，戎馬散於茂苑，干戈輟爲農用。文德盈朝，哲士盈間，鏘鏘鐐鐐，隆於上日。君道欽明，忠臣累葉，八表宇宙，終齊一軌。願東陽王殿下，體質康休，洞略雲表，年壽無窮，永齊竹柏。保境安蕃，更無虞寇，皇途尋開，早還京國。敷暢神識，位昇宰輔。所願稱心，事皆如意。合家眷大小親表內外參佐家客，咸同斯福。又願一切衆生，皆離苦得樂，弟子私眷，沾蒙此福，願願從心，所求如意。

大魏孝昌三年歲次丁未四月癸巳朔八日庚子佛弟子假冠軍將軍樂城縣開國伯尹波敬寫。

此經後題，僅稱東陽王殿下而不名，則以尹波乃東陽私臣，尊之至，故諱言其名耳。

此外又有大智度論殘卷。卷後題記，逕稱弟子□陽王榮，殆係榮所自署。文曰：

大代普泰二年歲次壬子□□乙丑朔二十五日己丑弟子使持節散騎常（缺）西（缺）陽王元榮。（下缺）

此處文字殘缺不完。壬子下當有三月二字，常下當有侍字，陽上當有東字，此均可推定者。西字上下所缺，當是平西將軍或西戎校尉等字，惜史無他證，今不可確知矣。普泰二年乃前廢帝廣陵王嗣位之第二年，上距道武議改國號時，已逾百年，而稱大魏曰大代者，則以魏代二字，魏時本可並用。或連稱大代大魏，如元鑒墓誌題曰大代大魏正始四年武昌王。或連稱魏代，如司馬景和妻墓誌題曰魏代揚州長史南梁郡太守宜陽子司馬景和妻。或以大代代大魏，如魏修中嶽廟碑大代字凡兩見，太和二年始平公造像記亦云暨于大代，太和七年孫秋生造像記首題大代，皆其明證。故魏書崔浩傳稱浩云代魏兼用，猶彼殷周也。此云大代，亦當時通例耳。

茲所欲討論者，妙法蓮華經題記之東陽王殿下，與大智度論之東陽王元榮，果係一人否耶？曰，以近出王夫人元華光墓誌證之，其爲一人無疑。元華光墓誌作於孝昌元年，下距三年妙法蓮華經之寫，年代正相銜接。誌稱華光爲泒州榮之第二妹。泒州卽瓜州。瓜加水旁作泒，猶魏書寇讚傳之比陽鎮將，近出寇臻墓誌作泚陽，魏書地形志之瀛州，東魏凝禪寺三級浮圖碑及隋書地理志並作嬴州之比。由是可知泒州榮，卽瓜州刺史榮之簡稱。則經題中福臨瓜土之東陽王，自非瓜州榮莫屬，換言之亦卽大智度論之東陽王榮。此無可疑者。據此又知榮官瓜州，至遲亦當在孝昌初，更不待言矣。

妙法蓮華經題記中有下列數語：

暇遭離亂，災天横發，長蛔競熾，萬里含毒。致使信表罕隔，以逕年紀。

玩上文知孝昌中瓜州與中原道路隔絕，信表鮮通。蓋魏自正光以降，關隴間叛者四起，兵連禍結前後逾十年，遂召爾朱氏之禍。初莫折太提反於秦州，殺刺史李彥，又殺高平鎭將赫連略，行台高元榮。太提尋死，子念生代立，僭稱天子，置立百官，又遣其兄天生下隴東。自是氐羌亦乘機蠢起，連年征討，史不絕書。瓜州遠處邊陲，蕃漢雜居，西阻諸戎，東有兵事。榮處其境，自有蹙蹙靡騁之感。故題記又云：願保境安蕃，更無虞寇，皇途尋開，早還京國。以見其身在江海，而心居魏闕。孝昌以降，率土分崩，歲在寧日，而魏祚亦自此而衰。榮終老河西，還京之願，竟莫能償。此則吾人攬紙懷古，不勝同情者也。

又考魏書孝莊紀，永安二年封瓜州刺史元太榮爲東陽王，榮之名見於魏書者，僅此一事。然其名爲太榮，與大智度論題記及他處單名榮者不合。當是孝莊紀衍太字，或榮名而太榮其字，皆未可知。紀云永安二年封東陽王，妙法蓮華經題記作於孝昌三年，已云屆從東陽王殿下届臨瓜土，則爵封東陽王，當在孝明時，不得遲至永安中。而紀所云非然者，亦自有故。

孝莊紀又稱建義元年六月以高昌王世子光爲平西將軍瓜州刺史，是孝莊時刺瓜州者又有高昌王世子。高昌傳則稱普泰初麴堅除平西將軍瓜州刺史，是前廢帝時刺瓜州者又有麴堅。案魏之瓜州，本係敦煌鎭，孝明時始廢鎭置州（元和郡縣志云：後魏太武帝置敦煌鎭，明帝廢鎭立瓜州，尋又改爲義州，莊帝又改爲瓜州）。其始官瓜州者，當是麴嘉。高昌傳延昌中以嘉爲持節平西將軍瓜州刺史可證。蓋魏於他族內附者，輒官以邊境諸州，以安其反側。是時瓜州新置，而嘉適新附，故卽官以瓜州刺史之職。嘉於正光間倘遣使朝貢，其卒當在正光後，嘉死榮繼，以元華元墓誌作於孝昌初證之，年代正合。自是迄於西魏大統間，榮未嘗離州他去。北周令狐整傳云：

整爲刺史魏東陽王元榮辟爲主簿，加盪寇將軍。榮器整德望，嘗謂僚屬曰：令狐延保（整字延保）西州令望，豈州郡之職，所可縶維，但一日千里，必基武步，寡人當委以庶務書諾而已。頃之魏孝武西遷，河右擾亂，榮仗整防扞，州境獲寧。

據此知孝武西遷以前官瓜州者，乃元榮而非他人。竊疑爾朱氏入洛，皇綱不振，政由彼出。榮以抗命或他故，曾一度奪爵。稍後至永安二年，又復其職。則以榮久處瓜州，爲衆所傾服，或朝廷方欲削平秦隴諸賊，得此可抒西顧之憂。揆之當時情勢，絕非無因。高昌王世子與麴堅，雖有朝命，疑未必實授。果爾，則妙法蓮華經題記與北帝紀所載，似異而實無牴牾矣。

三 東陽王之世系

然則榮果爲何人後乎？此事史所不載。元和姓纂卷四云：

北魏明元帝生範，樂安王。生良。良生滕。滕安樂王吏部尚書，生榮。榮生愼康。愼生禕。

余初疑姓纂之榮，卽此東陽王榮。然拓跋氏宗子同名者，正不乏，安見其必爲一人。嗣讀王夫人元華光墓誌稱：

華光，明元皇帝第三子。樂安王範之曾孫。城門騰之女。瓜州榮之第二妹。

又讀近出元禕墓誌稱：

禕字伯禮。曾祖樂安王騰。祖東陽王榮。父愼周開府儀同三司新盧楚三州諸軍事三州刺史。

以校元和姓纂，世次正合。知榮乃明元帝子樂安王範之曾孫。惟姓纂騰譌作滕，樂安王譌作安樂王，又不及榮爵東陽王，及愼之仕歷，均當以誌爲得。據近出城門校尉元騰墓誌，稱騰爲樂安簡王良第八子，不云襲封樂安王。又王夫人元華光墓誌稱夫人爲城門騰之女，亦以城門爲其歷官，與元騰墓誌正合。更據近出洛州刺史樂安王元緒墓誌：

緒字紹宗。明元皇帝之曾孫。儀同宣王範之正體。衛大將軍簡王梁之元子。以正始四年二月八日薨。

又據緒之子益州刺史樂安哀王元悅墓誌：

悅字慶安。太宗明元皇帝之玄孫。靖王薨，居喪盡禮，勉服襲王。春秋三十六。歲在辛卯五月十一日薨於位。

案魏書明元六王傳久佚，後人以北史補亡，故樂安王系止於簡王良，不及良之子緒。此二誌及元禕墓誌均足補史文之缺。據上舉二誌，知簡王卒，子靖王緒襲。正始四年緒卒，子哀王悅襲。又四年至永平四年，悅卒，其後以何人襲，悅誌無明文。騰卒於正始末，即哀王悅嗣位之年，則不得襲父爵甚明。而元禕墓誌與姓纂均稱騰為樂安王，一似襲簡王良後者，乃騰，而非靖王緒。此其故頗難索解。疑哀王悅無後，朝廷以騰一子紹封，時騰已先卒，遂幷騰亦追封為王。此雖臆測，然為事理所可能。更考元華光墓誌作於孝昌初，仍稱騰為城門，則追封騰為樂安王，必在孝昌元年後。計其時當距元榮封東陽王不遠。榮守西土，為一方重鎮，而其父名位不顯，至卒後乃得封王。此則史所不詳，今讀新出諸誌石，乃得為之考定者也。茲據姓纂及諸誌，表其世次如下：

太宗明元皇帝—樂安宣王範—樂安簡王良（一作梁，良梁字通）—┬—樂安靖王緒—
└—城門校尉騰

—緒—樂安哀王悅
—騰—┬—東陽王榮—┬—瓜州刺史康
│　└—愼—禕
└—王夫人華光

四　鄧彥夫婦所寫之摩訶衍經

東陽王榮居瓜州時所寫經，余見聞所及，僅妙法蓮華經及大智度論二殘卷，上文具已言之矣。此外傳世敦煌寫經中尚有摩訶衍經卷第八，其卷尾亦有題記一則，文曰：

大魏大統八年十一月十五日佛弟子瓜州刺史鄧彥妻昌樂公主元敬，寫摩訶衍經一百卷。上願皇帝陛下國祚再隆，八方順軌。又願弟子現在夫妻男女家作四大康健，殃災永滅，將來之世，普及含生，同成正覺。

此云瓜州刺史鄧彥妻昌樂公主元敬，敬殆榮之女，彥蓋榮之婿也。北周書申徽傳云：

先是東陽王元榮爲瓜州刺史，其女婿鄧彥隨焉。及榮死，瓜州首望表榮子康爲刺史，彥遂殺康而取其位。四方多難，朝廷不遑問罪，因授彥刺史。頻徵不奉詔，又南通吐谷渾，將圖叛逆。文帝難於動衆，欲以權略致之。乃以徽爲河西大使，密令圖彥。徽輕以五十騎行，彥見徽單使，不以爲疑。彥來至館，徽先與瓜州豪右密謀執彥，彥辭無罪。徽數之曰：君無尺寸之功，濫居方嶽之重，恃遠背誕，不恭貢職，戮辱先人，輕忽詔命，計君之咎，實不容誅。於是宣詔慰勞吏人，及彥所部。

又令狐整傳云：

鄧彥竊瓜州，拒不受代，整與開府張穆等密應使者申徽，執彥送京師。

敍彥事甚詳。彥殺榮之子而竊其位，而仍與其妻寫摩訶衍經，以祈夫婦男女之福。與世之言爲孔孟而行同盜跖者，其何以異。彥固涼德薄行，然所寫之經，頗可稱重。開元釋教錄卷十四云：

摩訶乘經，或云摩訶衍，魏吳失譯。

隋法經等衆經目錄卷一，亦載入失譯衆經中。則此北朝以後久佚之經，轉因彥夫婦一念之善而得存，雖僅窺豹一斑，亦可寶矣。

臨潢柏葰靜濤守陵密記

Die Aufzeichnungen von Po Tsun über die östlichen Kaisergräber der Ch'ing.

鄧 之 誠 編

柏靜濤相國，爲道咸朝名臣，以守正不阿，積忤載垣端華肅順，致構戊午科場之禍，天下冤之。予遍求當時官書私紀，證以傳聞，撰爲戊午科場大獄記，以破近人記此事者之誣。夙與相國之孫崇獻丞先生交好，就其家求相國手澤之猶存者，以資發明。因得讀自訂年譜，及日記。日記中紀東陵事甚悉。迨咸豐四年，自尚書降副都御史，出爲馬蘭鎮總兵，循其職守而周筆者也。馬蘭設鎮，兼內務府大臣，體制崇峻，責在守陵，實兼護長城諸隘，略仿明制昌平巡撫而變通之。昔無鎮志，得此稍足以彌其缺。觀所記從葬妃嬪，頗多近人紀載所未及者。又祭器金銀各有規制，裕陵且備書畫法物，今皆無可蹤述矣。惜隨手疏錄旁行斜上，前後不相條貫，因竭數日之力，爲之排比整齊，復取對他書而證而後犂然有序。然一字一句，皆相國之舊，非予所能附益，特爲題曰，守陵密記。清制有守陵王貝勒，而專其責者，則總兵也，時方閉門忍飢，幸無人事之擾，惟以撰述遣日，因有餘力爲此。擬俟他日，入所輯舊聞零拾，適楊宗翰先生爲中德學誌徵文，誼不可卻，勉以此應之。期于考前朝事者，有所據依而已，豈欲借以表襮哉。民國三十二年六月七日鄧之誠敘

正　　　文

陵境東西廣二百一十五里。南北延袤三百六十三里。東至鮎魚關十五里。西至寬佃峪十五里。南至興隆口十六里。北至分水嶺二十里。

馬蘭口，東至遵化城七十里。西至薊州界二十里。南至石門驛十五里。北至邊外二十里。康熙二年。建立孝陵。設副將一員。分制左右二營。二十七年奉移

孝莊文皇后梓宮。暫安正紅門外。東爲暫安奉殿。後爲永停殿。雍正二年。建昭西陵。前一年升副將爲總兵。添中軍游擊一員。並寬展後龍風水一帶。安豎紅椿。其紅椿外之大安口，鮎魚關，黃崖，將軍關，鵝子路，五關。向屬三屯營副將所管。經鎮臣范時繹，奏請歸併馬蘭鎮管轄。雍正十三年。因霧靈山，爲風水之大源。後龍之正脈。但山後係古北口曹家路所屬。經鎮臣吳正，奏准將曹家路，黑峪，二關。歸併馬蘭鎮管轄。

馬蘭峪，舊城不知創于何代。城門三。東曰永熙。西曰長泰。南曰馬蘭谷。新城在昭西陵東二里。景陵旗員役，及金銀庫。康熙二十年立。二十七年文皇后梓宮來。添建接修。員役同住。

馬蘭關，年代莫考。舊城二座。東城南門曰馬蘭谷關。西城門二。東曰永鎮。南曰建安。

曹家路城，創自嘉靖二十四年。門四，東曰威遠。西曰曹家路營城。南曰延勝。東南未題額。

吉家營城，創自萬曆二十四年。門二，東曰鎮遠。西曰吉家營城。

鵝子路，創自萬曆三年。門三，東曰永熙。西曰安邊。南曰迎薰。

鎮羅關城，創自萬曆二十九年。門三，東曰鎮羅。西曰永勝。北曰安邊。

鎮羅下營城，嘉靖四十五年重修。門二，東曰北邊雄鎮。西曰鎮羅營門。

黃花山營，順治十五年。菲榮親王時添設。

御書閣，康熙五十三年冬，仁皇謁孝陵詩一首。本地官恭建。供御製詩龍牌。

昭西陵庫，在新城南門裏，昭西陵禮部衙門內。康熙二十七年建。

孝陵庫，在馬蘭峪城裏，禮部衙門內。康熙二年。改都司舊署爲之。

景陵庫，在新城昭西陵庫北。康熙二十五年建。雍正七年。賞銀二萬兩貯此。稱永濟庫。又永恩庫，在馬蘭關東城裏，永恩當內。雍正八年。賞銀五千兩。

陵牆內荒草，年例九月初一日開割。閏年則八月初一日。總兵先期出示。曉諭各陵蒲淡軍民等，届時入閣牆割草。仍令守口官兵，搜查出入，不許夾帶木植，火鐮，煙包，等器。次年三月，出示禁止。

風水禁牆內，回乾野樹，年例十月間。由游擊守千把查報。派員運出。會同內務府秤兌觔數。除充陵寢薪柴外，其餘賞給各陵官兵。

鎭属兵丁，首重防護。向例每年十五日開操。三月十五日以後派兵尋覓野雞。立夏後搜捕小鹿，預備九月恭進。八月初旬派兵二百名，出口斐割火道。十月底工竣回營。卽出運風水閣牆內回乾野樹，事竣赴演，封印日停止，計一年之內。操演並無常期。

昭西陵在孝陵之南。孝莊文皇后康熙二十六年升遐。雍正二年建。每年清明，中元，冬至，歲暮，忌辰，五大祭。各陵唯冬至不舉哀。中元供西瓜十五個，香瓜一百二十個，玉碗，乾隆五十三年十二月二十九日。由軍機處領到。又金器五件，重一百零三兩七錢，鍍金銀器一百零三件，重一千七百四十兩零。銀器二十八件，重三百九十九兩一錢九分。儀樹一千零二十三株。太監無，膳人七，茶人五，領催二，差役二十八，樹戶二十。

孝陵在州西北七十里豐臺嶺。康熙二年。以奉安賜名鳳臺嶺。又封爲昌瑞山（乾隆六年七月。署總兵布蘭泰，奏進昌瑞山萬年統志。奉硃批知道了。然只可藏之汝衙門而已）。世祖章皇帝奉安于此。孝康章皇后西向，每年六大祭。端敬皇后祔，東向，八月十九日祭辰一小祭。金器四件，重一百六十九兩。鍍金銀器二百八十七件。重四千四百零兩。銀器十七件。重四百十三兩零。龍鳳門前石像生，及望柱十九對，盤龍松，又儀樹四萬五千六百八十株。首領一，王雙喜。太監一，焦福。膳人七，茶人五，領催二，差役二十八，掃院一，樹戶七十，榮親王衙門，每年清明歲暮二祭。羊紙，銅器五件。領催一。差役五。

孝東陵在孝陵之東。孝惠章皇后奉安于此。每年五大祭。貞妃正月初七日忌辰。悼妃三月初五日。恭靖妃四月初三日。寧愨妃六月二十一日。端順妃六月二十六日。淑惠妃十月三十日。恪妃十一月三十日。共小祭七次。陵後福金四位。

肇什赫厄揑福金。寨母肯額揑福金。唐福金。生福金。格格十七位。一京儿。二揑儿呢。三賽寶。四適及呢。五厄音朱。六額倫朱。七梅。八蘭。九明珠。十滋耶。十一布三珠。十二阿母巴偏五。十三阿儿格偏五。十四丹姐。十五秋。十六瑞。十七朱乃。以上清明歲暮二祭羊紙。妃園寢後嬪三位。貴人八位。以上清明，中元，冬至，歲暮，四祭羊紙。常在三位。格格四位。答應八位。以上清明，歲暮，二祭羊紙。玉碗，御臨董其昌字。乾隆五十三年領到。又盤龍松。又金器四件。重一百四十兩零。鍍金銀器一百零四件。重一千七百八十一兩零。銀器十五件。重三百五十九兩零。妃前銅器五百六十件。重一千零九十五斤。首領一。太監三。膳人九。茶人七。領催二。差役三十八。

景陵在昌瑞山東。康熙二十年建。聖祖仁皇帝。及孝誠，孝昭，孝懿，孝恭，四后。每年九大祭。敬敏皇貴妃祔。七月二十五日忌辰。一小祭。皇貴妃園寢。乾隆四年建。爲惇懿皇貴妃。慤惠皇貴妃。妃園寢康熙二十年建。爲溫僖貴妃。十一月初三日祭辰。慧妃，四月十二日。惠妃，四月初七日。懿妃八月二十五日。順懿密妃。純裕勤妃。定妃。榮妃，閏三月初六日。平妃，六月二十日。良妃，十一月二十日。宜妃，八月初八日。妃園寢後殿爲八嬪。端嬪，僖嬪，熙嬪，襄嬪，謹嬪，靜嬪，通嬪，穆嬪。十貴人。馬貴人，尹貴人，勤貴人，新貴人，文貴人　藍貴人，伊貴人，布貴人，常貴人　袁貴人。九常在。尹常在，包常在，路常在，壽常在，常常在，瑞常在。貴常在，徐常在，石常在。九答應。凌答應，春答應，慶答應，曉答應，秀答應，治答應，妙答應，牛答應，雙答應。靈芝四匣。白玉碗一件。青玉碗四件。底刻誠昭慈恭字樣。陵圖二。在東拨閣。金器三件，重一百十八兩零。鍍金銀器三百六十六件，重五千二百三十四兩零。敬敏皇貴妃前鍍金銀器五件，重十四兩零。銀器六十三件，重七百九十兩零。皇貴妃園寢。金器三件，重五十八兩零。鍍金銀器十七件，重三百三十九兩零。銀器一百四十四件，重一千二百六十兩零。三處大小儀樹三萬三千五百株。溫僖貴妃前銀器九十九件，重一千六百兩零。妃十一位前銅器八百五十八件，重一千六百三十四斤。端惘公主前銅器八十六件，重一百五十二斤。順郡王二公主前銅器件斤。首領一。太監三。俱無。膳人二十三。茶人十六。領催四。差役八十七。樹戶七十。園丁十。奉聖夫人園寢園丁十五。樹戶七十。理密親王園寢。領催一。差役七。

裕陵，在孝陵之西。峯名勝水峪。乾隆七年定。八年興工。壬丙兼己亥向。奉安高宗純皇帝及二后。慧賢，哲憫，淑嘉，三貴妃。純惠皇貴妃園寢，爲純惠皇貴妃。慶恭皇貴妃。次爲貴妃五　。忻貴妃，愉貴妃，循貴妃，穎貴妃，婉貴妃。妃六。豫妃，舒妃，容妃，芳妃，惇妃，晉妃。嬪六。儀嬪，怡嬪，恂嬪，愼嬪，誠嬪，恭嬪。貴人十二。秀貴人，福貴人，瑞貴人，新貴人，愼貴人，金貴人，武貴人，順貴人，祿貴人，白貴人，鄂貴人，壽貴人　。常在四　。張常在，全常在，平常在，寧常在。東煖閣佛樓御筆雕漆對挂屏。聖容二軸。玉如意一。表二。孝賢皇后輓詩二册。玉寶二方。唐獅硯滴。成窰鍾二。淡玉玩器十九件。文徵明春秋榮杖。何九思九成宮。趙孟頫秋郊飲馬圖各一册。道德經一册。錢選柯山圖一册。鄧文遠章草眞迹一册。董其昌一册。馬遠一册。御臨董其昌各家書法册頁二册。御筆十全老人之寶說玉册十片。御製石鼓文序一册。硯十方。御製雞鐵圖桌屏一件。御製絳絲心經一册。御製詩一册。聖製抑齋記碧玉册玉板八塊。碧玉寶一方。御題青白玉碗二。磁蓋鍾二。青白玉鍾一。雙耳凸花青玉碗一。金裏雕漆鍾二。碧玉碗一。扎古扎牙木碗一。淡玉靶紫檀木銀叉子一。白玉鍾一。五彩雞缸磁杯二。瑪瑙晶圖章八方。玉萬年甲子一份。陵圖一軸。金器一件，重一百零五兩。鍍金銀器三百二十六件，重四千七百兩。銀器十五件重三百八兩零。儀樹一萬零七株。太監一，張士林。膳人九。茶人七。領催二。差役三十八。掃院一。樹戶七十。三貴妃前鍍金銀器二十四件，重三百六十兩。銀器六十五件，重七百六十七兩。儀樹一萬一千零七株。純惠皇貴妃前金器三件，重五十八兩。鍍金銀器三十二件，銀器一百三十六件，膳人十。茶人六。領催一。差役三十七。五位貴妃前銀器各八十件，各重九百八十九兩。六位妃前銅器各七十八件，各重一百四十一斤。端慧皇太子園寢，乾隆七年定。八月興工于朱華山。葬者爲二阿哥。孝賢皇后所生。曾書名于正大光明殿。殂後追謚爲端慧皇太子。在中石圈。七阿哥悼敏皇子。追封哲親王。及九，十阿哥。三位在左石圈。十三，十四，十六阿哥。三位在右磚圈。八公主在左天落池。端太子像圖一軸。嘉慶四年二月十五日。榮郡王綿億送到。太子前金器三件，重一百三十六兩零。鍍金銀器四十五件，重六百兩。銀器七十四件，重八百六十一兩零。儀樹一千三百六十株，領催一。差役十九。端憫固倫公主園寢，爲端憫公主。順郡王。慧郡王。二公主。十二阿哥園寢，爲十二阿哥。追封多羅貝勒，及福晉。老貴人園寢，中位蘇媽拉媽媽。左位老貴人。銀器四十四件，重八百一十三兩。

盤山行宮。山在薊州西二十五里。舊名四正山。又名田盤山。一名盤龍山。一名東五臺。雲罩寺爲上盤。以松勝。古中盤爲中盤。以石勝。晾甲石爲下盤。以水勝。盤山北面峭無路。路在南面。有三。東則由石莊入山。至甘露菴。岐而爲二。西則自大嶺入山。自都門至盤山百八十里。至通州四十里。燕郊二十里。夏店二十里。三河三十里。段家嶺二十里。入山四十里。過公樂莊。經杜家吉素。及許家台。夾樹槐柳。中爲輦路。以達于白澗莊。行宮在焉。東南二十里外。卽出入山海孔道也。行宮始于乾隆九年。至十九年。命蔣溥等修盤山志。宮周十三里有奇。殿宇羣房共一千五百四十六間。游廊等處。傾圮甚多。後宮澹懷堂。淸音齋。已拆去修吉山廟。中宮寢殿延春堂。前五，中七，後三。三捲棚塌。林壑幽美。不如靜宜。水木淸華。不如圓明。石多則粗。泉少不潤。擬之避暑山莊。又無曠遠幽秀之致。蓋墨客緇流。未覩天家離宮別館之完美。震于其名。遂不覺揄揚過當耳。內園總管一員。養廉銀三十五兩。與熱河各總管同。仍食本身俸。千總二員。每人六十兩。兵四十名。每人二十四兩。又地五畝。兵皆三藩後人。中宮後有庫存鋪墊。兵丁錢糧。一年分四季放。盤山內八景曰：靜寄山莊（聽政處曰知仁樂處，東曰松巖寒翠，燕見臣工，又東爲鏡瀾亭，踰橋東北漸高，登山之始，）。太古雲嵐（西曰引勝齋，曰暢遠樓，曰接靑樓，後有軒曰韻松，東曰蒔賞堂，）。層巖飛翠（中有澹懷堂，西曰擷翠樓，曰雲起閣，）清虛玉宇（在行宮之東，稍北，闢殿正圓，）。鏡圓常照（山非之西，得概軒之前，其宇門榜曰筌招提，額曰鏡圓常照，）。衆音松吹（水南壘為小石城，婉孌草堂，堂之東曰衆音松吹，盤山三勝，可兼得之，相眺連者曰翠雨亭，曰清暉亭，曰松濤流韻，）。四面芙蓉（亭與霞標亭相望，）。貞觀遺蹤（唐文皇晾甲石，長可五六尋，衡倍之，背一石，以凹凸分為二，）。外八景曰：天成寺（門之樓額曰，江山一覽，從路由蓮花池而上，可三里許，舊名福善寺，路迴境勝，僧房前牡丹叢者甚高，）。萬松寺（在舞劍臺之東，本名衛公菴，崇正中僧勝雲重修，有神宗書清心二字，聖祖書樂天眞三字，改名萬松寺，）。舞劍臺(盤山五峯，昔稱五臺，其西卽唐李靖舞劍處）。盤谷寺（卽青溝禪院，康熙十七年，聖祖賜盤谷寺額，御書定力周圓扁，一聲清磬動耶靜，萬疊浮雲假也眞聯，今廢，）。雲罩寺（舍利塔峙，挂月峯石雲尤勝，寺後有峯曰自來，與挂月接，舊有無梁殿址，昔名降龍菴，萬歷年改雲罩寺，）。紫蓋峯(稱奇特者，首標紫蓋，居人稱為中臺，且云為盤山諸刹龍脈所發，無廟，）。千相寺（遼統和五年重修，昔有僧者，岩上澄泉，忽見千僧洗鉢，刻石略如其數，去麓可三里許，殿有賜額雨花佛地，舊名祐唐寺，）。浮石舫(在上甘澗北東峯頂，）。行宮內新增六景曰：半天樓（有亭曰麗青，在西北已圯，樓有聯，海水一杯，齊州九點，又日月先光，雷雨在下）。池上居（曰披雲棧，曰款煙扉，水冬夏不竭，）。農樂軒觀瀾亭之東，墾為方田，）。雨花室(上山西北少平坦，構宇深林中，為雨花室，內有雲林石室，對山亭，攬翠亭，）。泠然閣（北出為平步巖，撻雲寺，）。小普陀（近東澗高敞地，結亭曰極望澄鮮，下北折為石潭，有竹，建宇奉大士，名小普陀，）。附載十六景曰：古中盤（唐高僧寶積宴坐處，不知創自何代，卽正法禪院，聖祖書門外一峯匾，有桃源洞，已圯，）。上方寺（寺去平地幾二十里，山高氣寒，御書雲濤花雨匾，石潤苔苔皆佛性，松搖晴籟有禪機聯，）。少林寺（嵩之少林，為禪宗祖庭，此寺之始無考，舊名法興寺，御書禪旨直趣區，）。雲淨寺（自山頸北上而東折，有泰安年石幢，故小刹也，舊名淨業菴，今無，）。東竺菴（在松樹峪，峪多土，宸游自雲罩歸，必駐驆于此，舊名彌陀菴，維植花卉，御書大尼這光區，詩問庭前柏樹子，莫嗤扇上犀牛兒聯，）。東廿澗（水夾小山而流，相距只一里許，東爲東廿澗，上築精舍觀音菴，今無，）。西廿澗（淨土菴，）。蓮花峯（昔人日，東臺日削玉，日九華，聖祖更今名，）。雙峯寺（山面偏如童角之丱，寺當其陽，對舞劍臺，相傳鄂公敬德監造，舊名重稽禪院，）。法藏寺（殿左有古松，僧言此松爲盤山第一，不虛也，倚法船石，望六王砦，昔時蓋有屯兵于此者，舊名茶子菴，）。青峯寺（山行三四里，至幽絕處，日青楊峪，寺日青峯，在法藏之南里許，今止一廚，）。天香寺（在行宮西北二里許，旃檀樹下，絳蔔林中，同稱香界，賜無上法味區，楊柳外曉風殘月，淨瓶中白日青天聯，有紫荊一，）。感化寺（山之陽，自玉石莊而東，一望坦夷志稱田時入山躬耕處也，爲唐時舊刹，舊名寶積寺，）。先師堂（舊稱黃龍尊師焚修處。有塔在焉，今無，）。水月菴（砂嶺西走，平如孔道，迤北而東折，則法藏青峯諸寺也，嶺南盡處，有泉仰出，池如半月，今無，）。白巖寺（距行宮十里，盤之東盡處也。各外寺俱有御座房，今皆瓦礫僅存）。

葛山行宮，正門在隆福寺之西半山腰。即坐擁烟霞。後爲佛堂。又後關防宮。正殿碧蘚丹楓。前爲天半舫。樓上爲召對之處。後有翼然亭。可望盤山口。西爲半山敞廳（御題六景，日黎雲山房，日黎黴室，日碧蘚丹楓，日天半舫，日挹霞叫月，日翼然亭）。

桃花山行宮，在桃花寺之西。東日湧晴雲。西日吟清籟，後有座落，山泉疊石流出，曲折池中。即滌襟泉。寺東太后宮三楹。甚偏窄（御題八景，日湧晴雲日小九疊，日吟清籟，日坐香漢，日雲外賞，日滌襟泉，日點峯石日緒雲璧）。

研究與進步第一卷（即中德學誌第一卷）目錄

第一期目錄

（民國二十八年四月）

第二期目錄

（民國二十八年七月）

第三期目錄

（民國二十八年十月）

第四期目錄

（民國二十九年一月）

定價每冊聯銀券一元

中德學誌　第二卷　目錄

每期末附書評及會務報告

中德學誌　第三卷　目錄

第一期目錄

第二期目錄

第三期目錄

第四期目錄

每期末附會務報告

中德學誌 第四卷 目錄

第一期目錄

第二期目錄

第三期目錄

第四期目錄

每期末附會務報告

中　德　學　誌

第五卷　　第一二期目錄

中德學會十週年紀念特號

定價每冊：　新聞紙　4.40　道林紙　6.80

中德學誌編輯簡章 中華民國三十二年九月第三次重訂

1 本誌原名「研究與進步」，自第二卷起，擴充範圍，改用今名。

2 本誌錄稿，以介紹德國學術文化之著作爲主，兼收研究中國學術之論著；除本會會員稿件外，並酌收外稿。

3 來稿如係原著，應將所用參考書籍或其他材料一併附列文後，如係譯稿，須將原文出處詳細註明，其原文不易見者，並須與譯稿一併寄來。

4 來稿本會有刪改之權。

5 來稿中有中文人名書名等譯爲德文後，重行譯爲中文時，應請譯者援用原來字樣，幸勿另譯新名；其由德文譯爲中文者，除有慣用者外，以本會所定爲準。

6 來稿逕寄「中德學誌編輯委員會」，請勿寄交編者個人。

7 來稿經本誌決定採用者，酌給現金或本誌爲酬。

8 來稿經本誌給酬後，其版權即爲本會所有，原作人不得以其一部或全部在他處另行發表；在本誌發表後，他人亦不得轉載。

9 來稿不爲本誌選用者，均可退還，但須由原作人附寄郵費，如欲掛號寄還者，並須加附掛號郵費；郵遞如有遺失，本誌概不負責。

10 本簡章如有未盡事宜，得隨時修改之。

編輯者　中德學誌編輯委員會

出版者　中德學會
（北京地安門內黃化門大街西姐妞房二十號）

印刷者　京華印書局
（北京和平門外虎坊橋）

定價表	每季一册（郵費外加）	每年四册（郵費在內）	郵票不收
道林紙	聯銀券 3.40	聯銀券 12.00	
新聞紙	聯銀券 2.20	聯銀券 8.00	

CHUNG TÊ HSÜEH CHIH

(AUS DEUTSCHEM GEISTESLEBEN)

Herausgegeben vom

Deutschland-Institut, Peking

durch

Wolfgang Franke

unter Mitwirkung von

Chang Hsing-lang   Achilles Fang   Ku Hua

Max Loehr   Tsêng I-hsin   Yang Ping-ch'en   Yang Tsung-han

Verantwortlich für die Redaktion:

Hu Chün-yin

5. Jahrgang, Nr. 3 **September 1943**

Anschrift der Redaktion: Deutschland-Institut, Peking (China), Huang-hua Men nei, Hsi Niu-niu Fang 20.

中德學志

第五卷第四期（三十二年十二月出版）

中德學誌

中德學會出版

中 德 學 誌

第五卷　　民國三十二年十二月　　第四期

（本誌各篇譯著以題材時代之先後爲序）

新系統——其中解釋各種實體的本性和其相互的溝通，並解釋靈魂和身體的聯繫

Neues System der Natur und der Gemeinschaft der Substanzen, wie der Vereinigung zwischen Körper und Seele

萊勃尼茲 (G. W. Leibniz) 著

關琪桐 譯

在數年前我就想起這個系統，而且同一些飽學之士通函討論過它——尤其同現代的那位最大的神學家兼哲學家（一）。這位先生聽了某位最高的人講述了我的一些意見以後（二），就覺得那些意見是很怪僻的（三）。不過在經我解釋以後，他就最和惠地最客氣地取消了自己的意見，而且他在贊成了我的一些命題以後，對於別的尚未能同意的一些命題，也就不再非難了。自從那時候起，我一有機會就繼續思維，以便對公衆供獻一些十分考驗好的意見。此外我也曾努力來答覆人們對我的動力學（與此題稍有關係）所加的一些駁難（四）。總而言之，有

（一） 指亞爾諾德 Arnauld 言。

（二） 指方伯恩乃斯特 Landgraf Ernst von Hessen-Rheinfels (1623—1693)而言。氏在三十年戰爭後，改信天主教，並且寫了一篇文章來辯護他這種行爲。他將此書送給卜倫斯維公爵 Braunschweig 看，因此，他就和萊勃尼茲有了來往。他們常常通信，討論神學和宗教的題目，直到那位方伯的死。

（三） 亞爾諾德寫信給那位方伯說：——『我看到這些思想中，有許多成分，使我驚異莫名，而且我如果不錯看話，則我敢說，差不多一切人都會爲此書所震驚，因此，我就不知道，寫這個人人要排斥的著述，究竟有什麼用處。』萊勃尼茲對此深受感動；不過亞爾諾德在給萊氏本人信內，曾詳細的解釋了一番，並且對此很爲抱歉。

（四） 萊氏關於動力學的主要論文，就是他的 Specimen Dynamicum。見一六九五年四月份學人新聞 Acta Eruditorum 內。

些知名之士既然願意使我把自己此意見詳述一遍，因此，我就擬自有了此處這些思維。這些思維自然不是通俗的，自然不能爲任何種人性所樂接受。不過我所以從事於此，乃是意在由那些精於這些事體的人們的判斷中，得到一些利益。因爲有些人們雖然願意給我一些暗示，而且那些暗示只要出於愛惜眞理的心，而不由於袒護偏見的慾，則我也是樂於接受的，不過要想向一個一個人來求指導，那就有些太麻煩了。

二　我雖然是力攻數學的一個人，可是我從幼時起，就常常思維哲學。因爲在我看來，我們在哲學中正有以明白解證來建立堅實理論的一種可能性。在我十分幼小時，我已經在經院學者的領域中，進到很遠的地方，不過數學家和近代的作者們又把我領出來。他們對於「自然」所給的美麗的機械的解釋，使我心醉神往，而且在那時我以爲一般人只用形式和性能來事解說，並不能使我們有所進益，因而我就鄙棄了他們的學說。不過在後來我在企圖深研機械原理自身，以求解釋經驗所指示出的那些自然法則時，我已經看到，只考究有廣袤的質量，那並不够，我們還必須要利用能力 Kraft 的意念。這個意念雖是屬於形而上學的範圍（五），實在是很容易了解的。在我看來，有些人們雖然把下等動物降到純機械的地位，可是這個意見縱然可能，也是未必然的，而且也眞是反乎事物的秩序的。

三　起初，我在脫離了亞理士多德的羈絆以後，我就又採取了虛空和原子，因爲這正是最易於滿足想像的一種意見。不過自信從了這個意見以後，我却藉深沉的思維看到，只在物質中，只在被動的東西中，來找尋實在統一的原則，是不可能的，因爲物質不是別的，只是無數部分的一個集合體。一種複雜體之所以能獲得實在性，只是因爲有眞正的單位Einheit n這些單位是從別的地方來的，

（五）他這意思是說，能力雖然不是可以表像於想像中的一種東西，可是它仍是十分容易了解的。能力的意念所以是屬於形而上學的，乃是因爲勢力不是一種物理的事物，一如別的物理的事物之被人知覺那樣。就如我們只能理解，却不能知覺一個質量的潛能。

全不是所謂數學點，因爲這些數學點只是有廣袤的事物之端而且是確乎不能構成「連續的事物」的一些變狀。因此，爲找尋實在的單位起見，我就不能不求助於一個「實在的」「有生氣的」點，或一個「實體的原子」，而且這個點必須含有某種形式或活動的原則，才能夠成爲一個完全的東西。因此，我們必須召喚回（或把它復位）現代人們所久已唾棄了的實體的形式 substantielle Form（六）來。不過我們必須在可以使它們爲人所理解的一個方式下把它們召喚回來，並且把它們所當有的正用和它們所受的誤用分別清楚。我看到實體的形式之本性就在於一種能力，因此，它就有一種類似乎感情和欲望的東西（七），因此，我們必須照着想靈魂意念的途徑，來存想這些形式。不過我們既然不能用靈魂來解釋動物身體的特殊構造，因此，我就主張，這些形式雖然在建立眞正的概括原則方面是必需的，可是我們不當用它們來解釋自然中特殊的問題。亞理士多德稱這些形式爲第一圓極 Erste Entelechien，我叫它們爲原始能力 ursprüngliche Kräfte（八）（這或者是較容易了解的。）這些能力不止包含着「現實性」或「可能性的完成」，而且包含着一種原始的活動力。

四　我曾看到，那些形式和那些靈魂，也如我們的心一樣是不能分割的；而且事實上我也記得，聖湯姆士 Thomas 對於低等動物的靈魂所抱的意見正是如此的（九）。不過這個眞理又在靈魂和形式兩者的起源和綿延方面，重新生起了一

（六）實體的形式和偶性的形式 akzidentelle Form 相對，人們用前者解釋各種實體，用後者解釋各種偶性。

（七）在這裏，推論的步驟是太迅速的。欲望和能力的相似性是很顯然的，不過感情和能力的相似性，則是較爲曖昧的。據萊氏說來，感情的本質不在意識，而在多之表像於一，同樣，任何實體中多樣的動作也潛在地含於其能力或生活的原則中。

（八）原始能力和次等能力相對。次等能力叫做能運動的能力，它對於原始能力是一種偶然的限制或變化。

（九）萊氏所指的也許是下邊這一段文字：『實體的形式並不需要其各部分中的差異性，就如靈魂，尤其是完全動物的靈魂那樣，可是它與「全體」的關係並不同它與各部分的關係恰乎相似。因此，它就不能爲偶性所分割，不能有數量的分割。』神學大全卷一。

個大困難。　因爲凡是有眞正統一性的任何簡單實體，旣然只能憑神蹟而開始，而息滅，因此，它們之存在，只是藉神聖的創造，它們的息滅，也只能藉神聖的毀滅。　因此我就不得不斷言說，各種實體的基本形式一定是和世界同時創造的，而且它們必然是要繼續存在的（除了上帝將來特意要創造的別的一些靈魂）。因此，經院學者中，如大亞爾伯塔 Albertus Magnus 和約翰培根 John Bacon 關於這些形式的起源，就瞥見了局部的眞理（一〇）。　這些都是不足爲奇的，因爲我們所給與各個形式的那種綿延，也正是加孫第 Gassendi 派所給與他們原子的那種綿延。

五　不過我仍主張，我們不可以無分別地把人心或有理性的靈魂包括在這些形式中，或把它們和別的形式或靈魂混淆了。　因爲人心是屬於較高的階級的，而且比那些沉溺於物質中的形式，也有不能比擬的完美性質。　那些形式是到處可以找到的。　人心或有理性的靈魂對它們就彷彿小上帝似的，因爲人心是照上帝的影像做成的，而且他們也含有一點神聖智慧的光線。　因爲這種原故，上帝之

（一〇）在 Summa de Creaturis 生物大全（第一卷）中，大亞爾伯塔說，「我們主張，下等動物和植物的靈魂是由種子中的物質經過生殖而演化出的。　但是人們如果要問，那些靈魂是否是在種子中的，則我們可以說，它們在某方面說來，是在其中的，在另一方面說來，是不在其中的。……它們並不是現實地存在於種子中，只是在能生因和物質兩者的潛能中，在那裏存在的。　人們如果再問，這個能生因是什麼？　是靈魂不是？　則我們可以說，它不是。」　約翰培根在十三世紀之末生於 Norfolk。　他是加米列 Carmel 的一個僧人，並且是一個經院學者。　常住於牛津和巴黎，以博學名。　氏死於一三四六年。　著有 Commentaria son questiones in quattuor libros sententiarum 萊氏或則指此書中的一段而言。

（一一）Pierre Gassendi（1592—1655）是一個法國僧人，而且是培根的一個信徒。　他曾經解釋伊壁鳩魯的原子，並且曾經努力把它調和近代思想相適應。　他的態度是旣反經院學派，又反笛卡爾學派的。　他曾嚴厲地批評過笛卡爾的沈思集，因此，關於知識的來源，他就和笛卡爾開始了長期的辯論。　加孫第採取純經驗的立場，以反對笛卡爾的天賦觀念說。　加孫第不認自己的原子是永久存在的。　他以爲它們是由上帝所創造的。　他的思想的精神表示於下邊這句話中：「我所到處追求的知識的影子已經足以使我充滿快樂。　而我所以只說影子，乃是因爲只有上帝可以知道眞理自身。」

支配各個人心，正如王子之支配他的臣民，父親之支配他的兒女似的。而在另一方面，則祂在處理別的事物時，只如工程師處理其機器一樣。因此，各種人心就應其特有法則，超過了物質的各種運轉。而且我們可以說，一切事物是只為他們造的，這些物質的運轉正是為善人的幸福和惡人的刑罰按排的。

六 不過說到普通的形式或沉溺於物質的靈魂，則人們認：它們所有的綿延（不是原子所有的綿延）會使我們懷疑，它們是否會由一物體到另一物體。這種情形正是所謂輪迴 Metempsychose 正如運動的傳遞和一些哲學家所主張的性質的轉移（一二）。不過這種想像是十分和事理相違的。事實上並沒有這種轉移。在這裏，當代馳名的一些實驗家，（如斯屋姆丹 Swammerdam，馬耳畢齊 Malpighi，和羅文和 Leeuwenhoek）所觀察的事物的變形 Umformungen（一三）很能幫我們的忙，而且使我更容易承認，我們雖然想，在某時期內有動物或有機的實體開始存在，實在並沒有那回事，而且它的貌似的生殖只是一種發展，一種生長。此外，我還注意到真理研究論 De la recherche de la vérité 的作者（一四），以及雷濟 Régis（一五）赫車克 Hartsoeker（一六）以及別的一些才智之士都和這種意見相接近。

（一二）所謂性質的轉移就是指事物的性質由此一物體進於彼一物體而言，就如酵母的性質可以傳給全部麵糰，又如一滴點的紅色也可以過染了清水。

（一三）此處所指的變形，就如毛虫之變為蝴蝶便是。斯屋姆丹（1637—1680）是阿姆斯特丹人，以觀察昆虫生活馳名。馬耳畢齊（1628—1694）是 Bologna 人，係一馳名的解剖學家，萊氏所以提到他，也許是因為他關於孵化過程著了一部書。羅文和（1632—1723）係 Delft 人；曾盡力闡揚赫威的血液循環說。萊氏所以提到他，乃是因為他曾經考驗過精虫生活。在這方面說來，他正可以說是胎生學的始祖之一。

（一四）馬爾布倫希 Nicolas Malebranche（1638—1715）曾在一六七四年發表了真理研究論。萊氏雖不贊成馬氏的一般學說，可是他仍竭力識和馬氏的一些意見和他自己的許多特殊的見解。萊氏在 1674—1711 年中間常和馬氏通信，討論哲學問題。馬氏在此書中所用的表語頗能指示出，他是信仰創造說的。

（一五）Pierre Sylvain Régis（1632—1707）是笛卡爾哲學的解釋者。他照着經驗的方向把這個學說發展出來，不過笛卡爾卻否認此說。他在巴黎所立的哲學學院在一六七五年因為請倘笛卡爾教條，被僧正赫萊 Hoarlay 所封閉。他曾寫了一篇攻擊萊氏的論文；責他對笛卡爾有所失當。

（一六）Nicolas Hartsoeker（1656—1725）是荷蘭的一位物理學家，他早年的作品多半是論顯微鏡和望遠鏡的製作的。在一六九四年，他發表了他的原子的自然哲學，他假設在完全的流體內也有完全堅硬的原子。在一七〇四年，他在 Düsseldorf 當了數學和物理學教授，並且在一七〇六和一七一二年之間，常和萊氏通信討論他的自然哲學。萊氏在給笛保斯 Des Bosses 的信中，常提到這回事。

七　不過這裏還留有一個較大的問題，就是說，在動物死亡後，或在個體（或有機的實體）消滅後，這些靈魂或形式都變成什麼東西？　這個問題是苦人不過的，因爲我們並沒有什麼理由可想像，各種靈魂會毫無用途地存留在紛亂物質的混沌狀態中。　因此，我就斷言說，只有一種見解可以合理地被我們所採取。這種意見不止確說靈魂是永久保存的，而且確說：動物自身和其有機體也是永久保存的；雖然它的粗重部分在消滅以後，會使它成了很小的，不容易爲人所覺察，一如其未生時那樣。　因此，沒有人會精確地觀察到死的眞正時間；我們只可以權且認死爲明顯的各種活動的停止，在純動物方面，實際也就是這種情形。我們常見，蠅子在淹死以後，如果埋在粉末中，則它們又會復生回來。　此外還有別的例證，足以使我們相信，別的有機實體的崩潰縱然達到很遠的程度，可是我們如果能把動物的機體再造一下，則它們或者也會復生回來。德謨克利塔 Demokrit（一個徹底的原子學者）所說的分明是關於與此事相彷的一些事情，雖然撲林尼巫司 Plinius 頗非笑他所說的話（一七）。　因此，一個動物既然常常是有生命的，而且是有機的（能行深刻觀察的人們都漸漸承認這一點）；它們自然應該常是如此的。　因此，一個動物既然沒有初次的出生或完全新的出生，因此，在嚴格的形而上學的意味下說來，它也就沒有最後的消滅或完全的死亡，因此，並無所謂靈魂的輪迴，只有同一動物的變形，而且它的器官只有或多或少的隱伏程度，和或多或少的發展程度（一八）。

（一七）　在他致麥鬆 Maizeaux 的函中說：（1711）「柏拉圖相信，物質的事物常是在不斷的遷流中的，不過眞正的實體是繼續存在的。　他所謂眞正的實體似乎是只指靈魂而言的。　不過德謨克利塔雖是一個原子學者，卻似乎相信動物也是永久保存的。　因爲他主張說有所謂復生 reviviscere 如撲林尼巫司所說 reviviscendi promissa Democrito vanitas, qui ipse non revixit（德謨克利塔雖主張復生的學說，可是他本人並不曾復生回來）。　對於這位大人物，我們知道的很少，所知道的只是由伊壁鳩魯傳述他的意見來的，不過伊壁鳩魯實在不能常把德氏的最好的東西拿來。」　引撲林尼巫司的話見於其自然史中。

（一八）　在其初稿中，萊氏曾寫道：「有機體的微小程度既是無限的，因此，我們可以看到，就是最銳利最狂暴的火也不能消滅了一個動物，因爲火頂多可以把動物弄到火再不能燒的那小程度。」

八　不過有理性的靈魂實在遵循着十分高妙的法則，而且凡能使他們在精神社會中失掉其公民資格的東西，他們都一概沒有。　上帝是很精細地處理過這回事的，因此，一切物質的變化都不足以使他們失掉了他們人格中的道德的性質。而且我們可以說，一切事物不祇一般地趨向於全宇宙的完成，而且也更特殊地趨向於這些被造事物的完成。　這些被造的事物早已注定要享受盛大的幸福，因此，整個宇宙就按照各個事物所受的神聖的恩惠（在崇高的智慧所允許的範圍內），來完成他這種幸福。

九　說到動物的普通身體和別的有形的實體，則人們一向都以為它們是會完全死亡的，而且它們的變化只是依靠於機械的規則，而非依靠於道德法則的。　不過在這方面，我却高興地看到，飲食論 de Diaeta 的作者（人們認為是 Hippocrates）已經猜到幾分眞理（一九）。　因為他分明說過，各種運動是無所謂生死的，而且我們所假設為存在或滅亡的那些事物，只是顯現出來，或隱伏回去罷了。　按亞理士多德說來，撲尼得斯 Parmenides 和梅尼蘇 Melissos 也是主張此說的（二〇），因為古代這些人們所有的價値實在比我們所假設的為大。

十　我也如任何人一樣，願盡力贊許現代人們，不過我想，他們的改革太於過分了；別的且不用說，他們已經因為對於自然的尊嚴沒有充分的觀念，把自然的事物和人造的事物混同了。　他們以為自然的機器同我們的機器之差異，只是一種大小的差異。　這種意見近來曾經使一個很有才幹的人（二一）（多元世界論的

（一九）喜撲克阿是藥物學的始祖，現在人們已經不認他為飲食論的作者。　萊氏所指的大概是下邊這一段，「一切事物中沒有一樣是被毀滅了的，而且凡開始存在的任何事物，沒有一樣不是以前早已存在的。……　一個動物是不會死的，除非它同別的一切事物都滅亡了（因為它如何能死呢），而且凡不是已經存在的事物，也不能開始存在。　一切事物只不過是生長到最大的程度，或減少到最小的程度罷了。」　見 Bywater: Heracliti Ephesii Reliquiae（伊弗所的赫拉克萊圖集佚）附錄二。

（二〇）撲尼德斯和梅麗蘇雖然不承認變的實在性，可是他們和萊氏的主張十分差異，他們乃是否認整個實體的變化，不是否認多元實體中各實體的變化。

（二一）指芳登乃 Bernard le Bovier de Fontenelle（1657—1757）而言。　他在1699—1741年之間，任巴黎科學院 Académie des Sciences 秘書之職。　他在當秘書時，其職務之一就是要在每年中寫頌詞以紀念當年所死的會員。　其中有一篇就是萊勃尼茲頌 Eloge de Leibniz 發表於一七一六年巴黎皇家學會史中。

作者）（二二）說，我們在密切地觀察自然時，見到它並不如我們原來所想像的那樣神奇，它只是一種工場罷了。在我看來，人們對自然所抱的這種觀念是既不公正，而又不稱其尊嚴的。只有我們的系統能够指示出，神聖智慧所做的最微末的產品和機器，比起有限的人心所做的最大的藝術的作品來，也實在是高妙的無以復加的——這種差異不止是程度之差，乃是種類之差。因此，我們應當知道，自然的機器實在有無數的器官，而且它們裝置很好，不會受一切偶然的摧殘，因此，我們就不能把它們消滅了。一個自然的機器在其各部分中仍然是一個機器（二三），而且它們常是原來的那個機器，它只是因爲不同的摺疊，變化其形相，有時擴展開，有時收縮回（我們以爲它是死了）罷了。

十一　此外，藉着靈魂或形式，才有了與所謂「自我」Ego 相契的一種實在的統一體。不過說到人工的機器或純物質的質量，則不論它們組織如何精良，都不能有實在的統一。因爲我們只能存想它們如一個軍隊，如一羣畜類，如充滿魚的一個水池（二四），如由發條和輪子所組成的一只錶。如果沒有實在的質體的單位，則任何集合體都不能是眞正的，實在的。因爲這種原故，所以可得莫 Cordemoy 先生（二五）就不能不拋棄了笛卡爾的意見，而採取了德謨克利塔的學

（二二）原文爲 Dialogues des morts; Entretions sur la pluralité des mondes 此書印行於一六八六年，意在把哥白尼的學說通俗化了。

（二三）人所造的機器只有有數的器官或部分，各部分對全體又只有一種確定的機能。輪上的一個齒是輪的也是全體機器的一個器官。不過構成這個齒的那些物質分子不是輪的器官，也不是機器的器官。至於自然，則通體是有機的，其中任何一部分都是全體的一個器官。因此，一個自然的機器委實有無數的器官。

（二四）當我說「我」時，我所說的只是一個實體。但是一個軍隊，一類獸群，一個充滿魚的水池（縱然它連魚一塊凍得堅固起來），常常是一些實體的集合體。

（二五）Gérand de Cordemoy（生於十七世紀初，卒於一六八四）是一個法國的笛卡爾主義者。他獨立地發現了他的緣起說 Occasionalismus。他的主要著作是形體與靈魂的區別 Le discernement du corps et de l'âme（一六六六），在這部書中，他拋棄了笛卡爾的學說，採取了原子學說。在給索菲公主的信中，萊氏說：『可德莫先生，爲解釋物體中實體的統一起見，就覺得必須採用原子或不可分的有廣袤的物體，以來找尋一種確定的東西，以之來構成一種簡單的存在。……他似乎認識了一點眞理，不過他仍不知道，實體的眞正意念由何成立』。

說，以求找尋一個實在的單位。不過物質的原子，仍然含有無數的部分，不過除了這一層不提，它們仍是和理性相反的，因爲原子的各部分縱然極有力地黏着在一塊（縱然我們能合理地存想或假設這一點），可是各部分仍然是各部分。只有實體的原子，就是絕對無部分的眞正單位，是各種動作的泉源，是事物組合的絕對的原始的原則，是實體事物分析後所得的最後的分子。它們可以叫做形而上學的點 metaphysischerPunkt。它們有幾分生命的本性，而且有一種知覺，至於數學點 mathematischer Punkt，則只是它們表示宇宙時所依的觀點。但是一個有形體的實體在收縮以後，則在我們看來，它的一切器官都只變成一個物理點 physischer Punkt。因此，物理點只在表面上是不可分割的。數學點雖然是不可分割的，可是它們只是一些情狀。只有形而上學的或實體的點（由形式或靈魂成立）是不可分的，是實在的。沒有它們，則沒有任何事物是實在的，因爲如果沒有眞實的單位，就沒有複雜體。

十二　在建立了這些事情以後，我就曾想我已經達到了我的海港，但是我在從事思維靈魂和物體的聯合時，我就又被趕回深海裏去了。因爲我並不曾找到任何方法可以解釋：物體和靈魂如何能以互相傳遞一種運動，而且我也並不能解釋：一個實體如何能以和另一個被造的實體互相交通。、就笛卡爾先生的著作中看來，他是把這一點略而不提的（二六），不過他的門徒們看到一般人的意見是不可想像的，因此，就主張說，他們所以能知覺物體的性質，只是因爲在物質運動時，上帝就使各種思想由人腦中生起來，而在另一方面，當我們的靈魂想運動身體時，他們也主張，上帝給它來運動身體。他們又以爲運動的傳遞是不可想像的，因此，他們又主張，在一個物體運動時，上帝就又給另一個物體以運動。這就所謂神聖緣起說這個學說曾因眞理論的作者的精妙反省，得到了遠播的聲譽。（二七）

（二六）『人心並不能清晰地存想靈魂和物體的本質有何差異；也不能知道它們的聯合，因爲要這樣來存想，則我們必須存想它們是一體的東西，同時又得存想它們是各異的東西，那只是一種矛盾』。Cousin 印行的笛卡爾集一三二頁。

（二七）Arnold Genlincx（1625—1669）實在是緣起學說的建立者。他的倫理學的第一部分出現於一六六五年，而馬爾布倫希的大著，則出現於一六七四年。

十三　我們必須承認，他們在告訴我們以那些不能發生的事情時，已經陷於很深的困難中；而且他們在解釋實際所發生的事實時，也似乎不曾把這個困難克服了。真的，在嚴格的形而上學的意義下說來，一個被造的實體並不能影響另一個被造的實體，而且一切事物和其實在性都是不斷地由上帝的權力所產生的。但是要想解決各種問題，則我們祇應用一般的原因，並且發明一位救急神 Deus ex machina 那還不够。因爲我們如果只照這樣來解釋，而不依據次等的原因的秩序來解釋，那就無異於求助於神蹟了。在哲學中，我們在解釋事物時，必須要努力指示出，神聖的智慧如何依照我們所研探的事物的意念，來把各種事物發生出來（二八）。

十四　我們既然不得不承認，靈魂或任何其他實在的實體，不藉神聖的權能，就由外界接受到任何影響，因此，我就不知不覺地採取了一種很驚人的意見。不過這種意見仍似乎是不可避免的，而且在事實上，它也有很大的優點和美點。我的意見是說，上帝之造靈魂或任何其他實在的單位，是很美妙的，任何事物都是帶着一種完全的自發性 Selbsttätigkeit 由靈魂本性中所發生的，而且和它以外的一切事物又是完全相契合的。因此，我們的內在感情（它們是存在於靈魂內，而非存在於腦中或身體的精細部分內）既然只是外界事物的有聯貫的現象，或真正的貌相，或有次序的幻夢，因此，靈魂中這些內在的知覺一定是由其原始的組織向它所發生的，一定是由其表像的性質（就是說能按照它的各器官的情形來表示外界的事物）所發生的。這種表像的性質是在創世之初就給了它的，而且這種性質又構成了它的特性。因此，這些實體既然能按照其自己的途徑，由自己的觀點，來表示全宇宙，而且外界事物的知覺或表示既然按照靈魂的法則在適當的時間內進入靈魂中，好像在一個獨自的宇宙內一樣，好像世界上只有上帝和靈魂一樣（借用一位以虔敬著稱的天才家的成語）（二九）：因此，在一切這些

（二八）　我們不當只曖昧的參考神聖的智慧，我們應當指示出，它是如何在經驗的各特殊部門中表現自己的。

（二九）　Kirchmann 提示說，這也許指 Foucher 而言。不過萊氏在一六八六年給 Foucher 的信中，並不曾特別聲明這個成語是由 Foucher 借來的。

實體之間，一定有一個完全的契合，而且這種契合的結果，正如一般哲學家主張各種實體藉影像或性質的傳遞而互有的那種交通似的。再其次，靈魂的觀點所寓託的那一個有機的質量，既然比較容易爲靈魂所表示，而且在反面，這個質量，又會按照其物質的機械法則，在靈魂發生欲望時，就發生了動作，而且它們兩造又互不相妨其法則——元精（三〇）和血液正在那時候有適當的運動，以與靈魂的情感及知覺相應——因此，這種互相的關係（在宇宙的各實體中預先安排好的）就產生了所謂交通作用，而且它就單獨地構成了靈魂和物體的聯合。由此途徑，我們就可以看到，靈魂是如何直接地存在於身體中的，因爲靈魂之在身體中，正如單位之在各個單位所複合的集體中一樣。

十五　這個假設是很可能的。因爲上帝很可以在創世之初，給各種實體以一種內在的本質或力量，使它不藉任何別的被造物的幫助，就能在其中產生了將來它所遇到的一切現象或表示——就如在有精神的或賦有生活原則的自動機方面（這些自動機如果賦有理性，還有一種自由）（三一）。這種假設尤其可能的，乃是因爲實體的本性就必然需要根本含有一種進程或變化，因爲沒有這種變化，它就沒有力量來動作。靈魂的本性既然在於十分確定的途徑內，來表現全宇宙（雖然清晰的程度有大有小），因此，靈魂自己所產生的一長串表像就自然和宇宙中一長串變化相對應。在另一方面，身體也可以適應靈魂，以求契合於靈魂

（三〇）元精 Lebensgeister 是笛卡爾所用以指示血液中的最精細的分子的。笛氏曾以這些分子來解釋筋肉的運動。在靈魂的感情論第，笛卡爾說：『我所謂元精只是一些物體，它們並沒有別的性質，它們只是運動極速的微小物體，就如燃着的火把中所放的火焰分子似的。它們並不能常常在一個地方存在，它們在一進了腦中的空穴以後，別的元精就立刻由實體的小孔跑出去。這些小孔領導這些元精到了各種神經，各種筋肉，由此它們就可以在可能的範圍內，在各種方向來運動身體。』在方法論第五部分他也說道：『元精就和最微妙的風，或最純潔，最活躍的火焰似的。』這個名詞已經通行於日常用語中，不過在解析學中，顯微鏡研究的結果已經把這個假設取消了。

（三一）每一種實體都有一種自發運動，因爲它可以爲自己產生出一串狀態或現象來，不過只有有理性的靈魂才有自由，因爲自由是在合理的理性指導之下的一種行動。

（被想爲）向外活動時的那些情節。 我們如果知道，身體原是只爲精神造的，則身體對靈魂所有的這種適應更是容易理解的——同時在另一方面卻只有精神，可以與上帝爲伍，並且來慶賀他的光榮。 因此，我們一看到這種契合的假設是可能的，則我們同時也就看到它是最合理的一個假設，而且我們正可以由此對宇宙的和諧同上帝的完美工作，得到一種很奇異的觀念。

十六　我們的假設還有一種大優點。 就是說，我們由此可以不照一些伶俐人的主張說，我們的自由只是表面的，只足以供實際目的之用；我們反而可以說，我們只是在表面上被强迫的，而且我們如果要用形而上學的說法來講，則我們還正可以說，我們是完全不受一切其他被造事物的影響的。 這個意見還可以使我們洞明了靈魂的永生性，和個性的永久保存，因爲靈魂是按其本性完全調度好的，而且是不受一切外界偶然事變的影響的——不論外貌上如何相反。 任何系統都不曾較完美地指示出我們的高尙使命來。 每個精神既是一個獨立的世界，既然很自足，既然獨立於一切別的被造的事物以外，既然包含着無限，表示着宇宙，因此，它的存在就是和被造事物的世界一樣永久，一樣繼續，一樣絕對的。 因此，我們應當相信，每一個精神都應當由最適當的途徑，常在宇宙中盡其自己的職務，以來助進一切精神所組成的社會的完美，使他們在上帝之城內有了一種道德的聯合。 在這裏我們對於上帝的存在，又有了一個新而特別明白的證明。 因爲這麼許多互不交通的實體，所以能够完全契合，只是由於它們的公共原因（上帝）。

十七　這個假設不但有這些優點可以助成它，此外我們還可以說，它還有過於僅僅假設者在，因爲我們很難以別的可令人明白的方法來解釋各種事情，而且因爲我們在適當地了解了這個假設之後，那些一向擾亂人心的大困難，就似乎自行消滅了。 普通語言中的表示，也可以十分契合於這個假設。 因爲我們可以說，一個實體的狀況如果可以由有意義的途徑下來解釋一種變化（我們因此就可以說，在這一點上，一切別的實體在創世之初，就按照上帝命令的秩序，注定了要同這個實體適應的），那我們在這種變化方面就可以存想這種實體是能影響別的實體的。因此，此一實體對彼一實體所加的影響，並不是「本質」Wesenheit的放射，或移植，如一般人所想像的那樣，而且我們只能在我方才提出的那種途徑下，來合理地了解它們。眞的，我們誠然可以存想物質中的各部分是可以被放射，可以被接受的，而且我們也正可以由此種機械的途徑，來解釋一切物理的現象。不過物質的質量既然不是一個實體，因此，我們分明看到，在實體本身方面，所謂動作（或影響）只能如我方才所說的那樣。

十八　這些考究雖然很似乎是形而上學的，可是我們在物理學中也一樣可以用它們來建立運動的法則，正如我們的動力學將要指示出的那樣。因爲我們可以說，在各種物體互相衝擊以後，各個物體只是藉它自身已有的運動所生的那種彈力而有所感受的。說到絕對的運動，則沒有東西可以由數學的途徑來決定它，因爲一切運動都歸結於相對關係，因此，結果在天文學中，各種差異的假設常常可以無分別地解釋一種現象（三二）。因此，在一大些物體中，我們可以任意以爲某些物體是靜止的，某些物體有某程度的速度，而並不至於被運動的現象所駁倒——不論這種運動是直線，是圓形，或是組合形的。不過按照我們的假設說來，我們也正可以認各種物體有眞正的運動，因爲我們的假設可以由最明白的途徑來解釋現象，而且這正契合於我們在這裏所主張的活動的意念。

（三二）絕對運動是毫不休息的一種運動的。不過運動一定常要由相對關係來決定。一種物體所以有運動，只是對別的一種物體說的，因此，我們如果要想決定兩個物體中究竟那一個眞是絕對運動的，則我們必須把它們參照於第三個物體，如是可以一直推演下去。所謂天文學中各種假設的相契，或者是指哥白尼的假設同第克勃樂 Tycho Brahe 的假設一樣能解釋當時所發生的現象而言。按前者說來，一切行星是繞日而行的，按後者說來，日是繞地而動的，別的行星又是繞日而動的。

新系統的解釋，再論各種實體的交通，乘以答覆一六九五年九月十二號學人雜誌中的反駁。

一六九六

小引

在一六九五，九月份學人雜誌內，福舍 Foucher 有給萊氏的一封信，其中敍述出反對這個新系統的一些理由。西門福舍（一六四四——一六九六）是第貞 Dijon 的一個僧侶，他信仰懷疑主義，並且努力恢復後學園派的教義——正彷彿加森第Gassendi 想重新解釋伊壁鳩魯的學說似的。在一六七六至一六九五年之間，萊氏曾同福舍通過函件，在初期的信札中討論知識論的問題，在後來的信件中討論物理學的問題。福舍的比較早死有幾分是由於過分工作。在一六九七年萊氏曾寫信給尼凱 Nicaise 說：『我很痛惜福舍的死亡。他的好奇心是有限制的，而且只趨向於乾燥的問題，而且就在這些方面，他也不曾以應有的精確程度來處理它們。他的目的或者只在於復興學園派，正如加森第之復興伊壁鳩魯教派似的。不過他不應該只限於大略的觀察。柏拉圖，賽策羅Cicero同愛辟里克 Sextus Empiricus，以及其他諸人，原可以使他有實在的進步。而且他原來可以以「懷疑」爲藉口，來建立良善的有用的眞理。關於這方面，我曾經把我的意見供獻給他，他或者有另一種意見，不過那是我所不十分知道的。不過他很聰明而且能深思，他是一個最有德性的人，因此，我不能不痛惜他。』萊氏在一六九六四月份學人雜誌中，曾發表新系統的解釋一文，以答覆福舍的反駁。在一六九六十一月份學人雜誌裏，又繼續發表了一篇解釋。這就是他的第三次解釋。這裏只把這兩篇譯出來，至第二解釋，則從略。

在福舍的反駁信中，他曾經用鐘表來做過比方。萊氏在直接答覆此信時，曾把這一層忽略過，不過在作第二和第三兩次解釋內，他又重新把這個比方加以發展。萊布尼茲寫道：『我也可以承認，上帝（宇宙的最大設計者）可以使人體中的有機的各部分十分完全地互相適應，因此，它們就可以產生出與此身體聯合着的靈魂所希望在其日常生活中產生出的那些運動，而且靈魂在同時並不必有能力在任何途徑中來變化或限制這些運動。在另一方面，上帝也可以在靈魂中造一個結構（不論它是一種新的機體不是），使那與上述運動相應的各種思想或變化藉此可以繼續生起來，而且使它們生起的時間，正和身體營其相應的機能的時間，成爲同時的。我也可以承認，這個正如造兩個鐘錶似的，並沒有什麼不可能。因爲兩個鐘錶很可按着秩序一律前進，因此，在甲鐘打十二點時，乙鐘也可以打十二點，因此，我們就想像，兩個鐘是藉同一擺錘或同一機簧運動的。』

*　　*　　*

先生：我記得在數年前曾應命將我的哲學假設報告給先生，——雖然在那時我曾經表示，我還沒有決心把它發表出去。我曾請先生同我交換一些意見，不過我却不曾記得接到先生任何反駁之詞。否則以馴從易教的我，決不至使先生再有第二度的反駁。不過這些反駁雖在我發表了自己的意見以後才發表出來，可是也仍是正當的時候。因爲我並不像有些人似的，一定要固執自己的意見，而却不顧及理性。先生只要能說，自己已經提出一些精確的有力的理由，把我的意見反對倒，那先生就可以看出我是不固執己見的。自然先生的目的不是要來反駁我，因爲先生的主旨，只在於以一個有能幹的學園派的立場來說話，並且給我一個機會來詳盡地考察各種事理。

一　我在這裏所打算要解釋的，不是「廣袤」Ausdehnung 底原則，只是實在有廣袤的事物底原則，或物體的質量底原則。在我看來，這些原則就是實在的單位，那就是說，它們是有眞正統一性的實體。

二　先生所提到的鐘錶的統一性，在我看來，和動物的統一性大有差異；因爲一個動物，可以是具有眞正統一性（就如我們身中的自我）的一種實體，至於一個鐘錶，則不是別的，只是一個集合體。

三　我看到，動物的意識原則，並不在於其器官的排列，我想這種排列只涉及於物體的質量。

四　我所以提到這些事情，乃是爲得免避誤解，而且在於指示出，先生在這一點上所說的話，同我所說的完全不相矛盾。　因此，先生並沒有證明，我之需要眞正的單位，和恢復實體的形式，是錯誤了的。　但是先生如果說，我們旣認下等動物的靈魂有情感，就得認它有理性(一)則這種推論我是不知其如何證明的。

五　先生以很可羨的坦白的態度承認了，我的和諧的假設或並存的假設是可能的。　但是，先生對這個假設，仍有幾分厭惡。　這分明是因爲先生以爲這個假設是純粹任意的，先生正不知道，這個假設是由我對於各單位的觀點自然得來的，因爲任何事物在我的學說中都是互有關聯的。

六　因此，先生就問，我認造物者所有的這種精美的設計畢竟有什麼用處？先生好像以爲我認上帝有了太多的設計，好像以爲各種實體藉其原始所接受的特別法則而有的這種精確的相互關係，其本身不是很可羨的，是不稱其作者的！先生問我，這種假設究有何種利益。

七　我本來可以請先生參照我以前所說的話。　不過我可以答覆說，第一點，一體事情如果不得不存在，則我們如果不先承認它存在(二)那就不必來問它有何功用。　就如邊和對角線之不可約性究有什麼用處呢？

八　第二點，我可以答覆說，這種契合我們正可用以解釋各種實體的交通，和靈魂的聯合，而且我們只藉原始所立的自然法則就可以解釋這一層，並無需乎求

（一）　福舍曾寫道：『笛卡爾派說，我們旣承認動物有意識原則，能分辨善惡，我們就得承認它們有理性，分辨力，和判斷力。　這種意見究竟不是沒有根據的』。　萊氏曾答覆他說：『我所以認動物的意識原則和人的完全差異，乃是因爲我們看不到動物能行反省；而反省正是理性的本質，正足以使靈魂發生人格，正可以產生出必然的眞理或科學來。　較低的動物旣有知覺，當能分辨善惡，不過它們沒有道德上的善惡，因爲道德上的善惡要前設理性和良心。』

（二）　在其答客難中，萊氏曾說：『能使各種實體互相適應的這種精美的設計，乃是必然的，因爲一切實體都只是崇高的智慧的結果。　若不用此解釋，則我們便不能說明（至少在沒有神蹟的自然狀況下）它們的互相依屬和互相變化。　但是我們在某種適當的意義下，也可以說，各種實體是互相影響的。』

助於影像（性質）的傳遞，或上帝的重新參加，因爲前者是不可想像的，後者似乎是與事物的「合適」相反的。因爲我們應當注意，在物質方面既然有自然法則，同樣在靈魂或形式方面，也應當有自然法則，而這些法則的意義，也正如我方才指云的那樣。

九　其次，先生又問說，靈魂既然不能運動並知道各種物體，則上帝爲什麽不捨棄這些無用的物體，而只產生靈魂的一切思想和變化呢？這是容易答覆的。因爲上帝的意志正願意有較多的實體，而不願意有較少的實體，而且他以爲靈魂的這些變狀應該和外界的一種東西相應合。

十　任何實體都不是沒用的，它們之被造乃是要通力合作來完成上帝的計劃。

十一　我不承認，靈魂不能知道物體——雖然這種知識之起，並不是因爲靈魂和物體可以互相影響。

十二　我甚至敢說，靈魂也能運動身體。我們只要有適當的了解，則一個哥白尼學者正可以說日是升起的，一個柏拉圖學者正可以說物質是實在的，一個笛卡爾學者正可以說可感性質是實在的。同樣，我們也正可以說，各種實體是可以互相影響的，假如我們知道它們是按照和諧的法則，互相生起的。

十三　神聖的智慧既然建立了這種永不會無效的契合，因此，先生並不能根據身體的昏睡來反對說，有時靈魂在相信形體有運動時，而形體却是全無活動的（三）。

十四　我並不知道先生所提到的這些懶散，無用，而不活動的質量。到處都是活動的，而且我之主張這一層，要比傳統的哲學更爲詳盡。因爲我主張，沒有一種物體無運動，沒有一種實體無力量。

十五　先生還說：『實在說來，先生之建立這些意見，不是着眼於一種特別目

（三）先生曾說：『形體中雖然沒有運動發生，可是靈魂依然可以常常想，那種運動是常在的。正如睡着的人們雖以爲自己在運動或行走，實則他們的肢體並沒有運動。同樣在醒時，靈魂雖然常常相信他們的形體是依着他們的意志動作的，可是這些懶散無用的形體會全不活動，會永久在昏睡中。』

的麽？而且這些系統之構造，不是只根據一些「事後之思」來保障某些原則麽？」不過我並看不到這些文字所表示的反駁究竟有何種意義？一切假設之形成，都是着眼於一些特殊目的的。一切系統都是憑藉事後之思，來保障一些現象的。不過我並看不到，什麽原則是我所偏執的，是我所想保障的。

十六　如果先生的意思是說，我所以得到這個假設，是由於先驗的理由，或確定的原則（實際也就是這樣），則先生這話寧是讚揚這個假設，而非反對這個假設。在尋常說來，我們只要以後驗的方法來證明一個假設，使它契合於一切現象，那就够了。但是此外如果還有別的理由，而且這些理由又是先驗的，則這個假設更是較好的。

十七　不過先生的意思也許是說，我在發明了一個新意見以後，只是想來利用它的新奇爲自己增高聲價，而並不是因爲它有任何用途。我不確知，先生對我是否有如此的意見，竟認我有這些思想。因爲先生知道我是愛眞理的，而且我如果只是這樣愛新奇，則我早當熱心地把它們發表出去了——尤其是那些被人認爲健全的假設。不過爲免避不知我者因先生之言發生誤解起見（這是我們所不期望的），我正可以說，在我看來，要以別的方法來解釋傳遞的活動，而不違反了自然法則，那是不能的；而且我想，我這個假設的功用是很明顯的，因爲現代許多能幹的哲學家，正難以解釋心物的互相影響，甚至難解釋各種物質實體的互相影響。而且我也知道，先生在這方面也一定親身經驗到一種困難。

十八　眞的，在我看來，在一切實體中都是有一種力量的。不過適當地說來，這些力量只是在實體自身中的，而且別的實體中所以能因爲這些力量發生了一切變化，只是由於一種「預定的和諧」Prästabilierte Harmonie（如果我們可以用這個詞），而不是由於一種實在的影響，或一種影像（或性質）的傳遞。我既然解釋過自動和被動有什麽意義，因此，我們就可以推知力量和反抗力的本性。

十九　先生還又說，在決定我們所討論的那些問題之前，我們還應當再問許多問題。不過先生或者會看到，我已經發出這些問題了；而且我也不確知，笛卡兒派中的人們是否比我更為有力地更為有效地利用過他們的精良方法(四)。我很贊成用第一原則來解釋真理，這種方法的用途，要大於一般人所想像的那樣，而且我也常常實行這種教條。因此，我正稱讚先生在這一點上所說的話，而且我想先生的先例應該能使我們的哲學家適如其分的來存想這種教條。

二十、我還可以附加一種進一步的反省，使人們更容易明白些我這個系統的實在和功用。先生已經知道，笛卡兒先生相信，物體中常常保留着同一的運動數量。我們已經指示出，他在這裏是錯誤了的；而且我已經指示出，能保持同一的，不是他所說的運動的數量，而是運動的能力。不過他看見了物體中的變化究竟可以跟着靈魂中的變狀而來，因此，他便於迷惑了，因為這些變化似乎把這個法則打破了。不過他想他已經找到一條出路（自然是很偷巧的），他說，我們必須分別運動和方向；靈魂雖不能增了或減了運動的力量，可是它確能變化了元精的進程的方向或決定；自願的動作就是由此生出的。但是他並不曾解釋，靈魂的動作如何可以變化了形體的進程，因為在這一點所有的困難，正和你說靈魂能給形體以運動是一樣的。只有在採取了我這預定和諧說以後，才能免於這種困難。我可以說，此外還有另一個法則是我所發現而證明的，而是笛卡兒先生所未知道的：就是說，不但運動力的同一數量常常保持着的，而且任何方向的同一數量也是常常保持着的（不論我們認這個方向在世界上任何一條線上）。那就是說，你如果任意劃一條直線，並且任意取任何數目的任何物體，那你就會看到，要把一切物體都計算在內，而不遺漏了凡能影響你所取的任何物體的一切物體，則在同一方向內，並在與你所劃的那條線相平行的其他各線上，進程的數量將會保持同一的樣子。要計算全部進程的數量，我們只須由在所與方向中進

(四)傅舍說：「我們應當遵守笛卡兒派的法則。這些法則中的第二條禁止我們把不能解決的事情加以探討。可是我們所說的那些問題正是這種情形的。我並不是說這些問題是絕對不能解決的，乃是說，它們只能在某種秩序中得解決。所謂秩序正是說：哲學家應該一起始就關心於真理的正確與錯誤的標記；而且他們應只限於由第一原則來求事理解證。」

行的那些物體的進程數量中，減去了那些在相反方向中進行的物體進程的數量（五）這個法則既是同前一個法則一樣精良，一樣普遍，因此，我們也不能絲毫把它破壞了。按照我的系統中，力量和方向都是保持同一數量的，而且物體的任何自然法則都是可以不破壞的——雖然物體中的變化是會跟着靈魂中的變化來的。

（五）在萊氏致 Bernoulli 的信裏，他曾說道：『其次我們還當分別絕對的力量和指導的力量——自然我可以解說出指導的力量是可以由絕對力量的考究中推得的。我可以證明，世界上不祇常保持同一的絕對力量或動作的數量，而且常保持着同一的指導力量，常保持着同一線中的同一的方向數量，那就是說，常保持着同一的進程數量。這種進程的數量應該是等於質量乘速度，而不等於質量乘速度之方(mv而非mv^2)。』『不過這種進程的數量和運動的數量究有一層差異，就是，兩個物體如果在相反的方向運動，它們的運動總量（笛卡爾派的意義）應該等於兩個物體的運動數量之和，不過進程的數量卻等於兩個物體的運動數量之差。笛卡爾說，靈魂雖不能增減世界上的運動數量，卻能增減元精的方向數量，他並且以為這就可以保證了靈魂在身體上所有的影響。不過他這裏卻是錯了的，因為他不曾知道在方向數量的保持方面，我們所立的這個新法則。這個新法則，和絕對力量（或動作能力）的保持法則是一樣美麗，一樣不可破壞的。』

歌德論罕姆勒特

Goethe über Hamlet

楊善荃輯譯

多虧你的美意，我得以接觸涉士比亞的美妙劇本，我想不起來任何另一部書·任何一個人物，或世間的任何一件事情曾在我心裏引起如此大的反響。它們像是天上的一個天才寫的，他降臨人間，以最溫文的筆墨使人類認識他們自身。它們不僅僅是詩。在你讀它們的時候，你覺得竟是運命底天書在你面前展開，熱烈生命底旋風在其中颳着，吹得書頁簌簌的來回掀動。它們的魄力和它們的溫柔，它們的强烈和它們的恬靜，使我如此吃驚，如此被感動，我現在只盼望將來有重新細讀的機會。……我願意我能够把我現在的感覺傳達給你。關於人類及其運命我心裏所有過的那些預覺，所有那些我在靈魂深處感到的預覺，我發現它們全在涉士比亞底戲劇中實現了。他彷彿把一切的問題全替我們解決了，雖然我們指不出來，他所給的解決是在那些字句裏頭。他劇本裏的人物看着像是常人，但是他們並不是的。那些極奇妙極複雜的人物乃是自然底創造，在他的戲劇裏他們眼前活動着，好比是一些玻璃殼子的一樣，它們告訴我們時刻，同時又讓我們看見那些促動它們的齒輪和發條。我所見的涉士比亞底世界，不過匆匆間的瞥視，可是已經激動了我，從現在起我要以更猛的步伐踏入現實世界底積極活動生活，我要投身於周行這個世界的運命底急流，假若我有那種幸運我

將來還要從那眞實的自然底洪濤裏滿滿斟上幾杯，在戲台上獻給渴望的本國同胞們。（一）

涉士比亞底罕姆勒特是你所熟悉的，我們在宮裏曾誦讀過，當時你很感到興趣。那時候我們決意排演這個戲；我很糊塗的選定王子那個脚色。我以爲那個脚色並不難扮演，只要我先背會了那些最動人的段落，那些獨白，以及最精采的那幾場，在那幾場裏靈魂底力量，高超的精神，激烈的情緒都充分的表現出來；而且在那幾場裏一個不安定的心靈能以動人的表情把自己顯露出來。

我又以爲我不難抓住這個脚色底精神，只要我——比方說吧——擔起來他的重重的悲哀，負着這個重載，去順着他的錯雜心情和古怪脾氣底迷路追隨着他。

我於是這樣的演習着，背誦着我的劇詞，心想過些時候我就能漸漸與我的脚色同化。

不料我越往前進行，我越難於對整個的戲保持一個概括的觀念，最後我覺得簡直沒法子抓着一個這樣的觀念。我於是把原劇一氣兒重讀了一遍，結果我很苦惱，因爲我發覺許多我捉摸不住的地方。有時劇裏的人物們，有時他們所講的話都彷彿像是矛盾的，我不知道該用什麽聲調去說那深淺變化甚多的劇詞。我跟這些困難掙扎了好久之後，總想出一個新方法，似乎有希望使我達到我的目的。

我開始去揣度罕姆勒特在他父親未死之前，早先時候的性格，凡是我能找着的痕迹，我都一一考察。我注意看，撇開那件悲慘的事情及其可怕的果報之外，這個有意思的青年是怎樣的人；同時我又想像，若是沒有那件事情他會成爲怎樣的人。

這個生長在宮庭的奇花，是在帝王的尊嚴空氣中開放的。他注重德行，明

（一）本段原文見 Goethes Sämtliche Werke (Propyläen-Ausgabe. München, Georg Müller) 8. Band. Wilhelm Meisters Lehrjahre, 3. Buch, 11. Kap., S. 158—159

自他本人的高貴價值，珍重他的崇高的家世，愛惜所有一切好的和體面的——在他的靈魂裏這一些心理是同時發展起來的。他是一個王子，一個世襲的王子，他要作好君主，好讓好人們能夠無阻礙的繼續當好人。他的模樣叫人喜歡，他的性格生來溫文，他的心腸慈悲，他定將成爲青年人的模範，世人都喜歡的一個人。他心裏還沒有什麼熱情在壓迫他，他對於奧菲麗亞（Ophelia）的愛不過是他的溫柔情緒底的一種恬靜的表現。他對於騎士的熱誠並非是十分自然的，他需要一個對手所得的誇讚來在他心裏引起並維持這種愛好。他自己心地底光明使他能認識別人高貴的地方。他知道靜穆的心境底價值，這種心境，是一個秉性正直的人能在知心的朋友身上得到的。在藝術及學問上，他已經多少懂得去欣賞並佩服一切好的和真的。粗俗是他所厭惡的；假若在他的溫柔的靈魂裏仇恨的心能夠存在，那不過是因爲他鄙視宮庭中的一些朝三暮四的寵倖們，拿他們當作譏嘲底對象。他的神氣是安詳的，態度是自然的，他不樂意偷閒，也不樂意賠忙。他在宮庭裏似乎還保存學校裏優閒自在的習慣。他的歡笑不過是一時的興致，並非是眞正從心底迸出來的。他是個好伴侶，對人又恭敬，又審愼，又體貼。他能夠原恕且忘掉別人對他的損害，但是他却永遠不能容忍那些越過誠實，禮節及道德底範圍的人。（二）

你們在心目中想像一個如我所形容的王子，他的父親忽然間死了。縈繞他的心懷的那些情感裏是沒有野心及統治的慾望的。他甘心於做一個君主底兒子：但是現在環境改變了，他不得不開始去多注意於君主與庶民之間的區別。他承繼王位的權利誠然不是世襲的；但是他父親若多活些年，一個獨子底權利定會變得加强，他承繼的希望也定會變得十分牢靠。可是現在呢，他發現他承繼的權利被他叔父排擠掉了，也許永遠排擠掉了雖然他叔父對他說了些假心假意的話。他現在走乖運了，在那他從小兒就當家看的地方他都成了一個外人。在這個光

（二）以上六段原文見前書 4. Buch, 4. Kap., S.180—181

景兒他的心情開始染上悲哀的色彩。他覺得他現在不過是一個无繼位的普通貴族，眞的，他還比不上一個普通的貴族。他覺得他在人人之下。他現在不屈尊的謙讓了，因爲他已經降落到卑微困窮的境況。

他從前的境況在他眼裏像是一場夢。他叔父嘗試來安慰他，把他的地位另樣解释一下，但那是沒用的，他擺脫不掉自己是卑微的感覺。

他所受的第二個打擊給他更大的傷痛，使他益發難於振作起來。這個打擊就是他母親改嫁。在他父親剛死的時候，這個傷心的兒子還有母親；他本希望這個高貴的寡母陪着他，與他一同來追念來崇拜那去世的偉大父親。但是現在他連母親也失掉了，而且是由於一個比死訣更殘酷的打擊失掉的。一個天性厚的孩子易於對於父母存着幻想，這種幻想在他心裏永遠消散了。已死的父親不能幫他的忙，在活着的母親身上他找不着堅固的愛情，她跟別的女人一樣『脆弱』之名她也是逃不掉的。

現在他是眞正十分沮喪了；現在他開始感覺他是一個孤兒；現在世上沒有快樂能恢復他所失掉的。對於一個他這樣生來不好悲哀不好沉思的人，悲哀和沉思現在成了一個重累。他就是在這個光景兒在我們眼前出現。我這樣描寫他，我想我並未曾給他的性格添上些原來沒有的成分，或特別偏重某一方面。

運用你的想像，讓這個青年，這個王子活現於你的心目之前，想想他現在的境遇，然後再注意看他怎樣接受他父親顯魂的消息。繼續盯住瞧他，直到那個可怖的幽靈在他眼前出現的夜裏。恐懼抓住了他；他壯起膽來詰問那個神秘的幽靈，它對他招手，他追上去，聽它訴說它的冤枉。他叔父底可怕的罪狀，報仇的囑咐，在他耳鼓裏不住的響着，此外還有那臨別的：『罕姆勒特，别忘記我。』

但是等到那幽靈走開了，站在我們眼前的是什麼人呢？是一個一心要報仇的青年英雄呢？還是一個要抖擻精神來與那篡位者挑戰的王子呢？啊，全不是的！這位孤獨的王子心裏充滿了驚愕和憎惱。他憤恨的罵那滿臉堆着笑容的壞人，他立誓要永遠不忘記那纔走開的亡魂，最後他嘆息着說：

『這時代是全盤錯亂：啊可恨的宛孽，我生不辰，竟要我來糾正！』（三）

對於罕姆勒特此後的行爲，我想我們在這幾句話裏找到解答。我相信涉士比亞要描寫的乃是：一件艱鉅的事放在一個不能勝任的靈魂身上。並且我覺得這本劇整個就是本着這個意思發展起來的。我們在這裏看見一棵槲樹種在一個珍貴的瓶子裏，一個本來只應插花的瓶子裏；等到樹根張開，瓶子就碎裂了。

一個可愛的，純潔的，高貴的，非常道德的，可是短少一個英雄所應有的堅强意志的人被壓在一個重累底下，他擔任不起來又擺脫不掉。所有的責任對於他全是神聖的；只有這一件出乎他的力量之外。他現在得作一件不可能的事情；事情本身並不是不可能，但是在他却是不可能的。他在疑猶中轉灣抹角，一會兒前進，一會兒後退，而且時刻在觸景生情的思念過去，直到後來他幾乎忘掉了他原來的目的，同時他也沒有恢復一點他從前的快樂和安靜心情。（四）

關於奧菲麗亞沒有多少可說的，因爲涉士比亞只以巧妙的幾筆描寫她的性格。她的靈魂整個蕩漾於一個情竇已開的少女情思之中。她對於王子的情意，那本不是非分的，是如此的自然生長起來，她的多情的心是如此的完全屈服於它的衝動，她的父親和哥哥全爲着她擔心；他們給她一個坦白的警告。但是規矩像她胸前的薄紗一樣，並遮掩不住她心頭的撲簌；眞的，反爾使它們露出痕跡來。她的想像力是燃着了，她的羞怯中含着脈脈的柔情，只要那個好風就人意的女神，機緣，搖搖這棵樹，這個菓子就要很快的落下來的。

等到她發現她被放棄被輕視；等到她的精神錯亂的愛人變得顚顚倒倒，不本給她愛底蜜酒，而給她哀痛底苦釀一她的心就碎了；她的生命像一座建築一樣完

（三）本節係引用梁實秋譯罕姆勒特中之譯文。

（四）以上八段原文見前書 4. Buch., 13. Kap., S. 203—205.

全脫了縫了；緊接着她父親一死，這座美麗建築就轟然塌了。（五）

關於這本戲我有好些疑問，它們都是與那流行的正宗觀念相抵觸的。連英國人自己都承認，主要的興趣在第三幕就收束了，後兩幕不過把整個故事隨便貫穿起來，別無用處；眞的，到了後來快收束的時候，這本戲就變得太沉重，有點拖沓乏味了。

很可能的，一個能以那麼多傑作詔示於人的國家裏會有些人或者由於偏見，或者由於眼光狹窄而持錯誤的見解。但是這不應該妨礙我們運用自己的眼光來公平的判斷。就我本人說，我不但覺得這本戲結構上沒毛病，我竟敢相信從來沒有人創造過一本更偉大的。眞的，這本戲不是創造出來的；它就是自然本身。

……我們喜歡看一個完全倚賴自己的英雄，他隨着自己心的衝動或愛或恨，他有做有爲，他排除一切的障礙，以達到他的偉大的目的。歷史家們同詩人們都樂意告訴我們，人能夠有如此光榮的運命。這本戲給我們另樣一個教訓。戲裏的英雄是沒有計劃的，戲本身卻是有的。在這裏我們並沒有看見一個壞人被有成算的復仇計劃所懲罰了。我們只看見一件可怕的罪惡；這件罪惡把所有的人全拖累上，一些無罪的人們也都被牽連上；那個罪人想設法躲避那候着他的深淵，當他正在得意，以爲他找着一條妙計的時候，他一下兒就頭衝下的掉下去了。按常理講，罪惡定會給无辜的人帶來災禍，正如同善行定會加惠於不善的人，而且行惡的主角常常安然无事，行善的無人獎賞。這層道理在這本戲裏表明的多麼眞切呀！地獄差來一個幽靈來要求報仇，無濟於事的。所有的情形全呼籲報仇，還是無濟於事的。任何人間的或非人間的勢力，都辦不了那留給運命一手去辦的事情。後來裁判的日子到了：好人壞人一同滅亡；一族人全被鏟

（五）　以上兩段原文見前書 4. Buch., 14. Kap., S. 216.

除，另一族繼起。（六）

人們可以問，這個詩人是不是應該給那瘋了的奧菲廬亞寫些另樣的歌呢？給她從幾曲悲哀的民歌裏選出幾段，不是更好些嗎？為什麼要把曖昧的不雅的話放在一個心地高尚的女孩子嘴裏呢？……

……就是在這層上，我也是一點都不能讓步。這些特別的地方，這點似乎失體的地方，正顯出一個深刻的意思。在這本戲頭裏，我們已經知道這個可憐的孩子心裏在想什麼。她正在秘密拿定自己的主意，可是她却不能完全隱藏住她心裏纏綿的情思。在她心裏深處她能聽見慾望切切的私語，而且她一定像一個大意的乳母一樣，常常嘗試去唱些歌來安定她的感覺，其實那些歌是只有更勾起它們的。等到後來她失掉自制的力量，禁不住心裏的秘密跑到舌尖上，她的心事就被洩漏了；她由於神志不清，所以卽在國王及王后面前還高興的唱着她心喜的猥褻小曲，就是那些關於一個癡戀的女郎，一個出去幽會的女郎，以及其他的歌。（七）

在我極審愼的考察思索之後，我能把這本戲底結構分析成兩部分。頭一部分是人物和情節底主要的內部關係，就是從主要人物們底性格及動作生出來的那些強有力的效果。這些關係處置安排得恰到好處，決不可以更動或剪裁的。它們是一些人人想欣賞的妙處，任何人都不應該妄加點染。有人告訴我，在排演時它們是大部分的被介紹到德國的戲台上。唯一的遺憾是，排演的人們對於這本戲底第二部分沒有予以相當的注意。我所指的就是那些外部的情節，作者藉着它們有時把他的人物們從這裏移到那裏，有時使他們由於些偶然事故而集合起來。這些情節據說是被完全删掉，至少是被視為無關重要。這些線索誠然

（六）　以上三段原文見前書 4. Buch, 15. Kap., S. 212—213.

（七）　以上兩段原文見前書 4. Buch, 16. Kap., S. 213—214.

是有點太鬆太脆弱，但是它們貫穿這整個的戲，把那一些本來無聯絡的聯絡起來，若把它們割斷，那一些必定變得完全渙散。

在這些外部的情節裏我包括挪威國內調兵的行動，小佛廷勃拉斯(Fortinbras)之尋釁，丹麥之遣使臣見他年老的叔父，兩方之和解，小佛廷勃拉斯之出征波蘭及其凱旋；此外還有何瑞西（Horatio）之從溫丁堡（Wittenberg）歸來，罕姆勒特之有意至溫丁堡，雷爾替斯（Laertes）法國之行及其歸來，罕姆勒特之被遣至英國，他之爲海盜所俘，他之捏造國書害死兩個倖臣。所有這些情節很可以給一本小說增加篇幅，但是它們卻太擾亂太損害這本戲劇底「單一性」，在這本戲裏，那個主要人物已經是總在游移着，不照着堅決的計劃去行動的。……這些缺點像一個建築底暫時的支持物一樣，要到造好了一個堅固的下層結構纔能去掉它們。因此我要提議，在排演這本戲的時候我們對於一些主要的場面，不要有任何的改動，至少也要在可能的限度內讓它們單個的及歸總的保持原狀。但是所有那些外部的，打擾的情節，我都要一律删掉，另用單獨一個情節來替代。……這本戲裏已經有這麼一個情節；我現在不過是要予以適當的利用。我所指的就是挪威國內的騷動。現在容我解釋我提出的計劃。

在老罕姆勒特剛死之後，他征服了不久的挪威人就開始蠢動起來。統治挪威的那個君主—他是老罕姆勒特所立的—就派他的兒子何瑞西到丹麥。何瑞西從前是罕姆勒特底學友，在智慮及勇氣上比一般同學少年全高。他奉命來催促艦隊的籌備，因爲在這好宴樂的新君治下一切都進行的太慢了。何瑞西認識那薨死的國王，曾參加過他最後的幾場戰事，並且是他得意的人—以上所擬的一些情節都決不會損傷第一場幽魂出現時候的効果。新君接見何瑞西，派雷爾替斯到挪威報告艦隊不久就到，同時並委任何瑞西督催軍事的預備。罕姆勒特有意與何瑞西一同到海上去，可是王后他的母親卻不準他離開。說到這裏就可以看出來，我現在能够保持原劇以後的情節次序。罕姆勒特將他繼父底罪惡告訴給何瑞西，後者勸他加入出征挪威的軍隊，去籠絡在外的軍人們，然後再帶兵回來聞罪。 在這時候，對於國王及王后罕姆勒特已成爲一個有危險性的人，他們想不出法子去掉他，只好使他加入艦隊，派羅珊克蘭茲及吉爾丹斯坦兩人陪他，監視他的行動。 雷爾替斯這時候回來了，國王及王后看他憤恨的要報仇，就打下主意要派他隨後跟着去。 艦隊遇了逆風不能航行，罕姆勒特也回來了。 我們可以想個理由使他像原來一樣湊巧走過教堂的墓地；他與雷爾替斯在奥非麗亞墳裏遇面，那是一個極重的情節，無論如何都不可删掉的。 從這時起國王就覺得他最好趕快把罕姆勒特打發了。 國王開宴爲罕姆勒特餞行，並慶賀他與雷爾替斯和解；宴中舉行騎士的競技，罕姆勒特和雷爾替斯比劍就是在這時候。沒有那四個死屍這本戲是不能收束的；不能讓他們之中的任何一個繼續活下去。 國民們這時候須重選一個君主，罕姆勒特在臨死前推薦何瑞旭。……有人曾感覺到，而且感覺的很對，這本戲雖然需要些外部的情節，它們卻應該比這個偉大詩人所寫的那些較爲簡單。 在一齣戲裏那不在台上演出來，觀衆因爲聽不見而須自己想像的情節，差不多可以說是戲裏人物們底背景。一由此推想，挪威及艦隊這個偉大而簡單的遠景定會大大增加這齣戲底效果。 若是除掉這個遠景，只剩下一個家庭的場面，原劇中的那個偉大的概念，一個王室因罪孽而全族滅亡的那個概念，就難得以它所應有的尊嚴表現出來。 若是不加改動，讓原來的背景仍舊的那樣模糊混亂，本戲中的人物們在效果上定會有損失。（八）

有人曾問過，爲什麼羅珊克蘭茲和吉爾丹斯坦這兩個人物不合併成一個人呢？這无疑的是件容易作到的事呀？

老天禁止！這樣的一個減縮一定會把原來的意思和效果全毀壞了。 這兩個人物底精神斷斷不是一個人能表現出來的。 在這類的細節上莎士比亞底偉大特爲顯明。 他們那份低聲下氣，那份請安，那份巴結，那份獻媚，那份做作，那份愚蠢，那份奸壞，那份無能—這許多不同的特點怎能由一個人表現出呢？ 至

（八） 以上三段原文見前書 5. Buch, 4.-5. Kap., S. 248—251.

少也得要半打人，假若能找得着那麼多；因爲他們這類人只有團結在社會裏纔有力量一真的，他們就是社會，莎士比亞只讓兩個代表現形，足見他平和，不肯寫得太露骨了。再說，戲裏也得有他們兩個跟那高貴而優良的何瑞而對照。（九）

莎士比亞在劇裏加上那些游行的戲子們有兩重目的。頭一點那個把蒲徠姆(Priamus)之死那段戲詞念得非常沉痛的演員給王子一個深的印象：他喚醒了這個好遲疑的青年底良心；這一場就是這樣給另一場開端，在那場裏這個短劇對於國王有强烈的効果。當他看見那個演員能夠被一些虛構的，與本人痛癢无關的苦痛所深深感動，罕姆勒特覺得刺心，立刻以同樣的方法來試驗他繼父底良心。收束第二幕的那段獨白是多麼壯烈的文字：一

『啊，我竟是這樣一個惡很蠢漢！方纔在此地的那個演員，不過是敘述一段故事，扮演熱的幻夢，居然能把自己的靈魂注入他想像中的人物，因爲靈魂的作用他的滿臉變色，眼裏含淚，神色愴惶，聲音嗚咽，他的全部的動作都和他所扮演的人物脗合，這不是很可怪嗎？並且是完全無所爲而爲！爲了赫鳩巴！赫鳩巴對他有什麼關係，他對赫鳩巴又有什麼關係，要他來哭她？』（十）

我越研究罕姆勒特這個脚色，我越明白的看出來，莎士比亞給他的主脚預備下的那些面貌上及形體上的特點我是一點都沒有的……頭一點，罕姆勒特底頭髮是金黃色的。我怎麼知道？他是個丹麥人，一個北歐人，他由於先天遺傳長着金黃頭髮和藍眼珠。莎士比亞心裏有這個意思嗎？我不能說戲裏眞有這樣的話，但是從有些段落看來，我覺得這一層是無疑義的。

比劍在罕姆勒特是件苦事；他滿臉流着汗，他母親說：

『他太胖，喘不過氣。』

（九）　以上兩段原文見前書 5.Buch, 5.Kap., S. 251—252.

（十）　以上全段原文見前書 5.Buch, 6.Kap., S. 255；最後括號內之一段係引用梁實秋譯罕姆勒特中之譯文。

你能在這裏想像他不是金黃的頭髮，而且相貌很豐滿嗎？黑色頭髮的人在年青時候很少有他這樣的體質的。 再說，他那不活動，那憂鬱，那宛轉悽惻的心，那永遠的游移不決，不都是對於如此長相的一個人比對於一個黑頭髮細長身子的青年更爲相宜嗎？從後者我們要期望更多的活動和果斷。（十一）

在宮裏的頭一場中，國王及王后應該坐在寶座上頭，廷臣們周圍繞着，罕姆勒特不顯眼的站在他們裏面。 他必須要安靜；他的深黑的喪服儘足以使他被人辨別出來。 他必須顯着怕惹人注意的樣子。 他得要等朝見已畢，國王以「我的兒子」的稱呼招呼他的時候纔走向前來，以後這一場就可以像原來一樣進行。

罕姆勒特在那母子談話很激烈的一場裏頭所提到的那兩個畫像，在排演的時候很是一個難題。 據我看，這兩幅畫像應該掛在王后寢室正面的墻上頭，靠近入口，並且露着全身。 老國王應該像那個幽魂一樣穿着全副的盔甲，而且要掛在幽魂出場的那一邊， 我樂意看見他畫成以下的樣子，他的右手舉着，像下命令的樣子，他的臉略偏一點，眼向側面看，這樣他就完全與那昂然走開的幽魂相像了。 我們可以得一個有力的結果，假若在這時候罕姆勒特注視着幽魂，王后注視着畫像。 那個繼父可以穿着御袍，但是他的裝束却不可以像老國王的那樣威武。（十二）

（十一） 以上兩段原文見前書 5. Buch, 6. Kap., S. 257—258.

（十二） 以上兩段原文見前書 5. Buch, 9. Kap., S. 264.

近世德國文人列傳

Kurze Biographien moderner deutscher Dichter

華樹棠輯

黑瑟，黑曼(Herma n Hesse)著

黑瑟，黑曼，為德國詩人，小說家，於一八七七年七月二日生於魏登倍省(Württember)之喀爾城(Calw)。其父名若翰(Johannes)，為愛沙尼亞(Estland)之裔，曾在印度傳教有年。其母貢德特，瑪利亞(Maria Gundert)為施瓦本州(Schwaben)之名家，而生於斯圖加德城(Stuttgart)。其外祖為一學者，曾著一瑪拉亞闌語(Malayalam)字典，為印度方言之一種，及印度民歌選集一卷。其父居印度時，於傳教之外更勤於治學，歸國後，時時發表關於印度生活，哲學，及名教士之行述。故黑瑟，黑曼誕生於一宗教色彩極濃之家庭，而於宗教之外，亦一富有科學與哲學修養之家庭，為黑氏後來成就之淵源。

黑氏家藏印度著述頗富，且家人皆熟習印度音樂，童稚於未知德文歌之時，即先習瑪拉亞闌語諸歌。又與駐巴賽爾(Basel)之印度學生接觸甚密，故所受東方之精神較多。黑瑟既為一牧師之子，其所受之教育自頗嚴謹，最初就學於巴賽爾地方之慕卜隆(Maulbronn)學校，後升入一高等學校。由黑瑟之幾部半自傳式之小說中，借知其當時之學校生活並不十分得意，無非因黑瑟酷愛沈思玄境與觀察自然，而學校之功課甚繁，無暇遂其欲也。

自中學校卒業後，黑瑟就業於一鐘錶工廠，歷八閱月，即棄之。自一八九五至一九〇三年，黑氏經營書店與古董生意，初在巴賽爾，後在居米根(Tübingen)，有大學在焉。此時頗有餘暇，乃開始寫作，生活為之一變。最初，於一八九八年出版詩集一卷曰浪漫之歌（Romantische Lieder）。同時又作居氷根大學之學生，習歌德之文學，尼采之哲學，及德國之浪漫派文學。居巴賽爾時，時為報紙撰文，遂與文藝界中人物相往還。復好遊歷，嘗居於巴黎與義大利。又屢過瑞士。此一遊歷時期，如友誼之情篤，文章之事趣，後皆寫入其小說 Peter Camenzind 一書中，於一九〇四年出版。

一九〇四年八月，黑瑟與一巴賽爾女子白瑪麗（Maria Bernouilli）結婚，翌年十二月，其子卜倫諾(Bruno)生，又數年後，其母死。自此，黑瑟與其父之關係較前尤為密切，而在其父子之文章事業上，互為啓發，相得益彰，此最可注意者。父之著說於論文者，子則發揮之於小說，子之寓於小說者，父則倡之於論文，如形影之並進焉。一九一一年，黑瑟又漫遊印度，結果於一九一三年著成來自印度（Aus Indien）一書。父子共同研究印度與中國的文明，而靜觀默想，愛好自然，此等東方精華乃成為黑瑟作品之主流特性。在其小說 Gertrud 中之教師羅西（Lohse），主張捨己成人之印度道德及因果報應之普遍定律，此其人即黑瑟老父之化身也。

其父於一九一六年卒於柯爾泰(Kornthal)。當時之世界大戰及後來德國之失敗，惟有使黑瑟對此「危險的人生」懷更大之憂懼。乃於一九一八年著扎拉圖士特拉之再來（Zarathustras Wiederkehr）一書，於翌年用一假名出版。然此再來之扎拉圖士特拉已非尼采之扎拉圖士特拉之本來面目，狂風暴雨似的驕矜之氣已消沉殆盡，而易以一有建設性智慧之賢哲，此種智慧乃所以指引青年自幽暗迷徑走上光明坦途，不至再蹈前輩之愚昧覆轍。至一九二二年，黑瑟刊行其印度史傳 Siddhartha，作者此書已下多年工夫，出版時題明奉獻與其志同道合之羅曼羅蘭（Romain Rolland）。書中充滿關於父子問題之暗示，可謂黑氏對其父之最後安慰。又書中插入很多印度樂曲，皆作者幼年之所愛慕，成年時之所崇拜者也。自此，黑氏年事漸高，乃倦於遊歷，每喜在其蒙達洛拿（Montagnola) 田園中度其安靜之生活，其地在瑞士，傍近綠迦諾湖 (Lugano)，景色佳麗。 至冬季，則居於倔里喜(Zürich)。

黑瑟是德人所謂「鄉土藝術」(Heimatkunst) 派之一典型作家，其作品幾完全爲施雅本或瑞士之背景，乃一色之地方色彩。 其寫作之態度是浪漫派的，而又富含尊重現實與接近自然之混合質。 同時亦講究文體風格，此點乃導源於義大利，試觀其所寫之兩本傳記，一爲「人人之友」凡慈 (Franz von Assisi)，一爲文體大師薄伽邱 (Giovanni Boccaccio)，皆義大利人。 又兩次述及孤寂藝術家之生活，一爲音樂家，在 Gertrud 一書中，一爲繪畫家，在 Rosshalde 一書中，皆小說也。

少年黑瑟是天誠的與坦白的，成年黑瑟經過歐戰之後，是反身而縮諸己的，皈依內在之自眞。 一九二〇年，出版混亂觀(Blick ins Chaos)，作者看出在個人內在生活爲一團衝突之時，而高談世事之瘋狂，乃最不智之事。 又於一九二二年出版之小說 Demian 中，有云：「每人不僅有其自身，且有其特點，彼此無可互易……吾人能互相了解，惟每人則只能解釋自己。」 此語卽所以說明黑瑟自己之創作，卽一藝術的信條。 故黑氏之最客觀的著作，亦不外爲其個人之自白，如寫其童年與少年之三部作：Hermann Lauscher，Peter Camenzind，Unterm Rad，皆成於二十九歲之前，Demian 成於四十初度之後，無一非其個人經驗之反映，及其青年歲月如何與環境相摩擦而達於成熟。 至其短篇小說，則不過爲長篇之添枝加葉，使畫幅增其完美而已。

孤寂與死滅，亦爲黑氏作品中所屢見之題旨。而每訴之於青年及其自己之信仰。 如寫中古時寺院生活之那齊司與戈德門 (Narziss und Goldmund)，其間却充滿塵世，愛情，及冒險之氣味，卽其一例。 又黑氏之思想，每表現世界在文明進化之中已入於衰老而嗅到死亡之氣，已急待再生之新機，而此新機無他，卽謝却西方之陳迹，而接觸東方之光明，所謂 Ex oriente lux 是也。 黑氏此種之「不滿意於文明」(Unbehagen an der Zivilisation，弗羅乙得之語)，使其地位約在弗羅乙得之分析論(Analysis)與尼采之道德之系譜(Zur Genealogie der Moral)之間。這樣思想在其作品中層出不窮，直至後來之Demian，與草原之狼(Der Steppenwolf)，亦復如是。前者表現一種漸進的解放，不斷的自析，反覆的夢想與夢想的解釋，並加以對父道的反抗與母愛的追求，蓋人生之所未備者，即母愛之柔情是也。書中收納各種學派之說，如托爾斯泰派，吃素派，佛教派等等不一而足。後者則表徵出一切原始的本能皆受文明之束縛，其問題即在人性本無天眞之可言，一入此濁世，即轉化而日沈於罪惡云云。

黑瑟，黑曼之主要著作如次：

(一) 詩歌：Romantische Lieder,1898；Gedichte,1902；Unterwegs,1911；Musik der Einsamkeit,1915；Ausgewählte Gedichte,1922；Siddhartha,1922；Itali n,1923；Trost der Nacht,1929.

(二) 論文與傳記：Boccaccio,1904；Franz von Assisi,1904；Zarathustras Wiederkehr,1919；Blick ins Chaos,1920；Sinclairs Notizbuch,1923.

(三) 長短篇小說：Hermann Lauscher, 1901；Peter Camenzind, 1904；Unterm Rad,1906；Diesseits, 1907；Nachbarn, 1909；Gertrud, 1910；Umwege, 1912；Aus Indien,1913；Rosshalde,1914；Knulp,1915；Am Weg,1916；Märchen, 1919；Klingsors letzter Sommer, 1920；Wanderung, 1920；Demian, 1922；Mordprozesse, 1922；Die Verlobung,1924；Geschichten aus dem Mittelalter, 1925；Kurgast,1925；Der Steppenwolf,1927；Krisis,1933；Der Zyklon,1929；Narziss und Goldmund,1930；Der Weg nach Innen,1931；Morgenlandfahrt, 1932；Die Kleine Welt,1933.

又有一種Schön ist die Jugend，有綺紋漢文譯本，商務印書館出版，見德籍漢譯存目。

里爾克(Rainer Maria Rilke)

里爾克，爲奧地利詩人，於一八七五年十二月四日生於普拉哥(Prag)城。

其父出身於一天主教貴族之家，母名菲亞（Phia），爲猶太之裔。夫婦之間，殊不相得，而對其子之天資與性格俱不能了解。故里爾克之兒時印象極爲模糊，無若何美好之可記憶者。十歲時，被送入聖波爾屯（St. Pölten）一陸軍學校肄業，繼至瑪魏斯姬爾中（Mahr-Weiskirchen），前後共五年（一八八五——一八九〇），備受諸種苦惱與困難，對此脆弱而多感之兒童不啻爲一可怕之惡夢，自己竟認定爲命該如此，無可奈何者。後來，里爾克之思想態度及詩情吐露每發出此種感悟，而讀者鮮有追本求源，窮及其童年時之痛苦經驗也。

一八九〇年，里氏歸普拉哥。其父母見其習武不成，乃使之學商，送往林尉（Linz）城，入一商業學校（Handelsakademie）。里氏既至林尉，寓於父執杜洛特氏（Drouot）之家，完全置學業於不顧，而一心追求一女家庭教師，不久即相偕逃去。在里氏之一生中，往往有一女子玩弄其間，以操其動轉之左旁，往往使之決其意而果其行，而此次之逃亡，其結果爲一大轉變，固意中事也。里氏既爲商業學校所逐，進無所歸，只得含羞返里，其父大怒，不與之見，亦不復爲之謀。里氏無意改悔，乃奔維也納（Wien）城，依其母，至此居然轉禍爲福。有一名亞羅斯拉夫（Jaroslav）者，里氏之大伯父也，見而憫之，且嘉其志，深信其性格與才能之特異造就，慨然以此子之前途爲己任。先捐金一萬古爾敦（Gulden），爲之延師補習，以爲入大學之備。於是在一八九二年之夏，里氏開始埋頭功課，決意將過去浪費之五載時間在一短期內補成之。不意是年十二月亞羅斯拉夫去世，於是里氏無所依，復落於漂流，斯時滿腹心思爲一團黑暗，意想自殺，以了此生，而否極泰來，又有一倫斐德女士（Valery David-Rhonfeld）者，出而救其危焉。

倫斐德女士喚起里氏之精神，監視其工作，服膺着他考入大學，且猶不止此，竟一手兒開創其文藝之生涯，爲之出資印行里爾克之第一部詩集生命與詩歌：影像與日記（Leben und Lieder: Bilder und Tagebuchblätter），於一八九四年出版，極盡鼓勵之能事，而里氏亦甚敬愛之。不意書出之後，竟不得批評家與高眼力者之青睞，皆漠然不之顧，於是里氏乃轉變方向，趨近於大衆，決意要作一通俗之詩人。既而，已於一八九五年七月完畢大學考試，乃赴波羅的海邊米司多洛 (Mi-droy) 浴場，作一月之休息。此時其父蓋已回心轉意，竟與之偕行。里氏則放蕩於山林水泊之間，日與大自然相默契，頗得心境之平靜，遂以恢復元氣。父子歸途，同遊柏林，里氏又繼在普拉克大學肄業兩學期。惟斯時渠對倫斐德女士之愛慕，已漸消逝，不過常感其恩情，而懷念之耳。一八九五年十二月二十八日致書女士云：「在過去，卿乃我黑暗生活中之一顆明亮流星也。」

里氏既存心作一通俗詩人，乃於一八九五與一八九六兩年間，由自己出資，印行賤價書三種，總題名曰 Wegwarten。好事者謂里氏嘗自立於街頭，分散其書，然實則所印不過三百本，即分寄於醫院及貧民院亦必不足也。不過，Wegwarten 之分散亦未得見多少希望，蓋其中謬誤百出，尤以劇本 Jetzt und in der Stunde unseres Absterbens 爲拔粹。眞正重要者爲一八九六與一八九七兩年間所刊出之 Larenopfer 與 Traumgekrönt 二詩集，其中美句頗多，表露出一新詩人之出現，是爲里爾克踏入詩壇之始。

一八九六年六月，里氏遊明興 (München)，居一年。其後則漫遊各地，行踪無定，無可稽考。一八九九年，在莫斯科 (Moskau) 度過復活節，即留俄一年，專心視察。蓋其遊俄所受的感動甚深，曾有言曰：「今日之我，乃俄國所造成者，至此乃始有我，此乃我本性之鄉，我靈魂之國也。」里氏以俄國爲一神秘之邦，一托爾斯泰 (Tolstoy) 之國。里氏曾與托氏相晤，遂終身崇拜不置，其上帝之故事 (Geschichten vom lieben Gott) 一書之情調與內涵，皆洵爲托爾斯泰式的也。

里氏去俄，於一九〇一及一九〇二年間加入一風景繪畫團，至渥普士維得 (Worpswede)，遇一女子名維斯特合夫 (Clara Westhoff)，爲法國雕刻家羅丹 (Auguste Rodin) 舊日之女弟子，情緣投合，遂娶之。里氏因其妻之影響而嚮其師，遂去巴黎至維得而之繆頓（Meudon）有意對此藝術大家作一批評之文章。既至，羅丹迎之於巴黎，里氏於一九〇二年致書謝之云：『余之來也，非僅爲欲寫一研究先生之文已也，乃欲以生存之道問君也。君答曰：生存之道無他，工作而已矣，誠哉君言！余嘗自覺，余之工作即所以逃避死亡，今聞君言，余誠滿懷感德而樂莫大焉。蓋自幼初通人事以來，此即余日夜所心望者也。昨日，在君之花園中，萬籟寂靜，余竟得真我矣。』自此里氏敬羅丹如神，時時相會，由此時期之通信中，已顯示一深刻之轉變焉。

此後，里氏又遊居於義大利，德意志，及斯干狄內維亞等處，而最關重要者，爲其遊歷斯干狄內維亞(Skandinavien)諸國。第一，里氏發現丹麥作家雅科卜遜(Jens Peter Jacobsen，一八四七——一八八五)與自己極相切合，於是習丹麥文，以盡讀雅氏之作，且從而表彰之。試觀雅氏小說古瑪麗(Maria Grubbe)中之古氏一家，與里氏小說比摩樓雜記(Die Aufzeichnungen des Malte Laurids Brigge，此書於一九〇三年在羅馬動筆，於一九一〇年完成)中之比氏一家，又觀比氏之玄虛的探索與雅氏小說倫奈士(Niels Lyhne)中主角倫氏之探索，確有相似之處。數年後，里氏有言曰：『由余觀之，雅科卜遜與羅丹乃兩支源泉，兩位大師也。苟余言及余自何處學得創作的精華，及其深度與永恆，余惟有以二人之名相告，即一爲大詩人雅科卜遜，一爲當今第一藝術家羅丹，是也。』此外，里氏又特別愛重兩位斯干狄內維亞作家，一爲歐布斯特非德(Sigbjörn Obstfelder)，一爲邦黑曼(Hermann Bang)。邦氏亦爲丹麥近代作家（一八五七——一九一二），里氏甚推重之，置於托爾斯泰，羅丹，雅科卜遜，凡爾赫侖(Verhaeren)之列，爲其一生所崇拜之列位偶像。

約在一九〇五年，里氏充羅丹之秘書。三載相處，里氏之所得自此雕刻家者，已至同化無間之境，然二人者，皆爲殘酷之自我主義者，故不能長久相安。里爾克對羅丹之崇拜，大部分是想像的，崇拜此雕刻家所表現之創作力，所表現之熱情與其近似之獸慾，此等力，情，慾，皆爲里氏之所缺乏而永遠達不到者。

而並非崇拜其爲人。至一九〇六年三月，里氏之居繆頓已如困在監獄一般，同時羅丹亦覺至此已足，遂毅然向詩人說明，里氏亦遂接受其議，辭啃而去。

二人之分裂亦或爲幸事，里氏可得時間以從事於創作。計自一九〇三至一九〇六數年間，里氏無辭無息，至此乃重閱其書，修改其作，將一八九九年所著手之一部故事李康克之愛與死的故事 (Die Weise von Liebe und Tod des Cornets Christoph Rilke)付之刊行，書出風行一時，銷行達三十萬册，爲里氏惟一流傳成功之作。此外又出詩二集，爲最獨創與巧妙者，一爲新詩集(Neue Gedichte)，一爲新詩二集(Der Neuen Gedichte anderer Teil)。在此等新詩中，已不見其早年詩中之思鄉美情，而代之以絕望的禪味。其中多爲二十行以下之短詩，而每一詩中皆可使人思及中古時之雕刻。蓋其間不僅有羅丹之影響，且受法國繪畫之影響，而以受舍贊(Paul Cézanne，一八三九——一九〇六)作品之影響爲尤甚也。（觀其一九〇七年之通信可知）

此後，里氏又繼續漫遊各地，一九一〇年其著名之比摩樓雜記出版後，里氏遊歷非洲之阿爾及利亞(Algeria)，突尼斯(Tunis)，埃及，一九一一與一九一二年間，嘗居於一亞得里亞海口杜維諾 (Duino)之一舊堡，一九一四年，又遊歷西班牙之托利多 (Toledo)，塞維里亞 (Sevilla)，哥爾多華 (Cordoba)，及鄉達 (Ronda) 等地。是年，上次歐戰爆發，里氏不得不離開巴黎，加入德國軍隊，而因軍隊生活之勞苦，康健乃大損傷，其後卽居於維也納與明興，痛恨人類之殘酷與夫戰爭之毀滅，心境暗淡，一時竟無意於寫作之事。

至一九一九年，里氏赴瑞士，度其最後之餘年，居於離蒙特盧 (Montreux) 不遠在發萊郡 (Valais)穆棐山莊(Château de Muzot)之一孤塔中，乃其瑞士友人任從其意爲之安置者也。至一九二三年，完成其一九一一年所開始之杜維諾堡之輓歌 (Duineser Elegien)，又製成致與佛絲十四行詩 (Sonette an Orpheus)一曲，遂成絕響矣。至一九二六年十二月二十六日，以血毒症卒，卽葬於拉洛 (Rarogne) 地方之墓地。里氏每懷怕死惧病之心理，而竟死於毒腫，亦奇矣！

里氏生時文譽日隆，死後垂名史册，爲德國不朽作家之一。初爲頹廢派，在辭章上爲時人所不及，後轉入寫實派，惟其作風不甚切合德國文學之傳統，其聲名之所以遠播國外者，或即以此。又里氏於詩文創作之外，在翻譯上亦頗有貢獻，如所譯佩脫拉克(Petrarca)，(一)馬拉美(Mallarmé)，紀德(Gide)，梵樂希(Valéry)，及勃朗寧夫人 (Elizabeth Barrett Browning) 等詩人之作，皆忠實可誦。

里爾克之主要著作如次：

(一) 詩歌：Larenopfer,1896；Traumgekrönt,1897；Advent 1898；Mir zur Feier,1899；Das Buch der Bilder,1902；Das Stundenbuch,1905；Die Weise von Liebe und Tod des Cornets Christoph Rilke,1906；Neue Gedichte,1907 Der Neuen Gedichte anderer Teil,1908；Duineser Elegien,1923；Sonette an Orpheus,1923.

(二) 劇本：Ohne Gegenwart,1898；Das tägliche Leben,1902.

(三) 論文：Worpswede 1903；Auguste Rodin,1903.

(四) 故事：Am Leben hin,1899；Zwei Prager Geschichten,1899；Vom lieben Gott und Anderes,1900；Die Letzten,1902；Die Aufzeichnungen des Malte Laurids Brigge,1910.

(五) 全集：Gesammelte Werke，共六卷，一九三〇年，來比錫 Insel Verlag書店印行。

中文譯本有給一個青年詩人的十封信(Briefe an einen jungen Dichter)，馮至譯，一九三八年，北平中德學會出版。

(一) 佩脫拉克(一三〇四——一三七四)，義大利詩人。馬拉美(一八四二——一八九八)，法國詩人。紀德(一八六九——)法國小說家。梵樂希(一八七二——)，法國象徵派詩人。勃朗寧夫人(一八〇六——一八六一)，英國女詩人。

菲碧格女士 (Clara Viebig)

菲碧格女士，德國小說家，於一八六〇年七月十七日生於特利爾 (Trier) 城。其父名菲安斯 (Ernst Viebig)，原籍波森 (Posen)，於一八四八年被選爲特城長官，遂家焉。

菲碧格極幼時之歲月即在特利爾度過，約至一八七二年其家遷於杜色爾道 (Düsseldorf) 城。是時伊僅初入學校，即已發現海涅之詩，百讀不厭，據其自述云：『…某夜，余秘藏一册海氏詩集 (Buch der Lieder) 於衣袋中，登樓入余臥室，此情此景，今日猶如在目前。少女第一次與其情郎相會，其「又驚又愛」之情景，亦未有如余初得海涅時之甚也。』伊最初與世界文學相接觸，亦在初入學校之時。在特利爾城離菲氏寓所不遠，有一瞽目之煤行商人，酷好文學。菲碧格嘗爲之誦讀世界名著，包括甚廣，重要者爲緒友琴 (Eugène Sue)(二)，部爾衛栗董 (Bulwer-Lytton)，巴爾扎克(Honoré de Balzac)，司各脫(Walter Scott)，及囂俄 (Victor Hugo)。又菲氏一家居於特利爾城之時，伊嘗隨其校長時作愛斐爾 (Eifel) 地方之遊，其所得之印象後來收入其一部分小說中，爲伊作品所含地方色彩之一，故亦菲女士幼年生活中所可特書之一節也。

杜色爾道城爲菲碧格女士一生事業最初立根基之地。伊在此處入一女子學校，且開始寫作，而最重要者，爲在此處開始認識海涅之作品。杜色爾道本爲海涅之故城，彼嘗居於斯，夢於斯，受苦於斯，並寫其詩歌於斯。菲家居於城中之古舊鵝市 (Schwanemarkt)，其地爲一形式單調之方場，四圍悉爲單調之房舍，皆一樣大，一般高，一律第一層爲一門三窗，第二層則爲四窗……在此單調之中，生活自亦難得變化，惟菲氏一家時時作故里波森之遊耳。

至一八八三年，菲碧格之父逝世。其母乃決意攜此二十三歲之愛女遷居首

(二) 緒友琴(一八〇四——一八五七)，法國小說家。部爾衛栗董(一八〇三——一八七三)，英國小說與戲曲作家。巴爾扎克(一七九九——一八五〇)，法國小說家。司各脫(一七七一——一八三二)，蘇格蘭小說家及詩人。囂俄(一八〇二——一八八五)，法國小說戲劇作家及詩人。

都柏林。菲碧格素嗜音樂，而柏林正多此等深造之機會。在許多音樂學校之中，皇家音樂大學 (Königliche Hochschule für Musik) 最爲著名，菲女士乃入此校肄業。同時更致力於寫作，欲以文章問世，不久卽與出版界發生關係，尤與艾更夫來舍書局 (Egon Fleischel) 最爲接近。適在此書局得遇其執事柯夫里次先生，遂結爲至友，於一八九六年結婚。翌年，菲女士之第一部著作愛斐爾之孩子們 (Die Kinder der Eifel) 出版。柯氏後遷居於柏林一柴林多夫 (Berlin-Zehlendorf)，遂久家焉。繼生一子，生活之甜美有加，夫婦常偕遊萊茵蘭 (Rheinland) 與波森，惟終喜留於柏林附近，以其爲德國文化之中心也。

以上爲菲碧格女士生平之大略，至其在文學上之地位，一般皆將伊歸於「鄉土藝術」派之一典型作家。惟伊與此派其他作家之不同處，卽伊之鄉土爲三處各別之地方，故其作品所表現者，亦爲三處之地方性。第一爲愛斐爾，其地爲空漠，黑暗，陰鬱之景色，平安而粗糙之境遇。第二爲波森，其地曠而平，有抑鬱之波蘭人，與精明之德國人。第三爲柏林，爲一新時代之首都，包羅萬象，而作者所理會者，爲侍女與心高情深之貧苦教員之命運。如愛斐爾的孩子們與女兒村 (Das Weiberdorf，一九〇〇) 卽以愛斐爾地方爲背景者也，每日的食糧(Das tägliche Brot，一九〇〇)卽以柏林下層都市生活爲背景者也。萊茵河上之防守 (Die Wacht am Rhein，一九〇二) 卽以萊茵蘭地方爲背景者也，睡着的軍隊 (Das schlafende Heer，一九〇四) 卽以波森地方爲背景者也。因後二書，作者乃被批評家稱謂「德國之卡散德剌 (Cassandra)」。其他如黑古巴之女兒們 (Töchter der Hekuba，一九一七)寫上次歐戰中德國女子之希望與失望，金山 (Die goldenen Berge，一九二七) 寫歐戰後身心二者之再建問題，而以其故土摩塞爾河 (Mosel)旁爲背境，有千個女兒之婦人 (Die Frau mit den tausend Kindern，一九二九) 寫歐戰後柏林之殘酷情況，而以一女教員之擇業與擇婚問題爲中心。

挨羅塞爾論曰：『首先教導菲碧格女士向廣大處着筆且把握着大的民衆者，

爲法國之左拉 (Emile Zola)（三）。伊固不僅爲左拉一門徒而已，然伊所學於左拉者實較其他任何德國作家所得爲多也。』此言其作風之來歷。其次索爾格耳 (Albert Soergel)（四）論曰：『菲碧格之與德國自然主義小說之發展，正如豪普特曼之與德國自然主義戲劇之發展也。其所不同者，菲女士之努力未達於個人成就之外，而豪氏之努力則不僅其個人之謂而已。其次，豪氏之所僅表現於織工們(Die Weber)一劇者，菲女士則就其題大加發揮，即永遠不變之民衆靈魂，在變化無窮之環境中，顯示一種變化無窮之局面，遭受一種變化無窮之命運。若菲女士之藝術乃成爲表面價值之一種反射，而此表面價值即宣示其內伏之基本靈魂，一種通徹靈魂之人生。』

在菲碧格所有之成熟作品中，有一處處不變之基調，即其憐憫之同情心是也。故寫來寫去，便歸於下級貧賤一流人之生活，而以左拉爲標樣，將其中心情不自禁之感覺，以客觀之筆以描述之。此其獨得之境，特長之技，而越此界限，則雖有用武之地，總乏制勝之術矣。故菲女士誠爲純粹自然主義之追求者，一時在德國此派小說作者之中，竟鮮能出其右者。

關於菲碧格女士作品之評價，及其重要著作之詳目，已見拙著十九世紀之德國女作家一文（本誌第五卷第一二期），茲不重贅。

胡赫女士 (Ricarda Octavia Huch)

胡赫女士，德國小說家，於一八六四年（？）七月十八日生於卜勞恩史外(Braunschweig)城。其父爲當地之商人。其弟名盧多夫 (Rudolf)，亦爲小說作家。有從弟名菲得利(Friedrich)者，亦爲德國學者。胡女士幼時讀於家塾，繼就學於時新之索菲女子學校 (Sophien-Schule)。卒業後，升入促里喜大學 (Zürich) 文學歷史科，於一八九二年得該校哲學博士學位。其畢業論文爲

（三）左拉（一八四〇——一九〇二），法國自然主義小說大師。

（四）索爾格耳之論，見其所著之當代詩與詩人 (Dichtung und Dichter der Zeit)。

關於西班牙王位繼承戰爭中之瑞士中立問題，爲其第一部史學研究之著作。又先於一八九一年以筆名 Richard Hugo 發行其第一部詩集 (Gedichte)，贏得學友輩之熱烈仰慕。

胡赫既得學位，卽被聘爲倪里喜市立圖書館秘書，至一八九六年去職。繼就布雷門 (Bremen) 城一學校之教職。同時發表其第二部詩集（一八九四），及小說少年烏爾斯勞之回憶 (Erinnerungen von Ludolf Ursleu dem Jüngeren，一八九三)，此小說係寫一塵世之人而假僧人之衣冠，以尋求解脫與安慰者。胡女士卽有此文藝上之成就，乃自知教書場中非其適當活動之地，於是不久棄去，而至維也納 (Wien)。適在維也納得遇哲康尼博士 (Dr. Ermano Ceconi)，於一八九八年結爲伉儷。同居於特利挨斯特城 (Triest)，翌年卽生一女。卽在此城，胡女士開始注意貧苦階級之情形，以其所得之印象作成一幅生活圖畫之描寫，卽凱旋坊下瑣譚 (Aus der Triumphgasse，一九〇一) 是也。其後，續作長短篇小說數種，多以中世紀之時代與人物爲背景，爲歷史小說。至一九〇六年，離婚，一年後，再嫁。此次所嫁者爲一德國律師，且爲親誼，名胡赫利夏 (Richard)。初同居於明興，自一九二九年後，遷居於柏林。

胡赫女士是一浪漫派之作家，不過非完全爲此派之正宗耳，其情感是追求理想的，是趨於改良人生的。當其青年時，所寫詩歌與故事無不充滿愛情，犧牲，及熱望，而於其中表出一寫實派者之客觀性。嘗自論曰：『余每看出觀察爲世上一最好之從業。彼加入一偉大而炫赫之遊行，常吞下不少之塵土，並在假面之後打出多少不隨意之噴嚏……然彼旁觀者憑高俯瞰，則全景過眼，一覽無餘，正如全能之上帝，萬物皆已特備其賞玩焉。』

若分別觀之，則胡女士寫作之發展，可有三種不同之變象，茲分述之。最初爲純粹浪漫的一種，其中包括描寫今日人生之長篇小說，戀愛抒情詩，及寫中世紀之短篇小說。如少年烏爾斯勞之回憶，寫一人之奇怪的人世觀，藉僧人袈裟之遮隱，以自守其對於生死之態度，此種態度是異教的與希臘的，而非基督教的。其次爲凱旋坊下唱讀中之駁雜角色，殺人者，浪蕩者，娼妓者，女性厭惡者，而對此一切人物，作者皆給予一種人性，哲學的而非實在的人性。此輩人皆自問曰：「我美麗的時候，爲甚麼我要衰老；假使我是那麼討人厭的，爲甚麼我是呢？」然而此種「爲甚麼」與「故所以」之神秘疑問，却未嘗使彼等絕望。彼等抱怨，訴說，而一面繼續生活下去。要之，皆浪漫者也。又有胡女士關於浪漫主義之研究著作，亦屬於此類，雖其研究並不特別深遠，然頗足表明伊對此種運動之強烈同情。

第二爲歷史的一種。此時作者之興趣轉向於義大利復興運動，即加里波的(Garibaldi)（五）之偉大時代。加里波的三部曲，一爲羅馬之守禦(Die Verteidigung Roms，一九〇六)，二爲羅馬之爭戰(Der Kampf um Rom，一九〇七)，三爲復興運動之時代(Aus dem Zeitalter des Risorgimento)。第一種爲故事之開場，解明其問題，及義大利脫離奧國統治之形形色色。文章之風格似形莊重，缺乏幽默，然因其頗有歷史上之眼光，故其書之水準自然相當的高。第二部之表現則較前大佳。加里波的之指揮官性格成爲此劇戲中無時或離之中心，使吾人眼見一種愛國之心在勝利之騰高期中，其鎮靜與不移之氣與在失敗與蒙恥期中，前後相同。此書自加里波的在索非里諾(Solferino)之勝利寫起，至其在阿斯普洛蒙忒(Aspromonte)之失敗止。第三部係寫此愛國志士之末日景況，似並未成書，後來寫成與否，不得而知。惟作者又有康發羅尼里氏傳(Leben des Grafen Federigo Confalonieri，一九一〇)一說部，即寫此一時期之史事。亦可補前作之缺。

胡女士寫作之第三變態爲永恆眞實之尋求，第一爲小說德國之大戰(Der grosse Krieg in Deutschland，一九一二——一九一四)，寫三十年戰役(Der dreissigjährige Krieg，1618—1648)中德國國民之全景，包羅甚富。第二爲小說再生之基督(Der wiederstandene Christus，一九二六)，表現求眞之精神最爲

（五）加里波的(一八〇七——一八八二)，義大利愛國志士，爲謀國統一運動中之一英雄。

切要。其主角盧修司(Lucius)自獄室之鐵牖後說道：『我不是個苦修者。我愛生命，但我也愛死，不就只有死是生命的更高形式麼？我怕死時的痛苦，但是到死的時候，却必須得給我以從容就死的力量。』此即達於一新生活之門路，一新的存在，一新的活動。吾人必須信仰「變」，永遠的變，無窮的變。且吾人必須修養此種應變之力，不僅各個人如此，一整個之民族亦復如此。

由此觀之，胡赫女士與其同輩之德國女小說家判然不同，伊之眼光不純爲一藝術家之眼光，且爲一哲學家之眼光。即如得路加一案(Der Fall Deruga，一九一七)，極近似一偵探小說，而作者在故事情節上之工夫終不若在人物之哲學之發展爲大，其他無論矣。其後小說之寫作漸少，作者又肆力於論文及傳記。此類著作亦甚富，已詳見十九世紀德國之女作家一文之附註，茲不贅錄。

胡赫女士在其早期之小說中，伊爲梅爾孔斐 (Conrad Ferdinand Meyer) 與凱勒 (Gottfried Keller) (六)之門徒，而以其小說中先有之僧侶的，中世紀的，及愛好自然等特質，竟與其師可爭輝媲美。後來年事漸長，胡女士乃進而研究獨見之生活及生活之諸問題。結果乃得到一種獨立的人生觀念，一種與生死問題同等相關之人生觀念。去情感而取理想，棄個人而歸民族，而最高之實在爲精神而非肉體云。

卡　羅　薩　(Hans Carossa)

卡羅薩，爲德國詩人與小說家，於一八七八年生於南德意志巴燕省(Bayern)之透爾次城(Tölz)。其先世爲義大利之味羅那(Verona)人，信天主教，後遷居德國，遂家焉。透爾次爲巴燕萃山中之一小水隖，其地富有古代文化之遺風，卡氏即在此度過其幼年時代，並受其稚齡教育。後入蘭德叔特 (Landshut) 地方之高等學校，其地以羅馬式之美女風姿聞於世，法國小說家司湯達(Stendhal)曾艷羨之，故有羅馬傳統與天主教會之混合質素存焉。此兩時期之生活，後經

(六) 梅爾孔斐(一八二五——一八九八)，凱勒(一八一九——一八九〇)，皆爲瑞士籍小說家，而其文學之地位則在德國。

作者寫入童年時代(Eine Kindheit)與少年之變化(Verwandlungen einer Jugend)二書中。後數年間，卡氏入明興大學，維茲堡(Würzburg)大學，來比錫(Leipzig)大學習醫，成績卓著，於一九〇三年得來比錫大學醫學博士學位。同年即執醫業於巴梭(Passau)城，其地居民大半為義大利人，卡氏遇一商人之女，愛之，於一九〇六年結婚。

卡羅薩雖執醫業，而未嘗專一其事，每以充分之餘暇研究歌德與凱勒(Gottfried Keller)，極有心得。心弦內應，靈感外發，乃於一九一〇年刊行其第一部詩集(Gedichte)，三年後，又發表其第一部小說彪革醫生之命運(Die Schicksale des Doktor Bürger)。次年，適值第一次歐戰爆發，卡氏全家遷於明興。至一九一六年，被徵入伍，充巴燕省第十九後備步兵團軍醫，後開往羅馬尼亞前線，竟使其得一親歷戰事之機會，經驗所得，寫成羅馬尼亞日記(Das Rumänische Tagebuch)，於一九二四年出版。至一九一八年戰爭結束，卡氏復歸於明興，執醫業如故。

卡羅薩為一肺結核病之專家，執事謹而有則，雖有文學著作之成功，而未嘗牽掣其照常診療病人。惟不喜交遊，除醫事與文學之集會外，殊少活動。亦不喜遊歷，即首都柏林亦不輕一至。一九二八年，其文友為其刊行一紀念冊曰卡羅薩頌詞錄(Buch des Dankes für Hans Carossa)，內載一時著名文人之賀札贈序甚夥，可知其在晚近文學上之地位。

卡羅薩在文學上為一歌德之信徒，其作品乃屬於南德意志之浪漫的傳統，而加以古典之原素，故頗合於中庸之人道，文章附着而凝實，不流於空蕩無束，此其特點。在另一方面，卡氏演述故事之才能則由凱勒處得來，最能探索人物之天賦可能性。其詩，結構單純，形式現成，而最能尋到意識中之暗角，有時且有民歌之意味。其散文，在晚近德國文學中罕有其匹，不急不忙，處處皆以日常之事及平凡之人為對象，而却與時潮的關聯相去甚遠，惟靜靜的寫出事物本位之「眞」與「宜」，斯足矣。且卡氏之所寫到者，皆其所知之最切者，如自己之幼年與青年，戰場上之經歷，行醫之生活，無一非個人之親閱自得，而每在執筆落紙之時，則又擺脫經驗，而攝入自己之情緒。故其書中之人物，乃人物之反映，而非人物之經驗，乃人物之靈魂，而非人物之雜念也。

觀此，則卡羅薩之態度似可謂一「定命論者」(Fatalist) 一流，亦可謂一人已飽經人生之痛苦，希望，絕望，最後看透其已然，而從其自然者也。如羅馬尼亞日記，正是此種感覺之表現，其中旣無愛國主義，亦不見和平主義，戰爭即是戰爭，一可怕而不可免之災劫，然旣來之，則應之，且不得不以相當之透視以應之。人被殺死，成殘廢，而作者即以醫生之職責以觀之，對於不可避免之事，惟有以冷靜而靜處。所謂「靜觀自得」，此中有一「內我」，行聖人之事如無事，並不外立「境界」，此或文人之至德歟！

卡羅薩之著作，除本文已述及者外，尚有數種如下：

詩：Die Flucht，一九一六年出版。

Ostern，一九二〇年出版。

小說：Der Arzt Gion，一九三一年出版。

發拉達 (Hans Fallada)

發拉達，爲作者之筆名，其本名爲狄村 (Rudolf Ditzen)，德國小說作家，於一八九三年生於波美倫省(Pommern)之格雷夫斯林城 (Greifswald)。其父爲一法學家。發氏十八歲以前之光陰完全在柏林與來比錫度過，然始終未成一真正之城市中人，惟喜山林野趣，嚮往於田間溪畔，與虫魚花鳥爲友，蓋氏本佛里斯蘭 (Friesland) 與漢諾威(Hannover)兩地之裔，其血統性中原有此傾向也。據云，氏幼年即似一天然之廢物，多愁善病而好哭，孤僻自得而鮮與人通，惟偶入小動物羣中則大樂。舉動則又粗魯而乏謹細，往往有跌下樓梯，撲倒迅馬蹄下，手擠磨石之中，以及在教室搗鬼被執等趣事。然很早即在書籍之幻想世界中尋得其逃藪，十四歲時，已將其父之藏書翻弄殆盡，如左拉 (Emile Zola)與

薄伽邱 (Giovanni Boccaccio) 之全集，及魯濱孫飄流記(Robinson Crusoe)，格里佛遊記(Gulliver's Travels)，吉訶德先生傳 (Don Quixote de la Mancha)，皆其最心愛者也。

發拉達雖入學校，而未嘗勤學，亦永未得卒業。後至圖林根 (Thüringen) 一鄉田上習農，與一羣波蘭農女作耙糞之事，繼又爲廐童，於農家生活漸覺親密。一夕，偶見一牛將產犢，即助產之，得其術，於是遂以牛馬之名產婆聞焉。每逢星期日午後，則垂釣於河畔，樹蔭翳翳，流泉潺潺。或觀自動束禾機穿行於金黃麥浪之間，其聲嘎嘎，其勢井井。時發氏已至二十歲。

發氏既倦於田事，復歸城市，以充店員，充管事，及販賣食物，經營蕃薯等業，如是者數年。約於一九二〇與一九二二年之間，開始試寫小說，第一部曰少年哥德沙爾 (Der Junge Gödeschal)，完全爲表現派的風格，在當時雖略有成功，今已讀之者鮮矣。第二部曰安頓與格達(Anton und Gerda)，在銷行上亦遭受失敗，而作者則自信爲其最有創作性之書。此後有六年之久，發拉達之生活極壞，竟落於遊蕩與沈沒之中，無力寫作，亦無意於寫作，對人生已乏趣至極。據作者自述云，此數年也，爲跛廢之年，疾病之年，乞討與忍耐而等候之年，亦即學徒之年也。其後慢慢乃有一新轉機，發氏結了婚，卜居於荷石坦省 (Holstein) 之一小城中，爲一家本省報紙拉弄分類廣告。至此，方得重整筆硯，再試寫作。

發拉達此時之生活雖仍無隔宿之糧，只謀每日一飽，而偕妻撫子，平靜度日，已極享安樂。不久，復至柏林。漸漸公餘多暇，乃寫成農人僧人與炸彈 (Bauern, Bonzen und Bomben)一九三〇年出版，是爲作者登上文壇之始。此書爲一政治小說，大爲批評界所熱烈讚許，雖當時讀之者仍不甚衆，竟能使發氏略增收入，喬遷於城市邊上一小宅中，且有一花園焉。

嗣於一九三二年復出小人物，今何如？(Kleiner Mann, was nun?)一書。此書批評家對之殊冷淡，而在德國一般讀衆，則大表歡迎，銷行頗爲廣大。

全書寫德國在戰後經濟「不景氣」之時，一對貧苦青年夫婦如何鬥爭以支持兩口與一幼孩之生活，故事簡單而極動人。所謂「小人物」(Kleiner Mann) 在德文是一社會學上之名詞，乃指身貧失業重累一類人而言。發氏自云，此書之作即為此等不重要人物作一證明，蓋此等人之實際，確與一般對彼等所持之觀念大不相同也。小人物，今何如？所描寫之情形自是德國的，而滔滔者天下皆是，故其書亦遂得舉世之同感，得到處之歡迎，英美兩國自然立刻即有譯本，且為一九三三年最大暢銷書 (Best-Sellers)之冠者，有數月之久。其餘有十一種外國譯本，皆在一年之內告成，其流行之遠且速可知。

小人物有如此之成功，直使發拉達受寵若驚，暈眩欲狂。蓋其自身即為一「小人物」，亦一失業者，當其執筆之時，不啻即為自身處境作一寫照，殺青之後，作者與出版者皆未夢想到有此等成功之可能。發氏後來自云：『此乃一奇蹟也，吾妻與余相顧愕然，竟如着邪之孩童然。』至此乃自知可實現其終身之夢想，於是在波美倫省購一小小莊田，携妻與子，度其稼嗇生活。無論春秋陰晴，每日五時即起床，竟日在田間工作，晚間於就寢前，方讀書寫文，已以為常。發氏軀幹高大，四肢粗壯，不似一般詩人文士之翩翩雅相，每至熱鬧都市，華筵盛會之際，輒拘促不安，惟散步於隴畝瓜禾之間，則樂莫大焉。與之比鄰而居者，盡為農家，往來談笑，皆以狄村呼之，而絕不知其為名重寰宇之文豪發拉達也。

小人物，今何如？一書出版風行後，不久即在柏林製為電影。

崩色斯 (Waldemar Bonsels)

崩色斯為一北歐混合種之裔，於一八八一年生於德國什雷斯維一荷石坦省 (Schleswig-Holstein) 漢堡(Hamburg)附近之一小城阿侖斯堡(Ahrensburg)。幼時居於鄉，後以其父生活不安，性好遷徙，居無定處，崩氏很早似即有遊蕩之習慣。其後來之生活與其文章之境界，亦由此伏其基調。

崩氏嘗就學於基爾城(Kiel)高等學校，而不時逃學，惟在郊野漫遊，採集虫草爲戲，後來回憶此際之往事，僅有荷馬(Homer)故事及自然界景物二者而已。然藉天賦之聰明與嚴父之管束，成績亦尚不惡，蓋有所不爲，非不能也。而能者，天才也，不爲者，個性也。

離學校後，受其父命習業多種，而無一成者，蓋與天性不合故。崩氏天性蔑視小資產之營求，此本父性之遺傳，而其父竟不能推己以知子，抹殺其子之個性與獨志，而横施壓迫，無所不至。結果，崩氏竟於一夜遁去，開始其流浪之生涯，時約在一八九八年，故崩氏在十七歲時，即孑然獨立於世矣。後來所著漂泊雜記(Notizen eines Vagabunden，一九二五年出版)一書，即追憶此一時期之事，離其書之作成，已相隔多年矣。

初時，崩氏僅漫遊於德國境內，登山涉水，茅店酒家，寄跡陋巷，留連珍苑，盤桓於中流室家，笑傲於侯伯府邸，時遇古道熱腸，偶逢疎客冷意，其間出險入逸，亦憂亦樂，物色人情，千變萬化。同時在風塵之中，則嗜讀閑書，如新約之福音，釋勒(Friedrich Schiller)與陀斯多衣夫司基(Fedor Dostojevsky)之詩文，及若干下等小說。其後乃出國，遍走歐洲，遠及非洲亞洲，在印度與埃及之時間最久，至二十五歲時始倦于遊。其間亦嘗作詩文以自娛，且亦時思及前途種種，然未嘗料及將爲一著作家也。約至一九〇五與一九〇六年間，崩氏歸國，似在此時之前早已結婚，至此不久即賦仳離，重結新歡，前後產子四人。自一九〇六年後，乃安心專事著述，將其自幼至壯胸中豐美之經歷，情溶而才遣，津津樂道焉。

崩色斯於一九〇六年發表其第一部短篇小說 Ave Vita，係用一假造之出版公司 München-Schwabing. E. W. Bonsels & Co. 名義所印出，後文名既彰，方與他著作在一處重刊，崩氏可謂一自然派詩人，從大自然中尋求美與眞，善寫漂泊者與山林禽獸生活之故事。崩氏深信生靈之大同無類，人同一情，物何不然？

彼遊居印度頗久，在其漂泊者與禽獸相處之故事中，解出許多詩意的神秘，批評家有目之爲唯情派者。故依崩氏之結斷，處今之世，惟有漂泊者爲最好人，蓋所謂漂泊者非一般走江湖之謂也。在漂泊雜記中之人物並非一般游手好閒之輩，乃願爲實踐生活做標樣者也。天民(Himmelsvolk)寫一小鬼與一羣林間動物之奇妙故事。蜜蜂瑪雅的冒險(Die Biene Maja und ihre Abenteuer)中有雅麗的蜻蜓，慈心的小金虫，敵性的大黃蜂，爲一部極美之兒童故事，書出後作者文學大噪，流行無算。印度紀行(Indienfahrt)則神妙而富詩意，亦一成功之作。人之道(Menschenwege)則捨棄其花虫世界，而入人生之境，純寫其北遊之往事。至一九二四年，作者已成德國文壇將星之一，布加林博士(R.Bulgarin)取其佳篇編成一選集曰漂泊客遊錄(Vagabunden-Brevier)。其他著述倘多，茲錄如次：

詩：Don Juans Tod, 1909; Das Feuer, 1910; Don Juan, 1919.

劇本：Frühling, 1908; Märztage, 1912; Norby, 1919; Die Flamme von Arzla, 1925.

小說與遊記：Mare, 1907; Blut, 1909; Die Toten des Ewigen Krieges, 1911; Der tiefste Traum, 1911; Wartalun, 1911; Das Anjekind, 1913; Die Heimat des Todes, 1918; Eros und die Evangelien, 1920; Narren und Helden, 1923; Jugendnovellen, 1923; Der Wanderer zwischen Staub und Sternen: 1926; Mario und die Tiere, 1927; Tiergeschichten, 1928; Mario und Gisela 1930; Tage der Kindheit, 1931; Die Nachtwache, 1933.

蜜蜂瑪雅的冒險，有段可情中文譯本，一九三一年神州國光社出版。

傅連森(Gustav Frenssen)

傅連森，德國作家，於一八六三年十月十九日生於北海岸荷石坦(Holstein)地方一小小之巴爾特(Barlt)村。其父爲一本地木匠，出身寒微，而夫婦勤苦工作，盡力使其子就學於良好學校，希望此子將爲一牧師。故傅氏曾得受高等教育，進過屠氷根(Tübingen)，柏林 (Berlin)基爾 (Kiel)等大學。

傅氏竟使雙親如願以償，後來受牧師職，於一八九二至一九〇二年間服教務於黑穆城(Hemme)。到任之年，即娶美爾多夫 (Meldorf)地方瓦爾特氏(Lehrers Walter)之幼女爲妻。在任牧師期內，傅氏曾著有鄉村牧師訓戒錄(Dorfpredigten)三卷，於一八九九至一九〇二年間刊印行世，基督新教徒與天主教徒皆喜讀之。同時又創作小說三種，一爲Die Sandgräfin (一八九五)，一爲三好友(Die Drei Getreuen，一八九八)，一爲吳約恩(Jörn Uhl，一九〇一)，尤以第三種爲其第一部成功之作。此書爲一描寫農民生活之故事，有地方文學之特色。大意謂有一農家子，喪失其父之農田，而換來知識與才氣之自由，且富有古時海賊之美德，重洋冒險，極遊四海，且能窮理悟性，縮知天象，故此書又別具敍事詩之特質。自此書出，傅氏之文譽日隆，乃於一九〇二年棄去牧師之職，專事文學創作，翌年(一九〇三)著一劇本曰鄉村節慶(Heimatfest)。

傅氏第二部偉大小說曰希立根來(Hilligenlei，一九〇六)，亦即其最後之傑構也。在此書中，再度證明作者爲一描寫鄉土之能手，即北海沿岸一帶什雷斯維 (Schleswig) 區域之一鄉，寫其地方風情，男女趣事。其中人物盡皆平常之村夫農子及樸素之鎮市居民，其中每一件事皆作者親見之事實，或其個人閱歷之變相，故能得其地方性之眞實，而切合於德國之「地方文藝派」(Heimatkunst)。以希立根來與吳約恩比較觀之，二書之色調相同，其主角之後來離鄉浮海亦復相若，惟吳約恩爲一求知訪道之農民，而此書之主人翁則爲一熱心鄉土之辭職牧師，爲一基督尋求者，著作第五部福音書，以一第二宗教改革救全德國，此其略異者。傅氏因此書之成功，海岱倍 (Heidelberg) 大學授以名譽博士學位。

其他著作有：莫彼得西南遊記 (Peter Moors Fahrt nach Südwest，一九〇六)，記述德國西南非洲之役，Eine Feldzugsgeschichte(一九〇六)，Klaus Hinrich Baas (一九〇九) 寫一自力立身者之故事，Anna Hallmann (一九一一)，

Sönke Erichsen（一九一二）爲一劇本，Bismarck（一九一四），Die Brüder（一九一七），Grübeleien（一九二〇）。

在上次歐戰期間，傅氏返故里，居於一茅舍中，此故里爲傅家所居已五百年之久，而此茅舍亦即傅氏父母所故居也。傅氏遊歷四方，足跡經過多少名都大邑，而其戀舊之心仍歸寄於此埃爾貝河（Elbe）灣北岸其故園之所在。試觀其著作之大部分皆以此地爲背境，可以知矣。在世界著名作家中，據云傅氏最愛者爲英國之迭更司（Charles Dickens），其次亦頗喜讀哈得（Thomas Hardy）之作云。

批評家劉伊孫論曰：『傅連森乃原出古薩克森族之一農民也。自人生之此一深處，傅氏得其靈感而發爲一家言。其言似曰，在此沙岡沼地之間，歷史上基督教種種道德之偏論誤解永未進入而立生活之根。吾人自有蕩夫，酒徒，莽漢之類，然古來日耳曼之農民性則總在核心上健全如故。吾人大可由此中取得吾人之模範，藉求幾種法式，以爲一新時代求較圓滿生活之需也。』

埃羅塞爾（Arthur Eloesser）論曰：『傅連森爲一自由之神學家而有自主之心，爲一通俗之教師能有極純之感念，此外復賦有不小史詩之才，惟文藝修養終有不足耳。』

提　司（Frank Thiess）

提司，德國小說家，於一八九〇年生於里窩尼亞（Livland），其地居俄人多，故俄國風味較德國爲重。提司幼時，常自覺其爲一俄國人。既長，從事於文藝生涯之學習，服務於新聞界四年，其間因歐戰時從軍於東部戰線，曾有一短時之間斷。

提司至三十歲，即立志爲一著作家。嘗期望自己壽至八十歲，以便成就其所計劃之工作，蓋就其計劃而言，即再有五十年之光陰，亦不爲過長也。因自幼身體脆弱，乃在此時開始有規律的嚴格身體操練，且成績大佳，不久提司之照像滿佈於體育與文藝兩類雜誌中，有一時其爲一運動家之名竟高出於爲一作家之上。

提司既有一健全之體格，乃實行着手其自擬之五十年大計劃。自一新聞記者轉變爲一純粹文人，並非一易事。當提司開始產生其成熟之作品時，德國文藝界正時行所謂「表現主義」，故其書一時竟不得人歡迎，文稿送出，各書店一律置之不理，提司不得已，乃採一權宜之計，將其書假充爲自義大利文譯來者，藉以得出版之出路。後來其作品業已風行，提司曾語人曰：『同是那幾家書店，昔之將余稿不閱即退回者，後竟追隨余後，如一羣飢餓之雛雞焉。』其前倨而後恭，有如是者。

提司所作短篇小說甚多，有幾篇已採爲德國學校之課本。長篇小說，除初期所作數種外，當以女劫(Frauenraub)一書爲最早之成功。內容係寫因一不法之戀愛事件所生出之罪孽與其解脫之心境種種。此種心理研究爲作者大部分作品主題之一，亦即其小說成功要素之一也。

其次，提司曾以數年之力從事於其最初之重大計劃，其初步即爲完成描寫近代青年之一套四部曲，即表現上次歐洲大戰所造成之毀滅與變動，其世代即爲與作者同時長成之一輩人，亦即德國現代社會之一集合畫圖也。此四部曲依次表現四個時間，即二十世紀一代之兒童時期，青春時期，青年時期，及成熟時期是。然其實際出書之次第，則與此略異，第一部爲肉體(Der Leibhaftige)，表其青年時期中一個半象徵式的典型，二爲入世之門(Das Tor zur Welt)，寫其青春期之事，三爲別樂園(Abschied vom Paradies)，敍兒童之故事，最後爲火之柱(Die Feuersäule)。

在此四書中，有若干情景爲作者自經歷中得來，例如其幼時讀書之Aschersleben學校，即爲入世之門中Annenstadt學校之底樣。其他則賴作者靈敏想像，深刻之觀察，神秘知覺，與其對人類之同情。其總結果，爲一既毀而再建的世界，一幅逼眞而可怕之畫圖——亦即德國在此時期中，經過多少希望與犧牲之後，慘遭失敗打擊，而落於力盡神疲而昏迷之境也。

挨羅塞爾(A.Eloesser)論曰：『較近德國社會小說，可以豐坦（Theodor Fontane）與湯木斯曼之作爲最可取之模樣，即預定一含有人類共同歷史之社會，再採取一固定之地方景物以爲小說之背境，而以一種平靜之原則以貫通之。而今之作者皆以文學爲玩戲，自玩戲中造出文學，懷抱一團不安之氣，缺乏女子治家似的元素。如提司者，即此輩之一。其該死的(Die Verdammten)一書，尙爲其家鄉里窩尼亞之本色，其後即棄此而不取，造出一些假設的問題與人物，殊不自然。其持己以服人之念太强，竟與實地失其接合，一任不可能之幻想挾己遠入飄渺之境，而其靈感之引力復不足以挾吾人與之俱去，云云。』可知提司之創作計劃誠够偉大，受國外讀者之推重亦頗足自豪，而以德國國土性上言之，其文藝之修養尙未達於上乘也。

（初輯完）

民族精神與教育(一)

Volkstum und Erziehung

士榜格(Eduard Spranger)著

王 錦 第 譯

一 序 論

民族精神的意義

「民族精神」這一個詞與英雄精神，古代精神，及婦人精神有同樣的形態。這些詞都表現着一種本質的意思，而這些本質都分散在許多的關係裏，在現世界活動着，所以這種本質是現實的。

(一) 民族精神與教育載在教育一九三八年六月號(13. Jahrgang, Heft 9.)。當德國合併舊捷克的蘇得屯(Sudeten)地方約半年前，一九三八年一月三十日在萊興倍(Reichenberg)開蘇得屯，德意志教育會議，士榜格有一篇講演就是這篇論文的底稿，並且還曾在普萊斯樂(Preissler)（見六二六頁註七）發行的教育學展望上登載過，這篇論文的見解與士榜格著的民族，國家，教育（„Volk, Staat, Erziehung", Leipzig 1932)中，一九二四年他的一篇講演：關於德意志民族意識的教育（„Über Erziehung zum deutschen Volksbewusstsein")有體系的關聯。

因爲「民族性問題」從政治，文化，教育等等方面看來，實在是現在人類生活上的一個主要問題，而且是一個切迫的問題，正因爲主要而又切迫，所以有民族性格學的發生，俗語所謂「需要是發明之母」，學問的發生也是由於需要。不過民族性格學是一種新的學問領域，所以現在介紹這門新學問到中國來，不只是隨便翻譯兩篇文章，我們的立意與態度是嚴肅的，希望讀者了解作者與譯者的意思，同時更希望同好們的指教，共鳴與合作。

現在人類生活當前有兩個大問題，一個是民族問題，一個是階級問題，關於這兩個問題德國現代思想界的代表見解是：十九世紀是唯物論或唯物史觀的時代，代替這種思想而興起的是二十世紀的新思想，這種新思想就是人種的歷史觀或民族精神論，每一個民族都有他自己的「民族性」，一切文化現象，特別是教育方面，都要從此出發，所謂「爲民族的教育」，所謂「血與土」的教育，與大同思想的所謂「爲人道的教育」是不同的。

士榜格教授 (Eduard Spranger, 1885-) 在教育學方面是世界有權威的學者，以這樣學者的態度，對於民族，民族精神，民族性格等概念作爲研究的對象，他的見解是值得我們注意的。關於士榜格的生平思想及學說等過去三幾年來，譯者有幾篇編譯的文章在中德學誌，研究與進步中發表過，同時在該誌中亦有關琪桐及曹京實二君譯的士榜格的文章，請讀者便中參閱。

歌德把支配民族的本質稱爲「民族性」(Volkheit)，歌德用民族性所表示的不僅是偶然的生命的外表，實爲民族的核心。 當時的德國理想主義認爲在每一個民族當中都有一個猶如每一種植物，動物當中，有其特有的形態原理一樣。 也都有一個精神的根本觀念，正如同在我們相信民族不只是一個生長着的自然形象，也不僅是一個歷史上的意志產物，而是如同個人一樣的在神秘的形而上學的深處有着根底的。 而我們所要探究的便是一個民族究竟是怎樣出現的問題。

民族在身體方面，心理方面，精神方面表現出種種力量來。 關於身體方面是很要緊的，偉大的民族在生殖慾與繁殖上不能不在本質上具有健全的體力。從鑄造「民族精神」一詞的雅恩 (Ludwig Jahn)(二) 以來，使用有組織的體操鍛練民族的身體 在一般生活上已經被看爲重要的事情。 這正如希臘的前例一樣，民族身體的鍛練不是個人的問題，看作「民族問題」才能認識它的價値。

(二)　Jahn, Friedrich Ludwig, 1778-1852.

雅恩在一八〇〇年發表了他所著的：關於促進普魯士國的愛國心。 因爲拿破崙在耶拿擊破普魯士軍，於是他在國內到處遊說對法復仇 ，國民教育，國民皆兵，國民國家的必要， 一八〇九年他提倡兒童體操，一八一一年在柏林郊外又開設了稱爲,,Turnen" 的體操訓練所。 一八一三年在萊比錫的戰役，一八一四年侵入巴黎的復仇戰，據說普魯士軍中的中堅份子就是這個訓練所的學生。 在拿破崙衰落之後的反動期，恐怕他對於青年的影響過大，於是在一八一九年他的訓練所被封閉了。 以後二十年他作了警察的主要視察人員。 一八四八年他又作了國民議會的議員，爲普魯士貢盡了心力。 後退之後在福來堡 Freiburg 送去了餘世。 他所提倡的體操法，影響整個的歐洲。 各國從此之後，多設有體操聯組，所以雅恩被稱爲「體操之父」(,,Turnvater")。

雅恩的學說主要的是民族由國家才能發揮機能，國家是民族力的表現， 民族如果不保持血的純潔，必至於滅亡， 所以國家的興盛，第一要保持民族血的純潔，第二需要民族的教育，民族教育的第一件事情便是身體的鍛練，第二是以德國的風俗習慣道德爲本位的靈魂教育，第三是精神的教育，所謂「剛健的田舍郎」(,,Wackere Kerle") 便能從此產生出來。

雅恩的主要著作是：德國體操術(Die deutsche Turnkunst, 1816.) 此外尚有：一個德國人的想法(Denknisse eines Deutschen)

雅恩的思想與作法，因爲極富於「民族意識」，愛國心，所以近年來對於德國教育的影響一天一天的顯著起來，大有「時代寵兒」的樣子！

民族精神更於心理精神方面顯現爲各種形態。 人如果要體驗這種形態必得在深奧的根本上着眼才有可能，因爲這種形態的淵源有一種不可思議的「超個體的」(überindividual) 力量。 個人意識目的意識的活動是不能導引出這種形態來的。 這種精神存在於個人「以前」(vor)，同時又存在於個人「之中」(in)。這種精神藏有深遠的根底，要想完全加以意識的了解是很難能的事情。 因爲是「心靈的」(Seelisches)， 所以精美的歌謠與繪畫是不易一目瞭然的，又因爲是「精神的」(Geistiges)，所以不能作倫理的精密考察，一個人的發展在「全存在」中好像把自己織在織物中一樣。 富利特那•威廉 (Wilhelm Flitner)（三）在他所著教育學展望（,,Pädagogische Rundschau''）一書中——一九三七年出版，第六一七分册——有很好的說明。

「民族精神」又是限於一定的土地及歷史時間上生長的。 那不僅是「靈魂的故鄉」(seelische Heimat)，並且把空間及環境使之靈化，人從幼小呼吸慣了的空氣而把周圍環境也使之靈化了。 人很難取消他所注定的關係，這是從遺傳與出生上便決定了的，不是像通過森林或決意一樣，所以可以說是運命的注定，並且人的注定關係是不能更改的這是形而上學的，正如康德與菲希特所說人的智慧性格。 今日只要我們知道的是：人的存在各有所受的特殊影響，我們要把這樣的運命看做意志，而學習着加以倫理的適應。

個性與個體的區別

肯定自己所屬的民族精神就是在人類精神的世界肯定個性的價值。 個性的

（三） Flitner, Wilhelm, 1889-

富利特那是德國現代的教育學者，爲漢堡大學的教育學教授。 著作有下列數種：

（1）Das Problem der Erwachsenenbildung（成人教育問題），1923。

（2）Laienbildung（通俗教育），1921，1931。

（3）Systematische Pädagogik（體系教育學）1933。

意思就是「固有的」，「特性的」，「只有一個存在的」表示。一個人不許他人的特性有存在權，自己的個性是不能肯定的。這是什麼緣故呢？因爲特性不過是許多性質不同而並列時，才有意義，並且優勝劣敗的競爭以此特性爲根基而出發的。

我們說到「個性的」，或「個性」時，最容易惹起誤解。我們必得區別複雜的性質所組成的「個性」(Individualität)與不可分的單一存在的「個人」(Individuum)是不同的。這種單一存在就身體方面說，個人無論如何有他特別的身體，就心理方面說，也有他特別的心理。然而身體是自遠久太古以來，至不知的將來時代連鎖中，也不過是暫時的現象，在精神方面，便沒有這樣孤立的存在。個性是一種「質的特性」，也等於單獨的。把個人認爲孤立的單一存在，與民族沒有關係的誤解不是沒有的。但是一個人把自己深深了解的時候，就知道自己的單一存在與許多超個體的生活關聯，結有不可分的連繫。各人所屬的最根本的生活關聯，如共同的血統，共同的運命，共同的文化，也就是各人的民族精神。

因此民族精神在特性的意義看來，就是個性，但是民族精神的「單一化」(Vereinzelung)是「單由自身能滿足的」(Sichselbstgenugsein)，與個體（個人）主義(Individualismus)的是絕然不同的。人在極高的程度才有個性，但是同時與其他有同樣特性的人能成立極誠懇的接近關係。不過民族精神在身心各方面的個性與「自己封閉的個人主義」(abschliessender Individualismus)沒有一點關係。代表各個人的民族與民族在成了問題的時候更是這種樣子，個人主義是一種「我狂病」(Eigensucht)，個性與民族精神是「自己的支點」(Eigenmacht)。

民族精神在本質上是「超個體的組織體」(überindividuales Gewebe)，這種超個體的組織體，所謂個人對於組織體的關係，加入或取消都是極難的事情，超個體的文化產物在民族精神上表現的最清楚。關於這一點翁特(W. Wundt)

(四) 講得最好，翁特以為真實的民族心不是一個假定，在民族心理學(見註)的博大研究事業中，只有個人的心理機能出發是不夠的，必得從代表民族精神的文化現象入手，這便是對於神話，宗教，言語，風俗加以研究，然而對於這種超個體的組織體尚有更進一層研究的必要，所以我提出「民族精神與教育」(Volkstum und Erziehung)的問題來，關於民族精神與教育的關係，我們怎樣想法呢？

民族精神與教育

有人或作下列的期待：認為主題是「為民族精神的教育」(Erziehung zum Volkstum) 並且也是現代的中心思想。以前說是「為人道主義教育」(Erziehung zur Humanität)，「為民族精神的教育」是目前的並且接近現實的，並且是現代人的說法。

從此看來，教育的意義不能不加以規定。因為民族精神是超個體的本質規範，我們生存其中是完全不能選擇的，既不能脫離，那末「為民族精神的教育」

(四) Wundt, Wilhelm 1832-1920

翁特是德國有名的心理學家，哲學家，也是世界心理學界的權威，一八七五年，來在萊比錫大學任心理學教授時，開始心理學上系統的組織，從翁特的手開始了心理學實驗室的設備，把心理學造成直接經驗的學問，實用生理學的實驗方法，現在的實驗心理學由翁特開端，門下生遍於亞歐各國。

翁特把科學分為「自然科學」與「精神科學」兩類，心理學是「精神科學」(Geisteswissenschaft)兩類，心理學是精神科學的的基礎。同時他又建立了「民族心理學」(Völkerpsychologie)，並且從心理學出發樹立主意的哲學體系。

翁特的主要著作有：

(1)Völkerpsychologie (民族心理學)，共十卷。

(2)Grundzüge der physiologischen Psychologie(生理心理學的基礎)。

翁特以為民族心理學是研究「民族心」(Volksseele) 的科學，民族心雖是「個人心」(Einzelseele) 的產物，同時又能創造獨特的精神價值，對於個人的精神生活供給重要的價值與內容，宗教便是民族心的產物，不過宗教心理學不僅把某種特殊發展的宗教作對象，無寧說它注意宗教的原始階段，而分析它的發生，變化及進展。

(3)Einführung in die Psychologie(心理學導言，有吳頌皋英文的譯本，商務一九二三年出版。)

只有故意的把民族精神加以意識化。這是一種必要也未可知，同時也含有危險。因為我們的「這樣存在」(Sosein)，與「應該這樣存在」(Soseinsollen)需要意識的理解，而意識之光對於事物不易照破底蘊，過度的意識化有時妨礙了本然的力量，例如我們問一個人：「你為什麼愛你的祖國？」（Warum liebst du dein Vaterland?）對於這個問題有許多答案也未可知，但是就愛國的「純正意義」(echter Sinn)看來，誰也承認對於這個問題什麼都不知道的也並不在少數。

因此我對於教育及民族性的關係，另外提出一種意思來。我應用現代生物學者的術語講這個問題。生物學者說任何生物都在牠固有的「周圍環境」(Umwelt）中生活，製作，動作，有機體如果沒有牠的相當環境便不能生存，生物學者稱這種環境謂「有機體的媒體」(Medium)，魚的媒體是水，鳥的是空氣，地中虫子的是土壤。牠們離開了媒體便不能生存，同樣民族精神的特性與精神的組織體，也是一個國民精神上的媒體，這與我們呼吸的空氣有同樣的必要。

我們可得如下的結論：本來我們並不是為了民族精神才有教育，而是在民族精神中從事教育，例如鄉土，既生在我們的鄉土，就不能不受德國話的教育，為了確保圍繞我們的「生活要素」(Lebenselement)，我們便愛德國話，愛鄉土。這樣的生活要素不是造作出來的，也不是希望可以得到的；而是超個體的強大力量形成的。

這種生活要素如果在時間及空間觀念上表現出來，有精神鑄造力（Geistig prägende Macht）的民族精神是在教者「之前」（vor），同時民族精神也在被教者「之前」的。它形成以上二者，又要二者負有義務，教者與被教者根本離不開這種精神上的前提事實，教育的意義首先要認識民族精神的所在。

（二）民族精神的本質

構成民族精神的因子

什麼是民族精神或「民族性」？民族精神的本質是什麼？現代的多數人把民族及民族精神的概念好像有了輪廓的認識，但是都是錯誤的。

民族精神的本質是什麼呢？ 這恐怕是一個國民難而多岐的問題。 我現在先把一般構成民族的因子舉出來： 共同的血統（有史以來）(„Seit Menschengedenken")，鄉土的定住地，共同的歷史與傳統，共同的言語及經濟，學問，藝術等共同的文化產物。 由民族自身所造成的國家也是這種樣子。 不過在中歐地域，因為許多民族移動混淆的結果，許多複雜的民族能形成一個國家。以上所列舉的各種因子，還不能道盡民族精神的秘密，就是還不能道破具體的「民族個性」（Volksindividualität)的秘密。

因為「純粹血統」(Reine Abstammung)不一定保持得住，所以組成民族精神的主要因子常為「言語」。 因為言語在結合精神上是很顯著的事情，同樣，如果言語不通，「了解便陷於困難」(„Man versteht sich schwer")，而且不僅限於語言的交涉關係，共同的言語乃是精神上自然的「紐帶」(Band)。 共同的言語有一種「鑄造作用」(Prägung)，但是「鑄造作用」不僅限於言語，並且還有思想。 共同的言語同時就是「民族心」，就是從言語把內心表示出來。所以一國的言語就是一國的「世界觀」，洪保德(W. von Humboldt)(五)在語言

(五) Humboldt, Karl Wilhelm von(22.6.1767-8.4.1835)

洪保德是普魯士的政治家(Staatsmann)，語言學家，並且是人文主義的思想家。 中國人對於他的兩個朋友歌德與釋勒(Schiller)都很熟悉，但是洪保德在中國還是比較生疏的客人記得我的朋友李長之先生曾經在洪保德逝世百年紀念的時候，寫過一篇文章介紹洪保德，實在的說來，洪保德是值得我們注意的一位人物！

洪保德在學問與事功上都有極高的成就。 據說當他很年青的時候，就能從原文把希臘詩人的作品精讀了。 他在語言學上有特殊的天才，除了古典的語文之外，他還通法文，英文，西班牙文，意大利文，梵文，中文，日文，馬來文……等 洪保德把這樣廣汎的語言學研究為基礎，而成立了他在語言哲學上的成就。 他把感情的及道德的有機交互作用為基礎，樹立他的人文主義的思想。 人類生活理想就是感情及道德的調和，國語是國民性的表現，通一種國語就能懂一個國民的人生觀。

洪保德的學問除了語言學以外，對於古典文學，教育學，心理學，倫理學，史學，法學，政治學各方面的造詣都很深，他與歌德一同研究美學，與釋勒一同研究康德哲學。 同時他也作過駐外公使，聲譽極好，也作過普魯士的教育行政長官，到了一八一九

哲學上所得的結論不是偶然的。同時言語也是「民族的自己觀」(Völkische Selbstanschauung)。正如一個人不能脫離他自己一樣，一個人不易脫離他的「國語」。任何愛護自己民族精神的人，沒有不爲他的「國語」奮鬪的，這種信仰奮鬪的熱火是很顯著的爲我們記憶着。

年就任普魯士的內政部部長。當他作教育行政長官的時候，在被拿破崙佔據的柏林，與菲希特等諸國的志士計議建立大學，對於喚醒民族意識及國民精神的振作上，盡力極大。拿破崙失脚之後，洪保德與他的朋友們便在歐洲政界上活躍起來，所以洪保德在維也納會議以後是德國復興的大功臣，大政治家。他實在是多方面的人物，在理論與實踐兩方面，他自己便實現了他所提倡的調和的人文主義思想，所以洪保德是人文主義的典型代表者。

士榜格從赫德與洪保德受到了極大的感化，在士榜格所著的洪保德與人文主義的理想(Spranger, Eduard: Wilhelm von Humboldt und die Humanitätsidee.2.Aufl. Berlin1928.S.VI)一書的序言中曾說過這樣的話：

在我的思想中常有的問題是怎樣把握德國人文主義教育理想的思想，再正確一點說，怎麼樣才能復興人文主義。我的思想形成的發展過程，就是從這一點出發，從這種意義看來，德國的理想主義與古典文學是生命上取之不盡用之不竭的源泉，如歌德，釋勒，菲希特等，就中赫德與洪保德二人，他們人生觀的核心還沒有被一般國民盡量的了解，蘊藏其中的寶物還沒有十分的顯露出來。

士榜格把洪保德尚未成立系統的性格學，歸納成爲下列五條：(一)關於性格描寫不能不由顯著的性格出發。(二)在主要而有支配力的性格之外，把組成性格的各種力量的相對運動關係，不能不確立起來。(三)在可能範圍之內，對於性格要一種發生學的敘述。不過性格是固有的，並非外界事情的產物。(四)性格描寫的本來目標乃是存於人的內面的東西，並沒有對於外界的關係。(五)敘述性格的時候，捨去偶然性，而對於性格本質要盡量的加以完璧的總括的表現。

請參讀洪保德與人文主義的思想（德文原著），S.231—235.

洪保德的全集：Gesammelte Werke (Kritische Ausg.) 1903-1936,17Bde.(hrsg. v.d. Preussischen Akademie der Wissenschaften)普魯士學術研究院出版。

風俗與道德

建設民族精神的時候，我們不能不把其中最有影響的幾種力量提出來。民族（俗）學（Volkskunde）的研究已有幾十年的歷史，現在稱爲「民族科學」(Volkswissenschaft)，但是所研究的目的還缺少根本的基礎，民族學的建立者是黎耳・威廉(W.H.Riehl)(六)，他以爲構成民族有四個因子(四S)，就是：Stamm

(六) Riehl,Wilhelm Heinrich von,1823-1897。

黎耳是德國的文明史家，小說家，民族學家。

他的主要著作是：

(1)Die Naturgeschichte des Volkes。Grundlage einer deutschen Sozialpolitik 4 Bde.（當做德國社會政策基礎的民族自然史）

1.Bd.Land und Leute（土地與人口）1925

2.Bd.Die bürgerliche Gesellschaft（國民公團）1907

3.Bd.Die Familie（家庭）1925

4.Bd. Wanderbuch（論文集）1925此外尚有：

(2)Die Volkskunde als Wissenschaft（當做科學的民族學）1935

(3)Deutscher Volkscharakter（論德國民族性）有楊丙辰先生譯本，中德學會文化叢書之八，商務印書館出版，此外有劉思慕譯的德國名家小說集中有 Riehl 的作品，還有毛秋白譯沈默的議員 (Der stumme Ratsherr)，見德意志短篇小說集，商務萬有文庫本。

Riehl 的著作選按成爲另一小型的單行本：W. H. Riehl: Die Naturgeschichte des deutschen Volkes.

Riehl 把他的研究稱爲「社會的民族(俗)學」(Sozialvolkskunde)（見 Kulturstudien aus drei Jahrhunderten,1859）。他的傾向是繼承德國浪漫派的方法，他對於民族的企圖，我們可以把當做科學的民族學中的一節譯出來，約略可以看出大概來。他說：

民族學已經獨立了，特別是從舊來附屬於地理學與歷史學中解放出來。更有進者，民族學擴大了它的範圍，進一步對於各民族的道德的精神的生活加以研究，從此可以獲得新的而且高深的倫理的目標點，民族學因爲民族意識的自覺，更加重了它的使命。民族學由於研究時間與空間上遠隔的民族個性，於是自身現在的民族精神在研究上愈能深刻。民族學不只是單純的觀察與資料的蒐集，無寧說是進一步，要研究民族生活的自然法則，由此成爲最高的科學問題。同時與民族學有關係的科學，對於民族學的影響照樣很大，不過民族學自身的研究，應該有它自己的貢獻。（見Die Volkskunde als Wissenschaft,6.）

（宗族），Siedlung（定居地），Sprache（言語），Sitte（風俗）。現在的民族學除此之外，又加上童話，民謠，房屋建築及服裝的研究，然而特別看重的是「習慣」（Brauchtum）的研究。民族學常常對於民族的風俗習慣最關心。由此看出重要事件上「民族的行動」，從古來傳下的慣例中，看出民族固有的「生活樣式」（Lebensstil）。我們所關心的樣式，與其說是生活形態的「什麼」（Was），無寧說是「如何」（Wie）。

從這種意義看來，民族的風俗(Volkssitte)以「民族道德」(Volkssittlichkeit)爲基礎。風俗不過是一種象徵的形態，在背後還有一層更本質的存在。不明「內在」的意義對於「外表」是不易有正確評價的。風俗時常僅留有外形，而背後的道德及信仰都消滅無餘。不注意「民族道德」，對於風習是不能有正確評價的。民族學在過去對於民族道德是過分的不注意。

爲什麼不注意呢？大概在歐洲的文化圈中，所謂道德就是基督教的道德。基督教如有不可解的地方，那末哲學的倫理學便不得不加以討論。道德是民族精神的表現，只在民族生活的外部表示是考察不出來的。民族生活有四種秩序形式——即習慣，道德，法律，政治的秩序——，其中「民族道德」在民族精神上所要求並確保的是價值水準。

民族道德並不是抽象的哲學上的學理問題，而是從具體生活事情中生出來的共同價值生產力。並且由此出發，各民族創造種種不同的文化形態，各種文化是展開一種沒有敵意態度而高貴的競爭。因此我們如欲認識民族的現存價值秩序，先要對於民族道德加以注意。

三　民族道德與生活圈

民族道德是道德對於民族有極深結合的一個超個體精神的「生命組織」。(Lebensgewebe)在道德中判斷及命令的主體並不是個個的意志，德文上的「人」(man)所表示的是漠然一般的集合主觀。接受這種命令者不先是個人，所謂「人」是同樣無名的一般性。然而道德所表示的方式不存在於命令，而存在於我們所尊重的共同生活形態中，就如兩性的各種關係，家庭，統治的系統，共同作業，街坊的關係等等。這樣道德便固定了，所以道德的就是以含有價值的制度爲根基，在行動上基於平均的各種規範及民族成員的「心術」(Das Gesinnungsgemässe) 而作各種事物的價值判斷，最後是一個人如果叛逆了現行的規範，那末他恐怕就取違反價值的標準的方向，道德在個人實踐的抵抗上能更有發展。道德雖然沒有什麼特別有形的「裝置」(Apparat)，但是在法律秩序上，如裁判官，證人，執刑者等儀禮上固定化了的手續這一類的「裝置」是必要的。道德的本質存在於傳說或民謠中，存在於不成文的狀況中，簡直是一種自然的生長。許多是宗教的確信及信仰的力量被蓋覆着，同時也被「聖化化」(Sanktioniert)。並且各種禮儀的形式溶化其中，道德上的名譽及不名譽就看行爲是否適於以上所說的狀態。善人得好評（人「稱贊」他是善人！ man "nennt" ihn so!)，惡人得惡評；能助長共同價值總體者受尊敬，使這種價值有低下化危險時，便遭逢放逐。不過這各種價值組成系統是不多見的，這種價值的「妥當性」(Geltung) 動搖時，現實生活便有新的價值要求，表現爲民族共同的呼聲。

以上這種原則是否在生活各種領域及狀況都有妥當性呢？「答案是一切！」(alle)，例如初期文化道德中的衛生及「清心法」(Reinlichkeit) 也有這種成分。「清潔」(Reinheit) 的意義在民族生活上不僅限於物質的方面，實在有深刻的精神意味，心術的清潔乃是入於聖域的象徵。

在民族生活圈內的光輝是民族的「醇風美俗」，及對於民族特有價值秩序的民族的「信仰」(Glaube)，維持這種價值秩序，抬高這種價值秩序便是民族的意志。裴斯太洛齊 (Pestalozzi) 對生活的思想，分爲父子，人與職業，人與君主，由此形成人的生存領域。在這種生存領域的中心圈中，最主要的關係是人對上帝的關係。中國偉大的道德學家孔子有五倫之說，卽君臣，父子，夫婦，兄弟，朋友，對此都有完整的細則訓示。

我在以上把民族精神所屬的精神的周圍世界比作生物學的「媒體」。同樣的存在兒仍可以用生物學的觀念來加以說明。 民族是一個龐大的生物。 現代的生物學者把生物及周圍世界的關係，分爲三種主要的機能圈：那就是兩性的機能圈，禦敵的機能圈，及捕獲食物的機能圈。 換句話說，就是生殖系統，防禦系統，及營養系統。 各種系統內都有道德的重要價値形態的領域與發，各領域都有習慣規律存在，這是從「心術」出發的，而又用規範去干涉「心術」.(亞里斯多德把「習慣規律 ἔθος 」稱爲「心術 ἦθος」各圈內都有特有的名譽，就是「血的榮譽」，「劍的榮譽」，及「勞動的榮譽」。

民族精神在根本的生活關係的道德秩序上，與强固的名譽概念結合着。 從肯定這種價値所生的確信中而成爲力量的中心點， 凡有高等文化的民族都有其特有的寶藏，從這種寶藏能發出光輝來。 我現在把以上所說的三種生活圈都簡單的考究一下。

生殖系統

（一）道德在兩性關係及生殖上把規律十足的表現出來。 於此與血統及世襲財產結合起來的價値成了問題。 後生者的健全否與純潔，勢力，及門第精神的理想有關聯。 例如一夫一婦婚姻成立的時候，父母的愛情與誠意，對於後生者的注意，對於老人卽民族教育者的虔敬，在兩性關係上，關於這種價値的要求是要發展的。 民族精神的核心存在於物心兩方面。 所以德國人的家族精神就是德國精神的核心，也就是民族精神的細胞，道德的性質就在與這種「風習」結合着，例如如何求婚？ 如何訂婚？ 如何舉行結婚儀式？如何吃喜宴？ 就是象徵的嚮導人生行路的方法。

兩性關係上有年齡，階級，男女職能的區別，門第名譽的守護，及祖先的崇拜等，各民族某一方面雖也有相同的地方， 但是我們也發見出民族個性的色彩來。 我們不能不注意這種中心的現象，不得單只注意細節的風俗。 凡是民族中能達到這種價値水準的，就在民族的歌謠中被讚美，在歷史的傳說中被稱頌，但是這種讚美不只是對於過去的事蹟，並且是激勵將來。 所以我們的研究，要追索於那尚未成爲哲學問題及哲學概念以前的階段。

防禦系統

（二）在民族的和平狀態及戰爭狀態，把固有的道德發展出來，並且把固有的名譽概念發達起來。以前的民族都守護他們固有的標準及固有的權利。民族道德是由這種背境產生的。例如某民族的一員被殺，便有血的復仇，在現在民族的要求也是這種樣子。民族間在戰爭及和平時能把道德規範發達起來。例如對於賓客的慇懃，主客間贈答的禮物，戰爭的通牒及交戰的習慣，防禦系統的道德都屬於這個範圍。自從國家接受了整個對外的關係，個個俠義的行爲便稀少了。但是到了某種情況，所謂「男子漢的精神」（Mannestum）還是非加以擁護不可。勇氣不只是武士的道德，「市民的勇氣」（Zivilcourage）要想堅忍持久更加一層的困難。在他人把自己看得卑下的時候，便毅然決然的非衛護自己不可。男子的騎士精神，在同胞與其他民族戰爭時，於勇敢之外，更有「廉直」，也是男子精神的中心，也是民族精神的表現。對於自己的「生存地盤」(Lebensraum)用生命加以擁護是不變的男子精神。

「男子精神」的觀念也帶有民族精神的色彩，正如「婦人精神」一樣。試用注意力看：「德國的男子精神」及「德國的婦人精神」，這樣對於民族精神的了解，恐怕比從祭典及服裝還要了解得多。我們在祭典及服裝中注意的是精神，例如在服裝看出男子「重體面」(auf sich halten)的精神，及主婦「治家的」（reg.ert）精神，我們知道了這種意義，才可以講了解一個民族。

與不同民族接觸的時候，在某種情況下互致敬意，我們在這兒可以發見男子氣慨，勇氣及率眞等。國民間的禮節關係是各國民在道德的努力上都求達到道德水準。

榮養系統

（三）健全民族在身分上都想發展固有的道德及固有的名譽。今日的文化世界，在民族的身分上惹起徹底組織綑製的是「勞動」。人有非常複雜的「概口及奔走」(Nahrungen und Hantierungen)的樣式。 裴斯太洛齊把財產對於堅固道德態度的發達上看得極重要(正如孟子所謂:「有恆產者有恆心，無恆產者無恆心，無恆產而有恆心者，惟士爲能」——譯者註)。 從古以來，一般人都認爲無恆產者幾乎都是寡廉鮮恥者。 在職業上也有各職域的道德。 今日建設健全的「民族秩序」(Volksordnung)問題，就在於如何在職業領域中發展各自特有的名譽。 在這種情況中，並不是缺少平等的混亂關係，而是沒有上下等級的限制，立於平等關係上，發展各自特有的道德，以貢獻於民族精神。 在今日例如農民的名譽，手工業者的名譽， 商人的名譽， 還是有遺風遺俗存在着。爲了全體幸福，把這種力量再度發展一下。 不過這種說法，並不是就在擁護傳統的道德，而是按照時代把新的道德秩序與之適應。 所謂「民族是生長的」這句話有極深的意義。 因爲什麽呢？ 由於從歷史上發掘民族精神使人陷於傷感。 民族還在生長着。 總之，民族要把固有的價值建立在現實的價值目錄中，必得於青年授以這種價值目錄的教育。 民族間對於這種民族的道德個性是互相競爭的。

形成西洋道德的各種因子

最後還有一些話要說。 經過精神史的研究，這個問題是容易明白的。 在西洋的道德形成上有許多重疊的歷史層。 日耳曼人及斯拉夫人在道德觀念的形成上，要溯及基督教紀元之前。 農民及武士的道德受過羅馬文化的影響，不過羅馬文化的後期形態也變成基督教的形式。

普萊斯樂(Gottfried Preissler)(七)曾經說過：在歐洲眞正可以稱西洋者，不過是羅馬的文化地盤所直接或放射所及的地方。 基督教在高度發達下的道德

(七) Preissler, Gottfried

普萊斯樂是蘇得屯教育研究所(Sudetendeutsche Anstalt für Erziehungswissenschaft)(1929-)的所長，同時又是專以研究蘇得屯德國人問題爲目的的萊興堡德國科學協會(Deutsche Wissenschaftliche Gesellschaft in Reichenberg)出版雜誌的編輯者。

支配下，古來的觀念與制度並沒有完全死去，這是史學家承認的地方。盧木普夫(Max Rumpf)在他最近所著宗教的民族學(,,Religiöse Volkskunde" 一九三三年出版)中對於德國南部地方有詳細的研究。大約有一百年的時期基督教是西洋各民族道德的典型。但是後來信仰分裂了，便有宗教戰爭的時代，到了啓蒙時代，對於傳統加以銳利的批評。德國的啓蒙運動比古來的神秘動機的復興深刻，而成爲古典的理想主義。這一個時代的偉大思想家是菲希特及黑格兒。在這一個時代，民族性的道德意義還完全明確的看得出來。新近加以澈底破壞的是十九世紀以來的事，這就是產業，技術，及民族生活的急激都會化世紀的到來。於是起了許多根本的破壞。其中如道德本質的隣里相助精神破壞了。許多文化領域在十九世紀有非常的進步，使人有頭昏目花的感覺；然而因爲變遷與進步是未曾有的急進，所以道德生活方面不能適應這個新時代。自古傳來的堅固民族秩序都體無完膚的破壞了。裴斯太洛齊是預見產業發展到極端便有危機的少數人中的一人。不過一般人對裴斯太洛齊沒有什麼理解。他的精神還有許多保留着沒有被發見。我們的時代由於世界大戰(第一次—譯者註)起了動搖，適應新情勢的民族道德尚未形成，生在歐洲的我們在道德上簡直陷於混亂狀態。我們現在所要努力的便是脫離這種混亂狀態。在這個時期我們主要的任務，是在關於民族精神的生活法則及道德生活形式的自覺。

四 教育的任務

我由以上的觀點談教育的任務。今日在教育家的心上橫着一個大的責任。把教育與民族結合起來是教育家日夜不得一時忘懷的問題。我們把教育家的任務分爲下列三種：

第一：教育家要把民族中具體性的道德傳給後代，這不是從哲學教科書中斷章取義的枝節問題，而是屬於現實的民族精神中現實的「民族文化」(Volksgesittung)問題。這是常動搖的，常陷於危機的，而且常在鬪爭中的。爲了確保「民族文化」，必要先扶植「民族心術」(Volksgesinnung)，把純正的「民族文化」建立在「民族心術」上，教育家在精神任務上的核心就是「民族精神」。

第二：教育家的義務是國家全體事業的一方面，教育家爲了民族道德取一種戰鬪形式的守護，教育家怕民族道德的低落，所以教師要作民族良心的監督者。教育家自己立在民族精神上盡善的努力，以完成教育家神聖的使命。

最後，第三種任務是「傳統道德」問題，在今日紛亂的文化狀況中未必全能適應，所以進一步要加以發展。教育家不單是對於重要的外部生活狀況的形式要注意，更要對於民族存在的道德形態時常印在心上，對於民族的生活意志及將來的希望要凝結在教育家的人格上。民族精神是存在於身體的，心理的，精神的道德形態中，對於民族最吃緊的問題不僅是生存，並且要像亞里斯多德所說的，要有「價值的生存」。只有在深固的信念中才能產生這種確保將來的强固有力的存在。使教育家有這種力量的，不是「知識」，而是百折不回的「信念」，所以縱然在民族精神的危機中，而對於理想有固持的信念，把這種信念在青年心中燃燒起來，神聖的熱情火焰能擔負民族生活的教育重任。

左傳震夷伯之廟一條非左氏舊文說

Zur Frage der Echtheit des Absatzes "Chên I-po chih miao" im Tso-chuan (Hsi-kung 15. Jahr)

俞平伯著

或謂左氏不傳春秋，蒙未敢確信。然實經竄亂，其痕跡有時固甚明顯。卽如經書，（僖公十五年）「九月己卯晦，震夷伯之廟」，傳曰：「震夷伯之廟，罪之也，於是展氏有隱慝焉」，似後人天雷報之說然，明係淺者妄加。杜氏不明其故，曲爲之說，亦陋矣。經書夷伯，不言展氏，未知是展氏否，因此文根本上不可信也。公羊以爲夷伯，季氏之孚，（先曾祖曰：孚當讀爲保，是也。）或然耳。卽曰展氏，旣不知何罪，乃遘一震之威，漫以隱慝誣之耶？後人固有疑之者，其文亦甚有趣。玆錄之：

『夷伯其人不知有何隱慝，死猶爲天所降罰。旣如是惡之矣，又何以子孫生有柳下惠？計爾時惠且長矣。禮焚其先人之室，則三日哭；又不知如何恐懼修省，以答天譴。此皆人所未經拈出者』。（閻氏四書釋地）。

信乎未經人拈出，但頗類小說耳。據說無駭生展禽，無駭在隱八年已卒，則爲此隱慝者實柳下也，豈坐捩而及亂耶？傳固明言展氏有隱慝，不言夷伯也；正以展氏有隱慝之故，而哭其祖廟耳，所謂殃及池魚者是。若夷伯有隱慝，傳言「震夷伯之廟，罪之也。」如是足矣。詳言之或作「震夷伯之廟，罪之也，蓋有隱慝焉。」今傳不然，而乃云云，明爲展氏一家，夷伯後人之隱慝，而彼展氏後人者，依世系考之，非他，卽柳下惠是。閻氏知其不可通，故避重就輕而專屬諸夷伯也。夫夷伯者，天旣震其廟矣，後人又誣其身，不亦冤乎？夷伯之爲展氏，甚可疑也。今姑不論。

竊謂此條乃後之人欲左氏之順釋經文，以配二傳，柰本無文，遂不得不出於僞作耳。其痕跡固猶可見。以此傳文錯雜於秦晉戰于韓之間，而月日編排又誤，於是馬脚露矣。先依舊說順列經傳之文於下表：

春秋經僖公十五年	左傳　同年
（無　文）	九月壬戌，戰于韓原。（杜注「九月十三日。」疏曰，「以經書十一月壬戌，恐與經壬戌相亂，故顯言之。下注云十一月壬戌，十四日是也。」是此壬戌在下列經之之壬戌前六十日，於夏爲七月十三日，在震夷伯之廟事前。）
九月己卯晦，震夷伯之廟。（於夏爲七月）	震夷伯之廟……。（不言何月，蒙上九月；不言何日，承經文己卯晦，則三十日也。以上均夏正七月事。）
（無文）	冬十月晉陰飴甥會秦伯盟于王城。（無注，當爲夏之八月。）
（無文却書）「十一月壬戌晉侯及秦伯戰于韓原，獲晉侯。」（夏之九月。杜注曰十四日，從赴，意謂韓戰實在夏正七月十三至九月十四日始赴耳。「歲云秋矣」下注曰「周九月，夏之七月孟秋也。」杜意至明。）	十一月晉侯歸，丁丑，殺慶鄭而後入。（夏之九月也。卽以韓之戰赴魯之月，而經據之以書，其日爲十四，而惠公則以其月二十九日入於絳也。杜注丁丑，月二十九日。）

如上所列，義可疑焉。謹陳三事：

（一），經書十一月壬戌戰於韓，傳書九月壬戌，其日脗合無間，作十一月及九月者，明爲魯用周正，晉用夏正，故相差二月。杜則曰經之壬戌，九月十四日也；傳之壬戌，七月十三日也。經之爲明根據實事而書者，則以爲從赴，一可疑也。

（二），傳曰歲云秋矣，不言何秋；杜以爲孟秋七月，然其下文固曰，我落其實而取其材；明爲暮秋光景，何孟秋之有？國語曰秦歲定晉，亦是九月，其可疑二也。

（三），惠公之入國也，以丁丑。杜注曰二十九日，而以韓戰赴于魯爲十四日。夫二十九日始入國，乃於半月之前，庶事紛紜之際，即料理遠告山左之事，無乃遠於情事。且秦晉相距非遠，左傳於其歸也，不言何日；則半月之前惠公或猶在秦未可知也（國語公在秦三月。韋注，內傳云以九月獲，十一月歸，而壬戌至丁丑僅七十五日，實猶不足三月也。）何能理及此瑣事耶？其可疑三也。

竊謂此乃夏正與周正之差耳，舊說並誤。試正而列之：

經（俱周正）	傳（俱夏正）
九月己卯晦，震夷伯之廟，（夏之七月三十日）。	（舊本無傳）
十一月壬戌，秦晉戰于韓原（夏之九月十三日）。	九月壬戌戰于韓原（與經同日）。（以下十月會王城，十一月晉侯歸國，殺慶鄭諸事，傳俱本晉之乘，當時旣不赴於魯，故春秋無文。）

此原極簡明。戰韓原，會王城，晉侯歸三事，古本左氏傳原是一篇。今却於韓之戰及會王城之間，橫插入「震夷伯之廟」一條可笑之解經文字焉。杜氏不知眞僞之錯雜也，反據之爲說，不得已將韓之戰提前六十日。左傳之原文爲夏正者，（殆因晉史舊文而未改也。）強釋爲周正，而經之根據事實者，強釋爲從赴；於是全盤抖亂矣。曾不思同一壬戌，奈何釋爲兩日；即曰從赴，亦當赴于入國之後也。再推而論之，不特杜氏誤也，即左傳先師之竄入此條者，亦被曆法所誤，蓋以爲經傳皆周正也。韓之戰在九月中旬，震廟之事在月晦，自不得不次於其後；而其下復有十月會王城，十一月晉侯歸國諸事，旣不可刪，又以明言十月十一月也，不得一幷次之於前，遂只可橫插此條。至於文章之是

沓貫串，不暇細及矣。然幸而有此，於今猶得知此文之出諸僞作。不然，縱病其陋，只可心疑之耳，固無由證其僞也。說文雨部「震」字下引春秋傳曰：「震夷伯之廟。」此五字見經，合之而引傳，何耶？如許書之文無誤，則其移改，至晚當在前漢，所謂國師公竄亂五經者耶？沿襲已久，宜杜氏之不能正也。偶檢筆叢，得舊日所記，遂次而錄之。三十一年四月五日。

朝鮮李朝實錄纂修述略

Zur Kompilation der Koreanischen Li Ch'ao Shih-lu

謝剛主

按李朝實錄始於太祖康獻大王至哲宗約一千七百餘卷八百四十八册，中間大半無闕，不但爲李朝史學之瑰寶，亦且爲研治朝鮮史蹟之重要參考書也。考諸彼邦史乘，每朝實錄之編纂，在其先王薨後之三年，纂修完成納入史庫，儀式隆重，度藏周詳。每朝實錄之成均繕寫四部，分藏於京城之春秋館及忠州，星州，全州四處。宣祖壬辰之變（當明萬曆間），兵燹之餘，史庫蕩佚，惟全州史庫所藏巋然獨存。李廷馣實錄印出廳序云：『國初建春秋館以掌時政記注，而累朝信史俱藏於此。又重印三本，分置於全，星，忠三州，奮曝有時，守値有制，寶藏之名山，副在京師之遺意。其爲國史長遠計豈不周且謹歟。不幸壬辰之變，三都闕陷，百年文獻，盡入腥羶蹂躪之場。顧此實錄，編帙極夥，旣不能搬移於倉卒之際，忠星二局，及內館所藏，皆付於賊燹，嗚呼痛矣！猶幸興王舊府，被兵最後，國史一本，得免於災云云，』壬辰之翌年，及宣祖之二十六年王由義州還平安道，全州尹李廷馣請將全州此藏移安於海州，旋移安於寧邊，又移安於江華島，以歷朝實錄僅存孤本，鈔寫繁雜，度藏匪易，於是有鑄字新印實錄之事。因有實錄印出廳之設，專司印行實錄之責。宣祖實錄三十六年五月十六日條云：『議者以爲祖宗歷朝實錄，皆用鑄字印出，今雖不能如平時，然校書館所存鑄字，及新舊活字相雜並用，則不出五年，可以畢印三件，愈其艱苦謄書，兩年而成一件，孰若多般督課，五年而成三件耶』。至三十九年四月實錄印成。實錄印出廳啓云：『先王朝實錄今已校畢，洗補舊件，總五百七十六卷，今次新印之本，或四五卷合爲一册，或二三卷合爲一册，故新件總二百五十九卷，通新舊五件以計則幾五千卷矣。實錄用活字印成之後，原本則藏於春秋館（或稱舊稿，後由江華島，遷於鼎足山城）。其印本則分藏於鼎足山，太白山，赤裳山，五臺山等處，雖當時國王亦不易見之也。春秋館本，中經李适之亂，及清太宗丁卯，丙子兩度征服朝鮮，皆多散佚。其他四部，完好猶存。洎清光緒甲戌日韓合併以後，李朝實錄其赤裳山本則爲李王家藏，五臺山本則運至東京帝國大學圖書館，不幸於日本大正十二年地震，化歸烏有。其他二部皆移入朝鮮總督府保管，藏諸奎章閣中，昔李王收藏典謨之所也。京城帝國大學請諸當事，重爲影印行世。以卷帙浩繁，僅印成三十部，國立北京圖書館亦分得一部，供諸國人探討，不可不謂幸事也。孟心史先生研治明史撰元明清系通紀，即取材是書，時余服務館中，徒以鞅掌簿書，未遑卒讀。事變發生，書籍南運，余已離館，講學上庠，橋川子雍先生約余東遊，覩書京城，披閱李朝實錄，粗記梗概，弃置篋中，忽已四年，惜殘缺不完，乃憑記憶，補其未備，然已十遺其八九矣。猥以哀然巨帙，非盡人可以卒讀，此雖測海一蠡俾讀者略知梗概而已。

太祖實錄十五卷

定宗實錄六卷

太宗實錄三十六卷

世宗實錄一百六十三卷

文宗實錄十三卷

端宗實錄十四卷並附錄

世祖實錄四十九卷

成宗實錄二百十六卷

燕山君日記六十三卷

中宗實錄一百零五卷

仁宗實錄二卷

明宗實錄三十四卷

宣祖實錄二百二十一卷

宣祖修正實錄四十一卷

光海君日記一百八十七卷

仁祖實錄五十卷

孝宗實錄二十一卷並附錄

顯宗實錄二十八卷

顯宗改修實錄二十八卷附錄行狀

肅宗實錄六十五卷

景宗實錄十五卷

景宗改修實錄五卷

英祖實錄一百二十七卷

正祖實錄五十四卷附錄一册附錄續編一册

純祖實錄三十四卷附錄一册附錄續編一册

憲宗實錄十六卷附錄一册

哲宗實錄十五卷附錄一册

太祖康獻大王實錄十五卷 存伕館寫本　京城帝國大學影印本

朝鮮河崙等撰進，鄭麟趾等奉勅增修。 按太祖諱旦，字君晋，初諱成桂字仲潔，號松軒，爲全州大姓，仕於王朝。 當辛禑之立，荒誕無道，潛有廢立之心，以征遼之役，擁兵入靖國難，未敢圖爲不軌，然篡立之念已萌，倘懷霍光傳以進。 用李穡之策，廢辛禑而立其子昌，是爲恭讓王。 立四年廢恭讓王自立，改國號曰朝鮮，始都於鷄龍山下，繼遷都於洪陽。 錄用從龍之臣，裴克廉趙俊輩，而斥李穡，結好明廷，請爲藩屬。 七年戊寅禪位世子芳果，是爲定宗。太祖之子，共有八人，芳蕃，芳碩兄弟相爭，皆被誅戮，芳果因此得立，當時稱芳蕃芳碩之亂亦猶建成之與元吉也。太祖禪位後，徙居咸興，於翌年太宗八年薨，年七十四，葬於元陵，稱李太王，己亥追尊爲太祖高皇帝。朝鮮自有實錄，始於王朝。太祖即位，首開藝文春秋之館，命趙浚董理其事，欲以前朝恭愍王，至恭讓君已修實及自太祖壬申年以來史草，收納豎進。太祖世欲效唐太宗政事，開金匱史庫之藏，以爲資治之踏。其改定官制，分東西班之列，定府衛之儀，興治文教，勸課農桑，與民以休養生息，態度雍容，不愧爲海外扶餘之雄主也。今於是書所可窺見者，扶餘貊濊雄主之誕生，必有朱果赤卵之異，載在魏書，垂於清史，此東人之好爲奇誕，歷紀異地而不爽者。太祖幼喜武功，以鶴餇爲矢，連貫七麞，奮興之際，靈異數著，淵諸邊陲，諸國之史，所記皆然，李王亦何能獨異，且不獨此也，其興廢設治之踏，無處而不效法中土，廢辛禑而立恭讓久之乃即王位，此何異於新莽之篡立漢祚。洎夫奄有國土，則又勸課農桑，優卹鰥寡，雖效法中邦，優劣各半，然亦可以見其向化之深矣。

辛禑之廢，擁李氏者，以辛禑非王氏之後，裴克廉勸進表云：『恭愍王無子暴薨，其時權臣用事，欲固已寵，詐以妖僧辛旽子禑，稱恭愍王，後竊居王位十有五年，王氏之祀已廢。李穡黨於辛禑妻父李琳，扶立子昌，王氏之嗣再廢。此天以王位命公，庶幾祇奉社稷，底安生靈』。如此詔所云，則太祖之立，天命攸歸，理所當然，固宅無可推讓。然當時士夫亦有頗以此言爲僞者，若李氏之依結明廷時，則爲明太祖初定基統之日，尚未注及於藩服，至明禮部侍郎張炳致意於朝鮮國王云：『今王篡人之爲奇，不以有天命之可擢。專以譎詐爲常，中國與爾三韓密邇，彝倫之道，總有訛謬，安有不責之於禮乎。如是實乃教人臣之不敢妄爲，王乃惡其所責，專以爲譬，暗侮不絕，若從爾所爲，王國專尚此謀，教人不臣，謀爲不已；如王者繼踵相至，王雖在位，亦何益哉！』此書責以大義，且多詬辱之辭，然亦載諸實錄，是所記尚屬質樸，非純爲阿諛者可比。朝鮮限山阻海，毗隣遼東，元明以來，與女眞諸族，交涉不絕。是編記趙小生誘引元瀋陽行省丞相納哈出入寇三撒忽面之地，記納哈出之事蹟甚詳。又記朝鮮奄人什入明廷，此均有裨於中土之史資者也。

定宗恭靖王實錄六卷存秋館寫本　京城帝國大學影印本

朝鮮尹淮等撰修，是書原題曰恭靖王實錄。纂修於世宗八年八月。據是書稱恭靖王諱芳果，及即位更名曔，太祖之第二子，母神懿王后。王天資溫仁恭謹，勇略過人，仕高麗累官至將相，常從太祖出征立功，歲戊寅八月太祖不豫，受册封爲王世子，九月受內禪即位，政尙寬仁，春二月母弟靖安公受册封爲王世子，以無嗣也。其年冬不豫，世子受禪即位，上號仁文恭睿上王，在位三年，居閑頤養二十年，壽六十三，葬於厚陵。按定宗在兄弟之間，謙直方正，且長於武略，當芳蕃芳碩之爭，定宗全不與謀，退守閒散，大命所至不得已而登王位。即位後盡逐諸王子使削髮爲僧，以杜後患。王妃金氏，亦頗賢明，當世子芳遠入見時，態度雄偉，妃從容諫王曰：『殿下何不視其目乎！宜速傳位以安其心』。王乃捨王位而退處別宮，訓勅王子十五人，導以義方，王則起居如寒素，雍容靜穆，有吳太伯之風，其智有不可及者。是編先述其一生之行事，而其大事則按諸年月編載於後，大抵朝鮮官修實錄，必數易稿而後成，編製纂修甚能得體。

太宗恭定大王實錄三十六卷存秋館寫本　影印本

朝鮮孟思誠等撰修，按是書稱恭定王諱芳遠，字遺德，太祖第五子，恭靖王之母弟也。生而神異，稍長英睿絕倫，好讀書，學日進。明洪武十五年壬戌登高麗進士試，明年中丙科第七人及第，値政散民離，毅然有濟世之志，而能折節下士，太祖待之異於諸子，常密與將相定策勸進開國。趙浚嘗謂同列曰：『今日之事，功在一人，指太宗也』。旣恭靖王即位無嗣，以爲開國定社之策，皆出於靖安君。建都承旨李文和自太祖册封爲王世子，冬十一月恭靖王素患風疾，退居別宮禪位于太宗，太宗涕泣，辭之不獲，遂位于壽昌宮。太祖喜曰：『剛明之君，權必不下移』，戊戌八月禪位於世宗優游頤養，至於五年。壬寅薨，年五十六，在位十有九年。明廷賜謚曰恭定，本國謚曰聖德神功文武光孝大王，廟號太宗，葬於獻陵。然當日情事，實不如此，當太祖時，兄弟倡亂，太宗實與其謀，故太祖實深惡之。太宗之立，太祖卽遠遊金剛山，旋奔咸興，太宗屢請迎養，而不獲命，久之，太祖乃返漢城，猶以箭射之，則其宿憾尙未釋也。則是書所稱太祖待之異於諸子之說，洵欺言矣。惟太宗繼承太祖定宗之統，當大局初定之後，修明政治，獎勵人文。作號牌以明戶口，定八道以分州郡。戒滯獄，愼武備，勸農桑，五年排衆議而還都漢陽，定國家百年之大計。而因恭讓王鑄字之法，廣爲活字印刷之術，刊布書籍，倡明文教，其功尤不可沒者。卽此實錄，太祖定宗兩朝，均爲寫本；太宗以後乃鑄活字，以印實錄，其用爲尤廣矣。

世宗莊憲大王實錄一百六十三卷春秋館印本　影印本

朝鮮鄭麟趾等撰修，據是書稱世宗諱祹，字元正，太宗第三子也。英明剛果，沈毅重厚，寬裕仁慈，恭儉孝友，出於天性。太宗八年封忠寧君，太宗初立，長子禔爲世子，猖狂放縱，耽於酒色，乃廢爲讓寧君，放於廣州。更立祹爲世子，是爲世宗。世多有高讓寧君之節，以爲有吳太伯之節者。世宗昌明文法，崇儒重道，養育人才，制禮作樂，垂裕後昆，東方之治，於斯爲盛，李氏之統，兆基於此。然眇一目，而跛一足，雖體貌未暢，而聲聞日隆，以黃喜成喜爲領相，許稠，孟思誠爲左右，政淸人和，庶績咸熙，時稱爲海東堯舜。在位凡三十二年，卒年五十四，葬於顯陵。是書卷一至卷一百二十七起於戊戌八月，至三十二年庚午正月，盡二月，爲世宗之實錄，至一百二十五卷，以後則爲世宗朝所作之禮樂制度，卷一百二十八至一百三十五，禮序例儀式，卷一百三十六至卷一百四十七樂譜，計分朝會，樂祭，祀樂，詩樂，太成，定大業，保太平，發祥鳳來儀，前引子：與民樂，鳳來儀，致和平上中下，醉豐亨上下，後引子：鳳凰引，滿殿春樂，章龍飛詩。卷一百四十八至一百五十五地理志，計京畿，忠淸道，慶尙道，全羅道，黃海道，江原道，平安道，咸吉道。卷一百五十六至一百六十七政算，計分內外篇，於此亦可覘世宗一朝教化之篤，政治之隆矣。要之世宗政事，頗有可觀，然活字印刷術，及諺文之製作，實爲朝鮮五百年間之偉業，在文化史上最有價値者，至其製簡儀渾儀圭表禁漏等器，尤爲精巧。又建小閣榭地爲山，內設玉漏機輪，以水激之，作鼓人，鐘人，司晨玉女凡百機關人力自擊自行，若神使然。天日晷度之刻，不差毫釐，是均有裨於科學者也。當世宗朝，建州婆豬江之野人，李滿住虜掠遼東，俘虜逃鮮境，世宗悉送之於明，自是野人怨憤，屢寇邊境。十五年李滿住率四百餘騎入寇閭延，世宗命崔潤德與野人戰，勝之，是又可爲邊疆史乘之徵者也。

文宗恭順大王實錄十三卷春秋館印本 影印本

朝鮮鄭麟趾等撰進，文宗諱珦，字輝之，世宗之長子，歲辛丑，世宗請爲國儲，明年秋太宗文皇帝遣使封爲朝鮮國王，世子性質仁明睿，剛毅簡默，孝友恭儉，不喜聲色戲玩，專心性理之學。又博覽前史，講究治亂之機，至於六藝天文，曆象聲律音韻，無所不通。庚午世宗薨，世子即位，是爲文宗。先是世宗有子十八人，除珦立爲世子外餘瑈等七人，皆封爲大君，勢均力敵，不臣之勢已萌。文宗在潛邸，三十年左右，先王之力甚多，及即位，開言政，奬節義，崇文重武，置五衛，每衛有五部，每部置四統。衛有衛將，部有部將，其下又有統帥，隊正伍長，小以承大，大以統小，條理頗具，規模至宏。又親製陣法九篇。欽高年而奬節義，減戍卒而優田賦，停不急之役，省無用之費。蠲免逋欠，哀矜無告，嚴申度僧之禁，於成均四學，增給奴婢，方恢遠圖，臣民皆仰望至治，不幸在位二年，壽三十九而薨，葬於顯陵。立冲子弘暐爲嗣，是已肇諸王覬覦之心矣。

端宗實錄十四卷春秋館印本 影印本

朝鮮春秋館編，按是書題魯山君日記，封面題端宗實錄，魯山君諱弘暐，文宗恭順王之子，母權氏，正統六年辛酉七月丁巳生，戊辰四月戊午世宗封王世孫。景泰六年庚午八月文宗遣領議政皇甫仁請爲國儲。辛未正月明廷勅封爲王世子。三年壬申五月丙午文宗薨，弘暐卽位於含元殿年甫十二。而大君瑈以下七人勢望正隆，若皆以叔父之尊臨之，固非冲主所能恕御。以文宗之英武已顧慮及之，臨危之時，乃命成三問，朴彭年等，以爲顧命之臣，而首陽大君瑈早懷不臣之心，乃與韓明澮權擥等，秘議逆舉，爲以周公輔成王之義，入柄國政。未幾弘暐卽禪位於瑈，是爲世祖，而封弘暐爲魯山君。當時顧命之臣，成三問，朴彭年等，心懷義憤，潛謀復辟，乃於享宴明廷使臣之時，謀刺世祖，未成事洩。成三問朴彭年被誅，魯山君弘暐廢爲庶人，安置於寧越以禁錮之，旋被縊死。魯山君之至寧越，孤憤自懷，抑鬱不樂，撰詠短句，音節淒愴，後之讀者，莫不悲之。至肅宗二十四年，復號端宗，改葬莊陵云。

端宗大王實錄附錄一卷實錄廳編印本　影印本

朝鮮實錄廳編，端宗弘暐之廢爲魯山君也，旋放爲庶人，妃宋氏沒入爲官婢，尋魯山被縊殺，投屍江中，戶長嚴興道竊收而葬之，亦被絕其屬籍。當世祖時，明廷適有成祖靖難之役，而戶長嚴興道竊收魯山君之屍，又與宋季遺民林霽山謝臯羽相類，千古同轍，又何其相似歟。魯山沉寃，久而未白，至中宗十一年丙子，憫魯山君之死於無辜，乃命禮曹曰：『魯山君墓所，守令四名，日設辦行祭，置墓田六戶，家廟四，仲月四名，忌日官給祭物，依王后考妣例，特遣右承旨申鏛致祭，仍命看審墳墓』，然議而未行。至肅宗時，從申奎之請，復成三問朴彭年六臣之官爵，以褒其忠，詢於儒臣，集宗親文武四百九十餘人於庭，議追封之禮。羣臣祇祓，罔敢或違。乃上大王謚曰純定安莊景順敦孝，廟號曰端宗，陵號曰莊，王后謚曰定順，徽號曰端良齊敬，陵號曰思，二百餘年寃抑之氣，於是乃伸。是書爲實錄館所編，哀輯中宗致祭文，孝宗致祭文，顯宗致祭文，肅宗致祭文，大王謚册文，彙爲一編，題曰端宗大王實錄附錄，於魯山君日記之後。亦足見其纂輯之矜愼而慰其不瞑之心矣。

世祖惠莊大王實錄四十九卷春秋館編印本　影印本

朝鮮申叔舟等撰，世祖諱瑈，字粹之，世宗第二子，生於永樂丁酉，誕於本宮，封首陽大君。　乙亥受禪端宗即位，是為世祖，在位凡十四年，年五十二薨，葬於光陵。　是書編製頗有體裁，前叙事實，較原書低一格，後則按年月排比，叙述朝章民瘼，極為詳盡。　書前有目錄卷一至四十七起六年乙亥閏六月，盡七月，至十四年戊子秋七月盡九月，卷四十八至四十九卷樂譜，世祖以世宗初薨之後，取國柄於其姪端宗之手，名不正而言不順，其事頗似明成祖，其雄才大略，亦頗與之相同。　是錄稱世祖幼時養於民間，艱難困苦，備嘗辛酸。器度風歲，五歲誦孝經，聞人說弓馬之事，心好之，常以弓矢自隨，天資恭儉，有禮，忠孝友愛，好仁力義。　遠小人而不惡，親君子而不私，文學射術，超絕古今。　至於曆算音律醫卜技藝之學，皆盡其妙。　然常自晦不欲上人，世宗奇愛之，待遇異諸子，凡軍國大事，必委以參決。　嘗云大丈夫常有四方之志，每恨立功無因，臣而苟免，吾所未聞。　蓋其雄才大略，其在儲位中，已早萌有異志矣。綜其一朝行事，其大者約有二端：一曰文治，一曰武功，其行於文治也，察民政，愼刑獄，為量田，改官制。　暇則講學論道，尤究易理，御撰周易口訣，纂修國朝寶鑑，及經國大典等書。經國大典一書纂輯自太祖世宗以至世祖，數世之立法行政，分吏戶禮兵刑工六典，朝鮮立國之朝章故事，文物制度，大略具備，後世雖有續增，然無出其右者，此可見其宏規矣。　其於武功也，常提勁旅，命康純，魚有沼等北征建州野人女眞，渡鴨綠婆豬江，破九彌諸寨，斬李滿住，及其子古納哈打肥刺等，掐獲人畜，焚其廬舍。　斫大樹，使自書曰：朝鮮主將康純，左大將魚有沼等，滅建州衛九彌，克奏膚功，有聞於世，若世祖者，亦可謂不世之雄已。

成宗康靖大王實錄二百九十七卷春秋館鑄印本　影印本

朝鮮愼承善等撰修，成宗諱娎，德宗第二子，天順元年丁丑七月辛卯誕於東邸，是年九月德宗薨，世祖育王於宮中。王天資岐嶷，氣度異常，太祖奇愛之，辛巳正月封者山君。王嘗與母兄月山君婷，在宮中廡下讀書，適有迅雷，小宦在側震死，侍者無不顚仆失氣，王略無懼色，言動自若，人已識其為偉器已。即位以來，萬機之暇，好學不倦，通貫經史，百家射藝書畫，各極其妙。開弘文之館，復集賢殿舊制，尋卜勝地於龍山東湖之北麓豆毛浦，建讀書堂，選文臣年少聰敏者，給暇而使讀書其中，佳節使遊郊外，賜酒樂以寵錫之。命積學之士，編纂東國輿地勝覽，東國通鑑，樂學軌範等書。而輿地勝覽爲研治東國輿地者必讀之書，樂學軌範使雅樂復得昌明於後，尤有裨藝林。故當時文治之盛，莫與倫比，英睿之質，卓絕海東，時稱成宗爲東方聖主。然盛極必衰，治久必亂，陰陽消長之理，亘古而難逃者。當成宗時，朝鮮已昇平日久，國富民給，大小臣僚，不以國事爲念，蕩然恣意於遊戲笑樂，放誕而無所拘檢，惡特立而喜因循，政治漸廢，賄賂之風已熾。蓋成宗雖有爲之主，然政尚寬和，流於馳騁，遊宴好酒，時行宴樂，以此相高，上下仿效，竟至成風，一變世祖嚴厲之治，而流於頹靡一途，燕山君之禍已肇於此矣。此則成宗優柔寡斷有以致之也。成宗薨於甲寅，年三十八，明廷追謚康靖大王，葬於昌陵。

燕山君日記六十三卷修正廳編印本 影印本

朝鮮修正廳編。燕山君諱㦕，成宗長子，廢妃尹氏判奉常寺事起畎之女，以成化丙申十一月丁未生，癸卯二月己巳册封世子遣領中樞韓明澮等，請於京師，五月丁酉帝遣太監鄭同等，賜勅封。少時不好學，東宮僚屬有勸戒之者，深銜之。及即位，宮中所行多不善，外庭猶未之知，晚年荒悖淫縱，大肆虐政，誅殺大臣，臺諫侍從殆盡，至有炮烙斮胸，寸斬碎骨飄風之刑，遂廢徙喬桐，封燕山君，居數月以疾終，年三十一。中宗時修正廳撰實錄以進，題曰燕山君日記。現燕山君所以暴虐之由：一慨母尹氏被害之慘，受激刺過深，流於放誕一途。二世祖篡立，人士不平，史館據事直書，不爲曲筆，致釀成戊午之史禍。戊午史禍者初金馹孫在春秋館書李克墩爲全羅監司時，於成宗之喪不進香京師，載妓而行，及貪贓事。又書世祖之事，收金宗直弔義帝之文，及開史局修成宗實錄，克墩爲堂上官，見馹孫史草，書己惡，大怒。且以有世祖事，因此欲報怨。柳子光性陰險，而有才能，與李克墩深相結納，而惡金宗直金馹孫輩。

燕山君立，深惡文士，以爲妨己而害事，乃重用柳子光而興大獄。時宗直已死，乃剖棺戮屍，其徒無幸免焉。宗直字季溫官刑曹判，習程朱之學，能文章，一時名士，多出其門，所謂佔畢齋門人者也。自戊午史禍以後，歷六年而有甲子之禍。燕山君痛於其母尹氏被廢賜死之寃，乃取時政記讀之，知其廢死之本末，凡當時參與其事，悉予誅戮，斷屍碎骨，禍及子孫，較戊午之禍爲尤慘云。當成宗時，識者已知燕山君之不足以有爲，而適足以亂政，右贊成孫舜孝嘗陞御榻，撫床有可惜此座之諫，成宗卒未之悟，卒遺朝鮮以無窮之禍，成宗之治，摧折殆盡，墮敗而不可收拾，則燕山君之敗德，適成宗有以成之也。

中宗恭僖徽文昭武欽仁誠孝大王實錄一百五卷 舊朝鮮總督府本 影印本

朝鮮李芑等撰修，中宗諱懌，字樂天，成宗第二子，母妃貞顯后尹氏。燕山昏虐，宗社將危，衆議推戴，性仁孝勤儉，善於聽斷，謹祀恤民，恭以接下，優納諫諍，誠心事大，終始不替。不崇信異端，不好遊畋，聲色玩好奢靡之事，亦不留心。中年好學，樂善，銳意古治，而專任新進，事多過激，志未克就，厥後雖屢爲奸人所誤，能復開悟，賴有學力也。在位三十九年，薨年五十七，葬於靖陵。明宗時李芑撰修實錄，題曰中宗恭僖徽文昭武欽仁誠孝大王實錄。

中宗懲於燕山之無道，力革秕政，銳於圖治，倘儒術，振作風化，朝野咸翹望風采，以爲王業可成，王道可興；然始也狃於夫婦之情，王妃愼氏，以父愼守勤驕縱而被廢，患難相濡，而廢於一旦，已不勝其悲悽矣。繼用趙光祖，欲改革積習，重建新政，爲舊黨所不容，乃黜光祖而賜之死。館學諸生，李若水申命仁等會於光化門外者且千餘人，上疏陳光祖之寃，卒莫能挽回。於是光祖死，而辛卯之三奸，沈貞，李沆，金克愊進。旋又以沈貞罹不理於人口，乃用金安老而除三奸，然安老亦非純篤之士，所引進者，如許沆，蔡無擇，亦多僉壬，洎柄政後，即力釋其虐，旋皆竄死，時謂之丁酉之三凶，除三惡而三惡進，中宗萬機之懷，已無所適從矣。所以然者，中宗無燭奸之明，而信處士之議，政治崎嶇，茫無把握，則時爲之也。朝鮮士風，養成於世宗之朝，世祖成宗以後，其風益盛，其學宗朱子，而喜談政治，世祖之篡立固已不理於人口，況以燕山之荒虐，豈能無已於懷，洎中宗之立，羣相望治，故言論鋒起，所施微有不當，則更相評騭，求治過急，而反致其殃，成宗朝士林之禍，其殆由此養成乎。

仁宗榮靖獻文懿武章肅欽孝大王實錄二卷朝鮮活字本　影印本

朝鮮沈連源撰修，仁宗諱峼，中宗長子，母妃章敬王后尹氏，生而岐嶷，三歲能解書義，六歲封為世子。性沉靜寡欲，仁恭孝友，勤於學問，踐履篤實。在東宮二十五年，賢德著聞，及其嗣位，中外想望至治，而執喪過哀，遂至不諱，且無嗣子惜哉。在位一年，葬於孝陵。按諸當日情勢，當中宗末年，尹任為世子峼之舅，尹元老尹元衡為中宗繼妃文定王妃之弟，各有所主。元衡等欲易世子，擁立文定王妃之子峘，而竊運計劃，於是尹任與尹元衡有大尹小尹之目，大尹者尹任，小尹者尹元衡也。中宗薨而世子峼立，為尹元衡所不喜，仁宗擢元衡為工曹參判，蓋欲藉慰文定王妃之心也。然大司馬宋麟壽等，論劾甚烈，元衡遂不得固位，竊咒詛王，王不得后歡，憂鬱成疾，在位十八月耳。當仁宗為儲位時，宮中東殿火，仁宗危坐不出，小宦攝衣號泣，終不肯出曰：不可，蓋聖意也。知中宗將傳位小弟峘，將以焚死為計耳。中宗驚覺，命小宦挾之而出，得免於難。及中宗薨，苫塊之中，滴漿不入口，遂致病卒，不愧為中生之孝。當時有輓之者曰：『三年短刺心嫌沃，五月居廬禮過滕』，已可哀已。

明宗實錄三十四卷朝鮮活字本

朝鮮洪暹等撰修。明宗諱峘，字對陽，中宗之第二子，誕生於中宗甲午，仁宗在位未踰年薨，峘於七月初六日卽位，是為明宗。戊申昇遐，享年三十有四，葬於康陵。宣祖四年辛未洪暹撰進實錄，時明宗之卽位年十二，文定王后垂簾聽政，尹元衡用事。先是成宗之初，貞熹王后雖同坐聽政，而未甚為患，至是母后外戚，專橫之事，與黨禍同時並起。尹元衡以顧命之臣，柄持朝政，然賦性奸諂，擅權植黨，乃與知中樞鄭順明，兵判李芑林百齡，工判許磁等，互通聲氣，排除異己。乃謂尹任柳灌等，於仁宗大漸日不願推戴明宗，欲謀桂林君瑠，當時從與其謀甚衆，遂興鈎黨之獄，大肆殺戮，是謂乙巳之難。說者謂乙巳之禍，士林被戮之慘，已足已亡國，不幸而有丁未壁書獄事，及己酉獄事。丁未爲明宗即位之三年，鄭彥慤爲副提學與宣傳官李櫓同謀曰：良才驛壁上朱書曰，女主執政於上，奸臣弄權於下，國之將亡，可立而待。苞順明百齡輩，抵掌雀躍，而欲因此作一網打盡之計。因列書應罪之人於壁書之下，分其輕重而啓之，遂殺鳳城阮宋麟壽，李若水等二十餘人，是爲丁未之禍。至明宗五年名士李若水，越謫人洪男，誣告其弟洪胤謀逆，鍛鍊伏罪，乙巳餘賢，解連就獄，是爲己酉獄事。大抵甲子之禍，較戊午爲甚；丁未之禍又較乙巳爲慘，至是士林已無噍類。迨明宗末年，元衡死後，漸悔乙巳丁未之謀，乃銓用盧守愼，柳希春輩，未及伸雪，而明宗已殁，爲時已無及矣。實錄史臣之論贊云：『使天降遐齡於仁宗，則雖有大小尹（大指尹任 小指尹元）之說，自當春秋而冰釋，使天賚良弼於明宗，則雖有大小尹之隙，亦可消禍而弭亂。當母后擁幼主，國勢岌岌之時，權以大臣當國，而鯁有餘，而智識不足，不知並黜大小尹，以紓國難，獨急於治元老，其迹似助大而攻小，故太妃益怒，而元衡輩每得以藉口，托公名，報私讎，大肆殺戮，以毀天功，其禍迨數十年而未艾。自古外戚爭權，而相鬬，未有不至於大僨者，然則母后之心，雖欲盡洗私以安朝廷，誰與洗之；雖欲賴大臣盡忠輔國，誰與賴之』。其言則確爲至論。然在實錄中而兼及評騭，猶屬創格也。

宣宗昭敬大王實錄二百二十二卷 朝鮮活字本 影印本

朝鮮奇自獻撰。據是錄稱宣宗諱昖，中宗之孫，德興大院君岹之第三子，母河東府夫人，鄭氏，贈領議政世虎之女，生於嘉靖三十一年壬子十一月己丑。天資岐嶷，氣度英毅，人皆異之。初封河城君，丁卯六月二十八日明宗疾大漸，是日夜半宣召大君領議政李浚慶在都堂冠帶，以竢承召，入升御床格上手，上已不能言。浚慶泣請中殿仁順王后定大計。中殿教曰：啓依乙丑年所定。浚慶曰：國事大定，更無可啓之言，兩司長官，並命入參聽，何如高聲啓乎上曰，臣等退去矣。上欲言而不得，左右不覺失聲，已而上薨。大臣以王妃所奉遺命，令侍衛諸官具世子儀物，迎河城君于私邸，河城君方服母喪，涕泣固讓，羣臣擁戴，迫而後乃行，遂入翼宅卽，年始十六。時僥倖之輩，坌集從龍，書名成軸，或以錄功爲言，李浚慶曰：事出預定，臣下何功，促令焚之。遣陪臣告訃於明，詔封爲朝鮮國王。在位四十一年，壽五十七追上尊號曰啓統光憲凝道隆祚，廟號宣祖，是錄前有小序目錄，記實錄起訖年月，後附題跋，僅記春秋撰修實錄，起於萬曆三十七年，成於萬曆四十四年，及撰修人姓氏而已。宣祖歷壬辰丁酉之亂，當國步艱難之際，雖黨論日崩，然尙能奮發有爲，亦可謂難能之主矣。當萬曆壬辰四月倭陷東萊，統兵約二十五萬，分三路進兵，一到晉州見敗於金時敏；一敗李鎰於尙州；一自左道踰鳥嶺敗死申砬於達彌琴坮。五月晦日，王先三日西巡，倭迫金城，王庭渡臨津召諸臣問策，都承旨李恆福奏言，朝鮮兵力不足以禦寇，惟有西赴乞援天朝，王決意西巡；洎宋應昌援至，亂始稍息。是時栗谷筵啓請京中養兵二萬，外方養兵八萬，以爲早晚之用。柳西厓以副學駁之曰，人君春秋鼎盛，當以德義輔導，無事養兵，其務非當。龍後栗谷謂西厓曰：『吾未及其用不爲副學，他日之憂乎。』壬辰倭變，時西厓執左水使朴泓狀啓，乃手頷曰：叔獻直聖人也。是知朝鮮養成事大之志，以依賴爲懷，宜乎其國境之日蹙矣。是錄附記云，王嗣服之初，勵精圖治，尊賢重道，東方之民，庶見至治，而不幸遭壬辰之亂。二十六年之間，宏謨善政，簡册所記，盡歸灰燼，無復存者，今因諸臣家藏日記雖收拾若干事蹟，譔成編帙，而什無八九，誠可痛惜。王之始終具載誌文行狀等著述，並附於卷末。是則宣祖日記，史資，燬於壬辰之亂，自獻據私家殘籍撰爲實錄，其致謗之因，所由起也。

宣祖修正實錄四十二卷春秋館印本　影印本

朝鮮李植等修正。寄自獻於萬曆四十四年撰進宣宗實錄，據私家傳記，其中頗多顛倒謬誤。先是大提學李植上疏論自獻之罪，朝門之姦孽，揖命李爾瞻朴楗專任撰修，陰削舊錄，自加誣筆是非不實，一切倒置，凡爲爾瞻所知者五六人，則飾僞虛美，擬諸聖賢，此外名臣碩輔，道學之士，與其所素睚眦，觝牾之人，則慎辭醜罵，舉加以窮奇檮杌之罪。至其末年所書，柳永慶鄭仁弘等事，則敢欲滓穢日月之明，掩蔽天地之大，正與章㥄之誣宣仁，同一玄軌，尤非臣子所忍言者。而前後實錄考見之時，史臣目見相傳，有不可諱者，誠千古史家之一大變也。惟此先朝誣史，關係大義，決不可付之悠泛，致有罔極之玷。李植之疏上於仁宗二十二年癸未，至光宗八年，金堉正成書上諸朝廷，撰爲凡例奏進實錄疏，及李植疏附於書後。其大旨宣祖實錄之撰，出於賊臣之手，潛削史氏文字，做作無根，說話誣毀，而肆詆之不遺餘力，遂自諸臣而及於朝政，豈不痛哉。及癸亥反正筵臣，相交請改修，國家多故，未遑此事，識者皆以爲恨。至癸未大提李植上疏，請即修正實錄，別成一帙，附藏史庫。先王遂命領議政金鎏領其事，而李植實主之，未訖功而植先卒，事亦遂閣。今上即之九年，右議政沈之源請於上，以畢其役，遂開局于慶德宮之承政院，以領敦慶府事金堉領之，一依李植所著凡例，踵而成之。宣祖在位四十二年，李植所修正自丁卯丙申三十年，而斯編續纂自丁酉，訖戊申十二年間事，用活字版排印，與舊本並傳云。

光海君日記一百八十七卷 朝鮮春秋館寫本；影印本

朝鮮春秋館編，光海君名琿，宣祖第二子，初名𤥽母金淑儀，戊申三月初九日，即位于慶運殿，追崇金淑儀恭聖王后，陵曰成陵，配柳氏，陽府院君，以同男桎爲世子。宣祖歷壬辰丁酉之難，當國步艱難之際，屢欲傳位於世子，其後察光海君脩康不足以有爲，且以晚年繼妃金氏，生永昌大君，㼁尤鍾愛之，有欲立爲世子之意，領議政柳永慶順王意旨，欲援立永昌大君，然李山海李爾瞻等，則欲結附光海君，且以鄭仁弘有素望，與之結爲外應，見王罹疾欲脅迫傳位於光海君，欲王怒宣爾瞻仁弘等，欲大治其黨。王疾忽轉篤，世子光海君進藥飯，王食之旋甍，玉體現青黑之色，說者以爲中毒所致。是時大北李爾瞻，小北柳永慶相軋益甚，故宣祖之卒，雖由於世子之廢，然亦由於黨派之紛爭也。光海君卽位貶逐柳永慶金大來等，不附己之人。而援鄭仁弘，李爾瞻。殺宣祖長子臨海君，及永昌大君，盡除異己，偏植私黨。其在內也則政由賄成，殺戮無辜；其在外也，清太祖已起兵於建州，定都瀋陽，外患日迫，而李适之變，禍起於蕭牆。至光海賦性之慘酷，則殺兄弟廢母氏，殺子姪戕害手足，如行所無事。又屢興大獄，禍及士林，且信風鑑之說，興土木，作仁慶慈壽諸宮，用度浩繁，民窮財竭，怨言載道。於是李貴金瑬等舉義兵，三月十三日從彰義門入，直搗王宮，時光海正與宮人宴樂，變報之來，不及防備，宮中火起，乃踰垣而逃，尋爲義兵所獲。在位十五年，得罪宗社，彝倫斁絕，至是乃傳位於綾陽君是爲仁祖。大妃數其大罪三十有六，欲殺之，綾陽幾諫，乃竄之於江華，丁丑移濟州，旋卒。當李适之亂，京城殘破，光海君日記，時政記，散失殆盡，至仁祖二年，二月左議政尹昉，請訪求光海時事，採購日記時政記等，然十不得其一二。至七月春秋館請修日記疏云：時政記之事，頃已設廳纂修，當初建設之意，但依舊事撰集塡補，第念光海君在位十五年間，事實記載不詳，且秉筆者，多出於賊人之手其時政記荒疏尤甚。但憑朝報野史，網羅收聚，一併撰出，則後日修史者將何所依據，後雖有良史，亦難爲力。請從魯山燕山君之例，撰爲光海君日記，亦與實錄有別云。至十二年修成，分藏於太白山，赤裳史庫，今帝國大學所藏者，乃爲太白山史庫寫本，蓋仍無刊本流傳也。

仁祖實錄五十卷朝鮮活字本　影印本

朝鮮李敬輿撰修。仁祖諱倧，字和鈞，號松窗，元宗長子，生於宣祖乙未，初封綾陽君。癸亥光海君被廢，奉仁穆太妃之命卽位，是爲仁祖。在位二十七年，卒年五十五，葬於長陵。仁祖幼聰穎，宣祖甚愛之，常抱於膝上，置御笠於頂上，亦有所屬立之意。癸亥義兵討光海奉太王大妃之教，光海反道悖德，罔有綱紀，茲以廢之。綾陽君倧聰明仁孝，表出尋常，宣祖奇愛之，命名之義，其旨有在；凭几之際，摻乎噓唏，屬意異於諸孫。今者秉大義，討平悖亂，脫于幽囚，復于位號倫紀得正，神人所歸，可即大位，以繼宣祖之統。仁祖即位，錄靖社之功，援引賢士，政治爲清。然未幾而有李适之亂，王出奔江華，亂事甫戢，而滿患又起。先是金汗遣使責以爲何刷還漢人，與邊民起釁，及屢行譏問等事。至丁卯，清太宗，以雄謀之主，興師遠征，朝鮮兵力不繼，喪師議和，其滿洲誓文云：『朝鮮國王與大金國王，二王子立誓，我兩國已媾和，今後同心合意，朝鮮若與金國計仇，整理兵馬，新建城堡，存心不善，皇天降禍。若二王子因起不良之心亦皇天降禍。若兩國同心同德，公道偕處，龍天保佑，獲福。丁卯三月初三日立』。朝鮮誓之云：『朝鮮國以今丁卯年甲辰月庚申日，與金國立誓，我兩國已講定和好，今後兩國各遵約誓，各全封疆。若我國與金國計仇違背和好，興兵侵伐，則皇天降禍，若金國因起不良之心，違背和好，興兵侵伐，則亦皇天降禍。兩國君臣，各守善心，共享太平。皇天后土，嶽瀆神祇，鑑聽此誓』。至丙子年太宗又欲革兄弟之盟，結君臣之禮，興兵致伐，朝鮮以勢弱力微，終至屈辱，立功德碑於三田渡，永爲藩服，時勢所驅，已無可挽回之地矣。今觀是錄，其有裨於史實者，約有三事：建州與朝鮮征伐聘問，此錄記載獨詳。或世子入質瀋陽，大臣北行聘問，有若瀋陽狀啓，北行日錄等書，尤可見清初史蹟，可取材於此者一也。毛文龍之守皮島，與朝鮮往還頻繁，而朝鮮亦利賴李适之變，毛文龍出師援助，實有德於仁祖之世；然以文龍酷求無厭，致啓鮮人之嫌惡，乃通使明廷，謂其與北虜有通敵之嫌，致啓袁崇煥殺文龍之舉。然文龍歿，而其將孔有德輩，多降清廷，朝鮮坐失藩籬，此與明廷及朝鮮兩不利者。實錄記文龍之事，較稗史爲詳，此可取材者二也。世子湦等，嘗隨聖祖入侍燕京，實錄仁祖二十二年八月，王問李稼北京情勢。謂：自流寇倡亂，宮室爲灰，皇極文淵兩殿，皆成灰燼，惟武英一殿，巋然獨存。九王英姿颯爽，在武英殿軍卒環立，氣象雄偉。其它所紀西洋，教士之湯來朝鮮，自鳴鐘，火器，之傳鮮土，此均有所可述者三也。是錄嘗經史局舊臣金藎國，閔馨男，沈洛等諮詢舊事，命金堉蔡裕等總纂修繕，至孝宗四年六月實錄修成，洗革賜宴，藏諸史庫云。

孝宗實錄二十一卷 朝鮮活字本　影印本

朝鮮李景奭撰修。孝宗諱淏，字靜淵，號竹梧，仁祖次子。誕生於光海君己未。王自幼器度豁達，屹然有臣人之志，不嬉游戲，舉止異凡，至性出天，雖菜果之微，必先獻然後嘗之。仁祖常以孝子稱之，眷倚特隆。五歲始受學讀書不輟，當於前史見帝王骨肉之變，輒掩卷而歎。天啓癸亥，仁祖反正，丙寅受封爲鳳林大君。崇禎乙亥遭仁烈王后喪，哀毀踰制，丙子之難，仁祖奔南漢城，王在江都，日夜瞻慕，廢食涕泣，屢募死士，起赴行在。丁丑隨昭顯世子入質於瀋陽，與昭顯一館，誠愛備至，遇難處事內外，動中機宜，及赴燕京清人以金玉綺帛遺昭顯，及王，王獨不受，願以鮮人之俘虜者代之，虜皆歎服而許之。已而東還，行李蕭然，沿路公民，嘖嘖稱歎。時昭顯已卒，中外皆屬望於王。是年五月仁祖策立爲世子，己丑仁祖薨即位，是爲孝宗。孝宗處身於兵戈之際，備知胡虜之情僞，其涉身處地，無日不在復仇之中，故即位之初，慨然有雪恥之志。首召金自憲，金集宋時烈等，潛謀爲北伐之計。嘗使人至北京窺清廷之情狀，經筵沈之源，謂當本使北京，覩察彼中情狀，危亡之兆已萌，若被關內有失，則朝鮮之隱憂尤甚。王曰：『必上下同心，得人而後可濟』，然蓄雄邁之志，終未能現諸實事。且嘗隨清兵北征羅禪，與役黑龍江，陳兵俄邊，其恢復雄圖，則未嘗忘也。嘗與倭人開市，重定倭館開市規則，東萊府倭館之設，有戶曹收稅，算員本府市開市監官代官，倭人東西列坐，兩國貨廣置庭中，許其交易，各持成券點檢，國人使之。丁丑以後，此法漸廢，商賈自相受授，奸巧百出，漫無統紀，弊端叢生，府使尹文舉請復舊規，立法之始，與倭人雖有爭鬧，久之始息。又嘗立不得越境採蔘之法，此均有裨於國政者也。在位十年，卒年四十一，葬於寧陵。顯宗二年辛丑李景奭等撰進實錄，題曰孝宗大王實錄，附錄行狀誌文諡册哀册，別爲一表，附於書后。惜乎孝宗享年不永，其政事雖有可觀，然終未能發其抱負也。

顯宗實錄二十三卷 朝鮮活字本 影印本

朝鮮權大運等撰修。 顯宗諱棩，字景直，孝宗元子，誕生於仁祖辛巳。 己亥孝宗薨於昌德宮大造殿，棩以嫡子嗣位，是爲顯宗。 顯宗生於瀋陽邸館，少歷艱辛，非無紹述之志；然徒以賦性溫厚，故乏英武之氣。 當吳三桂起兵雲南之際，中原騷動，士人羅碩佐上疏萬言，請追孝廟臥薪嘗膽之志，長驅義旅，與三桂相應，報壬辰之恩，雪丙子之仇，事機非無可圖。 顯宗猶豫未決，識者由是病之。 然顯宗非無克復之志，亦實有不得已之心。 當孝宗之初，清廷尚未大定故北行之使，稱清廷危亡之兆已徵，比至顯宗，則清室局面，業已大定。 據顯宗九年，即康熙七年判中樞府鄭致和使命復命顯宗，詢問北京情況，彼主之舉措如何？對云：『彼主之遊娛甚奢，貂鞍金鐙，酒盃器皿，皆黃金爲之。 五鳳門改作，一如舊制。 所費至萬金。 惟用人則不免行賂。 比見搢紳便覽，十三省政皆爲清人派遣，以此觀天下幾得其半。 惟鄭經猶據有海島，清兵攻之頗利，經乃請兵日本，約爲婚姻，日本亦允諾之』。 當孝宗之初，北京宮室，尚處殘破，至康熙之初，已復舊觀。 且有十三省之地，得以出號施令，則安有以彈丸之朝鮮，而當百萬之雄師哉。 是顯宗雖抱有雄志，然實已無所施展，其不得已之苦衷已明矣。 然朝鮮對於壬辰之恩，事大之念則未嘗或忘。 至崇禎歿後六十年之甲申，肅宗常設壇致祭，以示不忘宗主國之孤詣。 至書年號，則仍用崇禎後某年：如崇禎後三甲子後四巳未 ，其孤忠亮節，實可尚也。 況顯宗時，尚有疫癘之厄哉。 是錄所記者，尚有漂民之事。 如八年十月條云：『有漂流漢人九十五名，押送清國。 據漂民自言，泉州人，爲清所迫，避地東寧。 東寧者南海之島嶼，屬於福建者也。 是時永曆帝任鄭經鎮福建沿海等地。 鄭經者成功之子，成功死，永曆命經襲封爲王，無汗馬之勞 ，而據有東南海中島嶼，服事永曆。 永曆都雷州。 （永曆都雲南昆明等處 ，此誤）保有福建廣東，廣西，四川三省之地。 東西粢嘗萬餘里，均爲明廷所有，東寧據雷州水路萬餘里 ， 故未常往來。 王乃問汝等爲鄭經之部下否 ，漂民皆流涕泣而不言云』。且自宣祖以後文治尤盛，實錄必數經修改，而後成書，歷觀各朝，且有因修實錄失實，或有僞訛而致罪者。至印刷之術，顯宗時尤爲倡明。九年八月條云：『初據書館之鑄字，壬辰兵亂散失以後，未能更鑄用木字，印書未能精審，至是前戶曹判金佐明，始請以銅鐵鑄字。自是以後，公私書籍印刷尤精，爲世所稱云。顯宗在位十五年卒年三十四，葬於崇陵。肅宗三年丁巳權大運等撰進實錄，題曰顯宗純文肅武敬仁彰孝大王實錄，後附行狀哀册謚册，及誌文等一卷，其後改修者，稱改修實錄。

顯宗改修實錄二十八卷朝鮮活字本　影印本

朝鮮金壽恒撰修。按顯宗實錄，纂於肅宗三年，總裁爲南人權大運氏，其後老論領袖金壽恆柄政，乃上啓云：『顯宗實錄事蹟記載頗多粗略，朝紳職姓，訛誤尤多，擬仿宣祖實錄修正之例，別撰一本，與前書並藏名山，以垂不朽』。至肅宗九年，改修實錄成，肅宗實錄九年三月條云：『改修肅宗大王實錄修成，凡二十卷，總裁官金壽恆，以下論賞有差』。由實錄之修改，則可知當時意見之紛歧，及黨派之爭。燃藜室記述續卷云：『庚申七月判校鄭勔疏略實錄纂修之任，至嚴至重，隻字片言，如或爽實，則固非修史之義，而難免後世之譏矣。次年修史之時，權奸擅國，忘先王陶甄之德，懷一時怨懟之心。太史之筆，臨時圖竊，與奪之手，低昂隨意，則厚誣先王變亂，是非之狀，不待智者而知。及其脫稿之後，縉紳之間，頗有竊疑而言之者，年前許穆之曰：敢以先王政亂等語，肆然陳達，其無君不道之心，於此畢露。然則總裁之大運，秉筆之閔黯，平日心術，與穆一般者，安知不以不韙之說加諸先王如許穆詬誣也哉。至於光海時政記，仁祖朝旣已修正矣，彼翟文請取而改修之，抑何意，其心何在，誠不可測者，宋儒陳瓘以紹聖史官，取王安石日記，以修裕陵實錄，大亂是非不可傳信，請乞修改，非今日可取法者耶，伏願神明斷自宸衷，汲汲設局，及時釐改，此今更化之第一急務云』。鄭勔力主修改實錄，然當時弘文館對於修改實錄，則頗持異議。燃藜室記述續卷三云：『玉堂（弘文館）箚略，頃日筵中，以鄭勔疏詢於大臣，而刑判金德遠肆然立議，至以爲國史修改前所未有之事，而祇宋朝紹聖年間蔡卞等建議請改裕陵實錄云云，臣等不勝駭然。實錄改修考諸前史，稽之國乘，固非一再，則前所未有之說不足多下，而其所引紹聖一類，語意甚慘。蓋紹聖哲宗年號，伊時熙豐奸黨，乘時用事，而蔡卞以王安石之婿，追嫉元祐史官，直書於王安石亂政之狀，建請改神宗實錄，而專用安石日記，仍貶掌史之臣范祖禹，呂大防諸賢，以逞其修郄報怨之私。以其時爲何如時，而乃敢指擬於今日事乎。其恣肆無嚴，吁亦極矣。』當時所爭者，僅於字面行之間，識見之卑，其無意義可知。然改修實錄，終以撰進，今觀兩書，所持爭端大抵爲用人行政，及黨派之爭而已。不亦吁可哀已。修改本後附顯宗行狀哀册謚册陵誌，均爲頌諛之辭也。

肅宗大王實錄六十五卷朝鮮活字本　影印本

朝鮮英宗朝撰修。肅宗諱焞，字明普，顯宗長子，誕生於顯宗辛丑甲寅即位，是爲肅宗。庚子昇遐，春秋六十，葬於明陵。英宗四年戊申慶修實錄，據英宗三年十二月修正實錄堂上奏陳洗草得失之議，領議政李光佐尹淳等云：『昔之史草，均公言直筆，故不洗草，洎乎國初未有洗草之規，洎宣祖實錄，爲大北黨人專掌纂修之事，好惡一任其私，公議難行，始定洗草之規。其後依以爲例，然良史筆法，將何以考信』。英宗曰：『洗草之意，史草一時取捨安能盡善，或見聞各異，各持一端，爭論是非之弊，因之叢出。補闕之役無有已時，若無洗草之事，則何以鎮定羣言，歸於一是，則洗草之事不宜廢也』。十二月二十六日，吏曹參判尹淳上疏云：『請將肅宗實錄中之善政嘉謨，錄出印行』。許之。命尹淳專任其事，陸續抄進，四年三月肅宗實錄修成，並立補闕之名，每卷後附補闕正誤，題曰肅宗顯義光倫睿聖英烈章文憲武敬明元孝大王實錄。按景宗朝最爲黨見紛歧之時，南人之黨則有淸南濁南，西人之黨則有老論少論。然所持者並非軍國大計也；不過爲祭祀適庶等議，以微末之論，遂爲衆矢之的。而窺各黨之志，初不在於所討論之問題，不過借此問題以濟其私而已。今觀是錄所記肅宗朝之行政，如『癸亥以唐之何蕃，宋之陳東，歐陽澈；事蹟昭著，足以令人起敬，乃於此三人別立小祀，於成均之旁，使諸生有所觀感』。『己巳正月引見大臣六卿上以國本未定，國勢單孤，卽令莫大之計』。乃爲王子定立名號之事。『戊寅前縣監申圭，因天變求言上疏，請復魯山君廟』。『己卯王后閔氏薨，議政李世白：當此國恤，士夫家大小祥儀節，宜有定式』。實錄以是書之，大臣以是議之，累千萬言不能自休。朝鮮士林所以養成斯風者，蓋以朝鮮受南宋道學之影響，所刻之書皆爲程朱之書，所爲文章皆以八家爲法，書道自守，食古不化，故思想行動爲之所拘，而無所進展。又加之宋之濮議，明之大禮議，在吾國視之爲故常，而彼錙銖較量於名義之間，因之陳陳相因，仿效於無形，而不知自覺，使思想綜陋，國步日蹙，此深堪痛惜者也。惟甲申條，上思壬辰再造之鴻恩，痛皇明九廟之不恤，築大報壇于北營之後，親祭神宗，歲以爲常，雖黨派紛歧之中，尙有昭雪之志也。至元年三月記鄭錦入寇，二年正月記吳三桂鄭錦與王輔臣，耿精忠聯合，湖廣四川等地騷動，及清廷亂後之情狀，是均可爲史資者也。

景宗大王實錄十五卷 朝鮮活字本　影印本

朝鮮李墣趙文命等撰修。景宗諱昀，字輝瑞，肅宗長子，誕生於肅宗戊辰。據梅山錄，王天性渾厚，自在儲宮多病，及卽位疾益甚，精神日減。辛丑正言李廷肅上疏，請册立延礽爲王世弟。大臣金昌集李頤命，李健命，趙泰采，承大妃命，卽爲册封王世弟。參判柳鳳輝，投疏阻其不可，原任大臣，泰耉潛入北門，以諫參議金一鏡，率李師尙，朴弼夢，李眞儒，尹聖時，李言，徐宗廈，上疏其言不測。指金昌集等四大臣以下，名爲老論，欲爲一網打盡之計。其時少論爲魁首者，泰耉柳鳳輝金鏡，其餘黨則李光佐，崔錫恒趙泰億也。景宗朝爲老論少論最爲紛爭之時。是時宦者朴尙儉，文有道，宮婢石必烈，必貞等，與金一鏡表裏糾結，謀除世，弟事覺被誅。至壬寅三月睦虎龍又告變，於是鞫問同謀者，白望，鄭麟重，金龍澤，李天紀，李喜之等。據洪由大急手，小急手，平地手之三種方法，以逞逆謀，而欲推戴李頤命。大急手者挾匕首入宮而刼之者也。小急手者與藥於宮人，使和藥於飲食之中，而進者也。平地手者以爲金縢結內豎，構成罪名，爲放黜之計者也。事發首凶賜死，餘均死於杖下，或戮其屍，株連約數百人。是爲壬寅之獄。以三字獄之罪，而誅戮無辜，禍及士林，此皆少論欲排擠老論之計也。此紛擾之際，景宗以孱弱之身，安能當此萬機之任乎。在位四年而薨，年三十七，葬於懿陵。王世弟昑立，據英祖四年九月洪致中進言，以大行朝初患疾恙，一夜遽薨，外人不知其詳，頗爲致疑。因之一二凶逆之徒，金一鏡，沈維賢之徒，私相唱和，略無顧忌，臣子聞之，當如之何，此皆固爲險詖以作報復之計者也。至英宗八年正月，大提學李德壽撰景宗行狀，二月十八日景宗實錄成。左議政李𡐊，右議政趙文命等爲總裁。是錄始修於丙午八月，至是乃告成云。題曰景宗德文翼武純仁宣孝大王實錄，黨論叢生，是非紛歧，皆恩怨之言，實無關於國政者也。

景宗修正實錄五卷朝鮮活字本　影印本

朝鮮鄭存謙等修正，是書爲正祖五年，辛丑鄭存謙等所修正，即據正祖六年十月李𡐊所撰實錄重修。先是前佐郎李師濂以景宗實錄所纂修者，皆凶逆之徒，黑白易處，義理安能昭信於後世，垂訓於來者。自是疏奏進之後，正祖三年十一月修正之實錄成。當時主張有將舊本投諸水火者，然歷觀宣祖顯宗改修實錄，新舊兩本，並存藏諸史庫，以垂久遠，此是保存文獻，最忠實之保管方法。然當黨爭激烈之時，反對黨至欲將不利於己之舊本，掃除精盡，以逞一時之快，而不爲遠慮之謀。故英祖五年二月實錄廳，摘奸條，所謂改修實錄者，蓋以後人觀前修之實錄，有所不妥，或有疏漏之處，用爲改正，以存眞像。今後如發現修改實錄之事，非有特別之事故，須與原件一一校正，注明其缺陋，何年纂修，一一注明於原件中，以示區別，斯蓋鑒於黨人意見之紛歧，以明限制之意。正祖五年改修景宗實錄告成，舊本七册，改修本節爲三册。從舊史官李師濂之請也。與纂修英宗實錄，同時開局，至是實錄告成，題曰景宗德文翼武純仁宣孝大王修正實錄，前無序例蓋較前書爲簡。　紀景宗即位戊子前錄二卷，此則併爲一卷。　六年辛丑右議政趙泰耆疏陳新政　務，其目有七，曰懋聖學以資德性，崇孝友以私宮闈，勤聽斷以應萬機，立綱紀以　扬勢，舉賢能以盡職事，恢言路以廣聰明，恤民隱以固邦本。　修正本較此爲簡。　兩本雷同之處甚多，似可不必改撰，以此觀之，當日朝臣徒逞於意見，未免爲多事矣。

英祖實錄一百二十七卷實錄館鉛印本　影印本

朝鮮李徽之等撰修，是書記英祖一朝政績，而附以名臣奏議，諸臣行事，凡英祖朝五十二年間，用人行政，朝章典制　，大概在是矣。　英祖爲肅宗之第二子，字光叔，以養性署其軒。　即位之初正黨禍搆煽之時　，英祖平抑老少二論，一切皆主於正公。　乙巳元年正月教曰　：『朋黨之弊，未有甚於近日者，一邊之人，盡驅之逆黨，其中豈無抱寃之人乎。　彼攻此擊，公言枳塞。　今當歲籥重新，豈無與歲俱新之意乎。　被謫之人，令金吾與大臣登對，疏決銓曹，蕩平收用，咨爾群工，祛黨習　，務公平』。　英祖之教可謂深中當日之積弊。　至其尙節儉，禁奢侈，非徒恃法令，而以身率之。　又極注意於農桑，於歲首屢下綸音，於八道兩都，勸課農桑。　刊印世宗時刊布之農家集成，頒行於世，且減田租，蠲舊逋，賑饑饉，設均役廳，講究節目而行其法。　减奸婢之貢，申升斗之制，此均便民而切於實用者。　政清人和，民感其德，故能年登大耋，在朝鮮各朝中，爲傑出之才，然黨禍仍未能平息也。　薨年八十三，葬於光陵。

正祖實錄五十四卷實錄館鉛印本　影印本

朝鮮李秉模等撰修。　英祖薨世孫祘傳踐王位，是爲正祖。　正祖本號正宗，光武三年，追爲正祖。　英祖一朝黨禍頻仍，正祖即位之始，即貶鄭厚謙，洪麟漢輩，竄逐黨人，御製綸音，詳述黨禍始末，告諭臣民，使有所歸向，未幾即擢洪國榮爲承旨，旋設宿衛所，使爲大將率禁旅宿直，於是有世道之稱。　世道者乃掌握政權之謂也。　軍國之機務，百官之狀奏，皆先咨世道，而後奏王，其權亦可謂重矣。　自是國榮威福與奪，無不如意，專横暴戾，尤勝於前世，人目之爲大厚譴。因之坐謀逆伏誅。正祖乃思調停黨見之方法，題其室曰蕩蕩平平室，然雖措置有端，而不能掃除黨派之陋習，於是在朝仕者，有老論，少論，南人，小北四黨，根深蒂固，莫可挽回。而書院尤爲黨人之根據地，自大院君以南人執權，深察黨論之弊，乃毀書院，逐院儒，用人不問黨派，一掃舊日積習，然中病已深，外禍頻仍，實已無可挽回之地矣。然正祖一朝，承英祖餘風，勸農政，賑饑荒，救恤黎庶，謹愼刑獄，爲政仁恕，其功有不可設者。至英祖正祖兩朝，改革官制，編修大典，至今流傳者，尚有大典通編，典律通補等書，實有裨於政教文化者也。薨年四十九，葬於健陵。

純宗實錄三十四卷實錄館活印本　影印本

朝鮮李相璜撰修。考憲宗實錄卷五四年戊四月十三日云：『純宗大王實錄成』，又日省錄憲宗戊戌年四月十三日云：『實錄啓曰，正宗大王實錄十五卷，今已臍畢，純宗大王實錄印出，卷數定爲三十四卷，計五處分藏，合爲一百七十卷。正宗大王附續編，純宗大王附其五處分藏，及進上件合爲十二卷云云』。書題純祖淵德顯道景仁純禧文安武靖憲敬成成大王實錄，內二册附錄及附錄續編。純宗大王朝鮮第二十三代王，諱玜字公寶，號純齋，正宗第二子，母妃孝懿王后金氏，母綏嬪朴氏。正宗庚戌誕生，庚申卽位，甲午昇遐，春秋四十五，葬仁陵。李太王戊戌追尊肅皇帝大王，卽位禁邪學，李家煥金健淳等，其餘靡然從風者，上自搢紳，至於中路婦女，難以悉紀，皆被戮。蓋其自淸而來，以邪術惑人，父子之倫，夫婦之別，蕩然爲禽獸之歸，故相察濟泰，倡旗鼓，其徒皆從師之，施及健淳之徒，民彝及乎絕矣。大王大妣，痛加禁斷，至於誅戮，都下爲尤多云，大王之朝，火災極多，如癸亥仁政殿火，甲子三月初三日大風平壤火起，宣化堂以下閭舍及箕子殿檀君廟皆見燒，練光亭，浮碧樓先後皆焚，其他京外火災不可殫記。此實錄中遺漏之事蹟，亦難枚舉。卽以卽位之年論，如七月四日大王大妃同垂簾政事，見耳溪集卷二十二，大王大妃殿垂簾同聽政，頒教文人事，見淵泉集，及淵泉年譜。又是月七日，典藥院都提調李時秀卒，以徐龍輔代之事，見日省錄，純宗庚申七月七日又是年九月十二日，命來李謹嚴刑後，定配金甲島，右捕盜大將柳孝源罷職，事見日省錄。是月十八日丁酉平海平配罪人，曹壽喆長淵定配罪人金尙放還事，見承政院日記，實錄皆未之載，此特一年之中由七月至九月而止，其遺漏已如是之多，若詳稽全錄，其遺漏之多，可勝言哉。

憲宗實錄十六卷附錄一册朝鮮活字本 影印本

朝鮮趙寅永等撰修。按哲宗實錄卷一，其即位年之十一月十五日，以趙寅爲實錄總官，故憲宗實錄其經始之總裁，即爲趙氏。哲宗元年十二月趙氏卒，二年正月以朴晦壽爲實錄總裁官，朴氏之後則金道喜鄭元容等迭充總裁。及哲宗二年十月憲宗實錄印出裝潢役，迄奉安春秋館實錄總裁官，領議政鄭元容以下，施賞有差事，見哲宗實錄卷三。及憲宗實錄應儀軌之賞典。卷一首題曰憲宗經文緯武明仁哲孝大王實錄。大王爲朝鮮第二十四代王諱烉，字文應，號元軒，翼宗大王子，丁亥七月十八日辛酉誕生，庚寅封王世孫，甲午十一月十八日己卯即位，己酉六月六日昇遐，在位十五年，春秋二十三。有睟容三本，辛亥奉於璿源殿。有一女無嗣，葬景陵。大王之政以實事求是，不尙虛文，故元年之正，御興政堂，引見大臣，諭備局堂上領議臣沈象奎云：頃盡袪文以行實政，不緊之事，勿煩酬應。又稽辛酉初元，亦有中外奏牒，商確裁減之舉，今當講筵日開，寸陰是惜之時，不宜以此閑漫例奏，或妨時敏之工，凡諸道狀啓中，傳啓舊例，逐月登聞之，可合省除者，令諸有司及知申相議錄，以爲經稟裁減之地。此事見實錄之卷二。後世稱爲裁減閑漫例奏，盡除浮文云。又憲宗萬幾之暇其補印列朝實錄之功，尤足稱許。考此錄卷二，二年八月十日辛酉勸講于熙政堂左議政洪奭周曰，年前藝文館回祿之後，列聖朝實錄，所當改印，體重役鉅，今尙未遑矣。正廟實錄，年代尤近，見存半秩，尤不可不先印補完，今方有開庫奉審之舉，其中當爲補印之卷，陪來於本館，待新實錄印出時，仍爲借印從之云云。由此列朝實錄，得無闕遺，非然李朝實錄，恐無完帙矣。憲宗聖政固多足稱，惟此實錄所紀太略，不必與他書較，凡見於備邊司謄錄者此錄即多未載。如元年九月二日倭西館東大廳，及東館修改役畢，該役董監訓道李宜叙公幹譯官朴命浚等賀資。又九月六日大王大妃教嚴防科場雜亂弊等事，皆爲備邊司謄錄所有，而此錄所無者。此特以一書較之，數日間事，其所失載已有二事，若博採羣書，詳校憲宗一朝事錄中所遺，不知若許矣。

哲宗實錄十五卷附錄一册實錄館鉛印本 影印本

朝鮮實錄館總裁鄭元容等撰。修成於李太王二年乙丑之閏五月，考哲宗實錄廳儀軌，乙丑年閏五月十三日云：哲宗實錄，純祖實錄附錄，哲宗實錄附錄成，命奉安春秋館，書共十五卷，附錄一册，卷一首題哲宗熙倫正極粹德純聖文顯武成獻仁英孝大王實錄。哲宗朝鮮第三十五代王，諱昇字道升，號大勇齋，全溪大院君第三子，母龍城府大夫人廉氏，辛卯六月十七日丁酉誕降於慶幸坊私第，己酉六月六日壬申憲宗昇遐，以純元王后命奉迎於沁都，入承憲宗大統，考純祖，妣純元王后金氏，初封德完君九日乙亥行冠禮，即位于德昌宮之仁政門，癸亥六月十七日壬辰上尊號熙倫正極粹德純聖。十二月八日庚子昇遐，在位十四年，春秋三十三。有睟容四本，二本壬子圖寫，二本辛酉圖寫，奉於宙合樓。有一女無嗣，葬睿陵。大王入闕時，百官祗延於敦化門外，即詣殯殿舉哀次慰三殿，仍行冠禮，更詣殯殿受寶，後從協陽門出御仁政門登極，百官祗行先後四拜，進賀侍衞，諸臣不得不仰瞻，而眼彩所照，不敢注目，殿坐時刻，恰爲半晌，而穆然凝然，嚴威儼恪滿庭臣僚莫不肅然起敬。還內後仍詣政堂東廳垂簾侍坐，諸大臣皆入侍簾內，出示教令，承旨讀奏，皆君德成就之事也。惟此實錄文極簡略，有時讀之多不能知其所云何事。如卷二哲宗元年三月二十日辛酉云：詣慕華館迎勅，詣明政殿行宣詔儀，接見勅使。按所謂勅使究屬誰氏，所謂行宣詔儀，所宣究爲何詔，悉未明言，殊令讀者不得其解。查是日承政院日記云：勅使行部(筆者案：行部或係刑部之誤)左侍郎全慶副使正藍旗漢軍副都統德興，奉宣宗皇帝遺詔，及新帝登極詔到，王至慕華館迎勅，詣明政殿行宣詔儀，接見勅使云云：始知爲清道光三十年，道光帝升遐，咸豐帝登極時，頒勅朝鮮之詔命也。使無承政院日記，此則則實不可解，編中似此之處不一而足。又以之與承政院日記，日省錄校，凡見於二書，爲此錄所無者，殆居其半，此錄所有者，鮮不見於二書，且皆視此錄爲詳，以實錄而簡略若此，殊屬可議。蓋時至李朝末葉，非獨黨見紛歧，卽實錄記註亦日趨簡略，而愈謬也。

西藏志版本異同考

Die verschiedenen Ausgaben des
Hsi-tsang-chih (Landeschronik von Tibet)

吳豐培

引言

西藏僻處西陲，文人罕至，自唐宋以來，史籍所載，略而不詳。迨清初用兵衛藏，設官駐鎮，星使頻繁，身至其境者，日益增多；於是藏情漸悉，而記載日夥。西藏志一書，數爲談藏政者所引用，而著者不詳，傳鈔多誤；或名同而內容迥異，或改訂目次，而內容盡同者。茲就所見各本，而考其異同，校其舛誤焉。

（一）著者之考訂

西藏志不分卷，清乾隆五十七年刊本，不著撰人名氏，前有和甯序，謂：『傳爲果親王撰，得鈔本於成都，而付剞劂』。考清史稿諸王傳云：

果毅親王允禮，聖祖第十七子，康熙四十四年，從幸塞外，自是輒從。雍正元年封果郡王，管理藩院事。……六年進親王。十二年命赴泰甯送達賴喇嘛還西藏，循途巡閱諸省駐防，及綠營兵。…乾隆三年薨。（清史稿卷七）

允禮雅好翰墨，當其奉使泰甯，乃自燕晉以歷秦蜀，往返一萬二千里，爲時約六閱月；沿途所見山川風土，古今名蹟，均行記載；復自爲之注，成日記二卷。（前承傅沅叔年丈以稿本惠借，余輯刊於邊疆叢書中）。考證翔實，詞旨雅潔，並喜吟咏，曾見其遺集一函，精刊原印，內爲靜遠齋詩集十卷，春和堂詩集一卷，奉使紀行詩二卷；而熙朝雅頌集，亦輯錄其詩多首；足徵其文藝爲士林所推重。其紀行詩，即使泰甯而作，固可與日記參讀而並傳者；是足證允禮於詩文與地經世之學，無不講求；則是書或爲其所出使時，采風問俗，參以史乘而成者。且和寧亦註藏日久，嫻習藏情，曾著有西藏賦藩疆覽要等書傳世；其時代去允禮出使之時尚未甚遠，則其所云，或有可信之點。然考書中事蹟篇，記允禮至泰寧送達賴喇嘛入藏事，均題行以示尊崇，且稱王而不名，並無著者自述語氣；而馬揭盛繩祖合撰之衛藏圖識，首載魯華祝序，稱圖識取材於是書；而其例言中又云：

舊有西藏志……不知作自誰氏，規模粗具，記載亦詳，惜敘次倒置，且向無刊本，傳鈔日久，訛以滋訛。（衛藏圖識卷首例言）

考衛藏圖識成於乾隆五十七年，與和寧刊印此書時代正同，以未見刊本，並不知撰人為誰，足見傳鈔之本，皆不著撰人。和寧所云，亦為假定之辭。且書中事蹟篇，有乾隆元年章嘉呼圖克圖自藏入都，及寺廟篇載第十四世班禪喇嘛乾隆六年坐床事，考西藏日記允禮於雍正十三年閏四月朔回京，則乾隆元年之事，似不相關，尤可謂其管理藩院，曾預聞其事，然班禪喇嘛坐床，事在六年，據清史稿本傳，允禮卒於三年；則死後之事，安得預知，由此可證是書決非允禮所撰，固無疑義矣，意為允禮隨員留藏者所撰，而僞託王名，或竟缺而不載，傳鈔日久，真像莫明。如新疆識略之為徐松撰，（說見光緒順天府志藝文志，及張琍漢書西域傳補註序。）而由伊犁將軍松筠奏請印行，反不載徐松名之例相同，較為可信也。至於黃沛翹之西藏圖考，許光世蔡晉成合編之西藏新志，日人山縣初男著西藏通覽等書，所引用此書，稱為果親王撰者，皆據和寧刊本而言也。

（二）版本異同之考訂

是書刊本流傳較少，而殘帙尤多，今見燕京大學圖書館所藏，則為全帙，首載和寧序一篇，末附藏程紀略一篇，（按此篇為康熙六十年焦應旂撰，考甘肅通志：應旂貴州清鎮人，康熙三十五年舉人，知涇陽縣事，當五十四年準噶爾策妄阿喇蒲坦，遣兵入藏，乃分命諸軍進討，應旂奉調押運糧餉，從軍六載，類險備嘗，因成是記，以誌經過，與西藏志似無關連，疑為和寧刊佈時所增入者。）

最爲完整，其他傳鈔之本雖多，然或缺序文，或刪紀略，舛文訛字，不勝枚舉，且多同名之作，而內容迥異，或書名各異，而紀事盡同，魚目混珠，不可不辨。今羅舉所見各本，縷述如下：

一，西藏志不分卷，乾隆四十七年和寧刊本，半葉八行，行二十字，書中分事蹟，疆圉，山川，寺廟，天時，物產，歲節，紀年，風俗，衣冠，飲食，婚嫁，夫婦，生育，喪葬，醫藥，占卜，禮儀，宴會，市肆，房舍，刑法，封爵，頭目，兵制，邊防，徵調，賦役，朝貢，外藩，碑文，臺站，糧站等三十三目。增錄爲各處抵藏之路程，條舉目張，甚略粗備。雖其中不免有舛誤之處，然西徼遠鄙，文獻無徵，具此雛形，既覺可貴，宜乎後之論藏事者，以此爲藍本，而與西藏日記並傳不朽也。（燕京大學藏本）

二，西藏志四卷，舊鈔本，半葉九行，行十七字，與刊本完全相同，惟前闕序文一篇，後無藏程紀略。（東方文化委員會藏）

三，西藏志不分卷，殘本，與刊本行款同，而首尾殘闕，僅存一半，係鈔自刊本而殘失者。（李氏木犀軒藏，今歸北大圖書館）

四，西藏志不分卷，舊鈔本，卷尾有乾隆四十三年七月鈔錄字樣，無撰人名氏，半葉十行，行二十字，與刊本內容不同，亦不分章目，並記果親王入藏及傅清拉敦奋達爾巴事，是較刊本成書稍晚，而文字譌脫敘次失當，似屬未定之稿，卷末載清康熙平定西藏各種碑文，則爲刊本所無也。（東方文化委員會藏）

五，西藏志，不著撰人姓名，半葉十行，每行字數不定。就其記事考之，可知爲清末民初之作，書中勾乙添註之處甚多，疑爲原稿本，敘次內容，與刊本迥不相同。以上兩種，爲名同而實異者。（家藏本）

六，西藏記二卷，不著撰人名氏，半葉九行，行二十字，清乾隆五十九年王俊良刊龍威秘書，將是書全部採入，列爲九集荒外奇書之一種，而單行本即據叢書本而刊行，後增蠻語二卷，內容與刊本西藏志相同，惟目次前後各異，且較藏志爲有條理，事蹟及封爵兩篇末，均記頗羅鼐之子珠爾默特那木札勒謀逆伏誅事，爲藏志所無，蓋藏志成書較早，此事尚未發生，是本刊行較晚，爲後人所補入。惟據乾隆東華錄及聖武記西藏圖考等書，藏亂事在十五年，而此本作十六年，實誤。末篇記各地至藏路程，較藏志爲詳，藏志僅記各地之距離里數，此則增所經過之地，或附誌古蹟，惟序文及藏程紀略均未載錄，是據藏志而加增損者也，惟訛文誤字極多，茲據刊本西藏志校之得數百條，足見是本校勘之不精，而所據鈔本亦多舛誤也。（家藏本）

七，西藏志四卷，清徐天球撰，天球字卿石，一字未莊，廣濟人，雍正十三年舉人，乾隆十年進士，知威縣，再知邢台，遷四川順慶同知，委辦西藏糧務，是書即其駐藏時所撰，記山川風俗糧賦雜事。（光緒湖北通志藝文志引黃州府志）

八，續纂西藏志，清李元撰，元字太初，京山人，孤貧力學，乾隆辛卯舉人，以知縣發四川，歷仁壽南充等縣，有循聲，嘉慶二十一年乞病歸，唯載書數萬卷而已，元雖在官不廢學問，文筆淵雅，撰述極富，有渾齋七種，……五年了日程瑣記，……（光緒湖北通志藝文志，參文學傳，引京山志）

此兩種僅見著錄，未覩原書。

以上所舉八種，內容相同者三，名同而實異者二，名異而實同者一，未見原書者二，其他殘缺之刊本鈔本，則數見不鮮，（近商務印行有英人柏爾著西藏志一書，以外人之著，故不列入）。意不能出此數種外矣。

（三）　版本之校訂

然此數種中，刊本固較鈔本爲可據，而鈔本間亦有可校正刊本者，如寺廟篇，記蘇康捕木有一方池，周圍四里，而刊本作周圍，抄本不誤，邊防篇內記駐防兵馬，至九月雪封山徑，徹回休養，次年仍往，又設卡數處，鈔本全作大字，西藏記亦同，而刊本自徹回以下十二字，均作小注，文意不順，殊屬失當，此雖小節，究可互證，而宴會篇末，「每月二三」下，竟脫「次貧者亦必一次云」等八字，茲就所見之本，以刊本西藏志爲佳，而鈔本訛誤各異，難爲定本，然可校正刊本者，亦有二十條則，茲列校記于後。

册數	葉數	行數	刊本西藏志	鈔本西藏志及西藏記
上	四下	二	伊里	伊犁
	六上	二	招降逬羽夷衆	招降逆羽夷衆
	十三下	七	永寧副将	永寧協副将
	十五下	七	河里噶爾渡	阿里噶爾渡
	二十上	三	扼要之橋	扼要之隘
	廿三上	五	老木即	老木郎
	廿六上	七	周圍約四里	周圍約四里
	三十上	二三	草寨結波	革寨結波
	卅二上	四	西天	西天佛
	四一上	四	過節令	遇節令
	四三下	三	百千金	值千金
	四三上	四	木株	木珠
	四六上	二	惜以茶酒	惟以茶酒
	四九下	八	隨時	曾宮隨時
	五十下	一	足繫小鈴	足繫小鈴
	五一	四	每月二三	每月二三次貧者亦必一次云
下	四下	七	休養次年仍往又設要卡數處（作小字）	（均作大字）
	六上	七	牛羊紫木	牛羊柴木
	十五下	五	惟巴拉喇布	堅巴拉喇木
	二十下	七八	甞于甞闕受安	甞于甞闕受安
	廿一上	二	求其稿咉	索其稿咉

餘論

西藏志版本異同之多，可與西域聞見錄書名各異相侔，此則傳鈔，彼則傳刊之故也。　然究其實，仍爲當時注意邊事者少，間昔駐藏大臣出使之時，其友好往往鈔一記藏事書籍相贈，俾預先略知藏情，（觀有泰日記中，記其友人贈其藏事著作，即爲明證）而是書傳鈔之多，或亦因此之故與。

岔　曲　的　研　究

Studien über die Ch'a-ch'ü

李　鑫　午

一、　弁　　言

鄭振鐸的中國俗文學史裏、也曾談到八角鼓、岔曲等民俗文學、內容很簡短、所引的材料也不大多、這點不能使讀者滿意、老實來說、這個問題非常的不好研究、因爲關於岔曲這種俗文學、並沒有正史的記載、也沒有專書的研究、不過只有一些口頭傳下來的說法、和一些零亂的曲文、可是我們要着手研究他、有兩層困難情形、第一是零亂的曲文不易收集、第二是口頭傳說不易探原、前一點是因爲收藏岔曲的人、認爲他所藏的曲文、乃是千金不易的至寶、使我們無機會和他見面、後一點的困難、是精此技的人、唱的雖然很好、大半都沒有學問、甚或幼小失學、也有連一個字都不認識的、反過來說、文學好的人、又不會歌唱、無從探知岔曲的韻調和吐腔、這樣看來、研究他眞不是件容易的事、像清末的德壽山、可算是一位難得的藝人、自彈自唱、不僅唱的轍板韻調有工夫、而且本身文學的造詣非常的高、創作的能力、也非常的大、可惜口述一些關於岔曲的源流、岔曲的傳說等、也沒有人把他的話記下來、後來他一死、也就成了廣陵絕響了、齊如山先生著故都百戲圖考、雖然採引德壽山的說法、但所引的內容、也不過十分之一、堪稱滄海一粟、所可幸者、德壽山生前與某旗族交結甚篤、晚景更因窘迫、遂就食在某旗族家中、最後病死在他家、因爲德壽山生前染有阿芙蓉之癖、每當飯後、煙癮過足以後、便隨便寫一些關於岔曲的傳說、岔曲的曲文、和快書琴腔等、這種珍奇罕見的材料、現仍存於某旗族的家中、視爲奇寶、事實說來也是這樣、不怪他篤藏這些遺珍、物是缺少爲寶、罕見爲奇、不僅岔曲是這樣、我個人對於岔曲、研究極感興味、並且也能歌唱曲詞、曾託許多親友、向某旗族婉轉遊說、結果很是圓滿、將他家藏關於岔曲的部分、全數借來、由余個人抄錄、共費五晝夜之久、始得抄畢、因某旗族之家屬、囑余隱名、故不得不然、關於所抄錄的曲詞、也有現在尚流行者、也有藝人口中常唱者、像這種材料、我只是提出他的曲名、內容就從略了、至於德壽山的技藝、現在只有常澍田一人、傳其衣鉢、按常氏也是旗族、聞其故居、在今西四北壽壁胡同、他在前清做過小官、因爲他的父親和他的叔父、在當時全都是把頭、曾拴八角鼓檔子、到各處去走票、所謂走票就是指乾隆皇帝所頒發的龍票、龍票共兩張、分左右兩翼、此物現存在掌儀司的檔案中、龍票的內容、乃是說八角鼓爲得勝的凱歌、慶兆昇平、除皇帝的宮中昇平署設立八角鼓之外、准許人民、私設劇處、上至皇親貴胄、下到販夫走卒、都可歌唱此曲、並可隨意拴檔、不加限制、這種係屬事實、不是藝人借着「御旨」、來誇大宣揚、提高「玩藝」的聲價、因爲當時旗族倚仗祖上汗馬的功勞、賞食俸錄、豐衣足食、耗財買臉、因此常氏也就棄官學藝、首先由其家屬指說、後來便拜德壽山爲師、登台演唱、最初是票友、後來下海成爲單絃的藝人了、此外現存還有一位榮劍塵、原來是唱蓮花落的、後來改唱岔曲單絃、他是常澍田叔父的徒弟、故榮氏的玩藝、可算與常同源、論到他二人的工夫方面、各有短長、榮氏韻調、以婉轉見工、常氏長處、乃在吐音取勝、他二人的歌法、似乎分成兩派、常氏特色、在於豪放、帶有燕趙的古風、可算是北派的代表、像驪怪、誦賦激瑜、豬逢良等曲、是其特有、歌來婉轉動聽、恰到好處、其中尤以誦賦激瑜一曲、更是典雅之極、內容是用孔明誦銅雀臺賦激怒周瑜發兵破曹、曲中之銅雀臺賦原文、係用「石韻」曲牌歌出、辭調鏗鏘、流利自然、聆之者、無不拍案叫絕、按「石韻」又名「西派」、又名「詩韻」、又名「石玉崑之子弟書」、此牌乃是當初石玉崑君所作、因欲紀念創作之源、故名石韻、論到他在牌子曲的地位、也代替一個普通的曲牌、不過用途方面、多半是讚揚女性、或是歌詠景物、所以他又有一個別名、叫「美人讚」、這個別名的取法、大概是從他的用途方面說、至於桑劍熙的特色、則重乎婉約、可爲南派的典型、像黛玉焚稿、鴻鸞禧、細侯等曲、也都是他最拿手的玩藝、當我們聽他歌唱到綺麗之處、纏綿悱惻、使人黯然魂銷、尤以杜十娘怒沉百寶箱一曲、其中之湖廣調、四板腔、羅江怨等牌子、最爲動聽、可算爐火純青了、此外我又由子弟票友常澍樵君、趙俊亭君、溥芝舫君等處、得到岔曲材料很多、使我完成這篇拙作、這是我非常感謝的、最後說到岔曲的起源、故老相傳、始自清高宗之平定金川、按乾隆時王廷紹霓裳續譜中即采錄岔曲、是此種曲詞盛興於乾隆之時、當屬可信、可參考故宮文獻館編印升平署岔曲一書的引言、記載甚詳、這裏無庸贅述、至於歌唱岔曲時、手中彈着一個八角形的小鼓、此鼓名叫「八角鼓」、八角取象八方、代表八旗、每角有三個銅鈸、係指三八二十四個山貝子、鼓綴雙穗、兆賀麥秀雙穗、一穗鵝黃、一穗杏黃、判分左右兩翼、鼓釘五數、代表五穀豐登、不納柲柄、蓋取息罷干戈之意、關於八角鼓的彈法、最有規律、分爲搓打搖彈搖五法、搖法現已失傳、很少用之、每當絃子彈到過板時、執鼓人彈鼓抖節、代替打板、至於岔曲的內容、不外歌詠風景、讚美男女、所謂「才子佳人、風花雪月」、堪稱雅俗共賞、論到岔曲的製作、多半出於文人才子的妙筆、可惜現存的曲詞、除了少數知道作者姓名外、餘皆失名了、現在我抄引齊如山著故都百戲圖考八角鼓篇一段話、更可明白岔曲創製的情形和支派、他的文章裏說：「夫凱歌者、乃國朝所遺之吉兆也、昔日阿將軍攻取金川時、營中駐守、未曉春夏、惟見樹葉之青黃、方辨秋冬之節令、故凡作凱歌、多以樹葉爲題者、乃我兵思家之情景也、當乾隆間、阿桂攻取金川時、營中有寶小岔其人者、按高腔腔自制爲六字凱歌、令兵士習之、初名「腮唱」、創以創之者爲小岔、故又衍名岔曲、「腮唱」又分「岔曲」「琴腔」「蕩韻」三支、蕩韻習之甚難、今已失傳、現在所通行者、只「琴腔」、「岔曲」二支而已、上述之語、乃德壽山在當時口頭述說者、作岔曲以樹葉爲題、時代早一點的岔曲、尙有此種情形、現在我舉一個實例如下、這個岔曲的內容、是描寫一個「黑」字、文字的內容是：

『樹葉兒黑、如煤如灰、當陽橋上猛張飛、薛剛赴席包公作陪（過板）焦贊斟酒、牛臯擎盃、（按擎或作傾）把個呼延慶灌得酩（臥牛）酩酊大醉、身背後、轉過周元倉、拉住胡敬德、說、你順着手兒看、西北角下黑松林內、尉智深拿着塊黑煤打李逵、』

上頭所舉的這個岔曲、文字俚俗、其中還有許多黑臉人的名字、頗饒趣味、這首曲詞、很少見、歌唱的人、也很少唱過、舉出來供大家的研究、曲詞的特色、是偏重俗的方面、還有雅致一途、恐怕宋元的小令、也不過如此、茲抄柳浪聞鶯曲詞如下、文曰：

『翠柳紅亭、巧鶯弄晴、（晴一作舌）、碧煙低護、柳浪聞鶯、百囀金梭度玉簧（過板）湧金南陌上、翠浪翻空舞袖輕、春來黃鳥啼、流連可傾聽、但只見、夾岸晴波煙樹暝、喈喈花底語、嚦嚦雨中聲、（喈喈一作嚶嚶）、風淡淡、水冷冷、春盡訴落花、亂灑金梭萬縷青、波搖天際水、煙清雨乍晴、花影離闌（臥牛）闌干頻倚、深掩畫簾清、鶯鳥春聲滑、魚龍躍氣腥、花間律呂撥清夢、捲朱簾南山當戶轉分明、山從人面起、雲倚馬頭生、遊子愛聞停玉勒、佳人倦聽倚銀屏、新雨後、一脈青、（一脈一作點）、一絲風、送釣絲、青山如畫裏、三公堤畔繫漁舫、牧童牛背穩、短笛無腔調、一陣陣、剪刀風裏紙鳶鳴、綠拂水、枝藏鶯、午夢回、猶聽鬧林聲、待看三月歌喉老、又見浮波、絮作萍、』

這個岔曲、藏於故宮昇平署、作者姓名不詳、歌詠題材、乃西湖十景之三、論他的字句方面、有多麼綺麗典雅呢。

二、岔曲命名的解釋

岔曲命名的由來、根據故老們的傳說、現在社會上流行關於「岔曲」的記載文字裏、沒有歧異的說法、全都是解釋作寶小岔編製的曲詞、取小岔的岔字來名曲調、故曰岔曲、像齊如山八角鼓文裏也曾引德壽山的話說：

『當乾隆間、阿桂攻取金川之時、營中有寶小岔其人者、按高腔肥白、制爲六字凱歌、令士習之、』

從上面這節文字看來、岔曲的岔字、就是寶小岔、因他按照高腔肥白、編製凱歌、所謂六字凱歌、就是岔曲、現在岔曲別名叫做「小六句」者、實濫觴於此、此外、與齊氏說相同而更明顯的、是故宮文獻館昇平署岔曲引言一文、茲抄錄其中之一段曰：

『岔曲爲舊京八角鼓曲詞之一種、傳爲清乾隆時、阿桂攻金川、軍中所用之歌、由寶小岔（名恆）所編、因名岔曲、又稱得勝歌、曲中以描寫情者爲多、詞句雅馴簡潔、班師後、從征軍士、遇親友喜慶宴聚、輒被邀約演唱、嗣流傳宮中、高宗喜其腔調、乃命張照等、另編詞句、由南府太監歌演、』

從上段文字來看、岔曲命名的由來、是因爲寶小岔制作曲詞、始有此名、余對於岔曲命名的由來、有所懷疑、嘗請教於常靄橋君、常氏係遜清旗族、光緒中葉、專喜到各處走票歌演、文學天才很高、且能編製曲詞、又嘗習演快書、與奎松齋齊名、因在當時、家資富有、自己曾經當過把兒頭、捨一八角鼓檔子、起名叫「華英樂事」、每遇親友們喜慶壽事、全班角色、到場演唱、頗受贊許、名傳一時、今則常氏已入古稀之年、早已息影歌壇、不過偶於郊外茶舍、有時尚歌演一二段、非情不可却者不爲也、彼對於八角鼓曲詞不僅能歌、且有新奇的主張、出語有徵、非妄自臆造、彼對於岔曲命名之由來、力駁前說、曾引李燕賓之語曰：

『前人解釋岔曲命名之由、每繫之於寶小岔、以岔字爲小岔之名、謬矣、因岔曲之編製、非創始於斯人、若「黃昏卸得殘妝罷」一曲、乃蒲氏聊齋原文、康熙時、此曲已演唱、且乾隆時、王廷紹霓裳續譜中即采錄岔曲、是岔曲盛於乾隆之時、而未必源於是朝也、所謂岔曲者、乃岔支於崑曲高腔之義、岔曲之岔乃岐岔之字、非寶㑊之名也……』

按李燕賓爲鼎鼎大名之八角鼓藝人、較德壽山在先、别號隨緣時話、爲傳隨緣樂衣鉢者、李爲人善詼諧、文學造詣頗深、亦能當場編製曲詞、德壽山、什永元等、受其影響頗大、歌唱韻調、亦多取法李氏、按其對於岔曲命名之由來、解釋較他人爲允洽、故雖有多數人對於岔曲解釋、異於李說、斯亦不過以譌傳譌、口耳相襲、未必可信、至於李氏之說、雖不見得確切無疑、總可信之程度較前說爲大、所以在證據未充足之前、岔曲之命名由來、依據李說、未爲妄也。

三、岔曲的分類

岔曲的內容、非情卽景、乃才子文人的筆墨、大部分作者的名字不傳、關於岔曲的分類、根據現有的材料、可分下列幾類、茲爲便利讀者研究或鑑賞起見、每類除標名解釋外、並舉實例以明之：

甲、描述佳人才子者——此種岔曲、係描寫兩性間的感情、詞曲間或有寫景之處、主要目的、乃在言情、茲抄錄「換却羅裙帶」一曲作證、文曰：

『換却羅裙帶、冷落妝台、懶洋洋（或作軟怯怯）、獨啓朱扉、慢下瑤階、觀不盡、春光明媚、紫燕飛來、(過板)柳垂金線、花向日開、一對對遊蜂把花採、一雙雙粉蝶紛飛繞滿堦、來至在太湖石旁無人處、奴不免、緊緊衣襟提提繡鞋、轉過碧草池塘外、又則見碧桃林中花將敗、牡丹搖曳被風摔、這佳人伸手抬玉腕、掐了一朶玉蘭眞可愛、而對着碧水池塘將要戴、忽聽得繡房中有語言開、(臥牛)說娘子何在。 佳人聞聽笑滿腮 、手把花摔、顧不得、剌勾挂住羅裙帶、樹枝壓下鳳頭釵、過小橋、步香堦、慢啟簾籠把頭抬、蹤蹤脚、說聲嗐、房中那有俏郞才、愣呵呵、自發呆、咬碎銀牙瞪杏眼、恨只恨、巧嘴的八哥哄了奴來、』

上曲的內容、描述佳人盼才子的心情、正如詞中所記：「終日望君君不至、舉頭聞鵲喜、」之義也、此曲字句典雅、文章豔麗、惜作者姓名失傳、吾人無從探尋也。

乙、描寫四時景色、以「春夏秋冬」等字起首者——此類岔曲、可算作寫景一類、不過專描寫是四時的景色、寫春景、則首字為春、狀夏景、則首字為夏、茲引夏景岔曲為證、餘可概見、文曰：

「夏雲多奇峯、低頭看看青、再看那一池中、見兒童、立隄岸、手持圓羅捕蜻蜓、（上板）鴨子湖內戲、雨過聲、一行行白鷺成雙、（臥牛）山光水映、捕魚人、高聲喊、念得是、畢竟西湖六月中、風光不與四時同、接天蓮葉無窮碧、映日荷花別樣紅、」

上段曲詞、乃是描寫夏景、首以夏字冠頂、末以詩句作結、此岔曲之曲詞藻雅之極、蓋出於文人才子之手也、至於春秋冬等岔曲、作法與此相同、姑不舉。

丙、以故事為題材者——此類岔曲、乃是采取小說中的故事作為內容、加以編排、製成曲詞、茲舉歌詠紅樓夢故事的岔曲作為例證、文曰：

「瀟湘館夜半秋聲勾惹起林黛玉滿腹悠思、倒叫他好夢難成、茜紗窗、竹篩月影、風露凄清、秋蟲鳴四壁、人影對孤燈、風吹鐵馬噹噹啷響、簷前鸚鵡不聞聲、又搭着、紫鵑雪雁齊入夢、只剩下絕世佳人倚首獨坐念怡紅、暗思量、自己終身婚未定、也不知金玉良緣、木石前盟、只覺自己癡心重、未免蛇影與盃弓、自從我、初進榮國、直到而今、受盡多少凄涼病、也不知寶玉他是無情是有情、（過板）曾記得、菊花詩課、獨擅才能、寶釵難比並、湘雲拜下風、蘆雪亭前吟卻景、羣芳壓倒衆人驚、更有那、柳絮桃花海棠五美的新題詠、可稱是、閨門才女不讓道韞與昭容、也曾與寶玉參商把落香動、跪在了埋香塚上泣殘紅、也曾把、詩詞教導香菱誦、怎奈他、痴傻丫頭弄錯又裝瘋、也曾在、怡紅講道談禪性、也曾在、攏翠喫茶立品評、更兼着、夏雲冬雪、秋月春風、大觀園內無邊景、又誰知、繁華熱鬧賞心樂事轉眼盡成空、最堪憐、到秋來、黃花瘦、臥病的形容、（臥牛）淒涼悲痛、惟有那，萬里銀河秋耿耿、滿天星斗半懸空、欲待要、對舒懷把瑤琴弄、又恐怕、了嬛僕婦夢魂驚、猛聽得、蟲聲、鳥聲、風聲、雨聲、悄悄冥冥絮絮叨叨動人情、原來是、紫鵑雪雁的呼聲重、又彷彿、旅館深宵、遠客思鄉把歸心動、這纔勾惹起、離恨千般、閒愁萬種、低頭不語怨西風、無奈何、放下羅幃、扶倒身軀、閉目凝神尋幽夢、恨只恨、嘈嘈嘈成閒睡怎能、」

上節岔曲、爲歌詠紅樓夢故事者、與「太虛幻境」、「隱恨含冤」等曲詞齊名、都是以紅樓夢小說爲題材者、德壽山晚年、歌演在什刹海某茶館中、上列之曲詞、德氏歌來、字句脆亮、音調鏗鏘彼雖年邁、神氣十足、歌到「猛聽得、蟲聲、鳥聲、風聲、雨聲、悄悄冥冥……」等字、纏綿悱惻、嫋嫋不絕、可謂得曲中之神髓矣、德氏生前、未裝唱片、當時錄音又不發達、遂使德氏卒後、此曲音調、後世無聞、已成廣陵絕響矣、後人每談至此、只有追慕惋惜而已。

丁、集曲——此類岔曲、不算創作、可以說是排比、像取「地名」、「人名」、「花名」、「牌子名」、「憐調名」、「戲名」、「鳥名」、「俚語」、「書名」等、集湊而成岔曲、茲舉「有戲名」岔曲爲例、可見其餘、文曰：

「成都十王府、打蓋六殿、斷背閒房樂、娘子軍潛油山御果園、出彩樓欲將老少換、母女會在漢陽院、挑滑車、連環套、背騎馬鞍山、同坐三上轎、去將山海關、離了溪皇莊、下了美良川、不去朝金頂、越過花果山、遠望蚍蜡廟、近看瑞雲菴、殺廟烈火旂、九連燈一串、來到廟中會、先至汾河灣、辛安驛到蓮花湖、所謂樊城蕩湖船、投軍渡銀河、登州白水灘、路過水簾洞、三岔口天水關、來到千斤閘、斷后鍘美案、拾過滾釘板、五人義、下河南、四杰村、探親截江救母看、入府演習畫春園、（過板）打山門、過三關、一走直到烏龍院、看看青石山、瞧瞧牧羊圈、釣金龜在新橋前、柳林池中魚腸劍、霸頭獨木關、見舉英會在搖錢樹中串、快活林內打金枝、上有鐵公鷄將鳳鳴、蘆花蕩中打蘆花鳥、驚飛了許多鴻門雁、來在百草山、蝴蝶夢在花田錯中練、十二紅戲牡丹、白菊一枝閣、爲傘花蝴蝶、手持芭蕉扇、跑坡深州插、背殘坐樓前、來在御碑亭、碰碑觀十面、眼前報說浣花溪、黑風帕走起三關、回荆州反延安、奔到嘉興府、回朝至落園、活捉擺上瓊林宴、盜銀壺醉酒貫、斟滿九龍盃、飲乾雪盃綠、送盒子裏實餑餑、宛城打砂鍋送面、（鍋一作鍋）擘掌七星燈、撿柴收嚴顏、雙釘記將當典、望兒樓中將、(臥牛)將寄子採、來到白門樓、征北紫金冠、滿床笏百壽圖走雪山、雙沙河內王皋子、琴挑提放在雙包案、青紗帳旁紅梅閣、又有連本英雄傳、探母換子磨房前、訓子要學烈女傳、教子讀盜書、醉寫九更天、射紅燈夜戰盜宗卷、增長硃砂志、佛門去點元、連陞三級四進士、黃金台上玉龍封官、頭戴雙官誥、內襯珍珠衫、打龍袍乾坤帶、借靴足下穿、手捧取帥印、封侯界牌關、賜福榮歸名小顛、三世修成忠孝全、』

上段岔曲、強曰百戲名、其實不止百種、要超過百種以上、此曲甚屬珍貴不易得、而今歌演者甚少、除常澍田能歌演外、餘尙未聞、文字方面、此曲倒不算很典雅、妙在借意之處、若鴻門宴借爲鴻門雁、打蘆花借爲蘆花鳥等是、可謂雙關語也。

戊、賦體——岔曲有一種名曰賦體者、若「秋聲賦」、「前後赤壁賦」、「清明賦」等、玆引「淸明賦」岔曲如下、文曰：

『風和雲淡、洽正是萬卉爭妍、慶春光、王孫公子、遊賞春山、見一片片芳草靑、一樹樹桃花豔、一對對遊蜂戲、一雙雙雛蝶眠、一條條柳垂金、一層層翠浪翻、一陣陣和風暖、一行行燕子銜、又見碧桃紅馥馥、梨放粉漫漫、步東郊、觀不盡、一派春光在眼前、(過板)過小溪、見逼地奇花、鋪錦繡、又聽得、枝頭百鳥語、柳陰深處韻悠然、汗津津、農夫扶犁走、奔忙耕種爲田園、喝吁吁、樵夫擔柴擔、不辭越嶺與登山、幽雅雅、牧童橫牛背、手放風箏任意玩、喇啦啦、漁翁在江心撒着網、綠水波心駕小船、猛聽得、山崖下、有遊人、醉後高吟、(臥牛)高聲念、念得是、南北山頭多墓田、清明祭掃各紛然、紙灰化作白蝴蝶、血淚染成紅杜鵑、日暮狐狸眠塚上、夜歸兒女笑燈前、人生有酒須當醉、一滴何曾到九泉、又則見、寶馬香車來往走、客旅經商在路途間、春光一派觀不盡、慢踏芳青未忍還、猛聽得、古木林中聲悽慘、原來是、孝子賢孫化紙錢、』

上曲、不僅文字典雅、語句瑰麗、而且歌來音調鏗鏘、描寫春景、頗盡丹青之妙、且孝子賢孫、慎終追遠之情、曲中全盤托出、此曲而今除德俊峯歌唱、尚可傳神、其他藝人、罕有及者、吾人讀曲詞、雖冬夜初寒之時、而柳綠桃紅之景、如在目前、此曲自見一片片至過板處一節、歌來最爲不易、很難洽到好處。

己、以一字爲題者、或描寫某一件事者——此種岔曲、乃是專來讚詠一事一物、或以一字爲題材、像「讚髒」、「談琴」、「談棋」、「談書」、「談畫」、「談吃睡」、「讚窮」、「十四別」、「十二怕」、「十二無」、「詠一」等、茲舉「讚怕」岔曲爲例、文曰：

『耗子怕狸貓、長蟲怕仙鶴、狗怕長癩、豬怕敲、猴兒怕繩子、狼怕刨、(過板)打柴的樵夫、怕猛虎叫、猛虎又怕山、(臥牛)山狗子尿、鬼怕脫生、人怕死、老怕傷寒、少怕癆、』

上曲、係描寫一怕字、有各種不同、所謂「豬怕敲」、敲是劁去母豬之子宮、使之不再生育者也、所謂「狼怕刨」者、不解爲何意義、恐係指今鄉間農民、刨坑避狼、狼見深坑、恐其陷入、怕而不進也。

庚、慶賀曲詞——此類岔曲、專用於喜慶壽事、內容是用許多吉言吉語、湊集而成、文字只求通順、詞句不尚典雅、如「一片祥雲」、「雙喜雙歡」、「喜報三元」、「喜的是」等是、茲引「喜的是」岔曲之內容如下、文曰：

『喜的是、吉星高照、喜的是、汗馬功勞、喜的是、文官提筆、喜的是、武將刀、喜的是、天子重英豪、(過板)喜的是、金瓜鉞斧朝天猺、喜的是、旗羅傘扇鳥、(臥牛)烏紗帽、喜的是、爲官一品、位當朝、』

此岔曲的內容、不過集湊一些吉言吉語、用來慶賀吉祥、不過詞句方面、不算典雅、且此種岔曲、除歌演於喜慶吉席外、其他地方、尚罕有人歌唱、故此類曲詞、普遍性較小、上列曲詞、齊如山爲故宮昇平署岔曲作序時、曾引錄此曲、不過齊氏所錄、一品之下少一位字、餘則皆同。

辛、暗詠事物字面不露者——此類曲詞、乃是描寫景物、或是歌詠風俗、但在字面、不吐露一字、如「說雨不露雨」、「說風不露風」、「詠雪不露雪」、「談黑不露黑」等是、玆舉「說風不露風」岔曲爲例、文曰：

「過園林亂舞花枝、飄弱柳、烟散春池、吹桃梨、殘紅碎玉、滿香堤、掃白雲、空中無影、自迷離、(過板)入深山擺動青松、搖碧影、轉流螢、燕翦輕狂、(臥牛)翻蝶翅、韻哀哀、幽揚慢送畫樓前、」

上曲的內容、是描寫各時間各種不同的風、只令讀者、從詞句的意思上看出、在文字表面、則不吐露一風字、雅麗之極。

壬、反體——此類岔曲、乃是歌詠景物、采用反體、如「反風雨歸舟」、「反紫綬金章」、「反琴棋書畫」、「反八花八典」、「反讀劍」等、此種岔曲、與正體、或意思相反、或事物相反、或景色相反、或次序相反等、玆抄錄「反八花八典」岔曲爲證、文曰：

『點染秋光、安排傲骨鬥霜華、一朵朵、獨占重陽、冰枝鐵葉、冷雨寒烟、疏落落、東籬暮景、飄渺幽香、論孤標淸奇品在羣芳上、遠繁華、從來不向東風放、笑桃李、最輕狂、輕薄紅粉春飄蕩、並蒂蘭蕙似夫妻、自應是、千古虛名香者王、(過板)娘娟婷婷誇魏紫、獻姚黃、牡丹終做、世態俗腔、歎芍藥、風顏玉貌人封相、似火榴花帶愧開、亦不掉、蜂來蝶去風流帳、蓮旣稱君子、因何比陸郎、亦無非、拖泥帶水、藕斷絲連、離不却、玉貌香腮嬌模樣、月中丹桂影、雲外散天香、多虧玉府勤修養、纔能够、瓊枝萬古映蟾光、最堪羨、梅花放、與雪爭春無謙讓、玉骨冰肌還風標、才上了和靖先生風月當、閑評論四時、萬紫與千紅、總不如、隱逸秋華、(臥牛)淸平雅況、彭澤多情意最長、小園三徑伴寒芳、月夜詩千首、霜晨酒一觴、平生肝膽相依傍、最精神、案頭瓶供一支秋、勝似那、銀燭高燒睡海棠、』

此岔曲的內容、也是描寫八樣花、八位古人名、與「正八花八典」岔曲內容相同、不過在意思方面、却是相反、「正八花八典」岔曲、是以海棠爲主、以各花皆不及之、反體則以菊花爲主、所謂案頭瓶供一支秋、就是指菊花說、以爲各花美麗、皆不逮之也。

癸、以數目字爲題者——此種又可分爲二端：

一、次序順行者——此類岔曲、數字次序順行不逆、舉例如下：

『一鋪土坑、二間草房、三面透風、四邊無牆、五口之家住中央、(過板)六天吃不上、七頓飯、可憐我那八九十歲老額娘、(臥牛)他老人家眞健壯、十冬臘月、光着脊樑、』

上曲、可算是一篇讃窮文了、描寫一個貧苦的窮人、家徒四壁、一貧如洗的情形、可謂恰到好處、曲中之老額娘、乃滿洲語、即婆母之意、至於冬臘之數可代表十一、十二也。

二、次序逆行者——此類岔曲、數字次序逆行者、茲舉實例如下：

『靈山十萬載、佛座九蓮臺、猪八戒七情六慾、未丟開、孫行者五行山下、苦難挨、(過板)師徒四衆、朝西走、去取那三藏眞經、(臥牛)將佛拜、可愛他、心無二意、一路西來』

這首曲詞、是以西遊記故事爲題材、所描寫之數目字、次序逆行、自十起、至一止、此曲以「苦難挨」之挨字甚不易唱、以常澍田歌來、尙能傳神入微、得其精髓也。

總括起來說、關於岔曲的分類、大體分來、可別爲三種、一曰小岔曲、相當詞中之小令、字數少、內容簡單、如「秋風陣陣」、「秋色淒淒」等是、二曰中岔曲、相當詞之中調、字數約在二百字至三百五十字之間、如「風雨歸舟」、「紫綬金章」等是、三曰大岔曲、相當詞中之長調、字數在三百五十字以上、內容描寫較爲複雜、如「風弄芭蕉舞」、「夏布衫訴功」等是、因篇幅所限、姑舉其名、內容就從略了。

四、岔曲組織的研究

關於岔曲組織上的研究、和牠內容的分析、余曾有文章發表於輔仁生活第六卷第十・十一期、當時因爲篇幅關係、所談的內容非常簡略、未免有挂一漏萬之失、這裏不妨多說幾句、岔曲因爲字數的不同分爲大小中三種、三種的字數、雖然沒有限制、但是句數方面、全都是六句、像大岔曲、中岔曲、可於六句不足時、加增「數岔」、相當於元曲北曲的組織、於四折不足時加一楔子、補足文意、因爲岔曲的句數有一定、所以牠的別名又叫「小六句」、也是因爲這個原因、、現在把牠的組織條件、分列如下：

（甲）轍——岔曲所用的轍調、共計十三個大轍、兩個小轍、十三道大轍是：「人臣」、「中東」、「么條」、「梁邪」、「江陽」、「遊求」、「灰堆」、「梭鉢」、「懷來」、「鹽錢」、「姑蘇」、「發花」、「伊七」等、兩道小轍是：「小鹽錢」、「小人臣」等、總之不論是小岔曲、是中岔曲、是大岔曲、而所用的轍調、全不外上列所述。

（乙）句數——岔曲的句數、有一定的限制、不管多長、全都是六句、大岔曲、中岔曲、可於六句之外、增加「數岔」、此種不在六句範圍之內、從這裏看來、「數岔」相當曲中的襯字、詞中的領字一樣、現在舉一岔曲作例、將其句法、加以分析如下：

『卸職入深山、隱雲峯、受享清閒、悶來時、賦琴飲酒、在山崖以前、忽見那、西北乾天風雲起、烏雲滾滾黑漫漫、喚童兒收拾啄琴、（拾一作什）至草亭前、忽然風雨作、遍地起雲烟、吧噠噠的冰雹山環打、咕嚕嚕陳雷震山川、風吹角鈴璫啷響、唰啦啦大雨似湧泉、山窪碧水滿、澗下似深潭、霎時間、雨住風兒寒、天晴雨過風、風消雲散、喚童兒、駕小船、登舟離岸是荷間、抬頭看、望東南、雲走山頭碧亮亮的天、長虹挂到天邊外、碧綠荷葉襯紅蓮、滴溜溜、打上來的金絲鯉、撲嚕嚕、放下釣魚竿、忙將船攏岸、棄舟至山前、喚童兒放花籃、收拾簑衣和魚竿、一半魚兒在滷水煮、一半在長街換酒錢、」

上曲、名曰「風雨歸舟」、描寫漁人帶雨歸舟、得魚換酒的樂趣、關於此曲句法的分析：

一、第一句——卸職入深山、隱雲峯受享淸閒、

二、第二句——悶來時、賦琴飲酒、在山崖以前、

三、第三句——忽然見……黑漫漫、

四、第四句——喚童兒……草亭前、

五、第五句——霎時間……風消雲散、

六、第六句——喚童兒放花籃……換酒錢、

由忽然風雨作……澗下似深潭、爲數岔、

由喚童兒跨（跨或作駕）小船……棄舟至山前、爲數岔。

（丙）過板與臥牛——過板在岔曲中的地位、相當於戲曲中的過門、用來爲歌唱者換氣、在過門以前、岔曲句數爲三句、過門以後至曲終又爲三句、故過板一相當於六字句的折腰處、在過板處、彈絃人可以隨便展才、可彈各種牌子、倘歌者須要長時間換氣、彈者則可彈一個大牌子、爲得是佔時間、倘若歌者須要省時間、彈者亦可彈兩三句的短牌子甚而至於用撥一掃三絃、就可接連去唱、所以過門的板式、可長可短、可大可小、沒有固定的限制、至于臥牛的意義、乃是滿洲語、就是停頓的意思、臥牛的種類、可分兩種、一是疊字臥牛、像上曲「風雨歸舟」的天晴雨過風風消雲散、一是不疊字臥牛、像：上面所舉「靈山十萬載」岔曲中之去取那三藏眞經、將佛拜、在經字下將字上是臥牛、但是不疊字、非諳於歌唱者不悉也。

五、滿韻岔曲的研究

滿韻曲也是岔曲的一支派、齊如山在八角鼓文中引德壽山的話說：

『腔唱又分「岔曲」、「琴腔」、「蕩韻」三支、蕩韻習之甚難、今已失傳、現在所通行者、只「琴腔」、「岔曲」二支而已。』

由上面這幾句話、知道蕩韻岔曲是已經滅絕了、蕩韻的曲詞、現在也很難得、現在的藝人曾振亭、曾保存有一二段蕩韻、歌來韻味婉轉、吐音甚難、可謂鳳毛麟角了、曾氏對於蕩韻解釋曰：「蕩通作當、質當物品、舖夥賊語作韻、今曲調如之、故曰當韻、」此語謬矣、蕩韻之蕩乃飄蕩之意、歌唱此類曲詞、起首音低、漸唱漸高．而且聲音婉轉、板式飄浮、悠揚動蕩、故曰蕩韻、由此觀之、蕩韻一支、所以失傳者、正因歌演不易也、倘如質當物品之音、聲調單純、定無失傳之理、至於蕩韻的作法形式、與普通岔曲相同、不過蕩韻曲、多半是描寫兩性生活的作品、很少有其他別種作風、茲引家藏蕩韻曲一闋、內容瑰麗、文字雋永、甚屬珍貴、今錄曲詞如下：

『曾記得分別時悲傷、難捨難離哭斷腸、你我的恩情都在這心頭記、但願你、此去早還鄉、（過板）自我與你分別後、淸淸冷冷好難當、牙床上、冷落了紅綾被、鴛鴦枕上少成雙、到晚來、耳邊不聽得溫存語、淸晨起、面前少個畫眉郎、思思想想難成夢、忽聽得、西風苦雨洒紗窗、簷前鐵馬兒響叮噹、自己好凄涼、不住的淚汪汪、又聽得、芭蕉葉兒不住的風來鬧嚷嚷、寒蛩聲聲叫斷腸、翠林森森被風擺動、空階雨打甚凄涼、思想此際眞慘泣、怎能够、解却這凄涼、（臥牛）自愁自歎把心擾亂、哎喲哇、譙樓上、更鼓起來鬧嚷嚷、』

上曲、文字綺麗、描寫女子閒情寂寞、對雨神傷、思想才郎、夢魂難得、誦讀曲文、如身臨其境、心生同感、此曲之唱法、非常難歌、曲調幽揚散放、起首二句、高絃低唱、其中以「自我與你分別後」至「不住的淚汪汪」一段、最爲難唱、倘歌者丹田之氣不足、韻調不委婉、難以歌到好處、故今之唱演者、很少歌唱此曲、蓋因韻調婉轉、甚費氣力、將來總有絕響的一天、此外、關於蕩韻曲、尙有「怕到黃昏兒、寂寞無神兒」、「皓月當空」等、原來均係蕩韻、現在因爲蕩韻的腔調不好歌唱、都改成普通唱法、故此類曲詞、雖尙保存、但韻調已不是原來面目了、至于上二曲的內容、完全描寫兩性生活、文字都是非常的綺麗、不過因爲原文字數太長、只得從略。

六、雜牌子曲的研究

關於雜牌子曲、我的同學王虹曾作有雜牌子研究、雜牌子曲研究補正等、刊載於輔仁文苑第七八兩輯、內容記載很詳明、其中遺漏之處、固所難免、現在讓我來補充一些新材料吧、好在我與王虹是老同學、勿庸客氣、關於雜牌子曲的編製、故老相傳的說法、是起於司瑞軒、司氏別名隨緣樂、係京西藍靛廠旗人、家貲富有、曾拴八角鼓檔子、自己充任把頭、把頭亦即把兒頭、係拴檔子的主人、此種人須要有錢、因爲班內的花用、涓滴皆出於把兒頭的身上、在當時雜牌子曲並不獨立、是八角鼓裏的一項、有一次司瑞軒應某家之約、定於某日、全班角色、出場歌唱、及至是日、除司氏一人到場外、其餘角色、一名未到、司氏忿怒之極、歸家後、立即解散八角鼓班、司氏自己回歸京西、閉門謝客、費年餘之久、編製成一百一十二回雜牌子曲、或取材於水滸、或取材於聊齋等、歌詠故事、即今流行歌唱之單絃是也、現在數目、雖不僅一百一十二回、因爲有後人編製者加入、且司瑞軒演唱曲詞時、自彈三絃、表示不求人之意、因司氏當時自彈自唱、後世遂名曰單絃雜牌子曲、後世更改變形式、有拆唱八角鼓、牌子戲等項、全由司氏自彈自唱蛻化而生、總之、單絃爲八角鼓中之一、向不單獨演唱、由隨緣樂創始、始有單場之說、至於隨緣樂當時編曲時所用之牌名很多、茲列舉如下：

甲、表示哀歎時用：「湖廣調」、「邊關調」、「四板腔」、「疊斷橋」、「揀靛花」、「羅江怨」、「嘆五更」、「黃鸝調」、「鮮花調」等、

乙、表示敍說事情用：「數唱」、「南城調」、「靠山調」、「金錢蓮花落」、「太平年」、「山東蓮花落」等、

丙、表示滑稽用：「怯快書」、「呀呀喲」、「耍孩兒」、「王大娘」、「老

八板」、「怯落子」等、

丁、描寫急促用：「連珠調」、「一江風」、「刮地風」、「雲蘇調」、「南羅北鼓」、「兩句半」、「打花鼓」、「小磨房」、「闔蛐蛐」、「小桃紅」、「南鑼兒」、「打棗竿」等、

戊、表示行走或引子用：「寄生草」、「倒推船」、「山坡羊」、「碼子鎮」、「孝順歌」、「靛花開」等、

己、描寫景色：「子弟書」、「詩韻」、「美人讚」、「數岔」、「碼頭調」、「戲韻」等、

庚、表示慢緩用：「靠山調」、「九轉貨郎兒」、「慢西調」、「盤香調」、「平關」、「鴛鴦調」、「梅花調」、「楊柳枝」、「綉帶兒」、「銀鈕絲」、「小銀鈕絲」等、

此外、像「梆字腔」、「南板碼頭調」、「流水板快書」、「柳青娘」、「山坡羊」、「秧歌」、「東韻」、「北板大鼓」、「行軍歌」、「皮簧調」、「琴腔」、「吹腔」、「朝天子」、「怯韻大鼓」、「西河調」、「樂亭調」、「山西五更」、「河南調」等、是沒有固定的用處、可以用在描寫各種事物等、現在編曲詞的人、對於上列的格式、有些不遵守、所以描寫事物、可以隨便用任何的牌子、不限制牌子的調須與事實吻合、這樣一來、格律寬緩多了、並且現在所用的牌子、也沒有什麼新奇的、只是幾個習見的牌子而已、關於雜牌子曲、我想只說到這裏、下面我列舉遜清票友白玉亭所編之「麻將牌」一曲、以供參攷、此曲的內容、係描寫打麻將的種種事實、及打麻將的方法等、文字非常有趣、茲抄引如下：

〔曲頭〕：時逢民國年、我們人民都享受平權、自從那、維新實現、腐敗全變、諸般進化、大異從前、

〔數唱〕：近今時代、不似先前、人民程度、日有增添、各人有正當之自由、男女也平權、如今人全有嗜好、可就是總不一般、也不論貧家富戶、全都要修飾

打扮、任意奢華、揮霍金錢、如今的生活程度、一概不管、有的好吃喝走逛、有的好嫖賭玩錢、單說賭博、描寫實難、

〔羅江怨〕：牛牌紙牌、開寶搖攤、掉猴把聚、筒子裏抽籤、牌九拍司還有平天平天轉、諸般賭具、一語難言、惟有麻將、始自江南、如今到處皆哎皆傳遍、原爲湊趣、解悶消煩、閑來無事、聚會盤桓、不論何人全哎全要練、仕宦之家、因而漫延、無老無少、無女無男、你爭我競說哎說竹戰、

〔太平年〕：落坐一講、就是八圈、然後再打、坐分東北西南、大家翻牌、留神觀看太平年 這才按位、各歸一邊年太平 有的說話、現款麻煩、何必手中、竟把錢粘、有的是籌碼多方便太平年 終局再換、也是現錢年太平 彼此商議、舉忻忻然、大家又把牌價言、這位說二四、那位說么半、太平年 快快組織別耽誤時間年太平 預先參定、以免胡言、範圍以內、不准胡添、手起扣聽加胡一百太平年 扛上開搶、俱加一番年太平

〔蓮花落〕：天地撈月全都有、普通四喜與三元、手中若有三暗坎、胡牌也應加一番、九個么一對不能推倒朵梅花 十三不靠也就算完也莫亥 最難得的十三老、淸么九兒加一番、淸混一色分別算、混么九兒少贏錢、倘若詐胡、應包滿貫朵梅花 淸包淸理自當然也莫亥 諸事表決忙打骰、莊家擲七是對穿、西風一擲又七點、共成十四下留三、按次拿牌一點也不亂朵梅花 打骰已畢、各自來觀也莫亥

〔疊山調〕：立起來一聽搭子麻將全都够、莊家發牌、先打南、輪流抓打精神足備、你吃我碰、喊叫連天、旁莊已碰紅中白板、發財開了扛、誰胡都帶番、莊家著急、臉上出了汗、一邊摸牌、緊咬牙關、他手中原有一對東風又摸來一個暗坎、趕快的抓換、省得輸錢、一一輸將過、東風開了扛、莊家他打下三條、九筒調單、一邊聽牌、心中祝念、伸手抓牌、滿面堆歡、白 一看九筒眞來啦、急忙說龍、唱 大家查看、鋪牌算帳、這就要錢、白 莊家說、自摸調單四胡、東風開扛十六胡、三十胡底共五十胡、本門風一番一百胡、各位全算淸、唱 籌碼交換、莊家歡喜、自不必言、剛要打骰、旁莊說話、人人都要挽回利權、這位

說、拉莊頭裏跑、代碰後對、中心五、老少副、自摸調單、門前淸、不吃牌、缺一門、一般高、么九兒麻將、那位說、坎當、花三副、兩副平街就抱柱、自摸邊張、無奇不有、將賀說妥、每位擱錢、

〔南城調〕：打骰開牌、不必贅敍、各人注意、格外長氣焰、也湊巧莊家連莊、旁莊發愣眞正是、贏錢三隻眼、輸錢崙黑天、四圈已完、互有勝敗、原來是、兩家贏兩家賽淸官、輸家就說、重新打坐、我要是不挪位、這褯子得輸錢、我上家、連頂帶勒、實在難辦、吃抓不入手、如何不輸錢、自古道、官打刁民、錢輸拗淡、必須變方針、人力能勝天、可巧是一打莊各人掉換、(按掉應作調)輸家主起頭莊、心內樂非凡、忙說是、倒開門、一拿三羅、又說是、過一墩、請拿么二三、還有那、對門拿牌、大頭小尾、任憑怎麼變章法、也是得輸錢、

〔蟲斷橋〕：輸家主愁鎖眉間、哎喲 摔牌罵骰、自己怨蒼天、人家胡牌、他掏墚、有錯也看不見、哎喲 越打越心煩、哎喲 一受截胡自己必帶番、滿平胡、准自摸、非常的眞討厭、哎喲 自己恨牌偏、哎喲 現款輸了若干、好容易四圈完、贏家忙說散、哎喲 輸家不敢多言、重句 倒楣、認命、打主意去拿錢、不忙說、是賴不還、明天咱再戰、

〔數唱〕：此乃是家中的玩耍、無甚攸關、單有那、無業的遊民、借事生端、設局撞騙、爲的是吃穿、找一座款式的樓房、預備完全、如同是聚會所、聘請那各界人員、不分晝夜、車馬不斷、簡直是、毀人的鍋爐、早把埋伏佈滿、第一是、女子招待、稱得起、盡態極妍、第二是、嗎啡金丹、廣土鴉片、還有那、中西茶點、華洋便餐、南北的果品、頂上香煙、行常牌、一百塊、二四外賀隨便、原舊有男女對手、輪轉換班、通門假骰、神鬼難毖、手上技術、別頂戲換、口中的謊語、暗地偏全、唾沫喝茶、點火抽烟、種種的暗號、枚舉甚難、不論誰、第一次去、先教你作臉、連去五次、就上賊船、百般應酬、管教你、眼花撩亂、無非是、認頭一輸、彷彿是猴舐蒜罐、趕急去弄款、不敢遲延、

〔南羅〕：親友家、喜壽筵、謝來賓、用竹戰、桌凳擺下一大遍、吃喝畢、丢桌

前、男與女、貴與賤、大家入座忙竹戰、

〔打新春〕：忙打坐、把莊安、工夫不大、四外圍嚴、男女老少、都歪着脖子看、呀一喲好似肉屏風一樣般、一呀喲腿碰腿、肩靠肩、隆冬之際、給人擋寒、打牌之人非常溫暖、呀一喲省得東家、把火爐添、一呀喲單有一派、美貌青年、男女裝束、分外新鮮、不論輸贏、誠心裹亂、呀一喲眉目之間、情緊顯然、一呀喲洗牌時、玉體輕搖、履舄交錯不什閑、人家打紅中、他碰白板呀一喲迷迷糊糊、特爲輸錢、一呀喲四圈打能、各轉家園、臨走之時、前勁纏綿、約訂星期在何處見面、呀一喲不進北海、就進公園、一呀喲

〔翦靛花〕：竹牌吸力眞似電、四萬同胞俱被他冤、時刻還把他貪、哎喲都想要贏錢、每每聚會、通宵達旦、耗費精神、腿痛腰酸、身體受熬煎、哎喲苦楚對誰言、人人都把青蚨盼、誰知一去不回還、空自望眼穿、哎喲竭力費心田、一人迷途、難戒勸、社會之中、受人價嫌、名譽就化灰烟、哎喲自己他不了然、

〔靠蘇調〕細想麻將流毒眞不淺、人民受害、非止一年、誰要不會算誰缺點、硬說麻將能調濟時間、這都是、吾人毛遂自薦、眞能爲他罷職丟官、因他也敢挪移公款、被人查出撤職交官、商人爲他根東家搗亂、工人爲他枉費時間、學生爲他不把書念、小孩子爲他竟去偷錢、婦女們爲他懶作針線、麻將能使家宅不安、兄弟們爲他也能翻臉父子爲他不得團圓、夫妻爲他也能離散、朋友爲他仁義全完、麻將眞能傾家敗產、爲麻將也能命赴黃泉

〔曲尾〕：諸君不信、留神看、豈不聞、苦海無邊、（臥牛）回頭是岸、果能謝絕這件事、又養精神、又省錢、

上曲、又名「勸戒賭」、又名「戒賭文」、至於自玉亭編製、尚有「房文叔」、「五毒傳」、「中秋賞月」、「慶重九」等曲、這裏因爲篇幅的關係、只好略其內容、僅列曲目而已。

總之、雜牌子曲的組織、是岔曲頭、岔曲尾、中間加雜幾個不同的牌子、成功一段牌子曲、其中所用的牌名、甚是複雜、舉凡崑曲皮黃、高腔元曲、各省小調、

各地歌曲等．無不采納、五花八門、可謂符合"雜"字的意義了。

七、百本張及全串貫

百本張是一個小小的書販、專以賣唱本著名、所賣的唱本、以崑曲高腔及子弟書鼓兒詞等、後來又添上一些岔曲脚本、單絃雜牌子曲等脚本、他天生聰穎、記憶力非常强、只要他聽伶人歌唱一二遍、卽能將曲詞原文、全部默寫下來、成功曲詞抄本、因此王公大臣、富家子弟、打算要得某人的某曲詞時、遂付百本張點錢、教他專聽自己所要得的曲詞、於是百本張就用心去聽、牢記心中、歸家後、用筆默寫下來、賣與王公大臣、就能得很多的錢、因為他所賣的脚本、種類甚多、因此人稱爲百本張．至於他的姓名、後世很有知道、可是百本張三字、確實漫延很遠、按百本張的曲本、後世認爲是研究民俗歌曲、惟一的珍貴材料、所以中央研究院刊印之李家瑞北平俗曲略一書、其中的材料、大半是依據「百本張」遺傳下來的抄本、或全段抄錄、或節引一段等、考「百本張」名字叫張德清、清朝正黃旗的旗人、在清朝曾作統領小官、專以賣唱本出名、住家在西直門內、崇元觀西高井胡同路東橫胡同內、專串東西兩廟會、售賣唱本、東廟隆福寺、在東北後角門售賣、西廟護國寺、就在東碑亭下、擺設浮攤、每逢月之七八兩日、准到護國寺售賣、到了九十兩日、則去隆福寺售賣、因其所售者爲鈔本、故價值較一般老書舖所賣爲大、凡他所賣的鈔本、封面皆有印章、同時還有「全」、「串」、「一支」等字樣爲記、全串貫就是全段的鈔本、一字不缺、串貫者較全串貫之材料、或缺一段、或缺兩段、至於「一支」、則爲一段之義、較串貫之材料更少、現在引何海鳴韓小窗之鼓詞文中數語、作爲憑證、此文刊載於小說世界第十四卷第一期、他說：

『至於百本張之售子弟書、則以京中昔日所售之戲本曲本、印師紙張均極惡劣、大半皆打磨廠各老書舖所印行、詞句多不成文、每册只售當十錢二三枚、最貴者、亦不過五枚、人皆謂之假詞、惟百本張所售者謂之眞詞、並均係鈔本其價甚昂、較坊間所刻者價昂十倍以上、且子弟書惟百本張有之、每一曲往往分上中下三册、各有定價、不折不扣、凡百本張之鈔本、封面皆有印章、並有全串貫之字爲記、此字或曰應讀爲全串貫、表示頭尾完全、並且貫串連續之意當時兒童、皆知有百本張、且極羨慕、以兒童們均嗜唱本、百本張之唱本、因價昂莫能購致、增益羨慕之心也……』

至於百本張之鈔本、今已不易得、相傳百本張死後、其後代子孫、不務正業、將家藏之珍本、全部廉價出售了。

八、記票友走局

昔時八旗子弟票友、家裏多捨有八角鼓檔子，每遇朋友喜壽之事、全班登場、但是請其來家奏藝者、必須下帖、帖上書「子弟老師」等字樣、屆時前往、不取分文、請帖之日期、須要在喜慶吉日之前三日、將帖送到、否則認爲是不恭敬、便可以不去、但是也有本家主人未請、子弟票友亦去參加、此所謂走「白票」、此種非得是與本家有至厚友誼、不管下帖與否、聞風即至，不然走「白票」、是爲人所輕視的、八角鼓全班到齊、由大鼓開場、由拆唱終場、若有「戲法」、則「拆唱」作末場、中場加「戲法」、以「拆唱」收局、「拆唱」表演、倘遇該檔號內、演員多者、登場人亦多、如「胡迪罵閻」、有加扮牛頭、馬面、大鬼、小鬼者、亦有加添判官者、亦有只上胡迪、老道、閻君者、他如「逵子掘營」、「打皂」、「打棗」、「劈牌」、「窮逛新世界」、「射雁」、「小上墳」、「逛西頂」、「瞎子逛燈」、「烟酒鬪法」、「冷不防成家」、「逛萬壽寺」、「鐵錨寺」、「瞎子算命」等、生意有加演蓮花落者、若加演戲法、則在中場、如捻豆、撕紙、燒書、當衣、燒帽吞火等、大規模戲法、則有「四季花盆」、「四色壽禮」、「十二連橋」、「九蓮燈」、「龍缸」、「魚龍變化」、「有水有魚」、全是帶水戲法、這些都屬於文戲法、至於武戲法則有：「耍盤」、「耍碗」、「耍罎」、「頂珠」、「頂磚」、「頂桌」、「劈磚」、「噴火」、「吞劍」等是、至於單絃、則有：「南派碼頭調」、「北派碼頭調」、「硬書」、「子弟書」、「琴腔」、「南城調」、「西調」、「北板大鼓」、「東調」、「雜牌子曲」等、雜牌子曲包括牌子甚多、在這些玩藝未上場之先、要以大鼓開場、這是八角鼓的定例、如同京劇中、小花臉不開筆、一切角色均不施朱着粉一樣、至於大鼓書詞、不外乎忠孝節義等小段、茲舉子弟大鼓書詞一段曰：

「講今比古論賢良、良善之中烈女成行、樊金定守節邦君殿、哭倒長城女孟姜、柳迎春非邊汲過水、磨房產子李三娘、張紫艷節義盜過令箭、貂嬋為主逞豪強、王寶川寒窰受過苦、于月英剜目養丁郎、高桂英入府貞節烈、蓋紅霞節烈女扮男妝、謝小娥替父將仇報、昭君出塞為君王、一言難盡烈女段、萬古千秋美名揚、」

到了現在、私人家排演八角鼓、仍是遵守此例、且在昔時、子弟票友之檔子名、多為四字者、若「松風蘿月」、「萬壽千秋」、「萃英樂事」、「醒世金鐸」等、至於生意、多為三字者如、「文雅堂」、「文友堂」等、至於當時子弟票友唱岔曲、不許重出、人數愈多、愈在後唱者愈光榮、且岔曲之數目、多為偶數、且歌唱以不依靠本為妙、茲引何海鳴韓小窗之鼓詞文中一段曰：

『聞京中前輩云、京中旗人、於昇平之世、富家子弟、多有習高腔及八角鼓者、八角鼓因有八稜、以象八旗、故喜用之、凡所演之大鼓岔曲快書等腳本、均為子弟書、子弟者、八旗子弟也、各有其所組織之團體、每一團體謂之一把兒、成立此團體謂之拴檔子、（鳴按嘗見八角鼓班子弟出入人家、恆擔一圓形黑漆之籠箱、貯樂器及各用具、其中所謂拴檔子者、或即指此一擔箱檔也、）團體之長、謂之把兒頭、以最闊之子弟充之、凡一切樂器及演習費、悉由把兒頭擔任、團體中之角色、如貧窮衣履不齊者、把兒頭並為之購置衣履、以壯觀瞻、管領其部、略如現在演劇之班主、京中人家有喜慶事、欲延其來家奏曲者、須下帖聘請、帖上書「子弟老師」、屆期前往、不取分文、分午局及午局帶晚二種、於上場之前、須主人親身請安、請其上場、主人若備有酒席、則諸演員有優先權、未享演員之前、不得享其他親友、且各把不同、尚有不受主人之享、雖茶水亦由自備者、清高如此、宜其應時得主人之敬禮也、同光以後、漸有以八角鼓爲營業者、大半皆由什不閒改組、每唱一日、索價若干、喜慶之家、多願招之、以避敬禮之煩、現在之徐狗子、當年即屬於此類者、自營業之八角鼓出、子弟之八角鼓、愈以子弟二字表示其不取分文之清高、於是子弟二字、在京中遂成不收費之代名詞、與近世所用之名譽及義務相等、入民國以來、八旗子弟窮困已不堪、加入營業之八角鼓、以圖餬口者、頗不乏人、於是子弟掃地矣、所謂子弟書、即以前各把兒中通文墨之子弟所編、代有編者、並非一人手筆……又聞昔日之演八角鼓者、每把之中、必有深通文墨者二人、或一人其職務（一）隨時創作新曲以供排演、（二）有時被喜慶之家請去、連演數日、往往舊曲唱窮、而唱窮又爲大恥辱、則由此等人、以單絃上唱、隨編隨唱、永無窮盡、（其法係在場下、先閱各種小說、專記其事實、上場之時、任意排編、合轍押韻、使聽者不知爲臨時編造之曲、）猶憶光緒年間、在成家聽子弟八角鼓、有崇某者人極貧、且嗜鴉片、臨時編唱水滸、至半月之久、但此種人才、已久不見、且久不聞矣、近時榮劍塵單絃、即屬此類、但臨時編唱、或尚未能……

總之、最初排演八角鼓、多半爲皇帝貴戚、耗財買臉、純係子弟、很少賣錢、故稱「子弟清票」、後以旗人、生計日迫、多有歸入生意者、內行稱之曰「下海」、稱「下海」之人曰「老河」、同時漢人亦有學演八角鼓者、不得謂爲正宗、雖隔一道城牆、韻調決不相同、像「大鼓」「碼頭調」、皆有南北板之分、唱法迥殊、又如西城之韻調、東城亦不相同、所以才有「東韻」「西韻」的分別、至於拆唱中之「開山」、「員逛」、「自勾河」、東西城亦迥乎不同、現在因以此爲生、以致變成南北混、再聆純八角鼓、已如鳳毛麟角矣、總括起來說、單絃曲詞、爲時下一種流行藝術、如德壽山、桂蘭友、廣少茹、阿鑑如、德璇荃、曾振亭、榮劍塵、常澍田、王劍雲等、皆以此爲生、相傳昔日、竹永元、仝月如等人、現已先後故去、此等人、雖然要錢、當初可不入生意門兒因爲無論在何處演唱、上場時、須有人向上作揖、名爲請場、且報蓋上、要冠以子弟二字、仍不失清票身份、迨至曾永元出世、改革作風、不但去子弟二字、且自稱「整臉破身」、以故相傳至今純粹認爲生意、不過現在仍有子弟八角鼓、此等角色、皆公餘之暇、借以消遣、或於夏令炎熱之時、於城郊野茶館露演、甚或粉墨登場、但純係義務、歌唱之先、須由茶館主人、向上請安、名曰請場、桌上鋪設紅毡、冠以子弟二字、演唱者、四城票友均有、此種野茶館、現存甚少、據余所知、只有西直門外朝陽菴一處、因余在每年夏季、受茶館主人之邀、前去歌唱、屆期各處子弟票友、到此演唱者甚多、各以所長、登臺表現、不取分文、尙保子弟之原形也。

九、岔曲存目

現存的岔曲、爲數甚多、統計洵非易事、本文所舉、只限余個人家藏、或曾經親自看過、或曾經聽過者、至於私人家藏、余未聞曲名、或私人撰作、未持以問世者不錄、曲名易曉者、則舉其通俗名字、遇有生疏或易於混淆者、則舉曲詞首句代表、玆將曲目抄錄如下：

1怕到黃昏兒　2怕得是梧桐葉兒落　3夏景天　4一陣陣荷風　5奇花蕩漾　6三顧茅廬　7雨打桃花笑　8春至河開　9夏日天長　10秋色淒淒　11冬末春回　12一片祥雲　13靈山十萬載　14翠柏森森　15天下良友　16雨住風收　17雲水悠悠　18艷陽春晝　19竹影搖紅焰　20一對對鴛鴦　21方晴霽雪　22過園林亂舞花枝　23水秀山青　24水闊山深　25山深水闊　26大力將軍　27黯然銷魂　28嫩柳垂青　29秋風陣陣　30朔風吹柳絮　31適性學前人　32瘦沙雁難放　33一生不慚　34公雞下蛋　35五色祥雲　36頂牛兒起對天　37說了又說　38白娘子歎唱　39徐庶薦賢儒　40張禿子剃頭棚　41一片清音　42過山林狂風如吼　43香滿籬東　44一鋪土炕　45獨占羣芳　46雪亮梅鮮　47背上我的驢

48短短竹籬 49秋聲賦 50着一局棋 51碧亮亮清秋月 52人跡板橋霜 53茅店雞聲唱 54秦娘子晚妝罷 55黃昏卸得殘妝罷 56風和雲淡 57終冬景況 58皓月當空 59換却羅裙帶 60蕩蕩和風 61文明世界 62自隱玄妙 63醉臥秋籬下 64待時聽天命 65形似老龍盤 66卸職入深山 67夏布衫訴功 68皓月挂蒼松 69太虛幻境 70劣友不可交 71綠柳河潤 72剃風撲面 73一葉釣魚舟 74爲人必要正 75癩疥連瘡 76紫綬金章 77八貓鬪 78八馬鬪 79水闊深山 80吱睡繞 81梧木爲身 82四方形機內 83徐州失散 84愛住個山窩 85遠避塵世 86畫堂歡慶 87詩詞歌賦 88地無塵沙 89山景無邊 90自行車排定 91三戰黃忠 92花箋一片 93十姊妹傷悲 94車動鈴鐺響 95秦老兒鬧 96翠尾搖風 97歐陽子方夜讀書 98百戲名 99五方元音 100武陵花放 101蕩蕩風和 102冬末春又回 103妙把紅塵悟 104曳尾泥塗 105遠看山如畫 106酒帘挂玉碎 107悟透浮生 108倏過殘秋 109倒拔垂楊柳 110茂林修身 111闊水深山 112深山闊水 113山青水秀 114春晝艷陽 115喜得是福祿壽 116樹葉兒黑 117耗子愛料交 118嘆人迷迷迷 119瀟湘館 120萬里長江 121隱恨含冤 122蒼松古木 123夏雲多奇峯 124漸天生悶氣 125眼前歡樂 126綠色漪漪 127半掩紗窗 128艾葉重發 129香閨冷落 130古木蒼松 131餑餑名 132桃園結義 133讚孌 134賀生子 135賀取妻 136賀金榜 137小秋景 138說話不了邊 139看破紅塵 140攜琴訪友 141前赤壁賦 142後赤壁賦 143揺松 144大耳朶羊 145八醜 146十二典 147八花八典 148迎請清兵 149一物人人看 150水長船高 151十八愁 152放屁大嫂 153山核桃一身坑 154風弄芭蕉舞 155勸善文 156悟透浮生 157百馬名 158酒名 159百花名 160百花吐艷 161藥材名 162狗名 163送窮 164恭送財神 165送瘟神 166衣服名 167仙人過橋 168水秀山青 169八仙慶壽 170爲人難做 171梅雪爭春 172梅雪繞 173犄角兒淨 174醜勸 175陶侃運甓 176梅花讚 177女戲讚 178讚月 179反讚劍 180勸戒烟 181松

月繞　182反八花八典　183青草茶館　184有勞大駕　185似花不露花　186似風不露風　187似雪不露雪　188讚美人　189讚竹　190讚秋月　191似雨不露雨　192似水不露水　193樹葉兒黄　194樹葉兒尖　195樹葉兒高　196似鼠不露鼠　197似馬不露馬　198讚貓　199遍立學堂　200學校林立　201國色天香　202春水滿四澤　203獨坐茅屋　204漁舟唱晚　205漁家樂　206漁樵耕讀　207八仙得道　208閒情　209春籬杏花開　210短短竹籬　211竹籬茅舍　212莊周夢蝶　213雨晴風住　214雨霽風晴　215春水綠波　216春山環碧　217春山叠翠　218皓月當空　219夜闌燈滅　220風　221花　222雪　223月　224鼠有餘糧　225晝夜裏奔忙　226十二秋　227十愛　228十四刻　229十二要　230十四恨　231子弟爲吃飯　232水火無情　233梅雪甚堪誇　234反風雨歸舟　235竹搖松擺　236隔牆花影動　237春草碧色　238月滿闌干　239山路崎嶇　240併計得分別兩悲傷　241香滿籬東　242才子風流　243紅葉斷橋　244山色有無中　245十佛讚　246月令詞　247花飛一片　248大秋景　249慶春光　250冬嶺秀孤松　251千山落葉　252春日晴和　253夏日炎　254金風涼爽　255朔風陣陣　256窮人過年　257山林滴翠　258綠樹陰濃　259赤日流金　260崎嶇縱横　261春雨濛濛　262灌木陰森　263高掛青帘　264笑傲林泉　265幽徑苔蘚　266芳草萋萋　267閉戶讀書　268一葉扁舟　269天增歲月　270天晴日朗　271萬壽無疆　272野茶館　273祥雲濃濃274萬國咸亨　275富有四海　276慶賀長壽　277鶴鹿同春　278上元夜　279琴棋書畫　280漁樵問答　281漁樂清溪　282竹林遂密　283赤日煌煌　284應時夏雨　285渭濱垂釣　286一望晴烟　287靜坐書齋　288策蹇徐行　289智慧山頭　290天風朗朗　291翠柳鳴禽　292翠浪千叠　293翠鬱千般　294紅藍百丈　295垂虹如練　296隱隱青山　297雨過晚晴　298時値隆冬　299水闊青山靜　300風吹浮雲散　301長堤如虹　302長橋臥波　303南北兩峯　304翠柳紅亭　305花影紛紛　306花氣風香　307鴉影滿天　308隱隱啼鳥　309萬壑松濤　310樹色濛濛　311雁落清風　312蟠旋登山　313春

江花月夜 314玉骨仙風 315箭壁麟綸 316浙省武林 317雁影橫空 318深遠迷途 319風又飄颻 320時值淸秋 321垂柳靑靑 322林下府府 323宿雨初收 324秋江晚望 325秋江晚渡 326亂灑瓊瑤327自古立市 328竹林七賢 329有懷素者 330萊子斑衣 331玉貌溫侯 332宵借螢光 333西廂記驚艷 334西廂記借廂 335採菊東籬下 336獨坐幽篁 337朗朗小風 338漂泊關山 339笑傲烟波 340美景良辰 341蕩蕩和風暖氣融融 342芸窗寂靜 343山不在高（一） 344山不在高（二） 345故郡南昌 346百草靑葱 347暑退涼生 348十月之望 349斗印輕揮 350曾彭澤令 351岳陽樓記(一) 352岳陽樓記(二) 353桃花源記(一) 354桃花源記(二) 355釀泉以上 356夏日如年 357竹出黃岡 358黃岡竹樓記 359焚膏繼晷 360美景良辰 361奇門遁甲 362奇門陰遁起例 363春花秋月 364四季相思 365朔風怒號 366天官賜福 367大寶話 368夜寺鐘聲 369秋山放午晴，370春耕圖 371夏日晝長 372湖平如鏡 373懶起畫眉 374放紙鳶 375竹篩月影

上列曲目共三百餘種、皆余家藏之物、至於曾經聽過之曲、或是在私人家裏曾經看過之曲目、當不僅上列之數、這裏因篇幅有限、只得省去、不過所舉名目太少、這也是因爲家藏材料太少、將來有所新得、再行補列也。

總之、本文定名爲箬曲的研究、取材當以箬曲爲主、凡與箬曲有所關涉、亦附帶討論、本文迫於時限、急就成章、內容疏少、文字冗雜、錯誤之處、固所難免、挂漏之處、亦所難免、希望將來能有機會補正。

研究與進步第一卷（即中德學誌第一卷）目錄

第一期目錄

（民國二十八年四月）

第二期目錄

（民國二十八年七月）

第三期目錄

（民國二十八年十月）

第四期目錄

（民國二十九年一月）

定價每冊聯銀券一元

中德學誌　第二卷　目錄

第一期目錄

第二期目錄

第三期目錄

第四期目錄

每期末附書評及會務報告

中德學誌　第三卷　目錄

每期末附會務報告

中德學誌 第四卷 目錄

第一期目錄

第二期目錄

第三期目錄

第四期目錄

每期末附會務報告

中德學誌第五卷第一二期合刊目錄

中德學會十週年紀念特號

中德學誌第五卷第三期目錄

中德文化叢書

中德學會編　　商務印書館印行

一	魏蘭之介紹	賀　麟等譯著	一册
二	陰謀與愛情	張富歲譯	一册
三	工作學校要義	劉　鈞譯	一册
四	德國史綱	魏以新譯	一册
五	女青年心理	劉　鈞譯	一册
六	五十年來的德國學術	本會編譯	四册
七	給一個青年詩人的十封信	馮　至譯	一册
八	論德國民族性	楊丙辰譯	一册
九	斯托姆小說集	魏以新譯	一册
十	德國史略	魏以新譯	一册
十一	快樂的智識	梵　澄譯	一册
十二	湯若望傳	楊丙辰譯	（印刷中）
十三	葛德論自著之浮士德	梵　澄譯	一册
十四	論優美感覺與崇高感覺	關琪桐譯	一册
十五	赫貝爾短篇小說集	楊丙辰譯	一册
十六	親和力	楊丙辰譯	一册
十七	歷史之地理基礎	張星烺譯	一册
十八	哲學論叢	關琪桐譯	（印刷中）

特　刊

一	德國留學指導書	張天麟編譯	一册	2.40
二	今日德國教育	王錦第譯	一册	1.80
	（此書商務印書館代售）			
三	統一國家之德國	弗立克著	一册	.90
四	德國現代思想問題	關琪桐譯	一册	2.00
五	一九三三至一九三九年間之德國外交政策	楊丙辰譯	一册	11.00

德華常用小字彙	孫用震編輯	一册	（印刷中）
德語津梁	方志彤註解	一册	20.00
中德學會德文圖書目錄		一册	15.00

中德學誌編輯簡章 中華民國三十二年九月第三次重訂

1 本誌原名「研究與進步」，自第二卷起，擴充範圍，改用今名。

2 本誌錄稿，以介紹德國學術文化之著作爲主，兼收研究中國學術之論著；除本會會員稿件外，並酌收外稿。

3 來稿如係原著，應將所用參考書籍或其他材料一併附列文後，如係譯稿，須將原文出處詳細註明，其原文不易見者，並須與譯稿一併寄來。

4 來稿本會有删改之權。

5 來稿中有中文人名書名等譯爲德文後，重行譯爲中文時，應請譯者援用原來字樣，幸勿另譯新名；其由德文譯爲中文者，除有慣用者外，以本會所定爲準。

6 來稿逕寄「中德學誌編輯委員會」，請勿寄交編者個人。

7 來稿經本誌決定採用者，酌給現金或本誌爲酬。

8 來稿經本誌給酬後，其版權即爲本會所有，原作人不得以其一部或全部在他處另行發表；在本誌發表後，他人亦不得轉載。

9 來稿不爲本誌選用者，均可退還，但須由原作人附寄郵費，如欲掛號寄還者，並須加附掛號郵費；郵遞如有遺失，本誌概不負責。

10 本簡章如有未盡事宜，得隨時修改之。

編輯者　中德學誌編輯委員會

出版者　中德學會
（北京安定門內交道口南大街仮廠胡同七號）

印刷者　京華印書局
（北京和平門外虎坊橋）

<table>
<tr><th>定價表</th><th colspan="2">每季一册（郵費外加）</th><th colspan="2">每年四册（郵費在內）</th><th rowspan="3">郵票不收</th></tr>
<tr><td>道林紙</td><td>聯銀券</td><td>6.80</td><td>聯銀券</td><td>24.00</td></tr>
<tr><td>新聞紙</td><td>聯銀券</td><td>4.40</td><td>聯銀券</td><td>16.00</td></tr>
</table>

CHUNG TÊ HSÜEH CHIH

(AUS DEUTSCHEM GEISTESLEBEN)

Herausgegeben vom

Deutschland-Institut, Peking

durch

Wolfgang Franke

unter Mitwirkung von

Chang Hsing-lang Achilles Fang Ku Hua

Max Loehr Tsêng I-hsin Yang Ping-ch'en Yang Tsung-han

Verantwortlich für die Redaktion:

Hu Chün-yin

5. Jahrgang, Nr. 4 Dezember 1943

Anschrift der Redaktion: Deutschland-Institut, Peking (China),
An-ting Men nei, Pan-ch'ang Hu-t'ung 7.

中德學誌

歐特曼逝去十周紀念號

王承傳

第六卷第一、二期（三十二年六月出版）

中 德 學 誌

中德學會出版

中德學誌

歐特曼逝世十年紀念特號

第六卷　　民國三十三年六月　　第一二期

（本誌各篇之著述以文題時代之先後爲序）

歐特曼教授遺像

歐特曼教授爲致力於溝通中德兩國文化工作之前驅，獻身於此多年，其功實足垂永久。本會之成立，其職志亦即是在。今年一月七日爲歐特曼教授逝世後十週年，因特出專刊，以資紀念。

Unter allen, die für das Verständnis deutschen Geisteslebens in China arbeiteten und ihr Leben in den Dienst der Förderung kulturellen Verständnisses zwischen China und Deutschland stellten, steht Wilhelm Othmer mit an erster Stelle. Das Deutschland-Institut widmet das vorliegende Heft dem Gedenken an Wilhelm Othmer anlässlich der zehnjährigen Wiederkehr seines Todestages am 7. Januar 1944.

歐特曼先生逝世十周年紀念感言

Wilhelm Othmer in Memoriam

黃　伯　樵

予納交於歐美人士而尤心折者，厥惟熱心灌輸知識，平衡推進文化之士，蓋文化之推進與知識之交換，爲人類精神上之交通業務，其有關國際間之提携，社會上之聯絡，重要殆什伯於物質上之交通業務，間嘗執此以語識者，靡不翕然相和，而歐西人士之不斷贊助，樂予砥礪，事實上尤獲深刻之印像，憶於民國二十三年專程赴歐，兼遊新大陸，銳意考察各國路政，以謀改進我國物質上之交通業務而外，於時每訪舊雨，輒商中外文化平衡發展之促進方針，藉以實現各民族間眞摯之聯繫。於玆勗予者有人，起予者有人，得中外同志若干人，而邂逅新知，協力提倡者，尤不乏其人。返國而後，函牘頻仍，彼此致力於物質上交通之發展而外，醉心精神上之交通業務，更未嘗稍懈。　或交換書籍雜誌，以廣見聞，或遠錫嘉言名著，頓開茅塞，予亦時時採訪我國固有之文化，公諸國內外同志，作平衡推進文化之初步嘗試。　孜孜於此者久而彌覺其甘，且以中外同志之推誠相予，雖彼此交淡如水，而精神團結日形縝密，乃益信國際間精神上之交通，亟宜奠定其基礎，於以袪除人類無形之隔閡，允爲不可或緩之舉。　顧自戰雲彌漫以來，物質上之交通業務悉已感受頓挫，遑論精神上交通業務之推進。　每念往嘗致力於此諸同志，生者大都天各一方，未易謀面，其不幸齎志而沒者殆墓木已拱，今昔之感，情何能已。　竊歎有史以來，人類之時罹浩刼，莫不作俑於精神上交通之不平衡發展，而於吾友歐特曼先生逝世十周之辰，尤寄感慨於無窮也。予與先生締交，在歐西人士中爲獨早，向欽其爲精神上交通界中溝通中德文化之巨擘。　先生雅善華語，兼長中西文字，用能深悉中德民族之個性，兢兢焉以平衡灌輸中德文化爲職志。其所編中德袖珍字典（一），專搜我國單字達萬有數千，一一加以詮釋。　蓋其努力灌輸德國文化於我國青年之餘，更不忘以我國文字灌輸於德國有志之士，使兩國文化之交換，漸臻平衡，此其識見過人，迥非目光如豆者所能夢見。　至今莘莘學子，受先生薰陶成材者，類能道其言行之有裨世道人心，而未敢或忘其賜。遺愛在人，其來有自。抑予於駐足歐美之頃，除考察物質上交通事宜而外，猶不能忘懷於精神上交通業務之進行者，實亦肇端於納交先生之後，有感於先生立志爲各民族間平衡溝通文化之言論而然。先生嘗謂一民族之文化交通本身愈發展，而他一民族之文化交通與之愈阻塞，則二民族間之無形隔閡，不期然而日益以甚。故欲求各民族間之眞正連繫，萬不能作緣木求魚之夢想，而當以平衡推進各民族間之文化爲前提。旨哉斯言！安得起先生於地下，詔令世之人共循其軌轍，以增進世界民族之彼此了解，而拯之於水深火熱中哉？猶憶先生五十初度之辰，旅滬中德友好，期前群謀所以壽先生者，先生亦欣然與予計議庶幾弗虛度其誕辰者。乃相與商請音樂名家廣搜我國古代樂器，輔以今樂，得數十事。至期群賢畢集，舉行中樂合奏大會，以壽先生。先生亦以數闋清音沁入心脾，不獨供臨時之歡欣鼓舞，而蒞會人士咸獲假此機緣，一度欣賞東方純粹藝術，更有補於文化溝通匪鮮，認爲盛會不虛，無負此生，怡然自得，樂且無央。蓋先生無間瞬息，瘁其心力於中德文化之溝通，終其身未嘗有倦容如是。　惜夫年未耄耋，遽歸道山，未克益展其抱負，以盡力於世界各民族連繫之工作，言念及此，誠不勝悵惘也已！

（一）是書脫稿後，曾交上海商務印書館排印。一二八之役該館印刷所被燬，致僅存殘稿，故知者尚鮮。中德學誌徵稿紀念先生，特表而出之。

追念歐特曼先生

Wilhelm Othmer in Memoriam

周迪平

歐特曼先生逝世之十週年，中德學會諸君子議爲編印專刊，以資紀念，來函徵文於余，余於先生忝列門牆，自欣然願述所懷，以伸思慕之忱，顧以先生之博大高深，恐非荒文所能盡其萬一，雖然，亦豈可已於言哉，茲謹就先生之學行及其功績，略述於次。

一，淵博的學問

先生稟賦特異，而好學不倦，精習本國文學，兼攻哲學，已得博士學位，而猶不自滿，恆於治事之餘，手執一編，揣摩玩誦，孜孜不息，故舉凡拉丁希臘希伯來及英法日本各國語言，無不精通，而於中國之國語及古文，尤有深切之研究，自四書五經以至諸子百家之言，類能講誦如流，對於中國史乘及地理人物，亦多瞭如指掌，淹博如是，洵已超越恆流，一時無兩，然先生猶虛懷若谷，不恥下問，故其學業與年俱進，而淵博至不可測度。

二，偉大的人格

先生不慕榮利，淡泊自足，惟以熱心教育爲職志，生平待人以寬，責己以嚴，應事接物，一以眞誠爲主，故人亦無不以眞誠對之，且誨人不倦，循循善誘，能使學生一經薰陶，莫不受其感化，故學生之於先生，無不心悅誠服，奉若山斗，謂非先生之人格偉大，安能感人如是之深乎。且以先生之學深望重，苟有意於富貴利達者，高爵厚祿，不難立致，而乃終其身爲教育文化努力，其品格之高尚爲何如耶。

三，溝通文化的功績

先生生平無嗜好，授課餘暇，輒以著述自娛，而置重於中德學術之交流，故編纂漢語通譯及中德辭典等書，並主編德文月刊，使中德學者皆奉爲圭臬，歐亞學術，因此互相介紹，俾文化得藉溝通而益進，則先生篳路藍縷以啓山林之功，實有不可磨滅之價值矣。

要之先生學問淵博，人所供仰，而其勤學精神，最足爲吾人取法，先生人格偉大，世所咸欽，而其爲人以一誠爲主，尤堪爲世所矜式，至其溝通文化之偉績，益可見先生之卓識與毅力，爲文化界所宜服膺弗忘者也。余於民國初元，肄業青島，得親承教誨，受益良多，至今雖已歷三十年，而追念音欬，歷歷如在，蓋以先生雖云逝矣，而先生之精神與其功績，固已長留於天壤間矣。爰抒所感，以誌永思。

WILHELM OTHMER ZUM GEDÄCHTNIS

Hellmut Wilhelm

Als am 7. Januar 1934 Wilhelm Othmer einer Krankheit erlag, war er 51 Jahre alt. Schon aus dieser Zahl ergibt sich, unter welch schwerem Schicksal er stand. Die Vollendung ist ihm versagt geblieben nicht nur in der Zahl seiner Jahre. Auch von den Dingen, in deren Dienst er sich gestellt hatte, fielen viele einer frühzeitigen Vernichtung anheim. Und so ist sein literarisches Werk bis auf Bruchstücke nicht auf uns gekommen. Dass gerade einen Mann mit der Schaffenskraft und Energie von Wilhelm Othmer, mit seinen ausgedehnten Sprachkenntnissen – ausser dem Griechischen und Lateinischen, dem Englischen, Französischen, Spanischen, Portugiesischen und Russischen sprach er Chinesisch und Japanisch, las Pali, Tamulisch und Sanskrit und verstand eine Reihe von Dialekten wie Goldisch usw. – mit seiner für einen Wissenschaftler so unschätzbaren Gabe eines detaillierten Gedächtnisses und namentlich mit seiner Klugheit und Güte dieses bittere Los treffen musste, hat den vorzeitigen Abbruch seines Lebens so erschütternd erscheinen lassen. Wie gross diese Erschütterung war, dafür zeugen nicht nur die Nachrufe seiner deutschen Freunde und Schüler, dafür zeugt vor allem der Band, in dem die chinesischen Gedenkschriften anlässlich seines Todes gesammelt sind. Die grössten Namen aus Chinas Wissenschaft und Politik sind darin vertreten, und neben ihnen stehen intime Erinnerungen von chinesischen Mitarbeitern und Schülern. Selten ist ein Deutscher in dieser Weise von China geehrt worden.

Diese Ehrung war jedoch eine postume. Während seines Lebens hat er es verstanden, sich einer öffentlichen Aufmerksamkeit zu entziehen. "Er lehnte es ab," wie Lessing von ihm sagte, "sich als Vorkämpfer gepriesen zu sehen, es genügte ihm eben, einer zu sein." Dieser Satz trifft seinen Charakter im Kern. Über allem stand ihm der Dienst an dem Werk, in das er gestellt war. Immer wieder musste er es erleben, dass dieses Werk aus Gründen, die ausserhalb seines Einflusses lagen, zugrunde ging—die deutsche Schule für Chinesen in Peking, die Deutsch-Chinesische Hochschule in Tsingtau—aber seine Energie wurde dadurch nicht gelähmt. Schliesslich war ihm dann eine verhältnismässig lange Zeit ununterbrochener Arbeit, von 1920 bis zu seinem Tode, als Leiter der Vorbereitungsanstalt der Tungchi-Universität in Wusung beschieden. Auch dieses Werk ist noch während seines Lebens äusserer Vernichtung anheimgefallen und, nicht zuletzt dank seiner Energie, wieder aufgebaut, ist es wenige Jahre später aufs neue zerstört worden. Aber in dieser Arbeit hat er Spuren hinterlassen, die äussere Einwirkungen nicht verwischen können. Die Generation von Schülern, die damals durch ihn gebildet wurde, lebt, und nicht nur in ihrem Wissen, auch in ihrem Wesen bleiben die Einflüsse von Othmer erhalten. Die Arbeit, die er in Tung-chi übernommen hatte, war gewiss nicht leicht, sie fiel zudem in eine Zeit, in der es jeder Autorität schwer war, sich Ansehen zu verschaffen. Wer Othmer damals in seiner Arbeit gesehen hat, wer erlebt hat, wie Güte stets seine Handlungen leitete, wie er aber auch Festigkeit da zeigte, wo sie geboten war, wer Zeuge gewesen ist von der Anhänglichkeit, ja Freundschaft, die die Schüler ihm gegenüber empfanden, der wird sagen, dass diese schwierige Aufgabe nicht besser gelöst werden konnte als gerade durch ihn.

Vor uns liegen die Bände der Zeitschrift, die er damals für die Schüler und mit ihnen herausgegeben hat. Sie geben nicht nur ein Bild des engen Verhältnisses zwischen Lehrer und Schüler, sondern mehr als das bedeuten sie einen Punkt, in dem die deutsch-chinesische Zusammenarbeit wirklich Wurzeln geschlagen hat. In ihnen gibt Othmer nicht nur Schlüssel für die Geheimnisse der deutschen Grammatik, er vermittelt nicht nur einiges vom Schönsten aus der deutschen Literatur und einiges vom Wichtigsten aus der deutschen Geschichte. Er zeigt sich vielmehr auch den Wirklichkeiten chinesischen Lebens, in erster Linie der chinesischen Gegenwart, in einem Masse aufgeschlossen, das selten von einem Deutschen erreicht worden ist. Sein Verständnis für das unter Nöten und Sorgen sich entwickelnde neue China hat ihn auf die Stellung erhoben, von der aus er wirken konnte. Nicht nur die Kenntnis der Entwicklungen in den einzelnen Phasen der sich überstürzenden Ereignisse, sondern das Wissen um deren Gründe und Notwendigkeiten und sein uneingeschränktes Ja dem sich herausbildenden Neuen gegenüber machten ihn zu dem Mann, der auch für deutsche Hoffnungen und Sorgen auf eine verständnisvolle Reaktion rechnen konnte. In einem wohldurchdachten Aufsatz hat er einmal niedergeschrieben, was Deutschland China wohl geben könne. Der damalige Standort der beiden Länder ist darin in seinem Wesen erkannt.

Angesichts dieses Wirkens ist uns nicht erlaubt zu trauern, dass er wenig zur Ausarbeitung literarischer Werke kam, und dass auch hier wieder von dem Ausgearbeiteten so manches der Zerstörung anheimfiel. Wir hatten auch auf diesem Gebiet grosse Erwartungen an ihn. Denn er konnte wirklich Chinesisch. Man brauchte ihn nur sprechen zu hören, um das zu wissen. Dafür stehen auch die fein formulierten grammatischen Erklärungen in dem Lehrbuch der hochchinesischen Umgangssprache, das er mit Lessing zusammen herausgegeben hat, und in dem er, wie Lessing uns mitteilt, die Ausarbeitung des grammatischen Teils übernommen hatte. Sein chinesisch-deutsches Wörterbuch, zweifellos eine unschätzbare Quelle, ist ebenfalls vernichtet worden. Noch haben wir die Hoffnung nicht aufgegeben, dass sich aus den geretteten Resten ein neues Ganzes wird herstellen lassen. Für die Gründlichkeit seiner chinesischen Kenntnisse zeugen aber auch die wenigen Übersetzungen, die wir von ihm haben, die Biographie des Hsü Ta und die Novellen aus dem Liao Chai. Vieles dieser Art lag noch in seinem Schreibtisch, er zögerte diese Arbeiten vor Anlegung des letzten Schliffs an die Öffentlichkeit zu geben, und so sind sie uns auch bisher noch vorenthalten geblieben.

Mit dem Menschen Wilhelm Othmer umzugehen war stets bereichernd. Stets war er der gebende Teil. Es entsprach aber seiner Art, dass dieses Geben sozusagen unbemerkt geschah. Niemals trat er damit hervor, niemals gab er sich Gewicht oder Ansehen. Und so hat sein Schüler und Mitarbeiter Wei I-hsin das ein wenig abgewandelte Zitat an das Ende seines Nachrufs gesetzt:

"Solange er lebte, wurde man sich seiner Besonderheit nicht bewusst; nun da er tot ist, findet man seinesgleichen nicht mehr."

歐特曼教授去世十周年紀念

Wilhelm Othmer in Memoriam

羅　逸　民

歐特曼 Wilhelm Othmer 教授乃逸民在民國二十一年剛到中國時由至友黃伯樵先生在上海引見而認識。不久教授以五十壽辰由其中國學生及朋友等備燕會以表尊敬。逸民亦陪客之一，觀彼時來賓之衆多當時演說之內容，始知此學者在華教授成績之偉大，不勝欽佩與羨慕之至，且因此與逸民以自勉之莫大激勵。故決心以歐教授前輩君子爲逸民以後在華努力之表率。

未幾，歐教授因重病回國，但其本國良醫亦已束手無策，而此偉人未至高齡，過早逝世。德語有諺：「Wen die Götter lieben, den nehmen sie früh zu sich」乃謂「天神所愛，早請其昇天」，吾輩祇好以此自慰耳。但其人雖亡，其名尚在。尤其在去其祖國遙遠之中國念之者衆矣。逸民爲紀念此偉大學者之工作，聊草幾行，以小小供獻，示不忘先進之意。

歐特曼教授當時在華之工作分爲二種：蓋彼不但爲德文教授，且亦爲中國言語學者而以中國語言文字傳授其同胞。其教德文之成績中德人士皆知之。至其對於中國語言學上之供獻，恐除德人外，知之者少。逸民粗諳中國語言學故想趁此機會將歐教授中國語言學上之工作爲中華人士介紹幾句。

凡西人欲學習中文者，總以漢字之複雜及衆多，認爲最大困難。歐教授有見於此，彼精通許氏說文及深明西人之心理，因此自己開闢西人習漢字之一條新路，其方法如下：

（1）凡漢字古形與今形尚近者，乃用說文之解說，尚為簡單明瞭易記。例如「東」字，彼根據許氏「日在木中謂之東」而為之說明。蓋此項解說雖與事實不符合(一)，但幫助記憶，極為適用，故採用之。

（2）凡漢字古形與今形迥異而不易解者，歐教授則另造有趣之解說。例如「信」字，彼解之為「ein Mann ein Wort」（一人一言，即不貳而可靠之意）。此講解雖就中國語言科學看來不對(二)，但本德人常用之成語，故其用之以解「信」字，實覺美善適用，而便於記憶，亦無以復加焉。

根據此二原則歐教授與其友 Dr. Ferdinand Lessing 在民國元年發表一部「Lehrgang der Nordchinesischen Umgang-sprache」（漢語通釋），今已再版。此書專為德人或懂德文西人而著。因此其中漢字之拚音根據德國語音。此書之優點在拚音之簡單及文法與漢字之解釋簡明，當時非他書所及也。故三十年來用之者衆，實一時為開中國文化及文學「衆妙之門」之鑰匙。

中國有諺：蓋棺論定。如吾輩身後能同歐教授一樣使「少者哭之如哭其父」其名不朽，不虛度此生，則亦可自滿也已。

(一)許氏此說如用現代語言科學，即 moderne Philologie 之方法考之，全係錯誤，蓋甲骨上之「東」字中本無「日」字而有種子之象形文。此種子之象形文下見發根，上見發芽之形象，此根與芽形甚似現代「東」字中所謂「木」字。故「種」字之古形字從「東」。遜民關於此問題另有發表，載在 The Catholic Review, Shanghai, January 1943，第16頁至17頁及第37頁。

(二)蓋「信」中之「言」決非「言語」之「言」，而實係「辛」下加「口」字訛而變來之字。但「言語」之言並非為「辛」下加「口」所變來。此二者均可由古形及中國語音學證之。故「信」字之本意並非「相信」之義，而為「信息」之義，與「新聞」之「新」同一來源。遜民對此問題另有發表，載在上海震旦大學之 Bulletin，1943, Tome，4, No. 3，第690頁。

論預定的契合(一)

Zur prästalilierten Harmonie

萊勃尼茲 (Gottfried Wilhelm v. Leibniz) 著

關琪桐譯

有些博學而深思的朋友們曾經考究了我對於身心之聯合的這個大問題所提出的新假設，並且覺得它是有些價值的，因此，他們就要求我們對那些由未充分了解之故而起的反駁，加以解釋。我想，要以下述的例解，來事說明，任何種人心都是會了解它的。

假設有兩個鐘或錶(二)，能够完全共指同一時間，則這種情形只能由三條途徑來進行。第一條途徑就在於互相影響，第二條途徑就在於有人來留心照料它

(一) 本篇爲萊勃尼茲所著單子論 (Monadenlehre) 之一節，其前一節爲新系統 (Neues System)，譯文已見本誌五卷四期。

(二) 石朗 Geulincx 是這樣用這個比方的：『我的意志誠然不運動「運動力」以來運動我的肢體，不過給物質以運動並爲它立法則的那位上帝同時又造成了我的意志。因此，它就把這些不同的事情（物質的運動和意志的選擇）聯合起來，因此，在我的意志有所選擇時，就有照意志而生的一種運動發生，而在另一方面，則在運動發生時，意志也要求它，它們這些契合並不必藉助於相互的任何影響。就如兩個鐘似的，人們如果能把它們造得很精細，使它們合於每天的日的進程，則在此一個報告時刻時，另一個也可以報告同一的時刻。它們這種契合並非由於任何因果關係，此一個也並不能在另一個中產生任何結果。它們所以有此種聯繫，只是因爲它們是用同一藝術，同一手工做成的。就如舌的運動伴着說話的意志，這種意志也伴着那種運動。不過這種運動也並不依靠於這種意志，這種意志也並不依靠於這種運動。它們同同依靠於最高的設計者，因爲只有他才能把它們奇妙地聯合起來。』——倫理學一卷，二章，二節。

們，第三條途徑就在於它們走得準確。　第一種影響的途徑，曾被已故的幼琛先生 Huygens(三)實驗過，他曾得到了很可驚異的成績。　他把兩個大擺錘繫在一片木頭上。　這兩個擺錘不斷的擺動把相似的顫動傳到木頭的各分子上；這些不同的顫動若繼續在其各自的秩序中前進，它們總會互相干涉的，（除非那兩個擺錘有了互相拍合的律動），因而，下一種事實就憑一種神蹟發生了！　就是我們縱然故意把它們的擺動攪擾了，而它們也仍然立刻會在一塊擺動起來，就如同在同一個基調上所調的兩條絃似的。

至於第二條途徑，則是使兩個鐘（縱然是壞的）常常共同律動着，要想如此，我們就得把它們交給一個有技巧的工人管理着，讓他時時刻刻把它們調理得走得一樣。這種途徑，我叫它幫助說。

至於最後第三條途徑，則是在一起首就用很大的技巧把兩個鐘造得很精確，使它們以後永遠保持同一的時間。　這就是預定的契合途徑。

我們現在可把靈魂和身體當做兩個鐘錶看。　它們的契合或同情也一定只能由此三途中之一途進行。　所謂影響說是普通哲學所主張的，但是，我們既然不能存想物質的分子或非物質的影響或性質如何會由這些實體之一造進到另一造，因此，我們就得拋棄了這種意見。　至於第二種途徑，就是緣起說所主張的，不過我曾主張過，這就無異於把救急神引到一種自然的尋常的事體中，實則在尋常的事體中，上帝所參預的，只不過如其在保存自然中其他一切事物時那樣，並沒有特殊的動作。　因此，只有我所假設的預定的和諧是可用的；神聖的先見憑其設計可以造成預定的和諧，他在創世之初就把這些實體各各都造得很完全，很規則，很精確，因此，各個實體只要遵循它被造之初所受的法則，它就可以同別的實體相契合，正好像它們能互相影響似的，正好像上帝於概括地支撐各種實體以

（三）　幼琛先生（1629—1695）是一位數學家，物理學家，天文學家，他生於荷蘭，一生大部分就住於此地以及法蘭西。　他在一六七二年到巴黎遇到萊勃尼茲，他曾經發明了光的波動說，以及行星學說。　萊勃尼茲說：『他可以同加里列 Galilei 和笛卡爾同垂不朽。』

外，又時時加手於它們上邊似的。

在這裏，我想也不必再有進一層的證明；不過人們如果要求我證明，上帝何以能應用這個先見的設計，則我也可以說，卽在人類方面，我們也可以看到，他們也能按其所有的技巧，有同樣的設計。因此，我們如果假設上帝能利用這種方法，則這種方法分明是最妥當的，最合上帝的體統的。關於這一層，我誠然還有別的證明，不過它們是較深一些的，不必在這裏提供出來。

*　*　*　*　*

近來有兩位很聰明的人，一位是新近出版的物理學原理的作者（四），一位是反駁的作者（五），（此篇見於八月十三號以及別處）。關於他們的辯論，我打算少說一兩句話，因爲我的假設可以把他們的爭執結束了。我想物質旣是有廣袤的，則它便不能沒有實在的或可思想的部分，如果不是這樣，那我就看不到，所謂有廣袤的完作何解（六）。我甚至主張，物質根本是一個集團，因此，事實上恆常有實在的各部分。因此，我們不止憑感官，而且憑理性判斷出，它是可分的，它畢竟是一個集合體。我並且主張，物質（甚或至於物質的各部分）實際所可能分割到的數目，要比我們所想像的爲大。因此，我常說，各個物體不論如何之小，總是含有無數事物的一個世界。因此，我不相信，有所謂完全堅硬，凝固無比的原子或物質的部分，而在另一方面，則我也一樣不相信，有完全流動的物質（七）；我的意思是說，一個物體若和較凝固的物體相比，則是流動的，若和較流動的物體相比，則是凝固的。我很奇怪，現在人們還說，運動的

（四）指 Hartsoeker 而言。

（五）指 Foucher 而言。

（六）這或者是指福舍的意見說的。福舍不承認物質的本質在於廣袤，他主張我們的一切觀念（外物的觀念在內）都只是我們自身的變狀，而且要表像一個物象，則一個觀念必須和那個物象相似。

（七）Hartsoeker 的學說是說，事物的最後分子是在完全的流體中存在的一些完全堅硬的原子，這些原子集合在一塊就成了可觸的物體，至於流體則是傳光的。

數量（笛卡爾的意義）常是保持同一的，因爲我已經證明了相反的事實，而且許多精深的數學家也已經承認了這一點。 不過我仍然不以爲物體的凝度或密度是一種原始的性質，我以爲它只是運動的一種結果。 我想我的動力學將會指示出這一層說法有什麼根據，而且人們了解了我的假設以後，也可以免除了哲學家們所仍注意的一些困難。 眞的，我相信，我可以明白地答覆了貝尼耶先生Bernier（八）用專書所寫出的那些疑問。 人們如果能思想出我以前所印行的那些，則他們或者會看到，他們已經有答覆這些困難的能力。

事物的最初起源(一六九七)(九)

除了世界或有限事物的集合體以外，還有一種有統治力的統一體，這個統一體之有統治力，並不如靈魂之在我裏邊有統治力似的，也並不如自我之在我身中有統治力似的；它的統治力乃有一種較高的意味。 因爲宇宙中之有統治力的統一體不獨能管理世界，而且能構造世界。 它比世界要高，它是超乎物質世界以外的，它乃是一切事物的最終原因。 因爲存在的充足理由不能求之於任何特殊的事物，也不能求之於事物的整個集體和連串。 我們假定：有一種幾何學初步從無始以來就存在，並且一本一本輾轉抄襲，則我們雖然可以現在這書所從出的那個原本，來解釋此書，可是我們無論倒溯回多少摹本去，我們也總不能給它找出一個完全的理由來。 因爲我們可以常常問 ， 那些書爲什麼由無始以來就存在，爲什麼竟然有那些書，爲什麼它們是這樣寫的。 各種書籍旣然可以如此的說，則世界的各種不同的狀態也可以如此說。 因爲不論有什麼變化的法則，而後來的狀態總有幾分是先前狀態的摹本。 因此 ， 你不論倒溯到先前的什麼狀態，你總不能在其中找到事物的完全理由，那就是說，你永不能解釋爲什麼竟然

（八） 此文原以拉丁文寫出，標的日期爲一六九七，十一月，二十三號。 不過它向未發表過，一直到一八四〇年，愛爾德曼才把它印行出來。——譯者。

（九） 貝尼耶先生（？—1688）以旅行馳名，而不以哲學馳名。 他旅行過敘里亞和埃及，又到過印度和克什米爾 Kaschmir。 在巴黎時，他匿名爲 Mogul。他的主要的哲學著述有加孫第哲學綱要 Abrégé de la philosophie de Gassendi。

有一個世界存在，爲什麼此一世界存在，而別的世界不存在。

你誠然可以假設世界是永久的，不過你既然只假設了一長串狀態，在其任何一個中都不能找到充足的理由，而且任何多的世界都不能稍爲幫助你解釋它們，因此，我們分明看到，那個理由必須求之於別的地方。因爲在永久的事物中，縱然沒有原因，可是它仍必須有一個理由（一〇）；這個理由在常存的事物方面，就是「必然」自身或本質（一一）。但是說到那一串變化的事物，我們如果假設它們是由無始以來繼續下來的，則這個理由（我們立刻就會看到這一層）只是一些有勢力的愛好（一二），這些愛好並不是有強制性的理由，（這些理由乃是絕對的形上學的必然理由，它的反面含有一種矛盾），乃是一種令人發生愛好的理由。由此我們分明看到，我們縱然假定世界是永久存在的，我們也逃不掉事物之最後的超物質的理由，那就是說，我們永逃不掉上帝。

因此，世界的理由必須隱伏於世界以外的一種東西中，那些理由一定不是各種狀態的互相銜接，或各種事物（集合成世界的各種事物）的互相連貫。因此，我們必須超出於物理的或假設的必然，而進於絕對的或形上學的必然（一三）（按前一種假設說，世界上後來的事物是決定於先前的事物的，按後一種假設說，這個形上學的必然性是不能再有理由的）。因爲現在的世界只有物理的或假設的必然，沒有絕對的或形上學的必然。那就是說，世界的本性既然只能如此，因此，其中一切事物也不得不如此發生。不過一切事物的最後根本既然只

（一〇）一個事物如果是永久的，則它不能在時間中有原因。不過除了這種時間中的原因以外，它的存在仍必須有一種理由。

（一一）所謂常存的事物就是說它們不是偶然的，這在萊勃尼茲的用語中，就是可能的事物，就是必然的事物，就是本質。

（一二）「偶然事物」或「變化事物」的充足理由，不是一種絕對的原則，它的反面並不是自相矛盾的，它乃是在將來所發生的事物中，善對於惡，好對於壞的一種優勢。優越的善使上帝的意志歡喜（但並不曾決定了它）來創造這些偶然的事物。

（一三）絕對的必然是獨立於實在的事物以外的，它是和假設的，條件的，相對的，或物理的必然對立的。後邊這種必然是由實在事物的本性生起的，是由共存的事物系統加於其各分子的。

能在於賦有形上學的「必然」的一種事物中，而且任何存在的事物的理由又只能在於存在的事物中，因此，一定有一個賦有形上學的必然性的神明存在，一定有一個以「存在」爲本質的神明存在。　因此，一定有一種事物異乎世界，異乎多重的存在，因爲這個世界，如我們所承認，所指示的，並沒有形上學的必然性。

不過要想較清晰地來解釋，如何由永久的，本質的，或形上學的眞理，生起暫時的，偶然的，或物理的眞理來，則我們第一點必須說，事實上既然有一些事物存在，而非畢竟無物，那我們就知道，在可能的事物中，或者在可能性或本質自身中，就有一種存在的需要，一種存在的要求，那就是說，本質自身就趨向於存在。　由此我們還可以進一步說，一切可能的事物，那就是說，一切表示本質或表示「可能實在性」的事物，都可以本着同樣權利，按照其本質底（或實在性底）數量，或按照其所有的「完全性」趨向於存在。　因爲所謂「完全性」就是指本質底數量而言（一四）。

因此，我們分明看到，在可能事物的無數可能的組合中或系列中其中定有一種組合使最多的本質或可能性得以存在。　眞的，在各種事物中總有一種按照最高限度和最低限度而進行的決定原則，就如，最高的效果可以由最低的費用產生出來便是，（一五）。　因此，時間和空間，或世界的容受力（一六），就可以當做費用或基礎看，它們是供建築一個最合適的世界用的，至於世界上各種花樣的形式，則可以比做各種合適的建築，和繁多而精美的房間。　這種情形正可以

（一四）　參閱單子論四一，五四兩節。

（一五）　所謂費用就是一種限制或損失。　但是如果必須有一個世界的話，則必須有損失或限制，因爲世界上的各分子如果不在各種不同的程度中受限制，則便無所謂萬物。　一切都成了輝煌的空無的完美了。　不過這個世界仍是一個最好的世界，因爲在其中完美的完全壓服了有限制的，善的完全克服了惡的，而且在其中最小的費用就會得到最大的利益。　在這種意義下，萊勃尼茲所常提到的最好的原則，乃是根據至高程度和至低程度所進行的一種決定原則。　費用要最低的，正可以說是節用律 Gesetz der Sparsamkeit 的註解。

（一六）　這種容受力就是現實世界在表現無限制的理想的可能性時所遇到的一種自然的，或本質上的限制。　這種有限制力的容受力正可以看做是世界的被動力或物質，以和它的活動力或形式對比。

—— —— —— ——

—— —— Jahr ——

詩共三節，每節含有三句四言詩。每節的第一句與第三句都由一個雙重韻（譯者按：指皆以「兮」字收尾，而「兮」字上一字互押）聯接起來。好像其他許多民歌一樣，在這三節裏有一句詩——第二句——是完全不變的，剩下那兩句也是有一部分不變的，換句話說，這三節的分別只在每節有兩字不同，而不同的兩字恰好是雙重韻的頭一半。第一句詩裏眞正的主詞是「他 er」，在第二句詩裏是「日 Tag」，至於"sehen"這動詞的主詞與賓詞都沒有明白提出，然而是很容易想到的。

在我們研究一下史陶斯所給我們的翻譯之前，我們先要看一看他在根本上對我們所提出的翻譯問題是採取怎樣一種態度，以及他想以何等方式來解決這問題。他在他的序言裏這樣寫道：『自然最首的努力是要忠實於原作的意義，然而也要儘可能的按字直譯。』史陶斯對於音節問題的態度是很値得我們注意的：『至於……四個普通總是充滿了深意的中國字在德文裏絕不能被四個綴音移植過來，是很明顯的事。不過一個中國字給人耳朵的感覺也跟我們語言裏一個較短的，或半短的不加重的綴音給人耳朵的感覺完全不同。因此我們覺得最能接近中國詩句的方法是這樣：只要它有一個沉重的字音，我們在德文裏就以簡單的一拍詩來替代……一個抑揚音步，或者一個揚抑音步也行……在某幾種情形之下……可以應用揚抑抑音步，抑揚抑音步或抑抑揚音步……然而也不須太拘執，就像我們在我們母國語言的歌曲——也就是說民歌——裏面所常常容許的。』（一二）史陶斯也試著使他的德國讀者熟悉中國的歷史，世界觀與風俗；一般必須的知識他在他詳贍的序文中先給解釋了，其餘特殊的疑難處在每首詩後另有分別的小註。

史陶斯的譯文是這樣：

Ach, da pflückt er Kŏ-Gerank,—

（一二）參看 Strauss 自五十九頁起。

落，因此，在前一種情形下，所產生的世界亦含着最多數的可能存在事物。

因此，我們就由形上學的必然性，得到了物理上的必然性，因爲這個世界在形上學方面講雖不是必然的，而且它的反面也沒有含着矛盾或論理上的荒謬，可是它在物理學上是必然的決定了的，而且它的反面含有缺點或道德的荒謬。 可能性是本質的原則 Prinzip des Wesens, 同樣，完美性或本質的程度（這種程度愈大，則能共存的事物愈多）乃是存在的原則。 同時我們還可以看到，造物者做一切事情雖都是有定的，可是它仍是自由的。 因爲他的行事是根據於智慧法則或完美法則的。 所謂中立態度只是由無知來的，一個人愈聰明，則他愈會決定要趨向於最完全的事情。

不過你或者又說，把一種形上學的有決定力的機械作用和重物體的物理的機械作用相比， 固然是一個很美麗的比喻， 不過這種比喻却有一層不能適用的地方，就是說，重的物體是實在存在的，實在有作用的，至於先於存在或獨立於存在以外的可能性或本質，則只是想像的，虛構的，因此，我們便不能在其中找尋存在的理由。 不過我可以答覆說，無論這些本質，或關於這些本質所有的永久眞理，都不是虛構的，它們是在一種觀念領域（如果我可以這樣說）中存在的，那就是說，它們都是在上帝中存在的，因爲上帝是一切別的事物的本質和存在的源泉。 這並不止是我個人的宣言，實際的事物秩序的存在很可以證明這一層。因爲這種秩序的理由既不能在秩序本身中找得到（如前邊所指示的），而只能求之於形上學的必然或永久的眞理，而且存在的事物只能由存在的事物而來（如我們前邊所說），因此，永久的眞理一定存在於一種絕對的或形上學的必然實體中，那就是說，它們一定存在於上帝中。 一切這些事物經過上帝才可以實現出來，（實現二字雖粗，亦可以表示幾分意思）（二〇）因此，它們就不能成了想像的。

（二〇） 那就是說，上帝在自己的理解中給它們一種實在或存在，這種存在並不是現實世界中的存在，因爲現實世界的存在只關於偶然的事物。

眞的，我們實在看到，世界上一切事物的發生，不祇依靠於永久眞理的幾何學的法則，而且依靠其形上學的法則，那就是說，它們不只依從物質的必然，亦依靠於形式的理由。這種說法不止可以一般地解釋了一個世界爲什麼要存在而不不存在（如我們已經解釋的那樣），爲什麼要這樣存在，而不那樣存在（這個理由只能由將存在的事物的趨向中找到），而且還能在特殊的方面解釋了許多事情。我們常見，「原因」，「力量」，「活動」等形上學的法則，在奇異的途徑中充滿了自然全部，而且它們甚至超越了物質的純幾何法則；我在解釋運動的法則時曾經驚異地看到這一層，因此，我結果就不得不拋棄了我在幼年偏信唯物主義時所採取的那個承認「各種力量係由幾何途徑組織起的」法則（如我在別處所詳細闡明的）。

因此，本質和存在兩者底實在性就只能以唯一的神明爲其最後理由，而且他必然比這個世界較偉大，較高貴，較先在的，因爲不但世界上所含的存在的事物藉他才能得到實在性，而且一切可能的事物，也是藉他才能得到實在性的。不過這些事物的全體既然都是互相連貫存的，因此，它們的最後原因就只能求之於唯一的原因。我們還分明看到，存在的一切事物都是由這個來源不斷地發出來的，而且它們都是一種存在，都是由這個來源產生出的，因爲我們並看不到，何以世界要發生這種情況，而不發生別種情況，何以要發生昨天的情況，而不發生今天的情況。我們還分明看到，上帝的行爲不祇是物理的，而且是自由的；他不祇是事物的能生因，也是它們的目的因，他不祇在已成的世界的機械作用裏表示出他的偉大和權力來，而且還在構造這個世界的設計方面，表示出他的智慧和善意來。

人們在此或者會以爲我們把道德上的完善或善性，同形上學的完美或偉大，混淆在一塊，他們或者會只承認後者，而把前者否認了。爲防止這種誤解起見，我們應該說，由我們前邊所說的看來，世界不祇在物理方面或形上學方面是最完美的，（就是說在現在存在的這一串事物中，不止有最大的實在性實際表現出來），而且它在道德方面也是最完美的，因爲眞正的道德完美，也就是人心自身的物理完美。因此，世界不祇是最可羡的一套機械，而且就它是由心靈所組成的範圍內言，它還是最好的一個國家，由這個國家各個心靈就得到最大的可能的幸福或忻悅，它們的物理的完美也就在於此(二一)。

但是你或者會說，我們在世界上所見的是適與此相反的，因爲最好的人民常常遭遇最壞的事故，而且無辜的人和畜也常受災難，甚至遭極刑而死。所謂世界只不過是一個紛亂的混沌狀態，而不是被崇高的智慧所支配的一種東西，而在我們一觀察人類自己的政治時，情形更是如此的。我承認，在初看之下，確乎是這樣的。但是我們在較密切地觀察之後，相反的結論就會由我們前邊所提出的那些考究先驗地得出來。這個結論正是說，一切事物和一切人心的最高可能的完美，已經實現了。

誠然，如律師所說，我們如不先考究了全部法律，則妄來判決，是不適當的。永久的時間是不可度量的，我們只知道其中一小部分，因爲歷史所傳給我們的幾千年的記載，不是很渺乎其小的麼？可是我們却常由這樣輕微的一種經驗，就魯莽地來判斷，不可度量的永久的事理，正如一些在監獄中或薩莫丁Sarmartia山鹽礦中長大的人們（二二），以爲世界上並沒有別的大光，只有難以指導自己步行的那種微弱的燈光一樣。如果有一張美麗的圖畫，全體都遮住，只剩下很小的一部分，則你在觀察它們時，不論如何仔細考察，你不是只見到一

(二一)　此處所謂「物理的」，只是指「自然的」而言，或者指「依據事物的特殊本性」而言。這個詞是對「形上學的」而言的，至於「形上學的」則是絕對的意思，乃是獨立於事物的種屬的本性以外的。所謂「世界在物理方面是最完美的」，乃是說其中各單個分子在其本性所能允許的範圍內是完全完美的，所謂世界在形上學方面是完美的，乃是說整個的世界是最完美的。所謂「眞正的道德完美就是人心自身的物理的完美」，意思就是說，心理的特殊的自然完美，就是道德的完美。

(二二)　這大概是指加泊珊 Karpathen 附近的山鹽礦而言。人們常居於地下，下邊亦有街道，房屋，正如村落似的。Sarmartia 這個字很含糊，大半是指歐洲東部的一塊平原而言。

團混雜的顏色，無選擇地，無藝術地，雜合在一塊麼？（你愈仔細觀察它，則它愈呈出紛亂的狀況）。但是你如果把罩子去掉，並且從很適當的觀點下來觀察全部畫片，那就會看到，以前似乎是紛亂地在畫布上畫着的那種形相，實在是被畫家以極大的藝術畫出的。眼在繪畫方面所有的經驗亦正和耳在音樂方面所有的經驗一樣。精妙的製曲家常常把雜音同和音混合在一塊，以便刺激聽者，因爲聽者常急於要聽後來的歌曲，因此，在一切都恢復了秩序以後，他就更覺得高興；又如我們在冒險於些小的危難時，我們也常會感到快樂，這只是因爲我們感到自己的能力，或幸運，或是由於我們想以些小的冒險來開心。又如我們也高興看在跳繩時或在舞劍時所有的假危險，又如我們常玩弄一個小孩，把他半扔出去，好像要把他丟掉，就如那個猴子把襁褓中的丹麥王克里斯廷 Christian (二三)携在房頂上，隨後又玩着把他穩穩帶回搖籃中去，釋了各人的焦急似的。根據同樣原則，我們如果只食甜的東西，而不食別的，則它也會乏味了；我們必須把辣的，酸的，甚至於苦的加進去，以來刺激味覺。沒有嘗過苦物的人，也不配享受甜物，而且也眞不會賞鑑它們；因此，享受的法則就是：快樂不能有一律的性質，因爲這只能生起厭惡，使我們無趣，不能使我們幸福。

但是我們雖然說，在一部分攪動以後，並不能破壞了全部的和諧，可是人們不要以爲這就是忽略了部分，就是以爲只有整個世界完美就够了。有些人就是如此主張的，他們以爲人類縱然可憐，宇宙中縱然不顧正義，不恤我們，只要全部宇宙是完美的就是了；實則他們對於全體事物的判斷是十分不公正的。因爲我們應當知道，在一個組織完善的國家中，對於各人的福利，尙且盡量顧及，那麼一個宇宙中如果只保持普遍的和諧，而個人的利益却不被注意，那末那個宇宙也就不能說是充分完美的了。在這方面要想建立最好的標準，無過於公道的法則。這個法則聲言說，各人都該按自己所有的德性的大小，以及自己的厂意

(二三) 大約是指 Christian 第五（1646—1697）而言，他是丹麥第一位世襲的王子（不是選舉的），他治世之日，正當萊勃尼茲著作時期。

志」爲公益着想的程度，來參預宇宙的完美和各自的幸福。只有如此，我們所謂上帝的博愛才能實現，而且據一些聰明的神學家看來，基督教的力量也正在於此。我們也正不必驚異，心靈在宇宙中竟會佔了這樣大的地位，因爲他們是最近似於「崇高的創世者」的影像的。他們對於他不是如機器對於製造者（如別的東西那樣）一樣，只是如公民對於其王子一樣。他們的存在是和宇宙一樣久的，而且在某一方面，他們又可以把全體表示於，集中於自身中，因此，我們正可以說，心靈是全整的部分(二四)。

說到善人受患難的那個特殊問題，則我們應當確信，這些患難結果是與那些受折磨的人有較大利益的。這話不止在神學方面是眞的，即在自然方面也是眞的，就如穀粒撒在地內，必須先受折磨，然後結果。因此，我們可以概括地斷言，患難在當時是惡的，在結果則是善的，因爲它們正是趨向於較大完美的捷徑。就如在物理學中，各種液體如果只是慢慢沸騰，則它們必須經過較長的時間才能澄清，可是那些受了較大激動的液體，却會用較大的力量，把它們的某些成分排除出去，因此，就迅速地被提煉了。這正是你所謂欲往遠處跳，先要退幾步 Qu'on recède pour mieux sauter 因此，這一類事情不祇應該看做可意的，安

(二四) 根據實體的數量觀 quantitative Ansicht der Substanz 看來，全體和部分是對立的，而且是互相排斥的。人們或則以爲全體是先於部分的，或則以爲部分是先於全體的。那就是說，我們可以由純分析的途徑，由自明的全體來維持部分，如斯賓那莎所主張的那樣，或則我們可以由純綜合的途徑，認全體是由原始部分而來的一種次等的構造。與外延說（即數量觀）對立的，有內包說。這個學說認各種特殊的決定是原始的，基本的，因此，那就無異於承認了部分和全體是不可分離的。一切特種的決定，狀況，或機能，所以是全體的決定，狀況，或機能，並不是說前者可以最後還原於一切事物所共的一種曖昧的決定，乃是說，全體是表示於，象徵於，而且有幾分包含於有限而特殊的個體中的。因此，各部分之被決定，總是參照於全體的，而且全體也不只是各獨立部分的一個曖昧的集合體。在一種意義下，每一部分必包含全體於自身，每個單位必包含着無限的雜多。全體對於部分不只有機械的關係，而且有動力的關係。全體並非與部分截然爲二，它必須進入部分，爲部分所表示。

慰的，而且是很眞實的。 我正可以概括地說，世上沒有東西比幸福爲眞實，也沒有東西比眞理更爲幸福，更爲暢快。

其次，要想把上帝工作的普遍美點和優點，完全實現出來，我們還必須承認，全宇宙有一種永久而又極自由的進程，而且它是常常趨向於較大的進步的。因此，現在地球的大部分雖已經過墾植，可是它還要繼續受開發。 事實上雖然有些部分又長得荒了，又遭了毀滅或退化，可是我們看這一層，應當如看上邊所解釋的那種患難似的，那就是說，這種毀滅和退化正可以引到較大的目的上，而且我們總可以由此種損失得到一些利益。

人們或者又可以反駁說，倘或如此，則世界早已變成樂園了。 不過這是容易答覆的。 因爲許多實體雖然已經達到很大的完美程度，可是整個的連續體既然可以無限分割，因此，在各種事物的縫隙中一定有一些昏睡的部分，應當驚醒，長大起來，完成起來，進於較完美的境地。 因此，進步永遠是無止境的。

論歷史家的責任(一)

Über die Aufgabe des Geschichtschreibers

洪保德(Wilhelm v. Humboldt)著

崔　亮　譯

洪保德介紹

洪保德(Friedrich Wilhelm von Humboldt)生於一七六七年，歿於一八二五年，爲德哲學家，科學家，語言學者，政治家及教育家。乃弟洪保德·亞歷(Alexander von Humboldt)爲自然科學家兼政治家，較之名望尤著。

氏生於波次丹(Potsdam)，攻讀柏林，格廷恩，耶那各大學。受業於當代大學者康培(J. H. Campe)，且頗爲詩人海涅之天才所動。與大詩人釋勒過從甚密，有二人通信集問世(一八二〇)。

氏飽學十八世紀之哲學，故於實現其理想之法國大革命甚感興趣，曾至巴黎，目擊一七八九年七月之事。一七九七年復至法京，乃專爲研究文學科學而來，於巴黎圖中遍讀羣籍焉。旋至西意。一八〇二年普邦遣之往羅馬爲大使。一八〇八年被召還國，主持復興柏林大學之事，適德國自戰亂以還，瘡痍未復耳。逾二年被派至維也納任大使職，應付當時拿破崙稱霸歐陸之局勢，頗費苦心。及法軍敗績，乃奔走各國，折衝外交甚力。一八一六年任駐英大使。一八一八年還普入閣。翌年退職，自茲惟以潛心學術爲己任。

氏以詩人兼哲人，從事研究譯著，不遺餘力，雖任政界要職，未忘學問之事，蓋於科學方法深感興趣也。一八〇〇年評歌德著 Hermann und Dorothea，名噪於世。譯希臘詩人 Pindar 抒情詩(Oden, 一七九五年至九七年)，爲世所重。又譯希臘悲劇家埃斯去路(Aeschylos)所著之 Agamemnon 氏於語言學多所發明，於巴斯克語言尤有心得，著依巴斯克語從事西班牙原始居民之研究的試驗(Prüfung der Untersuchungen über die Urbewohner Hispaniens vermittelst der baskischen Sprache 一八二一年)。其著作散見各雜誌中者，由乃弟輯爲洪保德文集(Gesammelte Schriften 一八四一年至一八五二年)，共七巨册。

本篇原文取自洪保德文集，於歷史研究法立論精當，列爲古典文學之一，其文約而含義深遠，惟於原著窺見之。詳請參閱本誌二卷一期一〇九頁至一一八頁洪保德逝世百年紀念一文。

(一) 譯者註：本文譯自 Wilhelm von Humboldts Gesammelte Schriften, herausgegeben von der Königlich Preussischen Akademie der Wissenschaften, Band IV. Erste Abteilung: Werke IV. S.35-56. Berlin, B.Behr's Verlag. 1905. 本文脫稿在一八二一年。

歷史家的責任是已往事實的描寫。歷史家的描寫愈是能夠成功純粹的完全的，那麼他便算是愈加圓滿地盡了他的責任。這單純的描寫不但是歷史家任務中最主要且不可避免的一個要求，同時也是他所能成就的最高峯。我們若是從這一方面看，歷史家彷彿是僅在理解已往的事實並加描寫而已，其活動的性質並不是自發的或創造的。

但已往的事實能在現象界中見到的僅爲事實的一部分，還有餘下來的一部分，那只有我們從精神中感覺出來，把它固定，並加忖測纔可以。這餘剩的一部分，看着好像是分散的，破碎的，支離的；若想知道甚麼東西把這些斷片連接起來的，怎樣把各個事件的眞相表白出來，且使那整體的形狀呈現於吾人之前，這都不是利用直接觀察的方法可以奏効的。用直接觀察的方法，我們僅能看到一件伴隨一件的，或是互相連續的情況而已，至於那內部的因果關聯的連繫，便無從感覺，我們知道內部的眞理是只能建立在內部連繫的基礎之上的。我們在努力敍述那極不重要的事實的時候，若一味嚴格地只肯說出眞正發生過的事情，我們便可不久就看出來，倘在用語的選擇全忖測方面沒有至高的先見，那徵小的限定必致無處不與已往的事實發生衝突，由此自然要發生謬誤或可疑之處了。就是語言本身也能促成這種結果，原來語言是由全盤情緒之深淵中湧流而出的，所以語言中也時常缺少那種可以完全免除副概念的字句。因此沒有較比那絕對眞實的敍述再罕見的了，也難以找得到一個具有健全的條理分明的能純粹分別的頭腦，以及具有自由的客觀的情調的人所下的論證了；這樣說起來，歷史的眞理，在某程度上說，實與空中之雲別無二致，雲只是在離我們眼前遠的地方，纔能夠呈現某種的形狀；也正因此，歷史在各個互相關聯的情況之中，其事實甚少超過傳說與研究之結果以上，這些結果是吾人一致認爲眞確的，因爲它們恐怕是最能夠自圓其說的，而且它們在整體的連繫之中也最爲妥當的原故。

這用赤裸裸的選擇之法，從過去的眞情實況中所得來的恐怕連一件事情的骨骼也夠不上。用此方法所得到的是歷史中不可缺少之基礎，卽歷史的資料，却不是那歷史的本身。 如果我們停止在那裏，就等於犧牲了那本來的，內部的，以因果之連繫爲基本的眞理，却換來了那外表的，文字的，似是而非的眞理；不但如此，爲了躲避那猶疑不定的錯誤之危險，却眞個挑選了那確定不移的錯誤。一切已往事實之眞理，要依靠上面講過的每件事實中不可見的那一部分所增加的材料，因之歷史家必須把這看不見的一部分增添上去。 若自這一方面觀察，歷史家的活動確是自發的，甚至可以說是獨創的；這並不是說歷史家產生了不存在的東西；而是說歷史家用了自力形成了那僅靠感應力所見不到的事物，這確是實在的情形。 歷史家必須把分散的搜集在一起，把它製造成一個整體，如此說來，歷史家所用的法則固異於詩人，二者實是殊途而同歸呢。

我們若是讓歷史家與詩人的各自領域只在一個點上接觸，也許要令人躊躇一番。 但我們不能否認歷史家與詩人的活動很是相近的。 照我們方纔所說過的，如果歷史家想以描寫的方法達到已過去的事實的眞理，他只能藉力於那間接觀察法，以便把不完全的分散的部分補全並連結起來；這是說歷史家只能用想像的方法纔可以達到他的目的之意，這一點他與詩人相似。 不過歷史家仍看重經驗以及眞理的探究，而將想像放置在從屬的地位，這便是歷史家與詩人之區別所在，這種區別自然能够免除任何的危險了。歷史家既將想像放在從屬的地位，這種想像的作用也非純粹的了，我們可以稱之爲正確的忖測力與連結的天才。 不過若僅這樣的說了，我們給那歷史未免指示了一個太低的觀點。 已往事實之眞理，看着固然是相當地簡單，但實際上它乃是吾人所能思想的事物中的最高峯。如果我們由努力能澈底地獲得了這個眞理，我們便可以從中揭露那一切眞實所依賴的是甚麽了，那一切的眞實正是必要的一個連鎖。 所以歷史家在這必要的一步工作之後，必須再下一番的努力；他所努力的並不是像詩人似的在提示資料的時候，完全要受那必然形式的轄制；歷史家是要把那些成爲形式之定律的觀念，固定不變地在他精神裏保持着；因爲歷史家若想在眞實的純粹研究之中，得到那本來面目的形式之線索，惟一的方法是將那觀念完全貫注於他的精神裏面。

歷史家所研究者實包括世俗活動的一切線索，以及超俗觀念所有的一切印象；存在之總和，不論其遠近，都是他研究工作的對象，所以他必須還要探究精神的各方向。推理，經驗，詩，這些並非精神中分離的互相對抗限制的活動，而是同一件事所分出的不同的方面。

如想接近歷史的眞理，必須同時採取兩個途徑：（一）對於已往事實有精確的，不偏的，批評的探究；（二）把那由研究所得的連結起來，凡用第一法所不能得到的必須忖測一番。如果有人只是採取了第一法，那麼眞理的本體必定要損失的；反之，若有人只是看重第二法，而將其他的一個忽略了，那麼他一定會在各別描寫之時，步入眞僞相混的危險之中。在自然描寫之中，如想叫它成爲事實的，不能說是把各部分一一枚舉，一一描寫，把邊長和角度測量了，便算是完事；在這整體之上還有活潑的生氣在那裏呼吸着，還有一個內在的性格在整體中訴說着，這生氣與性格不能用尺度去衡量的，甚至於連描寫也談不上。所以自然描寫也被驅入第二個方法之中了，在自然描寫來說，這第二法正是自然物的普通與個體存在之形式的表現。所以說歷史用那第一個方法也是得不到甚麼特殊的東西，更難以增添甚麼由想像得來的事物了。歷史家必須在精神中取用一切旣往事實的形式，將那眞正可以研究的題材更深刻的瞭解一番，在題材之中更加徹底的認識一回，而不能採用那行不通的專靠理解程序的方法。一切都得依靠這研究的力量與所要研究的對象之間的同化作用。歷史家愈是能够藉其天才與苦研之力深刻地悟解了人類，用別的話來說，愈是能够從自然與情況之中接近了人類的特性，愈是能够純粹地駕馭了他的人性，那麼他便是愈加圓滿地盡了他的職責。這一點可自年代史 (Chroniken) 來證明一下。書裏有許多歪曲的事實以及分明的虛構之事，但其中正不缺少優美之點，符合最純正的歷史眞理，而爲任何人所難以找出一點的理由來反駁的。與此相同的還有那老一些的一般人所謂回想錄 (Memoiren) 者，雖然在這種傳記裏面，談到個性關係的太狹窄了，以致損傷了那普遍人類的關係，原來歷史要求這種的記載，就是在專論某一個特殊點時亦然。

除此而外，歷史還得像一切科學工作似地貢獻於它許多從屬之目的，所以歷史亦不亞於哲學仝詩，是獨立的自體完整的一種藝術。 由那紛亂雜踏的世界大事所組成的那種非常錯綜的狀態，有一部分極其顯著的是因地形之特殊，人類之特性，或國家與個人的性格而發生的，有一部分是憑空而起的，好像從某種奇蹟種下了原因，依靠那種不可解的豫感的力量，且顯然是徹底地被那永遠的，在人類心胸中根深蒂固的觀念所支配；總之，那錯綜非凡的狀態是一種無窮無盡的事物，以吾人之智慧決難以把它歸併爲「單一形式」(Eine Form)，不過這無窮的事物永遠在刺激我們努力地去追求它，且給我們增强了力量，把它部分地完成起來。 有如哲學是在努力地追求物之最後的原因(der erste Grund)，有如藝術是在追求美的理想，那歷史乃是在努力追求人類運命的表現，那種眞實無僞，活潑充實，純粹明晰的表現，它是吾人在針對物象的一種情緒中所感出的，在感出的時候，舉凡個人的見解，感情，要求，竟全然消滅溶化在那情緒之中了。 歷史家之最終目的便是產生並接近上述的那種情調，他若想達到這個目的，惟一的途徑便是忠實可信的追求其第二步的目標，那就是旣往事實的單純描寫。

所謂對於眞實的意識，乃是說歷史家決定喚醒這種意識，並使之活潑有生氣；歷史家的任務便主觀地由於這概念的展開，同樣也客觀地由表現的概念所限定了。 凡是可以用來影響人類全體的每種精神的研究，都是包含着若干的事物，可稱之曰研究的要素，研究的活動力，並從中找到這種研究對於精神之影響的秘密；由這研究引進它自己範圍裏面的對象，顯而易見地具有不同的面目；這對象的用處，只是在於把那不同的面目，用一種新而改變的方法呈現於吾人精神之前。 因此，我們在數學之中便見到數與線的分化，在形而上學中便見到一切經驗的抽象，在藝術之中便見到那不可思議的自然之處理；一切都像是從自然之中取來的，但是用同一個方法，在自然之中所得到的可說沒有。 歷史在裏面活動着的那個要素，便是吾人對於眞實之意識；在那意識之中，正有一種的感覺，就是覺到時間存在之無常，且必須依賴既往與相伴的原因，在那意識之中還有與此相反的，那就是對于內部精神之自由的意識，以及對于理性的認識，即眞理雖然表面上有那偶然發生的事，但眞理是由內在的必然性所連結的。　只要我們在心靈之中經歷過一次的人生，我們一定會被那戟刺並制限着歷史的各種動力所打動，那麼歷史家若想解決他分內的問題，必須把事件集合在一起，要使它同眞實那個樣地激動吾人之情緒纔可以。

從這方面來看，歷史與所處理的人生實有密切的關係。　歷史的用處並非在於以各別的舉例，指示吾人應遵從或應避免的路徑，因爲這是常會誤入歧途的，且難以給我們甚麼教訓。　歷史之眞正且深不可測的用途乃是這樣：我們與其從事件之本身，實不若從依賴事件的形式那裏，把那處理眞實之意識鼓動起來，把它淨化了；想法阻止這意識迷失在純粹是觀念的那個領域之中，却要以觀念來統馭這意識；在這狹窄的借徑中，吾人要在情緒之前得到這意識纔可以；如果是這樣，在那擁擠的事件中，除非吾人以如炬之目光，在每次都是立於主動地位的觀念之方向裏認識眞理之所在，並以固定不移的意識聯繫在眞理之上，實不能再有其他有效的相互連結存在了。

歷史必須時刻的產生這內在的效果，這一點可成爲歷史的目標，不論是歷史在描寫許多事件互相關聯的交織狀態，或只是描寫單獨的一件事，都是一樣的。　歷史家如想名符其實，必須將每件事情表現爲整體之一部，或用別的說法，就是必須在每件事上全然表現出歷史的形式纔可以。

由此便引到歷史家所需要的表現之概念展開的精確情形了。　那錯綜交織的事情好像是雜亂無章地擺在歷史家的眼前，那混雜的事情只有年代和地理上的分別罷了。　歷史家必須將必然性與偶然性分開，將內部的結果揭露出來，並使吾人看見那眞有影響的力量之所在，這都是預備給那描寫有個形態，這形態所支持的並非描寫的空想無用之哲學價值，亦非描寫的詩之美麗，而是描寫第一緊要的要求，即眞理同忠實。　如果吾人僅僅是停留於事件的皮相觀察之中，吾人所認識的不過是那不完全的或歪曲的事情；一般普通的觀察者可以隨時將謬誤不實的事混進事件之中。 如想驅除這種謬誤不實的事只有利用眞正的形態纔做得到的；這眞正的形態必有待於歷史家以其賦有的天才，因精深學問及磨練功夫而敏銳的眼光去揭發了。 歷史家若想在這方面成功，他應如何着手呢？

歷史的描寫就是摹擬自然，與藝術的描寫相同。 歷史與藝術的基本都是在於認識那眞正的形態，尋找必然的事物，並分離偶發之事。 若是我們將那比較容易認識的藝術家所採取的步驟應用在比較令人懷疑的歷史家所使用的方法上面，我們大概不致後悔的。

有機形態的模倣可在兩種方法之內發生；第一便是盡吾人之眼手所能精確做到的那種直接摹擬外部輪廓的方法；第二方法是自內部出發的，應用以前對於藝術的研究，知道外部輪廓是怎樣從全體的形式與概念產生的，對於形態的情況加以抽象化，經過一番工作之後，吾人所認識的形態便與非藝術家的眼光所見者全然不同了，然後由藝術家把它從新產生出來，這種形態不但實際與自然是一致的，還有其他的一個更高的眞理在裏面。 原來藝術作品的最大長處在於它能够把那在眞實現象中晦暗不明的形態之內部眞理顯露出來。 我們可以不論時代或種族之異同，用上面的兩種方法做爲判別藝術之眞僞的準繩。 世上有兩個民族，即埃及人同墨西哥人，他們雖然在時代與地域上相隔極遠，但是他們可以告訴我們甚麼是文化的出發點，從他們那裏可以看到非常顯著的上述之區別。 有人曾以相當理由指出兩民族間許多相似之點，兩民族都曾需要超越那一切藝術的絕大難關，利用圖畫作爲文字，但在墨西哥人的圖畫裏找不出對於形態的劃一的眞確見解，而在埃及人那極其平凡的象形文字中却表示着文體（二）。 這是自然的。 在墨西

（二） 說到這裏，倘吾人能給方纔論及藝術者舉例證明一下，一切的問題自可迎刃而解了；不過若是爲此給墨西哥人下一個決斷的批判，却遠非我所能者。 我們可以見到一些墨西哥人的彫刻品，例如由我弟弟（見著者介紹——譯者）帶來送給此處（按即普邦——譯者）王家博物院的一個頭部像便是，這種彫刻物自然可以做爲一個比較有利些的證據，用以評論墨西哥人的藝術技巧了。不過我們無妨回想一下，吾人能超過我們對於墨人之認識者究竟是有限的，而我們所認

哥人的圖畫中並沒有那種對於內部形式之忖測或對於有機組織之認識的踪影，一切俱以外部形態之摹擬爲歸宿。　若想試用這種不完備的藝術去追求那外部的輪廓，無怪乎要全然的失敗了，也便由此引入歪曲之途，因爲從另一方面說，這種專恃拙鈍的手與工具來尋求比例與對稱的工作，結局如何是不難明瞭的。

吾人若想自內部出發，瞭解形態的輪廓，那必須追溯一般的形式和有機體的本質，那就是說回到數學同自然科學。　自然科學所給與我們的是概念，數學告訴我們的是形態之觀念。　在這兩種之外，我們還必須加上第三種連繫的東西，那就是靈魂與精神生活之表現。　那種如像表現於部分之對稱以及比例之均衡中的純粹形式，不但是最緊要的，也是最先有的；因爲人類精神尚在活潑朝發的時候，較比那需要多重預備工作的經驗，還是對那純粹科學容易感覺興趣些，它也是能够先一步打通了的一門科學。　我們看了那埃及人或希臘人的彫刻物便會明白這一層。　從他們的一切藝術作品中激動吾人之心弦的，頭一個就是那形式的純粹嚴刻，這種形式並不規避任何堅硬的色調，如像那圓與半圓所表示的規律性，角度的尖銳性，以及線條的明確性便是了；其餘的外部輪廓便都建立於那鞏固的基礎之上。　在那有機組織的更精確一些的認識之中如尚有缺欠，定然會由此清澈明晰地現在吾人的眼前了；藝術家在能够使其作品帶出通暢的優美風姿，使其作品蘊藏着神聖的表現，也就是說他成爲藝術名家之一的時候，他若未曾有那基

識的繪畫年代也是短而又短的；那我們便不難明瞭，倘若根據了那也許是傳自墨西哥極端衰亡之時代的東西，對那墨西哥的藝術驟下斷語有多麼冒險了。　至於說那藝術品也可以在那藝術發展之絕頂以外產生，那是我在一些小銅像之中特別顯著地看到的，這銅像發現於撒丁島(Sardinien)，據一般的推測，它很可能地是古希臘人或羅馬人的製品，這銅像在那比例之不正確上來講，實不稍遜於那墨人的藝術品。　這類藝術的藏品見於羅馬的羅馬協會 (Collegium Romanum)。由於其他的理由，墨西哥人很可能地在一個早一些的時代中，在一個別的地方，曾經達到了那樣的一個文化階段，較我們所說的要高出許多呢；就是在那歷史的及互可比擬的墨人遷移的許多線索中也暗示着這層的意思，關於墨人遷移之歷史線索，由我弟弟仔細地搜集在他的作品之中了。

本的工作，他決難夢想到做到這一步了。 所以藝術家那不可缺少的事仍舊是那最緊要最高超的了。

人生雖然具有形形色色以及美麗的事物，但是如果這些不能在藝術家的幻想之寂靜中，與他對那純粹形式之狂熱愛好互相對峙的時候，仍然是無濟於事的。 所以我們也不難理會，藝術如何會在這樣的一個民族之中產生；這民族的生活並非是那最活躍最優美的；他們也難得說有甚麼美麗的事物可以顯著於世的；不過他們那深刻的意識自早便專心致力於數學及力學之研究了；他們對於那碩大無倫的，異常簡單的，具有嚴格規律的建築物感覺興味；他們又將那適於物況的建築學轉用到人類形態之摹擬；爲了獲得各種線條的要素，以他們所用的堅硬材料自然難以得心應手了。 希臘人的情形便全然不同了；他們生長於充滿誘人之美的，生活異常之活動，甚至有時候竟是越軌的，神話那樣豐滿衆多的一個環境之中；因此希臘人便利用了那帶可塑性的大理石，在最古的時候是用了木料，以刀鑿彫出各種的形像，那麼輕鬆愉快。 不過我們更要驚嘆不置者，乃是希臘人之藝術意識所具有的深刻性與嚴肅性；雖然有着那一切追隨表面之優美的誘惑，但希臘人能够將埃及彫刻的嚴酷性予以提高者，乃是由於希人對於有機組織有了更透澈之認識的原故。

我們在那藝術之基礎中，並未排除異己地以那生活之豐滿爲基礎，而要同時把那枯燥無味的數學直觀加在裏面，這也許會讓人奇怪的。 不過這的確是再眞不過的事了，倘若藝術家不會把那嚴厲統馭着的觀念中所有的深刻嚴肅性變化爲自由活動的現象，他實在不需要那天才所具有的刺戟之力了。 在那數學眞理的，空間時間之永存關係的純粹直觀中，還有一種醉人的魔力，那就是說那種眞理可以表現成聲音，數字，線條。 我們從這觀察的本身就可以得到那新而永久的滿足，滿足的是能够發現永遠新穎的情況，並且發現那永遠可得圓滿解決的問題。 由於太早而多重的運用，我們對於那純粹科學所具有的形式美的意識已經衰弱了。

所以藝術家的模倣是從觀念做出發點的，他所以能够見到那形態之眞理也是由於那觀念而來的。　那麼藝術與歷史旣都是以自然爲摹擬之物，那藝術中所發生的一切也必同樣地發生於歷史之中了；所以我們只須質問這一點就行了，就是那能够領導歷史家的觀念是否存在，如其存在又是那些呢？

我們從這裏再向前邁進的時候，必須特別愼重，爲的是不要因爲僅僅提到了觀念，以致損及歷史眞實之純粹性。　藝術家與歷史家固然都是在描寫並摹擬自然，然其目的決不相同。　藝術家僅只是把眞實的表面現象剝去了，與那眞實接觸一番而已，然後便從一切的眞實逃開了；歷史家所追求者却僅是這眞實，他必須深入其中地研究它。　也正是因爲這個道理，而且歷史家旣不能從那各別事物的鬆弛的外部連繫中得到滿足，他必須達到那個中心點纔行，因爲他可以從那中心點認識那眞正的關聯之所在；那樣說的話，歷史家尋求事件之眞理，同藝術家尋求形態之眞理，其路徑正是一個。　歷史上所發生的事蹟，其能明白地爲吾人所見者，頗少於物質界的現象，且不能像物質現象那樣可以純粹地摘取下來；物質現象之理解不過是現象之性質與觀察者所加增之意識一致產生的結果；物質現象與藝術相同，是不能全部依靠那種純一的理解程序，以邏輯方式自甲演繹到乙，分爲若干概念的；吾人之所以能够理解那正當的，精細的，或隱藏的事物，乃是由於吾人之精神曾正確地決定理解它的緣故。　如果歷史家僅照外面所表現地，一件跟隨一件地，將各事件的特殊情況予以描寫；如果歷史家不能把事件的內部連繫給自己精密地解釋出來，不能創出自己對於活動力量的見解，不能正確地認識那些力量在某一定瞬間所取的方向，不能將見解方向二者聯合以與同時的情況以及過去的種種變化下一番的探究；那麼歷史家只好像素描家似的產生一些漫畫之類的東西罷了。　歷史家若想達到上述的幾點，必須對於那力量的性質，影響，相互之從屬物，全然精諳纔可以的，猶如想要充分洞察特殊之物的時候，永遠是要以對於普通事物的認識爲前題的，因爲特殊之事是由普遍之事中理解而得的。　由於這種的意義，已往事件的理解必須以觀念做前導。

那麼我們可以自然而然的明白了，這種觀念實從事件自身的深淵中發生的，或者說得精密些，觀念之起於吾人精神中，乃由於吾人對那事件有了以眞正之歷史意識去嘗試的觀察；並不是拿一種無關係的附加物借與歷史一用的意思，這是那所謂「哲學歷史」所常犯的錯誤。自大體上講。哲學的研究方式較比文藝的處理法實更容易危害那歷史的眞實性，因爲後者在最低限度上說，是慣於使那題材有自由餘地的緣故。哲學往往給事件限定一個目的。這種對於最後原因的追究必使吾人對於力量的固有作用所抱的公正見解受到妨礙而且眞僞莫辨了，因爲吾人很容易從人類與自然的本質中推出那原因來。「目的論的歷史」也決不能達到某種生動的世界運命之眞理，因爲個人永遠會在他那白駒過隙的生存刹那中尋到他的最高點；所以說那「目的論的歷史」並不能給事件規定一個最終之目的，使之眞正的有生命；它只能在某種程度之內，從那已死的方向以及理想之全體的概念中追尋事件罷了；它可以從這些事物中尋找：普遍各處的土地之開發及人口之分佈，各民族蒸蒸日上的文化，所有這一切事物之間更密切的關聯，市民社會發展至最後階段的一種圓滿的情況，或是同樣類似的任何觀念，俱無不可。個人的行動及其福祉都要依靠上述的一切事項；不過人類某一時代所接受的一切，旣是由以前的一切時代苦鬥而來的，並不能認做是某一代之力量的論據，我們更難把它認做是那力量的練習題材，其組織能永遠一致不變者。原來一切精神與意向的成果，如科學，藝術，風俗制度，必須永遠由吾人之精神予以新的生命纔可以，不然的話，它們必定與精神分離，變爲物質方休。所有這一些的事物都具有思想的性質，思想之爲物，只是在我們思想它的時候，纔能夠支持它自己。

歷史家必須將其注意力轉到那些有影響的能創造的力量。他要停留在他那固有的領域之中。他所要做的事情，不外是給他從情緒中深印着的世界史龐雜錯綜之事件裏所觀察出來的預備 (mitbringen) 出一個形式來，只有在這形式中纔可以現出那世界史的眞實連繫，這樣說來那形式乃是從事件本身抽取 (abziehen)而得的。　在這裏彷彿是有一個矛盾點，但在仔細觀察的時候，那矛盾點便倏乎不見了。　某物的每個理解，爲構成這理解之可能性的條件，必定會從我們正待理解的事物中假定出我們後來理解了的事物的一個對稱體，那就是說一種先前的原本的主體與客體之一致。　理解決非從主體單純的擴展而成，亦非自客體中單純地抽取而得，而是兩者同時的作用。　因爲理解是由於將以前已有過的普遍之理運用到一個新的特殊之理而成的，永遠是這樣。　如果有兩種實體，它們被一種徹底的深淵所隔開，而無彼此可以溝通的橋樑，那麼我們若想去理解，必須在另一種意識中先已理解過不可。　在歷史之中，這理解的先前基本很是清楚明晰的，因爲，凡是世界史中有其效果的事情，也必定同樣地在人類之內部活動着。　所以，一個民族的情緒愈是能够深刻的感覺了一切人類之特性，他這民族愈是能够纖細地，多方面地，純粹不雜地被那人性所打動，那麼他們也就是愈能有那歷史的天才了，即從字面上講地的的確確的歷史家之謂。　在這一切準備之外，尚須增添那試驗的練習工作，它是在校正地探究着關於對象所預感的事物，直到後來能够由於這相互作用一切都清楚了而且確定了爲止，

用了這種方法，歷史家便自世界史之創造力的研究中，描出了一個輪廓，它概括地表現了一切事件之連繫的形式，在這範圍之中便有我們在前面說過的那些個觀念。　這些觀念並不是我們由外面推進歷史之中的，而是由其自身規定了它的本質。　不論是已死的或是生動的力量，都要各按其本性的規律發生作用；一切發生的事情，都要依照空間與時間之關係，有彼此不能分開的關聯在那裏。

由此看來，歷史在吾人的眼前，雖然活動地那麼繁複而活潑，但好像同一個沒有生命的，依隨不可變之定律的，被機械力所推動的時表機件沒有何等的差別。　一件事產生了其他的一件事，每個結果的限度與性質由其原因所規定了；就連吾人的意志，雖然看起來像是自由的，實際上却受着環境的決定，這環境早已在吾人出世之前，甚至於在我們所屬的那個民族尚未形成以前早就不可變更地規定好了。　我們從每個單獨的動力中把那過去的甚至將來的整個連續之事計算

出來，此事之不可能好像並非由於它自身的問題，而是爲了我們對於若干中間連結物缺少認識。 不過這也是早已共知之事，我們雖然在這途徑中獨佔地向前追究着，總要因爲我們對那眞正創造力的見解而走入他途，以爲在那被有生命的所戟動的一切作用中，正是那「主要元素」把一切計算之事給撤除了，且以爲那種規定雖然在表面上看着是機械的，實際它是在原始之際服從着那自由活動的戟刺呢。

除去一件事是由另一件事機械地規定了之外，吾人勢須更加留意力量的固有性質，這便是生理作用的第一步階段。 一切有生命的力量，不論是人也好，植物也好，不論是國家也罷，個人也罷，也不論是全人類，抑或是各個民族，甚至連那精神的創造物也算上，這創造物原來是依靠着以某種固定的程序繼續前進的一個作用，如文學，藝術，風俗，市民社會之外部形式；凡這一切，都有若干彼此共同的性質，發展，及定律。 例如：順序漸次地直達絕頂，又由那絕頂逐漸下降，由某種一定的圓滿情況過渡到某種一定的退化之境等等，均屬此類。 在這裏一定藏有若干歷史的解釋，但我們並不能由此便看到那創造的原理，我們知道的不過是一個形式，那原理旣難得從這形式中找出一個能提高的，能鼓舞的支持者，只好去服從這形式了。

那種由人類之能力，感覺，傾向，激情所錯綜複雜地構成了的心理力，那恐怕是在歷史家所走的途徑中更難加以計算的事了，它並不服從某種可以認識的定律，惟一理解的方法，就是藉助於某種一定的對稱物。 心理力所以能夠引起歷史家的注意，其最主要的還是用做處理方法的最近動機，並做爲由此發生之事的最直接的原因；此外以這心理力解釋事件，也是極其普遍的事情。 不過這種見解實在要特別的小心一番。 它至少是一種世界史的見解，將世界史之悲劇貶爲日常生活的戲劇，極容易受到那種誘惑，就是從全體連繫之中扯出各個單獨的事件，而且拿了那細微的個人動機放在世界運命之前。 凡在由此見解出發的途徑中的一切事物，俱歸之於個人了，不過個人在他那一致性與深奧之中，不能對於他固有的本質有所認識。　因爲那本質並不能够讓我們給拆開，分析，或按經驗來判斷的，使之取諸多數的事物，並適合多數之事。　個人之固有力適合了一切人類的感覺，激情，却將它們的一切模型性格都給印上了。

我們也許要嘗試一番，按照在這裏說明的三種見解，將歷史家予以區分類別；不過其中眞正有獨創力的歷史家，其特性很難得用任何一個見解來沒有遺漏地說明了，就是把一切見解合併地的用上去，也是一樣要失敗的。　因爲這些見解之自身就不能充分地說明事件之連繫的原因；在它的範圍中並沒有那個基本觀念，若想理解那事件的充分眞理，捨棄了那基本觀念是不可能的。　這些見解只包含那已死的，有生命的，以及精神的自然界現象，這是我們可以從那有規律的一再發生的秩序中概覽一番的；但那見解並不包括一種原始之力所有的那自由獨立的執刺；那些現象只能解釋那有規律的，依照已知定律的，或按某固定經驗而重復發展的狀況罷了；但若遇到像由某種奇蹟而發生的事情，那恐怕不但是在範圍之中摸不清楚，也是向來就未被人知道過的，因爲那奇蹟的事，雖然有那機械的，生理的，心理的解釋做爲伴隨，但實際上並不能由其中任何一個解釋來瞭襯。

有如我們在開始時所永遠要做的，我們若想理解那現象界，只能在它的界限之外纔可以做到，這種愼重的脫出界外的舉動實無何等危險在內，因爲在那界限之中必定盲目地鎖閉着錯誤之見。　倘沒有那世界統治之念，世界史是不能理解的。

倘歷史家能够緊握住這個觀點，那麼他便是獲得了一個重要的優點，那就是說他無須孤立地由那從自然界取來的解釋去理解領悟事件了。　不過歷史家自然不能因爲這個便將其途徑中那最後的，最難的，最重要的一段困難減輕了。　這是事實，歷史家並不能借來一種工具，以之直接去研究那世界統治的輪廓，他不論是怎樣去嘗試，必會誤入歧途，有如一切對於那最後原因的追究所得者一個樣。　但是那立於自然發展之外的事件之支配的狀況，是由那媒介物在事件之自身表露出來的；這媒介物雖非現象中之物體，却要依賴那些物體，而且要像精神的本質從那物質之中認識出來的；那媒介物決非吾人耳目所能看見的，除非我們跳出那現象界，在精神中走進那媒介物所根源的範圍裏面纔可以。那麼說來，歷史家所盡責任的最後條件要繫於這媒介物的研究了。

歷史中的創造力，其數究有若干，恐難以從那直接出現於事件中者來斷定，而無所遺漏的。雖然歷史已將一切單獨之力及其關聯所在澈頭澈尾的研究了一番——例如：大地之形態及其變化，氣候之變遷，各民族之智力氣質，某一民族所特具的智力氣質，藝術與科學之影響，關係至深的擴張至廣的市民制度之影響——可是以外還有一個原則，其作用尤其强大，其出現時不能被吾人直接地看到，它却能對於那些力量予以戟刺，並指示所應採取的方向，那正是觀念；這觀念若依其性質來說，乃是立於有限之界外的，而對於世界史之一切部分，實處於完全支配統治的地方。

這是毫無疑問的事情；那觀念必能顯示出來的，而且還有某種一定的現象，它們是不能以那單純的，合乎自然定律的作用來解釋清楚的，只能說它們有那氣息是因其存在的緣故；這也是無可懷疑的，由於上述的原因，歷史家必定會遇到一個點，爲認識事件之眞實形態，歷史家由那一點指示到事件以外的一個領域之中了。

觀念之表現方法有二：（一）最初它是一個方向，在開始的時候是看不見的，但逐漸地顯出來了，最後竟成了一個不可反抗的東西，它在許多地方，許多環境之中，影響了多少事物；（二）然後它又成爲力量之創造，論其寬廣的範圍，莊嚴的性質，決不能從那相伴的環境中找出它的根源。

論到第一種，我們不難舉例的，它也可以說在任何時代中也未被人誤解過。不過還有在此刻被人常用物質的，機械的方式來說明的許多事物，也可以用這種方法加以評價，那是很可能的事情。

至於說到力量的創造，那就是說用周圍的情況不足以解釋的那些現象，我們可以舉出下面的例子：上面已講過的在埃及突起的，具有純粹之形式的那種藝術；還有希臘的那種自由之個性的發展，其發展的情形或較埃及的尤爲猛烈，但其個性又能復歸於互相控制之境，由於這個性，希臘的語言，詩歌，藝術，猛然達到了那完美的狀況，吾人如想追尋那逐漸演變的往迹，恐怕是白費力氣的。我覺到希臘文明之值得驚嘆的地方，也就是說那包含最常用爲解答其文明之奧謎的東西，永遠是這個樣子：埃及人所精製的一切偉大事物，均導源於那階級嚴格的國家，希臘人並不受這種强制的拘束，然永遠保持着一個對稱體，而將那嚴格的概念用那輕鬆的概念給緩和了，例如學校及自由社會便是，他們不但把那原始國家的精神分割得比在從來任何民族中的還繁複些，如種族，民族，及各單一的城市，而且利用了由下而上地連絡那些區分單位之法，將那彼此互異的個體歸併成極爲嚴整的一個協同作用。　因此我們可以說希臘人不但是空前地，也是絕後地建立了國民個性的觀念；而且，有如一切存在之秘密見於個性之中，那人類的一切世界史之進步有繫於階級，自由，及其相互作用的特性了。

那觀念只是在自然的關係之中出現的，所以在觀念出現的時節，我們可以指出一些個促進的原因，也就是自那不完全的情形過渡到完美之境的狀況，而且我們可以有理由地將它假定到我們知識中那絕大的漏隙裏面。　不過在採擇最初的方向，迸發第一個火花的時候，那不可思議的事並不會少了些。　如果沒有那方向火花，便沒有一種促進的情況會發生效果的，也不會有何等實行之事或逐漸的進步達到它的目的，就是經過了數百年之久也是如此。　觀念只能將它自己託付於一個在精神上有個性的力量；但是，那由觀念放進力量之中的胚芽，乃是按照它自己的方式發育的，那方式並不會因了那胚芽過渡到另一個體之中而發生變化，那由胚芽生成的植物，乃是由於它自己開華，燦爛成熟，然後凋黃萎謝，以至化爲烏有，那便是一切物況一切個體所不能脫免的種種形態，這就是明確地表示了在現象中完備這一切過程的觀念所有的獨立性質。　用了這個方法，在一切不同種類的存在同精神的創造之中，那形態的眞實性便顯露了出來，那無限的某一頁身表露出來的；這媒介物雖非現象中之物體，却要依賴那些物體，而且要像精神的本質從那物質之中認識出來的；那媒介物決非吾人耳目所能看見的，除非我們跳出那現象界，在精神中走進那媒介物所根源的範圍裏面纔可以。那麼說來，歷史家所盡責任的最後條件要繫於這媒介物的研究了。

歷史中的創造力，其數究有若干，恐難以從那直接出現於事件中者來斷定，而無所遺漏的。雖然歷史已將一切單獨之力及其關聯所在澈頭澈尾的研究了一番——例如：大地之形態及其變化，氣候之變遷，各民族之智力氣質，某一民族所特具的智力氣質，藝術與科學之影響，關係至深的擴張至廣的市民制度之影響——可是以外還有一個原則，其作用尤其强大，其出現時不能被吾人直接地看到，它却能對於那些力量予以戟刺，並指示所應採取的方向，那正是觀念；這觀念若依其性質來說，乃是立於有限之界外的，而對於世界史之一切部分，實處於完全支配統治的地方。

這是毫無疑問的事情；那觀念必能顯示出來的，而且還有某種一定的現象，它們是不能以那單純的，合乎自然定律的作用來解釋清楚的，只能說它們有那氣息是因其存在的緣故；這也是無可懷疑的，由於上述的原因，歷史家必定會遇到一個點，爲認識事件之眞實形態，歷史家由那一點指示到事件以外的一個領域之中了。

觀念之表現方法有二：（一）最初它是一個方向，在開始的時候是看不見的，但逐漸地顯出來了，最後竟成了一個不可反抗的東西，它在許多地方，許多環境之中，影響了多少事物；（二）然後它又成爲力量之創造，論其寬廣的範圍，莊嚴的性質，决不能從那相伴的環境中找出它的根源。

論到第一種，我們不難舉例的，它也可以說在任何時代中也未被人誤解過。不過還有在此刻被人常用物質的，機械的方式來說明的許多事物，也可以用這種方法加以評價，那是很可能的事情。

至於說到力量的創造，那就是說用周圍的情況不足以解釋的那些現象，我需要，激情，及好像是偶發之事所引導的民族大事之中，那個性的精神原理在那裏繼續地活動着，其影響較諸那需要等等的元素尤為強大；這原理想給它固有的觀念找個空間的位置，最後竟得成功了，有若那極其嬌嫩的植物衝破了它那容納物之四壁的有機膨脹體似的，但是那四壁反抗那些作用的時間要經過好幾個世紀的。 除了民族與個人以其行為交付於全人類的方向之外，他們還把精神個性的形式遺留於世，這形式較比大小的事件還要持久有効些。

還有一些理想的方式，它本身並非人類的個性之一，只是間接地同那個性發生關係罷了。 語言便屬此類。 雖然一國的精神反映之於其語言中，然每種語言都有更早更獨立的一個基礎，而且語言的固有性質，及其內裏的連繫，不但是有力量，並且限定着一切，我們與其說語言的獨立性經歷了某種影響，實不如說是它實行了某種的影響；不僅如此，凡重要的語言都像是創造觀念傳達觀念的固有形式。

那永久的原始觀念，用了一種更純粹更圓滿的方式創出了：一切可以思想的存在與價值；一切物質與精神形態的美；一切力量的不可變易之作用中的真理，每個力量是依照着它固有的定律活動的；還有在那永遠在調度自己懲罰自己的一些事件之無情過程中的道理

題到那人類的見解，它不能直接地窺測那世界統治的輪廓，只能從觀念中對那輪廓揣測罷了，那輪廓也是在觀念中出現的，所以說一切歷史不過是個觀念之實現而已，在觀念中同時也存在着力量同目的；所以我們在純粹地深入於創造力之觀察的時候，我們也就達到了那更正確的途徑，直通到那精神自然而然地要去努力追求的最後原因。 歷史目的只可以說是那由人類表現的觀念之實現，在各方面各樣形態之中實現了那觀念；在那一切的方面與形態之中，那最後的形式也許要同那觀念聯合起來；事件前進的路程，只能在這一種情況之下纔能够中斷的，就是遇到觀念與形式不能再相互貫通的時候。

所以我們也便達到尋出觀念的地步了，那觀念必能領導歷史家，現在我們也

可以回到上面說過的歷史家與藝術家之對比了。 藝術家之認識自然，研究有機的構造，正與那歷史家鑽研出現於生活中的力量是一個樣的，那力量有時在活動，有時在受動；藝術家所說的比例，對稱，以及純粹形式的概念，正是歷史家所說的觀念，這觀念乃自世界大事之連繫中安靜而浩大地發展出來的，但它並不隸屬於那世界大事之下。 歷史家之任務的最後最單純的解決 就是要得到一種觀念之奮鬥的表現，也就是眞理中之存在。 這表現不是永遠在最初嘗試的時候就能以成功的，它也能够退化變性的，那並不是稀有的事，尤其是在表現不能純粹地克服了那作用相反的題材的時候是如此。

這次研究的經過所要努力抓住的一共是兩件事情：在一切發生的事件中，有一個不能直接見到的觀念在支配統治着，而且我們只能從事件之本身認出那個觀念。 所以歷史家不應專自物質的資料中追尋一切，而將那觀念的統治勢力自其表現中摒除了；最低的限度，他必須給那觀念的作用開放出一個位置來；他必須更進一步地使其情緒保持着容易感受觀念且敏銳活潑的狀態，以便忖測並認識觀念之爲物；但歷史家必首先提防一番，不可用專斷創出的觀念做爲那眞理的教訓，或只因一部分的某種活潑豐富的情況犧牲了那對於全體連繫的追求。 歷史家必須使這見解的無拘無束敏感細膩的精神盡力地接近其天性纔可以的，那麼他必定可以在觀察任何事件的時候帶出這種精神了；因爲沒有一件事可自普遍的連繫中完全脫離的，且在每件發生的事情裏面，必有一部分是在直接感覺的界限以外的，上面也說過了。 倘歷史家缺少那無拘無束的見解之精神，他必難認識那事件的範圍及其深度；倘若歷史家短少那憐惜的敏感精神，他必會損壞了那事件之單純活潑的眞理。

近世德國文人列傳(續)

Kurze Biographien moderner deutscher Dichter (Forts.)

畢樹棠輯

豪普特曼 (Gerhart Hauptmann)

豪普特曼，德國詩人，劇本作家及小說家，於一八六二年十一月十五日生於施雷仙 (Schlesien) 水鄉之上鹽井村 (Obersalzbrunn)。與德國同代三大劇曲家，史尼支勒(Arthur Schnitzler)，史拉夫(Johannes Schlaf)，福爾達 (Ludwig Fulda) 爲同歲。其先世蓋自柏門 (Böhmen) 遷居於施雷仙，隨帶一種神秘的虔誠教派。其祖父名愛倫菲得 (Ehrenfried Hauptmann)，初爲一織工，後改業旅店侍者，以見識旣廣，復善經營，至一八二四年遂得獨創一飯店，名曰普魯士皇冠 (Zur preussischen Krone)。傳至其子洛伯 (Robert Hauptmann) 之手，即豪氏之父，生意興隆，生有四子，豪氏最幼。不久，家業不振，竟將此產售去，事後始發現其地有一寶貴之泉穴，可以致富，然已無及矣。豪氏之母名施特勒瑪利 (Marie Strähler)，爲普來斯(Pless)親王手下一藥泉場經理之女，其家室亦抱有虔誠教派之傳統，善祈禱與唱讚美歌。

豪普特曼初就讀於上鹽井村之小學，惰不好學。至一八七四年轉學於布累斯勞 (Breslau) 之新式中學 (Realschule) 與其二兄卡爾 (Carl) 及給奧 (Georg) 同學一處。卡爾後頗負文譽，而豪氏之興趣則趨向於詩歌與雕刻，惟僅係散漫的賞玩，未嘗作有規律之學習。其父旣已變產，謀生乏術，乃於一八七六年命其幼子退學，回鄉隨其叔父習爲農圃，惟其兄卡爾深知其弟另有可造之才耳。

繼於一八八〇年入布累斯勞之皇家美術學校，三星期後卽受學規之懲戒一次，翌年初復勒令停學十一星期，終至開除。於一八八二年，隨其兄卡爾入耶拿(Jena)大學，從赫克爾教授(Ernst Haeckel)習動物學，從奧宜肯教授(Rudolf Eucken)習哲學，此二公皆當時學術界之名宿也。此外豪氏又參加其他課目甚多，未嘗觸犯學規，惟豪氏終非一研究學理之人，故在大學之成績依然甚劣。蓋豪氏與其兄卡爾及其整個同輩之所追求者，爲一種人生觀，卽擬將其內在生活之混雜無序導入有秩序之境是也。

豪氏旣倦於學院式之研究生活，乃去而之漢堡(Hamburg)，作客於提奈曼氏(Thienemann)之家，卽其將來之岳丈也。繼漫遊西班牙意大利二國，卽後來作普羅眉計斯之子輩(Promethidenlos)一詩之張本。豪氏於一八八四年至意大利，頗想作一藝術家，而一時不能決定專攻何種藝術，曾在羅馬設一雕刻家工作室，而因心緒不定，亦無何成績。繼爲傷寒症所襲，大病一場，幸賴提奈曼瑪麗女士(Marie Thienemann)加意護侍，始復康健，卽歸德國休養，旋於是年與提奈曼女士結婚。是時豪氏不過爲一健美之少年，無產無業，而提氏則家爲富商，女兒養尊處優，其姻緣可謂巧合。後竟賦仳離，再娶馬考克(Grete Marschalk)女士，爲一提琴家。是時夫婦同寓柏林，擬棄去藝術而從事文學，後感覺柏林之生活抑鬱無生氣，乃遷於柏林附近斯普雷河(Spree)上游之葉克奈(Erkner)地方。在此適與自然主義之嫡派郝爾次(Arno Holz)相遇，遂導入此派文學之途徑，而與政治社會人士相接觸，對社會改造及舞台上與文學上寫實主義之發展大感興趣。雖其時豪氏在表面上言語行動皆不甚活動，只靜聽"Durch"俱樂部中諸文人之高談雄辯，不贊一詞，而內心已以全付之信任以待其時矣。是時其摯友中除卡爾外，復有白爾士(Wilhelm Bölsche)與衞勒(Bruno Wille)二人，皆較好沉默靜思，而不大發揮理論者。

豪氏幼時卽好爲詩歌，而滿含稚氣。肄業於布累斯勞美術學校時，其詩的情緒頗受約丹(Wilhelm Jordan)與達恩(Felix Dahn)之作品及滕內耳(Esaias

Tegner) 之福立約夫傳說 (Frithjofsage) 之影響，曾廣採古時日耳曼之英雄傳奇創爲史詩及劇曲，並有製成蠟像者，而文字之表現終歸失敗。 及結婚後，乃開始專一寫作。 普羅眉託斯之子輩一詩於一八八五年問世，繼之又刊行一詩集曰多色之書 (Das Bunte Buch)， 雖所賦者爲舊時羅曼之歌調，而已寓有社會問題之新精神，其時已於抒情詩懷中看清其時代使命之所在矣。 試聆其言曰：「我有我之信念：我生活，故我受苦！ 我受苦，故我悲傷！ 我悲傷，故我希望！ 我希望，故我奮鬥！ 我奮鬥，故我愛人！ 我愛人，故我安慰！」 此卽豪氏一段青年信仰之自白。

豪氏最早小說之作，卽先擺脫浪漫主義之時流，採取近代短篇小說之形式。其書有二，一曰守路人提爾 (Bahnwärter Thiel)，一八八七年出版，二曰狂歡節 (Fasching)，埋沒四十年後始公之於世。 此二故事均描寫生路狹隘之貧賤人，無何能爲，惟有屈服於命運之神之慘酷手下而已。 據云，鼓勵豪氏作記述之散文者，爲荷木孫 (Bjarne B.Holmson)， 其原則爲只記錄作者之觀察所得，絕不顯露情感，蓋所謂客觀的描寫者是。 若就此二書比較觀之，則後一種頗能貫澈自然主義之精神。 守路人提爾有毛秋白君之漢譯，收入德意志短篇小說集內，一九三五年商務印書館出版。

至一八八九年，豪氏自詩人進而爲劇曲家。 開始描寫勞工階級與貧苦之中等階級對社會專制之反抗，而以黎明之前 (Vor Sonnenaufgang) 一劇爲最初之作，於一八八九年上演。 此劇首爲六十老翁豐坦 (Theodor Fontane) 所極賞識，乃推薦於布拉姆 (Otto Brahm)，演出於自由舞台 (Freie Bühne)， 並祝豪普特曼爲完成易卜生 (Henrik Ibsen) 未竟之業者。 此劇原擬名爲播種者(Der Säemann) ，於一八八九年十月二十日上演時，曾引起觀者之極大衝動。 自由舞台自上演易卜生之羣鬼 (Gjengangere) 後，卽有革命的裁判所之名，及將上演黎明之前消息傳出後，遂謠言蠭起，竟釀成公憤，觀衆到場多懷準備，據云有一柏林士人竟暗藏鐵鉗，因據傳劇中將有一妻子在幕後作產難之哭聲，鐵鉗卽預備對付此婦人者。惟演時此哭聲已被削去，尚有其他重點亦被減輕，而保留者亦足駭人耳目矣。

此劇表露有兩種主流之影響，一爲作者之本土施雷仙之地方性，一爲時代之精神及其文藝同路人之意識，目的在重造出一種環境，在科學上社會學上及醫學上皆得其眞實。此劇亦如豪氏一切幼年時之作品相同，受易卜生之影響自不待言，服從郝爾次之定條亦屬顯然，而所得最大之鼓勵則爲托爾斯泰描寫農民生活之有力的悲劇，其所以取名黎明之前者，或卽由托氏黑暗之勢力一劇而得決定。故事之背景爲瓦登堡（Waldenburg）之礦田，其中有一施雷仙之農家，因受工業暴富之壓迫，乃落於絕對的衰退。田舍的粗魯一變而爲犯罪的殘忍，獸性的酒毒與墮落迫人突然衝出舊社會秩序之外。一酒醉之農民脅迫其自己之女，女之未婚夫復自其繼母之臥室中溜出，皆獸慾的敗德，全人類尊嚴之汚辱也。又羅特（Loth）將其未婚妻海侖（Helene）遺去，因其沉於酗酒，結果伊竟死去，羅特與舊友談起，深感酒毒之爲社會之災禍。此劇含有許多少年氣盛之理論與空談，並羅特與海侖二人之相愛情景，及其清純之氣圍與花開似的性的天眞。雖自然主義之嫡派尙認爲不甚徹底，然其大膽細心之處，亦自斐然可觀。作者與易卜生相較，其辯才與論鋒固尙差一等，其個人之性格表現於此劇者，亦居於被動者多，主動者少，其體式亦爲解示的過於獨斷的，然凡有耳能聽者，當能感到作者之心之跳動處也。

豪氏之第二部劇本爲重好之宴（Das Friedensfest，一八九〇），最受批評者之責難，此亦作家露頭角後之照例難關也。此爲一家庭之悲劇，頗有史德林堡（August Strindberg）之意味，父親以色情狂之精神虐待其柔順之妻子，幼子起而反對父親，兩兄弟復故意互相虐苦達於極點。初時因其鬱暗之氣頗使人困惑，旣而漸露光明，最後竟有星辰自黑暗中點點出現。豪氏之作品，尤以初步之偉大創作時期爲甚，不是靜止的，亦非出於同樣之動機，乃係個個相生以發展者，有其自發的內在之力，作其有機的成形之序。在黎明之前中，爲一人之空論主義，亦爲一種自私，使其捨棄一注定敗落之家所生之女。在此中產階級之悲劇中，作者則引出一伊夫珍尼亞（Iphigenia）式之女人，自信其力，以保全一以逆父得罪之幼子。此種重修舊好之局面使此劇返於古老之詩境，而其信仰則趨於正義與人道之平衡。此劇之結構極佳，使幾種强力之間能得其平衡，如在此充滿痛苦之家室中，個個人因血統之束縛而互相敵對，因個個人血管中之毒氣而釀成虐苦，其間却來一永恆之女性，而無不自然之痕跡，確是一大成功。至其實質，則無疑爲作者自己之經驗與觀察，其令人畏懼之處亦即其幼年所親嘗者也。

寂寞的人們（Einsame Menschen）係接着黎明之前不久而出之劇本（一八九一），所表現者不是遺傳之罪惡，乃一家庭中之精神上的不調和，而惹起衝突。有自由思想者佛克拉特（Johannes Vockerath），爲以前在促里喜（Zürich）之學生，與前書中之羅特相似，乃過渡時期中一典型的弱者，而配搭於一守舊的宗教家庭中。其家人皆爲忠厚慈祥之輩，竟使其與女學生馬安娜（Anna Mahr）發成戀愛，而因彼輩之過甚的道德顧忌，結果遂致之於死。此劇所引起之反抗較輕，因其較爲柔和而薄弱，且亦較爲切合時勢。至如劇中性格之衝突，亦偏於理論的，目的在表明一種教訓。惟佛克拉特既有相當學識，竟木然被牽入自殺之途，以死解決一切，似乎太重。此種既有妻室而復迷新戀，自是一難題，惟在忍苦之妻子，仁慈之家庭，及伶敏之女學生，其間吾人似不難想像出一種有效之和解，以了之也。此劇有二中文譯本，一爲趙伯顏周伯涵同譯，一九二九年上海文獻書房出版，二爲鍾國仁譯，一九三三年商務印書館出版。

織工（Die Weber），爲豪氏劇本之最享盛名者，成於一八九二年，當時被禁，只作私演，至翌年始得准公演。此劇之背景爲作者之故鄉施雷仙，其地在十九世紀之四十與五十年代中織工業之暴動情形，爲遠近所傳聞，作者之祖父曾目擊親知其事。此劇即表演此小型革命之醞釀，暴發，發展，及其失敗，時一八四四年之事也。豪氏著此劇時之胸襟，可於其在德姆爾(Richard Dehmel),一八六三——一九二〇）喪儀中之演詞推知之，其言曰：「吾人旣充滿活力猶如充滿陽光，吾人於每一脈搏中皆感到吾等國民之遺傳，於是吾人乃轉向於普遍宇宙之人道，在此人道中國民之敵對自歸消失，此自然之事實也。吾人生於活力之陽光波上，而在普遍人道之原則中成爲强有力者」云云。又作者自稱爲威廉二世時代之一殺風景者，其久抱平民革命之態度，已甚顯然。故自上次世界大戰及德國革命之後，有將此劇中一羣人物解釋爲有階級意識之普羅分子，其中織工之歌有解釋爲有國際精神者，而實則此劇雖含有革命之情緒，却非有意爲革命而作。自有「狂飆運動」(Sturm und Drang) 之後，此類社會劇本久已需要，且已有畢希納 (Georg Büchner) 之吳柴克 (Woyzek) 一劇爲其前驅，然豪氏此作則純是一己意向與故鄉土性之眞精神，故能超出一時過激諸作而獨有永久性。其主力之所在，並非重在行動，而在表現忍苦與不平，苟人類一日在肉體與精神之飢餓中，此種忍苦與不平即一日存在。全劇人物甚多，而無一主角，合五十位織工造行一單純之民衆，每者有其自己之性格，而同聲作出悲歎，呻吟，懇求，咒罵，成一五十音之交響樂，正如一偉大之合唱曲自痛苦之最深切處昇起，漸高漸大而達於一種神秘的協和，超越一切悲哀之上。故僅就劇本之技巧觀之，亦一傑構也。此書有陳家騶君中文譯本，一九二四年商務印書館出版。約二十年前，清華學校學生曾用英文譯本在該校大禮堂上演一次，導演者似爲德文教授譚唐博士 (G. Danton)，已記不清矣。

漢奈勒之升天(Hanneles Himmelfahrt)亦於一八九三年作成，以一小女孩爲主角，伊臥於貧民院中，入於夢境，在幻想之中得見自己之死而升天，此乃寫實而混以詩意的神秘。可謂很和平而老實之作，而當時竟遭皇家戲院之禁演。繼之，爲海貍皮衣 (Der Biberpelz)，似爲報復前劇所受之挫折，而對官方故意加以譏諷者。有一警監名魏哈恩 (Werhahn) 者，其一副捲髭即可表現威廉二世之整個時代，傲然自尊，威風凜凜，專伺偵察各地之叛徒亂黨，而殊無辨別性格之眼力，一件海貍皮衣失踪，竟不能察出盜者爲誰，而反宣稱行竊之洗衣婦吳爾分(Wolffen)爲全村之最忠厚人，可謂笨拙無能之樹端代表。吳爾分則爲缺德胡行與村野狡猾之最好例樣，竊其鄰人之柴木，明知故犯，一面驅使其懦弱之丈夫或教養其女兒向上求高尚之身分。劇中將警察局之官僚氣的蠢愚與農家竈下之原始式的狡詐，兩相對照，刻畫至極。此篇德國之喜劇確有堅固之立場，蓋此乃一切民族所共有之氣質，基於原始的與滑稽的本能，以製成趣史者也。此種狡賊與笨官正是民間俗戲之精髓，在東西各國之故事與趣劇中均有此等角色，不過經豪普特曼之親切改製，重現於藝術之舞台，特爲文人博儒所喜耳。此劇有楊丙辰君之中文譯本，譯名獺皮，一九二六年商務印書館出版。此外，在當時舞台上成功之小品，尚有同伴克蘭普敦(Kollege Crampton)，係以閒暇之態度描畫一位藝術家之性格，此人爲一悲喜劇之人物，其能吃酒較之能作畫尚好些，並襯以一訂婚之故事，以增其趣。其次，爲改編格利杷册(Franz Grillparzer)之浪漫故事仙多眠之修道院(Das Kloster von Sendomir)爲劇本挨爾加(Elga)，改作得很聰明。此等小規模之作，多爲遷就戲院之要求及其習慣者。又火焰(Der rote Hahn)一劇，亦約成於此時，有楊丙辰君中文譯本，一九三〇年商務印書館出版。

佛洛格爾(Florian Geyer)，上演於一八九六年一月，亦爲表現德國農民爭戰，而所得效力則較差，因劇中一羣人物之動作皆缺乏彈性，主角之意向亦殊不清楚，不若織工中人物之同聲一氣之明顯。其中如武士，牧師，秘書，市民，農民，傭工等，均較織工們爲有辯才，而缺深入動人之感力。作者以自然主義之方法處理歷史上一久遠之時代，其間似拉得太近而反形晦隔，猶如吾人立於山麓之下，反不易望見山頂也。

此後，豪氏一時倦於社會劇本之作，轉而創出幾種神仙幻境式之劇本，呈其詩人之才調，將人道精神寓於飄渺之空想界，而以沉鐘(Die Versunkene Glocke)一劇爲最出色，於一八九六年出演。背境爲森林之地，小妖及女怪常居其間，時有螢火羣閃，乃一片鬼氣，而由劇情中却表露出人心之基本情感與熱望焉。

其時約在中世紀，主角爲里森山 (Riesengebirge) 一孤寂村莊中之鑄鐘匠，名鐘頭亨利 (Meister Heinrich)。 其時，基督教傳入其地不久，有一惡鬼正欲伺機以洩其憤，適鐘頭亨利爲山頂一教堂鑄得一鐘 運至山腰，爲惡鬼毀其車輪，遂將人與鐘俱拋落湖中。 亨利在水中慘呼之聲，爲一女水鬼羅田黛 (Rautendelein) 所聞，心爲之動。 及亨利爲村人救出，將一垂死之軀抬至家中，羅田黛假扮一女僕混入，以觀人世之境。 是時亨利九死一生，深覺生活之失敗，近如妻子遠如世人皆非知己者，憤己工作之無謂，惟求速死。 此時羅田黛出現，藉此天眞未鑿之青年生命，竟將其自己之青年生命一經接應而煥然挽回，猶如大自然之力觸及其身，遂重新其生力，引示其拋却一般社會之平凡心腸與義務，而導之入於自由的創造的活動之最高境。 此種向上莫禦之慾念竟助其恢復康健，霍然如初。 旣而，羅田黛復導亨利入山，生氣十足，竟將各巖洞之鬼怪悉置之手下，聽其使用。 藉此輩之力，又造出一藝術之奇功，在山之極峯上建立一廟，其和美之歌聲喚起自由之人性以赴四海兄弟之祝祭。 亨利旣包圍在此昏迷之幻境中，竟忘却其以前之生活，不知其曾有嬌妻愛子之事，凡村中農民與僧人之來解勸其勿入魔道者，皆深拒而痛絕之。 彼以再新之熱中工作以消淨其不時之心中痛苦，惟在夜間寢臥不寧，時有惡夢來擾。 漸漸惡魔之預兆日增，竟耳聞一種奇怪之聲音曳其下墜，旣而乃覺出曳之者卽湖底之沉鐘也。 於是幻象叢生，疑念起伏不已。 最後，亨利看清彼已踏越人境之外，其想像的偉境之悲慘已顯然陳於面前。 於是憤而驅逐羅田黛，親手搗毀其自認爲完整人道象徵之建築，決意下山，返還人世之境。 惜爲時已遲，仙境之工作已將其元氣耗盡矣。 至彌留時，羅田黛復至，伊別後返其舊處，已嫁一糾纏多年之醜老水怪爲妻，惟仍熱望人類之情愛，遂以其熱烈之吻緊按於此垂死人之唇上云。 此雖爲一神仙故事之劇本，而全局充滿近世人道之精神鬥爭，景情若幻，意義則眞實也。 其他如皮巴跳舞 (Und Pippa tanzt)，卡爾帝之質人 (Kaiser Karls Geisel)，及格里色大 (Griselda)，或爲幻想，或爲古傳，大體皆是一類，不復縷述。 沉鐘有譯博君中文譯本，一九三二年開明書店出版。

可憐的亨利(Der arme Heinrich)一劇成於一九〇一年，時豪氏整四十歲。此爲德國詩劇傑作之一，據論者云，自赫貝爾(Friedrich Hebbel)之Gyges以後，德國詩人所寫歌舞散曲未有駕此而上者。詩中除基督教之外，並含有亞拉伯之血液。可憐的亨利爲一英明之君主，且有獨具之才智，對回教之可蘭經與耶教之聖經，同尊崇之。猶如菲得利二世(Hohenstaufen Friedrich II.)，御前環列亞拉伯之學者詩人甚多，欲納東西兩方之形式於一爐，以不偏不依之精神，創出一新的地中海文化。然結果乃作成一悲劇之標樣人物，從英雄氣概之最高處投落於其最深之底，蓋其爲瘟疫所侵，一蹶不振，卽一精神患病之象徵也。

車夫韓舍(Fuhrmann Henschel)曾被稱爲「自然主義之古典的悲劇」，由布拉姆(Otto Brahm)導演，由李特奈(Rudolf Rittner)與雷滿愛絲(Else Lehmann)二人演出，委實是古香古色。有韓舍者，車夫也，其妻臨死時，彼曾立誓言，後竟不顧前誓，再娶謝兒塞(Hanne Schäl)爲妻。及其自縊時，此婦竟安排獨生，毫無惜別之意，因伊所代表者卽生活之本身，並無其他夢想，辯論，或講道德之可言。愚魯之韓舍之所苦惱爲倫理上一最古之問題，惟有人已設下圈套，彼却未自其中縮回頸子。在其農民的迷信中，彼所抓住之點卽爲吾人所負責之深切眞理，此眞理爲何，卽不僅負責吾人之所爲，且須負責事之發生於吾人也。此眞所謂「命運之悲劇」(Schicksalstragödie)，如古希臘神話關於Oedipus之三部曲(Sophokles作)中所表現者是，卽罪孽難逃之觀念，惟在此劇中未表露Sphinx之謎如何解耳。

其他如貝露西(Rose Bernd)與克米舍(Michael Kramer)二劇，亦各爲演一人被迫而死之事，前者爲一端淑之農民女兒，在幾重人的關係與性的爭佔下，逼上死路，故事極其悲慘，論者謂爲豪氏佳作之一，於一九〇三年演出。後者爲一藝術家之子，因貌醜而心苦惱，乃變成一怪惡之神經衰弱患者，不得親歡，不得妻愛，吵鬧不休而亡，徒使其父覩子之死而觸深感，形成一動人之悲劇。

羣鼠 (Ratten) 於一九一一年出演，爲一悲喜劇。 有約翰夫人 (Frau John) 者，因喪一嬰兒乃買一孺子以代之。 旣而孺子之生母欲索還其子而以一娼婦之病兒以代之。 終因夫人之弟，將此狂婦屈服，永無異言。 此乃約翰夫人之母性本能使其附和敗品之弟弟，乃其心亂的自然衝動使一好好之女人變爲一犯罪者。 以上三劇之背景，或爲農民，或爲中下級社會，尤以最後之作完全爲一羣貧賤雜處之大院，而於其中透出人類精神與德性之意義焉。

基督愚人琴愛麥 (Der Narr in Christo Emanuel Quint) ，爲一長篇小說，於一九一〇年出版。 描寫下等社會中之歇斯特里亞式的理想，而以一所謂「基督之愚人」爲其象徵。 蓋豪氏雖最早卽受托爾斯泰 (Tolstoi) 宗教觀之影響，然其血液中終伏有古老虔誠教之堅固遺傳，故於寫作許多社會劇本之餘，終要作此久忍之發洩也。 故事爲十九世紀之末葉，在奧倫山 (Eulengebirge) 之災區中，出現一貧苦之幻想者，宣稱基督之國來臨，於是有數百貧民旣飽受災荒瘟疫之苦，皆奉之爲上帝之子，而蜂從焉。 此人名琴愛麥，亦嘗作一些奇蹟，至今猶爲人所樂道。 而惡之者則嘲之爲騙子，時辱打之，官府則目之爲反教枉法，以瘋子或殺犯治之。 終至此愚人之淸白無辜爲人所共認，乃一路行乞，自布累斯勞經過柏林而入瑞士，沿街沿戶，自呼爲基督。 後在溶雪之時於聖哥忒德山 (St. Gotthard) 之庵堂附近發現一凍死之漂泊人，識之者謂卽琴愛麥也。 此事之初起也，曾在施雷仙省之一隅引起一時之興奮，及一時報紙之傳載，德國全土則未嘗擾及，其後遂無人問津者。

一九〇七年，豪氏與畫家賀夫滿 (Ludwig von Hofmann) 同遊希臘，憑今弔古，不勝追慕，乃著一旅行記曰希臘之春 (Griechischer Frühling)，並依荷馬 (Homer) 之傳說著一戲曲曰鄂地色之弓 (Der Bogen des Odysseus)。 一九一二年，著一小說曰阿特蘭提 (Atlantis)，頗獲美譽。 在歐戰期內，所著小說有女兒島 (Die Insel der Grossen Mutter)，戲本有白色救世主 (Der weisse Heiland)，人無知者 (Indipohdi)， 皆爲對歐洲厭倦與對文明絕望，而將心境之所向往者遠於國外，漫遊漂渺之鄉，皆爲抒情的與一己的自白，而非表現具體之眞實。至一九一七年，作冬季舞曲（Winterballade）係取瑞典小說家拉革勒夫女士（Selma Lagerlöf）之短篇小說所改編者。一九一八年，歐戰將盡時，豪氏著小說曰瑣拿的邪教徒（Der Ketzer von Soana），係由一遊客之口述，自稱在深山之中偶逢一蓬髮牧人，在記憶中留下這段故事，言有一僧人愛一少女，由空入色，變爲塵世中之一常人，所述完全爲色情之想像。此書亦爲作者名著之一，已有二中文譯本，一爲王實味譯，一九三〇年中華書局出版，一爲郭沫若譯，題名異端，一九二六年商務印書館出版。其後，豪氏又棄去此種色情的希臘遠境，又返而寫其故土，曾著有敍事詩二種，一曰安娜（Anna），一曰奧倫斯波格（Till Eulenspiegel），又有詩劇曰犧牲（Das Opfer），均爲戰後之產品，而爲人所稱許者。

豪氏於一九〇五年受牛津大學名譽學位，於一九一二年得諾貝爾文學獎金，於一九二二年在布累斯勞慶六十歲時，已名滿天下，萬國踵賀者盈門，盛況極於一時。時光如流，轉瞬又二十年，豪氏今已八十有一矣，又躬逢此第二次世界大戰，德國文人學者大半流散各地，而此老詩人猶居國內健在如常，幾經滄桑，偉人遲暮，正不知其今日之心境更作何感想也。

史尼次勒（Arthur Schnitzler）

史尼次勒，奧國小說家與劇本作家，於一八六二年五月十五日生於維也納，爲醫學世家。其祖父爲一醫生，父名約翰（Johann Schnitzler）爲大學教授，以專門喉頭學知名。故史氏初亦習醫，大學卒業後，即在其父之醫室供職有年。繼遊英德兩國，考察醫界，並到處演講。竟以名醫與喉頭病學專家聞於世。曾著一論文，研究喉聲神經之諸症。

史氏至三十歲時，不知何故，竟棄其業已成功之醫業，轉而從事寫作。首著一劇本曰故事（Das Märchen 一八九四年出版），出演於維也納，旋以其有傷風化，被撤回。又著心理分析之小說曰臨死（Sterben），寫少年患癆病之情景甚深細，蓋猶未絕離其醫學之背境也。

史氏最早出版之劇本爲阿那託爾（Anatol 一八九三年出版），述一維也納之富少年在情場中之種種奇遇艷事。作者雖後來寫劇本甚多，而此劇始終未失其在歐洲舞台之普遍性，幾乎每季必在維也納上演若干次。此劇有郭紹虞君之中文譯本，一九二二年商務印書館出版。

然史氏之眞正成功之作，當以苦戀（Liebelei）三幕劇爲始，於一八九五年秋出演於維也納之皇宮戲院（Burgtheater）。述一下層中等階級之維也納女子以屈辱之愛而羞愧自殺，因其情人爲愛另一女子決鬥而死，此女子爲一上流社會之貴婦，而其情人却使之完全不知其存在之地位。史氏之劇本往往皆用此類之題旨，即一男爲二女之情夫，一個人而有雙重之生活，而其主要之情趣則爲其人物在生活中之心理原素。史氏常曰：「論者常謂余好寫女子之貞操，余殊然之，蓋余以爲人生中大半最有動人劇情之事——尤以悲情爲特甚——皆關於婦女之貞操者，富於貞操或缺乏貞操二者而已。」

史氏其他長篇劇本皆不如苦戀之成功，蓋史氏寫戲之藝術以獨幕爲最得手，寫小說則短篇優於長篇，規模放大，則形式堆積，反落於散漫冗長。此書有二中文譯本，一爲劉大杰譯，一九三二年中華書局出版，一爲趙伯顏譯，題名戀愛三昧，一九二九年樂羣書店出版。

循環舞（Reigen）一書，爲若干段對話之連結，蟬聯而下猶如一串連環套。史氏之作此書，仍是安那托爾之同樣動機，而更進一步，又添加一重苦味之感觸。其中之人物均互相利用，蓋皆不能舍己從人，其卑劣如一。此爲一種性慾的「死之跳舞」（Danse macabre），或維也納式之華爾茲舞，而表於文字者，一面是淫蕩的而同時充滿憂鬱，渴望一種較振作之社會，有更嚴正之負責。然因此書講維也納之「桃色事情」太甚，故雖早於一九〇〇年寫成，而遲至一九二〇年，方得上演於舞台。此劇有趙伯顏君之中文譯本，一九三〇年上海東華書局出版。

孤寂之路（Der einsame Weg）寫在社會中知識的自我主義者，最後爲一切欺騙者之中的最受欺騙者。彼心腸每懷虛僞與永未作任何犧牲者，到頭乃見自己落於孤寂之路上，而天眞質樸之輩反爲最後之勝利者。空闊之鄉(Das weite Land)亦一寫社會之劇本，內有幾個情節互相蟬聯，有如一長篇小說，觀之使人有讀一本家世本紀之印象。此不過概括言之，史氏之社會劇本俱此形式者甚多。插戲(Zwischenspiel)之脚色較多，爲一室內之悲劇而夾以若干幽默之插話。情節爲兩位藝術家之婚姻，而依據一句名言以立意，即「貞節者，乃若干小的不貞節之總合」之謂。本哈第教授(Professor Bernhardi)乃所謂時代問題劇(Zeitstücke)，上次歐戰與革命後在德國流行一時，而此篇爲其中絕無而僅有之佳構。大意爲一醫生正要治療一垂死之病人，而忽與一僧人發生衝突，乃無意中牽掣到政治問題。此劇中並無女人與色情問題，脫去其社會劇中所佈一重浪漫的雲霧之氣，亦一特點也。

俾阿特立斯之面帕(Der Schleier der Beatrice)以文藝復興期爲背景，乃新浪漫主義之產物。題旨爲一詩人之尊崇精神，至死猶與有力之敵對者相爭勝。於是證明詩人較英雄爲有力，詩歌較行動爲更不朽，造形之美較物體之本身爲尤重要。此劇於一九〇〇年出演，在舞台上弱點甚多。其次，有獨幕劇綠鸚鵡(Der grüne Kakadu)，結構簡淨，幻想新奇，係回溯至法國大革命初期之事。至卡薩諾發之最後冒險(Casanovas letztes Abenteuer)，爲一小說，寫此著名游樂騎士之末期故事。此爲歐戰以後，史氏漸棄去劇本，而專小說寫作時之一短篇佳作，其創作力至此亦式微矣。

史氏著作殊富，重要者略如上述，其他尚有 Frau Bertha Garlan, Frau Beate und ihr Sohn, Fräulein Else，有施蟄存君中文譯本，名婦心三部曲，一九三一年神州國光社出版。死(Der Tod)，有段可情君中文譯本，一九三〇年現代書局出版。夢中故事(Traumnovelle)，李希忒女士(Frau de Richter)，曠野中路(Der Weg ins Freie)，米翠伯爵夫人(Gräfin Mizzie)，格萊斯勒博士(Dr. Graesler)，行吟詩(Die Rhapsodie)，維也納田園詩(Wienerische Idyllen)，及文字之喜劇，牧童之笛，非勇者不爲，破曉，飛入黑暗中等。

史氏於一九三一年逝世，生時常居於天文台路（Sternwartestrasse）之一華麗別墅中，可以俯瞰維也納全城。每年有大半時光皆消磨於此，在花園中或書房中埋頭著作。當其工作緊張之時，家人常數日不得見其面，只將飲食送於書房中，任何人不得擾及之。常以數月之力寫一長篇小說或劇本，每頁總必修改十餘次，全書完成後，則暫置之，至半年或一年後，再取而修改之。其工夫之深細如此。

史氏常有數種著作同時動筆，有時竟至四五部之多。其自言曰：「余頗喜同時寫一劇本與一小說，如此可以倦於此而轉至彼，每一交換，輒感新趣。且寫時所用之風格亦大不相同。余覺寫小說較爲拘束，連寫不停，至時便有死重之感，而寫劇則每興奮……」云云。既數種書同時進行，則孰種先得完成，彼自己亦不得知，而往往同時完成，如挨爾斯小姐，夢中故事，李希忒女士三書，卽一例也。有時在一舊式斜面書案之前，立而寫之，然多時皆口述，由其秘書筆錄之。

史氏好讀傳記及史書，不讀小說。於德國文學之外，並讀英法義文書。在各種娛樂中，最喜遊歷，以爲遊歷所得較讀書爲尤多。足跡所至，幾遍歐亞，惟未嘗至美國，蓋生平最怕新聞記者及一般茶酒應酬之煩擾，更惡演講。在休假中，每不能忍耐而急於工作，蓋寫作之間爲其最快樂之時也。又頗喜曠野，每以脚踏車馳行若干哩而不倦，晚年則時作長途之散步，偶有見聞，則筆之於小册，以爲著作之資料焉。

賀夫滿斯塔（Hugo von Hofmannsthal）

賀夫滿斯塔，奧國詩人與劇本作家，於一八七四年二月一日生於奧都維也納。其父屬於富紳階級，母爲義大利天主教名門之女，此兩重根原爲此子留下一重大影響。其詩才乃根深於奧國之傳統性，此傳統性四圍有詩意的暈光，在詩人心目中每視爲尊嚴。由賀氏觀之，其故土爲眞正古老德意志之所在，至今猶自民間之根基中吸取其生氣。貴族屬於平民，平民亦屬於貴族，而由顯著之士之有造形性與審美性者以表現之，不過賀氏之所謂平民，乃自下層中產階級以上而言，其以下者則非其所知也。巴洛克（Barock）精神之魔力與過去大帝國之遺產，猶纏綿於此古老之奧國。至其母親方面之遺傳，則爲歐洲知識階級中之門閥，享受一種早熟而博洽之文化，曾歌詠之於各種高情滿意，曾有遠懷深思以興起各時代之旣死的美，並以其滿伏之衝動再造之於藝術。故賀夫滿斯塔之祖國乃於奧國之外包括佛羅棱司與威尼斯，且及其遠古的世界與東方，而與地中海相應接者也。

賀夫滿斯塔可謂注定有一種自由自在之生活，嘗習法律及拉丁系語言學於維也納大學，並得博士學位。在大學肄業時，曾著一劇詩曰昨日（Gestern），用筆名 Theophil Morren 出版，時爲一八九一年，賀氏僅十七歲。後二年間（一八九二至一八九三），又以 Loris 爲筆名發表詩劇二部，一曰梯山之死(Der Tod des Tizian)，此劇出演於明興，係紀念畫家柏克林（Arnold Böcklin，一八二七——一九〇一）者；一曰愚人與死（Der Tor und der Tod），寫死彈着他的四絃琴，指揮一死的跳舞，其間有一將死之少年，本爲一任情之美術愛好者，此時第一次承認生命對他的供獻，如友誼，愛情，人類的交情。此雖一小劇本，實亦一供狀也。其出演似無何成績，而頗引起一番爭論，即著者爲何人之問題，衆議紛紜，莫中一是。維也納著名批評家與劇本作家巴爾(Hermann Bahr)初以爲必係法國人而以德文著作者，後確知 Loris 爲一奧國人，巴爾又推想此人係奧國駐巴黎使館中一外交界貴人，且年約五十云云。一日在一咖啡店中，賀氏將此迷自白於衆，於是聲名大震，立爲社會所珍重，其偉大之前途即自此始，時賀氏方十九歲也。

當賀夫滿斯塔在大學尙未畢業時，人即以首創奧國浪漫派之事推許之。其宗師爲給奧（Stefan George）與巴爾二人。又幫助介紹王爾德（Oscar Wilde）

之作品至奧國，至王爾德之影響可於其自著之文藝對話錄中見之。至如義大利之鄧南遮（G. d'Annunzio）亦其早年所熱心向往者也。

自一八九五至一八九九年間，賀氏寫有短篇詩劇四五部，其後較著者爲於一九〇二年出版之梭白德之結婚（Die Hochzeit der Sobeide）及冒險者與歌唱者（Der Abenteurer und die Sängerin），二書皆因義大利而起之靈感而作。後者演述卡薩諾發（Casanova）回至其故城威尼斯，籌備一豪華之假面跳舞會，以慶祝其過去之愛史及其一切之功業。

賀氏文章事業之最成功時期爲與作曲家史陶斯（Richard Strauss）二十年之合作，而以一九〇三年編演依來克特拉（Elektra）一劇爲始。此係一獨幕悲劇，由希臘索佛克雷（Sophokles）之作改編者，曾出演於歐洲各地。後二年，復改編十七世紀英國詩劇家奧推（Thomas Otway）之作爲保存威尼斯（Geretretes Venedig），惟在舞台上只得一時之成功耳。導演者爲布拉姆（Otto Brahm），佈景者爲克來格（Gordon Craig），皆名家也。賀氏於一九〇七年出散文集，於一九〇九及一九一一出兩次詩集。

賀氏特爲史陶斯著一音樂喜劇曰玫瑰色之騎士（Der Rosenkavalier），於一九一一年首次出演，獲全歐之大成功。惟賀氏之得國際盛名則在一九一二年，係將一古舊的英國勸善懲惡劇改編爲每人（Jedermann），由萊茵哈德（Max Reinhardt）導演，此劇演遍歐洲各地，並及外洋而至美國，其後各處士女必每年一次羣集薩爾次堡城（Salzburg）之戲院以觀此劇焉。

其後，賀氏與史陶斯之合作有阿利亞在那克索斯（Ariadne auf Naxos）出演於一九一二，並一舞曲曰約賽夫外史（Josephslegende）出演於一九一四。至無影女郎（die Frau ohne Schatten）與海倫（Helena）二劇，二人之合作告終。

賀氏稱史陶斯爲「第二自我」（alter ego），又以爲彼二人之合作乃命運所注定者，其密切可知。其合作多半皆由通信相商洽，賀氏居羅道（Rodaun）或奧舍（Aussee）口述其詩詞，使祕書錄之，史氏則居於加米希（Garmisch）爲之製曲。有時亦互相訪探，或在明與相會晤。其通信已爲史氏之子史凡慈博士(Dr Franz Strauss)編集成册，其中皆爲率直之互相批評，目的在互相提高藝術之程度。此種合作之成績固已相得益彰，而其切磋之友愛精神亦文壇之佳話也。

論者謂賀氏之才在戲劇方面者較小，而在詩人與語言學家方面者大，誠爲知言。賀氏乃相信「爲藝術而藝術」之說，其所作之詩劇雖多奏戲劇之成功，情節則皆簡單，而每以裝飾之語言寫出，每擬造出新的韻文體。將複雜心情之表現而使之用語簡單化，將文章之格調使之韻律化，賀氏頗以此種技巧見稱。彼相信，一種新的與大膽的字之結合爲對靈魂之最奇妙的貢獻也。

賀氏乃一無何進化之藝術家，其作品皆在同一題旨上作出變化，此題旨即一靈魂之冒險是也。彼於一九二七年對一老友言曰：「你該看出我對藝術的見解沒有變化，我現在依然是一八九六年的學生，對一切有趣味的事物有同樣强的消化力，只是我的菜單已變得範圍更窄了！這是史陶斯博士的錯兒，他使我老不得閑兒！」

在其演說與論文集中、賀氏自言曰：「由余觀之，可以表現時新者有二事：一爲分析生活，一爲逃避生活是也。」賀氏從未論及現代問題，其戲曲皆爲幻想，置於「太虛幻境」中者。有一法國批評家論曰：「彼似應生於希臘，在伯里克理斯(Perikles)之時」。據云，外界表面之事物影響賀氏之生活者甚微，甚至可謂毫無影響。如上次世界大戰，乃空前之大事，而在賀氏書信中從未提及，若無其事然。惟對死之爲物，則每思維不置云。

在儀表上，賀氏似頗肥重，黑髮黑髭，未嘗有老相，年已五十餘，猶若四十許人，始終爲一心廣體胖之快樂人也。至一九二五年，始第一次購一汽車，喜不自勝，如小兒之初得玩具，其天眞有如此者。

一九二九年七月十五日，賀夫滿斯塔以心臟痲痺症逝世，享年五十五。先一日，其長子凡慈自殺，賀氏受刺激過甚，翌日，正在更衣爲其子送殯，竟一蹶不起，遂與其子同時舉葬焉。蓋歐洲承平日久，富貴並臻，享樂之生活已至成熟完美之境，而自歐戰之後，賀氏已不能將此種生活傳諸其子，彼個人本可以其尊嚴接受此時代之剝奪，而無怨言，而其子輩則勢須變成非浪漫的務實際與美國化的，父子之間，精神上之鴻溝日深，此或卽其最後慘遭遽變之原因，亦卽受高貴培養之上層中產階級之悲劇，亦卽由其夢境造成之古老奧國理想之悲劇也。

玆將賀氏之作品，列目於後： Gestern, 1891; Der Tod des Tizian, 1892; Der Tor und der Tod, 1893; Der Kaiser und die Hexe, 1895; Das Bergwerk in Falun, 1897; Das Kleine Welttheater, 1897; Der weisse Fächer, 1898; Die Frau im Fenster, 1899; Die Hochzeit der Sobeide, 1902; Der Abenteurer und die Sängerin, 1902; Elektra, 1903; Gerettetes Venedig, 1905; Oedipus und die Sphinx, 1906; Cristinas Heimreise, 1910; Der Rosenkavalier, 1911; Alkeste, 1911; Jedermann, 1912; Ariadne auf Naxos, 1912; Josephslegende, 1914;Die Frau ohne Schatten, 1919;Der Schwierige, 1921; Florindo, 1923; Der Turm, 1923; Der Unbestechliche, 1923; Früheste Prosastücke, 1926; Buch der Freunde, 1929.

薩爾滕（Felix Salten）

薩爾滕，德國戲劇作家及文藝批評家，於一八六九年九月六日生於奧國之歐芬柏斯特（Ofenpest）。其父嘗爲事業之成功者，然以賦性爲一空想之實行者，大舉經營一煤礦，而終至失敗。沮喪之餘，不敢再動，乃挈其妻與子女七人，遷居於維也納近郊之地日瓦林（Wahring）。薩爾滕乃就學於維也納之高等普通學校。

薩爾滕年幼體弱，且自知其家境之困難。常受同學之欺辱，每賴人之慈善以爲生。有一鄰近之學生，年較長，時苦撻之，一日，薩爾滕大怒，痛毆之，竟無事。自此乃感覺自己之有力。其兄與姊輩所賺得之金錢，不足以維持家費，薩氏乃每月進城一次，自其表兄之保險公司中領取約十元之周濟金。其後，有意不再接受人之周濟，而欲求一職業。其表兄爲情面所關，不得不與一位置。 杯水車薪，家境之困乏如故，乃暗中試寫故事以求售。 不久，發現投稿可以略得收入，時薩氏年已十八，已售短篇小說稿數篇矣。 於是決意辭去微職，專以寫文為業焉。

事經數年，薩氏筆墨所入僅足以餬口而已。 旣而，竟為一著名雜誌美麗的藍色多瑙河之撰稿員，其中作者有史尼次勒 (Arthur Schnitzler)，巴爾 (Hermann Bahr)，比耳霍福曼 (Richard Beer-Hofmann)，賀夫滿斯塔 (Hugo von Hofmannsthal) 等人。 薩氏一後生小子，竟嶄然與此等業已成名之奧國作家並列，遂為其同代人所嫉忌，共力抵制，阻其不得在各主要文藝雜誌中投稿。 旣而一新雜誌創刊，薩氏以筆名 Martin Finder 投一稿，立獲成功。 薪酬增高，且約定為長期撰述，而忌之者一面讚許 Martin Finder 之文章，一面繼續貶斥 Felix Salten 不止，亦可笑矣。

一九〇二年，薩爾滕與梅次 (Ottilie Metzl) 女士結婚，梅次為皇宮戲院 (Burgtheater) 之女伶，薩氏因一篇劇評偶與之相遇，遂誓白頭之約。 自此薩氏加倍努力寫作，兩年之間，宿債已淸。 此時於寫劇評文評之外，並著短篇小說與戲本。 是年左拉 (Emile Zola，一八四〇——一九〇二) 逝世，薩氏撰一文，暢論此自然主義大家在小說上之成就與人道表現之功績，一時維也納對自然主義之批評皆以此為基調。 於是薩氏遂變成一地位固定之批評家，為時代 (Die Zeit) 及其他雜誌擔任撰稿，收入豐富，生活大裕。

薩爾滕之著作約有二十部，於一九三〇年刊印全集於維也納。 其為文屬於自然主義一派，與多爾曼 (Felix Dörmann)，卡維司 (Carl Karlweis)，泊克哈得 (Max Burkhard)，為同道。 在兵卒 (Der Gemeine) 一劇本中，表現軍人之生活，即完全為自然主義之傾向，惟其後又受史尼次勒之溫柔風格之影響，並受蘇德曼 (Hermann Sudermann) 着重舞台之啓示，故其劇本均頗易上演。

薩氏又為一極愛獸類者，常著文描寫狗馬鹿等物。 班比 (Bambi) 即為此類一成功之作，寫維也納森林中一隻山羊之故事，一九二八年譯為英文，哥爾斯衛綏(John Galsworthy)並爲之序，殊推重之。又十五隻兎，述兩隻剛一歲之小兎之幸運的冒險故事。佛羅稜斯之獵犬，爲以文藝復興之佛羅稜斯城(Florenz)爲背境之一幻想的故事，述一意大利雕刻家之子變爲一犬，每隔一日，必於中夜現其本相。又有散姆孫與德立拉(Samson und Delilah)一書，其餘多爲文藝批評之作。

薩氏生平之經歷甚富，且從不遺忘，直至晚年亦常追憶其兒時窮苦之往事。雖種種情景皆宛然在胸，而寫時則頗謹細而遲慢，每喜用一黃色鉛筆。書案每用一褐色紙墊，爲襯紙書寫之用，出遊時必攜之身邊，如遠至開羅(Cairo)，至薩次坎麥谷(Salzkammergut)，至科羅拉多(Colorado)等地，均未嘗遺此舊物。其次，手邊一面爲一盒稿紙，一面爲一束黃鉛筆。嘗語人曰「余惟恐偶來一意念，又惟恐一旦無物可寫，故必隨時隨地預備紙筆，作不時之記錄也」。

格利姆•翰斯(Hans Grimm)

格利姆•翰斯，德國小說作家，於一八七五年生於維斯巴登(Wiesbaden)。自一八九六至一九一〇年間，在南美洲經營農商，初爲人傭工，後在好望角州(Kapkolonie)與友人合辦一商店。居留日久，對非洲曠漠之地帶與居民生活之狀況，頗有所得，益以追求萬物本質之心思，而有以表現於文墨，乃開始寫作。

初，於一九一三年出一書曰南非洲故事集(Südafrikanische Novellen)，內多描述部耳人(Buren)與卡斐人(Kaffern)之生活。繼在沙漠行記(Der Gang durch den Sand)寫德屬西南非洲之殖民者與善騎術者之故事，復在奧列瓦真之神話(Olewagen Saga)中用Saga體之風格講說一悲劇之故事。在歐戰期內，格利姆在前線上充一兵士，至一九一七年，被德國政府殖民部召回，專著杜阿拉之煤油探尋者(Ölsucher von Duala)一書，敍述在非洲德國俘虜之殉難情形，蓋一宣傳品也。

格利姆之最成功之作爲一長篇小說曰無空間之國民(Volk ohne Raum)，係上次歐戰後以六年（一九一九——一九二五）之力所著成，於一九二六年出版，全書約一千三百頁，誠一洋洋鉅構也。蓋著者旅非多年，身經空前之大戰，自戰場歸後，目覩德國於慘遭戰敗之餘，生活之路極其狹小，再造之工極其困難，乃本其個人之實際經驗，寫成此生氣勃勃之時代悲歌，亦小說，亦自傳，亦報章，而實以經濟之見地作一公開之批評也。故事之情節如次：

有夫利博特(Cornelius Friebott)者，乃一身心健全之青年，威塞河(Weser)上某村莊一中等家庭之子也。惟地方人口繁多，不得不出門至工場或鑛田賣苦力以謀生。不幸在鑛田中遇險幾死，乃決意脫離工業之狹隘與壓迫，懷抱自由之志願，別尋自己之天地，遂遠走至南非洲。初至一英國殖民地，不甚得意，繼至德屬西南非洲，加入艾克特隊長(Kapitän von Erckert)以禦霍屯督族(Hottentotten)之戰，最後終得安定以居焉。不久，歐戰爆發，繼之，戰後經濟恐慌。德國失其殖民之力，夫利博特遭受無數之法律審判及窮途之苦難。其後，經過多日之莽林與草原之混戰，孤身流離，艱險備嘗，終得免於難，而到達其故土。其地正有其少年時之愛侶梅爾森(Melsene)守貞以待，遂結爲伉儷焉。然婚後之生活竟不能使此不安定之人得其安定，環顧四圍，俱是一片經濟與政治崩毀之象，於是領袖之念復推動夫利博特走上奮鬭之途。蓋此種苦難，非彼一人所獨遭之苦難，乃全德國人民之共同苦難也，巨室與農民，王侯與乞丐，同罹此運，無他，極端缺乏生活之空間是也。於是乃如一赤足之江湖行脚，由一村莊至另一村莊，到處高呼要求德國之自由，要求德國人民之工作空間。後至薩克森(Sachsen)省一處小地方，在市集方場上作一沈痛之演說，竟爲一政敵所殺而死。

在格利姆之作品中，其涵義不離兩個基本的原素，即「空間」(Raum)與「命運」(Schicksal)是也。而空間不是一種保證，乃一種機會，機會可以促成現實，命運可解釋爲終局，而非絕對的終局，一階段之終局有其深入將來之影響，蓋在工作不息之範圍中，萬物未有用之竭盡者也。具體言之，格利姆之理想，實傾向於不顧不可避免之工業化及整個經濟生活之技術發展者，其目的在依據過去之根基以建立未來，而追從自莫塞爾(Justus Möser)進至拉加德 (Paul de Lagarde)之路者也。

其次，格利姆之精神頗與德國今日之時潮相近(故自一九三三年來，頗受擁護，已選爲德國文學院會員，且一度有宣佈爲「國家詩人」(Nationaldichter)之說。今日德國盛行一種口號曰「生活的空間」(Lebensraum)，即自格利姆之無空間之國民一書而起，亦將來一有趣之掌故也。

賓丁(Rudolf G. Binding)

賓丁，德國詩人與小說家，於一八六七年生於佛蘭克府 (Frankfurt)，其父名卡爾 (Karl Binding)，爲來比錫大學之著名法學教授。幼時居於福來堡(Freiburg)，黑林 (Schwarzwald)，及來比錫等地。旣長，亦嘗爲法官武吏，且精騎術，及四十二歲時，試譯義大利詩人鄧南遮(Gabriele d'Annunzio)之作，始發現自己之詩才，乃從事於文學。

自一九〇九至一九一一數年間，賓丁寫成精美之故事數部，皆飽含詩的意境與人生的熱望。最著者有二，一爲今代傳說 (Legenden der Zeit)，其第一篇曰 Coelestina，述一天使無端降落塵凡，上天對此之爲難之故事。第二篇曰「聖給奧哥之代表」，叙上帝所認爲唯一之人，堪作聖給奧哥 (St. Georg) 之代表，因其對生之熱望有百折不回之志。此二故事皆具古典的幽靜，而貫以其個人性趣之活氣，故文字有特殊之美妙。第三篇曰「小鞭」，乃爲兒童所作之通俗而有趣之聖誕節故事。其他故事之著稱者有犧牲 (Der Opfergang)，係爲一英勇女子留名千古之作。故賓丁於上次歐戰之前已文名顯彰，而此初期之作品尤爲少年兒童之所共喜，如犧牲一書至今猶爲少年所寵愛，讀之不衰。

歐戰告終，賓丁自戰場歸來，已經年五十，而少壯之氣不減，在後輩青年作家中猶是一「不老詩人」。著有詩歌一卷曰驕傲與哀傷 (Stolz und Trauer)，小說數部，其一曰不朽(Unsterblichkeit)，筆記一卷曰戰地見聞錄(Aus dem Kriege)。不朽寫一飛機駕駛員之故事，在法蘭德 (Flandern) 有一地主，在上次歐戰時，其田地曾暫作一德國航空隊之用，其女兒竟與此駕駛員深情相愛，雖非其本意也。戰地見聞錄以白描之筆記其戰場中之經歷，其中有書翰，有日記，皆在前線上隨時所寫，蓋紀實也。

賓丁曾遊希臘，感觀所得，對其文章均衡之美念與形式之寧靜，頗有關係，故雖在歐戰中所寫之文章猶不失其古典之精神與風格之高潔，此皆自希臘得到訓練，而始終不肯失之者也。

此外，賓丁爲一酷好騎術及善愛馬者，此爲其生活之又一方面，而以其所得亦成精妙之文章。最著者曰爲愛侶閑話騎術 (Reitvorschrift für eine Geliebte)，其次爲馬之聖地(Heiligtum der Pferde)，寫一雄偉之牡馬，遨遊於東普魯士著名之特拉克顏(Trakehnen) 古田上，牧草曠漠，原野秋高，昂頭嘶鳴，風蕭地震，最後竟知單匹求愛，得一同等高貴之牝者而侶配焉。賓丁知馬之外，又善品酒，曾著一書曰失戀遊摩塞耳(Moselfahrt aus Liebeskummer)，蓋摩塞耳河爲德國產酒之勝地也。

賓丁並著有自傳一部 (Erlebtes Leben)，讀之可知其對時代與國家之觀感。賓丁卒於一九三八年八月四日。

梅爾哥萊非(Julius Meier-Graefe)

梅爾哥萊非，德國藝術家，批評家，於一八六七年六月十日生於柏林附近之勒西利 (Resitza) 地方。其父曾居要職，祖父爲一語言學教授。梅氏曾修業於柏林，明興，律提喜 (Lüttich)，促里喜 (Zürich) 諸大學，於一八九五年結婚。

梅氏在文藝上之主要貢獻有二，一爲其對於近代美術之了解，二爲其對於古代文明史之重行評價，而尤以其對於近代藝術家之批判已得普遍之承認。所著雜誌論文甚多，遠至美國之領袖美術雜誌國際畫室(International Studio)亦時發表其論文也。 梅氏有言曰：「在吾德國人中，藝術並非一階級之分別，並非一娛樂之消閒，更非一奢侈之謂，乃一唯一之實在，極竟之祭壇，結合人性之最後繩索者也。 此第一次吾人自信將步步作此發現，且立定而動達於吾人之深處，並非面對於美之前而已，蓋吾人幾未嘗見之也，所奪去吾人之心神者乃人道之懇訴，不作矜持之義氣也。」

此德國批評家又爲一久而不倦之遊歷家。 曾寫有兩部遊記，詳述其旅行各地之印象，亦卽其遊覽美術之觀感錄也。 一爲西班牙旅行記，此遊之目的爲對十七世紀西班牙大畫家未拉斯揆司(Diego de Silva y Velasquez)，一五九九——一六六〇）親致敬意。 惟某次在普拉多(Prado)，梅氏竟發覺其一向之宗仰未拉斯揆司之心已轉而宗仰格勒科(El Greco，卽 Domenico Theotocopuli，一五四五——一六一四)，自己亦殊覺驚訝。 此番轉變之經過及其居留西班牙時所遇之形形色色的事件，皆以賞心樂事之心情傾述於此書中。 二爲金字塔與廟宇，爲梅氏閑遊埃及，巴力斯坦，希臘之旅行日記。 其中有一大部分專述埃及，如碑石，雕刻，及其過去與現在之文明。 其論古代文明，乃打破偶像論者，而另與以豐富之新生命。 梅氏相信，埃及之雕刻與建築皆高出希臘之上，而拜占庭(Byzantinisch)之文明爲有强力與有生氣者。 彼又爲評定圖騰克哈孟王(Tuten-khamon，埃及國王，於紀元前一三六〇年後登位，其墓於一九二二年發現)墳墓之發現物在藝術上代表頽廢時期，持此論者爲數甚少，而氏卽其一也。

梅氏在其早年之作品中，多評贊李奚屯那(Lichterarm)，門喜(Edward Munch)，發路頓(Felix Vallotton)，及滿奈特(Manet)者。 其後則多關於科洛特(Corot)，哥爾伯特(Courbet)，舍蘭美(Cheramy)，舍贊(Paul Cézanne)，凡果(Vincent van Gogh)，芮諾爾(Renoir)，德拉克路(Delacroix)，及得加(Degas)者。 又有二書，乃專論近代印象脈派。 此外尙有一部陀斯多衣夫斯基評傳(Dostojvski)，亦佳。

梅氏身體健壯，精力過人，能忍受旅途之風塵，長夜之勤習，及不停之著作，大有勞而不倦之概。至六十餘歲後，猶工作不輟，其出版之書籍不勝枚舉，如金字塔與廟宇一書爲第四十部，其著述之富可知。近十餘年來，既倦於遊，常居於德雷斯登 (Dresden) 與首都柏林。

如何把握民族的性格

Wie erfasst man einen Nationalcharakter?

士榜格 (E.Spranger)著

王 錦 第 譯

一 民族性格是什麼意思

1. 素質呢？還是歷史的影響？

在路易·萊諾(Louis Reynaud) 的一本著作：德國精神中開頭便有如下的斷案：『德國人是少有的例外，不能用唯物的觀點加以解釋的』。有人對於這句話加以補充的說明：『法蘭西人對於古典的詞章文化有分離不開的關係，而我們德意志人，對於哲學顯然的結合著』。不過以上這樣的說法只是講出了歷史的根據，依然還有問題存在着。問題是二者不同的所在，是根據於兩國的國民性格呢？還是另有別的原因？這乃是由於本來的素質及歷史的影響，也可以說是運命的關係或先天的注定，於數不清的交互影響中形成的一種樣式。

我們把以上法國人的著作中所講的話，作爲我們的討論中心問題。我們德國人對於形體沒有什麼愛好，德國人的特徵是概念的趣味，甚至於與生活遊離起來，對於體系有一種執着。到現在我們德國人恐怕對於此種態度不大歡迎，試看法國人——乃至於英國人——是否對於完整的思想體系也努力要樹立起來呢？理性論者的始祖笛卡爾所著作者不過只是瞑想錄與序論，實證論者的孔德也不過是「收集家」而已。

偉大的歐洲文化國民，他們在國民性格學的領域中所表現的中心概念，互相間是不同的。黑格兒認爲各族是統一的精神所有者，每一種民族精神的根基是與固有形而上學的「原理」結合着。把這種民族精神實現出來，並且每個人對於這種民族精神有一種自覺，乃是各民族的本分。然而一個民族於這種行爲及這種思想中，在完成的時候，那末這種民族便達到了世界史上的界限。試看法國人——例如阿富來德·富衣（Alfred Fouillée）(一)——把所謂「國民性格」看做由於條件而成的因子組成的。如法國人的國民性格是由於「人種」，自然的環境及社會的環境結合而成的。但是在這種情況下，法國人所說的「人種」，與我們德國人的看法有些不同，這是不能不注意的事情。至於英國人，他們除了自身的事情，好像對於其他民族並不感覺什麽趣味。然而卻有密勒（John Stuart Mill）在他所著關於政治的性格學的方法上評言中(二)，稱民族生得的東西爲方法上的「殘餘」，這就是說，由環境的事情說明民族本質的東西，之後尚有的殘餘，像密勒這樣的主張，算是英國人除了本國，而注意別個民族最顯著的例子。

實際的講來，探討民族性格的秘密不是一件容易的事情，民族性格是否與民族的歷史爲同樣的東西？民族性格是否爲經過極深刻的運命鍛鍊而成就的，而變爲不能轉變的界限？還是民族性格跟着歷史的轉變而轉變？歌德對於個人的性格曾說過如下的話，用在民族性格上大概也是妥當的，他的話是：

(一) Alfred Fouillée (1838-1912) 是法國的哲學家，曾任過巴黎大學的教授。他是最近觀念論的進化論代表的人物，把柏拉圖的觀念與進化論的思想結合起來，換句話說，他想把「唯心論」與「唯物論」調和起來，唯心論是一方面的，因爲它只着重思想，唯物論也是一方面的，因爲它着重行動而至於排除其他的因子，心與物，意識與生命是一而二，二而一的。心與物是一個單純而全體實在的兩個抽象體，同一東西的兩種看法。一切心的現象都是一種衝動或『欲望』(appétition) 的表現。所以觀念（心的現象）有力量，Fouillée 對此稱爲 idées-forces（理力），這是 Fouillée 的中心思想。又在社會學上他主唱觀念的有機的契約論。

(二) 譯者註　這兒所引用的是：J St. Mill: A System of Logic. Book VI, Chapter V of Ethology, or the Science of the Foundation of Character 中的一部。所說「政治的性格學」是政治或社會科學 (Political or social science) 中的一個部門，稱爲 Ethology 的。密勒的論理學不只是形式論理學的教科書，而是企圖着對於各別科學全體的方法論的巨著，現在成爲一種「經典」了。

在我們周圍的環境雖然轉變，

而於嚴格境界線中仍有自身活動的餘地。(三)

"Die strenge Grenze doch umgeht gefällig

Ein Wandelndes, das mit und um uns wandelt."

2. 性格與性格解釋

對於個人，我們稱為「性格」，嚴密的講來，起初這不過是解釋的結果，不過是假定的成立，雖然我們確定了個人的性格，但是也可以再有變更(性格的)，並且這也是必要的事情。 個人性格是如此，民族性格也是同樣的，在某種程度內，我們確信有固定形態形成的核仁，然而一般人對於這種核仁能把握到什麼程度呢？這又要看研究者自身內在的精神力以為憑斷。 研究者不能不用自在的想像力及廣範圍把握的範疇 ， 因為只把民族性格作為心理學的對象是解釋不出來的。 我們在研究民族性格的時候，對於多數的大小特性都要忠實的加以觀察；當我們對於某一民族性格作某種假定時，還要看怎樣的叙述這種性格？如何得着這整個的結論？要知道民族性格的全體是由社會的集團，時代，社會情勢，以及行為，文化各方面產生的。

關於研究民族性格學的方法是非常困難的，然而民族性格學的課題又是極緊急的問題。 自從中世紀以來，歐洲的各國國民，最初是大國，繼之以小國，都對於自己的特性盡量的發揮。 歐洲以外各國的現象也不能不使我們注意。 不過同時因為我們的工具（如語言文字等——譯者註）不完全，雖然知道各民族都在那裏發揮自己的特性，但是在全領域上還得不着確切的理論。 例如著者個人曾在日本住過一年，但是不懂日本的文字與語言，以至於日本的歷史及精神史更沒有深刻的知識，在這種情況下，只用眼看來，便有很大的特色，對於風俗習慣都不同的民族，如何把握民族一般的特質，對我實在是一個問題。 在世界大戰

（三） 譯者註 這是歌德的詩。 題為Urworte. Orphisch 中的話。 歌德在這詩裏歌詠希臘的奧路菲克教的宇宙開闢說，關於自由與必然，希望與愛的事情）

（第一次——譯者註）的時候，我們德國人對於法國人所謂其他民族的「心性」(Mentalität) 研究在政治上有必要一點，早已注意到了。近來這個問題實在成爲實用上關心的對象。國家主義在今日是決定政治社會的重心。在不同民族互相交往的時候，更特別感到民族性格學研究的重要。好久以來便廣範圍的對於植物標本有蒐集，對於動物界的骨絡分類目錄也有製作，但是對於我們人類自身這種偉大的生物，卻沒有科學的研究，這不能不說是奇怪的現象。

關於這個問題我們能作到什麼地步呢？並且什麼是作不到的呢？現在已經到了我們能明瞭的時期，而且如何能把握民族性格的方法也到了我們應該充分了解的時期；因爲關於民族性格學的研究是一種旣成的企圖，大概對於某一民族歷史中的各個印象深的特性，總括起來，使人得到關於民族性格的一個輪廓。在個人心理學中的試驗有一種臨機的檢查，不過這樣並不能得到統一的組織，統一的構造。所以我們在此所作民族性格學的研究，與其說是民族的本來的性格學，無寧說是屬於法國人所謂「合理化的歷史」(四)那樣的敘述樣式。

二　民族性格的本質層

1. 個人性格與民族性格

個人性格是由幾種因子交織而成的，主要的是「素質」，「發展」，「環境」（周圍世界）及「運命」的交錯。這些因子是不能互相分離而可以說明的。一個人的素質是在環境及運命的交織下，開始發達，開始活動。周圍世界正如這個字面所表示的，在主體之外而對之有形成的作用。一個人的性格是由這個人固有的本質樣式所遇到的運命而形成的。素質與發展是兩個內生的因子，環境及運命是兩個外生的因子，這四個圖式是組成性格的主要的因子。但

(四) 譯者註『吾人要努力認識偉人的動機，熱情，與識見，並且要把這個看作決定歷史事情的唯一原動力。同時又在這種典型的意義中，要明瞭一切有害行爲與有益行爲上變態的眞相。這樣便對於將來的行爲得着有價值的指示，這就是所謂：「合理化的歷史」(histoire raisonnée) 從這樣合理化的思考，把政治的意義包含在內，以道德爲本的歷史便能產生』。(K.Lamprecht, 1856-1915，歷史學家)。

是並不是充分的條件。 例如計劃的教育，良心的鬬爭，作業的精神等，就不能放在這個圖式中。 不過由這個圖式產生出生物學，以及社會生物學來。 我們在研究民族性格學的時候，不能不採取這個圖式。 因爲在民族性格學上，遺傳因素，民族的老幼，自然的及文化的背境，歷史上的行爲及運命，都是規定及形成民族性格的因子。

研究民族性格學的時候，最感困難的地方是「民族」這個主體並不是一個意思。 我們如果把民族看作血統的統一，那末這便是人種的意義，在這樣時候，生物學的基礎便是決定的因素，但是假如把民族看作共同生活，共同居住的一羣人，那末血統雖然不同，而卻有共同的精神財產，最主要的是有統一的語言，並有共同的運命 ， 從歷史上便形成一羣人的統一體。 最後是長久間以國家的形成意志爲基礎而享有堅固性格的各民族。 用德國話講來 ， 最後這種民族稱爲"national"，這個字原出於拉丁文的"natio"，與"nasci"（生來如此的意思）的意思本來是相反的。 我們把這種含義擴大 ， 區別各民族爲：「血族性國民」(Geburtsnation)，「文化性國民」(Kulturnation)，及「國家性國民」(Staatsnation)至於一個民族應該屬於那一種「國民」，要看民族的性格構成上來決定。 這就是說，某一民族在種族上是閉關自守的，某一民族自歷史上便是混合的，乃至於在政治上有如何的關係。

2. 民族性格與國民意識

國民意識與國民性，乃至於國民性格的不同，乃是自明的道理。 原始的部落意識，直至高度發達的文化民族及國家性國民，所能有的意識，與無意識的深層比較起來，不過是一小部分。 就個人說也是如此，一個人對於自己的本質及生活上所能知道的，不過是斷片的九牛一毛。 意識不過是民族性格的定位變更時所眩耀出來一點徵兆。 民族性格雖然由民族意識有時能表現出來，但是一個民族到了能對於自己自身加以意識的反省，乃是一個民族所作的偉大事業。赫德(Herder)認爲民族的青年期是最有收穫的時期。 黑格爾(Hegel)以爲反省就是啓蒙的階段，在這一個階段便是民族凋落最初的萌芽。 每一個人也是因爲年齡的增加而對於自己自身有一種反省。 每進入一生命階段便有全不同的生活興味加以反省。 這樣的自己反省對於性格的影響是難於避免的。 某種民族如果對於自己的創造以及自己的特性過分重視的時候，至少這是一種衰老的徵兆。但是相當的自信是不妨事的。 而且在政治生活上，意識的覺醒是一種大的推進力。 例如瑞士國民，無論在血統上，言語上，以及與言語相關的文化財產上，都不是統一的國民，但是以他們的國家意識爲媒介而形成共同的本質。 這樣的國民性格以意志決定爲中心，而且要不斷的加以更新。 以前德國曾經有過這樣的話：「生下來是德意志人，但是不能不爲作普魯斯人而受教育」。 實際上就國家技術看來，對於新歸屬住民的性格常不斷的加以壓制，變形，盡可能的力量使新歸的住民同化於「內地」的國民性格。 人在本能上對於新歸住民的語言取一種剿滅的態度。 但是在這種「技術」上能到什麼樣之程度，能把自然的，歷史上「生長的東西」在事實上能消滅嗎？這便是在發達途中民族性格學的本質問題。

3. 民族性格的本質層

從來人把民族性格看成非常複雜而有種種的發達階段，我們要於極不相同而又同時成立的性格中，在本質層中發掘出來，把極有確定性而不輕易變更的性格尋找出來，最主要的血統上的遺傳層，心的生命層，及屬於精神的，倫理世界的狹義性格。 個人的性格與此對應的有：體質，氣質，及品性。 廣義的性格是血統的遺傳，及精神力直接流露出來的生命力。 精神在某種程度內能把三者全部支配起來，有形成的力量，並且有制止的力量。 然而精神自身是由其他二者爲基礎而建築起來的，從精神的基礎得來力量。 就是說，遺傳體質不同，氣質不同，而生出不同倫理的性格。 關於這一點，無論從民族的觀點，或個人的觀點都是一樣的。

（a） 遺傳的性格素質

i. 遺傳的線索——論體質

我們最初在民族性格的特徵中——根據古代傳來的想像及現代生物學的知識——要把胚胎形質的遺傳看作問題。這種遺傳的過程根本上不過是一種推定。與其他民族不結婚的民族，他們的各種性質有一種定型的再現，同時這不僅限於身體的體質，而且精神的及心理的也是有這種再現的可能，各種民族互婚的時候，也可以由生物學的遺傳法則窺知，把個體超越而有一種性質分離的混合遺傳現象。關於這樣問題弗雪·奧根（Eugen Fischer）（五）對於南非雜種部落的研究除外，對於種族遺傳性格素質的結論尚無科學的價值。像以前所說的，法國人認為今日的人種是從若干基礎部族而合生了現在歐洲的各國民，這是敘述前世紀中葉以來的歷史。卜圖密（Boutmy）（六）在他所著的英國國民的政治心理學（Psychologie politique du peuple Anglais）中，曾說英國人的性格是哥爾特人，羅馬人，安哥魯人，沙克遜人，諾爾曼人混合而成的。不過在實際上這種說法，於其說是真正的研究，無寧說是文學筆墨的遊戲，或臆斷而已。

至於這種研究的困難，從方法論的根據看來是非常之大的。第一是人種，民族，民族很難正確的找出他們的中心性格。每一個個體在他的體質之外，在遺傳過程上受人種，民族，民族規定他的特徵。但是民族所有的是什麼呢？超越了民族的人種所有的又是什麼呢？僅只屬於民族的又是什麼呢？在個體中求遺傳的心身構造定型的發達體質論，無論是純粹或混淆的遺傳，用在超個體的生物恐

（五） Fischer, Eugen 1874
弗雪是柏林大學的人種學教授本書所稱南非雜種部落研究的有關參考文獻，是指弗雪所著的：Die Rehobother Bastards und das Bastardierungsproblem beim Menschen. Jena 1913 出版。此處所謂 Rehobother Bastards 是指德領西南非洲卜魯人與霍頓土特的雜種苗裔，Fischer 曾經對於這個部族證實了曼台爾（G. Mendel 1822-84）的分離法則，曼台爾的分離法則在 Homo 上的證實，這是第一次。

（六） Boutmy, Emile（1835—1906）
卜圖密是法國的歷史家，除本書所載的著作之外，尚有：
(1) Psychologie politique du peuple Americain.
(2) Développement de la constitution en Angleterre.

怕是不充分的。 例如克瑞齊梅(Kretschmer)(七)的體質定型論可供我們參考。這種定型的某一點在一個人種中屢次發現，某一點又很稀有的發現。 譬如說沒有只是肥大型的民族，只是纖瘦型的民族，或只是筋肉型的民族。 不過在純粹生理學的領域，於人種定型，種族定型，或民族定型的研究中，不能不假設體質的定型。 其次在身體方面接受的遺傳是必得要注意的，就算關於多層的集團性格，什麼是屬於同一的性格，在研究時是更加一層困難的問題。 性格絕不是單獨成立的許多特徵的總和，性格常是全體的，這一點與那一點都有關聯的構造圖式。 在這種組織中，各個性質有一種法則的相關關係， 我們對於一個人種全體，一個民族全體的「心式」(Seelenstil)是什麼，不能不知道。 在這樣的場合，我們把人種及民族看成實在的生殖共同體，實在的遺傳線索，不僅是抽象的把各種特徵提出來，加以論理的分類便算了事。 並且在遺傳學上， 自從克路(Orwald Kroh)(八)及普夫雷(Gerhard Pfahler)(九)以來，在性格中認為有互相獨立的遺傳，我們於此不能不作根本的探求。 不過這樣研究的企圖，只是限於個人性格，更進一步講，胚胎形質的性質，關於染色體及生理學上的精細處，我

(七) Kretschmer, Ernst 1888

克瑞齊梅是馬堡(Marburg)大學的教授，講精神病學及神經學本書所引用的文章『見他的著作：

(1) Körperbau und Charakter (體格與性格)。 Untersuchungen zum Konstitutionsproblem und zur Lehre von den Temperamenten. 1. Aufl. Berlin 1921. 9.u.10.verbesserte Aufl. 1931，1936. 本書有日譯(內村譯)及英譯。

(2) Der sensitive Beziehungswahnsinn (敏感關係神經錯亂) 1918,1927.

(3) Medizinische Psychologie (醫科心理學)， Ein Leitfaden für Studium und Praxis. 1922. 4. Aufl. 1930. 1939.

(4) Über Hysterie (論協議脫離) 1923,1927.

(5) Geniale Menschen (有天才的人),1929,1931，本書有英文的譯本。

(八) Kroh, Oswald

克路為居氷根 Tübingen 大學的教授，德國的心理學家與教育學家。

(九) Pfahler, Gerhard 1897

普夫雷是哥丁根大學的教授，心理學者及教育學者。關於兒童心理學及性格學的著作有：

(1) System der Typenlehren (類型學的體系) 1929.

(2) Vererbung als Schicksal (看做運命的遺傳)， eine Charakterkunde (m. e. Beilage: Charakteriologisches Hauptschema) 1932.

們縱然知道一些，但是對於預測如何的類型，乃至如何心的構造，仍然是不可知的。

ii 民族生命的深層過程

以上所述的研究是極有意義的。 我們在考量一個民族的遺傳線索時，便把這個民族看成超個體的生物體，這個生物體不可思議的作用的本領，就在胚胎時把個體的意識建築在個體的身體上。 在發展狀態，身體的及心理的便展開一種同樣的定型的構造圖式。 這種情況不僅限於一個個人，一個法國人，一個英國人，一個意大利人，雖然在他們的意識的精神活動時，看出他們的個人來，但是究其實，他們每一個人所表現的不過是民族本質的鱗片而已。 個體的背後隱藏着民族本質，這是一種最原始的本能，最有力量，在某一時代這種民族本質的力量能壓倒--切，而到處瀰漫他的生命，這種民族生命的深層過程，在歷史的世界中，表現於民族大移動 ，大戰 ，及革命等。 這樣的現象在表面是察覺不出來的。 民族的性格比較有秩序時我們所想像的，是更要豐富的，更要寬廣的，更加一層蠻性的。 所謂民族的本質 ， 生活於其中的人感覺一種不可思議也未可知，而屬於這個民族的各個個體都俱有這種民族本質的性格，到流血的時候才把通行的習俗突破：

(b) 心的生命層

性格的第二層，存在於與體質有密切關係的心的生命現象。 所以我們稱此爲生命層。 所有對於性格解釋，唯一依賴的是刺激——反應的圖式，乃至知覺與動作的繫合。 不過人在攻究性格時，不是個別的繫合問題，而是比較恆常的反應及行動的基礎問題，這種行動的根本樣式，我們才稱之爲性格。 更精確的說，古代以來，把人分爲感性及興奮性，其實不僅這兩項問題，二者之間還有調節的感情，感情的衝動，情緒的方向，及感情持續形式等問題。 在性格學上最重要的有下列三種：第一是感性，例如各感官的感應性，第二是感情及情緒經過的節奏，就是氣質，第三是外面表現出來的活動樣式，也就是自發的乃至反應的外部表示。

「人相學」的方法

在這樣豐富的領域中，我只取出一個主要問題來，就是表出現象之性格學的價値。 這種現象在身體上直接表露出來，因爲「外部表示」的本質便暗示「內部內容」的性質。 我們從身體方面的表示，看出內心的意義。 而內心的意義是基於超個體的生命連接而產生的，所以由此出發，便能有一種直接的了解。對於固定的容貌加以解釋的有「人相學」，對於容貌的活動加以解釋的有「表情學」，對於身體的姿態加以解釋的有「姿態學」，我們對於這種解釋領域的全體，今日便廣義的稱爲「人相學」。 體格及頭蓋構造不屬於直接把握表出現象的領域。

現代心理學者對於可以供作性格解釋正確源泉的材料，都加以精細的分析。我現在舉出克拉開斯（Klages）(一〇)，卜特德克（Buytendijk）(一一)，普萊斯諾（Plessner）(一二)，克樂斯（Clauss）(一三)，雷審（Lersch）(一四)，斯特萊路

(一〇) Klages, Ludwig 1872
克拉開斯是德國的哲學家與「筆蹟學家」(Graphologe.) 他對於筆蹟學及性格學的研究成爲知名權威了，著作極多，在解釋性格上，他是民間代表的人物，對他同調的學者也頗多，曾有三十名的他的友人學者寄稿，集成一書： Klagesfestschrift. Die Wissenschaft am Scheidewege von Leben und Geist.Leipzig 1932.（克拉開斯六十歲紀念論文集）在本論文集有他著過的總目錄。

(一一) Buytendijk, F. j. j.
卜特德克爲荷蘭哥魯尼根 Groningen大學的敎授（生理學及組織學）主著有：
Wege zum Verständnis der Tiere. Zürich, Leipzig 1939
他在本書把現代動物心理學作全般的批評，從這部書不僅對於 Buytendijk 的個人見解得着了解，並且對於動物心理學最近的研究狀況也可以得一鳥瞰，該書末尾附有詳細的參考書目錄，對於專攻動物心理學者有極大的方便。

(一二) Plessner, Helmut
是現在德國的哲學者及「人學」(Anthropologie) 的學者。（所以把 Anthropologie 譯爲「人學」，Plessner 曾任哲學雜誌哲學報告者(Philosophischer Anzeiger)的編輯者（1925—1930）。

(一三) Clauss, Ludwig Ferdinand 1892—
克樂斯是柏林(Berlin)大學的講師（心理學及人種心理學）他在表出現象的研究上是人種心理學的建設者。
他還是 "Rasse"（種族）雜誌編輯者中的一人。 他所研究的問題是人種與心理，以及人種形態與心理之間的關聯，在一九三六年以民間的學者被聘爲柏林大學的講師。

(Strehle)(一五)，等人及克爾·畢雷(Karl Bühler)(一六)的歷史敘述來。這些人對於「性格學」雖然還沒有達到精密的程度，但是他們關於表出現象的解釋，對於民族性格學有特別的貢獻是沒有疑問的。我們對於一個民族不知道他們的語言，只從他們容貌的特性，表情，以及各種動作中，也能對於這種民族有一種理解。在這樣的場合，眼能直接的把對象的意義了解，同時眼的樣子也是最重要的解釋的對象。我個人住在日本時特別有這種經驗，如以上所說過的。這種辦法對於外國軍隊的心理了解，特別有功效。不過這種方法用在性格解釋上，也有它的缺陷及界限，在這兒我們要指摘出來。

應用這種方法的時候有一個前題，把所解釋的與解釋的客體之間，在全生命組織的廣範圍中看作等質性。不變的性格特徵於這樣了解的方法上，把性格幾乎看成本能的東西。母親與初生兒之間有一種最高度的共生的，交感的了解，在其他動物就不如人這種廣範圍的程度。並且由一個民族看另外一個民族，外部的表示形式不是完全一樣的同時也容易有錯誤。塞路島（Singhalesen——該島住民信仰佛教——譯者註）土人是最無惡意的人，但是對於我們歐洲人有一種粗略的印象。一個人種或民族的表出運動是由習慣決定的乃是事實，他們的行動有種種的規則，這是可以成爲「研究」對象的。不過當着外部表示形式的解釋成爲方法的時候，便失去朴素的確實性。克拉開斯在這一方面的研究最可供我們的參考，所以不能不選合理化的迂路。

(一四) Lersch, Philipp
雷審是卜勞恩史外 Braunschweig 大學的教授，心理學家及教育學家，
（1） Gesicht und Seele （面與心，中國有「知面不知心」的成語，現在用來翻譯該書爲「面」與「心」，覺得再恰當沒有了！）。

(一五) Strehle, H.
斯特萊路的著述與本書有關係的是： Analyse des Gebarens. Erforschung des Ausdrucks der Körperbewegungen. （行動的分析。身體運動形態的探討）。Berlin. 1935.

(一六) Bühler, Karl 1869—
畢雷是維也納大學的教授，關於一般歷史概論的著作很多，特別對於現代心理學作一種廣汎的歷史研究。

第二個疑點是更根本的。 某一人，例如我們認爲一個民族的代表者的那一個人，他作某一件事情，從人相學的解釋看來，所成爲問題者，不是那一個人一定作某一件事情，而是他「如何的」作這件事情。 我們從這種「如何的」的看法可以知道他內心的東西向外表示出若干來。 我稱此爲非故意的「隨伴的外部表示」，("Mitäusserungen") 因爲故意的行爲都是隨伴客觀的作業。 人愈在不知不識的非故意的行爲中，所表示出來的對於性格學更有價值。 如果把這個重要的眞理忘掉，那末關於西則 (Cäsar) 的評價，西則「如何的」的樣子把魯畢根河(Rubikon) 渡過，他所以敢然渡過魯畢根河的事實，在性格學的觀點是更有重要意義的。 今日都認爲書法(即筆蹟學)對於性格學有重大的意義。 實際上如以上所講的「隨伴的外部表示」在固定化了的客觀的筆蹟中，還遺有痕跡，這樣的痕跡可以說是二次的表出現象。 但是一個人寫「什麼」。 並且「如何的」寫，筆蹟學者由此窺探性格的所在。 一個人種或一個民族有什麼樣的目的與使命，他們成就了什麼，這是研究民族性格最重要的事情。 當他們實行的時候，在無意識中是一種什麼樣子，便可以窺知性格的最主觀的規定，這也不過是隨伴現象。 黑格兒在他所著的精神現象學 (Phänomenologie des Geistes) 中曾對於人相學的過分要求加以批判，又在與別的有關係的地方他曾經堅決的說過：『民族的行爲就是這個民族的所在』。("was ihre Taten sind, das sind die Völker.") (見歷史哲學 (Philosophie der Weltgeschichte)，第一七一卷，四四頁)。

(c) 精神方面的層次

現在我們講到性格的第三層。 這一個層次以體質及心理物理的氣質爲下部構造而成的，而且有固有的構造，這便是精神的各種構造。

例如某一個人的行爲是叙述他性格的根據。 他自己所認爲「生活意義」的所在，便能決定這一個人的性格。 一個人自然的情欲衝突，以及個人感情上生得的狀態，這並不能包括一個人的全部。 一個人雖然處於逆境，但是他能堅持他的理想，並且有强有力的忍耐力，在不屈不撓的緊張中終能實現他的理想：

人家喜歡時，把他自己顯示他人，

不然，依然是「他」，「本然的他」照樣不變。

("Dann kann man ihn mit Freuden andern zeigen und sagen: das ist er, das ist sein eigen")

（這幾句話的意思與我國諺語「君子不改其常」，及千字文上「堅持雅操，好爵自縻」相等）。

我們在論性格第三層的時候，同時便下倫理的價値判斷並不是偶然的事情。在這性格第三層時常有道德意義的鬪爭，有某種精神企圖的意欲以此爲地盤，所以在歷史上，由精神層而構成文化的基礎。

民族性格的代表者

關於民族性代表者問題在民族性格研究上是當然的問題。不過這個問題本質「核心點」是很困難的。因爲一個民族全體在生命上的外部表示，是不如一個人所表示的豐富。個人的生存不過數十年的時期，但是民族的生存能有數世紀，乃至數十世紀。個人有一定的體質，一定的氣質，自己的職業，自己的世界觀。但是一個文化民族有極多的體質，氣質，與多樣的身分，職業，世界觀，乃至無數歷史的變遷與變化。在這樣的情況中，是不是有所謂統一的國民性格呢？我們所說的國民性格是不是僅爲用在政治鬪爭上的標語呢？還是把二三個高尙的精神作爲民族自己解釋的結果呢？或者在民族集團相異的性格中，把個人對於價値的希望而當作民族性格的代表呢？這樣的疑問自然是要發生的。

我們只把下列的事項舉出便可以明瞭。就是民族性格時常在一種緊張與對立中。比較個人還在以上，在民族中不斷的有運動及反對運動存在。民族性格不是單一的定型乃至具體的觀念或原理。我們不能用塑像（造形）象徵一個民族的性格。眞正代表一個民族性格者乃是在一國歷史上連續上演的戲劇。

例如事實上使我們知道的，如德國人不朽的悲劇，乃至於永遠表示日本人精神「大和魂」忠勇義烈的典型戲曲，到現在還存在着。

在這兒對於這個問題的討論恐怕是不能深入的。我們拿什麼代表民族性格才合適呢？例如什麼樣的人，什麼樣的行爲，什麼樣的文化產物，公認的價值體系是什麼樣子呢？關於這些問題的回答，我們是不能不考慮的。這些問題的研究是論題的第二部分，我們或者稱這一部分爲「民族性格診斷學」（Volkscharakterdiagnostik）更比較合適一些。

三　民族性格診斷學

代表民族性格的是什麼呢？如果把一切的項目都列舉出來，相互間的交錯恐怕是難以避免，我現在把代表性格的四種可能的項目舉出來。就是：人類型，歷史上的行爲，鑄造出來的作品，及民族共同生活價值創造的秩序。

1. 各國人的類型

關於討論各民族優劣的通俗見解，是非常單純的，並且所用的方法也是極粗雜的。這就是把所看到的便選來作類型的代表者，或者假構一種人物而賦與性格的特徵。第一種看法全無任何學問的價值。至於第二種方法與第一種也不是全無關係，民族間互相自己都有一種誇張的露骨表示，對於其他民族便加上一種諷刺的口吻，例如稱英國爲John Bull，稱德國爲 der Deutsche Michel，稱法國爲 Marianne，稱美國爲Onkel Sam 等等的說法。用個人作身分理想的代表者也並不是很成功的。如英國紳士，法國的都會人，德國的士官，俄國的農夫，荷蘭的商人，這樣所得到的結果也不過是片面的。

任何人都是對於代表民族者限於偉大的男子，這樣作法對於偉大的女性是不當的，歌德曾經說過這樣的話：『對於種族全體有義務的一切事，任何女性也有她的一分責任』（見親和力（"Wahlverwandtschften"）第二編第二章）。偉人有多種多樣的活動，並且要用多種多樣的尺度測量，一般的看來，人在國民史及世界史上受到判決。不過這種判決也並不是確定不移的。譬如說關於德國人的本質最能代表的是什麼呢？是偉大的統治者及政治家呢？是偉大的宗教家呢？是大音樂家呢？是大哲學家呢？還是偉大的技術家呢？

偉人與時代

在某一特定地域的偉大人物，在許多時代則輩出不鮮，在另外一些時代便寥寥無幾，這是一般人公認的事情。原因是各時代有各時代文化的構造全體，這樣便對於某種特定的人物定型選拔出來，這樣的人便恰好遇到適於發展的條件，這簡直好像是歷史法則一樣。在這樣環境中有中常精力的人，便能一現而為不世出的俊英。不過用以上這樣的觀點看來，只能對於各時代的定型看出來，對於民族性格是不够的。我們讀記述德國國民性格的東西——這要分德國人自己的著作及外國人的著作——，如果是一九三三年以前的，便被認為不合時宜了。

關於偉大的人物，天才，及英雄的本質所有一切說法中，對於我們有特別貢獻的只有一個，這便是黑格兒的學說。黑格兒認為英雄或偉人有一種超個人的目的及力量。所謂偉大的人物是世界史上各轉換期的要求，英雄與時勢是合一的。對於英雄如果用一種神秘的說法，英雄是世界精神的使者，也是民族精神的手足，實行出民族精神來，不過英雄無論如何——這是我們主題的要點——，從黑格兒看來，絕不能超越固有民族精神的界限。假如一個英雄超越了民族精神的界限，那末這種英雄便成為證明國民沒落的徵象了。從黑格兒的說法看來，蘇格拉底把希臘道德的腐敗更導入一層深的程度。如果這種學說是對的，我們便可以說，在歷史中有一種難脫的民族宿命支配着。民族生活從衰落的狀態重新更生，縱然在新生活的飛躍中，也不能脫離民族精神的界限。同時民族性格學在理論上看太狹隘，而對於行為則有一種危險。對於民族全體是不易於把握的，假如一個民族的本質與界限確定了的時候，那末個人創造的意志及自身真實的信仰便成為痲痺的狀態。

過去的民族，特別是對於自古以來被尊敬的民族，對於這個民族中天才上的成就，我們對之有好的評價乃是當然的事情，天才以外的人並不加以考慮。但是現代人到外國旅行的時候，所接觸的是一些平庸的人物，即不重要的人。因此便起一種錯覺，以爲以前的雅典人大部分能達到白瑞克路斯 (Perikles)，蘇法克斯 (Sophokles) 及柏拉圖 (Plato)的水準。人如果把民族及人物用物理學的觀點看去，便認爲正當的測量，那末對於同時代的人就看不出眞面目來。

2. 英雄的行爲

我們稱一個人是偉大的人物時，便想到偉大的行爲。偉大的行爲是「一回的」。這要有非凡的實力及好條件的環境才能產生出來。但是一個民族的行爲，從性格診斷學的立場看來，這一個民族中「英雄」的成就並不是與以上所說那樣簡單一致的。在一個民族全體中，有民族中若干集團的存在，我們於這一個民族中看出民族性格一般的長處。例如戰爭並不只是統治者的事情。隨便一個人對於勝利的功勳，也有一份責任與貢獻。從性格診斷學講，各民族的軍隊便是映射一般民族本質最有效的方法，在這樣場合我們要問是義務兵呢？還是招募兵？「職業軍」與「國民軍」當然是有區別的。

3. 文化的產物

(a) 體驗及文化的產物

文化的產物所不同於行爲者，是把實際的行爲並沒有達到頂點，只是留在看作精神意欲的痕跡的客觀世界中。在行爲能表現完全價值者爲軍事的行動及政治的行爲，從這種行爲中才看出文化的可能性來，從文化的所產，能爲周圍世界的樣子加一新的特色。一個民族文化的產物有什麼性格學的價值呢？文化所產的全部自民族客觀的文化，乃至民族精神的客觀化看得出來。這樣客觀化的方面，以及各別的實質內容，雖然不易現露出來，卻不至於陷於偏狹的印象主義的，乃至於偏狹的表現主義的文化觀，而是一個有一般意義的看法。這就是說，無論什麼樣種類的文化產物，不是印象乃至「體驗」的直接表現。無論那一個種類文化的產物，絕不是直接就是創造者性格的複寫。個人主觀與這個人的創造中間總有一些距離。例如一個人的體驗或者跟從狄爾泰 (W.Dilthey)

的(一七)思想系統，但是並不從他自己在詩上便能表現出來。總之，創造是在外部的某種力量所給與的啓示。無論在什麼時候，一個作品的創造要受材料特性的影響，而操作的傳統規則也同樣有影響。同時關於這種規則還有問題：這是技術的，乃至於日用品製造的問題呢？是藝術的產物問題？是認識能力所產的問題呢？在這些領域中，本質上從着客觀化所產的法則，那末對於這種法則，個人主觀乃至一個民族不能有些微左右的力量。譬如我用一個製造陶器用的圓盤做一陶器，我與作品之間按着客觀的規定力就是了，但是體驗及文化產物的製作是志向的解釋，常是受着精神史的制約。

(b) 民族精神的產物

以上所講的問題，還有一層困難存在。一個具體的作品總有一個具體的製作者。這個製作者有他自己固有的性格，他的主觀上本質的一部分必有刻印到作品所在。不過在這兒這還不成爲問題。最困難的一層，是國民的主觀上的本質刻印在作品上的問題。國民的性格在每個創造者固有性格的背後隱藏着，而又在個人的作品中表現出來，這在有訓練的明眼人是一看便能看出來的。杜蘭(A.Dürer)(一八)的藝術作品中什麼是「德國的特性」，它所表現出來的幾乎是人力所不可及的。而杜蘭自己對於這個是什麼也不知道的。假如有人問他德國本質上的特徵在什麼地方，恐怕他的回答是：『請看我的作品吧！如果看不出來的時候，在語言這個貧弱的表現手段中，大概是更令人難於了解的。』

「民族精神的產物」在表現上，對於非個人所能爲力的場合更特別看得清楚。在這種情況下，個人在民族精神中成爲精神的織物。翁特(W. Wundt)(一九)稱「民族心」(Volksseele)爲「超個人的產物」，這種超個人的產物有言語，神話，及風俗習慣等，一九〇〇年翁特在他所著的民族心理學(Völkerpsychologie)

(一七) Dilthey, Wilhelm, 1833—1911, 見中德學誌第五卷第三期，四四四頁。

(一八) Dürer, Albrecht, 1471—1528, 德國畫家，生於紐恩堡(Nürnberg).

中首先提唱這種學說，實在是有充分理由的。 並且從他自己就把這種預定計劃擴張起來。 其中關於法律的秩序，隨從着來德國的傳承，自超個人的生活根據產生出來的。 法律秩序是由普遍者生出來的，普遍的發生作用，而規定了普遍的關係。 在文化事象的領域，狄爾泰稱此爲「文化的體系」——特別如經濟，技術，藝術，科學——，並且在民族性格的診斷上也是有效的。 從歷史的延長及全幅看來，文化的國民定型是各種成就的標準，例如不能說浪漫主義比德國的古典主義更是「德國式的」。

i　語　言

最早發生的是語言。 語言是沒有疑問的每一個人都有，而且同時語言又超越了各個人。 語言是我們第一個最精製的「精神媒介體」，我們生活其中，活動其中，並且存在其中。 語言學是在講語言的構成及精神，從這兒我們時常可以推出關於民族性格的論斷。 從語言文化及語言的發達可以看出人在一定民族中，「心」及「理」(“Logos”) 的接觸，貫通，以各種極細微的地方，都能看得出來。 同時我們必得注意的是「語言」的鑄造藏着價值的鑄造，這在民族性格學上是有極大意義的。 米路藍 (Millerand) 曾經說過一句話：「語言把心術作成」。 一個懂語言歷史的人，對於精神史，特別國民精神史的奧義便易於根本的了解。 所以比較語言學往往暗中便成爲比較心理學。 從許多例中，我要舉

(一九) 譯者註　翁特並沒有假定一個「實體的民族心」，但是他十分考量一種「經驗的民族心」。 翁特在民族心理學的大著（一九〇〇年——一九二一年）第一卷（語言）的序言中曾說，實體的「心」在形而上學的觀點看來，這種概念的意義縱然重要，但是這個問題對於經驗心理學自身並沒有關係。 就所謂心的生活講，雖然把超越的實體作爲前題是十分的必要，而我們的經驗上，對於這樣的實體絕沒有任何關係。 所謂「心」的概念是意識上直接事實的聯關，這就是說，「心理過程」以外，並沒有經驗的意義。 所以在民族心理學上所說的心的概念，當然只是用於經驗的意義。 而「民族心」在這樣的意義講來，與「個人心」有完全一樣的權利，「民族心」有實在的意義是很明瞭的事情。 從民族共同體成員的共同生活生出的精神發展，與個人意識內部的心理過程一樣，乃是現實事實的構成部份。 當然這樣的發展並不是在個人心外的，個人心也並不是亂七八糟的狀態，而無心理的要素，而是一種結合體；從此產生的經驗意義上的民族心，也不是許多個人心的總合，而是由個人意識的結合所生獨特的心理，乃至心理物理學的過程，由此生出來個人心與民族心的概念不同，語言，神話，風俗習慣是超個人的民族心所產生的。

維克斯萊(Eduard Wechsler)的那本思想豐富的著作。（試論德國人及法國人的本質學，畢瑞福特一九二七年發行），與德國人本質有關聯的德文，特別有許多有價值的叙述，這種說法是赫德（Herder）及洪保特（Humboldt）的天才創見的繼續發展。福萊阿（Hans Freyer)(二〇）對於這個問題有簡潔而巧妙如下的話：『對於語言的考究最後的思想及最高的目的，是在於由語言而解釋民族精神的所在。某一民族性的特徵，如何在這一個民族的國語中的構成，音調，及文章的接合中表現出來呢？同樣的，這種民族性的本質又如何在這個民族的其他文化產物中表現出來呢？了解了這些問題便明白了民族性格』。我同時再講一個人，皮特路（Alfred Petrau）在他所著的文字與文章在民族生活中（見本質（Essence）一九三九年發行），明顯的從民族性格學問題設定出發的，此外如俄德卜萊西特(Rudolf Odebrecht)(二一)認爲有一種超論的語言力量，從此出發才能了解德國哲學根本的意義。

離開了語言便是民族精神特殊的創造產物轉移的時候，這就是說國民的個性以及由此所產生的各種文化事象的領域必定因此而移轉，這是我所看出而特別指出的地方。我們要不明白開頭的這一個關口，則一切無從下手。

（二〇）Freyer, Hans (1887)
福萊阿是德國當代的哲學家，社會學家。本書所引用的一段文字，見 Sprache und Kultur（語言與文化）一文，發表於 "Die Erziehung" Bd, III, 1928.
福萊阿在社會學上特色，被認爲他的學理克服了形式的關係學說及唯物史觀的理論。一九三三年他任德國社會學會會長（Präsident der Deutschen Gesellschaft für Soziologie)

（二一）Odebrecht, Rudolf, 1883
俄德卜萊西特是柏林大學的哲學講師，他用胡塞爾（Edmund Husserl, 關於胡塞爾的現象學，可參閱中德學誌第三卷第四期王錦第介紹的一文，胡塞爾的現象學，）的現象學方法，放在美學上運用，著作有下列幾種：
(1) Grundlegung einer ästhetischen Werttheorie（美學價値論的基礎）。
Bd.1.: Das ästhetische Werterlebnis 1927
(2) Form und Geist（形式與精神）. Der Aufstieg des dialektischen Gedankens in Kants Aesthetik. Berlin 1931
(3) Gefühl und Ganzheit（感覺與全體性）. Der Ideengehalt der Psychologie. Berlin 1931
(4) Schleiermachers System der Aesthetik. Berlin 1932（世萊瑪哈的美學體系）
詳請參閱後註三一 F. Schleiermacher 註文。

ii 經　濟

在經濟上有許多沒有自主性質的因子：如地理的位置，氣候，地形，交通的狀況，傳統的生產形式，自外部來的壓迫等。 這些因子對於民族的性格都有形成的作用。 如島國便宜於海員的養成。 同時由於這種民族性格時常有一種高度的發展，但是不能利用這種客觀因子的也並不在少數。 我們在這兒要提到馬克思·維泊(Max Weber)(二二)桑巴特(Sombart)(二三)，阿路富德·李爾 (Alfred Rühl)(二四)，萊哈德·庸哥 (Reinhard Junge)(二五)等人，他們關於國民的經濟觀念有形形色色不同的記述。 例如富於商業人才的國民特色，就在非專門的人也能直接的看得出來。 而技術化的國民，在觀察的時候又要有組織的眼光。各個民族所製造的機械型如何？而關於機械處理方法又如何？這都是要注意到的問題。

(二二) Weber, Max 1864—1920

維泊生於阿發特 Erfurt (Thüringen)，多年住在海岱倍 (Heidelberg)，並任該地大學的教授，晚年在明興 (München) 他是社會學者， 經濟學者。 特別爲現代哲學家亞斯波 (K.Jaspers)所推崇。

維泊的著作：

(1) Gesammelte Aufsätze zur Religionssoziologie, 3 Bde.1921—22. (宗教社會學論文集)

(2) Gesammelte Aufsätze zur Sozial-und Wirtschaftsgeschichte, 1924 (社會史與經濟史論文集)，有周咸堂譯的世界的社會及經濟史大綱。

(3) Gesammelte Aufsätze zur Soziologie und Sozialpolitik 1922 (社會學與社會政策論文集)

(4) Wirtschaft und Gesellschaft (經濟與公會) ,1922.

(5) Wirtschaftsgeschichte (社會經濟史) ,1923. 有鄭太朴譯本，一九三六年商務出版。

(二三) Sombart, Werner 1863—1941.

桑巴特本來是柏林大學的教授，詳見本誌五卷三期貝錦玉君譯文。

(二四) Rühl, Alfred 1882-1935

李爾是德國的地理學者。一九三〇年作柏林大學的教授。 他的專門學問是經濟地理學及經濟心理學。

(二五) Junge, Reinhard

萊哈德，庸哥爲柏林大學哲學系講師，以人生哲學爲基礎；講東洋的經濟學(Wirtschafts-kunde)(n.M.1938)

iii 藝術

關於藝術不論是什麼樣的形態，它是從內面感性表現於形態之中，雖然這不是唯一的問題，卻是本質的課題。 藝術與許多其他的文化產物一樣，能把民族性格決定的特徵表現出來。 一方面在創作者的心理及這個人在國民的規定性之間，另一方面在制作的材料及客觀的制約之間，在性格學上不能直接利用出來的獨自的領域尚且存在着。 藝術的種類，「母題」(Motive)，技術，樣式等是由民族出發的，同時又受時代的影響而起變化。 在民族性格學上有意義的所在，實在是可以看出來，聽出來，讀出來，但是必得有極洗煉的眼光。 我在這兒可以舉出個例來，只就造形美術的領域看一看。 品德 (Wilhelm Pinder)(二六)把固有奧斯特的遺痕找出來，最近普林克曼 (A. E. Brinckmann)(二七) 有一本極有內容的書出版：各國國民的精神，意大利人，法蘭西人，德意志人・馬德利哥(Madariaga)(二八)，對於這部書由繪畫及建築方面而細心的看出國民的主要「母題」來。 我在此再提出一個公式來：把「感性」(Sinnlichkeit)歸於意大利人，把「合理性」(Rationalität) 歸於法蘭西人，把「精神性」(心靈性)(Geistigkeit, Spiritualität) 歸於德意志人，這樣便對於這部書的精神庶幾乎是「思過半矣」了吧。 不過對於民族性格的認識 ，只用這些空虛的範疇是不够的。 因爲繪畫，造形美術，以及音樂等，絕不是用語言便能完全講明白的。 諾德雷 (Josef

(二六) Pinder, Wilhelm 1878
品德是柏林大學哲學系的「樞密顧問」(Geheimer Regierungsrat) 他是中世紀美術史及巴若克(Barock:)這是藝術史上的一個時期，指歐洲十六世紀文藝復興至十八世紀中葉的期間）時代的研究者。

(二七) Brinckmann, Albert Erich 1881
普林克曼爲佛蘭克府(Frankfurt) 大學的教授 ， 專門中世紀及近世美術史，本書所引的書是：Geist der Nationen. Italiener, Franzosen, Deutsche,

(二八) Madariaga, Salvador de, 1886
馬德利哥是西班牙人，曾作過牛津 (Oxford) 及馬德利得 (Madrid) 各大學的西班牙文學教授。 一九三七年曾任國際聯盟內 Comité Permanent des Lettres et des Arts（文藝常務委員會）的委員。 並且還任過西班牙的駐美大使，駐法大使等職。

Nadler)(二九) 又曾講過，德國文學史是由德國各部落的精神特質組成的，他這種想法我也頗同意。

iv 科　學

科學是被看作最缺少國民特性的特權。 因爲科學的目的是眞理，它的長處呢，是研究者對之要求一種普遍妥當性。 但是實在的看來，就在嚴密科學的研究中，民族的血及精神也是流露其中的。 這不僅是今日才認識的事情，至少是從石萊馬哈(Schleiermacher)(三〇) 以來就是我們都，知道的了。 關於物理學，杜恩 (Duhem)(三一) 曾有高明的意見發表。 施彭勒 (Spengler)(三二) 對於這

(二九) Nadle, Josef 1884—

諾德雷是德國的文學史家 (Literaturhistoriker)，任維也納大學教授，講德國語言及德國文學。 諾德雷的主著爲：

(1) Literaturgeschichte der deutschen Stämme und Landschaften 德意志部落及地域文學史)，見中德學誌三卷四期崔亮譯文，六四二頁。

(三〇) Schleiermacher,Friedrich Daniel Ernst 1768-1834

石萊馬哈生於布雷斯勞(Breslau),一七六八年，十一月二十一日。 他受過新批判哲學的影響，但是他繼續在 Halle 大學研究神學與哲學(1786—1890), 在一八〇九年他在柏林做牧師(Prediger),至一八一〇年在大學任了教授，這個位置做到直到他死，一八三四年，二月十二日。

在柏林的時候，他受過浪漫學派各領袖的影響，但是他不追隨他們那種極端的說法。 雖然石萊馬哈在神學上有極高的成就，但是從他在哲學史上貢獻的材料看來，我們可以稱爲哲學家的石萊馬哈

(三一) Duhem, Pierre Maurice 1816—1916

杜恩是法國熱力學家，熱力化學家，物理學史家，並且也是科學批評家，他研究中世紀及文藝期前後的力學發達史，特別對於畫家，彫刻家，科學家…的博學天才諾達文奇(Leonardo da Vinci,1451-1519, 意大利人)有專門的研究。他在科學批判上，認爲物理學上的法則與理論是相對的，可變的，從這一點看來，他是傾向於實用主義的。施彭勒(Spengler) 所著西洋的沒落 (Der Untergang des Abendlandes) 一書，就是根據 Duhem的研究，而講文化的相對性。 像物理學這樣嚴整的學問尙無絕對性，所以文化的興亡也不過是相對的存在。

(三二) Spengler, Oswald 1880

施彭勒是第一次世界大戰後德國的「文化史家」(Kulturhistoriker), 同時也是文化批評家。 他的主著西洋的沒落(Der Untergang der Ahendlandes) 一書，在歐洲——近年來在東洋各國也普遍流行起來——的思想界掀起極大的衝動，關於他的思想及我們對他的批評，我們已有兩篇文字發表，請讀者參閱：(1)士榜格論歐洲文化——王錦第；中德學誌二期二卷。 (2)評人與技術(Der Mensch und die Technik, O. Spengler 著)——王錦第評並介紹中文譯本及 Spengler 的見解，中德學誌三卷三期。 現在不再多講餘。

一點更有誇張的說法，各種的「文化心」是由數學能表示出來的，皮帕巴哈(Bieberbach)(三三)及法蘭(Vahlen)(三四)對於德國數學的「固有性」也特別提到。關於人文科學，也是從這種國民的規定了的精神作為母胎而產生出來的。而且人文科學更是故意的不能不由這種民族性的源泉出發，所以在人文科學上更特別顯示出强烈的國民精神上。民族精神在民族固有的哲學中達到成熟而完美的程度，以上是黑格兒的學說，雖然是哲學的努力企圖沒有完成，而歷史上現有的成就是眞實的。翁特在大戰（第一次世界大戰，譯者註）。的時候，把這種事實有一種概括的著述，記在他所著的各國民及其哲學（"Die Nationen und ihre Philosophie" 1917）中。在翁特之前有阿路福萊德·福恩（Alfred Fouillée）著有國民的論理學（"logique nationale"）。最新的科學有「知識社會學」(Soziologie des Wissens)及「思想形式學」(Denkformenlehre)，對於我們所說的主題更有精深的研究。其他如特越路奇(Troeltsch)(三五)及路特克(Rothacker)

（三三） Bieberbach, Ludwig 1886—
皮帕巴哈是柏林大學的數學教授兼理學院的院長，他是德國數學(Deutsche Mathematik)的責任編輯者。近數年來盛唱德國數學的民族性，他是講數學民族性的領袖。在解析幾何，函數論，微分方程式以及代數學各方面寫過許多一般的著作。

（三四） Vahlen, Theodor
柏林大學的理學院的教授（數學），並任教育部的局長。他並且是數學雜誌德國數學(Deutsche Mathematik, 1.Band 1936 每年發行六册）的發行者。

（三五） Troeltsch, Ernst 1865—1923
特越路奇是德國的神學家，社會學家，並且是文化哲學家。晚年主要的從事於歷史哲學。他的著作有「全集」(Gesammelte Schriften) 共有四卷：
第一卷： Soziallehren der christlichen Kirchen und Gruppen（基督教會與信徒的社會論）1912.
第二卷： Zur religiösen Lage, Religionsphilosophie und Ethik（宗教的地位，宗教哲學與道德學），1931.
第三卷： Der Historismus und seine Probleme.（歷史主義及其問題）
第四卷： Aufsätze zur Geistesgeschichte und Religionssoziologie（關於精神史及宗教社會學的論文），1925.
Troeltsch 的歷史哲學：與自然有區別的歷史的本質乃是具有個體的全體性，換句話說，文化形象是一回性的。這就是把某種文化形象繼續的全過程看來，可以說是個個的文化現象。而對 Troeltsch 特別成為問題的乃是歷史發展的問題，以及對於歷史主義的危險如何克服的問題，不過他的著作尚未完結，他便去世了。所以Der Historismus und seine Probleme 只出了一卷。

(三六) 對於這方面的問題也有許多發見。「國際間的共同事業」。由各國國民的個性組成，才能有一種活潑的可能性。

4. 共同生活的規範秩序

(a) 風俗習慣，法律，國民道德

我們從文化的產物及成就把創造者及創造作用所貫注了生命主體的「民族性」可以窺測出來。但是僅止於此，尚缺少對於國民的思考，感情，意欲等最決定的文化方面的認識。誠然是在經濟行爲，藝術的形成，以及學問的研究，各能顯示生命有意義的一面。然而在承認了民族之後，在民族共同行爲下的那種規範的秩序，便是對於民族價値的意志的流露。這就是不能不是妥當而現實的(效果的)屬於那個民族信念的流露。從這兒顯示出民族的全體的世界的道德構成本能的顯現。我對於文化的這一方面稱爲「規範精神」(normativer Geist)。詳細說來，這就是習慣及風俗，國民道德，法律及政治機構等規範的各種秩序體系。這種規範的精神在現行的教育各種形式中，最清楚的反映出來。因爲對於將來的意志，以及在重要的生活領域中，能永遠有一種神聖力的信仰者，都集中於此。所以凡是對於某民族性格想明瞭者，都對於這一個民族的「教育理想及教育制度」(Erziehungsideale und Einrichtungen) 認爲在診斷學上有特殊的價値。

關於其他民族的風俗習慣，以前的旅行家及出外的使臣等都有報告。在今日還有民俗學從這一方面供給關於民族性的知識。塔克達 (Tacitus) 所著的德

(三六) Rothacker, Erich 1888

路特克爲波恩大學的哲學教授，受過狄爾泰的影響，在人文科學的理論與歷史哲學上有貢獻。Rothacker 的著作有

(1) Logik und Systematik der Geisteswissenschaft (人文科學的論理學與體系) (Handbuch der Philosophie herausgegeben von A.Baumler u.M. Schröter 1927)

(2) Geschichtsphilosophie (歷史哲學) (Handbuch der Philosophie) München, 1934.

國("De Germania")便是一部風俗誌。伏爾泰(三七)(Voltaire)所著各國民的風俗及精神論("Essai sur les moeurs et l'esprit des nations"一七六五年出版)就是近代歷史哲學的前驅。羅馬法的精神在伊令固(Rudolf v. Ihering)(三八)之前之後都有不斷精細的研究。德國法,英國法,及法國法的精神都以羅馬法的精神爲背境產生出來的,在法律學上,時常把文化的年齡階段與民族性格混同起來。我在別處屢次提到的是文化國民的國民道德,在某種程度內包括的敘述不是唯一的方法,只是對於原始民族從這種觀點出發。關於把握有效的過程階

(三七) Voltaire, 本名 François Marie Arouet 1694—1778

我們知道十八世紀被稱爲「啓蒙世紀」(Aufklärung)在這個時代喚醒新精神,傳播新思想最力的人物,就是孟特斯鳩與伏爾泰,他們在法國舉起了火把,而影響所及,整個歐洲都受了波及。伏爾泰在英國住過二年,對於英國的制度五體投地羨慕,於是這位最漂亮的宣傳家把英國哲學家洛克(Locke)的思想通俗化而且應用起來,同時他從英國帶回祖國的法寶,還有牛頓的物理學與無神論。著有 Letters concerning the English nation 1733(關於英國的書信),他一方面介紹英國的事情,一方面批評他的祖國;牛頓,洛克的學說,思想移入法國之後,而笛卡爾的哲學便沒落下去,用實用主義的觀點,把人類歷史的發展,建築在教養與進步上面。

附言:一個國家的文化爲另外一個國家所艷羨,所模仿,這在歷史上看來是屢見不鮮的,例如法國的效法英國,歌德之前的德國又醉心於法國,至於日本在大化革新時代的吸收中國文化,明治維新時代的接受西洋文明,更是我們比較熟悉的史實。我們的國家在現代就經濟文化各方面看來,除了少數不「開眼」的頑固之外,誰也不能不承認中國是落後的國家,因爲是落後,所以不能不急起直追!不能不迎頭趕上去!因此我們也就不能不虛心,但是虛心不要弄成「自卑」(Inferiority Complex),像什麼洋買辦,吃教會者,「高等華人」,外國人是「二大爺」的心理;一個健康的自信與自覺——絕非狂大以至於排外!——是中國今後建國心理上的一道「長城」!而世界各國,從歷史上看來,互相間的文化交流也是很自然的事情。(請參閱:民族的自信與自覺——王錦第著,民國二十六年的再生雜誌):

(三八) Ihering, Rudolf von 1818—1892

伊令固是德國的羅馬法學者,關於羅馬法的主著有:Geist des romanischen Rechts auf den verschiedenen Stufen seiner Entwicklung(各種不同階段發展的羅馬法精神)1.Bd. 1852, 1907. 2.Bd. 1854,1921. 3. Bd. 1858, 1892. 4.Bd. 1865, 1907. Registerband(索引)1878. 這是一部尚未完成的書,他把羅馬法建立在他的社會學的基礎之上,一方基於技術的構造加以研究,於其說羅馬法,無寧說羅馬法上所出來的事情加以說明,本書的引文也是關於這一點上的。

段哥沙曼(Gesemann)(三九)著有孟特奈固魯人(Der Montenegrinische Mensch.)。狄白魯斯(Wilhelm Dibelius)(四〇)對於英國的國民性在討論的時候，特別注意到道德的方面。定型化的英國「紳士理想」(Gentlemanideal)，混合了幾分「清教徒的市民道德」(Puritanische Bürgerethik)。他把這種理想在比較考察之後，便有如下的批評：把各種生活理想及德高望重者的定型，作爲國民修養的定型，不過國民的培養不僅只建築在單純倫理的定型上(英國，第一卷，一八五頁)。

(I) 國家

民族的生活達到國家便是達到了頂點。民族在自己的國家中開始發揮自己的意志。關於這個問題別木(max Hildebert Boehm)(四一)曾有意見發表：國家不單是風俗習慣，道德，及法律所產生的固定作用的綜合，國家時常在否定了又加否定，它有一個世界觀。到處我們看見國家精神的強權，乃至宗教組織制度，和平的乃至敵對的各種關係。只在西洋僅有基督教，國家與教會的特色有「兩元性的」存在。因爲對應這種兩元性的存在，所以道德也有兩元性。關於歐洲的各國國民，假如不把基督教會，帝國觀念，及希臘，羅馬的人文主義的共同性牢記在心裏之後，那末他們的特性是看不出來的。不過自從十四世紀以來，直到十六世紀所有大的宗教改革運動，國民個性的自覺到處有一種強烈要求

(三九) Gesemann, Gerhard

哥沙曼是普拉哥(Prag)大學的教授(斯拉夫語言學)本書所引用的書，見：Der montenegrinische Mensch. Zur Geschichte und Charakterologie der Patriarchalität Prag, 1936.

(四〇) Dibelius, Wilhelm 1896—1931

杜白谷斯是德國的英文學者，曾任柏林大學教授主著有：England.2 Bde. Leipzig u. Berlin 5.stark umgearbeitete Aufl.1929 初版在一九二二年，一九三一年出至第六版。本書所引用的是第幾版不明。此外著作尚有：Englands Romankunst 1910.1922 Dickens 1916.1926

(四一) Boehm, Max Hildebert (1891)

別木是耶拿(Jena)大學教授(民族理論，民族社會學，國境地域學)

的特色，這是十六世紀的人文主義對於「祖國語」特別提倡的理由，因此「國民的傾向」由此發展起來。

孟德斯鳩 (Montesquieu) 以後，現行的各國國家憲法。雖然沒有發見關於民族性格的條文，但是國憲到底是什麼？這是不能不知道的事情。我們要知道國憲不只是法律的條文，而是關於最後具體的生活狀況也不能遺漏，所以是政治秩序的綜合組織體。同時這個又是一方面由具體的生活事情所支配，一方面又是充滿了緊强的構成體，如果客觀的看來，它是極豐富的，而又只是歷史的直觀力。

(c) 國民的心術。

以下的問題在原則上必得要確定。風俗習慣，道德，及法律，與尚無完全保證的各種規範，它們的背後，把生活及共同生活一般要求的價值全體的各種規範，國家無論在內部或外部，都要由實權來加以保證。國家自身無論在什麼時候都用信仰力來保持自己。由「信仰的勝利」而出凱歌來，所以「國民宗教」便是國民性格學取材的所在。就在這種情況下，國家及國民宗教從確定的形式而代表價值及規範。我們從這種價值及規範中，可以窺知屬於國民性格最後的意志及決定的行爲。研究世界宗教的時候，對於外國的宗教，在比較朴素的民間信仰中，也可以作爲國民性格學的材料。不過在高度發展的性格，無論是個人或民族，往往內部藏有緊强的狀態，這又不能不由辨證法的運動加以把握。

因爲「國民道德」是對於集團的權威及傳統的良心上無數暗中鬪爭的結果。只有在這條路上，道德成爲高貴的東西，而且不斷的增加價值目錄，這才是上升的行爲。我們稱確定了的良心爲「心術」。所以國民性格也可以說來確定的，一般承認的「心術」。換句話說，心術是在共同生活中對於道德上的重要價值及規範的一個操持。心術到什麼樣的程度便成爲行爲呢？因爲二者是不一致的，這個問題在最高度便由性格表示出來。

對於價值的心術發展而有種種心術價值產生出來。道德的價值秩序由於性別，身分，職業，及年齡而分化起來。法國人所說的「社交性」是一個民族特殊社會構造的關係。社會構造與道德的分化結合着。從道德的分化更進而有國民性格的分化。例如代表日本國民性格的是什麼呢？是日本的武士？農民？商人？還是教授？

這種情對是各國一樣的。就是說民族性格不是從各別的身分加以診斷，而是由集團的互相，上下及對立的關係中加以診斷。它的結果是一種辨證法的運動。我在這兒再重複一遍，表現民族性格的不是肖像畫或彫刻，而是有感動力量的戲曲。例如把我們德國人最能代表出來的是歌德的浮士德(Faust)。我們在行動着，並且常是悲劇的行動着，由此看來，我們的民族還在「生長」着！

局面診斷

關於性格診斷學的主題完全處理的時候，在研究的領域上尚有一殘餘的問題，這就是「局面診斷」(Situationsdiagnose)。對於某一「有效的」瞬間最確實的把握它的本質，這無論對於民族或個人都能作出來的。所謂「有效的」意思是指對於性格學上有意義。為什麼話是這樣講呢？因為性格的擔當者在現在這種樣子的生活狀態能達到頂點，也達到底點。

人在幸運或得意的時候，取什麼樣的態度是很有意義的事情；這一個人因此就傲慢起來呢？還是不呢？自己喜歡把個人得意的事向人宣耀嗎？是得意忘形嗎？還是出以懶惰的享樂呢？不然，是不是孜孜不絕的日日新又日新的從事活動呢？我們對於個人在這樣方面加以深刻的觀察與注意，也可以把這種方法移在各民族的生活上來。

在消極的方面也是同樣的。一個人或者一個民族在不幸的重壓下，可以看出是否耐得鍛鍊。關於這個問題困克爾(Fritz Künkel)(四二)在性格學上提出

(四二) Künkel, Fritz 1889

困克爾承繼阿德勒(Alfred Adler，生於一八七〇年二月七日，著名的德國醫生與心理學家)的衣鉢，著作甚為豐富。

一個方法來，稱爲「界限設定法」(Herkologische)，也稱「極限法」，(Grenz methode)又稱「否定法」(nonische Methode)，當着運命的重壓下，在無可奈何的時候，都呼「奈何」，（相當於中國話的「沒有法子」。），這一種說法對於我們的啓發不多。不過在這兒還有層特色，就是那個人可取兩種態度：(一)是消極的樣式：「是——不行——完啦，沒有辦法」！(二)是積極的樣式：「是——不行——不拘這個，還是幹」！從這兩種樣式看來，歷史上德國的民族性格便遇到很好的試煉時代。從極度的絕望深淵中再爬起來，從苦惱的底層而得着純化的機會，這是我們屢次經驗到的。所以尼采說德國人永遠是在生長着，我們決不是一成不變的，我們永遠在改造自己，並且是改造者。

民族的原始本能——復興自家！

然而民族也有一種原始的本能，是野性而且非合理的爆發，與運命結合在一起，這樣的熱狂我們在羣衆的興奮狀態中便可以知道，但是民族與羣衆絕不可以混同，民族心理學與羣衆心理學也不是一樣。對於某一種民族（假定是民族發展的一個階段），在那一個民族中各個人相互間是否設有嚴格的境界？或者境界很鬆，其結果易於傾向亂醉的羣衆爆發，這便顯示出民族性格來。俄國人把此認爲傳染病，法國人關於這一點確實不像德國人的程度。德國人在本質上確有否定的傾向，拉丁人是陷於狂燥乃至狂亂的狀態。

「個人性格」與「民族性格」之間類似的地方，民族性格也是在發展遇到障礙，就是無論如何逃脫不了的生長上的頓挫，在重壓下的狀態長期間繼續下去，任何民族都留有這樣的痕跡。名譽的喪失常有一種破壞生命力的結果伴來。而污點拭不去，在作重大的決定之際，而與以無力的約束，不僅是外面的損失，而是性格上的污點。因爲民族在道德世界中實在是名譽的，所以對於民族不能不看重名譽。

但是一個民族長期間的生存中，假如這個民族有强力的生命，還需要幾度風俗習慣的純化匡正，這樣的純化匡正把國民的自覺顯現出來，於是這種「民族自覺」對於將來不僅是一種飛躍，也是這個民族青年期追求高邁純潔的理想所在。我們稱這種過程爲「復興自家」(“einheimische Renaissancen”)。德國人與日本人同様，屢次實行這種「復興自己」的舉動。

描寫民族性格與價値判斷

我們講到民族性格學的時候，時常作價値判斷，在這種領域排除價値判斷是不可能的。成熟的民族總是對於自己的性格描寫不甚可靠，他們大概容易理想化，而不容易有批判的眼光。不過只是對於過去的偉大過分的理想化。活潑潑的民族把自身最高的可能性及使命的光輝照耀在自己身上，在重大決定下的瞬間，民族把關於自己莊嚴的偏見，也許要吐露出下列的意思來：「我們現在不能不這樣做，你我的事都沒有什麼價値，也沒有什麼餘地」。

然而有一樁事，我們不能忘掉。一個國家蹂躪他國的時候，或實行輕蔑的攻擊時，人卻都要訴之眞理，訴之正義。從這樣的軋轢而置立了所謂科學的目標。科學不是中立的，所要求的也不是公正的，裁判官也不是中立的，他只是下判決的；不過也需要一些廣博的專門知識爲基礎。

把自己理想化這件事，而人的自身最深層到底包含着什麼，這是使人難解的。旣然是人希望的所在，就是人想把自身向上，不過其間還有很大的差異。個人生活中也有所謂「對照的理想」(Kontrastideal)，這可以說是與伸常理想全異的心的力學。

自然把各種樹木各自生長在適宜的土地上，各地帶由於當地的氣候，就在那個地方生長別的地方所沒有的生物。至於這些生物中的樣式，那一種是最完全的，這實在是不易決定的。但是有一種正當性質可以看作健全的被造物，我們便相信我們自身，相信我們的生活權利，相信我們自己完成的義務，相信我們的使命能達到。

(四) 結 論

把民族性格學——這種結論只是我個人的意見——成爲嚴密科學的學問，不是完全能作得到的事情。 這是把多數各別的特徵强力的加以綜合，使之一體，也就是說綜合起來觀察一個明瞭的構造，必需一個藝術家的才能。 所以普路哈玆珂(Ludwig Prohaszka)最近把「匈牙利人的精神」(ungarisches Wesen) 做成了一首美麗的詩歌。 至於在德國的土地不絕的有一種窒氣與暗雲籠罩着，這是我們的性質。 我們對於自己並且對於他人有很多的發揮，而我們足以誇耀的還是「武士氣質」(Kämpfertum)，這就是指武士的精神。 我們從純潔無垢的意志有確信自己長處的勇氣，同時我們對於別的世界純正的東西，也要放開了眼精，我們如果眞正認爲偉大的時候，便欣然的互相交換武器，好爲和解。

然而這並不是排「他」(andern) 的「只此一家」(dies)，我們決不僅只承認我們自己，我們對於周圍世界有作要求的時候，同時我們又受運命之手的按排。我們的運命把我們領導着導演的時候，那就是我們最後奮起的時候。

因此我們——與任何民族一樣——在形而上學的正面同時又在形而上學的反面，能把我們完全敍述出來。 這是偉大的，其上還有宗教的感覺及教化意義的悲劇題材。 一個民族最豐富的姿態表現在偉大的悲劇詩中，此外無論在什麼地方很少能表現這樣純粹深義的所在。 一個民族在他們的悲劇中，深層的領域在光天化日下還顯露不出來，恐怕已經是壞滅了。 「英雄的行爲」(Heroisches Tun) 與「英雄的苦惱」(Heroisches Leiden) 是屬於一體的，而且結果常是悲劇的。 各種民族！你們在悲劇上體驗過什麼？如何渡過悲劇的階段？你們從悲劇上得着些什麼？都請告訴我！我願意衷心告訴你們到底如何！

德語翻譯的中國詩(一)

——翻譯藝術上的問題(二)——

Chinesische Gedichte in deutscher Sprache,

——Probleme der Übersetzungskunst——

常安爾 (Ed. Horst von Tscharner) 著

吳興華譯

名言：翻譯的原則有兩個：一個是要譯者把某個外國作家搬到我們這裏來，使得我們能把他看爲我們所固有的；另一個對我們則作這樣的要求，我們必得動身去接近那位外國作家，必得使自己如同置身于他的環境，他的語法，他的一切特性之中。

歌德：對於魏蘭友情的記念，一八一三年

一

一個翻譯外國詩的人所能碰到的難題在那裏也沒有比在翻譯中國詩時更顯得光彩奪目，輪廓清晰了。 不論在語言上，在韻律上，在內容上，在精神上，再也沒有其他國家的詩歌和我們的顯得更嶄然殊異了。

就算我們在空間與時間上是被限定的，而永不能完全安然處身于過去或異地裏，然而在我們歐洲內部的關係中，我們倒是能够把相互的了解推進到一個頗高的程度；因爲我們在歐洲不管何時，不管何地碰到的總是大同小異的精神，大同小異的表現法，與大同小異的語言構造，而即使我們每人只能有一個母國語言，

（一） 編者案：本文譯自東方藝術雜誌(Ostasiatische Zeitschrift)，一九三二年新八卷，第一百八十九頁。

（二） 本文的寫成係由于柏林的德文學家彼得孫 Julius Petersen 博士的鼓勵。

我們却可以說有一個共同的「歐洲文法」，共同的「歐洲式的表現範圍」，共同的「歐洲精神」。　等我們轉身向中國詩時，我們卻非得花費很長的時間去找一條接近它的路徑——彷彿有一道深崖把我們從一個完全不同的語言，不同的精神，甚至可以說不同的世界分開。

按照最主要的特性來講，所謂中國精神，中國的世界觀與人生觀到底是甚麼呢？　有許多觀念很不幸我們時常隨手拿來應用到中國的物質世界上，甚麼保守主義啦，道德啦，禮儀啦，中國風的這個哪個啦，其實它們所觸到的只是外表的一部分，並且極易引起人誤解。　總之我們要明晰的瞭解這點，差不多我們所有的哲學觀念全不足以表現中國的諸關係。　因此德苦魯特在十五年以前也曾造出「宇宙主義」這個新名詞，而把它確定奠爲中國的世界觀與人生觀的一個廣泛的稱呼(三)。　他用宇宙主義這名詞來代表中國特有的，把天地人按照最密切，合法的關聯安排起來的宇宙觀。　這種在中國人心魂中活動的宇宙主義，統治，奠定並且組合起一切，囊括着宗教，天文學，魔術，自然教義，政府和社會制度以及倫理學。　它把一個宇宙精神所認識的，按照最廣義來講的自然律移轉成爲日常的規律：那些把整個的中國生活，甚至下至極端屬於個人的情感之類的東西都限定的嚴厲的信條，讓我們看起來是如此不合理的，其實是宇宙主義必然的產品。　在另一方面說呢，每個獨特的現象與行動在一般的與普遍的裏面全有着它相當的反映，失去了它作爲獨特的，現實的情形所據有的意義而變成了一個象徵。然而這個象徵却實在統治着所有中國的生活樣式，而即使某些個樣式看起來再也確定不過，它們實地都指引向一些意義更深邃的「解除形式」作用，一種潛伏的，藏匿的「純粹的虛無」。　因此我們可以說：在中國想達到一個完全的個體是不可能的。　在包羅一切的宇宙精神裏，空間與時間，一切個體必需的先聲，是沒有眞確的價值的。　宇宙精神可以說是並不生存在任何固定的空間或時間裏，也可以說是同時生存在所有的空間與時間裏。　所以中國的保守主義其實是

（三）　德苦魯特：宇宙主義（J. J. M. de Groot, Universismus），柏林，一九一八年。

比我們所猜想的傳統主義要來得有生氣得多：中國人是生存在過去裏的，在他的歷史，傳說，和神話裏面，可是過去也同樣生存在他的心裏。

因此一個傳統式的中國人，特別若他是受過較高教育的，對他本國的古典文學是分外的熟悉。由於這個情形，我們才獲得中國抒情詩的一個極可注意的特性：大多數學問淹博的詩人不但假設他的讀者具有歷史，傳說……等等智識，並且特別喜愛引用古典文學中一切可引用的部分。甚至於，要按一位本身是中國人的專家的說法(四)：『中國詩暗地裏若是由許多顯明的古句構成的，以至於它們所形成的情緒的背景能傳給詩歌的字句一個新的深度，那正是中國詩所特有的優點之一。』

現在且讓我們看一看中國的語言。中國語言是孤絕的，因此也就沒有甚麼文字上的變化或語頭語尾之類。代名詞，介詞，連接詞，用得遠不如歐洲諸語言那樣多。因此中國語言的文法就不得不自閾於句法的變換中，而特別着重在位置的規律上。然而在這從首至尾全是單音字的語言裏，既然每個單獨的字音常常是極端的意義紛歧，儘管有著四聲的分別與永遠不變的字句組合，同樣就算你寫出一句話來，它也永遠不會像在我們語言裏一樣，不管按句法或是按內容說，全是確定而只能具有一個意義的。即使拿寫出的字來說，雖然它可以說真是中國語言裏能把字義最清晰不誤的表現出來的單位，在許多情形之下它也仍是意義紛歧的，並且造成一個孕含着許多不同的可能的意義的混雜品。同一個字可能有着名詞，動詞與形容詞的功能。我們只需要想起那研究漢學的人全知道的例句：『父父、子子』。這句話可以被翻譯爲“den Vater wie einen Vater, den Sohn wie einen Sohn gebührend behandeln.”（對待父親像應該對待父親的樣子，對待兒子像應該對待兒子的樣子），然而也可以被翻譯爲“der Vater erfülle seine Vaterpflichten, der Sohn die Pflichten des Sohnes.”（父親得盡父親的責任，兒子得盡兒子的責任）。像這樣從解釋語句與翻譯中產生的

（四） 徐道鄰 (Hsü Dau Ling), Sinica V. 十三頁。

彼此完全矛盾的結果只有按照宇宙精神來講才能說是「只具有一個意義」。然而也唯有按照宇宙精神我們才能眞實的了解中國語言裏所常有的廢棄主詞，這一點就可以很巧妙的表現出來：一，排斥完全成爲單獨個體的傾向，與二，無數可能算作主詞的字混合在一起；同樣我們也就能了解動詞在文法上的不定性，中國話裏的動詞既不具有無定的，也不具有限定的形式，既不具有主動的，也不具有被動的形式，既不具有現在的，也不具有過去的形式，然而它又可能具有所有這些形式，並且有些時候眞是同時有這許多形式。中國語言之所以沒有文法上的變化，與一般說起來句法結構上的鬆弛性，很可驚異的正好與中國山水畫的作風吻合。在那裏也是沒有投影的，只是緩散開成爲一個平面。再說本來在中國詩和畫的關係就多麼密切！在詩和畫裏我們都可以發現那種『說出的，指出的與隱祕的，空虛的彼此相激的作用』(五)，和那些看起來似乎凝定不變的樣式，外形——實際上它們總是飄向模糊不定的領域裏，並且展開一片無盡的關係與視野。在詩與畫二者上都有著同一的宇宙精神所留下的印跡(六)。

除此以外還有中國詩的韻律也是在講翻譯問題時不得不先提到的，所以我們必得在此處簡短的研討一下(七)。中國韻律學的規則牽涉到韻脚，詩句的長短等問題，特別注重的是在單獨一行詩裏字與字彼此的關係，以及一個字與對句中地位相當的字的關係；這種關係時常是依照內容意義而定的，並且永遠得遵守四聲的變化。唐代以前，特別在詩經時代，這些規則還沒有完全見諸實行；直到唐代的詩人才把這些規則發揮到盡善盡美的地步，並且給它們以極度嚴格的注

（五） R. Wilhelm, Chinesisch-Deutsche Jahres-und Tageszeiten, Jena 1922 一〇五頁。

（六） Curt Glaser 在他的東亞藝術 Die Kunst Ostasiens（一九二二年再版本）一書中以藝術史的觀點對中國詩與畫精神上的聯繫有更詳細的討論，特別在 Stimmungskunst 一章中，（從七十九頁起）。

（七） 這一點大部分是按照王光祈：論中國詩學 Über die chinesische Poetik. Sinica V. 從二四五頁起，以及 Marquis d'Hervey-Saint-Denys 在他的唐朝詩歌 Poésies de l'époque des Thang 一書前的序文。

韻。按照這些規則，一切中國字都可以由於它們質上與量上的音值而被分爲兩組：一組叫作「平聲字」，這些字有着一種平而均勻的聲調，說時要略把聲音拉長；另一組叫「仄聲字」，在這組裏包括着剩下那三聲（上，去，入）並且音值較爲短促。話雖如此說，那些仄聲字，儘管較短，仍然算是韻律上的單位。譬如說，在一首「七言絕句」裏，這就是說一首定型的四行詩，每行七音，字聲就得按照以下的方式排列（－代表平聲字，◡代表仄聲字）：

一、◡◡－－　－◡◡

二、－－◡◡　◡－－

三、－－◡◡　－－◡

四、◡◡－－　◡◡－(八)

由此我們可以看出在每一偶句中凡是地位相當的字，字聲也就恰好相反。像這種相反的規律，每一行中第二，第四與第六字是必須嚴格服從的，然而那些奇數的字却用不着如此嚴格，李太白就曾經充分利用這一點自由的地方。那些偶數的詩行是必須押韻的，然而在一首絕句裏詩人也很喜歡使第一行也押韻——因此韻脚的排列就成爲：aaba。這麼一來一首絕句的第三行就獲得了一種特殊的，在美學上有着深刻意義的地位：第三行詩常常帶來整首詩的高潮點與轉捩點。中國韻律也知道應用「略頓法」die Zäsur，特別在七言詩裏，總是在第四字後略頓一下。還不用提大部分的中國詩都是可以唱的，只從它每個單字聲調的波動就彷彿代表一行音樂一樣(九)，再說，就算按我們習慣的意義來講，它也具有一種獨特的語言音樂，那是任何規則也無法限定的，譬如說，在李太白的清平調 Improvisation (一〇) 裏：

（八）七言絕句的字聲排列法只有兩種；參看王光祈的論文第二五六頁。

（九）參看 R. Wilhelm, 中國文學 Die chinesische Literatur（由 Walzel 主編的文學研究叢書之一）一三七頁及 d'Hervey 的序言 LXXXIV 頁。

（一〇）清平調參看下文——這裏的長短記號（平與仄，依照王光祈文第二五八頁，Improvisation I），可以使我們看出上述理論的字聲排列法在實行時可以有怎樣的變化。

—◡———◡—
雲想衣裳花想容

——◡◡◡——
春風拂檻露華濃

◡——◡——◡
若非羣玉山頭見

◡◡——◡◡—
會向瑤臺月下逢

如果我們把中國詩裏這些精神上，語言上與韻律上所必須先知道的都牢記在心裏，同時也注意到相對那一方面的糾紛，那時我們此處要討論的翻譯問題立刻可以很明晰的顯現出來了。一首中國詩所特有的語言音樂性與其說是隸屬于中國，毋寧說是隸屬于每個詩人個人，而那是哪一個語言在翻譯時也不能完全表現出來的。然而德文翻譯的詩在音節上與韻律上却可以模擬許多異國語言，譬如說英文與希臘文，法文已經就不能十分忠實了——及至到中文簡直就不可能：中文的每一個單字音總造成一個音節上的單位，有很多時候甚至在意義上也是一個單位；像這樣一個字我們很少有機會用一個單音的德國字來代替，更不用說整首或整行詩裏接連着來許多單音字了。在那些字裏從來沒有甚麽加于字尾或變形的字音，同時用助語字也是非常之少——而這些表現法却是我們語言的元素，並且是我們無論如何也不能拋棄的。從此我們就可以看出一個純粹模擬形式的翻譯是完全不可能的了。再說即使撇下中國語言韻律的外形不談，只是它自身的本質——單字蘊蓄意義之豐富，主詞之除棄不用，語法上的[illegible]——就足以供給一個德國翻譯者許多莫大的困難。至於一篇眞正的翻譯必得努力趨向能以傳達出外國詩歌的精神的地步，這一點我想是沒有多少人會否認的。因此現在只餘下這個問題，我們若想接近中國抒情詩的語言表現法，到底能够接近到怎樣程度——或者藉着德國抒情詩普通常用的一些表現法，是否可能直接把中國詩歌的精神表達出來。在內容方面，我們還必得仔細分析一下這個特殊的問題，就是怎樣來移渡中國詩裏那些人類學，歷史學，文學上的必備知識與典故等等；

可是事實上就連中國詩大部的版本都得備有注釋來解釋那些特殊的必備知識與典故，這已經可以算給我們一個足够的暗示了。

二

對一個中國詩的翻譯者所呈現的難題是雙重的，一半是靠經驗的，一半是靠直覺的認識；因此解答它的方法也必得照樣從經驗的與直覺的認識兩者之中產生出來。　我們現在在這裏就要試着檢討一下，看看那些過去的翻譯者曾經想以何等方式解答它，並且結果成績如何。　同時旣然所謂「直覺」在中國詩的寫作裏是佔有着一個如此重要的地位，並且由於翻譯問題本身的繁複與困難，任何一種移植法一定都會多少對它的解答有所幫助，我們覺得那些較爲自由的意譯詩人也有權利與那些忠實的直譯者並列。

我們在這裏要作的乃是一個純粹根本上的檢討。　在一方面我從詩經裏選了幾首詩，在另一方面我也選了幾首李太白的作品，以爲我們討論的出發點，因爲這些詩在我們此處所提及的翻譯者與意譯者大多數中都可以找到翻譯。　我在這裏要提及的翻譯者有：史陶斯 Victor von Strauss，佛爾克 Alfred Forke，豪瑟 Otto Hauser，石坦安 Diether von den Steinen 等諸位漢學家；意譯者則有呂凱特 Friedrich Rückert，貝特格 Hans Bethge，克拉本德 Klabund，洪濤生 Vincenz Hundhausen，別姆 Hans Böhm，以及爲了比較，德姆爾 Richard Dehmel 與海爾曼 Hans Heilmann（一一）。

（一一） Victor von Strauss, Schi-king, 1880; Alfred Forke, Blüten Chinesischer Dichtung, 1899, 及 Dichtung der T'ang-und Sung-Zeit, 1929/30; Otto Hauser, Li-Tai-po. 再版本 1911/12（初版本 1906）; Diether von den Steinen 未發表的中國詩翻譯；Friedrich Rückert, Schi-king, 1833（此處所用版本係 Gesammelte Poetische Werke 第六册 Frankfurt 1868）; Hans Bethge, Die chinesische Flöte, 1907; Klabund, Dumpfe Trommel und berauschtes Gong, 1915 及 Li-tai-pe（約 1916）; Vincenz Hundhausen, Chinesische Dichter in deutscher Sprache, 1926; Hans Böhm, Lieder aus China, 1929; Richard Dehmel, Gesammelte Werke in drei Bänden, Berlin 1919; Hans Heilmann, Chinesische Lyrik, 1905.

要拿來跟唐代才發展到頂端的抒情詩藝的理想來一相比，詩經裏的歌謠就顯示出一種素樸得多的風格：這些時常近乎謠諺的民歌與近乎民歌的詩篇，在大部分情形之下，總是有一個動作，一樁事件作爲核心，並且它們所用的語言比起唐詩裏面所用的，即使不能不說更古老，更莊肅，但同時也更客觀化。　在韻律方面，詩經還表現出許多很自由的地方，但大部分的詩句總是四個字的。　以下這首詩可以作爲第一個例子（國風四之八）：

彼采葛兮
一日不見
如三月兮

彼采蕭兮
一日不見
如三秋兮

彼采艾兮
一日不見
如三歲兮

直譯：第一節：

Er(sie, es)	pflücken	Fasel	ach(oh)
Ein	Tag	nicht	sehen
Wie	drei	Mond	ach(oh)

第二節：—— ——Beifuss——
—— —— —— ——
—— ——Herbst——

第三節：—— ——Wermut——

—— —— —— ——

—— ——, Jahr ——

詩共三節，每節含有三句四言詩。每節的第一句與第三句都由一個雙重韻（譯者按：指皆以『兮』字收尾，而『兮』字上一字互押）聯接起來。好像其他許多民歌一樣，在這三節裏有一句詩——第二句——是完全不變的，剩下那兩句也是有一部分不變的，換句話說，這三節的分別只在每節有兩字不同，而不同的兩字恰好是雙重韻的頭一半。第一句詩裏眞正的主詞是「他 er」，在第二句詩裏是「日 Tag」，至於“sehen”這動詞的主詞與賓詞都沒有明白提出，然而是很容易想到的。

在我們研究一下史陶斯所給我們的翻譯之前，我們先要看一看他在根本上對我們所提出的翻譯問題是採取怎樣一種態度，以及他想以何等方式來解決這問題。他在他的序言裏這樣寫道：『自然最首的努力是要忠實於原作的意義，然而也要儘可能的按字直譯。』史陶斯對於音節問題的態度是很值得我們注意的：『至於……四個普通總是充滿了深意的中國字在德文裏絕不能被四個綴音移植過來，是很明顯的事。不過一個中國字給人耳朵的感覺也跟我們語言裏一個較短的，或半短的不加重的綴音給人耳朵的感覺完全不同。因此我們覺得最能接近中國詩句的方法是這樣：只要它有一個沉重的字音，我們在德文裏就以簡單的一拍詩來替代……一個抑揚音步，或者一個揚抑音步也行……在某幾種情形之下……可以應用揚抑抑音步，抑揚抑音步或抑抑揚音步……然而也不須太拘執，就像我們在我們母國語言的歌曲——也就是說民歌——裏面所常常容許的。』（一二）史陶斯也試著使他的德國讀者熟悉中國的歷史，世界觀與風俗；一般必須的知識他在他詳贍的序文中先給解釋了，其餘特殊的疑難處在每首詩後另有分別的小註。

史陶斯的譯文是這樣：

Ach, da pflückt er Kŏ-Gerank,—

（一二）參看 Strauss 自五十九頁起。

Und Ein Tag ohn' ihn zu sehen,
Wird mir ja drei Monden lang!

*　　*　　*　　*　　*

Ach, da pflückt er Stabwurz heut,—
Und Ein Tag ohn' ihn zu sehen,
Wird mir dreier Herbste Zeit!

*　　*　　*　　*　　*

Ach, da pflückt er Beifuss ein,—
Und Ein Tag ohn' ihn zu sehen,
Ist als ob's drei Jahre sei'n.

在韻律方面史陶斯是謹遵他自己的規條的：每一個中國字由一個揚抑音步來代替。至於那雙重韻史陶斯在此處倒沒有模擬，只把第一句裏的「兮」ach 字移到開頭的地方，而把第三句裏的「兮」字不要了。他又把「見」sehen 這個動詞的賓詞「他」ihn 添補上，並且間接的把那合理的主詞「我」mir 也表現出來了。那較爲更普遍的，因此也就是說更近乎中國化的連詞「如」wie 字，史陶斯有兩次用 wird 這個動詞來替代，然而到了最後一句時，却又換了一個可厭得多的詞句 ist als ob，不過因爲類似民歌，還沒多大關係。在我們對史陶斯的譯詩作進一步的批判之前，我們不妨先引洪濤生的翻譯（一三）來以資比較：

Fasel sammelt er im Hag.—
Wenn ich meinen Freund nicht sehe,
Wird drei Monde mir ein Tag.

*　　*　　*　　*　　*

（一三）洪濤生以一種獨特的方式居于翻譯者與意譯者之間：在準備好一個正確的譯文之後，他又寫一首德文詩以作第二步，所以他的兩篇翻譯第一篇近于眞正的翻譯，第二篇近于自由的意譯。

Beifuss sammelt er im Hag.—
Wenn ich meinen Freund nicht sehe,
Wird drei Herbste mir ein Tag.

*　*　*　*　*

Wermut sammelt er im Hag.—
Wenn ich meinen Freund nicht sehe,
Wird drei Jahre mir ein Tag.

*　*　*　*　*

洪濤生的譯詩在韻律方面與史陶斯的幾乎是合若符契，我們甚至可以說他追隨原詩有些地方比史陶斯還要更忠實，特別是變換植物的名字與時間的長短時，他在所有三節裏總使同樣的字音重複；然而洪濤生之重複用同一韻脚與史陶斯的次次更變其實是同樣的不妥，因為在中文原詩中呈現出來的乃是一個前半變化的雙重韻。　在文體這方面，洪濤生的譯詩仍然保持着他輕盈的，天然明秀的特色。　有一點我們却不得不認為失敗的，那就是他在第一句詩裏主賓詞的倒置：當一首中國詩真把主詞「彼」字明明白白的提出來時，那字就獲得一種特別的意義與加重的語氣，在洪濤生的譯文裏這個就完全化為烏有了，同樣那歎息聲也沒有表現出來；可是在史陶斯的譯文中，藉一個屢次重複的說法："ach, da pflückt er"，就把以上兩點都恰好的傳達出來了。　除此以外我們在洪濤生的譯文裏還可以尋到不少內容上分量頗重的擴展的地方："im Hag","meinen Freund"，這樣一來也就和中國詩的本質隔離得分外遠了：洪濤生在他的"wenn ich meinen Freund nicht sehe"這句詩裏所表現的乃是一種主觀的，以確定的個人作目標的情調，史陶斯却只用一個不確定的「他」ihn，與間接的「我」mir，中文原詩裏則甚麼也沒有。

徐克爾(一四)的意譯也可以引來再作一個比較：

(一四) 徐克爾的藍本是 Lacharme 司鐸殘缺不完的拉丁文詩經翻譯，出版于一七三三年，Jul. Mohl 又于一八三〇年重印，參看史陶斯，自五十八頁起。

Blüten brech' ich von dem Hage,
Aber wenn ich dich, mein Licht,
Seh' an einem Tage nicht,
Dünkt der Tag mir sieben Tage.

* * * * *

Gras und Laub hab' ich gebrochen,
Aber bleibst, o Freudenstern,
Du mir eine Stunde fern,
Wird die Stunde mir zu Wochen.

* * * * *

Blumen flecht' ich in die Haare,
Aber darf ich mir Vertraun,
Dir nicht Aug' in Auge schaun,
Wird der Augenblick zum Jahre.

要形容這首意譯很少幾句話就夠了：　它乃是一首十足德國味兒的，主詞賓詞俱備的詩，帶着那種人人皆知的徐克爾特有的流利作風：　他只不過把原詩中給出的外表上的幾點以一種很自由的詩歌形式重寫一遍，可是就連那外表上的幾點在這裏也顯得變了：詩中的 "Blütenbrechen", "Blumenflechten" 乃是出于熱情的「我」的手中——爲了略加變化。　其餘那些附加的暗喻式的稱呼 "mein Licht"「我的光明」，"o Freudenstern"「啊歡樂之星」，意思是指那位遠離的朋友，愛人或丈夫，也是與中國口氣完全不相合的。

以下這首詩本來也是有三節（國風七之二），可是我們只要仔細看一看頭一節也就夠了：

將仲子兮
無踰我里

無折我樹杞
豈敢愛之
畏我父母
仲可懷也
父母之言
亦可畏也

直譯：

Bitten	Tschung	tsï, Herr	ach, oh	
Nicht	springen	ich, wir	Weiler	
Nicht	brechen	ich, wir	pflanzen	Weide
Wie	wagen	lieben	dies, das	
Fürchten	ich	Vater	Mutter	
Tschung	dürfen, mögen	lieben	wohl (Endpart. 語尾詞)	
Vater	Mutter	(Gen. part. 所有格虛字)	Worte, Rede	
Auch	dürfen, mögen	fürchetn	wohl (Endpart. 語尾詞)	

每節共詩八句，每句四個字，除了第三句有五個字。抑韻的方式是 a b b c d oi f ei-ei 就代表雙重韻。這首詩的語氣比前一首又客觀化得多了：裏面甚至還出現了一個「我」的主詞，可是只代表那原先種植樹木的人——其餘那兩個「我」只有佔有格的意義：再說，假如我們像史陶斯一樣頭兩次用第一人稱多數來替代，那時這就又變成一種不太個人化的說法了。

在這首詩的翻譯裏為了使舉例明晰，一切在中文原文以外加上的裝飾文句全可以不要，因為原文在大體上講只需要我們用一種極簡單的方法移植到我們語言裏來就够了。

史陶斯譯文：

Ich bitte, Tschung-tse, höre mich!
Steig' nicht in unser Dörfchen her,

Zerbrich nicht unsre Weidenpflanzen mehr!
Wie wagt' ich es und liebte dich?
Vor meinen Eltern fürcht' ich mich.
Du, Tschung, magst mir im Sinne sein;
Doch vor der beiden Eltern Reden
Darf ich der Furcht wohl inne sein.

拿來和原作一比史陶斯的譯詩在第一句裏缺少了"ach, oh",第六句裏缺少了"wohl"。在第三句裏unsre Weidenpflanzen(我們的杞柳)是把中文裏意義確定的說法很省事的意譯過來了,其實更忠實一點的譯法應該說;"(die von) mir (uns) gepflanzten Weiden"或"(die) Weiden, (die) ich (wir) gepflanzt"。在第五句與第七句裏他不說Vater-Mutter(父母)而說Eltern(雙親)。在第四句裏史陶斯應當說:"liebte sie"(愛它們),這就是說,愛那些杞柳,可是他錯譯爲"liebte dich"了。史陶斯這次還是恪遵自己的信條,分寸不差的追隨着中國的韻律——這回用的是抑揚音步——並且也模擬原作中的雙重韻:"im Sinne sein, inne sein";然而他之所以能達到這個雙重韻,也就是因爲他把很簡單的中國說法加以鋪張,並且犧牲了意義重大的語尾虛字。還有一點與原文相徑庭的就是他使第四與第五句也相互押韻。

洪濤生譯文:

Tschung, mein Freund, ich muss dich bitten,
Wie ich dich schon oft gebeten,
Nicht mit allzu heftigen Schritten
In den Weiler einzufallen
Und die Weiden zu zertreten.
Nicht aus Liebe zu den Weiden,
Muss ich dich doch lieber leiden.

Aber meiner Eltern Schelten

Fürchte ich, und diese Sorge

Muss doch auch dem Sohne gelten.

洪濤生在文字方面所添補的地方有好些與史陶斯的絲毫不差。這原是很自然的。他對最後一句按理講用不着主詞的詩所下的疏解式的譯法原是很合法並且很合中國意義的，只不過稍嫌求之過深。在這首詩裏洪濤生對原文的形式可並不太忠實：本來只有八句，他給改成了十句，因此也就不得不把押韻的方式改變了；同時他又沒有原文的雙重韻，在第三句——相當于譯文的第五句——裏他也沒有那很特別的多出來的音步。內容方面的擴展我們發現有"mein Freund"（我的朋友），這已經就把人與人的關係變得確定得多了；"wie ich dich schon oft gebeten"，以及"mit allzu heftigen Schritten"原文中較爲普遍的「言」Rede字（第七句），洪濤生用疏解的方式譯爲「責備」schelten（第八句）。此外他又把中文詩句（第四與第六句）的次序給顚倒過來，因之呈現出一種新的關係，並且使動機也略有改變了；"nicht aus Liebe zu den Weiden, muss ich dich doch lieber leiden"。

貝特格也意譯過同一首詩。貝特格對於中國詩歌中抒情成分的認識大部分是由法文及英文的翻譯，還有海爾曼的譯文而獲得的。他普通總是試着以無韻的德國詩把這種抒情成分重新表現出來（一五）。

Freund ,ich beschwöre dich, komm nicht durch unser Dorf,

Besteige nicht den Weidenbaum, der unter meinen

Händen gedeiht! Ich darf dir ja mein Herz nicht schenken,

Ich muss mich beugen meiner Eltern Machtgebot,

O du! es drängt mich, deine Liebe zu erfahren,

Aber den vorwurfsvollen Worten meiner Eltern

（一五）參看貝特格的跋語。

Muss ich mich beugen, Freund, in Ehrfurcht und in Scheu.

七句六步抑揚格的詩。 文字意義方面的更變有：以 durchkommen（穿過）替代“springen, einfallen”（踰，跳），以“besteigen”（攀緣）替代“brechen”（折），以“gedeihen”（長大，茂盛）替代“pflanzen”（植樹）；意義加强的地方有：以“beschwören”（對你發誓）替代“bitten”（請求）。 還有些地方是以藻飾設喻的文氣來替代中文本來素樸的表現法：“unter meinen Händen”與“Ich darf dir ja mein Herz nicht schenken”——完全不帶中國味兒，並且好像是跟着史陶斯的譯文犯了同一的錯誤。 “Ich muss mich beugen meiner Eltern Machtgebot”則是一句不帶中國味兒的重澀的語句——，“O du! es drängt mich, deine Liebe zu erfahren”——這種不留餘地明說出來的方式也是與中國語氣不合的。 藉着附加字與副詞短句而鋪張原文的地方還有：“den vorwurfsvollen Worten”與“Freund, in Ehrfurcht und in Scheu”。 貝特格所譯的其餘那兩節倒又變成六句了，可是還呈露着同樣的特徵。 在他整個完全不帶中國味兒的模擬品上他照樣加上一個完全不帶中國味兒的冠冕，因爲他在一句獨立的淒惻感人的詩句裏包含着心理上的動機：

Freund, ich beschwöre dich, vergiss mich armes Weib!

（朋友，我實在對你說，把我這可憐的女人忘了罷！）

要拿來和貝特格的一比，就連徐克爾的譯詩（一六）也可以算「中國風味較厚」了。 然而還是史陶斯離原文最近。 再說中文原詩裏那種嘲諷式的語氣在史陶斯譯詩裏也可以聽出來，在洪濤生的譯詩裏已經不大清晰了——古老的中文註解甚至說本詩與我們方才看過的那首詩原來全是政治上的諷刺詩，只不過借歌的形式作遮蓋罷了（一七）。

（一六） 上引版本一七三頁。

（一七） 以上兩首詩皆可參看 Couvreur 的詩經 Schi-king，舊式評註家的意見已經被朱熹，史陶斯（參看史陶斯六十頁）與李雅各 Legge 推翻了。

以下這首短短的戰歌可以拿來作第三個例子（小雅四之一）：

祈父
予王之爪牙
胡轉予于恤
靡所止居

祈父
予王之爪士
胡轉予于恤
靡所底止

祈父
亶不聰
胡轉予于恤
有母之尸饔

直譯： 第一節：

Königsdomäne	Vater			
Ich, wir	König	Gen. Part.（所有格虛字）	Krallen	Zähne
Warum	rollen	ich, wir	bei, an, in	Sorge, Elend
nicht	da(Rel. Part.)（連接虛字）	halten	bleiben	

——	——			
——	——	——	——	Soldaten
——	——	——	——	——

——	——	anlangen	halten	
——	——			
Wahrlich	nicht	umsichtig		
——	——	——	——	——
Haben, es gibt	Mutter	Gen. Part. (所有格虛字)	leiten	kochen

在所有三段裏，第一句詩是一聲呼喚，只有兩字「祈父」，意思就是「軍務大臣」，第三句有五個字，這兩句是一直不變的，從韻律上講唯有第三節與頭兩節不同：它的第二句只有三個字，而第四句却有五個字。 最末一節的最末一行在語言上也有點困難。 要用合乎文法的句子把它翻譯出來應該是："es gibt Kochen-Leiten (Nahrungs-Besorgen) der Mutter (Mütter)"。

史陶斯的譯文是這樣：

Reichsfeldmarschall!(一八)
Wir sind des Königes Gebiss und Krallen.
Was hast du in das Elend uns gestürzt,
Wo kein Verweilens bleibt uns allen?

Reichsfeldmarschall!
Wir sind des Königs Krallen und Soldaten.
Was hast du in das Elend uns gestürzt,
Wo wir an's Ende nie geraten?

Reichsfeldmarschall!
Fürwahr du tatst nicht weise

(一八) 「他同時也是軍務大臣」(史陶斯原註)。

Was hast du in das Elend uns gestürzt,

Dass Müttermüh'n sich müssen um die Speise?(一九)

這篇譯詩仍然表現着史陶斯德文翻譯所慣有的品質。在語言與聲調的堅實沉重方面，這首詩簡直可以說已經摩及原詩之壘了。唯有第一節的第四句詩露出一點使人不快的强湊的痕跡的，那就是——"uns allen"——兩字。就算按字面講，這句詩翻譯得也不太清楚，並且十九是把意思弄錯了。

同一首戰歌也有克拉本德的譯文。克氏的情形也與貝特格類似，是中道才受中國詩吸引的。克拉本德對他自己的意譯說過這樣的話：『這裏所收容的幾首中國詩完全够不上被稱爲翻譯。它們只可以說是意譯。從精神裏產生的。是直覺。是重建。（原來的小廟有許多柱子得換過或改移位置才行。）』(二〇)

General!

Wir sind des Kaisers Leiter und Sprossen!

Wir sind wie Wasser im Fluss verflossen……

Nutzlos hast du unser rotes Blut vergossen……

General!

General!

Wir sind des Kaisers Adler und Eulen!

Unsre Kinder hungern……Unsre Weiber heulen……

Unsre Knochen in fremder Erde fäulen……

General!

General!

(一九)「因爲已經沒有兒子供養她們了」（史陶斯原註）。

(二〇)啞鼓 Dumpfe Trommel 跋語。

Deine Augen sprühen Furcht und Hohn!

Unsre Mütter im Fron haben kargen Lohn……

Welche Mutter hat noch einen Sohn!

General!

克拉本德的語言聲調也是很沉重的，只不過斧鑿痕較顯著一點。史陶斯的譯詩還跟隨着原文謹嚴不苟整齊的步伐，克拉本德的則如鬼魂一樣的馳逐——夾雜着瘖啞的鼓聲與酣嘹的鑼聲！中文字面上的意義他並沒有保存多少："des Königs Krallen und Zähne"這强有力的暗喻到他譯文裏變爲"Leiter und Sprossen"（扶梯與梯級）然而却又引出第二節的"Adler und Eulen"（鷲鷹與鴟梟）。克拉本德自己又添上許多新意與形容詞——全是以嶄新的，表現主義的方式構想，察視，吐露出來，並且也全由他自己半譏嘲的厭世主義裏生出的。話雖如此說，克拉本德的創作還是根深蒂固的生在中國土地上，它基本的思想就是在此處放出悲呼的中國的家族觀念，並且他自己的形容法有一部分也可以與原作在力量與含意豐富上相抗衡。

如若我們把徐克爾的意譯放在史陶斯與克拉本德的譯詩旁邊，它就會顯得多麼黯淡而平庸！我們在此地只需要舉出第三節來就可見概見其餘了：(二一)

Du weisst, Ki-Fu, schlecht deinen Rat zu fassen,

Dass du mich führst in solche Not:

Und meine Mutter, die ihr Sohn verlassen,

Sucht sich daheim mit Müh' ihr Brot.

當我們把眼光從這首詩經裏面步履沉重的戰歌轉到李太白的兩首絕句上時，我們眞再也不能設想——在中國的思想領域裏———個更强烈的對比了；一邊是一個正在萌芽的文化所產生的果實——簡單，着重實際，類似民歌；另一邊則是文化發達至最高度所開放的花朶——藝術完美，輕飄欲仙，只有飽學宿儒才能完

(二一) 以上所引的版本，二六五頁。

全了解；在一邊觀念與圖畫如同雕琢在石頭裏；在另一邊如同以水筆輕拂在絲羅上一樣。

靜夜思

牀前明(二二)月光

疑是地上霜

舉頭望明月

低頭思故鄉

直譯：

still Nacht denken

Bett	(da-)vor	hell	Mond	Schein
Zweifeln	dies(二三)	Erde	(dar-)auf	Reif
Heben	Haupt	blicken	hell	Mond
Senken	Haupt	denken	alt	Land, Dorf.

標題的意思是"Gedanken(in)stiller Nacht"。本詩若按字面來講是「只具有一個意義」的。在韻律方面它與「正格」頗有出入的地方(二四)。在第二聯中李太白又運用中國詩人所喜愛的內容上的對偶：韻律上，除了第二字，字聲全是針鋒相對的，同時地位相當的字全是隸屬于同一部門，而在同一部門內又造成一種部分的對比——例如"heben"和"senken"，因此也就自然而然的生出一種句法上的對偶來。

我在此處要舉出的頭一個譯文乃是石田安的。它可以說是最努力把原詩絲毫不差的表現出來的：

Am Bette vorn vom lichten Mond ein Glanz
Lässt zweifeln: ist dies auf der Erde Reif?
Erhobnes Haupt blickt auf zum lichten Mond,

(二二) 亦作『看』字，參看佛克的中文版本。

(二三) 應直譯爲 sein （譯者）。

(二四) 參看王光祈的論文，二五八頁。

Gesenktes Haupt denkt an der Aeltern Land.

石坦安在這裏用一個德國的抑揚音步替代一個中國字。至於原來的押韻方式 aaba 他可沒有照樣給出來，然而在另一方面他却盡可能的跟隨着中文原詩文字上的次序，甚至在第二聯的對偶裏也表現得很好；藉着一個副詞的句法，他居然能把第一句裏放在後面的介詞「前」字——這字本來按照自身講也可以是一個副詞——還留在它原來的地方。唯獨在第二句裏露出一點較爲重要的（字的次序）的更改 "Lässt zweifeln"（使人懷疑）與 "auf der Erde"（在地上）。然而我們却可以原恕這些更改，因爲它們爲的是想把原詩中未明說出的個人主詞也不明說出來，依我看在這次嘗試的結果裏，這一番努力實在可以說是有特別的價值。可是從另一方面看，這次嘗試也淸楚的指示出來德文中不主個人的語法所有的危險："Lässt zweifeln" 這種說法已經給人以抽象之感，那兩個被動的過去分詞 "erhobnes—gesenktes" 也並沒有給出那原文中由主動詞所表現出來的鮮明的動作——原文中那四個動詞「舉，望，低，思」全說的是那中國式未確定的主詞，而不是說「頭」。

豪瑟也想盡可能切近的追隨着原作：（二五）

In stiller Nacht

Vor meinem Bette heller Mondenglanz,

Als überdeckte Reif den Boden ganz.

Das Haupt erheb' ich, seh zum hellen Mond,

Senk' es und denke meines Heimatlands.

這裏最値得注意的是嘗試着把中文絕句特有的押韻方式 aaba 也模倣下來——可是豪瑟平時却早已拋下這種方式而「採用流利的偶句」了（二六）。第二句的韻脚却有點硬湊的樣子，原文第二聯給人以很深印象的偶句也弄得很笨拙。

（二五） 參看豪瑟第一册前的序文 IX 頁。

（二六） 同上。 偶句卽指兩兩押韻如 aabbcc 之類（譯者）。

總之這全篇翻譯說是流利則可，說是高雅深遠則未必然。

佛爾克在他的翻譯中却被完全不同的觀點引導着：『因爲中國詩人通常總只是很輕迅的指點一下，觸碰一下他的思想，我光光爲了使德國讀者能了解，就不得不在多方面重加點染。我努力達到的目標並不是抹殺或更改原文，而是讓它顯得更清晰。懂得中文的人就會知道連在中國散文裏讀者都常常得在字裏行間尋求言外之意。至於詩的音節我在我翻譯裏向來是很自由的選擇的……只有……兩條（翻譯的）出路是可能的，或者把每一節的音步數目加一倍，或者把每一句詩變爲兩句』（二七）。

Mondschein

Vor meinem Bette liegt
Ein Mondschein Streif,
Als wär' der Boden
Bedeckt mit Reif.

*　*　*　*　*

Ich schau zum Mond, der
Vom Berge blinkt,
Und denk der Heimat,
Das Haupt mir sinkt.（二八）

佛爾克把中文原來的四句五言詩給變成八句德國詩，每句有兩個抑揚音步（或者，要認爲這個說法不好，也可以說兩個四行詩節）押韻的方式是：abcb defe 他在兩行詩裏連原詩的一句中所包含的韻律單位的數目都趕不上（二九），那他還

（二七）佛爾克中國詩選 Blüthen chinesischer Dichtung 序文 XV 頁起。

（二八）按照一九二九年改過的新譯文。佛爾克在此詩後的注釋也可參看，在那裏他想藉引用一個中國詩評家的話來證實他自己對中國抒情詩的觀點。

（二九）佛爾克的譯詩每句兩拍或兩步，兩句只有四拍，中文原詩一句五個字，按規則應以五拍譯之。（譯者）

爲甚麼不照中文的樣子分行，這是我們所不能了解的。且拋下一些字面上微細的更改不談——如，"der Boden/Bedeckt mit Reif"，中文原句應該是"auf dem Boden (ist, liegt) Reif"，還有"als wär'"應該是"zweifeln, sich fragen (ob)"——佛爾克把「舉頭」heben Haupt 這重要的兩字遺下了，而用月亮從之下照的山來塡補這空處（三〇）。再說在中文末了一句詩裏讀他把思想的次序一倒換，對偶的外形也完全化爲烏有了。此外佛爾克也不曾嘗試著給出中文裏不主個人的主詞的廢棄。要不論任意增減的地方，佛爾克的翻譯在內容的有關係與否方面總還稱得起是忠實的，只不過很不幸，它旣不能說是一首德文翻譯的中文詩，也算不了一首德文詩。

貝特格的譯文：

In der Fremde

In fremdem Lande lag ich. Weissen Glanz
Malte der Mond vor meine Lagerstätte.
Ich hob das Haupt,—ich meinte erst, es sei
Der Reif der Frühe, was ich schimmern sah,
Dann aber wusste ich: der Mond, der Mond……
Und neigte das Gesicht zur Erde hin,
Und meine Heimat winkte mir von fern.

貝特格的無韻詩在音步的數目上與中文是相符合的。可是他把原詩拉長到七句——供給他材料的是以前翻譯本裏的評註與解釋（三一），還有他自己的敷陳鋪張。這首詩讓他弄得淡泊如水，幾乎成了協律的散文了。就算我們勉强認這首意譯爲詩歌上的表現，那也只是爲了它一般人類上的品質，而不是因爲它有甚麼「中國的」風味。

（三〇）他本第三句或有作「舉頭望山月」者，佛爾克亦未爲誤譯。（譯者）

（三一）貝特格主要的來源是 d'Hervey 四十四頁。

克拉本德的譯文：

Wanderer erwacht in der Herberge

Ich erwache leicht geblendet, ungewohnt
Eines fremden Lagers. Ist es Reif, der über Nacht den Boden weiss befiel?
Hebe das Haupt—blick in den strahlenden Mond
Neige das Haupt— denk an mein Wanderziel.

克拉本德的詩只有四句，可是頭一句算起來有六步，第二句却有十步。他在譯文後也附加上許多評註與解釋（三二）。"Wanderziel"（浪遊的終點或目的地）要拿來和中文字面上的意義一比可以說是無理由的把意義縮狹，更改，並且把原文中暗示的月光與鄉思的關係正好顚倒過來。話雖如此說，克拉本德的意譯仍然可以說是非常接近中文原詩的眞質，特別是在後一半裏；我們在那裏也重新找到對偶與純粹中國味的柔和，流利然而仍含有深意的表現語法。克拉本德在那裏也把主詞抑下了——雖然他用動詞還是以一種主詞確定的形式（三三）。照克拉本德說，有一點自相矛盾的地方是很特別的，就是有一個語音加重的"ich"，正好在全詩的開頭。

洪濤生譯文：

Erwachen in der Nacht

Vor meinem Bette spielt ein weisses Licht,

（三二）克拉本德在作他的意譯時彷彿曾參考過所有以前的直接與間接的翻譯。參看他啞鼓一集後的跋語。

（三三）克拉本德雖未明說出主詞是「我」，但由他所用的動詞 hebe, neige 的語尾中却可以看出一定是第一人稱。（譯者）

海爾曼（在酒店裏 In der Herberge 三〇頁）已經說過："Hebe das Haupt......Senke das Haupt," 海爾曼作的乃是「散文的翻譯，一點也沒有自認爲詩的意思。它們毫沒有別的目的，只是要儘可能忠實的把中國詩的思想與情緒重複表現出來，……」（序文LVI頁）因爲海爾曼本也不是漢學家，加之他本意就是不作任何詩歌上的模擬，所以他的翻譯跟我們的討論並沒有多大關係。

Ist es der Morgen schon? Ich weiss es nicht.
Und wie ich zweifelnd hebe mein Gesicht,
Seh' ich den Mond, der durch die Wolken bricht.
Da muss ich mich zurück auf Lager senken
Und heimatlos an meine Heimat denken.

五步抑揚格的詩倒是不錯，不過共有六句。 由於思想次序的更變，又加上不少抒情心境的半疏解，半裝飾性的描寫。 自我的音調極強。 給人以很深印象的對比："Da muss ich……heimatlos an meine Heimat denken"這麼一來不過把不應該說出的給說出了。 一首可愛，柔美而流利的詩——然而個人與修辭色彩太重以至不能稱爲一首中國詩。

別姆也曾譯過這首詩。 別姆彷彿是以一種「翻譯者對於原作應該抱有的尊敬與愛好」，整個把自己沉溺在中國詩歌裏，並且因爲受了亞瑟•韋萊新出版的英文散文翻譯的鼓舞，打算創造出一種眞實具有中國風味的抒情詩來：(三四)

In der Herberge
Vor meinem Lager weisser Schein——
Deckt Frühreif so den Boden zu?
auf seh ich, seh in Mond hinein!
Seh niederwärts——o Heimat du!

四句四步抑揚格的詩，按照普通音節移植的算法，比原作略短，在內容辭句方面也略簡淨（缺少了 Mond「月」，zweifeln「疑」，Haupt「頭」，hell「明」，Haupt「頭」，denken「思」六字）。 全篇只有一個 ich，佔有格的代名詞也只有一個。 這樣別姆的擬作可以說是特別接近原作的眞質，在字句的簡淨方面甚至要凌駕原作而上。 還有一點值得注意的就是在此處使別姆達到目的的特殊方法，不說出「思」而添上兩道代表思想的線，然後以"o Heimat

（三四） 參看別姆的跋語，我們在此處要研究的詩的藍本是海爾曼的譯文（據詩人自己的話）。

du!" 收尾。 "Ich" 和 "du" 自然不能說不是個人主詞，然而像在這裏的用法，它們已然是傾向于超個人的，宇宙性的了。 此外別姆重複了三次 "seh"「看」字，也是一個很好的代替中文對聯的法子。

雖則在別姆的譯文裏掉去了頭一個「月」字，這也不是沒有特別緣故的；頭一次提起月，至少按我們的美學感覺，就把第二次的效果給減弱了。 克拉本德與洪濤生也只提起一次「月」字。

我們必須以一種與方纔所引的完全不同的方式來判斷這首德姆爾的「意譯」：

Unterwegs

Vor meinem Lager liegt der helle
Mondschein auf der Diele.
Mir war, als fiele
auf die Schwelle
das Frühlicht schon;
mein Auge zweifelt noch.
Und ich hebe mein Haupt und seh-,
sehe den fremden Mond
in seiner Höhe
glänzen. Und ich senke,
senke mein Haupt und denke
an meine Heimat.

中文原詩的形式是完全被打破了：韻律，節奏都是很自由的，跨句很多，韻脚的豐富。 我們絲毫不知道德姆爾這首「意譯」的主意何在，然而他很明顯是故意不指出中文的出處：(三五) 實際上他只是從李太白借來他的主題，然後以他

(三五) 德姆爾的三首較有名的意譯詩："Chinesisches Trinklied," "Der Dritte im Bunde" 與 "Frühlingsrausch" (都被收在他的 "Aber die Liebe" 一八九三年初版本中)，後面都注明是「譯自李太白」；上述三詩的第一，第三與本文中所引的途中 Unterwegs（在 Weib und Welt 一八九六年初版本裏）在翻譯時似乎都曾以 d' Hervey 作藍本。

特有的歐洲的，德國的，德姆爾個人的詩歌才能重新改造一遍。

李太白又曾奉明皇詔命爲讚美楊貴妃寫了三首詩（清平調）；這三首詩的頭一首給一個翻譯者的困難又和方才那首靜夜思大不相同了：

雲想衣裳　花想容
春風拂檻　露華濃
若非羣玉　山頭見
會向瑤臺　月下逢

直譯：

Wolke	denken	Kleid	Kleid	Blume	denken	Gesicht
Frühling	Wind	wischen	Geländer	Tau	Glanz	dicht
Wenn	nicht	(Gruppe)N.	(Jade)N.	Berg(N.)	Gipfel, auf	sehen
Können	nach	(Jaspis)N.	(Terrasse)N.	Mond	unten	begegnen(三六)

一首七言絕句，每句在第四字後應當略頓一下。押韻的方式又是 aaba。第二聯在此處也造成了一種內容上的對偶。知道這首詩的背景的人，就會覺得詩中的目標雖未指名說出，仍是確定不移的：就是楊貴妃。那三個動詞：「想」denken,「見」sehen,「逢」begegnen 的主詞是不限定的，具有著中國風的普遍性，可以說是詩人，也可以說是任何人，只在一種影射的特別意義之下，方可以說指的是天子，貴妃多情的丈夫。然而我們非藉評註的幫助才能明瞭這些影射，同時由評註裏我們又知道「羣玉山」與「瑤臺」乃是仙人的居處；只有在那種地方才能找到像楊貴妃一樣的姿容。不過詩人同時也是以這種神話的名稱與描繪表明天子遊幸的御苑。最後我們還要知道「春」字是一個歷來用來暗喻愛情的字，譬如「春風」就代表「戀情的心思」；還有「露」是代表「君王的寵愛」(三七)。—— 起始一句在設法得到一種語言與韻律相吻合的翻譯這一點上就給譯者以特別的困難。「衣裳」兩字分開來講原是指上身與下身的衣服，但是很不幸兩者合起來，彷彿是同義字一樣，就相當于德文的 Kleidung，因此德文要想譯出這兩字來，不是太長，要不然就得太短。再說翻譯頭一句詩時，若想要不失原意，又要合文法，勢必就要借助附屬句，這樣一來詩句就不得不拉長許多：“wenn ‘man’ Wolken sieht,

(三六) N 字代表專名詞，關於此詩的音節可參看上文。

(三七) 參看 d’ Hervey，自二十五頁起。

donkt, 'man' an ihre Kleidung; wenn 'man' Blumen sieht, denkt 'man' an ihr Gesicht"（三八）在另一方面講，從兩句詩裏，有許多助語詞及多字合成的專名詞，那些是想轉移爲合韻律的德文詩時很難依數湊滿的。

石坦安譯文：

Wolke im Sinn ist ein Kleid ein Gewand
Blume im Sinn ein Gesicht
Lenzwind schmeichelt am hohen Balkon
Tau in Kristallen erglänzt
Ist auch versagt auf des Jadegebirgs
ragendem Gipfel die Schau
Schenkt doch der Turm aus Edelgestein
unter dem Mond einen Gang

豪瑟譯文：

Drei Improvisationen, I

Die Wolken gemahnen an das Kleid,
Die Blüten ans Angesicht.
Der Frühlingshauch weht zum Altan,
Tau sprüht auf die Blumen dicht.
Und wenn nicht auf dem Demantberg,
so harrt sie gewisslich sein,
Dass er sie auf dem Perlenturm
finde im Mondenschein.

洪濤生譯文：

Auf eine schöne Frau im kaiserlichen Garten

In den Wolken, die da ziehen,
Sehe ich ihr helles Kleid;
In den Blumen, die da blünen,
Ihrer Wangen Lieblichkeit.

（三八）海爾曼就是差不多這樣翻譯的，四十七頁，d'Hervey 二十四頁。

An die Marmorbrüstung hängen
Frühlingswinde blanken Tau,
Dass die Perlen dicht sich drängen
Wie im Schmuck der schönen Frau.

Kühne Menschenträume träumen
Von Altanen aus Nephrit
In des Himmels hohen Räumen,
Die kein sterblich Auge sieht.

Aber meine Augen sehen
den demantenen Altan,
Wo der Schönen Füsse gehen
In des Mondlichts Silberbahn.

克拉本德譯文：

Improvisation

Wolke Kleid
Und Blume ihr Gesicht.
Wohlgerüche wehn,
Verliebter Frühling!
Wird sie auf dem Berge steh ,
Wage ich den Aufstieg nicht.
Wenn sie sich dem Monde weiht,
Lin ich weit,
Verliebter Frühling……

顧一句詩裏爲要不失原意而造的附屬句，我們這裏所舉的譯文全都想法子避免了。[illegible]與洪濤生把動詞與句意略加改變，而用一種設喻的說法："Die Wolken gemahnen an……"，

"In den Wolken...... sehe ich......" 石坦安的譯法 "Wolke im Sinn ist......",很美，很高雅，只可惜乍一看不大易懂，再說也過于凝靜，表現不出原詩的動作來。 克拉本德的改造法也是值得注意的：他根本就沒把動詞的意思表現出來，把「雲」Wolke 與「花」Blume 當作暗喻，因之他的兩句詩比原作中地位相當的那句反倒更簡短了。(三九)

至於「衣裳」這組合字我們發現所有的擬作者全只譯爲"Kleid"，洪濤生引伸之爲"helles Kleid"（明麗的衣裳），唯有石坦安把它譯爲"ein Kleid ein Gewand"，這個解決法可說是盡善盡美，除了一點就是不定冠詞"ein—ein—"的應用，因爲它們產生的效果乃是歐洲思想裏的普遍性的而不是中國思想裏的不定性的，在此處更不成理由，因爲這裏說的「的確」只是楊貴妃的衣裳。 在克拉本德的譯文裏 Kleid 本是不限定誰的，可是後來一說"ihr Gesicht"「她的容顏」，也就變爲確定的了。

石坦安的翻譯的特色就是：同時作雙重的努力，既要忠實的追隨着原作的精神，也要不違戾原作的形式，所用的語言也特別高雅而富於含義。 他甚至於也以一種自己獨有的方式把略頓的地方强烈的表現出來，只不過他還是不用韻脚。至於避免提起屬個人的主詞的嘗試，在這裏按文氣上講比以前更爲成功。 可惜的是像現在這樣，沒有注釋，這首詩的內容是沒法懂的(四〇)。 同時這篇翻譯已然顯示出一點中國風的「暗示」與「模糊不定性」過分突入德國語言而成的危險——最後一句中的"Schenkt......einen Gang"簡直比原作中的語言還要模糊，並且也沒有把原來的意思表現出來。

豪瑟也是遵守着中文的音步，並且他還使之押韻，然而他用的韻脚總是偶句式的——這就是說如果我們把他每兩句詩看爲相當于原作的一句詩。 他給我們的是一首內容淺顯易懂的詩，並且還加上些必不可缺的注釋作爲後盾。 然而這首詩的語言與文體却是分外的淺陋，枯燥無生氣而卑下：拿石坦安來說，他

(三九) 參看克拉本德噯鼓後的跋語四十一頁，在那裏他因這首詩而論及中國詩歌語言中不講結構，含義豐富的特別藝術。

(四〇) 因爲此處論及的乃是一首未發表的譯作，所以等石坦安把它發表時，也須會有更詳細的解釋。

遇到詩句音節多出來時總是以高雅的詞藻或詩意的文詞把它充滿，豪瑟却連兩次一連排列五個助語詞（第五行與第七行），等我們真要詳細的把他的文體作一次分析，這首號稱爲詩的東西就餘不下甚麼了。至於豪瑟爲甚麼非要把「玉」Jade 改成「寶石」Demant，把「絲」Jaspis 改成「珠」Perlen，是不管按形式或按實質都無法了解的。

洪濤生把原詩的四行改成四節，每節中的詩句都是四步的。原詩內容的材料他以一種非常自由的手法來處理，並且以歐洲方式把它擴張，他把暗示的明指出來，把模糊不定的限定了。然而同時也以歐洲方式把中國象徵的特殊目標給變普遍了——他詩中讚美的不是楊貴妃而是「御花中的一位美人」——因此也就用不着任何評註了。這是一首富于幻想與色澤的德文詩，丰度翩翩，可是已然帶出點漸趨衰落的樣子了——然而在這首詩裏我們想找中國抒情詩的特質却是徒然的，並且連原作幾乎都認不出了。

克拉本德的意譯却能以表露出這些特質來：第一句詩的含蓄深意，摒棄敘述詞的翻譯法，然而特別是全詩的簡短——他是故意用自由的音節與押韻方式把它重寫一遍。他更加故意的把詩中的主題也改了過來；李太白對於皇帝寵妃的超然崇拜也被克拉本德給改變成了一首由現代頹廢派夢想者筆下流出的主觀的情詩了。

三

在把這幾位中國抒情的翻譯者與意譯者看完之後，我們就發現有幾位是趨向我們歌德名言中的翻譯原則的頭一條，有些是趨向第二條。在那些把中國詩人「搬到我們這裏來，使得我們能把他看爲我們所固有的」的譯者羣中有徐克爾，貝特格，洪濤生，連佛爾克也算上在內。在佛爾克的一首譯作中我們也可以看出圓滿的，然而却談不上怎麼有詩意的「德意志化」最極端的代表，那是李太白一首飲酒詩中的一節：(四一)

(四一) 中國詩選一三七頁，唐宋詩選四十九頁。

Eine lieblich holde Blume
Sieht die Kellnerin man stehen,
Wenn sie hinter'm Schanktisch lächelt,
Ist's wie lindes Frühlingswehen.(四二)

其餘那些人：史陶斯，石坦安，別姆，連豪瑟，加上克拉本德都堅持着「這樣的要求，我們必得動身去接近那位外國作家，必得使自己如同置身于他的環境，他的語法，他的一切特性之中。」然而拿克拉本德說，這却不是他全部的本意，他自己有着一個過于清晰，過于率性的詩歌人格，以至于儘管他對中國詩的認識只是間接的，他結果還是只能採用中國詩的原意，為供他自己的靈感馳騁。所以讓我們看起來，把他與德姆爾分開的只是這非全由衷的本意，因爲德姆爾碰巧在幾首李太白的詩裏還能找到一種氣味相投的精神，因之他可以把原來的詩意用他自己有力的詩歌天才給重塑一次，完全不顧原詩的風格與形式。

一首詩歌形式的翻譯或一首眞實的意譯詩是應該傳達出原作的精神，這是無可懷疑的。再有我們已經看出來中國抒情詩的精神——還有一般說起來較爲深邃的中國精神——是如何深深的印入每一首詩最細微的特色之中。許多人常常反對這點說，中國詩裏的每一個字都是一個主題，一個思想與圖畫的混合，你要念一首中國詩非得尋求「字裏行間的意義」不可。這種觀點我們是由于所有的歐洲語言裏都有中國詩的意譯，數量旣過多，彼此又常常牴牾而得來的。當然，就拿貝特格或洪濤生的擬作說，它們也多少能傳達出一點中國抒情詩所特有的細膩柔靜的感覺與情緒。可是我們要拿原文或是石坦安或別姆的譯文來和它們一比較，我們就會看出在這裏顯出的中國的精神倒是更加粹美並且倒是不同的。中國的宇宙精神不但要使不說出來的「虛空」，並且要使說出來的蘊蓄豐富的文字都具有無主詞的模糊不定性與潛伏的紛歧的意義。因此我們在翻譯中

(四二) 按照佛爾克所給出的中文原詩「胡姬」被譯爲 Kellnerin，「當壚」被譯爲 hinter'm Schanktisch.。

國的抒情詩時若把我們應當在「字裏行間尋求」的眞給用文字直接表達出來，或是把原來一個蘊蓄豐富的單字所隱約包含的給加以詞藻華飾的鋪張開來，就等於完全把這種精神破壞了。　在這種翻譯裏我們破壞中國精神就如同把歐洲的陰影，透視與佈置法介紹入中國山水畫裏也把同樣的中國精神破壞一樣。

所以歌德的兩條翻譯原則，只有第二條對我們可以算是實在有價值。　把我們自己用德文像中國人用中文一樣的表達出來——這本是一個無法達到的理想。然而不同的翻譯者與意譯者却獲得不同的結果，有些離這理想較近，有些較遠。還有許多人藉序文與注釋來使讀者熟悉于中國精神的特質，中國的世界觀與中國生活，或是給他說明特殊的歷史與文學典故——這是一個純乎外表上的，然而不可缺少的臂助（史陶斯，海爾曼，豪瑟，還有佛爾克）。　只有一些眞正的漢學家試過亦步亦趨的追隨原作的音節，定下這樣一個不可違背的折衷辦法，就是每逢原作有一個字，他們就以德文的一音步來替代（史陶斯，豪瑟，石坦安）（註三）。至於也得採用和原作一樣的押韻方式，除了史陶斯在他的詩經翻譯裏貫澈到底外，尙沒有別人試過；雖然說一個中國詩人有較多的韻脚供他採擇使用，在翻譯絕句的時候，總應當設法襲取它所慣有的的押韻方式；中國詩學所給予這種押韻方式的特殊的美學上的深意也可以照樣使翻譯生色（四四）。　關於對偶句我們也可以說同樣的話，只有石坦安（克拉本德也有一次）曾經試過儘可能忠實的把它重新表達出來。　然而所謂宇宙精神還是在抒情風味的語言中留下它最深刻的印跡；在含意的廣泛裏，在單字的富於暗示裏，同時也在句法構造的不定性裏。

（四三）　我們在此處可以思索一下是否我們與其總談音步，還不如注意一下質諺的音節，是否對一個感覺較銳敏的耳朵說，在德文與中文的音節中間有更合規律的相吻合的地方（抑揚，揚抑，揚抑抑等等；相當于平，仄或更細的字聲分類），是否平聲韻還是應當與一個德文裏響亮的，陰性的；或至少長音的韻脚相合（王光祈很特別的把平聲韻叫 männlich陽性的）。也許我們可以在把中國詩配上樂曲時，達到一個對於中國韻律更深刻的了解。

（四四）　要想翻譯忠實，這自然又是很難成功的，豪瑟曾在月光詩中試過這種譯法，而後來却又拋棄它而採用「流利的」連鎖韻法了。

而在這一方面一個德國翻譯者必須與最大的困難與誘惑作奮鬥。我們的單字一般說起來含意是不如中國字那樣豐富的，並且用用很快的就過時了，這全是我們公之于衆的「現時感」的功勞，因為所謂「現時感」在原理上說是不承認過去的。中國人可以說是沒有時間性的生存于一切時代中，我們呢，只能從我們現時的生活裏激發起我們的語言。然而即使按照我們精神上的立場，我們經驗的緊張程度，我們也可以把我們的語言壓縮，凝鍊到一個很高的程度；史陶斯，克拉本德，別姆，石坦安在這一方面多少都有點成功，豪瑟可就失敗了。在另一方面說句法構造的不定性可是與我們語言的原則格格不入的。雖然如此，在一些較新的翻譯者與意譯者的集子中，我們也能找到一種逐漸接近中國表現法的語言結構上的鬆弛。史陶斯不算，因為他總還是個十九世紀的人。這種語言上的鬆弛是與二十世紀精神上的鬆弛，解放與崩化攜手俱來的，這種精神上的鬆弛在一方面固然搖撼並且推翻了許多精神上的價值，在另一方面也擴展我們的眼界，使我們轉向一些新的或久已遺忘的舊的事物；同時無疑會引向一個對中國精神更深切的了解。因此在克拉本德的中國詩小册子中在有一些地方我們可以碰到中國精神的印跡被他以一種極高妙的方法重表出來——然而已經是和他自己悲觀的，混亂的，富於革命反抗性的精神所表現出的混淆不分了。在克拉本德作他的中國詩意譯時，正是他整個沉溺在表現主義（以上所說的精神上的革命所獨有的表現方式）裏的時候，然而同一個精神上的革命，同一的表現主義對一些別人說却只像是一所洗滌心魂的煉獄；別姆的中國詩歌 "Lieder aus China" 與石坦安前途無限遠大的嘗試就是由這次洗煉而後得到的可珍貴的果實。

自然定律的奧妙(一)

Das Wunder der Naturgesetzlichkeit

蒲郎克(Max Planck)著

邵 文 維 譯

可尊敬的同仁！

您充任本院的會員有四十年之久，並擔任常務祕書歷時已有二十六年，本院值此僅有少數人能够受賀的八十誕辰大典，獻上牠的祝詞。

您曾經歷科學上的大變遷。當着您選擇以研究物理學爲職業以及專心從事研究理論物理學的時候，最低限度在德國，理論物理學一科尚未被認爲是健全獨立的學科。雖然高斯(Gauss)曾創位論，以及如克勞秀斯(Clausius)，克希荷夫(Kirchhoff)，赫爾姆霍斯 (Helmholtz)，惱愛曼 (Franz Neumann) 諸物理學家在理論物理學方面，也有許多不可泯滅的成績，這些人名字就可以表示出來整個理論物理學研究的綱要，一個青年人在那個時候矢志研究理論物理學，定有超人的勇氣。

現在可不然了！在許多文明國家裏，有許多有名的理論物理學家；僅有少數的大學，尚未正式開設理論物理學講座。爲初學用的理論物理學書籍出版了很多，同時理論物理學在每本物理學手册裏，佔有很多篇幅。

物理學之外部變遷，乃是基於內部的改變。這些改變祇是根據由實驗得來的一些偉大的發

(一) 原文見自然界：上帝的奇蹟 (Die Natur—das Wunder Gottes; unter Mitarbeit zahlreicher Naturforscher hrsg. von E. Dennert. Berlin, Verlag von Martin Warneck, 1938) 一書，十七至二十二頁。蒲郎克 (Max Planck, 1858—) 爲德國物理學家。學於明興，柏林兩大學。一八九二年始，任柏林大學物理學教授垂四十年，氏爲關於放射能之量子說 (Quantentheorie)之創立者。著有理論物理學概論，理論物理學八講。一九一八年，得諾貝爾獎金。普魯士學術研究院 (Preussische Akademie der Wissenschaften) 曾於一九三八年四月二十三日開會慶祝蒲郎克之八秩壽誕，是日院方並有祝辭一篇，茲一併譯出，列於篇首。

現；但是理論也曾佔很重要的地位，物質的熱力學之許多嚴格數學條理曾引用到化學的各部門。特別，輻射熱力學之理論創立於實驗之先，或則直接隨着實驗就產生出來理論。思想遠超乎實際觀察以外，統計物理學，相對論，量子論爲此種主張之真證。在一九二九年度祝您得博士學位五十週年大典時，學會已經稱讚過，您在這些新的理論方面所有的供獻。

物理學觀念的改變自然不會不遭到反對的。瞭解新觀念的困難，固守舊的觀念以及人們的同情和反感引起來最近幾年的激烈超乎科學範圍以外的攻擊。假設我們編輯成一本現代物理學史，一般人讀了這本書之後，不會比我們親身經過這種變遷的人更覺驚奇。這些過程不過是對於一個新思想發展的歷史上必然的反應，最低限度，這些類似的情形，在以往也曾發生過。現在攻擊理論物理學的人恐怕還不知道，約在百年以前，馬格努斯（Gustav Magnus）很客觀的對於當時的理論物理學曾作過類似的批評。我們讀一讀赫爾姆霍斯（Helmholtz）關於馬格努斯的誄詞中的批評，一定感覺興奮。赫爾姆霍斯承認馬格努斯對於理論物理學的批評一部分是對的。赫氏曾用以下的話，結束了這篇誄詞：『承認理論物理學也像實驗物理學一樣很準確的適用解釋自然現象：在原理方面並沒有什麼區別，理論物理學不過接續實驗物理學，謀求發現更簡單普徧的自然定律。』以上的話，在今日實無復贅之必要。

爲表現我們熱烈慶祝此大典，我們再重述於一九二九年的講演：

『本院褒獎您對於人類的偉大供獻，以及在本院作常務祕書不辭勞苦盡心盡力的作事精神，同時不僅讚揚您是一位天才的研究家和大學者而且還稱頌您是一位道高德重的完人。您克服了許多的反對，並且運用奇妙的方術，爭服了許多的阻礙，因此無不對您表示尊敬。

倘乞上天賜您高齡和健強精力。在今日很少見像您這樣德高望重的偉人，所以我們永遠景仰您。』

Die physikalische Wissenschaft fordert die Annahme einer realen, von uns unabhängigen Welt, die wir allerdings niemals direkt erkennen, sondern immer nur durch die Brille unsérer Sinnesempfindungen und der durch sie vermittelten Messungen wahrnehmen können.

Wenn wir diesen Satz weiter verfolgen, so nimmt unsere Betrachtungsweise der Welt eine veränderte Form an. Das Subjekt der

物理學要求我們假設一眞實並且與世人無涉獨立存在的宇宙，當然我們永遠不能直接認識出來這個假想的世界，僅能藉着感覺爲眼鏡，以及利用這付眼鏡所測得之測量結果，來觀察這個假想世界的一切現象。

我們若深究這句話的含義，對於觀察世界的方法，勢必採取一個變換不定的方式。觀察的主腦者，也就

Betrachtung, das beobachtende Ich, rückt aus dem Mittelpunkt des Denkens heraus und wird auf einen ganz bescheidenen Platz verwiesen. In der Tat: wie erbärmlich klein, wie ohnmächtig müssen wir Menschen uns vorkommen, wenn wir bedenken, dass die Erde auf der wir leben, in dem schier unermesslichen Weltall nur ein minimales Stäubchen, geradezu ein Nichts bedeutet, und wie seltsam muss es uns andererseits erscheinen, dass wir, winzige Geschöpfe auf einem beliebigen winzigen Planeten, imstande sind, mit unseren Gedanken zwar nicht das Wesen, aber doch das Vorhandensein und die Grösse der elementaren Bausteine der ganzen grossen Welt genau zu erkennen.

Aber das Wunderbare geht noch weiter. Es ist ein unbezweifelbares Ergebnis der physikalischen Forschung, dass diese elementaren Bausteine des Weltgebäudes nicht in einzelnen Gruppen ohne Zusammenhang nebeneinander liegen, dass sie sämtlich nach einem einzigen Plan aneinander gefügt sind oder mit anderen Worten, dass in allen Vorgängen der Natur eine universale, uns bis zu einem gewissen Grad erkennbare Gesetzlichkeit herrscht.

是觀察的我，移避思想中心以外，退居於非重要的地位。　實際說起來：如果我們想到我們所居留的地球，在整個不可測量的極大宇宙裏，不過像一粒極微小的塵土，無異於沒有這件東西一樣，所以在這極大的宇宙裏，一定覺得我們人類如何的微小和如何的無能。　但是另一方面言之，我們又覺得如何的奧妙，我們生存在任意小的行星上的微小人類，運用我們的思想，雖然不能識出整個宇宙基石的本性，但是無論如何尚能認識出來構成整個宇宙基石的存在和它的偉大。

但是宇宙間的奧妙尚不止於此。宇宙建築物的基石並非各成單組互相毫無關係的存在着，它們全是按照同一計劃，彼此相互有關聯，或則換句話來講，自然界中一切現象皆受一普徧而被世人能以相當程度認識出來的法則支配着。　此乃是由於作物理研究所得之毫無疑意的事實。

Ich will hier zunächst nur ein einziges Beispiel erwähnen: das Prinzip der Erhaltung der Energie. Es gibt in der Natur verschiedene Arten von Energien: die Energie der Bewegung, der Gravitation, der Wärme, der Elektrizität, des Magnetismus. Alle Energien zusammengenommen bilden den Energievorrat der Welt. Dieser Energievorrat nun besitzt eine unveränderliche Grösse, er kann durch keinen Vorgang in der Natur vermehrt oder verringert werden, alle in Wirklichkeit eintretenden Veränderungen bestehen nur in wechselseitigen Umwandlungen von Energie. Wenn z. B. Energie der Bewegung durch Reibung verloren geht, so entsteht dafür der äquivalente Betrag von Wärmeenergie.

Das Energieprinzip erstreckt seine Herrschaft über sämtliche Gebiete der Physik, und zwar nach der klassischen Theorie ebenso wie nach der Quantentheorie. Man hat zwar öfters versucht, seine genaue Gültigkeit für die in einem einzelnen Atom stattfindenden Vorgänge anzuzweifeln und ihm für solche Vorgänge nur einen statischen Charakter zuzugestehen. Aber eine genaue Kontrolle hat in jedem bis-

我願意在此祇先舉出一個例子，即是：能量不滅原理。在自然界中有許多種類不同的能量：如運動能量，萬有引力能量，熱能量，電能量以及磁能量。所有的能量合併在一起，組成宇宙間的「能量貯藏」。這個「能量貯藏」的貯藏量是固定不變的。在自然界中，沒有一種方法能使此「能量貯藏」之貯藏量增加或則減少，一切實際所發生的能量改變，不過是能量的互相變形改變而已。例如作摩擦所損失的動能，會轉變生出來與動能相等量的熱能。

能量原理支配着物理學的各部門，無論古典學說還是量子學說皆受它的約束。但是常常有人懷疑此原理解釋在一原子內所生的現象之適用性，並承認它對於原子內所發生的現象僅有統計性的準確性，詳細考查每種情形的正確結果已經指出這種懷疑的企圖是失敗的，並且沒有理由否認這條原理不是一個完善正確的自然定

her daraufhin geprüften Falle gezeigt, dass ein solcher Versuch erfolglos ist, und dass keine Veranlassung besteht, dem Prinzip den Rang eines vollkommen exakten Naturgesetzes abzusprechen.

律。

Nun hören wir häufig von positivistisch eingestellter Seite wieder die kritische Entgegnung: die genaue Gültigkeit eines solchen Satzes sei durchaus nicht verwunderlich. Das Rätsel erkläre sich vielmehr ganz einfach durch den Umstand, dass es schliesslich der Mensch selber ist, welcher der Natur ihre Gesetze vorschreibe. Und bei dieser Behauptung beruft man sich sogar auf die Autorität von Immanuel Kant.

但是我們常常聽到抱着實證主義人們的反對批評：像一個有這樣準確適用性的定律，絕對不足爲奇。乃是人類自己最終給自然界制定出定律來，這樣就可以把這個謎解釋明白，並且還以康德學說爲他們主張的根據。

Nun, dass die Naturgesetze nicht von den Menschen erfunden worden sind, sondern ihre Anerkennung ihnen von aussen aufgezwungen wird, ist doch wohl klar. Von vornherein könnten wir uns die Naturgesetze, ebenso wie die Werte der universellen Konstanten(1), auch ganz anders denken, als sie in Wirklichkeit sind. Was aber die Berufung auf Kant betrifft, so liegt hier ein grobes Missverständnis vor. Denn Kant hat nicht gelehrt, dass der Mensch der Natur ihre Gesetze schlechthin vorschreibt,

顯而易見的，並非人類創造了自然定律，乃是受外在的逼迫來承認這些定律。我們自然可能把自然定律以及普用常數(1)形成與實際不同之觀念。引用康德的學說實在是一大錯誤。因爲康德並未主張人類直接的去制定自然定律，乃是主張人類在制定自然定律時，也可以多少參加點人力。若不是這樣，康德怎麼會說，再沒有外界的印象，比他看見天上的星斗，會使他發生更大的敬畏心

sondern er hat gelehrt, dass der Mensch bei der Formulierung der Naturgesetze auch etwas aus Eigenem hinzufügt. Wie wäre es sonst auch denkbar, dass Kant nach seinem eigenen Ausspruch durch keinen äusseren Eindruck sich zu tieferer Ehrfurcht gestimmt fühlte als durch den Anblick des gestirnten Himmels? Man pflegt doch einer Vorschrift, die man selber verfasst hat, nicht gerade die allertiefste Ehrfurcht entgegenzubringen. Dem Positivisten freilich ist eine solche Ehrfurcht fremd. Für ihn sind die Sterne nichts weiter als optische Empfindungskomplexe: alles andere ist nach seiner Meinung nützliche, aber im Grunde willkürliche und entbehrliche Zutat.

呢？　的確，人類對於自己所制定的定律，常不會生出極大的敬畏心。主張實證主義的人當然更不瞭解什麼是敬畏心理。　主張實證主義的人，認爲天上的星斗，乃是光學上感觀的集合觀念；按照這類人的意見，其他別的理論全屬有用的，但根本說起來，都是無必要的附屬品而已。

Doch wir wollen den Positivismus beiseite lassen und unseren Gedankengang weiter verfolgen. Das Energieprinzip ist ja nicht das einzige Naturgesetz, sondern nur eines unter mehreren. Es gilt zwar in jedem einzelnen Fall, aber es genügt noch lange nicht, um den Ablauf eines Naturvorganges in allen Einzelheiten vorauszuberechnen, da es noch unendlich viele Möglichkeiten offen lässt.

我們不要談實證主義，還是再來繼續探討思想之過程。　能量原理並不是唯一的自然定律，乃僅是許多定律中的一條定律，僅能適用於每個單獨的現象，因爲宇宙間有無窮多的現象變化，所以早已不適用於事先推測自然現象詳細經過的情形。

Es gibt indessen ein anderes,

另外還有一個內容比較非常廣泛

viel umfassenderes Gesetz, welches die Eigentümlichkeit hat, dass es auf jedwede den Verlauf eines Naturvorganges betreffende sinnvolle Frage eine eindeutige Antwort gibt, und dieses Gesetz besitzt, soweit wir sehen können, ebenso wie das Energieprinzip, genaue Gültigkeit, auch in der allerneuesten Physik. Was wir aber nun als das allergrösste Wunder ansehen müssen, ist die Tatsache, dass die sachgemässeste Formulierung dieses Gesetzes bei jedem Unbefangenen den Eindruck erweckt, als ob die Natur von einem vernünftigen, zweckbewussten Willen regiert würde.

Ein spezielles Beispiel möge das erläutern. Bekanntlich wird ein Lichtstrahl, der in schräger Richtung auf die Oberfläche eines durchsichtigen Körpers, etwa auf eine Wasserfläche, trifft, beim Eintritt in den Körper von seiner Richtung abgelenkt. Die Ursache für diese Ablenkung ist der Umstand, dass das Licht sich im Wasser langsamer fortpflanzt als in der Luft. Eine solche Ablenkung oder Brechung findet also auch in der atmosphärischen Luft statt, weil in den tieferen, dichteren Luftschichten das Licht sich langsamer fortpflanzt

的定律，能以很清楚的解答每種自然現象變化過程中的一切重要問題，這一點就是這條定律的特性。並且我們也可以看出來，這條定律也像能量原理一樣，也適用於解釋最新物理學中的一切問題。正確定律的形成，使沒有偏見的人感覺好像有一個賢明的主宰，統治着這偉大的自然界似的。

舉一個特別的實例，或許能解釋以上的事實。人人皆知，光線斜射到透光體的表面，譬如射入水面，迨穿入水中後，光線即改變其原來進行方向。光線偏轉進行方向的原因，就是光線在水中傳播的速度比在空氣中慢些。這種偏轉或稱作屈折在大氣中也有，因爲在較低較密的空氣層中，光線傳播的速度比在較高空氣層中慢些。譬如從不是恰好垂直天頂的星球發出之光線，到達觀察人的眼中，已經經過了許多空氣層的屈折作

als in den höheren. Wenn nun ein Lichtstrahl von einem leuchtenden Stern in das Auge eines Beobachters gelangt, so wird seine Bahn, wenn der Stern nicht gerade senkrecht im Zenit steht, infolge der verschiedenen Brechungen in den verschiedenen Luftschichten eine mehr oder weniger komplizierte Krümmung aufweisen. Diese Krümmung wird nun durch das folgende einfache Gesetz vollkommen bestimmt: unter sämtlichen Bahnen, die vom Stern in das Auge des Beobachters führen, benutzt das Licht immer gerade diejenige, zu deren Zurücklegung es bei Berücksichtigung der verschiedenen Fortpflanzungsgeschwindigkeiten in den verschiedenen Luftschichten, die kürzeste Zeit braucht. Die Photonen, welche den Luftstrahl bilden, verhalten sich also wie vernünftige Wesen. Sie wählen sich unter allen möglichen Kurven, die sich ihnen darbieten, stets diejenige aus, die sie am schnellsten zum Ziele führt.

用，其進行之路線成爲複雜的曲線形，利用以下的簡單定律，能以圓滿解釋這種曲線形的路線：光線在各空氣層中的傳播速度亦各不相同，光線在所有從星球到達觀察人眼中的路線中，永遠選擇那需用時間最短的一條路線。 組成光線的光子作事態度，也像一個有理智的人一樣，在它的眼前擺着許多曲線中，永遠選擇最快能達到目的的那條曲線。

Dieser Satz ist einer grossartigen Verallgemeinerung fähig. Nach allem, was wir über die Gesetze der Vorgänge in irgendeinem physikalischen Gebilde wissen, können wir den Ablauf eines jeden Vor-

這條理論之含義尙能發揚光大。假設我們曉得在任何物理的系統中所發生一切現象的定律，我們就能應用這條條理論，很詳細的解釋每種現象變化的過程。在固定時間內，於物理

ganges in allen Einzelheiten durch den Satz charakterisieren, dass unter allen denkbaren Vorgängen, welche das Gebilde in einer bestimmten Zeit aus einem bestimmten Zustand in einen anderen bestimmten Zustand überführen, der wirkliche Vorgang derjenige ist, für welchen das über diese Zeit erstreckte Integral einer gewissen Grösse, der sogenannten Lagrangeschen Funktion, den kleinsten Wert besitzt. Kennt man also den Ausdruck der Lagrangeschen Funktion, so lässt sich der Verlauf des wirklichen Vorganges vollständig angeben.

的系統中，從一種狀態演變到另外一種狀態有許多現象，僅在此定時間內之積分，即所謂蘭格倫日函數含有最小値者，乃是促成此變化的眞正現象。如果我們明瞭蘭格倫日函數這個名詞，自然會完全瞭解眞正現象變化經過的情形了。

Es ist gewiss nicht verwunderlich, dass die Entdeckung dieses Gesetzes, des sogenannten Prinzips der kleinsten Wirkung, nach welchem später auch das elementare Wirkungsquantum seinen Namen bekommen hat, seinen Urheber Leibniz, ebenso wie bald darauf dessen Nachfolger Maupertuis, in helle Begeisterung versetzt hat, da diese Forscher darin das greifbare Zeichen für das Walten einer höheren, die Natur allmächtig beherrschenden Vernunft gefunden zu haben glaubten.

最小作用量原理之發現，使此原理之創立者萊布尼茲以及他的後繼者毛頗吐依頗爲興奮，並且不久蒲郎克常數也獲得了它的適當名稱，此實不足爲怪，因爲這些科學家從此原理中，已經找到了明顯的證據，確信有一至高無上的主宰掌管着這個大自然界。

In der Tat, durch das Wir-

作用量原理給因果律的概念加添

kungsprinzip wird in den Begriff der Ursächlichkeit ein ganz neuer Gedanke eingeführt: zu der Causa efficiens, der Ursache, welche aus der Gegenwart in die Zukunft wirkt und die späteren Zustände als bedingt durch die früheren erscheinen lässt, gesellt sich die Causa finalis, welche umgekehrt die Zukunft, nämlich ein bestimmt angestrebtes Ziel, zur Voraussetzung macht und daraus den Verlauf der Vorgänge ableitet, welche zu diesem Ziele hinführen.

了一個新的概念。從現在推論將來以及按着過去的情形推算以後的情形之效果原因，伴有一個目的原因，它以將來之既定目的爲前提，並能將爲達到此目的所經過之一切現象引伸出來。

Solange man sich auf das Gebiet der Physik beschränkt, sind diese beiden Arten der Betrachtungsweise nur verschiedene mathematische Formen für ein und denselben Sachverhalt, und es wäre müssig zu fragen, welche von beiden der Wahrheit näher kommt. Ob man die eine oder andere benutzen will, hängt allein von praktischen Erwägungen ab. Ein Hauptvorzug des Prinzips der kleinsten Wirkung ist, dass es zu seiner Formulierung keines bestimmten Bezugssystems bedarf.

祗就物理方面言之，此兩種觀察方法，乃是爲同一事實，有兩種不同的數學方式而已。若問兩種之中那種觀察方法更接近事實，實爲無味之問題，選用那一種觀察方法，專賴實際之思考經驗。制定最小作用量原理無須用參考作標，爲此原理之主要優點。

Doch für uns handelt es sich jetzt um allgemeinere Fragen. Wir wollen hier nur feststellen, dass die theoretisch-physikalische Forschung

現在還要談一談比較普通一點的問題。在此僅陳述理論物理學已經在它歷史的發展過程裏很奇妙的達到

in ihrer historischen Entwicklung auffallenderweise zu einer Formulierung der physikalischen Ursächlichkeit geführt hat, welche einen ausgesprochen teleologischen Charakter besitzt, dass aber dadurch nicht etwa etwas inhaltlich Neues oder gar Gegensätzliches in die Art der Naturgesetzlichkeit hineingetragen wird. Es handelt sich vielmehr lediglich um eine der Form nach verschiedene sachlich jedoch vollkommen gleichberechtigte Betrachtungsweise. Entsprechendes wie in der Physik dürfte auch in der Biologie zutreffen, wo der Unterschied der beiden Betrachtungsweisen allerdings wesentlich schärfere Formen angenommen hat.

In jedem Falle dürfen wir zusammenfassend sagen, dass nach allem, was die exakte Naturwissenschaft lehrt, im gesamten Bereich der Natur, in der wir Menschen auf unserem winzigen Planeten nur eine verschwindend kleine Rolle spielen, eine bestimmte Gesetzlichkeit herrscht, welche unabhängig ist von der Existenz einer denkenden Menschheit, welche aber doch soweit sie von unseren Sinnen überhaupt erfasst werden kann, eine Formulierung zulässt, die einem zweckmäs-

了形成一個有目的性的物理因果律。而此因果律在內容方面並不與自然定律相抵觸，不過是形式不同而實際完全一致的觀察方法。這種類似的情形在物理學以及生物學裏也會有的，但是這兩種觀察方法的形式已經區分的很嚴。

總括起來說，生存在極小星球上的人類，在整個大自然界裏，簡直不算什麼重要角色。自然科學指示出來，有一個固定的法則支配着整個的大自然界。這條法則與富有思想萬物之靈的人類存在毫無關係，我們依照關于這條法則所能瞭解的成分，可以解釋這條法則爲適應一種有目的性的行爲產生出來的。這條法則表示出來一個合理的世界秩序，大自然與

sigen Handeln entspricht. Sie stellt also eine vernünftige Weltordnung dar, der Natur und Menschheit unterworfen sind, deren eigentliches Wesen aber für uns unerkennbar ist und bleibt, da wir nur durch unsere spezifischen Sinnesempfindungen, die wir niemals vollkommen ausschalten können, von ihr Kunde erhalten. Doch berechtigen uns die tatsächlich reichen Erfolge der naturwissenschaftlichen Forschung zu dem Schluss, dass wir uns durch unablässige Fortsetzung der Arbeit dem unerreichbaren Ziele doch wenigstens fortwährend annähern, und stärken uns in der Hoffnung auf eine stetig fortschreitende Vertiefung unserer Einblicke in das Walten der über die Natur regierenden allmächtigen Vernunft.

(1) Unter "universellen Konstanten" versteht man die winzig kleinen, durch Messungen gewonnenen Zahlen, welche die Masse und elektrische Ladung der Elementarteilchen des Atoms (Elektronen, Positronen, Protonen, Neutronen) ausdrücken und welche die unveränderlich gegebenen Bausteine der theoretischen Physik darstellen.

人類都服從它。因爲我們僅藉永遠不能放棄的特殊的感覺方法，來與這條法則溝通消息，所以我們現在不解這條法則的本性，將來也不會瞭解的。但是由於實際自然科學研究所得的許多成功，我們也可以這樣作一結論來說，我們繼續不已的作研究，最低限度也能漸漸接近這不能達到的目的，並能增加我們深刻瞭解統治大自然界全能主宰的希望。

（1）「普用常數」係指由於測量得來之最小數值，此數值表示原子微粒（電子，正子，質子，中子）之質量與電荷，並爲理論物理學所用假定不變的研究材料。

長門賦眞僞辨

Ist Szŭ-ma Hsiang-ju der Verfasser des Ch'ang-men fu?

許世瑛

最早懷疑長門賦不是司馬相如所作的人是陸厥，南齊書卷五十二本傳說：『長門上林殆非一家之賦，』可是祇是揭疑，並沒有提出什麽證據來證明牠是後人僞作。 直到顧炎武日知錄卷十九假設之辭一文中才舉出實證說：『相如以元狩五年卒，安得言孝武皇帝哉，』來證明這一篇賦是後人託名之作，何焯在他的義門讀書記考文選卷一裏說：『此文乃後人所擬，非相如作，其詞細麗，蓋平子之流也，』都認定這一篇不是司馬相如的眞作品，好像證據確鑿，不容再來翻案的了。 可是我還要來嘵舌說他們辨僞的證據並沒有充足，所以只能悅人之耳，不能服人之心，這一個案子還有重判的可能。

顧氏以相如卒時武帝猶未謝世，那麽武帝之謚曰孝武，又豈是相如所能知道的呢，這一篇賦序開端就說孝武皇帝陳皇后，很顯然地是後人僞託之作無疑，這的確是證據似鐵一般的堅固，即便要想强辯，也苦於無辭了。 何況序裏面還有兩點可以佐證牠確是僞作，一點是「相如爲文以悟主上，陳皇后復得親幸，」與史實不合。 顧氏在他那篇假設之辭裏面也曾說到『長門賦所云陳皇后復得幸者亦本無其事，俳諧之文不當與之莊論矣。』 梁章鉅文選旁證卷十七說：『濟注（按指五臣注中之呂延濟）陳皇后復得親幸，按諸史傳並無此文，』史記索隱十四云：『相如作頌以奏，皇后復親幸』，作頌有之，復親幸恐非實。 顧氏炎武曰陳后復幸云云，正如馬融長笛賦所云屈平適樂國，介推還受祿也。 余曰藝文類聚引漢書曰：『武帝陳皇后爲妒，别在長門宮，司馬相如作賦，皇后復親幸』，此不知所據何本。黃滔集有陳皇后因賦復寵賦云『已無行雨之期，空懸夢寐，終自凌雲之製，能致烟霄，』皆以為實有此事矣。可是現在漢書外戚列傳裏並沒有復親幸的記載，史記漢書司馬相如傳不但沒有這句話，並且連司馬相如是否做過這篇賦也一字不提，其復幸一語為後人想當然之辭也，可以無須再加考證就可以明白的了。另一點是序文裏有『聞蜀郡司馬相如天下工為文，奉黃金百斤為相如文君取酒』的話，這未免太幼稚太可笑了，固然普通人都懷着「家有弊帚，享之千金」的心理，可是也祇能存之於心，不能形諸筆墨，讓讀者看了不但不能增高價格，加倍敬仰，反會生出一種厭惡之意，覺得太肉麻太厚顏了。雖三尺童子也知道其間的利害，難道說大賦家司馬相如反會闇於是理的嗎？所以這一段序文有此三證，其為後人偽作，可以說是鐵案如山了。

說到這裏有一點必須聲明的，也是讀者要特別注意的，就是賦文和序可以出諸兩人之手，賦是作者自作的，而序或是修史的人為了要把這一篇文章放在他的傳中，不得不在原文前加上幾句話，後來的人就誤認為是序了，或是後之好事者出諸遊戲的態度偽造一段文字加在原文前面，使牠成為佳話美談，像這篇長門賦序似的。現在舉幾個實例：

賈誼鵩鳥賦序：『誼為長沙王傅，三年有鵩鳥飛入誼舍，止於坐隅，鵩似鴞，不祥鳥也，誼既以謫居長沙，長沙卑濕，誼自傷悼，以為壽不得長，迺為賦以自廣，其辭曰：』

揚雄甘泉賦序：『孝成帝時，客有薦雄文似相如者，上方郊祀甘泉泰畤汾陰后土，以求繼嗣，召雄待詔承明之庭，正月從上甘泉，還奏甘泉賦以風，其辭曰：』

劉歆移書讓太常博士序：『歆親近欲建立左氏春秋及毛詩逸禮古文尚書皆列於學官，哀帝令歆與五經博士講論其義，諸儒博士或不能置對，歆因移書太常博士，責讓之曰：』

揚雄解嘲序：『哀帝時丁傅董賢用事，諸附離之者起家至二千石，時雄方草太玄有以自守，泊如也，人有嘲雄以玄之尙白，雄解之，號曰解嘲，其辭曰：』

這幾篇序文都不是作者自作的序，全是修史的人爲了要載這一篇文章在史傳中，不得不加上一個帽子，後之選文者如蕭統把這幾篇文章全編在他的文選中，而摘取史傳之文以爲序，於是一般人都誤認爲是作者自作的序了，這觀念直到宋王觀國纔校正過來，他在他作的學林裏也曾提到過。 不過還有可補前修未備的地方，也不顧自珍，願供之同好。 要知道蕭統選文凡見諸史傳者並沒有全摘取史傳之文誤以爲序，譬如張衡的思玄賦見於後漢書卷八十九本傳，在賦首也有幾句話說：『衡常思圖身之事，以爲吉凶倚伏，幽微難明，乃作思玄賦，以宣寄情志，其辭曰，』這一節話和上引四序不是完全同一格調嗎？ 如果那些是他們自作的序，則此爲衡自作又有何疑。 可是文選卷十五所載的思玄賦却是從『仰先哲之玄訓兮，雖彌高而弗違』開端的啊。 唯其因爲他漏了這一篇，反讓我們更信前引四序確是史傳之文了。 現在再舉幾個不見於史傳的文章，其篇首之序也非作者自作的例：

禰衡鸚鵡賦序：『時黃祖太子射賓客大會，有獻鸚鵡者，舉酒於衡前曰：禰處士今日無用娛賓，竊以此鳥自遠而至，明慧聰善，羽族之可貴，願先生爲之賦，使四座咸共榮觀，不亦可乎。 衡因爲賦，筆不停綴，文不加點，其辭曰：』

請問這篇序如果眞是禰正平自作的話，他會做出「筆不停綴，文不加點」的句子嗎，這正和長門賦中的「聞蜀郡司馬相如工爲文」一樣的惡劣，眞是無獨有偶了。

漢武帝秋風辭序：『上行幸河東，祠后土，顧視帝京，欣然，中流與羣臣飮燕，上歡甚，乃自作秋風辭，曰：』

這一段話很顯然地是史臣們的記載，不過不見於漢書武帝紀，所以不列在前一類的例子裏面。

張衡四愁詩序：『張衡不樂久處機密，陽嘉中出爲河間相，時國王驕奢，不遵法度，又多豪右幷兼之家，衡下車，治威嚴，能內察屬縣，姦滑行巧劫，皆密知名，下吏收捕，盡服，擒諸豪俠，遊客悉惶懼逃出境，郡中大治，爭訟息，獄無繫囚。　時天下漸弊，鬱鬱不得志，爲四愁詩，屈原以美人爲君子，以珍寶爲仁義，以水深雪雰爲小人，思以道術相報貽于時君，而懼讒邪不得以通。　其辭曰：』

這一段話也不是衡自作的，因爲焉有爲人下者，而直譏其國君驕奢不遵法度呢，並且也不會自己吹噓說下車威嚴，郡中大治的啊。　如果長卿正平平子三人眞做出這樣的序文，恐怕他們的文名不易傳到現在吧。　我又查一查後漢書張衡傳雖然沒有載他的四愁詩，可是有這麼一段話，說：『永和初出爲河間相（按陽嘉永和俱順帝年號，陽嘉五年始改元永和一見順帝紀一文選卷二十九，四愁詩序作陽嘉中，略有出入，不知孰是，）時國王驕奢，不遵典憲，又多豪右，共爲不軌，衡下車治威嚴，整法度，陰知姦黨名姓，一時收禽，上下肅然稱爲政理，』則今四愁詩序恐係史辭，其所以稍有異同者，蓋撰後漢書非祇范氏一家，編衡集者或取自他家書，或自增損之耳。　由此看來長門賦序其格調既與鸚鵡賦四愁詩等同，則爲後人僞作已不容有一絲一毫之懷疑矣，至於作僞者是否取自史傳之辭，以文獻無徵，不敢妄斷，然序爲僞作尚不足以推斷賦亦係膺品也，蓋序與賦誰又敢擔保必爲一人之作，而非不同時代的兩個作家作品的彙聚呢。　如果單拿序是後人僞作的一個證據就下斷語說這篇賦不是相如所作，實在讓人難以置信，因爲這樣的推斷法太不合邏輯了，　試問上面所舉的鵩鳥賦甘泉賦鸚鵡賦四愁詩等的序都不是序，我們能根據這一點就斷言牠們全是膺品嗎？　那當然不行的，爲什麼長門賦却又懷疑牠是假的了呢。　豈不是太不公平，又如何能令人不替長卿伸冤呢。　至於何義門的話那更可笑了，他說：『其詞細麗，蓋平子之流也，』這兩句不着邊際的話又如何能算是證據，如果考據家都祇要用一兩句莫須有的話就可以成立一種新學說來推翻舊說，或者用以作辨僞的證據那太危險了，長門賦這篇文章的確寫得很是細膩巧麗，寫失了寵的女子希望夫壻回心轉意的心理眞是活靈活現，令讀者不由自主的洒下幾滴同情淚，要是自身是武帝的話，讀了這一篇，說不定眞會臨幸長門宮呢。但是「其詞細麗」又如何就能斷定長卿不能做而非平子之流不能爲了呢。誠然長卿的賦像子虛賦上林賦的作風和長門賦逈乎不同，完全屬於辭賦一類，和楚辭大不相同，可是他也和賈誼一樣能用楚辭的句法腔調做狀物說理的辭賦，像他的大人賦不是和鵩鳥賦同是用兮字的句法嗎？諸君設若不信，請翻開楚辭一讀，就很容易發現大人賦裏的句子有很多是套楚辭的，甚而有完全相同的句子呢。他既然能做楚辭式的辭賦，又誰敢擔保他就不會做一篇純楚辭味的騷賦呢。並且平子的賦又何嘗都屬於細麗的一路，看他的兩京賦南都賦也正和長卿的子虛上林一樣祇有堆砌板滯的感覺，一點沒有倩巧秀麗動人情思的意味。由此可以知道一位大賦家的作品是多方面的，他可以做富麗堂皇的辭賦，同時也可以寫細膩無比的騷賦，他天才橫溢又豈是常人所能想得到的呢，那麼看慣了長卿的洋洋大觀的辭賦，偶而發現這一篇嬌小玲瓏富於情思的騷賦，就不免要懷疑他難道會做這一類的賦嗎？眞貨反被看成了贋品，我眞要替長卿叫屈啊。唯其如此所以我對於張雲璈許巽行兩位文選學家特別表示敬意，因爲他們獨能不苟同於當時的成說，眞可謂之卓然遠識矣。張氏說：『明張伯起談輅云以武帝之明察，能讀子虛而稱美，則非不知文者，讀長門獨不能辨其非后筆耶，究所從來，死有餘罪，相如何利百金取酒而甘爲之哉，當是相如知后失寵，擬作此賦，一時好事者增爲此說耳，此論甚是。』（見選學膠言卷八陳皇后復幸條下）許氏說：『案此賦非長卿不能作，其序云云當是後人所題，如賈誼鵩鳥子雲甘泉之例，且皇后復幸，亦是子虛，觀賦者不可膠於理論也。』（見文選筆記卷三長門賦條下）讀了這兩段話，眞覺得太痛快了，居然有先得我心的人，那麼我的推想認爲序是後人僞託之辭，而賦却是長卿自作的愚見或許不是無稽之談了吧。至於張伯起的推測說不定眞是切中肯綮之言，如果沒有仲雅特別在選學膠言裏提出來，不免要像荊山之玉似的難入時人之眼了。而許氏能別序文爲僞而賦却眞，識見反高出顧何之上，益知爲學之難，而盛名之下未必皆佳，芻蕘之言亦或可取的話直到今日方知其不我欺也。

新莽革政與失敗之原理

Wang Mang's Reformen und Ursachen für ihr Misslingen

王　斐　烈

引　　言

治漢史者，莫不知研究新朝之重要。　蓋新朝國祚雖短，而爲兩漢交替之樞紐，且亦漢代社會史中之一大變局也。　昔者，學人迫於君臣尊卑之義，未敢離名教以董史；故所立論議，每多偏曲難從。　今之碩儒，既脫此梏桎，更益新知；於是宏文專著，頗見篇章。　諸家所論，或明制度，或言社會，或闡思想，莫不立論新穎，成一家言；其超越古人遠矣。　惟自來史法與時競進，史觀亦隨學理而不同。　整理前人功績，增研而另加排比，固當今治學之急務；而分析史料，綜合以求貫通，實亦現代史學之職能也。　曩余頗嗜漢書，並喜周禮；於新莽之制度及成敗，稍俱意見。　因取前賢諸作，加以細讀，知與所識，每不盡同。　蓋余除對於當時社會，經濟，政治，思想以至於宗教等外，更留意於王莽個人之性格及其對社會心理互相反應之現象。　觀點旣歧，論斷因異。　惟此區區測臆，何足示人。　近來困居城隅，讀度並艱；乃就宿見，草爲白文。　敢望一得？僅希引玉云耳。

至於新莽代漢及革政之史實，略讀國史者，當已洞悉。　卽西漢末年平帝之世，西紀開始之時，王莽輔政。　至孺子嬰二年，西紀七年，莽代漢卽帝位另建新朝。　此新朝改行一與當時社會不同之王田，六筦五均，祿田及官奴（廢私奴）等制度。　至地皇四年，西紀二十三年，新滅莽死。　其間不過十六年，事詳載漢書之王莽傳，平帝本紀，食貨志與其所涉及之各傳志中。　史實極顯，故本篇不再重述。　今所論者，乃在說明革政興起之原因，以及新朝何以必行此極端所謂科學派作風之制度；並此制行後又何以失敗，與新莽之何以滅亡。　所謂原理云云，求得其癥結所在而已，非可以眞理或定律視之也。　此文受胡適之（王莽），陶希聖（中國政治思想史等），顧頡剛（漢代學術史略等）三先生論著啓發甚多，又蒙諸前輩及至友指正數處，不勝感激，特誌謝意。

上篇　革政前之諸條件

一　社會和經濟的背景

甲　漢初社會之動態及化險爲夷之三程序

秦滅漢興，雖然國家復歸統一，而因久戰之結果，人口與農產均形低落。故襲重農舊制，藉增生產。　文景以還，每行減稅及商業放任政策，卽原於是。惟此法久用，另一方面，很容易造成豪民及富商之興起。　於是土地兼併與強制生產又相因而來。由土地兼併和强制生產所招致的結果，必然爲貧民及奴婢大量出現。漢中世之時，鼂錯曾加以分析並敍述當時苦農之生計有言：

"今農夫五口之家。其服役者不下二人，其能耕者不過百畝。百畝之收不過百石。春耕，夏耘，秋穫，冬藏。伐薪樵，治官府，給繇役。春不得避風塵，夏不得避暑熱，秋不得避陰雨，冬不得避寒凍。四時之間，亡日休息。又私自送往迎來，弔死問疾，養孤長幼在其中。勤苦如此，尙復被水旱之災。急政暴虐，賦斂不時，朝令而暮改。當具有者，半價而賣，無者取倍稱之息。於是有賣田宅，鬻子孫以償責者矣"。

這是說窮農所得無幾，仍須應賦稅，以至賣田宅子女。可是豪民呢，史記平準書上說：

"罔疏而民富，役財驕溢，或至兼併。豪黨之徒，以武斷於鄉曲"。

如果兩相比較，則如當時淮南子齊俗訓所說的：

"其爲編戶齊民無以異，然貧富之相去也，猶人君與僕虜，不足以論之"。

其前又說：

"富人則車輿衣纂錦，馬飾傅旄象。帷幕茵席，綺繡絛組，青黃相錯，不可爲象。貧人則夏褐帶索，含菽飲水以充腸，以支暑熱。冬則羊裘解札，短褐不掩形，而煬竈口"。

由此可知西漢初葉農民貧富懸殊的情形，是非常劇烈的。這樣直到西漢中世，仍沒有改善。所以董仲舒便上疏求行"限田"的方法，以救此弊。疏中並敍述漢因秦制的錯誤，和貧富太差的危險，他說：

"古者稅民不過什一，其求易供。使民不過三日，其力易足。民財內足以養老盡孝，外足以事上供稅，下足以畜妻子極愛。故民說從上。至秦則不然。用商鞅之法，改帝王之制。除井田，民得賣買。富者田連阡陌，貧者無立錐之地。又專川澤之利，管山林之饒，荒淫越制，踰侈以相高。邑有人君之尊，里有公侯之富，小民安得不困。又加月爲更卒，已復爲正，一歲屯戍，一歲力役，三十倍於古。田租口賦鹽鐵之利，二十倍於古。或耕豪民之田，見稅什五。故貧民常衣牛馬之衣，而食犬彘之食。重以貪暴之吏，刑戮妄加。民愁無聊，亡逃山林，轉爲盜賊。赭衣半道，斷獄歲以千萬數。漢興，循而未改。古井田法雖難卒行；宜少近古，限民名田，以贍不足，塞兼併之路。鹽鐵皆歸於民，去奴婢，除專殺之威。薄賦斂，省徭役，以寬民力。然後可善治也"。（食貨志）

這種消極限田的辦法，或者可以消滅一點當時社會不平的危象。但是使着這種方法除滅危機，是不能得到什麼結果的。一者，由於這並不是一個積極有爲的手段，當時豪民是可逃避的。二者，漢初以來所提倡的工商自由放任主義，可以說正和他衝突。這就是說雖然政府加以"限田"而不令豪民兼併，可是富商壟斷市場，把持金融，農民仍須因貧困而賣掉他的田宅；出鬻他的子女。所以政府又覺得如果只"限田"而不"抑商"，是不行的。試先看當時的富商到了什麼樣子。史記平準書上說：

"浮食奇民，欲擅管山海之貨，以致富羨，役利細民"又說："或蹛財役貧"。

這可見商人如何役使細民了。商民財富到了什麼程度呢？平準書說：

"富商大賈…轉穀百數，廢居居邑。封君皆低首仰給。冶鑄煮鹽，財或累萬金。而不佐國家之急，黎民重困"。

封君均須低首仰給，又何況平民呢。可是他們雖富已如此，並不能佐國家之危急。商人只知財富，還顧到什麼國家！他們不僅不顧及國家，並且更乘國家緊急的時候，起而危上營利。鼂錯很憤恨的說：

"而商賈大者貯倍息，小者坐列販賣。操其奇贏，日遊都市。乘上之急，所賣必倍。故其男不耕耘，女不蠶織。衣必文采，食必粱食。無農夫之苦，有阡陌之得。因其富厚，交通王侯。力過吏勢，以利相傾。千里游敖，冠蓋相望。乘堅策肥，履絲曳縞。此商人所以兼并農人，農人所以流亡也”。像這樣的陳述，眞把當時農民疲斃的原因和商人的橫暴描寫盡致了。那末漢室就完全取放任主義而一點不管麼？這也不盡然。漢時在法律上取賤商主義。不過正如鼂氏以下所說的：

“今法律賤商人，商人已富貴矣。尊農夫，農夫已貧賤矣。故俗之所貴，主之所賤也。吏之所卑，法之所尊也。”

國家既無積極的政策來改革他，那末他們當然更發達起來。鼂氏雖有貴粟之法，董仲舒亦獻限田之策，但對於農民和豪民的衝突，富商和農民更和豪民的矛盾沒有收到什麼效果。所以桓寬鹽鐵論上仍說富商：

“威重於六卿，富累於陶衛。輿服僭於王公，宮室溢於制度。幷兼列宅，隔絕閭巷。閣道錯連，足以游觀，鑿池曲道，足以騁騖。臨淵釣魚，放犬走兔。隆豺鼎力，蹋踘鬥雞。中山素女，撫流徵於堂上，鳴鼓巴俞作於堂下。婦女被羅紈，婢妾曳絺紵。子孫連車列騎，田獵出入畢弋捷健”。（第九）

由此我們想到富商豪華到了什麼地步。可是，給他享受這種財富過于王公的生產的剩餘，是些什麼人呢？書中說道：

“往者豪強大家得管山海之利，采鐵石鼓鑄，煮鹽。一家聚衆或至千餘人，大抵盡收放流人民也”。（第六）

可是這些放流人民又怎麼來的呢？可以說是從富商豪民專橫的結果而造成的。然而他們却再來助長富商豪民。如此，相反相生，因果相成，當然更促成了貧富懸殊的現象。該書又說：

“夫高堂邃宇，廣廈洞房者，不知專屋狹廬，上漏下濕者之瘤也。繫馬百駟，貨財充內，儲陳納新者，不知有旦無暮，稱貸者之急。廣第唐園，良田連比者；不知無運踵之業，竄頭宅者之役也。原馬被山，牛羊滿谷者，不知無孤豚瘠犢之窶也”。（第四十一）

兩相比較，則知社會騷動便不遠了。可是在西漢初紀一直到中世前後，並沒紛亂起來，這是什麼原故呢？我覺得第一是人口問題，第二是武帝集權政治，第三是農業技術的改進。

第一，人口問題。漢代初年，因爲秦末的農民動亂，再加上楚漢相爭的結果，人口減到了很少。據通典的計算"方之六國，十分無三"。史記高祖功侯表上說"大都名城，散亡戶口，可得者十二三"。那末漢初雖然豪强富商專横於社會，可是一些窮人貧農仍可藉着地廣人稀的條件，起而逃亡遷移。因之亦可以求得自由的生路。鼂錯說"此農人所以流亡也"，（見前引）。這便很可以看出當時貧農怎樣應付他的環境了。這樣一直發展到漢之中世，人口既然增多，相對的，土地就要減少。那末逃亡的路子便一日窄似一日。即是逃亡，亦終歸於不免要作富人的奴隸。所以較晚的桓寬說"往者，一家聚衆或至千人，大抵盡收放流人民也"，（見前引）這很可以看出貧農終須要作成了富人剝削的對象，那末就不免於社會騷動了。但是，這時的社會動亂却沒起來，這不能不歸功於武帝的集權制和農具的改良。

第二，集權制度。武帝行中央集權制，他的第一步就是財政集中於政府。據陶氏西漢經濟史所說，共分七項。一，改私家鑄幣歸之公家。二，鹽鐵國家專賣。三，恢復商稅。四，設置均輸。五，平定物價。六，增殖官奴。七，擴大官田（並參看史記平準書及漢書食貨志）。這七項制度，好些可以限制商人的壟斷，也有些與商人並無大害的。但是亦不過緩和一時之急，却不能使富商久抑不起。而且豪民跋扈鄉里依然如故。是以危機仍未大減。恰巧當時有新農具的應用，就把這個大難，按抑下去數十年。

第三，農業技術的改進。漢初的農業耕種的技術，一本舊法，生產既少，須人又多。到武帝末年征和四年，決計要從農業技術方面改進，以救農民的貧困和補充國家財政。於是以丞相爲富民侯，用趙過改良的技術。據陶氏西漢經濟史考得，一，改良耕具，以二耜爲耦以耕田。二，增進犂的使用，無牛之家，由他人助耕。　三，推行代田制，成三圃休耕法。　四，耨草傍隴法，隤土於苗根，使其耐風旱（並參看食貨志上）。　用此四種技術，於是每畝多收一斛，貧農漸可免於凍餒。　所以食貨志上說"用力少而得穀多。　至明帝時，流民稍還。　田野益闢，頗有蓄積"。　因之，中世危難，就算躲過去了。

乙　西漢末年社會動亂之不可避免

由第一個因子，初世應有之紛擾未能造成，由第二第三因子，中世社會亦未起動亂。　但自中世至於末季又有八九十年。　此數十年中，財政集中的政策，因天下太平，不免有些廢弛。　農業技術改革並沒增進。　可是相反的，人口益增，商業隆盛。　所以到新莽革政前十餘年，社會又呈現出極度不安的境況。哀帝建平元年，大臣師丹說：

"今累世承平，豪富吏民，貲數鉅萬，而貧弱愈困。　蓋君子爲政，貴因循而重改作。　然所以改者，將以救急也，亦未可祥。　宜略爲限"。

他又提出了董仲舒的"限田"的消極方法。　於是大司空就這個原則提出一個具體方案。　可是他只指諸侯王列侯加以限制。　而富商豪民並不在內。　以後即此亦未見施行。　那末我們可以說，社會變亂的危機又到目前了。　那末，政府爲什麼沒有一點方策來應付他呢？　我想當時政府的財政，恐怕還是要靠商稅和加重賦斂來資益國庫吧。　元帝時國庫財富，都內錢有四十萬萬，水衡錢二十五萬萬，少府錢十八萬萬。　三者相合有八十三萬萬，那末朝廷富裕就很可觀了。皇室既然財用充溢，極自然的便是流入奢侈。　成帝時賞賜其寵臣淳于長，張放，史育等當然不少，他們的家資，俱及千萬。　到了哀帝時賞賜更多。　董賢一家即受田二千頃，奴婢蒼頭且每人十萬錢。　賢死後其家資值四十三萬萬，這已經有元帝時國庫的半數。　則當時國庫的財富和浪費到了一個什麼程度，不用想就可知道了。　過分的奢侈，求財的方法亦就隨着不正當起來。　那末富商豪民之不廢，正是因他們乃支持政府財政的骨子。　可是當他能作了骨子的時候，既能支持政府，亦能顚覆政府，不論他的原因，是直接還是間接，均是勢所不免的。所以在新朝前二十餘年的時候，由豪民和富商所造成的貧農饑民，便漸次變亂起來。漢書五行志上說：

"成帝鴻嘉三年，廣漢鉗子謀攻牢篡死罪囚鄭躬等。盜庫兵，劫略吏民，衣繡衣，自號山君。黨與漸衆。明年乃伏誅，自歸三千餘人"。

叛亂雖平，可是他的人數自歸者已三千人，則其數當然不少。五行志上又說：

"後四年尉氏樊並等謀反，殺陳留太守嚴普，自稱將軍。山陽亡徒蘇令等黨與數百人，盜取庫兵。經歷郡國四十餘，皆踰年乃伏誅。

這次的變亂更比較利害起來，不僅殺太守，自稱將軍，而且又有歷郡國四十餘的流寇式行動。再過十年哀帝建平四年更有大規模的亂黨，且甚至擾及京師。五行志下說：

"民驚走持藁或棷一枚，傳相付與曰："行詔籌"。道中相過逢，多至千數。或被髮徒跣，或夜折關，或踰牆入，或乘車騎奔馳，以置驛傳行，經歷郡國二十六，至京師"。

建平四年去新朝不過十年而已。那末這二十年中，貧農的騷亂，社會的動搖，已經不可避免；政府之被民人所顚覆亦不過只是時間問題罷了。

王莽初卽位之時，下詔曾敍述當時的社會矛盾情形說：

"强者規田以千數，弱者曾無立錐之居。又置奴婢之市，與牛馬同欄。制於民臣，專斷其命。姦虐之人因緣爲利，至略賣人妻子逆天心，悖人倫。謬於"天地之性人爲貴"之義。…而豪民侵凌，分田刼假，取名三十稅一，實什稅五也。父子夫婦終年耕耘，所得不足以自存。故富者，犬馬餘菽粟，驕而爲邪；貧者不厭糟糠，窮而爲姦。俱陷於辜，刑用不錯"。（莽傳中）

他說明社會矛盾的現象，不論富與貧都能危害國家的。那末革政的要求，眞到了最急迫的時候了。可是集權已經行過了，農業技術也改進過了，人口呢，據平帝元始二年的調查，已經有戶千二百二十三萬三千，人口到了五千九百五十九萬四千九百七十八的數目。比起漢初及中世不知增加了多少倍。以前能夠緩和紛亂的因子和方法全都遺失，而且不能用了。如果要想阻止社會崩潰，國家滅亡，只有根本移動國家政體，改變社會制度，更換經濟政策或能消患於未然。因此，王莽便在平帝元始三年奏請研究制度，所謂制禮作樂。從此時起改變制度方案就預備起來。但那些貧民，他們並不理會政府改制的預備，也不知道要改什麼制度，只是覺得生活壓迫不堪忍受。在苟延殘喘中，痛苦呻吟中，由過去知識的不充分，一向所因襲習俗的迷信上；他們希望宗教中的神靈降臨，主使着新君（異朝的天子）出現救活他們。這樣一來，那就不僅制度要改，朝代還要移動了。建平四年民間所行"行詔籌"即是宗教迷信團體，他們奉的是"王母籌"。當時人民都希望另易新君，所以民間當着王莽攝政而稱安漢公時，竟使各地發現祥瑞，前後多至七百餘件。可見人民祈望之切了。經濟衝突，社會動態以及民衆意識，俱宜於易朝改制，那末新朝的降臨，實在便是應時勢之自然而產生。所以新朝初立，社會並無大的變亂，可見他怎樣爲當時所需要。以上是由社會經濟上說明新朝產生的必然性；可是當時在朝的公卿以及儒生博士所謂知識份子，亦和一般貧民希望一樣麼？

二　讖緯災異解釋之意識

自從西漢中葉，儒家統一學術思想以來，有些當時大師，很想着以經治國，更有些人以宇宙觀和政治觀混而爲一。董仲舒可以算一個最好的例證。他要以春秋所謂微言大義來改制，要用災異解釋天人之際。以後的今文學家，差不多都走上這條路，這總是帶一些迷信的意思。到了西漢末季，社會既然現出了矛盾，而且有些個地方已經混亂起來，如前章所說的。那末凡略具知識的人，誰不希望彌禍於未然呢？可是他們既迷信所謂天人之際又是熟讀詩書，當然不便離經叛道專講迷信。因此緯書便產生了。緯者是對經而言，有經有緯，事始可成。緯不能離經，於是有易緯，春秋緯，詩緯，禮緯，樂緯，論經緯，孝經緯等等。在緯書所講到預言，便是讖，人們常並稱爲"讖緯"。漢朝的緯書今已佚亡，現在有輯佚書本，亦可以看出當時知識中人對時勢認識如何。不過他們再不敢自己發表什麼主張，只是在災異上發表他們所奉仰的天人之際的迷信。我們試看其對於漢季社會與王家專權，作怎樣的反應。如：

聰明蔽塞，政在臣下。婚戚干朝，君不覺悟，——虹霓貫日（易九厄讖）

歲星入月，——相以后黨之譖出。（春秋緯文耀鈎）

主勢集於后族，君妃之黨橫僭爲害——則日盈。（春秋緯運斗樞）

后黨擅權——月生芒。（同上）

慧星出織女——女主之黨反。（同上）

后族專政——則日月並照。（春秋緯考異郵）

后族專權，謀爲國害——則日晝昏。（春秋緯命苞）

慧星出魚星——后黨反。（同上）

偏任權柄，大臣擅法——則日有黑子。（春秋緯文耀鈎）

強臣擅命，夷狄內侮，后妃專橫，無辜，則天雨雹。（春秋緯考異郵）

這都鍼對王氏專政而說的。他們希望由天的演變，示君臣知警戒。可是等到君主毫無覺悟，社會的擾亂狀態就要起來，他們便不僅不諫君，反而鼓吹民亂。如春秋緯文耀鈎說：

"熒惑犯翼。——若守之，天下大亂。車騎無極，大兵起。四海洶洶"。

"熒惑守天紀。——有兵起，王者有憂"。

"熒惑入卷舌。——若守之，天下大旱，有兵起"。

"塡星犯箕，若入宮中。——天下大亂，兵大起"。

"塡星守天紀。——有兵起，王者有憂"。

"太白入居守天市中。——兵大起，不出三年"。

"慧入斗，辰守房，——天庫虛。狠狐張，期八年，王伯起，帝王亡，后黨嬉"。

更有積極主張革政易朝的，如春秋緯合誠圖說：

"五星鬥，天子去"。

"君殺妻誅而天下笑"。

"司危如太白有目。——天子以不義失國，有聲之臣行主德也"。

易筮類謀形容革政，很露骨的說：

"雞失，羊亡；臣縱恣；萬人愁不祥。天卑地高，雷灌公行。上無乾，下無常。天昧昧，履踐冰。民衣霧，主吸霜。間可倚杵于何藏？不知夏不知冬，不見父，不見兄。望之漠漠，視之茫茫。羣黨假威，出坐玉床"。

其中之"漠漠"是漢朝？"茫茫"之"茫"即是王莽？我們自不能決定。但是可以看出來社會的不安，就要引起變亂，甚至革政易朝了。一般知識人士這樣鼓吹，所以弄得社會民心更搖動起來。社會愈動搖，他們亦就更誘惑。直等到眞正革政易朝，他們方才停止片刻，看看施政的結果再說。這樣的情形不僅普通知識份子如此，即當時的大儒劉向歆父子，也是守着同一的過程。如關於春秋災異的記載，解釋就很不同。劉向總以爲是反應后妃外戚專政，而劉歆却以爲是國家社會制度不定不安所致，趨向於改制方面。舉例如下：

"春秋桓公十四年八月壬申御廩災"。

劉向以爲御廩，夫人八妾所舂米之臧以奉宗廟者也。時夫人有淫行挾逆心。…

劉歆以爲御廩，公所親耕籍（助）田以奉粢盛者也，棄法度亡禮之應也"。

（漢書五行志）

向歆二說大不相同，詳載五行志，康有爲僞經考卷十四亦頗記之，茲不再贅。向時以宮廷內爭爲說，歆永以國家社會不安爲解。這便恰與緯書所說相類。大概到了哀平之際，天下愈危，有識之士，早已見及。故同聲異辭的說到社會要亂的樣子。那末即便民間無祥瑞，而一般知識儒士看到了國家須要變改制度，所以全拿災異說法，無形中催促了進行的革政轉輪。　這樣意識達到民間又加强了社會變動的要求。　所以我把他列爲革政一個因子。

到了初始前後這些知識人士，還覺得讖緯災異的解釋不能够立刻實現他們革政易朝的目的。　於是有些野心家就更請出符命來，讓當時有改革政治頭腦而且掌國家大權的王莽來接受。　殿臣與太保王舜等之獻銅符文有：

"天告帝符，獻者封侯，承天命，用神令"。　（莽傳上）

以後哀帝時更作銅匱二，一爲天帝行璽金匱圖。　他一署：

"赤帝行璽邦傳予黃帝金策書"。

書說王莽爲眞天子，皇太后如天命。　哀章將圖書獻上，那末就使改政易朝遲遲其來的局面，突然加速而揭幕了。

這是說知識人士以至於廷臣官吏對於宇宙現象解釋如此。　可是當時博學之士，通經大儒對于國家社會的理論又怎麼樣呢？

三　今古文家之爭及左傳與周禮之影響

甲　今古文家之對立

西漢到文景時代，天下比較太平，生活安定。　所以常用時間和經濟的餘剩來提倡學術。　這時候便想起從古代傳下的六經了。　可是經過秦火以後能口傳筆寫的，已經很少。　詩只有魯之申公，燕之韓嬰。　書有伏生弟子歐陽生。文帝就把他們立爲博士。　到景帝時更立轅固生爲詩博士，董仲舒，胡母生爲春秋博士。　武帝卽位，崇儒術，黜百家。　又置五經博士。　於是易有楊氏，書有歐陽氏。　宣帝時復有施氏易，孟氏易，梁丘氏易，大小夏侯尙書，大小戴禮，穀梁春秋。　元帝時有京氏易，各置博士。　這些博士們或他們的弟子，都是仰承師說，不敢加以非議或改進的。　所謂抱殘守缺，便是他們的信條。朝廷有事問他們，必以經文來解釋，有時附會得很離奇。　尤其是治春秋的博士或儒生，常以災異諫上，總是把宇宙觀政治觀混而為一，迷信所謂天人之際。可是如果皇帝有時震怒，他們會惟恭惟謹的匍匐頓聽；如果宮廷鬧起人事，便要叩頭不起，至死力爭。忠君事主的精神是很可贊美的。不過他們似乎不大關心社會。即便有些博學鴻儒對于社會有所建白，亦只能取消極的進言和方策罷了。譬如董仲舒的"限田"政策，以及師丹的"限田"方案（并見第一章）和劉向只攻王氏都是一個明例。他們這樣無力，這樣的無能，真是政府的贅瘤。可是和他們比較相反的，尚有一班儒士，他們稱為古文家。因之以上的那些經學博士和儒生便被稱為今文家。

古文家怎麼來的呢？原來武帝正值太平盛世，既崇儒術，又感經書之不備，於是在政府藏書之天祿閣延閣廣內秘室及外邊的太史和博士的官署，來檢查古書。同時民間所藏的古書亦徵求獻納。相傳孔氏有古文尚書。孔安國識古文，拿今文對照校讀，比今文家所傳的多十餘篇。史記儒林傳說：

"孔氏有古文尚書，而安國以今文讀之。因以起其家，逸書得十餘篇。蓋尚書滋多於是矣"。

這是古文經的開始，以後經武帝的大搜查，成帝的訪遺書。於是政府所派校書劉向，及助其父的劉歆，便由書堆中發現了古文字的左氏春秋。這本書司馬遷著史記曾用過的。到了向死，歆主校諸書，哀帝初年，他便請求把左傳立為學官，置博士。遭當時一般不識古文字的今文學家反對，沒有成功。以後到了平帝時始和毛古文詩，孔氏古文尚書同立學官。此後又把古文周官，亦隨即立學官置博士。以上經書都是用古文字寫的，後來經人發見而認識出來的。他們自不必有師承。反之，今文學家的經書却由口授相傳而來的，所以他的師承非常清楚。口授的經文，或由記憶錯誤，或方言的不同，常有好些歧異。如果和由直接發見古文字比較，便更有些個差別。因此今古文家互相攻擊。當平帝以前，今文家佔絕對優勢，因為當時古文經出現流通的不多。可是以後發見漸多，古文學要立學官，今文家因自己抱殘守缺，只有不完備的經典，以及附會的解釋，相形之下，不免簡陋。又恐失掉一般人的信仰，所以他們極力反對和排擠。不過未久遇見了熟悉經學禮學的王莽，他很能看出古文諸經典的優點。如左氏春秋確是很能記述春秋時各國興亡的事情；周禮所說的制度，很可以作改革社會的參考。於是鼓吹立古文諸經的劉歆、便一起請求把他們列入學官而置博士了。古文派因莽而盛，無疑的亦便成了莽的黨與，增加莽的權勢。間接種下了革政的因子。

乙 左傳與王莽世系

左傳和周禮既很受莽歆的賞識，那末他的長處又在何處呢？左傳叙事詳細，很可作政治家行動的範本。啓發人對於社會的關心。劉向劉歆對於災異解釋不同，就很可以看出來（見前章）。周禮詳於國家制度，亦很可使爲政者作個備考。以後新莽革政，就幾乎大部採用他。但是因爲二者既無師承，與以後請立左傳的劉歆和讚許模仿周禮的王莽，一同篡漢，於是後來的學者，總是認爲這些書是爲莽而製造，輔成易代之謀。到了清季民初，這種學說更爲風行，近年來還沒有衰落。客觀的學者雖然多起來，左傳好像得了解放，周禮也隨著另加評定。但是辨僞諸君子，還有些一口咬定那些書是劉歆等所作，未免主觀太深了。同樣的情形，辯護的人也抱着主觀，在那裏說左丘明與孔子的關係，周禮和周公或周制的關係。其實都算偏激之論。左傳周禮是古文字的書，可能的。可是古文字秦朝才廢，古文又有六國古文，周初古文，以至於戰國總有古文。我們何從知道古文經不是最末後古文寫的呢？因之，左傳和周禮又何必一定是左邱明和周公作的呢？不過這兩部書亦決非劉歆所造。其證據極多。近人章太炎，劉師培，錢穆諸氏之論證，已很可觀。但是他們常用經義及制度等作根據，大體說來常是間接的，或兩可的。我們總須尋得比較直接證明纔好。現在我已經知道劉向曾見左傳（參看附註一），那末當然非劉歆所可僞造的了。史記十二諸侯年表序例載“魯君子左邱明懼弟子人人異端，各安其意失其眞；故因孔子史記，具論其語，成左氏春秋”。當亦非歆所竄入，（寧可謂爲司馬遷就傳聞所記）。　而自姚際恆（春秋無例詳考），劉逢祿（左氏春秋考證），康有爲（新學僞經考）及崔適諸氏以來，近代學者及辯僞諸君子，皆以劉歆僞作左氏等書藉以附成莽篡，故不惜改竄史記。　今知歆未作左氏，故亦無增改之必要。　司馬遷既稱左氏，則必見其書。　近人楊向奎先生列舉史記義例本諸左氏者凡四十餘條（論左傳之性質及其與國語之關係，史學集刊二期），尤爲子長曾讀左氏之一證。　西儒高本漢（ Karlgren 左傳眞僞考）先生以文法用詞之方法，證明左氏決非漢代作品，惟其估計太早。　洪煨蓮先生疑爲漢初所作，或出於張蒼（春秋傳引得序）。　總之，左傳非劉歆所可僞作，且前漢時久已存在，則意見俱屬一致。　至其約成於何時，約爲何人所編纂，則非屬本文範圍，暫不及之。

左傳既然不是劉歆所造，那末就在當時歷代易朝，國家興亡上，完成一個很有趣五行相生的學說了。　原來五行的學說，很早就發達起來，一般陰陽家時常拿他解釋一切。　以後更把他用來說明歷代易朝的原理。　顧氏著作中很有些個專講這個問題的，恕不費辭。　現在只說漢代應易新朝的根據。　王莽自本中說：

“黃帝姓姚氏，八世生虞舜，舜起嬀汭以嬀爲姓。　至周武王封舜後嬀滿於陳，是爲胡公。　十三世生完，完字敬仲奔齊。　齊桓公以爲卿，姓田氏。　十一世生和有齊國。　三世稱王。　至王建爲秦所滅。　項羽起封建孫安爲濟北王。　至漢興，安失國，齊人謂“王家”，因以爲氏。……安孫遂字伯紀…生賀字翁孺”。（元后傳）

翁孺生禁字稚君，本始三年生女政君。　政君便是元后亦即莽之姑母。　所以莽自稱黃帝之後或虞帝之後。　而漢代劉氏按左傳所載有劉累。　左傳昭公二十九年說：

“有陶唐氏既衰，其後有劉累。　學擾龍于豢龍氏，以事孔甲”。

劉累後人到商稱豕韋氏，周代稱唐杜氏。　更後奔秦改爲劉氏。　劉由秦移魏，由魏至豐邑。至豐邑便是漢高帝的祖父了。那末漢劉氏爲堯之後了。而堯又爲炎帝之後。月令說：

"孟春盛德在木，其帝太皞，孟夏盛德在火，其帝炎帝。中央土其帝黃帝。孟秋盛德在金，其帝少皞，孟冬盛德在水，其帝顓頊"。

按五行相生之理，木生火，火生土，土生金，金生水。於是太皞代以炎帝，炎帝代以黃帝，黃帝代以少皞，少皞代以顓頊。再向下便是帝嚳（木）代以帝堯（火），帝堯代以帝舜（土），帝舜代以夏禹（金），夏代以商（水）。更近一點便是商（水）代以周（木，秦短朝爲閏木），而周代以漢（火）。那末，漢呢？王莽爲黃帝虞舜之後，五行爲土德。當然是漢代以王莽之土了。這樣眞是促進新莽奪漢劉的野心。一般五行信仰者，恐怕都有這種心理。不過西漢中葉司馬遷史記中的五帝本紀，以顓頊繼黃帝，不提及少皞傳位，與大戴禮記及世本相同。既然缺少皞一帝，那末五行易德的次序，就又不同。同時以莽的土代漢就未必能成立了。幸而左傳文公十八年，昭公十七年，二十九年，定公四年均有少皞帝的記載，所以少皞仍可信其有。有少皞，那末王莽以土繼漢就可得之而無愧於衷了。所以左傳雖對改政制度無大關係，却能促成五行各帝相代說的完整。亦便是間接推進了新朝代漢的意識。因此也把他列爲因子中一小分子。

因爲左傳有少皞的記載，一般辨僞家，總以爲那是劉歆竄入以附莽的。我以爲很可不必。何者？假使其爲竄入於哀帝初年，那末他便實無意義。因爲當時不僅莽無篡漢之心，且莽亦即失位。若其爲在子嬰之時，則左傳已爲人共知，又安可隨意竄入？史記五帝紀中舜紀有少皞氏。特未列入五帝，非史遷不知有此人。辨僞者又以此爲竄入。然月令所記，果亦出劉歆之手乎？是不可解。大概古代傳說，對此可分兩派。一派有少皞爲帝，一派無之。太史公取後者定其非帝，而又取前者云有此人，這是他的謹愼處。左傳月令屬於前者，大戴記世本爲後者。我們不必定誰是誰非，更不必使二者如一。總之，古史傳說，自有他的系統，他的支派，我們切不可注入主觀進去。左傳對于易朝有些影響，既如上述。其對改制革政關係更較大的，便是周禮。

丙　周禮重要制度之特色

周禮一書大概在西漢中葉就存在（參看附注二），平帝時王莽很依重他（發得周禮，以明因鑒——莽傳上）。那末他的內容，是包括了一些什麼思想，什麼樣的政策呢？今暫就其重要者；如政治，社會。經濟，官制等加以說明。

一　井田似均田制度。周禮主張耕地應平均分配，視地之上中下爲三等。或受地百畝二百畝三百畝。或以百畝根據而加萊五十畝，百畝，二百畝。或更依人口之多少，如七六五三種爲定上下地。方法自相衝突，（注文述及）。但其大前題，却是像後世的均田制，新朝時的王田；但決不是古代的井田。

古代的井田之有無，本成疑問。孟子及王制中記載所謂井田。他們的井田不外乎"八家同井，井九百畝，中有公田"。周禮既沒有公田，並且說"九夫爲井"當然便把"中有公田"的百畝，也須歸諸一夫所有了。既然取消了公田，那末孟子所謂"助"法，自然也不存在。所以在周禮內，我們只看見了稅斂和貢賦。這不是同後世均田制中租調更近似了麼？田制的分配既然可以百畝，二百畝，三百畝以及加萊等等，更使明白他非井田的公田制，確似均田無疑了。

稅斂貢賦以外更有徒役，這正是近似後世均田制中庸及徵兵的府兵制了。我們先看他的稅斂，小司徒說：

乃經土地而井牧其田野。九夫爲井……四丘爲甸，四甸爲縣，四縣爲都。以任地事而令貢賦，凡稅斂之事。

載師說：

凡任地，國宅無征。園廛二十而一，近郊十一，遠郊二十而三，甸稍縣都皆無過十二。唯其漆林之征，二十而五。

這是表示國家機關的房舍無稅。園圃和街市之地納 10 分之 .5 的稅。京師近郊10分之1，遠郊10分之1.5，其他都縣全得過10分之2。近畿者輕，遠者重，而備作工商者最重。

貢賦常同徒役連繫而論。小司徒載有：

乃會萬民之卒伍而用之。五人爲伍，五伍爲兩，四兩爲卒，五卒爲旅，五旅爲師，五師爲軍。以起軍旅，以作田役，以比追胥，以令貢賦。乃均土地以稽其人民而周知其數。上地家七，可任也者，家三人；中地家六人，可任也者，二家五人；下地家五人，可任也者，家二人。凡起徒役，毋過家一人，以其餘爲羨；惟田與追胥竭作。

大司馬項亦說：

凡令賦，以地與民制之。上地食者三之二，其民可用者，家三人。中地食者半，其民可用者，二家五人。下地食者三之一，其民可用者家二人。

此以農家爲單位而徵發軍役貢賦及徒役。貢賦的內容已難詳考。惟徒役及軍役由上已可見其大概。至於徒役年齡，周禮亦有記載。鄉大夫有曰：

以歲登其夫家之衆寡。辨其可任者，國中自七尺以及六十，野自六尺以及六十，皆征之。

這種均田式的井田，和其租庸調及府兵式的稅歛，貢賦，徒役及兵役，爲其國家社會結構之基礎。

二　官奴隸制度。古代奴隸爲社會構成及經濟生產要素之一。到了西漢，他的分量以及待遇更增多更慘苦起來，前文已有闡述。這些奴隸也大部是屬於私家的。周禮內也有奴隸，可是似乎都是屬於公家的。天官冢宰中雖然有"以九職任萬民……八曰臣妾，聚歛疏財"的話江永以臣妾卽官奴婢；質人有"掌成市之貨賄人民"注稱人民卽奴婢，似有私家奴隸；但終無明文的記述。公家的奴隸周禮却說道：

其奴，男子入於罪隸，女子入於舂稾。凡有爵者與七十者與未齔者，皆不爲奴。（秋官司厲）

男子在罪隸所掌的"役事官府與凡有守者"工作。女子入天官中女酒女漿女籩女醢女鹽女冪；地官中女舂抌，女稾；及春官中女祧中工作。以上由犯罪而爲官奴的。其第二個來源便是由俘虜而成的。秋官司隸說：

司隸掌帥四翟之隸，使之皆服其邦之服，執其邦之兵，守王宮與野舍之厲禁。

其他蠻隸養馬守門，閩隸役畜養馬，夷隸養牛馬，貉隸養獸。都是由俘虜而來的。

私家奴隸所造成的是富商巨豪。反之，官家奴隸却是爲政府而服務。那末如果行均田制而用私家奴隸，正是自相衝突，自相矛盾。只有官奴制度纔能和均田精神一致不相妨害呢。

三　國管工商及市場。周禮對於工商業及市場極力取干涉政策，有似近世所謂統制。天官冢宰說：

以九職任萬民。一曰三農，生九穀。二曰園圃，毓草木。三曰虞衡，作山澤之材。四曰藪牧，養蕃鳥獸。五曰百工，飭化八材。六曰商賈，阜通貨賄。七曰嬪婦，化治絲枲。八曰臣妾，聚斂疏財。九曰閒民，無常職，轉移職事。

周禮對於工商既加管理，於是對同類商業使聚在一肆，以便干涉和收稅。肆長項說：

肆長，各掌其肆之政令。陳其貨賄，名相近者相遠也，實相近者相爾也；而平正之。斂其總布，掌其戒禁。

每肆的物價並且要加以比平確定。賈師項說：

賈師，各掌其次貨賄之治。辨其物而均平之，展其成而奠其賈；然後令市。凡天患，禁貴價者；使有恆賈。四時之珍異亦如之。

這是平定物價，不許商賈任意操縱的一種積極管理。以上歸司市掌之。那末物價如何而平？泉府項說：

泉府掌以市之征布，斂市之不售，貨之滯於民用者，以其賈買之。物楬而書之，以待不時而買者。

這實是一個調濟物價的一種理想。均歸泉府掌之。如此，市場就全被國家統治起來了。

其次民間的借貸亦由公家辦理。因如係私家經營至少可以剝削農民，操縱物價，擾亂金融。若由國營，既可濟民又可營利。泉府項說：

凡賒者，祭祀者無過旬日，喪紀者無過三月。凡民之貸者，與其司辨而授之，以國服爲之息。

更有山林川澤之饒藏，亦須由國管理。山虞項說：

掌山林之禁令，物爲之厲而爲之守禁。

林衡項說：

掌巡林麓之禁令而平其守。

川衡項說：

掌巡川澤之禁令而平其守。

澤虞項說得比較詳細：

掌國澤之禁令。爲之厲禁，使其地之人，守其財物。以時入之于玉府，頒其餘于萬民。

這使山林川澤的產物大部分歸於政府，小部分給民家應得之物。拿來防止豪民的獨占，私奴之產生，却是有連續關係的。以後新朝六筦五均大體採自以上所敘諸項。

周禮對於不生產和不勞動者亦征稅，有些强迫工作的意思。載師說"宅不毛者有里布。凡田不耕者出屋粟"。又說"凡民無職者出夫家之征"。閭師說"凡無職者出夫布"。這一種積極生產，提倡勞動的姿態，充分表露出來。能使浮遊妄民納稅，眞是創舉了。

四　國家財政及祿田制。周禮所定的財政制度，可以算是沒有國家公用財政，只有宮廷的私用的財政。譬如天官說：

大府掌九貢九賦九功之貳。以受其貨賄之入，頒其貨於受藏之府，頒其賄於受用之府。凡頒財，以式法授之。關市之賦，以待王之膳服。邦中之賦，以待賓客。四郊之賦，以待稍秣。家削之賦，以待匪頒。邦甸之賦，以待工事。邦縣之賦，以待幣帛。邦都之賦，以待祭祀。山澤之賦，以待喪紀。幣餘之賦，以待賜予。凡萬民之貢，以充府庫。凡式貢之餘財，以供玩好之用。

這是宮廷私用的財政制度。至於王侯與官吏各有封地采邑，自然不用公家財政了。王侯的封地久已有之，而官吏采邑却非當時制度。這種采邑，吾人稱之曰祿田。

先說封土。大司徒項說：

凡建邦國以土圭，土其地而制其域。諸公之地，封疆方五百里，其食者半。諸侯之地，封疆方四百里，其食者三之一。諸伯之地，封疆方三百里，其食者三之一。諸子之地，封疆方二百里，其食者四之一。諸男之地，封疆方百里，其食者四之一。

公侯各有封地，由方百里至五百里，惟只能得其賦歛二分之一至四分之一。其餘歸之國家。

其次爲卿大夫之采邑，亦卽祿田。載師項說：

以公邑之田任甸地，以家邑之田任稍地，以都之田任縣地，以大都之田任疆地。

家邑是大夫的采地，小都是卿的采地，大都是公的采地。公邑乃分授農民耕田之餘地。鄭注"天子使大夫治之"。

此外更有所謂宅田，士田，賈田，官田，牛田，賞田及牧田等爲對於服務官家的用者。載師項說：

以廛里任國中之地。以場圃任園地。以宅田，士田，賈田任近郊之地。以官田，牛田，賞田，牧田任遠郊之地。

惠士奇禮說引"管子曰良田不在戰士，三年而兵弱。賈田者官賈之田，官田者官工之田。晉語工商食官。周書云縣鄙商旅能來三室者，與之一室之祿。牛田牧田皆芻牧之地"。又說"楚莊王謂共雍曰：有德者受爵祿，有功者受田宅，……宅在邑故曰宅謂之田邑。祿田而外，有功而賞曰賞田"。鄭注以官田授庶人之在官者。那末：

(1)宅田　授於戰士　⎫
(2)士田　授於戰士　⎬任近郊之地。
(3)賈田　授於官賈　⎭
(4)官田　授於官工或庶人在官者　⎫
(5)牛田　授於官用牛等之牧場　⎪
(6)牧田　授於官用馬等之牧場　⎬任遠郊之地。
(7)賞田　授於有功者所備之賞田　⎭

這七種與祿田相當，全是授民以井田耕地以外者。因此可以知道政府官吏除宮廷外各有祿田，政府不另外支付薪俸的。所以欲知周禮官祿之高下，須視官爵之等級為定。周禮分爵為一、公，二、孤卿，三、中大夫下大夫，四、上士，五、中士，六、下士，庶人有官者屬下士，共六等。新朝官職及祿幾全襲之。

以上是周禮制度的特色。這些制度好像是恰對當時社會下一針砭。並且啓發人對於當時制度的懷疑。因之，一般古文家却覺得周禮既為周公所用過的禮制，那末周公太平之治當然出於此種制度了。所以他們請求把他列入學官，王莽亦覺得這書可"以明因鑒"。於是一般儒士由懷疑當時社會制度，而希望改善，也便一同把他研究起來。因此周禮遂奠定改制理想的基礎。可是他的制度和當時所行的，又相去較遠。要復周公之治，便非得要革政不可。恰巧當時秉政的王莽既然和古文家劉歆等素相融恰，並且很能理解周禮。所以古文學派以及同情於周禮制度的人，便以莽為中心，按着這部書制禮作樂了。而莽又別俱一番美妙的幻想，和這般儒士要提倡古文，要佔優勢的心情兩相恰巧；便不期而然的把西漢劉氏推倒，正式取得政權，眞要想恢復周公致太平之治。可是莽的一番心情和政權又是怎樣取得的呢？

四　集權的政治和政權的轉移

周代封建社會，成就春秋諸侯割據。戰國羣雄爭長的局面，結成周室的滅亡。秦朝統一後，因社會之自然發展，乃行中央集權制。於是廢封建而立郡縣，使天下政權，統歸中央。權既屬於一人，則君主個人之賢愚及長幼均可影響國家安危盛衰。是以始皇之世，天下澄平，北逐匈奴，南定百越。而二世之時則權移趙高，秦室遂亡。蓋國事巨細，萬端待理，若使均操於一人之手，何能勝任？果遇賢君，佐以良相；或可大事無過，小事循規。如値庸主或年歲幼弱，個人知識尙限宮廷，使之以定國是，豈能稱職？所以凡朝中謀政之權臣，帝王左右之寵侍，俱可代君行政，神器不待竊，而已自行轉移了。秦朝滅亡之速，就是一個很好榜樣。漢興鑒於集權之弊，欲恢復似封建制度，以匡此弊。然行未及五十年，諸王坐大，遂生吳楚七國之亂。亂平，於是乃復爲集權。自武帝以來中央權柄，日益增大。及至宣成乃造成皇帝之絕對王權，或有諸王封土亦不過徒俱虛名罷了。集權之制旣成，因之流弊又生。武帝以後權歸大將軍霍光，宣元之時權在弘恭石顯。及成帝立，更轉移而入太后王氏外戚。於是王鳳王音王商王根相繼專政。

成帝初即位，諫大夫楊興，博士駟勝等諫帝舅王氏譚，商，立，根，逢時，無功爲侯，陰盛侵陽，不合於高祖之約。帝不能聽。河平三年，帝宗室劉向以王氏專權，乃上洪範五行傳論諷帝。帝知向忠精，然終不能奪王氏權。陽朔元年京兆尹泰山王章，以諫王氏專權，下獄死。紀載：

"時大將軍王鳳用事，上謙讓無所專。左右嘗薦光祿大夫劉向少子劉歆，通達有異材。上召見歆，誦讀詩賦，甚悅之，欲以爲中常侍。召取衣冠，臨當拜，左右皆曰，未曉大將軍。上曰此小事何須關大將軍。左右叩頭爭之。上於是語鳳，鳳以爲不可，乃止"。又載：

"定陶共王來朝，……上謂共王"我未有子，人命不諱，一朝有他，且不復相見爾長留侍我矣"。……大將軍鳳心不便共王在京師。 會日食。 鳳因言曰……宜遣王之國。 上不得已，於鳳而許之。 共王辭去，上與相對涕泣而決"。

由是可見專政之一班。 王章言日食應歸罪於鳳之專權蔽主，因此獲罪。 當時劉向謂陳湯曰"今災如此，而外戚日盛，其漸必危劉氏"乃更上封事極諫曰："夫大臣操權柄持國政，未有不爲害者也。 故書曰"臣之有作威作福，害於而家，凶於而國"。今王氏一姓，乘朱輪華轂者，二十三人，青紫貂蟬，充盈幄內，魚鱗左右。大將軍秉事用權，五侯驕奢僭威，並作威福。…尙書，九卿，州牧郡守，皆出其門。 筦執樞機，朋黨比用。…內有管蔡之萌，外假周公之論。 兄弟據重，宗族磐互，歷上古至秦漢，外戚僭貴，未有如王氏者也。…"皆罷全就第"。

其形容王氏當時權威，可稱信史。"書奏，天子召見向歎息悲傷其意，謂曰"君且休矣，吾將思之"。 然終不能用其言"。

後鳳死，音商繼政，雖勢稍殺，然仍權勢傾於朝廷，百官亦莫不從附。"故南昌尉九江梅福上書曰……'漢興以來社稷三危，呂霍上官皆母后之家也。親親一道，全之爲右。……今乃尊寵其位，授以魁柄，使之驕逆，至夷滅，此失親親之道也'。 上不納"。 及商死根繼之，根病，於是王莽爲大司馬，繼四父輔政，名譽過於前人，專政當倍昔時。 哀帝之世，莽雖一度就國，而天下怨莽（以莽怨也），是以不久仍返朝執政。 哀帝死，權盡歸莽。 平帝九歲，幼弱無知，政屬王氏，令由莽出。 天下旣無諸王內淸君側，公卿大夫又皆出於王氏之門。 因之政權不待莽之奪取，而國祚已自移於王氏了。 班氏讚成帝說"建始以來王氏始執國命，哀平短祚，莽遂篡位，蓋其威福所由來者，漸矣"。又論諸侯王說"景遭七國之難抑損諸侯……諸侯惟得衣食稅租，不與政事。 至於哀平之際，皆繼體苗裔，親屬疏遠。 生於帷牆之中，不爲士民所尊，勢與富室亡異。而本朝短祚國統三絕。是故王莽知漢中外殫微，本末俱弱，無所忌憚……不降階序而運行天下。祚漢既成，遂據南面之尊。分遣五威之吏，馳傳天下，頒行符命，漢諸侯王厥角稽首，奉上璽韍，惟恐在後。或乃稱美德以求容媚，豈不哀哉”。這些話是有一部分道理的。不過平帝的在位，即能持久，亦不能挽救這種趨勢。大權既已移轉，奪回是很不容易的。王室勢力衰頹，行政之無力，自然造成改朝的局面。而況改朝的主人翁，就是把持政權的內親王莽呢。我們更看王莽如何取得政權及何由而革政？

五　王莽之性格及其影響

甲　少年之遭遇及其孝愛

王莽是前漢末季，最有權勢外戚之後裔。成哀平三朝執掌國家大政的孝元皇（太）后便是他的姑母。並且他的伯叔父也是當代輔政的大臣；封侯列將，貴極一時。下而至於同輩諸兄弟，亦均假父兄之權勢，以富貴相炫耀的。元后傳形容他伯父王鳳輔政時王家之情況說：

“自是公卿見鳳側目而視。郡國守相，刺史，皆出其門。又以侍中太僕音爲御史大夫，列於三公。而五侯羣弟爭爲奢侈；賂遺珍寶，四面而至。後庭姬妾各數十人，僮奴以千百數。羅鐘磬，舞鄭女，作倡優，狗馬馳逐。大治第室。起土山，漸台，洞門。高廊閣道，連屬彌望”。

則當時王家的富貴，可以說是僅次於皇室罷了。可是同一王家，而王莽，却很不幸。幼時，他的父親便早死了。他的胞兄，亦官方至諸曹又捨棄其妻子老母而卒。因之王莽遂以一個十幾歲的青年孤兒，要擔起事母，養嫂，教姪的一切重大的責任。更不幸，其父未曾封侯，家中貧寒異常。莽傳說：

“王莽字巨君，孝元皇后之弟子也。元后及兄弟皆以元成世封侯，居位輔政。家凡九侯五大司馬；唯莽父曼蚤死，不侯。……莽獨孤貧。……事母及寡嫂，養孤兄子，行甚敕備。（傳上）

他在這種孤貧的遭遇中，是極以孝聞的。他的孝母，不僅爲當時人所頌揚，即是稍後存意詆毁他的人，亦要加以推崇。 正面的例，如元始三年張竦爲大司徒崇所草之奏文有：

"竊見安漢公（莽），自初束修，値俗隆奢麗之時。…孝友之德，衆莫不聞"。（傳上）

反面之例，若班氏莽傳前擧之記載"事母及寡嫂…行甚敕備。"已甚明瞭。 尤其是班固有意貶抑之傳贊亦曰：

"宗族稱孝…"（傳下贊曰）

正反兩方史料如一，則莽幼時（二十歲以前）必極孝愛其母無疑。 而此種"孝"與其個人性情及終身事業之成敗，有莫大之關係， 以下余漸次言及。 今先探求莽孝母之來源。

據現代治心理學者研究，大凡寡婦或離婚以及神經質的婦人，每多鍾愛自己之男孩。 其心理之根據，今且不論；而事實如此，概不可移。 即雙親俱在，其母亦常愛長子及幼子。 莽母早寡，又爲幼子，而兄更在莽少時死（三者俱見前引）。 是莽兼三重受母鍾愛之可能，則莽母之寵愛莽也，當數倍於常人，絕不容疑。 自弗洛伊德（S.Freud）理論被修正以來，知子女孝愛其父母非爲本能，而須視父母之對其子女如何乃定。 莽母之鍾愛莽若此；則莽幼時感受而作正當之反應，以孝愛其寡母，實爲人性之常態。 惟孝愛過度之人，甚者每患心理病；如心境易變，注意散漫，易生煩擾，易動感情，過度幻想，或更染歇思脫利亞（Hystria）精神病等。 次焉者，較入常態；惟亦每逃避現實之嚴厲生活，代以幻想之理想境界，所謂抑性態者；擧凡幻想家，哲學家，神秘主義以及熱心宗教者多因此造成。 莽長後，性易變，好情感，過度幻想，晚年或更有些歇思脫利亞病，且彼實亦幻想家，神秘主義及熱心宗教者（均詳下文），可謂均與孝愛性情相應。 心理學家又言此種性情（即極注意孝愛其父母）乃爲性格中內向特性之主要原因，而莽固俱此特性者（詳下）。 此尤爲莽俱過度孝愛之又一說明，是以余敢斷言王莽極端孝愛其母。 凡愛他人者，應屬人生型式之社會型。

惟余有不能不一言者，即上文擇用“孝愛”二字。吾國之“孝”實不盡當於今日心理學家所用“子女愛其父母”之“愛”。西方有謂此愛來自性本能者，有人已辨其妄。而中國近代所稱之“孝”，除學者所謂由撫愛反應而來者外，實尚有所謂歷史或社會性雜於其間。若以王莽所處時代而論，乃恰值漢朝以孝治國之際。如自孝惠帝以下，孝文，孝景，孝武，孝昭，孝宣，孝元，孝哀以及孝平，每代必加一孝字。甚至匈奴單于，稱號亦以“若鞮(此言孝)”為榮。孝經既先時而存，則為人子者，誰不應孝，誰敢不孝。此孝之來源，及隆盛當不外於上古崇祖之遺留，漢初儒家之漸次得勢，以及呂后奪取政權之技巧。是孝也，與王莽幼年之孝同名而實異。莽孝源於幼年受撫愛之反應，彼孝乃有歷史及社會之背境。故余以“孝愛”二字當於西人所謂子女愛其父母之“愛”，不用吾人東方所特有而來源複雜之“孝”，或可謂“孝道”，而與之相混。此意若明，更有助於解釋史料。如莽傳有云：

“莽子宇內婦。賓客滿堂。須臾一人言太夫人苦某痛，當飲某藥。比客罷者，數起焉。”（卷上）

班氏譏笑他說“其匿情求名，如此！”我們若按他幼年的孝愛，可以推斷此是孝愛表現者一端。那末班氏之論，未免辭涉誣蔑，絕不可取。但這只能說處在西洋社會中，或可稱持論正確。惟莽正當中國孝道隆盛之時，士人方以孝干名，那末他不顧賓客而數起焉者，至少有干“名”的成分。怎麼說他是干名呢？因為若純為孝愛，當時莽年事已長，列名朝廷，孝愛方式，早宜改進；賓客滿堂之際，冒漫客之罪，母非重症，事親服藥，一起可也。今竟數起焉，誰能謂其無匿情求名之嫌？夫求名之事，實基於獲得威望聲名之意志。欲獲得威望聲名者，多出自超勝補救特質或人生型式中之政治型性格。細究王莽特性及生活型式，此性及政治型最多（均詳後文），可謂與此相應。是故吾人勿寧斷此為該性質及型式中之一種過程，而且與社會型（孝愛，詳後）混合而成，難認此為純孝愛之現象。班氏僅道着一半，他已忘其用“宗族稱孝”的話了。總之，莽幼極孝愛，及長却有些利用一向孝愛的習慣，來應合當時提倡的“孝”，藉之以求名望了。上舉兩種特性及兩種型式，在他生活中，充分的活躍着。以下我們試探求他的性格，就更可以有正確的了解的。

乙　王莽性格中之特質

研究一個人的性格，最好是尋求他的自我表現（Self-Expression）諸特質。其次便是他的智慧，動性以及他的參加社會性。很幸運的，這個都可以在漢書王莽傳中，尋得一些。今先述其自表特質。

1. 超勝（ascendance）的特質。王莽是俱有超勝特質而非屈從（submission）的人。凡有此特質者，常易視己爲主而想支配他人。所以這種人多成爲領導，握權或個人主義者。王莽旣握權而支配人且爲革政的領導人，晚年成爲一個人主義者，就大體看來已經可以想像他是有超勝特質的人；不過治史，尤重理證。故仍須再加以詳細推究，他是否確是俱該質，或是有充分的超勝特質。

一般心理學家以爲超勝特質的來源，不外乎：一，身體高大，能俯視一切；二，有奮力或補救的能力；三，當兒童時爲最長，或能節制其父母。三者有一，均可養成斯質。王莽乃竟對後之二者，均爲俱備。莽於童時，雖爲幼子，然父兄早死，其幼時卽爲寡母之獨子。二十歲以前，孝母事嫂教姪，居然家中之惟一支持人，惟一可依靠的人（例見前節）；易言之，卽在事實上爲長子，爲能節制家庭之人。由是而養成超勝性質，極爲容易。此其合於上述第三者。至於莽之奮力表現尤爲超絕。

奮力（drive）特質者，用一切努力集中在一個目標去奮鬭，就是奮力特質最好的表現。王莽爲取得政權而百折不回，他爲實現他美妙王田制，廢奴制等，所謂制度定而天下平的幻想而奮鬭。雖然這和哥倫布爲周遊地球而奮鬭，亞歷山大爲征服世界以及林肯之爲南北統一努力，方面各有不同；而其秉有努力強大之特質，則不容疑。例如他幼年遭遇，旣孤且貧，前節已經述及；設若欲取得政治勢力，當極困難。但他試用各種努力，以收成效。莽年約二十歲左右，他便：

"外交英俊，內事諸父，曲有禮意。" （傳上）

外交英俊，總是爲從事政治活動的預備。內事諸父呢，他是因諸父都是當朝執政之人。所謂"曲有禮意"，正是可以看出如何努力來。張竦說他：

"折節行仁，克心履禮。拂世矯俗，確然特立。惡衣惡食，陋車駑馬。"（傳上）

班氏說他：

"因折節爲恭儉。" （傳上）

都是形容他如何苦行要名，如何要求得聲望。求聲望，本於進入政途的一端。可是他這樣奮力並未達到目的。直到他二十四歲，世父大將軍王鳳病，他再加努力。

"陽朔中（三年），世父大將軍鳳病。莽侍疾。親嘗藥，亂首垢面，不解衣帶連月。"（傳上）

他用一向孝愛他寡母及因貧窮而操勞的習慣，或且超過之，來侍奉大將軍，來感動他的世父。果然這位當時最有權威的大臣起了愛惜的心情；

"鳳且死，以託太后及帝。拜爲黃門郎。"（傳上）

莽從此便入政途。而他一向曲有禮意的內事諸父，亦漸得到正常的反應。諸父中：

"成都侯商，上書願分戶邑以封莽。"（傳上）

曲有禮意的外交英俊，亦復如是。

"長樂少府戴崇，侍中金涉，胡騎校尉箕閎，上谷都尉陽並，中郎陳湯，皆當時名士，咸爲莽言。上由是賢莽。元始元年（莽三十歲），封莽爲新都侯。"（傳上）

自此以後，尤爲奮力：

"爵位益尊，節操愈謙。散輿馬衣裘，振施賓客，家無所餘。收贍名士，

交結將相，卿大夫甚衆，故在位者，更推薦之。”（傳上）

這様的散財恭謙，和推薦舊臣的結果，班氏說他：

“師友歸仁。”（傳讃）　可也詆毁他說：

“游者爲之談說，虚譽隆洽，傾其諸父矣。”（傳上）

若去班氏之主觀及不得已而毁謾之詞，實況恐是“游者相爲稱贊，名譽隆洽，傾其諸父矣。”觀下文班氏記其姪光事：

“莽兄永…有子光。　莽使學博士門下。　莽休沐，出振車騎，奉羊酒，勞遺其師，恩施下竟同學。　諸生縱觀，長老嘆息焉。”（傳上）

諸生縱觀，長老嘆息，則知莽之奮力，非僅取得虚譽而已。　他竟是要把握羣衆，作更大企圖。　果然不久，他設法誅當時貪污而有權勢的淳于長，於是感動他諸父中王根。　他薦莽自代，莽遂擢爲大司馬，而政權在握，繼四父而輔漢政了。　這時他年僅三十八歲。　假設他沒有奮力，由幼時孤窮的境遇中，是不能成就的，或者早亦以爲滿足而中止了。

有奮力的人是永不能停留的，不能中止的。　他既爲大司馬，復：

“克己不倦，聘請賢良，以爲椽史。　賞賜邑錢，悉以享士。　愈爲儉約。”（傳上）

儉約刻苦的一例，如：

“母病。　公卿列侯遣夫人問疾。　莽妻迎之，衣不曳地，布蔽膝。　見之，以爲僮，使問，知其夫人。　皆驚。”（傳上）

不論徵求賢良，力爲儉約，班氏均說他“欲令名譽過前人”。　可是他亦得說：

“勤勞國家，直道而行，動見稱述。”（傳讃）

他奮力以求治，總是不錯的。　而治使有名譽，名譽便是聲望，聲望便是威權。

哀帝即位，莽罷職就國。

“在國三歲，吏民上寃訟莽者（以莽寃也），以百數。”（傳上）

奮力治國的結果，莽再被召還京師。　哀帝一崩，遂大權獨攬，整個漢家天下乃握於其一人之手矣。

政權取得以後，奮力强大的人，仍然是勇往直前。等到莽

"發得周禮，以明因鑒。則天稽古而損益焉。"（傳上）

在這時候，他便把一向爲奪取政權的奮力，移入建設一損益周禮制度的美妙藝術化，幻想而完美的國家，莽所謂：

"制定，則天下自平"（傳上）

的理想國上努力。於是：

"銳思於地里，制禮作樂，講合六經之說。"（傳上）

"起明堂，辟雍，靈臺，爲學者築舍萬區，作市常滿倉。制度甚盛。"（傳上）

當時羣臣說他：

"夫明堂辟雍墮廢千載，莫能興。今安漢公（莽）…四年于茲，功德爛然。"（傳上）

可見他努力的一般。而他還要自己參加研究，他上書說：

"當古制禮以治民，作樂以移風。…願諸章下議者，皆寢勿上。使臣莽得盡力畢制禮作樂事。事成，以傳示天下，與海內平之"。

到他制禮作樂，損益周禮，完成了的時候，一切制度和當時很有不同。於是革政，亦就自然不可避免了。

但是莽性格中之奮力，怎麼來的呢？我們必須尋得，方能使前論確切。心理學家以爲奮力之發生，幼時多由以所愛之父母親友爲模範而來的。更要則爲滿足超勢反射作用而來。這些均與王莽環境及性格相應。莽之寡母如何品格，如何教導他傚法誰，吾人已不可知。但他內事諸父，曲有禮意；足證他很恭順及仰慕他們。他侍世父鳳病之耐勞，可知他是如何愛羨他。而他的諸父均爲當時執政的大臣，那末他爲他們影響，而起一種取得政治勢力的奮力是極自然而合理的。此點足證余說之不誤。其要點之超勝反射作用，尤爲切合。

大概王莽性格超勝特質，極爲發達。 食貨志說：

"莽性躁擾。不能無爲。"

這種不能無爲，正是他基於滿足超勝的奮力，所以吾人可以知道王莽是俱超勝特質的。 可是當他取得重要政權後，便要建設一個理想的國家。 這固然一面仍本於一面所謂"不能無爲"的超勝，而他方面若細加推求，勿寧是由於另一特質之發展。 此特質卽內向是。

II. 內向 (introversion) 之特質。 上文旣然說明王莽超勝奮力性之强大。但如果奮力在行程中，受到挫敗與其事因天賦或環境非正面奮力所可成者，於是要求補償的願望，自然而生。 這種補償力稱爲補救 (compensation)。 如果補救起於正常，卽因環境以求適應，借得心理反應之平衡，此種起源，由於外向 (extroversion) 特質。 而反之補救起於非正，對外表之反應，常加壓抑；因衝動强迫入於自主神經系中，引起一種高度情緒，致其補救乃與實際隔離；以此而求心理反應之平衡，這便是內向。 王莽無疑是內向特質很强的。 我們先從他的細微行動說起。

莽傳記載：

"莽身長七尺五寸，好厚履高冠…以氂（毛以彊曲者）裝衣（裝褚衣中，令其張起）。…反膺高視，瞰（遠也）臨左右。"（傳中）

今日考古家定漢尺約當公尺之·二三。 因之七尺五寸約合一·七二五公尺或營造尺五尺四寸。 此雖非過高之軀，而亦不能謂爲中常短矮之人。 然莽俱超勝性質，何能以此爲足。 惟體幹修短，本爲天賦，人力殊無能有爲。 設其有洞識 (insight) 力者，必亦知趣不顧，努力於他事。 奈內向之人，性殊非常，例求其補救於常情及實際之外。 於是厚其履，高其冠，以收俯視一切之效；再以氂裝衣，更見其偉大。 此雖能高偉越出衆人，然與實質隔離，其所求心理之平衡乃內向特質表現之一端也。

莽幼年時，傳文說：

“家凡九侯五大司馬。唯莽父曼蚤死，不侯。莽羣兄弟皆將軍五侯子，乘時侈靡，以輿馬聲佚遊相高。莽獨孤貧。”（傳上）

莽旣孤貧，且亡父未侯，可謂不貴。不富不貴，奈偏處於羣兄弟侈靡淫佚的富貴環境中。如果他有洞識力，當然亦便知趣而能安之若素了。可是他奮力特強，對之不能不感興趣。那末自然要加以補救。正常的補救，不外乎結交羣昆仲，適應環境以求富貴。而他却不，他竟反道而行，脫離開這個環境，由內向特質出發。別由自主神經中，引起另外一種高度情緒，補償此缺陷。傳說：

“因折節爲恭儉。受禮經，師事沛國陳參。勤身博學，被服如儒生。”（傳上）

張竦所謂：

“竊見安漢公（莽），自幼束修，値世俗隆奢麗之時，蒙兩宮厚骨肉之寵；被諸父赫赫之光，財饒埶足，亡所牾意。然而折節行仁，克心履禮，拂世矯俗，確然特立；惡衣惡食，陋車駑馬，妃匹無二。…淸靜樂道，溫良下士，惠于故舊，篤于師友，孔子曰：未若貧而樂，富而好禮。公之謂也。”（傳上）

班氏論曰：

“師友歸仁。”（傳讚）

張竦奏文不失阿諛，班氏亦未能洞悉莽折節之理。竦說他“拂世矯俗，確然特立。”正是內向特質的。這同他超勝的特質，是互相表裏的。以後他力行儉約，禮賢下士，都是由他這種初期的內向補救力同超勝奮力合組而成。

有內向特質的人，常易引起幻想，甚至有些瘋狂。有時對人懷疑和怨恨的很利害。自然在抑壓中，表現是比較中和的。莽幼時家貧，本能畜婢。後入政途爲黃門郎。

“嘗私買侍婢，昆弟或頗聞之。莽因曰後將軍朱子元無子，莽聞此兒種宜

子，爲買之。 卽日以婢奉子元。”（傳上）

由此段記載，吾人可推知二事。 一，莽前此未畜婢。 不然，何必記。 二，莽雖未畜婢，而其羣兄弟家。則

“後庭姬妾數十人，僮僕以千百數。 羅鐘磬，舞鄭女，作倡優。 狗馬馳逐。”（元后傳）

兩者相照，勢必求其補救。 無洞識力及不肯爭逐以求外向補救的莽，當然如前逃一貫發揮其內向特質。 於是脫離實際，反道而行，或自立廢奴之論，作爲補救心理不平衡之缺陷，理論上之解脫。 非然者，昆仲聞知何必記？ 而莽又何必以之卽日奉朱子元？ 正因其內向特質，素有廢奴婢之表示，於是衆兄弟聞知矣（以其暗示廢奴而買婢，自相矛盾，故衆兄弟以爲異）。但因抑欲又不敢公然倡廢奴論，於是答人聞知，疑懼的說爲朱子元買以生子。 其意乃若旣非應畜婢，亦非言廢婢。 純取中和態度。 此又內向特質表現之一端也。

惟此內向特質所表現之廢奴論，實由前述孝愛之愛他精神相合而成。 心理學家以爲孝愛乃內向之主因，可謂與此恰相符合。 此種廢奴論，隨其年齡，更相增長，漸漸完成一種幻想，此幻想正待時而發。 哀帝卽位，莽出就國，

“其中子獲殺奴。 莽切責獲；令自殺。”（傳上）

當時對於奴婢，略賣殺虐，本爲常事（參看上篇第一章）。 而莽因內向特質，抱廢奴幻想；今其親子，竟反其道而行，烏不痛恨？ 然依當時情勢，責罰可也。 奈竟殺子以償奴，父子之親，果不及主僕之義乎？ 是莽內向之極端，洞識全無，以致流入妄想狂（paranoidal）之瘋狂舉動，遂乃如是。 吾出是例，不僅爲莽性內向，多一事據；且能證莽少年必有廢奴之論，足見前述之正確，並又說明下言卽眞後首先廢奴，實於性格中有長遠之歷史。 此三者，蓋前後一貫，非只抄襲周禮而然。 漢武以周官爲不驗之書，新莽以其可明因鑒，二人處境不同，所見歧異，有來由矣。

莽卽眞建國之始，其第一詔曰：

"又置奴婢之世，與牛馬同蘭(欄)。 制於民臣，顓(專)斷其命。 姦虐之人，因緣爲利；至略賣人妻子，逆天心，悖人倫；繆於天地之性人爲貴之義。…今更名…奴婢曰私屬，皆不得賣買。"（傳中）

此詔所言，今日視之，固頗平常無奇。 然漢季方在仰仗奴婢爲生產工具，賣買虐殺，視如正義之時，發爲此論，着實可驚。 然履霜堅冰至，其由來甚漸。 前述賣婢贈友及殺獲償奴，早露王莽廢奴主張之朕兆。 及至新朝一立，於是抑壓數十年之幻想，與其因內向而完成之藝術化之理想國相合，乃同時暴發。 詔中痛恨富豪，同情奴婢之情緒，躍然紙上，決非由理智及洞識認識而來。 所謂愛之欲其生，惡之欲其死。 愛他之極端，必致內向發展而爲幻想，幻想乃離世而獨立，不至破壞當時制度，不能休止也。

與內向特質有密切關係者，卽張揚性 (expansion) 是。 凡精力過人，才能較高而又知道自己權力的人，每有此種性質。 成見過深者亦爲張揚。 內向性之極端卽趨向於此。 由幻想加張揚，乃成妄想狂，由超勝加內向而入於張揚，乃成自大狂 (megalomania)。 王莽之富於幻想可謂與晚年之妄想狂有關，卽其後不能受諫，一意孤行，成一種自大狂之狀態，其內向表現尤爲顯著。 凡此將於下篇述之。 茲均從略。

總之，莽之自我表現是超勝和內向兩特質强大，而洞識力極微弱。 洞識 (insight)者，能對自己一切作公平之客觀考察，凡事知趣；旣不自欺，亦不欺人之謂也。 此特質與內向常不並立，（前曾數引，特補述於此）。 莽旣充滿內向，則無洞識，洽相應合。

以上所述均性格中之最要者，其次爲智慧問題。 莽大概缺少敏捷的決斷，卽判斷健全，下篇論及。 可是他因奮力及抑欲的結果，一般適應力較强。 卽他對社會影響的感受性，合作，協合以及熱心很好。 觀其幼壯之奮力從政，略可看出（例詳前）。

再其次，則爲動性 (mobility)。 王莽當然是好動式的人 (Hyperkinetic)。

所謂"不能無爲"。不過幼年因境遇的壓迫，像是好靜式(Hypokinetic)的人。可是他却不是墮性，易言之好靜，只是抑壓他的好動性，成爲抑制的限制。所以一朝無所管制，便慌忙，急燥，以至於顛倒反覆，法令滋張起來。這些均在下篇來說。好動和奮力常是互相牽掣的。

最後要說到他的性質中的社會性(Sociality)了。王莽可算是俱參加社會(Social participation)的特質。凡有奮力的人其參加社會能性(Sociability)亦特別大。所以當他經濟稍一寬裕，他便

"散輿馬衣裘，振施賓客。家無所餘，收贍名士。"(傳上)

這時他不過三十歲。及至擢爲大司馬，他以

"賞賜邑錢，悉以享士。愈爲儉約。"(傳上)

後奉爲安漢公，以召陵新息二縣戶二萬八千，益封莽，而莽則上書卻賞，而

"願出錢百萬，獻田三十頃，付大司農；助給貧民。"(傳上)

因是"公卿皆慕效焉。"(傳上)至元始三年，其女受聘爲后。有詔以二萬萬錢予之，而莽辭受，受四千萬。

"而以其三千三百萬，予十一媵家。"(傳上)

及羣臣奏請增，於是以合前七百萬爲三千萬予莽，而彼

"復以其千萬，分予九族貧者。"(傳上)

所以張竦說：

"於是小大鄉和，承風從化。外則王公列侯，內則帷幄侍御，翕然同時各竭所有，或入金錢，或獻田畝，以振貧窮，收贍不足者。"(傳上)

他這種以奮力求社會的活動，向他人反應，當然亦使他人轉而向他反應。因爲他曾實際和貧人接觸過，是眞正參加過社會的人，所以他的奮力很有集中社會影響及人類幸福之增進。可是這樣奮力發展到高潮，就須涉及政體及制度問題了，那末革政的王田制度，可說恰合他相連繫而一貫的。就此一端看來，王莽社會參加特質頗强。

由上所述，吾人可知王莽性格中，最要者，如：超勝及內向特質强大。由此而奮力，補救，張揚諸性質，當然均隨之以生。但其洞識力較弱。次要者，則智慧中--般適應力較强，其他頗遜；動性中爲好動派之抑制型；社會性他是富於感受性而俱社會參加特質的人。

丙　王莽品格之型式

昔施榜格（E.Spranger）著人生型式（Lebensformen）一書，分人生爲六種型式。今之論人性品格者，或加採用。如服膺斯說，而於前節所論尙未能盡行瞭然者，吾人正可按施氏之法，對王莽品格型式，加以探求。

施氏所舉六種型式爲：理論，經濟，社會，藝術，政治，宗教。此六種型中有互相矛盾及互相關連者，故一人不能盡有，且亦不必僅有一種。約以其何種最顯著者爲定。茲先由理論型說起。

理論型者，其主要興趣在求眞理，生活以知爲主。凡事精於觀察思考而忽於審美實用。惟對於科學實驗，哲理檢討，特別熱心。故態度冷靜而善於推理。科學家及哲學家多屬此型。富於超勝內向特質而缺乏洞識的王莽，顯然不屬於此，下篇敍及莽性之妄想狂，自大狂尤與此相背，故吾可斷其不俱此型。

經濟型者，以實利爲目的，凡事求其用處。無用事物及未能應用之硏究，認爲不必要。生活的理想與觀念亦爲次要。所以如王莽之離開事實及環境之內向性，心意超勝之希望在於未來，均與此不合。再莽取得經濟之法乃由在政治上之發展，更好散財濟衆，不求目前實利，尤與經濟型相背。故吾人可斷言，莽無經濟型之性格。

王莽雖然缺乏理論及經濟兩型，然而却有其比較與此相反之政治，社會，藝術及宗教諸型。這些性型均與前論超勝內向特質合一而互相證應。今特爲說明如下。此中前節已舉之事例，均從省略，請互叄看可也。

1. 政治型。凡俱此型之人，主要興趣在權與勢。意志總想變爲偉人而能居高位，至於領導人或統治人。求名譽心極强。對於行政組織及法律有信仰。　有時爲求名譽或求權勢，不惜僞飾及造作。　原僞飾造作便是政治型的特性。　欲支配人而若發見自己權力不充足時，他便建立團體爲自身之後盾。　總之，他的生活價値，全在效力於他的權力意志。　所謂"察以求知，知希先見，先見爲統治 (Voir poursavoir, savoir pour prévoir, prévoir pour rég'er)"，便是這個意義。　王莽在初期奮力中，可說是大部分是爲求得名譽，取得政權。　而他這項奮力的强大，亦由諸父均爲執政大臣所造成。　等到入了政途以後，他奮力於聲望，更是加倍（例見前節超勝條）。　這差不多，已經可以斷定他是富有政治型的人。　名聲既隆，於是乃展其爭取政權的技術。　首先劾有權勢之倖幸，如淳于長，既獲忠直之名，復得大司馬之職。　張竦比之爲

"周公誅管蔡，季子鴆叔牙。"（傳上）

則其當時爲人推崇，可見一般。　及哀帝崩，奉太皇太后召，入宮奪大司馬高安侯董賢權，於是前將軍何武，後將軍公孫祿及哀帝朝大臣多免官。　而更遣素所憚畏之諸父，紅陽侯立就國。　因之同朝臣吏，未有不受其統治，受其支配者。然其求權勢之意志及技術，殊不以此爲足。　更結爲黨團以自厚其力。　族中則以王舜王邑爲心腹，他如甄豐，甄邯，平晏，孫建，甄尋，劉棻，崔發，陳崇，均結成黨與，承其指意。　而儒士中人新起之古文派，以劉歆爲領導，與莽相佐助。　（參看傳上及本文上篇今古文學派之爭章）。　這是如何要把握權勢，如何建立團體以奪取政權及自固勢力呢。

到了政權漸趨穩定，他更虛爲推讓。　如元始元年羣臣奏請封莽爲安漢公比於周公。　莽一方上書封其黨與，曰：

"臣與孔光王舜甄豐甄邯共定策，今願獨條光等功賞。"（傳上）

而已則數讓。　一則，

"寢置臣莽，勿隨輩列。"（傳上）

二則，

"甄邯白太后下詔…（令）勿辭。　莽復上書讓。"（傳上）

三則，

"太后詔謁者引莽待殿東廂。莽稱疾，不肯入。"（傳上）

四則，

"太后使尚書令恂詔之…，莽遂固辭。"（傳上）

五則，

"太后復使長信太僕閎承制召莽，莽固稱疾。"（傳上）

五次推讓，太后從其意，先條孔光等加以封賞，而莽仍未起。於是以召陵新息二縣戶益封莽，賜號曰安漢公。而莽受號而讓還益封。建言立諸侯王後及高祖以來功臣子孫，其諸在位各有第序，下惠士民鰥寡。班氏說：

"恩澤之政，無所不施。…莽既說衆意。"（傳上）

他這連次推讓，不僅所得更優，且因之惠及衆人，當然能悅衆意。及為平帝選后，莽又極讓。

"上言身無德，子材下，不宜與衆女並來。"（傳上）

而

"諸生郎吏以上，守闕上書者，日千餘人。公卿大夫或詣廷中或伏省戶下，咸言…願得公女為天下母。"（傳上）

莽又讓，

"遣長吏以下，分部曉止公卿及諸生。"（傳上）

而

"上書者愈甚。"（傳上）

太后不得已，聽公卿采莽女。而莽又讓，

"自白，宜博選衆女。"（傳上）而

"公卿爭曰：不宜采諸女，以貳正統。"（傳上）

於是莽乃見女。三讓而帝后不選已定。及納聘，王莽又辭讓禮聘；博施十一媵家，廣振九族之貧乏，已見前引。於是陳崇奏稱莽功，應為公國立公子。

其他類似之推讓尤多，不必陳述。　總之，即眞以前，每奪取權力，必以推讓而得收獲。　政治型特性之僞飾造作，在莽奮力政治途中，其技術表現最盡。　而當時上則羣臣，下則庶士，莫不以莽爲周公復生，治世可期。　及其制禮作樂定，莽讓新野田之賜，於是

"吏民…上書者，前後四十八萬七千五百七十二人。　及諸侯王公列侯宗室，見者皆叩頭言，宜亟加賞於安漢公。"（傳上）

可知王莽之造作如何成功，政治的技巧如何驚人。　所以他是政治型人物，固無疑，而且他的政治型還要特別强，亦是可以斷定的。　其次王莽之處處表示不注意於經濟上，相反的却散財施於貧民。　而他得財富之態度，不由經濟型的方法乃由政治上獲得，亦可證明他的政治型極多。　至於完成此型之特質，多出於超勝奮力，應與前節互看。　但王莽性格中不僅俱此型。　他亦富其他社會型等特質。

2. 社會型。　凡俱此型的人，主要興趣在於愛，愛他，愛人類。　有事以利他，爲他人爲本，而富於同情心。　愛能成爲正義的，所謂愛之欲其生，惡之欲其死。　此型之極端，可達到無我的境界，與宗教態度相近。　總之，他可爲人而生。　愛是生活中之中心力量，與被愛者之願望相結合。　獨善與犧牲，自由與斷念均歸於一。　王莽幼年之孝愛（見本章第一節），可以斷定他是富於社會型的人。　以後其不畜婢（見本章二節內向條），子殺奴抵命（見同條），即眞後之詔廢奴婢（見同條），均可謂與社會型有關。　莽入政途以前，個人儉約，散財濟貧，傳不絕書（參見同章，二節之奮力及社會性格），一方我們固然可謂他含有政治型，而他方應當亦是社會型；二者相合爲一，故有此舉。　不然，若僅屬政治型，他正可以不必擇此途徑，亦能把握政權。　至其即眞後下詔說：

"彊者規田以千數，弱者曾無立錐之居。…父子夫婦，終年耕耘，得不足以自存。　故富者犬馬餘菽粟，而爲邪；貧者不厭糟糠，窮而爲姦。

這對於經濟困苦的人，何等同情。　更是和他初入政途之散財濟貧相應。　都不

出愛慈的根源。　所謂社會型的表現。　大概他幼年孤貧時，能與民間困窮人接觸，知道他們生活之艱難，而就孝愛性情根本，稍加擴大，於是對彼等同情心油然而生。　因是克己濟貧，殺子償奴，便漸漸要達到了一個無我的精神。　以後他取得政權，要使他的同情心實現，於是加以政治組織的完美（藝術）化，便引起改革制度的變動了。　王莽此型當由內向特質所造成，可參看前節。　又社會型常與理論型不能俱存，而莽非理論型，可與吾見相合。

3. 藝術型。　凡具此型之人，以美，調和及愉快爲最有價值。　一件事的生動，千萬倍於他的正確。　重個性，在社會中爲孤芳自賞，惟非反社會。　凡事力求其完美。　重外貌，服飾及居住，善於言詞。　常將國家視作美的形式或惡的桎梏。　若名譽心較大則趨與政治型相合，信念較大則與宗教型相合。　與智識理論常相矛盾，與經濟型亦不能並存。　王莽無疑亦是屬於此型。　莽軀既相當於今營造尺約五尺四寸，然仍覺其未足，於是

"好厚履，高冠。"（傳上）

則自外貌看來頗現崇高。　惟高而不偉壯，仍似不足。　因

"以氂裝衣。"（仝）

此均內向補救特質使然，其重視外貌及服裝，由此可知。　重服飾，則知其爲藝術型無疑。　及其把握政權，乃專意制禮作樂。　如

"莽奏起明堂，辟雍，靈臺。…制度甚盛。　立樂經…"（仝）

"又奏爲市無二賈，官無獄訟，邑無盜賊，野無飢民，道不拾遺，男女異路之制，犯者象刑。"（同）

"劉歆陳崇等十二人皆以治明堂宣教化，封爲列侯。"（仝）

這眞是要將國家看作一個美的形式，美的制度。　甚至自己亦希望參加制禮作樂事（見二節超勝條）。　他所謂：

"制定，則天下自平。"（傳上）

純欲由一種完妙的制度（形式）來治理國家。　我們可以說這是藝術型與政治型

相合所致。 其次莽極重名譽，切求美的名譽，（見二節超勝條，本節政治型條）。 亦是二型相合之結果。 至於卽眞後卽下詔行王田及廢奴制，一部分固由社會型特質所致，而他方面則勿寧也有此種完美制度施行以後，則天下便如前舉之"市無二賈，…"等的愉快社會，妙善的仙國了。 所以我對他那革政制度的完成，須有三型特質含在其中，卽藝術，政治及社會是。 莽在幼時之用內向補救力反其諸兄弟之侈靡，而勤身博學，被服如儒生。"（傳上） 亦可稱孤芳自賞了。 此型旣與經濟及理論型不克並存，是莽無此二型者，正與此合。 其卽眞後之情形，將於下篇論之。 此更可參照前節之內向條。

4. 宗教型。 凡具此型者，相信有超力統轄宇宙，世界一切只是一個單元。最高價是統於一。 以爲信仰可以改變人生。 常以精神生活爲最高價値，要體驗到超度與幸福。 由命運而變成定命。 王莽或有些該型的成分。 其子宇師吳章

"以爲莽不可諫，而好鬼神。 可變怪以驚懼之。"（傳上）

足證他帶宗教型彩色。 不過當時人差不多均有些"天人一體"的信念。 所以等到

"前輝光謝囂奏武功長孟通浚井，…有丹書著石，文曰：告安漢公莽爲皇帝。"（傳上）

於是莽便由安漢公爲攝皇帝。 再到

（漢）宗室廣饒侯劉京上書言：齊郡臨淄縣昌興亭長辛當一暮數夢，曰"吾天公使也。 天公使我，告亭長曰：攝皇帝當爲眞。…"（傳上）

"…安陽侯舜等…得銅符帛圖於石前。 文曰"天告帝符，獻者封侯，承天命，用神令。"（仝）

於是改稱假皇帝。 更到

"哀章…作銅匱…其一莽曰：赤帝行璽邦傳予黃帝金策書。…書言王莽爲眞天子，皇太后如天命。"（傳上）

莽遂即眞而新朝建國了。　這些符瑞與改朝的關係，固然吾人可說是莽藉之以篡漢，但由前引吳章之言以及下篇將述莽晚年之迷信：

“天生德於予，漢兵其如予何？”（傳下）

而論，則他確是有內向特質及宗教型的人；那末他信這些符瑞確是眞的，亦不爲過。　總之，當時天人之際的信仰，非常風行。　莽生其間，亦染此種迷信，極爲自然。　他的去假即眞，決非僅由奪取政權之政治型特質所造成，勿寧說是藝術加政治再加宗教型方才成就的。　因爲只是政治型之一因，平帝之時已可篡漢，又何用遲遲必待符瑞乎？　必待符瑞，是宗教型特質亦頗重要，無疑。　莽之內向特質中之幻想及妄想狂實爲造宗教型之主因，與此亦相應合。

由以上所述，吾人約可知莽的性格型式，有政治型，社會型，藝術型及宗教型；但理論型及經濟型均爲缺乏。　假若推求其四型之優勢，大概政治型最優，社會型或藝術型占次要位置，而宗教型又次之。其比例若以十爲全型，則

政治型爲　　四

社會型爲　　二（或　三？）

藝術型爲　　三（或　二？）

宗教型爲　　一

前一型可謂由超勝奮力所成，後三型則爲內向特質諸性質所完就。　均應參考前節。　余所推測如此，更待賢者之指正。

丁　具領導資格的王莽

此領導（Leadership）者，非所謂知識之貢獻，亦非言物質文化上之如何，只謂爲直接社會行爲之領導者。　凡此領導者之性格，應具超勝，奮力，張揚，高度活動性，抑止感情，個人生活縮退不露以及侵透的智慧諸特質。　莽性格中除智慧中常外，其他特質多能富有，所以僅按性格而論，他是有作領導的可能。至於領導之成功，亦由俱有其中最要之超勝，智慧，社會參加及抑欲四特質，除智慧爲莽缺點外，其餘三種，彼則齊備。　以人生型式而論，彼既爲政治型絕優

之人，再加以藝術型及社會型相附益，更可定其能在政治上，制度上，人民福利上，造成指導地位。我們又知道領導者之養成，最要者爲人格威望（personality prestig），即他人對彼之態度，亦即所謂聲望。此威望之來歷，則由印象，輿論及名譽，而漸漸使人民對之表悅服。王莽的中年之如何奮力於名譽，造成輿論，使衆人印象佳善，前均述之。則領導者資格最要條件，彼已俱備。其次，如人能利用威望，助長此等動機；或有根本主張，領導自己的羣衆，將態度造成以取政權；均可成爲領導者。王莽由最要條件執政後，勿寧亦近似此中之後者。其三人民對彼品格及理想，盲目崇拜；常因此造成奇異怪誕之神話。莽在哀帝時，人民爲莽鳴寃，平帝時求莽受賞，動輒上書者數十萬（見前引），則當時受人崇拜可想而知。至即眞前，符瑞數出，奇異怪誕，無所不至。則莽當然爲此時之領導者，國家社會之領袖了。所以他性格中智慧雖僅中常，而其他條件均可爲彌補，仍不失爲一個國家之最高領袖。能爲一國之領袖，則其能革政改朝亦便是一極自然之事理了。

六　諸因子之齊一

總觀上述，我們知道，這時社會經濟方面需要改革，一般下級知識份子及高等儒學博士，均利於社會變動；再加以政府大權旁落於外戚王莽，而王莽既俱有超勝特質及領袖性格（政型），更是以改革制度爲幻想之內向特質（藝社宗型）的人；那末革政易朝自然成就爲一個不可避免的事。凡革命或易朝之緣起，總不外乎政府權威之衰頹；在控制上，黨團之障礙程度如何；以及被壓迫階級中與劣衝突之發生。漢新交替，前二者因子極爲明顯。後者雖較暗澀，而密雲已佈；革政易朝正所以撥雲霧而見青天。然及至重見天日，於是孺子嬰爲臣，而漢祚終矣。

下 篇 革政及失敗之諸因子

王莽卽眞稱新以後，對於國家各種制度很加了一番改革。一部分自然是承繼前代而力求完善，但大部分總依周禮而行。今先說明其制度，隨卽論其失敗之理。

一 王田制度及其手續上之缺點

甲，王田制度。新莽始建國元年（西紀九年）下詔說：

“古者設廬井八家，一夫一婦田百畝，什一而稅，則國給民富而頌聲作。……秦爲無道，……壞聖制，廢井田。是以兼并起，貪鄙生。强者規田以千數，弱者曾無立錐之居。……漢氏減輕田租，三十而稅一，常有更賦罷癃咸出。而豪民侵陵，分田劫假。厥名三十稅一，實稅五也。父子夫婦終年耕耘，所得不足以自存。故富者犬馬餘菽粟，驕而爲邪；貧者不厭糟糠，窮而爲姦。俱陷於辜，刑用不錯。……今更名天下田曰王田，……皆不得賣買。其男口不盈八而田過一井（九百畝）者，分餘田予九族鄰里鄉黨，故（舊）無田今當受田者，如制度。敢有非井田聖制，無法惑衆者，投諸四裔以御魑魅。於是始祖考虞帝故事。（莽傳中）

這和後世以丁（卽男口）授田百畝的均田制，有些相似。不過我們還不知道他用的是周禮大司徒易地及百，或遂人三等加萊，或小司徒的七，六，五人三種分配法。史料缺乏，作井田之孫陽（莽傳下，公孫祿奏中所引）又不可考，僅可知一男口可有田百畝有餘而已。

乙，手續上之失敗。王田制旣和均田法相似。可是均田制度有一個原來的矛盾性。就是他和人口可以相成，也可以相敗。因爲田是有定的，而人口的增加是無窮的。所以行此制度如果沒有其他方法來救濟，至多不過百年，或五六十年就要失敗。這是按一般情形來說。新朝行此制度，僅兩三年，也可以說才開始，便已失敗了。始建國四年，（卽改制之第四年）中郎區博諫莽說：

"井田雖聖王法，其廢久矣。周道旣衰，而民不從。……今欲違民心追復千載絕迹，雖堯舜復起而無百年之漸，弗能行也。天下初定，萬民新附，誠未可施行"。（莽傳中）

莽鑒于施行上的困難，傳說。

"莽知民愁，乃下書曰諸名食王田，皆得賣之，勿拘以法"。

這便是失敗的表現。

王田制難行的原因，當然不是上述和人口矛盾的原故，因爲方才在施行中；但決非像區博所說的"萬民新附"不便施行，始奪莽意的。北魏時，李安世一疏，便奠定了北朝均田制，二者同樣不是眞正的原因。他們內在的實質，還是人口及其他問題。北魏戶口舊史所載，僅三百三十七萬五千三百六十八戶，（盛時多亦不過四百萬，）口未詳。此時盡有中夏，小于漢者無幾。故李安世一疏而均田行。重點由於地廣人稀的道理（其他原因，參看結論）。反之新朝前數年平帝元始二年所調査的戶口，戶共一千二百二十三萬三千，口爲五千九百五十九萬四千九百七十八。用來分配比北魏大不多少的地土，如何能够呢？通典曾舉出當時能墾的田數，是八百二十七萬五百三十頃。若據戶數一千二百二十三萬三千來分配，則每戶不過得田六十七畝百四十六步有奇。如果每戶平均有五人，中有一夫，依王田制八夫田一井之法，則當時田地之不够分配明甚。革政只抄襲周禮，却忘了土地的實情。這是王田制施行第一個難題。卽或他按八口之家抄襲孟子的學說，每戶可百畝，但是（一），每戶未必只一夫（男），如平均爲一夫半，或二夫那就仍是不够。（二），卽每戶只一夫，則吾人試察地理志所載有人口最密的地方和最稀的地方。那末就要又發生一個疑問，讓他們用什麼方法分配呢？如汝南，魏，東，河內，陳留，潁川，南陽，沛，人口最多，有地小人多超過二百萬的，這些地方不過是今日河北南方一小部，江蘇北一小部，山東之西小部，和河南大部分。他們已經佔去了全國人口約五分之二。 那末如果按全國田地來分配，這區域中人是否要遷移到別個地方去？還是又有什麼善後的辦法？ 遷移的問題，房舍以及其他不動的產業又怎麼處理呢？ 並且何者應遷，何者不應遷？ 遷移到的地方，又如何開發呢？ 這都是周禮上沒有提起的，新朝的制度上恐怕也沒計到。 這是王田制一個最後的致命打擊。 所以王田就是能不蹈第一個錯誤，也要遭遇上第二個的兩個錯誤。 第二個錯誤中有一，即足以使其失敗。 王田制行施不過兩三年或方施行，便須廢除，我想必是遭受上述最後一種困難的原故。 新莽如果只聽區博之諫即廢除此制，而無自信之心，那他又何必要下詔嚴勵施行呢？ 恰是因爲行不通，適區博一諫，遂從而除之，方才合理。 這是革政失敗的最先見到的。

二　廢私奴在社會上之錯誤

> 甲，官奴制度。 前詔述 "强者規田以千數，弱者曾無立錐之居" 後接着說。 又置奴婢之市與牛馬同闌。 制於民臣顓斷其命。 姦虐之人因緣爲利，至略賣妻子。 逆天心，悖人倫，謬於"天地之性人爲貴"之義。 書曰"予則奴戮女"。 惟不用命者，然後被此辠矣。 ……今更名……奴婢曰私屬，皆不得賣買。 （莽傳中）

廢止私奴婢的提議董仲舒已經奏請過。 師丹亦曾做之，在哀帝時建議，限止奴婢的數目，但終未行。 强豪和奴婢本有連屬關係。 兼併了田地，沒有奴婢替他生產，強豪也無以成就。 所以有強豪便有私家奴婢。 那末欲抑強豪，當然亦得廢止私家奴婢了。 不過奴婢若屬於官家，不但不能造成強豪，而且可以替國家增加生產。 私家奴婢在西漢多少年來不知造成了多少慘苦的悲劇，不知助成了多少社會的罪惡。 從人道方面說，固然應當消除，若從社會的方面及國家着想，也應當廢止的。 新莽這第二個政策，可以說把他的少年時代內向性格中畜不婢的主張達到了。 至於官婢的存在，正如詔書所說的，是對於外族或不用命犯法的人來用。 這反有些像近世所謂監獄工廠或集中營等等了。

乙　廢除奴婢之失敗。　改私家奴婢爲私屬，就是不許略賣平氏的子女。本合人道精神。　不過私家奴婢已經爲豪民富商役使過於長久的時候。　一部分人很容易生出一種可怕現象。　卽是對於農織以至謀生的技能和方法無從學會，若立刻因豪民富商隨改制而解放，他又到那裏去工作呢？　而況且又有許多還不會一點技術呢。　就是按制把他們改爲家庭之一員，但是依夫受田，習於工者將何改農？　又女不受田，其婢多奴少者將何以堪？　這雖是小節，却使民間立陷於不安。　周禮既然沒有說到，如何廢私奴，革政方法又沒有一種過渡的辦法，所以他便隨着王田制也一同失敗了。　新朝在允許王田得以賣出時，接着便說：

"犯私買賣庶人者，且一切勿治"。　（莽傳中）

這又是一個失敗。　以上二者眞是演成"富者無以自保，貧者無以自存"（食貨志）了。　本來都是爲救濟貧農和解放奴婢的好制度，但因方法及觀點不精，結果却得到了反面。

三　六筦五均制度及技術人才之缺乏

甲　六筦五均制度，始建國二年（西紀十年）國師劉歆奏"周有泉府之官收不讎，與欲得（卽賣不售者，官收取之；無而欲得者，官出與之）"。　於是下詔說：

夫周禮有賒貸（指泉府之職），樂語（樂元語）有五均。　傳記各有斡焉。今開賒貸張五均，設諸斡者，所以齊衆庶，抑兼幷也。　（食貨志下）

天鳳四年（西紀十七年）（？）更下詔說：

"夫鹽，食肴之將。　酒，百藥之長，嘉會之好。　鐵，田農之本。　名山大澤饒衍之藏。　五均賒貸，百姓所取平，仰給以贍。　錢布銅冶，通行有無，備民用也。　此六者，非編戶齊民所能家作，必仰於市，雖貴數倍，不得不買。　豪民富賈，卽要弱民。　先聖知其然也，故筦之"。（食貨志下）

如此則所謂六筦（卽斡）者，卽，鹽，酒，鐵，銅，山澤之饒藏及五均之賒貸，俱歸國家經營及管理是也。 鹽鐵歸國家經營，武帝時已行之，並爲政府收入之大宗。 新莽不過引襲而已。 酒在武帝末年雖爲國營而昭帝時罷之。 至新朝復歸國家。 銅爲鑄錢之惟一原料，他既然要想管理市場而統制物價就必須把操縱物價的錢，和他的原料置於國經營之下，方能順手。 至於山澤之饒藏，漢代原爲皇室私家經營，至是一併歸爲國有。 這樣的辦法，直是有些像近代的統制經濟。 以此取締貴族，豪民富賈的獨占和暴利，旣可安定社會，復可作爲國家一次大的收入。 在那個時候，眞算一個膽大的試驗，一個可驚的政策。 我們試看他如何施行。

鹽鐵或如舊制，史料缺有間，無從考察。 錢銅則"工商能采金銀銅連(鉛)錫，登龜，取貝者，皆自占（呈報）司市泉（錢）府。 順時氣而取之"。（食貨志下）並在當時"禁（民）不得挾銅炭，"（莽傳中）

酒的專營法食貨志亦有較詳細的記載。 "令官作酒。 以二千五百石爲一均。 率開一盧以賣，售五十釀爲準。 一釀用粗米二斛，麴一斛，得成酒六斛六斗。 各以其市月朔米麴三斛，並計其賈而參分之。 以其一爲酒一斛之平；除米麴本賈，計其利而什分之。 以其七入官，其三及醩截（酢漿）灰炭，給工器薪樵之費"。

山澤所藏經人採取，公共場所工商暫住，或自由職業者均須納稅。"諸取衆物，鳥獸魚鼈百蟲與山林水澤及畜牧者，嬪婦桑蠶織紝紡績補縫，工匠醫巫卜祝及它方技，商販賈人坐肆列里區謁舍，皆各自占（呈報）於所在之縣。 官除其本計其利，十一分之，而以其一爲貢。 敢不自占，自占而不實者，盡沒入所采取而作縣官一歲"。 （食貨志下）

那末什麼是五均呢？ 在食貨志中可以按意分列成市平，收滯，平價，賒借，貸本五項。

1　市平，"諸司市常以四時中月，實定所掌，爲物上中下之賈。 各自用爲市平，毋拘他所"。

2　收滯，"衆民賣買五穀布帛絲綿之物，周於民用而不讎（售）者，均官有以考檢厥實，用其本賈取之。　毋令折錢"。

3　平價，"萬物卬貴，過平（市平）一錢，則以（收滯）平賈賣與民。　其賈賤減（於）平（市平）者，聽民自相與市，以防貴庾者"。

4　賒借，"民欲祭祀喪紀而無用者，錢府以所入工商之貢，但賒之（但，空也，徒也。　言不取息利也。）　祭祀無過旬日，喪紀無過三月"。

5　貸本，"民或乏絕欲貸以治產業者，均授之。　除其費計所得受息，毋過歲什一"。　惟莽傳作"賒貸與民，收息百月三"。　未知誰是。

五均官的設置。　"長安及五都，立五均官。　更名長安東西市令及洛陽邯鄲臨菑宛成都市長，皆爲五均司市，稱師(即司市師)。　東市稱京，西市稱畿，洛陽稱中。　餘四都各用東西南北爲稱（司市師下）。　皆置交易丞五人，錢府丞一人。"　凡前述市平收滯平價歸交易，賒借及貸本歸錢府。　由這樣一個連繫有組織的五均制，可以算是國家經營商業替私商暴利救護農村破產的一種方法。在以前本來亦有"均輸"制度，不過遠不及他這樣直接而有組織。

除上述諸制度以外，六筦中尙存有一種無職業的限止或稅制。　食貨志說：凡田不耕爲'不殖'，出三夫之稅。　城郭中宅不樹藝者爲'不毛'出三夫之布。民浮游無事，出夫布一匹。　其不能出布者，冗(散也)作(於)縣官，衣食之。"這是强制工作，對浮游課稅的創舉。　與失業正相反，給工作便給衣食。　有此，乞丐流亡當因之絕跡。　這種理想亦本于周禮和五均之法相聯屬。　所以附加在這裏。

乙　六筦五均制之失敗。　這種國家管理或國營的商業制度，是合理的。可是得須要商業上有技術的人才，方能辦得順手，一般普通官吏是沒有法子洞悉其內容的。　譬如六筦中雖然法制上有了規定，但如何查驗？　如何爲本？　如何爲利？　都須要專門家考核方能決定。　五均內如何定上中下之賈？　如何考檢厥實？　借貸於民，又如何得其保障？　更須專家辦理。　可是當革政之際，國家既然未曾訓練出這種技術人才。　那末就不得不起用以前富商若“洛陽薛子仲，張長叔，臨菑姓偉等”人來(食貨志下)總理其事。　這些人昔日既屬富商，只知如何剝削百姓；今再爲用事，何以能免其舊日之伎倆。　如此一辦，於是彼等

“乘傳求利，交錯天下。　因與郡縣通奸，多張空簿。　府藏不實，百姓俞病。”（食貨志下）

所以雖然制度美善，而人才不足仍是行不通。　並且催促着國家走向危亡的道路上去。　天鳳四年，莽“復明六筦之令，每一筦下爲設科條，防禁犯者罪至死。吏民得罪者寖衆。”　（莽傳下）於是

“天下愈愁，盜賊起”（莽傳下）

當時納言馮常以六筦諫，得罪。　而民不明六筦稅山澤之意，皆依阻山澤，吏不能禽獲。　浸淫日廣，遂爲寇盜。　以上三項由政策上看來，本不錯誤。　可惜方法和手續上均陷於簡陋粗疏，於是招到意外的打擊；使國家加速他的滅亡。以後好像完全廢除，但已太晚了。　這大概是王莽以及其諸儒學博士所意想不到的吧。

四　改革幣制及其理論之誤點

甲　改革幣制　西漢末季所行貨幣是五銖錢。　這種簡陋的幣制，雖在民間行起來，收交易計算單純之效，但是政府用來却極不方便，並且反可促成豪民富賈操縱的弊病。　所以到新朝未建國以前，王莽居攝的二年，便於五銖錢外增加錯刀一直五千，契刀一直五百，大錢一直五十的三種貨幣。　始建國元年罷錯刀契刀及五銖錢，“乃更作小錢徑六分重一銖曰小錢直一，與前大錢五十者爲二品並行。”（莽傳中）二年復作金銀龜貝錢布之品名曰寶貨。　共五物六名二十八品。

1 錢貨　“(1)小錢徑六分，重一銖，文曰小錢。　直一。”

"(2)次七分，三銖，曰幺錢。 一十。"

"(3)次八分，五銖，曰幼錢。 二十。"

"(4)次九分，七銖，曰中錢。 三十。"

"(5)次一寸，九銖，曰壯錢。 四十。"

"(6)因前大錢(寸二分十二銖)，五十。 ——是爲錢貨六品。 直各如其文。

II 金貨 "黃金重一斤，直錢萬。

III 銀貨 (1)"朱提銀重八兩爲一流，直一千五百八十。

(2)"它銀一流直千。 ——是爲銀貨二品。

IV 龜寶 "(1)元龜岠冉長尺二寸，直二千一百六十，爲大貝十朋"。

"(2)公龜九寸直五百，爲壯貝十朋。"

"(3)侯龜七寸以上直三百，爲幺貝十朋。

"(4)子龜五寸以上直百，爲小貝十朋。 ——是爲龜寶四品。

V 貝貨 "(1)大貝四寸八分以上，二枚爲一朋，直二百一十六。"

"(2)壯貝三寸六分以上，二枚爲一朋，直五十。"

"(3)幺貝二寸四分以上，二枚爲一朋直三十。"

"(4)小貝寸二分以上，二枚爲一朋，直十。"

"(5)不盈寸二分，漏度不得爲朋，率枚直錢三。 ——是爲貝貨五品。

VI 布貨 "(1)大布，(2)次布，(3)弟布，(4)壯布，(5)中布，(6)差"布，(7)厚布，(8)幼布，(9)幺布，(10)小布。 小布長寸五"分，重十五銖，文曰小布，一百。 自小布以上各相長一分，相重"一銖，文各爲其布名，直各加一百。 上至大布長二寸四分，重一"兩而直千錢矣。 ——是爲布貨十品。" (食貨志下)

今按法分之如下：

(1)大布，長二寸四分，重一兩，直千錢。

(2)次布長二寸三分，重二十三銖直九百。

(3)弟布長二寸二分，重二十二銖直八百。

(4)壯布長二寸一分重二十一銖直七百。

(5)中布長二寸〇分重二十銖直六百。

(6)差布長一寸九分重十九銖直五百。

(7)原布長一寸八分長十八銖直四百。

(8)幼布長一寸七分重十七銖直三百。

(9)幺布長一寸六分重十六銖直二百。

(10)小布長一寸五分重十五銖直一百。

這樣一種複雜的幣制，在政府用起來，或運輸起來當然非常方便。　反之富豪的操縱把持，便不可能了。　這大概是新朝理財的一種美妙的理想。　他下的詔書上說：

"民以食爲命，以貨爲資。　是以，八政以行，以食其首。　寶貨皆重，則小用不給。　皆輕則儆載煩費。　輕重大小，各有差品，則用便而民樂。（莽傳中）

這話在當時或確有一番道理的。　居攝二年增鑄三稱品錢刀時，他說："以周錢有子母相權。"實際亦是此意。

乙　幣制理論之錯誤。　新朝成立以來，幣制改革數次，最後定爲二十八品。　這種極複雜的制度，一方政府用來自較便利。　但是民間流通，却感其繁碎。　其多有二十八品，可以說是幣制史一種怪物。　單純幣制固有其短，而過繁的幣制又何嘗不擾亂金融呢。　並且數年即改動一次，以爲這樣不致使民間私鑄，豈不知每易幣，則

"農商失業，食貨俱廢。　民人至涕泣於市道。"（莽傳中）

食貨志並說：

"每一易錢，民用破業，而大陷刑。 莽以私鑄錢死，及非沮寶貨投四裔。犯法者，多不可勝行"。

寶貨太多，人民不信。 更易過速，徒擾民財。 新朝幣制取如斯政策，豈有不失敗的呢。 （食貨志下）說：

"富者不得自保，貧者不得自存"

是很可信的。

五 官制與祿田制及其理論之誤點

甲 官制和祿田制 新朝對於官制可以說是全模仿周禮。 或者更抄襲些書經和禮記上載過的制度。 他設置太師，太傅，國師，國將稱爲四輔，位爲上公；大司馬，大司徒，大司空爲三公。 改稱大司農爲羲和（後改爲納言），大理爲作士，大常爲秩宗，大鴻臚爲典樂，少府爲共工，水衡都尉爲予虞。 復於大司馬之下置司允，大司徒之下置司直，大司空之下置司若；合之爲九卿，分屬於三公。 一卿之下置大夫三人。 一大夫之下置元士三人。 定爲三公九卿二十七大夫八十一元士的制度。 其他如改光祿勳爲司中，太僕爲太御，衛尉爲太衛，執金吾爲奮武中尉爲軍正之類，不一而足。 大部分看來官制變革很小，不過多是改換名稱罷了。 官制中最應一提及的便是他和經濟發生關係的祿田制。 這在漢季不曾用過，而是新朝抄襲周禮的。 什麼是祿田制呢？ 莽有詔說：

"普天之下，莫非王土。 率土之濱，莫非王臣。 蓋以天下養焉。 周禮膳羞百有二十品，令諸侯各食其同國則（公食同，侯伯食國，子食則），辟任（如淳曰辟，公主任，宗室女。） 附城食其邑，公卿大夫元士食其采（按官職食其地）。 多少之差，咸有條品。 歲豐穰則充其禮，有災害則有所損，與百姓同憂喜也。 ……東嶽太師立國將軍保東方三州一部二十五郡。 南嶽……。 西嶽……，北嶽……。 大司馬保納卿言卿仕卿京尉扶尉兆隊右隊中部左泊前七部。大司徒……，大司空……。及六司六卿（無兩六字）皆屬從所屬之公保其災害。亦以十率多少而損其祿，郎從官中都官吏食祿都內之委者以大官膳羞備損而爲節。諸侯辟任附城君吏亦各保其災害。幾上下同心，勸進農業，安元元焉”。（莽傳中）

我們由這兩詔中看，即公卿大夫士是有采邑的，亦便可以分割王田的。因此大多數的官吏的俸祿不由政府供給，而又出於己徵什一稅後的王田了。這樣制度的好處，就是詔書所謂“與百姓同憂喜”。

乙 祿田制度之誤謬。這一種制度的好處確是能與民同憂喜，但是直接取自於民，則爲個人充裕起見，很容易重歛百姓，刁難人民的。所以他這制度還沒完全定妥的時候，弊端就已生出來了。莽傳中說：

“吏終不得祿，各因官職爲姦，受取賄賂以自共給”

又曰：

“天下吏以不得俸祿並爲姦利。郡尹縣宰，家累千金”。

那末做周禮的這個制度不僅未得暢行，便反騷擾了人民。這又是失敗之一。

總此五項全可算是革政的失敗。由於這種失敗，便促進社會入於混亂狀態，社會的混亂更顛覆新朝運命。在社會變亂的時候，民衆心理又浮起災異的念頭。天下又要易朝吧？不然我們怎麼不能生活呢？神靈快出現吧，快保護一個新君出現吧！還是舊日的漢朝好些？這是民間一致的要求。

六 社會崩潰因子未除及祥異符命之再興

漢末的祥異和符命送走了劉姓迎來新莽，同樣的祥異符命又驅逐了新莽請回來漢劉。這眞是一幕喜劇又演成了悲劇。所以我以爲他是革政和失敗的一小因子。不過民衆的迷信常被野心家利用的。卜者王況王郎赤眉劉秀便是乘這個機會起來的。莽傳下說

“魏成大尹李焉與卜者王況謀。況謂焉曰……漢家當復興，君姓李，李音徵，

徽火也，當爲漢輔。 因爲焉作讖書。 言文帝發怒，居地下趣軍，北告匈奴，南告越人。 江中劉信，執敵報怨，復續古先，四年當發軍。 江湖有盜自稱樊王，姓爲劉氏，萬人成行，不受赦令，欲動秦雒陽。 十一年當相攻，太白揚光，歲星入東井，其號當行。”

李焉之亂雖未起而敗，然其由欲以宗教迷信惑愚衆人，可以概見。 赤眉之農民軍，起義時系何迷信，已不可考。 但是軍中有巫，足知其迷信一班。”

“赤眉進至華陰，軍中有齊巫，常鼓舞，祠城陽景王。 巫狂言景王大怒曰“當爲縣官，何故爲賊？”有笑巫者，輒病。 軍中驚動。 方望弟陽說樊崇曰……不如立宗室，挾義誅伐。 以此號令，誰敢不從？ 崇等以爲然，而巫言益甚。 前至鄭乃相與議曰：今迫長安而鬼神若此，當求劉氏，共尊立之。……及崇等欲立帝……乃書札爲符曰上將軍又以兩空札置笥中。 於鄭北設壇場，祠城陽景王。 ……盆子最幼，復探得符。 諸將皆稱拜。 盆子時年十五，被髮徒跣，敝衣赭汗。 見衆拜，恐畏欲啼。”

一幕迷信喜劇充分表演出來了。 地皇三年劉演劉秀起兵。 後秀以“劉秀發兵捕不道，四夷雲集龍鬭野。 四七之發火爲主。” 的赤伏符號招，居然成了後漢的皇帝。 新朝國師劉歆改名秀恐怕亦是想應這個符吧。 但他亦以謀逆先死了。 後來卜者王郎民軍自稱爲成帝子，母見黃氣上下遂任身，乃是用的瀘高的故智，更不用說了。 總之這些野心家都知道民衆心理，是須要神靈來保護他們。 他們便作出許多祥異符命來達到他們的希望。 可是誰也沒有救了他們，只是誘奪了羣衆就是了。 等到人口因連年戰亂僅剩下不及新朝一半的時候，天下又歸於平定。 但是我們也不要輕視他，這是西漢思想宗教文化上的大問題。如果細讀五行，天文，諸經讖緯書，便覺得重要了。

七 輕視夷狄所招致之外患

素來內亂外患均有因果關係。 西漢末季，百夷平定，匈奴孝順。 所以王莽得以聚精會神，制禮作樂，終至於革政易朝。但是新莽初建便給以北狄，一種惡感。易印，改名，在在均啓匈奴乘中國多事而南侵的機會。莽既恃國庫之富，窮追匈奴。內之丁令。分其國土人民以爲十五。更誘玄助內附，稱孝單于順單子。於是匈奴內侵，大輩萬餘，中輩數千，少者數百。略吏民畜產，不可勝數。而吏士屯邊者，所在放縱，內郡愁於徵發，民棄城郭，始流亡爲盜賊。并州平州尤甚。這是始建國四年前的事。四年發高句驪兵擊匈奴，高句驪不欲行，郡強迫，皆亡出塞，因犯法爲寇。濊貉乘機犯邊，東北與西南夷皆亂。（並參莽傳）但是

"莽志方盛，以爲四夷不足吞滅"（莽傳中）

這樣的輕視夷狄，便惹起了連年不斷邊患。長久的外患，又促進了國內騷擾。

天鳳元年

"緣邊大饑，人相食。……寇虜從左地入不絕"

"益州蠻夷，愁擾盡反，復殺益大尹程隆"。

天鳳二年，因取和親方策，乃

"號匈奴曰恭奴，單于曰善于。……然寇盜如故。

三年

"平蠻將軍馮茂擊句町。士卒疾疫死者什六七。賦斂民財什取五，益州虛耗，而不克。……更……大發天水隴西騎士廣漢巴蜀犍爲吏民十萬人，轉輸者合二十萬人擊之。……士卒饑疫。……乃還復大賦斂。

"莽又遣并州牧宋弘……等將兵擊匈奴"

五年

"莽拜（當）爲須卜單于……而匈奴愈怒"。

始建國二年，既其國爲十五，乃以

"誅貉將軍陽俊，討穢將軍嚴尤出漁陽……出張掖……募天下囚徒丁男甲卒三十萬人轉衆郡，委輸五大夫衣裘兵器糧食長吏，送自負海江淮至北邊。使者馳

傳督趣，以畢興法從事，天下騷動。

天鳳二年

“邊兵二十餘萬人，仰衣食，縣官愁苦。五原代郡尤被其毒。起爲盜賊，轉入旁郡”。

六年

“莽乃大募天下丁男及死罪囚吏民奴，名曰豬突豨勇，以爲税率。一切招天下吏民訾三十取一，縑帛皆輸長安，令公卿以下至郡縣黃綬，皆保養軍馬，多少各以秩爲差，吏盡復以與民”。

地皇二年更遣

“國師和仲曹放助郭興擊句町，轉天下穀幣詣西河五原朔方漁陽。每一郡以百萬數，欲以擊匈奴。……曹放等擊賊不能克，軍師放縱，百姓重困”。

以上所舉四夷討伐勝敗間有，而其困擾百姓則一。莽傳說“內郡愁於徵發，民棄城郭，始流亡爲盜賊。”又說“以軍興法從事，天下騷動”。全是致國內社會不安的因子。所以這種忽視四夷，輕啓邊釁的舉動，也是摧促新朝頃覆。不過他並不是直接滅亡他的，所以我把他列爲失敗小因子之一。

八　莽性格中之缺點及新朝之幻滅

王莽性格中富於超勝，內向諸特質或政治，藝術，社會及宗教之混合型式，已如上篇所論。至莽即眞後昔日內向中各被壓仰性質，均正式暴露。妄想狂(paranoia)及自大狂，(Megalomanie)乃無阻礙的進展。其首先表現爲奮力於制度之完美化。他自從發覺周禮制度可以明因鑑以後，竭力模擬，眞是要想恢復所謂周公致太平的美妙天下了。漢書食貨志說：

“每有所興造，必欲依古。”

莽傳亦說：

“莽好空言，慕古法，多封爵，性實吝嗇。”（傳中）

他不論是依古法，與制造，總不外希望有一個完美藝術式的政治制度。所以：

"莽意以爲制定，則天下自平。故銳思於地里，制禮作樂，講合六經之說。公卿旦入暮出，論議連年不決。"（傳中）

一個幻想完美的制度，實行起來是否能用，大成問題。前數章所列各制之失敗，就可見技術，原理及人才三項之誤謬，而招致意外慘滅之結果。然而王莽理智不充並不明白此中原故，他只以爲這是制度上的問題，於是

"又好變改制度，政令煩多。當奉行者，輒質問。前後相乘，憒眊不渫。"（莽傳中）

然而屢次改革制度的結果：

"莽性躁擾，不能無爲。……制度不定。吏緣爲姦，天下警警。"(食貨志)

因爲奮力所集中之處，在其幻想之禮樂制度及不切當時實用之完美藝術；所以他雖然很自大狂的獨斷天下一切事，至於，

"莽常御燈火，至明猶不能勝。"（傳中）

而因是天下更亂，民情浮動，一切停滯。及至昆陽戰敗新朝將亡，他感覺自己需要軍事智識，於是

"讀軍書，倦因憑几寐，不復就枕矣。"（傳下）

這是何等奮力，何等感人。但是亦與其幻想制度定則天下平一樣，那裏能切合實際；而且爲時亦失之晚矣。

他奮力於制度禮樂，尚有在天鳳元年，他特別重農的禮節：

"予以二月建寅之節，行巡狩之禮。……予之東巡，必躬載耒；每縣則耕，以勸東作。予之南巡，必躬載耨；每縣則薅（去草也），以勸南僞。予之西巡，必躬載銍；每縣則穫，以勸西成。予之北巡。必躬載拂；每縣則粟，以勸蓋臧。"（莽傳中）

懿歟盛哉！這是何等莊嚴偉大。但他只能用以粉飾太平，若行於天下紛擾之際，亦不過是勞民傷財而已。諸如此類，尚有九廟之興建。地皇元年九月

"莽乃博徵天下工匠諸圖畫，以望法度算，及吏民以義入錢穀助作者，駱驛道路。壞徹城西苑中，建章，承光，包陽，大臺，儲元宮，及平樂，當路，陽祿館，凡十餘所。取其材瓦，以起九廟。"（傳下）

地皇三年廟成，於是

"納神主。莽謁見。大駕乘六馬，以五采毛爲龍文衣著三尺。華蓋車元戎十乘在前。"（傳下）

這在藝術方面，沒有什麽可以批評的，只是在亡國前一年舉行，反成了一個無味的鋪張。等到距亡國前七月，地皇四年三月，在政治上和政治藝術混成的制度上絕望時，他的藝術型單獨表現出來。"

"洒染須髮，進所徵天下淑女杜陵史氏女爲皇后。"（傳下）

班氏說：

"莽日與方士涿郡昭君等，於後宮考驗方術，縱淫樂焉。"（傳下）

可是我們知道王莽是富有奮力的人，絕不這樣沈溺下去，所以他不久便讀軍書，寐亦不復就枕。班氏最末一句話，是否可靠，仍成疑問。不過富於藝術型的人，這也是很自然的事。

奮力致太平之術既阻，那末改道而行便是補救。他的補救途徑，却入於昔日其所迷信的宗教，所謂妄想狂。地皇二年，

"或言黃帝時建華蓋以登仙。莽乃造華蓋九重，高八丈一尺。金瑵羽葆，載以祕機四輪車，駕六馬。力士三百人，黃衣幘。車上人擊鼓，輓者皆呼登仙。"（傳下）

他覺得這樣如能登仙，便可以脫出現世政治的桎梏了。有人說易經上有"先號咷而後笑"的爻辭，於是他

"乃率羣臣至南郊，陳其符命本末。仰天曰：皇天既命授臣莽，何不殄滅衆賊？即令臣莽非是，願下雷霆誅臣莽。因搏心大哭，氣盡，伏而叩頭。又作告天策。……諸生小民會旦夕哭，爲設飧粥。甚悲哀及能誦策文者，

除以爲郎，至千餘人。”　（傳下）

上二例，一方我們固然可說是他過分要求政權不致失落而呈狂妄或歇思脫利亞疑懼病表現之一端（見下文），但亦應知道王莽是很迷信天人相關的人。 其他如對於天文象之厭勝，及臨終前之欲精誠格天（見下），都是基於要在宗教上內向的妄求補救。 但是宗教的補救，何能抵禦他洞識特質及理論型薄弱之大缺陷呢。

理論型的不足，雖然在卽眞前，因他的威望隆盛得以壓蓋過去。 但是卽位後，各種制度施行起來，天下騷動，那末威望旣已漸次失落，浸透的理智，觀察力，洞識力當然就很需要了。 正相反，莽却是由於張揚自大狂及內向特質，以喜愛憎怒，感情的社會型以治此亂世，豈有不失敗的呢？ 如始建國四年以高句驪侯騶不用命，莽欲伐之，嚴尤奏言

“貉人犯法，不從騶起，正有他心。 宜令州郡，且慰安之。 今猥被以大罪，恐其遂畔。 夫餘之屬，必有和者。 匈奴未克，夫餘穢貉復起，此大憂也。”（傳中）

然莽張揚自大之心特重，終不能忍，高句驪之不用命，於是使嚴尤殺其侯，更改高句驪爲下句驪。 此事莽雖得其個人心理感應之平衡，而由此

“貉人愈犯邊。 東北與西南夷皆亂。”　（傳中）

五年烏孫使貢獻，莽以大昆彌使坐於小昆彌使下。 反舊禮而行，以得烏孫心，藉伐匈奴。 滿昌奏諫，莽怒免其官，自此西域諸國漸叛。

天鳳四年，莽又明六筦之令，犯者罪至死。 吏民抵罪者浸衆。 天下愈愁，盜賊起。 六筦令施行之困難已見前文。

“馮常以六筦諫，莽大怒，免常官。”　（傳下）

五年以費興爲荆州牧，見問到部方略。 對曰

“荆揚之民，……閒者國張六筦，稅山澤，妨奪民之利。 連年久旱，百姓饑窮，故爲盜賊。 興到部，欲令明曉，告盜賊，歸田里。 假貸犂牛種食，闊

其租賦，幾可以解釋安集。”（傳下）

莽怒，免興官。費興之策，是在漸次使人民明曉六筦之法，再爲施行。而莽却以爲旣是盜賊卽應在討伐之列。這都是張揚自大及社會型內向性質强大，理智缺少的原故。

天鳳六年，莽欲伐匈奴，誘須卜當詣長安，立爲須卜善于（單于）後安公。方其誘致之始，嚴尤諫曰：

“當在匈奴右部兵不侵邊，單于動靜，輒語中國。此方面之大助也。於今迎當，置長安稾街，一胡人耳。不如在匈奴有益。”（傳下）

莽因伐匈奴事，勢在必行，張揚及自大之心遂不能聽。尤又數諫，又不從。尤復著古名將樂毅白起不用之意及言邊事凡三篇，奏以諫莽。莽又不省。及廷議，

“尤言匈奴可且以爲後，先憂山東盜賊。”（傳下）

莽本富於張揚而缺乏理智；於是大怒，乃策尤曰：

“視事四年；蠻夷猾夏，不能遏絕；寇賊姦宄，不能殄滅。不畏天威，不用詔命；皃（貌）佷自臧，持必不移。懷執異心，非沮軍議。未忍致于理，其上大司馬，武建伯印韍。”（傳下）

尤因失職。於是匈奴寇邊尤甚。“莽乃大募天下丁男及死罪囚吏民奴，名曰豬突豨勇，以爲銳卒。一切稅天下吏民訾三十取一，縑帛皆輸長安。令公卿以下至郡縣黃綬，皆保養軍馬，多少各以秩爲差。”如此種毫無理智之妄啓邊釁，勞民傷財，天下不能騷動？結果這樣的張揚，徒促進了滅亡。班氏稱尤“素有智略”，觀其後昆陽戰中，諫王邑之戰論，實名將之讜言。而邑不能用，致遭敗滅。然尤旣素有智略，而莽反其道而行，則其理智之貧乏可知。且以內向特質善怒僨事，情感是用的社會型又充分表現出來了。

他如公孫祿之諫六筦，田況之陳平賊方略，莽皆不能當時採納，致貽禍無窮。此皆由於旣無洞識理智而張揚心理達於極端乃成自大狂之故也。

莽爲政治型人物，前旣一再言之；若過度要求權力乃常陷入於狂妄及歇思脫里亞病，卽自大狂及疑懼一類現象。　班氏說他

“見前專權以得漢政，故務自攬衆事。”　（傳中）

因之，

“三司受成，苟免，諸寶物，名帑，藏錢，穀官皆宦者斂之。　吏民上封事書，宦官左右開發，尙書不得知。”　（仝）

“好變改制度，政令煩多。　當奉行者，輒質問乃以從事。　前後相乘，憒眊不渫。”　（仝）

於是事之巨細，均聚於一人。　而莽個人奮力治事，

“常御燈火至明，猶不能勝。”　（仝）

其勤苦固可驚人，但國事萬端，豈能一人均可治理？　而莽疑懼過甚，理智不充，殊未思此。　其結果，

“尙書因是爲姦寢事。　上書待報者，連年不得去。　拘繫郡縣者，逢赦而後出。　衞卒不交代，三歲矣。”　（仝）

他這狂妄之獨裁制，使百政停滯，吏民厭惡。　間接造成了國家的危機。　其他因莽旣狂妄或更有些歇思脫里亞病，誅殺臣吏親屬，不可勝數。（參閱莽傳）。卽有諍臣良將亦多不用，所以自卽眞後不到六七年，天下便已不可爲。

等到地皇四年六月昆陽戰敗，叛軍漸迫長安，他似乎陷入極度憂懼狀態中，

“憂懣不能食亶，飮酒啗鰒魚。”　（傳下）

至十月，叛軍入長安，宮殿火起，有宗教信仰而妄想狂的莽

“紺袀服，帶璽韍，持虞帝匕首。　天文郎按栻於前，日時加某。　莽旋席隨斗柄而坐。”　（傳下）

他覺得這樣便得到超脫，他更帶內向特質的說：

“天生德於予，漢兵其如予何？”　（仝）

及至羣臣把他扶到漸臺，仍極篤實而極度心的

"抱持符命威斗。"（仝）

他覺得這樣可以得到天帝的保護，或可以離當前苦難。但是冥頑不靈的天帝，及所謂萬能的天帝，何嘗佑助過不能自助的人？又何嘗保護過不能自保的人？所以在視死如歸的王邑父子，與王巡，王揖，鷩惲，趙博，苗訢，唐尊，王參以及由平民提昇的王盛諸大臣，戰死以後，一向富有超勝奮力，內向張揚補救諸特質而缺少洞識力的王莽，或人生型式爲政治超四，藝術超三，社會超二，宗教超一而理論及經濟均貧乏之王莽，遂亦同其大臣等，伴着他的王田，官奴，六筦等美妙藝術制度的幻想和手建的新朝，一同殉國了。

結論

我們從以上所論之革政制度上看來，知道他不是失敗於手續（如王田），方法（如廢私奴）或技術（如六筦）上，便是原理根本錯誤（如官制及祿田制）。本來爲的是彌患於未然，反而促進了社會的不安。再加絕對統治者王莽性格中理智貧乏，張揚過甚；內不納智略諍臣之規諫，以息民困；外則輕啓戰釁，勞師四夷。於是更使社會混亂，而祥異符命之事再起。及宇內騷然，叛亂之革命軍興，莽乃奮力於迷信以求個人解脫，終至莽死新亡；所謂周公致太平之治，亦僅一試而隨之幻滅。嗚呼，一種理想制度豈可不細加考察而任意以國家作試驗者哉！

然而，事有必至，理有固然。隋唐之世，固行似王田之均田制，更行似六筦五均之市局關市矣。惟此等起源，實應遠溯自百年前之北魏。蓋幾經改進，方克完備。而北魏所以能行之無礙者，則基於人口，土地，軍事以及拓拔歷史諸基本原則，與社會心理互相契合及需要。殊非僅有理想而不顧其社會實際情形所可成也。但余舉此例，非謂漢末不能行此制度。如欲行之，必須詳勘耕田，因地變革，依序遷移，漸趨平均；如有損失，設法補償。務以不擾民，不失民守，期其萬無一失爲原則。六筦五均之法，則應研究如何得其平價之指數，如何運輸以消盈虧；凡此等事均非專門人才及技術人員不辦。而此等人士之如何養成，而不貪忽職務，實又非短時期所奏功。最高權威之莽，以理智之不充，未顧及此。只延通經大儒，制禮作樂；於是公卿大夫，旦入暮出，連年而不能治一事。依不驗之周官（所謂周禮），遂望制度定而天下平，何幻想之甚也！

夫閉門造車，出門合轍，實用科學法規之必然。然政治社會制度，乃社會科學之一端。社會由個人所聚成，殊非物質所可比擬。社會有所表現，每基於社會心理，而社會心理不過為衆人心理，綜合之齊向點，亦非純物質也。莽竟視制度及社會一如物質，以為制度一定，則天下自平，宜其遭受失敗。然設莽性非如是者，未必即行此制；設其未見周官，亦必即行此制；設其幼年遭遇不同，亦未必鑑識周官；設當時社會非如是者，亦未必有此遭遇；即行此制矣，設其性型理智稍強者，亦未必如此粗疏；社會略有不安，如納忠言，不張揚，不迷信，亦未至於滅亡；設其社會非如是者，亦未必陷於混亂；設人人的承受之歷史非如是者，亦未必有此等社會心理。此中因果相生，因即是果果即是因。及至社會心理與莽性相向至於同一齊點，乃成革政之舉，相錯至於另一點，於是遂敗而不可收拾。莽之品德無行謂善惡，混一之同一性格也；社會心理無所謂臧否，綜合之總成績也。二者相逢之處，有所不同，成敗乃隨之而分。總之，上舉諸因，互相關連，循環相因，舉一不足以明之。勉謂之一，即相逢之齊一點是。而此齊一點者，乃事之必然性。此必然性為事後觀察求得之結果，或一事預知之概念，非純科學之定然性也。余為是論，未敢確信；幸而言能成理，亦尚待質諸方家。

總結上下兩篇，吾人可知：

王莽得以革政者，

1. 由於西漢末年之社會經濟中，成貧富懸殊畸形之發展。下層社會因生活過分艱難，於是共同之心理在要求改變現狀。

2. 由集權執政王莽之性格，富於超勝內向而缺乏洞識，（或富於政治，藝術及社會型而缺乏理論型），於是幻想實現所謂周公致太平之周禮制度。

3. 由於周禮之社會制度如井田，官奴，六筦五均及錄田等雖陷於空洞，而能箴對當時社會之矛盾，故爲一班智識份子留意。 然如行此制，則須改革社會。

4. 由於儒學博士之分裂及一部有識之士，目睹社會危機，預言或希望改變現狀，以求太平。

新莽革政之所以失敗者，

1. 由於王田廢奴及六筦五均在方法或手續上之失敗。

甲　王田制度中，人口與耕田於理論上，分配相符。 然因人口各地居住疏密懸殊太甚，遷移既難，分配自不能行。 此失敗於手續。

乙　廢奴之舉，理論亦善。 惟無良好救濟之準備，只使爲人私屬，更陷於失業悲苦之境，此失敗於方法。

丙　六筦五均，其制甚善。 然仍須用舊日劣商之技術人員，以致貪頑敗壞，是毫無人材準備。此失敗於手續上。

2. 由於幣制及祿田制之理論錯誤。 用極複雜之幣制，民不堪其擾，祿田制實賜官吏貪汚之機會。 此二者既誤於周禮，復誤於奇想。

3. 王莽性格中缺乏洞識，而超勝內向極端之自大狂及幻想狂乃得暴露。 王莽卽眞後，原性大顯，於是缺點盡出。 輕啓外患，不聽諍言，迷信制度，妄求天佑。 此均爲促成失敗之要因。

4. 反動份子乘制度初試之失敗，籍人口衆多社會崩潰因子未除，乃利用社會之守舊心理，討莽滅新，革政全覆。

上舉成敗要因，暫分四項。 至其內容，請閱本文。 敝見或與諸家不同，此非敢立異，要亦各供所知而已。 十月之交，每逢勁草；雞鳴不已，何能偸閒。倉卒成文，未暇修辭；士林君子，幸諒教焉。

附錄　新朝提倡科學之精神

新室爲時僅十餘年（西紀七年至二十三年）而提倡科學似比任何朝代爲優。尤著重在軍事及醫學方面。在軍事方面最值得注意的，便是飛行術。在醫學方面是解剖學。

天鳳六年"莽……博募有奇技術可以攻匈奴者，將待以不次之位。言便宜者以萬數。

"（1）或言能度水不用舟楫。

"（2）連馬接騎濟百萬師。

"（3）或言不持斗糧，服食藥物三軍不饑。

"（4）或言能飛一日千里，可窺匈奴。（莽傳下）

能飛一日千里的航空家失敗的故事，漢書幸加以記載，不然我們或者以當時的妄言，莽傳說：

"莽輒試之。取大鳥翮爲兩翼（羽本曰翮），頭與身皆著毛。通引環紐。飛數百步，墮。莽知其不用，苟欲獲其名，皆拜爲理軍。賜以車馬，待發"。

飛行理想在古代埃及和中國上古曾出現過。不過方法是無從知道的。西歐在西紀一四九五年意大利人李沃那爾多達溫期 (Leonardo da Vinci) 曾用類似以上方法研究（也有兩翼，通引環紐。頭身似鳥）。但是熱心試驗的結果都失敗了。失敗的最大原因，便是人的身體過重。可能載得人體翅翼一定需要廣大方可。但是這樣廣大的翅翼，又非人的四肢用環紐可以隨吾人自由意志運用的。所以最後必致失敗。我想比達溫期早一千四百多年的中國飛行者，亦是首先遭遇了這項困難。但是他還能飛行數百步，也就免爲其難了。雖然以上四種專門技術人材都不見的可用，而王莽欲獲其名皆拜爲理軍，賜以車馬。那那個不未他提倡科學或軍事科學化的精神就可以想見了。我們試看漢朝之賢君良相，是視科學技術爲工巧末技。兩者相比，眞是不可同日而語。

其次還有醫藥。上舉的第三項可以算是藥學的一種。天鳳三年的時候反新朝翟義黨羽王孫慶被捕。死後，

莽使太醫尙方與巧屠共刳剝之。量度五藏，以竹筳（或草挺）導其脈，知所終始。云可以治病。（以知血脈之原，則盡攻療之道也。）（莽傳中）

中國解剖學始於何時，當然是個疑案。他的盛行，總在佛教傳入以後。新朝時中國使太醫親自解剖人體，眞是一件破天荒的事。西歐雖然也有類似的事，但是多在中古。所以我們不要以爲解剖屍體爲不雅訓，就把他忽略過去。反之，在二千年前由皇室來提倡解剖醫學，正是應該表彰的。因論新朝諸政，附錄於此，借獻世之治中國科學史者。

附　　註

註 I　左傳非歆作之一證

我所謂左傳非成於劉歆手，另外有一較直接之反證。即其父向固曾見此書，不得謂歆所作也。漢書劉向傳載"向歆校中五經祕書，見尙書洪範箕子爲武王陳五行陰陽休咎之應。向乃集合上古以來，歷春秋六國至秦漢，符瑞象異之記，推迹事行，連傳禍福，着其占驗；比類相從，……凡十一篇，號曰洪範五行傳論"。漢書藝文志，宋書五行志，隋書經籍志，唐書經籍志及新唐書藝文志均有記載。此書今佚，惟劉知幾史通曰"班氏五行志出劉向洪範。"是吾人可據漢書五行志求劉向洪範五行傳之眞面目。而此中則可考知劉向確見左傳。其尤彰明較著者，約有十事，今列於下。

(一)左氏傳曰"昭公八年春。石言於晉。晉平公問於師曠。對曰"石不能言，神或馮焉。作事不時，怨讟動於民，則有非言之物而言。今宮室崇侈，民力彫盡，怨讟並興，莫信其性。石之言不亦宜乎。於是晉侯方築虒祁之宮。叔向曰'君子之言，信而有徵'"。劉歆以爲金石同類，是爲金

不從革，失其性也。劉向以爲石白色爲主，屬白祥。（五行志上，頁十九，二十。五洲板，下仝）

此事春秋經及公穀傳均不載，惟左氏有之。公穀既缺，則劉向之說，必確據左氏而發；一如班氏所記。

（二）左氏傳曰"鄭子臧好聚鷸冠。鄭文公惡之，使盜殺之"。劉向以爲近服妖者也。（仝上，頁十）

此事經二傳未載。左傳"鄭子華之弟子臧出奔宋。好聚鷸冠。鄭伯聞而惡之。使盜誘之。八月盜殺之於陳宋之間"。時在僖公二十四年。向以爲近服妖者，卽此。

（三）左氏傳曰"周景王時，大夫賓起見雄雞自斷其尾。"劉向以爲近雞禍也。是時，王有愛子子鼂。王與賓起，陰謀欲立之。田於北山將因兵衆殺適子之黨。未及，而崩。三子爭國，王室大亂。其後賓起誅死。子鼂奔楚而敗。（志中上頁十二）

景王崩於昭公二十二年。經曰"夏，四月，乙丑。天王崩。"公穀無傳。左氏載"王子朝（卽鼂），賓起有寵於景王。王與賓孟說之，欲立之……。賓孟適郊，見雄雞自斷其尾。……夏四月，王田北山，使公卿皆從。將殺單子劉子。王有心疾，乙丑崩於榮錡氏。戊辰劉子摯卒，無子。單子立劉蚠。五月庚辰見王，遂攻賓起殺之"。昭公二十六年，經曰"尸氏召氏毛伯以王子朝奔楚。"此卽向所論之雞禍。

（四）左氏傳"魯襄公時，宋有生女子，赤而毛。棄之隄下。宋平公母共姬之御見而收之。因名曰棄。長而美好，納之。平公生子曰佐。後宋臣伊戾讒太子痤而殺之。先是大華元出奔晉。華弱奔魯，華臣奔陳。華合比奔衛"。劉向以爲時則火災，赤眚之應也。（志中下頁十二）

襄公二十六年，經"秋，宋公殺其世子痤。"公穀無傳。左傳"初，宋，芮司徒生女子。赤而毛。棄諸堤下。共姬之妾取以入，名之曰棄。長而美。平公入夕，共姬與之食。公見棄也，而視之尤。姬納諸御，嬖生佐。惡而婉。太子痤美而很。合左師畏而惡之。寺人惠牆伊戾爲太子內師而無寵。秋楚客聘于晉，過宋，太子知之。請野享之，公使往。伊戾請從之……而聘告公，曰太子將爲亂，既與楚客盟矣。公曰爲我又何求。對曰欲速。……公囚太子……乃縊而死"。華元奔晉在成公十五年，華弱奔魯在襄公六年，華臣奔陳在襄公十七年而華合比奔衛則在痤死後之昭公六年。子政所稱赤眚之應，爲禍巨大，由此可見。

(五)左傳曰"釐公三十二年十二月，已卯，晉文公卒。庚辰將殯於曲沃。出絳，柩有聲如牛"。劉向以爲近鼓妖也。喪凶事聲如牛怒象也。將有急怒之謀，以生兵革之禍。是時秦穆公遣兵襲鄭而不假道還。晉大夫先軫謂襄公曰：'秦師過不假塗，請擊之'。遂要崤阨以敗秦師。匹馬觭輪無反者，操之急矣。晉不惟舊，而聽虐謀。結怨彊國。四被秦寇，禍流數世。凶惡之效也。（志中下頁十九）

僖公（釐公）三十二年，經"冬十有二月，已卯，晉侯重耳卒"。公穀無傳。左氏"冬晉文公卒。庚辰，將殯于曲沃。出絳，柩有聲如牛。"師古曰"四被秦寇，謂魯文二年秦孟明視帥師伐晉，三年秦伯伐晉濟河焚舟取王官及郊；十年秦伯伐晉取北徵；十二年秦伯伐晉取羈馬。禍流謂自襄公至厲公凡五君與秦搆難也。"向謂爲鼓禍，誠所謂事後先知。

(六)左氏傳曰"嚴公八年，齊襄公田于貝丘。見豕。從者曰：'公子彭生也'。公怒曰'射之'。豕人立而嗁。公懼，墜車傷足，喪屨。"劉向以爲近豕禍也。先是齊襄淫於妹魯桓公夫人。使公子彭生殺桓公。又殺彭生以謝魯公。孫無知有寵於先君，襄公絀之。無知帥怨恨之徒，攻襄於田所。襄匿其戶間。足見於戶下，遂殺之。傷足喪屨卒死於足，虐急之效也。（志中下，頁二十三）

莊公（嚴公）八年，經"冬十有一月，癸未，齊無知弑其君諸兒。"公羊無傳。

穀梁傳曰"大夫弒其君以國氏者，嫌也。殺而伐之也。"與豕禍無涉。左氏傳"冬十二月，齊侯游於姑棼，遂田於貝丘，見大豕。從者曰'公子彭生也'。公怒曰'彭生敢見'"。射之。豕人立而啼。公懼墜於車。傷足喪屨。反誅屨於徒人費，弗得，鞭之見血。走出遇賊于門。劫而束之。費曰'我奚御哉？'袒而示之背，信之。費請先入，伏公而出。鬭死於門中。石之紛如，死於階下。遂入殺孟陽於牀，曰"非君也，不類。"見公之足於戶下，遂弒之而立無知。此向所謂豕禍。志特約而言之。

(七)左氏傳"昭公二十一年春周景王將鑄無射鐘。冷州鳩曰'王其以心疾死乎？夫天子省風以作樂。小者不窕，大者不摦。摦則不容心是以感。感實生疾。今鐘摦矣，王心弗戠。其能久乎？"劉向以為是時景王好聽淫聲。適庶不明，思心霿亂。明年以心疾崩。近心腹之痾，凶短之極者也。（志下上，頁七）

經及公穀均缺。左氏"二十一年春天王將鑄無射。（應依志補入"鐘"字），冷州鳩曰'王其以心疾死乎？夫樂，天子之職也。夫音樂之輿也。而鐘，音之器也。天子省風以作器，器以鐘之，輿以行之。小者不窕，大者不摦。則和於物。物和則嘉成。故和聲入於耳而藏於心。心億而樂。窕則不咸摦則不容，心是以感，感實生疾。今鐘摦矣，王心弗堪。其能久乎？"子政之意固同於冷州鳩之諷諫。

(八)左氏傳"昭公十九年，龍鬭於鄭時門之外，洧淵"。劉向以為近龍孽也。鄭以小國攝乎晉楚之間，重以彊吳，鄭當其衝。不能修德將鬭三國以自危亡。是時子產任政。內惡於民，外善辭令，以交三國。鄭卒亡患。能以德消變之效也。（志下上，頁十八）

經及公穀不載。左傳"鄭大水，龍鬭，于時門之外洧淵。國人請為禜焉。子產不許。曰；我鬭，龍不覿也。龍鬭我獨何覿焉。禳之則彼其室也。吾無求於龍，龍亦無求於我。乃止也。"此則向稱之龍孽可由德消。

(九)左氏傳，"魯嚴公時有內蛇與外蛇鬬鄭南門中。內蛇死。" 劉向以爲近蛇孽也。先是鄭厲公劫相祭仲而逐兄昭公代立。後厲公出奔，昭公復入。死，弟子儀代立。厲公自外劫大夫傅瑕，使僇子儀。此外蛇殺內蛇之象也。蛇死六年而厲公立。（志下上，頁十九）

莊公中，經及公穀不載此事。左傳十四年"六月，甲子，傅瑕殺鄭子及其二子而納厲公。初內蛇與外蛇鬬於鄭南門中。內蛇死。六年而厲公入。" 此向蛇孽說之驗也。

(十)左氏傳"文公十六年夏，有蛇自泉宮出，入于國。如先君之數。" 劉向以爲近蛇孽也。（志下上頁十九）

文公十六年秋，經"毀泉臺。" 公羊傳"泉臺者何？郎臺也。郎臺則曷爲謂之泉臺？旣成爲泉臺，毀泉臺何以書？譏。何譏爾？築之譏。毀之譏。先祖爲之已毀之，不勿居而已矣。" 穀梁傳"喪不貳事。貳事，緩喪也。以文爲多失道矣。自古爲之，今毀之，不如勿處而已矣。" 二傳與蛇孽無涉。左氏曰"有蛇自泉宮出，入于國。如先君之數。秋，八月辛未。聲姜薨，毀泉臺。" 此誠如向說之蛇孽矣。

上舉十例，可謂劉向見左傳之直接證據。按向死於成帝之末。（紀元前七或八年）洪範五行傳論奏於成帝河平三年（紀元前二十六年）。歆請爲左氏立學官事在哀帝初年（紀元前七年）。其間相去幾二十年。向旣見左氏，則自非歆所僞作。卽再退步而言，如謂歆於哀初撰成奏請，而向又何能於二十年前卽已爲說論，以解其災異呢？所以謂歆僞撰左氏之說，由此直接反證，決不能成立。近儒餘杭章氏或頗留意於此，但他却以此事涉及災異（章氏叢書劉子政左氏說，序注），把他忽略過去。他忘了五行災異正是漢朝學術思想重要的一部，同時又是劉向解左氏的直接證據。他爲辯護子政曾據左傳。於是擇說苑新序列女傳等書中有與左傳事義相合者，加以比附，而成劉子政左氏說三十條。以此證明劉向本之左氏，這眞是一件最不妥當而且很消極的事。因爲在這些書中，亦可以尋到與左氏義例相反的文字。梁任公先生就曾作過。康著僞經考第十四卷中劉向經說足證僞經考一篇，便是據上述諸書，來說明子政不說左氏的。所以太炎先生所用的方法，遠不及我們自五行志得向說左氏災異之直接明瞭。但是章先生的三十證例，果然因爲梁先生的反證，就失敗了麼？不然。兩先生的說法，不僅不相衝突，反可相成。怎樣說呢？大概劉向撰述說苑新序列女傳的時候，他參考許多書。內中既有左傳，同時也更有與左氏相反的書。既然彙採衆說，不限一家言，所以一些義例便合於左氏，一些例法便與左氏相異。合於左氏的如章氏所舉，背於左氏的如梁氏所稱。如此這個衝突便解決了。但是這樣的決定仍然須以劉向曾見左傳爲前題。所以我說這是一個消極的證據。向既見左傳則決非其子歆所撰。而近儒論歆造左氏者誤矣。至於左氏書中竄改錯簡之處，在所不免。然亦未能證成劉氏所爲也。

註 II 周禮非歆作之一證

周禮和左傳一樣，同屬於古文。可是他的傳承又遠不及左傳。劉歆移太常博士書中並沒有提到他。漢書中也很少說起他的流傳的，直到漢平帝元始四年，王莽奏起明堂立樂經益博士時，"徵天下通一藝教授十一人以上，及有逸禮，古書，毛詩，周官，爾雅，天文，圖讖，鐘律，月令，兵法，史篇，文字通知其意者；"（莽傳）才正式提起。五年莽又奏改長安南北郊祭禮"曰周官天墜之祀"（郊祀志），同年，"公卿大夫博士議郎列侯富平侯張純等九百二人依六藝通義，經文所見周官禮記宜於今者，爲九命之錫，以奏"。（莽傳）至王莽居攝三年，其母死。劉歆與博士諸儒七十八人議，皆曰'……攝皇帝遂開祕府，會羣儒，制禮作樂，卒定庶官。……卓爾獨見，發得周禮，以明因監。則天稽古，而損益焉。…… 周禮曰'王爲諸侯緦縗，弁而加環絰。同姓則麻，異姓則葛。'"（莽傳）周官易名，當自此始。周禮之突然出現，於是開後人疑僞之端。方苞著周官辯，廖平於今古學考，古學考，康有爲於僞經考均以爲劉歆附莽乃撰此書。非然者，何俱與新朝僞制相類，而反異於周代制度？但他們却忘了一個較古的記載。

史記封禪書述武帝元鼎年間事，說：自得寶鼎，上與公卿諸生議封禪。封禪用希，曠絕，莫知其儀禮。而羣儒采封禪尚書周官王制之望祀射牛事。

並敍古代祀典說：

周官曰"冬日至，祀天於南郊，迎長日之至。夏日至，祭地祇。皆用樂舞。而神乃得而禮也。"（史記封禪書）

史記所引周官，在周禮春官大司樂項下我們只能尋得類似的文字。

雲門之舞；冬日至，於地上之圜丘奏之。若樂六變，則天神皆降，可得而禮矣。……咸池之舞；夏日至，於澤中之方丘奏之。若樂八變，則地示皆出，可得而禮矣。（春官宗伯下）

兩者比較只能說是類似或相近，不能說全同。其次望祀射牛事（夏官司馬上）今日之尚書王制似缺。只有周禮夏官射人有"祭祀則射牲，"或司弓矢所記"凡祭祀共射牲之弓矢"（夏官司馬下）可比附。所謂"望祀"，大概就是春官大宗伯中的"國有大故則旅上帝及四望；"小宗伯"兆五帝於四郊，四望，四類亦如之；"典瑞"兩圭有邸以祀地旅四望；"中的四望之祀。不過也是沒有最明白的辭句。可是我們得想到古代學人引書常是擇要斷句的。譬如前文漢書引左傳。史記引尙書也有同一性質。所以我們不必說史記之周官非今日之周禮。反之，辨僞諸君子知道史記有引周官的文字，而說史記此等記載是劉歆所竄入的話，便難以成立了。因爲上述二條如果是歆等增補，那末他們爲什麼不把他作的和周禮完全一樣，而更能取信於當時呢？奈恰相反作成二者不盡同的文字，以備給當時人以攻擊的口實麼？古今那有愚魯至此的人！所以由此看來，周禮這部書不見得是歆等所僞作。

至於周禮官制不合於周代制度，不過只是證明非周公所撰，（即便合於周代體制，也未必出自周公）。並不能對子駿僞撰，加重他的力量。近人更有以莽傳所載"攝皇帝遂開祕府……發得周禮，以明因監。"作爲莽"遂開祕府…

…發得周禮。（句）”　於是便稱王莽發見周禮。　因而就定周禮爲王莽劉歆所僞作，以爲新朝制度之謊符。　這是斷句錯誤所致。　原文本意是王莽發覺出周禮可以明因監。　他是早已見過周禮的（可參考上文所引莽傳郊祀志等），不過到這時才發覺出這書意義來罷了。　辨僞家如康有爲氏等也不曾有過這樣誤解。所以這些也不能證明周禮是歆等所作的。

周禮建都之制因與尚書召誥洛誥不相合，封國之制不與孟子合。　此周禮未合于周制者卽比較晚出的儀禮，禮記也同周禮相違異。　四庫全書總目說：

> 儀禮十七篇皆七略所載古經七十篇中。　禮記四十九篇。　亦在劉向所錄二百四十篇中。　而儀禮聘禮賓行饔餼之物，禾米芻薪之數，籩豆簠簋之實，鉶壺甕之列，與掌客之文不同；又大射禮天子諸侯侯數，侯制與司射之文不同。禮記雜記載子男執圭與典瑞之文不同；禮器天子諸侯席數與司筵之文不同。如斯之類與二禮多相矛盾。　歆果贋託周公爲此書，又何難牵就其文，使與經傳相合，以相證驗；而必留此異同，以啓後人之攻擊？　然則周禮一書不盡原文；而非出依託，可概睹矣。

其所謂“不盡原文”當然錯的（我們覺得決非原文）。　但是用來說明非劉歆依託僞撰，却舉了些很好的理由。

周禮不僅不是劉歆所創作，並且也不是經過他的許多門下儒生編撰，然後再經歆等校閱過的。　我們試看書中講的井田制度。　他的分配田地方法。　地官大司徒：

> 凡造都鄙，制其地而封溝之，以其數制之。　不易之地家百畝；一易之地家二百畝，再易之地家三百畝。

小司徒：

> 乃均土地；以稽其人民而周知其數。　上地家七人；可任也者，家三人。　中地家六人；可任也者二家五人。　下地家五人，可任也者，家二人。

遂人：

上地夫一廛，田百畝，萊五十畝；餘夫亦如之。 中地夫一廛，田百畝；餘夫亦如之。 下地夫一廛，田百畝，萊二百畝，餘夫亦如之。

此中或授上地百畝，或授上地百畝更益萊五十畝（中地下地略）。 又或以人口爲計，上地七人，中地六人，下地五人。 原其分配之意本求其均。所以上地百畝，卽等於中地二百畝，下地三百畝。 而同一上地也又有加萊五十畝者，豈非自起紛糾。 且若今設有五口之家，按小司徒所載，應授下地；亦能予之以田三百畝乎？ （下地之田値，三百卽等於上地百）若然，則七口之家僅得上地田百者，（人口既增，而田之未加）豈非較五口授下地爲劣？ 總之，分田之說既歧；與人口相比，亦自相矛盾。 若成於一人，何致如此呢。 更觀井田計法。

小司徒

乃經土地，而井牧其田野。 九夫爲井，四井爲邑，四邑爲丘，四丘爲甸，四甸爲縣，四縣爲都。 以任地事而令貢賦，凡稅斂之事。

遂人

凡治野，夫間有遂，遂上有徑。 十夫爲溝，溝上有畛。 百夫有洫，洫上有涂。 千夫爲澮，澮上有道。 萬夫爲川，川上有路，以達於畿。

一由井四進位，一由夫十進位，這是一個什麼樣的計算法？ 自然考工記（冬官）匠人中的“九夫爲井，……方十里爲成……方百里爲同”的算法，和他又有不同，我們不必管他，（因這可以算是以後補入的），但只上舉數事，已經知道周禮書內不少相衝突的地方了。 那末如果成於劉歆一人之手或經劉歆等加以討論校閱。 那又何必使其自相矛盾呢？ 所以這書不僅不是成於歆莽等人而且以前出現的時候，亦決不是經一人手撰，或加以詳細校訂過的。

周禮既非歆作，那末漢書藝文志樂家敍例所說就非不可盡信。 敍例說“六國之君，魏文侯最爲好古。 孝文時得其樂人竇公，獻其書，乃周官大宗伯之大司樂章也。 武帝時，河間獻王好儒，與毛生等共采周官及諸子言樂事者，以作樂記，獻八佾之舞。”

錢玄同先生以竇公既爲魏文侯之樂人，自不能見文帝。（重論今古文學問題國學季刊第三卷二號一九三二年出版（論樂記）文中。可是桓譚新論中亦提及此人。不過以十三歲即盲目之人，能長生得二百五六十歲(新論說他百八十歲)，尙且獻樂書，那是絕不可能。但是當開獻書之路時，老盲人依託六國時魏之樂人，而獻書求富貴，自非情理所不許。百兩篇即其一例。不幸其所獻之書即周官之大司樂。而大司樂，司馬遷固曾以周官名中曾徵引過的（見前文）。由此看來漢文帝時大概周禮已經存在了。至於周禮作自何時，那就不是本文範圍所及，我們只斷定不是歆莽所作就够了。

魏晉士風與老莊思想之演變

Der taoistische Einfluss im Zeitgeist der

Wei-und Chin-Epoche

孫 德 宣

一： 魏晉士風之轉變

(甲)儒學之衰落

一時代有一時代之學術思想，蔚爲風尙。 此風尙之造成，與當時政治文化背景有密切關係，無日不在潛移默化之中，其作始也甚微，及夫積力久，醞釀成熟，因自然之趨勢，社會之需要，乃出而一新壁壘，改絃更張，經少數有力者之倡導，而其勢益鞏固，扶搖直上，成爲風氣，一時聰明才智之士，咸竭畢世精力以赴之，沈酣其中，罕能自拔，集思廣益，取精用宏，遂於一國文化史上放異彩焉。 迨行之既久，精華發越淨盡，幾成空殼，後來者度亦無以勝前，闡發幽眇，既病未能，掇拾叢殘，又所不甘，於是見異思遷，另闢途徑，以爲安身立命之所，此兩漢經術所以一變而爲魏晉玄學，魏晉玄學變而爲隋唐佛學，隋唐佛學變而爲宋明理學，宋明理學變而爲清代樸學，均斯道也。

漢儒傳經，疏通訓故，章句煩瑣，秦延君但說堯典二字至三萬言，當年不能究其學，累世不能窮其禮，是以通儒翫味大義，羞學章句。 復有今古對立，黨同伐異，聚訟紛紜，終無定讞。 晚有康成，博綜兼通，擇善而從，雖家法漫漶，而自成統系，三禮之學，後世莫能越其藥矱。 建安以還，天下多故，戎馬生郊，救死不暇，奚暇墳典？ 魏武以權譎之性，馳驅戎馬之際，橫槊賦詩，雅善文詠。 雖于建安八年有修學之令，而治尚申韓，峻法繩下，宏獎跅弛不羈之士，務求治國强兵之才，興建國學，蓋有未遑。 至文帝黃初五年夏四月，立太學，制五經課試之法；置春秋穀梁博士。 太學雖立，而時尚文藻，經學殆同虛設。 魏志十六杜畿傳注云：『樂詳……黃初中，徵拜博士，于時太學初立，有博士十餘人，學多偏狹，又不熟悉，略不親教，備員而已，惟詳五業並授』。足徵博學之士，殆同麟角。 良以世主既不崇學，故經術衰微，博士麤疏，選用非人；弟子亦志不在學，直爲避役計，列名學籍耳。 魏志十五劉馥傳云：『自黃初以來，崇立太學，二十餘年，而寡有成者，蓋由博士選輕，諸生避役，高門子弟，恥非其倫，故夫學者雖有其名，而無其人，雖設其教，而無其功』。 又卷十三王肅傳注引魏略云：『至太和青龍中，中外多事，人懷避就，性非解學，多求詣（汲古閣本作詣）太學。 太學諸生有千數，而諸博士率皆麤疏，無以教弟子，弟子本亦避役，竟無能習學，冬來春去，歲歲如是。 ……正始中，有詔議圜丘，普延學士，是時郎官及司徒領吏二萬餘人，雖復分布，見在京師者，尚且萬人，而應書與議者，略無幾人。 又是時，朝堂公卿以下四百餘人，其能操筆者，未有十人，多皆相從飽食而退』。 學既不講，經義不明，無怪議大典，羣公噤默，飽食而退也。 以兩漢經學之盛，荒廢至此，殊堪浩歎！ 考經學之所以衰微，由來已久，自董卓肇亂，獻帝西遷，而漢世所立十四博士今文官學，掃地澌滅，王國維云：『自董卓之亂，京洛爲墟，獻帝託命曹氏，未遑庠序之事，博士失其官守垂三十年，今學日微，而民間古文之學乃日興月盛。逮魏初復立太學，博士已無昔人，其所以傳授課試者，亦絕非曩時之學。蓋不必有廢置明文，而漢家四百年官學今文之統，已爲古文家取而代之矣』(漢魏博士考上)。凡學術思想，以數派相反相激而後有刷新改進之希望，東漢古文經學之所以盛行於民間，匪惟本身有其優點，引人歸嚮，抑亦今文經師深閉固拒，有以激之也。康成注經，偏袒古學，三國紛亂，今文勢衰，古文定爲一尊，既無今文之抗衡，遂成濡滯狀態，或抱殘而守闕，或攻鄭以立異，局促一隅，殆無建設可言。虞翻糾鄭解尚書違失，猶有理據，王肅則好逞臆說，僞作家語，妄撰聖證，以售其奮。馬昭之倫，守鄭學殘壘，申鄭難王，使肅酬對疲於歲時，亦僅搘拄之功，罕能光大其學。蓋經學苛碎，荒亂之餘，家法淩替，學者苟趨簡易，憚於究詳，而注釋易老之風盛焉。如虞翻既注易，又注老子，董遇於魏明帝時，最爲老師，善左氏傳，爲作朱墨別異，而旁治老子，作訓注，易老並稱，此其嚆矢。加以學多拘執，好尚偏倚，甚者詆左氏爲相斫書，黜公羊爲賣餅家，魏志十三王肅傳注引魏略云：『隗禧字子牙，京兆人也。……粲又嘗從問左氏傳，禧答曰：欲知幽微莫若易，人倫之紀莫若禮，多識山川草木之名莫若詩，左氏直相斫書耳，不足精意也。粲因從問詩，禧說齊魯韓毛四家義，不復執文，有如諷誦』。又卷二十三裴潛傳注引魏略云：『嚴幹字公仲，……特善公羊，司隸校尉鍾繇不好公羊，而好左氏，謂左氏爲大官，而公羊爲賣餅家，故數與幹共辨析長短』。學者既任情軒輊，不復深討，弁髦經籍，游談無根，此其朔矣。故雖有一二績學之士欲挽頹風，潛心儒典，而根柢不深，通方爲難。晉書五十庾峻傳云：『太常鄭袤見峻，大奇之，舉爲博士。時重莊老而輕經史，峻懼雅道陵遲，乃潛心儒典。屬高貴鄉公幸太學，問尚書於峻，峻援引師說，發明經旨，申暢疑滯，對答詳悉，遷秘書丞』。今觀魏志四峻答高貴鄉公之問，多所未究。「稽古」之訓，庚主王說，一見詰難，遂失依據。無康成之精湛，暖姝一先生之言，難應敵矣。

夫兩漢經術，雖病拘滯；然所談者仁義，所傳者聖法也，故人識君臣父子之綱，家知違邪歸正之路，（參後漢書儒林傳論）尙足以立名教之大防。經學一旦式微，禮崩樂壞，後生無所取法，中心游移無主，浮僞之風，自此寖盛，漸漬莊老，重增其放，反以仁義爲迂闊，以趨時爲先務。故董昭於太和六年陳末流之弊疏云：『竊見當今年少，不復以學問爲本，更以交游爲業，國士不以孝悌清修爲首，乃以趨時游利爲先，合黨連羣，互相褒歎，以毁訾爲罰戮，用黨譽爲爵，附己者則歎之盈言，不附者則爲瑕釁』。按漢末名士，競尙談論，臧否人物，雖有任情之處，（世說新語品藻篇注引蔣濟萬機論曰：「許子將褒貶不平，以拔樊子昭而抑許文休」。三國志許靖傳注云：「許文休者，大較廊廟器也，而子將貶之。若實不貴之，是不明也；誠令人知之，蓋善人也」。）嫥權言之，猶以器量制行爲準。及至魏氏，鄧颺李勝之徒，苟以虛名相尙，不以篤行爲意，禍敗皆不旋踵，則不學之弊也。

（乙）崇尙老莊之原因

統觀漢魏學風之蛻變，經學之轉爲老莊，乃時勢所必至，易所謂窮則變也。吳承仕曰：『漢師拘虛迂闊之義，已爲世人所厭，勢激而遷，則去滯著而上襄玄遠』（經典釋文序錄疏證）。此言得之。顧魏晉名士，所以厭棄舊聞，而另闢新途，蔑禮法而尙任達者，尙有其他因素，約略述之，可分爲三：

一曰漢末黨錮之禍　漢自武帝廣置博士弟子員，設科試策，勸以祿利，文學彬彬，於焉稱盛。至王莽擅位，而趨時之流，蟻附景從，競獻符命。光武中興，知斯風之不可長，乃表章氣節，尊顯巖穴之士，躬行儉約，以化臣下。明章繼軌，益崇儒學，尊師隆禮，然後大義昌明，風化敦美矣。逮其末世，主昏於上，政出閹寺，朝綱日替，而氣節之士，執清議於草野，激濁揚清，樹之風擊，使彼權姦悍夫，有所憚而不敢爲，國勢阽危，猶可暫保殘喘，范蔚宗謂：『所以傾而未頹，決而未潰，皆仁人君子心力之爲』(後漢書左雄傳論)。顧亭林論古代風俗，亦盛推東漢，歸美光武之表章氣節，(日知錄十三)洵非虛語。然近儒或據潛夫論抱朴子諸書，以爲漢俗無以愈魏晉，不知王葛二家，明譏末俗，無關盛漢，末流失德，何代蔑有，舉桀紂而非夏商，執偏以概全，豈理也哉？然物極必反，過盛當衰，飄風不終朝，驟雨不終日。黨錮之流，後先接踵，從容赴義，視死如歸，而門戶之戚，究亦未能忘懷，范滂臨刑，顧謂其子曰：『吾欲使汝爲惡，則惡不可爲；使汝爲善，則我不爲惡』(後漢書九七黨錮列傳)。數語沉痛，將亂世君子進退維谷之苦衷，表現無遺。死者既含冤莫伸，僥倖獲免者，銷聲匿影，竄伏草莽，苟延歲月之命，痛定思痛，餘慄猶存，豪氣摧殘，恍同隔世。自此老莊之思想，遂乘隙以入，化觚爲圓，和光同塵之觀念，遂奉爲立身之圭臬矣。當時先覺之士，如申屠蟠懼處士橫議之禍，遁跡世外，因樹爲屋。管寧處漢魏之際，亦娛心黃老，常笑邴原華子魚有仕宦意，皆以時不可爲，由儒入道，不欲徒供犧牲者也。

二曰政局之紛亂　東漢多幼主，乾綱不振，政移閹宦，法紀淩替，奢僭逾制。大亂之後，百廢待舉，世主多尙刑法，察察爲治，儒家之道，視爲迂闊。魏武用法深刻，掾屬動輒加杖，何夔嘗畜毒藥，誓死無辱(見魏志十二夔傳)。明帝時，杜恕上疏曰：『今之學者，師商韓而上法術，競以儒家爲迂闊，不周世用，此最風俗之流弊，創業者之所致愼也』(魏志十六杜畿傳)。魏尙法術，於茲可見。卽劉備諸葛亮治蜀，亦尙法家言論，亮嚴賞罰，用重典，術本申韓，備敕後主云：『歷觀諸子及六韜商君，益人意智。又聞丞相爲寫申韓管子六韜一通』(蜀志先主傳注引諸葛亮集)。而江左播遷，初政亦尙申韓，晉書四九阮孚傳云：『元帝以孚爲安東參軍，蓬髮飲酒，不以王務嬰心，時帝既用申韓以救世，而孚之徒，未能棄也；雖然，不以事任處之』。又卷七三庾亮傳云：『時帝方任刑法，以韓子賜皇太子，亮諫以申韓刻薄傷化，不足以留聖心』。則魏晉之際，世主多以申韓爲撥亂之要術，彰彰甚明，君上旣榻䙴法治，則士子當逢迎阿好，奚爲王何之倫，反高談易老，大暢玄風乎？　不知王何輩雖尙玄理，其崇老子，固未至極；雖事清談，未薄政務。　于時經籍道息，家尙莊老，非談玄無以立名氣，猶兩漢非通經術無以紆青紫也。　釋道安二教論君爲教主篇云：『依前漢書品孔子爲上上類，皆是聖；以老氏爲中上流，並是賢。　又何晏王弼，咸云老未及聖。此皆典達所位，僕能異乎？』(廣弘明集八)　王弼釋老子不尙賢云：『唯能是任，尙也曷爲？　唯用是施，貴之何爲？』(老子第三章)　傅咸云：『正始中，任何晏以選舉內外之衆職，各得其才，粲然之美，于斯可觀』(晉書四七傅玄傳)。　何晏爲魏姻戚，盡忠王室，蓋其素志，卒爲司馬懿所殺，身敗名裂。　傅咸之時，怨隙已遠，聞見較審，言得其實。　故葉正則云：『按陳壽史，習鑿齒書，及王肅傅嘏等所論皆不如此。　然則成敗之毀譽，好惡之是非，蓋未足以爲千載之準的也，而學者信之過矣』(習學記言二九)。葉氏之說，殊達事情。　則王何二人，非不留意治道者；唯弼不享年，績業無聞；晏以黨曹爽見誅，典午所忌，故受物議指摘耳。　嵇康雖有高世之志，然三國志王粲傳裴注引世語云：『毌丘儉反，康有力，且欲起兵應之，以問山濤，濤曰：不可，儉亦已敗』。　則康之志與魏室，非一日矣。　其爲採藥鍛鐵之舉，特自隱晦，孫登識其微意，諷其才多而識寡。及王淩毌丘儉諸葛誕諸魏將，咸見誅夷，司馬氏之基業，愈形鞏固，康之憤懣不平，有加無已，故有『每非湯武而薄周孔』誅心之言也。　康與何晏夏侯玄輩，既以不附司馬氏相繼被戮，諸名士益惴惴，務爲自全之計，晉書四九向秀傳曰：『康旣被誅，秀應本郡計入洛，文帝問曰：聞有箕山之志，何以在此？』秀曰：以爲巢許狷介之士，未達堯心，豈足多慕？　帝甚悅』。　此則權詞逢迎，投褐入仕，非本意也。　又阮籍傳云：『籍本有濟世志，屬魏晉之際天下多故，名士少有全者，籍由是不與世事，遂酣飲爲常』(晉書四九)。　初司馬氏雖强，而魏臣縮兵符者尙䡄，勝負之勢未決，名士難於去就，旁皇猶豫，故咏懷詩寄託遙深，多寫無聊之極思。　其大人先生傳曰：『君子之處域內，何異夫蝨之處褌中乎？』名下不易居，良有以也。籍既進不欲仕，退不能隱，故日唯以飲酒消胸中壘塊。文帝嘗欲爲武帝求婚於籍，大醉六十日不醒，病酒酣臥，口不臧否人物，爲其避害之良法，非故爲鄉愿者，諸葛恪與陸遜書云：『自漢末以來，中國士大夫如許子將輩，所以更相謗訕，或至于禍』(吳志十九諸葛恪傳)。此其前車之鑒也。故籍之放誕不羈，特有激而然，非王夷甫輩遺棄世務者可比。觀其登廣武，觀楚漢戰跡，歎曰：『時無英雄，使豎子成名！』(本傳) 其意氣之雄，概可知矣。自是以還，名士多守己中立，無狷介之操，山濤爲吏部，啓擬數人，隨帝所欲，屢表遜讓，不安于位，孫興公深鄙之。晉書五十六孫綽傳曰：『嘗鄙山濤而謂人曰：』山濤吾所不解，吏非吏，隱非隱。若以元禮門爲龍津，則當點額暴鱗矣」』。譏其隨時浮沈，旣不能進，又不能退也。王戎傳云：『尋轉司徒，以王政將圮，苟媚取容，屬愍懷太子之廢，竟無一言匡諫』。又云：『戎以晉室方亂，慕遽伯玉之爲人，與時卷舒，無蹇諤之節。自經典選，未嘗進寒素，退虛名，但與時浮沈，戶調門選而已』(晉書四三)。樂廣傳云：『値世道多虞，朝章紊亂，淸己中立，任誠保素而已，時人莫有見其際焉』(晉書四三)。庾敳傳云：『是時天下多故，機變屢起，敳常靜默無爲』(晉書五十)。皆爲時勢所迫，抱消極態度，揆其本心，非全無意於用世。卽以王衍論之，其初本好縱橫之術，及見世途多故，方務自全之計，不以經國爲念耳。蓋政局反覆，兵連禍結，生靈塗炭，達於極點，厭世觀念，縱誕思想，極易流行。觀列子楊朱篇抱朴子詰鮑篇楊鮑之言論，咸欲逃避現世，別投安身立命之所，逍遙自適。此老莊之說，所以深合時好，暢行於漢季，至魏晉而大盛也。故魏晉名士之流於放誕，脫略世務者，實政治環境所促成，謂爲老莊遺毒，乃倒果爲因之說，此不可以無辯。

三曰虛僞之反動　漢末名士郭泰符融許劭之流，臧否人物，下開魏晉淸談之風。於時朝政渾濁，禮教陵遲，黨錮諸賢，雖以扶持名教爲己任，終致覆餗，履霜堅冰至，是非一朝一夕之故，大勢所趨，莫能禦也。抱朴子疾謬篇曰：『夫以勢位言之，則周公勤於吐握，以聞望校之，則仲尼恂恂善誘，咸以勞謙爲務，不以驕慢爲高。漢之末世，則異於茲。蓬髮亂鬢，橫挾不帶，或褻衣以接人，或裸袒而箕踞。朋友之集，類味之遊，莫切切進德，誾誾修業，攻過弼違，講道精義。其相見也，不復敍離闊，問安否，賓則入門而呼奴，主則望客而喚狗，其或不爾，不成親至，而棄之不與爲黨。及好會，則狐蹲牛飲，爭食競割，掣撥淼摺，無復廉恥。以同此者爲泰，以不爾者爲劣，終日無及義之言，徹夜無箴規之益。誣引老莊，貴於率任，大行不顧細禮，至人不拘檢括，嘯傲縱逸，謂之體道』(外篇二四)。其漢過篇述漢末風俗，尤爲詳盡，知魏晉猖狂，其來漸矣。

魏武帝急功好利，用人不計品格，禮教權威，益見跌落。魏志一，建安十五年春，下令曰：『孟公綽爲趙魏老則優，不可以爲滕薛大夫。若必廉士而後可用，則齊桓其何以霸世？今天下得無有被褐懷玉而釣於渭濱者乎？又得無盜嫂受金而未遇無知者乎？二三子其佐我明揚仄陋，唯才是舉，吾得而用之』。又十九年十二月乙未令曰：『夫有行之士，未必能進取；進取之士，未必能有行也。陳平豈篤行？蘇秦豈守信邪？而陳平定漢業，蘇秦濟弱燕；由此言之，士有偏短，庸可廢乎？有司明思此義，則士無遺滯，官無廢業矣』。由此布令，則兩漢之察孝廉，鄉舉里選者，舉失其效，其影響於風教，自不待言。然魏武用人，不拘流品，不過爲經營霸業，權宜一時之計，至其閨門家法，固未嘗不整肅也。魏志十二崔琰傳注引世語曰：『植妻衣繡，太祖登臺見之，以違制命，還家賜死』。又卷二十一王粲傳注引典略曰：『其後太子嘗請諸文學，酒酣坐歡，命夫人甄氏出拜，坐中衆咸伏，而楨獨平視，太祖聞之，乃收楨，減死輸作』。是其治國齊家，別有權衡也。故是時禮教雖衰，而士大夫好名之心尙盛，猶循檢括。及至文帝，天資文藻，風流倜儻，與乃翁嚴毅性格，大相逕庭，故喜通侻而厭質樸，傅玄云：『近者魏武好法術而天下貴刑名，魏文慕通達而天下賤守節』(晉書四七傅玄傳)。士始競尙浮華，變本加厲。明帝雖嘗禁遏，不能戢止。鄧李之黨，標四聰八達之號，私擬漢末名士三君八俊之稱，卒以虛浮致敗。魏志二七徐邈傳云：『盧欽著書稱邈曰：徐公志高行潔，才博氣猛。其施之也，高而不狷，潔而不介，博而守約，猛而能寬。聖人以清爲難，而徐公之所易也。或問欽：徐公當武帝之時，人以爲通，自在涼州，及還京師，人以爲介，何也？欽答曰：往者毛孝先崔季珪等用事，貴清素之士，于時皆變易車服，以求名高，而徐公不改其常，故人以爲通。比來天下奢靡，轉相倣效，而徐公雅尚自若，不與俗同。故前日之通，乃今日之介也，是世人之無常，而徐公之有常也』。按徐邈莅涼州刺史，在明帝太和二年春，正始元年，還京師，爲大司農。觀其獨以守節不變見異，知明帝以降之士風，與武帝時氣象迥殊矣。

然魏晉之際，節義之風雖衰，而古聖典禮，猶知引重，黠者遂藉爲欺世盜名之具。文帝升壇禮畢，顧謂羣臣曰：『舜禹之事，吾知之矣』（魏志文帝紀注引魏氏春秋）。正莊子所謂：『爲之斗斛以量之，則并與斗斛而竊之；爲之權衡以稱之，則并與權衡而竊之；爲之符璽以信之，則并與符璽而竊之；爲之仁義以矯之，則并與仁義而竊之』（胠篋第十）。尙虛名而無誠意，重末節而昧大體，當時名士，率中此病。魏志十三華歆傳注引華嶠譜敍，謂文帝受禪，歆以形色忤時。夫歆親弒伏后，何忤乎受禪？此自嶠欲褒美先德，虛詞飾非矣。然陳矯傳云：『陳登曰：夫閨門雍穆，有德有行，吾敬陳元方兄弟。淵淸玉潔，有禮有法，吾敬華子魚』。世說新語德行篇亦稱其遇子弟甚整，雖閒室之內，嚴若朝典。則歆以守禮負時望矣。王祥稱爲孝子，然仕魏及晉，安榮固寵，無靦面目。諺云：『求忠臣必于孝子之門，豈其然乎？』司馬孚自謂大魏純臣，而受晉王爵（全祖望鮚埼亭集外編司馬孚王導論深譏之），何曾蒸餅不拆作十字不食，食日萬錢，猶曰無下箸處，忲侈無人臣體。然史稱其『性至孝，閨門整肅，自少及長，無聲樂嬖幸之好，年老之後，與妻相見，皆正衣冠，相待如賓』（晉書三三本傳）。則所尙者，亦虛文耳。以此等自命禮法之士，糾阮籍之猖狂，籍不服也。老子曰：『夫禮者，忠信之薄，而亂之首』（三十八章）。王弼注云：『夫仁義發於內，爲之猶僞，況務外飾，而可久乎？』故嵇阮之不拘禮法，實疾虛僞而導人重眞誠，因世人所尚者，禮之形式末節，乃示以禮之精義，別有所在，非以禮教可抹殺也。阮籍樂論云：『刑教一體，禮樂外內也。刑弛則教不獨行，禮廢則樂無所立。尊卑有分，上下有等謂之禮；人安其生，情意無哀謂之樂』。又云：『禮定其象，樂平其心，禮治其外，樂化其內，禮樂正而天下平』。又其通易論曰：『君子是以行重乎恭，喪重乎哀，爲僞薄也』（阮嗣宗集上）。其本懷可見。聞母喪，圍棊不輟，旣而舉聲一號，吐血數升，秉性肫摯，不飾常檢，均如此類。無他，懲世憤俗，矯枉過正耳。

（丙）名士心理之矛盾

世說新語德行篇注引王隱晉書曰：『魏末，阮籍嗜酒荒放，露頭散髮，裸袒箕踞，其後貴游子弟阮瞻王澄謝鯤胡毋輔之之徒，皆祖述於籍，謂得大道之本，故去巾幘，脫衣服，露醜惡，同禽獸，甚者名之爲通，次者名之爲達也』。據此，放達之行，作俑阮籍，正始名士，尙不至是。然籍亦自知其非中行，易滋流弊，己旣佪越規矩，任性自適，恐子弟不察其意，泥於形迹，泛濫無歸，故禁絕之。世說五任誕篇云：『阮渾長成，風氣韵度似父，亦作達，步兵曰：「仲容已預之，卿不得復爾」』。注引戴逵竹林七賢論曰：『籍之抑渾，蓋以渾未識己之所以爲達也。後咸兄子簡，亦以曠達自居，父喪，行遇大雪，寒凍，遂詣浚儀令，令爲它賓設黍臛，簡食之，以致淸議，廢頓幾三十年。是時竹林諸賢之風雖高，而禮教尙峻，迨元康中，遂至放蕩越禮』。夫君子行爲世範，無諸己而後非諸人，步兵放達，禮法之士，疾之若讎，賴司馬昭保全之，此在己猶可，其子弟則不得復爾。淸議猶存，人言可畏，爲門戶計，亦須稍加禁制。禮教之氣焰未熄，故使其自相矛盾至此也。任誕篇又云：『阮仲容先幸姑家鮮卑婢，及居母喪，姑當遠移，初云當留婢，旣發，定將去，仲容借客驢箸重服自追之，累騎而返。曰：人種不可失。卽遙集之母也』。注引竹林七賢論曰：『咸旣追婢，於是世議紛然，自魏末沈淪閭巷，逮晉咸寧中，始登王途』。可知縱誕之行，甚受排抑，故嵇康雖剛腸疾惡，輕肆直言，其誡子則云：『夫言語君子之樞機，機動物應，則是非之形著矣，故不可不愼』(嵇中散集卷九家誡)。雖不相酬答，不喜弔喪，而誡子則云：『自非所監臨，相與無他，宜適有壺榼之意，束脩之好，此人道所通，不須逆也』(同上)。是仍以謹言愼行之儒道，爲處世之良方也。山濤名列竹林，而服膺禮教，本傳謂其『年踰耳順，居喪過禮，負土成墳，手植松柏』(晉書四三)。則亦老莊其名，而儒行其實者也。卽江左諸賢，風流相尙，談玄銷日，其教子弟，亦有軌度。謝安旣登台輔，非功之慘，不廢妓樂，衣冠效之，頗以成俗，然未仕時，處家常以儀範訓子弟(晉書七九本傳)。世說新語言語篇：『謝太傅問諸子姪：子弟亦何預人事，而正欲使其佳？諸人莫有言者，車騎答曰：(劉注：謝玄)「譬如芝蘭玉樹，欲使其生于階庭耳」』。則安之望其子姪者深矣。晉書七三庾亮傳云：『亮美姿容，善談論，性好莊老，風格峻整，動由禮節，閨門之內，不肅而成，時人或以爲夏侯太初陳長文之倫也』。又庾冰傳云：『冰字季堅，兄亮以名德流訓，冰以雅素垂風，諸弟相率，莫不好禮，爲世論所重』。又卷七十五韓伯傳云：『陳郡周勰，爲謝安主簿，居喪廢禮，崇尙莊老，脫落名教。伯領中正，不通勰，議曰：「拜下之教，猶違衆從禮，情理之極，不宜以多比爲通。時人憚焉。」識者謂伯可謂澄世所不能澄，而裁世所不能裁者矣』。案庾氏爲東晉望族，一門好禮，元規雅善談詠，素性坦率，而動由禮節。康伯妙解易理，爲簡文帝談客，而嚴持禮法，則言論老莊，而躬行爲儒家，儒之名教，道之自然，兩相矛盾，冶於一爐。明乎此，則抱朴子內篇言神仙方術，外篇爲純儒者之見地，其故可知矣。世說新語文學篇云：『阮宣子有令聞，太尉王夷甫見而問曰：「老莊與聖教同異？對曰：將無同。」太尉善其言。辟之爲掾，世謂三語掾』。案將無猶言無處都凡，（廣雅釋訓：無慮，都凡也。）謂二教大抵相同。以性質懸殊之學術思想，强爲融和，此魏晉士大夫之言行所以常不一致也。

抑又考之，魏晉之士，誦說莊老，而按其實際，亦多有旣非儒，又非道，兩失其據者。老子曰：『見素抱樸，少私寡欲』（十九章）。莊子曰：『審乎无假，而不與物遷』（德充符篇）。又曰：『浮游乎萬物之祖，物物而不物於物』（山木篇）。嵇阮之倫，深體此旨，故有高世之意。康著釋私論曰：『夫氣靜神虛者，心不存於矜尙，體亮心達者，情不繫於所欲。矜尙不存乎心，故能越名敎而任自然；情不繫於所欲，故能審貴賤而通物情』（嵇中散集五）。嗣宗詠懷詩云：『膏火自煎熬，多財爲患害』。又云：『榮名非己寶，聲色焉足娛？』晉書四九劉伶傳云：『初不以家產有無介意』。皆爲言而能行，不以物利累心者。至王戎輩則不然，晉書四三王戎傳云：『性好興利，廣收八方園田水碓，周徧天下，積實聚錢，不知紀；極每自執牙籌，晝夜算計，恆若不足；而又儉嗇，不自奉養，天下人謂之膏肓之疾。女適裴頠，貸錢數萬，久而未還，女後歸寧，戎色不悅，女遽還直，然後乃懽。從子將婚，戎遺其一單衣，婚訖而更責取。家有好李，常出貨之，恐人得種，恆鑽其核。以此獲譏於世』。涵詠老莊，而鄙吝若此，無怪竹林之遊，阮嗣宗稱其爲俗物也。世說新語儉嗇篇注引晉陽秋曰：『戎多殖財貨，常若不足，或謂戎故以此自晦也』。殆不其然；使戎果以此自晦，阮氏必不譏之爲俗物矣。王衍雖希言玄遠，未嘗語利，然妻郭氏聚斂無厭，財用豐足，自可無慮。且王敦亦嘗自矯厲，雅尙淸談，口不言財色，以取重名，而卒叛逆。衍之不言錢，亦正其矯情自飾處。觀其以弟澄爲荊州，族弟敦爲靑州，而己居中，以爲三窟之計，汲汲自保，又何嘗超然物外哉？他如和嶠謝鯤庾敳郄嗇之徒，咸棲志莊老，而鄙吝之情，亦均未袪除。晉書四五和嶠傳云：『嶠家產豐富，擬於王者，然性至吝，以是獲譏於世，杜預以爲嶠有錢癖』。又卷四九謝鯤傳云：『鄰家高氏女有美色，鯤嘗挑之，女投梭折其兩齒。時人爲語曰：『任達不已，幼輿折齒。鯤聞之，傲然長嘯曰：「猶不廢我嘯歌」。 又卷五十庾敳傳云：『敳有重名，爲搢紳所推，而聚斂積實，談者譏之』。 又卷六十七郗愔傳云：『與姊夫王羲之，高士許恂，並有邁世之風，俱棲絕穀修黃老之術』。 子超傳云：『愔事天師道，而超奉佛，愔又好聚斂，積錢數千萬』。 此數子者，雖或賦性有殊，亦時代風氣使然，任達不拘，不羞穢汙，率性而行，保存本色，猶勝于假道學耳。

二：魏晉老莊思想之分化

凡一新思潮勃興之時，競進之士，依草附木，趨之若鶩。 然舊家餘風，猶有未沫，保守之氣氛尚濃，其倔強者必起而與之抗衡，詞鋒電激，大言炎炎，是爲諍論派，或極端守舊派。 其選耎者，或僅爲消極之緘默，如范宣之言談未嘗及老莊（晉書九一儒林傳）；或依違兩者之間，倡爲調停之說，舍短取長，斟酌損益，是爲緩和派，或調和派。 至此思潮發展至絢爛成熟時期，弊端已現 ， 危機四伏，則憂國之士，蒿目時艱，又不僅爲消極之諍論，破壞之舉而已，且進而爲積極之建設，亡羊補牢，興衰起弊，圖延一線之生機，是爲改進派，或事功派。今秉此觀點，考魏晉老莊思想瀰漫之際，尚不乏守道不阿之士，介立錚峙，不慕放達；立朝正色，觝排異端。 風雨如晦，雞鳴不已，是可尚也。 及夫神州陸沈，崎嶇江表，衣冠之士，雖復流連京洛遺風，披襟解帶，談詠不輟，不過以是寄其故國喬木之懷，一傾積愫而已，非沈溺其中，入而不能出者也。 故中興以還，王導桓溫王羲之殷浩庾亮之倫，咸有匡濟之意，而興會所至，清言罔替，矯情鎮物，好整以暇，晉人風度乃爾；實則鋭情進取，不復以言治道爲俗吏，此其大異於西晉，而國祚所以緜延也。 （參考輔仁學誌十一卷余讓之先生早期道教之政治信念第五章）今述各派之言論如次，以見其梗概焉。

（甲）守舊派之言論　此派本於儒家之立場，專與老莊之徒相駁辯，如伏義與阮籍書曰：『蓋聞建功立勳者，必以聖賢爲本，樂眞養性者，必以榮名爲主。

若棄聖背賢，則不離乎狂狷，凌榮起名，則不免乎窮辱。故自生民以來，同此闘例，雖歷百代，業不易綱。……天官雖博，無偏駁之任，王道雖寬，無縱逸之流。苟無其分，則爲身害教，賊怨布天下。以此備之，殆恐攻害，其至無日，安坐難保。而聞吾子乃長嘯慷慨，悲涕潺湲，又或拊腹大笑，騰目高視，形性㤰張，動與世乖，抗風立候，蔑若無人。儻獨奇變逸運，漸在于此；將以神接虛交，異物所亂，使之然也』。又云：『今吾子擢才達德，則無毛遂穎脫之勢；剪迹滅光，則無四皓岳立之高，豐家富物，則無陶朱貨殖之利，延年益壽，則無松喬蟬蛻之變，總論吾子所歸，義無所出』(阮嗣宗集)。諫阮進不足以立德修名，退不足以安身養性，不如皈依聖教。而阮氏答書則謂：『人力勢不能齊，好尙舛異』。且云：『夫人之立節也，將舒網以籠世，豈樽樽以入網；方開模以範俗，何暇毀質以通檢』。欲脫世網而高邁，視禮檢爲固陋，竟弗從也。

次則傅玄謂虛無放誕之俗，足致亡國之禍，晉書四七本傳云：『武帝爲晉王，以玄爲散騎常侍，及受禪，進爵爲子，加駙馬都尉。帝初卽位，廣納直言，開不諱之路。…玄上疏曰：「近者魏武好法術，而天下貴刑名；魏文慕通達，而天下賤守節，其後綱維不攝，而虛無放誕之論，盈于朝野，使天下無復淸議，而亡秦之病，復發於今！」』傅玄崇尙儒學，重農賤商，對於各趨極端之法家道家，均所排擊，故曰：『專任刑名，民不聊生，通儒達道，政乃升平』(藝文類聚五四引傅子釋法)。其意欲折中儒法以爲治，故曰：『經之以道德，緯之以仁義，織以禮法，旣成而後用之』(意林引傅子)。因之對於不切實際之言論，輒加非難。北堂書鈔五八引傅子云：『王黎爲黃門侍郎，軒軒然乃得志，煦煦然乃自樂，傅子難之曰：「子以聖人無樂，子何樂之甚？」黎曰：「非我，乃聖人也」』(又見御覽二二一)。案何晏有聖人無喜怒哀樂論，鍾會等述之，惟王弼持異（見三國志二八鍾會傳注）。郭象於顏淵死子哭之慟章解云：『人哭亦哭，蓋無情者與物化也』(皇侃論語義疏六先進篇疏引)。如斯立論，聖人殆同木偶。蓋自何晏謂聖人無喜怒哀樂，遂成爲魏晉間普偏信念，王黎亦是述何，玄之難黎，正是難晏之玄談耳。史稱其：「每有奏劾，或値日暮，捧白簡，整簪帶，竦踊不寐，坐而待旦，於是貴游懾伏，臺閣生風」(晉書本傳)。其勵精圖治之意氣，與道家虛無之思想，正如方枘圓鑿，扞格不入矣。玄子咸亦有父風，立朝彈謁，嘗劾王戎云：『戎備位台輔，兼掌選舉，不能謐靜風俗，以凝庶績，至令人心傾動，開張浮競。中郎李重李義，不相匡正，請免戎等官』(傅玄傳附)。而戎傳云：『戎與賈郭通親，竟得不坐』。晉政失綱，於茲可見。

次裴頠著崇有論。尤足針砭虛無之說，晉書三五本傳云：『頠深患時俗放蕩，不尊儒術。何晏阮籍，素有高名於世，口談浮虛，不遵禮法，尸祿耽寵，仕不事事。至王衍之徒，聲譽太盛，位高勢重，不以物務自嬰，遂相放效，風教陵遲。乃著崇有論，以釋其蔽曰：…賤有則必外形，外形則必遺制，遺制則必忽防，忽防則必忘禮，禮制弗存，則無以爲政矣。』又曰：『是以立言藉其虛無，謂之玄妙；處官不親所司，謂之雅遠；奉身散其廉操，謂之曠達；故砥礪之風，彌以陵遲。放者因斯，或悖吉凶之禮，而忽容止之表，瀆棄長幼之序，混漫貴賤之級。其甚者至於裸裎，言笑忘宜，以不惜爲弘，士行又虧矣』。深譏放達之行，違害教義。而其透澈之理解，則在後段，如云：『夫至無者以能生，故始生者自生也，自生而必體有，則有遺而生虧矣。生以有爲己分，則虛無是有之所謂遺者也。故養既化之有，非無用之所能全也。理既有之衆，非無爲之所能循也。心非事也，而制事必由于心，然不可制事以非事，謂心爲無也。匠非器也，而制器必須于匠，然不可以制器以非器，謂匠非有也。是以欲收重泉之鱗，非偃息之所能獲也；隕高墉之禽，非靜拱之所能捷也；審投弦餌之用，非無知之所能覽也。由此而觀，濟有者皆有也，虛無奚益于已有之羣生哉？』推論無不能生有靜默不足以制事，可謂湊入單微，明見秋毫。蓋頠擅談名理，深爲時輩推服，故下筆能自立於不敗之地也。世說新語言語篇云：『諸名士共至洛水戲還，樂令問王夷甫曰：『今日戲樂乎？』王曰：『裴僕射善談名理，混混有雅致……』。晉書本傳云：『樂廣嘗與頠清言，欲以理服之，而頠辭論豐博，廣笑而不言，時人謂頠爲言談之藪』。樂廣爲清談名家，竟不能屈頠，則頠之精研名理可知，故崇有論一出，『王衍之徒，攻難交至，並莫能屈』(本傳)。當時稱爲名論。世說文學篇注引惠帝起居注：『頠著二論以規虛誕之弊，文詞精富，爲世名論』。以其論理精覈，故見重士林如是。

次則嵇含有玄虛助溺之歎，晉書八九本傳云：『時弘農王粹，以貴公子尚主，館宇甚盛，圖莊周於室，廣集朝士，使含爲之讚。含援筆爲弔文，文不加點。……其辭曰：「適矣莊周，天縱特放，大塊授其生，自然資其量，器虛神清，窮玄極曠。人僞俗季，眞風既散，野無訟屈之聲，朝有爭寵之歎，上下相陵，長幼相黷。於是借玄虛以助溺，引道德以自獎，戶詠恬曠之辭，家畫老莊之象。今王生沉淪名利，身尙帝女，連耀三光，有出無處，池非巖石之溜，宅非茅茨之宇，馳屈產於星衢，畫茲象其焉取？」』紘外之音，對於內耽名利，而外託莊老者，有無限憤慨。

又晉書九一杜夷傳云：『兄崧，字行高，亦有志節。惠帝時，俗多浮僞，著杜子春秋以刺之』。御覽二五三引劉弘下荊部教曰：『太康以來，天下無虞，遂共尙無爲，貴談老莊，少有說事，外託論公務，內但共談笑，今卽同舟而載，安可不人人致力邪？』是崧弘二人，亦不滿放達之風者。于時中原鼎沸，有爲之士，皆懷危懼，有斡濟時艱之志矣。

以上皆晉室南渡前與老莊思想立於敵對者也。及中興以還，而保守派之言論愈形激烈，咸以永嘉之禍，歸咎玄風。干寶晉紀總論述中朝傾覆之故，謂晉之得天下，與姬周之積德累仁而得者，本自殊異，加以風教陵遲，政治廢弛，雖以中庸之才，守文之主治之，亦將自取禍敗。雖立說不免偏激，而於當時之政俗，言之洞若觀火，足以懲前宓後。其言曰：『今晉之興也，功烈於百王，事捷於三代，蓋有爲以爲之矣。……是其創基立本，異於三代者也。又加之以朝寡純德之士，鄉乏不二之老，風俗淫僻，恥尙失所；學者以莊老爲宗，而黜六經；談者以虛薄爲辯而賤名檢，行身者以放濁爲通，而狹節信；進仕者以苟得爲貴而鄙居正，當官者以望空爲高而笑勤恪。　是以目三公以蕭杌之稱，標上議以虛談之名。　劉頌屢計治道，傅咸每糾邪正，皆謂之俗吏。　其倚杖虛曠，依阿無心者，皆名重海內。　若夫文王日昃不暇食，仲山甫夙夜匪懈，蓋共嗤黜，以爲灰塵，而相詬病矣。　由是毀譽亂于善惡之實，情慝奔于貨欲之塗，選者爲人擇官，官者爲身擇利。而秉鈞當軸之士，身兼官以十數，大極其尊，小錄其要，機事之失，十恆八九，而世族貴戚之子弟，陵邁超越，不拘資次。　悠悠風塵，皆奔競之士，列官千百，無讓賢之舉。　子眞著崇讓而莫之省，子雅制九班而不得用，長虞數直筆而不能糾。　其婦女莊櫛織紝，皆取成于婢僕，未嘗知女工絲枲之業，中饋酒食之事也；先時而婚，任情而動，故皆不恥淫逸之過，不拘妒忌之惡。　有逆于舅姑，有反易剛柔，有殺戮妾媵，有黷亂上下，父兄弗之罪也，天下莫之非也；又況責之聞四教于古，修貞順於今，輔佐君子者哉？　禮法刑政，于此大壞，如室斯構，而去其鑿契，如水斯積，而決其隄防，如火斯畜，而離其薪燎也。　國之將亡，本必先顛，其此之謂乎？　故觀阮籍之行，而覺禮教崩弛之所由，察庾純賈充之爭，而見師尹之多僻，考平吳之功，知將帥之不讓，思郭欽之謀，而悟戎狄之有釁，覽傅玄劉毅之言，而得百官之邪，核傅咸之奏，錢神之論，而覩寵賂之彰。　民風國勢如此，雖以中庸之才，守文之主治之，辛有必見之于祭祀，季札必得之于聲樂，范燮必爲之請死，賈誼必爲之痛哭，又況我惠帝以蕩蕩之德臨之哉』？（文選四九）由干氏此文，見西晉之末，禮教廢弛，官箴敗壞，風俗淫侈，已至極點，雖無外患，亦當內潰。　所以然者，惠帝昏庸，八王相殘，士大夫多橫遭殺戮，故人懷危懼，遺棄世務，放達之風益扇，君子小人，同流合汙，國事遂愈不堪問矣。　使遇明君，人盡其才，雖清言，無傷也。

又陳頵與王導書云：『中華所以傾弊，四海所以土崩者，正以取才失所，先白望而後實事，浮競驅馳，互相貢薦，言重者先顯，言輕者後敘，遂相波扇，乃至凌遲。　加有莊老之俗，傾惑朝廷，養望者爲弘雅，　政事者爲俗人，王職不恤，法物墜喪。　夫欲制遠，先由近始，故出其言善，千里應之。　今宜改張，明賞信罰，拔卓茂于密縣，顯朱邑于桐鄉，然後大業可舉，中興可冀耳』(晉書七一熊遠傳)。應詹亦云：『魏正始之間，蔚爲文林，元康以來，賤經尚道，以玄虛宏放爲夷，以儒術清儉爲鄙俗，永嘉之弊，未必不由此也』(晉書七十應詹傳)。應氏謂挽救之策，在昌明儒教，整頓綱紀，遷江州刺史，臨行上疏曰：『身經荒弊，綱紀頹陵，清直之風既澆，糟粃之俗猶在，誠宜濯以滄浪之流，漉以吞舟之網，則幽顯明別，於變時雍矣』(同上)。蓋渡江而後，中朝敝俗，猶未蕩除，觀元帝時熊遠諫疏云：『今當官者，以理事爲俗吏，奉法者爲苛刻，盡禮爲諂諛，從容爲高妙，放蕩爲達士，驕蹇爲簡雅』(晉書七一熊遠傳)。此頹放之風對於新造之邦，縱無外侮，亦甚可慮，故憂國之士，多著專論以闢之。晉書五六江惇傳云：『性好學，儒玄並綜，每以爲君子立行，應依禮而動，雖隱顯殊途，未有不依傍禮教者。若乃放達不羈，以肆縱爲貴者，非但動違禮法，亦道之所棄也。乃著通道崇檢論，世咸稱之』(江統傳附)。惇通玄學，而立身行己守儒道，故以放達爲非也。

其在攻老聃王弼學說之罅隙，以減殺時人信仰者，則有孫盛，盛著老子疑問反訊云：『天下皆知美之爲美，斯惡已，皆知善之爲善，斯不善已。盛以爲美惡之名，生乎美惡之實，道德淳美，則有善名，頑嚚聾昧，則有惡聲。故易曰：「惡不積不足以滅身」。又曰：「美在其中，而暢于四支，發于事業」。又曰：「韶盡美矣，未盡善也」。然則大美大善，天下皆知之，何得云斯惡乎？若虛美非美，爲善非善，所美過美，所善違中，若此，皆世教所疾，聖王奮誡，天下亦自知之於斯談』。又云：『不尚賢，使民不爭，不貴難得之貨，使人不爲盜，常使民無知無欲，使知者不敢爲』。又曰：『絕學無憂，唯之與阿，相去幾何？善之與惡，相去何若？』下章云：『善人，不善人之師；不善人，善人之資；不貴其師，不愛其資，雖智大迷。盛以爲民苟無欲，亦何所師於師哉？既相師資，非學如何不善，師善非尙，賢如何貴，愛既存，則美惡不得不障，非相去何若之謂』。又下章云：『人之所教，我亦以教人，吾言甚易知，而天下莫能知』。又曰：『吾將以爲教父。原斯談也，未爲絕學。所云絕者，堯孔之學邪？堯孔之學，隨時設教，老氏之言，一其所尚。隨時設教，所以道通百代；一其所尚，不得不滯于適變，此又闇弊所未能通者也』(廣弘明集五)。孫氏此文，據老子本書，反復推勘，得其矛盾之處，據理詰難，不逞意氣，自易令人信服。蓋其精通名理，妙解易象，殷浩清談，擅名一時，亦不能屈。世說新語文學篇云：『孫安國(孫盛)往殷中軍(殷浩)許共論，往反精苦，客主無間，左右進食，冷而復煗者數四，彼我奮擲麈尾，悉脫落滿餐飯中，賓主遂至莫忘食。殷乃語孫曰：『卿莫作强口馬，我當穿卿鼻』。孫曰：『卿不見決鼻牛，人當穿卿頰』。孫殷舌戰，至於忘食，浩詞不勝理，竟至詬詈，非孫敵也。時能屈安國者，僅一劉眞長而已。世說又云：『殷中軍孫安國王謝能言諸賢，在會稽王許，殷與孫共論易象妙於見形，孫語道合，意氣干雲，一坐咸不安孫理，而辭不能屈。會稽王慨然歎曰：使眞長來，故應有以制彼。既迎眞長，孫意已不如。眞長既至，先令孫自敍本理，孫粗說己語，亦覺殊不及向，劉便二百許語，辭難簡切，孫理遂屈。一座同時拊掌而笑，稱美良久』(文學篇又略見晉書七五劉惔傳)。一座談客，均無以難孫氏，賴得外援，然後勝之，則盛之精於持論，概可見矣。

盛又爲老聃非大賢論，以爲老子之道已籠罩乎儒教之內，老之尚無，裴頠之崇有，二者均爲失中，其言曰：『余以爲尚無既失之矣，崇有亦未爲得也。道之爲物，惟悅與惚，因應無方，唯變所適。值澄淳之時，則司契垂拱；遇萬動之化，則形體勃興。是以洞鑒雖同，有無之教異陳，聖致雖一，而稱謂之名殊。自唐虞不希結繩，湯武不擬揖讓，夫豈異哉？時運故也，而伯陽以執古之道以御今之有，逸民欲執今之有，以絕古之風，吾故以爲彼二子者，不達圓化之道，各矜其一方者耳』(廣弘明集五)。案孫氏以古今異宜，老子之道，可用於古而不可行於今，裴頠之論，宜於今而不合於古，故曰：『因應無方，唯變所適』。揣度時勢，應物變化，合於周易之隨，孔子聖之時，蓋純然儒者之見也。其攻王弼則云：『易之爲書，窮神知化，非天下之至精，其孰能與於此？世之注解，皆妄也，況弼以附會之辨，而欲籠通玄旨者乎？故其敍浮義，則麗辭溢目；造陰陽，則妙賾無聞。至于六爻變化，羣象所效，日時歲月，五氣相推，弼皆擯落，多所不關，雖有可觀者焉，恐將泥夫大道』(魏志鍾會傳注引)。譏弼注易刊落象數，專抒玄理，時河北行鄭氏易，江南用王弼注，孫氏蓋欲倡漢儒易學以代王弼之玄言者也。

孫盛攻王，尚無刻覈之論，及范甯乃深貶王弼何晏，以爲二人之罪，深於桀紂，晉書本傳云：『時以浮虛相扇，儒雅日替，甯以爲其源始于王弼何晏，……乃著論曰：……王何蔑棄典文，不遵禮度，游辭浮說，波蕩後生，飾華言以翳實，騁繁文以惑世，搢紳之徒，翻然改轍，洙泗之風，緬焉將墜，遂令仁義幽淪，儒雅蒙塵，禮壞樂崩，中原傾覆，古之所謂言僞而辯，行僻而堅者，其斯人之徒歟？昔夫子斬少正於魯，太公戮華士於齊，豈非曠世而同誅乎？桀紂暴虐，正足以滅身覆國，爲後世鑒戒耳，豈能廻百姓之視聽哉？王何叨海內之浮譽，資膏粱之傲誕，畫魑魅以爲巧，扇無檢以爲俗，鄭聲之亂樂，利口之覆邦，信矣哉！吾固謂一時之禍輕，歷代之罪重，自喪之釁少，迷衆之愆大也』(晉書七五范汪傳附)。范氏既爲此論，後之評史者，殆成定讞，至清代朱彝尊作王弼論，(曝書亭集五九)錢大昕作何晏論，(潛研堂集一)力爲二人平反，此自後儒見地。無煩觀縷。

至于力攻莊子者，則有王坦之，晉書本傳載其廢莊論曰：『若夫莊生者，望大庭而撫契，仰彌高於不足，寄積想於三篇，恨我之懷未盡，其言詭譎，其義恢誕，君子內應從我，游方之外，衆人因藉之以爲弊薄之資。然則天下之善人少，不善人多，莊子之利天下也少，害天下也多。故曰魯酒薄而邯鄲圍，莊生作而風俗頹。禮與浮雲俱征，僞與利蕩並肆，人以克己爲恥，士以無拱爲通，時無履德之譽，俗有蹈義之愆，驟語賞罰則不可以造次，屢無爲不可與適變，雖可用於天下，不足以用天下人』(晉書七五王湛傳附)。案坦之以扶持禮教爲己任，謝安期功之喪，不廢聲樂，坦之嘗苦諫之，以爲欲挽頹風，須從病源措手，故爲廢莊之論也。

又戴逵雖隱士，亦鄙放達，著論云：『夫親沒而採藥不反者，不仁之子也，君危而屢出近關者，苟免之臣也。而古人未始以彼害名教之體者何？達其旨故也。達其旨，故不惑其迹。若元康之人，可謂好遁跡而不求其本，故有捐本徇末之弊，舍實逐聲之行。是猶美西施而學其顰眉，慕有道而折其巾角，所以爲貌者，非其所以爲美，徒貴貌似而已矣。夫紫之亂朱，以其似朱也，故鄉原似中和，所以亂德，放達似真達，所以亂道。然竹林之爲放，有疾而爲顰者也，元康之爲放，無德而折巾者也，可無察乎』(晉書九四戴逵傳)？戴氏此論，於竹林七賢之時代背景，最能瞭然。嵇阮之時，魏室雖衰，天命未改，君子蠖屈，默觀世運。元康之際，天下一統，朝政雖紕，病非膏肓，盡心匡弼，未至傾覆，而遠慕嵇阮，風流相扇，舍本逐末，貌同心異，戴氏辭而闢之，非苛言也。他若葛洪抱朴子外篇中非薄玄談崇尚世務之論，尤爲隨處流露，(參考輔仁學誌余氏前文)篇幅所限，姑從略焉。

（乙）調和派之言論　是派以調和儒道爲宗旨，雖於虛玄之習，有所不滿，而持論含蓄不爲抗激之言。如王昶家誡云：『人若不篤於至行，而背本逐末，以陷浮華焉，以成朋黨焉，浮華則有虛僞之累，朋黨則有彼此之患』。又云：『欲使汝曹立身行己，遵儒者之教，履道家之言，故以玄默沖虛爲名，欲使汝曹顧名思義，不敢違越也』(三國志魏志二七本傳)。其折中儒道二家之意旨，極爲明顯。蓋魏明帝時莊老之說，經何晏之倡勢益盛行，蔚成徒黨，魏諷曹偉等，咸以競進取禍，昶素行穩健，故不欲其子弟兩趨極端，示訓誡焉。

次如樂廣，以清言著稱，與王衍俱宅心事外，而薄放達之行。世說新語德行篇云：『王平子胡母彥國諸人，皆以任放爲達，或有裸體者。樂廣笑曰：名教中自有樂地，何爲乃爾也？』是其雖尚老莊，亦未嘗不留意名教也。然趙王倫謀篡：『樂廣進璽綬於倫，乃僭即帝位』(晉書五九趙王倫傳)。違失臣節，見識後代，世說品藻篇曰：『謝公與時賢共賞說，遏胡兒並在坐。公問李弘度曰：「卿家平陽何如樂令？」於是李潸然流涕曰；趙王篡逆，樂令親授璽綬。亡伯雅正，恥處亂朝，遂至仰藥，恐難以相比。此自顯於事實，非私親之言。謝公語胡兒曰：「有識者，果不異人意」』。則廣雖以名教爲言，殺身成仁，所不能爲，猶阮籍雖不連婚晉室，而慑於威勢，爲鄭冲等作勸進晉王牋，耿介之操，魏晉所希，則漸漬莊老之故也。

次如李充以爲儒教救其末，老莊明其本，本末殊塗，爲教則一，亦屬調和派之思想，晉書九三本傳云：『幼好刑名之學，深抑虛浮之士，嘗著學箴稱老子云：絕仁棄義，家復孝慈，豈仁義之道絕，然後孝慈乃生哉？蓋患乎情仁義者寡，而利仁義者衆也。道德喪而仁義彰，仁義彰而名利作，禮教之弊，直在玆也。先王以道德之不行，故以仁義化之，行仁義之不篤，故以禮律檢之，檢之彌繁，而僞亦愈廣，老莊是乃明無爲之益，塞爭欲之門。夫極靈智之妙，總會通之和者，莫尚乎聖人，革一代之弘制，垂千載之遺風，則非聖不立。然則聖人之在世，吐言則爲訓辭，莅事則爲物軌，運通則與時隆，理喪則與世斃矣。是以大爲之論，以標其旨，物必有宗，事必有主，寄責於聖人，而遺累乎陳迹也。故化之以絕聖棄智，鎮之以無名之樸，聖教救其末，老莊明其本，本末之塗殊，而爲教一也』。又云：『道不可以一日廢，亦不可以一朝擬，禮不可爲千載制，亦不可以當年止，非仁無以長物，非義無以齊恥，仁義固不可遠，去其害仁義者而已，力行猶懼不逮，希企邈以遠矣。室有善言，應在千里；況乎行止，復禮克己』。觀充之言，意雖在重儒教，克己復禮，而於老莊亦無峻拒，翻謂二者殊塗同歸，本末一體，因時制宜，用各有當，以限制末流之浮放，納人民於軌物，立論緩和，不易引起反感，此種論調，在孫盛老子疑問反訊中，頗示反對。其言曰：『或問老莊所以故發此唱，蓋與聖教相爲表裏，其於陶物明訓，其歸一也。盛以爲不然，夫聖人之道，廣大悉備，猶日月懸天，有何不照者哉？老氏之言，皆駁於六經矣，寧復有所愆之，俟佐助於聃周乎？即莊周所謂日月出矣，而爝火不息者也。　至於虛誕詭怪矯詭之言，尙拘滯於一方，而橫稱不經之奇詞也』(廣弘明集五)。　孫盛爲激烈之評論家，於老莊思想，摧廓不遺餘力，故於儒道相爲表裏之論，不能苟同。　李充雖深抑虛浮之士，而論戰之鋒鍔較盛大有遜色，故列於調和派焉。

又晉書九一徐苗傳云：『弱冠與弟賈就博士濟南宋鈞受業，遂爲儒宗。　作五經同異評，又依道家著玄微論，前後所造數萬言，皆有義味』。　苗受學宋鈞，鈞爲鄭玄弟子，身爲儒宗，而兼探道家，附會玄言，是亦調和派也。

至如孫綽著喻道論，(宏明集三)意在闡揚佛教，而云：『周，孔即佛，佛即周孔』。　又云：『周孔救極弊，佛教明其本耳』。　兼有調和儒釋道之企圖。蓋自莊老之說盛行，不足於放達者，有調和儒道之言論，及佛教之勢漸盛，佞佛者更有三教會通之說，以取得士大夫對佛之信仰。　當時著名緇流，道安支遁輩，以時尙玄學，非精通儒典，妙解莊老，不能與士大夫周旋，暢行其教，故於外學頗留意焉。　王祖樂廣李充之流，均崇尙儒行，弗慨縱誕，於道家之學，自所深會，以引道趨儒，融合爲一，猶緇流欲援儒皈佛，博通外學也。　而措詞之間，尤須揣摩風氣，相度時宜，善爲調和，徐引入絆，不爲過激之語，話論之辭，則聞之者易於心悅誠服，此調和派之言論，所以未可輕議也。

(丙)改進派之言論　是派細分之，又可爲二：一則銳意事功，禁絕玄談，如劉琨陶侃卞壼庾翼輩是也。　一則爲國宣勞，不廢淸言，如王導庾亮桓溫殷浩謝安之流是也。　劉琨以忠毅著稱，然少時亦雅慕莊老，吟咏綺襦紈綺之間。本傳云：『爲司隸從事，時征虜將軍石崇河南金谷澗中有別廬，冠絕時輩，引致賓客，日以賦詩，琨預其間，文詠頗爲當時所許。　秘書監賈謐參管朝政，京師人士，無不傾心，石崇歐陽建陸機陸雲之徒，並以文才降節事謐，琨兄弟，亦在其間，號二十四友』(晉書六二)。　史臣有佻巧之譏，本傳論曰：『劉琨弱齡，本無異操，飛纓賈謐之館，借箸馬倫之幕，當于是日，定佻巧之徒歟？』　及感激世亂，始折節易行，馳驅荒徼，戮力王室，故其答盧諶書云：『昔在少壯。　未嘗檢括，遠慕老莊之齊物，近嘉阮生之放曠，怪厚薄何從而生，哀樂何由而至。自顚沛張，困於逆亂，國破家亡，親友凋殘，負杖行吟，則百憂俱至，塊然獨坐，則哀憤兩集。時復相與舉觴對膝，破涕爲笑，排終身之積慘，求數刻之暫歡，譬由疾疢彌年，而欲一丸銷之，其可得乎？夫才生於世，世實須才，和氏之璧，焉得獨曜于郢？握夜光之珠，何得專玩於隨？掌天下之寶，當與天下共之；但分析之日，不能不悵悵耳！然後知聃周之爲虛誕，嗣宗之爲妄作也』（藝文類聚二六）。其改過之勇，謀國之忠，洵北方之強也。國讐未復，壯志未伸，卒爲段匹磾所害，惜哉！

其忠貞勁節，堪與琨媲美者，則爲陶侃，晉書六六本傳云：『諸參佐或以談戲廢事者，乃命取其酒器蒱博之具，悉投之於江，吏將則加鞭朴，曰：「樗蒱者，牧豬奴戲耳。老莊浮華，非先王之法言，不可行也。君子當正其衣冠，攝其威儀，何有亂頭養望，自謂宏達耶」？』又讓拜大將軍表云：『臣常欲除浮虛之事，遣虛假之由，非獨臣身而已』。其以身作則，振奮有爲，蓋無日志不在中原也。秉性纖密檢厲，兼綜庶務。造船木屑，悉留備用，都尉盜柳，亦所諳識。深斥莊老，遵循禮度，非似文人攻訐鳴高，言而不行者。蓋以多難之秋，非發揚蹈厲，不足以收旣放之人心，非儲材效用，不足以迅赴事機也。觀其上表遜位云：『欲爲陛下西平李雄，北吞石季龍，是以遣毋丘奧於巴東，授桓宣於襄陽』（晉書六六本傳）。其經略之宏遠，使天假之年，必能飲馬河洛，蕩滌瑕穢，豈僅於戡定內亂哉？若夫包藏之志，折翼之祥，此蘇子瞻所謂敵黨庾氏之誣辭，賢如士行，豈有是乎？

于時深鄙放達，忠義死節之士，更有卞壼，晉書七十本傳云：『壼幹實當官，以褒貶爲己任，勤於吏事，欲軌正督世，不肯苟同時好，然性不弘裕，才不副意，故爲諸名士所少，而無卓爾優譽。明帝深器之於諸大臣，而最任職。阮孚每謂之曰：「卿恆無閑泰，常如含瓦石，不亦勞乎？」壼曰：「諸君以道德恢弘風流相尚，執鄙吝者，非壼而誰？」時貴游子弟，多慕王澄謝鯤爲達，壼厲色於朝曰：「悖禮傷教，罪莫斯甚，中朝傾覆，實由於此！欲奏推之，王導庾亮不從，乃止」。然而聞者莫不折節』。觀壼之正色立朝，凜不可犯，宜其接鋒履刃，終死王事矣。

次如庾翼，亦切齒清談，鄙薄浮華，故雅重桓溫而易殷浩，晉書七三，本傳云：『殷浩才名冠世，而翼弗之重也。每語人曰：「此輩宜束之高閣，俟天下太平，然後議其任耳」。見桓溫總角之中，便期之以遠略』。於王夷甫深加貶責，其貽殷浩書曰：『王夷甫先朝風流士也，然吾薄其立名非眞，而始終莫取。若以道非虞夏，自當超然獨往，而不能謀始，大合聲譽，極致名位，正當抑揚名教，以靜亂源，而乃高談莊老，說空終日，雖云談道，實長華競。及其末年，人望猶存，思安懼亂，寄命推務。而甫自申述，徇小好名。既身囚胡虜，棄言非所，凡明德君子，遇會處際，寧可然乎？而世皆然之，益知名實之未定，弊風之未革也』(晉書七七殷浩傳)。王夷甫虛談廢務，而東晉輿論，尙以爲是，庾翼所言，其實錄也。觀『桓公（溫）過淮泗，踐北境，與諸僚屬登平乘樓，眺矚中原，慨然曰：「遂使神州陸沈，百年丘墟，王夷甫諸人，不得不任其責」。袁虎率爾對曰：「運自有廢興，豈必諸人之過？」』(世說新語輕詆篇) 袁宏之流，猶爲夷甫迴護。蓋渡江以後，諸名士尙遐想正始玄風，歆羨不已，咸以中朝傾覆，別有其故，不關夷甫諸人也。然桓溫雖深罪王衍，固未嘗不喜清談，推之，王導殷浩謝安王羲之諸賢，亦皆不以崇尙事功而廢清言也。(余讓之先生前文中已論列) 是數賢中，惟王羲之有『虛談廢務，浮文妨要』(世說言語篇)。及『固知一死生爲虛誕，齊彭殤爲妄作』(蘭亭敘)。於老莊之言，頗露不滿外，王導謝安諸人，則並鮮非薄之言，余所以謂之改進派者，因數子口雖不絕談老莊，不過習氣使然，實則考其志行，大體不離於儒者經緯邦國之事，有意進取，非王澄輩遺棄世務比也。觀江左初建，戎馬倥偬，王導即以興修學校，息止浮僞爲言，謂之江左管夷吾，殆非虛語。謝安任兄子玄練北府勁兵。子婿王國寶，少無士操，不修廉隅，惡其傾側，抑而不用。因材授職，不徇私情，自是宰相之器。惟質性優柔，幹略不足，不能靖難於未萌，是二人所短也。

三：總論

歸納上文，參稽考覈，約得數事：魏晉時代，老莊之風雖盛，然嵇阮之倫，特有激而爲放達，非其本心，後人不達其旨，無德而折巾，推波助瀾，遂益頽放，實由名士習氣，故與衆異，此其一。晉書八二陳壽傳云：『遭父喪，有疾，使婢丸藥，客往見之，鄉黨以爲貶議，及蜀平，坐是沈滯者累年』。阮簡居父喪，食客黍臛，阮咸居母喪，著重服追婢，皆致淸議，頓廢有年。（引見前）則當時鄉議，未嘗不重禮也。元帝時，荀崧奏置鄭氏儀禮博士，（參晉書七五荀崧傳）而喪服一篇，漢訖江左，專業講授，實繁有徒，朱彝尊曝書亭集三十四讀禮通考序云：『晉人崇尚莊老，宜其自放禮法之外，而於喪禮變除假寧之同異，獨斷斷辨難，若杜預衞瓘袁準孔倫陳銓劉逵賀循環濟蔡謨劉德明葛洪孔衍之徒均有撰述，宋齊以降，言凶禮者不乏』。則士大夫於禮學，未嘗不留意也。王恭傳云：『道子嘗集朝士置酒於東府，尙書令謝石因醉爲委巷之歌，恭正色曰；『居端右之重，集藩王之第，而肆淫聲，欲令羣下何所取則？』』（晉書八四）則會享之儀，未嘗不整肅也。此其二。若夫劉伶胡毋輔之等猖狂之行，畢卓所云：『一手持蟹螯，一手持酒桮，拍浮酒池中，便足了一生』(世說新語任誕篇)。王忱傳云；『一飲連月不醒，或裸體而遊，每歎三日不飲便覺形神不相親。婦父常有慘，忱乘醉弔之，婦父慟哭，忱與賓客十餘人，連臂被髮裸身而入，繞之三匝而出』(晉書七五)。此特少數自放之名士所爲，多數士大夫咸外尙莊老，而內實儒行，雖好淸言，不廢事功，此其三。魏晉之時，天下多故，經學稍衰，申韓之術，爲世主所尙，蘇張之術，亦漸爲士子留意，如王衍之少習縱橫家言，（引見前）『袁悅之能長短說，甚有精理』(晉書七五本傳)。時尙淸談，名家之言，尤見傳習（參考劉大杰魏晉思想論七章）。荀綽冀州記云：『爰翰子俞，字世都，淸貞貴素，辯於論議，採公孫龍之辭，以談微理，少有能名』（三國魏志二八鄧艾傳注引）。魏劉劭趙都賦云：『辯論之士，則智凌狙丘，材過東里。分摘滯義，割擗纖理，論析堅白，辯藏三耳』（御覽四六四引）。　則魏時探究名家之學者，大有人在。　西晉時，魯勝注墨辯，晉書九四本傳云：『其著述爲世所稱，遭亂遺失，惟注墨辯存，其敘曰：名者所以別同異，明是非，道義之門，政化之準繩也。孔子曰：必也正名，名不正，則事不成。　墨子著書，作辯經以立名本，惠施公孫龍祖述其學，以正刑名顯於世。　……名必有形，察形莫如別色，故有堅白之辯。　名必有分明，分明莫如有無，故有無序之辯。　是有不是，可有不可，是名兩可，同而有異，異而有同，是之謂辯同異。　至同無不同，至異無不異，是謂辯同辯異。　同異生是非，是非生吉凶，取辯於一物，而原極天下之汙隆，名之至也。　自鄧析至秦時名家者，世有篇籍，率頗難知，後學莫復傳習，於今五百餘歲，遂亡絕。　墨辯有上下經，經各有說，凡四篇，與其書衆篇連第，故獨存。　今引說就經，各附其章，疑者闕之。　又采諸衆雜，集爲刑名二篇，略解指歸，以俟君子』。　蓋自王弼何晏大暢玄風，一時學者，無不精研名理，以爲談資。　觀嵇康鍾會裴頠諸論，義理縝密，詞氣精悍，此有得於名學者也。　名學有助於清談，時人索解者衆，故魯勝注墨辯以應需要焉。　又世說新語文學篇云：『謝安年少時，請阮光祿道白馬論，爲論以示謝，於時謝不即解阮語，重相咨盡，阮乃歎曰：「非但能言人不可得，正索解人亦不可得」！』　觀阮謝之究白馬論，則惠施公孫龍之學，見重當時可知。　名家之學，至魏晉而復續，影響所及，無論爲老莊之學者與反老莊之學者，論辯多練達精質，深合論理，與孟子之距楊墨而第曰：『楊氏爲我，是無君也；墨氏兼愛，是無父也；無父無君，是禽獸也』（孟子滕文公下）。　韓愈之闢佛老，但云：『人其人，火其書，廬其居』。（原道篇）一味意氣用事，猖狂詬詈者，大異其趣。　故讀魏晉湛深名理之文，勝讀唐宋八家架空立論之古文，此其四。　五胡之亂，中原塗炭，往往千里無人烟，生靈之禍，亙古未有，推原其故，固由武帝謀之不臧，而士大夫皆以放達自競，安榮尸位，清談廢務，使小人得肆無忌憚，民氣愈趨於委靡，亦不得辭其咎戾。江左立國，懷綏吳士，制禦北虜，兢兢業業，若朽索之馭六馬。　清談之習，放達之風，雖未盡除，而朝野上下，咸思在其位必謀其政，罕有鄙薄世務之意，故雖內亂迭起，尙能偏安一隅，含弘光大，下開隋唐之文化，此其五。　士大夫負有領導社會之責者，可不愼言行，端趨向，以免害風俗而賊人才，陷國家於刼運哉？

宋金以來之鈔幣

Papiergeld seit der Sung-und Chin-Zeit

劉　厚　滋

一　引　論

世之言中國貨幣者，動以庖犧氏聚天下之銅鑄棘幣，黃帝範金爲貨以爲言；苟其文獻足徵，則所由來久矣。　顧自天水之世，地不愛寶，金石考古之學日昌，至近世而益盛；刀貝錢布，出以萬計，而絕未見殷周以前金貨。　故羅雪堂先生振玉俑廬日札謂成周以前，爲物交物之貿易時代，至列國間始有金屬貨幣發生。日本故京都帝國大學總長濱田青陵耕作博士著關於中國古代貝貨一文，亦力主是說。　更徵以易繫辭：

『日中爲市，致天下之民，聚天之貨，交易而退，蓋取諸噬嗑。』

古錢法蓋未足信也。　至所謂鈔幣，因楮布易朽，尤不經見。　雖周官大司徒載師云：

『載師（中略）凡宅不毛者有里布。』正義卷二十四頁十六鄭司農註云：

『宅不毛者，謂不樹桑麻也。　里布者，布參印書，廣二寸，長二尺，以爲幣，貿易物。　詩云：抱布貿絲，抱此布也。　或曰布，泉也。』　正義卷二十四頁十六

孫詒讓正義云：

『經云里布者，布參印書，廣二寸，長二尺，以爲幣，貿易物者；此說里布，即布帛之布。　漢書食貨志說周布帛以廣二尺二寸長二丈爲度；此廣長各取十分之一，裁制之以爲幣布。　參印書者，蓋謂書布之上而加㩻印。　漢書平帝紀如淳註引漢律傳信用五寸木，封以御史大夫印章，其乘傳參封之。　參三也。　此布參印書，疑亦參印布書之上，以檢奸僞也。』正義卷二十四頁十六

天官小宰『以官府之八成經邦治』之七云：

『聽買賣以質劑。』

鄭司農註曰：

『質劑爲兩書札，同而別之。　長曰質，短曰劑。　（中略）今之券書也。』

疏曰：

『聽買賣以質劑者，即質人所掌者是也。』

孫氏正義云：

『質劑謂兩書一札，同而別之，長曰質，短曰劑者，賈疏云：案地官質人云：大市以質，小市以劑。　鄭註：大市人民牛馬之屬用長券，小市兵器珍異之屬物用短券。　言兩書一札，同而別之者，謂前後作兩券，中央破之，兩家各得其一。　（中略）惠士奇云：後漢書張衡傳應間云：萬方億醜，幷質共劑。　章懷註云：質劑猶今分支契。』

均宜爲鈔幣之屬。　然里布或謂即泉，日本井村薰雄，更據抱布貿絲之詩，以爲里布即布匹之布，本身原有物質價値，不可便以鈔幣論。(一)　其布即布匹之說，據孫氏正義所考，雖未可信，而鄭康成抱布貿絲之布即里布即幣一解，實亦無徵，不如仍謂係物物交換爲愈。　至所謂里布之里，惠士奇江永諸家說亦各不同。　而傳世漢印章中有里印半印甚多（二）；故頗疑所謂『凡宅不毛有里布。』者，宅下桑麻不熟，里君(三)出尺布加印爲之證明，以免納稅；里布者免租證明書件耳。　果然里布云者，決非鈔幣。　即不然按諸家之說，里布亦不過爲一種證券，是否有價證券，尙未可徵，當然不可謂爲鈔幣。

至質劑又明明爲一種交易合同，并流通證券而非是，更無論乎鈔幣。　前人指里布質劑爲鈔幣之遠祖，未必然也。

其後漢孝武帝以軍興日久，財用困乏創白鹿皮幣，每幣値四十萬(四)。　惟其數至少，且鹿皮價貴，井村氏謂其本身大有價値，不當以法定鈔幣視之，亦未常無理。　然則中國鈔幣之權輿，其爲中唐以來飛錢乎？　唐書食貨志云：

『憲宗以錢少，復禁用銅器，時商賈至京師，委錢諸道進奏院及諸軍諸使富家，以輕裝趨四方，合劵乃取之，號飛錢。』卷五十四

是爲飛錢之始。　其事始蓋一種匯兌方法，飛錢者，一種匯票也，一曰飛子。其後買飛子者不復支錢，轉相授受，乃漸成一種習慣上的通用紙幣。　久之其法漸弊，京兆尹裴武至請禁與商賈飛錢者(五)。　李商隱詩云：

『楮葉成來不値錢』(六)

(一)　井村薰雄著通貨之種別及金融頁一七（上海出版協會昭和二年出版）。

(二)　清陳介祺十鐘山房印舉。

(三)　羅振玉矢彝考釋，郭沫若兩周金文辭大系合纂。

(四)　史記卷三〇，前漢書卷二十四。

(五)　唐書食貨志卷五十四頁九行。

(六)　李義山詩集：『一片瓊英價動天，連城十二昔虛傳，良工巧費眞爲累，楮葉成來不直錢。』詠楮葉而實指楮幣也。

於當時因濫用飛子，至通貨膨脹，物價騰貴之弊，蓋已概乎言之。

嗣後，宋之交子會子關子，金之交鈔，元明清之寶鈔，皆因革飛子之法以行。至清季大清銀行發行銀行兌換券，其事始廢。自唐元和間（西歷八〇六至八二〇）至光緒三十四年（西一九〇八），其間亦及千年，法度禁令，興廢利弊，均足資吾人殷鑑。徒以皮紙易滅，文獻難徵；研貨幣者恆流連金貨之收藏，泉幣之譜錄，於此蓋忽焉。因取諸史所紀，及金元以來實鈔實物，從而稽考之，以爲是篇；而名之曰宋金以來之鈔幣。鈔幣，紙幣也；不名紙幣而名鈔幣者，懼與近世之紙幣混淆，且元中統銀貨，實以文綾爲之，不能概名之曰紙；不詳繫朝代者，自唐以上無鈔幣可考，言鈔幣制度惟宋金元明清耳；然斯文但得其興革利弊之大略，若其深研，願俟君子焉。

二　宋金以來鈔幣沿革

唐代飛錢之法，以行之日久，雖弊竇日生，其事漸弊；而行商坐賈，以貿易通有無者，咸利賴之，故入宋興後，太祖仍其故事，許民入錢京師於諸州便換。開寶三年（西九七〇）更置便錢務，令商人入錢詣務陳牒，即輦致左藏庫給以劵，仍敕諸州，凡商人齎劵至當日給付，違者科罰。至道中（西九九五至九九七）商人所入便錢至一百七十餘萬貫。眞宗時張詠鎭蜀，以關陝川蜀銅鐵錢貿易不便，創交子法，以爲匯劃，由富民十六戶主之。後富民貲衰，不能償所負，爭訟不息。仁宗時轉運使薛田張若谷請置益州交子務以榷其出入；私造者禁。神宗熙寧中（西一〇六八至一〇七七）更立僞造罪賞。二年置潞州交子務。轉運以其法行則鹽礬不售，有害入中粮草，奏罷之，文潞公彥博亦言其不便，遂罷。其後用兵西夏，增造以給陝西沿邊糴買及募兵之用，於是鈔以日濫，價以日落。徽宗建中靖國（西一一〇一至一一二五）而後改交子爲錢引，詔不復兌予現錢；是爲中國有不兌現紙幣之始。初仁宗時除交子外幷曾發行鹽鈔茶引，爲一種以鹽茶爲單位之證劵，鹽劵一枚當錢四貫八百文，換鹽二百斤；

月更作二十貫至百貫例交鈔，以重幣價。七月改交鈔名貞祐寶券。未二年寶券價復日輕，從平章高琪請更造貞祐通寶以重之，興定元年(西一二一七)頒行。五年又造興定寶泉，一貫當通寶四百貫。溯自貞元至此共不七十年，而鈔法屢易，新券屢發。每當新券初行，恆值舊券若干倍，稍久輒跌，又恆賤如舊券，或有廉於舊券者。故終金源之世，鈔法迄紊如亂絲。

元人入主中原，初亦彷金交鈔之法有行用鈔。而元史食貨志謂：

『其制無文籍可考。』

新元史食貨志亦謂：

『其制不可考。』

至太宗八年（宋理宗端平三年，西一二三六）于元奏行交鈔。耶律楚材曰：

『金章宗時初行交鈔，與錢通用。有司以出鈔爲利，收鈔爲諱，謂之老鈔，至以萬貫易一餅。國用匱乏，當爲殷鑑；今印造交鈔，宜不過萬。』

從之。至世祖中統元年（西一二六〇），始造交鈔。以太祖時博州行元帥府事何實，因兵燹後百貨不通，以絲數印置會子，一方便之；遂以絲爲本，每銀五十兩易絲鈔一千兩。十月乃造中統元寶鈔。又以文綾織爲中統銀貨。未及行罷。五年設各路平準庫，主平物價，使相依準，不至低昂，給鈔一萬二千錠以爲鈔本。至元十二年（西一二七五）添造二文三文五文釐鈔；翌年廢印鈔木板鑄銅易之。十五年又以釐鈔不便於民罷。二十四年以物重鈔輕，改造至元鈔與中統鈔并行，至元鈔價當中統五倍。武宗至大二年復以物重鈔輕，造至大銀鈔，價五倍於至元。仁宗皇慶元年（西一三一二）以倍數太多，詔罷之。專用至元中統鈔。蓋終元之世惟武宗初作至大通寶，大元通寶，立資國院泉貨監(一〇)一度行使現錢，仁宗即位，以鼓鑄弗洽復罷。故宋濂修元史慨然謂：

『若錢自九府圜法，行於成周，歷代未嘗或廢，元之交鈔寶鈔，雖皆以錢爲文，而錢則弗鑄也。』元史卷九十三。

(一〇) 元史食貨志：『武宗至大三年初行錢法，立資國院，泉貨監以領之。』

月更作二十貫至百貫例交鈔，以重幣價。七月改交鈔名貞祐寶券。未二年寶券價復日輕，從平章高琪請更造貞祐通寶以重之，興定元年（西一二一七）頒行。五年又造興定寶泉，一貫當通寶四百貫。溯自貞元至此共不七十年，而鈔法屢易，新券屢發。每當新券初行，恆值舊券若干倍，稍久輒跌，又恆賤如舊券，或有賤於舊券者。故終金源之世，鈔法迄紊如亂絲。

元人入主中原，初亦仿金交鈔之法有行用鈔。而元史食貨志謂：

『其制無文籍可考。』

新元史食貨志亦謂：

『其制不可考。』

至太宗八年（宋理宗端平三年，西一二三六）于元奏行交鈔。耶律楚材曰：

『金章宗時初行交鈔，與錢通用。有司以出鈔爲利，收鈔爲諱，謂之老鈔，至以萬貫易一餅。國用日匱，當爲殷鑑；今印造交鈔，宜不過萬。』

從之。至世祖中統元年（西一二六〇），始造交鈔。以太祖時博州行元帥府事何實，因兵燹後百貨不通，以絲數印置會子，一方便之；遂以絲爲本，每銀五十兩易絲鈔一千兩。十月乃造中統元寶鈔。又以文綾織爲中統銀貨。未及行罷。五年設各路平準庫，主平物價，使相依準，不至低昂，給鈔一萬二千錠以爲鈔本。至元十二年（西一二七五）添造二文三文五文釐鈔；翌年廢印鈔木板鑄銅易之。十五年又以釐鈔不便於民罷。二十四年以物重鈔輕，改造至元鈔與中統鈔幷行，至元鈔價當中統五倍。武宗至大二年復以物重鈔輕，造至大銀鈔，價五倍於至元。仁宗皇慶元年（西一三一二）以倍數太多，詔罷之。專用至元中統鈔。蓋終元之世惟武宗初作至大通寶，大元通寶，立資國院泉貨監（四）一度行使現錢，仁宗即位，以鼓鑄弗洽復罷。故宋濂修元史慨然謂：

『若錢自九府圜法，行於成周，歷代未嘗或廢，元之交鈔寶鈔，雖皆以錢爲文，而錢則弗鑄也。』元史卷九十三。

（一〇）元史食貨志：『武宗至大三年初行錢法，立資國院，泉貨監以領之。』

然楮鈔樣式之釐訂，舊鈔銷毀之燒除，印板之改革，平準之設置，均寖寖有法度可尋，非復如宋金以來之混亂矣。

大明太祖，既逐元人，復歸沙漠；目睹女眞蒙古楮薬之弊，欲力矯之。 建國初即置寶源局於應天，鑄大中通寶，與歷代錢兼行。 既平陳友諒復命江西行省置貨泉局，頒大中通寶錢；既即位乃行洪武通寶。 顧商賈沿元之舊習，利於用鈔，不便用錢；乃重設寶鈔提舉司造大明寶鈔，通行天下，與銅錢幷行。 還限民間不得以金銀貨物交易，以金銀易鈔者聽；遂罷寶源寶泉局。 越二年復設寶泉局鑄小錢與鈔兼行。 百文以下止用錢，商稅兼收錢鈔，而禁銀如故。 至永樂中（西一四〇三至一四二四）江夏民父死以銀營葬，亦論戍邊；帝以迫於治葬，非玩法特矜宥之始免。 時以出鈔太多，收斂無法，物重鈔輕，鈔法漸至不通。 都御史陳瑛因請暫行戶口食鹽法，計口納鈔，可收鈔五千萬餘錠；戶部羣臣議從之。 更設北京寶鈔提舉司，稅糧課程贓罰俱收鈔；然其值已視洪武初減十之九。 英宗即位（西一四三六），準收賦以米麥折銀，弛用銀之禁；朝野率皆用銀，小者用錢，鈔以漸廢。 至隆慶中，遂無復用鈔者。 故終明之世，鈔法之敝，亦不如金元之甚。

滿洲入關，鑑於宋以來鈔幣之害，決只流通現錢，不行紙幣。惟順治八年（西一六五一）施鈔貫制，發行紙幣十二萬八千七十二貫餘，敕常保此額，十八年詔止之，不復置。 嘉慶十九年（西一八一四）侍講學士蔡之定請用紙鈔(一一)，朝庭懼或蹈前代覆轍不許。 道光末王瑬張履包世臣諸人復倡其議而許楗諸人力駁之。 至咸豐三年（西一八五三），軍興財用不足，始又發行寶鈔。 還用閩督王懿德議，設銀錢號，戶部發行庫平一兩二兩額之銀票，使之流通，名曰官票，與寶鈔幷行。 然此種官票已含有銀行兌換劵性質，與一般鈔幣不同。 其後立

（一一）　清史稿食貨志：『嘉慶間侍講學士蔡之定請行鈔。』（第三十六册食貨志五）

戶部銀行(一二)，改大淸銀行，發行銀行兌換券，鈔幣遂廢。終淸之世，用鈔之時間，固甚短也。故羅雪堂先生謂：

『我朝行鈔不及二十年而弊已百出，使非收回迅速，其不成巨患者亦僅矣。』四朝鈔幣圖錄序。

若陳恭祿氏中國近代史：

『政府仍以國用不足，發行無準備金官票寶鈔（中略）。時國內擾亂，政府失其威信，人民不願使用，而以政府之壓迫，暫時使用，物價因而提高；終乃拒絕使用，鐵錢紙幣遂成廢物。』中國近代史頁一六三。

云云，實歷代行鈔通弊，不僅淸季爲然。

總之自唐元和至淸咸豐間爲時共約千年。所發行之鈔幣計唐有所謂飛錢飛子宋有所謂交子鹽鈔茶引錢引關子會子。金有所謂交鈔三合同鈔貞祐寶券貞祐通寶興定寶泉。元有所謂中統元寶鈔中統銀貨至元寶鈔明有所謂大明寶鈔淸有所謂順治寶鈔咸豐寶鈔戶部官票約二十種。雖行之或久或暫或利或敝，樣式制度類皆因革而成。其共通之利弊，足資吾人殷鑑者，大抵鈔幣初行，商賈利賴；久之物重鈔輕，終於不能市易，國家經濟因而顛覆。其所以致此者又不外出多入少，鈔本不足；易言之，卽通貨膨漲也。而救弊之法，又惟禁用現錢與發行新幣兩者。結果錢禁，鈔不兌現，而鈔價益落。發行新幣則新發行時，法定價格恆數倍，未久卽日趨下流，較舊幣更低，於是更發新券，而愈發鈔價愈跌，終至不可收拾而後止。反之每朝發行鈔幣之初，泉鈔並行，見券支錢，商賈輒樂於使用；不加地域限制時，亦易於流通。然後知貨幣本身有物質價値者最上，鈔貨而有可信物資準備者次之。完全法貨（Fiat-money），專賴政府信用維持者，恆難得愚夫愚婦之信任；蓋懼政治或生變化，影響其財產安全耳。詎錯

(一二)淸史稿食貨志：『二十九年（光緒）允戶部請設置官銀行，以部專其名，糾合官商資本四百萬通用國幣，發行紙幣官款公債皆主之。尋爲發行紙幣，並開造紙印刷二廠。會戶部改度支部，更銀行名曰大淸銀行。』

重農貴粟書云：

『夫珠玉寒不可衣，饑不可茹；而握之盈把，周海之內，無饑寒之患，故民重之。』

此無他，圓顱方趾之人類，對珠玉之物質價値終信任之故也。　因取宋以來發行鈔幣之事製爲年表附備參考：

（一）兩宋用鈔年表

紀元	西曆	綱目	史料摘要	其他
太祖 開寶三年	九七〇	置便錢務	食貨志：開寶三年置便錢務令商人入錢詣務陳牒，卽輦致左藏庫；仍以券飭諸州，凡商人齎券至當日給付違者科罰。	按先是太祖取唐飛錢故事，許民入錢京師，於諸州便換，至是乃置便錢務主之。
眞宗 景德四年	一〇〇七	創交子法於蜀，以富民十六戶主之。	食貨志：眞宗時張詠鎭蜀，患蜀人鐵錢重，不便貿易，設質劑之法；一交一緡，以三年爲一界而換之。　六十五年，爲二十二界，謂之交子。　富民十六戶主之。	按張詠創交子，史祇言在眞宗時，紀元不詳。　惟據食貨志神宗熙寧五年「交子二十二界將易」語，前推六十五年，爲景德四年。
仁宗 天聖元年	一〇二三	置益州交子務，從薛田張若谷請也。	食貨志（前略）後富民資稍衰，不能償所負，爭訟不息。　轉運使薛田張若谷請置益州交子務以權其出入，私造者禁之。　仁宗從其議。	
神宗 熙寧二年	一〇六九	詔置交子務于潞州，還罷之。	食貨志二年乃置潞州交子務，轉運司以其法行，則鹽礬不售，有害入中糧草，遂奏罷之。	

熙寧四年	一〇七一	復行交子法於陝，未幾又罷。	食貨志四年復行於陝西，而罷永興軍鹽鈔場。文彥博言其不便；會張景憲出使延州，還亦謂可行於蜀，不可行於陝西，未幾竟罷。
熙寧五年	一〇七二	交子始有兩界。 鈔價大賤，法幾不可行，因罷陝交子法。	食貨志五年交子二十二界將易，而後界給用已多，詔更造二十五界者 ，百二十五萬，以償二十三界之數，交子有兩界自此始。時交子給多而錢不足，致價大賤；既而竟無實錢，法不可行。而措置熙河財利孫迥言商人買販牟利，於官且損鈔價；於是罷陝西交子法。
徽宗 崇寧二年	一一〇三	更鹽鈔法	齊召南歷代帝王年表：二年蔡京請復榷茶法，更鹽鈔法。
崇寧三年	一一〇四	設專官管理西北路交子。	食貨志三年置京西北路專切管幹通行交子所。倣川陝路立僞造法，通情轉用，并鄰人不告者皆罪之。私造交鈔者，罪以徒配。
崇寧四年	一一〇五	改交鈔爲錢引。詔準新樣印製。罷在京并永興軍交子務。惟四川如舊法，閩浙湖廣不行。	食貨志四年令諸路更用鹽引；準新樣印製，四川如舊法。罷在京并永興軍交子務，在京官吏併歸買鈔所。又：時鹽引通行諸省，惟閩浙湖廣不行。蔡挺之以爲閩乃蔡京鄉里，故得免焉。
崇寧五年	一一〇六	尚書省請權罷印製錢引。	食貨志明年尚書省言錢引本以代鹽鈔，而諸路行之不通欲權罷印製，在官者如舊法更印，改解鹽鈔；民間者，許貿易；漸赴買鈔所如鈔法分數計給，從之。
大觀元年	一一〇七	改四川交子務爲錢引務。	食貨志大觀元年詔改四川交子務爲錢引務。

大觀三年	一一一〇	詔錢引四十一界至四十二界，毋收易。	食貨志三年詔錢引四十一界至四十二界毋收易，自後止如天聖額書放銅錢地內勿用。　四年假四川提舉諸司封樁錢五十萬緡爲成都務本。
政和元年	一一一一	戶部請輸官之引無計三七	食貨志政和元年戶部言成都漕司奏昨令輸官之引，以十分爲率，三分用民戶所有，而七分赴官場買納，由是人以七分爲疑，請自今無計三七分之數。
高　宗 紹興六年	一一三六	詔置行在交子務，未久罷之；令榷貨務見錢關子。	食貨志六年詔置行在交子務，臣僚言朝廷措置現錢關子，有司誤失本意改爲交子，官無本錢，民何以信；於是罷交子務，令榷貨務儲現錢印造關子。
二十九年	一一五九	印公據關子	食貨志二十九年印公據關子，付三路總領所淮西湖廣關子各八十萬緡，淮東公據四十萬緡。皆自十千至百千，凡五等，內關子作三年行使，公據二年。　計銀錢中半入納。
三十年	一一六〇	造會子	食貨志三十年戶部侍郎錢端禮被旨造會子，儲見錢於城內城外流轉。
三十一年	一一六一	詔會子務隸部茶場	食貨志明年詔會子務隸部茶場
三十二年	一一六二	定僞造會子法	食貨志三十二年定僞造會子法，犯人處斬（告者）賞錢千貫，不願受者補進義校尉。　若徒告及匿者能告首免罪受賞，願補官者聽。
孝　宗 隆興元年	一一六三	詔更造五百文會，又造二百三百文會，置江州會子務。	食貨志孝宗隆興元年詔會子以隆興尚書戶部官印會子之印爲文；更造五百文會又造二百三百文會，置江州會子務。

乾道二年	一一六六	發內庫及南庫錢一百萬兩收會子。又以民間會子破損，別造五百萬。	食貨志乾道二年，以會子之弊出內庫及南庫銀一百萬收之。又二年以民間會子破損，別造五百萬換給。	
淳熙元年	一一七四	詔左藏南上庫給會子二十五萬，收買臨安平江紹興明秀州額外浮鹽。	食貨志文同綱目。	
三　年	一一七五	令都茶場會子庫以第四界續印會子二百萬貯南庫。	食貨志文同綱目。	當時戶部歲入一千二百萬，其半爲會子，而南庫以金銀收換者四百萬，流行於外界者，纔二百萬耳。
光　宗 紹熙元年	一一九〇	詔第七界八界會子各展三年。造第十一界，立定年限。	食貨志光宗紹熙元年詔第七第八界會子各展三年；臣僚言會子界以三年爲限，今展至再則爲九年，何以示信於是詔。	
寧　宗 慶元元年	一一九五	詔會子界以三千萬爲額。	食貨志慶元元年詔會子界以三千萬爲額。	
嘉定二年	一二〇九	詔封椿庫金度牒收易舊會。以舊會之二易新會之一。	食貨志嘉定二年以三界會子數多，稱提無策。會十一界，除已收換尙有一千三百六十餘萬餘貫。十二界，十三界除燒毀尙有一千三百六十餘萬貫。十二界十三界除燒毀尙有一萬二百餘萬貫。詔封椿庫撥金一百五十萬兩，度牒七千道，官告綾紙乳香湊成三千餘添貼臨安府官局，收易舊會。	
九　年	一二一六	川引改十年一界	食貨志九年四川安撫制置大使言（中略）今欲以十年爲一界著爲定令，則民衆不復懷疑，從之。	

度宗 咸淳五年	一二六九	復嚴申關子減落之禁。		
七年	一二七〇	詔四川造送鈔紙二千萬。	食貨志七年以行在紙局所造關子紙不精，命四川制使抄造輸送，每歲以二千萬作四綱。	

（二） 金源用鈔年表

紀元	西曆	綱目	史料摘要	其他
海陵王 貞元二年	一一五四	復鈔引法遂製交鈔。	食貨志貞元二年遷都；戶部尙書蔡松年復鈔引法遂製交鈔，與錢並用。	
世宗 大定 二十年	一一八〇	行三合同鈔。	羅振玉四朝鈔幣圖錄釋之一云：『其行用之時蓋在大定二十年以後。食貨志謂大定二十年用大名男子斡魯補言以八十爲足陌，遂爲定制。今此版壹拾貫下有八十二字，字下雖殘缺，然可知爲足陌字。（中略）故知此鈔行於大定二十年之後。	此鈔於中都南京平涼府三處官庫支錢，有三處合同，故有三合同交鈔之名。
二十三年	一一八三	令交鈔以舊易新，每張收工墨錢八文，廢舊日每貫十五文例。	食貨志承安二年十月宰臣奏舊立交鈔法，凡以舊易新者，每貫取工墨錢十五文，至大定二十三年，不拘貫例，每張收八文，既無益於官，亦妨鈔法，宜從舊制便。	
二十九年	一一八八	罷七年釐革之法，令民得常用，若歲久文字磨滅，許於所在官庫納舊換新，或聽便支錢。	食貨志章宗大定二十九年十二月雁門五臺民劉完等訴罷代州曲陽二監。（中略）有司言交鈔舊同現錢，商旅利於致遠，往往以錢買鈔，蓋公私俱便之事，豈可罷去。止因有釐革年限，不能無疑，乞削七年釐革之法，令民得常用，若歲久字文磨滅，許於官庫納舊換新，或聽便支錢，遂罷七年釐革之限，交鈔字昏方換法自此始。	初貞元間既行鈔引法，遂設「印造鈔引庫」及交鈔庫，印大鈔小鈔與錢并行，以七年爲限，納舊易新，猶循宋張詠四川交子之法而紓其期爾。又大定爲世宗年號志作章宗，偶誤。

章宗明昌三年	一一九二	限交鈔流轉額數	食貨志五月勅尚書省曰民間流轉，交鈔當限其數，毋令多於現錢也。	
四年	一一九三	令本路榷稅及諸名色錢折交鈔。官兵俸許錢絹鈔各半之；若錢銀數少，即全給交鈔。	食貨志八月提刑司言所降陝西交鈔多於現錢，使民艱於流轉，宰臣以聞，遂令云云。	
承安二年	一一九七	收交鈔工墨錢，每貫收十二文；買鹽引者，每貫權作一貫一百文。	食貨志承安二年十月宰臣奏舊立交鈔法，凡以舊易新者每貫取工墨錢十五文。至大定二十三年，不拘貫例，每張收八文，既無益於官，亦妨鈔法，宜從舊制便。若以鈔買鹽引，每貫權作一貫五十文，庶得多售；上曰工墨錢貫，貫可令收十二文，買鹽引者可權作一貫一百文。	
又	又	詔以西北二京遼東路，從宜給小鈔，且許於官庫換錢，與他路通行。	食貨志時交鈔所出數多，民間成貫例者，艱於流轉詔以云云。	
三年	一一九八	行限錢法，命西京北京臨潢遼東等路一貫以上俱用銀鈔寶貨，不許用錢，一貫以下聽民便。九月減元限數。	食貨志時交鈔稍滯，命西京北京臨潢遼東等路一貫以上俱用銀鈔寶貨，不許用錢，一貫以下聽民便。又既行限錢法（中略）九月以民間鈔滯，盡以一貫以下交鈔易錢用之，遂復減元限之數。	

四年	一一九九	議止山東諸路以銀鈔與綿絹鹽引從便易錢之制，以推行滯鈔。	食貨志四年三月又以銀鈔阻滯，乃議止山東諸路以銀鈔與綿絹鹽引從便易錢之制。令院務諸科名錢，除京師河南陝西銀鈔從便，餘路并許收鈔銀各半；仍於鈔四分之一，許納其本路隨路所收交鈔，除本路者，不復支發，餘通行者，并循環用之。榷貨所鬻鹽引，收納寶貨，與鈔相半，銀每兩止折鈔兩貫者，許人依舊詣庫納鈔；隨路漕河所收，除額外羨餘亦如之。	
又	又	除滯銀鈔罪	食貨志四年三月又以銀鈔阻滯云云（中略）隨路漕河所收，除額外羨餘者亦如之。所支官錢亦以銀鈔相兼。銀以吝截者，令交鈔庫不復支。　若寶貨數少，可浸增鑄，銀鈔既通則物價自平，雖有禁法，亦安所施，遂除滯銀鈔罪。	
又	又	止印小鈔，罷四庫，以大鈔支易見錢。	食貨志先是設四庫印小鈔以代鈔本，令人便賚小鈔赴庫換錢，即與支見錢無異，今更不須印造，俟其換盡，可罷四庫，但以大鈔驗錢數支易見錢。	
五年	一二〇〇	罷承安寶貨，專行交鈔。	食貨志十二月宰臣奏比以軍儲調發支出交鈔數多，遂鑄寶貨與錢兼用，以代鈔本，蓋權時之制，非經久之法，遂罷承安寶貨。	

又	又	閏十二月召戶部官議交鈔制度，廢三合同鈔。	食貨志先是嘗行三合同交鈔，至泰和二年止行於民間而官不收歛，朝廷慮其病民，遂令諸稅各帶納一分，雖止係本路者，亦許不限路，分道納戶部，見徵累年鋪馬錢亦聽收其半。閏十二月上以交鈔事召戶部尚書孫鐸，侍郎張復亨，議於內殿。復亨以三合同鈔可行，鐸請廢不用；既而復亨言竟詘。	
泰和五年	一二〇五	改定交鈔工墨錢	食貨志上欲罷交鈔工墨錢，復以印時當費，遂命貫止收六文。	
六　年	一二〇六	四月陝西交鈔不行，以見錢小鈔各十萬貫爲鈔本救之。	食貨志四月陝西交鈔不行，以見錢十萬貫爲鈔本，與鈔相易，復以小鈔十萬貫相參用之。	
又	又	十一月復許諸路行小鈔於各路設官庫易錢。	食貨志文同綱目。	
七　年	一二〇七	正月勑在官毋得支出大鈔，在民許赴庫易小鈔及現錢。	食貨志七年正月勑在官毋得支出大鈔，在民者令赴庫以多寡制易小鈔及現錢；院務商稅及諸名錢三分須納大鈔一分，惟遼東從便。	
又	又	禁民聚論鈔法	食貨志時民以貨幣往往怨嗟，聚語於市，上知之，諭旨於御史召曰自今都市爾有相聚論鈔法難行者，許人捕告，賞錢三百貫。	
又	又	議立鈔法條約	食貨志五月以戶部尙書高汝勵議立鈔法條約，添印大小鈔，以鈔庫至急切增副使一員。	

大安二年	一二一〇	河潰鈔價大落幾於不能市易。	食貨志大安二年潰河之役，至以八十四車爲軍賞，兵衂國殘，不遑救弊，交鈔之輕，幾於不能市易矣。	
三年	一二一一	四月河東宣撫使，請禁用現錢，於是錢多入宋。	大安三年四月河東宣撫使胥鼎上言曰今之物重，其弊在於鈔窒有出而無入也。雖院務歲增收數倍而所納皆十貫例大鈔，此何益哉，今十貫例者，民間甚多無所歸，故市易多用見錢而鈔每貫直一錢，曾不及工墨之費；臣愚謂宜禁見錢且令計司以軍須爲名，量民力徵斂，則泉貨通而物價平矣。 自是錢貨不用富家內困，藏鏹之限外弊，交鈔屢變，皆至窘敗，謂之坐化。商人往往舟運貿易于江淮，錢多入於宋矣。宋人以爲喜而金不禁也，識者惜其既不能重無用之楮，而又棄自古流行之寶焉。	
宣宗貞祐二年	一二一四	更作二十貫百貫二百貫至千貫例交鈔，以重幣價。	宣宗貞祐二年二月思有以重之，乃更作二十貫至百貫例交鈔又造二百貫至千貫例者。然至泰和以來凡更交鈔初雖重不數年則輕而不行，至是則愈更而愈滯矣。南遷之後，國蹙民困，軍旅不息，供億無度，輕又甚焉。	
又	又	橫西安軍節度使烏林達興與請降板造鈔。	食貨志貞祐二年五月橫西安軍節度使烏林達興言關陝軍多供億不足所仰，交鈔則取於京師，徒成煩費，乞降板就造便。	

又	又	七月改交鈔爲貞祐寶券。	七月改交鈔名爲貞祐寶券，仍立沮罪。九月御史台言：自多故以來，全藉交鈔，以助軍需，然所入不及所出，則其價浸減，卒無法以禁：此必然之理也。近用貞祐寶券，以革其弊，又慮既多而輕，與舊鈔無異也。
		十二月開封府議令寶券路各殊制。	十二月上聞近京郡縣多糴京師，穀價翔踴，令尚書省集戶部講議所聞支既多，人遂輕之，商賈爭收入京以市金銀，銀價昂，穀亦隨之。若令寶券路各殊制，則不可復入河南，則河南金銀賤而穀自輕。
四年	一二一六	平章高琪請更造新券，以重鈔價，乃造貞祐通寶。	八月平章高琪奏軍興以來，用度不貲，惟賴寶券；然所入不敷所出，是以浸輕，今千錢之券，僅直數錢，隨印隨盡，工價日增，不有以救之，弊將滋甚，更宜造新券與舊券權爲子母而兼行之，庶工物俱省而用不乏。（中略）又造貞祐通寶。
興定元年	一二一七	頒行貞祐通寶，增重僞造沮阻罪。	食貨志造貞祐通寶興定元年二月始詔行之。凡一貫當千貫增重僞造沮阻罪。
五年	一二二一	造興定寶泉。	宣宗紀：興定五年閏十二月己酉，更造興定寶泉，每一貫當通寶四百貫。 食貨志五年閏十二月宰臣奏向者寶券既弊，乃造貞祐通寶以救之，迄今五年，其弊又復如寶券之末。初通寶四貫爲銀一兩，今八百餘貫矣。宜復更造興定寶泉，子母相權與通寶兼行，每貫當通寶四百貫，以二貫爲銀一兩，隨處置庫，許人以通寶易之。

（三）元明用鈔年表

紀元	西歷	綱目	史料摘要	其他
元世祖中統元年	一二六〇	始造交鈔	食貨志中統元年始造交鈔以絲爲本每銀五十兩易絲鈔一千兩，諸物之直，並從絲例。	
又	又	十月造中統元寶鈔，又以文綾爲中統銀貨未行。	食貨志是年十月又造中統元寶鈔。 又以文綾織爲中統銀貨（中略）蓋未及行。	
五年	一二六四	設各路平準庫	食貨志五年設各路平準庫主平物價，使相依準，不至低昂，仍給鈔一萬二千錠，以爲鈔本。	是年八月丁巳改元至元。
至元十二年	一二七五	添造釐鈔	食貨志至元十二年添造釐鈔其例有三，曰二文三文五文。	
十三年	一二七六	鑄銅鈔板	食貨志初鈔印用木爲板，十三年鑄銅易之。	
十五年	一二七八	罷印交鈔	食貨志以釐鈔不便於民復命罷印。	
二十四年	一二八七	改造至元鈔與中統鈔通行。	食貨志元寶交鈔行之既久，物重鈔輕，二十四年遂改造至元鈔，自二貫至五文凡十有一等與中統鈔通行。	
成宗大德二年	一二九八	定昬鈔爲二十五樣。	食貨志大德二年戶部定昬鈔爲二十五樣。	
武宗至大二年	一三〇九	改造至大銀鈔	食貨志至大二年武宗復以物重鈔輕，改造至大銀鈔，自二兩至釐定爲一十三等。 每一兩準至元鈔五貫，白銀兩赤金一錢，元之鈔法至是蓋三變矣。　大抵至元鈔五倍於中統，至大鈔又五倍於至元。	

仁宗皇慶元年	一三一二	詔罷銀鈔	食貨志仁宗即位以位數太多輕重失宜，遂有罷銀鈔之詔。	
泰定帝泰定四年	一三二四	定焚鈔處所。	食貨志泰定四年又定焚毀之所。	
明洪武七年	一三七四	設寶鈔提舉司	食貨志商賈沿元之舊習，用鈔多不便用錢；七年帝乃設寶鈔提舉司。	
八年	一三七五	始造大明寶鈔	食貨志明年始詔中書省造大明寶鈔。	以桑穰為料，其制方高一尺廣六寸，質青色外為橫文花欄，橫題其額曰大明通行寶鈔，其內上兩傍復為篆文八字曰大明寶鈔天下通行云云。
十三年	一三八〇	立倒鈔法，中書省廢，以造鈔屬戶部，鑄錢屬工部，改寶文字。	食貨志十三年以鈔用久昏爛立倒鈔法，令所在置行用庫，許軍民商賈以昏鈔納庫易新鈔，量收工墨直。會中書省廢，乃以造鈔屬戶部，鑄錢屬工部，而改寶鈔文中書省為戶部與舊鈔兼行。	
十五年	一三八二	置廣源廣惠二庫	食貨志十五年置戶部寶鈔廣源庫廣惠庫。入則廣源掌之，出則廣惠掌之。	
十八年	一三八五	詔有司祿米皆給鈔。	食貨志十八年天下有司官祿米皆給鈔二貫五百文，準米一石。	
二十二年	一三八九	造小鈔	食貨志更造小鈔，自十文至五十文。	

二十五年	一三九二	設寶鈔行用庫，於東市。	食貨志設寶鈔行用庫於東市；凡三庫，各給鈔三萬錠爲鈔本；倒收舊鈔送內府，令大明寶鈔與歷代錢兼行。	
二十六年	一三九三	罷行用庫	食貨志二十五年設寶鈔行用庫（中略）明年罷行用庫。	
三十年	一三九七	更申交用金銀之禁。		
成祖永樂二年	一四〇四	行戶口食鹽法。設北京寶鈔提舉司。	食貨志永樂二年都御史陳瑛言比歲鈔法不通皆緣朝廷出鈔太多，收斂無法，以致物重鈔輕莫若暫行戶口食鹽法云云詳後。又設北京寶鈔提舉司。	
英宗正統元年	一四三六	弛用銀之禁，鈔壅不行。	食貨志英宗即位收賦有米麥折銀之令遂減諸納鈔者，而以米銀錢當鈔弛用銀之禁，朝野率皆用銀，惟折官俸用鈔，鈔壅不行。	
十三年	一四四八	復申用銀之禁以行鈔。	食貨志十三年復申禁令阻鈔者追一萬貫，全家戍邊。	天順中始復弛其禁。
世宗嘉靖四年	一五二五	令宣課分司收稅，鈔一貫折銀三厘，錢七文，折錢一分。時鈔久不行，錢亦大壅，益專用銀矣。	事散見明史食貨志。	
穆宗隆慶四年	一五七〇	官俸廢鈔給錢	食貨志寶鈔不用垂百餘年，課程亦鮮有收鈔者，惟俸錢獨支鈔如故。四年始以新鑄隆慶錢給京官俸云。	

三 宋金以來鈔幣名稱之解釋

歷代鈔幣名稱，自周官里布以來，無慮二三十種，其間里布質劑實非鈔幣，且文獻無徵不論；唐飛錢已詳前外。宋之交子會子關子公據鹽引茶引，金之交鈔寶泉，元明之寶鈔，清之鈔貫銀票，其得名原故，性質異同，實不容不加研討。論之如次：

(一)交子　交子之名，或謂其發自益州交子務，因以得名。實則交子務以交子而得名，交子非得名於交子務；舊說固因果倒置，未可置信者。而續通鑑長篇元祐六年四月甲午云：

『尙書省言，陝府係銅錢交界之處，西人之來，必須換易銅錢，方能東去。即今民間以鐵錢千七百始能換銅錢一千；遂致鐵錢愈輕，銅錢愈重，百物隨貴，爲害最深。今欲陝州并陝石鎭東去人有稅物願本處換易銅錢，并以所納稅錢爲限，十分許換易二分；稅錢一千以下，全許換錢，雖多不得過五千。陝州并硤石鎭兩驛東去官員合支分料等錢，如願於陝州并硤石鎭換銅錢者，聽其換錢，每鐵錢一千文，銅錢八百文；願於陝州并硤石鎭出交子，於西京請領者，聽從之。』卷四五七。

是當時因川陝用錢質地不同，由官家發行一種證劵，於甲地存款者，持此往乙地支算現錢。則交子之性質，本相當於匯票，尤相當於近年上海商業銀行發行之旅行支票。以其兌現限期較長，持票商賈，轉相授受，遂成一種鈔幣。交子云者，當係因襲唐人飛子舊名，且說明其用途係專作川陝銅錢交換之用；易言之即交換之飛子也。

(二)會子　會子之名，據宋史食貨志始於高宗紹興十三年之戶部侍郎錢端禮被旨造會子，而通鑑長篇熙寧九年正月甲申注引呂惠卿日錄云：

『余曰自可依西川法，令民間自納錢請交子，即是會子。自家有錢，便得會子，動無錢，誰肯將錢來取會子。』卷二七二。

是會子之名，北宋時已有之，熙寧中民間已行其制。會合也，交也。古人虎符與右符會則發卒。會子云者，蓋亦一種符節類之證劵，與交子一物而易名者。其性質除上述外，日本加藤繁博士更有二說；其一據通鑑長篇元祐五年八月乙未：

『提點廣南東路刑獄程之元言：臣僚上言，韶州卽縣官吏交結蔡碩，於油糧主處每一千照帖，止以數百售之；遂冒法越次給庫錢與碩，獲剩利千餘緡；下本路體訪，詣實以聞。臣詢究碩買韶州思溪密賽等場鉛錫會子，內有買爐戶未納鉛，作詭名頁納；其爐戶雖已立劵賣鉛與人，合請五分之直，而官無錢可給，轉運司令支四分，而碩乃請十分，共一萬六千餘緡，計獲利七千餘緡。又金部言：碩欠軍器材料等錢萬餘緡，金五十兩，銀六百三十八兩羅紗等。詔碩所買鉛錫會子本錢，幷塡納見欠官錢，剩利錢七千餘貫沒官。韶州官吏幷額，各令提點刑獄司取勘以聞。』卷四四六。

同年五月壬午條孫升奏：

『臣訪問，韶州自來買銅，未有現錢支給，出照與銅戶，俗謂之油糧主；守候歲月，依次第支錢。』卷四四二。

考知宋代於韶州等銅錫鉛產地，爐戶以銅錫入官，官方幷不支予現款；而付給一種照帖，署與年月，及期支錢；俗謂之油糧主，亦謂之會子。其二據慶元條法事類二年九月十一日敕：

『應州郡納上供會子，幷要用本州州印官左努內藏庫。綱運到日，會子上不用本州州印，主管者無得交收。』卷三〇。

會子又爲花石諸綱交割運品之單據。綜之會子共有三義，其共同點則俱含有證會意思。因知所謂會子，最初當爲一切照會之通稱，久之乃成現錢會子之專名。

（三）關子　關子之名，據食貨志：

『紹興六年，詔置行在交子務，臣僚言朝庭措置現錢關子，有司寖失本意改爲交子。』

知其由來已久，其發生時期當在交子以前。易言之卽發生於北宋初年。而李心傳建炎以來繫年要錄卷四十八云：

『尙書省言：近分撥神武各軍，往婺州屯駐，合用錢理椿辦。緣行在至婺州，不通水路，難以津搬。契勘便錢之法，自祖宗以來，行於諸路，公私爲便。比年公私奉行不務經久，致失信於民。今來軍興調度，與尋常事體不同，理當別行措置。詔戶部印押見錢關子，降付婺州，召人入中，執關子赴杭越榷貨務請錢，每千搭十錢爲優潤，有僞造者，依川錢引抵罪云云。』建炎元年十月壬午條。

似交子旣興，關子卽漸廢，至紹興中，始復行其名字。惟關子而冠以見錢字樣，又知關子并非一定支與現錢。加藤博士據續通鑑長篇元豐三年五月乙巳

『祕書監高賦罷知台州，客戶請謝田，追收已給關子。以權提點京西北路刑獄張復禮奏，賦括民契外地及奪下戶田，募客自占境內騷擾也。』卷三〇四。

宋會要食貨三十八紹興十二年十二月二十日戶部奏文：

『主管淮東盱眙榷場曹泳劄子：客人於本場博買到北貨，從本場出給關子，從便前去貨賣，仍免半稅（中略）如或經由州縣稅務，點檢得有客旅將帶北貨，無本場關引及關引內數目不同，不卽根究，容縱放行，致有透漏，其稅務官吏，并乞依透漏私茶鹽法科罪云云從之。』

董煟救荒活民書卷三：

『賑濟饑民，今請（中略）將義倉斛斗，各逐坊逐村逐鎭，分散賑濟，不必聚集。逐處勸請鄉官或士人各三人，鄉村無上戶士人處，請稅戶主管，置曆收支，給散關子，每五日一次併給。內六人日支一升。』孫建賑濟三策。

又同書拾遺崇安社倉條約：

『其日鄉官同入倉，據狀支散給關子。』

諸條更考知所謂關子者，或爲開墾執照，或爲榷場引票，或爲義倉食糧配給證。總而言之，爲當時證劵之通名；必現錢關子，始爲鈔幣，行之既久，遂減稱關子，不復冠現錢字樣。是此間所謂關子，係專指見錢關子而言，又關子云者，或關市所執之憑證，故謂之關子云爾。

(四)錢引　錢引卽交子。宋史食貨志：

『崇寧四年令諸路更用錢引。』

又：

『明年（崇寧五年）尚書省言，錢引本以代鹽鈔，而諸路行之不通，欲權罷印製。』

云云是也。以行之不久，故名不如交會之彰。至錢引云云，則準茶引等等而作。茶引見票給茶，鹽引見票給鹽，此則見票支與現錢。引字唐時本有交換之義，今日日本語謂交易爲取引，或仍唐宋以來舊辭也。

(五)鹽引　鹽引卽所謂鹽鈔，實仍變像之交子。以鹽爲鈔本，見引支鹽，不支與現錢，所以異於錢引。

(六)茶引　茶引亦交子之屬，以茶爲本，與鹽引之以鹽爲本相同。

(七)公據　公據之名始於南宋。宋史食貨志云：

『二十九（紹興）年印公據關子，付三路總領所。淮西湖廣關子各八十萬緡，淮東公據四十萬緡。皆自十千至百千凡五等。內關子作三年行使，公據二年。』

是公據亦卽關子，因地域年限異其名耳。

以上七種皆宋鈔幣。

(八)交鈔　交鈔之製，始於金海陵王亮。金史食貨志云：

『貞元二年遷都，戶部尚書蔡松年復鈔引法；遂製交鈔，與錢幷用。』

金史卷四十八。

交鈔云者日本井村薰雄氏云：

『繹交鈔之義。　以西北各地，宿用交子鹽鈔，故合交子之交，鹽鈔之鈔，而謂之交鈔云。』通貨種別與金融頁一七四。

(九)三合同鈔　三合同鈔，亦交鈔之一種。　羅雪堂先生四朝鈔幣圖錄考釋謂此鈔於中都南京平涼府三處官庫支錢，有三處合同，故有三合同交鈔之名。

(十)銀鈔　金銀鈔之名，散見於食貨志中。　如承安三年：

『時交鈔稍滯，命西京北京臨潢遼東等路，一貫以上，俱用銀鈔。』

承安四年：

『乃權止山東諸路以銀鈔與綿絹鹽引從便之制。』

均是。　而別無製造銀鈔之專文，當亦交鈔之屬也。

(十一)小鈔　小鈔卽今之輔幣券；爲不及一貫之交鈔。

(十二)貞祐寶券　貞祐寶券，卽交鈔。　金史食貨志：

『貞祐二年七月，改交鈔名爲貞祐寶券。』，貞祐宣宗年號。

(十三)貞祐通寶　通寶亦交鈔新券，宣宗貞祐四年造。食貨志云：

『八月平章高琪奏軍興以來，用度不貲，惟賴寶券，然所入不敷所出，是以浸輕。　今千錢之券，僅直數錢，隨造隨盡，工價日增；不有以救之，弊將滋甚，宜更造新券，與舊券權子母而兼行之，庶工物俱省而用不乏。』

卷四十八。

又云：

『又造貞祐通寶。』

是也。

(十四)興定寶泉　興定亦宣宗年號。　金史宣宗紀云：

『興定五年閏十二月己酉，更造興定寶泉，爲一貫當通寶四百貫。』

亦交鈔之屬。

以上六種皆金鈔幣

(十五)中統元寶鈔　寶鈔之名始於元。　世祖中統元年十月造中統元寶鈔，爲其濫觴。其後明清寶鈔皆因其名。至寶鈔得名之由，恐亦係合金人交鈔之鈔，寶泉之寶而作，與交鈔得名同，中統云：，紀年而已。性質與交鈔完全相同。

(十六)中統銀貨　銀貨即銀鈔。元中統元年十月以文綾印製。以印而未行，故名不彰。

(十七)釐鈔　釐鈔略同金之小鈔。元史食貨志云：

『至元十年添造釐鈔，其例有三，曰二文三文五文。』

(十八)至元鈔　元世祖至元二十四年，以物重鈔輕，改造新鈔，是曰至元鈔，與中統鈔通行。

(十九)至大銀鈔　元代始行交鈔，本以絲爲本，每絲千兩貿銀五十兩，是絲鈔，同時亦等於銀鈔。中統元寶鈔出，票面始以錢爲主，而別造銀貨未行。武宗至大間，以物重鈔輕，始又行銀鈔。是至大銀鈔者即元初之交鈔，中統之銀貨。武宗至大中製造之銀本位鈔幣也。

以上四種爲元鈔幣

(二十)大明寶鈔　亦曰大明洪武寶鈔。明太祖洪武八年仿元中統元寶鈔法所作；終明之世，文字未嘗或更，爲一種明代通用之鈔幣。

以上一種爲明鈔幣

(二十一)鈔貫　清順治初因商民便於用鈔，乃製鈔貫；發行紙鈔十二萬八千七十二貫，十八年廢；是之謂鈔貫。

(二十二)咸豐寶鈔　爲咸豐二年戶部所發鈔票，一種與大錢制錢并行之紙鈔；一切鈔制皆與明寶鈔相彷彿。

(二十三)戶部官票減稱官票，亦曰官銀票。咸豐五年以後，中朝用閩督議，戶部發行一種銀本位之紙幣，并設官銀錢號以流通之，是曰戶部官票。

以上三種爲清鈔幣

綜自宋以來鈔幣之名稱，大抵皆就前朝因革。宋之交子關子會子，導源於唐飛子飛錢，金之交鈔因襲於宋交子鹽鈔，元寶鈔又取材於金金交鈔寶泉；而明而清又皆用元代舊名；甚至今日鈔票之名，實亦導源於此。所謂殷因於夏禮所損益可知也。

至飛子交子之子字，究竟有何意義；則自李唐以來鈔法，皆以錢物爲母，紙幣爲子，立子母相權之法。是子者子錢也。又今鐵路運輸，繫於行李上之紙牌；喜壽宴會發給僕役酒飯資之紙片，江淮間語，均謂之飛子，恐仍係李唐遺語。由此亦可見飛子之名，迄今尚在民間，亦視爲一切證券之通稱，與加藤繁氏所考訂結果同；然後知飛子交子云者，始皆一切證券之通稱也。

四　宋金以來鈔幣制度及其換算

宋金以來鈔幣制度，其有文獻足徵，實物可按，而甚需措意者，不外鈔紙質地，鈔板樣式，發行數目，現金與物資之準備，印造出入機關與夫行鈔禁令及其推行方法數者。然而史有缺文，皮紙易滅，欲加稽考，殊非易易。此篇所言，亦祇論其可知者耳。大抵如次：

（一）板式與紙質　板式與紙質，唐飛子不待論。即宋之交關會子樣式，史亦不載。傳世實物，宋以來鈔紙，檢諸家錢譜，亦無流傳。最近（三十一年七月四日）上海八仙橋青年會雪廬堂舉行中國歷代鈔票展覽會，據中華日報登載，謂有宋鈔三種，其事如何未可知，其鈔是否可信亦未敢必。惟據新元史食貨志：

『二十四年，改造至元寶鈔，其式樣爲葉李所獻。李嘗獻於宋，請以鈔代關子，宋人不能用，至是世祖嘉納之。』

知宋之交關會子，必與元以來寶鈔樣式甚有不同。今睹傳世實物，金之交鈔實與元寶鈔相似；然則交關會子與金交鈔亦必大有不同。

造鈔用紙，宋史食貨志云：

（一）明史卷七十二百官志：『自洪武十三年罷丞相不設，析中書省之政歸六部。』，卷八十一食貨志：『會中書省廢，乃以造鈔屬戶部，鑄錢屬工部。』

『三年（端平），臣僚言：今官印之數雖減，而僞造之夯愈增（中略），大抵前之二界盡用川紙，紙料既精，工製不苟，民欲爲僞尙或難之。迨十七界之更印，以雜用川杜之紙，至十八界全用杜紙矣。』

又：

『三十二（紹興）年定僞造會子法。當時會子取於徽池，續造於成都，又造於臨安。』

云云，是初用徽紙，既用川紙，還雜用川杜，終乃全用杜紙。而所謂川紙杜紙云云，雖造紙之地或異，紙質有粗精之別，就後世寶鈔推測之，恐亦桑皮製紙之屬。

金交鈔之樣式，金史食貨志云：

『交鈔之制，外爲闌作花紋其上，衡書貫例；左曰某字料，右曰某字號。料號外篆書曰僞造交鈔者斬，告捕者賞錢三百貫。料號衡闌下曰中都交鈔庫准尙書戶部符承都堂劄付戶部覆點勘令史姓名押字。又曰聖旨印造逐路交鈔於某處庫納錢換鈔，更許於某處庫納錢鈔換錢，官私同見錢流轉。其鈔不限年月行用，如文字故暗，鈔紙磨擦，許於所屬庫司，納舊換新。若到庫支錢或倒換新鈔，每貫剋工墨錢若干文。庫掐攢司庫副，副使使各押字年月日；印造鈔引庫庫子庫司副使各押字上至尙書戶部亦押字。其搭印支錢處合同，餘用印依常例。』卷四十八。

言之甚詳。其傳世實物羅振玉氏四朝幣鈔圖錄所收，有三合同鈔殘版，二貫交鈔，山東東路十貫交鈔，貞祐寶券，興定寶泉五種。三合同貫版已殘。高存約三之一，可四寸許。廣完全無損，約七寸。頂橫鈴一十貫楷書三字，字下花闌，闌內僞造等殘字二行。側鈴中都合同，南京合同，平涼府合同搭記三。

山東東路十貫大鈔銅板。高約十寸，廣五寸許，花闌，闌外上橫書一十貫三字，左押合同。闌內分兩格，上格左有篆書僞造交鈔處斬，賞錢三百貫，中興書壹拾貫八十足陌字料字號，下格山東東路等字八行，頗多磨滅不可識。

二貫交鈔，高五六寸，廣三寸許，分上下二格。上格二貫兩大字，下闌四面疊紋，中刻錢串兩貫。

貞祐寶券，高約一尺二三寸，廣八九寸，四面花闌，中分三格。上格橫書貞祐寶券，中格中行五貫八十足陌。輸字料，字號。左右篆書僞造者斬，賞寶券三百貫仍給犯人家產等字及寶券庫使諸官押，闌外斜押京兆府合同平涼府合同二押。

興定寶泉，板高一尺二寸，闌分四格。一格橫書興定寶泉四眞書，二格貳貫聞省四字。三格界爲五方，中左字料，中右字號，中下橫書南京路三字，左右篆書僞造者斬，賞陸百貫字樣，四格四面細雕百花闌，中作正圓形，有奏准印造興定寶泉等字及戶部勾當官諸押，都十一行；頂交叉錢貫二。

其制各異，故羅氏四朝鈔幣圖錄山東路十貫大鈔跋云：

『考金源鈔製屢更，式亦各異，故此鈔幣三合同鈔及下貞祐寶券興定寶泉形式大小及闌內文字多寡各不同。』

至海陵王初行交鈔形式，惟范成大攬轡錄記其文字云：

『南京交鈔所，準戶部符尙書省批降檢會昨奏南京置印局造一貫至三貫例交鈔，許人納錢鈔，河南路官私作現錢流轉。若赴庫支取，即時付給。每貫輸工墨錢一十五文，俟七年納換別給以七十爲陌。僞造者斬，賞錢三百千，後有戶部管當令史官交鈔庫使副書押。四圍畫龍鶴各飾。』

云云。言之殊詳；惜未詳分闌式，使人不能想像得其狀況。其鈔紙質地，食貨志不載，羅書亦無考；事不能詳，惟北京去川遠，要非如宋交會之用川紙爲可知耳。

元寶鈔樣式，元史食貨志新元史食貨志均不載。惟知爲葉李獻於宋不用，復獻於世祖乃用之。四朝鈔幣圖錄收寶鈔計二貫大鈔，一百文鈔，三十文小鈔都三種：

二貫大鈔，板高約九寸許，廣不足五寸。　頂橫勒至元通行寶鈔六字，書法在歐褚間，至挺秀；兩端蓮花火燄文各一。　四周松枝凍紋花闌。　闌內界兩格。上格三行，左右上各八思巴蒙古字各一行，下字料字號字樣；中橫刻二貫兩字，下勒錢貫紋。　下格尙書省奏准印造至元寶鈔文例押字等十一字。　其形式實遠勝交鈔，殆即葉李所獻也。

壹貫文鈔，花紋闌字，大抵均與二貫者同。

叁拾文小形鈔式，除闌中上格中行叁拾文，下作梅花形叠錢六，合得三十文。不作錢貫鈔，餘均大體相似。　惜尺寸大小均不可考。　蓋此二鈔，均俄考古學家得於甘肅而庋俄京亞細亞博物館者。　日本守野子溫直喜博士得其照片以遺羅雪堂先生者也。　又叁十文小鈔傍斜捺合同印，羅先生謂當是支錢路名云。

又據羅書記：今日本京都帝國大學總長羽田亨博士言，至俄京親見至元二貫寶鈔，其背面無文字印記，因知元寶祗印一面，與其他鈔紙或有陰面者不同。　詳不可考。

明寶鈔式樣，明史食貨志云：

『其制方高一尺廣六寸，質青色，外爲橫文花闌；橫題其額曰大明通行寶鈔。　其內上兩傍復爲篆文八字曰：大明寶鈔，天下通行。　中圖錢貫十串爲一貫，其下云中書省奏准印造大明寶鈔與銅錢通行使用，僞造者斬，告捕者賞銀二十五兩，仍給犯人財產，若五百文則畫錢文爲五串，餘如其制而遞減之，其等凡六。』

傳世實物盛大士泉史鮑子年觀古閣叢稿羅雪堂先生四朝鈔幣圖錄均有之。　雪堂先生幷謂：

『予此本乃光緒庚子都城之亂，市井無賴毀諸佛寺得之佛像腹中者。』

事亦甚儁。　比歲燕都冷攤，亦時有之，多庫庋未用者；或謂皆贋鼎，亦未必果然。　鈔幣圖錄所載一鈔羅先生云：

『今按此鈔悉合，惟志云中書省奏准，此作戶部，則此鈔乃十三年以造鈔屬戶部後所造也。又告捕者賞銀二百五十兩，志作賞銀二十五兩。明之鈔法彷元制。元鈔首告者賞銀五定，定爲五十兩，五定正是二百五十兩。明太祖實錄卷九十八載鈔式，亦二百五十兩，與此鈔合，食貨志誤也。志稱鈔之尺寸，今以瞿木夫(一四)先生所藏萬曆丙戌銅官尺校之正合。惟鈔背之製，史文未及。又鈔之正面加印二。上曰大明寶鈔之印，下曰寶鈔提舉司印。背之上方加印造寶鈔局印，可據以補史志之略。』

除補史志之缺一事，正史志之誤一事外，實鈔與食貨志均合，言樣式亦甚詳。

食貨志云：

『以桑穰爲料。』

觀傳世實物，棉淨有力，當爲絕佳之桑皮紙。

清代鈔幣形狀清史稿食貨志云：

『次年（咸豐三年西一八五三）惠親王等請飭部製造錢鈔，與銀票相輔并行。鈔票製以皮紙，額題戶部官票，左滿右漢，皆雙行中標二兩平足色銀若干兩，下曰戶部奏行官票，凡願將官票兌換銀錢者與銀一律。并準按部定章程搭交官項，僞造者，依律治罪。邊龍紋。鈔額題大清寶鈔，漢字平列；中標準足制錢若干文，旁八字爲天下通寶平準出入。下曰此鈔即代制錢行用，並準按成交納地丁錢糧一切稅課捐項，京外各庫，一概收解，邊文如票。』第三十六册食貨志五一〇四。

所述詳而不明。蓋分記票與鈔也。考以傳世實物，所引文中邊龍文以上皆言票，下則言鈔。票之尺寸大於鈔，亦幾一倍。紙質等等四朝鈔幣圖錄：

『寶鈔用厚白紙爲之，俗呼雙抄紙花紋字畫，悉用藍色刷印，錢數亦刻成者。依千字文編號某字及某號用墨戳鈐補，某年字則用藍色木戳鈐之。年下加黑色小長印，則鈔局編號時私記也。』

票面種類，據雪堂先生所見有二千，一千五，一千，五百四種。官票紙質云：

(一四)木夫名中溶，號萇生，清嘉定人，官湖南布政使司理問。著有三體石經辨正等書。

『官票用高麗紙爲之，花紋字畫亦藍色，銀數用大字，墨戳小字用千字文編號，某字上用黑色木戳，第某號及年月日則用墨筆塡寫，下角有黑色押字木戳。頒外省者，騎縫處有驗迄藍戳，上有主政某朱戳。』

其票面據羅先生所見有一兩三兩五兩十兩四種。

（二）發行額與準備　宋交子法既創於張詠，其發行額制，以一交爲一緡，三年爲一界；逢界收故換新，共行六十五年，二十二界；事由富民十六戶主之，故發行數額，史無可考。至仁宗時，始用張若谷議，每界發鈔一百二十五萬六千三百四十緡。每界發新換舊時，新鈔已發，舊鈔未收，或收之未盡，自仁宗景德至神宗熙寧五年六十五年間，流通市面之鈔額，約當二百五十萬緡至二百萬緡間，要爲不誤。熙寧五年以後換發雙界，每三年流通者，爲二百五十一萬緡，合得五百萬緡左右。至大觀間，改交子爲錢引，一界至逾天聖二十倍，即界發二千五百萬緡，流通額可五千萬緡也。且其時放多收少，甚或幷無收易；是專就四十一界以來言之，民間充斥之不兌現紙幣（錢引）已一萬二千五百萬矣。

南宋關子發行額可考者，惟高宗紹興二十九年詔印公據關子，總領三路；許：

淮西關子八十萬　　三年行使

湖廣關子八十萬　　三年行使

淮東公據四十萬　　二年行使

會子發行額可考者，宋史食貨志有淳熙三年令都茶場會子庫以第四界續印會子二百萬貯南庫及當時戶部歲入一千二百萬，其半爲會子，而南庫以金銀收換者四百萬，流行於界外者纔二百萬耳。是孝宗朝一二三四界會子發行總額總額共不過六百萬，流於民間者不過二百萬。光宗紹熙中（一一九〇至一一九四），每界發行額逐漸增多，十二界發四千七百餘萬貫，十三界至五千七百萬餘貫。寧宗慶元元年（西一一九五）詔會子界以三千萬爲額，至嘉定二年（西一二〇九）十一界未收換者，尙有一千三百六十萬餘貫，十二三界燒餘尙一萬二百餘萬貫，合慶元以來四界，當時流行民間之紙幣已二萬三千五百六十餘萬貫，又超出北宋末年一倍，地減於前十之五六，而發鈔倍屣，南宋欲其社稷之不隨屋得乎。理宗景定四年更日增印十五萬貫，是舍舊鈔不收外，年增四萬五千九百七十五萬鈔也。其後鈔制遂益紊不可問。

金幣創於海陵王亮，本以軍費不繼而作，自無一定額數之可言。其後專用鈔幣，收發無度，發行額亦無可考。惟金史食貨志與定元年云：

『五月省部以歲收通寶，不充所用，乃民間斂桑皮故紙鈔七千萬以補之。』

知其流于民間者，無慮數萬貫。

元則發鈔數額，元史食貨志新元史食貨志均記之甚詳。自中統至天曆中，八十六年間；合至大至元中統三貫，共不過五千三百四十八萬四百十八貫。

明寶鈔自洪武至天順間，行之未久，發行額史缺無考，惟據食貨志：

『洪武二十五年，設寶鈔行用庫於東市，凡三庫給銀三萬錠爲鈔本倒收舊鈔送內府。』

知初發行時，鈔必甚少，至天順中，鈔一貫不能直一文，又必發已甚多。

清順治鈔歲造十二萬餘，行之十年，即只發不收，亦不過一百餘萬貫。咸豐官票寶鈔，因軍興而發，其發行額自必有相當數字，惟無統計確數耳。宋元鈔幣發行額數可考者，列表明之於次：

北宋發鈔年表以一貫爲單位。

紀元	西曆	鈔別	發行額	其他
眞宗景德四年	一〇〇七	交子	不定額	
仁宗天聖三年	一〇二五	交子	一，二五六，三四〇・〇〇	三年一界
六年	一〇二八	交子	一，二五六，三四〇・〇〇	
九年	一〇三一	交子	一，二五六，三四〇・〇〇	
景祐元年	一〇三四	交子	一，二五六，三四〇・〇〇	
四年	一〇三七	交子	一，二五六，三四〇・〇〇	
寶元三年	一〇四〇	交子	一，二五六，三四〇・〇〇	
慶曆三年	一〇四三	交子	一，二五六，三四〇・〇〇	

六年	一〇四六	交子	一，二五六，三四〇・〇〇	
皇祐元年	一〇四九	交子	一，二五六，三四〇・〇〇	
四年	一〇五二	交子	一，二五六，三四〇・〇〇	
至和二年	一〇五五	交子	一，二五六，三四〇・〇〇	
嘉祐三年	一〇五八	交子	一，二五六，三四〇・〇〇	
六年	一〇六一	交子	一，二五六，三四〇・〇〇	
英宗治平元年	一〇六四	交子	一，二五六，三四〇・〇〇	
四年	一〇六七	交子	一，二五六，三四〇・〇〇	
神宗熙寧三年	一〇七〇	交子	一，二五六，三四〇・〇〇	
六年	一〇七三	交子	二，五一二，六八〇・〇〇	
九年	一〇七六	交子	二，五一二，六八〇・〇〇	
元豐二年	一〇七九	交子	二，五一二，六八〇・〇〇	
五年	一〇八二	交子	二，五一二，六八〇・〇〇	
八年	一〇八五	交子	二，五一二，六八〇・〇〇	
哲宗元祐三年	一〇八七	交子	二，五一二，六八〇・〇〇	
六年	一〇九一	交子	二，五一二，六八〇・〇〇	
九年	一〇九四	交子	二，五一二，六八〇・〇〇	
紹聖四年	一〇九七	交子	二，五一二，六八〇・〇〇	
元符二年	一〇九九	交子	二，五一二，六八〇・〇〇	
崇寧元年	一一〇二	交子	二，五一二，六八〇・〇〇	崇寧間幣制已亂，發券額未必果如此數。
四年	一一〇五	交子	二，五一二，六八〇・〇〇	
徽宗大觀元年以後	一一〇七	錢引	二五，一二六，八〇〇・〇〇	

南宋發鈔年表

紀元	西歷	鈔別	發行額	其他
高宗紹興二十九年	一一五九	關子	一，六〇〇，〇〇〇・〇〇	
		公據	四〇〇，〇〇〇・〇〇	
光宗紹熙中	一一九〇至一一九四	會子	四七，〇〇〇，〇〇〇・〇〇	第十二界
		會子	五七，〇〇〇，〇〇〇・〇〇	第十三界

寧宗慶元元年	一一九五	會子	三〇，〇〇〇，〇〇〇・〇〇	
理宗景定四年	一二六三	會子	四五九，七五〇，〇〇〇・〇〇	

按以上兩表：北宋係據界數推算，其總數約當七五，四一〇，四〇〇・〇〇貫。

元代發鈔年表

紀元	西歷	鈔別	發行額	其他
世祖中統元年	一二六〇	中統	七三，三五二・〇〇	
二年	一二六一	中統	三九，一三九・〇〇	
三年	一二六二	中統	八〇，〇〇〇・〇〇	
四年	一二六三	中統	七四，〇〇〇・〇〇	
至元元年	一二六四	中統	八九，六〇八・〇〇	
二年	一二六五	中統	一一六，二〇八・〇〇	
三年	一二六六	中統	七七，二五二・〇〇	
四年	一二六七	中統	一〇九，四八八・〇〇	
五年	一二六八	中統	二九，八八〇・〇〇	
六年	一二六九	中統	二二，八九六・〇〇	
七年	一二七〇	中統	九七，七六八・〇〇	
八年	一二七一	中統	四七，〇〇〇・〇〇	
九年	一二七二	中統	八六，二五六・〇〇	
十年	一二九三	中統	一一，一九二・〇〇	
十一年	一二七四	中統	二四七，四四〇・〇〇	
十二年	一二七五	中統	三九八，一九四・〇〇	
十三年	一二七六	中統	一，四一九，六六五・〇〇	
十四年	一二七七	中統	一，〇二一，六四五・〇〇	
十五年	一二七八	中統	一，〇二三，四〇〇・〇〇	
十六年	一二七九	中統	七八八，三二〇・〇〇	
十七年	一二八〇	中統	一，一三五，八〇〇・〇〇	
十八年	一二八一	中統	一，〇九四，八〇〇・〇〇	

十九年	一二八二	中統	九六九，四四四・〇〇	
二十年	一二八三	中統	六一〇，六二〇・〇〇	
二十一年	一二八四	中統	六二〇，九九四・〇〇	
二十二年	一二八五	中統	二，〇四三，〇八〇・〇〇	
二十三年	一二八六	中統	二，一八一，六〇〇・〇〇	
二十四年	一二八七	中統	八三，二〇〇・〇〇	
二十五年	一二八八	至元	一，〇〇一，〇一七・〇〇	
二十六年	一二八九	至元	一七八，〇九三・〇〇	
二十七年	一二九〇	至元	五，〇〇〇，二五〇・〇〇	
二十八年	一二九一	至元	五〇〇，〇〇〇・〇〇	
二十九年	一二九二	至元	五〇〇，〇〇〇・〇〇	
三十年	一二九三	至元	二六〇，〇〇〇・〇〇	
三十一年	一二九四	至元	一九三，七〇六・〇〇	
成宗元貞元年	一二九五	至元	三一〇，〇〇〇・〇〇	
二年	一二九六	至元	四〇〇，〇〇〇・〇〇	
大德元年	一二九七	至元	四〇〇，〇〇〇・〇〇	
二年	一二九八	至元	二九九，九一〇・〇〇	
三年	一二九九	至元	九〇〇，〇七五・〇〇	
四年	一三〇〇	至元	六〇〇，〇〇〇・〇〇	
五年	一三〇一	至元	五〇〇，〇〇〇・〇〇	
六年	一三〇二	至元	二，〇〇〇，〇〇〇・〇〇	
七年	一三〇三	至元	五〇〇，〇〇〇・〇〇	
八年	一三〇四	至元	五〇〇，〇〇〇・〇〇	
十年	一三〇六	至元	一，〇〇〇，〇〇〇・〇〇	
十一年	一三〇七	至元	一，〇〇〇，〇〇〇・〇〇	
武宗至大元年	一三〇八	至元	一，〇〇〇，〇〇〇・〇〇	
二年	一三〇九	至元	一，〇〇〇，〇〇〇・〇〇	
三年	一三一〇	至大	一，四五〇，〇〇〇・〇〇	以兩爲單位
四年	一三一一	至元	二，一五〇，〇〇〇・〇〇	
		中統	一五〇，〇〇〇・〇〇	

仁宗皇慶元年	一三一二	至元	二，二二二，三三六・〇〇	
		中統	一〇〇，〇〇〇・〇〇	
二年	一三一三	至元	二，〇〇〇，〇〇〇・〇〇	
		中統	二〇〇，〇〇〇・〇〇	
延祐元年	一三一四	至元	二，〇〇〇，〇〇〇・〇〇	
		中統	一〇〇，〇〇〇・〇〇	
二年	一三一五	至元	一，〇〇〇，〇〇〇・〇〇	
		中統	一〇〇，〇〇〇・〇〇	
三年	一三一六	至元	四〇〇，〇〇〇・〇〇	
		中統	一〇〇，〇〇〇・〇〇	
四年	一三一七	至元	四八〇，〇〇〇・〇〇	
		中統	一〇〇，〇〇〇・〇〇	
五年	一三一八	至元	四〇〇，〇〇〇・〇〇	
		中統	一〇〇，〇〇〇・〇〇	
六年	一三一九	至元	一，四八〇，〇〇〇・〇〇	
		中統	四〇〇，〇〇〇・〇〇	
英宗至治元年	一三二〇	至元	一，〇〇〇，〇〇〇・〇〇	
		中統	五〇，〇〇〇・〇〇	
二年	一三二一	至元	八〇〇，〇〇〇・〇〇	
		中統	五〇，〇〇〇・〇〇	
三年	一三二二	至元	七〇〇，〇〇〇・〇〇	
		中統	五〇，〇〇〇・〇〇	
泰定帝泰定元年	一三二三	至元	六〇〇，〇〇〇・〇〇	
		中統	一五〇，〇〇〇・〇〇	
二年	一三二四	至元	四〇〇，〇〇〇・〇〇	
		中統	一〇〇，〇〇〇・〇〇	
三年	一三二五	至元	四〇〇，〇〇〇・〇〇	
		中統	一〇〇，〇〇〇・〇〇	
四年	一三二六	至元	四〇〇，〇〇〇・〇〇	
		中統	一〇〇，〇〇〇・〇〇	

文宗天曆元年	一三二七	至元	三一〇，九二〇・〇〇	
		中統	三〇，五〇〇・〇〇	
二年	一三二八	至元	一，一九二，〇〇〇・〇〇	
		中統	四〇，〇〇〇・〇〇	
合計			五八，三四八，四一八・〇〇	

鈔幣準備，北宋之世，張詠始創交子，史謂使富民十六戶主之。又云：後富民貲稍衰，不能償所負，爭訟不息。是本無所謂蓄本，即以富民資產爲準備；旣設益州潞州等交子務，由官家權其出入，亦不言置本。惟宋史食貨志謂大觀中不蓄本錢增造無藝云云，意時人卽以通行鼓鑄之制錢爲本，幷不另行置錢，至大觀中不復鑄錢，專發鈔幣，遂爲無準備紙幣。靖康初，欲藥其弊，制定新引給換所得錢儲以爲本，遂爲中國鈔幣準備制度之濫觴。易言之：前此交子雖行，實仍以制錢爲本；交子不過換取制錢之憑證，故曰錢引視與鹽引完全相同，流通制錢卽其資本，當然無需另有所蓄。

南宋紹興中罷交子務，令榷貨務儲現錢印造，始又爲現金實足準備之始。至紹興末交鈔積至四千一百四十七萬餘貫，所貯鐵錢僅及七十萬貫，以鹽酒等陰爲提稱，是現金準備不足，又以國有物資準備之；現金準備實僅得百分之十六強。最後現金物資皆缺至以度牒官告陵紙乳香相抵，終亦抵於無準備而後已。

金代幣制最亂，幾無準備可言。可考者約分四端：初亦以流通硬幣陰爲準備，如北宋初。金史食貨志云：

「五月（明昌二年）勅尚書省曰，民間流轉交鈔，當限其數，毋令多於現錢。」

繼以國家資源爲準備，金史食貨志云：

『以鈔買鹽引，每貫權作一貫五十文，庶得多售云云。』

再以紙幣準備紙幣。金史食貨志云：

『先是設四庫，印小鈔，以代鈔本。』

終以鈔賤不已，陝西至於不行；不得已，以見錢十萬貫爲鈔本，與鈔相易，復以小貫十萬貫相參用之。又採用現金紙幣混合之準備。然現金準備戔戔至此，與無準備者，相去幾希。

元行鈔廢錢，以絲銀爲提稱元史食貨志三歲賜亦云：『賜絲五斤』『賜銀三十錠』云云。是絲銀爲元代國家正稅；易言之即以國家歲入爲準備，終元之世，未嘗或改。

明初本祇行錢，旣兼用鈔，洪武二十五年，設寶鈔行用庫於東市，凡三庫，各給銀三萬錠爲鈔本倒收舊鈔。是曾以銀鈔爲錢鈔準備。永樂中以出鈔太多，收歛無法，物重鈔輕，御史陳瑛請行戶口食鹽法以收鈔，乃又以食鹽陰爲準備。至廢鈔不行，遂無所謂準備矣。

清初行幣不久，制未詳。咸豐間，本以軍備不足，始發行紙幣，亦不問蓄本，殆亦無準備紙幣也矣。

（三）子母相權之法與鈔幣換算　宋金以來鈔幣，旣均因襲唐代飛錢制度，則所謂子母相權之法，不容不加討論。夫所謂子母相權者，卽以現錢爲母，飛子爲子，故曰飛子。易言之，卽於現錢外，發行等數鈔幣，流通於市，卽指現錢爲準備。以錢爲主，以鈔爲賓；鈔之於錢猶子母之不可相離，故云。其後現錢不足，又定其他國有物資爲單位。宋之茶酒鹽，元之絲銀，明之鹽均是。而新莽所謂子母相權之法，又與此不類；乃造若干種價値不同之泉貨以換算之之謂。因之本節所說之換算義意有二：曰鈔子與鈔母之換算，曰大小鈔新舊鈔之換算。大小鈔新舊鈔之換算，亦卽鈔幣之票面與種類之區別是也。

鈔與鈔母之換算。北宋初張詠交子法，一交一緡，照票面十足易錢。其後鈔賤，大觀中至引（一交）一緡當錢十數。鹽引則當錢四貫八百文，換鹽二百斤。南宋初關會始亦照票面換與，嘉定中至每緡止直錢四百，旣出金銀度牒一千三百萬收鈔，成都一引始値錢五百有奇，關外一引直銅錢五百七十錢而已。河朔以金源鈔制爲最亂，初行三合同鈔，每交以八十錢爲足陌。旣改交鈔，乃用宋制一交千錢，至貞祐中，千錢之劵，僅值數錢，大安河潰時値不足一錢。元寶鈔以絲銀爲本位。中統鈔一貫當白銀五錢，或絲十兩。至元鈔入庫每二鈔易銀一兩，二十貫易黃金一兩，出庫銀加五分，金加五百文。至大鈔每兩當白銀一兩，金一錢。明寶鈔一貫準錢千文，銀一兩；四貫準黃金一兩。清鈔官票一兩抵制錢二千，寶鈔錢二千抵銀一兩。始均能換錢如票面，已亦漸落與歷代同。

票面及新舊鈔之換算：宋制不詳。金之始造交鈔分一貫二貫三貫五貫十貫五等謂之大鈔，一百二百三百五百七百五等謂之小鈔。宣宗貞祐二年更作二十貫百貫二百貫至千貫例數種。興定元年頒貞祐通寶每一貫當舊鈔千貫。五年興定寶泉，一貫又當通寶四百貫，新舊紙鈔換算率相差之大在中國史上尙無前例也。元鈔有中統元寶鈔，至元鈔，至大銀鈔三種。又中統銀貨釐鈔各一種。中統元寶鈔文以十計者四：曰一十文二十文三十文五十文四種；以百計者有一百文二百文五百文三種；以貫計者曰一貫文二貫文兩種。至元鈔自二貫至五文凡十一等。至大鈔自銀二兩至二釐凡十三等。釐鈔分二文三文五文三種。中統銀貨亦有一兩二兩三兩五兩十兩五類。而中統至元至大新舊三鈔間相互之換算爲至元鈔一貫當中統鈔五貫，至大鈔一兩又當至元鈔五貫。釐鈔與大鈔間換算如票面。中統銀貨根本製而未行，無換算率。明寶鈔票面凡六等：曰一貫曰五百曰四百曰三百曰二百曰一百。清順治鈔貫票面無考；咸豐鈔知者有二千，一千五，一千及四百數種。官票有一兩三兩五兩十兩四種，兩者本身之換算則票一兩當鈔二貫。

（四）印造出入機關　歷代鈔幣印造出入機關，宋初以富民十六戶主之，此十六戶，卽其印造出入之主持者。仁宗時置益州交子務椎其出入。神宗熙寧二年又置潞州交子務，崇寧三年置京西北路專切管幹通行交子所。金史食貨志崇寧四年有：

『并永興軍交子務在京官吏併歸買鈔所。』

語，更知當時在京師有所謂買鈔所者在。大觀中既改交子爲錢引，又改交子務爲錢引務。南宋初仍置行在交子務于杭。還罷之令榷貨務儲見錢印造關子。紹興三十年許兌會子輸左藏庫。明年詔會子務隸都茶場。孝宗隆興四年，又置江州會子務；史可考者如此。更證以宋史食貨志下三錢幣太祖開寶三年置便錢務令商人舉錢詣務轉左藏庫給以券事，及下三會子之

『四年（乾道）以取到舊會毀抹付會子局重造。』

諸文。知終兩宋之世，各路管理出入機關，除一度因思用關市稅收或茶稅除爲稱提，曾隸之榷貨務都茶場外，皆置所謂會子務交子務等專官管之。印造則除許各務自造外，南宋曾設會子局於中央專司之。若庋藏機關當仍爲左藏庫南庫等庫藏。總發行局當爲京師買鈔所。

金源印造機關爲印造鈔引庫；出入機關爲交鈔庫；均設於貞元年間，各有副使副判一員管之，隨處州庫內各有辦鈔庫司其事。又印造初均歸之中央，後權西安軍節度使烏林達與言關陝軍多供億不足，所仰交鈔則取於京師，徒成煩費，乞降板就造。地方政府始印交鈔。羅雪堂先生就鈔板文字考定，則謂諸路鈔庫，均得印鈔。

元代鈔制出入印造機關，舊史不詳。惟據食貨志鈔法：

『五年（中統）設各路平準庫平物價，使相依準，不至低昂，仍給鈔一萬二千錠爲鈔本。』

語，平準庫似與鈔法有關。新史則有中統三年敕私市金銀應支錢物，止以交鈔爲本。四年五月立燕京平鈔庫，以平鈔價而利鈔法，并於各路遍設平鈔行用庫，選富民爲庫副使。至元三年諸路都提舉楊湜上鈔法便宜事。九年立和林轉運使兼提舉交鈔，至畏吾兒亦置提舉司。二十年又造畏吾兒交鈔庫諸語。然後知其出入寶鈔者爲交鈔庫平鈔庫。管理者爲提舉司。更據傳世至元寶鈔知提舉司屬尚書省，都提舉爲其總管官吏。印造別有印造庫，每當印行皆由尚書省奏准印之。至至元二十三年以張瑄朱清爲海道運糧萬戶，賜鈔印聽其自印

交鈔，其鈔色比官造加黑，印朱加紅；始准中央政府以外官吏印鈔。明初沿元人舊制設寶鈔提舉司，隸中書省，中書省廢以造鈔屬戶部廣惠庫掌出廣源庫掌入，而於各地設寶鈔行用庫，印造由提舉司主之。明史食貨志云：『提舉司於三月內印造』是也。清咸豐寶鈔官票均由戶部奏印之，而別設官銀錢號以流通；已略有近世銀行券風焉。

（五）行鈔之種種法令　發行交鈔以來，有關法令，大略可考者曰禁僞造，曰禁論鈔法，曰新舊收換之法。

禁僞造事，史籍及實鈔所載者，宋史食貨志：

景德四年云：『請置益州交子務，以榷其出入，私造者禁之。』，不言如何禁法。

崇寧三年云：『私造交鈔者，罪以徒配。』

高宗紹興三十二年云：『定僞造會子法，犯人處斬，（告者）賞錢十貫，不願受者補進義校尉。若徒告及匿者，能告首免罪受賞，願補官者聽。』金山東東路十貫大鈔銅板文云：

『僞造交鈔處斬，賞錢三百貫。』

貞祐寶劵文云：

『僞造者斬，賞寶劵三百貫，仍給犯人家產。』

興定寶泉文云：

『僞造者斬，賞陸百貫，仍給犯人家產。』

元至元鈔文云：

『僞造者處死，首告者賞銀五定，仍給犯人家產。』

大明寶鈔文云：

『使用僞造者斬，告捕者賞銀二百五十兩，仍給犯人家產。』

明史食貨志作五兩誤。

禁阻鈔法，金人最甚。泰和七年至詔至令都市敢有相聚論鈔法難行者，許人告捕，賞錢三百貫。

舊鈔出入，宋初三年爲一界，即三年一次收故布新，其後一再展緩，終厘定每七年厘革一次。金大定中又能七年釐革之限，交鈔字昏方換；其收回舊鈔，或毀或燒；元泰定中始定焚鈔處所。監燒者宋金未詳，元明清爲之中書省，尚書省，戶部。又出鈔時例加小費，金謂之工墨紙錢。初以舊易新，每鈔取十五文，大定二十三年不拘貫例，每張收八文，承安中又收每貫十二文，泰和五年欲罷未果，減之，止收六文而已。

至推行法鈔之方策，則又不外限制以之納稅，廢錢禁銀，官鹽必以鈔買等等。歷代反復行之，而弊端百出，蓋鈔幣額數發過飽和量，無論如何，欲鈔之不滯，不可得也。

五　宋金以來財政家對於鈔幣之理論

唐人創飛子之法，宋張詠因之，當其始行，因勢利便而已，固無所謂理論。其後歷朝因革，又不外救時防弊，亦無所謂理論也。惟方其釐革之初，主其事者必有說法，反其事者必有駁議；又必皆持之有故，言之成理。固皆足資吾人之殷鑑者，爰就史籍所載，摘錄其要語。大抵宋史有，天聖八年張持請稍給錢奏，文曰：

『八月知威州張持奏，本路引一千者，今僅值十之一；若出入無弊，可值八百流通用之。官吏依舊并用引，請稍給錢使用。』宋史卷一八一。

政和元年戶部奏，文曰：

『戶部言成都漕司奏：昨令輸官之引，以十分爲率；三分用民戶所有，而七赴官場買納，由是人以七分爲疑。請自今無計以三七分之數，并許通用，願買納者聽。民間舊以本錢未至，引價大損，故州官官錢亦減數收市；今本錢已足，請勿減數，以祛民惑。又請四十三界引，俟界滿勿換給，自四十四界，爲改法之首。而戶部詳度欲祇行四十四界，其四十五界勿印；若通行及乏用，請於界內續增。　其新引給換之餘，如舊謾之；或於給鏹之所，易錢儲以爲本，移用者如撥支封樁錢法。』宋史卷一八一。

淳熙二年宗正丞韓祥請救楮弊議，文云：

『壞楮弊者，只緣變更，救楮弊者無如收減。　自去年至今，楮價粗定，不至折閱者，不變更之力也。　今已罷諸造紙局，及諸州科買楮皮，更多方收減，則楮價有可增之理。』宋史卷一八一。

類皆主張多收少放，多儲現錢，以維持鈔幣在民間信用。　而韓祥所謂壞楮弊者，只緣變更，尤爲千古不刊之論。　金史所收有泰和元年六月通州刺史盧構請銀鈔兼用疏，文曰：

『民間鈔固已流行，獨銀價未平，官之所定，每錠以十萬爲準，而市肆纔直八萬，蓋出多入少故也。　若令諸稅以錢銀鈔三分均納，庶革其弊。』金史卷四十八。

而當時省議則謂：

『軍興以來，全賴交鈔佐用，以出多遂滯。　頃令院務收鈔七分，亦漸流通，若與銀均納，則彼增此減，理必偏勝，至礙鈔法。　必欲銀價之平，宜令諸名若鋪馬須等錢許納銀半，無者聽便。』金史卷四十八。

貞祐三年河東宣撫使胥鼎請禁現錢議，其文云：

『今之物重，其弊在於鈔窒，有出而無入也。　雖院務稅增收數倍而所納皆十貫例大鈔，此何益哉。　今十鈔例者，民間甚多，以無所歸，故市易多用現錢；而鈔每貫僅直一錢，曾不及工墨之費。　臣愚謂宜權禁見錢；且令計司以軍須爲名，量民力徵斂，則泉貨流通而鈔價平矣。』金史食貨志。

又同年九月御史臺請嚴出入奏文云：

『自多故以來，全藉交鈔以助軍需，然所入不及所出，則其價浸減，卒無法以禁，此必然之理也。　近用貞祐寶券以革其弊，又慮既多而民輕與舊鈔無異也。　乃令民間市易，悉從時估，嚴立罪賞，期於必行，遂使商旅不行，四方之物，不敢入夫京師，百萬之衆，日費不貲，物價寧不日貴耶。且時估月再定之，而民間價且暮不一，今有司強之而市肆盡閉，復議搜括隱匿，必令如估鬻之，則京師之物指日盡而百姓重困矣。臣等謂惟官和買計贓之類可用時估，餘宜從便。』金史食貨志。

四年正月監察御史田迥秀議，文曰：

『國家調度皆資寶券，行才數月，又復壅滯，非約束不嚴，奉行不謹也。夫錢鈔欲流通，必輕重相權，散斂有術而後可，今之患在出太多入太少爾。若隨時裁損所支，而增其所收，庶乎或可也。因條五事：一曰省冗官吏，二曰損酒使司，三曰節兵俸，四曰罷寄治，五曰酒稅及納粟補官，皆當用寶券。』金史卷四十八。

又三月翰林侍講趙秉文言救寶券滯塞疏，文云：

『比者寶券滯塞，蓋朝廷將議更張而已妄傳不用，因之抑遏，漸至廢絕，此乃權歸小民也。自遷汴以來，廢回易務，臣愚謂當復置，令職官通市道者掌之，給銀鈔粟麥縑帛之類，權其低昂而出納之。仍自選良監，當官營爲之，若半年無鈔及券法流通，則聽所指，任使差遣。』金史卷四十八。

又胥鼎言：

『交鈔貴乎流通，今諸路所造，不完所出，不以術收之，不無缺誤，宜量民力徵斂。』金史卷四十八。

五年八月平章高琪奏請更新券：

『軍興以來，用度不貲，惟賴寶券，然所入不敷所出，是以浸輕，今千錢之，僅直數錢，隨造隨盡工物日增，不有以救之，弊將滋甚，宜更造新券與舊券權爲子母而兼行之，庶工物俱省而用不乏。』金史卷四十八。

同時濮王守純駁議云：

『自古軍旅之費，皆取於民，向朝廷以小鈔殊輕，權更寶券而復禁用錢，小民淺慮謂楮幣易壞不若錢可久，於是得錢則珍藏，而券則亟用之，惟恐破裂而至於廢也。今朝廷知支而不知收，所以錢日貴而券日輕。然則券之輕非民輕之，國家致之然也。不若量其所支，復斂於民，出入循環，則彼知爲必用之鈔而知愛重矣。今徒患輕而即欲更造，不惟信令不行，且恐新券之輕，復同舊券也。』金史卷四十八。

趙伯成論更造徵收利弊文云：

『更造之法，陰奪民利，其弊甚於徵，徵之爲法，特徵於農民則不可，若徵於市肆商賈之家，是亦敦本抑末之一端。』金史卷四十八。

吏部尙書溫迪罕思嚴行監督法奏，文云：

『國家立法，莫不備具，但有司不克奉之而已。誠使臣得便宜從事，凡外路四品以下官皆許杖決，三品以上奏聞；仍付監察二人馳驛往來，法不必變，民不必徵，一號令之，可使上下無不奉法，如其不然，請就重刑。』金史卷四十八。

興定五年閏十二月宰臣請更造新鈔奏議，其文云：

『宰臣奏向者寶券旣䘮弊，乃造貞祐通寶以救之，迄今五年其弊又復如寶券之末。初通寶四貫爲銀一兩，今八百餘貫矣。宜復更造興定寶泉，子母相權與通寶兼行，每貫當通寶四百貫，以二貫爲銀一兩，隨處置庫，許人以通寶易之。縣官能使貫流通者，進官一階，陞職一等。其或姑息，以致壅滯，則亦追降的決爲差，州官以所屬司縣定罪賞。命監察御史及諸路行部官察之。定撓法失糾舉法，失舉則御史降決行部官降罰，集衆妄議者徒二年，告捕者賞錢三百貫。』金史卷四十八。

綜其所論，早世臣執尙知奏請少發，奏請多收；其後所謂能臣，卽不外徵收，更造，嚴禁三法，然而民生欲不凋弊得乎。是以終金之世，鈔法迄未嘗有條理也。元史除耶律楚材論交鈔語已見前外。馬亨鈔法對云：

『交鈔可權萬貨者，法使然也。法者主上之柄，使一胡賈擅之，何令天下。』

蓋時胡賈欲貿交鈔本，私平準之利，發廷議，亨對如此。至元二十三年中書省傳旨議更鈔用錢，吏部尙書劉瑄議，文曰：

『原交鈔所起，漢唐以來皆未嘗有。宋紹興初軍餉不繼，造此以誘商旅，爲沿邊糴買之計，比銅錢易於賫挈，民甚便之，稍有滯礙，卽用現錢；尙存古人子母相權之意。日增月益，其法浸弊，欲求目前速效，未見良策。必欲創造新鈔與舊鈔相權，只是改換名目，無金銀作本提稱，軍國支用不復抑損，三數年後仍與元寶交鈔無異。鑄造銅錢，又當詳究秦漢隋唐金宋利病，著在史册，不待縷陳。國朝廢錢已久，一旦行之，功費不貲，非爲遠計，大抵利民權物，其要自不妄用。始若欲濟邱壑之用，非惟鑄造不敷，抑亦不久自弊矣。』新元史卷四十一。

右丞相脫脫欲改鈔法，左司都事武祺建議，文云：

『鈔法自世祖時已行之，後除撥支料本倒易昏鈔，以布天下外，有合支名目，於寶鈔總庫料鈔倒轉撥所，以鈔法疏通，民受其利。比年以來，失祖宗元行鈔法本意，不與轉撥，故民間流轉者少，僞鈔滋多；戶部韙其言，凡合支名目，令總庫轉支。』新元史卷四十一。

而集賢大學士呂思誠駁議，一曰：

『中統至元，自有母子，上料爲母，下料爲子。譬之蒙古人以漢人子爲後，皆人類也，倘終爲漢人之子，豈有紙鈔爲父而以銅錢爲子者。』新元史卷四十一。

又曰：

『至元鈔不僞，人爲僞爾；交鈔若出，亦有爲僞者。且至元鈔猶故戚也，家之僮奴識之；交鈔猶新戚，人未識也，其僞滋多。况祖宗成憲，豈可輕改。』新元史卷四十一。

云云。其中如劉瑄諸說，實爲洞見貨幣本原之論；思誠說雖可笑，不主更張之意，未常非是。明史惟夏原吉論鈔法一奏。其文云：

『鈔多則輕，少則重，民間鈔不行，緣散多斂少；宜爲法斂之。請市肆門攤諸稅，度量輕重，加其課程，鈔入官，官取昏軟者悉燬之。自今官鈔宜少出，民間得鈔難自然重矣。』明史卷八十一。

清有王瑬張履包世臣許楗王懿德何紹基諸家之說。其說雖未必果有當於今日，亦一時名論也。

六 結 論

綜以上五節材料所表現之事實，對於宋以來鈔幣制度問題得結論如下：

（一）鈔幣沿革，文獻可徵者，始於唐之飛子，其後宋之交子會子關子錢引，元明之寶鈔，清之寶鈔官票皆因革飛子制度而來。

（二）鈔幣性質，初略似一種匯票；宋立三年一界之法，又略似公債，久之乃成一種紙幣。

（三）鈔幣發行之初，皆爲便民或行軍之用；久之，成國家經費之所從出，遂愈發愈多，不至害民不已。

（四）鈔幣初行子母相權之法，即準流通現錢額數，發行鈔幣，暗相備抵。或以物資之一種爲母，故不蓄準備。逢物重鈔輕，則以現金或其他質陰爲提稱。鈔既大弊，乃不復蓄備，成一種不兌現紙幣。

（五）鈔幣印造出入，初恆由地方試行，後漸歸之中央。鈔政紊亂後，又恆由地方專之。

（六）歷代救濟鈔幣澎漲方法，大抵不外下列數者：

（1）蓄現金收鈔，充分準備。

（2）多入少出。

（3）用租稅徵收。

（4）以物資國富陰爲稱提。

（5）更發新券，收換舊劵。

（6）強制行使。

其結果南宋初以現金收鈔，成績最佳；而金代屢發新鈔，流弊最甚。

（七）鈔之初行，鈔少錢多，商民恆信使鈔，否則反之。

又如此五代中，用以稱提物資，最重要者，厥爲食鹽，絲茶其小焉者。夫食鹽出於海水，中國於世界諸國，海岸線實爲甚短。易言之，即產鹽之比例，較諸國亦爲較小：以此爲國富，中國之貧可以知矣。然則中國苟不傾其全力，以開發物資，提倡國際貿易，安定鈔法未易言也。

論　　體

Ontologische Fragen

in der chinesischen und buddhistischen Philosophie

朱　寶　昌

前　言

近來我的思想一方面傾向於實在論，一方面傾向於神祕主義。本文便表示這兩種傾向。自傷訓練不够，又未能多讀先代典籍，對於體認，涵養的工夫更無可言。世亂如麻，憂心如焚，不能端居沉思。是以本文的基本立場雖自信足以祛惑解蔽，但內容與形式均不免有種種過失。世間不知道是不是還有感覺到神精上寂寞的人，我願意將這篇枯燥無味的文章供獻給他或他們。　　一九四二年十二月十七日於上海慈淑大樓七樓

一：　有體。　體不生不滅，不常不斷，不一不異，不來不出。　理，道，性，天，眞如，諸名皆與體異名而同指。

這句話本諸中論的破因緣品。這是本篇的綱領。　以下的解釋頗不易著筆。儒先有所謂身心性命之學，莊生有所謂內聖外王之道，自五四運動後，胡適之先生的風采論議披靡一世。於是儒術顯非當時所尚，玄談尤鄙爲非當務之急，但是不久，思想界便爭論東西文化的異同的問題，稍後一點，又因對於實際的社會制度，政治制度的意見不同而爭論唯心唯物的問題。　張其說者，依然是各以其道易天下的意思。　尤可注意的是往往因爭論一個實際問題，結果却不自覺的將實際問題拋開，而牽涉到宇宙的本原，和生命的內蘊。　以今視昔，花樣雖然翻新，而問題的性質似乎未嘗有變。　怕也根本不能有變。　中國文化的傳統精神在於見體。　所謂「天行有常，不爲堯存，不爲桀亡」，所謂「道之大原出於

天，天不變，道亦不變」，皆斥體而言。所謂「放諸四海而皆準，垂諸百世而不悖」，便是指形上學的不能摧破的最高原則，宗門的「猶有這個在」，其實也還是說明「這個」。「這個」不能沒有，否則宗門便成了近來所謂虛無主義。消極的遣除不必有異於積極的建設。此義迄近世始蕩然，這幾年來，思想界的風氣似乎又稍稍有點轉變。熊十力師的新唯識論表示一種冥心孤往的精神。和熊先生有師友關係的人都不能不多少受他一點刺激。馮友蘭金岳霖兩先生也相繼有所造作。作者陋劣，不敢考量當代名賢的得失，祇覺得形上問題漸漸爲學者所注意似乎是一件事實。作者立論彰體，以不變爲宗極。據本條所據中論破因緣品，體誠非所論於變不變，意謂義理之學，在經驗科學範圍外，自有其領域。學者談體，有根本見體和未見體的不同，有少分見體和滿分見體的不同，其同分見體者，立言有權實的不同。苟得其方，則萬世後之一大聖猶如旦暮遇之。佛家稱佛爲正徧知者，意思是說佛對於本體的道理已經見得洞明透澈而更無纖毫遺憾。如果指經驗界的學問，佛無論如何不能徧知，正徧知這句話便成了妄語。以是義故，在科學的領域裏儘管後來居上，在這個領域裏不妨有萬刼常新的道理。後人雖然不必不如古人，後人也不必一定勝過古人。何以故，以經驗之域日新，而形上之理不變故。

本條的下一句祇是介紹幾個見諸舊典的形上學的專門術語，下文視其義理分劑而互換使用。關於上一句，第一，這不是個經驗命題，這不用什麼解釋。第二，這也不是一個純邏輯的命題，單論「有體」這兩個字，「有」字可以看成 “To be” 的異語，“To be” 是構成一個命題的一種純粹形式，但是「體」不是一個純邏輯的概念。那末，體是個什麼東西——「有體」連上底下這個「八不」有什麼意義。對於一個佛法門庭中人這句話沒有問題。這句話不能證實，他能相信這句話用不着證實，這句話不能證明，他能相信這句話用不着證明。更進一步對他說，這一句話不能證實又不能證明的話不能不說，他能相信這句話不能不說。對於一般普通人，這句話的深玄的面貌，能使他離不了了，而不敢輕於開口論議。 但是對於一個善治名理而不逾準繩的人，這句話簡直有點不大有辦法。正因爲如此，所以形上學的可能與否才成爲一個嚴重的問題。 懷疑形上學的可能，或否定形上學的可能，從一個治形上學的人看來，應該不盡由於否定或懷疑形上學的人的愚蠢，因爲形上學這一門學問本身是不免有點困難。 對於這一般人這句話便毫無意義。 生而盲者不識日，因不信有日。 這句譬喻似乎不一定有用。 否認有一個光明的太陽和否認本體的存在也許在道理上是一樣。 至少作者個人相信牠是一樣。 但是一般人說牠不是一樣，似乎不是舉不出充分的理由。 說形上學不能對禽獸講，也不能對一般人講，是因爲有人懷疑或否定形上學，因而引起的形上學家的憤慨，不能拿這句話作爲形上學可能的理由。 形上學家當然不必因有人懷疑或否定形上學因而不講形上學，但似乎不能不加意考慮一般人的意見。 這便是維摩詰經所謂於衆生知見中求諸佛的解脫。 諸佛的解脫當然不是衆生的知見，但是離開了衆生的知見，別求諸佛的所以解脫，終於求不出諸佛的所以解脫。

作者認爲這個問題必須從兩方面看。 從兩方面看，對於道理便不患無入頭處。 從一方面看，任何科學的可能與否似乎都沒有成爲問題，何以形上學遭遇到這個特別情形。 凡治形上學的人似乎都應當先考慮這個問題。 考慮的結果，或者使他覺得形上學不能隨便亂談。 從另一方面看，如果說形上學的問題根本不能成爲問題，凡談形上學的人都是無事自擾，作者個人絕對承受這一種說法。 但是苟無事而可以自擾，那末，不但擾後不能說是無事，因爲擾後分明有事，即使在未擾前也不能說是無事，因爲早已有一擾便生出事來的因素在。如果天下本來眞正沒有事，便有無量數的庸人也依然沒有事。 作者這一種看法是一種實在論的看法 ， 所謂實在論的看法是一種尊重事實的卑之無甚高論的看法。 凡懷疑或否定形上學的可能的人似乎也都應當從這方面稍加一點考慮。考慮的結果或者使他覺得形上學也並不是隨便可以反對。

本條不是一個經驗的命題，也不是一個純邏輯的命題。 這是一個純形上的命題。凡純形上的命題無妄。無妄是說牠根本不能妄。不能妄，當然是無適而不眞，無適而不眞，實際上也就無所謂眞。所以一個純形上的命題不同一個經驗命題一樣具有內在的意義。意義似乎祇能內在於一個命題之中，純形上的命題既然沒有內在的意義，所以凡純形上的命題無意義。凡純邏輯命題，用沈有鼎先生的名詞，都是一個「純邏輯蘊聚」裏面的命題。假如X是一個純邏輯命題，我們可以從這個「純邏輯蘊聚」裏設定的基本命題和基本概念用推演的手續而得到X。在這個情形下。X是一個純邏輯命題便算得到了證明。從這一點看，純形上的命題如本條所標舉的「八不」，分明有背於排中原則。如果排中原則是一個純邏輯的命題，純形上的命題當然不能不和純邏輯的命題分別處理。不過有一點，純形上的命題和純邏輯的命題似乎不異。純邏輯的命題在經驗方面沒有一絲一毫的肯定。純形上的命題同樣在經驗方面沒有一絲一毫的肯定。凡純形上的命題祇是一個指。有人曾經用過樓梯的比喻，本文所謂指也有這樣的意思，凡指必有所指。指之目的在於示人以所指而不在於示人以指。所以純形上的命題不但是可以沒有內在的意義，而是絕對不許有內在的意義。誤於指端求意義，便是宗門所呵斥的參死句。惟指雖不至，所指雖非指，所指也未必便是非指。指尙非所指，非指當然更不是所指。

這個關頭恐怕是理智作用的終了，而是證會的開始。凡純形上的命題都是表示理智作用的終了和證會的開始。證會是個大問題。邇來國內思想家惟熊十力師好談證會，先生神解卓特，識者都能相信他決非無得而言。此外親見許多學人好談證會，而皆陋劣不足以稱是。我以爲一個學哲學的人，如果能了解哲學的任務祇是由理智的走到超越理智的境界，雖不談證會而證會在其中。否則其事無異於凡人自稱國王。任何人都可以自稱國王，無奈事實上他不是國王。作者立論彰體，其所站的地位祇是理智作用的路了。和證會的開始。從這個地位說向下之事。自問這是一種謙冲的意思。

根據本條所有的討論可以建立以下兩條原則：

一，純邏輯的命題在經驗方面沒有一絲一毫的肯定，而積極的規範經驗。

二，純形上學的命題在經驗方面沒有一絲一毫的肯定，而消極的指示本體，積極的說明邏輯在經驗範圍內的絕對性，普遍性和必然性。

關於一，是本文所謂向下之事，此處暫不討論。關於二，所謂消極的指示本體，畢竟本體是什麼，是證會的事。這句話至少想告訴人有一種文字所不能表達的意味，或經驗界所沒有的最高境界。這一種難言的意味，或最高的境界，讀者不妨暫時各以其心之所能會者當之。如果讀者心目中有一種道德上的最高的境界，這便是你道德上最高境界。如果讀者心目中有一種藝術上的最高境界，這便是你藝術上的最高境界。這樣說法當然極有流弊，但是作者確有不得不這樣說的苦處。作者深知本體的道理，是法爾本然的道理。增益一分不得，損減一分不得，但是不妨由人見仁見智。雖然仁智不足以名之，見仁見智便有一個入頭處。關於二的下半句，我們在違背邏輯原則的情形下建立純形上命題，這一件事實不但不表示邏輯可以懷疑，反而表示邏輯絕對的可靠。純形上命題所以能在違背邏輯原則的情形下而建立，因為「體」不是經驗世界裏的一件具體的事物。這句話等於說，凡在經驗世界裏有具體存在的事物，都不能不服從邏輯原則。從這一點說，純形上的命題保證純邏輯在經驗世界範圍內的絕對性，普遍性，和必然性。

二：　體非心非物，非共非殊，其為物也，超越不思議。

這當然也是一個純形上的命題。有人以為既有上條的「八不」似乎更用不着立本條的「四非」，作者的意思，以為心物共殊之爭，是一切諍論的根荄，所以即「四非」便可以見「八不」。「其為物也」的物是哲學上對於物字的一種特別用法，猶如老子說「過之為物」，熊十力師說「爰有大物」。不具有物字通常的意義。

作者服膺一句禪家的「猶有這個在」。「猶有這個在」是何等作用，我以為大須留意。這一句「猶有這個在」，不啻置身在百尺高樓之上告訴樓下的人他所看見的海天一色的勝景。　邇來馮友蘭先生著書分別「形上的」和「形上學的」這兩個名詞不同的意義。　我以爲頗能以當世之雅言明先哲之精蘊。　本文也襲用這個分別，不過作者所謂形上的和馮先生所謂形上的不必便是一事。　凡純形上的命題必是形上學的，而形上學的命題不必都是純形上的。　純形上的命題是無妄，而形上學的非形上的命題是無不妄。　凡這一類的著作和這一類的說話，自另一觀點看，不必沒有實際的作用。　但自純形上的觀點看來，這一類的作者都祇和一棒打殺。　「猶有這個在」，便是對於形上學的非形上的命題的普遍的豁蕩，廣說則所有的大乘教典都祇說此一事。

心物係從初言心物，初且有二，日常生活的經驗世界的立場說，一身以外皆謂之物，有此身之我則不捨晝夜和外物爲緣。　我對外物似乎不純粹是被動的接收，而有幾分是自動的揀擇，因我不特具有知覺官能，且有主宰知覺官能的心意。　所以在日常生活裏所作的經驗命題，心和物這兩個名詞所應用的範圍同樣普遍。　假設有一個蘇聯的唯物論者說一個人必須用心應付自己的任務，這一句話似乎決不會讓人誤會，以爲他有反動的意思。　可是這裏一身以外的「外」字是一個很糊塗的字樣，有此身之我的「我」字也是一個很糊塗的字樣，所謂主宰知覺官能的心意，這一句話也値得細細推敲。　不過在日常生活的範圍內似乎不必多所深論。　日常生活的經驗命題都是靠這些字樣作成的命題，如果沒有這些字樣，經驗世界便不成爲一個經驗世界。如果心和物這兩個名詞的使用祇限在這個範圍內，便不會有心物的爭執，因爲心旣說不上有「唯」的意義，物也說不上有「唯」的意義。

初二，就知識論的立場說，如果知識論的研究祇是追問概念的知識如何獲得，或概念的知識的性質，知識論應該和心理學或和歸納邏輯有密切到不可分離的關係。　在這個立場下研究知識論，依然是以日常生活的經驗世界爲起點，似乎用不着一個唯心或唯物的假定而後才能開始研究。　如果知識論的任務不在研究我們怎樣獲得概念的知識，或概念的知識的性質，而在研究「認識」這一件事質，分析「認識」這一件事實構成的條理和層次，在這個立場下，可以使知識論成一個獨立的門戶。這便是張東蓀師的作法。從知識論的立場說，恐怕這一種作法是對的，可是這樣的作法祇是使知識論從邏輯和心理學得到解放，依然是以日常生活的經驗世界爲研究的起點。爲了避免心物這兩個名詞所引起的麻煩，能所似乎是兩個適當的替代名詞。「認識」這一件事實的條理和層次，總是能所之間的一個條理和層次。我們似乎可以讓「所」的地位較爲抬高，我們也似乎可以讓「能」的作用較爲顯著。如果讓「所」的地位較爲抬高，不妨說「能」是一面鏡子，而「所」是鏡中的投影，如果讓「能」的作用較爲顯著，不妨說「能」是一個畫工，而「所」是他作出來的一幅畫，不管這兩種說法裏那一種較爲接近事實的眞相，總之無「能」不成知識，無「所」也不成知識，在這個立場下不妨說心說物，但是心物依舊是常識的意義，絕對說不上有唯的意義。

斥心爲體或斥物爲體，所犯的是極嚴重的過失。一個眞正的哲人，當他營哲學的思索的時候，雖然不能不涉及心物問題，但是決不用心物這兩個名詞自標其哲學系統，他知道問題不能這樣簡單。從一本通常所謂唯心論或唯物論的著作裏旣得不到一點切實的知識，更得不到眞正哲學的訓練，凡這一類的著作，作者認爲一概是增上慢人的誑語。增上慢人的誑語除了亂人心意而外，對於眞理不能有一星星的貢獻。因有增上慢人的誑語，純形上的命題不得不於非名言安立境界强設名言。

次談共殊

共殊的問題便是個經驗和理性的問題。所謂共殊的先後的問題或理事先後的問題是哲學史上發生諍論的一個舊問題。我以爲說共先於殊，祇是說在邏輯上共先於殊，所謂在邏輯上共先於殊，祇是說經驗知識不能不是具有條理的知識，知識不能不是來自經驗，而經驗不能供給知識的條理。經驗不能供給知識的條理，而知識又不能不是具有條理的知識，所以不能不承認經驗中有先乎經驗的成分，由經驗中先乎經驗的成分構成經驗世界的秩序，這一種秩序擔保知識的絕對可能性。　這是我所了解的共先於殊的意義。　至於從我們得到知識的手續方面說，即從時間的先後方面說，無論什麼人不能不承認殊先於共。　所以共先於殊的意思，祇是說共相因殊相而見，而不是共相因殊相而有。　如果說殊先於共。　等於說一切都來自經驗。　這不是一種可以信受的健全的理論。　普通一般人似乎都有一個誤會，以爲經驗主義是一種較爲脚踏實地的主張，旣不流於怪誕，也不入於虛無。　殊不知由經驗主義是一條走入懷疑主義的大路，近代的休謨和古印度的唯識都是極現成的例證。　所謂經驗界便是生成無常的萬象的總稱，如果說一切都來自經驗，那末，經驗界旣生滅無常，知識的條理也隨着經驗世界的生滅無常而生滅無常，在這個情形下，發生知識是否可能的問題，和現有的全部知識是否可靠的問題，似乎是一件很自然的事，在這個情形下，如果我們不願學唯識家和休謨的懷疑，惟有對這個問題取一種非哲學的看法。所謂本能信仰和禽獸信仰，我們很可以想像創造這類名詞的人內心的苦悶。　非哲學的看法未嘗不必，不過從哲學的立場總在所不取，其理由似乎不必多所申說。

常與無常是一個大問題。　張東蓀師舊時著文，曾說過人類一切的努力都在求撥開這個當前的無常。　這眞是一句精闢之言。　如果人類的努力還在求撥開當前的無常，那麼，主張共先於殊的理性主義總比較經驗主義稍爲知本。

現在的問題是畢竟知識是不是可能。　如果知識不可能是至當不易的眞理，那麼，由極端經驗主義而轉入懷疑主義，由懷疑主義而轉入出世主義不必便是一種過失。　這似乎是一個極困難的問題。　從「經驗」這一方面着想，似乎可以提出這個問題。　當前的經驗，即所謂日常生活中的共同的經驗並不比夢中的經驗更爲可靠。　實在論者如羅素似乎並不對於這個問題不感到困難。　但是從知識這一方面着想，「知識」是不是「可能」這個問題是不是可以提出討論，似乎是一個可討論的問題。　據作者的想法，這不是一個可討論的問題，這句話等於說知識絕對的可能。　知識旣絕對的可能，不能沒有一個擔保知識絕對可能的根據。　這便是經驗知識中先乎經驗的邏輯的條理。

關於邏輯的條理擔保知識的絕對可能，作者全盤承受金岳霖先生的意見。為了愼重起見，不妨說是我所了解的金先生的意見。用一句扼要的話表示：知識之所以絕對可能，便因爲世間沒有不可理解之事，世間沒有不可理解之事，旣不是說我們已經理解世間所有的事，因爲「所有」也得包括未來，未來的事尙在我們的經驗範圍之外，也不是說我們現已理解的事已臻至當不易。問題是即使現在所有的理解必須全盤推翻，我們依然可以說世間沒有不可理解的事。邏輯的條理祇能擔保知識的絕對可能，並不能擔保知識的絕對沒有錯誤。即使將來有不可測度的新奇的事，絕不能用我們現有的理解加以理解，我們還是可以說世間無不可理解的事。因爲我們本來並沒有已經盡知天下之理，新奇的事件的發生正以使我們發現向所未知的新的理解。所以從事的方面說，事無窮，而從理的方面說，理無外。因爲理無外，所以事儘管無窮，總不能不是理中之事。事雖然不能不是理中之事，可是我們旣沒有法子一下子盡知所有的理，祇有從理之已見於事處就事上作暗中的摸索。所以在這個意義下說知識絕對可能，並不包含這個世界是一個可以舒舒服服住下去的世界的意思。

作者談共殊問題，雖然承認理性派的主張較爲知本，但是理性派並不是沒有過失。理性派的過失似乎在於不知道從超越的見地作理性自身的批判，因以明理性的極限。這一層意思，下文當有詳細的申說。就此刻所談的問題而論，所謂理事先後的理似乎祇是邏輯的條理。本文第一條所謂和本體異名而同指的理不是邏輯的條理。所謂理事先後的先後祇是邏輯的先後。邏輯的條理旣不是形上的實在，（metaphysical reality）邏輯的先後似乎不是形上的先後。關於這個問題似乎有下面各種不同的意見。有一般學者根本否認有所謂形上的先後。另有一般學者不否認形上的先後而以爲邏輯的先後便是形上的先後。更有一般學者一意追求形上的先後，而視邏輯的先後爲無關體要。作者注意形上的先後，而並不認爲邏輯的先後爲無關體要，這是下文的問題。單就注重形上的先後這一點而言，承認理性派的立場雖稍爲知本，但不能不說尙未達一間。

三釋不思議

不思議即不可思議的簡稱。不可思議應該是不許思議的意思。不許思議和不能思議其意義有天淵之判。現在先舉一個不能思議的例子：例如「方的圓」。「方的圓」非但不能想像，並且不能思議。有許多道理雖不能想像，但非不能思議。例如四度空間之說雖絕不能想像，但並非不能思議。否則四度空間之說不能成立。沒有一種幾何學的系統能夠成立「方的圓」，「方的圓」不特非事之所有，且為任何理之所無。不可思議是說境則確有此境，理則確有此理，但思議則絕對不許思議。思議祇能行乎理知的境界，而不能行乎超越理知的境界。超越理智和違反理知這兩件事又有天淵之判。一般人乃至一部分學哲學的人對於這一點似乎都未深辨。超越理知當然是一件談何容易的事。惟有一個極端的主智者才配談超越理智。這便是作者雖注重形上先而不認為邏輯先是無關體要的原故。由主智故，乃深知理智之為用不是沒有它的極限。由超越理智而當下參透理智的本性。本篇所謂智即熊十力師新唯識論所謂慧。事實上有許多違反理智的人自托於超越理智，這在今天的中國尤其到處都是。因此一般人便也把超越理智的人視同違反理智。因為這個原故，作者不敢輕談證會。

體是不可思議，而非不能思議，體當然也是不可想像而非不能想像，非不能思議，不謂體能思議，非不能想像，卻謂體能想像。這幾句話不能不加解釋。思議分明有思議的客觀的規律，其客觀的規律無間於中外今古。你不願意遵守，你也非遵守不可。思議既有思議的客觀的規律，客觀的規律之所施必有其所明白的界限。但想像並沒有想像的規律，所謂 “wild imagination” 便是一個極好的說明。所以從超越的本體一方面說，體是不許想像。但是有想像能力的人不免對於本體有一種在他想像中的境界。恐怕有許多自命證會有得的人其所得的都是想像而不是實際理地的親證。從這一點說，形上學不是一門不帶危險性的學問。

三：　體有「無」體無「有」，以有「無」故，性空，以無「有」故，性空。

本條的安立本於肇論和三無性論。肇論是齊物秋水以後的關於形上方面的第一篇重要文字，這一點近來似乎已經得到學者普通的承認。三無性論雖然不是法相宗的一部重要典籍，作者自覺頗從這部書裏得到一點啓示。天地間原本沒有太多的義理。以下的話雖說本於肇論和三無性論，讀者不必認爲祇有這兩部書裏才有這番意思。

金岳霖先生在「論道」裏立道有「有」，道無「無」以爲終始的極則。現手邊無此書，不記得下文金先生自己的解釋。「論」道一書作者認爲是近來關於形上學的一本有意義的著作。據我的了解，道有「有」是說一切的有都是道之所有。道無「無」是說一切的無都是道之所無。據上一句，有道便有一切，據下一句，無一切便無道。這似乎和壇經的「一切卽一，一卽一切」，意義不殊。假如一切的有都是道之所有，有則不能無，假如一切的無都是道之所無，無則不能有。有則不能無，無則不能有，是一個顚撲不破的極則，凡談玄理的人對此都不能有絲毫異議。不過這樣說法似乎偏顯道的內在方面，而未能兼顯道的超越方面。道當然內在，但道不僅內在而且超越，以超越故，不思議。不思議故，體有「無」，體無「有」，理善安在。——

我們可以借這個機會附帶討論一多問題。道有「有」，道無「無」，蓋謂一是多中之一。作者非不許一是多中之一，但經說一眞法界之一似應另作一番理會。雖說當前便是一眞法界，然而障礙重重，當前畢竟不是一眞法界。本篇擬先顯體之超越，後顯體之內在。這樣，或者可以避免於壇經「離世覓菩提」的呵斥，和金先生的意思也並不違背。

體上著不得纖毫之物，所以說體無「有」。但體無「有」的這個無，却是確確實實的有，所以說體有「無」，更進一步說，有無雙彰，其實卽是有無雙遣。不能因說有而以爲體之有如羊毛牛角之有，不能因說無而以爲體之無如龜毛兔角之無。

宋儒有句恰好的話解釋「體上著不得纖毫之物，」便是「天性中曷嘗有孝悌。」　這是一句方便親切之極的指示。　單這一句便可以看出宋儒於義理方面確有深入，如宋儒的說話盡是這一類的說話，宋儒豈止借徑於宗門，宋儒簡直便是宗門大德。　孝悌的問題當別爲論，此刻祇能說，從體的超越方面著想，如本條所表示的，體似乎有點寂曠虛寥的味道。　一個溫情的人對於這樣本體恐怕會起一種不太舒服的感覺。

四：　萬有皆體之有，卽萬有皆體之用。　體與用二而不二。

這是從體的內在方面論體。　這個問題牽涉甚廣。　一個人卽使有極廣博的學問加以超然世表的器重，也發揮本條的精義不竭。

二而不二是就體用的關係說。　但體旣非頑然一物，體和用的關係決不是普通兩件事物之間的關係。　用唯識家的話，「用定不離體，體定不離用。」用陽明的話，「卽體而言用在體，卽用而言體在用。」　「定不離」明體用之非二。然而說體祇是說體，雖然說體時已有用在，攝用歸體，依然是說體而非說用。說用時祇是說用，雖然說用時已有體在，攝體歸用，依然是說用而非說體。　我以爲佛家用「一眞法界」表示本體的超越，而以「眞如」表示本體的內在。　所以「眞一法界」雖具有一種寂曠虛寥的味道。　眞如却另指示一種活潑圓融的氣象。

以下分四個子目立論，抽繹其說。

一：　論　形　上　先

關於共殊問題的討論，我們已經替經驗界找到了邏輯的先驗的根據，從本條的討論裏，希望得到經驗界的形上的根據。　經驗旣是唯一的材料，我們的討論還是從分析經驗入手。

假定我們有下面這樣一個命題：「這是馬」。　「這」是個體 individual 馬是共相，是類名。　「這是馬」，等於說「這是在馬這一類中的個體。」　凡個體事物的存在，總得在一個類中存在，因爲我們決沒有法子認識一個赤裸裸的個體。如某一個個體在某一類中存在，它便得受某一類的規範，具有某一個類名的意義。但是類名祗有範疇作用，而不能有強迫作用，從「這是馬」這一個命題來說，「這」當然不能什麼都不是，「這」不能不受一種規範，但它並不必一定受「馬」的規範，「這」不能沒有意義，但它也不必一定具有「馬」的意義。「這」雖不必一定受「馬」的規範，可是它在事實上受了「馬」的規範，「這」雖不必一定具有「馬」的意義，可是它在事事是具有「馬」的意義。這個不必受而受，不必具有而具有的所以然，必不在於馬，而惟在於「這」，所以「這」不能不是一個有自性的東西 (causa sui)。「這」何以是一匹馬，因為「這」願意做一匹馬。在未成為馬之先「這」在自性所有它的主觀的決定 (subjective decision) 在既成為馬之後，「這」在共相中得到了它的個體的滿足 (individual satisfaction)，這個先後才是形上的先後。共相是一類事物所以為一類事物之理，自性是每一特殊事物所以為每一特殊事物之理。不安立自性，決不能解釋經驗界事物的現實化或個體化(actualization or particularization)。

西方思想史上有一個 "Essence" 的問題。從類的觀點說，共相可以說是一類事物的"Essence"。但是某一特殊事物雖然祗能是某一類中的特殊事物，然而它表示一特殊事物而呈顯在某一類中。所以從某一特殊事物說，不能不承認某一特殊事物有某一特殊事物的 "Essence"。這便是作者所謂自性。從類的觀點，我們雖可以得到普遍的原則，但決不是第一義的普遍原則(First principle)。第一義的普遍原則必須滿足兩個條件。第一，第一義的普遍原則必須是無往而不適 (universal application)。第二，第一義的普遍原則對於它所說明的對象，必須是一個完全的無所輕重無所取捨的說明(First principle mus to be principle of adequacy)。從類的觀點所得的普遍原則，能夠滿足第一個條件，而不能滿足第二個條件。假定我們想了解希特勒，我們決不能僅僅知道希特勒是一個人，僅僅知道希特勒是一個人不算對於希特勒有什麼了解。更進一步知道希特勒是德國人，也不能算對於希特勒有什麼了解。沒有一個人和希特勒一樣，也沒有一個德國人和希特勒一樣。 希特勒之出現于宇宙，出現于人類的歷史，是一件可一而不可再的事情，所以希特勒便是希特勒。 但是知道希特勒是一個人，是一個德國人並不是完全無用處，如果不知道希特勒是一個人，是一個德國人，便沒有法子了解希特勒，祇是說希特勒這一件特殊事物的自性不是一個共相或無數的共相能對它有完全的說明。 以上的話不表示希特勒特別偉大，也不表示希特勒特別可惡，所有的個體事物都是如此。 作者自身既不是例外，下至野馬微塵也不能是例外。

從體的超越方面說，萬事萬物皆無自性。 這個「自」字便大成問題。 萬事萬物，不見一物有其自。 從這一點說，有說即非，而凡名皆假，國是假名，家是假名，人是假名，希特勒是假名，乃至野馬微塵無一不是假名。 自尚不成立，更何論于性。 所以第三條說體有「無」，體無「有」，所謂第一義的原則祇能是這樣一種對于經驗不加肯定的原則， 攝用歸體， 不但體是不可說， 不可說，用也是不可說，不可說。 禪家所謂「這兩片皮紙合掛在壁上」，意在告誡人天地間任何一事都是開口不得。 但是從體的內在方面說，秩序森然不可亂，不見一物無其自。 國是國，家是家，人是人，希特勒是希特勒，乃至野馬微塵便是野馬微塵。 攝體歸用，自性便是生滅萬象中。 自性既在生滅萬象中，當前萬象無一不是最後的實體，不必破相而後能見體，即相便能見體。 譬如說：「這是馬」。 這不但是馬，而且是這匹馬。 這一個命題裏有經驗的內容，有邏輯的形式。 經驗的內容和邏輯的形式合在一處表現一件具體的事實都是本體的自性呈露。 合一切的具體的事實成為一個具體的世界，這個具體的世界便是本體的自然呈露。 所謂「一華一法界，一葉一如來」。 所謂「物物各有一太極，物物共有一太極」，在這一種不以一物為元，而以萬物互為起緣的觀點下，都可認為是至當不易的說法。

由分析名相而掃除名相，由掃除名相而再建立名相，哲學的任務便是繞這一個大圈子。 由分析而掃除是充分的懷疑，掃除後的建立是批判的建立。 佛家所謂大往大來，不外這點意思。惟有在思想上繞過這麼一大圈子的人才知道天地間的道理有則不可無，無則不可有。知道有則不可無，便不至于以有爲無。知道無則不可有，便不至于以無爲有。不以有爲無，便不會對于本有的妄起損滅不以無爲有，便不會對于本無的妄生增益。有人主張哲學祗是一種批判精神，主張祗有批判哲學而反對冥想的哲學，殊不知批判離不開建立，而建立離不開冥想。如不先做一番冥想的工夫，對于經驗作一番透視的工夫，從何得到批判的工具和批判的立場。惟有窮研義理至無可窮處，才知道大地無寸土可以立脚。知道大地無寸土可以立脚，而後無一處不可以立脚。在這個情形下，才能產生一種無所爲而爲的純理智的批判哲學。

所有的唯心論的系統和唯物論的系統都是形上學的形下的系統。其中的命題都是形上學的形下的命題。這一類的系統和其中的命題代表這一類作者個人主觀的意見或和作者同時一部分人的意見。這些意見的背後有作者個人的願望要求，或和作者同時的一部分人的願望要求。由某種的願望，要求，產生某種意見，更進一步使某種意見系統化，對于一個作者或者是自覺的，或者是不自覺的。分析一個作者何以有某種的願望，要求，何以因某種的願望，要求，因而自覺的或不自覺的產生某種意見，是極有趣而有意義的工作，但其事屬于心理及社會科學的範圍，無關乎形上的名理。從體的超越方面說，這類著作固然全無是處，但是從體的內在方面說，這類著作不必全是，未必不有一部分的是處。從體的內在方面說，任指一物無一不可方便說爲全體顯現，心安得不是本體顯現，物又安得不是本體顯現。作者生平服膺羅素。作者對于羅素的哲學不敢說有多少深切的了解，對于他在數學方面的成就更可算一無所知。但作者的服膺羅素自分不是盲目的服膺。羅素在蘇聯革命成功以前的議論思想，似乎很有點替左派張目的樣子。羅素本人在哲學方面的主張，在某種意義下不妨說是一種唯物論，至少是接近唯物論，但無論如何，和蘇聯的唯物論者不能放在同一範疇之下。蘇聯在政治上成功以後便失去了羅素對他們的同情。　羅素因此既得罪了英國的紳士，又得罪了蘇聯的志士。作者認爲羅素完成了一個哲人應該具有的風度，羅素盡了一個哲人對他的時代所應盡的使命。　羅素不但不講形而上學，而且反對形而上學，但是羅素的這一種作用却透露一點形而上學的眞正消息。　惟心論的系統裏並非沒有形上的眞理，惟物論的系統裏也並非沒有形上的眞理。　如果認爲惟有惟心論的系統裏才有形上的眞理或惟有唯物論的系統裏才有形上的眞理，所謂眞理便都不是眞理。　從這一點看來。　過莫大于執。　執則不免對于一方面的道理妄生增益，對于一方面的道理妄生增益，便不免對于其他方面的道理妄有損減。　而道理應當合其全而觀之。　可是退一步說，雖然道理應當合其全而觀之，但並非沒有從一點以觀道理的可能，這便是說偏執也總有偏執的根據。　更退一步說，也並非沒有不從任何一點以觀理道而否認理道的存在的可能，何以故，以理道本非一物，本不可見故。　所以胡適之先生的哲學破產論不必沒有他的作用，在形上的形上學的系統裏不必沒有他的地位。　好幾年前張東蓀先生曾在哲學會上提出一個問題。　問題是「從哲學裏面看哲學呢，還是從哲學的外面看哲學」。　這個問題的困難點在于：專從哲學裏面看哲學必爲哲學系統所困，專從哲學外面看哲學必至于取消哲學的存在。　從一個什麼地位可以綜合這兩種看法。　本篇不知道能不能算對于張先生提出的問題的一種可能的解答。　如果哲學的哲學(Philosophy of philo ophy)是一個雖然古怪而不是「都無實義」的名詞，形上的形而上學是哲學的哲學從理想方面說，哲學的哲學便是哲學(Philosophy as it is)而非哲學系統。　哲學系統可多，而哲學祇有一個。　但是從事實方面說，似乎祇有哲學系統而無哲學。　所以哲學的哲學恐怕不免還是一種哲學系統。　恐怕至多祇能說不是和一切的哲學系統在一個平面上的哲學系統，但至少也可以說不是和一切的哲學系統在一個平面上的哲學系統，這句話也可以從兩方面說。　從一方面說，這樣的系統如同佛的手掌心一樣可以包羅一切已有的及將來可能有的哲學系統，從另一方面說，這樣的哲學祇是求了解一切哲學的哲學。一切的哲學裏都有所主張，這樣的哲學根本無所主張。從一切的哲學裏都可以有所得，從這樣的哲學裏絲毫不能有所得。明白了這兩方面的情形，那麼，所謂「不在一個平面上」既不必有驕傲，也不必有謙虛的意思。天地間自有這兩種不同的方術。

二：論心性

在宋明理學裏，爲了一句「心卽理」和「性卽理」的爭執開了兩派對立的門戶。直到今天，似乎波浪還沒有完全平息。我以爲先得問所謂「理」是指的形上的究竟之理呢，還是指的經驗世界事物的條理。如果指形上的究竟之理，是從超越的方面立論呢，還是從內在的方面立論。如果指形上的究竟之理，而是從超越的方面立論，似乎應該說性卽理。如果指經驗界的條理，似乎也應該說性卽理。因爲一事有一事的條理，一物也有一物的條理，心祇是萬事萬物中的一物。不能說萬事萬物都有心，但可以說萬事萬物莫不有性。我個人覺得祇須治心理學的人承認研究人類的心理比研究動物心理更爲煩難，人爲萬物之靈的豪語——假定這句豪語對于許多人能有一種感情上的滿足——便不必失去根據。假如理是具有這樣意義的理，從心裏求不出理來。假如這樣的理有追求的必要，那麼，惟有今日格一物，明日又格一物。格一物便知道一物的理。一物不格，便一理不知。假如理是指形上的究竟之理而是從內在的方面說，似乎可以說「心卽理」。在這個意義下說「心卽理」，據我的了解，和莊子所謂「道在瓦礫」祇能具有同一作用。問題是我們既是人，卽心言體便不失爲一種親切的指示。宋明儒心目中的問題，似乎是形上的問題而不是經驗界條理的問題。以宋明儒心目中的問題爲問題，單標一句「性卽理」，而不加以完整的系統的說明，似乎不是沒有墮于支離的危險。「心卽理的」揭發，不必認爲是和古人爲難，而是在道理上確有其必要的一種作用。但是從「心卽理」這個命題出發，並不比從「性卽理」出發的危險更小。祇須看明末諸老對陽明的痛恨的態度，便可以想像由王學的末流所造成的士風是怎樣的輕薄猖狂。明末諸老的痛恨陽明，並不是和陽明有什麼切身之仇，其作用可以和宗門古德斬却童子手指頭的故事作同樣理會。　作者年來對這個問題反覆思量，心裏頗有一點眞感實慨。　作者一方面深信義理之學決不能廢而不講，但要講實在又無從講起。　從個人方面說，這個問題似乎比較簡單。　畢竟你眞正會得了沒有。　假如眞正會得時，任你橫說豎說，不妨頭頭是道。　但是卽使你的地位已經是于法自在的法王，而學者總不免于指端困縛。　陽明的「心卽理」這個命題，一方面上承禪宗古德有其深厚的淵源，一方面在朱學已成了權威學派的當時有其大機大用。　如果不明白這一番迂迴曲折的意思，惟有連王陽明也一棒打殺。

邇來熊十力先生造新唯識論。　開宗明義便說：「今造此論爲欲悟諸究玄學者，令知實體非是離自心外在境界「及非知識所行境界，惟是返求實證相應故」。　觀于上文作者對「性」卽「理」和「心卽理」的剖析，似乎不難看出先生思想系統的淵源。　畢竟唯識家是不是證到了如熊先生新唯識論明宗章所標舉的境界，作者一字不敢說。　但是有一點似乎可以斷言，從方法方面說，熊先生的說話都是在思想上繞過大圈子後的結論，熊先生手中拿着一個玉的連環，隨意選擇一點而擊破之，因示人以連環可解。　而唯識家的說話都是帶着人跟他們繞大圈子。　從唯識家的立場批評熊先生，熊先生未免一開口便將道理說得太深太遠。

熊先生和古唯識家所爭論的問題，假如我們能透過這些問題的背後，便發現一個形上學裏的根本問題。　這個問題是講形上學的人還是應當給人一個方法呢，還是應當給人一個宗旨。　討論這個問題，不得不從佛佗說起。

作者認爲佛佗本人的思想，的確對于形上的問題帶有幾分存疑的態度。　這一點似乎梁漱溟先生譯唯識得最爲透闢。　近來印人 Radhakriet 也是這般說法，　我們可以從這一點去了解佛佗哲學的精神和奧義書(Philosopy of up-auisads) 的精神的分別。新唯識論的精神與其說是接近佛佗，不如說是接近奧義書。　但是佛佗是個很奇特的人格。　他一方面注重心理的分析，注重邏輯的分析，這一方面的佛陀和一個十九世紀以後的思想家簡直沒有兩樣，另一方面的佛陀是一個注重世出世間的道德的實踐的和尚。所以佛陀對于外道及門徒關于形上問題的追問從不作明肯定的答覆。這是一件大可注意的事。我不懷疑佛陀內心裏對這個問題已有一個透澈的解決：說有說無都不是。佛陀的態度一方面既不願意絕人向上之路，另一方面，又恐怕對于道理太高遠的說法不啻飲人以狂藥。所以從義理方面求經論中佛陀的本來面目，淺易平實是一個抉擇的重要標準。佛陀祇希望人能够一步一步的明白這一種不可說有不可說無的道理，便自然明白這個問題不該問，便自然明白如何安排生活，如何開口說話。從這一點看來，佛陀所施設的門庭是具有一種圓融博大的氣象。在這樣的門庭之下各種相反的思想系統都可以有自由發展的機會。從這一點看來，熊先生不當申斥古唯識家惟操分析之術，因為分析的精神正是佛陀的精神。

古唯識家用分析的方法便是帶人繞大圈子的方法。繞大圈子的方法便是示人以連環隨處可解。知道連環隨處可解，一個人便能自家建立宗旨。惟有自家建立的宗旨才是眞正的宗旨，這恐怕是佛陀的意思。一個人到了這個關頭，才彷彿有點見到「和之以是非而休乎天鈞」的境界。一個人如果不能自家建立宗旨。這便是一件沒奈何的事情。既不能自家建立，他便也不配了解接收他人建立的宗旨，縱接受祇能是盲目的接受。本無宗旨可以建立，本無建立何等宗旨的需要，凡是建立宗旨的人都是以方便善巧化腐臭為神奇，而接受他的宗旨的人依然把他的神奇化為腐臭。可見得凡是建立宗旨的人雖然不以方法示人，而他自家決不能沒有方法。如果形上學的訓練不是訓練人成為英雄豪傑，也不是訓練人成為完成英雄豪傑的事業的羣衆，而祇是訓練人讓他自家發現他所能遵循的本本分分的做人的道理，形上學家應該給人一個方法。

三：　論形上，邏輯與經驗及學問之本末

這個問題必須先從邏輯談起。　關于邏輯，作者知道有下列幾種看法。第一，把邏輯看成哲學的一種工具似乎是極普通的看法。　一個對于邏輯和哲學都不十分了了的人總以爲哲學家必定深通邏輯，如同醫生不能不知道生物學一樣。　除了邏輯以外，把心理學看成是哲學的一門預備科學的看法似乎也出來已久。　此刻先指出邏輯與哲學的關係，和心理與哲學的關係決非一類。　如果心理學不能和哲學毫無關係，猶如任何一門經驗科學不能和哲學毫無關係一樣。指出這一點恐怕多少有點意義，因爲有許多很有學問的人對于這個問題都不十分有清楚的認識。　第二，把邏輯看成和哲學毫無關係，認爲邏輯對一個學哲學的人毫無用處。　有這樣看法的當然都是哲學家，但哲學家又可由兩種不同的立場得到同樣的看法。　二一，注重形上問題的哲學家，認爲最高的眞理是內證離言，所以他們用不着邏輯。　二二，對于一個注重動的思想的成果。　而不注重靜的思想的形式的哲學家，邏輯雖能表示他們的思想，但他們並不必在學了邏輯之後才能思想。　說一個人必須先學會了邏輯而後才能思想，等于說一個女人必須先學會了養兒子而後才能嫁人同樣可笑。　所以他們雖用得着邏輯，却不必看重邏輯。　第三，最近有一種新的趨勢，便是想把哲學的範圍縮小，縮小到使哲學等于邏輯。　代表這一種趨勢的當然都是邏輯家。　作者認爲這一種新的趨勢足以象徵近來各種專門知識的進步。　因而使一切形上學的系統發生根本的動搖。　如果我們認識哲學本來祇是純理智的活動，如果承認哲學家本不應該在理智範圍外作過分的獨斷式的肯定，那麼，我們從哲學的立場雖然絕對不能接收這個新的趨勢，但是至少也並不認爲這個新的趨勢和哲學有什麼妨礙。　這是作者個人的看法。　作者認爲用純理智的方式反對哲學，對于哲學不必有害，不止于無害，反在哲學的哲學系統之內增加了一個哲學系統。　在哲學的哲學系統之內增加了一個哲學系統，雖不能對哲學的哲學系統有所增益，但是也不能對哲學的哲學系統有所損減。　或者對哲學的哲學系統內的其他哲學系統有所損減，但自

作者看來，這不是一件什麼值憂慮的事。　反之，不以純理智的方式提倡哲學，對于哲學不必無益，不能祇有益，也不免有害。　充其極也不過構成哲學的哲學系統內的一個哲學系統，從哲學的哲學系統說，不必沒有這個哲學系統，也不妨沒有這個哲學系統。

作者認為哲學問題不是邏輯問題，但是邏輯是哲學的質。沒有邏輯哲學便無以為質。　這句話不容易得到確切的說明。　我們不妨從莊子一生和惠子的關係上去體會哲學和邏輯的關係。　我們不妨以莊子代表哲學，以惠子代表邏輯。莊子一生和惠子沒有一點相合之處，然而當惠子既死，莊子經過惠子墳前的時候，不免有無與言之之嘆。　這一段事實說明哲學和邏輯的關係，更沒有一毫不當之處。

我們這個民族是一個有充分的哲學素養而缺少充分的邏輯訓練的民族。　這是一件無人能加以否認的事實。　在這個傳統之下，我們了解邏輯的程度似遠遜于了解哲學的程度。　邏輯祇是法式，所謂純邏輯祇是從語言文字裏抽提出來的普遍法式。　假如事實上有一千種語言文字，這便是一千種語言文字的普遍法式，假如事實上一種語言文字也沒有，當然法式的名詞也沒有，邏輯的名詞也沒有，不過我們似乎可以說邏輯的法式依然是邏輯的法式。　不過沒有人知道邏輯的法式，沒有人說邏輯的法式。　這便是所謂純邏輯的命題和純邏輯的概念。純邏輯的概念和命題因相互蘊涵構成一個純邏輯蘊聚。　蘊涵本身也是純邏輯蘊聚內的一個純邏輯概念。

經驗系的哲學注重人類新知識的獲得，注重動的思想的成果，喜濫用「約定俗成」來說明邏輯的法式。　這一種說法，充其極祇能說到運用歸納原則所得到的關于經驗世界的條理。　所以雖不必有共殊之爭，還不妨有共殊之爭。　但即使在這一方面，經驗派還是不能有圓滿的說明。　我們可以說馬之名是由于約定俗成，人之名也是由于約定俗成。　馬可以不名之為馬而名之為人，人也可以不名之為人而名之為馬。　但是人吃飯而馬喫草，人會說話而馬不會說話；　可見得我們今天對吃草而不會說話的某種動物呼之爲馬這件事由于約定俗成。這便是說馬這個名詞的成立由于約定俗成，可是馬這個名詞所涵有的意義不能由于約定俗成。凡一名總有一名所涵有的邏輯的意義，總有和這個意義相當的經驗上的實在。(Empirical reality)我們可以使人馬易名，用人這個名詞詮表馬的意義，用馬這個名詞詮表人的意義。結果，吃飯的依舊吃飯，吃草的依舊吃草。邏輯的意義既未嘗變更，經驗的實在也未嘗變更。

論到純邏輯的概念和純邏輯的命題，經驗派的立場更不容易解釋。凡由于約定俗成的道理，我們總可以有一條路子去追問以何因緣約定，以何因緣俗成。例如關于文字形態的演變的研究，可以使我們了解先民所以制名之意。復次，凡由于約定俗成的道理，總祇能是一部分人的約定，一部分人的成俗，決不能有普遍的不約而同的約，不謀而合的俗。根據這兩點，試舉純邏輯的同一原則爲例，我們不能問同一原則以何因緣約定，以何因緣俗成。復次，假如有一種半開化的民族祇有一種極簡單的語言能表示一點極簡單的意思，他們離不開同一原則，儘管他們不知道同一原則。假如他們字典裏祇有一個「我」字和一個「非」字，我們跑過去對他們說一句「我非我」，他們既不知道天下有一種所謂形而上學專家可以有特權說這樣的怪話，惟一的結果便是把我們看成是非我族類，其心必異的怪物。可見得他們雖不知道同一原則可是天天在用同一原則。

歸結以上的討論，邏輯不是人所能創造的一件東西。有人以爲不把邏輯拉到主觀的內界裏來，不足以見人道之尊嚴。似乎德國的哲學家喜歡偏于這一方面的看法。作者極願意相信人道有無限的尊嚴，但又恐怕這樣的看法不免有點貪天之功，以爲己力。可是不把邏輯拉到主觀的內界裏來，不必便是把牠推到客觀的外界裏去。Whitehead 有一句話說得最好，「所謂自然祇是知識中的自然」自有生民以來便從不曾有一個人見到自然的本來面目。說自然祇是知識中的自然，等于說自然祇是邏輯法式中的自然。假如心物內外的分別確有其必要，邏輯是非心非物，非內非外而爲心物內外相交的媒介。假如把心也看成是萬事萬物中的一物，由萬事萬物構成一個整個的經驗界，那麼，凡經驗界的存在者都得在邏輯的法式中存在。這是一種大客觀的態度。這一種大客觀的態度是自然科學最合宜的基礎。在這個基礎之上。我們可以得到對于人類一切知識的一元的看法。

我認爲同一原則是邏輯的基本命題。有了同一原則，可以因符號的變換而得到排中原則和矛盾原則。這三條原則的邏輯價值雖然相等，在我的解釋之下，這三條原則的作用不一。說同一原則是邏輯的基本命題。這句話不是邏輯的說法，而是一種哲學的說法。在近來邏輯家的邏輯系統裏，所謂基本命題和基本概念似乎可以由系統製造者任意規定。這不是我所謂基本命題的意思。我仍從邏輯範疇經驗這一點着想，所以我所謂基本命題有比較鄭重的意思。經驗界的事物不能沒有意義，而同一原則是意義的條件，同一原則既是意義的條件，它便是經驗世界安立的基礎。從這一方面說，同一原則是一條極尊嚴的原則。但從另一方面說，同一原則又是一條非常卑微的原則。同一原則並沒有告訴我們什麼高深的道理。豈但沒有告訴我們什麼高深的道理，它簡直什麼也沒有說。不過必須有了同一原則而後我們才能開口說我們所要說的話。這樣想來，邇來左派思想家竭力反對同一原則未免是一件令人可樂的舉動。

有了同一原則，經驗世界的安立有了保障。從這一點說，同一原則是對付懷疑主義的一件極利害的武器。排中原則和矛盾原則是劃定經驗範圍的兩道界線。凡合乎排中原則的形式的命題是必眞命題，我試名之爲經驗世界的眞極。凡不合乎矛盾原則的命題是必僞命題，我試名之爲經驗世界的僞極。我們對于經驗世界所作的命題，一方面既不能至于眞極，雖然眞極是我們的理想。另一方面也不許至于僞極，如至于僞極，便是在這個劃定的經驗範圍內所必無之事。凡經驗命題總不免對于經驗有所肯定。既有所肯定，牠便不能用排中原則的形式。既不能用排中原則的形式，它便不是不能假。換句話說，不合乎排中原則的形式的命題便不必是眞的，而不違背矛盾原則的形式命題不必不是假的，所有的經驗命題都是在這個眞假兩極之間的命題　眞假兩極之間的命題之爲眞爲假不能不有證實的問題，所以歸納的原則是和上面三條原則同樣重要的一條邏輯原則。

這四條原則都是先驗命題(Propasitions iu priari)前三條是所謂 tautology 歸納原則雖不是 tautology 而也是先驗命題。歸納原則所保障的祇是凡經驗上的實在總具有邏輯的意義。所以歸納所得的原則儘管在事實上推翻，而歸納原則不失爲一個先驗命題。歸納原則雖不失爲一個先驗命題，但是和 tautology 不能不分別處理。後者是純邏輯自立的法度，前者是純邏輯在經驗世界裏的運用。所以歸納原則之爲先驗命題，祇是說經驗知識中不能沒有先驗的成分。如果沒有經驗世界，便也沒有這一條先驗命題。至于 tautology 在何情形之下總歸是 tautolog

凡從本體的超越方面對本體有所指示的都是超越命題。所以「性卽理」是一個超越命題，「心卽理」不能算是一個超越命題。凡超越命題都是先驗命題，而先驗命題不必都是超越命題。

超越這個名詞在本篇裏有「不可思議」的意思。所以超越命題的意思便在于無意義。不特「性有非非，都無𠌫𠌫」一類的說話沒有意義，便是這一句「性卽理」也找不出其中有什麼意義。超越命題的困難便在于它所指示的超越，而它自身恐怕還是不超越。結果是超越旣不超越，命題又不成命題，但是這便是超越命題之所以爲超越命題。超越命題表示邏輯的邊際。這句話祇能從形上的方面說。從邏輯的方面說，邏輯沒有邊際。超越命題是對于形上的指示。這句話祇能從形下的方面說。從我們所站的地位說。因爲我們並沒有到超越的境界，如已經到了超越的境界，更用不着有這個指示。超越命題無論如何還是一句話。你們雖不立語言文字，有時不免喝一聲，還是不能超越。更進一步，說一喝不作一喝用，依然是指示超越而非超越。

以上的話表示邏輯不能對付哲學。現代人因愈精于邏輯便離開哲學愈遠。 從這一點說，我們不應當被困在邏輯的圈子裏。 但從另一點說，不深知道邏輯是個什麼東西，便不能眞正了解邏輯為什麼不能對付哲學。 眞正了解為什麼邏輯不能對付哲學，當下便眞正認識了眞正的哲學。 除此以外，似乎更沒有合宜的下手之處。 如果學哲學的目的在求對于哲學有一個清楚的認識，那麼，我們不妨說邏輯已經對付了哲學。 熊十力師說得最好，說體不可言說，不免還是一種言說，說體不可思議不免還是一種思議，邏輯的對付超越當然不同于邏輯的對付經驗，然而這祇因為一是超越一是經驗的原故。 因對象不同而對付的方法也不同，邏輯不必有兩個邏輯。 從這一點說，在劃分超越與經驗的整個格局裏，邏輯是個不上不下的東西。 所以邏輯最無用。 研究邏輯，一方面既得不到有關實際的具體的知識，另一方面，又不像詩歌繪畫一樣能令人當下便超然有所契悟。 但正因為不上不下，牠才是個承上啓下的橋梁，眞正把握住邏輯的性質，便算是把握住下學而上達的樞紐。

四： 論有無

凡經驗的命題都是表「有」的命題。 例如有一張桌子，有一張桌子便是有一張桌子。 時間不住的出現在變成過去，有一張桌子便是歷史上一件不可磨滅的事實。 凡「有」都是歷史上不可磨滅的事實。 雖然歷史家注意不了這許多事實，然而它們是不可磨滅的事實。 無論什麼有氣力的人改變不了歷史的事實，這便是說無論什麼有氣力的人不能化有為無。有既不能化而為無，無當然也不能化而為有。 凡經驗命題不能表示「無」，「無」便是不在眞假兩極之間的經驗範圍之內。 但是我可以說「沒有一張桌子」。 「沒有一張桌子」祇是說「此刻此處沒有一張桌子」。 這句話既不表示桌子的存在是「無」，也不表示當前的境界是「無」。 當前的境界至少總有說這個命題的我，有我便總有我相關待的事物。 沒有和我相關待的事物，便也沒有我。在那樣情形下，「沒有一張桌子」這一個經驗命題便不成立。 所以「沒有一張桌子」這句話依然表示「有」，而不能表示「無」，我也可以說，「什麼都沒有」。「什麼都沒有」也還是表示「有」。這句話祇表示我所希望有的什麼都沒有。如眞正什麼都沒有，便不能說「什麼都沒有」。

關于「將來」，情形又稍稍有點不同。從一方面說，「將來」是在經驗範圍之內。如果說沒有「將來」，除非時間在某一剎那之上忽然打住。這不是一件所能想像的事。從另一方面說，「將來」如果成爲經驗的對象，必定是「將來」已經成爲「現在」，我們所能經驗的依然是「現在」而不是「將來」。沒有「將來」，這件事既絕不能想像，「將來」如何是不得不加以思考的一個問題。思慮深長的人不免有他的千載之憂，普通一般人也都各有各的百年之內的打算。但是所謂千載之憂祇不過是一種饒有詩意的懷抱，百年之內的打算不必便是什麼至當不易的辦法。「將來」不能不有，這件事既非確實，「將來」有什麼，這件事却又非常渺茫。從現在以觀「將來」祇能說「將來」「可以」有什麼。「可以有」是邏輯的說法。對于「將來」祇能作一種邏輯的說法。凡「可以有」當然可以「有」，也許終古祇是「可以」有。假如我們說使將來可以有的變成「有」，這句話不能從邏輯的地位說，邏輯不能「使」。我們應該有一個立場可以說「使將來可以有的變成有」。如果有一個能使者，我們便有這樣一個立場。姑且不說沒有這樣一個能使者。「使將來可以有的變成有」這句話似乎不容不說。不必有希望進化的意思，更不必有務外逐物的意思，作者不是悲觀的人，但是對于人類的前途也並沒有過分樂觀的希冀。但是無論如何，「使將來可以有的變成有」這句話不容不說。邏輯旣不能作爲說這句話的立場，應該另有一個說這句話的立場。

從體的超越方面說，不可說，不可說。體性空故，連不可說也是閒言語。本文中所有的超越命題全是閒言語。都祇是指示超越而非眞正超越。從體的內在方面說，一切都有，這兒所謂「有」，是經驗的有和邏輯的有的綜合。綜合經驗的有和邏輯的有是「應該有」。凡「有」都蘊涵「可以有」

所以凡現在和過去的有都是「應該有」。 超越的本體已經內在于其中，使空洞的條理和雜亂的經驗合成一個條理化的具體的世界。 但是體是一件很古怪的東西，從它超越的方面看，它是一塵不染，體上著不得秋毫之末的一點微塵。 從它內在的方面說，它是永遠不能自足。 它不但內在于過去和現在，它還得內在于「將來」。 但將來祇是「可以有」不必便是「有」，所以「應該使將來可以有的變成有」。 這句話之所以不得不說，因爲這句話應該說。這裏「應該使」的前面似乎不必安上一個主詞。 如果讀者覺得有安上一個的必要，不妨由他自家的意思任意安上一個。

再細細的分析這個「應該使」。 這「應該使」的三個字有神祕主義的色彩，也有點理想主義的意思，可以作爲惟心論的哲學的基礎，也有點重視個體事物在宇宙全局中的地位的精神，我們以這個應該使爲線索，似乎所以窺見熊十力先生所謂不息的眞機，和大學所讚嘆的日新的盛德，王陽明的良知，和佛家「上天下地，惟我獨尊」的狂話。 作者不必表示他贊成或不贊成這些說法。 作者祇堅決的表示，無論如何，「使將來可以有的變成有」這句話不容不說，因爲其中有形上的必然。 凡現在和過去的一切的有不僅是可以有，而是絕對的不得不有，祇有承認這是應該有。 「將來有什麼」雖然渺茫，「將來不能不有」和現在與過去一般確實。 所以「使將來可以有的變成有」，不僅是可以使，而是絕對的不得不使，祇有承認是應該使。 雖然有是絕對的不得不有，使是絕對的不得不使，超越的本體依然是寞天寂地。

一九四一年十月二十九日于舊京悲華經舍

後記：本文承張東蓀董矜菴劉佩韋王森吳允曾五位先生看過一遍。 最近承吳允曾先生由北京爲我寄來。 一月來在申油印，又得丁果生張遠清馬紹軒三位先生協助，書此致謝。

參考書舉要：

一，中論。 二，肇論。 三，中庸。 四，莊子。 五，朱子全書。 六，陽明語類。 七，熊十力新唯識論。 八，熊十力破破新唯識論。 九，金岳霖論道。 十，金岳霖邏輯第一部及第四部。 十一，馮友蘭新理學。 十二，羅素哲學問題。 十三，羅素哲學中之科學方法。 十四，懷特海歷程與實在。 十五，懷特海生命與自然。 十六，伊頓普通邏輯。

書評及介紹

評『康熙皇輿全覽圖研究』

傅吾康 (Wolfgang Franke) 評

書名：Der Jesuiten-Atlas der Kanghsi-Zeit.
Seine Entstehungsgeschichte nebst Namensindices für die Karten der Mandjurei, Mongolei, Ostturkestan und Tibet mit Wiedergabe der Jesuiten-Karten in Originalgrösse

編者：Walter Fuchs（福克司）

出版者及時期： Universität Fu Jen, Peking 1943.
（北京輔仁大學）

書價：聯銀券三百圓

中國明朝時，地圖的繪製很是興盛，尤其關於邊疆及藩屬地圖的繪製特別發達，如：圖書編，三才圖會，武備志，東夷考略，皇明職方地圖，羅洪先新編的廣輿圖，鄭若曾編鄭開陽雜著，胡宗憲編籌海圖編等地圖及繪圖書籍，都是這時期出版的。

清初時的地圖，如康熙大清會典內的地圖，仍然是根據明時的地圖繪製的。到康熙時始由耶蘇會神父們新工作方法的刺激，纔有了新製圖法的變更。 因爲當時神父們有兩種最重要的工作，一是日曆的測定，另一種就是地圖的繪製。他們用了三十年之久的預備工作，結果纔完成了康熙四十七年至五十五年間的皇輿全覽圖。 這份圖的繪製經過，是根據皇帝的旨諭，由神父們主辦，及中國官員的幫助，用了三十年的時光旅行全中國，以從事畛域地界的測量勘定而製成功的。他們把中國全國及邊疆藩屬等地共分有六百四十一處作爲測量點，其中五百零四處是中國本部。一百三十七處是藩屬等地部分。而西藏及朝鮮兩處因有特殊的困難神父不能去，所以這兩處的測量等事，是由中國各族人員責幫忙繪製繪成的，如漢滿人，藏人，朝鮮人都給過很大的幫忙，關於這份圖的出版經過及其價值，福克司君於中德學誌第三卷第三期第四三三頁的康熙時代耶穌會傳教士所繪之中國地圖文中已有很詳實的論述，現在不再贅敘。本文只將福君關於地圖研究上的大略情形稍講述一下。

據福君研究的結果，我們知道皇輿全覽圖的繪製，自起始至告成中間大概經有三個階段的變更，出版有三種樣的版本。第一種是木版，康熙五十六年（西曆一七一七年）出版，內容共有地圖二十八張，但缺少西藏全部及蒙古的最西部。西藏與內地之交界及新疆蒙古西邊亦不完備。第二種是滿文的銅版圖，康熙五十八年（西曆一七一九年）出版，銅版是由馬國賢(Ripa)神父手刻的，民國十八年曾重新再版一次。這次的圖在地圖方面已經完備，但西藏及黃河上源有幾處地名還是缺少。第三種版本，亦就是最末次出版的，又是木版，康熙六十年出版（西曆一七二一年），地圖形狀與第一版相同，西藏內的地名較前多出三分之一。這種版本所存的原版圖很少，至今據吾人所知道的只有兩份，一存於巴黎的外務文庫(Archives des Affaires Etrangères)，一存於北京人文科學研究所。這兩份還是按原圖影印出版的。這份圖內容共有三十二張，各圖都有經緯線。此外又加入康熙五十六年（西曆一七一七年）出版的圖四張，就是：河源圖，西藏圖，其他兩張無確名，乃係關於鴉礲江圖及金沙江源瀾滄江源圖。這是拿來作比較用的，現在將全體三十六張地圖圖名列舉如下：

一：盛京全圖。	二：烏蘇里江圖。	三：黑龍江口圖。
四：黑龍江中圖。	五：黑龍江源圖。	六：色楞厄河圖。
七：熱河圖。	八：河套圖。	九：河源圖。

十：哈密噶思圖。　十一：雜旺阿爾布灘圖。十二：金沙瀾滄等江源圖
十三：拉藏圖。　十四：牙魯藏布江圖。　十五：岡底斯阿林圖。
十六：河源圖（舊源）。十七：鴉礱江圖。　十八：金沙江圖。
十九：哈密圖。　二十：朝鮮圖。　二十一：直隸全圖。
二十二：山東全圖。　二十三：山西全圖。　二十四：陝西全圖。
二十五：河南全圖。　二十六：江南全圖。　二十七：浙江全圖。
二十八：江西全圖。　二十九：湖廣全圖。　三十：福建全圖。
三十一：廣東全圖。　三十二：廣西全圖。　三十三：貴州全圖。
三十四：四川全圖。　三十五：雲南全圖，　三十六：西藏圖。

這樣偉大的工作，這樣廣袤寬宏大國地圖的繪製，在地理與圖學的研究方面，可爲一空前的事件，不只當時歐洲從來就沒見過，就是直到今日，東方地圖之繪製及出版，都還是用這份圖作根據，其不同處也只是在一些微小地點加以修正而已。　此外福君還作了一種研究，結果證明了：雍正四年出版的圖書集成之職方典中的二百十六張圖，　也完全和以上所提的圖相同（註），　雖然各圖上沒有經緯線，但由仔細的比較和研究，已知它確是根據以上地圖相同之經緯線製繪的。大概只是爲了省事或其他原因纔將該經緯線略去。　職方典中的二百十六張圖亦曾經印過單行本。　有很多種的命名，如：內府輿地圖，大清輿地圖，清一統輿圖，康熙分省分府小葉圖等等名稱，民國二十三年北平民社將此種小地圖從新影印，經李炳衞先生編輯出版，圖名是：內府地圖，內包括有二百二十二張圖。關於證明以上這些圖都是根據皇輿全覽圖而來的證據很多，本文不便條條陳述，請讀者親閱福君原書可也。

此外福君又考出乾隆朝大清會典的圖亦是根據此圖而製繪的。

在皇輿全覽圖中最重要而且佔篇幅最多的乃是邊疆及藩屬地圖。　這點我們

（註）　此點福君於中德學誌三卷三期四三三頁康熙時代耶穌會傳教士所繪之中國地圖中文中曾有相反的假定論斷，在他這本書中已作了翻案的改正聲明了。

也要特別提示出來的。　而最使人覺得珍貴的是：福君將該地圖中滿洲，蒙古，新疆，西藏各處所有的地名作出兩種索引來，第一種索引是根據第二版銅版圖上的滿文地名編的，按照滿文譯音，以拉丁字母的順序而排列各地名，在每地名的後面，還把第三版圖上相同地點的中文譯名亦附印上。　第二種索引是根據第三版中文地圖各圖之秩序排列的，是中文譯音，每圖及每地點名稱後，還附註有乾隆出版的乾隆十三排地圖上相同地點的相異及相同之名稱（乾隆十三排地圖，就是民國二十一年北平故宮博物院重版的一百零四圖）。　由以上兩個索引，就將中央亞洲及東北亞洲當康熙五十四年左右（西曆一七一五年左右）的滿漢地名聚集於一處，歷歷清晰的呈獻於從事史地學及語言學的研究者們之前，爲參考及研究的應用，有莫大的方便。

我們確實是很幸運，在這種困苦不安的時期，而這種費時間費力思索的勞苦工作竟得以完成，得以出版貢獻於世。　讀書界及研究者們對於福克司君及出版此書的輔仁大學，不能不表示最大的敬意和感謝。

胡雋吟譯

會務報告

本會十週紀念日： 民國三十二年五月四日爲中德學會成立十週年紀念日，因值戰爭期間，未舉行大規模之慶祝，僅約請中德雙方在京會員會友，於本會中歡聚以爲紀念。 該日首由本會中國會長楊宗翰先生致開會詞，次請德國大使館北京辦事處處長阿登堡先生講演，其次又請本會董事王蔭泰督辦，北京市長劉玉書先生，輔仁大學教務長雷曼司鐸先後演講。 後有本會德籍幹事傅吾康先生報告歷年來本會之發展及工作情況。 最後由楊會長致閉會詞乃散會。 是日會中各部均行開放，並將本會歷年出版物陳列於閱覽廳中任人參觀。 當時並承王蔭泰先生捐款，指定爲編輯華文德國近代史（一八一五——一九三三）之經費，該書編輯者之人選現正在物色中，蓋本會抱寧缺勿濫之宗旨，必須於史學及德國史研究有夙之專門學者始得担任也。

會址遷移： 本會自民國二十九年六月自椶瓷巷移至後門內西妞妞房後，會所甚寬裕，六年以來均覺安靜方便，今年春季因房東售房，乃遷至交道口大街板廠胡同今址，此處規模與前址相彷彿，稍較宏敞壯觀，位置更較方便。

新增會員： 自民國三十二年六月起本會新增會員計有齊思和先生，胡僞吟女士。

德文夜校： 一、本會德文夜校照常進行，截至三十二年夏季止，計一二三四年級共有八班，此外尚有研究組一班。 每星期各班上課時間共四十四小時。 至三十二年冬季則改爲每星期上課時間共計四十二小時。 學生共一百零四人。 二、夜校暑期班亦如往年辦法開課，計二三年級兩班，每星期上課共八小時，學生共有四十一人。 三、民國三十二年六月本會德文夜校四年級修業期滿，舉行畢業考試，參加考試者共四人，畢業及格者僅邵文維一人。

編輯工作： 年來値戰爭期中，各方物力人力較昔均感困難，故本會編輯出版方面均未能積極進行，茲將截至三十二年止本會各種編譯成績及出版情況報告如下：

一 中德文化叢書：

已經出版者有：中德文化叢書之十七，哈興額著：歷史之地理基礎（Hugo Hassinger: Geographische Grundlagen der Geschichte），張星烺先生譯。

印刷中者有：（1）中德文化叢書之十八，文德班著：哲學論叢（Windelband: Präludien），關琪桐先生譯。

（2）中德文化叢書之十九，歌德短篇小說集，楊丙辰先生譯。 （3）中德文化叢書之二十，雷興著：拉奧空論（Lessing：Laokoon），常萫波先生譯。 （4）中德文化叢書之廿一，佛爾克著：中國宇宙觀念史（A. Forke: World-Conception of the Chinese），王靜如先生譯。 （5）已經整理校改後之湯若望傳（Alfons Väth: Johann Adam Schall von Bell S. J.），楊丙辰先生譯。

編譯中者有： （1）德國文學史，項子龢先生及顔毓蘅先生編譯。 （2）遐夫林著：美術史原理（Wölfflin: Kunstgeschichtliche Grundbegriffe），常萫波先生譯。 （3）釋勒著：論素樸與感傷的詩，（Schiller: Über naive unb sentimentalische Dichtung），吳興華先生譯。 （4）特雷持克著：政治學（Treitschke: Politik），關琪桐先生譯。 （5）布爾卡特著：世界史論叢，（Jakob

Burckhardt: Weltgeschichtliche Betrachtungen),關琪桐先生譯。(6)德國物理學家傳集，邵文維先生譯。

二　中德學會特刊：

已出版者有：——中德學會特刊之六，杜科罕著：德國的精神，(Graf K. v. Dürckheim-Montmartin: Der Deutsche Geist)，關琪桐先生譯。中德學會特刊之八，懷特著：俾斯麥(Andrew Dickson White: Bismarck)，曹京實先生譯。編譯中者有：——中德學會特刊之七，塞克特著：模範軍人毛奇，(Seeckt: Moltke, ein Vorbild)，項子龢先生譯。

三　中德學會中德對照叢刊：本會爲獎勵有相當德文程度者之研究及進步計，特出版中德文對照之叢刊，現已出版者有兩種：一爲布希納所著之詩人倫慈(Georg Büchner: Lenz)，楊丙辰先生譯。一爲賴普所著之海上鬼旗(Hans Leip: Die Klabauterflagge)，崔亮先生譯。此外尙在印刷中者有傅吾康先生選輯，顧華先生編校之德文名作選讀(Deutsches Lesebuch)，其中文章乃分請各會員會友等翻譯者。尙有正在編譯中之黎耳克的詩(Rilke: Gedichte)，已由吳興華先生著手翻譯。

四　敎科書類：本會爲便利德文夜校之學生及喜好德文者之進修計，已着手編輯翻譯各種敎科書及字典等，現已出版者有德文讀本(Deutsche Lesestücke. Ausgewählt aus Karl Remme: Deutschland. Lesebuch für studierende Ausländer)。正在印刷中者有：一增訂德華常用小字彙，該字彙第一版於三十二年已出版，今已售罄，現又請孫用震先生修改增訂完畢，內容擴充一倍有餘，不日當可出版矣。尙有編譯中之德文文法(Deutsche Grammatik für Ausländer)原編者爲考色(Krause-Nerger)，係張克定先生譯，後由本會請方志浵先生校訂而出版者。

五　定期雜誌：

中德學誌：本誌仍屬季刊性質照常出版，自五卷一二期起增加研究中國學術之文章，並將五卷一二期合刊，收容較長之論著，作爲本會十周年之紀念刊。Sinologische Arbeiten(漢學集刊)：本刊係用德文譯著中國學術之刊物，第一期創刊號於本會紀念日出版，暫作爲中德學誌十年紀念刊之中國學術德文論著增刊性質，其中執筆者均係研究漢學之德籍會員會友等，本刊第二期現尙在印刷中，正式定爲今名漢學集刊，此後與中德學誌分開，單行出版。

本會並將中德學誌中每篇中國學術論著，分請本會會員會友撮其概略譯成德文，附印於漢學集刊中，並將漢學集刊中之德文中國學術論著亦分請本會會員撮其概略譯成中文附印於中學德誌中。此種互譯中德文概略之文章，已於三十二年中德學誌五卷一二期及德文增刊中起始刊登矣。

六　重印德文之漢學名作：本會由三十二年起着手將諸種用德文編著已絕版之漢學名作，擇其中版權已失而有價値者，加以翻印重版，玆有兩種已經出版：一爲 H. Hildebrand: Der Tempel Ta-chüeh-Sy (大覺寺)。一爲 Georg v. d. Gabelentz: Chinesische Grammatik (漢文經緯)。現正在編印中者有 E. v. Zach: Zum Ausbau der Gabelentz'schen Grammatik (漢文經緯補遺)。

七　其他單行出版物：本會近年來除以上各種出版物外尙有兩種單行出版之著作，現正在編著中，一爲王靜如先生編著之五十年來中國漢學研究概要。一爲德文漢學文籍篇目索引。

研究與進步第一卷（卽中德學誌第一卷）目錄

第一期目錄

（民國二十八年四月）

第二期目錄

（民國二十八年七月）

第三期目錄

（民國二十八年十月）

第四期目錄

（民國二十九年一月）